Burkhard Hess

Europäisches Zivilprozessrecht

Ius Communitatis

Herausgegeben von
Prof. Dr. Dr. Stefan Grundmann, LL.M. (Berkeley)

Burkhard Hess

Europäisches Zivilprozessrecht

2., vollständig überarbeitete Auflage

DE GRUYTER

Prof. Dr. Dres. h.c. **Burkhard Hess** ist geschäftsführender Direktor des Max Planck Institute Luxembourg for International, European and Regulatory Procedural Law.

ISBN 978-3-11-071509-5
e-ISBN (PDF) 978-3-11-071515-6
e-ISBN (EPUB) 978-3-11-071517-0

Library of Congress Control Number: 2020944400

Bibliografische Information der Deutschen Nationalbibliothek
Die Deutsche Nationalbibliothek verzeichnet diese Publikation in der Deutschen Nationalbibliografie; detaillierte bibliografische Daten sind im Internet über http://dnb.dnb.de abrufbar.

Satz: Satzstudio Borngräber, Dessau
Druck und Bindung: CPI books GmbH, Leck
♾ Gedruckt auf säurefreiem Papier
Printed in Germany

www.degruyter.com

Meinem akademischen Lehrer
Prof. Dr. Dr. h.c. Peter F. Schlosser

Vorwort zur zweiten Auflage

Mehr als zehn Jahre nach der Erstauflage erscheint die zweite Auflage des Europäischen Zivilprozessrechts. Der lange Zeitraum hat viel mit den persönlichen Veränderungen des Verfassers zu tun, der seit dem Sommer 2012 als Gründungsdirektor das Max-Planck-Institut Luxemburg für Europäisches, Internationales und Regulatorisches Verfahrensrecht aufgebaut hat. Das Engagement für das neue Institut erforderte viel Zeit und Kraft, zumal der Aufbau nicht (wie ursprünglich geplant) von drei, sondern zunächst nur von einem Direktor gestemmt wurde. Das internationale Umfeld des Instituts und die fruchtbare Nachbarschaft zum Europäischen Gerichtshof sind in vielerlei Hinsicht in die Neuauflage eingeflossen. Wie bereits die Erstauflage, so hat mich die Niederschrift des Manuskripts der Neuauflage die letzten zehn Jahre kontinuierlich begleitet.

Trotz des Abstands zur Vorauflage sind das Konzept und die Grundstruktur des Buchs unverändert geblieben. Es bezweckt eine systematische und rechtsdogmatische Darstellung des aktuellen Entwicklungsstands des europäischen Zivilprozessrechts, seiner Grundlagen und Prinzipien, des Zusammenspiels mit den Verfahrensrechten der EU-Mitgliedstaaten und die Abschätzung und Bewertung künftiger Entwicklungen. Im Vordergrund der Darstellung steht die Rechtsprechung des Europäischen Gerichtshofs. Lediglich ein weiteres Kapitel (zur außergerichtlichen Streitbeilegung) habe ich hinzugefügt, aber alle Teile des Buchs nachhaltig verändert und erweitert. Die Beibehaltung des Grundkonzepts mag auch als Zeichen dafür verstanden werden, dass die Entwicklung des Europäischen Zivilprozessrechts zunehmend in gefestigten Bahnen verläuft.

Politisch befindet sich das Europäische Zivilprozessrecht heute in einer anderen Phase als zehn Jahre zuvor. Im Frühjahr 2010 ging es um die Abarbeitung des Arbeitsplans der Kompetenznorm des Art. 81 AEUV, um die Reform der EuGVO, den Erlass von Rechtsakten im europäischen Familien- und Erbrecht sowie um die Reform der EuInsVO vor dem Hintergrund der Lehman-Krise. Zehn Jahre später ist die Aufbruchsstimmung der Anfangsjahrzehnte europäischer Justizpolitik verflogen. Heute geht es um die Bewahrung des *acquis communautaire*. Die unionsrechtlichen Grundsätze des gegenseitigen Vertrauens und der Anerkennung von Justizakten muss der Europäische Gerichtshof gegen populistische Anfeindungen und zunehmende Tabubrüche rechtspopulistischer Regierungen in mehreren Mitgliedstaaten verteidigen. Die Bewahrung fundamentaler Werte, insbesondere des Rechtsstaatsprinzips und der Unabhängigkeit der Justiz (Art. 2 EGV), ist zu einer Existenzfrage der europäischen Justizpolitik und der Europäischen Union selbst geworden. Diese Perspektive bezieht das Lehrbuch ein. So gesehen habe ich die Zweite Auflage in tiefer Sorge um den Fortbestand der europäischen Einheits- und Friedensidee geschrieben.

Viele Mitarbeiterinnen und Mitarbeiter des Department of European and Comparative Procedural Law des Max-Planck-Instituts Luxemburg haben mich bei der Überarbeitung dieses Buchs nachhaltig unterstützt – die offene Diskussionsatmosphäre

https://doi.org/10.1515/9783110715156-202

in der Abteilung hat mir Rückhalt und viele Anregungen gegeben. Einige Mitarbeiter, die sich besonders engagiert haben, habe ich in den jeweiligen Kopffußnoten der Einzelkapitel explizit benannt. Darüber hinaus möchte ich mich bei *Dr. Marlene Brosch, Adriani Dori, Dr. Lena Hornkohl, Inga Järvekülg, Felix Koechel, Dr. Georgia Koutsoukou, Dr. jur. habil. Björn Laukemann, Martina Mantovani, Janek Nowak, Dr. Vincent Richard, Philippos Siaplaouras, Dr. Kristina Sirakova, Prof. Enrique Vallines Garcia, Dr. Wiebke Voß, Edith Wagner, Dr. Paulina Westerhoven* und *Dr. Jin Yin* bedanken. Meine Mutter, *Johanna Hess*, hat das gesamte Manuskript Korrektur gelesen. Viele studentische Hilfskräfte am MPI Luxemburg haben die Entwürfe der einzelnen Kapitel gegengelesen, die Fundstellen und Querverweise kontrolliert. Ein ganz spezieller Dank geht an *Rita Melde*. Sie hat nicht nur meine (oft unleserlichen) handschriftlichen Änderungen und Ergänzungen des überkommenen Texts in das Manuskript akkurat eingefügt, sondern auch den gesamten Revisionsprozess der Neuauflage koordiniert und überwacht. Ohne ihre Hilfe wäre die vorgelegte Neuauflage so nicht erschienen. Mein größter Dank gilt *Prof. Marta Requejo Isidro*, meiner herausfordernden und ermutigenden Partnerin und Kritikerin. Wir haben sämtliche Kapitel dieses Buchs diskutiert. Schließlich möchte ich *Prof. Christian Kohler* dankbar erwähnen, meinen ständigen Gesprächspartner zu allen Fragen des Europäischen Verfahrensrechts hier in Luxemburg.

Ich hoffe, dass die zweite Auflage des Buches eine ähnlich freundliche Aufnahme findet wie die Erstauflage. Eine englische Fassung des Buches steht weiter aus, sie ist jedoch geplant. Sollten Fehler oder Unklarheiten auftreten, bitte ich um eine Mitteilung an: euzpr@mpi.lu.

Luxemburg, Ostern 2020 *Burkhard Hess*

Abkürzungsverzeichnis[1]

ABl.	Amtsblatt
abl.	ablehnend
A.C.	Law Reports, Appeal Cases (Third Series)
ADR	Alternative Dispute Resolution
aE	am Ende
AEUV	Vertrag über die Arbeitsweise der Europäischen Union idF des Vertrags von Lissabon
AG	Aktiengesellschaft
AG	Amtsgericht
All ER	All England Law Reports
Anm.	Anmerkung
AnwBl	Anwaltsblatt
Arb. Int.	Journal of International Arbitration
arg.	Argument
AS-RL	Verbraucherstreitbeilegungsrichtlinie
AUG	Auslandsunterhaltsgesetz
AuslProt.	Auslegungsprotokoll
AVAG	Gesetz zur Ausführung zwischenstaatlicher Verträge und zur Durchführung von Verordnungen der Europäischen Gemeinschaft auf dem Gebiet der Anerkennung und Vollstreckung in Zivil- und Handelssachen (Anerkennungs- und Vollstreckungsausführungsgesetz)
BAG	Bundesarbeitsgericht
BauR	Zeitschrift für das gesamte öffentliche und zivile Baurecht
BayObLG	Bayerisches Oberstes Landesgericht
BDGVR	Berichte der Deutschen Gesellschaft für Völkerrecht
BG	(Schweizer) Bundesgericht
BGE	Entscheidungssammlung des Schweizer Bundesgerichts
BGBl.	Bundesgesetzblatt
BGH	Bundesgerichtshof
BGHZ	Amtliche Entscheidungssammlung des Bundesgerichtshofs in Zivilsachen
BIT	Bilateral Investment Treaty
BImSchG	Bundesimmissionsschutzgesetz
BT-Drs	Bundestags-Drucksache
Bull ASA	Bulletin de l'Association Suisse d'Arbitrage
Bull. civ.	Bulletin des arrêts de la Cour de Cassation: chambres civiles
BVerfGE	Amtliche Entscheidungssammlung des Bundesverfassungsgerichtes
C. A.	Court of Appeal
CA	Cour d'Appel

1 Hinweis zur Zitierweise der Unionsrechtsakte: Die Abkürzungen für die Rechtsakte im Europäischen Internationalen Privat- und Verfahrensrecht beziehen sich auf die jeweils aktuelle Fassung (Stand: 1.7.2020). Die Abkürzung: „EuZustVO" bezeichnet mithin die Europäische Zustellungsverordnung in der Fassung der VO 1393/2007/EG. Soweit eine frühere Textfassung (also die VO 1348/00/EG) gemeint ist, wird dies durch einen Klammerzusatz gekennzeichnet. Beispiel: EuZustVO (2000) bezeichnet die EuZustVO in der Fassung der VO 1348/00/EG.

https://doi.org/10.1515/9783110715156-203

CEPEJ	Commission européenne pour l'efficacité de la justice
cf.	confer
Ch.	Law Reports, Chancery Division (3rd Series)
Chap.	Chapter
CIEC	Commission Internationale de l'Etat Civil
CISG	Convention on the International Sale of Goods
civ	civil
CJJA	Civil Jurisdiction and Judgements Act 1982
CJQ	Civil Justice Quarterly
CLC	Commercial Law Cases
C.L.J.	Cambridge Law Journal
CMLR	Common Market Law Review
CMR	Convention on the Contract for the Carriage of the International Goods by Road
COM	Commission documents (European Commission)
COMI	Centre of main interests
CPC	Codice di Procedura Civile (Italien)
cpc	Code de procédure civile (Frankreich)
CPR	Civil Procedure Rules (England)
C.P. Rep.	Civil Procedure Reports
DEuFamR	Deutsches und Europäisches Familienrecht
DGVZ	Deutsche Gerichtsvollzieher Zeitung
DMF	Droit Maritime Français
DNotZ	Deutsche Notarzeitschrift
DSGVO	Datenschutzgrundverordnung
DStR	Deutsches Steuerrecht
DVBl	Deutsches Verwaltungsblatt
EBR	European Business Register
ECJ	European Court of Justice
ECR	European Court Reports
ed.	edition, editor(s)
EEC	European Economic Community
EFTA	European Free Trade Association
EG	Vertrag zur Gründung einer Europäischen Gemeinschaft idF des Vertrags von Amsterdam (1998)
EGBGB	Einführungsgesetz zum Bürgerlichen Gesetzbuch
EGGVG	Einführungsgesetz zum Gerichtsverfassungsgesetz
EGMR	Europäischer Gerichtshof für Menschenrechte
EIPR	European Intellectual Property Review
EJN	European Judicial Network / Europäisches Justizielles Netz
ELF	European Legal Forum
ELRev	England Law Review
EMRK	Europäische Menschenrechtskonvention
ENZ	Europäisches Nachlasszeugnis
EO	Exekutionsordnung
EPA	Europäisches Patentamt
EPG	Einheitliches Patentgericht
EPLA	European Patent Litigation Agreement

EPÜ	Europäisches Patentübereinkommen
EPGÜ	Übereinkommen über ein Einheitliches Patentgericht
ERPL	European Review of Private Law
ErstreckÜbk	Erstreckungsübereinkommen
ES	Entscheidung
EU	Europäische Union
EuBagVO	Europäische Verordnung zur Einführung eines Verfahrens über geringfügige Forderungen (Europäische Bagatellverordnung) vom 11.7.2007, VO (EG) 861/2007
EuBewVO	Europäische Verordnung zur grenzüberschreitenden Beweisaufnahme vom 28.5.2001, VO (EG) 1206/01
EuCML	Journal of European Consumer and Market Law
EuEheVO	Europäische Verordnung vom 25. Juni 2019 über die Zuständigkeit, die Anerkennung und Vollstreckung von Entscheidungen in Ehesachen und in Verfahren betreffend die elterliche Verantwortung und über internationale Kindesentführungen, VO (EU) 1111/2019
EuErbVO	Europäische Verordnung über die Zuständigkeit, das anzuwendende Recht, die Anerkennung und Vollstreckung von Entscheidungen und die Annahme und Vollstreckung öffentlicher Urkunden in Erbsachen sowie zur Einführung eines Europäischen Nachlasszeugnisses vom 4.7.2012, VO (EU) 650/2012
EuG	Europäisches Gericht Erster Instanz
EuGH	Europäischer Gerichtshof
EuGüVO	Europäische Verordnung zur Durchführung einer Verstärkten Zusammenarbeit im Bereich der Zuständigkeit, des anzuwendenden Rechts und der Anerkennung und Vollstreckung von Entscheidungen in Fragen des ehelichen Güterstands vom 24.6.2016, VO (EU) 2016/1103
EuGVO	Europäische Gerichtsstands- und Vollstreckungsverordnung vom 12.12.2012, VO (EU) 1215/2012
EuGVÜ	Übereinkommen über die gerichtliche Zuständigkeit und die Vollstreckung gerichtlicher Entscheidung in Zivil- und Handelssachen vom 27.9.1968
EuKtPVO	Europäische Kontenpfändungsverordnung vom 15.5.2015, VO (EU) Nr. 655/2014
EuInsVO	Europäische Insolvenzverordnung vom 5.6.2015, VO (EU) 2015/848
EuIPR	Europäisches Internationales Privatrecht
EuIZVR	Europäisches Internationales Zivilverfahrensrecht
EuJL	European Journal of Law Reform
EuJNZ	Europäisches Justizielles Netz für Zivil- und Handelssachen
EuLRev	European Law Review
EuMahnVO	Europäische Verordnung vom 12.12.2006 zur Einführung eines Europäischen Mahnverfahrens, VO (EG) 1896/2006
EuMedRL	Europäische Mediationsrichtlinie vom 31.5.2008, RL 2008/52/EG
EuPartVO	Europäische Verordnung zur Durchführung der Verstärkten Zusammenarbeit im Bereich der Zuständigkeit, des anzuwendenden Rechts und der Anerkennung und Vollstreckung von Entscheidungen in Fragen güterrechtlicher Wirkungen eingetragener Partnerschaften vom 24.6.2016, VO (EU) 2016/1104
EuPatGÜbk	Übereinkommen über ein Einheitliches Patentgericht
EuPatVO	Europäische Verordnung über die Umsetzung der Verstärkten Zusammenarbeit im Bereich der Schaffung eines einheitlichen Patentschutzes vom 17.12.2012, VO (EU) 1257/2012
Eur TL	European Transport Law
EuSchutzMVO	Europäische Schutzmaßnahmenverordnung vom 12.6.2013, VO (EU) 606/2013
EuUhVO	Europäische Unterhaltsverordnung vom 18.12.2008, VO (EG) 3/2009

EuUPC	European and Union Patents Court
EuUrkVO	Verordnung zur Förderung der Freizügigkeit von Bürgern durch die Vereinfachung der Anforderungen an die Vorlage bestimmter öffentlicher Urkunden innerhalb der Europäischen Union vom 6.7.2016, VO (EU) 2016/1191
EUV	Vertrag über die Europäische Union idF des Vertrags von Lissabon (2007)
EuVTVO	Europäische Vollstreckungstitelverordnung vom 21.4.2004, VO (EG) 805/2004
EuZPR	Europäisches Zivilprozessrecht
EuZustVO	Europäische Zustellungsverordnung in der Fassung der VO (EG) 1393/2007 vom 13.11.2007
EuZVR	Europäisches Zivilverfahrensrecht
EuZW	Europäische Zeitschrift für Wirtschaftsrecht
EWCA Civ	Court of Appeal (Civil Division)
EWG	Europäische Wirtschaftsgemeinschaft
EWGV	Vertrag über die Gründung der Europäischen Wirtschaftsgemeinschaft (1957)
EwG	Erwägungsgrund
EWHC	Entscheidungen des High Court of London
EWS	Zeitschrift für Europäisches Wirtschaftsrecht
ex.	Example, Beispiel
FamFG	Gesetz über das Verfahren in Familiensachen und in den Angelegenheiten der freiwilligen Gerichtsbarkeit
FamRZ	Zeitschrift für das gesamte Familienrecht
FGG	Gesetz über die freiwillige Gerichtsbarkeit
FIFA	Fédération Internationale de Football Association
Fn.	Fußnote
FPR	Familie, Partnerschaft, Recht
FS	Festschrift
F.S.R.	Fleet Street Reports
GA	Generalanwalt
GAin	Generalanwältin
GBP	Great Britain Pound
GC	Grand Chamber / Große Kammer
GeschGehG	Geschäftsgeheimnisgesetz vom 26.5.2019
GG	Grundgesetz
GIE	Groupement d'intérêt économique
GmbH	Gesellschaft mit beschränkter Haftung
GGMVO	Verordnung über das Gemeinschaftsgeschmacksmuster vom 12.12.2001, VO (EG) 6/2002
GPR	Zeitschrift für das Privatrecht der Europäischen Union
GRC	Charta der Grundrechte der Europäischen Union
GRR	Gemeinsamer Referenzrahmen
GRUR	Gewerblicher Rechtsschutz und Urheberrecht
GRUR Int	Gewerblicher Rechtsschutz und Urheberrecht Internationaler Teil
GRUR RR	Gewerblicher Rechtsschutz und Urheberrecht Rechtsprechungs-Report
GS	Gedächtnisschrift
GVGA	Geschäftsanweisung für Gerichtsvollzieher
HAVÜ	Haager Anerkennungs- und Vollstreckungsübereinkommen vom 2.7.2019
HBÜ	Haager Übereinkommen über die Beweisaufnahme im Ausland vom 18.3.1970

HGB	Handelsgesetzbuch
HGÜ	Haager Gerichtsstandsübereinkommen vom 30.6.2005
HKÜ	Haager Übereinkommen über die zivilrechtlichen Aspekte internationaler Kindesentführung vom 22.10.1980
H. L.	House of Lords
HUP	Haager Unterhaltsprotokoll vom 23.11.2007
HUÜ	Haager Übereinkommen über die internationale Geltendmachung der Unterhaltsansprüche von Kindern und anderen Familienangehörigen vom 23.11.2007
HZÜ	Haager Übereinkommen über die Zustellung gerichtlicher und außergerichtlicher Schriftstücke in Zivil- und Handelssachen vom 15.11.1965
ICLQ	International and Comparative Law Quarterly
ICSID	International Center for the Settlement of Investment Disputes
ICT	Information and Communication Technology
idF	in der Fassung vom
iE	im Ergebnis
IECL	International Encyclopedia of Comparative Law
IER	Intellectuele Eigendom & Reclamerecht
IHR	Internationales Handelsrecht
IIC	International Review of Industrial Property and Copyright Law
IIC	International Review of Intellectual Property and Competition Law
IJPL	International Journal of Procedural Law
ILA	International Law Association
ILM	International Legal Materials
I.L.Pr.	International Litigation Procedure
InsO	Insolvenzordnung
int.	international
IntErbRVG	Internationales Erbrechtsverfahrensgesetz
IntFamVerfG	Internationales Familienrechtsverfahrensgesetz
IntGüRVG	Internationales Güterrechtsverfahrensgesetz
InstGE	Instanzgerichtliche Entscheidungen zum Recht des geistigen Eigentums
InVo	Zeitschrift für Insolvenz und Vollstreckung
IPR	Internationales Privatrecht
IPRax	Praxis des internationalen Privat- und Verfahrensrechtes
IPRspr	Rechtsprechung zum internationalen Privatrecht
iRd	im Rahmen des
IRG	Gesetz über die Internationale Rechtshilfe in Strafsachen
ISDS	Investor State Dispute Settlement
iSv	im Sinne von
IZVR	Internationales Zivilverfahrensrecht
JAmt	Das Jugendamt – Zeitschrift für Jugendhilfe und Familienrecht
JBl.	Juristische Blätter
JbJZRWiss	Jahrbuch junger Zivilrechtswissenschaftler
JCP	Jurisclasseur périodique
JCPL	Journal of Comparative Procedural Law
JDI	Journal de Droit International
JN	Jurisdiktionsnorm
JPIL	Journal of Private International Law

JT	Journal des Tribunaux
JZ	Juristenzeitung
KapMuG	Kapitalanlegermusterverfahrensgesetz
KB	Law Reports King's Bench Division
KG	Kammergericht
KMU	Kleine und mittlere Unternehmen
KPP	Kwartalnik Prawa Prywatnego
KSÜ	Haager Übereinkommen über die Zuständigkeit, das anwendbare Recht, die Anerkennung, die Vollstreckung und Zusammenarbeit auf dem Gebiet der elterlichen Verantwortung und der Maßnahmen zum Schutz der Kinder vom 19.10.1996
KTS	Zeitschrift für Insolvenzrecht
KWG	Kreditwesengesetz
LugÜ	Luganer Übereinkommen über die gerichtliche Zuständigkeit und die Vollstreckung gerichtlicher Entscheidungen in Zivil- und Handelssachen vom 30.10.2007
LEC	Ley de Enjuiciamiento Civil
LG	Landgericht (Deutschland); Landesgericht (Österreich)
L.G.D.J.	Librairie Générale de Droit et de Jurisprudence
LMCLQ	Lloyds Maritime and Commercial Law Quarterly
MDR	Monatszeitschrift für deutsches Recht
MediationsG	Mediationsgesetz
Med.-RL	Mediationsrichtlinie vom 31.5.2008, RL 2008/52/EG
Mél.	Mélanges (Festschrift)
MMR	Multimedia und Recht
MoU	Memorandum of Understanding
MSA	Haager Übereinkommen über die Zuständigkeit der Behörden und das anzuwendende Recht auf dem Gebiet des Schutzes von Minderjährigen vom 5.10.1961
mwN	mit weiteren Nachweisen
NCPC	Nouveau Code de Procédure Civile (seit dem 1.1.2008: Code de Procédure Civile – CPC)
NGO	Nongovernmental Organisation
NILR	Netherlands International Law Review
NIPR	Nederlands internationaal privaatrecht
NJ	Neue Justiz
NJOZ	Neue Juristische Online Zeitschrift
NJPR	Nederlandse Jurisprudentie Feitenrechtspraak
NJW	Neue Juristische Wochenschrift
NJW-RR	Neue Juristische Wochenschrift Rechtsprechungsreport
NTBR	Nederlands Tijdschrift voor Burgerlijk Recht
nos.	Numbers
NZI	Neue Zeitschrift für Insolvenzrecht
NZM	Neue Zeitschrift für Mietrecht
obs.	observation
ODR	Online Dispute Resolution
ÖZPO	österreichische Zivilprozessordnung
OGH	österreichischer Oberster Gerichtshof
OJ C	Official Journal of the European Communities containing Information and Notices

OJ L	Official Journal of the European Communities containing Legislation
OLG	Oberlandesgericht
OS-VO	Europäische Online-Streitbeilegungsverordnung vom 21.5.2013, VO (EU) 524/2013
PD	Law Reports Probate Division (1875–1890)
PIBD	Propriété Industrielle – Bulletin Documentaire
PKH	Prozesskostenhilfe
PPU	Procédure préjudicielle d'urgence (beschleunigtes Vorabentscheidungsverfahren vor dem EuGH)
ProtEPÜ	Protokoll zum Europäischen Patentübereinkommen
PStG	Personenstandsgesetz
QB	Law Reports Queen's Bench Division (1952 ff.)
RabelsZ	Rabels Zeitschrift für ausländisches und internationales Privatrecht
RB	Rahmenbeschluss
RB.HB	Rahmenbeschluss vom 13.6.2002 über den Europäischen Haftbefehl
RBerG	Rechtsberatungsgesetz (heute: RDG)
R.C.J.B.	Revue Critique de Jurisprudence Belge
RdC	Recueil des Cours de l'Academie de la Haye/Collected Courses of the Hague Academy of International Law
RDG	Rechtsdienstleistungsgesetz
REDI	Revista Espagnola de Derecho Internazional
RdW	Recht der Wirtschaft
Reg.	Regulation/Verordnung
Rev. arb.	Revue de l'arbitrage
Rev. crit. DIP	Revue critique de droit international privé
RGBl.	Reichsgesetzblatt
R.I.D.C.	Revue International de Droit Comparé
Riv. dir. int. priv. proc.	Rivista di diritto internazionale privato e processuale
Riv. dir. proc.	Rivista di diritto processuale
Riv. dir. proc. civ.	Rivista di diritto processuale civile
RIW	Recht der Internationalen Wirtschaft
RL	Richtlinie
Rom I-VO	Europäische Verordnung über das auf vertragliche Schuldverhältnisse anzuwendende Recht vom 17.6.2008, VO (EG) 593/2008
Rom II-VO	Europäische Verordnung über das auf außervertragliche Schuldverhältnisse anzuwendende Recht vom 11.7.2008, VO (EG) 864/2007
Rom III-VO	Europäische Verordnung zur Durchführung einer verstärkten Zusammenarbeit im Bereich des auf die Ehescheidung und Trennung ohne Auflösung des Ehebandes anzuwendenden Rechts vom 20.12.2010, VO (EU) 1259/2010
RPflG	Rechtspflegergesetz
RSC	Rules of the Supreme Court
RTDcom	Revue trimestrielle de droit commercial
RTDE	Revue trimestrielle de droit européen
RVG	Rechtsanwaltsvergütungsgesetz
RZ	(österr.) Richterzeitung

SchiedsVZ	Neue Zeitschrift für Schiedsverfahren
sec.	section
et seq.	und folgende
Slg.	Sammlung der Entscheidungen des EuGH
SLT	Scots Law Times
SpS	Spiegelstrich
SpuRt	Zeitschrift für Sport und Recht
StPO	Strafprozessordnung
st. Rspr.	ständige Rechtsprechung
str.	streitig
SZW	Schweizer Zeitschrift für Wirtschaftsrecht
TGI	Tribunal de Grande Instance
TranspR	Zeitschrift für Transportrecht
TRIPS	Agreement on Trade-Related Aspects of Intellectual Property Rights vom 1.1.1995
UAbs.	Unterabsatz
UKHL	House of Lords of the United Kingdom
UKlagG	Unterlassungsklagegesetz
UKlagRL	Europäische Unterlassungsklagerichtlinie vom 23.4.2009, RL 2009/22/EU
UMVO	Unionsmarkenverordnung vom 14.6.2007, VO (EU) 2017/1001
Unif.L.Rev.	Uniform Law Review
UNÜ	UN-Übereinkommen über die Anerkennung und Vollstreckung ausländischer Schiedssprüche (1958)
UPC	United Patent Court / Einheitliches Patentgericht
UPCA	United Patent Court Agreement
UrhG	Urhebergesetz
UWG	Gesetz gegen den unlauteren Wettbewerb
VStrB-RL	Europäische Verbraucherstreitbeilegungsrichtlinie vom 21.5.2013, RL 2013/11/EU
VStrBG	Verbraucherstreitbeilegung
VerfO	Verfahrensordnung
VersR	Versicherungsrecht
VV-RVG	Vergütungsverzeichnis zum Rechtsanwaltsvergütungsgesetz
VO	Verordnung
VSBG	Verbraucherstreitbeilegungsgesetz
VuR	Verbraucher und Recht
VzGR	Voorzieningengerecht
WA	Withdrawal Agreement (Brexit-Übereinkommen) vom 24.1.2020
WL	Westlaw Transcripts
WLR	Weekly Law Reports
WM	Wertpapiermitteilungen
WpÜG	Wertpapiererwerbs- und Übernahmegesetz
WVRK	Wiener Vertragsrechtskonvention vom 23.5.1969
YbEuL	Yearbook of European Law
YbPIL	Yearbook of Private International Law

ZD	Zeitschrift für Datenschutz
ZEuP	Zeitschrift für Europäisches Privatrecht
ZEuS	Zeitschrift für Europäisches Studienrecht
ZEV	Zeitschrift für Erbrecht und Vermögensnachfolge
ZfRV	Zeitschrift für Rechtsvergleichung, internationales Privatrecht und Europarecht
ZHR	Zeitschrift für Handelsrecht
ZInsO	Zeitschrift für das gesamte Insolvenzrecht
ZIP	Zeitschrift für Wirtschaftsrecht
ZGR	Zeitschrift für Gesellschaftsrecht
ZPO	Zivilprozessordnung
ZRHO	Rechtshilfeordnung in Zivil- und Handelssachen
ZRP	Zeitschrift für Rechtspolitik
ZSR	Zeitschrift für Schweizerisches Recht
ZUM	Zeitschrift für Urheber- und Medienrecht
ZVglRWiss	Zeitschrift für vergleichende Rechtswissenschaft
ZVR	Zwangsvollstreckungsrecht
ZZP	Zeitschrift für Zivilprozess
ZZPInt	Zeitschrift für Zivilprozess International

Allgemeines Literaturverzeichnis

Adolphsen, Jens	Europäisches und internationales Zivilprozessrecht in Patentsachen, 2. Aufl. 2009
Adolphsen, Jens	Europäisches Zivilverfahrensrecht, 2. Aufl. 2015
Andenas/Hess/Oberhammer	Enforcement Agency Practice in Europe, 2005
Andrews, Neil	English Civil Procedure, 2003
ders.	English Civil Justice and Remedies, 2007
Audit/Avout	Droit international privé, 8e éd. 2018
Barbe, Emmanuel	L'espace judiciaire européen, 2007
Basedow/Rühl/Ferrari/de Miguel A.	Encyclopedia of Private International Law, 2017
Beaumont/Danov/Trimmings	Cross-Border Litigation in Europe, 2017
Borrás, Alegria	Le droit international privé communautaire: réalités, problèmes et perspectives d'avenir, RdC 317 (2005) 313 ff.
Briggs, Adrian	Agreements on Jurisdiction and Choice of Law, 2008
Briggs, Adrian	Civil Jurisdiction and Judgments, 6th ed. 2015
v. Bar/Mankowski	Internationales Privatrecht, Band I, 2. Aufl. 2003 Band II, 2. Aufl. 2019
Cafaggi, Fabrizio (ed.)	The Institutional Framework of European Private Law, 2006
Calliess/Ruffert (Hrg.)	EUV/AEUV Kommentar, 5. Aufl. 2016
Crifò, Carla	Cross-Border Enforcement of Debts in the European Union, 2009
Dasser/Oberhammer	Kommentar zum Lugano Übereinkommen, 2. Aufl. 2011
Dauses/Ludwigs	Handbuch des EU-Wirtschaftsrechts (Loseblatt), 49. Aufl. 2020
Dicey/Morris/Collins	The Conflict of Laws, 15th ed., 2012
Dickinson, Andrew	The Rome II Regulation, 2010
Dickinson/Lein	The Brussels I Regulation Recast, 2015
Droz, Georges	Compétence judiciaire et effets des jugements dans le marché commun 1972
Fallon, Marc	Les conflits de lois et de juridictions dans un Espace économique intégré – l'expérience de la Communauté Européenne, RdC 253 (1995), 9 ff.
Freudenthal, Miriam	Schets van het Europees civiel procesrecht, Editie 8, 2013
Gaudemet-Tallon/Ancel	Compétence et exécution des jugements en Europe, 6e éd. 2018
Gebauer/Wiedmann (Hrg.)	Zivilrecht unter europäischem Einfluss, 2. Aufl. 2010
Geimer, Reinhold	Internationales Zivilprozessrecht, 8. Aufl. 2020
ders./Schütze, Rolf	Europäisches Zivilverfahrensrecht, 4. Aufl. 2020
ders./Schütze, Rolf	Der internationale Rechtsverkehr in Zivil- und Handelssachen (Loseblatt), Stand: Oktober 2019 (58. Aufl.)
Grabitz/Hilf/Nettesheim	Das Recht der Europäischen Union: EUV/AEUV (Loseblatt), 69. Aufl. 2020
v. d. Groeben/Schwarze/Hatje	Europäisches Unionsrecht, 7. Aufl. 2015
Grundmann, Stefan	Europäisches Schuldvertragsrecht, 2. Aufl. 2014
Guinchard, Serge (éd.)	Droit Processuel, 10e éd. 2019
ders./Ferrand/Chainais	Procédure civile, Droit interne et droit de l'Union Européenne, 34e éd. 2018

https://doi.org/10.1515/9783110715156-204

v. Hein/Krüger (ed.)	Informed Choices in Cross-Border Enforcement, 2020
Hess, Burkhard	Study JAI A3/02/2002 on Making More Efficient the Enforcement of Judicial Decisions within the European Union, 2005
ders./Pfeiffer/Schlosser	The Brussels I Regulation (EC) No. 44/2001 – The Heidelberg Report on the Application of Regulation Brussels I in 25 Member States, 2008
ders./Oberhammer/Pfeiffer	European Insolvency Law, zitiert: Heidelberg/Luxembourg/Vienna Report, 2014
ders./Law	Implementing EU Consumer Rights by National Procedural Law – Luxembourg Report on European Procedural Law, Volume II, 2019
ders./Ortolani	Impediments of National Procedural Law to the Free Movement of Judgements – Luxembourg Report on European Procedural Law, Volume I, 2019
Hodges, Christopher	The Reform of Class and Representative Actions in European Legal Systems, 2008.
v. Hoffmann/Thorn	Internationales Privatrecht, 9. Aufl. 2007
Huber, Stefan	Entwicklung transnationaler Modellregeln für Zivilverfahren, 2008
Jauernig/Hess	Zivilprozessrecht – Ein Studienbuch, 30. Aufl. 2011
Junker, Abbo	Internationales Zivilprozessrecht, 4. Aufl. 2019
Kennett, Wendy	The Enforcement of Judgments in Europe, 2001
Kropholler, Jan	Internationales Privatrecht, 6. Aufl. 2006
Kropholler/v. Hein	Europäisches Zivilprozessrecht, 9. Aufl. 2011
Kruger, Thalia	Civil Jurisdiction Rules of the EU and their Impact on Third States, 2008
Langenbucher, Katja (Hrg.)	Europäisches Privat- und Wirtschaftsrecht, 4. Aufl. 2017
Leible/Freitag	Forderungsbeitreibung in der EU, 2008
Leible/Terhechte (Hrg.)	Enzyklopädie Europarecht, EnzEuR Band 3, Europäisches Rechtsschutz- und Verfahrensrecht, 2015
Lenaerts/Maselis/Gutman/Nowak	EU Procedural Law, 2016
Lenz/Borchardt	EU-Verträge Kommentar, 6. Aufl. 2012
De Leval/Candela Soriano (éd.)	Espace judiciaire européen – Acquis et enjeux futurs en matière civile, 2007
Linke, Helmut	Internationales Zivilprozessrecht, 3. Aufl. 2003.
ders./Hau	Internationales Zivilverfahrensrecht, 7. Aufl. 2018
Magnus/Mankowski	The Brussels I^{bis} Regulation (Commentary), 3rd ed. 2015
Marmisse, Anne	La libre circulation des décisions de justice en Europe, 2000
Max Planck Institut für IPR (Hrg.)	Handbuch des Internationalen Zivilverfahrensrechts, Bd. I, 1982, bearbeitet von Hans Joachim Herrmann, Jürgen Basedow, Jan Kropholler
Mayr, Peter	Europäisches Zivilprozessrecht, 2. Aufl. 2011
Mayr, Peter	Handbuch des europäischen Zivilverfahrensrechts, 2017
Muir-Watt, Horatia	Aspects économiques du droit international privé, RdC 307 (2004), 29 ff.
MünchKomm/Bearbeiter	Münchener Kommentar zur Zivilprozessordnung, Band I: 6. Aufl. 2020 Band II: 5. Aufl. 2016 Band III: 5. Auflage 2016
Museliak/Voit	Zivilprozessordnung, 17. Aufl. 2020
Nagel/Gottwald	Internationales Zivilprozessrecht, 7. Aufl. 2013
Nelle, Andreas	Anspruch, Titel und Vollstreckung im internationalen Rechtsverkehr, 2000
Nuyts, Arnaud	L'exception de forum non conveniens, 2003

ders./Watté (ed.)	International Civil Litigation in Europe and Relations with Third States, 2005.
Oppermann/Classen/Nettesheim	Europarecht, 8. Aufl. 2018
Partsch, Philippe-Emmanuel	Le droit international privé européen, 2003
Pechstein, Matthias	EU-Prozessrecht, 4. Aufl. 2011
Pfeiffer, Thomas	Internationale Zuständigkeit und prozessuale Gerechtigkeit, 1995
Pontier/Burg	EU Principles on Jurisdiction and Recognition and Enforcement of Judgments in Civil and Commercial Matters, 2004
Rauscher, Thomas (Hrg.)	Europäisches Zivilprozess- und Kollisionsrecht, EuZPR/EuIPR Kommentar, 4. Aufl. 2015
Reich, Norbert	Bürgerrechte in der Europäischen Union, 1999
Rosenberg/Schwab/Gottwald	Zivilprozessrecht, 18. Aufl. 2018
Saenger, Ingo (Hrg.)	Kommentar zur Zivilprozessordnung, 8. Aufl. 2019
Ders.	Internationales Zivilverfahrensrecht mit internationalem Insolvenzrecht und Schiedsverfahrensrecht, 7. Aufl. 2017
Schlosser, Peter	Jurisdiction and International Judicial Cooperation, RdC 284 (2000), 3.
Schlosser/Hess	EU Zivilprozessrecht, 4. Aufl. 2015
Schmidt, Uwe	Europäisches Zivilprozessrecht in der Praxis, 2004
Schütze, Rolf	Das internationale Zivilprozessrecht in der ZPO, Kommentar, 2. Aufl. 2011
Schwarze, Jürgen (Hrg.)	EU Kommentar, 4. Aufl. 2019
Storme, Marcel	Approximation of Judiciary Law in the European Union, 1994
Stein/Jonas/Bearbeiter	Kommentar zu Zivilprozessordnung, 23. Aufl. 2016 Band I: 23. Aufl. 2014 Band II: 23. Aufl. 2017 Band III: 23. Aufl. 2016 Band IV: 23. Aufl. 2018 Band V: 23. Aufl. 2015 Band VI: 23. Aufl.2018 Band VII: 22. Aufl. 2002 Band VIII: 23. Aufl.2017 Band IX: 23. Aufl. 2020 Band X: 23. Aufl. 2014 Band XI: 23. Aufl. 2019 Band XII: 23. Aufl. 2017
Stone, Peter	EU Private International Law, 3rd ed. 2014
Storskrubb, Eva	Civil Procedure and EU Law, 2008
Streinz, Rudolf (Hrg.)	Kommentar zum EUV/AEUV, 3. Aufl. 2018
ders.	Europarecht, 11. Aufl. 2019
Thomas/Putzo/Barbeiter	Zivilprozessordnung, 41. Aufl. 2020
Wieczorek/Schütze/Bearbeiter	Großkommentar zur Zivilprozessordnung und Nebengesetze, 4. Aufl. 2016
Zöller/Bearbeiter	Zivilprozessordnung, 33. Aufl. 2020
Zuckerman, Adrian	On Civil Procedure: Principles of Practice, 3rd ed. 2013

Inhaltsübersicht

1. Teil: Grundlegung

2. Teil: Europäisches Internationales Zivilprozessrecht

3. Teil: Wechselwirkungen zwischen den autonomen Zivilverfahren und dem Europäischen Prozessrecht

Inhaltsverzeichnis

2. Teil: Europäisches Internationales Zivilprozessrecht

3. Teil: Wechselwirkungen zwischen den autonomen Zivilverfahren und dem Europäischen Prozessrecht

1. Teil: **Grundlegung**

§ 1 Begriff und Gegenstand des Europäischen Zivilprozessrechts

Literatur:[1] *Barbe*, L'espace judiciare européen (2007); *Calliess/Hoffmann*, Effektive Justizdienstleistungen für den globalen Handel, ZRP 2009, 1; *Coester-Waltjen*, Die Europäisierung des Zivilprozessrechts, Jura 2006, 914; *Dori*, The Judicial Scoreboard, MPI Luxembourg Working Paper no. 14 (2015); Douchy-*Oudot* (ed.), Le visage inconnu de l'espace judiciaire européen (2004); *Droz*, Compétence judiciaire et effets des jugements dans le marché commun (1972); *Eidenmüller*, Regulatory Competition in Contract Law and Dispute Resolution (2013); *Fallon*, Les conflits de lois et de juridictions dans un espace économique intégré – l'expérience de la Communauté Européenne, RdC 253 (1995), 9; *Frattini*, European Area of Civil Justice – Has the Community Reached the Limits?, ZEuP 14 (2006), 225; *Gascón Inchausti/Hess* (ed.), The Future of European Procedural Law (2020); *Gotsche*, Der BGH im Wettbewerb der Zivilrechtsordnungen (2008); *Grundmann*, Binnenmarktkollisionsrecht – Vom klassischen IPR zur Integrationsordnung, RabelsZ 64 (2000), 457; *Hess/Lenaerts* (ed.), The 50th Anniversary of the European Law of Civil Procedure (2020); *ders./Kramer* (ed.), From common rules to best practices in European Civil Procedure (2017); *ders*, Ein Einheitliches Prozessrecht?, IJPL 6 (2016), 55; *ders./Bergström/Storskrubb* (ed.), EU Civil Justice (2015); *ders.*, Die Konstitutionalisierung des Europäischen Privat- und Verfahrensrechts, JZ 2005, 540; *ders.*, Der Binnenmarktprozess, JZ 1998, 1021; *S. Huber*, Entwicklung transnationaler Modellregeln für Zivilverfahren (2008); *Jeuland/Leroyer* (ed.), Quelle cohérence pour l'espace judiciaire européen? (2004); *Kennett*, The Enforcement of Judgments in Europe (2000); *Kerameus*, Angleichung des Zivilprozessrechts in Europa – einige grundlegende Aspekte, RabelsZ 66 (2002), 1; *ders.*, Die Angleichung des Zivilverfahrensrechts der Europäischen Union vor dem Hintergrund der Schaffung eines europäischen Zivilgesetzbuchs, in: Europaparlament, Generaldirektion Wissenschaft, Arbeitsdokument Juri 103 DE (10/1999), S. 85; *ders.*, Procedural Harmonisation in Europe, AmJComp.L 43 (1995), 401; *Kerber*, Interjurisdictional Competition within the European Union, Fordham Int'l LJ 23 (2000), 217; *Koch*, Prozessrechtsvergleichung: Grundlage europäischer Verfahrensrechtspolitik und Kennzeichen von Rechtskreisen, ZEuP 2007, 735; *Kohler*, Status als Ware: Bemerkungen zur europäischen Verordnung über das internationale Verfahrensrecht in Ehesachen, in: Mansel (Hrg.), Vergemeinschaftung des Kollisionsrechts (2002); *König*, Die Übertragung von Hoheitsrechten im Rahmen des europäischen Integrationsprozesses – Anwendungsbereich und Schranken des Art. 23 GG (2000); *Kramer/van Rhee* (Hrg.), Civil Litigation in a Globalising World (2012); *Kramer*, The Future of European Private International Law, European Parliament (Doc. PE 509.587-2014), S. 77; *Krans*, EU Law and National Civil Procedure Law: An Invisible Pillar, EuRPL 2015, 567; *Kreuz*, Entwicklung, Struktur und System des Europäischen Zivilverfahrensrechts – eine zeitrechtsgeschichtliche Bestandsaufnahme, JA 2019, 641; *Kreuzer*, Gemeinschaftskollisionsrecht und universelles Kollisionsrecht, FS Kropholler (2008), S. 129; *Leible*, Die Zukunft des europäischen Zivilprozessrechts, in: FS Gottwald (2014), S. 381; *ders./Terhechte*, Die Rechtsschutz- und Verfahrensidee im Unionsrecht, in: dies. (Hrg.), Europäisches Rechtsschutz- und Verfahrensrecht (2014); *Lequette*, De Bruxelles à La Haye – Réflexions critiques sur la compétence communautaire en matière de droit international privé, Mél. Gaudemet-Tallon (2008), S. 503; *Linke*, Die Europäisierung des Internationalen Privat- und Verfahrensrechts – Traum oder Trauma?, FS Geimer (2002), S. 529; *Mäsch*, Zivilprozessrecht, in: Langenbucher (Hrg.), Europarechtliche Bezüge des Privatrechts (4. Aufl. 2017), S. 526; *McGuire*, Forum Shopping und Verweisung, ZfRV 2005, 83; *Muir Watt*, The Conflict of Laws as a Regulatory Tool, in: Cafaggi (ed.), The Institutional Framework of European Private Law (2006), S. 107; *dies.*, Concurrence d'ordres juridiques et conflits de lois de droit privé, FS Lagarde (2004),

1 **Ältere Literatur** vgl. Voraufl.

https://doi.org/10.1515/9783110715156-001

S. 615; *Niboyet*, La globalisation du procès civil dans l'espace judiciaire européen et mondial, Clunet 2006, 937; *Netzer*, Status quo und Konsolidierung des Europäischen Zivilverfahrensrechts (2011); *Normand*, Le rapprochement des procédures civiles dans l'Union Européenne, Eur. PLRev. 1998, 383; *Peers*, EU Justice and Home Affairs (3rd ed. 2011); *Pfeiffer*, Kooperative Reziprozität, RabelsZ 55 (1991), 734; *Rössler*, Europäische Gerichtsbarkeit auf dem Gebiet des Zivilrechts (2012); *Rüßmann*, Die Streitgegenstandslehre und die Rechtsprechung des EuGH – nationales Recht unter gemeineuropäischem Einfluss?, ZZP 111 (1998), 399; *Schack*, Die Entwicklung des europäischen Internationalen Zivilverfahrensrechts – aktuelle Bestandsaufnahme und Kritik, FS Leipold (2009), S. 317; *ders.*, Die Europäische Kommission auf dem Holzweg von Amsterdam, ZEuP 1999, 805; *Stadler*, Vielfalt der Gerichte – Einheit des Prozessrechts?, BerDGVR 42 (2007), 177; *Storme*, Das Prozessrecht in Europa, FS Drobnig (1998), S. 177; *ders.*, Approximation of Judiciary Law in the European Union (1994); *Stürner*, The Principles of Transnational Civil Procedure – An Introduction to their Basic Conception, RabelsZ 69 (2005), 1; *ders.*, Zur Struktur des europäischen Zivilprozesses, FS Schumann (2001), S. 491; *G. Wagner*, Dispute Resolution as a Product: Competition between Civil Justice Systems, in: Eidenmüller, Regulatory Competition (2013), S. 347 ff.; *R. Wagner*, Zwanzig Jahre justizielle Zusammenarbeit in Zivilsachen, IPRax 2019, 185; *ders.*, EU-Kompetenz in der justiziellen Zusammenarbeit in Zivilsachen – Résumé und Ausblick nach mehr als fünfzehn Jahren, RabelsZ 79 (2015), 521; *ders.*, Justizielle Zusammenarbeit in Zivilsachen – quo vadis?, ZEuP 2015, 1; *ders.*, Die Haager Konferenz für das Internationale Privatrecht zehn Jahre nach der Vergemeinschaftung der Gesetzgebungskompetenz in der justiziellen Zusammenarbeit in Zivilsachen, RabelsZ 73 (2009), 216.

I. Funktion und Ziele des Zivilprozessrechts im Europäischen Justizraum

1.1 Im Europäischen Binnenmarkt zirkulieren Personen, Waren, Dienstleistungen und Kapitalströme, ohne von Staatsgrenzen behindert zu werden (Art. 26 II AEUV). Ein einheitlicher Wirtschaftsraum ohne Binnengrenzen benötigt jedoch justizielle Infrastrukturen, die es den Marktakteuren ermöglichen, ihre subjektiven Rechte schnell und effizient durchzusetzen.[2] Für eine effektive Rechtsdurchsetzung sind die unterschiedlichen und (oft) unbekannten Zivilverfahrensrechte der EU-Mitgliedstaaten, die fremdenrechtlichen Zugangsbarrieren für ausländische Prozessparteien sowie langwierige und kostenintensive Anerkennungs- und Vollstreckungsverfahren ein erhebliches Hindernis.[3] Aus diesem Grund stand seit der Gründung der Europäischen Wirtschaftsgemeinschaft (1958) die Koordinierung der grenzüberschreitenden Prozessrechte auf der Rechtsetzungsagenda der EG-Kommission. Art. 220 EWGV (1958) enthielt hierfür einen expliziten Regelungsauftrag für die Mitgliedstaaten. Vor diesem Hintergrund schrieb die EG-Kommission bereits im Jahre 1959:

2 Weitsichtig bereits *Hallstein*, RabelsZ 28 (1964), 211, 222 f.; *Ferid*, ZfRVgl. 1962, 193, 200 f.

3 Vgl. die Schilderung praktischer Missstände in der Mitteilung der EG-Kommission an den Rat und das Parlament vom 31.1.1997: Wege zu einer effektiven Vollstreckung von gerichtlichen Entscheidungen im Europäischen Binnenmarkt, ABl. C-33, S. 3 ff. Zu Gerechtigkeits- und Effizienzdefiziten bei grenzüberschreitenden Zivilverfahren vgl. *Huber*, Entwicklung transnationaler Modellregeln, S. 11 ff.

„Ein echter Binnenmarkt zwischen den sechs Staaten[4] wird erst dann verwirklicht sein, wenn ein ausreichender Rechtsschutz gewährleistet ist. Es wären Störungen und Schwierigkeiten im Wirtschaftsleben der Gemeinschaft zu befürchten, wenn die sich aus den vielfältigen Rechtsbeziehungen ergebenden Ansprüche nicht erforderlichenfalls auf dem Rechtswege festgestellt und durchgesetzt werden könnten. Da die Gerichtshoheit in Zivil- und Handelssachen bei den Mitgliedstaaten liegt und die Wirkungen eines gerichtlichen Aktes jeweils auf ein bestimmtes Staatsgebiet beschränkt bleiben, hängt der Rechtsschutz und damit die Rechtsicherheit im Gemeinsamen Markt wesentlich von der Annahme einer befriedigenden Regelung der Anerkennung und Vollstreckung gerichtlicher Entscheidungen durch die Mitgliedstaaten ab."[5]

Mit einer Verbalnote vom 22.10.1959, d.h. bereits wenige Monate nach dem Inkrafttre- 1.2
ten der Römischen Verträge, forderte die EWG-Kommission die Mitgliedstaaten auf, das von Art. 220, 4. Spiegelstrich EWGV[6] vorgesehene Anerkennungs- und Vollstreckungsübereinkommen auszuarbeiten. Hierüber verhandelte eine Expertengruppe fast acht Jahre lang außerhalb des institutionellen Rahmens des EWGV. Resultat war das am 1.3.1973 in Kraft getretene Brüsseler Übereinkommen vom 27.9.1968 (EuGVÜ).[7] Es löste die Kompetenzkonflikte zwischen den Zivilgerichten der Mitgliedstaaten durch ein einheitliches Zuständigkeitssystem auf, regelte die Rechtshängigkeit durch strikte Priorität und stellte die Urteilsfreizügigkeit, d.h. die erleichterte Anerkennung von Urteilen im Binnenmarkt her.[8] Auch nach seiner „Vergemeinschaftung" durch die VO 44/2001/EG seit dem 1.3.2002 (EuGVO aF) bilden dessen Regelungen den Kernbestand des Europäischen Zivilprozessrechts. Die Neufassung durch die VO 1215/2012[9] (EuGVO) führt diese Funktion fort.[10] Hauptaufgabe des „Europäischen Zivilprozessrechts" ist damals wie heute die Erleichterung der grenzüberschreitenden Prozessführung durch eine Koordinierung der autonomen (d.h. inhaltlich nicht harmonisierten) Prozessordnungen der inzwischen 27 EU-Mitgliedstaaten,[11] die unterschiedlichen

4 Gemeint waren die 6 EWG-Gründungsstaaten: Belgien, Deutschland, Frankreich, Italien, Luxemburg und die Niederlande.

5 Verbalnote der Kommission an die Mitgliedstaaten vom 22.10.1959, dazu *Droz*, Compétence judiciaire et effets des jugements dans le marché commun (1972), Nr. 11.

6 Die Vorschrift hat der Vertrag von Amsterdam (1998) aufgehoben.

7 Europäisches Gerichtsstands- und Vollstreckungsübereinkommen vom 27.9.1968, ABl. 1972 L 299, 32; BGBl. 1972 II, 774. Zur Entstehung des EuGVÜ vgl. *Droz*, Compétence judiciaire, Nr. 11–15.

8 So die Formulierung des EuGH in: EuGH, 10.2.1994, Rs. C-398/92, *Mund & Fester*, EU:C:1994:52, Rdn. 11, unter ausdrücklicher Hervorhebung der Zusammenhänge zwischen EuGVÜ und dem Binnenmarkt, dazu ausführlich unten § 3 II, Rdn. 3.8 und 3.14.

9 ABl. 2012 I 351/1 ff.

10 Dazu unten § 6, Rdn. 6.1 ff. Zur Rechtsentwicklung *Hess*, in: ders./Lenaerts (ed.), The 50th Anniversary (2020), S. 11, 14 ff.

11 Zur abgestuften Integration im Europäischen Zivilprozessrecht (insbesondere im Verhältnis zu Dänemark) vgl. unten § 2 I 2, Rdn. 2.27 ff.

Rechtskreisen zugehören.[12] Allerdings bewegen sich die rechtskulturell unterschiedlichen Prozessrechte der Mitgliedstaaten inzwischen deutlich aufeinander zu.[13]

1.3 Funktion und Eigenarten des Europäischen Zivilprozessrechts erschließen sich aus dessen systematischer Stellung im Europäischen Unionsrecht. Es ist zunächst Teil der Europäischen Integrationsordnung.[14] Die Integration der Mitgliedstaaten, d.h. eine immer engere Verzahnung der nationalen Wirtschafts-, Sozial- und Rechtsordnungen, ist primäre Zielsetzung der Europäischen Union. Diese bezweckt gemäß Art. 1 UAbs. 2 EUV eine „immer engere Union der Völker Europas".[15] Hinter dieser Zielsetzung steht das Konzept der funktionalen Integration.[16] Es bezweckt die Übertragung immer weiterer Politikbereiche auf die Europäische Union. Damit geht eine entsprechende Erweiterung der Unionskompetenzen einher.[17] Der Integrationsprozess formt dabei die Rechtsordnungen der Mitgliedstaaten um.[18] Nationales Recht wird zur Verwirklichung unionsrechtlicher Zielsetzungen in die Pflicht genommen, überkommene Rechtsinstitute werden durch neue Systembildungen überformt.[19] Aufgrund der Eigendynamik des Integrationsprozesses ersetzt vorrangiges Unionsrecht nationale Regelungen, sukzessiv werden weiterreichende Angleichungsmaßnahmen – quasi zwangsläufig – durchgeführt.[20]

1.4 Die Entwicklung des Binnenmarktes (Art. 26 II AEUV) wird durch die Prozesshaftigkeit und Eigendynamik der europäischen Integration verdeutlicht: In der Anfangs-

---

12 Zu unterscheiden sind die romanische Prozesstradition (insbesondere: Italien, Spanien, Portugal); der französische Prozess (Frankreich, Belgien, Luxemburg, Niederlande); das austro-germanische Prozessrecht (Deutschland, Österreich und viele mitteleuropäische Staaten nach Überwindung des „sozialistischen" Prozessrechts); Prozesskulturen des Common Law (England, Irland, Schottland) sowie die skandinavischen Prozessrechte (Dänemark, Schweden, Finnland, Baltische Staaten), Überblick bei *Stürner*, FS Schumann, S. 491 ff.; *Stadler*, BDGVR 42 (2007), 177, 180 ff., unten § 14 III, Rdn. 14.27 ff.

13 Diese Annäherung ist eine – durchaus handgreifliche – Folge der europäischen Prozessrechtsangleichung. Dazu unten § 14 III 1, Rdn. 14.21 ff.

14 *Pfeiffer*, in: Müller-Graff (Hrg.), Raum der Freiheit, S. 75, 91; dazu unten § 3 I, Rdn. 3.1 ff.

15 Politik- und Europawissenschaften bezeichnen das „Integrationsprinzip" als „Verfassungsgrundsatz" der Gemeinschaft; vgl. auch v. d. Groeben/Schwarze/*Hatje*, Art. 1 EUV, Rdn. 1 f.

16 Es setzt auf die Eigendynamik der angestoßenen Unionspolitiken, die die Übertragung immer weiterer Aufgaben auf die Union erfordert und eine entsprechende Erweiterung der Kompetenzen der Gemeinschaft impliziert, vgl. *König*, Die Übertragung von Hoheitsrechten, S. 34 ff.

17 Zu den unterschiedlichen Integrationstheorien vgl. *König*, Die Übertragung von Hoheitsrechten, S. 34 ff.

18 Die jeweils betroffenen Rechtsgebiete werden zunehmend von gemeinschaftsrechtlichen Vorgaben überlagert, dazu *Hess*, IPRax 2001, 389, 390 ff.

19 Derartige Integrationsprozesse haben zunächst das Zoll- und Abgaben-, dann das Verwaltungsrecht ganz allgemein erfasst. Seit den 1990er Jahren sind zunehmend das Zivil- und das Strafrecht betroffen, vgl. dazu § 5 IV 2, Rdn. 5.102 ff. sowie § 5 IV 4, Rdn. 5.118 ff. Derzeit wird das Integrationskonzept im Zusammenhang mit dem sog. „private enforcement" besonders deutlich, vgl. unten § 3 III 2, Rdn. 3.59 ff.

20 *Hess*, IPRax 2001, 389 ff.; ausführlich unten § 3 I, Rdn. 3.7 ff.

phase der Gemeinschaft wurden Binnenzölle und nichttarifäre Handelshemmnisse abgebaut. Später ging es um die Beseitigung technischer Handelshemmnisse, bald um die Vermeidung mehrfacher Zulassungs- und Kontrollverfahren im grenzüberschreitenden Waren- und Dienstleistungsverkehr. Inzwischen steht die Angleichung wettbewerbsbeschränkender Rechtsnormen des Privat- und Wirtschaftsrechts im Zentrum der europäischen Harmonisierungspolitik.[21] Der Vertrag von Amsterdam führte eine weitere, umfassende Gemeinschaftspolitik im Bereich der Personenfreizügigkeit ein. Sie führte zur Schaffung eines „Europäischen Raums der Freiheit, der Sicherheit und des Rechts", Art. 18, 61 ff. EGV (1998), in dem die Unionsbürger sich ohne Diskriminierung frei bewegen und aufhalten können.[22] Der Vertrag von Lissabon führt diese Entwicklung fort (Art. 20 f. AEUV) und hat die Kompetenzen der Union erweitert, vgl. Art. 67 und 81 AEUV.

Eine vergleichbare Entwicklung lässt sich im europäischen Zivilprozessrecht fest- 1.5
stellen: Das Brüsseler Gerichtsstandsübereinkommen koordinierte im ersten Integrationsschritt seit 1973 grenzüberschreitende Prozesse im Gemeinsamen Markt. Infolge der zunehmenden Verzahnung der Rechtsordnungen der Mitgliedstaaten und vor dem Hintergrund der deutlich angestiegenen Zahl internationaler Rechtstreitigkeiten entsprach der vom Brüsseler Übereinkommen erreichte Angleichungsstand der nationalen Prozessrechte seit den 1990er Jahren nicht mehr den Anforderungen eines einheitlichen Wirtschaftsraums.[23] Im teilharmonisierten europäischen Justizraum kam und kommt es zur offenen Konkurrenz der nationalen Justizplätze.[24] Gut informierte Prozessparteien, die von europaweit organisierten Anwaltskanzleien beraten werden, nutzen die weiten Gerichtsstände und Anerkennungspflichten des Europäischen Prozessrechts ebenso wie die unterschiedlich effektiven Prozessordnungen der Mitgliedstaaten zu ihrem Vorteil aus – *forum shopping* prägt die Prozessführung im Binnenmarkt.[25] Das Harmonisierungsgefälle zwischen den Mitgliedstaaten begünstigt zudem (bisweilen arglistiges) Taktieren im grenzüberschreitenden Prozess; es erschwert die grenzüberschreitende Rechtsdurchsetzung.[26]

Dies verdeutlichen die folgenden Beispiele: Wer als Schuldner den Erlass eines 1.6
Urteils verhindern will, ist gut beraten, in Italien oder Belgien eine negative Feststel-

21 *Kotuby*, NILR 48 (2001), 1, 6 ff.; *Muir Watt*, in: Cafaggi (ed.), The Institutional Framework, S. 107, 110 ff.

22 Vgl. Art. 3 II und III EUV (in der Fassung des Vertrags von Lissabon), dazu unten § 2 I 2, Rdn. 2.7 ff.

23 Dazu unten § 3 I, Rdn. 3.8 ff.

24 *Muir Watt*, FS Lagarde, S. 615, 618 ff.; plastische Schilderung (im Zusammenhang mit einer Patentverletzungsklage) bei *Patten, J.* in: *Affymetrix Inc. v. Multilyte Ltd* [2005] ILPr. 34 (Parallelverfahren in England, Deutschland und den USA).

25 Schilderung des Phänomens bereits bei *Hess*, JZ 1998, 1021 ff.; *McGuire*, ZfRV 2005, 83, 86 ff.; zu vergleichbaren Entwicklungen im Strafrecht vgl. *Schlosser*, RdC 284 (2000), 25, 34 ff.; *Vogel*, Perspektiven des internationalen Strafprozessrechts (2005), S. 1, 42.

26 Dazu *Vareilles-Sommières*, Mélanges Mouly, S. 437 ff.

lungsklage zu erheben: Ein dort anhängiges Verfahren blockiert – wegen der schwergängigen italienischen und belgischen Justizsysteme – die drohende Zahlungsklage des Gläubigers oft jahrelang.[27] Das englische Prozessrecht eröffnet weit reichende Möglichkeiten, um Informationen über Vermögensverschiebungen des Schuldners zu erlangen,[28] es ermöglicht zudem die weltweite Beschlagnahme des Schuldnervermögens.[29] Vor dem Brexit hatte London sich zwischenzeitlich als gläubigerfreundlicher und zugleich teurer Justizstandort in Europa etabliert.[30] Im gewerblichen Rechtsschutz wurden europaweit vollstreckbare Unterlassungsverfügungen (vgl. Art. 35 EuGVO) häufig vor deutschen und niederländischen Gerichten erwirkt, bis der EuGH diese Rechtsprechungspraxis beendete.[31] Vorläufige Zahlungsanordnungen (référé provision,[32] kort geding[33]) kennen vor allem das französische, das belgische, das luxemburgische und das niederländische Recht. Derartige Anordnungen konnten zunächst ohne Bindung an das europäische Zuständigkeitssystem erlangt und gemeinschaftsweit vollstreckt werden,[34] bis der EuGH die Urteilsanerkennung einschränkte.[35] Die KontenpfändungsVO (VO 655/2014) eröffnet heute als Alternative ein eigenständiges, europäisches Arrestverfahren.[36] Die fehlende Schlüssigkeitskontrolle im deutschen Mahnverfahren lässt sich zur Erwirkung eines europaweit vollstreckbaren Titels nutzen – das Auslandsmahnverfahren erlaubt auch den Zugriff auf den ausländischen Schuldner.[37] Inzwischen hat jedoch die VO 1896/2006/EG ein einheitliches Mahnverfahren geschaffen.[38] Rechtspolitisch ist eine Herausnahme der

---

27 EuGH, 6.6.2002, Rs. C-80/00, *Italian Leather*, EU:C:2002:342; zurückhaltend jedoch EuGH, 9.12.2003, Rs. C-116/02, *Gasser*, EU:C:2003:657.

28 Vgl. *Hess*, Study JAI A3/02/2002 on Making More Efficient the Enforcement of Judicial Decisions within the European Union, S. 46 ff.

29 Sog. „*freezing injunction*" (25 C.P.R.), dazu *Zuckerman*, Civil Procedure, S. 263 ff.; *Grunert*, Die „world-wide"-Mareva, S. 47 ff.; zur Anerkennung in Frankreich nach Art. 32 EuGVO vgl. C.Cass., 30.6.2004, Rev. Crit. 2004, 815 (*Muir Watt*), unten § 6 V, Rdn. 6.277 ff.

30 *G. Wagner*, in: Eidenmüller (Hrg.), Regulatory Competition, S. 337, 401 ff. Dieser Standortvorteil wird mit dem Brexit entfallen, dazu unten § 5 III, Rdn. 5.82 ff.

31 Der EuGH, 13.7.2006, Rs. C-4/03, *GAT*, EU:C:2006:457, Rdn. 19; EuGH, 13.7.2006, Rs. C-539/03, *Roche Nederland*, EU:C:2006:458, Rdn. 39, ist diesen Praktiken entgegen getreten, dazu unten § 6 II, Rdn. 6.142.

32 Art. 809 II, 849 II c.p.c., *Vareilles-Sommières*, Rev. crit. 85 (1996), 397, 412 ff.

33 *Eilers*, Maßnahmen des einstweiligen Rechtsschutzes im europäischen Zivilrechtsverkehr (1991), S. 120 ff.

34 Art. 24 EuGVÜ/35 EuGVO verweisen unbesehen auf die autonomen Zuständigkeitsrechte der Mitgliedstaaten, dazu unten § 6 V, Rdn. 6.277 ff.

35 EuGH, 17.11.1998, Rs. C-391/95, *van Uden*, EU:C:1998:543, Rdn. 40, 47.

36 Dazu unten § 10 IV 2, Rdn. 10.124 ff.

37 *Hess*, FS Geimer I, S. 339, 351 f., unten § 10 II, Rdn. 10.89 ff.

38 Dazu unten § 10 II, Rdn. 10.51 ff.

heterogenen, nationalen Mahnverfahren aus der Urteilsfreizügigkeit nach Art. 39 ff. EuGVO einzufordern.[39]

Auf derartige Wettbewerbsverzerrungen muss der europäische Gesetzgeber reagieren, wenn er einen funktionierenden Rechts- und Wirtschaftsraum vorhalten will. Der Amsterdamer Vertrag (1998) bewirkte eine grundsätzliche Wende: Er wertete die Vereinheitlichung des grenzüberschreitenden Zivilprozessrechts zu einem eigenständigen Politikbereich der Gemeinschaft auf und ersetzte in den Art. 61, 65 ff. EGV die frühere zwischenstaatliche Kooperation der Mitgliedstaaten durch effiziente Rechtsetzungsbefugnisse.[40] Seit dem 1.5.1999[41] hat das Europäische Prozessrecht einen veränderten Stellenwert erlangt – es übernahm zwischenzeitlich sogar eine Vorreiterrolle im europäischen Harmonisierungsprozess.[42] Der Gemeinschaftsgesetzgeber verwirklicht eine eigenständige, europäische Justizpolitik: In ihrem ersten Jahrzehnt (1999-2009) wurde eine Fülle neuer Rechtsakte im internationalen Zivilprozessrecht erlassen,[43] dabei übertrug er allgemeine Harmonisierungskonzepte des Unionsrechts auf das Zivilverfahrensrecht. Die rechtspolitischen Schlagwörter lauten: wechselseitiges Vertrauen in die Gleichwertigkeit der Justizsysteme, gegenseitige Anerkennung von Verfahrensakten,[44] Ermöglichung des „Zugangs zum Recht im Binnenmarkt".[45] Der Unionsgesetzgeber blieb bei diesem Integrationsschritt jedoch nicht stehen: Eine zweite Generation von Prozessrechtsakten hat inzwischen in sektoriellen Bereichen eigenständige Zivilverfahren geschaffen.[46] Diese regeln (vordergründig) neben den nationalen Prozessrechten lediglich grenzüberschreitende Konstellationen. Zugleich enthalten diese Rechtsakte jedoch vom legislativen Anspruch her ein „modernes" Prozessrecht, das die nationalen Verfahrensrechte aufgrund seiner Qualität zur Anpassung zwingen soll.[47] So gesehen übt das Europäische Zivilverfahrensrecht einen beachtlichen Anpassungs- und Modernisierungsdruck aus – auch wenn das Europäische Prozessrecht selbst nicht immer von handwerklichen Mängeln frei ist. 1.7

39 Dazu unten § 14 IV 1, Rdn. 14.44, insbesondere Fn. 198.

40 Zum sog. „Säulenwechsel" durch den Amsterdamer Vertrag vgl. unten § 2 I, Rdn. 2.6 ff.

41 Datum des Inkrafttretens des Amsterdamer Vertrages.

42 So *Stadler*, BerDGVR 42 (2007), 175, 179.

43 Vgl. hierzu den Bericht der EG-Kommission über die Umsetzung des Programms von Tampere vom 2.6.2004, KOM (2004) 401 endg. sowie die Evaluation des Haager Programms, KOM (2009) 263 endg. vom 10.6.2009, S. 97 ff.

44 *Hess*, IPRax 2001, 389, 391 ff., unten § 3 II, Rdn. 3.21 ff.

45 Dieses Konzept wurde aus der Verbraucherpolitik (sowie aus der Prozessrechtsdiskussion der 1970er Jahre) entlehnt, vgl. unten § 3 III, Rdn. 3.53 ff.

46 Besonders augenfällig ist die VO 861/07/EG, die ein eigenständiges Erkenntnis- und Rechtsdurchsetzungsverfahren in Bagatellsachen vorhält, vgl. unten § 10 III, Rdn. 10.93 ff.

47 Der praktische Erfolg blieb durchaus unterschiedlich: Die rechtspolitisch unprätentiöse Mediations-RL (unten § 12 II, Rdn. 12.5) hat ungleich mehr nationale Rechtsakte ausgelöst als die ambitiöse Bagatell-VO (unten § 10 III, Rdn. 10.95 ff.).

1.8 Die „Vergemeinschaftung" des internationalen Verfahrensrechts wird in der Rechtswissenschaft nicht nur unkritisch gesehen[48] – sie stößt bisweilen auf offene Ablehnung.[49] Man kritisiert die übermäßige Eile der Rechtsetzungsvorhaben, ohne dass der jeweilige Handlungsbedarf konkret nachgewiesen würde.[50] Die „technokratische Rechtsetzung in Brüssel" wolle durch neue Rechtsakte vermeintliche „Integrationserfolge" erzielen, sie berücksichtige nicht hinreichend die spezifischen Bedürfnisse des Internationalen Verfahrensrechts. Diese Kritik zielt auf die Übertragung allgemeiner gemeinschaftsrechtlicher Regelungskonzepte auf das Internationale Zivilverfahrensrecht.[51] Beklagt wird die (behauptete) „Wissenschaftsferne" der Brüsseler Behörden. Die ersten Rechtsakte, welche unter dem Amsterdamer Vertrag erlassen wurden, verzichtete weitgehend auf eine wissenschaftliche Vorbereitung und Begleitung – gerade hierin bestand hingegen noch die besondere Stärke des Brüsseler Übereinkommens.[52] Die erlassenen Regelungen seien (daher) zu kompliziert und blendeten zudem das Kollisionsrecht weitestgehend aus.[53] Schließlich wird bedauert, dass sich das Europäische Zivilverfahrensrecht sowohl vom innerstaatlichen Zivilprozess als auch von den Vorschriften im Verhältnis zu Drittstaaten loslöse.[54] Denn die Regionalisierung des Europäischen Prozessrechts bedeutet eine Abkehr vom „Ideal eines weltweiten Einheitskollisions- und -prozessrechts".[55]

48 *Linke*, FS Geimer, S. 529 ff.; *Stadler*, BerDGVR 42 (2007), S. 175, 179 („zu hohes Tempo bei schlechter Qualität"). Die jüngere Kritik erscheint angesichts der Abnahme des Tempos der Rechtsetzung abgewogener, vgl. etwa *Leible*, FS Gottwald (2014), S. 381, 388 ff.

49 Die Kritik wird auch in den Nachbarländern geteilt, vgl. etwa *Bolard*, in: Douchy-Oudot, Le visage inconnu, S. 181 ff.; *Jeuland*, in: ders./Leroyer (ed.), Quelle cohérence, S. 105, 110, konstatiert „une sorte de supermarché judiciaire".

50 Deutlich *Schack*, RabelsZ 65 (2001), 615, 618: „Das Funktionieren des Binnenmarktes wird durch die Freizügigkeit von Scheidungsurteilen nicht verbessert." Zu den – nicht zu leugnenden – Bezügen zwischen Eherecht und Personenfreizügigkeit vgl. jedoch unten § 3 II, Rdn. 3.24.

51 Hier geht es vor allem um das Konzept der wechselseitigen Anerkennung und das Herkunftslandprinzip. Dazu unten § 3 II, Rdn. 3.21 ff.

52 Das EuGVÜ und die jeweiligen Beitrittsabkommen wurden jeweils von einer Expertengruppe vorbereitet, zur Erläuterung ein wissenschaftlicher Bericht verfasst, vgl. insbesondere *Jenard*, Bericht zu dem Übereinkommen über die gerichtliche Zuständigkeit und die Vollstreckung gerichtlicher Entscheidungen in Zivil- und Handelssachen, ABl. EG 1979 C 59; *Schlosser*, Bericht zum 1. Beitrittsübereinkommen (1978), ABl. EG 1979 C 59; *Kerameus/Evigrinis*, Bericht über den Beitritt der Republik Griechenland zum EG-Übereinkommen über die gerichtliche Zuständigkeit und die Vollstreckung gerichtlicher Entscheidungen in Zivil- und Handelssachen, ABl. EG 1986 C 298, 1 f.; *de Almeida Cruz/Desantes Real/Jenades*, Bericht zu dem Übereinkommen über den Beitritt des Königreichs Spanien und der Portugiesischen Republik zum Übereinkommen über die gerichtliche Zuständigkeit und die Vollstreckung gerichtlicher Entscheidungen in Zivil- und Handelssachen, ABl. EG 1990 C 189, 35–56.

53 *Kohler*, NJW 2001, 14 f.; *Schack*, RabelsZ 65 (2001), 615, 633.

54 Warnend etwa *Kerameus*, RabelsZ 63 (2002), 1 ff.; ausführlich unten § 5 I 1, Rdn. 5.1 ff.

55 Dies wird im Hinblick auf die früheren Harmonisierungsbestrebungen im Rahmen der Haager

Einige Äußerungen zur Rechtsetzung der Union im Internationalen Prozessrecht waren zwar von der Tendenz her überzogen, andere Kritikpunkte hingegen durchaus berechtigt: Qualitative Probleme stellten sich vor allem in der Anfangsphase der neuen EU-Kompetenz.[56] Die Verabschiedung neuer Rechtsakte wurde unmittelbar nach 1999 *per se* als „politischer Erfolg" verkündet, ohne dass die Rechtsetzungsakte und Regelungskonzepte hinreichend in der politischen oder gar wissenschaftlichen Öffentlichkeit diskutiert worden wären. Eine vertiefte Diskussion war wegen des hohen Tempos der Rechtsetzung praktisch nicht möglich.[57] Auf diese Kritik hat die Europäische Gemeinschaft (auf Initiative der EU-Kommission) inzwischen reagiert. Bereits das Haager Rechtsetzungsprogramm vom November 2004[58] setzte einen inhaltlichen Schwerpunkt auf die Evaluation (und inhaltliche Nachbesserung) der erlassenen Rechtsakte. Zwischenzeitlich wurde das Kollisionsrecht mit Priorität vereinheitlicht.[59] Das Programm von Stockholm (2009) setzte hingegen einen inhaltlichen Schwerpunkt auf die Evaluation der erlassenen Rechtsakte im Europäischen Prozessrecht. Noch deutlicher setzte im Jahr 2014 die EU Justice Agenda 2020 auf eine Evaluation und Konsolidierung der bisher erlassenen Rechtsakte. Die Verlangsamung der Rechtsetzung dokumentieren die neuen Arbeitsprogramme der Kommission im Bereich der „Civil Justice": Im Vordergrund stehen die Evaluation und Überarbeitung bestehender Rechtsakte sowie die Schulung von Richtern und anderen Rechtsberufen, die die Unionsrechtsakte anwenden und umsetzen sollen.[60] Momentan gibt es keinen Aktionsplan.[61] **1.9**

Manche Kritik an der Rechtsetzungstätigkeit der Union erscheint vor dieser zwischenzeitlichen Entwicklung durchaus übertrieben. So war beispielsweise der Abschied von den Staatsverträgen durchaus verschmerzbar. Denn unbestreitbar waren die völkerrechtlichen Konventionen, mit denen das Europäische Prozessrecht bis zum Jahre 1998 vereinheitlicht wurde, ineffiziente und unflexible Regelungsin- **1.10**

Konferenz beklagt, vgl. *Basedow*, FS Lorenz, S. 463, 467 ff.; dazu auch *R. Wagner*, RabelsZ 70 (2009), 216, 235 ff.

56 Dazu bereits *Hess*, JZ 2001, 573, 580.

57 Allerdings waren die nationalen, rechtspolitischen Diskursforen zunächst nicht bereit, sich an der europäischen Diskussion zu beteiligen. Inzwischen hat sich die Diskussionskultur an die veränderten Rahmenbedingungen angepasst.

58 Schlussfolgerungen der niederländischen Ratspräsidentschaft vom 5./6.11.2004, Dok. 14292/04 CONCL vom 5.11.2004, dazu *Wagner*, IPRax 2005, 66 ff.

59 Dazu unten § 5 IV, Rdn. 5.91 ff.

60 Sog. Stockholmer Nachfolgeprogramm: The EU Justice Agenda for 2020: Strengthening Trust, Mobility and Growth within the European Union, COM (2014) 144 final, dazu *R. Wagner*, ZEuP 23 (2015), 1, 2. Der Europäische Rat beschränkte sich auf die Formulierung allgemeiner Leitlinien.

61 Stand: 1.8.2020.

strumente.[62] Auch der Vorwurf übermäßiger „Beschleunigung" speziell an die Adresse der EU-Kommission[63] erscheint durchaus unfair, da auch der Rat (sprich: die Regierungen der Mitgliedstaaten)[64] und das Europäische Parlament die Integration im Bereich Justiz und Inneres nachhaltig vorantreiben.[65] Auf die Kritik an der „unwissenschaftlichen" Vorbereitung der EU-Rechtsakte ist zu erwidern, dass manche Regelungskonzepte der Prozess- und Kollisionsrechtswissenschaft aus rechtspraktischer Perspektive zu kompliziert und zugleich zu kostenintensiv sind.[66] Schließlich hemmte die nationalen Rechtswissenschaften viel zu lange ein verbreitetes Desinteresse am Europäischen Prozessrecht und an der Prozessrechtsvergleichung.[67] Freilich hat sich die Situation seit den 1990er Jahren geändert. Die wissenschaftliche Diskussion und die dogmatische Fundierung des Europäischen Privat- und Verfahrensrechts sind heute auch im Verfahrensrecht in vollem Gang.[68] Inzwischen greift auch die EU-Kommission regelmäßig auf wissenschaftliche Expertise zurück. Neuere Rechtsetzungsakte haben rechtsvergleichende Studien vorbereitet, Korrekturen der Rechtsakte werden von rechtstatsächlichen Studien begleitet.[69] Inzwischen hat sich die rechtspolitische Diskussion, die vor allem kurz nach dem Inkrafttreten des Ams-

---

62 Anders *Linke*, FS Geimer, S. 529, 552. Wie hier *Basedow*, CMLR 37 (2000), 687, 688; *Kennett*, Enforcement of Judgments, S. 13. Leider bewirkt inzwischen die abgestufte Integration im europäischen Prozessrecht eine vergleichbare Fragmentierung, dazu unten § 2 I 1, Rdn. 2.27 ff.

63 *Schack*, ZEuP 1999, 805, 809. Polemisch Rauscher/*Rauscher*, Einf. EG-MahnVO, Rdn. 44 („Man kann nur hoffen, dass die Kommission (...) mit Übertreibung zentralistischer Zielsetzungen letztlich Widerstände gegen das gesamte Grundanliegen des EuZPR schürt.")

64 *R. Wagner*, RabelsZ 70 (2009), 216, 236 f. (zu Initiativen der französischen Ratspräsidentschaft (2008) im Familienrecht).

65 Dazu bereits *Hess*, JZ 2001, 573, 578 ff. Das Initiativrecht für die Rechtsetzung steht nach Art. 7 II 1 EUV ausschließlich der Kommission zu, dazu *R. Wagner*, RabelsZ 79 (2015), 521, 525 f.

66 Dies dokumentiert der praktische Fehlschlag zahlreicher Konventionsentwürfe im IPR, Überblick bei *Basedow*, FS Lorenz, S. 463, 475.

67 Zum Problem vgl. *Leible*, in: Müller-Graff (Hrg.), Raum der Freiheit, S. 55, 72 f. Vgl. beispielsweise die wenig überzeugenden Diskussionen der Vereinigung der deutschen Zivilprozessrechtslehrer über die Vorschläge der „Storme"-Kommission für ein Europäisches Zivilprozessrecht, die sich überwiegend (und einseitig) am deutschen Regelungsmodell orientierte, berichtet von *Lenken*, ZZP 109 (1996), 337; dazu unten § 14 II, Rdn. 14.6 f.

68 Wegweisend: *Kennett*, Enforcement of Judgments, S. 61 ff.: „structural differences between systems of civil procedure".

69 Beunruhigend bleibt die Dominanz kommerzieller „think tanks" (wie etwa Deloitte) bei der Evaluation von Rechtsakten. Wenig überzeugend sind sog. „impact assessments", die (unter erheblicher Vereinfachung der Unterschiede in den EU-Mitgliedstaaten) den vorgeschlagenen Rechtsakten bisweilen erstaunliche Kosteneinsparungen prognostizieren. Beispiel: Die Annahme der Richtlinie über Mindeststandards für Zivilverfahren (vorgeschlagen vom EU-Parlament) sollte (angeblich) zu Kosteneinsparungen in den EU-Mitgliedstaaten in Höhe von 4,7 bis 7,9 Milliarden Euro pro Jahr (*sic!*) führen. Dazu unten § 14 II 3, Rdn. 14.14.

terdamer Vertrages hitzig geführt wurde, merklich beruhigt.[70] Dennoch bleibt aus der Sicht der Rechtswissenschaft das Desiderat einer Diskussion über die Fernziele der Rechtsangleichung bestehen.[71]

II. Typologie der Zivilverfahren

1. Inlands- und auslandsbezogenes Zivilprozessrecht

Auf den ersten Blick unterscheidet das (herkömmliche) Zivilprozessrecht nicht zwi- **1.11** schen Verfahren mit und solchen ohne Auslandsbezug.[72] Vielmehr gelten die unterschiedlichen Verfahrensarten der ZPO für In- und Ausländer gleichermaßen.[73] Leitbild des Zivilprozessrechts ist dabei der reine Inlandssachverhalt, d.h. der Prozess zwischen inländischen Parteien ohne Auslandsbezug.[74] Bei näherem Hinsehen zeigt sich allerdings rasch, dass die ZPO durchaus eine Vielzahl von Vorschriften enthält, die das Verhältnis zum Ausland gesondert regeln: sei es bei der Verfahrenseröffnung, nämlich bei der Zustellung ins Ausland,[75] der internationalen Zuständigkeit,[76] der Partei- und Prozessfähigkeit ausländischer Beteiligter,[77] den Einlassungsfristen[78] oder der Prozesskostensicherheit des ausländischen Klägers.[79] Besondere Regelungen finden sich auch für die Durchführung des Verfahrens mit Auslandsbezug,[80] sowie für die Abfassung von Urteilen, die im Ausland vollstreckt werden sollen (§§ 313a II Nr. 4, 313b III, 922 I 2 ZPO).[81] Daneben enthält die ZPO Regelungen, die nur bei Auslandsprozessen relevant sind, vor allem bei der Urteilsanerkennung (§§ 328, 722 f. ZPO). Die

---

70 Dazu *Schack*, FS Leipold (2009), S. 317, 334; *Leible*, FS Gottwald (2014), S. 381, 391 ff.; *Hess*, IJPL 6 (2016), 55, 70 ff.

71 Dazu unten § 14 IV 3, Rdn. 14.54 ff.

72 Zur allgemeinen Sinnhaftigkeit dieser Unterscheidung vgl. *v. Bar/Mankowski*, IPR, § 4 Rdn. 17 ff.

73 Die Situation in anderen europäischen Verfahrensrechten ist identisch. Allerdings schärft die rechtssystematische Zuordnung des internationalen Prozessrechts zum internationalen Privatrecht das Problembewusstsein für die Besonderheiten des „Auslandsprozesses", so beispielsweise die Regelung des italienischen IPR und IZVR (1995), dazu *Pocar*, IPRax 1997, 145.

74 Treffend *Huber*, Transnationale Modellregeln, S. 11 ff.

75 Vgl. insbesondere § 183 f. ZPO, dazu *Hess*, NJW 2001, 15 ff.

76 Vgl. insbesondere § 23 ZPO. Die ZPO (1877) kannte die Unterscheidung zwischen örtlicher und internationaler Zuständigkeit noch nicht, regelte freilich in zahlreichen Sondervorschriften das Verhältnis zwischen in- und ausländischen Gerichten abweichend von der örtlichen Zuständigkeit, *Schack*, IZVR, Rdn. 266 ff. (zur Doppelfunktionalität der örtlichen Gerichtsstände).

77 §§ 50, 55 ZPO, *Furtak*, Die Parteifähigkeit in Zivilverfahren mit Auslandsbezug (1995), S. 15 ff.; *Hess*, ZZP 112 (2004), 267, 269 ff.

78 § 274 III 2 ZPO, dazu BGH, NJW 1996, 2197.

79 § 110 ZPO, vgl. *Schütze*, RIW 1999, 10 (zu §§ 110 ff. ZPO aF).

80 Aufzählung bei *Hess*, JZ 1998, 1021, 1022 f.

81 Dazu *Schack*, IZVR, Rdn. 1033 mwN.

Einpassung des europäischen Zivilprozessrechts regelt seit dem 1.1.2004 das 11. Buch der ZPO (§§ 1076 ff. ZPO), um den Rechtsunterworfenen (Parteien, Gerichten) das Auffinden der Gemeinschaftsrechtsakte zu erleichtern und um das System und die Eigenarten des Europäischen Zivilprozessrechts zu verdeutlichen.[82] Die aufgezeigte „Dreiteilung" des Zivilprozessrechts hat inzwischen einen sichtbaren Niederschlag im deutschen Prozessrecht gefunden.[83]

1.12 Die überkommenen Vorschriften des IZVR schaffen für Zivilprozesse mit Auslandsberührung kein besonderes Verfahren, sondern halten für den jeweiligen Auslandsbezug Sonderregelungen vor. Sie modifizieren das normale Verfahren folglich nur insoweit, als der Auslandsbezug eine Abweichung vom „Normalprozess" erfordert: etwa bei der Klagezustellung an die Partei im Ausland, die eine Erweiterung der Einlassungsfristen erforderlich macht (§ 274 III 2 ZPO), oder bei der (erweiterten) Abfassung eines Urteils, das im Ausland vollstreckt werden soll (§ 922 I 2 ZPO). Es handelt sich dabei nicht um Kollisions-, sondern um auslandsbezogene Sachnormen.[84] Dementsprechend wird das Internationale Zivilprozessrecht als „Gesamtheit aller inländischen Normen" definiert, „die sich auf Prozessrechtsverhältnisse mit ausländischen Elementen beziehen".[85]

2. Der lex fori-Grundsatz und die Reichweite des Sonderprozessrechts für Auslandsbezüge

1.13 Diese Regelungstechnik hat ihre Ursache im sog. *lex fori*–Prinzip, einer ungeschriebenen kollisionsrechtlichen Anknüpfung. Danach wenden die Gerichte auch bei Verfahren mit Auslandsbezug immer ihr eigenes Prozessrecht an.[86] Seine Anwendung ist ein Gebot praktischer Vernunft: Die Anwendung ausländischen Prozessrechts würde die Prozessbeteiligten und die Gerichte schlicht überfordern.[87] Denn das Verfahrensrecht ist in besonderem Maß auf Vorhersehbarkeit und Verlässlichkeit angelegt. Allerdings schließt der *lex fori*-Grundsatz nicht aus, für grenzüberschreitende Verfahren ein besonderes Verfahrensrecht zu schaffen – gerade um den Parteien in derartigen,

82 Vgl. unten § 1 III, Rdn. 1.25.

83 Deutlich insbesondere § 183 ZPO (unterschiedliche Regelungen der grenzüberschreitenden Zustellung). § 97 I 2 FamFG stellt den Vorrang der europarechtlichen Vorschriften bei „Verfahren mit Auslandsbezug" ausdrücklich klar.

84 *Schack*, IZVR, Rdn. 8; *Geimer*, IZPR, Rdn. 319 ff.

85 So *Schack*, IZVR, Rdn. 10; ähnlich *Nagel/Gottwald*, IZPR, § 1, Rdn. 3. Das FamFG spricht im Abschnitt 9 von „Verfahren mit Auslandsbezug."

86 Dazu bereits *L. v. Bar*, Theorie und Praxis des Internationalen Privatrechts, Bd. 2 (2. Aufl. 1889), S. 358–362; aus neuerer Zeit *Jaeckel*, Zur Reichweite der *lex fori* bei Prozessen mit Auslandsbezug (1998), S. 27 ff.

87 Treffend *Geimer*, IZVR, Rdn. 322.

belastenden Situationen erhöhte Rechtssicherheit und einen „passgerechten" Prozess anzubieten. Derzeit gibt es ein derartiges allgemeines „Sonderprozessrecht" für internationale Rechtsstreitigkeiten nicht, die von Unidroit ausgearbeiteten Prinzipien für transnationale Zivilverfahren[88] haben sich international bisher nicht durchzusetzen vermocht.[89] Ein originäres, europäisches Zivilverfahren wird hingegen die künftige Patentgerichtsbarkeit anwenden.[90] Die sog. EU-Prozessrechtsakte der zweiten Generation enthalten hingegen spezielle Verfahren für grenzüberschreitende Streitigkeiten – dies gilt insbesondere für die EuMahnVO, die EuBagVO[91] und die EuUhVO.[92] Dass der Unionsgesetzgeber besondere grenzüberschreitende Verfahren schafft, liegt jedoch nicht an inneren Sachgründen, sondern an der begrenzten Reichweite der Unionskompetenz nach Art. 81 AEUV.[93]

Wegen des *lex fori*-Grundsatzes, der praktisch weltweit gilt,[94] erfasst das Interna- **1.14**
tionale Zivilverfahrensrecht die Besonderheiten des Auslandsbezugs vorwiegend auf der Ebene des Sachrechts. Dies erklärt die zahlreichen Sondervorschriften der ZPO zur Bewältigung von Auslandsbezügen. Viele der überkommenen Vorschriften haben dabei fremdenrechtlichen Charakter, d. h. sie knüpfen explizit an die Ausländereigenschaft der Prozesspartei oder der sonst involvierten Person (Zeuge) an. Kennzeichen solcher fremdenrechtlicher Regelungen ist ihr latent „diskriminierender Charakter": Die Verfasser der ZPO wollten vor allem inländische Rechtsunterworfene privilegieren. Ihnen sollte eine Rechtsverfolgung vor ausländischen Gerichten erspart, die Klage vor deutschen Zivilgerichten hingegen weitestgehend erleichtert werden.[95] Dieser fremdenrechtliche Charakter des ursprünglichen Internationalen Zivilverfahrensrechts hat „unfaire" Vorschriften zur Folge. Sie belasten die ausländische Partei nachhaltig, die zwar wie die inländische behandelt wird,[96] tatsächlich jedoch vordergründig formell Mehraufwand, Mehrkosten, und Rechtsunsicherheit in Kauf nehmen

88 American Law Institute/UNIDROIT, Principles and Rules of Transnational Civil Procedure (2005), dazu *Ferrand*, Revue de droit uniforme 2003, 397 ff.; *Stürner*, RabelsZ 69 (2005), 1 ff. Inzwischen erarbeiten Unidroit und das European Law Institute (u. a.) auf der Grundlage der ALI/Unidroit Principles ein europäisches Verfahrensmodellgesetz, dazu unten § 14 II 4, Rdn. 14.15 ff.

89 Ausführlich *Huber*, Entwicklung transnationaler Modellregeln, S. 49 ff. Anders etwa das UNCITRAL Modellgesetz zur internationalen Schiedsgerichtsbarkeit.

90 Dazu unten § 11 IV 2, Rdn. 11.116 ff., auch zu den evidenten Defiziten der Verfahrensvorschriften des Europäischen Patentgerichts.

91 Dazu unten § 10 II 3, Rdn. 10.51 ff. und § 10 III, Rdn. 10.93 ff.

92 Dazu unten § 7 V, Rdn. 7.135 ff.

93 Vgl. unten § 2 I, Rdn. 2.11 ff.

94 Nachweise bei *Nagel/Gottwald*, IZVR, § 1, Rdn. 42.

95 Dies erklärt beispielsweise die Regelung des § 23 ZPO, der die inländische Zuständigkeit an die Vermögensbelegenheit anknüpft, dazu *Pfeiffer*, Internationale Zuständigkeit, S. 620 ff. („Verfassungswidrigkeit des § 23 ZPO"). Besonders deutlich wird dieser Regelungsansatz bei der Prozesskostensicherheit ausländischer Kläger, § 110 ZPO.

96 *Gottwald*, in: Habscheid (Hrg.), Grundfragen des Zivilprozesses, S. 399.

muss, weil sie den Prozess vor einem fremden Gericht, in einer fremden Sprache und nach einem fremden Verfahrensrecht führen muss.[97] Dennoch ist ein solcher Regelungsansatz im Ausgangspunkt durchaus legitim, solange die nationalen Prozessordnungen nicht aufeinander abgestimmt sind.[98] Im europäischen Justizraum, einem teilharmonisierten Rechtsraum, erscheint ein derartiges Regelungskonzept hingegen prinzipiell verfehlt.[99]

1.15 Freilich führt auch das „klassische" internationale Zivilverfahrensrecht das aufgezeigte Regelungskonzept nicht uneingeschränkt durch. Zahlreiche diskriminierende Vorschriften – wie beispielsweise das Erfordernis der Prozesskostensicherheit des Ausländers (§ 110 ZPO[100]) – werden nur unter dem Vorbehalt der Gegenseitigkeit angewandt: Verhält sich der ausländische Staat „fremdenfreundlich", dann werden seine Staatsangehörigen wie Inländer behandelt. Das Gegenseitigkeitserfordernis beruht auf einer Konzeption des IZVR, die auf dem völkerrechtlichen Leitbild souveräner Staaten aufbaut. Es will die Staaten zum Abschluss von Rechtshilfeverträgen veranlassen.[101] Auf völkerrechtlicher Ebene existiert hierfür ein internationaler Regelungsrahmen. Denn zahlreiche internationale Organisationen erleichtern und koordinieren die Zusammenarbeit in Zivil- und Handelssachen.[102] Seit dem Ende des 19. Jahrhunderts hat insbesondere die Haager IPR-Konferenz[103] zahlreiche Rechtshilfeverträge ausgearbeitet. Sie ersetzen die nationalen fremdenrechtlichen Vorschriften durch Regelungen, die auf der Gegenseitigkeit zwischen den Vertragsstaaten beruhen und eine Inländerbehandlung der jeweiligen Staatsangehörigen vorschreiben.[104] Heute besteht ein dichtes Netz von völkerrechtlichen Verträgen zur Erleichterung des internationalen Rechts(hilfe)verkehrs.

---

97 Zur Prozessführungslast in internationalen Verfahren sowie zur Doppelfunktionalität der Gerichtsstände der ZPO treffend BGHZ 44, 46, 47; ausführlich *Pfeiffer*, Internationale Zuständigkeit, S. 80 ff.

98 Zur Zeit der Herausbildung des internationalen Zivilverfahrensrechts kam eine Überbetonung des nationalen Souveränitätsverständnisses hinzu.

99 Dazu unten § 3 I, Rdn. 3.2 ff.

100 Einen ausdrücklichen Gegenseitigkeitsvorbehalt enthält § 110 ZPO nicht, wohl aber die Befreiung aufgrund völkerrechtlicher Übereinkommen, § 110 II Nr. 1 ZPO.

101 Ausführlich *Martiny*, in: Hdb IZVR III/1, Rdn. 1183 ff.; *Basedow*, IPRax 1994, 183, 186; *Nagel/Gottwald*, IZVR, Rdn. 33 f. und 54 f.; *Pfeiffer*, RabelsZ 55 (1991), 734, 745–749 (auch zu anderen Deutungen der Gegenseitigkeit).

102 Insbesondere die Haager IPR-Konferenz, der Europarat, Unidroit und UNCITRAL, unten § 5 II 2 und 3, Rdn. 5.50 ff. Die Commission Internationale de l'Etat Civil hat wegen der parallelen Rechtsetzung der EU ihre Daseinsberechtigung weitgehend verloren, dazu unten § 5 II 3, Rdn. 5.78 ff.

103 Unten § 5 II 2, Rdn. 5.50 ff. *Schack*, Hundert Jahre Haager IPR-Konferenz: Ihre Bedeutung für die Vereinheitlichung des IPR, RabelsZ 57 (1993), 224. Zur Mitgliedschaft der Europäischen Union in der Haager Konferenz vgl. unten § 2 III 4, Rdn. 2.81 ff.

104 In diesem Zusammenhang waren vor allem die Haager Übereinkommen zum Zivilprozess wichtig, *Schack*, RabelsZ 57 (1993), 224, 226 ff.

Ein nachteiliges Ergebnis der unkoordinierten, völkerrechtlichen Rechtsvereinheitlichung ist die Unübersichtlichkeit des IZVR aufgrund der zahlreichen bi- und multilateralen Rechtshilfeverträge. Sie binden jeweils nur die beteiligten Vertragsstaaten im Rahmen ihres begrenzten, sachlichen Anwendungsbereichs.[105] Intertemporale Probleme treten hinzu: Bei multilateralen Konventionen werden die jeweiligen Revisionen keineswegs von allen Vertragsstaaten gleichzeitig im Wege der Ratifikation, sondern sukzessiv übernommen – mit der Folge unterschiedlich geltender Vertragsfassungen. Die Unübersichtlichkeit des internationalen Zivilverfahrensrechts kostet Parteien und Gerichte nicht nur Zeit und Geld, sondern bewirkt Fehleranfälligkeit und birgt damit letztlich Prozessrisiken.[106] 1.16

Fasst man die Entwicklung zusammen, so lässt sich festhalten, dass das Zivilverfahrensrecht trotz fehlender Sonderverfahren für Prozesse mit Auslandsberührungen zwischen dem Inlandsprozess als Regeltypus und dem Prozess mit Auslandsbezügen als abweichendem Verfahrenstyp unterscheidet. Letzteres beruht auf einer Vielzahl von punktuellen Einzelvorschriften. Kennzeichen des Internationalen Zivilverfahrensrechts ist die Modifikation des herkömmlichen Zivilprozesses durch eine verstärkte Ermessensfreiheit des erkennenden Gerichts. Dieses kann – gerade auf der Ebene der prozessleitenden Verfügungen, etwa durch eine Erweiterung von Einlassungsfristen – dafür sorgen, dass die Besonderheiten des Auslandsbezuges durch eine flexible Verfahrenshandhabung bewältigt werden. So gesehen erscheint das Zivilprozessrecht zweigeteilt: Neben das Verfahrensrecht für reine „Inlandsprozesse" tritt das Verfahrensrecht für „Prozesse mit Auslandsberührung".[107] 1.17

III. Binnenmarktprozess und (innerstaatlicher) Zivilprozess im europäischen Umfeld

1. Internationales Verfahrensrecht unter dem Einfluss des Unionsrechts

Die Verzahnung des Internationalen Verfahrensrechts mit dem Europäischen Gemeinschaftsrecht wurde in den 1990er Jahren deutlich. Dieser Bewusstseinswandel war auf mehrere Ursachen zurückzuführen. Zum einen bewirkte die Vollendung des Bin- 1.18

105 Zur Situation in Frankreich, wo die Zahl der bilateralen Abkommen ungleich größer ist als in Deutschland, vgl. *Loussouarn/Bourel/Vareilles-Sommières*, Droit International Privé (2013), Rdn. 684 f.; die Fehleranfälligkeit in der Praxis belegt eindrucksvoll eine rechtstatsächliche Untersuchung von *Niboyet/Sinopoli*, GazPal. 2004, 1739 ff. (Auswertung von 1390 unveröffentlichten Entscheidungen französischer Instanzgerichte zum EuGVÜ und autonomen Recht zwischen 1999 und 2001). AA *Kreuzer*, FS Kropholler, S. 129, 132 – der Abschluss von bilateralen Staatsverträgen zwischen EU-Mitgliedstaaten sei „zweckmäßig" und „der Rechtssicherheit [in der Union] nicht abträglich."

106 Deutlich *Linke/Hau*, IZVR, Rdn. 3 ff.

107 Grundlegend *Hess*, JZ 1998, 1021, 1022 ff.

nenmarktes (zum 31.12.1992) ein massives Ansteigen des innergemeinschaftlichen Handels. Damit kam es zu einer Zunahme von grenzüberschreitenden Rechtsstreitigkeiten.[108] Zeitgleich machte die EG-Kommission den „wettbewerbsverzerrenden Charakter der nicht harmonisierten Prozessrechte" zu einem Thema europäischer Rechtspolitik.[109] Das Europäische Parlament hatte bereits zuvor eine rechtsvergleichende Studie über die Möglichkeiten zur Schaffung eines Europäischen Zivilprozessgesetzes in Auftrag gegeben. Die Ergebnisse wurden als Richtlinienvorschlag im Jahre 1993 publiziert und (zunächst) in der Rechtswissenschaft überwiegend ablehnend diskutiert.[110]

1.19 Als wesentlicher Motor erwies sich jedoch in dieser Phase die Rechtsprechung des Europäischen Gerichtshofs. Der EuGH entschied in den 1990er Jahren mehrfach, dass fremdenrechtliche Vorschriften der nationalen Zivilprozessrechte mit den Diskriminierungs- und Beschränkungsverboten des Gemeinschaftsrechts nicht vereinbar waren. Dabei entwickelte der Gerichtshof eine klare Linie: Diskriminierungen in den nationalen Prozessrechten, die an die Staatsangehörigkeit der ausländischen Partei anknüpfen, sind mit den Grundfreiheiten nicht zu vereinbaren.[111] Aus diesem Grund war insbesondere die Prozesskostensicherheit für ausländische Kläger aus anderen EG-Mitgliedstaaten nicht mehr zu halten.[112] Größere Zurückhaltung zeigt der EuGH hingegen bei der Kontrolle nationaler Zivilprozessnormen an den Beschränkungsverboten der Marktfreiheiten. Zwar sind nationale Vorschriften, die die grenzüberschreitende Prozessführung im Binnenmarkt behindern, an den Beschränkungsverboten der Marktfreiheiten zu messen.[113] Der EuGH räumt jedoch im Rahmen der Verhältnismäßigkeitsprüfung den nationalen Gesetzgebern eine Einschätzungsprärogative ein.[114] Weit reichende Vorschläge zum „Abbau prozessualer Hindernisse im Binnen-

---

108 Allerdings korreliert die Zahl der grenzüberschreitenden Zivilverfahren nicht ansatzweise mit dem Handelsvolumen, vgl. *Hess/Pfeiffer/Schlosser*, The Brussels I Regulation, Rdn. 39 ff.

109 Insbesondere die Mitteilung der Kommission ABl. EG vom 31.1.1998 C-33, S. 3 ff. Zu – unveröffentlichten – Studien des ZERP Bremen im Auftrag der Generaldirektion Verbraucherschutz vgl. *Furrer*, Zivilrecht im gemeinschaftsrechtlichen Kontext, S. 106 f.; *Gessner*, FS Reich, S. 363, 366 ff.; *Reich*, Bürgerrechte, S. 366 ff.

110 *Storme*, Approximation of Judiciary Laws (1994), dazu unten § 14 II 1, Rdn. 14.4 ff.

111 EuGH, 1.7.1993, Rs. C-20/92, *Hubbard./.Hamburger*, EU:C:1993:280; Zusammenstellung der frühen Rechtsprechung bei *Tönsfeuerborn*, Einflüsse des Diskriminierungsverbots und der Grundfreiheiten der EG auf das nationale Zivilprozessrecht (2002), S. 35 ff., dazu unten § 4 I, Rdn. 4.2 ff.

112 Vgl. die Neufassung des § 110 ZPO (1998), dazu *H. Roth*, in: ders./Müller-Graff (Hrg.), Recht und Rechtswissenschaft, S. 351, 366. Der BGH hat den § 110 ZPO nF – folgerichtig – auf laufende Verfahren angewendet, BGH, 13.12.2000, MDR 2001, 468.

113 EuGH, 12.12.1996, Rs. C-3/95, *Reisebüro Broede./.Sandker*, EU:C:1996:487, dazu *Kohler*, ZEuP 1997, 1030, 1044 ff.; *Hess*, JZ 1998, 1021, 1023 f.; EuGH, 11.12.2003, Rs. C-289/02, *AMOK*, EU:C:2003:669.

114 EuGH, 22.6.1999, Rs. C-412/97, *ED*, EU:C:1999:324, ablehnend *W.H. Roth*, in: Baur/Mansel, Systemwechsel, S. 51 f.

markt“ übernahm der Gerichtshof hingegen nicht.[115] Vielmehr gilt der Grundsatz prozessualer Autonomie der EU-Mitgliedstaaten;[116] die Anwendung der nationalen Verfahrensrechte bei der Durchsetzung des Unionsrechts erfolgt freilich unter den Vorbehalten von Nichtdiskriminierung und Effektivität.[117]

Weitere, oft eher reflexartige Einwirkungen auf die nationalen Prozessrechte ergaben sich aus verschiedenen Rechtsakten des Sekundärrechts. Hier ist bisher kein kohärentes Konzept der Europäischen Union erkennbar.[118] Einzelne Richtlinien zur Angleichung der materiellen Privat- und Wirtschaftsrechte schreiben ergänzende Mindestharmonisierungsmaßnahmen im Bereich des Verfahrensrechts vor[119] oder modifizieren zugleich punktuell das (internationale) Verfahrensrecht.[120] Diese Rechtsakte werden überwiegend auf die allgemeine Binnenmarktkompetenz (Art. 114 AEUV) gestützt.[121] Eingriffe in die nationalen Prozessrechte erfolgen häufig punktuell oder sektoriell, beispielsweise zur effektiven Durchsetzung gewerblicher Schutzrechte.[122] Inzwischen strebt die EU-Kommission jedoch rechtsgebietsübergreifende Rechtsakte im Bereich des kollektiven Rechtsschutzes an – folglich ist mit einer Zunahme des Sekundärrechts im Anwendungsbereich der „innerstaatlichen“ Zivilverfahrensrechte zu rechnen.[123] **1.20**

Zunehmende Bedeutung erlangen schließlich die Verfahrensgrundrechte (Art. 47 GRC, Art. 6 EMRK). Sie beeinflussen zunehmend die Interpretation der nationalen und europäischen Verfahrensvorschriften.[124] Über die Rechtsprechung der Gerichtshöfe in Straßburg und Luxemburg enthalten sie zudem prozessuale Mindeststandards, an denen nationale und gemeinschaftsrechtliche Verfahrensvorschriften zu messen sind.[125] Nach der Rechtsprechung des EuGH sind die Garantien der GR-Charta immer anzuwenden, wenn die Gerichte der Mitgliedstaaten über Unionsrecht entscheiden.[126] Die prozessualen Grundrechte entfalten Schrittmacher- und Koordinierungsfunktion. **1.21**

---

115 Weitsichtig bereits *M. Wolff*, Wege zu einem europäischen Zivilprozessrecht (1992), S. 35 ff.

116 Unten § 11 I 2, Rdn. 11.5 f.

117 Dazu unten § 11 I, Rdn. 11.7 ff.

118 Lesenswert: *Krans*, ERPL 2015, 567 ff.

119 Beispiel: Art. 5 RL 35/2000/EG zur Bekämpfung des Zahlungsverzugs im Geschäftsverkehr beinhaltet die Verpflichtung der Mitgliedstaaten, ein Verfahren zur beschleunigten Beitreibung von Geldforderungen einzuführen, nachdem ein Vollstreckungstitel binnen 90 Kalendertagen zu erstreiten ist, dazu unten § 10 II 2, Rdn. 10.49 ff.

120 Die neue Praxis kennt jedoch auch Harmonisierungsmaßnahmen mit weitreichenden Konsequenzen für die nationalen Verfahrensrechte, vgl. etwa Art. 6–8 der RL 2004/48/EG zur Durchsetzung der Rechte des geistigen Eigentums, unten § 11 II 3, Rdn. 11.32 ff.

121 Zu kompetenziellen Fragen vgl. unten § 2 II, Rdn. 2.41 ff.

122 Vgl. unten § 11 II, Rdn. 11.32 ff.

123 Dazu unten § 11 III, Rdn. 11.58 ff.

124 Zur Konstitutionalisierung vgl. unten § 3 III 3, Rdn. 3.64 ff.

125 *Hess*, in: Weller/Althammer (Hrg.), Prozessuale Mindeststandards (2015), S. 221, 227 f.

126 EuGH, 7.5.2013, Rs. C-617/10, *Åkerberg Fransson*, EU:C:2013:280, Rdn. 19 – seitdem st Rspr.

Sie ermöglichen die Formulierung prozessualer Mindeststandards jenseits konkreter Gesetzgebungsmaßnahmen im EU-Sekundärrecht, die zugleich die Auslegung der unionsrechtlichen Verfahrensvorschriften steuern.[127] In organisatorischer wie kompetenzieller Hinsicht war das Verhältnis zwischen dem EuGH und dem Europäischen Gerichtshof für Menschenrechte offen, als der EuGH den 2012 ausgehandelten Beitritt der Union zur EMRK für unvereinbar mit dem Unionsrecht erklärt hat.[128] Inzwischen haben jedoch beide Gerichte über die sog. *Bosphorus*-Rechtsprechung ihr Verhältnis praktisch befriedet.[129]

1.22 Schließlich beeinflusst das Unionsrecht die überkommene Kooperation zwischen den Gerichten der Mitgliedstaaten bei der internationalen Rechtshilfe. Dies gilt zunächst für die Verordnungen 1393/07/EG[130] und 1206/01/EG über grenzüberschreitende Zustellungen und Beweisaufnahmen. Sie haben durch eine Standardisierung der Kommunikation und durch weit reichende Kooperationspflichten der Gerichte in den EU-Mitgliedstaaten die Rechtshilfe im Europäischen Justizraum nachhaltig effektuiert. Direkte Kommunikationswege zur Abhaltung gemeinsamer Videokonferenzen und zur unmittelbaren Verfahrenskoordination ermöglicht das europäische Insolvenzrecht.[131] Das Justizielle Netz in Zivilsachen[132] unterstützt die unmittelbare Kommunikation zwischen den Gerichten und Behörden der EU-Mitgliedstaaten. Im internationalen Familienrecht wurde die direkte Zusammenarbeit zwischen zentralen Behörden nachhaltig ausgebaut.[133] Schließlich verpflichtet Art. 4 III AEUV die Gerichte der Mitgliedstaaten zur wechselseitigen Kooperation, ohne dass nationale Souveränitätsvorbehalte geltend gemacht werden könnten.[134]

1.23 Der Überblick verdeutlicht, wie sehr die nationalen Zivilprozessrechte unter einen verschärften Harmonisierungs- und Anpassungsdruck des Unionsrechts geraten sind.[135] Die Rechtsschutzsuchenden im Europäischen Justizraum können zwischen verschiedenen Gerichtsplätzen wählen[136] und dabei das Harmonisierungsgefälle im europäischen Privat- und Prozessrecht ausnutzen.[137] Inzwischen ist ein Wettstreit zwischen den Justizplätzen in Europa (vergleichbar mit der Situation in der Schieds-

127 Dazu unten § 4 I, Rdn. 4.9 f.

128 EuGH, 18.12.2014, Avis 2/13, Beitritt der Union zur EMRK, EU:C:2014:2454.

129 Dazu unten § 3 II 2, Rdn. 3.39 ff.

130 Die VO 1348/00/EG wurde zum 1.11.2008 durch die VO 1393/07/EG ersetzt, unten § 8 I, Rdn. 8.8 ff.

131 Vgl. Art. 41 ff. VO 2015/848, dazu unter § 9 V 3, Rdn. 9.82 ff.

132 Unten § 1 V 1, Rdn. 1.42 ff.

133 Dazu unten § 7 V 3, Rdn. 7.154 ff.

134 Dazu unten § 3 V, Rdn. 3.98 ff.

135 Dazu bereits *Hess*, JZ 1998, 1021, 1022 ff.

136 Wahlmöglichkeiten eröffnen die zahlreichen Gerichtstände der EuGVO und EheGVO; ausführlich unten § 6 II, Rdn. 6.41 ff. und § 7 III, Rdn. 7.29 ff.

137 Dazu etwa *Nuyts*, L'exception du forum non conveniens, Rdn. 547.

gerichtsbarkeit) zu konstatieren.[138] Diese Konkurrenz setzt sich auf Unionsebene fort. In den Brüsseler Gesetzgebungsverfahren konkurrieren die nationalen Regelungsmodelle offen (bisweilen auch verdeckt) miteinander[139] – manche nationale Gesetzesreform ergeht als „strategische Gesetzgebung“ im Hinblick auf erwartete Unionsrechtsakte. Die zunehmende Europäisierung der nationalen Prozessrechte bewirkt jedoch auch auf nationaler Ebene eine nachhaltige Öffnung: Rechtsetzungsvorhaben im Zivilprozessrecht werden inzwischen mit Hinweisen auf die Rechtslage im europäischen Ausland begründet – so gesehen hat die Prozessrechtsvergleichung erheblich an praktischer Relevanz gewonnen.[140]

2. Kennzeichen des Binnenmarktprozesses

Diese Entwicklung hat eine deutliche Abkopplung des europäischen grenzüber- 1.24
schreitenden Zivilprozessrechts vom herkömmlichen internationalen Verfahrensrecht bewirkt, einschließlich der überkommenen völkerrechtlichen Verträge. Das Ergebnis ist eine „Dreiteilung“ des Zivilverfahrensrechts in Normen für „innerstaatliche Prozesse“, Regelungen für grenzüberschreitende Verfahren im Binnenmarkt und Europäischen Justizraum und schließlich solche für „grenzüberschreitende Verfahren mit und zwischen Drittstaaten“.[141] Die Regionalisierung des europäischen Prozessrechts ist Folge der veränderten Konzeption des Binnenmarktprozesses, der auf anderen Prämissen beruht als das überkommene, internationale Zivilprozessrecht.[142]

Den „Binnenmarktprozess“ prägen folgende Merkmale: Die Kernbereiche des 1.25
Internationalen Zivilverfahrensrechts beruhen im Europäischen Justizraum inzwischen überwiegend auf einem engmaschigen Netz von Unionsrechtsakten. Das gilt für die Verfahrenskoordinierung (internationale Zuständigkeit, Rechtshängigkeit, Urteilsanerkennung) und für die Rechtshilfe in der EU (Zustellungen und Beweis-

138 *Hess*, in: ders./Bergström/Storskrubb (ed.), EU Civil Justice (2015), S. 4 ff.; *G. Wagner*, in: Eidenmüller (Hrg.), Regulatory Competition, S. 347, 399 ff.; unten § 14 III 2, Rdn. 14.30 ff.

139 In praktischer Hinsicht ist die jeweilige (rechtskulturelle) Herkunft derjenigen Mitarbeiter (der EU-Kommission), die Entwürfe für die Unionsrechtsakte formulieren, nicht zu unterschätzen: Trotz einer deutlich postulierten (und individuell gelebten) Internationalität und Offenheit der befassten Unionsbeamten bleibt deren nationales, rechtliches Vorverständnis für die Formulierung der Rechtsakte prägend. Aus diesem Grund ist die Vorbereitung der Rechtsetzungsakte durch multinationale Expertengruppen wichtig.

140 Vgl. beispielsweise die Regierungsbegründung für das Musterverfahrensgesetz bei Kapitalmarktanlagen (KapMuG), BT-Drs. 15/5091, 13 ff. (unter II 3).

141 Hier bewirkt die zunehmende Vergemeinschaftung des „innereuropäischen“ Verfahrensrechts einen entsprechenden Zuwachs der Außenkompetenzen der EU, dazu unten § 2 III, Rdn. 2.74 ff.

142 Anders *Kerameus*, RabelsZ 66 (2002), 1, 15 f., der vor allem eine Zunahme von Abgrenzungsschwierigkeiten befürchtet; ebenso *Kreuzer*, FS Kropholler, S. 129, 137 ff.

aufnahmen). Die Vereinheitlichung erfasst nicht nur die jeweiligen Rechtsnormen, sondern geht tiefer. Neue Unionsrechtsakte enthalten Formulare bzw. Formblätter, die Prozesshandlungen standardisieren und deren Verwendung zwingend vorgeschrieben ist.[143] Damit erfolgt die Vornahme von Prozesshandlungen in standardisierter und zunehmend in elektronischer Form.[144] Zudem kommunizieren die beteiligten Gerichte – mit Unterstützung „justizieller Netze" – unmittelbar miteinander, ohne Zwischenschaltung der lokalen Gerichtspräsidenten oder übergeordneter Justizbehörden.[145] In bestimmten Rechtsgebieten gibt es inzwischen eigenständige europäische Verfahren (insbesondere Mahn- und Bagatellverfahren sowie die Kontenpfändung). Schließlich beruht der Binnenmarktprozess auf eigenständigen Wertungen und daraus abgeleiteten Regelungstechniken, nämlich (zunehmend) auf dem Grundsatz des wechselseitigen Vertrauens in die Gleichwertigkeit der nationalen Justizsysteme und Verfahrensrechte,[146] dem Grundsatz der automatischen Anerkennung ausländischer Prozessakte[147] sowie dem Grundsatz des „Zugangs zum Recht", d.h. dem Gebot, effektiven und rechtsstaatlichen Rechtsschutz im Europäischen Justizraum zu gewährleisten.[148] Beide tragenden Prinzipien werden in Art. 67 Abs. IV AEUV ausdrücklich hervorgehoben.[149]

1.26 Die Auslegung des Europäischen Prozessrechts erfolgt durch den Europäischen Gerichtshof nach Art. 19 I EUV, 267 AEUV.[150] Er sichert die einheitliche Geltung der Unionsrechtsakte in allen Mitgliedstaaten. Inhaltlich fördert der EuGH die autonome und vor allem die letztverbindliche Auslegung des Europäischen Prozessrechts.[151] Er sieht jedoch (zumeist) dann von der Entwicklung autonomer Konzepte ab, wenn die Schnittstellen zwischen den Unionsrechtsakten und den nationalen Verfahrensrech-

---

143 Zum Gebrauch der Formulare der EuZustVO vgl. etwa EuGH, 16.9.2015, Rs. C-519/13, *Alpha Bank Cyprus*, EU:C:2015:603, Rdn. 44 ff.

144 Zur Standardisierung vgl. § 3 IV, Rdn. 3.79 ff.

145 Damit entfällt der „außenpolitische" Kontext der internationalen Rechtshilfe, der die Prüfungen nachhaltig erschwert, dazu unten § 3 V, Rdn. 3.86 ff. Der EuGH bejaht im Anwendungsbereich der EheGVO eine unmittelbare Kooperationspflicht zwischen dem Hauptsachegericht und dem Gericht des einstweiligen Rechtsschutzes, EuGH, 2.4.2009, Rs. C-523/07, *A*, EU:C:2009:225, Rdn. 53 ff. Kommunikationspflichten zwischen den Gerichten enthält beispielsweise Art. 29 II EuGVO.

146 St. Rspr. seit EuGH, 9.12.2003, Rs. C-116/02, *Gasser*, EU:C:2003:657; EuGH, 27.4.2004, Rs. C-159/02, *Turner*, EU:C:2004:228, Rdn. 24, vgl. dazu unten § 3 II 2, Rdn. 3.21 ff.

147 *Hess*, IPRax 2001, 389, 391 ff.; ablehnend *Stadler*, IPRax 2004, 2, 5 ff., ausführlich unten § 3 II 3, Rdn. 3.44 ff.

148 EuGH, 25.7.2018, Rs. C-216/18 PPU, *LM*, EU:C:2018:586, Rdn. 53; EuGH, 8.4.2020, Rs. C-791/19 R, *Kommission./.Polen*, EU:C:2020:277, Rdn. 33 f.

149 Die Vorschrift lautet: „Die Union erleichtert den Zugang zum Recht, insbesondere durch den Grundsatz der gegenseitigen Anerkennung gerichtlicher und außergerichtlicher Entscheidungen in Zivilsachen".

150 Dazu unten § 13, Rdn. 13.1 ff.

151 Dazu unten § 4 II, Rdn. 4.44 ff.

ten keine eindeutige Lösung vorgeben.[152] Die Auslegungspraxis des EuGH hat das Europäische Zivilprozessrecht, insbesondere das (frühere) EuGVÜ und die EuGVO, zu einem systematisch geschlossenen Rechtsgebiet ausgeformt.[153] Bei dessen Auslegung geben die unionsrechtlichen Grundrechte (Grundfreiheiten und Diskriminierungsverbote) und prozessualen Grundrechte der GRC die verfassungsrechtlichen Maßstäbe vor. Die Auslegung der Unionsrechtsakte, aber gleichermaßen auch der nationalen Verfahrensrechtsordnungen, die von den EU-Rechtsakten überlagert werden, muss den unionsrechtlichen Grundsätzen genügen.[154] Allerdings führt diese Rechtsprechung nicht dazu, dass nationales Verfahrensrecht völlig verdrängt würde. Denn das aktuelle Europäische Zivilprozessrecht will die nationalen Prozessrechte koordinieren, ohne sie zu substituieren.[155] Vielmehr gilt nach der Rechtsprechung des EuGH der Grundsatz, dass das Unionsrecht von den Gerichten der Mitgliedstaaten nach Maßgabe der jeweiligen nationalen Verfahrensrechte vollzogen wird (dezentraler Vollzug).[156] Dabei respektiert der EuGH die verfahrensmäßige Autonomie der Prozessordnungen der EU-Mitgliedstaaten.[157]

Trotz dieses Grundsatzes gibt es spürbare Ausstrahlungen des Unionsrechts **1.27**
auf die autonomen Prozessrechte der Mitgliedstaaten. Die Öffnung der Prozessordnungen der EU-Mitgliedstaaten für alternative Regelungskonzepte aus dem Ausland ist Realität geworden. Sie ist Folge des zunehmenden „Wettbewerbs" zwischen den Rechtsordnungen der Mitgliedstaaten, der (selbstverständlich) das Verfahrensrecht nicht ausklammert.[158] Beispielsweise bewirkt die Rechtsprechung des EuGH zur Rechtshängigkeit,[159] dass der überkommene Streitgegenstandsbegriff der nationalen

---

152 Bisweilen hat der Unionsgesetzgeber zu einem späteren Zeitpunkt eine autonome Lösung eingeführt, vgl. etwa die Rechtsentwicklung bei Art. 5 Nr. 1 EuGVÜ/EuGVO, (2001) § 6 II, Rdn. 6.54 ff.; Art. 21 EuGVÜ, Art. 27, 30 EuGVO (2001), unten § 6 II, III, Rdn. 6.175 ff.

153 *Hess*, in: ders./Lenaerts (ed.), The 50th Anniversary of the European Law of Civil Procedure (2020), S. 11, 17 ff.; unten § 4 II, Rdn. 4.52 ff.

154 Vgl. unten § 3 I, Rdn. 3.8 (zur integrationsbezogenen Auslegung), § 4 I, Rdn. 4.81 ff. (prinzipienorientierte Auslegung); zur unionsrechtlichen Effektivität und Nichtdiskriminierung vgl. unten § 11 I, Rdn. 11.6 ff.

155 Deutlich etwa EuGH, 6.6.2002, Rs. C-80/00, *Italian Leather*, EU:C:2002:342, Rdn. 43; EuGH, 15.5.1990, Rs. C-365/88, *Hagen./.Zeehaghe*, EU:C:1990:203, Rdn. 17; EuGH, 7.3.1995, Rs. C-68/93, *Shevill./.Presse Alliance*, EU:C:1995:61, Rdn. 35. Zur weitergehenden Prozessrechtsangleichung durch die „Rechtsakte der zweiten Generation" vgl. unten § 3 IV 2, Rdn. 3.73 ff.

156 EuGH, 16.12.1976, Rs. C-33/76, *Rewe*, EU:C:1976:188; EuGH, 14.12.1995, verb. Rs. C-430/93 und C-431/93, Van Schijndel./.Stichting Pensioenfonds voor Fysiotherapeuten EU:C:1995:441, Rdn. 17 ff.; EuGH, 1.6.1999, Rs. C-126/97, *Eco Swiss*, EU:C:1999:269, Rdn. 44–48; EuGH, 27.6.2000, verb. Rs. C-240/98-244/98, *Océano Grupo Editorial*, EU:C:2000:346, Rdn. 30 ff., unten § 11 I, Rdn. 11.1 ff.

157 EuGH, 14.12.1995, verb. Rs. C-430/93 und C-431/93, Van Schijndel./.Stichting Pensioenfonds voor Fysiotherapeuten, EU:C:1995:441, Rdn. 19–21; ausführlich unten § 11 I, Rdn. 11.5 ff.

158 Unten § 14 III 2, Rdn. 14.30 ff.

159 EuGH, 8.12.1987, Rs. C-144/86, *Gubisch*, EU:C:1987:528, unten § 6 III, Rdn. 6.182 ff.

Prozessordnungen neu zu überdenken ist.[160] Dasselbe gilt für die Rechtsprechung zu den Mindestgarantien des Beklagtenschutzes beim einstweiligen Rechtsschutz.[161] Schließlich gibt es nicht nur im Privat-, sondern auch im Prozessrecht sog. überschießende Umsetzungen[162] der unionsrechtlichen Regelungen[163] – manche Rechtsakte sind regelrecht auf eine überschießende Umsetzung durch die Mitgliedstaaten angelegt.[164]

1.28 Bei der internationalen Rechtshilfe ist ein wirklicher „Paradigmenwechsel" zu konstatieren: Hier sind die früheren Souveränitätsvorbehalte weithin entfallen, Gerichte und Justizbehörden im Europäischen Justizraum sind heute zu effektiver und rascher Kooperation verpflichtet.[165] Justizielle Netzwerke bieten hierbei effektive Hilfestellung.[166] Bei der Rechtshilfe sind die Parteirechte von den ersuchenden wie von den ersuchten Justizbehörden umfassend zu wahren.[167] Gerade bei der grenzüberschreitenden Kooperation zwischen Justizbehörden gilt der Grundsatz des wechselseitigen Vertrauens in die „Gleichwertigkeit" der Rechtsordnungen der Mitgliedstaaten. Ausländische Verfahrensakte sind grundsätzlich anzuerkennen; ebenso der erworbene „prozessuale Status" wie die Partei-[168] oder die Postulationsfähigkeit.[169] Dabei haben sich Befürchtungen der Rechtslehre,[170] dass diese „Fiktion" die Gerichte überfordern werde, nicht bewahrheitet.

1.29 Das Ergebnis ist eine Ablösung des Internationalen Verfahrensrechts im Europäischen Justizraum von den überkommenen Rechtsgrundlagen und Regelungs-

---

160 Anders freilich die Diskussion auf der Tagung der deutschen Zivilprozessrechtslehrer (1997) über die „Streitgegenstandslehre" unter europäischem Einfluss, vgl. *Rüßmann*, ZZP 111 (1998), 399 ff. und *Walker* ZZP 111 (1998), 429 ff. Andere Akzentuierung bei *Althammer*, Streitgegenstand und Interesse (2012), S. 759 ff.

161 EuGH, 17.11.1998, Rs. C-391/95, *van Uden*, EU:C:1998:543; EuGH, 27.4.1999, Rs. C-99/96, *Mietz*, EU:C:1999:202; eine ausführliche Regelung enhält nunmehr die EuKtPVO, unten § 10 IV, Rdn. 10.145 ff.

162 Dazu unten § 4 I, Rdn. 4.31.

163 Beispiel: Die Übernahme des Zuständigkeitssystems des EuGVÜ in Großbritannien, vgl. Civil Jurisdiction and Judgments Act 1982, dazu EuGH, 28.3.1995, Rs. C-346/93, *Kleinwort Benson./.City of Glasgow*, EU:C:1995:85.

164 So insbesondere die Mediations-RL, die lediglich grenzüberschreitende Mediationen erfasst, jedoch nach ihrem EwG 8 eine Entstehung auf innerstaatliche Sachverhalte regelrecht einfordert, vgl. § 12 II, Rdn. 12.5.

165 Dazu unten § 3 V 1, Rdn. 3.86 ff.

166 Dazu unten § 3 V, Rdn. 3.98 ff.

167 *Müller*, Beweisaufnahme, S. 10 ff.; *Hess*, Rev. crit. (2003), 215 ff.

168 EuGH, 5.11.2002, Rs. C-208/00, *Überseering*, EU:C:2002:632, dazu *Hess*, ZZP 117 (2004) 267, 269 ff., unten § 4 I, Rdn. 4.5.

169 Hier beruht die Anerkennung primär auf EU-Sekundärrecht, etwa der RL 2009/22/EG zur grenzüberschreitenden Verbandsklage, dazu § 11 III 1, Rdn. 11.61 ff.

170 Insbesondere *Schack*, FS Leipold (2009), S. 317, 328; *Linke*, FS Geimer (2002), S. 529, *Stadler*, IPRax 2004, 2, 3 ff.

techniken. Sie hat in Deutschland mit der Einfügung des 11. Buches in die ZPO über die „Justizielle Zusammenarbeit in der Europäischen Union" auch positivrechtliche Ausprägung erfahren.[171] Die Entwicklung verläuft zwar nicht immer gradlinig. Ziel der aktuellen Unionspolitik ist eine möglichst enge Koordinierung der nationalen Prozessrechte dahin, dass die Vielzahl der (derzeit 26)[172] nationalen Prozessrechte von den Marktbürgern nicht mehr als Hindernis bei der Ausübung ihrer subjektiven Rechte empfunden wird.[173] Langfristig zeichnet sich ein Übergang von der Koordinierung und Teilharmonisierung der nationalen Prozessrechte hin zu einem Europäischen Zivilprozessrecht ab.[174] Der Maßnahmenkatalog in Art. 81 II AEUV ist inzwischen weitgehend abgearbeitet. Derzeit stehen die Konsolidierung und Vertiefung bestehender Rechtsakte auf dem Arbeitsprogramm der Unionsgesetzgebung.[175]

3. Nationales Zivilprozessrecht unter europäischem Einfluss

Die Rechtsentwicklung nach der Jahrtausendwende war zunächst vorwiegend von **1.30** der Ausformung des Europäischen Internationalen Zivilprozessrechts im Anwendungsbereich des Art. 65 EGV 1998 (heute Art. 81 AEUV) bestimmt. Die Einwirkungen des Unionsrechts erfassen inzwischen zunehmend die autonomen Zivilverfahren der Mitgliedstaaten.[176] Generell geraten die Prozessrechte der EU-Mitgliedstaaten unter Anpassungsdruck, wenn die Unionsrechtsakte effektivere Verfahren vorhalten, etwa bei Mahnverfahren[177] oder bei der Beweissicherung.[178] Die Zunahme von

171 Eingefügt durch das Gesetz zur Durchführung gemeinschaftsrechtlicher Vorschriften über die grenzüberschreitende Beweisaufnahme in Zivil- und Handelssachen in den Mitgliedstaaten vom 4.11.2003, BGBl. 2003 I 2166; dazu unten § 3 IV, Rdn. 3.77.

172 D.h. die aktuellen EU-Mitgliedstaaten unter Ausschluss von Dänemark. Dänemark hat jedoch inzwischen wesentliche Änderungen in den Bereichen der EuGVO und der EuZustVO durch ein bilaterales Übereinkommen mit der Europäischen Union implementiert, vgl. § 2 I, Rdn. 2.29 ff. Das Vereinigte Königreich hat mit dem Brexit die EU verlassen. Zu den Konsequenzen vgl. § 5 III, Rdn. 5.82 ff.

173 Vgl. dazu die Schlussfolgerungen der niederländischen Ratspräsidentschaft vom 6.11.2004. Ob sich dieses ehrgeizige Konzept tatsächlich verwirklichen lässt, erscheint zumindest offen.

174 Dazu unten § 14 IV 3, Rdn. 14.54 ff.

175 Deutlich bereits die EU Justice Agenda for 2020 (2015), S. 4 f., dazu *R. Wagner*, ZEuP 2015, 1, 2 f.

176 So hat die Umsetzung der EuVTVO in Deutschland eine Ausweitung der gerichtlichen Belehrungserfordernisse bewirkt (und damit überfällige Reformen eingeleitet). Vgl. §§ 215 I, 276 II 2, 338 S. 2 ZPO, dazu *Schack*, FS Leipold (2009), S. 317, 328.

177 Dazu unten § 10 II, Rdn. 10.51 (zur Ausgestaltung des europäischen Verfahrens als „einstufiges Mahnverfahren"). Frankreich hat zum 1.1.2020 ein zentrales Mahngericht in Straßburg eingerichtet, das sich am europäischen Regelungsmodell orientiert.

178 Vgl. unten § 11 II, Rdn. 11.32 (zur Enforcement-RL).

Unionsrechtsakten im Privatrecht führt zudem zu einer wachsenden Beeinflussung der Zivilgerichte der Mitgliedstaaten durch die Gemeinschaftsgrundrechte.[179] Allerdings war dieser Einfluss bisher wenig spürbar, weil die Unionsgrundrechte weithin deckungsgleich mit den Verbürgungen des deutschen Verfassungsrechts sind.[180] Darüber hinaus enthalten das Effektivitäts- und das Nichtdiskriminierungsgebot weit reichende Vorgaben für die nationalen Verfahrensrechte der EU-Mitgliedstaaten.[181]

1.31 Seit der Jahrtausendwende erlässt der Unionsgesetzgeber ausgreifende Richtlinien zum Binnenmarkt, Verbraucher- und Datenschutz sowie zum Kartellrecht, die unmittelbar das (innerstaatliche) Prozessrecht erfassen. Den Anfang machte die sog. Enforcement-RL (2004/48/EG) mit weitreichenden Vorgaben zu den prozessualen Auskunftsansprüchen und zum einstweiligen Rechtsschutz. Inzwischen ist die Enforcement-RL die Modellregelung für die dezentrale Durchsetzung des Unionsrechts geworden.[182]

1.32 Im Verbraucherrecht hat die RL 2013/11/EU zur alternativen Beilegung von Verbraucherstreitigkeiten eine „zweite Spur" der Streitbeilegung durch außergerichtliche Schlichtungsstellen geschaffen – mit nachhaltigen Auswirkungen auf die Ziviljustiz in den Mitgliedstaaten.[183] Im Verbraucherprozessrecht hat zudem der EuGH die nationalen Zivilgerichte zur aktiven Durchsetzung des Schutzniveaus des Unionsrechts angehalten.[184] Im Kartellrecht setzt hingegen die RL 2014/104/EU[185] über kartellrechtliche Schadensklagen vorwiegend auf die behördliche Durchsetzung des EU-Kartellrechts (und weniger auf follow-on-Klagen). Im Datenschutzrecht setzt der Unionsgesetzgeber hingegen auf eine zweispurige Rechtsdurchsetzung.[186] Derzeit befindet sich eine weit reichende Initiative im Bereich des kollektiven Rechtsschutzes in Verbauchersachen im Gesetzgebungsverfahren.[187] Diese Entwicklungen greifen tief in die Verfahrensrechte der Mitgliedstaaten ein – sie können freilich dort auch überfällige Reformen auslösen.[188]

1.33 Inzwischen steht fest, dass die Zivilprozessrechte der EU-Mitgliedstaaten ebenso wenig von der Europäisierung ausgenommen bleiben wie die nationalen Privat-

179 Bei der Anwendung des Unionsrechts sind die Mitgliedstaaten nach Art. 51 GRC an die EU-Grundrechte gebunden, vgl. unten § 4 I, Rdn. 4.9.

180 Zum Gebot effektiven Rechtsschutzes als Justizgrundrecht und Vollzugsgarantie (Art. 47 GRC, Art. 6 EMRK) vgl. unten § 4 I, Rdn. 4.12 ff.

181 Ausführlich unten § 11 I, Rdn. 11.6 ff.

182 Dazu unten § 11 II, Rdn. 11.50 ff.

183 ABl. EU 2013 L 165/63 ff., dazu unten § 12 III 2, Rdn. 12.23 ff. Handgreifliche Folge der RL ist eine nachhaltige Verlagerung von Verbraucherstreitigkeiten in die privat organisierte ADR.

184 Dazu unten § 11 I 3, Rdn. 11.22 ff.

185 ABl. EU 2014 L 349/1 ff., unten § 11 II 3, Rdn. 11.51 ff.

186 Vgl. unten § 11 III 3, Rdn. 11.93 ff.

187 Unten § 11 III 1, Rdn. 11.73 f.

188 Beispielsweise im Bereich prozessualer Aufklärungspflichten, dazu *Vallines García*, in: Gascón Inchausti/Hess (ed.), The Future of the European Law of Civil Procedure (2020), S. 123 ff.

rechte.[189] Längst hat sich eine „zweite Spur" der Einwirkung des Unionsrechts auf die nationalen Verfahrensrechte herausgebildet, deren praktische Bedeutung in den letzten zwei Jahrzehnten kontinuierlich zugenommen hat. Diese Einwirkung erfolgt außerhalb der begrenzten Kompetenz der Art. 67 und 81 AEUV. Der Unionsgesetzgeber greift hier auf die Kompetenznormen in den speziellen Politikbereichen der Union zurück, vor allem auf die allgemeine Kompetenz zur Rechtsangleichung im Binnenmarkt, Art. 114 AEUV.[190]

IV. Entwicklungsphasen des europäischen Zivilprozessrechts[191]

1. Die Entwicklung bis zum Amsterdamer Vertrag

Die Entwicklung des Europäischen Zivilprozessrechts setzte mit dem Erlass des Europäischen Gerichtsstands- und Vollstreckungsübereinkommens ein (27.9.1968), das Übereinkommen trat am 1.2.1973 in Kraft. Die Bedeutung des Übereinkommens ergab sich aus seiner Anbindung an das Europarecht und der Bereitschaft des Gerichtshofs, das EuGVÜ von Beginn an nach den allgemeinen Auslegungsmethoden des Gemeinschaftsrechts zu interpretieren.[192] In der Anfangsphase kritisierte die kollisionsrechtliche und die zivilprozessuale Literatur den Gerichtshof wegen der Anwendung allgemeiner Auslegungsgrundsätze des Gemeinschaftsrechts auf das Brüsseler Übereinkommen.[193] **1.34**

Die Vollendung des Binnenmarkts bewirkte eine weitere Entwicklungsphase. Denn der Europäische Gerichtshof interpretierte nunmehr das EuGVÜ als Bestandteil des Gemeinschaftsrechts mit der Folge, dass Regelungen der nationalen Verfahrensrechte, insbesondere zum prozessualen Fremdenrecht, unmittelbar an den Marktfreiheiten gemessen wurden.[194] Diese Rechtsprechung, die zunächst massiven Widerspruch in der Literatur erfuhr, ebnete letztlich den Weg zu einem Verständnis des Prozessrechts als Teil des Europäischen Integrationsprozesses.[195] **1.35**

---

189 AA *Mäsch*, in: Langenbucher (Hrg.), Europäisches Privat- und Wirtschaftsrecht, § 9, Rdn. 9 f. (prozessuale Rechtsangleichung als „Annex" materiellrechtlicher Harmonisierung). Die aktuelle Entwicklung geht jedoch deutlich weiter.

190 Dazu unten § 2 II, Rdn. 2.41 ff.

191 Die Entwicklung und Entfaltung des Europäischen Zivilprozessrechts ist Gegenstand dieses Buches. Dennoch soll hier eine Zusammenfassung und Strukturierung der zeitlichen Entwicklung vorgelegt werden.

192 *Hess*, in: ders./Lenaerts, The 50th Anniversary of the European Law of Civil Procedure (2020), S. 11, 17 ff.

193 Prominent etwa die Kritik von *Schlosser*, RIW 1988, 988.

194 Dazu oben § 1, Rdn. 1.18 ff.

195 Unten § 3 I 2, Rdn. 3.8 ff.

1.36 Eine teilweise Vergemeinschaftung erfuhr das internationale Zivilprozessrecht durch den Vertrag von Maastricht, der in Art. K EUV eine intergouvernementale Zusammenarbeit im Bereich Justiz und Inneres vorsah. Die im Rahmen der institutionellen Zusammenarbeit erlassenen völkerrechtlichen Übereinkommen traten als solche nicht in Kraft, sondern wurden unter der neuen Kompetenz des Art. 65 Amsterdamer Vertrags als Verordnungen erlassen.[196]

2. Die Entwicklung nach dem Inkrafttreten des Amsterdamer Vertrags

1.37 Die Schaffung einer eigenen Rechtsetzungskompetenz der Union für das Internationale Privat- und Verfahrensrecht in Art. 65 des Vertrags von Amsterdam bewirkte eine weitreichende Zäsur in der Entwicklung des europäischen Zivilprozessrechts.[197] Die neue Kompetenz löste zunächst eine Phase intensiver Rechtsetzung aus. Die inzwischen zwanzigjährige Rechtsetzungspraxis und Rechtsentwicklung (vor allem unter der Unionskompetenz der Art. 65 EGV/81 AEUV) lässt sich in folgende vier Phasen einteilen.[198]

1.38 Die Anfangsphase (1999–2004) dominierte eine nachhaltige Aufbruchsstimmung. Der Rat der Regierungschefs verabschiedete auf der Sonderkonferenz von Tampere ein ehrgeiziges Rechtsetzungsprogramm, das die EU-Kommission während der Ratifikation des Amsterdamer Vertrags vorbereitet hatte.[199] Innerhalb weniger Monate wurden wesentliche Rechtsakte des Europäischen Prozessrechts erlassen: Modernisierung des EuGVÜ, des europäischen Familien- und Insolvenzrechts, Effektuierung der Rechtshilfe.[200] Die Anfangsphase war zudem von Diskussionen über ehrgeizige, konzeptionelle Rechtsetzungsvorhaben geprägt, die auf eine Abschaffung der Exequaturverfahren abzielten.[201]

1.39 Die zweite Phase der Rechtsentwicklung (2004–2009) prägte einerseits der Erlass sog. Rechtsakte der zweiten Generation, die eine unmittelbare, grenzüberschreitende Vollstreckung von Urteilen und anderen Titeln im Europäischen Justizraum ermöglichen sollen.[202] Gleichzeitig wurden ambitionierte Rechtsetzungsvorhaben im Kollisionsrecht durchgeführt.[203] In dieser Phase gelang es der EU-Kommission, weite Bereiche des Zuständigkeitskatalogs des Art. 65 EGV (1998)/heute: Art. 81 AEUV abzuarbeiten. Allerdings war es bereits im Jahr 2007 nicht mehr möglich, die

196 Dazu unten § 2 I, Rdn. 2.4–2.6.

197 Zu den Auswirkungen der neuen Kompetenz auf die Rechtsprechung des EuGH vgl. *Hess*, in ders./Lenaerts (ed.), The 50th Anniversary of the European Law of Civil Procedure (2020), S. 11, 15 f.

198 Anders *R. Wagner*, IPRax 2019, 185, 192, der zwei Phasen unterscheidet: eine „euphorische Phase" von 2000–2007 sowie eine „ernüchternde Phase" seit 2007.

199 Dazu unten § 2 I 3, Rdn. 2.38 ff.

200 Vgl. unten § 2 I 3, Rdn. 2.38 ff.

201 Zum Europäischen Vollstreckungstitel für unbestrittene Forderungen vgl. unten § 10 I, Rdn. 10.2 ff.

202 Unten § 3 II 2, Rdn. 3.27 ff.

203 Dazu unten § 5 IV 1, Rdn. 5.91 ff.

Rom III-Verordnung einstimmig zu verabschieden mit der Folge, dass dieser Rechtsakt im Wege der verstärkten Zusammenarbeit erlassen wurde.[204]

Mit dem Inkrafttreten des Vertrags von Lissabon (2009) verlangsamte sich die Geschwindigkeit der Rechtsetzung.[205] Zum einen scheiterte das ambitionierte Vorhaben der EU-Kommission, das Herkunftslandprinzip im Rahmen der Brüssel I-VO generell zu implementieren.[206] Zudem stießen Rechtsetzungsvorhaben im Europäischen Familienrecht auf den Widerstand konservativer (oder auch liberaler) Regierungen und konnten nur im Wege der verstärkten Zusammenarbeit durchgesetzt werden.[207] Schließlich prägte die im Jahr 2008 einsetzende Wirtschafts- und Finanzkrise (Lehman/Griechenland) die Rechtsetzungstätigkeit, insbesondere im Insolvenzrecht[208] und bei der Kontenpfändung.[209] **1.40**

Die aktuelle Situation (seit 2016) prägen die multiplen politischen Krisen der Europäischen Union. Seit dem Sommer 2016 beherrscht und lähmt der Austritt des Vereinigten Königreichs (Brexit) die Rechtsetzungstätigkeit der Union.[210] Schon zuvor hatte die Junker-Kommission das Tempo der Rechtsetzung erheblich gedrosselt. Im Vordergrund der aktuellen Rechtsetzung stehen Reformen der bestehenden Rechtsakte, die Modernisierung der justiziellen Zusammenarbeit durch e-justice und die Konsolidierung des Status Quo.[211] Im Kompetenzbereich des Art. 81 AEUV stehen derzeit keine großen Gesetzgebungsvorhaben auf der Agenda der EU-Kommission. Die aktuellen, multiplen Krisen der Union haben einen faktischen Stillstand der Rechtsetzung in diesem Politikbereich bewirkt.[212] Rechtsetzungsinitiativen betreffen inzwischen die allgemeinen Zivilverfahrensrechte der EU-Mitgliedstaaten.[213] Zugleich sind die EU-Kommission und der EuGH zunehmend in die Wahrung rechtsstaatlicher Grundprinzipien und die Verteidigung der unabhängigen Justiz in den EU-Mitgliedstaaten (vor allem Ungarn und Polen) involviert.[214] **1.41**

204 Dazu unten § 2 I 2, Rdn. 2.33 ff. sowie § 7 III 3, Rdn. 7.63 ff.

205 Die dritte Phase der Entwicklung des europäischen Zivilverfahrensrechts umfasst den Zeitraum von 2009–2016.

206 Die VO Brüssel Ia (VO 1215/2012) verzichtet zwar auf das Exequaturverfahren, verlagert aber die Anerkennungshindernisse in die Vollstreckungsverfahren der EU-Mitgliedstaaten, Art. 45 ff. EuGVO. Dazu unten § 6 IV, Rdn. 6.204 ff.

207 Vgl. unten § 2 I 2, Rdn. 2.33 ff.

208 Die Reform der EuInsVO wurde von den wirtschaftlichen und politischen Rahmenbedingungen begünstigt, unten § 9 I, Rdn. 9.4.

209 Das Gesetzgebungsvorhaben wurde durch den jahrlangen Widerstand europäischer Bankenkreise verzögert. In der Finanzkrise nach 2008 griff die EU Kommission das Vorhaben wieder auf und brachte es im Jahr 2014 zum Abschluss, unten § 10 IV, Rdn. 10.122 f.

210 Dazu unten § 5 III, Rdn. 5.82 ff.

211 *R. Wagner*, IPRax 2019, 185, 199 f.

212 *Hess*, Travaux du Comité Français DIP (2019), 329, 340 ff.

213 *R. Wagner*, IPRax 2019, 185, 187 f. Dazu unten § 11 II–V.

214 Dazu unten § 2 V 2, Rdn. 2.108 ff.

V. Praktische Hinweise zur Informationsvorhaltung im Europäischen Zivilprozessrecht

1. Das Europäische Justizportal

1.42 Die Informationsvorhaltung zum Europäischen Zivilprozessrecht erfolgt über das Europäische Justizportal. Es enthält für verschiedene Bereiche der justiziellen Zusammenarbeit in den Amtssprachen der Union Informationen über die EU-Rechtsakte und über die Rechtslage in den EU-Mitgliedstaaten. Das Justizportal umfasst mehr als 30.000 Seiten. Es soll nicht nur Juristen, sondern ganz allgemein den Bürgern in der Europäischen Union den „Zugang zum Recht" in grenzüberschreitenden Streitigkeiten durch verständliche Informationen erleichtern.[215] Zugleich soll es die ziviljustizielle Kooperation der Gerichte und Justizbehörden im Europäischen Justizraum unterstützen.[216] Die Website ist zugänglich unter der Adresse https://beta.e-justice.europa.eu/home?action=home.

1.43 Wählt man beispielsweise das Stichwort „Gerichtsverfahren" und „Zivilsachen", so gelangt man auf die Website des Portals, die die justizielle Zusammenarbeit in Zivilsachen erklärt. Dort finden sich Stichworte zu Beweisaufnahme, prozessualen Fristen, Anerkennung von Entscheidungen, zuständigem Gericht etc. Bei der Anerkennung von Entscheidungen wird man zur Website über „Vollstreckung einer Gerichtsentscheidung" / „Europäischer Vollstreckungstitel" weitergeleitet. Die nächste Seite beschreibt die Vollstreckung nach der EuGVO – zugleich kann man unter den Buttons der EU-Mitgliedstaaten jeweils länderspezifische Informationen über die zuständigen Justizbehörden, die Vollstreckungsverfahren und über mögliche Kosten einsehen. Wählt man Informationen zu den EU-Rechtsakten der 2. Generation, so sind die erforderlichen Formulare online abrufbar und können am Bildschirm ausgefüllt werden. Sie werden zudem automatisch in andere Amtssprachen der Union übersetzt. Sofern die EU-Mitgliedstaaten Online-Zugänge zur Justiz geschaffen haben (nicht: Deutschland), können die entsprechenden Verfahren unmittelbar vom Bildschirm aus eingeleitet werden.

1.44 Die EU-Kommission hat den Ausbau leicht zugänglicher Informationsquellen im Rahmen des Justiziellen Netzes[217] in Zivilsachen in den letzten Jahrzehnten systematisch gefördert und ausgeweitet.[218] Zu den jeweiligen Themenbereichen des Justizportals stellen die Mitgliedstaaten anhand vorgegebener Suchmasken Informationen über ihr jeweiliges innerstaatliches Recht bereit, die der Sprachendienst der EU-Kommission in alle Amtssprachen der EU übersetzen soll.[219] Die vorgehalte-

215 Tatsächlich setzt die Nutzung des Justizportals erhebliche Rechtskenntnisse voraus – dies ist letztlich der Kompliziertheit des europäischen Zivilverfahrensrechts geschuldet.

216 Möglich ist auch die Vorhaltung aktueller Informationen, etwa zur Auswirkung der COVID-19-Pandemie auf die justizielle Zusammenarbeit im Frühjahr 2020, vgl. https://e-justice.europa.eu/content_impact_of_the_covid19_virus_on_the_justice_field-37147-en.do.

217 Rechtsgrundlage sind Art. 3 II lit. c), 16 f. der Entscheidung über das EJN, ABl. EU 2009 L 168/35.

218 *Storskrubb*, Civil Procedure and EU Law, S. 241 ff.; *Sengstschmidt*, in: Mayr (Hrg.), EuZVR (2017), Rdn. 16.23 ff.; zum EJN, unten § 3 III, Rdn. 3.79 ff.

219 Die Übersetzungen befinden sich allerdings zum Teil noch im Aufbau. Die Texte sind überwiegend in englischer und/oder französischer Sprache vorhanden.

nen Informationen schließen die Möglichkeit ein, das sachlich und örtlich zuständige Gericht[220] (oder sogar einen Rechtsanwalt) zu finden. Diese Angaben, die bei manchen EU-Mitgliedstaaten noch recht allgemein, bei anderen hingegen detailliert ausfallen, werden regelmäßig aktualisiert – die Aktualisierungen sind freilich nicht ausreichend.

Über die Website des Europäischen Justiziellen Netzes war bis Dezember 2017 der Europäische Gerichtsatlas für Zivilsachen zugänglich.[221] Der Atlas enthielt umfassende Informationen über die Unionsrechtsakte und die Durchführung der Prozessrechte der EU-Mitgliedstaaten. Dort fanden sich die Umsetzungsvorschriften der Mitgliedstaaten für die europäischen Rechtsakte im Bereich der ziviljustiziellen Zusammenarbeit. Vorgehalten wurden Informationen über den Gerichtsaufbau (Zuständigkeit), die Prozesskostenhilfe, die zuständigen Behörden für die Erledigung von Zustellungsersuchen, die Rechtshilfe bei der Beweisaufnahme, die Zuständigkeit bei der Anerkennung und Vollstreckung von Entscheidungen. Eine Suchmaschine ermöglichte die Ermittlung des jeweils zuständigen Gerichts;[222] online verfügbar waren vor allem die von den Rechtsakten vorgesehenen Formblätter. Aufgrund dieser Angaben war es beispielsweise in vielen Mitgliedstaaten möglich, Exequatur-Verfahren einzuleiten, ohne einen lokalen Anwalt (*a priori*) einschalten zu müssen. Insgesamt gesehen ermöglichen das Europäische Justizielle Netz und der Europäische Zivilatlas einen detaillierten Zugriff auf die Prozessrechte der Mitgliedstaaten, der in dieser Form weltweit einmalig zu sein scheint. Inzwischen wurde der Justizatlas in das Europäische Justizportal integriert.[223] **1.45**

Alle Rechtsakte der Europäischen Union sind über die kostenfreie Datenbank EUR-Lex zugänglich.[224] Sie enthält sämtliche Rechtsakte der Gemeinschaft/Union seit 1997.[225] Die einfachste Suche erfolgt über die Nummer des jeweiligen Dokuments (etwa VO 1215/2012/EU). Erweiterte Suchfunktionen ermöglichen den Zugriff auf die aktuelle Fassung sowie auf die Ursprungsfassung. Die Rubrik „Bibliographische Angaben“ enthält vor allem Links zu den Urteilen des EuGH zur jeweiligen Rechtsnorm. Die Datenbank ermöglicht auch die Ermittlung des Dokumententitels anhand von Stich- oder Schlagworten. Die Dokumente der EU-Kommission sind zudem über **1.46**

---

220 Beim Antrag auf Erlass des Europäischen Zahlungsbefehls (dazu unten § 10 II, Rdn. 10.61 ff.) verweist die deutsche Seite des EU-Justizportals auf das AG Wedding als Zentrales Mahngericht, es findet sich zudem ein Link zur elektronischen Antragstellung. Dort endet freilich der elektronische Zugang: Die Website des Europäischen Mahngerichts Deutschland verweist auf das Formular im E-Justice Portal zurück. Dieses kann zwar online ausgefüllt werden, muss jedoch „per Post an das Gericht versendet werden“ (https://www.berlin.de/gerichte/amtsgericht-wedding/das-gericht/zustaendigkeiten/mahngericht/artikel.418729.php, Website besucht am 12.4.2020). Dies ist ein aufschlussreiches Beispiel für den Rückstand der deutschen Justiz beim Aufbau von e-justice und IT-gestützten Verfahren.

221 Vgl. dazu die Voraufl. § 1, Rdn. 33, zudem *Sengstschmidt*, in: Mayr (Hrg.), EuZVR (2017), Rdn. 16.27 f.

222 Die Suchmaske operierte in der Form einer Landkarte. Heute sind die jeweiligen Flaggenbuttons der EU-Mitgliedstaaten anzuklicken, um die entsprechenden Informationen zu erhalten.

223 Vgl. oben Rdn. 1.42 aE.

224 Website: http://eur-lex.europa.eu/de/index.htm.

225 Verordnungen, Richtlinien, Entscheidungen, Rahmenbeschlüsse – allerdings nicht Protokollerklärungen des Rats, zu diesen vgl. unten § 4 I, Rdn. 4.35.

deren Website zugänglich.[226] Das Parlament unterhält ebenfalls eine leicht zugängliche und durchsuchbare Website,[227] die Internetpräsenz des Rates ist hingegen nicht gleichermaßen transparent.[228] Gut dokumentiert (und über eine Suchfunktion leicht auffindbar) ist die Judikatur des EuGH seit dem 17.6.1997[229] – die Judikatur zum Europäischen Prozessrecht findet sich vor allem unter den Rubriken „Europäisches Gerichtsstands- und Vollstreckungsübereinkommen", „Justiz und Inneres" oder „Raum der Freiheit, der Sicherheit und des Rechts."[230]

2. Sachstandsberichte zur Entwicklung der Rechtsetzungsmaßnahmen

1.47 Die Rechtsetzung der Europäischen Union im Bereich des Zivilverfahrensrechts erfolgt nach der Maßgabe von politischen Programmen, die in Perioden von fünf Jahren beschlossen werden.[231] Die EU-Kommission veröffentlicht halbjährlich Berichte über den Stand der europäischen Verfahrensrechtsangleichung (im Rahmen der allgemeinen Berichte über die Rechtsetzungsmaßnahmen im Rahmen der Unionspolitiken des Europäischen Justizraums).[232] Rechtstatsächliche Informationen enthalten die Berichte über die praktische Anwendung der Gemeinschaftsrechtsakte in den Mitgliedstaaten, die auf der Website der EU-Kommission veröffentlicht werden.[233] Dort finden sich auch wissenschaftliche Studien über die Fortentwicklung des Europäischen Prozessrechts, die die EU-Kommission in Auftrag gegeben hat. Die Rechtsprechung des EuGH ist auf seiner Website leicht zugänglich,[234] desgleichen die Rechtsprechung der Gerichte der Mitgliedstaaten zum Luganer Übereinkommen.[235] Bisher ist es der EU-Kommission nicht gelungen, eine umfassende Datenbank zur

226 Website der Generaldirektion Freiheit, Sicherheit und Recht: https://ec.europa.eu/info/index_de.
227 Website: https://www.europarl.europa.eu/portal/de.
228 Website: https://www.consilium.europa.eu/de/.
229 Website: https://curia.europa.eu/jcms/jcms/j_6/de/.
230 Die Schlagworte sind Beispiele.
231 Vgl. das Tampere-Programm, dazu unten § 1 IV, Rdn. 1.37 ff.; der Haager Aktionsplan, dazu Vorauf l. § 2 I, Rdn. 2.34 ff. Der Vertrag von Lissabon hat in Art. 68 AEUV die Befugnisse des Rats auf die Vergabe von „Leitlinien" zurückgenommen, dazu *R. Wagner*, IPRax 2019, 185, 192. Seit 2014 sind die Vorgaben für die EU-Kommission weit weniger detailliert.
232 Sog. Scoreboards: http://ec.europa.eu/justice–home/doc–centre/scoreboard–en.htm. Vgl. unten § 2 V 1, Rdn. 2.100 ff.
233 Website: https://ec.europa.eu/info/index_en.
234 Website: https://curia.europa.eu/jcms/jcms/P_106308/de/. Dort finden sich die Schlussanträge der Generalanwälte, die Urteile und Beschlüsse des Gerichtshofs sowie die Vorabentscheidungsersuchen der Gerichte der EU-Mitgliedstaaten.
235 Leider wird die systematische Sammlung der Rechtsprechung zum LugÜ nicht mehr fortgeführt. Dazu unten § 5 II, Rdn. 5.45, Fn. 175.

Rechtsprechung der nationalen Gerichte im Bereich des Europäischen Zivilverfahrensrechts aufzubauen.[236]

Regelmäßige Berichte über die Rechtsentwicklung im Europäischen Zivilverfahrensrecht finden sich in einschlägigen Fachzeitschriften. In Deutschland gibt es regelmäßige Berichte über die Rechtsentwicklung in der IPRax,[237] in GPR[238] sowie in der EuZW[239] und ZEuP.[240] Über aktuelle Entwicklungen des Unionsprozessrechts informieren auch zahlreiche „blogs", empfehlenswert sind insbesondere vancalster.law.net; EAPIL-blog.net; (inzwischen weniger aktuell) conflict-of-laws.net und (allgemeiner) EUlawblog.eu. **1.48**

Internationale Organisationen, die zur Vereinheitlichung und Fortentwicklung des internationalen Privat- und Verfahrensrechts beitragen, halten ebenfalls leicht zugängliche Websites mit Suchfunktionen vor. Auf der Website der Haager IPR-Konferenz[241] finden sich Informationen über die verschiedenen Konventionen (Stand der Ratifikationen), Materialien, erläuternde Berichte und „Practical Handbooks." Interaktive Websites ermöglichen die Ausfüllung von Online-Formularen. Die Websites von Unidroit[242] und UNCITRAL[243] sind strukturell ähnlich aufgebaut und über dort vorgehaltene Suchfunktionen für die Benutzer leicht zugänglich. **1.49**

236 Ein entsprechender Auftrag wurde bereits im Jahr 2002 vergeben.

237 Jeweils im November/Dezember Heft, Verfasser: *Jayme* und *Kohler* – aktuelle Entwicklungen werden auch auf der Website iprax.de dokumentiert. Fortsetzung (seit 2009) durch Berichte von *Mansel/Thorn/Wagner* jeweils im 2. Heft des Jahrgangs (IPRax 2020, Heft 2, S. 192, Stand: 23.12.19).

238 Zweijährliche Überblicke von *Hau*, zuletzt: *Siaplaouras*, GPR 2019, 13–19; *John*, GPR 2018, 70–79.

239 Jährlicher, referierender Überblick von *Dietze/Schnichels*, zuletzt EuZW 2019, 885 f.

240 Jährlicher Überblick wechselnder Autoren, zuletzt *Kohler/Seyr/Puffer-Mariette*, ZEuP 2019, 126 ff.

241 www.hcch.net.

242 www.unidroit.org.

243 https://uncitral.un.org/en.

§ 2 Die Rechtsetzungskompetenzen der Union im Prozessrecht

Literatur: *Baratta*, Réflexions sur la coopération civile suite au Traité de Lisbonne, FS Pocar (2009), S. 3; *Basedow*, Die Europäische Gemeinschaft als Partei von Übereinkommen des Einheitlichen Privatrechts, FS Schlechtriem (2005), S. 165; *ders.*, Die Vergemeinschaftung des Kollisionsrechts nach dem Vertrag von Amsterdam, in: Baur/Mansel (Hrg.), Systemwechsel im europäischen Kollisionsrecht (2002), S. 19; *Baumé*, Competence of the Community to Conclude the New Lugano Convention on Jurisdiction and the Recognition and Enforcement of Judgments in Civil and Commercial Matters: Opinion 1/03 of 7 February 2006, German LJ 7 (2006), 705; *Bischoff*, Notwendige Flexibilisierung oder Ausverkauf von Kompetenzen?: zur Rückübertragung von Außenkompetenzen der EG für privatrechtliche Abkommen durch die Verordnungen (EU) Nr. 662/2009 und 664/2009, ZEuP 18 (2010), 321; *ders.*, Die Europäische Gemeinschaft und die Haager Konferenz für Internationales Privatrecht, ZEuP 16 (2008), 334; *ders.*, Besprechung des Gutachten 1/03 des EuGH vom 7.2.2006, EuZW 2006, 295; *Blobel/Späth*, The Tale of Mutual Trust and the European Law of Civil Procedure, EuLRev 30 (2005), 528; *Borrás*, Competence of the Community to conclude the revised Logano Convention on Jurisdiction and the Recognition and Enforcement of Judgments in civil and commercial matters – opinion C-1/03 of 7 February 2006: comments and immediate consequences, YbPInt'l L 8 (2006), 37; *v. Danwitz*, Der Grundsatz des wechselseitigen Vertrauens zwischen den Mitgliedstaaten der EU, EuR 2020, 61; *Dohrn*, Die Kompetenzen der Europäischen Gemeinschaft im Internationalen Privatrecht (2004); *Dori*, The EU Justice Scoreboard – Judicial evaluation as a governance tool, MPILux Working Paper 2 (2015); *Douchy-Oudot*, Le visage inconnu de l'espace judiciaire européen (2004); *Drappatz*, Die Überführung des internationalen Zivilverfahrensrechts in eine Gemeinschaftskompetenz nach Art. 65 EGV (2002); *Duintjer Tebbens*, International Law in Aid of Imperfect Community Law, FS Thue (2007), S. 453; *Eichel*, Der Beitrag moderner Informationstechnologie zur grenzüberschreitenden Forderungsdurchsetzung, ZVglRWiss 119 (2020), 220; *Franzina* (ed.), The External Dimension of EU Private International Law after Opinion 1/13 (2017); *Haas*, Der europäische Justizraum in „Erbsachen", in: Gottwald (Hrg.), Perspektiven der justiziellen Zusammenarbeit in Zivilsachen in der Europäischen Union (2004), S. 43; *Hau*, Zivilsachen mit grenzüberschreitendem Bezug, GS Unberath (2015), S. 139; *Heinze*, Unitary intellectual property rights and jurisdiction, EPIL (2017), S. 1791; *ders.*, Unitary intellectual property rights and private international law, EPIL (2017), S. 1796; *Hess*, Le droit international européen en temps de crise, in: Travaux du Comité Français de Droit International Privé, Années 2016–2018 (2019), 329; *ders.*, Die Konstitutionalisierung des Europäischen Privat- und Verfahrensrechts, JZ 2005, 540; *ders.*, Les compétences externes de la Communauté européenne dans le cadre de l'article 65 CE, in: Fuchs/Muir Watt/Pataut (ed.), Les conflits de lois et le système juridique communautaire (2004), S. 81; *ders.*, Die Integrationsfunktion des europäischen Zivilprozessrechts, IPRax 2001, 389; *ders.*, Der Binnenmarktprozess, JZ 1998, 1021; *ders./Dimitropoulos*, Judicial Reforms in Luxembourg and Europe: International and Comparative Perspectives, in: dies. (ed.), Judicial Reforms in Luxembourg and Europe (2014), S. 11; *Heuzé*, D'Amsterdam à Lisbonne, l'Etat de droit à l'épreuve des compétences communautaires en matière des conflits de lois, Semaine Juridique 2007, I-166; *Hoffmeister*, Outsider or Frontrunner? Recent Developments under International and European Law on the Status of the European Union in International Organisations and Treaty Bodies, CMLR 44 (2007), 41; *Jaeger*, System einer Europäischen Gerichtsbarkeit für Immaterialgüterrechte (2013); *Jamal*, Europäisches Zivilverfahrensrecht und gewerblicher Rechtsschutz (2015); *Jayme*, Europäisches Kollisionsrecht: Grundlagen – Grundfragen, in: Müller-Graff (Hrg.), Perspektiven des Rechts der Europäischen Union (1998), S. 1; *Jung/Baldus*, Differenzierte Integration im Gemeinschaftsprivatrecht (2007); *Kerameus*, Angleichung des Zivilprozessrechts in Europa – einige grundlegende Aspekte, RabelsZ 66 (2002), 1; *Kern*, Statistical Methods in Comparative Civil Procedure, in: Cadiet/Hess/Requejo Isidro (ed.),

https://doi.org/10.1515/9783110715156-002

Approaches to Procedural Law (2017), S. 121; *Kohler*, Vertrauen und Kontrolle im Europäischen Justizraum, ZEuS 2016, 135; *ders.*, Einheitliche Kollisionsnormen für Ehesachen in der Europäischen Union: Vorschläge und Vorbehalte, FPR 2008, 193; *Kotuby*, External Competences of the European Community in the Hague Conference on Private International Law: Community Harmonisation and Worldwide Unification, NILR 48 (2001), 1; *Krans*, EU Law and National Civil Procedural Law: An Invisible Pillar, EuLRev 2015, 567; *Kreuzer*, Gemeinschaftskollisionsrecht und universelles Kollisionsrecht, FS Kropholler (2008), S. 129; *Kuipers*, Regulations (EC) Nos 662/2009 and 664/2009: Can Exclusivity be successfully Reconciled with Flexibility? in: Franzina (ed.), The External Dimension of EU Law After Opinion 1/13 (2017), p. 149; *Kulick*, Rechtsstaatlichkeitskrise und wechselseitiges Vertrauen im institutionellen Gefüge der EU, JZ 2020, 223; *Lagarde*, Familienvermögens- und Erbrecht in Europa, in: Gottwald (Hrg.), Perspektiven der justiziellen Zusammenarbeit in Zivilsachen in der Europäischen Union (2004), S. 1; *Leible*, Strukturen und Perspektiven der Justiziellen Zusammenarbeit in Zivilsachen, in: ders./Terhechte (Hrg.), Europäischer Rechtsschutz und Verfahrensrecht (2015), S. 433; *Lenaerts*, New Horizons for the Rule of Law within the EU, GermanLJ 21 (2020), 29; *Lequette*, De Bruxelles à La Haye – Réflexions critiques sur la compétence communautaire en matière de droit international privé, Mél. Gaudemet-Tallon (2008), S. 503; *Leroyer/Jeuland* (ed.), Quelle cohérence pour l'espace judiciaire européen (2004); *Lignier/Geier*, Die verstärkte Zusammenarbeit in der Europäischen Union, RabelsZ 79 (2015), 546; *Linke*, Europäische Prozessrechtsangleichung – Traum oder Trauma, FS Geimer (2002), S. 529; *Lüttringhaus*, Das internationale Datenprivatrecht: Baustein des Wirtschaftskollisionsrechts im 21. Jahrhundert, ZVglRWiss 117 (2018), 50; *Lynskey*, The Foundations of EU Data Protection Law (2015); *Magnus*, Der grenzüberschreitende Bezug als Anwendungsvoraussetzung im europäischen Zuständigkeits- und Kollisionsrecht, ZEuP 2018, 507; *Martiny*, Die Entwicklung des Europäischen Internationalen Familienrechts – ein juristischer Hürdenlauf, FPR 2008, 187; *Mayr/Weber*, Europäische Initiativen zur Förderung der alternativen Streitbeilegung, ZfRV 2007, 163; *Meyring*, Die Reform der Bereiche Justiz und Inneres durch den Amsterdamer Vertrag, EuR 3 (1999), 309; *Miguel Alves Ribeiro Correira/Antas Videira*, Troika's Portuguese Ministry of Justice Experiment: An Empirical Study on the Success Story of the Civil Enforcement Actions, IJCourt Adm. 7 (2015), 37; *Müller-Graff* (Hrg.), Der Raum der Freiheit, der Sicherheit und des Rechts (2005); *Nielsen*, EU PIL and Denmark, IPRax 2019, 449; *Normand*, Le rapprochement des procédures civiles dans l'Union Européenne, Eur. PLRev. 1998, 383; *O'Keeffe*, Exclusive Current and Shared Competence, in: Dashwood/Hillion (ed.), The General Law of E.C. External Relations (2000), S. 179; *Palumbo/Giupponi/Nunziata/Mora-Sanguinetti*, The Economics of Civil Justice: New Cross-Country Data and Empirics, OECD Economics Department Working Papers No. 1060; *Papadopoulou*, The Impact of the EU Financial Crisis on the Greek Procedural Law, in: Cadiet/Hess/Requejo Isidro (ed.), Approaches to Procedural Law (2017), S. 211; *Paulino Perreiva*, La compétence judiciaire en matière civile dans l'Union européenne: bilan et perspectives, Rev. crit. 99 (2010), 1; *ders.*, „Rome III": La compétence jurisdictionnelle et la loi applicable en matière matrimoniale, RMC 2007, 390; *Pfeiffer*, Die Vergemeinschaftung des Internationalen Privat- und Verfahrensrechts, in: Müller-Graff (Hrg.), Raum der Freiheit, der Sicherheit und des Rechts (2005), S. 75; *Pocar* (ed.), The External Competence of the European Union and Private International Law (2007); *Preuß*, Kompetenzkonflikte zwischen der Europäischen Union und der Bundesrepublik Deutschland auf dem Gebiet des Notarrechts, GPR 2008, 2; *W. H. Roth*, Maßgebliche Kollisionsnormen im deutsch-dänischen Rechtsverkehr, IPRax 2015, 222; *ders.*, Rechtsetzungskompetenzen für das Privatrecht in der Europäischen Union, EWS, 2008, 401; *Schack*, Die EG-Kommission auf dem Holzweg von Amsterdam, ZEuP (1999), 805; *Schulz*, The Accession of the European Community to the Hague Conference on Private International Law, ICLQ 56 (2007), 939; *Stadler*, Die Europäisierung des Zivilprozessrechts, in: 50 Jahre BGH Bd. III (2000), S. 545; *Staudinger*, From international conventions to the Treaty of Amsterdam, ELF 2007, I-257; *Storskrubb*, Mutual Trust and the Dark Horse of Civil Justice, CambYb Eur. Legal Studies 20 (2018), 179; *Struycken*, Das Internationale Privatrecht der Europäischen Gemeinschaft im Verhältnis zu Drittstaaten und zur Haager Konferenz, ZEuP 2004, 276;

Szumilo-Kulczycka/Gajda-Roszczynialska (ed.), Judicial Management versus Independence of Judiciary (2018); *Tarzia*, Aussichten für eine Harmonisierung des Zwangsvollstreckungsrechts in der Europäischen Union, ZEuP (1996), 231; *Thoma*, La définition et l'exercice des compétences externes de la CE au domaine de la coopération dans les matières civiles ayant une incidence transfrontière, ERPL 10 (2002), 397; *Tilmann*, Ein EU-Gerichtssystem für die Rechte des Geistigen Eigentums, FS Müller-Graff (2015), S. 658; *Vranes*, Gemischte Abkommen und Zuständigkeit des EuGH, EuR 2009, 44; *R. Wagner*, Zwanzig Jahre justizielle Zusammenarbeit in Zivilsachen, IPRax 2019, 185; *ders.*, Grenzüberschreitender Bezug in der justiziellen Zusammenarbeit in Zivilsachen, ZZP 131 (2018), 183; *ders.*, EU-Kompetenz in der justiziellen Zusammenarbeit in Zivilsachen, RabelsZ 79 (2015), 521; *ders.*, Das neue Programm zur justiziellen Zusammenarbeit in Zivilsachen – Ein Wendepunkt?, IPRax 2014, 469; *ders.*, Die Vereinheitlichung des Internationalen Privat- und Zivilverfahrensrechts zehn Jahre nach dem In-Kraft-Treten des Amsterdamer Vertrages, NJW 2009, 1911; *ders.*, Das Vermittlungsverfahren zur Rom II-Verordnung, FS Kropholler (2008), S. 715; *ders.*, Zur Kompetenz der Europäischen Gemeinschaft in der justiziellen Zusammenarbeit in Zivilsachen, IPRax 2007, 290; *Wannemacher*, Die Außenkompetenzen der EG im Bereich des Internationalen Zivilverfahrensrechts (2003); *Weatherill*, European Private Law and the Constitutional Dimension, in: Cafaggi (ed.), The Institutional Framework of European Private Law (2006), S. 79; *Weber*, Vom Verfassungsvertrag zum Vertrag von Lissabon, EuZW 2008, 7; *Wilderspin/Rouchand-Joët*, La Compétence externe de la Communauté européenne en droit international privé, Rev. Crit. 2004, 1; *M. Wolf*, Abbau prozessualer Schranken im europäischen Binnenmarkt, in: Grunsky u. a. (Hrg.), Wege zu einem europäischen Zivilprozessrecht (1992), S. 33; *Wollenschläger*, Grundfreiheit ohne Markt (2007); *Zila*, Die neuen Schutznormen in den Beitrittsabkommen der Europäischen Union (2007); *Zuleeg* (Hrg.), Europa als Raum der Freiheit, der Sicherheit und des Rechts (2007).

Nach dem Prinzip der begrenzten Ermächtigung (vgl. Art. 5 I, II EUV) ist die Europäische Union zum Erlass von Gesetzgebungsmaßnahmen nur befugt, wenn ihr die Unionsverträge hierfür eine entsprechende Kompetenz einräumen.[1] Aus diesem Grund ist die Frage nach den Rechtsetzungskompetenzen der Europäischen Union im Zivilprozessrecht von besonderer Relevanz. Die Rechtsentwicklung in den mehr als 60 Jahren des Bestehens der Gemeinschaft hat die Rechtsetzungskompetenzen der Union kontinuierlich gestärkt. Der entscheidende Schub für das Zivilverfahrensrecht kam mit dem Vertrag von Amsterdam (1998). Dieser enthielt in den Art. 61–69 EG im Titel IV: „Justiz und Inneres" eine eigenständige Gemeinschaftspolitik im Bereich des grenzüberschreitenden Zivilprozessrechts. Heute schreiben Art. 67 und 81 AEUV diese Kompetenzen fort[2] (I). Weitere Kompetenzen bestehen vor allem im Binnenmarkt, im Verbraucherschutz und bei der allgemeinen Personenfreizügigkeit. Sie begrenzen die 2.1

1 Die Einhaltung der Rechtsgrundlage unterliegt der – inzwischen verstärkt wahrgenommenen – Kontrolle des Europäischen Gerichtshofs, grundlegend EuGH, 5.10.2000, Rs. C-376/98, *Deutschland./.Parlament und Rat*, EU:C:2000:544, Rdn. 83 („Tabakrichtlinie"); *Roth*, EWS 2008, 401, 402 betont das Erfordernis einer konkreten Kompetenzvorschrift zur Rechtsetzung; ebenso *Weatherill*, in: Cafaggi (ed.), Institutional framework, S. 79 ff.

2 Nach Art. 4 III lit. j) AEUV handelt es sich um eine geteilte Zuständigkeit zwischen der Union und den Mitgliedstaaten.

Rechtsetzungstätigkeit der Union nicht auf grenzüberschreitende Sachverhalte. Hier stellen sich Abgrenzungsfragen zu Art. 81 AEUV (II). Darüber hinaus ist nach dem Verhältnis zu den verbleibenden Rechtsetzungsbefugnissen der Mitgliedstaaten zu fragen, insbesondere im Verhältnis zu Drittstaaten (III) und im Hinblick auf das Subsidiaritätsprinzip (IV). In neuester Zeit strebt die EU-Kommission unter dem Schlagwort „*justice for growth*" die Schaffung eines umfassenden Ressorts zur europäischen Justizpolitik an, das in der aktuellen Krise der Union besondere Bedeutung erlangt hat (V).

I. Justizielle Zusammenarbeit nach Art. 67 und 81 AEUV

1. Die Entwicklung der justiziellen Zusammenarbeit

2.2 Der EWG-Vertrag (1958) enthielt keine Gemeinschaftskompetenz zur Harmonisierung der Prozessrechte der Mitgliedstaaten. Allerdings sollten nach Art. 220 EWGV (1958)[3] die Mitgliedstaaten Verhandlungen einleiten, um „zugunsten ihrer Staatsangehörigen (...) die Förmlichkeiten für die gegenseitige Anerkennung und Vollstreckung richterlicher Entscheidungen und Schiedssprüche" zu vereinfachen.[4] Diese Bestimmung wurde dahin interpretiert, dass die Vertragsstaaten, ohne Rechtspflicht auf Gemeinschaftsebene, völkerrechtliche Übereinkommen zur Ergänzung der Regelungen des Gemeinsamen Marktes erlassen konnten.[5] Die staatsvertragliche Rechtsvereinheitlichung nach Art. 220 EWGV entsprach der überkommenen Rechtsetzungstechnik im Internationalen Privat- und Verfahrensrecht: Traditionell beruht das Internationale Zivilprozessrecht auf einem unübersichtlichen Netz bi- und multilateraler Übereinkommen, die jeweils nur Teilgebiete oder gar Einzelfragen regeln.[6]

2.3 An die überkommenen Rechtsetzungsverfahren der Kodifikation durch völkerrechtliche Konventionen knüpfte die Prozessrechtsvereinheitlichung der Europäischen Wirtschaftsgemeinschaft nach 1958 an.[7] Der Rechtsetzungsauftrag des Art. 220 EWGV wurde nach mehrjährigen Vorarbeiten[8] im Brüsseler Gerichtsstands- und Voll-

---

3 Die Vorschrift fand sich sprachlich unverändert in Art. 293 EG (1997), wurde jedoch im Vertrag von Lissabon ersatzlos gestrichen.

4 Dazu bereits oben § 1 I, Rdn. 1.1 f.

5 Zu den (begrenzten) Handlungspflichten der Mitgliedstaaten im Rahmen des Art. 220 EGV aF vgl. von der Groeben/Thiesing/Ehlermann/*Schwarz*, Art. 220 EGV (1997), Rdn. 13 ff.

6 Vgl. oben § 1 I, Rdn. 1.10 sowie die Zusammenstellung der für Deutschland verbindlichen Verträge bei *Schack*, IZVR, Rdn. 59, 61–63.

7 *Kennett*, Enforcement of Judgments, S. 21 ff.; *Storskrubb*, Civil Procedure and EU Law, S. 33 ff.

8 Bereits im Jahre 1959 hatte die Kommission die Mitgliedstaaten zur Ausarbeitung eines entsprechenden Übereinkommens eingeladen, vgl. oben § 1 I, Rdn. 1.1 f. Den Konventionstext hatte ein Sachverständigenausschuss (1961–67) unter dem Vorsitz von *Bülow* erarbeitet und mit einem Sachver-

streckungsübereinkommen vom 27.9.1968[9] umgesetzt, das am 1.2.1973 in Kraft trat.[10] Als sog. „*convention double*“ enthielt es – insofern über den Regelungsauftrag des Art. 220 EWGV hinausgehend – sowohl Vorschriften über die internationale Zuständigkeit als auch über die Anerkennung von ausländischen Urteilen.[11] Das EuGVÜ erwies sich als ein außerordentlich erfolgreicher Rechtsakt, der große Akzeptanz in der Rechtspraxis erfuhr und zum Vorbild für weitere Konventionen (insbesondere für das Parallelübereinkommen von Lugano[12]) wurde. Dieser Erfolg lässt sich zum einen auf die sorgsame Ausarbeitung des Übereinkommens, vor allem jedoch auf dessen Auslegung durch den EuGH zurückführen.[13] Die völkerrechtliche Natur des EuGVÜ trat in der Praxis rasch in den Hintergrund. Das Übereinkommen wurde vielmehr als integrierter Bestandteil des europäischen Gemeinschaftsrechts angesehen: Der EuGH legte es methodisch wie sonstiges Gemeinschaftsrecht aus[14], es gehörte zum sog. „*acquis communautaire*“ mit der Folge, dass jeder neue Mitgliedstaat der Gemeinschaften dem EuGVÜ beitreten musste.[15] Bis zum Jahr 1996 wurden insgesamt vier Beitrittsabkommen ausgearbeitet, die das EuGVÜ auf die neuen Mitgliedstaaten erstreckten und es zugleich inhaltlich modifizierten.[16] Diese Übereinkommen verdeutlichten jedoch die strukturellen Schwächen der Prozessrechtsvereinheitlichung durch völkerrechtliche Abkommen: Bis zur Ratifizierung durch sämtliche Mitgliedstaaten vergingen oft viele Jahre mit der Folge einer parallelen Geltung unterschiedlicher Vertragsfassungen zwischen den Mitgliedstaaten und einer einhergehenden Unübersichtlichkeit und Fehleranfälligkeit.

Der Vertrag von Maastricht[17] erstreckte in Art. K EUV (1993) die Tätigkeit der 2.4
Gemeinschaft auf die Bereiche „Justiz und Inneres“. Dieser – vorwiegend intergouver-

---

ständigenbericht von *Jenard*, ABl. EG, 5.3.1979, Nr. C 59, 1–65, als Auslegungshilfe veröffentlicht, vgl. *Kropholler/v. Hein*, Einl. EuZPR, Rdn. 69.

9 ABl. 1972 L 299, 32; BGBl. 1972 II, 774.

10 *Kropholler/v. Hein*, Einl. EuZPR, Rdn. 8 mwN.

11 Ein gesondertes Übereinkommen zur Schiedsgerichtsbarkeit wurde hingegen nicht erlassen, weil die Prozessrechte der Mitgliedstaaten über das New Yorker UN-Übereinkommen vom 10.6.1958 (BGBl. 1961 II, 121) und das Europäische Übereinkommen zur Schiedsgerichtsbarkeit vom 21.4.1961 (BGBl. 1964 II, 425) bereits miteinander verzahnt waren, *Kropholler/v. Hein*, Art. 1 EuGVVO, Rdn. 40, dazu unten § 6 I 2, Rdn. 6.25.

12 Dazu unten § 5 II 1, Rdn. 5.42 ff.; das EuGVÜ wurde allerdings (vorschnell) als Modell für das im Jahr 2001 gescheiterte, weltweite Zuständigkeitsübereinkommen der Haager IPR-Konferenz herangezogen, dazu unten § 5 III 2, Rdn. 5.55.

13 Diese beruhte auf dem Luxemburger Protokoll über die Auslegung des Übereinkommens vom 27.9.1968 über die gerichtliche Zuständigkeit und Vollstreckung gerichtlicher Entscheidungen durch den Gerichtshof vom 3.7.1971, ABl. 1972 II, 846.

14 Vgl. unten § 4 II 1, Rdn. 4.44 ff.

15 Überblick bei *Kropholler/v. Hein*, Einl. EuZPR, Rdn. 69 mwN.

16 Vgl. die Übersicht bei *Schack*, IZVR, Rdn. 85–87.

17 Vertrag über die Europäische Union vom 7.2.1992, ABl. 1992 C 224/1, dazu *Dohrn*, Kompetenzen, S. 63 ff.

nementale – Handlungsrahmen umfasste allerdings durchaus heterogene Politikbereiche, nämlich: Asyl- und Einwanderung, die Bekämpfung von Drogenmissbrauch, Betrug sowie die polizeiliche und justizielle Zusammenarbeit zur Bekämpfung von Terrorismus und internationaler Kriminalität. Art. K. 1 Nr. 6 EUV (1993) bezog auch die justizielle Zusammenarbeit in Zivilsachen in die „Dritte Säule" ein. Die Einbeziehung der Zivilrechtspflege in die intergouvernementale Kooperation des Art. K. 1 EUV (1993) beruhte freilich nicht auf inhaltlichen Zusammenhängen mit den EU-Politiken in Einwanderungs-, Polizei- und Strafsachen. Vielmehr hing die Einbeziehung eher zufällig mit den damaligen Entscheidungsstrukturen im Rahmen der europäischen politischen Zusammenarbeit zusammen.[18] Bereits im Jahre 1986[19] hatte der Rat zwei Arbeitsgruppen der Justizministerien der Mitgliedstaaten gebildet, um die Zusammenarbeit zwischen den Justizbehörden in Zivil- und Strafsachen besser abzustimmen.[20] Diese Koordination institutionalisierte der Maastricht-Vertrag. Bezüge zu den anderen Sachgebieten des Art. K. 1 EUV (1993) bestanden nur insofern, als eine verbesserte Freizügigkeit im Europäischen Rechtsraum komplementären, effektiven Rechtsschutz (beispielsweise in Familiensachen[21]) vor den Zivilgerichten erforderte, der über eine auf den Binnenmarkt bezogene, vorwiegend wirtschaftlich orientierte Harmonisierung der nationalen Prozessrechte hinausging.

2.5 Die primär zwischenstaatliche Zusammenarbeit in der „Dritten Säule"[22] setzte ein Koordinierungsausschuss Hoher Beamter beim Rat (Art. K. 4 EUV) um.[23] Art. K. 3 Abs. 2 lit. c) EUV (1993) sah als echtes Harmonisierungsinstrument – neben der Erarbeitung gemeinsamer Standpunkte und der Durchführung gemeinsamer Aktionen – lediglich die Ausarbeitung völkerrechtlicher Übereinkommen vor.[24] Nach 1993 weitete der Rat

---

18 *Dohrn*, Kompetenzen, S. 53 ff.; *Pirrung*, in: Schulte-Nölke (Hrg.), Europäische Privatrechtsangleichung, S. 341, 345 ff.

19 D.h. nach dem Inkrafttreten der Einheitlichen Europäischen Akte.

20 Vor 1993 hatte die Lenkungsgruppe für Zivilsachen lediglich zwei erfolglose Begleitabkommen zum EuGVÜ erarbeitet, nämlich ein Übereinkommen zur Befreiung von Urkunden vom Erfordernis der Legalisation (1987) sowie ein Übereinkommen zur Vereinfachung der Geltendmachung von Unterhaltsansprüchen (1990). Beide Übereinkommen scheiterten an der mangelnden Ratifizierung durch die Mitgliedstaaten, von der Groeben/Thiesing/Ehlermann/*Degen*, Vorbemerkung zu Art. K EUV (6. Aufl. 2003), Rdn. 12.

21 Vgl. *Jayme/Kohler*, IPRax 1998, 417, 419, zur Rechtsgrundlage der Brüssel II-Konvention.

22 Kompetenziell waren die Mitgliedstaaten weiterhin zuständig, *Dohrn*, Kompetenzen, S. 51; *Dittrich*, in: Müller-Graff (Hrg.), Europäische Zusammenarbeit in den Bereichen Justiz und Inneres, S. 101, 111 ff.

23 Der EG-Kommission standen lediglich Beteiligungs- bzw. Anhörungsrechte zu (Art. K. 4 II und K. 6 EUV), vgl. *Kennett*, Enforcement of Judgments, S. 8 f.

24 Damit blieb es im Internationalen Zivilprozessrecht bei der überkommenen Handlungsform des Art. 220 EWGV aF. Jedoch wurde das Vertragsabschlussverfahren im Vergleich zu normalen völkerrechtlichen Unterzeichnungs- und Ratifikationsverfahren effektuiert, von der Groeben/Thiesing/Ehlermann/*Degen*, Art. K. 3 EUV (6. Aufl. 2003), Rdn. 12; *Kennett*, Enforcement of Judgments, S. 5.

jedoch die intergouvernementale Zusammenarbeit in Zivilsachen inhaltlich über den Anwendungsbereich des EuGVÜ aus. Schwerpunkte waren die Rechtshilfe (Zustellung) und das Familienrecht (sog. „Freizügigkeit von Scheidungsurteilen").[25] Innerhalb kurzer Zeit wurden die Entwürfe für drei Konventionen ausgearbeitet und zur Zeichnung aufgelegt: Das Europäische Insolvenzübereinkommen vom 23.11.1995,[26] das Europäische Zustellungsübereinkommen vom 26.5.1997[27] und ein Parallelübereinkommen zum EuGVÜ über die Freizügigkeit von Scheidungsurteilen und Sorgerechtsentscheidungen vom 28.5.1998 (sog. Brüssel II-Konvention).[28] Zur gleichen Zeit wurde, in enger Abstimmung mit den Vertragsstaaten des Luganer Parallelübereinkommens, eine inhaltliche Revision des EuGVÜ vorbereitet.[29] Wesentliche Impulse erfuhr die Europäische Prozessrechtsangleichung durch eine Mitteilung der Kommission an den Rat und das Parlament: *Wege zu einer effizienten Erwirkung und Vollstreckung von gerichtlichen Entscheidungen in der Gemeinschaft* vom 31.1.1998. Dieses Positionspapier formulierte ein strategisches Programm für das weitere Vorgehen bei der Europäischen Prozessrechtsangleichung unter den erweiterten Kompetenzen des Amsterdamer Vertrages.[30]

Der Amsterdamer Vertrag fügte in den EG-Vertrag einen neuen Titel über den 2.6
„schrittweisen Aufbau eines Raumes der Freiheit, der Sicherheit und des Rechts" ein.[31] Dabei handelte es sich um eine neue Gemeinschaftspolitik, welche die Bürgerfreizügigkeit in allen Mitgliedstaaten der Gemeinschaft verwirklichen sollte.[32] Allerdings erfolgte zunächst nur eine teilweise Kompetenzübertragung, da im Amsterdamer Vertrag die justizielle und polizeiliche Zusammenarbeit in Strafsachen weiterhin auf intergouvernementaler Grundlage durchgeführt wurde.[33]

2. Die Rechtsetzungskompetenz nach Art. 67 und Art. 81 AEUV

Der Vertrag von Lissabon enthält in Art. 3 II EUV und in Art. 67–89 AEUV eine einheitli- 2.7
che Unionspolitik zur Schaffung des Raums der Freiheit, der Sicherheit und des Rechts,

25 Überblick bei *Tarko*, ÖJZ 1999, 401, 403; *Hess*, NJW 2000, 23 ff.

26 Abgedruckt in ZEuP 1996, 331 ff., dazu *Balz*, ZIP 1996, 948 ff.; unten § 9 I, Rdn. 9.4.

27 ABl. EG 1997 Nr. C 261/2, dazu unten § 8 I 1, Rdn. 8.9 (Fn. 43).

28 ABl. EG 1998 Nr. C 221/2 mit Bericht *Borrás*, S. 27 ff., dazu unten § 7 I, Rdn. 7.2 f.

29 Dazu *Kohler*, in: Gottwald (Hrg.), Revision des EuGVÜ, S. 2 ff. Diese Vorarbeiten waren die Grundlage der Ersetzung des EuGVÜ durch die VO 44/01/EG vom 14.1.2001 zum 1.3.2002, dazu unten § 6, Rdn. 6.3.

30 ABl. EG 1998 C 33, 3 ff., dazu *Hess*, JZ 1998, 1021, 1032; ablehnend *Wagner*, IPRax 1998, 241, 243 ff. Die (zeitgenössische) Rechtswissenschaft erkannte die rechtspolitische Bedeutung dieser Initiative der EG-Kommission nicht hinreichend, *Storskrubb*, Civil Procedure and EULaw, S. 33 ff.

31 *Besse*, ZEuP 1999, 107 ff.; *Kohler*, Rev.Crit. 1999, 1, 9 ff.

32 Dazu *Hess*, JZ 2005, 540, 544; *Storskrubb*, Civil Procedure and EU Law, S. 32 ff.

33 Zu Einzelheiten vgl. Voraufl., § 2 I, Rdn. 7 ff.

in dem sich die Unionsbürger (auch ohne wirtschaftliche Betätigung) frei bewegen und aufhalten können.[34] Damit garantiert der Unionsvertrag allen EU-Bürgern ein umfassendes Freizügigkeitsrecht (Art. 3 II EUV),[35] das durch eine entsprechende Unionspolitik (Art. 67–89 AEUV) implementiert werden soll. Art. 67 I AEUV stellt dabei programmatisch heraus, dass im europäischen Justizraum die Grundrechte sowie die „verschiedenen Rechtsordnungen und Rechtstraditionen der Mitgliedstaaten geachtet werden". Im Vordergrund der operativen Unionspolitik nach Art. 67 ff. AEUV stehen freilich polizeiliche und administrative Kooperations- und Sicherungsmaßnahmen zur Bewältigung von Emigrationsströmen von außen (Asyl- und Einwanderungspolitik, vgl. Art. 64 II AEUV) sowie zur Bekämpfung von grenzüberschreitender Kriminalität, die der Wegfall der Binnengrenzen begünstigt hat (Art. 64 III AEUV).[36] Die in Art. 67 IV AEUV[37] vorgesehenen Maßnahmen in Zivilsachen betreffen bei diesem umfassenden, politischen Konzept nur Randaspekte. Die Vorschrift nennt als Regelungsziel die „Erleichterung des Zugangs zum Recht", welche vor allem die gegenseitige Anerkennung gerichtlicher und außergerichtlicher Entscheidungen in Zivilsachen gewährleisten soll. Eine operative Aussage enthält die Vorschrift nicht.[38]

a) Die Reichweite der Kompetenz nach Art. 81 AEUV

aa) Wortlaut der Vorschrift

2.8 Die allgemeine Leitlinie des Art. 67 IV AEUV zur „ziviljustiziellen Zusammenarbeit" präzisiert Art. 81 AEUV.[39] Die Vorschrift ermächtigt die Gemeinschaft zum Erlass von Rechtsakten im internationalen Privat- und Verfahrensrecht. Sie lautet:

> „(1) Die Union entwickelt eine justizielle Zusammenarbeit in Zivilsachen mit grenzüberschreitenden Bezügen, die auf dem Grundsatz der gegenseitigen Anerkennung gerichtlicher und außerge-

---

34 EuGH, 17.9.2002, Rs. C-413/99, *Baumbast*, EU:C:2002:493, Rdn. 82; *Müller-Graff*, FS Jayme (2004), S. 1323 ff.; *Muir Watt*, in: Leroyer/Jeuland (ed.), Quelle cohérence pour l'espace judiciaire européen, S. 1 f.

35 Die Formulierung bezieht sich auf Art. 4 und 5 EUV sowie das Protokoll Nr. 2 über die Anwendung der Grundsätze der Subsidiarität und Verhältnismäßigkeit, Calliess/Ruffert/*Suhr*, Art. 67 AEUV, Rdn. 78.

36 Bei der Aushandlung des Lissabonner Vertrags stand das Zivilverfahrensrecht nicht im Zentrum des politischen Interesses. Dies verdeutlicht der ungleich geringere Umfang der Regelungen zur Zusammenarbeit in Zivilsachen (Art. 81 AEUV) im Vergleich zu den strafrechtlichen (Art. 82–86 AEUV) und polizeirechtlichen (Art. 87–89 AEUV) Vorschriften.

37 Art. 67 IV AEUV lautet: „Die Union erleichtert den Zugang zum Recht, insbesondere durch den Grundsatz der gegenseitigen Anerkennung gerichtlicher und außergerichtlicher Entscheidungen in Zivilsachen."

38 Zum programmatischen Charakter der Vorschrift vgl. *R. Wagner*, RabelsZ 79 (2015), 522, 523.

39 Streinz/*Leible*, Art. 81 AEUV, Rdn. 3. In der Praxis werden Rechtsakte zum Europäischen Prozessrecht jeweils zugleich auf Art. 67 IV und Art. 81 AEUV gestützt.

richtlicher Entscheidungen beruht. Diese Zusammenarbeit kann den Erlass von Maßnahmen zur Angleichung der Rechtsvorschriften der Mitgliedstaaten umfassen."

Art. 81 II AEUV führt sodann verschiedene Handlungsfelder der ziviljustiziellen Zusammenarbeit exemplarisch[40] auf. Diese Vorschrift lautet: 2.9

„(2) Für die Zwecke des Absatzes 1 werden, insbesondere wenn dies für das reibungslose Funktionieren des Binnenmarkts erforderlich ist, durch das Europäische Parlament und den Rat gemäß dem ordentlichen Gesetzgebungsverfahren Maßnahmen erlassen, die Folgendes sicherstellen sollen:
a) die gegenseitige Anerkennung und die Vollstreckung gerichtlicher und außergerichtlicher Entscheidungen zwischen den Mitgliedstaaten;
b) die grenzüberschreitende Zustellung gerichtlicher und außergerichtlicher Schriftstücke;
c) die Vereinbarkeit der in den Mitgliedstaaten geltenden Kollisionsnormen und Vorschriften zur Vermeidung von Kompetenzkonflikten;
d) die Zusammenarbeit bei der Erhebung von Beweismitteln;
e) einen effektiven Zugang zum Recht;
f) die Beseitigung von Hindernissen für die reibungslose Abwicklung von Zivilverfahren, erforderlichenfalls durch Förderung der Vereinbarkeit der in den Mitgliedstaaten geltenden, zivilrechtlichen Verfahrensvorschriften;
g) die Entwicklung von alternativen Methoden für die Beilegung von Streitigkeiten;
h) die Förderung der Weiterbildung von Richtern und Justizbediensteten."

Art. 81 III AEUV[41] hält für Familiensachen am Erfordernis der Einstimmigkeit bei Rechtsetzungsmaßnahmen fest.[42] Ursachen hierfür sind die fortbestehenden, rechtskulturellen Unterschiede in den Mitgliedstaaten.[43] Allerdings kann der Rat durch einstimmigen Beschluss (unter Ablehnungsvorbehalt der nationalen Parlamente) „Aspekte" des Familienverfahrensrechts dem Mitentscheidungsverfahren nach Art. 294 ff. AEUV unterstellen. Dies ist allerdings bisher nicht geschehen und 2.10

---

40 Str., wie hier *R. Wagner*, RabelsZ 79 (2015), 522, 539; aA BVerfG, 30.6.2009, BVerfGE, 267, 415 (*Vertrag von Lissabon*); Callies/Ruffert/*Rossi*, Art. 81 AEUV, Rdn. 1; Streinz/*Leible*, Art. 81 AEUV, Rdn. 19.

41 Die Vorschrift lautet: „(3) Abweichend von Absatz 2 werden Maßnahmen zum Familienrecht mit grenzüberschreitendem Bezug vom Rat gemäß einem besonderen Gesetzgebungsverfahren festgelegt. Dieser beschließt einstimmig nach Anhörung des Europäischen Parlaments. Der Rat kann auf Vorschlag der Kommission einen Beschluss erlassen, durch den die Aspekte des Familienrechts mit grenzüberschreitendem Bezug bestimmt werden, die Gegenstand von Rechtsakten sein können, die gemäß dem ordentlichen Gesetzgebungsverfahren erlassen werden. Der Rat beschließt einstimmig nach Anhörung des Europäischen Parlaments. Der in Unterabsatz 2 genannte Vorschlag wird den nationalen Parlamenten übermittelt. Wird dieser Vorschlag innerhalb von sechs Monaten nach der Übermittlung von einem nationalen Parlament abgelehnt, so wird der Beschluss nicht erlassen. Wird der Vorschlag nicht abgelehnt, so kann der Rat den Beschluss erlassen."

42 Zum Gesetzgebungsverfahren vgl. unten § 2 I 2, Rdn. 2.25.

43 Leible/Terhechte/*Leible*, Europäisches Zivilverfahrensrecht, § 14, Rdn. 56.

derzeit auch nicht zu erwarten.[44] Stattdessen haben die tiefgreifenden Meinungsstreitigkeiten der EU-Mitgliedstaaten im Ehe- und Familienrecht zur Folge, dass die Union wiederholt nur im Wege der verstärkten Zusammenarbeit Rechtsakte erlassen konnte.[45]

2.11 Die inhaltliche Reichweite der Unionskompetenz erschließt sich aus ihren historischen und systematischen Zusammenhängen mit den anderen Kompetenzvorschriften des Lissabonner Vertrages. Der Begriff „justizielle Zusammenarbeit in Zivilsachen" übernimmt die Formulierung von Art. K. 1 Nr. 6 EUV (Maastricht). Die Vorgängervorschrift, Art. 65 EG (1997) hatte mit dieser Formulierung die intergouvernementale Gemeinschaftspolitik von der Dritten in die Erste Säule überführt.[46] Anders als Art. 65 EG enthält Art. 81 AEUV die operative Kompetenznorm für eine eigenständige Unionspolitik.[47] Abs. 2 listet unterschiedliche Rechtsetzungsaktivitäten der justiziellen Zusammenarbeit auf, ohne diese abschließend festzulegen. Die dort aufgeführten Maßnahmen wurden zwischenzeitlich überwiegend implementiert – inzwischen liegt der Fokus der Gesetzgebung auf der Überarbeitung und Verbesserung der bestehenden Rechtsakte. Das schließt jedoch weitere Rechtsakte nicht aus – etwa zur Koordinierung grenzüberschreitender Kollektivklagen.[48]

bb) Die erfassten Bereiche

2.12 Inhaltlich erfasst die justizielle Zusammenarbeit nach Art. 81 I AEUV zunächst die „klassischen Bereiche" des Internationalen Zivilverfahrensrechts, nämlich die Urteilsanerkennung (Art. 81 II lit a) und die Rechtshilfe in Zivil- und in Handelssachen (Art. 81 II lit b und d).[49] Die internationale Zuständigkeit ist eingeschlossen. Dies verdeutlicht die Erwähnung der „grenzüberschreitenden Bezüge" im Eingangssatz von Art. 81 (1) AEUV sowie die ausdrückliche Bezugnahme auf den „Zugang zum Recht" und die Vorschriften über die Vermeidung von Kompetenzkonflikten in Abs. 2 lit e).[50] Inhaltliche Zusammenhänge bestehen vor allem zum internationalen Privatrecht, dies zeigt die ausdrückliche Bezugnahme auf die „Kollisionsnormen" in den Mitgliedstaaten in Art. 81 II lit c) AEUV. Die neuere Praxis hat wiederholt einheitliche Rechtsakte zum internationalen Privat- und Verfahrensrecht erlassen.[51]

44 Vgl. unten § 2 I 2, Rdn. 2.27 ff. zur Sonderstellung des Vereinigten Königreichs und Dänemarks.

45 Erstmalig in der Rom III-VO, sodann in der EuGüVO sowie in der EuPartVO, dazu Streinz/*Leible*, Art. 81 AEUV, Rdn. 31; *Lignier/Geier*, RabelsZ 79, 546, 571 ff., vgl. unten § 2 I 2, Rdn. 2.33 ff.

46 Dazu *Besse*, ZEuP 1997, 107; Streinz/*Leible*, Art. 81 AEUV, Rdn. 1 f.

47 *R. Wagner*, RabelsZ 79 (2015), 522; Streinz/*Leible*, Art. 81 AEUV, Rdn. 1.

48 Zu den aktuellen Rechtsetzungsvorhaben vgl. unten § 11 III 1, Rdn. 11.70 ff.

49 *Dohrn*, Kompetenzen, S. 53 f.; *Kennett*, Enforcement of Judgments, S. 11 (jeweils zu Art. 65 EGV).

50 Calliess/Ruffert/*Rossi*, Art. 81 AEUV, Rdn. 6.

51 Insbesondere die EuGüVO und die EuPartVO sowie die EuErbVO, dazu unten § 7 VII 1, Rdn. 7.177 ff. und § 7 VIII 1, Rdn. 7.190 ff.

Rechtsetzungsmaßnahmen nach Art. 81 AEUV sollen „insbesondere“ das „reibungslose Funktionieren des Binnenmarktes“ ermöglichen.[52] Diese Formulierung ist programmatisch zu verstehen – Regelungen der internationalen Privat- und Verfahrensrechte, aber (grundsätzlich) auch der materiellen Privat- und Zivilprozessrechte der Mitgliedstaaten, die sich auf das Funktionieren des Binnenmarktes auswirken (mithin den freien Verkehr von Personen, Waren, Dienstleistungen und Kapital beeinflussen),[53] fallen in den Anwendungsbereich der Kompetenznorm.[54] Die Bezugnahme auf das Funktionieren des Binnenmarktes umschreibt die Integrationsfunktion des Europäischen Zivilverfahrensrechts (einschließlich des Kollisionsrechts). Es soll die justiziellen Infrastrukturen für die Durchsetzung privater Rechte im Binnenmarkt bereitstellen.[55] Die Bezugnahme auf den Binnenmarkt ist folglich nicht als eine Kompetenzbegrenzung konzipiert. Dies ergibt sich aus der Relativierung des Binnenmarktbezugs durch das in Art. 81 AEUV eingefügte Adjektiv „insbesondere“. Das Tatbestandsmerkmal schließt Rechtsetzungsmaßnahmen im Familien- und Erbrecht (mit grenzüberschreitenden Bezügen) ein, dies ergibt sich zudem aus der exemplarischen Aufzählung in Art. 81 II und III AEUV.[56] Denn diese Rechtsgebiete stehen in unmittelbarem Zusammenhang zur Unionsbürgerschaft (Art. 20 AEUV)[57], die aufgrund Art. 3 IV EUV als eine umfassende Gewährung der Personenfreizügigkeit (unabhängig von wirtschaftlicher Betätigung) in einem „Europa der Bürger“ verstanden wird (Art. 21 AEUV).[58] Aus diesem Grund verbietet es sich, Art. 81 AEUV als einen schlichten Annex zur Binnenmarktkompetenz (quasi als einen Art. 114a AEUV) 2.13

52 Die in der deutschen Fassung missglückte Formulierung (die englische spricht vom „proper functioning of the Internal Market“, die französische vom „bon fonctionnement du marché intérieur“) hatte in der Literatur zunächst eine Kontroverse darüber ausgelöst, ob Art. 65 EG/81 AEUV subsidiär oder zumindest komplementär zu den Rechtsetzungskompetenzen des Art. 94 f. EG/114 f. AEUV sei, dazu § 2 II 1, Rdn. 2.41 ff.

53 Vgl. Art. 3 IV EUV, dazu *Roth*, EWS 2008, 401, 407 ff.

54 Calliess/Ruffert/*Rossi*, Art. 81 AEUV, Rdn. 10 ff. Die Maßnahmen im materiellen Zivil- und Zivilprozessrecht sind allerdings durch das (zusätzliche) Erfordernis des grenzüberschreitenden Bezugs begrenzt.

55 Dazu bereits oben § 1, Rdn. 1.4; *Hess*, NJW 2000, 23, 2729; *Wagner*, IPRax 2007, 290, 292, konstatiert mit Recht, dass das Aufgreifkriterium des Binnenmarktes sich in der Rechtsetzungspraxis nicht als Begrenzung der Kompetenznorm erwiesen hat.

56 AA *Stumpf*, EuR 2007, 291, 302 ff. (zu Art. 65 EGV); wie hier *Mansel*, FS Ansay (2006), S. 185, 191 f.

57 Zu Art. 65 EG vgl. *Wagner*, IPRax 2002, 75, 85; *Pfeiffer*, in: Müller-Graff (Hrg.), Raum der Freiheit, S. 75, 81 ff.; *Baratta*, FS Pocar (2009), S. 3, 10 ff.; a.A. *Schack*, RabelsZ 65 (2001), 615, 618: „Der Binnenmarkt funktioniert nicht besser, nur wenn man Scheidungen erleichtert.“ Die Verklammerung der Personenfreizügigkeit mit der grenzüberschreitenden Durchsetzung familienrechtlicher Ansprüche hat der EuGH jedoch wiederholt betont, vgl. EuGH, 5.2.2002, Rs. C-255/99, *Humer*, EU:C:2002:73, Rdn. 30 ff. (Unterhalt); deutlich EuGH, 14.10.2008, Rs. C-353/06, *Grunkin-Paul*, EU:C:2008:559, Rdn. 21 ff. (Namensrecht).

58 *Dohrn*, Kompetenzen, S. 84 ff.; *Hess*, JZ 2005, 540, 544 ff.; *Wagner*, RabelsZ 68 (2004) 120, 135 ff.

zu interpretieren.[59] Vielmehr stehen beide Kompetenztitel (komplementär) nebeneinander.

cc) Zivilsachen mit grenzüberschreitendem Bezug

2.14 Die Rechtsetzungskompetenz des Art. 81 AEUV ist auf Zivilsachen mit „grenzüberschreitendem Bezug" beschränkt („cross border implication"; „implications transfrontières").[60] Die Formulierung der unterschiedlichen Sprachfassungen ist uneinheitlich.[61] Daher verwundert es nicht, dass die Reichweite dieses Tatbestandsmerkmals, das sich bereits in Art. 65 EG (1999) fand, politisch umstritten ist. Eine enge Deutung, die vor allem im Europäischen Rat vertreten wird, geht dahin, dass nur solche Rechtsetzungsakte erfasst sind, die sich auf Prozesse mit unmittelbarem Auslandsbezug beziehen[62] und die die (autonomen) nationalen Prozessrechte koordinieren[63]. Nach der Gegenansicht, die vor allem die Europäische Kommission formuliert hatte, kann im Europäischen Justizraum jeder „inländische" Titel potentiell grenzüberschreitend vollstreckt werden, so dass im Prinzip jedem Zivilverfahren latent ein Auslandsbezug innewohnt.[64]

2.15 Bereits im Jahre 2001 kam es zwischen Rat und Kommission über die Reichweite des „grenzüberschreitenden Bezugs" zu handfestem Streit. Anlass war die Richtlinie über die Prozesskostenhilfe – ein ohnehin heikles Thema, da sich die Richtlinie unmittelbar auf die Justizbudgets der Mitgliedstaaten auswirkt. Die EU-Kommission drängte zunächst auf eine weite Auslegung des Art. 65 EG/Art. 81 AEUV, die an die potentielle grenzüberschreitende Vollstreckung jedes Titels anknüpfte. Sie vertrat zudem die Auffassung, dass generell Unterschiede in den nationalen Prozessrechten (und im daraus resultierenden Effizienzgefälle) bei der Rechtsdurchsetzung als Störung des Binnenmarktes die Aufgreifschwelle des Art. 65 EG/Art. 81 AEUV auslösten.[65] Der Rat verlangte hingegen einen konkreten, grenzüberschreitenden Bezug eines jeden Rechtsakts, der auf Art. 65 EG/Art. 81 AEUV gestützt wird.[66]

---

59 Dazu *Müller-Graff*, in: ders. (Hrg.), Raum der Freiheit, S. 11, 19, zu Art. 65 EG.

60 Ausführlich *Hess*, in: v. Hein/Rühl (Hrg.), Kohärenz im Internationalen Privat- und Verfahrensrecht der Europäischen Union (2015), S. 67, 68 ff.; *Wagner*, ZZP 131 (2018), 183, 192 ff.

61 *Hau*, GS Unberath (2015), S. 139, 150; *Wagner*, ZZP 131 (2018), 183, 184 ff.

62 So die ständige Gutachtenpraxis des juristischen Dienstes des Rats zu Art. 65 EG, vgl. Gutachten vom 17.4.2002, Dok. 7862/02 JUR 143 JUSTCIV 48, Rdn. 8 ff.; Dok. 10748/05 JUR 290 JUSTCIV 130, Rdn. 21 ff.

63 *Rossi*, in: Calliess/Ruffert (Hrg.), EUV/AEUV (4. Aufl. 2011), Art. 81 AEUV, Rdn. 10.

64 Diesen Ansatz enthielt u.a. Art. 18 des Vorschlags der Kommission zur Einführung eines europäischen Verfahrens für geringfügige Forderungen vom 15.3.2005, KOM (2005) 87 endg.

65 Vgl. die Begründung des Kommissionsvorschlags zur Einführung eines europäischen Verfahrens für geringfügige Forderungen, KOM (2005) 87 endg. vom 15.3.2005, S. 6.

66 So der Beschluss des Rates der Justizminister vom November 2002 zur Begrenzung des sachlichen Anwendungsbereichs der Richtlinie zur Prozesskostenhilfe (RL 2002/8/EG) auf „grenzüberschreitende Streitigkeiten", *Jastrow/Mirow*, in: Gebauer/Wiedmann (Hrg.), Zivilrecht unter europäischem Einfluss (2. Aufl. 2010), Kap. 32, Rdn. 9 f.

Bisher konnten sich Kommission, Parlament und Rat nur von Fall zu Fall über die Anwendung von Art. 65 EG/Art. 81 AEUV verständigen. Zumeist setzte sich der Rat im Ergebnis dahingehend durch, dass die Kompetenzvorschrift einen unmittelbaren, grenzüberschreitenden Bezug erfordert. Dieser soll sich daraus ergeben, dass mindestens eine der Parteien ihren Sitz/Wohnsitz in einem anderen Mitgliedstaat hat als das angerufene Gericht.[67] Hierüber gab es (wohl) zwischenzeitlich eine Verständigung zwischen Rat und Kommission.[68] In Umsetzung dieses Beschlusses begrenzen neuere Rechtsakte, etwa Art. 2 EuMedRL, Art. 3 EuMahnVO oder Art. 3 EuBagVO, den Anwendungsbereich der Rechtsakte auf Verfahren, bei denen die Parteien ihren allgemeinen Gerichtsstand (Art. 4, 62 f. EuGVO) in einem anderen Mitgliedstaat als das angerufene Gericht haben.[69] Im Gesetzgebungsverfahren zur EuMahnVO gab die Kommission hingegen förmlich ihre Bedenken gegen die Regelung des Art. 3 EuMahnVO zu Protokoll.[70] Dennoch konnte sich der Rat auch beim Erlass der EuBagVO mit seiner restriktiven Lesart des grenzüberschreitenden Bezugs erneut durchsetzen: Art. 3 EuBagVO entspricht der Regelung der EuMahnVO.[71] Bei der Revision der Verordnungen (2015) scheiterte die EU-Kommission erneut mit ihrem Vorschlag zur Ausweitung des räumlichen Anwendungsbereichs.[72] 2.16

Ob die enge Lesart des Art. 81 AEUV auch in einem interinstitutionellen Rechtsstreit vor dem EuGH Bestand haben dürfte, erscheint nicht sicher.[73] Immerhin hat 2.17

67 So im Ergebnis die Definitionen in Art. 3 I EuMahnVO und Art. 3 I EuBagVO. Maßgeblicher Zeitpunkt ist die Einreichung des Antrags bei Gericht (jeweils Art. 3 III), dazu unten § 10 II 3, Rdn. 10.55.

68 Zwischen 2002 und 2005 bestand eine informelle Verständigung im Sinne der vom Rat favorisierten Auslegung des Art. 65 EG zwischen Rat und Kommission. Dieser wurde freilich nicht als förmlicher interinstitutioneller Kompromiss verabschiedet, anders Voraufl., § 2, Rdn. 13.

69 Hierauf verweist *Wagner*, IPRax 2007, 290, 291. Jedoch erfassen die Zuständigkeitsregeln der EuGVO in erheblichem Umfang auch Drittstaatensachverhalte, dazu unten § 5 I 3, Rdn. 5.13 ff.

70 Die Erklärung der Kommission vom 4.7.2006 lautet wie folgt: „The Commission declares that the definition of the term "cross-border case" in the context of this Regulation is not an interpretation of the obligation foreseen in Article 65 of the Treaty to limit the action of the Community to matters having cross-border implications, but only one among other possibilities to limit the scope of application of this Regulation in the context of Article 65. It is not necessary to limit the scope of application by reference to a general definition of "cross-border" in the instruments relating to private international law. The necessity or interest to resort to a general definition of "cross-border" in other instruments which are not linked to private international law such as the proposed directive on mediation the character of which is different from this Regulation should be analysed carefully case by case, taking into account the objectives of each instrument." KOM (2006) 374 endg., S. 5.

71 Dazu unten § 10 III 2, Rdn. 10.97.

72 Dazu *R. Wagner*, ZZP 131 (2018), 183, 205 f.

73 Vgl. auch die Einschätzung des Gutachtens des Juristischen Dienstes des Europäischen Parlaments, 23.1.2009, SJ-0835/08: Collective redress – possible horizontal Community investment – legal basis, Rdn. 35: "As regards „cross-border implication", measures adopted under this article [65 EC] to date have only dealt with cross-border situations, which are generally defined as those where the two

der Gerichtshof im Urteil *Owusu*[74] die allgemeine Vereinheitlichung der Prozessrechte der Mitgliedstaaten als zulässigen Regelungszweck der justiziellen Zusammenarbeit bezeichnet.[75] Diese weite Auslegung des Art. 81 AEUV als Grundlage einer eigenständigen europäischen Justizpolitik steht in auffallender Diskrepanz zur restriktiven Umsetzung der Vorschrift in Art. 3 EuMahnVO und Art. 3 EuBagVO.[76]

2.18 In rechtspolitischer Hinsicht erscheint das Aufgreifkriterium des „unmittelbaren grenzüberschreitenden Sachverhalts" vor allem in Hinblick auf die Grundfreiheiten des Binnenmarktes und des Europäischen Justizraums inadäquat: Wer wirkliche Freizügigkeit ermöglichen will, kann nicht schematisch und formal auf den jeweiligen (Wohn)Sitz der Prozessparteien (und auf das Prozessgericht) abstellen. So begründet beispielsweise die (begründete) Intention des (deutschen) Klägers, das Urteil gegen den inländischen Beklagten in dessen französisches Ferienhaus zu vollstrecken, selbstverständlich einen hinreichenden Auslandsbezug zur Beantragung eines Europäischen Vollstreckungstitels für unbestrittene Forderungen.[77] Die restriktive Handhabung des Kriteriums der grenzüberschreitenden Bezüge diskriminiert letztlich die europäischen Marktbürger, die auf eine effektive Durchsetzung ihrer (durchaus berechtigten) Forderungen im Europäischen Justizraum vertrauen und bei nationalen Ausgangssachverhalten nicht die effizienten Instrumente des Europäischen Prozessrechts nutzen können. Daher spricht vieles dafür, die Definition des grenzüberschreitenden Bezugs weiter zu fassen als in der Lesart des Rates.[78]

dd) Die Liste möglicher Maßnahmen (Art. 81 II AEUV)

2.19 Der zweite Absatz des Art. 81 AEUV listet unter den Buchstaben a) bis k) mögliche Rechtsetzungsmaßnahmen auf.[79] Auf die in lit. a) genannte Kompetenz zur gegenseitigen Anerkennung und Vollstreckung gerichtlicher und außergerichtlicher Entscheidungen baut der Kern des Europäischen Zivilprozessrechts auf, insbesondere das

---

parties are not habitually resident in the same Member State. However, the notion of *"cross-border implications"* is not necessarily restricted to such cases."

74 EuGH, 1.3.2005, Rs. C-281/02, *Owusu*, EU:C:2005:120, Rdn. 33 f.; inzwischen st. Rspr.

75 *Hau*, GS Unberath (2015), S. 139, 150 ff.

76 Zutreffend *Mansel*, FS Ansay (2006), S. 185, 195; vgl. auch *Baratta*, FS Pocar (2009), S. 3, 10 ff.; *Magnus*, ZEuP 2019, 507 ff.

77 Dazu unten § 10 I, Rdn. 10.2.

78 AA *Wagner*, ZZP 131 (2018), 183, 221 ff., der freilich auf die Zielsetzung der Kompetenz nicht eingeht. Wie hier *Hau*, GS Unberath (2015), S. 139, 150 ff.

79 Ob die geänderte Formulierung des Art. 81 II AEUV gegenüber Art. 65 II EGV eine inhaltliche Änderung von einer exemplarischen zu einer abschließenden Aufzählung möglicher Rechtsakte beinhaltet, mag bezweifelt werden, anders *Wagner*, RabelsZ 79 (2015). Angesichts des umfangreichen Katalogs des Art. 81 II AEUV und der dort verwendeten weiten Begriffe erscheint diese Diskussion in praktischer Hinsicht müßig. Der Katalog möglicher Gesetzgebungsakte wurde im Vergleich zu Art. 65 EGV nachhaltig erweitert und präzisiert.

Brüsseler Regime und die Verfahrensakte in Familien- und Erbsachen. Die besondere Bedeutung der Zustellung hebt Art. 81 II lit. b) AEUV hervor. Art. 81 II lit. c) bezieht sich ausdrücklich auf die Vereinheitlichung des Kollisionsrechts, einschließlich des IPR im Hinblick auf Drittstaaten. Die justizielle Zusammenarbeit bei der grenzüberschreitenden Beweiserhebung erwähnt Art. 81 II lit. d) AEUV ausdrücklich. Eine eigenständige Dynamik könnte Art. 81 II lit. e) AEUV entfalten, der auf den „effektiven Zugang zum Recht" verweist. Bisher wurde diese Kompetenznorm auf die Prozesskostenhilfe beschränkt – das umfassende Zugangskonzept geht hingegen erheblich weiter und steht in direktem Zusammenhang zu Art. 47 GRC.[80] In engem Zusammenhang zu Art. 81 II lit. e) AEUV steht die in lit. f) genannte „Beseitigung von gegenseitigen Hindernissen für die reibungslose Abwicklung von [grenzüberschreitenden] Hindernissen von Zivilverfahren". Damit ist die Union zur Harmonisierung der internationalen Zivilverfahrensrechte der Mitgliedstaaten grundsätzlich befugt. Die prozessualen Sachnormen in den sog. Rechtsakten der 2. Generation (insbesondere die EuBagVO) wurden (zutreffend) auf Art. 81 II lit. f) AEUV gestützt. Art. 81 II lit. g) AEUV nennt schließlich die Entwicklung alternativer Streitbeilegung – diese wird (von Mediations-RL abgesehen) vorrangig auf die Verbraucherkompetenz (Art. 114 und 169 AEUV) gestützt.[81] Schließlich nennt Art. 81 II lit. h) die Förderung der Aus- und Fortbildung von Richtern und Justizbeamten. Diese – *prima vista* – unspektakuläre Ermächtigung hat sich in der Rechtspraxis als wesentlich erwiesen: Ohne hinreichende Kenntnis der einschlägigen EU-Rechtsakte läuft das Europäische Zivilprozessrecht in der Praxis ins Leere.[82]

Die Unionskompetenz des Art. 81 AEUV nimmt dem Wortlaut nach die Gerichts- 2.20
organisation bzw. die Gerichtsverfassungsrechte der Mitgliedstaaten aus.[83] Allerdings wirft auch diese Abgrenzung Probleme auf. Denn sämtliche Verfahrensvorschriften stehen in engem Sachzusammenhang zur jeweiligen Qualifikation der Justizorgane, die sie anwenden (sollen).[84] Im Ergebnis setzt der Unionsgesetzgeber durch den Erlass

80 Dazu unten § 3 III 1, Rdn. 3.53 ff.

81 Ausführlich unten § 12.

82 Die EU-Kommission fördert die Fortbildung von Richtern mit einer Vielzahl von Programmen, insbesondere im Rahmen des EJN (European Judicial Network) und des EJTN (European Judicial Training Network).

83 Dies ergibt sich auch aus dem allgemeinen Grundsatz des Unionsrechts, dass der Vollzug des EG-Rechts durch die Mitgliedstaaten nach Maßgabe nationaler Verwaltungs- und Gerichtsstrukturen erfolgt, dazu unten § 11 I 1, Rdn. 11.4 ff.

84 Das wird leider zu selten betont. Beispiel: Die französischen Zustellungsvorschriften der „signification" und der „notification" (art. 648 ff. cpc) bauen auf der Prämisse auf, dass der juristisch gut qualifizierte „huissier de justice" (Gerichtsvollzieher) die notwendige Sachaufklärung bei der (Ersatz-)Zustellung leistet. Die deutschen Zustellungsvorschriften (§§ 166 ff. ZPO) sind auf den (unqualifizierten) Postzusteller als regelmäßigem Zustellungsorgan (vgl. § 168 I ZPO) und die Übermittlung von Formularen zugeschnitten. Zum Problem bereits *Hess*, in: Andenas/Hess/Oberhammer, Enforcement Practice in Europe, S. 25, 33 ff.

von Verfahrensvorschriften auch (mittelbare) Vorgaben für die Justizorganisation in den Mitgliedstaaten. Ein unmittelbarer Eingriff ist jedoch ausgeschlossen (etwa die Benennung konkret zuständiger Justizorgane).[85] Die den Mitgliedstaaten verbleibende Organisationsgewalt für die Justizsysteme gerät jedoch auch von anderer Seite unter Druck: Denn die Effektivitätserfordernisse des Art. 47 GRC und des Art. 6 EMRK setzen der Regelungsautonomie der EU-Mitgliedstaaten hinsichtlich der Gerichtsorganisation zunehmend engere Grenzen, insbesondere im Hinblick auf die Vermeidung überlanger Verfahren.[86] Art. 6 II EUV (Lissabon) und Art. 47 GRC machen diese Rechtsprechung für das Gemeinschaftsrecht unmittelbar verbindlich.[87]

2.21 Diese Zusammenhänge hat der EuGH in Verbindung mit dem Schutz der Unabhängigkeit der Justiz nachhaltig gestärkt. Bestrebungen populistischer Regierungen in Ungarn, Polen, Rumänien, Bulgarien und Italien zur Aufhebung richterlicher Unabhängigkeit und zur Einschüchterung von Gerichten ist der EuGH unter Berufung auf Art. 19 I 2 EUV explizit und mutig entgegengetreten.[88]

b) Das Rechtsetzungsinstrumentarium des Art. 81 AEUV

2.22 Art. 81 AEUV ermöglicht den Erlass von „Maßnahmen" und verweist damit auf alle Handlungsinstrumente des Art. 288 AEUV.[89] Die dahinter stehende Abkehr von der schwergängigen Ratifikation völkerrechtlicher Verträge (nach Art. 220 EWGV [1958]) ist ein ganz wesentlicher Vorzug der Kompetenzvorschrift.[90] Sie hat die rasche und effektive Umsetzung des Tampere- und des Haager Programms ermöglicht.[91] Inhaltlich verweist Art. 81 I 2 AEUV auf sämtliche Handlungsformen des Art. 288 AEUV; in der Rechtsetzungspraxis werden alle Instrumente des europäischen Sekundärrechts eingesetzt.[92] Die zumeist gewählte Handlungsform ist die Verordnung. Alle vor 1999 nach Art. K. 1 Maastricht-Vertrag ausgearbeiteten völkerrechtlichen Übereinkommen zum Europäischen Verfahrensrecht wurden bereits in den Jahren 2000 und 2001 in funktionsäquivalente Verordnungen überführt; auch die Rechtsakte der zweiten Generation sind überwiegend Verordnungen.[93] Maßnahmen, die auf eine Mindest-

---

85 Dazu EuGH, 18.12.2014, Rs. C-400/13, *Sanders und Huber*, EU:C:2014:2461, Rdn. 32.

86 Dazu unten § 4 I 1, Rdn. 4.13.

87 Zur Rechtsstaatskontrolle der Justizsysteme der EU-Mitgliedstaaten vgl. unten § 2 V, Rdn. 2.94.

88 EuGH, 25.7.2018, Rs. C-216/18 PPU, *LM*, EU:C:2018:586, Rdn. 48 ff.; *Hess*, Travaux du Comité Français DIP (2019), 329, 345 ff., dazu unten § 2 V, Rdn. 2.93 ff.

89 *Dohrn*, Kompetenzen, S. 129 ff.; *Drappatz*, Überführung, S. 121 ff.; *Pfeiffer*, in: Müller-Graff (Hrg.), Raum der Freiheit, S. 75, 82 ff.

90 Dieser Integrationsschritt fand sich bereits in Art. 65 ff. EG (1998).

91 *Drappatz*, Überführung, S. 123; aA *Schack*, ZEuP 1999, 805.

92 Dazu *Storskrubb*, Civil Procedure and EU Law, S. 93 ff.

93 Die Rechtsform der Verordnung hatte die französische Ratspräsidentschaft (1999) vorgeschlagen, *Drappatz*, Überführung, S. 121 f. Zu inhaltlichen Mischformen vgl. unten § 4 I 2, Rdn. 4.21.

harmonisierung abzielen, werden hingegen durch Richtlinien umgesetzt.[94] Das Europäische Justizielle Netz in Zivilsachen[95] erging schließlich als Empfehlung des Rates (Art. 288 III AEUV).[96] Dagegen scheidet ein Rückgriff auf völkerrechtliche Verträge zwischen den Mitgliedstaaten im Anwendungsbereich des Art. 81 AEUV aus.[97] Dies gilt auch im Verhältnis zwischen dem an der Europäischen Justizpolitik nur begrenzt teilnehmenden EU-Vertragsstaat Dänemark und der Union.[98] Das bilaterale Übereinkommen zwischen der Union und Dänemark beruht auf Art. 81 und 218 AEUV.

Der Wortlaut des Art. 81 AEUV vermeidet die Begriffe „Rechtsangleichung" oder **2.23**
„Harmonisierung". Daraus ist jedoch nicht die Schlussfolgerung zu ziehen, dass die Kompetenznorm nur zu Maßnahmen geringerer Regelungsintensität, insbesondere zu einer schlichten „Koordinierung" mitgliedschaftlicher Regelungen ermächtigt.[99] Die Vorschrift ist nicht auf eine bloße Unterstützung mitgliedstaatlicher Justizpolitiken durch eine gewisse Koordinierung durch die Gemeinschaftsorgane begrenzt. Dies verdeutlicht beispielsweise ein Vergleich mit der sehr viel enger formulierten Kompetenznorm des Art. 165 IV AEUV.[100] Auch die Rechtsetzungspraxis zu Art. 81 AEUV zeigt, dass alle Unionsorgane die mit dem neuen Politikbereich verbundenen Kompetenzen weit interpretieren. Insbesondere bestehen keine Zweifel, dass die Abschaffung der Exequaturverfahren von Art. 81 II lit. a) AEUV umfasst wird.[101] Art. 81 AEUV eröffnet der Union mithin eine umfassende Kompetenz zur Schaffung eines Prozessrechts für grenzüberschreitende Rechtsstreitigkeiten im Binnenmarkt.[102] Die unprä-

---

94 Beispiel: Richtlinie 2002/8/EG zur Verbesserung des Zugangs zum Recht bei Streitsachen mit grenzüberschreitendem Bezug durch Festlegung gemeinsamer Mindestvorschriften für die Prozesskostenhilfe in derartigen Streitsachen vom 27.1.2003, ABI. EG 2003, L 26/41; Richtlinie 2008/52/EG zur Mediation, ABl. EG 2008 L/136/3.

95 Entscheidung 2001/470/EG des Rates vom 28. Mai 2001; dazu oben § 1 III 3, Rdn. 1.42 ff.

96 Zu den Empfehlungen zur Verbrauchermediation vgl. unten § 12 III 1, Rdn. 12.19 ff.

97 Anders noch *Kohler,* Rev.Crit. 88 (1999), 1, 16 f.; *Jayme/Kohler,* IPRax 2000, 454, 458 (freilich vor dem Hintergrund einer engen Auslegung des Art. 65 EG). Zur Sonderstellung Dänemarks vgl. unten § 2 I 2, Rdn. 2.29 ff.

98 Das zwischen der Union und Dänemark ausgehandelte Erstreckungsübereinkommen vom 16.11.2005 beruhte auf Art. 61, 65 und 300 II EG (1998), vgl. unten § 2 I 2, Rdn. 2.29.

99 So hingegen ein Gutachten des Juristischen Dienstes des Rats zum Europäischen Bagatellverfahren vom 30.6.2005, Doc. 10748/05, JUR 291 JUSTCIV 130, Rdn. 12 ff.; wie hier *Drappatz,* Überführung, S. 122 f.; *Leisle,* Dependenzen, S. 17 ff.; *Pfeiffer,* in: Müller-Graff (Hrg.), Raum der Freiheit, S. 75, 83 f.

100 Diese Vorschrift reduziert die Tätigkeit der Union in der beruflichen Bildung auf eine Förderung der „Tätigkeit der Mitgliedstaaten unter strikter Beachtung der Verantwortlichkeit der Mitgliedstaaten für die Lehrinhalte und die Gestaltung des Bildungssystems". Art. 165 IV 1. SpS AEUV schließt Harmonisierungsmaßnahmen ausdrücklich aus.

101 *Wagner,* IPRax 2002, 75, 86; *Pfeiffer,* in: Müller-Graff (Hrg.), Raum der Freiheit, S. 75, 84; dazu unten § 3 II 2, Rdn. 3.21 ff.

102 Zur Abgrenzung zu konkurrierenden Kompetenzen vgl. unten § 2 II 2, Rdn. 2.50 ff.

zise Formulierung der Kompetenznorm hat zu Auseinandersetzungen vor dem EuGH über die Reichweite der Rechtsetzungsbefugnis der Europäischen Union geführt.[103]

c) Der institutionelle Rahmen

2.24 Das Rechtsetzungsverfahren iRd Art. 81 AEUV folgt den allgemeinen Regeln der Art. 289 I, 294 AEUV. Die früheren Restriktionen der Verträge von Amsterdam (1998) und Nizza (2001) sind entfallen.[104] Im ordentlichen Gesetzgebungsverfahren liegt das Initiationsrecht bei der Kommission, Art. 17 II 1 EUV/293 AEUV[105], die Gesetzesbeschlüsse fällen Parlament und Rat, Art. 294 AEUV. Kommt es zu keiner Einigung in den ersten zwei Lesungen, wird im Vermittlungsausschuss verhandelt (Art. 293 X–XII AEUV). Häufig finden jedoch bereits während der laufenden Lesungen zwischen den Akteuren (unter Beteiligung der EU-Kommission) Verhandlungen statt. Derartige begleitende sog. Trilogverfahren sind im europäischen Zivilverfahrensrecht ein häufiges Phänomen.[106] Sie haben freilich den Nachteil, dass dort vereinbarte Kompromisslösungen in den Gesetzesmaterialien nicht hinreichend erklärt werden.

2.25 In Familiensachen besteht hingegen das Einstimmigkeitsprinzip im Rat fort, das Europäische Parlament hat nur ein Anhörungsrecht, Art. 81 III AEUV. Ursache sind die fundamentalen Meinungsunterschiede zwischen den Regierungen der EU-Mitgliedstaaten im Hinblick auf das Konzept der Ehe, das Ehegüterrecht und (logischerweise) bei der Ehescheidung.[107] Der fehlende Konsens der EU-Mitgliedstaaten hatte zur Folge, dass die entsprechenden Rechtsakte zum Scheidungskollisionsrecht[108] und zum Güterrecht[109] nur im Wege der verstärkten Zusammenarbeit verabschiedet werden konnten (Art. 326 ff. AEUV).[110] Die Verordnung zur Vereinfachung der Vorlage öffentlicher Urkunden wurde hingegen auf Art. 21 II AEUV gestützt.[111]

2.26 Im Gesetzgebungsverfahren nach Art. 81 III AEUV hat die EU-Kommission das Initiativrecht, der Rat beschließt nach Anhörung des Parlaments einstimmig (UAbs. 1).[112] Nach UAbs. 2 kann der Rat einstimmig beschließen, den jeweiligen Rechtsakt im allgemeinen Gesetzgebungsverfahren zu erlassen. In diesem Fall greift

---

103 Der EuGH hat inzwischen die Außenkompetenz nach Art. 81 AEUV weit ausgelegt, EuGH, 7.2.2006, Avis 1/03, *Parallelübereinkommen Lugano*, EU:C:2006:81; unten § 2 III, Rdn. 2.64 ff.

104 Dazu Voraufl., § 2, Rdn. 22 ff.

105 *Wagner*, RabelsZ 79 (2015), 521, 525.

106 Das prominenteste Beispiel waren die Verhandlungen um die EuGVO in den Jahren 2011 und 2012.

107 Ausführlich *Kohler*, FPR 2008, 193 ff.

108 Zur Rom III-VO vgl. unten § 7 III 4, Rdn. 7.63 ff.

109 Zur VO 2016/1103 und zur VO 2016/1104 vgl. unten § 7 VII, Rdn. 7.177 ff.

110 Dazu unten § 2 I 2, Rdn. 2.33.

111 *Kohler/Pintens*, FamRZ 2016, 1509, 1513.

112 Zu den damit verbundenen Defiziten demokratischer Legitimation vgl. *Leible*, in: ders./Terhechte (Hrg.), Europäisches Rechtsschutz- und Verfahrensrecht (2014), § 14, Rdn. 58.

die sog. „Rendezvous“-Klausel des UAbs. 3: Der Ratsbeschluss (nach UAbs. 2) ist den Parlamenten der Mitgliedstaaten zu übermitteln. Lehnt ein nationales Parlament den Beschluss des Rats innerhalb von sechs Monaten ab, darf der Beschluss nicht erlassen werden. Die politischen Unwägbarkeiten des Verfahrens nach UAbs. 2 und UAbs. 3 machen es unwahrscheinlich, dass die EU-Kommission diesen Weg vorschlägt.[113]

d) Abgestufte Integration im Europäischen Zivilprozessrecht

Zusätzliche Erschwernisse ergeben sich aus der Sonderrolle Dänemarks, Irlands und (derzeit) Großbritanniens nach Art. 52 EUV. Da der Amsterdamer Vertrag die justizielle Zusammenarbeit in Zivilsachen zusammen mit den politisch sensitiven Visums-, Einwanderungs- und Asylpolitiken vergemeinschaftet hat, erklärten Großbritannien und Irland sowie Dänemark Vorbehalte zum IV. Teil des EG-Vertrags (Art. 69 EGV).[114] Diese Vorbehalte führen die Protokolle 21 und 22 zum Vertrag von Lissabon fort. Rechtsetzungsmaßnahmen, die auf Art. 81 AEUV gestützt werden, binden diese Mitgliedstaaten grundsätzlich nicht. Seit dem Inkrafttreten des Amsterdamer Vertrages (1.5.1999) besteht damit im Europäischen Zivilprozessrecht eine abgestufte Integration (Art. 11 EG/Art. 20 EUV). 2.27

Großbritannien und Irland können nach Art. 3 des Protokolls Nr. 21 zum Lissabonner Vertrag erklären, dass sie sich an einzelnen Politiken des IV. Teils des EGV beteiligen wollen.[115] Beide Staaten teilten bereits auf der Ratstagung „Justiz und Inneres“ am 12.3.1999 mit, dass sie grundsätzlich an der justiziellen Zusammenarbeit in Zivilsachen in vollem Umfang teilnehmen würden.[116] Seitdem haben beide Mitgliedstaaten viele Rechtsakte, die auf Art. 65 EG/81 AEUV gestützt wurden, übernommen.[117] Allerdings setzte Großbritannien die Vetodrohung wiederholt ein, um inhaltliche Änderungen in Rechtsakten nach Art. 81 AEUV durchzusetzen. Damit setzte es seine politische Sonderstellung „gewinnbringend“ ein.[118] Die aufgezeigten Konflikte 2.28

---

113 Zutreffend Streinz/*Leible*, Art. 81 AEUV, Rdn. 49.

114 Ausführlich *Ruffert*, in: Jung/Baldus (Hrg.), Differenzierte Integration im Gemeinschaftsprivatrecht, S. 99 ff.

115 Einzelheiten bei *Meyring*, EuR 1999, 309, 311 ff.; *Dohrn*, Kompetenzen, S. 159 f.; von der Groeben/*Lenzing*, Art. 81 AEUV, Rdn. 20.

116 Protokoll Nr. 21 eröffnet die Option („opt in“), an jedem einzelnen Rechtsakt teilzunehmen. Diese Erklärung kann entweder innerhalb von drei Monaten seit der Veröffentlichung des Kommissionsvorschlags oder nach Verabschiedung des Rechtsakts abgegeben werden, von der Groeben/*Lenzing*, Art. 81 AEUV, Rdn. 20.

117 Die Erwägungsgründe der nach Art. 81 AEUV erlassenen Sekundärrechtsakte halten die Teilnahme Großbritanniens und Irlands jeweils ausdrücklich fest. Großbritannien hat die EuKtPVO nicht übernommen, dazu unten § 10 IV 2, Rdn. 10.124.

118 Großbritannien hat den Vorbehalt insbesondere bei den Verhandlungen über die Verordnungen Rom I und Rom II sowie über die Unterhalts-VO eingebracht, um seine Verhandlungsmacht zu erhöhen; Schwierigkeiten ergeben sich auch bei der Rom III-VO, *Wagner*, IPRax 2007, 290, 292. An

betreffen vorwiegend das Kollisionsrecht in Ehe- und in Kindschaftssachen sowie das Erbrecht.[119] Mit dem Brexit ist diese Sonderstellung entfallen.[120]

2.29 Anders ist hingegen die Situation Dänemarks: Es bleibt, obwohl früherer Vertragsstaat des EuGVÜ, von sämtlichen Rechtsetzungsakten des Art. 81 AEUV ausgenommen.[121] Denn das Protokoll Dänemarks Nr. 22 zum Vertrag von Lissabon ermöglicht keine nachträgliche Einbeziehung in die justizielle Zusammenarbeit in Zivilsachen. Dänemark kann nunmehr nach Art. 8 des Protokolls Nr. 22 lediglich (jederzeit) erklären, dass es von seinem Vorbehalt im Hinblick auf einzelne Maßnahmen der justiziellen Zusammenarbeit keinen Gebrauch macht.[122]

2.30 Die politischen Bedenken, die den Vorbehalt Dänemarks ausgelöst hatten, betrafen jedoch nicht das Internationale Zivilverfahrensrecht. Daher wurde schon kurz nach dem Inkrafttreten des Amsterdamer Vertrags eine Einbeziehung durch den Abschluss eines Parallelübereinkommens nach Art. 293 EG aF (Art. 81, 216 AEUV) vorgeschlagen.[123] Dänemark bot bereits im Herbst 2001 der Kommission und dem Rat Verhandlungen über ein „Erstreckungsabkommen" an. Das Verhandlungsmandat wurde wegen der Differenzen über die Außenkompetenz der Gemeinschaft zunächst nicht erteilt.[124] Nachdem der EuGH diesen Streit im *Lugano*-Gutachten entschieden hatte[125], erteilte der Rat im Frühjahr 2003 der Kommission ein Verhandlungsmandat (Art. 300 I EG) zur Aushandlung von zwei bilateralen Übereinkommen über die Erstreckung der EuGVO und der EuZustVO auf Dänemark.[126]

2.31 Dänemark und die Europäische Union haben zwei Erstreckungsabkommen ratifiziert, die am 1.7.2007 in Kraft traten.[127] Sie erstrecken freilich nur die EuGVO und die EuZustVO auf Dänemark.[128] Das Erstreckungsübereinkommen bindet Dänemark dynamisch an alle späteren Änderungen der EuGVO und der EuZustVO. Dänemark kann zwar den jeweiligen Änderungen widersprechen – der Widerspruch löst jedoch die umfassende (und automatische) Kündigung des Erstreckungsübereinkommens

---

den Verhandlungen über die EuKtPfVO nahm das Vereinigte Königreich teil, entschied sich jedoch schließlich für eine Nichtteilnahme. Die anderen Vertragsstaaten reagierten hierauf mit dem EwG 48 (der im Vereinigten Königreich ansässige Gläubiger von der Verordnung ausnimmt).

119 *Wagner*, IPRax 2007, 290, 292; vgl. unten § 7 VII 1, Rdn. 7.177 ff. und § 7 VIII 1, Rdn. 7.190 ff.

120 Unten § 5 III, Rdn. 5.82 ff.

121 Das EuGVÜ galt auch nach dem Inkrafttreten der VO 44/01/EG im Verhältnis zwischen Dänemark und den anderen Mitgliedstaaten fort. Es ist am 30.6.2007 außer Kraft getreten, *Duintjer Tebbens*, FS Thue (2007), S. 453, 454 f.; *Nielsen*, IPRax 2019, 449 ff.

122 Streinz/*Leible*, Art. 81 AEUV, Rdn. 3.

123 Dazu unten § 2 II 6, Rdn. 2.63.

124 Bereits im Jahre 2000 hatte die EU-Kommission ein völkerrechtliches „Erstreckungsabkommen" vorbereitet, *Wagner*, NJW 2003, 2344, 2346.

125 EuGH, 7.2.2006, Avis 1/03, *Parallelübereinkommen Lugano*, EU:C:2006:81, dazu unten § 2 III 2, Rdn. 2.69 ff.

126 Zu den politischen Auseinandersetzungen vgl. Voraufl. § 2, Rdn. 28 f.

127 ABl. EU 2006 L 120/22 ff., dazu *Nielsen*, IPRax 2007, 506 ff.

128 Beide Verordnungen finden sich in den Anhängen der Übereinkommen; sie gehören jedoch zum operativen Inhalt, nach Art. 2 ErstreckÜbk erfolgt die Erstreckung „under international law", d. h. nach Völkerrecht, dazu *Duintjer Tebbens*, FS Thue (2007), 453, 458 f.

aus.[129] Für die Auslegung des Übereinkommens der EuGVO und der EuZustVO im Verhältnis zu Dänemark ist der EuGH zuständig.[130] In den anderen Bereichen des Europäischen Zivilverfahrensrechts[131] besteht freilich die abgestufte Integration im Verhältnis zu Dänemark fort.[132] Ende 2015 stimmte die dänische Bevölkerung mehrheitlich gegen die Aufhebung des Sonderstatus Dänemarks in der justiziellen Zusammenarbeit in Zivilsachen.[133]

Der Beitritt der 10 mittel- und südeuropäischen Staaten zum 1.5.2004 zur Europäischen Union hat die abgestufte Integration im Europäischen Prozessrecht hingegen nicht weiter vertieft. Dasselbe gilt für den Beitritt Bulgariens und Rumäniens zum 1.1.2007 und den Beitritt Kroatiens zum 1.7.2013. Vielmehr haben alle Beitrittsstaaten sämtliche gemeinschaftsrechtlichen Maßnahmen im Bereich des Prozessrechts als *acquis communautaire* übernommen.[134] Die praktischen Probleme stellen sich hier freilich vor allem auf der Ebene der tatsächlichen Befolgung der europäischen Rechtsakte[135] durch die nationalen Justizorgane – ein Phänomen, das freilich auch in den „alten" EU-Mitgliedstaaten auftritt. Dieses Problem spricht Art. 39 der Beitrittsverträge (2004) jeweils offen an: Die EU-Kommission ist danach zur Überprüfung des praktischen Vollzugs ermächtigt, sie kann die Anwendung des Europäischen Zivilprozessrechts auf den jeweiligen Beitrittsstaat (temporär) aussetzen.[136] Die Beitrittsverträge für Bulgarien und Rumänien enthalten in Art. 38 2.32

129 Die Überleitung erfolgt nach Art. 3 ErstreckÜbk durch einen gesonderten Umsetzungsbeschluss des dänischen Parlaments, der binnen 30 Tagen nach Annahme der Änderung der EuGVO ergehen muss. Erfolgt die Umsetzungsmaßnahme nicht in dieser Frist, so tritt das Erstreckungsübereinkommen nach weiteren 90 Tagen außer Kraft.

130 Nach Art. 6 ErstreckÜbk ist der EuGH für die Auslegung des Übereinkommens zuständig. Dänische Gerichte sind nach Art. 6 II ErstreckÜbk zur Beachtung der EuGH-Rechtsprechung verpflichtet. Beispiel: EuGH, 13.7.2017, Rs. C-368/16, *Assens Havn*, EU:C:2017:546 (Auslegung einer Gerichtsstandsklausel in einem Versicherungsvertrag, Vorlage des Højesteret).

131 Beispiel: OLG Frankfurt, 24.1.2005, NJOZ 2005, 2532 (Entscheidung eines dänischen Konkursgerichts ist nicht anerkennungsfähig).

132 Im Rahmen des Europäischen Justiziellen Netzes soll Dänemark nach den Vorstellungen der EG-Kommission einen Beobachterstatus erhalten (der in der Sache die Teilnahme Dänemarks sichert), vgl. Art. 11 des Vorschlags der EG-Kommission zur Änderung der Entscheidung über die Einrichtung des Europäischen Justiziellen Netzes, KOM (2008) 380 endg. vom 23.6.2008.

133 *R. Wagner*, NJW 2016, 1774. Art. 8 des Protokolls Nr. 22 eröffnet Dänemark die Möglichkeit, in das für Irland und das Vereinigte Königreich geltende Regime zu wechseln.

134 Zu den Übergangsfragen vgl. *Hess*, IPRax 2004, 374 ff.

135 Vgl. *Jayme/Kohler*, IPRax 2004, 481, 482; *Blobel/Späth*, EuLRev (30) 2005, 528, 541.

136 Art. 39 der Beitrittsakte (2004) lautet: „Treten bei der Umsetzung, der Durchführung oder der Anwendung von Rahmenbeschlüssen oder anderen einschlägigen Verpflichtungen, Instrumenten der Zusammenarbeit oder Beschlüssen in Bezug auf die gegenseitige Anerkennung im Bereich des Strafrechts im Rahmen des Titels VI des EU-Vertrags und Richtlinien und Verordnungen in Bezug auf die gegenseitige Anerkennung im Bereich des Zivilrechts im Rahmen des Titels IV des EG-Vertrags in einem neuen Mitgliedstaat ernste Mängel auf oder besteht die Gefahr ernster Mängel, so kann die

entsprechende Schutzklauseln;[137] ebenso der Beitrittsvertrag mit Kroatien.[138] Die EU-Kommission veröffentlicht in regelmäßigen Abständen sog. Monitoring-Berichte über die justizielle Zusammenarbeit in Zivil- und Handelssachen.[139]

e) Verstärkte Zusammenarbeit im Europäischen Zivilprozessrecht

2.33 Die im Amsterdamer Vertrag vorgesehene, verstärkte Zusammenarbeit zwischen einigen Mitgliedstaaten (Art. 20 EUV, Art. 326–334 AEUV) wurde bis zum Sommer 2008 nicht ernsthaft erwogen – eine „abgestufte Integration" in den zentralen Politikbereichen der Gemeinschaft galt als Gefahr für den Integrationsprozess.[140] Nach Art. 20 II EUV (sog. „*ultima ratio*"-Prinzip) darf die verstärkte Zusammenarbeit nur beschlossen werden, wenn eine politische Einigung definitiv gescheitert ist.[141] Im Rahmen von Art. 81 III AEUV ist dies inzwischen jedoch wiederholt geschehen: Die Verhandlungen über die Revision der EheGVO durch die sog. Verordnung Rom III,[142] die Gerichtsstandsvereinbarungen im Ehescheidungsrecht ermöglichen und das Kollisionsrecht (unter Stärkung der Parteiautonomie) regeln soll, kamen im Juni 2008 zum Stillstand.[143] Dies lag zum einen am Einstimmigkeitsprinzip in Familiensachen (Art. 67 V EG),[144] zum anderen an den strukturellen Unterschieden in den materiellen Scheidungsrechten der EG-Mitgliedstaaten, die z. T. sehr liberale Scheidungsrechte kennen (so insbesondere Schweden) oder die Ehescheidung ganz verbieten (so Malta).[145] Angesichts dieser materiellrechtlichen Divergenzen erscheint die Eini-

---

Kommission für einen Zeitraum von bis zu drei Jahren ab dem Inkrafttreten dieser Akte auf begründeten Antrag eines Mitgliedstaats oder auf eigene Initiative und nach Konsultation der Mitgliedstaaten angemessene Maßnahmen treffen und die Bedingungen und Einzelheiten ihrer Anwendung festlegen. Diese Maßnahmen können in Form einer vorübergehenden Aussetzung der Anwendung einschlägiger Bestimmungen und Beschlüsse in den Beziehungen zwischen einem neuen Mitgliedstaat und einem anderen Mitgliedstaat oder anderen Mitgliedstaaten erfolgen, unbeschadet der Fortsetzung einer engen justiziellen Zusammenarbeit. (...) Die Maßnahmen werden nicht länger als unbedingt nötig aufrechterhalten und werden auf jeden Fall aufgehoben, sobald die Mängel beseitigt sind."

137 Dazu allgemein *Zila*, Schutznormen, S. 111 ff.

138 Art. 39 der Beitrittsakte, ABl. EU 2012 L 112/21.

139 Dazu unten § 2 V 1, Rdn. 2.95 ff.

140 Zur Entwicklung des Konzepts *Lignier/Geier*, RabelsZ 79 (2015), 546, 556 ff.

141 Zur politischen Einschätzungsprärogative des Rats vgl. EuGH, 16.4.2013, verb. Rs. C-274/11 und C-295/11, *Spanien und Italien./.Rat*, EU:C:2013:240; kritisch *Lignier/Geier*, RabelsZ 79 (2015), 546, 577 f.

142 VO 1259/2010, ABl. 2010 L 343/10, zuvor Vorschlag für eine Verordnung des Rats zur Änderung der Verordnung 2001/02/EG vom 17.7.2006, KOM (2006) 399 endg., vgl. auch das vorgängige Grünbuch KOM (2005) 82 endg., unten § 7 III 4, Rdn. 7.63.

143 Zu den Hintergründen vgl. *Martiny*, FPR 2008, 187, 191 ff.; *Kohler*, FPR 2008, 193 ff., *Lignier/Geier*, RabelsZ 79 (2015), 546, 571 f.

144 Heute: Art. 81 III AEUV. Zu den Hintergründen vgl. *Martiny*, FPR 2008, 187, 188 f.

145 In einigen EU-Mitgliedstaaten (vor allem im Vereinigten Königreich) wird in Familiensachen grundsätzlich kein fremdes Recht angewendet – diese Einstellung steht einer Vereinheitlichung des Kollisionsrechts entgegen, dazu *Kohler*, FPR 2008, 193, 195.

gung auf ein einheitliches (universell anwendbares) Kollisionsrecht außerordentlich schwierig. Die französische Ratspräsidentschaft stellte das Scheitern des Vorhabens fest und beantragte die Einleitung des Verfahrens der engeren Zusammenarbeit nach Art. 11 f. EG/20 AEUV.[146] Das notwendige Quorum von 8 Mitgliedstaaten war rasch erreicht.[147] Der Rat fasste am 12.6.2010 den Beschluss über die Ermächtigung zur verstärkten Zusammenarbeit. Teilnehmende Staaten sind Belgien, Bulgarien, Deutschland, Frankreich, Griechenland, Italien, Lettland, Luxemburg, Malta, Österreich, Portugal, Slowenien, Spanien und Ungarn. Seit 2012 nimmt Litauen an der Rom III-VO teil,[148] seit dem 11.2.2018 Estland.[149]

Auch die Verordnungen zum Ehegüterrecht[150] wurden mittels verstärkter Zusam- 2.34
menarbeit angenommen. Ursache waren der Widerstand von Polen und Ungarn, die die Verordnungen nicht auf gleichgeschlechtliche Ehen oder Partnerschaften anwenden wollten. Am 3.12.2015 stellte der Rat nach Art. 20 I EUV fest, dass keine Einstimmigkeit zu erreichen war. An der verstärkten Zusammenarbeit nehmen bisher 18 Mitgliedstaaten teil.[151]

Zur verstärkten Zusammenarbeit kam es zudem im europäischen Patentschutz. 2.35
Hier scheiterte eine Einigung an der Sprachenfrage. Im Dezember 2010 wurde das Verfahren zur verstärkten Zusammenarbeit eingeleitet und im März 2011 die Ermächtigung zur verstärkten Zusammenarbeit beschlossen.[152] Eine Nichtigkeitsklage von Spanien und Italien vor dem EuGH blieb erfolglos.[153] Die Verordnung tritt gleichzeitig mit dem Übereinkommen über ein Einheitliches Patentgericht in Kraft. Ihre Ratifikation wurde jedoch in Deutschland durch eine erfolgreiche Verfassungsbeschwerde[154] sowie durch den Brexit verzögert.[155]

Die zunehmende Anwendung der verstärkten Zusammenarbeit ist ein Zeichen 2.36
der aktuellen Krise des Europäischen Zivilprozessrechts (und des Unionsrechts bzw. der Europäischen Union) und ein Anlass zur Sorge.[156] Folge der verstärkten Zusammenarbeit ist zum einen die Fragmentierung des europäischen Prozessrechts in der

146 Heute: Art. 20 EUV, Art. 329 AEUV. Ratsdokument 11653/08 (Presse 205) vom 25.7.2008, S.23. Politischer Hintergrund war, dass nach dem Scheitern des Lissabonner Vertrages im irischen Referendum (2008) ein Zeichen der „integrationswilligen" Staaten dahingehend gesetzt werden sollte, auch ohne „zaudernde" Mitgliedstaaten an der Integration festzuhalten.

147 Frankreich, Griechenland, Italien, Luxemburg, Österreich, Rumänien, Slowenien, Spanien, Ungarn erklärten sich zur verstärkten Zusammenarbeit bereit; unten § 7 III 4, Rdn. 7.63.

148 ABl. 2012 L 323/18.

149 ABl. 2016 L 216/23.

150 Zur EuGüVO und EuPartVO vgl. unten § 7 VII, Rdn. 7.177 ff.

151 *Kohler/Pintens*, FamRZ 2016, 1509 f.

152 *Lignier/Geier*, RabelsZ 79 (2015), 546, 576; Ratsbeschluss vom 10.3.2011, ABl. EU 2011 L 76/53.

153 EuGH, 16.4.2013, verb. Rs. C-274/11 und C-295/11, *Spanien und Italien./.Rat*, EU:C:2013:240.

154 BVerfG, 13.2.2020, EuZW 2020, 324.

155 Dazu unten § 5 III 1, Rdn. 5.82 ff.

156 *Lignier/Geier*, RabelsZ 79 (2015), 546, 586 f.

Union, zum anderen die damit verbundene Rechtsunsicherheit (über den jeweiligen Anwendungsbereich der Rechtsakte). Im Ergebnis nähert sich das EU-Prozessrecht der früheren Situation im IPR/IZVR an, wo eine Vielzahl bi- und multilateraler Verträge die ohnehin schwierige Rechtsfindung weiter erschwerte. Die Schaffung von prozessualem Einheitsrecht im Justizraum ist *der* wesentliche Fortschritt des europäischen Zivilverfahrensrechts. Daher sollten Rat und Kommission nur in wirklichen Ausnahmefällen von den Befugnissen nach Art. 20 EUV, 226 ff. AEUV Gebrauch machen.

2.37 Eine weitere Gemengelage enthält die im Oktober 2008 verabschiedete Europäische Unterhaltsverordnung. Diese Verordnung schafft kein Einheitsrecht für den Europäischen Justizraum, sondern enthält zwei alternative Anerkennungsverfahren, zwischen denen die EU-Mitgliedstaaten wählen können.[157] Damit wird der Grundsatz der einheitlichen Geltung des Unionsrechts in allen Mitgliedstaaten in der Sache aufgegeben, obwohl der Unionsrechtsakt vordergründig ein einheitliches Kollisions- und Verfahrensrecht zu enthalten scheint.[158]

3. Die Umsetzung der Unionspolitik in der Gesetzgebungspraxis

2.38 Die inzwischen zwanzigjährige Rechtsetzungspraxis unter der Unionskompetenz im europäischen Zivilprozessrecht lässt sich in unterschiedliche Phasen einteilen.[159] Dabei dominierte in der Anfangsphase eine Aufbruchsstimmung. Innerhalb weniger Monate wurden wesentliche Rechtsakte des Europäischen Prozessrechts erlassen: Modernisierung des EuGVÜ, des europäischen Familien- und Insolvenzrechts, Effektuierung der Rechtshilfe. Die Anfangsphase war zudem von ehrgeizigen Rechtsetzungsvorhaben geprägt, die auf eine Abschaffung der Exequaturverfahren abzielten.[160]

2.39 Die zweite Phase der Rechtsentwicklung (2004–2009) war einerseits vom Erlass der sog. Rechtsakte der zweiten Generation geprägt, die eine unmittelbare Vollstreckung von europäischen Titeln im Europäischen Justizraum ermöglichen sollte. Gleichzeitig wurden ambitionierte Rechtsetzungsvorhaben im Kollisionsrecht durchgeführt. Bereits zur Zeit des Inkrafttretens des Vertrags von Lissabon (2009) hatte sich die Geschwindigkeit der Gesetzgebung deutlich verlangsamt.[161] Zum einen scheiterte das ambitionierte Vorhaben der EU-Kommission, das Herkunftslandprinzip im Rahmen der Brüssel I-VO zu implementieren. Zudem stießen Rechtsetzungsvorhaben

157 Vgl. unten § 7 V 3, Rdn. 7.148 ff.

158 Mit dem Ausscheiden des Vereinigten Königreichs aus der Union wird sich das Problem inhaltlich weitgehend erledigen.

159 Dazu bereits oben, § 1 IV 1, Rdn. 1.34 ff.

160 Dazu Voraufl., § 2, Rdn. 34 ff.

161 Dazu Voraufl., § 2, Rdn. 41 f.

im Europäischen Familienrecht auf den Widerstand konservativer (oder auch liberaler) Regierungen und konnten nur im Wege der verstärkten Zusammenarbeit durchgesetzt werden. Schließlich prägte seit 2008 die Wirtschaftskrise die Rechtsetzungstätigkeit, insbesondere im Insolvenzrecht und bei der Kontenpfändung.

Die aktuelle Situation wird dominiert von den multiplen politischen Krisen der Europäischen Union. Bereits die Justizagenda 2020[162] stellte die Konsolidierung des *acquis communautaire* in den Vordergrund der europäischen Justizpolitik. Seit 2016 beherrscht der Austritt des Vereinigten Königreichs die Rechtsetzungstätigkeit der Union. Schon zuvor war das Tempo der Rechtsetzung erheblich gedrosselt worden. Im Vordergrund der aktuellen Rechtsetzung stehen Reformen der bestehenden Rechtsakte, die Modernisierung der justiziellen Zusammenarbeit durch e-justice und die Konsolidierung des *status quo*. Große Gesetzgebungsvorhaben stehen derzeit nicht auf der Agenda der EU-Kommission im Kompetenzbereich des Art. 81 AEUV. Die Krisen der Union haben stattdessen einen konzeptionellen Stillstand der Rechtsetzung in diesem Politikbereich bewirkt.[163] Es ist derzeit offen, ob die Justizagenda 2020 durch ein Folgeprogramm ergänzt wird. 2.40

II. Konkurrierende Kompetenzen der Europäischen Union

1. Binnenmarkt (Art. 114 f. AEUV)

a) Die Abgrenzung zu Art. 81 AEUV

Rechtsetzungskompetenzen der Union für das (Internationale) Zivilprozessrecht können nicht nur auf Art. 81 AEUV gestützt werden, sondern grundsätzlich auch auf die allgemeine Binnenmarktkompetenz (Art. 114 f. AEUV) sowie auf die im Amsterdamer Vertrag erweiterte Kompetenz im Verbraucherschutz (Art. 169 AEUV). Vor der Schaffung der Gemeinschaftskompetenz des Art. 65 EG (1998) wurden Rechtsangleichungsmaßnahmen im Verfahrensrecht zumeist auf die allgemeine Binnenmarktharmonisierungskompetenz (heute: Art. 114 f. AEUV) gestützt. Allerdings hatte die Europäische Gemeinschaft zunächst von diesen Kompetenzen im Prozessrecht nur zurückhaltend Gebrauch gemacht.[164] Die weitestreichenden Maßnahmen betrafen die Europäische Verbandsklage (RL 98/27/EG)[165] und prozessuale Regelungen im Bereich des Schutzes des Geistigen Eigentums.[166] Letztere ergingen 2.41

162 Mitteilung der Kommission vom 11.3.2014, COM (2014) 144 final, dazu unten § 2 V, Rdn. 2.93.

163 *Hess*, Travaux du Comité Français DIP (2019), 329, 340 ff.

164 *Müller*, Grenzüberschreitende Beweisaufnahmen (2004), S. 146 ff., wertet dies als ein Indiz gegen das Vorliegen einer entsprechenden Kompetenz der Union.

165 ABl. 1998 L 166/51, heute RL 2009/22/EG, dazu unten § 11 III 1, Rdn. 11.61 ff.

166 Dazu unten § 11 IV 1, Rdn. 11.109 ff.

freilich überwiegend als Annex zur materiellen Rechtsvereinheitlichung.[167] Weitere binnenmarktbezogene Richtlinien regelten das Prozessrecht lediglich am Rande mit, etwa die Verpflichtungen zur Schaffung eines Verfahrens zur beschleunigten Beitreibung von Geldforderungen, in Art. 5 der Zahlungsverzugsrichtlinie[168] oder die Vorgaben zur Förderung alternativer Streitbeilegung in Art. 17–19 E-Commerce-RL.[169] Andere Rechtsakte enthalten spezielle Gerichtsstände, die das Zuständigkeitsregime der EuGVO modifizieren.[170] Art. 67 EuGVO stellt aus der Perspektive des Europäischen Prozessrechts diesen Vorrang spezieller Regelungen in anderen Gemeinschaftsakten ausdrücklich klar.

2.42 Inzwischen hat sich die Auffassung durchgesetzt, dass Rechtsangleichungsmaßnahmen im Europäischen Zivilverfahrensrecht – zumindest in Zivil- und Handelssachen – auf die Binnenmarktkompetenz der Art. 114 f. AEUV gestützt werden können.[171] Denn es besteht kein Zweifel, dass die unterschiedlichen Prozessrechte in den Mitgliedstaaten erhöhte Transaktionskosten (etwa wegen der Einholung von zusätzlichem Rechtsrat) und erhebliche Zeitverzögerungen verursachen.[172] Auch nach dem Inkrafttreten des Art. 81 AEUV werden daher Rechtsangleichungsmaßnahmen im Prozessrecht weiter auf Art. 114 f. AEUV gestützt.[173] Inzwischen verlagert sich der Schwerpunkt der Rechtsetzung im Zivilprozessrecht zunehmend auf Art. 114 AEUV.

---

167 VO 94/40/EG, ABl EG 1994 L 11/1 ff., zum Immaterialgüterschutz § 11 IV 1, Rdn. 11.109 ff.

168 RL 2000/35/EG zur Bekämpfung des Zahlungsverzugs im Handelsverkehr, ABl. EG 2000 L 200/35 ff., dazu unten § 11 II 1, Rdn. 11.29 f.

169 RL 2000/31/EG vom 8.6.2000 über bestimmte rechtliche Aspekte der Dienste der Informationsgesellschaft, insbesondere des elektronischen Geschäftsverkehrs im Binnenmarkt, ABl. EG 2000 L 178/1 ff.

170 Ein bedenkliches Beispiel ist die VO 2271/96, ABl. EG 1996 L 3091 ff., die sich als „*Blocking Statute*" gegen US-Sanktionsgesetze (gegen Kuba und Libyen) mit extraterritorialer Wirkung richtete. Sie verwies für die Durchsetzung von zivilrechtlichen Schadensersatz- und Bereicherungsansprüchen auf die Regelungen des EuGVÜ und erstreckte dessen Geltungsbereich ohne nähere Begründung auf das Verhältnis zu Drittstaaten, dazu *Hess*, JZ 1998, 1021, 1025 mwN. Die Regelung wurde im Jahr 2018 gegenüber den US-Blockademaßnahmen gegen den Iran reaktiviert, vgl. (delegierte) VO (EU) 2018/1100, ABl. 2018 L 199/1.

171 *Basedow*, CMLR 37 (2000), 687; *Normand*, Eur. PLRev., 1998, 383, 390 ff.; weitsichtig bereits *Tarzia*, ZEuP 1996, 231 ff.; *Wolf*, in: Grunsky u. a. (Hrg.), Wege zu einem europäischen Zivilprozessrecht, S. 35, 37; aus heutiger Sicht Streinz/*Leible*, Art. 81 AEUV, Rdn. 52.

172 *Hess/Pfeiffer/Schlosser*, The Brussels I Regulation (2008), Rdn. 454 ff.; EU-Kommission, 11.3.2014, EU-Justizagenda, COM (2014) 144 final.

173 Vgl. RL 2004/48/EG zur Durchsetzung der Rechte des geistigen Eigentums, dazu unten § 11 II 2, Rdn. 11.32 ff.; RL 2014/104/EU über Schadensersatzklagen wegen Zuwiderhandlungen gegen wettbewerbsrechtliche Bestimmungen, ABl. EU 2014 L 349/1 (gestützt auf Art. 103 und 114 AEUV), unten § 11 II 3, Rdn. 11.51 ff.

Die wissenschaftliche Diskussion behandelte zunächst die Frage, ob eine umfassende Kodifikation des Zivilprozessrechts auf Art. 94 f. EG (Art. 114 f. AEUV) gestützt werden könnte.[174] Nach dem Inkrafttreten des Amsterdamer Vertrages erfuhr diese Diskussion, nicht zuletzt wegen der unpräzisen Formulierungen der Art. 61 und 65 EG, neue Impulse. Dabei ging es zunächst um die Abgrenzung von Art. 65 und 95 EG (heute: Art. 81 und 114 AEUV). *Basedow* interpretierte Art. 65 EG lediglich als eine Ergänzung der Binnenmarktkompetenz, weil die Vorschrift ausdrücklich auf das „reibungslose Funktionieren des Binnenmarktes" Bezug nehme.[175] Art. 65 EG solle nur klarstellen, dass die EG auch Maßnahmen, die nur mittelbar mit dem Binnenmarkt zusammenhängen (wie beispielsweise die Anerkennung von Scheidungsurteilen), erlassen könne. Soweit es um den grenzüberschreitenden Waren-, Dienstleistungs- und Kapitalverkehr gehe, sei hingegen weiterhin Art. 95 EG vorrangig. Nach dieser Interpretation würde Art. 65 EG lediglich die Binnenmarktkompetenz des Art. 114 AEUV ergänzen.[176] Hinter der Argumentation standen berechtigte rechtspolitische Anliegen: Sie wollte die strukturelle Schwäche des IV. Teils des Amsterdamer Vertrages, insbesondere die abgestufte Integration nach Art. 69 EG und den eingeschränkten Zugang zum EuGH nach Art. 68 EG entschärfen.[177] 2.43

Die Gegenansicht verortet hingegen den Kompetenzschwerpunkt für das Europäische Prozessrecht bei Art. 65 EG/81 AEUV.[178] Hierfür spricht vor allem der Wortlaut der Kompetenznorm, der explizit Rechtsangleichungsmaßnahmen im Verfahrensrecht aufführt. Die zwischenzeitliche Praxis stützt Rechtsetzungsmaßnahmen im Prozessrecht ganz überwiegend auf Art. 81 AEUV. Nach dem 1.5.1999 wurde in der EG-Kommission die Zuständigkeit für das Prozessrecht bei der Generaldirektion Justiz und Inneres, Abteilung A3, konzentriert.[179] Heute ist hingegen die kompetenzielle Verortung des grenzüberschreitenden Zivilprozessrechts in Art. 81 AEUV allgemein anerkannt.[180] Dagegen ist die systematische Zuordnung weitergehender Rechtsetzungskompetenzen im Verfahrensrecht weiter ungeklärt und rechtspolitisch umstritten. 2.44

Die unscharfe Abgrenzung führte bereits bei der Diskussion um das sog. „Herkunfts- und Bestimmungslandprinzip im Prozessrecht"[181] anlässlich des Erlasses der E-Commerce-Richtlinie (2000/31/ 2.45

174 Im Zusammenhang mit den Vorschlägen der sog. *Storme*-Gruppe für ein europäisches Zivilprozessrecht, *Storme*, Approximation, S. 58 f.; *Kerameus*, AJComp.L 43 (1995), 401, 409 ff.; vgl. unten § 14 II 1, Rdn. 14.4 ff.

175 *Basedow*, CMLR 37 (2000), 687, 697; ebenso *Duintjer Tebbens*, in: Baur/Mansel (Hrg.) Systemwechsel, S. 171, 176; *Kohler*, Europäisches Kollisionsrecht, S. 7. Zur Auslegung des Aufgreifkriteriums vgl. bereits oben § 2 I 2, Rdn. 2.13.

176 *Kohler*, Europäisches Kollisionsrecht, S. 3 ff.; *Müller-Graff*, in: ders. (Hrg.), Raum der Freiheit, S. 11, 19 („systemrational ist Art. 65 als Art. 95a EG zu verstehen"); *Schack*, RabelsZ 65 (2001), 615, 618; Streinz/*Leible*, Art. 81 AEUV, Rdn. 52: *„lex specialis"*.

177 Dazu Voraufl., § 12, Rdn. 58 ff.

178 *Hess*, JZ 2001, 573 ff.; *Leible/Staudinger*, ELF 2000/01, 225, 231 ff.; Streinz/*Leible*, Art. 65 EG, Rdn. 32; *Wagner*, IPRax 2002, 75, 84 ff.

179 Inzwischen: Generaldirektion Justiz und Verbraucher (GD JUST).

180 *Storskrubb*, Civil Procedure and EULaw, S. 41.

181 *Thünken*, IPRax 2001, 15, 19 ff.

EG) zu handfestem Streit.[182] Die E-Commerce-RL wurde im Frühjahr 2000 zeitgleich mit der EuGVO beraten. Die Auseinandersetzung betraf die Frage, ob eine Bestellung per „Mausklick" im Internet eine Klägerzuständigkeit am Wohnsitz des Verbrauchers begründen sollte[183]: Während Interessenvertreter des Handels unter Berufung auf die Binnenmarktkompetenz der Art. 114 f. AEUV das sog. Herkunftslandprinzip befürworteten, das prozessual eine Zuständigkeit am Sitz des Anbieters nach sich ziehen würde[184], argumentierten die Verbraucherschützer aus der Sicht des Art. 169 AEUV für eine Erweiterung des prozessualen Verbraucherschutzes und für einen zwingenden Gerichtsstand am Wohnsitz des Verbrauchers.[185] Im Ergebnis setzten sich die Verbraucherinteressen durch: Art. 17 EuGVO (2012) enthält die von der Kommission vorgeschlagene Regel, die den (zwingenden) Verbrauchergerichtsstand auf Internetbestellungen erweitert.[186] Eine gemeinsame Protokollerklärung von Kommission und Rat zu Art. 15 EuGVO aF befürwortete eine enge Interpretation der Vorschrift[187] und betonte die Wichtigkeit alternativer Streitbeilegung im Zusammenhang mit dem E-Commerce.[188] Umgekehrt bleibt nach Art. 1 IV E-Commerce-RL die gerichtliche Zuständigkeit von den Vorgaben der Richtlinie unberührt.

2.46 Für eine Auflösung dieses Kompetenzkonfliktes bietet sich die Unterscheidung zwischen reaktiver und aktiver Rechtsangleichung an.[189] Danach ist die Rechtsetzung zur Ermöglichung des Binnenmarktes von der Rechtsetzung im Bereich der anderen Gemeinschaftspolitiken zu unterscheiden. Die „Binnenmarktkompetenz" der Art. 114 f. AEUV reagiert primär auf Wettbewerbsverzerrungen und vergleichbare Beschränkungen der Marktfreiheiten (deshalb der Begriff: „reaktive Rechtsangleichung").[190] Im Zivilverfahrensrecht geht es buchstäblich um den Abbau „prozessualer Schranken im Binnenmarkt", die eine effektive Forderungsdurchsetzung behindern.[191] Dagegen überträgt Art. 81 AEUV der Europäischen Union eine sachgebietsorientierte Kompetenz. Ähnlich wie in der Verbraucher- und Umweltpolitik ist die Union hier zur Setzung positiver Standards befugt, nämlich zur Schaffung eines speziellen Prozessrechts für grenzüberschreitende Streitigkeiten im Europäischen Justizraum. Art. 81 AEUV erlaubt also mehr als den Abbau prozessualer

---

182 RL über den elektronischen Geschäftsverkehr vom 8.6.2000, ABl. EG 2000 L 178/1 ff., vgl. auch Art. 27 und EwG 35 zur Rom II-VO, *Dickinson*, The Rome II Regulation, Rdn. 16.11 ff.

183 Zum Problem *Spindler*, MMR 2000, 18 ff.

184 Dazu § 3 II 2, Rdn. 3.21 ff.

185 Dazu *Spindler*, MMR 2000, 18, 23 f.

186 Zu Art. 17 I EuGVO vgl. unten § 6 II 5, Rdn. 6.108 ff.

187 Danach reicht das bloße Vorhalten einer Website für die Begründung des Klägergerichtsstands nach Art. 17 lit. c) EuGVO nicht aus. Zudem muss der streitgegenständliche Vertrag im weiteren Sinn über die Website abgeschlossen werden, unten § 6 II 5, Rdn. 6.113 ff.

188 Zur Rechtsnatur der Erklärung vgl. unten § 4 I 4, Rdn. 4.35 f. Zur Verbraucherstreitbeilegung unten § 12 III 1, Rdn. 12.19 ff.

189 Vgl. *Franzen*, Privatrechtsangleichung, S. 105 ff.; zur Übertragung auf das Europäische Prozessrecht *Hess*, IPRax 2001, 389, 392.

190 Zu den diesbezüglichen Aussagen des „Tabakurteils" EuGH, 5.10.2000, Rs. C-376/98, *Deutschland./.Parlament und Rat*, EU:C:2000:544, vgl. *Calliess*, Jura 2001, 311, 315.

191 So der viel zitierte Titel des programmatischen Beitrags von *M. Wolf*, in: Grunsky u. a. (Hrg.), Wege zum Europäischen Zivilprozessrecht, S. 33, dazu unten § 3 I 1, Rdn. 3.3 ff.

Schranken, d. h. aktive Rechtsetzungsmaßnahmen der Union, die Schaffung eines spezifischen „Binnenmarktprozessrechts".[192] Die Vorschrift lässt sich also nicht als eine „Kompetenznorm mit Ergänzungsfunktion" interpretieren, sondern beinhaltet eine spezielle, dem Art. 114 f. AEUV sogar vorrangige Vorschrift für die Schaffung eines Europäischen Zivilprozessrechts mit grenzüberschreitenden Bezügen.[193] Es handelt sich um eine „aktive" Rechtsetzungskompetenz.

Der Meinungsstreit hat angesichts der Rechtsetzungspraxis zu Art. 81 und 114 f. **2.47**
AEUV viel Brisanz verloren. Denn diese Praxis stellt auf den Inhalt des zu erlassenden Rechtsakts ab: Maßnahmen, die im Schwerpunkt das Internationale Zivilprozessrecht im Europäischen Justizraum (Binnenmarktprozess[194]) betreffen, werden auf die sachgebietsorientierte Kompetenznorm des Art. 81 AEUV gestützt.[195] Rechtsakte, die Mindestharmonisierungen im Binnenmarkt implementieren, werden hingegen auf Art. 114 f. AEUV gestützt.[196] Hier geht es um reaktive Rechtsangleichung, d. h. um die Beseitigung von prozessualen Hindernissen im Binnenmarkt, die sich nicht notwendig auf grenzüberschreitende Verfahren beschränken. Die Unterscheidung zwischen aktiver und reaktiver (Prozess-)Rechtsangleichung bzw. -vereinheitlichung ermöglicht eine zufriedenstellende Zuordnung des jeweiligen Rechtsakts zur einschlägigen Kompetenzgrundlage.[197] Auf Art. 114 f. AEUV lässt sich mithin eine allgemeine, europäische Justizpolitik nicht stützen. Umgekehrt erscheinen neuere Initiativen der EU-Kommission zur Implementierung eines allgemeinen Rechtsakts zur Einführung von Kollektivklagen im Verbraucherrecht in kompetenzieller Hinsicht unbedenklich[198] – die aktiven Rechtsangleichungsmaßnahmen werden auf Art. 114 f. und auf Art. 169 AEUV gestützt.[199]

---

192 Indem die Vorschrift auf das „reibungslose" Funktionieren des Binnenmarktes abstellt, ist auch nach ihrem Wortlaut die Eingriffsschwelle im Vergleich zur allgemeinen Rechtsangleichungskompetenz des Art. 95 EG (heute: Art. 114 AEUV) abgesenkt, *Hess*, IPRax 2001, 389, 392; *Leible/Staudinger*, ELF 2000/01, 225, 228 f.

193 Ebenso *Dohrn*, Kompetenzen, S. 224; Streinz/*Leible*, Art. 81 AEUV, Rdn. 52 f. *„lex specialis"*.

194 Zum Begriff *Hess*, JZ 1998, 1021 ff.

195 Für die Anwendung von Art. 114 f. AEUV *Basedow*, CMLR 2000, 687, 699; *Jayme/Kohler*, IPRax 2000, 454, 458; für Art. 81 AEUV hingegen *Dohrn*, Kompetenzen, S. 194 f.; *Hess*, IPRax 2001, 389, 394; *Pfeiffer*, in: Müller-Graff (Hrg.), Raum der Freiheit, S. 75, 81 ff.; Streinz/*Leible*, Art. 81 AEUV, Rdn. 52 f.

196 Beispiel: Art. 5 RL 2000/35 verpflichtet die Mitgliedstaaten, ein vereinfachtes Beitreibungsverfahren für unbestrittene Forderungen einzuführen, unten § 10 II 2, Rdn. 10.49 und § 11 II 1, Rdn. 11.29.

197 Die Praxis der Union ist allerdings nicht immer kohärent. Die RL 2004/48/EG zur Durchsetzung der Rechte des Geistigen Eigentums, ABl. EG 2004 L 195/16 ff., wurde auf Art. 95 EG/Art. 115 AEUV gestützt, obwohl sie detaillierte Vorgaben zur Anpassung der nationalen Prozessrechte enthält, dazu unten § 11 II 2, Rdn. 11.32 ff.

198 Dazu unten § 11 III 1, Rdn. 11.58 ff.

199 Vorschlag der EU-Kommission vom 11.4.2018, KOM (2018) 184 endg., dazu § 11 III 1, Rdn. 11.73, anders noch Voraufl. § 2, Rdn. 51 f.

b) Spezielle Kompetenznormen in Bereich des Binnenmarktes

2.48 Die allgemeine Binnenmarktkompetenz der Art. 114 f. AEUV wird durch spezielle Kompetenztitel ergänzt. Praktisch bedeutsam ist Art. 103 lit. e) AEUV, der der Gemeinschaft im Bereich des Kartellrechts die Befugnis eröffnet, das Verhältnis zwischen innerstaatlichen Rechtsvorschriften und Gemeinschaftskartellrecht festzulegen. Diese Vorschrift entfaltete im Zusammenhang mit der neuen Strategie der EG-Kommission zur Verlagerung der Durchsetzung des Kartellrechts auf die Behörden und Zivilgerichte der Mitgliedstaaten eine erhebliche Dynamik: Zunächst bestimmte die VO 2003/01/EG das Verhältnis zwischen der Kommission und den nationalen Gerichten und Kartellbehörden bei der Durchsetzung des EG-Kartellrechts neu und schrieb die (primäre) Aufgreifzuständigkeit der Mitgliedstaaten fest. Feststellungen der Kartellbehörden zum Wettbewerbsverstoß sind im Kartellschadensprozess bindend; allerdings haben Kartellgeschädigte keinen unbegrenzten Zugang zu den Ermittlungsakten.[200]

2.49 Praktische Bedeutung hat die RL 2014/104/EU über Schadensklagen im Kartellrecht,[201] die auf Art. 103 und 114 AEUV gestützt wurde. Ziel der Richtlinie ist es nicht nur, private Schadensklagen zu erleichtern (sog. *follow-on*-Klagen), sondern auch Wettbewerbsverzerrungen aufgrund der unterschiedlichen Prozessrechte in den EU-Mitgliedstaaten zu vermeiden.[202]

2. Verbraucherschutz, Art. 169 AEUV

2.50 Vor dem Inkrafttreten des Amsterdamer Vertrags erfuhr die europäische Prozessrechtsangleichung wichtige Impulse aus der früheren Generaldirektion XXIV („Verbraucherschutz") der EG-Kommission.[203] Diese verfolgte seit den 1980er Jahren das Konzept des „Zugangs der Verbraucher zum Recht im Binnenmarkt"[204] und gab hierzu zunächst mehrere rechtstatsächliche Untersuchungen in Auftrag.[205] Die EU-Kommission wollte die Forderungsdurchsetzung der Verbraucher im Binnenmarkt

---

200 Vgl. unten § 11 II 3, Rdn. 11.53.

201 ABl. EU 2014 L 349/1. Ausführlich unten § 11 II 3, Rdn. 11.51 ff.

202 So die Begründung der EU-Kommission, KOM (2013) 404 endg., unter 3.1.

203 Bereits das EuGVÜ enthielt in Art. 13 ff. zwingende Schutzvorschriften, die dem Verbraucher bei Aktivprozessen einen Klägergerichtsstand am Wohnsitz eröffneten und bei Passivprozessen gleichfalls eine Zuständigkeitskonzentration am Wohnsitz des Verbrauchers vorsahen, vgl. heute Art. 17–19 EuGVO, unten § 3 III 1, Rdn. 3.54 ff.

204 Zur Entwicklung der Aktivitäten der DG XXIV (» *Sanco* «) vgl. *Tenreiro*, L'accès du consommateur à la justice: une perspective européenne, in: Barrett (ed.), Creating a European Judicial Space, S. 111 ff; unten § 3 III 1, Rdn. 3.53 ff.

205 Vgl. *Gessner*, FS Reich (1997), S. 363, 366 ff., zu rechtstatsächlichen Voruntersuchungen des ZERP Bremen.

verbessern. Diese Aktivitäten wurden mit der Schaffung einer Gemeinschaftskompetenz im Verbraucherschutz durch den Vertrag von Maastricht (1993) rechtlich abgesichert; die Kompetenz im Verbraucherschutz hat der Amsterdamer Vertrag inhaltlich verstärkt.[206]

1993 veröffentlichte die Kommission ein Grünbuch über den Zugang der Verbraucher zum Recht und [über] die Beilegung von Rechtsstreitigkeiten der Verbraucher im Binnenmarkt[207]; im Jahre 1996 folgte eine Mitteilung über einen „Aktionsplan für den Zugang der Verbraucher zum Recht und die Beilegung von Rechtsstreitigkeiten der Verbraucher im Binnenmarkt".[208] Beide Programme sahen weitreichende Maßnahmen zur Verbesserung des gerichtlichen und außergerichtlichen Rechtsschutzes in Verbrauchersachen vor. Greifbares Resultat war die Richtlinie zur Verbandsklage (RL 98/27/EG).[209] Seit Mitte der 1990er Jahre fokussierte die Verbraucherpolitik auf die außergerichtliche Streitbeilegung. Die Kommission erarbeitete Mindeststandards für die Durchführung von ADR-Verfahren[210] und für Einrichtungen zur Schlichtung von Verbraucherstreitigkeiten[211], die der Rat als Empfehlungen (Art. 249 IV EG/288 IV AEUV) verabschiedete.[212] Ein weiterer Schwerpunkt unterstützt die grenzüberschreitende Kooperation zwischen nationalen Verbraucherschutzinstitutionen. Im Mai 2000 erließ der Rat eine Entschließung zur Einrichtung eines gemeinschaftsweiten Netzes zur außergerichtlichen Beilegung von Verbraucherstreitigkeiten[213], das die grenzüberschreitende Kooperation zwischen Verbraucherinstitutionen und -verbänden durch die Einrichtung zentraler „Clearingstellen" in den Mitgliedstaaten verbessern soll.[214] **2.51**

Der Überblick zeigt, dass sich die Tätigkeiten der Europäischen Union im Verbraucherprozessrecht zunächst vorwiegend auf empfehlende und fördernde Maßnahmen beschränkten. Dies entspricht der Formulierung der Kompetenz in Art. 169 I AEUV, der von einem „Beitrag der Union zur Förderung des hohen Verbraucherschutz niveaus" spricht.[215] Schwerpunkte sind die Förderung der Kooperation zwischen nationalen Verbraucherinstitutionen und die Fortentwicklung der außergerichtlichen **2.52**

206 Dazu *Reich*, Bürgerrechte, S. 366 ff.; Lenz/*Grub*, Art. 169 AEUV, Rdn. 40; zu den Grenzen *Roth*, EWS 2008, 401, 404 f.

207 KOM (1993) 576 endg. vom 16.11.1993, dazu *Mayr/Weber*, ZfRV 2007, 165, 167.

208 KOM (1996) 13 endg.

209 Rechtsgrundlage war Art. 100 a EGV (1993) = Art. 114 AEUV, dazu unten § 11 III 1, Rdn. 11.61 ff.

210 Empfehlung der Kommission vom 4.4.2001 über die Grundsätze für an der einvernehmlichen Beilegung von Verbraucherrechtsstreitigkeiten beteiligte außergerichtliche Einrichtungen ABl. 2001 L 109/56 ff., unten § 12 III 2, Rdn. 12.23 ff.

211 Empfehlung der Kommission vom 30.3.1998 betreffend die Grundsätze für Einrichtungen, die für die außergerichtliche Beilegung von Verbraucherrechtstreitigkeiten zuständig sind, ABl. 1998 L 115/31 ff.

212 Vgl. zur Verbraucher-ADR unten § 12 III 1, Rdn. 12.19 ff.

213 ABl. EG 2000 C 155/1 ff., dazu *Hess*, in: Cadiet/Clay/Jeuland (ed.), Les modes alternatifs de résolution de conflits, S. 69, 80 ff.

214 Dazu ausführlich unten § 12 IV 1, Rdn. 12.34 ff.

215 Insbesondere lässt sich aus Art. 169 AEUV kein subjektives Recht der Verbraucherverbände auf rechtliche Anerkennung, Freizügigkeit und Diskriminierungsschutz (iSv Art. 12 EG) ableiten; aA *Reich*, Bürgerrechte, S. 277 f.; Streinz/*Lurger*, Art. 169 AEUV, Rdn. 22. Vielmehr gehört die Vereinigungsfreiheit zu den allgemeinen Grundsätzen des Unionsrechts, EuGH, 15.12.1995, Rs. C-415/93, *Bosman*, EU:C:1995:463, Rdn. 79, vgl. heute Art. 12 GRC. Art. 169 AEUV stellt insofern klar, dass der

Streitbeilegung. Diese Beschränkung hat Art. 169 II AEUV aufgegeben. Denn diese Vorschrift fixiert die Verbraucherpolitik der Gemeinschaft einerseits auf flankierende Maßnahmen zum Binnenmarkt (lit. a)), andererseits auf Maßnahmen zur Unterstützung der nationalen Verbraucherpolitiken (lit. b)).[216] Damit ist die Union zum Erlass von Rechtsetzungsakten im Verbraucherschutz befugt. Darüber hinaus enthält Art. 12 AEUV eine sog. Querschnittsklausel. Sie ordnet eine weitgehende Berücksichtigung des Verbraucherschutzes bei der Durchführung aller anderen Politiken der Gemeinschaft an.[217] Art. 169 AEUV ist zu den anderen Rechtsetzungskompetenzen subsidiär, umgekehrt ist jedoch der Verbraucherschutz bei Rechtsetzungsmaßnahmen, die auf andere Kompetenztitel gestützt werden, bestmöglich zu berücksichtigen.[218] Hieraus ergibt sich ein grundsätzlicher Vorrang der Europäischen Justizpolitik nach Art. 81 AEUV gegenüber der Verbraucherpolitik nach Art. 169 AEUV.[219]

2.53 Die kompetenzielle Situation hat jedoch nicht zur Folge, dass Art. 169 AEUV für das Zivilverfahrensrecht unbedeutend wäre. Inhaltlich ist die Verbraucherkompetenz der Union nämlich nicht auf grenzüberschreitende Streitigkeiten begrenzt.[220] Nach dem Inkrafttreten des Amsterdamer Vertrags versuchte die EU-Kommission, Art. 153 II EG (1998) zur Überwindung der Aufgreifschwelle des Art. 65 EG zu nutzen (der grenzüberschreitende Bezüge voraussetzt[221]): insbesondere im Verordnungsvorschlag für ein Europäisches Bagatellverfahren.[222] Die EU-Mitgliedstaaten wiesen diesen Regelungsansatz jedoch zurück, das Parlament folgte der ablehnenden Einschätzung des Rats. Gegen die Anwendung der Verbraucherkompetenz auf das Bagatellverfahren sprach jedoch dessen sachlicher Anwendungsbereich, der über B2C-Streitigkeiten hinausgeht und C2C-Streitigkeiten einschließt.[223]

2.54 Nach dem Inkrafttreten des Amsterdamer Vertrages ordneten die DG Justiz und die DG Verbraucherschutz die interne Arbeitsteilung neu. Entsprechend der kompetenziellen Ausgangslage ging die Rechtsetzungsinitiative im (Verbraucher-)Ver-

---

Verbraucherschutz zu den legitimen Aufgaben der Vereinigungsfreiheit zählt, *Stuyck*, CML Rev. 37 (2000), 367, 385; Grabitz/Nettesheim/*Pfeiffer*, Art. 169 AEUV, Rdn. 17.

216 Calliess/Ruffert/*Krebber*, Art. 169 AEUV, Rdn. 10, 17 f.; *Roth*, EWS 2008, 401, 405; zur „Zweispurigkeit" der Verbraucherkompetenz vgl. Streinz/*Lurger*, Art. 169 AEUV, Rdn. 29.

217 Streinz/*Lurger*, Art. 12 AEUV, Rdn. 2.

218 Streinz/*Lurger*, Art. 169 AEUV, Rdn. 30.

219 Calliess/Ruffert/*Krebber*, Art. 169 AEUV, Rdn. 21; Streinz/*Lurger* Art. 169 AEUV, Rdn. 28. Dementsprechend war es folgerichtig, die Verbrauchergerichtsstände in die Art. 17 ff. EuGVO zu integrieren, oben § 2 II 1, Rdn. 2.47.

220 *Tenreiro*, in: Barrett (ed.), Creating a European Judicial Space, S. 111, 114.

221 Dies übersieht *Dohrn*, Kompetenzen, S. 193, dazu oben § 2 I 2, Rdn. 2.14.

222 Kommissionsvorschlag für ein Europäisches Bagatellverfahren, KOM (2005) 87 endg., vom 15.3.2003, unten § 10 III 1, Rdn. 10.93 ff.

223 Dazu unten § 10 III 2, Rdn. 10.97.

fahrensrecht auf die Abteilung DG J der Direktion Justiz und Inneres über.[224] Dort werden die früheren Konzeptionen der Verbraucherpolitik inhaltlich fortgesetzt und erweitert,[225] etwa im Bereich der Alternativen Streitbeilegung oder beim Konzept des Zugangs zum Recht.[226] Wesentliche Rechtsinstrumente sind die RL 2013/11/EU über alternative Streitbeilegung in Verbraucherstreitigkeiten[227] sowie die VO (EU) 524/2013 über die Online-Streitbeilegung in Verbraucherangelegenheiten.[228] Beide Rechtsakte wurden auf Art. 169 II lit. a) und 114 AEUV gestützt. Die Schaffung eines umfassenden Verbraucherprozessrechts strebt die EU-Kommission hingegen derzeit nicht an,[229] trotz weit reichender Ambitionen im kollektiven Rechtsschutz. Den neuesten Vorschlag zum kollektiven Rechtsschutz in Verbrauchersachen stützt die EU-Kommission auf Art. 114 und 169 AEUV, da nicht nur grenzüberschreitende, sondern auch nationale Kollektivklagen koordiniert werden sollen.[230] Rat und Parlament haben diesem Ansatz nicht widersprochen.

3. Datenschutz, Art. 16 II AEUV

In Ergänzung zu Art. 8 GRC, der den grundrechtlichen Datenschutz sichert,[231] eröffnet Art. 16 II AEUV der Europäischen Union eine spezielle Kompetenz zum Erlass entsprechender Schutzvorschriften. Die Reichweite dieser Kompetenz ist noch nicht abschließend geklärt.[232] 2.55

Der unionsrechtliche Datenschutz verfolgt eine zweifache Zielrichtung: Einerseits geht es um den Schutz des Individuums bei der Verarbeitung personenbezogener Daten, andererseits um die Gewährleistung des freien Verkehrs von Daten.[233] 2.56

224 Die DG Verbraucherschutz war zwischenzeitlich schwerpunktmäßig mit der Erarbeitung eines europäischen Referenzrahmens für Zivilsachen befasst.

225 Versuche der früheren DG *Sanco*, ein einheitliches Klageformular für Verbraucherprozesse einzuführen, scheiterten zunächst am Widerstand der Mitgliedstaaten, die hierin einen Übergriff in die nationalen Prozessrechte sahen, vgl. Mitteilung der Kommission: Die außergerichtliche Beilegung von Verbraucherstreitigkeiten, KOM (1998) 198 endg., S. 5.

226 Dies gilt insbesondere für Prozesskostenhilfe und für die Schaffung eines Verfahrens zur Durchsetzung sog. *small claims*. Vgl. dazu *Tenreiro*, in: Barrett (ed.), Creating a European Judicial Space, S. 111, 117 (Fn. 17); andere Bewertung bei *Rott*, EuZW 2005, 167 ff.

227 ABl. EU 2013 L 165/63, dazu unten § 12 III 2, Rdn. 12.23 ff.

228 ABl. EU 2013 L 165/1, dazu unten § 12 IV 2, Rdn. 12.40 ff.

229 Dazu unten § 11 III 1, Rdn. 11.70 ff.

230 Vorschlag vom 11.4.2018, KOM (2018) 184 final, unten § 11 III 1, Rdn. 11.73 ff.

231 Das Verhältnis der wortgleichen Vorschriften in Art. 8 GRC und Art. 16 I AEUV ist unklar, dazu Streinz/*M. Schroeder*, Art. 16 AEUV, Rdn. 5.

232 Streinz/*Schroeder*, Art. 16 AEUV, Rdn. 2 mwN.

233 Dazu *Lynskey*, EU Data Protection Law (2015), S. 46 ff.

Dieses Spannungsverhältnis soll die Datenschutzgrundverordnung[234] auflösen. Diese enthält nicht nur materielle Schutzvorschriften für „Datensubjekte", sondern auch prozessuale Annexregelungen im Hinblick auf die Zuständigkeit, die subjektiven Klagebefugnisse (auch von qualifizierten Einrichtungen), sogar ohne Ermächtigung der Betroffenen.[235] Damit will der Unionsgesetzgeber das *private enforcement* stärken und schafft (erneut) ein sektorielles Verfahrensrecht.[236] Allerdings ist das Verhältnis der DSGVO zum Brüsseler Regime nicht hinreichend abgestimmt.[237]

4. Schutz des Geistigen Eigentums, Art. 118 AEUV

2.57 Der Vertrag von Lissabon eröffnet der Europäischen Union eine eigenständige Kompetenz zur Schaffung einheitlicher europäischer Rechtstitel zum einheitlichen Schutz des geistigen Eigentums[238] sowie zur Einführung von zentralisierten Zulassungs-, Koordinierungs- und Kontrollregelungen auf der Ebene des Unionsrechts, vgl. Art. 118 I AEUV.[239] Art. 262 AEUV ermöglicht die Einrichtung einer besonderen Gerichtsbarkeit für Gemeinschaftsschutzrechte, die nach Art. 257 besonderen Fachgerichten übertragen werden kann.[240]

2.58 Im europäischen Marken-[241] und Designschutz[242] hat der Unionsgesetzgeber ein spezielles Zuständigkeitsregime für die Gerichte der EU-Mitgliedstaaten geschaffen, das sich am Modell der Brüssel I-VO orientiert.[243] Nach Art. 95 EuGMVO und Art. 80 EuGGMVO haben die Mitgliedstaaten spezielle Gerichte benannt, die für Streitigkei-

234 VO (EU) 2016/679, ABl. EU 2016 L 119/1 ff.

235 Übersicht bei *Hess*, FS Geimer (2017), S. 255, 258 ff.; *Lüttringhaus*, ZVglRWiss 117 (2018), 50, 59 ff.; *Requejo Isidro*, in: Gascón Inchausti (ed.), Minimum Harmonization (2019), S. 19.

236 Dazu unten § 11 III 3, Rdn. 11.93 ff.

237 Dazu unten § 11 III 3, Rdn. 11.96 ff.

238 Frühere Rechtsakte wurden auf die Ergänzungskompetenz: (heute) Art. 352 AEUV gestützt.

239 Art. 118 AEUV ist die Rechtsgrundlage für das EU-Patent mit einheitlicher Wirkung, VO 1257/2012, ABl. EU 2012 L 361/1; SprachregelungsVO 1260/2012, ABl. EU 2012 L 361/89 sowie das Übereinkommen über das Einheitliche Patentgericht, ABl. EU 2013 C 175/1 ff. (EuPatGÜbk), dazu *Heinze*, EPIL, S. 1791, 1792 f., dazu § 11 IV 2, Rdn. 11.116 ff.

240 Die Union hat von diesen Befugnissen zur Zuständigkeitsverlagerung bisher keinen Gebrauch gemacht, *Tilmann*, FS Müller-Graff (2015), S. 658, 661 ff.

241 GemeinschaftsmarkenVO (EU) 207/2009, ABl. EU 2009 L 78/1 (EuGMVO) sowie VO (EU) 2015/2024, ABl. 2015 L 341/21.

242 GemeinschaftsgeschmacksmusterVO (EG) 6/2002, geändert durch VO (EG) 1891/2006 (EuGGM-VO).

243 *Heinze*, EPIL, S. 1791, 1792 f.; *Jamal*, EuZVR und gewerbl. Rechtsschutz, S. 496 ff., dazu unten § 11 IV 1, Rdn. 11.109 ff.

ten über den Bestand und den Schutz der einheitlichen Rechte zuständig sind.[244] Damit hat der Unionsgesetzgeber ein dezentrales Rechtsschutzsystem geschaffen.

Dagegen soll im künftigen einheitlichen EU-Patentsystem[245] das Europäische Patentgericht an die Stelle der Gerichte der teilnehmenden EU-Mitgliedstaaten treten (Art. 1 I EuPatGÜbk). Im Europäischen Patentgesetz entscheiden international zusammengesetzte Sprachkörper aufgrund eigenen Prozessrechts und in Anwendung des neuen Patentrechts.[246] Das Gericht erster Instanz wird aus einer zentralen Abteilung in Paris[247] und dezentralen Abteilungen in London[248] und München bestehen, weitere dezentrale Sprachkörper können von den Vertragsstaaten gebildet werden;[249] die Verteilung der Rechtsstreitigkeiten regelt Art. 33 EuPatGÜbk.[250] Ein Berufungsgericht wird in Luxemburg eingerichtet. Alle Sprachkörper sind – als Gerichte der EU-Mitgliedstaaten – befugt, den EuGH nach Art. 267 AEUV anzurufen.[251] Die internationale Zuständigkeit richtet sich nach der EuGVO; im Verhältnis zu Parteien in Drittstaaten gelten die Sondervorschriften der Art. 71 b–d EuGVO.[252] 2.59

5. Rechtsetzungskompetenz im Bereich der Personenfreizügigkeit, Art. 20 I AEUV

Art. 20 I AEUV garantiert allen Unionsbürgern und ihren Familienangehörigen[253] das Recht, sich in allen EU-Mitgliedstaaten frei aufzuhalten und zu bewegen.[254] Die Freizügigkeitsgarantie setzt keine wirtschaftliche Betätigung voraus; garantiert wird ein allgemeines Aufenthaltsrecht (ohne wirtschaftlichen Bezug) sowie die Ein- und 2.60

244 Es handelt sich mithin um ein dezentrales Rechtsschutzsystem. Diese Vorschriften verpflichten die EU-Mitgliedstaaten zur Vorhaltung spezialisierter Gerichte, *Jamal*, EuZVR und gewerbl. Rechtsschutz, S. 491 f.

245 Dazu unten § 11 IV 2, Rdn. 11.116 ff.

246 Überblick bei *Heinze*, EPIL, S. 1791, 1794 ff.; *Jamal*, EuZVR und gewerbl. Rechtsschutz, S. 756 ff.

247 Art. 7 und 8 EuPatGÜbk, dazu *Jamal*, EuZVR und gewerbl. Rechtsschutz, S. 768 ff.

248 Angesichts des Brexit hat das Vereinigte Königreich im Juli 2020 die Ratifikation des EuPatGÜbk zurückgezogen.

249 Art. 7 II–V EuPatGÜbk, dazu *Heinze*, EPIL, S. 1791, 1794.

250 Die sachliche Zuständigkeit regelt Art. 32 EuPatGÜbk. Art. 33 EuPatGÜbk betrifft vor allem Abgrenzungen zwischen der Verletzungs- und der Nichtigkeitsklage – diese Vorschriften treten an die Stelle der entsprechenden Regelungen der EuGVO, vgl. unten § 6 II 6, Rdn. 6.143.

251 So ausdrücklich EwG 10 EuPatGÜbk und Art. 1 II EuPatGÜbk, der das Einheitliche Patentgericht als „gemeinsames Gericht der Vertragsstaaten" definiert, dazu unten § 11 IV, Rdn. 11.128.

252 Vgl. unten § 5 I 4., Rdn. 5.28 f.

253 *Wollenschläger*, Grundfreiheit, S. 148 ff.

254 Erfasst sind die Ein- und die Ausreise. St. Rspr. EuGH, 18.7.2006, Rs. C-406/04, *De Cuyper*, EU:C:2006:491, Rdn. 39; EuGH, 22.5.2008, Rs. C-499/06, *Nerkovska*, EU:C:2008:300, Rdn. 32; EuGH, 14.10.2008, Rs. C-353/06, *Grunkin-Paul II*, EU:C:2008:559, Rdn. 21 ff.; Calliess/Ruffert/*Kluth*, Art. 21 AEUV, Rdn. 4 ff.

Ausreisefreiheit als Diskriminierungs- und Beschränkungsverbot[255] in allen EU-Mitgliedstaaten. Die Grundfreiheit erfasst auch privat- und kollisionsrechtliche Regelungen – diese dürfen den Grenzwechsel nicht unverhältnismäßig diskriminieren oder erschweren (beschränken).[256] Art. 21 II AEUV enthält eine ergänzende Rechtsetzungskompetenz der Gemeinschaft, um bestehende Hindernisse zu beseitigen.

2.61 Aus diesem Grund verstieß beispielsweise die Regelung des deutschen (internationalen) Namensrechts (Art. 10 EGBGB aF, § 1617 BGB), das die Führung eines Doppelnamens (*Grunkin-Paul*) verbietet, obwohl dieser Doppelname in einem anderen EU-Mitgliedstaat erworben und im Personenregister eingetragen wurde, gegen Art. 20 I AEUV. Rechtfertigungsgründe (etwa: die Gewährleistung der Namenseinheit), die die „Umbenennung" der Person bei Grenzübertritt legitimieren konnten, waren nicht ersichtlich.[257]

2.62 Es besteht kein Zweifel, dass das Internationale Privat- und Prozessrecht auch unter die Rechtsetzungskompetenz des Art. 21 II AEUV fallen. Dies gilt vor allem für Regelungen im Bereich des Personen-, des Familien- und des Erbrechts.[258] Allerdings ist die Kompetenzvorschrift des Art. 21 II AEUV ihrem Wortlaut nach subsidiär gegenüber den sachbereichsbezogenen Unionskompetenzen.[259] Jedoch wurde die EuUrkVO auf der Kompetenzgrundlage des Art. 21 II AEUV erlassen.[260] Dies wurde damit begründet, dass die EuUrkVO im Schwerpunkt sämtliche personenrechtlichen Urkunden (unabhängig von familien- und kollisionsrechtlichen Fragen) erfasst, so dass Art. 81 I, III AEUV für die familienrechtlichen Urkunden als Kompetenzgrundlage (im Schwerpunkt) nicht einschlägig war.[261] Damit wurde im Ergebnis das Einstimmigkeitserfordernis des Art. 81 III AEUV umgangen.

6. Völkerrechtliche Übereinkommen zwischen den Mitgliedstaaten

2.63 Inhaltliche Überschneidungen bestanden zwischen Art. 293, 4. SpS und Art. 65 EG; beide Vorschriften bezogen sich auf ähnliche Regelungsgegenstände (nämlich die

---

255 Zur Rechtsentwicklung vgl. *Wollenschläger*, Grundfreiheit, S. 122 f., insbesondere 301 ff. (zum Beschränkungsverbot).

256 EuGH, 2.10.2003, Rs. C-148/02, *Garcia Avello*, EU:C:2003:539; EuGH, 14.10.2008, Rs. C-353/06, *Grunkin-Paul II*, EU:C:2008:559, Rdn. 22; EuGH, 22.12.2010, Rs. C-208/09, *Sayn-Wittgenstein*, EU:C:2010:806; EuGH, 12.5.2011, Rs. C-391/09, *Runevič-Vardyn und Wardyn*, EU:C:2011:291; EuGH, 2.6.2016, Rs. C-438/14, *Bogendorff von Wolffersdorff*, EU:C:2016:401, Rdn. 72 ff. (zur Anwendung des *ordre public* bei frei erfundenen Adelsbezeichnungen).

257 EuGH, 14.10.2008, Rs. C-353/06, *Grunkin-Paul II*, EU:C:2008:559, Rdn. 21 ff., 40.

258 Die Kompetenzvorschrift übersieht *Stumpf*, EuR 2007, 291 ff.; wie hier *Dethloff*, AcP 2004, 544, 556 ff.; *Mansel*, FS Ansay (2006), S. 185, 191.

259 „(…) und sieht der Vertrag hierfür keine Befugnisse vor", dazu Calliess/Ruffert/*Kluth*, Art. 18 EG, Rdn. 23 f.

260 VO (EU) 2016/1191, ABl. 2016 L 200/1.

261 So *Kohler/Pintens*, FamRZ 2016, 1509, 1513; *Mansel/Thorn/Wagner*, IPRax 2017, 1, 6 f.

Anerkennung und Vollstreckung von Entscheidungen und Schiedssprüchen).[262] Art. 293 EG richtete sich dem Wortlaut nach allerdings nicht an die Europäische Gemeinschaft, sondern an die Mitgliedstaaten. Diese konnten ergänzende völkerrechtliche Übereinkommen dort abschließen, wo Handlungsbedarf zur „Abrundung" der Gemeinschaftspolitiken notwendig erschien. Art. 293, 4. Sps EG transferierte dabei die frühere, für den Erlass des EuGVÜ bedeutsame Kompetenzvorschrift des Art. 220 EGV (aF) in den Amsterdamer Vertrag.[263] Der Vertrag von Lissabon hat hingegen Art. 293 EG aF ersatzlos gestrichen.[264] Der EuGH hat im *Achmea*-Urteil zudem klargestellt, dass völkerrechtliche Parallelvereinbarungen zwischen den Mitgliedstaaten im Anwendungsbereich des Unionsrechts unzulässig sind. Dies folgt auch aus Art. 3 II und 344 AEUV.[265]

III. Die Außenkompetenzen der Union im Prozessrecht

1. Die praktische Relevanz der Fragestellung

Das Europäische Zivilprozessrecht entfaltet vielfältige Bezüge zu Drittstaaten[266]: Dies zeigt augenfällig das „Parallelübereinkommen" von Lugano, das das Regelungsregime des EuGVÜ (bzw. der EuGVO[267]) auf die Mitgliedstaaten der EFTA (Schweiz, Norwegen und Irland) erstreckt.[268] Zudem erfassen die Unionsrechtsakte auch Sachverhalte mit Drittstaatenbezug: sei es, dass Staatsangehörige aus Drittstaaten nach Maßgabe der Gerichtsstände der EuGVO einen Zivilprozess im Europäischen Justizraum einleiten,[269] die Rechtshängigkeit in Drittstaaten zu beachten ist[270] oder ein Sachverhalt mit Drittstaatenbezug vorliegt.[271] Abstimmungsprobleme ergeben sich schließlich mit privatrechtsvereinheitlichenden internationalen Organisationen, ins- 2.64

262 Allerdings geht Art. 293 EG insoweit über Art. 65 EG hinaus, als die Vorschrift sämtliche Rechtsgebiete und nicht nur Zivilsachen umfasst, so beispielsweise Streinz/*Leible*, Art. 293 EG (1. Aufl. 2003), Rdn. 12.

263 Bei der Ausarbeitung des EG-Vertrages waren sich die Mitgliedstaaten und die Kommission offensichtlich nicht darüber im Klaren, welche Bedeutung der Vorschrift weiterhin zukommen sollte, *Kohler*, Rev. crit. privé 88 (1999) 1, 22 f.; ausführlich *Dohrn*, Kompetenzen, S. 222 ff.

264 Sprich: Nicht EG-Mitgliedstaaten. Ausführlich Voraufl., § 2, Rdn. 63 f.

265 EuGH, 6.3.2018, Rs. C-284/16, *Achmea*, EU:C:2018:158.

266 Ausführlich unten § 5 I, Rdn. 5.1 ff.

267 Zur Anpassung des LugÜ an die EuGVO vgl. unten § 5 II 1, Rdn. 5.42.

268 Dazu ausführlich unten § 5 II 1, Rdn. 5.42 ff.

269 Beispiele: EuGH, 13.7.2000, Rs. C-412/98, *Group Josi Reinsurance*, EU:C:2000:399; EuGH, 1.3.2005, Rs. C-281/02, *Owusu*, EU:C:2005:120, unten § 5 I 3, Rdn. 5.10 ff.

270 Zu Art. 34 und 35 EuGVO vgl. unten § 5 I 3, Rdn. 5.19 f.

271 Etwa wenn Parteien mit Sitz im Binnenmarkt über ein kanadisches Patent einen Verletzungsprozess führen, dazu ausführlich unten § 5 I 2, Rdn. 5.4 ff.

besondere der Haager IPR-Konferenz,[272] Unidroit, UNCITRAL und mit dem Europarat.[273]

2.65 Die politischen Auseinandersetzungen um die Außenkompetenz setzten mit dem Inkrafttreten des Amsterdamer Vertrages ein: Die Kommission vertrat die Auffassung, dass Art. 65 EG der Gemeinschaft eine implizite, ausschließliche Außenkompetenz übertragen habe. Folglich sei sie nach Art. 300 I 2 EG[274] zur alleinigen Außenvertretung der Gemeinschaft befugt, insbesondere bei der Aushandlung internationaler Verträge in internationalen Organisationen. Dies stieß im Rat auf Widerstand. Dort wollte man die bisherige intergouvernementale Zusammenarbeit fortsetzen, vor allem die laufenden Verhandlungen über die Revision des EuGVÜ und des LugÜ in einer gemeinsamen Expertengruppe zwischen den EG-Mitgliedstaaten einerseits und den EFTA-Staaten abschließen.[275]

2.66 Die EU-Kommission ihrerseits wollte aus ihrer prekären Position bei internationalen Verhandlungen herauskommen, insbesondere in der Haager Konferenz:[276] Dort wurde seit Ende der 1990er Jahre das ambitionierte Projekt einer weltweiten Gerichtsstands- und Anerkennungskonvention verhandelt.[277] Vor 1999 wurde die EU-Kommission in der Haager IPR-Konferenz statusmäßig als schlichte Beobachterin behandelt, auf gleichem Niveau mit anderen interessierten Organisationen, etwa dem Europarat, der CIEC oder den Berufsverbänden der Rechtsanwälte, Gerichtsvollzieher oder Notare.[278] Beobachterstatus hatten auch der Rat und das EG-Parlament.[279] Auch in anderen internationalen Organisationen (etwa im Europarat) blieb die Mitwirkung der Kommission auf den Beobachterstatus begrenzt. Formal wurde dies mit der fehlenden Mitgliedschaft der Gemeinschaft begründet. Denn nach den Statuten dieser Organisationen können nur Staaten und nicht andere internationale Organisationen Mitglieder sein.[280]

2.67 Die Kompetenzfrage führte nach dem 1.5.1999 zu einem handfesten politischen Streit zwischen Kommission und Rat, der sogar die Umsetzung des Programms von Tampere zu blockieren drohte.[281] Zunächst ging es um die Verhandlungsführung in der Haager IPR-Konferenz. Im Dezember 2000 verständigten sich Kommission und Rat auf einen Kompromiss über die (wechselnde) Vertretung in der anstehenden Regie-

272 Dazu *Basedow*, FS Lorenz (2001), S. 406 ff.; *Bischoff*, ZEuP 2008, 334 ff.

273 *Hess*, in: Fuchs/Muir Watt/Pataut (ed.), Les conflits de lois, S. 81 ff.

274 Heute: Art. 218 III AEUV.

275 Parallelverhandlungen fanden seit 1998 im Rahmen des Rates statt. In einer Arbeitsgruppe von Vertretern aus den EU- und EFTA-Staaten hatte die EG-Kommission ebenfalls lediglich Beobachterstatus, vgl. *Kohler*, in: Gottwald (Hrg.), Revision des EUGVÜ, S. 2 ff.

276 *Hess*, in: Fuchs/Muir Watt/Pataut (ed.), Les conflits de lois, S. 81, 82 ff.; *Kotuby*, NILR 48 (2001), 1, 14 ff.; *Wannemacher*, Außenkompetenzen, S. 121 ff.

277 Dazu unten § 5 II 2, Rdn. 5.50 ff.

278 Zum Status vgl. *Struycken*, R.A.E. 2001/02, 469, 473 ff.

279 *Struycken*, R.A.E. 2001/02, 469, 475.

280 Zur „Vertretung" der Gemeinschaft durch die Mitgliedstaaten in internationalen Organisationen Streinz/*Mögele*, Art. 220 AEUV, Rdn. 11. Zur Änderung des Statuts der Haager IPR-Konferenz vgl. unten § 2 III 4, Rdn. 81 ff.

281 Bei der Verabschiedung der EuEheVO (1348/00/EG) im Mai 2000 gab Großbritannien eine Protokollerklärung ab, dass die EuEheVO seine Außenkompetenzen nicht berühre. Die Kommission bezog sich in ihrer Gegenerklärung ausdrücklich auf die *AETR*-Rechtsprechung des EuGH; vgl. *Thoma*, EPLR 10 (2002), 397, 409.

rungskonferenz über ein weltweites Zuständigkeitsabkommen.[282] Innerhalb kurzer Zeit kehrte sich der Status der EU-Kommission in der Haager Konferenz faktisch um: Die Verhandlungsführung wurde zunächst im Wechsel von der Kommission und der Ratspräsidentschaft ausgeübt, Kommission und Mitgliedstaaten konnten jeweils individuelle Stellungnahmen abgeben.[283] Tatsächlich ging jedoch die Verhandlungsführung in der Haager Konferenz zunehmend auf die EU-Kommission über.[284]

Dagegen konnten die Meinungsverschiedenheiten zwischen Kommission und Rat über das Verhandlungsmandat zur Revision des Luganer Übereinkommens nicht beigelegt werden.[285] Seit Februar 2003 war ein Organstreitverfahren über die Außenkompetenzen im Rahmen des Art. 65 EG vor dem EuGH anhängig.[286] Am 7.2.2006 entschied der Gerichtshof den Kompetenzstreit im Sinne einer exklusiven Außenkompetenz der Gemeinschaft in Bezug auf das Parallelübereinkommen von Lugano.[287] Seitdem erfolgt die Vertretung in der Haager IPR-Konferenz auch formell durch die EU-Kommission.[288] **2.68**

2. Außenkompetenzen in der Rechtsprechung des EuGH

Die langjährigen Auseinandersetzungen um die Außenkompetenzen beruhten auf **2.69** der unscharfen Formulierung des Amsterdamer Vertrages. Art. 61 und 65 EG sprachen die Außenkompetenzen der Gemeinschaft nicht ausdrücklich an – dies entspricht der damaligen Regelungsstruktur des Gemeinschaftsrechts. Das Fehlen einer ausdrücklichen Außenkompetenz im EG-Vertrag besagt freilich nicht, dass diese bei den Mitgliedstaaten verblieben wäre. Denn in der Rechtsprechung des EuGH ist es seit der Grundsatzentscheidung *AETR* anerkannt, dass der Gemeinschaft ungeschriebene Außenkompetenzen zustehen.[289] Sie wachsen der Gemeinschaft zu, wenn die Erfüllung eines innergemeinschaftlichen Rechtsetzungsauftrags ohne gleichzeitige Wahr-

---

282 Dieser Kompromiss wurde als „Joint Council and Commission Statement“ dem Ratsprotokoll der Justiz- und Innenminister vom 14.12.2000 als Annex beigefügt (JUSTCIV 137 Limite); er wurde nicht im Amtsblatt veröffentlicht, abgedruckt in: IPRax 2001, 260; sowie bei *Droz/Gaudemet-Tallon*, Rev. crit. 2001, 601, 624 (Fn. 30).

283 *R. Wagner*, RabelsZ 2009, 216, 218 ff.

284 *Borrás*, in: Nuyts/Watté (ed.), International Civil Litigation in Europe and Relations with Third States, S. 27, 38; *Schulz*, ICLQ 56 (2007), 939, 942.

285 Vgl. die Darstellung im Gutachten des EuGH, 7.2.2006, Avis 1/03, *Parallelübereinkommen Lugano*, EU:C:2006:81, Rdn. 20 ff.

286 Beschluss des Rats vom 27.2.2003, die Kompetenzfrage in einem Gutachten nach Art. 300 VI EG (heute: Art. 218 XI AEUV) zu klären. Dazu *Hess*, in: Muir Watt/Pataut (ed.), Les conflits de lois, S. 81, 84 ff.; *Borrás*, in: Nuyts/Watté (ed.), International Civil Litigation in Europe and Relations with Third States, S. 27, 36.

287 EuGH, 7.2.2006, Avis 1/03, *Parallelübereinkommen Lugano*, EU:C:2006:81, Rdn. 134 ff.; EuGH, 14.10.2014, Avis 1/13, *HKÜ*, EU:C:2014:2303, Rdn. 69 ff.

288 Zu den Verhandlungen über die Lugano II-Konvention vgl. § 5 II 1, Rdn. 5.42 ff.

289 EuGH, 31.3.1971, Rs. C-22/70, *AETR*, EU:C:1971:32.

nehmung der korrespondierenden Außenkompetenz ausgeschlossen wäre.[290] Dies stellt Art. 216 I AEUV inzwischen klar.[291] Zu unterscheiden sind ausschließliche und konkurrierende (bzw. geteilte) Außenkompetenzen.[292] Ausschließliche Kompetenzen stehen der Gemeinschaft allein zu und ermächtigen sie allein zum völkerrechtlichen Vertragsschluss. Im Fall konkurrierender Kompetenzen bleiben die Kompetenzen zwischen der Union und den Mitgliedstaaten geteilt;[293] es muss ein sog. Gemischtes Abkommen von der Union und den Mitgliedstaaten abgeschlossen werden.[294] Die impliziten Außenkompetenzen schließen den Beitritt der Union zu internationalen Organisationen ein.[295]

2.70 Angesichts der überkommenen Rechtsprechung bestand bereits vor der *Lugano-Entscheidung* des EuGH kein Zweifel, dass der Gemeinschaft geteilte Außenkompetenzen im Europäischen Zivilverfahrensrecht zustehen.[296] Umstritten war, ob im Bereich des Art. 65 EG/81 AEUV ausschließliche Außenkompetenzen bestehen, so dass eine exklusive Vertretungsbefugnis der Kommission zu bejahen ist. Diese Ausschließlichkeit der Außenkompetenz prüft der EuGH in einer Gesamt- und in einer Einzelanalyse.[297] Der Gerichtshof fragt zunächst, ob der Gemeinschaftsgesetzgeber ein bestimmtes Rechtsgebiet „kohärent und systematisch" geregelt hat, so dass parallele völkerrechtliche Übereinkommen das „reibungslose Funktionieren des Gemeinschaftssystems beeinträchtigen und damit die volle Wirksamkeit des Gemeinschaftsrechts" behindern.[298] Darüber hinaus prüft der EuGH die mögliche Beeinträchtigung des konkret betroffenen Unionsrechtsakts in Bezug auf die jeweils betroffenen Einzelvorschriften.[299]

---

290 EuGH, 14.10.2014, Avis 1/13, *HKÜ*, EU:C:2014:2303, Rdn. 67.

291 Calliess/Ruffert/*Schmalenbach*, Art. 216 AEUV, Rdn. 10 ff., insbesondere Rdn. 12; Streinz/*Mögele*, Art. 216 AEUV, Rdn. 38.

292 Dazu ausführlich *O'Keeffe*, in: Dashwood/Hillion (ed.), The General Law of E.C. External Relations, S. 179 ff.; Streinz/*Mögele*, Art. 216 AEUV, Rdn. 13, 31.

293 *Borrás*, in: Nuyts/Watté (ed.), International Civil Litigation in Europe and Relations with Third States, S. 27, 29 f.

294 Dazu Streinz/*Mögele*, Art. 216 AEUV, Rdn. 42; Calliess/Ruffert/*Schmalenbach*, Art. 216 AEUV, Rdn. 12; *O'Keeffe*, in: Dashwood/Hillion (ed.), The General Law of E.C. External Relations, S. 179, 180.

295 EuGH, 26.4.1977, Avis 1/76, *Stillegungsfonds* für die *Binnenschiffahrt*, EU:C:1977:63, Rdn. 5; *Bischoff*, ZEuP 2008, 334, 336.

296 *Hess*, in: Fuchs/Muir Watt/Pataut (ed.), Les conflits de lois, S. 81, 84 f.; *Storskrubb*, Civil Procedure and EULaw, S. 58 ff.; *Wilderspin/Rouchaud-Joët*, Rev. Crit. 2004, 1, 4 ff.

297 EuGH, 7.2.2006, Avis 1/03, *Parallelübereinkommen Lugano*, EU:C:2006:81, Rdn. 126; EuGH, 14.10.2014, Avis 1/13, *HKÜ*, EU:C:2014:2303, Rdn. 69 ff., 72.

298 EuGH, 7.2.2006, Avis 1/03, *Parallelübereinkommen Lugano*, EU:C:2006:81, Rdn. 148 (und öfter); EuGH, 14.10.2014, Avis 1/13, *HKÜ*, EU:C:2014:2303, Rdn. 77 ff.

299 EuGH, 7.2.2006, Avis 1/03, *Parallelübereinkommen Lugano*, EU:C:2006:81, Rdn. 139 ff., prüft zunächst die Zuständigkeits-, dann die Anerkennungsvorschriften, Rdn. 162 ff., und bejaht jeweils die exklusive Außenkompetenz.

Das Lugano-Gutachten bejahte eine ausschließliche Außenkompetenz der Gemeinschaft im Geltungsbereich der EuGVO. Nach Ansicht des EuGH enthält die EuGVO ein geschlossenes Zuständigkeitssystem und garantiert die Freizügigkeit von Titeln im Europäischen Justizraum. Bei der internationalen Zuständigkeit regele die EuGVO zahlreiche Drittstaatenbezüge mit:[300] Die Art. 4–28 EuGVO (2001) seien anwendbar, wenn der Beklagte im Europäischen Justizraum seinen Wohnsitz oder Sitz hat oder wenn einer der besonderen Gerichtsstände ein Gericht der Mitgliedstaaten für zuständig erklärt. Dass der Kläger aus einem Drittstaat kommt, sei hingegen unbeachtlich.[301] Die autonomen Zuständigkeiten der Mitgliedstaaten sind hingegen nur dann anwendbar, wenn der Beklagte seinen Wohnsitz/Sitz in einem Drittstaat hat und kein besonderer Gerichtsstand der EuGVO eingreift (Art. 6 EuGVO). Ein ähnliches Bild konstatierte der EuGH bei der Urteilsanerkennung: Die Freizügigkeit des Art. 36 EuGVO (2001) gelte für alle Titel, die im Europäischen Justizraum erlassen werden; lediglich die Anerkennung von Urteilen aus Drittstaaten richte sich nach den autonomen Prozessrechten der Mitgliedstaaten. Die weit reichende Regelung der direkten und indirekten Zuständigkeit durch die EuGVO spreche für einen Übergang zur ausschließlichen Zuständigkeit der Gemeinschaft im Anwendungsbereich der Verordnung – zuvor hatte der EuGH seine Rechtsprechung zum Drittstaatenbezug der EuGVO kontinuierlich ausgeweitet.[302] Lediglich in Randbereichen (nämlich bei den Restkompetenzen) bleibt die Zuständigkeit zwischen Mitgliedstaaten und Union geteilt, etwa beim Abschluss eines eventuellen, bilateralen Vertrages über die Urteilsanerkennung im Verhältnis zwischen Deutschland und den USA.[303] 2.71

Nach den aufgezeigten Kriterien war der Europäischen Union die ausschließliche Außenkompetenz für die Neuverhandlung und den Abschluss der revidierten Lugano-Konvention zugewachsen.[304] Denn die Lugano-Konvention erstreckt das Regelungsregime der EuGVO (2001) vollumfänglich auf Drittstaaten. Im Verhältnis zu den Vertragsstaaten des LugÜ wird der internationale Anwendungsbereich des Europäischen Prozessrechts zurückgenommen.[305] Die Entscheidung über die Erstreckung des Anwendungsbereichs des Gemeinschaftsrechtsakts steht jedoch nicht mehr den Mitgliedstaaten, sondern der Union zu – in ausschließlicher Außenkompetenz.[306] 2.72

300 EuGH, 7.2.2006, Avis 1/03, *Parallelübereinkommen Lugano,* EU:C:2006:81, Rdn. 139 ff.

301 EuGH, 1.3.2005, Rs. C-281/02, *Owusu,* EU:C:2005:120, Rdn. 28 f.; EuGH, 13.7.2000, Rs. C-412/98, *Group Josi Reinsurance,* EU:C:2000:399.

302 EuGH, 1.3.2005, Rs. C-281/02, *Owusu,* EU:C:2005:120, Rdn. 24 ff., dazu unten § 5 I 3, Rdn. 5.10 ff.

303 EuGH, 7.2.2006, Avis 1/03, *Parallelübereinkommen Lugano,* EU:C:2006:81, Rdn. 149 f.; *Gaudemet-Tallon/Droz,* Rev. Crit. 2001, 601, 621 ff.; *Hess,* in: Fuchs/Muir Watt/Pataut (ed.), Les conflits de lois, S. 81, 89 ff.; *Dohrn,* Kompetenzen, S. 175. Für eine ausschließliche Gemeinschaftskompetenz *Wannemacher,* Außenkompetenzen, S. 98; *Kotuby,* NILR 48 (2001), 1, 23; *Leisle,* Dependenzen, S. 172 f.

304 EuGH, 7.2.2006, Avis 1/03, *Parallelübereinkommen Lugano,* EU:C:2006:81, Rdn. 134 ff. (zusammenfassend Rdn. 173).

305 Etwa im Anwendungsbereich des Art. 22 EuGVO, dazu EuGH, 7.2.2006, Avis 1/03, *Parallelübereinkommen Lugano,* EU:C:2006:81, Rdn. 147 f.

306 *Hess,* in: Fuchs/Muir Watt/Pataut (ed.), Les conflits de lois, S. 81, 91 ff.; *Dohrn,* Kompetenzen, S. 175 ff. Im Bereich der „Restkompetenzen“ sind die Mitgliedstaaten zu gemeinschaftstreuem Verhalten nach Art. 4 III AEUV verpflichtet, EuGH, 7.2.2006, Avis 1/03, *Parallelübereinkommen Lugano,* EU:C:2006:81, Rdn. 119.

2.73 Erste Reaktionen wollten dem Lugano-Gutachten aus der Perspektive des allgemeinen Unionsrechts keine grundsätzliche Bedeutung zuerkennen.[307] Diese Einschätzung war jedoch unzutreffend. Denn der EuGH stellte das Verhältnis zwischen Kommission und den im Rat vertretenen Mitgliedstaaten bei den völkerrechtlichen Verhandlungen mit Drittstaaten auf eine klare kompetenzielle Grundlage.[308] Die alleinige Außenvertretung der EU-Kommission bei den Vertragsverhandlungen ist seitdem die Regel (insbesondere im Rahmen der Haager IPR-Konferenz, beim Erstreckungsübereinkommen zu Dänemark und bei der Revision des Luganer Übereinkommens).[309] Die Stärkung des politischen Gewichts der Kommission hatte in zweierlei Hinsicht unmittelbare Konsequenzen: Zum einen war die Mitgliedschaft der Europäischen Union in den einschlägigen internationalen Organisationen für die praktische Durchführung der Außenkompetenz sicherzustellen. Für die Europäische Union führt nach Art. 218 III AEUV die Kommission nach Maßgabe des (jeweiligen) Mandats des Rats (Art. 218 II AEUV) in eigener Verantwortung die Vertragsverhandlungen mit den jeweiligen Drittstaaten. Zum anderen benötigen völkerrechtliche Konventionen mit Drittstaaten, die den Kompetenzbereich des Art. 81 AEUV berühren, spezielle Klauseln, die einen Beitritt der Europäischen Union ermöglichen. Diese Folgerungen des Lugano-Gutachtens betreffen freilich nicht das Unionsrecht, sondern sind auf völkerrechtlicher Ebene zu gewährleisten.[310]

3. Geteilte und exklusive Außenkompetenzen im Anwendungsbereich des Art. 81 AEUV

2.74 Das Lugano-Gutachten hat nicht zur Folge, dass die ausschließliche Außenkompetenz der EU für den gesamten Regelungsbereich des Art. 81 AEUV pauschal zu bejahen wäre. Unter dem Lissabonner Vertrag ist vielmehr der Umfang der Außenkompetenz der Union für jedes Rechtsgebiet anhand der konkret erlassenen Rechtsakte gesondert zu beurteilen (Art. 3 II, 216 I AEUV). Der Gerichtshof fragt zunächst, ob der Unionsgesetzgeber ein bestimmtes Rechtsgebiet „kohärent und systematisch“ geregelt hat, ohne dass parallele völkerrechtliche Übereinkommen das „reibungslose Funktionieren des Gemeinschaftssystems beeinträchtigen und damit die volle

307 So *Bischoff*, EuZW 2006, 295, 299 („keine *landmark decision*“).

308 Zutreffend *Storskrubb*, Civil Procedure and EU Law, S. 61.

309 Unmittelbare Reaktion auf das Lugano-Gutachten war die Verabschiedung eines Strategiepapiers über die Außendimension der justiziellen Zusammenarbeit; vgl. das Ratsdokument 8140/06 LIMITE JUSTCIV 93 vom 11.4.2006.

310 Zur Mitgliedschaft in der Haager IPR-Konferenz vgl. unten § 2 IV 4, Rdn. 2.81 ff.; zu den Beitrittsklauseln in völkerrechtlichen Verträgen, vgl. § 5 II 2, Rdn. 5.52.

Wirksamkeit des Gemeinschaftsrechts" behindern.[311] Sodann überprüft der EuGH die mögliche Beeinträchtigung des konkret betroffenen Unionsrechtsakts individuell für die jeweils erlassenen Einzelvorschriften.[312] Überträgt man diese Maßstäbe auf andere Bereiche des Europäischen Zivilverfahrensrechts, so ergibt sich im Hinblick auf die (ausschließliche) Außenkompetenz der Europäischen Gemeinschaft im Zivilverfahrensrecht ein durchaus differenziertes Bild:

Die ausschließliche Außenkompetenz der Union im Anwendungsbereich der EuGVO hat das Lugano-Gutachten des EuGH geklärt. Sie gilt insbesondere für den Beitritt zur weltweiten Haager Konvention zur Regelung der Gerichtsstandsvereinbarungen.[313] Art. 29 der Haager Gerichtsstandskonvention enthält eine sog. REIO-Klausel (*Regional Economic Integration Organisation*-Klausel), die eine Ratifizierung des Übereinkommens durch die Europäische Gemeinschaft (neben den Mitgliedstaaten) ermöglicht hat.[314] 2.75

Eine ähnliche Situation besteht im Europäischen Insolvenzrecht.[315] Zwar regelt die EuInsVO ausweislich ihres 25. Erwägungsgrundes nur Insolvenzen, bei denen der Mittelpunkt der hauptsächlichen Interessen des Schuldners im Europäischen Justizraum liegt. Jedoch beruht die Verordnung auf dem Grundsatz der Universalität der Insolvenz[316] – dies legt einen Zugriff des Insolvenzverwalters auf Vermögen in Drittstaaten nahe – zumindest wenn diese eine entsprechende Befugnis des Verwalters zulassen.[317] Die praktische Anwendung der EuInsVO prägen durchaus Verfahren mit Bezügen zu Drittstaaten.[318] Nach Art. 85 III EuInsVO bleiben völkerrechtliche Übereinkommen der Mitgliedstaaten mit Drittstaaten unberührt. Daraus folgt zugleich, dass die Mitgliedstaaten nicht mehr zum Abschluss neuer Abkommen befugt sind – hier besteht eine geteilte Außenkompetenz, die mittels gemischter Abkommen auszuüben ist. 2.76

Deutlichere Drittstaatenbezüge enthält das Europäische Familienverfahrensrecht. Die Gerichtsstände des Art. 2 EheGVO eröffnen in weitem Maß die Zuständig- 2.77

---

311 EuGH, 7.2.2006, Avis 1/03, *Parallelübereinkommen Lugano*, EU:C:2006:81, Rdn. 148 (und öfter).

312 EuGH, 7.2.2006, Avis 1/03, *Parallelübereinkommen Lugano*, EU:C:2006:81, Rdn. 139 ff., prüft zunächst die Zuständigkeits-, dann die Anerkennungsvorschriften, Rdn. 162 ff., und bejaht jeweils die exklusive Außenkompetenz.

313 Unten § 5 II 2, Rdn. 5.50 ff.; *Hess*, in: Nuyts/Watté (ed.) International Litigation and Third States, S. 263, 265 ff.; *Wilderspin/Rouchaud-Joët*, Rev. Crit. 2006, 1 ff.; *R. Wagner*, RabelsZ 73 (2009), 105 ff.

314 *Kruger*, ICLQ 55 (2006), 447, 454. Der Vertrag von Lissabon hat die kompetenzielle Situation nicht geändert, *Baratta*, FS Pocar (2009), S. 6, 19.

315 *Hess*, in: Fuchs/Muir Watt/Pataut (ed.), Les conflits de lois, S. 81, 97 f.; *Marquette/Barbé*, in: Nuyts/Watté (ed.), International Civil Litigation in Europe and Relations with Third States, S. 419, 433 ff.

316 Dazu unten § 9 I, Rdn. 9.1 und § 9 II 1, Rdn. 9.6.

317 Dazu etwa EuGH, 16.1.2014, Rs. C-328/12, *Schmid*, EU:C:2014:6, Rdn. 18 (Anfechtungsgegner hatte seinen Wohnsitz in der Schweiz). Ob Drittstaaten den Zugriff zulassen oder sogar ein Parallelverfahren ermöglichen, regelt deren Internationales Insolvenzrecht, vgl. dazu unten § 5 I 7, Rdn. 5.39 f.

318 Beispiel: *In re Parmalat Securities Litigation*, 377 F.Supp2d 390 (S.D.N.Y. 2005); EuGH, 2.5.2006, Rs. C-341/04, *Eurofood*, EU:C:2006:281; EuGH, 11.6.2015, Rs. C-649/13, *Nortel*, EU:C:2015:384, Rdn. 47 (Vermögensgegenstände in einem Drittstaat).

keit der Gerichte der EU-Staaten bei Ehescheidungsverfahren.[319] Noch deutlicher erweisen sich die Drittstaatenbezüge im Kindschaftsrecht: Die EheGVO wurde als ein regionales Sonderübereinkommen konzipiert, das das Haager Kindesentführungsübereinkommen und das Kindesschutzübereinkommen ergänzt und effektuiert. Damit verdrängt die Verordnung die autonomen Rechte der Mitgliedstaaten auch im Verhältnis zu Drittstaaten so weitgehend, dass angesichts der weiteren Kompetenzausübung am Vorliegen einer exklusiven Außenkompetenz nicht zu zweifeln ist.[320] Dementsprechend hat der Rat (zuletzt) mit Beschluss vom 4.6.2008 die Mitgliedstaaten ermächtigt, das Haager Kindesschutzübereinkommen (KSÜ)[321] zu ratifizieren.[322] Zwar wäre eigentlich die Europäische Union zum Vertragsschluss befugt, doch enthält das HKÜ keine Beitrittsklausel, die die Mitgliedschaft der Union ermöglicht.[323] Daher haben die EU-Mitgliedstaaten das HKÜ ratifiziert.[324] Das Haager Unterhaltsübereinkommen vom 23.11.2007[325] haben sowohl die Union als auch die EU-Mitgliedstaaten als gemischtes Übereinkommen ratifiziert.

2.78 Anders beurteilt sich hingegen die Situation im Bereich der Rechtshilfe: Die Zustellungs- und die Beweisverordnungen regeln lediglich die Rechtshilfe zwischen den Mitgliedstaaten der Union, nicht hingegen das Verhältnis zu Drittstaaten.[326] Dafür sprechen insbesondere Regelungstechniken der Rechtsakte, die den Grundsatz des wechselseitigen Vertrauens umsetzen, der an die Stelle überkommener Souveränitätsvorstellungen tritt.[327] Daher ist die Außenkompetenz in diesem Rechtsgebiet momentan zwischen der Union und den Mitgliedstaaten geteilt. Insbesondere bleibt letzteren die Kompetenz, in bilateralen Verträgen Erleichterungen des Rechtshilfeverkehrs mit Drittstaaten zu vereinbaren.[328] Eine Besonderheit findet sich schließlich in Art. 19 IV EuUrkVO: Danach hindert die EuUrkVO die Mitgliedstaaten nicht, Übereinkommen mit Drittstaaten abzuschließen, die in den Anwendungsbereich der Verordnung fallen. Zudem behält Art. 19 IV 2 EuUrkVO den Mitgliedstaaten ausdrücklich das

319 Letztlich kommt es darauf an, dass ein Ehegatte seinen gewöhnlichen Aufenthalt im Europäischen Justizraum hat, dazu unten § 7 III 1, Rdn. 7.30.

320 Ebenso EuGH, 14.10.2014, Avis 1/13, *HKÜ*, EU:C:2014:2303, Rdn. 88; kritisch *Beaumont*, in: Franzina (ed.), The External Dimension (2017), S. 43, 49 ff.

321 Übereinkommen vom 19.10.1996, dazu Art. 96 EheGVO, unten § 5 II 2, Rdn. 5.52.

322 ABl. EU 2008 L 151/36, dazu auch *Bischoff*, ZEuP 2008, 334, 337.

323 Dazu unten § 5 I 5, Rdn. 5.32.

324 Der EuGH, 14.10.2014, Avis 1/13, *HKÜ*, EU:C:2014:2303, Rdn. 89, hat klargestellt, dass die EU-Kommission die ausschließliche Befugnis hat, Einverständniserklärungen zum Beitritt anderer Staaten zum HKÜ abzugeben.

325 Dazu unten § 5 I 5, Rdn. 5.34 und § 7 V 2, Rdn. 7.138 ff.

326 *Vareilles-Sommières*, in: Nuyts/Watté (ed.), International Litigation and Third States, S. 381, 387 ff.

327 *R. Wagner*, RabelsZ 73 (2009), 216, 228 f.

328 *Hess*, in: Fuchs/Muir Watt/Pataut (ed.), Les conflits de lois, S. 81, 98 f. Auch hier besteht freilich nach Art. 4 III EUV eine Rechtspflicht der Mitgliedstaaten zur Wahrung der Gemeinschaftsbelange.

Recht vor, dem Beitritt von Drittstaaten zu parallelen, multilateralen Übereinkommen zuzustimmen. Hier haben die Mitgliedstaaten ihre Verhandlungsmacht im Rat dazu genutzt, die Rechtsprechung des EuGH in den Lugano- und HKÜ[329]-Gutachten umzukehren.[330]

Im Anwendungsbereich der prozessualen Gemeinschaftsrechtsakte der 2. Generation (EuVTVO, EuMahnVO, EuBagVO)[331] ist der Union hingegen keine ausschließliche Außenkompetenz zugewachsen.[332] Denn diese Rechtsakte schaffen ausschließlich innergemeinschaftliche Verfahren. Die dort eingesetzten Regelungstechniken (insbesondere der Grundsatz des wechselseitigen Vertrauens in die Justizsysteme der Mitgliedstaaten, die Standardisierung der Verfahren und die damit einhergehende Abschaffung der Exequaturverfahren) erlauben keine Übertragung auf Drittstaaten. Zudem erfordert die Definition des grenzüberschreitenden Bezugs (vgl. etwa Art. 3 EuBagVO) Rechtsbeziehungen zu zwei Mitgliedstaaten. Folglich resultiert aus diesen Unionsrechtsakten keine exklusive Außenkompetenz bis auf eine Ausnahme: Eine Erstreckung dieser Rechtsakte auf Drittstaaten (vergleichbar dem Modell des Luganer Übereinkommens) kann jedoch nur die Union auf völkerrechtlicher Ebene verhandeln und vereinbaren.[333] **2.79**

Im Jahr 2009 verabschiedete der Rat zwei Verordnungen zur Rückübertragung von EU-Außenkompetenzen an die Mitgliedstaaten zum Abschluss bilateraler Konventionen im IPR[334] und im internationalen Familienrecht.[335] Die Verordnungen verpflichten die jeweiligen Mitgliedstaaten zur Information der EU-Kommission vor Aufnahme der Verhandlungen. Die Kommission prüft sodann, ob ein entsprechendes Abkommen zwischen der Union und dem Drittstaat geplant ist. Andernfalls kann die Kommission die Aufnahme von Verhandlungen genehmigen, sofern der Mitgliedstaat ein besonderes Interesse am Vertragsschluss darlegt und das geplante Abkommen weder das bestehende Unionsrecht noch die allgemeinen Außenbeziehungen der Union beeinträchtigt (Art. 4 f. VO 664/2009). Die EU-Kommission behält das Recht, an den Verhandlungen als Beobachter teilzunehmen (Art. 7 VO 664/2009); das Verhandlungsergebnis unterliegt der Genehmigung der Kommission (Art. 4 und 8 VO 664/2009). Angesichts dieser Restriktionen wurde von dieser Befugnis bisher kaum Gebrauch gemacht.[336] **2.80**

329 Oben § 2 III 2, Rdn. 2.70.

330 Dazu *Mansel/Thorn/Wagner*, IPRax 2017, 1, 7.

331 Unten § 10 I–III.

332 Da diese Rechtsakte jedoch die justizielle Zusammenarbeit im Anwendungsbereich der EuGVO effektuieren, kommt es letztlich auf deren Drittstaatenbezüge an.

333 Vgl. oben § 2 III 2, Rdn. 2.70 f. zu den entsprechenden Überlegungen im Hinblick auf die Verhandlungen zur Revision des Luganer Übereinkommens.

334 VO (EU) 662/2009, ABl. EU 2009 L 200/25: betrifft den Anwendungsbereich der Rom I- und Rom II-Verordnungen.

335 VO (EU) 664/2009, ABl. EU 2009 L 200/46: betrifft den Anwendungsbereich der Brüssel II-VO und der EuUhVO.

336 Dazu *Kuipers*, in: Franzina (ed.), External Dimension, S. 149, 172 ff. – in beiden Fällen erhielt Frankreich die Ermächtigung zu bilateralen Verhandlungen. Bilaterale Verhandlungen mit Russland über Kindesrückführungen endeten mit dem Beitritt Russlands zum HKÜ, *Kuipers*, aaO, S. 174.

4. Die Mitgliedschaft der Europäischen Union in internationalen Organisationen, insbesondere in der Haager Konferenz für Internationales Privatrecht

2.81 Die Zuerkennung ausschließlicher Außenkompetenzen der Union im Internationalen Privat- und Verfahrensrecht macht deren Beteiligung in den einschlägigen internationalen Organisationen zu einem drängenden Problem.[337] Denn die Rechtsetzungsaktivitäten der Haager Konferenz und der Europäischen Union erfassen häufig dieselben Materien.[338] Die Mitwirkung der Europäischen Union in internationalen Organisationen ist nicht nur nach Maßgabe des Unionsrechts zu beantworten, sondern richtet sich auch nach dem Statut der betroffenen Internationalen Organisationen. Systematisch stellten sich drei Regelungsprobleme: Zunächst musste der Europäischen Union die (vollberechtigte) Mitgliedschaft eröffnet werden.[339] Sodann war die Kompetenzabgrenzung zwischen der Union und den Mitgliedstaaten (bei der Mitarbeit in der Internationalen Organisation) zu klären.[340] Schließlich musste die Ausübung der Stimmrechte durch die Union und die Mitgliedstaaten dahingehend geregelt werden, dass es zu keiner Doppelung der Stimmen kommt.[341] Die Mitgliedschaft der Union erfordert in der Regel die Änderung des Statuts der Internationalen Organisation. Dies soll das Beispiel der Mitgliedschaft der Union in der Haager IPR-Konferenz verdeutlichen. Denn in diesem Zusammenhang wurden die Probleme zwischen 2002 und 2005 besonders intensiv (und kontrovers) diskutiert.[342]

2.82 Die EU-Kommission stellte im Dezember 2002 einen förmlichen Antrag auf Beitritt der Europäischen Gemeinschaft zur Haager IPR-Konferenz.[343] Eine sog. *Informal Advisory Group* der Haager IPR-Konferenz erarbeitete einen Änderungsvorschlag für das Statut der Haager Konferenz,[344] der auf der 20. Sitzung der Mitgliedstaaten am

337 *Bischoff*, ZEuP 2008, 334, 339 ff.; *Schulz*, ICLQ 56 (2007), 939, 940 ff.

338 Zutreffend *Bischoff*, ZEuP 2008, 334, 342.

339 Da diese Frage das Statut der Internationalen Organisation betrifft, handelt es sich um eine völkerrechtliche Problemstellung, dazu *Hoffmeister*, CMLR 44 (2007), 41, 54 ff.

340 Nach Art. 351 UAbs. 1 AEUV hat der Übergang der Außenkompetenz auf die Europäische Union nicht den Verlust der Mitgliedschaft der Mitgliedstaaten in der Internationalen Organisation zur Folge – diese Frage regelt das Völker-, nicht hingegen das Unionsrecht. Jedoch sind die Mitgliedstaaten nach Art. 351 UAbs. 2 AEUV verpflichtet, die kompetenzielle Unvereinbarkeit mit allen rechtlichen und tatsächlichen Mitteln zu beheben, *Bischoff*, ZEuP 2008, 334, 337 f.

341 Diese Frage betrifft das völkerrechtliche Statut (Gründungsvertrag) der Internationalen Organisation, dazu *Basedow*, FS Lorenz (2001), S. 463, 477.

342 Die Mitgliedschaft der Union in der Haager IPR-Konferenz diente quasi als „Modell" für die Mitgliedschaft in anderen, privatrechtsvereinheitlichenden Organisationen, *Schulz*, ICLQ 56 (2007), 939, 949.

343 Vgl. die Darstellung im Beschluss des Rats vom 5.10.2006 über den Beitritt der Gemeinschaft zur Haager IPR-Konferenz, ABl. EU 2006 L 297/1 ff.

344 Hague Conference for Private International Law, Draft Recommendation of the 20th Session of the Hague Conference on Private International Law on the Admission of the European Community to the

30.6.2005 einstimmig angenommen wurde.[345] Nunmehr können nach Art. 3 Statut nF neben Staaten auch sog. regionale Wirtschaftsorganisationen[346] Mitglieder werden, sofern einer solchen Organisation Kompetenzen übertragen wurden, die den Tätigkeitsbereich der Haager Konferenz betreffen. Der Beitrittsantrag muss zudem klarstellen, welche Kompetenzen im Zuständigkeitsbereich der Haager Konferenz die beitretende Organisation und welche ihre Mitgliedstaaten ausüben.[347] Bei Abstimmungen im Kompetenzbereich der regionalen Organisation übt diese die Stimmen ihrer Mitgliedstaaten gebündelt aus (also die 28 Stimmen[348] der EU-Mitgliedstaaten). Fällt eine Angelegenheit in die (verbleibende) Kompetenz der Mitgliedstaaten, so verbleiben die Stimmrechte bei diesen (Art. 3 VIII Statut nF).[349] Unabhängig von der Kompetenzabgrenzung haben sowohl die „regionale Wirtschaftsorganisation" als auch deren Mitgliedstaaten bei allen Verhandlungen ein Anwesenheits- und Mitspracherecht.[350] Die interne Abstimmung zwischen der EU-Kommission und den Mitgliedstaaten regelt hingegen das Unionsrecht (vgl. Art. 220 AEUV).

Die Änderung des Statuts hat die erforderliche Rechtsklarheit für die praktische Arbeit in der Haager IPR-Konferenz geschaffen und vermeidet wechselseitige Konkurrenzen oder sogar Verdrängungen zwischen der Kommission und den Mitgliedstaaten bei den Verhandlungen.[351] Bei der Ausübung der Mitsprache- und Stimmrechte sind Kommission und Mitgliedstaaten nach Art. 4 III EUV zu wechselseitiger Rücksichtnahme verpflichtet.[352] Die Stimmgewichte bleiben jeweils gleich: 2.83

Entweder übt die EU-Kommission die 27 Stimmen der Mitgliedstaaten gebündelt aus (dies wird der Regelfall sein) oder die 27 Mitgliedstaaten entscheiden autonom. Politisch heikel bleibt freilich die in Art. 3 IV des Statuts der Haager Konferenz geforderte Auflistung der Kompetenzen, welche

---

Hague Conference on Private International Law, Preliminary Documents Nos 21A and 21B, February 2005, verfügbar unter: http://www.hcch.net, dazu *Schulz*, ICLQ 56 (2007), 939, 941 f.

345 Im Vorfeld wurde über den Status der Europäischen Union durchaus kontrovers diskutiert, dazu *Schulz*, ICLQ 56 (2007), 939, 942; *R. Wagner*, RabelsZ 73 (2009), 215, 223 ff.

346 *Regional Economic Integration Organisation* – diesen Begriff definiert Art. 3 IX des Statuts der IPR Konferenz wie folgt: „An international organisation that is constituted solely by sovereign States, and to which its Member States have transferred competence over a range of matters, including the authority to make decisions binding on its Member States in respect of those matters."

347 Dabei muss der Antrag die Kompetenzen der beitretenden Internationalen Organisation enumerativ aufzählen – andernfalls wird eine Kompetenz der Mitgliedstaaten vermutet (Art. 2A Abs. 4 und 5 Statut der Haager IPR-Konferenz nF).

348 Mit Ausnahme von Dänemark.

349 Sog. „*Non-Additionality*"-Grundsatz.

350 Art. 2A Statut nF entspricht der Regelung über die Mitgliedschaft der Europäischen Gemeinschaft in der FAO, vgl. Explanatory Notes drawn up by the Permanent Bureau for the 20th Session, Prel. Doc. No 21B, S. 4 ff.

351 Die politischen Auseinandersetzungen zwischen Kommission, Rat und Mitgliedstaaten um den jeweiligen Kompetenzübergang werden damit aus der Haager Konferenz weitestgehend herausgehalten.

352 *Hoffmeister*, CMLR 44 (2007), 41, 58 ff.

die Mitgliedstaaten der Gemeinschaft übertragen haben.[353] Denn nach der Aussage des Lugano-Gutachtens des EuGH besteht im Bereich der Art. 81 AEUV eine Kompetenzvermutung zugunsten der Union.[354] Der Beitrittsakt des Rates begnügt sich hingegen mit einer Bezugnahme auf Art. 65 EG/81 AEUV und listet die bisher erlassenen Rechtsakte auf. Zudem verweist der Beitrittsakt darauf, dass sich weitere EG-Kompetenzen aus Zuständigkeiten im Binnenmarkt (Art. 95 EG/114 AEUV) und im Verbraucherschutz (Art. 153 EG/169 AEUV) ergeben können.[355] Zudem wird nach Art. 3 V des Statuts der IPR-Konferenz vermutet, dass im Zweifel die Kompetenz bei den EU-Mitgliedstaaten liegt. Diese Regelung ist mit den Aussagen des Lugano-Gutachtens des EuGH nicht zu vereinbaren, entspricht freilich den politischen Interessen der EG-Mitgliedstaaten. Dementsprechend hat die deutsche Ratspräsidentschaft am 3.4.2007 den Beitritt der Europäischen Gemeinschaft zur Haager Konferenz förmlich vollzogen.[356]

2.84 In der Praxis hat die Haager IPR-Konferenz die parallele Kompetenzsituation gut bewältigt. Bei neuen Rechtsetzungsprojekten wird die Kompetenzfrage vorab gestellt. Hierfür sieht Art. 3 III des Statuts ein besonderes Meldeverfahren vor.[357] Dieses verlangt die enumerative Aufzählung der Unionskompetenzen (und nicht der Restkompetenzen der Mitgliedstaaten). Dennoch ist nicht zu verkennen, dass die Regelung des Statuts die latenten Konflikte zwischen Kommission und Mitgliedstaaten um die Außenkompetenzen der Union im Bereich des Art. 81 AEUV nicht gänzlich aufgehoben hat. Abgrenzungsstreitigkeiten werden weiter die Praxis inner- und außerhalb der Haager Konferenz prägen, auch wenn die Änderungen des Statuts der IPR-Konferenz die äußeren Arbeitsabläufe erleichtert haben.

2.85 Die praktischen Schwierigkeiten verdeutlicht die Ratifikation der im Rahmen von Unidroit ausgehandelten Konvention von Kapstadt über internationale Sicherungsrechte an beweglicher Ausrüstung.[358] Da die Konvention sowohl im Kollisions- als auch im Verfahrensrecht Unionsrechtsakte berührt, kann sie nur als Gemischtes Übereinkommen ratifiziert werden. Wie im Fall der Haager Übereinkommen sieht Art. 48 der Konvention den Beitritt von REIO vor, sofern diese anlässlich der Ratifikation enumerativ klarstellen, inwieweit die im Vertrag geregelten Rechtsmaterien in die Kompetenz der Union überführt wurden. Schnittstellen bestehen vor allem zur EuGVO und zur

---

353 Art. 3 III des Statuts lautet: „Each Regional Economic Integration Organisation applying for membership shall, at the time of such application, submit a declaration of competence specifying the matters in respect of which competence has been transferred to it by its Member States.“, dazu *Kruger*, ICLQ 55 (2006), 447, 455; *Bischoff*, ZEuP 2008, 334, 348 f.

354 Vgl. oben § 2 III 4, Rdn. 2.74 ff. Andererseits entspricht die Formulierung in Art. 3 III Statut der IPR-Konferenz dem Grundsatz der begrenzten Ermächtigung im Bereich der Unionskompetenzen, oben § 2, Rdn. 2.1 ff.

355 Anhang II zum Beschluss des Rats vom 5.10.2006, ABl. EU 2006 L 297/4.

356 Mitteilung der Deutschen Ratspräsidentschaft vom 3.4.2007, dazu *Schulz*, ICLQ 56 (2007), 939 ff.

357 Art. 3 IV Statut (2005) lautet: „Any change regarding the competence of the Member Organisation shall be notified by the Member Organisation [and its Member States] to the Secretary General of the Conference, who shall circulate such information to the other Members of the Conference.“

358 Convention on international interests in mobile equipment and its Protocol on matters specific to aircraft equipment, vom 16.11.2001, verfügbar unter: http://www.unidroit.org/english/conventions/mobile-equipment/main.htm.

EuInsVO. Die entsprechende Erklärung des Rats der EU vom 6.4.2009[359] ist freilich im Hinblick auf das Enumerativprinzip (freundlich formuliert) äußerst zurückhaltend formuliert: Die Erklärung der Ratspräsidentschaft verweist lediglich pauschal auf die EuGVO. Dem Enumerationsprinzip wird die Erklärung des Rats eigentlich nur äußerlich formal gerecht. Lediglich im Hinblick auf den einstweiligen Rechtsschutz (Art. 13 und 43 Kapstadt Konvention) hat die Gemeinschaft einen Vorbehalt im Hinblick auf die Rechtsprechung des EuGH zu Art. 35 EuGVO abgegeben – allerdings bestehen keine wesentlichen Unterschiede zwischen der Regelung des Art. 13 der Kapstadt Konvention und der Judikatur des EuGH.

IV. Die Grenzen der EU-Kompetenzen im Prozessrecht

1. Subsidiaritätsprinzip, Art. 5 III EUV

Das im Maastricht-Vertrag erstmalig in den EG-Vertrag eingefügte Subsidiaritätsprinzip grenzt die konkurrierenden Kompetenzen der Union und der Mitgliedstaaten voneinander ab. Es soll als Kompetenzausübungsschranke die Gemeinschaftsorgane veranlassen, beim Erlass von Rechtsetzungsmaßnahmen die nationale Identität der Mitgliedstaaten zu achten (Art. 4 II EUV).[360] Konkretisierung erfährt die Subsidiarität durch das Erforderlichkeitsprinzip des Art. 5 I 2, IV EUV, das die Union bei Rechtsetzungsmaßnahmen zur angemessenen bzw. schonenden Handlungsform (iSd Art. 288 AEUV) verpflichtet.[361] 2.86

Das Subsidiaritätsprinzip wird konkretisiert im Protokoll Nr. 2 zum Vertrag von Lissabon.[362] Danach kommt es bei den konkurrierenden Kompetenzen darauf an, ob Ziele besser durch Maßnahmen der Union als durch Maßnahmen der Mitgliedstaaten erreicht werden können (Nr. 5 des Protokolls). Dies erfordert einen Effektivitätsvergleich zwischen der unionsrechtlichen und der mitgliedstaatlichen Regelungsebene.[363] Hierfür enthält Art. 5 II EUV zwei kumulativ zu prüfende Kriterien. Zum einen ist eine Maßnahme der Union nur zulässig, sofern und soweit ihre Ziele auf mitgliedstaatlicher Ebene nicht hinreichend verwirklicht werden können 2.87

---

359 Ratsdokument (2009/370/EC) vom 6.4.2009, ABl. EU 2009 L 121/3.

360 Streinz/*Streinz*, Art. 5 EUV, Rdn. 20 f. unterstreicht mit Recht den vorwiegend politischen Charakter des Subsidiaritätsprinzips.

361 Bei Rechtsangleichungsmaßnahmen hat dieser Maßstab zur Folge, dass die Union sich vor allem auf Maßnahmen der Mindestharmonisierung und der Wahl der Richtlinie als Handlungsform beschränken soll.

362 ABl. EG 1997 C 340/105.

363 *Baldus*, GPR 2006, 80 ff., will in diesem Zusammenhang ein „Untermaßverbot" aktivieren: Reiche die „Normqualität" eines Gemeinschaftsrechtsakts für eine substantielle Verbesserung der bestehenden Rechtslage nicht aus, so sei der „Harmonisierungsschritt" unzulässig. Dieses Problem spricht jedoch das Subsidiaritätsprotokoll ausdrücklich an, so dass es keiner Transposition deutscher Verfassungsterminologie auf die Gemeinschaftsebene bedarf.

(Negativkriterium). Zum anderen muss die Maßnahme wegen ihres Umfangs oder ihrer Wirkungen besser durch die Union verwirklichbar sein (Positivkriterium). Der Negativtest erstreckt sich ausweislich des Wortlauts („sofern und soweit") sowohl auf die Prüfung einer Unionsmaßnahme auf dem jeweiligen Gebiet als auch auf den konkreten Umfang ihres Anwendungsbereichs. Dem Effizienzkriterium kommt allerdings nur eingeschränkte Bedeutung zu. Denn der danach vorzunehmende Vergleich der Mittel ist überflüssig, wenn die Ziele der beabsichtigten Maßnahme durch die Mitgliedstaaten ausreichend gewährleistet werden. Dabei kommt es freilich nicht auf ein bloß hypothetisches Tätigwerden der Mitgliedstaaten an, vielmehr ist auch deren praktische Wirksamkeit mit einzubeziehen.[364] Die praktische Konsequenz des Subsidiaritätsprinzips besteht vor allem darin, dass die Erforderlichkeit des jeweiligen Unionsrechtsakts in den Erwägungsgründen ausdrücklich zu begründen ist.[365] Die Wahrung des Subsidiaritätsprinzips unterliegt der vollen Nachprüfung durch den EuGH.[366] Im Rechtsetzungsverfahren führt die EU-Kommission sog. „*impact assessments*" durch, die die praktischen Auswirkungen geplanter Rechtsetzungsmaßnahmen individuell evaluieren.[367]

2.88 Bei der praktischen Anwendung des Art. 81 AEUV hat der Subsidiaritätsgrundsatz nur geringe Bedeutung. Dies folgt zum einen daraus, dass die Existenz der Kompetenznorm zeigt, dass auf Unionsebene Handlungsbedarf besteht.[368] Auch steht außer Zweifel, dass die Angleichung der Internationalen Privat- und Verfahrensrechte der Mitgliedstaaten einen geringeren Eingriff in die Rechtsordnungen der Mitgliedstaaten bedeutet als die Schaffung eines vollumfänglichen Privat- und Prozessrechts.[369] Schließlich stellt der Wortlaut des Art. 81 AEUV bereits auf die „Erforderlichkeit" der Angleichungsmaßnahmen für das reibungslose Funktionieren des Binnenmarktes ab, so dass die Kriterien des Subsidiaritätsprinzips bereits in der Kompetenzvorschrift selbst angelegt sind.[370] Keine Alternative zum Erlass eines Unionsrechtsakts wäre der Abschluss eines parallelen völkerrechtlichen Vertrages durch die 27 EU-Mitgliedstaaten. Denn zum einen setzt ein solches Übereinkommen die Ratifikation durch sämtliche Vertragsstaaten voraus, ein zeitaufwendiger Rechtsetzungsvorgang,

---

364 Dazu *Dohrn*, Kompetenzen, S. 231 f. In der Rechtsetzungspraxis ist die EG-Kommission zur Einholung eines sog. „*Impact Assessment*" (Folgenabschätzung) verpflichtet, das die praktischen Auswirkungen des geplanten Rechtsakts evaluiert.

365 Dazu Streinz/*Streinz*, Art. 5 EGV, Rdn. 37, die Begründungspflicht resultiert auch aus Art. 296 II AEUV; Streinz/*Gellermann*, Art. 296 AEUV, Rdn. 5 ff.

366 Streinz/*Streinz*, Art. 5 EGV, Rdn. 5; EuGH, 5.10.2000, Rs. C-376/98, *Deutschland./.Parlament und Rat*, EU:C:2000:544, Rdn. 83 ff., 116 („Tabakrichtlinie").

367 „Impact Assessments" begleiten die Rechtsetzungsvorschläge der EU-Kommission.

368 So *Partsch*, Le droit international privé européen, S. 329.

369 *Dohrn*, Kompetenzen, S. 234 f.

370 So zutreffend *Dohrn*, Kompetenzen, S. 236.

bei dem langjährige Verzögerungen zu erwarten sind. Zudem führt ein völkerrechtliches Übereinkommen rasch zur „Versteinerung" des erlassenen Rechtsakts, weil eine Änderung des Vertrages gleichfalls nur durch ein von allen Vertragsstaaten zu ratifizierendes Übereinkommen erfolgen kann. Dementsprechend war die Schwergängigkeit des völkerrechtlichen Rechtsetzungsverfahrens nach Art. 220 EWGV aF (Art. 293 EG) ein wesentlicher Grund für die Schaffung der neuen Kompetenzvorschrift des Art. 65 EG/81 AEUV.[371]

Die begrenzte Steuerungswirkung des Subsidiaritätsprinzips zeigt sich nicht zuletzt in den formelhaften Begründungen seiner Einhaltung in den Rechtsakten des Europäischen Prozessrechts. In der Regel findet sich in den Unionsrechtsakten der stets gleich lautende Erwägungsgrund, dass das Subsidiaritätsprinzip des Art. 5 III EUV gewahrt wurde.[372] Eine detaillierte Begründung für die Erforderlichkeit einer Rechtsetzungsmaßnahme muss die EU-Kommission freilich im *impact assessment* liefern.[373] 2.89

2. Das Verhältnismäßigkeitsprinzip gemäß Art. 5 IV EUV

Größere Bedeutung in der Rechtspraxis der Unionsorgane entfaltet hingegen das Verhältnismäßigkeitsprinzip.[374] Danach dürfen Rechtsetzungsakte der Union nicht über das für die Erreichung der Ziele des EU-Vertrages erforderliche Maß hinausgehen. Für die Prüfung der Verhältnismäßigkeit eines konkreten Rechtsakts gelten der Sache nach die aus dem deutschen Verfassungsrecht bekannten Kriterien der Geeignetheit und Erforderlichkeit der Maßnahme sowie ihre Verhältnismäßigkeit im engeren Sinne.[375] Allerdings darf die kompetenzielle Verhältnismäßigkeitsprüfung nicht mit der grundrechtlichen Verhältnismäßigkeitsprüfung gleichgestellt werden – es gilt eine geringere Kontrolldichte.[376] 2.90

Das Verhältnismäßigkeitsprinzip betrifft mithin die Regelungsdichte und den Regelungsumfang von Rechtsetzungsmaßnahmen der Union. Seine Einhaltung 2.91

371 *Dohrn*, Kompetenzen, S. 234; *Drappatz*, Überführung, S. 110 ff.; *Wagner*, RabelsZ 68 (2004), 120, 150 f.; aA *Beaumont*, ICLQ 48 (1999), 223, 229.

372 Beispiel: Vorschlag der EU-Kommission für ein Europäisches Mahnverfahren, KOM (2004) 173 endg., S. 4 f.

373 Zur geringen praktischen Bedeutung vgl. *Storskrubb*, Civil Procedure and EU Law, S. 72 f.

374 Streinz/*Streinz*, Art. 5 EUV, Rdn. 43.

375 EuGH, 13.5.1997, Rs. C-233/94, *Einlagensicherungssysteme*, EU:C:1997:231, Rdn. 54; *Dohrn*, Kompetenzen, S. 237. Überzogen (und polemisch) hingegen BVerfG, 5.5.2020, 2 BvR 859/15, *PSPP*, NJW 2020, 1647, Rdn. 118 ff.

376 Streinz/*Streinz*, Art. 5 EUV, Rdn. 44; zu weitgehend BVerfG, 5.5.2020, 2 BvR 859/15, NJW 2020, 1647, Rdn. 124 ff., 133.

macht zunächst eine konkrete Begründung notwendig, wenn die EU die Verordnung als besonders stark eingreifendes Harmonisierungsinstrument einsetzt.[377] Allerdings verbietet Art. 5 IV EUV nicht generell den Einsatz der Verordnung im Europäischen Privat- und Verfahrensrecht: Gerade das Kollisions- und Verfahrensrecht sind auf die Schaffung einheitlicher, gleich geltender Regelungen in allen Mitgliedstaaten angewiesen. Hier erweist sich die Verordnung als ungleich effektiver als die Richtlinie.[378] Im Europäischen Prozessrecht entfaltet das Verhältnismäßigkeitsprinzip in zweifacher Hinsicht besondere Bedeutung: Zum einen bei der Frage, ob es notwendig ist, gemeinschaftsweite, einheitliche Verfahren (etwa für Bagatell- oder für Handelssachen) zu schaffen anstelle konkreter, punktueller Rechtsetzungsmaßnahmen im Internationalen Zivilverfahrensrecht.[379] Zum anderen ist anhand der Erforderlichkeit zu fragen, ob Rechtsetzungsmaßnahmen, die sich nicht nur auf grenzüberschreitende Verfahren beschränken, sondern umfassend die nationalen Prozessrechte der Mitgliedstaaten regeln, tatsächlich notwendig sind.

2.92 Ein Beispiel für die Anwendung des Verhältnismäßigkeitsgrundsatzes in der politischen Debatte war die Diskussion des Kommissionsvorschlages zur Harmonisierung der Prozesskostenhilfe in den EU-Mitgliedstaaten.[380] Der sachliche Anwendungsbereich der Richtlinie sollte nach der Vorstellung der EG-Kommission auch rein innerstaatliche Sachverhalte umfassen. Dies stieß im Rat auf erhebliche Vorbehalte der Mitgliedstaaten, die massive Mehrkosten befürchteten. Im Ergebnis beschränkt die Richtlinie zur Prozesskostenhilfe[381] sich auf grenzüberschreitende Verfahren und erfasst innerstaatliche Verfahren nicht.[382] In diesem Bereich setzte der Grundsatz der Verhältnismäßigkeit den weiter gehenden Vorstellungen der Kommission inhaltliche Grenzen.[383] Das Erfordernis einer grenzüberschreitenden Dimension findet sich ausdrücklich im Subsidiaritätsprotokoll zum Vertrag von Lissabon.[384]

---

377 So zutreffend *Franzen*, Privatrechtsangleichung, S. 63; *Dohrn*, Kompetenzen, S. 237.

378 So zutreffend *Dohrn*, Kompetenzen, S. 238, dazu unten § 4 I 2, Rdn. 4.17.

379 Nach seinem Wortlaut lässt Art. 81 AEUV den Erlass von prozessualen Sachnormen ausdrücklich zu.

380 KOM (2002) 13 endg., dazu unten § 8 III 1, Rdn. 8.68 ff.

381 Art. 2 RL 2003/8/EG, dazu unten § 8 III 1, Rdn. 8.71.

382 Dazu *R. Wagner*, RabelsZ 68 (2004), 120, 133 f.

383 Zu dieser Diskussion *Jastrow/Mirow*, in: Gebauer/Wiedmann (Hrg.), Zivilrecht unter europäischem Einfluss, Kap. 32, Rdn. 8 – der Juristische Dienst des Rates hatte ein wissenschaftliches Gutachten erstellt, das die Position des Rates stützte.

384 Dazu *Storskrubb*, Civil Procedure and EU Law, S. 71 ff.

V. Neue Dimensionen der europäischen Justizpolitik: Justice for Growth und Schutz der Rechtsstaatlichkeit in den EU-Mitgliedstaaten[385]

Seit dem Inkrafttreten des Vertrags von Lissabon prägt eine Vielzahl von Krisen das politische Handeln in der Europäischen Union.[386] Die sog. „Polykrise" begann mit der Finanzkrise nach dem Zusammenbruch von Lehman Brothers im Sommer 2008. Sie wurde wenig später von den Finanzkrisen mehrerer EU-Mitgliedstaaten überholt: zunächst Irland (2009), dann Portugal (2009/10), schließlich Griechenland (2010) und zuletzt Zypern (2012). In diesem Kontext wurde die Bedeutung einer funktionierenden Ziviljustiz für die wirtschaftliche Entwicklung in den EU-Mitgliedstaaten als rechtspolitisches Ziel erkannt.[387] Die EU-Kommission griff diese Entwicklung mit dem Schlagwort „justice for growth"/„Justiz für Wachstum" auf.[388] Im Jahr 2020 beherrschen die politischen, wirtschaftlichen und gesellschaftlichen Auswirkungen der COVID-19-Pandemie die politische Agenda der Union. 2.93

Seit 2010 trat neben die wirtschaftliche Krise der Union die Bedrohung des Rechtsstaats, insbesondere der Unabhängigkeit der Justiz durch rechtspopulistische Regierungen in mehreren EU-Mitgliedstaaten, vor allem in Ungarn und Polen.[389] Auf diese Übergriffe reagierte der EuGH mit einer Stärkung der innerstaatlichen Justiz, unter Berufung auf Art. 19 I EUV. Wie häufig, begann die Rechtsprechung unspektakulär, im Zusammenhang mit einem Vorabentscheidungsersuchen aus Portugal, das die Kürzung der Gehälter portugiesischer Richter wegen der Finanzkrise betraf.[390] Der Gerichtshof betonte die Verpflichtung der EU-Mitgliedstaaten, nach Art. 19 I 2 EUV unabhängige und effiziente Justizsysteme vorzuhalten, die effektiven Rechtsschutz gewähren. Diese Aussagen wurden in den Verfahren gegen Ungarn und Polen wegen der Unabhängigkeit der Justiz zum zentralen Prüfungsmaßstab.[391] 2.94

---

385 Dieser Abschnitt beruht auf empirischen Untersuchungen von *Adriani Dori*, Research Fellow am MPI Luxemburg.

386 *Hess*, Travaux du Comité Français DIP (2019), 329, 333 ff.

387 Vgl. dazu die Beschreibung im EU-Justice Scoreboard 2013, COM (2013) 160 final, S. 1: „Access to an effective justice system is (...) crucial for the effectiveness of all EU law, in particular the EU economic laws that contribute to growth".

388 Mitteilung der Kommission vom 11.3.2014, COM (2014) 144 final; EU-Justizagenda für 2020 – Stärkung von Vertrauen, Mobilität und Wachstum in der Union, verfügbar unter: https://eur-lex.europa.eu/legal-content/DE/TXT/PDF/?uri=CELEX:52014DC0144&from=EN, dazu oben § 1 IV, Rdn. 1.41.

389 Strukturelle Probleme bestehen zudem in Bulgarien, Kroatien und Rumänien.

390 EuGH, 27.2.2018, Rs. C-64/16, *Associação Sindical dos Juízes Portugueses*, EU:C:2018:117, Rdn. 29 ff.

391 Dazu unten § 2 V 2, Rdn. 2.108 ff.

1. Effizienzkontrolle nationaler Justizsysteme

a) Die Involvierung der EU-Kommission in die Reform nationaler Justizsysteme

2.95 Die Bezugnahme auf eine funktionierende, d. h. effiziente Justiz als Wirtschafts- und Standortfaktor tauchte in der rechtspolitischen Diskussion während der Staatsschuldenkrise (nach 2008) auf. In den sog. „Troika-Reformen" machten der Internationale Währungsfonds, die Europäische Zentralbank und die EU-Kommission die Vergabe von Milliarden-Krediten und Finanzhilfen u. a. von Strukturreformen der Justizsysteme in den betroffenen EU-Mitgliedstaaten[392] abhängig. Grundlage der Vereinbarungen waren jeweils *Memoranda of Understanding* (*MoU*), welche die Regierungen der Krisenstaaten abschlossen und die sodann von den nationalen Parlamenten 1:1 umzusetzen waren.[393] Da die Vergabe der Finanzhilfen von der Umsetzung der (geforderten) Maßnahmen abhing, blieb den Parlamenten der betroffenen EU-Mitgliedstaaten praktisch kein Handlungsspielraum für Änderungen, da andernfalls die Staatsinsolvenz drohte.

2.96 Die im Rahmen des Troika-Prozesses[394] angestoßenen Reformen der nationalen Justizsysteme beruhten auf der Einschätzung, dass eine effiziente Ziviljustiz eine wichtige Rahmenbedingung für ein solides Wirtschaftswachstum ist.[395] Ausländische Experten arbeiteten dabei mit Experten aus den jeweils betroffenen Staaten zusammen; häufig wurden die Reformvorhaben aufgegriffen, die vor der Krise in den betroffenen Staaten politisch nicht durchsetzbar waren. In Portugal wurden beispielsweise das Zivilverfahrensrecht vereinfacht, die Zwangsvollstreckung effektuiert und die Gerichtsorganisation reformiert. Allerdings gibt es bisher nur wenige Informationen darüber, inwieweit die (teilweise oktroyierte) Reform von der aktuellen Praxis angenommen wurden.[396]

2.97 Griechenland unterzeichnete in den Jahren 2010, 2012 und 2015 jeweils *Memoranda of Understanding*, die (u. a.) umfassende Justiz- und Verwaltungsreformen verlangten. Die Umsetzung dieser Vorschläge erfolgte durch mehrere Gesetzesreformen, die schließlich auf das Zivilverfahren fokussierten. Wesentliche Veränderungen bewirkte das Gesetz Nr. 4335/2015, das in der 1. Instanz ein schriftliches Verfahren einführte, für die Prozesshandlungen der Parteien und des Gerichts Fristsetzungen

---

392 Irland, Portugal, Griechenland und Zypern, dazu *ESM* (ed.), Safeguarding the Euro in times of crisis (2019), verfügbar unter: https://www.esm.europa.eu/sites/default/files/safeguarding-euro-times-crisis-inside-story-esm.pdf.

393 Zum MoU vom 17.5.2011 zwischen der portugiesischen Regierung, der Europäischen Zentralbank und dem Internationalen Währungsfonds vgl. *Miguel Alves Ribeiro Correira/Antas Videira*, IJCourtAdm 7 (2015), 37 f.

394 Vor dem Hintergrund anhaltender Kritik in den betroffenen Mitgliedsstaaten wurde die sog. „Troika" inzwischen institutionell durch den „Structural Reform Support Service" ersetzt.

395 Die Reformen im Justizsektor waren Teil allgemeiner Reformen der staatlichen Institutionen und ihrer Verfahren in den Krisenstaaten.

396 Zu den Reformen in Portugal vgl. *Miguel Alves Ribeiro Correira/Antas Videira*, IJCourtAdm 7 (2015), 37, 38 ff., mit einer positiven Einschätzung des Reformprozesses.

vorsieht, Vertagungen verbietet und für die Erledigung des Rechtsstreits eine Frist von 100 bis 130 Tagen vorsieht. Weitere Reformen betrafen die Reduktion und Vereinfachungen von Rechtsmitteln und Rechtsbehelfen in der Zwangsvollstreckung.[397] Das Mahnverfahren wurde strukturell der EuMahnVO angepasst,[398] die gerichtsinterne und außergerichtliche Mediation zur Justizentlastung gestärkt.[399]

Obwohl das Schlagwort „Justiz für Wachstum" im Jahr 2013 Eingang in die „Justizagenda 2020" der EU-Kommission[400] fand, blieben dessen praktischen Auswirkungen auf die Rechtsetzung begrenzt. Die Reformen der EuMahnVO und der EuBagVO wurden unter diesem Schlagwort vorgestellt und verabschiedet;[401] desgleichen die (bisher[402] noch nicht abgeschlossenen) Reformen der EuZustVO und der EuBewVO.[403] Direkte inhaltliche Bezüge bestehen zudem zur EU-Restrukturierungs-RL 2019/1023,[404] die ein präventives Restrukturierungsverfahren in die Insolvenzrechte der EU-Mitgliedstaaten implementieren soll.[405] 2.98

Wenig Beachtung fanden bisher die erheblichen finanziellen Transfers der Europäischen Union in die Justizsysteme der EU-Mitgliedstaaten zur Verbesserung der Infrastruktur (etwa der ICT-Ausstattung) der Gerichte. Sie sind Teil des Haushalts der Union und werden im sog. Europäischen Semester jährlich festgelegt.[406] Diese Fördermaßnahmen kommen denjenigen Mitgliedstaaten zugute, deren Durchschnittseinkommen pro Bürger weniger als 90 % des EU-Durchschnitts beträgt. Das Volumen der Förderung betrug zwischen 2017 und 2020 142,8 Mio. €; alle Maßnahmen koordiniert und überwacht der „Structural Reform Support Service" der EU-Kommission. Sämtliche Fördermaßnahmen erfolgen auf Antrag der (jeweils anfragenden) EU-Mitgliedstaaten.[407] Zudem verabschiedet der Europäische Rat auf Vorschlag der EU-Kommission jedes Jahr länderspezifische Empfehlungen zur Justizreform in den EU-Mitgliedstaaten.[408] Die betroffenen EU-Mitgliedstaaten setzen diese Empfehlungen allerdings nur zögerlich um.[409] 2.99

---

397 *Papadopoulou*, in: Cadiet/Hess/Requejo Isidro (ed.), Approaches to Procedural Law (2017), S. 211, 228 ff.

398 *Papadopoulou*, in: Cadiet/Hess/Requejo Isidro (ed.), Approaches to Procedural Law (2017), S. 211, 234 ff.

399 *Papadopoulou*, in: Cadiet/Hess/Requejo Isidro (ed.), Approaches to Procedural Law (2017), S. 211, 240 ff.

400 Vgl. oben Fn. 388.

401 VO 2421/2015, dazu unten § 10 II 3, Rdn. 10.53 und § 10 III 1, Rdn. 10.95 f.

402 Stand: 1.6.2020.

403 Vgl. unten § 8 I 4, Rdn. 8.32 (zur Reform der EuZustVO).

404 RL (EU) 2019/1023, ABl. 2019 L 172/18 ff., dazu unten § 9 II 2, Rdn. 9.12.

405 *Haas*, ZZPInt 23 (2018), 101, 102 ff.

406 Das sog. „Europäischen Semesters" ist ein haushaltspolitisches Instrument der EU zur Koordinierung der Finanz- und Wirtschaftspolitiken der Mitgliedstaaten, dazu *Dori*, MPILux Working Paper 2 (2015), S. 16 f.

407 Umfassende Darstellung und Analyse bei *Dori*, Das Justice Scoreboard (Diss. Heidelberg 2021).

408 Diese Empfehlungen betreffen zum Teil organisatorische Fragen (verbesserter Einsatz von ICT), adressieren aber auch strukturelle und prozessuale Reformen (etwa Reorganisation der Gerichtsstruktur, Einführung vereinfachter und beschleunigter Verfahren, Reform der Prozesskostenhilfe), dazu *Dori*, MPILux Working Paper 2 (2015), S. 18 f.

409 Ein Beispiel für die praktische Umsetzung dieser Empfehlungen war die Einführung eines be-

b) Das europäische Justizbarometer („Judicial Scoreboard")

2.100 Das zentrale Instrument zur Überwachung der Justizsysteme der EU-Mitgliedstaaten ist das sog. „Judicial Scoreboard" (Justizbarometer), das die EU-Kommission jedes Jahr veröffentlicht.[410] Die EU-Kommission versteht es als ein „Werkzeug" zur Überwachung und Bewertung der Justizsysteme der Mitgliedstaaten im Hinblick auf deren Effizienz und Rechtsstaatlichkeit.[411] Erstmals präsentiert im Jahr 2013 enthält es eine Zusammenstellung von (vorwiegend) statistischen Daten zur Messung der Effizienz, der Qualität und der Unabhängigkeit der Justizsysteme der EU-Mitgliedstaaten.[412]

2.101 Diese Daten erhält die EU-Kommission von CEPEJ,[413] dem Netzwerk der europäischen Justizräte sowie von Kontaktpersonen in der Justiz der EU-Mitgliedstaaten.[414] Diese Datenerhebungen sollen die EU-Mitgliedstaaten bei Justizreformen unterstützen und als ein „neutrales Instrument" der Kommission die Überwachung („monitoring") der Effizienz, Qualität und Rechtsstaatlichkeit in den Mitgliedstaaten ermöglichen. Obwohl es sich nicht um einen *„beauty contest"*[415] handelt, ermöglicht das Scoreboard einen direkten Vergleich der nationalen Systeme (auch über mehrjährige Zeiträume).[416]

2.102 Im Hinblick auf die Effizienz der Justizsysteme enthält das Scoreboard Daten zur Anzahl der Verfahren im Verhältnis zur Bevölkerung, zur Verfahrensdauer,[417] zur

schleunigten Forderungsbeitreibungsverfahrens in Kroatien, das von den Notaren durchgeführt wird. Es beruhte auf dem Modell des ungarischen Mahnverfahrens, löste allerdings in der Praxis zahlreiche Probleme aus. Der EuGH entschied, dass es wegen der fehlenden Unabhängigkeit der Notare nicht in den Anwendungsbereich der EuGVO fällt, EuGH, 9.3.2017, Rs. C-551/15, *Pula Parking*, EU:C:2017:193; ebenso (zu Art. 3 und 5 EuVTVO) EuGH, 9.3.2017, Rs. C-484/15, *Zulfikarpašić*, EU:C:2017:199, unten § 6 IV, Rdn. 6.209.

410 Internetadresse für alle Berichte: https://ec.europa.eu/info/policies/justice-and-fundamental-rights/upholding-rule-law/eu-justice-scoreboard_en.

411 Eine spezielle Kompetenzgrundlage für das „informelle" Instrument nennt die EU-Kommission nicht, kritisch *Dori*, MPILux Working Paper 2 (2015), S. 16 f.

412 Die Daten betreffen zivil- und verwaltungsgerichtliche Verfahren. Inzwischen weitet die EU-Kommission das Scoreboard auch auf die Staatsanwaltschaften aus, 2019 EU Justice Scoreboard COM (2019) 198/2, S. 52 ff.

413 CEPEJ (Commission européenne pour l'efficacité de la justice) wurde im Jahr 2002 von den Justizministern des Europarats gegründet, um die Effizienz der Justizsysteme der Mitgliedstaaten (verlässlich) zu messen, vgl. *Uzelac*, in: Gottwald (Hrg.), Effektivität des Rechtsschutzes (2006), S. 41 ff.; *Hess/Dimitropoulos*, in: dies. (ed.), Judicial Reforms in Luxembourg and Europe (2014), S. 11, 16 ff.

414 *Dori*, MPILux Working Paper 2 (2015), S. 24 ff.

415 So die damalige Justizkommissarin *V. Reding*, „The 2013 EU Justice Scoreboard", Pressekonferenz Brüssel 27.3.2013, Speech/13/271.

416 Die neueren EU Justice Scoreboards enthalten Vergleiche über einen Zeitraum von vier Jahren.

417 Sowohl im Hinblick auf die erstinstanzlichen Verfahren als auch im Hinblick auf die Anfechtung erstinstanzlicher Urteile, 2019 EU Justice Scoreboard COM (2019) 198/2, S. 15, figure 11 und S. 18, figure 16.

jährlichen Erledigungsquote („*clearance rate*“) der Gerichte. Bei der Qualität geht es um die Zugänglichkeit der Justiz, die (online-)Veröffentlichung von Urteilen und Jahresberichten der Gerichte. Die Möglichkeiten von ADR, die Finanzierung des Justizwesens und die Teilnahme an Fortbildungsmaßnahmen und Schulungen sind inbegriffen.[418]

Einen besonderen Schwerpunkt legt das Scoreboard 2019 auf die richterliche Unabhängigkeit. Hier geht es zunächst um die Wahrnehmung der Unabhängigkeiten der Bevölkerung, aber auch speziell in der Wirtschaft („*businesses*“).[419] Sodann greift das Scoreboard die neuere Rechtsprechung des EuGH[420] über (unzulässige) Disziplinarmaßnahmen gegen Richter auf, zur Bestellung von Richtern und zur Situation bzw. der Organisation von Staatsanwaltschaften. Dabei enthält das Scoreboard jeweils stichwortartige Beschreibungen der wesentlichen Verfahren in den Mitgliedstaaten. Rechtsstaatlich bedenkliche Verfahren in EU-Mitgliedstaaten sind in roter Farbe gekennzeichnet.[421] **2.103**

Über die Jahre haben sich die inhaltlichen Schwerpunkte und die Zielsetzungen des Scoreboard verschoben. Zunächst lag der Schwerpunkt in der Effizienz- und Qualitätsmessung der nationalen Justizsysteme;[422] inzwischen macht die Überwachung der rechtsstaatlichen Strukturen und der Unabhängigkeit der Justiz in den Mitgliedstaaten den Schwerpunkt des Scoreboards aus.[423] Die entsprechenden Informationen liefert das Netz der Justizräte der EU-Mitgliedstaaten sowie NGOs in denjenigen Mitgliedstaaten, in denen die Unabhängigkeit der Justizräte nicht garantiert ist.[424] Die Bewertung der richterlichen Unabhängigkeit folgt dabei Kriterien, die sich einerseits aus Kriterien des Europarats, andererseits aus der Judikatur des EuGH ergeben. Damit enthält das Scoreboard ein „*Governance Tool*“, das die Entwicklungen in den Mitgliedstaaten transparent macht. Ein „neutrales Werkzeug“ ist das Scoreboard auch nicht im Hinblick auf die Effizienz- und Qualitätsmessung.[425] Denn die aufgezeigten Kriterien (etwa Online-Zugänglichkeit der Gerichte, Online-Jahresberichterstattung, Förderung von ADR, Verhaltung von Case Management) enthalten durchaus justizpolitische Entscheidungen und Weichenstellungen, die nicht von allen Mitgliedstaaten **2.104**

418 2019 EU Justice Scoreboard COM (2019) 198/2, S. 23–43.

419 2019 EU Justice Scoreboard COM (2019) 198/2, S. 44, figures 47–49.

420 Zu dieser sogleich unten § 2 V 2, Rdn. 2.108 ff.

421 2019 EU Justice Scoreboard COM (2019) 198/2, S. 48, figure 52 (mit roter Kennzeichnung von Polen), dazu unten § 2 V 2, Rdn. 2.108 ff.

422 *Dori*, MPILux Working Paper 2 (2015), S. 14 ff.

423 Dies wird im aktuellen EU Justice Scoreboard offen dargelegt, vgl. 2019 EU Justice Scoreboard COM (2019) 198/2, S. 48, Fn. 124.

424 Dazu unten Fn. 436.

425 Zutreffende Kritik bei *Dori*, MPILux Working Paper 2 (2015), S. 24 ff.

konsentiert werden. Das Scoreboard zeigt letztlich die politische Durchschlagskraft „*weicher*“ Governance-Werkzeuge.[426]

c) E-Justiz als politisches Programm

2.105 Ein praktisch wichtiger Bereich europäischer Justizpolitik betrifft die sog. „E-Justiz“. Hier hat die EU seit 2009 mehrere Aktionspläne und Strategien für den Ausbau der Digitalisierung auf der Ebene des Unionsrechts und in den Mitgliedstaaten verabschiedet und umgesetzt.[427] Die „Strategie für E-Justiz“ ist dabei Bestandteil einer breiteren Strategie zur Digitalisierung der Behörden der Union und der Mitgliedstaaten.[428]

2.106 Inhaltlich betrifft die Initiative folgende Schwerpunkte: Verbesserung des (Online-)Zugangs der Bürger zu rechtsrelevanten Informationen; insbesondere über das EU-Justizportal. Dort wird der Ausbau relevanter Informationen über die Verfahren des EU-Prozessrechts, die zuständigen Gerichte und Behörden in den Mitgliedstaaten und die Verhaltung dynamischer Formulare vorangetrieben.[429] Ein weiterer Schwerpunkt ist die Verbesserung der elektronischen Kommunikation, insbesondere durch interoperable Verfahren (einheitliche Standards), die die IT-Systeme der Gerichte der Mitgliedstaaten miteinander verknüpfen.[430] Ein weiterer Aspekt gilt der Verknüpfung nationaler Register, etwa der Grundbücher, sowie der Insolvenz- und der Handelsregister.[431]

2.107 Die Umsetzung des E-Justiz-Programms erfolgt durch eine finanzielle Förderung zahlreicher Projekte, einerseits in Bezug auf die Digitalisierung der EU-Rechtsinstrumente (insbesondere der Zustellungs- und der Beweisverordnung) sowie des IT-Ausbaus in den Gerichten der EU-Mitgliedstaaten.[432] Hier fördert die Union die Entwick-

---

426 Dabei darf der politische und finanzielle Zusammenhang mit dem EU-Semester nicht außer Acht gelassen werden, *Dori*, MPILux Working Paper 2 (2015), S. 19 ff.

427 Aktuell: Strategie für die E-Justiz (2019–2023), ABl. EU 2019 C 96/3 ff. (vom 13.3.2019); zuvor mehrjährige Aktionspläne (2009–2013 und 2014–2018) sowie Entwurf einer Strategie für die europäische E-Justiz (2014–2018), ABl. EU 2013 C 376/7.

428 Dazu *Eichel*, ZVglRWiss 119 (2020), 220, 222 ff.; zum Ausbau der E-Justiz in Deutschland (mit unterschiedlichen Systemen) *Jost/Kempe*, NJW 2017, 2705 ff.

429 Zum EU-Justizportal bereits oben § 1 V 1, Rdn. 1.42 ff.

430 Eine gewisse Führungsrolle nimmt dabei das (mehrjährige) Projekt e-codex.eu ein, das die unterschiedlichen ITC-Systeme der Gerichte der EU-Mitgliedstaaten über eine gemeinsame Plattform miteinander verknüpft und zudem den elektronischen Zugang der Parteien zu den EU-Verfahren (insbesondere EuMahnVO) eröffnen soll.

431 Beispiel: Die Verknüpfung der Insolvenzregister durch das Programm IRI (Interconnection of Insolvency Registers), https://www.e-codex.eu/IRI.

432 Vgl. die im „Aktionsplan für die europäische E-Justiz 2019–2023“ aufgeführten Projekte, ABl. EU 2019 C 96/9 ff.

lung und Nutzung einheitlicher Standards zur sicheren Informationsübermittlung.[433] Ein besonderer Schwerpunkt betrifft das europäische Justizportal. Es soll zum „one stop shop" ausgebaut werden, das die Nutzer zu den zuständigen Justizbehörden, zu den anwendbaren Verfahren verweist, um die grenzüberschreitende Forderungsdurchsetzung zu vereinfachen und zu effektuieren.[434]

2. Schutz der richterlichen Unabhängigkeit in den EU-Mitgliedstaaten

Das Erstarken rechtspopulistischer Parteien seit den Jahren 2010 ff. hat den Schutz der Unabhängigkeit der Gerichte in den Mitgliedsstaaten und die Wahrung allgemeiner rechtsstaatlicher Grundsätze in das Zentrum der Justizpolitik der Europäischen Kommission gerückt. Diese Entwicklungen haben zudem eine weit reichende Judikatur des EuGH ausgelöst. Es geht dabei um die rechtsstaatlichen Voraussetzungen der justiziellen Kooperation im Raum der Freiheit, der Sicherheit und des Rechts sowie um die Wahrung der Union als Wertegemeinschaft, die auf gemeinsamen rechtsstaatlichen Prinzipien beruht (Art. 2 EUV).[435] **2.108**

Auslöser dieser Rechtsentwicklung war die Absenkung des Pensionsalters ungarischer Richter von 70 auf 62 Jahre in den Jahren 2010/11. Mit dieser Maßnahme wollte die ungarische *Fides*-Regierung die Mehrzahl der Richter bei den obersten Gerichten austauschen. Die Richterschaft wehrte sich gegen die „Zwangspensionierungen";[436] die EU Kommission eröffnete ein Vertragsverletzungsverfahren gegen Ungarn wegen Verletzung der Anti-Diskriminierungs-Richtlinie (2000/78/EG). Der EuGH verurteilte Ungarn antragsgemäß, das die Herabsetzung der Altersgrenze nicht sachlich rechtfertigen konnte.[437] Der politische Hintergrund des Verfahrens taucht im Urteil des Gerichtshofs nicht auf, wohl aber in den Schlussanträgen von GAin *Kokott*.[438] **2.109**

Der Regierungswechsel in Polen im Jahr 2015 führte zu Eingriffen in die Justiz, welche die Unabhängigkeit der polnischen Gerichte ganz nachhaltig in Frage gestellt haben.[439] Auslöser der Entwicklung war die Berufung von fünf Verfassungsrichtern **2.110**

---

433 Angestrebt wird die „digitale Abwicklung gerichtlicher Verfahren über gesicherte elektronische Kanäle (etwa: e-Codex-Gateway) und eine gesicherte digitale Kommunikation zwischen Justizbehörden, Strategie für die EU-Justiz (2019–2023), Rdn. 5, ABl. EU 2019 C 96/3.

434 *Eichel*, ZVglRWiss 119 (2020), 220, 223 f.

435 *Lenaerts*, GermanLJ 21 (2020), 29 ff.

436 Vgl. dazu auch EGMR, 23.6.2016, Beschwerde Nr. 20261/12, *Baka v. Hungary, CE:ECHR:2016:0623* – Beschwerde des früheren Präsidenten des obersten Zivilgerichts.

437 EuGH, 6.11.2012, Rs. C-286/12, *Kommission/Ungarn*, EU:C:2012:687, Rdn. 40 ff.

438 Stellungnahme GAin *Kokott*, 2.10.2012, Rs. C-286/12, EU:C:2012:602, Rdn. 54 ff., dazu *Hess*, Travaux du Comité Français DIP (2019), 329, 334.

439 *Markievicz*, The battle for free courts in Poland, in: Szumilo-Kulczycka/Gajda-Roszczynialska (ed.), Judicial Management (2018), S. 17 ff.

durch den (noch) mehrheitlich liberalen *Sejm*, am Tag seiner Auflösung. Der konservative Präsident verweigerte die Ernennung, der neue Sejm wählte fünf andere Richter und die Regierungsmehrheit änderte das Gesetz über den Verfassungsgerichtshof, welches dieser für verfassungswidrig erklärte – die Regierung weigerte sich jedoch, das Urteil im Gesetzblatt zu veröffentlichen.[440] Wenig später erließ die Regierungsmehrheit ein Gesetz zur Senkung der Altersgrenze am Obersten Gerichtshof von 70 auf 65 Jahre, um dort personelle Veränderungen durchzuführen. Auch hier weigerte sich die angesehene Gerichtspräsidentin, die Position aufzugeben, während neu gewählte Richter der Regierungsmehrheit einrückten. Zugleich wurden zwei neue Kammern am Obersten Gerichtshof eingerichtet – eine für Disziplinarverfahren und eine weitere zur Überprüfung und Aufhebung rechtskräftiger Urteile. „Säuberungen" wurden schließlich im Nationalen Justizrat vorgenommen – dort wurden 15 Mitglieder aus der Justiz vor dem Ablauf ihres Mandats ausgetauscht.[441] Schließlich ermächtigt ein Gesetz von 2017 das Justizministerium, Gerichtspräsidenten und Vizepräsidenten ohne Begründung zu ernennen oder zu entlassen. Daraufhin wurden mehr als 150 von insgesamt 700 Gerichtspräsidenten und Gerichtsvizepräsidenten ausgetauscht. Zugleich wurden die „Disziplinarbefugnisse" gegen Richter allgemein ausgeweitet.[442]

2.111 Die EU-Kommission leitete wegen der Herabsetzung der Altersgrenze am Obersten Gerichtshof ein erstes Vertragsverletzungsverfahren ein, das vor allem auf Verstöße gegen die Garantie richterlicher Unabhängigkeit in Art. 19 EUV sowie in Art. 47 GRC gestützt war. Der EuGH ließ das Verfahren zu[443] und verurteilte Polen antragsgemäß.[444] Ein weiteres, derzeit anhängiges Vertragsverletzungsverfahren betrifft die Einrichtung der „Disziplinarkammern" beim Obersten Gerichtshof. In einer einstweiligen Anordnung vom 8.4.2020 forderte der EuGH Polen auf, sämtliche Maßnahmen zur Einrichtung dieser Kammer vorläufig zu suspendieren.[445] Zwei weitere anhängige Vertragsverletzungsverfahren betreffen die Eingriffe in die ordentliche Gerichtsbar-

---

440 *Witek*, in: Hess/Lenaerts (ed.), The 50th Anniversary of the European Law of Civil Procedure (2020), S. 507, 537.

441 Daraufhin wurde im September 2018 die Mitgliedschaft des polnischen Justizrats im Netzwerk der europäischen Justizräte suspendiert, dazu *Witek*, in: Hess/Lenaerts (ed.), The 50th Anniversary of the European Law of Civil Procedure (2020), S. 507, 537. Der EuGH entschied, dass die vorzeitige Beendigung der Mandate gegen Art. 19 EUV und 47 GRC verstieß, EuGH, 19.11.2019, verb. Rs. C-585/18, C-624/18 u. C-625/18, *A.K.*, EU:C:2019:982.

442 *Markievicz*, The battle for free courts in Poland, in: Szumilo-Kulczycka/Gajda-Roszczynialska (ed.), Judicial Management (2018), S. 17.

443 Die Argumentation der polnischen Regierung, dass das Rechtsstaatsverfahren nach Art. 7 EUV Vorrang habe, wies der EuGH mit Beschluss vom 17.12.2018, Rs. C-619/18, *Kommission/Polen*, EU:C:2019:1021, Rdn. 81 ff. zurück und gab dem Antrag der EU-Kommission auf die vorläufige Suspendierung des polnischen Gesetzes statt. Deutlich auch Schlussanträge GA *Tanchev*, EuGH, 11.4.2019, Rs. C-619/18, Kommission/Polen, EU:C:2019:325, Rdn. 50.

444 EuGH, 24.6.2019, Rs. C-619/18, *Kommission/Polen*, EU:C:2019:531.

445 EuGH, 8.4.2020, Rs. C-791/19 R, *Kommission/Polen*, EU:C:2020:277.

keit im Hinblick auf das Pensionsalter und im Hinblick auf die Befugnisse der Disziplinarkammern.[446] Im Jahre 2017 hat die EU-Kommission ein Rechtsstaatsverfahren nach Art. 7 EUV eingeleitet[447] – dessen Aussichten sind jedoch wegen der erforderlichen Einstimmigkeit ungewiss – Ungarn hat sich in den Vertragsverletzungsverfahren wiederholt an die Seite Polens gestellt. Inzwischen ist auch gegen Ungarn ein Vertragsverletzungsverfahren anhängig.[448]

Der EuGH hat in diesen Urteilen die in Art. 19 I UAbs. 2 EUV garantierte Unabhängigkeit der Gerichte der EU-Mitgliedsstaaten als wesentliche Grundlage des Europäischen Justizraums und der Mitgliedschaft in der Europäischen Union herausgestellt. Zwar ist die Einrichtung der Justizsysteme eine Angelegenheit der EU-Mitgliedstaaten Die Unabhängigkeit der Richter ist jedoch ein wesentliches Element des von Art. 19 EUV garantierten gerichtlichen Rechtsschutzes. Zwischen den Grundsätzen des Art. 2 EUV und der Garantie richterlicher Unabhängigkeit besteht danach ein untrennbarer Zusammenhang.[449] **2.112**

Eine weitere Verfahrenswelle erreichte den Gerichtshof über Vorabentscheidungsersuchen.[450] Das prominenteste Verfahren war eine Vorlage des irischen High Court in einem Auslieferungsverfahren nach dem RB zum Europäischen Haftbefehl.[451] Die irische Richterin fragte den EuGH, ob das gegen Polen eingeleitete Rechtsstaatsverfahren nach Art. 7 EUV einem Auslieferungsersuchen polnischer Strafgerichte entgegenstand. Der Gerichtshof entschied, dass eine Auslieferung dann abgelehnt werden kann, wenn im ersuchenden Staat die richterliche Unabhängigkeit und effektiver Rechtsschutz allgemein und im konkreten Fall nicht gewährleistet sind.[452] Das ersuchte Gericht müsse jedoch die ersuchende Justizbehörde nach Art. 15 RB HB um diesbezügliche Auskünfte bitten. Derartige Auskunftsersuchen erreichen inzwischen **2.113**

---

446 Aktuelles Az.: Rs. C-192/18. Ein weiteres Vertragsverletzungsverfahren wegen des polnischen Disziplinargesetzes wurde am 29.4.2020 eingeleitet, dazu *Witek*, in: Hess/Lenaerts (ed.), The 50th Anniversary of the European Law of Civil Procedure (2020), S. 507, 541.

447 Vorschlag für einen Ratsbeschluss COM (2017) 835 final vom 20.12.2017, dazu *Witek*, in: Hess/Lenaerts (ed.), The 50th Anniversary of the European Law of Civil Procedure (2020), S. 507, 542.

448 Entschließung des Europäischen Parlaments vom 12.9.2018 2017/2131 (INL).

449 EuGH, 8.4.2020, Rs. C-791/19 R, *Kommission/Polen*, EU:C:2020:277, Rdn. 29; EuGH, 26.3.2020, verb. Rs. C-558/18 und C-563/18, *Miasto Łowicz*, EU:C:2020:234, Rdn. 36, dazu auch *v. Danwitz*, EuR 2020, 61, 79 ff.

450 In mehreren Vorabentscheidungsersuchen fragten polnische Richter den Gerichtshof, ob die polnischen Gesetzesreformen die richterliche Unabhängigkeit nach Art. 19 I UAbs. 2 EUV verletzten. Der EuGH entschied, dass die Vorabentscheidungsersuchen unzulässig waren, weil die Ausgangsverfahren nicht die Anwendung von Unionsrecht betrafen. Er äußerte aber *obiter* erhebliche Bedenken im Hinblick auf die Vereinbarkeit der polnischen Gesetzgebung mit dem unionsrechtlichen Rechtsstaatsprinzip, EuGH, 26.3.2020, verb. Rs. C-558/18 und C-563/18, *Miasto Łowicz*, EU:C:2020:234, Rdn. 38 ff.

451 Dazu unten § 5 IV 4, Rdn. 5.129 ff.

452 EuGH, 25.7.2018, Rs. C-216/18 PPU, *LM*, EU:C:2018:586, Rdn. 62 ff., 76 ff., dazu *Konstantinides*, CMLR 56 (2019), 743 ff.

die polnischen Justizbehörden in erheblichem Umfang.[453] De facto wird damit der Grundsatz wechselseitigen Vertrauens in das Bestehen rechtsstaatlicher Justizstrukturen in allen Mitgliedstaaten suspendiert.[454] Die unmittelbare Folge ist die faktische Aussetzung (zumindest eine erhebliche Verlangsamung) der effektiven Anerkennung von Urteilen bzw. der Erledigung von Rechtshilfeersuchen aus den betroffenen EU-Mitgliedstaaten.[455]

2.114 Obwohl die Judikatur des EuGH die Rolle der EU-Kommission bei der Wahrung und Durchsetzung des Rechtsstaatsprinzips und der richterlichen Unabhängigkeit in Bezug auf die Justizsysteme der EU-Mitgliedsstaaten gestärkt hat, bleibt die Rechtsgrundlage der neuen europäischen Justizpolitik prekär: Sie betrifft mit der Organisation der mitgliedstaatlichen Justizsysteme einen Kernbereich der Souveränität der EU-Mitgliedstaaten.[456] Jedoch gibt das Unionsrecht hier Mindesterfordernisse vor, die nicht unterschritten werden dürfen. Zudem kann es nicht angehen, dass die „Souveränität" der Mitgliedstaaten gegen die Erfordernisse des Rechtsstaatsprinzips ausgespielt wird. Insofern betont der EuGH zu Recht, dass die Justizsysteme der Mitgliedstaaten den unionsrechtlichen Anforderungen der Rechtsstaatlichkeit entsprechen müssen, um den Dialog zwischen den nationalen Gerichten und dem Gerichtshof zu ermöglichen und zu gewährleisten.[457] Es geht um die Wahrung der in Art. 2 EUV verbürgten Werte, auf denen die Union als Rechtsgemeinschaft aufbaut.[458] Die aktuelle Rechtsstaatskrise in der Union hat die Rolle (aber auch die Verantwortung) von Kommission und Gerichtshof als Hüter der Verträge gestärkt.[459]

---

453 Beispiel: OLG Karlsruhe, 17.2.2020, BeckRS 2020, 1720, Rdn. 33.

454 Auf Rechtshilfeersuchen polnischer Gerichte reagieren die ersuchten Justizbehörden anderer EU-Mitgliedstaaten mit Anfragen im Hinblick auf die richterliche Unabhängigkeit.

455 Zugleich hat der EuGH die Gerichte der EU-Mitgliedstaaten in den (konkreten) Schutz der richterlichen Unabhängigkeit eingebunden, *Konstantinides*, CMLR 56 (2019), 743, 760 f.

456 Unter Berufung auf die sog. „Kopenhagen-Grundsätze" betont der EuGH, dass der Beitritt zur Union mit der Verpflichtung zur Garantie richterlicher Unabhängigkeit verbunden ist, EuGH, 27.2.2018, Rs. C-64/16, *Associação Sindical dos Juízes Portugueses*, EU:C:2018:117, Rdn. 30 ff., dazu auch *Lenaerts*, GermanLJ (2020), 29, 31; *Dori*, MPILux Working Paper 2 (2015), S. 15 ff.

457 EuGH, 25.7.2018, Rs. C-216/18 PPU, *LM*, EU:C:2018:586, Rdn. 54; EuGH, 26.3.2020, verb. Rs. C-558/18 und C-563/18, *Miasto Łowicz*, EU:C:2020:234, Rdn. 58 f.

458 *Lenaerts*, GermanLJ (2020), 29, 31; *v. Danwitz*, EuR 2020, 61, 79 ff.

459 Vgl. die Zusammenstellung der Maßnahmen in der Mitteilung der Kommission: Die weitere Stärkung der Rechtsstaatlichkeit in der Union, COM (2019) 163 final.

§ 3 Regelungskonzepte und Rechtsetzungstechniken

Literatur:[1] *Althammer/Löhnig*, Zwischen Realität und Utopie: Der Vertrauensgrundsatz in der Rechtsprechung des EuGH zum europäischen Zivilprozessrecht, ZZPInt. 9 (2004), 23; *Arnull*, The Principle of Effective Judicial Protection in EU Law: An Unruly Horse? ELRev. 36 (2011), 51; *Bach*, Grenzüberschreitende Vollstreckung in Europa (2008); *Barbe*, L'espace judiciaire européen (2007); *Basedow*, Kohärenz im Internationalen Privat- und Verfahrensrecht der Euopäischen Union, in: v. Hein/Rühl (Hrg.), Kohärenz im Internationalen Privat- und Verfahrensrecht der EU (2017), S. 4; *Becker*, Grundrechtsschutz bei der Anerkennung und Vollstreckbarerklärung im europäischen Zivilverfahrensrecht (2004); *Bertele*, Souveränität und Verfahrensrecht (1998); *Bittmann*, Vom Exequatur zum Europäischen Klauselverfahren (2008); *Blobel/Späth*, The Tale of multilateral Trust and the European Law of Civil Procedure, EuLR 30 (2005), 528; *Bribiosa/Weyembergh*, Confiance Mutuelle et Droits Fondamentaux: „Back to the Future", Cahiers du Droit Européen 2016, 469; *Caponi/Nowak*, Access to Justice, in: Hess/Law (ed.), Implementing EU Consumer Rights by National Procedural Law – Luxembourg Report on EU Procedural Law, Vol. II (2019), 63; *Carl/Menne*, Verbindungsrichter und direkte richterliche Kommunikation im Europäischen Familienrecht, NJW 2009, 3537; *Coester-Waltjen*, Recognition of legal situations evidenced by documents, in: Basedow et al (ed.), EPIL (2017), S. 2495; *dies.*, Anerkennung im Internationalen Personen-, Familien- und Erbrecht und das Europäische Kollisionsrecht, IPRax 2006, 392; *Corneloup/Corneloup*, Le contentieux de la coopération des autorités centrales dans le cadre des conventions de La Haye. Compétence administrative ou judiciaire?, Rev. Crit. 89 (2000), 641; *Cortes Dieguez*, Does the proposed European procedure enhance the resolution of small claims, CJQ 2008, 83, 90; *v. Danwitz*, Der Grundsatz des wechselseitigen Vertrauens zwischen den Mitgliedstaaten der EU, EuR 2020, 61; *Dohmann/Briggs*, Learning to learn from others in Europe in commercial litigation, FS Schlosser (2005), S. 161; *Drexl*, The Interaction between Private and Public Enforcement in European Competition Law, in: Micklitz/Wechsler (ed.), The Transformation of Enforcement (2016), S. 135; *Droz/Gaudemet-Tallon*, La transformation de la Convention de Bruxelles du 27 septembre 1968 en reglement du conseil consernant la compence judicaire, la reconnaissance et l'execution des decisions en matiere civile et commerciale, Rev.Crit. 2001, 601; *dies.*, Evolution du rôle des autorités administratives dans les conventions du droit international privés au cours du premier siècle de la Conférence de La Haye, FS Bellet (1991), S. 129; *Düsterhaus*, Constitutionalisation of European Civil Procedure as a Starting Point for Harmonisation?, in: Gascón Inchausti/Hess (ed.), The Future of the European Law of Civil Procedure (2020), S. 69; *ders.*, Konstitutionalisiert der EuGH das Internationale Privat- und Verfahrensrecht der EU?, ZEuP 2018, 10; *ders.*, The ECtHR, the CJEU and the AFSJ: a matter of mutual trust, E.L. Rev. 2017, 42(3), 388; *Dutta*, Nationales Mahnverfahren und die Effektivität des Europäischen Verbraucherschutzes, ZZP 126 (2013), 153; *Ebke*, The European Conflict-of-Corporate-Laws Revolution: Überseering, Inspire Art and Beyond, EBL Rev 2005, 9; *Fallon/Meessen*, Private International Law in the European Union and the Exception of Mutual Recognition, Yb Private Int'l L 4 (2002), 37; *Fallon*, Les conflits de lois et de juridictions dans un espace économique intégré – l'expérience de la Communauté Européenne, RdC 253 (1995), 9; *Fentiman*, National Law and the European Jurisdiction Regime, in: Nuyts/Watté (ed.), International Civil Litigation in Europe and Relation with Third States (2005), S. 83; *Fornasier*, Auf dem Weg zu einem Europäischen Justizraum – der Beitrag des Europäischen Justiziellen Netzes für Zivilsachen, ZEuP 2010, 477; *Frackowiak-Adamska*, Time for a European "full faith and credit clause", CMLR 52 (2015) 191; *Franq*, Le droit international privé euro-

1 **Ältere Literatur** vgl. Vorauflage.

https://doi.org/10.1515/9783110715156-003

péen entre confiance mutuelle et sécurité juridique. Les limites de l'image européen, in: Travaux du Comité Français de Droit International Privé, Années 2016–2018 (2019), 153; *Frattini*, European Area of Civil Justice – Has the Community Reached the Limits, ZEuP 14 (2006), 225; *Götz*, Der Grundsatz der gegenseitigen Anerkennung im europäischen Binnenmarkt, FS Jaenicke (1998), S. 763; *Goldman*, Un traité fédérateur: La Convention entre les Etats membres de la C.E.E. sur la reconnaissance et l'exécution des décisions en matière civile et commerciale, RTDE 1971, 1; *Guinchard*, L'Europe, la procédure civile et le créancier: l'injonction de payer europénne et la procédure europénne de règlement des petits litiges, RTDcom 2008, 465; *Haibach*, The Commission Proposal for a Regulation Establishing a European Small Claim Procedure, EPLR 2005, 593; *Hardung*, Die europäische Titelfreizügigkeit (2020); *Hazelhorst*, Free Movement of Civil Judgments in the European Union and the Right to a Fair Trial (2017); *Heger*, Europa ganz praktisch – Das Gesetz zur Verbesserung der grenzüberschreitenden Forderungsdurchsetzung und Zustellung, DStR 2009, 435; *Hess*, Seminal Judgments (les grands arrêts) in the case law of the European Court of Justice, in: ders./Lenaerts (ed.), The 50th Anniversary of the European Law of Civil Procedure (2020), S. 11; *ders.*, Towards a more coherent framework for the cross-border enforcement of civil claims, in: v. Hein/Krüger (ed.), Informed Choices in Cross-Border Enforcement (2020); *ders.*, Le droit international privé européen en temps de crise, in: Travaux du Comité Français de Droit International Privé, Années 2016–2018 (2019), 329; *ders./Ortolani* (ed.), Impediments of National Procedural Laws to the Free Movement of Judgments – Luxembourg Report on European Procedural Law, Vol. I (2019); *ders./Kramer* (ed.), From common rules to best practices in European Civil Procedure (2017); *ders.*, Ein einheitliches Prozessrecht?, IJPL 6 (2016), 55; *ders.*, The Role of Procedural Law in the Governance of Enforcement in Europe, in: Micklitz/Wechsler (ed.), The Transformation of Enforcement (2016), S. 343, *ders.*, „Private law enforcement" und Kollektivklagen, JZ 2011, 66; *ders./Bittmann*, Die Effektuierung der Exequaturverfahren nach der Europäischen Gerichtsstands- und Vollstreckungsverordnung, IPRax 2007, 277; *ders.*, Die Konstitutionalisierung des Europäischen Privat- und Prozessrechts, JZ 2005, 540; *ders.*, Nouvelles techniques de la coopération transfrontière en Europe, Rev. Crit. 2003, 21; *ders.*, Die Integrationsfunktion des europäischen Zivilprozessrechts, IPRax 2001, 389; *ders.*, Der Binnenmarktprozess, JZ 1998, 1021; *Jault-Seseke/Pataut*, Le citoyen européen et son nom, FS Kohler (2018), S. 371; *Jayme*, Nationaler ordre public und europäische Integration – Betrachtungen zum Krombach-Urteil des EuGH (2000); *Kerameus*, Angleichung des Zivilprozessrechts in Europa – einige grundlegende Aspekte, RabelsZ 66 (2002), 1; *ders.*, International Procedural Harmonization and Autonomous Interpretation, GS Nygh (2004), S. 177; *Kodek*, Auf dem Weg zu einem Europäischen Mahnverfahren? Gedanken zum Verordnungsvorschlag der Kommission, FS Rechberger (2005), S. 283; *Kohler*, Grenzen des gegenseitigen Vertrauens im Europäischen Justizraum: Zum Urteil des EGMR in Sachen Avotiņš v. Lettland, IPRax 2017, 333; *ders.*, Vertrauen und Kontrolle im Europäischen Justizraum, ZEuS 2016, 135; *ders.*, Das Prinzip der gegenseitigen Anerkennung im europäischen Justizraum, ZSR 124 II (2005), 263; *ders.*, Systemwechsel im Europäischen Anerkennungsrecht: Von der EuGVO zur Abschaffung des Exequaturs, in: Baur/Mansel (Hrg.), Systemwechsel im europäischen Kollisionsrecht (2002), S. 147; *Kutscher*, Abschied vom Gerichtshof der Europäischen Gemeinschaften, EuR 1981, 1; *Lagarde*, Denationalisierung des Privatrechts, in: Kieninger (Hrg.), Denationalisierung des Privatrechts (2005), S. 1; *Leible*, Die Zukunft des Europäischen Zivilprozessrechts, FS Gottwald (2014), S. 381; *ders.*, Auf dem Weg zu einer Rom 0-Verordnung?, FS Martiny (2014), S. 429; *ders.*, Die Angleichung der nationalen Zivilprozessrechte: Vom „Binnenmarktprozess" zu einer europäischen Zivilprozessordnung?, in: Müller-Graff (Hrg.), Der Raum der Freiheit, der Sicherheit und des Rechts (2005), S. 55; *Lenaerts*, New Horizons for the Rule of Law within the EU, German LJ 21 (2020), 29; *ders.*, Der Grundsatz des gegenseitigen Vertrauens im internationalen Privatrecht: Über den Dialog der Gerichte, in: FS Kohler (2018), S. 287; *ders.*, La vie après l'avis, CMLR 54 (2017), 805; *Linke*, Europäisierung der internationalen Privat- und Verfahrensrechts – Traum oder Trauma?, FS Geimer (2002), S. 529; *Lipp*, Namensrecht und Europarecht, StAZ 2009, 1; *Mansel*, Anerkennung als Grundprinzip des Europäischen Rechtsraums, RabelsZ 70 (2006), 654; *Marmisse*, La libre circulation des décisions de justice en Europe (2000); *Mayer*, Le phénomène de la coordination des ordres étatiques en droit privé, RdC 327 (2007), 9; *McGuire*, Fakultatives Binnenmarktprozessrecht: Gemeinsame Strukturen, Überschneidungen und stillschweigende Querverweise, ecolex 2008, 100; *Menne*, Die Arbeit der deutschen Verbindungsrichter im internationalen Familienrecht, ZEuP 2019, 472; *ders.*, Dialogue of Judges – Verbindungsrichter und internationale Richternetzwerke, JZ 2017, 332; *Oberhammer*, Der Europäische Vollstreckungstitel: Rechtspolitische Ziele und Methoden, JBl. 2006, 477; *Pamboukis*, Droit international privé holistique: droit uniforme et droit international privé, RdC 330 (2007), 9; *Pfeiffer*, Die Fortentwicklung des Europäischen Zivilprozessrechts durch die neue EuGVVO, ZZP 127 (2014), 409; *ders.*, Die Vergemeinschaftung des internationalen Privat- und Verfahrensrechts, in: Müller-Graff (Hrg.), Der Raum der Freiheit, der Sicherheit und des Rechts (2005), S. 75; *ders.*, Einheitliche, unmittelbare und unbedingte Urteilsgeltung in Europa, FS Jayme I (2004), S. 675; *ders.*, Grundlagen und Grenzen der autonomen Auslegung des EuGVÜ, JbJZRWiss. 1991, 71; *Pirrung*, Zugang zum Recht der europäischen Union, in: Barrett (ed.), Creating a European Judicial Space (2001), S. 35; *Pontier/Burg*, EU Principles on Jurisdiction and Recognition and Enforcement of Judgments in Civil and Commercial Matters (2004); *Prechal*, Mutual Trust Before the European Court of Justice, European Papers 2 (2017), 75; *Requejo Isidro*, On the Abolition of Exequatur, in: Hess/Bergstroem/Storskrubb (ed.), EU Civil Justice (2016), S. 283; *dies.*, On Exequatur and the ECHR: Brussels I Regulation before the ECtHR, IPRax 2015, 69; *Richard*, The 2017 Proposal of the European Parliament on Common Minimum Standards of Civil Procedure, in: Gascón Inchausti/Hess (ed.), The Future of the European Law of Civil Procedure (2020), S. 265; *W.H. Roth*, Methoden der Rechtsfindung und Rechtsanwendung im Europäischen Kollisionsrecht IPRax 2006, 338; *Safjan/Düsterhaus*, A Union of Effective Judicial Protection: Addressing a Multi-level Challenge through the Lens of Article 47 CFR, YbEurL 33 (2014), 3; *Schack*, Die Entwicklung des europäischen internationales Zivilverfahrensrechts – aktuelle Bestandsaufnahme und Kritik, FS Leipold (2009), S. 317; *Schmidt*, Rechtssicherheit im Europäischen Zivilprozessrecht (2015); *Stadler*, Kollektiver Rechtsschutz – quo vadis?, JZ 2018, 793; *dies.*, Harmonisierung des Europäischen Zivilprozessrechts – Mindeststandards oder Modellregeln?, JZ 2017, 693; *Stoppenbrink*, Systemwechsel im internationalen Anerkennungsrecht: Von der EuGVVO zur geplanten Abschaffung des Exequaturs, ERPL 5 (2002), 641; *Storskrubb*, Mutual Trust and the Dark Horse of Civil Justice, CamYb Eur Legal Studies 20 (2018), 179; *dies.*, Mutual Trust and the Dark Horse of Civil Justice, Cambridge Yb ELS 20 (2018), 179; *dies.*, Mutual Trust as a Governance Strategy for Civil Justice, in: Hess/Bergstroem/Storskrubb (ed.), EU Civil Justice (2016), S. 299; *R. Wagner*, Die neue EG-Verordnung zum europäischen Vollstreckungstitel, IPRax 2005, 189; *M. Weller*, Mutual Trust: In Search of the Future of European Private International Law, JPIL 11 (2015), 64; *ders./Althammer* (Hrg.), Mindeststandards im europäischen Zivilprozessrecht (2015); *Wiater*, Effektiver Rechtsschutz im Unionsrecht, JuS 2015, 788; *Wiedemann*, Vollstreckbarkeit (2017); *Wilman*, Private Enforcement of EU law before national courts (2015); *Wollenschläger*, Grundfreiheiten ohne Markt (2007).

I. Europäische Integration und internationales Zivilprozessrecht

1. Die Integrationsfunktion des Europäischen Zivilprozessrechts

3.1 Die Rechtsetzungstätigkeit der Europäischen Union im Zivilprozessrecht steht in unmittelbarem Zusammenhang mit den anderen Gemeinschaftspolitiken: in der historischen Entwicklung zunächst und vor allem mit dem Konzept des Binnenmarkts (heute Art. 26 II AEUV), inzwischen mit dem Ausbau des Konzepts der umfassenden Personenfreizügigkeit (Art. 20 II AEUV).[2] Denn der freie Verkehr von Waren, Personen, Dienstleistungen und Kapital benötigt eine justizielle Infrastruktur zur grenzüberschreitenden Durchsetzung von Forderungen und zur Beilegung von Rechtsstreitigkeiten zwischen den Marktakteuren.[3] Die Personenfreizügigkeit erfordert effektive Verfahren in Ehe- und Kindschaftssachen, darüber hinaus eine wirksame Anerkennung von Statusfragen (in Personen- und Erbsachen).[4] Die EU-Mitgliedstaaten stellen dabei ihre nationalen Verfahrensrechte zur grenzüberschreitenden Rechtsdurchsetzung bereit – Aufgabe des Europäischen Prozessrechts ist es, die nationalen Verfahrensrechte (für ausländische Parteien) zu öffnen, zu koordinieren und durch gezielte Harmonisierungsmaßnahmen zu effektuieren. Die jeweiligen Integrationsfortschritte der Europäischen Gemeinschaft bzw. der Union erforderten entsprechende Begleitmaßnahmen im Verfahrensrecht – die Entwicklung des Europäischen Zivilprozessrechts spiegelt auch den Verlauf der europäischen Integration während der letzten 60 Jahre wider.[5]

3.2 Nach den Vorstellungen der Verfasser des EWG-Vertrages (1958) sollte eine verbindliche Urteilsanerkennung die gerichtliche Durchsetzung privater Forderungen im Gemeinsamen Markt überhaupt erst ermöglichen.[6] Daher sah Art. 220 EWGV (1958) den Abschluss eines völkerrechtlichen Anerkennungsübereinkommens zwischen den EWG-Mitgliedstaaten vor.[7] Das 1968 unterzeichnete Brüsseler Gerichtsstands- und Vollstreckungsübereinkommen (EuGVÜ) ging jedoch bereits über das in Art. 220 EWGV vorgesehene Konzept der überkommenen Urteilsanerkennung hinaus

---

2 Vgl. oben § 1 I, Rdn. 1.1 ff.

3 *Hess*, IPRax 2001, 389, 391.

4 Grundlegend EuGH, 14.10.2008, Rs. C-353/06, *Grunkin-Paul*, EU:C:2008:559, Rdn. 21 ff., 40, unten § 3 I, Rdn. 3.23.

5 *Hess*, Seminal Judgments in the Case Law of the ECJ, in: ders./Lenaerts (ed.), The 50th Anniversary of the European Law of Civil Procedure (2020), S. 5 ff.

6 Die autonomen Prozessrechte der Gründungsstaaten ließen die Anerkennung von ausländischen Urteilen in der Regel nicht zu, vgl. dazu etwa *Goldman*, RTDE 1971, 1, 2 ff.

7 Die EWG-Kommission sah hierin einen Gesetzgebungsauftrag von vorrangiger politischer Bedeutung. Vgl. die Aufforderung der EWG-Kommission vom 22.10.1959 an die Mitgliedstaaten, umgehend Verhandlungen über ein entsprechendes Anerkennungsübereinkommen aufzunehmen, wiedergegeben oben § 1 I, Rdn. 1.2.

und schuf als „*convention double*“[8] nicht nur ein vereinfachtes Verfahren zur Urteilsanerkennung, sondern ermöglichte zudem durch ein einheitliches Zuständigkeits- und Rechtshängigkeitssystem die Koordinierung von (parallelen) Zivilprozessen in Europa.[9] Die Rechtsprechung des Gerichtshofs zur Auslegung des Übereinkommens hat das europäische Prozessrecht von Beginn an konsolidiert und Akzeptanz in den EU-Mitgliedstaaten bewirkt.

Die Ausweitung der justiziellen Zusammenarbeit in Zivilsachen durch den Vertrag von Maastricht (1993)[10] war eine Reaktion auf die drängenden Probleme der schwergängigen, grenzüberschreitenden Rechtsdurchsetzung im Binnenmarkt. Die zwischenzeitliche Integration im wirtschaftlichen Bereich erforderte eine effektive Koordinierung grenzüberschreitender Zivilverfahren. Die Bedürfnisse des grenzüberschreitenden Rechtsverkehrs vermochten die autonomen Verfahrensrechte der Mitgliedstaaten allein nicht mehr zu bewältigen.[11] Es war daher kein Zufall, dass der EuGH in den 1990er Jahren (in einer Phase „legislatorischer Blockade“) die Marktfreiheiten zum Abbau prozessualer Schranken im Binnenmarkt funktionalisierte.[12] Diese gemeinschaftsrechtliche Akzentuierung der Judikatur des EuGH veränderte die mit dem EuGVÜ nur mittelbar verknüpften Bereiche der nationalen Prozessrechte nachhaltig. Die Diskriminierungsverbote des EG-Vertrags erzwangen eine Reform der prozessualen Fremdenrechte, soweit diese die Angehörigen anderer EU-Staaten unmittelbar oder mittelbar diskriminierten. In dieser Phase löste sich das Europäische Internationale Zivilprozessrecht von den autonomen Verfahrensrechten der Mitgliedstaaten ab. Der sog. „Binnenmarktprozess“ bildete sich als eigenständiger Verfahrenstyp heraus.[13] 3.3

Die neue Kompetenz des Amsterdamer Vertrags zum Aufbau eines Raums der Freiheit, der Sicherheit und des Rechts[14] verstärkte die systematischen Zusammenhänge zwischen dem allgemeinen Unionsrecht und dem Europäischen Zivilprozessrecht. Das internationale Zivilverfahrensrecht wurde über Art. 65 EG (1998) zu einem wichtigen Baustein der neuen Gemeinschaftspolitik. Art. 81 AEUV des Lissabonner Vertrages schreibt diese Rechtsetzungskompetenz fort und vertieft sie weiter. 3.4

Die europäische Justizpolitik hat nach 1999 zunächst die überkommenen Regelungsbereiche der grenzüberschreitenden Verfahrenskoordinierung und Rechtshilfe 3.5

---

8 Zur Dynamik der *convention double Marmisse*, La libre circulation, Rdn. 12.

9 *Hess*, IPRax 2001, 389, 391; *Pfeiffer*, JbJZRWiss 1991, 71, 73 ff.

10 Dazu oben § 2 I, Rdn. 2.4.

11 Mitteilung der EG-Kommission an den Rat und die Kommission vom 31.1.1997, ABl. C-33, S. 3 ff.

12 Da der europäische Gesetzgeber in dieser Phase relativ ineffektiv war, übernahm der EuGH die Rolle des „Integrationsmotors“. Zu den Regelungsebenen des Europäischen Zivilprozessrechts vgl. § 4 I, Rdn. 4.2 ff.

13 *Hess*, JZ 1998, 1021 ff.; zustimmend *Leible*, in: Müller-Graff (Hrg.), Raum der Freiheit, S. 55, 56 f.; *McGuire*, ecolex 2008, 100 f., oben § 1 III, Rdn. 1.18 ff.

14 Vgl. oben § 2 I, Rdn. 2.41 ff.

nachhaltig effektuiert. Zugleich fokussiert sie auf weniger „binnenmarktrelevante" Regelungsbereiche, auf das Ehe-, das Kindschafts- und auf das Erbrecht (einschließlich seiner prozessualen Absicherung). Diese Rechtsprechungsaktivität steht in engem Zusammenhang mit der Freizügigkeit aller Unionsbürger nach Art. 20 AEUV. Dabei schafft der Unionsgesetzgeber mit dem Regelungskonzept des „Zugangs zum Recht" (vgl. Art. 67 AEUV) „bürgernahe" Verfahren (etwa für geringwertige Streitigkeiten, durch Mahnverfahren, Prozesskostenhilfe, alternative Streitbeilegung).[15] Die Implementierung der neuen Unionspolitik erfolgt in einem politisch neu akzentuierten, kompetenziell verstärkten Umfeld: Denn das von der Europäischen Union verfolgte politische Ziel einer umfassenden Freizügigkeit der Bürger (Art. 20 AEUV) erforderte den Abbau von Binnen(rechts)grenzen zwischen den damaligen 28 Mitgliedstaaten[16], zumindest jedoch eine Koordinierung der nationalen Verfahrensrechte, um den Gemeinschaftsbürgern effektiven Rechtsschutz vor den Zivilgerichten aller Mitgliedstaaten zu garantieren.[17]

3.6 Die Neuformulierung der Kompetenznormen im Vertrag von Lissabon (Art. 67 und 81 AEUV) verdeutlicht die fortschreitende Integration des Europäischen Zivilprozessrechts: Neben den überkommenen Sachkompetenzen zum Erlass von Rechtsakten in den Bereichen der gegenseitigen Anerkennung, der grenzüberschreitenden Beweisaufnahmen und Zustellungen wird das (umfassende) Konzept des „effektiven Zugangs zum Recht" ausdrücklich genannt. Das Zugangskonzept wird flankiert von einer weiteren Sachkompetenz zur „Beseitigung von Hindernissen für die reibungslose Abwicklung von Zivilverfahren, erforderlichenfalls durch Förderung der Vereinbarkeit der in den Mitgliedstaaten geltenden zivilrechtlichen Verfahrensvorschriften" – diese überkommene Kompetenznorm (aus Art. 65 lit. c) EGV 1998) nutzte der Unionsgesetzgeber inzwischen in beachtlichem Umfang zur Schaffung von eigenständigen, sektoriellen Verfahren.[18] Die Neuformulierung der Kompetenzvorschrift im Vertrag von Lissabon ermöglicht eine Vertiefung der Europäischen Justizpolitik.[19]

3.7 Der Aufriss zeigt, dass die Erweiterung der Gemeinschaftspolitiken vom Gemeinsamen Markt über den Binnenmarkt hin zum Europäischen Justizraum eine entsprechende Ausweitung des Europäischen Verfahrensrechts zur Folge hatte.[20] Hierin erschöpfen sich die wechselseitigen Bezüge jedoch nicht. Vielmehr überformen unionsrechtliche Regelungskonzepte (Urteilsfreizügigkeit, wechselseitige Anerkennung,

---

15 Dazu sogleich unten § 3 III, Rdn. 3.38.

16 Vgl. dazu auch Anlage I zu den Schlussfolgerungen des Vorsitzes des Europäischen Rates vom 5./6.11.2004, Dok. 14292/04 CONCL 3. vom 5.11.2004, Punkt 3.4.: „Das Zivilrecht einschließlich des Familienrechts betrifft die Bürger im Alltagsleben. (...) Das wichtigste politische Ziel in diesem Bereich besteht darin, dass die Grenzen zwischen den europäischen Ländern nicht länger ein Hindernis für die Regelung zivilrechtlicher Angelegenheiten oder die Einleitung eines Gerichtsverfahrens sowie für die Vollstreckung gerichtlicher Entscheidungen in Zivilsachen sein dürfen."

17 Zum Rechtsetzungskonzept des Zugangs zum Recht vgl. unten § 3 III, Rdn. 3.53.

18 Vgl. insbesondere die EuMahnVO und die EuBagVO sowie die EuKtPVO, unten § 10 II–IV.

19 Die inhaltlichen Änderungen des Lissabonner Vertrages sind gegenüber dem Amsterdamer Vertrag gering, vgl. oben § 2, Rdn. 2.6 f.

20 Dies entspricht der Wirkungsweise der funktionalen Integration, vgl. oben § 3 I, Rdn. 3.3 ff.

Zugang zum Recht, justizielle Kooperation, wechselseitiges Vertrauen) das europäische Prozessrecht. Es kommt zur „Materialisierung" des Europäischen Verfahrensrechts, das die Prinzipien und Grundwerte des Unionsrechts umsetzen soll.[21] Das bedeutet freilich nicht, dass dieses dadurch seine Eigenständigkeit als Koordinationsrecht für die Prozessordnungen der EU-Mitgliedstaaten verliert.[22] Inzwischen tritt eigenständiges Europäisches Prozessrecht neben die Zivilverfahren der Mitgliedstaaten – bei seinem Erlass greift der Unionsgesetzgeber zunehmend auf die allgemeinen Rechtsetzungskompetenzen (Art. 114 f. AEUV) zurück.[23] Aufgrund der Vielzahl inhaltlich begrenzter Einzelrechtsakte besteht freilich inzwischen die handgreifliche Gefahr einer wachsenden Fragmentierung des Europäischen Prozessrechts.[24]

2. Die integrationsbezogene Auslegung des Europäischen Zivilprozessrechts durch den EuGH

Die Zusammenhänge zwischen dem Unionsrecht und dem Europäischen Zivilver- 3.8
fahrensrecht prägen auch die Rechtsprechung des Europäischen Gerichtshofs. Der EuGH hatte das Brüsseler Übereinkommen vom 27.9.1968 – trotz dessen völkerrechtlichen Geltungsgrundes – von Beginn an konsequent nach den allgemeinen Auslegungsgrundsätzen des EG-Rechts interpretiert.[25] Der Gemeinschaftsgesetzgeber hat mit der „Vergemeinschaftung" des EuGVÜ durch die VO 44/01/EG nachgezogen und durch Korrekturen des Normtextes die Rechtsprechungstendenz des EuGH zur autonomen Auslegung ausdrücklich gestärkt.[26] Der Gerichtshof griff diese Entwicklung umgehend auf und verstärkte die integrationsorientierte Aus-

---

21 Dazu *Lagarde*, Denationalisierung des Privatrechts, in: Kieninger (Hrg.), Denationalisierung des Privatrechts (2005), S. 1, 2 ff.; *Hess*, in: Weller/Althammer (Hrg.), Mindeststandards (2015), S. 221 ff.; *Stadler*, JZ 2017, 693 ff. Im Hinblick auf den Schutz der Rechtsstaatlichkeit vgl. *Lenaerts*, GermanLJ 21 (2020), 29 ff.

22 Diese Sorge beherrschte die rechtspolitische Diskussion nach dem Inkrafttreten des Vertrages von Amsterdam, pointiert formuliert von *Linke*, FS Geimer (2002), S. 529, 550 ff.

23 Oben § 2 II, Rdn. 2.41 ff.

24 Speziell in der deutschen Literatur wird eine Systematisierung des Internationalen Privat- und Verfahrensrechts in einer sog. „0-Verordnung" eingefordert. Trotz wechselseitiger Verflechtung beider Rechtsgebiete wäre eine solche Verordnung der Eigenständigkeit der erfassten Rechtsgebiete abträglich, vgl. dazu *Basedow*, in: v. Hein/Rühl (Hrg.), Kohärenz, S. 4, 7 ff.; positiver *Leible*, FS Martiny (2014), S. 429 ff., vgl. unten § 14 II 2, Rdn. 14.9 ff.

25 EuGH, 6.10.1976, Rs. C-12/76, *Tessili*, EU:C:1976:133, Rdn. 9; EuGH, 14.7.1977, verb. Rs. C-9/77 und C-10/77, *Eurocontrol*, EU:C:1977:132. Zum Selbstverständnis des EuGH in dieser Frühphase lesenswert *Kutscher*, EuR 1981, 1, 4 ff.; vgl. unten § 4 II, Rdn. 4.44 ff.

26 Zur Neuregelung der Art. 7 Nr. 1 und der Art. 29–33 EuGVO vgl. unten § 6 II, Rdn. 6.54 ff., und § 6 III, Rdn. 6.180 ff.

legung.[27] Die autonome Interpretation des Europäischen Prozessrechts erleichtert dessen einheitliche Anwendung in den EU-Mitgliedstaaten und fördert damit dessen „*effet utile*".[28]

3.9 Die Rechtsprechung des EuGH zu den nach dem Amsterdamer Vertrag erlassenen Gemeinschaftsrechtsakten zeigt eine zunehmende Präferenz zur autonomen Auslegung.[29] Sie wird durch die wachsende Regelungsdichte des Europäischen Prozessrechts begünstigt. Bei der Rechtsfindung bezieht der EuGH zunehmend den Kontext anderer Unionsrechtsakte,[30] etwa seine Judikatur zum Europäischen Privatrecht,[31] aber auch sonstige Unionsrechtsakte (nicht nur aus dem Bereich des Privatrechts) ein.[32] Die Erwägungsgründe der Unionsrechtsakte fordern dabei die den Rechtsakt übergreifende Auslegung offen ein. Dies gilt insbesondere für die Wechselwirkungen zwischen Europäischem IPR und IZVR.[33]

3.10 Bei der Auslegung erfüllen die allgemeinen Integrationsziele und die Regelungsprinzipien des Unionsrechts eine wichtige Orientierungsfunktion.[34] Die Regelungskonzepte der Urteilsfreizügigkeit und des Zugangs zum Recht (vgl. Art. 67 IV AEUV) sind nicht nur für den Unionsgesetzgeber verbindlich. Sie legitimieren auch eine betont unionsrechtsfreundliche Auslegung der Prozessrechtsakte.[35] Der EuGH legt, bei grundsätzlicher Befolgung des „klassischen" Auslegungskanons,[36] besonderes Gewicht auf die teleologische Interpretation.[37] Die teleologische Interpretation fördert wiederum die

27 Grundlegend EuGH, 8.11.2005, Rs. C-443/03, *Leffler*, EU:C:2005:665, Rdn. 49 ff.; dazu unten § 4 II, Rdn. 4.95 ff.

28 D.h. die praktische Wirksamkeit des EU-Prozessrechts in den Mitgliedstaaten, unten Fn. 37 sowie § 4 II, Rdn. 4.70 ff.

29 Programmatisch EuGH, 8.11.2005, Rs. C-443/03, *Leffler*, EU:C:2005:665; dazu unten § 4 II, Rdn. 4.76.

30 Beispiel: EuGH, 28.4.2005, Rs. C-104/03, *St. Paul Dairy*, EU:C:2005:255, Rdn. 23 f., Abgrenzung von Art. 24 EuGVÜ/31 EuGVO zur EuBewVO. Zur Kritik an der konkreten Lösung des EuGH, vgl. unten § 8 IV, Rdn. 8.83 ff.

31 Beispiel: EuGH, 15.5.2003, Rs. C-266/01, *Préservatrice Foncière TIARD*, EU:C:2003:282, Rdn. 27 ff.: Bestimmung der Rechtsnatur der Bürgenhaftung unter Bezugnahme auf das Urteil EuGH, 23.3.2000, Rs. C-208/98, *Berliner Kindl*, EU:C:2000:152.

32 Beispiel: EuGH, 14.11.2002, Rs. C-271/00, *Baten*, EU:C:2002:656. (Auslegung von Art. 1 II Nr. 3 EuGVÜ iSv Art. 4 VO 1408/71/EG), EuGH, 28.2.2019, Rs. C-579/17, *Gradbeništvo Korana*, EU:C:2019:162, Rdn. 67 f., dazu unten § 6 I, Rdn. 6.8.

33 Beispiel: EwG 7 der VO 864/2007/EG (Rom II), vom 11.7.2007, ABl. EG 2007 L 199/40: Danach sollen sowohl der Anwendungsbereich als auch die Einzelbestimmungen der VO Rom II und der EuGVO in Einklang stehen. Zu den praktischen Schwierigkeiten vgl. EuGH, 16.1.2014, Rs. C-45/13, *Kainz*, EU:C:2014:7; unten § 4, Rdn. 4.66.

34 Beispiel: EuGH, 10.2.1994, Rs. C-398/92, *Mund & Fester*, EU:C:1994:52. Die Verwirklichung der Urteilsfreizügigkeit als Regelungsziel der Art. 26 ff. EuGVÜ/32 ff. EuGVO implizierte eine enge Interpretation der Anerkennungshindernisse der Art. 27 EuGVÜ/34 EuGVO aF (heute Art. 45 EuGVO), unten Rdn. 3.17.

35 Ausführlich sogleich unten Rdn. 3.11.

36 Dazu unten § 4 II, Rdn. 4.54 ff.

37 Dies entspricht der überragenden Bedeutung des Grundsatzes des *effet utile* im allgemeinen Unionsrecht, der die praktische Wirksamkeit (d. h. die tatsächliche Befolgung) und die einheitli-

Herausarbeitung übergeordneter Prinzipien, welche die Anwendung der europäischen Rechtsakte prägen. Die maßgeblichen Prinzipien leitet der Gerichtshof zunächst aus den jeweiligen Rechtsakten selbst ab,[38] er bezieht jedoch auch den Kontext zum allgemeinen Unionsrecht (insbesondere zu den Grundfreiheiten und zu den Europäischen Prozessgrundrechten, Art. 47 GRC, Art. 6 EMRK) ein.[39] Die Erwägungsgründe der jüngeren EU-Rechtsakte nehmen zudem auf die allgemeinen Regelungsprinzipien des Europäischen Prozessrechts explizit Bezug.[40] Damit gibt der Unionsgesetzgeber den erkennenden Gerichten die prinzipiengeleitete Interpretation ausdrücklich vor.

Die prinzipiengeleitete Interpretation ermöglicht dem EuGH die Übernahme legislativer Integrationsschritte bei der Rechtsfindung im Europäischen Zivilverfahrensrecht. So hat der EuGH nach dem Inkrafttreten des Amsterdamer Vertrags die gemeinschaftsrechtlichen Grundsätze des wechselseitigen Vertrauens und der automatischen Anerkennung von ausländischen Entscheidungen[41] für die Interpretation des Brüsseler Übereinkommens übernommen. 3.11

In der Rechtssache *Gasser*[42] lehnte der Gerichtshof es ab, vom Wortlaut des Art. 21 EuGVÜ/29 EuGVO (Vorrang der Rechtshängigkeit des zuerst angegangenen Gerichts) bei überlangen Verfahren abzuweichen.[43] Die Vorlage des österreichischen Gerichts betraf eine Zahlungsklage, gegen die sich der italienische Schuldner mit der negativen Feststellungsklage vor seinen Heimatgerichten gewehrt hatte. Nach der Rechtsprechung des EuGH „sperrt" die negative Feststellungsklage die gegenläufige Zahlungs- bzw. Leistungsklage. Der EuGH betonte die strikte Bindung aller Gerichte der Mitgliedstaaten an den Wortlaut des Art. 21 EuGVÜ/(heute:) Art. 29 EuGVO. Wechselseitiges Vertrauen bedeute hier konkret, dass die später angerufenen, österreichischen Gerichte davon ausgehen mussten, dass die früher angerufenen, italienischen Zivilgerichte das Zuständigkeitssystem des Übereinkommens ebenso beachteten wie sie selbst.[44] Dieses Ergebnis stützte der Gerichtshof zudem auf das Bedürfnis nach Rechtssicherheit und Vorhersehbarkeit im internationalen Ver- 3.12

---

che Anwendung des Unionsrechts in allen Mitgliedstaaten sichert, EuGH, 13.7.1993, Rs. C-125/92, *Mulox./.Geels*, EU:C:1993:306, Rdn. 10; Streinz/*Schroeder*, Art. 288 AEUV, Rdn. 88 (im Hinblick auf die Umsetzung von Richtlinien), ausführlich unten § 4 II, Rdn. 4.72 ff.

38 Beispiele: Schutz der schwächeren Partei, Vorhersehbarkeit und Rechtssicherheit bei der Anwendung der Zuständigkeits- und Rechtshängigkeitsvorschriften, *Pontier/Burg*, EU-Principles, S. 241.

39 Vgl. *Hess*, JZ 2005, 540, 543 ff.; EuGH, 11.7.2008, Rs. C-195/08 PPU, *Inga Rinau*, EU:C:2008:406, Rdn. 51.

40 Beispiel: Die Erwägungsgründe Nr. 6 und 27 der EuGVO nennen explizit das Prinzip des „freien Verkehrs gerichtlicher Entscheidungen", Erwägungsgrund 15 nennt die „Vorhersehbarkeit" als Leitmotiv für die Auslegung der Zuständigkeitsregeln der EuGVO; Erwägungsgrund 26 nennt explizit den Grundsatz des wechselseitigen Vertrauens als Grundlage der Urteilsfreizügigkeit.

41 Dazu sogleich unten § 3 II, Rdn. 3.14 ff.

42 EuGH, 9.12.2003, Rs. C-116/02, *Gasser*, EU:C:2003:657; ebenso deutlich EuGH, 16.7.2015, Rs. C-681/13, *Diageo Brands*, EU:C:2015:471.

43 Zum Problem des sog. „*Italian torpedo*" vgl. unten § 6 III, Rdn. 6.165 ff.

44 EuGH, 9.12.2003, Rs. C-116/02, *Gasser*, EU:C:2003:657, Rdn. 72. Das deutliche Ergebnis des EuGH war nicht zuletzt durch die Umstände des Ausgangsverfahrens veranlasst: Der Verfahrensgang in Italien bot für den EuGH keinen Anlass, einen *déni de justice* anzunehmen. Denn die Klage vor dem LG Feldkirch war 7,5 Monate nach der in Rom angebrachten Klage erhoben worden.

fahrensrecht.[45] Diese Begründungselemente fanden sich bereits in früheren Urteilen des EuGH; dort bezog sich der Gerichtshof auf die Erwägungsgründe der (konkret noch nicht anwendbaren) EuGVO.[46] In rechtspolitischer Hinsicht ging es dem EuGH um die Sicherung der einheitlichen Anwendung der Rechtshängigkeitsregeln des Europäischen Prozessrechts in allen Mitgliedstaaten.[47] Auch die wenig später ergangenen Urteile *Turner*[48] und *Owusu*[49] betonten vor allem die strikte Befolgung des Brüsseler Übereinkommens unter Hervorhebung des wechselseitigen Vertrauens zwischen den Gerichten der Mitgliedstaaten. Man mag diese Rechtsprechung wegen ihrer Rigorosität kritisieren.[50] Die Urteile verdeutlichen jedoch die systematischen Zusammenhänge des Europäischen Zivilverfahrensrechts mit dem Unionsrecht, vor allem mit dessen Durchsetzungsinstrumenten (*effet utile*).[51]

3.13 Die Entwicklung des europäischen Zivilprozessrechts zeigt zudem ein bemerkenswertes Zusammenspiel zwischen dem Unionsgesetzgeber und dem Europäischen Gerichtshof. Beide wechseln sich in der Rolle des „Integrationsmotors" ab: In Phasen „starker" Gesetzgebungsaktivitäten verfolgt der Gerichtshof eine eher zurückhaltende Linie, während er umgekehrt als „Integrationsmotor" in Zeiten restriktiver Gemeinschaftsrechtsetzung agiert.[52] Dabei nimmt der EuGH im Einzelfall absehbare Rechtsentwicklungen (auch auf kompetenzieller Ebene) vorweg.[53] Jenseits von dieser (für andere Politikbereiche durchaus verallgemeinerungsfähigen) Beobachtung[54] zeigt die Judikatur des EuGH eine deutliche Orientierung an übergeordneten Regelungszwecken und Rechtsetzungsprinzipien. Das Regelungskonzept und die Rege-

---

45 EuGH, 9.12.2003, Rs. C-116/02, *Gasser*, EU:C:2003:657, Rdn. 71–72; kritisch *Freitag*, JbJZRWiss 2004, 399 ff. Aus heutiger Sicht vgl. *Hess*, in: ders./Lenaerts (ed.), The 50th Anniversary of the European Law of Civil Procedure (2020), S. 11, 25 ff.

46 Vgl. die Erwägungsgründe Nr. 11 (Vorhersehbarkeit von Zuständigkeitsvorschriften), Nr. 15 (klare Regeln zur Rechtshängigkeit), Nr. 16 f. (gegenseitiges Vertrauen in die Justiz) der EuGVO.

47 EuGH, 9.12.2003, Rs. C-116/02, *Gasser*, EU:C:2003:657, Rdn. 48 und 51. Inhaltlich besteht ein bemerkenswerter Zusammenhang zu Art. 27–30 EuGVO aF, die im Vergleich zum EuGVÜ eine deutliche Ausweitung des gemeinschaftsrechtlichen Rechtshängigkeitsbegriffs beinhalteten.

48 EuGH, 27.4.2004, Rs. C-159/02, *Turner*, EU:C:2004:228; ebenso EuGH, 10.2.2009, Rs. C-185/07, *Allianz*, EU:C:2009:69, Rdn. 24 ff.

49 EuGH, 1.3.2005, Rs. C-281/02, *Owusu*, EU:C:2005:120.

50 So vor allem die englische Literatur, explizit etwa *Briggs*, ZSR 124 II (2005), 231, 256 ff. Ausführlich *Schmidt*, Rechtssicherheit im Europäischen Justizraum (2015), S. 186 ff.

51 Vgl. unten § 4 II, Rdn. 4.72 ff.

52 Beispiel: Das Lugano-Gutachten des EuGH, 7.2.2006, Avis 1/03, *Parallelübereinkommen Lugano*, EU:C:2006:81, war eine Reaktion auf die „Blockade" des Rats gegenüber der Kommission im Bereich der Außenkompetenzen in der Haager IPR-Konferenz und in Bezug auf das Europäische Parallelübereinkommen, vgl. oben § 2 III, Rdn. 2.68 ff., 72 und unten § 11 II, Rdn. 11.118.

53 Zu Beginn der 1990er Jahre ersetzte die ausgreifende Judikatur des EuGH zur Anwendung der Marktfreiheiten die unzureichende Rechtsetzungskompetenz der Gemeinschaft. Sie akzeptierte zugleich die erweiterten Rechtsetzungskompetenzen des Art. K.6 des Maastricht-Vertrages, dazu oben § 2 I, Rdn. 2.4.

54 Ähnliche Beobachtungen lassen sich auch für andere Bereiche des Unionsrechts machen. Zum Gesellschaftsrecht vgl. *Ebke*, EBL Rev. 2005, 9 ff.

lungstechniken des Europäischen Zivilprozessrechts erschließen sich folglich aus den übergeordneten Leitbildern und Prinzipien, insbesondere der GRC. Inhaltlich ist eine enge Verknüpfung zwischen allgemeinen Regelungskonzepten der Union und dem Europäischen Zivilprozessrecht zu konstatieren.[55]

II. Titelfreizügigkeit und wechselseitige Anerkennung

Bereits Art. 220 EWGV (1958) gab die Gewährleistung des freien „Verkehrs von 3.14 Urteilen" als rechtspolitisches Regelungsziel vor. Angesichts dieser Vorgabe spielt die Erleichterung der Urteilsanerkennung für das Selbstverständnis und die Entwicklung des Europäischen Prozessrechts eine zentrale Rolle. Die Urteilsfreizügigkeit soll den Gläubigern im Binnenmarkt eine effektive Durchsetzung ihrer Forderungen garantieren. Die Erleichterung der Urteilsanerkennung prägt daher die Fortentwicklung des Europäischen Prozessrechts vom EuGVÜ, über die EuGVO bis hin zur EuVTVO, der EuMahnVO, der EuBagVO sowie der EuKtPVO.[56] Sie prägt auch das europäische Familien- und Erbrecht sowie das europäische Insolvenzrecht.

1. Die Titelfreizügigkeit nach dem Brüsseler Übereinkommen und nach der Brüssel I-Verordnung sowie der Brüssel Ia-Verordnung

Der Ausgangspunkt dieser Rechtsentwicklung war an sich wenig spektakulär. Er 3.15 fand sich im Anerkennungsregime der Art. 26 ff. des Brüsseler Übereinkommens vom 27.9.1968 für Urteile aus den anderen Konventionsstaaten. Die Regelung orientierte sich konzeptionell an den bereits bestehenden bilateralen Staatsverträgen zwischen den EWG-Mitgliedstaaten:[57] Art. 27 und 28 EuGVÜ (1968) enthielten einen Katalog von Anerkennungshindernissen, die der früheren bilateralen Anerkennungspraxis zwischen den EG-Mitgliedstaaten entsprachen,[58] vor allem den *ordre public*-Vorbehalt, das Erfordernis einer ordnungsgemäßen Zustellung des verfahrenseinleitenden

55 *Hess*, in: ders./Lenaerts (ed.), The 50th Anniversary of the European Law of Civil Procedure (2020), S. 5 ff.

56 *R. Wagner*, IPRax 2002, 75 ff.; *Oberhammer*, JBl. 2006, 477, 478 ff.

57 Allerdings erfasste das EuGVÜ auch vorläufig vollstreckbare Urteile sowie Prozessvergleiche und notarielle Urkunden, unten § 6 VI, Rdn. 6.293 ff.

58 Dies galt insbesondere für die sog. bilateralen Übereinkommen. Insofern waren die Verfasser des EuGVÜ nach der Einschätzung von *Schlosser*, in: Schlosser/Hess, EU-Zivilprozessrecht, Einl. Rdn. 4, wenig innovativ.

Schriftstücks, den Vorrang früher ergangener Urteile im Vollstreckungsstaat.[59] Allerdings ging das EuGVÜ in einem wesentlichen Punkt über die frühere Praxis hinaus: Da es als *convention double* die internationale Zuständigkeit in den Vertragsstaaten vereinheitlichte, verzichtet es – bis auf wenige Ausnahmen – im Anerkennungsverfahren auf eine Kontrolle der internationalen Zuständigkeit des Erstgerichts, Art. 28 III, 34 EuGVÜ.[60] Damit tauchte erstmalig der Rechtsgedanke des wechselseitigen Vertrauens im Europäischen Prozessrecht auf.[61] Für die zeitgenössischen Beobachter stand freilich die Effektuierung der grenzüberschreitenden Verfahren durch das EuGVÜ im Vordergrund.[62]

3.16 Das Exequaturverfahren regelten die Art. 31–49 EuGVÜ. Die Vollstreckbarerklärung wurde auf Antrag des Gläubigers erteilt, ohne vorherige Anhörung des Schuldners (d. h. im schriftlichen Verfahren), das Exequaturgericht prüfte von Amts wegen das (Nicht-)Vorliegen von Anerkennungshindernissen (Art. 27 f., 34 II, III EuGVÜ). Das Übereinkommen regelte zudem detailliert die Rechtsbehelfe gegen die Exequaturerteilung.[63] Das Anerkennungsverfahren enthielt im Kern Einheitsrecht; es bezweckte eine Verfahrensvereinfachung und eine Reduktion der Anerkennungshindernisse. Eine wesentliche Aufgabe des Exequaturgerichts war die Implementierung des ausländischen Titels in die jeweiligen nationalen Vollstreckungsrechte – etwa bei der Umrechnung ausländischer Währungen, der Anpassung von indexierten Titeln uvm.[64]

3.17 Zu Beginn der 1990er Jahre erfuhr die Urteilsanerkennung eine prinzipielle Aufwertung nach Art. 26 ff. EuGVÜ, als der EuGH sie in einen expliziten Kontext zum Gemeinschaftsrecht stellte. Das Urteil *Hoffmann./.Krieg* bezeichnete erstmalig die Gewährleistung von „Urteilsfreizügigkeit" als wesentliches Regelungsziel des EuGVÜ.[65] Diese Formulierung lehnte sich unmittelbar an die Marktfreiheiten des EG-

---

59 Allerdings war die Urteilsanerkennung in den 1960er Jahren nicht in allen damaligen EWG-Staaten selbstverständlich – in Frankreich erfolgte der Durchbruch (Aufgabe der Prüfung der ausländischen Urteile im Sinne einer *révision au fond*) erst im Jahre 1964, vgl. C.Cass., 7.1.1964, *Munzer*, Rev. crit. 1964, 302 (*Battifol*).

60 Dies war ein ganz substanzieller Fortschritt des Übereinkommens, allg. Ansicht, vgl. etwa *Schlosser*, in: Schlosser/Hess, EU-Zivilprozessrecht, Einl. Rdn. 4 aE; *Goldman*, RTDE 1971, 1, 32 ff., vgl. unten § 6 IV, Rdn. 6.204.

61 Der *Jenard*-Bericht begründete die Anerkennungsregelung des Art. 28 EuGVÜ ausdrücklich mit dem wechselseitigen Vertrauen in die Justizsysteme der Vertragsstaaten, *Jenard*-Bericht, ABl. EG C 1979, 59/1, Kommentar zu Art. 28 EuGVÜ.

62 So die Formulierung bei *Goldman*, RTDE 1971, 1, 30 ff.

63 In diesem Kontext ermöglichte Art. 39 EuGVÜ die Durchführung von Sicherungsmaßnahmen, wenn der Schuldner gegen die Erteilung der Exequatur die Beschwerde einlegte. Die (inzwischen aufgehobene) Vorschrift sollte die Einlegung von Rechtsmitteln mit dem Ziel der Vollstreckungsverzögerung verhindern, dazu *Hess/Hub*, IPRax 2003, 93, 94.

64 *Nelle*, Anspruch, Titel und Vollstreckung, S. 223 ff.; *Oberhammer*, JBl. 2006, 477, 482 ff.

65 EuGH, 4.2.1988, Rs. C-145/86, *Hoffmann./.Krieg*, EU:C:1988:61, Rdn. 11. Der EuGH interpretierte die Freizügigkeit dahin, dass „eine gemäß Art. 26 EuGVÜ anerkannte Entscheidung grundsätzlich im ersuchten Staat dieselbe Wirkung entfalten muss wie im Urteilsstaat."

Vertrages an – die Urteilsfreizügigkeit erschien quasi als fünfte Grundfreiheit.[66] Die systematische Zuordnung hatte jedoch nicht nur symbolischen Charakter. Sie ermöglichte vielmehr dem Gerichtshof, bei der Urteilsanerkennung ein striktes Regel-/Ausnahme-Verhältnis herauszuarbeiten: Da die Versagungsgründe der Art. 27 EuGVÜ/34 EuGVO (heute Art. 45 I EuGVO) unionsweite Titelfreizügigkeit beschränken, werden sie eng interpretiert.[67] Allerdings gilt der Grundsatz der Urteilsfreizügigkeit nicht uneingeschränkt: Der Beklagtenschutz schränkt als gegenläufiges Regelungsprinzip die Freizügigkeit ein – insbesondere wenn die Klage nicht ordnungsgemäß zugestellt wurde.[68] Denn dann konnte sich der Beklagte nicht hinreichend vor dem (ausländischen) Erstgericht verteidigen (heute: Art. 45 I lit. b) EuGVO).[69] Die Gerichte der EU-Mitgliedstaaten haben den Grundsatz des wechselseitigen Vertrauens auch für weitere Fallkonstellationen fruchtbar gemacht. So bejaht etwa der BGH eine Bindung des Exequaturgerichts an die Beurteilung anderer Prozessvoraussetzungen durch das Erstgericht, etwa bei der Partei- und Prozessfähigkeit.[70] Angesichts dieser Entwicklung hatten gemeinschaftsrechtliche Regelungskonzepte die Urteilsanerkennung schon vor der expliziten Übernahme des Konzepts der „gegenseitigen Anerkennung" durch den europäischen Gesetzgeber geprägt.[71]

Seit dem 1.2.2002 stärkte die VO 44/01/EG die Urteilsfreizügigkeit nachhaltig. **3.18**
Hauptursache war die Effektuierung des Exequaturverfahrens, das in der ersten Instanz nicht mehr als kontradiktorisches Verfahren ausgestaltet war: Die Vollstreckungsklausel wurde nach Art. 41 EuGVO aF in einem standardisierten Verfahren erteilt, ohne inhaltliche Prüfung der Anerkennungshindernisse der Art. 34 und 35 EuGVO aF. Der Gläubiger musste lediglich die im Anhang III zur EuGVO aF vorgeschriebenen Formblätter vorlegen, welche die grundsätzliche Anerkennungs- und Vollstreckungsfähigkeit des ausländischen Titels bescheinigten.[72] Damit entsprach das Exequaturverfahren (funktional) einem schlichten Klauselerteilungsverfahren (§§ 724 ff. ZPO), in dem lediglich die Voraussetzungen des Art. 53 f. EuGVO for-

---

66 Zur Entstehung dieses Konzepts vgl. *Marmisse*, La libre circulation, Rdn. 53 ff.; *Hess*, IPRax 2001, 301, 302 f.; *Pontier/Burg*, EU Principles, S. 27 ff.; *Storskrubb*, Cambr YbELS 20 (2018), 179, 181 ff.

67 EuGH, 2.6.1994, Rs. C-414/92, *Solo Kleinmotoren./.Boch*, EU:C:1994:221, Rdn. 20; EuGH, 28.3.2000, Rs. C-7/98, *Krombach*, EU:C:2000:164, Rdn. 21; EuGH, 11.5.2000, Rs. C-38/98, *Renault*, EU:C:2000:225, Rdn. 26.

68 EuGH, 16.3.2006, Rs. C-234/04, *Kapferer*, EU:C:2006:178.

69 Zur „Doppelkontrolle" der Zustellung des verfahrenseinleitenden Schriftstücks nach Art. 20, 27 Nr. 2 EuGVÜ / Art. 26, 34 Nr. 2 EuGVO aF/28, 45b EuGVO, vgl. *Hess*, NJW 2001, 15, 17 f. Zur menschenrechtlichen Dimension vgl. EGMR, 23.5.2016, Nr. 17502/07, *Avotiņš v. Lettland*, CE:ECHR:2016:0523JUD001750207, Rdn. 101 ff., unten Rdn. 3.40.

70 BGH, 16.5.1991, NJW 1992, 627.

71 Zutreffend *Blobel/Späth*, EuLR 30 (2005), 528, 530.

72 Der Nachweis erfolgt (je nach Titel) über die Formulare der Art. 53–55 EuGVO, eine Übersetzung ist nicht zwingend vorgeschrieben, vgl. Voraufl. § 6 IV, Rdn. 220 ff.

mularmäßig nachgeprüft werden.[73] Die Anerkennungshindernisse der Art. 34 f. EuGVO aF wurden nur auf Beschwerde des Schuldners im Rechtsbehelfsverfahren nachgeprüft (Art. 41, 43 ff. EuGVO aF).[74] Dabei übernahm Art. 34 VO 44/01/EG die bisherigen Anerkennungshindernisse des Art. 27 EuGVÜ inhaltlich fast unverändert[75] – einschließlich der (an sich unnötigen) Kontrolle der Einhaltung zwingender Gerichtsstände im Exequaturverfahren, vgl. Art. 28 II EuGVÜ/35 II EuGVO aF.[76] Die praktische Bedeutung der Anerkennungshindernisse hat damit dramatisch abgenommen.

3.19 Faktisch wurde damit der überwiegende Großteil (ca. 90 %) aller Zivilurteile im Europäischen Justizraum ohne Nachprüfung der Anerkennungshindernisse des Art. 34 EuGVO vollstreckt.[77] Denn in den meisten Verfahren wurde kein Rechtsbehelf nach Art. 43 ff. EuGVO aF gegen die Erteilung des Exequatur eingelegt – auch weil der Rechtsbehelf keine aufschiebende Wirkung entfaltete, vgl. Art. 45, 47 EuGVO aF.[78] Der Verzicht auf eine umfängliche Kontrolle der Anerkennungshindernisse beruhte auf dem Regelungsprinzip des wechselseitigen Vertrauens in die Gleichwertigkeit der Justizsysteme (d. h. letztlich in die ordnungsgemäße Verfahrenshandhabung des Erstgerichts).[79] Es rechtfertigte den Verzicht auf die amtswegige Prüfung von Anerkennungshindernissen im Exequaturverfahren.[80] Von der überkommenen Urteilsanerkennung im autonomen Zivilprozess, d. h. der Gestaltungsklage auf Erteilung des inländischen Vollstreckungsbefehls für das ausländische Urteil (vgl. §§ 328, 722 f. ZPO), hatte sich das Europäische Exequaturverfahren weit entfernt.[81] Die durchschnittliche Dauer für die Erlangung der Exequaturentscheidung nach Art. 38–41 EuGVO aF betrug in den Mitgliedstaaten nur wenige Tage, höchstens wenige Wochen.

---

73 *Geimer/Schütze*, Art. 41 EuGVO aF, Rdn. 41 f.; *Stoppenbrink*, ERPL 5 (2002), 641, 658, bezeichnet den Vorgang als „Vollstreckbarerklärung auf Formularvorlage". Es wäre durchaus konsequent gewesen, die Klauselerteilung auf den Rechtspfleger zu übertragen – wie im Fall der §§ 724 ff. ZPO, dazu *Hess/Bittmann*, IPRax 2007, 277 ff.

74 Daher war eine Schutzschrift des Schuldners im erstinstanzlichen Verfahren unbeachtlich, *Geimer/Schütze*, Art. 41 EuGVO, Rdn. 7 f.

75 *Stadler*, Vollstreckbarerklärung und internationale Vollstreckung, in: Gottwald (Hrg.), Revision des EuGVÜ (1999), S. 37; *Nuyts*, La Communautarisation de la Convention de Bruxelles, JT 120 (2001), 913, 919; *Droz/Gaudemet-Tallon*, Rev. Crit. 2001, 601, 644 f.

76 Rauscher/*Leible*, Art. 35 EuGVO, Rdn. 7; *Schlosser*, Art. 34–36 EuGVO (3. Aufl. 2009), Rdn. 31 f.; a.A. *Rott*, EuZW 2005, 167, 168; für eine Abschaffung *de lege ferenda Hess/Pfeiffer/Schlosser*, The Brussels I Regulation, Rdn. 559 ff.

77 *Hess/Pfeiffer/Schlosser*, The Brussels I Regulation, Rdn. 444 ff.

78 Vgl. dazu Voraufl., § 6 IV, Rdn. 225 ff.

79 Dazu *Storskrubb*, Cambr YbELS 20 (2018), 179, 183 ff.; *Weller*, JPIL 11 (2015), 64, 69 ff.

80 Die Zurücknahme der Kontrolle im Anerkennungsverfahren begründete EwG 16 zur VO 44/01/EG ausdrücklich mit dem wechselseitigen Vertrauen in die Justizsysteme der Mitgliedstaaten.

81 Warnend *Kohler*, ZSR 124 II (2005), 263, 275: „Mit diesen Änderungen stößt die VO Brüssel I an die Grenzen des Systems der zwischenstaatlichen Urteilsanerkennung."

Auch das Beschwerdeverfahren wurde, etwa vor deutschen Gerichten, mit beachtlicher Effizienz durchgeführt. Die Verfahren vor den deutschen Oberlandesgerichten dauerten im Durchschnitt drei Wochen – die Senate entschieden über die Beschwerde zumeist im schriftlichen Verfahren. Problematisch blieben freilich die Kosten, die nicht in allen Mitgliedstaaten erstattungsfähig waren.[82]

Seit dem 12.1.2015 hat das europäische Zivilprozessrecht einen weiteren Integrati- **3.20**
onsschritt vollzogen. Das Exequaturverfahren wurde abgeschafft und durch eine automatische Anerkennung und Vollstreckung des ausländischen Titels ersetzt (Art. 39 ff. EuGVO), die ein (erläuterndes) Begleitformular unterstützt (Art. 53, 60 EuGVO).[83] Der Gläubiger kann nunmehr unter Vorlage des Titels und des begleitenden Formblatts unmittelbar die Vollstreckung (bei den jeweils zuständigen Vollstreckungsorganen) einleiten (Art. 42 EuGVO). Die früheren Anerkennungsversagungsgründe werden nunmehr als Vollstreckungsversagungsgründe in den Rechtsbehelfsverfahren der nationalen Vollstreckungsrechte nachgeprüft.[84]

2. Wechselseitiges Vertrauen und gegenseitige Anerkennung von Vollstreckungstiteln

Seit den 1990er Jahren forderte die EG-Kommission die Übertragung des integrations- **3.21**
politischen Konzepts der gegenseitigen Anerkennung auf das Zivilprozessrecht.[85] Der Europäische Rat akzeptierte im Oktober 1999 auf dem Sondergipfel zum Europäischen Justizraum in Tampere diesen Integrationsschritt.[86] Der Grundsatz der gegenseitigen Anerkennung bedeutet die Einführung des „Herkunftslandprinzips" im Prozessrecht. Langfristiges Rechtsetzungsziel war zwischenzeitlich die völlige Abschaffung der Exequaturverfahren im Europäischen Justizraum.[87] Echte Freizügigkeit bedeutet die vollständige Gleichbehandlung des ausländischen mit dem inländischen Urteil.[88] Nach

82 *Hess/Pfeiffer/Schlosser*, The Brussels I Regulation, Rdn. 454 ff. Zur weiteren Fortbildung des Anerkennungssystems in der Brüssel Ia-VO vgl. sogleich Rdn. 3.20 ff.

83 Zur Bedeutung des Begleitformulars nach Art. 42 und 53 EuGVO vgl. Schlussanträge GA *Bobek*, 7.5.2019, Rs. C-347/18, *Salvoni*, EU:C:2019:370, Rdn. 48 ff., 52 (Zertifikat ist die Grundlage der direkten Vollstreckung nach Art. 39 ff. EuGVO).

84 Vgl. *Hess*, FS Gottwald (2014), S. 273, 278 ff., unten § 6 IV, Rdn. 6.252 ff.

85 Mitteilung der Kommission vom 14.2.1996, COM (96) 13 endg. „Aktionsplan für den Zugang der Verbraucher zum Recht und die Beilegung von Rechtsstreitigkeiten der Verbraucher im Binnenmarkt".

86 Schlussfolgerungen Nr. 33 und Nr. 34 der finnischen Ratspräsidentschaft, NJW 1999, 1925, dazu Voraufl. § 2 I, Rdn. 34 ff.

87 *Hess*, JZ 2001, 573, 578 f.; kritisch *Kohler*, ZSR 124 II (2005), 263, 275 ff. Der Unionsgesetzgeber ist inzwischen vom Grundsatz des „vollständigen Vertrauens" abgerückt; ebenso der EuGH, dazu *Lenaerts*, CMLR 54 (2017), 805, 808 ff.

88 Vgl. die expliziten Formulierungen in Art. 5 EuVTVO; Art. 21 I EuMahnVO; Art. 21 I EuBagVO; Art. 16, 17 ff. EuUhVO.

den Beschlüssen von Tampere sollte das Konzept zunächst sektoriell in ausgewählten Rechtsgebieten eingeführt und erprobt werden.[89] Mit der Verordnung über den Europäischen Vollstreckungstitel für unbestrittene Forderungen[90], der EuMahn-[91] und der EuBagVO[92] existieren inzwischen mehrere Rechtsakte des Unionsrechts, die dieses Regelungskonzept vollumfänglich implementieren.[93] Bereits zuvor hatte das Konzept (eher in versteckter und unzureichender Form) in Art. 47 I VO 44/01/EG[94] sowie in Art. 46 f. VO 2201/03/EG Eingang gefunden.[95] Die sektorielle Einführung in spezielle Rechtsakte sollte die allgemeine Einführung des Anerkennungsgrundsatzes im Europäischen Prozessrecht vorbereiten.[96]

a) Gegenseitige Anerkennung als allgemeines Regelungskonzept

3.22 Die Wirkungsweise dieses Konzepts ergibt sich aus seiner allgemeinen Verwendung im Unionsrecht.[97] Die gegenseitige Anerkennung wurde als Regelungskonzept im Zusammenhang mit der Warenverkehrsfreiheit (heute: Art. 34–36 AEUV) entwickelt. Die gegenseitige Anerkennung beruht auf dem sog. Herkunftslandprinzip.[98] Dabei ging es zunächst um die Anerkennung von Verwaltungsakten bei der Produktzulassung, d. h. um die vereinfachte Zulassung von Waren, etwa von Lebensmitteln.[99] Nach dem Grad der jeweiligen Harmonisierung der (materiellen) Zulassungsrechte sind zwei Anwendungsstufen zu unterscheiden. Die erste Stufe betrifft die nicht harmonisierten Zulassungsverfahren. Nach dem Grundsatz der wechselseitigen Anerkennung werden grenzüberschreitende Waren und Dienstleistungen, die im Her-

89 Die Schlussfolgerungen von Tampere nannten als mögliche Regelungsbereiche Titel aufgrund geringfügiger Ansprüche in Verbraucher- und Handelssachen, Unterhaltsansprüche, Besuchsrechte. „Unbestrittene Forderungen" wurden erstmalig im Wiener Umsetzungsprogramm vom 30.11.2000, ABl. EG 2001, C. 12/1, 4 genannt.

90 VO 805/2004/EG, unten § 10 I 2, Rdn. 10.11 ff.

91 VO 1896/2006/EG, unten § 10 II 3, Rdn. 10.51 ff.

92 VO 861/2007/EG, unten § 10 III 2, Rdn. 10.97 ff.

93 Nach der Aussage des (damals) verantwortlichen Referenten und heutigen Abteilungsleiters der ziviljustiziellen Zusammenarbeit der EG-Kommission war die VO 805/04/EG ein „Pilotprojekt", vgl. *Stein*, IPRax 2004, 181, 182.

94 Danach konnten Gläubiger unter (schlichter) Vorlage eines vorläufig vollstreckbaren Urteils eines anderen EG-Mitgliedstaates inländische Sicherungsmaßnahmen auch bereits vor der Anerkennung des ausländischen Urteils verlangen, dazu Vorafl. § 6 IV, Rdn. 235.

95 Die Vorschrift ermöglicht eine automatische Anerkennung von Umgangstiteln, dazu unten § 7 IV, Rdn. 7.98 ff.

96 Haager Aktionsplan vom 30.11.2004, dazu kritisch *R. Wagner*, EuZW 2007, 626, 629; *Mansel*, RabelsZ 70 (2006), 651, 664.

97 *Lenaerts*, FS Kohler (2018), S. 287 ff.; *Prechal*, European Papers 2 (2017), 75 ff.

98 Streinz/*W. Schroeder*, Art. 34 AEUV, Rdn. 75 mwN.

99 *Schmidt-Aßmann*, EuR 1996, 270 ff.; *Götz*, FS Jaenicke, S. 763 ff.; Streinz/*W. Schroeder*, Art. 34 AEUV, Rdn. 34, unten § 5 IV 3, Rdn. 5.105 ff.

kunftsland (Exportstaat) für den Verkehr zugelassen wurden, im „Empfangsstaat" wie inländische Produkte und Dienstleistungen behandelt. Es gilt die Vermutung, dass die Schutzstandards in allen europäischen Mitgliedstaaten gleichwertig sind.[100] Folglich wird eine vollumfängliche Zulassungskontrolle der Ware im Importstaat nicht für notwendig erachtet. Allerdings dürfen Importstaaten im Einzelfall Kontrollen vornehmen und Schutzmaßnahmen erlassen. Diese müssen jedoch den Anforderungen der sog. *Cassis de Dijon*-Formel[101] entsprechen. Danach dürfen Kontrollen nur zum Schutz zwingender Erfordernisse (z. B. Verbraucher-, Umweltschutz) durchgeführt werden, Schutzvorschriften des Zweitstaates dürfen weder diskriminierend noch unverhältnismäßig angewendet werden. Solange ein bestimmtes Rechtsgebiet noch nicht harmonisiert wurde, bleiben jedoch Schutzmaßnahmen und entsprechende Kontrollverfahren im Zweit- bzw. Anerkennungsstaat zulässig.[102] In der Terminologie des IPR und IZVR handelt es sich hierbei um einen (konkretisierten) *ordre public*-Vorbehalt.

In den harmonisierten Bereichen des Binnenmarktes, d. h. dort, wo die Union 3.23
einheitliche Zulassungsnormen geschaffen hat, erlangt das Prinzip der „gegenseitigen Anerkennung" eine weitergehende Bedeutung: Auch hier werden ausländische Waren und Dienstleistungen ohne Beschränkung im Importstaat zugelassen. Zweitkontrollen und -verfahren sind hingegen ausgeschlossen. Da die materiellen Zulassungsvoraussetzungen harmonisiert wurden, genügt eine einmalige rechtsverbindliche Zulassung der Ware oder der Dienstleitung im Erststaat, um die gemeinschaftsweite Zirkulationsfähigkeit herzustellen. Ein identisches Verfahren im Zweitstaat erweist sich als unnötig; dort wird vielmehr auf die Ordnungsmäßigkeit des Verfahrens im Erststaat vertraut.[103] Folglich stellt der Exportstaat die Einhaltung der unionsrechtlichen Standards mit unionsweiter Verbindlichkeit fest.[104] Der unionsrechtliche Regulierungsansatz betrifft dabei nur die materiellen Zulassungsvoraussetzungen. Eine vorgängige Harmonisierung der Verwaltungsverfahren erfordert das unionsrechtliche Anerkennungsprinzip hingegen nicht. Vielmehr gilt

---

100 Damit kommt das Prinzip des „wechselseitigen Vertrauens" in die Gleichwertigkeit der Rechtsordnungen der EU-Mitgliedstaaten zur Anwendung.

101 EuGH, 20.2.1979, Rs. C-120/78, *Rewe./.Bundesmonopolverwaltung* (*Cassis de Dijon*), EU:C:1979:42., Streinz/*W. Schroeder*, Art. 34 AEUV, Rdn. 72; Art. 36 AEUV, Rdn. 33 ff.

102 Kommt jedoch der Unionsgesetzgeber den expliziten Rechtsetzungsaufträgen des AEUV nicht nach, effektuiert der EuGH das Anerkennungsprinzip zur Durchsetzung der Marktfreiheiten. Dies zeigt beispielsweise die Entwicklung im internationalen Gesellschaftsrecht, dazu etwa *Mansel*, RabelsZ 70 (2006), 651, 670 ff.

103 Das unionsrechtliche Regelungskonzept verzichtet mithin auf eine Angleichung der nationalen Verwaltungsverfahren – dies entspricht dem Konzept des dezentralen Vollzugs des Unionsrechts durch die Behörden und Gerichte der Mitgliedstaaten, dazu unten § 11 I, Rdn. 11.1 ff.

104 Zum transnationalen Verwaltungsakt vgl. etwa *Stelkens*, in: ders./Bonk/Sachs (Hrg.), Verwaltungsverfahrensgesetz Europäisches Verwaltungsrecht (9. Aufl. 2018), Rdn. 179.

insofern die Vermutung der Gleichwertigkeit der Verwaltungsverfahren in allen EU-Mitgliedstaaten. Diese impliziert, dass die jeweilige Zulassungsentscheidung der Behörden anderer EU-Mitgliedstaaten angesichts funktional identischer Verfahrensgrundsätze unbesehen anzuerkennen ist.[105] Diese Zulassungsentscheidung kann zur Verdeutlichung der gemeinschaftsweiten Wirkung förmlich als sog. „Europapass“ („*passeport européen*“) ausgefertigt werden. Europapässe gibt es etwa bei der Bankenaufsicht[106] und im Kapitalmarktrecht.[107]

3.24 Nach der Rechtsprechung des EuGH gilt das Anerkennungsprinzip auch im Bereich der allgemeinen Personenfreizügigkeit (Art. 20 f. AEUV).[108] Dort erfasst es personen- und familienrechtliche Statusverhältnisse,[109] sofern diese durch einen behördlichen Akt (konstitutiv) festgestellt wurden. Auch hier steht es jedoch unter dem Vorbehalt verhältnismäßiger Regelungsanliegen der EU-Mitgliedstaaten, die sich auf wesentliche Grundsätze ihrer jeweiligen Rechtsordnungen (nicht nur auf den Grundrechtsschutz) berufen können.

3.25 Das Urteil in der Rs. C-438/14[110] verdeutlicht die aktuelle Rechtsprechungslinie. Im Ausgangsverfahren hatte ein deutscher Staatsangehöriger mit dem Namen *M. Nabiel Bagadi* anlässlich seines (mehrjährigen) Aufenthalts in London eine Änderung seines Namens nach englischem Recht in „*Nabiel Peter Graf von Bogendorff Freiherr von Wolffersdorff*“ (sic!) bewirkt. Anders als in der deutschen Sprache erkennt das englische Namensrecht den Bezeichnungen „Graf“ und „Freiherr“ keine besondere Bedeutung zu. Als Herr N. seine Tochter als „Freifrau von…“ im deutschen Geburtenbuch eintragen lassen wollte, legte das OLG Karlsruhe die Frage der Eintragungsfähigkeit dem EuGH vor und fragte nach der Anwendbarkeit des *ordre public* im Rahmen des Art. 48 EGBGB. Der EuGH stellte primär auf die Vorschriften des deutschen Namensrechts über das Verbot der Schaffung neuer Adelstitel ab und hielt dies für ein legitimes Regelungsziel im Sinne der nationalen Identität der Mitgliedstaaten (Art. 4 II EUV). Allerdings ließ der Gerichtshof die Frage offen, ob ein solches Verbot im konkreten Fall verhältnismäßig war.[111] Dies hat das OLG Karlsruhe in der Abschlussentscheidung zu Recht bejaht.

---

105 Diese fiktive Gleichstellung der Zulassungsverfahren in den Mitgliedstaaten bewirkt in der Praxis ein *forum shopping* zur effektivsten bzw. zulassungsfreundlichsten Behörde und hat dementsprechend eine offene Konkurrenz zwischen den nationalen Zulassungsbehörden zur Folge.

106 Zum europäischen Finanzmarktrecht vgl. *Schnyder*, Europäisches Banken- und Versicherungsrecht (2005), Rdn. 116 ff.

107 Vgl. § 11a WpÜG, *Follak*, in: Dauses/Ludwig (Hrg), Handbuch des EU-Wirtschaftsrechts, F III, Rdn. 104.

108 *Mansel*, RabelsZ 70 (2006), 651, 682 ff.; *Jault-Seseke/Pataut*, FS Kohler (2018), S. 371.

109 Vgl. EuGH, 2.12.1997, Rs. C-336/94, *Dafeki./.Landesversicherungsanstalt Württemberg*, EU:C:1997:579 (zu Art. 48 EG); Schlussanträge GA Jacobs, 27.4.2006, Rs. C-96/04, *Standesamt Niebüll*, EU:C:2006:419, Rdn. 11 ff.; EuGH, 14.10.2008, Rs. C-353/06, *Grunkin und Paul*, EU:C:2008:559, Rdn. 22 ff.; EuGH, 22.12.2010, Rs. C-208/09, *Sayn-Wittgenstein*, EU:C:2010:806; EuGH, 2.6.2016, Rs. C-438/14, *Bogendorff von Wolffersdorff*, EU:C:2016:401; EuGH, 8.6.2017, Rs. C-541/15, *Freitag*, EU:C:2017:432.

110 Deutlich EuGH, 2.6.2016, Rs. C-438/14, *Bogendorff von Wolffersdorff*, EU:C:2016:401.

111 Diese Frage beantwortete das OLG Karlsruhe (mit Recht) positiv, OLG Karlsruhe, 30.3.2017, BeckRS 2017, 117372.

Ein weiterer Anwendungsfall des Anerkennungsprinzips ist die Übernahme des Gründungsstatuts im internationalen Gesellschaftsrecht. Hieraus resultiert nach der Rechtsprechung des EuGH unmittelbar die Zuerkennung der Parteifähigkeit vor allen Zivilgerichten der EU-Mitgliedstaaten.[112] 3.26

b) Gegenseitige Anerkennung als Rechtsetzungskonzept

Überträgt man das Konzept der gegenseitigen Anerkennung auf das Prozessrecht, so fügen sich die unterschiedlichen Entwicklungsstufen im Exequaturverfahren in das aufgezeigte Angleichungsschema nahtlos ein. Das Exequaturverfahren nach Art. 31 ff. EuGVÜ entsprach der ersten Stufe der gegenseitigen Anerkennung: Da die Prozessordnungen der Mitgliedstaaten noch nicht harmonisiert waren, wurden prozessuale und materiellrechtliche Mindeststandards anhand der Anerkennungshindernisse der Art. 27 EuGVÜ im Exequaturverfahren überprüft und gegebenenfalls durchgesetzt.[113] Dort, wo eine Vereinheitlichung durch das EuGVÜ selbst erfolgt ist (nämlich bei den Zuständigkeitsvorschriften), entfiel bereits – durchaus folgerichtig – die Zweitkontrolle im Exequaturstaat (vgl. Art. 28 IV EuGVÜ).[114] Die Verlagerung der Nachprüfung der Anerkennungshindernisse in das Beschwerdeverfahren nach Art. 34, 43 ff. EuGVO aF[115] zeigte, dass die EuGVO (2001) im Vergleich zum EuGVÜ einen wesentlichen Schritt in Richtung des „wechselseitigen Vertrauens" vollzog.[116] Denn es wurde (zumindest in der 1. Instanz) auf eine Kontrolle der Anerkennungshindernisse verzichtet. Dennoch gab die EuGVO (2001) den Kontrollvorbehalt in Exequaturverfahren (zumindest dem äußeren Anschein nach) nicht vollständig auf; der Schuldner konnte (weil die zugrundeliegenden prozessualen Verfahrensstandards nicht vereinheitlicht wurden) die Anerkennungshindernisse im Beschwerdeverfahren geltend machen. 3.27

Dieser Regelungsschritt entspricht aus der Perspektive des Unionsrechts dem Leitbild des „Herkunftslandprinzips": Der ausländische Titel wird dem Grundsatz 3.28

112 Bereits EuGH, 5.11.2002, Rs. C-208/00, *Überseering*, EU:C:2002:632, Rdn. 80, hat ausdrücklich festgehalten, dass das Herkunftslandprinzip nicht primärrechtlich verankert sei. Dies folgt aus der Formulierung von Art. 48 AEUV, der den Satzungssitz, die Hauptverwaltung und die Hauptniederlassung gleichstellt. Zur Anerkennung der Klagebefugnis sog. qualifizierter Einrichtungen vgl. unten Rdn. 3.50 ff.

113 EuGH, 28.3.2000, Rs. C-7/98, *Krombach*, EU:C:2000:164, dazu *Hess*, IPRax 2001, 301 ff.; *Muir Watt*, Rev. Crit. 89 (2000), 489 ff.

114 Aus der Sicht des unionsrechtlichen Regelungskonzepts erscheint die gesonderte Nachprüfung der ausschließlichen Zuständigkeiten (Art. 28 I EuGVÜ) im Exequaturverfahren als Systembruch.

115 Vgl. oben § 3 II, Rdn. 3.17.

116 Erwägungsgrund Nr. 16 zur EuGVO nennt ausdrücklich den Grundsatz des „wechselseitigen Vertrauens in der Justiz im Rahmen der Gemeinschaft" als Grundlage der begrenzten Kontrolle der Anerkennungshindernisse im Exequaturverfahren nach Art. 38 ff. EuGVO, dazu etwa *Storskrubb*, Cambr YbELS 20 (2018), 179, 184 ff.

nach ohne vorgängige Kontrolle auf Anerkennungshindernisse einem inländischen Titel gleichgestellt.[117] Wechselseitiges Vertrauen in die Gleichwertigkeit der Justizsysteme und der Verfahrensrechte im Europäischen Justizraum rechtfertigt die Aufgabe einer amtswegigen Kontrolle.[118] Jedoch bleibt eine Restkontrolle vorbehalten, nicht zuletzt wegen der fehlenden Mindestharmonisierung der nationalen Prozessrechte (vgl. Art. 45 lit. a) EuGVO).

3.29 Aus der Perspektive des unionsrechtlichen Regelungskonzepts der wechselseitigen Anerkennung beinhaltete der im Jahre 2001 erreichte Rechtszustand freilich nur einen Zwischenschritt. Wirkliche Urteilsfreizügigkeit ist danach erst dann hergestellt, wenn alle Titel im europäischen Justizraum frei, d. h. ohne vorgängige Anerkennung im Vollstreckungsstaat, zirkulieren.[119] Ziel der fortschreitenden Harmonisierung der Privat- und Verfahrensrechte ist der Wegfall jeglicher Zweitkontrollen im Anerkennungsstaat.[120] Diesen Zustand verwirklichen u. a. die Art. 5 und 20 VO 805/04/EG. Sie ordnen die Anerkennung einer als Europäischen Vollstreckungstitel ausgefertigten Entscheidung an, „ohne dass es einer Vollstreckbarerklärung bedarf und ohne dass die Anerkennung angefochten werden kann."[121] Die Abschaffung des Exequatur entspricht der Logik des Integrationsprozesses. Sie spiegelt den inzwischen erreichten Harmonisierungsstand wider, in dem die Zivilgerichte der Mitgliedstaaten grenzüberschreitende Streitigkeiten zunehmend auf der Basis angeglichenen Rechts entscheiden und das Unionsrecht dezentral vollziehen.[122] Die VO 805/04/EG verwirklicht den Grundsatz der einheitlichen, unmittelbaren und unbedingten Urteilsgeltung in Europa.[123] Neben den transnationalen Verwaltungsakt tritt die transnationale Urteilsgeltung im Europäischen Justizraum.[124]

3.30 Ob der völlige Wegfall der Exequaturverfahren auch aus prozessualer und kollisionsrechtlicher Sicht überzeugt, ist hingegen eine andere Frage.[125] Im internationalen

117 *W.H. Roth*, IPRax 2006, 338, 340; *Mansel*, RabelsZ 70 (2006), 651, 668.

118 Dazu *Geimer*, FS Beys (2003), S. 391, 400 ff.; *Wagner*, IPRax 2002, 75, 79; dagegen will *Oberhammer*, JBl. 2006, 477, 479 (Fn. 11) die „Cassis-Formel" auch auf die EuVTVO anwenden.

119 Zur Interpretation der Urteilsfreizügigkeit als ungeschriebene „fünfte Marktfreiheit" vgl. *Hess*, IPRax 2001, 301, 302 f. Zur allgemeinen Implementierung des „Anerkennungsprinzips" im IPR vgl. *Mansel*, RabelsZ 70 (2006), 651, 715 ff.; *Coester-Waltjen*, IPRax 2006, 392 ff.

120 Zur „Doppelkontrolle" der Zustellung des verfahrenseinleitenden Schriftstücks nach Art. 20, 27 Nr. 2 EuGVÜ / Art. 26/34 Nr. 2 VO 44/01/EG/ heute: Art 28/45 I lit. b) VO 1215/2012, vgl. bereits *Hess*, NJW 2001, 15, 17 f.

121 Ebenso nunmehr Artikel 19 VO 1896/2006/EG (Mahnverfahren), Art. 21 VO 861/2007/EG (Bagatellverfahren), dazu unten § 10 I, Rdn. 10.11 ff.; Art. 17 EuUhVO, unten § 7 V 3, Rdn. 7.149.

122 EuGH, 11.5.2000, Rs. C-38/98, *Renault*, EU:C:2000:225, Rdn. 26, dazu *Hess*, IPRax 2001, 301, 303 f., zum dezentralen Vollzug des Unionsrechts vgl. unten § 11 I, Rdn. 11.1 ff.

123 So bereits anschaulich *Pfeiffer*, FS Jayme (2004), S. 675, 676.

124 Die EuMahnVO, die EuBagVO sowie die EuUhVO haben das Regelungskonzept ausgeweitet, vgl. unten § 10 II, Rdn. 10.77 ff. und § 10 III, Rdn. 10.133 ff. sowie § 7 V 3, Rdn. 7.148 ff.

125 Deutliche Kritik bei *Kohler*, ZEuS 2016, 135, 137 ff.

Zivilprozessrecht erfüllt das Exequaturverfahren vor allem eine Implementierungs-[126] und eine Kontrollfunktion.[127] Wenn das Exequaturverfahren entfällt, müssen beide Funktionen ersetzt werden. Die Standardisierung der Titel durch Begleitdokumente (vgl. Art. 53 EuGVO) oder eine Vereinheitlichung des Titels selbst machen die Implementierung weitgehend überflüssig.[128] Art. 54 EuGVO verpflichtet die zuständigen Organe im Vollstreckungsstaat,[129] den ausländischen Titel an die (Form-)Erfordernisse des inländischen Vollstreckungsrechts anzupassen. Dies ist immer dann der Fall, wenn die Informationen des Begleitformulars (Art. 53 EuGVO) nicht ausreichen, um die Vollstreckung des ausländischen Titels zu ermöglichen.[130] Art. 54 EuGVO ermöglicht dabei eine Konkretisierung[131] und eine Anpassung[132] des ausländischen Titels.

Der von der EU-Kommission im Jahr 2009 vorgeschlagene (allgemeine) Verzicht **3.31** auf die Kontrollfunktion im Rahmen der Brüssel I-Verordnung[133] war hingegen heikler. Eine unbesehene Abschaffung der Anerkennungshindernisse des Art. 34 EuGVO aF erschien angesichts der unterschiedlichen Prozesskulturen und der heterogenen Effizienzen der Justizsysteme in den Mitgliedstaaten durchaus mutig.[134] Abhilfe kann nur die vorgängige Angleichung der nationalen Verfahrensrechte schaffen. Einheitliche Verfahrensstandards bewirken Rechtsklarheit und -sicherheit.[135] Damit tritt die Wirkungsweise des unionsrechtlichen Regelungskonzepts deutlicher hervor: Es

---

126 Die Implementierung bewirkt die Anpassung des ausländischen Titels an die Bestimmtheitserfordernisse des inländischen Vollstreckungsrechts.

127 Im Rahmen der Kontrollfunktion wird der ausländische Titel auf die Einhaltung wesentlicher prozessualer und materiellrechtlicher Mindesterfordernisse überprüft. Nach der neueren Rechtsprechung des EuGH müssen die Gerichte im Erststaat die prozessualen Schutzvorschriften strikt anwenden, EuGH, 28.2.2018, Rs. C-289/17, *Collect Inkasso*, EU:C:2018:133, Rdn. 35 ff.; dazu *Hess*, Travaux du Comité Français DIP (2019), 329, 347 mwN.

128 Notwendig ist eine detaillierte und vollständige Umschreibung des Tenors. Dies ist insbesondere bei den Nebenforderungen wichtig. Zum Problem *Hess/Pfeiffer/Schlosser*, The Brussels I Regulation, Rdn. 452 f.; *Wiedemann*, Vollstreckbarkeit, S. 271 ff.

129 Zur unzureichenden Umsetzung der Vorschrift im deutschen Recht vgl. *Hess*, in: Schlosser/Hess, Art. 54, Rdn. 3; Wieczorek/Schütze/*Haubold*, Art. 54 EuGVO, Rdn. 8.

130 *Wiedemann*, Vollstreckbarkeit, S. 272 f.

131 Insbesondere durch Auslegung des Titels, dazu Wieczorek/Schütze/*Haubold*, Art. 54 EuGVO, Rdn. 38.

132 Etwa bei gesetzlichen Zinsen, dazu *Gössl*, NJW 2014, 3479, 3481.

133 COM (2010) 748 endg.; dazu *Hess*, IPRax 2011, 125; *Oberhammer*, IPRax 2010, 197, 202 f.

134 Deshalb stieß der Vorschlag der EU-Kommission auf erheblichen Widerstand im Rat und wurde in der Literatur scharf kritisiert, vgl. dazu zusammenfassend *Hardung*, Europäische Titelfreizügigkeit (2020), S. 73 ff.

135 Das EU-Parlament hat im Sommer 2017 eine Resolution über sog. „Minimum Standards for Civil Litigation" verabschiedet, dazu kritisch *Stadler*, JZ 2017, 693 ff. Die EU-Kommission hat diese Initiative – nicht zuletzt wegen konzeptioneller und inhaltlicher Schwächen – bisher nicht aufgegriffen. Vgl. unten § 14 II, Rdn. 14.11 ff.

bezweckt nicht die – unbesehene – Abschaffung der Kontrollvorbehalte des Exequaturverfahrens (Art. 34 f. EuGVO). Vielmehr wird lediglich das Anerkennungsverfahren abgeschafft und die dort vorzunehmende Sachprüfung auf das Verfahren im Erststaat transferiert. Dies gilt vor allem für die Kontrolle, ob die Klageschrift ordnungsgemäß zugestellt wurde. Auch die Überprüfung, ob ein Rechtsmissbrauch vorlag, ist (mittels der Wiedereinsetzungsvorschriften) dem Erstgericht überantwortet. Lediglich die Prüfung, ob eine Urteilskollision vorliegt, sollte im Vollstreckungsstaat erfolgen.[136]

3.32 Der Grundsatz des wechselseitigen Vertrauens verzichtet mithin nicht auf die Einhaltung von prozessualen und rechtsstaatlichen Qualitätsstandards, ganz im Gegenteil. Er geht davon aus, dass das Prozessgericht deren Einhaltung garantiert und dass alle Zivilgerichte im Europäischen Justizraum in der Lage sind, diese Grundsätze einzuhalten.[137] Eine Zweitkontrolle der Einhaltung der Verfahrensvorschriften durch die Gerichte im Anerkennungs- bzw. Vollstreckungsstaat erscheint so gesehen wenig prozessökonomisch.[138] Dabei gibt das unionsrechtliche Regelungskonzept einen alternativen Regulierungsansatz vor. Denn es kombiniert die automatische Anerkennung mit einer vorgängigen Mindestharmonisierung der betroffenen Verfahren.[139] Nach einer solchen Vereinheitlichung gelten für die praxisrelevanten „Störfälle" einheitliche Mindeststandards im Europäischen Justizraum, deren Einhaltung das Erstgericht effektiv nachprüfen kann[140] und die letztlich der EuGH einheitlich auslegt.[141] Die Art. 12–19 der VO 805/04/EG enthalten prozessuale „Mindestvorschriften", welche die Gehörswahrung und die Information des Beklagten über das anhängige Verfahren sicherstellen sollen.[142] Entsprechende Mindestvorschriften finden sich auch in Art. 8, 12 ff. der VO 1896/06/EG und in Art. 18 der VO 861/07/EG.[143] Dagegen verzichtet die

136 Die Verlagerung der Kontrollverfahren vom Zweit- in den Erststaat muss also nicht zwangsläufig eine Reduktion der Kontrolldichte bewirken.

137 Daher müssen die Gerichtssysteme der Mitgliedstaaten die rechtsstaatlichen Grundsätze des Art. 2 EUV einhalten, insbesondere die Unabhängigkeit der Justiz garantieren, EuGH, 25.7.2018, Rs. C-216/18 PPU, *LM*, EU:C:2018:586, Rdn. 62 ff., oben § 2 V, Rdn. 2.109 f.; EuGH, 18.12.2014, Avis 2/13, Beitritt der Union zur EMRK, EU:C:2014:2454, Rdn. 191, *Storskrubb*, Cambr YbELS 20 (2018), 178, 188 f.

138 Dazu auch *Oberhammer*, JBl. 2006, 477, 485 ff.

139 *Hess*, in: Weller/Althammer (Hrg.), Mindeststandards im europäischen Zivilprozessrecht (2015), S. 221, 223 ff.

140 Dies gilt insbesondere für die Zustellung der Klageschrift: Art. 13–15 VO 805/04/EG stellen für den Zustellungsvorgang einheitliche Kontrollmaßstäbe auf. Damit entfällt nicht die Anwendung der nationalen Zustellungsrechte, der Zustellungsvorgang als solcher muss jedoch den Mindeststandards der Unionsrechtsakte genügen. Dies wird vor der Ausfertigung des Europäischen Titels vom Erstgericht nachgeprüft, vgl. Art. 6 I lit. c) VO 805/2004/EG, dazu *Oberhammer*, JBl. 2006, 477, 487 ff.

141 Ergänzend wacht die EU-Kommission prinzipiell über die Einhaltung der unionsrechtlichen Mindeststandards nach Art. 257 ff. AEUV.

142 Vgl. dazu unten § 10 I, Rdn. 10.18 ff. und § 10 II, Rdn. 10.69.

143 Das schließt nicht aus, dass künftig eine Korrektur unter Zugrundelegung der europäischen Verfassungsmaßstäbe erforderlich wird.

EuUhVO auf die Schaffung prozessualer Mindeststandards und setzt auf eine Vereinheitlichung des Kollisionsrechts.[144]

Bei der praktischen Anwendung des vollumfänglichen Anerkennungskonzepts kommt es allerdings ganz wesentlich darauf an, dass die unionsrechtlichen Schutzvorschriften in den Mitgliedstaaten einheitlich und effektiv befolgt werden. Dies ist die Prämisse des Grundsatzes des wechselseitigen Vertrauens.[145] Gerade hier bestehen jedoch praktische Bedenken.[146] Denn die Umsetzung der Unionsrechtsakte erfolgt autonom durch die jeweiligen Gerichte und sonstigen Justizbehörden der Mitgliedstaaten – bei deren Zusammenarbeit und fachlicher Qualifikation bestehen jedoch nachhaltige Unterschiede.[147] 3.33

c) Wechselseitige Anerkennung bei „geöffneten Augen"

Die „emotional höchste Hürde" des Vertrauensgrundsatzes ist die Abschaffung des *ordre public*-Vorbehalts.[148] Zwar ermöglicht der *ordre public* den Gerichten des Anerkennungsstaates keine vollständige Kontrolle des anzuerkennenden Titels (Verbot der *révision au fond*) oder des Verfahrens des Erstgerichts.[149] Er hat jedoch die Funktion, Defizite im Erstprozess (etwa: Titelerschleichungen oder auch Korruption) zu bekämpfen und die Anerkennung dann zu versagen, wenn das ausländische Urteil auf (Sanktions)Vorschriften des Erststaates beruht, die die prozessualen und materiellen Rechte der betroffenen Partei unverhältnismäßig verkürzen. Damit bedeutet die Aufgabe des *ordre public* den Verzicht auf eine residuelle Kontrolle der staatlichen Justiz im Verhältnis zum ausländischen Rechtsprechungsakt. Aus dieser Perspektive erscheint das Abrücken vom *ordre public* als eine weit reichende Übertragung souveräner[150] und demokratischer[151] Prärogativen – auch wenn diese Maßstäbe in augenfälligem Gegensatz zur geringen praktischen Bedeutung des *ordre public* stehen.[152] 3.34

---

144 Zur Kritik vgl. unten § 7 V, Rdn. 7.151 ff.

145 So die neuere Rechtsprechung des EuGH, 28.2.2018, Rs. C-289/17, *Collect Inkasso*, EU:C:2018:133, Rdn. 35 ff.

146 Verlässliche Daten sind nicht vorhanden. Zu praktischen Vollstreckungshindernissen vgl. *Gascón Inchausti/Requejo Isidro*, in: Hess/Ortolani (ed.), Luxembourg Report on EU Procedural Law (2019), Vol. I, Kap. 1, Rdn. 234 ff.

147 Die Bemühungen der EU-Kommission, die Ausbildung und Schulung von Richtern zu verbessern (unten Rdn.3.109), setzt daher am richtigen Ansatzpunkt an, dazu etwa *Storskrubb*, Civil Procedure and EU Law, S. 246 ff.

148 Vgl. *Althammer/Löhnig*, ZZPInt. 9 (2004), 23, 35; *Schack*, FS Leipold (2009), S. 317, 333 („Kontrollverlust des Vollstreckungsstaates"); dagegen bereits *Hess*, FS Jayme (2004), S. 339, 354 ff.

149 Deutlich (warnend) EuGH, 2.4.2009, Rs. C-394/07, *Gambazzi*, EU:C:2009:219, Rdn. 46.

150 Zu weitgehend jedoch *Stürner*, FS Wiss. BGH (2000), S. 677, 696 f.: Der anerkennungsrechtliche *ordre public* sei „das prozessuale Spiegelbild der Staatlichkeit einzelner Mitglieder in der EU".

151 So *Pfeiffer*, FS Jayme (2004), S. 675, 681 ff.

152 Vgl. auch *Bach*, Grenzübeschreitende Vollstreckung, S. 358 ff. (zusammenfassend S. 419), der angesichts der Geltung der EMRK in allen EU Mitgliedstaaten keine Verletzung des von Art. 23 I GG

3.35 Dennoch gibt es Konstellationen, in denen die Anwendung des *ordre public* geboten erscheint. Ein Beispiel für die fortdauernde Anwendung des *ordre public* ist das *Gambazzi*-Urteil des EuGH:[153] Es betraf die Anerkennung eines englischen Versäumnisurteils, das der High Court of London gegen den Schweizer Beklagten *Gambazzi* erlassen hatte, nachdem dieser vom Londoner Verfahren ausgeschlossen wurde.[154] *Gambazzi* hatte sich auf das in London geführte Verfahren eingelassen, war jedoch einer richterlichen Auffordung zur Vermögensoffenbarung (*freezing and disclosure order*) nicht nachgekommen und wurde deshalb wegen *contempt of court* vom Verfahren ausgeschlossen (*debarment*). Seine Rechtsbehelfe gegen die *freezing order* und die *disclosure order* blieben erfolglos. Der EuGH entschied nicht in der Sache, ob der Ausschluss einen *ordre public*-Verstoß darstellte – dies zu prüfen sei Aufgabe des italienischen Exequaturgerichts. Jedoch dürften prozessuale Sanktionen die von Art. 6 EMRK garantierten Verteidigungsrechte nicht unverhältnismässig einschränken.[155] Dabei sei allerdings auch das beanstandete Verhalten des Beklagten zu berücksichtigen, das die Sanktion ausgelöst habe. Das Exequaturgericht müsse eine Gesamtwürdigung vornehmen.[156] Im Ergebnis haben die Mailänder Richter die englische Entscheidung anerkannt.

3.36 Das *Gambazzi*-Urteil verdeutlicht, dass sich die Partei primär im Erststaat einlassen und ihre Rechte dort wahren muss. Der EuGH hat diese Einlassungslast im Erststaat im Urteil *Diageo Brands* nochmals ausdrücklich festgehalten.[157] Diese Rechtsprechung zeigt jedoch auch, dass ein vollständiger Verzicht auf die *orde public*-Kontrolle im Zweitstaat nicht richtig wäre – die heterogenen Prozessrechte der Mitgliedstaaten führen immer wieder zu Konstellationen, in denen die unbesehene Vollstreckung im Zweitstaat zu bedenklichen Rechtsschutzdefiziten führen kann. Inzwischen erkennt der EuGH die Beibehaltung einer residualen Kontrolle im Zweitstaat als immanente Grenze des Vertrauensgrundsatzes an.[158] Er verlangt allerdings eine Einlassung der Partei im Erststaat, um dort eventuelle prozessuale oder auch materiellrechtliche Fehler zu rügen.[159]

3.37 Die grundsätzliche Notwendigkeit der Beibehaltung des *ordre public* bedeutet freilich nicht zwingend, dass dessen Prüfung im Exequaturverfahren erfolgen muss. Die Revision der EuGVO hat

---

gewährleisteten Kernbereichs der Verfassungsgarantien zu erkennen vermag. Inzwischen kommen die Garantien der GRC hinzu.

153 EuGH, 2.4.2009, Rs. C-394/07, *Gambazzi*, EU:C:2009:219, Rdn. 26 ff.

154 Hintergrund der Entscheidung war das *Stolzenberg*-Verfahren, das Schadenseratzansprüche über 380.000.000,00 CAD wegen der Veruntreuung des Pensionsfonds von *DaimlerChrysler* (Kanada) zum Gegenstand hatte, vgl. dazu *Canada Trust v. Stolzenberg*, (No 2) [2001] I.L. Pr. 631 (H.L.).

155 Das Schweizer Bundesgericht hatte die Anerkennung des Urteils wegen eines Verstoßes gegen Art. 6 EMRK nach Art. 27 Nr. 1 LugÜ abgelehnt, schw. BG, 9.11.2004, Az. 4 P082/2004.

156 EuGH, 2.4.2009, Rs. C-394/07, *Gambazzi*, EU:C:2009:219, Rdn. 40 ff., 46 f. Es hat den Anschein, dass der EuGH in dieser Entscheidung, die kurz nach dem Urteil *Allianz* (Rs. C-185/07) erging, sich gescheut hat, erneut ein Institut des englischen Prozessrechts für unvereinbar mit dem Gemeinschaftsrecht zu erklären.

157 EuGH, 16.7.2015, Rs. C-681/13, *Diageo Brands*, EU:C:2015:471, Rdn. 64 und 68. Die Einlassungslast vor dem Erstgericht schreibt Art. 45 I lit. b) EuGVO ausdrücklich fest.

158 EuGH, 26.4.2018, Rs. C-34/17, *Donnellan*, EU:C:2018:282 (Annahme eines ungeschriebenen *ordre public*-Vorbehalts), dazu *Hess*, Travaux du Comité Français DIP (2019), 329, 345 ff.

159 EuGH, 16.7.2015, Rs. C-681/13, *Diageo Brands*, EU:C:2015:471, Rdn. 64 und 68.

das Exequaturverfahren abgeschafft, die Prüfung der Anerkennungsversagungsgründe in die Rechtsbehelfssysteme der nationalen Vollstreckungsrechte verlagert (vgl. Art. 45 ff. EuGVO). Die gegebenenfalls notwendige, weitere Implementierung des ausländischen Titels in die Formerfordernisse der nationalen Vollstreckungsrechte sollen die Vollstreckungsorgane bzw. gerichte vornehmen (vgl. Art. 54 EuGVO). Die Vollstreckung des ausländischen Titels unterstützt ein ausführliches, erläuterndes Begleitformular (Art. 53 EuGVO).[160]

Die zwischenzeitliche Rechtsentwicklung verdeutlicht, dass eine vollständige Abschaffung des *ordre public*-Vorbehalts nicht nur rechtspolitisch unklug wäre; sie würde zudem den Rechtsschutz der Bürger (und Unternehmen) im Europäischen Justizraum empfindlich verkürzen. Eine vollständige Abschaffung der *ordre public*-Kontrolle kann daher, wenn überhaupt, nur in speziellen, sektoriellen Bereichen erfolgen. Dann können bei der Definition des sachlichen Anwendungsbereichs des jeweiligen Rechtsakts problematische Konstellationen ausgeklammert werden.[161] 3.38

d) Sektorielle Abschaffung des ordre public im Europäischen Zivilprozessrecht

Die Anwendung des (vollständigen) Grundsatzes der gegenseitigen Anerkennung im Europäischen Prozessrecht erfordert vorgängige Harmonisierungsmaßnahmen in zwei wesentlichen Bereichen: Zum einen müssen die prozessualen Mindeststandards des Art. 6 EMRK und Art. 47 GRC (faires Verfahren, rechtliches Gehör, Unparteilichkeit des Gerichts) umfassend, d. h. durch die Europäischen Rechtsakte selbst gewährleistet werden.[162] Ein bloßer Verweis auf die Vorgaben des Art. 6 EMRK und des Art. 47 GRC in den Unionsrechtsakten (etwa in den jeweiligen Erwägungsgründen) reicht hingegen nicht aus.[163] Speziell die ausdifferenzierte Judikatur des Straßburger Gerichtshofs zu Art. 6 EMRK wird in den EU-Mitgliedstaaten unterschiedlich, nämlich jeweils aus der Perspektive des eigenen Verfahrensrechts (häufig auch unter dem „Vorbehalt" des jeweiligen nationalen Verfassungsrechts), wahrgenommen.[164] Beispielsweise werden die Standards der EMRK in Frankreich durch die Rechtsprechung außerordentlich detailliert und differenziert umgesetzt,[165] während die Judika- 3.39

---

160 Vgl. dazu unten § 3 IV 3, Rdn. 3.79 ff.

161 Beispiele: Die Begrenzung der EuMahnVO auf vertragliche Ansprüche, Art. 2 II lit. d) EuMahnVO; die Herausnahme von Ansprüchen wegen Persönlichkeitsrechts- und Ehrverletzungen aus der EuBagVO, Art. 2 II lit. h) EuBagVO. Die unterschiedlichen Definitionen des sachlichen Anwendungsbereichs der jeweiligen Rechtsakte bewirken freilich eine Fragmentierung des europäischen Prozessrechts.

162 Konkrete Angleichungsschritte betreffen die Vereinheitlichung der Einlassungsfristen und die amtswegige Kontrolle der ordnungsgemäßen Zustellung des verfahrenseinleitenden Schriftstücks, die eine Harmonisierung der Zustellungsregeln erfordert, *Hess*, NJW 2001, 15, 19 ff.

163 Daher sind die lückenhaften Regelungen zur wechselseitigen Anerkennung von Umgangsentscheidungen in den Art. 40–45 VO 2201/03/EG problematisch, vgl. unten § 7 IV, Rdn. 7.119 ff.

164 Dazu bereits *Hess*, JZ 2005, 540, 548 ff.

165 *Guinchard* et al., Droit Processuel (10. Aufl. 2019), Rdn. 116 ff. (zu Art. 6 EMRK).

tur des EGMR in Deutschland – immer noch – zu wenig beachtet wird.[166] Der EGMR hat seinerseits die arbeitsteilige Zusammenarbeit der Gerichte im Europäischen Justizraum bei der Wahrung materieller und prozessualer Grundrechte im Grundsatz respektiert (sog. „Bosphorus-Formel"[167]); der Straßburger Gerichtshof behält sich seinerseits einen residuellen Kontrollvorbehalt vor.[168]

3.40 Das Verhältnis zwischen dem EGMR und dem EuGH hat der EGMR im Urteil *Avotiņš v. Lettland* geklärt.[169] Der Straßburger Beschwerde lag ein Verfahren vor den lettischen Gerichten zugrunde, in dem es um die Anerkennung eines zypriotischen Urteils nach Art. 32 ff. EuGVO aF ging. Der Beschwerdeführer war in Zypern geschäftlich tätig und hatte dort ein notarielles Schuldanerkenntnis über 100.000 US$ unterzeichnet. Im Jahr 2003 klagte die zypriotische Gläubigerin vor dem Gericht in Limassol; die Klagezustellung in Lettland erfolgte an der Adresse, die in der Urkunde angegeben war. Ob die Zustellung tatsächlich erfolgte, blieb strittig. Der Beschwerdeführer berief sich im lettischen Anerkennungsverfahren auf Art. 34 Nr. 2 EuGVO aF. Dieser Einwand wurde vom lettischen Obersten Gericht mit der Begründung zurückgewiesen, dass der Beschwerdeführer vor den zypriotischen Gerichten die fehlerhafte Zustellung hätte rügen müssen.

3.41 Nachdem eine Kammer des EGMR mit 4:3 Stimmen eine Verletzung von Art. 6 EMRK verneint hatte,[170] entschied die Große Kammer mit 16:1 Stimmen, dass der lettische Oberste Gerichtshof Art. 6 EMRK nicht verletzt habe.[171] Der EGMR wiederholte seine Rechtsprechung zur sog. Bosphorus-Vermutung. Danach gilt innerhalb der EU ein grundsätzlicher gleichwertiger Grundrechtsschutz wie unter der EMRK (vgl. Art. 51 III GRC).[172] Deswegen kann im Fall der justiziellen Kooperation nach Unionsrecht der ersuchte Zweitstaat grundsätzlich darauf vertrauen, dass die Gerichte im Erststaat (hier: Zypern) die Verfahrensgarantien der EMRK beachtet haben.[173] Soweit das Unionsrecht allerdings Spielräume eröffnet, muss das Zweitgericht eine Prüfung vornehmen. Einen solchen Prüfungsspielraum enthält Art. 34 Nr. 2 EuGVO aF/Art. 45 I lit. b) EuGVO jedoch nicht – vorrangig war der Rechtsschutz vor den zypriotischen Gerichten.[174] Dabei verwies der EGMR darauf, dass der Beschwer-

166 Vgl. dazu etwa *Zöller/Geimer*, Einleitung ZPO, Rdn. 132 ff.; immerhin ist seit 2004 die Wiederaufnahme des Verfahrens nach einer Verurteilung durch den EGMR möglich, § 580 Nr. 8 ZPO. Eine Erstreckung der Wiederaufnahme auf die Verletzung von (zwingendem) Unionsrecht ist weder nach Äquivalenz- noch nach dem Effektivitätsgrundsatz geboten, EuGH, 24.10.2018, Rs. C-234/17, *XC*, EU:C:2018:853.

167 EGMR, 30.6.2005, Nr. 45036/98, *Bosphorus v. Irland*, CE:ECHR:2005:0630JUD004503698 , 197.

168 Erstmalig zum EuZVR in EGMR, 18.6.2013, Nr. 3890/11, *Povse v. Österreich*, CE:ECHR:2013:0618JUD000389011 dazu *Requejo Isidro*, in: Hess/Bergstroem/Storskrubb (ed.), EU Civil Justice (2016), S. 283, 291 ff.; dazu unten § 7 IV 7, Rdn. 7.129 f.

169 EGMR, 23.5.2016 (GC), Nr. 17502/07, *Avotiņš v. Lettland*, CE:ECHR:2016:0523JUD001750207, dazu *Kohler*, IPRax 2017, 333, 335 ff.

170 EGMR, 25.2.2014, Nr. 17502/07, *Avotiņš v. Lettland*, CE:ECHR:2014:0225JUD001750207, dazu *Requejo Isidro*, IPRax 2015, 69.

171 EGMR, 23.5.2016 (GC), Nr. 17502/07, *Avotiņš v. Lettland*, CE:ECHR:2016:0523JUD001750207, Rdn. 98 ff.

172 Dazu *Kohler*, IPRax 2017, 333,336 f.

173 EGMR, 23.5.2016 (GC), Nr. 17502/07, *Avotiņš v. Lettland*, CE:ECHR:2016:0523JUD001750207, Rdn. 101–104 ff.

174 EGMR, 23.5.2016 (GC), Nr. 17502/07, *Avotiņš v. Lettland*, CE:ECHR:2016:0523JUD001750207, Rdn. 121 – Die zypriotische Regierung hatte darauf hingewiesen, dass nach zypriotischem Recht die

deführer während des Anerkennungsverfahrens keinen Rechtsbehelf in Zypern eingelegt hatte, um den Titel zu beseitigen.[175]

Die zweite (eher technische) Maßnahme zur Implementierung des Anerkennungsprinzips betrifft die Abfassung der Titel. Der Wegfall der Exequaturverfahren erfordert eine standardisierte Tenorierung der Zahlungstitel. Denn nur dann bedarf es keiner Implementierung der ausländischen Titel in die inländischen Vollstreckungsverfahren mehr.[176] Diese Funktion erfüllte bisher das Exequaturverfahren.[177] Art. 6 EuVTVO geht funktional-konstruktiv einen ähnlichen Weg:[178] Die Vollstreckungstitel-VO gleicht nicht die nationalen Vollstreckungstitel einander inhaltlich an, sondern vereinheitlicht das Klauselerteilungsverfahren.[179] Auf Antrag des Gläubigers erteilt das Gericht, das die unbestrittene Entscheidung erlassen hat, eine Bestätigung, dass die prozessualen Mindeststandards der EuVTVO gewahrt wurden. Die Bestätigung erfolgt auf standardisierten Formularen (vgl. die Anhänge I-III zur VO 805/04/EG).[180] Sie erläutern auch die Tenorierung des Titels und bestätigen (wie die Vollstreckungsklausel) seine Vollstreckungsfähigkeit. Das Begleitformular hat aus der Perspektive des allgemeinen Gemeinschaftsrechts die Funktion eines „*passeport européen*".[181] Es beinhaltet eine Vorstufe zu einer unionsweiten, einheitlichen Tenorierung: Die europäische Vollstreckungsklausel eröffnet den nationalen Titeln unionsweite Freizügigkeit.[182] 3.42

Ein genuin europäischer Titel ist hingegen der Zahlungsbefehl nach Art. 12 EuMahnVO. Die Voraussetzungen seines Erlasses und die Form der vollstreckbaren Ausfertigung regelt der Unionsrechtsakt autonom. Der Titel wird auf einem Formular ausgefertigt, das die Mahnverfahrensverordnung selbst vorgibt.[183] Ganz in der Tra- 3.43

Möglichkeit der Wiedereinsetzung bestand, *Kohler*, IPRax 2017, 333, 336. Diesen Aspekt übersieht *Storskrubb*, Cambr YbELS 20 (2018), 169, 194 f., die das Urteil für widersprüchlich erachtet.

175 Zu den nach Art. 34 Nr. 2 EuGVO aF/Art. 45 I lit. b) EuGVO einzulegenden Rechtsbehelfen gehört auch die Wiedereinsetzung, EuGH, 14.12.2006, Rs. C-283/05, *ASML*, EU:C:2006:787, Rdn. 39 f.; EuGH, 7.7.2016, Rs. C-70/15, *Lebek*, EU:C:2016:524, Rdn. 42 ff.

176 Die Einführung des Euro als einheitliche europäische Währung hat die Implementierung der Titel aus anderen EU-Mitgliedstaaten nachhaltig erleichtert. Zur Implementierung von Fremdwährungstiteln Wieczorek/Schütze/*Haubold*, Art. 43 EuGVO, Rdn. 35.

177 *Hess*, JZ 2001, 573, 582 f.

178 Ausführlich unten § 10 I, Rdn. 10.3 ff.

179 Vgl. für das deutsche Prozessrecht §§ 724–732 ZPO. Dieser Regelungsansatz greift damit im Kern die Funktion des Exequaturverfahrens auf, das die Vollstreckungsfähigkeit des ausländischen Titels im Verhältnis zwischen Gläubiger und Schuldner (bzw. deren Rechtsnachfolgern) bindend klärt.

180 Vgl. unten § 10 I, Rdn. 10.16 ff.

181 Vgl. oben Rdn. 3.23; *Wagner*, IPRax 2005, 189, 196.

182 Praktische Probleme können (auch) aus den komplizierten Regelungen der EU-Mitgliedstaaten zur vorläufigen Vollstreckung resultieren, vgl. BGH, 25.1.2018, IX ZB 89/16, BeckRS 2018, 1121 (zu den Formularen der VO 1215/2012 – das Vorabentscheidungsersuchen wurde zurückgenommen).

183 Vgl. das Formblatt E im Anhang zur EuMahnVO, ABl. EG 2006 L 399/26, dazu unten § 10 II, Rdn. 10.61.

dition der nationalen Urteilsausfertigung führen die Formulare für den Zahlungsbefehl das Wappen der Union im Briefkopf – damit wird der Geltungsgrund des Justizakts sichtbar dokumentiert.[184] Das Europäische Bagatellverfahren enthält hingegen keinen eigenständigen Titel des Gemeinschaftsrechts. Vielmehr erfolgt die Ausfertigung des Urteils nach den Prozessrechten der Mitgliedstaaten. Anhang D der Verordnung enthält dementsprechend eine standardisierte Vollstreckungsklausel zur Erläuterung des Titels.[185]

3. Weitere Anwendungsfelder des Vertrauensgrundsatzes im Europäischen Zivilprozessrecht

a) Wechselseitiges Vertrauen und Hierarchisierung im einstweiligen Rechtsschutz

3.44 Der Anwendungsbereich des Grundsatzes des wechselseitigen Vertrauens ist nicht auf die Urteilsanerkennung beschränkt. Vielmehr ermöglicht der Grundsatz auch in anderen Bereichen des internationalen Prozessrechts Kooperationsmechanismen, die über die herkömmlichen Formen der internationalen Zusammenarbeit hinausgehen. Ein Anwendungsfeld ist der einstweilige Rechtsschutz. Dort bedeutet wechselseitiges Vertrauen, dass die Befugnis des zuständigen Hauptsachegerichts, über den Fortbestand (unterstützender) einstweiliger Maßnahmen zu entscheiden, in allen anderen EU-Mitgliedstaaten anerkannt wird. Die Folge ist eine „Hierarchisierung" des einstweiligen Rechtsschutzes – dem Hauptsachegericht wird die grundsätzliche Befugnis zuerkannt, einstweilige Maßnahmen aufzuheben, die von Gerichten anderer Mitgliedstaaten erlassen wurden, um das Hauptsacheverfahren zu unterstützen.

3.45 Art. 11 EheGVO (2003) erhält hierzu eine bemerkenswerte Regelung. Die Vorschrift regelt die Kooperation zwischen den Gerichten im Fall der Kindesentführung.[186] Nach Art. 10 EheGVO (2003) ist das Gericht am früheren Aufenthaltsort des Kindes für die Rückführung zuständig. Es kann dessen Rückführung anordnen. Lehnt das ersuchte Gericht (im anderen Mitgliedsstaat) die Rückführung ab, kann der Antragsteller sich erneut an das Erstgericht wenden. Dieses entscheidet erneut über die Rückführung (unter Vorlage der Ablehnungsentscheidung des ersuchten Gerichts). Hält das Erstgericht die Rückführungsanordnung aufrecht, so wird diese nach den Art. 42 und 40 EheGVO (2003) erlassen. Dies hat zur Folge, dass die Rückführungsentscheidung ohne Vorbehalte im ersuchten Mitgliedstaat zu vollziehen ist (automatische Anerkennung). Im Ergebnis erhält damit die Entscheidung des Hauptsachegerichts Vorrang vor der (gegenläufigen) Entscheidung des EU-Mitgliedstaates.[187]

---

184 ABl. EG 2006 L 399/26 f.; dazu unten § 10 III, Rdn. 10.113.

185 ABl. EG 2007 L 199/21 f.

186 Dazu unten § 7 IV, Rdn. 7.122 ff.; st Rspr seit EuGH, 11.7.2008, Rs. C-195/08 PPU, *Inga Rinau*, EU:C:2008:406, Rdn. 56 ff.

187 Unten § 7 IV, Rdn. 7.126 f. Die Neuregelung hat die Verpflichtung zur Rückgabe durch einen Vorbehalt zugunsten der Entscheidung des ersuchten Gerichts (in Extremsituationen) praktisch umgekehrt, dazu § 7 IV, Rdn. 7.133.

Die Hierarchisierung des Zuständigkeitsrechts findet sich auch in anderen Rechtsgebieten – etwa in der EuInsVO beim Vorrang des Primär- gegenüber dem Sekundärinsolvenzverfahren.[188] Auch die Rechtsprechung des EuGH zu Art. 35 EuGVO ist in diesem Kontext zu sehen:[189] Danach setzen Unterstützungsmaßnahmen anderer EU-Gerichte für das Hauptsacheverfahren (im Wege des einstweiligen Rechtsschutzes) einen *real connecting link* zwischen der Anordnung und ihrem Gegenstand voraus.[190] Da der einstweilige Rechtsschutz auf eine reine Unterstützung des Hauptsacheverfahrens beschränkt ist, erscheint es (eigentlich) konsequent, dem Hauptsachegericht eine Befugnis zur Aufhebung einstweiliger Maßnahmen zuzuerkennen.[191] Diese Befugnis ist in Art. 15 III EheGVO vorgesehen: Danach treten unterstützende Maßnahmen (*ex lege*) außer Kraft, wenn das Gericht der Hauptsache eine eigene Maßnahme trifft.[192] 3.46

Bei der grenzüberschreitenden Kontenpfändung ist der Rechtsschutz hingegen zwischen dem Ursprungsgericht (das den grenzüberschreitenden Pfändungsbeschluss erlässt, Art. 22, 33 EuKtPVO) und den Gerichten im Vollstreckungsstaat (Art. 34 EuKtPVO) aufgeteilt. Rechtsbehelfe gegen den Pfändungsbeschluss müssen vor dem Erlassgericht, Rechtsschutz gegen die Art und Weise der Vollstreckung (insbesondere Vollstreckungsschutz) vor dem Gericht des Vollstreckungsstaates beantragt werden. Auch dieser Aufteilung liegt ein Hierarchieverhältnis (zugunsten des Erlassgerichts) zugrunde.[193] Wechselseitiges Vertrauen ermöglicht vor allem im einstweiligen Rechtsschutz eine enge und effektive Vernetzung von Hauptsache- und unterstützendem Gericht.[194] Direkte Kontaktaufnahmen und Absprachen zwischen den befassten Sprachkörpern bzw. den entscheidenden Richtern (vermittelt über das Europäische Justizielle Netz) unter Einbeziehung der Parteien sichern die justizielle Kooperation ab.[195] 3.47

---

188 Art. 34 ff. EuInsVO, dazu unten § 9, Rdn. 9.70 ff.

189 EuGH, 17.11.1998, Rs. C-391/95, *van Uden*, EU:C:1998:543, unten § 6 V, Rdn. 6.278 ff.

190 Dazu *Hess/Pfeiffer/Schlosser*, The Brussels I Regulation, Rdn. 628 ff.

191 Vgl. den Vorschlag bei *Hess/Pfeiffer/Schlosser*, The Brussels I Regulation, Rdn. 654: Die Befugnis des Hauptsachegerichts, einstweilige Maßnahmen anderer Gerichte zur Unterstützung des Hauptsacheverfahrens abzuändern, sollte ausdrücklich in die EuGVO aufgenommen werden. Der Reformgesetzgeber hat den Vorschlag leider nicht aufgegriffen.

192 Das Gericht der Hauptsache hat mithin „das letzte Wort", treffend MünchKomm/*Gottwald*, Art. 20 Brüssel IIa-VO (2003), Rdn. 13; dazu unten § 7 IV 4, Rdn. 7.96.

193 Dazu näher unten § 10 IV, Rdn. 10.151 ff.

194 Dazu bereits die vorbereitende Studie, *Hess*, Study JAI A3/02/2002 (2003), S. 144 f.

195 Die praktische Zusammenarbeit zwischen den Gerichten der EU-Mitgliedstaaten bleibt freilich derzeit hinter diesem rechtspolitischen Postulat zurück – obgleich immer wieder Beispiele aktiver (und erfolgreicher) Kommunikation und Kooperation berichtet werden, dazu *Hess*, in: ders./Gottwald (Hrg.), Procedural Justice (2014), S. 387, 421 ff.

b) Wechselseitiges Vertrauen und konkurrierende Verfahren

3.48 Das Europäische Prozessrecht regelt die Rechtshängigkeit im Ausgangspunkt durch ein striktes Prioritätsprinzip (Art. 29 EuGVO,[196] Art. 20 EheGVO);[197] der EuGH hat diese Wertung auf die EuInsVO übertragen.[198] In der praktischen Handhabung bereitet der Prioritätsgrundsatz[199] vor allem der englischen (und der irischen) Justiz Schwierigkeiten, weil das Verfahrensrecht des Common Law auf flexible Abgrenzungen (*forum (non) conveniens*) setzt. Der EuGH lässt hingegen – aus gutem Grund –Abweichungen von den klaren Kriterien der Unionsrechtsakte nicht zu. Denn sie würden erhebliche Rechtsunsicherheit bewirken, Parallelverfahren führen zudem zu Kostensteigerungen.[200] Auch ist der Erlass von *anti-suit injunctions* zwischen den Gerichten der EU-Mitgliedstaaten mit dem Grundsatz des wechselseitigen Vertrauens unvereinbar.[201] Eine derartige Unterlassungsverfügung verbietet zwar formal lediglich den Parteien, den anhängigen Parallelrechtsstreit vor einem ausländischen Forum (weiter) zu prozessieren. Tatsächlich greift jedoch die Unterlassungsverfügung in die Befugnis des ausländischen Gerichts ein, über die Zulässigkeit des Verfahrens zu entscheiden. So gesehen implementiert die *anti-suit injunction* „wechselseitiges Misstrauen" im Europäischen Justizraum.[202] Abhilfe ermöglicht nur eine Änderung der Unionsrechtsakte selbst – etwa im Sinne einer Hierarchisierung.[203]

3.49 Derartige Regelungen kennt das Europäische Prozessrecht inzwischen durchaus.[204] Eine echte Hierarchisierung eröffnet beispielsweise Art. 31 II EuGVO bei der

---

196 EuGH, 9.12.2003, Rs. C-116/02, *Gasser*, EU:C:2003:657. Allerdings enthält Art. 31 II EuGVO inzwischen eine begrüßenswerte Durchbrechung (zugunsten des prorogierten Gerichts), vgl. dazu unten § 6 II, Rdn. 6.153 und § 6 III, Rdn. 6.199.

197 Vgl. unten § 7 III, Rdn. 7.46 ff.

198 EuGH, 2.5.2006, Rs. C-341/04, *Eurofood*, EU:C:2006:281.

199 Nach Art. 29, 32 EuGVO entscheidet das zuerst angerufene, zuständige Gericht den Rechtsstreit.

200 EuGH, 27.4.2004, Rs. C-159/02, *Turner*, EU:C:2004:228, Rdn. 27; EuGH, 10.2.2009, Rs. C-185/07, *Allianz*, EU:C:2009:69, Rdn. 30 ff.; *Weller*, in: Hess/Pfeiffer/Schlosser, The Brussels I Regulation, Rdn. 387 ff. Wenig überzeugend (und zu formal) hingegen EuGH, 19.9.2018, verb. Rs. C-325/18 PPU und C-375/18 PPU, *Hampshire County Council./.C.E., N.E.*, EU:C:2018:739, Rdn. 90 ff.: Die einstweilige Anordnung eines irischen Familiengerichts an eine englische Behörde, die Durchführung eines Adoptionsverfahrens nicht zu betreiben, sei mit der EheGVO vereinbar, da diese auf Adoptionsverfahren nicht anwendbar ist. Zwar war der sachliche Anwendungsbereich der EheGVO formal nicht eröffnet, jedoch bestand ein enger inhaltlicher Zusammenhang zur EheGVO, der den Erlass derartiger Verfügungen im Rahmen behördlicher Kooperation ausschließen sollte.

201 *Dohmann/Briggs*, FS Schlosser (2005), S. 161, 164 ff.

202 Deutlich: EuGH, 10.2.2009, Rs. C-185/07, *Allianz*, EU:C:2009:69, Rdn. 26 ff., im Anschluss an die Schlussanträge der GAin *Kokott*, EU:C:2008:466; fortgeführt vom EuGH, 13.5.2015, Rs. C-536/13, *Gazprom*, EU:C:2015:316., Rdn. 33 f.

203 Eine solche Hierarchisierung enthält Art. 31 II EuGVO zugunsten des prorogierten Gerichts, dazu sogleich unten Rdn. 3.49 sowie § 6 III, Rdn. 6.192.

204 Vgl. zudem Art. 12 f. EheGVO zur grenzüberschreitenden Abgabe des Sorgeverfahrens an ein sachnäheres Gericht, unten § 7 III, Rdn. 7.75 ff.

ausschließlichen Gerichtsstandsvereinbarung (zugunsten des prorogierten Gerichts). Die Vorschrift ersetzt das Prioritätsprinzip bei der Rechtshängigkeit durch eine spezielle Vorrangregel. Danach ist allein das prorogierte Gericht zur Entscheidung über die Wirksamkeit der Gerichtsstandsklausel befugt – alle anderen Gerichte müssen Parallelverfahren bis zur Entscheidung des prorogierten Gerichts aussetzen.[205] Das bedeutet konkret, dass den parallel angerufenen, derogierten Gerichten eigenständige (und aufwändige) Prüfungen über die Wirksamkeit und über die Auslagerung der Gerichtsstandsklausel verwehrt sind: Sie dürfen nur *prima facie* prüfen, ob die anhängige Klage unter die Gerichtsstandsklausel fällt.[206] Ist dies der Fall, muss die Klage zwingend ausgesetzt und die Entscheidung des prorogierten Gerichts (über dessen Zuständigkeit) abgewartet werden.[207] Die Aussetzungsentscheidung muss zudem rasch ergehen: Angesichts des begrenzten Prüfungsumfangs darf das derogierte Gericht keine weiteren Fristen setzen.

c) Wechselseitige Anerkennung kollektiver Klagebefugnisse

Eine besondere Anerkennungsregelung enthält Art. 4 der RL 2009/22/EG zur grenz- 3.50
überschreitenden Unterlassungsklage sog. „qualifizierter Einrichtungen".[208] Diese Vorschrift eröffnet den qualifizierten Einrichtungen eine Klagebefugnis vor den Zivilgerichten aller anderen EU-Mitgliedstaaten.[209] Diese Vorschrift geht über die „verfahrensmäßige" Anerkennung von Gerichtsentscheidungen hinaus: Die Anerkennung wird auf „Rechtslagen" bzw. „Statutsverhältnisse" erweitert.[210] Sie beruht allerdings zugleich auf der förmlichen Registrierung der Einrichtung im jeweiligen Heimatstaat bzw. in der nach Art. 4 RL 2009/22/EG vorgehaltenen (Online-) Liste der EU-Kommission. Dabei besteht jedoch das praktische Problem, dass die Registrierung derzeit nicht wirklich inhaltlich kontrolliert wird.

Eine deutliche Ausweitung der wechselseitigen Anerkennung prozessualer Kla- 3.51
gebefugnisse qualifizierter Einrichtungen enthält der Vorschlag der EU-Kommission vom 18.4.2018 zum sog. „*Consumer Refit*".[211] Nach diesem Vorschlag sollen qualifizierte Einrichtungen (insbesondere Verbraucherschutzorganisationen), die in einem

205 Unten § 6 II, Rdn. 144 f.

206 Zu prüfen ist nur, ob eine Klausel abgeschlossen wurde und der Rechtsstreit unter die Klausel fällt. Einzelheiten sind streitig, vgl. Wieczorek/Schütze/*M. Weller*, Art. 31 EuGVO, Rdn. 8–10.

207 Bedenklich allerdings LG Berlin, 13.5.2020, Az. 95 O 60/18: Aussetzungsbeschluss zugunsten des High Court London im Verfahren *Air Berlin* nach einer Verfahrensdauer (und einem aufwändigen Austausch konträrer Schriftsätze) von mehr als eineinhalb Jahren. Das Urteil zeigt, dass die Praxis sich mit der Hierarchisierung durchaus schwertut.

208 Zur geplanten Neufassung der Richtlinie vgl. den Vorschlag der EU-Kommission COM (2018) 184 endg.

209 Vgl. unten § 11 III, Rdn. 11.61 ff.

210 Zur Anerkennung von Rechtslagen *Coester-Waltjen*, in: Basedow et al. (ed.), EPIL, S. 1495 ff.

211 COM (2018) 184 endg., dazu *Stadler*, JZ 2018, 793, 798 ff.

EU-Mitgliedstaat registriert sind, befugt sein, nicht nur Unterlassungs-, sondern auch Entschädigungsklagen in anderen EU-Mitgliedstaaten zu erheben. In (gewisser) Vorwegnahme der künftigen Regelung eröffnet § 606 I Nr. 2 ZPO ausländischen qualifizierten Einrichtungen, die in das Verzeichnis der EU-Kommission nach Art. 4 III RL 2009/22/EG eingetragen sind, die Klagebefugnis für die Musterfeststellungsklage. Allerdings muss die ausländische Einrichtung die weiteren Erfordernisse des § 606 I Nr. 3–5 ZPO erfüllen (insbesondere nicht gewerbsmäßig tätig sein und keine Gewinnerzielung beabsichtigen). Es bleibt abzuwarten, ob im Fall der Verabschiedung der geplanten EU-Richtlinie der deutsche Gesetzgeber an diesen Restriktionen festhalten kann.

3.52 Nach Art. 80 der Datenschutzgrundverordnung (DSGVO) sind Organisationen, Einrichtungen oder Vereinigungen ohne Gewinnerzielungsabsicht befugt, Rechtsverletzungen im Namen der Datensubjekte (*opt in*) oder auch in eigener Initiative (*opt out*) geltend zu machen.[212] Diese Befugnisse können auch grenzüberschreitend geltend gemacht werden (Art. 79 II DSGVO).[213] Eine spezielle Registereintragung ist nicht erforderlich. Die Regelungsstruktur orientiert sich an der Anerkennung im europäischen Gesellschaftsrecht, die keine vorgängige Registrierung voraussetzt.[214]

III. Zugang zum Recht und komplementäre Regelungskonzepte

1. Zugang zum Recht im Europäischen Justizraum

3.53 Im Binnenmarkt erfüllt das europäische Zivilprozessrecht die Aufgabe, die Verfahrensrechte der Mitgliedstaaten wirkungsvoll zu koordinieren, damit die Grundfreiheiten vor den Gerichten der EU-Mitgliedstaaten durchgesetzt werden können. Es geht mithin um die Schaffung effektiver Rahmenbedingungen zur grenzüberschreitenden Forderungsbeitreibung und zur Durchsetzung bzw. Wahrung weiterer Rechtspositionen.[215] Der Regelungsansatz des Europäischen Prozessrechts geht jedoch heute weiter. Der in Art. 67 IV AEUV programmatisch aufgeführte „Zugang zum Recht" erfasst nicht nur Prozesse, die aus grenzüberschreitenden Wirtschaftsbetätigungen resultieren. Das Konzept nimmt vielmehr den prozessualen Rechtsschutz des Unionsbürgers ganz allgemein in den Blick.[216] Es geht um die Gewährleistung effektiven

---

212 Dazu unten § 11 III, Rdn. 11.93 ff.

213 *Hess*, RdC 388 (2018), 49, Rdn. 145 f.

214 Der BGH hat dem EuGH die Frage vorgelegt, ob auch Verbraucherverbände nach Art. 80 DSGVO klageberechtigt sind, BGH, 28.5.2020, Az. I ZR 187/17.

215 Zum Konzept des „Binnenmarktprozesses" vgl. meine Tübinger Antrittsvorlesung (1998), *Hess*, JZ 1998, 1021, 1022 ff.; oben § 1 III Rdn. 18 ff.

216 Programmatisch das Grünbuch der EU-Kommission, Prozesskostenhilfe in Zivilsachen, COM (2000) 51 endg. vom 9.2.2000, S. 4: „Es ergibt sich unmittelbar aus den Grundfreiheiten des EG-Ver-

Rechtsschutzes vor den Gerichten der EU-Mitgliedstaaten und vor dem EuGH selbst.[217] Effektiven Rechtsschutz verbürgt zudem Art. 47 GRC als europäisches Grundrecht.[218] Das Zugangskonzept des Art. 67 IV AEUV ist hingegen auf grenzüberschreitende Streitigkeiten begrenzt.[219]

Die programmatische Formulierung in Art. 67 AEUV ist Teil einer längeren Rechtsentwicklung: Seit den späten 1980er Jahren entwickelte die Kommission (mit Billigung des Rats) ein umfassendes Konzept des „Zugangs zum Recht."[220] Die Ursprünge dieses Regelungskonzepts liegen im EU-Verbraucherrecht. Dort besteht das primäre Anliegen[221] darin, den Verbraucher als Naturalpartei vor Gericht so zu stärken, dass prozessuale Waffengleichheit im Verhältnis zum überlegenen Unternehmer (als Prozessgegner) hergestellt wird.[222] Inhaltlich geht es zunächst um die Beseitigung finanzieller Barrieren bei der (grenzüberschreitenden) Prozessführung; nämlich die Abschaffung der Prozesskostensicherheit[223] und den Zugang zur Prozesskostenhilfe.[224] Im Europäischen Justizraum erlangt das Konzept eine erweiterte Stoßrichtung. Danach müssen 3.54

trags, dass ein Bürger in der Lage sein muss, zur Lösung von Streitfällen, die aus seiner Tätigkeit in Ausübung einer dieser Freiheiten resultieren, vor den Gerichten eines Mitgliedstaats in derselben Weise wie Staatsangehörige dieses Mitgliedsstaates zu klagen oder verklagt zu werden... Da keine gemeinschaftsweite Regelung besteht, obliegt es den Mitgliedstaaten, in ihrer Rechtsordnung genaue Verfahrensregeln zum Schutz der Rechte zu erlassen, die sich für Einzelpersonen aus Gemeinschaftsrechtsnormen ableiten lassen, einschließlich der Rechte in Bezug auf Prozesskostenhilfe. Solche Regeln dürfen weder jene Personen benachteiligen, die nach Gemeinschaftsrecht über einen Gleichbehandlungsanspruch verfügen, noch die vom Gemeinschaftsrecht garantierten Grundfreiheiten einschränken."

217 *Lenaerts/Maselis/Gutman/Nowak*, EU Procedural Law, Rdn. 4.06 f.

218 Diese Garantie findet sich bereits in Art. 6 und 13 EMRK, EuGH, 15.5.1986, Rs. C-222/84, *Johnston*, EU:C:1986:206; EuGH, 13.3.2007, Rs. C-432/05, *Unibet*, EU:C:2007:163, Rdn. 41 f.

219 Dazu sogleich unten Rdn. 3.57.

220 Das Schlagwort ist älter. Es wurde zuerst in der prozessrechtlichen Diskussion der späten 1970er Jahre verwendet, vgl. *Cappelletti/Garth*, Access to Justice, Bd. I–VI (1978 ff.). Später wurde es für den Verbraucherschutz übernommen, vgl. *Reich*, Bürgerrechte in der Europäischen Union (1999), S. 366 ff. Aus heutiger Sicht ausführlich *Caponi/Nowak*, in: Hess/Law (Hrg.), Luxembourg Report on EU Procedural Law (2019), Vol. II, Kap. 2, S. 63 ff.

221 Zum kollektiven Rechtsschutz vgl. unten § 11 III, Rdn. 11.58 ff.

222 Die Verbrauchergerichtsstände der Art. 13–15 EuGVÜ (heute Art. 17–19 EuGVO) verdeutlichen, dass das Europäische Prozessrecht von Beginn an den Verbraucherschutz als integralen Bestandteil kennt.

223 Dazu EuGH, 1.7.1993, Rs. C-20/92, *Hubbard./.Hamburger*, EU:C:1993:280; zur (dadurch veranlassten) Neufassung des § 110 ZPO (1998) vgl. *H. Roth*, in: ders./Müller-Graff (Hrg.), Recht und Rechtswissenschaft (1999), S. 351, 366.

224 Vgl. Art. 5 ff. RL 2002/8/EG (PKH), dazu unten § 8 III, Rdn. 8.68 ff. Die PKH umfasst bei grenzüberschreitenden Verfahren auch die Übersetzungskosten, einschließlich der Kosten für die Übersetzung der dem PKH-Gesuch beizufügenden Unterlagen, EuGH, 13.7.2017, Rs. C-368/16, *Šalplachta*, EU:C:2017:594, Rdn. 25 ff., 35; unzutreffend hingegen MünchKomm/*Rauscher*, § 1078 ZPO, Rdn. 6 (ohne Hinweis auf das einschlägige Urteil des EuGH).

die Mitgliedstaaten ihre Verfahrensrechte so ausgestalten, dass allen Unionsbürgern (Art. 20 f. AEUV)[225] effektiver Rechtsschutz eröffnet ist. Den Unionsbürgern wird die Inländergleichbehandlung, d. h. die Gleichstellung mit den Angehörigen des Forumstaates, garantiert. Dies impliziert zunächst die Aufhebung diskriminierenden Prozessrechts (Fremdenrechts) in den EU-Mitgliedstaaten[226]. Im zweiten Angleichungsschritt werden mittelbare prozessuale Hindernisse der grenzüberschreitenden Rechtsverfolgung abgebaut, insbesondere die finanziellen und verfahrenskulturellen Mehrbelastungen der ausländischen Partei reduziert.[227] Zugleich ermöglicht das „Zugangskonzept" die Umsetzung rechtspolitisch innovativer Regelungskonzepte, etwa im Bereich des kollektiven Rechtsschutzes[228] oder der alternativen Streitbeilegung.[229]

3.55 Aus dieser Perspektive erscheinen das EuGVÜ, die EuGVO und sogar die EuVTVO nur als ein erster Schritt einer umfassenden Prozessrechtsangleichung. Jenseits der erreichten Vereinheitlichung der Gerichtsstände, Rechtshängigkeits- und Anerkennungsregelungen geht es inzwischen um eine „Vernetzung" der Gerichtssysteme der am Justizraum teilnehmenden Mitgliedstaaten.[230] Art. 65 c) EGV (1998) sprach dementsprechend von der „Beseitigung [sämtlicher] Hindernisse für eine reibungslose Abwicklung [grenzüberschreitender] Zivilverfahren". Art. 81 II lit. f) AEUV enthält eine entsprechende Formulierung. Die Kompetenznorm ermöglicht eine regelrechte Durchmusterung der internationalen Zivilprozessrechte der Mitgliedstaaten mit dem Ziel, unnötige Hemmnisse abzubauen und ein schnellgängiges Prozessrecht für den Europäischen Justizraum zu schaffen.[231] Die 2. „Generation" der nach Art. 65 EGV und Art. 81 AEUV erlassenen Prozessrechtsakte[232] enthält dementsprechend eigenstän-

225 Im Binnenmarkt wird das originäre Konzept des Verbraucherschutzes auf den „Marktbürger" (insbesondere auch Unternehmen) erweitert – dabei soll jedoch der Verbraucherschutz bestmöglich verwirklicht werden, vgl. Art. 169 AEUV, vgl. oben § 2 II, Rdn. 2.50 ff.

226 Dazu *Grolimund*, Drittstaaten, S. 115 ff.; *Roth*, in: ders./Müller-Graff (Hrg.), Recht und Rechtswissenschaft, S. 351, 353 ff. Dieser Angleichungsschritt wurde bereits in den 1990er Jahren vollzogen.

227 Insbesondere der Verzicht auf das Erfordernis von Prozesskostensicherheit (§ 108 ff. ZPO) und der Zugang zur Prozesskostenhilfe, dazu *Pirrung*, in: Barrett (ed.), Creating a European Judicial Space, S. 35 ff.

228 Durch die RL 98/27/EG, heute RL 2009/22/EG vom 23.4.2009, ABl. EU 2009 L 111/30. Im Verbraucherrecht schließt das „Zugangskonzept" kollektive Rechtsbehelfe ein, vgl. *Tenreiro*, in: Barrett (ed.) Creating a European Judicial Space, S. 111 ff.; Grünbuch zum kollektiven Rechtsschutz im Verbraucherrecht vom 27.11.2008, COM (2008), 864; *Voet*, Actions for Collective Redress, in: Hess/Law (ed.), Luxembourg Report on EU Procedural Law (2019), Vol. II, Kap. 4, S. 157, 161 ff. Ausführlich unten § 11 III, Rdn. 11.58 ff.

229 Vgl. unten § 12 III, Rdn. 12.23 ff.

230 *Müller-Graff*, Die fortentwickelte Übernahme des Acquis der „Dritten Säule" in die „Erste Säule" der Union, in: Hummer (Hrg.), Anwendung des Amsterdamer Vertrages, S. 53, 67 ff.

231 Vgl. das Aktionsprogramm Freiheit, Sicherheit und Recht, Mitteilung der Kommission vom 10.5.2005, COM (2005) 184 endg.

232 Der Begriff geht auf den früheren Justizkommissar *Frattini* zurück, ZEuP 2006, 225, 230.

dige Erkenntnisverfahren für bestimmte Sektoren.[233] Die Verordnungen für ein Europäisches Mahn- und für ein Europäisches Bagatellverfahren sowie die UnterhaltsVO setzen damit das Regelungskonzept unmittelbar um.[234]

Das Zugangskonzept wird durch die Gemeinschaftspolitik im Bereich der Uni- 3.56
onsbürgerschaft und der allgemeinen Freizügigkeit (Art. 20 f. AEUV) nachhaltig verstärkt.[235] Dieses Konzept erweitert den ursprünglichen marktbezogenen Ansatz des Europäischen Prozessrechts auf die „europäische Zivilgesellschaft". Dies impliziert die Schaffung eines entsprechenden Verfahrensrechts für das gesamte (Europäische) Privatrecht – insbesondere die Einbeziehung des Familien- und des Erbrechts.[236] Diesen Rechtsetzungsauftrag hat die EU-Kommission im Familien- und Erbrecht weitgehend erfüllt, soweit es um die Privatrechtsbeziehungen innerhalb des Justizraums geht.[237]

Das von der EU-Kommission verfolgte Regelungsziel geht jedoch über grenzüber- 3.57
schreitende Verfahren hinaus. Die EU-Kommission versteht den effektiven Zugang zum Recht vielmehr umfassend dahin, dass den Rechtsunterworfenen in allen Mitgliedstaaten (dort insbesondere ausländischen Unionsbürgern) identische EU-Verfahren eröffnet werden, in denen sie ihre Forderungen durchsetzen können. Standardisierte, leicht (bzw. online) zugängliche Verfahren sollen die Rechtssicherheit im Europäischen Justizraum verbessern.[238]

Dabei betonte die Kommission, dass eine Begrenzung auf die (schlichte) Verein- 3.58
heitlichung der grenzüberschreitenden Verfahren in den jeweiligen Sektoren allein unpraktikabel wäre. Zudem könne jedes innerstaatliche Urteil potentiell in einem anderen EU-Staat vollstreckt werden.[239] Angesichts des wachsenden Anteils ausländischer Bevölkerung in den EU-Mitgliedstaaten nehme zudem die praktische Bedeutung grenzüberschreitender Sachverhalte zu.[240] Jedoch gelang es der EU-Kommission bisher nicht, mit dieser Argumentation gegen den Widerstand der Mitgliedstaaten

233 Die EuKtPVO enthält erstmalig ein Verfahren im Zwangsvollstreckungsrecht, dazu unten § 10 IV, Rdn. 10.124 ff.

234 Streinz/*Leible*, Art. 81 AEUV, Rdn. 37; vgl. unten § 10 II, Rdn. 10.51 ff. und § 10 III, Rdn. 10.93 ff. Aktuelle Überlegungen im EU-Parlament betreffen die Schaffung spezieller Verfahren für EU-Handelsstreitigkeiten, vgl. unten § 14 III, Rdn. 14.37.

235 Dazu *Hess* JZ 2005, 540, 543 ff.; *Düsterhaus*, ZEuP 2018, 10 ff.

236 *R. Wagner*, RabelsZ 68 (2004), 120, 126 ff.

237 Lücken bestehen beim Personenstand (Namens- und Eheschließungsrecht) sowie beim kollisionsrechtlichen Schutz der Persönlichkeitsrechte. Vgl. unten § 7 IV und V.

238 Vgl. die Begründung des ursprünglichen VO-Vorschlags für ein Europäisches Bagatellverfahren, COM (2005) 87 endg., S. 5 ff., dazu unten § 10 III, Rdn. 10.93 ff.

239 COM (2005) 87 endg., S. 6 ff.; zustimmend *Hau*, GPR 2005, 143, 149, dazu bereits oben § 2 I 2, Rdn. 2.14 ff.

240 Diese Behauptung lässt sich freilich statistisch nicht verifizieren – der Anteil grenzüberschreitender Verfahren bewegt sich konstant im Bereich von 1–3 % aller Zivilverfahren, vgl. *Hess/Pfeiffer/Schlosser*, The Brussels I Regulation, Rdn. 37 ff.

die Grenzen des Art. 81 AEUV aufzubrechen. Vielmehr blieben sämtliche nach Art. 81 AEUV erlassenen Rechtsakte auf grenzüberschreitende Verfahren beschränkt.[241] Das mindert ihre praktische Bedeutung jedoch ganz nachhaltig.

2. "Private law enforcement"

3.59 Angesichts dieser Beschränkung bewegt sich die Rechtsetzung im Europäischen Prozessrecht derzeit weg von Art. 67 und 81 AEUV. Die EU-Kommission greift im Prozessrecht wieder verstärkt auf die allgemeinen Rechtsetzungskompetenzen des AEUV zurück.[242] Sie stützt dabei ihre rechtspolitische Ambition auf das Konzept der wirksamen Durchsetzung des Unionsrechts, das häufig als „private law enforcement" bezeichnet wird.[243] Dabei geht es um eine Funktionalisierung privater Klagen zur (dezentralen) Durchsetzung des Unionsrechts in den EU-Mitgliedstaaten. Neben den Prozesszweck des privaten Rechtsschutzes tritt der Prozesszweck der Durchsetzung öffentlicher Interessen.[244]

3.60 Rechtsetzungsschwerpunkte betreffen den gewerblichen Rechtsschutz, den Datenschutz sowie das Kartell- und das Verbraucherrecht – bei den Rechtsbehelfen geht es vor allem um die Implementierung von Kollektivklagen auf Schadensersatz.[245] Die entsprechende Rechtsetzungsstrategie[246] formulierte insbesondere das Grünbuch zum Kartellrecht (2007) zunächst programmatisch als *„private enforcement"*.[247] Die letztendlich verabschiedete Richtlinie zur Durchsetzung des Kartellrechts formuliert hingegen einen Vorrang des *„public enforcement"*, der Regelungsansatz der EU-Kommission konnte sich im Ergebnis nicht durchsetzen.[248] Dagegen implementiert die Datenschutzgrundverordnung eine wechselseitige Ergänzung von behördlicher und privater Rechtsdurchsetzung.[249] Im Verbraucherschutz zielen die aktuellen Vor-

---

241 Vgl. Art. 3 RL 8/2003/EG; Art. 2 I, 3 EuMahnVO; Art. 2 I, 3 EuBagVO, dazu *Hess*, in v. Hein/Rühl (Hrg.), Kohärenz (2016), S. 67, 70 ff.; oben § 2 I 2, Rdn. 2.14 ff.

242 Vgl. oben § 2 II, Rdn. 2.41 ff. Der Rückgriff auf die parallelen Kompetenzen ist nicht neu. Bereits bisher hatte der Unionsgesetzgeber die speziellen Kompetenzen genutzt, wenn ein spezielles Regelungsbedürfnis bestand, dazu *Wilman*, Private Enforcement of EU Law (2015), Rdn. 1.10.

243 *Storskrubb*, Civil Procedure and EU Law (2008), S. 74 ff.; *Wilman*, Private Enforcement of EU Law (2015), Rdn. 1.06 ff.

244 Zur Veränderung der Zwecksetzung des Zivilverfahrensrechts vgl. Jauernig/*Hess*, Zivilprozessrecht (30. Aufl. 2011), § 1, Rdn. 9 sowie *ders.*, JZ 2011, 66, 70 ff. Vgl. auch *Althammer/Roth* (Hrg.), Instrumentalisierung von Zivilprozessen (2018).

245 Ausführlich unten § 11 III, Rdn. 11.58 ff.

246 Zur Governance im EU-Prozessrecht vgl. *Storskrubb*, Civil Procedure and EU Law (2008), S. 74 ff.

247 KOM (2005) 672 endg. (unter 1.1.) sowie *Commission's Staff Working Paper* (SEC 2005) 1732, S. 6–8 (unter A 1–3). Vgl. dazu Voraufl., § 3, Rdn. 42 ff.

248 Unten § 11 II, Rdn. 11.51 ff.

249 Unten § 11 III, Rdn. 11.93 ff.

schläge der EU-Kommission auf eine Stärkung des *private law enforcement* durch Kollektivklagen qualifizierter Entscheidungen.[250]

Das Konzept des *private enforcement* und die verwendete Terminologie sind nicht neu – neu ist freilich die veränderte Akzentuierung: Den Ausgangspunkt bildet dabei der überkommene Grundsatz, dass die (Zivil-)Gerichte der Mitgliedstaaten das Unionsrecht dezentral vollziehen. Der EuGH erachtet bisher die Anwendung der nationalen Zivilprozessrechte beim Vollzug des Unionsrechts grundsätzlich für ausreichend. Es gilt der sog. Grundsatz der Verfahrensautonomie der Mitgliedstaaten, danach ist die *lex fori* der jeweiligen Mitgliedstaaten anzuwenden.[251] Allerdings darf nach dem sog. Effektivitätsprinzip das nationale Prozessrecht die Ausübung der durch das Unionsrecht verliehenen Rechtspositionen nicht praktisch unmöglich machen oder vereiteln.[252] 3.61

Im Rechtsetzungsverfahren kommt es zu einer veränderten Argumentation: Hier fordert der Unionsgesetzgeber, zunächst unter dem Schlagwort „*Enforcement of Community Rights*" bzw. „wirksame Rechtsdurchsetzungsverfahren",[253] eine Effektuierung der nationalen Verfahrensrechte ein.[254] Damit erhält das Effektivitätsgebot eine andere Stoßrichtung. In Überwindung des Grundsatzes der Verfahrensautonomie geht es nun um die Implementierung prozessualer Mindeststandards und um die Einführung effektiver Rechtsbehelfe in den EU-Mitgliedstaaten. 3.62

Diese rechtspolitische Perspektive des Regelungskonzepts verdeutlicht die „Sprengkraft" des „Enforcement"-Konzepts. Der Unionsgesetzgeber verwirklicht das „Enforcement"-Konzept verschiedener Rechtsgebiete in unterschiedlicher Intensität.[255] Die Stärkung der privaten Rechtsdurchsetzung erfordert zunächst die Schaffung subjektiver Rechte und materieller Rechtsbehelfe, etwa spezieller Ansprüche auf (immateriellen) Schadenersatz.[256] Diese werden sodann flankiert von prozessualen Befugnissen (etwa im einstweiligen Rechtsschutz), die nicht nur den Einzelnen eröffnet werden, sondern auch Kollektivklagen umfassen. Zur Überwindung von Auskunftsdefiziten werden den Geschädigten, soweit erforderlich, spezielle Auskunftsrechte eingeräumt.[257] Diese können sich auch gegen Behörden der Mitgliedstaaten 3.63

250 Vgl. oben Rdn. 3.50 f., unten § 11 III, Rdn. 11.58 ff.

251 *Lenaerts/Maselis/Gutman/Nowak*, EU-Procedural Law (2014), Rdn. 4.02. Unten § 11 I, Rdn. 11.1 ff.

252 EuGH, 13.3.2007, Rs. C-432/05, *Unibet*, EU:C:2007:163, Rdn. 43; EuGH, 8.11.2005, Rs. C-443/03, *Leffler*, EU:C:2005:665, Rdn. 44 ff., unten § 11 I, Rdn. 11.9 ff.

253 Vgl. ausführlich und perspektivisch *Commission Staff Working Paper* zum Weissbuch Schadensklagen im Kartellrecht, SEC (2008) 404, Rdn. 2 ff.

254 *Wilman*, Private Enforcement of EU Law (2015), Rdn. 2.01 ff. Bahnbrechend war die RL 2004/48/EG zur Durchsetzung der Rechte des geistigen Eigentums, ABl. EU 2004 L 195/16 ff., dazu § 11 II 2, Rdn. 11.32 ff.

255 Zur Rechtsprechung des EuGH zum *private enforcement* vgl. unten § 11 I, Rdn. 11.1 ff.

256 So beispielsweise Art. 82 DSGVO (EU/2016/679), dazu unten § 11 III, Rdn. 11.93 ff. und Art. 3 Kartellschadens-RL (RL 2014/104/EU), unten § 11 II, Rdn. 11.51 ff.

257 Dazu EuGH, 14.6.2011, Rs. C-360/09, *Pfleiderer*, EU:C:2011:389.

richten.[258] Denn neben das gesetzgeberische Ziel einer Stärkung des *private enforcement* tritt der Ausbau des *public enforcement*, sprich die Durchsetzung des Unionsrechts durch die zuständigen Behörden der EU-Mitgliedstaaten. Beide Formen der Rechtsdurchsetzung stehen dabei in einem Komplementärverhältnis.[259] Regelungsschwerpunkte des *private enforcement* betreffen das Kartellrecht,[260] den Schutz des Geistigen Eigentums[261], den Verbraucherschutz[262] und den Datenschutz.[263] Weitere Anwendungsbereiche sind der Umweltschutz[264] und das Antidiskriminierungsrecht.[265] Diese Beispiele verdeutlichen, dass das Regelungskonzept nicht auf das Privatrecht beschränkt bleibt, sondern gleichermaßen das öffentliche Recht erfasst. Auch strafrechtliche Sanktionen sind eingeschlossen.[266] Ein besonderer Schwerpunkt betrifft den Ausbau kollektiver Rechtsbehelfe, insbesondere von Verbandsklagen.[267]

3. Die Konstitutionalisierung des Europäischen Prozessrechts

3.64 Das „Zugangskonzept" erfährt durch die Konstitutionalisierung des Europäischen Prozessrechts substantielle Vertiefung.[268] Denn nach Art. 6 I EUV in der Fassung des Vertrags von Lissabon ist die Grundrechte-Charta verbindlicher Bestandteil des Unionsrechts. Sie steht im Rang dem Primärrecht gleich. Der Gerichtshof hat in seiner Rechtsprechung den Anwendungsbereich der GRC kontinuierlich ausgeweitet – sie bindet nicht nur die Organe der Union selbst, sondern ist nach Art. 51 II GRC immer

258 Insbesondere im Kartellschadensrecht, vgl. Art. 6 RL 2014/104/EU mit einer deutlichen Vorrangregel zugunsten des *public enforcement*, dazu *Drexl*, in: Micklitz/Wechsler (ed.), The Transformation of Enforcement (2016), S. 135, 140 ff.

259 *Wilman*, Private Enforcement of EU Law (2015), Rdn. 12.30 ff., konstatiert generell einen Vorrang des *public enforcement*.

260 Insbesondere die RL 2014/104/EU über Kartellschadensklagen, dazu unten § 11 II 3, Rdn. 11.51 ff.

261 Vor allem die RL 2004/48/EG zur Durchsetzung der Rechte des geistigen Eigentums, ABl. EU 2004 L 195/16 ff., dazu § 11 II 2, Rdn. 11.32 ff.

262 Zur Entwicklung im Verbraucherschutz vgl. unten § 12 III, Rdn. 12.19 ff.

263 Datenschutzgrundverordnung (VO (EU) 2016/679), dazu unten § 11 III 3, Rdn. 11.93 ff.

264 Insbesondere die RL 2004/35/EG vom 21.4.2004 über Umwelthaftung zur Vermeidung und Sanierung von Umweltschäden, ABl. EG 2004 L 143/56 (diese RL betrifft im Schwerpunkt *public enforcement*).

265 RL 2000/43/EG vom 29.6.2000 zur Anwendung des Gleichbehandlungsgrundsatzes ohne Unterschied der Rasse oder der ethnischen Herkunft, ABl. EG 2000 L 180/22.

266 Sanktionen müssen nach der ständigen Rechtsprechung des Gerichtshofs „wirksam, verhältnismäßig und abschreckend" sein, EuGH, 27.3.2014, Rs. C-565/12, *LCL Le Crédit Lyonnais*, EU:C:2014:190, Rdn. 44 f.

267 Unten § 11 III, Rdn. 11.58 ff.

268 Zur Rechtsentwicklung (auch in Abgrenzung zur Judikatur des EGMR) vgl. *Guinchard* et al., Droit Processuel (10. Aufl. 2019), Rdn. 324 ff.; *Düsterhaus*, in: Gascón Inchausti/Hess (ed.), The Future of the European Law of Civil Procedure (2020), 69, 73 ff.

dann anwendbar, wenn die EU-Mitgliedstaaten Unionsrecht umsetzen.[269] Dies hat speziell für die Anwendung von Art. 47 GRC weitreichende Folgen: Die unionsrechtliche Garantie des *fair trial* ist immer anwendbar, wenn die Gerichte der Mitgliedstaaten Unionsrecht anwenden.[270]

In der Rechtssache C-112/13 hatte der EuGH darüber zu entscheiden, ob sich ein Beklagter nach Art. 26 EuGVO auf das Verfahren eingelassen hat, wenn die Einlassung von einem gerichtlich bestellten Abwesenheitsprokurator erklärt wird.[271] Der EuGH hielt die entsprechende Regelung des österreichischen Prozessrechts für unvereinbar mit Art. 47 GRC.[272] Der Gerichtshof sagte: „... Ferner sind die Bestimmungen des Unionsrechts wie die der Verordnung Nr. 44/2001 im Licht der Grundrechte auszulegen, die nach ständiger Rechtsprechung zu den allgemeinen Rechtsgrundsätzen gehören, deren Wahrung der Gerichtshof zu sichern hat, und nun in der Charta verankert sind ... Insoweit ist zu beachten, dass die Bestimmungen der Verordnung Nr. 44/2001 insgesamt das Bestreben zum Ausdruck bringen, sicherzustellen, dass im Rahmen der Ziele der Verordnung die Verfahren, die zum Erlass gerichtlicher Entscheidungen führen, unter Wahrung der in Art. 47 der Charta verankerten Verteidigungsrechte durchgeführt werden..."[273] 3.65

Heute prägt die verfassungs- bzw. menschenrechtliche Perspektive über Art. 6 EMRK und Art. 47 GRC die Auslegung des Europäischen Prozessrechts.[274] Der EuGH nimmt in ständiger Rechtsprechung ausdrücklich auf die Grundrechte der Charta Bezug und verlangt eine Auslegung und Anwendung der Prozessrechtsinstrumente und der nationalen Verfahren nach Maßgabe der GRC.[275] Diese Recht- 3.66

269 EuGH, 26.2.2013, Rs. C-617/10, *Åkerberg Fransson*, EU:C:2013:105, Rdn. 20 f.

270 EuGH, 11.9.2014, Rs. C-112/13, *A*, EU:C:2014:2195, Rdn. 51 (zur Unzulässigkeit eines Abwesenheitsprokurators bei der rügelosen Einlassung); EuGH, 25.5.2016, Rs. C-559/14, *Meroni*, EU:C:2016:349, Rdn. 42–45, dazu *Hess*, in: ders./Lenaerts (ed.), The 50th Anniversary of the European Law of Civil Procedure (2019), S. 5, bei Fn. 99 f.

271 Nach §§ 116 f. öZPO kann ein Abwesenheitsprokurator bestellt werden, wenn die Klage öffentlich zugestellt wurde (also dem Beklagten nicht übermittelt werden konnte).

272 EuGH, 11.9.2014, Rs. C-112/13, *A*, EU:C:2014:2195, Rdn. 60. Der Gerichtshof stellte zudem klar, dass das nationale Gericht eine Vorschrift des nationalen Prozessrechts nicht anwenden darf, wenn sie den Gewährleistungen der Grundrechte-Charta widerspricht (Rdn. 41 ff.).

273 EuGH, 11.9.2014, Rs. C-112/13, *A*, EU:C:2014:2195, Rdn. 51; ebenso EuGH, 17.11.2011, Rs. C-327/10, *Hypoteční banka*, EU:C:2011:745, Rdn. 54 und 55, EuGH, 15.3.2012, Rs. C-292/10, *Cornelius de Visser*, EU:C:2012:142, Rdn. 57 und 58.

274 EuGH, 3.5.2007, Rs. C-303/05, *Advocaten voor de Wereld*, EU:C:2007:261, Rdn. 46; EuGH, 13.3.2007, Rs. C-432/05, *Unibet*, EU:C:2007:163, Rdn. 37 (jeweils zum Gebot effektiven Rechtsschutzes, Art. 47 GRC); deutlich EuGH, 11.7.2008, Rs. C-195/08 PPU, *Inga Rinau*, EU:C:2008:406, Rdn. 51 (Art. 23 GRC), zuvor EuGH, 2.4.2009, Rs. C-394/07, *Gambazzi*, EU:C:2009:219, Rdn. 28 ff. (zur Schutzfunktion der Grundrechte der EMRK).

275 St. Rspr. seit EuGH, 25.5.2016, Rs. C-559/14, *Meroni*, EU:C:2016:349, Rdn. 42–45, dazu *Düsterhaus*, in: Gascón Inchausti/Hess (ed.), The Future of the European Law of Civil Procedure (2020), 69, 79 ff.; ebenso im Hinblick auf die Rechtsakte der 2. Generation, EuGH, 15.3.2012, Rs. C-292/10, *Cornelius de Visser*, EU:C:2012:142, Rdn. 64 ff.; EuGH, 17.12.2015, Rs. C-300/14, *Imtech Marine Belgium*, EU:C:2015:825, Rdn. 42; EuGH, 4.9.2014, verb. Rs. C-119/13 und C-120/13, *eco cosmetics*, EU:C:2014:2144, Rdn. 41 f., dazu *Storskrubb*, Cambr YbELS 20 (2018), 179, 190 ff.

sprechung findet ihre Spiegelung in der Judikatur des EGMR zur Bindung der EU-Mitgliedstaaten bei der Durchführung des Unionsrechts nach Maßgabe der *Bosphorus*-Formel.[276]

3.67 Weitere Verstärkung erfährt die Konstitutionalisierung unter Art. 47 GRC durch die Garantie des Art. 19 I UAbs. 2 EUV.[277] Danach sind die EU-Mitgliedstaaten verpflichtet, „die erforderlichen Rechtsbehelfe zu schaffen, damit ein wirksamer Rechtsschutz in den vom Unionsrecht erfassten Bereichen gewährleistet ist." Beide Vorschriften interpretiert der EuGH im Sinne der Garantie eines effektiven Rechtsschutzes vor unabhängigen Gerichten.[278] Neben der richterlichen Unabhängigkeit (auch im Sinne einer institutionellen Garantie)[279] umfasst das Recht auf wirksamen gerichtlichen Rechtsschutz u.a. den Zugang zum Gericht (etwa im Hinblick auf zu knappe Verjährungsfristen)[280], den Schutz der Verteidigungsrechte, die prozessuale Waffengleichheit. Nach der Rechtsprechung des EuGH findet es gleichermaßen im Verwaltungsprozess und im Zivilprozess Anwendung.[281]

3.68 In engem Zusammenhang mit der Konstitutionalisierung des EU-Prozessrechts steht die rechtspolitische Debatte über die Einführung prozessualer Mindeststandards. Obwohl das Konzept als solches nicht wirklich klar ist, sollen prozessuale Mindeststandards neben allgemeinen Prozessmaximen vor allem zentrale konstitutionelle Garantien wie das rechtliche Gehör, die prozessuale Waffengleichheit und das *fair trial*-Prinzip umfassen.[282] Bereits im Jahr 2005 hatte die EU-Kommission die Vorlage eines „Grünbuchs" über prozessuale Mindeststandards in Aussicht gestellt, das Vorhaben wurde jedoch nicht weiter verfolgt.[283] In der Literatur wurde wiederholt ein derartiges Rechtsinstrument eingefordert, um den Grundsatz des wechselseitigen

---

276 EGMR, 30.6.2005, Beschwerde Nr. 45036/98, *Bosphorus v. Irland*, CE:ECHR:2005:0630JUD004503698 vgl. oben Rdn. 3.39 ff.

277 Auch Art. 19 I EUV gilt nur im Anwendungsbereich des Unionsrechts, EuGH, 26.3.2020, verb. Rs. C-558/18 und C-563/18, *Miasto Łowicz*, EU:C:2020:234, Rdn. 38 ff.; zuvor bereits *Lenaerts/Maselis/Gutman/Nowak*, EU-Procedural Law (2014), Rdn. 4.11.

278 EuGH, 27.2.2018, Rs. C-64/16, *Associação Sindical dos Juízes Portugueses*, EU:C:2018:117, Rdn. 35–37; EuGH, 25.7.2018, Rs. C-216/18 PPU, *LM*, EU:C:2018:586, Rdn. 18 ff.

279 EuGH, 25.7.2018, Rs. C-216/18 PPU, *LM*, EU:C:2018:586, dazu oben § 2 V 2, Rdn. 2.105 ff.

280 EuGH, 6.11.2012, Rs. C-199/11, *Otis*, EU:C:2012:684, Rdn. 48.

281 EuGH, 21.2.2013, Rs. C-472/11, *Banif Plus Bank*, EU:C:2013:88, Rdn. 29, dazu *Wilman*, Private Enforcement of EU Law (2015), Rdn. 2.14.

282 Zu Unschärfe des Konzepts vgl. *Hess*, in Weller/Althammer (Hrg.), Prozessuale Mindeststandards im Europäischen Zivilprozessrecht (2016), S. 221 ff.; *Stadler*, JZ 2017, 693, 696 ff. Bisweilen fassen EU-Rechtsakte punktuelle Regelungen und allgemeine Rechtsgrundsätze unter der Überschrift „Grundsätze" zusammen, so insbesondere die RL 2013/11/EU über die Alternative Beilegung von Verbraucherstreitigkeiten, dazu die Kritik von *Hess*, JZ 2015, 548, 550 ff.

283 Aktionsplan Freiheit, Sicherheit, Recht, COM (2005) 84 endg., *Fuchs*, ERA-Forum 2005, 162, 171. Der damalige Dissens der Mitgliedstaaten über Mindeststandards in Strafverfahren (dazu unten § 5 IV, Rdn. 5.152) hatte die EU-Kommission offensichtlich bewogen, das Vorhaben zurückzustellen.

Vertrauens normativ aufzufangen.[284] Das EU Parlament gab schließlich eine Studie zu prozessualen Mindeststandards in Auftrag[285] und griff das Thema in einer Anhörung im Sommer 2016 auf. Im Juli 2017 forderte das EU-Parlament schließlich die Kommission zur Erarbeitung einer allgemeinen Richtlinie über prozessuale Mindeststandards auf und legte einen entsprechenden Richtlinienvorschlag vor.[286] Dieser Entwurf war freilich inhaltlich nicht hinreichend ausgearbeitet und enthielt eine wenig strukturierte Zusammenstellung allgemeiner Grundsätze und punktueller Modellregelungen.[287] Die EU-Kommission hat das Vorhaben bisher nicht aufgegriffen[288] – nicht zuletzt wegen der ungeklärten Kompetenzfrage.[289]

IV. Koordinierung, Angleichung und Vereinheitlichung nationaler Prozessrechte

1. Abgestufte Regelungsintensität im europäischen Prozessrecht

Art. 81 AEUV eröffnet dem Unionsgesetzgeber im Europäischen Prozessrecht alle 3.69
legislativen Optionen des Art. 288 AEUV, mithin den Erlass von Verordnungen, Richtlinien und Empfehlungen. Die Wahl des jeweiligen Rechtsakts impliziert eine unterschiedliche Eingriffsintensität in die Prozessrechte der Mitgliedstaaten.[290] Auch inhaltlich ist eine unterschiedliche Regelungsintensität der Rechtsetzungsmaßnahmen festzustellen. Diese reicht vom Erlass eigenständiger Verfahrensrechtsakte, die die nationalen Prozessrechte substituieren bzw. vereinheitlichen, über die Schaffung von inhaltlichen Mindestvorgaben für die nationalen Verfahren bis hin zu Rechtsakten, die die nationalen Prozessrechte (ohne substanzielle Angleichung) lediglich koordinieren. Die Erfahrung der letzten Jahre zeigt, dass der Unionsgesetzgeber alle Optionen der Kompetenznorm ausschöpft, auch wenn die Rechtsetzung im Verfah-

---

284 So etwa *Leible*, FS Gottwald (2014), S. 381, 390 ff.

285 *Hess*, Harmonized Rules and Minimum Standards in the European Law of Civil Procedure (2016), http://www.europarl.europa.eu/RegData/etudes/IDAN/2016/556971/IPOL_IDA(2016)556971_EN.pdf.

286 Beschluss vom 4. Juli 2017, mit einer Empfehlung an die EU-Kommission über Gemeinsame Mindeststandards für Zivilverfahren in der EU (2015/2084(INL)): http://www.europarl.europa.eu/doceo/document/TA-8-2017-0282_EN.html?redirect.

287 Ablehnend *Stadler*, JZ 2017, 693, 699 ff. („Sammelsurium"); *Richard*, in: Gascón Inchausti/Hess (ed.), The Future of the European Law of Civil Procedure (2020), S. 265, 267 ff.; *Storskrubb*, Cambr YbELS 20 (2018), 179, 200 f. („puzzle").

288 Ausführlich unten § 14 II, Rdn. 14.11 ff.

289 Oben § 2 I 2, Rdn. 2.20.

290 Das Subsidiaritätsprinzip zwingt dabei zum jeweils „schonenden" Eingriff – der freilich das konkrete Regelungsanliegen des jeweiligen Unionsrechtsakts nicht aus den Augen verlieren darf, vgl. oben § 2 IV, Rdn. 2.86 ff.

rensrecht überwiegend durch Verordnungen erfolgt.[291] Die Wahl der Verordnung als typisches Regelungsinstrument wird dabei von den Eigenarten des Prozessrechts bedingt: Dieses ist, da es ergebnisoffene Verfahren regelt, in besonderem Maß auf Rechtssicherheit und Vorsehbarkeit, zudem auf einheitliche Anwendung angelegt.[292] Dies impliziert die Notwendigkeit einheitlicher Verfahren, die ohne den Filter nationaler Umsetzungsgesetzgebung implementiert werden. Dementsprechend werden die eigenständigen Verfahren des Unionsrechts (etwa: EuMahnVO) als Verordnungen erlassen mit der Folge einer unmittelbaren, einheitlichen Geltung in allen Mitgliedstaaten.[293] Die Notwendigkeit der Verordnung wird besonders sichtbar bei der Einführung standardisierter Verfahren. Hier erstreckt sich die unmittelbare Anwendbarkeit des Rechtsakts auch auf die jeweils im Anhang enthaltenen Formulare. Deren Benutzung wird rechtsverbindlich vorgeschrieben; der Unionsrechtsakt und die im Anhang festgeschriebenen Formulare bilden eine untrennbare Einheit – normative Regelungen enthält nicht nur die Verordnung, sondern auch der im Anhang enthaltene Formularteil.[294]

3.70 Ein Beispiel hierfür ist die Regelung der internationalen Zuständigkeit in der EuBagVO. Diese richtet sich nach Art. 4–28 EuGVO. Anders als Art. 6 EuMahnVO enthält der Text der EuBagVO keinen Hinweis auf die EuGVO. Die Hinweise (und auszufüllenden Textfelder) des Klageformulars zeigen jedoch, dass die EuBagVO auf dem Zuständigkeitssystem der EuGVO (als allgemeinem „Ausfall"-Regime) aufbaut. Der normative Zusammenhang erschließt sich freilich nicht aus dem Verordnungstext, sondern aus dem im Anhang befindlichen Formular A.[295]

3.71 Bei der Regelungsintensität lassen sich als Gegenpole die Koordinierung und die Vereinheitlichung der nationalen Verfahrensrechte ausmachen.[296] Die Koordinierung lässt die nationalen Prozessrechte im Kern unberührt – sie versucht lediglich, die Schnittstellen zum ausländischen Verfahren (insbesondere zur internationalen Rechtshilfe) zu effektuieren. Die Koordinierung der nationalen Prozessrechte stand

---

291 Dazu § 4 II, Rdn. 4.16 ff.

292 Vgl. Stein/Jonas/*Brehm*, Einleitung ZPO, Rdn. 98 ff., 109.

293 Dies setzt freilich voraus, dass der Inhalt der Verordnung die unterschiedlichen nationalen „Verfahrenskulturen" zusammenführt. Negative Beispiele sind Art. 7–9 EuMahnVO, die das Ursprungsgericht zur Kontrolle des Mahnantrags verpflichten, jedoch keine inhaltlichen Prüfungsmaßstäbe vorgeben. Gerade beim Prüfungsumfang bestehen jedoch nachhaltige Unterschiede in den Mitgliedstaaten. Der EuGH entschied, dass nach Art. 7 und 9 EuMahnVO das befasste Gericht weitere Beweismittel anfordern kann, um zwingende Verbraucherrechte durchzusetzen, EuGH, 19.12.2019, verb. Rs. C-453/18 und C-494/18, *Bondora*, EU:C:2019:1118, dazu unten § 10 II 3, Rdn. 10.68.

294 Damit erzielt die Europäische Union auch im Vergleich zu den nationalen Prozessrechten eine erheblich höhere Regelungsdichte. Formularmäßige Verfahren kennt das deutsche Prozessrecht bisher vor allem im Mahn- und im Kindesunterhaltsverfahren, vgl. § 703 c I ZPO, §§ 249 ff. FamFG.

295 Vgl. unten § 10 III, Rdn. 10.99. Eine unmittelbare Verweisung auf Art. 4 ff. EuGVO enthält das Textfeld Nr. 4 des Klageformulars (A): „Das Gericht muss gemäß der Verordnung (EG) 44/2001 (...) zuständig sein."

296 Zum Folgenden *Hess*, IJPL 6 (2016), 55, 74 ff.

zu Beginn der Rechtsetzung der Europäischen Gemeinschaft im Prozessrecht im Vordergrund: Grenzüberschreitende Verfahren erfordern zunächst die Erleichterung der Anerkennung ausländischer Verfahrensakte und die Effektuierung der internationalen Rechtshilfe. Typische Regelungen enthielten beispielsweise Art. 32 ff., 38 ff. EuGVO (2001) sowie die Art. 2 ff. EuZustVO. Sie finden sich aber auch in jüngeren Rechtsakten, etwa der Kontenpfändungsverordnung: sei es bei der beschleunigten Urteilsanerkennung (und Implementierung des ausländischen Titels – heute Art. 39 ff. EuGVO), bei der zielgenauen Übermittlung des Zustellungsersuchens (etwa Art. 15 EuZustVO) oder beim (grenzüberschreitenden) unmittelbaren Zugriff auf das Bankkonto nach Maßgabe des Mitgliedstaats, in dem das Konto geführt wird (vgl. Art. 22 f. EuKtPVO).[297]

Eine effiziente (und leicht gängige) Rechtspflege im Europäischen Justizraum erfordert freilich Maßnahmen, die über eine Koordinierung der nationalen Prozessrechte hinausgehen. Aus allgemeiner Perspektive des Unionsrechts greift auch im Europäischen Prozessrecht der sog. *spill over*-Effekt mit der Folge, dass mit fortschreitender Integration weitere „Eingriffe" in die Verfahrensrechte der Mitgliedstaaten erforderlich werden, um eine adäquate, grenzüberschreitende Rechtsverfolgung zu ermöglichen.[298] Ein Beispiel hierfür ist die (internationale) Zustellung: Die Prozessrechtsakte der zweiten Generation verweisen bei der Zustellung nicht mehr auf die Zustellungsverordnung, sondern regeln den Zustellungsvorgang selbst – mit wachsender Intensität.[299] Ein weiteres Beispiel ist das Mahnverfahren, das ein europäisches Verfahren zur Titulierung unwidersprochener Mahnanträge vorhält und im Fall des Einspruchs des Schuldners das Verfahren in die ordentlichen Gerichtsverfahren der Mitgliedstaaten überleitet (insofern enthält der Rechtsakt sowohl eigenständige Verfahrens- als auch Koordinierungsvorschriften). Die EuBagVO enthält schließlich ein eigenständiges Erkenntnisverfahren des Unionsrechts, das den Verlauf des Verfahrens, von der Klageerhebung bis zum Erlass des Urteils regelt. Es tritt als „additives Verfahren" neben die Prozessrechte der Mitgliedstaaten.[300] 3.72

297 Vgl. unten § 10 IV, Rdn. 10.142 ff.

298 Dazu bereits *Hess*, IPRax 2001, 389, 391 ff.

299 Art. 13–15 EuVTVO enthalten – detaillierte – „Mindestregeln" zur Beurteilung der Ordnungsgemäßheit der Zustellung; Art. 13–15 EuMahnVO greifen diese Regelung auf, Art. 13 EuBagVO macht hingegen die Beurteilungsvorschriften der Art. 13 und 14 EuBagVO zur Rechtsgrundlage für den Zustellungsvorgang selbst. Inzwischen hat der Unionsgesetzgeber auch im Rahmen der EuZustVO „nachgezogen": Die Anlage zu Art. 10 EuZustVO (idF der VO 1393/2007/EG) enthält ein Zeugnis für die Zustellung, die freilich nach dem autonomen Recht des ersuchten Mitgliedstaates durchgeführt wird. Damit fasst das Standardformular durchaus heterogene Zustellungsformen in den Mitgliedstaaten zusammen, ohne die Verfahren zuvor zu harmonisieren.

300 Dazu unten § 4 II, Rdn. 23.

2. Sektorielle Prozessrechtsvereinheitlichung

3.73 Die Prozessrechtsakte der zweiten Generation,[301] die insbesondere die Exequaturverfahren abschaffen, erfassen spezifische, häufig eng begrenzte Rechtsbereiche (etwa: Unterhaltsverfahren).[302] Das sektorielle Vorgehen des Unionsgesetzgebers ist primär politisch bedingt. Es kommt zum einen dem prinzipiellen Bedenken der Mitgliedstaaten gegen eine generelle Abschaffung der Exequatur-Verfahren (sprich: des *ordre public*) entgegen.[303] Zum anderen vermag der Unionsgesetzgeber in spezifischen Rechtsbereichen das Risiko schwerer Rechtsverstöße durch gezielte Prävention eher aufzufangen als in einem allgemeinen Rechtsakt. In der Tat erscheint es bedenklich, generell auf den *ordre public*-Vorbehalt zu verzichten.[304] Ein derartiges Vorhaben steht inzwischen nicht mehr auf der rechtspolitischen Agenda der EU.

3.74 Allerdings birgt das sektorielle Vorgehen die Gefahr einer unübersichtlichen Rechtszersplitterung. Diese Entwicklung ist angesichts der nebeneinander anwendbaren, teilweise deckungsgleichen Rechtsakte zum Vollstreckungstitel, Mahnverfahren, Bagatellverfahren, Unterhaltsverfahren etc. nicht von der Hand zu weisen.[305] Diese Rechtszersplitterung ist umso gewichtiger, als die EU-Rechtsakte nur grenzüberschreitende Verfahren betreffen, die ihrerseits in der Gerichtspraxis (von wirtschaftlich eng verzahnten Grenzregionen abgesehen)[306] nur selten vorkommen.[307] Für die breite Masse der Gerichte der Mitgliedstaaten und der dort agierenden Richter und Anwälte ist die grenzüberschreitende Forderungsbeitreibung – sprich die Anwendung des Europäischen Zivilprozessrechts – kein „Tagesgeschäft." Die Rechtszersplitterung droht dabei in Unübersichtlichkeit umzuschlagen – vergleichbar der früheren Situation im IZVR, in der eine Vielzahl von parallelen bi- und multilateralen Übereinkommen die Rechtsfindung erschwerte.[308] Die Vorhaltung eines kohärenten

---

301 Dazu oben § 3 II, Rdn. 3.29 ff.

302 VO 4/2009/EG, dazu § 7 V, Rdn. 7.98 ff.

303 Oben § 3 II, Rdn. 3.31 ff.

304 Oben § 3 II, Rdn. 3.34.

305 Dazu *Hess*, IJPL 6 (2016), 55, 76 f.; *Gascón Inchausti/Requejo Isidro*, in: Hess/Ortolani (ed.), Luxembourg Report on EU Procedural Law (2019), Vol. I Kap. 1, Rdn. 6: „today the biggest challenge for the European area of justice, security and freedom regarding civil litigation does not solely lie with the lack of uniformity (...) but in combination with the lack of sufficient attention of most national procedural systems to the specificities created by the cross-border nature of a case."

306 Beispiel: Die Grenzregion zwischen Salzburg und Traunstein – dort bestehen keine Sprachbarrieren, *Hess/Pfeiffer/Schlosser*, The Brussels I Regulation, Rdn. 57.

307 Zur Kritik an der Auslegung von Art. 81 AEUV („grenzüberschreitende Bezüge") vgl. oben § 2 I, Rdn. 2.14 ff.

308 Warnend etwa *Hess/Bittmann*, IPRax 2008, 305, 314; kritisch *Richard*, in: Gascón Inchausti/Hess (ed.), The Future of the European Law of Civil Procedure (2020), S. 265, 268 („normative labyrinth of EU procedural law").

und transparenten Prozessrechts gehört daher zu den vordringlichen Regelungsaufgaben des Unionsgesetzgebers:

Vor allem ist eine enge inhaltliche Abstimmung der EU-Rechtsakte unabdingbar 3.75
(sog. horizontale Abstimmung).[309] Eine Abstimmung der Rechtsakte untereinander ermöglicht ein allgemeines Referenzinstrument (sog. 0-Verordnung), auf das sich die speziellen Rechtsakte beziehen können. Diese Funktion erfüllt im Europäischen Zivilprozessrecht derzeit (nicht zuletzt aus historischen Gründen) die EuGVO.[310] Die Referenzbegriffe und die Grundkonzepte des Europäischen Zivilprozessrechts finden sich in der EuGVO,[311] beispielsweise die Definitionen des Vertrages und des Delikts (Art. 7 Nr. 1 und 2), des Verbrauchers (Art. 17),[312] der Entscheidung (Art. 2 lit. a)), des *ordre public* (Art. 45 I lit. a)), des verfahreneinleitenden Schriftstücks (Art. 45 I lit. b)) oder des Prozessvergleichs (Art. 2 lit. b) EuGVO) und der öffentlichen Urkunde (Art. 2 lit c) EuGVO). Auf diese Definitionen können andere Prozessrechtsakte Bezug nehmen[313] – so beziehen sich beispielsweise Art. 6 EuMahnVO und die EuBagVO (auf der Ebene der Formulare) auf die Gerichtsstände der Art. 2 ff. EuGVO; Art. 32 EuInsVO bezieht sich auf die Art. 39 ff. EuGVO. Inhaltliche Zusammenhänge zwischen den Rechtsakten stellen zudem häufig die Erwägungsgründe heraus.[314] Wechselseitige Querverweise finden sich auch zwischen den Rechtsakten der zweiten Generation[315] – der Unionsgesetzgeber bemüht sich zudem um die Schaffung einheitlicher Grundstrukturen.[316] Dagegen gilt es den Erlass von parallelen Rechtsakten mit (überwiegend) identischem Wortlaut zu vermeiden: Hier drohen Divergenzen, wenn der eine Rechtsakt

309 Die Kritik von Rauscher/*Rauscher*, Einl. EuMahnVO, Rdn. 45 an der fehlenden „sprachlichen und systematischen Abstimmung" der EuMahnVO mit der EuVTVO ist unsachlich (und nicht wissenschaftlich).

310 *Hess/Pfeiffer/Schlosser*, The Brussels I Regulation, Rdn. 64 ff.; ebenso der Bericht der EU-Kommission zur Reform der EuGVO vom 21.4.2009, COM (2009) 174 endg., S.2.

311 Dazu auch *Hardung*, Europäische Titelfreizügigkeit (2020), S. 81 f. (Referenzfunktion der Brüssel Ia-VO).

312 Zur Eigenständigkeit der Definition gegenüber den EU-Rechtsakten zur Finanzmarktregulierung vgl. EuGH, 2.5.2019, Rs. C-694/17, *Pillar Securitisation*, EU:C:2019:345, Rdn. 34 ff.; EuGH, 2.4.2020, Rs. C-500/18, *Reliantco*, EU:C:2020:264.

313 Die Referenzfunktion setzt freilich die jeweilige Übereinstimmung des sachlichen Anwendungsbereichs der betroffenen Rechtsinstrumente voraus. Daher kann die EuGVO sehr viel weniger als Referenzinstrument für die EheGVO dienen als für die EuVTVO, die letztlich eine Fortentwicklung der EuGVO ist.

314 Explizit etwa die EwG 7, 17, 24 der Rom I-VO (jeweils zur inhaltlichen Abstimmung mit der EuGVO), zur rechtsakt-übergreifenden Auslegung etwa EuGH, 8.5.2019, Rs. C-25/18, *Kerr*, EU:C:2019:376., Rdn. 36 f. (einheitliche Auslegung von Art. 24 Nr. 1 EuGVO und Art. 4 I lit. c) Rom I-VO) und Rdn. 39 und 41 (einheitliche Auslegung von Art. 7 Nr. 16), 2. SpS „Dienstleistung" und Art. I lit. b) Rom I-VO).

315 Beispiel: Art. 13 II EuBagVO verweist für die Ersatzzustellung auf Art. 13 und 14 EuVTVO, dazu unten § 10 II, Rdn. 10.105.

316 Dazu etwa unten § 10 II, Rdn. 10.54 ff.

geändert, der andere unverändert bleibt.[317] Der EuGH bemüht sich ebenfalls um eine kohärente und systematische Auslegung der Rechtsakte untereinander.[318] Im Ergebnis bildet sich damit das Europäische Zivilprozessrecht als ein Rechtsgebiet heraus, das auf innerer Systematik und begrifflicher Stringenz aufbaut.[319]

3.76 Allerdings bestehen weiterhin Bruchstellen zwischen den Rechtsakten der zweiten Generation, für die es keine plausiblen Erklärungen gibt: So ermöglichen beispielsweise die EuMahnVO, die EuUhVO und die EuBagVO die sofortige Vollstreckung des erlangten Titels in anderen EU-Mitgliedstaaten.[320] Der Schuldner kann sich gegen den Titel grundsätzlich nur im Ursprungsmitgliedstaat wehren. Die von den Rechtsakten vorgesehenen Rechtsbehelfsverfahren enthalten unterschiedliche Gründe (für eine untechnische Wiedereinsetzung, für materiellrechtliche Einwände), unterschiedliche Fristen (30 Tage in der EuMahnVO, 45 Tage in der EuUhVO), unterschiedliche Regelungen zur Fristberechnung.[321] Sachgründe sind hierfür nicht ersichtlich. Bedauerlicherweise hat der EuGH die Fragmentierung dadurch verstärkt, dass er eine Lückenfüllung durch analoge oder sogar rechtsaktübergreifende Auslegung ablehnt und stattdessen auf die nationalen Verfahrensrechte verweist.[322] Das hat für den Schuldner handfeste Nachteile, da er sich über die Rechtsbehelfe im ausländischen (autonomen) Prozessrecht informieren muss.[323] Dies dürfte zumindest in der 30tägigen Frist nach Art. 16 II EuMahnVO praktisch kaum möglich sein.[324]

3.77 Die Rechtspraxis ist zudem auf leicht zugängliche bzw. auffindbare Informationen über die jeweils anwendbaren Rechtsakte angewiesen. Diese finden sich vor allem auf dem Europäischen Justizportal.[325] Ein wichtiges rechtspolitisches Anliegen

---

317 Bedenklich ist insbesondere die Regelungstechnik der EuUhVO, die die Vorschriften der EuGVO wortgleich wiederholt, dazu § 7 V, Rdn. 7.147 ff.

318 Beispiele: EuGH, 8.5.2008, Rs. C-14/07, *Weiss & Partner*, EU:C:2008:264, Rdn. 50 (Auslegung von Art. 8 EuZustVO im systematischen Zusammenhang mit Art. 34 Nr. 2 EuGVO aF – heute Art. 45 I lit. b) EuGVO). Die Sprachregelung des Art. 8 EuZustVO findet sich nunmehr wortgleich in Art. 43 II EuGVO, unten § 6 IV, Rdn. 6.267. EuGH, 6.9.2018, Rs. C-21/17, *Catlin Europe*, EU:C:2018:675, Rdn. 40 ff. – Auslegung von Art. 8 EuMahnVO in systematischem Zusammenhang zu Art. 8 EuZustVO.

319 AA *Rauscher*, FS Matscher, S. 665, 669 ff. Dass nicht sämtliche Urteile des EuGH bzw. nicht alle Urteile der Gerichte der Mitgliedstaaten diesem Ziel hinreichend genügen, ist bedauerlich und muss Gegenstand (konstruktiver) Kritik der Rechtswissenschaft sein.

320 Dazu oben § 3 II 2, Rdn. 3.29 f.

321 *Hess*, in: v. Hein/Krüger (ed.), Informed Choices (2020) – im Erscheinen.

322 EuGH, 4.9.2014, verb. Rs. C-119/13 und C-120/13, *eco cosmetics*, EU:C:2014:2144, Rdn. 42–45, kritisch *Kramer*, in: Hess/Ortolani (ed.), Luxembourg Report on EU Procedural Law (2019), Vol. I, Kap. 5, Rdn. 99. Danach erfüllen die Rechtsbehelfe generell nicht die ihnen zugedachte Schutzfunktion. Diese Kritik geht sicherlich zu weit.

323 Diese Informationen finden sich nicht auf dem Europäischen Justizportal, kritisch *Hess*, in. v. Hein/Krüger (ed.), Informed Choices (2020) – im Erscheinen, Fn. 81.

324 So Schlussanträge GAin *Sharpston*, EuGH, 31.10.2019, Rs. C-453/18, *Bondora*, EU:C:2019:921, Rdn. 105.

325 Vgl. oben § 1 V, Rdn. 1.42 ff.

besteht darin, dessen Bekanntheit unter den europäischen Juristen zu steigern. Daher müssen nationale und europäische Justiz- und Informationsportale eng vernetzt werden. Eine pragmatische Hilfestellung ist zudem die Umsetzung der Europäischen Rechtsakte in einem nationalen Ausführungsgesetz. Im Ausgangspunkt vorbildlich ist das 11. Buch der ZPO (§§ 1067 ff. ZPO), das die Ausführungsvorschriften zu den Gemeinschaftsrechtsakten im Zivilverfahrensrecht zusammenfassen soll. Allerdings erscheinen die dort aufgeführten Ausführungsvorschriften inzwischen in einer chronologischen (sprich willkürlichen) Abfolge, eine hinreichende Systematik fehlt.[326]

Dennoch ist derzeit die Gefahr einer Fragmentierung des europäischen Zivilver- **3.78** fahrensrechts nicht zu übersehen. Sie betrifft sowohl die Ebene des fragmentierten Europäischen Prozessrechts als auch die Ebene der (überwiegend fehlenden) nationalen Umsetzungsvorschriften.[327] Daher wird seit langem die Schaffung einer eigenständigen, übergreifenden Rahmenregelung auf der Ebene des Unionsrechts diskutiert, um eine kohärente und Einheit stiftende Begrifflichkeit zu gewährleisten.[328] Ein derartiger Rechtsakt erfordert allerdings eine sorgsame kodifikatorische und rechtsvergleichende Vorbereitung.[329]

3. Die Standardisierung von Prozesshandlungen

Die Standardisierung der europäischen Zivilverfahren ist primär durch die Sprachen- **3.79** vielfalt bedingt. Letztere bereitet dem Europäischen Zivilverfahrensrecht die größten Hindernisse. Das Sprachgefälle erfordert Übersetzungen; diese sind fehleranfällig, teuer und zeitintensiv. In den Mitgliedstaaten werden Zivilprozesse in der jeweiligen Sprache des erkennenden Gerichts geführt (vgl. für Deutschland § 184 GVG).[330] Ist eine (ausländische) Partei der Gerichtssprache nicht mächtig, müssen Schriftsätze übersetzt, gegebenenfalls Dolmetscher bestellt werden. Andernfalls wird das rechtliche Gehör nicht gewahrt.[331] Die Sprachenvielfalt wird zum Sprachenrisiko, wenn im Prozess unrichtige oder unvollständige Übersetzungen Prozesshandlungen unwirk-

---

326 *Hess*, in. v. Hein/Krüger (ed.), Informed Choices (2020) – im Erscheinen.

327 Zur sog. horizontalen Abstimmung der Gemeinschaftsrechtsakte untereinander *Hess*, FS Geimer (2002), S. 339, 355 ff.; *ders.*, in. v. Hein/Krüger (ed.), Informed Choices (2020) – im Erscheinen.

328 Dazu unten § 14 II, Rdn. 14.9 ff.

329 *Stadler*, JZ 2017, 693, 696 ff.

330 Anders hingegen die offene Sprachregelung in der Schiedsgerichtsbarkeit, dazu Stein/Jonas/*Schlosser*, § 1045 ZPO, Rdn. 2 ff. Zur Debatte um „international commercial courts" vgl. unten § 14 III, Rdn. 14.31 ff.

331 EuGH, 8.11.2005, Rs. C-443/03, *Leffler*, EU:C:2005:665, Rdn. 40; Schlussanträge GA *Stix-Hackl* in Rs. C-443/03, *Leffler*, EU:C:2005:409, Rdn. 23 ff., 34; EuGH, 8.5.2008, Rs. C-14/07, *Weiss & Partner*, EU:C:2008:264, Rdn. 52 ff.; EuGH, 2.3.2017, Rs. C-354/15, *Henderson*, EU:C:2017:157, Rdn. 50 ff., EuGH, 6.9.2018, Rs. C-21/17, *Catlin Europe*, EU:C:2018:675, Rdn. 33 ff.

sam machen.[332] Im Europäischen Justizraum verschärft die Vielzahl von 24 unterschiedlichen, offiziellen Sprachen[333] das Sprachenrisiko.[334] Selbst auf eine interne Arbeitssprache konnten sich die Gemeinschaftsorgane (mit Ausnahme des EuGH) nicht verständigen; dementsprechend kennen auch weder das Europäische Justizielle Netz noch die Zentralbehörden der Mitgliedstaaten eine offizielle, gemeinsame Arbeitssprache zur technischen Abwicklung ihrer internen Kommunikation.

3.80 Über die Zulassung von Fremdsprachen bei der direkten Kommunikation (etwa zwischen Zentralstellen) entscheiden die Mitgliedstaaten (vordergründig) nach souveränem Ermessen – tatsächlich setzt sich die englische Sprache zunehmend als allgemeines Kommunikationsmedium durch (nicht zuletzt in Brüssel selbst). Bei der unmittelbaren Kommunikation ist die individuelle Sprachbeherrschung der befassten Amtsperson ausschlaggebend – dabei hat Englisch als die am meisten verbreitete Fremdsprache in der Europäischen Union die größten Erfolgsaussichten – obwohl Englisch als Rechtssprache keineswegs *a priori* am besten geeignet erscheint.[335]

3.81 Das Europäische Prozessrecht will Sprachbarrieren durch die Standardisierung von Verfahrenshandlungen überwinden: Der Gebrauch von Formularen macht Übersetzungen entbehrlich, wenn die wesentlichen Aussagen der Prozesshandlung (sei es ein Parteiantrag oder eine gerichtliche Entscheidung) im Formular als Fließtext vorformuliert sind, so dass es durch schlichtes Ankreuzen (sowie durch Namens- und Adressangabe) ausgefüllt wird. Eine Übersetzung ist nicht mehr erforderlich, wenn die unterschiedlichen Sprachfassungen der Formulare nebeneinander gehalten werden.[336] *Information and Communication Technology* ermöglicht mehr und mehr die Benutzung von Online-Formularen.[337]

3.82 Bei der Standardisierung lassen sich mehrere Stufen unterscheiden: Bereits die Rechtshilfekonventionen der Haager IPR-Konferenz enthalten sog. Begleitformulare (in verschiedenen, international gebräuchlichen Sprachen), welche bestimmte Verfahrenshandlungen erläutern.[338] Auch die erlassenen Verordnungen setzen die Standardisierung unterstützend ein – so enthält beispielsweise Art. 53 iVm der Anlage I zur EuGVO ein Begleitformular, das die jeweils anzuerkennende, ausländische

---

332 Andererseits erfordert ein funktionierendes Rechtssystem nicht zwingend eine uniforme Sprache – dies zeigt das Beispiel der Schweiz, vgl. dazu *Kerameus*, FS Alpa, S. 568, 571.

333 Der gemeinschaftsrechtliche Ausgangspunkt wird durch die Zulassung regionaler Verfahrenssprachen (etwa: Katalanisch in Barcelona, vgl. auch § 184, S. 2 GVG) weiter verschärft. Zur Sprachenregelung der Union vgl. *Hermann*, in: Streinz, Art. 342 AEUV, Rdn. 3.

334 Die derzeit 24 offiziellen Sprachen der Union „ermöglichen" 276 Sprachenkombinationen.

335 Der Brexit wird an dieser Situation nichts ändern.

336 Dazu auch *Heger*, DStR 2009, 143 f.

337 Insbesondere im E-Justiz-Portal, oben § 1 V, Rdn. 1.42 ff.

338 Beispiel: Die im Anhang zum HZÜ (1965) enthaltenen Formulare für Zustellungsersuchen (*request for service*), Bescheinigung (*certificate*) und Beschreibung des zuzustellenden Dokuments (*summary of the document to be served*).

Entscheidung detailliert beschreibt.[339] Die neueren EU-Rechtsakte haben die Informationen in den Formularen erheblich ausgeweitet – die detaillierten Angaben auf dem Begleitformular machen Übersetzungen weithin entbehrlich.[340] Die Formulare selbst sind zumeist zwingend[341] zu verwenden.[342] Ein Beispiel ist das formgebundene Mahnverfahren nach der EuMahnVO: Die Formulare werden in allen Amtssprachen der Union vorgehalten; die im Anhang I–V zur EuMahnVO enthaltenen Formulare können überwiegend durch Ankreuzen ausgefüllt werden.[343] So kann etwa der finnische Beklagte den Zahlungsbefehl des slowakischen Gerichts verstehen, indem er das finnische Formular neben das ihm zugestellte, slowakische Formular legt.[344] Freilich kann die EuMahnVO das Sprachenproblem nicht vollständig auflösen: Legt der finnische Antragsgegner nach Art. 16 und 17 EuMahnVO Einspruch ein, so wird ein streitiger Prozess durchgeführt, bei dem Übersetzungen nötig werden.[345] Die Verordnung zum Europäischen Bagatellverfahren[346] zeigt hingegen die Grenzen der Standardisierung im Erkenntnisverfahren auf. Eine komplette Standardisierung des Parteivortrags im Erkenntnisverfahren ist nicht möglich. Die dort vorgehaltenen Formulare, die die Grundlage des Prozesses bilden, formulieren die wesentlichen Angaben der Klageschrift vor. Sie müssen jedoch durch individuelle Textelemente ergänzt werden, die dann ihrerseits zu übersetzen sind.[347]

Inhaltlich lassen sich mehrere Funktionen der Standardisierung unterscheiden: Sie kann zunächst die jeweilige Prozesshandlung des ausländischen Gerichts 3.83

339 Zur Funktion des Formulars (das nicht nur den Vollstreckungstitel erläutert, sondern auch Grundlage der (unmittelbaren) Vollstreckung ist, vgl. Schlussanträge GA *Bobek*, 7.5.2019, Rs. C-347/18, EU:C:2019:370, Rdn. 48 ff. – Dazu unten § 6 IV, Rdn. 6.204 und Rdn. 6.223 sowie Rdn. 6.267.

340 Art. 42 IV und III EuGVO ziehen aus der Standardisierung der Begleitformulare zur EuGVO die Konsequenz, dass die Übersetzung des ausländischen Titels nur dann verlangt werden kann, wenn dies zur Verfahrensdurchführung zwingend erforderlich ist, dazu *Hess*, in: Schlosser/Hess, Art. 42 EuGVO, Rdn. 7 f. Der EuGH hat hierzu eine ausdifferenzierte Rechtsprechung entwickelt, vgl. EuGH, 28.4.2016, Rs. C-384/14, *Alta Realitat*, EU:C:2016:316; EuGH, 2.3.2017, Rs. C-354/15, *Henderson*, EU:C:2017:157; EuGH, 6.9.2018, Rs. C-21/17, *Catlin Europe*, EU:C:2018:675, dazu *Hess*, in: v. Hein/Krüger (ed.), Informed Choices (2020) – im Erscheinen, Fn. 24.

341 Zur Verwendung des Formulars der EuZustVO vgl. EuGH, 2.3.2017, Rs. C-354/15, *Henderson*, EU:C:2017:157, Rdn. 55 f.

342 Vgl. unten § 10 III 4, Rdn. 10.101 ff. zum EuBagVerfahren.

343 Unten § 10 II, Rdn. 10.61 ff.

344 Oder den Bildschirm entsprechend umschaltet. Da diese Information dem Adressaten nicht bekannt sein muss, verlangt der EuGH für die Zustellung die Beifügung des Formblatts nach Art. 8 II EuZustVO, das den Adressaten darüber aufklärt, dass er eine Übersetzung verlangen kann, EuGH, 6.9.2018, Rs. C-21/17, *Catlin Europe*, EU:C:2018:675, Rdn. 47 ff. Fehlt das Formblatt, läuft die Einspruchsfrist nicht an, EuGH, 6.9.2018, Rs. C- 21/17, *Catlin Europe*, EU:C:2018:675, Rdn. 53.

345 Dazu *Hess/Bittmann*, IPRax 2008, 305, 307 ff.; *Crifò*, Cross-Border Enforcement, S. 121 ff.

346 ABl. EU 2007 L 199/1, unten § 10 III, Rdn. 10.101 ff.

347 Vgl. insbesondere das Feld Nr. 8 im Klageformular der EuBagVO („Einzelheiten der Klage"), dazu *Hess/Bittmann*, IPRax 2008, 305, 312 ff., dazu unten § 10 III, Rdn. 10.103.

beschreiben (Erläuterungsfunktion).[348] Darüber hinaus können Formulare, wie etwa das Zustellungszeugnis, den ausländischen Rechtsakt selbst dokumentieren (Dokumentationsfunktion).[349] Schließlich enthalten die Formulare häufig Informationen über die Gemeinschaftsverfahren bzw. die statthaften Rechtsbehelfe (Belehrungsfunktion).[350] Eine vollständige Standardisierung ist erreicht, wenn das Verfahren vollumfänglich auf der Basis der Formulare abgewickelt wird. Diesem Grad der Standardisierung kommen die Verordnungen zum Mahnverfahren und zur Kontenpfändung nahe. Die in den Anhängen zu den Verordnungen enthaltenen Formulare strukturieren die Verfahren detailliert vor – sie enthalten funktional die Durchführungsvorschriften für die Unionsrechtsakte.[351] Sie ermöglichen zudem den Einsatz von „*e-justice*", die sog. dynamische Formulare online zugänglich macht und so im Ergebnis den Zugang zum Gericht nachhaltig erleichtert.[352]

3.84 Die Effektuierung der Verfahren durch deren Standardisierung hat freilich auch Nachteile: Zum einen zeigt Art. 5 I 1 EuBagVO, dass der Einsatz von Formularen schriftliche Verfahren begünstigt, damit zugleich die Mündlichkeit und die Öffentlichkeit der Verfahren zurückdrängt.[353] Schriftliche Verfahren vergrößern jedoch den „Abstand" zwischen den Gerichten und den Prozessparteien, führen somit zu „anonymer Justiz".[354] Gewichtigere Gefahren resultieren freilich aus den Bindungswirkungen der Formulare: Die Erteilung der Europäischen Vollstreckungsklausel nach Art. 5 ff. EuVTVO wird in einem durch (schlichtes) Ankreuzen ausgefüllten Formular dokumentiert.[355] Das Ausfüllen des Formulars dokumentiert die Prüfungen des Erstgerichts (etwa im Hinblick auf die ordnungsgemäße Zustellung der Klage oder die fehlende Verbrauchereigenschaft des Beklagten). Eine Begründung für das gefun-

---

348 Beispiel: Die nach Art. 53 EuGVO vorzulegende Bescheinigung über den ausländischen Vollstreckungstitel (Anhang I zur EuGVO).

349 Beispiel: Das im Anhang I der VO 1393/07/EG vorgehaltene Zustellungszeugnis zu Art. 10 EuZustVO, das den Zustellungsvorgang (auch jenseits des Anwendungsbereichs der EuZustVO) dokumentiert, vgl. unten § 8 IV, Rdn. 8.104.

350 Vgl. etwa das Formular (Anhang I) für die Klageerhebung im Europäischen Bagatellverfahren. Dort wird auf dem Formular selbst jeder Verfahrensschritt (bzw. jede vorgeschriebene Angabe) ausführlich erläutert, dazu unten § 10 III, Rdn. 10.103.

351 Der Abdruck der Anhänge in juristischen Textsammlungen (etwa: *Jayme/Hausmann*) und in den Kommentaren ist daher dringend geboten.

352 Die Formulare zu den neuen Rechtsakten enthalten zudem Hinweise auf die Internet-Adressen des Justizatlas und des Europäischen Glossars zur (weiteren) Erläuterung der Terminologie des Formulars, vgl. das Klageformular im Europäischen Bagatellverfahren, ABl. EU 2007 L 199, 1, 11.

353 Die Nachteile resultieren aus der Funktion der Mündlichkeit: Diese fördert die Kommunikation im Prozess, erleichtert das Ausräumen von Missverständnissen, vermeidet Schikane (auch *in camera*-Verfahren) und beseitigt das Misstrauen der Parteien (und deren Mediatisierung im Prozess), vgl. Rosenberg/Schwab/*Gottwald*, Zivilprozessrecht, § 79, Rdn. 6 f.

354 Virtuelle Gerichte können hier nicht wirklich Abhilfe schaffen.

355 VO 805/04/EG, Anhang II, unten § 10 I, Rdn. 10.16.

dene Ergebnis gibt das Erstgericht nicht – hier bedeutet „wechselseitiges“ Vertrauen vollständiges (d. h. „kontrollfreies“) Vertrauen in die ordnungsgemäße Verfahrenshandhabung des Erstgerichts. Ein rechtsvergleichender Überblick zeigt jedoch, dass die Verfahren in den EU-Mitgliedstaaten (insbesondere die fachliche Qualifikation der betrauten Rechtspflegeorgane) sehr unterschiedlich sind.[356]

Die Gefahren der Standardisierung ergeben sich aus der inhaltlichen Bindung 3.85
an die in den Formularen dokumentierten Verfügungen (und vorgängigen Prüfungsergebnisse). Werden diese durch einfaches Ankreuzen dokumentiert (wie etwa im Zustellungszeugnis oder im Europäischen Vollstreckungstitel), so sind die Gerichte im Zweitstaat an dieses Ergebnis gebunden. Da nur das Ergebnis (durch Ankreuzen) festgehalten wird, bedeutet hier wechselseitiges Vertrauen buchstäblich „blindes“ Vertrauen in die Ordnungsgemäßheit des vorgängigen Prüfungsvorgangs. Dies mag bei formalisierten Vorgängen (wie bei der Zustellung) unproblematisch sein,[357] erreicht freilich eine andere Qualität, wenn das Ergebnis eines komplexen Subsumtionsvorgangs durch schlichtes „Ankreuzen“ dokumentiert wird und Bindungswirkung auslöst.[358] In einer derartigen Konstellation verzichten die innerstaatlichen Verfahrensrechte nicht auf das Erfordernis einer begründeten Entscheidung. Im grenzüberschreitenden Binnenmarktprozess sollte auf dieses Erfordernis ebenfalls nicht verzichtet werden – es dient vor allem dem Schutz und der Information der Prozessparteien.[359]

V. Justizielle Kooperation im Europäischen Justizraum

1. Paradigmenwechsel im internationalen Rechtshilfeverkehr

Bei der innergemeinschaftlichen Rechtshilfe hat ein Paradigmenwechsel stattgefun- 3.86
den. Denn der Wegfall der nationalen Souveränitätsschranken im Justizraum ermöglicht eine Annäherung der zwischenstaatlichen an die innerstaatlichen Rechtshilfeverfahren. Aus diesem Grund ist die Europäische Union im Bereich der Rechtshilfe besonders aktiv. Allerdings bilden Zeitverluste und Sprachbarrieren (sowie die damit verbundenen aufwändigen Übersetzungen) für die grenzüberschreitende Rechts-

356 Vgl. die berechtigte Kritik von *Crifò*, Cross-Border Enforcement, S. 144 ff. an den Umsetzungsspielräumen beim Europäischen Vollstreckungstitel.

357 Denn hier betrifft der Subsumtionsvorgang äußere, leicht verifizierbare Vorgänge – etwa die Anwesenheit des Zustellungsadressaten bei der Übergabe des Schriftstücks.

358 Vgl. hierzu Art. 8 EuMahnVO, unten § 10 II, Rdn. 10.64 ff.

359 Folglich sollte auf das Begründungserfordernis nur dort verzichtet werden, wo im grenzüberschreitenden Verkehr eine Nachprüfung durch das ersuchte Gericht ganz entfällt.

durchsetzung weiterhin erhebliche Hindernisse.[360] Ihre Überwindung erfordert eine zunehmende Verklammerung der nationalen Prozessrechte selbst. Im Bereich der Rechtshilfe geht die Union konzeptionell eigenständige Wege. Die Angleichungsmaßnahmen betreffen dabei die nationalen Prozessrechte, etwa im Bereich der Zustellung und bei der Abfassung der verfahrenseinleitenden Schriftstücke.[361] Den Paradigmenwechsel in der Europäischen Rechtshilfe verdeutlicht ein Vergleich mit dem überkommenen Verständnis der internationalen Rechtshilfe:

3.87 Die traditionelle Sichtweise, die vor dem Inkrafttreten des Amsterdamer Vertrags auch in Europa vorherrschte, beruht auf dem völkerrechtlichen Konzept der Gebietshoheit.[362] Da die Durchführung von Zivilprozessen als Ausübung staatlicher Souveränität gilt, ist die Gerichtsgewalt strikt territorial begrenzt.[363] Der Zugriff auf Parteien oder Beweismittel im Ausland erfordert mithin die Mithilfe des ausländischen Staates im Wege zwischenstaatlicher Rechtshilfe, traditionell die Einschaltung „diplomatischer Kanäle".[364] Die Haager IPR-Konferenz hat in mehreren Übereinkommen die internationale Rechtshilfe vereinfacht[365], dabei am Modell der zwischenstaatlichen Übermittlung im Grundsatz festgehalten.

3.88 Die völkerrechtliche Konzeption der internationalen Rechtshilfe hat für die Durchführung von Zivilprozessen mit Auslandsberührung mehrere Nachteile. Zunächst deshalb, weil die Entscheidung über die Rechtshilfe als ein Akt der Außenpolitik gilt. Hierüber entscheidet nicht das Prozessgericht, sondern die Exekutive nach freiem Ermessen.[366] Parteien und erkennendes Gericht bleiben völlig mediatisiert: Sie haben keinen Anspruch auf Durchführung der zwischenstaatlichen Rechtshilfe. Umgekehrt steht es im Ermessen des ersuchten Staates, ob er ausländische Rechtshilfeersuchen

---

360 *Stadler*, IPRax 2001, 514, 519 (zur europäischen Zustellungsverordnung); vgl. den ersten Bericht der EG-Kommission über die Anwendung der VO 1348/00/EG, COM (2004) 682 endg. vom 1.10.2004.

361 Vgl. auch die Belehrungspflichten nach § 338 S. 2 und 3 ZPO, die aufgrund der Vorgaben der VO 805/04/EG neu gefasst und erweitert wurden.

362 Es wird ergänzt durch die Personalhoheit, wenn diplomatische bzw. konsularische Vertreter Verfahrensakte im Ausland gegenüber eigenen Staatsangehörigen vornehmen, vgl. *Bertele*, Souveränität und Verfahrensrecht, S. 65 ff.; *Markus*, SZW/RSDA 2002, 65, 77: „Eine der Hauptfunktionen des Rechtshilfeverfahrens ist die Wahrung der Souveränität des ersuchten Staates".

363 *Schack*, IZVR, Rdn. 157; *Geimer*, IZPR, Rdn. 371, 377.

364 Sie erfolgt im sog. „vertragslosen Rechtshilfeverkehr" unmittelbar durch die Einschaltung diplomatischer bzw. konsularischer Vertreter im Ausland, häufig vermittelt durch die Zwischenschaltung des Außenministeriums des ersuchten Staates.

365 Haager Übereinkommen über die Zustellung gerichtlicher und außergerichtlicher Schriftstücke im Ausland in Zivil- oder Handelssachen vom 15.11.1965, BGBl. 1977 II 1453; Haager Übereinkommen über die Beweisaufnahme im Ausland in Zivil- oder Handelssachen vom 18.3.1970, BGBl. 1977 II 1472. Bereits zuvor wurde die Rechtshilfe im Übereinkommen über den Zivilprozess vom 17.7.1905 (RGBl. 1909 409) sowie im Übereinkommen vom 1.3.1954 (BGBl. 1958 II 577) geregelt.

366 So deutlich *Schack*, IZVR, Rdn. 199; *Geimer*, IZPR, Rdn. 3637; kritisch *Schlosser*, GS Constatinescu, S. 653 ff. Zur Rechtslage in Frankreich vgl. *Corneloup/Corneloup*, Rev. Crit. 89 (2000), 641 ff.

durchführt.[367] Weiterer Nachteil ist die Kumulierung mehrerer Prozessrechte: Der ersuchte Staat führt das Rechtshilfeersuchen nach seinem Verfahrensrecht durch.[368] Bei der Übermittlung der Rechtshilfeersuchen ist das einschlägige völkerrechtliche Übereinkommen zu beachten. Schließlich entscheidet das (ersuchende) Prozessgericht nach seinem Verfahrensrecht.[369] Die Kumulation führt zu Friktionen und zu Fehleranfälligkeit, sie verkompliziert und verlangsamt die Rechtshilfeverfahren.[370] Erfahrene bzw. gut beratene Beklagte nutzen diese Schwierigkeiten, um Verfahren mit Auslandsberührung praktisch zu vereiteln.[371] Die Reaktion der nationalen Gesetzgeber besteht in der Zulassung fiktiver Prozesshandlungen mit der Folge handgreiflicher Diskriminierung ausländischer Verfahrensbeteiligter.[372] Die Rechtspraxis weicht auf extraterritoriale Beweisanordnungen und auf informelle Übermittlungswege bzw. „parteiorganisierte" Beweisaufnahmen aus.[373]

Die Haager Übereinkommen bemühen sich vor allem um eine Koordinierung und **3.89** Vereinfachung der Rechtshilfe: Die Abwicklung der Ersuche erfolgt durch sog. Zentralstellen, diese prüfen die Zulässigkeit der Ersuchen und leiten sie an die zuständigen Rechtspflegeorgane weiter.[374] Standardisierte Formulare liefern die notwendigen Informationen über die vorzunehmenden Prozesshandlungen und dokumentieren den Rechtshilfevorgang. Die Kommunikation zwischen den Zentralstellen erfolgt über Online-Plattformen. Nicht gelöst werden freilich das Problem der Anwendung

---

367 Die „passiv Betroffenen" (Zustellungsadressaten, Zeugen) können ihrerseits nicht geltend machen, dass die Rechtshilfe gegen staatliche Interessen verstößt, BGHZ 87, 385, 389; *Geimer,* RabelsZ 57 (1993), 746, 750, weitergehend Fasching/*Bajons*, § 38 JN, Rdn. 2. Eine neuere Lehre will hingegen den *ordre public* vorwiegend zum Schutz der inländischen Rechtsunterworfenen funktionalisieren, *Stürner,* JZ 1992, 331 ff.; dagegen *Schack,* IZVR, Rdn. 590 f.

368 Dies ist Folge des *lex fori*-Grundsatzes, der eine Anwendung ausländischen Verfahrensrechts im Inland ausschließt, dazu *Gleß,* FS Grünwald, S. 197, 201 ff. (zum Strafrecht); *Leipold,* Lex fori, Souveränität, Discovery (1989), S. 25 ff. (zum internationalen Zivilprozessrecht).

369 Die Verfahrensakte des ersuchten Gerichts müssen den Verfahrensgrundsätzen des Prozessgerichts genügen. Im Strafprozess wird dies besonders deutlich bei der Frage, inwieweit ausländische Beweiserhebungen, die funktionsäquivalenten Beweiserhebungsgrundsätzen des Prozessgerichts widersprechen, Beweisverwertungsverbote auslösen können, *Vogel,* Perspektiven des internationalen Strafprozessrechts, S. 25 ff.

370 Die Einschaltung mehrerer hintereinander geschalteter Prüf- und Kontrollstellen des ersuchenden wie des ersuchten Staates bewirkt massive Zeitverluste, dazu *Linke,* in: Gottwald (Hrg.), Grundfragen der Gerichtsverfassung, S. 95 ff.

371 Ein probates Mittel ist die Hinterlegung sog. „Schutzschriften" bei den Zentralstellen, um eine Weiterleitung der Ersuchen im Vorfeld zu verhindern.

372 Vgl. dazu bereits *Hess,* NJW 2001, 15 ff. (zur Zustellungsfiktion nach §§ 175 f. ZPO aF); *Schlosser,* RdC 284 (2000), 13, 94 ff.

373 Zu den Umgehungspraktiken *Schack,* IZVR, Rdn. 789 ff., unten § 8 IV, Rdn. 8.94 ff.

374 *Droz,* FS Bellet (1991), S. 129 ff.

mehrerer Prozessrechte – oft aus unterschiedlichen Rechtskreisen – und die erhebliche Zeitverzögerung bei der grenzüberschreitenden Rechtshilfe.[375]

2. Unterschiedliche Integrationsstufen der Europäischen Rechtshilfe

3.90 Nach dem Inkrafttreten des Amsterdamer Vertrages (1999) war das vordringliche Anliegen des europäischen Gesetzgebers der schnelle Erlass von wirksamen Gemeinschaftsrechtsakten im Bereich der Rechtshilfe. Die Zustellungsverordnung 1348/00/EG und die Beweisverordnung 1206/01/EG orientierten sich an den Modellen der Haager Übereinkommen, bemühen sich jedoch um eine Verbesserung der Übermittlungswege sowie um eine Vereinfachung und Beschleunigung der Verfahren.[376] Eine inhaltliche Einbindung in die Kooperation der Übereinkommen streben die Gemeinschaftsrechtsakte hingegen nicht an.

3.91 Allerdings bezwecken die Verordnungen mehr als eine bloße Verbesserung der zwischenstaatlichen überkommenen Rechtshilfe.[377] Denn im Europäischen Justizraum gelten die überkommenen völkerrechtlichen Rahmenbedingungen nur noch eingeschränkt, nationale Souveränitätsvorbehalte sind weitgehend entfallen, Art. 4 III EUV verpflichtet die Mitgliedstaaten zur wechselseitigen Rechtshilfe.[378] Auf der Basis der Unionsrechtsakte können Hoheitsakte auf dem Gebiet anderer Mitgliedstaaten erlassen werden. Diese neue Ausgangslage bewirkt einen echten Paradigmenwechsel: Das europäische Rechtshilfesystem ist nicht mehr aus der Perspektive zwischenstaatlicher Kooperation, sondern von den Interessen und Bedürfnissen der Unionsbürger her zu definieren und anzuwenden.[379] Es geht um die Sicherung effektiven Rechtsschutzes durch schnellgängige Rechtshilfeverfahren und um die Wahrung elementarer Parteirechte, wie das rechtliche Gehör des Zustellungsadressaten[380], das Recht der Prozessparteien auf Beweis oder um die Zeugnisverweigerungsrechte von Auskunftspersonen.[381]

3.92 Die Zustellungs- und die Beweisverordnung gehen hier neue Wege: Sie ermöglichen Prozesshandlungen, die unmittelbare Wirkung in den anderen Staaten des europäischen Justizraums entfalten, nämlich grenzüberschreitende postalische Direktzustellungen (Art. 14 EuZustVO) und eine eigene Beweisaufnahme des Prozessgerichts

375 Vgl. unten § 8 I, Rdn. 8.1 ff. zur Situation der Rechtshilfe im Binnenmarkt zur Zeit des Inkrafttretens des Amsterdamer Vertrages.

376 Dazu unten § 8 I, Rdn. 8.1 ff, und § 8 II, Rdn. 8.34 ff.

377 AA *Markus*, SZW/RSDA 2002, 65, 73, 82.

378 Dazu unten § 8 III, Rdn. 8.57 f.

379 Zutreffend Schlussanträge GAin *Stix-Hackl*, 28.5.2005, Rs. C-443/03, *Leffler*, EU:C:2005:409, Rdn. 19 ff., 25.

380 Vgl. *Hess*, NJW 2001, 15, 17 ff.

381 *Hess/Müller*, ZZPInt. 6 (2001), 149, 158 ff.

im Ausland (Art. 17 EuBewVO).[382] Diese Möglichkeiten erleichtern die grenzüberschreitende Prozessführung: An die Stelle der Kumulation mehrerer Verfahrensrechte tritt die Anwendung des Prozessrechts des erkennenden Gerichts. Fehleranfälligkeit und Zeitverzögerung werden vermieden, das erkennende Gericht judiziert auf der Basis eines vertrauten Prozessrechts und kann die Wirksamkeit der im Ausland vollzogenen Rechtsakte unschwer kontrollieren.[383]

Freilich lassen beide Verordnungen den Zugriff ausländischer Rechtspflegeorgane auf das Inland nur eingeschränkt zu. Denn für die Rechtsunterworfenen hat die grenzüberschreitende Anwendung ausländischer Prozessrechte handgreifliche Nachteile: Sie werden in ihren Heimatstaaten mit einer Fülle ausländischer Prozessrechte konfrontiert, die sie unmittelbar in die Pflicht nehmen: beispielsweise als Zeugen nach potentiell 27 Prozessrechten.[384] Daher macht Art. 17 EuBewVO derartige Beweisaufnahmen des ausländischen Prozessgerichts von der Zustimmung der Zentralen Behörde des anderen Vertragsstaates und von der Zustimmung der Beweisperson abhängig.[385] Ausländische Zeugnispflichten können also auch weiterhin im Inland nicht zwangsweise durchgesetzt werden. 3.93

Derartige Modifikationen haben ihren Preis: Denn die Vorbehalte und Zustimmungserfordernisse der „ersuchten" Staaten erschweren die angestrebte Verfahrenserleichterung. Die Gerichte sind erneut mit mehreren Prozessrechten (etwa bei der Prüfung von Zeugnisverweigerungsrechten) und fehleranfälligen Verfahren konfrontiert. Diese Defizite werden mittelfristig einen weiteren Integrationsschritt im Prozessrecht auslösen, der auf eine weitreichende Vereinheitlichung prozessualer Vorschriften hinausläuft.[386] Art. 81 II lit. f.) AEUV gibt der Union eine Rechtsetzungskompetenz, wenn unterschiedliche Verfahrensvorschriften der Mitgliedstaaten die reibungslose Abwicklung von Zivilverfahren im Europäischen Justizraum behindern. 3.94

382 Ebenso *Stadler*, FS Geimer (2002), S. 1281, 1298 ff.

383 Konzeptionell knüpfen die Verordnungen an den sog. Grundsatz der Gleichwertigkeit aller Prozessrechte im Europäischen Justizraum an. Aus dieser Perspektive erscheint eine Anwendung des gleichwertigen ausländischen Prozessrechts durch ein ausländisches Gericht im Inland grundsätzlich akzeptabel. Räumlich gesehen kommt es zur Überlappung der europäischen Verfahrensrechte, dazu *Hess*, IPRax 2001, 389 ff.

384 Das Beispiel verdeutlicht die „Schutzfunktion" des *lex fori*-Grundsatzes: Inländische Prozessbeteiligte müssen sich nur auf die (zwingende) Geltung des inländischen Prozessrechts einstellen. Der Durchgriff ausländischer Gerichte auf inländische Prozessbeteiligte verstärkt die unionsweite Einlassungslast erheblich.

385 Die Auskunftsperson ist über die Freiwilligkeit ihrer Aussage vorab zu informieren, vgl. unten § 8 II, Rdn. 8.55 ff.

386 Die Neuregelung der EuZustVO (2007) hat – erfreulicherweise – die zahlreichen Vorbehalte der Mitgliedstaaten zu Art. 14 II EuZustVO aF beseitigt, vgl. unten § 8 I, Rdn. 8.23 ff.

Die Rechtsetzungskompetenz der Europäischen Union ist mithin nicht auf eine Verbesserung der Rechtshilfeverfahren beschränkt.[387]

3.95 Die Prozessrechtsakte der zweiten Generation nutzen die Unionskompetenz des Art. 81 AEUV zur Implementierung spezieller Verfahrensvorschriften. Den Anfang macht dabei das Zustellungsrecht: Bereits die Art. 12 ff. EuVTVO enthalten im Kern ein eigenständiges Zustellungsrecht – freilich noch konzipiert als „Beurteilungsnormen".[388] Art. 13 I EuBagVO schreibt hingegen die postalische Direktzustellung mit Rückschein als Regelfall fest, enthält mithin eine operative Zustellungsvorschrift. Art. 13 II EuBagVO verweist zudem für die sonstigen Formen der Zustellung (insbesondere für die Ersatzzustellung) auf Art. 13 und 14 der EuVTVO.[389] Damit ist aus der Perspektive des unionsrechtlichen Integrationskonzepts[390] der entscheidende Schritt vollzogen: Die „Beurteilungsvorschriften" der EuVTVO werden zum unmittelbar geltenden, operativen Recht für den Zustellungsvorgang nach der EuBagVO. Die Geltung der sektoriellen Regelungen der Art. 13 f. EuVTVO sollte auch für weitere Rechtsakte angeordnet werden – mittelfristig geraten dann auch die nationalen Zustellungsvorschriften unter Anpassungsdruck.

3.96 Auch für das Beweisverfahren besteht weiterer Regelungsbedarf – im Hinblick auf die EuBewVO sind freilich momentan keine substantiellen Angleichungsmaßnahmen geplant.[391] Jedoch enthalten inzwischen die Art. 6–9 der *Enforcement*-RL detaillierte Vorgaben zur Ausgestaltung der nationalen Beweis- und Beweissicherungsrechte.[392] Das Zusammenspiel zwischen der EuBewVO und der *Enforcement*-RL verändert die grenzüberschreitende Beweishilfe nachhaltig: Für ersuchendes und ersuchtes Gericht gelten im Kern dieselben materiellen Vorschriften, die Beweispersonen agieren auch im Fall des ausländischen Rechtshilfeersuchens unter einem bekannten Recht, die Kooperation zwischen den befassten Justizbehörden wird optimiert – abgesehen von der Sprachenfrage bestehen keine substantiellen Unterschiede zur innerstaatlichen Rechtshilfe.[393] Erneut zeigt sich der sektorielle „Zugriff" des Unionsgesetzgebers, der für spezielle Rechtsgebiete eine erhebliche Effektuierung der Verfahren ermöglicht und auf den Anpassungsdruck in den nationalen Verfahren setzt.

3.97 Die aufgezeigten Entwicklungen verdeutlichen die Zielrichtung der Integration im Bereich der Rechtshilfe: Die zweite Generation prozessualer Rechtsetzungsmaßnahmen der Europäischen Union (nach Art. 65 c) EGV und Art. 81 AEUV) sowie die

---

387 Vgl. oben § 2 I, Rdn. 2.13. Zurückhaltend Streinz/*Leible*, Art. 81 AEUV, Rdn. 44 („keine Kompetenz zur Harmonisierung des Zivilrechts").

388 Dazu unten § 10 I, Rdn. 10.22 ff.

389 Dazu unten § 10 III, Rdn. 10.105.

390 Oben § 1 I, Rdn. 1.3.

391 Vgl. unten § 8 IV, Rdn. 8.88 ff.

392 Ausführlich unten § 11 II, Rdn. 11.32 ff. Die Wahrung von Geschäftsgeheimnissen regelt die RL (EU) 2016/943, ABl. EU 2016 L 157/1, dazu unten § 11 II 4, Rdn. 11.55 ff.

393 Damit wird ein einheitlicher Europäischer Justizraum auch substantiell weitgehend verwirklicht.

parallelen Rechtsangleichungsmaßnahmen (nach Art. 114, 169 und Art. 103 AEUV) zielen auf eine sektorielle Vereinheitlichung der nationalen Prozessrechte ab, nicht nur im Bereich der Rechtshilfe, sondern generell in der gerichtlichen und außergerichtlichen Kommunikation und Informationsbeschaffung.[394] Dabei beinhalten die sektoriellen Rechtsakte mit wachsender Regelungsintensität und ausgreifenden Anwendungsbereichen die Vorstufe eines vereinheitlichten europäischen Zivilprozessrechts.[395] In der aktuellen Rechtsentwicklung stehen freilich (noch) die konkreten Abstimmungsfragen im Vordergrund.[396] Auf die Übergänge von der koordinierten Rechtshilfe zum einheitlichen Verfahrensrecht bei Zustellungen und Beweisaufnahmen ist im Folgenden genauer einzugehen.

3. Justizielle Kooperation und Europäische Rechtshilfe

Bei der aktiven Rechtshilfe setzen Zustellungs- und Beweisverordnung auf den direk- 3.98
ten Kontakt zwischen ersuchendem und ersuchtem Gericht, auf eine schnelle Übermittlung der Ersuchen und auf eine Abwicklung der Kommunikation auf der Basis von Standardformularen. Bereits erste Erfahrungswerte zur Zustellungsverordnung zeigten, dass die Übermittlungszeiten substantiell verkürzt wurden; die Berichte aus der Praxis sind allerdings teilweise widersprüchlich.[397] Ein praktisches Problem konnte freilich zwischenzeitlich behandelt werden: Zwar muss das jeweils konkret zuständige Gericht anhand eines umfangreichen Handbuchs ermittelt werden.[398] Hier drohen Fehlleitungen und Missverständnisse, die zu Lasten der rechtsschutzsuchenden Partei gehen und auf die die betroffene Partei keinen Einfluss hat.[399] Andere Hindernisse der Europäischen Rechtshilfe sind freilich schwer zu beheben: Im Europäischen Justizraum behindern weniger Staatsgrenzen, sondern vor allem Sprachbarrieren die Verfahren[400]: Zuzustellende Schriftstücke müssen übersetzt, Dolmetscher hinzugezogen werden, um das rechtliche Gehör der Beteiligten zu wahren. Die Über-

---

394 Zur Erweiterung des Regelungsmodells der *Enforcement*-RL auf das Kartellrecht vgl. unten § 11 II 3, Rdn. 11.51 ff. sowie zur Europäischen Patentgerichtsbarkeit § 11 IV, Rdn. 11.123 ff.

395 AA *Rauscher*, FS Matscher, S. 665, 669 ff. – es sei kein System erkennbar. Zur Diskussion unterschiedlicher Regelungsmodelle (bis hin zur Kodifikation) vgl. unten § 14, Rdn. 14.4 ff.

396 Dies gilt vor allem für die prozessualen Mindestvorschriften in den Unionsrechtsakten der 2. Generation.

397 Im Verhältnis zu Spanien reduzierte sich die Übermittlungszeit zunächst von 2 Jahren auf ca. 2 Monate, dazu bereits *Hess*, NJW 2002, 2417, 2424; *Schack*, FS Leipold (2009), S. 317, 326 f.

398 Jedoch hilft eine sehr übersichtlich gestaltete Website der GD Justiz und Inneres der Kommission, http://www.europa.eu.int/comm/justice–home und das Europäische Justizportal, oben § 1 IV, Rdn. 1.42.

399 Beispiel: OLG Jena, 2.5.2001, IPRax 2002, 298., abl. *Stadler*, IPRax 2002, 282 ff. (zur Zustellung nach dem HZÜ).

400 *Stadler*, IPRax 2001, 514, 517.

setzungen kosten nicht nur viel Geld,[401] sondern zudem kostbare Zeit – insbesondere wenn es um die Wahrung von Fristen geht oder um den Zugriff auf das Schuldnervermögen (etwa mittels Arrestbeschlag).[402]

3.99 Diese Hindernisse kann die Rechtshilfe nicht ganz überwinden, wohl aber erleichtern: Art. 8 EuZustVO lässt eine Übermittlung der Schriftstücke in der Sprache des ersuchten Staates zu, wenn der Adressat diese Sprache versteht.[403] Damit entfällt das Übersetzungserfordernis, auch wenn zahlreiche Einzelfragen (vorerst) ungeklärt blieben.[404] In diesem Zusammenhang hat der EuGH entschieden, dass die Zustellung (zumindest des verfahrenseinleitenden Schriftstücks) der Gehörswahrung des Beklagten dient und daher eine vollumfängliche Übersetzung der Klageschrift nebst sämtlichen Anlagen nicht erforderlich ist.[405] Hilfreich wäre freilich eine Vereinheitlichung bzw. Standardisierung des klageeinleitenden Schriftstücks wie bei den sog. „*Claim Forms*" des englischen oder den Mahnanträgen des österreichischen und des deutschen Prozessrechts.[406] Diese enthalten eine Minimalinformation über den Klagegegenstand und das eingeleitete Verfahren, die den Beklagten in die Lage versetzt zu entscheiden, ob er sich verteidigen will und kann (vgl. § 694 ZPO).[407] Erst nach einer entsprechenden Verteidigungsanzeige müsste dann die Klageschrift übersetzt werden. Alle fristwahrenden Wirkungen der Klageeinleitung (vgl. § 167 ZPO) wären hingegen bereits mit der Einreichung des Klageformulars gewahrt. Dieses könnte als Standardformular so abgefasst sein, dass eine Übersetzung der Textbestandteile nicht mehr notwendig ist.[408] Das Beispiel zeigt, dass nicht nur die Verbesserung und Effektuierung der Übermittlungswege, sondern gerade die Standardisierung der Pro-

401 Abhilfe sollen gemeinschaftsweite Mindeststandards schaffen, vgl. den Vorschlag der Kommission für eine „Richtlinie des Rates zur Verbesserung des Zugangs zum Recht bei Streitsachen mit grenzübergreifendem Bezug durch die Festlegung gemeinsamer Mindestvorschriften für die Prozesskostenhilfe und für andere mit Zivilverfahren verbundene finanzielle Aspekte", COM (2002) 13 endg, dazu unter § 8 III, Rdn. 8.73.

402 Die Standardisierung in der EuKtPVO zeigt hier gangbare Wege auf, vgl. unten § 10 IV 2, Rdn. 10.138.

403 Dieselbe Regel findet sich nunmehr in Art. 43 II EuGVO, dazu unten § 6 IV, Rdn. 6.267.

404 Beispielsweise ist ungeklärt, inwieweit es bei einem Unternehmen auf die Person des Zustellungsadressaten oder auf sonstige vorhandene Sprachkompetenz ankommt – bei *Facebook Ireland* ist angesichts von 20 Millionen Kunden in Deutschland keine Übersetzung erforderlich, vgl. unten § 8 I, Rdn. 8.15 ff., 8.19.

405 EuGH, 8.5.2008, Rs. C-14/07, *Weiss & Partner*, EU:C:2008:264, Rdn. 46 ff.; EuGH, 28.4.2016, Rs. C-384/14, *Alta Realitat*, EU:C:2016:316, Rdn. 14, dazu unten § 8 I, Rdn. 8.20.

406 Dazu bereits *Hess*, FS Geimer (2002), S. 339 ff.

407 Im Regelfall kennt der Beklagte den Sachverhalt, der Gegenstand eines gerichtlichen Verfahrens sein soll, EuGH, 8.5.2008, Rs. C-14/07, *Weiss & Partner*, EU:C:2008:264, Rdn. 78.

408 Eine solche Standardisierung würde die wichtigsten Vertragstypen nennen (Kaufvertrag, Werkvertrag etc.), Namen der Parteien, das Datum des Vertragsschlusses wären einzutragen, ebenso der Zeitpunkt der Lieferung. Die Textbausteine können in allen Amtssprachen der Gemeinschaft vorgehalten werden, so dass eine Übersetzung nicht erforderlich ist.

zesshandlungen selbst (die natürlich eine gewisse Vereinheitlichung der Prozessrechte voraussetzt) substanzielle Verbesserungen bewirken kann.

Bei der grenzüberschreitenden Beweisaufnahme liegen die Probleme insofern anders, als eine Standardisierung dort nur eingeschränkt möglich ist.[409] Das Hauptproblem besteht hier darin, dass sich das Beweisthema nicht standardisieren lässt. Zudem sind auf die Beweisaufnahme und die anschließende Beweiswürdigung unterschiedliche Verfahrensrechte anwendbar. Diese Schwierigkeiten geht die Beweisverordnung jedoch pragmatisch an: Bei der förmlichen Rechtshilfe erlauben Art. 11 f. EuBewVO die Anwesenheit und aktive Mitwirkung des Prozessgerichts und der Parteien bei der Erledigung des Rechtshilfeersuchens.[410] Zum anderen kann das Prozessgericht um die Beachtung „besonderer Formen" seines Beweisverfahrensrechts bitten. Derartige Ersuchen sind in den Grenzen des zwingenden Rechts des ersuchten Gerichts zu erledigen (Art. 10 III EuBewVO). Beispielsweise kann ein deutsches Gericht grundsätzlich eine sog. „*cross examination*" (R. 32 CPR) durchführen, obwohl die ZPO diese Form der Zeugeneinvernahme nicht kennt. Da jedoch nach § 397 II ZPO auch die Anwälte die Zeugen befragen könnten, ist ein Kreuzverhör unter Aufsicht des deutschen Gerichts zuzulassen.[411] 3.100

Praktische Bedeutung hat die förmliche Rechtshilfe vor allem dann, wenn gegen Verfahrensbeteiligte Zwangsmaßnahmen angewandt werden sollen: So ist beispielsweise die Zeugnispflicht zur Durchführung eines ausländischen Rechtshilfeersuchens nur nach Maßgabe der Zwangsbefugnisse des ersuchten Gerichts statthaft (vgl. § 390 ZPO). Ein unmittelbarer Zugriff des ausländischen Gerichts auf die inländischen Rechtsunterworfenen scheitert hier am Gesetzesvorbehalt, weil Zwangsmaßnahmen in Grundrechte eingreifen.[412] Ähnliches gilt für Ersatzzustellungen: Auch sie können nur nach der *lex fori* des ersuchten Gerichts vorgenommen werden.[413] Die zwingende Anwendung der *lex fori* des ersuchten Gerichts beruht vor allem darauf, dass Schutzvorschriften zugunsten inländischer Rechtsunterworfener (insbesondere 3.101

409 Bereits das HBÜ hatte die Begleitformulare der Rechtshilfeersuchen weitestgehend standardisiert und die Sprachbarrieren durch bevorzugte Verwendung der englischen und französischen Sprache für die Ersuchen zu überwinden versucht, Art. 4 II HBÜ. Angesichts des ungelösten Sprachproblems in der Union fällt die EuBewVO hinter diesen Rechtsangleichungsstand zurück und erlaubt bei der Ausfüllung der Ersuchen die Verwendung aller 24 Amtssprachen. Das Problem wird freilich in der Praxis dadurch entschärft, dass die Begleitformulare überwiegend durch Ankreuzen auszufüllen sind. Es ist zudem zu erwarten, dass – wie bei der EuZustVO – nahezu alle Mitgliedstaaten zumindest Englisch oder Französisch als Arbeitssprachen zulassen.

410 *Hess/Müller*, ZZPInt. 6 (2001), 149, 155 f.; *Schulze*, IPRax 2001, 527 ff.

411 Exzessiver Befragung ist durch richterliche Aufsicht entgegenzuwirken, *Hess*, in: Mahraun (Hrg.), Bausteine eines europäischen Beweisrechts (2007), S. 17, 23 ff.; *Müller*, ZZPInt. 6 (2001), 149, 154; *Schlosser*, RdC 284 (2001), 13, 121 ff.; gegen die Zulassung eines Kreuzverhörs in Deutschland *Schütze*, Rechtsverfolgung im Ausland (5. Aufl. 2016), Rdn. 319.

412 Art. 17 EuBewVO, unten § 8 II, Rdn. 8.52 ff.

413 Dazu bereits *Hess*, NJW 2002, 2417, 2421.

Zeugnisverweigerungsrechte) sich nach deren jeweiligen Aufenthaltsorten richten. Ein unmittelbarer Zugriff des ausländischen Prozessgerichts auf den inländischen Rechtsunterworfenen nach Maßgabe des ausländischen Verfahrensrechts erfordert also eine vorgängige Vereinheitlichung der europäischen Verfahrensrechte.[414] Ein originär europäisches Zustellungsverfahren enthält hingegen Art. 13 EuBagVO: Die EuBagVO regelt selbständig und abschließend den Zustellungsvorgang ohne Rückgriff auf die Zustellungsvorschriften in den Mitgliedstaaten.[415]

4. Implementierung durch das Justizielle Netz in Zivilsachen

3.102 Eine wirksame, grenzüberschreitende Kooperation setzt ein vertrauensvolles Zusammenwirken der beteiligten Justizorgane voraus. Konkretes Vertrauen lässt sich durch regelmäßige Kontakte der mit der Durchführung grenzüberschreitender Verfahren befassten Justizbehörden verbessern. Entscheidend ist jedoch vor allem eine „Mentalitätsveränderung" der befassten Gerichte: Trotz Geltung des *lex fori*-Grundsatzes für das erkennende Gericht ist ausländisches Prozessrecht bei der europäischen Rechtshilfe zunehmend zu berücksichtigen, oft indirekt im Zusammenhang mit den Mindeststandards des Unionsrechts.[416] Wird die Gleichwertigkeit der Verfahrensrechte in den Mitgliedstaaten des europäischen Rechtsraums im Grundsatz akzeptiert, so erscheint jedoch in einem weiteren Schritt auch die (freundliche) Zulassung fremden Verfahrensrechts bzw. die Beachtung weniger vertrauter Verfahrensformen im Grundsatz unbedenklich. Allerdings ist eine hinreichende Information aller Beteiligten (Gerichte, Parteien und Dritte) über die Verfahrensrechte im ersuchenden Staat erforderlich, um wirksamen Zugang zum Recht zu eröffnen.[417]

3.103 Der europäische Gesetzgeber setzt pragmatisch auf organisatorische und informelle Begleitmaßnahmen. Im Jahre 2002 wurde das sog. Justizielle Netz in Zivilsachen eingerichtet.[418] Dieses verfolgt zwei Hauptziele (Art. 3 I EuJNZ-E): Es soll zum einen die unmittelbare Kooperation zwischen den Gerichten und den Justizbehörden der Mitgliedstaaten erleichtern (lit. a)). Zudem sollen Informationen über die einschlägigen Unionsrechtsakte nebst Durchführungsvorschriften in den Mitgliedstaa-

---

414 Insbesondere zur Wahrung der menschenrechtlichen Garantien, vgl. Art. 47 GRC, Art. 6 EMRK.

415 Schriftstücke werden regelmäßig per Post mit Empfangsbestätigung zugestellt, andernfalls nach Art. 13 und 14 EuVTVO, vgl. unten § 10 III, Rdn. 10.101 ff.

416 So beispielsweise im Rahmen von Art. 30 EuGVO bei der Frage, ob der Kläger die notwendigen Maßnahmen zur unverzüglichen Klagezustellung ergriffen hat, vgl. unten § 6 III, Rdn. 6.188 ff.

417 Dies betont zu Recht *Storskrubb*, Civil Procedure and EU Law, S. 235 ff.

418 Entscheidung 2001/470/EG über die Einrichtung eines Europäischen Justiziellen Netzes für Zivil- und Handelssachen ABl. 2001 L 174/25 ff., geändert durch die Entscheidung 568/2009/EG, ABl. EU 2009 L 168/35 ff.

ten der (Fach-)Öffentlichkeit zur Verfügung gestellt werden (lit. b)).[419] Dabei nutzt die EU-Kommission ihrerseits das EuJNZ zur Evaluation der bestehenden Praxis in den EU-Mitgliedstaaten zu den Rechtsakten.[420]

Zur Verbesserung der Kommunikation haben die Mitgliedstaaten Kontaktstellen eingerichtet. Nach Art. 5 II EuJNZ-E unterstützen die Kontaktstellen die nationalen Gerichte und Justizbehörden bei der Abwicklung von Rechtshilfeersuchen, insbesondere in sprachlicher Hinsicht und bei der Informationsbeschaffung (einschließlich der Ermittlung ausländischen Rechts). Die EU-Mitgliedstaaten sind zudem aufgefordert, die Kontaktstellen personell und sachlich hinreichend auszustatten (Art. 2 II a EuJNZ-E). Zudem werden alle von den EU-Instrumenten vorgesehenen Zentralstellen und Zentralen Behörden in das Netzwerk eingebunden (Art. 2 I lit. b) EuJNZ-E). Ihre Aufgabe ist die Weiterleitung von Rechtshilfeersuchen im direkten Verkehr und die Unterstützung nationaler Gerichte und Justizbehörden bei der Behebung von praktischen Schwierigkeiten.[421] Einbezogen sind auch die Verbindungsrichter und Staatsanwälte bei den jeweiligen Zentralstellen sowie andere Justiz- und Verwaltungsbehörden der Mitgliedstaaten, deren Teilnahme am Netz „sinnvoll" erscheint.[422] Das Justizielle Netz agiert dabei zunächst als „Diskussions- und Informationsaustauschforum", es organisiert regelmäßige Treffen zwischen den Mitarbeitern der Kontakt- und Zentralstellen (Art. 9 ff. EuJNZ-E).[423] Auf diesen Treffen werden praktische Schwierigkeiten bei der Anwendung der Gemeinschaftsinstrumente diskutiert.[424] Anfang 2016 umfasste das Netzwerk 505 Mitglieder.[425] In den meisten Mitgliedstaaten gibt es zwischen zwei und fünf Kontaktstellen – Deutschland hat, aufgrund seiner unübersicht- 3.104

419 Dies erfolgt über das Europäische Justizportal. Dazu bereits oben § 1 IV, Rdn. 1.42 ff.

420 Bericht der Europäischen Kommission über die Tätigkeit des Europäischen Justiziellen Netzes für Zivil- und Handelssachen vom 10.3.2016, COM(2016) 129 final, S. 2.

421 Die Kommission hatte die Mitgliedstaaten aufgefordert, bis zum Juni 2002 die Namen und Referenzdaten der nationalen Kontaktstellen, einschließlich deren Kommunikationsmöglichkeiten und Sprachkompetenzen, mitzuteilen, vgl. *Storskrubb*, Civil Procedure and EU Law, S. 236 f.

422 So ausdrücklich Art. 2 I lit. d) EuJNZ-E. Zwischen den verschiedenen „Netzen" justizieller Zusammenarbeit gibt es zahlreiche Verbindungen. Im Hinblick auf das justizielle Netz der Haager Konferenz zur Kindesrückführung gibt es personelle Identitäten.

423 Ausweislich des 1. Kommissionsberichts über die Evaluationen des Netzes COM (2006) 203, S. 7 ff., fand ein erstes Treffen am 4.12.2002 statt, in den Jahren 2003 und 2004 folgten jeweils vier Treffen und fünf Treffen im Jahre 2005. Inzwischen kommen die Kontaktstellen im Durchschnitt viermal jährlich zusammen, alle Mitglieder des Netzes treffen sich einmal im Jahr. Zwischen 2009 und 2015 fanden 38 Treffen statt. Mayr/*Sengstschmid*, Hdb EuZVR, Rdn. 16.12.

424 Beim ersten Treffen ging es etwa um die Kostenerstattungsprobleme bei der Anwendung der VO 1348/00/EG. Dazu unten § 8 I, Rdn. 8.22.

425 Das Netz umfasste Anfang 2016 505 Mitglieder, die sich auf folgende Kategorien verteilen: 139 Kontaktstellen, 124 Zentralbehörden, 6 Verbindungsrichter und 166 andere Justizbehörden mit Zuständigkeiten in der ziviljustiziellen Kooperation sowie 70 Berufskammern, die Angehörige von Rechtsberufen vertreten, vgl. COM (2016) 129 final., S. 3.

lichen föderalen Struktur im Justizwesen, zunächst 16 Kontaktstellen benannt.[426] Seit dem 1.1.2007 erfolgt jedoch eine gewisse „Bündelung" im Bundesamt für Justiz als Bundeskontaktstelle für das EJN.[427] Dort finden sich Kontaktdaten der vier Verbindungsrichterinnen und -richter.[428] Damit verfügt die Bundesrepublik inzwischen über 17 – nicht immer ausgestattete – sog. „Zentralstellen".

3.105 Die EU-Kommission verfolgt als Regelungsziel eine offene Struktur des Europäischen Justiziellen Netzes: Daher nennt die Empfehlung keine festen Kriterien für die Benennung der Kontaktstellen. Seit 2009 sind auch die Kammern der Angehörigen der Rechtsberufe in das Netz eingebunden.[429] Nach den offenen Organisationstrukturen des Netzes können die Mitgliedstaaten durchaus mehrere Kontaktstellen benennen, auch gibt es unterschiedliche Kategorien von Kontaktpersonen – im Ergebnis könnte jeder Richter/Rechtspfleger, der mit der Anwendung der Europäischen Verfahrensakte befasst ist, an den offenen Zusammenkünften teilnehmen.[430] Regelmäßige Kontakte der befassten Justizangehörigen sollen dafür sorgen, dass eventuell auftretende Schwierigkeiten informell behoben werden können.[431] Eine derartige Offenheit scheitert bisweilen an den hierarchischen Strukturen der Justizorganisation in den Mitgliedstaaten. Für die EU-Kommission dient das Netzwerk auch als informelle Quelle zur Informationsbeschaffung: So werden Statistiken über die Erledigung von Rechtshilfeersuchen geführt, zudem werden die Ressourcen des Justiziellen Netzes auch dafür genutzt, Informationen über die Verfahrensrechte der Mitgliedstaaten bzw. die Anwendung der Regelungsinstrumente vor Ort zu erfahren. Mithin entspricht die offene Struktur des Netzes seiner informellen Arbeitsweise.[432]

3.106 Das zweite Regelungsziel des Justiziellen Netzes ist die Vorhaltung von Informationen über die europäischen Rechtsakte und über die Prozessrechte der Mitgliedstaa-

---

426 *Wagner*, IPRax 2007, 87, berichtet, dass die Benennung von 16 deutschen Kontaktstellen in anderen EU-Mitgliedstaaten „auf Erstaunen stieß".

427 Die Einrichtung des Bundesjustizamts in Bonn (im Jahr 2006) ermöglicht die Zentralisierung der Anlaufstellen für ausländische Anfragen. Im Hinblick auf die Zentralstellen in den Bundesländern erfüllt das Bundesamt für Justiz auch die Funktion einer Clearingstelle, vgl. § 16a EGGVG. Vgl. die informative Website: www.bundesjustizamt.de.

428 *Menne*, ZEuP 2019, 472 ff.

429 In Deutschland sind dies die Bundesrechtsanwaltskammer, die Bundesnotarkammer, die Patentanwaltskammer, der Anwaltsverein, der Deutsche Gerichtsvollzieher Bund, der Bund deutscher Rechtspfleger.

430 *Storskrubb*, Civil Procedure and EU Law, S. 241. In der Praxis des Netzes hat sich freilich eine hierarchische Benennungspraxis der nationalen Justizverwaltungen herausgebildet.

431 Dazu bereits *Hess*, JZ 2001, 573, 580 f.

432 Allerdings ist nicht zu verkennen, dass die internen Strukturen der Ziviljustiz in den Mitgliedstaaten einer „spontanen" Kooperation oft Grenzen setzen. So werden nach der Erfahrung des Verfassers beispielsweise die Befragungen von Richtern über *„best practices"* häufig als genehmigungspflichtiger Vorgang (miss)verstanden – bisweilen haben Landesjustizbehörden detaillierte Antworten der befragten Richter so stark „anonymisiert", dass sie kaum verwertbar waren.

ten. Dies geschieht inzwischen auf dem Europäischen Justizportal,[433] das zum einen über die europäischen Rechtsakte informiert[434] und die notwendigen Begleitformulare (in allen Amtssprachen) zum Herunterladen *(download)* vorhält.[435] Inzwischen können die Formulare als dynamische Formulare online ausgefüllt werden – damit ist der reibungslose Übergang von einer Sprachfassung in die andere gewährleistet.[436] Als allgemeines Informationsmedium wurde der sog. „Europäische Gerichtsatlas" geschaffen, der praktische Informationen zu den Prozessrechten der Mitgliedstaaten in den Amtssprachen der Union[437] enthält.[438] Er wird laufend aktualisiert und verbessert (Art. 16 EuJNZ-E). Zudem ist das Netzwerk in die Erarbeitung der „Practical Guides" zu den EU-Rechtsinstrumenten involviert.

Die Kommission evaluierte die Wirksamkeit der Begleitmaßnahmen erstmals im Jahr 2006[439] und erneut im Jahr 2015.[440] Der Tätigkeitsschwerpunkt des EJN galt in der Anfangszeit vor allem dem Aufbau der internen Strukturen und der Erstellung der Datenbanken. Letztere umfassen heute mehr als 10 700 Websites zu nationalen Rechtsvorschriften in 22 Sprachen. Inzwischen erfolgen ca. 250 000 Zugriffe im Monat.[441] Darüber hinaus erarbeiten Arbeitsgruppen des EuJNZ sog. „Practical Guides", die in verständlicher Sprache die Bevölkerung über die jeweiligen Rechtsinstrumente im Europäischen Justizraum informieren.[442] **3.107**

Weniger erfolgreich war das Netz hingegen bei der Unterstützung der justiziellen Kooperation. Dies liegt zum einen an seiner informalen Struktur, die zu Unübersichtlichkeit führt. Dennoch ist die verfolgte Zielsetzung wichtig. Denn es ist unbestreitbar, dass persönliche Kontakte zwischen befassten Richtern und anderen Amtsträgern in der Justiz (einschließlich Rechtspflegern und Gerichtsvollziehern) die Abwicklung laufender Verfahren zwischen den beteiligten Gerichten und Justizbehörden erleichtern können. Allerdings stoßen diese Maßnahmen rasch an tatsächliche Grenzen: Beim unmittelbaren Verkehr, den die Verordnungen einführen, müssten letztlich **3.108**

433 http://ec.europa.eu/civiljustice/.

434 Sog. „Leitfäden", dazu COM (2016) 129 final, S. 9 f.

435 Dazu oben § 1 IV, Rdn. 1.45 ff.

436 Der Online-Zugang bzw. die Möglichkeit einer Online-Übermittlung der Formulare an die zuständigen Justizorgane der Mitgliedstaaten hängt vom jeweiligen Ausbau der *e-justice* ab. Aufgrund der föderalen Struktur gehört Deutschland inzwischen zu den wenig entwickelten Staaten im Europäischen Justizraum.

437 Allerdings befindet sich der Atlas weiterhin im Aufbau.

438 Zugänglich unter: http://ec.europa.eu/civiljustice/index–en.htm.

439 COM (2006) 203 endg. Vgl. dazu Voraufl., § 3 V, Rdn. 82.

440 COM (2016) 129 final.

441 Ein wesentlicher Faktor war dabei das Inkrafttreten der EuErbVO (zum 17.8.2015), die wegen des Übergangs der Anknüpfung von der Staatsangehörigkeit zum Aufenthalt erhebliche Auswirkungen auf die Vermögensnachfolge der Unionsbürger hat. Ihre Einführung erforderte parallele Informationskampagnen der EU-Kommission, dazu unten § 7 VIII, Rdn. 7.190 ff.

442 Com (2016) 129 final, S. 8 mwN.

sämtliche Gerichte, die Rechtshilfeersuchen erledigen, in den Dialog der justiziellen Netze einbezogen werden.[443] Direkte Kontakte finden jedoch derzeit überwiegend innerhalb des Justiziellen Netzes statt, nicht zwischen den befassten Gerichten.[444]

3.109 Ein weiterer Aspekt der praktischen Anwendung des EU-Prozessrechts betrifft die Schulung der involvierten „stakeholders" (vor allem Richter und Rechtsanwälte). Die herausragende Bedeutung von Schulungen der befassten Richter hat die EU-Kommission frühzeitig erkannt und sie zur vorrangigen Aufgabe europäischer Justizpolitik erklärt. Mit der ausdrücklichen Nennung der richterlichen Fortbildung in Art. 81 II lit. g) AEUV macht der Vertrag von Lissabon die Bedeutung dieser Aufgabe explizit. Seit dem Jahr 2000 gibt es ein spezielles *European Judicial Training Network* (EJTN), das dem Erasmus-Modell (des Studentenaustausches) nachgebildet wurde und die Fortbildung von Zivil- und Strafrichtern zum Gegenstand hat.[445] Es ist als eine *„non-profit organisation"* (d. h. als Idealverein) organisiert, mit Sitz in Brüssel. Neben nationalen Justizministerien sind auch Fortbildungsinstitutionen (etwa: Richterschulen oder die Europäische Rechtsakademie in Trier) Mitglieder des Netzwerks. Sie bieten im Rahmen des EJTN Fortbildungsveranstaltungen (einschließlich Sprachtrainings) an.[446] Die Zahl der angebotenen Veranstaltungen hat sich dabei in den letzten Jahren kontinuierlich erhöht: Während im Jahr 2004 550 Richter an Schulungsmaßnahmen teilnahmen, waren es im Jahre 2007 mehr als 1000. Im Jahr 2010 waren es 1800 Teilnehmer, im Jahr 2018 sogar 6719.[447] Ein wichtiges Element ist zudem ein Austauschprogramm, dass Richterinnen und Richtern Praktika bei den Gerichten anderer EU-Mitgliedstaaten ermöglicht. Dabei hält die EU-Kommission formal am Grundsatz fest, dass die Organisation derartiger Fortbildungsveranstaltungen primäre Aufgabe der Mitgliedstaaten bleibt.[448] Die Finanzierung von Fortbildungsprogrammen wurde jedoch in die allgemeinen Rahmenprogramme der EU aufgenommen und kontinuierlich ausgeweitet.[449]

---

443 Dort bestehen zudem erhebliche Sprachbarrieren.

444 Kritisch *Storskrubb*, Civil Procedure and EU Law, S. 241; positiver hingegen die Evaluation der EU-Kommission, COM (2016) 129 final, S. 8 ff.

445 *Storskrubb*, Civil Procedure and EU Law, S. 246 ff.

446 Website: http://www.ejtn.eu/

447 EJTN Tätigkeitsbericht 2018, http://www.ejtn.eu/Documents/About%20EJTN/EJTN%20Documentation/Year%20in%20Review%202018%20EN%20FINAL.pdf

448 *Storskrubb*, Civil Procedure and EU Law, S. 252.

449 Dazu oben § 2 V, Rdn. 2.102.

§ 4 Einwirkungsformen des Unionsrechts

Literatur:[1] *Althammer*, Der Beitrag der Gerichtsorganisation zur Effizienz der Forderungsdurchsetzung, ZVglRWiss 119 (2020), 197; *Althammer/Weller* (Hrg.), Mindeststandards im Europäischen Zivilprozessrecht (2015); *Anweiler*, Die Auslegungsmethoden des Gerichtshofs der Europäischen Gemeinschaften (1997); *M. Audit*, L'interprétation autonome du droit international privé communautaire, JDI 2004, 789; *Blobel/Späth*, The Tale of Mutual Trust and the European Law of Civil Procedure, EuLRev 30 (2005), 528; *Bomhoff*, Judicial Discretion in European Law on Conflicts of Jurisdiction (2005); *Canaris*, Gemeinsamkeiten zwischen verfassungskonformer und richtlinienkonformer Rechtsfindung, FS Schmidt (2006), S. 41; *Cieslik*, Die Methodik des Gerichtshofs der Europäischen Gemeinschaften bei der Auslegung des Europäischen Gerichtsstands- und Vollstreckungsübereinkommens (1992); *v. Danwitz*, Die Aufgabe des Gerichtshofs bei der Entfaltung des europäischen Zivil- und Zivilverfahrensrechts, ZEuP 2010, 463; *ders.*, Rechtswirkungen von Richtlinien in der neueren Rechtsprechung des EuGH, JZ 2007, 697; *Düsterhaus*, Constitutionalisation of European Civil Procedure as a Starting Point for Harmonisation?, in: Gascón Inchausti/Hess (ed.), The Future of the European Law of Civil Procedure (2020), S. 69; *ders.*, Konstitutionalisiert der EuGH das Internationale Privat- und Verfahrensrecht der EU?, ZEuP 2018, 10; *ders.*, The ECtHR, the CJEU and the AFSJ: a matter of mutual trust, E.L. Rev. 2017, 42(3), 388; *Eichel*, Der Beitrag moderner Informationstechnologie zur Effizienz grenzüberschreitender Forderungsbeitreibung, ZVglRWiss 119 (2020), 220; *Funken*, Das Anerkennungsprinzip im internationalen Privatrecht (2009); *Gannagé*, La hierarchie des normes et les méthodes du droit international privé (2001); *Gardella/Radicati di Brozolo*, Civil Law, Common Law and Market Integration: The EC Approach to Conflicts of Jurisdiction, AJCL 51 (2003), 611; *Gruber*, Methoden des internationalen Einheitsrechts (2004); *Hartley*, The European Union and the Systematic Dismanteling of the Common Law of Conflicts of Laws, ICLQ 54 (2005), 813; *v. Hein*, Informierte Entscheidungen in der grenzüberschreitenden Forderungsdurchsetzung – Vorstellung und Ergebnisse eines internationalen Forschungsprojekts, ZVglRWiss 119 (2020), 123; *ders./Krueger* (ed.), Informed Choices in Cross-Border Enforcement (2020); *ders./Rühl* (Hrg.), Kohärenz im Internationalen Privat- und Verfahrensrecht der Europäischen Union (2017); *Heinze*, Europäisches Primärrecht und Zivilprozess, EuR 2008, 654; *Herb*, Europäisches Gemeinschaftsrecht und nationaler Zivilprozess (2007); *Herresthal*, Rechtsfortbildung im europarechtlichen Bezugsrahmen (2006); *Hess*, Seminal Judgments (les grands arrêts) in the case law of the European Court of Justice, in: ders./Lenaerts (ed.), The 50th Anniversary of the European Law of Civil Procedure (2020); S. 11; *ders.*, Le droit international privé européen en temps de crise, in: Travaux du Comité Français de Droit International Privé, Années 2016–2018 (2019), 329; *ders.*, The influence of the European Court of Human Rights on the European law of civil procedure, FS Klamaris (2016), S. 371; *ders.*, Methoden der Rechtsfindung im Europäischen Zivilprozessrecht, IPRax 2006, 348; *ders.*, Die Konstitutionalisierung des Europäischen Privat- und Prozessrechts, JZ 2005, 540; *ders.*, EMRK, Grundrechte-Charta und europäisches Zivilverfahrensrecht, FS Jayme (2004), S. 339; *ders.*, Die Integrationsfunktion des Europäischen Zivilprozessrechts, IPRax 2001, 389; *ders.*, Der Binnenmarktprozess, JZ 1998, 1021; *Höpfner*, Die systemkonforme Auslegung (2008); *Kerameus*, International Procedural Harmonization and Autonomous Interpretation, GS Nygh (2004), S. 177; *Kinsch*, Droit de l'homme, droits fondamentaux et droit international privé, RdC 318 (2007), 19; *Köck*, Die einheitliche Auslegung der Rom I-, Rom II- und Brüssel I-Verordnung im europäischen internationalen Privat- und Verfahrensrecht (2014); *Kohler*, Vertrauen und Kontrolle im europäischen Justizraum für Zivilsachen, ZEuS 2016, 141; *ders.*, Das Prinzip der gegenseitigen Anerkennung im Europäischen Justizraum, ZSR 124 II (2005), 263; *Kokott*, Die Durchsetzung der Normenhierarchie im

1 **Ältere Literatur** vgl. Vorauflage.

https://doi.org/10.1515/9783110715156-004

Gemeinschaftsrecht, FS Hirsch (2008), S. 117; *Kropholler*, Die Auslegung von EG-Verordnungen zum internationalen Privat- und Verfahrensrecht, FS MPI (2001), 583 ff.; *ders.*, Internationales Einheitsrecht (1975); *Langenbucher*, Europarechtliche Methodenlehre, in: dies. (Hrg.), Europäisches Privat- und Wirtschaftsrecht, S. 28; *Leible/Domröse*, Die primärrechtskonforme Auslegung, in: Riesenhuber (Hrg.), Europäische Methodenlehre (2015), § 9; *Lenaerts*, Der Grundsatz des gegenseitigen Vertrauens im internationalen Privatrecht: Über den Dialog der Gerichte, in: FS Kohler (2018), S. 287 ff.; *ders.*, La vie après l'avis: exploring the principle of mutual but not blind trust, CMLR 54 (2017), 805; *ders./Stapper*, Die Entwicklung der Brüssel I-Verordnung im Dialog des Europäischen Gerichtshofs mit dem Gesetzgeber, RabelsZ 78 (2014), 252 ff.; *ders./Desomer*, Towards a Hierarchy of Legal Acts in the European Union? Simplification of Legal Instruments and Procedures, EuLJ 11 (2005), 744; *Linhart*, Internationales Einheitsrecht und einheitliche Auslegung (2005); *Lüttinghaus*, Übergreifende Begrifflichkeiten im Europäischen Zivilverfahrens- und Kollisionsrecht, RabelsZ 77 (2013), 32; *Metzger*, Extra legem, intra ius: Allgemeine Rechtsgrundsätze im Europäischen Privatrecht (2008); *Nettesheim*, Grundrechtskonzeptionen des EuGH im Raum der Freiheit, der Sicherheit und des Rechts, EuR 2009, 24; *Oberhammer*, Besprechung von Pontier/Burg, EU Principles, RabelsZ 72 (2008), 627; *Pertegás*, The Interaction between EC Private International Law and Procedural Rules: The European Enforcement Order as Test-Case, FS Pocar (2009), S. 809; *Pfeiffer*, Grundlagen und Grenzen der autonomen Auslegung des EuGVÜ, JbJZRWiss. 1991 (1992), 71; *Piekenbrock*, Mahnverfahren, Rechtskraft und Unionsverbraucherrecht, JZ 2017, 855; *Pontier/Burg*, EU Principles on Jurisdiction and Recognition and Enforcement of Judgments in Civil and Commercial Matters (2004); *Prechal*, Mutual Trust Before the Court of Justice of the European Union, European Papers 2 (2017), 75; *dies.*, Directives in EU-Law (2. Aufl. 2006); *Requejo Isidro*, Reflections on the Preambles to the EU Private International Law Regulations, FS Kohler (2018), S. 425; *Riesenhuber* (Hrg.), Europäische Methodenlehre (3. Aufl. 2015); *Rösler*, Autonomous Interpretation, in: Basedow et al (ed.), EPIL (2017), S. 1006; *Rühl*, Rechtsvergleichung und europäisches Kollisionsrecht: Die vergessene Dimension, in: Zimmermann (Hrg.), Zukunftsperspektiven der Rechtsvergleichung (2016), S. 103; *Safjan/Düsterhaus/Guérin*, La Charte des droits fondamentaux de l'Union européenne et les ordres juridiques nationaux, de la mise en oeuvre à la mise en balance, RTDEur. 2016, 219; *Safjan/Düsterhaus*, A Union of Effective Judicial Protection: Addressing a Multi-level Challenge through the Lens of Article 47 CFREU, Yb EurLaw, 33 (2014), 3; *Schlosser*, Vertragsautonome Auslegung, nationales Recht, Rechtsvergleichung und das EuGVÜ, GS Bruns (1980), S. 45; *J. Schmidt*, Rechtssicherheit im europäischen Zivilverfahrensrecht (2015); *Scholz*, Das Problem der autonomen Auslegung des EuGVÜ (1998); *Schürnbrand*, Die Grenzen richtlinienkonformer Rechtsfortbildung im Privatrecht, JZ 2007, 910; *Schwarze*, Der Anspruch auf effektiven gerichtlichen Rechtsschutz im Europäischen Gemeinschaftsrecht, FS Starck (2007), S. 645; *Stern*, Das Staatsangehörigkeitsprinzip in Europa (2008); *Storskrubb*, Mutual Trust and the Dark Horse of Civil Justice, CambYb EuLS 20 (2018), 179; *Sydow*, Die Richtlinie als Instrument zur Entlastung des europäischen Gesetzgebers, JZ 2009, 373; *Szpunar*, Droit international privé de l'Union: cohérence des champs d'application et/ou des solutions?, Rev. crit. 2018, 573; *M. Weller*, Mutual trust: in search of the future of European Union private international law, JPIL 11 (2015), 64; *Wollenschläger*, Grundfreiheiten ohne Markt (2007); *Würdinger*, Das Prinzip der Einheit der Schuldrechtsverordnungen im Europäischen Internationalen Privat- und Verfahrensrecht, RabelsZ 75 (2011), 102.

I. Die Regelungsebenen des Europäischen Zivilprozessrechts

4.1 Lehrbücher des Europäischen Zivilprozessrechts beschränken sich zumeist auf eine Darstellung der Sekundärrechtsakte, die seit 1999 nach Art. 61 und 65 EGV aF und seit 2009 nach Art. 67 und 81 AEUV erlassen wurden. Dieses Vorgehen erscheint im

Ausgangspunkt insofern zutreffend, als das positive Zivilprozessrecht der Union im Schwerpunkt auf diesen Rechtsakten aufbaut. Dennoch gehen der Regelungsumfang und die Erscheinungsformen des Europäischen Prozessrechts über die nach dem V. Teil des AEUV erlassenen Sekundärrechtsakte hinaus. Prozessrechtsrelevante Regelungen finden sich im gesamten Stufenbau des europäischen Unionsrechts, d. h. im Primärrecht, im Sekundärrecht (Art. 288 AEUV) und schließlich als unverbindliche Rechtsakte (Empfehlungen, Art. 292 AEUV; Protokollerklärungen etc.). Erst eine Untersuchung aller unionsrechtlichen Regelungsebenen ermöglicht eine adäquate Erfassung des Europäischen Zivilprozessrechts. Dies gilt insbesondere für seine Auslegung und für die Analyse seines Verhältnisses zu den nationalen Rechtsordnungen. Das folgende Kapitel beschreibt zunächst die Regelungsstufen des Europäischen Zivilprozessrechts und den unterschiedlichen Regelungsgehalt der Unionsrechtsakte, um sodann den Methoden der Rechtsfindung und der Rechtsfortbildung in der Praxis des EuGH nachzugehen.[2]

1. Grundfreiheiten und prozessuale Grundrechte

a) Die Grundfreiheiten im Zivilprozess

Die Marktfreiheiten (Art. 34, 45, 49, 56 f. AEUV) und die Grundfreiheiten (Art. 18, 4.2
20 und 21 AEUV) bilden gemeinsam mit den Verfahrensgarantien der Art. 24, 47 GR-Charta, Art. 6, 8 und 13 EMRK[3] die oberste Regelungsebene des Europäischen Zivilprozessrechts.[4] Als Rechtsprinzipien entfalten die Grund- und Marktfreiheiten sowie die Menschenrechte zunächst eine Leitbildfunktion für die Auslegung und die Anwendung der Sekundärrechtsakte. Diese Funktion betont der EuGH in ständiger Rechtsprechung.[5] Die Grundfreiheiten und die Unionsgrundrechte setzen sich zudem auch unmittelbar gegen diskriminierende oder (übermäßig) beschränkende Prozessrechtsnormen des EU-Sekundärrechts oder der Mitgliedstaaten durch.[6] Diese Normenhierarchie ist im Europäischen Zivilprozessrecht inzwischen unbe-

2 Zu den Einwirkungen des Unionsrechts auf die nationalen Prozessrechte vgl. unten § 4 I, Rdn. 4.38 sowie § 11 I, Rdn. 11.5 ff.

3 Als allgemeine Grundsätze des Unionsrechts, dazu sogleich unten 4.12 ff.

4 Auch Art. 67 und 81 AEUV gehören als spezielle Kompetenznormen für das Europäische Prozessrecht zur „obersten Ebene" des Europäischen Zivilverfahrensrechts, desgleichen die familienrechtlichen Verbürgungen des Art. 23 GR-Charta, Art. 8 EMRK.

5 EuGH, 25.5.2016, Rs. C-559/14, *Meroni*, EU:C:2016:349, Rdn. 45–48; EuGH, 3.9.2008, verb. Rs. C-402/05 P und Rs. C-415/05 P, *Kadi*, EU:C:2008:461; EuGH, 11.7.2008, Rs. C-195/08 PPU, *Inga Rinau*, EU:C:2008:406, Rdn. 47 ff.; EuGH, 9.3.2006, Rs. C-499/04, *Werhof*, EU:C:2006:168, Rdn. 32; EuGH, 1.4.2004, Rs. C-1/02, *Borgmann*, EU:C:2004:202, Rdn. 30; *Höpfner*, Systemkonforme Auslegung, S. 220 ff.

6 Vgl. dazu EuGH, 12.6.2005, Rs. C-154/04, *Alliance for National Health*, EU:C:2005:449, Rdn. 47 ff.

stritten. Denn Art. 61 lit. c) und 65 EG (1998) haben seit dem 1.5.1999 das internationale Zivilprozessrecht förmlich in den Stufenbau des Unionsrechts integriert.[7] Im Vertrag von Lissabon führen Art. 67 und 81 AEUV diese Normenhierarchie unverändert fort. Die früher kontrovers diskutierte Frage, ob das Brüsseler Übereinkommen (EuGVÜ) den Anwendungsbereich der Marktfreiheiten auf das Internationale Zivilverfahrensrecht (der Mitgliedstaaten) eröffnet hatte, stellt sich schon lange nicht mehr.[8]

4.3 Den unmittelbaren Zusammenhang zwischen dem EuGVÜ und den Marktfreiheiten stellte der EuGH im Urteil *Mund & Fester*[9] im Jahre 1994 her. Die Entscheidung betraf § 917 II ZPO aF. Nach dieser Vorschrift begründete die „drohende Vollstreckung im Ausland" per se einen Arrestgrund. Im Ausgangsverfahren hatte eine niederländische Spedition für einen deutschen Auftraggeber Ware transportiert. Da die Ware beschädigt wurde, forderte die deutsche Auftraggeberin Schadensersatz und beantragte zur Sicherung ihrer Forderung den dinglichen Arrest in einen LKW der beklagten Spedition. Der EuGH hielt § 917 II ZPO a.F. mit Recht für (mittelbar) diskriminierend, da typischerweise inländische (deutsche) Kläger einen dinglichen Arrest gegen ausländische Beklagte unter erleichterten Voraussetzungen erwirken konnten.[10] Der EuGH äußerte sich in diesem Urteil zudem grundsätzlich zur Funktion des EuGVÜ, „Urteilsfreizügigkeit im Binnenmarkt zu gewährleisten", und stellte damit das Übereinkommen in einen funktionalen Bezug zu den Marktfreiheiten.[11] Seitdem gilt, dass diskriminierende, fremdenrechtliche Regelungen der nationalen Prozessrechte zu Lasten von Parteien aus anderen EU-Mitgliedstaaten nicht angewendet werden dürfen. Die Judikatur des EuGH, die die überwiegende kollisions- und prozessrechtliche Literatur der 1990er Jahre zunächst vehement kritisiert hatte,[12] ermöglichte einen Perspektivenwechsel hin zur Gleichbehandlung von in- und ausländischen Prozessparteien.[13] In der Rückschau ist diese Rechtsprechung uneingeschränkt zu begrüßen.

4.4 Die Marktfreiheiten schützen grenzüberschreitende, berufliche und wirtschaftliche Tätigkeiten im Binnenmarkt gegen diskriminierende und behindernde Maßnahmen (im aktuellen Kontext vor allem Prozessgesetze) der EU-Mitgliedstaaten.[14] Als Diskriminierungsverbote untersagen sie im Zivilprozess zunächst jede Schlechterstel-

---

7 Heute Art. 67 und 81 AEUV. Der EuGH hat diesen Entwicklungsschritt im Urteil vom 8.11.2005, Rs. C-443/03, *Leffler*, EU:C:2005:665, Rdn. 43 ff. ausdrücklich festgehalten. Zur Rechtsentwicklung vgl. oben § 1 I, Rdn. 1.18 ff.

8 Zur früheren Diskussion vgl. *Schack*, ZZP 108 (1995), 47 ff.; *Schlosser*, RIW 1993, 473, 481 ff.

9 EuGH, 10.2.1994, Rs. C-398/92, *Mund & Fester*, EU:C:1994:52, abl. *Roth*, in: ders./Müller-Graff (Hrg.), Recht und Rechtswissenschaft, S. 351 ff.

10 Nämlich ohne den Nachweis besonderer Dringlichkeit führen zu müssen.

11 Bei der Auslegung des EuGVÜ betonte der Gerichtshof von Anfang an den funktionalen Zusammenhang mit dem Unionsrecht, EuGH, 15.11.1983, Rs. C-288/82, *Duijnstee./.Goderbauer*, EU:C:1983:326, Rdn. 9 (unter Bezugnahmen auf die Präambel, die Funktion des EuGVÜ, Rechtsschutz im Gemeinsamen Markt zu gewähren); EuGH, 8.12.1987, Rs. C-144/86, *Gubisch./.Palumbo*, EU:C:1987:528, Rdn. 8 (Urteilsfreizügigkeit).

12 Insbesondere *Schack*, ZZP 108 (1995), 47 ff.; *ders.* IZVR (2017), Rdn. 481; *Roth*, in: ders./Müller-Graff (Hrg.), Recht und Rechtswissenschaft, S. 351, 357 ff.

13 Sie bereitete den Weg für die Schaffung eines eigenständigen Prozessrechts für den europäischen Binnenmarkt (Binnenmarktprozess). Dazu bereits oben § 1 III, Rdn. 1.24 ff.

14 Für die Prüfung der Diskriminierungs- und Beschränkungsverbote des EUV/AEUV gilt ein inhalt-

lung einer Partei aufgrund ihrer ausländischen Staatsangehörigkeit eines anderen EU-Mitgliedstaates (sog. offene, bzw. unmittelbare Diskriminierung). Unzulässig sind Verfahrensvorschriften, deren Tatbestände unmittelbar an die Staatsangehörigkeit anknüpfen.[15] Als mittelbare Diskriminierungsverbote stehen die Marktfreiheiten zudem nationalen Verfahrensvorschriften entgegen, die typischerweise auf ausländische Parteien angewandt werden und diese im Ergebnis benachteiligen.[16]

Ein Beispiel ist die Parteifähigkeit ausländischer, juristischer Personen. Der EuGH entschied im Urteil *Überseering*[17], dass einer im Heimatstaat rechts- und parteifähigen, juristischen Person bzw. Personengesellschaft auch die Parteifähigkeit vor den Gerichten anderer EU-Mitgliedstaaten zukommt. Dieses Urteil bewirkte die Aufgabe der überkommenen, kollisionsrechtlichen Anknüpfung im Gesellschaftsrecht (der sog. Sitztheorie, die auf den effektiven Verwaltungssitz der Juristischen Person abstellte).[18] Die Anwendung von Art. 43 und 48 EG (heute Art. 49 und 54 AEUV) im Prozessrecht hatte unmittelbar die Zuerkennung der Parteifähigkeit der ausländischen Gesellschaft zur Folge, selbst wenn diese ihre überwiegende Geschäftstätigkeit im Forumstaat ausübt. 4.5

Weniger dramatisch haben sich bisher die sog. Beschränkungsverbote auf die Prozessrechte der Mitgliedstaaten ausgewirkt. Danach darf ausländischen Parteien die Ausübung prozessualer Befugnisse nicht unverhältnismäßig versagt werden. Jedoch beinhalten die Beschränkungsverbote kein prozessuales Herkunftslandprinzip.[19] In der Regel sind prozessuale Vorschriften nicht geeignet, die Ausübung grenzüberschreitender Tätigkeiten unmittelbar zu beschränken. Regelmäßig neutral formuliert, lösen sie lediglich einen mittelbaren Eingriff in die Grundfreiheiten aus.[20] Die bloße Unterschiedlichkeit nationaler Rechtsordnungen beinhaltet per se keine Beeinträchtigung der Grundfreiheiten.[21] 4.6

---

licher Spezialitätsgrundsatz: Danach haben die speziellen Marktfreiheiten Vorrang vor den allgemeinen Grundfreiheiten, EuGH, 1.7.1993, Rs. C-20/92, *Hubbard./.Hamburger,* EU:C:1993:280.

15 Mithin durfte die Prozesskostensicherheit (§ 110 ZPO a.F.) nicht Klägern aus anderen EU-Mitgliedstaaten auferlegt werden, EuGH, 1.7.1993, Rs. C-20/92, *Hubbard./.Hamburger,* EU:C:1993:280; EuGH, 2.10.1997, Rs. C-122/96, Saldanha und MTS Securities Corporation./.Hiross, EU:C:1997:458.

16 In den überkommenen internationalen Zivilprozessrechten der Mitgliedstaaten, welche die Sonderstellung der ausländischen Partei regeln, entfalteten die Diskriminierungsverbote des Unionsrechts erhebliche Durchschlagskraft, dazu bereits *Hess*, JZ 1998, 1021, 1023 f.

17 EuGH, 5.11.2002, Rs. C-208/00, *Überseering*, EU:C:2002:632, Rdn. 78 ff.; *Hess*, ZZP 117 (2004), 267, 269 ff.; *Heinze*, EuR 2008, 653, 680.

18 Da es regelmäßig um im Inland tätige Gesellschaften geht, hatte die Sitztheorie zur Folge, dass die ausländische Gesellschaft nicht anerkannt und die „inländische Gesellschaft" als nicht wirksam gegründet angesehen wurde.

19 Zur grenzüberschreitenden Anwendung des RBerG (heute RDG) vgl. EuGH, 12.12.1996, Rs. C-3/95, *Reisebüro Broede./.Sandker,* EU:C:1997:7, Rdn. 37 ff.; dazu *Hess*, JZ 1998, 1021, 1023 f.; *Heinze*, EuR 2008, 654, 676 ff. Die Rechtslage unter dem RDG hat sich inhaltlich nicht geändert.

20 Deutlich EuGH, 22.6.1999, Rs. C-412/97, *ED,* EU:C:1999:324, Rdn. 11.

21 *Hess*, JZ 1998, 1021, 1024; *Heiderhoff*, ZEuP 2001, 276, 282; *Heinze*, EuR 2008, 654, 676 ff.

4.7 Die Reichweite der unionsrechtlichen Diskriminierungs- und Beschränkungsverbote hat der Amsterdamer Vertrag erweitert und der Lissabonner Vertrag fortgeführt. Heute enthalten Art. 20 und 21 AEUV weit formulierte Garantien der Unionsbürgerschaft und der Freizügigkeit, die keine wirtschaftliche Betätigung erfordern – beide Vorschriften hat der EuGH als Grundfreiheiten anerkannt.[22] Der Unionsbürgerstatus nach Art. 20 und 21 AEUV, Art. 45 GRC sowie das allgemeine Diskriminierungsverbot nach Art. 18 AEUV eröffnen allen Angehörigen der EU-Mitgliedstaaten einen umfassenden Anspruch auf rechtliche Gleichbehandlung im Anwendungsbereich der Unionsverträge.[23] Damit geraten sämtliche grenzüberschreitende Tätigkeiten von Privatpersonen in den Anwendungsbereich des Unionsrechts. Dies hat zur Folge, dass auch Zivilverfahren, die sich auf derartige Tätigkeiten beziehen, grundsätzlich in den Anwendungsbereich der Grundfreiheiten fallen.[24] Die inhaltliche Reichweite des Beschränkungsverbots der Unionsbürgerschaft hat der EuGH noch nicht abschließend geklärt. Die Übernahme der Judikatur zu den besonderen Marktfreiheiten liegt jedoch nahe.[25] Diese Rechtsentwicklung greifen im Prozessrecht die Art. 67 und 81 AEUV kompetenziell auf. Die autonomen Privat- und Verfahrensrechte der EU-Mitgliedstaaten geraten damit zunehmend unter die Kontrollvorbehalte des Unionsrechts.

4.8 Besonderheiten der Auslandssachverhalte können dabei Modifikationen der nationalen Prozessrechte erfordern: Der EuGH hatte im Fall *Pusa* über die Pfändung von Rentenbezügen eines finnischen Arbeitnehmers zu entscheiden, der seinen Ruhestand in Spanien verbrachte. Die Pfändung des laufenden Einkommens erfolgte in Finnland; das dortige Gericht berücksichtigte bei der Berechnung des Freibetrags nicht die 19 % Einkommenssteuer, die in Spanien erhoben wurde. Auf Vorlage des finnischen obersten Gerichtshofs (*Korkeinoikeus*) entschied der EuGH, dass zwar die Regelung des Vollstreckungsrechts (einschließlich des Pfändungsschutzes) in die Zuständigkeit der Mitgliedstaaten fällt, Art. 18 und 12 EGV[26] jedoch eine Berücksichtigung der in Spanien veranlagten Einkommenssteuer erfordern, da die Nichtberücksichtigung der Einkommenssteuer die Personenfreizügigkeit des finnischen Staates beeinträchtige.[27] In methodischer Hinsicht bewirkte die Anwendung der Grundfreiheiten eine Berücksichtigung des Auslandssachverhalts im Wege der Substitution.[28]

4.9 Die Grundfreiheiten und die Verbürgungen der GR-Charta binden primär die Union selbst und ihre Organe. Aber auch die Mitgliedstaaten und deren Organe sind bei der Durchführung des Unionsrechts an die Grundfreiheiten und die Grundrechte

22 EuGH, 23.4.2009, Rs. C-533/07, *Falco Privatstiftung*, EU:C:2009:257, Rdn. 17; EuGH, 17.11.2011, Rs. C-434/10, *Aladzhov*, EU:C:2011:750, Rdn. 24 f.; *Hess*, JZ 2005, 540, 544 ff. (speziell zum Zivilprozessrecht); allgemein *Nettesheim*, EuR 2009, 25, 28 ff.; *Wollenschläger*, Grundfreiheiten, S. 255 ff.

23 EuGH, 11.7.2002, Rs. C-224/98, *D'Hoop*, EU:C:2002:432, Rdn. 28, *Kokott*, FS Tomuschat, S. 207, 217 ff.

24 *Hess*, JZ 2005, 540, 542 f.

25 *Kokott*, FS Tomuschat, S. 207, 224 ff. AA Streinz/*Streinz*, Art. 18 AEUV, Rdn. 57.

26 Nunmehr Art. 21 und 18 AEUV.

27 EuGH, 29.4.2004, Rs. C-224/02, *Pusa*, EU:C:2004:273.

28 Der Auslandssachverhalt wird bei der Auslegung der anwendbaren Sachnorm berücksichtigt.

der Charta (Art. 51 GRC) gebunden.[29] Beim dezentralen Vollzug des Unionsrechts sind daher die Gerichte der Mitgliedstaaten vor allem an die prozessualen Garantien des Art. 47 I GRC[30] (bzw. an die entsprechenden, allgemeinen Rechtsgrundsätze des Primärrechts) gebunden.[31] Diese Bindung wurde zunächst nur unzureichend wahrgenommen, weil die Literatur zumeist auf die Grundsätze der effektiven und nicht diskriminierenden Anwendung des Unionsrechts durch die nationalen (Zivil-)Gerichte fokussierte.[32] Diese Sichtweise greift jedoch zu kurz. Soweit die Gerichte der Mitgliedstaaten als dezentrale Unionssgerichte das Unionsrecht implementieren, sind sie an die von Art. 47 GRC verbürgten Prozessrechtsgrundrechte (vollumfänglich) gebunden.[33] Sie sind zudem nach Art. 19 I EUV verpflichtet, ein Justizsystem vorzuhalten, das tatsächlich effektiven Rechtsschutz gewährt.[34]

Aufgrund des Stufenbaus der Unionsrechtsordnung ist zudem der Unionsgesetz- 4.10
geber selbst primärer Adressat der Grundfreiheiten und Unionsgrundrechte. Daher sind nicht nur Vorschriften der Mitgliedstaaten, sondern auch das EU-Sekundärrecht an den Grundfreiheiten und Unionsgrundrechten zu messen.[35] Das Sekundärrecht muss zudem primärrechtskonform interpretiert werden.[36] Dem EuGH steht dabei die (ausschließliche) Verwerfungskompetenz für rechtswidriges Sekundärrecht zu (vgl. Art. 267 I lit. b) AEUV).[37] Damit entfalten die Grundfreiheiten für das Europäische Prozessrecht unmittelbar eine Prinzipien- und Maßstabsebene im Stufenbau der Unionsrechtsordnung.[38]

Im Europäischen Zivilprozessrecht hat der EuGH noch nicht explizit über die 4.11
Primärrechtskonformität von Sekundärrechtsakten entschieden.[39] Es finden sich jedoch in zahlreichen Vorschriften problematische Anknüpfungen. So ist beispiels-

29 EuGH, 25.5.2016, Rs. C-559/14, *Meroni*, EU:C:2016:349, Rdn. 43 ff.; EuGH, 7.5.2013, Rs. C-617/10, *Åkerberg Fransson*, EU:C:2013:280, Rdn. 20 ff.; Streinz/*Streinz/Michl*, Art. 51 GRC, Rdn. 2 und 5.

30 Im Europäischen Kindschaftsrecht kommt die Bindung an Art. 24 GRC, Art. 8 EMRK hinzu, st. Rspr. seit EuGH, 11.7.2008, Rs. C-195/08 PPU, *Inga Rinau*, EU:C:2008:406, Rdn. 51.

31 *Heinze*, EuR 2008, 654, 661 ff.

32 Dazu unten § 11 I, Rdn. 11.1 ff.

33 EuGH, 25.5.2016, Rs. C-559/14, *Meroni*, EU:C:2016:349, Rdn. 42–45; EuGH, 11.9.2014, Rs. C-112/13, *A*, EU:C:2014:2195, Rdn. 51. Zuvor EuGH, 29.1.2008, Rs. C-275/06, *Promusicae*, EU:C:2008:54, Rdn. 68; *Heinze*, EuR 2008, 654, 656 ff.

34 EuGH, 27.2.2018, Rs. C-64/16, *Associação Sindical dos Juízes Portugueses*, EU:C:2018:117, Rdn. 35; dazu sogleich § 4 I, Rdn. 4.13 ff.

35 EuGH, 3.9.2008, verb. Rs. C-402/05 P und Rs. C-415/05P, *Kadi*, EU:C:2008:461, Rdn. 278 ff.

36 EuGH, 28.3.2000, Rs. C-7/98, *Krombach*, EU:C:2000:164, Rdn. 25, 29 f.: Einschränkung der Urteilsfreizügigkeit durch Rückgriff auf Art. 34 Nr. 1 EuGVO (aF) – heute Art. 45 I lit. a) EuGVO – und Art. 6 EMRK, dazu *Hess*, FS Jayme, S. 339, 349 ff.; *Lenaerts*, FS Kohler (2018), S. 287 ff.

37 Ständige Rechtsprechung zu Art. 267 AEUV, besonders deutlich: EuGH, 22.10.1987, Rs. C-314/85, *Foto-Frost./.Hauptzollamt Lübeck*, EU:C:1987:452, Rdn. 11 ff.

38 Dies hat der EuGH am 19.12.2019 in den verb. Rs. C-453/18 und C-494/18, *Bondora*, EU:C:2019:1118, für den Verbraucherschutz nach Art. 38 GRC anerkannt, unten § 10 II, Rdn. 10.68.

39 Anders hingegen im Rahmen des wechselseitigen Vertrauens im europäischen Straf- und Verwal-

weise die in Art. 3a), 6. SpS EheGVO vorgesehene Zuständigkeit der Gerichte für Ehescheidungen im Heimatstaat des Antragstellers bedenklich.[40] Die Vorschrift setzt zwar einen sechsmonatigen Aufenthalt des Antragstellers im jeweiligen Heimatstaat voraus, knüpft jedoch auch entgegen Art. 18 AEUV offen an die Staatsangehörigkeit an.[41] Eine (unnötige) Beschränkung des Zugangs zum Gericht enthielt Art. 40 II EuGVO aF. Danach musste ein Gläubiger, der in einem anderen EU-Mitgliedstaat die Vollstreckung eines anerkennungsfähigen Urteils betreibt, ein Wahldomizil im Vollstreckungsstaat begründen, zumindest jedoch einen Zustellungsbevollmächtigten benennen. Dies war in Deutschland gemäß Art. 5 III AVAG regelmäßig ein deutscher Rechtsanwalt. Vor dem Hintergrund der erleichterten Zustellung nach Art. 14 f. EuZustVO erscheinen die mit Art. 40 II EuGVO verbundenen Mehrkosten sachlich nicht gerechtfertigt – ein Verstoß gegen Art. 18 AEUV war zu bejahen.[42] Bedenklich sind zudem die Alternativanknüpfungen des Sitzes der juristischen Person in Art. 62 EuGVO. Sie sind mit der Rechtsprechung des EuGH zur Gründungstheorie im internationalen Zivilverfahrensrecht[43] nicht vereinbar.[44]

b) Europäischer Grundrechtsschutz

4.12 Die primärrechtliche Ebene des Unionsrechts enthält neben den Grundfreiheiten spezielle prozessuale Grundrechte. Art. 6 I EUV verleiht der Grundrechte-Charta den gleichen (Verfassungs-)Rang wie die Verträge der Union. Nach Art. 6 III EUV haben zudem die Grundrechte der EMRK und die gemeinsamen Verfassungsüberlieferungen der EU-Mitgliedstaaten den (primärrechtlichen) Rang allgemeiner Rechtsgrundsätze. Wie im nationalen Verfassungsrecht entfalten die Grundrechte im Unionsrecht Leitbild- und Kontrollfunktion gegenüber dem Sekundärrecht. Ein

---

tungsrecht, dazu *Hess*, Travaux du Comité Français DIP (2019), 329, 345 f.; s. EuGH, 18.12.2014, Avis 2/13, *Beitritt der Union zur EMRK*, EU:C:2014:2454.

40 Die Vereinbarkeit der Anknüpfung an die Staatsangehörigkeit in Art. 2 I, 6 SpS VO 1347/00/EG (der wortgleichen Vorgängervorschrift zu Art. 3 lit. a), 6 SpS VO 2201/03/EG mit dem Diskriminierungsverbot des Art. 12 EG aF (heute: Art. 18 AEUV) war Gegenstand eines Vorabentscheidungsersuchens des OLG München, 14.10.2002, FamRZ 2003, 546, das nach Art. 68 I EG aF mangels Vorlagebefugnis unzulässig war und zurückgenommen wurde.

41 Kritisch *Hau*, FamRZ 2002, 1596; *Spellenberg*, FS Geimer (2002), 1270.

42 Vgl. EuGH, 11.6.2009, Rs. C-564/07, *Kommission./.Österreich*, EU:C:2009:364, Rdn. 53: Die Verpflichtung nach § 21 IV österr. Patentgesetz, nach der ausländische Patentanwälte einen Zustellungsbevollmächtigten in Österreich bestellen müssen, verstößt gegen Art. 49 EG/AEUV – der Gerichtshof berief sich ausdrücklich auf die erleichterten Zustellungsmöglichkeiten nach Art. 14 und 16 ZustVO. Ebenso EuGH, 19.12.2012, Rs. C-325/11, *Alder*, EU:C:2012:824, dazu *Sengstschmid*, in: Mayr (Hrg.), Hdb EuZPR, Rdn. 14.34 ff.

43 EuGH, 5.11.2002, Rs. C-208/00, *Überseering*, EU:C:2002:632, zu Art. 43 EG (heute Art. 39 AEUV).

44 *Hess*, FS Lindacher, S. 53, 60 ff.; aA *Kieninger*, NJW 2009, 292 f., die aus der Geltung des Art. 63 EuGVO ein Argument gegen die Anwendung der Gründungstheorie ableiten will – dies widerspricht jedoch dem Verhältnis von Primär- und Sekundärrecht.

Verstoß gegen die grundrechtlichen Verbürgungen des Unionsrechts führt zur Nichtigkeit des jeweiligen Sekundärrechtsakts.[45] Bei der Entfaltung der menschenrechtlichen Verbürgungen in der Rechtsprechung des EuGH spielte die EMRK eine besondere Rolle.[46] Zunächst hatte der EuGH keine unmittelbare Bindung der Unionsorgane an die EMRK bejaht. Die EMRK und die Judikatur des Straßburger Gerichtshofs für Menschenrechte wurden als „Hilfsmittel“ zur Ermittlung eigenständiger Unionsgrundrechte herangezogen.[47] Die aktuelle, praktische Bedeutung der EMRK und der GR-Charta ist freilich inzwischen ungleich größer. Vor dem Hintergrund der (im Kern übereinstimmenden) GR-Charta[48] hat der EuGH inzwischen seine Judikatur zu den Unionsgrundrechten den Standards der Rechtsprechung des EGMR angepasst, er geht bisweilen sogar weiter.[49] Dabei betrifft die Judikatur des EuGH häufiger grenzüberschreitende Konstellationen als die Rechtspraxis des EGMR.

Überragende Bedeutung hat die in Art. 47 der Grundrechte-Charta[50] ausformu- 4.13
lierte Garantie eines fairen und effektiven Rechtsschutzes. Art. 47 I GRC garantiert den effektiven Rechtsschutz, Art. 47 II GRC das Recht auf ein faires Verfahren.[51] Beide Vorschriften stehen in einem Komplementärverhältnis.[52] Der Gewährleistungsbereich des Art. 47 I GRC umfasst den Zugang zum Gericht,[53] aber auch dessen Unabhängigkeit[54] und Unparteilichkeit.[55] Die Garantie des fairen Verfahrens (Art. 47 II GRC)

---

45 EuGH, 27.6.2006, Rs. C-540/03, *Parlament./.Rat,* EU:C:2006:429, Rdn. 52 ff. – Überprüfung der RL 2003/86/EG anhand des Rechts auf Achtung des Familienlebens, insbesondere des Schutzes minderjähriger Kinder (Art. 23 GRC).

46 *Heinze*, EuR 2008, 654, 656 ff; *Höpfner*, Systemkonforme Auslegung, S. 220 ff.

47 Vgl. etwa EuGH, 29.11.1969, Rs. C-29/69, Stauder./.Stadt Ulm, EU:C:1969:57; für das europäische Prozessrecht vgl. EuGH, 28.3.2000, Rs. C-7/98, *Krombach,* EU:C:2000:164, Rdn. 26 f.

48 Vgl. Art. 53 GRC, dazu EuGH, 7.5.2013, Rs. C-617/10, *Åkerberg Fransson*, EU:C:2013:280., Rdn. 29; Streinz/*Streinz/Michl*, Art. 51 GRC, Rdn. 5.

49 *Safjan/Düsterhaus/Guérin*, RTDE 2016, 219 ff.

50 Ausführlich *Jarass*, EU-Grundrechte, § 40, Rdn. 11; *Heinze*, EuR 2008, 654, 658 ff.

51 Art. 47 III GRC verbürgt zudem ausdrücklich – in Anlehnung an die Rechtsprechung des EGMR – das Recht auf Prozesskostenhilfe.

52 Zutreffend *Heinze*, EuR 2008, 654, 657 f.; sie werden zudem von der Garantie unabhängiger und effektiver Gerichte in Art. 19 I 2 EUV verstärkt, dazu EuGH, 27.2.2018, Rs. C-64/16, *Associação Sindical dos Juízes Portugueses*, EU:C:2018:117, Rdn. 32; EuGH, 25.7.2018, Rs. C-216/18 PPU, *LM*, EU:C:2018:586, Rdn. 48–50.

53 EGMR, 21.2.1975, Nr. 4451/70, *Golder v. United Kingdom,* CE:ECHR:1975:0221JUD000445170 – seitdem st. Rspr. ebenso EuGH, 3.9.2008, verb. Rs. C-402/05 P und Rs. C-415/05 P, *Kadi*, EU:C:2008:461, Rdn. 334, 336; EuGH, 11.9.2014, Rs. C-112/13, *A,* EU:C:2014:2195, Rdn. 51.

54 Eine internationale Garantie enthält Art. 19 I 2 EUV, dazu oben § 2 V, Rdn. 2.106 ff.

55 Deutlich: EuGH, 27.2.2018, Rs. C-64/16, *Associação Sindical dos Juízes Portugueses*, EU:C:2018:117, Rdn. 32; EuGH, 19.11.2019, verb. Rs. C-585/18, C-624/18 und C-625/18, *A.K.*, EU:C:2019:982; EuGH, 26.6.2019,Rs. C-729/17, *Kommission./.Griechenland*, EU:C:2019:534.

enthält die Gewährung rechtlichen Gehörs (in sämtlichen Einzelaspekten)[56], zeitgerechten Rechtsschutz[57], die anwaltliche Vertretung vor Gericht, die prozessuale Waffengleichheit, Mündlichkeit und Öffentlichkeit der Verhandlung[58] sowie die Garantie einer effektiven Zwangsvollstreckung.[59] Noch ist ungeklärt, ob der einstweilige Rechtsschutz eingeschlossen ist.[60] Insgesamt besteht auf der Ebene des primärrechtlichen Grundrechtsschutzes jedoch ein Gewährleistungsniveau, das dem innerstaatlichen Grundrechtsschutz nicht nachsteht.

4.14 Die prozessualen Grundrechte bieten trotz des im Ausgangspunkt weiten Gewährleistungsbereichs keinen absoluten Schutz. Sie können als Rechtsprinzipien zur Verwirklichung legitimer Ziele eingeschränkt werden, sofern die Beschränkungen zur Erreichung konkurrierender, legitimer Ziele geeignet und verhältnismäßig sind.[61] Diese Maßstäbe gelten auch für das Prozessrecht. Im Zivilprozessrecht hat der EuGH insbesondere die Eigenarten der jeweils besonderen Verfahrensarten berücksichtigt.[62] Er hat etwa das Erfordernis anwaltlicher Vertretung[63] für zulässig erachtet, desgleichen Vorschriften zur Präklusion[64] und zur Rechtskraft.[65] Soweit derartige Regelungen in nationalen Prozessgesetzen enthalten sind, müssen diese die Grundsätze der Äquivalenz und der Effektivität wahren.[66]

4.15 Im Ergebnis besteht auf der Ebene des Primärrechts ein Grundrechtsschutz, der von Gewährleistungsbereich und Schutzniveau dem Grundrechtsschutz unter dem Grundgesetz gleichkommt.[67] Allerdings wirken die Grundrechtsgarantien der Grundrechte-Charta nur im Rahmen des Anwendungsbereichs des Unionsrechts selbst; also beim Handeln der Unionsorgane oder bei der Durchführung des Unionsrechts

---

56 EuGH, 3.9.2008, verb. Rs. C-402/05 P und Rs. C-415/05 P, *Kadi*, EU:C:2008:461, Rdn. 333 ff.

57 EuGH, 17.5.2002, Rs. C-406/01, *Deutschland./.Parlament und Rat*, EU:C:2002:304, Rdn. 20 (zur Zulässigkeit prozessualer Fristen); EuGH, 17.12.1998, Rs. C-185/95, *Baustahlgewebe./.Kommission*, EU:C:1998:608, Rdn. 26 ff.

58 Zur Problematik im Zusammenhang mit dem schriftlichen Bagatellverfahren vgl. unten § 10 III, Rdn. 10.102 f.

59 EGMR, 19.3.1997, Nr. 18357/91, *Hornsby v. Greece*, CE:ECHR:1997:0319JUD001835791; dazu *Kodek*, The impact of the ECHR on Enforcement Procedures, in: Andenas/Hess/Oberhammer (ed.), Enforcement Agency Practice, S. 303, 313 ff.

60 *Heinze*, Einstweiliger Rechtsschutz (2007), S. 43 ff. mwN.

61 *Heinze*, EuR 2008, 653, 660 mwN; *Jarass*, EU-Grundrechte, § 40, Rdn. 14.

62 Beispiel: EuGH, 13.3.2007, Rs. C-432/05, *Unibet*, EU:C:2007:163, Rdn. 44.

63 EuGH, 26.6.2007, Rs. C-305/05, *Ordre des barreaux francophones*, EU:C:2007:383, Rdn. 31.

64 EuGH, 14.12.1995, Rs. C-312/93, *Peterbroeck./.Belgien*, EU:C:1995:437, Rdn. 18.

65 EuGH, 16.3.2006, Rs. C-234/04, *Kapferer*, EU:C:2006:178, Rdn. 20.

66 Insofern gehen das justizielle Grundrecht auf effektiven Rechtsschutz und die Vollzugsverpflichtung der Mitgliedstaaten ineinander über, *Heinze*, EuR 2008, 653, 660; *Schwarze*, FS Starck, S. 645, 653. Ausführlich unten § 11 I 2, Rdn. 11.11 ff.

67 Dies hat das Bundesverfassungsgericht anerkannt, vgl. etwa BVerfG, 7.6.2000, BVerfGE 102, 147, 166 f.

durch die Mitgliedstaaten (vgl. Art. 51 II GRC).[68] Jenseits des Anwendungsbereichs des Unionsrechts unterliegt das hoheitliche Handeln der Mitgliedstaaten und ihrer Organe den Schranken der nationalen Verfassungen und der Grundrechtsgarantien der EMRK.

2. Einheitsrecht durch Verordnungen (Art. 81, 288 II AEUV) und völkerrechtliche Übereinkommen (Art. 308 AEUV)

Die positivrechtliche Ausformung des Europäischen Zivilprozessrechts erfolgt auf der Ebene des Sekundärrechts. Einheitsrecht bildet den Kernbestand des Internationalen Zivilprozessrechts: inzwischen insgesamt 19 nach Art. 81 und Art. 288 AEUV erlassene Verordnungen; weitere Rechtsakte befinden sich im Gesetzgebungsverfahren.[69] Die EU-Verordnungen haben nicht nur das Brüsseler Gerichtsstands- und Vollstreckungsübereinkommen abgelöst (VO 44/01/EG und VO 1215/2012/EU), sondern erstrecken den Anwendungsbereich des Europäischen Prozessrechts auf die meisten von Art. 1 II EuGVO ausgenommenen Rechtsgebiete und auf weitere Nachbargebiete.[70] Darüber hinaus schafft eine „zweite Generation“ europäischer Prozessrechtsverordnungen zunehmend spezielle Verfahren für spezifische Sektoren (Unbestrittene Forderungen, Mahnverfahren, Bagatellverfahren, Unterhaltsforderungen sowie Kontenpfändungen).[71] Die aktuelle Rechtsetzungspraxis stellt vor allem auf eine Verknüpfung des internationalen Privat- und Verfahrensrechts ab. 4.16

a) Verordnungen (Art. 288 II AEUV)

Verordnungen haben nach Art. 288 II AEUV die Funktion „europäischer Gesetze“. 4.17
Sie sind unmittelbar anwendbar und rechtsverbindlich. Als vorrangiges Unionsrecht verdrängen sie entgegenstehende, nationale Vorschriften.[72] Aufgrund ihrer teilweise

---

68 So bereits EuGH, 23.9.2008, Rs. C-427/06, *Bartsch./.Bosch & Siemens Hausgeräte Altersfürsorge GmbH*, EU:C:2008:517, Rdn. 14 ff., 25; grundlegend EuGH, 7.5.2013, Rs. C-617/10, *Åkerberg Fransson*, EU:C:2013:280.

69 Stand 30.6.2020. Vgl. dazu bereits oben § 2 I, Rdn. 2.38 ff. sowie unten die §§ 6–10 (*passim*).

70 Grundlegend EuGH, 12.2.2009, Rs. C-339/07, *Seagon*, EU:C:2009:83; EuGH, 4.9.2014, Rs. C-157/13, *Nickel*, EU:C:2014:2145, Rdn. 21, unten § 9 I, Rdn. 9.20.

71 Vgl. oben § 1 I, Rdn. 1.13.

72 Beispiel: Die deutsche Umsetzungsvorschrift zur EuInsVO in Art. 102 § 4 II EG InsO (2004) ordnete an, dass im Fall der Einstellung eines inländischen Insolvenzverfahrens (wegen vorrangiger Verfahren im Ausland) die Rechtshandlungen des inländischen Insolvenzverwalters rechtswirksam bleiben sollten. Diese Regelung war mit der automatischen Anerkennung des ausländischen Insolvenzverfahrens nach Art. 16 f. EuInsVO aF (heute Art. 19, 20 EuInsVO) nicht zu vereinbaren und daher wegen des Vorrangs der EuInsVO nicht anzuwenden, BGH, 29.5.2008, NZI 2008, 572, dazu unten § 9 II, Rdn. 9.40 und 9.60.

hohen Regelungsintensität können die Verordnungen in sich geschlossene Verfahren vorhalten.[73] Im Europäischen Zivilverfahrensrecht ist die Verordnung der Rechtsakt, auf dem eine Kodifikation aufbauen kann. Heute ist die Verordnung das praktisch bedeutsamste Regelungsinstrument im Prozessrecht; ihre unmittelbare und damit inhaltlich identische Anwendbarkeit entspricht dem gesteigerten Bedürfnis des Prozessrechts an Vorhersehbarkeit und einheitlicher Geltung. Letztere wird durch die Konzentration der Auslegungskompetenz beim EuGH weiter gestärkt.[74]

4.18 Im Europäischen Zivilprozessrecht treten bei der Handlungsform der Verordnung neuartige Regelungsprobleme auf. Diese betreffen vor allem die Schnittstellen zwischen den Verordnungen und den nationalen Verfahrensrechten. Da die EU-Verordnungen nach dem gegenwärtigen Integrationsstand vorrangig eine Koordinierung der nationalen Prozessrechte bezwecken, reicht es häufig nicht aus, die Verordnungen unbesehen in den Mitgliedstaaten anzuwenden. Vielmehr müssen spezifische Durchführungskompetenzen festgelegt[75] und die unionsrechtlichen Regelungen mit den allgemeinen Verfahrensvorschriften der autonomen Prozessrechte abgestimmt werden. Bei der Regelung der Schnittstellen sind die Mitgliedstaaten nicht frei, sondern durch das unionsrechtliche Effektivitätsgebot verpflichtet, leichtgängige und gut funktionierende Umsetzungsregelungen zu erlassen.[76] Im Verhältnis zwischen Verordnungsrecht und nationalen Implementierungsregelungen haben Vorrang und unmittelbare Anwendbarkeit der EU-Verordnungen besondere Bedeutung. Die unmittelbare Anwendbarkeit schließt die Überlagerung der Unionsrechtsakte durch wortgleiche nationale Regelungen aus.[77] Der Vorrang der Verordnung hat zur Folge, dass der nationale Gesetzgeber auch nicht durch ergänzende Vorschriften die praktische Wirksamkeit des Unionsrechtsakts beeinträchtigen darf.[78] Die Anwendung nationaler Vorschriften, die Sekundärrechtsakte implementieren, unterliegt einer verstärkten Nachprüfung durch den EuGH anhand der Grundsätze der Nichtdiskriminierung und Effektivität.[79]

---

73 Beispiel: VO 861/07/EG zum Europäischen Bagatellverfahren, unten § 10 III, Rdn. 10.93 ff.

74 Die Auslegungskompetenz des EuGH ist bei der Verordnung wirkmächtiger als die Richtlinie, da erstere als unmittelbar anzuwendende Rechtsnorm vom EuGH interpretiert und sodann in der vom Gerichtshof vorgegebenen Auslegung von den Gerichten der Mitgliedstaaten unmittelbar angewandt wird.

75 Beispiel: Die §§ 1096 ff. ZPO zur Ausführung des Europäischen Mahnverfahrens, unten § 10 II, Rdn. 10.58 f.

76 EuGH, 8.11.2005, Rs. C-443/03, *Leffler*, EU:C:2005:665, Rdn. 43 ff.

77 Anders im Anwendungsbereich der nach Art. 293 EG erlassenen, kollisionsrechtlichen Abkommen – hier ist eine Parallelregelung durch den nationalen Gesetzgeber, wie etwa im Fall des Römischen Schuldvertragsübereinkommens (vgl. Art. 27 ff., 36 EGBGB 1986), grundsätzlich zulässig.

78 Zutreffend BGH, 29.5.2008, NZI 2008, 572 (*Daisytek*) zu Art. 102 § 4 II EGInsO, oben Fn. 71.

79 Vgl. unten § 11 II, Rdn. 11.5 ff.

Ein kontrovers diskutiertes Beispiel ist die Zulassung der Vollstreckungsgegenklage gegen den Europäischen Vollstreckungstitel nach § 1086 ZPO.[80] Der deutsche Gesetzgeber will mit der Schaffung eines zusätzlichen Gerichtsstands die Vollstreckungsgegenklage inländischer Schuldner privilegieren. Damit wird jedoch das Regelungskonzept des Art. 5 VO 804/05/EG unterlaufen, das auf eine völlige Gleichstellung des europäischen mit den inländischen Titeln abzielt.[81] Der ausländische Titel sieht sich jedoch damit zusätzlichen Rechtsbehelfen gegenüber, die für inländische Titel nicht gleichermaßen gelten. Eine weitere, spezielle Diskriminierung ausländischer bzw. europäischer Titel enthält in diesem Zusammenhang § 1086 II ZPO. Diese Vorschrift verbietet die Geltendmachung von materiellrechtlichen Einwendungen gegen nicht rechtskraftfähige Titel (notarielle Urkunden- und Prozessvergleiche). Gegen diese dürfen danach keine materiellen Einwendungen erhoben werden, die bereits zum Zeitpunkt des Erlasses des Titels begründet waren. Diese Einwendung, die ersichtlich § 767 II ZPO nachgebildet wurde, ist jedoch mit der Rechtsnatur dieser Titel nicht zu vereinbaren.[82] Die deutsche Umsetzungsregelung widerspricht mithin dem vorrangigen Regelungskonzept der Art. 5 und 22 f. VO 804/05/EG und verstößt gegen den Vorrang der Verordnung.[83] **4.19**

Bei der Implementierung der vorrangigen EU-Verordnungen können die Mitgliedstaaten systematische Zusammenhänge verdeutlichen und Systembrüche vermeiden. In dieser Hinsicht erscheint die einheitliche Umsetzung der Europäischen Prozessrechtsakte der 2. Generation im 11. Buch der ZPO an sich vorbildlich.[84] Mit der inhaltlich abgestimmten Regelung in einem gesonderten Abschnitt der (nationalen) Kodifikation werden die Regelungszusammenhänge für die Normadressaten im jeweiligen EU-Mitgliedstaat sichtbar – zugleich stellt der nationale Gesetzgeber die jeweils vorrangigen Unionsrechtsakte in den Zusammenhang zur nationalen Prozessrechtskodifikation.[85] Allerdings vermag die innere Systematik des 11. Buches der ZPO nicht zu überzeugen: Die dort enthaltenen Durchführungsvorschriften zu den EU-Verordnungen wurden chronologisch zufällig und ohne systematischen Zusammenhang aneinandergereiht. So gesehen ähnelt das 11. Buch der ZPO eher einem unsystematischen Einführungsgesetz und kann kaum als Teil einer Kodifikation bezeichnet werden. Dieselben Bedenken treffen auf die Durchführungsbestimmungen (§§ 946–959 ZPO) zur Kontenpfändungsverordnung zu.[86] Gesetzgebungstechnisch gelungen ist hinge- **4.20**

---

80 Dazu *Hess*, IPRax 2008, 25, 27 ff.; *McGuire*, ecolex 2006, 83 f.; *Bittmann*, Vom Exequatur zum qualifizierten Klauselverfahren, S. 189 ff.

81 Vgl. Art. 20 I 2 VO 804/05/EG, unten § 10 I, Rdn. 10.33 f.

82 Ausführlich *Hess*, IPRax 2008, 25 ff.; aA *Hardung*, Europäische Titelfreizügigkeit, S. 110 f.

83 Vgl. unten § 10 I, Rdn. 10.34 ff.

84 Vorbildlich ist hingegen die Verweisung auf das europäische Mahnverfahren in § 688 IV ZPO im Kontext der nationalen Vorschriften zum Mahnverfahren.

85 Vgl. dazu *R. Wagner*, IPRax 2005, 189, 199 ff. Allerdings ist es bedenklich, wenn Kommentierungen der ZPO auf die Umsetzungsvorschriften fokussieren und die (unmittelbar anwendbaren) EU-Verordnungen lediglich (als Anhang) abdrucken.

86 Auch hier enthalten die Vorschriften der ZPO Durchführungsregelungen, wobei der Unionsrechtsakt nicht hinreichend Eingang in die nationale Kodifikation gefunden hat. Dieses strukturelle Problem harrt noch einer überzeugenden, legistischen Lösung.

gen die Umsetzung der VO 2201/2003 im IntFamVerfG – die §§ 97 ff. FamFG stellen den Vorrang der unionsrechtlichen Regelungen klar.[87]

4.21 Ein wenig erörtertes Problem der Wirkungsweise europäischer Verordnungen betrifft deren abgestufte, inhaltliche Verbindlichkeit. Trotz des in der Rechtsprechung des EuGH gefestigten Grundsatzes der unmittelbaren Anwendbarkeit der EU-Verordnung ordnet der Unionsgesetzgeber im Europäischen Prozessrecht bisweilen eine geringere Bindungswirkung an. Mehrere Verordnungen der zweiten Generation enthalten nicht nur unmittelbar anwendbare Vorschriften. Sie verpflichten die nationalen Gesetzgeber zudem zur Schaffung (bzw. zur Vorhaltung) spezifischer Rechtsbehelfe – etwa zur Wiedereinsetzung des Beklagten bei unverschuldeter Versäumung von Fristen, die die EuVTVO oder die EuMahnVO vorgeben.[88] Die Verordnungen schreiben den nationalen Gesetzgebern dabei nicht detailliert die Rechtsbehelfe vor – vielmehr besteht ein Umsetzungsermessen der nationalen Gesetzgeber.[89] Die Mitgliedstaaten müssen lediglich die jeweiligen innerstaatlichen Verfahren an die EU-Kommission notifizieren; diese Informationen werden (idR unbesehen) im Europäischen Justizatlas veröffentlicht.[90]

4.22 Aus der Perspektive des Art. 288 II AEUV erscheint diese Regelungstechnik ungewöhnlich. Der Unionsgesetzgeber schafft damit eine (an sich) unmittelbar anwendbare Verordnung, deren Rechtswirkungen (Adressat: Mitgliedstaaten, Inhalt: Verpflichtung zur Umsetzung) eher an eine Richtlinie erinnern.[91] Man kann allerdings davon ausgehen, dass die Rechtswirkungen der Verordnung über die einer Richtlinie insofern hinausgehen, als sich private Parteien unmittelbar auf die Garantien der Verordnungen auch dann berufen können, wenn die Mitgliedstaaten keine Umsetzungsvorschriften erlassen haben.[92] Eine gewisse Vermengung unterschiedlicher Rechtsetzungsformen lässt sich nicht in Abrede stellen, sie ist jedoch aus Praktikabilitätsgründen notwendig.

4.23 Die Unionsprozessrechtsakte der zweiten Generation enthalten sog. „optionale“ Regelungen. Die Verordnungen zum Europäischen Vollstreckungstitel, zum Mahn-

---

87 Vgl. unten § 7 I, Rdn. 7.16.

88 Wenig überzeugend hingegen EuGH, 17.12.2015, Rs. C-300/14, *Imtech Marine Belgium*, EU:C:2015:825, Rdn. 27 ff. – Da nach EwG 19 der EuVTVO die EU-Mitgliedstaaten nicht verpflichtet sind, ihre nationalen Rechte an die Mindeststandards der EuVTVO anzupassen, müssen diese keine (neuen) Rechtsbehelfe schaffen. Damit läuft die Anwendung der EuVTVO (zu Lasten privater Parteien) in denjenigen EU-Mitgliedstaaten leer, die sich nicht um eine (minimale) Anpassung ihrer nationalen Verfahren bemühen.

89 Beispiele: Art. 17 EuBagVO, dazu unten § 10 III, Rdn. 10.109 ff., sowie Art. 14 EuKtPVO, unten § 10 IV, Rdn. 10.139 ff.

90 Vgl. Art. 19 EuVTVO, unten § 10 I, Rdn. 10.17; Art. 29 I lit. a) EuBagVO, unten § 10 III, Rdn. 10.99 (zur Zuständigkeit) sowie Rdn. 10.113 f. (zum Rechtsbehelfssystem).

91 Die Literatur bezeichnet derartige Rechtsakte plakativ als „hinkende Verordnungen“, Calliess/*Ruffert*, Art. 288 AEUV, Rdn. 21; *Schroeder*, in: Streinz EUV/AEUV, Art. 288 AEUV, Rdn. 46.

92 Dies ist die Folge der unmittelbaren Anwendbarkeit der EU-Verordnung, Art. 288 II AEUV.

und zum Bagatellverfahren sind zwar unmittelbar geltendes Verordnungsrecht, ihre Anwendung im konkreten Einzelfall hängt jedoch von der Wahl des Verfahrens durch den Kläger ab.[93] Diese Regelungstechnik ist nicht neu, der Unionsgesetzgeber setzt sie vor allem im Gesellschaftsrecht ein.[94] Im Ergebnis wird neben die derzeit 28 Verfahrensrechte der EU-Mitgliedstaaten ein weiteres optionales Verfahren gesetzt. Dieses ist freilich auf die spezifischen Bedürfnisse des grenzüberschreitenden Rechtsverkehrs zugeschnitten. Aufgrund ihrer Attraktivität sollen die „additiven EU-Verfahren" von den Parteien gewählt werden[95] und durch ihre erhöhte Effizienz die nationalen Gesetzgeber zur Nachahmung veranlassen.[96] Damit wirkt die EU-Verordnung wie ein (untechnisches) „*Model Law*" (Modellgesetz).[97]

Angesichts der abgestuften inhaltlichen Verbindlichkeit der EU-Verordnungen und der Notwendigkeit, die Schnittstellen zu den nationalen Verfahrensrechten durch Ausführungsregelungen der EU-Mitgliedstaaten zu regeln, erscheint die Verwendung der EU-Verordnung als regelmäßiges Rechtsetzungsinstrument im EU-Zivilprozessrecht keineswegs überlegen und nur eingeschränkt effektiv. Die Vorteile der unmittelbaren Anwendbarkeit und des Vorrangs der Unionsrechtsakte sind vor allem dann gering, wenn die Verordnungen explizit auf die Prozessrechte der Mitgliedstaaten (zurück-)verweisen und damit kein Einheitsrecht schaffen.[98] Als Alternative bietet sich der Erlass von Richtlinien an. Sofern diese nicht als Regelung zur Mindest-, sondern zur Vollharmonisierung eingesetzt werden (d. h. ohne Abweichungsbefugnisse der Mitgliedstaaten), kommt die Regelungswirkung der EU-Verordnung nahe. Der Vorteil der Richtlinie besteht jedoch in der Verpflichtung der Mitgliedstaaten zur expliziten Umsetzung.[99] Damit behält die EU-Kommission ein gewichtiges Über- **4.24**

93 Dazu *Basedow*, FS Alpa, S. 169, 171.

94 Vgl. u. a. die VO 2017/1001/EU über die Unionsmarke (ABl. 2017 L 154/1 ff.); VO 2137/85/EG zur EWiV (ABl. 1985 L 199/1 ff.); VO 1435/2003/EG über das Statut der Europäischen Genossenschaft (SCE) (ABl. 2003 L 207/1 ff.). Zur „Wahlfreiheit" im europäischen Gesellschaftsrecht vgl. etwa *Grundmann*, Europäisches Gesellschaftsrecht, § 4, Rdn. 130 f.

95 Zur Wahl des Klägers zwischen Europäischem Zahlungsbefehl und grenzüberschreitenden Mahnverfahren vgl. *Einhaus*, IPRax 2008, 323 ff.

96 Die praktischen Erfolge sind bisher zumeist ausgeblieben.

97 Die funktionale Nähe zum Modellgesetz ist dabei unübersehbar. Der zentrale Unterschied ist, dass das Modellgesetz vom souveränen Gesetzgeber übernommen, das optionale Instrument hingegen von den Normadressaten bzw. den Prozessparteien als geltendes Recht gewählt wird.

98 Beispiel: EuGH, 4.9.2014, verb. Rs. C-119/13 und C-120/13, *eco cosmetics*, EU:C:2014:2144, Rdn. 42 ff.: Die analoge Anwendung von Art. 20 EuMahnVO auf Einwendungen des Schuldners nach einer erfolgten (aber falsch bescheinigten) Zustellung des Zahlungsbefehls. Da Art. 26 EuMahnVO auf die nationalen Rechtsbehelfe verweist, lehnte der EuGH eine Analogie und damit eine unionsweite, einheitliche Lösung ab, vgl. dazu die Kritik in Rdn. 10.82.

99 Damit könnte das aktuelle Defizit überwunden werden, dass zahlreiche EU-Mitgliedstaaten (unter vordergründiger Berufung auf die „unmittelbare" Anwendbarkeit) der EU-Verordnungen (schlicht) keine Umsetzungs- bzw. Implementierungsvorschriften erlassen. Das hat zur Folge, dass die Rechts-

wachungsvehikel gegenüber den Mitgliedstaaten, das ihr bei der Wahl der EU-Verordnung fehlt.

b) Völkerrechtliche Verträge (Art. 308 AEUV)

4.25 Prozessuales Einheitsrecht enthalten auch die völkerrechtlichen Verträge der Union nach Art. 308 AEUV (zuvor Art. 293 EG 1998, Art. 220 EWGV 1958), insbesondere das frühere EuGVÜ und das LugÜ[100] (im Verhältnis zu Norwegen, Island und der Schweiz). Anders als bei den Verordnungen nach Art. 81 AEUV kommt den völkerrechtlichen Übereinkommen der Vorrang des Unionsrechts jedoch nicht automatisch zu. Innerstaatliche Geltung in den Mitgliedstaaten erlangt das völkerrechtliche Übereinkommen lediglich durch seine Ratifikation nach nationalem Verfassungsrecht.[101] Die unmittelbare Anwendbarkeit folgt hingegen aus dem Inhalt des jeweiligen Übereinkommens.[102] Im Ergebnis ergeben sich jedoch keine substantiellen Unterschiede zur unmittelbaren Anwendbarkeit der EU-Verordnungen. Auch die Auslegung des Übereinkommens nach Art. 308 AEUV unterliegt nach der Rechtsprechung des EuGH den allgemeinen Regeln zur Auslegung des Unionsrechts,[103] ergänzend sind die Grundsätze der völkerrechtsfreundlichen Interpretation anzuwenden.[104]

4.26 Übereinkommen, welche die Union aufgrund ihrer ausschließlichen Außenkompetenz im Europäischen Zivilprozessrecht[105] nach Art. 81, 308 AEUV mit Drittstaaten abschließt, enthalten ebenfalls prozessuales Einheitsrecht.[106] Die völkerrechtlichen Übereinkommen der Union stehen im Rang unterhalb des Primärrechts und oberhalb des Sekundärrechts. Sie binden nach Art. 216 II AEUV sowohl die Union selbst als auch die Mitgliedstaaten.[107] Als integrierter Bestandteil der Unionsrechtsordnung haben die Übereinkommen Vorrang vor nationalem Recht und sind (sofern die inhalt-

praxis angesichts der (zahlreichen) Unsicherheiten die EU-Verordnung (als optionales Instrument) nicht annimmt. Eine EU-Richtlinie verpflichtet hingegen die Mitgliedstaaten zur Implementierung.

100 Dazu unten § 5 II 1, Rdn. 5.42 ff.

101 Vgl. Art. 59 II GG, rechtsvergleichende Hinweise zur Rangproblematik bei *Linhart*, Internationales Einheitsrecht, S. 254 ff.

102 Für den sog. „self executing character" eines völkerrechtlichen Vertrages ist maßgeblich, ob dieser innerstaatlicher Umsetzungsakte bedarf, um aus seinem Text heraus individuelle Rechte und Pflichten zu begründen. Das ist bei internationalem Einheitsrecht regelmäßig nicht der Fall, vgl. *Linhart*, Internationales Einheitsrecht, S. 21 ff.

103 Zur Auslegung des europäischen Prozessrechts ausführlich unten Rdn. 4.42 ff.

104 *Kropholler*, FS MPI Hamburg, S. 583, 590.

105 EuGH, 7.2.2006, Avis 1/03, *Parallelübereinkommen Lugano*, EU:C:2006:81, dazu oben § 2 III, Rdn. 2.69 ff.

106 Für das EuGVÜ war dies evident; für neuere Übereinkommen gilt nichts anderes, etwa für die Erstreckungsübereinkommen mit Dänemark, oben § 2 II, Rdn. 2.29 ff.

107 So EuGH, 12.12.1972, Rs. C-21-24/72, *International Fruit Company*, EU:C:1972:115; Grabitz/*Mögele*, Art. 216 AEUV, Rdn. 49 f.; *Rosas*, in: Koskiennemi (ed.), International Aspects of the European Union, S. 125 ff.

lichen Voraussetzungen vorliegen) unmittelbar anwendbar.[108] Diese Wirkungen wird man im Hinblick auf die prozessrechtlichen Übereinkommen im Regelfall bejahen können.[109] Als Unionsrecht haben die Übereinkommen Anwendungsvorrang vor den nationalen Rechten der Mitgliedstaaten, der EuGH ist zu ihrer Auslegung im Verhältnis zwischen den EU-Mitgliedstaaten nach Art. 267 AEUV befugt.[110]

Nach hM stehen die nach Art. 308 AEUV abgeschlossenen völkerrechtlichen Übereinkommen der Europäischen Union im Rang unterhalb des Primärrechts und oberhalb des Sekundärrechts. Sie derogieren damit grundsätzlich entgegenstehendes Sekundärrecht.[111] Diese Einordnung der völkerrechtlichen Verträge wird freilich dem Komplementärverhältnis der Übereinkommen im Europäischen Prozessrecht nicht gerecht.[112] In der Praxis stellen sich freilich Normenkonkurrenzen selten, weil die Unionsrechtsakte Konflikte mit völkerrechtlichen Übereinkommen zu Drittstaaten durch spezielle Regelungen auflösen.[113] Ein prinzipieller Vorrang völkerrechtlicher Übereinkommen der Union gegenüber den Sekundärrechtsakten des Europäischen Prozessrechts sollte hingegen nicht – auch nicht aus völkerrechtlichen Gründen – anerkannt werden. Der EuGH hat diese Frage noch nicht explizit beantwortet.[114] 4.27

3. Harmonisierung durch Richtlinien (Art. 288 III AEUV)

Die EU-Richtlinie wird im Europäischen Internationalen Zivilprozessrecht seltener als im Europäischen Privatrecht eingesetzt. Richtlinien finden sich vor allem etwa 4.28

108 D.h. wenn die jeweilige Vorschrift inhaltlich hinreichend bestimmt und unbedingt ist, vgl. statt vieler Streinz/*Mögele*, Art. 216 AEUV, Rdn. 61.

109 Zumindest dort, wo die Übereinkommen prozessuales Einheitsrecht enthalten; hiervon geht auch der EuGH, 11.7.2008, Rs. C-195/08 PPU, *Inga Rinau*, EU:C:2008:406, Rdn. 55 ff. (zur Auslegung von Art. 11 EheGVO) in der Sache aus.

110 Die Auslegungszuständigkeit des EuGH für die CMR – im Kontext von Art. 71 EuGVO – hat der Gerichtshof in den Urteilen vom 4.5.2010, Rs. C-533/08, *TNT Express Nederland*, EU:C:2010:243; EuGH, 19.12.2013, Rs. C-452/12, *Nipponkoa*, EU:C:2013:858; EuGH, 4.9.2014, Rs. C-157/13, *Nickel*, EU:C:2014:2145; dahin konkretisiert, dass völkerrechtliche Übereinkommen wesentliche Grundsätze des europäischen Zivilprozessrechts im Verhältnis zwischen den Mitgliedstaaten nicht außer Kraft setzen dürfen, dann unten § 5 II 3, Rdn. 5.80 f.

111 Streinz/*Mögele*, Art. 216 AEUV, Rdn. 59 mwN.

112 So ist beispielsweise ein Vorrang des LugÜ gegenüber der EuGVO nicht anzuerkennen. Vielmehr richtet sich das Konkurrenzverhältnis nach den speziellen Vorschriften der Art. 69 ff. EuGVO, Art. 54 ff. LugÜ, vgl. unten § 5 II, Rdn. 5.42 ff

113 So ordnet etwa Art. 60 EheGVO den Vorrang der EheGVO gegenüber dem HKÜ an – hier gilt der Spezialitätsgrundsatz, vgl. dazu generell unten § 4 I, Rdn. 4.41.

114 Im Urteil vom 11.7.2008, Rs. C-195/08 PPU, *Inga Rinau*, EU:C:2008:406, Rdn. 47 ff. hat sich der Gerichtshof nicht zum Rangverhältnis erklärt, das HKÜ jedoch bei der Auslegung der EheGVO einbezogen.

im Bereich der grenzüberschreitenden Verbandsklage (RL 2009/22/EG) und der Prozesskostenhilfe (RL 2003/8/EG) sowie bei der grenzüberschreitenden Mediation in Zivil- und Handelssachen (RL 2008/52/EG).[115] Praktische Bedeutung haben die Richtlinie für Verbraucher-ADR[116] sowie die Richtlinie zur Rechtsdurchsetzung im Kartellrecht.[117] Der seltene Gebrauch der Richtlinie zeigt die überragende Bedeutung des Einheitsrechts bei der Schaffung des Binnenmarktprozessrechts.[118]

4.29 Privatrechtsbezogene Richtlinien, die im Anwendungsbereich der Binnenmarktkompetenzen der Art. 114 f. AEUV erlassen wurden, enthalten bisweilen prozessuale Annexregelungen. Die Regelungsdichte ist dabei sehr unterschiedlich: sie variiert zwischen einer Mindest- und einer Vollharmonisierung.[119] Eine (rudimentäre) Mindestharmonisierung enthält Art. 5 der RL 2000/35/EG zum Zahlungsverzug.[120] Die Vorschrift verpflichtet die EU-Mitgliedstaaten, für unbestrittene Forderungen beschleunigte Beitreibungsverfahren vorzuhalten – kein Mitgliedstaat hat die Vorschrift (effektiv) umgesetzt.[121] Der EuGH hat dennoch die Verpflichtung zur richtlinienkonformen Auslegung nationalen Prozessrechts im Anwendungsbereich der Richtlinie bejaht.[122] Ein prominentes Beispiel zur (funktionalen) Vollharmonisierung ist die sog. „Enforcement-Richtlinie" über die Durchsetzung der Rechte des geistigen Eigentums.[123] Die Richtlinie harmonisiert das Beweis(verfahrens)recht in Rechtsstreitigkeiten über das geistige Eigentum – zugleich implementiert es (in Umsetzung von Art. 50 TRIPS-Übereinkommen) eine moderne Konzeption prozessualer Auskunftsansprüche und ihre Durchsetzung in die Prozessordnungen der Mitgliedstaaten.[124]

4.30 Neuerdings nimmt die Bedeutung der Richtlinie als Rechtsetzungsinstrument im Prozessrecht zu. Ursache ist die „Rückverlagerung" der Rechtsetzungskompetenz von Art. 81 AEUV auf die Binnenmarktkompetenz (bzw. sachnahe Kompetenzen) der Art. 114 f. AEUV.[125] Aktuelle Rechtsetzungsvorhaben haben detaillierte Rechtsbehelfe (insbesondere im Beweisrecht) geschaffen. Sie enthalten weit-

---

115 Dazu unten § 11 III, Rdn. 11.58 ff. und § 12 I, Rdn. 12.4 ff.

116 RL 2013/11/EU, ABl. EU 2013 L 165/63 ff., dazu unten § 12 III 2, Rdn. 12.23 ff.

117 RL 2014/104/EU, ABl. EU 2014 L 349/1 ff., dazu unten § 11 II 2, Rdn. 11.32 ff.

118 Die Wahl der Verordnung als Regelungsinstrument ergibt sich aus den Regelungsbedürfnissen des Prozessrechts selbst, das besonders auf Normenklarheit angewiesen ist.

119 Vgl. dazu § 11 II 1, Rdn. 11.28 f.

120 Heute Art. 10 RL 2011/7/EU.

121 Zum Stand der Umsetzung vgl. den Bericht des Europäischen Parlaments vom 11.12.2018: http://www.europarl.europa.eu/doceo/document/A-8-2018-0456_DE.pdf

122 EuGH, 11.9.2008, Rs. C-265/07, *Caffaro*, EU:C:2008:496, unten § 11 II, Rdn. 11.29 ff.

123 RL 2004/84/EG zum Schutz der Rechte des Geistigen Eigentums, dazu unten § 11 II, Rdn. 11.32 ff.

124 Dazu *Hess/Zhou*, IPRax 2007, 183 ff.; *Heinze*, Einstweiliger Rechtsschutz (2007), S. 277 ff.

125 Ursache ist die enge Auslegung des Tatbestandsmerkmals „grenzüberschreitende Bezüge" in Art. 81 AEUV, vgl. oben § 2 I, Rdn. 2.14 ff.

reichende Mindestvorgaben (etwa im Beweisrecht), die der Regelungsintensität der EU-Verordnung nicht nachstehen.[126]

Kennzeichen der Richtlinie ist die mittelbare Einwirkung auf die Prozessrechte der Mitgliedstaaten durch die Schaffung europäischer Vorgaben. Anders als im Fall der Verordnung, die in ihrem Anwendungsbereich europäisches Einheitsrecht implementiert, kommt es bei der Richtlinie zu einer gestuften Umsetzung durch nationales Recht der Mitgliedstaaten. Rechtsverbindlich ist das nationale Prozessrecht, das die Vorgaben der Richtlinie umsetzt. Es ist richtlinienkonform auszulegen.[127] Bei der Richtlinie stellen sich im Prozessrecht strukturell dieselben Fragen wie bei der Rechtsetzung durch Richtlinien im allgemeinen Unionsrecht.[128] Diese betreffen die Bindung der nationalen Gesetzgeber und Gerichte an die Vorgaben der Richtlinie,[129] die richtlinienkonforme Auslegung des harmonisierten, nationalen Rechts,[130] die Staatshaftung für die unzureichende Umsetzung von Richtlinien[131] sowie die unmittelbare Anwendbarkeit der Richtlinie gegenüber staatlichen Stellen (als Prozessparteien) bei unzureichender Umsetzung.[132] Auch eine sog. überschießende Umsetzung von Richtlinien ist im Prozessrecht vorstellbar – etwa wenn eine europäische Regelung als „Modellgesetz" für die Regelung des autonomen, nicht harmonisierten Verfahrensrechts verwendet wird.[133] **4.31**

Die Wirkung von EU-Richtlinien im Prozessrecht verdeutlicht die PKH-Richtlinie 2003/8/EG. Die **4.32** PKH-RL setzen in Deutschland die §§ 1076–1078 ZPO um, die ihrerseits für die Bewilligung inländischer PKH weitgehend auf die §§ 114 ff. ZPO verweisen. Danach richtet sich die Bewilligung von Prozesskostenhilfe an Berechtigte aus anderen EU-Mitgliedstaaten zunächst nach den allgemeinen Vorschriften der §§ 114–127a ZPO – dies ordnet § 1076 ZPO als Grundsatz ausdrücklich an.[134] Modifikationen der allgemeinen Regelungen zur Prozesskostenhilfe (§§ 114 ff. ZPO) enthalten die §§ 1077 f. ZPO. Aus der Perspektive der deutschen Umsetzungsvorschriften des 11. Buchs der ZPO erscheinen die Unterschiede zwischen den Umsetzungsvorschriften zu den Verordnungen und den Richtlinien des Europäischen Prozessrechts gering. Erst die nähere Betrachtung zeigt den normativen Unterschied. Während die Ausführungsvorschriften zu den EU-Verordnungen überwiegend (ergänzende) Kompe-

126 Vgl. unten § 11 II, Rdn. 11.32 ff.

127 EuGH, 10.4.1989, Rs. C-14/83, *Von Colson und Kamann*, EU:C:1984:153, Rdn. 26; EuGH, 5.10.2004, verb. Rs. C-397/01 bis Rs. C-403/01, *Pfeiffer*, EU:C:2004:584; *W. H. Roth/Jopen*, Die richtlinienkonforme Auslegung, in: Riesenhuber (Hrg.), Europäische Methodenlehre, S. 263 ff.

128 Insofern wird auf die allgemeine Literatur verwiesen, insbesondere *Prechal*, Directives in EU Law, S. 180 ff.; *Höpfner*, Systemkonforme Auslegung, S. 249 ff.

129 Zur Herleitung vgl. etwa *v. Danwitz*, JZ 2007, 697, 700 f.

130 Ausführlich *Höpfner*, Systemkonforme Auslegung, S. 272 ff.

131 EuGH, 2.2.1989, Rs. C-22/87, *Kommission./.Italien (Konkursausfallgeld)*, EU:C:1989:45; ausführlich *Prokopf*, Gemeinschaftliches Rechtsinstitut, S. 225.

132 *Prechal*, Directives, S. 231 ff.; zur sog. „horizontalen Anwendung" zwischen Privaten vgl. *Prechal*, Directives, S. 266 ff.; Streinz/*Schroeder*, Art. 288 AEUV, Rdn. 102 f.

133 Diese Konstellation kann auch im Verordnungsrecht auftreten, vgl. beispielsweise die Regelung des autonomen, internationalen Insolvenzrechts in den §§ 335 ff. InsO, dazu unten § 5 I, Rdn. 5.39.

134 Dazu unten § 8 III, Rdn. 8.66 ff.

tenzzuweisungen regeln, enthalten die §§ 1076–1078 ZPO als Umsetzungsvorschriften der PKH-RL die operativen Prozessnormen. Mittelbare Bedeutung entfaltet die PKH-Richtlinie schließlich bei der richtlinienkonformen Auslegung der nationalen Verfahrensrechte.[135]

4. Nicht bindende Rechtsakte

4.33 Das Europäische Zivilprozessrecht enthält zahlreiche, formell nicht bindende Rechtsakte, wie etwa die Entscheidung zum Justiziellen Netz in Zivilsachen[136] oder die Empfehlung zum kollektiven Rechtschutz vom 11.6.2013.[137] Diese Rechtsakte haben für die praktische Effektuierung des Europäischen Zivilprozessrechts eine nicht zu unterschätzende Bedeutung.[138] Das gilt vor allem für das Europäische Justizielle Netz, das einerseits die Kooperation zwischen den Justizorganen (insbesondere den Zentralstellen) der Mitgliedstaaten nachhaltig effektuiert, andererseits (über den Europäischen Justizatlas) die Informationen über die (heterogenen) Rechts- und Justizsysteme der Mitgliedstaaten nachhaltig verbessert.[139] Auch schließt die fehlende Rechtsverbindlichkeit mittelbare Rechtswirkungen nicht aus. So war beispielsweise die Angemessenheit (§ 307 BGB) einer Mediationsklausel anhand der Empfehlungen 98/217/EG und 2001/310/EG zur außergerichtlichen Streitbeilegung von Verbraucherstreitigkeiten zu beurteilen.[140] Empfehlungen der Kommission bereiten häufig weitreichende Gesetzgebungsvorhaben vor.[141]

---

135 Beispiel: § 114 ZPO ist im Hinblick auf die sog. „Mutwilligkeit" dahin auszulegen, dass nur offensichtlich unbegründete Anträge (vgl. Art. 6 I RL 2003/8/EG) zurückzuweisen sind, vgl. *Hess*, in: van Rhee/Uzelac (ed.), Civil Justice between Efficiency and Quality, S. 189, 194 ff. Zutreffend BGH, 10.6.2008, RIW 2008, 568, 570: Keine Herabsetzung der einem polnischen Kläger gewährten Prozesskostenhilfe wegen der im Heimatstaat niedrigeren Lebenshaltungskosten nach § 115 III ZPO.

136 Entscheidung 2001/470/EG vom 28.5.2001, ABl. 2001 L 174/25, geändert durch die Entscheidung vom 18.6.2009, ABl. 2009 L 168/35 ff.

137 Empfehlung über „Gemeinsame Grundsätze für kollektive Unterlassungs- und Schadensersatzverfahren", ABl. 2013 L 201/60, sowie Mitteilung der Kommission „Auf dem Weg zu einem allgemeinen europäischen Rahmen für den kollektiven Rechtsschutz", KOM (2013) 401 endg. Dazu unten § 11 III, Rdn. 11.88 ff.

138 So insbesondere der Europäische Gerichtsatlas, der (als Teil des E-Justice-Portals) über die Gerichte und Behörden der Mitgliedstaaten informiert, die für den Vollzug des Unionsrechts zuständig sind. Darüber hinaus enthält der „Atlas" zum Teil detaillierte Informationen über die (autonomen) Prozessrechte der Mitgliedstaaten. Dazu oben § 3 V, Rdn. 3.103.

139 Weitsichtig bereits *Storskrubb*, Civil Procedure and EU Law (2008), S. 233 ff.

140 So ausführlich EuGH, 13.12.1989, Rs. C-322/88, *Grimaldi*, EU:C:1989:646, dazu *Hess*, ZZP 118 (2005), 427, 437 ff.; unten § 12 III, Rdn. 12.19 ff.

141 Beispiel: RL 2013/11/EU zur Verbraucher-ADR, ABl. EU 2013 L 165/63 ff. greift auf die Maßstäbe folgender Empfehlungen zurück: Nr. 98/257/EG der Kommission betreffend die Grundsätze für Einrichtungen, die für die außergerichtliche Beilegung von Verbraucherrechtsstreitigkeiten zuständig sind, ABl. L 115 vom 17.4.1998, S. 31 ff.; Mitteilung der Kommission zur „Erweiterung des Zugangs der

Die fehlende Bindungswirkung befreit die Union nicht von der Einhaltung kompetenzieller Grenzen. Aus diesem Grund waren die Vorschläge der EU-Kommission vom 23.6.2008 zur Ausweitung des Justiziellen Netzes in Zivilsachen[142] durchaus problematisch. Die dort vorgesehene Einbeziehung Dänemarks in das Netz mag zwar in justizpolitischer Hinsicht wünschenswert sein – es fehlte hingegen die Rechtsgrundlage zur Erstreckung des Unionsrechts. 4.34

Zu den nicht bindenden Rechtsakten gehören auch Protokollerklärungen des Rats bei der Verabschiedung von Sekundärrechtsakten.[143] Nach der ständigen Rechtsprechung des EuGH können derartige Erklärungen bei der Auslegung der Unionsrechtsakte nur insofern berücksichtigt werden, als die Aussage im Inhalt des Rechtsakts Ausdruck gefunden hat und dessen Klarstellung ermöglicht.[144] So verabschiedeten beispielsweise Kommission und Rat im Jahre 2001 bei der Verabschiedung der EuGVO zur Anwendung des Art. 15 lit. c) EuGVO aF eine förmlich gemeinsame Protokollerklärung.[145] Danach sollte allein die generelle Ausrichtung der Geschäftstätigkeit eines Unternehmens auf einen Mitgliedstaat nicht ausreichen, um dort am Wohnsitz des Verbrauchers den Klägergerichtsstand zu begründen. Vielmehr müsse im Rahmen dieser Tätigkeit ein Vertrag abgeschlossen werden.[146] Diese Erklärung bindet die jeweils erkennenden Gerichte jedoch nicht, der Gerichtshof hat sie bei der Auslegung von Art. 17 EuGVO nicht berücksichtigt. Dem ist zuzustimmen.[147] Denn die Protokollnotiz wurde nicht im förmlichen Gesetzgebungsverfahren, d. h. unter Beteiligung des Parlaments beschlossen, es fehlt zudem an einer formellen Publikation.[148] Ausschlaggebend bleibt vielmehr der Wortlaut des Art. 15 I lit. c) EuGVO aF / Art. 17 I lit. c) EuGVO, der weiter gefasst ist. Protokollerklärungen dokumentieren mithin lediglich 4.35

Verbraucher zur alternativen Streitbeilegung", KOM (2001) 161 endg. vom 4.4.2001; Empfehlung über die Grundsätze für an der einvernehmlichen Beilegung von Verbraucherrechtstreitigkeiten beteiligte außergerichtliche Einrichtungen 2001/310/EG, ABl. L 109 vom 19.4.2001, S. 56, dazu unten § 12 III, Rdn. 12.20 ff.

142 KOM (2008) 380 endg. Die am 18.6.2009 angenommene Entscheidung 568/2009/EG zur Änderung des EJN (ABl. EU 2008 L 168/35) bezieht Dänemark nicht ein. Art. 12a III der Entscheidung ermächtigt jedoch das EJN, mit Drittstaaten und internationalen Organisationen Kontakte zu pflegen.

143 Zur allgemeinen Praxis vgl. *Herdegen*, ZHR 155 (1991), 52 ff.

144 EuGH, 26.2.1991, Rs. C-292/89, *Antonissen*, EU:C:1991:80, Rdn. 18; EuGH, 10.1.2006, Rs. C-402/03, *Skov und Bilka*, EU:C:2006:6, Rdn. 42.

145 Zu den vorhergegangenen Diskussionen um die Anwendung des „Herkunfts"- oder „Bestimmungslandprinzips" im Europäischen Verbraucher- und E-Commerce-Recht vgl. *Hess*, JZ 2001, 580 f.

146 *Kropholler/v. Hein*, Art. 15 EuGVO, Rdn. 25, halten diese Erklärung für nicht bindend, wohl aber im Rahmen der historischen Auslegung für berücksichtigungsfähig, ebenso SAe GAin *Trstenjak*, Rs. C-585/08, *Pammer und Hotel Alpenhof*, EU:C:2010:273, Rdn. 68–70. Weitergehend *Würdinger*, RabelZ 75 (2011), 102, 121.

147 EuGH, 7.12.2010, Rs. C-585/08, *Pammer und Hotel Alpenhof*, EU:C:2010:740, Rdn. 72. Zur Übernahme der Erklärung in EwG 24 der Rom I-VO vgl. unten Rdn. 4.69.

148 Die Protokollnotiz zu Art. 15 EuGVO war in Deutschland vor allem über den Abdruck in IPRax 2001, 259 ff., zugänglich. Die EwG der EuGVO (2012) enthalten, anders als EwG 24 Rom I-VO, keinen Hinweis auf die Erklärung, da der EuGH (oben Fn. 147) inzwischen anders entschieden hat.

die Vorstellungen bzw. Erwartungen der beteiligten Unionsorgane im Gesetzgebungsverfahren. Sie stehen anderen Gesetzesmaterialien gleich.[149]

4.36 Die praktische Bedeutung derartiger Erklärungen ist vor allem dann minimal, wenn die dort enthaltenen Aussagen mit dem Inhalt der Unionsrechtsakte nicht in Einklang zu bringen sind – dies gilt beispielsweise für die Erklärung des Rats 54/01 zur BeweisVO (VO 1206/2001/EG).[150] Danach sind Maßnahmen der *pretrial discovery* (einschließlich *fishing expeditions*) vom Anwendungsbereich der EuBewVO ausgenommen – allerdings sieht kein Prozessrecht eines EU-Mitgliedstaates derartige Maßnahmen vor.[151] Die Erklärung stützt jedoch eine Auslegung von Art. 4 und 17 EuBewVO dahin, dass die dort genannten Beweisersuchen das Beweisthema und die Beweismittel hinreichend genau bezeichnen müssen.[152]

4.37 Ähnliche Probleme bereitet auch die Einordnung sonstiger informaler Rechtsakte, etwa des (früheren) Allgemeinen Referenzrahmens (im Europäischen Vertragsrecht), in die Normenhierarchie des Unionsrechts.[153] Da diese Instrumente nicht als Sekundärrechtsakte verabschiedet wurden, kommt ihnen keine normative Verbindlichkeit zu – sie können (wenn überhaupt) lediglich als subsidiäre Auslegungshilfe bei der Interpretation des geltenden Unionsrechts herangezogen werden.[154] Das Europäische Prozessrecht kennt bisher kein derartiges Referenzinstrument[155] – vielmehr hält die EuGVO die wesentlichen Grundbegriffe und -konzepte des Europäischen Prozessrechts vor.[156]

5. „Gemeineuropäisches Prozessrecht" auf der Ebene der EU-Mitgliedstaaten?

4.38 Die autonomen, internationalen Zivilprozessrechte der Mitgliedstaaten werden bisweilen unter der Bezeichnung: „gemeineuropäisch" als Bestandteil des Europäischen Zivilprozessrechts bezeichnet.[157] In dogmatischer Hinsicht vermag dies jedoch nicht zu überzeugen. Denn geltungsmäßig handelt es sich um Prozessrecht der Mitgliedstaaten, kollisionsrechtlich gilt das *lex-fori*-Prinzip.[158] Allerdings werden die autonomen Prozessrechte vom Unionsrecht, insbesondere der Grundrechte-Charta, und von

149 *Herdegen*, ZHR 155 (1991), 52, 63; *Gruber*, Methoden, S. 173 f.
150 Ratsdokument 10571/01, S. 16 vom 4.7.2001, dazu Schlussanträge GAin *Kokott*, 18.7.2007, Rs. C-175/06, *Tedesco*, EU:C:2007:451, Rdn. 67 ff.
151 Es handelt sich vielmehr um Praktiken des US-amerikanischen Zivilverfahrens, vgl. unten § 8 II, Rdn. 8.52.
152 Zutreffend Schlussanträge GAin *Kokott*, 18.7.2007, Rs. C-175/06, *Tedesco*, EU:C:2007:451, Rdn. 70, unten § 8 IV, Rdn. 8.88 ff.
153 Vgl. dazu *Remien*, GPR 2008, 124 ff.
154 Vgl. die Verweisung auf die nichtstaatlichen Regelwerke nach Art. 3 iVm EwG 13 VO Rom I.
155 Die Kommission hält ein allgemeines „Glossar" vor, auf das die neueren Rechtsakte verweisen.
156 So auch Magnus/Mankowski/*Magnus*, Einl. Regulation Brussels I, Rdn. 12.; *Hess/Pfeiffer/Schlosser*, The Brussels I Regulation, Rdn. 64 ff.; oben § 3 IV, Rdn. 3.75 f.
157 Zur vergleichbaren Situation im Europäischen Privatrecht vgl. *Metzger*, Extra legem, S. 111 ff.
158 Dazu oben § 1 II, Rdn. 1.13.

der EMRK koordiniert.[159] Unionsrechtliche Maßstäbe für die Anwendung nationaler Verfahrensvorschriften bei der Anwendung von (materiellem) Unionsrecht enthalten die Grundsätze der Nichtdiskriminierung und der Effektivität.[160] Dabei handelt es sich um Mindestvorgaben, die jedoch bisher die Anwendung der nationalen Prozessrechte im Grundsatz unberührt lassen.[161]

Im Einzelnen bestehen deutliche Abstufungen: Eine „Verflechtung" von nationalem Prozessrecht und Unionsrecht findet vor allem dort statt, wo nationales Prozessrecht unmittelbar zur Durchführung des EU-Prozessrechts erlassen wird (so insbesondere das 11. Buch der ZPO, das AVAG, das IntFamVerfG und Art. 102 EGInsO). Die nationalen Implementierungsvorschriften sind dahin auszulegen, dass sie die praktische Wirksamkeit der Unionsrechtsakte gewährleisten.[162] 4.39

In ähnlicher Weise werden die Internationalen Zivilprozessrechte der Mitgliedstaaten von den Diskriminierungs- und Beschränkungsverboten der Grundfreiheiten überlagert. Dagegen wird das rein innerstaatliche Prozessrecht – bisher von wenigen Ausnahmen abgesehen – vom Unionsrecht nicht erfasst.[163] Der EuGH wendet zwar auf die nationalen Prozessrechte die Grundsätze der sog. Nichtdiskriminierung und Effektivität an, jedoch mit deutlich geringerer Intensität als in Bezug auf nationale Umsetzungsvorschriften im unmittelbaren Kontext der europäischen Prozessrechtsakte (insbesondere der Verordnungen).[164] Spürbare Auswirkungen, d. h. nachhaltige inhaltliche Korrekturen, haben diese Grundsätze bisher in den autonomen Prozessrechten nicht entfaltet. Vor diesem Hintergrund erscheint es wenig zielführend, von den gemeineuropäischen Prozessrechten als der „unteren Ebene" des europäischen Prozessrechts zu sprechen.[165] 4.40

---

159 Dabei richtet sich die Anwendung der Charta nach Art. 51 GRC, oben § 4, Rdn. 4.9.

160 Deutlich EuGH, 8.11.2005, Rs. C-443/03, *Leffler*, EU:C:2005:665, Rdn. 44 ff., vgl. unten § 11 I, Rdn. 11.9 ff.

161 Dazu bereits *Hess*, RabelsZ 66 (2002), 470, 474 ff., dazu unten § 11 I, Rdn. 11.5 ff.

162 Die Auslegung dieser, unmittelbar der Durchführung des EG-Sekundärrechts dienenden (autonomen) Vorschriften ähnelt methodisch der richtlinienkonformen Auslegung. Allerdings beruht die Übernahme der unionsrechtlichen Methoden nicht auf Art. 288 II AEUV, sondern auf dem Willen des nationalen Gesetzgebers und auf Art. 4 III EUV. Zur Herleitung der richtlinienkonformen Auslegung aus Art. 288 III AEUV vgl. *Canaris*, FS Bydlinski, S. 47, 49 ff.

163 Dies gilt insbesondere für Vorgaben des Europäischen Verbraucherschutzes, dazu *Heiderhoff*, ZEuP 2001, 276 ff., *Hess*, JZ 2005, 540, 548 f., unten § 12 III, Rdn. 12.19 ff.

164 Ausführlich unten § 11 I, Rdn. 11.7 ff.

165 Zur Konkurrenz zwischen den europäischen Justizstandorten und nationalen Prozessrechten vgl. unten § 14 III, Rdn. 14.30 ff.

6. Rangfragen des Europäischen Zivilprozessrechts

4.41 Der Stufenbau des Europäischen Zivilprozessrechts gibt die grundsätzliche Lösung für sog. „Rangfragen“ des Prozessrechts vor.[166] Diese Problematik betrifft im Kern zwei Problemstellungen. Zum einen das Verhältnis der Unionsrechtsakte untereinander, zum anderen das Verhältnis zu völkerrechtlichen Übereinkommen mit Drittstaaten.[167] Für beide Fallgruppen ist zunächst der Vorrang des positiven Rechts zu konstatieren: Soweit die Unionsrechtsakte selbst Konfliktregeln enthalten, kommt diesen Vorrang zu. Fast alle Rechtsakte enthalten derartige Bestimmungen – auch zum Verhältnis zu Staatsverträgen der Mitgliedstaaten mit Drittstaaten.[168] Jenseits der speziellen Regelungen gilt hingegen folgender Grundsatz. Da die Prozessrechtsakte optionale Instrumente enthalten, sind sie grundsätzlich nebeneinander anwendbar – der Gläubiger kann das im Einzelfall den größten Erfolg versprechende Instrument auswählen.[169] Allgemeine Kollisionsregeln wie etwa der *lex specialis*-[170] oder der *lex posterior*-Grundsatz sind daher nicht anwendbar. Auch das dem autonomen IZVR geläufige „Günstigkeitsprinzip“, wonach bei der Urteilsanerkennung diejenige (staatsvertragliche oder autonome) Vorschrift anzuwenden ist, die die Anerkennung am ehesten ermöglicht,[171] gilt im Verhältnis zum EU-Prozessrecht nicht.[172] Hier gilt der Vorrang des Unionsrechts mit der Folge, dass den Unionsrechtsakten im Rahmen ihres jeweiligen Anwendungsbereichs gegenüber dem Völkervertragsrecht und dem autonomen Prozessrecht der Vorrang zukommt[173] – es sei denn, der Unionsrechtsakt selbst ordnet ein abweichendes Rangverhältnis an.

---

166 Dazu auch *Leible/Freitag*, Forderungsbeitreibung, § 1, Rdn. 42 ff.

167 Zur Drittstaatenproblematik vgl. unten § 5 I, Rdn. 5.1 ff.

168 Vgl. Art. 67 ff. EuGVO; Art. 22 EuVTVO; Art. 59 ff. EheGVO.

169 Nach Art. 27 f. EuVTVO; Art. 27 EuMahnVO „berühren“ Vollstreckungstitel und Zahlungsbefehl nicht die EuGVO und die EheGVO. Zur Konkurrenz zwischen EuGVO und EuVTVO vgl. *Mankowski*, FS Kropholler, S. 829, 832 f.

170 Ausnahme: Nach Art. 68 VO 4/2009/EG hat die UnterhaltsVO Vorrang vor allen anderen, parallelen Unionsrechtsakten, vgl. dazu unten § 7 V, Rdn. 7.148 ff.

171 Zum Günstigkeitsprinzip in der Urteilsanerkennung BGH, 18.3.1987, NJW 1987, 3083.

172 Str., wie hier *Leible/Freitag*, Forderungsbeitreibung § 1, Rdn. 43 f.; *Kropholler/Blobel*, FS Sonnenberger, S. 475, 477; abweichend *Schack*, IZVR, Rdn. 809 (günstigeres, autonomes Anerkennungsrecht der Mitgliedstaaten bleibe anwendbar); Thomas/Putzo/*Hüßtege*, Vor Art. 36–57 EuGVVO, Rdn. 6.

173 Deutlich EuGH, EuGH, 4.5.2010, Rs. C-533/08, *TNT Express Nederland*, EU:C:2010:243, Rdn. 49; EuGH, 19.12.2013, Rs. C-452/12, *Nipponkoa*, EU:C:2013:858, Rdn. 36; EuGH, 4.9.2014, Rs. C-157/13, *Nickel*, EU:C:2014:2145, Rdn. 38 – die Anwendung besonderer Übereinkommen zwischen den EU-Mitgliedstaaten darf nicht die Grundsätze beeinträchtigen, auf denen die justizielle Zusammenarbeit beruht (zum CMR), dazu § 4 II, Rdn. 5.81.

II. Die Auslegung des Europäischen Zivilprozessrechts

Den Regelungsschwerpunkt des Europäischen Zivilprozessrechts bilden im Bereich des Sekundärrechts vor allem EU-Verordnungen.[174] Diese Ausgangslage wirkt sich unmittelbar auf seine Interpretation aus. Die Methodenfragen des Europäischen Prozessrechts[175] betreffen primär die Auslegung der Unionsrechtsakte selbst. Anders als im Europäischen Privatrecht dominiert dabei nicht die richtlinienkonforme Auslegung des harmonisierten nationalen Rechts.[176] Bei der Rechtsfindung im Europäischen Prozessrecht stehen zwei Fragestellungen im Vordergrund. Einerseits die autonome Auslegung, andererseits die zweck- bzw. prinzipienorientierte Auslegung der Unionsrechtsakte. Es handelt sich nicht um eigenständige Rechtsfindungsmethoden; beide ergänzen und modifizieren die überkommenen Methoden der Gesetzesauslegung. Zudem sind die spezifischen Auslegungserfordernisse des Verfahrensrechts zu beachten.[177] 4.42

Dennoch beschränken sich die Methodenfragen des Europäischen Prozessrechts nicht auf die Interpretation der Sekundärrechtsakte. Denn zum einen sind die Sekundärrechtsakte selbst in den Stufenbau der Europäischen Rechtsordnung integriert, die – wie soeben aufgezeigt[178] – auch auf der Prinzipienebene Vorgaben für das europäische Prozessrecht enthält.[179] Zum anderen strahlt das Unionsrecht auch auf die nationalen Verfahrensrechte aus. Dies wird besonders augenfällig bei der Anwendung der Diskriminierungsverbote auf fremdenrechtliche Regelungen der internationalen Prozessrechte der Mitgliedstaaten.[180] „Ausstrahlungen" gibt es aber auch zwischen den EU-Verordnungen und den nationalen Verfahrensrechten,[181] insbesondere wenn die Mitgliedstaaten Umsetzungsregelungen für die Unionsrechtsakte erlassen.[182] Damit gilt das Gebot der unionsrechtskonformen Auslegung der nationalen Prozessrechte. Das Gebot einer systemkonformen Auslegung gilt auch zwischen den 4.43

174 Vgl. oben § 4 I, Rdn. 4.16 ff.

175 Dazu *Hess*, IPRax 2006, 348 ff.; *Dickinson*, in: Dickinson/Lein (ed.), The Brussels I Regulation Recast, Rdn. 1.43 ff.

176 Mit der Rückverlagerung der Rechtsetzungsaktivitäten auf die Binnenmarktkompetenzen der Art. 114 f. AEUV hat sich die Situation (zu einem gewissen Grad) geändert, dazu unten § 11 II, Rdn. 11.28 ff.

177 Generell zur Auslegung des Prozessrechts vgl. Stein/Jonas/*Brehm*, Einl. ZPO, Rdn. 62 ff.; Rosenberg/Schwab/*Gottwald*, Zivilprozessrecht, § 7, Rdn. 8 ff.

178 Vgl. oben § 4 I, Rdn. 4.2 ff.

179 *Pontier/Burg*, EU-Principles, S. 5 ff ; *Heinze*, EuR 2008, 654 ff.

180 Oben § 4 I, Rdn. 4.5.

181 So verbietet beispielsweise das Rechtshängigkeitssystem der Art. 21 f. EuGVÜ/29–32 EuGVO den Erlass von *anti-suit injunctions* zwischen Gerichten im Europäischen Justizraum, EuGH, 27.4.2004, Rs. C-159/02, *Turner*, EU:C:2004:228, Rdn. 24.

182 Dazu bereits oben § 4 I, Rdn. 4.18 ff.

Regelungen des Unionsrechts der verschiedenen Normierungsebenen, soweit diese inhaltliche Schnittstellen aufweisen.[183]

1. Autonome Auslegung

4.44 Die Methoden der Rechtsfindung im Europäischen Zivilprozessrecht wurden zunächst durch die Judikatur des EuGH zum EuGVÜ geprägt.[184] Der Gerichtshof behandelte das Brüsseler Übereinkommen, trotz dessen völkerrechtlichen Geltungsgrundes, von Beginn an als Teil des Gemeinschaftsrechts.[185] Er interpretierte es nicht nach Maßgabe der Art. 31 ff. Wiener Vertragsrechtskonvention,[186] sondern nach den allgemeinen Auslegungsgrundsätzen des Unionsrechts.[187] Diese methodische Gleichsetzung implizierte vor allem die autonome Interpretation des EuGVÜ.[188]

4.45 Die autonome Auslegung dient den Effektivitätserfordernissen des Unionsrechts. Sie grenzt zunächst die Unionsrechtsakte gegen die Rechtsordnungen der Mitgliedstaaten ab.[189] Der Gerichtshof interpretiert die Unionsverträge und das Sekundärrecht generell nicht unter Rückgriff und nach Maßgabe der nationalen Rechtsordnungen, sondern einheitlich aus der jeweiligen inneren Systematik und nach den jeweiligen Zwecksetzungen.[190] Die autonome Auslegung gewährleistet die einheitliche Anwen-

---

183 Der Begriff der unionsrechtskonformen Auslegung umfasst die Auslegung des nationalen Rechts nach Maßgabe des europäischen Primär- und des Sekundärrechts, EuGH, 5.10.2004, verb. Rs. C-397/01 bis Rs. C-403/01, *Pfeiffer*, EU:C:2004:584, Rdn. 113 f.; EuGH, 16.6.2005, Rs. C-105/03, *Maria Pupino*, EU:C:2005:386; vgl. *Roth*, EWS 2005, 385, 386 f. (auch zu abweichenden Begriffsbildungen der deutschen Methodenlehre); *Canaris*, FS Schmidt, S. 41 ff.

184 Inzwischen (Stand 31.10.2020) hat der EuGH mehr als 400 Urteile zum (grenzüberschreitenden) europäischen Prozessrecht erlassen.

185 Der unmittelbare Bezug zum Gemeinschaftsrecht ergab sich aus Art. 220 EWGV (1958) / 293 EG, deutlich bereits EuGH, 6.10.1976, Rs. C-12/76, *Tessili*, EU:C:1976:133, Rdn. 9; vgl. auch oben § 1, Rdn. 1.2 ff.

186 Wiener Übereinkommen vom 23.5.1969 über das Recht der Verträge, BGBl. 1985 II 927, in Kraft seit dem 20.8.1987, BGBl. II 757.

187 EuGH, 6.10.1976, Rs. C-12/76, *Tessili*, EU:C:1976:133, Rdn. 9; EuGH, 14.7.1977, verb. Rs. C-9/77 und C-10/77, *Eurocontrol*, EU:C:1977:132; EuGH, 12.5.2005, Rs. C-112/03, *Société financière et industrielle du Peloux*, EU:C:2005:280, Rdn. 28.

188 *Lenaerts/Stapper*, RabelZ 78 (2014), 252, 254. Der Unionsgesetzgeber hat die autonome Interpretation bisweilen über die teilweise vorsichtige Judikatur des EuGH erstreckt, so insbesondere bei der Schaffung des autonomen Erfüllungsorts in Art. 5 Nr. 1 lit. b) EuGVO (2001), dazu unten § 6 II, Rdn. 6.54 ff.

189 Aus diesem Grund dominiert die autonome Auslegung insbesondere die Auslegung von Rechtsbegriffen, die die Unionsrechtsakte gegenüber den Prozessrechten der Mitgliedsstaaten abgrenzen, etwa bei der autonomen Auslegung des Begriffs der „Zivil- und Handelssache" (Art. 1 I EuGVÜ).

190 Zur Prinzipiengeleiteten Interpretation des EuGVÜ *Pfeiffer*, JbJZRWiss. 1991, 71, 73 ff.; *Pontier/Burg*, EU-Principles, S. 5 ff.; *Dickinson*, in: ders./Lein (ed.), The Brussels I Regulation Recast, Rdn. 1.45 und 1.49; kritisch *Schmidt*, Rechtssicherheit, S. 260 f.

dung des Unionsrechts in allen Mitgliedstaaten; sie wahrt die Rechtsanwendungsgleichheit im Europäischen Justizraum[191] und soll *forum shopping* an (vermeintlich) auslegungsfreundliche Justizplätze verhindern. Allerdings setzt die autonome Auslegung eine hinreichende Begriffs- und Systembildung des jeweiligen Unionsrechtsakts voraus.[192] Dies erfordert eine gewisse Stabilisierung der Rechtsprechung. Daher bezeichnete der EuGH in der Anfangsphase die Auslegung des EuGVÜ nach den (jeweils anwendbaren) nationalen Sachrechten und die autonome Auslegung als gleichrangig.[193] Gegen eine vom anwendbaren Sachrecht losgelöste, autonome Auslegung lässt sich zudem die spezifische Funktion des Prozessrechts anführen, das (anwendbare) materielle Privatrecht optimal zu verwirklichen.[194] Dies gilt freilich nur dann, wenn die berufenen Kollisions- und Sachrechte nicht gleichfalls europäisiert wurden.[195] Dies ist jedoch im Kollisionsrecht inzwischen weitgehend geschehen.[196] Bereits in den 1990er Jahren kehrte sich das Verhältnis zwischen autonomer und nationaler Auslegung um. Die autonome Auslegung ist heute die Regel.[197]

Eine autonome Auslegung ist nur dann ausgeschlossen, wenn das Europäische Prozessrecht ausdrücklich auf das nationale Recht (zurück-) verweist, wie etwa beim Begriff des Wohnsitzes nach Art. 62 EuGVO.[198] Zudem kann sich die Auslegung nach nationalem Begriffsverständnis auch aus der Einschätzung des EuGH ergeben, dass die Divergenz der nationalen Prozessrechte eine einheitliche Lösung auf der Ebene des Unionsrechts nicht zulässt.[199] Angesichts der zwischenzeitlich erreichten Integration ist der Rückgriff auf die nationalen Prozessrechte jedoch heute nur ausnahmsweise zulässig und bedarf besonderer Begründung.[200] 4.46

191 Zur Bedeutung des Gleichheitssatzes bei der Anwendung von Einheitsrecht, vgl. *Gruber*, Methoden, S. 42 ff., 51 ff. mwN.

192 Zur Prinzipienbildung im Europäischen Prozessrecht vgl. unten Rdn. 4.81 ff.

193 So ausdrücklich EuGH, 6.10.1976, Rs. C-12/76, *Tessili*, EU:C:1976:133, Rdn. 13 ff., dazu (auch zur Rezeption in der Literatur) *Schmitz*, Kontinuität, S. 47 ff.

194 Rosenberg/Schwab/*Gottwald*, Zivilprozessrecht, § 7 Rdn. 107; diesen Gesichtspunkt betont Schlosser/Hess/*Schlosser*, Einl. EuZPR, Rdn. 39. Im IPR ist hingegen die „Qualifikation gegen die Sachnorm" ein geläufiges Phänomen, vgl. MünchKommBGB/*v. Hein*, Einl. IPR, Rdn. 280 mwN.

195 Folglich begünstigt die autonome Auslegung die nach Art 81 AEUV vorgesehene Vereinheitlichung der Kollisionsrechte der Mitgliedstaaten.

196 Vgl. unten § 5 III, Rdn. 5.90 ff.

197 EuGH, 13.7.1993, Rs. C-125/92, *Mulox*, EU:C:1993:306, Rdn. 10; EuGH, 28.9.1999, Rs. C-440/97, *GIE Groupe Concorde u.a.*, EU:C:1999:456, Rdn. 11; explizit: EuGH, 8.11.2005, Rs. C-443/03, *Leffler*, EU:C:2005:665, Rdn. 45, unter Berufung auf die zwischenzeitliche Europäisierung des EuZPR im Vertrag von Amsterdam.

198 Dazu § 6 II, Rdn. 6.44 ff. Weiteres Beispiel: Art. 3 I lit. c) EuVTVO: Danach bestimmt sich das „Nichtbestreiten" einer Forderung nach dem Recht des jeweiligen Mitgliedstaates, in dem der Titel ausgefertigt wird.

199 Beispiel: Die Bestimmung des Erfüllungsorts nach Art. 5 Nr. 1 EuGVÜ, unten § 6 II, Rdn. 6.54 ff.

200 So ausdrücklich EuGH, 8.11.2005, Rs. C-443/03, *Leffler*, EU:C:2005:665, Rdn. 45 f.; zur abschließenden Regelung der EuGVO EuGH, 7.2.2006, Avis 1/03, *Parallelübereinkommen Lugano*, EU:C:2006:81, Rdn. 134 ff.

4.47 Die autonome Auslegung ist kein originär unionsrechtliches Konzept.[201] Sie prägt vielmehr generell die Interpretation von internationalem Einheitsrecht.[202] Denn nur eine autonome Auslegung verhindert die Renationalisierung von internationalem Einheitsrecht; sie schafft grenzüberschreitend Rechtsanwendungsgleichheit und setzt die Einheit stiftende Funktion des internationalen Rechtsakts konsequent um.[203] Letztlich wird die autonome Auslegung des europäischen Zivilprozessrechts durch zwei übergreifende Gesichtspunkte legitimiert: dessen Rechtsnatur als Einheitsrecht und als Unionsrecht. Inzwischen stößt die vom EuGH praktizierte autonome Auslegung in der Literatur auf grundsätzliche Zustimmung – auch wenn einzelne Urteile bzw. konkrete Begründungen des Gerichtshofs (bisweilen zu Recht) kritisiert werden.[204]

4.48 Bei der autonomen Auslegung ist zu beachten, dass der EuGH einzelfallbezogen entscheidet. Der Gerichtshof vermeidet grundsätzlich, generell „europäische Gesamtkonzeptionen“ oder gar „Rechtsinstitute“ zu entwickeln, etwa den europäischen Begriff des „Vertrages“ (bei Art. 5 Nr. 1 EuGVÜ/7 Nr. 1 EuGVO)[205] oder des „Streitgegenstands“ (bei Art. 21 EuGVÜ/28 EuGVO).[206] Denn der EuGH entscheidet zuvörderst den Einzelfall, der ihm unterbreitet wurde. Vielmehr formt erst die wiederholte Rechtsprechung bestimmte Institute aus, die der EuGH jedoch auf die konkreten Normen des jeweiligen Prozessrechtsakts bezieht.[207] Dies erschwert die Verallgemeinerung einzelner Urteile, die auch in der Kommentierung nicht überzeichnet werden sollten.[208] Wichtige Hinweise zur Entwicklung der Rechtsprechung enthalten die Schlussanträge der Generalanwälte.[209]

4.49 Im Zusammenhang mit der autonomen Auslegung stellt sich die Frage nach der Bedeutung der Rechtsvergleichung. Hier sind widersprüchliche Befunde zu konsta-

201 Dazu *Rösler*, Autonomous Interpretation, in: Basedow et al (ed.), EPIL (2017), S. 1006 f.

202 Vgl. Art. 7 CISG. Heute besteht eine grundsätzliche Bereitschaft nationaler Zivilgerichte, das CISG auch unter Berücksichtigung der Judikatur ausländischer Gerichte anzuwenden, praktische Hilfestellung leisten online zugängliche Datenbanken, vgl. MünchKommBGB/*Martiny*, Art. 7 CISG, Rdn. 85.

203 *Martiny*, RabelsZ 45 (1981), 427, 428 ff. Die (divergierende) Auslegung von Art. 5 Nr. 1 EuGVÜ war ein maßgeblicher Grund für den Abschluss des Römischen Übereinkommens über das auf vertragliche Schuldverhältnisse anwendbare Recht (1980).

204 *Kropholler/v. Hein*, Einl. EuGVO, Rdn. 41; *Marmisse*, La libre circulation (2000), S. 77 ff.; *Dickinson*, Rome II Regulation, Rdn. 3.05 ff.; kritisch jedoch *Schlosser*, in: Schlosser/Hess, Einl. EuZPR, Rdn. 29; *H. Roth*, ZZP 113 (2000), 123 f.

205 Dazu unten § 6 II, Rdn. 6.54 ff. Allerdings bewirkt die sich verdichtende Rechtsprechung mittelfristig die Herausarbeitung übergreifender Begriffe.

206 Zutreffende Einschätzung von *Leipold*, Diskussionsbeitrag, berichtet in ZZP 111 (1998), 455.

207 Deutlich EuGH, 14.5.2009, Rs C-180/06, *Ilsinger*, EU:C:2009:303, Rdn. 52 ff. (zum Begriff des „Vertrages“ iSv Art. 15 I EuGVO). Dazu vertiefend *Hess*, Seminal Judgments, in: ders./Lenaerts (ed.), The 50th Anniversary of the European Law of Civil Procedure (2020), S. 11, 17 ff.

208 Daher wäre auch bei der Zusammenstellung eines allgemeinen „*acquis*“ des Europäischen Prozessrechts (jenseits konkreter Rechtsakte) Vorsicht geboten.

209 Beispiel: Schlussanträge GA *Campos Sánchez Bordona*, 2.4.2020, Rs. C-343/19, *VKI ./. Volkswagen*, EU:C:2020:253, Rdn. 18 ff. zur Auslegung des Art. 7 Nr. 2 EuGVO bei reinen Vermögensschäden.

tieren: Zum einen betonten die ersten Urteile des EuGH zur eigenständigen (sprich autonomen) Auslegung des EuGVÜ, diese beziehe sich auf „die Zielsetzung und Systematik des Übereinkommens sowie auf die allgemeinen Rechtsgrundsätze, die sich aus der Gesamtheit der innerstaatlichen Rechtsordnungen ergeben".[210] Auch beteuern die Richter des EuGH kontinuierlich, dass die Rechtsfindung des EuGH von der Rechtsvergleichung geprägt wird[211] – sie ist angesichts der Herkunft der Richter aus den unterschiedlichen Mitgliedstaaten und Rechtskulturen quasi mit Händen zu greifen (für die Generalanwälte gilt nichts anderes).[212] Eine Durchsicht der neueren Rechtsprechung des EuGH ergibt freilich ein ernüchterndes Ergebnis: konkrete Rechtsvergleichung enthalten die Urteile selten. Rechtsvergleichende Hinweise enthalten allerdings die Schlussanträge der Generalanwälte;[213] zudem geben die Parteien des Ausgangsverfahrens (und die Interventionen der Mitgliedstaaten) häufig Hinweise auf die Rechtslage im (jeweiligen) „Heimatland".[214] Allerdings ist auch hier eine gewisse Entwicklung der Rechtsfindungsmethoden zu konstatieren. Während die ersten Urteile zum EuGVÜ durchaus ausführliche Hinweise zur Rechtslage in den Mitgliedstaaten enthielten,[215] dominieren in den heutigen Urteilen die Bezugnahmen auf die frühere Rechtsprechung des EuGH zum EuGVÜ und zur EuGVO sowie systematische und teleologische Erwägungen. Mit der Ausformung einer eigenständigen Praxis tritt die rechtsvergleichende Umschau in den Hintergrund.[216] In der neueren

---

210 EuGH, 14.10.1976, Rs. C-29/76, *LTU./.Eurocontrol,* EU:C:1976:137 (Leitsatz), dazu *Metzger*, Extra legem, S. 416 ff.

211 Der rechtstatsächliche Hintergrund dieser Feststellung ist unbestreitbar – die Prägung der Judikatur des Gerichtshofs hingegen eine ganz andere Frage. Dazu *Hess*, Seminal Judgments, in: ders./ Lenaerts (ed.), The 50th Anniversary of the European Law of Civil Procedure (2020), S. 11, 40 ff.

212 So beispielsweise *Colernic*, ZEuP 13 (2005), 225, 228 f.; zuvor *Pescatore*, Le recours dans la jurisprudence de la Cour de justice des Communautés européenes à des normes déduites de la comparaison des Etats membres, CMLR 1969, 177.

213 Beispiele: Schlussanträge GA *Darmon* in EuGH, 2.12.1992, Rs. C-172/91, *Sonntag,* EU:C:1993:487 (zur unterschiedlichen Qualifikation der Amtshaftung in den Vertragsstaaten des EuGVÜ); Schlussanträge GAin *Kokott*, 18.7.2007, Rs. C-175/06, *Tedesco,* EU:C:2007:451, Rdn. 20, 24 (zur autonomen Interpretation der Beweisaufnahme in Art. 1 EuBewVO); Schlussanträge GA *Jääskinen* in EuGH, 19.4.2012, Rs. C-133/11, *Folien Fischer,* EU:C:2012:226; Schlussanträge *Szpunar* in EuGH, 3.5.2017, Rs. C-231/16, *Merck,* EU:C:2017:330. In der neueren Rechtspraxis haben die rechtsvergleichenden Hinweise bedauerlicherweise abgenommen.

214 Letztere konzentrieren sich freilich in der Regel auf die Darstellung des jeweils eigenen Rechtssystems. Daher ergibt erst eine Gesamtschau der „nationalen" Argumente einen (brauchbaren) Rechtsvergleich.

215 Vgl. etwa die Schlussanträge *Capotorti* in EuGH, 30.11.1976, Rs. C-21/76, *Bier./.Mines de Potasse d'Alsace,* EU:C:1976:147 (zum Deliktsgerichtsstand in den Mitgliedstaaten) – der EuGH entschied sich für eine vertragsautonome Qualifikation von Art. 5 Nr. 3 EuGVÜ und verwies (pauschal) auf den „Vergleich der Lösungen der nationalen Gesetzgebung und Rechtsprechung" (Rdn. 20/23).

216 Aus eigener Erfahrung kann der Verf. berichten, dass die Argumentation vor dem EuGH deutlich

Rechtspraxis haben die Bezugnahmen der Generalanwälte auf die Rechtslage in den Mitgliedstaaten und auf die Rechtsliteratur abgenommen.[217] Diese Entwicklung vergrößert jedoch den „Abstand" zwischen den Mitgliedstaaten und dem EuGH – sie sollte daher umgekehrt werden.[218]

4.50 Eine wesentliche Funktion erfüllt der wissenschaftliche Dienst beim Gerichtshof: Dessen sog. „notes de recherche" enthalten nicht nur Hinweise auf die einschlägige Rechtsprechung des EuGH, sondern auch rechtsvergleichende Hinweise zur Rechtspraxis in den EU-Mitgliedstaaten. Bisweilen erbitten Generalanwälte oder der/die berichterstattende Richter/in weitergehende „notes de recherche".[219] Eine (ggf. begrenzte) Publikation der „notes de recherche" wird derzeit diskutiert. Es wäre wünschenswert, wenn dieses Dokument allgemein zugänglich wäre.

4.51 Die zwischenzeitliche Entwicklung der Rechtspraxis des EuGH erscheint nicht unbedenklich. Zwar sollte die Rechtsvergleichung primär im jeweiligen Rechtsetzungsverfahren eingesetzt werden, um eine „optimale Lösung" anhand der unterschiedlichen nationalen Regelungsmodelle herauszufinden.[220] Auch erscheint der Vergleich der inzwischen 28 nationalen Verfahrensrechte der Mitgliedstaaten eine durchaus schwierige Aufgabe. Die fehlende Rückkoppelung der Judikatur des Gerichtshofs an nationale Regelungskonzepte birgt auch Gefahren. Die autonome Rechtsfindung des Gerichtshofs stellt die Gerichte der Mitgliedstaaten bisweilen vor erhebliche Herausforderungen: Findet nämlich die autonome Begrifflichkeit keine Entsprechung in den Rechtsordnungen der Mitgliedstaaten, so müssen die nationalen Richter das Ergebnis des EuGH in die innere Systematik ihrer Rechtsordnung einpassen.[221] Im Ergebnis kann hieraus eine divergierende Rechtspraxis in den Mitgliedstaaten resultieren – vor dem Hintergrund einer zu abstrakten Begriffsbildung durch den Gerichtshof.[222] Im Extremfall kann eine zu „progressive" Auslegung des EuGH die offene Verweigerung der Gerichte der Mitgliedstaaten auslösen.[223]

---

von der Anwendungspraxis nationaler Gerichte zum europäischen Prozessrecht und weniger von der Bezugnahme auf nationale Regelungskonzepte geprägt wird.

217 Diese Tendenz verstärkt die neuere Praxis des Gerichtshofs, auf Schlussanträge ganz (oder teilweise) zu verzichten, unten § 13 III, Rdn. 13.49.

218 *Hess*, in: ders./Lenaerts (ed.), The 50th Anniversary of the European Law of Civil Procedure (2020), S. 11, 40 ff.

219 Andere Einschätzung *Rühl*, in: Zimmermann (Hrg.), Zukunft der Rechtsvergleichung (2016), S. 103, 126 ff.

220 Pointiert bereits *Pfeiffer*, JbJZRWiss 1991, 71, 83 ff.

221 Instruktiv *Bomhoff*, Judicial Discretion, S. 37 ff. (zu Art. 7 Nr. 1 EuGVO); zu Art. 17 EuGVÜ/25 EuGVO vgl. *Newton*, The Uniform Interpretation of the Brussels Convention (2002), S. 163 ff. Die Notwendigkeit einer einheitlichen Auslegung des Europäischen Prozessrechts (unter Hintanstellung nationaler Traditionen) betonen *Lenaerts/Stapper*, RabelZ 78 (2014), 252, 254 f.

222 Dazu *Audit*, Clunet 2004, 789, 804 ff. der jedoch die Schwierigkeiten überzeichnet; wie hier *Newton*, The Uniform Interpretation of the Brussels Convention (2002), S. 47 ff.

223 Beispiel: BGH, 16.9.1993, BGHZ, 123, 268 – Nichtanerkennung der Entscheidung *Sonntag* (EuGH, 21.4.1993, Rs. C-172/91, EU:C:1993:144) nach Art. 27 Nr. 1 EuGVÜ trotz bejahender Vorabentscheidung des EuGH im Hinblick auf die Anerkennungsfähigkeit.

Dieses Phänomen ist im Unionsrecht nicht unbekannt. Es tritt insbesondere bei der richtlinienkonformen Auslegung auf.[224] Im Prozessrecht ist das Problem weniger häufig präsent. Denn die Prozessrechtsakte können als in sich geschlossene Normensysteme („*self-contained* regimes") in weiten Teilen aus ihrer inneren Systematik heraus interpretiert werden. So wird beispielsweise die Implementierung der Gerichtsstände des Art. 7 EuGVO in den nationalen Rechtsordnungen dadurch erleichtert, dass die EuGVO hier sowohl die internationale als auch die örtliche Zuständigkeit regelt.[225] Auch erscheint es durchaus hinnehmbar, eine Klage aus *culpa in contrahendo* im deliktischen Gerichtsstand des Art. 7 Nr. 2 EuGVO zu verhandeln,[226] selbst wenn das nationale Sachrecht eine vertragsrechtliche Zuordnung nahe legt.[227] Für die Sachentscheidung ist es letztlich irrelevant, ob im Vertrags- oder Deliktsgerichtsstand prozessiert wird[228] – der Unionsgesetzgeber hat für die *culpa in contrahendo* inzwischen ein autonomes Konzept entwickelt, vgl. Art. 12 VO Rom II.[229] 4.52

Dennoch bleibt das Risiko bestehen, dass nationale Auslegungstraditionen bzw. Vorverständnisse „hinter" der autonomen Auslegung fortleben. So hat beispielsweise die deutsche Literatur (und Rechtsprechung) die *Kalfelis*-Entscheidung des EuGH[230] dahin (miss-)verstanden, dass im Fall der Anspruchskonkurrenz vertragliche Ansprüche unter Art. 7 Nr. 1, deliktische hingegen unter Art. 7 Nr. 2 EuGVO fallen.[231] Das Verständnis in Frankreich war (vor dem Hintergrund des sog. non-cumul) anders.[232] Der EuGH hat in *Brogsitter*[233] und *Granarolo*[234] klargestellt, dass konkurrierende, deliktische Ansprüche im Vertragsgerichtsstand einzuschlagen sind (Konzentrationswirkung). Auf die dem deutschen Zivilrecht geläufige Abgrenzung zwischen 4.53

224 Ein prägnantes Beispiel war die Umsetzung der *Heininger*-Entscheidung des EuGH, 13.12.2001, Rs. C-481/99, *Heininger*, EU:C:2001:684; dazu *Franzen*, JZ 2003, 321; *Herdegen*, WM 2005, 1921.

225 Dazu etwa Thomas/Putzo/*Hüßtege*, Art. 7 EuGVVO, Rdn. 1 mwN.

226 EuGH, 17.9.2002, Rs. C-334/00, *Tacconi*, EU:C:2002:499, Rdn. 19 ff.

227 Dies verdeutlicht das französische Produkthaftungsrecht: Dort wird trotz vertraglicher Qualifikation der Haftung des Herstellers die Zuständigkeit nach Art. 5 Nr. 3 EuGVÜ/EuGVO bestimmt, vgl. EuGH, 17.6.1992, Rs. C-26/91, *Handte./.TMCS*, EU:C:1992:268, Rdn. 14 ff., dazu *Peifer*, JZ 1995, 91 ff.; *Gaudemet-Tallon*, Compétence et Exécution, Rdn. 177 ff.; *Newton*, Uniform Interpretation, S. 47 ff.

228 Eine „Qualifikation gegen Sachnorm" ist ein dem IPR nicht unvertrautes Phänomen, so zutreffend die Schlussanträge, GA *Jacobs*, 8.4.1992, Rs. C-26/91, *Handte./.TMCS*, EU:C:1992:176, Rdn. 23.

229 EwG 30 zur VO Rom II, dazu *Dickinson*, The Regulation Rome II, Rdn. 3.10 und Rdn. 12.03 ff.

230 EuGH, 27.9.1988, Rs. C-189/87, *Kalfelis*, EU:C:1988:459, Rdn. 19 f.

231 Dazu etwa Stein/Jonas/*Wagner*, Art. 5 EuGVVO (aF), Rdn. 17 und 124–128; MünchKomm/*Gottwald*, Art. 7 EuGVO, Rdn. 14.

232 *Gaudemet-Tallon/Ancel*, Compétence et exécution, Rdn. 186 ff. – auch zu zwischenzeitlichen Entwicklungen des französichen Vertragsrechts.

233 EuGH, 13.3.2014, Rs. C-548/12, *Brogsitter*, EU:C:2014:148, Rdn. 18, 23–25, dazu *Pfeiffer*, IPRax 2016, 111, 113.

234 EuGH, 14.7.2016, Rs. C-196/15, *Granarolo*, EU:C:2016:559, Rdn. 19 f.

Leistungs- und Integritätsinteresse kommt es mithin nicht an.[235] Bis heute hat jedoch die deutsche Literatur Schwierigkeiten, das autonome Konzept zu akzeptieren.[236]

2. Insbesondere: Die Auslegung des sekundären Unionsprozessrechts

4.54 Auf der Basis der autonomen Auslegung interpretiert der EuGH die Unionsrechtsakte nach den „klassischen" Auslegungskanones,[237] d. h. nach dem Wortlaut, der Entstehungsgeschichte, der Systematik und dem Zweck der Rechtsnormen.[238]

a) Grammatikalische Interpretation

4.55 Die grammatikalische Interpretation stößt auf praktische Schwierigkeiten. Denn sie muss die unterschiedlichen (inzwischen 20), gleichermaßen verbindlichen Textfassungen beachten. Angesichts dieser babylonischen Sprachenvielfalt lassen sich Auslegungszweifel kaum mit Hilfe eines Textvergleiches feststellen, geschweige denn beheben.[239] In der Judikatur des EuGH zum Europäischen Prozessrecht[240] finden sich demgemäß für die Behebung von Auslegungsfragen durch einen Textvergleich nur wenige Beispiele.[241] Insbesondere führt die Verwendung eines juristischen Begriffs (bzw. eines Konzepts), der vom Recht eines bestimmten Mitgliedstaats entlehnt wurde, nicht dazu, dass der EuGH die entsprechende Praxis in diesem Mitgliedstaat besonders berücksichtigt.[242] Hier setzt das Gebot der autonomen Auslegung

---

235 Dagegen *Hofmann*, ZZP 128, 465, 475 ff. und MünchKomm/*Gottwald*, Art. 7 EuGVVO, Rdn. 14 f.

236 Dazu Magnus/*Mankowski*, Art. 7 Brussels I[bis] Regulation, Rdn. 34 f.

237 Zu diesen etwa *Gruber*, Methoden, S. 114 ff.; Höpfner, Systemkonforme Auslegung, S. 141 ff.; *Langenbucher*, in: dies. (Hrg.), Europäisches Privat- und Wirtschaftsrecht, S. 28 ff.

238 Dies entspricht der allgemeinen Auslegungspraxis des EuGH, *Anweiler*, Auslegungsmethoden, S. 25 ff.

239 Positiver *Kropholler/v. Hein*, Einl. EuGVO, Rdn. 71; wie hier *Dickinson*, The Regulation Rome II, Rdn. 3.01 ff.; Beispiel: EuGH, 21.1.2016, Rs. C-521/14, *SOVAG*, EU:C:2016:41, Rdn. 32–35 (zu Art. 8 Nr. 2 EuGVO): Der EuGH entschied das Problem unterschiedlicher Bedeutungen in den verschiedenen Sprachfassungen mittels systematischer und teleologischer Auslegung.

240 Beispiele aus der allgemeinen Rechtsprechungspraxis des EuGH gibt *Riesenhuber*, in: ders. (Hrg.), Europäische Methodenlehre, § 10, Rdn. 14 ff.; speziell zum europäischen Prozessrecht *Dickinson*, in: ders./Lein, The Brussels I Regulation Recast (2015), Rdn. 1.59 ff.

241 Im Urteil EuGH, 6.10.1976, Rs. C-14/76, *De Bloos*, EU:C:1976:134, hatte der EuGH die Maßgeblichkeit der streitgegenständlichen Verpflichtung für die Bestimmung des Erfüllungsortes mit zwei (der damals vier) Sprachfassungen des Art. 5 Nr. 1 EuGVÜ begründet, vgl. die berechtigte Kritik von *Duintjer Tebbens*, FS Sauveplanne, S. 65, 68 ff.; 71 ff. Die Probleme aus den unterschiedlichen Textfassungen von Art. 1 I lit. b) VO 1348/00/EG (Sorgeverfahren „anlässlich" einer Ehesache) veranschaulicht OLG Karlsruhe, FamRZ 2005, 287; dazu *Tödter*, FamRZ 2005, 1687, 1688 f.

242 Zum Unterschied zwischen dem juristischen und dem nicht juristischen Sprachgebrauch vgl. *Gruber*, Methoden, S. 125 ff.

dem Rückgriff auf das (Prozess)Recht des „Ursprungs"-Mitgliedstaates Grenzen. Das Rechtsverständnis des „Mutterrechts" dient lediglich als Auslegungshilfe.[243]

Ein Beispiel ist die Rechtsprechung des Gerichtshofs zu Art. 6 Nr. 1 EuGVÜ/8 Nr. 1 EuGVO. In Anlehnung an das französische Prozessrecht eröffnet die Vorschrift einen Gerichtsstand der Streitgenossenschaft. Die ursprüngliche Fassung setzte nicht voraus, dass zwischen den gemeinsam verhandelten Klagen ein Sachzusammenhang besteht. Das französische Prozessrecht gibt einen großzügigen Maßstab vor (un lien sérieux entre les demandes).[244] 4.56

Der BGH legte im Fall *Kalfelis* dem EuGH die Auslegung des Art. 6 Nr. 1 EuGVÜ vor. Es ging um die Frage, ob eine luxemburgische Tochtergesellschaft am Sitz der Frankfurter Muttergesellschaft wegen fehlgeschlagener Finanzgeschäfte mitverklagt werden konnte. Der BGH formulierte die Vorlage nach der Systematik des deutschen Prozessrechts und fragte, ob Art. 6 Nr. 1 EuGVÜ eng in dem Sinn auszulegen sei, dass nur notwendige Streitgenossen oder auch einfache Streitgenossen gemeinsam verklagt werden konnten.[245] Der EuGH folgte – verständlicherweise – weder dem französischen noch dem deutschen Auslegungskonzept und entwickelte ein autonomes Begriffsverständnis unter Heranziehung von Art. 2 und 22 III EuGVÜ/heute 29 III EuGVO.[246] Dabei betonte er plakativ die Notwendigkeit der autonomen Auslegung, um eine einheitliche Anwendung des Übereinkommens zu sichern. Die Heranziehung von Art. 22 III EuGVÜ begründete der EuGH zudem mit dem Zweck des Übereinkommens, unvereinbare Urteile zu vermeiden.[247] Das Ergebnis war ein autonomes Konzept des Gerichtsstands der Streitgenossenschaft, das auf systematischen und teleologischen Erwägungen beruht.[248] Allerdings formulierte der EuGH das einschränkende, autonome Tatbestandsmerkmal (Konnexität) sehr allgemein. Dies hatte zur Folge, dass die Judikatur in den Mitgliedstaaten bis heute sehr stark divergiert.[249] Das Beispiel zeigt, dass die Wortlautinterpretation durch die autonome Auslegung nicht ausgeschlossen wird – die autonome Auslegung kann jedoch den Bedeutungsgehalt der verwendeten Begriffe nachhaltig modifizieren.[250]

---

243 Treffend *Otte*, Umfassende Streitentscheidung durch Beachtung von Sachzusammenhängen (1998), S. 384 ff.

244 Vgl. Art. 42 Abs. 2 C.P.C., dazu *Bomhoff*, Judicial Discretion, S. 37 ff.

245 BGH, 27.4.1987, IPRspr. 1987, Nr. 127, Vorlagefrage 1 b).

246 EuGH, 27.9.1988, Rs. C-189/87, *Kalfelis*, EU:C:1988:459, Rdn. 10 ff.

247 EuGH, 27.9.1988, Rs. C-189/87, *Kalfelis*, EU:C:1988:459, Rdn. 11. Damit kam zugleich das überragende Regelungsprinzip des europäischen Prozessrechts, nämlich die Gewährleistung der Urteilsfreizügigkeit, zur Anwendung.

248 Deutliche Kritik bei *Schlosser*, RIW 1988, 987, 988 („Leerformeln").

249 Zu den Schwierigkeiten nationaler Gerichte, das Konzept umzusetzen vgl. anschaulich *Bomhoff*, Judicial Discretion, S. 41 ff. *Bomhoff* zeigt auf, dass die Gerichtspraxis in Frankreich – trotz der Judikatur des EuGH – Art. 6 Abs. 1 EuGVÜ/8 Nr. 1 EuGVO weiter sehr weit interpretierte, aaO, S. 44 f., zur neueren Praxis des Gerichtshofs vgl. unten § 6 II, Rdn. 6.90 ff.

250 Das Beispiel verdeutlicht zudem, dass das autonome Konzept des Art. 6 Abs. 1 EuGVÜ/8 Nr. 1 EuGVO noch keinen definitiven Abschluss gefunden hat. Der Unionsgesetzgeber hat inzwischen die Rechtsprechung des EuGH rezipiert und die Konnexität als Tatbestandsmerkmal festgeschrieben, vgl. unten § 6 II, Rdn. 6.92 f.

b) Historische Auslegung

4.57 Die historische Auslegung wurde in der früheren Literatur als „besonders bedeutsam" bezeichnet.[251] Ursache hierfür war die Praxis im Anwendungsbereich des Art. 293 EG (bzw. Art. 220 EWG a F), erläuternde Berichte zu den jeweiligen Neufassungen des Brüsseler (sowie des Lugano) Übereinkommens bereit zu stellen.[252] Diese Berichte erwiesen sich als außerordentlich hilfreich. Denn sie gingen über eine bloße Dokumentation der Entstehungsgeschichte und der Erwägungen des historischen Gesetzgebers weit hinaus. Sie enthielten die wissenschaftlich fundierte Erläuterung des jeweiligen Übereinkommens (gerade auch) für die Rechtspraxis in den (damals) neuen Vertragsstaaten.[253] Die Berichte enthielten daher regelrechte Kommentierungen der Rechtsakte, zugleich nahmen sie explizit zu (absehbaren) Problemen bei der Implementierung des EuGVÜ (und des LugÜ) in den neuen Vertragsstaaten Stellung. Als Auslegungshilfe spielen sie in der Praxis des EuGH (vor allem jedoch in der Argumentation der Verfahrensbeteiligten) bis heute eine wichtige Rolle.[254] Mit dem Amsterdamer Vertrag ist diese Praxis (bedauerlicherweise) zum Erliegen gekommen. Soweit die nach Art. 81, 288 AEUV erlassenen Rechtsakte auf bereits ausgearbeiteten Übereinkommen aufbauen, können die Berichte weiter herangezogen werden.[255] Die

---

251 *Schack*, IZVR, Rdn. 95 (historische Auslegung habe „relativ große Bedeutung"); wie hier *Kropholler/v. Hein*, Einleitung, Rdn. 76. Zurückhaltend hingegen *Rösler*, in: Basedow et al (ed.), EPIL (2017), S. 1006, 1011: die historische Auslegung habe geringe Bedeutung.

252 Vgl. die Berichte zum EuGVÜ und den Beitrittsübereinkommen von *Jenard*, ABl. 1979 C-59/7 ff.; *Schlosser*, ABl. 1979 C-59/71 ff.; *Evirgenis/Kerameus*, ABl. 1986 C-298/1 ff.; *Cruz/Desantes Real/Jenard*, ABl. 1990 C-189/35 ff.; vgl. auch den Bericht von *Jenard/Möller* zum LugÜ, ABl. 1990 C-189/57 ff. sowie von *Pocar* zum LugÜ II, ABl. EU 2009 C 319/1 ff. Die Praxis, erläuternde Berichte zu internationalen Rechtsakten zu erstellen, wenden viele internationale Organisationen an, insbesondere die Haager IPR-Konferenz und UNIDROIT.

253 Deutlich wurde dies in der Regelung von Sec. 3 (3) Civil Jurisdiction and Judgment Act (1982). Danach war den erläuternden Berichten zum EuGVÜ und den Beitrittsübereinkommen bei der Auslegung besonderes Gewicht zu geben. Die gesetzliche Anordnung war notwendig, weil im englischen Recht die historische Auslegung strikt subsidiär ist, vgl. *Scholz*, Autonome Auslegung, S. 60. Zur Bedeutung der Berichte vgl. *Layton/Mercer* „European Civil Practice, Rdn. 11.035 („The Official Reports are of substantial persuasive authority, but their value as an aid for interpretation should be never overstated.")

254 *Kropholler/v. Hein*, Einl. Rdn. 76, verweist mit Recht darauf, dass sich die Prozessbeteiligten häufig auf die Berichte beziehen; ebenso *Schack*, IZVR, Rdn. 95.

255 Dies gilt für die VO 1346/00 EG (Bericht von *Virgos* – bisher nicht im ABl. veröffentlicht); die VO 1347/00/EG (Bericht von *A. Borrás*, ABl. EG 1998 C-221/27 ff.) und die VO 1348/00/EG (Bericht von *M.O. Baur*, ABl. EG 1997 C-261/26 ff.). EwG 19 zur VO 1347/00/EG bezog sich ausdrücklich auf den *Borrás*-Bericht – die neueren Fassungen der EheGVO enthalten diese Bezugnahme nicht mehr.

neuere Praxis des EuGH zeigt freilich bei der Heranziehung der Berichte wachsende Zurückhaltung,[256] die Berichte werden jedoch bis heute weiterhin zitiert.[257]

Die nach Art. 65 EGV/81 und 288 AEUV erlassenen Rechtsverordnungen enthalten Erwägungsgründe. Diese werden den jeweiligen Unionsrechtsakten vorangestellt und ähneln den Präambeln völkerrechtlicher Verträge. Sie sind jedoch sehr viel ausführlicher.[258] Nach Art. 296 AEUV sind die Erwägungsgründe zwar nicht Bestandteil des Rechtstextes,[259] sondern sollen lediglich den Unionsrechtsakt „begründen".[260] Die Erwägungsgründe setzen sich aus heterogenen Bestandteilen zusammen. Sie geben zunächst Auskunft über die Rechtsgrundlage des Rechtsakts im EU-Vertrag und bezeichnen die gesetzgeberischen Motive und Ziele.[261] Sie können wichtige Hinweise zur Auslegung der Unionsrechtsakte enthalten.[262] Oft verdeutlichen die Erwägungsgründe die systematischen Verbindungen zu anderen Unionsrechtsakten.[263] Von der dogmatischen Durchdringung her sind die Erwägungsgründe jedoch nicht ansatzweise mit den Erläuternden Berichten vergleichbar.[264] In der Praxis des EuGH spielen sie jedoch eine wichtige Rolle, denn sie machen den teleologischen und systematischen Hintergrund des Unionsrechtsakts explizit.[265] Angesichts der Bedeutung der Erwägungsgründe erscheint es bedenklich, wenn (Praktiker-)Kommentare auf deren Abdruck (schlicht) verzichten.[266] Methodologisch lassen sich die Erwägungsgründe nicht der historischen Auslegung zuordnen: Sie enthalten vielmehr die lei- 4.58

256 Deutlich EuGH, 2.4.2009, Rs. C-523/07, *A*, EU:C:2009:225, Rdn. 35 f., im Anschluss an die Schlussanträge GAin *Kokott*, Rdn. 32 ff., die darauf verwiesen hatte, dass die im *Borrás*-Bericht zitierte Judikatur des EuGH zum Europäischen Beamtenrecht (Gewährung einer Auslandszulage) keine inhaltlichen Bezüge zu Art. 8 I EheGVO aF aufweist.

257 Dies beruht nicht zuletzt auf dem wachsenden Zeitabstand. Besondere Bedeutung haben die *Jenard*- und *Schlosser*-Berichte in der Rechtspraxis entfaltet.

258 Analyse bei *Requejo Isidro*, FS Kohler (2018), S. 425, 428 ff.

259 Dies unterscheidet sie von der Präambel völkerrechtlicher Verträge, vgl. dazu Streinz/*Gellermann*, Art. 296 AEUV, Rdn. 8.

260 *Anweiler*, Auslegungsmethoden des EuGH, S. 253 ff.; *Dickinson*, The Regulation Rome II, Rdn. 3.17; EuGH, 13.7.1989, Rs. C-215/88, *Casa Fleischhandel*, EU:C:1989:331.

261 Insbesondere in diesem Kontext ist der (rechts-)politische Kontext unbestreitbar. Bisweilen tauchen ungelöste politische Zielkonflikte in den Erwägungsgründen auf, so insbesondere EwG 12 zur EuGVO (2012), der die Abgrenzung zur Schiedsgerichtsbarkeit (als Auslegungshilfe) verdeutlichen soll, jedoch mehr Fragen aufwirft als Antworten vorgibt, dazu unten § 6 I, Rdn. 6.28 ff.

262 Beispiel: EwG 23 und 24 der EuErbVO erläutern den (offenen) Begriff des gewöhnlichen Aufenthalts, dazu unten § 7 VIII, Rdn. 7.199.

263 Vgl. dazu unten § 4 II, Rdn. 4.66 zum Urteil des EuGH, 16.1.2014, Rs. C-45/13, *Kainz*, EU:C:2014:7.

264 Andererseits erleichtert ihre Heranziehung die Auslegung durch die unmittelbare textuelle Verknüpfung mit dem Sekundarrechtsakt.

265 *Requejo Isidro*, FS Kohler, S. 425, 436 ff.

266 So etwa bedauerlicherweise *Thomas/Putzo* ZPO (41. Aufl. 2020) und *Baumbach/Lauterbach/Hartmann/Albers* (78. Aufl. 2020).

tenden Maßstäbe zur systematischen und teleologischen Auslegung des jeweiligen Rechtsakts.[267]

4.59 Aus der Einordnung der Erwägungsgründe als „Hilfsmittel“ zur Auslegung ergibt sich umgekehrt, dass der Unionsgesetzgeber über die Erwägungsgründe nicht den Anwendungsbereich oder den operativen Inhalt des Sekundärrechtsakts modifizieren darf.[268] Die Erwägungsgründe sind gerade kein Bestandteil des Unionsrechtsakts und haben daher keinen eigenständigen, normativen Gehalt. Der EuGH hat der – durchaus vorhandenen – Praxis des Unionsgesetzgebers, operative Regelungen in die Erwägungsgründe zu übernehmen, eine klare Absage erteilt.[269]

4.60 Die historische Auslegung erleichtern schließlich online zugängliche Datenbanken, die den Verlauf der Gesetzgebungsverfahren der neuen Unionsrechtsakte detailliert dokumentieren.[270] Darüber hinaus enthalten die Initiativen der Kommission für Unionsrechtsakte inzwischen ausführliche Begründungen, bisweilen mit durchaus wissenschaftlicher (d. h. auch rechtsvergleichender) Fundierung. Allerdings können diese nur insoweit in eine historische Interpretation des jeweiligen Rechtsakts eingehen, als sie im anschließenden Gesetzgebungsverfahren implementiert wurden.[271] Der historischen Auslegung zuzuordnen sind schließlich die sog. Protokollerklärungen, die beim Erlass von sekundärem Unionsrecht als formelle Ratsbeschlüsse ergehen, ohne jedoch Bestandteil der jeweiligen Unionsrechtsakte zu sein.[272] In der heutigen Praxis des Gerichtshofs spielt die historische Auslegung keine herausragende Rolle mehr.

c) Systematische Interpretation

4.61 Bei der systematischen Interpretation sind zwei Ausprägungen zu unterscheiden. Die systematische Auslegung nimmt zunächst auf die jeweiligen Vorschriften und die innere Struktur des konkret auszulegenden Unionsrechtsakts selbst Bezug.[273]

---

267 Dazu unten § 4 II, Rdn. 4.70.

268 EuGH, 19.11.1998, Rs. C-162/97, *Nilsson u.a.*, EU:C:1998:554, Rdn. 54 (seitdem st. Rspr.), *Requejo Isidro*, FS Kohler (2018), S. 425, 435.

269 EuGH, 1.4.2008, Rs. C-267/06, *Maruko*, EU:C:2008:179, Rdn. 58 ff. (zum EwG 22 der RL 2000/78).

270 Vgl. oben § 1 V, Rdn. 1.42 ff.

271 *Gruber*, Methoden, S 171 ff.; deutlich: EuGH, 8.11.2005, Rs. C-443/03, *Leffler*, EU:C:2005:665, Rdn. 48. Wurde eine bestimmte Textfassung während des Gesetzgebungsverfahrens aufgegeben, so kann nach Ansicht des Gerichtshofs diese Formulierung nicht zur Interpretation der Verwendung herangezogen werden. Zum Textvergleich zwischen Art. 13 EuGVÜ und Art. 15 EuGVO (2001) vgl. EuGH, 14.5.2009, Rs C-180/06, *Ilsinger*, EU:C:2009:303, Rdn. 41 ff.; EuGH, 7.12.2010, Rs. C-585/08, *Pammer und Hotel Alpenhof*, EU:C:2010:740, Rdn. 72.

272 Dazu oben § 4 I, Rdn.4.35.

273 Häufig verdeutlichen die Erwägungsgründe die Systematik und die Zielsetzungen des Rechtsakts, *Pontier/Burg*, Principles, S. 15 f. Beispiele: EuGH, 8.11.2005, Rs. C-443/03, *Leffler*, EU:C:2005:665, Rdn. 38.; EuGH, 11.7.2008, Rs. C-195/08 PPU, *Inga Rinau*, EU:C:2008:406, Rdn. 4755.

Für die systematische Auslegung i.e.S. finden sich in der Praxis des EuGH zahlreiche Beispiele: So kann der Anwendungsbereich der EuGVO („Zivilsache") auf Adhäsionsverfahren erstreckt werden, da Art. 7 Nr. 4 EuGVO für derartige Streitigkeiten einen Gerichtsstand eröffnet. Dasselbe gilt beispielsweise für die in Art. 22 Nr. 2 und 3 EuGVO genannten Registersachen, auch wenn diese in manchen Mitgliedstaaten als Justizverwaltungsakte qualifiziert werden.[274] Die Beteiligung von Behörden in Sorgesachen bewirkt eine Modifikation des Begriffs der „Zivilsache" nach Art. 1 I EheGVO: Diese schließt behördliche Schutzmaßnahmen ein.[275]

Die systematische Auslegung beschränkt sich freilich nicht auf den jeweils konkreten Rechtsakt, sondern bezieht parallele Unionsrechtsakte ein.[276] Überall, wo die EU-Rechtsakte sich inhaltlich aufeinander beziehen, sind diese systematisch auszulegen: so beispielsweise die Rechthängigkeitsregelungen der Art. 16, 19 Brüssel IIa-VO nach dem Modell der Art. 27–30 EuGVO (2001)[277] oder die Regelung des einstweiligen Rechtsschutzes in Art. 20 VO EheGVO nach der Rechtsprechung zu Art. 24 EuGVÜ/35 EuGVO.[278] Die systematische Verzahnung der Prozessrechtsakte hat sich unter der eigenständigen Rechtsetzungskompetenz des Art. 65 EG/81 AEUV deutlich verstärkt. Die neuen Rechtsakte stehen nicht unverbunden nebeneinander, sondern sind aufeinander abgestimmt: Manche sollen praktische Probleme beheben, die sich bei der Anwendung der EuGVO ergeben hatten.[279] Andere erstrecken den Anwendungsbereich des europäischen Verfahrensrechts auf die zunächst nicht erfassten Bereiche.[280] Der Erlass neuer Rechtsakte kann auch eine Neubewertung der früheren Rechtspre- 4.62

274 Zu Rechtsfragen der Hinterlegung vgl. *Jayme*, FS Mußgnug, S. 517, 521 ff.

275 EuGH, 27.11.2007, Rs. C-435/06, *C*, EU:C:2007:714; Schlussanträge GAin *Kokott*, 29.1.2009, Rs. C-523/07, *A*, EU:C:2009:39, Rdn. 11.

276 Beispiele: EuGH, 28.4.2005, Rs. C-104/03, *St. Paul Dairy*, EU:C:2005:255, Rdn. 23 f., Abgrenzung von Art. 24 EuGVÜ/31 EuGVO zur EuBewVO. Ebenso: EuGH, 15.5.2003, Rs. C-266/01, *Préservatrice Foncière TIARD*, EU:C:2003:282, Rdn. 27 ff.: Bestimmung der Rechtsnatur der Bürgerhaftung unter Bezugnahme auf das Urteil vom EuGH, 23.3.2000, Rs. C-208/98, *Berliner Kindl*, EU:C:2000:152.

277 Beispiel: EuGH, 6.10.2015, Rs. C-489/14, *A*, EU:C:2015:654, Rdn. 27 ff.

278 Lesenswert *Tödter*, FamRZ 2005, 1687, 1689 (zur Interpretation von Art. 11 VO 1347/00/EG, Art. 19 VO 2202/03/EG nach der Judikatur des EuGH zu Art. 21 EuGVÜ). Ebenso ist Art. 26 EuInsVO im Licht von Art. 35 III EuGVO dahin auszulegen, dass dem später angerufenen Insolvenzgericht die Zuständigkeitskontrolle in Bezug auf das zuerst angerufene, ausländische Insolvenzgericht untersagt ist, EuGH, 2.5.2006, Rs. C-341/04, *Eurofood IFSC*, EU:C:2006:281, Rdn. 42. Vgl. dazu unten § 9 II, Rdn. 9.61.

279 Das Römische Vertragsübereinkommen (1980) wurde zur Begrenzung von *forum shopping* aufgrund unterschiedlicher Kollisionsrechte erlassen, ebenso explizit EwG 6 der VO Rom II. Desgleichen soll die VO 1348/00/EG Anerkennungsprobleme im Rahmen von Art. 27 Nr. 2 EuGVÜ/34 Nr.2 EuGVO beheben; die VO 2202/03/EG schließt Lücken der VO 1347/00/EG im Bereich des Sorge- und Umgangsrechts.

280 So insbesondere die Verordnungen zum Ehegüterrecht, vgl. unten § 7 VIII, Rdn. 7.177 ff., und zum Erbrecht, unten § 7 VIII, Rdn. 7.197 ff.

chung (etwa zur Abgrenzung des Unionsrechts gegen nationale Rechtsordnungen) notwendig machen.[281]

4.63 Jede den Rechtsakt übergreifende, systematische Interpretation hängt letztlich von der inhaltlichen Vergleichbarkeit der jeweiligen Vorschriften ab. Eine systematische Auslegung hat der EuGH im Verhältnis zwischen Art. 3 I und 16 VO 1346/00/EG und Art. 29–32 EuGVO bejaht. Zwar enthält die EuInsVO keine Regelung zur Rechtshängigkeit, weil der Unionsgesetzgeber (unzutreffend) davon ausging, dass die Zuständigkeitsregelung des Art. 3 I EuInsVO (Centre of Main Interests) zu einer eindeutigen Bestimmung des Insolvenz-Hauptverfahrens führen würde.[282] In der Praxis kam es hingegen häufig zu konkurrierenden Antragstellungen. Angesichts der divergierenden Praxis zu Art. 3 I EuInsVO war eine nachträgliche Regelungslücke zu konstatieren. Der EuGH bejahte in der Sache eine analoge Anwendung der Art. 29–32 EuGVO mit der Folge, dass das zuerst für das Hauptverfahren angerufene Insolvenzgericht (zumindest bis zur Bejahung seiner Zuständigkeit) konkurrierende Primäranträge im Europäischen Ausland sperrt.[283] Die Heranziehung des Regelungsmodells der Art. 29–32 EuGVO ermöglichte eine den Wortlaut der Art. 3 III und 16 EuInsVO übersteigende Fortbildung des Unionsrechtsakts.[284]

4.64 Der kontinuierliche Ausbau des europäischen Kollisions- und Privatrechts erweitert den Bezugsrahmen der systematischen Auslegung. Unmittelbare Bezüge bestehen vor allem zwischen Europäischem IPR und IZVR.[285] Die wechselseitige Verschränkung des europäischen Kollisions- mit dem Prozessrecht heben jeweils die Erwägungsgründe Nr. 7 der Verordnungen Rom I und II explizit hervor.[286] Der EuGH bezieht sich bei der Auslegung des Europäischen Prozessrechts immer öfter auf sonstige Unionsrechtsakte und seine dort ausgeformte Rechtsprechung.[287]

281 So kann die Entscheidung des EuGH, 22.2.1979, Rs. C-133/78, *Gourdain./.Nadler*, EU:C:1979:49, Rdn. 3, heute zur Bestimmung des Anwendungsbereichs von Art. 1 II b) EuGVO nicht mehr unbesehen herangezogen werden. EuGH, 12.2.2009, Rs. C-339/07, *Seagon*, EU:C:2009:83, Rdn. 19 ff. Ebenso ist die frühere Rechtsprechung des EuGH zu Art. 5 Nr. 2 EuGVÜ für die Auslegung von Art. 3 EuUhVO nicht maßgeblich. Denn Art. 5 Nr. 2 war eine (enge) Ausnahme vom allgemeinen Beklagtengerichtsstand des Art. 2 EuGVÜ. Art. 3 EuUhVO macht hingegen keine Unterscheidung zwischen allgemeinen und besonderen Gerichtsständen. Schlussanträge GA *Campos Sánchez-Bordona*, 18.6.2020, Rs. C-540/19, *WV*, Rdn. 37 ff.

282 Dazu unten § 9 II, Rdn. 9.27 ff.

283 EuGH, 2.5.2006, Rs. C-341/04, *Eurofood IFSC*, EU:C:2006:281; anders Schlussanträge GA *Jacobs*, Rs. C-341/04, *Eurofood IFSC*, EU:C:2006:579, Rdn. 89 ff., der den maßgeblichen Zeitpunkt nach dem Insolvenzrecht der Mitgliedstaaten bestimmen wollte.

284 *Laukemann*, RIW 2005, 104, 110, verweist zu Recht darauf, dass der zur Zeit der Ausarbeitung des Europäischen Übereinkommens für grenzüberschreitende Insolvenzen die Regelung der Art. 29 und 32 EuGVO nicht existierten.

285 Diese Bezüge hatte der EuGH bereits in der Rechtsprechung zum EUGVÜ hergestellt, EuGH, 8.3.1988, Rs. C-9/87, *Arcado*, EU:C:1988:127, Rdn. 15; dazu *Bitter*, IPRax 2008, 96, 97.

286 Vgl. EwG 7 VO Rom II und EwG 7 VO Rom I: „Der materielle Anwendungsbereich und die Bestimmungen dieser Verordnung sollten mit der VO 44/2001/EG ... in Einklang stehen." Lesenswert *Coester-Waltjen*, IPRax 2020, 385 ff.

287 Frühes Beispiel: EuGH, 14.11.2002, Rs. C-271/00, *Baten*, EU:C:2002:656 (Auslegung von Art. 1 II Nr. 3 EuGVÜ nach Maßgabe von Art. 4 VO 1408/71EG), dazu unten § 6 I, Rdn. 6.24 (auch zur aktuellen Rechtslage).

Damit prägt die zunehmende „Europäisierung“ die Methoden der Rechtsfindung im Europäischen Prozessrecht; sie fördert zugleich die Systembildung.[288] Diese Entwicklung schließt Rückgriffe auf die nationalen Prozessrechte zunehmend aus.[289]

Die den Rechtsakt übergreifende, systematische Auslegung setzt jedoch die inhaltliche Vergleichbarkeit der betroffenen Rechtsakte voraus. Stehen die Begriffe in völlig unterschiedlichem Kontext, so scheidet eine einheitliche Auslegung aus, selbst wenn ein solches Ergebnis für die innere Stimmigkeit der Unionsrechtsordnung insgesamt abträglich ist. Daher hat der EuGH die Definition der Dienstleistung in den Mehrwertsteuerrichtlinien nicht bei der Auslegung von Art. 7 Nr. 1 b) EuGVO herangezogen;[290] die Definition des Wohnsitzes, die der Gerichtshof zur Alimentation im Beamtenrecht entwickelt hatte, hielt der EuGH für die Auslegung des Begriffs des „gewöhnlichen Aufenthalts“ in Art. 8 I EheGVO (2003) für ungeeignet.[291] **4.65**

Um die Grenzen einer rechtsaktübergreifenden, systematischen Auslegung ging es im Verfahren C-45/13, *Kainz./.Pantherwerke AG.*[292] Herr Kainz, wohnhaft in Salzburg, hatte von den deutschen Pantherwerken AG ein Fahrrad erworben. Bei einer Radtour in Deutschland kam es zu einem Unfall. Herr Kainz klagte im Deliktsgerichtsstand in Salzburg (Art. 7 Nr. 2 EuGVO) mit dem Argument, dass das Fahrrad in Salzburg vertrieben, mithin in den Verkehr gebracht worden sei. Er bezog sich dabei auf Art. 5 I b) der Rom II-VO, der auf den Vertriebsort abstellt, sowie auf EwG 7 der Rom II-VO, wonach beide Verordnungen möglichst harmonisch auszulegen sind.[293] Der Gerichtshof wies diese Argumentationslinie zurück. Vorrang habe die (interne) Systematik der EuGVO, wonach die besonderen Gerichtsstände im Interesse des Beklagtenschutzes eng auszulegen seien. Der Vertriebsort begründe **4.66**

288 Den „umfassenden und kohärenten Charakter des mit der VO 44/01/04 errichteten Systems von Vorschriften zur Vermeidung von Kompetenzkonflikten“ betont EuGH, 7.2.2006, Avis 1/03, *Parallelübereinkommen Lugano,* EU:C:2006:81, Rdn. 139 ff. (insbesondere Rdn. 141, 148, 151, 168, 172).

289 Deutlich EuGH, 8.11.2005, Rs. C-443/03, *Leffler,* EU:C:2005:665, Rdn. 44 ff.; ebenso vermeidet EuGH, 17.1.2006, Rs. C-1/04, *Staubitz-Schreiber,* EU:C:2006:39, Rdn. 21 ff. bei der Bestimmung des maßgeblichen Zeitpunkts für die Bestimmung der Zuständigkeit nach Art. 3 I EuInsVO den Rückgriff auf die Rechtsordnungen der Mitgliedstaaten (im konkreten Fall: §§ 261 III Nr. 1 ZPO, 4 InsO).

290 EuGH, 23.4.2009, Rs. C-533/07, *Falco Privatstiftung,* EU:C:2009:257, Rdn. 33 ff. Wenig überzeugend ist dagegen die Tendenz der neueren Judikatur, im Rahmen einer „weiteren (sprich erweiterten) systematischen Auslegung“ auf die Rechtsprechung des EuGH in gänzlich anderen Rechtsgebieten hinzuweisen. Das ist keine systematische, sondern eine rein „topische“ Argumentation. Beispiel: EuGH, 7.5.2020, Rs. C-641/18, *Rina,* EU:C:2020:349, Rdn. 50.

291 EuGH, 2.4.2009, Rs. C-523/07, *A,* EU:C:2009:225, Rdn. 34 ff., lesenswerte Kritik am erläuternden Bericht in den Schlussanträgen GAin *Kokott*, Rdn. 32 ff.

292 EuGH, 16.1.2014, Rs. C-45/13, *Kainz,* EU:C:2014:7. Anders (und verfehlt) hingegen EuGH, 9.7.2020, Rs. C-343/19, *VKI./.Volkswagen*, EU:C:2020:534, Rdn. 39: Art. 7 Nr. 2 EuGVO sei bei einer Kollektivklage eines Verbraucherverbands nach Maßgabe von Art. 6 Rom II-VO auszulegen, der Schadensort korreliere mit dem Marktort. Da das Ausgangsverfahren jedoch die Produkthaftung aus dem „Dieselskandal“ betraf, wäre die zutreffende Parallelvorschrift Art. 5 Rom II-VO gewesen.

293 Zum Wortlaut vgl. Fn. 33.

keinen Handlungsort iSd Art. 7 Nr. 2 EuGVO, insbesondere ermögliche er keine sachgerechte Prozessführung aufgrund Beweisnähe.[294]

4.67 In diesem Zusammenhang sind Vorschriften in neueren Unionsrechtsakten von Interesse, die für die Ausfüllung von Regelungslücken ausdrücklich auf die Prozessrechte der Mitgliedstaaten (bzw. auf die *lex fori* des erkennenden Gerichts) zurückverweisen. Derartige Verweisungen enthalten etwa Art. 26 EuMahnVO und Art. 19 EuBagVO.[295] Der EuGH leitete aus diesen Vorschriften ein Verbot der Rechtsfortbildung der Verordnungen ab, was zu Rechtsschutzlücken führte.[296] Jedoch verbieten diese Vorschriften die den Rechtsakt übergreifende, systematische Interpretation oder Rechtsfortbildung richtiger Lesart nach nicht, solange und soweit interne Lücken der Rechtsakte betroffen sind.[297] Unzulässig wäre freilich eine Erstreckung der Unionsrechtsakte über deren jeweiligen, sachlichen Anwendungsbereich hinaus.

4.68 Der Unionsgesetzgeber kann schließlich systematische Zusammenhänge in den Erwägungsgründen der Unionsrechtsakte verdeutlichen und damit offene Auslegungsfragen klären. So stellt der Erwägungsgrund Nr. 16a der RL 2005/14/EG über die Kraftfahrzeug-Haftpflichtversicherung[298] ausdrücklich klar, dass der Direktanspruch des Geschädigten gegen den Versicherer nach Art. 9 I lit. b) und 11 II EuGVO am Wohnsitz des Geschädigten geltend gemacht werden kann.[299] Eine derartige Klarstellung scheitert nicht daran, dass sie „nachträglich" erfolgt (dies ist bei einer Klarstellung immer der Fall[300]); auch ein abweichendes Rechtsetzungsverfahren für die Klarstellung ist kein Hinderungsgrund.[301] Ihre Grenze findet die Klarstellung im Wortsinn der Bezugsnorm – die Derogation eines Sekundärrechtsakts durch die Erwägungsgründe eines anderen Sekundärrechtsakts scheidet hingegen aus.[302]

294 EuGH, 16.1.2014, Rs. C-45/13, *Kainz*, EU:C:2014:7, Rdn. 19 ff. *Requejo Isidro*, FS Kohler, S. 425, 436, weist darauf hin, dass EwG 7 keinen operativen Inhalt hat, da er lediglich die Berücksichtigung des parallelen Rechtsakts einfordert.

295 Danach sollen „sämtliche verfahrensrechtliche Fragen, die die Verordnungen nicht regeln, (...) sich nach den nationalen Rechtsvorschriften" richten.

296 EuGH, 4.9.2014, verb. Rs. C-119/13 und C-120/13, *eco cosmetics*, EU:C:2014:2144, Rdn. 42 ff., vgl. dazu unten § 10 II, Rdn. 10.75.

297 Dazu *Hess*, in: v. Hein/Krüger (ed.), Informed Choices in Cross-Border Enforcement (2020) – im Erscheinen.

298 RL 2000/26/EG zur Angleichung der Rechtsvorschriften der Mitgliedstaaten über die Kfz-Haftpflichtversicherung, ABl. EU 2000, L 145/14 ff.

299 Dazu EuGH, 13.12.2007, Rs. C-463/06, *FBTO Schadeverzekeringen*, EU:C:2007:792, Rdn. 29 – der EuGH stützt sein Urteil jedoch nicht nur auf die Erwägungsgründe der Richtlinie, sondern auch auf den Zweck der Schutzvorschriften der Art. 8 ff. EuGVO.

300 So die Kritik von *Leible*, NJW 2008, 821; wie hier *Fuchs*, IPRax 2008, 104, 106.

301 Ein „zweifelhafter Trick" des Gemeinschaftsgesetzgebers liegt hier nicht vor, so jedoch *Heiss*, VersR 2007, 327 f.

302 EuGH, 1.4.2008, Rs. C-267/06, *Maruko*, EU:C:2008:179, Rdn. 58 ff., oben § 4 II, Rdn.4.59.

Eine bemerkenswerte Regelung enthält EwG 24 der Rom I-VO. Dieser Erwägungsgrund betrifft die Anknüpfung von Verbraucherverträgen (Art. 6 Rom I-VO) und verpflichtet die erkennenden Gerichte zur Beachtung der Parallelvorschrift in Art. 15 EuGVO. Zugleich verweist EwG 23 auf die Protokollnotiz einer gemeinsamen Erklärung von Kommission und Rat anlässlich der Verabschiedung der EuGVO. Sie betrifft die Anwendung der Verordnungen auf den e-Commerce. Ziel der Protokollerklärung ist die Herausnahme von „passiven Websites" vom Anwendungsbereich des Verbrauchergerichtsstands.[303] Die Übernahme in die Erwägungsgründe der Rom I-VO sollte ersichtlich die mangelnde Publikation der Erklärung nachholen – normative Geltung erlangte sie dadurch jedoch nicht. Der EuGH hat sie in seiner Rechtsprechung letztendlich nicht berücksichtigt.[304] 4.69

d) Teleologische Interpretation

Bei der Auslegung des Unionsrechts legt der EuGH auf die teleologische Interpretation besonderes Gewicht.[305] Dies entspricht der überragenden Bedeutung des Grundsatzes des *effet utile* im allgemeinen Unionsrecht[306], der dessen praktische Wirksamkeit (d. h. die tatsächliche Befolgung) und einheitliche Anwendung in allen Mitgliedstaaten sichern soll.[307] Auch im Europäischen Prozessrecht hat die teleologische Auslegung besondere Bedeutung. Bereits das erste Urteil zum EuGVÜ (*Tessili./.Dunlop*) betonte, dass bei der Auslegung „sowohl seinem Regelungsgehalt und seinen Zielsetzungen als auch seinem Zusammenhang mit dem EWG-Vertrag Rechnung getragen werden" müsse.[308] In der Literatur wurden diese Bezugnahmen zunächst als „Leerformeln" und „konturlose Deklamationen" kritisiert.[309] Aus heutiger Sicht erscheint die Kritik jedoch nicht berechtigt.[310] Denn der EuGH hat seine Rechtsprechung kontinuierlich ausgebaut und die Prinzipienebene ausdifferenziert. Dabei wurden insbesondere der Zugang zum Recht, der Beklagtenschutz, die Urteilsfreizügigkeit als Ziele des Europäischen Zivilprozessrechts herausgestellt und für dessen prinzipiengeleitete 4.70

---

303 Vgl. dazu bereits oben § 4 I, Rdn. 4.35.

304 EuGH, 7.12.2010, Rs. C-585/08 und C-144/09, *Pammer und Hotel Alpenhof*, EU:C:2010:740, Rdn. 72, mit dem (bezeichnenden) Hinweis, dass die Bezugnahme auf sog. „passive websites" keinen Niederschlag im Verordnungstext gefunden habe. GAin *Trstenjak* hatte eine Berücksichtigung im Rahmen der historischen Auslegung befürwortet, der Erklärung im Ergebnis jedoch keine ausschlaggebende Relevanz zuerkannt, SAe GAin *Trstenjak*, Rs. C-585/08, *Pammer und Hotel Alpenhof*, EU:C:2010:273, Rdn. 70 ff.

305 *Anweiler*, Auslegung, S. 198 ff.; *Riesenhuber*, in: ders. (Hrg.), Europäische Methodenlehre, § 10, Rdn. 41 ff.; deutlich etwa EuGH, 7.2.2006, Avis 1/03, *Parallelübereinkommen Lugano*, EU:C:2006:81, Rdn. 33.

306 Vgl. *Kropholler/v. Hein*, Europäisches Zivilprozessrecht, Einl., Rdn. 78.

307 EuGH, 13.7.1993, Rs. C-125/92, *Mulox*, EU:C:1993:306, Rdn. 10.

308 EuGH, 6.10.1976, Rs. C-12/76, *Tessili*, EU:C:1976:133, Rdn. 9.

309 So *Schlosser*, RIW 1988, 987, 989 (Anmerkung zu EuGH, 27.9.1988, Rs. C-189/87, *Kalfelis*, EU:C:1988:459); zustimmend *Scholz*, Das Problem der autonomen Auslegung des EuGVÜ (1998), S. 39; *H. Roth*, ZZP 113 (2000), 123, 124 f.

310 *Schlosser*, in: Schlosser/Hess, Einl. EuZPR, Rdn. 30, hat seine frühere Kritik deutlich zurückgenommen.

Interpretation fruchtbar gemacht.[311] Dass manche Entscheidungen des Gerichtshofs dabei dezionistische Tendenzen zeigen, lässt sich freilich nicht leugnen.[312]

4.71 Heute fordern die Erwägungsgründe der Europäischen Prozessrechtsakte die teleologische Auslegung offen ein.[313] Denn diese listen (durchaus in direkter Bezugnahme auf die Judikatur des Gerichtshofs) wesentliche Grundgedanken und Ziele des Rechtsakts auf. So dient beispielsweise die EuGVO der Gewährleistung des freien Verkehrs gerichtlicher und außergerichtlicher Entscheidungen (EwG 6 und 11)[314], die EuGVO soll ein klares und vorhersehbares Zuständigkeitssystem schaffen (EwG 15)[315], schwächere Parteien schützen (EwG 18)[316]; das gegenseitige Vertrauen in die Justiz der Mitgliedstaaten fördern (EwG 26 f.), schließlich die Verteidigungsrechte des Schuldners wahren (EwG 29)[317]. Damit greifen die Erwägungsgründe maßgebliche Grundsätze auf, an denen der EuGH seine bisherige Auslegungspraxis zum Brüsseler Übereinkommen und zur EuGVO (2001) orientiert hatte. Der Unionsgesetzgeber formuliert zudem in den Erwägungsgründen weitere Integrationsziele und -schritte. Dies gilt insbesondere für den Grundsatz des gegenseitigen Vertrauens in die Justiz der Mitgliedstaaten.[318] Er findet sich in den EwG 16 und 17 zur EuGVO, in EwG 21 zur EheGVO, in EwG 22 zur EuInsVO. Der EuGH hat ihn nach 2002 in seiner Rechtsprechung zum EuGVÜ aufgegriffen[319] – mit expliziter Bezugnahme auf die EuGVO.[320] Das Beispiel zeigt die Bedeutung der Erwägungsgründe. Sie enthalten nicht nur die „historische“ Begründung des

311 Dazu sogleich § 4 II 4, Rdn. 4.81 ff.

312 Dazu *Scholz*, Problem der autonomen Auslegung, S. 28 ff. (mit zahlreichen Beispielen). Jedoch sind dezionistische Elemente der richterlichen Rechtsfindung (generell) keineswegs fremd.

313 *Kropholler/v. Hein*, Einl. EuZPR, Rdn. 77. Bei der Auslegung des EuGVÜ hat der EuGH sich wiederholt auf die Präambel bezogen. Diese war freilich im Vergleich zu den Erwägungsgründen der EuGVO sehr viel weniger ausdifferenziert.

314 So beispielsweise EuGH, 11.5.2000, Rs. C-38/98, *Renault*, EU:C:2000:225; dazu *Hess*, IPRax 2001, 301, 303 f. Daher sind die Versagungsgründe der Art. 27 EuGVÜ/45 EuGVO eng auszulegen. Ebenso EuGH, 28.4.2009, Rs C-420/07, *Apostolides*, EU:C:2009:271, Rdn. 55.

315 EuGH, 3.5.2007, Rs. C-386/05, *Color Drack*, EU:C:2007:262; EuGH, 13.7.2006, Rs. C-103/05, *Reisch Montage*, EU:C:2006:471, Rdn. 24 f.

316 Dazu *Pontier/Burg*, EU-Principles, S. 124 ff. (mit Nachweisen aus der früheren Rechtsprechung des EuGH zum EuGVÜ).

317 EuGH, 2.4.2009, Rs. C-394/07, *Gambazzi*, EU:C:2009:219, Rdn. 28 ff.

318 Zum Vertrauensgrundsatz und dessen daraus abgeleiteten Folgerungen vgl. oben § 3 I, Rdn. 3.21 ff.

319 EuGH, 27.4.2004, Rs. C-159/02, *Turner*, EU:C:2004:228, Rdn. 24; EuGH, 9.12.2003, Rs. C-116/02, *Gasser*, EU:C:2003:657, Rdn. 72; EuGH, 7.2.2006, Avis 1/03, *Parallelübereinkommen Lugano*, EU:C:2006:81, Rdn. 143 ff. (Bezugnahme auf die Rechtsprechung zum EuGVÜ bei der Auslegung der EuGVO); EuGH, 14.5.2009, Rs C-180/06, *Ilsinger*, EU:C:2009:303, Rdn. 41 ff. (zur inhaltlichen Übereinstimmung zwischen EuGVÜ und EuGVO).

320 EuGH, 15.2.2007, Rs. C-292/05, *Lechouritou u.a.*, EU:C:2007:102, Rdn. 45 zum Begriff der Zivil- und Handelssache (Art. 1 I EuGVÜ) mit ausdrücklichem Hinweis auf die Klarstellung in Art. 2 I EuVTVO (Ausnahme der „*acta iure imperii*“).

Gesetzgebers für den Unionsrechtsakt, sondern fassen die wesentlichen Zwecksetzungen des Unionsrechts (sozusagen zukunftsgerichtet) zusammen. Dem EuGH wird dadurch die teleologisch-systematische Auslegung erleichtert;[321] zugleich wird die prinzipienorientierte Rechtsfindung legitimiert.[322]

3. Unionsrechtliche Auslegungsmethoden im Europäischen Prozessrecht

a) Praktische Wirksamkeit (effet utile)

Der EuGH interpretierte bereits das EuGVÜ nach den allgemeinen Auslegungsmetho- 4.72
den des Unionsrechts. Besondere Bedeutung maß er in ständiger Rechtsprechung der Wahrung der praktischen Wirksamkeit des Übereinkommens zu (*effet utile*).[323] Hieran hat der Gerichtshof bis heute festgehalten. Die praktische Wirksamkeit implementiert die einheitliche Anwendung des europäischen Prozessrechts in allen Mitgliedstaaten. Aus dieser Perspektive erscheint die autonome Auslegung des europäischen Prozessrechts als eine schlichte Konsequenz des unionsrechtlichen Effizienzerfordernisses.[324] Unter Berufung auf die einheitliche Geltung des EuGVÜ in den Mitgliedstaaten trat der EuGH wiederholt nationalen Praktiken entgegen, die im Ergebnis auf eine Modifizierung des Übereinkommens hinausliefen. Diese Rechtsprechung betraf zunächst die Urteilsanerkennung nach Art. 31–49 EuGVÜ. Dort hielt der Gerichtshof ausdrücklich fest, dass die Art. 31 ff. EuGVÜ ein in sich geschlossenes Anerkennungsverfahren enthalten, dessen Effektivität zusätzliche Rechtsbehelfe im Anerkennungsstaat nicht unterlaufen dürfen.[325] Folglich dürfe Art. 38 EuGVÜ/46 EuGVO aF (Begriff des Rechtsbehelfs) nicht nach nationalem Recht ausgelegt werden:[326] Aus demselben Grund hat der EuGH eine Drittintervention im Berufungs- bzw. Beschwerdeverfahren nach Art. 36 EuGVÜ/44 EuGVO aF untersagt;[327] nationale Gerichte dürfen keine

321 *Riesenhuber*, in: ders. (Hrg.), Europäische Methodenlehre, § 10, Rdn. 38.

322 Vgl. hierzu sogleich unten § 4 II, Rdn. 4.81ff.

323 Der Gerichtshof spricht bei der Auslegung des EuGVÜ von der „vollen Wirksamkeit", so etwa EuGH, 27.9.1988, Rs. C-189/87, *Kalfelis*, EU:C:1988:459, Rdn. 16 (Notwendigkeit einer autonomen Auslegung von Art. 5 Nr. 3 EuGVÜ/heute: Art. 7 Nr. 2 EuGVO).

324 Deutlich EuGH, 8.11.2005, Rs. C-443/03, *Leffler*, EU:C:2005:665, Rdn. 45; ebenso EuGH, 9.2.2006, Rs. C-473/04, *Plumex*, EU:C:2006:96, Rdn. 28 ff. zur (autonomen) Bestimmung von Verfahrensfristen bei konkurrierenden Zustellungen nach Art. 4 ff., 14 EuZustVO.

325 EuGH, 11.8.1995, Rs. C-432/93, *SISRO./.Ampersand Software*, EU:C:1995:262, Rdn. 38 f.; ebenso EuGH, 23.4.2009, Rs. C-167/08, *Draka NK Cables u.a.*, EU:C:2009:263, Rdn. 22 ff., 27.

326 EuGH, 22.11.1977, Rs. C-43/77, *Industrial Diamond Supplies*, EU:C:1977:188, Rdn. 15 ff. (mit einem ausdrücklichen Hinweis auf die unterschiedliche Rechtslage in den Mitgliedstaaten, Rdn. 17–27), Entwicklung eines autonomen Begriffs aus der „Funktion" der Art. 30 ff. EuGVÜ); ebenso EuGH, 27.11.1984, Rs. C-258/83, *Schuhfabrik Brennero*, EU:C:1984:363, Rdn. 15.

327 EuGH, 2.7.1985, Rs. C-148/84, *Deutsche Genossenschaftsbank*, EU:C:1985:280, Rdn. 16; ebenso EuGH, 21.4.1993, Rs. C-172/91, *Sonntag*, EU:C:1993:144, Rdn. 30 ff.

zusätzlichen Genehmigungs- oder Fristerfordernisse für Vollstreckungsmaßnahmen aufstellen.[328]

4.73 Vor dem Hintergrund dieser gefestigten Rechtsprechung waren die in der englischen Literatur kritisierten Urteile *Turner* und *Owusu* wenig überraschend. In beiden Vorlagen ging es um Praktiken des englischen Zivilverfahrensrechts (*anti-suit injunctions* bzw. *forum non conveniens*), die vom (klaren) Wortlaut des EuGVÜ und der ihm zugrunde liegenden Konzeption abweichen. *Turner*[329] betraf eine *anti-suit injunction* zur Absicherung einer Gerichtsstandsvereinbarung gegenüber einem abredewidrig eingeleiteten Verfahren vor spanischen Gerichten. Der EuGH hielt derartige Schutzmaßnahmen für unvereinbar mit der in Art. 21 EuGVÜ (numehr Art. 29 EuGVO) aufgestellten Prioritätsregel. Vielmehr gebiete die Rechtssicherheit eine einheitliche Anwendung des Gemeinschaftsrechts[330], auch spreche der Grundsatz des wechselseitigen Vertrauens zwischen den Justizorganen der EU-Mitgliedstaaten für eine Respektierung der (ungestörten) Entscheidungskompetenz des (zuerst) angegangenen, ausländischen Gerichts.[331] *Owusu* betraf die Anwendung der *forum non conveniens*-Doktrin im Europäischen Prozessrecht. Der EuGH ließ die *forum non conveniens*-Doktrin im Anwendungsbereich des Art. 2 I EuGVÜ (heute Art. 4 EuGVO) nicht zu. Sie sei mit dem Wortlaut der Rechtsakte, aber auch mit den Erfordernissen der Rechtssicherheit[332] und der Vorhersehbarkeit der Zuständigkeitsordnung des Gemeinschaftsprozessrechts (auch im Verhältnis zu Drittstaaten) nicht vereinbar.[333]

4.74 Man mag diese Rechtsprechung wegen ihrer Rigorosität kritisieren, insbesondere im Hinblick auf die (vordergründig) fehlende Bereitschaft des EuGH, anderweitige Verfahrenskonzepte des Common Law in die Auslegung des Europäischen Prozessrechts einfließen zu lassen.[334] Aus der Perspektive der Wahrung des Vorrangs und der Einheitlichkeit des Unionsrechts waren diese Urteile jedoch stimmig. Dem Gerichtshof geht es hier um die „Implementierung" des Unionsrechts, um die Sicherung seines *effet utile* sowie um die einheitliche Geltung des Unionsrechts in den Mitgliedstaa-

---

328 EuGH, 3.10.1985, Rs. C-119/84, *Capelloni und Aquilini./.Pelkmans*, EU:C:1985:388, Rdn. 24 f. Die Neuregelung der Art. 36 ff. EuGVO (2012) hat eine erhebliche Modifikation des Anerkennungs- und Vollstreckungsverfahrens bewirkt, vgl. § 6 IV, Rdn. 6.204 ff.

329 EuGH, 27.4.2004, Rs. C-159/02, *Turner*, EU:C:2004:228, vor allem Rdn. 72.

330 EuGH, 27.4.2004, Rs. C-159/02, *Turner*, EU:C:2004:228, Rdn. 43.

331 Dabei betonte der EuGH das Bedürfnis der Rechtspraxis nach der Vorhersehbarkeit der Rechtsanwendung (durch eine strikte Befolgung des EuGVÜ), EuGH, 27.4.2004, Rs. C-159/02, *Turner*, EU:C:2004:228, Rdn. 43. Auch zum Schutz einer Schiedsvereinbarung ist eine *anti-suit injunction* gegen ein vor einem Gericht eines EU-Mitgliedstaates anhängiges Zivilverfahren (das auf einem Gerichtsstand der EuGVO beruht) unzulässig, EuGH, 10.2.2009, Rs. C-185/07, *Allianz*, EU:C:2009:69, Rdn. 29 f.

332 EuGH, 1.3.2005, Rs. C-281/02, *Owusu*, EU:C:2005:120, Rdn. 38–40.

333 EuGH, 1.3.2005, Rs. C-281/02, *Owusu*, EU:C:2005:120, Rdn. 23 ff.; der Gerichtshof stellte dabei das Ziel des EuGVÜ heraus, durch einheitliche Gerichtsstandsregeln das Funktionieren des Binnenmarktes zu verbessern – ein Argument, das allerdings für einen Unfall auf den Bahamas nicht zwingend zutrifft.

334 So die englische Kritik, vgl. etwa *Andrews*, GPR 2005, 8, 12 ff.; *Fentiman*, in: Nuyts/Watté (ed.), International Civil Litigation, S. 83, 84 ff.; *Briggs*, ZSR 124 II (2005), 231 ff.; *Hartley*, ICLQ 54 (2005), 813 ff.; *Harris*, JPrInt'l L 4 (2008), 347, 359 ff.; zurückhaltend hingegen *Dickinson*, The Rome II Convention, Rdn. 4.107 f.

ten.[335] Die Überlagerung von EU-Sekundärrecht (Verordnungen!) durch abweichende bzw. derogatorische Praktiken in den EU-Mitgliedstaaten kann der Gerichtshof, der für die Wahrung der einheitlichen Anwendung des Unionsrechts in den Mitgliedstaaten berufen ist, nicht tolerieren.[336]

Aus der Perspektive des kontinentalen Verfahrensrechts erscheinen umgekehrt die Vorlageersuchen der englischen Gerichte durchaus „mutig“: Letztlich wollten die vorlegenden Richter den Gerichtshof veranlassen, vom klaren Wortlaut des Gemeinschaftsrechtsakts abzuweichen. Eine derartige, gesetzesübersteigende Rechtsfortbildung bedarf jedoch besonderer Legitimation.[337] Ihr standen zudem allgemeine Effizienzerwägungen des Gemeinschaftsrechts entgegen. Schon der *Schlosser*-Bericht zum 1. Beitrittsübereinkommen zum EuGVÜ hatte auf die „Chancenlosigkeit“ der *forum non conveniens*-Lehre im Europäischen Zivilprozess verwiesen.[338] Letztlich resultierte das Unbehagen an der *Owusu*-Entscheidung weniger an der Ablehnung der *forum non conveniens*-Lehre, sondern vielmehr an der massiven Ausweitung des Anwendungsbereichs des Europäischen Prozessrechts im Verhältnis zu Drittstaaten.[339] 4.75

b) Integrationsbezogene, evolutive Auslegung

Die unionsrechtsbezogene Interpretation ermöglicht dem EuGH die Übertragung von Integrationsfortschritten in die Auslegung des Europäischen Zivilprozessrechts.[340] Beispiele hierfür sind das seit den 1990er Jahren verstärkt hervorgehobene Argument, dass das EuGVÜ das Ziel verfolge, den gerichtlichen Rechtsschutz im Binnenmarkt zu gewährleisten.[341] Auf derselben Linie liegen das seit der Jahrtausendwende regelmäßig zitierte Ziel der Urteilsfreizügigkeit und der Grundsatz des wechselseitigen Vertrauens in die Gleichwertigkeit der Justiz der Mitgliedstaaten.[342] Programmatische Aussagen zur Übertragung allgemeiner unionsrechtlicher Grundsätze auf das Europäische Prozessrecht enthielt das Grundsatzurteil *Leffler*: Als erstes Urteil, das zu einem nach Art. 65 EG (heute: Art. 81 AEUV) erlassenen Rechtsakt (zur EuZustVO) erging, verfolgte es offen rechtspolitische Zielsetzungen. Aus dem Inkrafttreten des Amster- 4.76

335 *Hess*, in: ders./Lenaerts (ed.), The 50th Anniversary of the European Law of Civil Procedure (2020), S. 11, 42 f.

336 Beispiel: EuGH, 16.6.2016, Rs. C-511/14, *Pebros Servizi*, EU:C:2016:448, Rdn. 35 ff.: keine Interpretation der „unbestrittenen Forderung“ (Art. 3 b) EuVTVO) nach Maßgabe des italienischen Prozessrechts.

337 Dazu unten § 4 III, Rdn. 4.93 ff.

338 *Schlosser*-Bericht, ABl. EG 1979 C-59/71, Rdn. 78 („Eine Rechtshängigkeit im Ausland außer Betracht zu lassen, verbietet Art. 21 [EuGVÜ] ausdrücklich“).

339 Berechtigte Kritik bei *Jayme/Kohler*, IPRax 2005, 481 f. Die *Owusu*-Entscheidung bereitete den Weg für die Bejahung ausschließlicher Außenkompetenzen im Lugano-Gutachten, EuGH, 7.2.2006, Avis 1/03, *Parallelübereinkommen Lugano*, EU:C:2006:81, Rdn. 143–146.

340 Dazu bereits oben § 2 III, Rdn. 2.64 sowie unten § 5 I, Rdn. 5.10 ff.

341 EuGH, 10.2.1994, Rs. C-398/92, *Mund & Fester*, EU:C:1994:52; EuGH, 3.5.2007, Rs. C-386/05, *Color Drack*, EU:C:2007:262, Rdn. 19 f.

342 Dazu sogleich unten § 4 II 2, Rdn. 4.81 ff.

damer Vertrages leitete die Große Kammer die Konsequenz ab, die autonome Auslegung als Regel anzuerkennen und einen Rückgriff auf die *leges fori* der Mitgliedstaaten möglichst zu vermeiden.[343] Sie distanzierte sich zudem von einer unbesehenen Anwendung der früheren Rechtsprechung, soweit diese nicht mehr dem aktuellen Integrationstand des europäischen Zivilprozessrechts entspricht.[344] *Leffler* übertrug zudem ausdrücklich die Gebote der praktischen Wirksamkeit und der Effektivität des Unionsrechts in das Europäische Prozessrecht[345] – diese Formulierungen hatte der Gerichtshof für das EuGVÜ, wohl wegen dessen völkerrechtlicher Natur, nicht direkt gebraucht. Die Praxis des EuGH zu den nach Art. 65 EG/81 AEUV erlassenen Sekundärrechtsakten zeigt, dass die oben aufgeführten, unterschiedlichen Interpretationsphasen des Europäischen Zivilprozessrechts in seine Auslegung unmittelbar mit eingehen.[346] In vergleichbarer Weise hat das Urteil *Diageo Brands*[347] den Grundsatz wechselseitigen Vertrauens dahin konkretisiert, dass die Berufung auf den ordre public im Anerkennungsverfahren die Ausschöpfung gerichtlichen Rechtsschutzes im Erststaat erfordert.[348] Im Urteil *Meroni* stellte der EuGH einen unmittelbaren Bezug zwischen Art. 47 GRC und Art. 34 Nr. 1 EuGVO/heute 45 I lit. a) EuGVO her – nach dem Inkrafttreten der Grundrechte-Charta.[349]

4.77 Die Verwendung von allgemeinen Auslegungsmethoden des Unionsrechts eröffnet dem Gerichtshof allerdings keinen unbegrenzten Zugriff auf die nationalen Prozessrechte. Dies verdeutlicht insbesondere seine (vorsichtige) Praxis zur Rechtsfortbildung.[350] So hat der Gerichtshof es beispielsweise abgelehnt, Art. 6 Nr. 3 / Art. 8 Nr. 3 EuGVÜ/EuGVO auf die Prozessaufrechnung anzuwenden. Der EuGH argumentierte hier durchaus „formalistisch“: Zum einen würden zahlreiche Prozessrechte der Mitgliedstaaten systematisch zwischen Angriffs- und Verteidigungsmitteln unterscheiden, zum anderen sei die Prozessaufrechnung in den maßgeblichen Sprachfassungen des Übereinkommens

---

343 EuGH, 8.11.2005, Rs. C-443/03, *Leffler*, EU:C:2005:665, Rdn. 43 ff.; seitdem st. Rspr. vgl. etwa EuGH, 13.7.2006, Rs. C-103/05, *Reisch Montage*, EU:C:2006:471, Rdn. 27; EuGH, 2.4.2009, Rs. C-523/07, *A*, EU:C:2009:225, Rdn. 34 (die Anwendung des Rechts der Mitgliedstaaten erfordert eine explizite Ermächtigung im auszulegenden Unionsrechtsakt).

344 EuGH, 8.11.2005, Rs. C-443/03, *Leffler*, EU:C:2005:665, Rdn. 45; ebenso EuGH, 12.2.2009, Rs. C-339/07, *Seagon*, EU:C:2009:83, Rdn. 18 ff. (zum Verhältnis von EuGVO und EuInsVO).

345 EuGH, 8.11.2005, Rs. C-443/03, *Leffler*, EU:C:2005:665, Rdn. 51; ebenso EuGH, 7.2.2006, Avis 1/03, *Parallelübereinkommen Lugano*, EU:C:2006:81, Rdn. 133; EuGH, 3.5.2007, Rs. C-386/05, *Color Drack*, EU:C:2007:262, Rdn. 17 ff. (zum Regelungsziel der EuGVO, die Gerichtsstände im Europäischen Justizraum zu vereinheitlichen); EuGH, 10.2.2009, Rs. C-185/07, *Allianz*, EU:C:2009:69, Rdn. 24.

346 Zu diesem vgl. oben § 3 I, Rdn. 3.7 ff. Deutlich EuGH, 7.2.2006, Avis 1/03, *Parallelübereinkommen Lugano*, EU:C:2006:81, Rdn. 134 ff., insbesondere Rdn. 148 und 163.

347 EuGH, 16.7.2015, Rs. C-681/13, *Diageo Brands*, EU:C:2015:471.

348 EuGH, 16.7.2015, Rs. C-681/13, *Diageo Brands*, EU:C:2015:471, Rdn. 40–45, 60 ff., 63–64.

349 EuGH, 25.5.2016, Rs. C-559/14, *Meroni*, EU:C:2016:349, Rdn. 42–45; in Fortführung von EuGH, 16.7.2015, Rs. C-681/13, *Diageo Brands*, EU:C:2015:471, Rdn. 40–45; und ausdrücklich EuGH, 11.9.2014, Rs. C-112/13, *A*, EU:C:2014:2195, Rdn. 51, dazu *Hess*, in: ders./Lenaerts (ed.), The 50th Anniversary of the European Law of Civil Procedure (2020), S. 11, 25 ff.

350 Dazu sogleich unten § 4 III, Rdn. 4.93 ff.

ein Verteidigungsmittel. Damit wurde die Aufrechnung – entgegen dem Vorschlag des vorlegenden Gerichts – der Kompetenz der nationalen Prozessrechte überantwortet.[351]

c) Gegenseitiges Vertrauen in die Rechtsstaatlichkeit der Gerichtssysteme der Mitgliedstaaten

Der Grundsatz des „gegenseitigen Vertrauens" in die Gleichwertigkeit europäischer Justizsysteme beinhaltet zunächst ein prägendes Regelungskonzept des Europäischen Gesetzgebers.[352] Neuere Urteile des EuGH verwenden den Vertrauensgrundsatz regelmäßig für die Auslegung des Europäischen Prozessrechts.[353] Im Urteil *Gasser*[354] entschied der Gerichtshof, dass die (behauptete) zögerliche Behandlung des Rechtsstreits im zuerst angegangenen Gericht eines anderen Mitgliedstaates für sich allein kein Grund ist, um von der strikten Rechtshängigkeitsregel des Art. 21 EuGVÜ/27 EuGVO abzuweichen.[355] In *Grovit./.Turner* stellte der EuGH klar, dass ein nach Art. 17 EuGVÜ/Art. 23 EuGVO prorogiertes Gericht nicht befugt ist, eine *anti-suit injunction* zu erlassen, die es einer Partei verbietet, an einem anderen Gericht im Europäischen Justizraum zu klagen: Auch hier sei Art. 21 EuGVÜ/27 EuGVO vorrangig, jedes Zivilgericht im Europäischen Justizraum ist befugt (und verpflichtet), seine Zuständigkeit nach Art. 26 f. EuGVO zu prüfen.[356] Danach müsse das zuerst angerufene Gericht die Klage (wegen der Gerichtsstandsvereinbarung) als unzulässig zurückweisen, das prorogierte Gericht habe diese Entscheidung abzuwarten.[357] Wechselseitiges Vertrauen bedeutet hier die strikte Anwendung (und Befolgung) der Unionsrechtsakte durch alle befassten Gerichte. Angesichts der Gleichwertigkeit der Justizsysteme aller Mitgliedstaaten seien identische Ergebnisse bei der Anwendung des Unionsrechtsakts zu erwarten.[358] Soweit es um die Auslegung des Unionsrechts geht, kann das zuerst angerufene Gericht den EuGH mit dessen Auslegung nach Art. 267 AEUV befassen.[359] **4.78**

351 EuGH, 13.7.1995, Rs. C-341/93, *Danværn*, EU:C:1995:239, Rdn. 11 ff., dazu unten § 6 II, Rdn. 6.100.

352 Vgl. oben § 3 II, Rdn. 3.21 ff.

353 EuGH, 27.4.2004, Rs. C-159/02, *Turner*, EU:C:2004:228, Rdn. 41; EuGH, 7.2.2006, GA 1/03, *Parallelübereinkommen Lugano*, EU:C:2006:81, Rdn. 163; EuGH, 10.2.2009, Rs. C-185/07, *Allianz*, EU:C:2009:69, Rdn. 24; EuGH, 16.7.2015, Rs. C-681/13, *Diageo Brands*, EU:C:2015:471, Rdn. 40; EuGH, 25.5.2016, Rs. C-559/14, *Meroni*, EU:C:2016:349, Rdn. 42 ff.

354 EuGH, 9.12.2003, Rs. C-116/02, *Gasser*, EU:C:2003:657, dazu *Schilling*, IPRax 2004, 294; *Metzger*, Extra legem, S. 370 ff.

355 Zur inhaltlichen Kritik an dieser Entscheidung vgl. unten § 6 III, Rdn. 6.189.

356 So ausdrücklich EuGH, 10.2.2009, Rs. C-185/07, *Allianz*, EU:C:2009:69, Rdn. 29; zuvor EuGH, 27.6.1991, Rs. C-351/89, *Overseas Union Insurance*, EU:C:1991:279, Rdn. 24.

357 Dasselbe gilt für *anti-suit injunctions* zur Durchsetzung von Schiedsklauseln EuGH, 10.2.2009, Rs. C-185/07, *Allianz*, EU:C:2009:69, Rdn. 19 ff.; das Verbot der *anti-suit injunctions* gilt jedoch nicht für Schiedsgerichte, EuGH, 13.5.2015, Rs. C-536/13, *Gazprom*, EU:C:2015:316, unten § 6 I, Rdn. 6.30 f.

358 Ebenso EuGH, 11.7.2008, Rs. C-195/08 PPU, *Inga Rinau*, EU:C:2008:406, Rdn. 50.

359 EuGH, 16.7.2015, Rs. C-681/13, *Diageo Brands*, EU:C:2015:471, Rdn. 65, zur behaupteten Verletzung der Enforcement-RL 2004/48 durch das bulgarische Erstgericht.

4.79 Folglich dürfen die Gerichte der Mitgliedstaaten nicht gegen den Wortlaut der Unionsrechtsakte einseitige Schutzmaßnahmen in Bezug auf anhängige Verfahren vor den Zivilgerichten anderer Mitgliedstaaten erlassen. Andernfalls drohen schwere Justizkonflikte im Europäischen Justizraum.[360] Der EuGH zieht den Grundsatz des wechselseitigen Vertrauens sogar heran, um zu begründen, dass im Einzelfall Fehlurteile hinzunehmen sind[361] – die nicht hinreichende Beachtung von Unionsrecht (etwa der Marktfreiheiten oder der Zuständigkeitsvorschriften der EuGVO) erlaube für sich allein keine Einschränkung der Urteilsfreizügigkeit.[362] Hier hat das Erfordernis der Rechtssicherheit Vorrang vor einer offenen Korrektur des Unionsrechtsakts (*contra legem*), um Einzelfallgerechtigkeit zu ermöglichen.[363]

4.80 Zwischenzeitlich erschien die Rechtsprechung des EuGH zum Vertrauensprinzip und zur strikten Bindung der Unionsgerichte an die Regelungen der europäischen Prozessrechtsakte tendenziell zu rigide.[364] Angesichts der unterschiedlichen nationalen Justizsysteme gibt es gerade im internationalen Zivilprozessrecht zahlreiche Situationen, in denen – etwa wegen eines massiven Verfahrensmissbrauchs einer Partei – die wortwörtliche Befolgung des Unionsrechtsakts (und des dahinter stehenden Vertrauensprinzips) in der Rechtspraxis zu evidenten Ungerechtigkeiten führt.[365] Das herkömmliche IZVR lässt den Missbrauchseinwand im Rahmen des *ordre public* zu.[366] Auch das Europäische Zivilprozessrecht kann derartige Situationen nicht einfach ignorieren. In einer solchen Ausnahmesituation können insbesondere die Europäischen Prozessgrundrechte eine Abweichung von der wortwörtlichen Befolgung des Unionsrechtsakts gebieten.[367] Aus diesem Grund ist eine unbesehene Aufgabe des *ordre public*-Vorbehalts nicht anzuraten.[368] Sie wird inzwischen weder vom Unions-

---

360 *Mansel/Thorn/Wagner*, IPRax 2009, 1, 13.

361 *Blobel/Späth*, EuLR 30 (2005) 528, 532 ff.

362 EuGH, 11.5.2000, Rs. C-38/98, *Renault*, EU:C:2000:225, Rdn. 26: die unzureichende Beachtung von Art. 28, 30 EG durch das Erstgericht ist per se kein Anerkennungshindernis im Sinne von Art. 27 EuGVÜ/34 Nr. 1 EuGVO, dazu *Hess*, IPRax 2001, 301, 302 f. Ebenso EuGH, 2.4.2009, Rs. C-394/07, *Gambazzi*, EU:C:2009:219, Rdn. 26 ff.

363 Deutlich EuGH, 16.3.2006, Rs. C-234/04, *Kapferer*, EU:C:2006:178, Rdn. 19 ff. – keine Durchbrechung der Rechtskraft im Fall der Nichtbeachtung zwingenden Verbraucherprozessrechts.

364 Vgl. dazu *Kohler*, ZEuS 2016, 141, 143 ff., oben § 3 II, Rdn. 3.31 ff.

365 Dazu etwa *Andrews*, GPR 2005, 8, 12 ff.

366 *Hess/Pfeiffer/Schlosser*, The Brussels I Regulation, Rdn. 478 ff. (mit Hinweisen zur Rechtspraxis in den Mitgliedstaaten).

367 So nunmehr EuGH, 26.4.2018, Rs. C-34/17, *Donnellan*, EU:C:2018:282: Schwere Verfahrensfehler im Erststaat ermöglichen die Nichtanerkennung einer Beitreibungsentscheidung unter der RL 2010/24/EU über die Beitreibung von Forderungen in Bezug auf Steuern und Abgaben gegen den Wortlaut der Richtlinie selbst, dazu *Hess*, in: Travaux du Comité Français DIP (2019), 329, 345 f.

368 Zurückhaltend Schlussanträge GAin *Kokott*, 18.12.2008, Rs. C-394/07, Rdn. 32 ff. – Verletzung des Grundrechts auf faires Verfahren kann eine Versagung der Anerkennung nach Art. 34 Nr. 1 EuGVO rechtfertigen, ebenso EuGH, 2.4.2009, Rs. C-394/07, *Gambazzi*, EU:C:2009:219, Rdn. 26 ff. Zum Problem *Hess/Pfeiffer/Schlosser*, The Brussels I Regulation, Rdn. 557 ff.; 565 f.

gesetzgeber noch vom Gerichtshof als Regelungsziel vertreten.[369] Das wechselseitige Vertrauen in das Funktionieren der Justizsysteme der Mitgliedstaaten findet Grund und Grenze im Respekt der Charta der Grundrechte, diese geht unmittelbar in den *ordre public* des ersuchten Mitgliedstaats ein.[370]

4. Prinzipienorientierte Auslegung des Europäischen Prozessrechts

Die an den Zwecken des Europäischen Prozessrechts orientierte Judikatur des Gerichtshofs beinhaltet methodisch eine prinzipiengeleitete Rechtsfindung.[371] Rechtsprinzipien formen heute das innere System des Europäischen Prozessrechts aus, sie stehen quasi als zweite Ebene hinter den konkreten Normen der Rechtsverordnungen. Die Prinzipien enthalten Optimierungsgebote, sie steuern die Anwendung des positiven Rechts, ermöglichen seine Systematisierung und seine Rückbindung an die allgemeinen Ziele des Unionsrechts.[372] Die vom EuGH bevorzugte systematische und teleologische Interpretation setzt übergeordnete Prinzipien voraus.[373] Diese leitet der Gerichtshof zunächst induktiv aus den jeweiligen Rechtsakten selbst ab.[374] Er bezieht jedoch auch den Kontext zum allgemeinen Unionsrecht ein. Diese Form der Rechtsfindung wird durch die Integration des Europäischen Prozessrechts in den Stufenbau des Unionsrechts nachhaltig gefördert. Nicht nur die positiven Sekundärrechte selbst, sondern insbesondere die Grundfreiheiten und die europäischen Prozessgrundrechte enthalten Prinzipien, die die Auslegung steuern.[375] Umgekehrt hat der EuGH auf der Ebene des EuGVÜ mit der Herausstellung des „freien Verkehrs gerichtlicher Entscheidungen im Binnenmarkt“[376] als Regelungsziel des Übereinkommens ein immanentes 4.81

369 Dazu oben § 3 II, Rdn. 3.34 ff.

370 *Lenaerts*, CMLR 54 (2017), 805, 824 ff.

371 So *Pontier/Burg*, EU-Principles, S. 5 ff. unter Bezugnahme auf *H.L.A. Hart* und *R. Dworkin*; zuvor *Pfeiffer*, JbJZR Wiss. 1991, 71, 77 ff.; kritisch zum methodischen Ansatz *Oberhammer*, RabelsZ 72 (2008), 627 ff.

372 Vgl. oben § 4 II, Rdn. 4.42 f.

373 Der Gerichtshof hat dabei seine Judikatur zunächst auf das innere System des EuGVÜ beschränkt. Erst seit den 1990er Jahren finden sich Hinweise auf Regelungen anderer Gemeinschaftsakte und die Hervorhebung der Regelungsziele des Übereinkommens, vgl. *Hess*, in: ders./Lenaerts (ed.), The 50th Anniversary of the European Law of Civil Procedure (2020), S. 5 ff.

374 Insbesondere: Zugang zum Recht, Vorhersehbarkeit, Wahrung rechtlichen Gehörs, Urteilsfreizügigkeit und wechselseitiges Vertrauen.

375 Insbesondere Art. 47 GRC sowie Art. 6 EMRK, dazu bereits *Hess*, JZ 2005, 540, 543 ff.; *Lenaerts*, CMLR 54 (2017), 805, 812; anders *Düsterhaus*, ZEuP 2018, 10 ff.; oben § 4 I, Rdn. 4.9 ff.

376 Etwa EuGH, 17.6.1999, Rs. C-260/97, *Unibank*, EU:C:1999:312, Rdn. 14, weitere Nachweise bei *Pontier/Burg*, Principles, S. 27, Fn. 2.

Prinzip des Europäischen Prozessrechts entwickelt, das von der Formulierung und dem Geltungsanspruch her den Grundfreiheiten durchaus entspricht.

4.82 Methodisch unterscheidet sich die Rechtsfindung im Europäischen Zivilprozessrecht nicht von der prinzipiengeleiteten Auslegung des nationalen Rechts; die Entwicklung eines inneren und äußeren Systems hat gerade im Verfahrens- aber auch im Kollisionsrecht Tradition.[377] Systematisches, bzw. prinzipiengeleitetes Rechtsdenken hat speziell in Deutschland aufgrund der verfassungskonformen Auslegung in den letzten 70 Jahren erhebliche Ausbreitung erfahren.[378] Prinzipiengeleitete Rechtsfindung prägt insbesondere das Zivilprozessrecht, dessen dogmatisches Verständnis durch die Entwicklung von allgemeinen Maximen und die Ausformung des rechtlichen Gehörs nachhaltig befördert wurde.[379] Diesen dogmatischen Ansatz hat die neuere Literatur auch für das internationale Zivilprozessrecht, insbesondere die Systematisierung der internationalen Zuständigkeit, fruchtbar gemacht.[380]

4.83 *Pontier* und *Burg* haben leitende Prinzipien des Europäischen Prozessrechts anhand der Rechtsprechung des EuGH zum EuGVÜ zusammengestellt.[381] Nach ihrer Einschätzung prägen vier *„main principles"* die Judikatur des Gerichtshofs, die sich auf die Regelungszwecke des Europäischen Internationalen Zivilprozessrechts zurückführen lassen.[382] Das wichtigste Prinzip ist die Urteilsfreizügigkeit,[383] es beherrscht die einheitliche Auslegung der Rechtshängigkeits- und Anerkennungsregeln, es setzt sich (auch mit Hilfe des *effet utile*) im Anerkennungsverfahren

377 Vgl. *Hess*, Intertemporales Privatrecht (1998), S. 24 f., 357 ff.

378 Dazu *Canaris*, Systemdenken (2. Aufl. 1983), S. 90 ff.; zum „lückenfüllenden Rekurs auf allgemeine Grundsätze"; *Gruber*, Methoden, S. 294 ff.; *Neuner*, Rechtsfindung contra legem (2. Aufl. 2005), S. 105 ff.

379 Dazu etwa Rosenberg/Schwab/*Gottwald*, Zivilprozessrecht, §§ 76–82 (Verfahrensgrundsätze als „wertende Prinzipien"). Die prinzipienbezogene Auslegung des Prozessrechts ist in anderen Rechtsordnungen gleichfalls geläufig, vgl. etwa *Andrews*, English Civil Procedure, Rdn. 01 ff. (zu den overriding principles der C.P.R. Part. 1); *Guinchard/Ferrand/Chanais*, Procédure Civile, Rdn. 639 ff. (über die „principes directeurs du procès civil", vgl. Art. 1 ff. C.P.C.).

380 Vgl. *Pfeiffer*, Internationale Zuständigkeit, S. 51 ff., 202 ff. im Anschluss an *Schröder*, Internationale Zuständigkeit (1971); auch *Schack*, IZVR, Rdn. 34 ff. nennt (heterogene) „Prinzipien" (Gleichheit, Gegenseitigkeit, *lex fori*, Qualifikation und Parteiautonomie).

381 *Pontier/Burg*, EU-Principles, S. 241 (Auflistung der *„principles"* und hieraus abgeleiteter *„subprinciples"*); zur fortwirkenden Anwendung dieser Grundsätze in der Rechtsprechung des Gerichtshofs *Hess*, in: ders./Lenaerts (ed.), The 50th Anniversary of the European Law of Civil Procedure (2020), S. 11, 19 ff.

382 Vgl. oben § 1 III, Rdn. 1.18 ff.

383 EwG 6 der EuGVO stellt den „freien Verkehr der Entscheidungen in Zivil- und Handelssachen" an die Spitze der in den Erwägungsgründen genannten Prinzipien. Vgl. etwa EuGH, 16.2.2006, Rs. C-3/05, *Verdoliva*, EU:C:2006:113, Rdn. 27 („wichtigstes Ziel des Übereinkommens").

gegenüber entgegenstehenden, nationalen Vorschriften durch. Die Urteilsfreizügigkeit impliziert die enge Auslegung der Anerkennungshindernisse des Art. 34 EuGVO aF/45 I lit. a) EuGVO.[384] Die Urteilsfreizügigkeit erklärt sich systematisch aus dem unionsrechtlichen Hintergrund des Europäischen Prozessrechts, aus seiner Funktion, die justiziellen Infrastrukturen des Binnenmarktes und des Europäischen Justizraums bereitzustellen.[385]

Das zweite Rechtsprinzip betrifft den Schutz der Beklagtenrechte.[386] Es findet 4.84
sich einerseits in Judikatur zu Art. 27 Nr. 2 EuGVÜ/34 Nr. 2 EuGVO aF/45 I lit. b) EuGVO, insbesondere in der strengen Interpretation der ordnungsgemäßen und rechtzeitigen Zustellung des verfahrenseinleitenden Schriftstücks,[387] aber auch in der weiten Interpretation des allgemeinen Beklagtengerichtsstands des Art. 2 EuGVÜ/Art. 4 EuGVO und der daraus abgeleiteten, wenig überzeugenden,[388] engen Auslegung der besonderen Gerichtsstände des 2. Kapitels der EuGVO.[389] Die *Krombach*-Entscheidung[390] hat dabei das Recht auf effektive Verteidigung als Teil des gemeinschaftsrechtlichen *ordre public* anerkannt. Der Schutz der Beklagtenrechte führt unmittelbar zur menschenrechtlichen Dimension des europäischen Verfahrensrechts. Er lässt sich aber auch aus seiner Rechtsnatur als Prozessrecht herleiten, das ein faires Verfahren garantiert.[391]

---

384 Zusammenstellung der Rechtsprechung bei Rauscher/*Leible*, Art. 34 EuGVO, Rdn. 2 und 9; *Pontier/Burg*, EU-Principles, S. 33 ff.

385 Dazu bereits *Hess*, IPRax 1999, 389 ff.; EuGH, 7.2.2006, Avis 1/03, *Parallelübereinkommen Lugano*, EU:C:2006:81, Rdn. 163 f.

386 *Pontier/Burg*, EU-Principles, S. 45 ff.

387 EuGH, 14.12.2006, Rs. C-283/05, *ASML*, EU:C:2006:787, Rdn 24 ff.; EuGH, 16.2.2006, Rs. C-3/05, *Verdoliva*, EU:C:2006:113, Rdn. 29; EuGH, 3.7.1990, Rs. C-305/88, *Lancray./.Peters*, EU:C:1990:275, Rdn. 23.

388 Die Bezugnahme auf übergeordnete Rechtsgrundsätze bewahrt den EuGH allerdings nicht immer vor Fehleinschätzungen: Dies gilt für den in st. Rspr. wiederholten Gedanken, dass die besonderen Gerichtsstände der Art. 7 ff. EuGVO als „Ausnahme" von der allgemeinen Beklagtenzuständigkeit nach Art. 4 ff. EuGVO eng auszulegen seien. Hier verweigert sich der Gerichtshof der (auf der Prinzipienebene vorzunehmenden) Abwägung der jeweils intendierten Regelungszwecke der Gerichtsstände, vgl. dazu EuGH, 27.10.1998, Rs. C-51/97, *Réunion européenne*, EU:C:1998:509, gegen diese Rechtsprechung auch *Schlosser*, in: Schlosser/Hess, Art. 7 EuGVVO, Rdn. 1; unten § 6 II, Rdn. 6.41 f.

389 EuGH, 13.7.2006, Rs. C-103/05, *Reisch*, EU:C:2006:471, Rdn. 24 f.; EuGH, 27.09.1988, Rs. C-189/87, *Kalfelis*, EU:C:1988:459, Rdn. 8 f.; EuGH, 10.3.1992, Rs. C-214/89, *Powell Duffryn*, EU:C:1992:115, Rdn. 20; EuGH, 22.3.1983, Rs. C-34/82, *Peters*, EU:C:1983:87, Rdn. 17; *Pontier/Burg*, Principles, S. 98 ff.

390 EuGH, 28.3.2000, Rs. C-7/98, *Krombach*, EU:C:2000:164; ebenso EuGH, 14.12.2006, Rs. C-283/05, *ASML*, EU:C:2006:787, Rdn. 26 ff.; EuGH, 2.4.2009, Rs. C-394/07, *Gambazzi*, EU:C:2009:219, Rdn. 26 ff.; EuGH, 6.9.2012, Rs. C-619/10, *Trade Agency*, EU:C:2012:531; EuGH, 16.7.2015, Rs. C-681/13, *Diageo Brands*, EU:C:2015:471.

391 Dazu oben § 4 I, Rdn. 4.12 ff.

4.85 Als drittes, vordergründig regelungstechnisches Rechtsprinzip führen *Pontier* und *Burg*[392] die Vorhersehbarkeit und Rechtsklarheit (*legal certainty*) an.[393] Dieser Rechtsgedanke prägt vor allem die Auslegung der Gerichtsstände des II. Teils der EuGVO. Bei der Auslegung von Zuständigkeits- und Rechtshängigkeitsregeln bemüht sich der EuGH um begriffliche Klarheit und lässt Abweichungen vom Wortsinn nur ausnahmsweise zu.[394] Hinter diesem Grundsatz stehen gleichermaßen prozessuale wie kollisionsrechtliche Erwägungen – das Gebot der Normenklarheit und Vorhersehbarkeit limitiert insbesondere die rechtsnormenübergreifende Rechtsfortbildung durch den Gerichtshof.[395]

4.86 Den letzten Grundsatz formulierten *Pontier* und *Burg* dahin, dass Rechtsstreitigkeiten vom angemessenen Gericht entschieden werden. Unter diesen „abstrakten" Oberbegriff fassen sie mehrere heterogene Rechtsgedanken, vor allem den Schutz der schwächeren Partei (Art. 8–21 EuGVO) und die Parteiautonomie (Art. 25 EuGVO). Hier erscheint eine weitere Ausdifferenzierung notwendig: sowohl der Schutz der schwächeren Partei als auch die prozessuale Implementierung der Parteiautonomie sind jeweils eigenständige Prinzipien.[396] Beide lassen sich vor allem aus dem systematischen Bezug des Europäischen Zivilprozessrechts zum Kollisionsrecht legitimieren.

4.87 Insgesamt betrachtet erscheint die Zusammenstellung der Prinzipien nicht ganz vollständig.[397] Zutreffend und weiterführend erscheint hingegen der methodische Ansatz, die Judikatur des EuGH zum EuGVÜ (und zum europäischen Prozessrecht insgesamt) anhand immanenter und übergeordneter Prinzipien zu systematisieren.[398] Unstreitig haben die Autoren den Nachweis geführt, dass die Prinzipienebene die Rechtsfindung im europäischen Prozessrecht bereits seit langem steuert. Die Existenz eines inneren Systems des Europäischen Prozessrechts lässt sich nicht mehr in Abrede stellen.[399] Dieses ergänzen allerdings weitere Prinzipien des europäischen Primärrechts. Diskriminierungsverbote, praktische Wirksamkeit *(effet utile)*, wech-

392 *Pontier/Burg*, EU-Principles, S. 83 ff.

393 Vgl. u.a. EuGH, 6.10.1976, Rs. C-14/76, *De Bloos*, EU:C:1976:134, Rdn. 12; EuGH, 27.10.1998, Rs. C-51/97, *Réunion européenne*, EU:C:1998:509, Rdn. 44; EuGH, 19.5.1998, Rs. C-351/96, *Drouot Assurances*, EU:C:1998:242, Rdn. 18; EuGH, 19.2.2002, Rs. C-256/00, *Besix*, EU:C:2002:99, Rdn. 29; EuGH, 1.3.2005, Rs. C-281/02, *Owusu*, EU:C:2005:120, Rdn. 40.

394 Deutlich: EuGH, 9.12.2003, Rs. C-116/02, *Gasser*, EU:C:2003:657, Rdn. 41 ff. (zur Durchbrechung der Rechtshängigkeitsregel bei ausschließlichen Gerichtsstandsvereinbarungen und bei Verfahrensverzögerungen), dazu *Lenaerts/Stapper*, RabelZ 78 (2014), 252, 275 f.

395 Beispiel: EuGH, 3.5.2007, Rs. C-386/05, *Color Drack*, EU:C:2007:262, Rdn. 19 f.

396 Dafür spricht die jeweils eigenständige Erwähnung in EwG 13 und in EwG 14 zur EuGVO.

397 So auch *Oberhammer*, RabelsZ 72 (2008), 627 ff.

398 Vgl. *Bomhoff*, Judicial Discretion, S. 30 ff.: „interpretative strategies".

399 Zur Bezugnahme auf die Prinzipienebene in den Erwägungsgründen der Unionsrechtsakte vgl. oben § 4 II, Rdn. 4.71.

selseitiges Vertrauen in die Justizsysteme der Mitgliedstaaten[400] und zunehmend die konstitutionellen Vorgaben von Art. 47 GRC, Art. 6 EMRK.[401]

Allerdings lassen sich nicht sämtliche Regelungsprinzipien der Unionsverträge für die Auslegung des Sekundärrechts unbesehen fruchtbar machen. Ein Beispiel ist die Anwendung des Verhältnismäßigkeitsgrundsatzes des Art. 5 I, IV EUV.[402] Er lässt sich nicht dahin übertragen, dass eine erweiternde Auslegung bzw. Fortbildung der Unionsrechtsakte ein unzulässiger Übergriff in die nationalen Prozessrechte wäre oder dass bei der Lückenfüllung im Europäischen Zivilprozessrecht zuerst auf die nationalen Verfahrensrechte zurückzugreifen wäre.[403] Denn Art. 5 IV EUV betrifft das Verhältnis zwischen Unionsgesetzgeber und Mitgliedstaaten,[404] nicht hingegen die Auslegung der Unionsrechtsakte selbst.[405] **4.88**

Die Zusammenstellung der Prinzipien des Europäischen Zivilprozessrechts verdeutlicht ihre Wirkungsweise: Die Prinzipien enthalten Optimierungsgebote. Zwischen ihnen bestehen Zielkonflikte, die Auflösung erfolgt durch eine Abwägung im Einzelfall. Diese steuert zugleich die entscheidungserheblichen Normenkonflikte. Dabei darf die Judikatur des EuGH nicht als „apodiktische Floskelinterpretation" missverstanden werden.[406] Vielmehr ist es nötig, die jeweils maßgeblichen Prinzipien im Einzelfall herauszufiltern und angemessen zu gewichten. Dies führt zu Abwägungen, die ergebnisoffen und daher schwer vorhersehbar sind.[407] Dennoch unterscheidet sich das europäische Zivilprozessrecht grundsätzlich vom rein prinzipienorientierten (und ermessensgeleiteten) Zuständigkeitssystem des Common Law: Die Sekundärrechtsakte des Europäischen Prozessrechts enthalten ein äußeres System fester Regeln (vgl. das 2. Kapitel der EuGVO), die Prinzipienebene wird erst bei Auslegungszweifeln herangezogen, um die konkreten Auslegungsergebnisse abzustützen.[408] **4.89**

Naturgemäß bleibt bei der gleichermaßen autonomen und prinzipiengeleiteten Auslegung Rechtsunsicherheit bestehen. Rechtssicherheit wird hier letztlich nur durch eine „Verdichtung" der Rechtsprechung bewirkt, nämlich wenn der EuGH auf seine früheren Entscheidungen zurückgreifen und eine bestimmte Rechtsprechungs- **4.90**

---

400 Deutlich EuGH, 9.12.2003, Rs. C-116/02, *Gasser*, EU:C:2003:657, Rdn. 72; EuGH, 7.2.2006, Avis 1/03, *Parallelübereinkommen Lugano*, EU:C:2006:81, Rdn. 163.

401 Zu letzteren etwa *Adolphsen*, in: Renzikowski (Hrg.), EMRK, S. 39, 45 ff.; heute *Düsterhaus*, in: Gascón Inchausti/Hess (ed.), The Future of the European Law of Civil Procedure (2020), S.69 ff.

402 Vgl. oben § 2 IV, Rdn. 2.90 ff.

403 Grundlegend EuGH, 8.11.2005, Rs. C-443/03, *Leffler*, EU:C:2005:665, Rdn. 43 (Rückgriffe auf nationales Prozessrecht sind grundsätzlich zu vermeiden, um die Kohärenz und praktische Wirksamkeit des Gemeinschaftsrechts zu sichern).

404 Streinz/*Streinz*, Art. 5 EUV, Rdn. 43 f. („kompetenzielles Verhältnismäßigkeitsprinzip") mwN.

405 Die Erwähnung von Art. 5 III EG aF in den Erwägungsgründen der Europäischen Prozessrechtsakte (etwa EwG 5 und 6 der VO 1346/00/EG) ergibt sich aus den Vorgaben des Protokolls zum Subsidiaritätsprinzip, ABl. C 1997, 340/150 ff.

406 So polemisch *Scholz*, Autonome Auslegung, S. 39 ff.; zustimmend *H. Roth*, ZZP 113 (2000), 124 f.

407 Zur Abwägung zwischen prozessualer Effektivität und Wahrung der Beklagtenrechte vgl. EuGH, 2.4.2009, Rs. C-394/07, *Gambazzi*, EU:C:2009:219, Rdn. 26 ff.

408 Vgl. dazu insbesondere § 8 I, Rdn. 8.3 ff. über die Judikatur des EuGH zur EuZustVO.

linie entwickeln kann. Beispiele hierfür sind etwa die Judikatur zur Rechtshängigkeit nach Art. 21 EuGVÜ/27 EuGVO,[409] die autonome Abgrenzung des Vertrags- vom Deliktsgerichtsstand (Art. 5 Nr. 1 und 3 EuGVÜ/Art. 7 Nr. 1 und 2 EuGVO)[410] oder die restriktive Interpretation des Art. 6 Nr. 1 EuGVÜ/Art. 8 Nr. 1 EuGVO.[411] Diese Beispiele zeigen aber auch die Grenzen der prinzipiengeleiteten Rechtsfindung auf. In allen genannten Bereichen stellen sich bis heute Abgrenzungsfragen im Detail.

4.91 Dass eine prinzipiengeleitete Auslegung sichere Ergebnisse ermöglicht, zeigt beispielsweise das Urteil *Staubitz-Schreiber*.[412] Der Gerichtshof hatte über die Frage zu entscheiden, ob die Zuständigkeitsbegründung im europäischen Insolvenzrecht nach Art. 3 Abs. 1 VO 1346/00/EG (Ort der hauptsächlichen Interessen) auch die Konstellation erfasst, dass der Schuldner nach Eröffnung des Verfahrens seinen Wohnsitz in einen anderen Mitgliedstaat verlegt.[413] Der EuGH bejahte die Zuständigkeit der deutschen Insolvenzgerichte und stützte sie auf mehrere Kriterien: Für eine *perpetuatio fori* spreche zwar nicht der Wortlaut des Art. 3 Abs. 1 VO 1346/00/EG, jedoch das Ziel der Verordnung, Vermögensverschiebungen des Schuldners zu verhindern (Rdn. 5: Verweis auf den 4. EwG), sowie dem Ziel der VO, effiziente und abgestimmte Insolvenzverfahren im Justizraum zu ermöglichen (Rdn. 26: 2. und 8. EwG):[414] den Schutz des Gläubigers (Rdn. 27), das gemeinschaftsrechtliche Gebot klarer Zuständigkeitsregeln (Rechtssicherheit, Rdn. 28), schließlich die Sicherung der Universalität durch eindeutige Zuständigkeit des Gerichts des Hauptverfahrens (Rdn. 28). Man mag über die Gewichtung einzelner Kriterien diskutieren – das Beispiel verdeutlicht jedoch die Leistungsfähigkeit des prinzipienorientierten Auslegungsansatzes des EuGH, den dieser einerseits aus den Erwägungsgründen der Verordnung herleitet, andererseits aus den Zielsetzungen der EuInsO, aber auch aus allgemeinen Regelungsprinzipien des Europäischen Insolvenzrechts[415] entwickelt.

4.92 Auch im Europäischen Familienverfahrensrecht setzt der EuGH diese Rechtsprechungslinie fort. Das Grundsatzurteil *Inga Rinau* betont die Regelungsprinzipien der EheGVO im Bereich des Kindschaftsrechts, nämlich gegenseitiges Vertrauen in die Gerichtssysteme der Mitgliedstaaten sowie Schutz des Kindeswohls, den der Gerichtshof auf Art. 8 EMRK und auf Art. 23 GR-Charta stützt. Ausgehend von diesen Prinzipien bejahte der EuGH im konkreten Fall die Verpflichtung der litauischen Gerichte, die Rückführungsanforderungen der deutschen Familiengerichte nach Maßgabe der

---

409 Zusammenfassung der frühen Rechtsprechung bei *McGuire*, Verfahrenskoordination und Verjährungsunterbrechung im Europäischen Prozessrecht (2004), S. 85 ff.

410 EuGH, 20.1.2005, Rs. C-27/02, *Engler*, EU:C:2005:33, Rdn. 45 ff. Ebenso EuGH, 14.5.2009, Rs C-180/06, *Ilsinger*, EU:C:2009:303, Rdn. 40 ff. (zur Auslegung von Art. 17 EuGVO).

411 Vgl. oben § 4 II, Rdn. 4.56.

412 EuGH, 17.1.2006, Rs. C-1/04, *Staubitz-Schreiber*, EU:C:2006:39, Rdn. 21 ff.; zust. *Hess/Laukemann*, JZ 2006, 671 f.

413 Die Gemeinschuldnerin hatte nach Verfahrenseröffnung ihren Wohnsitz von Wuppertal nach Spanien verlegt, strebte jedoch weiterhin die Restschuldbefreiung im deutschen Insolvenzverfahren an.

414 Der Gerichtshof verwies mit Recht auf die absehbaren Folgen der gegenteiligen Auffassung: Bei wiederholtem Wohnsitzwechsel wären die Gläubiger gezwungen gewesen, jeweils am aktuellen Wohnsitz des Schuldners eine erneute Verfahrenseröffnung zu beantragen.

415 Rechtssicherheit bei der Bestimmung der zuständigen Gerichte, Vermeidung von *forum shopping*, unten § 9 I, Rdn. 9.7 f.

EheGVO umzusetzen und mit dem Hauptsachegericht in Deutschland zu kooperieren.[416] Der EuGH hat die im Urteil *Rinau* begonnene Rechtsprechung zur prinzipienorientierten Auslegung des Europäischen Familienverfahrensrechts konsequent fortentwickelt.[417] Der Europäische Gerichtshof für Menschenrechte hält die justizielle Zusammenarbeit auf der Grundlage des Vertrauensprinzips für vereinbar mit den Grundrechtsgewährleistungen der Art. 6 und 8 EMRK.[418]

III. Rechtsfortbildung im Europäischen Zivilprozessrecht

1. Auslegung und Rechtsfortbildung im Unionsrecht

Für das allgemeine Unionsrecht wird oft konstatiert, dass der EuGH nicht zwischen Auslegung (im Rahmen des gesetzlichen Wortsinns) und Rechtsfortbildung (in Abweichung vom Normwortlaut) unterscheide.[419] Dieser Befund lässt sich für das Europäische Zivilprozessrecht nicht bestätigen. Die Judikatur des EuGH, dass das Gebot der Rechtssicherheit eine strikte Befolgung des Normtextes von EuGVÜ/EuGVO impliziere,[420] hat eine deutliche Unterscheidung zwischen Gesetzesauslegung (unter Beachtung der Wortsinngrenze) und Gesetzesübersteigender Rechtsfortbildung zur Folge. **4.93**

Die Gesetzesübersteigernde Rechtsfortbildung ist nicht nur ein Problem der systemkonformen Fortführung des jeweiligen Unionsrechtsakts. Sie impliziert zugleich eine Kompetenzfrage: In dem Maß, in dem der EuGH eine entsprechende Anwendung des Unionsrechts auf die Regelungslücke zulässt, wird nationales Recht durch vorrangiges Unionsrecht verdrängt.[421] Aus diesem Grund hat der EuGH eine Gesetzesübersteigende Fortbildung des EuGVÜ nur in der Anfangsphase des Europäischen Zivilprozessrechts ausnahmsweise zugelassen. **4.94**

---

416 EuGH, 11.7.2008, Rs. C-195/08 PPU, *Inga Rinau*, EU:C:2008:406, Rdn. 47 f., sowie deren konkrete Umsetzung in Rdn. 56 ff.

417 EuGH, 27.11.2007, Rs. C-435/06, *C*, EU:C:2007:714, Rdn. 56 ff.; EuGH, 2.4.2009, Rs. C-523/07, *A*, EU:C:2009:225, Rdn. 45 ff. (zur Behördenkooperation).

418 EGMR, 18.6.2013, Nr. 3890/11, *Povse v. Österreich*, CE:ECHR:2013:0618JUD000389011; EGMR, 23.5.2016, Nr. 17502/07, *Avotiņš v. Lettland*, CE:ECHR:2016:0523JUD001750207, dazu oben § 3 II, Rdn. 3.40 f.

419 *Anweiler*, Auslegung, S. 33 ff., betont mit Recht, dass die dem deutschen Recht geläufige Unterscheidung nicht unbesehen auf das Unionsrecht übertragen werden kann, ebenso *Neuner*, Judicial Development of Law, in: Riesenhuber (ed.), European Legal Methodology (2017), Rdn. 3 und 26 ff.

420 Vgl. u.a. EuGH, 6.10.1976, Rs. C-14/76, *De Bloos*, EU:C:1976:134, Rdn. 12, 12; EuGH, 27.10.1998, Rs. C-51/97, *Réunion européenne*, EU:C:1998:509, Rdn. 44; EuGH, 19.5.1998, Rs. C-351/96, *Drouot Assurances*, EU:C:1998:242, Rdn. 18; EuGH, 19.2.2002, Rs. C-256/00, *Besix*, EU:C:2002:99, Rdn. 29.

421 Dazu *Gruber*, Methoden, S. 322 ff.

4.95 Vor dem Hintergrund der anhaltenden Diskussionen zwischen Rat und Kommission über die Reichweite des Art. 65 EG und 81 AEUV[422] verwundert es nicht, dass diese Auseinandersetzungen auch den EuGH erreicht haben. Das *Leffler*-Urteil gab hierzu durchaus deutliche Hinweise. Der EuGH betonte den neuen Integrationsschritt des Amsterdamer Vertrages, der eine weite Auslegung der EuZustVO impliziere, um effektive Zustellungen zu ermöglichen. Eine Anwendung der nationalen Vorschriften über die Heilung von Zustellungsfehlern scheidet daher aus. Vielmehr gebe das Unionsrecht vor, dass eine Heilung der mangelhaften Zustellung erfolgen müsse; die Prozessrechte der Mitgliedstaaten müssten dieses Ziel gewährleisten.[423] Damit wurden die Grenzen zwischen dem Europäischen Prozessrecht und den Rechten der Mitgliedstaaten neu verortet. Der Rückgriff auf die Prozessrechte der Mitgliedstaaten ist nach den Aussagen des *Leffler*-Urteils nur ausnahmsweise zulässig.[424] Die Rechtsprechung zur teleologischen und systematischen Auslegung der Rechtsakte selbst hat der Gerichtshof nach der Jahrtausendwende fortgeführt; seit 2009 erfolgte mit dem Inkrafttreten des Vertrags von Lissabon eine verstärkte Bezugnahme auf die Grundrechte-Charta.[425]

2. Die Fortbildung des Brüsseler Übereinkommens

4.96 Eine lückenfüllende Rechtsfortbildung hat der EuGH bei der Auslegung des EuGVÜ vor allem beim einstweiligen Rechtschutz nach Art. 24/25 EuGVÜ/Art. 31/32 EUGVO aF vorgenommen. Dies geschah freilich vor dem Hintergrund der unzureichenden Regelung des Art. 24 EuGVÜ/31 EuGVO: Der Unionsgesetzgeber hat den Begriff der „einstweiligen Maßnahme" nicht definiert; die Vorschriften verweisen auf die autonomen Prozessrechte der Mitgliedstaaten. In der Praxis wurden einstweilige Maßnahmen in den exorbitanten Gerichtsständen unter Umgehung des Zuständigkeitssystems des EuGVÜ erwirkt und europaweit vollstreckt. Diese Praxis drohte die Balance der Euro-

422 Vgl. oben § 2 I, Rdn. 2.14 ff. (insbesondere zur Interpretation des „grenzüberschreitenden Bezugs").

423 EuGH, 8.11.2005, Rs. C-443/03, *Leffler*, EU:C:2005:665, Rdn. 45, 48, 49 (unter Betonung des unionsrechtlichen Effektivitätsgebots).

424 In diese Rechtsprechungstendenz fügt sich das Urteil EuGH, 9.2.2006, Rs. C-473/04, *Plumex*, EU:C:2006:96, nahtlos ein. Der EuGH hatte über das Verhältnis der unterschiedlichen Zustellungsarten der VO 1348/00/EG zu entscheiden. Gestützt auf den Regelungszweck der VO (EwG 2) bejahte der Gerichtshof die Gleichwertigkeit der Zustellungsarten (Rdn. 20 f.). Die zweite Vorlagefrage betraf eine Regelungslücke: Der EuGH war nach dem maßgeblichen Zeitpunkt (für die Fristberechnung) gefragt worden, wenn mehrere Zustellungen nach der VO 1348/00EG erfolgt waren. Aus dem Zweck der Verordnung leitete der Gerichtshof die Lösung ab – dass es auf die erste Zustellung ankomme. Auf die nationalen Verfahrensrechte griff der EuGH nicht zurück (Rdn. 27–32), dazu unten § 8 I, Rdn. 8.18.

425 Dazu oben § 3 III, Rdn. 3.63 ff.

päischen Urteilsfreizügigkeit zu sprengen. Dem musste der Gerichtshof entgegentreten.[426] Das Urteil *van Uden* ersetzte den schlichten Verweis auf die (häufig exorbitanten) Zuständigkeitsvorschriften der Mitgliedstaaten durch das Tatbestandsmerkmal einer realen Verknüpfung.[427] Damit stellte der EuGH für den einstweiligen Rechtschutz das Regelungskonzept der *convention double* her. Die weit reichende Urteilsfreizügigkeit des Europäischen Prozessrechts beruht nämlich auf der Prämisse, dass die Gerichtsstände im europäischen Justizraum vereinheitlicht wurden.[428] Diesen Zusammenhang hatten die Verfasser des EuGVÜ übersehen und die Verdrängung des Hauptsacheverfahrens durch Maßnahmen des einstweiligen Rechtsschutzes nicht hinreichend bedacht.[429]

Der Lösungsweg des EuGH folgte damit der Struktur der Urteilsanerkennung des **4.97** Brüsseler Übereinkommens. Er drängte zugleich die autonomen Prozessrechte der Mitgliedstaaten zurück.[430] Allerdings hat der Gerichtshof das Tatbestandsmerkmal der „hinreichenden territorialen Verbindung" offen formuliert. Hier bestehen anhaltende Meinungsunterschiede in der Literatur, die letztlich nur der EuGH selbst oder der Unionsgesetzgeber (vgl. Art. 73 EuGVO) werden lösen können. Immerhin ist zu konstatieren, dass die *van Uden*-Rechtsprechung das exorbitante *forum shopping* im Bereich des einstweiligen Rechtsschutzes eingedämmt hat. Der Unionsgesetzgeber hat die Problematik bei der Reform der EuGVO (2012) aufgegriffen und die grenzüberschreitende Vollstreckung einstweiliger Maßnahmen eingeschränkt.[431] Zugleich ermöglicht jedoch die Kontenpfändungsverordnung den (praktisch) wichtigen Zugriff des Gläubigers auf Konten des Schuldners im Ausland.[432] Damit wurde das System insgesamt ausbalanciert.

Bei einer den Wortlaut des EuGVÜ übersteigenden Rechtsfortbildung vertritt der Gerichtshof **4.98** eine restriktive Haltung. Dies verdeutlicht die Entscheidung *WECO./.Italian Leather*:[433] Der BGH hatte den EuGH nach der Anerkennung widerstreitender einstweiliger Verfügungen gefragt. Im Ausgangs-

---

426 Ausführlich unten § 6 V, Rdn. 6.277 ff., insbesondere 6.281 ff.

427 EuGH, 17.11.1998, Rs. C-391/95, *van Uden*, EU:C:1998:543, Rdn. 48. Das Urteil *van Uden* enthält zudem die Aussage, dass die primäre Zuständigkeit für Maßnahmen des einstweiligen Rechtschutzes beim Gericht der Hauptsache liegt. Vgl. auch EuGH, 27.4.1999, Rs. C-99/96, *Mietz*, EU:C:1999:202, Rdn. 42.

428 Dazu *Kohler*, ZSR 124 II (2005), 263, 285 ff.; ausdrücklich EuGH, 7.2.2006, Avis 1/03, *Parallelübereinkommen Lugano*, EU:C:2006:81, Rdn. 163.

429 Dazu etwa *Hess/Vollkommer*, IPRax 1999, 220 ff.; *Kennett*, Enforcement of Judgments in Europe (2000), S. 145 ff.; *Consolo*, ZSR 124 II (2005), 359, 364 ff.

430 Dies erscheint freilich im Ergebnis wenig gravierend, weil Art. 26 EuGVÜ/32 EuGVO aF überhaupt erst die Anerkennung einstweiliger Maßnahmen im Ausland ermöglicht. Zur aktuellen Regelung vgl. Art. 42 f. EuGVO, unten § 6 V, Rdn. 6.290.

431 Zur teilweisen Neuregelung in Art. 2 lit. a) UAbs. 2 EuGVO (2012) vgl. unten § 6 V, Rdn. 6.290.

432 Dazu unten § 10 IV, Rdn. 10.94 ff.

433 EuGH, 6.6.2002, Rs. C-80/00, *Italian Leather*, EU:C:2002:342; dazu *Hess*, IPRax 2005, 23 ff.; *Consolo*, ZSR 124 II (2005), 359, 379 ff.

verfahren hatten das LG und das OLG Koblenz eine Unterlassungsverfügung mangels Verfügungsgrund abgelehnt. Die Antragstellerin erwirkte wenig später beim italienischen Hauptsachegericht eine gleich lautende Verfügung und beantragte deren Anerkennung in Koblenz. Der EuGH entschied, dass Art. 27 Nr. 3 EuGVÜ die Anerkennung der italienischen Verfügung ausschließt. Er erteilte damit Überlegungen eine Absage, die *van Uden*-Rechtsprechung zum einstweiligen Rechtsschutz durch eine „Hierarchiebildung" fortzuführen.[434] Es stand nämlich der Vorschlag im Raum, dass den einstweiligen Maßnahmen des Hauptsachegerichts der Vorrang zukommen müsse. Dann hätte im Ausgangsverfahren die italienische Verfügung anerkannt werden müssen.[435] Der EuGH stellte hingegen auf den Wortlaut des Art. 27 Nr. 3 EuGVÜ ab, der bei der Anerkennung das Hauptsacheverfahren und einstweiligen Rechtschutz gleich behandelt.[436] Der Gerichtshof betonte zugleich das Gebot der Rechtsicherheit[437]: es spreche gegen eine Abweichung vom Wortlaut des Übereinkommens. Schließlich bezwecke das EuGVÜ keine Ausgleichung der Prozessrechte der Mitgliedstaaten (Rdn. 42 f.). Die Aussagen des WECO-Urteils sind von deutlichem *judicial self-restraint* gekennzeichnet. Die Urteile *Gasser, Turner* und *Owusu* fügen sich in diese Tendenz ein: Der Gerichtshof vermied es, die Regelungen des EuGVÜ im Wege der richterlichen Rechtsfortbildung zu durchbrechen.[438] Diese Urteile sicherten zugleich die einheitliche und autonome Anwendung der EuGVO in allen Mitgliedstaaten.

3. Rechtsfortbildung im Kontext des Art. 81 AEUV

4.99 Bei den nach Art. 65 EG und Art. 81 AEUV erlassenen Unionsrechtsakten hat der EuGH seine restriktive Haltung vorsichtig modifiziert: Bereits die erste Entscheidung des Gerichtshofs zur ZustellungsVO, das Urteil *Leffler./.Berlin Chemie AG*,[439] befürwortete explizit eine weite Auslegung des neuen Sekundärrechtsakts. Im Ausgangsverfahren hatte der niederländische Kläger der deutschen Beklagten eine einstweilige Verfügung ohne Übersetzung zustellen lassen. Nachdem diese die fehlende Übersetzung (vgl. Art. 8 EuZustVO) gerügt hatte, lehnte das niederländische Gericht den Erlass eines Versäumnisurteils ab. Der Hoge Raad fragte den EuGH nach den Rechtsfolgen einer (berechtigten) Annahmeverweigerung: Mache sie die Zustellung generell unwirksam oder könne die Zustellung durch eine erneute Vornahme (mit Übersetzung) rückwirkend geheilt werden?

4.100 Die deutsche und die finnische Regierung hatten vorgeschlagen, die nicht geregelte Heilung nach den Prozessrechten der Mitgliedstaaten zu bestimmen. Der EuGH trat dem explizit entgegen:

434 *Wolf/Lange*, RIW 2003, 55, 62.

435 Zu diesen Vorschlägen vgl. *Hess*, IPRax 2005, 23, 24 f.

436 EuGH, 6.6.2002, Rs. C-80/00, *Italian Leather*, EU:C:2002:342, Rdn. 41. Gerade bei Leistungsverfügung erscheint die Gleichstellung durchaus sachgerecht, da im gewerblichen Rechtsschutz der einstweilige Rechtsschutz die Hauptsacheverfahren weithin verdrängt hat.

437 Diesen Gesichtspunkt hatte auch GA *Léger* hervorgehoben (Schlussanträge, 21.2.2002, Rs. C-80/00, *Italian Leather*, EU:C:2002:107, Rdn. 50, 56 f., 59), zu diesem Regelungsprinzip *Pontier/Burg*, EU-Principles, S. 69 ff.

438 Vgl. dazu oben § 4 II, Rdn. 4.73 f.

439 EuGH, 8.11.2005, Rs. C-443/03, *Leffler*, EU:C:2005:665, Rdn. 43 ff.

„Das Ziel des Vertrages von Amsterdam, einen Raum der Freiheit, der Sicherheit und des Rechts zu schaffen und damit der Gemeinschaft eine neue Dimension zu geben, und die Übertragung der Regelung, die den Erlass von in den Bereich der justiziellen Zusammenarbeit fallenden Maßnahmen in Zivilsachen mit grenzüberschreitenden Auswirkungen ermöglicht, vom EU-Vertrag auf den EU-Vertrag belegen den Willen der Mitgliedstaaten, solche Maßnahmen in der Gemeinschaftsrechtsordnung zu verankern und damit den Grundsatz der autonomen Auslegung dieser Maßnahmen festzulegen. Ebenso zeigt die Wahl der Form der Verordnung statt der von der Kommission ursprünglich vorgeschlagenen Form der Richtlinie, welche Bedeutung der Gemeinschaftsgesetzgeber der unmittelbaren Anwendbarkeit und der einheitlichen Anwendung der Vorschriften dieser Verordnung beimisst."[440]

Der EuGH entschied, dass die EuZustVO selbst von einer Heilungsmöglichkeit **4.101** ausgehe. Diese wolle die Interessen des Klägers am Zugang zum Gericht schützen. Lediglich die Einzelheiten der Heilung werden durch die Prozessrechte der Mitgliedstaaten bestimmt, die dabei das unionsrechtliche Effektivitätsprinzip wahren müssten.[441] Diesen Verweis auf die nationalen Prozessrechte nahm der EuGH jedoch insofern zurück, als er die Frist wahrende Wirkung der Zustellung Art. 9 I und II EuZustVO analog anwandte. Danach gilt für beide Parteien im Hinblick auf die Fristwahrung jeweils die „günstigere", d. h. die rechtswahrende Frist.[442]

Das *Leffler*-Urteil verdeutlicht den vorsichtigen Ansatz des Gerichtshofs: Er **4.102** schöpft die Systematik des Unionsrechts aus, um zu einem kohärenten Ergebnis zu kommen. Rückgriffe auf die Rechte der Mitgliedstaaten werden vermieden, um die einheitliche Anwendung des Unionsrechts zu sichern. Dabei bleibt der Gerichtshof in der Struktur der Verordnung. Zum Zeitpunkt des Urteilserlasses hatte die EU-Kommission einen Entwurf zur Änderung der EuZustVO vorgelegt.[443] Dieser Entwurf griff die Ergebnisse einer rechtsvergleichenden Untersuchung und mehrerer Praxisanhörungen auf. Die Kommission schlug vor, Art. 8 EuZustVO zu präzisieren. Nach der Neuregelung wird der Beklagte über sein Annahmeverweigerungsrecht formularmäßig belehrt, die Zurückweisungsfrist beträgt eine Woche.[444] Fehlerhafte Zustellungen heilt Art. 9 EuZustVO nF. Damit nahm die *Leffler*-Entscheidung in der Sache die laufende Reform der Zustellungsverordnung vorweg. Angesichts des laufenden Gesetzgebungsverfahrens hat der EuGH diesen Zusammenhang freilich nicht explizit

---

440 EuGH, 8.11.2005, Rs. C-443/03, *Leffler*, EU:C:2005:665, Rdn. 41 f.

441 Zugleich verpflichtete der EuGH die Mitgliedstaaten, die gemeinschaftsrechtlichen Erfordernisse von Nichtdiskriminierung und Effektivität zu wahren, EuGH, 8.11.2005, Rs. C-443/03, *Leffler*, EU:C:2005:665, Rdn. 49 ff.

442 Zugunsten des Kläger gilt, soweit es auf die Fristwahrung ankommt, Art. 9 I EuZustVO – etwa bei der Frage, ob die Verjährung gehemmt wurde (vgl. § 204 I Nr. 1 BGB). Anderes gilt (zugunsten des Beklagten), wenn es auf den Lauf einer Einlassungs- oder Rechtsbehelfsfrist ankommt (Art. 9 II EuZustVO): Hier kommt es auf den späteren Zeitpunkt an. Art. 9 EuZustVO eröffnet mithin ein flexibles Regime zur Bewältigung der Fristenproblematik. Sie wird auf prozessualer Ebene durch Art. 19 EuZustVO ergänzt, vgl. unten § 8 I, Rdn. 8.18 ff.

443 KOM (2005) 305 endg./2, zur Änderung durch die VO 1393/07/EG vgl. unten § 8 I, Rdn. 8.17.

444 Unten § 8 I, Rdn. 8.18.

gemacht. Einen weit reichenden Eingriff in die autonomen Zustellungsrechte der Mitgliedstaaten enthält die *Leffler*-Entscheidung damit nicht.[445] Dasselbe gilt für die Entscheidung *Weiss & Partner*, die den Begriff des Verfahren-einleitenden Schriftstücks und die Übersetzungserfordernisse nach Art. 8 EuZustVO autonom und damit im Gegensatz zum (extensiven) Verständnis des nationalen (deutschen) Prozessrechts interpretiert hat.[446]

4.103 Auch nach der Europäisierung des europäischen Zivilverfahrensrechts hat der Gerichtshof an seiner zurückhaltenden Linie bei der Fortbildung der EU-Rechtsakte festgehalten, bisweilen zur Enttäuschung der vorlegenden Gerichte. Im Fall *eco cosmetics*[447] hatte das AG Berlin-Wedding (als Zentrales Mahngericht) gefragt, wie es verfahren solle, wenn der Anspruchsgegner nach Ablauf der Einspruchsfrist die nicht (ordnungsgemäß) erfolgte Zustellung des Zahlungsbefehls rügt. Das AG schlug vor, die Regelungslücke durch eine analoge Anwendung des Art. 20 EuMahnVO zu schließen.[448] Der EuGH verwies hingegen auf Art. 26 EuMahnVO, wonach alle nicht in der Verordnung geregelten Fragen nach nationalem Prozessrecht zu beurteilen sind.[449] Im Ergebnis hat (zumindest) der deutsche Gesetzgeber einen speziellen Rechtsbehelf erlassen (§ 1095 II ZPO) – andere Mitgliedstaaten blieben untätig, was der einheitlichen Geltung der Verordnung und dem effektiven Schuldnerschutz abträglich ist.[450]

4. Das Zusammenspiel zwischen dem Gerichtshof und dem Unionsgesetzgeber bei der Fortbildung des Europäischen Zivilprozessrechts

4.104 Die Zurückhaltung des EuGH bei der Fortbildung des Europäischen Prozessrechts erklärt sich auch aus dem Wechselspiel zwischen dem Gerichtshof und dem Unionsgesetzgeber. Letzterer ist gerade im Prozessrecht besonders aktiv, da die Rechtsakte der Union beständig evaluiert und alle fünf bis zehn Jahre überarbeitet werden.[451] Diese Reformen nutzt der Unionsgesetzgeber für Korrekturen der Rechtsprechung und

---

445 Zu praktischen Problemen bei der Umsetzung dieser Rechtsprechung vgl. unten § 8 I, Rdn. 8.19 f.
446 EuGH, 8.5.2008, Rs. C-14/07, *Weiss & Partner*, EU:C:2008:264, Rdn. 74, dazu § 8 I, Rdn. 8.21.
447 EuGH, 4.9.2014, verb. Rs. C-119/13 und C-120/13, *eco cosmetics*, EU:C:2014:2144, dazu unten § 10, Rdn. 10.52.
448 AG Berlin-Wedding, 22.10.2013, IPRax 2015, 420.
449 EuGH, 4.9.2014, verb. Rs. C-119/13 und C-120/13, *eco cosmetics*, EU:C:2014:2144, Rdn. 42 ff., dazu oben § 4 II, Rdn. 4.67.
450 Der europäische Gesetzgeber sollte die Verweisungen auf nationale Prozessrechte (etwa Art. 26 EuMahnVO) aufheben, um die systematische Rechtsfortbildung des EuGH zu stärken, dazu *Hess*, in: v. Hein/Krüger (ed.), Informed Choices (2020) – im Erscheinen.
451 Zutreffend *Lenaerts/Stapper*, RabelsZ 78 (2014), 252, 279 ff.; ausführlich *Hess*, in: ders./Lenaerts (ed.), The 50th Anniversary of the European Law of Civil Procedure (2020), S. 11, 43 ff.

schafft Lösungen, die der Gerichtshof nicht vollzogen hat. Prominente Beispiele sind der Übergang zum autonomen Konzept des Erfüllungsorts (Art. 7 Nr. 1 EuGVO),[452] die Definition des Zeitpunkts der Rechtshängigkeit in Art. 32 EuGVO[453] und die Neuregelung der Rechtshängigkeit bei ausschließlichen Gerichtsstandsvereinbarungen, Art. 29 II–IV und 31 EuGVO.[454] Andererseits hat der Unionsgesetzgeber die Rechtsprechung des Gerichtshofs ausdrücklich bestätigt: Dies gilt insbesondere für die Erwägungsgründe, die die prinzipienorientierte Auslegung der Rechtsakte verstärkt haben.[455]

Angesichts des grundsätzlichen *self-restraint* des EuGH können offene Korrekturen (gegen den Wortlaut) der Rechtsakte in der Regel nicht eingefordert werden.[456] Aus diesem Grund hat der EuGH im Fall *Gasser* keine Ausnahme von der Rechtshängigkeitssperre des (heutigen) Art. 29 I EuGVO unter Berufung auf Art. 6 EMRK zugelassen – diese Korrektur hat letztlich der Unionsgesetzgeber vollzogen.[457] Entsprechend aussichtslos war der Versuch von GA *Wathelet*, im Verfahren *Gazprom* das Verhältnis zwischen der EuGVO und der Schiedsgerichtsbarkeit neu zu definieren.[458] Da sich Kommission, Rat und Parlament bei der Neuregelung der EuGVO (2012) nicht hatten einigen können, war es nicht Aufgabe des EuGH, diese Neuregelung zu fixieren.[459] Die primäre Aufgabe des Gerichtshofs besteht daher in der Sicherung der einheitlichen Auslegung des Europäischen Prozessrechts in den Mitgliedstaaten.[460] Neue Integrations(fort)schritte konzipiert und implementiert hingegen der Unionsgesetzgeber.[461] Das schließt freilich nicht aus, dass der Gerichtshof eine entsprechende Politik des Unionsgesetzgebers durch eine entsprechende Auslegung des EU-Prozessrechts fördert.[462] 4.105

452 In der EuGVO (2001), Korrektur von EuGH, 6.10.1976, Rs. C-12/76, *Tessili*, EU:C:1976:133.

453 In der EuGVO (2001), Korrektur von EuGH, 7.6, 1984, Rs. C-129/83, *Zelger./.Salinitri*, EU:C:1984:215.

454 EuGVO (2012), Korrektur von EuGH, 9.12.2003, Rs. C-116/02, *Gasser*, EU:C:2003:657.

455 Vgl. oben § 4 II, Rdn. 4.71.

456 *Hess*, in: ders./Lenaerts (ed.), The 50th Anniversary of the European Law of Civil Procedure (2020), S. 11, 43 ff.

457 EuGH, 9.12.2003, Rs. C-116/02, *Gasser*, EU:C:2003:657, dazu *Hess*, in: ders./Lenaerts (ed.), The 50th Anniversary of the European Law of Civil Procedure (2020), S. 5 ff., Fn. 71 ff.; *Lenaerts/Stapper*, RabelsZ 78 (2014), 252, 275.

458 Schlussanträge GA *Wathelet*, 4.12.2014, Rs. C-536/13, *Gazprom*, EU:C:2014:2414.

459 Der EuGH hat hingegen seine bisherige Rechtsprechung zur *anti-suit injunction* ausdrücklich bekräftigt, EuGH, 13.5.2015, Rs. C-536/13, *Gazprom*, EU:C:2015:316, unten § 6 I, Rdn. 6.30 f.

460 *Lenaerts/Stapper*, RabelsZ 78 (2014), 252, 290 ff.

461 Deutlich Schlussanträge GA *Bobek*, 14.11.2017, Rs. C-498/16, EU:C:2017:863, Rdn. 119 ff., 123: Die Einführung einer Kollektivklage für Verbraucher sei Aufgabe des Gesetzgebers, nicht des Gerichtshofs im Rahmen der Auslegung von Art. 18 EuGVO. Der Gerichtshof folgte den Schlussanträgen in der Sache, 25.1.2018, Rs. C-498/16, *Schrems*, EU:C:2018:37, unten § 6 II, Rdn. 6.110.

462 Aktuelles Beispiel: EuGH, 16.7.2020, Rs. C-73/19, *Movic*, EU:C:2020:568, Rdn. 34: weite Interpretation von Art. 1 I EuGVO im Fall einer Behördenklage gegen eine rechtsmissbräuchliche Klausel, um die wirksame Durchsetzung des Verbraucherschutzes vor den Gerichten der EU-Mitgliedstaaten zu ermöglichen. Zur entsprechenden (aktuellen) Verbraucherschutzpolitik der Union vgl. unten § 11 III, Rdn. 11.71 ff.

§ 5 Abgrenzungen und Nachbargebiete

Literatur:[1]

1. Abgrenzungen: *Albers*, Judicial Systems in Europe Compared, in: van Rhee/Uzelac (ed), Civil Justice between Efficiency and Quality (2008), S. 9; *Audit/Berman*, The Application of Private International Norms to "Third Countries": The Jurisdiction and Judgments Example, in: Nuyts/Watté (ed.), International Civil Litigation in Europe and Relations with Third States (2005), S. 55; *Aull*, Der Geltungsanspruch des EuGVÜ: „Binnensachverhalte" und IZVR in der EU, 1996; *Basedow*, EU-Kollisionsrecht und die Haager IPR-Konferenz: ein schwieriges Verhältnis, IPRax 2017, 194; *Bonomi*, European Private International Law and Third States, IPRax 2017, 184; *ders.*, Courage or caution? A critical review of the Hague Preliminary Draft on Judgments, YbPIL 17 (2015/16), p. 1; *ders.*, Regulation No 542/2014 and the International Jurisdiction of the Unified Patent Court, IIC 2014, 868; *ders.*, The Opportunity and Modalities of the Introduction of *erga omnes* Rules on Jurisdiction, in: Malatesta/Bariatti/Pocar (ed.), The External Dimension of EC Private International Law in Family and Succession Matters (2008), S. 149; *Bonomi/Schmid*, La revision du Règlement 44/2001 – Quelles consequences pour La Convention de Lugano? (2011); *Borrás*, Interaction between community Instruments and International Convention (Including the Draft New Lugano Convention) in IP Matters, in: Nuyts (ed.) Int'l Litigation in IP and IT (2008), S. 237; *dies.*, La fragmentation des sources de droit international privé communautaire, Mél. Gaudemet-Tallon (2008), S. 31; *dies.*, Les clauses de déconnexion et le droit international privé communautaire, FS Jayme I (2004), S. 57; *Dallafior/Götz Staehelin*, Überblick über die wichtigsten Änderungen des Lugano-Übereinkommens, SJZ 104 (2008), 105; *De Miguel Ascensio/Cuniberti/Heinze/Requejo Isidro*, The Hague Conference on Private International Law "Judgments Convention", Study for the EP Juri Committee (2018), PE 604.954; *Domej*, Das Verhältnis nach außen: Europäische v. Drittstaatensachverhalte, in: v. Hein/Rühl (Hrg.), Kohärenz im Internationalen Privat- und Verfahrensrecht der Europäischen Union (2015), S. 90; *Dori*, The EU Justice Scoreboard – Judicial Evaluation on a New Governance Tool, MPI Luxembourg Working Paper Series 2/2015; *Duintjer Tebbens*, Judicial Interpretation of the Lugano Convention in the Light of its Brussels Matrix, Yb PIL 1 (2000), 3; *Eichel*, Das Haager Übereinkommen über die Gerichtsstandsvereinbarungen, RIW 2009, 289; *Fallon*, L'applicalité du règlement "Bruxelles I" aux situations externes après l'avis 1/03, Mél. Gaudemet-Tallon (2008), S. 241; *Fentiman*, Civil Jurisdiction and Third States: Owusu and After, CMLR 43 (2006), 705; *Ferrari*, UNCITRAL, in: EPIL (2017), p. 1758; *Franzina*, Lis pendens involving a third country under the Brussels I^{bis} Regulations: an overview, Riv. dir. int. priv. e proc. 2014, 23; *Gaudemet-Tallon*, Les frontières extérieures de l'espace judiciaire européen: quelques repères, in: Mél. Droz (1996), S. 85; *Gebauer*, Drittstaaten und Gemeinschaftsbezug im europäischen Recht der internationalen Zuständigkeit, ZEuP (2001), 943; *Giroud/Meier/Rodriguez*, Le règlement Bruxelles I^{bis}, un modèle pour une nouvelle convention de Lugano?, in: Guinchard (ed.), Le nouveau règlement Bruxelles I^{bis} (2014), 419; *Goddard*, The Judgments Convention – the Current State of Play, DukeJICL 29 (2019), 473; *Grolimund*, Drittstaatenproblematik des europäischen Zivilverfahrensrechts, 2000; *Haak*, Europäische Lösung der deutsch-niederländischen Kontroverse in der CMR-Interpretation?, TransportR 5 (2009), 189; *Hau*, Zivilsachen mit grenzüberschreitendem Bezug, GS Unberath (2015), S. 139; *Hess*, Binnenverhältnisse im Europäischen Zivilprozessrecht: Grenzüberschreitende v. nationale Sachverhalte, in: v. Hein/Rühl (Hrg.), Kohärenz im Internationalen Privat- und Verfahrensrecht der Europäischen Union (2015), S. 67; *Huet*, Le nouvel Article 15 du Code civil, Mél. Gaudemet-Tallon (2008), S. 311; *Juenger*, La Convention de Bruxelles du 27 septembre 1968 et la courtoisie internationale. Réfle-

1 **Ältere Literatur** vgl. Voraufl. Bei der Vorbereitung dieses Kapitel unterstützte mich *Niels Elsner*, Research Fellow am MPI Luxemburg.

https://doi.org/10.1515/9783110715156-005

xions d'un Américain, Rev. crit. 1983, 37; *Kerameus*, Erweiterung des EuGVÜ-Systems und Verhältnis zu Drittstaaten, in: Gottwald (Hrg.), Revision des EuGVÜ, Neues Schiedsverfahrensrecht (2000), S. 75; *Kinsch*, Droits de l'homme, droits fondamentaux et droit international privé, RdC 318 (2007), 19; *Kohler*, Homogeneity or Renationalisation in the European Judicial Area?, in: The EEA and the EFTA Court (2014), S. 237; *ders.*, Balancing the Judicial Dialogue in Europe: Some Remarks on the Interpretation of the 2007 Lugano Convention, FS Borrás (2014), 565; *Kronke*, Ziele – Methoden, Kosten – Nutzen: Perspektiven der Privatrechtsharmonisierung nach 75 Jahren UNIDROIT, JZ 2001, 1149; *Kropholler/Blobel*, Unübersichtliche Gemengelagen im IPR durch EG-Verordnungen und Staatsverträge, FS Sonnenberger (2004), 453; *Kruger*, Civil Jurisdiction Rules of the EU and their Impact on Third States (2008); *Laukemann*, Avoidance actions against third state defendants: jurisdictional justice or curtailment of legal protection? European Court of Justice 16 January 2014, Case C-328/12 – Schmid/Hertel, IIR 2014, 101; *Layton*, The operation of the Brussels I Recast in the international legal order, in: Hess (Hrg.), Der europäische Gerichtsverbund (2017), S. 151; *ders.*, The Brussels I Regulation in the International Legal Order: Some Reflections on Reflectiveness, in: Lein (ed.), The Brussels I Review Uncovered (2012), 75; *Lorandi*, Das Internationale Insolvenzrecht der Schweiz im Umbruch, in: Hess (Hrg.), Europäisches Insolvenzrecht – Grundsätzliche Fragestellungen der Prozessrechtsvergleichung (2019), S. 51; *Mari/Pretelli*, Possibility and Terms for Applying the Brussels I Regulation (Recast) to Extra EU Disputes, YbPIL 15 (2014), 211; *Mariottini*, The exclusion of defamation and privacy from the scope of The Hague Draft Convention on Judgments, YbPIL 19 (2017/18), p. 475; *Massip/Hondius/Nast/Granet*, Commission Internationale de l'Etat Civil (2018); *Nuyts/Watté* (ed.), International Civil Litigation in Europe and Relations with Third States (2005); *Pataut*, International Jurisdicition and Third States: A View from the EC in Family Matters, in: Malatesta/Bariatti/Pocar (ed.), The External Dimension of EC Private International Law (2008), S. 123; *ders.*, Qu'est-ce qu'un litige intra-communautaire, Mél. Normand (2003), S. 365; *Pertegás*, Brussels I Recast and The Hague Judgments Project, in: van Calster (ed.), European Private Law at 50 (2019), S. 67; *dies.*, Recognition and Enforcement of Judgments in Family and Succession Matters, in: Malatesta/Bariatti/Pocar (ed.), The External Dimension of EC Private International Law in Family and Succession Matters (2008), S. 161; *Pocar*, Faut-il replacer le renvoi au droit national par des règles uniformes dans l'article 4 du Règlement 44/01, in: Mél. Gaudemet-Tallon (2008), S. 573; *Ragno*, Forum Selection under the Hague Convention of Choice of Court Agreements – A European Perspective (2018); *Ries*, die Auslegung des Luganer Parallelübereinkommens nach der EuGVVO-Novelle, RIW 2019, 32; *Schack*, Das neue Haager Anerkennungs- und Vollstreckungsübereinkommen, IPRax 2020, 1; *ders.*, Wiedergänger der Haager Konferenz für IPR: Neue Perspektiven eines weltweiten Anerkennungs-und Vollstreckungsübereinkommens?, ZEuP 2014, 824; *ders.*, „Anerkennung" ausländischer Entscheidungen, in: FS Schilken (2015), S. 445; *Schulz*, Die EU und die Haager Konferenz für Internationales Privatrecht, in: v. Hein/Rühl (Hrg.), Kohärenz im Internationalen Privat- und Verfahrensrecht der Europäischen Union (2015), S. 110; *Stadler*, Vielfalt der Gerichte – Einheit des Prozessrechts?, BDGVR 42 (2007), 177; *Stein*, Das Haager Anerkennungs- und Vollstreckungsübereinkommen 2019 – was lange währt wird endlich gut?, IPRax 2020, 197; *R. Stürner*, The Principles of Transnational Civil Procedure, RabelsZ 69 (2005), 201; *Thiele*, The Hague Convention on Choice-of-Court Agreements: Was it Worth the Effort?, GS van Mehren (2007), S. 63; *Thole*, Die Entwicklung der Anerkennung im autonomen Recht in Europa, in: Hess (Hrg.), Die Anerkennung im Internationalen Zivilprozessrecht – Europäisches Vollstreckungsrecht (2014), S. 25; *Thomale*, The Lugano Model – Cooperative Enhancement over Enhanced Cooperation, in: Franzina (ed.), The External Dimension of EU Private International Law after Opinion 1/13(2017), S. 131; *Uzelac*, Effizienz der Justiz im europäischen Vergleich, in: Gottwald (Hrg.), Effektivität des Rechtsschutzes vor staatlichen und privaten Gerichten, S. 41; *Vareilles-Sommières*, Le Règlement communautaire sur l'obtention des preuves à l'étranger et les rapports avec les Etats tiers, in: Nuyts/Watté (ed.), International Litigation and Third States (2006), S. 381; *R. Wagner*, Die Haager Konferenz für Internationales Privatrecht zehn Jahre nach der Vergemeinschaftung der Gesetzgebungskompetenz in der justiziellen Zusammenarbeit in Zivilsachen – mit einem Rückblick auf die Verhandlungen zum Haager Gerichtsstandsübereinkommen, RabelsZ 73 (2009), 215; *ders./Janzen*, Das Luganer Übereinkommen vom 30.10.2007, IPRax 2010, 298; *Walther*, Die Schweiz und das Europäische Zivilprozessrecht ZSR 124 II (2005), 301; *Weber*, Universal Jurisdiction and Third States in the Reform of the Brussels I Regulation, RabelsZ 75 (2011), 619.

Internetreferenzen: *Nuyts/Szychowska*, Study on Residual Jurisdiction für die EU-Kommission (2007), https://gavclaw.files.wordpress.com/2020/05/arnaud-nuyts-study_residual_jurisdiction_en.pdf, *De Miguel Ascensio/Cuniberti/Heinze/Requejo Isidro*, The Hague Conference on Private International Law "Judgments Convention", Study PE 604.954 (2018), http://www.europarl.europa.eu/RegData/etudes/STUD/2018/604954/IPOL_STU(2018)604954_EN.pdf

2. Brexit (Auswahl): *Armour/Eidenmüller* (ed.), Negotiating Brexit (2017); *Dickinson*, Back to the Future: the UK's EU exit and the conflict of laws, JPIL 12 (2016), 195; *ders.*, Close the Door on Your Way Out: A "Brexit" Case Study, ZEuP 2017, 540; *Hess*, Das Lugano-Übereinkommen und der Brexit, FS Kohler (2018), S. 179; *ders.*, Back to the Past: Brexit und das europäische internationale Privat- und Verfahrensrecht, IPRax 2016, 409; *Kramme/Baldus/Schmidt-Kessel* (Hrg.), Brexit – Privat- und wirtschaftsrechtliche Folgen (2. Aufl. 2020); *Lehmann/Zetsche*, Die Auswirkungen des Brexit auf das Zivil- und Wirtschaftsrecht, JZ 2017, 62; *van Loon*, Le Brexit et les conventions de La Haye, Rev. crit. dip 2019, 353; *Masters/McRae*, What does Brexit mean for the Brussels Regime, JInt'l Arb. 33 (2016), 483; *Merrett*, La reconnaissance et l'exécution en Angleterre des jugements venant des États de l'Union européenne, Rev. crit. dip 2019, 385; *Pirrung*, Zur Beteiligung Großbritanniens an der justiziellen Zusammenarbeit in Zivilsachen – mögliche Verluste der EU bei einem Austritt des Vereinigten Königreichs aus der EU, in: FS Müller Graff (2015), S. 425; *Pocar*, The Lugano Convention of 30 October 2007 at the test with Brexit, FS Kohler (2018), S. 419; *Sonnentag*, Die Konsequenzen des Brexits für das Internationale Privat- und Zivilverfahrensrecht (2017); *Terhechte*, Strukturen und Probleme des Brexit-Abkommens, NJW 2020, 425.

3. Nachbargebiete (Auswahl):
a) Internationales Privatrecht *Audit/Muir Watt/Pataut* (ed.), Conflits de lois et régulation économique (2008); *Basedow*, Conflict of Laws and the Harmonization of Substantive Private Law in the European Union, FS Alpa (2007), S. 168; *Dutta*, Gemeinsame oder getrennte Kodifikation von IPR und IZVR auf europäischer Ebene, in: v. Hein/Rühl (Hrg.), Kohärenz im Internationalen Privat- und Verfahrensrecht der EU (2016), S. 27; *De Groot/de Groot*, Civil status and freedom of movement in the EU, in: FS Müller-Graff (2015), S. 1420; *Grundmann*, Binnenmarktkollisionsrecht, vom klassischen IPR zur Integrationsordnung, RabelsZ 64 (2000), 457; *Mansel*, Anerkennung als Grundprinzip des Europäischen Rechtsraums. Zur Herausbildung eines europäischen Anerkennungs-Kollisionsrechts: Anerkennung statt Verweisung als neues Strukturprinzip des Europäischen Internationalen Privatrechts?, RabelsZ 70 (2006), 651; *Muir Watt*, Comparer l'efficience des droits?, in: Legrand (ed.), Comparer les droits, résolument (2009), S. 438; *M. Stürner*, Internationales Privatrecht, in: Langenbucher (Hrg.), Europäisches Privat- und Wirtschaftsrecht (4. Aufl. 2017), S. 465.

b) Europäisches Privatrecht *Bach*, Neue Richtlinien zum Verbrauchsgüterkauf und zu Verbraucherverträgen über digitale Inhalte, NJW 2019, 1705; *Cafaggi*, The Institutional Framework of European Private Law (2006); *ders./Law*, (ed.), Judicial cooperation in European private law (2017); *Collins*, The European Civil Code (2008); *Collins*, Why Europe needs a civil code (2013); *Ernst*, Der ‚Common Frame of Reference' aus juristischer Sicht, AcP 208 (2008), 248; *Herresthal*, Vertragsrecht, in: Langenbucher (Hrg.), Europarechtliche Bezüge des Privatrechts (4. Aufl. 2017), S. 71; *Jansen/Zimmermann*, Commentaries on European Contract Laws (2018); *Pfeiffer*, Methodik der Privatrechtsangleichung in der EU, AcP 208 (2008), 227; *Riesenhuber*, EU Vertragsrecht (2013); *Schulte-Nölke*, Ziele und Arbeitsweisen von Study Group und Acquis Group bei der Vorbereitung des DCFR, in: Schmidt-Kessel (Hrg.), Der Gemeinsame Referenzrahmen (2009), S. 9; *Spindler/Sein*, Die endgültige Richtlinie über Verträge über digitale Inhalte und Dienstleistungen, MMR 2019, 415; *Weatherhill*, European Private Law and the Constitutional Dimension, in: Cafaggi (ed.), The Institutional Framework (2006), S. 79; *Zimmermann*, The Present State of European Private Law, AJCL 57 (2009), 601.

c) Europäisches Verwaltungsrecht *v. Danwitz*, Europäisches Verwaltungsrecht (2008); *David*, Inspektion als Instrument der Vollzugskontrolle, in: Schmidt-Aßmann/Schöndorf-Haubold (Hrg.), Europäischer Verwaltungsverbund, S. 237; *Dutta*, Grenzüberschreitende Forderungsdurchsetzung in Europa: Konvergenzen der Beitreibungssysteme in Zivil- und Verwaaltungssachen?, IPRax 2010, 504; *Ekardt/Pöhlmann*, Europäische Klagebefugnisse: Öffentlichkeitsrichtlinie, Klagerichtlinie und ihre Folgen, NVwZ 2005, 532; *Hofmann*, Rechtsschutz und Haftung im Europäischen Verwaltungsbund, in: Schmidt-Aßmann/Schöndorf-Haubold (Hrg.), Der Europäische Verwaltungsverbund (2005), S. 353; *ders.*, Rechtsschutz und Haftung im Europäischen Verwaltungsverbund (2004); *Nowak*, Europäisches Kooperationsverwaltungsrecht, in: Hatje/Müller-Graff, Enz.EuR, Bd. 3, § 34; *Pernice-Warnke*, Die Europäisierung des Verwaltungsprozessrechts am Beispiel der Klagebefugnis, in: Broemel/Krell/Muthorst/Prütting (Hrg.), Prozessrecht in nationaler, europäischer und globaler Perspektive (2017), S. 289; *dies.*, Verwaltungsprozessrecht unter Reformdruck – Regelungsspielräume des deutschen Gesetzgebers angesichts europäischer und internationaler Einflüsse auf den Rechtsschutz im Umweltrecht, in: 57. Assistententagung Öffentliches Recht (2017), S. 213; *Schmidt-Assmann*, Der Verfahrensgedanke im deutschen und europäischen Verwaltungsrecht, in: Hoffmann-Riem/ders./Voßkuhle (Hrg.), Grundlagen des Verwaltungsrechts Bd. I (2006), S. 461; *ders.*, Verfassungsprinzipien für den Europäischen Verwaltungsverbund, in: Hoffmann-Riem/ders./Voßkuhle (Hrg.), Grundlagen des Verwaltungsrechts, Bd. 1 (2. Aufl. 2012), S. 261; *ders./Schöndorf-Haubold* (Hrg.), Europäischer Verwaltungsverbund (2005); *Schliesky*, Die Europäisierung der Amtshilfe (2008); *Schoch*, Die Europäisierung des Verwaltungsprozessrechts, FS 50 Jahre Bundesverwaltungsgericht (2003), S. 507.

d) Europäisches Strafrecht *Ambos*, Internationales Strafrecht (5. Aufl. 2018); *ders.*, European Criminal Law (2018); *Böhm*, Die Umsetzung der Europäischen Ermittlungsanordnung, NJW 2017, 1512; *Bot*, Existe-t-il aujourd'hui un droit pénal de l'union européenne?, FS Wathelet (2018), S. 229; *Brahms/Gut*, Zur Umsetzung der Richtlinie Europäische Ermittlungsanordnung in das deutsche Recht – Ermittlungsmaßnahmen auf Bestellschein?, NStZ 2017, 388; *Bribosia/Weyembergh*, Confiance mutuelle et droits fondamentaux: back to the future, CDE 2016, 469; *Gleß*, Zum Prinzip der gegenseitigen Anerkennung, ZStW 116 (2004), 353; *Harms/Heine*, Ne bis in idem – Es führt kein Weg am EuGH vorbei, FS Hirsch (2008), S. 85; *Hecker*, Europäisches Strafrecht (5. Aufl. 2015); *Klip*, European Criminal Law (3rd ed. 2016); *Kostoris* (ed.), Handbook of European Criminal Procedure (2018); *Ligeti/Robinson* (ed.), Preventing and Resolving Conflicts of Jurisdiction in EU Criminal Law (2018); *Requejo Isidro*, Do We Need Harmonization to Achieve Harmonious Cooperation?, in: Hess/Kramer (ed.), From common rules to best practices in European Civil Procedure (2017), S. 77; *Satzger*, Internationales und Europäisches Strafrecht (8. Aufl. 2018); *Schäfer*, Grundlagen des Europäischen Haftbefehls, JuS 2019, 856; *Schomburg/Lagodny*, Internationale Rechtshilfe in Strafsachen (6. Aufl. 2020); *Sieber/Satzger/v. Heintschel-Heinegg* (Hrg.), Europäisches Strafrecht (2. Aufl. 2014); *Vogel*, The European Integrated Criminal Justice System and its Constitutional Framework, MJ 12 (2005), 125; *ders.*, Europäischer Haftbefehl und deutsches Verfassungsrecht, JZ 2005, 801; *ders.*, Die europäische polizeiliche und justizielle Zusammenarbeit in Strafsachen im Wandel, in: Hess (Hrg.), Wandel der Rechtsordnung (2003), S. 45.

I. Europäisches Zivilprozessrecht, Binnensachverhalte und Drittstaatenbezüge

1. Drittstaatenbezug zwischen Justizgewährung und Kompetenzabgrenzung

Die Diskussion um die sog. „Drittstaatenproblematik" ist so alt wie das Europäische 5.1 Zivilprozessrecht.[2] Sie betrifft den räumlichen Anwendungsbereich der Gemeinschaftsrechtsakte im internationalen Zivilprozessrecht.[3] Sie fragt einerseits, ob diese auch Verfahren im Verhältnis zu Nichtmitgliedstaaten der Europäischen Union regeln und andererseits, ob die Gemeinschaftsrechtsakte auch rein (oder überwiegend) innerstaatliche Verfahren erfassen.[4] Eine allgemeine Aussage zur Drittstaatenproblematik lässt sich nicht treffen, weil die europäischen Prozessrechtsakte hierzu keine einheitlichen Regelungen enthalten. Allerdings ist die Entwicklung des europäischen Zivilverfahrensrechts von einer zunehmenden Einbeziehung der Drittstaatensachverhalte geprägt.

Im Ausgangspunkt koordiniert das Europäische Prozessrecht vor allem Recht- 5.2 streitigkeiten im Binnenmarkt bzw. im Europäischen Justizraum. Es enthält also primär ein regionales Verfahrensrecht für grenzüberschreitende Zivilprozesse im Verhältnis zwischen den EU-Mitgliedstaaten.[5] Dementsprechend legen die Art. 4–28, 35 EuGVO nur positiv fest, unter welchen Voraussetzungen die Gerichte der Mitgliedstaaten international zuständig sind. Ein negatives Kriterium darüber, wann die Gerichte der Mitgliedstaaten unzuständig sind und der Rechtstreit demgemäß vor den Gerichten eines Drittstaates zu führen ist, enthält die EuGVO nicht.[6] Eine solche Regelung wäre auch ungewöhnlich und gefährlich: Ungewöhnlich deswegen, weil das

2 In einer völkerrechtlichen Konvention bezeichnet der Begriff „Drittstaatenproblematik" die Abgrenzung zwischen Vertrags- und Nichtvertragsstaaten, *Audit/Berman*, in: Nuyts/Watté (ed.), International Litigation, S. 55, 56.

3 Der räumliche Geltungsbereich des Europäischen Prozessrechts ergibt sich aus Art. 355 AEUV: Es umfasst alle EU-Mitgliedstaaten mit Ausnahme Dänemarks, *Gebauer*, in ders./Wiedmann (Hrg.), Zivilrecht unter europäischem Einfluss, Kap. 26, Rdn. 7.

4 Die Diskussion betrifft die nach Art. 81 AEUV erlassenen Rechtsakte. Soweit Dänemark nicht an der Europäischen Justizpolitik teilnimmt, ist es als ein Drittstaat zu behandeln. Dänemark ist seit dem 1.7.2007 an die EuGVO und die EuZustVO gebunden, dazu oben § 2 I, Rdn. 2.31. Zur Situation des Vereinigten Königreichs nach dem Brexit vgl. unten § 5 III, Rdn. 5.82 ff.

5 Grundlegend *Coester-Waltjen*, FS Nakamura (1996), S. 89, 93 f.; *Wagner*, IPRax 2007, 290, 291 f.

6 Weitergehend hingegen die Lehre von der sog. „Reflexwirkung" des Europäischen Prozessrechts: Danach regeln (zumindest) die ausschließlichen Gerichtsstände auch die Frage (mit), wann die Gerichte der Mitgliedstaaten sich für unzuständig erklären müssen, weil nach der Systematik der Gemeinschaftsprozessrechte eine ausschließliche Zuständigkeit in einem Drittstaat vorliegt (beispielsweise bei einer Klage auf Grundbuchberichtigung über ein in einem Drittstaat belegenes Grundstück, vgl. Art. 24 Nr. 1 EuGVO), dazu unten § 5 I, Rdn. 5.15.

IZVR die internationale Zuständigkeit (nicht zuletzt wegen des *lex fori*-Prinzips[7]) nur einseitig zugunsten der Gerichte des jeweils betroffenen Staates festlegt.[8] Sie wäre gefährlich, weil potentiell Rechtschutzverweigerung droht. Denn wenn Staaten einseitig die Unzuständigkeit ihrer eigenen Gerichte anordnen, kann es passieren, dass den Rechtschutzsuchenden kein Gericht offen steht – etwa weil der Drittstaat, von dessen internationaler Zuständigkeit der zuerst regelnde Gesetzgeber ausgegangen ist, seinerseits gleichermaßen die Unzuständigkeit seiner Gerichte angeordnet hat.[9] Die Vermeidung derartiger negativer Kompetenzkonflikte gehört zu den Grundanliegen des internationalen Verfahrensrechts.[10] Diese Überlegungen verdeutlichen, dass die Diskussion um die Drittstaatenbezüge (bzw. um eine eventuelle Einschränkung des Anwendungsbereichs des Gemeinschaftsprozessrechts) mit deutlicher Zurückhaltung geführt werden muss.[11] Zumindest muss das Europäische Zivilprozessrecht Notgerichtsstände vorhalten.[12]

5.3 Aus der Perspektive des Europäischen Prozessrechts hat die Diskussion um die Drittstaatenbeziehungen eine weitere Dimension. Diese betrifft die Abgrenzung zwischen den Unionsrechtsakten und den autonomen Prozessrechten der Mitgliedstaaten. Da das Europäische Prozessrecht die nationalen Vorschriften zur internationalen Zuständigkeit, Rechtshängigkeit, Urteilsanerkennung und Rechtshilfe nur in seinem jeweiligen Anwendungsbereich verdrängt, bleiben letztere grundsätzlich anwendbar, wenn das Unionsrecht einen Drittstaatensachverhalt nicht regelt.[13] Dies verdeutlicht Art. 6 EuGVO. Danach ist immer dann, wenn kein Gerichtsstand des Art. 4 ff. EuGVO eingreift, das autonome, internationale Zuständigkeitsrecht der Mitgliedstaaten anwendbar.[14] Aus diesem Grund stellt sich die Problematik einer drohenden Justizverweigerung hier nicht mit vergleichbarer Schärfe wie im überkommenen IZVR.[15] Dennoch agiert auch der Unionsgesetzgeber im Hinblick auf die verbleibenden, nationalen Zuständigkeitsregime „blind“, so dass durchaus auch hier Rechtsschutzlücken drohen.[16] Die Drittstaatendiskussion im Europäischen Prozessrecht betrifft somit vor allem ein Kompetenzproblem. Aus der Perspektive der nationalen Prozessrechte geht

7 Dazu bereits oben § 1 I, Rdn. 1.13 ff.

8 Kritisch *Audit/Berman*, in: Nuyts/Watté (ed.), International Litigation and Third States, S. 55, 58 f.

9 Dieses Problem stellt sich praktisch im Zusammenhang mit Gerichtsstandsvereinbarungen, die ein Gericht prorogieren, an dem zum Zeitpunkt der Streitentstehung kein effektiver Rechtschutz erlangt werden kann.

10 Vgl. etwa *Schack*, IZVR, Rdn. 455 ff. (zur internationalen Notzuständigkeit).

11 So insbesondere *Geimer/Schütze*, Einleitung EuGVO, Rdn. 234 ff.; *Pocar*, Mél. Gaudemet-Tallon, S. 573, 579.

12 Dazu unten § 5 I, Rdn. 5.24.

13 *Gebauer*, ZEuP 2001, 949; *Grolimund*, Drittstaatenproblematik, Rdn. 6 f.

14 Ausführlich *Nuyts/Szychowska*, General Report, Study on Residual Jurisdiction, Rdn. 1 ff.

15 Dazu oben § 5 I, Rdn. 5.2.

16 *Grolimund*, Drittstaatenproblematik, Rdn. 37 ff. und 601 ff., konstatiert darüber hinaus eine Diskriminierungsproblematik, weil Drittstaatensachverhalte nur unvollständig geregelt werden. Dies setzt

es auch um deren Schutz vor (andersartigen) Konzepten des Unionsgesetzgebers.[17] Der Recast der EuGVO (2012) hat das Problem nur in Einzelaspekten und entsprechend unvollständig angesprochen.

2. Binnensachverhalte und innergemeinschaftliche Streitigkeiten

In kompetenzieller Hinsicht ist die Drittstaatenproblematik mit der Abgrenzung zwischen den Europäischen Prozessrechtsakten und den rein innerstaatlichen Sachverhalten (sog. Binnensachverhalte) vergleichbar. Hier stellt sich die Parallelproblematik, ob Prozesse, die sich ohne internationale Elemente ausschließlich in den jeweiligen Mitgliedstaaten abspielen, vom Anwendungsbereich des Europäischen Zivilprozessrechts ausgenommen sind.[18] Die ganz überwiegende Ansicht im Schrifttum will Binnensachverhalte vom Anwendungsbereich des Europäischen Prozessrechts ausnehmen.[19] Hierfür spricht die Formulierung des Art. 81 AEUV, der die Rechtsetzungskompetenz der Gemeinschaft an „grenzüberschreitende Bezüge" knüpft.[20] Auch Art. 4 I EuGVO setzt voraus, dass rein „innerstaatliche" Sachverhalte nicht unter den Anwendungsbereich der EuGVO fallen.[21] 5.4

Verneint man die Anwendbarkeit der EuGVO bei reinen Binnensachverhalten, so würde beispielsweise der dingliche Gerichtsstand des § 24 ZPO die örtliche und die internationale Zuständigkeit bei einem Rechtstreit zwischen zwei deutschen Staatsangehörigen über die Grundbuchberichtigung eines in Heidelberg belegenen Grundstücks regeln. Auf das Europäische Zivilprozessrecht (Art. 24 Nr. 1 EuGVO) käme es nicht an. Dasselbe müsste konsequenterweise auch für die Grundbuchberichtigungsklage eines Klägers aus Sankt Petersburg gegen einen Beklagten aus New York über das in Heidelberg belegene Grundstück gelten.[22] Art. 24 Nr. 1 EuGVO wäre bei einer Immobiliarklage zwischen Drittstaatenangehörigen nach dieser Ansicht nicht 5.5

freilich voraus, dass hier eine entsprechende Regelungspflicht des Unionsgesetzgebers besteht, die jedoch nicht ernsthaft behauptet werden kann.

17 Deutlich EuGH, 1.3.2005, Rs. C-281/02, *Owusu*, EU:C:2005:120 (Ablehnung der *forum non conveniens*-Doktrin im Europäischen Zivilprozessrecht).

18 *Aull*, Geltungsanspruch, S. 85 ff.

19 Zurückhaltend hingegen *Kropholler/v. Hein*, Vor Art. 2 EuGVO aF, Rdn. 6 f., der darauf verweist, dass sich das Erfordernis eines „internationalen Sachverhalts" positivrechtlich nur aus Art. 81 AEUV herleiten lässt.

20 Eindeutig hingegen Art. 2 EuErbVO, der „innerstaatliche Zuständigkeiten" aus dem Anwendungsbereich der VO ausklammert.

21 *Aull*, Geltungsanspruch, S. 216. Ebenso nunmehr EuGH, 22.11.2018, Rs. C-627/17, *ZSE Energia*, EU:C:2018:941, Rdn. 31 ff. (zu Art. 2 und 3 EuBagVO).

22 Beispiele nach *Geimer/Schütze*, Einl. EuGVO, Rdn. 238.

anwendbar. Freilich setzt diese Auffassung eine teleologische Reduktion der ihrem Wortlaut nach einschlägigen EU-Vorschrift zugunsten der Mitgliedstaaten voraus.[23]

5.6 In der deutschen Rechtspraxis zum EuGVÜ herrschte diese Einschätzung lange Zeit vor.[24] Sie stützte sich auf die Präambel des EuGVÜ, die sich ausdrücklich auf Verfahren im Verhältnis zwischen den Mitgliedstaaten bezog.[25] Mithin müsse das Übereinkommen, wo es seinem Wortlaut nach auch Drittstaatensachverhalte einschließt, teleologisch reduziert werden.[26] Die inzwischen herrschende Gegenansicht stellt auf den Wortlaut und auf den Zweck der Europäischen Prozessrechtsakte ab, ein vorhersehbares und leicht zu handhabendes Zuständigkeitsregime zu errichten.[27] Sie kann sich zudem auf den 13. Erwägungsgrund der EuGVO berufen.[28] Diese Ansicht kann sich dabei auf die Zielsetzung der EuGVO stützen, die prozessuales Einheitsrecht schafft, das für Rechtstreitigkeiten im Europäischen Binnenmarkt und im Europäischen Justizraum ein kohärentes Regelungsregime aufstellt.[29] Daher sind die jeweiligen Anwendungsbereiche der europäischen Prozessrechtsakte tendenziell weit auszulegen. Eine derartige Konzeption vermeidet zudem schwierige Abgrenzungsprobleme, die mit einer restriktiven (bzw. teleologisch reduzierten) Bestimmung des Anwendungsbereichs der Gemeinschaftsrechtsakte einhergehen.[30] Mithin bestimmt sich die internationale Zuständigkeit für die Grundbuchberichtigungsklage über das

---

23 *Schack*, IZVR, Rdn. 270 (zur EuGVO).

24 Dokumentation des früheren Meinungsstands etwa bei *Gebauer*, ZEuP 2001, 949, 950 ff.

25 Vgl. Abs. 3 der Präambeln zum EuGVÜ und zum LugÜ, wonach die Konventionen den Zweck verfolgen, „innerhalb der Gemeinschaft (bzw. Mitgliedstaaten des LugÜ) den Rechtsschutz der dort ansässigen Personen zu verstärken". Diese Bezugnahme muss freilich nicht zwingend als Einschränkung des Anwendungsbereichs verstanden werden. Denn über das Verhältnis zu Drittstaaten findet sich dort keine substantielle Aussage.

26 Ausdrücklich BGH, 12.10.1989, BGHZ 109, 29; *Piltz*, NJW 1979, 1071 f.; *Schack*, IZVR, Rdn. 241; *Benecke*, Die teleologische Reduktion, S. 143 ff.

27 *Coester-Waltjen*, FS Nakamura, S. 89, 106 f. mwN; *Gebauer*, ZEuP 2001, 949, 953 ff.; *Grolimund*, Drittstaaten, Rdn. 103 ff.; *Kropholler/v. Hein*, Vor Art. 2 EuGVO aF, Rdn. 8.

28 Danach müssen „Rechtstreitigkeiten, die unter die VO 44/01/EG fallen, (...) einen Anknüpfungspunkt an das Hoheitsgebiet eines der Mitgliedstaaten aufweisen, die durch diese Verordnung gebunden sind. Gemeinsame Zuständigkeitsvorschriften sollten demnach grundsätzlich dann Anwendung finden, wenn der Beklagte seinen Wohnsitz in einem dieser Mitgliedstaaten hat." Einen Bezug zu mehreren Vertragsstaaten fordert der Erwägungsgrund ersichtlich nicht, dies betonen zu Recht *Geimer/Schütze*, EuZPR, Einl. Rdn. 236.

29 Den veränderten Kontext der EuGVO (2001) unterstreicht *Gebauer*, ZEuP 2001, 949, 961. Deutlich EuGH, 1.3.2005, Rs. C-281/02, *Owusu*, EU:C:2005:120, Rdn. 34, wonach die Vereinheitlichung der Zuständigkeitsvorschriften im Binnenmarkt als solche zu den vordringlichen Zielen des Brüsseler Übereinkommens gehört, dazu sogleich Rdn. 5.7.

30 „Binnensachverhalte" und „Drittstaatensachverhalte" müssten jeweils von den Konstellationen abgegrenzt werden, die das Gemeinschaftsprozessrecht erfasst. Allgemeine Formeln lassen sich nicht aufstellen, zutreffend Schlussanträge GA *Léger* in EuGH, 14.12.2004, Rs. C-281/02, *Owusu*, EU:C:2005:798, Rdn. 164.

in Heidelberg belegene Grundstück (vgl. oben Rdn. 5.5) nach Art. 24 Nr. 1 EuGVO, auch wenn die Parteien ihren Wohnsitz in Drittstaaten haben.

Der EuGH entschied diese Problematik im Fall *Owusu./.Jackson*. Das Ausgangsverfahren betraf einen Badeunfall in Jamaika: Der englische Kläger, Jackson, hatte bei Owusu, ebenfalls in England ansässig, ein Ferienhaus in Jamaika gemietet; dort war er am Privatstrand des Ferienhauses verunglückt. Mitverklagt waren mehrere jamaikanische Gesellschaften, die für den Betrieb (und die Sicherheit) des Anwesens verantwortlich waren. Die Beklagten beantragten eine Aussetzung und Verweisung des Rechtsstreits nach Jamaika als *forum (more) conveniens*. Jackson berief sich demgegenüber auf Art. 2 und 5 Nr. 3 EuGVÜ (heute Art. 4 und 7 Nr. 2 EuGVO). Der EuGH, den der Court of Appeal angerufen hatte, bejahte die Anwendbarkeit der EuGVO mit der Erwägung, dass der Wortlaut des Art. 4 EuGVO keinen Bezug zu mehreren Mitgliedstaaten erfordere und dass die EuGVO generell die Zuständigkeitsvorschriften im Europäischen Justizraum vereinheitlicht. Daher sei die Anwendbarkeit gegenüber Drittstaaten zu bejahen, eine Abweisung der Klage nach dem Grundsatz des *forum non conveniens* sei angesichts der zwingenden Vorschriften der EuGVO ausgeschlossen.[31] Allerdings stellte der EuGH klar, dass die EuGVO reine Inlandssachverhalte (d. h. solche ohne jeglichen Auslandsbezug) nicht erfasst.[32] 5.7

Die neuere Rechtsprechung zum Anwendungsbereich der EU-Prozessrechtsakte ist großzügig: Die Rechtssache *Maletic*[33] betraf Ansprüche aus einem Reisevertrag. Die in Bludenz (Österreich) wohnhaften Kläger hatten vor dem dortigen Zivilgericht gegen die in Wien ansässige *TUI Österreich GmbH* Klage eingereicht, zugleich jedoch die *lastminute.com GmbH* in Deutschland als Reisevermittler nach Art. 16 I EuGVO (2001) mitverklagt. *TUI Österreich* machte die örtliche Unzuständigkeit der Gerichte in Bludenz geltend, das Berufungsgericht legte vor. Der EuGH bejahte die Anwendung der EuGVO gegenüber beiden Beklagten: Ein Auslandsbezug folge daraus, dass das Vertragsverhältnis zwischen den österreichischen Parteien „untrennbar" mit dem Vertragsverhältnis zwischen den Parteien und dem in Deutschland ansässigen Reisevermittler verknüpft sei.[34] Im Ergebnis wurde Art. 16 Abs. 1 EuGVO (2001) gegenüber der inländischen Partei angewandt und ein Verbrauchergerichtsstand für Inlandsfälle begründet. Dieses Ergebnis erscheint aus der Perspektive des Vertragsrechts zumindest überraschend[35] – zeigt jedoch die ausgreifende Rechtssprechungstendenz des EuGH bei der Bestimmung des Anwendungsbereichs der EuGVO. Im Urteil *Maletic* 5.8

31 EuGH, 1.3.2005, Rs. C-281/02, *Owusu*, EU:C:2005:120, Rdn. 29 ff., 34 unter Bezugnahme auf EuGH, 20.5.2003, Rs. C-465/00, *Österreichischer Rundfunk* u. a., EU:C:2003:294, Rdn. 41. Die Verwerfung der *forum non conveniens*-Doktrin durch den EuGH kritisiert vor allem die englische Literatur, etwa *Fentiman*, CMLR 43 (2006), 705, 714 ff.; *Kruger*, Civil Jurisdiction Rules, Rdn. 5.86 ff.

32 EuGH, 1.3.2005, Rs. C-281/02, *Owusu*, EU:C:2005:120, Rdn. 25 f.

33 EuGH, 13.11.2013, Rs. C-478/12, *Maletic*, EU:C:2013:735.

34 EuGH, 13.11.2013, Rs. C-478/12, *Maletic*, EU:C:2013:735, Rdn. 28 f.

35 Danach ist jeder Vertrag gesondert anzuknüpfen und zu beurteilen. Die neuere Rechtsprechung des Gerichtshofs lässt jedoch Verknüpfungen zwischen Verträgen zu, vgl. die Kritik unter § 6 II, Rdn. 6.61, Fn. 312.

hat der EuGH die inländische Mitbeklagte in den Gerichtsstand der Streitgenossenschaft nach Art. 8 Nr. 1 EuGVO einbezogen.[36]

5.9 Trotz dieser weiten Interpretation des räumlichen Anwendungsbereichs des Europäischen Prozessrechts durch den EuGH erfassen die Unionsrechtsakte keineswegs sämtliche Drittstaatenkonstellationen. Vielmehr ist im jeweiligen Einzelfall zu fragen, ob der jeweilige Rechtsakt bzw. die fragliche Vorschrift Binnen- bzw. Drittstaatensachverhalte mitregeln will.[37] Dabei ist primär auf die in den Rechtsakten selbst enthaltenen Regelungen und auf die dahinter stehenden Wertungen abzustellen.[38] Dies erfordert jeweils eine individuelle Untersuchung der konkreten Vorschrift, die allerdings die Tendenz des Gerichtshofs berücksichtigen muss, den Anwendungsbereich der Gemeinschaftsrechtsakte weit zu ziehen.[39]

3. Die Drittstaatenproblematik der EuGVO

a) Ausweitung der Gerichtszuständigkeit auf Drittstaaten

5.10 Das Zuständigkeitsregime der EuGVO prägt die Grundregel des Art. 4 EuGVO. Der allgemeine Gerichtsstand befindet sich am Wohnsitz/Sitz des Beklagten;[40] der Beklagte muss seinen Wohnsitz/Sitz (Art. 62 f. EuGVO) in einem EU-Mitgliedstaat haben.[41] Kläger aus Drittstaaten haben mithin ohne Beschränkung freien Zugang zu den allgemeinen Gerichtsständen des Europäischen Justizraums: Sie können am allgemeinen Gerichtsstand des EU-Beklagten klagen. Darüber hinaus können die besonderen und die ausschließlichen Gerichtsstände der EuGVO die allgemeine Beklagtenzuständigkeit durchbrechen und weitere Drittstaatenkonstellationen erfassen. Diese wirken dann (auch) zu Lasten von Personen mit allgemeinem Gerichtsstand in Drittstaaten.[42] Die Neufassung

---

36 Dazu unten § 6 II bei Rdn. 6.118. Anders EuGH, 22.11.2018, Rs. C-627/17, *ZSE Energia*, EU:C:2018:941, Rdn. 31 ff. zu Art. 2 und 3 EuBagVO: der Wohnsitz eines Streithelfers in einem anderen EU-Mitgliedstaat macht aus einem rein inländischen Prozess keine grenzüberschreitende Streitigkeit.

37 Zutreffend *Geimer/Schütze*, Einleitung EuGVVO, Rdn. 235 f.; *Heinze/Dutta*, IPRax 2005, 224, 225; *Wannemacher*, Außenkompetenzen, S. 85 ff., 95.

38 *Heinze/Dutta*, IPRax 2005, 224, 228 ff.

39 Vgl. die ausführliche Untersuchung von *Kruger*, Civil Jurisdiction Rules, Rdn. 2.01 ff. (zur EuGVO aF).

40 Dazu unten § 6 II, Rdn. 6.40 ff.

41 EuGH, 28.9.1999, Rs. C-440/97, *GIE Group Concorde*, EU:C:1999:456, Rdn. 23 f.; EuGH, 19.2.2002, Rs. C-256/00, *Besix*, EU:C:2002:99, Rdn. 24; EuGH, 1.3.2005, Rs. C-281/02, *Owusu*, EU:C:2005:120, Rdn. 38 ff.; EuGH, 28.4.2005, Rs. C-104/03, *St. Paul Dairy*, EU:C:2005:255, Rdn. 19 – ständige Rechtsprechung, dazu *Kruger*, Civil Jurisdiction Rules, Rdn. 2.56 ff.

42 Allerdings erfordern die meisten besonderen Gerichtsstände der EuGVO den Wohnsitz des Beklagten im Hoheitsgebiet eines Mitgliedstaates, vgl. insbesondere den Wortlaut der Eingangssätze von Art. 7 und 8 EuGVO.

der Verordnung erweitert in Art. 6 I, 18 I und Art. 21 II EuGVO[43] die Schutzgerichtsstände der Verbraucher und Arbeitnehmer gegenüber beklagten Unternehmern und Arbeitgebern in Drittstaaten. Weitere drittstaatenbezogene Regelungen enthalten die ausschließlichen Zuständigkeiten des Art. 24 EuGVO[44] sowie die Sondervorschriften zur Gerichtsstandsvereinbarung nach Art. 25 EuGVO.[45]

Art. 6 EuGVO privilegiert Kläger mit Wohnsitz im Europäischen Justizraum: Wird ein Beklagter mit Sitz/Wohnsitz außerhalb der Union verklagt, so sind nach Art. 6 I EuGVO die autonomen Prozessrechte der Mitgliedstaaten anzuwenden. Die Verweisung des Art. 6 I EuGVO benachteiligt im Ergebnis die Drittstaatenangehörigen. Sie erlaubt nämlich die Anwendung der exorbitanten (Kläger-)Gerichtsstände der autonomen Prozessrechte, etwa den Vermögensgerichtsstand des § 23 ZPO oder die Staatsangehörigkeitszuständigkeit nach Art. 14 Code Civil, sofern der Kläger seinen Wohnsitz im jeweiligen Gerichtsstaat in der Union hat. Dies stellt Art. 6 II EuGVO ausdrücklich klar und eröffnet zudem die exorbitanten Gerichtsstände der nationalen Prozessrechte für alle im Gerichtsstaat ansässigen Unionsbürger.[46] 5.11

Ein deutscher Staatsangehöriger, der in Paris lebt, kann nach Art. 6 EuGVO, Art. 14 CC in Frankreich gegen einen Beklagten in einem Drittstaat Klage erheben (etwa gegen Beklagte in Brasilien, den USA oder im Vereinigten Königreich). Ein französischer Kläger mit Wohnsitz in Berlin kann umgekehrt einen russischen Beklagten im Vermögensgerichtsstand des § 23 ZPO verklagen.[47] 5.12

Die neu gefassten Art. 4 I und 6 I EuGVO halten fest, dass das Europäische Zuständigkeitsrecht das Verhältnis zu Drittstaaten nunmehr in erheblichem Umfang erfasst. Dies hatte die Literatur zum EuGVÜ zunächst nicht wahrhaben wollen. Sie wollte die Anwendung des Übereinkommens vom Vorliegen eines „innergemeinschaftlichen Sachverhalts" abhängig machen.[48] Seit der Grundsatzentscheidung *Owusu./.Jackson*[49] hat sich jedoch diese vor allem in Deutschland geführte Diskussion erledigt.[50] Der EuGH hat in *Owusu* den Charakter des Brüsseler Übereinkommens als zwingendes Einheitsrecht hervorgehoben und für die Anwendung des 5.13

---

43 Vgl. unten § 6 II, Rdn. 6.118.

44 Zur Ausweitung der internationalen Zuständigkeit des Einheitlichen Patentgerichts nach Art. 71b EuGVO vgl. unten § 6 II, Rdn. 6.145.

45 Dazu unten § 6 II, Rdn. 6.150 ff.

46 *Kruger*, Civil Jurisdiction Rules, Rdn. 2.56 ff., mit Nachweisen zur Kritik an der Regelung; ebenso *Kinsch*, RdC 318 (2005), S. 19, 71 ff. *Schlosser* attestiert der Vorschrift „Sorglosigkeit bezüglich der Zuständigkeitsgerechtigkeit in Bezug auf Bewohner in Drittstaaten", *Schlosser/Hess*, Art. 6 EuGVO, Rdn. 1.

47 § 23 ZPO steht allerdings auch Klägern aus Drittstaaten mit Wohnsitz im Gerichtsstaat offen, dazu *Schack*, IZVR, Rdn. 110.

48 *Piltz*, NJW 1979, 1071 f.; *Schack*, IZVR, Rdn. 271; oben § 5 I, Rdn. 5.6.

49 EuGH, 1.3.2005, Rs. C-281/02, *Owusu*, EU:C:2005:120, Rdn. 34 ff., dazu oben Rdn. 5.7.

50 *Kropholler/v. Hein*, Vor Art. 2 EuGVO, Rdn. 8; *Staudinger*, IPRax 2000, 483 f.; *Bruns*, JZ 2005, 890, 891.

Art. 2 I EuGVÜ/Art. 4 I EuGVO ausreichen lassen, dass ein „Drittstaatenangehöriger" gegen einen Beklagten mit Wohnsitz in der Gemeinschaft klagt.[51] Der Gerichtshof stützte die weite Auslegung des Art. 4 I EuGVO auf die Funktion der Verordnung, einheitliche Zuständigkeitsregeln für den Binnenmarkt herzustellen.[52] Die weite Formulierung der *Owusu*-Entscheidung hat die „Drittstaaten"-Diskussion beendet. Der EuGH hat in seinem Gutachten zur Abschlusskompetenz der Gemeinschaft für das Lugano II-Übereinkommen erneut den weiteren Anwendungsbereich des Europäischen Zivilverfahrensrechts betont.[53] Allerdings konnte die EU-Kommission bei der Reform der EuGVO (2012) ihren Vorschlag zu einer umfassenden Einbeziehung von Drittstaatenkonstellationen in die Verordnung nicht verwirklichen. EwG 14 zur EuGVO stellt klar, dass es beim Wechselspiel zwischen den vorrangigen Gerichtsständen der Verordnung und der ergänzenden Anwendung der nationalen Verfahrensrechte bleibt.[54]

5.14 In praktischer Hinsicht hat der EuGH den Anwendungsbereich der Verordnung dadurch ausgeweitet, dass er die tatsächliche Vermutung genügen lässt, dass der Beklagte seinen Wohnsitz in einem EU-Mitgliedstaat hat. In der Rechtssache *de Visser*[55] wendete der Gerichtshof Art. 7 Nr. 2 EuGVO gegen einen Beklagten an, dessen Wohnsitz unbekannt war. Der EuGH entschied, dass der Anwendungsbereich der EuGVO eröffnet sei, solange keine „beweiskräftigen Indizien" für dessen Wohnsitz in einem Drittstaat vorliegen.[56] Im konkreten Fall ließ der Gerichtshof eine Klage wegen Verletzung der Persönlichkeitsrechte gegen den Betreiber einer Internet-Domain am Handlungsort nach Art. 7 Nr. 2 EuGVO zu. Die inländische Anschrift des Beklagten konnte nicht ermittelt werden; er hatte jedoch ersichtlich mittels einer deutschen Internet-Domain die behaupteten Rechtsverletzungen begangen. Im Ergebnis hat der EuGH die Reichweite der EuGVO über eine „Vermutung" ausgeweitet: Die Verordnung ist danach anwendbar, wenn ein Wohnsitz des Beklagten weder in einem Drittstaat noch im Gerichtsstaat nachweisbar ist. Hat der Beklagte seinen Wohnsitz in einen anderen EU-Mitgliedstaat verlegt und kann dieser nicht ermittelt werden, so kann er in dem Mitgliedstaat verklagt werden, wo er seinen letzten bekannten Wohnsitz hatte.[57]

---

51 EuGH, 01.03.2005, Rs. C-281/02, *Owusu*, EU:C:2005:120, Rdn. 27 ff., 34; zuvor bereits EuGH, 13.7.2000, Rs. C-412/98, *Group Josi Reinsurance*, EU:C:2000:399, Rdn. 60; EuGH, 6.12.1994, Rs. C-406/92, *Tatry*, EU:C:1994:400; EuGH, 25.7.1991, Rs. C-190/89, *Marc Rich*, EU:C:1991:319.

52 EuGH, 1.3.2005, Rs. C-281/02, *Owusu*, EU:C:2005:120, Rdn. 37 unter Bezugnahme auf EuGH, 20.5.2003, Rs. C-465/00, *Österreichischer Rundfunk* u. a., EU:C:2003:294, Rdn. 41.

53 EuGH, 7.2.2006, Avis 1/03, *Parallelübereinkommen Lugano*, EU:C:2006:81, Rdn. 98 f.; ebenso EuGH, 14.10.2014, Avis 1/13, *HKÜ*, EU:C:2014:2303, Rdn. 67 ff.

54 *Domej*, in: v. Hein/Rühl, Kohärenz im Europäischen Internationalen Privat- und Verfahrensrecht, S. 90, 92 ff.; *Weber*, RabelsZ 75 (2011), 619, 622 f.

55 EuGH, 15.3.2012, Rs. C-292/10, *Cornelius de Visser*, EU:C:2012:142; dazu *Hess*, in: v. Hein/Rühl, Kohärenz , S. 68, 75 ff.

56 EuGH, 15.3.2012, Rs. C-292/10, *Cornelius de Visser*, EU:C:2012:142, Rdn. 42, zustimmend Wieczorek/Schütze/*Gebauer*, Art. 6 EuGVO, Rdn. 10 (Arg.: Beklagtenschutz).

57 EuGH, 17.11.2011, Rs. C-327/10, *Hypoteční banka*, EU:C:2011:745, Rdn. 55, dazu *Requejo Isidro/Cuniberti*, Rev crit 2012, 411.

b) Reduktion der Zuständigkeiten durch den „effet réflexe"

Umstritten ist schließlich die umgekehrte Fragestellung: nämlich ob sich aus der EuGVO die Konsequenz ergibt, dass die Gerichte der EU-Mitgliedstaaten Rechtstreitigkeiten, für die aus der Sicht der EuGVO eine ausschließliche Zuständigkeit in einem Drittstaat begründet ist (beispielsweise die Registerberichtigung eines in Russland belegenen Grundstücks), nicht entscheiden dürfen.[58] Die Unzuständigkeit lässt sich auf die Anordnung der ausschließlichen Zuständigkeit für einen entsprechenden Rechtstreit über ein in den Mitgliedstaaten belegenes Grundstück stützen (Art. 24 Nr. 1 EuGVO). Andererseits führt diese Auffassung zur Derogation der – an sich gegebenen – Zuständigkeit der Gerichte der EU-Mitgliedstaaten nach Art. 4 ff. EuGVO. Dennoch erscheint eine Derogation in dieser Konstellation systemkonform. Denn Art. 6 I EuGVO ordnet die Beklagtenzuständigkeit nur unter dem Vorbehalt der vorrangigen Gerichtsstände des Art. 24 EuGVO an – daher ist eine vorrangige Zuständigkeit des betroffenen Drittstaates zu bejahen, allerdings nur solange, wie dort effektiver Rechtsschutz erlangt werden kann.[59] 5.15

Diese Konstellation ist nicht nur von theoretischem Interesse: Im Sommer 2005 wurden im zypriotischen Nikosia zahlreiche Klagen auf Herausgabe von Grundstücken gegen ausländische Beklagte erhoben, die im türkisch besetzten Teil der Insel belegen, aber im griechischen Teil grundbuchmäßig registriert waren. Diese Grundstücke, welche die griechischen Eigentümer nach der Besetzung Nordzyperns (1974) verlassen mussten, hatten die nordzypriotischen (türkischen) Behörden über Mittelsmänner an (überwiegend englische) Touristen verkauft. Soweit diese Grundstücke im griechischen Teil Zyperns grundbuchmäßig geführt werden, ist dort eine Herausgabeklage nach Art. 24 Nr. 1 EuGVO zulässig. Andernfalls sollten den griechischen Klägern die Gerichtsstände der Art. 4 ff. EuGVO eröffnet bleiben, um ihnen effektiven Rechtsschutz im Europäischen Justizraum zu eröffnen. Eine Klage im besetzten Nordzypern erscheint hingegen (mangels hinreichender Gewährleistung effektiven Rechtsschutzes) nicht zumutbar. Als die zypriotischen Urteile in England anerkannt und vollstreckt werden sollten, fragten englische Gerichte den EuGH nach der Anerkennungsfähigkeit der Urteile. Der EuGH bejahte die Verpflichtung der englischen Gerichte, die zypriotischen Urteile anzuerkennen.[60] Angesichts des völkerrechtlichen Hintergrunds erscheint das (viel zu knapp begründete) Urteil jedoch fragwürdig. Auf den *effet réflexe* ging der Gerichtshof nicht ein.[61] 5.16

---

58 Sog. „Reflexwirkung" – *effet réflexe*, entwickelt erstmalig von *Droz*, Compétence judiciaire (1968), Rdn. 164; zustimmend *Gaudemet-Tallon/Ancel*, Compétence, Rdn. 106.

59 Ohne Vorbehalt effektiven Rechtsschutzes in Drittstaaten *Coester-Waltjen*, FS Nakamura, S. 89, 105; *Heinze/Dutta*, IPRax 2005, 224, 227 f.; wie hier *Gaudemet-Tallon/Ancel*, Compétence, Rdn. 106; *Grolimund*, Drittstaaten, Rdn. 429 ff., 507; aA OLG Hamburg, 6.2.1998, IPRax 1999, 168.

60 EuGH, 28.4.2009, Rs C-420/07, *Apostolides*, EU:C:2009:271, Rdn. 38 f. (zur Anwendung der EuGVO in Nordzypern); Rdn. 53 ff. (zur Anerkennungspflicht).

61 EuGH, 28.4.2009, Rs C-420/07, *Apostolides*, EU:C:2009:271, Rdn. 47 ff. stellt darauf ab, dass das Grundstück angesichts der völkerrechtswidrigen Besetzung Nordzyperns weiter als Teil der Republik Zypern anzusehen sei.

5.17 Im Ergebnis sollte der *effet réflexe* bei den zwingenden Gerichtsständen des Art. 24 EuGVO nur eingeschränkt und unter Kautelen zugelassen werden.[62] Denn es sind durchaus Konstellationen denkbar, in denen im „ausschließlichen" Gerichtsstand des Drittstaates kein effektiver Rechtsschutz gewährt wird. Hier sollte das Europäische Prozessrecht zumindest Notzuständigkeiten vorhalten[63] – *de lege ferenda* erscheint eine Regelung besser, die den *effet réflexe* lediglich zulässt, wenn effektiver Rechtsschutz im Drittstaat eröffnet ist. Andernfalls sollten die Gerichtsstände der EuGVO uneingeschränkt anwendbar bleiben.[64]

5.18 In sachlicher Hinsicht erfasst der *effet réflexe* keineswegs alle ausschließlichen Zuständigkeiten der EuGVO: Die halbzwingenden Verbraucher- und Arbeitnehmergerichtsstände enthalten explizite Sonderregelungen in Art. 6 I iVm Art. 18 I und 21 II EuGVO, die nunmehr Klagen gegen Unternehmer und Arbeitgeber in Drittstaaten zulassen. Umgekehrt sollten Unternehmen mit Sitz in der Union nicht durch eine analoge Anwendung der restriktiven Schutzvorschriften auf eine Rechtsverfolgung in Drittstaaten verwiesen werden:[65] Sie können mithin in allen Gerichtsständen der Art. 4 ff. EuGVO auch im Verhältnis zu Verbrauchern und Arbeitnehmern mit Wohnsitz in Drittstaaten klagen. Art. 10 EuGVO stellt dies für Versicherungssachen ausdrücklich klar.

c) Berücksichtigung der Rechtshängigkeit in Drittstaaten

5.19 Seit dem 10.1.2015 regeln Art. 33 und 34 EuGVO die Berücksichtigung der früheren Rechtshängigkeit eines parallelen Verfahrens in einem Drittstaat.[66] Das ist im Ausgangspunkt sachgerecht. Denn ein solches Verfahren kann im Ergebnis die Versagung der Urteilsanerkennung nach Art. 45 I lit d) EuGVO auslösen.[67] Art. 33 EuGVO ermöglicht die Berücksichtigung der Rechtshängigkeit in einem Drittstaat, sofern die Zuständigkeit des Gerichts des EU-Mitgliedstaats auf einem nicht ausschließlichen Gerichtsstand beruht, das ausländische Verfahren früher rechtshängig wurde

---

62 Sofern ein Parallelverfahren in einem Drittstaat früher rechtshängig wurde, ist der Konflikt nach Art. 33 f. EuGVO aufzulösen, vgl. EwG 24 zur EuGVO (aE), *Domej*, in: v. Hein/Rühl (Hrg.), Kohärenz, S. 91, 116 ff.

63 Notzuständigkeiten kennt die EuGVO nicht. Zu den Reformvorschlägen der Kommission (2010), vgl. unten Rdn. 5.24.

64 So im Ergebnis auch *Kruger*, Civil Jurisdiction Rules, Rdn. 3.18 f. Für die Aufnahme des *effet réflexe* vgl. die *European Group of Private International Law*, Resolution von Bergen vom 18.9.2008; Einfügung eines Art. 22 A in die EuGVO, der freilich die Zurücknahme der Zuständigkeit vom effektiven Rechtsschutz im Drittstaat abhängig macht.

65 *Kropholler/v. Hein*, Art. 8 EuGVO aF, Rdn. 2; vgl. auch *Jordan Grand Prix Ltd. v. Baltic Insurance Group & others*, [1999] 2 AC 127 (HL), dazu *Kruger*, Civil Jurisdiction Rules, Rdn. 2.278 ff.

66 Art. 29 ff. EuGVO erfassen ihrem Wortlaut nach nur die Rechtshängigkeit in einem anderen Mitgliedstaat.

67 *Schlosser/Hess*, Art. 45 EuGVO, Rdn. 36.

(vgl. dazu Art. 32 EuGVO) und wenn Partei- und Anspruchsidentität besteht.[68] Eine Aussetzung des späteren Verfahrens kommt jedoch nur in Betracht, wenn die Drittstaatenentscheidung nach dem autonomen Prozessrecht des angerufenen Gerichts voraussichtlich anerkannt werden kann[69] und wenn die Aussetzung dem Interesse einer geordneten Rechtspflege entspricht.[70] Als zu berücksichtigende Faktoren nennt EwG 24 den Stand des ausländischen Verfahrens sowie die Sachnähe des ausländischen Gerichts.[71] Nach Art. 33 II EuGVO kann das angerufene EU-Gericht das Verfahren fortsetzen, wenn das Verfahren im Drittstaat nicht betrieben wird oder wenn die Fortsetzung dem Interesse einer geordneten Rechtspflege entspricht (sprich wenn dies zur Justizgewährung erforderlich ist).[72] Die Aussetzung steht im Ermessen des Prozessgerichts – es handelt sich jedoch um keinen Fall des *forum non conveniens*, da die Abwägungskriterien von Art. 33 EuGVO inhaltlich vorgegeben werden.[73] Art. 34 EuGVO erstreckt die Aussetzungsbefugnis auf den Fall konnexer Verfahren – die Vorschrift erstreckt damit Art. 31 EuGVO auf Drittstaatenkonstellationen.[74]

Art. 33 f. EuGVO regeln keineswegs alle Drittstaatenkonstellationen, sondern nur Parallelverfahren in den nicht ausschließlichen Gerichtsständen der EuGVO.[75] Im Umkehrschluss zur Regelung der Art. 33 f EuGVO ist freilich zu folgern, dass eine Berücksichtigung der Rechtshängigkeit in Drittstaaten ausscheidet, wenn die Zuständigkeit des EU-Gerichts auf einem ausschließlichen Gerichtsstand der EuGVO 5.20

68 *Franzina*, Riv. dir. int. priv. e proc. 2014, 23, 27 ff.; *Rogerson*, in: Dickinson/Lein, The Brussels I Regulation Recast, Rdn. 11.75 ff.

69 Da es kein unionsrechtliches Anerkennungsregime gibt, verweist Art. 33 I lit a) EuGVO auf die autonomen Anerkennungsregeln der Mitgliedstaaten zurück. Bei der Anwendung von § 328 I Nr. 1 ZPO sind jedoch nicht die §§ 12 ff. ZPO zu prüfen, sondern die Gerichtsstände der Art. 4 ff. EuGVO, *Kern*, ZZP 120 (2007), 31, 40 ff.; aA *Geimer*, IZVR, Rdn. 2897b; *Thole*, in. Hess (Hrg.), Anerkennung, S. 25, 41 ff.

70 Der Verweis auf die unterschiedlichen Anerkennungsrechte der EU-Mitgliedstaaten zementiert die bestehende Rechtszersplitterung auf der Regelungsebene des Unionsrechts. Zu Recht kritisch *Bonomi*, IPRax 2017, 184, 190 ff.

71 Ausweislich EwG 24 sind sämtliche Umstände des Einzelfalls zu prüfen, dabei ist die Zuständigkeit des ausländischen Gerichts anhand der Kriterien der Art. 4 ff. EuGVO zu bewerten.

72 Art. 33 II und 34 II EuGVO sind anhand von Art. 47 GRC auszulegen; *Franzina*, Riv. dir. int. priv. e proc. 2014, 23, 34 f.

73 AA *Rogerson*, in: Dickinson/Lein, The Brussels I Regulation Recast, Rdn. 11.78, die für die Anwendung der forum non conveniens-Doktrin plädiert und eine uneinheitliche Praxis in den Mitgliedstaaten erwartet. Das ist m. E. im Hinblick auf Art. 33 f. EuGVO nicht zu erwarten, da die Vorschriften nur für die Anerkennungsprognose auf die Rechtsordnungen der Mitgliedstaaten zurückverweisen. Ansonsten enthalten die Vorschriften autonome Regelungen, die einer einheitlichen Auslegung durch den EuGH zugänglich sind.

74 *Rogerson*, in: Dickinson/Lein, The Brussels I Regulation Recast, Rdn. 11.71.

75 Ausführlich *Domej*, in: v. Hein/Rühl (Hrg.), Kohärenz, S. 91, 97 ff.; *Schlosser/Hess*, Art. 33 f. EuGVVO, Rdn. 2 f.

beruht.[76] Von dieser strikten Regel kann im Fall der halbzwingenden Gerichtsstände abgewichen werden, wenn dies aus Gründen des Verbraucher- oder Arbeitnehmerschutzes geboten erscheint.[77] Im Hinblick auf Gerichtsstandsvereinbarungen geht das HGÜ den Art. 33 f. vor, vgl. Art. 67 EuGVO.[78] Angesichts der umfassenden Regelung des Unionsrechts erscheint eine Heranziehung der Vorschriften der nationalen Prozessrechte (etwa § 261 ZPO oder die *forum non conveniens*-Doktrin) weithin ausgeschlossen.[79] Erste Anwendungsfälle aus der Praxis zeigen jedoch, dass die Gerichte zur Anwendung des überkommenen Prozessrechts tendieren.[80]

d) Die Urteilsanerkennung

5.21 Die Anerkennung von Urteilen aus Drittstaaten richtet sich hingegen nach den autonomen Prozessrechten der Mitgliedstaaten.[81] Hier wollte der Unionsgesetzgeber das Inkrafttreten eines weltweiten Anerkennungs- und Vollstreckungsvertrags abwarten, der in Den Haag am 2.7.2019 zur Unterzeichnung aufgelegt wurde.[82]

5.22 Auch bei der Urteilsfreizügigkeit zwischen den EU-Mitgliedstaaten (Art. 36 ff. EuGVO) spielt die Drittstaatenproblematik eine gewisse Rolle: Ist ein früher ergangenes Urteil aus dem Drittstaat nach dem autonomen Prozessrecht eines Mitgliedstaates anzuerkennen, löst es die Sperre des Art. 45 II lit. d) EuGVO aus.[83] Mithin geht jedes Urteil aus einem Drittstaat der (inner-)europäischen Urteilsfreizügigkeit vor. Diese Lösung, die vor allem völkerrechtlichen Bedenken Rechnung tragen will, erscheint rechtspolitisch wenig überzeugend.[84] Denn sie nimmt die Urteilsfreizügigkeit im Europäischen Justizraum über Gebühr zurück.[85] Ungeklärt ist zudem das Verhältnis von Art. 45 I lit. d) EuGVO zu den neuen Vorschriften zur Beachtung der Rechtshängigkeit in Drittstaaten (Art. 33 f. EuGVO). Richtigerweise haben Art. 33 II und 34 II EuGVO Vorrang: Setzt ein mitgliedstaatliches Gericht ein Verfahren trotz paralleler

---

76 Ebenso *Domej*, in: v. Hein/Rühl (Hrg.), Kohärenz, S. 91, 95; aA *Wautelet*, JT 2015, 99: Anwendung der Rechtshängigkeitsregeln der Mitgliedstaaten – das widerspricht jedoch den Regelungszwecken der Art. 34 f. EuGVO.

77 *Schlosser/Hess*, Art. 33 f. EuGVVO, Rdn. 3.

78 *Domej*, in: v. Hein/Rühl (Hrg.), Kohärenz, S. 91, 98 ff. Voraussetzung ist, dass der ausländische Gerichtsstand das HGÜ ratifiziert hat.

79 Anders *Rogerson*, in: Dickinson/Lein, The Brussels I Regulation Recast, Rdn. 11.78; zurückhaltender jedoch in Rdn. 11.91; aA *Wautelet*, JT 2015, 99 (aber unter Verkennung der Regelungsabsicht des Unionsgesetzgebers).

80 Dazu unten § 6 III, Rdn. 6.203.

81 *Kruger*, Civil Jurisdiction Rules, Rdn. 3.48.

82 Dazu unten Rdn. 5.61 ff.

83 Die Vorschrift erfasst jedoch nicht kollidierende Urteile aus dem Ursprungsmitgliedstaat selbst, EuGH, 26.9.2013, Rs. C-157/12, *Salzgitter Mannesmann*, EU:C:2013:597, Rdn. 30.

84 Dazu unten § 6 IV, Rdn. 6.252.

85 Anwendungsfälle zu Art. 45 I lit. d) EuGVO werden aus der Praxis nicht berichtet.

Rechtshängigkeit oder Vorgreiflichkeit eines Verfahrens in einem Drittstaat fort, so kommt diesem Urteil der Vorrang gegenüber einer Entscheidung aus dem Drittstaat zu: Nach dem unionsrechtlichen Vertrauensgrundsatz geht die Entscheidung dieses Konflikts durch das Gericht eines anderen Mitgliedstaates der Anerkennungspflicht nach dem autonomen Prozessrecht der Mitgliedstaaten vor.[86]

Die Urteilsfreizügigkeit nach Art. 36 ff. EuGVO erweitert den Drittstaatenbezug 5.23
der autonomen Gerichtsstände der EU-Mitgliedstaaten: Die Freizügigkeitsregeln der Art. 36 ff. EuGVO stellen nämlich nicht darauf ab, ob die internationale Zuständigkeit des Erstgerichts auf (exorbitantes) nationales Prozessrecht oder auf einen der Gerichtsstände der Verordnung selbst gestützt wurde. In beiden Fällen wird das Urteil in allen anderen EU-Mitgliedstaaten vollstreckt, ohne dass die internationale Zuständigkeit des Prozessgerichts nachgeprüft wird (Art. 45 I und III EuGVO).[87] Damit erfasst Urteilsfreizügigkeit auch die Verweisung des Art. 6 II EuGVO auf die nationalen Prozessrechte. Im Ergebnis werden die exorbitanten Zuständigkeiten der nationalen Prozessrechte zu Lasten von Drittstaatenangehörigen massiv ausgeweitet.[88] Aus diesem Grund ist das Anerkennungsregime der EuGVO nicht nur von Autoren aus den USA kritisiert worden.[89] In der Praxis lädt diese Regelung zum *forum shopping* ein.[90]

e) Rechtspolitischer Handlungsbedarf

De lege ferenda befürworten europaweit viele Autoren mit Recht eine umfassende 5.24
Einbeziehung der Drittstaaten-Sachverhalte in das Regime der EuGVO.[91] Aus der Perspektive des Regelungsanspruchs der EuGVO, nämlich ein einheitliches Zuständigkeitsregime für den Europäischen Justizraum vorzuhalten, erscheint die aktuelle Verweisung des Art. 6 EuGVO auf die (exorbitanten) Gerichtsstände der nationa-

86 Hat hingegen ein Gericht eines Mitgliedstaates das Verfahren nach Art. 33 III/34 III EuGVO eingestellt, so ist Art. 45 I lit. d) EuGVO anwendbar.

87 Diese Regelung widerspricht dem unionsrechtlichen Konzept der wechselseitigen Anerkennung, das eine Harmonisierung der Gerichtsstände voraussetzt, vgl. oben § 3 II, Rdn. 3.22 ff.

88 Bedauerlicherweise hält die VO 805/04/EG auch im Hinblick auf den Europäischen Vollstreckungstitel an diesem (verfehlten) Konzept fest, vgl. unten § 10 I, Rdn. 10.18. Fn. 80

89 *Juenger,* Rev. Crit. 1983, 37 ff.; zuvor *Nadelmann,* Col. LRev. 1967, 995 ff.; ausführlich *Kinsch,* RdC 318 (2005), 19, 71 ff.

90 Ein plakatives Beispiel ist der Fall *Guggenheim*, C.Cass., 3.7.1996, Rev. Critique 1997, 97: Klage gegen die Fondation *Guggenheim* in Paris auf Rückführung von Kunstgegenständen, die in ihrer Filiale in Venedig ausgestellt waren. Der italienische Kläger machte den Klägergerichtsstand des Art. 14 Code Civil geltend (der an die Nationalität des französischen Klägers anknüpft). Art. 6 II EuGVO erweitert den Gerichtsstand auf alle EU-Angehörige (vgl. oben Rdn. 5.11). Intendiert waren jedoch die Anerkennung und Vollstreckung des französischen Urteils in Italien.

91 Vgl. insbesondere die Vorschläge der European Group for Private International Law/Bergen, 21.9.2008, www.gedip-egpil.eu/documents/gedip-documents-18pf.htm; ebenso *Bonomi*, IPRax 2017, 184, 187 ff.; *Domej*, RabelsZ 78 (2014), 508, 521 ff.; *v. Hein*, RIW 2013, 97, 100 f.; *Mari/Pretelli*, YbPIL 15 (2014), 211.

len Prozessrechte systemwidrig und das Zuständigkeitsregime der Art. 4 ff. EuGVO unvollständig. Eine Erweiterung der EuGVO auf Klagen gegen Beklagte in Drittstaaten erscheint daher überfällig. Die EU-Kommission hatte bei der Reform (2010) entsprechende Vorschläge unterbreitet,[92] die jedoch Rat und Parlament bedauerlicherweise nicht akzeptieren wollten.[93] Herausgekommen ist eine halbfertige Regelung, die einzelne Schutzgerichtsstände der Verordnung auf Beklagte (Unternehmer, Arbeitgeber) in Drittstaaten erstreckt, die Prorogation mitgliedstaatlicher Gerichte durch Drittstaatenangehörige erlaubt, die Rechtshängigkeit zu Parallelverfahren in Drittstaaten regelt und bei der Urteilsfreizügigkeit am Vorrang drittstaatlicher Urteile festhält. Die Anerkennung von Urteilen aus Drittstaaten regeln hingegen die autonomen Prozessrechte der Mitgliedstaaten, sofern nicht das Haager Gerichtsstandsübereinkommen eingreift.[94] Das ist weder ein kohärentes noch ein überzeugendes Regelungskonzept. Es bleibt zu hoffen, dass die nächste Evaluation und Reform der EuGVO eine kohärente Vergemeinschaftung der Drittstaatenproblematik herbeiführt.[95]

5.25 Im Vorfeld der Reform der EuGVO hatte die *European Group for Private International Law*[96] einen neuen Artikel 24 A EuGVO vorgeschlagen,[97] der die Notzuständigkeit eines Gerichts im Europäischen Justizraum an drei Kriterien knüpft: (1) eine hinreichende Beziehung (*lien suffisant*) zum Forumstaat, (2) die Notwendigkeit, den Jutizgewährungsanspruch des Klägers durchzusetzen, weil (3) effektiver Rechtsschutz im Drittstaat nicht gewährt wird oder weil das Urteil aus dem Drittstaat voraussichtlich nicht anerkennungsfähig sein wird.[98] Der Vorschlag erscheint weiterhin bedenkenswert. Zwar enthält der strikt subsidiäre Gerichtsstand mehrere unbestimmte (und damit streitanfällige) Rechtsbegriffe. Auch soll der hinreichende Bezug zum Forum über die Belegenheit von Vermögen im Gerichtsstaat begründet werden – diesen Anknüpfungspunkt kennt das Europäische Prozessrecht bisher nur in Art. 7 Nr. 4 EuGVO.[99] Allerdings ist ein territoriales Kriterium als Voraussetzung der Justizgewährung

---

92 KOM (2010), 748 endg., 14.12.2010.

93 Einen „lack of political will" konstatiert *van Lith,* in: Dickinson/Lein, The Brussels I Regulation Recast, Rdn. 3.28.

94 Dieses gilt freilich derzeit (1.5.2020) nur für 3 Vertragsstaaten außerhalb der EU.

95 So auch *Domej*, in: v. Hein/Rühl (Hrg.), Kohärenz, S. 91, 116.

96 GEDIP ist eine private Vereinigung von Hochschullehrern aus unterschiedlichen europäischen Ländern, die zu aktuellen Rechtsetzungsvorhaben im IPR und IZVR Empfehlungen und Stellungnahmen erarbeitet, http://www.gedip-egpil.eu.

97 Vorschläge Nr. 29, verabschiedet in Bergen, 21.9.2008.

98 Der Vorschlag lautet: „Where no court of a Member State has jurisdiction under this Regulation, a person may be sued before the courts of a Member State with which the claim has a sufficient connection, especially by reason of the presence of property in the territory of that State, if the right to a fair trial so requires, in particular: (a) if proceedings in a non-Member State are shown to be impossible; or (b) if it could not reasonably be required that the claim should be brought before a court of a non-Member State; or (c) if a judgment given on the claim in a non-Member State would not be entitled to recognition in the State of the court seised under the law of that State and such recognition is necessary to ensure that the rights of the claimant are satisfied."

99 Dazu unten § 6 II, Rdn. 6.81 ff.

erforderlich; (hinreichendes) Vermögen im Gerichtsstaat sichert (immerhin) die Vollstreckung des Urteils. Gleichermaßen sollte jedoch auch an (sonstige) Tätigkeiten des Beklagten mit Bezug auf den Gerichtsstaat angeknüpft werden.

4. Drittstaatenbezüge im europäischen Recht des geistigen Eigentums

Die Geltung des Territorialgrundsatzes im Recht des geistigen Eigentums hat zur Folge, dass der Schutz dieser Rechte gegenüber Parteien in Drittstaaten ausgeweitet wurde:[100] Sowohl die Unionsmarkenverordnung als auch die Gemeinschaftsgeschmacksmusterverordnung[101] enthalten Sondervorschriften zur Zuständigkeit, Rechtshängigkeit und Urteilsanerkennung, die das Brüsseler System im Hinblick auf Drittstaaten erstrecken.[102] Im europäischen Patentschutz finden sich entsprechende Vorschriften in den Art. 71 b–d EuGVO. 5.26

a) Europäisches Marken- und Designschutzrecht

Nach Art. 125 I UMVO (2017) und Art. 82 I GGMVO richtet sich die allgemeine Zuständigkeit nach dem Wohnsitz des Beklagten; in Ermangelung eines Wohnsitzes in einem EU-Mitgliedstaat sind die Gerichte am Sitz der Niederlassung zuständig. Nach Art. 125 II UMVO, Art. 82 II GGMVO sind die Gerichte am EU-Wohnsitz oder an der EU-Niederlassung des Klägers zuständig, wenn der Beklagte weder Wohnsitz noch Niederlassung in einem EU-Mitgliedstaat hat. Haben weder Kläger noch Beklagter weder Wohnsitz noch Niederlassung in einem EU-Mitgliedstaat, so sind die Gerichte am Sitz des europäischen Amts für geistiges Eigentum zuständig (Art. 125 III UMVO, Art. 82 III GGMVO).[103] Zudem sind die besonderen Gerichtsstände der Art. 7 ff. EuGVO gegenüber Beklagten in Drittstaaten anwendbar.[104] Die Rechtshängigkeit gegenüber Parallelverfahren in Drittstaaten regeln die Art. 34 und 35 EuGVO; die Anerkennung von Urteilen aus Drittstaaten erfolgt nach den nationalen Rechten der EU-Mitgliedstaaten.[105] 5.27

100 *Heinze*, EPIL, S. 1796.
101 Zum Marken- und Designschutz vgl. unten § 11 IV, Rdn. 11.109 ff.
102 EuGH, 5.6.2014, Rs. C-360/12, *Coty Germany*, EU:C:2014:1318., Rdn. 27.
103 Mithin die Zivilgerichte in Alicante, *Heinze*, EPIL, S. 1791, 1793.
104 *Heinze*, EPIL, S. 1791, 1794.
105 Dies ergibt sich aus der allgemeinen Verweisung auf das Brüsseler Regime, Art. 122 I UMVO, Art. 79 GGMVO, unten § 11 IV, Rdn. 11.111.

b) Europäisches Patentrecht

5.28 Die internationale Zuständigkeit des Einheitlichen Patentgerichts regeln die Art. 71 b–d EuGVO.[106] Art. 71 b Nr. 2 EuGVO erweitert die besonderen Gerichtsstände der Art. 7–26 EuGVO gegenüber Beklagten in Drittstaaten.[107] Praktisch bedeutsam ist diese Ausweitung der Zuständigkeit für die Anwendung von Art. 7 und Art. 8 EuGVO: Delikte wegen der Verletzung eines europäischen Patents können gegen einen Beklagten im Drittstaat erhoben werden, wenn die Verletzungshandlung außerhalb des Europäischen Justizraums begangen wurde; nach Art. 71 b Nr. 3 EuGVO können zudem Teilschäden, die außerhalb der Union eingetreten sind, vor den Gemeinschaftspatentgerichten eingeklagt werden.[108] Art. 71 b Nr. 2 EuGVO erweitert zudem den Gerichtsstand der Streitgenossenschaft (Art. 8 Nr. 1 EuGVO) auf Beklagte in Drittstaaten.[109] Die Anwendung dieser Gerichtsstände erfordert zudem einen hinreichenden Bezug des Rechtsstreits zu einem EU-Mitgliedstaat sowie das Vorhandensein von hinreichendem Vermögen.[110] Schließlich können einstweilige Maßnahmen beim Gemeinsamen Gericht auch dann beantragt werden, wenn für die Entscheidung in der Hauptsache ein drittstaatliches Gericht zuständig ist (Art. 71 b Nr. 2 a. E. EuGVO). Die einstweiligen Maßnahmen sind unionsweit vollstreckbar.[111]

5.29 Für die Rechtshängigkeit in drittstaatlichen Gerichten und die Anerkennung und Vollstreckung von Entscheidungen aus Drittstaaten enthalten die Art. 71 b ff. EuGVO keine Sonderregelungen, so dass insofern die Art. 34 und 35 EuGVO sowie die Anerkennungsregelungen der Mitgliedstaaten anwendbar sind.

5. Drittstaatenbezüge des Europäischen Ehe- und Kindschaftsverfahrensrechts sowie des Erbrechts

a) Die EheGVO

5.30 Die erhöhte Anzahl der Beteiligten im Scheidungsverbund (d. h. in den Ehescheidungs- und den oft mit zu entscheidenden Kindschaftssachen) hat häufig eine Vervielfältigung der Drittstaatensachverhalte zur Folge. Diese regelt jedoch die

---

106 Eingefügt durch VO (EU) 542/2014, ABl. EU 2014 L 163/1, dazu Magnus/*Mankowski*, Art. 71 a Brussels I^{bis} Regulation, Rdn. 5 ff.

107 Die Regelung greift die früheren Vorschläge der EU-Kommission auf, KOM (2010) 748/3 endg., den Anwendungsbereich des Brüsseler Regimes generell auf Beklagte in Drittstaaten anzuwenden, Magnus/*Mankowski*, Art. 71 b Brussels I^{bis} Regulation, Rdn. 14. „Drittstaaten" sind nicht die Lugano-Vertragsstaaten und Dänemark, vgl. Art. 73 EuGVO, dazu *De Miguel Asensio*, IIC 2014, 868, 873 f.

108 Magnus/*Mankowski*, Art. 71 b Brussels I^{bis} Regulation, Rdn. 22 ff.

109 Dazu unten, § 11 IV 2, Rdn. 11.129 ff.

110 *De Miguel Asensio*, IIC 2014, 868, 875.

111 *Schlosser/Hess*, Art. 71b EuGVO, Rdn. 5.

VO 2201/03/EG in sehr viel größerem Umfang mit als die EuGVO.[112] Die alternativen Gerichtsstände der Art. 3 ff. EheGVO eröffnen in weitem Maß die Zuständigkeit der Gerichte der Mitgliedstaaten auch gegenüber Beteiligten in Drittstaaten. Denn die EheGVO knüpft die internationale Zuständigkeit an den Aufenthalt beider, zudem aber auch an den Aufenthalt nur eines Ehegatten im Europäischen Justizraum.[113] Der EuGH lässt für die Anwendung von Art. 3 EheGVO ausreichen, dass die Anknüpfungspunkte der aufgeführten Gerichtsstände in Bezug auf einen Mitgliedstaat vorliegen.[114] Die Restzuständigkeiten der Mitgliedstaaten, auf die Art. 7 EheGVO verweist, sind nur bei ausschließlichen Drittstaatensachverhalten anwendbar.[115] Die an die Staatsangehörigkeit anknüpfenden Gerichtsstände der Prozessrechte der Mitgliedstaaten erweitert Art. 7 II EheGVO auf alle Unionsbürger mit gewöhnlichem Aufenthalt im Europäischen Justizraum.[116]

In Kindschaftssachen knüpft Art. 7 I EheGVO die Zuständigkeit grundsätzlich an **5.31** den gewöhnlichen Aufenthalt des Kindes. Dieser muss sich in einem EU-Mitgliedstaat befinden, weitere Bezüge zum Europäischen Justizraum sind nicht erforderlich.[117] Art. 7 II EheGVO modifiziert diese Anknüpfung jedoch vor allem im Fall des Wegzuges (Art. 8 EheGVO), bei der Kindesentführung (Art. 9 II EheGVO) sowie im Fall einer Zuständigkeitsvereinbarung (Art. 10 EheGVO).[118] Folglich ist ohne Unterscheidung zwischen intra- und extraunionsrechtlichen Situationen der gewöhnliche Aufenthalt des Kindes im Europäischen Justizraum maßgeblich, die Zuständigkeit der Gerichte der EU-Mitgliedstaaten besteht insbesondere bei Entführungen in Drittstaaten fort.[119]

---

112 *Pataut*, in: Malatesta/Bariatti/Pocar (ed.), The External Dimension of EC Private International Law, S. 123, 130 ff.; *Domej*, in: v. Hein/Rühl (Hrg.), Kohärenz, S. 91, 99 ff.

113 Nach Art. 6 EheGVO kommt es, wie bei der EuGVO, auf die Parteirolle (Aufenthalt des Antragsgegners) an, dazu *Bonomi*, in: Malatesta/Bariatti/Pocar (ed.), The External Dimension, S. 149, 152 f.

114 EuGH, 29.11.2007, Rs. C-68/07, *Lopez./.Lizazo*, EU:C:2007:740, Rdn. 20 ff.: Scheidung eines schwedisch-kubanischen Ehepaares mit gewöhnlichem Aufenthalt in Frankreich. Die weiterhin in Frankreich lebende Antragstellerin kann nicht in Stockholm die Ehescheidung beantragen; vielmehr sind nach Art. 3 I, 2. SpS EheGVO die französischen Gerichte zuständig, vgl. unten § 7 III, Rdn. 7.44 f.

115 Beispiel: C.Cass., 22.2.2005, Rev. crit. 2005, 515: Französisch-isländisches Scheidungsverfahren: Die Familie lebte und lebt in Island, der französische Antragsteller begehrt die Ehescheidung in Paris nach Art. 7 EheGVO iVm Art. 14 Code Civil, dazu *Pataut*, in: Malatesta/Bariatti/Pocar (ed.), The External Dimension of EC-Private International Law, S. 123, 130 ff.

116 Die Erweiterung exorbitanter Gerichtsstände kritisiert *Kruger*, Jurisdictional Rules, Rdn. 129.

117 EuGH, 17.10.2018, Rs. C-393/18 PPU, *UD*, EU:C:2018:835, Rdn. 29 ff.: Ein englischer Vater veranlasste die aus Bangladesch stammende Mutter, zur Geburt des gemeinsamen Kindes nach Bangladesch zu fahren – er kehrte allein nach England zurück. Der EuGH verneint die Begründung eines gewöhnlichen Aufenthalts des Kindes in England, da es nach seiner Geburt dort niemals körperlich anwesend war (Rdn. 52).

118 Vgl. unten § 7 II, Rdn. 7.69 ff.

119 Vorrang hat hier allerdings das HKÜ, die besonderen Vorschriften zur beschleunigten Rückführung (Art. 22 ff. EheGVO) gelten nur zwischen den Mitgliedstaaten, *Kruger*, Civil Jurisdiction Rules, Rdn. 2.113 ff.

Art. 14 EheGVO verweist schließlich für die Restzuständigkeiten auf die autonomen Verfahrensrechte der EU-Mitgliedstaaten.[120]

5.32 Es wäre freilich verfehlt, den „Drittstaatenbezug" der EheGVO allein aus den Zuständigkeitsregeln ableiten zu wollen. In Kindschaftssachen drängt sich vielmehr eine gegenteilige Perspektive auf: Denn die EheGVO ist als ein regionales Instrument im Rahmen des KSÜ und des HKÜ konzipiert, das die völkerrechtlichen Verträge zur Kindesentführung (HKÜ) und zum Kindesschutz (KSÜ) effektuieren soll.[121] So gesehen übernimmt die EheGVO einen „universellen" Ansatz. Dieser wird im Europäischen Justizraum allerdings nachhaltig verstärkt, etwa im Bereich der gerichtlichen und behördlichen Kooperation bei Kindesrückführungen (Art. 34, 51 ff. EheGVO).[122] Dementsprechend laufen die Gerichtsstände nach Art. 7 ff. EheGVO und nach Art. 5 ff. KSÜ weitgehend parallel.[123] Der „Drittstaatenbezug" ist somit nicht „Nebeneffekt", sondern Ausgangspunkt des Unionsakts. Die internationalen Übereinkommen regeln die Drittstaatenverhältnisse anstelle der autonomen Verfahrensrechte der Mitgliedstaaten – das gemischt völkerrechtlich-unionsrechtliche Regelungsregime verdrängt die nationalen Verfahrensregeln weitgehend.

5.33 Die Drittstaatenbezüge der Rechtshängigkeit (Art. 19 EheGVO) und der Urteilsanerkennung (Art. 21 ff. EheGVO) entsprechen hingegen weitgehend den Drittstaatenbezügen der EuGVO (2001).[124] Im Verhältnis zu Nichtvertragsstaaten des KSÜ kommt eine (automatische) Anerkennung der Rechtshängigkeit nach Art. 19 EheGVO nicht in Betracht, maßgeblich sind die Verfahrensrechte der Mitgliedstaaten (vgl. § 113 I 2 FamFG).[125] Die innovative Regelung des Art. 15 EheGVO, die eine Abgabe des Verfahrens an ein ausländisches, sachnäheres Gericht ermöglicht, kann hingegen auch im Verhältnis zu den Vertragsstaaten des Kindesschutzübereinkommens angewandt werden, Art. 8 KSÜ enthält eine ähnliche Regelung.[126] Die Anerkennung von Scheidungsurteilen aus Drittstaaten (einschließlich behördlicher Entscheidungen) richtet sich nach den autonomen Rechten der Mitgliedstaaten.[127] In Deutschland gelten §§ 107 ff. FamFG mit dem Vorrang der behördlichen Anerkennung.[128]

---

120 *Kruger*, Civil Jurisdiction Rules, Rdn. 2.106.

121 Deutlich EuGH, 11.7.2008, Rs. C-195/08 PPU, *Inga Rinau*, EU:C:2008:406; ausführlich unten § 7 IV, Rdn. 7.122 ff.

122 Dazu unten § 7 IV, Rdn. 7.112 ff.

123 *Pataut*, in: Malatesta/Bariatti/Pocar (ed.), The External Dimension of EC Private International Law, S. 123, 134 ff.

124 Deutlich EuGH, 16.1.2019, Rs. C-386/17, *Liberato*, EU:C:2019:24, Rdn. 31, zu den Drittstaatenbezügen der EuGVO (2001) vgl. Voraufl., § 5 I, Rdn. 16 ff.

125 Dazu *Hau*, FamRZ 2009, 821, 824.

126 *Pataut*, in: Malatesta/Bariatti/Pocar (ed.), The External Dimension of EC Private International Law, S. 123, 145 ff.

127 EuGH, 12.5.2016, Rs. C-281/15, *Sahyouni*, EU:C:2016:343, Rdn. 21 f., 33: Anerkennung einer syrischen Privatentscheidung.

128 *Hau*, FamRZ 2009, 821, 825 f.

b) Die Europäische Unterhaltsverordnung

Die EuUhVO beruht auf einer engen Verknüpfung mit dem Haager Unterhaltsübereinkommen vom 23.11.2007, das die internationale Dimension der Unterhaltsbeitreibung abdeckt.[129] So gesehen beinhaltet die EuUhVO ein (bewusst) regionales Instrument zur Effektuierung der grenzüberschreitenden Beitreibung von Unterhaltsforderungen.[130] Die internationale Zuständigkeit knüpft Art. 3 lit. b) EuUhVO an den gewöhnlichen Aufenthalt des Unterhaltsberechtigten, der Gerichtsstand gilt auch im Verhältnis zu Drittstaaten.[131] Dasselbe gilt für die Auffang- und Notzuständigkeiten nach Art. 5 f. EuGVO. Die Beitreibung von Unterhalt durch Behörden kann hingegen nur am Beklagtengerichtsstand, Art. 3 lit. a) EuUhVO, erfolgen.[132] 5.34

c) Die Güterrechtsverordnungen

Die Verordnungen regeln lediglich die Zuständigkeit der Gerichte und die Anerkennung von Entscheidungen im Verhältnis zwischen den teilnehmenden EU-Mitgliedstaaten (Art. 18 EuGüVO). Im Verhältnis zu nicht teilnehmenden EU-Mitgliedstaaten und zu Drittstaaten ist das autonome Recht der EU-Mitgliedstaaten anwendbar.[133] 5.35

d) Die Europäische Erbrechtsverordnung

Die europäische Erbrechtsverordnung knüpft die internationale Zuständigkeit an den letzten gewöhnlichen Aufenthalt des Erblassers in einem EU-Mitgliedstaat, Art. 4 EuErbVO. Subsidiäre Zuständigkeiten (Art. 10 EuErbVO) greifen ein, wenn sich Nachlassvermögen in den EU-Mitgliedstaaten befindet und der Erblasser seinen letzten gewöhnlichen Aufenthalt in einem Drittstaat hatte.[134] Art. 12 EuErbVO regelt umgekehrt die Konstellation, dass sich Nachlassvermögen in einem Drittstaat befindet, der Erblasser seinen letzten, gewöhnlichen Aufenthalt in einem EU-Mitgliedstaat hatte. Ist eine Anerkennung der Entscheidung des „europäischen“ Nachlassgerichts nicht zu erwarten, kann das Vermögen im Drittstaat im Nachlassverfahren ausgenommen werden.[135] 5.36

---

129 ABl. EU 2011 L 142/51, in Kraft seit 1.8.2014, dazu unten § 7 V, Rdn. 7.138.

130 Dazu unten § 7 V, Rdn. 7.141 ff.

131 *Mayr*, in: ders. (Hrg.), Hdb EuZPR, Kap. 6, Rdn. 6.115 ff.

132 Linke/*Hau*, IZVR, Rdn. 5.13, EuGH, 15.1.2004, Rs. C-433/01, *Blijdenstein*, EU:C:2004:21. Zur Frage der Rückermächtigung vgl. unten § 7 V, Rdn. 7.147 aE.

133 Dazu unten § 7 VII, Rdn. 7.177.

134 Dazu MünchKomm/*Dutta*, Art. 10 EuErbVO, Rdn. 3 f.; *Hess*, in: Dutta/Herrler (Hrg.), Die Europäische Erbrechtsverordnung, S. 131, 136.

135 MünchKomm/*Dutta*, Art. 10 EuErbVO, Rdn. 3–5, unten § 7 VIII, Rdn. 7.24.

6. Drittstaatenbezüge der europäischen justiziellen Kooperation

5.37 Anders stellt sich hingegen die Situation im Europäischen Rechtshilferecht dar: Die Zustellungs- und die Beweisverordnung regeln lediglich die Rechtshilfe im Verhältnis zwischen den Mitgliedstaaten der Union,[136] nicht hingegen die Rechtshilfe mit Drittstaaten.[137] Zwar erscheint es nicht *a priori* ausgeschlossen, dass auch Rechtshilfeersuchen aus Drittstaaten unter den erleichterten Voraussetzungen der EuZustVO bzw. der EuBewVO erledigt werden. Die aktuelle Rechtslage schließt freilich eine Erstreckung des Unionsrechts auf Drittstaaten weitgehend aus.[138] Denn sie setzt die Zulassung des direkten Verkehrs zwischen den Gerichten (ohne Zwischenschaltung von Zentralstellen) und die Zuhilfenahme des Europäischen Justiziellen Netzes voraus.[139] Zudem ist der (unbesehene) Verzicht auf eine *ordre public*-Kontrolle, den die Europäischen Rechtshilfeinstrumente umsetzen, in Bezug auf Drittstaaten nicht sachgerecht.[140] Ausgeschlossen ist auch ein „erweitertes Rechtshilfeersuchen" des Gerichts eines Drittstaats, das sich zunächst nach Völkervertragsrecht an eine Zentralbehörde eines EU-Mitgliedstaats wendet, um diese zur Stellung von Rechtshilfeersuchen in anderen EU-Mitgliedstaaten nach Art. 4 ff. EuBewVO zu veranlassen. Insofern sind Binnenmarkt- und Drittstaatensachverhalte klar zu trennen.[141]

5.38 Der deutsche Gesetzgeber hat in § 183 II ZPO ausdrücklich klargestellt, dass eine postalische Direktzustellung außerhalb des Anwendungsbereichs von Art. 14 EuZustVO nur zulässig ist, wenn sie durch einen völkerrechtlichen Vertrag gestattet wurde.[142] Der postalischen Direktzustellung im Rahmen des Haager Zustellungsübereinkommens hat Deutschland bisher widersprochen. Daher erscheint eine analoge Anwendung des Art. 14 EuZustVO (etwa auf Zustellungsersuchen Schweizer oder US-amerikanischer Gerichte) ausgeschlossen.[143] Entsprechendes gilt für die Erledigung von Rechtshilfeersuchen im Beweisrecht nach Art. 17 EuBewVO.[144] Mittelfristig wird sich freilich der deut-

---

136 Die ZustellungsVO gilt auch im Verhältnis zu Dänemark, vgl. oben § 2 I, Rdn. 2.31.

137 *Vareilles-Sommières*, in: Nuyts/Watté (ed.), International Litigation, S. 381, 387 ff. Die Haager Zustellungs- und Beweisübereinkommen lassen in Art. 25 HZÜ und Art. 32 HBÜ jeweils eine „engere" Zusammenarbeit zwischen einzelnen Vertragsstaaten zu, folglich ersetzen die Gemeinschaftsrechtsakte die völkerrechtlichen Konventionen. Dies gilt nach Art. 20 RL 2000/8/EG auch für die Prozesskostenhilfe, dazu etwa *Borrás*, FS Jayme I, S. 57, 65 ff.

138 Allerdings strebt die Schweiz eine Erstreckung der ZustVO und der BewVO auf die Vertragsstaaten des LugÜ an.

139 Ausführlich unten § 8 I, Rdn. 8.1 ff.

140 Dazu oben § 3 V, Rdn. 3.86 ff.

141 Zutreffend *Vareilles-Sommières*, in: Nuyts/Watté (ed.), International Civil Litigation, S. 361, 388 ff.

142 Dazu MünchKomm/*Häublein*, § 183 ZPO, Rdn. 4.

143 Die Grundlagen der Europäischen Justiziellen Kooperation (wechselseitiges Vertrauen, Wegfall der Souveränitätsvorbehalte) gelten im Verhältnis zu Drittstaaten nicht, dazu bereits *Buxbaum*, in Nuyts/Watté (ed.), International Civil Litigation, S. 343, 358 f.

144 *Vareilles-Sommières*, in: Nuyts-Watté (ed.), International Civil Litigation, S. 381, 388 ff.; *Bork*, in: ders./Magnano (ed.), European cross-border insolvency law (2016), Rdn. 2.75.

sche Gesetzgeber fragen lassen müssen, ob die zwischenzeitlichen Entwicklungen im Europäischen Justizraum nicht einen anderweitigen Rechtsstandpunkt erfordern.

7. Drittstaatenbezüge im Europäischen Insolvenzrecht

Im internationalen Insolvenzrecht bestehen angesichts der globalen Verflechtung von Unternehmen zahlreiche Drittstaatenbezüge.[145] Dies hat den EuGH zu einer großzügigen Auslegung des Anwendungsbereichs der EuInsVO veranlasst. Im Verfahren *Schmid* hat er es ausreichen lassen, dass der Schuldner den Mittelpunkt seiner hauptsächlichen Interessen in einem Mitgliedstaat hat. (Art. 3 I EuInsVO).[146] Ein Bezug zu einem weiteren Mitgliedstaat hielt der Gerichtshof für nicht erforderlich. Damit konnte ein deutscher Insolvenzverwalter Anfechtungsklage gegen eine in der Schweiz ansässige Beklagte im Klägergerichtsstand nach Art. 3 I EuInsVO erheben. Da die Verordnung den Grundsatz der Universalität der Insolvenz verwirklicht,[147] erscheint die Zulassung des Zugriffs des Insolvenzverwalters auf Vermögen in Drittstaaten konsequent.[148] Eine Beteiligung von Gläubigern aus Drittstaaten an Insolvenzen in der EU ist unproblematisch möglich und entspricht gängiger Praxis. 5.39

Allerdings regelt die EuInsVO nur die Anerkennung von Insolvenzen im Europäischen Justizraum, sie enthält keine Regelungen in Bezug auf Drittstaaten.[149] Von ihrer Regelungstendenz her gesehen erscheint es jedoch durchaus denkbar, ein Insolvenzverfahren aus einem Drittstaat analog Art. 20 EuInsVO anzuerkennen und lediglich ein Parallelverfahren im Europäischen Justizraum durchzuführen, sofern das internationale Insolvenzrecht des Drittstaats eine solche Kooperation erlaubt.[150] Diese Lösung ist Überlegungen vorzuziehen, den Mittelpunkt der Wirtschaftlichen Interessen des Schuldners (COMI) in Bezug auf sein Gesamtvermögen und nicht nur anhand seines im Europäischen Justizraum belegenen Vermögens zu bestimmen (vgl. 5.40

145 *Haubold*, IPRax 2004, 34; *Hess*, in: Fuchs/Muir Watt/Pataut (ed.), Les conflits de lois, S. 81, 97 f.

146 EuGH, 16.1.2014, Rs. C-328/12, *Schmid*, EU:C:2014:6, Rdn. 29 ff. Dass die Anerkennung des Urteils im Drittstaat (der Schweiz) nicht gewährleistet ist, hielt der EuGH nicht für ausschlaggebend, dazu kritisch *Laukemann* IIR 2014, 101, 109 ff.; vgl. unten § 9 II, Rdn. 9.12.

147 Weitgehend EuGH, 8.7.2017, Rs. C-54/16, *Vinyls Italia*, EU:C:2017:433, Rdn. 40 ff. Der Gerichtshof wandte das Einwendungsprivileg des Art. 13 II EuInsVO (aF) auf einen Seetransportvertrag an, den zwei italienische Unternehmen mit einer Wahl englischen Rechts abgeschlossen hatten. Die Grenze der Rechtswahl (bei diesem Binnensachverhalt) ergebe sich aus dem Verbot des Rechtsmissbrauchs.

148 *Haubold*, in: Gebauer/Wiedmann (Hrg.) Zivilrecht unter Europäischem Einfluss, Kap. 30, Art. 1 EuInsVO, Rdn. 30, verweist mit Recht darauf, dass die „Anerkennung" der Befugnis des Verwalters zum Einzug von Forderungen zur Masse sich nach dem Recht des ersuchten Staates richtet.

149 *Laukemann*, IILR 2014, 101, 102 f.

150 *Paulus*, Art. 3 EuInsVO, Rdn. 4, schließt eine Anwendung der EuInsVO auf Drittstaaten aus. Das COMI müsse in einem EU-Mitgliedstaat liegen.

Art. 3 I EuInsVO).[151] Liegt der Vermögensschwerpunkt in einem Drittstaat, so kann ein Sekundär- oder Territorialverfahren nach der EuInsVO eröffnet werden, sofern das drittstaatliche Verfahren anerkannt wird.[152] Art. 3 II–IV EuInsVO sind analog anzuwenden.[153]

8. Drittstaatenbezüge der sog. Rechtsakte der 2. Generation

5.41 Auch bei den Rechtsakten der 2. Generation ist in Bezug auf die Drittstaatenbezüge zu differenzieren. Grundsätzlich sind diese Rechtsakte nur im Verhältnis zwischen den Mitgliedstaaten anwendbar, da sie auf dem Prinzip des wechselseitigen Vertrauens beruhen und die Exequaturverfahren zwischen den Mitgliedstaaten abschaffen – dieser Regulierungsansatz des Unionsrechts gilt nur im Europäischen Justizraum. Mithin erfordern die Rechtsakte Beziehungen beider Parteien zu EU-Mitgliedstaten. Dieses Erfordernis ergibt sich aus der (jeweils gleichlautenden) Definition der „grenzüberschreitenden Rechtsache" (vgl. etwa Art. 3 EuBagVO).[154] Danach muss mindestens eine Partei ihren allgemeinen Gerichtstand in einem anderen EU-Mitgliedstaat als dem des angerufenen Gerichts haben. Zwar können auch Parteien mit Sitz in einem Drittstaat die effektiven Rechtsakte der 2. Generation gegen Beklagte im Europäischen Justizraum nutzen, allerdings nur, wenn ein besonderer Gerichtsstand der EuGVO (im Gerichtsstaat) eingreift und der Beklagte seinen Wohnsitz/Sitz in einem anderen EU-Mitgliedstaat hat. Im Ergebnis nehmen damit die neuen Unionsrechtsakte Drittstaatensachverhalt weitestgehend von ihrem Anwendungsbereich aus. Sie schaffen damit ein genuin regionales Prozessrecht für den Europäischen Justizraum.[155]

---

151 So aber High Court, 7.2.2003, *BRAC, Rent-a-car International Inc.*, 2004 EWHC [Ch] 128, zust. *Marquette/Barbé*, in: Nuyts/Watté (ed.), International Civil Litigation, S. 419, 437; wie hier Rauscher/*Mäsch*, Art. 1 EuInsVO, Rdn. 14 f.

152 Vgl. für Deutschland §§ 343 ff. InsO.

153 Die Analogie ergibt sich aus dem Wortlaut des Art. 3 EuInsVO, der sich auf EU-Mitgliedstaaten bezieht.

154 EuGH, 22.11.2018, Rs. C-627/17, *ZSE Energia*, EU:C:2018:941 – die Anwendung der EuBagVO setzt voraus, dass die Parteien ihren Wohnsitz in verschiedenen EU-Mitgliedstaaten haben (Art. 3 EuBagVO). Der Wohnsitz eines Streithelfers in einem Drittstaat reicht nicht aus, um den internationalen Anwendungsbereich der EuBagVO zu eröffnen.

155 Zu Art. 3 EuBagVO vgl. unten § 10 III, Rdn. 10.99.

II. Europäisches Zivilprozessrecht im internationalen Kontext

1. Das Parallelübereinkommen von Lugano

a) Die (partielle) Erstreckung der EuGVO auf die EFTA-Staaten

Der Erfolg des Brüsseler Übereinkommens veranlasste die EFTA-Staaten, noch in den 5.42
1970er Jahren den Abschluss eines völkerrechtlichen Parallelübereinkommens zum EuGVÜ vorzuschlagen.[156] Im Jahre 1983 nahmen die (damaligen) EFTA-Staaten und die EU-Mitgliedstaaten Verhandlungen über eine Erstreckung des EuGVÜ auf die EFTA-Mitgliedstaaten auf. Am 16.9.1988 wurde in Lugano ein Parallelübereinkommen zum EuGVÜ unterzeichnet, das die 12 EuGVÜ-Vertragsstaaten und die damaligen sechs EFTA-Staaten umfasste. Zweck des Luganer Übereinkommens war die Erstreckung des EuGVÜ auf die Nachbarstaaten,[157] zugleich wurden einige – punktuelle – Randkorrekturen des EuGVÜ vorgenommen.[158] Inhaltlich folgte das LugÜ jedoch weitestgehend den Strukturen des EuGVÜ – wirkliche Verhandlungsmacht hatten die EFTA-Staaten nicht, substantielle Abweichungen wurden nicht angestrebt.[159] Das gilt auch für die Neufassung der Konvention (2007), die inhaltlich die Änderungen der VO 44/01/EU vollumfänglich inkorporiert.[160] Damit bestand zwischen 2011 (als das LugÜ II in Kraft trat) und 2015 weitgehende Parallelität zwischen den Rechtsakten, bis am 10.1.2015 die Neufassung der EuGVO in Kraft trat. Das LugÜ II (2007) hat die Europäische Union ratifiziert, da der Union eine ausschließliche Außenkompetenz zusteht. Damit hat sich der „Status" des LugÜ innerhalb der Union deutlich verändert.[161]

---

156 Eine erste Initiative ergriff Schweden bereits im Jahre 1973; sie wurde 1981 von der Schweizer Mission bei den Europäischen Gemeinschaften aufgegriffen, Dasser/Oberhammer/*Markus*, Vor Art. 1 LugÜ, Rdn. 4 ff.

157 Im Vordergrund stand die Sorge um die Diskriminierung von Parteien aus den EFTA-Staaten; das LugÜ war hingegen nicht als Integrationsinstrument konzipiert, missverständlich *Thomale*, in: Franzina (ed.), The External Dimension, S. 131, 139 ff.

158 Aus der Perspektive der Schweiz ging es jedoch auch um den Schutz der eigenen Staatsangehörigen vor den exorbitanten Gerichtsständen der EU-Mitgliedstaaten, die das europäische Zivilprozessrecht deutlich verstärkt hatte, vgl. oben Rdn. 5.11 sowie *Domej*, in: v. Hein/Rühl (Hrg.), Kohärenz, S. 91, 120.

159 Die praktische Bedeutung des LugÜ ist aus deutscher Perspektive, insbesondere für den Rechtsverkehr mit der Schweiz, nicht zu unterschätzen.

160 *Wagner/Janzen*, IPRax 2010, 298; Dasser/Oberhammer/*Markus*, Vor Art. 1 LugÜ, Rdn. 20 ff.

161 Dazu unten Rdn. 5.44 ff.

b) Die Abgrenzung zwischen EuGVO und LugÜ

5.43 Nach Art. 73 I EuGVO wird der Vorrang des LugÜ II von der Brüssel I^{bis}-VO nicht berührt. Das Verhältnis zur EuGVO[162] regelt inhaltlich Art. 64 LugÜ II.[163] Danach bleibt die EuGVO im Verhältnis der EU-Mitgliedstaaten untereinander allein maßgeblich, Art. 64 I LugÜ II.[164] Dasselbe gilt für das Verhältnis zu Dänemark. Hier hat das bilaterale Abkommen vom 19.10.2009 mit der Europäischen Union Vorrang.[165] Weisen hingegen die maßgeblichen Anknüpfungspunkte des Rechtsstreits (d. h. der Wohnsitz des Beklagten oder Art. 24 EuGVO) auf einen Vertragsstaat des Luganer Übereinkommens, so ist dieses anwendbar, Art. 64 II lit a) LugÜ II. Eine in der Schweiz ansässige Person kann daher vor deutschen Gerichten nur nach Maßgabe des LugÜ II verklagt werden.[166] Klagt eine in einem LugÜ-Staat ansässige Person gegen einen Beklagten in einem EU-Staat, gilt hingegen die EuGVO.[167] Rechtshängigkeitskonkurrenzen richten sich nach den Art. 27 f. LugÜ II, sofern eine Klage in einem EU-Mitgliedstaat, die Parallelklage in einem Lugano-Vertragsstaat anhängig ist (Art. 64 II lit b) LugÜ II).[168] Die Anerkennung und Vollstreckung richtet sich nach Art. 64 II lit. c) LugÜ II, sofern das Urteil aus einem Lugano-Vertragsstaat kommt oder die Vollstreckung eines „EU-Titels" dort stattfinden soll.[169] Art. 64 III LugÜ erstreckt die Anerkennungshindernisse der Art. 34 ff. LugÜ II auf Konstellationen, in denen Gerichte der EU-Mitgliedstaaten aufgrund von Gerichtsständen (auch des EU-Rechts) entschieden haben, die nicht den Zuständigkeitsgründen der Art. 2 ff. LugÜ II entsprechen.[170]

---

162 Gemäß Protokoll Nr. 3 zum LugÜ sind die Verweisungen des LugÜ auf die VO 44/01/EG als Verweisungen auf die entsprechende Vorschrift der Neufassung zu lesen, dazu SAe GA *Szpunar*, 18.10.2017, Rs. C-467/16, *Schlömp*, EU:C:2017:768, Rdn. 25–27.

163 *Borrás*, FS Jayme I, S. 57 ff.

164 Der Verweis auf die VO 44/01 erfasst auch die Neufassung durch die VO 1215/2012, *Domej*, in: v. Hein/Rühl (Hrg.), Kohärenz, S. 91, 104 f.

165 Dazu oben § 2 I, Rdn. 2.30 ff.

166 Beispiel: BGH, 27.5.2008, NJW 2008, 2344: Deliktsklage gegen einen in der Schweiz wohnenden Arzt wegen Verletzung ärztlicher Aufklärungspflichten. Die Zuständigkeit stützt der BGH auf Art. 5 Nr. 3 LugÜ (aF).

167 *Domej*, in: v. Hein/Rühl (Hrg.), Kohärenz, S. 91, 104.

168 Beispiel: (C.A.), 6.3.2007, *Bentinck v. Bentinck* [2007], EWCA 175 (C.A.) – Unterhaltsklage, Rechtshängigkeitskonkurrenz zwischen Graubünden und London, der C.A. für hielt die Entscheidung, ob das Schweizer Gericht früher angerufen worden war (Art. 21 LugÜ), letzteres für sachkundiger – zumal die Prozesskosten (für die inhaltlich divergierenden Gutachten zum Nachweis des kantonalen Prozessrechts) zwischenzeitlich auf mehr als £ 330.000 angewachsen waren; zust. *Jayme/Kohler*, IPRax 2007, 493, 504.

169 Beispiel: BG, 12.4.2007, 59.6/2001: Eine Einlassungsfrist vor dem Erstgericht von zwei Arbeitstagen ermöglicht keine effektive Rechtswahrung und ist daher nicht rechtzeitig iSv Art. 27 Nr. 2 LugÜ.

170 Dies ist beispielsweise für die insolvenzrechtlichen Annexklagen relevant, EuGH, Rs. C-295/13, *H*, EU:C:2014:2410, Rdn. 29 ff. (Der EuGH hielt das LugÜ in dieser Konstellation für irrelevant, da es sachlich nicht anwendbar war.)

c) Die einheitliche Auslegung von EuGVO und LugÜ

Die enge Verklammerung des LugÜ mit der EuGVO gilt auch für die Interpretation 5.44
des Parallelübereinkommens. Hier hat die wechselseitige Verschränkung einen gewissen Kompetenzzuwachs des EuGH bewirkt. Der Gerichtshof ist nunmehr für die Auslegung des LugÜ zuständig, die Gerichte der EU-Mitgliedstaaten können ihn nach Art. 267 III AEUV unmittelbar anrufen.[171] Die Regierungen der Vertragsstaaten des LugÜ können jedoch wie die Regierungen der EU-Mitgliedstaaten in diesen Verfahren und in Vorabentscheidungsersuchen zur EuGVO Stellungsnahmen abgeben.[172] Hiervon macht insbesondere die Schweizer Bundesregierung regen Gebrauch.

Darüber hinaus verpflichtet Art. 1 des Protokolls Nr. 2 zum LugÜ alle Vertragsstaa- 5.45
ten, die Rechtsprechung des EuGH und anderer Vertragsstaaten zum EuGVÜ und zur EuGVO zu beachten. Zuvor führte bereits das Protokoll Nr. 2 für die bis zum Inkrafttreten des LugÜ (16.9.1988) ergangene Judikatur des EuGH eine (faktische) Bindung herbei.[173] Art. 1 Prot. Nr. 2 zum LugÜ verpflichtet nunmehr die Gerichte der Vertragsstaaten, der Rechtsprechung der Gerichte anderer Vertragsstaaten „gebührend Rechnung" zu tragen.[174] In der Anwendungspraxis läuft dies auf eine Übernahme der Judikatur des EuGH für die Interpretation des LugÜ hinaus.[175] Dagegen ist die im Auslegungsprotokoll vorgesehene Berücksichtigung der Judikatur der Gerichte der EFTA-Staaten zum LugÜ in der Rechtspraxis nicht wahrnehmbar – die Gerichte der EU-Mitgliedstaaten verweisen bei der Anwendung des LugÜ fast ausschließlich auf die Rechtsprechung des EuGH, sofern die Bestimmungen (auch der EuGVO) wortgleich sind.[176] *Kohler* hat konstatiert, dass sich die Gerichte der Vertragsstaaten des LugÜ so verhalten, als ob der EuGH für dessen Auslegung zuständig sei.[177]

---

171 Nicht hingegen die Gerichte aus den LugÜ-Vertragsstaaten. Angesichts des begrenzten Anwendungsbereiches des LugÜ für die Gerichte der EU-Mitgliedstaaten dürfte es nur selten zu Vorlagen zum LugÜ kommen, *Domej*, in: v. Hein/Rühl (Hrg.), Kohärenz, S. 91, 105 f. Beispiel: EuGH, 20.12.2017, Rs. C-467/16, *Schlömp*, EU:C:2017:993 (die Anrufung einer obligatorischen Schlichtungsstelle löst die Rechtshängigkeit nach Art. 27 LugÜ II / Art. 29 EuGVO aus).

172 Art. 2 Prot. Nr. 2 zum LugÜ, dazu *Kohler*, in: The EEA and the EFTA Court (2014), S. 237, 239 ff.

173 Diese Bindung ergibt sich aus dem in der Präambel ausdrücklich ausgesprochenen Hinweis, dass die Aushandlung des LugÜ unter Berücksichtigung und bei Kenntnis der Judikatur des EuGH erfolgte, dazu *Kohler*, FS Baudenbacher, S. 141, 145.

174 Den Informationsaustausch unterstützt ein spezielles Dokumentationssystem – die diesbezügliche Datenbank findet sich beim Kanzler des EuGH, https://curia.europa.eu/common/recdoc/convention/en/index.htm. Sie wird jedoch aktuell nicht fortgeführt, da die EU-Kommission unter dem Lugano II-Übereinkommen diese Aufgabe übernommen hat.

175 Deutlich SAe GA *Szpunar*, 22.1.2019, Rs. C-694/17, *Pillar Securitsation*, EU:C:2019:44, Rdn. 41 ff.; *Schmidt-Parzefall*, Auslegung des Parallelübereinkommens von Lugano, S. 62 ff.; *Donzallaz*, ZSR 1999 I, 11 ff.; Dasser/Oberhammer/*Domej*, Präambel Prot. Nr. 2 Rdn. 11 ff.

176 Dagegen ist es ausgeschlossen, die EuGVO (2012) in das LugÜ „hineinzulesen", um das LugÜ *contra legem* an die novellierte EuGVO „anzupassen", unzutreffend *Ries*, RIW 2019, 32, 34 ff. (der Art. 27 LugÜ durch Art. 31 II EuGVO *contra legem* „korrigieren" will).

177 *Kohler*, FS Baudenbacher, S. 141, 146; *ders.*, in: The EEA and the EFTA Court (2014), 237, 249 ff.

5.46 Inzwischen erscheint es jedoch fraglich, ob sich die Erstreckung des Europäischen Prozessrechts nach dem Luganer Modell fortführen lässt.[178] Das Europäische Prozessrecht wächst nämlich zunehmend zu einem systematischen Ganzen zusammen – dies spricht gegen eine Übertragung von Teilbereichen auf Drittstaaten. Dort fehlt es an den Grundlagen der Europäischen Justiziellen Kooperation. Denn zwischen Drittstaaten und der Gemeinschaft besteht keine materielle Verknüpfung auf der (Prinzipien)Ebene der Grundfreiheiten und der allgemeinen Kooperationspflicht des EU-Vertrages (Art. 4 III EUV). Es fehlt damit die gemeinsame Basis der Europäischen Justizpolitik.[179] Je mehr sich die justizielle Kooperation im Europäischen Justizraum verdichtet, systematische und gemeinschaftsrechtspezifische Erwägungen in den Vordergrund treten, desto schwieriger erscheint eine punktuelle Erstreckung einzelner Rechtsakte auf Drittstaaten.[180] Der vom Luganer Parallelübereinkommen gewählte Weg bezog sich so gesehen auf eine (weithin überholte) Stufe der Europäischen Prozessrechtsangleichung.[181]

5.47 Mehrere Urteile des Schweizer Bundesgerichts (BG), etwa ein Entscheid vom 14.12.2004,[182] haben die Bindung an die Rechtsprechung des EuGH bei der Auslegung des Luganer Übereinkommens zurückgenommen. Das Bundesgericht beschränkte sie explizit auf diejenigen Urteile des EuGH, die nicht von den systematischen Zusammenhängen mit anderen Rechtsakten des Gemeinschaftsrechts geprägt sind.[183] Damit koppelt das BG jedoch die Interpretation des Luganer Übereinkommens von der Fortentwicklung des europäischen Prozessrechts ab. Denn es ist ganz unbestreitbar, dass allgemeine, systematische Überlegungen zum System des Europäischen Zivilprozessrechts zunehmend die Auslegung der EuGVO prägen[184] – man denke nur an die Bezugnahmen der Erwägungsgründe der Verordnungen Rom I und Rom II auf die EuGVO.[185] Angesichts der vom Bundesgericht eingeschlagenen Richtung wird die Auslegung von EuGVO und Luganer Übereinkommen rasch auseinander

178 Zweifelnd auch *Thomale*, in: Franzina (ed.), The External Dimension, S. 131, 141 f.

179 Für die Gerichte der Lugano-Vertragsstaaten fordert *Domej*, in: v. Hein/Rühl (Hrg.), Kohärenz, S. 91, 107, den Verzicht auf eine „Emanzipation von der EuGVO“, um den Zweck des Parallelübereinkommens nicht zu gefährden.

180 Die punktuelle Erstreckung leugnet letztlich die wachsenden Sinnzusammenhänge zwischen den europäischen Rechtsakten, vgl. *Hess*, ZSR 124 II (2005), 183, 228 ff.

181 Aus diesem Grund ist das LugÜ kein geeignetes Instrument, um eine „Teilnahme“ des Vereinigten Königreichs am Europäischen Zivilprozessrecht nach dem Brexit zu ermöglichen, vgl. unten Rdn. 5.82.

182 BGE 131 III 127, dazu *Walther*, ZSR 124 II (2005), 301, 334 ff.; Dasser/Oberhammer/*Domej*, Präambel Prot. Nr. 2 Rdn. 20 ff.

183 Das BG führt dort aus: » Toutefois, il convient de réserver les cas où l'interprétation donnée par la (...) CJCE à la Convention de Bruxelles ou au Règlement no 44/2001 serait influencée par l'application conjointe du Traité CE ou d'autres règles communautaires, ce qui empêcherait une reprise de cette interprétation par les juridictions suisses appelées à dire le sens des concepts correspondants de la Convention de Lugano... «, BGE 131 III 127, 131; ebenso BGE 140 III 320 E 6.1.

184 Beispiele: EuGH, 14.11.2002, Rs. C-271/00, *Baten*, EU:C:2002:656 (Auslegung von Art. 1 II Nr. 3 EuGVÜ im Sinne von Art. 4 VO 1408/71/EG); EuGH, 28.4.2005, Rs. C-104/03, *St. Paul Dairy Industries*, Rdn. 23 (zur Abgrenzung von Art. 24 EuGVÜ/Art. 35 EuGVO zu Art. 4 ff. EuBewVO), vgl. allgemein oben § 4 II, Rdn. 4.62 ff.

185 Vgl. die Erwägungsgründe 5 und 7 der VO 864/2007/EG sowie die Erwägungsgründe 7, 17 und 24

laufen. Auf Dauer ist jedoch eine zunehmend „gespaltene" Interpretation des Luganer Übereinkommens unpraktikabel.[186] Offensichtlich stößt hier das Gebot einheitlicher Auslegung des Protokolls Nr. 2 zum LugÜ an seine Grenzen.[187]

Seit dem Inkrafttreten der EuGVO am 1.3.2002 wirkten die Vertragsstaaten des LugÜ darauf hin, die Änderungen des EuGVO im Lugano-Übereinkommen zu übernehmen. Der Versuch, in einer gemeinsamen Arbeitsgruppe des Rats und der Vertragsparteien des LugÜ unter Schweizer Vizevorsitz die Änderungen von EuGVÜ und LugÜ einheitlich zu erarbeiten, war mit dem Übergang der (Außen) Kompetenz im Amsterdamer Vertrag auf die Gemeinschaft *de iure* beendet.[188] Die Ergebnisse der Arbeitsgruppen bildeten jedoch die Grundlage der Revision des EuGVÜ zur EuGVO – das LugÜ blieb hingegen auf dem reformbedürftigen Stand des Jahres 1988 „eingefroren". Erst nachdem der EuGH im Februar 2006 die Kompetenzlage zwischen der EG-Kommission und den Mitgliedstaaten geklärt hatte,[189] wurde die Anpassung des LugÜ an die EuGVO verhandelt. **5.48**

Im Ergebnis ist ein Spannungsverhältnis zwischen dem LugÜ als völkerrechtlichem IZVR-Übereinkommen (zur Koordinierung der autonomen Prozessrechte der Vertragsstaaten) und der EuGVO als grundlegendem Integrationsinstrument des Europäischen Internationalen Zivilprozessrechts zu konstatieren. Rechtspolitisch stellt sich die Frage, ob die Anpassung des LugÜ an die Revisionen der EuGVO, die (erwartungsgemäß) im Fünf-Jahres-Turnus erfolgen sollen (vgl. Art. 79 EuGVO), mittels völkerrechtlicher Anpassungsverträge ein gangbarer Weg ist. Das Erstreckungsübereinkommen zu Dänemark, das die Änderungen der EuGVO (wie auch der EuZustVO) im Wege einer dynamischen Verweisung unternimmt, erscheint zugleich effektiver (und wird damit dem Regelziel des LugÜ, ein Parallelübereinkommen zu schaffen, sehr viel besser gerecht).[190] Aus der Sicht der EFTA-Staaten erscheint freilich eine dynamische Verweisung auf die jeweiligen Fortentwicklungen des Europäischen Internationalen Zivilprozessrechts politisch nicht akzeptabel: Sie werden an den Verhandlungen nicht beteiligt, müssen jedoch die beschlossenen Änderungen (unbesehen) akzeptieren.[191] Für Dänemark als EU-Mitgliedstaat ist diese Lösung **5.49**

der VO 593/2008/EG, dazu EuGH, 16.1.2014, Rs. C-45/13, *Kainz*, EU:C:2014:7, Rdn. 20 (gegen eine rechtsaktübergreifende Auslegung im Fall der Produkthaftung).

186 *Walther*, ZSR 124 II (2005), 301, 338 f., prognostiziert „vielschichtige Auslegungs- und Wertungsfragen".

187 Positiver hingegen Dasser/Oberhammer/*Domej*, Präambel Prot. Nr. 2 LugÜ, Rdn. 22 f., die auf die Kontinuität von EuGVÜ und EuGVO verweist und festhält, dass das BG bisher nicht explizit von der Judikatur des EuGH abgewichen sei.

188 Dasser/Oberhammer/*Markus*, Vor Art. 1 LugÜ, Rdn. 11 ff. Die Vorarbeiten waren zu diesem Zeitpunkt abgeschlossen, die EG-Kommission zog die politische Initiative an sich. Der EG-Kommission hatte man zuvor nur einen Beobachterstatus bei den Verhandlungen eingeräumt.

189 EuGH, 7.2.2006, Avis 1/03, *Parallelübereinkommen Lugano*, EU:C:2006:81.

190 Vgl. oben § 2 I, Rdn. 2.31.

191 Die Verhandlungen zum LugÜ II zeigen freilich, dass praktisch kein (wirklicher) Verhandlungsspielraum besteht. Es kommt vielmehr zum sog. „autonomen Nachvollzug" des Europäischen Prozessrechts.

offensichtlich eher hinnehmbar als für (echte) Drittstaaten.[192] Angesichts der zwischenzeitlichen Entwicklung des europäischen Zivilprozessrechts stößt die Konzeption der selektiven Übertragung einzelner Rechtsakte durch „Parallelinstrumente" an strukturelle Grenzen.[193]

2. Die Haager IPR-Konferenz

a) Die Europäische Union als Vertragspartei der Haager Übereinkommen

5.50 Die Europäische Justizpolitik steht in einem besonderen Spannungsverhältnis zur Haager IPR-Konferenz. Denn viele EU-Rechtsakte zur grenzüberschreitenden Zusammenarbeit überschneiden sich inhaltlich mit den Übereinkommen der Haager Konferenz[194] – die Mitgliedschaft der Europäischen Union in der Haager Konferenz und die Vertretung bei den internationalen Verhandlungen in der Kommission gehörten zu den Brennpunkten der politischen Auseinandersetzungen um die Außenkompetenzen der Union nach dem Inkrafttreten des Amsterdamer Vertrages.[195] Inzwischen wurden jedoch die Rechtslage und die damit verbundenen, politischen Auseinandersetzungen deutlich geklärt: Die Europäische Union ist seit dem 3.4.2007 Mitglied der Haager IPR-Konferenz,[196] die EU-Kommission vertritt nach Art. 344 AEUV die Union in den Verhandlungen der diplomatischen Konferenzen.[197] Die EU-Mitgliedstaaten haben dort ein eigenes Mitspracherecht, limitiert durch die Loyalitätspflicht des Art. 4 III EUV. Inzwischen hat sich das Mit- und Nebeneinander von EU-Kommission und Mitgliedstaaten in der Haager Konferenz eingespielt.[198]

5.51 Aufgrund ihrer überwiegend ausschließlichen, bisweilen geteilten Außenkompetenzen im Bereich der ziviljustiziellen Zusammenarbeit wird die Europäische Union inzwischen im Bereich ihrer Kompetenzen selbst Vertragspartei der Haager IPR-Übereinkommen.[199] Dies setzt freilich voraus, dass die entsprechenden Übereinkommen

---

192 Dänemark nimmt immerhin an den Beratungen in den Rechtssetzungsverfahren im Rat (und im Parlament) teil, freilich ohne Stimmrechte.

193 Ausführlich *Hess*, FS Leipold, S. 237 ff. Aus diesem Grund verbietet sich eine Einbeziehung des Vereinigten Königreichs in das Lugano-Regime nach dem Brexit, *Hess*, FS Kohler (2018), S. 418, 420 ff.

194 Dabei kommt es bisweilen zu regelrechten Wettläufen um die modernsten bzw. effektivsten Regelungsmodelle, vgl. etwa *Pirrung*, FS 75 Jahre MPI, 785, 787 ff.; *Schulz*, in: v. Hein/Rühl (Hrg.), Kohärenz, S. 110, 116 ff.

195 *Basedow*, IPRax 2017, 194, 196 ff. Dazu bereits oben § 2 III, Rdn. 2.81 ff.

196 ABl. EU 2006 L 297/4, dazu oben § 2 III, Rdn. 2.82 ff.

197 *R. Wagner*, RabelsZ 73 (2009), 215, 223 f.

198 So iE auch *Basedow*, IPRax 2017, 194, 199 ff.

199 Vgl. oben § 2 III, Rdn. 2.81 ff. Bestehen geteilte Außenkompetenzen, werden sowohl die Europäische Union als auch die Mitgliedstaaten Vertragsparteien. Vgl. die Formulierungen in Art. 29 und Art. 30 HGÜ (2005), die entweder eine ausschließliche Ratifikation durch die Europäische Union U (Art. 30 HGÜ) oder eine gemeinsame Ratifikation durch die EU und die Mitgliedstaaten zulassen

einen Beitritt der Union als eine „*Regional Economic Integration Organisation*" zulassen.[200] Die neueren Haager Übereinkommen enthalten hierfür spezielle Vorschriften, die einerseits den Beitritt von „Regionalen Wirtschaftsorganisationen" zulassen, andererseits den Anwendungsbereich der Haager Übereinkommen innerhalb und außerhalb dieser Regionalen Wirtschaftsorganisationen regeln (sog. „*disconnection clauses*").[201] Aus der Sicht der Haager Rechtsinstrumente erscheint das Europäische Prozessrecht lediglich als regionales Einheitsrecht,[202] das die Haager Übereinkommen durch eine intensivierte Kooperation zwischen den beteiligten Vertragsstaaten ergänzt.[203] Das Augenmerk des Unionsgesetzgebers gilt hingegen der Effektuierung der Haager Übereinkommen, die insofern nur als Ausgangs- bzw. Rahmenregelung für die Rechtsetzung der Union herangezogen werden.[204] Die unterschiedlichen Sichtweisen müssen freilich in der Praxis keine Konflikte auslösen. Bereits im Vorfeld kann die EU-Kommission bei den Verhandlungen in Den Haag auf Formulierungen hinwirken, die eine intensivere Kooperation im Europäischen Justizraum ermöglichen.[205] Dabei ist freilich festzuhalten, dass die rechtspolitische Perspektive (und die Effizienz) der justiziellen Zusammenarbeit im Europäischen Justizraum nicht durch (parallele) Rechtsetzungsprojekte der Haager IPR-Konferenz inhaltlich limitiert werden sollten.[206] Denn ein sog. „Mehrwert" universeller Regeln (die die Haager IPR-Konferenz anstrebt) gegenüber einer integrationsbezogenen Ordnung (im Europäischen Justizraum) ist keineswegs generell zu bejahen.[207] In diesen Konstellationen müssen

---

(Art. 29 HGÜ). Der Ratsbeschluss zur Unterzeichnung des HGÜ vom 26.2.2009 enthält im Anhang II die Erklärung, dass eine ausschließliche Unionskompetenz vorliegt, ABl. EU 2009 L 133/13.

200 Nach allgemeinem Völkerrecht können nur Staaten als originäre Völkerrechtssubjekte ohne weitere Ermächtigung einem völkerrechtlichen Übereinkommen beitreten.

201 Dazu *Borrás*, FS Jayme I, S. 57 ff.; *Kruger*, Jurisdiction Rules, Rdn. 7.21.

202 Beispiel: Art. 19 II des Haager Unterhaltsprotokolls (2007) ordnet den Vorrang von regionalem Einheitskollisionsrecht an (gemeint ist die EU-Unterhaltsverordnung), dazu etwa *Andrae*, FPR 2008, 196, 198 ff.

203 Eine „verstärkte Zusammenarbeit" einzelner Vertragsstaaten einer multilateralen Konvention lässt Art. 41 WVK ausdrücklich zu, dazu *Borrás*, FS Jayme I, S. 57, 59.

204 Dies gilt insbesondere für die Regelung des Kindschaftsrechts in der EheGVO, dazu unten § 7 IV, Rdn. 7.69 ff.; vgl. auch *Borrás*, FS Jayme I, S. 57, 62 ff. (zur EheGVO 2003).

205 Beispiel: Art. 26 VI HGÜ (2005) stellt sicher, dass das Gerichtsstandsübereinkommen „Binnenstreitigkeiten" im Europäischen Justizraum nicht erfasst. Nach Art. 29 f. HGÜ wird die Europäische Union einem Vertragsstaat gleichgestellt, vgl. Art. 29 IV: „Any references to a "Contracting State" or "State" in this Convention applies equally to a Regional Economic Integration Organisation that is a Party to it, where appropriate." Zur „*déconnexité négociée*" Borrás, FS Jayme I, S. 57, 66 ff.

206 Tendenziell anders *Pirrung*, FS 75 Jahre MPI, S. 785, 795 f.; *R. Wagner*, RabelsZ 73 (2009), 215, 235 ff.

207 Unsachlich Rauscher/*Rauscher*, Einl. Brüssel IIa-VO, Rdn. 11. Notwendig ist die Beurteilung des jeweiligen Rechtsinstruments bzw. Rechtssetzungsvorhabens.

unübersichtliche Gemengelagen zwischen Unionsrechtsakten, völkerrechtlichen Verträgen und nationalen Ausführungsbestimmungen vermieden werden.[208]

5.52 Soweit (ältere) Haager Übereinkommen eine Ratifikation durch die Europäische Union nicht zulassen, bleibt nur die Ratifikation durch die EU-Mitgliedstaaten anstelle der Union. Diesen Weg hat die Union im Fall des Haager Kindesschutzübereinkommens (1996) gewählt, weil das Übereinkommen eine unmittelbare Ratifkation durch die Europäische Union nicht zulässt.[209] Eine vergleichbare Rechtslage besteht auch im Hinblick auf das Haager Kindesentführungsübereinkommen, auf das die EheGVO wiederholt verweist, ohne jedoch dessen Ratifikation zwingend anzuordnen. Die Verpflichtung der EU-Mitgliedstaaten, das Übereinkommen zu ratifizieren, folgte jedoch aus Art. 4 III EUV, 81 AEUV – dieser Verpflichtung sind im Hinblick auf das HKÜ inzwischen sämtliche EU-Mitgliedstaaten nachgekommen.[210] Dieselbe Problematik stellt sich bei gemischten Übereinkommen, etwa bei der Unterhaltsverordnung.[211]

5.53 Der EuGH bejaht seine Auslegungskompetenz für alle völkerrechtlichen Übereinkommen, die in das Unionsrecht integriert wurden.[212] Sofern es sich um völkerrechtliche Übereinkommen handelt, welche die Union selbst ratifiziert hat, ergibt sich die Auslegungskompetenz des EuGH aus Art. 267 AEUV: Völkerrechtliche Übereinkommen der Union stehen im Rang zwischen dem Primärrecht und dem Sekundärrecht.[213] Das unmittelbare Konkurrenzverhältnis stellen zumeist die Schlussvorschriften der Unionsrechtsakte[214] und der völkerrechtlichen Übereinkommen klar.[215] Darüber

208 Mit Recht warnend *Kropholler/Blobel*, FS Sonnenberger, S. 453, 463 ff.

209 Vgl. die Ermächtigung des Rates vom 5.6.2008 zur Ratifizierung des KSÜ, ABl. EU 2008 L 151/36. Art. 52 KSÜ enthält allerdings eine „*disconnection clause*“, die jedoch im Hinblick auf die EheGVO (2000) formuliert wurde, *Borrás*, FS Jayme I, S. 57, 64.

210 Das Gutachten 1/13, EuGH, 14.10.2014, *HKÜ*, EU:C:2014:2303, bejaht die ausschließliche Außenkompetenz der Union im Hinblick auf das HKÜ mit der Folge, dass die EU-Kommission (und nicht die Mitgliedstaaten) berechtigt ist, völkerrechtliche Erklärungen im Hinblick auf das Übereinkommen abzugeben (Rdn. 88 f.).

211 Dazu *Andrae*, FPR 2008, 196 ff.; vgl. unten § 7 V, Rdn. 7.141 ff.

212 EuGH, 14.10.2014, GA 1/13, *HKÜ*, EU:C:2014:2303, Rdn. 85, dazu *Gaja*, in: Franzina (ed.), The External Dimension, S. 63, 69 f.

213 Vgl. oben § 4 I, Rdn. 4.26. Dementsprechend ist der EuGH für die Auslegung des HGÜ zuständig. Dabei steht dem EuGH die Entscheidungskompetenz im Rahmen des Art. 267 AEUV zu, d. h. aufgrund von Vorabentscheidungsersuchen der Gerichte der EU-Mitgliedstaaten, *R. Wagner*, RabelsZ 73 (2009), 215, 238 f.

214 Art. 60 lit. e) EheGVO ordnet den Vorrang des Unionsrechts gegenüber dem HKÜ explizit an; im Anwendungsbereich der Unionsrechtsakte besteht die Auslegungskompetenz des EuGH damit uneingeschränkt.

215 Die Ratifikationsverfahren bei sog. Gemischten Übereinkommen stellen die kompetenzielle Ausgangslage (zumindest deklaratorisch) klar, vgl. etwa die Erklärungen der EU Mitgliedstaaten anlässlich der Ratifizierung des KSÜ, dazu Art. 2 Ermächtigung des Rates vom 5.6.2008 zur Ratifizierung des KSÜ, ABl. EU 2008 L 151/36.

hinaus ist eine Auslegungskompetenz des Gerichtshofs für solche Übereinkommen zu bejahen, die lediglich von den Mitgliedstaaten ratifiziert wurden, auf die sich jedoch die Unionsrechtsakte unmittelbar beziehen. Dies gilt insbesondere für das KSÜ, das die EU-Mitgliedstaaten aufgrund einer ausdrücklichen Ermächtigung des Rates nur deshalb ratifizieren, weil das Übereinkommen einen Beitritt der Europäischen Union nicht zulässt.[216] Darüber hinaus erfasst die Auslegungskompetenz des Gerichtshofs auch die Vorschriften der völkerrechtlichen Übereinkommen der EU-Mitgliedstaaten, die unmittelbar mit den Unionsrechtsakten verwoben sind und deren Anwendungsbereich erfassen – etwa die Rückführungsvorschriften des HKÜ, soweit diese Art. 34 ff. sowie 51 ff. EheGVO effektuieren.[217] Andernfalls wären eine systematische und eine teleologische Auslegung der Unionsrechtsakte nicht möglich.[218] Umgekehrt fehlt eine Auslegungskompetenz des EuGH für diejenigen Teile der (gemischten) Übereinkommen, die in die Kompetenz der EU-Mitgliedstaaten fallen.[219]

Im Urteil *Inga Rinau* hat der EuGH es zunächst vermieden, zum Verhältnis von EheGVO und HKÜ explizit Stellung zu beziehen.[220] Das Vorlageersuchen betraf eine beschleunigte Kindesrückführung nach Art. 40 ff. EheGVO aF zwischen Deutschland und Litauen. Der EuGH betonte die Komplementarität der Instrumente, die das Kindeswohl durch eine rasche Kindesrückführung verwirklichen wollen.[221] Das Verhältnis zwischen HKÜ und EheGVO ließ der Gerichtshof hingegen offen, er verwies lediglich auf den Vorrang der EheGVO gegenüber dem HKÜ aufgrund Art. 60 EheGVO aF.[222] Das Gutachten 1/13, *HKÜ*, hat hingegen festgehalten, dass das gesamte Haager Übereinkommen Teil des Unionsrechts ist[223] – mithin ist der EuGH umfassend zur Auslegung des HKÜ befugt.[224] 5.54

b) Das Haager Übereinkommen über Gerichtsstandsvereinbarungen

Die Haager IPR-Konferenz legte am 30.6.2005 ein Abkommen über Gerichtsstandsklauseln (HGÜ) mit weltweitem Geltungsanspruch zur Ratifikation auf.[225] Die Konvention 5.55

216 Vgl. EwG 7 der Ermächtigung des Rates vom 5.6.2008 zur Ratifizierung des KSÜ, ABl. EU 2008 L 151/36. Die Mitgliedstaaten stellen anlässlich der Ratifizierung klar, inwieweit sie für die Union handeln und welche Vorschriften des KSÜ von den vorrangigen Vorschriften der EheGVO verdrängt werden.

217 Also etwa für Art. 12 und 13 HKÜ, soweit diese Vorschriften von Art. 22 ff. EheGVO ausdrücklich modifiziert werden, dazu unten § 7 V, Rdn. 7.131.

218 So tendenziell auch EuGH, 11.7.2008, Rs. C-195/08 PPU, *Inga Rinau*, EU:C:2008:406, Rdn. 47 ff., im Hinblick auf die allgemeinen Auslegungsleitlinien für die EheGVO.

219 Vgl. unten § 13 II, Rdn. 13.13 f.

220 EuGH, 11.7.2008, Rs. C-195/08 PPU, *Inga Rinau*, EU:C:2008:406 – die Zurückhaltung des EuGH bei dieser grundsätzlichen Fragestellung erklärt sich auch aus dem Umstand, dass die Entscheidung im Eilverfahren nach Art. 104a VerfO-EuGH erging, dazu unten § 13 V, Rdn. 13.74 ff.

221 EuGH, 11.7.2008, Rs. C-195/08 PPU, *Inga Rinau*, EU:C:2008:406, Rdn. 47–54.

222 EuGH, 11.7.2008, Rs. C-195/08 PPU, *Inga Rinau*, EU:C:2008:406, Rdn. 53 f.

223 EuGH, 14.10.2014, Avis 1/13, *HKÜ*, EU:C:2014:2303, Rdn. 83 aE.

224 *Gaja*, in: Franzina (ed.), The External Dimension, S. 63, 69 f.

225 Englisch- und französischsprachige Textfassungen sind abrufbar unter https://www.hcch.net/de/instruments/conventions/full-text/?cid=98, vgl. auch den erläuternden Bericht von *Hartley* und

wurde inzwischen von Mexiko, Singapur, Montenegro und der Europäischen Union ratifiziert;[226] sie ist am 1.10.2015 in Kraft getreten. Das HGÜ hat eine ambivalente Entstehungsgeschichte: Es bildete den (bescheidenen) Abschluss des im Frühjahr 2001 missglückten Vorhabens der Haager IPR-Konferenz, ein weltweites Anerkennungs- und Vollstreckungsübereinkommen zu erarbeiten. Dieses Projekt scheiterte u.a.[227] an den rechtskulturellen Gegensätzen zwischen Civil und Common Law Staaten und an politischen Gegensätzen über den Schutz des geistigen Eigentums, über die Regulierung von e-commerce und über die Zulassung von *class actions* im Bereich der *human rights litigation.*[228] Das Haager Gerichtsstandsübereinkommen führte das Projekt der Sache nach fort und klammert die politisch umstrittenen Fragen aus. Es handelt sich um eine *convention double*[229], die nicht nur die Zuständigkeitsbegründung kraft Prorogation, sondern auch die Verfahrenskonkurrenz und die Titelanerkennung regelt. Strukturell ähnelt die Konvention jedoch nicht der EuGVO,[230] sondern ist dem New Yorker Übereinkommen vom 1958 zur Anerkennung und Vollstreckung von Schiedssprüchen nachgebildet.[231]

5.56 Angesichts der Entstehungsgeschichte wurde der sachliche Anwendungsbereich der Konvention restriktiv formuliert: Nach Art. 1 I HGÜ regelt das Übereinkommen ausschließliche Gerichtsstandsvereinbarungen[232] in Zivil- und Handelssachen.[233] Art. 1 II HGÜ enthält als weiteres Erfordernis das Vorliegen einer grenzüberschrei-

---

Dogauchi (2007), http://www.hcch.net/upload/expl37e.pdf. Deutsche Übersetzung: ABl. EU 2009 L 133/1 ff.

226 Gezeichnet haben u. a. die USA und China. Stand: 31.12.2019. Das Vereinigte Königreich hatte die Konvention im Dezember 2018 für den Fall eines harten Brexit vorsorglich ratifiziert; dieser Fall trat nicht ein.

227 Die Verhandlungen wurden zudem von Auseinandersetzungen zwischen der EU-Kommission und den Mitgliedstaaten über die Wahrnehmung der Außenkompetenzen bei den Verhandlungen überschattet, *Schulz*, in: v. Hein/Rühl (Hrg.), Kohärenz, S. 110, 126 ff.

228 Dazu *Baumgartner*, The Proposed Hague Convention, S. 5 ff.; *R. Wagner*, RabelsZ 73 (2009), 100, 107 f.; *Schulz*, in: v. Hein/Rühl (Hrg.), Kohärenz, S. 110, 127 ff.; *Ragno*, Forum Selection, S. 8 ff.

229 Zum Begriff oben § 2 I, Rdn. 2.3.

230 Der ursprünglich geplanten, weltweiten Konvention hatten Kritiker eine (zu) enge Anlehnung an das Modell des EuGVÜ vorgehalten, *Rühl*, IPRax 2005, 410 ff.; *Kessedijan*, Clunet 2005, 1 ff.

231 Zur Grundstruktur vgl. *Hartley*, EuLR 2006, 414, 415 ff.; *Wagner*, RabelsZ 73 (2009), 100, 110 ff.

232 Nach Art. 3 HGÜ soll die Ausschließlichkeit der Gerichtsstandsvereinbarung der Regelfall sein. Folglich müssen die Parteien die fehlende Ausschließlichkeit ausdrücklich vereinbaren. Umstritten ist die Anwendung des Übereinkommens auf halbzwingende Gerichtsstandsvereinbarungen (die sich häufig in Finanzverträgen finden).

233 Nach Art. 22 HGÜ können die Vertragsstaaten ausdrücklich erklären, dass sie das Übereinkommen auch auf nicht ausschließliche Gerichtsstandsvereinbarungen anwenden. Die Anerkennung und Vollstreckung setzen freilich voraus, dass sowohl der Ursprungs- als auch der Vollstreckungsstaat die Erklärung abgegeben haben, *Wagner*, RabelsZ 73 (2009), 100, 140 f.

tenden Streitigkeit.[234] Den Anwendungsbereich nimmt Art. 2 HGÜ weiter deutlich zurück:[235] Ausgenommen bleiben danach vor allem Verbraucher- und Arbeitsstreitigkeiten, zudem eine Vielzahl weiterer Streitigkeiten.[236] Nach Art. 21 HGÜ kann zudem jeder Vertragsstaat weitere Rechtsgebiete vom Anwendungsbereich des Übereinkommens ausschließen. Problematisch ist schließlich die Übergangsregelung des Art. 16 HGÜ: Danach werden nur Gerichtsstandsklauseln erfasst, die nach dem Inkrafttreten des HGÜ für den Staat des prorogierten Gerichts abgeschlossen wurden.[237] Diese Regelung, die Vorhersehbarkeit und Vertrauensschutz gewährleisten will, schiebt den zeitlichen Anwendungsbereich des Übereinkommens weit zurück.[238]

Die Kernregelungen zur Effektuierung von Gerichtsstandsvereinbarungen ent- 5.57
halten Art. 5 und 6 HGÜ. Die Vorschriften schaffen eine Entscheidungsprärogative des prorogierten Gerichts und damit ein Hierarchieverhältnis bei konkurrierenden Klagen. Art. 5 HGÜ verpflichtet das prorogierte Gericht, über seine Zuständigkeit (und den Rechtsstreit) zu entscheiden; nach Art. 6 HGÜ muss jedes angerufene Gericht eines anderen Vertragsstaates den Rechtsstreit aussetzen, bis das prorogierte Gericht über seine Zuständigkeit entschieden hat (Art. 6 lit. c) HGÜ). Das prorogierte Gericht muss nach Art. 5 I HGÜ über die Wirksamkeit der Gerichtsstandsvereinbarung auch dann entscheiden, wenn der Rechtsstreit vor den Gerichten eines anderen Vertragsstaates rechtshängig ist.[239] Nach Art. 5 II HGÜ darf es zudem seine Zuständigkeit nicht in Anwendung der *forum non conveniens*-Doktrin ablehnen.[240] Der Entscheidungsvorrang des prorogierten Gerichts gilt allerdings nicht uneingeschränkt: Das angerufene, nicht prorogierte Gericht kann nach Art. 6 HGÜ prüfen, ob die Gerichtsstandsvereinbarung unwirksam oder praktisch undurchführbar ist; zugelassen ist zudem

---

234 Das Erfordernis ist jedoch eng definiert. Ein grenzüberschreitender Bezug fehlt nur, wenn die Parteien im selben Vertragsstaat ihren Sitz haben und der Streitgegenstand keine Bezüge zu einem anderen Staat aufweist, dazu *Thiele*, GS van Mehren, S. 63, 67 f.

235 Zum Prorogationsverbot in Arbeits-, Versicherungs- und Verbrauchersachen nach Art. 25 IV EuGVO, vgl. § 6 II, Rdn. 6.129 f.; 6.105 und 6.120 ff.

236 Neben den nach Art. 1 II EuGVO ausgeschlossenen Rechtsgebieten werden zudem Streitigkeiten aus Transportrecht, Kartellrecht, Registerstreitigkeiten, familienrechtliche Angelegenheiten, deliktische Haftungsklagen sowie seerechtliche Klagen ausgeschlossen, dazu kritisch *Rühl*, IPRax 2005, 410, 412.

237 Dazu *Ragno*, Forum Selection, S. 79 ff.

238 Praktische Relevanz dürfte die Vorschrift im Zusammenhang mit dem Brexit erlangen. Obwohl das Vereinigte Königreich das HGÜ bereits im Vorfeld des 29.3.2019 ratifiziert hat, erscheint eine Anwendung von Art. 16 HGÜ vertretbar, da das HGÜ bereits zuvor das Vereinigte Königreich gebunden hatte. Die (vorsorgliche) Ratifikation des HGÜ im Dezember 2018 soll die 3-Monats-Frist des Art. 31 HGÜ überbrücken, dazu *Ragno*, Forum Selection, S. 69–71.

239 Diese Regelung war Vorbild für die ähnliche Regelung in Art. 31 II–IV EuGVO, vgl. unten § 6 III, Rdn. 6.192 und 6.199.

240 *Wagner*, RabelsZ 73 (2009), 100, 119 ff.; *Briggs*, Agreements on Jurisdiction, Rdn. 13.12 f.

eine Prüfung des Rechtsmissbrauchs und des *ordre public*.[241] Die geringe Zahl der in Art. 6 HGÜ zugelassenen Prüfungspunkte soll Parallelverfahren möglichst ausschließen. Wesentliche Wirksamkeits- und Formerfordernisse der Gerichtsstandsvereinbarung definiert dabei Art. 3 HGÜ.[242] Ergänzend verweist Art. 6 HGÜ auf das Sachrecht des prorogierten Staates im Hinblick auf die Wirksamkeit der Gerichtsstandsvereinbarung.[243] Die Kollisionsnorm schließt eine kumulative Anwendung der Verfahrensrechte des prorogierten und des derogierten Gerichts aus, die in der Praxis zu erheblicher Rechtsunsicherheit führt.[244] Nur im Hinblick auf die „Geschäftsfähigkeit" verbleibt es bei der Anwendung des Rechts des angerufenen Gerichts.[245] Derselbe Prüfungsmaßstab gilt auch für das prorogierte Gericht (Art. 5 I HGÜ).

5.58 Art. 8 HGÜ verpflichtet die Vertragsstaaten zur Anerkennung von Urteilen und Vergleichen,[246] die in den Anwendungsbereich des Übereinkommens fallen und die vom prorogierten Gericht erlassen bzw. aufgenommen werden.[247] Die Anerkennung erfolgt nach den jeweiligen Verfahrensrechten der Vertragsstaaten (Art. 14 HGÜ, Art. 13 HGÜ listet die vorzulegenden Unterlagen auf). Die Anerkennungshindernisse listet Art. 9 lit. a)–g) HGÜ auf: Art. 9 lit. a) und b) HGÜ nehmen dabei die kollisionsrechtlichen Prüfungsmaßstäbe von Art. 6 HGÜ auf, eine Nachprüfung der Zuständig-

---

241 Die Vorschrift lautet: „Ein Gericht eines Vertragsstaats, der nicht der Staat des vereinbarten Gerichts ist, setzt Verfahren, für die eine ausschließliche Gerichtsstandsvereinbarung gilt, aus oder weist die Klage als unzulässig ab, es sei denn, a) die Vereinbarung ist nach dem Recht des Staates des vereinbarten Gerichts ungültig; b) einer Partei fehlte nach dem Recht des Staates des angerufenen Gerichts die Fähigkeit, die Vereinbarung zu schließen; c) die Anwendung der Vereinbarung würde zu einer offensichtlichen Ungerechtigkeit führen oder der öffentlichen Ordnung (*ordre public*) des Staates des angerufenen Gerichts offensichtlich widersprechen…"

242 Erforderlich ist die Bezeichnung des prorogierten Gerichts und eine schriftliche bzw. elektronisch dokumentierte Vereinbarung, dazu *Wagner*, RabelsZ 73 (2009), 100, 118.

243 Kritisch *Audit*, Mél. Gaudemet-Tallon (2008), S. 171, 184, der darauf verweist, dass die (kollisionsrechtliche) Verweisung in Art. 5 I und 6 HGÜ auf das Recht des prorogierten Gerichts die einheitliche Auslegung des Art. 3 HGÜ nachhaltig erschwert. Der Einwand ist gewiss berechtigt, hat jedoch seine Ursache im Fehlen einer weltweit zuständigen Auslegungsinstanz. Der praktische Vorteil der Art. 3, 5 f. HGÜ ist, dass die Parteien sich auf die Rechtslage am prorogierten Gericht einstellen können. Art. 25 I EuGVO enthält nunmehr eine entsprechende Regelung.

244 Die Kumulation der unterschiedlichen Sachrechte hat den EuGH zu einer weiten (und autonomen) Auslegung der Tatbestandsmerkmale von Art. 25 EuGVO veranlasst mit der Folge, dass auch Wirksamkeitserfordernisse eingeschlossen sind, dazu unten § 6 II, Rdn. 6.159 f.

245 Damit ist die subjektive Prorogationsfähigkeit gemeint, zur Unschärfe des Begriffs *Fricke*, VersR 2006, 476, 479. Allerdings ist die Frage, inwieweit die organschaftliche Vertretungsmacht reicht, nach dem Gesellschafts- und nicht nach dem Geschäftsstatut zu beurteilen, vgl. *Thiele*, GS van Mehren, S. 63, 76 f.

246 Art. 12 erweitert die Anerkennung auf gerichtliche Vergleiche des prorogierten Gerichts, die dieses inhaltlich gebilligt hat, *Wagner*, RabelsZ 73 (2009), 100, 132.

247 Den Nachweis erleichtert ein den Übereinkommen beigefügtes, freilich nur optionales Formular, *Wagner*, RabelsZ 73 (2009), 100, 124 ff.

keit des Erstgerichts im Exequaturverfahren ist zugelassen. Die Anerkennung scheidet zudem aus, wenn das verfahrenseinleitende Schriftstück nicht ordnungsgemäß zugestellt (lit. c)) oder das Urteil durch Prozessbetrug erschlichen wurde (lit. d)); Art. 9 lit. e) HGÜ enthält einen *ordre public*-Vorbehalt; Art. 9 lit. f) HGÜ sichert den Vorrang rechtskräftiger Urteile im Vollstreckungsstaat. Für die Anerkennung von Urteilen, die auf *punitive damages* lauten, enthält Art. 11 HGÜ eine Sonderregelung: Danach ist nur eine Teilanerkennung im Hinblick auf kompensatorischen Schadenersatz möglich.

Die (handgreifliche) Bedeutung des Übereinkommens bestand zunächst darin, dass nach dem Scheitern des umfassenden Gerichtsstandsübereinkommens überhaupt ein Kompromiss gefunden wurde, den die divergierenden Delegationen (insbesondere aus den USA und der EU) mittragen konnten.[248] Sowohl die USA als auch die Europäische Gemeinschaft haben frühzeitig signalisiert, dass man das HGÜ ratifizieren wolle, die EU hat diesen Schritt schließlich im Herbst 2015 vollzogen. Der aktuelle Ratifikationsstand des HGÜ bleibt jedoch ernüchternd:[249] Die USA haben zwar das Übereinkommen im Januar 2009 unterzeichnet;[250] andere Staaten (etwa die Volksrepublik China und die Ukraine) haben nunmehr die Bereitschaft zum Beitritt signalisiert.[251] **5.59**

Das über viele Jahre verhandelte Übereinkommen hat deutlichen Kompromischarakter.[252] Insbesondere ist der sachliche Anwendungsbereich eng formuliert: Erfasst werden lediglich ausschließliche Gerichtsstandsvereinbarungen zwischen Unternehmern in begrenzten Sachbereichen.[253] Selbst Wirtschaftsbereiche, in denen durchaus ein praktisches Interesse an Gerichtsstandsvereinbarungen besteht, etwa in Transport- oder Versicherungssachen, bleiben von der Anwendung des HGÜ ganz (vgl. Art. 2 I lit. f) HGÜ) oder überwiegend (vgl. Art. 17 HGÜ) ausgenommen.[254] Regelungstechnisch wurden hingegen Fortschritte erzielt; die Entscheidungspräferenz des prorogierten Gerichts (Art. 5 HGÜ) wurde inzwischen von Art. 31 II EuGVO übernommen. Bei der Urteilsanerkennung zeigen sich strukturelle Unterschiede zum beschleunigten Verfahren nach Art. 36, 39 ff. EuGVO: Das HGÜ enthält deutlich mehr **5.60**

248 Dazu *Fricke*, VersR 2006, 476, 483; *Wagner*, RabelsZ 73 (2009), 100, 191 ff.

249 Nur Mexiko, Singapur, Montenegro und die EU (einschließlich Großbritannien) haben bisher das Übereinkommen ratifiziert (Stand: 8.5.2020).

250 Eine Ratifikation ist jedoch nicht zu erwarten, da diese in die Kompetenzverteilung zwischen den Bundesstaaten und der Föderation eingreifen wird.

251 Positiver *Ragno*, Forum Selection, S. 48 ff.

252 Zutreffend *Wagner*, RabelsZ 73 (2009), 100, 141 f.; kritisch *Briggs*, Agreements on Jurisdiction, Rdn. 13.08 ff.

253 Positiver hingegen *Wagner*, RabelsZ 73 (2009), 100, 143 ff., der die praktischen Bedürfnisse des internationalen Handelsverkehrs nach Rechtsklarheit und Besonderheit betont; ebenso *Thiele*, GS van Mehren, S. 63, 73 f.

254 *Briggs*, Agreements on Jurisdiction, Rdn. 13.09 (14 namentlich benannte Rechtsgebiete wurden zunächst ausgenommen); vgl. auch *Fricke*, VersR 2006, 476, 478.

Anerkennungshindernisse und verzichtet auf jede Harmonisierung des Anerkennungsverfahrens. Letztlich beruht es auf dem überkommenen Exequaturmodell, das im Europäischen Justizraum durch das Konzept der wechselseitigen Anerkennung ersetzt wurde.[255] Art. 26 VI lit. b) HGÜ ermöglicht die Abkoppelung des Europäischen Prozessrechts bei der Urteilsanerkennung: Im Verhältnis zwischen EU-Mitgliedstaaten ist das Übereinkommen nicht anwendbar,[256] stattdessen gelten die Art. 36 ff. EuGVO.[257] Haben die Parteien einer Gerichtsstandsvereinbarung ihren Aufenthalt in EU-Mitgliedstaaten (außer Dänemark), so verdrängen die Zuständigkeits- und Rechtshängigkeitsregeln der Art. 25 und 29 ff. EuGVO das Gerichtsstandsübereinkommen, Art. 26 VI lit. a) HGÜ.[258]

c) Das neue Haager Anerkennungs- und Vollstreckungsübereinkommen 2019

5.61 Die Haager Konferenz hat das Projekt eines weltweiten Anerkennungsübereinkommens nicht aufgegeben.[259] Im Jahre 2012 entschied der „Council on General Affairs and Policy", das Vorhaben erneut aufzugreifen. Eine Arbeitsgruppe erstellte bis zum November 2015 einen Konventionsentwurf, den nach intensiver Diskussion eine Special Commission im Jahr 2017 förmlich verabschiedete.[260] Am 2. Juli 2019 erfolgte auf einer diplomatischen Konferenz die Annahme der „2019 HCCH Convention on Recognition and Enforcement of Foreign Judgments in Civil or Commercial Matters".[261] Die Erfolgsaussichten des neuen Projekts sind durchaus gut[262] – dies folgt nicht zuletzt aus der abnehmenden Dominanz der USA in den Verhandlungen und der wachsenden Bedeutung asiatischer (China, Indien und Japan) und lateinamerikanischer Akteure (Brasilien, Mexiko), die zu einer Neubalancierung der Arbeit der Haager Konferenz geführt haben.[263] Allerdings haben die lang andauernden und (teil-

---

255 Dies ist sachlich gerechtfertigt: Denn der Grundsatz wechselseitigen Vertrauens, der die justizielle Kooperation im Raum der Freiheit, der Sicherheit und des Rechts prägt, existiert im weltweiten Rahmen nicht, dazu *Kruger*, Civil Jurisdiction Rules, Rdn. 7.45 f.

256 Vgl. dazu unten § 6 II, Rdn. 169.

257 Den Vorrang des LugÜ sichert Art. 26 II HGÜ, *Wagner*, RabelsZ 73 (2009), 100, 134 ff.

258 Der Vorrang der EuGVO im Verhältnis zu Dänemark ergibt sich aus Art. 26 II HGÜ, dazu *Wagner*, RabelsZ 73 (2009), 100, 135 (Fn. 179).

259 Kritisch *Schack*, ZEuP 2014, 824 ff. (für eine bilaterale Konvention EU-USA); positiver hingegen *Pertegás*, in: van Calster (ed.), European Private International Law at 50 (2019), S. 67 ff.; *De Miguel Ascensio/Cuniberti/Heinze/Requejo Isidro*, Study PE 604.954 (2018), S. 11 ff.

260 Text: https://assets.hcch.net/docs/9faf15e1-9c36-4e57-8d56-12a7d895faac.pdf; ein erläuternder Bericht von *Garcimartín* und *Saumier* (Stand: Dezember 2018) ist verfügbar unter: https://assets.hcch.net/docs/7d2ae3f7-e8c6-4ef3-807c-15f112aa483d.pdf

261 Haager Anerkennungs- und Vollstreckungsübereinkommen 2019 – HAVÜ.

262 Die Konvention wurde noch am selben Tag von Uruguay unterzeichnet.

263 *Goddard*, DukeJCIL 29 (2019), 473, 476 ff.; zurückhaltende Einschätzung bei *Schack*, IPRax 2020, 1 ff.; positiver *Stein*, IPRax 2020, 197 ff.

weise) kontroversen Verhandlungen zu einer umfassenden Liste von 17 Ausnahmen vom sachlichen Anwendungsbereich geführt (Art. 1 II HAVÜ);[264] zudem kann jeder Vertragsstaat nach Art. 29 HAVÜ erklären, dass er das Übereinkommen im Verhältnis zu (bestimmten) anderen Vertragsstaaten nicht anwendet.[265]

Das Übereinkommen etabliert ein Regime zur Urteilsanerkennung ohne Nachprüfung der Urteilsgründe (Art. 4 I und II HAVÜ).[266] Nach Art. 5 HAVÜ setzt die Anerkennung voraus, dass das Erstgericht seine Zuständigkeit auf einen anerkannten Gerichtsstand gestützt hat. Diese sind in Art. 5 HAVÜ[267] aufgelistet. Die Liste umfasst bekannte Zuständigkeiten (insbesondere gewöhnlicher Aufenthalt,[268] wesentliche Geschäftstätigkeit des Beklagten im Forumstaat, Einlassung auf das Verfahren, vertraglicher Erfüllungsort im Forumstaat, deliktischer Handlungsort im Gerichtsstaat, Liegenschaften, Gerichtsstandsvereinbarung). Einschränkungen ergeben sich im Hinblick auf den Verbraucherschutz; streitige Materien wie *IP-Rights* sind bereits nach Art. 1 II lit. m) HAVÜ ausgeschlossen.[269] Art. 7 HAVÜ enthält Anerkennungshindernisse, insbesondere die (fehlende) Zustellung der Klage, welche eine effektive Verteidigung ermöglicht, Prozessbetrug und *ordre public*, unvereinbare Urteile sowie die Verletzung inländischer *IP-Rights*. Prozessvergleiche sollen unter denselben Bedingungen vollstreckt werden wie Urteile (Art. 12 HAVÜ). Die Anerkennung soll ein Formblatt unterstützen – die Durchführung erfolgt nach dem Prozessrecht des ersuchten Staates (Art. 14 f. HAVÜ).[270] 5.62

Aus der Sicht des Europäischen Zivilprozessrechts ist das Vorhaben zu begrüßen, da es die Lücke der EuGVO bei der Urteilsanerkennung im Verhältnis zu Drittstaaten (zumindest: im Verhältnis zu den künftigen Vertragsstaaten) schließen würde.[271] Problematisch bleibt der reduzierte sachliche Anwendungsbereich, der wesentliche Rechtsgebiete ausklammert und zu Abgrenzungsproblemen führen wird. Daher bleibt eine (autonome) Regelung der Anerkennung drittstaatlicher Urteile auf Unionsebene 5.63

264 Der sachliche Anwendungsbereich erfasst Zivil- und Handelssachen, ausgenommen sind u.a. Persönlichkeitsrechtsverletzungen, die Restrukturierung von Staatsschulden, Kartellklagen und der gesamte Bereich des Geistigen Eigentums, kritisch *Schack*, IPRax 2020, 1, 3: „Verlustliste".

265 Diese Bilateralisierungsklausel wurde (auf Drängen der USA) durch die diplomatische Konferenz eingefügt – sie zeugt vom bestehenden Misstrauen der Vertragsparteien bei einem globalen Anerkennungsinstrument.

266 Ausführlich *Bonomi*, YbPIL 17 (2015/16), 1, 5 ff.

267 Sie werden dort als „bases for recognition and enforcement" bezeichnet. Anders als bei einer „convention double" ist das Anerkennungsgericht an die tatsächlichen Feststellungen des Ursprungsgerichts nicht gebunden und unternimmt eine eigenständige Prüfung, *Schack*, IPRax 2020, 1, 4 f.

268 Insofern enthält Art. 5 I lit. a) HAVÜ gegenüber Art. 4 und 62 EuGVO eine strukturelle Verbesserung, *Schack*, IPRax 2020, 1, 4.

269 Ebenso der Schutz der Privatsphäre, *Mariottini*, YbPIL 19 (2017/18), 475, 477 ff.

270 *Bonomi*, YbPIL 17 (2015/16), 1, 11 ff.

271 AA *Schack*, IPRax 2020, 1, 6: Vorzugswürdig sei der Abschluss eines bilateralen Übereinkommens mit den USA.

weiterhin geboten.[272] Das gilt insbesondere für das Verhältnis zum Vereinigten Königreich nach dem Brexit.[273]

d) Familien- und Statussachen

5.64 In sachlicher Hinsicht gehen die Haager Übereinkommen in Familiensachen derzeit über die Rechtsetzungsaktivitäten der Europäischen Gemeinschaft hinaus. Vor dem Hintergrund der Rechtsetzungskompetenz der Art. 81 AEUV besteht jedoch kein Zweifel, dass die Prozess- und Kollisionsrechtsvereinheitlichung der Union grundsätzlich sämtliche Aktivitäten der Haager IPR-Konferenz in Familien- und Statussachen erfassen kann. Dies gilt insbesondere für Fragen des Ehe- und des Erbrechts sowie in Statusangelegenheiten. Die ausgreifende Rechtsetzungsaktivität der Union im Kollisionsrecht hatte zunächst eine entsprechende Verdrängung der Haager Konventionen im Verhältnis zwischen den EU-Mitgliedstaaten zur Folge. Inzwischen gibt es jedoch eine deutlich bessere enge, inhaltliche Abstimmung des Innen- und des Außenbereichs – letzterer wird von den Haager Instrumenten ergänzt.[274]

5.65 Enge inhaltliche Verbindungen bestehen derzeit in Ehe- und Kindschaftssachen im Anwendungsbereich der EheGVO. Die Rom III-Verordnung[275] hat die Rechtsetzungsaktivität der Union auf das Scheidungskollisionsrecht erstreckt. Die (alten) Haager Übereinkommen zum Ehescheidungsrecht werden damit im Verhältnis zwischen den EU-Mitgliedstaaten obsolet.[276] Dasselbe gilt für die Verordnungen zum Ehegüterrecht.[277] Eine enge Abstimmung zwischen Haager IPR-Konferenz und EU-Kommission erfolgte bei der Erarbeitung der Rechtsetzungsakte zum Unterhaltsrecht, hier setzt sich das Kollisionsrecht im Haager Unterhaltsprotokoll sogar gegenüber dem Unionsrechtsakt durch.[278] Umgekehrt enthält das Haager Unterhaltsübereinkommen Anerkennungsregeln im Verhältnis zu Drittstaaten. Im Erbrecht hat hingegen die EuErbVO die existenten Haager Übereinkommen im Verhältnis zwischen den EU-Mitgliedstaaten substituiert.[279]

---

272 Dies schon deswegen, weil mit einer raschen Ratifikation des Haager Übereinkommens nicht zu rechnen ist, dazu *De Miguel Ascensio/Cuniberti/Heinze/Requejo Isidro*, Study PE 604.954 (2018), S. 38.

273 Dazu unten Rdn. 5.82 ff.

274 *Wagner*, RabelsZ 73 (2009), 215, 235 ff.; *Basedow*, IPRax 2017, 194, 199, will der Haager Konferenz sogar einen generellen Vorrang bei „universellen Rechtsetzungsvorhaben", etwa im Seeprivatrecht, einräumen.

275 VO (EU) 1259/2010 vom 20.12.2010, ABl. EU 2010 L 343/10, dazu unten § 7 III 4, Rdn. 7.63 ff.

276 Insbesondere das 1970 aufgelegte Übereinkommen über die Anerkennung von Ehescheidungen und Trennungsentscheidungen, dazu *Pertegás*, in: Malatesta/Bariatti/Pocar (ed.), The External Dimension, S. 161, 169 f.

277 Insbesondere die EheGüVO (EU) 2016/1103 vom 24.6.2016, ABl. EU 2016 L 183/1 ff., dazu unten 7 VII, Rdn. 7.177 ff.

278 *Schulz*, in: v. Hein/Rühl (Hrg.), Kohärenz, S. 110, 134 ff.; ausführlich unten § 7 V, Rdn. 7.138 ff.

279 Insbesondere das Haager Übereinkommen über die Form letztwilliger Verfügungen (BGBl. 1965 II 1144), dazu *Schulz*, in: v. Hein/Rühl (Hrg.), Kohärenz, S. 110, 138 f.

e) Internationale Rechtshilfe

Inhaltliche Bezüge bestanden bereits zwischen den Haager Zustellungsübereinkommen von 1965 und dem EuGVÜ, da Art. 19 EuGVÜ (1968) bzw. (heute) Art. 26 IV EuGVO von der Geltung des Haager Zustellungsübereinkommens im Verhältnis zwischen den Vertragsstaaten ausging.[280] Lediglich mittelbare Bezüge bestanden hingegen zum Haager Beweisübereinkommen. Jedoch hatten keineswegs sämtliche Mitgliedstaaten beide Übereinkommen ratifiziert, so dass zum Zeitpunkt des Inkrafttretens des Amsterdamer Vertrags (1.5.1999) im Bereich der Rechtshilfe eine erhebliche Rechtszersplitterung und entsprechende Rechtsunsicherheit bestand. Dies veranlasste den Unionsgesetzgeber zum raschen Erlass von EuZustVO und EuBewVO, die die Rechtshilfe im Europäischen Justizraum nachhaltig effektuiert haben.[281] Anders als im Kindschaftsrecht hat der Unionsgesetzgeber nicht die Haager Rechtshilfe-Übereinkommen fortentwickelt, sondern in Fortschreibung der Haager Konventionen eigenständige Rechtsakte geschaffen.[282] 5.66

Inzwischen ist im Bereich der Rechtshilfe zwischen der Europäischen Union und der Haager Konferenz eine „positive Konkurrenz" zu konstatieren. Sie läuft auf einen „Wettlauf um die praktikabelsten Instrumente" hinaus, etwa beim Einsatz elektronischer Medien im Bereich der Zustellung. Im Beweisrecht dominiert hingegen weiterhin die extraterritoriale Anwendung nationalen Prozessrechts. Die expansiven Möglichkeiten der *electronic discovery* und außergerichtlicher *depositions* des US-amerikanischen Verfahrensrechts verdrängen in der Praxis die überkommenen Kooperationsformen der grenzüberschreitenden, völkervertragsrechtlichen Beweishilfe.[283] 5.67

Eine völkerrechtliche Bindung aller EU-Mitgliedstaaten besteht hingegen im Bereich der Legalisation ausländischer Urkunden.[284] Denn sämtliche EU-Mitgliedstaaten haben die Haager Apostille-Konvention vom 5.10.1961 ratifiziert.[285] Diese ersetzt die Legalisation durch eine formularmäßige Beglaubigung der Echtheit der ausländischen Urkunde, die die ausstellende Behörde des Errichtungsstaates erteilt. Allerdings überlässt Art. 5 II der Apostille-Konvention die Beweiskraft der *lex fori* des jeweils erkennenden Gerichts. Zudem bestehen zahlreiche bilaterale Vereinfachungsübereinkommen. Die VO (EU) 2016/1191 zur Vereinfachung der Anforderungen an die Vorlage öffentlicher Urkunden in der Union (EuUrkVO) bezieht sich nicht auf Urkun- 5.68

280 Dazu *Schlosser*, in: ders./Hess, EuZPR, Einl. EuGVO, Rdn. 19 f.

281 Dazu unten § 8 I, Rdn. 8.1 ff., § 8 II, Rdn. 8.33 ff.

282 Insbesondere ist ein „Beitritt" der Union zu diesen Übereinkommen, die auf überkommenen völkerrechtlichen Regelungsprinzipien beruhen, nicht intendiert.

283 *Hess*, Transatlantische Justizkonflikte, AG 2006, 809, 815 ff.

284 Die Legalisation bestätigt durch den Vermerk des (jeweiligen) deutschen Konsuls im Ausstellungsstaat die Echtheit der ausländischen Urkunde im Sinne von § 438 II ZPO, vgl. § 15 II KonsularG, dazu *Schack*, IZVR, Rdn. 782.

285 Haager Übereinkommen zur Befreiung ausländischer öffentlicher Urkunden von der Legalisation, BGBl. 1965 II 876.

den, die von Behörden in Drittstaaten ausgestellt wurden, Art. 2 III EuUrkVO.[286] Im Verhältnis zu Drittstaaten bleiben die bestehenden Übereinkommen der Mitgliedstaaten in Kraft; Art. 19 IV EuUrkVO hält zudem ausdrücklich die Befugnis der Mitgliedstaaten aufrecht, mit Drittstaaten völkerrechtliche Abkommen abzuschließen. Damit erfasst die EuUrkVO nur Urkunden innerhalb des Justizraums. Auch in diesem Bereich besteht ein gewisser Wettlauf der „internationalen" Institutionen: Die Haager IPR-Konferenz arbeitet derzeit an einem Instrument zur Einführung der e-Apostille.[287]

3. Prozessrechtsvereinheitlichung anderer internationaler Organisationen, insbesondere des Europarats

a) Europarat

5.69 Die wechselseitige Beeinflussung zwischen der Europäischen Union und dem Europarat geht weit über das Prozessrecht hinaus. Die wichtigste Verklammerung enthält die EMRK, die auf Verfassungsebene die Union bindet und über Art. 6 EMRK, Art. 6 II EUV unmittelbare Bindung für das Prozessrecht auslöst.[288] Der Vertrag von Lissabon soll eine engere Abstimmung zwischen den menschenrechtlichen Garantien und den befassten Spruchkörpern (EuGH, EGMR) herbeiführen. Die Europäische Union sollte nach dem Inkrafttreten des Vertrages von Lissabon die EMRK ratifizieren.[289] Ein erster Beitrittsversuch scheiterte im Dezember 2014 am Widerstand des EuGH.[290]

5.70 In den Bereichen des IPR und des IZVR hat der Europarat zahlreiche Übereinkommen erarbeitet und zur Ratifikation aufgelegt.[291] Im Bereich des Internationalen Zivilverfahrensrechts sind vor allem das Baseler Übereinkommen zur Staatenimmunität,[292] das Europäische Übereinkommen betreffend Auskünfte über ausländisches Recht[293] sowie mehrere Übereinkommen im Kindschaftsrecht wichtig.[294] Die Übereinkommen

286 Vom 6.7.2016, ABl. EU 2016 L 200/1 ff.; dazu *Mansel/Thorn/Wagner*, IPRax 2017, 1, 6 f.; *Sieberichs*, StAZ 2016, 262 ff.

287 Zum aktuellen Stand der Arbeiten vgl. https://www.hcch.net/en/instruments/conventions/specialised-sections/apostille.

288 Zur Konstitutionalisierung des Europäischen Zivilprozessrechts vgl. oben § 4 I, Rdn. 4.12 f.

289 Dies setzt freilich die Änderung der Satzung des Europarats durch das 14. Zusatzprotokoll vom 14.5.2004 voraus, das den Beitritt der Europäischen Union ermöglichen soll. Russland hat das Protokoll bisher nicht ratifiziert.

290 EuGH, 18.12.2014, Avis 2/13, Beitritt der Union zur EMRK, EU:C:2014:2454.

291 Übersicht unter: http://conventions.coe.int/Treaty/Commun/ListeTraites.asp.

292 Baseler Europäisches Übereinkommen über Staatenimmunität vom 16.5.1972, BGBl. 1990 II 35, dazu *Hess*, Staatenimmunität, S. 210 ff.

293 Londoner Übereinkommen vom 7.6.1968, BGBl. 1974 II 938, zur geringen praktischen Effizienz des Übereinkommens vgl. *Schack*, IZVR, Rdn. 632 ff.

294 Insbesondere das Luxemburger Übereinkommen über die Anerkennung und Vollstreckung von Entscheidungen über das Sorgerecht für Kinder und die Wiederherstellung von Sorgerechtsverhält-

lassen explizit eine verstärkte Zusammenarbeit zwischen einzelnen Vertragsstaaten zu. Wesentlich umfangreicher ist die Rechtsetzungstätigkeit des Europarats im Bereich der strafrechtlichen Rechtshilfe.[295] Mit der „Vergemeinschaftung" des Europäischen Internationalen Zivilverfahrensrechts ist freilich die Vertragsschlusskompetenz der EU-Mitgliedstaaten auch im Bereich des Konventionsrechts des Europarats weitgehend entfallen.[296] Die neueren Konventionen des Europarats ermöglichen daher eine Ratifizierung durch die Europäische Gemeinschaft.[297]

Der Schwerpunkt der aktuellen Justizpolitik des Europarats gilt hingegen der Jus- 5.71
tizorganisation in den Vertragsstaaten vor dem Hintergrund der Rechtsprechung des EGMR zum effektiven Rechtsschutz nach Art. 6 EMRK.[298] Bereits im Jahre 2002 wurde ein spezieller Ausschuss zur Messung der Effektivität der Justizsysteme der Vertragsstaaten (CEPEJ) eingerichtet.[299] Er soll die Ziviljustiz in den Vertragsstaaten vor dem Hintergrund der Rechtsprechung des EGMR evaluieren, verlässliche und vergleichbare Daten ermitteln und die Vertragsstaaten bei der Reform ihrer Justizsysteme zur Implementierung der Rechtsschutzstandards des Art. 6 EMRK unterstützen.[300] Jährlich aktualisierte Studien vergleichen die Effizienz der Justizsysteme in den Mitgliedstaaten im Hinblick auf die Fallzahlen, das eingesetzte Personal und die Dauer der Verfahren.[301] Dabei wurden einheitliche, statistische Parameter erarbeitet. Allerdings wird der praktische Nutzen dieser Untersuchungen durch die heterogenen Justizstrukturen in den Mitgliedstaaten des Europarats deutlich gemindert.[302] Die Europäische Union hat mit dem „Judicial Scoreboard" diesen Ansatz aufgegriffen – die dort verwendeten Daten stammen überwiegend von CEPEJ.[303]

---

nissen vom 20.5.1980, BGBl. 1990 II 220, dazu *Pertegás*, in: Malatesta/Bariatti/Pocar (ed.), The External Dimension, S. 161, 171 f.

295 Dazu unten Rdn. 5.119 ff.

296 Oben § 2 III, Rdn. 2.73 ff.

297 Beispiel: Art. 20 I der Convention Concerning Contact with Children (Übereinkommen zum Umgangsrecht) vom 15.5.2003, ETS no 192. Art. 20 III des Übereinkommens ordnet den Vorrang unionsrechtlicher Regelungen im Verhältnis zwischen den EU-Mitgliedstaaten explizit an, *Pertegás*, in: Malatesta/Bariatt/Pocar (ed.), The External Dimension, S. 161, 172 f.

298 Dazu *Storskrubb*, Civil Procedure and EU-Law, S. 257 ff.; *Dori*, MPI Luxembourg Research Paper 2/2015, p. 9 ff.

299 *European Commission for the Efficiency of Justice* (Europäische Kommission für die Wirksamkeit der Justiz), Website: http://www.coe.int/en/web/cepej/.

300 *Uzelac*, in: Gottwald (Hrg.), Effektivität des Rechtsschutzes vor staatlichen und privaten Gerichten, S. 41, 43 ff.; *Dori*, MPI Luxembourg Research Paper 2/2015.

301 European Judicial Systems, abrufbar unter: https://www.coe.int/en/web/cepej/dynamic-database-of-european-judicial-systems.

302 Dazu *Albers*, in: van Rhee/Uzelac (ed.), Civil Justice, S. 9, 19 ff.; kritisch zur statistischen Rechtsvergleichung *Siems*, RabelsZ 72 (2008), 354 ff.; *Muir Watt*, in: Legrand (ed.), Comparer les droits, résolument, S. 433, 436 ff.

303 Dazu oben § 2 V, Rdn. 2.100 ff.

5.72 Die neuere Justizpolitik des Europarats zeigt eine gewisse Komplementarität im Verhältnis zur Europäischen Union. Bei der Bewertung der Justizsysteme war der Europarat mit CEPEJ Vorreiter.[304] Die neuere Rechtsprechung des EuGH zu Art. 19 EUV[305] und die besondere Rolle der Kommission bei der Bewertung des Rechtsstaatsprinzips in den Mitgliedstaaten[306] hat der Union einen eigenständigen Politikbereich eröffnet, der vor allem die Kontrolle und den Schutz der Unabhängigkeit der Justiz umfasst. Dabei ist der EuGH funktional in die Rolle eines Verfassungsgerichts der Union hineingewachsen.[307] Der Europarat unterstützt den Aufbau rechtsstaatlicher und effektiver Justizstrukturen in seinen Vertragsstaaten – im Vordergrund stehen die Beratung der nationalen Justizministerien, die Erarbeitung von *best practices* und die Unterstützung bei der Ausbildung von Richtern und sonstigem Justizpersonal. Im Rahmen dieser „weichen" Maßnahmen besteht eine enge Kooperation mit dem Europäischen Justiziellen Netz in Zivilsachen.[308]

b) UNIDROIT

5.73 Zwischen dem Europäischen Internationalen Prozessrecht und der im Rahmen von UNIDROIT[309] durchgeführten, überwiegend materiellen Rechtsvereinheitlichung bestanden zunächst nur mittelbare Bezüge. Konventionen zum internationalen Prozessrecht hat UNIDROIT nicht erarbeitet, jedoch im Frühjahr 2004 gemeinsam mit dem American Law Institute (ALI) die sog. *Principles of Transnational Civil Procedure* vorgestellt.[310] Diese enthalten Regelungsprinzipien und daraus abgeleitete Sachnormen[311] für Verfahren bei grenzüberschreitenden Streitigkeiten, insbesondere mit Parteien aus unterschiedlichen Rechtskulturen.[312] Die *Principles of Transnational*

304 Der EGMR ist zudem den Versuchen rechtspopulistischer Regierungen entgegengetreten, die Unabhängigkeit der nationalen Justizsysteme aufzuheben, EGMR, 23.6.2016, Nr. 20261/12, *Baka v. Ungarn, CE:ECHR:2016:0623JUD002026112.*

305 Seit EuGH, 6.11.2012, Rs. C-286/12, *Kommission./.Ungarn*, EU:C:2012:687.

306 Zu den Verfahren nach Art. 7 EUV gegen Ungarn und Polen vgl. *Hess*, Travaux du Comité Français DIP (2019), 329, 333 ff., oben § 2 V, Rdn. 2.108 ff.

307 Vgl. oben § 4 I, Rdn. 4.12 ff.

308 *Storskrubb*, Civil Procedure and EU Law, S. 258.

309 UNIDROIT wurde 1926 als Spezialorganisation des Völkerbunds als Internationales Institut (mit Sitz in Rom) für die Vereinheitlichung des Privatrechts gegründet, *Kronke*, JZ 2001, 1149 ff.; *ders.*, EPIL (2017), S. 1766 ff.

310 Ausgangspunkt war eine private Initiative der Prozessualisten *Hazard* und *Taruffo*, die UNIDROIT und ALI gemeinsam aufgriffen, *Huber*, Entwicklung transnationaler Modellregeln, S. 387 ff. Es handelte sich um die erste Initiative von UNIDROIT im internationalen Zivilprozessrecht, *Stadler*, BerDGVR 42 (2007), 177, 193 f.

311 Die *„principles"* enthalten keine Prinzipien im Sinne von verfassungsrechtlichen Optimierungsgeboten, sondern Regeln mit einem relativ hohen Abstraktionsgrad, welche die *rules* sodann konkretisieren, *Huber*, Entwicklung transnationaler Modellregeln, S. 57 ff.

312 Dazu *R. Stürner*, RabelsZ 69 (2005), 201 ff.; zu den ELI/Unidroit-Rules unten § 14 II, Rdn. 14.15 ff.

Civil Procedure entfalten selbst keine Rechtsverbindlichkeit, sie enthalten jedoch ein modernes Prozessgesetz, das nationale und internationale Gesetzgeber übernehmen oder an dem sie sich bei der Formulierung eigener Gesetze orientieren können.[313] Die Verfahrensgrundsätze ähneln den Restatements des US-amerikanischen Rechts – wie diese sind sie mit einem Kommentar der (internationalen) Expertengruppe versehen, die das Normenwerk verfasst hat.

Inzwischen hat UNIDROIT in Zusammenarbeit mit dem European Law Institute **5.74** ein Projekt zur Erarbeitung von „European Rules of Civil Procedure" aufgesetzt, das ein Modellverfahren für Zivilprozesse in Europa vorhalten soll. Das Modellgesetz, an dessen Erarbeitung die Mehrheit der Hochschullehrer mitgewirkt hat, die in Europa vergleichendes Zivilprozessrecht betreiben, erfasst alle Phasen des Erkenntnisverfahrens (einschließlich der Rechtsmittel, kollektivem und einstweiligem Rechtschutz). Es hat sich inhaltlich von den ALI/UNIDROIT Principles deutlich entfernt. Eine definitive Verabschiedung ist für 2020 geplant.[314]

Inhaltliche Bezüge bestehen jedoch zwischen den prozessualen Vorschriften der **5.75** *Cape Town Convention* über Sicherungsrechte an Flugzeugen, Satelliten und Eisenbahnen.[315] Diese Konvention haben die EU und die Mitgliedstaaten als Gemischtes Übereinkommen ratifiziert. Inhaltliche Überschneidungen zur EuGVO bestehen beim einstweiligen Rechtschutz. Der Rat hat in der Ratifikationsurkunde vom 6.4.2009 eine (komplizierte) Erklärung abgegeben, die den Vorrang der Rechtsprechung des EuGH zu Art. 35 EuGVO wahren soll.[316] Ansonsten hat die Konvention als Spezialabkommen Vorrang vor der EuGVO, vgl. Art. 71 EuGVO.[317]

c) Rechtsetzungsinitiativen der Vereinten Nationen, insbesondere UNCITRAL

Auch im Rahmen der Vereinten Nationen wurden (unterschiedlich) erfolgreiche Initia- **5.76** tiven zur (weltweiten) Rechtsvereinheitlichung ergriffen. Dabei führte die (vermeintliche) Unzufriedenheit der sog. Entwicklungsländer mit der Eurozentriertheit von UNIDROIT und Haager IPR-Konferenz 1966 zur Gründung von UNCITRAL als eigenständiger UN-Unterorganisation.[318] Bereits zuvor hatte die UN-Generalversammlung am 10.6.1958 das New Yorker Übereinkommen zur Anerkennung und Vollstreckung

313 *Kronke*, JZ 2001, 1149, 1153, sieht die Vorteile der unverbindlichen Model Laws (als sog. „soft law instruments") in der fachlichen Expertise bei der Vorbereitung im Vergleich zur förmlichen (und politischen) Regierungskonferenz. Das Problem derartiger „Expertengremien" ist freilich die fehlende demokratische Rückbindung, die zunehmend kritisiert wird.

314 Dazu unten § 14 II, Rdn. 14.15 ff.

315 Vom 16.11.2001, oben § 2 III, Rdn. 2.94.

316 Ratsdokument (2009/370/EG) vom 6.4.2009, ABl. EU 2009 L 121/3, oben § 2 III, Rdn. 2.85.

317 Dazu sogleich unten, Rdn. 5.80 f.

318 *Ferrari*, UNCITRAL, EPIL (2017), S. 1758, 1759 ff.

von Schiedssprüchen (UNÜ) aufgelegt, das inzwischen mehr als 157 Staaten weltweit ratifiziert haben.[319]

5.77 Die Rechtsetzungsaktivität von UNCITRAL im Verfahrensrecht betrifft vor allem die internationale Handelsschiedsgerichtsbarkeit, das Insolvenzrecht sowie die Mediation.[320] Neben der Erarbeitung von Konventionen fokussiert UNCITRAL auf die Ausarbeitung von *soft law*, nämlich von Mustergesetzen zur Schiedsgerichtsbarkeit (1985), zum internationalen Insolvenzrecht (1997) und zur Mediation (2002). Während die Schiedsgerichtsbarkeit (trotz ausdrücklicher Erwähnung in Art. 293 des Amsterdamer Vertrags) bisher nicht Gegenstand unionsrechtlicher Gesetzgebung war,[321] bestehen bei der Mediation zwischen der RL 2008/52/EG und dem 2002 UNCITRAL *Model Law on International Conciliation*[322] inhaltliche Überschneidungen.[323] Das UNCITRAL *Model Law* diente dem Gemeinschaftsgesetzgeber teils als Blaupause, teils als Alternativmodell bei der Formulierung der Mediationsrichtlinie, auch wenn die Richtlinie im Ergebnis vom Modellgesetz abweicht. Dieses (auch z. T. negativ implementierte) Leitbild entspricht jedoch dem Regelungsanliegen des internationalen Modellgesetzes der UNCITRAL. Im Dezember 2018 wurde die *Singapore Convention on International Settlement Agreements Resulting from Mediation* verabschiedet, die eine grenzüberschreitende Vollstreckung von Vergleichen ermöglichen soll, die in Mediationsverfahren erzielt wurden.[324] Das UNCITRAL *Model Law on Insolvency* hat die Ausarbeitung der EuInsVO hingegen kaum beeinflusst.[325]

d) Weitere internationale Organisationen

5.78 Inhaltliche Überschneidungen bestehen mit der 1926 gegründeten/1948 wieder belebten Internationalen Kommission für das Personenstandswesen (*Commission Internationale de l'Etat Civil*, CIEC):[326] Von den 17 Vertragsstaaten der CIEC waren

---

319 BGBl. 1961 II 121, Stand: August 2020, http://www.uncitral.org/uncitral/en/uncitral-texts/arbitration/NYConvention.html.

320 Überblick bei *Ferrari*, UNCITRAL, EPIL (2017), S. 1758, 1760 ff.

321 Zu Art. 1 II lit. d) EuGVO vgl. unten § 6 I, Rdn. 6.25 ff.

322 Das 2002 Model Law wurde vom 2018 Model Law on International Commercial Mediation and International Settlement Agreements Resulting from Mediation abgelöst. Ziel des Modellgesetzes ist es, durch Rechtsvereinheitlichung der Mediationsverfahren die Anerkennung der Vergleiche zu erleichtern.

323 Dazu *Hess*, Gutachten Mediation für den 67. Deutschen Juristentag (2008), F 87 ff., zur Mediations-RL vgl. unten § 12 II, Rdn. 12.5 ff.

324 Die praktische Schwierigkeit resultiert aus der fehlenden Beteiligung staatlicher Gerichte bei diesen Vergleichen. Dies erfordert eine gewisse inhaltliche Überprüfung des Vergleichs, vgl. Art. 5 Singapore Convention.

325 Die Beeinflussung erfolgte in die entgegengesetzte Richtung. *Paulus*, Einl. EuInsVO, Rdn. 9 f.

326 Zusammenfassende Darstellung bei *Massip/Hondius/Nast/Granet*, Commission Internationale de l'Etat Civil (2018), S. 9 ff., Website: http://www.ciec1.org/.

zwischenzeitlich 14 EU-Mitgliedstaaten.[327] Die Unionskompetenzen im Bereich der Personenfreizügigkeit, Art. 21 und 81 AEUV, führen zu zunehmender Überlappung mit Rechtsetzungsakten der Europäischen Gemeinschaft. Die von der CIEC aufgelegten Übereinkommen betreffen im Wesentlichen das Personenstandsrecht, d. h. die Standardisierung von Personenstandsbüchern, das Namensrecht, sowie die amtliche Dokumentation des Staatsangehörigkeitsrechts.[328] Die Übereinkommen sind mithin überwiegend technischer Natur.[329] Im Namens- und im Statusrecht hat der EuGH den Vorrang des Unionsrechts vor den entsprechenden Übereinkommen der CIEC klargestellt.[330] Seit 2008 haben zahlreiche EU-Mitgliedstaaten die Mitgliedschaft gekündigt: Österreich (2008), Ungarn (2012), das Vereinigte Königreich (2014), Italien (2014), Portugal (2015), Kroatien (2015), Deutschland (2015), Polen (2017), die Niederlande (2018). Auch Mexiko hat sich aus der CIEC zurückgezogen (2017).[331]

Inzwischen besteht die CIEC aus sechs Vertragsstaaten, davon sind zwei (Schweiz, **5.79**
Türkei) nicht EU-Mitgliedstaaten. Seit Februar 2019 werden zahlreiche CIEC-Übereinkommen von der EuUrkVO verdrängt.[332] Zwar lässt Art. 19 I EuUrkVO die bestehenden Übereinkommen der Mitgliedstaaten mit Drittstaaten formal unberührt;[333] in der Rechtspraxis dürfte sich jedoch das modernere System der EuUrkVO durchsetzen, die auf die Unterstützung von IT-Plattformen aufbaut.[334]

Die hier dargestellten Internationalen Organisationen sind keineswegs die **5.80**
einzigen Akteure im Bereich der internationalen Prozessrechtsvereinheitlichung. Weitere Spezialbereiche betreffen das Transportrecht,[335] das Seerecht[336] und das

327 Ausnahme: Schweiz, Türkei und Mexiko.

328 Vgl. die Aufstellung bei *Massip/Hondius/Nast/Granet*, Commission Internationale de l'Etat Civil (2018), S. 42 ff.

329 Zahlreiche Übereinkommen hat die Bundesrepublik Deutschland weder gezeichnet noch ratifiziert, Überblick bei *Kegel/Schurig*, Internationales Privatrecht, § 1 IX, S. 104 f.; *Funken*, Anerkennungsprinzip, S. 190 ff.; vgl. http://www.ciec-deutschland.de/cln–012/nn–865936/DE/Abkommen/node.html.

330 EuGH, 30.3.1993, Rs. C-168/91, *Konstantinidis*, EU:C:1993:115, Rdn. 16 (zu Art. 45 AEUV), dazu *Lipp*, StAZ 2009, 1, 4 f.

331 *Massip/Hondius/Nast/Granet*, Commission Internationale de l'Etat Civil (2018), S. 9 f.

332 EuUrkVO 2016/1191, ABl. EU 2016 L 200/1 ff.

333 Hauptanliegen der Vorschrift ist die Wahrung der Außenkompetenzen der EU-Mitgliedstaaten, *Mansel/Thorn/Wagner*, IPRax 2017, 1, 6 f.

334 Es kommt hinzu, dass nach Art. 19 II EuUrkVO die VO in ihrem sachlichen Anwendungsbereich die völkerrechtlichen Übereinkommen zwischen den EU-Mitgliedstaaten verdrängt, dazu *Kohler/Pintens*, FamRZ 2016, 1509, 1513 ff.

335 Zum CMR vgl. Magnus/*Mankowski*, Art. 71 Brussels I Regulation, Rdn. 16 ff.; *Schulz*, HanseLR 2005, 148, 155 ff.

336 Vgl. etwa das Brüsseler Übereinkommen über den Arrest auf Seeschiffen vom 10.5.1952, Art. 7 lit. c). Das Übereinkommen begründet eine Arrestzuständigkeit für den (eventuellen) Bergelohn mit Haftungsvorrecht am Schiff und der Ladung, Rauscher/*Mankowski*, Art. 71 EuGVO, Rdn. 29 mwN.

Atomhaftungsrecht.[337] Die Vielzahl der völkerrechtlichen Akteure, die jeweils punktuellen Harmonisierungsakte und die höchst heterogenen Ratifizierungen führen in der Rechtspraxis zu Unübersichtlichkeit und Fehleranfälligkeit.[338] Rechtspolitisch erscheint die Praxis des Gemeinschaftsgesetzgebers, den Vorrang bestehender multilateraler Übereinkommen der Mitgliedstaaten gegenüber den EG-Rechtsakten anzuordnen (vgl. etwa Art. 71 EuGVO), daher keineswegs unbedenklich.[339] Vorzugswürdig erscheint (zumindest) im innergemeinschaftlichen Verkehr der Vorrang der Unionsrechtsakte. Auch im Verhältnis zu Drittstaaten ist eine Durchbrechung der einheitlichen Geltung des Unionsrechts tunlichst zu vermeiden – der „Mehrwert" des Europäischen Internationalen Zivilprozessrechts ist dessen unmittelbare und einheitliche Geltung in den EU-Mitgliedstaaten.[340]

5.81 Die praktischen Abstimmungsschwierigkeiten zeigt das Beispiel der CMR[341] im deutsch-niederländischen Verhältnis.[342] Ausgangspunkt war die divergierende Rechtsprechung des Hoge Raad und des BGH zu Art. 29 CMR.[343] Sie hatte zur Folge, dass die beschränkte Haftung des Frachtführers im deutschen Gerichtsverfahren schneller entfällt als vor niederländischen Gerichten. Holländische Frachtführer leiteten häufig negative Feststellungsklagen vor niederländischen Gerichten gegen deutsche Auftraggeber ein.[344] Der BGH hielt jedoch zunächst die Rechtsprechung des EuGH zu Art. 27 EuGVO aF/29 EuGVO für die Rechtshängigkeitskonkurrenz im Rahmen von Art. 31 II CMR für nicht anwendbar,[345] weil die Vorschrift auf die Vollstreckungsfähigkeit der (konkurrierenden) Klagen bzw. Urteile abstelle.[346] Die Folgen waren konkurrierende Verfahren zwischen den Niederlanden und Deutschland, häufig verkompliziert durch Streitverkündungen (vgl. Art. 65 EuGVO) an die jeweiligen Versicherer.[347] Schließlich

---

337 Dazu *Borrás*, FS Gaudemet-Tallon, S. 31 ff.

338 Zutreffende Kritik bei *Borrás*, FS Gaudemet-Tallon, S. 31, 39 ff.

339 Ebenso *Junker*, JZ 2008, 169, 170 f. zur Verdrängung der VO 864/2007/EG (Rom II) durch das Haager Übereinkommen über das auf Straßenverkehrsunfälle anwendbare Recht vom 4.5.1971 (Vorrangige Anwendung in 13 EG-Mitgliedstaaten nach Art. 28 I Rom I-VO).

340 AA *Kreuzer*, FS Kropholler (2008), S. 129, 142 („europäisch-partikulare Regeln" müssten die Ausnahme gegenüber universellen Regelungen bleiben); tendenziell anders auch *Mansel/Thorn/Wagner*, IPRax 2017, 1, 7 (zu Art. 19 IV EuUrkVO).

341 'Convention Relative au Contrat de Transport International de Marchandises par la Route' vom 19.5.1956 BGBl. 1961 II 1119.

342 Zu den Hintergründen vgl. *Haak*, TranspR 2009, 189 ff. – die praktischen Auswirkungen des „Justizkonflikts" sind erheblich: 45 % des Frachtverkehrs niederländischer LKW wird auf deutschen Straßen abgewickelt.

343 Hoge Raad, 28.11.2008, NJW 2008, 623; BGH, 20.11.2003, BGHZ 157, 66 = TranspR 2004, 74.

344 *Haak*, TranspR 2009, 189, 192 (mit praktischen Beispielen aus der Rechtsprechung).

345 Vgl. *Haak*, TranspR 2009, 189, 193 ff. zu den Hintergründen des Urteils des Gerichtshofs, 4.5.2010, Rs. C-533/08, *TNT Express Nederland*, EU:C:2010:243.

346 BGH, 20.11.2003, TranspR 2004, 74, 75 f. Anders nunmehr BGH, 25.7.2019, RIW 2019, 849, Rdn. 26 f.

347 Dazu unten § 6 II Rdn. 6.98 f.

legte der Hoge Raad dem EuGH die Auslegung von Art. 71 EuGVO nach Art. 31 CMR vor.[348] Der Gerichtshof entschied, dass der Rechtshängigkeitseinwand nach Art. 31 II CMR zwar der Verordnung Brüssel I nach Art. 71 I EuGVO vorgeht. Jedoch dürfe dessen Anwendung nicht zur Folge haben, dass wesentliche Grundsätze des europäischen Zivilprozessrechts, insbesondere der Urteilsfreizügigkeit, beeinträchtigt werden.[349] Daher komme der früher erhobenen, negativen Feststellungsklage dieselbe Sperrwirkung gegenüber der später erhobenen Leistungsklage zu wie im Rahmen von Art. 29 I EuGVO.[350] Zudem darf die Anwendung der Spezialabkommen im Verhältnis zwischen den Mitgliedstaaten nicht zu ungünstigeren Ergebnissen führen als die Anwendung der EuGVO.[351] Insofern ist ein konkreter Günstigkeitsvergleich durchzuführen. Der Vorrang der Spezialübereinkommen gilt nach dieser Rechtsprechung nicht absolut, sondern nur relativ.[352] Vorrang haben die Regelungsziele der EuGVO.[353] Lücken in den Spezialübereinkommen werden durch die Anwendung der EuGVO geschlossen, Art. 71 II EuGVO.[354]

III. Europäisches Zivilprozessrecht und Brexit

1. Hintergrund

Das knappe Votum der britischen Bevölkerung im Juni 2016 für den Austritt aus der **5.82** Europäischen Union traf das Europäische Prozessrecht ebenso unvorbereitet wie die politischen Organe der Union und der verbleibenden 27 EU-Mitgliedstaaten:[355] Ein Austritt war – trotz der positiven Regelung in Art. 50 EUV – nicht erwartet und

348 Hoge Raad, 28.11.2008, NJW 2008, 623, dazu *Haak*, TranspR 2009, 189, 195 f.

349 EuGH, 4.5.2010, Rs. C-533/08, TNT Express Nederland, EU:C:2010:243, Rdn. 48 ff.; EuGH, 19.12.2013, Rs. C-452/12, *Nipponkoa*, EU:C:2013:858, Rdn. 36; EuGH, 4.9.2014, Rs. C-157/13, *Nickel*, EU:C:2014:2145, Rdn. 37.

350 EuGH, 4.5.2010, Rs. C-533/08, TNT Express Nederland, EU:C:2010:243, Rdn. 51; EuGH, 19.12.2013, Rs. C-452/12, *Nipponkoa*, EU:C:2013:858, Rdn. 42–44. Der EuGH beendete damit einen durchaus bedenklichen deutschen Sonderweg, *Hess*, in: Schlosser/Hess, Art. 71 EuGVO, Rdn. 2; anders Rauscher/*Mankowski*, Art. 71 EuGVO, Rdn. 46 f. Der BGH folgt nunmehr der Rechtsprechung des EuGH, BGH, 25.7.2019, RIW 2019, 849, Rdn. 29 ff.

351 EuGH, 4.5.2010, Rs. C-533/08, TNT Express Nederland, EU:C:2010:243, Rdn. 55; EuGH, 19.12.2013, Rs. C-452/12, *Nipponkoa*, EU:C:2013:858, Rdn. 37; EuGH, 4.9.2014, Rs. C-157/13, *Nickel*, EU:C:2014:2145, Rdn. 41.

352 Dasser/Oberhammer/*Domej*, Art. 67 LugÜ, Rdn. 8.

353 Kritisch Rauscher/*Mankowski*, Art. 71 EuGVO, Rdn. 12–14.

354 *Hess*, in: Schlosser/Hess, Art. 71 EuGVO, Rdn. 3; MünchKomm/*Gottwald*, Art. 71 EuGVO, Rdn. 5 und 9; BGH, 25.7.2019, RIW 2019, 849, Rdn. 29 ff.: Bei Parteienidentität ist nach Art. 29 EuGVO auszusetzen; bei fehlender Parteienidentität findet Art. 30 EuGVO Anwendung.

355 Weitsichtig warnend *Pirrung*, FS Müller Graff (2015), S. 425 ff.

schon gar nicht vorbereitet worden.[356] Als Folge zeichnete sich ab, dass das Vereinigte Königreich nach dem Austritt im Verhältnis zur Union als Drittstaat zu behandeln wäre, da das Europäische Prozessrecht mit dem Austritt im Verhältnis zu Großbritannien außer Kraft treten würde. Die Literatur diskutierte zwischenzeitlich die Substitution der EuGVO durch das EuGVÜ[357] oder das LugÜ.[358] Die überwiegende Ansicht kam jedoch schnell zum Ergebnis, dass eine Wiederanwendung des inzwischen außer Kraft getretenen EuGVÜ ebenso ausgeschlossen war. Diskutiert wird eine Neuratifikation des LugÜ durch das Vereinigte Königreich, die der Europäischen Union jedoch nicht zu empfehlen ist.[359]

5.83 Der zwischen der EU27 und der Regierung *May* in den Jahren 2017 bis 2019 verhandelte Austrittsvertrag[360] enthält ein Übergangsregime, das während der Übergangszeit zwischen der Union und dem Vereinigten Königreich bis zum vollen Wirksamwerden des Brexit gelten soll und das die bisherigen Regelungen des europäischen Prozessrechts weitgehend beibehalten wird (dazu 2). Der Austritt ist inzwischen zum 31.1.2020 erfolgt. Das künftige Rechtsregime zwischen der Union und dem Vereinigten Königreich nach dem endgültigen Austritt soll in einem sog. „Comprehensive Partnership Agreement" während der Übergangszeit (bis zum 31.12.2020) verhandelt werden – dessen Konturen sind allerdings derzeit (August 2020) noch nicht absehbar (3). Nach Art. 132 I WA kann der Übergangszeitraum um bis zu zwei Jahre verlängert werden.[361]

2. Die Regelungen der Übergangszeit

5.84 Nach Art. 126 WA tritt nach dem Austritt des Vereinigten Königreichs ein mehrmonatiger Übergangszeitraum in Kraft, währenddessen das Unionsrecht vollumfänglich im Vereinigten Königreich in Kraft bleibt, Art. 127 I WA. Die Grundsätze zur Auslegung und zum Vorrang des Unionsrechts bleiben weiter anwendbar, Art. 127 III WA. Nach Art. 131 I 2 WA behält der EuGH seine in den Verträgen vorgesehenen Zuständigkeiten.

---

356 *Hess*, IPRax 2016, 409 ff.; aus der Sicht des Vereinigten Königreichs *Dickinson*, ZEuP 2017, 540 ff.

357 Dazu *Ungerer*, in: *Kramme/Baldus/Schmidt-Kessel* (Hrg.), Brexit (2020), § 24, Rdn. 5 ff.

358 *Sonnentag*, Konsequenzen des Brexit, S. 85 ff.

359 Die Regierung *Johnson* strebt eine Ratifikation des Lugano-Übereinkommens an, um die Vorteile des EU-Zivilprozessrechts für das Vereinigte Königreich zu sichern. Vergleichbare Vorteile für die Europäische Union sind jedoch nicht ersichtlich, vielmehr droht eine gefährliche Erosion des erreichten *acquis communautaire* durch abweichende Rechtsprechung der Nicht-EU-Mitgliedstaaten. *Hess*, FS Kohler (2018), S. 179, 181 ff.; *Pocar*, FS Kohler (2018), S. 419 ff.

360 Abkommen über den Austritt des Vereinigten Königreichs Großbritannien und Nordirland aus der Europäischen Union und der Europäischen Atomgemeinschaft, sog. Withdrawal Agreement (im Folgenden: WA), ABl. EU 2019 C 384 I/1 ff. Die von der Regierung *Johnson* ausgehandelten Änderungen haben für das Europäisches Zivilprozessrecht keine Auswirkungen.

361 Ein solcher Beschluss war vor dem 1.7.2020 vom Gemeinsamen Ausschuss zu treffen. Angesichts der Corona-Krise wäre eine derartige Verlängerung dringend geboten gewesen.

Gerichte des Vereinigten Königreichs können den Gerichtshof weiterhin anrufen.[362] Allerdings haben die englischen Richter den EuGH und das Gericht 1. Instanz am 31.1.2020 verlassen – die englische Generalanwältin *Sharpston* erhob hingegen eine Klage gegen den Europäischen Gerichtshof auf Ausübung ihrer vollständigen Amtszeit,[363] die der EuGH als unzulässig zurückwies.[364]

Zum 31.12.2020 erfolgt der definitive Austritt des Vereinigten Königreichs aus der Europäischen Union. Damit treten sämtliche Rechtsakte zur justiziellen Kooperation im Verhältnis zwischen der Europäischen Union und dem Vereinigten Königreich außer Kraft. Diesen Effekt federt jedoch ein Übergangsregime ab, das für laufende Verfahren die weitere Anwendung des Rechtsregimes zur justiziellen Kooperation vorsieht. Die operativen Vorschriften finden sich in Art. 66–69 WA. Sie ermöglichen die Abwicklung laufender Verfahren[365] auf der Basis der EU-Rechtsinstrumente zur justiziellen Kooperation in Zivilsachen. **5.85**

Für die Kooperation in Zivilsachen enthalten die Art. 67–69 WA die maßgeblichen Übergangsregelungen: Die wesentlichen Regelungen enthält Art. 67 WA.[366] Nach Art. 67 I WA bleiben am 31.12.2020 anhängige Verfahren dem Zuständigkeitsregime und Rechtshängigkeitsregime der EuGVO, der VO 2201/2001 sowie der EuUhVO unterworfen. Sehr viel weiter reichende Rechtsfolgen hat hingegen Art. 67 II WA: Diese Vorschrift ordnet an, dass die Anerkennung und Vollstreckung von Urteilen und Beschlüssen nach der EuGVO, der EheGVO und der EuUhVO, die vor und während der Übergangszeit erlassen wurden, sich weiterhin nach den jeweiligen EU-Rechtsakten zur justiziellen Kooperation richten.[367] Das bedeutet, dass Titelgläubiger sich weiterhin auf die EU-Rechtsinstrumente berufen können – auch viele Jahre nach dem Wirksamwerden des Brexit. Praktisch wichtig ist schließlich Art. 67 III WA: Vordergründig regelt diese Vorschrift die Fortführung von anhängigen Rechtshilfeverfahren. Auch hier gilt der Grundsatz, dass diese Verfahren nach den jeweiligen EU-Instrumenten abgewickelt werden. Der sachliche Anwendungsbereich der Übergangsvorschrift ist **5.86**

362 Beispiel: *Mandy Gray v Hamish Hurley* [2019] EWHC 1972 (QB): Verfahrensaussetzung, um ein Vorabentscheidungsersuchen an den EuGH zur Frage zu schicken, ob Art. 4 EuGVO die Anerkennung von *anti-suit injunctions* aus Drittstaaten ausschließt, Az. bei EuGH: Rs. C-946/19.

363 Nach Art. 128 III WA waren „während des Übergangszeitraums [...] Bestimmungen der Verträge, die den Mitgliedstaaten institutionelle Rechte einräumen [...], so zu verstehen, dass sie das Vereinigte Königreich nicht einschließen."

364 EuGH, 10.9.2020, Rs. C-423/20 P(R), *Rat./.Sharpston*, EU:C:2020:700.

365 Stichtag ist der 31.12.2020.

366 Art. 66 WA erklärt die VO Rom I für anwendbar auf Verträge, die vor dem 31.12.2020 abgeschlossen wurden; die VO Rom II auf unerlaubte Handlungen, wenn die Handlung vor dem Ende der Übergangsperiode erfolgte.

367 Die praktische Umsetzung bereitet den Gerichten Schwierigkeiten. Beispiel: *Bournemouth, Christchurch and Poole Council v KC et al.* [2020] EWFC 20, Rdn. 60 ff.: Das englische Familiengericht ging (unzutreffend) davon aus, dass ein von ihm nach dem 31.12.2019 erlassener Beschluss nach autonomem polnischem Recht und nicht nach Art. 21 f. EheGVO (2003) anerkannt und vollstreckt wird.

allerdings deutlich ausgeweitet, da sie auch laufende Verfahren nach der EuInsVO, der EuMahnVO, EuBagVO sowie der VO über Schutzmaßnahmen einschließt. Hier wird jeweils die Abwicklung der anhängigen Verfahren nach dem jeweiligen EU-Instrument angeordnet. Im Ergebnis ist damit vor allem die (unmittelbare) Vollstreckungswirkung der Rechtstitel gesichert.

5.87 Art. 68 WA betrifft die am Stichtag (31.12.2020) anhängigen Rechtshilfeersuchen nach der EuZustVO und der EuBewVO. Diese Ersuchen werden nach den jeweiligen EU-Rechtsakten abgewickelt. Dasselbe soll nach Art. 69 WA für die Richtlinien im Bereich der zivil-justiziellen Zusammenarbeit gelten. Die Richtlinien sollen auf alle Verfahren (zur Prozesskostenhilfe, Mediation und zum Opferschutz) anwendbar bleiben, die am 31.12.2020 beantragt waren.[368]

3. Die Rechtsbeziehungen nach dem Austritt

5.88 Die Rechtsbeziehungen zwischen dem Vereinigten Königreich und der Europäischen Union nach dem Austritt soll ein umfassendes Partnerschaftsabkommen regeln. Dessen Inhalte sind jedoch derzeit (Januar 2020) unklar. Ausweislich der politischen Arbeitsdokumente der EU-Kommission (Winter 2019/20) wird vor allem eine enge Zusammenarbeit in Familiensachen angestrebt.

5.89 In der Zukunft dürfte die allgemeine Rechtshilfe in Zivilsachen zwischen dem Vereinigten Königreich und der Europäischen Union sich auf der Basis der Haager Übereinkommen abspielen, etwa auf der Basis des HAVÜ.[369] Es erscheint zweifelhaft und bleibt (zumindest) abzuwarten, ob diese völkerrechtlichen Rechtsinstrumente die ungleich effektiveren EU-Instrumente zur justiziellen Kooperation in Zivilsachen substituieren können. Es ist unbestreitbar, dass der englische Rechtsberatungsmarkt in den letzten Jahrzehnten erheblich vom Zugang zum Europäischen Binnenmarkt und Justizraum profitiert hat. Die Fortsetzung der Erfolgsgeschichte des Justizstandorts London erscheint derzeit ungewiss.

IV. Sachliche Abgrenzungen

5.90 Die wechselseitige Durchdringung der nationalen Prozessrechte mit den unionsrechtlichen Vorgaben und Regelungskonzepten legt einen vergleichenden Blick auf die Situation benachbarter Rechtsgebiete nahe. Einen umfassenden Vergleich kann und

---

368 Methodisch vermag diese Vorschrift nicht zu überzeugen: Maßgeblich sind die jeweiligen nationalen Umsetzungsregelungen der EU-Richtlinien. Insofern ordnet die Übergangsregelung deren Anwendung im Verhältnis zum Vereinigten Königreich (und umgekehrt) an.

369 Oben Rdn. 5.61 ff.

will die vorliegende Darstellung freilich nicht leisten. Im Folgenden werden Hinweise zu Entwicklungen in Nachbarrechtsgebieten gegeben, die ihrerseits Rückwirkungen auf das Europäische Zivilprozessrecht haben.

1. Europäisches Kollisionsrecht

Mit dem Inkrafttreten der Verordnungen Rom I[370] und Rom II[371] zum 17.12.2009 bzw. zum 11.1.2009 hat das Europäische Internationale Privatrecht ein nach außen sichtbares Gewicht erlangt. Enge inhaltliche Bezüge bestanden bereits zuvor: Das Römische Schuldvertragsübereinkommen vom 19.6.1980 wurde von den EU-Mitgliedstaaten verabschiedet, um *forum shopping* unter dem EuGVÜ einzudämmen.[372] Dieselbe Zielsetzung verfolgten die Verordnungen Rom I und Rom II im Kontext des Brüsseler Systems.[373] Die inhaltlichen Beziehungen zwischen europäischem IPR und IZVR ergeben sich heute aus der gemeinsamen Kompetenzgrundlage in Art. 67 und 81 AEUV.[374] Die Sachzusammenhänge unterstreichen zudem die Erwägungsgründe der Verordnungen Rom I und Rom II, die explizit eine einheitliche Auslegung zentraler Begriffe des europäischen Kollisions- und Verfahrensrechts einfordern.[375] **5.91**

Die inhaltliche Abstimmung geht dabei soweit, dass der Unionsgesetzgeber sogar Friktionen in Kauf nimmt, die sich aus der Judikatur des EuGH zur EuGVO ergeben. Die *culpa in contrahendo* hat der Gerichtshof deliktsrechtlich iSd Art. 7 Nr. 2 EuGVO qualifiziert.[376] Diese Qualifikation ist jedoch im Fall der Haftung wegen des Abbruchs von Vertragsverhandlungen problematisch. Art. 12 Rom II-VO nimmt die Rechtspre- **5.92**

---

370 VO 593/2008/EG über das auf vertragliche Schuldverhältnisse anzuwendende Recht, ABl. EU 2008 L 177/6 ff.

371 VO 864/2007/EG über das auf außervertragliche Schuldverhältnisse anzuwendende Recht, ABl. EU 2007 L 199/40 ff.

372 Dazu *Dickinson*, The Rome II Regulation, Rdn. 1.44 ff. (1.50) – auch zu früheren Versuchen, das Kollisionsrecht für außervertragliche Schuldverhältnisse zwischen den EG-Mitgliedstaaten zu vereinheitlichen.

373 Die Vermeidung von *forum shopping* erklärt (auch) den Erlass „allseitiger" (d. h. auf Drittstaaten anwendbarer) Kollisionsnormen: Da das Europäische Internationale Zivilverfahrensrecht zahlreiche Drittstaatensachverhalte erfasst (vgl. oben Rdn. 5.10 ff.), kann das Europäische Internationale Privatrecht diese nicht ausklammern.

374 Ausführlich *Dickinson*, The Rome II Regulation, Rdn. 1.52 ff.

375 Vgl. die EwG 5 und 7 der VO 864/2007/EG sowie die EwG 7, 17 und 24 der VO 593/2008/EG. Eine unbesehene, parallele Auslegung ergibt sich hieraus jedoch nicht, EuGH, 16.1.2014, Rs. C-45/13, *Kainz*, EU:C:2014:7; ausführlich Schlussanträge GA *Szpunar*, 22.1.2019, Rs. C-694/17, *Pillar Securitisation*, EU:C:2019:44, Rdn. 42 ff.; ebenso EuGH, 2.5.2019, Rs. C-694/17, *Pillar Securitisation*, EU:C:2019:345, Rdn. 37 ff.

376 EuGH, 17.9.2002, Rs. C-334/00, *Tacconi*, EU:C:2002:499, Rdn. 27; unten § 6 II, Rdn. 6.68 f.

chung des EuGH auf und unterstellt (äußerlich) die *culpa in contrahendo* den außervertraglichen Schuldverhältnissen, verweist jedoch auf das auf den Vertrag anwendbare Recht.[377] Verhandelten beispielsweise ein deutsches und ein kalifornisches Unternehmen in der Schweiz über einen Franchisevertrag, der in Deutschland durchgeführt werden sollte, und bricht das deutsche Unternehmen die Verhandlungen ab, so ist auf einen möglichen Schadensersatz nach Art. 12 I Rom II-VO iVm Art. 4 I lit. e) Rom I-VO deutsches Recht anzuwenden. Soweit es jedoch nicht um eine Haftung aus vorvertraglichen Verhandlungen geht, bestimmt sich das anwendbare Recht nach Art. 4 Rom II-VO.[378]

5.93 Bei der generellen Tatortanknüpfung bestehen hingegen Diskrepanzen zwischen Art. 7 Nr. 2 EuGVO und Art. 4 ff. Rom II-VO: Im europäischen Zuständigkeitsrecht gilt das Ubiquitätsprinzip, während das Kollisionsrecht im Ausgangspunkt an den Erfolgsort anknüpft. In der Praxis sind die Unterschiede freilich wenig dramatisch: Der Sache nach nimmt Art. 4 I Rom II-VO die neuere Judikatur des EuGH zur Einschränkung des Ubiquitätsprinzips auf vorhersehbare Schadensorte auf.[379] Damit wird zugleich der Anreiz zum *forum shopping* unter Art. 7 Nr. 2 EuGVO deutlich eingeschränkt. Der EuGH hat zudem klargestellt, dass die weit gefassten Anknüpfungspunkte des Art. 6 Rom II-VO nicht auf die Auslegung des deliktischen Gerichtsstands in Art. 7 Nr. 2 EuGVO übertragen werden können.[380]

5.94 Direkte Bezüge zwischen EuIPR und EuIZVR bestehen bei den Verordnungen Rom III (zum Scheidungskollisionsrecht)[381] und Rom IV (zum Ehegüterrecht). Letztere fasst Verfahrensvorschriften und Kollisionsnormen in einem Rechtsakt zusammen. Dasselbe gilt für die EuErbVO.[382] Damit wird die in der Anfangsphase der Europäischen Justizpolitik beklagte „Kollisionsrechtsblindheit" des Gemeinschaftsgesetzgebers definitiv überwunden. Umgekehrt schlagen freilich nunmehr die rechtspolitischen Gegensätze des IPR und der dahinter stehenden Sachrechte auf die Prozessrechtsvereinheitlichung durch.[383]

5.95 Die engen inhaltlichen Bezüge zwischen EuIZVR und EuIPR ergeben sich vor allem aus dem gemeinsamen Regelungsziel, die Zivilverfahrensrechte und die mate-

---

377 Dazu *Leible/Lehmann*, RIW 2008, 528, 530; vgl. auch *Hocke*, IPRax 2014, 305 ff.

378 *Dickinson*, The Rome II Regulation, Rdn. 12.09 ff.

379 *Dickinson*, The Rome II Regulation, Rdn. 4.46 ff.

380 EuGH, 16.1.2014, Rs. C-45/13, *Kainz*, EU:C:2014:7, ausführlich oben § 4 I, Rdn. 4.66.

381 Art. 2 Rom III-VO lässt das Verhältnis zur EuEheVO unberührt; den engen inhaltlichen Zusammenhang betonen jedoch die EwG 4, 9, 10, 11; der ursprüngliche Vorschlag der Kommission für einen einheitlichen Rechtsakt scheiterte an politischen Widerständen der Mitgliedstaaten mit der Folge, dass die Rom III-VO im Wege der verstärkten Zusammenarbeit verabschiedet wurde, dazu *Dutta*, in: v. Hein/Rühl (Hrg.), Kohärenz, S. 27, 34 f.

382 Unten § 7 VIII, Rdn. 7.190 ff.

383 Zu Rom III-VO vgl. unten § 7 III 4, Rdn. 7.63 ff.

riellen Sachrechte der EU-Mitgliedstaaten zu koordinieren.[384] Rechtsschutzgefälle zwischen den Mitgliedstaaten und daraus resultierendes *forum shopping* sollen vermieden werden. Allerdings sind die zugrunde liegenden Regelungsansätze durchaus verschieden: Das Europäische Internationale Zivilprozessrecht orientiert sich an den Regelungsmethoden des Unionsrechts,[385] es schafft die justizielle Infrastruktur für den Binnenmarkt.[386] Drittstaatensachverhalte werden zwar häufig mitgeregelt; die Außenkompetenz der Union ermöglicht zudem den Abschluss spezifischer Rechtsinstrumente für den „Außenbereich".[387] Die Verordnungen Rom I und Rom II unterscheiden hingegen nicht zwischen innergemeinschaftlichen und Drittstaatensachverhalten, sondern erfassen beide Konstellationen gleichermaßen.[388] Dieser auf den ersten Blick erstaunliche Befund erklärt sich jedoch aus dem andersartigen Regulierungsansatz der Europäischen Union im Binnenmarkt, der primär auf eine Harmonisierung der Sachrechte abzielt.[389] Sind die Sachrechte in den 27 Mitgliedstaaten jedoch harmonisiert, ist die Anwendung des IPR relativ „uninteressant", weil im gesamten Binnenmarkt strukturell identisches Privatrecht gilt.[390] Das Regelungsanliegen der Rom I- und Rom II-Verordnungen betrifft daher gleichermaßen Drittstaatensachverhalte.

Problematisch bleibt eine „Abwahl" des im Binnenmarkt geltenden, harmoni- 5.96
sierten Privatrechts durch die Vereinbarung des Rechts eines Drittstaates (für Sachverhalte, die sich im Binnenmarkt ereignen). Diese Konstellation regelt Art. 3 IV Rom I-VO: Hat der Sachverhalt zum Zeitpunkt der Rechtswahl nur Bezüge zu einem oder mehreren EU-Mitgliedstaaten, so kann durch die Vereinbarung des Rechts eines Drittstaates nicht von zwingenden Vorschriften des Unionsrechts abgewichen werden.[391]

---

384 Zur praktischen Umsetzung vgl. EwG 12 Rom I-VO: Eine ausschließliche Gerichtsstandsvereinbarung indiziert die Wahl des am Gerichtsort geltenden Rechts, so zuvor BGH, 5.5.1988, BGHZ 104, 268, 269.

385 Vgl. oben § 3 I, Rdn. 3.1 ff.

386 Dazu oben § 1 III, Rdn. 1.18.

387 Dazu oben § 5 I, Rdn. 5.10 ff.

388 Vgl. Art. 2 I Rom I-VO, Art. 3 I Rom II-VO ordnen jeweils die „universelle Anwendung" der Verordnungen explizit an. Die EG-Kommission wollte hingegen Binnenmarkt- und Drittstaatensachverhalte unterscheiden, vgl. Art. 3 V des Vorschlags für eine Änderung des Römischen Übereinkommens vom 15.12.2005, KOM (2005) 650 endg., dazu *Basedow*, FS Alpa (2007), S. 168, 181; *Leible/Lehmann*, RIW 2008, 528, 529.

389 *Franzen*, Europäisches Privatrecht, S. 118 ff.

390 Unterschiede bestehen fort, wenn die Richtlinien der Mitgliedstaaten unterschiedliche Umsetzungsoptionen eröffnen oder nur Mindeststandards vorgeben, *Basedow*, FS Alpa, S. 168, 182.

391 Ebenso Art. 14 III Rom II-VO – freilich hat die nachträgliche Rechtswahl bei gesetzlichen Schuldverhältnissen nur geringe Bedeutung.

Damit bleibt, in Fortsetzung der *Ingmar*-Rechtsprechung des EuGH,[392] der Vorrang des zwingenden Rechts im Binnenmarkt gewährleistet.[393]

5.97 Das europäische Kollisionsrecht bleibt zudem nicht auf die nach Art. 81 AEUV erlassenen Sekundärrechtsakte beschränkt. Vielmehr beinhalten auch die Marktfreiheiten „ungeschriebene Kollisionsnormen".[394] Damit gilt im Binnenmarkt ein eigenständiges, ergänzendes Kollisionsrecht, das auf ähnlichen Prämissen (Herkunftslandprinzip, wechselseitige Anerkennung) aufbaut wie das Europäische Internationale Zivilprozessrecht.[395] Die kollisionsrechtlichen Wirkungen der Marktfreiheiten wirken sich, wie die Entscheidung Überseering[396] zeigt, mittelbar auf das Verfahrensrecht aus: Die Zuerkennung der Rechtsfähigkeit im Herkunftsland impliziert nach Art. 49 und 54 AEUV unmittelbar die Anerkennung der Parteifähigkeit im Zivilprozess in allen anderen EU-Mitgliedstaaten.

5.98 Im Ausgangsfall waren alle Geschäftsanteile einer nach niederländischem Recht gegründeten Gesellschaft (BV) an zwei deutsche Staatsangehörige veräußert worden. Nach überkommener Rechtsprechung (sog. Sitztheorie) galt dieser Vorgang als eine Sitzverlegung nach Deutschland mit der Folge, dass die Gesellschaft (ohne Eintragung ins Handelsregister) nicht rechts- und nicht parteifähig war. Als die BV (ohne eingetragen zu sein) Werklohn einklagte, rügte der Beklagte die fehlende Rechts- und Parteifähigkeit der Klägerin (§ 50 ZPO). Auf Vorlage des BGH entschied der EuGH, dass Art. 49 AEUV eine Versagung der Rechts- und Parteifähigkeit ausschließt.[397] Mithin war die Klage zuzulassen.[398]

---

392 EuGH, 9.11.2000, Rs. C-381/98, *Ingmar GB*, EU:C:2000:605. Ein im Vereinigten Königreich tätiger Handelsvertreter hatte mit dem kalifornischen Prinzipal einen Handelsvertretervertrag abgeschlossen, der vereinbarungsgemäß kalifornischem Recht unterlag. Dieses sah keine Ausgleichsansprüche bei Vertragsbeendigung vor. Der EuGH entschied, dass die Ausgleichsansprüche nach Art. 17 f. der Handelsvertreter-RL (RL 86/653/EWG, ABl. 1986 L 382/17 ff.) trotz des abweichenden Vertragsstatuts anzuwenden waren.

393 Den Vorrang des zwingenden Rechts sichert Art. 9 Rom I-VO, dazu EuGH, 18.10.2016, Rs. C-135/15, *Nikiforidis*, EU:C:2016:774; dazu *Hess*, RdC 388 (2018), 49, Rdn. 232 f.

394 EuGH, 14.10.2008, Rs. C-353/06, *Grunkin-Paul*, EU:C:2008:559, Rdn. 29 ff. (insb. 34). Zur Diskussion um den kollisionsrechtlichen Gehalt der Grund- und Marktfreiheiten vgl. etwa MünchKomm/ *v. Hein*, Art. 3 EGBGB, Rdn. 88 ff.; *Wendehorst*, in: Langenfeld (Hrg.), Europarechtliche Bezüge, S. 376, 392 ff.; *Wall*, IPRax 2010, 433 ff.

395 Dies gilt zumindest für Statusverhältnisse, die durch Rechtsakt (auch: Registrierung) verbindlich geklärt und daher einer Anerkennung zugänglich sind, *Muir Watt*, in: Cafaggi (ed.), The Institutional Framework of European Private Law, S. 106, 111 ff.; zurückhaltend *Mansel*, RabelsZ 70 (2006), S. 651, 654. Zum Begriff und Konzept der Anerkennung vgl. oben § 3 II, Rdn. 3.22 ff.

396 EuGH, 5.11.2002, Rs. C-208/00, *Überseering*, EU:C:2002:632, dazu etwa *Eidenmüller*, in: ders. (Hrg.), Ausländische Kapitalgesellschaften im deutschen Recht, § 2, Rdn. 46 ff.

397 EuGH, 5.11.2002, Rs. C-208/00, *Überseering*, EU:C:2002:632, Rdn. 78 ff.

398 Vgl. dazu die Abschlussentscheidung des BGH, 13.3.2003, NJW 2003, 1461.

Die Anwendungsfälle lassen sich fortsetzen: Aktuelle Verfahren betreffen vor allem das Namensrecht[399] und vergleichbare Statusfragen.[400] Die Beispiele zeugen vom engen Zusammenspiel zwischen europäischem Kollisions- und internationalem Verfahrensrecht. Die Grundfreiheiten wirken dabei einerseits als „negative Standards“, indem sie bestimmte Rechtsanwendungsergebnisse verbieten.[401] Sie entfalten jedoch andererseits eine „positive“ Transportwirkung, wenn sie im Interesse der Personen-, Waren- und Dienstleistungsfreiheit die Anerkennung erworbener Statusverhältnisse erzwingen.[402] Damit hat sich das Anerkennungsprinzip als „2. Spur“ des Europäischen Kollisionsrechts herausgebildet.[403] Ein vergleichbares Anerkennungsprinzip existiert im Verhältnis zu Drittstaaten nicht.[404] 5.99

Zahlreiche EU-Sekundärrechtsakte enthalten schließlich einseitige Kollisionsnormen.[405] Diese implementieren die zwingenden Vorgaben (bzw. Schutzvorschriften) der Sekundärrechtsakte gegenüber einem Nicht-EU-Vertragsstatut.[406] Die auf den ersten Blick weitreichenden, allseitigen Verweisungen in den Verordnungen Rom I und Rom II müssen vor dem Hintergrund der umfassenden Implementierung zwingenden EU-Rechts (etwa: Verbraucherschutzrechts) gegenüber dem kollisionsrechtlich berufenen Sachrecht gesehen werden. Beide Verordnungen ordnen zudem den Vorrang der besonderen (auch der ungeschriebenen[407]) Kollisionsnormen zwingender Gemeinschaftsrechtsakte als Eingriffsnormen explizit an. Art. 3 IV Rom I-VO greift den Vorrang der zwingenden Unionsakte bei reinen Binnenmarktsachverhalten quasi 5.100

399 EuGH, 14.10.2008, Rs. C-353/06, *Grunkin-Paul*, EU:C:2008:559, Rdn. 21 ff. (zur Unvereinbarkeit von Art. 11 EGBGB mit Art. 21 AEUV); EuGH, 2.6.2016, Rs. C-438/14, *Bogendorff von Wolffersdorff*, EU:C:2016:401, dazu oben § 3 II, Rdn. 3.25.

400 Etwa: Verwandtschaftsverhältnisse oder gleichgeschlechtliche Ehen, dazu *Dethloff*, ZEuP 2007, 992, 997; EuGH, 5.6.2018, Rs. C-673/16, *Coman*, EU:C:2018:385: Art. 21 AEUV eröffnet einem gleichgeschlechtlichen Ehegatten aus einem Drittstaat, der nach dem Recht eines anderen EU-Mitgliedstaat wirksam verheiratet ist, ein Aufenthaltsrecht, selbst wenn dieser EU-Mitgliedstaat die gleichgeschlechtliche Ehe nicht zulässt. Eine Versagung des Aufenthalts unter Berufung auf den *ordre public* ist ausgeschlossen.

401 Dazu oben § 4 I, Rdn. 4.2 ff.

402 EuGH, 5.6.2018, Rs. C-673/16, *Coman*, EU:C:2018:385, Rdn. 41 ff. zu Beschränkungen der Freizügigkeit im Allgemeininteresse und unter Wahrung der Verhältnismäßigkeit.

403 Anders *Mansel*, RabelsZ 70 (2006), 651, 654, 662 ff., wie hier *Basedow*, FS Alpa (2007), S. 168, 184 f.; *Weller*, RabelsZ 81 (2017), 747, 774 f. Vorsichtiger *Funken*, Anerkennung, S. 275 ff. (die Anerkennung erfordere zumindest einen Registereintrag oder eine öffentliche Urkunde); zusammenfassend MünchKomm/*v. Hein*, Einl. IPR, Rdn. 40 ff.

404 Es sei denn, es lässt sich über Staatsverträge begründen; zur Zurückhaltung der Union im Hinblick auf die örtlichen Nachbarstaaten vgl. *Basedow*, FS Kohler (2018), S. 9, 14 ff.

405 Beispiel: Art. 6 II der Klausel-RL (93/13/EG), ABl. EG 1993 L 95/29, dazu unten § 11 I, Rdn. 11.22 ff.

406 Dazu EuGH, 9.11.2000, Rs. C-381/98, *Ingmar GB*, EU:C:2000:605, Rdn. 20 ff.; EuGH, 16.2.2017, Rs. C-507/15, *Agro Foreign Trade & Agency*, EU:C:2017:129, Rdn. 32.

407 EuGH, 9.11.2000, Rs. C-381/98, *Ingmar GB*, EU:C:2000:605, Rdn. 25 ff.

spiegelbildlich auf.[408] Aus dieser Perspektive erscheinen die Diskrepanzen zwischen dem Europäischen Kollisionsrecht und dem Europäischen Internationalen Prozessrecht deutlich geringer – in beiden Rechtsgebieten ist eine grundsätzliche Unterscheidung zwischen Binnenmarkt- und Drittstaatensachverhalten zu konstatieren.[409]

5.101 Ein überkommenes Problem im Schnittfeld zwischen materiellem Recht und Prozessrecht stellt sich im Zusammenhang mit dem europäischen Kollisionsrecht neu: Es geht um die Abgrenzung zwischen materiellem Recht und Prozessrecht, mithin um die Abgrenzung zwischen der *lex causae* (d. h. der Anknüpfung des Sachrechts) und der *lex fori* (als Anknüpfung des Prozessrechts).[410] Die hiermit verbundenen Probleme haben sich bisher vorwiegend auf der Ebene der nationalen Kollisions- und Prozessrechte gestellt.[411] Aufgrund der (umfassenden) Vergemeinschaftung des Internationalen Privatrechts entscheiden nunmehr die (vorrangig anwendbaren und autonom auszulegenden) Unionsrechtsakte durchaus einseitig über die Abgrenzung. Für das deutsche Recht hat die veränderte Ausgangslage jedoch keine nachhaltigen Auswirkungen. In den Kollisionsrechten anderer EU-Mitgliedstaaten, die z. T. anderen Qualifikationen (etwa bei der – prozessualen – Einordnung der Verjährung) folgen, ergeben sich hingegen erhebliche Änderungen.[412]

2. Europäisches Privatrecht

5.102 Prozessrecht dient dem Schutz und der Verwirklichung materieller Privatrechte, dementsprechend stehen Privatrecht und Prozessrecht in enger Wechselwirkung. Dennoch sind die Bezüge zwischen dem europäischen Privat- und dem europäischen Prozessrecht im Vergleich zum inländischen Recht weniger deutlich ausgeprägt. Dies liegt vor allem daran, dass das europäische Privatrecht sich aus spezifischen Einzelregelungen entwickelt und sich als systematisches Rechtsgebiet bisher nicht vollständig entfalten konnte. Die Regelungsschwerpunkte des europäischen Privatrechts betreffen spezifische Sektoren wie das Gesellschaftsrecht, das Arbeitsrecht, Finanzdienstleistungen, das Transportrecht, Schuld- und Verbraucherverträge, Geistiges Eigentum, Wettbewerbs- und Kartellrecht. Die Zahl der Unionsrechtsakte, die im Schwerpunkt privatrechtliche Regelungen enthalten, lässt sich nicht exakt angeben, sie nimmt jedenfalls konstant zu.[413] Dabei wird das Privatrecht von den wirtschafts-

---

408 Dazu MünchKommBGB/*Martiny*, Art. 3 Rom I-VO, Rdn. 97 f. Eine Abwahl zwingenden Unionsrechts ist bei Binnenmarktsachverhalten ausgeschlossen.

409 Dazu auch *v. Hoffmann/Thorn*, IPR § 1, Rdn. 109 („Binnenmarktsachverhalt").

410 Dazu *Idler*, CJQ 28 (2009), 237 ff.

411 *Schack*, IZVR, Rdn. 51 ff.

412 *Idler*, CJQ 28 (2009), 237, 256 ff. (zum englischen Recht).

413 *Basedow*, AcP 210 (2010), 157, 166. Die Entwicklung hat sich allerdings in den letzten Jahren – bedingt durch die Strukturkrisen der Union – verlangsamt.

rechtlichen Randbereichen her erfasst – dies schließt freilich Rechtsetzungsmaßnahmen im Kernbereich des Bürgerlichen Rechts nicht aus, wie die Verzugs-[414] und die Verbrauchsgüterkaufrichtlinien[415] zeigen. Problematisch ist inzwischen der fragmentarische und inhaltlich wenig koordinierte Zustand der zahlreichen Einzelrichtlinien: Der sektorielle Regulierungsansatz der Europäischen Union führt zu inhaltlichen (vertikalen) Brüchen – es fehlt ersichtlich ein in sich stimmiges System.[416]

Der unsystematische und aus der Sicht der Privatrechtswissenschaft zufällige 5.103
Verlauf der Privatrechtsangleichung[417] löste in der Rechtswissenschaft verschiedene Initiativen zur rechtsvergleichenden und systematischen Erfassung des Europäischen Vertrags- und des Europäischen Vermögensrechts aus.[418] Sie schlossen von Anfang an die Perspektive der Schaffung eines europäischen Privatrechts ein.[419] Die EG-Kommission griff nach der Jahrtausendwende die zunächst vom EG-Parlament geförderten Initiativen in einem Aktionsplan auf. Es gelang der EG-Kommission, die unterschiedlichen (z. T. auch konkurrierenden) Initiativen zu koordinieren.[420] Der Aktionsplan formulierte drei Ziele: Zunächst sollte die Kohärenz des Europäischen Vertragsrechts erhöht werden – zu diesem Zweck sollte ein sog. „Gemeinsamer Referenzrahmen" (GRR) zum Gemeinschaftsvertragsrecht erstellt werden. Dieser sollte als sog. „optionelles Rechtsinstrument" von den Parteien gewählt werden können. Ende 2008 wurde der von drei Wissenschaftlergruppen erarbeitete akademische Entwurf eines GRR vorgestellt.[421] Die EU-Kommission veröffentlichte im Oktober 2011 ihren Vorschlag für ein Europäisches Kaufrecht.[422] Drei Jahre später nahm die Kommission den Vorschlag jedoch zurück.[423] Stattdessen fokussierte sie sich auf die Bereitstellung digitaler Inhalte.[424] Im Juni 2019 wurden schließlich zwei inhaltlich limitierte Richtli-

414 RL 2011/7/EU, ABl. EU 2011 L 48/1, zur Vorgänger-RL 2000/35/EG, vgl. EuGH, 11.9.2008, Rs. C-265/07, *Caffaro*, EU:C:2008:496, unten § 11 II, Rdn. 11.29.

415 RL 1999/44/EG, ABl. EG 1999 L 171/12, dazu *Riesenhuber*, EU Vertragsrecht, S. 180 ff.

416 Insofern ist die Diskrepanz zum Europäischen Internationalen Zivilprozessrecht frappierend: Dort ist die EuGVO das (prinzipielle) Referenzinstrument, vgl. etwa EuGH, 11.7.2008, Rs. C-195/08 PPU, *Inga Rinau*, EU:C:2008:406, Rdn. 47.

417 Warnend bereits *Ulmer*, JZ 1992, 1, 6; dazu *Herresthal*, in: Langenbucher (Hrg.), Europäisches Privatrecht, S. 71, 93 ff.

418 *Ernst*, AcP 208 (2008), 248, 249 ff.

419 Vgl. die Entschließungen des EG-Parlaments vom 26.5.1989 und vom 25.7.1994, ABl. EG 1994 C 205/518.

420 Erste Mitteilung der EG-Kommission zum Europäischen Vertragsrecht vom 11.7.2001 (KOM (2001) 398 endg.), dazu *Grundmann*, NJW 2002, 393; Zweite Mitteilung vom 12.2.2003 zur Schaffung eines kohärenten Vertragsrechts (KOM (2003) 68 endg.).

421 *v. Bar/Clive/Schulte-Nölke* (ed.), Principles, Definitions and Model Rules of European Private Law: Draft Common Frame of Reference (DCFR), Interim Outline Edition, dazu *Schulte-Nölke*, in: Schmidt-Kessel (Hrg.), Der Gemeinsame Referenzrahmen, S. 9 ff.

422 KOM (2011) 635 endg. – Rechtsgrundlage sollte Art. 114 AEUV sein.

423 Mitteilung der Kommission, COM (2014) 910 endg., Annex 2, Nr. 60.

424 Dazu *Bach*, NJW 2019, 1705.

nien erlassen: die RL 2019/770/EU[425] über bestimmte vertragsrechtliche Aspekte der Bereitstellung digitaler Inhalte und digitaler Dienstleistungen sowie die RL 2019/771/EU[426] über bestimmte vertragsrechtliche Aspekte des Warenkaufs. Das ambitionierte Vorhaben der EU-Kommission zur Schaffung eines europäischen Kaufrechts ist damit – zumindest vorerst – gescheitert.

5.104 Unmittelbare Bezüge zwischen dem Europäischen Privat- und dem Prozessrecht bestehen derzeit nicht nur im Internationalen Europäischen Verfahrensrecht. Sie finden sich vielmehr im Bereich der annexbezogenen Verfahrensregelungen der EU-Rechtsakte im Privatrecht[427] sowie vor allem im Vorabentscheidungsverfahren nach Art. 267 AEUV:[428] Je weiter der Anwendungsbereich des europäischen Privatrechts reicht (etwa im Verbraucher- und im Gesellschaftsrecht), desto häufiger entscheidet der EuGH über Problemstellungen des Privatrechts. Die bis Ende der 1990er Jahre vorherrschende Einschätzung, dass der EuGH vorwiegend öffentlich-rechtliche Streitigkeiten entscheidet, lässt sich inzwischen nicht mehr halten. Im Anwendungsbereich des harmonisierten Privatrechts tritt der EuGH zunehmend an die Stelle des BGH als Revisionsinstanz in Zivilsachen. Ähnliche Entwicklungen sind auch für das Strafrecht zu konstatieren.[429] Diese verändern zudem die „Architektur" der Justizsysteme in der Europäischen Union.

3. Europäisches Verwaltungsverfahrens- und Verwaltungsprozessrecht

5.105 Im deutschen, innerstaatlichen Recht bestehen zwischen Zivil- und Zivilprozessrecht einerseits und Verwaltungsverfahrens- und Verwaltungsprozessrecht andererseits nur wenige inhaltliche Bezüge – derselbe Befund ist aus europäischer Perspektive zu konstatieren. Dennoch stehen die Rechtsgebiete keineswegs unverbunden nebeneinander. Vielmehr hat das Europäische Zivilprozessrecht – insbesondere bei den Regelungskonzepten der wechselseitigen Anerkennung, des gegenseitigen Vertrauens und beim Herkunftslandprinzip – nachhaltige Impulse vom europäischen Verwaltungsrecht erhalten.[430]

5.106 Die Europäische Union verfügt über keine generelle Rechtsetzungskompetenz im Verwaltungsprozessrecht. Folglich bleibt das jeweilige Verwaltungsprozessrecht der Mitgliedstaaten beim Vollzug des EU-Rechts anwendbar. Dieses wird freilich zum

---

425 Richtlinie (EU) 2019/770 über bestimmte vertragsrechtliche Aspekte der Bereitstellung digitaler Inhalte und Dienstleistungen, ABl. EU 2019 L 136/1 ff., dazu *Spindler/Sein*, MMR 2019, 415 ff.

426 Richtlinie (EU) 2019/771 über bestimmte vertragsrechtliche Aspekte des Warenkaufs, ABl. EU 2019 L 136/28 ff., dazu *Bach*, NJW 2019, 1705 ff.

427 Vgl. unten § 11 II, Rdn. 11.28 ff.

428 Vgl. unten § 13 I, Rdn. 13.1 ff.

429 Vgl. unten Rdn. 5.126 ff.

430 Vgl. oben § 3 II, Rdn. 3.21 ff.

dezentralen Vollzug des Unionsrechts in den Mitgliedstaaten in die Pflicht genommen[431] und dabei vom Effektivitäts- und vom Äquivalenzprinzip überformt.[432] Die wichtigste Änderung betrifft die Ergänzung des VwVfG um die §§ 8a–8e VwVfG zur Umsetzung der RL 2006/123/EG.[433] Zentrale Bedeutung hat zudem die Verschränkung der nationalen Verwaltungsgerichtsbarkeit mit der Auslegungskompetenz des EuGH im Vorabentscheidungsverfahren nach Art. 267 AEUV.[434] Dabei besteht im Ausgangspunkt ein „zweispuriges" Rechtsschutzverfahren bzw. ein „Trennungsprinzip": Rechtsakte der Union werden vor den Europäischen Gerichten (EuG, EuGH) angefochten, Rechtsakte der Behörden der Mitgliedstaaten vor den jeweiligen Verwaltungsgerichten des Mitgliedstaates, dessen Behörden gehandelt haben.[435]

Anders als im Zivilverfahrensrecht fehlt ein eigenständiges internationales 5.107
Verwaltungsprozessrecht:[436] Verwaltungsakte und anderes behördliches Handeln kontrollieren die Gerichte des jeweils handelnden Mitgliedstaates;[437] ausländischen Behörden ist vor den Verwaltungsgerichten anderer Staaten bei hoheitlichem Handeln Immunität zu gewähren.[438] Dies gilt auch für Amtshaftungsansprüche. Sie sind nur ausnahmsweise als Zivilsachen im Sinn der Europäischen Zivilverfahrensrechtsakte (Art. 1 I EuGVO) zu qualifizieren.[439] Mittelfristig stellt sich auch im Europäischen Verwaltungsprozessrecht die konzeptionelle Frage, ob der völkerrechtliche Immunitätsgrundsatz vor dem Hintergrund der nachhaltigen Verwaltungskooperation mit grenzüberschreitender Wirkung mit dem Justizgewährungsanspruch der Unionsbürger vereinbar ist.[440]

Dennoch gibt es auch im Verwaltungsprozessrecht Konstellationen, die eine Ent- 5.108
scheidung über die internationale Zuständigkeit erfordern – etwa Streitigkeiten über

---

431 *Ehlers*, DVBl. 2004, 1441, 1442 ff.; *Schoch*, FS 50 Jahre BVerwG, S. 507, 509 ff.; *Hindelang*, in: Hatje/Müller-Graff, EnZ. EuR Bd. 3, § 33, Rdn. 14 ff.

432 Ausführlich unten § 11 I, Rdn. 11.7 ff.

433 Dazu *Schmitz*, in: Stelkens/Bonte/Sachs, § 8a VwVfG, Rdn. 1 ff.

434 Zutreffend *Ehlers*, DVBl. 2004, 1441 – unten § 13 I, Rdn. 13.1 ff.

435 *Hofmann*, Rechtsschutz und Haftung, S. 163 ff.; *Schmidt-Aßmann*, in: Hoffmann/Riem/ders./Voßkuhle, Grundlagen des Verwaltungsrechts, § 5, Rdn. 83.

436 *Ehlers*, DVBl. 2004, 1441, 1443 ff.; *Classen*, NJW 2016, 2621, 2622 ff.

437 Vgl. dazu etwa die Regelung der ausschließlichen, örtlichen Gerichtsstände in § 52 VwGO.

438 EuGH, 14.10.1976, Rs. C-29/76, *LTU./.Eurocontrol*, EU:C:1976:137; EuGH, 15.2.2007, Rs. C-292/05, *Lechouritou./.Bundesrepublik Deutschland*, EU:C:2007:102; für einen „partiellen Immunitätsverzicht bei transnationalem Verwaltungshandeln" (jedoch ohne handgreifliche Konsequenzen), *Burbaum*, Rechtsschutz, S. 150 f., 165.

439 Vgl. unten § 6 I, Rdn. 6.11, Fn. 58.

440 Dabei sind verschiedene Konstellationen zu unterscheiden: Dem Unternehmer, der im Herkunftsland Adressat einer Aufsichtsmaßnahme ist, kann die Anfechtung im Ursprungsstaat unschwer zugemutet werden. Problematisch ist hingegen die Rechtslage Drittbetroffener, die eine Anfechtung der Maßnahmen im Ausland erheblich belasten kann. Anders v. *Danwitz*, Europäisches Verwaltungsrecht, S. 646 f.

die Festlegung von Flugrouten[441] oder die Zuweisung des Rückführungsanspruches des ausländischen EU-Mitgliedstaates im Kulturgüterschutz vor die Verwaltungsgerichte.[442] Vor dem Hintergrund der ausschließlichen Zuständigkeiten sind internationale Rechtshängigkeitskollisionen (§ 90 VwGO) im Verwaltungsprozessrecht bisher nicht aufgetreten; eine Urteilsanerkennung findet – ganz anders als im Fall des „transnationalen Verwaltungsakts"[443] – regelmäßig nicht statt.[444] Vielmehr führt die Anfechtung des Verwaltungsakts zu dessen Aufhebung mittels Gestaltungsurteil (vgl. § 113 I VwGO). Die europaweiten Wirkungen des „transnationalen Verwaltungsakts" entfallen mit dessen Aufhebung „automatisch" (als Folge der Gestaltungswirkung der Aufhebungsentscheidung).[445] Allerdings muss jeder Adressat den Verwaltungsakt vor den (Verwaltungs)Gerichten des Mitgliedstaates anfechten, dessen Behörde gehandelt hat. *Forum Shopping* ist damit ausgeschlossen – um den Preis einer (erheblichen) Einlassungslast im ausländischen Erlassstaat.[446]

5.109 Grenzüberschreitende Zustellungen in Verwaltungssachen regelt eine Konvention des Europarats vom 24.11.1977,[447] die grenzüberschreitende Einholung von Auskünften und Beweisen in Verwaltungssachen eine weitere Konvention vom 15.3.1978.[448] Beide Übereinkommen beruhen auf dem überkommenen Vorverständnis, dass grenzüberschreitende Prozesshandlungen der Gerichte in die Souveränität ausländischer Staaten eingreifen.[449] Die Rechtshilfe erfolgt über Zentrale Behörden, diese erledigen

441 VGH Mannheim, 24.10.2002, VBlBW 2003, 193 – Anfechtungsklage des Betreibers des Flughafens Zürich-Kloten gegen die Festsetzung der Flugrouten und -zeiten durch das deutsche Bundesverkehrsministerium; seine Zuständigkeit stützte der VGH auf § 52 Nr. 1 VwGO (Belegenheit der überflogenen Grundstücke).

442 Art. 6 Kulturgüterschutz-RL 2014/60/EU, § 13 des Gesetzes zur Ausführung des UNESCO-Übereinkommens vom 14.11.1970 zum Schutz des Kulturguts (BGBl. 2007 I 757), dazu allgemein *Dutta*, Durchsetzung, S. 235 f.

443 Dazu oben § 3 II, Rdn. 3.22 ff.

444 Ausnahme: Art. 84 II VO 883/2004/EG: Danach werden Gerichts- oder Behördenentscheidungen über die Einziehung von Beiträgen und Leistungen „nach Maßgabe der [im ersuchten] Mitgliedstaat für ähnliche Verfahren geltenden Rechtsvorschriften anerkannt und vollstreckt", dazu *Wettner*, Amtshilfe, S. 82 ff.

445 Indem die Wirkungen des transnationalen Verwaltungsakts ohne „Anerkennungsakt" auf andere Mitgliedstaaten erstreckt werden, entfällt die Erstreckung mit der Aufhebung des Verwaltungsakts per se, dazu *Sydow*, JuS 2005, 202, 204; *Ohler*, in: Verwaltungsrecht der Europäischen Union, § 9, Rdn. 28.

446 Dazu *Hofmann*, in: Schmidt-Aßmann/Schöndorf-Haubold (Hrg.), Europäischer Verwaltungsverbund, S. 353, 362 f.; *Schmidt-Aßmann*, in: Hoffmann-Riem/ders./Voßkuhle (Hrg.), Grundlagen des Verwaltungsrechts, § 5, Rdn. 77 ff.; *Buchholtz*, NVwZ 2016, 1353, 1356.

447 Europäisches Übereinkommen über die Zustellung von Schriftstücken in Verwaltungssachen vom 24.11.1977, BGBl. 1981 II 535.

448 Europäisches Übereinkommen über die Erlangung von Auskünften und Beweisen in Verwaltungssachen im Ausland vom 15.3.1978, BGBl. 1981 II 550.

449 Dazu *Hess*, Staatenimmunität bei Distanzdelikten, S. 339 ff.

die Ersuchen selbst oder leiten sie an die zuständigen Behörden weiter – in Deutschland wurden Zentralbehörden auch auf Länderebene eingerichtet. Der postalischen Direktzustellung nach Art. 11 ZustÜbk. hat Deutschland freilich widersprochen.[450] Ersuchen über Rechtsauskünfte erledigen die Zentralbehörden unmittelbar, Ersuchen zur Beweiserhebung werden an die zuständige Behörde weitergeleitet.[451] Es besteht freilich kein Zweifel, dass die Übereinkommen, die auf den überkommenen Leitbildern der völkerrechtlichen Rechtshilfe aufbauen, keine effektiven Instrumente vorhalten. Sie haben auch keine praktische Bedeutung erlangt. Denn die Übereinkommen haben nicht einmal 10 Staaten ratifiziert – als Basis einer effektiven Amtshilfe im Binnenmarkt sind sie nicht brauchbar.

Wie im Zivilprozessrecht, so finden sich auch im Verwaltungsprozessrecht **5.110** bereichsspezifische Regelungen, die auf Vorgaben des sekundären Unionsrechts beruhen; so etwa im Vergaberecht[452] und insbesondere bei der Verbandsklage im Umweltrecht (§ 44a VwGO).[453] Wie im Europäischen Privat- und Zivilprozessrecht erfolgt die „Vergemeinschaftung" der autonomen Verwaltungsprozessrechte der Mitgliedstaaten primär über die Vergemeinschaftung der jeweiligen Sachrechte.[454] Ein anschauliches Beispiel ist der Zollkodex von 2013[455] mit Regelungen zur Regelungsform der Entscheidung (Art. 22 ff.) zum Zollverfahren (Art. 153 ff.) und zum innerstaatlichen Rechtsschutz (Art. 43 ff.). Damit wurde ein einheitliches Verwaltungs- und Verwaltungsprozessrecht geschaffen.[456]

Zahlreiche ausdifferenzierte und effektive EU-Rechtsakte zur grenzüberschrei- **5.111** tenden Amtshilfe finden sich hingegen im Verwaltungsverfahrensrecht: Da die Union dort über keinen allgemeinen Kompetenztitel verfügt,[457] wurden bereichsspezifische

450 Dazu bereits *Jelinek*, NVwZ 1982, 535, 538 ff.

451 *Jelinek*, NVwZ 1982, 535, 537.

452 Der deutsche Gesetzgeber hat den Rechtsschutz freilich den Zivil- und nicht den Verwaltungsgerichten zugewiesen, vgl. §§ 155 ff. GWB, dazu *Horn/Hofmann*, in: Burgi/Dreher (Hrg.) Beck-OK Vergaberecht, Vorb. 1 ff. zu § 155 GWG.

453 RL 2003/35/EG, ABl. EG 2003 L 156/17 ff., dazu *Gellermann*, NVwZ 2006, 7, 8 ff. § 2 Umwelt-Rechtsbehelfsgesetz eröffnet Umweltverbänden ein (subjektives) Klagerecht, dazu *Kment*, NVwZ 2018, 921 ff.; *Pernice-Warnke*, in: Piecha et al. (Hrg.) Rechtskultur und Globalisierung (2017), S. 213, 216 ff. Zu den Grenzen der Rechtsdurchsetzung der Verbände vgl. EuGH, 19.12.2019, Rs. C-752/18, *Deutsche Umwelthilfe./. Freistaat Bayern*, EU:C:2019:1114, unten § 11, Rdn. 11.12 f.

454 *Schoch*, FS 50 Jahre BVerwG, S. 507, 510 f.

455 VO 952/2013/EU zur Festlegung des Zollkodex der Union vom 9.10.12013, ABl. EU 2013 L 269/1.

456 *Schmidt-Aßmann*, in: Hoffmann-Riem/ders./Voßkuhle (Hrg.), Grundlagen des Verwaltungsrechts, § 5, Rdn. 32.

457 Es gilt vielmehr der Grundsatz des dezentralen Vollzugs des EU-Rechts durch die Mitgliedstaaten. Der EuGH erkennt die Verwaltungsautonomie der EU-Mitgliedstaaten an, stellt diese jedoch unter den Vorbehalt von Effektivität und Äquivalenz, grundlegend: EuGH, 16.12.1976, Rs. 33/76, *Rewe*, EU:C:1976:188, Rdn. 5. Zu diesen Grundsätzen ausführlich unten § 11 I, Rdn. 11.5 ff.

Regelungen erlassen,[458] insbesondere im Zoll- und im Agrarrecht,[459] im Steuerrecht,[460] im Wettbewerbsrecht,[461] der Sozialverwaltung,[462] der Lebensmittel- und Veterinärverwaltung[463] und der Finanzmarktaufsicht.[464] Die Amtshilfe im Europäischen Verwaltungsrecht beruht auf eigenständigen Methoden, die den gleichförmigen, dezentralen Vollzug des Gemeinschaftsrechts in den EU-Mitgliedstaaten sichern sollen und die nationalen Behörden miteinander vernetzen. Es geht einerseits um die horizontale Kooperation der Behörden der Mitgliedstaaten, andererseits um die vertikale Vernetzung mit der EG-Kommission und anderen Behörden auf Unionsebene.[465] Art. 197 AEUV erklärt nunmehr die Verwaltungszusammenarbeit zur effektiven Durchsetzung des Unionsrechts zu einer „Frage des gemeinsamen Interesses“, die Vorschrift eröffnet der Union jedoch keine eigenständigen Kompetenzen.[466]

5.112 Die horizontale Kooperation der Behörden der Mitgliedstaaten umfasst traditionell die Zustellungshilfe, die Vollstreckungshilfe sowie die Informationsgewinnung und den Informationsaustausch.[467] Im Rahmen der Kooperation nationaler Agrar-, Finanz- und Polizeibehörden wurden zudem grenzüberschreitende Ermittlungs- und Nacheilebefugnisse geschaffen.[468] Dies gilt insbesondere für die Bereiche, in denen

458 Überblick bei *Wettner*, Amtshilfe im Europäischen Verwaltungsrecht, S. 45 ff.; *Nowak*, in: Hatje/Müller-Graff (Hrg.), Enz. EuR Bd. 3, § 34, Rdn. 13.

459 Vgl. etwa die VO 515/97/EG über die gegenseitige Amtshilfe in den Bereichen Zoll- und Agrarwesen.

460 Vgl. die RL 16/2011/EU über die gegenseitige Amtshilfe zwischen den Mitgliedstaaten im Bereich der direkten Steuern sowie die VO 904/2010/EU (Amtshilfe Mehrwertsteuer), dazu *Wettner*, Amtshilfe, S. 51 ff. Zur Kooperation bei der Steuerbeitreibung und Betrugsbekämpfung vgl. RL 2010/24/EU sowie das EG-BeitreibungsG, *Mögele*, in Dauses Hdb EG-Wirtschaftsrecht, G Rdn. 163; *Berglund*, Cross-Border Enforcement, S. 177 ff.

461 Vgl. Art. 11–16 VO 1/2003/EG, die horizontale Kooperation der nationalen Wettbewerbsbehörden unterstützt das Europäische Wettbewerbsnetz, ABl. EG 2003 L 1/1 ff.

462 Amtshilfe (insbesondere Datenaustausch) erfolgt nach Art. 76 ff. VO 883/2004 (SozialrechtskoordinierungsVO).

463 Zur früheren Rechtslage *Wettner*, Amtshilfe, S. 85 ff.

464 Vgl. insb. Art. 79 RL 2014/65/EU über Märkte für Finanzinstrumente, dazu *Schnyder*, Europäisches Banken- und Versicherungsrecht, Rdn. 116 ff.

465 *Von Danwitz*, Europäisches Verwaltungsrecht, S. 610 ff., verweist mit Recht darauf, dass das Unionsrecht kein Verbot der sog. Mischverwaltung enthält.

466 Streinz/*Ohler*, Art. 197 AEUV, Rdn. 1 f. qualifiziert die Vorschrift als Programmsatz. Positiver *Nowak*, in: Hatje/Müller-Graff (Hrg.), Enz. EuR Bd. 3, § 34, Rdn. 11.

467 *Weiß*, Der Europäische Verwaltungsverbund, S. 65 ff.; *Wettner*, in: Schmidt-Aßmann/Schöndorf-Haubold (Hrg.), Europäischer Verwaltungsverbund, S. 181, 182 ff.; speziell zur RL 76/308/EWG (Beitreibungs-RL) *Dutta*, IPRax 2010, 504 ff.

468 *Harings*, in: Schmidt-Aßmann/Schöndorf-Haubold (Hrg.), Europäischer Verwaltungsverbund, S. 127, 131 ff. zur grenzüberschreitenden Observation und Nacheile nach Art. 39 ff. SDÜ; *David*, in: Schmidt-Aßmann/Schöndorf-Haubold (Hrg.), Europäischer Verwaltungsverbund, S. 237, 250 ff.

das „Herkunftslandprinzip" verwirklicht wird.[469] Hier gilt parallel der Grundsatz der „Herkunftslandkontrolle", wonach grenzüberschreitend tätige Unternehmen der Kontrolle des Herkunftslands auch im Hinblick auf die Zweigstellen in anderen EU-Mitgliedstaaten unterliegen.[470]

Ein Beispiel für die Verwaltungszusammenarbeit enthalten die Art. 28–36 der RL 2006/123/EG über Dienstleistungen im Binnenmarkt.[471] Die Richtlinie enthält eine Rahmenregelung für grenzüberschreitende Dienstleistungen, die auf dem Herkunftslandprinzip beruht. Nach Art. 16 RL 2006/123/EG können die Mitgliedstaaten grenzüberschreitende Dienstleistungen nur unter eng formulierten Voraussetzungen beschränken – Vorrang hat die Kontrolle (und Zulassung) der jeweiligen Tätigkeit im Herkunftsstaat.[472] Zugleich schreiben die Art. 28 ff. RL ein enges Kooperations- bzw. Amtshilfesystem zwischen den zuständigen Behörden der Mitgliedstaaten vor.[473] Dieses beruht auf einem grundsätzlichen Kontrollvorbehalt der Behörden im Niederlassungsstaat (Art. 29 f. RL), die auch die grenzüberschreitenden Tätigkeiten in anderen Mitgliedstaaten kontrollieren müssen (Art. 30 II RL). Die Behörden sind zu dauerndem Informationsaustausch verpflichtet, in den auch die EU-Kommission einzubeziehen ist und der über ein Netzwerk institutionell verstärkt wird.[474] Sofern der Mitgliedstaat, in dem die Dienstleistung erbracht wird, Überwachungs- oder Untersagungsbefugnisse wahrnimmt (Art. 35 RL), muss er zunächst den Herkunftsstaat um die entsprechende Maßnahme ersuchen. Kommt es zu keiner Einigung, entscheidet die EU-Kommission.[475] Im Ergebnis räumen die EU-Mitgliedstaaten dem Herkunftsstaat die Überwachungs- und Untersagungsprärogative für Vorgänge ein, die auf ihrem (eigenen) Staatsgebiet durchgeführt werden. Damit verwirklicht die Dienstleistungs-Richtlinie ein Konzept „wechselseitigen Vertrauens" und gegenseitiger Kooperation, das in seinen praktischen Auswirkungen über die aktuelle Entwicklung im Europäischen Internationalen Zivilprozessrecht deutlich hinausgeht.[476] 5.113

Mit der Zulassung von transnationalen Amtshandlungen mit Auswirkungen auf das Staatsgebiet anderer EU-Mitgliedstaaten oder sogar unmittelbar mit der Vor- 5.114

469 Zum *single licence*-Prinzip vgl. *Wettner*, Amtshilfe, S. 104 ff.; *Hofmann*, Rechtsschutz und Haftung, S. 120 ff.

470 Beispiel: Art. 52 RL 2013/36/EU zur Möglichkeit grenzüberschreitender Inspektionen bei der Bankenaufsicht. Allerdings erfolgt die Inspektion regelmäßig mit Zustimmung der Behörden des EU-Mitgliedstaates, auf dessen Territorium die Kontrolle durchgeführt wird.

471 ABl. EU 2006 L 376/36 ff., dazu *Schliesky*, Europäisierung der Amtshilfe, S. 13 ff.

472 Vgl. *Oppermann/Classen/Nettesheim*, Europarecht, S. 445 f.

473 Die Mitgliedstaaten sind nach Art. 6 und 8 Dienstleistungs-RL verpflichtet, sog. einheitliche Ansprechpartner zu benennen und die Amtshilfe auf elektronischem Weg abzuwickeln.

474 Sog. *Internal Market Information System* (IMI), VO (EU) 1024/2012, dazu *Schliesky*, Europäisierung der Amtshilfe, S. 15 f.; *Schneider*, NVwZ 2012, 65 ff.

475 Zu Kontroll- und Entscheidungsprärogativen der EU-Kommission beim Scheitern horizontaler Kooperation vgl. *v. Danwitz*, Europäisches Verwaltungsrecht, S. 628 f.

476 Dazu *Oppermann/Classen/Nettesheim*, Europarecht, S. 445, Rdn. 25.

nahme von Amtshandlungen auf dem Staatsgebiet anderer Mitgliedstaaten löst sich die Europäische Amtshilfe von den überkommenen Formen völkerrechtlicher Kooperation ab: Es kommt zur unmittelbaren Kooperation der befassten Behörden,[477] ohne Zwischenschaltung von Zentralstellen (Ministerien), zu grenzüberschreitenden Inspektionen[478] und zu einem weitgehenden Verzicht auf eine *ordre public*-Kontrolle bei der Anerkennung von Verwaltungsakten.[479] Es gilt der Grundsatz der wechselseitigen Anerkennung transnationaler Verwaltungsakte.[480] Primärrechtliche Grundlage ist (neben den speziellen Kompetenztiteln) die Loyalitätspflicht des Art. 4 III EUV.[481]

5.115 Der EuGH hat den fehlenden *ordre public*-Vorbehalt in der RL 2010/24/EU durch einen ungeschriebenen *ordre public*-Vorbehalt ergänzt und sich dabei auf die parallelen Regelungen in der EuZustVO und EuGVO berufen: Das Urteil *Kyrian*[482] betraf eine Zahlungsaufforderung bei der Beitreibung einer deutschen Zoll- bzw. Steuerforderung gegen einen tschechischen Adressaten. Der Bescheid wurde dem Kläger ohne Übersetzung zugestellt. Der EuGH entschied, dass die Übersetzung unerlässlich für die Rechtswahrung des Adressaten sei und dass die ersuchte Behörde nach ihrem nationalen Recht dafür sorgen müsse, dass die Rechte des Adressaten (durch eine Übersetzung) gewahrt werden. Diese Prüfung könne auch im Rechtsbehelfsverfahren vor den Gerichten des ersuchten Staates erfolgen. Im Urteil *Donnellan*[483] entschied der Gerichtshof, dass die ersuchte Behörde ein Beitreibungsersuchen unter Berufung auf den (ungeschriebenen) *ordre public* ablehnen kann, wenn das Verfahren vor der Ausgangsbehörde schwere Fehler aufweist (im Anlassfall war der Ausgangsverwaltungsakt dem Betroffenen nicht zugestellt worden). Damit kommt es zur Konvergenz der Beitreibungssysteme in Zivil- und Verwaltungssachen im Hinblick auf die einzuhaltenden Verfahrensgarantien.[484]

5.116 Die vertikale Vernetzung zwischen den Behörden der Mitgliedstaaten und der Union (insbesondere der EU-Kommission, aber auch den zahlreichen EU-Agentu-

477 Diese umfasst vor allem einen direkten Informationsaustausch zwischen den Aufsichtsbehörden, Art. 52 I S. 2 RL 2013/35/EU. Dazu *Nowak*, in: Hatje/Müller-Graff, Enz. EuR Bd. 3, § 34, Rdn. 23–27.

478 Zur Bankenaufsicht (§ 53b VI KWG) *Hofmann*, Rechtsschutz und Haftung, S. 120 ff.

479 Auf eine förmliche Anerkennungsentscheidung wird verzichtet. Den Behörden in anderen EU-Mitgliedstaaten wird regelmäßig nur die Kompetenz eingeräumt, den Verwaltungsakt mit Wirkung für das eigene Territorium zu suspendieren oder sonstige vorläufige Schutzmaßnahmen zu ergreifen, vgl. Art. 43, 154 I RL 2013/36/EG (zur Finanzmarktaufsicht). Weitergehend (für eine völlige Aufgabe des *ordre public*-Vorbehalts) *Wettner*, in: Schmidt-Aßmann/Schöndorf-Haubold, Europäischer Verwaltungsverbund, S. 181, 208 ff. Zur Rechtsprechung des EuGH vgl. sogleich Rdn. 5.115.

480 Grundlegend *Schmidt-Aßmann*, EuR 1996, 271, 289 ff.

481 *Franzius*, in: Pechstein/Nowak/Häde (Hrg.), Frankfurter Kommentar, Art. 4 EUV, Rdn. 133; *Hindelang*, in: Hatje/Müller-Graff, Enz. EuR Bd. 3, § 33, Rdn. 14. Allerdings lassen sich aus Art. 4 III EUV keine eigenständigen Kooperationspflichten, sondern nur Nebenpflichten im Rahmen bestehender, sekundärrechtlicher Kooperationen herleiten, so *v. Danwitz*, Europäisches Verwaltungsrecht, S. 614 f.; Calliess/Ruffert/*Kahl*, Art. 4 EUV, Rdn. 62 aE, mwN.

482 EuGH, 14.1.2010, Rs. C-233/08, *Kyrian*, EU:C:2010:11, Rdn. 42, 56 ff., ablehnend *Dutta*, IPRax 2010, 504, 508 f. (dessen Kritik am Urteil des EuGH allerdings nicht überzeugt).

483 EuGH, 26.4.2018, Rs. C-34/17, *Donnellan*, EU:C:2018:282, dazu *Hess*, in: Travaux du Comité Français DIP (2019), 329, 345 f.

484 Zutreffend *Dutta*, IPRax 2010, 504, 507 ff. Diese Konvergenz erscheint angesichts des zugrundeliegenden, einheitlichen Grundrechtsschutzes (Art. 47 AEUV) systematisch zwingend.

ren[485]) führt zur Einrichtung gemeinsamer Arbeitsgruppen, bis hin zum unmittelbaren Zusammenwirken von Kommissionsbeamten und nationalen Behörden. Sie ist im Kartellrecht besonders ausgeprägt: Art. 20 der VO 1/2003/EG verpflichtet die nationalen Kartellbehörden und Zivilgerichte zur unmittelbaren Kooperation mit der EG-Kommission. Dabei werden die Befugnisse der nationalen Behörden durch zusätzliche Eingriffsbefugnisse des Unionsrechts ergänzt und überformt – es kommt zu einem eigenen System „kooperativer Aufsicht" zwischen der EU-Kommission und den Verwaltungsbehörden der Mitgliedstaaten.[486] Auch hier gilt ergänzend das wechselseitige Loyalitätsgebot des Art. 4 III EUV.[487]

Die Kooperation der nationalen Verwaltungsbehörden bleibt nicht auf öffentlich- 5.117
rechtliche Regelungsbereiche beschränkt. Vielmehr erfasst das „public enforcement" auch genuin zivilrechtlich geprägte Rechtsgebiete, wie etwa das Unterhaltsrecht[488], den Verbraucherschutz[489] oder den – zunehmend private Rechtsbeziehungen erfassenden – Datenschutz.[490] Die neuen Rechtsakte der Union schaffen hier die Grundlage für ein abgestimmtes Vorgehen der Behörden der Mitgliedstaaten und legen primäre und sekundäre Zuständigkeiten fest. Sie enthalten zugleich die Rahmenbedingungen für ein komplementäres Vorgehen der Behörden und privater Akteure (einschließlich Privater, die im öffentlichen Interesse handeln). Dabei werden die Grenzen zwischen administrativem und privatrechtlichem Handeln (gerade auch in grenzüberschreitenden Konstellationen) zunehmend brüchig.

4. Europäisches Straf- und Strafverfahrensrecht

a) Die Entwicklung der strafrechtlichen Kooperation

Die polizeilich-justizielle Zusammenarbeit in Strafsachen begann in den 1970er Jahren 5.118
im Rahmen der sog. TREVI-Gruppe.[491] Diese informelle Zusammenarbeit (mangels Gemeinschaftskompetenz) schrieb der Vertrag von Maastricht (1993) als intergou-

---

485 Zu dieser Entwicklung *Gundel*, in: Hatje/Müller-Graff, Enz.EuR Bd. 3 § 32, Rdn. 18 ff.

486 *David*, in: Schöndorf-Haubold/Schmidt-Aßmann (Hrg.), Europäischer Verwaltungsverbund, S. 237, 239 ff.

487 Calliess/Ruffert/*Kahl*, Art. 4 EUV, Rdn. 51.

488 Dazu unten § 7 V, Rdn. 7.154 ff.

489 Vgl. die VO (EU) 2017/2394 vom 12.12.2017 über die Zusammenarbeit nationaler Verbraucherschutzbehörden, ABl. EU 2017 L 345/1, dazu *Cafaggi/Law* (ed.), Judicial cooperation in European private law (2017).

490 Vgl. unten § 11 III, Rdn. 11.96 ff.

491 Zu dieser Arbeitsgruppe vgl. oben § 2 I, Rdn. 2.4; sowie *Hecker*, Europäisches Strafrecht, Kap. 5, Rdn. 26 ff. Anlass der zunächst informellen Kooperation war die Bekämpfung des internationalen Terrorismus.

vernementale „Zusammenarbeit in den Bereichen Justiz und Inneres" fest.[492] Dabei knüpfte die Zusammenarbeit an bestehende völkerrechtliche Übereinkommen an:

5.119 Die internationale Rechtshilfe in Strafsachen beruhte seit dem 19. Jahrhundert auf (zumeist) bilateralen, völkerrechtlichen Übereinkommen zur Auslieferung von Straftätern.[493] Der Europarat erarbeitete seit den 1950er Jahren mehrere Konventionen über die Auslieferung,[494] die Strafvollstreckung[495] und die Rechtshilfe bei der Beweisaufnahme,[496] welche die überkommene Rechtshilfe aufgrund der bilateralen Verträge wesentlich effektuierten.[497] Diese Übereinkommen sind als Rahmenregelungen konzipiert; sie können durch bilaterale Abkommen zwischen einzelnen Vertragsstaaten effektuiert werden.

5.120 Die Kooperation im Strafrecht nach dem Übereinkommen von Schengen (1985)[498] sowie dem Durchführungsübereinkommen (SDÜ 1990)[499] effektuierte die frühere Amts- und Rechtshilfe zwischen den beteiligten Mitgliedstaaten. Das SDÜ enthält in 142 Artikeln operative Regelungen über den Abbau der Grenzkontrollen und deren Substitution durch gemeinsame Außenkontrollen, eine einheitliche Asyl- und Visapolitik sowie die gemeinsamen Grundsätze für eine strafjustizielle und polizeiliche Zusammenarbeit.[500] Diese schließt eine grenzüberschreitende polizeiliche Nacheile

---

492 Eine wesentliche organisatorische Maßnahme war die Gründung von Europol als Internationale Organisation mit Sitz in Den Haag, ABl. EG 1995 C 316/2; BGBl. 1997 II 2154. Europol hat keine eigenständigen operationellen Befugnisse, sondern soll den Informationsaustausch zwischen mitgliedstaatlichen Polizeibehörden und Staatsanwaltschaft effektuieren.

493 Zu den Rechtshilfeabkommen vgl. *Braum*, GA 2005, 681, 684 ff. Die Römischen Verträge nahmen die Strafjustiz und die polizeiliche Zusammenarbeit aus – dies geschah aufgrund des Vorverständnisses, dass diese Gebiete zur *domaine réservée* der Mitgliedstaaten gehörten, dazu *Vogel*, in: Hess (Hrg.), Wandel der Rechtsordnung, S. 45, 48.

494 Europäisches Auslieferungsübereinkommen vom 13.12.1957, BGBl. 1964 II 1369.

495 Übereinkommen über die Überstellung verurteilter Personen vom 21.3.1983, BGBl. 1991 II 1006.

496 Europäisches Übereinkommen über die Rechtshilfe in Strafsachen vom 20.4.1959, BGBl. 1964 II 1369.

497 Dabei ermöglichen zahlreiche bilaterale Übereinkommen weitere Vereinfachungen – allerdings um den „Preis" erheblicher Fragmentierung und Unübersichtlichkeit.

498 Übereinkommen von Schengen vom 14.6.1985 zwischen den Beneluxstaaten, Deutschland und Frankreich betreffend den schrittweisen Abbau der Kontrollen an den gemeinsamen Grenzen, Gemeinsames Ministerialblatt 1986, 79 ff., dazu *Hecker*, Europäisches Strafrecht, Kap. 5, Rdn. 29 ff.

499 Übereinkommen vom 19.6.1990 zur Durchführung des Übereinkommens von Schengen vom 14.6.1985 betreffend den schrittweisen Abbau der Kontrollen an den gemeinsamen Grenzen, ABl. EG 2000 L 239/19.

500 Vgl. Art. 48 ff. SDÜ. Nach Art. 50 SDÜ leisten die Vertragsstaaten einander Rechtshilfe bei der Verfolgung von Fiskaldelikten, sofern sich diese auf bestimmte vergemeinschaftete Aufgaben beziehen. Art. 52 SDÜ ermöglicht die direkte Übersendung gerichtlicher Dokumente an Privatpersonen, Art. 53 SDÜ den unmittelbaren Austausch von Rechtshilfeersuchen zwischen Justizbehörden der Vertragsparteien, dazu *Hecker*, Europäisches Strafrecht, Kap. 5, Rdn. 32 ff.

von Straftätern ein (Art. 41 ff. SDÜ).[501] Das Schengener Informationssystem ermöglicht einen grenzüberschreitenden Datenaustausch (Art. 39 SDÜ). Das Schengen-Protokoll überführte diese Maßnahmen zum 1.5.1999 als „gemeinsamen Besitzstand“ in das Unionsrecht. Eine umfassende Reform des Schengen Systems erfolgte im November 2018.[502]

Der Amsterdamer Vertrag behielt die intergouvernementale Zusammenarbeit bei 5.121
und übernahm die begrenzte Kompetenzzuweisung in die Art. 29–42 EU (1998).[503] Zur Umsetzung der in Art. 29 und 31 EU (1998) konkretisierten Ziele bedienten sich die Mitgliedstaaten der in Art. 34 II lit. a)–d) EU vorgesehenen Handlungsformen. Dabei kam der Annahme von Rahmenbeschlüssen (Art. 34 II lit. b) EU)[504] und völkerrechtlichen Übereinkommen (Art. 34 II lit. d) EU)[505] die praktisch größte Bedeutung zu. In der Rechtsetzungspraxis dominierten die Rahmenbeschlüsse.

Die Rechtshilfe in Strafsachen effektuiert ein völkerrechtliches Übereinkommen 5.122
vom 29.5.2000.[506] Es ermöglicht die Erledigung von Rechtshilfeersuchen nach den Form- und Fristbestimmungen des ersuchenden Staates (Art. 4),[507] die unmittelbare Übersendung von Urkunden (Art. 5),[508] die zeitweilige Überstellung inhaftierter Personen zu Ermittlungszwecken (Art. 9), die Vernehmung von Zeugen und Sachverständigen per Video- oder Telefonkonferenzen (Art. 10 f.), die Bildung und Arbeit gemeinsamer Ermittlungsgruppen (Art. 13), die grenzüberschreitende Durchführung verdeckter Ermittlungen (Art. 14). Im Hinblick auf die intensive Kooperation löst sich

501 Die Haftung für Schäden aus Anlass der Nacheile richtet sich nach dem Amtshaftungsrecht des Staates, auf dessen Gebiet der Schaden erfolgte. Die Vertragsstaaten sind nach Art. 43 SDÜ verpflichtet, geleisteten Schadensersatz untereinander auszugleichen, *Hecker*, Europäisches Strafrecht, Kap. 5, Rdn. 41 ff.

502 Verordnung (EU) 2018/1862 des Europäischen Parlaments und des Rates vom 28. November 2018 über die Einrichtung, den Betrieb und die Nutzung des Schengener Informationssystems (SIS) im Bereich der polizeilichen Zusammenarbeit und der justiziellen Zusammenarbeit in Strafsachen, zur Änderung und Aufhebung des Beschlusses 2007/533/JI des Rates und zur Aufhebung der Verordnung (EG) Nr. 1986/2006 des Europäischen Parlaments und des Rates und des Beschlusses 2010/261/EU der Kommission, ABl. EU 2018 L 312/1 ff.

503 Dazu *Hecker*, Europäisches Strafrecht, Kap. 5, Rdn. 67 ff.

504 Kennzeichen des Rahmenbeschlusses war die in Art. 34 II lit. b) EU ausdrücklich angeordnete, fehlende unmittelbare Wirksamkeit, dazu Ruffert/Calliess/*Suhr*, Art. 34 EU aF, Rdn. 14 f.

505 Zu den Problemen der effektiven Implementierung vgl. oben § 4 I, Rdn. 4.25.

506 ABl. EG 2000 C 197/1, BGBl. 2005 II 650, dazu *Epiney*, EuZW 2003, 421 ff.

507 Das bedeutet die Ersetzung des Grundsatzes *locus regit actum* durch den Grundsatz *forum regit actum*. Zu vergleichbaren Entwicklungen bei der grenzüberschreitenden Rechtshilfe in Zivilsachen vgl. unten § 8 II, Rdn. 8.53 ff.

508 Dabei ist nach Art. 5 III EU-RhÜbk ausreichend, dass der wesentliche Inhalt der Urkunde übersetzt wird. Dies entspricht der Rechtsprechung des EuGH, 8.5.2008, Rs. C-14/07, *Weiss & Partner*, EU:C:2008:264, zu Art. 5 und 8 EuZustVO, vgl. unten § 8 I, Rdn. 8.16 ff.

das Übereinkommen nachhaltig von früheren Rechtshilfekonventionen.[509] Die sog. „kleine Rechtshilfe", die auf dem gegenseitigen Vertrauen zwischen den Strafbehörden, insbesondere zwischen den Strafgerichten der EU-Mitgliedstaaten beruht, hat erhebliche praktische Bedeutung.[510]

5.123 Die Strafrechtspolitik zur Bekämpfung des internationalen Terrorismus entfaltete nach den Terroranschlägen des 11. September 2001 eine erhebliche Dynamik.[511] Allerdings wurden seitdem auch die Gefahren der Gegenmaßnahmen für unbeteiligte Dritte im Anwendungsbereich deutlich.[512] Sanktionen des UN-Sicherheitsrats gegen terroristische Vereinigungen setzte die Union in der VO 881/2002/EG um; diese enthielt bedenkliche Verkürzungen der Gehörswahrung und des gerichtlichen Rechtsschutzes der betroffenen Individuen. Der EuGH stellte dem eine am Rechtsstaatsprinzip und dem Schutz der Menschenrechte orientierte Judikatur entgegen.[513] Die Konstitutionalisierung der Rechtsprechung des Gerichtshofs hat das europäische Straf(verfahrens)recht nachhaltig befördert[514] – obwohl die gerichtliche Kontrolle im Bereich der sog. „Dritten Säule" der Europäischen Union nach dem Amsterdamer Vertrag deutlich (vgl. Art. 35 EU 1998) zurückgenommen war.[515] Dieses strukturelle Defizit hat der Vertrag von Lissabon aufgehoben.[516]

5.124 Der Vertrag von Lissabon stellt die Kompetenzen der Union im Straf(verfahrens)recht in Art. 2 II EUV, 67 und 82 ff. AEUV auf eine neue Grundlage[517] und gestaltet den Politikbereich mit eigenständigen Kompetenzen der Union aus.[518] Ziel der Unionspolitik sind die Prävention und die Bekämpfung der Kriminalität als Folge der Grenzöffnungen im Europäischen Justizraum, um den Bürgern im Europäischen Justizraum ein hohes Maß an Sicherheit zu bieten (Art. 67 AEUV). Als maßgebliches Strukturprinzip nennt Art. 82 I UAbs. 1 AEUV den Grundsatz der gegenseitigen Anerkennung justizieller Entscheidungen.[519] Weitere Schwerpunkte der strafjustiziellen Zusam-

---

509 Bis auf Griechenland und Irland haben inzwischen sämtliche EU-Mitgliedstaaten das Übereinkommen ratifiziert. Stand: 31. Dezember 2019.

510 *Gleß/Schomburg*, in: Schomburg/Lagodny/Gleß/Häcker, Internationale Rechtshilfe in Strafsachen, Abschnitt III. B.1, Rdn. 10 f.

511 Den RB zum Europäischen Haftbefehl hat der Rat wenige Tage nach den Anschlägen in New York (2001) beschlossen, dazu *Vogel*, in: Hess (Hrg.), Wandel der Rechtsordnung, S. 45 ff.

512 Grundlegend EuGH, 11.10.2007, Rs. C-117/06, *Möllendorf./.Möllendorf-Niehuus*, EU:C:2007:596 sowie EuGH, 3.9.2008, verb. Rs. C-402/05 P und Rs. C-415/05 P, *Kadi und Al Barakaat Foundation*, EU:C:2008:461, Rdn. 331 ff. Zuvor: EuGH, 18.1.2007, Rs. C-229/05 P, *PKK u. RNK./.Rat*, EU:C:2007:32.

513 *Ambos*, Internationales Strafrecht, § 13, Rdn. 23 ff.

514 Dazu bereits oben § 4 I, Rdn. 4.2 ff.

515 *Ambos*, Internationales Strafrecht, § 13, Rdn. 23.

516 Nunmehr entscheidet der EuGH im Vorabentscheidungsverfahren nach Art. 267 AEUV, unten Fn. 524.

517 Die Kompetenzen der Union wurden von der sog. dritten in die erste Säule des Unionsrechts integriert.

518 Dazu etwa *Böse*, in: Hatje/Müller-Graff, Enz.EuR Bd. 3 § 36, Rdn. 4 ff. Als praktische Konsequenz ist das allgemeine Rechtssetzungsverfahren (Art. 294 AEUV) anwendbar.

519 Dazu unten Rdn. 5.148.

menarbeit[520] sind die Vermeidung von Kompetenzkonflikten[521] und die Zusammenarbeit zwischen Justizbehörden der Mitgliedstaaten bei der Strafverfolgung sowie bei der Strafvollstreckung[522]. Angesichts der heterogenen Strukturen der Justizbehörden in den EU-Mitgliedstaaten kommt es zu zahlreichen Überschneidungen der strafjustiziellen (Art. 82 ff. AEUV) und polizeilichen Zusammenarbeit (Art. 87 ff. AEUV), insbesondere im Bereich der Prävention von Verbrechen).[523] Unter dem Vertrag von Lissabon erfolgt die Rechtsetzung in der justizielle Kooperation in Strafsachen im allgemeinen Verfahren nach Art. 289, 294 AEUV, der EuGH entscheidet im Vorabentscheidungsverfahren nach Art. 267 AEUV.[524]

Die Unionskompetenzen in der strafjustiziellen Zusammenarbeit nach Art. 82 AEUV ergänzt **5.125** Art. 83 I AEUV für das materielle Strafrecht.[525] Diese Vorschrift ermöglicht den Erlass von Richtlinien zur Mindestharmonisierung von grenzüberschreitenden Straftaten bei schwerer Kriminalität.[526] Genannt werden Terrorismus, Menschenhandel und sexuelle Ausbeutung, illegaler Drogenhandel, illegaler Waffenhandel, Geldwäsche, Korruption, Geldfälschung, Computerkriminalität und organisierte Kriminalität.[527] Art. 83 II AEUV gibt der Union die Annexkompetenz für den Erlass strafrechtlicher Sanktionen in allen Politikbereichen der Union.[528] Nach der (umstrittenen) Rechtsprechung des EuGH werden strafrechtliche Sanktionen beim dezentralen Vollzug des Unionsrechts effektuiert, indem diese die (Nicht-)Befolgung unionsrechtlicher Vorgaben sanktionieren.[529] Darüber hinaus enthalten Art. 33 AEUV und vor allem Art. 325 IV AEUV spezielle Kompetenzen zum Erlass von Strafvorschriften im Zollrecht und zum Schutz der finanziellen Interessen der Gemeinschaft

---

520 Art. 82 I Ubs. 2 AEUV nennt als weiteren Schwerpunkt die Weiterbildung von Richtern und Justizangehörigen, vergleichbar Art. 81 II lit. h) AEUV, vgl. dazu Streinz/*Satzger*, Art. 82 AEUV, Rdn. 37.

521 Dazu sogleich unten Rdn. 5.146 ff.

522 Besondere Bedeutung wird hierbei der Europäischen Staatsanwaltschaft zukommen, vgl. Art. 86 AEUV. Sie wird im Wege der verstärkten Zusammenarbeit errichtet und soll die finanziellen Interessen der Union schützen, Streinz/*Dannecker*, Art. 86 AEUV, Rdn. 4 ff.

523 *Böse*, in: Hatje/Müller-Graff, Enz. EuR Bd. 3 § 36, Rdn. 3.

524 Besondere praktische Bedeutung kommt dabei dem beschleunigten Vorabentscheidungsverfahren (Art. 267 IV AEUV, Art. 104b VerfO EuGH) zu, *Meyer*, in: Hatje/Müller-Graff, Enz. EuR Bd. 3, § 38, Rdn. 23, dazu unten § 13, Rdn. 13.70 ff.

525 *Ambos*, Internationales Srafrecht, § 9, Rdn. 10.

526 Die ausdrückliche Begrenzung auf Richtlinien im Wortlaut des Art. 83 I AEUV schließt den Erlass von unmittelbar anwendbaren, europäischen Strafvorschriften (mittels Verordnung) aus, dazu Streinz/*Satzger*, Art. 83 AEUV, Rdn. 2; Callies/Ruffert/*Suhr*, Art. 83 AEUV, Rdn. 26.

527 Vgl. die Auflistung in Art. 83 I UAbs. 2 AEUV, dazu Streinz/*Satzger*, Art. 83 AEUV, Rdn. 13 ff.

528 Hingegen hat das BVerfG, 30.6.2009, BVerfGE 123, 267, 411 (*Vertrag von Lissabon*) verfassungsrechtliche Bedenken erhoben: eine „gravierende Ausdehnung der Zuständigkeit zur Strafrechtspflege“, die mit dem Grundsatz der Einzelermächtigung und dem Demokratieprinzip „an sich“ nicht vereinbar sei. Das BVerfG fordert eine restriktive Auslegung der Kompetenznorm.

529 EuGH, 13.9.2005, Rs. C-176/03, *Kommission./.Rat*, EU:C:2005:542, Rdn. 47 ff. (Rahmenbeschluss zum Schutz der Umwelt); EuGH, 23.10.2007, Rs C-440/05, *Kommission./.Rat der Europäischen Union*, EU:C:2007:625, dazu Streinz/*Satzger*, Art. 83 AEUV, Rdn. 27. Art. 83 II AEUV knüpft an diese Rechtsprechung an.

(Betrugsbekämpfung). Für Letztere wurde aufgrund von Art. 325 I AEUV eine spezielle EU-Agentur zur Betrugsbekämpfung (OLAF) geschaffen.[530]

b) Justizielle Kooperation in Strafsachen

5.126 Die „klassischen" Bereiche der justiziellen Zusammenarbeit in Strafsachen betreffen die Rechtshilfe bei der Auslieferung von Straftätern, die Unterstützung bei der Vollstreckung strafrechtlicher Sanktionen (sog. Vollstreckungshilfe) sowie die „sonstige (kleine) Rechtshilfe". Letztere erfasst alle Unterstützungsmaßnahmen für ein ausländisches Strafverfahren, die nach dem Verfahrensrecht des ersuchten Staates zulässig sind, insbesondere Zustellungen von Ladungen und Urteilen, die Vernehmung von Zeugen und Beschuldigten, die Beschlagnahme und Herausgabe von Beweismitteln.[531] Art. 82 II AEUV knüpft an die überkommenen Formen der Rechtshilfe an und eröffnet der Union eine originäre Kompetenz zur Vernetzung der nationalen Strafgerichte.[532] Das rechtspolitische Ziel ist die Ermöglichung einer international arbeitsteiligen Strafverfolgung zwischen den EU-Mitgliedstaaten.[533] Art. 82 AEUV schließt den Erlass von prozessualen Mindestvorschriften zum Schutz der Grund- und Verfahrensrechte der betroffenen Personen ein.[534]

5.127 Die justizielle Zusammenarbeit in Strafsachen erfasst zunächst sämtliche Stadien des Erkenntnisverfahrens (Ermittlungsverfahren, Zwischen- und Hauptverfahren unter Einschluss der Rechtsmittelverfahren). Die Unterstützung erfolgt entweder durch die sog. „kleine Rechtshilfe" (etwa Übermittlung von Beweismitteln, Vernehmung von Zeugen) oder durch die „große Rechtshilfe" (Auslieferung des Beschuldigten). Die Zusammenarbeit umfasst zudem die Strafvollstreckung (Art. 82 I UAbs. 2 lit. d) AEUV). Eingeschlossen ist die grenzüberschreitende Verfolgung und Sanktionierung von Ordnungswidrigkeiten. Dagegen ist die Verhütung von Straftaten Gegenstand der polizeilichen Zusammenarbeit in Strafsachen (Art. 87–89 AEUV). Der grenzüberschreitende Opferschutz gehört hingegen zur ziviljustiziellen Zusammenarbeit (Art. 81 AEUV).[535]

5.128 Die überkommene, internationale Rechtshilfe in Strafsachen, insbesondere bei der Auslieferung, ist schwergängig. Sie beruht auf dem Grundsatz der „beiderseitigen Strafbarkeit": Die Unterstützung eines ausländischen Strafverfahrens im Wege

---

530 *Ambos*, Internationales Strafrecht, § 13, Rdn. 1 ff.; *Hecker*, Europäisches Strafrecht, Kap. 4, Rdn. 17 ff.; Streinz/*Satzger*, Art 325 AEUV, Rdn. 38.

531 Dazu etwa *Wettner*, Amtshilfe im Europäischen Verwaltungsrecht, S. 27; *Hecker*, Europäisches Strafrecht Kap. 12, Rdn. 2.

532 Eine Übersicht der bisher erlassenen Rechtsakte findet sich unter: Council of Europe, EU Instruments in the field of criminal law and related fields, www.consilium.europea.eu/media/32557/eu-instruments-december2019.pdf.

533 Zum Schutz der offenen Grenzen im Europäischen Justizraum vgl. *Böse* in Hatje/Müller-Graff (Hrg.), Enz. EuR. Bd. 3, § 36, Rdn. 7.

534 Die Kompetenz der Union ist dabei auf den Erlass von Richtlinien begrenzt, Streinz/*Satzger*, Art. 82 AEUV, Rdn. 45 ff. Dazu unten Rdn. 5.152.

535 Die Abgrenzung erfolgt nach funktionalen Kriterien (Repression, Prävention, Restitution), so *Böse* in Hatje/Müller-Graff (Hrg.), Enz. EuR Bd. 3, § 36, Rdn. 9.

der Rechtshilfe setzt voraus, dass die Tat nicht nur im ersuchenden, sondern auch im ersuchten Staat strafbewehrt ist.[536] Konsequenz dieser Voraussetzung ist eine aufwändige Prüfung der Zulässigkeit des Rechtshilfeersuchens im ersuchten Staat (im sog. Bewilligungsverfahren).[537] Das Ergebnis dieser Prüfung unterliegt zudem der Anfechtung durch den Betroffenen. Speziell bei der Auslieferung kommt hinzu, dass die Entscheidung über die Auslieferung als politischer Entscheid grundsätzlich der Exekutive obliegt (§ 74 IRG)[538] mit der Folge, dass diese Maßnahme gleichfalls gerichtlicher Kontrolle unterfällt (vgl. Art. 19 IV GG).[539]

Einen Paradigmenwechsel[540] schafft der auf Art. 31 I und 34 II EU (1998) gestützte Rahmenbeschluss des Rates vom 13.6.2002 über den Europäischen Haftbefehl und die Übergabeverfahren zwischen den Mitgliedstaaten (RB.HB).[541] Er beruht auf dem Grundsatz des wechselseitigen Vertrauens in die rechtsstaatlichen Justizsysteme der EU-Mitgliedstaaten. Der RB.HB ersetzt das überkommene zweistufige Auslieferungsverfahren durch ein einstufiges, justizielles Übergabeverfahren: Danach entscheidet nur noch die zuständige Justizbehörde des ersuchenden EU-Mitgliedstaates über die Übergabe (Auslieferung) einer Person zum Zweck der Strafverfolgung oder Strafvollstreckung (Art. 1 I RB.HB).[542] Das Übergabeverfahren wird im direkten Verkehr zwischen den beteiligten Justizbehörden abgewickelt (Art. 9 I RB.HB).[543] Das intergouvernementale Bewilligungsverfahren ist entfallen. Zugleich wird das Verfahren beschleunigt: Der Europäische Haftbefehl wird im ersuchten Staat (sog. „Vollstreckungsstaat") als Eilsache erledigt und vollstreckt (Art. 17 I RB.HB). Sofern 5.129

536 Vgl. Art. 2 Europäisches Auslieferungsübereinkommen vom 13.12.1957 (oben Rdn. 5.119.

537 Diese erfolgt in Deutschland durch das jeweils Oberlandesgericht nach §§ 29 ff. IRG, dazu BVerfG, 18.6.1997, BVerfGE 96, 100.

538 Historische Ursache ist der Auslieferungsvorbehalt bei politischen Straftaten, Art. 3 I Europäisches Auslieferungsübereinkommen (oben Rdn. 5.119), dazu *Schomburg/Lagodny/Gleß/Hackner*, Einl., Rdn. 27.

539 BVerfG, 18.6.1997, BVerfGE 96, 100; BVerfG, 18.7.2005, BVerfGE 113, 273 (*Europäischer Haftbefehl*).

540 *Hecker*, Europäisches Strafrecht, Kap. 12, Rdn. 37.

541 RB 2002/584/JI, ABl. EG 2002 L 190/5 ff., vgl. dazu das Handbuch der EU-Kommission zur praktischen Anwendung des Europäischen Haftbefehls, COM (2017) 6389 final vom 28.9.2017.

542 Art. 1 RB.HB lautet: „(1) Bei dem Europäischen Haftbefehl handelt es sich um eine justizielle Entscheidung, die in einem Mitgliedstaat ergangen ist und die Festnahme und Übergabe einer gesuchten Person durch einen anderen Mitgliedstaat zur Strafverfolgung oder zur Vollstreckung einer Freiheitsstrafe oder einer freiheitsentziehenden Maßregel der Sicherung bezweckt. (2) Die Mitgliedstaaten vollstrecken jeden Europäischen Haftbefehl nach dem Grundsatz der gegenseitigen Anerkennung und gemäß den Bestimmungen dieses Rahmenbeschlusses. (3) Dieser Rahmenbeschluss berührt nicht die Pflicht, die Grundrechte und die allgemeinen Rechtsgrundsätze, wie sie in Artikel 6 [EU] niedergelegt sind, zu achten."

543 Das Verfahren wird auf der Grundlage eines Formulars abgewickelt, das in allen Amtssprachen der Union verfügbar ist. Die Kooperation wird durch das Schengen Informationssystem unterstützt, das insbesondere eine europaweite Ausschreibung zur Fahndung ermöglicht, dazu *Ambos*, Internationales Strafrecht, § 12, Rdn. 26 ff.

die gesuchte Person ihrer Übergabe zustimmt, erfolgt die Überstellung innerhalb von 10 Tagen nach Erteilung der Zustimmung (Art. 17 II RB.HB).[544] Andernfalls soll die endgültige Entscheidung über die Vollziehung des Haftbefehls innerhalb von 60 Tagen nach Festnahme der gesuchten Person erfolgen (Art. 17 III RB.HB).[545]

5.130 Die vereinfachte (und beschleunigte) Prüfung des Auslieferungsersuchens erfordert nach der Rechtsprechung des EuGH institutionelle Verfahrensgarantien im Hinblick auf die beteiligten Justizbehörden, um die Grundrechte der zu überstellenden Person zu sichern. Die ausstellende Justizbehörde (Art. 6 I RB.HB) muss ein unabhängiges Justizorgan sein, sie darf keinen Weisungen der Exekutive unterliegen.[546] Im Hinblick auf die deutschen Staatsanwaltschaften sieht der Gerichtshof die notwendige Unabhängigkeit nicht gewährleistet, da die Justizminister nach §§ 146 f. GVG gegenüber der Staatsanwaltschaft ein Weisungsrecht haben.[547] In Umsetzung des Urteils erteilen nunmehr die erstinstanzlichen Gerichte auf Antrag der Staatsanwaltschaften den Haftbefehl.[548] Eine gesetzliche Klarstellung dieser Zuständigkeit erscheint jedoch geboten.

5.131 In materieller Hinsicht modifiziert der RB zum Europäischen Haftbefehl den Grundsatz der beiderseitigen Strafbarkeit.[549] Art. 2 II RB.HB enthält einen Katalog von 32 Straftaten (u. a. Terrorismus, Menschenhandel, Vergewaltigung, Korruption, Brandstiftung), bei denen eine beiderseitige Strafbarkeit nicht vorliegen muss.[550] Die Katalogtaten müssen im Ausstellungsstaat (ersuchender Staat) mit einer Freiheitsstrafe oder freiheitsentziehenden Maßregelung der Sicherung im Höchstmaß von mindestens 12 Monaten bedroht sein.[551] Liegt einer der Katalogstrafbestände vor, erfolgt die Auslieferung ohne weitere Prüfung der Strafbarkeit im ersuchten Staat.[552] Liegt dem Europäischen Haftbefehl hingegen ein anderer Straftatbestand zugrunde, so ist die beiderseitige Strafbarkeit weiterhin vom ersuchten Staat zu prüfen (Art. 2 IV, Art. 3 I RB.HB).[553]

---

544 Das ist in 50–60% aller Verfahren der Fall, *Hecker*, Europäisches Strafrecht, Kap. 12, Rdn. 40.

545 Im Fall fehlender Zustimmung dauert die Übergabe im Schnitt 48 Tage. Vor der Einführung des Europäischen Haftbefehls dauerte die Auslieferung im Schnitt ca. 1 Jahr, *Hecker*, Europäisches Strafrecht, Kap. 12, Rdn. 40.

546 EuGH, 10.11.2016, Rs. C-452/16 PPU, *Poltorak*, EU:C:2016:858, Rdn. 33 und 35 (schwedische Polizeibehörde ist keine Justizbehörde iSv Art. 6 I RB.HB); anders hingegen die Bestätigung eines polizeilichen Haftbefehls durch die ungarische Staatsanwaltschaft, die ein unabhängiges Justizorgan ist, EuGH, 10.11.2016, Rs. C-453/16 PPU, *Özçelik*, EU:C:2016:860, Rdn. 31 ff.

547 EuGH, 27.5.2019, verb. Rs. C-508/18 und C-82/19 PPU, *OG* und *PI*, EU:C:2019:456, Rdn. 67 ff., 76, unter Berufung auf EuGH, 10.11.2016, Rs. C-477/16 PPU, *Kovalkovas*, EU:C:2016:861, Rdn. 42.

548 So OLG München, 13.6.2019, BeckRS 2019, 12391.

549 Dazu oben Rdn. 5.128.

550 In diesem Fall erfolgt das Auslieferungsersuchen formularmäßig (Art. 8 RB.HB), d. h. durch (schlichtes) Ankreuzen der Rubrik im Formular (unter e).

551 Vgl. Art. 2 I RB.HB, im Fall der Verurteilung genügt eine Freiheitsstrafe von vier Monaten.

552 Im Formular des Haftbefehls ist die jeweilige Katalogtat durch (einfaches) Ankreuzen anzugeben.

553 In diesem Fall beträgt die Mindeststrafe drei Jahre. Die fehlende beiderseitige Strafbarkeit ist ein fakultativer Ablehnungsgrund nach Art. 4 Nr. 1 RB.HB.

Die Art. 3 und 4 RB.HB enthalten Ablehnungsgründe, die einer Überstellung entgegenstehen können. Zu unterscheiden sind obligatorische und fakultative Ablehnungsgründe. Art. 3 RB.HB nennt als obligatorische Ablehnungsgründe die Amnestie (Nr. 1), eine vorgängige Verurteilung, *ne bis in idem* (Nr. 2), oder die Strafunmündigkeit im ersuchten Mitgliedstaat (Nr. 3). Die Umsetzung der zwingenden Ablehnungsgründe findet sich (in abweichender Anordnung) in § 83 IRG.[554] 5.132

Der EuGH betonte zunächst den abschließenden Charakter der Ablehnungsgründe der Art. 3 und 4 RB.HB.[555] Die Große Kammer hat jedoch in der Grundsatzentscheidung C-404/15 *Aranyosi und Căldăraru*[556] einen weiteren zwingenden Ablehnungsgrund zugelassen, wenn im Ausstellungsstaat unmenschliche Haftbedingungen oder gar Folter drohen. Grundlage dieser Rechtsprechung ist Art. 4 GRC.[557] Der Ablehnungsgrund erfordert eine zweistufige Prüfung: zunächst hat die ersuchte Justizbehörde das Vorliegen allgemeiner bzw. systemischer Mängel im Ausstellungsstaat zu prüfen. Sodann erfolgt eine Prüfung, ob im konkreten Einzelfall die Gefahr einer unmenschlichen oder erniedrigenden Behandlung besteht. Dabei können die ersuchte und die ersuchende Justizbehörde unmittelbaren Kontakt aufnehmen.[558] Dieselben Prüfungsmaßstäbe gelten auch für den Fall einer (drohenden) Verletzung von Art. 47 II GRC, wenn die Unabhängigkeit der Justizbehörden (Art. 19 I EUV) im Ausstellungsstaat nicht gewährleistet ist und rechtsstaatliche Mängel im Ausstellungsstaat sich auf das konkrete Verfahren auswirken.[559] Im Ergebnis erkennt der Gerichtshof einen ungeschriebenen *ordre public*-Vorbehalt im Rahmen des Europäischen Haftbefehls an.[560] 5.133

Der deutsche Gesetzgeber hat in § 73 IRG weitere Ablehnungsgründe aufgenommen. Nach § 73 S. 1 IRG ist die Überstellung unzulässig, wenn sie gegen den deutschen *ordre public* verstößt; nach § 73 S. 2 IRG, wenn sie die in Art. 6 EUV genannten Grundsätze verletzt. Hierzu zählen die Verbürgungen der GRC und der EMRK. § 73 IRG soll der Rechtsprechung des BVerfG zur „Identitätskontrolle“ 5.134

554 Dazu *Schäfer*, JuS 2019, 856, 858.

555 EuGH, 26.2.2013, Rs. C-399/11, *Melloni*, EU:C:2013:107, Rdn. 37, 63; EuGH, Rs. C-237/15 PPU, *Lanigan*, EU:C:2015:474, Rdn. 36.

556 EuGH, 5.4.2015, Rs. C-404/15, *Aranyosi und Căldăraru*, EU:C:2015:198, Rdn. 78 ff. Der EuGH berief sich zudem auf die in Art. 1 III RB.HB enthaltene Verpflichtung zur Achtung der GRC. Die Entscheidung betraf Haftbedingungen in Ungarn und in Rumänien.

557 Vgl. dazu auch *Lenaerts*, CMLR 54 (2017), 803, 812 ff. sowie 835 f.

558 So ausdrücklich EuGH, 5.4.2015, Rs. C-404/15, *Aranyosi und Căldăraru*, EU:C:2015:198, Rdn. 95 ff., unter Hinweis auf die Möglichkeit, dass die Vollstreckungsbehörde nach Art. 15 II RB.HB von der ersuchenden Justizbehörde weitere Auskünfte anfordert. Ebenso EuGH, 25.7.2018, Rs. C-216/18 PPU, *LM*, EU:C:2018:586, Rdn. 76 ff.; EuGH, 25.7.2018, Rs. C-220/18 PPU, *ML (Haftbedingungen in Ungarn)*, EU:C:2018:589, Rdn. 63.

559 EuGH, 25.7.2018, Rs. C-216/18 PPU, *LM*, EU:C:2018:586, Rdn. 61 ff., 68 ff. Der EuGH verwies darauf, dass die Gerichte der EU-Mitgliedstaaten nicht befugt sind, einseitig die Anwendung des RB.HB auszusetzen – diese Befugnis steht nur dem Europäischen Rat zu (Rdn. 69 ff.).

560 Dazu *Hess*, Travaux du Comité Français DIP (2019), 329, 337 ff.

bei der justiziellen Zusammenarbeit Rechnung tragen.[561] Die Vereinbarkeit der Vorschrift mit dem Unionsrecht ist umstritten[562] – die neuere Rechtsprechung des Gerichtshofs ermöglicht jedoch eine unionsrechtskonforme Handhabung[563] der Vorschrift.[564]

5.135 Art. 4 RB.HB enthält sog. fakultative Ablehnungsgründe. Diese eröffnen dem ersuchten Staat einen Ermessenspielraum bei der Ablehnung des Ersuchens. Zu den Ablehnungsgründen zählen die fehlende Strafbarkeit im Vollstreckungsstaat[565], die parallele strafrechtliche Verfolgung im Vollstreckungsstaat, die Verjährung nach dem Recht des Vollstreckungsstaates, der Grundsatz *ne bis in idem* bzw. eine Verfahrenseinstellung oder rechtskräftige Entscheidung im ersuchten Staat oder einem Drittstaat, die einer weiteren Verfolgung im Wege steht.[566] Nach Art. 5 RB.HB kann die Vollstreckung des Haftbefehls zudem von bestimmten Garantien des Ausstellungsstaates abhängig gemacht werden. Insbesondere kann der ersuchte Staat bei einem Haftbefehl gegen eigene Staatsangehörige verlangen, dass der Beschuldigte nach einer Verurteilung zum Zweck der Strafvollstreckung in den Heimatstaat rücküberstellt wird.[567] Hier wirkt das überkommene Schutzprinzip des Völkerrechts zugunsten der eigenen Staatsangehörigen fort.[568]

5.136 Die Umsetzung des RB.HB in §§ 73–83i IRG (2004) erklärte das BVerfG am 18.7.2005 für nichtig, weil der deutsche Gesetzgeber den Umsetzungsspielraum des RB.HB (insb. Art. 4 und 5) nicht hinreichend genutzt habe. Erforderlich sei, dass die befassten Stellen die widerstreitenden Rechtspositionen (insbesondere im Fall der Auslieferung deutscher Staatsangehöriger nach Art. 16 II GG) konkret abwägten und dass gegen die Bewilligungsentscheidung gerichtlicher Rechtsschutz eröffnet werde (Art. 19 IV GG).[569] Nach der gesetzlichen Neuregelung erfolgt die Prüfung der Bewilligung durch die Generalstaatsanwaltschaften der Länder; die Behörde teilt nach § 79

561 BVerfG, 15.12.2015, BVerfGE 140, 317, Rdn. 41 ff. (Auslieferung zur Vollstreckung eines italienischen Abwesenheitsurteils) – Schuldgrundsatz als Bestandteil der nach Art. 23 I 3 iVm 79 III GG gewährleisteten „Verfassungsidentität".

562 *Böse*, in Hatje/Müller-Graff (Hrg.), Enz.EuR Bd. 3, § 36, Rdn. 15 f.; vgl. insbesondere EuGH, 26.2.2013, Rs. C-399/11, *Melloni*, EU:C:2013:107, Rdn. 63.

563 Die befassten deutschen Justizbehörden sollten primär auf die unionsrechtlichen Verfahrensgarantien abstellen: mithin § 73 S. 2 vor § 73 S. 1 IRG prüfen.

564 Auch das BVerfG betont den weitreichenden Gleichlauf des Grundrechtsschutzes, BVerfG, 15.12.2015, BVerfGE 140, 317, Rdn. 46. Zudem betont das BVerfG, 19.12.2017, BVerfGE 147, 364, Rdn. 40 ff., die Verpflichtung der nationalen Gerichte, vorrangig den EuGH zu Klärung offener Auslegungsfragen anzurufen. Die Vereinbarkeit betont auch *Lenaerts*, CMLR 54 (2017), 803, 822 ff.

565 Das gilt nur für den Fall einer Nicht-Katalogtat, vgl. Art. 2 IV RB.HB.

566 Inhaltlich entspricht die Vorschrift weitgehend den Anerkennungshindernissen des Art. 45 EuGVO, dazu unten § 6 IV, Rdn. 6.227 ff.

567 Dazu BVerfG, 18.7.2005, BVerfGE 113, 273, Rdn. 29.

568 *Hecker*, Europäisches Strafrecht, Kap. 12 II, Rdn. 24.

569 BVerfG, 18.7.2005, BVerfGE 113, 273, Rdn. 29 ff., Rdn. 101 ff., dazu *Vogel*, JZ 2005, 801 ff. Vgl. dazu nunmehr § 80 IRG nF; *Hecker*, Europäisches Strafrecht, Kap. 12, Rdn. 47.

II IRG den Betroffenen die Ergebnisse der Prüfung vorab mit,[570] ihre Begründung übermittelt sie dem OLG mit dem Antrag, über die Zulässigkeit der Auslieferung zu entscheiden, § 79 II 3 IRG. In diesem Verfahren wird der Betroffene angehört.[571] Nach dem Urteil des BVerfG zum Europäischen Haftbefehl kommt der Auslieferungsentscheidung konstitutive Wirkung zu, insbesondere für die gerichtliche Nachprüfung. Ein „automatischer Vollzug" des ausländischen Haftbefehls (ohne vorgelagertes Anerkennungsverfahren) scheidet mithin aus.

Die praktische Bedeutung des Europäischen Haftbefehls ergibt sich aus der stetig ansteigenden Zahl von Verfahren: Im Jahre 2005 wurden europaweit ca. 6.800 Haftbefehle ausgestellt und ca. 830 vollstreckt. Im Jahr 2015 wurden hingegen 16.100 Haftbefehle ausgestellt und ca. 5.300 vollstreckt. Im Jahre 2017 wurden ca. 17.500 Haftbefehle ausgestellt, ca. 7.000 wurden vollstreckt.[572] Die Statistiken verdeutlichen, dass die praktische Wirksamkeit des Haftbefehls über die Jahre stetig verbessert wurde. Allerdings stellt die aktuelle Rechtsstaatskrise (insbesondere in Polen und in Ungarn) das System vor erhebliche Herausforderungen. 5.137

Die gegenseitige Anerkennung von Geldstrafen und Geldbußen ermöglicht ein weiterer Rahmenbeschluss vom 24.2.2005.[573] Danach sind rechtskräftige Entscheidungen über die Verhängung von Geldstrafen und Geldbußen wegen im Katalog des Art. 5 RB aufgeführter Straftaten sowie bestandskräftige Bescheide wegen Ordnungswidrigkeiten (Art. 6 RB) ohne Nachprüfung der beiderseitigen Strafbarkeit anzuerkennen und zu vollstrecken. Die Anerkennung erfolgt auf der Basis eines Formblatts. Allerdings enthält Art. 7 RB einen Katalog allgemeiner Anerkennungshindernisse[574] – zudem ist an versteckter Stelle (Art. 20 III RB)[575] ein allgemeiner *ordre public*-Vorbehalt vorgesehen.[576] Übermäßig hohe Strafen können auf das entsprechende Strafmaß im Vollstreckungsstaat herabgesetzt werden (Art. 8 RB). Das Anerkennungsverfahren regelt der RB nicht, die Vollstreckung erfolgt gemäß Art. 9 RB nach dem Recht des Vollstreckungsstaates. Die Umsetzung erfolgte in den §§ 86 ff. IRG (2008). Zuständige Bewilligungsbehörde ist das Bundesamt für Justiz. 5.138

570 Zum Prüfungsgegenstand *Hecker*, Europäisches Strafrecht, Kap. 12, Rdn. 43 ff.

571 Im Ergebnis besteht eine durchaus aufwendige Prüfung im ersuchten Staat fort – diese legitimiert sich freilich aus der erheblichen Grundrechtsrelevanz der Auslieferung.

572 Commission Staff Working Document: Replies to questionnaire on quantitative information on the practical operation of the European arrest warrant – Year 2017, Brussels 28.8.2019, SWD(2019)318final. https://ec.europa.eu/info/sites/info/files/replies_to_questionnaire_on_quantitative_information_on_the_practical_operation_of_the_european_arrest_warrant_-_year_2017.pdf, besucht am 3.1.2020.

573 Rahmenbeschluss 2005/214/JI über die Anwendung des Grundsatzes der gegenseitigen Anerkennung von Geldstrafen und Geldbußen. ABl. EG 2005 L 76/16 ff. Ausführlich *Gleß*, in: Sieber/Satzger/v.Heinschel Heinegg (Hrg), Europäisches Strafrecht, § 39a.

574 *Gleß*, in: Sieber/Satzger/v.Heinschel Heinegg (Hrg), Europäisches Strafrecht, § 39, Rdn. 34 ff. Der Mindestbetrag liegt bei 70 €.

575 Die deutsche Umsetzung verweist in § 86 IRG auf § 73 IRG.

576 Dazu *Zypries*, NJW 2007, 1424, 1425 f.

5.139 Die gegenseitige Anerkennung der Wirkung von Verurteilungen regeln mehrere Rahmenbeschlüsse. Der RB zur Berücksichtigung der in anderen EU-Mitgliedstaaten ergangenen Verurteilungen in einem neuen Strafverfahren vom 24.7.2008[577] statuiert in Art. 3 den Grundsatz, dass eine in einem anderen EU-Mitgliedstaat ergangene Verurteilung mit den gleichen Wirkungen zu versehen ist wie eine innerstaatliche Verurteilung. Die erfassten Rechtswirkungen betreffen insbesondere die Anrechnung von Untersuchungshaft, die rechtliche Einordnung des Tatbestands, Art und Umfang der verhängten Strafe sowie die Vollstreckungsvorschriften.[578] Die wechselseitige Anerkennung von Bewährungsentscheidungen regelt ein RB vom 27.11.2008;[579] ein RB vom 26.2.2009 betrifft die Anerkennung von Entscheidungen, die im Anschluss an eine Verhandlung ergingen, zu der die betroffene Person nicht erschienen war.[580] Aus der Sicht des Kollisionsrechts regeln diese Rechtsakte nicht nur die Anerkennung der Entscheidungen, sondern vor allem deren Transposition und Anpassung in die Verfahrensrechte des Anerkennungsstaates.[581]

5.140 Ein Rahmenbeschluss vom 22.7.2003 über die Vollstreckung von Entscheidungen über die Sicherstellung von Vermögensgegenständen oder Beweismitteln in der Europäischen Union[582] regelt grenzüberschreitende Beschlagnahmen (vgl. §§ 111b–111d StPO). Das Ersuchen (Sicherstellungsordnung) und dessen Anerkennung erfolgt auf der Basis eines Formblatts. Die ersuchte Behörde erlässt einen Sicherstellungsbescheid. Zwangsmaßnahmen richten sich nach dem Recht des ersuchten EU-Mitgliedstaats.[583] Die Umsetzung in Deutschland erfolgt in den §§ 94 ff. IRG durch eine Vereinfachung der allgemeinen Verfahrensvorschriften der internationalen Rechtshilfe – am Erfordernis der Anerkennung wird dabei festgehalten; die Beschlagnahme erfolgt durch konstitutiven Beschluss des deutschen „Vornahmegerichts".[584]

5.141 Den strafprozessualen Beweistransfer regelt seit dem 22.5.2017 die Europäische Ermittlungsanordnung, RL 2014/41/EU (RL EEA).[585] Sie wurde in den §§ 91a ff. IRG in das deutsche Recht umgesetzt und ersetzt die frühere Europäische Beweisanordnung.[586] Die RL EEA soll für die grenzüberschreitende Beweisgewinnung innerhalb der

577 ABl. EU 2008 L 220/32.

578 Dazu *Hecker*, Europäisches Strafrecht, Kap. 12, Rdn. 57.

579 ABl. EU 2008 L 337/102.

580 ABl. EU 2009 L 81/24.

581 Zur Anpassung ziviljustizieller Entscheidungen nach Art. 54 EuGVO vgl. unten § 6 IV, Rdn. 6.266.

582 RB 2003/577/JI vom 22.7.2003, ABl. EU 2003 L 196/45 ff.

583 *Gleß*, in: Sieber/Satzger/v.Heinschel Heinegg (Hrg), Europäisches Strafrecht, § 39, Rdn. 19 ff.

584 Vgl. § 67 IRG, §§ 94, 102 ff., 111b ff. StPO, Begründung des Gesetzentwurfs in BT-Drs. 16/6563, S. 13.

585 ABl. EU 2014 L 130/1.

586 Der Anwendungsbereich der EEA ist jedoch erheblich weiter. Erfasst sind etwa Ersuchen um die Vernehmung von Beschuldigten, Zeugen, Sachverständigen, Durchsuchungen und Beschlagnahmen, grenzüberschreitende Kontenabfragen, Überwachung des Fernmeldeverkehrs, dazu *Böhm*, NJW 2017, 1512.

Europäischen Union ein einheitliches Verfahren schaffen, das bestimmten Form- und Fristvorgaben folgt und verstärkte Kommunikations- und Kooperationsverpflichtungen der Justizbehörden vorsieht.[587] Der Anwendungsbereich erfasst Rechtshilfemaßnahmen im Bereich der sog. „kleinen Rechtshilfe", mithin alle Ermittlungsmaßnahmen, die für ein Strafverfahren von Belang sein können. Die RL EEA beruht auf dem Grundsatz der gegenseitigen Anerkennung; die Ersuchen werden formularmäßig und fristgebunden bearbeitet. Die Ermittlungsanordnung einer Justizbehörde des Anordnungsstaates wird im Vollstreckungsstaat unmittelbar, d. h. ohne vorangehende innerstaatliche Bewilligung, vollstreckt. Die Gründe für eine Versagung der Vollstreckung sind begrenzt, insbesondere wird die beiderseitige Strafbarkeit nicht geprüft. Jedoch enthält Art. 10 RL EEA eine Vorschrift zur Wahrung der prozessualen Schutzstandards des ersuchten Mitgliedstaats.[588] Im Anschluss an die Rechtsprechung des EuGH enthält Art. 1 IV RL EEA eine Klausel, die den Anordnungsstaat wie den Vollstreckungsstaat unmittelbar an die europäischen Grundrechte bindet;[589] dementsprechend haben beide die Verhältnismäßigkeit der Maßnahme zu prüfen, Art. 11 I lit. f) RL EEA.[590]

c) Der unionsrechtliche Grundsatz des „ne bis in idem"

Im Strafrecht hat das Verbot der Doppelbestrafung besondere Bedeutung. Das verfassungsrechtliche Verbot des *ne bis in idem* (Art. 103 III GG) gilt allerdings nur für inländische Strafverfahren; ein völkergewohnheitsrechtliches Verbot der Doppelbestrafung existiert nach der Rechtsprechung des Bundesverfassungsgerichts nicht.[591] Ein im Rahmen der intergouvernementalen Zusammenarbeit abgeschlossenes Übereinkommen zwischen den EU-Mitgliedstaaten über das Verbot der doppelten Strafverfolgung vom 25.5.1987 trat mangels hinreichender Ratifizierungen bisher nicht in Kraft.[592] Jedoch enthält Art. 54 SDÜ (1990) ein ausdrückliches Justizgrundrecht des *ne bis in idem*. Die Vorschrift lautet: 5.142

> „Wer durch eine Vertragspartei rechtskräftig abgeurteilt worden ist, darf durch eine andere Vertragspartei wegen derselben Tat nicht verfolgt werden, vorausgesetzt, dass im Fall einer Verurteilung die Sanktion bereits vollstreckt worden ist, gerade vollstreckt wird oder nach dem Recht des Urteilsstaats nicht mehr vollstreckt werden kann." 5.143

587 *Hecker*, Europäisches Strafrecht, Kap. 12, Rdn. 13 f.

588 *Hecker*, Europäisches Strafrecht, Kap. 12, Rdn. 14; *Böhm*, NJW 2017, 1512, 1513 – die durchzuführende Maßnahme muss grundsätzlich nach dem Recht des ersuchten Mitgliedstaats zulässig sein.

589 Die deutsche Regierung scheiterte hingegen mit dem Versuch, einen nationalen *ordre public*-Vorbehalt (wie in § 73 IRG) aufzunehmen, *Brahms/Gut*, NStZ 2017, 388, 390. § 91b III IRG verweist auf den unionsrechtlichen *ordre public*-Vorbehalt des § 73 S. 2 IRG, *Böhm*, NJW 2017, 1512, 1523.

590 § 91b I Nr. 1 IRG, dazu *Brahms/Gut*, NStZ 2017, 388, 389 ff.

591 BVerfG, 17.1.1961, BVerfGE 12, 62 (66), dazu *Harms/Heine*, FS Hirsch, S. 85 ff.

592 Dazu *Hecker*, Europäisches Strafrecht, Kap. 13, Rdn. 10 f.

5.144 Inzwischen erstreckt sich der Schengen-Besitzstand auf 29 europäische Staaten (27 EU-Mitgliedstaaten sowie Norwegen und Island). Der Europäische Gerichtshof versteht dabei den Grundsatz des *ne bis in idem* als ein positives (grenzüberschreitendes) Element des europäischen Strafrechts (im Gegensatz zur Freizügigkeit strafgerichtlicher Verurteilungen).[593] Art. 50 GRC greift das Verbot der Doppelsanktionen auf und formt es als europäisches Grundrecht aus.[594]

5.145 Mehrere Urteile des EuGH haben den Begriff der rechtskräftigen Verurteilung präzisiert. Darunter fällt nicht nur ein freisprechendes[595] oder verurteilendes Gerichtsurteil, sondern hierzu zählt auch die Einstellung des Strafverfahrens gegen eine Auflage (Geldzahlung) des Angeklagten.[596] Die weite Auslegung des Doppelbestrafungsverbots begründet der Gerichtshof mit dem funktionalen Zusammenhang des SDÜ zum Raum der Freiheit, der Sicherheit und des Rechts, in dem die Personenfreizügigkeit größtmöglich zu gewährleisten sei. Daher gebiete es der *effet utile*, dass die Beendigung der Strafverurteilung in einem EU-Mitgliedstaat in allen anderen EU-Mitgliedstaaten definitiv anerkannt werde. Dabei stützt sich der EuGH auch auf den Grundsatz der wechselseitigen Anerkennung.[597] Nach der Rechtsprechung des Gerichtshofs kommt es damit darauf an, dass die Entscheidung im Erststaat das Verfahren beendet, die Strafklage endgültig verbraucht und die Strafklage die Entscheidung einer Ahndungswirkung entfaltet. Unter dieser Prämisse hat der EuGH auch einen Freispruch aus Mangel an Beweisen[598] und wegen der Verjährung der Tat (in einem Mitgliedstaat)[599] als strafrechtliche Entscheidung eingeordnet. Zugleich hat der EuGH einen autonomen, europarechtlichen Tatbegriff entwickelt. Danach kommt es darauf an, dass das Geschehen sich als ein „Komplex von Tatsachen darstellt, die in zeitlicher und räumlicher Hinsicht sowie nach ihrem Zweck unlösbar

---

593 Dazu *Lenaerts*, CMLR 54 (2017), 803, 810; *Bribosia/Weyembergh*, CDE 2016, 469, 480, 494 ff.

594 Art. 50 GRC lautet: „Niemand darf wegen einer Straftat, derentwegen er bereits in der Union nach dem Gesetz rechtskräftig verurteilt oder freigesprochen worden ist, in einem Strafverfahren erneut verfolgt oder bestraft werden.“, dazu Streinz/*Streinz*, Art. 50 GRC, Rdn. 5 f.

595 EuGH, 28.9.2006, Rs. C-150/05, *Van Straaten*, EU:C:2006:614, Rdn. 54 ff.; EuGH, 5.6.2014, Rs. C-398/12, *M*, EU:C:2014:1057; vgl. aber auch EuGH, 29.6.2016, Rs. C-486/14, *Kossowski*, EU:C:2016:483, kein Strafklageverbrauch bei der Einstellung durch die Staatsanwaltschaft ohne eingehende Ermittlungen (§§ 153 ff. StPO).

596 EuGH, 11.2.2003, verb. Rs. C-187/01 und C-385/01, *Gözütok* und *Brügge*, EU:C:2003:87, dazu *Vogel/Norouzi*, JuS 2003, 1059.

597 EuGH, 11.2.2003, verb. Rs. C-187/01 und 385/01, *Gözütok* und *Brügge*, EU:C:2003:87, Rdn. 36, 37, zustimmend *Hecker*, Europäisches Strafrecht, Kap. 13, Rdn. 33 ff.; *Satzger*, Internationales und Europäisches Strafrecht, § 10, Rdn. 24 ff.

598 EuGH, 28.9.2006, Rs. C-150/05, *Van Straaten*, EU:C:2006:614.

599 EuGH, 28.9.2006, Rs. C-467/04, *Gasparini*, EU:C:2006:610, Rdn. 37; EuGH, 25.7.2018, Rs. C-268/17, *AY*, EU:C:2018:602, Rdn. 44.

miteinander verbunden sind."[600] Im Ergebnis hat der EuGH damit ein weitreichendes Anerkennungsprinzip für den Strafklageverbrauch im Europäischen Justizraum herausgearbeitet, das auf autonomer Begrifflichkeit aufbaut. Anknüpfungspunkt ist freilich jeweils die Wirkung der Entscheidung des Erststaates. Sie muss unionsrechtliche Mindestvoraussetzungen erfüllen, um als abschließende Entscheidung in allen anderen Mitgliedstaaten anerkannt zu werden. Entscheidend ist dabei, dass nach dem Recht des erstverfolgenden Staates die ergriffene Maßnahme eine neue Verfolgung derselben Tat im Inland ausschließt.[601]

d) Die Koordinierung der internationalen Zuständigkeit im Europäischen Strafverfahrensrecht

Ein strukturelles Problem ist die fehlende Harmonisierung der internationalen Zuständigkeit im europäischen Strafverfahrensrecht. Da alle EU-Mitgliedstaaten traditionell recht weit ausgreifende Zuständigkeiten (beruhend auf dem Universalitäts- bzw. Schutzprinzip) kennen, gibt es im Ausgangspunkt keine Koordination der Strafverfolgungskompetenzen in den EU-Mitgliedstaaten.[602] Dies hat zur Folge, dass es bei der grenzüberschreitenden Strafverfolgung zu Kompetenzkonflikten kommen kann. Sofern die europäischen Strafverfahrensrechte unterschiedlich weite Möglichkeiten der „Vereinbarung" zwischen Angeklagtem und Strafjustiz kennen, kann das Verfolgungsgefälle auch von gut beratenen Angeklagten ausgenutzt werden.[603] Die Koordination der nationalen Strafverfahren erfolgt vielmehr aus „nachgelagerter Perspektive", über den Grundsatz des *ne bis in idem* (Art. 54 SDÜ).[604] Aus der Erfahrung des europäischen Zivilverfahrensrechts erscheint stattdessen eine Harmonisierung der internationalen Zuständigkeit der Gerichte der Mitgliedstaaten notwendig.[605] 5.146

Am 30.11.2009 verabschiedete der Rat einen Rahmenbeschluss zur Vermeidung und Beilegung von Kompetenzkonflikten (RB.Zust).[606] Dieser enthält jedoch keine 5.147

600 EuGH, 9.3.2006, Rs. C-436/04, *Van Esbroeck*, EU:C:2006:165; EuGH, 28.9.2006, Rs. C-150/05, *Van Straaten*, EU:C:2006:614; EuGH, 18.7.2007, Rs. C-367/05, *Kraaijenbrink*, EU:C:2007:444, Rdn. 29.

601 *Hecker*, Europäisches Strafrecht, Kap. 13, Rdn. 35; *Harms/Heine*, FS Hirsch, S. 85, 86 ff.; Streinz/*Streinz*, Art. 50 GRC, Rdn. 14 f. (zum Vorrang des Art. 50 GRC vor Art. 54 SDÜ).

602 Dazu kritisch *Gleß*, ZStW 2004, 353, 361. Vgl. *Requejo Isidro*, in: Hess/Kramer (ed.), From common rules (2017), S. 77, 79 f.: Während das IZVR von der prinzipiellen Gleichwertigkeit (und Austauschbarkeit) der nationalen Privat- und Verfahrensrechte ausgeht, beruht das Strafrecht auf Vorstellungen der nationalen Souveränität und kulturellen Identität als Grundlage der Strafgewalt.

603 Derartige Verhaltensweisen ähneln dem *forum shopping* im internationalen Zivilprozessrecht. Die aktuelle Rechtslage wird durch die weite Interpretation des *ne bis in idem*-Grundsatzes (Art. 54 SDÜ, Art. 50 GRC) durch den EuGH geprägt, oben Rdn. 5.145.

604 *Lagodny*, in: Sieber/Satzger/v. Heinschel Heinegg (Hrg.), Europäisches Strafrecht, § 31, Rdn. 36.

605 So bereits das Grünbuch der EG-Kommission vom 23.12.2003, KOM (2003) 696 endg.

606 ABl. EU 2009 L 328/42, dazu *Hecker*, Europäisches Strafrecht, Kap. 12, Rdn. 4 ff.; Streinz/*Satzger*, Art. 82 AEUV, Rdn. 36.

eigenständige Zuständigkeitsregelung, sondern lediglich ein Konsultationsverfahren, wenn Ermittlungsverfahren in mehreren EU-Mitgliedstaaten wegen derselben Straftat parallel eingeleitet werden. Die Ermittlungsbehörden sollen Informationen austauschen und Konsultationen einleiten, um die Konzentration in einem EU-Mitgliedstaat herbeizuführen (Art. 10 I RB.Zust). Kommt es hingegen zu keiner Einigung, ist Eurojust im Rahmen seiner Zuständigkeit mit der Verfahrenskonkurrenz zu befassen (Art. 12 RB.Zust). Jedoch ist das vom RB vorgesehene Verfahren weder obligatorisch noch justitiabel. Der RB enthält – im Gegensatz zum Vorschlag der EU-Kommission – zudem keinen Kriterienkatalog zu Ermittlung des sachnächsten Gerichts.[607] Ausweislich eines Berichts der EU-Kommission von 2014, hatten lediglich 15 der beteiligten 26 EU Mitgliedstaaten den RB umgesetzt.[608] Damit bleibt letztlich festzuhalten, dass es bis heute keine Koordinierung der Zuständigkeiten im europäischen Strafverfahrensrecht gibt – dies ist die mit Abstand größte Diskrepanz zwischen dem europäischen Zivil- und Strafverfahrensrecht.[609]

e) Die Wirkungsweise der wechselseitigen Anerkennung im Europäischen Strafverfahrensrecht

5.148 Im Vergleich zum Zivilprozessrecht erscheint die Durchführung des Grundsatzes der wechselseitigen Anerkennung bei den Rahmenbeschlüssen zum Haftbefehl, zur Anerkennung von Geldbußen und zur Europäischen Ermittlungsanordnung deutlich zurückgenommen. Zum einen hält der Unionsgesetzgeber am Anerkennungsverfahren fest,[610] diese werden nach den nationalen Verfahrensrechten durchgeführt und enden mit einer konstitutiven Entscheidung zur Durchführung/Bewilligung (bzw. Ablehnung) der Rechtshilfe.[611] Auch der Prüfungsgegenstand des Anerkennungsverfahrens geht im Vergleich zu den Anerkennungshindernissen des Zivilverfahrensrechts inhaltlich deutlich weiter.[612]

5.149 Bei den strafrechtlichen Anerkennungsregelungen finden sich auch die „traditionellen" Versagungsgründe des internationalen Zivilverfahrensrechts (im Hinblick auf die Zustellung, die Wahrung rechtlichen Gehörs, die Vermeidung von Rechts-

607 *Hecker*, Europäisches Strafrecht, Kap. 12, Rdn. 4.

608 KOM (2014) 313 endg.

609 Abhilfe könnte ein weiterer Ausbau der Europäischen Staatsanwaltschaft schaffen, die ihrerseits darüber entscheidet, wo das jeweilige Verfahren einzuleiten ist.

610 Ein System automatischer Anerkennung bzw. direkter Vollstreckung (vgl. Art. 36 ff. EuGVO, dazu unten § 6 IV, Rdn. 6.204 ff.) kennt das europäische Strafrecht nicht.

611 Vgl. dazu §§ 86 ff. IRG; die „Abschaffung von Zwischenverfahren" ist ersichtlich nicht intendiert.

612 Vgl. etwa Art. 45 EuGVO, unten § 6 IV, Rdn. 6.227 ff. Ursache hierfür ist die traditionelle Prüfung der doppelten Strafbarkeit, die im europäischen Strafverfahrensrecht durch die Schaffung von Katalogtaten zumindest teilweise eingeschränkt wird. Aufgegeben wurde hingegen das Erfordernis der Gegenseitigkeit.

kraftkonflikten). Zudem besteht aber auch eine deutliche Tendenz, die ausländische Entscheidung inhaltlich zu überprüfen.[613] Vor diesem Hintergrund kann die explizite Fortschreibung des *ordre public*-Vorbehalts nicht überraschen.[614] Die Beibehaltung des *ordre public* erklärt sich allerdings auch aus den nachhaltigen Eingriffen in die Personen- und Vermögenssphäre der betroffenen Personen, die mit der grenzüberschreitenden Implementierung von Strafverfolgungsmaßnahmen verbunden ist.[615] Der Europäische Gerichtshof hat jedoch über den *ordre public*-Vorbehalt die Grundrechte-Charta effektuiert.[616] Dies führt zur Herausbildung eines einheitlichen, europäischen *ordre public*, der die nationalen *ordre public*-Vorbehalte (soweit sie auf die nationalen Grundrechte gestützt werden) überlagert.[617]

Anders als im europäischen Zivilprozessrecht bleibt die Durchsetzung der strafprozessualen Anerkennung in den nationalen Prozessrechten verankert. Eine wesentliche Ursache hierfür ist der Geltungsgrund des Unionsrechts, das zunächst durch Rahmenbeschlüsse, heute durch Richtlinien implementiert wird, die jeweils eine Umsetzung in den Mitgliedstaaten erfordern. Auswirkungen hat diese vor allem auf die Rechtsbehelfsverfahren: Anders als im Zivilverfahrensrecht, wo die Kontrolle der Entscheidung auf den Ursprungsmitgliedstaat konzentriert wird, hält das europäische Strafverfahrensrecht an der Zweispurigkeit der gerichtlichen Kontrolle fest: Rechtsbehelfe sind sowohl im ersuchenden wie im ersuchten Mitgliedstaat eröffnet (sog. Trennungsmodell).[618] Da der ersuchte Staat eine über den *ordre public* hinausgehende Prüfung vornimmt, ist die Kontrolle im Rechtsbehelfsverfahren ebenfalls erweitert. Hier zeigt sich, dass das europäische internationale Strafverfahrensrecht einen geringeren Integrationsstand aufweist als das europäische internationale Zivilprozessrecht.[619] Dies ist aber letztlich der erhöhten Grundrechtssensibilität des Rechtsgebiets geschuldet.[620] Umgekehrt geht der direkte Dialog zwischen dem 5.150

613 Ein explizites Verbot der *révision au fond* wird ersichtlich nicht diskutiert.

614 Die Umsetzungsvorschriften zu den europäischen Rahmenbeschlüssen verweisen daher auch durchgängig auf den *ordre public*-Vorbehalt nach § 73 IRG; die Eröffnung gerichtlichen Rechtsschutzes im ersuchten Staat hält das BVerfG, 18.7.2005, BVerfGE 113, 273, im Hinblick auf Art 19 IV GG für unerlässlich.

615 Aus diesem Grund sind die ersuchende wie die ersuchte Behörde strikt an den Grundsatz der Verhältnismäßigkeit gebunden.

616 Vgl. oben Rdn. 5.133 ff.

617 Deutlich (und programmatisch) *Lenaerts*, CMLR 54 (2017), 803, 822 ff.

618 *Hecker*, Europäisches Strafrecht, Kap. 12, Rdn. 15 (zu Art.14 RL EEA); *Böse*, in Hatje/Müller-Graff (Hrg.), Enz.EuR Bd. 3, § 36, Rdn. 18.

619 *Requejo Isidro*, in: Hess/Kramer (ed.), From common rules (2017), S. 77, 90 ff.

620 Die Harmonisierung nationaler Verfahren soll hier Abhilfe schaffen – viele Mitgliedstaaten setzen freilich die Richtlinien nur zögerlich um, dazu *Requejo Isidro*, in: Hess/Kramer (ed.), From common rules (2017), S. 77, 98106 (mit zahlreichen Beispielen).

befassten Gericht (Justizbehörden) erheblich weiter als in der justiziellen Kooperation zwischen den Zivilgerichten.[621]

5.151 Anders stellt sich hingegen die Wirkungsweise des Grundsatzes der wechselseitigen Anerkennung beim Strafklageverbrauch dar. Hier hat der EuGH in seiner Rechtsprechung zu Art. 54 SDÜ und zu Art. 50 GRC eine „wirkliche" automatische Anerkennung (ohne Zwischenverfahren) implementiert, dabei zugleich eine eigenständige, autonome Konzeption des Tatbegriffs und der Verurteilung entwickelt. Die Geltung des Grundsatzes *ne bis in idem*, der zugunsten der Betroffenen wirkt, scheint für die Implementierung des Anerkennungsprinzips deutlich besser geeignet als die repressive Strafverfolgung.[622]

5.152 Schließlich wird die wechselseitige Anerkennung strafrechtlicher Entscheidungen von einer Mindestharmonisierung der prozessualen Vorschriften zum Schutz der Betroffenen (Angeschuldigten, Zeugen und Opfer) in den nationalen Strafverfahren flankiert.[623] Auf der Rechtsgrundlage des Art. 82 II lit. b) AEUV hat der Unionsgesetzgeber zahlreiche Richtlinien erlassen, um die prozessualen Rechte der Beschuldigten (und anderer Personen) im Strafverfahren zu stärken.[624] Anders als bei der Kompetenznorm des Art. 81 AEUV begrenzt sich der Anwendungsbereich dieser Rechtsakte nicht auf grenzüberschreitende Verfahren. Die prozessualen Mindestvorschriften sollen vielmehr generell sicherstellen, dass Strafprozesse in den EU-Mitgliedstaaten die von Art. 47 GRC geforderten prozessualen Garantien umsetzen.[625] Zugleich stärken sie die justizielle Zusammenarbeit und das wechselseitige Vertrauen in Straf-

---

621 Vgl. insbesondere Art. 17 RB.HB, dazu EuGH, 25.7.2018, Rs. C-216/18 PPU, *LM*, EU:C:2018:586, Rdn. 76 ff.

622 *Harms/Heine*, FS Hirsch, S. 85, 92 ff.; *Böse*, in Hatje/Müller-Graff (Hrg.), Enz. EuR Bd. 3, § 36, Rdn. 14; *Bribiosa/Weyembergh*, CDE 2016, 453, 494 ff.

623 Streinz/*Satzger*, Art. 82 AEUV, Rdn. 51 ff.

624 RL 2010/64/EU vom 20.10.2010 über das Recht auf Dolmetscherleistungen und Übersetzungen in Strafverfahren, ABl. EU 2010 L 280/1; R 2012/13/EU vom 22.5.2012 über das Recht auf Belehrung in Strafverfahren, ABl. EU 2012 L 142/1; RL 2013/48/EU vom 22.10.2013 über das Recht auf Zugang zu einem Rechtsbeistand in Strafverfahren und in Verfahren zur Vollstreckung des Europäischen Haftbefehls sowie über das Recht auf Benachrichtigung eines Dritten bei Freiheitsentzug und das Recht auf Kommunikation mit Dritten und mit Konsularbehörden während des Freiheitsentzugs, ABl. EU 2013 L 294/1; RL 2016/343/EU vom 9.3.2016 über die Stärkung bestimmter Aspekte der Unschuldsvermutung und des Rechts auf Anwesenheit in der Verhandlung in Strafverfahren, ABl. EU 2013 L 294/1; RL 2016/800/EU vom 11.5.2016 über Verfahrensgarantien in Strafverfahren für Kinder, die Verdächtige oder beschuldigte Personen in Strafverfahren sind, ABl. EU 2016 L 132/1; RL 2016/1919/EU vom 26.10.2016 über Prozesskostenhilfe für Verdächtige und beschuldigte Personen in Strafverfahren sowie für gesuchte Personen in Verfahren zur Vollstreckung eines Europäischen Haftbefehls, ABl. EU 2016 L 297/1.

625 Streinz/*Satzger*, Art. 82 AEUV, Rdn. 52; *Requejo Isidro*, in: Hess/Kramer (ed.), From common rules (2017), S. 77, 98 ff.

sachen.[626] Im Ergebnis übt der Unionsgesetzgeber eine weit reichende Kompetenz zur Angleichung der nationalen Strafverfahren aus.[627]

Eine offene Frage ist freilich, wie sich der Charakter der Vorschriften als Mindestharmonisierung auf die wechselseitige Anerkennung auswirkt: Sind ausländische Entscheidungen immer dann anzuerkennen, wenn der Erlassstaat die Minimalstandards implementiert hat (und einhält), oder kann der ersuchte Staat sich auf sein höheres Schutzniveau berufen? Es scheint, dass die Einhaltung von Minimalstandards für die Freizügigkeit der strafrechtlichen Entscheidungen ausreicht. Dies schafft Spannungen zwischen den EU-Mitgliedstaaten und ist der Verwirklichung der Grundfreiheiten der Art. 47 ff. GRC eher abträglich.[628] Zumindest muss das Niveau der Mindestharmonisierung dem Schutzniveau der GRC entsprechen.[629] Zweifelsfragen entscheidet der EuGH nach Art. 267 AEUV. 5.153

626 „Trust enhancing legislation", so *Lenaerts*, CMLR 54 (2017), 803, 811 f.

627 Zur Kritik des BVerfG an der Reichweite dieser Kompetenznormen vgl. oben Rdn. 5.125 Fn. 528.

628 *Requejo Isidro*, in: Hess/Kramer (ed.), From common rules (2017), S. 77, 103 ff.

629 Dies folgt bereits aus dem Vorrang der GRC gegenüber den Richtlinien als Sekundärrecht.

2. Teil:
Europäisches Internationales Zivilprozessrecht

§ 6 Verfahrenskoordinierung durch die Verordnung Brüssel I (1215/2012/EU)

Literatur[1]: Übergreifend zur Reform der VO 1215/2012: *Czernich/Kodek/Mayr*, Europäisches Gerichtsstands- und Vollstreckungsrecht (4. Aufl. 2016); *Dickinson/Lein* (ed.), The Brussels I Regulation Recast (2015); *Domej*, Die Neufassung der EuGVVO – Quantensprung im Europäischen Zivilprozessrecht, RabelsZ 98 (2014), 508; *Ferrari/Ragno* (ed.), Cross-border Litigation in Europe: The Brussels I Recast Regulation as a panacea? (2015); *Guinchard* (ed.), Le nouveau règlement Bruxelles I^{bis} (2014); *v. Hein*, Die Neufassung der Europäischen Gerichtsstands- und Vollstreckungsverordnung, RIW 2013, 59; *Hess*, Seminal Judgments in the case law of the European Court of Justice, in: Hess/Lenaerts (ed.), The 50th Anniversary of the European Law of Civil Procedure (2019); *ders.*, The Brussels I Regulation: Recent case law of the Court of Justice and the Commission's proposed recast, CMLR 49 (2012), 1075; Jamal, Europäisches Zivilverfahrensrecht und gewerblicher Rechtsschutz (2015); *Magnus/Mankowski* (ed.), The Brussels I^{bis} Regulation (Commentary, 2nd ed. 2016); *Mankowski*, Die Änderungen im Internationalen Verbraucherprozessrecht durch die Neufassung der EuGVVO, RIW 2014, 625; *Nielsen*, The Brussels I^{bis} Regulation, CMLR 50 (2013), 503; *Nuyts*, La refonte du règlement Bruxelles I, Rev. crit. DIP 2013, 1; *Pampoukis* (ed.); Jurisdiction, Recognition and Enforcement of Judgments in Civil and Commercial Disputes. The New Revised Regulation 1215/2012 Brussels I^{bis} (2014); *Pfeiffer*, Die Fortentwicklung des Europäischen Prozessrechts durch die neue EuGVO, ZZP 127 (2014), 409; *Stadler/Kloepfer*, Die Reform der EuGVVO – von Umwegen, Irrwegen und Sackgassen, ZEuP 2015, 732; *Staudinger/Steinbrück*, Das neue Zuständigkeitsregime bei zivilrechtlichen Auslandssachverhalten, JuS 2015, 1.

2. Zum Anwendungsbereich: *Althammer/Tolani*, Der klageweise Zugriff des Insolvenzverwalters auf ausländisches Vermögen – insolvenzrechtliche Annexklagen als rechtliche Schnittstellenproblematik, FS Schilken (2015), 589; *Becker/Müller*, Intertemporale Urteilsanerkennung und Art. 66 EuGVO, IPRax 2006, 432; *Bittmann*, Der Begriff der „Zivil- und Handelssache im internationalen Rechtshilfeverkehr", IPRax 2012, 216; *Dutta/Heinze*, Anti-suit injunctions zum Schutz von Schiedsvereinbarungen, RIW 2007, 411; *Gaillard*, Aspects philosophiques du droit de l'arbitrage international (2008) = RdC 329 (2007), 49; *Gómes Jene*, Internationale Schiedsgerichtsbarkeit und Binnenmarkt, IPRax 2005, 84; *Haas*, Insolvenzrechtliche Annexklagen und internationale Zuständigkeit, ZIP 2013, 2381; *Heinig*, Die Konkurrenz der EuGVVO mit dem übrigen Gemeinschaftsrecht, GPR 2010, 36; *Heinze/Dutta*, Enforcement of Arbitration Agreements by Anti-Suit Injunction in Europe – From Turner to West Tankers, YbPrInt'l L 9 (2007), 415; *ders.*, The Private-Public Divide in International Dispute Resolution, RdC 388 (2018), 49; *ders.*, Schiedsgerichtsbarkeit und europäisches Zivilprozessrecht, JZ 2014, 548; *ders.*, Der intertemporale Anwendungsbereich des Europäischen Zivilprozessrechts in den EU-Beitrittsstaaten, IPRax 2004, 374; *ders.*, Amtshaftung als Zivil- und Handelssache iSv Art. 1 EuGVÜ, IPRax 1994, 10; *ders./Oro*, Civil and Commercial Matters, in: European Encyclopedia of Private International Law (2017), 347; *Jenard*, L'Arbitrage et les Conventions C.E.E. en Matière de Droit International Privé, FS Bülow (1981), S. 79; *Kohler*, Abschied von der autonomen Auslegung des Begriffs „Zivil- und Handelssache", IPRax 2015, 52; *Knöfel*, Zum Begriff der „Zivil- und Handelssache" im Europäischen Zivilprozessrecht, GPR 2015, 251; *Kusche*, Die Anerkennung des Scheme of Arrangement in Deutschland (2014); *Mankowski*, Kann ein Schiedsspruch ein Hindernis für die Anerkennung einer ausländischen Entscheidung sein?: SchiedsVZ 2014, 209 ff.; *Mourre*, Faut-il un statut communautaire à l'arbitrage?, Bull. ASA 23 (2005), 408; *Muir Watt/Pataut*, Les actes iure imperii et le Règlement Bruxelles 1, Rev.

1 Weitere Literaturnachweise enthält das Allgemeine Schrifttumsverzeichnis. Dieses Verzeichnis enthält vor allem Hinweise zu aktueller und zu grundlegender Literatur. Zur älteren Literatur vgl. Voraufl.

https://doi.org/10.1515/9783110715156-006

crit. DIP 2008, 61; *Naumann*, Englische anti-suit-injunctions zur Durchsetzung von Schiedsvereinbarungen (2008); *Requejo Isidro*, The Use of Force, Human Rights Violations and the Scope of the Brussels I Regulation, YbPIL 14 (2012/13), 113; *Schlosser*, Brüssel I und die Schiedsgerichtsbarkeit, SchiedsVZ 2009, 129; *ders.*, Die Erstreckung von Brüssel I auf die Schiedsgerichtsbarkeit?, in: ders./ Wagner (Hrg.), Die Vollstreckung von Schiedssprüchen (2008), S. 145; *Steinbrück/Illmer*, Brussels I and Arbitration: Declaratory Relief as an Antidote to Torpedo Actions under a reformed Brussels I Regulation, SchiedsVZ 2009, 188; *van Houtte*, Why not include Arbitration in the Brussels Regulation, Arb Int 2005, 509; *v. Hein*, Betreuungsrechtliche Genehmigungserfordernisse zur Veräußerung von Immobilien, IPRax 2015, 198; *Wedemann*, EuGVVO oder EuInsVO bei gesellschaftsrechtlichen Haftungsklagen, IPRax 2015, 505 ff.; *Zobel*, Schiedsgerichtsbarkeit und Gemeinschaftsrecht (2005).

3. Zum Zuständigkeitssystem: *Adolphsen*, Renationalisierung von Patentstreitigkeiten in Europa, IPRax 2007, 15; *Albers*, Die Begriffe der Zweigniederlassung und der Hauptniederlassung im internationalen Privat- und Verfahrensrecht (2010); *Althammer*, Die Auslegung der Europäischen Streitgenossenzuständigkeit durch den EuGH – Quelle nationaler Fehlinterpretation, IPRax 2008, 228; *Arnold*, Der internationale Gerichtsstand bei Drittwiderklagen im Zivilverfahrensrecht, FS Schütze (2014), S. 17; *Bajons*, Der Gerichtsstand des Erfüllungsorts: Ein Rück- und Ausblick auf eine umstrittene Norm, FS Geimer (2002), S. 15; *Bariatti* (ed.), Litigating Intellectual Property Rights Cross-border (2010); *Briggs*, Agreements on Jurisdiction and Choice of Law (2nd ed. 2015); European Max Planck Group on Conflict of Laws in Intellectual Property (ed.), The CLIP Principles and Commentary (2013); *Dostal*, Zur internationalen Zuständigkeit für Klagen aus grenzüberschreitenden Vertriebsverträgen, EuZW 2018, 944 ff. u. 983 ff.; *Egler*, Seeprivatrechtliche Streitigkeiten unter der EuGVVO (2011); *Fuchs*, Internationale Zuständigkeit für Direktklagen, IPRax 2008, 104; *Garber*, Zum Schutz der Arbeitnehmer in der Neufassung der Brüssel I-VO, FS Schütze (2014), S. 81; *Geimer*, Forum actoris für Kapitalanlegerklagen, FS Martiny (2014), S. 711; *ders.*, Unterwerfung des Beklagten als Basis internationaler Zuständigkeit, FS Rechberger (2005), S. 155; *ders.*, Die Sonderrolle der Versicherungssachen im Brüssel I-System, FS Heldrich (2005), S. 626; *Gsell*, Entwicklungen im Europäischen Verbraucherzuständigkeitsrecht, ZZP 127 (2014), 407; *Halfmeier*, Die Vollstreckungsgegenklage im Recht der internationalen Zuständigkeit, IPRax 2007, 381; *Hartley*, Choice of Court Agreements under the European and International Instruments (2013); *Hau*, Klagemöglichkeiten juristischer Personen im Internet, GRUR 2018, 163; *ders.*, Kaufpreisklage des Verkäufers im reformierten europäischen Vertragsgerichtsstand – ein Heimspiel?, JZ 2008, 974; *ders.*, Positive Kompetenzkonflikte im IZPR – Überlegungen zur Bewältigung von multifora disputes (1996); *v. Hein*, Protecting victims of cross-border torts under Article 7 no 2 Brussels I^{bis}: towards a more differentiated and balanced approach, Yb Pr Int'l L 16 (2014/15), 241; *ders.*, Der Gerichtsstand der unerlaubten Handlung bei arbeitsteiliger Tatbegehung im internationalen Zivilprozessrecht, IPRax 2013, 505; *ders.*, Internationale Zuständigkeit und anwendbares Recht bei grenzüberschreitendem Kapitalanlagebetrug, IPRax 2006, 460; *Heinze*, Surf global, sue local: Der neue Klägergerichtsstand bei Persönlichkeitsrechtsverletzungen im Internet, EuZW 2011, 947; *ders.*, Choice of Court Agreements, RabelsZ 75 (2011), 581; *Herranz Ballesteros*, The Regime of Party Autonomy in the Brussels I Recast: The Solutions Adopted for Agreements on Jurisdiction, J Priv Int L 10 (2014), 291; *Hess*, Die Auslegung kollidierender Gerichtsstandsklauseln im europäischen Zivilprozessrecht, FS Prütting (2018); *ders.*, The protection of privacy in the case law of the CJEU, in: ders./Mariottini (ed.), Protecting Privacy in Private International and Procedural Law and by Data Protection (2015), 81; *ders.*, Zum Schutz der Privatsphäre im Europäischen Zivilverfahrensrecht, JZ 2012, 189; *ders.*, Die allgemeinen Gerichtsstände der Brüssel I-Verordnung, FS Lindacher (2007), S. 53; *Hub*, Internationale Zuständigkeit in Versicherungssachen nach der VO 44/01/EG (2005); *Huber*, Internationale Gerichtsstandsvereinbarungen, FS Müller-Graff (2015), S. 383; *Jayme*, Der Klägergerichtsstand für Drittklagen am Wohnsitz des Geschädigten (Art. 11 II iVm Art. 9 EuGVO): Ein Danaergeschenk des EuGH für die Opfer von Verkehrsunfällen, FS v. Hoffmann (2011), S. 656; *Juenger*, Judicial Jurisdiction in the United States and in the European Communities: A Comparison, Mich.L.Rev. 82 (1983/84), 1195; *Junker*, Der Gerichtsstand für internationale Verträge nach der Brüssel I-VO im Lichte der neueren Rechtsprechung des EuGH, FS Martiny (2014), S. 761; *ders.*, Arbeitnehmerschutz im Ausland – Anzuwendendes Recht und internationale Zuständigkeit (2007); *Koechel*, Zeitpunkt der Zuständigkeit und rügelose Einlassung, IPRax 2018, 165; *ders.*, Gegenstand und Reichweite der Europäischen Einlassungszuständigkeit, FS Kohler (2018), S. 229; *ders.*, Ausschließliche Gerichtsstandsvereinbarungen zugunsten von Drittstaaten im Anwendungsbereich der EuGVO, GPR 2016, 204; *ders.*, Zur rügelosen Einlassung des Abwesenheitskurators, IPRax 2015, 303; *Kohler*, Die Revision des Brüsseler und des Luganer Übereinkommens über die gerichtliche Zuständigkeit und die Vollstreckung gerichtlicher Entscheidungen in Zivil- und Handelssachen – Generalia und Gerichtsstandsproblematik, in: Gottwald (ed.), Revision des EuGVÜ – Neues Schiedsverfahrensrecht, 2000, 1; *Koutsoukou*, Die Aufrechnung im europäischen Kollisions- und Verfahrensrecht (2018), Kap. 10; *Leible/Röder*, Missbrauchskontrolle von Gerichtsstandsvereinbarungen im Europäischen Zivilprozessrecht, RIW 2007, 481; *Lindacher*, Internationale Gerichtsstandsvereinbarungen in AGB unter dem Geltungsregime von Brüssel I, FS Schlosser (2005), S. 461; *Lukas*, Die Person mit unbekanntem Aufenthalt im zivilrechtlichen Erkenntnisverfahren (2018); *Magnus*, Gerichtsstandsvereinbarungen unter der reformierten EuGVO, FS Martiny (2014), S. 785; *Mankowski*, Zivilverfahren vor Strafgerichten und EuGVVO, FS Matscher (2008), S. 785; *Mari*, Il diritto processuale civile della convenzione di Bruxelles – Il sistema della competenza, 1999; *Markus*, Tendenzen beim materiell-rechtlichen Vertragserfüllungsort im internationalen Zivilverfahrensrecht (2009); *Marshall*, Unbalanced Jurisdiction Clauses under the Lugano Convention, ZEuP 2016, 515; *Nunner-Krautgasser*, Die Neuregelung der ausschließlichen Gerichtsstandsvereinbarung in der EuGVVO, ZZP 127 (2014), 461; *Nordmeier*, Internationale Gerichtsstandsvereinbarungen nach der EuGVVO nF, RIW 2016, 331; *ders./Schichmann*, Die Sicherung der Belehrung vor rügeloser Einlassung, GPR 2015, 199; *Oberhammer/Slonina*, Grenzüberschreitende Gewinnzusagen im europäischen Prozessrecht, FS Yessiou-Faltsi (2007), S. 419 ff.; *Pato*, Collective Redress for Cartel Damage Claims in the EU after DCD v. Akzo Nobel et al, Yb Pr Int'l L 16 (2014/15), 217; *Peschel*, Der europäische Verbrauchergerichtsstand (2018); *Pfeiffer*, Die Absicherung von Gerichtsstandsvereinbarungen durch Vereinbarung eines materiellrechtlichen Kostenerstattungsanspruchs, FS Lindacher (2007), S. 77; *Richter*, Rügelose Einlassung des Verbrauchers im Europäischen Zivilprozessrecht, RIW 2006, 578; *Röß*, Rügelose Einlassung bei grenzüberschreitenden Verbrauchersachen, NJW 2018, 3745; *W. H. Roth*, Internationale Zuständigkeit bei Kartellrechtsstreitigkeiten, IPRax 2016, 318; *ders.*, Persönlichkeitsschutz im Internet – Internationale Zuständigkeit und anwendbares Recht, IPRax 2013, 215; *ders.*, Der europäische Deliktsgerichtsstand bei Kartellstreitigkeiten, FS Schilken (2015), S. 427; *Schlosser*, Materiell-rechtliche Wirkungen von (nationalen und internationalen) Gerichtsstandsvereinbarungen?, FS Lindacher (2007), S. 111; *ders.*, Jurisdiction in International Litigation. The Issue of Human Rights in Relation to National Law and the Brussels Convention, Riv. dir. Int. 1991, 5; *Schoibl*, Die Prüfung der internationalen Zuständigkeit nach Europäischem Verfahrensrecht in Zivil- und Handelssachen, ZZPInt. 10 (2005), 123; *Siehr*, Das Forum rei sitae in der neuen EuGVO (Art. 7 Nr. 4 EuGVO nF) und der internationale Kulturgüterschutz, FS Martiny (2014), S. 837; *Siaplaouras*, Gerichtsstandsvereinbarungen und Streitgenossenschaft im Europäischen Zivilprozessrecht, GPR 2019, 13; *Simotta*, Zur materiellen Nichtigkeit von Gerichtsstandsvereinbarungen, FS Schütze II (2014), S. 541; *Stadler*, Der deliktische Erfolgsort als internationaler Gerichtsstand bei reinen Vermögensschäden, FS Geimer (2017), S. 715; *dies.*, Schadensersatzklagen im europäischen Kartellrecht – Forum shopping welcome, JZ 2015, 1138; *dies.*, From the Brussels Convention to Reg. 44/2001: Cornerstones of an European Law of Civil Procedure, CMLR 42 (2005), 1637; *Stürner*, Die erzwungene Intervention Dritter im Europäischen Zivilprozess, FS Geimer (2002), S. 1307; *Usunier*, La régulation de la compétence en droit international privé (2008); *Villata*, l'attuazione degli accordi di scelta del foro nel regolamento Bruxelles I (2012); *G. Wagner*, Ehrenschutz und Pressefreiheit im europäischen Zivilverfahrens- und IPR, RabelsZ 62 (1998), 243; *Wilderspin*, La compétence juridictionnelle en matière concernant les litiges concernant les droits de propriété intellectuelle, Rev. Crit. 2006, 777; *Wais*, Der europäische Erfüllungsgerichtsstand für Dienstleistungsverträge (2013); *Würdinger*, Europäisches Verbraucherprozessrecht im Visier der Methodenlehre, FS Gottwald (2014), S. 693.

4. **Zur Rechtshängigkeit:** *Böhm*, Der Streitgegenstandsbegriff des EuGH und seine Auswirkungen auf das österreichische Recht, in: Bajons/Mayr/Zeiler (Hrg.), Die Übereinkommen von Brüssel und Lugano (Wien 1997), S. 141; *Bomhoff*, Judicial Discretion in European Law on Conflicts of Jurisdiction (2005); *Cuniberti*, Action déclaratoire et droit judiciaire européen, Clunet 2004, 77; *Gottwald*, Streitgegenstandslehre und Sinnzusammenhänge, in: ders./Greger/Prütting (Hrg.), Dogmatische Grundfragen des Zivilprozesses im geeinigten Europa (2000), S. 85; *Hau*, Positive Kompetenzkonflikte im Internationalen Zivilprozeßrecht (1996); *Heinze/Roffael*, Internationale Zuständigkeit für Entscheidungen über ausländische Immaterialgüterrechte, GRUR Int. 2006, 787; *Klöpfer*, Missbrauch im Europäischen Verfahrensrecht (2016); *Koechel*, Wann steht die Zuständigkeit des zuerst angerufenen Gerichts im Sinne von Art. 27 EuGVVO fest?, IPRax 2014, 394; *McGuire*, Verfahrenskoordination und Verjährungsunterbrechung im Europäischen Prozessrecht (2004); *Nieroba*, Die europäische Rechtshängigkeit nach der EuGVVO an der Schnittstelle zum nationalen Zivilprozessrecht (2006); *Nordmeier*, Eintritt und Fortbestand der Rechtshängigkeit nach Art. 16 EuEheGVO und Art. 32 EuGVO, IPRax 2016, 329; *H. Roth*, Schranken der Aussetzung nach § 148 ZPO und Art. 28 EuGVO, FS Jayme I (2004), S. 747; *Rüßmann*, Die Streitgegenstandslehre und die Rechtsprechung des EuGH – nationales Recht unter gemeineuropäischem Einfluß?, ZZP 113 (1998), 399; *Sander/Breßler*, Das Dilemma mitgliedstaatlicher Rechtsgleichheit und unterschiedlicher Rechtsschutzstandards in der Europäischen Union, ZZP 122 (2009), 157; *Schmehl*, Parallelverfahren und Justizgewährung (2011); *Stadler*, Vertraglicher und deliktischer Gerichtsstand im europäischen Zivilprozessrecht, FS Musielak (2004), S. 569; *Walker*, Die Streitgegenstandslehre und die Rechtsprechung des EuGH – nationales Recht unter gemeineuropäischem Einfluß, ZZP 113 (1998), 429.

5. **Zur Titelfreizügigkeit:** *Adolphsen*, Gegenwartsfragen der Anerkennung im Internationalen Zivilprozessrecht, in: Hess (Hrg.), Die Anerkennung im Internationalen Zivilprozessrecht (2014), 1; *Ahrens*, Die grenzüberschreitende Vollstreckung von Unterlassungs- und Beseitigungstiteln, FS Schütze II (2014), S. 1; *Atteslander-Dürrenmatt*, Der Prozessvergleich im internationalen Verhältnis (2006); *Bajons*, Von der Internationalen zur Europäischen Urteilsanerkennung und -vollstreckung. Entwicklungsstadien des österreichischen Rechts auf dem Weg zum Europäischen Vollstreckungstitel, FS Rechberger (2005), S. 1; *Callé*, L'acte public en droit international privé (2004); *Cuniberti*, Le fondement de l'effet des jugements étrangers, RdC 394 (2018), 101; *ders.*, The Recognition of Foreign Judgments Lacking Reasons in Europe: Access to Justice, Foreign Court Avoidance, and Efficiency, ICLQ 57 (2008), 25; *Droz*, Convention de Bruxelles: Ce qui va et ce qui ne va pas en matière de'exécution des décisions, FS Schockweiler (1999), S. 61; *Frische*, Verfahrenswirkungen und Rechtskraft gerichtlicher Vergleiche (2006); *Gascón Inchausti*, Reconocimiento y ejecución de resoluciones extranjeros en el nuevo reglamento Bruselas I Bis (2016); *ders.*, La reconnaissance et l'exécution des décisions dans le Règlement Brussels I^{bis}, in: Guinchard (ed.), Le nouveau règlement Brussels I^{bis} (2014), S. 205 ; *Geimer*, Unionsweite Vollstreckung ohne Exequatur, FS Schütze II (2014), S. 109; *Hartung*, Die europäische Titelfreizügigkeit (2020); *Hau*, Brüssel Ia-VO – Neue Regeln für die Anerkennung ausländischer Entscheidungen in Zivil- und Handelssachen, MDR 2014, 1417; *ders.*, Executio non conveniens? Zum Ausschluss der Vollstreckung anerkennungsfähiger ausländischer Entscheidungen, ZVglRWiss 2017, 23; *Haubold*, Europäische Titelfreizügigkeit und Einwände des Schuldners in der Zwangsvollstreckung, FS Schütze II (2014), S. 163; *Hess*, Urteilsfreizügigkeit nach der VO Brüssel Ia: beschleunigt oder ausgebremst?, FS Gottwald (2014), S. 273; *ders.*, Die Unzulässigkeit materieller Einwendungen in Beschwerdeverfahren nach Art. 43 ff. EuGVO, IPRax 2008, 22; *ders./Hub*, Die vorläufige Vollstreckbarkeit ausländischer Urteile im Binnenmarktprozess, IPRax 2003, 93; *Jayme*, Nationaler ordre public

und europäische Integration – Betrachtungen zum Krombach-Urteil des EuGH (2000); *Kengyl*, Die Vollstreckung ohne Exequaturverfahren, FS Müller-Graff (2015), S. 409; *König/Praxmarer*, Vorläufige Vollstreckbarkeit, Rückforderung und Schadensersatz nach nationalem und europäischem Zivilverfahrensrecht (2016); *Mäsch/Peiffer*, Das neue Vollstreckungsregime unter der Brüssel Ia-VO, RIW 2019, 245; *Matscher*, Die indirekte Wirkung des Art. 6 EMRK bei der Anerkennung und Vollstreckung ausländischer Entscheidungen, FS Kollhosser (2004) Bd. II, S. 427; *Nelle*, Titel, Anspruch und Vollstreckung im internationalen Rechtsverkehr (2000): *Niboyet/Sinopoli*, L'exéquatur des jugements étrangers en France, Gaz. Pal. (Doctrine) 2004, 1739; *Oberhammer*, Der Europäische Vollstreckungstitel: Rechtspolitische Ziele und Methoden, JBl. 2006, 477; *Peiffer*, Grenzüberschreitende Titelgeltung in der europäischen Union (2012); *Regen*, Prozessbetrug als Anerkennungshindernis (2008); *Schack*, Die Vollstreckungsstandschaft im deutschen und europäischen Recht, FS Prütting (2018), S. 773; *ders.*, „Anerkennung" ausländischer Entscheidungen, FS Schilken (2015), S. 445; *Stadler*, Kollektiver Rechtsschutz und Revision der Brussels I Verordnung, FS Kaisis (2012), S. 951; *dies.*, Die Revision des Brüsseler und des Lugano-Übereinkommens – Vollstreckbarerklärung und internationale Vollstreckung, in: Gottwald (Hrg.), Revision des EuGVÜ (2000), S. 37; *R. Stürner*, Anerkennungsrechtlicher und europäischer Ordre Public als Schranke der Vollstreckbarerklärung – der Bundesgerichtshof und die Staatlichkeit in der Europäischen Union, FS Wiss. 50 Jahre Bundesgerichtshof, Bd. III (2000), S. 677; *Thole*, Die zuständigkeitsrechtliche Zurechnung des Handlungsorts unter § 32 ZPO und Art. 7 Nr. 2 EuGVVO nF, FS Schilken (2015), S. 523; *Ulrici*, Anerkennung und Vollstreckung nach Brüssel Ia, JZ 2016, 127; *ders.*, Inländische Anerkennungs- und -Vollstreckungsbescheinigung nach der Brüssel Ia-VO, GPR 2015, 295; *van de Velden/Stefanelli*, The Effect in the European Community of Judgments in Civil and Commercial Matters: Recognition, Res Judicata and Abuse of Process (2008); *Wolber*, Schuldnerschutz im Zwangsvollstreckungsrecht (2015); *M. Wolf*, Einheitliche Urteilsgeltung im EuGVÜ, FS Schwab (1990), S. 561.

6. **Zum einstweiligen Rechtsschutz:** *Ahrens*, Die grenzüberschreitende Vollstreckung von Unterlassungs- und Beseitigungstiteln, FS Schütze II (2015), S. 1; *Consolo*, The Subtle Interpretation of the Case Law of the European Court on Provisional Remedies, ZSR 124 II (2006), 359; *Cuniberti*, Les mesures conservatoires portant sur des biens situés à l'étranger (2000); *Eichel*, Die Auswirkungen der Brüssel I-Reform auf die Zuständigkeit für den einstweiligen Rechtsschutz gemäß Art. 35 EuGVO, ZZP 131 (2018), 71; *Fentiman/Nuyts/Tagaras/Watté* (ed.), L'espace judiciaire européen en matières civile et commerciale (1999); *Garber*, Einstweiliger Rechtsschutz nach der EuGVO (2011); *Garcimartín*, Provisional and Protective Measures in the Brussels I Recast, Yb PIL XIV (2014/2015), 57; *Heinze*, Einstweiliger Rechtsschutz im Europäischen Immaterialgüterrecht (2008); *Hess/Zhou*, Beweissicherung und Beweisbeschaffung im Europäischen Justizraum, IPRax 2007, 183; *Hess*, Die begrenzte Freizügigkeit einstweiliger Maßnahmen im Europäischen Binnenmarkt II, IPRax 2000, 370; *ders./Vollkommer*, Die begrenzte Freizügigkeit einstweiliger Maßnahmen nach Art. 24 EuGVÜ, IPRax 1999, 220; *Ingenhoven*, Grenzüberschreitender Rechtsschutz durch englische Gerichte (2001); *Knöfel*, Freier Beweistransfer oder „Exklusivität" der Rechtshilfe in Zivilsachen?, IPRax 2013, 231; *Kramer*, Het kort geding in internationaal perspectief (2001); *Nuyts*, Cross-Border Provisional Measures: Stepping Backwards in the Brussels I Recast, in: van Calster & Jura Falcone (ed.), European Private International Law at 50 (2019), S. 83; *Perez Ragone/Chen*, Europäischer einstweiliger Rechtsschutz – eine dogmatische Systembildung im Lichte der EuGH-Entscheidungen, ZZPInt 17 (2012), 231; *Schulz*, Einstweilige Maßnahmen nach dem Brüsseler Gerichtsstands- und Vollstreckungsübereinkommen in der Rechtsprechung des Gerichtshofs der Europäischen Gemeinschaften (EuGH), ZEuP 2001, 805; *Stadler*, Erlaß und Freizügigkeit einstweiliger Maßnahmen im Anwendungsbereich des EuGVÜ, JZ 1999, 1089; *R. Stürner*, Einstweiliger Rechtsschutz – Generalbericht, in: Storme (ed.), Procedural Laws in Europe (2003), S. 143; *Wannemacher*, Einstweilige Maßnahmen im Anwendungsbereich von Art. 31 EuGVO in Frankreich und Deutschland (2007); *Wilke*, The Impact of the Brussels I Recast on important Brussels I case law, JPIL 11 (2015), 128;

Wolf/Lange, Das europäische System des einstweiligen Rechtsschutzes – doch noch kein System?, RIW 2003, 55; *Zerr*, Prozesstaktik bei Arrestverfahren nach der Neufassung der EuGVO, EuZW 2013, 292.

7. Sonstige Vollstreckungstitel: *de Leval*, Reconnaissance et exécution de l'acte notarié dans l'espace européen, FS Delnoy (2005), S. 663; *Eichel*, Wer vertraut wem? – Grundlage und Umfang einer materiellen Kognitionsbefugnis des Gerichts bei der Feststellung eines Prozessvergleichs, Jb Jung. ZRWiss 2010, 149; *Fitchen*, Authentic Instruments and European Private International Law in Civil and Commercial Matters: Is Now the Time to Breach New Grounds?, JPIL 7 (2011), 33; *Frische*, Verfahrenswirkungen und Rechtkraft gerichtlicher Vergleiche (2006); *Geimer*, Freizügigkeit volllstreckbarer Urkunden im Europäischen Wirtschaftsraum, IPRax 2000, 366; *Halfmeier*, Recognition of a WCAM settlement in Germany, NIPR 2012, 176; *Hess*, A Coherent Approach to European Collective Redress, in: Fairgrieve/Lein (ed.), Extraterritoriality and Collective Redress (2012), 107; *Leutner*, Die vollstreckbare Urkunde im internationalen Rechtsverkehr (1997); *Münch*, Die vollstreckbare Notarsurkunde im Anwendungsbereich der VO (EG) 805/2004, FS Rechberger (2005), S. 395; *Rechberger*, Perspektiven der grenzüberschreitenden Zirkulation und Vollstreckung notarieller Urkunden in Europa, FS Geimer (2002), S. 903; *Renna*, Prozessvergleich und internationale Zuständigkeit, JURA 2009, 119; *Stadler*, Grenzüberschreitende Wirkung von Vergleichen und Urteilen im Musterfeststellungsverfahren, NJW 2020, 265.

6.1 Die VO 1215/2012/EU (EuGVO) enthält die Kernregelungen des Europäischen Zivilprozessrechts. Sie wird aufgrund ihrer Entstehungsgeschichte auch als „Brüssel Ia-Verordnung" bezeichnet.[2] Die EuGVO koordiniert grenzüberschreitende Prozesse in Europa durch einheitliche Zuständigkeits-, Rechtshängigkeits- und Anerkennungsregeln. Die einheitlichen Zuständigkeitsregeln eröffnen Klägern im Binnenmarkt und im Europäischen Justizraum den Zugang zum Gericht;[3] die einheitlichen Anerkennungs- und Vollstreckungsregeln gewährleisten Urteilsfreizügigkeit im Europäischen Prozessrecht und damit die unionsweite Vollstreckung von Titeln aus den EU-Mitgliedstaaten.[4] Die Rechtshängigkeitsvorschriften der Vorordnung verhindern Doppelbefassungen (und widersprechende Urteile) im Europäischen Justizraum. Darüber hinaus erfüllt die EuGVO die Funktion eines allgemeinen Referenzinstruments für die neueren Rechtsakte des Europäischen internationalen Zivilprozessrechts.[5]

6.2 Vom Inhalt her ist der Regelungsgegenstand der Brüssel I-VO beschränkt: Die EuGVO koordiniert die Prozessrechte der EU Mitgliedstaaten, ohne sie zu vereinheit-

2 Diese Bezeichnung ergibt sich aus der Ersetzung des Brüsseler Gerichtsstands- und Vollstreckungsübereinkommens (EuGVÜ) durch die EuGVO zunächst mit Ausnahme Dänemarks (vgl. Art. 68 I EuGVO). Zur Rechtsentwicklung vgl. oben § 2 I, Rdn. 2.38 ff.

3 EuGH, 1.3.2005, Rs. C-281/02, *Owusu*, EU:C:2005:120, Rdn. 24 ff.

4 Vgl. dazu EuGH, 16.2.2006, Rs. C-3/05, *Verdoliva*, EU:C:2006:113, Rdn. 27 („wichtigstes Ziel des Übereinkommens"); EuGH, 17.6.1999, Rs. C-260/97, *Unibank*, EU:C:1999:312, Rdn. 14, weitere Nachweise bei *Pontier/Burg*, Principles, S. 27, Fn. 2; oben § 3 II, Rdn. 3.14 ff.

5 *Hess/Pfeiffer/Schlosser*, The Brussels I Regulation, Rdn. 65.

lichen; nur wenige Verfahrensvorschriften für die Effektuierung grenzüberschreitender Prozesse sind vergemeinschaftet.[6] Für den Vollzug der Brüssel I-VO in den Mitgliedstaaten gelten die allgemeinen Vorgaben des Unionsrechts: Die nationalen Verfahrensrechte müssen die Erfordernisse von Nichtdiskriminierung und Effektivität einhalten.[7] Angesichts der kontinuierlich wachsenden Integration im Europäischen Prozessrecht lässt sich eine entsprechende Abnahme der prozessualen Autonomie der Mitgliedstaaten (auch) aufgrund der parallelen Ausweitung des Europäischen Koordinationsrechts inzwischen nicht mehr in Abrede stellen.[8] Allerdings ist die Judikatur des EuGH hier uneinheitlich und wenig vorhersehbar.

Zum 1.3.2002 löste die VO 44/2001 das Brüsseler Übereinkommen ab.[9] Seit dem 6.3
10.1.2015 ist die VO 1215/2012 an die Stelle der Brüssel I-Verordnung getreten.[10] Die Rechtsprechung des EuGH zu den früheren Rechtsakten bleibt jedoch weithin für die Auslegung der aktuellen Rechtsinstrumente maßgeblich.[11] Denn inhaltlich ist zwischen EuGVÜ und den Neufassungen der EuGVO hohe Kontinuität zu konstatieren – dies stellen EwG 7–9 sowie EwG 34 zur EuGVO deutlich heraus.[12] Zum EuGVÜ und zur EuGVO hat der Gerichtshof inzwischen mehr als 150 Urteile erlassen.[13] Die Urteile des EuGH zur VO 44/01 und zur VO 1215/2012 orientieren sich dabei – ganz selbstverständlich – an der früheren Rechtsprechung zu den Parallelvorschriften des EuGVÜ.[14]

---

6 Deutlich etwa EuGH, 13.7.1995, Rs. C-341/93, *Danvaern*, EU:C:1995:239, Rdn. 11 ff. (zur Frage, ob die Prozessaufrechnung unter Art. 6 Nr. 3 EuGVO fällt). Anders hingegen EuGH, 16.6.2016, Rs. C-12/15, *Universal Music*, EU:C:2016:449, Rdn. 45 f. (zur Prüfung der Gerichtsstände der EuGVO nach dem Prozessrecht des angerufenen Gerichts).

7 EuGH, 11.9.2014, Rs. C-112/13, *A.*, EU:C:2014:2195, Rdn. 51. Zu den unionsrechtlichen Vorgaben der Nichtdiskriminierung und Effektivität vgl. unten § 11 I, Rdn. 11.7 ff.

8 Ein deutliches Indiz ist die wachsende Bereitschaft des inländischen Gesetzgebers, auf Entwicklungen im Ausland (zumindest in der Begründung von Gesetzentwürfen) einzugehen.

9 Zum Inkrafttreten des Europäischen Zivilverfahrensrechts in den Beitrittsstaaten zum 01.05.2004 vgl. *Hess*, IPRax 2004, 374 f., oben § 2 I, Rdn. 30 ff. Zum Außerkrafttreten im Vereinigten Königreich vgl. *Hess*, IPRax 2016, 409 ff.

10 Allerdings bewirken die konservativen (und wenig durchdachten) Übergangsvorschriften eine übermäßig lange parallele Anwendung des alten und des neuen Rechtsakts, *Schlosser/Hess*, Art. 66 EuGVVO, Rdn. 3.

11 Vgl. EwG 34 zur VO 1215/2012; EuGH, 5.6.2014, Rs. C-360/12, *Coty Germany*, EU:C:2014:1318, Rdn. 43 (zur Kontinuität zwischen dem EuGVÜ und der EuGVO 2001); EuGH, 27.2.2020, Rs. C-803/18, *Balta*, EU:C:2020:123., Rdn. 34 (Auslegung von Art. 15 EuGVO 2012 unter Heranziehung des Schlosser-Berichts zum EuGVÜ).

12 Der Gemeinschaftsgesetzgeber hatte den Erlass der VO 44/01/EG nicht für eine grundsätzliche Novellierung genutzt, dazu *Kohler*, in: Gottwald (Hrg.), Revision des EuGVÜ, S. 2 ff. („begrenzte Operation"). Auch die VO 1215/2012 bleibt hinter den weitergehenden Vorschlägen der EU-Kommission deutlich zurück.

13 Vgl. dazu die Aufstellung im Anhang A dieses Buches.

14 Beispiele: EuGH, 7.2.2006, Avis 1/03, *Parallelübereinkommen Lugano*, EU:C:2006:81, Rdn. 143 ff. (Bezugnahme auf EuGH, 1.3.2005, Rs. C-281/02, *Owusu*, EU:C:2005:120); EuGH, 13.7.2006, Rs. C-103/05,

Allerdings betont der EuGH bei der Auslegung der EuGVO deutlicher als bei der Interpretation des EuGVÜ die autonome Auslegung und den effet utile. Die prinzipienorientierte Auslegung des Rechtsakts (insbesondere im Hinblick auf Art. 47 GR-Ch) rückt in jüngster Zeit zudem zunehmend in den Vordergrund.[15]

6.4 Nach Art. 73 EuGVO (2001) sollte die EU-Kommission 5 Jahre nach dem Inkrafttreten der Verordnung einen Bericht über deren Anwendung in den Mitgliedstaaten vorlegen. Den Bericht hat eine Studie des Heidelberger Instituts für Auslandsrecht vorbereitet, die der Autor gemeinsam mit *Thomas Pfeiffer* und *Peter Schlosser* verfasst hat.[16] Der Bericht der EU-Kommission über die Anwendung der EuGVO wurde im April 2009 vorgelegt,[17] zugleich publizierte die EU-Kommission ein Grünbuch zur Reform der Verordnung Brüssel I, das eine breite öffentliche Diskussion einleitete.[18] Die – teilweise ambitiösen – Vorschläge der Kommission zur Abschaffung jeglicher Kontrollverfahren bei der Urteilsfreizügigkeit im Vollstreckungsstaat[19] haben Rat und Parlament im Trilogverfahren letztlich nicht aufgegriffen. Herausgekommen ist ein Kompromiss, der auf den ersten Blick Erleichterungen vortäuscht, in der Praxis jedoch auch nachhaltige Probleme impliziert:[20] Das vereinheitlichte Exequaturverfahren der Art. 41 ff. EuGVO (2001) ist entfallen. Nicht entfallen sind hingegen die Anerkennungshindernisse. Diese hat Art. 45 EuGVO sogar erweitert.[21] Ihre Prüfung obliegt nunmehr den (nicht mehr spezialisierten) nationalen Vollstreckungsgerichten der EU-Mitgliedstaaten.[22] Der Wegfall des unionsrechtlich konturierten Rechtsbehelfsverfahrens konfrontiert den ausländischen Gläubiger mit den fragmentierten Vollstreckungsrechtsbehelfen der EU-Mitgliedstaaten.[23]

Reisch Montage, EU:C:2006:471, Rdn. 22 f.; EuGH, 2.10.2008, Rs. C-372/07, *Hassett und Doherty*, EU:C:2008:534, Rdn. 19.

15 Dazu oben § 4 II, Rdn. 4.81 ff.

16 *Hess/Pfeiffer/Schlosser*, The Regulation Brussels I (2008) – inzwischen hat sich die Bezeichnung „Heidelberg-Report" durchgesetzt. Die Länderberichte sind zugänglich über: http://ec.europa.eu/civiljustice/news/docs/study_bxl1_compilation_quest_1_en.pdf, http://ec.europa.eu/civiljustice/news/docs/study_bxl1_compilation_quest_2_en.pdf, http://ec.europa.eu/civiljustice/news/docs/study_bxl1_compilation_quest_3_en.pdf.

17 KOM(2009) 174endg. vom 20.4.2009.

18 KOM(2009) 175endg. vom 20.4.2009.

19 KOM(2009) 174endg., dazu kritisch *Stadler*, FS Kaissis, S. 951, 956 ff.

20 *Hess*, FS Gottwald, S. 273, 278 ff.; *Domej*, RabelsZ 98 (2014), 508 ff.

21 Dazu unten § 6 IV, Rdn. 6.227.

22 Dazu unten Rdn. § 6 IV, Rdn. 6.225 f.

23 *Hess*, FS Gottwald (2014), S. 273; positiver Rauscher/*Mankowski*, Vorb. Art. 39 ff. EuGVO, Rdn. 4 f. mwN.

I. Anwendungsbereich

1. Sachlicher Anwendungsbereich

Nach Art. 1 I EuGVO ist die Verordnung auf Zivil- und Handelssachen anzuwenden, 6.5 ohne dass es auf die jeweilige innerstaatliche Gerichtsbarkeit ankommt. Bereits der Wortlaut des Art. 1 EuGVO impliziert eine Loslösung des unionsrechtlichen Rechtsakts von den unterschiedlichen Konzeptionen der Mitgliedstaaten zur Abgrenzung von öffentlichem Recht und Privatrecht und der damit verbundenen, jeweiligen Gerichts- bzw. Rechtswegzuständigkeit.[24] Daher war es durchaus konsequent, dass der EuGH das Konzept der autonomen Auslegung des EU-Prozessrechts von Beginn an im Kontext des Art. 1 EuGVÜ entwickelt hat. Maßgeblich ist mithin ein autonomes Konzept (mit allen Schwächen im Detail), das sich gegenüber den innerstaatlichen Abgrenzungskonzepten der EU-Mitgliedstaaten durchsetzt: Selbst wenn innerstaatlich über eine Zivil- oder Handelssache nationale Verwaltungs- oder Sozialgerichte entscheiden, richtet sich die internationale Zuständigkeit des angerufenen Gerichts gleichwohl nach der EuGVO.[25] Den Begriff der Zivil- und Handelssache[26] bestimmt der EuGH autonom und zieht im Ergebnis den Anwendungsbereich der EuGVO weit. Unproblematisch sind beispielsweise kartellrechtliche Schadensersatzklagen als Zivilsachen einzuordnen[27], desgleichen Verbandsklagen auf die Unterlassung von Verletzungen von verbraucherschützenden Vorschriften.[28] Dass diese Klagen auch öffentliche Interessen implementieren, ist für die Anwendung der EuGVO unschädlich. Es ist vielmehr die ausdrückliche Intention des Unionsgesetzgebers, dass derartige Prozesse von den Zivilgerichten der Mitgliedstaaten entschieden werden.[29]

24 Vgl. den Wortlaut von Art. 1 I EuGVO: „...ohne dass es auf die Art der Gerichtsbarkeit ankäme...".

25 Dies verdeutlicht Art. 7 Nr. 3 EuGVO: Danach regelt die EuGVO auch die internationale Zuständigkeit von Adhäsionsverfahren gegen Beklagte in anderen EU-Staaten, die vor einem Strafgericht angebracht werden. Beispiele: EuGH, 21.4.1993, Rs. C-172/91, *Sonntag*, EU:C:1993:144, Rdn. 16 (Anerkennung eines Urteils gegen einen deutschen, verbeamteten Lehrer, das in einem italienischen Adhäsionsverfahren erging); ebenso Conseil d'Etat, 27.10.2000, Rev. crit. DIP 2002, 103 (Anm. *Audit*, zu Art. 1 I LugÜ): Kreditvertrag einer Gemeinde.

26 Der Begriff der Handelssache hat neben dem der Zivilsache keine eigenständige Bedeutung, *Geimer*, IPRax 2003, 514, 515.

27 EuGH, 21.5.2015, Rs. C-352/13, *CDC Hydrogen Peroxide*, EU:C:2015:335; EuGH, 20.9.2001, Rs. C-453/99, *Courage und Crehan*, EU:C:2001:465, im Anschluss High Court of London, 6.6.2003, *Provimi Ltd. v. Roche Products Ltd and others*, [2003] 2 All. ER 683 (Comm).

28 EuGH, 1.10.2002, Rs. C-167/00, *Henkel*, EU:C:2002:555, Rdn. 26. Zur RL 2009/22/EG über Unterlassungsklagen vgl. unten § 11 III 1, Rdn. 11.61 ff.

29 So nunmehr ausdrücklich EuGH, 16.7.2020, Rs. C-73/19, *Movic*, EU:C:2020:568, Rdn. 34: weite Interpretation von Art. 1 I EuGVO im Fall einer Behördenklage gegen eine rechtsmissbräuchliche Klausel, um die wirksame Durchsetzung des Verbraucherschutzes vor den Gerichten der EU-Mitgliedstaaten zu ermöglichen. Grundlegend EuGH, 20.9.2001, Rs. C-453/99, *Courage und Crehan*, EU:C:2001:465; zu

Patentstreitigkeiten sind, trotz der öffentlichrechtlichen Natur der Patenterteilung, als Zivilsachen zu qualifizieren – dies folgt aus der ausdrücklichen Zuständigkeitseröffnung nach Art. 24 Nr. 4 EuGVO.[30] Auch Hinterlegungsstreitigkeiten sind – trotz ihrer (regelungstechnischen) Ausformung als Justizverwaltungsakte – Zivilsachen im Sinne des Art. 1 I EuGVO.[31]

6.6 Entscheidende Elemente für die Einordnung einer Streitigkeit als Zivilsache sind der jeweilige Streitgegenstand und der Rechtsstatus der Parteien (Privatpersonen oder Behörden).[32] Öffentlich-rechtliche Vorfragen ändern die Natur des Rechtsstreits nicht.[33] Art. 1 I 2 EuGVO nimmt hingegen Steuer- und Zollsachen sowie verwaltungsrechtliche Streitigkeiten ausdrücklich aus dem sachlichen Anwendungsbereich der EuGVO heraus.[34] Die Vorschrift hat jedoch lediglich klarstellenden Charakter. Sie wurde durch das 1. Beitrittsübereinkommen (1978) in Art.1 I EuGVÜ eingefügt, um den sachlichen Anwendungsbereich gegenüber den Common Law Staaten Großbritannien und Irland, die diese Unterscheidung nicht kennen, zu verdeutlichen.[35] Ausdrücklich ausgenommen sind nunmehr auch sog. „acta iure imperii". Diese Erweiterung des Art. 3 I EuGVO wurde auf Veranlassung der deutschen Bundesregierung eingefügt. Sie bezieht sich auf Haftungsklagen wegen Kriegsverbrechen im 2. Weltkrieg.[36]

6.7 Art. 1 I EuGVO knüpft an vergleichbare Formulierungen in völkerrechtlichen Übereinkommen an (insbesondere an die Haager Zivilprozessübereinkommen und an verschiedene bilaterale Staatsverträge).[37] Der EuGH hat sich jedoch von diesen histo-

den Problemen einer Funktionalisierung der Zivilgerichte für die Durchsetzung öffentlicher Zwecksetzungen vgl. § 3 III, Rdn. 3.59 ff.

30 *Adolphsen*, Europäisches Zivilprozessrecht in Patentsachen (2005), Rdn. 469 f.

31 *Jayme*, FS Mußgnug, S. 517, 521 ff.

32 EuGH, 14.10.1976, Rs. C-29/76, *Eurocontrol*, EU:C:1976:137, Rdn. 4; EuGH, 16.12.1980, Rs. C-814/79, *Niederlande./.Rüffer*, EU:C:1980:291, Rdn. 8.

33 Beispiel: Zivilrechtliche Unterlassungsklage gegen den Betrieb eines grenznahen Kernkraftwerks, das aufgrund einer öffentlichen Genehmigung betrieben wird. Deren Wirksamkeit ist im Rahmen von §§ 1004, 906 BGB gesondert anzuknüpfen, vgl. *Bernasconi/Betlem*, Transnational Enforcement of Environmental Law, Second Report, ILA-Reports 2004, 896, 906 ff., EuGH, 18.5.2006, Rs. C-343/04, *ČEZ*, EU:C:2006:330; EuGH, 27.10.2009, Rs. C-115/08, *ČEZ*, EU:C:2009:660.

34 Zum Begriff der Steuersache vgl. *QRS 1 APS v. Frandsen* [1999] 1 WLR 2169 (CA) – die Klage eines Insolvenzverwalters gegen dänische Finanzbehörden auf Rückerstattung von Steuern betrifft „revenue matters".

35 Dort ist die Unterscheidung zwischen öffentlichem Recht und Privatrecht nicht geläufig, EuGH, 15.5.2003, Rs. C-266/01, *Préservatrice Foncière TIARD*, EU:C:2003:282, Rdn. 38; *Schlosser/Hess*, Art. 1 EuGVVO, Rdn. 3.

36 EuGH, 15.2.2007, Rs. C-292/05, *Lechouritou*, EU:C:2007:102; ausführlich Rauscher/*Mankowski*, Art. 1 EuGVO, Rdn. 9 ff.

37 Der Bericht *Jenard* zum EuGVÜ, 3. Kapitel III, S. 84 verweist auf konzeptionelle Überlegungen der Vierten Tagung der Haager IPR-Konferenz (Mai/Juni 1904); *Geimer/Schütze*, Internationaler Rechtsverkehr, 60112.

rischen Modellen gelöst und bestimmt den Begriff der Zivil- und Handelssache autonom.[38] „Autonome“ Auslegung bedeutet die Loslösung von einem (oder mehreren) bestimmten nationalen Rechten.[39] Die autonome Interpretation ist bei der Bestimmung des Anwendungsbereichs des Gemeinschaftsrechtsakts besonders wichtig, weil sie die einheitliche Anwendung des Europäischen Prozessrechts in allen Mitgliedstaaten garantiert.[40] Der Gerichtshof stellt bei der Auslegung des Art. 1 I EuGVO auf die Systematik und Zielsetzungen des Übereinkommens sowie auf die Grundsätze ab, die sich aus der Gesamtheit der innerstaatlichen Rechtsordnungen ergeben.[41] Dies impliziert zunächst eine systematische und teleologische Auslegung, sodann eine (gewisse) rechtsvergleichende „Absicherung“ des gefundenen Ergebnisses.[42]

Eine systematische Auslegung ist vor allem dann möglich, wenn spezielle Gerichtsstände die Anwendbarkeit der EuGVO für bestimmte Streitigkeiten implizieren, vgl. etwa Art. 5 Nr. 2 EuGVO 2001[43] oder Art. 24 Nr. 4 EuGVO (2012) – für Patentstreitigkeiten.[44] Die systematische Auslegung bleibt jedoch nicht auf die EuGVO beschränkt. Mit der wachsenden, systematischen Ausformung des europäischen Zivilprozessrechts geht es zunehmend um die Abgrenzung der verschiedenen Rechtsakte im Europäischen Prozessrecht untereinander.[45] Die systematische Interpretation ermöglicht zudem einen Rückgriff auf allgemeine Definitionen des sonstigen Gemeinschaftsrechts, insbesondere auf die parallelen Rechtsakte zum Europäischen Kollisionsrecht.[46] Im Ergebnis wird der sachliche Anwendungsbereich der EuGVO durchaus weit ausgelegt; die Rechtsprechung des EuGH ist allerdings schwankend.[47] **6.8**

Vordergründig spielt die Rechtsvergleichung freilich weder in der Praxis des EuGH noch in der der nationalen Gerichte eine wichtige Rolle. Hierfür gibt es handfeste **6.9**

---

38 Bereits seit den ersten Urteilen zur Auslegung des EuGVÜ, vgl. EuGH, 14.10.1976, Rs. C-29/76, *Eurocontrol*, EU:C:1976:137, Rdn. 4, dazu *Hess*, in: ders./Lenaerts (ed.), The 50th Anniversary (2020), S. 11, 17 ff.; oben § 4 II, Rdn. 4.44 ff.

39 Treffend *Kohler*, IPRax 2015, 52 f. mit dem Hinweis, dass „autonom“ keine „Auslegung aus einem fernen Begriffshimmel“ impliziert.

40 St. Rspr. seit EuGH, 14.7.1977, Rs. 9 u. 10/77, *Eurocontrol*, EU:C:1977:132, Leitsatz 2.

41 EuGH, 14.10.1976, Rs. C-29/76, *Eurocontrol*, EU:C:1976:137, Rdn. 3 f.

42 Jüngst: EuGH, 16.7.2020, Rs. C-73/19, *Movic*, EU:C:2020:568, Rdn. 33; EuGH, 7.5.2020, Rs. C-641/18, *Rina*, EU:C:2020:349, Rdn. 30 (jeweils mit dem Hinweis auf allgemeine Rechtsgrundsätze, die sich aus der Gesamtheit der nationalen Rechtsordnungen ergeben“).

43 Dazu unten § 6 II, Rdn. 6.70 (Unterhaltsklagen öffentlicher Stellen).

44 *R. v. Harrow Crown Court, ex p. Unic Centre Sarl*, [2000] 1 W. L. R. 2112, unten § 6 II, Rdn. 6.130 ff.

45 Dazu unten § 6 I, Rdn. 6.17.

46 Dazu oben § 4 II, Rdn. 4.61 ff.

47 Problematisch EuGH, 15.11.2018, Rs. C-308/17, *Kuhn*, EU:C:2018:911, Rdn. 34 (dagegen sogleich Rdn. 6.15); bei der Beitreibung der Jahresbeiträge durch eine Rechtsanwaltskammer kommt es darauf an, ob diese hoheitliche Befugnisse wahrnimmt, EuGH, 4.12.2019, Rs. C-421/18, *Ordre des avocats du barreau de Dinant*, EU:C:2019:1053, Rdn. 22 (mit einer bedenklichen Verweisung auf das nationale Recht), für eine autonome Qualifikation als Zivilsache hingegen zutreffend Schlussanträge *Saugmandsgaard Øe*, 29.7.2019, Rs. C-421/18, EU:C:2019:644, Rdn. 28 ff.

Gründe. Denn in der Praxis hilft die Verweisung auf (derzeit) 29 nationale Rechtsordnungen als Grundlage einer autonomen Auslegung nicht weiter. Dennoch überzeugt die autonome Auslegung gerade bei der Bestimmung des Anwendungsbereichs der Verordnung in rechtspolitischer Hinsicht.[48] Die Abgrenzung zwischen öffentlichem Recht und Privatrecht erfolgt in den Mitgliedstaaten keineswegs einheitlich, sondern nach den jeweils historisch gewachsenen Regeln.[49] So ist beispielsweise die Ausübung von Sportwettkämpfen in manchen Mitgliedstaaten rein privat-, in anderen öffentlichrechtlich geregelt.[50] Hier lässt sich kein „europäisches Mittelmaß“ finden. Andererseits enthält der Begriff der Zivil- und Handelssache mit der damit verbundenen Abgrenzung zwischen öffentlichem Recht und Privatrecht ein prinzipiell offenes und damit entwicklungsfähiges Konzept, welches beispielsweise für die Ausweitung privater Rechtsdurchsetzung *(private enforcement)* eine entsprechende Erweiterung des grenzüberschreitenden Rechtsschutzes durch das europäische Verfahrensrecht ermöglicht.[51]

6.10 Diese Ausgangssituation muss das Europäische Prozessrecht berücksichtigen. Auch der EuGH hat dies – bei prinzipieller Betonung der autonomen Bestimmung des Anwendungsbereichs aller europäischen Prozessrechtsakte – akzeptiert. In der Sache praktiziert der Gerichtshof ein mehrstufiges Vorgehen: Im ersten Schritt wird geprüft, ob das streitgegenständliche Handeln nach dem Recht des handelnden Funktionärs bzw. Staates als hoheitlich zu qualifizieren ist.[52] Sodann ist zu fragen, ob es hierfür auch einen allgemeinen, europäischen Standard gibt. Dies erfordert einen funktionalen Vergleich der Rechtsordnungen der Mitgliedstaaten.[53] Im dritten Schritt hingegen wird prüft, ob das europäische Begriffsverständnis dennoch eine abweichende Beurteilung einfordert.[54]

---

48 So die überwiegende Einschätzung des Schrifttums, etwa *Kropholler/v. Hein*, Art. 1 EuGVO aF, Rdn. 4; *Gaudemet-Tallon*, Compétence et Exécution, Rdn. 38 f.; *Audit*, Clunet 2004, 789, 797 mwN; *Schlosser/Hess*, Einf. EuGVVO, Rdn. 39.

49 Vgl. etwa die Schlussanträge *Darmon* in EuGH, 2.12.1992, Rs. C-172/91, *Sonntag*, EU:C:1993:487, Rdn. 2740 (unterschiedliche Auslegung der Staatshaftung in den Mitgliedstaaten bei der Verletzung von Aufsichtspflichten in öffentlichen Schulen).

50 Rechtsvergleichend *Adolphsen*, Dopingstrafen (2004), S. 42 ff.

51 Zurückhaltend EuGH, 21.5.2015, Rs C-352/13, *CDC Hydrogen Peroxide*, EU:C:2015:335, Rdn. 62 f. (keine abweichende Auslegung der Gerichtsstände der EuGVO zur weitergehenden Ermöglichung von private enforcement). Nunmehr ausführlich Schlussanträge *Szpunar*, 23.4.2020, Rs. C-73/19, *Movic*, EU:C:2020:297.

52 EuGH, 12.9.2013, Rs. C-49/12, *Sunico*, EU:C:2013:545, abl. *Kohler*, IPRax 2015, 52 ff. Klarstellend EuGH, 28.7.2016, Rs. C-102/15, *Siemens Aktiengesellschaft Österreich*, EU:C:2016:607, Rdn. 27 ff.

53 Einen vorbildlichen funktionalen Rechtsvergleich (zur Qualifikation der Amtshaftung in den nationalen Rechtsordnungen) enthielten beispielsweise die Schlussanträge *Darmon*, 2.12.1992, Rs. C-172/91, *Sonntag*, EU:C:1992:487.

54 *Kropholler/v. Hein*, Art. 1 EuGVO, Rdn. 5; *Hess*, IPRax 1994, 10, 13; *Kohler*, IPRax 2015, 52, 54 f.; *Hess*, RdC 388 (2018), 49, 89 ff.

Die autonome Auslegung impliziert mithin den Gebrauch wertender Rechtsvergleichung.[55] Probleme stellen sich vor allem in Verfahren, in denen Verwaltungsbehörden oder andere öffentliche Stellen Partei sind oder wenn übergeleitete Ansprüche zwischen Privatpersonen eingeklagt werden. Im Kern geht es darum, ob derartige Klagen die Ausübung von Hoheitsgewalt betreffen.[56] In diesen Konstellationen stellt der EuGH darauf ab, ob die streitgegenständliche Handlung nur von staatlichen Behörden oder auch von Privatpersonen vorgenommen werden kann.[57] Dieser Prüfungsschritt kann im Ergebnis durchaus dazu führen, dass ein Verfahren als zivilrechtlich einzustufen ist, obwohl das Verfahrensrecht des Ausgangsstaates dieses Verfahren als Verwaltungssache behandelt.[58] Eine solche „Qualifikation gegen die prozessuale Ausgangslage im betroffenen Mitgliedstaat" bereitet den vorlegenden Gerichten durchaus Umsetzungsprobleme. Es verwundert daher nicht, dass bisweilen nationale Gerichte im Vollzug von EuGH-Entscheidungen, die besonders weit reichende Ergebnisse aufzeigten, bisweilen den Einwand des *ordre public* (Art. 45 I lit. a) EuGVO) zugelassen haben.[59] **6.11**

Die neuere Praxis des Gerichtshofs berücksichtigt neben dem Streitgegenstand auch die Rechtsstellung der Parteien:[60] Klagen zwischen Privatpersonen fallen nach der Rechtsprechung des EuGH regelmäßig unter Art. 1 EuGVO – selbst wenn es sich um abgeleitete bzw. abgetretene öffentlich-rechtliche Ansprüche handelt.[61] Die Situation ist hingegen anders, wenn eine Behörde einseitig Ansprüche gegen Private festsetzt und mittels der EuGVO grenzüberschreitend durchsetzen will[62] – etwa die Kosten **6.12**

---

55 Zur abnehmenden Bedeutung der (wertenden) Rechtsvergleichung vgl. die Kritik von *Audit*, JDI 2004, 789, 802 ff., ausführlich oben § 4 II, Rdn. 4.49.

56 *Gaudemet-Tallon/Ancel*, Compétence et exécution, Rdn. 41; *Soltész*, Der Begriff der Zivilsache im Europäischen Zivilprozessrecht (1998), S. 188 f.

57 Zustimmend *Gaudemet-Tallon/Ancel*, Compétence et exécution, Rdn. 40 f.

58 So beispielsweise EuGH, 21.4.1993, Rs. C-172/91, *Sonntag*, EU:C:1993:144, Rdn. 25 – Qualifikation eines Amtshaftungsanspruchs nach § 839 BGB, Art. 34 GG als „Zivilsache" (weil es im Kern um die Verletzung der Aufsichtspflicht eines Lehrers ging, die in den meisten Mitgliedstaaten nicht als hoheitliche Tätigkeit ausgestaltet ist), dazu *Hess*, IPRax 1994, 10 ff.; ebenso schweizerisches Bundesgericht 15.1.1998, BGE 124 III 134, 139.

59 So der BGH, 16.9.1993, *Sonntag./.Waidmann*, BGHZ 123, 268 (oben Rdn. 6.10, unten Rdn. 6.245).

60 Zutreffend *Gaudemet-Tallon/Ancel*, Compétence et exécution, Rdn. 41; *Mäsch/Fountoulakis*, GPR 2005, 98 f.

61 EuGH, 15.5.2003, Rs. C-266/01, *Préservatrice Foncière TIARD*, EU:C:2003:282, Rdn. 28 f.; EuGH, 5.2.2004, Rs. C-265/02, *Frahuil*, EU:C:2004:77, Rdn. 21.

62 Inzwischen gebraucht der EuGH die folgende Formulierung: „Nach ständiger Rechtsprechung sind jedoch nur Rechtstreitigkeiten, in denen sich eine Behörde und eine Privatperson gegenüberstehen, und diese sind dann vom Anwendungsbereich des EuGVÜ ausgenommen, wenn es darin um die Ausübung hoheitlicher Befugnisse durch die Behörde geht." EuGH, 1.10.2002, Rs. C-167/00, *Henkel*, EU:C:2002:555, Rdn. 26.

für die Bergung eines gesunkenen Schiffes[63], Fluglotsengebühren[64] oder Rückgriffsansprüche für die zollrechtlichen Sicherheitsleistungen.[65] Bei der grenzüberschreitenden Durchsetzung derartiger Forderungen verfolgt der Gerichtshof zumeist eine restriktive Linie.[66] Eine Klage der Behörde unterfällt danach nur dann dem sachlichen Anwendungsbereich der EuGVO, wenn umgekehrt auch die private Partei die Behörde nach Maßgabe der Art. 4 ff. EuGVO verklagen könnte. Dies setzt wiederum voraus, dass sich die Behörde nicht auf die völkerrechtliche Staatenimmunität berufen kann.[67] Damit setzt der Gerichtshof auf der Ebene des Anwendungsbereichs der Verordnung den Grundsatz der prozessualen Waffengleichheit zwischen den Parteien konsequent um. Eine Behörde kann nur dann den erleichterten, grenzüberschreitenden Zugang zur europäischen Ziviljustiz nutzen, wenn sie sich ihr (auch in anderen Mitgliedstaaten) als Beklagte vollumfänglich unterwirft.[68] Insgesamt gesehen ist dem EuGH eine eher großzügige Linie bei der Bestimmung des Anwendungsbereichs der EuGVO zu attestieren.

6.13 Besonders problematisch sind Unterlassungsklagen gegen einen ausländischen Mitgliedstaat bzw. ausländische Amtsträger[69], die auf die Unterlassung dienstlicher Äußerungen, die Zurücknahme von Diensthandlungen abzielen oder die einen allgemeinen, politischen Charakter haben.[70] Ein Beispiel hierfür war eine im Frühjahr 2000 eingebrachte Unterlassungsklage (nach österr. UWG) eines österreichischen Rechtsanwalts gegen Belgien (das damals die Ratspräsidentschaft inne hatte) wegen

63 EuGH, 16.12.1980, Rs. C-814/79, *Niederlande./.Rüffer*, EU:C:1980:291, Rdn. 7 f.

64 EuGH, 14.10.1976, Rs. C-29/76, *Eurocontrol*, EU:C:1976:137, Rdn. 3.

65 EuGH, 5.2.2004, Rs. C-265/02, *Frahuil*, EU:C:2004:77, Rdn. 21.; ebenso EuGH, 28.7.2016, Rs. C-102/15, *Siemens Aktiengesellschaft Österreich*, EU:C:2016:607.

66 Wenig überzeugend hingegen EuGH, 12.9.2013, Rs. C-49/12, *Sunico u.a.*, EU:C:2013:545: Eine Schadensersatzklage britischer Steuerbehörden auf Rückzahlung hinterzogener Mehrwertsteuer sei eine „Zivilsache". Zutreffende Kritik bei *Kohler*, IPRax 2015, 52 ff. Bedenklich auch EuGH, 11.4.2013, Rs. C-645/11, *Sapir u.a.*, EU:C:2013:228. Zutreffend hingegen EuGH, 28.7.2016, Rs. C-102/15, *Siemens Aktiengesellschaft Österreich*, EU:C:2016:607, Rdn. 34 ff.: Klage einer Behörde auf Rückzahlung eines erstatteten Bußgeldes ist keine Zivilsache.

67 Vgl. dazu sogleich Rdn. 6.16.

68 *Gaudemet-Tallon*, Compétence et exécution, Rdn. 39; *Briggs/Rees*, Civil Jurisdiction and Judgments, Rdn. 2.23; *Soltész*, Der Begriff der Zivilsache im Europäischen Zivilprozessrecht (1998), S. 188 f.

69 *Grovit v. De Nederlandsche Bank & Others* [2005] EWHC 2944 (QB): Unterlassungsklage gegen die Aussage eines Mitarbeiters der Bank of England im Zusammenhang mit der Ausübung hoheitlicher (Überwachungs)Befugnisse betrifft keine Zivilsache.

70 Beispiel: Die vom Bundesland Oberösterreich (als Grundstückseigentümer) erhobene Unterlassungsklage gegen den Betreiber des tschechischen Kernkraftwerks Mochovce. Das OLG Linz legte dem EuGH die Frage vor, ob ein entsprechendes Unterlassungsurteil mit den Marktfreiheiten vereinbar wäre, da es den Beklagten die Produktion und den Vertrieb von Strom im Binnenmarkt verbieten würde. Der EuGH entschied (27.10.2009, Rs. C-115/08, *ČEZ*, EU:C:2009:660), dass der Betrieb von Kernkraftwerken in den Anwendungsbereich des Euratom-Vertrags fällt und die Nichtberücksichtigung einer ausländischen Betriebsgenehmigung (eines anderen EU-Mitgliedstaates) eine unzulässige Diskriminierung sei. Im Ergebnis wurde der Einwendungsausschluss des § 364a ABGB (= 906 BGB) auf die tschechische Betriebserlaubnis angewandt.

des im Jahre 2000 im Rat beschlossenen „Boykotts" gegen Österreich wegen der Regierungsbeteiligung der FPÖ. Vordergründig verlangte der Kläger zudem Schadenersatz für behauptete Umsatzeinbußen in seinem Hotel aufgrund des Boykotts. Im Kern ging es um die Beeinflussung des politischen Entscheidungsfindungsprozesses im Rat der Europäischen Union – der österreichische OGH hielt mit Recht den Anwendungsbereich des EuGVÜ für nicht eröffnet.[71]

Die Neufassung des Art. 1 I EuGVO (2012) nimmt sog. „acta iure imperii" aus dem Anwendungsbereich der EuGVO heraus. Diese Klarstellung entspricht der Judikatur des EuGH,[72] zeigt aber zugleich, dass zwischen dem Anwendungsbereich der EuGVO und der völkerrechtlichen Immunität eine direkte Trennlinie besteht: Klassische acta iure imperii werden vor völkerrechtlichen (Schieds-)Gerichten verhandelt – sie sind keine Zivilsachen iSd EuGVO.[73] Praktische Bedeutung erlangte die Ausnahme in Zahlungsklagen, die Anleihegläubiger gegen mehrere EU-Mitgliedstaaten (vor allem Griechenland) erhoben haben.[74] Die Kläger bestreiten die Wirksamkeit entsprechender Umschuldungsmaßnahmen, insbesondere die Verfassungsmäßigkeit des griechischen Umschuldungsgesetzes 4050/2012. Der BGH wies eine (deliktische) Haftungsklage wegen der „hoheitlichen Natur" des griechischen Gesetzes zurück.[75] Der österreichische OGH ließ hingegen die vertraglichen Zahlungsklagen zu.[76] Richtigerweise ist die Aufnahme von Kapital durch die Emission von Anleihen nicht als hoheitliches Handeln zu qualifizieren. Entgegen dem BGH kommt es auch nicht auf die geltend gemachte Anspruchsgrundlage (Vertrag oder Delikt) an. Vielmehr ist die Wirksamkeit des griechischen Umschuldungsgesetzes im Rahmen der Begründetheit zu prüfen. Dabei kann dieses sich als Eingriffsnorm über Art. 9 III Rom I-VO gegenüber der Anleihe durchsetzen, sofern diese nicht bereits dem Recht des emittierenden Staates unterliegt.[77] Ein vollumfänglicher Ausschluss des Rechtswegs über die 6.14

---

71 OGH, 14.5.2001, *Schelling./.Belgien*, ecolex 2002, 59.

72 Daher fallen etwa Prozesse, die eine Haftung der Mitgliedstaaten für Kriegsschäden zum Gegenstand haben, aus dem Anwendungsbereich heraus, EuGH, 15.2.2007, Rs. C-292/05, *Lechouritou*, EU:C:2007:102; ebenso BGH, 26.6.2003, BGHZ 155, 279, 281 (*Distomo*); C.Cass., 2.6.2004, *Giminez Exposito v. RFA*, Rev. Crit. 2005, 79 f. (*Zwangsarbeit*).

73 *Hess/Oro*, Civil and Commercial Matters, Encyclopedia of Private Int'l Law (2017); Schlussanträge *Szpunar*, EuGH, 14.1.2020, Rs. C-641/18, *Rina*, EU:C:2020:3, Rdn. 34 ff. (der allerdings einen vollständigen Gleichlauf ablehnt). Die Klassifikation von Schiffen nach dem UN-Seerechtsübereinkommen, die italienische Firmen im Auftrag der Republik Panama vornehmen, ist keine hoheitliche Tätigkeit, EuGH, 7.5.2020, Rs. C-641/18, *Rina*, EU:C:2020:349, Rdn. 53 ff.

74 Es geht dabei um die Folgen der Finanzkrise der Jahre 2008 ff., vgl. *Thole*, WM 2012, 1793 ff.

75 BGH, 8.3.2016, NJW 2016, 1659, mit methodisch nicht haltbaren Aussagen zum Verhältnis von EuGVO und völkerrechtlicher Immunität.

76 Österr. OGH, 31.8.2015, 6 Ob 122/15g; 30.7.2015, 8 Ob 67/15 h; 25.11.2015, 8 Ob 125/15 p.

77 Diese Rechtsfrage war Gegenstand des Verfahrens Rs. C-135/15, *Nikiforidis*, in dem es um die Zulässigkeit der Gehaltskürzungen griechischer Lehrer an griechischen Schulen in Deutschland ging; vgl. die Schlussanträge *Szpunar*, 20.4.2016, EU:C:2016:281; der EuGH hielt Art. 9 III Rom I-VO nicht für anwendbar, da der Arbeitsvertrag nicht in Griechenland, sondern in Deutschland zu erfüllen war, EuGH, 18.10.2016, Rs. C-135/15, *Nikiforidis*, EU:C:2016:774, dazu *Hess*, RdC 388 (2018), 49, Rdn. 232 f.

Staatenimmunität bewirkt eine Verkürzung der Rechtswegsgarantie (Art. 47 GRC), die auch aus „politischen" Gründen (Schutz der transnationalen Sanierungsprogramme) nicht notwendig erscheint.

6.15 Der EuGH hat in den griechischen Anleihefällen zunächst die ZustellungsVO für anwendbar gehalten; dies freilich mit der Zwecksetzung der Zustellung begründet, das rechtliche Gehör (des beklagten Staates) zu wahren.[78] Bedauerlicherweise hat der Gerichtshof in der Rs. C-308/17 entschieden, dass der Erlass des griechischen Umschuldungsgesetzes die Ausübung von Hoheitsgewalt betraf, die zudem „den außergewöhnlichen Umständen der Finanzkrise" geschuldet war.[79] Mit diesem Rückgriff auf außerrechtliche Kategorien wurde ein Hoheitsakt bejaht – dabei verkannte der Gerichtshof den Unterschied zwischen einer Vorfrage und dem Gegenstand des Rechtsstreits.[80] Es bleibt zu hoffen, dass der EuGH diese Fehlinterpretation des Art. 1 I EuGVO bei nächster Gelegenheit korrigiert.[81]

2. Ausgenommene Rechtsgebiete, Art. 1 II EuGVO[82]

6.16 Art. 1 II EuGVO enthält eine Auflistung von Rechtsgebieten, die vom Anwendungsbereich der Verordnung ausgenommen sind. Die Herausnahme erfolgte ursprünglich (d.h. im Jahre 1968) aus der Erwägung, dass die betroffenen Materien sich nicht für eine Koordinierung durch das EuGVÜ eigneten.[83] Die Zuordnung eines Rechtsstreits zu den Ausnahmen des Art. 1 II EuGVÜ hatte zur Folge, dass die autonomen Prozessrechte der Mitgliedstaaten anwendbar waren. Diese Konsequenz veranlasste den EuGH zunächst zu einer restriktiven Interpretation der Ausnahmetatbestände.[84] Insbesondere greift die Ausschlusswirkung des Art. 1 II EuGVO nur dann ein, wenn die betroffenen Rechtsgebiete den Gegenstand des Rechtsstreits (und nicht nur eine Vorfrage) bilden.[85]

---

78 EuGH, 11.6.2015, Rs. C-226/13, *Fahnenbrock u.a.*, EU:C:2015:383, Rdn. 52 ff.; dazu *Hess*, RdC 388 (2018), 49, Rdn. 228 f. Vgl. unten § 8 I, Rdn. 8.9.

79 EuGH, 15.11.2018, Rs. C-308/17, *Kuhn*, EU:C:2018:911, Rdn. 36 ff., 40–42; unzutreffend zuvor die Schlussanträge *Bot*, EU:C:2018:528, Rdn. 62 ff.

80 Deutlich etwa Art. 8 der Hague 2019 Judgments Convention (dazu oben § 5 II 2, Rdn. 5.61 ff.); ausführlich *Hess*, RdC 388 (2018), 49, Rdn. 225–229.

81 Kritisch Schlussanträge *Szpunar*, EuGH, 14.1.2020, Rs. C-641/18, *Rina*, EU:C:2020:3, Rdn. 73 ff.

82 Zum Verhältnis zu völkerrechtlichen Übereinkommen (Art. 67 ff. EuGVO) vgl. oben § 5 II, Rdn. 5.80 f.

83 *Kropholler/v. Hein*, EuZVR, Art. 1 EuGVO, Rdn. 16 unter Bezugnahme auf den Bericht *Jenard*, III zu Art. 1 EuGVÜ.

84 Art. 1 II EuGVÜ/EuGVO ist autonom zu interpretieren, dazu bereits EuGH, 22.2.1979, Rs. C-133/78, *Gourdain*, EU:C:1979:49, Rdn. 3 ff.

85 EuGH, 3.10.2013, Rs. C-386/12, *Schneider*, EU:C:2013:633, Rdn. 26 f.; EuGH, 25.7.1991, Rs. C-190/89, *Marc Rich*, EU:C:1991:319, Rdn. 26 ff. (zur Schiedsgerichtsbarkeit).; *Hess/Pfeiffer/Schlosser*, The Brussels I Regulation, Rdn. 62 ff.; *v. Hein*, IPRax 2015, 198, 199 f.

Inzwischen hat sich die Ausgangslage verändert. In den nach Art. 1 II EuGVO ausgeschlossenen Rechtsgebieten wurden und werden zahlreiche parallele Unionsrechtsakte erlassen. Damit stellt sich die Abgrenzungsfrage heute strukturell anders: Es geht nicht mehr um die vertikale Abgrenzung zwischen einheitlichem Gemeinschaftsrecht und nicht harmonisiertem Prozessrecht der Mitgliedstaaten, sondern zunehmend um eine horizontale Abgrenzung der jeweils einschlägigen Gemeinschaftsrechtsakte untereinander.[86] Daher ist die frühere Rechtsprechung des Gerichtshofs zur vertikalen Begrenzung des Anwendungsbereichs des europäischen Prozessrechts auf die heute vorzunehmende, horizontale Abgrenzung nicht mehr übertragbar.[87] An ihre Stelle tritt die systematische Abgrenzung der parallelen Unionsrechtsakte. Die praktischen Abgrenzungsprobleme sind damit nicht geringer geworden. Vor diesem Hintergrund sind die nach Art. 1 II lit. a)–f) EUGVO ausgeschlossenen Rechtsgebiete darzustellen: 6.17

a) Statussachen und Güterstände

Art. 1 II lit. a) EuGVO nimmt vor allem Ehesachen und familienrechtliche Statussachen vom Anwendungsbereich der EuGVO aus. Im Bereich der Ehesachen (Scheidungsklagen, Ehenichtigkeits- und Eheaufhebungsklagen sowie in Kindschaftssachen) hat die Brüssel II^{ter}-VO Vorrang.[88] Unterhaltssachen regelt die VO EG 4/2009[89] – hierauf bezieht sich die explizite Ausnahme in Art. 1 II lit. e) EuGVO. Das Güterrecht erfassen mit Wirkung vom 29.1.2019 die Güterrechtsverordnungen.[90] Das internationale Erbrecht erfasst inzwischen die EuErbVO umfassend; Art. 1 II lit. f) EuGVO regelt diesbezüglich einen gesonderten Ausnahmetatbestand.[91] Die anwachsenden Ausnahmetatbestände spiegeln die zunehmende Ausdifferenzierung des europäischen Zivilverfahrensrechts wider. 6.18

Art 1 II lit. a) EuGVO schließt zudem Angelegenheiten des Personenstands und die gesetzliche Vertretung vom Anwendungsbereich der EuGVO aus. Dies gilt vor allem für Vormundschafts- und Betreuungssachen, also Rechtsgebiete, die zum Kern- 6.19

---

86 Beispiel: EuGH, 28.4.2005, Rs. C-104/03, *St. Paul Dairy*, EU:C:2005:255, Rdn. 7 ff. (Abgrenzung zwischen 35 EuGVO und Art. 1 II EuBewVO), dazu unten § 8 IV, Rdn. 8.82 ff.

87 Diese Überlegungen gelten freilich nur dort, wo inzwischen parallele Unionsrechtsakte in Kraft gesetzt wurden, etwa im Verhältnis zur EuInsVO (unten § 9 I, Rdn. 9.1 ff.) oder zur EheGVO (unten § 7 II, Rdn. 7.17 ff.). Sofern die speziellen Rechtsakte nicht sämtliche EU-Mitgliedstaaten binden, verbleibt es für die nicht teilnehmenden Mtgliedstaaten bei der überkommenen Abgrenzung zwischen der EuGVO und dem nationalen Recht.

88 Zur Brüssel II^{ter}-VO vgl. EuGH, 3.10.2013, Rs. C-386/12, *Schneider*, EU:C:2013:633, Rdn. 24 ff.; unten § 7 II, Rdn. 7.18 ff.

89 Unten § 7 V, Rdn. 7.135 ff.

90 VO 2016/1103 und 2016/1104, dazu unten § 7 VII, Rdn. 7.177 ff. Ausgleichsansprüche aus der Auflösung einer nichtehelichen Lebensgemeinschaft fallen hingegen in den Anwendungsbereich der EuGVO, EuGH, 6.6.2019, Rs. C-361/18, *Weil*, EU:C:2019:473, Rdn. 38 ff., 45.

91 VO 650/2012, unten § 7 VIII, Rdn. 7.190 ff.

bereich der Freiwilligen Gerichtsbarkeit gehören. Ausgenommen werden vor allem Statussachen für natürliche Personen.[92] Entscheidungen über die Beschlussfassung, die Haftung und auch die Auflösung von juristischen Personen fallen hingegen unter den Anwendungsbereich der Verordnung – dies folgt aus Art. 24 Nr. 2 EuGVO.[93]

b) Insolvenzverfahren

6.20 Seit dem 31.5.2002 koordiniert die VO 1346/00/EG, seit dem 26.6.2017 die VO 848/2015/EU grenzüberschreitende Insolvenzverfahren zwischen den Mitgliedstaaten der Europäischen Union.[94] Die Ausnahmeregelung des Art. 1 II lit. b) EuGVO für Insolvenzverfahren ist im systematischen Kontext zur EuInsVO zu interpretieren – es geht darum, Regelungslücken zwischen den beiden Gemeinschaftsrechtsakten zu vermeiden.[95] Für die Interpretation von Art. 1 II lit. b) EuGVO ergibt sich damit die Konsequenz, dass sich der Anwendungsbereich der EuGVO im Ergebnis danach bestimmt, ob die EuInsVO für bestimmte Regelungsbereiche auf die EuGVO zurückverweist.[96] Ansonsten hat die EuInsVO Vorrang. Das Problem stellt sich vor allem bei sog. Annexverfahren: Dabei handelt es sich um Prozesse, in denen der Insolvenzverwalter außerhalb des Konkursverfahrens massebezogene Ansprüche durchsetzt – beispielsweise Erfüllungsansprüche aus gegenseitigen Verträgen einklagt.[97] Dagegen unterfallen Gesamtverfahren im Zusammenhang mit der Zahlungsfähigkeit bzw. der Überschuldung natürlicher und juristischer Personen der EuInsVO,[98] desgleichen Restschuldbefreiungsverfahren, sofern Insolvenzordnungen der Mitgliedstaaten sie vorsehen.[99]

6.21 Der veränderte systematische Zusammenhang zwischen den beiden Verordnungen erforderte eine Neubewertung des Anwendungsbereichs der EuGVO.[100] Letztere ist nur dann eröffnet, wenn die (vorrangige) EuInsVO keine abschließende Regelung enthält.[101] Angesichts der zwischenzeitlichen

92 Beispiel: EuGH, 3.10.2013, Rs. C-386/12, *Schneider*, EU:C:2013:633, gerichtliche Genehmigung einer Verfügung über ein Grundstück im Eigentum einer betreuten Person, dazu *v. Hein*, IPRax 2015, 198 ff.

93 Dazu unten § 6 II, Rdn. 6.131 ff.

94 Ausführlich unten § 9 I, Rdn. 9.11 ff.

95 Schlussanträge *Colomer*, 16.10.2008, Rs. C-339/07, Rdn. 41 ff.; EuGH, 12.2.2009, Rs. C-339/07, *Seagon*, EU:C:2009:83, Rdn. 19 ff.; EuGH, 19.4.2012, Rs. C-213/10, *F-Tex*, EU:C:2012:215, Rdn. 21; st. Rspr.

96 Dies gilt auch für den Fall, dass die EuInsVO Regelungslücken enthält.

97 Vgl. §§ 103 ff. InsO, Rauscher/*Mankowski*, Art. 1 EuGVO, Rdn. 73.

98 Beispiel: Forderungsanmeldung und Forderungsfeststellung, EuGH, 18.9.2019, Rs. C-47/18, *Riel*, EU:C:2019: 754, Rdn. 36 ff.

99 BGH, 25.9.2008, NZI 2008, 737: Die Erteilung der Restschuldbefreiung nach englischem Recht kann mit der Vollstreckungsgegenklage nach § 767 ZPO gegen einen (vor Eröffnung des Insolvenzverfahrens ergangenen) Titel geltend gemacht werden, vgl. dazu § 9 II, Rdn. 9.66.

100 *Laukemann*, in: Hess/Oberhammer/Pfeiffer (ed.), The Heidelberg-Luxembourg-Vienna Report on the EIR, Rdn. 548 ff.

101 EuGH, 12.2.2009, Rs. C-339/07, *Seagon*, EU:C:2009:83, Rdn. 19 ff.; *Hess/Pfeiffer/Schlosser*, The Brussels I Regulation, Rdn. 79.

Rechtsentwicklung erscheint es unnötig, den Anwendungsbereich des europäischen Prozessrechts einseitig aus der Perspektive nur eines einschlägigen Unionsrechtsakts (d.h. der EuInsVO) zu bestimmen. Diese Überlegung ermöglicht eine Zuordnung der Annexverfahren zum Anwendungsbereich der EuInsVO oder der EuGVO.[102] Die Schaffung eines besonderen, nicht ausschließlichen Gerichtsstands in Art. 6 EuInsVO hat diesen Gesichtspunkt aufgegriffen.[103]

Unter Art. 3 EuInsVO fallen daher alle insolvenzbezogenen Gesamtverfahren (Art. 1 I, 2 lit. a) EuInsVO), insbesondere der Insolvenzbeschlag und die Bestellung des Verwalters (§§ 80 ff. InsO), die Anmeldungen zur Tabelle (vgl. §§ 174–178 InsO),[104] die Haftung des Verwalters gegenüber den Gläubigern (§§ 60 ff., 91 InsO) sowie Streitigkeiten zwischen dem Verwalter und dem Gemeinschuldner (etwa über die Mitwirkungspflichten nach §§ 97 ff. InsO).[105] 6.22

Bei Einzelverfahren ist zu differenzieren: Art. 6 EuInsVO ist anwendbar, wenn der Insolvenzverwalter besondere, insolvenzrechtliche Befugnisse gegen einzelne Schuldner (zur Anreicherung der Masse) verfolgt. Hierunter fällt die Geltendmachung von Anfechtungsansprüchen (§§ 129 ff. InsO) und von Kapitalersatzansprüchen (etwa §§ 39, 135 InsO),[106] aber auch Streitigkeiten aus Absonderungsrechten.[107] Der EuGH hat sogar Streitigkeiten über die Wirksamkeit von Verfügungen des Insolvenzverwalters über Massegegenstände vom Anwendungsbereich der EuGVO ausgenommen.[108] Die Anwendung von Art. 6 EuInsVO setzt voraus, dass das Insolvenzverfahren eröffnet wurde und der Verwalter Partei ist.[109] Dagegen betrifft die gerichtliche Geltendmachung von Masseansprüchen durch den Insolvenzverwalter keine besonderen insolvenzrechtlichen Befugnisse.[110] Hier bleibt die EuGVO anwendbar; dasselbe gilt für die Geltendmachung von Masseansprüchen oder Aussonderungsansprüchen.[111] Auch Feststellungsklagen zur Tabelle (§ 180 II InsO) fallen in den Anwendungsbe- 6.23

102 Dieses Verhältnis ordnet Art. 25 II EuInsVO für die Urteilsanerkennung ausdrücklich an, *Thole*, ZIP 2006, 1383, 1386 f.

103 Die Einordnung von Art. 6 EuInsVO ist str., dazu *Mankowski*, in: ders./Müller/Schmidt, EuInsVO 2015, Art. 6, Rdn. 27–29 (für eine ausschließliche Zuständigkeit); dazu § 9 II, Rdn. 9.47.

104 *Haubold*, IPRax 2002, 157, 162; *Oberhammer*, ZInsO 2004, 761, 764 ff.

105 EuGH, 22.2.1979, Rs. C-133/78, *Gourdain*, EU:C:1979:49: Ausfallhaftung des faktischen Geschäftsführers.

106 OLG Naumburg, 6.10.2010, ZIP 2011, 677, 679.

107 EuGH, 12.2.2009, Rs. C-339/07, *Seagon*, EU:C:2009:83, Rdn. 19 ff.

108 EuGH, 2.7.2009, Rs. C-111/08, *SCT Industri*, EU:C:2009:419, Rdn. 27 ff. – die Entscheidung verdeutlicht die *vis attractiva concursus*. In der Sache überzeugt das Urteil nicht. Das Ausgangsverfahren betraf die Anerkennung eines österreichischen Urteils, das die Rückübertragung von Gesellschaftsanteilen anordnete – die Verfügungsbefugnis des Insolvenzverwalters war dort nur Vorfrage.

109 EuGH, 19.4.2012, Rs. C-213/10, *F-Tex*, EU:C:2012:215, Rdn. 43; vgl. § 9 I, Rdn. 9.19 ff.

110 Ausführlich *Gaudemet-Tallon/Ancel*, Compétence et exécution, Rdn. 46.

111 EuGH, 10.9.2009, Rs. C-292/08, *German Graphics Graphische Maschinen*, EU:C:2009:544, Rdn. 21 ff.; EuGH, 4.9.2014, Rs. C-157/13, *Nickel*, EU:C:2014:2145, Rdn. 29; EuGH, 9.11.2017, Rs. C-641/16, *Tünkers*, EU:C:2017:847, Rdn. 28; EuGH, 6.2.2019, Rs. C-535/17, *NK*, EU:C:2019:96, Rdn. 26 ff.

reich der EuGVO.[112] Dies hat zur Folge, dass der Insolvenzverwalter in derartigen Klagen an Gerichtsstandsvereinbarungen gebunden bleibt, die der Gemeinschuldner abgeschlossen hat.[113] Greifen die besonderen Gerichtsstände der EuGVO nicht ein, muss die Klage am allgemeinen Gerichtsstand des Beklagten erhoben werden (Art. 4, 62 f. EuGVO).[114]

c) Soziale Sicherheit, Art. 1 II lit. c) EuGVO

6.24 Ansprüche über Sozialleistungen stehen häufig in einer Gemengelage zwischen öffentlichem Recht und Privatrecht. Daher interpretiert der EuGH den dritten Ausnahmetatbestand des Art. 1 II EuGVO der EuGH in enger Bezugnahme auf Art. 48 AEUV und die VO 883/2004/EG über die sozialen Rechte der Wanderarbeitnehmer in der EG.[115] Art. 1 II lit. c) EuGVO ermöglicht differenzierte Lösungen. Die Bezugnahme des Art. 1 II lit. c) EuGVO auf Art. 3 VO 883/2004/EG bewirkt, dass folgende Ansprüche aus dem Anwendungsbereich der EuGVO herausfallen: Sozialansprüche auf ärztliche Behandlung, Krankengeld, Leistungen einer Mutterschafts-, Invaliden- oder Altersversicherung, Sozialleistungen an Hinterbliebene, Arbeitslose, Leistungen bei Berufskrankheiten und wegen Betriebsunfällen. Die Ausnahmeregelung erfasst dabei Streitigkeiten zwischen dem Versicherungsträger und dem Antragsteller auf die Gewähr und die Rückgewähr derartiger Leistungen.[116] Gleichfalls einbezogen sind Klagen des Arbeitnehmers gegen den Arbeitgeber auf Zahlungen an den Sozialversicherungsträger.[117] Nicht erfasst werden hingegen Streitigkeiten aus übergegangenem Recht (Regressklagen des Sozialversicherungsträgers nach § 37 BAFöG oder nach § 94 SGB XII), denn diese fallen nicht unter den Anwendungsbereich der VO 883/2004/EG.[118] Auch Klagen aus privater Krankenversicherung unterliegen nicht der Ausnah-

---

112 Rauscher/*Mankowski*, Art. 1 EuGVO, Rdn. 22.; *Oberhammer*, ZInsO 2004, 761, 764; aA OLG München, 21.3.2001, RIW 2002, 66 f.; *Smid*, Europäisches Internationales Insolvenzrecht (2002), Kap. 2, Rdn. 9.

113 Dazu *M. Stürner*, IPRax 2005, 416, 418 ff.

114 *Thole*, ZIP 2006, 1383, 1387 mit dem zutreffenden Hinweis, dass die restriktive Judikatur des EuGH zur (Nicht-)Anwendung des Art. 5 Nr. 3 EuGVÜ/7 Nr. 2 EuGVO, EuGH, 27.9.1988, Rs. C-189/87, *Kalfelis*, EU:C:1988:459, Rdn. 15 f., überdacht werden sollte.

115 VO 883/2004/EG zur Koordinierung der Systeme der sozialen Sicherheit, ABl. 2004 L 116/1 ff. Sie hat die VO 1478/71/EWG ersetzt, zu letzterer EuGH, 14.11.2002, Rs. C-271/00, *Baten*, EU:C:2002:656, Rdn. 43–45; zur aktuellen Rechtslage EuGH, 28.2.2019, Rs. C-579/17, *Gradbeništvo Korana*, EU:C:2019:162, Rdn. 67 f.

116 Rauscher/*Mankowski*, Art. 1 EuGVO, Rdn. 95 f.

117 *Winterling*, Entscheidungszuständigkeit in Arbeitssachen (2006), S. 16 ff.

118 EuGH, 5.2.2004, Rs. C-265/02, *Frahuil*, EU:C:2004:77, Rdn. 21; EuGH, 14.11.2002, Rs. C-271/00, *Baten*, EU:C:2002:656, Rdn. 37; EuGH, 15.1.2004, Rs. C-433/01, *Blijdenstein*, EU:C:2004:21, Rdn. 18 ff. (allerdings kann sich die Behörde im Regressprozess nicht auf den Klägergerichtsstand des Art. 5 Nr. 2 EuGVO aF berufen).

meregelung des Art. 1 II lit. c) EuGVO. In diesen Konstellationen ist mithin die EuGVO sachlich anwendbar.

d) Schiedsgerichtsbarkeit

Die Ausklammerung der Schiedsgerichtsbarkeit vom Anwendungsbereich 6.25
des Art. 1 EuGVÜ/EuGVO erfolgte im Hinblick auf bestehende völkerrechtliche Übereinkommen,[119] die nach Ansicht der Verfasser des EuGVÜ die Effektivität der Schiedsgerichtsbarkeit wirksam absicherten.[120] Die EuGVO beschneidet damit die Freiheit der Parteien nicht, ihre Streitigkeiten einem Schiedsgericht zur Entscheidung vorzulegen. Die subjektive und objektive Schiedsfähigkeit bestimmen die autonomen Prozessrechte der Mitgliedstaaten.

In der politischen Debatte um die Reform der EuGVO war die „arbitration excep- 6.26
tion" der am stärksten diskutierte Reformvorschlag.[121] Auslöser war die Empfehlung des Heidelberg-Report, Art. 1 lit. d) EuGVO zu streichen, den Vorrang der Schiedsgerichtsbarkeit über Art. 71 EuGVO zu sichern und für Unterstützungsmaßnahmen eine ausschließliche Zuständigkeit der Gerichte der EU-Mitgliedstaaten am Sitz des Schiedsgerichts vorzusehen.[122] Dieser Vorschlag stieß auf den konzertierten Widerstand der „arbitration community".[123] Die EU-Kommission setzte eine Expertenkommission ein, welche einen Kompromissvorschlag erarbeitete. Danach sollten staatliche Gerichte im Fall der Schiedsvereinbarung die Parteien (ähnlich wie nach Art. 31 II EuGVO) in das Schiedsverfahren verweisen.[124] Ansonsten sollte Art. 1 II lit. d) EuGVO beibehalten werden.[125] Aufgrund massiven Lobbyings der Schiedsszene im EU-Parlament (mit Unterstützung der englischen und französischen Regierungen, die den Verlust lukrativer Marktvorteile fürchteten[126]) hatte auch dieser Vorschlag keine Ver-

119 Insbesondere das UN-Übereinkommen vom 10.6.1958 über die Anerkennung und Vollstreckung ausländischer Schiedssprüche, BGBl. 1961 II 121. Dagegen wurde das Europäische Übereinkommen vom 21.4.1961 über die internationale Handelsschiedsgerichtsbarkeit, BGBl. 1964 II 425, nicht von allen EU-Mitgliedstaaten ratifiziert, dazu *Kropholler/v. Hein*, Art. 1 EuGVO, Rdn. 41 mwN.

120 *Jenard*-Bericht, ABl. EG 1979 C-59, S. 1, 13; dazu *Audit*, Arbitration Int'l 9 (1993), 1 ff.; *Zobel*, Schiedsgerichtsbarkeit und Gemeinschaftsrecht, S. 52 ff.

121 *Domej*, FS Gottwald (2014), S. 97, 98; *Hess*, FS v. Hoffmann (2011), S. 648 ff.; Rauscher/*Mankowski*, Art. 1 EuGVO, Rdn. 104 ff.

122 *Hess/Pfeiffer/Schlosser*, Heidelberg Report (2008), Rdn. 130 ff.

123 Explizit: *Kessedjian*, Rev. Arb. 2009, 699, 701 ff.; *Radicati di Brozolo*, IPRax 2010, 121, 127 f.; dagegen *Hess*, Cahiers de l'Arbitrage 2010, 17, 22 ff.; zusammenfassend Rauscher/*Mankowski*, Art. 1 EuGVO, Rdn. 106 ff.

124 Letztlich in Ergänzung zu Art. II 3 UNÜ, Rauscher/*Mankowski*, Art. 1 EuGVO, Rdn. 110 f.

125 *Ilmer*, RabelsZ 75 (2011), 645, 668.

126 Zumeist wurde die Gefahr einer „Regionalisierung" der Schiedsgerichtsbarkeit beschworen; man befürchtete zudem das Eingreifen einer exklusiven Außenkompetenz der Union im Bereich der Schiedsgerichtsbarkeit, vgl. *Domej*, FS Gottwald (2014), S. 97, 99 mwN in Fn. 17.

wirklichungschance.[127] Stattdessen behält der Recast die überkommene Ausnahme der Schiedsgerichtsbarkeit bei, verweist in Art. 73 II EuGVO ausdrücklich auf den Vorrang des NYÜ und enthält einen neuen EwG 12, dessen vier Absätze den Gerichten Leitlinien für die Auslegung der Vorschriften geben soll.[128] Allerdings ist EwG 12 in sich widersprüchlich und unklar.[129] Der EuGH hat inzwischen klargestellt, dass die Neuregelung keine inhaltlichen Änderungen bewirkt hat.[130]

6.27 Der Ausschluss der Schiedsgerichtsbarkeit betrifft zunächst das Schiedsverfahren selbst, d.h. vor allem die Wirkungen des Schiedsvertrags (Art. II UNÜ/§ 1032 ZPO) und die Anerkennung bzw. Vollstreckbarerklärung des Schiedsspruchs einschließlich seiner Aufhebung (Art. V UNÜ/§§ 1069 ff. ZPO), so ausdrücklich EwG 12 I zur EuGVO.[131] Auch das staatliche Anerkennungsurteil unterliegt nicht dem Freizügigkeitsregime der Art. 36 ff. EuGVO.[132] Bei Unterstützungsmaßnahmen des staatlichen Gerichts ist zu unterscheiden: Hilfestellungen staatlicher Gerichte zur unmittelbaren Durchführung des Schiedsverfahrens, etwa zur Benennung eines Schiedsrichters (vgl. § 1035 ZPO) oder zur Bestimmung des Schiedsortes, sind vom Anwendungsbereich der EuGVO ausgeschlossen, EwG 12 IV.[133] Anderes gilt jedoch für einstweilige Maßnahmen staatlicher Gerichte zur Unterstützung eines Schiedsverfahrens (§ 1051 ZPO): Sie fallen unter den Anwendungsbereich der EuGVO.[134] Umgekehrt verbietet die EuGVO den Gerichten der EU-Mitgliedstaaten den Erlass von *anti-suit injunctions* zur Durchsetzung von Schiedsabreden: Es gilt der Grundsatz, dass alle Zivilgerichte im Europäischen Justizraum nach einheitlichen Maßstäben ihre jeweilige Zuständigkeit prüfen und darauf vertrauen, dass diese Prüfung nach Maßgabe der EuGVO einheitlich erfolgt.[135] Anderes gilt hingegen für *anti-suit*

---

127 Zutreffend Rauscher/*Mankowski*, Art. 1 EuGVO, Rdn. 112; *Menétry/Racine*, in: E. Guinchard (ed.), Le Règlement Bruxelles I^{bis}, S. 13, 23.

128 Dazu *Hess*, JZ 2014, 538, 539 ff.; *Domej*, FS Gottwald (2014), S. 97, 99 ff.

129 Dies zeigten insbesondere die Schlussanträge *Wathelet*, 4.12.2014, Rs. C-536/13, EU:C:2014:2414, die versuchten, durch eine „Neuinterpretation" des EwG 12 einen generellen Vorrang der Schiedsgerichtsbarkeit gegenüber der Urteilsfreizügigkeit zu implementieren, dazu unten Rdn. 6.30 f.

130 EuGH, 13.5.2015, Rs. C-536/13, *Gazprom*, EU:C:2015:316, Rdn. 36 ff. – die Große Kammer griff die ambitiösen Schlussanträge zu EwG 12 (s. Fn. 129) nicht ansatzweise auf.

131 *Hess*, JZ 2014, 538, 540; *Domej*, FS Gottwald (2014), S. 97, 100 ff.

132 *Schlosser*-Bericht, Rdn. 65; *Audit*, Arbitration Int'l 9 (1993), 1, 23; aA *Poudret*, Rev. arb. 1998, 7 ff. Dies folgt aus dem Grundsatz: „l'exequatur sur l'exequatur ne vaut". Dasselbe gilt für ein Gerichtsurteil.

133 EuGH, 25.7.1991, Rs. C-190/89, *Marc Rich*, EU:C:1991:319, Rdn. 16; EuGH, 17.11.1998, Rs. C-391/95, *van Uden*, EU:C:1998:543, Rdn. 56 f.; *Hess*, JZ 2014, 538, 540.

134 EuGH, 17.11.1998, Rs. C-391/95, *van Uden*, EU:C:1998:543, Rdn. 25 ff.; ebenso BGH, 5.2.2009, ZIP 2009, 735.

135 EuGH, 10.2.2009, Rs. C-185/07, *Allianz*, EU:C:2009:69, Rdn. 24 ff. im Anschluss an EuGH, 27.4.2004, Rs. C-159/02, *Turner*, EU:C:2004:228; Vorlagebeschluss des House of Lords, *West Tankers Inc v. RAS Riunione Adriatica di Sicurta Spa*, [2007] UKHL 4. Ausführlich Rauscher/*Mankowski*, Art. 1 EuGVO, Rdn. 28b–29a.

injunctions der Schiedsgerichte selbst: Diese fallen nicht in den Anwendungsbereich der EuGVO.[136]

Dagegen ist die in der Literatur kontrovers diskutierte Frage, ob die Nichtbeachtung einer Schiedsabrede durch das Gericht des Erststaates ein Anerkennungshindernis begründet, nach Maßgabe der Art. 36 ff. EuGVO zu beantworten: Da die EuGVO kein entsprechendes Anerkennungshindernis enthält, vermag der Einwand der (nicht beachteten) Schiedsvereinbarung die Anerkennung des ausländischen Titels nicht zu hindern, EwG 12 III.[137] Dies mag man im Interesse der Implementierung von Schiedsabreden bedauern[138] – Vorrang hat jedoch der Grundsatz des wechselseitigen Vertrauens und das daraus abzuleitende Gebot, die Urteilsfreizügigkeit ausschließlich nach Maßgabe der Art. 32 ff. EuGVO zu implementieren.[139] Umgekehrt bleiben Entscheidungen der EU-Mitgliedstaaten über die Unwirksamkeit/Wirksamkeit einer Schiedsvereinbarung vom Anwendungsbereich der EuGVO ausgenommen, EwG 12 II.[140] Dasselbe gilt für die Anerkennung von Schiedssprüchen, die sich nach Art. III–IV UNÜ richtet, EwG 12 III 2.[141] Ungelöst ist das Verhältnis von widersprechenden Urteilen und Schiedssprüchen.[142] **6.28**

EwG 12 zur EuGVO ist wenig hilfreich im Hinblick auf neuere Entwicklungen (insbesondere in England), die den Vorrang der Schiedsabrede anderweitig sichern sollen: Dabei geht es zum einen um Schadensersatz- und Unterlassungsansprüche wegen (behaupteter) Verletzung der Schiedsabrede. Geltend gemacht wurden die Prozesskosten vor dem (parallel) angerufenen, staatlichen Gericht.[143] Da derartige Verfahren ihren Rechtsgrund in der Schiedsklausel haben, unterfallen sie Art. 1 I lit. d) EuGVO.[144] Dasselbe gilt für Versuche, den Schiedsspruch in ein staatliches Urteil aufzunehmen (vgl. Art. 66 II Arbitration Act UK). Ein derartiges Verfahren fällt **6.29**

136 EuGH, 13.5.2015, Rs. C-536/13, *Gazprom*, EU:C:2015:316, Rdn. 34, 37 f.

137 Versuche der Literatur, den Vorrang der Schiedsabrede und des Schiedsspruches über eine extensive Auslegung von Art. 71 EuGVO zu implementieren, vermögen gleichfalls nicht zu überzeugen, Rauscher/*Mankowski*, Art. 1 EuGVO, Rdn. 31b und 31c.

138 *Schlosser*, RIW 2006, 486 ff.; anders *Dutta/Heinze*, RIW 2007, 411, 416 ff.

139 Zur Bedeutung der Urteilsfreizügigkeit vgl. etwa EuGH, 16.2.2006, Rs. C-3/05, *Verdoliva*, EU:C:2006:113, Rdn. 27 („wichtigstes Ziel des EuGVÜ").

140 EwG 12 II soll insbesondere die englische Rechtsprechung korrigieren, *National Navigation v Endesa Generacion SA* [2009] EWCA Civ 1397.

141 Das war niemals bestritten, *Hess*, JZ 2014, 538, 540.

142 Für eine Auflösung nach dem Prioritätsprinzip *Pfeiffer*, ZZP 127 (2014), 409, 414 f.

143 *The Alexandros T.* [2014] EWCA Civ 1011; *Hess*, JZ 2014, 538, 542; *Illmer*, in: Dickinson/Lein (ed.), The Brussels I^{bis} Regulation, Rdn. 2.70. So nunmehr auch BGH, 17.10.2019, NJW 2020, 399 (Anm. Wais) im Hinblick auf die Verletzung einer Gerichtsstandsvereinbarung.

144 Rauscher/*Mankowski*, Art. 1 EuGVO, Rdn. 144 mit zutreffendem Hinweis auf den inhaltlichen Zusammenhang mit der *anti-suit injunction*.

als Annexverfahren aus dem Anwendungsbereich der EuGVO heraus, EwG 12 IV, Art. 1 II lit. d) EuGVO.[145]

6.30 Die verbleibenden Schwierigkeiten verdeutlicht das Urteil des EuGH in der Rs. C-536/15, *Gazprom*.[146] Das Verfahren betraf (im Kern) die Kontrolle des litauischen, zentralen Gasversorgungsunternehmens durch das russische Unternehmen. Das litauische Wirtschaftsministerium leitete im Jahre 2011 ein Untersuchungsverfahren vor dem Regionalgericht Vilnius ein, das zur Absetzung des (russischen) Managements des litauischen Gasunternehmens führen sollte. *Gazprom* berief sich hingegen auf eine Schiedsklausel in der Aktionärsvereinbarung (die die litauische Regierung mit *Gazprom* und *EON Ruhrgas AG* beim Erwerb des litauischen Unternehmens abgeschlossen hatte). Ein Schiedsgericht der Stockholmer Handelskammer erließ einen Schiedsspruch, der das litauische Ministerium anwies, das Verfahren vor dem Regionalgericht Vilnius zu beenden. Diesen Schiedsspruch legte *Gazprom* nach Art. III–IV UNÜ in Litauen zur Anerkennung und Vollstreckung vor. Schließlich fragte das Oberste Gericht den EuGH, ob die EuGVO der Anerkennung des Schiedsspruchs entgegenstehe, da die *anti-suit injunction* das litauische Gericht daran hindere, seine Zuständigkeit nach der EuGVO zu prüfen. Zudem fragte das Gericht, ob die EuGVO Teil des ordre public iRd Art. V Abs. 2 b) UNÜ sei. Die Große Kammer des Gerichtshofs kam hingegen zum Ergebnis, dass diese Fragen nicht in den Anwendungsbereich der EuGVO fielen: Denn es geht ausschließlich um die Anerkennung einer Entscheidung des Schiedsgerichts, die unter die Ausnahme des Art. 1 II lit. d) EuGVO falle.[147] Ein Schiedsgericht sei, anders als ein staatliches Gericht, auch nicht an den Grundsatz des wechselseitigen Vertrauens gebunden, der ihm den Erlass von *anti-suit injunctions* verbiete.[148] Dementsprechend stehe die EuGVO der Anerkennung eines entsprechenden Schiedsspruchs nicht entgegen.[149] Auf die weitergehenden Ausführungen der Schlussanträge, in denen GA *Wathelet* für eine Aufgabe der West-Tankers-Rechtsprechung zugunsten eines Vorrangs der Schiedsgerichtsbarkeit plädiert hatte (unter Bezugnahme auf EwG 12 zur EuGVO nF) ging der EuGH nicht ein.[150]

6.31 In seiner Abschlussentscheidung griff der litauische Oberste Gerichtshof das Argument auf, dass die *anti-suit injunctions* sich nur gegen die Parteien des Schiedsverfahrens richten, nicht jedoch das litauische Gericht binden. Es erkannte den Schiedsspruch ausdrücklich nach Art. III, V UNÜ an, ließ jedoch offen, ob damit das Untersuchungsverfahren vor dem litauischen Handelsgericht einzustellen war.[151] Im Ergebnis verstärkt die *Gazprom*-Entscheidung die Ausnahme für die Schiedsgerichtsbarkeit - im Hinblick auf die konkrete Abgrenzung hat sich der EuGH bedeckt gehalten (freilich den konträren Ansatz des GA nicht übernommen).[152] Die Abschlussentscheidung des litauischen

---

145 So bereits *Schlosser*-Bericht, Nr. 65; Rauscher/*Mankowski*, Art. 1 EuGVO, Rdn. 145.

146 EuGH, 13.5.2015, Rs. C-536/13, *Gazprom*, EU:C:2015:316, Rdn. 12 ff.

147 EuGH, 13.5.2015, Rs. C-536/13, *Gazprom*, EU:C:2015:316, Rdn. 35–37.

148 EuGH, 13.5.2015, Rs. C-536/13, *Gazprom*, EU:C:2015:316, Rdn. 40.

149 EuGH, 13.5.2015, Rs. C-536/13, *Gazprom*, EU:C:2015:316, Rdn. 48–50.

150 EuGH, 13.5.2015, Rs. C-536/13, *Gazprom*, EU:C:2015:316, Rdn. 46 (unter ausdrücklicher Bekräftigung des Urteils vom 10.2.2009, Rs. C-185/07, *Allianz*, EU:C:2009:69, Rdn. 20).

151 Oberster litauischer Gerichtshof, 23.10.2015, Case no. 3K-7-458-701/2015 (engl. Übersetzung, S. 7–8).

152 Schlussanträge *Wathelet*, 4.12.2014, Rs. C-536/13, *Gazprom*, EU:C:2014:2414, Rdn. 73 und 143, 153 ff.; dagegen etwa *Illmer*, in: Dickinson/Lein (ed.), The Brussels I Regulation Recast, Rdn. 2.61 („unconvincing line of argument").

Gerichts zeigte, dass die große Kammer nur begrenzte Hilfe zur Lösung des Falles gegeben hatte. Auch die Reichweite der „arbitration exception" bleibt weiter ungeklärt.[153]

3. Territorialer Anwendungsbereich

Der territoriale Anwendungsbereich der EuGVO entspricht dem Geltungsbereich des Unionsrechts in den Mitgliedstaaten.[154] Die allgemeine Regelung hierzu enthält Art. 52 EUV[155] – die Vorschrift verweist auf die Staatsgebiete der Mitgliedstaaten und listet zugleich zahlreiche Ausnahmen von der räumlichen Geltung des Gemeinschaftsrechts in bestimmten Gebieten der Mitgliedstaaten auf.[156] Praktisch bedeutsam ist vor allem der Ausschluss der englischen Kanalinseln und der französischen Übersee-Departments (Art. 355 II AEUV).[157] Auch Monaco und Andorra sind – trotz enger außenpolitischer Anlehnung an Frankreich – nicht in den Anwendungsbereich des Europäischen Prozessrechts einbezogen.[158] Im Übrigen deckt sich der räumliche Anwendungsbereich des europäischen Prozessrechts mit den territorialen Grenzen der Mitgliedstaaten, sofern nicht Art. 20, 326 ff. AEUV eine abgestufte Integration zulassen.[159] **6.32**

Dänemark nimmt grundsätzlich nicht an der Gemeinschaftspolitik im Bereich Justiz und Inneres teil (vgl. Art. 1 III EuGVO).[160] Jedoch wurde die EuGVO durch ein bilaterales Übereinkommen vom 19.10.2005 auf Dänemark erstreckt.[161] Das Übereinkommen enthält eine dynamische Verweisung auf die EuGVO, bezieht also spätere Änderungen automatisch mit ein. Seit dem 1.7.2007 ist Dänemark in das Régime der Urteilsfreizügigkeit nach der EuGVO (und in die EuZustVO) wieder einbezogen.[162] Ein Referendum zur Beendigung des Sonderstatus von Dänemark im Bereich der justizi- **6.33**

---

153 Rauscher/*Mankowski*, Art. 1 EuGVO, Rdn. 134.

154 EuGH, 16.2.1978, Rs. C-61/77, *Kommission./.Irland*, EU:C:1978:29, Rdn. 45/51.

155 Die Vorschrift beruht auf dem völkerrechtlichen Grundsatz, dass internationale Organisationen kein eigenes Hoheitsgebiet haben, sondern einen von den Mitgliedstaaten vermittelten Hoheitsbereich, Streinz/*Kokott*, Art. 355 AEUV, Rdn. 3, Art. 52 EUV, Rdn. 1.

156 Streinz/*Kokott*, Art. 355 AEUV, Rdn. 4 ff.

157 *Kropholler/v. Hein*, Einl. EuGVO, Rdn. 25.

158 Zu Monaco vgl. C.Cass., 16.3.1999, Rev. crit. DIP 1999, 739 (*Ancel*).

159 Dazu oben § 2 I, Rdn. 2.33.

160 Vgl. oben § 2 I, Rdn. 2.31.

161 Abkommen zwischen der Europäischen Gemeinschaft und dem Königreich Dänemark über die gerichtliche Zuständigkeit und die Anerkennung und Vollstreckung von Entscheidungen in Zivil- und Handelssachen, ABl. EU 2005 L 299/62 ff.

162 Die Urteilsfreizügigkeit im Verhältnis zu Dänemark zwischen dem 1.5.1999 und dem 1.7.2007 richtete sich hingegen nach dem EuGVÜ und (für Polen) nach den LugÜ.

ellen Zusammenarbeit in Zivilsachen scheiterte im Dezember 2015.[163] Großbritannien wird nach dem Brexit zum Drittstaat.[164]

6.34 Den räumlichen Anwendungsbereich der EuGVO im Verhältnis zu Nord-Zypern betraf das (hochpolitische) Verfahren *Apostolidis./.Orams*:[165] Der Kläger des Ausgangsverfahrens, Apostolidis, hatte im Zusammenhang mit der Besetzung von Nord-Zypern (1974) sein Anwesen im türkisch besetzten Teil der Insel zurücklassen müssen. Das britische Ehepaar Orams erwarb von einem unbekannten Veräußerer (zu einem attraktiven Preis) Teile des Grundbesitzes von Apostolidis und errichtete dort ein großzügiges Ferienhaus mit Swimmingpool als Alterssitz. Apostolidis erfuhr von dieser Entwicklung und verklagte schließlich das Ehepaar Orams vor dem Bezirksgericht von Nikosia auf Herausgabe des Grundstücks, Beseitigung des Hauses und auf Schadenersatz. Die Ladung des zypriotischen Gerichts wurde an Frau Orams in griechischer Sprache durch einen (inkognito) handelnden Gerichtsvollzieher in Nordzypern „zugestellt" (übergeben).[166] Die Beklagten ließen sich im Verfahren vor dem Bezirksgericht Nikosia, das nach zypriotischem Recht auch die Gerichtsbarkeit für das türkisch besetzte Nordzypern ausübt,[167] durch einen zypriotischen Rechtsanwalt vertreten.[168] Ihre Einlassung wurde jedoch in allen Instanzen als substanzlos zurückgewiesen. Daraufhin beantragte Apostolidis in England nach Art. 38 ff. EuGVO aF die Anerkennung und Vollstreckung des zypriotischen Urteils, das die Eheleute Orams zum Abriss des Landhauses nebst Swimmingpool, zur Einberäumung des Besitzes und zu Schadensersatz (insbesondere Mietzins) verurteilte. Im Beschwerdeverfahren, Art. 43 EuGVO aF, legte der Court of Appeal dem EuGH u. a. die Frage vor, ob die EuGVO auf den vorliegenden Fall überhaupt Anwendung finden könne. Die Große Kammer des EuGH bewirkte die Anwendbarkeit der EuGVO nach dem Protokoll Nr. 10 über die Anwendung des gemeinschaftsrechtlichen Besitzstands auf Zypern.[169] Danach ist die Geltung des Gemeinschaftsrechts für das Gebiet der Republik Nord-Zypern grundsätzlich ausgesetzt. Der EuGH stellte jedoch im Anschluss an die Schlussanträge auf Art. 299 EG (heute: Art. 349 AEUV) ab und unterschied zwischen dem Geltungsbereich und dem Bezugsbereich der EuGVO. Zwar sei die Republik Nord-Zypern vom territorialen Geltungsbereich der EuGVO ausgeschlossen, dies bedeute jedoch nicht, dass die Verordnung nicht auf dieses Gebiet (wie auf einen Drittstaat) Anwendung finden könne. Aus diesem Grund hielt bereits die Generalanwältin es für zulässig, dass das Gericht in Nikosia über die Eigentumsverhältnisse und Räumungsklagen in Bezug auf nordzypriotische Grundstücke nach Art. 24 Nr. 1 EuGVO entscheiden könne; dass

---

163 *Wagner*, NJW 2016, 1774 ; *Nielsen*, IPRax 2019, 449 ff.

164 Dazu unten § 5 III, Rdn. 5.82.

165 EuGH, 28.4.2009, Rs. C-420/07, *Apostolides*, EU:C:2009:271, Rdn. 17 ff.

166 Frau *Orams* verstand mangels griechischer Sprachkenntnis nicht den Inhalt des Schriftstücks, erkannte jedoch dessen amtlichen Charakter. In den folgenden Wochen gelang es dem Ehepaar (nach mehreren erfolglosen Versuchen), einen zypriotischen Anwalt ausfindig zu machen, der die Klage übersetzen konnte und die Vertretung vor dem Bezirksgericht in Nikosia übernahm.

167 Seine internationale Zuständigkeit stützte das Bezirksgericht in Nikosia auf Art. 24 Nr. 1 EuGVO (dinglicher Gerichtsstand).

168 Im Ergebnis erwies sich die Einlassung der englischen Beklagten auf das Verfahren in Nikosia als entscheidender (taktischer) Fehler. Damit schnitten sie sich den Einwand des Art. 34 Nr. 2 EuGVO aF (heute: Art. 45 I lit. b) EuGVO) ab, den sie ohne Einlassung vor den zypriotischen Gerichten weiter (erfolgreich) hätten vortragen können, dazu EuGH, 28.4.2009, Rs. C-420/07, *Apostolides*, EU:C:2009:271, Rdn. 72 ff.

169 ABl. 2003 L 236/955.

die zypriotische Gerichtsgewalt dort tatsächlich nicht ausgeübt werden könne, sei unerheblich.[170] Folglich unterfalle das Urteil aus Nikosia dem Anwendungsbereich der EuGVO.[171] Auch die Tatsache, dass in Umsetzung mehrerer Urteile des Europäischen Gerichtshofs für Menschenrechte über die Grundstücksrestitution in Nord-Zypern ein spezielles Rückgabeverfahren geschaffen wurde,[172] hielt die Generalanwältin nicht für einschlägig, um den Anwendungsbereich der EuGVO auszuschließen. Schon im Hinblick auf die Beteiligten seien völkerrechtliche bzw. öffentlich-rechtliche Restitutionsverfahren von zivilrechtlilchen Restitutionsklagen klar zu unterscheiden.[173] Im Ergebnis hielt die Generanwältin – wenig überzeugend – die EuGVO für anwendbar und die englischen Gerichte für verpflichtet, das zypriotische Urteil zu implementieren.[174] Der EuGH folgte jedoch vollumfänglich den Schlussanträgen und verpflichtete die englischen Gerichte, das zypriotische Urteil anzuerkennen. Eine Anwendung des *ordre public*-Vorbehalts (Art. 34 Nr. 1 EuGVO aF) sei im vorliegenden Fall nicht gerechtfertigt – insbesondere dürfe die Tatsache, dass das streitgegenständliche Grundstück in Nordzypern liege, nicht berücksichtigt werden – denn eine Nachprüfung der Zuständigkeit des Erstgerichts sei den englischen Gerichten nach Art. 35 EuGVO aF/Art. 45 III EuGVO verwehrt.[175] Von der Begründung und vom Ergebnis her bereitet das Urteil Unbehagen, weil es die völkerrechtliche Problematik völlig ausblendet und die VO Brüssel I zu einem Instrument zur Implementierung einer Gundstücksrestitution funktionalisiert, die ihre Ursache in einem völkerrechtswidrigen Vorgang hat, zu dessen (formaler) Bewältigung die Zivilgerichte letztlich nicht in der Lage sind.[176]

---

170 Diese Prämisse erscheint nicht unbedenklich: Art. 24 Nr. 1 EuGVO basiert auf dem Rechtsgedanken, dass das ausschließlich zuständige Gericht das Grundbuch führt und ortsnah agiert, vgl. unten § 6 II, Rdn. 6.118. Fehlt es an der tatsächlichen Ausübung der Staatsgewalt, so entfällt diese Prämisse.

171 Der EuGH stellte lediglich formal darauf ab, dass der Rechtsstreit zwischen Privatpersonen geführt und deshalb als „Zivilsache" iSd Art. 1 I EuGVO zu qualifizieren sei, EuGH, 28.4.2009, Rs. C-420/07, *Apostolides*, EU:C:2009:271, Rdn. 40 ff.

172 Insbesondere EGMR, 18.12.1996, Nr. 15318/89, *Loizidou v. Türkei*, CE:ECHR:1996:1218JUD001531889; EGMR, 22.12.2005, Nr. 46347/99, *Xenides-Arestis v. Türkei*, CE:ECHR:2005:1222JUD004634799.

173 Gerichtshof und Generalanwältin gingen freilich nicht auf die Frage ein, ob den Geschädigten ein echtes Wahlrecht eröffnet war zwischen einem – europaweit vollstreckbaren – Urteil der zypriotischen Zivilgerichte und dem zum Ausgleich der Enteignungen geschaffenen, speziellen völkerrechtlichen Restitutionsübereinkommen. Der BGH, 3.4.1992, BGHZ 118, 34 hatte im Zusammenhang mit der Restitution von Grundstücken in den sog. neuen Bundesländern anders entschieden und die zivilrechtliche Restitution ausgeschlossen, dazu *Hess*, Intertemporales Privatrecht (1998), S. 278 ff.

174 Die praktischen Folgen des Urteils waren erheblich: Allein vor dem EGMR waren im Jahre 2005 1.200 Restitutionsklagen griechischer Zyprioten anhängig.

175 EuGH, 28.4.2009, Rs. C-420/07, *Apostolides*, EU:C:2009:271, Rdn. 53 ff., vgl. unten § 6 IV, Rdn. 6.215 ff.

176 Bedenklich erscheinen dabei insbesondere die Ausführungen des EuGH zur (in der Tat fehlenden) Vollstreckbarkeit des Urteils im – eigentlichen – Vollstreckungsstaat, sprich Zypern, EuGH, 28.4.2009, Rs. C-420/07, *Apostolides*, EU:C:2009:271, Rdn. 64 ff. Der EuGH stellt insofern rein formal auf Art. 54 EuGVO ab. Damit zwingt der Gerichtshof im Ergebnis die Gerichte anderer EU-Mitgliedstaaten zur (überschiessenden) Parteinahme im innerzypriotischen Konflikt (was mit Art. 4 III EUV grundsätzlich vereinbar ist), erlaubt jedoch zugleich der zypriotischen Justiz einen „Export" der innerzypriotischen Konflikte in den Europäischen Justizraum.

4. Das Verhältnis zu anderen Rechtsinstrumenten

6.35 Normenkonflikte zwischen der EuGVO und speziellen Unionsrechtsakten werden nach dem Grundsatz *lex specialis* derogat *legi generali* aufgelöst, Art. 67 EuGVO.[177] Dies gilt im Verhältnis zu prozessualen Vorschriften in anderen Unionsrechtsakten (insbesondere im gewerblichen Rechtsschutz),[178] aber auch im Verhältnis zu den speziellen, sektoriellen Rechtsakten der europäischen IZVR.[179] Häufig verweisen diese Instrumente auf die EuGVO zurück.[180]

6.36 Die Vorrangregelung des Art. 67 EuGVO gilt auch für Normenkonflikte in speziellen Übereinkommen der Europäischen Union mit Drittstaaten.[181] Diese Übereinkommen stehen zwar im Rang grundsätzlich zwischen Primär- und Sekundärrecht, sie gehen damit der EuGVO vor.[182] Eine wichtige Einschränkung enthält hingegen Art. 71 EuGVO. Danach dürfen die speziellen Übereinkommen wesentliche Grundsätze der EuGVO beeinträchtigen.[183] Dies erfordert einen Vergleich der jeweiligen Vorschrift des Spezialabkommens mit der EuGVO.[184] Dagegen kennt das europäische Zivilprozessrecht kein allgemeines Günstigkeitsprinzip, das dem Gläubiger die Wahl zwischen einem völkerrechtlichen Übereinkommen und den Unionsrechtsakten eröffnet.[185] Zu einem solchen Wahlrecht kann es hingegen im Anwendungsbereich der optionalen Prozessrechtsakte kommen.[186]

II. Das Zuständigkeitssystem der EuGVO

1. Überblick

6.37 Die Grundstrukturen des Zuständigkeitssystems der EuGVO folgen bewährten Mustern des kontinentaleuropäischen Prozessrechts: Die Verordnung unterscheidet

---

177 *Hess*, in: Schlosser/Hess, EuZPR, Art. 67 EuGVVO, Rdn. 1.
178 Dazu unten § 11 IV, Rdn. 11.109 ff.
179 Dazu unten § 10 I–IV.
180 So verweist Art. 6 EuMahnVO auf die Zuständigkeitsvorschriften der Art. 4 ff. EuGVO, unten § 10 II 3, Rdn. 10.57; ebenso die EuBagVO, vgl. unten § 10 III 3, Rdn. 10.99.
181 Art. 67 EuGVO erfasst auch das Verhältnis zu völkerrechtlichen Verträgen, welche die EU-Mitgliedstaaten mit Ermächtigung der Union (in deren Kompetenzbereich) abschließen, weil der entsprechende völkerrechtliche Vertrag eine Ratifikation durch die EU nicht zulässt. Art. 67 EuGVO sichert den Vorrang dieses Übereinkommens, Wieczorek/Schütze/*Garber/Neumeyer*, Art. 71 Brüssel Ia-VO, Rdn. 4.
182 Dazu oben § 4 I 2, Rdn. 4.25 ff.; Wieczorek/Schütze/*Garber/Neumeyer*, Art. 67 Brüssel Ia-VO, Rdn. 10.
183 Dazu oben § 5 II 3, Rdn. 5.80 f.
184 Beispiel: EuGH, 7.11.2019, Rs. C-213/18, *easyJet*, EU:C:2019:927, Rdn. 42–44 zur Abgrenzung zum Montrealer Übereinkommen.
185 *Hess*, in: Schlosser/Hess, EuZPR, Art. 67 EuGVVO, Rdn. 1.
186 Beispiel: Art. 27 EuVTVO, Wieczorek/Schütze/*Garber/Neumeyer*, Art. 67 Brüssel Ia-VO, Rdn. 8.

allgemeine und besondere Gerichtsstände, die miteinander konkurrieren und dem Kläger die freie Wahl ermöglichen. Vorrangig sind die ausschließlichen Zuständigkeiten, die teils allgemeinen Vorrang haben (Art. 24 EuGVO), teilweise (als Schutzvorschriften für die schwächere Partei) nur einseitig zwingend sind (Art. 8 ff. EuGVO – Versicherungssachen; Art. 17 ff. EuGVO – Verbrauchersachen; Art. 21 ff. EuGVO – arbeitsrechtliche Vertragsstreitigkeiten).

Die Regelungen der EuGVO haben als EU-Sekundärrecht nach Art. 288 II AEUV **6.38**
Vorrang vor den nationalen Prozessrechten. Die Mitgliedstaaten dürfen das gemeinschaftsrechtliche Zuständigkeitssystem auch nicht durch zusätzliche Anforderungen unterlaufen.[187] Aus diesem Grund hat der EuGH mit Recht die Praxis englischer Gerichte für unzulässig erklärt, die beim Vorliegen eines Gerichtsstands nach Art. 4 ff. EuGVO nach den Grundsätzen des *forum non conveniens* eine anderweitige, sachnähere Zuständigkeit für vorrangig hielten.[188] Desgleichen darf die Zuständigkeitsbegründung nicht von der „Internationalität des Sachverhalts"[189] oder von der Verknüpfung des Rechtsstreits mit den Gerichten mehrerer Mitgliedstaaten abhängig gemacht werden.[190] Auch einen sog. *effet réflexe* lässt die Verordnung nicht zu.[191] Die in der deutschen Literatur ausgiebig diskutierte Zulassung „ungeschriebener Anwendungsvoraussetzungen" durch die Gerichte der Mitgliedstaaten würde die einheitliche Geltung der EuGVO in Frage stellen und widerspräche dem *effet utile* des Gemeinschaftsrechts.[192] Es verwundert nicht, dass der EuGH in ständiger Rechtsprechung den Vorrang des Unionsrechtsakts gegenüber den abweichenden Regelungskonzepten der Mitgliedstaaten betont. In den betroffenen Mitgliedstaaten ist die Rechtsprechung des EuGH allerdings bisweilen auf massive Kritik gestoßen.[193]

---

187 EuGH, 14.2.2019, Rs. C-630/17, *Milivojević*, EU:C:2019:123, Rdn. 81: Art. 4 und 25 EuGVO stehen einer kroatischen Regelung entgegen, die den Schuldnern notleidender Kredite einen Klägergerichtsstand gegenüber Banken aus anderen EU-Mitgliedstaaten eröffnet.

188 EuGH, 1.3.2005, Rs. C-281/02, *Owusu*, EU:C:2005:120, Rdn. 37 ff.; *Viking Line ABP v. The International Workers' Federation and another*, [2005] 3 CMLR 29; ablehnend *Briggs*, ZSR 124 II (2005), 231, 241 ff., der freilich diesen Gesichtspunkt nicht hinreichend berücksichtigt.

189 Die über die Erfordernisse der EuGVO selbst hinausgeht, dazu C. Cass., 30.1.2001, Rev. Crit. 2001, 539 (Anm. *Poillot-Peruzetto*).

190 Derartige Voraussetzungen sind nur dort zulässig, wo sie die EuGVO selbst statuiert, so etwa in Art. 5 EuGVO, dazu *Kropholler*, Vor Art. 2 EuGVO, Rdn. 8 mwN.

191 Danach soll, wenn Gerichtsstände i.S.v. Art. 22 EuGVO in einem Drittstaat liegen, die Anwendung der sonstigen Gerichtsstände der EuGVO ausscheiden. Dafür *Droz*, Compétence judiciaire (1972), Rdn. 164; *Nuyts*, L'exception de forum non-conveniens, Rdn. 189, vgl. § 5 I, Rdn. 5.15 ff.

192 Zum räumlichen Anwendungsbereich vgl. oben § 5 I, Rdn. 5.1 ff.

193 Das gilt vor allem für die englische Literatur, so etwa *Andrews*, GPR 2005, 8, 12 ff.; *Fentiman*, in: Nuyts/Watté (ed.), International Civil Litigation, S. 83, 84 ff.; *Briggs*, ZSR 124 II (2005), 231 ff.; *Hartley*, ICLQ 54 (2005), 813 ff.

6.39 Für die verfahrensmäßige Prüfung der EuGVO im konkreten Prozess verweisen Art. 27 und 28 EuGVO auf die Prozessrechte der Mitgliedstaaten.[194] Nach Art. 27 EuGVO muss das angerufene Gericht lediglich das Vorliegen eines ausschließlichen Gerichtsstands nach Art. 24 EuGVO von Amts wegen nachprüfen. Die amtswegige Zuständigkeitsprüfung gilt auch im Fall der Säumnis des Beklagten, Art. 28 I EuGVO.[195] Amtswegige Prüfung bedeutet, dass der Vortrag des Klägers zur Zuständigkeit zunächst auf seine Schlüssigkeit zu prüfen ist. Er darf zudem nicht unbesehen als zugestanden angesehen werden. Vielmehr muss das Prozessgericht (bei konkreten Verdachtsmomenten) weitere Ermittlungen vornehmen.[196] Die Beibringung der entscheidungserheblichen Informationen obliegt hierbei dem Kläger. Im Fall der Säumnis des (ausländischen) Beklagten muss das Prozessgericht zudem nachprüfen, ob das verfahrenseinleitende Schriftstück so rechtzeitig zugestellt wurde, dass der Beklagte sich mit einer fairen Verteidigungschance einlassen konnte (Art. 28 II-IV EuGVO).[197] Konkrete Vorgaben enthält Art. 19 EuZustVO – auf diese Vorschrift verweist Art. 28 III EuGVO ausdrücklich.[198] Jenseits der Vorgaben der Art. 27 und 28 EuGVO richtet sich die Zuständigkeitsprüfung nach den Prozessrechten der Mitgliedstaaten.[199] Diese müssen freilich die unionsrechtlichen Mindeststandards der Nichtdiskriminierung und Effektivität beachten.[200] *De lege ferenda* ist die fehlende Vergemeinschaftung der Zuständigkeitsprüfung zu bedauern. Sie erschwert die Einlassungslast des Beklagten und führt zu Fehleranfälligkeit.[201]

2. Allgemeine Gerichtsstände nach Art. 4, 62 und 63 EuGVO

a) Actor sequitur forum rei als Leitprinzip des Europäischen Zuständigkeitsrechts

6.40 Das Europäische Zivilprozessrecht folgt dem im kontinentalen Rechtskreis weithin anerkannten Prinzip des allgemeinen Gerichtsstands am Wohnsitz/Sitz des Beklag-

---

194 Anders *Schoibl*, FS Schütze I, S. 777, 780 ff., der jedoch die „Vorgaben" der Art. 19 f. LugÜ (= Art. 25 f. EuGVO) zu weit interpretiert.

195 Die Verpflichtung des Art. 27 EuGVO zur Zuständigkeitsprüfung gilt in allen Instanzen, *Geimer/Schütze*, EuZPR, Art. 27 EuGVO, Rdn. 5; zur amtswegigen Prüfung der internationalen Zuständigkeit nach autonomem deutschem Prozessrecht vgl. BGH, 14.6.1965, BGHZ 44, 46.

196 EuGH, 4.3.1982, Rs. C-38/81, *Effer Spa./.Kantner*, EU:C:1982:79; ausführlich *Schoibl*, FS Schütze, S. 777, 789 ff.; *Schlosser*, FS Heldrich, S. 1007, 1012 ff.

197 Dazu *Hess/Pfeiffer/Schlosser*, The Brussels I Regulation, Rdn. 165 f., unten § 6 II, Rdn. 6.182 ff.

198 Aus der Praxis werden freilich Vollzugsdefizite berichtet, Beispiel: OLG Zweibrücken, 10.5.2005, IPRax 2006, 487.

199 Ebenso *Kropholler*, Art. 25 EuGVO, Rdn. 2. Einen hohen Standard vieler nationaler Vorschriften im Hinblick auf die Verfahrensfairness konstatiert *Schlosser*, FS Heldrich, S. 1007, 1013 ff.; zur Umsetzung in Österreich *Schoibl*, FS Schütze, S. 777, 790 ff.

200 Dazu unten § 11 I, Rdn. 11.7 ff.

201 Vgl. unten Rdn. 6.175 f.

ten.[202] Damit erteilt es zugleich anderen Konzeptionen des überkommenen IZVR eine Absage, die die internationale Zuständigkeit allgemein an die (inländische) Staatsangehörigkeit der Partei oder an deren Vermögen im Gerichtsstaat knüpfen.[203] Eine solche Konzeption wäre mit dem unionsrechtlichen Diskriminierungsverbot (Art. 18 AEUV) nicht zu vereinbaren.[204] Der EuGH interpretiert Art. 4 EuGVO als Schutzvorschrift für den Beklagten: Die Klage vor dem ortsnahen Heimatgericht garantiert das rechtliche Gehör des Beklagten und eröffnet ihm leicht zu wahrende Einlassungsmöglichkeiten im prozessual vertrauten Umfeld.[205] Auch für den Gläubiger hat die Klage am allgemeinen Gerichtsstand des Schuldners Vorteile: Er kann ein erstrittenes Urteil sofort vollstrecken.[206]

Der EuGVO liegt ein ausbalanciertes System zugrunde, das aus einem allgemeinen, beim persön- 6.41
lichen und wirtschaftlichen Sitz des Beklagten lokalisierten Gerichtsstand besteht, und einer Mehrzahl klar definierter Sonderzuständigkeiten, zwischen denen der Kläger die Wahl hat.[207] Letztere beruhen jeweils auf einer besonderen Legitimation,[208] die ihrerseits Leitlinie der Interpretation der besonderen Zuständigkeit ist.[209] Dieses konzeptionelle Vorverständnis des Art. 4 I EuGVO impliziert eine enge Auslegung der besonderen Gerichtsstände der Verordnung (Art. 7 ff.), die der EuGH in ständiger Rechtsprechung praktiziert.[210]

Der EuGH versteht Art. 4 EuGVO als leitendes Prinzip des Europäischen Zustän- 6.42
digkeitsrechts.[211] Die allgemeine Zuständigkeit beim Beklagten basiert nach verbrei-

---

202 *Actor sequitur forum rei*, zur Rechtfertigung des favor defensoris vgl. *Berger*; GRURInt. 2005, 465, 466; *Pfeiffer*, Internationale Zuständigkeit, S. 599 ff.

203 Insbesonders Art. 14 und 15 Code Civil, plakativ *Geimer*, FS Musielak, S. 169, 170 („chauvinistisch"); kritisch auch *Usunier*, La régulation, Rdn. 195 f.

204 *Gaudemet-Tallon/Ancel*, Compétence et exécution, Rdn. 88; *Schlosser*, FS Heldrich, S. 1007, 1008 ff.

205 St. Rspr. EuGH, 27.9.1988, Rs. C-189/87, *Kalfelis*, EU:C:1988:459, Rdn. 8 f.; EuGH, 10.3.1992, Rs. C-214/89, *Powell Duffryn*, EU:C:1992:115, Rdn. 20; EuGH, 22.3.1983, Rs. C-34/82, *Peters*, EU:C:1983:87, Rdn. 17; *Pontier/Burg*, Principles, S. 98 ff. Der Court of Appeal hat den EuGH gefragt, ob sich aus Art. 4 EuGVO ein Recht ableiten lässt, nicht in Drittstaaten verklagt zu werden, *Mandy Gray v Hamish Hurley* [2019] EWCA 2222, vor dem EuGH Rs. C-946/19.

206 Zutreffend Schlussanträge *Colomer*, 14.3.2006, in Rs. C-103/05, *Reisch Montage*, EU:C:2006:175, Rdn. 21; *Pfeiffer*, Internationale Zuständigkeit, S. 502.

207 Die Grundkonzeption stößt in den EU-Mitgliedstaaten auf allgemeine Akzeptanz, vgl. *Hess/Pfeiffer/Schlosser*, The Brussels I Regulation, Rdn. 145 ff. („overall satisfaction").

208 Etwa der Opferschutz beim Deliktsgerichtsstand des Art. 7 Nr. 2 EuGVO oder die Nähe zum Register(gericht) beim dinglichen Gerichtsstand.

209 EuGH, 19.1.1984, verb. Rs. 219/80 bis 228/80, 230/80 bis 235/80, 237/80, 238/80, 240/80 bis 242/80, *André u.a../.Kommission*, EU:C:1984:16, Rdn. 17; EuGH, 7.3.1995, Rs. C-68/93, *Shevill./.Presse Alliance*, EU:C:1995:61, Rdn. 19.

210 Vgl. u.a. EuGH, 6.10.1976, Rs. 14/76, *De Bloos*, EU:C:1976:134, Rdn. 12; EuGH, 27.10.1998, Rs. C-51/97, *Réunion européenne*, EU:C:1998:509, Rdn. 44; EuGH, 19.5.1998, Rs. C-351/96, *Drouot assurances*, EU:C:1998:242, Rdn. 18; EuGH, 19.2.2002, Rs. C-256/00, *Besix*, EU:C:2002:99, Rdn. 29; EuGH, 1.3.2005, Rs. C-281/02, *Owusu*, EU:C:2005:120, Rdn. 40.

211 EuGH, 16.2.2006, Rs. C-3/05, *Verdoliva*, EU:C:2006:113, Rdn. 34 ff.; EuGH, 13.10.2005, Rs. C-522/03,

teter Auffassung auf einem übergeordneten Gerechtigkeitspostulat.[212] Eine konkrete Begründung fällt hingegen nicht leicht:[213] Der (lückenlos eröffnete) Justizgewährungsanspruch des Klägers erfordert die Eröffnung eines allgemeinen, d.h. nicht streitgegenstandsbezogenen Gerichtsstands.[214] Die gegenläufigen Interessen des Beklagten, der einem Einlassungszwang in Bezug auf das Verfahren unterliegt, sprechen für eine Lokalisierung des Verfahrens am Sitz bzw. Interessenschwerpunkt des Beklagten, denkbar wäre freilich auch eine Lokalisierung am allgemeinen Tätigkeitsschwerpunkt.[215] Diese Erwägungen zeigen, dass der Grundsatz *actor sequitur forum rei* eher das Ergebnis einer Abwägung als ein Gerechtigkeitsaxiom beinhaltet. Daher vermag die Judikatur des EuGH zur überragenden Bedeutung des Art. 4 I EuGVO nicht zu überzeugen. Sie legitimiert sich weniger aus dem Gebot des Beklagtenschutzes als vielmehr aus der Notwendigkeit der Zuständigkeitsklarheit im internationalen Zivilverfahrensrecht und dem oben aufgezeigten Zusammenspiel mit den besonderen Gerichtsständen der EuGVO. Rechtspolitisch geht es dem Gerichtshof darum, *forum shopping* im Europäischen Justizraum einzudämmen.

6.43 Im Verhältnis zu Drittstaaten interpretiert der EuGH Art. 4 EuGVO hingegen (extrem) weit: Allein der Wohnsitz/Sitz des Beklagten im Europäischen Justizraum eröffnet den Anwendungsbereich der EuGVO.[216] Diese Praxis hat den (verbleibenden) Anwendungsbereich der nationalen Verfahrensrechte massiv zurückgedrängt und zugleich die Funktion der EuGVO als Europäisches Einheitsrecht gestärkt. Die praktische Umsetzung der allgemeinen Regelung leisten die Art. 62 und 63 EuGVO. Diese Vorschriften definieren (zumindest der Zielsetzung nach) den Wohnsitz natürlicher Personen bzw. den Sitz juristischer Personen. Die Regelungskonzepte des Gemeinschaftsgesetzgebers sind hier durchaus konträr: Bei der Bestimmung des Wohnsitzes verweist Art. 62 EuGVO auf die jeweiligen Rechte der Mitgliedstaaten zurück, während Art. 63 EuGVO ein autonomes Konzept des Sitzes juristischer Personen beinhaltet, das sich an den primärrechtlichen Vorgaben der Art. 49 f. AEUV orientiert.[217]

b) Der allgemeine Gerichtsstand natürlicher Personen

6.44 Für die Bestimmung des Wohnsitzes natürlicher Personen enthält Art. 62 I EuGVO lediglich eine Kollisionsnorm, die auf die *lex fori* des jeweils entscheidenden Gerichts

---

Scania Finance France, EU:C:2005:606, Rdn. 15; jüngst EuGH, 7.11.2019, Rs. C-213/18, *easyJet*, EU:C:2019:927, Rdn. 38; zur früheren Rechtsprechung *Pontier/Burg*, Principles, S. 47 ff.

212 Ausführliche Begründung bei *Pfeiffer*, Internationale Zuständigkeit, S. 599 ff., der mit Recht darauf verweist, dass die Legitimation streitgegenstandsbezogener Gerichtsstände eigentlich höher ist.

213 Der EuGH selbst hat bisher keine detaillierte Begründung gegeben.

214 Denn die punktuellen besonderen Gerichtsstände können nicht für jede Hypothese gewährleisten, dass dem Kläger tatsächlich ein zuständiges Gericht offen steht. Fehlt es jedoch am zuständigen Gericht, droht ein *déni de justice*, dazu *Pfeiffer*, Internationale Zuständigkeit, S. 601.

215 *Jauernig/Hess*, Zivilprozessrecht, § 9 II, Rdn. 12 f.

216 EuGH, 13.7.2000, Rs. C-412/98, *Group Josi Reinsurance*, EU:C:2000:399, Rdn. 44 f.; EuGH, 1.3.2005, Rs. C-281/02, *Owusu*, EU:C:2005:120, Rdn. 37; dazu oben § 5 I, Rdn. 5.7.

217 *Geimer*, FS Musielak, S. 159, 162 – Art. 53 EuGVÜ enthielt hingegen (noch) eine kollisionsrechtliche Verweisung, dazu *G. Wagner*, in: Lutter (Hrg.), Europäische Auslandsgesellschaften in Deutschland, S. 225, 242 ff.

verweist.[218] Lässt sich danach kein Wohnsitz im Gerichtsstaat feststellen, so prüft das erkennende Gericht nach dem Recht des jeweils anderen Mitgliedstaats, ob die Partei dort ihren Wohnsitz hat (Art. 62 II EuGVO).[219] Ist auch danach kein Wohnsitz feststellbar, bleibt es bei der Anwendung des Art. 6 EuGVO mit der Folge, dass das autonome Kollisionsrecht der betroffenen Staaten anwendbar ist.[220] Lässt sich der aktuelle Wohnsitz des Beklagten nicht feststellen, kann die Klage am letzten bekannten Wohnsitz des Beklagten (oder im besonderen Gerichtsstand) erhoben werden.[221] Dies weitet den Anwendungsbereich der EuGVO erheblich aus.[222]

Die komplizierte Handhabung von Art. 62 EuGVO verdeutlicht das folgende Beispiel: Das OLG Hamm hatte im Jahre 2001[223] über die Klage einer Studentin zu entscheiden, die von ihrem in Österreich lebenden Vater die Zahlung von Unterhalt verlangte. Die Klägerin studierte in den USA, die Klage hatte sie beim Familiengericht in Wuppertal angebracht. Dort war die Klägerin (am Wohnsitz ihrer Mutter) polizeilich gemeldet. Das OLG prüfte zunächst die Anwendbarkeit der EuGVO: Sie ergab sich aus dem Wohnsitz des Beklagten in Österreich, Art. 4 62 II, EuGVO und § 66 Satz 2 Jurisdiktionsnorm.[224] Nach Art. 5 Nr. 2 EuGVO aF konnte die Klägerin den Unterhalt an ihrem Wohnsitz einklagen. Der Wohnsitz bestimmte sich gemäß Art. 62 I EuGVO nach deutschem Recht. Nach § 7 BGB führt jedoch ein Studienaufenthalt (auch für längere Zeit im Ausland) nicht zur Aufgabe des Wohnsitzes, so dass das Familiengericht Wuppertal international und örtlich zuständig war.[225] – Die komplizierte Verweisungstechnik des Art. 62 EuGVO wird durch die unterschiedlichen Konzeptionen der nationalen Rechte zum Wohnsitz zusätzlich erschwert und in der Praxis nicht immer lege artis durchgeführt.[226] 6.45

Angesichts der unterschiedlichen (und schwer zugänglichen) Konzepte der nationalen Rechte zum Wohnsitz ist die aktuelle Regelung des Art. 62 EuGVO unbefriedi- 6.46

218 Die Verfasser des EuGVÜ wollten angesichts der unterschiedlichen Regelungen in den Mitgliedstaaten keine Definition vorgeben. Die Anknüpfung an den gewöhnlichen Aufenthalt wurde mit der Begründung verworfen, dass sie zu unsicher sei und sich deshalb in den Mitgliedstaaten nicht durchgesetzt habe, vgl. Bericht *Jenard* zum EuGVÜ, ABl. EG 1979 C/1, Kap. IV A 3.

219 EuGH, 17.11.2011, Rs. C-327/10, *Hypoteční banka*, EU:C:2011:745, Rdn. 40 ff.

220 Vgl. Rauscher/*Staudinger*, Art. 62 EuGVO, Rdn. 2; *Kropholler/v. Hein*, Art. 59 EuGVO aF, Rdn. 6 f.; *Hess*, FS Lindacher, S. 53, 56 ff.

221 EuGH, 15.3.2012, Rs. C-292/10, *G*, EU:C:2012:142; EuGH, 17.11.2011, Rs. C-327/10, *Hypoteční banka*, EU:C:2011:745, dazu ausführlich *Lukas*, Die Person mit unbekanntem Aufenthalt, S. 522 ff.

222 *Hess*, in: v. Hein/Rühl (Hrg.), Kohärenz im Internationalen Privat- und Verfahrensrecht der Europäischen Union (2016), S. 67, 76; zust. *Lukas*, Die Person mit unbekanntem Aufenthalt, S. 526.

223 OLG Hamm, 2.5.2001, FamRZ 2002, 54 (die Entscheidung betraf das – insofern wortgleiche – EuGVÜ).

224 Das österreichische Recht kennt, anders als das deutsche, einen prozessualen Begriff des Wohnsitzes, Fasching/*Simotta*, § 66 JN (2. Aufl. 2000), Rdn. 3 mwN.

225 Die Bejahung eines inländischen Wohnsitzes nach § 7 BGB während eines 4jährigen Studienaufenthalts in den USA, ist zweifelhaft – zumindest um die internationale Zuständigkeit zwischen den Parteien zu begründen.

226 In der Praxis wird die Verweisung des Art. 62 II EuGVO auf das ausländische Recht bei der Bestimmung des Beklagtenwohnsitzes zumeist übersehen – so hat auch das OLG Hamm nicht geprüft, ob nach Österreichischem Recht (§ 66 JN) ein Beklagtenwohnsitz in Österreich gegeben war.

gend und unpraktikabel. Dem Erfordernis, im Zuständigkeitsrecht Vorhersehbarkeit und Berechenbarkeit zu schaffen,[227] wird Art. 62 EuGVO nicht gerecht.[228] Im konkreten Einzelfall kann die Verweisung auf die nationalen Wohnsitzbegriffe zu Doppelungen des allgemeinen Gerichtsstands führen. Dies zeigt bereits § 7 II BGB, der die willentliche Begründung mehrerer Wohnsitze zulässt. Ein derartiges materiellrechtliches Konzept läuft freilich der prozessualen Konzeption eines allgemeinen Gerichtsstands am Mittelpunkt der persönlichen und vermögensrechtlichen Beziehungen des Beklagten zuwider.[229]

6.47 Die unbefriedigende Regelung wird dadurch verstärkt, dass zahlreiche Vorschriften – insbesondere neuere Unionrechtsakte[230] – auf Art. 62 EuGVO verweisen. Ursache ist der zwischen Rat und Kommission fortbestehende Dissens über die Definition des grenzüberschreitenden Bezugs im Sinne von Art. 81 AEUV.[231] Im Ergebnis nehmen viele Rechtsakte auf Art. 62 EuGVO Bezug.[232] Trotz der über den Anwendungsbereich der EuGVO hinausgreifenden Bedeutung wurde die aktuelle Regelung des Art. 62 EuGVO bei der Revision der Verordnung (2012) nicht durch ein autonomes Konzept ersetzt.[233]

6.48 Der Rechtspraxis bereitet die Verweisung auf die nationalen Rechte zahlreiche Probleme: Nach §§ 7 und 8 BGB setzt der Wohnsitz neben der ständigen Niederlassung auch den Willen voraus, dort einen Wohnsitz zu begründen (Domizilwille) – das BGB lässt zudem die Begründung mehrerer Wohnsitze zu; einen abgeleiteten Wohnsitz haben insbesondere Minderjährige;[234] bei der Betreuung kommt es auf den Aufgabenkreis des Betreuers an.[235] Das französische Recht fingiert den Wohnsitz des

---

227 Dazu oben § 4 II, Rdn. 4.85.

228 Kritisch *Kropholler/v. Hein*, Art. 59 EuGVO aF, Rdn. 3 („kompliziert und schwerfällig"); *Geimer*, FS Musielak, S. 159, 162; („mehr als ein Geburtsfehler"); *Gaudemet-Tallon/Ancel*, Compétence et exécution, Rdn. 91.

229 Die prozessualen Wertungen sprechen mithin für eine objektive Lokalisierung des allgemeinen Gerichtsstands. Sie liegt dem Begriff des gewöhnlichen Aufenthalts zugrunde, dazu sogleich unten bei § 6 II, Rdn. 6.49.

230 Insbesondere Art. 3 EuMahnVO; Art. 3 PKH-RL und Art. 3 EuBagVO definieren „grenzüberschreitende Streitigkeit" unter Verweis auf Art. 62 EuGVO.

231 Dazu oben § 2 I, Rdn. 2.14 ff.

232 Im Anwendungsbereich der EuGVO verweisen Art. 2, 8 Nr. 1, 10 II, 17 II auf Art. 62. Zahlreiche neuere Rechtsakte des europäischen Zivilprozessrechts verweisen auf Art. 62 EuGVO, etwa Art. 6 I lit. d) EuVTVO, Art. 3 II EuMahnVO, Art. 3 II EuBagVO, Art. 4 Nr. 15 EuKtPVO, Wieczorek/Schütze/*Eichel*, Art. 62 EuGVO, Rdn. 2.

233 Ein Regelungsvorschlag findet sich bei *Hess/Pfeiffer/Schlosser*, The Brussels I Regulation, Rdn. 177.

234 Leben die Eltern getrennt, hat das Kind im Zweifel einen Doppelwohnsitz. Den abhängigen Wohnsitz der Ehefrau, den Art. 52 III EuGVÜ (1968) noch vorsah, hat das Änderungsübereinkommen von San Sebastian beseitigt, dazu *Gaudemet-Tallon/Ancel*, Compétence et Exécution, Rdn. 91 f.

235 Maßgeblich ist der Aufgabenkreis des Betreuers (§§ 1896, 1902 BGB), MünchKomm BGB/*Schmitt*, § 8 BGB, Rdn. 2.

Kapitäns im Heimathafen des Schiffes – die Cour de Cassation hat aufgrund der nationalen Regelung die Anwendung der Art. 4 und 62 EuGVO bejaht.[236] In der Gerichtspraxis sind zudem negative Kompetenzkonflikte aufgetreten – als Folge der nicht aufeinander abgestimmten Konzeptionen der Mitgliedstaaten. Die Gerichte haben einen *déni de justice* dadurch vermieden, dass auf den Aufenthalt des Beklagten abgestellt wurde.[237]

Das Common Law kennt kein vergleichbares Konzept des Wohnsitzes. Dort bezeichnet das *domicile* die Zugehörigkeit einer Person zu einer Rechtsordnung.[238] Daher hat der englische Gesetzgeber im Jahre 1982 in Sec. 41 ff. Jurisdiction and Judgments Act den Begriff des *domicile* für das Europäische Zivilprozessrecht dahin klargestellt, dass es auf den Aufenthalt (*residence*), verbunden mit einer *substantial connection* zum Gerichtsstaat ankommt.[239] Letztere wird nach einem dreimonatigen Aufenthalt vermutet, sec. 41 (6) Jurisdiction and Judgments Act. Im Ergebnis kommt diese Umsetzung dem Konzept des gewöhnlichen Aufenthalts nahe.[240] Dieser Regelungsansatz überzeugt, weil er ein objektives Konzept umsetzt, das die Bestimmung eines einzigen allgemeinen Gerichtsstands ermöglicht. Damit wird der Justizgewährungsanspruch des Klägers verwirklicht, zugleich *forum shopping* ausgeschlossen. Daher sollte die Anknüpfung an den gewöhnlichen Aufenthalt als sachadäquate Regelung für den allgemeinen Gerichtsstand natürlicher Personen auf Gemeinschaftsebene übernommen werden.[241] 6.49

c) Der Sitz juristischer Personen und Gesellschaften

Art. 63 I EuGVO enthält eine autonome Definition des Sitzes von Gesellschaften und Juristischen Personen.[242] Art. 63 II EuGVO statuiert für die Common Law-Mitgliedstaa- 6.50

236 Zur französischen Praxis *Gaudemet-Tallon/Ancel*, Compétence et Exécution, Rdn. 90 ff.

237 C.Cass., 4.1.1984, Rev. Crit. 1986, 123 (*Courbe*): Verkehrsunfall in den Niederlanden, Klage in Frankreich, der Beklagte hatte kein Domizil i.S.d. Art. 102 Code Civil in Frankreich, auch keinen Wohnsitz in den Niederlanden. Die C.Cass. lässt die Anwendung des Art. 43 n.c.p.c. (Aufenthalt) zu, um einen *déni de justice* zu vermeiden; zustimmend *Marmisse*, La libre circulation, Rdn. 137 ff.; *Gaudemet-Tallon/Ancel*, Compétence et Exécution, Rdn. 91.

238 *Schlosser*-Bericht, ABl. EG 1979 C-59/79, Rdn. 71a.

239 *Bank of Dubai Ltd. v. Abbas*, [1997] ILPr. 308, 311 (C.A.) verlangt, „a settled or usual place of abode"; dazu *Hill*, International Commercial Disputes, Rdn. 1.3.–4.1.7.

240 So *Geimer/Schütze*, Art. 62 EuGVO, Rdn. 14.

241 Dafür auch *Geimer*, FS Musielak, S. 169, 173; Rauscher/*Staudinger*, Art. 62 EuGVO, Rdn. 9; aA *Kohler*, in: Gottwald (Hrg.), Revision des EuGVÜ (1998), S. 1, 10 f. (der Aufenthaltsbegriff sei in der Rechtsprechung des EuGH noch nicht hinreichend geklärt).

242 Art. 53 EuGVÜ enthielt hingegen eine (unpraktikable) Verweisung auf das Kollisionsrecht des entscheidenden Gerichts; die Vorschrift war in der Literatur stark umstritten, dazu *Wagner*, in: Lutter (Hrg.), Scheinauslandsgesellschaften, S. 223, 241–246.

ten eine Sachregelung, da diese die im kontinentalen Recht gebrauchte Definition des Sitzes nicht kennen.[243] Den allgemeinen Gerichtsstand verdrängt Art. 24 Nr. 2 EuGVO, der für Binnenstreitigkeiten der Gesellschaft eine ausschließliche Zuständigkeit am Sitz der Gesellschaft festlegt.[244]

6.51 Art. 63 I EuGVO verweist alternativ auf den satzungsmäßigen Sitz, die Hauptverwaltung oder die Hauptniederlassung. Damit nimmt der Gemeinschaftsgesetzgeber eine Verdreifachung des allgemeinen Gerichtsstands in Kauf und gibt dem Kläger eine entsprechende Option zum *forum shopping*.[245] Art. 63 I EuGVO will den Justizgewährungsanspruch des Klägers schützen – insbesondere die Zuständigkeit am satzungsmäßigen Sitz (Registerort) soll die Rechtsverfolgung im Europäischen Justizraum erleichtern.[246] Der Sitz der Hauptverwaltung liegt dort, wo die Willensbildung und die (unternehmerische) Leitung der Gesellschaft bzw. der Juristischen Person erfolgen,[247] während der Begriff der Hauptniederlassung auf den Ort abstellt, an dem sich die wesentlichen Personal- und Sachmittel befinden.[248] Aus Gläubigersicht haben beide Gerichtsstände Gewicht: Gläubiger, welche Kredite geben, werden den Hauptverwaltungssitz bevorzugen, während Lieferanten primär auf die Hauptniederlassung abstellen. Der Unionsgesetzgeber hat sich zwischen den Alternativen nicht entschieden und nimmt damit *forum shopping* bewusst in Kauf – positive Kompetenzkonflikte sind über Art. 29 EuGVO zu lösen.[249]

d) Besondere Fallgestaltungen

6.52 Weniger diskutiert wurden bisher Passivklagen gegen die Masse bzw. den Insolvenzverwalter im Anwendungsbereich der EuGVO.[250] Die in Deutschland herrschende

---

243 Art. 63 II EuGVO gibt dabei eine Hierarchie zugunsten des *registered office* vor, vgl. dazu Sec. 287 U.K. Companies Act 1985.

244 Dazu unten bei § 6 II, Rdn. 6.136 ff.

245 Mit Recht kritisch *G. Wagner*, in: Lutter (Hrg.), Scheinauslandsgesellschaften, S. 223, 248; zuvor bereits *Schnyder*, FS Schütze I, S. 767, 773 f.

246 Angesichts der (latenten) Vielzahl der allgemeinen Zuständigkeiten läuft deren prinzipielle Legitimation leer: denn der Justizanspruch des Klägers erfordert (auch im internationalen Rechtsstreit) keine Vielzahl von (allgemeinen) Beklagtengerichtsständen.

247 Rauscher/*Staudinger*, Art. 63 EuGVO, Rdn. 1, befürwortet eine primärrechtskonforme Interpretation nach Maßgabe von Art. 54 AEUV. Allerdings regelt Art. 63 I EuGVO nicht die Freizügigkeit, sondern die Gerichtspflichtigkeit von Unternehmen, Wieczorek/Schütze/*Eichel*, Art. 63 EuGVO, Rdn. 9. Letztere kann man jedoch als die Kehrseite ersterer ansehen.

248 *Geimer/Schütze*, Art. 63 EuGVO, Rdn. 5 ff.

249 Der Vorschlag der EG-Kommission für eine Reform des EuGVÜ hatte hingegen ein Hierarchieverhältnis vorgesehen, um *forum shopping* einzudämmen, vgl. Art. 2 II des Vorschlags, KOM (1997) 609 endg.

250 Vgl. oben Rdn. 6.20.

„Amtstheorie“[251] lässt sich nicht unbesehen auf das Gemeinschaftsrecht übertragen. Vielmehr bestimmt das jeweils nationale Recht, ob die Masse oder der Verwalter Partei ist.[252] Zudem sollte der Grundsatz gelten, dass der Verwalter als Treuhänder des Vermögens des Gemeinschuldners an dem Gerichtsstand zu verklagen ist, der auch für den Gemeinschuldner galt – sofern die EuInsVO nicht vorrangige Kompetenzzuweisungen erhält. Daher bestimmt sich die internationale Zuständigkeit bei Passivklagen gegen den Insolvenzverwalter eines Gemeinschuldners mit Sitz/Wohnsitz im Europäischen Justizraum nach Art. 4, 62 und 63 (je nachdem, ob es sich um die Insolvenz einer natürlichen oder einer juristischen Person handelt) sowie nach den Art. 7 ff. EuGVO. Für das deutsche (autonome) Prozessrecht bedeutet dies zugleich, dass der bei der Reform des deutschen Insolvenzrechts neu geschaffene § 19a ZPO nur die örtliche, nicht hingegen die internationale Zuständigkeit regelt[253] – die örtliche Zuständigkeit regelt § 19a ZPO allerdings nur insoweit, als nicht die Art. 7 ff. EuGVO die örtliche Zuständigkeit doppelfunktional mitregeln.

Den Eigenarten des *trust* trägt Art. 63 III EuGVO Rechnung. Die Vorschrift bezieht 6.53
sich lediglich auf den *trust* des Common Law, der an sich keine Rechtsfähigkeit (*legal personality*) besitzt. Da jedoch der *trust* nach englischem Prozessrecht parteifähig ist und verklagt werden kann, greift Art. 63 III EuGVO ergänzend ein. Allerdings enthält die Vorschrift lediglich eine kollisionsrechtliche Verweisung auf das Kollisionsrecht des angerufenen Gerichts.[254] Sec. 45 (3) des englischen Civil Jurisdiction and Judgment Act definierte diese als die „most closest connection“, die sich in der Regel am Wohnsitz des *trustee* oder am Ort der Vermögensverwaltung findet.[255] Diese Regelung sollte in Mitgliedstaaten, die keine Kollisionsnormen zur Behandlung des *trust* enthalten, analog angewendet werden.

3. Besondere Gerichtsstände, Art. 7 EuGVO

a) Der Gerichtsstand am Erfüllungsort, Art. 7 Nr. 1 EuGVO

In der Rechtspraxis hat der Gerichtsstand des Erfüllungsorts eine herausragende 6.54
Bedeutung.[256] Denn er eröffnet im Ergebnis oft dem Kläger einen Heimatgerichts-

251 Vgl. dazu *Haas*, NZG 1999, 1150 ff.

252 Maßgeblich ist hierfür das Insolvenzstatut.

253 Anders BGH, 27.5.2003, NJW 2003, 2916 – noch ohne Berücksichtigung der weiten Auslegung von Art. 4 I EuGVO durch den EuGH, 1.3.2005, Rs. C-281/02, *Owusu*, EU:C:2005:120, Rdn. 37.

254 Angesichts der fehlenden Verbreitung des *trust* in den meisten kontinentalen Rechtsordnungen gibt es keine entsprechenden Kollisionsnormen.

255 *Schlosser/Hess*, Art. 63 EuGVO, Rdn. 7; ausführlich *Conrad*, Qualifikationsfragen des trust (2001), S. 284 ff.

256 Dasser/*Oberhammer*, Art. 5 LugÜ, Rdn. 10; Rauscher/*Leible*, Art. 7 EuGVO, Rdn. 7.

stand für sämtliche[257] vertragliche Ansprüche.[258] Der Vertragsgerichtsstand ist auch dann eröffnet, wenn der Kläger das Vorliegen eines Vertrages (etwa mittels negativer Feststellungsklage) leugnet[259] oder die Feststellung von dessen Nichtigkeit begeht oder aus Leistungskondiktion klagt.[260] Tendenziell fördert die autonome Interpretation des Vertrags die weite Auslegung des Art. 7 Nr. 1 EuGVO.[261] Nach der Judikatur des EuGH setzt der Begriff des Vertrages nicht den Abschluss eines förmlichen Vertrages voraus. Vielmehr genügt eine freiwillig ergangene Verpflichtung, auf die sich die betreffende Klage stützt.[262] Dies ist beispielsweise bei Gewinnzusagen nach § 661a BGB der Fall – selbst wenn keine Waren bestellt werden,[263] desgleichen bei Rückforderungsklagen aus Leistungskondiktion[264] oder bei Zahlungsklagen aus Vereins- bzw. sonstiger Verbandsmitgliedschaft.[265] Mithin können auch einseitige Leistungsversprechen den Gerichtsstand des Art. 7 Nr. 1 EuGVO begründen.[266] Daher ist weniger auf die Freiwilligkeit der Vertragsbegründung,[267] sondern vielmehr auf das Vorliegen einer rechtlichen Sonderverbindung abzustellen.[268] Diese Sonderverbindung muss nach der neueren Rechtsprechung des Gerichtshofs nicht zwischen den Parteien des Rechtsstreits bestehen – dies führt zu einer unnötigen Ausweitung der Vertragshaftung.[269]

---

257 Insbesondere Sekundäransprüche, etwa aus Rücktritt, Verzug oder Schadensersatz statt der Leistung, EuGH, 22.3.1983, Rs. 34/82, *Peters*, EU:C:1983:87, Rdn. 13 ff.; EuGH, 3.5.2007, Rs. C-386/05, *Color Drack*, EU:C:2007:262, Rdn. 36, 39.

258 Dasser/*Oberhammer*, Art. 5 LugÜ, Rdn. 12.

259 *Leible/Freitag*, Forderungsbeitreibung, § 2, Rdn. 61 – allg. Ansicht.

260 EuGH, 20.4.2016, Rs. C-366/13, *Profit Investment SIM*, EU:C:2016:282.

261 EuGH, 20.1.2005, Rs. C-27/02, *Engler*, EU:C:2005:33, Rdn. 48: der Begriff sei nicht eng auszulegen.

262 EuGH, 17.6.1992, Rs. C-26/91, *Handte*, EU:C:1992:268, Rdn. 15; EuGH, 27.10.1998, Rs. C-51/97, *Réunion européenne*, EU:C:1998:509, Rdn. 17; EuGH, 17.9.2002, Rs. C-334/00, *Tacconi*, EU:C:2002:499, Rdn. 23; EuGH, 20.1.2005, Rs. C-27/02, *Engler*, EU:C:2005:33, Rdn. 50 f.; EuGH, 28.1.2015, Rs. C-375/13, *Kolassa*, EU:C:2015:37, Rdn. 39; EuGH, 8.5.2019, Rs. C-25/18, *Kerr*, EU:C:2019:376, Rdn. 23; EuGH, 4.12.2019, Rs. C-421/18, *Ordre des avocats du barreau de Dinant*, EU:C:2019:1053, Rdn. 25. *Hess/Pfeiffer/Schlosser*, The Brussels I Regulation, Rdn. 179 ff.

263 EuGH, 20.1.2005, Rs. C-27/02, *Engler*, EU:C:2005:33, Rdn. 50, dazu *Oberhammer/Slonina*, FS Yessiou-Faltsi, S. 419, 423 ff.

264 EuGH, 20.4.2016, Rs. C-366/13, *Profit Investment SIM*, EU:C:2016:282.

265 EuGH, 22.3.1983, Rs. 34/82, *Peters*, EU:C:1983:87; EuGH, 8.5.2019, Rs. C-25/18, *Kerr*, EU:C:2019:376, Rdn. 26 ff.

266 Rauscher/*Leible*, Art. 7 EuGVO, Rdn. 21 ff., 31.

267 Dieses Kriterium ist nach der Rechtsprechung des EuGH maßgebend, EuGH, 17.6.1992, Rs. C-26/91, *Handte*, EU:C:1992:268, Rdn. 15; EuGH, 20.1.2005, Rs. C-27/02, *Engler*, EU:C:2005:33, Rdn. 50.

268 *Stadler*, FS Musielak, S. 569, 575 ff.

269 Bedenklich EuGH, 4.10.2018, Rs. C-337/17, *Feniks*, EU:C:2018:805, Rdn. 39 ff.: eine Gläubigeranfechtungsklage sei als vertraglich zu qualifizieren, wenn sie sich auf einen Vertrag bezieht, den der zahlungsunfähige Schuldner abgeschlossen hat; aA Schlussanträge *Bobek*, 21.6.2018, Rs. C-337/17, EU:C:2018:487, Rdn. 54 ff; EuGH, 7.3.2018, verb. Rs. C-274/16, C-447/16 und C-448/16, *flightright*,

Auf Ansprüche aus *culpa in contrahendo* will der EuGH hingegen Art. 7 Nr. 1 EuGVO (generell) nicht anwenden,[270] desgleichen nicht auf die AGB-Unterlassungsklage des Verbraucherverbands,[271] auch nicht auf den (gesetzlichen) Rückgriffsanspruch des Bürgen.[272] Zweifelhaft ist die Anwendung auf Ansprüche aus Eigenkapitalersatz (§ 30 GmbHG)[273] und Darlehen aus § 32a GmbHG.[274] Auch erscheint das Kriterium einer freiwilligen Verpflichtung bei vertraglichen Bindungen im Fall des Kontrahierungszwangs zu eng.[275] Dasselbe gilt für die gesellschaftsrechtliche Durchgriffshaftung, denn diese basiert im Kern auf der freiwillig eingegangenen Beteiligung bzw. Mitgliedschaft des Gesetzgebers.[276] Vor dem Hintergrund dieser Entscheidungen erweist sich die Aussage des Gerichtshofs, dass Art. 7 Nr. 1 gegenüber Art. 7 Nr. 2 EuGVO grundsätzlicher Vorrang zukomme, als brüchig.[277] Die besonderen Gerichtsstände der Art. 10, 17 und 20 EuGVO haben Vorrang gegenüber Art. 7 Nr. 1 EuGVO.[278] Dasselbe gilt nach Art. 67, 71 EuGVO für besondere Gerichtsstände in völkerrechtlichen Übereinkommen.[279] 6.55

aa) Vertragsautonomer Erfüllungsort, Art. 7 Nr. 1 lit. b) EuGVO

Der Unionsgesetzgeber hat die frühere Regelung des Art. 7 Nr. 1 EuGVÜ, der auf die *lex causae* des Vertrages verwies,[280] durch ein autonomes Konzept in Art. 7 Nr. 1 b) EuGVO ersetzt. Danach ist Erfüllungsort der Verpflichtung beim Kauf beweglicher Sachen 6.56

EU:C:2018:160, Rdn. 60 f. (Anschlussflug bei verbundenen Flugbeförderungen); EuGH, 15.6.2017, Rs. C-249/16, *Kareda*, EU:C:2017:472, Rdn. 31 (Regressklage zwischen Gesamtschuldnern).

270 EuGH, 17.9.2002, Rs. C-334/00, *Tacconi*, EU:C:2002:499, Rdn. 21 ff., dazu *Schmidt-Kessel*, ZEuP 2004, 1019 ff.; *Stadler*, FS Musielak, S. 569, 572 – aus der Systematik des deutschen Privatrechts vermag dies beim Abbruch von Vertragshandlungen nicht zu überzeugen – in anderen Mitgliedstaaten, die eine deliktische Haftung für Vermögensschäden kennen (etwa Frankreich: Art. 1380 f. C.C.), passt sich das Urteil in die innerstaatliche Systematik hingegen problemlos ein. Anwendbar ist Art. 7 Nr. 2 EuGVO, vgl. unten § 6 II, Rdn. 6.73.

271 So überzeugend EuGH, 1.10.2002, Rs. C-167/00, *Henkel*, EU:C:2002:555.

272 Nicht ganz eindeutig EuGH, 5.2.2004, Rs. C-265/02, *Frahuil*, EU:C:2004:77, Rdn. 25.

273 OLG Koblenz, 11.1.2001, NZG 2001, 759 (abl. *Haas*, DStR 2002, 144).

274 OLG Bremen, 25.9.1997, RIW 1998, 63; OLG Köln, 14.5.2004, NZG 2004, 1009. Vorzugswürdig erscheint die Anwendung von Art. 6 I EuInsVO, unten § 9 II, Rdn. 9.19 f.

275 Die sog. „Leerkassettenvergütung" nach Art. 5 II lit. b) RL 2001/29/EG zum Urheberrecht hat der EuGH als Fall der Deliktshaftung (mangels freiwilliger Verpflichtung) qualifiziert, EuGH, 21.4.2016, Rs. C-572/14, *Austro-Mechana*, EU:C:2016:286, Rdn. 34 ff.

276 Dasser/*Oberhammer*, Art. 5 LugÜ, Rdn. 22.

277 Dasser/*Oberhammer*, Art. 5 LugÜ, Rdn. 19 f; Stein/Jonas/*Wagner*, Art. 5 EuGVO aF, Rdn. 124.

278 Allg. Ansicht, vgl. etwa EuGH, 10.9.2015, Rs. C-47/14, *Holterman Ferho Exploitatie u.a.*, EU:C:2015:574, Rdn. 51.

279 EuGH, 7.11.2019, Rs. C-213/18, *easyJet*, EU:C:2019:927, Rdn. 33 ff., zur Abgrenzung zwischen Art. 7 Nr. 1 EuGVO und Art. 33 Montrealer Übereinkommen, vgl. dazu oben § 6 I 4, Rdn. 6.35 f.

280 Sog. „Tessili"-Regel nach EuGH, 6.10.1976, Rs. C-12/76, *Tessili*, EU:C:1976:133., Rdn. 13 ff.; EuGH, 15.1.1987, Rs. C-266/85, *Shenavai./.Kreischer*, EU:C:1987:11, Rdn. 20.

der Ort in dem EU-Mitgliedstaat, an den sie nach dem Vertrag geliefert worden sind oder hätten geliefert werden müssen. Bei der Erbringung von Dienstleistungen ist der Erfüllungsort der Ort in einem Mitgliedstaat, an dem diese nach dem Vertrag erbracht worden sind oder hätten erbracht werden müssen. Sofern die autonomen Gerichtsstände des Art. 7 b) EuGVO nicht eingreifen, verbleibt es bei der Verweisung auf die *lex causae* des Vertrages (Art. 7 Nr. 1 c) und a) EuGVO. Die autonome Bestimmung bzw. Abgrenzung der Kauf- und Dienstleistungsverträge hat damit erhebliche praktische Bedeutung.[281]

6.57 Der Begriff des Kaufvertrags ist autonom, vor allem unter Rückgriff auf Art. 1 I und IV Verbrauchsgüterkauf-RL (1999/44/EG) zu bestimmen.[282] Erfasst sind alle Verträge, welche die Parteien zur Lieferung und Übereignung einer Sache gegen Zahlung des Verkaufpreises verpflichten. Der Begriff wird weit ausgelegt, lediglich Vertriebsrahmenverträge bleiben ausgenommen.[283] Bei Werklieferungsverträgen ist (wie bei Art. 6 Rom I-VO) anhand der Größe des Dienstleistungsanteils zu differenzieren – zumeist wird dann freilich ein Dienstleistungsvertrag vorliegen.[284]

6.58 Der Begriff des Dienstleistungsvertrags bestimmt sich nach der Parallelvorschrift des Art. 4 I lit. b) Rom I-VO;[285] – nicht hingegen nach dem Dienstleistungsbegriff des Art. 57 AEUV.[286] Erfasst sind alle entgeltlichen Leistungen, die im Rahmen einer gewerblichen, kaufmännischen, handwerklichen oder freiberuflichen Tätigkeit erbracht werden,[287] d.h. Werk-, Werklieferungs- Geschäftsbesorgungsverträge sowie Dienstverträge, die keine Arbeitsverträge sind.[288] Auch Finanzdienstleistungen und Kreditverträge sind erfasst (str.).[289] Dagegen sollen Lizenzverträge im Urheberrecht nicht unter Art. 7 Nr. 1 b), 2. SpS. EuGVO fallen, da sie keine Leistungserbringung des Schutzrechtsinhabers, sondern die Übertragung einer Nutzungsbefugnis zum Gegenstand haben.[290]

---

281 Treffend Rauscher/*Leible*, Art. 7 EuGVO, Rdn. 55.

282 Zutreffend BGH, 9.7.2008, NJW 2008, 3001, 3003. Auch auf die Parallelvorschrift des Art. 4 I lit. a) Rom I-VO ist zurückzugreifen.

283 EuGH, 19.12.2013, Rs. C-9/12, *Corman-Collins*, EU:C:2013:860, Rdn. 37 ff. (Einordnung als Dienstleistungsvertrag); Rauscher/*Leible*, Art. 7 EuGVO, Rdn. 60 ff.

284 EuGH, 25.2.2010, Rs. C-381/08, *Car Trim*, EU:C:2010:90, Rdn. 40 ff.

285 So EwG 7 zur Rom I-VO BGH, 28.2.2012, NJW 1817, Rdn. 19–21: Darlehenshingabe ist Dienstleistung der Bank; zu Recht ablehnend Palandt/*Thorn*, Art. 4 Rom I-VO, Rdn. 8.

286 EuGH, 23.4.2009, Rs. C-533/07, *Falco Privatstiftung*, EU:C:2009:257, Rdn. 33 ff. – einer einheitlichen Begriffsbildung stehe der unterschiedliche Regelungszweck der Vorschriften entgegen.

287 Beispiel: OGH, 8.5.2008, IHR 2008, 258, 259 f.: Handelsvertretervertrag.

288 Schlussanträge *Tstrenjak*, 27.1.2009, Rs. C-533/07, *Falco Privatstiftung*, EU:C:2009:34, Rdn. 54 ff.

289 Dafür BGH, 7.12.2004, NJW-RR 2005, 581, 582; BGH, 28.2.2012, NJW 2012, 1817; *Leible/Freitag*, Forderungsbeitreibung, § 2, Rdn. 80; Dasser/*Oberhammer*, Art. 5 LugÜ, Rdn. 43; aA Nagel/*Gottwald*, § 3, Rdn. 50; *Wais*, LMK 2012, 334934.

290 So EuGH, 23.4.2009, Rs. C-533/07, *Falco Privatstiftung*, EU:C:2009:257, Rdn. 29 ff.; aA Dasser/*Oberhammer*, Art. 5 LugÜ, Rdn. 43.

Die Schwierigkeiten bei der Anwendung des autonomen Konzepts verdeutlicht das Urteil in der Rs. C-381/08 *Car Trim*:[291] Die in Italien ansässige Beklagte, die ihrerseits italienische Autohersteller mit Airbagsystemen belieferte, bezog von der in Deutschland ansässigen Klägerin Zulieferungskomponenten für Airbagsysteme. Die notwendigen Teile und Materialien erhielt die deutsche Lieferantin überwiegend von Vorlieferanten. Die Komponenten fertigte die Klägerin nach den detaillierten Vorgaben der Beklagten. Die Lieferung der Komponenten erfolgte durch die Klägerin vereinbarungsgemäß auf Abruf frei Werk der Beklagten in Italien. Nachdem die Beklagte die Rahmenverträge zum Jahresende 2003 gekündigt hatte, verlangte die Klägerin Schadensersatz, da sie von Vertragslaufzeiten bis Sommer 2007 ausging. Die Schadensersatzklage wurde bei dem für den früheren Produktionsort zuständigen LG Chemnitz geltend gemacht. Die Beklagte rügte die fehlende internationale Zuständigkeit. Der BGH fragte den EuGH nach den Qualifikationen der Vertragsbezeichnungen: Für einen Dienstleistungsvertrag spreche, dass die deutsche Vertragspartei ihre Produktionsprozesse (insbesondere bei Arbeitsorganisation und Qualitätssicherung) an die Vorgaben der Auftraggeberin anpassen musste. Andererseits sei das Vertragsziel auf einen typischen Kaufvertrag ausgerichtet gewesen: nämlich die Übergabe und Übereignung der hergestellten Ware gegen Abnahme und Zahlung.[292] Im konkreten Ausgangsfall hatte die Qualifikation des Vertrags unmittelbare Auswirkungen auf den Erfüllungsort: Dieser lag beim Kaufvertrag nach Art. 7 Nr. 1 lit. b) 1. SpS EuGVO in Italien (dort erfolgte die Übereignung iSd Bestimmungsorts), während die Qualifikation als Dienstleistung nach Art. 7 Nr. 1 lit. b) 2. SpS EuGVO die Zuständigkeit des LG Chemnitz begründen würde. Der EuGH entschied, dass ein Kaufvertrag über bewegliche Sachen abgeschlossen wurde. Maßgeblich sei primär der vertraglich vereinbarte Erfüllungs-, sprich der Lieferungsort. Sofern sich dieser ohne Bezugnahme auf das anwendbare Sachrecht nicht bestimmen lasse, komme es stattdessen auf den tatsächlichen Lieferort, sprich den Ort der körperlichen Übergabe der Ware an.[293] Im Ergebnis bejahte der BGH auf die Zuständigkeit der deutschen Gerichte.[294] 6.59

Art. 7 Nr. 1 b) 1. SpS EuGVO verknüpft den Erfüllungsort des Kaufvertrags mit der vertragscharakteristischen Leistung und stellt dabei auf den Ort der tatsächlichen Leistungserbringung ab. Auch dieses Tatbestandsmerkmal ist autonom auszulegen.[295] Entscheidend ist der Ort, an dem der Käufer die Ware (körperlich) nach der vertraglichen Abrede[296] hätte in Empfang nehmen sollen oder tatsächlich erhält.[297] Beim Versendungskauf kommt es nicht darauf an, ob der Verkäufer vertraglich nur die Übergabe an den Transporteur schuldete[298] oder ob die Ware vereinbarungsgemäß am Zielort abzuliefern war.[299] Wurde die Ware geliefert, ist vielmehr der tat- 6.60

291 EuGH, 25.2.2010, Rs. C-381/08, *Car Trim*, EU:C:2010:90, dazu *Mezzer*, IPRax 2010, 420 ff.

292 BGH, 9.7.2008, NJW 2008, 3001, 3003 f. Der VIII Zivilsenat befürwortet eine kaufrechtliche Qualifikation, unter Bezugnahme auf Art. 1 IV Verbrauchsgüterkauf-RL und auf Art. 3 CSIG.

293 EuGH, 25.2.2010, Rs. C-381/08, *Car Trim*, EU:C:2010:90, Rdn. 54 ff.

294 BGH, 23.6.2010, NJW 2010, 3452, 3454, Rdn. 20.

295 EuGH, 3.5.2007, Rs. C-386/05, *Color Drack*, EU:C:2007:262.

296 Dabei kommt es allerdings ausschließlich auf die im Vertrag getroffene Abrede an, nicht hingegen auf die subsidiär anwendbaren Vorschriften des (jeweils) anwendbaren Sachrechts.

297 Ausführlich Stein/Jonas/*Wagner*, Art. 5 EuGVO aF, Rdn. 61.

298 Für den Erfüllungsort am tatsächlichen Übergabeort *Bajons*, FS Geimer, S. 15, 52; MünchKomm/*Gottwald*, Art. 5 EuGVO aF, Rdn. 19.

299 Dann liegt dort der Erfüllungsort, OGH, 2.9.2003, IPRax 2004, 350. OLG Köln, 21.12.2005, IHR 2006, 87.

sächliche Bestimmungsort maßgeblich: Dort befindet sich die Ware, dort kann ohne größeren Aufwand über die Vertragsgemäßheit der Verkäuferleistung entschieden werden.[300] Steht die Erbringung der Warenlieferung hingegen noch aus, so ist auf die vertragliche Regelung abzustellen, hilfsweise ist eine autonome Lösung zu entwickeln. Diese Überlegungen zeigen, dass bis heute die Fragen des Erfüllungsorts beim Versendungskauf nicht abschließend geklärt wurden – die Neukonzeption des Erfüllungsorts hat sich mithin in der praktisch wichtigsten Fallgruppe nicht bewährt.[301]

6.61 Bei Dienstleistungen bestimmt sich der Erfüllungsort ebenfalls nach dem Ort, an dem die vertragscharakteristische Leistung tatsächlich erbracht wurde:[302] Dieser liegt am Tätigkeitsschwerpunkt des Dienstleistungserbringers, etwa am Kanzleisitz des Anwalts[303] oder bei der Hauptniederlassung des Handelsvertreters.[304] Ein Darlehen wird am Sitz der Bank bereitgestellt.[305] Auch im Fall der noch nicht erbrachten Dienstleistung ist zunächst auf die Parteivereinbarung abzustellen; andernfalls ist eine autonome Lösung zu entwickeln (auch unter Rückgriff auf die parallelen Wertungen in Art. 4 VO Rom I).[306] Maßgeblich ist der Lieferort der Hauptleistung, auch wenn die Lieferungen in mehreren Mitgliedstaaten erbracht werden.[307] Bei Luftbeförderungsverträgen stellt der EuGH[308] (im Hinblick auf Ausgleichsansprüche wegen der Annullierung oder der Verspätung von Flügen[309]) sowohl auf den Abflugs- als auch auf den Ankunftsort ab, dem Kläger wird ein Wahlrecht eingeräumt.[310] Diese Lösung hat der Gerichtshof auf andere Transportverträge übertragen.[311] Bei Anschlussflügen fixiert

---

300 Gerichtsstand der Sach- und Beweisnähe, EuGH, 25.2.2010, Rs. C-381/08, *Car Trim*, EU:C:2010:90, dazu *Metzger*, IPRax 2010, 420, 422.

301 Zutreffend Dasser/*Oberhammer*, Art. 5 LugÜ, Rdn. 45 ff.

302 Vgl. Art. 4 Rom I-VO, MünchKomm/*Gottwald*, Art. 7 EuGVO, Rdn. 28 f.

303 BGH, 2.3.2006, NJW 2006, 1806 (1807) (internationaler Anwaltsvertrag); mit Recht kritisch Dasser/*Oberhammer*, Art. 5 LugÜ, Rdn. 60 – im Ergebnis werde ein Klägergerichtsstand der Anwaltskanzlei selbst in den Fällen geschaffen, in denen die anwaltliche Tätigkeit vor Zivil- oder Schiedsgerichten in anderen Staaten erbracht werde. In derartigen Konstellationen bietet sich jedoch eine abweichende Lokalisierung an – zumal Art. 7 Nr. 1 EuGVO gerade nicht auf den Sitz bzw. die Niederlassung des Leistungserbringers abstellt.

304 Stein/Jonas/*Wagner*, Art. 5 EuGVO aF, Rdn. 61.

305 BGH, 28.2.2012, NJW 2012, 1817 f.

306 Dasser/*Oberhammer*, Art. 5 LugÜ, Rdn. 45 ff., 54.

307 EuGH, 11.3.2010, Rs. C-19/09, *Wood Floor Solutions*, EU:C:2010:137.

308 EuGH, 9.7.2009, Rs. C-204/08, *Rehder*, EU:C:2009:439, Rdn. 43 ff.

309 VO 261/2004/EG, ABl. EG 2004 L 46/1 ff.

310 Stellt man auf den Charakter des Beförderungsvertrags als Werkvertrag ab, bei dem der Leistungserfolg geschuldet wird, so erscheint die Lösung des EuGH nicht zwingend. Der Gerichtshof stützt sich hingegen lediglich auf den Begriff der „Dienstleisung", EuGH, 9.7.2009, Rs. C-204/08, *Rehder*, EU:C:2009:439, Rdn. 36 ff.

311 EuGH, 11.7.2018, Rs. C-88/17, *Zurich Insurance und Metso Minerals*, EU:C:2018:558.

der EuGH den Erfüllungsort nicht nur am Zielort des jeweiligen Fluges, sondern auf dem des Gesamtfluges.[312] Diese Rechtsprechung erscheint zu weitgehend.

Haben die Parteien hingegen eine Vereinbarung über den Erfüllungsort – wirksam[313] – abgeschlossen, hat diese gegenüber dem autonomen Gerichtsstand des Art. 7 Nr. 1 b) Vorrang.[314] Dabei sind die Parteien – entgegen einer im deutschen Schrifttum anzutreffenden Rechtsansicht – frei, auch für einzelne Vertragspflichten unterschiedliche Erfüllungsorte zu vereinbaren (selbst wenn diese Abrede unpraktikabel sein sollte).[315] **6.62**

Art. 7 Nr. 1 lit. b) EuGVO setzt schließlich voraus, dass der Erfüllungsort in einem EU-Mitgliedstaat liegt. Führt die Anwendung der Vorschrift zur Zuständigkeit der Gerichte eines Drittstaates, so bestimmt sich der Vertragsgerichtsstand nach Art. 7 Nr. 1 lit. a) EuGVO, vgl. Art. 7 Nr. 1 lit. c) EuGVO.[316] **6.63**

bb) Die Anwendung der lex causae, Art. 7 Nr. 1 lit. a) EuGVO

Liegt kein Kauf- oder Dienstleistungsvertrag iSd Art. 7 Nr. 1b EuGVO vor, verbleibt es bei der überkommenen Anknüpfung des Vertragsgerichtsstands.[317] Diese hat der EuGH in der *Tessili*-Entscheidung zum EuGVÜ dahin definiert, dass für die jeweilige streitige Leistung ein eigener Vertragsgerichtsstand besteht, der sich nach der *lex causae* bestimmt (d.h. nach dem auf den Vertrag anwendbaren Recht).[318] Diese Rechtsprechung war mit Recht kritisiert worden:[319] Zum einen schafft sie im Anwendungsbereich des CISG einen Klägergerichtsstand zugunsten des Verkäufers – dieser kann nach Art. 57 CISG den Kaufpreis an seinem Wohnsitz einklagen.[320] Zum anderen bestehen erhebliche Unsicherheiten (Anknüpfung an den Sekundär- oder den **6.64**

---

312 EuGH, 7.3.2018, verb. Rs. C-274/16, C-447/16 und C-448/16, *flightright*, EU:C:2018:160, Rdn. 71 ff. Im konkreten Verfahren hatte dies zur Folge, dass eine spanische Fluggesellschaft, die Passagiere von Mallorca nach Ibiza beförderte, vor dem AG Düsseldorf verklagt werden konnte, weil die Passagiere wegen Verspätung des Erstfluges den Anschlussflug verpasst hatten. Diese Ausweitung des Erfüllungsortes über verbundene Verträge widerspricht dem Gebot der Zuständigkeitsklarheit.

313 Dazu unten § 6 II, Rdn. 6.66.

314 EuGH, 3.5.2007, Rs. C-386/05, *Color Drack*, EU:C:2007:262; aA Stein/Jonas/*Wagner*, Art. 5 EuGVO aF, Rdn. 66.

315 Rauscher/*Leible*, Art. 7 EuGVO, Rdn. 95.

316 Beispiel: BGH, 22.4.2009, NJW 2009, 2609 – Erfüllungsort i.S.v. der FOB-Klausel: Türkei; Erfüllungsort nach Art. 7 Nr. 1 lit. c) und lit. a) für die Zahlungsklage war (aufgrund vertraglicher Vereinbarung) Deutschland.

317 Beispiel: BGH, 16.10.2015, NJW 2016, 409: Grundstückskaufvertrag.

318 EuGH, 6.10.1976, Rs. C-12/76, *Tessili*, EU:C:1976:133, Rdn. 13, 15; seitdem st. Rspr.; EuGH, 19.2.2002, Rs. C-256/00, *Besix*, EU:C:2002:99, Rdn. 33.; dazu *Hess/Pfeiffer/Schlosser*, The Brussels I Regulation, Rdn. 184.

319 Ausführlich *Schack*, IZVR, Rdn. 301; *Stadler*, FS Musielak, S. 569 ff.

320 Allerdings entzieht die Neufassung des Art. 7 Nr. 1b) EuGVO dieser Diskussion die praktische Relevanz, dazu *Schack*, IZVR, Rdn. 302.

Primäranspruch?);[321] auch die Bestimmung des Erfüllungsorts anhand der *lex causae* führt zu (unnötiger) Verkomplizierung der Zuständigkeitsprüfung.[322] Dennoch hat der Unionsgesetzgeber an der überkommenen Vorschrift als Auffangregelung auch in der VO 1215/2015 festgehalten.[323]

6.65 Für die Bestimmung des Erfüllungsorts nach Art. 7 Nr. 1 EuGVO ergibt sich damit folgende Prüfungsabfolge:[324] Zunächst ist autonom das Vorliegen eines Vertrages festzustellen.[325] Sodann ist zu fragen, ob ein Gerichtsstand nach Art. 7 Nr. 1 b) vorliegt.[326] Ist dies der Fall, so kommt es auf den tatsächlichen Erfüllungsort an.[327] Andernfalls ist Art. 7 Nr. 1 a) EuGVO anwendbar und das auf den Vertrag anwendbare Sachrecht anhand der Art. 3 ff. VO-Rom I festzustellen.[328] Schließlich ist anhand des anwendbaren Sachrechts der von den Parteien vereinbarte oder gesetzlich geregelte Erfüllungsort (vgl. für das deutsche Recht §§ 269 f. BGB) zu ermitteln. Dieser bestimmt sich für jede Hauptleistungspflicht des Vertrages gesondert.

cc) Erfüllungsortvereinbarungen

6.66 Während § 29 II ZPO für Erfüllungsortvereinbarungen die Formerfordernisse der Gerichtsstandvereinbarung vorschreibt, enthält das europäische Prozessrecht keinen entsprechenden Vorbehalt. Der EuGH entwickelte zunächst zum EuGVÜ eine großzügige Rechtsprechung und ließ auch formlose Erfüllungsortvereinbarungen genügen.[329] Seit dem Urteil *MSG./.Les Gravières Rhénanes* unterliegen jedoch abstrakte (d.h. materiellrechtlich nicht ernst gemeinte) Erfüllungsortvereinbarungen den Formerfordernissen des Art. 25 EuGVO.[330] Einen besonderen Schutz für wirtschaftlich unerfahrene bzw. „unterlegene" Personen sieht Art. 7 Nr. 1 EuGVO hingegen nicht vor. Die Wirksamkeit der Erfüllungsortvereinbarung unterliegt dem auf den Vertrag anwendbaren Recht, das sich nach Art. 3 ff. Rom-I VO bestimmt. Bei der Verwendung von INCOTERMS ist jeweils zu fragen, ob die Parteien den Erfüllungsort oder nur die

---

321 Für die Anknüpfung an der Primärpflicht BGH, 16.10.2015, NJW 2016, 409, Rdn. 10 ff.; BGH, 28.3.1979, RIW 1979, 710 f.; OLG Stuttgart, 17.5.2000, RIW 2000, 629, 631; Rauscher/*Leible*, Art. 7 EuGVO, Rdn. 45.

322 Dezidiert *Schack*, IZVR, Rdn. 299 ff.

323 Berechtigte Kritik bei *Schack*, IZVR, Rdn. 301 ff.

324 Vgl. dazu auch Dasser/*Oberhammer*, Art. 5 LugÜ, Rdn. 25.

325 Dazu oben § 6 II, Rdn. 6.53.

326 Vgl. oben § 6 II, Rdn. 6.54 ff.

327 Dazu oben, § 6 II, Rdn. 6.60.

328 Oben § 5 III, Rdn. 67 ff. Das anwendbare Sachrecht kann sich auch aus dem CISG ergeben, BGH, 9.7.2008, NJW 2008, 3001, 3002 f.

329 EuGH, 31.3.1977, Rs. C-54/76, *Compagnie industrielle du comté de Loheac./.Rat und Kommission*, EU:C:1977:58, Rdn. 35; kritisch *Schack*, IZVR, Rdn. 311 f.

330 EuGH, 20.2.1997, Rs. C-106/95, *MSG./.Les Gravières Rhénanes*, EU:C:1997:70, Rdn. 33; EuGH, 28.9.1999, Rs. C-440/97, *GIE Group Concorde*, EU:C:1999:456, Rdn. 28.

Gefahr- und Kostentragung regeln wollten.[331] Eine Vereinbarung des Erfüllungsorts durch AGB ist unter Kaufleuten grundsätzlich zulässig.[332] Die Parteien können auch mehrere bzw. unterschiedliche Erfüllungsorte vereinbaren.[333]

b) Der Gerichtsstand der unerlaubten Handlung, Art. 7 Nr. 2 EuGVO

Nach der ständigen Rechtsprechung des EuGH sind Deliktsklagen Klagen, die auf **6.67** Schadenshaftung gerichtet sind und nicht auf einem Vertrag iSv Art. 7 Nr. 1 EuGVO beruhen.[334] Art. 7 Nr. 2 EuGVO will dem Geschädigten ein ortsnahes Forum eröffnen; der Gerichtsstand am Tatort legitimiert sich zudem aus der Sach- und Beweisnähe des erkennenden Gerichts.[335] Außerdem besteht ein Gleichlauf mit der Tatortregel im Internationalen Privatrecht; diesen schwächt Art. 4 I VO 864/2007/EG (Rom II) mit der grundsätzlichen Anknüpfung an den Erfolgsort allerdings ab.[336] Die inneren Zusammenhänge zwischen beiden Rechtsakten sind jedoch evident: Hier wie dort geht es um Rechtsgüterschutz und um Verhaltenssteuerung nach derjenigen Rechtsordnung, in die der Täter hineinwirkt.[337] Art. 7 Nr. 2 EuGVO gilt für Ansprüche aus Verschuldens- und aus Gefährdungshaftung. Der Gerichtsstand erfasst nicht nur Deliktsklagen,[338] sondern auch vorbeugende Unterlassungs-[339] und (negative) Feststellungsklagen.[340] Der Gerichtsstand gilt auch für Unterlassungsklagen von Verbraucherverbänden wegen verbraucherschutzwidrigen Verhaltens[341] sowie Klagen wegen rechtswidriger Arbeitskampfmaßnahmen.[342]

---

331 *Hess/Pfeiffer/Schlosser*, The Brussels I Regulation, Rdn. 187 f. Im Fall einer FOB-Klausel kann der Verschiffungshafen Lieferort iSv Art. 7 Nr. 1 lit. b) EuGVO sein, House of Lords, 20.2.2008, *Othon Galanos Ltd. v. Scottish & Newscastle International Ltd.*, [2008] UKHL 11; BGH, 22.4.2009, NJW 2009, 2606.

332 MünchKomm/*Gottwald*, Art. 7 EuGVO, Rdn. 32.

333 AA *Rauscher*, FS Heldrich, S. 933, 946.

334 St. Rspr. EuGH, 27.9.1988, Rs. C-189/87, *Kalfelis*, EU:C:1988:459, Rdn. 18; EuGH, 27.10.1998, Rs. C-51/97, *Réunion européenne*, EU:C:1998:509, Rdn. 22. Es handelt sich um einen autonomen Begriff, der den grundsätzlichen Vorrang der Vertragshaftung anerkennt.

335 EuGH, 1.10.2002, Rs. C-167/00, *Henkel*, EU:C:2002:555, Rdn. 38; EuGH, 25.10.2012, Rs. C-133/11, *Folien Fischer*, EU:C:2012:664, Rdn. 37 f. – st. Rspr. Dazu *Hess*, Staatenimmunität bei Distanzdelikten (1992), S. 11 f.; v. *Hein*, IPRax 2005, 17 ff.

336 Vgl. oben § 5 III, Rdn. 5.93.

337 *G. Wagner*, RabelsZ 62 (1998), 243, 273 (mit Folgerungen zur Einschränkung des Gerichtsstands).

338 Grundlegend: EuGH, 30.11.1976, Rs. C-21/76, *Bier*, EU:C:1976:166, Rdn. 16.

339 EuGH, 15.11.2011, verb. Rs. C-509/09 und C-161/10, *eDate Advertising*, EU:C:2011:685, Rdn. 35, dazu *Hess*, JZ 2012, 189, 191.

340 EuGH, 25.10.2012, Rs. C-133/11, *Folien Fischer*, EU:C:2012:664, dazu *Thole*, AG 2013, 73, 76.

341 EuGH, 1.10.2002, Rs. C-167/00, *Henkel*, EU:C:2002:555, Rdn. 46–49, zust. *Michailidou*, IPRax 2003, 223 ff., OGH, 13.4.2000, JBl. 2000, 803; vgl. unten § 11 III, Rdn. 11.78.

342 EuGH, 5.2.2004, Rs. C-18/02, *DFDS Torline*, EU:C:2004:74; vgl. auch EuGH, 11.12.2007, Rs. C-438/05, *The International Transport Workers' Federation und The Finnish Seamen's Union*, EU:C:2007:772 (Parallelklagen in Finnland und England auf Feststellung der Rechtswidrigkeit von Boykottmaßnahmen).

6.68 Art. 7 Nr. 2 EuGVO erfasst Kapitalmarktstreitigkeiten,[343] die Produkthaftung,[344] Kartellverletzungen,[345] Klagen wegen der Verletzung von Immaterialgüterrechten[346] und des Allgemeinen Persönlichkeitsrechts.[347] Art. 7 Nr. 2 EuGVO gilt auch für die Konzernhaftung,[348] die Haftung wegen Insolvenzverschleppung[349] sowie für Klagen aus *culpa in contrahendo*,[350] nicht jedoch aus Gewinnhaftung nach § 661a BGB.[351] Auch Auskunftsansprüche (soweit sie das anwendbare Sachrecht [akzessorisch] vorsieht) sind erfasst,[352] desgleichen Regressansprüche zwischen mehreren Schädigern. Ausgenommen sind jedoch bereicherungsrechtliche Ansprüche, selbst wenn der Schuldner arglistig oder schuldhaft handelt.[353] Ausgenommen sind auch Vindikationsansprüche.

6.69 Den Zusammenhang zwischen Art. 7 Nr. 1 und 7 Nr. 2 EuGVO verdeutlicht das Urteil *Tacconi./.Wagner*.[354] Die italienische Gesellschaft Tacconi mit Sitz in Perugia hatte mit der Wagner Maschinenfabrik GmbH mit Sitz in Deutschland über den Kauf einer Anlage verhandelt. Den Vertrag sollte die italienische B-Commercio e Financia SpA mittels Leasing finanzieren. Tacconi hatte mit Zustimmung der Wagner-GmbH bereits einen Leasing-Vertrag mit der B abgeschlossen. Letztlich scheiterte jedoch die Transaktion, da die deutsche Firma – so die Behauptung der italienischen Firma – den Verkauf der Anlage ungerechtfertigt verweigerte. Die Tacconi verklagte die W-GmbH daraufhin in Perugia auf Ersatz des Schadens, der ihr dadurch entstanden sei, dass die W-GmbH Kooperationspflichten bei den Vertragsverhandlungen verletzt habe. Der EuGH kam zum Ergebnis, dass die Anspruchsgrundlage (ungerechtfertigter Abbruch von Vertragsverhandlungen) nicht auf einer Vereinbarung der Parteien, sondern auf gesetzlicher Grundlage beruhte. Daher scheide eine vertragliche Zuständigkeitsbegründung aus; vielmehr sei Art. 7 Nr. 2 EuGVO anwendbar. Im Ergebnis scheiterte die

343 EuGH, 28.1.2015, *Kolassa*, Rs. C-375/13, EU:C:2015:37.

344 EuGH, 16.1.2014, Rs. C-45/13, *Kainz*, EU:C:2014:7; EuGH, 9.7.2020, Rs. C-343/19, *VKI./.Volkswagen*, EU:C:2020:534, ausführlich Schlussanträge *Campos Sánchez-Bordona*, 2.4.2020, Rs. C-343/19, *VKI./.Volkswagen*, EU:C:2020:253, Rdn. 18 ff.

345 EuGH, 21.5.2015, Rs. C-352/13, *CDC Hydrogen Peroxide*, EU:C:2015:335, dazu *Stadler*, JZ 2015, 1138 ff.

346 EuGH, 21.4.2016, Rs. C-572/14, *Austro-Mechana*, EU:C:2016:286, Rdn. 39 ff.; zusammenfassend *Adolphsen*, Europäisches Zivilprozessrecht, Rdn. 559 ff., vgl. unten § 6 II, Rdn. 6.74.

347 EuGH, 7.3.1995, Rs. C-68/93, *Shevill./.Presse Alliance*, EU:C:1995:61, Rdn. 24 ff.; EuGH, 25.11.2011, verb. Rs. C-509/09 und C-161/10, *eDate Advertising*, EU:C:2011:685, dazu *Hess*, JZ 2012, 189; *Roth*, IPRax 2013, 215; Abschlussentscheidung BGH, 8.5.2012, IPRax 2013, 252.

348 AA OLG Düsseldorf, 26.10.1995, IPRax 1998, 210; wie hier *Zimmer*, IPRax 1998, 187, 190; Thomas/Putzo/*Hüßtege*, Art. 5 EuGVO, Rdn. 17.

349 EuGH, 18.7.2013, Rs. C-147/12, ÖFAB, EU:C:2013:490.

350 Dazu sogleich § 6 II, Rdn. 6.69.

351 EuGH, 20.1.2005, Rs. C-27/02, *Engler*, EU:C:2005:33, Rdn. 33 f., insofern zustimmend *Oberhammer/Slonina*, FS Yessiou-Faltsi, S. 419, 427 ff., vgl. oben § 6 II, Rdn. 6.54.

352 Beispiel: Patentverletzungsklage, erhoben als Stufenklage (§ 254 ZPO) auf Auskunft (Rechnungslegung) und Schadenersatz.

353 EuGH, 27.9.1988, Rs. C-189/87, *Kalfelis*, EU:C:1988:459, Rdn. 19 f.; *Leible/Freitag*, Forderungsbeitreibung, § 2, Rdn. 97.

354 EuGH, 17.9.2002, Rs. C-334/00, *Tacconi*, EU:C:2002:499.

Klage in Italien, da eine deliktische Zuständigkeit am Erfüllungsort des gescheiterten Kaufvertrages nicht begründbar war.[355]

Den Anwendungsbereich des Art. 7 Nr. 2 EuGVO bestimmt der EuGH autonom, um gleiche Rechte und Pflichten zwischen den Vertragsparteien zu gewährleisten und um den *effet utile* der Verordnung zu sichern.[356] Bei der praktischen Prüfung ist zunächst zu fragen, ob ein Vertrag vorliegt (Vorrang des Art. 7 Nr. 1 EuGVO) und ob die geltend gemachten Rechte (bzw. die behauptete Pflichtverletzung) auf Vertragsbeziehungen zwischen den Parteien beruht.[357] Sodann ist die geltend gemachte Rechtsfolge zu prüfen – nur Klagen auf Schadenshaftung und (vorbeugende) Unterlassungsklagen sind von Art. 7 Nr. 2 EuGVO erfasst. Daher fallen Klagen aus Eingriffskondiktion nicht unter Art. 7 Nr. 2 EuGVO und (im Ergebnis) auch nicht unter die sonstigen besonderen Gerichtsstände der EuGVO.[358] Die insolvenzrechtliche Anfechtungsklage fällt nicht unter Art. 7 Nr. 2 EuGVO; hier hat der Gerichtsstand des Art. 6 EuInsVO (2015) Vorrang.[359] Die Abgrenzung zwischen Art. 7 Nr. 1 und 2 EuGVO kann im Einzelfall durchaus zu Rechtsschutzlücken führen, zumal der EuGH einen umfassenden Gerichtsstand des Sachzusammenhangs nicht zulässt, um *forum shopping* im Europäischen Justizraum einzudämmen.[360] Das schließt allerdings nicht aus, dass im Rahmen der autonom definierten Gerichtsstände des Vertrags auch Ansprüche eingeklagt werden können, die nach nationalem Recht als deliktisch qualifiziert werden.[361] Die Abgrenzung ist allerdings nocht nicht abschließend geklärt; die neuere EuGH-Rechtsprechung zeigt eine Tendenz zur Mitentscheidung deliktischer Ansprüche im Vertragsgerichtsstand.[362] Zugleich hält der EuGH an seiner früheren Rechtsprechung fest, dass Art. 7 Nr. 1 und 2 EuGVO keine Gerichtsstände des Sachzusammenhangs 6.70

---

355 Maßgeblich war, dass die Haftung nicht an vertragliche Beziehungen der Parteien anknüpfte, EuGH, 17.9.2002, Rs. C-334/00, *Tacconi*, EU:C:2002:499, Rdn. 25; abl. *Mankowski*, IPRax 2003, 175 ff.

356 EuGH, 11.7.2002, Rs. C-96/00, *Rudolf Gabriel*, EU:C:2002:436.

357 EuGH, 13.3.2014, Rs. C-548/12, *Brogsitter*, EU:C:2014:148, Rdn. 23 ff.; ebenso EuGH, 14.7.2016, Rs. C-196/15, *Granarolo*, EU:C:2016:559, Rdn. 20.

358 AA Cassaz., 22.6.1990, Riv. dir. int. priv. proc. 1991, 772; wie hier BGH, 28.2.1996, NJW 1996, 1411, Anm. *Mankowski*, IPRax 1997, 173; OGH, 27.1.1998, JBl. 1998, 515; OGH, 17.10.2006, ÖJZ 2007, 148 ff. (Leerkassettenvergütung nach § 42b österr. UrhG), so nun auch EuGH, 21.4.2016, Rs. C-572/14, *Austro-Mechana*, EU:C:2016:286, Rdn. 33 ff.

359 Zuvor EuGH, 12.2.2009, Rs. C-339/07, *Seagon*, EU:C:2009:83, Rdn. 19 ff.; vgl. § 9 II, Rdn. 9.20.

360 Für ein enges Verständnis des Art. 5 Nr. 3 EuGVÜ/7 Nr. 2 EuGVO, EuGH, 27.9.1988, Rs. C-189/87, *Kalfelis*, EU:C:1988:459, weitergehend hingegen EuGH, 14.7.2016, Rs. C-196/15, *Granarolo*, EU:C:2016:559, Rdn. 20, zuvor EuGH, 13.3.2014, Rs. C-548/12, *Brogsitter*, EU:C:2014:148, Rdn. 24.

361 EuGH, 19.2.2002, Rs. C-256/00, *Besix*, EU:C:2002:99, Rdn. 24–26; EuGH, 13.3.2014, Rs. C-548/12, *Brogsitter*, EU:C:2014:148, Rdn. 20 ff.

362 Vgl. die Nachweise in Fn. 359.

eröffnen.[363] Es verbleibt zudem die Möglicheit einer Klage im allgemeinen Gerichtsstand nach Art. 4, 62 f. EuGVO.

6.71 Im dritten Prüfungsschritt ist der Tatort („Ort des schädigenden Ereignisses") zu bestimmen. Der Gerichtsstand des Art. 7 Nr. 2 EuGVO besteht sowohl am Handlungsort als auch am Erfolgsort (sog. Ubiquitätsregel).[364] Handlungsort ist der Begehungsort der schädigenden Handlung, bei der Unterlassung der Ort, an dem hätte gehandelt werden müssen. Auch Teilhandlungen reichen aus.[365] Erfolgsort ist der Ort, an dem die Rechtsgutsverletzung, bei (reinen) Vermögensdelikten der Ort, an dem der Schaden eingetreten ist.[366] Der Geschädigte kann nach seiner Wahl das ihm größeren Erfolg versprechende Gericht anrufen.

6.72 Ausgangspunkt der Rechtsprechung war das Urteil *Bier./.Mines de Potasse d'Alsace*:[367] Holländische Gemüsebauern verklagten die Betreiber französischer Kalibergwerke wegen der Verschmutzung des Rheins durch Kalisalze, die deren Gemüseplantagen, welche mit dem Rheinwasser bewässert wurden, vernichtet hatten. Der eindeutige Ausgangssachverhalt veranlasste den Gerichtshof zur weiten Auslegung des Art. 5 Nr. 3 EuGVÜ/Art. 7 Nr. 2 EuGVO im Fall des sog. „Distanzdelikts". Nach Wahl des Geschädigten kann am Handlungs- oder am Erfolgsort geklagt werden. Der EuGH bejahte im Ergebnis die Zuständigkeit der niederländischen Gerichte am Erfolgsort.[368] Entsprechend können grenzüberschreitende Unterlassungsklagen, etwa gegen ein grenznahes Kernkraftwerk wegen drohender Immissionen, am Erfolgsort (d.h. vor den Gerichten im Immissionsstaat) geltend gemacht werden.[369]

6.73 Der Handlungsort ist als Ort des ursächlichen Geschehens in der Regel einfach zu bestimmen, beispielsweise der Ort, an dem sich der Unfall ereignet hat, der Ort, an dem das fehlerhafte Produkt hergestellt wurde.[370] Bei Kartellklagen liegt der Handlungsort dort, wo die Kartellanten das Kartell gegründet und ihre Preisabsprachen vorgenommen haben.[371] Bei Pressedelikten liegt Handlungsort beim Verlagshaus

---

363 Mit Recht für eine Annexkompetenz im Vertragsgerichtsstand Wieczorek/Schütze/*Gebauer*, Art. 7 EuGVO, Rdn. 19 f.; aA Wieczorek/Schütze/*Thole*, Art. 7 EuGVO, Rdn. 57 f. in Ablehnung von EuGH, 13.3.2014, Rs. C-548/12, *Brogsitter*, EU:C:2014:148, Rdn. 24–26.

364 Anders hingegen die kollisionsrechtliche Anknüpfung in Art. 4 VO Rom II an den Erfolgsort, oben § 5 IV, Rdn. 5.93.

365 *v. Hein*, IPRax 2006, 460, 461 f.; *Guinchard/Ferrand/Chainais*, Procédure civile, Rdn. 461.

366 *Hess*, Staatenimmunität bei Distanzdelikten (1992), S. 11 ff.; *Dickinson*, The Rome II Regulation, Rdn. 66 ff.; Dasser/*Oberhammer*, Art. 5 LugÜ, Rdn. 124 f.

367 EuGH, 30.11.1976, Rs. C-21/76, *Bier*, EU:C:1976:166; EuGH, 5.2.2004, Rs. C-18/02, *DFDS Torline*, EU:C:2004:74, Rdn. 40; EuGH, 18.5.2006, Rs. C-343/04, *ČEZ*, EU:C:2006:330, Rdn. 38; EuGH, 16.7.2009, Rs. C-189/08, *Zuid-Chemie*, EU:C:2009:475, Rdn. 20 ff.

368 Kritisch zur dahinter stehenden Interessenbewertung vgl. *Hess*, Staatenimmunität (bei Distanzdelikten (1992), S. 11; *McGuire*, ecolex 2006, 709, 710 ff.

369 EuGH, 18.5.2006, Rs. C-343/04, *ČEZ*, EU:C:2006:330.

370 EuGH, 16.7.2009, Rs. C-189/08, *Zuid-Chemie*, EU:C:2009:475, Rdn. 25; einschränkend EuGH, 16.1.2014, Rs. C-45/13, *Kainz*, EU:C:2014:7, Rdn. 26, 29 (nicht der Ort, an dem das Produkt in den Verkehr gebracht wurde).

371 EuGH, 21.5.2015, Rs. C-352/13, *CDC Hydrogen Peroxide*, EU:C:2015:335, Rdn. 43 ff., krit. *Stadler*, JZ 2015, 1138, 1140.

des Verlegers – dies gilt sinngemäß auch für Verletzungshandlungen, die über das Internet begangen werden.[372] Problematisch ist hingegen die Zurechnung von Tatbeiträgen, die in Mittäterschaft begangenen werden. Im Fall des Kapitalanlagebetrugs hat der EuGH es abgelehnt, die wechselseitigen Tatbeiträge auch zur Begründung der Zuständigkeit heranzuziehen.[373] Im Fall mittäterschaftlich begangener Kartellrechtsverletzungen lässt der Gerichtshof eine wechselseitige Zurechnung hingegen zu.[374] Reine Vorbereitungshandlungen vermögen keinen Tatort zu begründen.[375]

Bei der Bestimmung des Erfolgsorts greift der EuGH auf die Unterscheidung zwi- 6.74
schen unmittelbarem und mittelbarem Schaden zurück.[376] Der unmittelbare Schaden materialisiert sich etwa im Kauf oder Gebrauch eines defekten Produktes.[377] Bei der Verletzung von konkreten Rechtsgütern kommt es auf den Ort des ersten Schadenserfolgs an, er lässt sich zumeist klar lokalisieren.[378] Kommt es beispielsweise bei einer Körperverletzung aufgrund weiterer Behandlung im (ausländischen) Krankenhaus zu weiteren Gesundheitsschäden (aufgrund Wundinfektion), so begründen diese keinen weiteren Erfolgsort gegenüber dem Schädiger.[379] Ähnliches gilt für Immaterialgüterrechte. Hier wird der Erfolgsort auf den Schaden im jeweiligen Registerstaat begrenzt.[380] Bei Wertpapieren kommt es auf den Ort der Verwahrung an. Bei Kartell-

---

372 EuGH, 3.4.2014, Rs. C-387/12, *Hi Hotel HCF*, EU:C:2014:215, Rdn. 30 ff.; EuGH, 7.3.1995, Rs. C-68/93, *Shevill./.Presse Alliance*, EU:C:1995:61, Rdn. 26; dazu *Hess*, JZ 2012, 188, 190.

373 EuGH, 16,5,2013, Rs. C-228/11, *Melzer*, EU:C:2013:305, Rdn. 41, krit. *v.Hein*, IPRax 2013, 505 ff.; EuGH, 3.4.2014, Rs. C-387/12, *Hi Hotel HCF*, EU:C:2014:215, Rdn. 30 ff.

374 EuGH, 21.5.2015, Rs. C-352/13, *CDC Hydrogen Peroxide*, EU:C:2015:335, Rdn. 48 f.

375 EuGH, 16.7.2009, Rs. C-189/08, *Zuid-Chemie*, EU:C:2009:475, Rdn. 27.

376 EuGH, 19.9.1995, Rs. C-364/93, *Marinari./.Lloyd's Bank*, EU:C:1995:289, Rdn. 14 f.; EuGH, 5.7.2018, Rs. C-27/17, *flyLAL-Lithuanian Airline*, EU:C:2018:533, Rdn. 31 f.; EuGH, 29.7.2019, Rs. C-451/18, *Tibor-Trans*, EU:C:2019:635, Rdn. 27, 31. Zusammenfassung der Rechtsprechung in den Schlussanträge *Campos Sánchez-Bordona*, 2.4.2020, Rs. C-343/19, VKI./.Volkswagen, EU:C:2020:253, Rdn. 31 ff. (Bestimmung des Schadens), Rdn. 42 ff. (Ort des Schadens).

377 EuGH, 16.7.2009, Rs. C-189/08, *Zuid-Chemie*, EU:C:2009:475, Rdn. 27 und 32: Ort, an dem das fehlerhafte (Chemie-)Produkt verarbeitet wurde und andere Ausgangsstoffe sowie das Endprodukt zerstörte. Unsicherheiten hingegen in EuGH, 9.7.2020, Rs. C-343/19, *VKI./.Volkswagen*, EU:C:2020:534, Rdn. 39: Ort des Erwerbs des fehlerhaften Produkts (mit unzutreffendem Hinweis auf Art. 6 Rom II-VO).

378 Beispiel: EuGH, 16.7.2009, Rs. C-189/08, *Zuid-Chemie*, EU:C:2009:475, Rdn. 27 ff.; Wird aufgrund einer defekten Chemiekalie, die *ex works* in Deutschland abgeholt wurde, unbrauchbarer Kunstdünger in Holland hergestellt, so liegt der Erfolgsort in Holland.

379 Vgl. BGH, 27.5.2008, NJW 2008, 2344: Ein deutscher Patient wird in einem Schweizer Spital behandelt und fehlerhaft medikamentiert. Der Erfolgsort liegt in Deutschland (am Wohnsitz des Patienten); deutsche Gerichte sind für die auf § 823 I BGB gestützte Klage nach Art. 5 Nr. 3 LugÜ/5 Nr. 3 EuGVO zuständig. Vgl. auch EuGH, 10.12.2015, Rs. C-350/14, *Lazar*, EU:C:2015:802 (zur entsprechenden Auslegung von Art. 4 I Rom II-VO).

380 EuGH, 19.4.2012, Rs. C-523/10, *Wintersteiger*, EU:C:2012:220; EuGH, 17.7.2014, Rs. C-169/14, *Sánchez Morcillo und Abril García*, EU:C:2014:2099. Zur Mosaiktheorie vgl. sogleich unten Rdn. 6.76.

rechtsverletzungen kommt es auf den Sitz jedes Abnehmers an, an dem im Wege des *passing on* der überhöhte Preis weitergegeben wird.[381]

6.75 Bei reinen Vermögensschäden (etwa Schäden aus Anlagebetreuung mit der Folge von Geldabflüssen durch die Veranlassung von grenzüberschreitenden Überweisungen) ist die Lokalisierung schwieriger. Hier bemüht sich der EuGH um Eingrenzung, um exzessives *forum shopping* zurückzudrängen.[382] Dabei stellt der Gerichtshof zunächst auf den konkreten Lageort des jeweils beieinträchtigten Vermögensbestandteils ab.[383] Eine generelle Lokalisierung am Mittelpunkt des Vermögens des Geschädigten lässt der EuGH hingegen nicht zu.[384] Bei Anlageverlusten bedeutet diese Rechtsprechung, dass Erfolgsort in der Regel nicht der Ort des Kontos ist, von dem die Investition abgeflossen ist, vielmehr müssen weitere Umstände hinzutreten (etwa der gezielte Vertrieb von Prospekten am Schadensort).[385] Entscheidende Kriterien sind die Vorhersehbarkeit und die Sach- und Beweisnähe des Gerichts.[386] Lässt sich der Erfolgsort nicht lokalisieren, verbleibt es bei der Zuständigkeit am Handlungsort.[387]

6.76 Besonderheiten gelten bei ehrverletzenden Äußerungen, vor allem in Massenmedien. Im Urteil *Shevill* begründete der EuGH die sog. „Mosaiklösung“: Danach kann der Geschädigte am sog. „Verbreitungsort“ (etwa am Vertriebsort einer Zeitung) klagen. Allerdings ist die Klage auf den Teil des Gesamtschadens begrenzt, welcher der tatsächlichen Verbreitung der „Nachricht“ am Erfolgsort entspricht.[388] Der

381 EuGH, 29.7.2019, Rs. C-451/18, *Tibor-Trans,* EU:C:2019:635, Rdn. 30 ff.

382 EuGH, 19.9.1995, Rs. C-364/93, *Marinari./.Lloyd's Bank,* EU:C:1995:289; vgl. auch EuGH, 10.6.2004, Rs. C-168/02, *Kronhofer,* EU:C:2004:364; EuGH, 28.1.2015, Rs. C-375/13, *Kolassa,* EU:C:2015:37, Rdn. 52 ff.

383 Schlussanträge *Campos Sánchez-Bordona,* 2.4.2020, Rs. C-343/19, *VKI./.Volkswagen,* EU:C:2020:253, Rdn. 18 ff. sowie Rdn. 44 ff.

384 Deutlich EuGH, 16.6.2016, Rs. C-12/15, *Universal Music,* EU:C:2016:449, Rdn. 38; EuGH, 10.6.2004, Rs. C-168/02, *Kronhofer,* EU:C:2004:364; lesenswert Dasser/*Oberhammer*, Art. 5 Nr. 3 LugÜ, Rdn. 136 mit zutreffender Kritik an der ausweitenden Tendenz im deutschen Schrifttum, etwa bei Magnus/*Mankowski*, Art. 7 Brussels I^{bis} Regulation, Rdn. 328 ff.

385 EuGH, 19.9.1995, Rs. C-364/93, *Marinari./.Lloyd's Bank,* EU:C:1995:289; EuGH, 27.10.1998, Rs. C-51/97, *Réunion européenne,* EU:C:1998:509; EuGH, 28.1.2015, Rs. C-375/13, *Kolassa,* EU:C:2015:37, Rdn. 49 ff.; klarstellend EuGH, 16.6.2016, Rs. C-12/15, *Universal Music,* EU:C:2016:449, Rdn. 35 ff.

386 Schlussanträge *Campos Sánchez-Bordona,* 2.4.2020, Rs. C-343/19, *VKI./.Volkswagen,* EU:C:2020:253, Rdn. 50, 63 ff.

387 EuGH, 19.2.2002, Rs. C-256/00, *Besix,* EU:C:2002:99, Rdn. 31 ff. (zu Art. 5. Nr. 1 EuGVO), dazu *Hess*, IPRax 2002, 376. So nunmehr auch Schlussanträge *Campos Sánchez-Bordona,* 2.4.2020, Rs. C-343/19, *VKI./.Volkswagen,* EU:C:2020:253, Rdn. 49. Lesenswerte Kritik an der Judikatur des EuGH übt *Stadler*, FS Geimer (2017), S. 715 ff.

388 EuGH, 7.3.1995, Rs. C-68/93, *Shevill./.Presse Alliance,* EU:C:1995:61, Rdn. 24 ff. Es ging um die Schadensersatzklage einer Engländerin, die in einer italienischen Wechselstube gejobbt hatte. Über diese Wechselstube erschien in der französischen Zeitschrift Paris Match ein Bericht, wonach die Betreiber der Wechselstube in Geldwäsche verwickelt seien, Fiona Shevill wurde im Artikel namentlich genannt. Darauf klagte Frau Shevill vor dem High Court in London auf Schadenersatz. Das beklagte

Gesamtschaden kann hingegen nur am Herstellungsort der streitgegenständlichen Verletzung geltend gemacht werden.[389] Auch bei anderen Streudelikten (insbesondere Urheberrechts- und Wettbewerbsverletzungen) will der EuGH den Gerichtsstand am Erfolgsort auf den jeweiligen Teilschaden begrenzen.[390] Jedoch wirft diese Lösung in der Regel Nachweisprobleme auf, da sich der Teilschaden nur schwer beziffern und schätzen lässt. Zudem passt die Mosaiklösung nicht für Unterlassungsklagen.[391]

Für Persönlichkeitsrechtsverletzugen im Internet nahm der EuGH im Urteil *eDate* 6.77
Advertising und Martinez[392] eine bemerkenswerte Korrektur seiner Rechtsprechung vor. Im Anschluss an die Schlussanträge des Generalanwalts *Cruz Villalón*[393] hielt die Große Kammer fest, dass eine Quantifizierung lokaler Schäden im Internet (anders als im Fall *Shevill*) nicht möglich ist.[394] Folglich kam die Große Kammer zum Schluss, dass dem Geschädigten nicht nur am Handlungsort ein Gerichtsstand eröffnet sei, sondern dass er auch am Erfolgsort, nämlich am Ort des Mittelpunktes seiner Interessen, den Gesamtschaden einklagen könne.[395] Das Konzept des Interessenmittelpunkts präziserte der EuGH sogleich dahin, dass dieser in der Regel am gewöhnli-

---

Presseunternehmen machte die internationale Unzuständigkeit des High Court mit dem Argument geltend, dass lediglich 230 Exemplare der geschätzten 250.000 Exemplare von France-Soir in England verkauft wurden. Diesem Argument verschloss sich der EuGH nicht ganz und entschied, dass bei Mediendelikten die Klage am sog. „Verbreitungsort" (etwa am Vertriebsort einer Zeitung) auf den Teil des Gesamtschadens begrenzt ist, welcher der tatsächlichen Verbreitung der „Nachricht" am Erfolgsort entspricht.

389 EuGH, 7.3.1995, Rs. C-68/93, *Shevill./.Presse Alliance*, EU:C:1995:61, Rdn. 30.

390 EuGH, 19.4.2012, Rs. C-523/10, *Wintersteiger*, EU:C:2012:220 (Warenzeichenverletzung); EuGH, 3.10.2013, Rs. C-170/12, *Pinckney*, EU:C:2013:635, Rdn. 45 (Urheberrechtsverletzungen); EuGH, 22.1.2015, Rs. C-441/13, *Hejduk*, EU:C:2015:28, Rdn. 22 ff. (Urheberrechte, Lizenzverletzung), krit. *Hess*, in ders./Mariottini (ed.), Protecting Privacy, S. 81, 95 ff.

391 Insofern kommt es weiterhin zum Problem des sog. „libel tourism", bei dem sich die Opfer von (behaupteten) Ehrverletzungen ein besonders klägerfreundliches Gericht aussuchen, krit. *Hartley*, ICLQ 59 (2010), 25. Zu den Versuchen der „entertainment industry", die Shevill-Rechtsprechung des EuGH im Recast der EuGVO zu korrigieren vgl. *Hess*, JZ 2012, 389, 391.

392 EuGH, 25.10.2011, Rs. C-509/09, *eDate Advertising und Martinez*, EU:C:2011:685. Die Ausgangsverfahren betrafen zwei Unterlassungs- und Schadenersatzklagen. In dem vom BGH vorgelegten Fall klagte der verurteilte Mörder des bekannten Schauspielers *Sedlmayr* gegen ein österreichisches Internetportal auf Unterlassung, das anlässlich seiner Entlassung auf Bewährung seinen Namen in einem Bericht über den Mordfall genannt hatte. In dem von der Tribunal de Grande Instance de Paris vorgelegten Verfahren ging es um die online Berichterstattung des Sunday Mirror über eine angebliche Liaison des prominenten Schauspielers *Martinez* mit einer australischen Popsängerin.

393 *Cruz Villalón*, 29.3.2011, Schlussanträge verb. Rs. C-509/09 und C-161/10, *eDate Advertising und Martinez*, EU:C:2011:192, Rdn. 55 ff.

394 EuGH, 25.10.2011, Rs. C-509/09, *eDate Advertising und Martinez*, EU:C:2011:685, Rdn. 45, ebenso EuGH, 17.10.2017, Rs. C-194/16, *Bolagsupplysningen*, EU:C:2017:766, unten Rdn. 6.79.

395 EuGH, 25.10.2011, Rs. C-509/09, *eDate Advertising und Martinez*, EU:C:2011:685, Rdn. 48. Diese Zuständigkeit gilt, obwohl der EuGH dies nicht explizt ausführt, auch für die Unterlassungsverfügung. Denn die Vorlage des BGH, GRUR 2010, 256, betraf eine Unterlassungsklage.

chen Aufenthaltsort des (mutmaßlich) Geschädigten zu lokalisieren sei – jedoch könne insbesondere die berufliche Tätigkeit des Klägers (mit häufigem Ortswechsel) eine anderweitige Festlegung indizieren. Letztlich stellte der Gerichtshof auf eine objektive Bestimmung des Interessenmittelpunkts ab.[396]

6.78 Der EuGH hat für die Persönlichkeitsverletzungen im Internet eine Lösung entwickelt, welche die widerstreitenden Interessen in erheblichem Maß ausgleicht. Zwar konnte das Urteil die Medienindustrie nicht begeistern – deren Kampagnen für eine Zuständigkeitskonzentration am Handlungsort bzw. Sitz des Pressunternehmens wurde jedoch die Spitze genommen. Desgleichen werden jedoch auch die Planungen von Prominenten (einschließlich ihrer PR-Berater und Anwälte) im Hinblick auf einen strategischen Einsatz von *libel tourism* nachhaltig erschwert. Der objektive Ansatz des Gerichtshofs vermeidet damit Manipulationen auf Klägerseite ebenso wie eine einseitige Bevorzugung der Beklagten. Zugleich stellt das Urteil auf der Ebene der internationalen Zuständigkeit die prozessuale Waffengleichheit zwischen den Parteien her: Die betroffene Person muss die Rechtsverletzung nicht im Ausland erheben, sondern kann sich vor Ort, im Inland, wehren.[397] Umgekehrt ist der Beklagte nicht schutz- und wehrlos: Denn er produziert und verbreitet die Information bzw. Ehrverletzung, daher muss er sich darüber informieren, wo die betroffene Person ihren jeweiligen Interessenschwerpunkt hat. Insofern kann er das Prozessrisiko einschätzen – der objektive Gerichtsstand ist für ihn vorhersehbar.[398] Letztlich wird auch das öffentliche Interesse an einer verantwortungsvollen Nutzung des Internet als offenem Medium gefördert: Denn nur wirkmächtige und leicht zugängliche Klagemöglichkeiten der Verletzten verhindern eine leichtfertige Verbreitung unrichtiger Nachrichten oder gar böswilliger Verleumdungen über das ubiquitäre Medium. Es wäre daher begrüßenswert, wenn der EuGH seine Rechtsprechung zur Persönlichkeitsverletzung auf andere Fallgruppen erweitert, in denen der Teilschaden nach der Mosaikmethode nur schwer ermittelt werden kann.[399]

6.79 Die Rechtsprechung zu Persönlichkeitsverletzungen im Internet hat die Große Kammer in der Rechtssache C-194/16, *Bolagsupplysningen*[400], fortgeführt. Es ging um eine Unterlassungs- und Schadensersatzklage einer estnischen Gesellschaft gegen eine schwedische Handels- bzw. Arbeitgebervereinigung. Diese betreibt ein Internet-Forum mit einer „schwarzen Liste“, die Verstöße gegen

---

396 EuGH, 25.10.2011, verb. Rs. C-509/09 und C-161/10, *eDate Advertising*, EU:C:2011:685, Rdn. 48–52. Dazu lesenswert *W.H. Roth*, IRax 2013, 215, 220 f.

397 In der Sache korrigiert der EuGH die – wenig überzeugende – Rechtsprechung, dass Art. 7 Nr. 2 EuGVO als Ausnahme von der allgemeinen Beklagtenzuständigkeit eng ausgelegt werden müsse. Die Schaffung eines „faktischen Klägergerichtsstands“ kritisiert hingegen *Heinze*, EuZW 2011, 947, 949. In der Rs. C-292/10, *Cornelius de Visser*, EU:C:2012:142 hat der EuGH die Zuständigkeit am Interessenschwerpunkt auch für den Fall bejaht, dass der Aufenthalt des Verursachers der Persönlichkeitsverletzung nicht ermittelt werden kann.

398 EuGH, 25.10.2011, verb. Rs. C-509/09 und C-161/10, *eDate Advertising*, EU:C:2011:685, Rdn. 50.

399 Ausführlich *Hess*, in: ders./Mariottini (ed.), Protecting Pivacy, S. 81, 95 ff.

400 EuGH, 17.10.2017, Rs. C-194/16, *Bolagsupplysningen*, EU:C:2017:766.

schwedischen AR registriert. Auf dieser Liste fand sich die estnische Klägerin, die ihre Geschäftstätigkeit überwiegend in Schweden betreibt. Schließlich fanden sich dort fast 1.000 Kommentare (in schwedischer Sprache), bis hin zu Gewaltaufrufen gegen BJ und ihre schwedischen Mitarbeiter. Die estnische Gesellschaft klagte freilich nicht in Schweden, sondern in Tallinn. Der oberste Gerichtshof Estlands fragte den EuGH, ob er nach Art. 7 Nr. 2 EuGVO zuständig sei. GA Bobek[401] schlug dem Gerichtshof in den sorgfältig recherchierten Schlussanträgen eine Korrektur der *Shevill*- und die Übernahme der *eDate*-Rechtsprechung für juristische Personen vor. Ganz soweit folgte die Große Kammer jedoch nicht: Sie übertrug die *eDate*-Rechtsprechung zum Mittelpunkt der Interessen auf die Schadensersatz- und Unterlassungsklage der juristischen Person, sofern es um Verletzungen des Persönlichkeitsrechts im Internet geht. Dennoch hat der Gerichtshof an der *Shevill*-Judikatur im Fall von Printmedien festgehalten.[402] Ob sich die Unterscheidung durchhalten lässt, erscheint freilich fraglich.[403]

c) Adhäsionsverfahren, Art. 7 Nr. 3 EuGVO

Im deutschen Prozessrecht ist die praktische Bedeutung des Adhäsionsverfahrens 6.80 (§§ 403 ff. StPO) gering. In den romanischen Staaten werden hingegen häufig Schadensersatzklagen mit dem Strafprozess verbunden und von den Strafgerichten mitentschieden.[404] In der Sache beinhaltet Art. 7 Nr. 3 EuGVO einen Gerichtsstand des Sachzusammenhangs, der vor allem die Geschädigten von Straftaten schützen soll. Der Gerichtsstand ist nicht auf Deliktsklagen beschränkt, sondern erfasst gleichermaßen vertragliche Schadensersatzansprüche.[405] Er setzt freilich die Erhebung der öffentlichen Anklage voraus.[406] In der Sache enthält Art. 5 Nr. 3 EuGVO eine (zu) weitreichende Verweisung auf die Prozessrechte der Mitgliedstaaten.[407] Die strafprozessuale *lex fori* entscheidet über die internationale Zuständigkeit der Strafgerichte und über die Zulässigkeit der Annexklage.[408] Art. 7 Nr. 3 EuGVO „transportiert" die Adhäsionszuständigkeit in das Europäische Zivilprozessrecht.[409] Inhaltlich ist der Gerichtsstand auf Schadensersatzklagen begrenzt, Drittklagen sollten hingegen nicht

---

401 Schlussanträge *Bobek*, 13.7.2017, *Bolagsupplysningen*, EU:C:2017:554, insb. Rdn. 70 ff. und Rdn. 99 ff. zum Interessensmittelpunkt und zum COMI.

402 EuGH, 17.10.2017, Rs. C-194/16, *Bolagsupplysningen*, EU:C:2017:766, Rdn. 32 ff.; zust. *Hau*, GRUR 2018, 163 ff.

403 Dazu bereits kritisch Schlussanträge *Cruz Villalón*, 29.3.2011, verb. Rs. C-509/09 und C-161/10, eDate Advertising, EU:C:2011:192, Rdn. 53 f. Für eine Begrenzung der negativen Feststellungsklage am Erfolgsort etwa *Hau*, GRUR 2018, 163, 165.

404 Rechtsvergleichend *v. Sachsen-Gessaphe*, ZZP 112 (1999), 3 ff.

405 Dasser/*Oberhammer*, Art. 5 LugÜ, Rdn. 145.

406 *Mankowski*, FS Matscher, S. 785, 791 f.

407 *Mankowski*, FS Matscher, S. 785, 788 f.

408 Probleme stellen sich insbesondere mit den exorbitanten Zuständigkeiten im strafrechtlichen Abwesenheitsverfahren, vgl. EuGH, 28.3.2000, Rs. C-7/98, *Krombach*, EU:C:2000:164 (dort in der Sache nicht entschieden), dazu *Geimer*, ZIP 2000, 863.

409 Letztlich wird der Gerichtsstand des persönlichen Arrests in das Europäische Zivilprozessrecht übernommen, *Pfeiffer*, Internationale Zuständigkeit, S. 311.

zugelassen werden.[410] Bei der Urteilsanerkennung garantiert Art. 64 EuGVO die Einhaltung rechtsstaatlicher Mindeststandards – ergänzend gilt Art. 45 I lit. a) EuGVO.[411]

d) Der Gerichtsstand für Kulturgüter, Art. 7 Nr. 4 EuGVO

6.81 Die vom Recast eingeführte Vorschrift eröffnet einen besonderen Gerichtsstand für Herausgabeklagen am Belegenheitsort von Kulturgütern. Praktische Relevanz hat Art. 7 Nr. 4 EuGVO nur, wenn der Beklagte der Herausgabeklage seinen Wohnsitz/Sitz nicht im Mitgliedstaat hat, in dem sich das Kulturgut befindet. Anders hingegen, wenn man – wie hier – die negative Feststellungsklage zulässt: Dann eröffnet Art. 7 Nr. 4 EuGVO einen „Abwehrgerichtsstand" für die Kläger. Für Beklagte in Drittstaaten gelten die autonomen Prozessrechte; in Deutschland kann die Herausgabeklage im Vermögensgerichtsstand erhoben werden, Art. 6 I EuGVO, § 23 ZPO.[412] Der Begriff des Kulturguts ergibt sich aus Art. 1 Nr. 1 RL 93/7/EWG.[413] Danach muss ein Gegenstand als nationales Kulturgut von künstlerischem, geschichtlichen oder archäologischen Wert eingestuft sein. Diese Zuordnung ergibt sich entweder aus den im Anhang der RL 93/7/EWG genannten Kriterien oder aus der Aufnahme in die Bestandsverzeichnisse öffentlicher Museen, Archive oder vergleichbarer Sammlungen.[414] Nicht erforderlich ist die Aufnahme in ein Bestandsverzeichnis eines EU-Mitgliedstaates.[415] Zielrichtung der Vorschrift ist es, dem Eigentümer bzw. sonstigen Berechtigten eines entzogenen Kulturguts den Zugriff am Versteigerungsort zu ermöglichen. Dem Wortlaut nach ist Art. 7 Nr. 4 EuGVO nur auf Leistungsklagen anwendbar. Die Vorschrift ist jedoch auch auf Feststellungsklagen zu erstrecken, um prozessuale Waffengleichheit zu gewährleisten.[416] Inhaltlich sind lediglich possessorische und petitorische Herausgabeansprüche des Zivilrechts erfasst.[417] Für die Bestimmung der Belegenheit des Kulturguts ist der Zeitpunkt der Klageerhebung maßgeblich.[418]

---

410 AA Rauscher/*Leible*, Art. 7 EuGVO, Rdn. 147; wie hier *Mankowski*, FS Matscher, S. 785, 790.

411 EuGH, 28.3.2000, Rs. C-7/98, *Krombach*, EU:C:2000:164; *Schlosser/Hess*, Art. 64 EuGVVO, Rdn. 2.

412 Vgl. dazu (teilweise abweichend) Wieczorek/Schütze/*M. Weller*, Art. 7 EuGVO, Rdn. 117.

413 ABl. EG 1993 L 74/74, neu gefasst durch RL 2014/60/EU, ABl. 2014 L 159/1 ff.; Wieczorek/Schütze/*M. Weller*, Art. 7 EuGVO, Rdn. 119.

414 *Siehr*, FS Martiny (2014), S. 837, 848 f.

415 Rauscher/*Leible*, Art. 7 EuGVO, Rdn. 150.

416 *Siehr*, FS Martiny (2014), S. 837, 843.

417 So ausdrücklich EwG 17, gemeint ist die Rückgabeklage iSd Art. 6 RL 2014/60/EU, diese richtet sich nach den nationalen Zivilrechten der EU-Mitgliedstaaten, MünchKomm/*Gottwald*, Art. 7 EuGVO, Rdn. 68.

418 Rauscher/*Leible*, Art. 7 EuGVO, Rdn. 150 a.E.

e) Der Gerichtsstand der Zweigniederlassung, Art. 7 Nr. 5 EuGVO

Für Rechtshandlungen, die eine Zweigniederlassung des (ausländischen) Geschäftsherrn vornimmt, begründet Art. 7 Nr. 5 EuGVO einen besonderen Gerichtsstand an deren Sitz. Die Vorschrift soll die Geschäftspartner schützen, die mit der Niederlassung kontrahieren – der Gerichtsstand umfasst damit nicht nur vertragliche, sondern sämtliche Streitigkeiten, die sich auf den Betrieb der Niederlassung beziehen (etwa Klagen wegen der Verletzung gewerblicher Schutzrechte).[419] Beklagter ist der (ausländische) Inhaber der Niederlassung. Einen Klägergerichtsstand zugunsten des Inhabers der Niederlassung eröffnet Art. 7 Nr. 5 EuGVO hingegen nicht. Art. 7 Nr. 5 EuGVO erfasst nur die Niederlassungen von natürlichen und juristischen Personen mit Sitz/Wohnsitz (Art. 62 f. EuGVO) im Europäischen Justizraum: Hat der Unternehmer seinen Hauptsitz in einem Drittstaat, verbleibt es bei der Anwendung der autonomen Prozessrechte der Mitgliedstaaten.[420] Dies ist anders bei Verbraucher- und Arbeitsstreitigkeiten: Hier kann die Klage gegen den im Drittstaat ansässigen Unternehmer bzw. Arbeitnehmer gegen die Niederlassung im Europäischen Justizraum erhoben werden (Art. 17 II, 21 II EuGVO).[421] 6.82

Der EuGH legt die Begriffe der „Zweigniederlassung, Agentur oder sonstige Niederlassung“ autonom aus. Entscheidend sind objektiv erkennbare Kriterien: der „Mittelpunkt geschäftlicher Tätigkeit [...], der auf Dauer als Außenstelle des Stammhauses hervortritt, eine Geschäftsführung hat und sachlich so ausgestattet ist, dass er in der Weise Geschäfte mit Dritten betreiben kann, dass diese, obgleich sie wissen, dass möglicherweise ein Rechtsverhältnis mit dem im Ausland ansässigen Stammhaus begründet wird, sich nicht unmittelbar an dieses zu wenden brauchen, sondern Geschäfte an dem Mittelpunkt geschäftlicher Tätigkeit abschließen können, der diese Außenstelle ist.“[422] Da der Gerichtshof auf objektive Merkmale abstellt, die der Geschäftspartner erkennen kann, reicht auch der Rechtsschein einer Niederlassung aus.[423] 6.83

Erstes Tatbestandsmerkmal ist die auf Dauer angelegte Tätigkeit in einem anderen Mitgliedstaat. Kurzfristige Geschäftstätigkeiten, etwa auf Messen, genügen nicht,[424] auch nicht die vorübergehende Errichtung von Betriebsstätten, etwa durch ausländische Baufirmen,[425] schon gar nicht eine inländische Kontaktadresse.[426] Vorgesell- 6.84

---

419 Insofern geht Art. 7 Nr. 5 EuGVO über einen üblichen, besonderen Gerichtsstand hinaus, Rauscher/*Leible*, Art. 7 EuGVO, Rdn. 152.

420 Beispiel: OLG München, 28.3.1996, SpuRt 1996, 133, 135 f. (Fall *Krabbe./.IAAF*), dazu *Adolphsen*, Internationale Dopingstrafen (2003), S. 383 ff.; *Hess*, ZZPInt. 1996, 371, 384.

421 Vgl. dazu oben § 5 I 3, Rdn. 5.13.

422 EuGH, 22.11.1978, Rs. C-33/78, *Somafer./.Saar-Ferngas*, EU:C:1978:205, Rdn. 12.

423 EuGH, 9.12.1987, Rs. C-218/86, *Schotte./.Parfums Rothschild*, EU:C:1987:536, Rdn. 17.

424 OLG Düsseldorf, 26.10.1995, IPRax 1998, 210.

425 *Czernich/Tiefenthaler/Kodek*, Art. 22 EuGVO, Rdn. 96; Rauscher/*Leible*, Art. 7 EuGVO, Rdn. 158. Dies hängt allerdings im Einzelfall von der Dauer und Größe des Bauvorhabens ab.

426 OLG Düsseldorf, 2.3.2004, NJW-RR 2004, 1720.

schaften, die bereits ihre Geschäftstätigkeit aufgenommen haben, sind regelmäßig als Niederlassungen anzusehen. Das zweite Tatbestandsmerkmal, die Abhängigkeit der Niederlassung vom Stammhaus, fordert einen gewissen Grad an Weisungsgebundenheit. Sie fehlt bei selbständigen Handelsvertretern (vgl. § 84 I 2 HGB) und Handelsmaklern (§§ 94 ff. HGB).[427] Desgleichen ist die rechtsfähige Tochterfirma als selbständig juristische Person in der Regel keine Niederlassung der Mutterfirma; dies gilt auch für den Fall der Konzerngebundenheit.[428] Daher lässt sich eine Durchgriffszuständigkeit über Art. 7 Nr. 5 EuGVO nicht begründen.[429] Schließlich muss eine betriebsbezogene Streitigkeit vorliegen, d.h. ein Rechtsstreit mit Bezug zum Betrieb der Niederlassung. Im Kern handelt es sich dabei um Rechtsstreitigkeiten über vertragliche Verbindlichkeiten, welche die Niederlassung im Namen des Stammhauses abgeschlossen hat. Einbezogen sind auch Rechtsstreitigkeiten über vertragliche und außervertragliche Verpflichtungen in Bezug auf die Organisation der Niederlassung selbst (etwa der Erwerb eines Betriebsgrundstücks),[430] schließlich Rechtsstreitigkeiten über außervertragliche Verpflichtungen (etwa wettbewerbswidrige Handlungen), die aus der Tätigkeit der Niederlassung auf Rechnung des Stammhauses entstehen.[431] Die Niederlassung muss bei Rechtshängigkeit der Klage noch bestehen – wurde sie zuvor aufgelöst, scheidet Art. 7 Nr. 5 EuGVO aus.[432]

f) Zuständigkeit für trustrechtliche Klagen, Art. 7 Nr. 6 EuGVO

6.85 Art. 7 Nr. 6 EuGVO enthält eine Sondervorschrift für *trust*-rechtliche Streitigkeiten, die strukturell Art. 24 Nr. 2 EuGVO nachgebildet ist, jedoch inhaltlich weiter reicht.[433] Klagen gegen die Begründer, *trustee* oder Begünstigte (*beneficiaries*) eines Trust können in dem Mitgliedstaat erhoben werden, in dessen Hoheitsgebiet der Trust seinen Sitz hat – dieser ist nach dem IPR des betreffenden Mitgliedstaates zu bestimmen, so ausdrücklich Art. 62 III EuGVO.[434]

---

427 EuGH, 18.3.1981, Rs. C-139/80, *Blanckaert & Willems./.Trost*, EU:C:1981:70, Rdn. 12 f., dazu *Hub*, Internationale Zuständigkeit, S. 76 ff.

428 EuGH, 9.12.1987, Rs. C-218/86, *Schotte./.Parfums Rothschild*, EU:C:1987:536, Rdn. 14 f.; dazu *Hess*, ZZPInt. 1996, 371, 383 ff.

429 Ausschlaggebend sind freilich die äußeren, tatsächlichen Umstände, nicht die gesellschaftsrechtliche Struktur, zutreffend Dasser/*Oberhammer*, Art. 5 LugÜ, Rdn. 151.

430 Rechtsstreitigkeiten über die Einstellung des dort beschäftigten Personals fallen jedoch nur unter Art. 7 Nr. 5 EuGVO, soweit nicht die Art. 20–23 EuGVO vorgehen, missverständlich Rauscher/*Leible*, Art. 7 EuGVO, Rdn. 161.

431 Beispiel: C.A., *Dürbeck GmbH v. Den Norske Bank ASA*, [2003] 2 WLR 1296, dazu *Pulkowski*, IPRax 2004, 543.

432 BGH, 12.6.2007, RIW 2007, 873; kritisch *Staudinger*, IPRax 2008, 107 ff.

433 Da *trusts* als verdeckte Treuhand regelmäßig nicht rechts- und parteifähig sind, war die Einführung einer gesonderten Vorschrift notwendig, MünchKomm/*Gottwald*, Art. 7 EuGVO, Rdn. 83.

434 Vgl. oben § 6 II, Rdn. 6.52.

Da Art. 7 Nr. 6 EuGVO den Besonderheiten des Vereinigten Königreichs und Irlands Rechnung trägt, ist der Begriff des *trust* nach dem Verständnis des Common Law zu interpretieren.[435] Der *trust* muss aufgrund schriftlicher Vereinbarung oder nach Gesetz errichtet sein – ausgenommen sind erbrechtliche *trusts* sowie die auf Richterrecht beruhenden *implied trusts*.[436] Art. 7 Nr. 6 EuGVO umfasst – entgegen dem missverständlichen deutschen Wortlaut – nicht nur Binnenstreitigkeiten, sondern auch Klagen Dritter gegen Beteiligte des *trust* im Außenverhältnis.[437] Aktivklagen der Beteiligten richten sich hingegen nach den allgemeinen Vorschriften. 6.86

g) Seerechtliche Gerichtsstände, Art. 7 Nr. 7 und Art. 9 EuGVO

Einen besonderen Gerichtsstand des Arrests in die Ladung von Seeschiffen enthält Art. 7 Nr. 7 EuGVO. Der Gerichtsstand soll eine Lücke im Brüsseler Übereinkommen über den Arrest in Seeschiffen[438] schließen, das keinen Arrest in die Schiffsladung vorsieht.[439] Das Brüsseler Übereinkommen von 1952 hat nach Art. 71 EuGVO Vorrang gegenüber der EuGVO, es wurde von fast allen Mitgliedstaaten ratifiziert. Der zu sichernde Anspruch muss sich auf den Hilfs- oder Bergungslohn beziehen. Praktische Bedeutung hat Art. 7 Nr. 7 EuGVO nicht erlangt.[440] 6.87

Art. 9 EuGVO eröffnet hingegen einen besonderen Gerichtsstand für seerechtliche Haftungsklagen, in denen der Schiffseigentümer die Möglichkeit einer seerechtlichen Haftungsbeschränkung geltend macht (vgl. §§ 485 ff. HGB, 305a, 786a ZPO).[441] Kennzeichen derartiger Verfahren ist die intendierte Konzentrations- und Allgemeinwirkung: Aufgrund der Haftungsbeschränkung kann nur in den Fonds vollstreckt werden.[442] Art. 9 EuGVO lässt daher eine Feststellungsklage des Eigentümers gegen die Forderungsprätendenten an seinem Wohnsitz zu, um seine beschränkte Haftung durchzusetzen. Die Vorschrift setzt sich auch gegenüber Art. 29 f. EuGVO durch: Erhebt der Eigentümer nach einer vorgängigen Klage des Prozessgegners die Klage auf Haftungsbegrenzung, so hat das Verfahren nach Art. 9 EuGVO Vorrang.[443] Allerdings verweist Art. 9 EuGVO für den Umfang der Haftungsbeschränkung auf die 6.88

---

435 Der Verweis auf die nationalen Rechtsordnungen hat keine praktische Bedeutung, da auch eine autonome Qualifikation im Zweifel dem Systemverständnis des Common Law folgen dürfte, Dasser/*Oberhammer*, Art. 5 LugÜ, Rdn. 156.

436 *Leible/Freitag*, Forderungsbeitreibung, § 2, Rdn. 113.

437 Dasser/*Oberhammer*, Art. 5 LugÜ, Rdn. 157; aA MünchKomm/*Gottwald*, Art. 7 EuGVO, Rdn. 86 ff.

438 Internationales Übereinkommen zur einheitlichen Feststellung einzelner Regeln über die vorsorgliche Beschlagnahme von Seeschiffen vom 10.5.1952, BGBl. 1972 II 653.

439 MünchKomm/*Gottwald*, Art. 7 EuGVO, Rdn. 92 f.

440 *Hess/Pfeiffer/Schlosser*, The Brussels I Regulation, Rdn. 271 ff.

441 MünchKomm/*Gottwald*, Art. 7 EuGVO, Rdn. 1.

442 Das Verfahren hat insolvenzähnliche Wirkungen, *Hess/Pfeiffer/Schlosser*, The Brussels I Regulation, Rdn. 244; *Egler*, Seeprivatrechtliche Streitigkeiten, S. 310 f.

443 Dasser/Oberhammer/*Müller*, Art. 7 LugÜ, Rdn. 6 f.

Prozess- und Sachrechte der Mitgliedstaaten mit der (misslichen) Konsequenz unterschiedlicher Konzentrationswirkungen.[444]

4. Die besonderen Gerichtsstände des Sachzusammenhangs, Art. 8 EuGVO

6.89 Einen allgemeinen Gerichtsstand des Sachzusammenhangs kennt die EuGVO nicht. Der EuGH lehnt vielmehr in ständiger Rechtsprechung die gemeinsame Behandlung konkurrierender vertrags- und deliktrechtlicher Ansprüche in den Gerichtsständen des Art. 7 EuGVO ab.[445] Begründet wird dies mit dem „Ausnahmecharakter" der besonderen Gerichtsstände (gegenüber Art. 4 EuGVO). Eine Gerichtszuständigkeit „kraft Sachzusammenhangs" eröffnet die EuGVO daher nur dort, wo besondere Gerichtsstände auf einem solchen Zusammenhang beruhen.[446] Derartige Gerichtsstände enthält Art. 8 EuGVO. Die „Schutzgerichtsstände" der Art. 10–23 EuGVO haben jedoch Vorrang.[447]

a) Der Gerichtsstand der Streitgenossenschaft, Art. 8 Nr. 1 EuGVO

6.90 Einen praktisch bedeutsamen, dem deutschen Prozessrecht (zuvor) unbekannten Gerichtsstand[448] enthält Art. 8 Nr. 1 EuGVO: Danach können mehrere Beklagte am allgemeinen Gerichtsstand eines Beklagten (sog. „Ankerbeklagte") verklagt werden, sofern zwischen den Klagen ein Zusammenhang besteht, der eine gemeinsame Entscheidung geboten erscheinen lässt, um divergierende Entscheidungen zu vermeiden. Das Konnexitätserfordernis des Art. 8 Nr. 1 EuGVO greift die frühere Rechtsprechung des EuGH zu Art. 6 Nr. 1 EuGVÜ auf.[449] Maßgeblich für die Bestimmung der Konnexität sind die Kriterien des Art. 30 III EuGVO, nicht etwa die dem deutschen Prozessrecht geläufige Unterscheidung von einfacher und notwendiger Streitgenossenschaft.[450] Konnexität im Sinne von Art. 8 Nr. 1 EuGVO liegt vor, wenn die Entschei-

---

444 Zu Zweifelsfragen und zu Änderungsvorschlägen vgl. *Hess/Pfeiffer/Schlosser*, The Brussels I Regulation, Rdn. 243 ff.

445 EuGH, 27.9.1988, Rs. C-189/87, *Kalfelis*, EU:C:1988:459, Rdn. 49; EuGH, 27.10.1998, Rs. C-51/97, *Réunion européenne*, EU:C:1998:509.

446 MünchKomm/*Gottwald*, Art. 5 EuGVO, Rdn. 61 betont zu Recht, dass die speziellen Gerichtsstände des Art. 5 EuGVO die Prüfungskompetenz des angerufenen Gerichts für Vorfragen nicht ausschließt; vgl. auch *Althammer*, IPRax 2008, 228 ff.

447 So wenig überzeugend EuGH, 22.5.2008, Rs. C-462/06, *Glaxosmithkline*, EU:C:2008:299; ablehnend *Mansel/Thorn/Wagner*, IPRax 2009, 1, 11 f.

448 § 36 Nr. 3 ZPO ermöglicht allerdings die Bestimmung eines gemeinsamen Gerichts, wenn mehrere Streitgenossen verklagt werden.

449 *Schack*, IZVR, Rdn. 159; EuGH, 27.9.1988, Rs. C-189/87, *Kalfelis*, EU:C:1988:459, Rdn. 12; EuGH, 6.12.1994, Rs. C-406/92, *Tatry*, EU:C:1994:400, Rdn. 58.

450 Vgl. oben § 4 II, Rdn. 4.56.

dung über den einen Anspruch von der Entscheidung über den anderen abhängt oder wenn beide Ansprüche von der Entscheidung einer gemeinsamen Vorfrage abhängen.[451]

Die Rechtsprechung des EuGH zu Art. 8 Nr. 1 EuGVO hat mehrere Entwicklungsschübe durchlaufen und ist bis heute wenig kohärent.[452] Dies liegt vor allem an der „Attraktivität" des Gerichtsstands, der – bei Vorliegen des allgemeinen Gerichtsstands nach Art. 4 EuGVO beim *anchor defendant* – die Parallelklagen gegen eine Vielzahl weiterer Beklagter im angegangenen Forum ermöglicht, ohne dass diese selbst (oder der Streitgegenstand) einen inhaltlichen Bezug zum angegangenen Gericht aufweisen müssen. Während in Deutschland der (im nationalen Prozessrecht nicht vorhandene) Gerichtsstand der Konnexität auf Vorbehalte trifft,[453] haben englische Gerichte eine weite Auslegung zugelassen.[454] Zwischenzeitlich trat der EuGH dieser Entwicklung entgegen und verlangte sowohl einen engen rechtlichen als auch einen sachlichen Zusammenhang zwischen den verbundenen Klagen.[455] Beide Voraussetzungen müssen kumulativ vorliegen. Der rechtliche Zusammenhang soll beispielsweise bei einer von konzernverbundenen Unternehmen koordiniert begangener Patentverletzung fehlen, weil das Europäische Bündelpatent seiner Struktur nach aus rechtlich selbständigen nationalen Patenten bestehe.[456] Der Bundesgerichtshof und die Cour de Cassation haben die Konnexität bei Parallelklagen, die einerseits auf Vertrag, andererseits auf Delikt gestützt wurden, abgelehnt.[457] 6.91

Inzwischen vertritt der EuGH jedoch eine großzügigere Linie und verlangt keine „identische Anspruchsgrundlage" der konnexen Klagen.[458] Dies mag damit zusammenhängen, dass das Kollisionsrecht im europäischen Justizraum inzwischen weitgehend vereinheitlicht wurde, so dass die Gefahr widersprüchlicher Urteile (auf- 6.92

451 EuGH, 27.9.1988, Rs. C-189/87, *Kalfelis*, EU:C:1988:459; EuGH, 11.10.2007, Rs. C-98/06, *Freeport*, EU:C:2007:595, Rdn. 38 ff. (eine „identische Rechtsgrundlage" sei nicht gefordert); EuGH, 21.5.2015, Rs. C-352/13; *CDC Hydrogen Peroxide*, EU:C:2015:335.

452 Zusammenfassend *Althammer*, IPRax 2008, 228, 230 f.

453 Für eine restriktive Auslegung etwa BGH, 23.10.2001, NJW-RR 2002, 1149.

454 *Masri v. Consolidated Contractors Int'l (UK) Ltd.*, [2005] 17 All ER 275 (C.A.); *Canada Trust v. Stolzenberg*, (No 2) [2001] I.L. Pr. 631 (H.L.).

455 EuGH, 13.7.2006, Rs. C-539/03, *Roche Nederland*, EU:C:2006:458, Rdn. 23 ff., zustimmend *Rauscher/Leible*, Art. 8 EuGVO, Rdn. 13, kritisch *Adolphsen*, IPRax 2007, 15 ff.

456 EuGH, 13.7.2006, Rs. C-539/03, *Roche Nederland*, EU:C:2006:458, Rdn. 27.

457 BGH, 23.10.2001, NJW-RR 2002, 1149 f.; C.Cass., 8.1.2002, Rev. Crit. 2003, 126; C.Cass., 19.11.2002, Rev. Crit. 2003, 129 (die Rechtsprechung entspricht der Konzeption des sog. *non-cumul*. Danach dürfen vertragliche und deliktische Anprüche nicht zugleich eingeklagt werden).

458 EuGH, 11.10.2007, Rs. C-98/06, *Freeport*, EU:C:2007:595, Rdn. 38 ff.; EuGH, 1.12.2011, Rs. C-145/10, *Painer*, EU:C:2011:798.

grund der uneinheitlichen Kollisionsrechte) nicht mehr besteht.[459] Eine gleichartige Pflichtverletzung (als Vorfrage) reicht zur Begründung der Konnexität aus.[460]

6.93 Vor dem Hintergrund der (zunächst) restriktiven Anwendung des Konnexitätskriteriums ist die Judikatur des EuGH bei den anderen Tatbestandsmerkmalen, insbesondere den Anforderungen an den Ankerbeklagten, großzügig. So ließ es der EuGH zu, dass ein deutscher Bürge neben dem insolventen österreichischen Hauptschuldner in Österreich auf Zahlung verklagt wurde.[461] Dass die Klage gegen den Hauptbeklagten angesichts des vor Klageerhebung eröffneten Insolvenzverfahrens unzulässig war, hielt der Gerichtshof für unbeachtlich: Nationales Recht könne den Vorrang der Verordnung nicht einschränken.[462] Im Fall *CDC* hatten die Klägerin und der Ankerbeklagte sich nach der Zustellung der Klage (an die Mitbeklagte) außergerichtlich verglichen und die Klage zurückgenommen. Der Gerichtshof stellte auf den Zeitpunkt der Rechtshängigkeit ab (Art. 32 EuGVO) und hielt die Klagerücknahme für unschädlich.[463]

6.94 Umstritten war, ob der Einwand des Rechtsmissbrauchs analog Art. 8 Nr. 2 EuGVO auch im Gerichtsstand der Streitgenossen zugelassen werden kann.[464] Der EuGH hat dies zunächst mit den Hinweisen verneint, dass das Konnexitätserfordernis des Art. 8 Nr. 1 EuGVO einem missbräuchlichen *forum shopping* entgegenwirken solle.[465] Die großzügige Auslegung der Konnexitätserfordernis[466] bewirkte eine Änderung der Rechtsprechung. In *CDC* hat der Gerichtshof hingegen die Prüfung des Rechtsmissbrauchs für zulässig erachtet, dabei allerdings „beweiskräftige Indizien" für ein mißbräuchliches Handeln verlangt; das bloße Führen von Vergleichsverhandlungen reiche hierfür nicht aus.[467]

6.95 Der Fall *CDC* verdeutlicht das prozesstaktische Potential des Art. 8 Nr. 1 EuGVO. In diesem Verfahren klagte eine belgische Zweckgesellschaft Schadenersatzansprüche ein, die ihr 32 Unternehmen aus 13 europäischen Staaten abgetreten hatten. Verklagt

459 So *Stadler*, JZ 2015, 1138, 1140 in Besprechung von EuGH, 21.5.2015, Rs. C-352/13; *CDC Hydrogen Peroxide*, EU:C:2015:335 – den konkreten Fall entschied der Gerichtshof allerdings auf der Basis nicht harmonisierter Kollisionsrechte in den EU-Mitgliedstaaten.

460 EuGH, 1.12.2011, Rs. C-145/10, *Painer*, EU:C:2011:798, zu parallelen Urheberrechtsverletzungen.

461 EuGH, 13.7.2006, Rs. C-103/05, *Reisch Montage*, EU:C:2006:471, Rdn. 22 ff.

462 Diese Überlegung vermag nicht zu überzeugen: Zu fragen war vielmehr, ob nicht ein allgemeiner Rechtsgrundsatz in den Prozessrechten der Mitgliedstaaten zu finden ist, dass die Eröffnung des Insolvenzverfahrens die Zivilklage ausschließt (vgl. Art. 16 f. EuInsVO).

463 EuGH, 21.5.2015, Rs. C-352/13, *CDC Hydrogen Peroxide*, EU:C:2015:335, Rdn. 30 ff. – die Auslegung erscheint vor dem Hintergrund des Dispositionsgrundsatzes geradezu zwingend.

464 EuGH, 13.7.2006, Rs. C-103/05, *Reisch Montage*, EU:C:2006:471, Rdn. 32.

465 EuGH, 13.7.2006, Rs. C-103/05, *Reisch Montage*, EU:C:2006:471; EuGH, 11.10.2007, Rs. C-98/06, *Freeport*, EU:C:2007:595; auf die materiellen Erfolgsaussichten der „Anchor-Klage" ist nicht abzustellen, *Althammer*, IPRax 2008, 228, 232 f.

466 Oben Rdn. 6.91 ff.

467 EuGH, 21.5.2015, Rs. C-352/13, *CDC Hydrogen Peroxide*, EU:C:2015:335, Rdn. 31 f.; zust. *Stadler*, JZ 2015, 1138, 1143 f.

waren 5 Kartellmitglieder, Unternehmen aus Deutschland, Niederlande, Belgien, Frankreich und Spanien. Diese hatten zwischen 1997 und 1999 ein Wasserstoffperoxyd-Kartell durchgeführt, das eine Verdoppelung der Preise in Europa bewirkt hatte. Nachdem die EU-Kommission Bußgelder verhängt hatte, verlangten die Kläger Schadenersatz in Höhe von 430 Mio. € zzgl. Zinsen. Art. 8 Nr. 1 EuGVO ermöglichte der Klägerin die Wahl zwischen 5 europäischen Justizplätzen. Im Ergebnis wählte die Klägerin die deutsche Ziviljustiz. Die schwergängige Behandlung der Klage durch die deutschen Instanzgerichte hat freilich ein Umdenken bewirkt: Teile des Schadens wurden zwischenzeitlich erfolgreich in Finnland und den Niederlanden eingeklagt, während im Prozess in Deutschland fünf Jahre lang nur über die internationale Zuständigkeit gestritten wurde.[468]

b) Grenzüberschreitende Interventionsklagen, Art. 8 Nr. 2 EuGVO

Nach Art. 8 Nr. 2 EuGVO muss sich eine Partei mit Wohnsitz/Sitz im Europäischen 6.96
Justizraum auf eine Gewährleistungs- bzw. Interventionsklage einlassen, die gegen sie vor dem Gericht der Hauptsache erhoben wird. Zweck der Regelung ist die Sicherung der Prozessökonomie im Mehrparteienprozess.[469] Art. 8 Nr. 2 EuGVO bezieht sich auf die Regressklagen der romanischen Prozessrechte.[470] Auch das englische Verfahrensrecht regelt die Einbeziehung Dritter großzügig.[471] Vor allem Deutschland, Österreich[472] und Ungarn kennen hingegen das Rechtsinstitut der Streitverkündung, das Art. 65 I EuGVO in den Europäischen Justizraum transponiert.[473] Art. 65 II EuGVO sichert – quasi im Gegenzug – die Anerkennung ausländischer Garantieurteile in diesen EU-Staaten ab.[474] Beide Regelungen weiten die internationale Gerichtspflichtigkeit für Drittbeklagte erheblich aus.[475]

---

468 Dazu *Stadler*, JZ 2015, 1138, 1145 f.

469 *Kropholler*, Art. 6 EuGVO, Rdn. 19.

470 Rechtsvergleichend *Spellenberg*, Drittbeteiligung im Zivilprozess in vergleichender Sicht, ZZP 106 (1993), 283 ff.; *Stürner*, FS Geimer (2002), S. 1307, 1310 ff.; *Hess/Pfeiffer/Schlosser*, The Brussels I Regulation, Rdn. 218 ff.

471 CPR 19 (2), dazu *Zuckerman* Civil Procedure, Rdn.12.1 ff.

472 Der OGH, 8.4.1997, JBl. 1997, 368, hat die Rechtswirkungen der österreichischen Streitverkündung unter dem Eindruck von Art. 6 Nr. 2 LugÜ der Regelung des § 68 ZPO angepasst, dazu *Rechberger*, FS Schütze, S. 711 ff.

473 Voraussetzung ist, dass das in der Hauptsache ergangene Urteil nach Art. 32 ff. EuGVO anerkennungsfähig ist. Über die Anerkennung wird implizit im Zweitprozess mitentschieden – ein eigenständiges Exequaturverfahren ist nicht erforderlich. Vgl. *Mansel*, in: Hommelhoff/Jayme/Mangold (Hrg.), Europäischer Binnenmarkt, S. 161, 215 f.; *Hess/Pfeiffer/Schlosser*, The Brussels I Regulation, Rdn. 217 ff.

474 *Kropholler/v.Hein*, Art. 6 EuGVO aF, Rdn. 21 – Art. 65 EuGVO schreibt den früheren Vorbehalt des Anhangs V zum EuGVÜ inhaltlich unverändert fort und erstreckt ihn auf Ungarn, zur Lückenhaftigkeit der Vorschrift *Hess/Pfeiffer/Schlosser*, The Brussels I Regulation, Rdn. 239.

475 *Stürner*, FS Geimer (2002), S. 1307, 1315.

6.97 Der Begriff der Gewährleistungs- und Interventionsklage ist autonom zu bestimmen. Dabei ist jedoch auf das Vorbild der romanischen Prozessrechte zurückzugreifen.[476] Es handelt sich um eine Klage, die der Beklagte in einem Rechtsstreit gegen einen Dritten zum Zweck der eigenen Schadloshaftung wegen der Folgen des Hauptprozesses erhebt.[477] Zwischen dem Hauptverfahren und der Regressklage muss keine Konnexität bestehen,[478] da Art. 8 Nr. 2 EuGVO eine gesonderte Missbrauchskontrolle explizit vorsieht.[479] Typische Anwendungsfälle des Art. 8 Nr. 2 EuGVO sind die Regressklage des Haftenden gegen den Versicherer,[480] des Herstellers gegen den Zulieferer oder der Ausgleich zwischen Gesamtschuldnern.[481] Durch die Interventionsklage wird der Dritte als (weiterer) Beklagter in den Hauptprozess hineingezogen und an die Rechtskraft des dort ergehenden Urteils gebunden. Die sonstigen Zulässigkeitsvoraussetzungen und die Rechtsfolgen der Gewährleistungsklage bestimmt die *lex fori* des angerufenen Gerichts.[482] Art. 8 Nr. 2 EuGVO regelt nur die internationale Zuständigkeit und fixiert diese beim Gericht der Hauptsache. Dessen Zuständigkeit muss auf Art. 4 – 26 EuGVO beruhen.[483] Art. 8 Nr. 2 EuGVO wird schließlich durch ein explizit formuliertes Missbrauchsverbot begrenzt.[484] Eine weitere Grenze setzt eine Gerichtsstandsvereinbarung zwischen den Beklagten des Hauptprozesses und dem Interventionsbeklagten.[485]

6.98 Die grenzüberschreitende Wirkung der Streitverkündung (vgl. für Deutschland §§ 68, 72–74 ZPO) sichert Art. 65 EuGVO ab.[486] Wie im Fall des Art. 6 Nr. 2 EuGVO

---

476 Allg. Ansicht, dazu Rauscher/*Leible*, Art. 8 EuGVO, Rdn. 25 f.; *Geimer*, IPRax 1998, 175.

477 *Jenard*-Bericht zu Art. 6 Nr. 2 EuGVÜ, EuGH, 26.5.2005, Rs. C-77/04, *GIE Réunion européenne*, EU:C:2005:327, Rdn. 28.

478 C.Cass., 24.3.1987, Rev. Crit. 1987, 577. Der Gerichtsstand steht selbstverständlich auch Marktbürgern offen, deren Heimatstaaten diesen Gerichtsstand nicht kennen, EuGH, 15.5.1990, Rs. C-365/88, *Hagen./.Zeehaghe*, EU:C:1990:203.

479 Für die Anwendung nationalen Rechts *Mansel*, in: Hommelhoff u. a. (Hrg.) Europäischer Binnenmarkt, S. 238 f.; gegen das Kriterium der Konnexität *Rüfner*, IPRax 2005, 500, 501; *Gaudemet-Tallon*, Compétence, Rdn. 202; EuGH, 26.5.2005, Rs. C-77/04, *GIE Réunion européenne*, EU:C:2005:327, Rdn. 34.

480 EuGH, 26.5.2005, Rs. C-77/04, *GIE Réunion européenne*, EU:C:2005:327, zust. *Rüfner*, IPRax 2005, 500, 502.

481 OLG Hamburg, 5.8.1993, IPRax 1995, 391 (dazu Anm. *Mansel*, 362 f.).

482 EuGH, 26.5.2005, Rs. C-77/04, *GIE Réunion européenne*, EU:C:2005:327, Rdn. 63.

483 Zutreffend C.A. Paris, 28.5.1997, Clunet 1999, 192; *Kropholler*, Art. 6 EuGVO, Rdn. 30, 32; Rauscher/*Leible*, Art. 8 EuGVO, Rdn. 32.; aA *Burgstaller*, Art. 6 EuGVO aF, Rdn. 9.

484 Dazu EuGH, 26.5.2005, Rs. C-77/04, *GIE Réunion européene*, EU:C:2005:327, Rdn. 33, gegen die unklaren Aussagen des EuGH mit Recht *Rüfner*, IPRax 2005, 500, 503; vgl. auch C.Cass., 19.6.2007, Rev. Crit. 2007, 847 (obs. *Pataut*).

485 Dasselbe gilt für die Streitverkündung, *v.Hoffmann/Hau*, RIW 1997, 90; *Mansel*, in: Bajons/Zeiler/Mayr (Hrg.), Übereinkommen von Brüssel und Lugano, S. 177, 196 ff.; aA *Kropholler/v.Hein*, Art. 23 EuGVO aF, Rdn. 102; *Burgstaller*, Art. 6 EuGVO aF, Rdn. 14.

486 Ausführlich und differenziert *Mansel*, in: Hommelhoff u. a. (Hrg.), Europäischer Binnenmarkt, S. 161, 182 ff.

richten sich die Voraussetzungen der Streitverkündung nach nationalem Recht, desgleichen die Bindungswirkung (§§ 74 I und III, 68 ZPO).[487] Dementsprechend haben deutsche Gerichte es abgelehnt, die Voraussetzungen der Streitverkündung im Erstprozess zu prüfen – eine solche Prüfung kennt auch das autonome Prozessrecht nicht.[488] Dennoch erscheint dieses Vorgehen problematisch: Im Europäischen Justizraum ist die Streitverkündungswirkung weitgehend unbekannt.[489] Die Prüfung der Voraussetzungen durch das ausländische (Zweit-)Gericht stellt dieses vor erhebliche praktische Schwierigkeiten. Daher sollte das deutsche Erstgericht im grenzüberschreitenden Verkehr die Zulässigkeit der Streitverkündung ausdrücklich feststellen, um die Wirkungen des Art. 65 I EuGVO zu sichern.[490]

In der Literatur werden gegen Art. 65 EuGVO verfassungsrechtliche Bedenken erhoben. *Geimer*[491] 6.99 hält die Vorschrift für unvereinbar mit Art. 18 AEUV, weil ausländischen und inländischen Beklagten die Möglichkeit genommen wird, in Deutschland eine grenzüberschreitende Interventionsklage zu initiieren. Einen Verstoß gegen Art. 18 AEUV wird man freilich nur dann bejahen können, wenn man den Bezugsrahmen der Vorschrift auf sämtliche EU-Mitgliedstaaten erstreckt und (stillschweigend) davon ausgeht, dass jede Partei im Europäischen Justizraum das Recht hat, eigene Regressrechtsbehelfe vor sämtlichen Gemeinschaftsgerichten gleichermaßen geltend zu machen. Die Tatsache, dass etwa gegen Parteien mit Wohnsitz in Deutschland, Österreich, Polen und Ungarn Gewährleistungsklagen in anderen Mitgliedstaaten erhoben und in den Wohnsitzstaaten vollstreckt werden können, mag zwar diese Parteien insofern diskriminieren, als sie „nur" die Wirkungen des Art. 65 EuGVO geltend machen können.[492] Dies würde jedoch voraussetzen, dass die grenzüberschreitende Streitverkündung im Ergebnis weniger effektiv wäre als die Garantieklage. Das ist jedoch nicht der Fall:[493] Zwar erscheint die Interventionsklage auf den ersten Blick effizienter, weil sie bereits im Erstverfahren einen Titel gegen den Dritten schafft. Die Streitverkündungslösung macht formal einen weiteren Prozess notwendig. Allerdings wird sich in den meisten Fällen die Zweitklage erübrigen, weil bereits im Hauptprozess die streitigen Tatsachen geklärt wurden.[494] Angesichts der Heterogenität der nationalen Modelle ermöglicht Art. 65 EuGVO deren gemeinschaftsrechtliche „Koordinierung" und implementiert die grenzüberschreitenden Wirkungen funktional gleichwertiger Verfahren im Europäischen

---

487 *Rüfner*, IPRax 2005, 500, 502; *Roth*, IPRax 2003, 515, 516.

488 So OLG Köln, 3.6.2002, IPRax 2003, 531 (zustimmend *H. Roth*, IPRax 2003, 515); *Kropholler/v. Hein*, Art. 6 EuGVO aF, Rdn. 22.

489 Hier gilt vielmehr die Rechtskraftbindung der Garantieklage, Art. 36 EuGVO.

490 AA *Roth*, IPRax 2003, 515, 517. Bedenken äußern *Geimer/Schütze*, Art. 8 EuGVO, Rdn. 66. Für eine entsprechende Ergänzung von Art. 65 EuGVO vgl. die Vorschläge bei *Hess/Pfeiffer/Schlosser*, The Brussels I Regulation, Rdn. 234 ff., 239.

491 *Geimer*, IPRax 2002, 69, 74; *Rüfner*, IPRax 2005, 500 (Fn. 4); aA *Schlosser*, in Schlosser/Hess, Art. 8 EuGVVO, Rdn. 8.

492 So *Geimer/Schütze*, Art. 8 EuGVO, Rdn. 66. Der Nachteil besteht in der Notwendigkeit, zur Durchsetzung eigener Rechte eine Zweitklage erheben zu müssen, dazu sogleich im Text.

493 Notwendig ist freilich, dass das Erstgericht die Zulässigkeit der Streitverkündung (am Besten im Tenor) ausdrücklich festhält, oben § 6 II, Rdn. 6.98.

494 Aus Kostengründen erscheint die Streitverkündung sogar vorzugswürdig: Kommt es zu keinem Zweitverfahren, fallen keine (zusätzlichen) Kosten an, *Hess/Pfeiffer/Schlosser*, The Brussels I Regulation, Rdn. 223 f.

Justizraum.[495] Weitergehende Regelungen des Gemeinschaftsgesetzgebers würden hier Eingriffe in die autonomen Prozessrechte der Mitgliedstaaten bewirken. Rechtspraktisch besteht freilich ein Informationsbedürfnis über die unterschiedlichen Verfahrenswirkungen.[496]

c) Widerklage und Prozessaufrechnung, Art. 8 Nr. 3 EuGVO

6.100 Keinen Mehrparteiengerichtsstand, sondern eine Zuständigkeit kraft Sachzusammenhangs eröffnet Art. 8 Nr. 3 EuGVO.[497] Die Widerklage ist nach der Rechtsprechung des EuGH eine Klage des Beklagten auf gesonderte Verurteilung.[498] Konnexe Widerklagen können gegen den Kläger vor den nach Art. 4 ff. EuGVO angerufenen Gerichten erhoben werden.[499] Über die Widerklage darf erst entschieden werden, wenn das Gericht seine Zuständigkeit für die Hauptklage bejaht hat.[500] Die Widerklage wird jedoch durch eine Gerichtsstandsvereinbarung oder Schiedsklausel in Bezug auf die Gegenforderung ausgeschlossen.[501] Dasselbe gilt für die ausschließlichen Gerichtsstände nach Art. 24 EuGVO. Art. 8 Nr. 3 EuGVO bezieht sich nur auf Widerklagen zwischen den Prozessparteien. Die Zulässigkeit von Drittwiderklagen bestimmt das autonome Verfahrensrecht, die anwendbaren Gerichtsstände richten sich jedoch nach Art. 4 ff. EuGVO.[502] Art. 8 Nr. 3 EuGVO erfasst nur konnexe Widerklagen. Der Begriff wird autonom und letztlich eng ausgelegt.[503] Konnexität liegt vor, wenn Klage und Widerklage auf demselben Rechtsverhältnis (Vertrag) oder demselben Lebens-

---

495 Der deutsche Gesetzgeber hat sich die Wirkung des Art. 65 EuGVO in § 325a ZPO und § 16 KapMuG zunutze gemacht, dazu *Hess*, WM 2004, 2329, 2332. § 613 ZPO übernimmt diese Regelung für die allgemeine Musterfeststellungsklage.

496 Aus diesem Grund führt Art. 65 EuGVO die jeweiligen Verfahrensvorschriften zur Streitverkündung in den Mitgliedstaaten explizit auf.

497 Zum Schutz der schwächeren Partei gelten Sonderregelungen, vgl. Art. 14 II, 18 III und 22 II EuGVO.

498 EuGH, 13.7.1995, Rs. C-341/93, *Danværn*, EU:C:1995:239, Rdn. 18; EuGH, 12.10.2016, Rs. C-185/15, *Kostanjevec*, EU:C:2016:763, Rdn. 37.

499 Die Anwendung der autonomen Gerichtsstände reicht hingegen für die Anwendung von Art. 6 Nr. 3 EuGVO nicht aus, *Musielak/Weth*, Art. 8, Rdn. 7; aA *Schlosser*, in: Schlosser/Hess, Art. 8 EuGVVO, Rdn. 9 (sofern die Widerklage in den Anwendungsbereich der EuGVO fällt).

500 *Schlosser/Hess*, Art. 8 EuGVVO, Rdn. 9.

501 Dies folgt aus der Ausschließlichkeit der Gerichtsstandsvereinbarung, *Kropholler/v. Hein*, Art. 23 EuGVO aF, Rdn. 98; kritisch MünchKomm/*Gottwald*, Art. 8 EuGVO, Rdn. 30; zur Schiedsklausel BGH, 17.1.2008, NJW-RR 2008, 556. Anderes gilt jedoch bei rügeloser Einlassung des Widerbeklagten, Art. 26 EuGVO.

502 Sofern der Drittbeklagte seinen Wohnsitz/Sitz im Europäischen Justizraum hat, dazu MünchKomm/*Gottwald*, Art. 8 EuGVO, Rdn. 28; *Arnold*, FS Schütze (2014), S. 17, 22 ff.

503 Die Rechtsprechung zu Art. 8 Nr. 1 EuGVO ist nicht übertragbar. Vgl. OGH, 24.2.1998, ZfRV 1998, 160; BGH, 7.11.2001, MDR 2002, 410 – die von der Rechtsprechung favorisierte, enge Auslegung vermag nicht zu überzeugen: Wer den Gegner im gewählten Gerichtsstand „angreift", muss mit Widerklagen rechnen, die auf einem Sachzusammenhang mit dem Klageanspruch beruhen.

sachverhalt beruhen.[504] Ein über bloße Einwendungen begründeter Zusammenhang reicht hingegen nicht aus.[505] Fehlt es an der Konnexität, kann die Gegenklage nur über die sonstigen Gerichtsstände der EuGVO am Gericht der Hauptklage begründet werden. Angesichts der weit ausgreifenden, besonderen Gerichtsstände der EuGVO sind die Chancen hierfür nicht gering. Ob die Verfahren verbunden werden können, bestimmt das Prozessrecht des angerufenen Gerichts.[506]

Die restriktive Interpretation des Art. 8 Nr. 3 EuGVO durch den Europäischen Gerichtshof wirkt sich vor allem bei der Prozessaufrechnung aus: Der EuGH wendet Art. 8 Nr. 3 EuGVO nicht auf die Prozessaufrechnung an, weil diese prozessual ein bloßes Verteidigungsmittel sei.[507] Die Zulassung der Prozessaufrechnung bestimmt sich somit nach nationalem Prozessrecht.[508] Art. 17 Rom I-VO hat hieran nichts geändert.[509] Die restriktive Judikatur des EuGH hat ihre Ursache in der unterschiedlichen Ausgestaltung der Prozessaufrechnung in den Mitgliedstaaten.[510] Die überkommene deutsche Rechtsprechung und Literatur vertreten die Auffassung, dass die Aufrechnung die internationale Zuständigkeit des Prozessgerichts für die Gegenforderung voraussetzt.[511] Immerhin verlangt der BGH bei einer konnexen Gegenforderung nicht mehr die (gesonderte) internationale Zuständigkeit der deutschen Gerichte.[512] Auch eine Gerichtsstandsvereinbarung oder eine Schiedsklausel schließen die Aufrechnung mit einer konnexen Gegenforderung nicht aus.[513] Dagegen sollte für die Auf- 6.101

504 EuGH, 21.6.2018, Rs. C-1/17, *Petronas Lubricants Italy*, EU:C:2018:478, Konnexität bezieht sich auf eine gemeinsame Grundlage von Klage und Widerklage, die sich aus demselben Vertrag oder demselben Lebenssachverhalt ergibt. Kritisch zu den unklaren Kriterien *Welke*, GPR 2018, 283, 287; *Leible/Freitag*, Forderungsbeitreibung, § 2, Rdn. 124.

505 So der Wortlaut und die hM der deutschsprachigen Literatur, Rauscher/*Leible*, Art. 8 EuGVO, Rdn. 26 f. mwN; *Guinchard/Ferrand/Chanais*, Procédure civile, Rdn. 495, betonen zu Recht, dass das enge Konnexitätserfordernis den Bedürfnissen der Prozessökonomie oft nicht genügt.

506 EuGH, 31.5.2018, Rs. C-306/17, *Nothartová*, EU:C:2018:360, Rdn. 22 ff.; MünchKomm/*Gottwald*, Art. 8 EuGVO, Rdn. 31 mwN.

507 EuGH, 13.7.1995, Rs. C-341/93, *Danvaern*, EU:C:1995:239, Rdn. 12 f.; dazu *Gaudemet-Tallon*, Rev. Crit. 1996, 143; ausführlich und kritisch *Koutsoukou*, Aufrechnung, S. 355 ff.

508 Insbesondere verlangt das Unionsrecht keine Konnexität zwischen Haupt- und Gegenforderung. Sie sollte jedoch für das nationale Verfahrensrecht gefordert werden, um *forum shopping* entgegen zu wirken; offengelassen von BGH, 7.11.2001, BGHZ 149, 120; dazu *Hess/Müller*, JZ 2002, 607, 610.

509 BGH, 14.5.2014, NJW 2014, 3156, insofern zust. *R. Magnus*, LMK 2014, 361173.

510 Rechtsvergleichend *Hess/Müller*, JZ 2002, 607, 608 ff.; *Koutsoukou*, Aufrechnung, S. 67 ff. (England, Frankreich, Deutschland).

511 BGH, 12.5.1993, NJW 1993, 2753 mit dem Argument, dass nach § 322 ZPO die Entscheidung über die Gegenforderung in Rechtskraft erwächst, dazu *Rauscher/Leible*, Art. 8 EuGVO, Rdn. 45 f.; dagegen *Hess/Müller*, JZ 2002, 607, 608 f.

512 BGH, 7.11.2001, BGHZ 149, 120, 127.

513 So BGH, 17.1.2008, NJW-RR 2008, 556; gegen die Konnexität MünchKomm/*Gottwald*, Art. 25 EuGVO, Rdn. 93 f. (mit der Erwägung, dass der EuGH gerade keine Zuständigkeit für die Gegenforderung erfordere – dann scheide eine analoge Anwendung von § 33 ZPO ebenfalls aus).

rechnung mit einer inkonnexen Gegenforderung am Erfordernis der internationalen Zuständigkeit für die Entscheidung über die Gegenforderung (nach Art. 2 ff., insbesondere Art. 6 Nr. 3 EuGVO) festgehalten werden – die inkonnexe Gegenforderung führt einen zusätzlichen Streitgegenstand in den Prozess ein. Daher lässt sich die Kognitionsbefugnis des angerufenen Gerichts nicht aus der Klageforderung legitimieren.[514]

d) Der dingliche Gerichtsstand für Vertragsklagen kraft Sachzusammenhang

6.102 Art. 8 Nr. 4 EuGVO ermöglicht bei schuldrechtlichen Ansprüchen, die gemeinsam mit der dinglichen Klage geltend gemacht werden, eine Verfahrensverbindung im nach Art. 24 Nr. 1 EuGVO zuständigen Gericht am Belegenheitsort des Grundstücks.[515] Die Vorschrift entspricht funktional dem Gerichtsstand des § 25 ZPO. Praktische Anwendungsfälle sind die Klage auf Rückzahlung eines durch Hypothek oder Grundschuld gesicherten Darlehens.[516] Der Gerichtsstand erfordert Parteiidentität der verbundenen Klagen.[517]

5. Der Schutz der schwächeren Partei im Europäischen Zivilprozessrecht

6.103 Zum Schutz der schwächeren Partei im europäischen Zivilprozess enthält das III. Kapitel der EuGVO in Versicherungs-, Verbraucher- und Arbeitsstreitigkeiten einseitig zwingende Gerichtsstände. Der privilegierten, schwächeren Partei wird aus sozialpolitischen Motiven ein Klägergerichtsstand an ihrem Wohnsitz eröffnet – die Abbedingung dieses Gerichtsstands ist ausgeschlossen.[518] Darüber hinaus können Arbeitnehmer, Versicherungsnehmer und Verbraucher ihre Vertragspartner an allen einschlägigen Gerichtsständen der EuGVO nach ihrer Wahl verklagen.[519] Dagegen kann der Unternehmer die schwächere Partei nur an deren Wohnsitz (vgl. Art. 62 EuGVO) verklagen. Diesen Schutz erstreckt die EuGVO auch auf Gerichtsstandsver-

---

514 *Hess/Müller*, JZ 2002, 607 ff.; aA Dasser/Oberhammer/*Müller*, Art. 6 LugÜ, Rdn. 128 ff.: Die internationale Zuständigkeit des Prozessgerichts in Bezug auf die Gegenforderung sei generell nicht erforderlich.

515 Vgl. unten Rdn. 6.131 ff.

516 Oder die Verbindung der Zahlungsklage aus dem Darlehen mit der Klage auf Duldung der Zwangsvollstreckung in das Grundstück, §§ 1147, 1192 BGB, *Leible/Freitag*, Forderungsbeitreibung, § 2 Rdn. 128.

517 *Guinchard/Ferrand/Chainais*, Procédure civile, Rdn. 497; Rauscher/*Leible*, Art. 8 EuGVO, Rdn. 52.

518 Vgl. Art. 15 Nr. 1 lit. b), 19 Nr. 1 I EuGVO, in Arbeitssachen besteht ein Klägergerichtsstand am Tätigkeits- bzw. Einstellungsort, Art. 21 EuGVO.

519 Anders freilich EuGH, 22.5.2008, Rs. C-462/06, *Glaxosmithkline*, EU:C:2008:299: Art. 8 Nr. 1 EuGVO sei mangels Verweisung der Art. 20–23 EuGVO auf die Vorschrift nicht zugunsten des Arbeitnehmers anzuwenden – dagegen mit Recht *Mansel/Thorn/Wagner*, IPRax 2009, 1, 11.

einbarungen, die grundsätzlich erst nach Entstehung des Rechtsstreits zu Lasten des Verbrauchers eine abweichende Zuständigkeit begründen können, vgl. Art. 25 IV EuGVO.[520] Die Befugnis des Unternehmers, eine Widerklage zu erheben, wird hingegen nicht eingeschränkt.[521] Kennzeichen dieser Zuständigkeitsregeln ist ihre Personenbezogenheit: Sie knüpfen an die individuelle Schutzbedürftigkeit der Partei an mit der Folge, dass im Fall der Rechtsnachfolge die Voraussetzungen des Gerichtsstands entfallen (sofern der Rechtsnachfolger nicht gleichfalls schutzwürdig ist).[522] Auch in Bezug auf Drittstaaten enthalten die Gerichtsstände in Versicherungs-, Verbraucher- und Arbeitssachen eigenständige Regelungen: Aktivklagen der geschützten Personen können auch gegen Unternehmer mit Sitz in einem Drittstaat erhoben werden, Art. 18 I, 21 III EuGVO.[523] Der Schutz der schwächeren Partei setzt sich im Vollstreckungsverfahren fort: Die Verletzung der Art. 10–23 EuGVO durch das Erstgericht ist ein Anerkennungshindernis nach Art. 45 lit. e), 1. Alt. EuGVO.

a) Versicherungsrechtliche Streitigkeiten, Art. 10–16 EuGVO

Die Gerichtsstände in Versicherungssachen (Art. 10–16 EuGVO) sollen den Versicherungsnehmer, den Versicherten und den Begünstigten eines Versicherungsverhältnisses prozessual begünstigen.[524] Es geht dem Unionsgesetzgeber um den Schutz geschäftlich unterlegener Personen.[525] Die Anwendung des dritten Abschnitts der EuGVO setzt eine Versicherungssache voraus. Dieser Begriff ist autonom auszulegen.[526] Erfasst sind Prozesse, die sich auf den Abschluss, die Durchführung und die Beendigung des Versicherungsverhältnisses beziehen, insbesondere auf die Leistungsansprüche aus dem Vertrag. Aus dem Schutzzweck der Zuständigkeitsregelungen folgt, dass Erstversicherungen erfasst sind, nicht hingegen Regressklagen des Versicherers aus übergegangenem Recht gegen den Schädiger und auch keine Rückversicherungen.[527] Allerdings gibt es bisher keine einheitliche Definition der Versicherungssache.[528] Maßgeblich sind Rechtsstreitigkeiten aus privatrechtlichen 6.104

520 Dazu BGH, 30.3.2006, BGHZ 167, 83, 87 – freilich mit unzutreffender Auslegung von Art. 17 I lit. c) EuGVO, dagegen unten § 6 II, Rdn. 6.107.

521 Vgl. Art. 14 II, 18 III und 22 II EuGVO.

522 EuGH, 19.1.1993, Rs. C-89/91, *Shearson Lehman*, EU:C:1993:15, Rdn. 18, 23 f.; EuGH, 25.1.2018, Rs. C-498/16, *Schrems II*, EU:C:2018:37, Rdn. 48 ff.

523 In Versicherungssachen allerdings nur, wenn der Unternehmer eine Niederlassung im europäischen Justizraum hat, Art. 11 II EuGVO.

524 *Hub*, Internationale Zuständigkeit, S. 73.

525 EuGH, 26.5.2005, Rs. C-77/04, *GIE Réunion europeéne*, EU:C:2005:327, Rdn. 16 ff., 24; *Kropholler/ v. Hein*, Vor Art. 8 EuGVO aF, Rdn. 2; *Geimer*, FS Heldrich, S. 627.

526 EuGH, 15.12.2012, Rs. C-456/11, *Gothaer Allgemeine Versicherung*, EU:C:2012:719, Rdn. 25.

527 Allg. Ansicht vgl. Rauscher/*Staudinger*, Art. 10 EuGVO, Rdn. 16 f.

528 Dazu Rauscher/*Staudinger*, Art. 10 EuGVO, Rdn. 10, eine Eingrenzung enthält Art. 16 EuGVO.

Versicherungsverträgen,[529] ausgenommen sind vor allem Sozialversicherungen;[530] desgleichen Streitigkeiten zwischen verschiedenen Versicherungen (insbesondere Rückversicherungen).[531] Vom Sinn und Zweck her zielt die Regelung vor allem auf sog. „Massenversicherungen“ ab, obwohl diese bisher im Europäischen Binnenmarkt keine herausragende Stellung erlangt haben. Geschützt werden soll der „kleine Versicherungsnehmer“, nicht hingegen ein professionelles Unternehmen als Vertragspartner.[532] Mithin ist im Anwendungsbereich der Art. 10 ff. EuGVO der Prozessgegner des Versicherers immer ein Nichtversicherer.[533] Dieser kann auch der Rechtsnachfolger des Begünstigten sein, sofern der soziale Schutzzweck auf ihn zutrifft.[534]

6.105 Vor diesem Hintergrund sind die Gerichtsstände des dritten Abschnitts der EuGVO auszulegen. Der Versicherungsnehmer und der Begünstigte aus dem Versicherungsvertrag können den Versicherer wahlweise an dessen Sitz, an seinem eigenen Wohnsitz oder am zuständigen Gericht der Hauptversicherung verklagen, Art. 11 EuGVO.[535] Allerdings muss der Versicherer seinen Sitz, eine Zweigniederlassung oder eine Agentur im Europäischen Justizraum unterhalten (Art. 10 in Verbindung mit Art. 6, 11 II EuGVO). Bei Haftpflichtversicherungen kann der Geschädigte zudem am Ort des schädigenden Ereignisses klagen; auch steht ihm der Gerichtsstand der Interventionsklagen bzw. eine grenzüberschreitende Streitverkündung offen (Art. 12 und 13 EuGVO).[536] Die Versicherung kann gegen den Versicherungsnehmer hingegen nur am allgemeinen Gerichtsstand des Versicherungsnehmers prozessieren, Art. 14 EuGVO. Gerichtsstandsvereinbarungen sind nach Maßgabe von Art. 15 EuGVO zulässig.[537] Sie können auch Dritte einbeziehen, sofern diese nicht unter die Schutzvorschriften der Art. 13 f. EuGVO fallen.[538]

---

529 Zum „Schutzbedürfnis“ des Versicherungsnehmers (bzw. der anderen Begünstigten) vgl. *Hub*, Internationale Zuständigkeit, S. 225 ff.

530 Dies folgt bereits aus Art. 1 II lit. c) EuGVO, vgl. oben § 6 I, Rdn. 6.24.

531 EuGH, 13.7.2000, Rs. C-412/98, Group Josi Reinsurance, EU:C:2000:399.

532 *Schmidt*, Europäisches Zivilprozessrecht, Rdn. 95; kritisch zur Sinnhaftigkeit der Regelung *Hub*, Internationale Zuständigkeit, S. 225 ff. Vgl. auch den expliziten Ausschluss bestimmter Großrisiken in Art. 16 EuGVO, dazu *Leible/Freitag*, Forderungsbeitreibung, § 2, Rdn. 181 f.

533 So plastisch *Junker*, IZVR, § 13, Rdn. 7; allerdings können sich im Fall der Rechtsnachfolge Abweichungen ergeben, Rauscher/*Staudinger*, Art. 10 EuGVO, Rdn. 20 f.

534 EuGH, 17.9.2009, Rs. C-347/08, *Vorarlberger Gebietskrankenkasse*, EU:C:2009:561, Rdn. 44 – nicht hingegen der Sozialversicherungsträger, der den Anspruch im Wege der Legalzession erworben hat.

535 *Leible/Freitag*, Forderungsbeitreibung, § 2, Rdn. 161 ff.

536 C.Cass., 10.5.2006, *Axa Colonia Versicherung AG v. Dorey Soc. et autres*, Rev. crit. DIP 2007, 157 (Anm. *Cytermann*, Rev. Crit. 2007, 259); *Hess/Pfeiffer/Schlosser*, The Brussels I Regulation, Rdn. 226 und 230 ff. (mit praktischen Beispielen).

537 *Geimer*, FS Heldrich, S. 626, 639; *Hub*, Internationale Zuständigkeit, S. 140 ff.

538 EuGH, 13.7.2017, Rs. C-368/16, *Šalplachta*, EU:C:2017:594, Rdn. 36; EuGH, 27.2.2020, Rs. C-803/18, *Balta*, EU:C:2020:123, Rdn. 36 ff.

Gestützt auf den Schutzzweck der Vorschriften legt der EuGH die Art. 10 ff. EuGVO weit aus. Die Verweisung des Art. 13 II EuGVO auf die Gerichtsstände des Art. 11 EuGVO interpretiert er dahin, dass auch die Direktklagen des Geschädigten gegen den Versicherer am Wohnsitz des Geschädigten nach Art. 13, 11 I lit. a) EuGVO erhoben werden können.[539] Damit wird die Gerichtspflichtigkeit der Versicherer weit ausgedehnt: Beispielsweise wird der italienische Versicherer wegen des Unfalls eines in Bremen lebenden Deutschen auf der Brenner-Autobahn mit einem italienischen Kfz vor den Zivilgerichten in Bremen gerichtspflichtig.[540] Im Prozess des Unfallgeschädigten gegen den Versicherten kann der Versicherer mittels Streitverkündung (Art. 65 EuGVO) oder Interventionsklage (Art. 8 Nr. 2 EuGVO) vor das Gericht geladen werden, bei dem die Haftungsklage anhängig ist (Art. 13 I und III EuGVO).[541] 6.106

Die Abwicklung von Verkehrsunfällen bereitet den Zivilgerichten erhebliche praktische Probleme: Die Klage am Wohnsitzgericht des Geschädigten erfordert regelmäßig eine Beurteilung des Unfallgeschehens nach dem Recht des Unfallortes (zumindest im Hinblick auf das Deliktstatut, Art. 18 Rom II-VO). Dessen tatsächliche Ermittlung (gerade im Hinblick auf die Details des Schadensrechts) erweist sich als zeit- und kostenaufwändig; unterschiedliche Dokumentations- und Abwicklungspraktiken kommen hinzu.[542] Das Ergebnis sind mehrjährige Zivilprozesse, in denen mehrfach Gutachten mit unterschiedlichen Ergebnissen den Gerichten präsentiert werden. 6.107

b) Verbraucherstreitigkeiten, Art. 19–21 EuGVO

aa) Der Begriff der Verbrauchersache, Art. 19 EuGVO

Zielsetzung des vierten Abschnitts der EuGVO ist der Schutz des Verbrauchers als wirtschaftlich unterlegener und geschäftlich unerfahrener Vertragspartei.[543] Zugleich soll das Vertrauen der Verbraucher bei grenzüberschreitenden Transaktionen im Binnenmarkt gestärkt werden.[544] Für Vertragsstreitigkeiten des Ver- 6.108

---

539 EuGH, 13.12.2007, Rs. C-463/06, *FBTO Schadeverzekeringen*, EU:C:2007:792; kritisch *Fuchs*, IPRax 2008, 104 ff.; anders die Vorlage des BGH, 26.9.2006, NJW 2007, 71.

540 AG Bremen, 6.2.2007, IPRax 2008, 126 – die weite Gerichtspflichtigkeit entspricht freilich der Regelung in Art. 14 EuGVO, wonach der Versicherer immer vor den Gerichten am Wohnsitz des Versicherungsnehmers, Versicherten bzw. Begünstigten klagen muss.

541 Maßgeblich ist das jeweilige Prozessrecht des angerufenen Gerichts, Stein/Jonas/*G. Wagner*, Art. 11 EuGVO aF, Rdn. 3 f.; Rauscher/*Staudinger*, Art. 13 EuGVO, Rdn. 12 ff. (zu zahlreichen Detailfragen).

542 Anschaulich *Jayme*, FS v. Hoffmann (2011), S. 656, 658 ff. zu den praktischen Problemen der Abwicklung eines Verkehrsunfalls in Luxemburg vor dem LG Frankenthal (Pfalz); dazu auch Rauscher/*Staudinger*, Art. 13 EuGVO, Rdn. 10 b.).

543 EuGH, 20.1.2005, Rs. C-464/01, *Gruber*, EU:C:2005:32, Rdn. 32 ff.; EuGH, 19.1.1993, Rs. C-89/91, *Shearson Lehman*, EU:C:1993:15, Rdn. 18.

544 *Heiderhoff*, IPRax 2005, 230, 231.

brauchers eröffnen die Art. 17–19 EuGVO halbzwingende Gerichtsstände, die dem Verbaucher einen Heimatgerichtsstand eröffnen. Diese legt der EuGH als sog. „Sondervorschriften" (d.h. als Abweichung von der allgemeinen Beklagtenzuständigkeit) grundsätzlich eng aus.[545] Im internationalen Privatrecht enthält Art. 6 Rom I-VO eine Parallelvorschrift – die übereinstimmenden Tatbestandsmerkmale beider Vorschriften sind grundsätzlich einheitlich, rechtsaktübergreifend auszulegen (vgl. EwG 7 der Rom I-VO).[546]

6.109 Nach der Rechtsprechung des EuGH sind die Voraussetzungen des Art. 17 EuGVO in drei Schritten zu prüfen: „Erstens muss ein Vertragspartner die Eigenschaft eines Verbrauchers haben, der in einem Rahmen handelt, der nicht seiner beruflichen oder gewerblichen Tätigkeit zugerechnet werden kann, zweitens muss ein Vertrag zwischen diesem Verbraucher und einem beruflich oder gewerblich Handelnden tatsächlich geschlossen worden sein, und drittens muss dieser Vertrag zu einer der Kategorien von Art. [17] Abs. 1 Buchst. a) bis c) gehören. Diese Voraussetzungen müssen kumulativ erfüllt sein..."[547]

6.110 Der persönliche Anwendungsbereich wird durch den Begriff des Verbrauchers bestimmt (vgl. Art. 17 I EuGVO). Diesen definiert der EuGH autonom und in Anlehnung an andere Rechtsakte der Union.[548] Verbraucher ist eine natürliche Person, die zum Zweck ihres Eigenbedarfs einen Vertrag mit einem Unternehmer im Europäischen Justizraum abschließt.[549] Der EuGH interpretiert den Begriff des Verbrauchers grundsätzlich restriktiv und begründet dies mit dem Erfordernis der Rechtsklarheit im Zuständigkeitsrecht.[550] Maßgeblich ist die konkrete Transaktion: Bei gemischten Verträgen, die teils dem Konsum, teils der geschäftlichen Tätigkeit der privaten Partei dienen, muss die private Zwecksetzung ganz eindeutig überwiegen.[551] Hierfür trägt

---

545 EuGH, 20.1.2005, Rs. C-464/01, *Gruber*, EU:C:2005:32, Rdn. 44.

546 Rauscher/*Staudinger*, Vorb. Art. 17 ff. EuGVO, Rdn. 2. Vgl. dazu oben § 4 I, Rdn. 4.66.

547 EuGH, 23.12.2015, Rs. C-297/14, *Hobohm*, EU:C:2015:844, Rdn. 24; EuGH, 3.10.2019, Rs. C-208/18, *Petruchová*, EU:C:2019:825, Rdn. 39.

548 EuGH, 21.6.1978, Rs. C-150/77, *Ott*, EU:C:1978:137, Rdn. 12–16; EuGH, 27.4.1999, Rs. C-99/96, *Mietz*, EU:C:1999:202, Rdn. 26; EuGH, 20.1.2005, Rs. C-27/02, *Engler*, EU:C:2005:33, Rdn. 33; EuGH 7.12.2010, verb. Rs. C-585/08 und C-144/09, *Pammer und Hotel Alpenhof*, EU:C:2010:740, Rdn. 55; EuGH, 6.9.2012, C-190/11, *Mühlleitner*, EU:C:2012:542, Rdn. 28.

549 EuGH, 19.1.1993, Rs. C-89/91, *Shearson Lehman*, EU:C:1993:15, Rdn. 22; EuGH, 22.11.2001, Rs. C-541/99, *Cape und Idealservice MN RE*, EU:C:2001:625; EuGH, 22.11.2001, Rs. C-542/99, *Idealservice MN RE*, EU:C:2001:625, Rdn. 15.

550 EuGH, 14.3.2013, Rs. C-419/11, *Česká spořitelna*, EU:C:2013:165, Rdn. 33 f. mwN, st. Rspr.

551 EuGH, 20.1.2005, Rs. C-464/01, *Gruber*, EU:C:2005:32, Rdn. 32 ff. (Kaufvertrag über Ziegel, die ein Landwirt für die Dächer seiner Stallungen und seines Wohngebäudes nutzt – kein Verbrauchergeschäft); EuGH, 14.3.2013, Rs. C-419/11, *Česká spořitelna*, EU:C:2013:165: Bürgschaft eines Gesellschafters für die Gesellschaft ist kein Verbrauchergeschäft, da sie der gewerblichen Tätigkeit der Gesellschaft dient. EuGH, 14.2.2019, Rs. C-630/17, *Milivojević*, EU:C:2019:123: Die Erstreckung des Art. 25 IV EuGVO durch ein nationales Gesetz auf Darlehensnehmer, die nicht Verbraucher sind, verstößt gegen Art. 25 EuGVO.

der Verbraucher die Darlegungs- und Beweislast.[552] Mithin fällt ein Vertrag, der der Geschäftsgründung dient, aus Art. 17 EuGVO heraus. Andererseits spielt die Höhe der getätigten Transaktionen keine Rolle, desgleichen besondere Fachkenntnisse des Verbrauchers, sofern dieser außerhalb seiner beruflichen Tätigkeit handelt.[553] Die Begrenzung auf natürliche Personen nimmt Verbandsklagen vom Anwendungsbereich der Art. 17 ff. EuGVO aus;[554] desgleichen Klagen von Idealvereinen und anderen gemeinnützig handelnden juristischen Personen.[555] Ausgeschlossen sind aber auch Klagen von Verbrauchern aus abgetretenen Rechten anderer Verbraucher[556] sowie Klagen von Privatpersonen gegen andere Privatpersonen.[557]

Der sachliche Anwendungsbereich des Verbraucherschutzes ist auf vertragliche **6.111** Ansprüche begrenzt. Dies schliesst Streitigkeiten über den Abschluss eines Vertrages ein, desgleichen vertragliche Rückabwicklungsansprüche.[558] Deliktische Ansprüche sind ausgenommen, ebenso Ansprüche aus vorvertraglicher Haftung (*culpa in contrahendo*).[559] Nach der neueren Judikatur können deliktische Ansprüche in den Verbrauchergerichtsstand einbezogen werden, wenn sie in „untrennbarem Zusammenhang" mit dem Vertrag stehen. Damit fallen zahlreiche Klagen aus Finanzmarktgeschäften in den Anwendungsbereich des Art. 17 EuGVO.[560] Ein Vertrag erfordert eine freiwillig eingangene Verbindlichkeit zwischen den jeweiligen Prozessparteien. Eingeschlossen sind hingegen Klagen aus Gewinnzusagen (vgl. § 661a BGB)[561], wenn die Gewinnauszahlung von einer Warenbestellung abhängt oder der Verkäufer sich zur

552 Unscharf EuGH, 20.1.2005, Rs. C-464/01, *Gruber*, EU:C:2005:32, Rdn. 46; ausführlich *Bonomi* in Dickinson/Lein (ed.), The Brussels I Regulation Recast, Rdn. 6.20; Stein/Jonas/*G.Wagner*, Art. 15 EuGVO aF, Rdn. 23.

553 EuGH, 3.10.2019, Rs. C-208/18, *Petruchová*, EU:C:2019:825, Rdn. 50 (dazu unten Rdn. 6.121); EuGH, 2.5.2019, Rs. C-694/17, *Pillar Securitisation*, EU:C:2019:345, Rdn. 42 (zu Art. 15 LugÜ). Ebenso EuGH, 2.4.2020, Rs. C-500/18, *Reliantco*, EU:C:2020:264, Rdn. 44 ff.

554 *Michailidou*, Verbandsklagen (2007), S. 310 ff.; C.A. Colmar, 24.2.1999, IPRax 2001, 251. Anders hingegen, wenn ein Verbraucherverband lediglich die Verbraucher (als Partei) vertritt (dann scheidet allerdings eine Bündelung der Ansprüche im Domizilgerichtsstand des Art. 18 I Alt. 2 EuGVO aus.

555 Rauscher/*Staudinger*, Art. 17 EuGVO, Rdn. 2.

556 *Schlosser/Hess*, Art. 17 EuGVVO, Rdn. 3. Beispiel: Die von dem Internet-Aktivisten *Schrems* an seinem Wohnort in Wien erhobene Sammelklage gegen Facebook Irland Inc., die ca 15.000 abgetretene Schadensersatzansprüche von Facebooknutzern aus ganz Europa geltend macht, war im Hinblick auf die zedierten Ansprüche unzulässig, EuGH, 25.1.2018, Rs. C-498/16, *Schrems II*, EU:C:2018:37, Rdn. 48 ff.

557 EuGH, 5.12.2013, Rs. C-508/12, *Vapenic*, EU:C:2013:790, Rdn. 32–34.

558 *Bonomi* in Dickinson/Lein (ed.), The Brussels I Regulation Recast, Rdn. 6.27; Rauscher/*Staudinger*, Vorb. zu Art. 17 ff. EuGVO, Rdn. 3aE.

559 EuGH, 28.1.2015, Rs. C-375/13, *Kolassa*, EU:C:2015:37, Rdn. 26 ff.; der Sache nach zuvor EuGH, 16.1.2014, Rs. C-45/13, *Kainz*, EU:C:2014:7, Rdn. 18 ff. (zur deliktischen Produkthaftung).

560 EuGH, 2.4.2020, Rs. C-500/18, *Reliantco*, EU:C:2020:264, Rdn. 60 ff.

561 Anders noch EuGH, 20.1.2005, Rs. C-27/02, *Engler*, EU:C:2005:33, dazu *Lorenz/Unberath*, IPRax 2005, 219 ff.

Auszahlung des Gewinns vertraglich verpflichtet hat.[562] Eine Vertragskette begründet die Zuständigkeit nach Art. 17 EuGVO hingegen nicht.[563]

6.112 Inhaltlich ist der Konsumentenschutz auf drei Konstellationen begrenzt: Zum einen auf Teilzahlungskäufe, Art. 17 I lit. a) EuGVO, d.h. auf Erwerbsgeschäfte, bei denen der Verbraucher eine bewegliche Sache erhält, bevor diese vollständig bezahlt wurde.[564] Maßgeblich ist die Kreditierung des Kaufpreises, zwei Ratenzahlungen reichen aus.[565] Die zweite Konstellation betrifft Kreditgeschäfte, die einen Kaufvertrag iSd Art. 17 I lit. a) finanzieren, Art. 17 I lit. b) EuGVO. Entscheidend ist hier, dass der Darlehensnehmer nicht frei über das Darlehen verfügen kann.[566]

6.113 Die größte praktische Bedeutung hat Art. 17 I lit. c) EuGVO.[567] Die Vorschrift enthält einen Auffangtatbestand und erfasst alle Distanzgeschäfte, bei denen der Unternehmer seine Geschäftstätigkeit auf den Wohnsitzstaat des Verbrauchers ausrichtet. Der Wortlaut des Art. 17 I lit. c) EuGVO nennt berufliche und gewerbliche Tätigkeiten, hierunter fallen Bank- und Börsengeschäfte des Verbrauchers,[568] Timesharingverträge,[569] Pauschalreisen,[570] Bürgschaften des Verbrauchers[571] und (vor allem) Online-Geschäfte.[572]

6.114 Art. 17 I lit. c) EuGVO setzt desweiteren voraus, dass der Unternehmer seine Geschäftstätigkeit im Wohnsitzstaat des Verbrauchers ausübt[573] oder seine Tätigkeit darauf ausrichtet. Letzteres Tatbestandsmerkmal hat der EuGH in mehreren Urteilen verdeutlicht.[574] Maßgeblich ist vor allem die Absatzförderung (Werbetätigkeit) des

---

562 EuGH, 14.5.2009, Rs. C-180/06, *Ilsinger,* EU:C:2009:303 (als Insolvenzverwalter im Konkurs der Schick & Schlank GmbH).

563 EuGH, 26.3.2020, Rs. C-215/18, *Primera Air Scandinavia*, EU:C:2020:235, Rdn. 57 ff. (Ansprüche wegen des Ausfalls von Anschlussflügen).

564 EuGH, 21.6.1978, Rs. C-150/77, *Ott,* EU:C:1978:137, Rdn. 1216; EuGH, 27.4.1999, Rs. C-99/96, *Mietz,* EU:C:1999:202, Rdn. 2630.

565 Stein/Jonas/*G.Wagner*, Art. 15 EuGVO aF, Rdn. 27.

566 In der Praxis spielt diese Alternative keine größere Rolle, zu Einzelheiten vgl. Stein/Jonas/*G. Wagner*, Art. 15 EuGVO aF, Rdn. 31.

567 Die EuGVO (2002) hat diese Vorschrift gegenüber Art. 13 EuGVÜ erheblich erweitert, *R. Wagner*, WM 2003, 116, 117 ff.; *Leible/Freitag*, Forderungsbeitreibung, Rdn. 130 ff.

568 *Bachmann*, IPRax 2007, 72, 80 f.

569 EuGH, 13.10.2005, Rs. C-73/04, *Klein,* EU:C:2006:96. Vorrang hat freilich Art. 24 Nr. 1 EuGVO.

570 Vgl. Art. 17 III EuGVO mit Bezugnahme auf die Pauschalreise-RL 90/314/EWG, dazu Rauscher/*Staudinger*, Art. 17 EuGVO, Rdn. 20.

571 EuGH, 17.3.1998, Rs. C-45/96, *Bayerische Hypotheken- und Wechselbank./.Dietzinger,* EU:C:1998:111, Rdn. 23 f.; BGH, 10.1.2006, NJW 2006, 845.

572 Dazu *Øren*, ICLQ 52 (2003), 665, 670 ff.; MünchKomm/*Gottwald*, Art. 17 EuGVO, Rdn. 10.

573 Der Betrieb einer Zweigniederlassung ist nicht erforderlich. Es reicht aus, dass die mit dem Vertrag selbst durchgeführte Tätigkeit im Wohnsitzstaat des Verbrauchers erfolgt (etwa eine Bauüberwachung durch den Architekten) oder eine Lieferung der Ware, *Bonomi* in Dickinson/Lein (ed.), The Brussels I Regulation Recast, Rdn. 6.40; aA BGH, 30.3.2006, BGHZ 167, 83, 88 f.

574 EuGH 7.12. 2010, verb. Rs. C-585/08 und C-144/09, *Pammer und Hotel Alpenhof*, EU:C:2010:740,

Unternehmers im Wohnsitzstaat des Verbrauchers. Die praktische Anwendung betrifft vor allem online-Geschäfte. Dabei kommt es vor allem auf die Gestaltung der Website des Unternehmers an. Der EuGH nennt mehrere Indizien: Der Sprachgebrauch der Website, die Erwähnung internationaler Kundschaft, die Angabe internationaler Telefonnummern (oder kostensparender Mobilfunknummern im Zielland), die Duldung von Fernkontakten mit Verbrauchern, die Angabe einer Anfahrtskizze. Ein sog. „disclaimer" dergestalt, dass sich eine deutschsprachige Website nur an österreichische (Wett-)Teilnehmer richtet, schließt die Ausrichtung auf den deutschen Markt nicht aus, wenn mit deutschen Internetnutzern konkret Verträge abgeschlossen wurden.[575] Auf den Unterschied zwischen sog. „aktiven" und „passiven" websites komt es hingegen nicht an.[576] Die erkennenden Gerichte müssen die Gesamtheit der Umstände des Einzelfalls ermitteln und bewerten.

Der BGH hatte über die Klage eines deutschen Verbrauchers zu entscheiden, der von einem Athener Rechtsanwalt Schadenersatz für die unzureichende Vertretung bzw. Beratung beim Kauf einer Ferienwohnung in Griechenland verlangte.[577] Die internationale Zuständigkeit der deutschen Gerichte stützte der Kläger auf Art. 17, 18 I EuGVO. Der BGH ließ die Klage nicht zu. Denn der Anwalt war lediglich auf der Website der Deutschen Botschaft in Athen und in den Anwaltsverzeichnissen zweier deutscher Rechtsschutzversicherungen als in Griechenland tätiger (deutschsprachiger) Anwalt aufgeführt. Allein die Vorhaltung einer derartigen Kontaktadresse genügte dem III. Zivilsenat nicht als „Ausrichtung" der Geschäftstätigkeit nach Deutschland.[578] Bei näherer Betrachtung bleiben freilich Zweifel: Sofern ein Anwalt seine Dienstleistungen über die Website einer ausländischen Botschaft anbietet, richtet er seine Tätigkeit durchaus „gezielt" auf deren Herkunftsstaat aus. Kommt es zum Abschluss eines Mandats mit einem Verbraucher, so liegen die Voraussetzungen von Art. 17 I lit. c) EuGVO vor.[579] 6.115

Nach der Judikatur des EuGH erfordert Art. 17 I lit. c) EuGVO keinen Abschluss des jeweiligen Verbrauchervertrages im Fernabsatz, es muss zudem keine Kausalität zwischen dem Internetauftritt des Unternehmers und dem konkreten Vertragsabschluss bestehen.[580] 6.116

Im Fall *Emrek* hielt ein französischer Anbieter von Gebrauchtwagen, M. Sabranovic, im Grenzgebiet zum Saarland eine Website vor, auf der sich u.a. eine Telefonnummer mit deutscher Vorwahl befand. Sabranovic verkaufte einen Gebrauchtwagen an den in Saarbrücken wohnenden Kläger 6.117

Rdn. 75 ff.; EuGH, 6.9.2012, C-190/11, *Mühlleitner*, EU:C:2012:542, Rdn. 35 ff.; EuGH, 17.10.2013, C-218/12, *Emrek*, EU:C:2013: 666, Rdn. 21 ff.

575 Beispiel nach BGH, 30.3.2006, BGHZ 167, 83, 88 f.

576 EuGH, 6.9.2012, Rs. C-190/11, *Mühlleitner*, EU:C:2012:542, Rdn. 35 ff., vgl. hierzu Voraufl. § 6 II, Rdn. 100.

577 BGH, 17.9.2008, EuZW 2009, 26 mit Anm. *Leible/Müller*.

578 Im konkreten Fall war der Anwalt dem Kläger von dritter Seite empfohlen worden, BGH, 17.9.2008, EuZW 2009, 26 f. Jedoch setzt Art. 15 I lit. c) EuGVO nicht voraus, dass die Werbung des Dienstleisters zum Vertragsschluss führt.

579 *Leible/Freitag*, Forderungsbeitreibung, Rdn. 141.

580 EuGH, 6.9.2012, Rs. C-90/11, *Mühlleitner*, EU:C:2012:542, Rdn. 35 ff.; EuGH, 17.10.2013, Rs. C-218712, *Emrek*, EU:C:2013: 666, Rdn. 21 ff.

Emrek, den Bekannte über den Gebrauchtwagenhandel informiert hatten. Da der Wagen magelhaft war, klagte Emrek vor dem LG Saarbrücken auf Rückabwicklung des Vertrages. Der EuGH bejahte ein Ausrichten der Geschäftstätigkeit des Beklagten auf das deutsche Nachbarland. Art. 17 I lit. c) EuGVO setze dem Wortlaut nach nicht voraus, dass der konkret abgeschlossene Vertrag durch die Internet-Werbung veranlasst wurde.[581]

bb) Die Gerichtsstände in Verbrauchersachen

6.118 Art. 18 I EuGVO eröffnet dem Verbraucher die Wahl zwischen dem Gerichtsstand am Sitz des Unternehmers oder am eigenen Wohnsitz (Art. 62 EuGVO). Maßgeblicher Zeitpunkt ist der Moment der Klageerhebung, dies folgt aus Art. 19 Nr. 3 EuGVO.[582] Die Gerichtsstände der Artikel 7 Nr. 1 und 8 EuGVO sind hingegen ausgeschlossen.[583] Dem Wortlaut nach regelt Art. 18 I EuGVO für die Aktivklage am Wohnsitz des Verbrauchers die örtliche Zuständigkeit mit. Klagegegner muss der jeweilige Vertragspartner des Verbrauchers sein.[584] Der Gerichtsstand gilt auch im Verhältnis zu Drittstaaten, Art. 6 I EuGVO.

6.119 Passivprozesse gegen den Verbraucher muss der Unternehmer im Mitgliedstaat erheben, in dem der Verbraucher seinen Wohnsitz hat, Art. 18 II, 62 EuGVO. Da diese Vorschrift ihrem Wortlaut nach („Mitgliedstaat") die örtliche Zuständigkeit nicht einschließt, ist insoweit auf die §§ 12 ff. ZPO zurückzugreifen.[585]

6.120 Gerichtstandsvereinbarungen können nach Art. 19 Nr. 1 und 2 EuGVO nur nach Entstehung der Streitigkeit oder zugunsten des Verbrauchers abgeschlossen werden. Nach Art. 19 Nr. 3 EuGVO können Unternehmer und Verbraucher die Zuständigkeit des gemeinsamen Wohnsitzes- bzw. Aufenthaltsstaates vereinbaren. Diese Prorogationsmöglichkeit soll die Unternehmer im Fall des Wegzugs des Verbrauchers schüt-

---

581 EuGH, 17.10.2013, Rs. C-218/12, *Emrek*, EU:C:2013:666, Rdn. 28. Allerdings begründet der Abschluss eines Vertrages aufgrund des Internetauftritts ein Indiz für das Vorliegen eines Verbrauchervertrages. Zustimmend *Bonomi* in Dickinson/Lein (ed.), The Brussels I Regulation Recast, Rdn. 6.45 f.

582 Die Vorschrift ermöglicht für diese Konstellation den Abschluss einer Gerichtsstandsvereinbarung, dazu sogleich Rdn. 6.120. Verlegt der Verbraucher nach Vertragsschluss seinen Wohnsitz in einen anderen EU-Mitgliedstaat, so ist es nach Art. 17 I lit. c) EuGVO erforderlich, dass der Unternehmer seine Geschäftstätigkeit auch auf diesen Mitgliedstaat ausrichtet. Dies übersieht EuGH, 3.9.2020, Rs. C-98/20, *mBank*, EU:C:2020:672, Rdn. 29 ff.; zutreffend BGH, 12.5.2020, BKR 2020, 408, Rdn. 19 mwN.

583 Dagegen bleibt nach Art. 18 II EuGVO die Klage am Gerichtsstand der Zweigniederlassung (Art. 7 Nr. 5 EuGVO) zulässig, *R. Wagner*, WM 2003, 116, 119 f.

584 Weitgehend EuGH, 14.11.2013, Rs. C-478/12, *Maletic*, EU:C:2013:735, Rdn. 27 ff.: Bei der Buchung einer Reise bei einem Reiseveranstalter über die Website einer Agentur werden zwei (verbundene) Verträge iSd Art. 17 f. EuGVO abgeschlossen. Sie ermöglichen eine gemeinsame Klage im Domizilgerichtsstand des Verbrauchers.

585 *R. Wagner*, WM 2003, 116, 120; *Leible/Freitag*, Forderungsbeitreibung, Rdn. 146. *De lege ferenda* sollte eine Einbeziehung der örtlichen Zuständigkeit erfolgen.

zen.[586] Die Wirksamkeit der Gerichtsstandsvereinbarung unterliegt in diesem Fall den zwingenden Schutzvorschriften des prorogierten Gerichts. In Deutschland sind die §§ 29c[587], 38–40 ZPO und die §§ 305 ff. BGB anzuwenden.[588]

Um die Wirksamkeit einer Gerichtsstandsklausel in einem Rahmenvertrag für Transaktionen auf dem internationalen Devisenmarkt FORX ging es im Urteil *Petruchová*:[589] Die Klägerin, eine Studentin, hatte mit der zypriotischen Beklagten einen Vertrag abgeschlossen, der ihr Zugang zu einer Online-Plattform eröffnete, auf der die Beklagte in ihrem Namen Differenzgeschäfte abschloss, die Währungsspekulationen ermöglichten. Die einzelnen Transaktionen hatten einen Wert von mindestens 100.000 US$. Der Vertrag enthielt eine Gerichtsstandsklausel zugunsten der zypriotischen Gerichte. Als die (darlehensfinanzierten) Spekulationen platzten, klagte Frau Petruchová vor ihren tschechischen Heimatgerichten; die Beklagte berief sich auf die Gerichtsstandsklausel. Der EuGH entschied, dass die Klausel nach Art. 19, 25 EuGVO unwirksam war. Die Klägerin sei so lange Verbraucherin, wie sie als Privatperson Devisengeschäfte tätige. Die Höhe der getätigten Transaktionen sei ebenso unerheblich wie die im Verlauf der Spekulationen erworbene Fachkenntnis. Hierauf stelle Art. 17 EuGVO aus Gründen der Vorhersehbarkeit und Rechtssicherheit nicht ab.[590] Der Ausschluss derartiger Finanzinstrumente vom Anwendungsbereich der Rom I-VO habe keine Auswirkungen auf die Auslegung von Art. 17 EuGVO, da die Einstufung einer Person als „Kleinanleger" nicht an die Unterscheidung zwischen gewerblicher und privater Tätigkeit anknüpft.[591] Die Richtlinie 2004/39 bezwecke die hinreichende Information von Investoren durch die Wertpapierfirma. Hieran knüpfe Art. 6 Rom I-VO an. Im Ergebnis weitet der Gerichtshof den prozessualen Verbraucherschutz bei riskanten Finanzmarktgeschäften erheblich aus.[592] 6.121

c) Arbeitsrechtliche Streitigkeiten, Art. 20–23 EuGVO

Das EuGVÜ enthielt zunächst für arbeitsrechtliche Individualstreitigkeiten keinen gesonderten Gerichtsstand. Erst das Luganer Übereinkommen und das dritte Beitrittsabkommen fügten eine knappe Gerichtsstandsregelung für Individualverträge ein (Art. 5 Nr. 1 LugÜ EuGVÜ 1988).[593] Der fünfte Abschnitt der EuGVO folgt nunmehr dem Regelungsmuster der Versicherungs- und Verbrauchersachen: Dem Arbeitnehmer wird ein Wahlrecht zwischen mehreren Gerichtsständen eingeräumt, während der Arbeitgeber nur am Wohnsitz des Arbeitnehmers klagen kann.[594] Es gelten 6.122

---

586 Stein/Jonas/*G. Wagner*, Art. 17 EuGVO aF, Rdn. 6 ff.

587 BGH, 30.10.2014, NJW 2015, 169 f.

588 Rauscher/*Staudinger*, Art. 19 EuGVO, Rdn. 3 f. mwN, vgl. unten § 11 I, Rdn. 11.22 ff.

589 EuGH, 3.10.2019, Rs. C-208/18, *Petruchová*, EU:C:2019:825.

590 EuGH, 3.10.2019, Rs. C-208/18, *Petruchová*, EU:C:2019:825, Rdn. 41 ff. im Anschluss an die Schlussanträge *Tanchev*, 11.4.2019, EU:C:2019:314, Rdn. 43 ff. (objektives Verbraucherkonzept).

591 Anders der Ausschlusstatbestand in Art. 6 IV lit. d) Rom I-VO, der auf Art. 4 RL 2004/39/EG verweist, EuGH, 3.10.2019, Rs. C-208/18, *Petruchová*, EU:C:2019:825, Rdn. 64 ff.

592 Folgeentscheidung: EuGH, 2.4.2020, Rs. C-500/18, *Reliantco*, EU:C:2020:264, Rdn. 44 ff. (Differenzgeschäfte mit Verlusten von 1,8 Mio. € – Verbrauchereigenschaft bejaht).

593 Dazu *Garber*, FS Schütze (2014), S. 81 ff.

594 Er kann allerdings konnexe Ansprüche gegen den Arbeitnehmer mittels Widerklage geltend machen, Art. 22 II EuGVO, dazu EuGH, 21.6.2018, Rs. C-1/17, *Petronas Lubricants Italy*, EU:C:2018:478, mit einer weiten Auslegung der Konnexität im Hinblick auf konzernverbundene Unternehmen.

zudem Prorogationsbeschränkungen (Art. 23 EuGVO). Die Vorschriften zum Schutz der Arbeitnehmer verdrängen die anderen Gerichtsstände der EuGVO; sie schließen daher auch deliktische Ansprüche des Arbeitgebers gegen den Arbeitnehmer (etwa aus § 826 BGB) ein.[595] Die Nichtbeachtung dieser Vorschriften wird inzwischen im Anerkennungsverfahren gesondert nachgeprüft, vgl. Art. 45 III EuGVO.[596]

6.123 Der Begriff des Arbeitsvertrages ist autonom auszulegen.[597] Art. 20 EuGVO erfasst nur individuelle Arbeitsverträge, im Unterschied zu Kollektivvereinbarungen.[598] Bei der autonomen Auslegung sind Art. 45 AEUV sowie Art. 8 Rom I-VO heranzuziehen. Danach sind Arbeitsverträge Vereinbarungen zwischen Arbeitgeber und Arbeitnehmer, die eine gegen Vergütung erfolgende, abhängige, weisungsgebundene Tätigkeit zum Gegenstand haben.[599] Der Arbeitnehmer ist regelmäßig in den Betrieb des Arbeitgebers eingebunden, er hat keine unternehmerische Entscheidungsfreiheit, ein unternehmerisches Risiko trägt er nicht. Erfasst sind faktische Arbeitsverhältnisse, desgleichen Gelegenheits- und Teilzeitarbeitsverhältnisse; auch Scheinselbständige (etwa Franchisenehmer) können als Arbeitnehmer eingestuft werden.[600] Dienstleistungen, die in wirtschaftlicher und sozialer Selbständigkeit erbracht werden, beispielsweise Architekten- oder Handelsvertreterverträge, sind hingegen keine Arbeitsverträge.[601] Vorstandsmitglieder einer Aktiengesellschaft sind keine Arbeitnehmer, GmbH-Geschäftsführer nur, wenn sie nicht Gesellschafter sind.[602]

6.124 Art. 21 I lit. a) EuGVO eröffnet dem Arbeitnehmer für die Klage gegen den Arbeitgeber die Wahl zwischen mehreren Gerichtsständen: Nach Art. 21 kann der Arbeitgeber vor den Gerichtsständen des Mitgliedstaats, in dem er seinen Wohnsitz/Sitz (Art. 62 f. EuGVO) hat, verklagt werden. Darüber hinaus ist nach Art. 21 I lit. b) die Klage vor den Gerichten des Ortes statthaft, an dem der Arbeitnehmer gewöhnlich

---

595 EuGH, 10.9.2015, Rs. C-47/14, *Holterman Ferho Exploitatie u.a.*, EU:C:2015:574, Rdn. 51 und 67, ebenso *Alfa Laval Tumba AB v Separator Spares Int'l Ltd.* [2012] EWCA Civ 1569, dazu *Merett*, in: Dickinson/Lein (ed.), The Brussels I Regulation Recast, Rdn. 7.10.

596 Vgl. unten § 6 IV, Rdn. 6.255.

597 EuGH, 19.7..2012, Rs. C-154/11, *Mahamdia*, EU:C:2012:491, Rdn. 42; EuGH, 10.9.2015, Rs. C-47/14, *Holterman Ferho Exploitatie u.a.*, EU:C:2015:574, Rdn. 37 ff.

598 Vgl. dazu Rauscher/*Mankowski*, Art. 18 EuGVO, Rdn. 7. Dagegen beruhen Ansprüche des Arbeitnehmers gegen den Arbeitgeber aus einem anwendbaren Tarifvertrag (§ 41 I TVG) oder Betriebsvereinbarung (§ 77 IV 1 BetrVG) auf dem individuellen Arbeitsverhältnis, dazu *Junker*, Arbeitnehmereinsatz im Ausland, S. 40 f.

599 Vgl. zu Art. 39 EG/Art. 45 AEUV EuGH, 3.7.1986, Rs. C-66/85, *Lawrie-Blum*, EU:C:1986:284, Rdn. 17; EuGH, 31.5.2001, Rs. C-43/99, *Leclere und Deaconescu*, EU:C:2001:303, Rdn. 55; nunmehr ausdrücklich EuGH, 10.9.2015, Rs. C-47/14, *Holterman Ferho Exploitatie u.a.*, EU:C:2015:574, Rdn. 41

600 *Junker*, FS Schlosser, S. 299, 302 ff.

601 EuGH, 10.9.2015, Rs. C-47/14, *Holterman Ferho Exploitatie u.a.*, EU:C:2015:574, Rdn. 46 ff.; EuGH, 15.1.1987, Rs. C-266/85, *Shenavai./.Kreischer*, EU:C:1987:11. OLG Hamburg, 14.4.2004, NJW 2004, 3126. Ausführlich: *Winterling*, Entscheidungszuständigkeit, S. 30 ff.

602 MünchKomm/*Gottwald*, Art. 20 EuGVO, Rdn. 5.

seine Arbeit verrichtet oder zuletzt verrichtet hat.[603] Schließlich eröffnen Art. 20 I iVm Art. 7 Nr. 5 EuGVO dem Arbeitnehmer die Zuständigkeit im EG-Mitgliedstaat der Zweigniederlassung, in der er seine Tätigkeit ausgeübt hat.[604] Art. 21 Abs. 1 EuGVO enthält keinen Klägergerichtsstand am Wohnsitz des Arbeitnehmers, allerdings wird in vielen Fällen der Arbeitsort mit dem Wohnsitz zusammenfallen. Nach Art. 20 I und 8 Nr. 1 EuGVO können mehrere Arbeitgeber am Sitz eines Ankerbeklagten gemeinsam verklagt werden – die Vorschrift greift insbesondere bei unklaren Gesellschaftsstrukturen des Arbeitgebers ein, erfasst aber auch Klagen aus dem Arbeitsverhältnis, die weitere Parteien (etwa leitende Angestellte) erfassen.[605]

Art. 19 Nr. 2 lit. b) EuGVO eröffnet zudem die Zuständigkeit am Sitz der Nieder- **6.125**
lassung des Arbeitgebers, die den Arbeitnehmer eingestellt hat, sofern dieser seine Arbeit gewöhnlich nicht in ein und demselben Staat verrichtet.[606] Diese Regelung hat vor allem für Fernfahrer, Monteure, Reisebegleiter, Flugbegleiter und ähnliche Berufe praktische Bedeutung.[607] Die örtliche Zuständigkeit bestimmt sich nach dem Recht der Mitgliedstaaten (vgl. § 46 II ArbGG, §§ 12 ff. ZPO).

Einen zusätzlichen Gerichtsstand begründet Art. 6 der Arbeitnehmer-Entsendungsrichtlinie **6.126**
(96/71/EG), der nach Art. 67 EuGVO Vorrang zukommt.[608] Danach kann der Arbeitnehmer zur Durchsetzung von (Mindest-)Arbeitsbedingungen auch vor den Gerichten des EU-Mitgliedstaates klagen, in den er entsandt wurde. Die deutsche Umsetzungsvorschrift (für nach Deutschland entsendete Arbeitnehmer) enthält § 8 I AEntG. Der Gerichtsstand wird nur dann praktisch relevant, wenn das entsendete Unternehmen keine Niederlassung in Deutschland unterhält (vgl. Art. 20 I iVm 7 Nr. 5 EuGVO) oder der entsendete Arbeitnehmer seinen grundsätzlichen Aufenthalt im Herkunftsstaat beibehalten

---

603 EuGH, 15.2.1989, Rs. C-32/88, *Six Constructions./.Humbert*, EU:C:1989:68, Rdn. 10 ; EuGH, 13.7.1993, Rs. C-125/92, *Mulox./.Geels*, EU:C:1993:306, Rdn. 15. Die Vorschrift führt in der Praxis zu Schwierigkeiten, vgl. C.A. Nancy, 8.3.2006, Nr. 05/02714, dazu *Hess/Pfeiffer/Schlosser*, The Brussels I Regulation, Rdn. 306: Klage eines Arbeitnehmers, der für einen luxemburgischen Managing Director als Fahrer beschäftigt war. Er fuhr diesen regelmäßig von seinem Wohnort in Frankreich zu Niederlassungen in Frankreich und zur Geschäftsleitung in Luxemburg. Die Cour d'Appel kam zum Ergebnis, dass der Schwerpunkt der Tätigkeit in Frankreich lag.

604 Beispiel: Eine in Frankfurt angestellte Mitarbeiterin einer deutschen Bank arbeitet für mehrere Monate in der Niederlassung in London. Dort ist sie Mobbingattacken ihrer englischen Kollegen ausgesetzt. Für eine Entschädigungsklage nach § 15 II AGG sind neben Frankfurt auch die Londoner Gerichte nach Art. 20 I, 7 Nr. 5 EuGVO international und örtlich zuständig, vgl. *Junker*, Arbeitnehmereinsatz, S. 55 f.

605 Damit korrigiert der Recast die Entscheidung des EuGH, 22.5.2008, Rs. C-462/06, *Glaxosmithkline*, EU:C:2008:299, *Schlosser/Hess*, Vorb. 1 zu Art. 20 ff. EuGVVO; *Merrett*, in: Dickinson/Lein (ed.), The Brussels I Regulation on Recast, Rdn. 7.15 ff.

606 EuGH, 9.1.1997, Rs. C-383/95, *Rutten./.Cross Medical*, EU:C:1997:7, Rdn. 23; EuGH, 15.3.2011, Rs. C-29/10, *Koelzsch*, EU:C:2011:151 (zu Art. 6 II Röm. SchuldvertragsÜbk).

607 Beispiel: BAG, 12.1.2001, BAGE 100, 130, 131: Klage einer Flugbegleiterin gegen die in Chicago ansässige Gesellschaft United Airlines. Da diese in Frankfurt eine Niederlassung unterhielt, war das ArbG Frankfurt nach Art. 20 II EuGVO international und örtlich zuständig.

608 Dazu oben § 6 I, Rdn. 6.35.

hat.[609] § 8 II AEntG eröffnet hingegen inländischen Sozialkassen keinen Klägergerichtsstand zur Geltendmachung tariflicher Beitragsforderungen.[610]

6.127 Der Arbeitgeber kann nach Art. 22 I, 62 EuGVO nur vor den Gerichten klagen, in denen der Arbeitnehmer seinen Wohnsitz hat.[611] Diese Vorschrift führt in der Praxis zu Schwierigkeiten, wenn die Arbeitsgerichte am Wohnsitz des Beklagten mit dem auf das Arbeitsverhältnis anwendbaren Recht nicht vertraut sind. So erfordert beispielsweise das deutsche Kündigungsschutzrecht die Erhebung einer Feststellungsklage, die in anderen Mitgliedstaaten nicht zwingend nach denselben Vorschriften durchzuführen ist (zumal nicht alle EU Mitgliedstaaten die Feststellungsklage zulassen).[612] Hier ist jeweils ein flexibler Umgang der Arbeitsgerichte mit dem anwendbaren, ausländischen Kündigungsrecht geboten.[613]

6.128 Maßgeblicher Zeitpunkt ist die Klageerhebung. Verlegt beispielsweise ein leitender Angestellter nach der Pensionierung seinen Wohnsitz nach Mallorca und entdeckt der Arbeitgeber frühere Veruntreuungen, so sind die spanischen Gerichte nach Art. 20 I, 22 EuGVO für die vertraglichen Schadenersatzansprüche zuständig.[614] Eine selbständige Anknüpfung konkurrierender deliktischer Ansprüche (etwa aus §§ 823 II BGB, 266 StGB, 828 BGB) nach Art. 7 Nr. 2 EuGVO an den Tatort (d.h. den Beschäftigungsort) ist hingegen nicht möglich.[615] Insofern besteht keine internationale Zuständigkeit der deutschen Arbeitsgerichte.[616]

6.129 Gerichtsstandsvereinbarungen sind nur nach Maßgabe von Art. 23 EuGVO zulässig, d.h. entweder nach Entstehung des Rechtsstreits (Nr. 1) oder als (einseitig) begünstigende Gerichtsstände für den Arbeitnehmer (Nr. 2).[617] Bei der ersten Alternative stellt sich vor allem die Frage, ob in einen Aufhebungs- oder Abfindungsvertrag eine Gerichtsstandsvereinbarung aufgenommen werden kann. Art. 23 EuGVO ermöglicht freilich nur für das aufgehobene Arbeitsverhältnis den Abschluss einer Gerichtsstandsvereinbarung, nicht für Streitigkeiten über den Aufhebungsvertrag selbst.[618]

6.130 In der Rechtssache Mahamdia./.Algerien[619] klagte ein in der Berliner Botschaft des beklagten Staates angestellter Fahrer gegen seine Kündigung. Der Arbeitsvertrag enthielt eine ausschließliche Gerichtsstandsklausel zugunsten der Gerichte Algeriens. Die Große Kammer entschied, dass die Botschaft als Niederlassung iSd Art. 20 II EuGVO anzusehen sei. Die Staatenimmunität schließe zudem eine Klage aus dem Arbeitsverhältnis gegen einen nachgeordneten Angestellten nicht aus.

609 Dazu *Junker*, Arbeitnehmereinsatz, S. 39 f. – die Vorschrift hat bisher keine praktische Bedeutung erlangt.

610 LAG Frankfurt, 12.2.2007, IPRax 2008, 131; zust. *Eichenhofer*, IPRax 2008, 109 ff.

611 Die örtliche Zuständigkeit richtet sich nach den autonomen Prozessrechten der Mitgliedstaaten, vgl. § 46 II ArbGG, §§ 12 ff. ZPO.

612 Einzelheiten bei *Hess/Pfeiffer/Schlosser*, The Brussels I Regulation, Rdn. 306 ff.

613 Normlücken sind gegebenenfalls durch Anpassung zu schließen.

614 Beispiel nach *Junker*, Arbeitnehmereinsatz, S. 49 f.

615 EuGH, 10.9.2015, Rs. C-47/14, *Holterman Ferho Exploitatie u.a.*, EU:C:2015:574, Rdn. 67.

616 AA *Junker*, Arbeitnehmereinsatz, S. 41; Voraufl. § 6, Rdn. 109.

617 Es erscheint wenig wahrscheinlich, dass diese Alternative praktische Bedeutung erlangt.

618 *Junker*, Arbeitnehmereinsatz, S. 44. ff.

619 EuGH, 19.7.2012, Rs. C-154/11, *Mahamdia*, EU:C:2012:491.

Die Gerichtsstandsvereinbarung hielt die große Kammer für unwirksam: Sie sei zum einen vor dem Entstehen des Rechtsstreits vereinbart worden (Art. 23 Nr. 1 EuGVO), sie dürfe zudem nicht die Zuständigkeiten nach Art. 20 und 21 EuGVO beschneiden (Art. 23 Nr. 2 EuGVO).

6. Ausschließliche Gerichtsstände, Art. 24 EuGVO

a) Immobiliarklagen, Art. 24 Nr. 1 EuGVO

Art. 24 Nr. 1 EuGVO enthält einen ausschließlichen Gerichtsstand für Klagen in Bezug 6.131 auf Grundstücke.[620] Der EuGH hatte wiederholt Gelegenheit, den Begriff des dinglichen Rechts gegen den des persönlichen Anspruchs abzugrenzen.[621] Maßgeblich ist, dass dingliche Rechte gegenüber jedermann wirken. Dingliche Klagen sind daher nur solche, die darauf gerichtet sind, Umfang oder Bestand einer unbeweglichen Sache, das Eigentum oder den Besitz oder das Bestehen anderer dinglicher Rechte zu bestimmen und dem Inhaber dieser Rechte den Schutz der mit ihrer Rechtsstellung verbundenen Vorrechte zu sichern.[622] Die geltend gemachte Klage muss unmittelbar auf das dingliche Recht gestützt sein.[623] Vertragliche Verschaffungsansprüche fallen danach nicht unter Art. 24 Nr. 1 EuGVO; sie können jedoch nach Art. 8 Nr. 4 EuGVO im Wege der Anspruchsbündelung zusammen mit dem dinglichen Anspruch geltend gemacht werden.[624] Klagen der Wohnungseigentümergemeinschaft auf Zahlung rückständiger Bewirtschaftskosten und sonstige Beiträge fallen nur dann unter Art. 24 Nr. 1 EuGVO, wenn sie mit einer Grundbucheintragung einhergehen.[625] Immissionsklagen des Grundstückseigentümers fallen hingegen nicht unter Art. 24 Nr. 1 EuGVO. Hier greift die ratio legis des Gerichtsstands nicht ein, die auf die Registereintragung und damit

620 Mangels unionsrechtlicher Definition entscheidet das Kollisionsrecht des angerufenen Gerichts über den Begriff, *Schlosser*, Art. 24 EuGVO, Rdn. 2; *Kropholler/v. Hein*, Art. 24 EuGVO, Rdn. 11. Seeschiffe sind hingegen nicht erfasst, OLG Düsseldorf, 6.7.2004, NJOZ 2004, 3905 f.; Rauscher/*Mankowski*, Art. 24 EuGVO, Rdn. 16. Jedoch ist in dieser Konstellation Art. 24 Nr. 3 EuGVO anwendbar.

621 EuGH, 10.1.1990, Rs. C-115/88, *Reichert*, EU:C:1990:3, Rdn. 9; EuGH, 9.6.1994, Rs. C-292/93, *Lieber*, EU:C:1994:241, Rdn. 14; EuGH, 18.5.2006, Rs. C-343/04, *ČEZ*, EU:C:2006:330, Rdn. 26; EuGH, 3.10.2013, Rs. C-386/12, *Schneider*, EU:C:2013:633; EuGH, 17.12.2015, Rs. C-605/14, *Komu u.a.*, EU:C:2015:833; EuGH, 16.11.2016, Rs. C-417/15, *Schmidt*, EU:C:2016:881, Rdn. 30 f.; EuGH, 14.2.2019, Rs. C-630/17, *Milivojević*, EU:C:2019:123, Rdn. 95 ff.; EuGH, 15.5.2019, Rs. C-827/18, *MC*, EU:C:2019:416, Rdn. 27 f. (zu Art. 22 Nr. 1 LugÜ).

622 EuGH, 14.12.1977, Rs. C-73/77, *Sanders*, EU:C:1977:208, Rdn. 12/15; EuGH, 27.1.2000, Rs. C-8/98, *Dansommer*, EU:C:2000:45, Rdn. 27; EuGH, 3.4.2014, Rs. C-438/12, *Weber*, EU:C:2014:212.

623 EuGH, 10.7.2019, Rs. C-722/17, *Reitbauer*, EU:C:2019:577, Rdn. 45; EuGH, 16.11.2016, Rs. C-417/15, *Schmidt*, EU:C:2016:881, Rdn. 34.

624 Dazu oben § 6 II, Rdn. 6.102.

625 EuGH, 17.12.2015, Rs. C-605/14, *Komu u.a.*, EU:C:2015:833; EuGH, 8.5.2019, Rs. C-25/18, *Kerr*, EU:C:2019:376, Rdn. 25 ff.; *Schlosser/Hess*, Art. 24 EuGVVO, Rdn. 5a.

auf die Sachnähe abstellt.[626] Derartige Klagen können nach Art. 7 Nr. 2 EuGVO am Handlungs- oder Erfolgsort geltend gemacht werden.[627]

6.132 Bei Timesharing-Verträgen ist zu unterscheiden, ob das Nutzungsrecht dinglich, gesellschaftsrechtlich oder schuldrechtlich ausgestaltet ist. Das dingliche ausgestaltete Timesharing an einer Immobilie fällt unter Art. 24 Nr. 1 EuGVO.[628] Rechtsstreitigkeiten zwischen den verschiedenen Erwerbern des Nutzungsrechts sollten (aus dem Rechtsgedanken der Sachnähe um widersprüchliche Urteile zu vermeiden) am Belegenheitsort entschieden werden.[629] Beim gesellschaftsrechtlich ausgestalteten Timesharing (Clubmitgliedschaft) hat der EuGH hingegen eine Anwendbarkeit des Art. 24 Nr. 1 EuGVO verneint. Der ausschließliche Gerichtsstand scheidet auch dann aus, wenn das konkrete Objekt, an dem das Timesharingrecht erworben werden soll, noch nicht feststeht.[630] Beim schuldrechtlichen Timesharing kommt es darauf an, ob der Vertrag unter den Begriff der „Miete oder Pacht" iSd Art. 24 Nr. 1 EuGVO einzuordnen ist, also im Schwerpunkt eine Gebrauchsüberlassung zum Gegenstand hat.[631] Dies hat der Gerichtshof für den Fall verneint, dass der Schwerpunkt des Vertrages nicht die Immobiliennutzung als solche umfasst, sondern zusätzliche Serviceleistungen einschließt.[632] In der Rechtspraxis haben Auseinandersetzungen um die Gültigkeit von Timesharingverträgen erhebliches Streitpotential ausgelöst – die Rechtsprechung hat bisher keine einheitliche Linie gefunden.[633]

6.133 Miet- und Pachtverhältnisse unterfallen dem Gerichtsstand des Art. 24 Nr. 1 EuGVO, um den gesetzlichen Schutzvorschriften des Belegenheitsstaates Wirkung zu verschaffen. Es handelt sich zudem um einen Gerichtsstand der Sachnähe, da Streitigkeiten aus Miet- und Pachtverhältnissen häufig eine Begehung der Miet- bzw. Pachtsache erforderlich machen.[634] Der EuGH legt die Vorschrift „nicht weiter aus, als es ihr Ziel erforderlich macht".[635] Auf gemischte Verträge ist der Gerichtsstand

---

626 Zutreffend EuGH, 18.5.2006, Rs. C-343/04, *ČEZ*, EU:C:2006:330, Rdn. 28 ff. – die Beweisnähe bestand für beide betroffenen Grundstücke gleichermaßen.

627 EuGH, 18.5.2006, Rs. C-343/04, *ČEZ*, EU:C:2006:330, Rdn. 33 ff.; dazu *McGuire*, ecolex 2006, 709 (für den Vorrang des Gerichtsstands am Immissionsort); aA OGH, 1.8.2003, IPRax 2005, 256, dagegen *Schack*, IPRax 2006, 262, 265.

628 Das heißt eine Klage auf Feststellung des Bestehens, Nicht-Bestehens des Nutzungsrechts und auf Überlassung des Gebrauchs, dazu *Schomerus*, NJW 1995, 360; *Kropholler/v. Hein*, Art. 24 EuGVO, Rdn. 17.

629 Dazu LG Detmold, 29.9.1994, IPRax 1995, 249 (Anm. *Jayme*, 234).

630 EuGH, 13.10.2005, Rs. C-73/04, *Klein*, EU:C:2006:96, Rdn. 16 ff.

631 *Leible/Müller*, NZM 2009, 18, 19 ff. mwN.

632 EuGH, 26.3.1992, Rs. C-261/90, *Reichert*, EU:C:1992:149.

633 Vgl. *Leible/Müller*, NZM 2009, 18, 22 ff. mit zutreffender Kritik an BGH, 25.6.2008, NZM 2008, 658, der ein vertragsrechtliches timesharing als „Wochentausch" qualifiziert und daher die Anwendung von Art. 22 Nr. 1 EuGVO verneint.

634 *Kropholler*, Art. 22 EuGVO, Rdn. 23.

635 EuGH, 14.12.1977, Rs. C-73/77, *Sanders*, EU:C:1977:208.

daher ebenso wenig anzuwenden wie auf die Vermietung von Ferienwohnungen[636] – der Gemeinschaftsgesetzgeber hat klargestellt, dass kurzfristige Mietverträge (unter 6 Monaten) nicht von der Vorschrift erfasst werden. Art. 24 Nr. 1 EuGVO erfasst alle Klagen in Bezug auf das Mietverhältnis, insbesondere die Zahlungsklage auf Mietzins,[637] Klagen auf Überlassung der Mietsache an den Mieter, über die jeweiligen Verpflichtungen des Vermieters und des Mieters in Bezug auf deren Instandhaltung, die Dauer des Mietvertrages, die Rückgabe der Mietsache[638] und die Abrechnung der Nebenkosten.[639]

Rechtspolitisch unbedenklich ist Art. 24 Nr. 1 EuGVO nicht. Denn die ausschließliche Zuständigkeit hat zur Folge, dass jeglicher alternativer Gerichtsstand ausgeschlossen bleibt – auch wenn sich beispielsweise deutsche Parteien über die Rechtslage (etwa: ein Mietverhältnis) an einem in Mallorca belegenen Grundstück streiten und lieber am gemeinsamen Heimatort Frankfurt klagen möchten (vgl. Art. 25 V EuGVO).[640] Desgleichen erscheint die Anordnung eines ausschließlichen Gerichtsstands bei gewerblichen Mietverträgen nicht erforderlich.[641] Letztlich beruht die Anordnung der ausschließlichen Zuständigkeit auf Souveränitätserwägungen, die im europäischen Justizraum keinen unbesehenen Vorrang im Verhältnis zu den Parteiinteressen genießen.[642] Diese Erwägungen legen *de lege lata* eine enge Auslegung des Art. 24 Nr. 1 EuGVO nahe – *de lege ferenda* erscheint die Aufgabe der ausschließlichen Zuständigkeit im Verhältnis zwischen den EG-Mitgliedstaaten durchaus bedenkenswert.[643] 6.134

Ein Beispiel für die enge Auslegung des Art. 24 Nr. 1 EuGVO findet sich in einem Urteil des BGH.[644] Zwei Brüder stritten über die Errichtung einer Mauer auf einem Grundstück in Sardinien. Sie hatten das Grundstück von ihrem Vater geerbt. Der Kläger verlangte vom Beklagten die Beseitigung der 2m hohen, 20m langen Mauer, die dieser ohne Absprache auf der Grenze errichtet hatte, zudem hatte er eine Zufahrt zwischen den Grundstücksteilen zumauern lassen. Der BGH bejahte die internationale Zuständigkeit der deutschen Gerichte nach Art. 4, 61 EuGVO. Art. 24 Nr. 1 EuGVO sei 6.135

---

636 Anders noch EuGH, 15.1.1985, Rs. C-241/83, *Rösler./.Rottwinkel,* EU:C:1985:6, Rdn. 2225, dagegen *Schack*, IZVR, Rdn. 313.

637 EuGH, 15.1.1985, Rs. C-241/83, *Rösler./.Rottwinkel,* EU:C:1985:6.

638 OGH, 24.4.2003, SZ 2003, 39.

639 *Kropholler*, Art. 22 EuGVO, Rdn. 25.

640 Dazu *Schack*, IZVR, Rdn. 311 f. Beispiel: EuGH, 15.1.1985, Rs. C-241/83, *Rösler./.Rottwinkel,* EU:C:1985:6 (dieses Urteil veranlasste den Gemeinschaftsgesetzgeber, kurzfristige Mietverträge von Art. 16 Nr. 1 EuGVÜ/Art. 24 Nr. 1 EuGVO auszunehmen).

641 Dazu *Pfeiffer*, in: Hess/ders./Schlosser, General Report on the Application of Reg. Brussels I, JLS/C4/2005/03, Rdn. 364.

642 Dazu oben § 3 V, Rdn. 3.86 ff.

643 Im Verhältnis zu Drittstaaten sollte hingegen die aktuelle Regelung beibehalten werden. Auch sollte Art. 24 Nr. 1 EuGVO nicht im Sinne eines *effet réflexe* dahin ausgelegt werden, dass Immobiliarklagen in Bezug auf Grundstücke in Drittstaaten zwischen Parteien im Europäischen Justizraum ausgeschlossen sind, vgl. oben § 5 I, Rdn. 5.15 ff.

644 BGH, 18.7.2008, NJW 2008, 3502 (das Urteil erging zur VO 44/2001).

nach der Rechtsprechung des EuGH eng auszulegen; die Eigentumslage sei unstreitig, Beseitigungs- und Unterlassungsansprüche seien zwar dinglicher Natur,[645] jedoch die deutsche Einordnung nicht ausschlaggebend. Allein die Beweisnähe des dinglichen Gerichtsstands erfordere keine abweichende Entscheidung.[646]

b) Gesellschaftsrechtliche Binnenstreitigkeiten, Art. 24 Nr. 2 EuGVO

6.136 Art. 24 Nr. 2 EuGVO eröffnet einen ausschließlichen Gerichtsstand für sog. „Organisationsstreitigkeiten" von Gesellschaften.[647] Dabei handelt es sich um Klagen über die Gültigkeit, die Nichtigkeit oder die Auflösung einer juristischen Person oder über die Gültigkeit von Beschlüssen der Gesellschaftsorgane.[648] Im deutschen Recht sind dies einerseits Klagen auf Nichtigerklärung der AG (§§ 275 ff. AktG) bzw. der GmbH (§§ 75 ff. GmbHG) oder der eG (§ 94 GenG). Auch Feststellungsklagen der Gesellschafter (§ 256 ZPO) über die Nichtigkeit der Gesellschaft oder einzelner Beschlüsse sind eingeschlossen, desgleichen Auflösungsklagen; nicht hingegen reine Registerstreitigkeiten, wie etwa das Löschungsverfahren nach §§ 144, 144a FGG.[649] Die Vorschrift erfasst sowohl Personengesellschaften[650] als auch juristische Personen.[651]

6.137 § 24 Nr. 2 EuGVO bezweckt die Konzentration von Streitigkeiten über das „Grundverhältnis" der Gesellschaft an deren Sitz.[652] Der Unionsgesetzgeber will den Gleichlauf von „*forum* und *ius*" gewährleisten, d.h. insbesondere zwingende Erfordernisse des Gesellschaftsstatuts wahren und die Publizität des Registerstaates implementieren.[653] Dieser Normzweck begrenzt die sachliche Reichweite des Gerichtsstands.[654] Erfasst sind kontradiktorische[655] Streitigkeiten, die den Status der Gesellschaft oder

---

645 Die „unbefangene" Argumentation mit § 1004 BGB in Bezug auf ein in Italien belegenes Grundstück, vgl. Art. 43 EGBGB, erscheint erstaunlich.

646 In der Tendenz und im Ergebnis stimmt die Entscheidung mit der Rechtsprechung des EuGH überein, EuGH, 18.5.2006, Rs. C-343/04, *ČEZ*, EU:C:2006:330.

647 *G. Wagner*, in: Lutter (Hrg.) Europäische Auslandsgesellschaften, S. 262 f.

648 Beispiel: *Speed Investment Ltd. v. Formula One Holdings Ltd (No 2)*, [2005] 1 WLR 1936, 1954 (C.A.): Streitigkeit über die Zusammensetzung von Gesellschaftsorganen.

649 MünchKomm/*Gottwald*, Art. 24 EuGVO, Rdn. 24.; *Leible/Freitag*, Forderungsbeitreibung, § 2, Rdn. 215. Anwendbar ist freilich Art. 24 Nr. 3 EuGVO.

650 Auch die rechtsfähige Außen-GbR, jedoch nicht die stille Gesellschaft als reine Binnengesellschaft, § 230 HGB, MünchKomm/*Gottwald*, Art. 24 EuGVO, Rdn. 23 f.

651 Rauscher/*Mankowski*, Art. 24 EuGVO, Rdn. 59; MünchKomm/*Gottwald*, Art. 24 EuGVO, Rdn. 23.

652 *Schilling*, IPRax 2005, 208, 213 ff.; *G. Wagner*, in: Lutter (Hrg.), Europäische Auslandsgesellschaften, S. 264 f.

653 Kritisch *Geimer*, FS Schippel, S. 869, 873 ff.; *G. Wagner*, in: Lutter (Hrg.), Europäische Auslandsgesellschaften, S. 263; *Schilling*, IPRax 2005, 208, 213; zu weitgehend Rauscher/*Mankowski*, Art. 24 EuGVO, Rdn. 59 (öffentliches Interesse des Registerstaates).

654 Deutlich EuGH, 2.10.2008, Rs. C-372/07, *Hassett und Doherty*, EU:C:2008:534: Art. 24 Nr. 2 EuGVO betrifft nur Klagen über die Gültigkeit von Gesellschaftsbeschlüssen, nicht allgemeine Haftungsklagen; ebenso EuGH, 12.5.2011, Rs. C-144/10, BVG, EU:C:2011:300, Rdn. 38.

655 Verfahren der freiwilligen Gerichtsbarkeit, vgl. §§ 374 ff. FamFG, sind nicht erfasst.

die Gültigkeit von Organbeschlüssen betreffen.[656] Diese müssen selbst Gegenstand des Rechtsstreits sein, bloße Vorfragen reichen nicht aus.[657] Danach sind Streitigkeiten der Gesellschafter untereinander[658] oder zwischen der Gesellschaft und ihren Gesellschaftern[659] ebenso wenig erfasst wie Klagen der Gläubiger gegen den Gesellschafter oder Organe (etwa aus Unterkapitalisierung[660] oder aus Durchgriffshaftung[661]). Art. 24 Nr. 2 EuGVO erfasst auch nicht Verbandsstrafen, die internationale (Sport-) Verbände gegen Sportler oder Trainer erlassen.[662] Der EuGH hat jedoch für Klagen aus dem Mitgliedschafts- bzw. Gesellschaftsverhältnis den Vertragsgerichtsstand des Art. 7 Nr. 1 EuGVO eröffnet.[663] Abgrenzungsprobleme stellen sich auch im Verhältnis zur EuInsVO: Die insolvenzrechtliche Beendigung der Gesellschaft hat nach Art. 1 II lit. b) EuGVO im Hinblick auf Ausgleichs- und Anfechtungsansprüche Vorrang.[664]

Für die Bestimmung des Sitzes der Gesellschaft verweist Art. 24 Nr. 2 S. 2 EuGVO **6.138**
nicht auf Art. 62 EuGVO, sondern explizit auf das internationale Privatrecht des entscheidenden Gerichts.[665] Seit der *Inspire Art*-Entscheidung des EuGH[666] hat sich freilich die Sprengkraft der Rückverweisung auf die autonomen Kollisionsrechte der Mitgliedstaaten erledigt. Nunmehr gilt kollisionsrechtlich das Recht des Satzungssitzes – die dortigen Gerichte sind (aufgrund des Urteils Überseering[667]) ausschließlich zuständig im Sinne des Art. 24 Nr. 2 EuGVO.[668] Die Gründungstheorie ermöglicht heute eine gemeinschaftsweit einheitliche Auslegung des Gerichtsstands des Art. 24 Nr. 2 EuGVO. Im Ergebnis hat die zwischenzeitliche Rechtsprechung des EuGH die von Art. 24 Nr. 2 EuGVO intendierte Zuständigkeitskonzentration (durch die Schaffung einheitlicher Anknüpfungskriterien) implementiert. Die Binnenstreitigkeiten von (geschätzt) mehr als 60.000 *private limited companies*, die in Deutschland Geschäfte tätigen, verweist Art. 24 Nr. 2 EuGVO vor die englischen Gerichte.[669]

---

656 Schnyder/*Killias*, Art. 22 LugÜ, Rdn. 3.
657 EuGH, 12.5.2011, Rs. C-144/10, BVG, EU:C:2011:300, Rdn. 30 ff.; zust. *Thole*, IPRax 2011, 541, 546 f.
658 *Kropholler/v. Hein*, Art. 22 EuGVO aF, Rdn. 40; anders hingegen § 22 ZPO, dazu *Geimer*, FS Schippel, S. 869, 873 ff.
659 OLG, Jena, 5.8.1998, NZI 1999, 81; OLG Koblenz, 11.1.2001, NZI 2002, 56.
660 OLG Köln, 14.5.2004, WM 2005, 612, 613.
661 Rauscher/*Mankowski*, Art. 24 EuGVO, Rdn. 83.
662 So jedoch OGH, 21.5.2007, SpuRt 2007, 237 (abl. *König*, 241 ff.).
663 EuGH, 22.3.1983, Rs. 34/82, *Peters*, EU:C:1983:87, Rdn. 13 ff.
664 EuGH, 4.12.2014, Rs. C-295/13, *H*, EU:C:2014:2410, zu Ansprüchen noch § 64 GmbHG, dazu *Wedemann*, IPRax 2015, 505 ff.
665 Damit hatte der Gemeinschaftsgesetzgeber die frühere Vorschrift des Art. 57 EuGVO fortgeschrieben, dazu *Kohler*, in: Gottwald (Hrg.), Revision des EuGVÜ, S. 1, 11.
666 EuGH, 30.9.2003, Rs. C-167/01, *Inspire Art*, EU:C:2003:512.
667 EuGH, 5.11.2002, Rs. C-208/00, *Überseering*, EU:C:2002:632.
668 BGH, 13.9.2011, BGHZ 190, 242, Rdn. 15 ff.
669 BGH, 12.7.2011, BGHZ 190, 242, Rdn. 13 ff.

6.139 Keine Binnenstreitigkeit ist hingegen die Bestellung eines Liquidators für eine im Companies House gelöschte Limited. Denn durch die Löschung der Gesellschaft entfällt deren Rechtsfähigkeit. Für das in Deutschland belegene Restvermögen besteht die Gesellschaft als sog. Restgesellschaft fort. Die Bestellung eines Liquidators für die Geltendmachung verbleibender Verbindlichkeiten für und gegen die Restgesellschaft ist daher nach Art. 24 Nr. 2 EuGVO zulässig.[670]

c) Registerstreitigkeiten, Art. 24 Nr. 3 EuGVO

6.140 Die ausschließliche Zuständigkeit für Streitigkeiten über die Gültigkeit von Eintragungen in öffentliche Register[671] legitimiert nicht etwa der besondere, „hoheitliche Charakter" der Registerführung,[672] der Gerichtsstand beruht vielmehr auf Erwägungen der Sachnähe und der Praktikabilität. Denn die Registerrechte der EU-Mitgliedstaaten sind jeweils stark formalisiert und in den nationalen Prozesstraditionen verwurzelt. Daher soll in derartigen Streitigkeiten das Gericht entscheiden, welches mit dem anwendbaren Recht (und den Tenorierungserfordernissen) am besten vertraut ist.[673] Der Gerichtsstand erfasst lediglich die internationale Zuständigkeit.[674]

6.141 Praktische Bedeutung hat Art. 24 Nr. 3 EuGVO bisher kaum erlangt,[675] nicht zuletzt weil die wichtigsten Registerstreitigkeiten von Art. 24 Nr. 1, 2 und 4 EuGVO abgedeckt werden. Der Begriff des Registers ist autonom zu bestimmen (der EuGH hat hierüber noch nicht entschieden),[676] erfasst sind insbesondere Eintragungen in Grundbücher, Hypothekenbücher, Handels-, Gesellschafts- und Vereinsregister. Personenstandsregister sind nach Art. 1 II lit. a) EuGVO ausgenommen, desgleichen Güterregister.[677] Der Gerichtsstand erfasst Rechtsstreitigkeiten um die Gültigkeit einer Eintragung sowie um die Rechtmäßigkeit der Nichteintragung.[678]

d) Gewerbliche Schutzrechte, Art. 24 Nr. 4 EuGVO

6.142 Die ausschließliche Zuständigkeit des Art. 24 Nr. 4 EuGVÜ für Registrierungsansprüche bei gewerblichen Schutzrechten hat der EuGH zunächst restriktiv interpretiert. Danach umfasst der Gerichtsstand des gewerblichen Rechtsschutzes Streitigkeiten, „bei denen die Zuweisung einer ausschließlichen Zuständigkeit an die Gerichte des Ortes, an dem das Patent erteilt wurde, ... gerechtfertigt ist, z. B. Rechtsstreitigkeiten über die Gültig-

670 OLG Jena, 22.8.2007, NZG 2007, 877; *Leible/Freitag*, Forderungsbeitreibung, § 2, Rdn. 216.

671 Nicht hingegen Streitigkeiten über die materiellen Folgen einer Eintragung, zutr. *Junker*, IZVR, § 14, Rdn. 21.

672 So aber Rauscher/*Mankowski*, Art. 24 EuGVO, Rdn. 93.

673 *Geimer/Schütze*, Art. 24 EuGVO, Rdn. 216 (Sach- und Rechtsnähe).

674 MünchKomm/*Gottwald*, Art. 24 EuGVO, Rdn. 31.

675 Beispiel: Eintragung einer Sicherungshypothek, Dirección General Registro Nacional, REDI 2005, 373.

676 Allg. Ansicht, *Schlosser*, in: Schlosser/Hess, Art. 24 EuGVVO, Rdn. 20.

677 *Geimer/Schütze*, Art. 24 EuGVO, Rdn. 215.

678 Rauscher/*Mankowksi*, Art. 24 EuGVO, Rdn. 94.

keit, das Bestehen oder das Erlöschen des Patents oder über die Geltendmachung des Prioritätsrechts aufgrund einer früheren Hinterlegung."[679] Der Gerichtsstand betrifft also insbesondere die Anmelde- und Erteilungsverfahren sowie die Einspruchs- und Nichtigkeitsverfahren bei gewerblichen Schutzrechten. Dass diese Verfahren in vielen Mitgliedstaaten (etwa in Deutschland) dem öffentlichen Recht zugerechnet werden[680], steht angesichts der autonomen Begriffsbildung des Art. 1 I EuGVO durch den Gerichtshof nicht entgegen.[681] Die zunächst enge Interpretation des Art. 2 Nr. 4 EuGVO durch den EuGH löste im Anwendungsbereich der Art. 7 Nr. 2[682] und Art. 8 Nr. 1[683] EuGVO *forum shopping* aus bei grenzüberschreitenden Schadensersatz-, Unterlassungs- und Feststellungsklagen über die Wirksamkeit von Patenten.[684] Dies war allerdings nicht unproblematisch, weil der Beklagte im Verletzungsprozess häufig die Ungültigkeit des Schutzrechtes behauptet.[685] Daher besteht bei Patentsachen ein besonders enger Zusammenhang zwischen der Gültigkeit und der Verletzung. Die englischen Gerichte entschieden daher in ständiger Rechtsprechung, dass die ausschließliche Zuständigkeit nach Art. 24 Nr. 4 EuGVO auch den Verletzungsprozess erfasst, sobald der Beklagte die Nichtigkeitswiderklage erhebt.[686] Deutsche, niederländische und französische Gerichte entschieden hingegen den Einwand als Vorfrage mit.[687] Damit drohte eine faktische „Aushöhlung" des Gerichtsstands.

In den Urteilen *Gat*[688] und *Roche*[689] hat der Gerichtshof die englische Recht- 6.143
sprechung für den Verletzungsprozess der Sache nach übernommen und damit den Anwendungsbereich des Art. 24 Nr. 4 EuGVO erheblich ausgeweitet.[690] Anders als bei Art. 24 Nr. 1 EuGVO soll es für die Anwendung des Art. 24 Nr. 4 EuGVO bereits genügen, dass die Wirksamkeit des Patents bloße Vorfrage ist. Die Neufassungen des LugÜ (2007) und nunmehr der EuGVO (2012) haben diese Rechtsprechung des

679 EuGH, 15.11.1983, Rs. C-288/82, *Duijnstee*, EU:C:1983:326, Rdn. 24.

680 Die Erteilung des Patents wird als Hoheitsakt angesehen, *Schlosser*, in: Schlosser/Hess, Art. 24 EuGVVO, Rdn. 21.

681 *Schlosser*, in: Schlosser/Hess, Art. 24 EuGVVO, Rdn. 21 f; Dasser/Oberhammer/*Blumer*, Art. 22 Nr. 4 LugÜ, Rdn. 1 f.

682 Dazu oben bei § 6 II, Rdn. 6.70.

683 Dazu oben bei § 6 II, Rdn. 6.91.

684 *Hess/Pfeiffer/Schlosser*, The Brussels I Regulation, Rdn. 655 ff.

685 Dieser Einwand konnte sich beim europäischen Bündelpatent durchaus auf die Verletzung eines für einen Nachbarstaat erteiltes Patent beziehen, so beispielsweise im Fall OLG Düsseldorf, 5.12.2002, GRURInt. 2003, 1030.

686 *Coin Controls Limited v Suzo International (UK) Ltd.* [1997] 3 All E.R. 45 (Ch. D.); *Fort Dodge Animal Health Limited v Akzo Nobel NV, IIC* 1998, 927 (C.A.), dazu *Stauder*, IPRax 1998, 317 ff.

687 Rauscher/*Mankowski*, Art. 24 EuGVVO, Rdn. 106, Fn. 595 mwN.

688 EuGH, 13.7.2006, Rs. C-4/03, *GAT*, EU:C:2006:457, Rdn. 19 ff., 25.

689 EuGH, 13.7.2006, Rs. C-539/03, *Roche Nederland*, EU:C:2006:458, Rdn. 39.

690 Dazu *Adolphsen*, IPRax 2007, 15 ff.; *Heinze/Roffael*, GRURInt 2006, 796 ff.; *Lange*, GRUR 2007, 107 ff.

Gerichthofs in den Text der Vorschrift aufgenommen.[691] Erhebt der Beklagte den Ungültigkeits- oder Nichtigkeitseinwand, so muss das angerufene Gericht die Unterlassungs- bzw. die Verletzungsklage abweisen.[692] Damit eröffnet der Gerichtshof dem beklagten Verletzer eines Patents die Möglichkeit eines sog. „Supertorpedo": Er kann mit der Behauptung, das Patent sei unwirksam, den Prozess am Verletzungsort stoppen.[693] Allerdings kann der Verletzte im Wege des einstweiligen Rechtsschutzes eine Einstellung der Verletzungshandlung erwirken.[694] Jedoch wirkt eine derartige Verfügung in der Regel nur im Gerichtsstaat.[695]

6.144 Art. 24 Nr. 4 EuGVO regelt allerdings nur die internationale Zuständigkeit. Die nationalen Gerichte können daher im Rahmen ihrer Verfahrensrechte effektiven Rechtsschutz gewährleisten. Das Gericht im Verletzungsprozess sollte nicht sofort die Klage abweisen, sondern zunächst das Verfahren aussetzen, um den Vorrang des ausschließlich zuständigen Gerichts zu sichern.[696] Damit erhält der Beklagte Gelegenheit, im Registerstaat Nichtigkeitsklage zu erheben. Wird die Klage nicht erhoben, so kann der Verletzungsprozess nach Fristablauf nicht fortgesetzt werden, vielmehr ist die Verletzungsklage als unzulässig abzuweisen. Zudem kann das im Verletzungsstaat angerufene Gericht einstweiligen Rechtsschutz gewähren.[697]

6.145 Das Inkrafttreten des EPG-Übereinkommens wird eine deutliche Verbesserung der aktuellen Rechtslage bewirken. Dann tritt nach Art. 71a II Nr. 1 EuGVO das Einheitliche Patentgericht (EPG) an die Stelle des nach Art. 6 ff. EuGVO zuständigen Gerichts des EU-Mitgliedstaates (Art. 71b Nr. 1 EuGVO).[698] Nach Art. 31 EPGÜ[699] bestimmt sich die internationale Zuständigkeit des EPG nach der EuGVO sowie nach dem LugÜ. Dabei ersetzen die Spruchkörper des EPG die Gerichte der EPG-Mitgliedstaaten: Sie

---

691 Angesichts der Kritik der ganz überwiegenden Literatur an der Rechtsprechung des Gerichtshofs ist die ausdrückliche Übernahme in den Text des Art. 24 Nr. 4 EuGVO zu bedauern.

692 So *Heinze/Roffael*, GRURInt. 2006, 787, 798.

693 Die ausschließliche Zuständigkeit nach Art. 24 Nr. 4 EuGVO „sperrt" die Zuständigkeit in den anderen Gerichtsständen, diese müssen sich von Amts wegen für unzuständig erklären, Art. 27 EuGVO. Dagegen vermag eine Feststellungsklage (auf Nichtigkeit des Schutzrechts), die am allgemeinen Beklagtengerichtsstand erhoben wird, die Sperrwirkung nicht auszulösen, OGH, 28.9.2006, ÖJZ 2007, 150.

694 EuGH, 12.7.2012, Rs. C-616/10, *Solvay*, EU:C:2012:445, Rdn. 40 ff.

695 EuGH, 17.11.1998, Rs. C-391/95, *van Uden*, EU:C:1998:543.

696 Ähnlich Art. 31 II EuGVO sowie EuGH, 3.4.2014, Rs. C-438/12, *Weber*, EU:C:2014:212, Rdn. 52 ff. (aus der Sicht des später angerufenen, ausschließlich zuständigen Gerichts).

697 Oben Rdn. 6.143.

698 Das Einheitliche Patentgericht ist als gemeinsames Gericht der teilnehmenden EU-Mitgliedstaaten konzipiert, unten § 11 IV 2, Rdn. 11.122 und 11.126 f.

699 Übereinkommen über ein Einheitliches Patentgericht (EPGÜ), ABl. EU 2013 C 175/1 ff., dazu unten § 11 IV 2, Rdn. 11.116 ff.

sind sachlich ausschließlich zuständig für Verletzungklagen[700], negative Feststellungsklagen[701], für die Gewährung vorläufigen Rechtsschutzes und für Nichtigkeitsklagen[702] sowie für Klagen auf Schadenersatz und Entschädigung.[703] Obwohl Art. 31 EPGÜ auf die EuGVO verweist, wird die Hierarchie der Gerichtsstände innerhalb des EPG verschoben: Es entscheidet das Einheitliche Gericht, die Zuständigkeitsabgrenzungen finden nur zwischen dessen Spruchkörpern statt.[704] Daher führt nach Art. 33 III EPGÜ die Geltendmachung des Ungültigkeits- oder Nichtigkeitseinwands nicht mehr zur Blockade des Verletzungs- oder Unterlassungsprozesses. Vielmehr kann die angerufene Lokal- oder Regionalkammer nach eigenem Ermessen entweder die Gültigkeits- oder Nichtigkeitsklage selbst entscheiden (Art. 33 III lit. a) EPGÜ), andernfalls das Verfahren aussetzen und die Entscheidung über die Wirksamkeit des Patents an die Zentralkammer verweisen (Art. 33 III lit. b) EPGÜ), oder mit Zustimmung der Parteien den Rechtsstreit insgesamt an die Zentralkammer verweisen (Art. 33 III lit. c) EPGÜ). Im Ergebnis ermöglicht die Zuweisung der Verfahren an ein einheitliches Gericht eine flexible und prozessökonomische Erledigung des Rechtsstreits insgesamt.

Gegenüber Beklagten in Drittstaaten erweitert Art. 71b Nr. 2 EuGVO die Zuständigkeit des Ein- 6.146
heitlichen Patentgerichts: die Gerichtsstände des II. Kapitels (insbesondere Art. 7 Nr. 2 und 8 Nr. 1 EuGVO) sind auch gegenüber Drittstaatenbeklagten anzuwenden, wenn die Klagen vor den Spruchkörpern des EPG verhandelt werden. Nach Art. 71b Nr. 3 EuGVO kann das EPG einstweilige Maßnahmen erlassen, wenn das Hauptsacheverfahren in einem Drittstaat anhängig ist.[705] Es handelt sich um subsidiäre Zuständigkeiten. Deshalb erfordert Art. 71b S. 2 EuGVO das Vorhandensein von substantiellem Vermögen des Beklagten im Europäischen Justizraum sowie einen „hinreichenden Bezug" des Rechtsstreits zum betroffenen Mitgliedstaat.[706]

e) Vollstreckungsrechtliche Streitigkeiten, Art. 24 Nr. 5 EuGVO

Die Zwangsvollstreckung ist nicht Gegenstand der EuGVO. Der Gemeinschaftsge- 6.147
setzgeber hatte sich zunächst auf die Vereinheitlichung der Exequaturverfahren

---

700 Vgl. Art. 31 lit. a) EPGÜ betreffend die Verletzung von Patenten, Lizenzen und verwandte Schutzrechte.

701 Gerichtet auf die Feststellung der Nichtverletzung der entsprechenden Schutzrechte, vgl. Art. 32 I lit. b) EPGÜ.

702 Art. 32 I lit. d) und e) EPGÜ – damit kommt Art. 24 Nr. 4 EuGVO zur Anwendung.

703 Gleichgestellt sind Schadenersatz- und Entschädigungsklagen während und vor der Anmeldung des Patents, Art. 32 I lit. f) und g), dazu Benkrath/*Tochtermann*, PatG (10. Aufl. 2015), Internationales Patentrecht, Rdn. 175.

704 Nach Art. 7 I EPGÜ gibt es in erster Instanz eine Zentralkammer (Sitz in Paris, Dependancen in London und München), sowie Lokalkammern (bis zu 4 in den teilnehmenden Mitgliedstaaten) sowie Regionalkammern (die mehrere Mitgliedstaaten gemeinsam einrichten können).

705 *Schlosser/Hess*, Art. 71b EuGVVO, Rdn. 5 f.

706 Vgl. oben § 5 I, Rdn. 5.28.

beschränkt.[707] In der Sache geht die EuGVO vom überkommenen Leitbild der Territorialität des Vollstreckungsrechts aus,[708] auch wenn dieses aufgrund neuerer Rechtsentwicklungen brüchig geworden ist.[709] Es wäre daher falsch, aus Art. 24 Nr. 5 EuGVO ein umfassendes Konzept zur Zwangsvollstreckung im Europäischen Justizraum ableiten zu wollen.[710] Vielmehr hat der EuGH explizit den Ausnahmecharakter der Vorschrift herausgestellt.[711]

6.148 Art. 24 Nr. 5 EuGVO stellt allerdings klar, dass kontradiktorische Streitigkeiten[712] in unmittelbarem Zusammenhang mit der Zwangsvollstreckung, grundsätzlich dem autonomen Recht der Mitgliedstaaten unterworfen bleiben.[713] Die Anordnung der ausschließlichen Zuständigkeit entspricht der Wertung des § 802 ZPO. Die Abgrenzung der Rechtsbehelfe ist im Detail durchaus problematisch. Art. 24 Nr. 5 EuGVO erfasst lediglich kontradiktorische Verfahren mit unmittelbarem Bezug zur Zwangsvollstreckung, insbesondere die Vollstreckungserinnerung (§ 766 ZPO), die Drittwiderspruchsklage (§ 771 ZPO)[714] sowie die Klage auf vorzugsweise Befriedigung (§ 805 ZPO). Ist die Rechtmäßigkeit der Vollstreckung hingegen eine bloße Vorfrage, so scheidet Art. 24 Nr. 5 EuGVO aus. Dies gilt insbesondere für Schadensersatzklagen wegen ungerechtfertigter Vollstreckung (§§ 717, 945 ZPO),[715] aber auch für Verfahren zur Vorbereitung der künftigen Vollstreckung wie die Vermögensauskunft oder die Eidesstattliche Versicherung (vgl. §§ 802c ff., 807, 882b ZPO).[716]

6.149 Bei der Vollstreckungsklage (§ 767 ZPO) ist richtiger Ansicht nach zu differenzieren:[717] Stellt man auf das Klageziel ab, nämlich die Beseitigung der Vollstreckungswirkung des Titels (vgl. § 775 Nr. 1 ZPO), so ist die „Vollstreckungsnähe“ der

---

707 Allg. Ansicht, dazu *Schlosser*, FS Beys, S. 1471, 1472 f.; Grünbuch der Kommission zur Europäischen Kontenpfändung, KOM (2006) 128 endg. vom 24.10.2006.

708 Ausführlich *Hess*, Study JAI A3/02/2002 on Making More Efficient the Enforcement of Judgments in Europe (2004), S. 16 ff. Art. 24 Nr. 5 EuGVO legitimiert sich allerdings nicht aus der „hoheitlichen Natur“ der Zwangsvollstreckung, so jedoch *Leible/Freitag*, Forderungsbeitreibung, § 2, Rdn. 219.

709 *Hess*, Study JAI A3/02/2002, S. 10 ff.; unten § 10 IV, Rdn. 10.117 ff.

710 So jedoch Rauscher/*Mankowski*, Art. 24 EuGVO, Rdn. 126 ff. mit weitreichenden Schlussfolgerungen.

711 EuGH, 4.7.1985, Rs. C-220/84, *AS Autoteile./.Malhé*, EU:C:1985:302, Rdn. 14 ff., dazu *Nelle*, Titel, Anspruch und Vollstreckung, S. 366 ff.; ebenso BGH, 3.4.2014, NJW 2014, 2798.

712 Nicht hingegen Verfahren zur Vorbereitung der Zwangsvollstreckung, wie die Offenbarungsversicherung, §§ 802c ff., 892b ff. ZPO, zutreffend *Kropholler/v. Hein*, Art. 22 EuGVO aF, Rdn. 61 gegen Rauscher/*Mankowski*, Art. 24 EuGVO, Rdn. 130.

713 EuGH, 4.7.1985, Rs. C-220/84, *AS Autoteile./.Malhé*, EU:C:1985:302, Rdn. 1 ; OLG Hamburg, 6.2.1998, IPRax 1999, 168 f. (*Geimer* 152); *Nelle*, Titel, Anspruch und Vollstreckung, S. 377 ff.

714 *Rotmann*, Schutz Dritter, S. 147 ff.

715 BAG, 12.6.1986, RIW 1987, 464, 467.

716 *Hess*, RPfleger, 1996, 89, 91 (zur früheren Rechtslage).

717 EuGH, 4.7.1985, Rs. C-220/84, *AS Autoteile./.Malhé*, EU:C:1985:302, Rdn. 12 (danach fällt die Vollstreckungsgegenklage grundsätzlich unter Art. 16 Nr. 5 EuGVÜ/24 Nr. 5 EuGVO), der EuGH hat jedoch offen gelassen, welche Einwände tatsächlich erfasst sind, dazu *Halfmeier*, IPRax 2007, 381, 385 ff.

Klage evident. Geht es hingegen um die Fortsetzung des Erstprozesses (im Hinblick auf neue Einwendungen) oder gar um die Nachholung des Erkenntnisverfahrens (wie im Fall der notariellen Urkunde, §§ 794 Nr. 1, 796 ZPO), so liegt kein unmittelbarer Bezug zur Zwangsvollstreckung vor. Jedoch setzt Art. 24 Nr. 5 EuGVO einen unmittelbaren Bezug zur Zwangsvollstreckung voraus.[718] Versteht man hingegen die Vollstreckungsgegenklage als umfassenden Rechtsbehelf gegen den titulierten Anspruch (während die Einstellung der Vollstreckung über § 769 ZPO erfolgt), so kann internationale Zuständigkeit der Vollstreckungsgegenklage nur aus den allgemeinen Gerichtsständen der Art. 4 ff. EuGVO hergeleitet werden. Dieses Ergebnis ist aus Gründen des Beklagtenschutzes gerechtfertigt und entspricht zudem der Wertung des § 767 I ZPO.[719] Der deutsche Gesetzgeber schreibt allerdings in § 1117 ZPO die Zuständigkeit der Gerichte am Vollstreckungsort fest und schafft damit hinkende Vollstreckungstitel.[720] Auch die Gläubigeranfechtungsklage,[721] die negative Feststellungsklage zur Abwehr einer drohenden Zwangsvollstreckung[722] und die Abänderungsklage (§ 323 ZPO)[723] fallen nicht unter Art. 24 Nr. 5 EuGVO, sondern unter die sonstigen Gerichtsstände der EuGVO bzw. unter Art. 6 I EuInsVO.[724]

7. Gerichtsstandsvereinbarungen, Art. 25 EuGVO

a) Das Regelungskonzept des Art. 25 EuGVO

Im internationalen Rechtsstreit kommt Gerichtsstandsvereinbarungen herausragende Bedeutung zu. Sie schaffen für die Parteien Vorhersehbarkeit und Sicherheit, 6.150

---

718 *A. Nelle* schlägt einen mehrstufigen Test vor, um zu ermitteln, ob der (jeweilige) nationale Rechtsbehelf titel- oder vollstreckungsbezogen ist. Danach sind folgende Kriterien zu prüfen: Die Entscheidungszuständigkeit des Vollstreckungsgerichts für den Rechtsbehelf, die Einleitung eines Vollstreckungsverfahrens als Zulässigkeitsvoraussetzung, das Rechtsschutzziel des Rechtsbehelfs (primär gegen die konkrete Vollstreckbarkeit des Titels), die Wirkung des Rechtsbehelfs (auf die Vollstreckung oder auch auf den titulierten Anspruch selbst), sowie die zugelassenen Einwände (nur gegen die Vollstreckungstätigkeit, oder auch gegen den zugrunde liegenden Titel selbst), *Nelle*, Titel, Anspruch und Vollstreckung, S. 377 ff.

719 Str., wie hier insbesondere *Nelle*, Titel, Anspruch und Vollstreckung, S. 387 ff.; *Halfmeier*, IPRax 2007, 381, 385 ff. *König*, ÖJZ 2006, 931, 933 f. (zu § 35 österr. Exekutionsordnung); *Hub*, NJW 2001, 3147; aA *Roth*, RabelsZ 68 (2004), 382; *R. Wagner*, IPRax 2005, 406 f.; MünchKomm/*Gottwald*, Art. 24 Nr. 5 EuGVO, Rdn. 48 f.; Rauscher/*Mankowski*, Art. 24 EuGVO, Rdn. 126.

720 Dazu unten § 6 IV, Rdn. 6.226.

721 EuGH, 26.3.1992, Rs. C-261/90, *Reichert*, EU:C:1992:149, Rdn. 27 ff; EuGH, 12.2.2009, Rs. C-339/07, *Seagon*, EU:C:2009:83, Rdn. 19 ff.

722 OGH, 5.1.1998, JBl. 1998, 381; LG Mainz, 13.9.2005, WM 2005, 2319, 2322; abl. *Roth*, IPRax 1999, 50 ff., wie hier MünchKomm/*Gottwald*, Art. 24 Nr. 5 EuGVO, Rdn. 48.

723 OGH, 9.4.2002, ZfRV 2003, 111, 114; BGH, 14.3.2007, NJW 2007, 2432 (Nr. 21), i.ü. kritisch besprochen von *Hess*, IPRax 2008, 25 ff.

724 EuGH, 12.2.2009, Rs. C-339/07, *Seagon*, EU:C:2009:83, Rdn. 18 ff. (zur Insolvenzanfechtung).

sie schließen durch die Festlegung eines zuständigen Gerichts *forum shopping* aus.[725] Zudem verwirklichen Gerichtsstandsvereinbarungen die Parteiautonomie im internationalen Rechtsstreit.[726] Deshalb fördert der Unionsgesetzgeber in Art. 25 EuGVO den Abschluss und die Wirksamkeit von Gerichtsstandsvereinbarungen. Die jüngste Reform hat eine weitere Stärkung der Gerichtsstandsvereinbarung bewirkt, insbesondere durch die vorrangige Entscheidungsbefugnis des prorogierten Gerichts über die Wirksamkeit der Klausel.[727]

6.151 Gerichtsstandsvereinbarungen bergen freilich auch Risiken: Sie verschaffen einer übermächtigen Partei einen nachhaltigen, prozessualen „Heimvorteil".[728] In allgemeinen Geschäftsbedingungen versteckt, können sie geschäftlich unerfahrenen Personen den Zugang zum (ortsnahen) Gericht abschneiden; einseitig begünstigende Gerichtsstandsklauseln eröffnen zudem dem Verwender Möglichkeiten zum *forum shopping*.[729] Im Verhältnis zu geschäftsunerfahrenen Personen sind sie daher weitestgehend ausgeschlossen, Art. 25 IV iVm Art. 15, 19 und 23 EuGVO. Auch für den kaufmännischen Verkehr stellt Art. 25 EuGVO daher strenge Formerfordernisse auf, die vor allem eine tatsächliche Willenseinigung der Parteien sicherstellen sollen.[730] Zugleich hat der EuGH die Anforderungen, die für Vereinbarungen über den Erfüllungsort nach Art. 7 Nr. 1 EuGVO gelten, verschärft,[731] um eine Umgehung des Art. 25 EuGVO auszuschließen.[732]

6.152 Das deutsche Prozessrecht versteht die Gerichtsstandsvereinbarung als einen privatrechtlichen Vertrag mit prozessualer Wirkung,[733] mithin als eine „Verfügung über eine verfahrensrechtliche Rechtsposition."[734] Diese Verortung zwischen materiellem Recht und Verfahrensrecht macht die Gerichtsstandsvereinbarung besonders angreifbar. Denn die Gerichtsstandsvereinbarung muss sich grundsätzlich in einer Vielzahl potentiell angerufener Gerichte „durchsetzen".[735] Der EuGH ist dieser „Gefahrensi-

---

725 Schlussanträge *Szpunar*, 7.4.2016, Rs. C-222/15, *Hőszig*, EU:C:2016:224, Rdn. 29 (mit Bezugnahme auf die Voraufl., § 6, Rdn. 128).

726 Dabei bewirkt die Gerichtsstandsvereinbarung auch die Festlegung des maßgeblichen Prozess- und Kollisionsrechts, Dasser/Oberhammer/*Killias*, Art. 23 LugÜ, Rdn. 1.

727 *Garcimartín*, in: Dickinson/Lein (ed.), Recast of the Brussels I Regulation, Rdn. 9.04 f.

728 *Wagner*, Prozessverträge (1998), S. 346 f.

729 Einseitig begünstigende Klauseln zwingen den Vertragspartner zur Klage am Sitz des Verwenders, während dieser sich die Wahl aus einer Fülle von Gerichtsständen (insbesondere an seinem Heimatsitz) offen hält.

730 EuGH, 20.4.2016, Rs. C-366/13, *Profit Investment SIM*, EU:C:2016:282, Rdn. 37 und 51.

731 Sog. „abstrakte Erfüllungsortvereinbarungen", bei denen der vereinbarte Erfüllungsort nicht dem Ort der tatsächlichen Leistungserbringung entspricht, vgl. oben § 6 II, Rdn. 6.66.

732 EuGH, 20.2.1997, Rs. C-106/95, *MSG./.Les Gravières Rhénanes*, EU:C:1997:70, Rdn. 31 ff.

733 BGH, 29.2.1968, BGHZ 49, 384; BGH, 17.5.1972, BGHZ 59, 23, 26 f.

734 BGH, 17.10.2019, NJW 2020, 399, Rdn. 26 ff. (zust. *Wais*, 405 ff.), zuvor *Wagner*, Prozessverträge (1998), S. 348 ff.; *Weller*, Ordre-public-Kontrolle, S. 9 ff.; *Schlosser*, FS Lindacher, S. 111, 112 ff.

735 Nämlich sowohl im prorogierten Forum als auch in allen derogierten Gerichten.

tuation“ durch eine explizit weite Auslegung des Art. 23 EuGVO aF entgegengetreten.[736] Dennoch vermochte diese Judikatur das „Grundproblem“ der EuGVO nicht zu beheben: Nämlich die Ausklammerung der materiellrechtlichen Probleme, die auch das Europäische Vertragsrecht (bedauerlicherweise) nicht anspricht.[737] Die Neuregelung des Art. 25 I 1 EuGVO (a.E.) unterstellt hingegen die materielle Wirksamkeit der Vereinbarung dem Recht des prorogierten Gerichts. Die Neuregelung stärkt damit die Vorhersehbarkeit (im Hinblick auf das anwendbare, ergänzende Sachrecht) und die Rechtssicherheit.

Vor diesem Hintergrund der Rechtsentwicklung erscheint die Neufassung des 6.153
Art. 25 EuGVO regelungstechnisch besser gelungen als die frühere Fassung der Vorschrift. Insgesamt gesehen ist die Entwicklung von einer zunehmenden Stärkung der Parteiautonomie geprägt.[738] Art. 25 EuGVO regelt die prozessualen Aspekte der Prorogation möglichst umfassend; die Vorschrift bezieht auch die Derogation sowie die kollisions- und materiellrechtlichen Aspekte ein. Die Neuregelung folgt dem Muster neuerer Instrumente, insbesondere Art. 3 ff. des Haager Übereinkommens über Gerichtsstandsvereinbarungen;[739] sie schließt das Kollisionsrecht ein und eröffnet einen einheitlichen Beurteilungsmaßstab für die Wirksamkeit der ausschließlichen Klausel im prorogierten und im derogierten Gericht.[740] Prozessual macht die Neufassung den entscheidenden Schritt: Sie weist nämlich die Entscheidungskompetenz über die Wirksamkeit der Klausel dem prorogierten Gericht zu.[741] Art. 31 II EuGVO verpflichtet das nicht prorogierte Gericht im Fall der konkurierenden Rechtshängigkeit,[742] das Verfahren auszusetzen, bis das prorogierte Gericht über seine Zuständigkeit entschieden hat. Die Aussetzung erfolgt ohne Wirksamkeitsprüfung der Klausel. Das derogierte Gericht prüft lediglich nach, ob der Rechtsstreit vor der Klausel erfasst

736 Damit geht eine entsprechende Zurückdrängung der autonomen Kollisions-, Prozess- und Sachrechte der Mitgliedstaaten einher.

737 Vgl. Art. 1 II lit. e) Rom I-VO. Die Reichweite der unionsrechtlichen Regelung (d.h. die Schnittstellen zum nationalen Recht) sind bis heute streitig.

738 *Garcimartin*, in: Dickinson/Lein (ed.), The Brussels I Regulation Recast, Rdn. 9.06.

739 Hague Convention on Choice of Courts Agreements vom 30.6.2005, www.hcch.net.; dazu § 5 II, Rdn. 5.55 ff.

740 Str. Richtigerweise beurteilt sich die Wirksamkeit der Klausel nach der *lex fori* des prorogierten Gerichts, *Hess*, FS Prütting (2018), S. 337, 344 f.; aA MünchKomm/*Gottwald*, Art. 25 EuGVO, Rdn. 21 (Recht des Hauptvertrages); ebenso BGH, 6.12.2018, WM 2019, 323, Rdn. 25 (zu Art. 23 EuGVO aF).

741 Die Zuweisung einer solchen Kompetenz-Kompetenz bedeutet für diejenige Partei, welche die Wirksamkeit der Prorogation behauptet, dass sie vor dem prorogierten Gericht die Unwirksamkeit der Gerichtsstandsvereinbarung geltend machen muss. Diese Belastung der Partei mit der Prozessführung im *forum prorogatum* ist jedoch die unmittelbare Folge, dass sie die Vereinbarung unterzeichnet hat. Dazu *Hess/Pfeiffer/Schlosser*, The Brussels I Regulation, Rdn. 337 ff.

742 Notwendig ist die Rechtshängigkeit vor dem prorogierten Gericht, auf den Zeitpunkt kommt es nicht an.

ist.[743] Art. 31 II EuGVO begründet im Ergebnis eine Kompetenz-Kompetenz des prorogierten Gerichts.[744]

6.154 Auf der Rechtsfolgenseite sind Prorogation und Derogation systematisch zu unterscheiden: Die Prorogation bewirkt die Zuständigkeit des vereinbarten Gerichts, während die Derogationswirkung andere Gerichte für unzuständig erklärt. Art. 25 EuGVO regelt vor allem die Prorogation, Art. 25 I 2 EuGVO stellt die Vermutung auf, dass die Parteien im Zweifel eine ausschließliche Zuständigkeit vereinbart haben. Die Derogation regelt Art. 25 EuGVO nicht ausdrücklich, auch nicht die Wahl eines Drittstaatengerichts. Die Derogation der Gerichte der EU-Mitgliedstaaten sollte jedoch deren residuellen Kontrollen unterworfen bleiben.[745] Nach der früheren Rechtsprechung des EuGH findet eine solche Kontrolle jedoch nicht statt.[746] Allerdings sind die mitgliedstaatlichen Gerichte verpflichtet, die Derogationswirkung anhand der zwingenden Schutzvorschriften des Art. 25 IV EuGVO zu überprüfen.[747] Generell sollte jedoch die Derogation der Gerichtsstände der EuGVO einer Wirksamkeitskontrolle nach Art. 25 EuGVO unterliegen.[748]

b) Die Zulässigkeit der Gerichtsstandsvereinbarung

6.155 Die Zulässigkeit einer Gerichtsstandsvereinbarung im Europäischen Zivilprozessrecht regelt Art. 25 EuGVO abschließend. Erste Voraussetzung ist, dass die Parteien die Zuständigkeit eines Gerichts eines EU-Mitgliedstaates vereinbart haben. Ein konkretes Gericht muss nicht benannt werden – rein internationale Vereinbarungen sind zulässig.[749] Das Erfordernis, dass eine Partei ihren Wohnsitz in einem EU-Mitgliedstaat haben muss, ist mit der Neuregelung entfallen: auch eine russische und eine kasachische Partei können nach Art. 25 EuGVO ein mitgliedstaatliches Gericht prorogieren. Haben die Parteien im gleichen EU-Mitgliedstaat ihren Wohnsitz und vereinbaren die Zuständigkeit eines Gerichts in einem anderen EU-Mitgliedstaat, so ist Art. 25 EuGVO gleichfalls anwendbar.[750] Vereinbaren Parteien mit Wohnsitz in einem oder mehreren EU-Mitgliedstaaten die Zuständigkeit eines Gerichts in einem Drittstaat, so beurteilt

743 Der reduzierte Prüfungsmaßstab folgt aus dem Normzweck des Art. 31 II EuGVO, dazu Wieczorek/Schütze/*M. Weller*, Art. 31 EuGVO, Rdn. 9 f; vgl. auch unten Rdn. 6.192.

744 Die vorstehenden Erwägungen gelten nur für ausschließliche Gerichtsstandsvereinbarungen. Zur (abweichenden) Rechtslage im englischen Prozessrecht vgl. *Briggs*, Agreements on Jurisdiction and Choice of Law, Rdn. 6.09 ff. – dort sichert die *anti-suit-injunction* den Vorrang der Gerichtsstandsvereinbarung.

745 Zutreffend *Heinze/Dutta*, IPRax 2005, 224, 228; *v.Hein*, IPRax 2006, 16, 17; *Schack*, IZVR, Rdn. 531; *Samtleben*, FS Ansay, S. 342, 353 ff.

746 EuGH, 9.11.2000, Rs. C-387/98, *Coreck Maritime*, EU:C:2000:606, Rdn. 19.

747 EuGH, 19.7.2012, Rs. C-154/11, *Mahamdia*, EU:C:2012:491, Rdn. 66 ff.

748 So andeutungsweise EuGH, 17.3.2016, Rs. C-175/15, *Taser*, EU:C:2016:176.

749 Dann bestimmt sich das konkrete Gericht nach den Regeln zur örtlichen Zuständigkeit des prorogierten Mitgliedstaates.

750 Str. *Frauenberger/Pfeifer*, FS Rechberger, S. 125, 132; Nagel/*Gottwald*, IZVR § 3, Rdn. 142; *Samtleben*, FS Ansay, S. 343, 357 f.; aA OLG Hamm, 18.9.1997, IPRax 1999, 244, 245; OGH, 1.8.2003, JBl. 2004, 187 (Gerichtsstandswahl Linz durch deutsche Parteien. Die Wahl war aus der Erwägung getroffen, sich der Kontrolle deutscher Steuerbehörden zu entziehen), dazu *Mayr/Czernich*, EuZPR, Rdn. 149.

sich die Prorogationswirkung nach der *lex fori* des angerufenen Gerichts. Die Derogationswirkung im Hinblick auf die Gerichte der EU-Mitgliedstaaten unterliegt den (besonderen) Schranken des Art. 25 IV EuGVO (Vorrang der Schutzgerichtsstände).[751]

Des Weiteren muss der Prorogationsvertrag auf ein bestimmtes bzw. bestimmbares Rechtsverhältnis verweisen. In der Regel ist damit der Hauptvertrag gemeint, mit dem zusammen die Gerichtsstandsklausel vereinbart wurde.[752] Auch zukünftige Rechtsverhältnisse können Gegenstand der Vereinbarung sein. Diese müssen jedoch hinreichend individualisierbar sein: sog. *catch all*-Klauseln sind unzulässig.[753] Die (behauptete) Unwirksamkeit des Hauptvertrags steht der Wirksamkeit der Gerichtsstandsklausel selbstverständlich nicht entgegen,[754] so nunmehr klarstellend Art. 25 V EuGVO. 6.156

Das Bestimmtheitserfordernis des Art. 25 EuGVO bezieht sich nicht nur auf die erfassten Rechtsstreitigkeiten und die Parteien, sondern auch auf das bezeichnete Gericht des prorogierten EU-Mitgliedstaates.[755] Die Gerichtsstandsklausel muss so formuliert sein, dass sich das zuständige Gericht aus ihrem Wortlaut bestimmen lässt.[756] Eine Klausel, die es der Partei überlässt, das zuständige Gericht festzulegen, ist unzulässig. Nötig ist vielmehr die genaue Bezeichnung oder zumindest die Festlegung objektiver Kriterien.[757] Jedoch reicht es aus, wenn ein Gericht konkret bezeichnet ist und es der Partei freisteht, ein weiteres Gericht anzurufen. Denn konkurrierende Zuständigkeiten lässt Art. 25 I 2 EuGVO ausdrücklich zu.[758] Eine fehlende Bestimmung des örtlich zuständigen Gerichts ist hingegen unschädlich.[759] Die Bestimmtheit muss bei Klageerhebung vorliegen.[760] 6.157

Anders als § 38 ZPO beschränkt Art. 25 EuGVO die Prorogationsbefugnis nicht auf Kaufleute. Der Schutz strukturell unterlegener Personen erfolgt über die Sonderregeln der Art. 15, 19 und 23 EuGVO; deren Vorrang erkennt Art. 25 IV EuGVO ausdrücklich an. Vorrang haben auch die ausschließlichen Gerichtsstände nach Art. 24 EuGVO.[761] Eine parallele Inhaltskontrolle von Gerichtsstandsvereinbarungen anhand der Klauselrichtlinie scheidet schon deshalb aus, weil Verbraucher grundsätzlich 6.158

751 EuGH, 19.7.2012, Rs. C-154/11, *Mahamdia*, EU:C:2012:491; oben Rdn. 6.154.

752 EuGH, 10.3.1992, Rs. C-214/89, *Powell Duffryn*, EU:C:1992:115, Rdn. 31.

753 OLG Oldenburg, 28.7.1997, IPRax 1999, 458; dazu Rauscher/*Mankowksi*, Art. 25 EuGVO, Rdn. 164.

754 EuGH, 3.7.1997, Rs. C-269/95, *Benincasa./.Dentalkit*, EU:C:1997:337, Rdn. 28 ff.; *Schlosser*, GS Nygh, S. 305, 322 f.

755 *Kropholler/v. Hein*, Art. 23 EuGVO aF, Rdn. 71.

756 EuGH, 9.11.2000, Rs. C-387/98, *Coreck Maritime*, EU:C:2000:606, Rdn. 13 ff. Werden nur die Gerichte eines Staates bestimmt, richtet sich die örtliche Zuständigkeit nach nationalem Prozessrecht.

757 TGI Paris, 5.7.1989, Bericht *Huet*, Clunet 1990, 151.

758 *Kropholler/v. Hein*, Art. 23 EuGVO aF, Rdn. 72. Dann muss die konkrete Vereinbarung die Zuständigkeit als „nicht ausschließlich" bezeichnen.

759 In diesem Fall ist das örtlich zuständige Gericht nach der *lex fori* des prorogierten Mitgliedstaats zu bestimmen.

760 C.Cass., 19.2.1980, Rev. Crit. 1981, 134; Cassaz., 13.12.1994, Riv. dir. int. e proz. 1996, 577.

761 EuGH, 17.3.2016, Rs. C-175/15, *Taser*, EU:C:2016:176.

keine Gerichtsstandsvereinbarungen abschließen können, vgl. Art. 23 EuGVO. Die ergänzende Klauselkontrolle richtet sich nach den Schutzstandards der Mitgliedstaaten.[762]

c) Abschluss und Form

6.159 Beim Abschluss der Gerichtsstandsvereinbarung sind die Willenseinigung, die Formerfordernisse und die weiteren Voraussetzungen des Abschlusstatbestands zu unterscheiden. Art. 25 EuGVO regelt im Kern lediglich die Formerfordernisse. Diese interpretiert der EuGH jedoch extensiv dahin, dass aus dem Vorliegen bestimmter Formerfordernisse (Gepflogenheiten, Handelsbräuche) das Vorliegen eines Konsenses abgeleitet wird.[763] Die weiteren Abschlussvoraussetzungen richten sich nach der *lex fori* des prorogierten Gerichts, es handelt sich hierbei um eine Gesamtverweisung.[764]

6.160 Erste Abschlussvoraussetzung ist eine Willenseinigung der Parteien: Leitbild ist die ausdrückliche Vereinbarung (vgl. Art. 25 I 3, lit. a) EuGVO), die zugleich eine „Überrumpelung“ durch eine versteckte Klausel (etwa in Nebenabreden oder gar auf Lieferscheinen) verhindert.[765] Jedoch lässt Art. 25 EuGVO auch eine Vereinbarung in AGB zu; allerdings nur, wenn im Angebot, der Annahme oder im Vertrag auf die Klausel ausdrücklich hingewiesen wurde.[766] Eine Vereinbarung kann auch in der Satzung einer Gesellschaft erfolgen;[767] in den AGB einer Anleihe,[768] desgleichen durch ein kaufmännisches Bestätigungsschreiben, sofern ein entsprechender internationaler Handelsbrauch besteht.[769]

6.161 Die Formerfordernisse zählt Art. 25 I EuGVO enumerativ auf: Nach Art. 25 I 3, lit. a) EuGVO kann die Gerichtsstandsvereinbarung schriftlich, oder auch in Textform erfolgen (Art. 25 II EuGVO).[770] Eine mündliche Gerichtsstandsvereinbarung wird durch nachträgliche schriftliche Bestätigung (auch einseitig durch eine Partei)

---

762 Zur Klauselkontrolle bei innerstaatlicher Prorogation vgl. *Hess/Pfeiffer/Schlosser*, The Brussels I Regulation, Rdn. 328; *Lindacher*, FS Schlosser, S. 381, 385 ff.

763 EuGH, 20.2.1997, Rs. C-106/95, *MSG./.Les Gravières Rhénanes*, EU:C:1997:70, Rdn. 19; EuGH, 16.3.1999, Rs. C-159/97, *Castelletti*, EU:C:1999:142, Rdn. 20; EuGH, 21.5.2015, Rs. C-322/14, *El Majdoub*, EU:C:2015:334, Rdn. 30; EuGH, 7.7.2016, Rs. C-222/15, *Hőszig*, EU:C:2016:525, Rdn. 35 f.

764 *U. Magnus*, IPRax 2016, 521, 525 f.

765 Beispiel: EuGH, 8.3.2018, Rs. C-64/17, *Saey Home & Garden*, EU:C:2018:173, Rdn. 28 f. (Gerichtsstandsklausel in Rechnungen).

766 EuGH, 14.12.1976, Rs. C-24/76, *Estasis Salotti./.Ruewa*, EU:C:1976:177; BGH, 9.3.1994, NJW 1994, 2699; *Lindacher*, FS Schlosser, S. 491, 496 ff.

767 EuGH, 7.7.2016, Rs. C-222/15, *Hőszig*, EU:C:2016:525, Rdn. 39; EuGH, 10.3.1992, Rs. C-214/89, *Powell Duffryn*, EU:C:1992:115, Rdn. 19; dazu instruktiv *Mülbert*, ZZP 118 (2005), 313, 342 ff.; *Thole*, WM 2014, 1205, 1206 f.; *Hartley*, Choice of Court Agreements under European and International Instruments (2013), Rdn. 7.70.

768 EuGH, 20.4.2016, Rs. C-366/13, *Profit Investment SIM*, EU:C:2016:282.

769 BGH, 25.2.2004, WM 2004, 2230.

770 Es handelt sich um autonome Begriffe, allg. Ansicht, dazu *Kropholler/v. Hein*, Art. 23 EuGVO aF, Rdn. 33 ff.

wirksam.[771] Voraussetzung ist, dass sich die Parteien bei einem vorangegangenen, mündlichen Vertragsschluss gerade auch über die Zuständigkeitsregelung geeinigt und entsprechende rechtsgeschäftliche Erklärungen ausgetauscht haben.[772] Es reicht hingegen nicht aus, dass eine Partei während der Vertragsverhandlungen zwar auf ihre AGB hinweist, der anderen Partei jedoch erst nach den Vertragsverhandlungen die AGB zusendet und dort eine Gerichtsstandsklausel enthalten ist.[773] Hier stellt sich bereits die Frage, ob überhaupt die AGB wirksam einbezogen wurden.[774]

Nach Art. 25 I 3, lit. b) EuGVO genügt auch ein Abschluss nach den zwischen den Parteien entstandenen „Gepflogenheiten". Dies erfordert eine Willenseinigung im Rahmen einer länger dauernden Geschäftsbeziehung.[775] Zwischen Kaufleuten kann eine Gerichtsstandsvereinbarung auch in der Form erfolgen, die einem jeweilig einschlägigen, internationalen Handelsbrauch entspricht, Art. 25 I 3, lit. c) EuGVO.[776] Nach der Rechtsprechung des EuGH ist diese Alternative dahin auszulegen, dass die Einigung der Vertragsparteien über die Gerichtsstandsklausel vermutet wird, wenn deren Verhalten einem entsprechenden Handelsbrauch entspricht. Dies setzt voraus, dass die Parteien in der entsprechenden Branche tätig sind und ihnen die Kenntnis des jeweiligen Handelsbrauchs unterstellt werden kann.[777] Regionale Usancen reichen aus, sofern die Parteien in der Region tätig und mit ihnen vertraut sind.[778] Die Feststellung des Handelsbrauchs erfolgt dabei durch die nationalen Gerichte.[779] Der EuGH hat die allgemeinen Voraussetzungen definiert, unter denen der Nachweis des Handelsbrauchs zu erfolgen hat.[780] Bei der praktischen Anwendung von Art. 25 I 3, lit. c) EuGVO bestehen jedoch erhebliche Unsicherheiten.[781] 6.162

Art. 25 II EuGVO ermöglicht einen Vertragsschluss durch „elektronische Übermittlung", sofern eine dauerhafte Aufzeichnung möglich ist. Damit ist ein Abschluss per 6.163

---

771 Sog. „halbe Schriftlichkeit", dazu EuGH, 14.12.1976, Rs. C-25/76, *Segoura./.Bonakdarian*, EU:C:1976:178; BGH, 22.2.2001, NJW 2001, 1731; BGH, 28.3.1996, NJW 1996, 1819.

772 So BGH, 22.2.2001, NJW 2001, 1731; EuGH, 11.7.1985, Rs. C-221/84, *Berghoefer ASA*, EU:C:1985:337.

773 EuGH, 8.3.2018, Rs. C-64/17, *Saey Home & Garden*, EU:C:2018:173, Rdn. 23 ff.; dazu *Dostal*, EuZW 2018, 944, 950.

774 EuGH, 14.12.1976, Rs. 25/76, *Segoura./.Bonakdarian*, EU:C:1976:178; C.Cass., 3.12.1985, Gaz. Pal. 1986, Jur 385.

775 BGH, 25.2.2004, IPRax 2005, 338, dazu *Hau*, IPRax 2005, 301.

776 Dazu *Kröll*, ZZP 113 (2000), 135, 152 ff.

777 EuGH, 16.3.1999, Rs. C-159/97, *Castelletti*, EU:C:1999:142, Rdn. 27.

778 Derartige Usancen können sich beispielsweise auf bestimmte Häfen beziehen – etwa beim sog. „Abladegeschäft". Hier bestehen durchaus unterschiedliche Usancen in Hamburg und in Rotterdam.

779 Der BGH, 26.4.2018, NJW 2019, 76, Rdn. 33 f., lässt eine Feststellung im Wege des Freibeweises zu.

780 EuGH, 20.2.1997, Rs. C-106/95, *MSG./.Les Gravières Rhénanes*, EU:C:1997:70, Rdn. 17; EuGH, 16.3.1999, Rs. C-159/97, *Castelletti*, EU:C:1999:142, Rdn. 19; EuGH, 9.12.2003, Rs. C-116/02, *Gasser*, EU:C:2003:657, Rdn. 50.

781 *Hess/Pfeiffer/Schlosser*, The Brussels I Regulation, Rdn. 329 ff.

E-mail, aber auch durch „click wrap“ (sprich das Anklicken entsprechender Felder auf einer Website) zulässig.[782] Erforderlich ist eine dauerhafte Aufzeichnung der Vereinbarung. Ein gesonderter Ausdruck der Vereinbarung ist dabei hilfreich, jedoch nicht erforderlich[783] – wer sich auf die Gerichtsstandsvereinbarung beruft, trägt die Darlegungs- und Beweislast für deren Abschluss.[784]

d) Wirkungen

6.164 Die nach Art. 25 EuGVO vereinbarte Zuständigkeit wirkt im Zweifel ausschließlich mit der Folge, dass alle konkurrierenden Gerichtsstände derogiert sind. Art. 25 I 2 EuGVO statuiert hierfür eine Vermutung *ex lege* – die Parteien können jedoch anders kontrahieren.[785] Eine abweichende Vereinbarung liegt etwa bei einer sog. „reziproken“ Gerichtsstandsklausel nahe.[786]

6.165 Die sachliche Reichweite der jeweiligen Gerichtsstandsvereinbarung ist durch Auslegung zu ermitteln; dies gilt insbesondere für ihre Erstreckung auf konkurrierende, außervertragliche Ansprüche.[787] Das Auslegungsstatut will die hM an den Vertragsstatut anknüpfen – um Fragen der Wirksamkeit von Hauptvertrag und Gerichtsstandsklausel einheitlich zu beurteilen.[788] Jedoch widerspricht die einheitliche Anknüpfung dem Grundsatz der Trennung von Hauptvertrag und Gerichtsstandsklausel. Unter der Neufassung der Art. 25 EuGVO sollte die Auslegung nach der *lex fori* des prorogierten Gerichts erfolgen.[789] Das englische Prozessrecht kennt den Grundsatz der *„one stop adjudication“*. Im Zweifel ist aus Gründen der Prozessökonomie eine Erstreckung auf konkurrierende Deliktsansprüche und auf Rückabwicklungsansprüche zu bejahen.[790] Als Auslegungsregel macht dieser Ansatz Sinn.

---

782 EuGH, 21.5.2015, Rs. C-322/14, *El Majdoub*, EU:C:2015:334, Rdn. 31 ff.

783 AA MünchKomm/*Gottwald*, Art. 25 EuGVO, Rdn. 43 f. – Ausdruck sei zwingend erforderlich.

784 Dazu BGH, 15.1.2015, NJW 2015, 339 (zu Art. 17 EuGVO aF): Die Beweislast für (behauptete) Änderungen der Website trägt die Partei, welche die Website verantwortet.

785 Erforderlich ist dann die Vereinbarung der „nicht ausschließlichen“ Zuständigkeit des prorogierten Gerichts, *Droz/Gaudemet-Tallon*, Rev. Crit. 90 (2001), 601, 641. Bei Finanzprodukten sind nichtausschließliche Klauseln weithin gebräuchlich.

786 Danach kann jede Partei jeweils am eigenen Wohnsitz oder an dem des Gegners klagen, Rauscher/*Mankowksi*, Art. 25 EuGVO, Rdn. 60; *Samtleben*, FS Ansay, S. 343 ff.

787 *Ryanair v. Esso Italiana* [2013] EWCA Civ 1450.

788 MünchKomm/*Gottwald*, Art. 25 EuGVO, Rdn. 21; Wieczorek/Schütze/*M. Weller*, Art. 25 EuGVO, Rdn. 22, jeweils unter Bezugnahme auf BGH, 21.11.1996, BGHZ 134, 127, Rdn. 39; BGH, 6.12.2018, WM 2019, 232, Rdn. 25.

789 *Hess*, FS Prütting (2018), S. 337, 344 f.

790 OLG, Stuttgart, 9.11.1990, EuZW 1991, 125; C.A., 10.11.1993, *Continental Bank NA v. Aekos Compania Naviera S.A.*, [1994] 1 W.L.R. 588, 592 f. (C.A.).; zu eng *Vischer*, FS Jayme, S. 993, 998. Enger hingegen EuGH, 21.5.2015, Rs. C-352/13, *CDC Hydrogen Peroxide*, EU:C:2015:335, Rdn. 60 ff., im Hinblick auf vorsätzlich begangene Verstöße gegen Art. 101 AEUV.

Auch die Widerklage ist regelmäßig eingeschlossen;[791] die Frage, ob ein implizites Aufrechnungsverbot enthalten ist, ist dem Aufrechnungsstatut zu entnehmen.[792] Dagegen hat der Europäische Gerichtshof es abgelehnt, eine in allgemeinen Lieferbedingungen enthaltene Gerichtsstandsklausel auf kartellrechtliche Ansprüche aus Art. 101 AEUV zu erstrecken, da die Parteien bei Vertragsschluss im Zweifel nicht an derartige Ansprüche gedacht haben.[793] Eine umfassende Erstreckung der Klausel auf Maßnahmen des einstweiligen Rechtsschutzes sollte nicht vorschnell bejaht werden: Hier geht es um Schnelligkeit und Effizienz. Der Arrestzugriff ist am Ort der Belegenheit (vgl. Art. 35 EuGVO) oft ungleich effektiver zu vollziehen als ein (grenzüberschreitender) Arrestbefehl des Gerichts der Hauptsache.[794]

Besondere Schwierigkeiten werfen konkurrierende Gerichtsstandsklauseln auf: 6.166
Bei komplexen Vertragsbeziehungen (etwa bei Finanzgeschäften) treten häufig Konstellationen auf, in denen die Parteien im Rahmenvertrag und bei den einzelnen Durchführungsgeschäften die Zuständigkeit unterschiedlicher Gerichte festlegen. Diese Konflikte sind durch Auslegung zu beheben: So hebt eine spätere nicht ausschließliche Klausel eine frühere Klausel nicht auf, sondern beendet lediglich die Ausschließlichkeit. Entsprechend kann die in einer Einzeltransaktion enthaltene (ausschließliche) Klausel nicht die Gerichtsstandsvereinbarung im Rahmenvertrag aufheben (wohl aber die Einzeltransaktion ausnehmen).[795]

Als vertragliche Abrede wirkt die Gerichtsstandsvereinbarung *inter partes*, d.h. 6.167
grundsätzlich nur zwischen den Parteien.[796] Der Erwerber (Zessionar) einer Forderung, die einer Gerichtsstandsvereinbarung unterliegt, kann sich auf diese berufen und ist ihr unterworfen.[797] Auch der Insolvenzverwalter bleibt an eine vom Gemeinschuldner abgeschlossene Gerichtsstandsvereinbarung gebunden, solange er keine insolvenzspezifischen Ansprüche verfolgt.[798] Die Rechtsnachfolge selbst richtet sich

---

791 Mithin kann der Anspruch auch nicht im Wege der Widerklage im derogierten Gericht des Art. 6 Nr. 3 EuGVO geltend gemacht werden, *Kropholler/v. Hein*, Art. 23 EuGVO aF, Rdn. 98 mwN.

792 EuGH, 9.11.1978, Rs. C-23/78, *Meeth./.Glacetal*, EU:C:1978:198; EuGH, 7.3.1985, Rs. C-48/84, *Spitzley./.Sommer*, EU:C:1985:105, Rdn. 19 ff. Mithin ist diese Frage materiellrechtlich zu qualifizieren; maßgeblich ist das Statut der Passivforderung, d.h. der Forderung, gegen die aufgerechnet wird, Rauscher/*Mankowksi*, Art. 25 EuGVO, Rdn. 68; aA *Gebauer*, IPRax 1998, 79, 81 (Statut der Aktivforderung).

793 EuGH, 21.5.2015, Rs. C-352/13, *CDC*, EU:C:2015:335, Rdn. 60 ff.; *British Airways v Emerald Supplies Limited & Others* [2015] EWCA Civ 1024. Anders hingegen für Ansprüche aus Art. 102 AEUV, die gerade auf dem Vertragsverhältnis aufbauen, EuGH, 24.10.2018, Rs. C-595/17, *Apple*, EU:C:2018:854, Rdn. 22 ff.

794 *Schlosser*, in: Schlosser/Hess, Art. 25 EuGVO, Rdn. 42; *Kaye*, Jurisdiction, S. 1088 f.; aA *Kropholler/v. Hein*, Art. 23 EuGVO aF, Rdn. 103 f.

795 Zum Problem vgl. *Hess*, FS Prütting (2018), S. 337, 342 ff.

796 *Briggs/Rees*, Civil Jurisdiction and Judgments, S. 92 f.; *O'Malley/Layton*, European Civil Practice, Rdn. 17.80.

797 EuGH, 20.4.2016, Rs. C-366/13, *Profit Investment SIM*, EU:C:2016:282, Rdn. 36 f.

798 Anders z. T. die Insolvenzrechte der EU-Mitgliedstaaten; zu Italien (Wegfall der Bindung) vgl. *DHL GBS (UK) Ltd. v. Fallimento Finmatica SPA*, [2009] EWHC 291 (Comm).

nach dem jeweils anwendbaren, materiellen Recht.[799] Eine ausdrückliche Unterwerfung des Dritten unter die Gerichtsstandsvereinbarung ist nicht erforderlich – bei Art. 25 I lit. c) EuGVO kommt es auf das Kennen bzw. Kennenmüssen des Handelsbrauchs an.[800] Dies gilt insbesondere für Konnossemente: Hier wird der Drittberechtigte (Empfänger der Ware) an die von Be- und Verfrachter getroffene Gerichtsstandsvereinbarung nur gebunden, sofern dieser als Rechtsnachfolger in die Rechtsposition des Befrachters eintritt oder der Vereinbarung ausdrücklich zustimmt.[801] Besteht ein Handelsbrauch, so kann das Vorliegen der Zustimmung nach den Voraussetzungen des Brauchs vermutet werden.[802] Die Erstreckung von Gerichtsstandsvereinbarungen in Versicherungsverträgen erfordert ebenfalls die Zustimmung des Dritten.[803] Die Gerichtsstandsvereinbarung der Gesellschaft will der EuGH nicht auf den handelnden Geschäftsführer/Gesellschafter erstrecken – dies kann im Einzelfall jedoch anders sein.[804]

6.168 Klagt eine Partei entgegen der Gerichtsstandsvereinbarung im derogierten Gericht, so gilt die Sonderregelung des Art. 31 II EuGVO. Danach besteht eine vorrangige Prüfungsbefugnis des prorogierten Gerichts.[805] Das prorogierte Gericht entscheidet abschließend und bindend über seine Zuständigkeit. Wird ein (an sich derogiertes) Gericht angerufen, so muss dieses das Verfahren aussetzen, bis das prorogierte Gericht über die Wirksamkeit der Gerichtsstandsklausel entschieden hat.[806] Bejaht das prorogierte Gericht deren Wirksamkeit, muss das derogierte Gericht die Klage zurückweisen (Art. 31 III EuGVO). Im umgekehrten Fall muss das nicht wirksame derogierte Gericht sodann seine Zulässigkeit prüfen.[807]

6.169 Für das Verhältnis zwischen der EuGVO und dem HGÜ[808] gelten folgende Grundsätze: Gerichtsstandsvereinbarungen zwischen Parteien mit Wohnsitz in der Europäischen Union unterfallen Art. 25 EuGVO, vgl. Art. 26 VI HGÜ. Gerichtsstandsvereinbarungen mit Angehörigen von Vertragsstaaten des

---

799 EuGH, 14.7.1983, Rs. C-201/82, *Gerling Konzern Speziale Kreditversicherung AG u. a. ./.Amministrazione del Tesoro Dello Stato*, EU:C:1983:217; Dies ist selbstverständlich, vgl. EuGH, 19.6.1984, Rs. C-71/83, *Tilly Russ./.Nova*, EU:C:1984:217, Rdn. 24 f.

800 EuGH, 16.3.1999, Rs. C-159/97, *Castelletti*, EU:C:1999:142, Rdn. 42.

801 EuGH, 19.6.1984, Rs. 71/83, *Tilly Russ./ Nova*, Slg 1984, 2417; EuGH, 9.11.2000, Rs. C-387/98, *Coreck Maritime*, EU:C:2000:606; BGH, 15.2.2007, NJW 2007, 2036, 2038.

802 MünchKomm/*Gottwald*, Art. 25 EuGVO, Rdn. 56; ausführlich Rauscher/*Mankowski*, Art. 25 EuGVO, Rdn. 187 ff. (zu Konnossementen).

803 EuGH, 27.2.2020, Rs. C-803/18, *Balta*, EU:C:2020:123, Rdn. 32 ff., *Kropholler/v. Hein*, Art. 23 EuGVO aF, Rdn. 66 f.; MünchKomm/*Gottwald*, Art. 25 EuGVO, Rdn. 58.

804 EuGH, 28.6.2017, Rs. C-436/16, *Leventis und Vafias*, EU:C:2017:497, dazu *Siaplaouras*, GPR 2019, 13.

805 Die Prioritätsregel des Art. 29 EuGVO gilt nicht, vgl. Rdn. 6.192.

806 Angesichts der vorrangigen Prüfungskompetenz des „prorogierten" Gerichts darf das andere Gericht keine umfassende Prüfung, sondern nur eine Evidenzkontrolle vornehmen, so auch im Ergebnis Wieczorek/Schütze/*M. Weller*, Art. 31 EuGVO, Rdn. 9 f.

807 MünchKomm/*Gottwald*, Art. 25 EuGVO, Rdn. 84.

808 Zum HGÜ vgl. oben § 5 II 2, Rdn. 5.55 ff.

HGÜ unterfallen den vorrangigen Vorschriften des HGÜ (vgl. Art. 71 EuGVO).[809] Das gilt auch für den Fall, dass Angehörige aus Vertragsstaaten des HGÜ die Zuständigkeit eines Gerichts im Europäischen Justizraum prorogieren.[810] Praktische Auswirkungen ergeben sich vor allem bei der Rechtshängigkeit: Art. 6 HGÜ modifiziert Art. 29 EuGVO dahin, dass ein derogiertes Gericht eines EU-Mitgliedstaates im Ergebnis das Verfahren auch dann aussetzen muss, wenn es zuerst angerufen wurde.[811] Dies folgt aus seiner materiellrechtlich limitierten Entscheidungskompetenz. Den Vorrang hat die Entscheidung des gewählten Gerichts nach Art. 5 HGÜ.[812]

Nach zutreffender Ansicht löst die Verletzung einer Gerichtsstandsklausel vertragliche Schadenersatzansprüche aus (vgl. für das deutsche Recht: §§ 280, 283 BGB).[813] Dem steht die oft behauptete, rein prozessuale Rechtsnatur der Gerichtsstandsklausel nicht entgegen. Der Schadenersatz ist auf die Erstattung der gerichtlichen und außergerichtlichen Kosten der Rechtsverfolgung im *forum derogatum* gerichtet. Daneben können die Parteien einen materiell-rechtlichen Kostenerstattungsanspruch und eine Vertragsstrafe vereinbaren.[814] *Anti-suit injunctions* (Unterlassungsverfügungen) zur Absicherung von Gerichtsstandsvereinbarungen dürfen die Gerichte innerhalb des Europäischen Justizraums nicht anordnen.[815] **6.170**

Streitig ist schließlich, ob Gerichtsstandsvereinbarungen einer ergänzenden Missbrauchskontrolle unterliegen. Die Frage ist bei innergemeinschaftlichen Sachverhalten klar zu verneinen.[816] Das Problem stellt sich jedoch vor allem im Verhältnis zu Drittstaaten (d.h. bei der Derogation der Zuständigkeiten nach Art. 4 ff. EuGVO).[817] Das OLG München hatte über eine Gerichtsstandsvereinbarung zu entscheiden, die ein deutscher Handelsvertreter mit einem kalifornischen Unternehmen für einen Vertriebsvertrag für Deutschland und Österreich abgeschlossen hatte.[818] Der Vertrag enthielt eine Gerichtsstandsklausel über die ausschließliche Zuständigkeit kalifornischer Gerichte; ausschließlich anwendbar sollte kalifornisches Recht sein. Das OLG München hielt unter Bezugnahme auf die **6.171**

809 *Hess/Pfeiffer/Schlosser*, The Brussels I Regulation, Rdn. 339.

810 *Kruger*, Civil Jurisdiction Rules, Rdn. 4.48.

811 Die Kognitionsbefugnis begrenzt Art. 6 II HGÜ auf die Prüfung, ob die Gerichtsstandsvereinbarung nach dem Recht des prorogierten Gerichts wirksam ist oder ob die Derogation „would lead to manifest injustice or would be manifestly contrary to public policy" (des derogierten Gerichts), vgl. dazu oben § 5 II, Rdn. 5.57.

812 *Hess/Pfeiffer/Schlosser*, The Brussels I Regulation, Rdn. 342 mwN.

813 BGH, 17.10.2019. NJW 2020, 399, Rdn. 25, 37 ff. *Schlosser*, FS Lindacher, S. 111, 119 ff.; *Hess*, in: Taruffo (ed.), Abuse of Procedural Rights, S. 151, 162; aA MünchKomm/*Gottwald*, Art. 25 EuGVO, Rdn. 100 (ausschließlich prozessuale Sanktionen); *G. Wagner*, Prozessverträge, S. 354 ff.

814 *Pfeiffer*, FS Lindacher I, S. 77 ff.

815 EuGH, 27.4.2004, Rs. C-159/02, *Turner*, EU:C:2004:228; EuGH, 10.2.2009, Rs. C-185/07, *Allianz*, EU:C:2009:69, Rdn. 19 ff., 29 (in Bezug auf Schiedsvereinbarungen).

816 EuGH, 16.3.1999, Rs. C-159/97, *Castelletti*, EU:C:1999:142, Rdn. 49 ff.; Dasser/Oberhammer/*Kilias*, Art. 17 LugÜ, Rdn. 188 ff.; MünchKomm/*Gottwald*, Art. 23 EuGVO, Rdn. 60; *Weller*, Ordre-public-Kontrolle, S. 14.

817 Weitergehend plädieren *Leible/Röder*, RIW 2007, 481 für eine Entwicklung entsprechender europarechtlicher Maßstäbe.

818 OLG München, 17.5.2006, IPRax 2007, 322; ebenso BGH, 5.9.2018, BeckRS 2018, 20587, zust. *Dostal*, EuZW 2018, 944, 952.

Ingmar-Entscheidung des EuGH[819] die Gerichtsstandsklausel für unwirksam. Da die Beklagte ihren Sitz in den USA hatte, kam Art. 23 EuGVO aF nicht zur Anwendung, Art. 4 I EuGVO.[820] Die Berechtigung einer derartigen Missbrauchskontrolle im Verhältnis zu Drittstaaten lässt sich nicht in Abrede stellen – Art. 6 II lit. c) HGÜ lässt sie ausdrücklich zu.[821]

8. Die rügelose Einlassung, Art. 26 EuGVO

6.172 Lässt sich der Beklagte vor dem unzuständigen Gericht zur Sache ein, ohne die fehlende Zuständigkeit zu rügen, begründet dies die Zuständigkeit des angerufenen Gerichts, Art. 26 EuGVO.[822] Konzeptionell ist die rügelose Einlassung als eine (konkludente) Gerichtsstandsvereinbarung ausgestaltet.[823] Dementsprechend findet sie ihre Grenze in den zwingenden Gerichtsständen des Art. 24 EuGVO.[824] Dagegen können die halbzwingenden Gerichtsstände der Art. 10–23 EuGVO über Art. 26 EuGVO überspielt werden – die rügelose Einlassung erfolgt nämlich nach der Entstehung des jeweiligen konkreten Rechtsstreits.[825] Auch eine Gerichtsstandsvereinbarung wird durch eine rügelose Einlassung überspielt.[826] Allerdings ist es aus Gründen der prozessualen Waffengleichheit geboten, dass das Gericht den Beklagten auf die Bedenken im Hinblick auf die (internationale) Zuständigkeit hinweist.[827] Diese Belehrungspflicht sieht Art. 26 II EuGVO nunmehr für Verbraucherstreitigkeiten ausdrücklich vor.[828]

6.173 Die hM liest die räumlichen Anwendungsvoraussetzungen des Art. 25 EuGVO in Art. 26 EuGVO hinein. Die Vorschrift ist auf sämtliche rügelosen Einlassungen (d.h. auch von Drittstaatenangehörigen) vor den Zivilgerichten im Europäischen Justiz-

819 EuGH, 9.11.2000, Rs. C-381/98, *Ingmar GB*, EU:C:2000:605.

820 *Rühl*, IPRax 2007, 294 f., für eine Anwendung von Art. 6 EGBGB aF hingegen *Weller*, Ordre-public-Kontrolle, S. 301 ff.

821 *Leible/Röder*, IPRax 2007, 481.

822 In der Gerichtspraxis spielt Art. 26 EuGVO eine erhebliche Rolle; *Hess/Pfeiffer/Schlosser*, The Brussels I Regulation, Rdn. 345, mwN.

823 EuGH, 20.5.2010, Rs. C-111/09, *ČPP Vienna Insurance Group*, EU:C:2010:290, Rdn. 25; EuGH, 27.2.2014, Rs. C-1/13, *Cartier parfums-lunettes*, EU:C:2014:109, Rdn. 34; EuGH, 11.9.2014, Rs. C-112/13, *A*, EU:C:2014:2195, Rdn. 53, dazu instruktiv *Koechel*, IPRax 2015, 303, 305.

824 Kritisch *Richter*, RIW 2006, 578 ff.

825 Vgl. oben § 6 II, Rdn. 6.103.

826 EuGH, 17.3.2016, Rs. C-175/15, *Taser*, EU:C:2016:176, Rdn. 21 (rügelose Einlassung beinhalte eine stillschweigende Gerichtsstandsvereinbarung); aA *Schack*, IZVR, Rdn. 552, MünchKomm/*Gottwald*, Art. 26 EuGVO, Rdn. 1: Präklusionsvorschrift. Soweit ersichtlich, wird diese Frage nur in der deutschsprachigen Literatur diskutiert.

827 OLG Koblenz, 8.3.2000, IPRax 2001, 334; OGH, 24.4.2003, ZfRV 2003, 190; für eine analoge Einschränkung zugunsten des Verbraucherschutzes zuvor *Mankowski*, IPRax 2001, 310; *Richter*, RIW 2006, 578, 579 ff.; wie hier Rauscher/*Staudinger*, Art. 26 EuGVO, Rdn. 11, 13 f.

828 Dazu Nordmeier/*Schichmann*, GPR 2015, 199, 202 ff.; *Röß*, NJW 2018, 3745 ff.

raum angewandt worden.[829] Erforderlich ist allerdings ein Auslandsbezug des Verfahrens.

Zentrales Tatbestandsmerkmal des Art. 26 EuGVO ist die rügelose Einlassung. 6.174
„Einlassung auf das Verfahren" ist jede Handlung des Beklagten, die auf eine Sachentscheidung abzielt, ohne zugleich die Zuständigkeit zu rügen. Die Rüge muss jedoch nicht als allererste erhoben werden.[830] Es gilt ein autonomer, unionsrechtlicher Maßstab,[831] der freilich im Kontext des jeweils anwendbaren nationalen Verfahrensrechts zu interpretieren ist.[832] Im Interesse einer effektiven Rechtswahrung darf der Begriff nicht zu weit verstanden werden: Rechtshandlungen des Beklagten, die allgemein seine Verteidigungsmöglichkeiten wahren sollen (etwa die Verteidigungsanzeige nach § 276 I ZPO), können nicht als „Einlassung" im Sinne des Art. 26 EuGVO qualifiziert werden – denn die Verteidigungsanzeige kann auch die Zuständigkeitsrüge vorbereiten.[833] Dasselbe gilt für den Einspruch gegen den Europäischen Zahlungsbefehl, da nach Art. 17 EuMahnVO der Einspruch lediglich zur Folge hat, dass das Zahlungsbefehlsverfahren in das ordentliche Verfahren übergeleitet wird. Im ordentlichen Verfahren kann der Beklagte daher die Rüge nach Art. 26 EuGVO (rechtzeitig) geltend machen.[834] Die „Einlassung" durch einen Prozesspfleger, der keinen Kontakt zum Beklagten hat (Abwesenheitsprokurator), reicht für eine Einlassung nach Art. 26 EuGVO selbstverständlich nicht aus.[835] Als „Einlassung" ist folglich jedes Verhalten des Beklagten zu verstehen, das die Zulässigkeit der Klage (jenseits der internationalen Zuständigkeit) bestreitet.[836] Hilfsweises Verhandeln (zur Hauptsache) schadet selbstverständlich nicht.[837] Die Rüge muss zum frühestmöglichen Zeitpunkt erhoben werden.[838] Sie muss nach der Rechtsprechung des BGH in der Berufungsinstanz aus-

829 *Hess/Pfeiffer/Schlosser*, The Brussels I Regulation, Rdn. 347; Rauscher/*Staudinger*, Art. 26 EuGVO, Rdn. 3; *Schlosser/Hess*, Art. 26 EuGVVO, Rdn. 1.

830 EuGH, 13.7.2017, Rs. C-433/16, *Bayerische Motoren Werke*, EU:C:2017:550; zust. *Koechel*, IPRax 2018, 165, 166 ff.

831 Rauscher/*Staudinger*, Art. 26 EuGVO, Rdn. 7; OLG Koblenz, 8.3.2000, IPRax 2001, 334, 335. Zu Problemen der Klagehäufung und Klageänderung vgl. *Koechel*, FS Kohler (2018), S. 229 ff.

832 Beispiel: Im (rein) schriftlichen Verfahren bestimmt die *lex fori* des entscheidenden Gerichts, wann (an welcher Stelle) im Schriftsatz die Rüge zu erheben ist. Rügt der Beklagte die internationale Zuständigkeit erst nach 25 Seiten Ausführungen zur Begründetheit, hat er sich nach griechischem Prozessrecht eingelassen, OLG Athen, 8.8.2019 (Nr. 4547/2019 – unveröffentlicht).

833 Zutreffend Rauscher/*Staudinger*, Art. 26 EuGVO, Rdn. 4 ff.

834 EuGH, 13.6.2013, Rs. C-144/12, *Goldbet Sportwetten*, EU:C:2013:393, Rdn. 43.

835 EuGH, 11.9.2014, Rs. C-112/13, *A*, EU:C:2014:2195, dazu *Koechel*, IPRax 2015, 303, 306 ff.

836 BGH, 21.11.1996, BGHZ 134, 127.

837 EuGH, 13.7.2017, Rs. C-433/16, *Bayerische Motoren Werke*, EU:C:2017:550, Rdn. 35 f.; Wieczorek/Schütze/*M. Weller*, Art. 26 EuGVO, Rdn. 4; ausführlich *Koechel*, IPRax 2018, 165 ff.

838 Einzelheiten bestimmt die *lex fori* des angerufenen Gerichts, BGH, 21.11.1996, BGHZ 134, 127 ff.; ausführlich *Koechel*, IPRax 2014,394, 396 f.

drücklich wiederholt werden.[839] Es ist zudem möglich, dass sich der Beklagte auf die internationale Zuständigkeit einlässt und zugleich die örtliche Zuständigkeit des angegangenen Gerichts rügt.[840] Gibt der Beklagte hingegen keine Stellungnahme ab (im Fall der Säumnis), liegt selbstverständlich keine Einlassung vor.[841]

9. Zuständigkeitsprüfung, Art. 27 f. EuGVO

a) Anwendung der nationalen Verfahrensrechte

6.175 Die Prüfung der internationalen Zuständigkeit des angerufenen Gerichts regeln die Art. 27 f. EuGVO lediglich in zwei speziellen Konstellationen.[842] Mithin erfolgt die Prüfung der Art. 4–26 EuGVO nach dem nationalen Prozessrecht des jeweils befassten Gerichts[843], freilich unter den unionsrechtlichen Vorgaben der Nichtdiskriminierung und Effektivität.[844] Die aktuelle Rechtslage erscheint wenig befriedigend, da die nationalen Verfahrensrechte unterschiedliche Prüfungsmaßstäbe vorsehen[845]: In Deutschland genügt für der schlüssige Vortrag des Klägers für sog. doppeltrelevante Tatsachen[846] – auf die Einlassung des Beklagten kommt es grundsätzlich nicht an[847]. Das englische Verfahrensrecht verlangt einen „good arguable case".[848] Französische Gerichte sind befugt, nach Art. 143 ff. CPC Aufklärungsmaßnahmen (mesures d'instruction) zu erlassen.[849] Angesichts der unterschiedlichen Prüfungsmaßstäbe ist die einheitliche Anwendung der Gerichtsstände der Verordnung in den Mitglied-

---

839 BGH, 27.6.2007, NJW 2007, 3501, 3502 f. Angesichts der Neukonzeption des deutschen Berufungsrechts (2002), das maßgeblich auf die Prozesshandlungen in der ersten Instanz abstellt, leuchtet dies nicht ein.

840 OLG Frankfurt, NJW-RR 2005, 935.

841 Deutlich EuGH, 11.4.2019, Rs. C-464/18, *Ryanair*, EU:C:2019:311, Rdn. 37 ff.

842 Dazu sogleich in Rdn. 6.176 und 6.177.

843 EuGH, 28.1.2015, Rs. C-375/13, *Kolassa*, EU:C:2015:37, Rdn. 60; EuGH, 15.3.2012, Rs. C-292/10, *Cornelius de Visser*, EU:C:2012:142, Rdn. 44.

844 Dazu unten § 11 I, Rdn. 11.9 ff.

845 Ausweislich der Studie JLS C4/2005/03 wird Art. 25 EuGVO aF (Art. 27 EuGVO) in den Mitgliedstaaten unterschiedlich gehandhabt, vgl. *Hess/Pfeiffer/Schlosser*, The Brussels I Regulation, Rdn. 164 ff.

846 BGH, 29.11.2011, IPRax 2013, 164, 165 f., Rdn. 12 f.; BGH, 22.4.2009, BGHZ 2009, 2006, Rdn. 13; Stein/Jonas/*H. Roth*, § 1 ZPO, Rdn. 28; kritisch *Teixeira de Sousa*, Die Zulässigkeitsprüfung im Zivilprozess (2010), S. 59 f.

847 Der EuGH hält diesen Prüfungsmaßstab für ausreichend, EuGH, 28.1.2015, Rs. C-375/13, *Kolassa*, EU:C:2015:37, Rdn. 58 ff., 64, verpflichtet aber das nationale Gericht, im Einzelfall den Vortrag des Beklagten zu berücksichtigen – eine Beweisaufnahme sei jedoch nicht erforderlich, ebenso EuGH, 16.6.2016, Rs. C-12/15, *Universal Music*, EU:C:2016:449, Rdn. 45 f.

848 *Canada Trust v. Stolzenberg* [2000] 4 All.ER 481 (HL); *The Alexandros T* [2013] UKSC 70, Rdn. 116 ff.; *Schlosser/Hess*, Vor Art. 4–35 EuGVVO, Rdn. 8.

849 *Gaudemet-Tallon/Ancel*, Compétence et Exécution, Rdn. 341 f.

staaten nicht wirklich gewährleistet.[850] Lediglich für die Prüfung der zwingenden Gerichtsstände des Art. 24 EuGVO (Art. 27 EuGVO) sowie für den Fall, dass sich der Beklagte nicht auf das Verfahren einlässt (Art. 28 EuGVO) enthält die EuGVO Vorgaben.[851] De lege ferenda ist eine einheitliche Regelung auf der Ebene des Unionsrechts anzustreben.[852]

b) Art 27 EuGVO: amtswegige Prüfung der zwingenden Zuständigkeiten nach Art. 24 EuGVO

Nach Art. 27 EuGVO muss das angerufene Gericht selbst bei übereinstimmender Ein- 6.176
lassung der Parteien von Amts wegen prüfen, ob eine ausschließliche Zuständigkeit nach Art. 24 EuGVO Vorrang hat.[853] Dasselbe gilt selbstverständlich im Fall der fehlenden Rüge der internationalen Zuständigkeit durch den Beklagten.[854] Den Begriff der amtswegigen Prüfung definiert die EuGVO nicht näher. Man muss jedoch davon ausgehen, dass das Prozessgericht die Parteien zur Stellungnahme auffordern und von sich aus berechtigten Zweifeln nachgehen kann.[855] Auch muss die Zuständigkeit in allen Instanzen nachgeprüft werden, selbst wenn das innerstaatliche Verfahrensrecht eine solche Prüfung nicht vorsieht.[856] Rechtsfolge des Art. 27 EuGVO ist die Zurückweisung der Klage als unzulässig. Dies ist de lege ferenda unbefriedigend: Eine Verweisung an das zuständige Gericht ist nicht vorgesehen – diese erscheint allerdings wegen der unterschiedlichen Formerfordernisse, welche die nationalen Prozessrechte für das verfahrenseinleitende Schriftstück vorsehen, derzeit impraktikabel.[857] Bedenkenswert wäre jedoch eine Abgabe in Absprache der Gerichte nach dem Modell des Art. 12 und 13 EheGVO.[858]

---

850 Die EU-Kommission hatte für den Recast der Verordnung die generelle Einführung der amtswegigen Prüfung der Zuständigkeit vorgeschlagen, allerdings vor dem Hintergrund des Wegfalls der Kontrolle der Einhaltung zwingender Gerichtsstände im Vollstreckungsstaat, dazu *Kramer*, in: Dickinson/Lein (ed.) The Brussels I Regulation Recast (2015), Rdn. 10.03.

851 Eingehend *Koechel*, IPRax 2015, 303, 306.

852 AA *Kramer*, in: Dickinson/Lein (ed.) The Brussels I Regulation Recast (2015), Rdn. 10.04 – trotz unterschiedlicher Prüfungspraxis hätten sich keine Probleme ergeben.

853 Wie im Fall des Art. 24 EuGVO schließt die Vorschrift Klagen gegen Beklagte aus Drittstaaten ein, allerdings nicht die Prüfung eines vergleichbaren, ausschließlichen Gerichtsstands in einem Drittstaat, Rauscher/*Mankowski*, Art. 27 EuGVO, Rdn. 3.

854 *Juncker*, IZVR, § 17, Rdn. 3.

855 Stein/Jonas/*G. Wagner*, Art. 25 EuGVO aF, Rdn. 10 f. Anschaulich BGH, 15.1.2015, NJW 2015, 2339, Rdn. 24 ff.

856 EuGH, 15.11.1983, Rs. 288/82, *Dujinstee*, EU:C:1983:326, dazu *Kramer*, in: Dickinson/Lein (ed.), The Brussels I Regulation Recast (2015), Rdn. 10.05. Im deutschen Recht ist die fehlende internationale Zuständigkeit in allen Instanzen von Amts wegen zu prüfen; st. Rspr. seit BGH, 14.6.1965, BGHZ 44, 46.

857 OLG Düsseldorf, 16.3.2000, RIW 2001, 63, 65.

858 Dazu unten § 7 IV, Rdn. 7.84 ff.

c) Säumnis des Beklagten im Erstgericht, Art. 28 EuGVO

6.177 Lässt sich ein Beklagter aus einem EU-Mitgliedstaat auf das Verfahren vor dem Gericht eines anderen Mitgliedstaates nicht ein, so hat dieses von Amts wegen seine Zuständigkeit zu prüfen, Art. 28 I EuGVO.[859] Der Anwendungsbereich der Vorschrift ist begrenzt, da sie lediglich Beklagte aus anderen EU-Mitgliedstaaten schützt – dies überzeugt angesichts der menschenrechtlichen Dimension der Vorschrift (vgl. Art. 47 GRC) wenig. Immerhin hat der EuGH entschieden, dass die amtswegige Prüfung auch dann eingreift, wenn es nicht bewiesen ist, ob der Beklagte seinen Wohnsitz in einem EU-Mitgliedstaat hat.[860] Die Verpflichtung zur amtswegigen Prüfung geht den nationalen Prozessrechten vor – etwa der Verpflichtung, im Rechtsbehelfsverfahren diesen Punkt gesondert zu rügen.[861] Doppelrelevante Tatsachen sind jedoch nicht zu beweisen, der schlüssige Vortrag des Klägers reicht aus.[862] Kommt ein deutsches Gericht zum Ergebnis, dass es unzuständig ist, muss es die Klage durch ein sog. unechtes Versäumnisurteil zurückweisen, § 331 II, III ZPO. Eine Verweisung an das zuständige Gericht ist nicht möglich.[863]

6.178 Bleibt der Beklagte in der mündlichen Verhandlung säumig, so verpflichten Art. 28 II–IV EuGVO das Prozessgericht nachzuprüfen, ob das verfahrenseinleitende Schriftstück der nicht erschienenen Partei nach Art. 2 ff. EuZustVO so zugestellt wurde, dass diese sich effektiv verteidigen konnte. Diese Vorschriften verpflichten das Gericht gegebenenfalls zur kurzfristigen Aussetzung des Verfahrens; sie enthalten einen prozessualen Mindestschutz für den Beklagten.[864] Regelungstechnisch verweist Art. 28 III EuGVO auf Art. 19 EuZustVO[865], die Prüfung selbst erfolgt anhand der Formulare der EuZustVO,[866] ergänzend nach den Zustellungsvorschriften der nationalen Prozessrechte.[867]

6.179 Die Aussetzungspflicht nach Art. 28 II EuGVO besteht nicht unbegrenzt: Kann das Prozessgericht eine effektive Zustellung an den unbekannt verzogenen Beklagten nicht feststellen, so ist dennoch das Verfahren fortzusetzen, wenn dies zur Wahrung

---

859 Die Säumnis kann selbstverständlich nicht durch die Bestellung eines Abwesenheitspflegers überwunden werden, EuGH, 11.9.2014, Rs. C-112/13, *A*, EU:C:2014:2195, Rdn. 51 ff., 58. Zum Konzept der Einlassung vgl. *Koechel*, IPRax 2015, 303, 305 ff.

860 EuGH, 15.3.2012, Rs. C-292/10, *Cornelius de Visser*, EU:C:2012:142, Rdn. 55 ff.

861 EuGH, 15.11.1983, Rs. C-288/82, *Dujinstee*, EU:C:1983:326.

862 Stein/Jonas/*G. Wagner*, Art. 25 EuGVO aF, Rdn. 14 f.; allgemein EuGH, 28.1.2015, Rs. C-375/13, *Kolassa*, EU:C:2015:37, Rdn. 58 ff.

863 Stein/Jonas/*G. Wagner*, Art. 25 EuGVO aF, Rdn. 17.

864 EuGH, 15.3.2012, Rs. C-292/10, *Cornelius de Visser*, EU:C:2012:142, Rdn. 48.

865 Die Verweisung des Art. 28 IV EuGVO auf Art. 15 HZÜ hat nur dann Bedeutung, wenn der säumige Beklagte seinen Wohnsitz in einem EU-Mitgliedstaat hat, die (effektive) Zustellung jedoch in einem Drittstaat erfolgen muss.

866 Anhang 1, Formblatt 12 enthält ein originäres, europäisches Zustellungszeugnis für den formellen Verkehr.

867 Dazu *Schoibl*, ZZPInt 10 (2005), 123, 152 ff.; unten § 8 I, Rdn. 8.11.

der prozessualen Rechte des Klägers geboten ist. Allerdings muss das Prozessgericht sicherstellen, dass alle möglichen Schritte unternommen werden, um die Gehörswahrung des Beklagten zu sichern.[868]

III. Die Koordinierung von Parallelverfahren, Art. 29–34 EuGVO

1. Konzeptionelle Fragestellungen

Die Vermeidung von konkurrierenden Verfahren und widersprechenden Urteilen gehört nach dem Grundverständnis der kontinentalen Prozessrechte zu den wichtigsten Zielen des Verfahrensrechts überhaupt (vgl. EwG 21 zur EuGVO). Widersprechende Urteile und konkurrierende Verfahren – so liest man[869] – schaden dem effektiven Rechtsschutz der Parteien und sind dem Ansehen der Justiz abträglich.[870] Daher setzt das europäische Prozessrecht auf den Vorrang der zuerst erhobenen Klage (Prioritätsprinzip, Art. 29 und 32 EuGVO). Selbstverständlich ist diese Konzeption jedoch nicht, wie das (funktional äquivalente) Modell des Common Law zeigt: Dort werden konkurrierende Verfahren (zunächst) hingenommen, um im Ergebnis den Rechtsstreit dem sachnächsten Gericht zuzuweisen.[871] Der flexible Ansatz des Common Law ermöglicht (zwar vordergründig) das gerechte Ergebnis (da bestenfalls das am besten geeignete Gericht entscheidet[872]). Er nimmt freilich erhebliche Rechtsunsicherheit für die Parteien sowie korrespondierende Zeitverluste und Kostenlasten in Kauf.[873] 6.180

Aus historischen Gründen konnte sich das Modell des Common Law nicht durchsetzen.[874] Für das kontinentale (europäische) Konzept spricht jedoch vor allem der Gesichtspunkt der Rechtsklarheit. Rechtspolitisch erscheint das starre (*priore tempore*) Konzept des Art. 29 EuGVO durchaus sachgerecht.[875] Weitere Integrations- 6.181

868 EuGH, 15.3.2012, Rs. C-292/10, *Cornelius de Visser*, EU:C:2012:142, Rdn. 43 ff.; EuGH, 17.11.2011, Rs. C-327/10, *Hypoteční banka*, EU:C:2011:745, Rdn. 52 ff. In diesem Fall entschied der EuGH, dass eine Klage gegen den Verbraucher an dessen letztem bekannten Wohnsitz innerhalb der EU erhoben werden kann.

869 BGH, 20.3.1964, WM 1964, 617.

870 EuGH, 9.12.2003, Rs. C-116/02, *Gasser*, EU:C:2003:657, Rdn. 41; *McGuire*, Verfahrenskoordinierung, S. 39 ff.; *Schack*, IZVR, Rdn. 944 ff.; *Rogerson*, in: Dickinson/Lein (ed.), The Brussels I Regulation Recast, Rdn. 11.02.

871 *Schlosser*, RdC 284 (2000), 53 ff.; die Vorteile des flexiblen Ansatzes des Common Law fasst die Entscheidung des House of Lords 2.4.1998, *Airbus Industries v. Patel*, Law Reports [1999] 1 AC 119 (Lord *Goff of Chieveley*) wortmächtig zusammen.

872 Sofern sich dieses (auch tatsächlich) mit hinreichender Sicherheit ermitteln lässt.

873 Der Kostengesichtspunkt wird in der anglo-amerikanischen Diskussion zumeist ausgeblendet.

874 Sämtliche Gründungsstaaten des EuGVÜ gehörten zur „Rechtsfamilie" des kontinentalen Prozessrechts.

875 Dazu zusammenfassend *McGuire*, Verfahrenskoordination, S. 52.

schritte können jedoch zu einer verbesserten Kooperation zwischen den Gerichten der Mitgliedstaaten führen[876] – rechtspolitisch erscheint eine grenzüberschreitende Verweisung bzw. Abgabe der Klage im Europäischen Justizraum wünschenswert.[877] Sie setzt freilich eine vorgängige Anpassung der Vorschriften über die Verfahrenseinleitung voraus – andernfalls müsste der Prozess im verwiesenen Gericht neu begonnen werden.[878] Inzwischen hat sich jedoch das europäische Zivilprozessrecht vom strikten Prioritätsgrundsatz zu einem flexibleren Konzept hin fortentwickelt.

6.182 Das Europäische Zivilverfahrensrecht konzipiert die Rechtshängigkeit als Vorstufe zur Urteilsanerkennung[879] – dementsprechend interpretiert der EuGH Art. 29 und 45 I lit. c) EuGVO nach einheitlichen Maßstäben.[880] Im Vergleich zum autonomen Prozessrecht der ZPO[881] verfügt das europäische Zivilverfahrensrecht über ein ausdifferenziertes Instrumentarium: Die Art. 29–34 EuGVO ermöglichen nicht nur die Abweisung der Klage bei (definitiver) Rechtshängigkeit (vgl. Art. 29 III EuGVO), sondern setzen ergänzend auf eine Aussetzung konnexer Verfahren, um Urteilskollisionen auszuschließen (Art. 30 EuGVO).[882] Die Vorschriften bezwecken die Auflösung positiver Kompetenzkonflikte und die Vermeidung widersprüchlicher Urteile.[883]

6.183 Das Europäische Modell hat sich inzwischen in den meisten autonomen Prozessrechten der Mitgliedstaaten durchgesetzt.[884] Große Vorbehalte bestehen freilich im Prozessrecht des Common Law, das mit dem Konzept des *forum non conveniens* auf die Bestimmung des sachnächsten Gerichts und auf die Kooperation zwischen den angerufenen Gerichten setzt.[885] Ob sich unter dem Leitbild des wechselseitigen Vertrauens mittelfristig ein anderes Kooperationsmodell durchsetzen wird, ist noch

---

876 Zu rechtspolitischen Vorschlägen unten § 6 III, Rdn. 6.197 f.

877 Dazu *McGuire*, ZfRVgl. 2005, 83 ff. Einen entsprechenden Vorschlag zur Konsolidierung konkurrierender Klagen hat die Working Group Res Judicata/Lis Pendens des ELI/Unidroit-Projekts (vgl. § 14 II, Rdn. 14.15 ff.) vorgelegt.

878 *Weller*, in: *Hess/Pfeiffer/Schlosser*, The Brussels I Regulation, Rdn. 387 ff.

879 Das Regelungskonzept ist freilich in sich nicht ganz stimmig, weil Art. 45 I lit. c) und d) EuGVO nicht auf die Rechtshängigkeit, sondern auf die (frühere) Entscheidung abstellen. Kritik an dieser Konzeption bei *Hess/Pfeiffer/Schlosser*, The Brussels I Regulation, Rdn. 495 f.

880 EuGH, 8.12.1987, Rs. C-144/86, *Gubisch*, EU:C:1987:528, Rdn. 8 ff.; EuGH, 9.12.2003, Rs. C-116/02, *Gasser*, EU:C:2003:657, Rdn. 41; EuGH, 14.10.2004, Rs. C-39/02, *Maersk Olie & Gas*, EU:C:2004:615, Rdn. 31.

881 Vgl. § 261 III Nr. 1 ZPO sowie § 738 HGB, dazu *Schack*, IZVR, Rdn. 835.

882 Dazu *Weller*, in: Hess/Pfeiffer/Schlosser, The Brussels I Regulation, Rdn. 398 ff.; Magnus/Mankowski/*Fentiman*, Introduction to Art. 27–30 Reg. Brussels I^{bis}, Rdn. 8 f.

883 Ausführliche Bewertung bei *Mc Guire*, Verfahrenskoordination, S. 71 ff.; *Hau*, Positive Kompetenzkonflikte, S. 221 ff.; *Gebauer*, FS van Mehren, S. 89, 91 ff.

884 Rechtsvergleichende Hinweise bei *Schack*, IZVR, Rdn. 832; zuvor *Schütze* ZZP 104 (1991), S. 138 ff.

885 Deutliche Kritik an der Judikatur des EuGH üben etwa *Hartley*, ICLQ, 54 (2005), 813 ff.; *Kruger*, Civil Jurisdiction Rules, Rdn. 5.64 ff.

nicht sicher.[886] Immerhin enthalten die Art. 12 und 13 der Brüssel II^{ter}-VO ein flexibles Modell zum grenzüberschreitenden Verfahrenstransfer in Kindschaftssachen.[887]

2. Voraussetzungen

Der Wortlaut des Art 29 EuGVO stellt darauf ab, dass zwischen denselben Parteien in verschiedenen Mitgliedstaaten Klagen wegen desselben Anspruchs erhoben werden. Für die Bestimmung der Identität des Anspruchs hat der Gerichtshof ein autonomes Konzept entwickelt, das als sog. „Kernpunkttheorie" bezeichnet wird.[888] Danach kommt es auf den Gegenstand (*même object*) und den Grund (*même cause*) des Klageanspruchs an.[889] Der Gegenstand bezieht sich auf den Zweck der Klage, der Grund auf den Tatsachenvortrag und die anzuwendenden Anspruchsgrundlagen (streitgegenständliche Rechtsfragen). Maßgebliche Weiterungen entfaltet der Klagegegenstand als konstitutives Tatbestandsmerkmal. Anders als im deutschen Prozessrecht hat danach der Klageantrag keine Steuerungsfunktion.[890] Entscheidend sind vielmehr das Klageziel sowie der Normzweck des Art. 29 EuGVO, widersprüchliche Entscheidungen zu vermeiden und die konkurrierenden Verfahren über die Aussetzungspflicht des Art. 29 I EuGVO zu koordinieren.[891] 6.184

Bei der praktischen Prüfung ist jeweils nach dem „Kernpunkt" der Streitigkeit zu fragen, also danach, ob die Parteien (nur) über die Auslegung des Vertrages oder über dessen Bestand prozessieren – etwa über die Haftung bzw. Nicht-Haftung für einen Schiffsunfall. So gesehen kommt es nicht auf die Formulierung des Klageantrags an, sondern darauf, ob sich die (konkurrierenden) Urteile in ihren Kernaussagen widersprechen werden. Damit ermöglicht der EuGH eine Verfahrenskonzentration im (zuerst) angegangenen Gericht mit einer korrespondierenden Einlassungslast beider 6.185

886 Dazu bereits oben § 3 II, Rdn. 3.48 ff.

887 Dazu unten § 7 IV, Rdn. 7.84 ff.

888 Ob hieraus eine „europäische Streitgegenstandslehre" abzuleiten ist, mag man bezweifeln. Der „europäische Streitgegenstand" war Thema der Zvilprozessrechtslehrertagung 1998; damals zurückhaltend die Referate von *Rüßmann*, ZZP 114 (1999), 399 ff. und *Walker*, ZZP 114 (1999), 429 ff. sowie *Tsikrikas*, FS Leipold, S. 351 ff.

889 EuGH, 6.12.1994, Rs. C-406/92, *Tatry*, EU:C:1994:400, Rdn. 42 ff.; EuGH, 27.2.2014, Rs. C-1/13, *Cartier parfums-lunettes*, EU:C:2014:109, Rdn. 40; EuGH, 22.10.2015, Rs. C-523/14, *Aertssen*, EU:C:2015:722, Rdn. 37 ff.

890 Hierin liegt die maßgebliche Weiterung des europäischen Rechtshängigkeitsprinzips, *Mc Guire*, Verfahrenskoordinierung, S. 87 ff.; Magnus/Mankowski/*Fentiman*, Art. 27 Reg. Brussels I^{bis}, Rdn. 8 ff.

891 Aus gemeinschaftsrechtlicher Sicht verweist *McGuire*, Verfahrenskoordination, S. 85 ff. (103), zu Recht darauf, dass jeder Rückgriff auf das nationale Recht zu Verfahrenszersplitterung führt und keine operable Verfahrenskoordinierung ermöglichen würde.

Parteien.[892] Die Konzeption des EuGH hat zur Folge, dass auch bei Vorfragen Identität bestehen kann, etwa wenn es um wechselseitige Ansprüche aus demselben Vertragsverhältnis geht.[893] Identität besteht zwischen der negativen Feststellungsklage und der gegenläufigen Leistungsklage, wenn es im Kern um die Wirksamkeit eines Vertrages[894] oder um den Bestand eines Anspruchs oder Rechts geht.[895] Auch Klagen *in personam* und *in rem* haben – im Gegensatz zum autonomen Prozessrecht Englands – denselben Streitgegenstand.[896] Nach Auffassung des Gerichtshofs soll sogar die Bejahung bzw. Verneinung des Verfügungsgrunds im einstweiligen Rechtsschutz denselben Anspruch betreffen[897] – dies erscheint freilich nur dann zutreffend, wenn die konkurrierenden Gerichte tatsächlich zum gleichen Zeitpunkt denselben Sachverhalt beurteilen.[898] Keine Identität besteht zwischen dem einstweiligen Rechtsschutz- und dem Hauptsacheverfahren.[899]

6.186 Die Parteienidentität ist nach der Rechtsprechung des Gerichtshofs gleichfalls autonom zu bestimmen.[900] Die konkrete Parteirolle (Kläger/Beklagter) ist dabei aus Gründen der prozessualen Waffengleichheit unerheblich.[901] Der Begriff der Parteiidentität ist grundsätzlich eng zu interpretieren, um nicht den Justizgewährungsanspruch zu verkürzen.[902] Der EuGH[903] stellt – begrifflich unscharf – primär auf die Interessenidentität der Parteien ab, nicht hingegen auf einen formellen Parteibegriff.[904] Richtigerweise ist Parteienidentität jedoch nur im Fall der Rechtskrafterstreckung anzunehmen, etwa wenn der Versicherer den Ersatzanspruch des Geschädigten

---

892 *Gottwald*, in: Symposium Schwab (2000), S. 85, 94; *Leipold*, in: Wege (1999), S. 23 plädieren übereinstimmend für eine Übernahme der Lösung des EuGH in das autonome, deutsche Prozessrecht. Nach Dasser/Oberhammer/*Dasser*, Art. 27 LugÜ, Rdn. 17 (mit Nw) ist die Kernpunkttheorie in der Schweiz allgemein anerkannt.

893 OLG München, 3.12.1999, RIW 2000, 712 (Kaufvertrag nach CISG); BGH, 8.7.1995, NJW 1995, 1758.

894 EuGH, 8.12.1987, Rs. 144/86, *Gubisch*, EU:C:1987:528, Rdn. 16; EuGH, 19.12.2013, Rs. C-452/12, *Nipponkoa*, EU:C:2013:858, Rdn. 36.

895 EuGH, 6.12.1994, Rs. C-406/92, *Tatry*, EU:C:1994:400.

896 *Dicey/Morris*, Private Int'l Law, Rdn. 12–045.

897 EuGH, 6.6.2002, Rs. C-80/00, *Italian Leather*, EU:C:2002:342.

898 *Hess*, IPRax 2005, 44 f.

899 EuGH, 9.11.2010, Rs. C-296/10, *Purrucker*, EU:C:2010:665 (zur VO Brüssel IIa); EuGH, 4.5.2017, Rs. C-29/16, *HanseYachts*, EU:C:2017:343 (keine Identität zwischen Beweissicherung und Hauptverfahren), allg. Ansicht: Thomas/Putzo/*Hüßtege*, Art. 29 EuGVO, Rdn. 6.

900 EuGH, 6.12.1994, Rs. C-406/92, *Tatry*, EU:C:1994:400, Rdn. 29 ff.; EuGH, 19.5.1998, Rs. C-351/96, *Drouot assurances*, EU:C:1998:242, Rdn. 16.

901 Allg. Meinung, vgl. *Gaudemet-Tallon/Ancel*, Compétence, Rdn. 351; MünchKomm/*Gottwald*, Art. 29 EuGVO, Rdn. 17.

902 *Geimer/Schütze*, Art. 29 EuGVO, Rdn. 15; zum Verhältnis von Parteilehre und Justizgewährung vgl. *Hess*, ZZP 117 (2004), 267, 286 ff.

903 EuGH, 19.5.1998, Rs. C-351/96, *Drouot assurances*, EU:C:1998:242, Rdn. 19; EuGH, 3.4.2014, Rs. C-438/12, *Weber*, EU:C:2014:212.

904 Kritisch *Adolphsen*, ZZP Int. 1998, 249, 250 ff.; *Gaudemet-Tallon/Ancel*, Compétence, Rdn. 351.

nach Ersatz des Schadens auf sich überleitet oder wenn der Insolvenzverwalter Forderungen des Gemeinschuldners geltend macht. In diesen Konstellationen macht die Rechtskrafterstreckung eine einheitliche Entscheidung notwendig (vgl. Art. 45 I lit. c) EuGVO).[905] Die einfache Rechtsnachfolge reicht hingegen für die Anwendung des Art. 29 I EuGVO nicht aus; Urteilskollisionen sind hier durch eine Aussetzung nach Art. 30 EuGVO zu vermeiden.[906] Keine Parteiidentität besteht zudem bei konzernverbundenen Gesellschaften – hier ist auch keine Aussetzung im Hinblick auf ein Parallelverfahren geboten. Auch Art. 30 EuGVO erfordert Parteiidentität.[907]

Liegt teilweise Identität zwischen den Parteien vor, so tritt die Sperrwirkung des Art. 29 EuGVO nur zwischen den konkret betroffenen Parteien ein.[908] Denkbar ist dies bei einem Mehrparteienprozess oder bei Gesellschafts- und Gesellschafterklagen.[909] Dabei setzt die Anwendung des Art. 29 EuGVO des konkurrierenden Verfahrens Personenidentität sowohl auf der Kläger- als auch auf der Beklagtenseite voraus.[910] Verfahrensaufspaltungen vermeidet die (gleichzeitige) Aussetzung der verbleibenden Parallelverfahren nach Art. 30 EuGVO.[911] Die Streitverkündung löst hingegen nicht die Rechtshängigkeitssperre nach Art. 29 EuGVO aus, jedoch ist das Parallelverfahren nach Art. 30 EuGVO auszusetzen.[912] 6.187

3. Parallelverfahren, Art. 30 EuGVO

In der Praxis wird Art. 30 EuGVO (zu) zurückhaltend angewandt.[913] Dabei enthält die Vorschrift ein abgestuftes Instrumentarium zur Behandlung konnexer Verfahren: Das 6.188

905 So auch EuGH, 19.5.1998, Rs. C-351/96, *Drouot assurances*, EU:C:1998:242, Rdn. 19. Problematisch bleibt, dass der EuGH bisher kein autonomes Konzept der Rechtskrafterstreckung entwickelt hat.

906 Zutreffend OLG Stuttgart, 24.11.1999, RIW 2000, 954 (Abtretung einer Forderung, Zahlungsklage des Rechtsnachfolgers in London, negative Feststellungsklage gegen Zessionar und Zendent in Deutschland. Das OLG Stuttgart wendet im Verhältnis zum Zessionar Art. 21 EuGVÜ/29 EuGVO, im Verhältnis zum Zedenten Art. 22 EuGVÜ/30 EuGVO an), zustimmend *Layton/Mercer*, European Civil Practice, Rdn. 22.044.

907 OLG Düsseldorf, 4.3.2014, BeckRS 2014, 13989.

908 EuGH, 19.5.1998, Rs. C-351/96, *Drouot assurances*, EU:C:1998:242, Rdn. 19, dazu *Mc Guire*, Verfahrenswirkungen, S. 105 f.

909 Dasselbe soll bei Interessenidentität zwischen einer 100 % Mutter- und Tochtergesellschaft gelten, bedenklich: *Mecklermedia Corp. v. DC Congress GmbH*, [1998] 1 All ER. 148, kritisch *Weller*, in: Hess/Pfeiffer/Schlosser, The Brussels I Regulation, Rdn. 368.

910 EuGH, 6.12.1994, Rs. C-406/92, *Tatry*, EU:C:1994:400, Rdn. 29.

911 EuGH, 6.12.1994, Rs. C-406/92, *Tatry*, EU:C:1994:400, Rdn. 34 f., zustimmend *Kropholler/v. Hein*, Art. 27 EuGVO aF, Rdn. 5; *Schack*, IPRax 1996, 80, 82.

912 OLG Karlsruhe, 18.10.2002, IPRspr. 2002, 472; OLG Köln, 8.9.2003, IPRax 2004, 521.

913 Hauptursache ist die weite Erstreckung des Art. 27 I EuGVO auf die Identität von Vorfragen, BGH, 6.2.2002, JZ 2002, 949 (kritisch *Goebel*, JZ 2002, 952), *Weller*, in: Hess/Pfeiffer/Schlosser, The Brussels I Regulation, Rdn. 408 ff.

später (vgl. Art. 32 EuGVO) angerufene Gericht[914] setzt entweder das Verfahren aus, bis die vorgreifliche Frage im Parallelverfahren entschieden wurde (Abs. 1). Es kann sich aber auch auf Antrag für unzuständig erklären, wenn das ausländische Gericht nach seinem Prozessrecht die Verfahren verbinden kann (Abs. 2). Art. 30 EuGVO erfordert Konnexität zwischen den anhängigen Verfahren. Diese ist nach Art. 30 III EuGVO gegeben, wenn eine gemeinsame Verhandlung und Entscheidung widersprechende Entscheidungen vermeidet. Konnexität liegt vor, wenn die Ergebnisse des ersten Prozesses im zweiten verwertet werden können.[915] Dies wird beispielsweise bejaht zwischen einer Klage auf Minderung und Schadenersatz und einer weiteren Klage auf Zahlung des Restkaufpreises. Konnexität kann sich auch aus Einwendungen des Beklagten ergeben, etwa einer Prozessaufrechnung. Die Konnexität fehlt hingegen, wenn (wegen der Regel des *non cumul*) im Erstverfahren über vertragliche, im Zweitverfahren hingegen über deliktische Ansprüche verhandelt wird.[916]

4. Verfahrensfragen

6.189 Art. 29 und 32 EuGVO setzen ein striktes Prioritätsprinzip um. Danach muss – unabhängig von der Art der Zuständigkeitsbegründung – jedes später angerufene Gericht das Verfahren aussetzen, bis das zuerst angerufene Gericht seine Zuständigkeit bejaht hat. In diesem Fall ist die Klage als unzulässig (wegen der vorrangigen Rechtshängigkeit) abzuweisen, Art. 29 III EuGVO. Die (internationale) Zuständigkeit des später angerufenen Gerichts entfällt in diesem Moment. Art. 29 II EuGVO eröffnet den befassten Gerichten die Möglichkeit, auf Antrag der Parteien dem jeweils anderen Gericht den Zeitpunkt der Anhängigkeit (Art. 32) mitzuteilen. Die zwischengerichtliche Mitteilungspflicht soll Streitigkeiten über die Priorität vermeiden.[917] Verneint hingegen das zuerst angerufene Gericht seine Zuständigkeit, so ist der Prozess vor dem später angerufenen Gericht fortzuführen. Dem später angerufenen Gericht ist jede Zuständigkeitsprüfung verwehrt.[918] Die strikte Verfahrensvorschrift des Art. 29 EuGVO gilt auch dann, wenn ersichtlich ein unzuständiges Gericht angerufen wurde, um das Verfahren zu verzögern (*„Italian torpedo“*). Der EuGH begründet dies mit dem Wort-

---

914 Vgl. dazu § 6 III, Rdn. 6.193.

915 Der Begriff „widersprechende Entscheidungen“ ist weiter als der von Art. 29 I, 45 I lit. c) EuGVO verwendete Begriff der „unvereinbaren“ Entscheidung, MünchKomm/*Gottwald*, Art. 30 EuGVO, Rdn. 2.

916 EuGH, 27.10.1998, Rs. C-51/97, *Réunion européenne*, EU:C:1998:509, Rdn. 50f.; kritisch *Gaudemet-Tallon*, Rev. Crit. 1999, 339 f.

917 Rauscher/*Leible*, Art. 29 EuGVO, Rdn. 26.

918 EuGH, 9.12.2003, Rs. C-116/02, *Gasser*, EU:C:2003:657, Rdn. 29. Dies entspricht wertungsmäßig dem Verbot der Zuständigkeitsprüfung nach Art. 45 III EuGVO, *Hess*, JZ 1998, 1021, 1027 (Fn. 120); OLG Köln, 19.12.1990, NJW 1991, 1427.

laut der Vorschrift sowie mit dem Vertrauensprinzip im Europäischen Justizraum.[919] Art. 31 I EuGVO erstreckt schließlich die Prioritätsregel auf die Konkurrenz zwischen zwei angerufenen Gerichten mit jeweiliger, ausschließlicher Zuständigkeit.[920]

Ist das Zweitgericht nach Art. 24 EuGVO ausschließlich zuständig, das Erstgericht hingegen nicht, greift der Prioritätsgrundsatz nicht ein.[921] Dies folgt aus der Zwecksetzung der Art. 29 ff., widersprechende Entscheidungen zu verhindern. Würde das Erstgericht in der Sache entscheiden, könnte das Urteil nach Art. 45 I lit. e) ii) in anderen EU-Mitgliedstaaten nicht anerkannt werden. Daher muss in dieser Konstellation das Erstgericht das Verfahren aussetzen, bis das Zweitgericht über seine Zuständigkeit entschieden hat.[922] Bejaht letzteres seine Zuständigkeit, muss das Erstgericht die Klage als unzulässig zurückweisen.[923] **6.190**

Auch Art. 30 EuGVO beruht auf dem Prioritätsprinzip. Die Vorschrift eröffnet dem später angerufenen Gericht allerdings zwei Optionen zur (flexiblen) Verfahrenshandhabung: Das später angerufene Gericht kann sein Verfahren aussetzen, um die Entscheidung des zuvor angerufenen Gerichts abzuwarten (Abs. 1). Besteht hingegen die Möglichkeit einer Verfahrensverbindung im zuerst angerufenen Forum, so kann das später angerufene Gericht sich für unzuständig erklären, um eine Verbindung der Verfahren zu ermöglichen (Abs. 2).[924] Art. 30 II EuGVO ermöglicht eine Verfahrensübernahme vor dem Erstgericht, sofern dessen Verfahrensrecht eine Prozessverbindung zulässt. Eine Prozessverbindung ist nur möglich, solange das Verfahren im ersten Rechtszug anhängig ist.[925] Die Voraussetzungen des Art. 30 II EuGVO (Zuständigkeit des Erstgerichts, Zulässigkeit der Verfahrensbindung nach ausländischem Prozessrecht) muss das Zweitgericht selbständig prüfen. Art. 30 II und III EuGVO eröffnen jedoch keinen eigenständigen Gerichtsstand.[926] **6.191**

Eine Ausnahme vom Prioritätsprinzip besteht nach Art. 31 II EuGVO hingegen bei ausschließlichen Gerichtsstandsvereinbarungen. Hier liegt die Entscheidung über die **6.192**

---

919 EuGH, 9.12.2003, Rs. C-116/02, *Gasser*, EU:C:2003:657, Rdn. 47 ff. gegen die Schlussanträge *Léger*, EU:C:2003:436, Rdn. 29 ff., dazu sogleich unten Rdn. 6.195 ff.

920 Dazu *Gaudemet-Tallon*, Compétence, Rdn. 338: Art. 29 EuGVO enthält letztlich eine überflüssige Klarstellung.

921 EuGH, 3.4.2014, Rs. C-438/12, *Weber*, EU:C:2014:212, Rdn. 54 ff., 58; BGH, 13.8.2014, IPRax 2015, 347 (zust. *Kern*).

922 BGH, 13.8.2014, IPRax 2015, 347, 348.

923 Dies entspricht der Wertung in Art. 31 II–IV EuGVO, dazu sogleich Rdn. 6.195 ff.

924 Wurde das deutsche Gericht zuerst angerufen, ist eine Prozessverbindung analog § 147 ZPO zuzulassen, aA *Kropholler/v. Hein*, Art. 28 EuGVO aF, Rdn. 7.

925 Ursache dieser Regelung ist, dass die meisten Prozessrechte die Klageerhebung in der zweiten Instanz nicht zulassen, MünchKomm/*Gottwald*, Art. 30 EuGVO, Rdn. 4.

926 So bereits EuGH, 24.6.1981, Rs. C-150/80, *Elefanten Schuh*, EU:C:1981:148, Rdn. 19; EuGH, 5.10.1999, Rs. C-420/97, *Leathertex*, EU:C:1999:483, Rdn. 38.

Wirksamkeit der Gerichtsstandsklausel beim prorogierten Gericht.[927] Folglich muss jedes angerufene Gericht eines EU-Mitgliedstaates das Verfahren aussetzen, bis das prorogierte Gericht im anderen EU-Mitgliedstaat über seine Zuständigkeit entschieden hat.[928] Bejaht dieses seine Zuständigkeit, erklären sich die Gerichte der anderen EU-Mitgliedstaaten für unzuständig und weisen die Klage zurück (Art. 31 III EuGVO). Dies gilt allerdings nicht, wenn eine Gerichtsstandsvereinbarung nach Art. 25 V unzulässig ist (sprich für Klagen der Versicherten, Arbeitnehmer und Verbraucher). Diesen Unwirksamkeitsgrund muss das angerufene Gericht selbständig prüfen. Wird hingegen das prorogierte Gericht angerufen, verbleibt es bei der allgemeinen Prioritätsregel des Art. 29 EuGVO (vgl. EwG 22).

6.193 Das Prioritätsprinzip kann nur funktionieren, wenn der Zeitpunkt der Rechtshängigkeit nach einheitlichen Regeln definiert ist.[929] Dies ist in den autonomen Prozessrechten jedoch nicht der Fall: Während in einigen Mitgliedstaaten die Zustellung (im Ausland) maßgeblich ist, lassen andere Prozessrechte die Einreichung der Klage bei Gericht genügen.[930] Prägende Unterschiede bestehen zudem beim Zustellungsbetrieb, der in manchen Mitgliedstaaten den Parteien obliegt, in anderen Mitgliedstaaten teils von Amts wegen erfolgt. Nachdem die fehlende Harmonisierung der Rechtshängigkeit in Art. 21 EuGVÜ zu erheblichen Wettbewerbsverzerrungen führte, implementiert nunmehr Art. 32 EuGVO[931] ein autonomes Konzept: Danach liegt Rechtshängigkeit bereits bei Einreichung der Klage vor, wenn der Kläger alle ihm obliegenden Schritte (zur Bewirkung der Zustellung) unverzüglich durchführt. Art. 32 EuGVO nimmt dabei auf die unterschiedlichen Formen der Verfahrenseinleitung in den Mitgliedstaaten durch Amts- und Parteizustellung Bezug (vgl. EwG 30): Bei der Amtszustellung muss der Kläger die Klageschrift bei Gericht einreichen und sämtliche sonstigen (technischen) Voraussetzungen der Klageeinreichung erfüllen (§ 167 ZPO, insbesondere: Zahlung des gesamten Gerichtskostenvorschusses, § 12 I GKG, sowie die korrekte

---

927 Damit sollen „Torpedoklagen" gegen ausschließliche Gerichtsstandsvereinbarungen verhindert werden, *Schlosser*, in: Schlosser/Hess, Art. 31 EuGVVO, Rdn. 2; *Garcimartín*, in: Dickinson/Lein (ed.), The Brussels I Recast, Rdn. 11.41 ff.

928 Der sachliche Anwendungsbereich von Art. 31 II EuGVO ist eröffnet, wenn vor dem prorogierten Gericht ebenfalls Klage erhoben wird. Beschränkten sich die Parteien darauf, über die Wirksamkeit der Klausel im (derogierten) angerufenen Gericht zu verhandeln, muss dieses entscheiden, *Garcimartín*, in: Dickinson/Lein (ed.), The Brussels I Recast, Rdn. 11.48.

929 Die Entwicklung eines autonomen Konzepts hatte der EuGH, 7.6.1984, Rs. C-129/83, *Zelger./.Salinitri*, EU:C:1984:215, wegen der unterschiedlichen Regelungen in den Mitgliedstaaten abgelehnt. Die praktischen Probleme waren immens: *Grupo Torras v. Al-Sabah*, [1995] 1 Lloyd's Rep. 374, 419–428, [1996] 1 Lloyd's Rep. 7, 19: In diesem Verfahren wurde neun Tage lang eine Beweisaufnahme zu spanischem Recht durchgeführt, die schriftlichen Stellungnahmen umfassten 360 Seiten, dazu *Layton/Mercer*, European Civil Practice, Rdn. 22.051.

930 Überblick bei *Krusche*, MDR 2000, 677 f.

931 Ebenso bereits die Vorgängerregel in Art. 30 EuGVO (2001).

Bezeichnung des Zustelladressaten).[932] Verfahrensfehler des Prozessgerichts, die den Zustellungsvorgang verzögern, gehen nicht zu Lasten des Klägers.[933] In EU-Mitgliedstaaten, welche den Parteibetrieb vorsehen, muss der Kläger nach Einreichung der Klageschrift bei Gericht den Zustellungsvorgang veranlassen.

Auch wenn Art. 32 EuGVO ein drängendes Problem des Europäischen Zivilprozessrechts einer sachgerechten Lösung zuführt, bleiben zahlreiche praktische Fragen offen:[934] Denn das Unionsrecht setzt eine effektive Verfahrenseinleitung voraus, es verweist für deren Durchführung jedoch auf die nationalen Prozessrechte. Diese bestimmen die vom Kläger vorzunehmenden Verfahrenshandlungen und die jeweiligen Verhaltensmaßstäbe (insbesondere das Pflichtprogramm für den Kläger und seine Prozessbevollmächtigten).[935] Der EuGH lässt es zu, dass Fristsetzungen in den nationalen Prozessrechten[936] den Zustellungsvorgang herauszögern.[937] Die Anwendung des nationalen Prozessrechts steht dabei unter dem unionsrechtlichen Vorbehalt der Effektivität.[938] Dessen Geltung bedeutet jedoch nicht, dass die Parteien gezwungen sind, den Zustellungsvorgang so rasch wie möglich zu bewirken. Maßgeblich bleiben die Fristen der nationalen Prozessrechte.[939] 6.194

5. Überlange Verfahrensdauer und Rechtshängigkeit

Die vom EuGH vollzogene Gleichstellung von positiver Leistungs- und negativer Feststellungsklage[940] begünstigt *forum shopping* im Europäischen Justizraum. Zudem wird taktisches Prozessieren gefördert, wenn eine Partei angesichts des drohenden Rechtsstreits eine negative Feststellungsklage in einem Mitgliedstaat erhebt, der für 6.195

932 Ausführlich *Nieroba*, Europäische Rechtshängigkeit, S. 73 ff.

933 OLG Karlsruhe, 28.3.2006, OLG-Report Karlsruhe 2006, 714; OLG Stuttgart, 30.1.2015, IPRax 2015, 430, 435, Rdn. 58.

934 Magnus/Mankowski/*Fentiman*, Art. 30 Reg. Brussels I, Rdn. 6 ff.

935 Dazu *Nieroba*, Europäische Rechtshängigkeit, S. 70 ff.; *M. Weller*, in: Hess/Pfeiffer/Schlosser, The Brussels I Regulation, Rdn. 420 ff.

936 In England eröffnet CPR 7.5 dem Kläger eine sechsmonatige Frist nach Klageeinreichung, um die Zustellung zu bewirken, *UBS AG, London Branch v. Kommunale Wasserwerke Leipzig GmbH* [2010] EWHC 2566 (Comm); *Fentiman*, Int'l Commercial Litigation, Rdn. 11.25. Man mag bezweifeln, ob diese Regelung mit dem Regelungsregime des Art. 32 EuGVO vereinbar ist.

937 EuGH, 16.7.2015, Rs. C-507/14, *P*, EU:C:2015:512 (zu Art. 16 und 19 EuEheGVO), dazu *Nordmeier*, IPRax 2016, 329, 330.

938 Unten § 11 I, Rdn. 11.9 ff.; *Nieroba*, Europäische Rechtshängigkeit, S. 59 ff., 73 ff., schlägt die Einführung einer einheitlichen europäischen Frist vor.

939 Zutreffend *UBS AG, London Branch v. Kommunale Wasserwerke Leipzig GmbH* [2010] EWHC 2566 (Comm); *Fentiman*, Int'l Commercial Litigation, Rdn. 11.25.

940 EuGH, 9.12.2003, Rs. C-116/02, *Gasser*, EU:C:2003:657, Rdn. 47 ff.; EuGH, 19.12.2013, Rs. C-452/12, *Nipponkoa*, EU:C:2013:858.

die Schwergängigkeit seiner Justiz bekannt ist.[941] Damit können Zahlungsklagen für (mehrere) Monate blockiert werden, der Schuldner erhält einen (kostengünstigen) „Justizkredit". Derartige Praktiken wurden unter dem Schlagwort „Italian torpedo" diskutiert[942] – das Problem stellt sich freilich keineswegs nur in Italien, sondern auch in anderen EU-Mitgliedstaaten.[943]

6.196 Die Torpedo-Problematik verdeutlicht das folgende Beispiel: Ein Auftraggeber mit Sitz in München verlangt von seinem Auftragnehmer mit Sitz in Italien Schadenersatz wegen behaupteter Mängel an einem Bauprojekt in Österreich. Der Auftraggeber droht dem zahlungsunwilligen Auftragnehmer eine Zahlungsklage vor dem LG München an (eine ausschließliche Gerichtsstandsklausel wurde vereinbart). Kurz darauf reicht der Auftragnehmer eine negative Feststellungsklage in Bergamo ein mit dem Antrag festzustellen, dass zwischen den Parteien kein Vertrag zu Stande gekommen sei. Im Verfahren vor dem LG München I macht der beklagte Auftragnehmer den Einwand der anderweiten Rechtshängigkeit in Italien geltend und beantragt die Aussetzung des Verfahrens bis zu einer Entscheidung des Gerichts in Bergamo. Dem widersetzt sich der Kläger mit Hinweis auf die Gerichtsstandsvereinbarung und auf die zu erwartende, überlange Verfahrensdauer in Italien.[944]

6.197 In der Literatur wird wiederholt die Frage diskutiert, ob bei einer rechtsmissbräuchlichen Klage bzw. einer überlangen Verfahrensdauer, die einer Rechtsschutzverweigerung gleichkommt, die Sperrwirkung des Art. 29 EuGVO entfallen sollte.[945]

---

941 Allerdings kennen nicht sämtliche Mitgliedstaaten die negative Feststellungsklage. Zur Rechtslage in Frankreich vgl. *Cuniberti*, Clunet, 2004, 77, 84 ff.

942 *Nieroba*, Europäische Rechtshängigkeit, S. 202; *Kern*, IPRax 2015, 318 ff.; *Rogerson*, in: Dickinson/Lein (ed.), The Brussels I Recast, Rdn. 11.11 f.

943 Ein weiteres Beispiel war der Fall *Primacom*: Die deutsche Klägerin, ein Mobilfunk-Unternehmen, hatte bei einem internationalen Bankenkonsortium einen Kredit über insgesamt 750 mio € aufgenommen, der mit einem debt to equity swap besichert wurde. Der Vertrag enthielt eine einseitig begünstigende Gerichtsstandsklausel für die englische Justiz. Als die Klägerin ihre Zinszahlungen unter Berufung auf § 138 I BGB einstellte, kam es zum justiziellen Wettlauf. Die deutsche Klägerin erhob noch vor Zahlungseinstellung eine Klage vor dem LG Mainz auf Feststellung, dass sie zur Zinszahlung nicht verpflichtet sei. Die gegenläufige Zahlungsklage in London wurde ausgesetzt, *J. P. Morgan Europe Ltd. v. Primacom AG and Others*, [2005] 2 Lloyd's Rep. 665. Neun Monate später wies das LG Mainz, 13.9.2005, WM 2005, 2319, die Feststellungsklage wegen fehlender, internationaler Zuständigkeit zurück. Englische Kommentatoren haben die Verfahrensdauer vor dem Landgericht kritisiert – angesichts des komplexen Sachverhalts (es existierten mehrere widersprüchliche Gerichtsstandsvereinbarungen) war der Verfahrensverlauf jedoch unbedenklich, vgl. *M. Weller*, in: Hess/Pfeiffer/Schlosser, The Brussels I Regulation, Rdn. 373 f.

944 Beispiel nach OLG München, 2.6.1998, RIW 1998, 631 f. (Verfahrensdauer in Italien: sechs Jahre mit einem vollständigen Verfahrensstillstand von mehr als zwei Jahren). Das OLG München ließ die Parallelklage nicht zu. Heute ermöglicht hingegen Art. 31 II EuGVO die Überantwortung der Entscheidung an das prorogierte Gericht. Das Gericht in Bergamo muss zugunsten des LG München das Verfahren aussetzen. Auf den Zeitpunkt der Rechtshängigkeit kommt es hingegen nicht mehr an.

945 So etwa *Dohrn*, Einrede (1996), S. 300; *Schlosser*, IPRax 1999, 115, 117; *Mc Guire*, Verfahrenskoordination, S. 101 ff. verweist zu Recht darauf, dass der Missbrauchseinwand von dem zuerst angerufenen Gericht zu entscheiden ist und dort zur raschen Klageabweisung führen sollte.

Dies wird z. T. mit dem Gedanken des Rechtsmissbrauchs,[946] z. T. mit dem Justizgewährungsanspruch aus Art. 6 EMRK/Art. 47 GRC begründet.[947] Der Europäische Gerichtshof ist dieser Argumentation im Urteil *Gasser* frühzeitig und eindeutig entgegengetreten: Die Nichtbeachtung der Rechtshängigkeit wäre eine (offene) Nichtanwendung des zwingenden Unionsrechtsakts; der Vertrauensgrundsatz schließt es aus, die Verfahrenshandhabung des ausländischen Gerichts (pauschal) zu kritisieren. Schließlich gibt es keine gefestigten Maßstäbe zur Bestimmung eines überlangen Verfahrens bzw. eines prozessualen Missbrauchs.[948] Aus demselben Grund hält der Gerichtshof den Erlass einer *anti-suit injunction* (etwa zur Sicherung einer vorrangigen Gerichtsvereinbarung) im Europäischen Justizraum für ausgeschlossen.[949]

Vom Ergebnis her ist dem EuGH zuzustimmen: Mangels präziser Maßstäbe hätte die Einführung eines generellen Missbrauchs- bzw. eines Effektivitätsvorbehalts erhebliche Rechtsunsicherheit (und eine erhöhte Streitanfälligkeit) zur Folge. Sie wäre mit dem Gebot der Rechtsklarheit im Zuständigkeitsrecht kaum zu vereinbaren.[950] Auch ist nicht zu verkennen, dass sich ein Gläubiger, der von einer negativen Feststellungsklage „überholt" wird, am angegangenen Gericht (etwa durch Leistungswiderklage) wehren kann.[951] Effektive Justizgewährung gewährleistet zudem paralleler einstweiliger Rechtsschutz.[952] Dieser kann nicht nur im Gericht der Hauptsache erlangt werden; ergänzenden Rechtsschutz gewähren (potentiell) alle nach Art. 4 ff. EuGVO zuständige Gerichte.[953] Lokaler einstweiliger Rechtsschutz kann zudem nach Art. 35 EuGVO erwirkt werden.[954] Allerdings können nach der Rechtsprechung des EuGH auch einstweilige Maßnahmen durch gegenläufige Maßnahmen des einstweiligen Rechtsschutzes blockiert werden.[955] 6.198

---

946 So insbesondere englische Autoren, *O'Malley/Layton*, European Civil Practice, Rdn. 44.42; *Dicey/Morris*, Private Int'l Law, Rdn. 12 – 015; abgewogen hingegen Magnus/Mankowski/*Fentiman*, Introduction to Arts. 29–30 BrusselsI bis Regulation, Rdn. 25 ff.

947 *Schilling*, IPRax 2004, 294 ff.; *Schack*, IZVR, Rdn. 759; deutliche Zurückhaltung bei *Kropholler/v. Hein*, Art. 27 EuGVO aF, Rdn. 21; Magnus/Mankowski/*Fentiman*, Introduction to Arts. 29–30 Brussels I^{bis} Regulation, Rdn. 19 ff.

948 EuGH, 9.12.2003, Rs. C-116/02, *Gasser*, EU:C:2003:657, Rdn. 41 ff. (zum Rechtsmissbrauch), Rdn. 70 ff. (zu Art. 6 EMRK).

949 EuGH, 27.4.2004, Rs. C-159/02, *Turner*, EU:C:2004:228, Rdn. 27 ff.; zustimmend *Kropholler/v. Hein*, Art. 27 EuGVO aF, Rdn. 27–30; *Dutta/Heinze*, ZEuP 2005, 428 ff.

950 Dies betont auch der EuGH, 9.12.2003, Rs. C-116/02, *Gasser*, EU:C:2003:657, Rdn. 51–53.

951 Vgl. Art. 8 Nr. 3 EuGVO, *Mc Guire*, Verfahrenskoordination, S. 140; dazu bereits *Hess*, JZ 1998, 1021, 1031.

952 *McGuire*, Verfahrenskoordination, S. 140.

953 Beispiel: *Boss Group Ltd. v. Boss France SA*, [1997] 1 WLR 351 (C.A.); dazu unten § 6 V, Rdn. 6.287 f.

954 Diese Maßnahmen können nicht grenzüberschreitend vollstreckt werden. Dazu unten § 6 V, Rdn. 6.280.

955 EuGH, 6.6.2002, Rs. C-80/00, *Italian Leather*, EU:C:2002:342, dazu unten Rdn. 6.282 ff.

6.199 Inzwischen hat das Problem an praktischer Brisanz verloren: Zum einen enthält Art. 31 II–IV EuGVO eine Lösung für ausschließliche Gerichtsstandsvereinbarungen. Zum anderen hat der EuGH diese Lösung (zunächst sinngemäß) auf das Verhältnis zwischen ausschließlich und nicht ausschließlich zuständigen Gerichten übertragen.[956] In beiden Konstellationen tritt die Prioritätsregel zugunsten der Entscheidungsbefugnis des ausschließlich zuständigen Gerichts zurück.[957] *De lege ferenda* sollte diese Lösung ausgebaut (etwa im Hinblick auf Schiedsvereinbarungen) und in der Verordnung festgeschrieben werden.[958] Im Ergebnis enthalten die Art. 29–32 EuGVO eine Regelung, die das Prioritätsprinzip nur noch begrenzt umsetzt.

6. Drittstaatenkonstellationen

6.200 Eine wesentliche Neuerung der EuGVO (2012) besteht in der Regelung von Drittstaatenkonstellationen bei der Rechtshängigkeit.[959] Die Neuregelung erscheint insofern überraschend, als weder bei der Zuständigkeit[960] noch bei der Urteilsanerkennung[961] Drittstaatenkonstellationen umfassend geregelt wurden.[962] Dennoch enthält der (neue) Rechtszustand einen substantiellen Fortschritt. Denn er ermöglicht eine Koordination von Parallelprozessen unabhängig vom (bisweilen willkürlichen) Prioritätsgrundsatz der Art. 29 EuGVO.

6.201 Art. 33 und 34 EuGVO unterscheiden in der Systematik der Art. 29 ff. EuGVO identische und konnexe Parallelklagen. In beiden Konstellationen kann ein Gericht eines EU-Mitgliedstaates das Verfahren zugunsten des Parallelprozesses im Drittstaat aussetzen, sofern eine Anerkennung des drittstaatlichen Urteils zu erwarten ist und die Aussetzung im Interesse einer geordneten Rechtspflege erforderlich ist. Die Vorschriften stellen mithin nicht auf die Priorität, sondern darauf ab,[963] ob eine Aussetzung im Interesse einer geordneten Rechtspflege, sprich zur Vermeidung von Urteilskollisionen, erforderlich ist (vgl. die Aufzählung der zu erwägenden Gesichtspunkte in

---

956 EuGH, 3.4.2014, Rs. C-438/12, *Weber*, EU:C:2014:212, oben Rdn. 6.131.

957 *Kern*, IPRax 2015, 318, 319 f.

958 Dazu Voraufl., § 6 III, Rdn. 169; *Hess*, JZ 2014, 538, 539.

959 Keine Drittstaaten sind die Vertragsstaaten des LugÜ und des HGÜ, Rauscher/*Leible*, Art. 33 EuGVO, Rdn. 4 f.

960 Ausnahmen enthalten allerdings Art. 18 I, 21 II, 24 und 25 EuGVO, vgl. Art. 6 I EuGVO. In diesen Konstellationen haben die ausschließlichen Gerichtsstände der EuGVO Vorrang, die ausländische Rechtshängigkeit wird nicht berücksichtigt, Wieczorek/Schütze/*M. Weller*, Art. 33 f. EuGVO, Rdn. 4.

961 Vgl. § 5 I, Rdn. 5.20 f.; zu Art. 45 (1) lit. d) vgl. unten Rdn. 6.249.

962 Dazu oben § 5 I, Rdn. 5.10.

963 Str., Art. 33 f. setzen die Anhängigkeit des Verfahrens vor dem Gericht des Drittstaates voraus, hieraus wird das Erfordernis einer vorgängigen Anhängigkeit im Drittstaat abgeleitet. Rauscher/*Leible*, Art. 33 EuGVO, Rdn. 7.

EwG 23). Die Aussetzung erfolgt unter Abwägung der Umstände des Einzelfalls; sie steht im Ermessen des Gerichts. Eine derartige Urteilskollision droht im Fall einer Anerkennung des drittstaatlichen Urteils; sie löst zugleich das Anerkennungshindernis des Art. 45 I lit. d) EuGVO aus.[964] Die Anerkennungsprognose erfolgt hingegen nach den autonomen Verfahrensrechten der EU-Mitgliedstaaten (in Deutschland: § 328 ZPO), die ihrerseits wiederum unionsrechtskonform auszulegen sind.[965]

Die Aussetzung des Parallelverfahrens vor EU-Gerichten wird beendet, wenn das Verfahren im Drittstaat ausgesetzt wurde, mit einem zügigen Verfahrensabschluss nicht gerechnet werden kann oder die geordnete Rechtspflege innerhalb der Union die Verfahrensfortsetzung erfordert, Art. 33 II, 34 II EuGVO. Letzteres ist insbesondere dann der Fall, wenn vor dem EU-Gericht ein Zahlungstitel begehrt wird, im Drittstaat hingegen nicht.[966] Eine endgültige Beendigung des ausgesetzten Verfahrens kommt erst dann in Betracht, wenn das drittstaatliche Verfahren rechtskräftig abgeschlossen wurde. Erst zu diesem Zeitpunkt kann definitiv geklärt werden, ob der (inländische) Rechtsstreit umfassend entschieden wurde. Ist das ausländische Urteil nach autonomem Prozessrecht[967] anerkennungsfähig, wird die im EU-Mitgliedstaat erhobene Klage schließlich als unzulässig abgewiesen.[968] 6.202

Zur Anwendung von Art. 34 EuGVO kam es im Verfahren *PrivatBank v Kolomoisky and Boholiubov*[969] vor dem Commercial Court in London. Es ging um (behauptete) Veruntreuungen in Höhe von ca. 1.9 Mrd. US$. Die Klägerin, eine ukrainische Bank, hatte zwei frühere Gesellschafter und mehrere englische Gesellschaften verklagt. Da die Gesellschafter ihren Wohnsitz in der Schweiz hatten, stützte die Klägerin die Zuständigkeit des High Court auf Art. 6 Nr. 1 LugÜ.[970] Der High Court hatte zuvor eine *worldwide freezing order* über 2,6 Mrd. US$ erlassen. Die englischen Beklagten beantragten eine Aussetzung des Verfahrens im Hinblick auf mehrere parallele Verleumdungsklagen in der Ukraine, mit denen sich die Beklagten gegen die vorgetragenen Behauptungen zur Wehr setzten.[971] Diese Klagen waren früher erhoben worden als die Klage in London. Justice *Fancourt* entschied auf eine Aussetzung nach Art. 34 EuGO: Zwar seien die Rechtsschutzziele der Klagen unterschiedlich, sie beträfen jedoch 6.203

964 Die Identität der Parteien und des Gegenstands der Klagen bestimmt sich nicht nach nationalem Recht, sondern autonom nach der Rechtsprechung des EuGH zu Art. 29 EuGVO, aA Rauscher/*Leible*, Art. 33 EuGVO, Rdn. 8; MünchKomm/*Gottwald*, Art. 33 EuGVO, Rdn. 4.

965 MünchKomm/*Gottwald*, Art. 33 EuGVO, Rdn. 8. Die Anerkennungsgerichtsstände des § 328 I Nr. 1 ZPO bestimmen sich nach Art. 4 ff. EuGVO – Mangels abschließender Regelung auf EU-Ebene kann der nationale Gesetzgeber jedoch weitere Regelungen treffen, etwa § 32b ZPO; aA Wieczorek/Schütze/*Kruis/Reuschle*, § 32b ZPO, Rdn. 114.

966 *Schlosser*, in: Schlosser/Hess, Art. 29–34 EuGVO, Rdn. 5.

967 Sollte das Haager Judgments-Projekt (oben § 5, Rdn. 5.61 ff.) erfolgreich abgeschlossen und von der Union ratifiziert werden, dann treten die Anerkennungsregeln der internationalen Übereinkommen an die Stelle der nationalen Regelungen.

968 Rauscher/*Leible*, Art. 33 EuGVO, Rdn. 23; *Schlosser*, in: Schlosser/Hess, Art. 33 ff. EuGVO, Rdn. 5.

969 [2018] UKHC 3308 (Ch.)

970 Ankerbeklagte waren die englischen Gesellschaften. Art. 6 Nr. 2 LugÜ entspricht Art. 8 Nr. 2 EuGVO, dazu oben § 6 II, Rdn. 6.96.

971 [2018] UKHC 3308, Rdn. 129 ff.

dieselben Tatsachen. Die meisten Zeugen und Dokumente befanden sich in der Ukraine, da die maßgeblichen Vorgänge dort stattgefunden hatten. Der englische Richter hielt eine Aussetzung auch im Interesse einer geordneten Rechtspflege für geboten; eine Anerkennung des Urteils in England könne prognostiziert werden.[972] Im Ergebnis verneinte der Commercial Court jedoch seine Zuständigkeit aufgrund von Art. 6 Nr. 2 LugÜ gegenüber den ukrainischen Beklagten, da keine hinreichende Beteiligung der englischen Gesellschaften am behaupteten Betrug vorgetragen sei – sie seien offensichtlich als Ankerbeklagte verklagt worden, um die Verfahren in London durchführen zu können.[973] Zugleich hob das Gericht die *freezing order* auf. Das – hier nur verkürzt wiedergegebene – Urteil zeigt interessante Aspekte auf: zum einen den Einsatz der Verleumdungsklage als „untechnische" Torpedoklage im Rahmen von Art. 30 und 34 EuGVO, zum anderen die Auslegung von Art. 34 EuGVO in enger Anlehnung an die *forum non conveniens*-Doktrin.

IV. Urteilsfreizügigkeit und direkte Vollstreckung

6.204 Das Europäische Zivilprozessrecht soll vor allem die Urteilsfreizügigkeit verwirklichen und dadurch effektiven, grenzüberschreitenden Rechtsschutz garantieren.[974] So gesehen enthalten die Art. 36 ff. die Kernregelungen der EuGVO. Hier setzt der Unionsgesetzgeber das Konzept der Urteilsfreizügigkeit um; auf dieses Ziel sind sämtliche Regelungen der Verordnung Brüssel Ia zugeschnitten. Bei der Urteilsanerkennung entfernt sich das Europäische Prozessrecht deutlich von den überkommenen Konzepten der nationalen Prozessrechte (vgl. etwa §§ 328, 722 f. ZPO) und von den früheren Staatsverträgen.[975] Das Freizügigkeitsregime beruht inzwischen auf der Prämisse, dass die ausländische Entscheidung direkt vollstreckt werden kann;[976] da deren Anfechtung aufgrund von Anerkennungshindernissen (vgl. Art. 45 EuGVO) nur ausnahmsweise erfolgt.[977] Die Neufassung der VO 1215/2012 hat das Exequaturverfahren nach Art. 38 ff. EuGVO aF abgeschafft und durch ein System der direkten Voll-

---

972 [2018] UKHC 3308, Rdn. 145 ff.

973 [2018] UKHC 3308, Rdn. 99 ff.

974 St. Rspr. EuGH, 4.2.1988, Rs. C-145/86, *Hoffmann*, EU:C:1988:61, Rdn. 10; EuGH, 16.2.2006, Rs. C-3/05, *Verdoliva*, EU:C:2006:113, Rdn. 27 („wichtigstes Ziel des EuGVÜ"), dazu *Pontier/Burg*, EU-Principles, S. 27 ff. („first main principle"); *Dickinson*, in: Dickinson/Lein, The Brussels I Regulation Recast, Rdn. 1.59.

975 *Droz*, Mél. Schockweiler (1999), S. 61, 62 f.; zur Rechtsentwicklung *Wiedemann*, Vollstreckbarkeit, S. 42 ff. Vgl. oben § 3 II, Rdn. 3.14 ff.

976 Vgl. Art. 41 I 2 EuGVO: „Eine in einem Mitgliedstaat ergangene Entscheidung, die im ersuchten Mitgliedstaat vollstreckbar ist, wird dort unter den gleichen Bedingungen vollstreckt wie eine im ersuchten Mitgliedstaat ergangene Entscheidung."

977 Zur „présomption de régularité" vgl. *Droz*, Mél. Schockweiler (1999), S. 61, 63 ff., der mit Recht darauf verweist, dass bereits in der Gerichtspraxis zum EuGVÜ in weniger als 10 % aller Verfahren die Anerkennung versagt wurde. Diese Einschätzung hat die rechtstatsächliche Untersuchung der Praxis zur EuGVO bestätigt – vgl. die rechtstatsächlichen Erhebungen der Study JLS/C4/2005/03, danach liegt die Anfechtungsquote bei 13 % aller Verfahren, *Hess/Pfeiffer/Schlosser*, The Brussels I Regulation, Rdn. 447.

streckung ersetzt, bei dem der Gläubiger im EU-Vollstreckungsstaat unter Vorlage der (ausländischen) Entscheidung nebst dem Begleitformular unmittelbar die Zwangsvollstreckung beantragen kann (vgl. Art. 42, 53 iVm dem Formular des Anhangs I EuGVO). Allerdings hat der Schuldner die Möglichkeit, nach Art. 45 ff. EuGVO die überkommenen Anerkennungshindernisse im Rechtsbehelfssystem des Vollstreckungsmitgliedstaates geltend zu machen.

Die innerstaatlichen Regelungen zur Anerkennung und Vollstreckbarerklärung finden sich für Deutschland im 7. Abschnitt des 11. Buches der ZPO (§§ 1110–1117 ZPO).[978] Das frühere AVAG findet auf die EuGVO keine Anwendung mehr.[979] Die Regelungen in den §§ 1110 ff. ZPO betreffen nur Einzelfragen; wesentliche Ausführungsvorschriften enthalten § 1115 ZPO (Zuständigkeit und Rechtsbehelfe im Verfahren nach Art. 45 ff. EuGVO)[980] und § 1117 ZPO (Vollstreckungsgegenklage gegen den ausländischen Titel)[981]. **6.205**

1. Entscheidungen als Gegenstand der Urteilsfreizügigkeit

Nach Art. 36 I EuGVO werden „Entscheidungen" aus anderen Mitgliedstaaten automatisch, ohne ein besonderes Verfahren anerkannt. Den Begriff der Entscheidung definiert Art. 2 lit. a) EuGVO als „jede von einem Gericht eines Mitgliedstaats erlassene Entscheidung (...), ohne Rücksicht auf ihre Bezeichnung wie Urteil, Beschluss, Zahlungsbefehl oder Vollstreckungsbescheid, einschließlich des Kostenfestsetzungsbeschlusses eines Gerichtsbediensteten." Hinter Art. 2 lit. a) EuGVO steht ein autonomes Konzept, das angesichts des Regelungsziels der Urteilsfreizügigkeit weit auszulegen ist.[982] Entscheidungen iSd Art. 2 lit. a) EuGVO sind alle Akte staatlicher Rechtspflege, die eine verbindliche Streitbeilegung zum Gegenstand haben.[983] Ein vollstreckungsfähiger Tenor ist nicht erforderlich.[984] **6.206**

Anerkennungsfähig sind auch Urteile, die eine Klage als unzulässig zurückweisen. In *Gothaer Versicherungen* ging es um den Transport einer Brauereianlage von Antwerpen nach Mexiko, die Anlage wurde beim Transport beschädigt. Das Konnossement enthielt eine Gerichtsstandsklausel für die niederländischen Gerichte und die Wahl holländischen Rechts, der Frachtführer war die Tochterfirma eines niederländischen Unternehmers. Die Empfängerin der Ware und die Versicherung verklagten den Frachtführer in Antwerpen – dort wies das belgische Gericht die Klage wegen der **6.207**

---

978 Zur Kritik an der unsystematischen Auflistung der Vorschriften im 11. Buch der ZPO vgl. oben § 3 IV, Rdn. 3.77.

979 Zu Einzelheiten vgl. Voraufl. § 6, Rdn. 191.

980 Dazu unten Rdn. 6.223 ff.

981 Dazu unten Rdn. 6.226.

982 Zutreffend *Frische*, Verfahrenswirkungen, S. 143 ff.; BGH, 22.9.2005, NJW-RR 2006, 143, 144.

983 Vgl. Schlussanträge *Bot* in der Rs. C-456/11, *Gothaer Versicherungen*, EU:C:2012:554, Rdn. 35 ff.; *Nuyts*, in: Dickinson/Lein, The Brussels I Recast, Rdn. 2.98 f.

984 Daher sind auch klageabweisende oder sonstige Feststellungsurteile anerkennungsfähig, *Schlosser*, in: Schlosser/Hess, Art. 2 EuGVVO, Rdn. 2.

Gerichtsstandsklausel zurück. Als die Empfängerin und der Versicherer erneut Klage in Deutschland erhoben, fragte das LG Bremen den EuGH, ob es an die Entscheidung des belgischen Gerichts im Hinblick auf die Derogationswirkung der Gerichtsstandsvereinbarung gebunden sei. Der EuGH bejahte eine Bindung mit dem Hinweis auf den Vertrauensgrundsatz und erstreckte die Bindungswirkung der Rechtskraft auf die tragenden Gründe der Entscheidung. Mithin war das LG Bremen an die bereits festgestellte Derogationswirkung gebunden.[985]

6.208 Die Legaldefinition des Art. 2 lit. a) EuGVO setzt nicht voraus, dass die anzuerkennende Entscheidung von einem Richter erlassen wurde: Rechtsprechungsakte des Rechtspflegers und des Urkundenbeamten (etwa bei der Kostenfestsetzung) sind eingeschlossen.[986] Behördliche Entscheidungen, insbesondere Justizverwaltungsakte, sind hingegen nicht anerkennungsfähig, selbst wenn sie Zivil- und Handelssachen betreffen.[987] Im Grenzbereich zwischen richterlicher und behördlicher Streitbeilegung stellen sich zahlreiche Abgrenzungsfragen.[988] Maßgeblich ist, dass eine rechtskraftfähige Entscheidung in einem justizförmigen Verfahren unter Wahrung des rechtlichen Gehörs ergangen ist.[989] Daher genügt ein einseitig erlassener Vollstreckungstitel nicht; das Erstverfahren muss zumindest potentiell (etwa auf Antrag des Schuldners) als kontradiktorisches Verfahren angelegt sein.[990] Dagegen sind auch Entscheidungen erfasst, die (zwar) zunächst in einem einseitigen Verfahren erlassen werden, jedoch in einem kontradiktorischen Verfahren angefochten und überprüft werden können.[991] Ausreichend ist auch eine vom Präsidenten der Anwaltskammer Paris festgesetzte Honorarforderung eines französischen Anwalts, sofern diese vom Präsidenten des Tribunal de Grande Instance für vollstreckbar erklärt wurde. Grund-

---

985 EuGH, 15.11.2012, Rs. C-456/11, *Gothaer Allgemeine Versicherung*, EU:C:2012:719, Rdn. 37 ff.; abl. *H. Roth*, IPRax 2014, 136 ff.

986 Dies ergibt sich aus der ausdrücklichen Erwähnung des Vollstreckungsbescheids (§ 699 ZPO) und der Kostenfestsetzungsbeschlüsse (§ 104 ZPO) in Art. 2 lit. a) EuGVO. Zum italienischen Mahnbescheid vgl. OLG Zweibrücken, 25.1.2006, NJOZ 2006, 854 ff. Zum deutschen Vollstreckungsbescheid C.A. Paris 23.2.1990, Dalloz Sirey 1990 I R. 99 (Art. 26, 31 EuGVÜ).

987 Beispiel: Gerichtskostenrechnung, OLG Schleswig, 15.3.1996, RIW 1997, 513. Anders hingegen bei Entscheidungen des schwedischen Amts für Beitreibung: dessen Entscheidungen unterfallen nach Art. 3 lit. b) EuGVO der Urteilsfreizügigkeit.

988 Etwa zwischen (anerkennungsfähigen) Kostenfestsetzungsbeschlüssen, dazu BGH, 22.9.2005, NJW-RR 2006, 143 f. (Vollstreckbarerklärung der Vergütung eines französischen Rechtsanwalts). Nicht anerkennungsfähig sind hingegen Anordnungen, Kostenvorschüsse zu zahlen, *Geimer/Schütze*, Art. 36 EuGVO, Rdn. 52; *Schlosser*, in: Schlosser/Hess, Art. 2 EuGVVO, Rdn. 5.

989 *Frische*, Verfahrenswirkungen (2006), S. 141 ff.

990 EuGH, 14.10.2004, Rs. C-39/02, *Maersk Olie & Gas*, EU:C:2004:615; EuGH, 13.7.1995, Rs. C-474/93, *Hengst Import./.Campese*, EU:C:1995:243, Rdn. 14 f.

991 Dazu bereits EuGH, 13.7.1995, Rs. C-474/93, *Hengst Import./.Campese*, EU:C:1995:243, Rdn. 14 f.; EuGH, 14.10.2004, Rs. C-39/02, *Maersk Olie & Gas*, EU:C:2004:615; *Huber*, in: Hdb ZVR, Kap. 8, Rdn. 34, der mit Recht darauf verweist, dass der Begriff der „Entscheidung" nicht mit dem Anerkennungshindernis des fehlenden rechtlichen Gehörs verwechselt werden darf.

lage der Anerkennung ist die Vollstreckbarerklärung des französischen Gerichts.[992] Maßnahmen des einstweiligen Rechtsschutzes werden in Art. 2 lit. a) UAbs. 2 gesondert genannt, sie unterliegen der Urteilsfreizügigkeit, sofern die dort genannten Voraussetzungen erfüllt sind.[993]

Um die Anerkennung von Vollstreckungsbefehlen kroatischer Notare ging es in der Rs. C-551/15, *Pula Parking*.[994] Die Klägerin, eine städtische Gesellschaft zur Betreibung öffentlicher Parkplätze, verlangte die Zahlung einer Parkgebühr in Höhe von 13 € vom deutschen Beklagten. Dieser hatte sein Auto in Pula geparkt, ohne zu zahlen. Sie leitete ein Vollstreckungsverfahren aufgrund einer „glaubwürdigen Urkunde" vor dem örtlichen Notar ein. Dieser ist nach Art. 278 kroatischen Zwangsvollstreckungsgesetz befugt, nach einseitiger Prüfung einen Vollstreckungsbefehl zu erlassen, gegen den der Schuldner binnen einer Woche nach Zustellung Einspruch erheben kann. Der EuGH bejahte – unzutreffend[995] – das Vorliegen einer Zivilsache; er verneinte jedoch das Vorliegen einer gerichtlichen Entscheidung, da die kroatischen Notare nicht in das Justizsystem eingebunden waren und der Vollstreckungsbefehl zudem nicht in einem kontradiktorischen Verfahren erlassen wurde.[996] Die direkte Vollstreckung von Entscheidungen nach der EuGVO setze voraus, dass diese von einem unabhängigen und unparteilichen Gericht erlassen werde.[997] **6.209**

Nicht unter den Anwendungsbereich des Art. 2 lit. a) EuGVO fallen hingegen Schiedssprüche[998], die Entscheidungen privater Vereins- bzw. Verbandsorgane[999] sowie die Entscheidungen internationaler Gerichte, einschließlich des EuGH selbst[1000]. Desgleichen nicht Entscheidungen der Gerichte anderer Mitgliedstaaten zur Vollstreckbarerklärung von Schiedssprüchen oder Urteilen aus Drittstaaten („l'exequatur sur l'exequatur ne vaut").[1001] Wird hingegen ein Schiedsspruch vollumfänglich in ein **6.210**

992 Zutreffend BGH, 22.9.2005, NJW-RR 2006, 143 f., insofern gilt nicht der Grundsatz des „exequatur sur exequatur ne vaut".

993 Vgl. dazu unten § 6 V, Rdn. 6.277 ff.

994 EuGH, 9.3.2017, Rs. C-551/15, *Pula Parking*, EU:C:2017:193; ebenso (zu Art. 3 und 5 EuVTVO) EuGH, 9.3.2017, Rs. C-484/15, *Zulfikarpašić*, EU:C:2017:199.

995 *Hess*, RdC 388 (2018), 49, Rdn. 56–60, oben Rdn. 6.10.

996 EuGH, 9.3.2017, Rs. C-551/15, *Pula Parking*, EU:C:2017:193, Rdn. 40 ff., 46; auch mit dem Hinweis, dass Art. 3 EuGVO die ungarischen (nicht hingegen die kroatischen) Notare ausdrücklich in den Anwendungsbereich der Urteilsfreizügigkeit einbezieht. Unbeachtet blieb freilich, dass Kroatien das ungarische Regelungsmodell übernommen hatte und eine Einbeziehung Kroatiens wohl im parallelen Beitritts- und Überarbeitungsprozess der EuGVO übersehen worden war. Aus rechtsmethodischer Sicht hätte eine analoge Anwendung von Art. 3 EuGVO nahegelegen.

997 EuGH, 9.3.2017, Rs. C-551/15, *Pula Parking*, EU:C:2017:193, Rdn. 50 ff.

998 EuGH, 25.7.1991, Rs. C-190/89, *Marc Rich*, EU:C:1991:319 (zu Art. 1 II Nr. 4 EuGVÜ/EuGVO). Anders aber, wenn der (ausländische) Schiedsspruch vollständig in ein Urteil aufgenommen wurde (*merger*). Dann ist ein Urteil des Gerichts eines anderen EU-Staates anzuerkennen, zutreffend OLG Frankfurt/M, 13.7.2005, NJOZ 2006, 4360, 4363; *Schlosser*, IPRax 1985, 141 f.; MünchKomm/*Gottwald*, § 328 ZPO, Rdn. 43; aA *Schack*, IZVR, Rdn. 937; Zöller/*Geimer*, § 1061 ZPO, Rdn. 8.

999 *Adolphsen*, Internationale Dopingstrafen (2003), S. 481 ff.

1000 Die Vollstreckung der Urteile des EuGH in den Mitgliedstaaten regeln Art. 280 und 299 AEUV. Dazu Geiger/Khan/*Kotzur*, EUV/AEUV, Art. 280 AEUV, Rdn. 2 f.

1001 *O'Malley/Layton*, European Civil Procedure, Rdn. 678; Rauscher/*Leible*, Art. 2 EuGVO, Rdn. 17.

Urteil aufgenommen und enthält dieses im Tenor eine (eigenständige) Verurteilung (sog. *„merger“*), so liegt eine eigenständige, anerkennungsfähige Entscheidung iSv Art. 2 lit. a) EuGVO vor.[1002] Als Gerichte der Mitgliedstaaten gelten auch das Beneluxgericht und das Europäische Patentgericht (vgl. Art. 71a EuGVO).[1003]

6.211 Prozessvergleiche sind nach der Systematik der EuGVO keine Entscheidungen.[1004] Sie werden vielmehr nach Art. 2 lit. b) und 59 EuGVO vollstreckt. Für die Abgrenzung kommt es darauf an, ob der Rechtspflegeakt (im Grundsatz) der materiellen Rechtskraft fähig ist.[1005] Daher ist ein *consent judgment* grundsätzlich eine anerkennungsfähige Entscheidung,[1006] desgleichen ein Beschluss nach § 278 VI ZPO.[1007] *Undertakings*, d.h. prozessuale Verpflichtungserklärungen, die eine Partei gegenüber einem Gericht aus dem Rechtskreis des Common Law abgibt, sind Entscheidungen im Sinne des Art. 2 lit. a) EuGVO, wenn sie auf richterlicher Rechtserkenntnis beruhen und einen vollstreckungsfähigen Inhalt haben.[1008] Dagegen sind Wechselproteste, die etwa belgische und französische Gerichtsvollzieher ausstellen, keine anerkennungsfähigen Entscheidungen iSd Art. 2 lit. a) EuGVO, wohl aber Urkunden iSd Art. 2 lit. c) EuGVO.[1009]

6.212 Der anzuerkennende Rechtsprechungsakt muss (prinzipiell) grenzüberschreitende Geltung intendieren. Dies folgt aus der Grundkonzeption der Art. 2, 36 ff. EuGVO, die eine Wirkungserstreckung der ausländischen Entscheidung voraussetzen.[1010] Die grenzüberschreitende Wirkung fehlt häufig bei prozessualen Zwischenentscheidungen.[1011] Diese ist jedoch – entgegen der Rechtsprechung des EuGH[1012] – auch bei einstweiligen Maßnahmen zu bejahen, die eine Beweissicherung zum Gegenstand haben.[1013] Dagegen ist eine Anordnung zur Zeugeneinvernahme (Ladung) nach den Vorschriften der EuZustVO und EuBewVO an die Auskunftsperson zu übermit-

---

1002 OLG Frankfurt, 13.7.2005, NJOZ 2006, 4360.

1003 *Hess*, in: Schlosser/Hess, Art. 71a EuGVVO, Rdn. 2.

1004 EuGH, 2.6.1994, Rs. C-414/92, *Solo Kleinmotoren./.Boch*, EU:C:1994:221, Rdn. 18; C.Cass., 11.2.1997, Rev. Crit. 1998, 326 (*P. Mayer*), ausführlich *Frische*, Verfahrenswirkungen (2006), S. 130 ff.

1005 *Frische*, Verfahrenswirkungen, S. 141 ff., unten Rdn. 6.297.

1006 *Frische*, Verfahrenswirkungen, S. 146 f.; *v. Hoffmann/Hau*, IPRax 1995, 218; ebenso *Landhurst Leasing Plc v. Marcq*, [1998] ILPr. 822, 831 (C.A.).

1007 *Koch*, FS Schumann, S. 267, 281 f. befürwortet darüber hinaus die generelle Anerkennungsfähigkeit gerichtlich bestätigter Vergleiche. Die Beteiligung des Gerichts reiche aus. Jedoch muss die schlichte Protokollierung von der richterlichen Entscheidung getrennt werden, zutreffend *Frische*, Verfahrenswirkungen, S. 139 f.

1008 Dazu *Schlosser*, RIW 2001, 81, 88 ff.; *Mäsch*, FamRZ 2002, 1069 ff.

1009 OLG Saarbrücken, 6.7.1998, IPRax 2001, 238, dazu *Reinmüller*, IPRax 2001, 207, 208.

1010 Daher können rein territorial wirkende Entscheidungen (etwa die Rechtsöffnung nach Schweizer Recht oder die Vollstreckungsgegenklage gegen einen ausländischen Titel) nicht anerkannt werden, *Schlosser/Hess*, Art. 2 EuGVVO, Rdn. 8.

1011 *Schlosser/Hess*, Art. 2 EuGVVO, Rdn. 15 f.; vgl. aber dazu sogleich unten im Text.

1012 EuGH, 28.4.2005, Rs. C-104/03, *St. Paul Dairy*, EU:C:2005:255, Rdn. 26 ff., zur Kritik an dieser Entscheidung vgl. unten § 8 IV, Rdn. 8.89.

1013 Zur Anerkennung einstweiliger Maßnahmen vgl. unten § 6 V, Rdn. 6.280.

teln.[1014] Die Anerkennung eines Zwangsgeldes nach § 141 III ZPO (wegen persönlichen Erscheinens der Partei zum Termin) scheidet jedoch ebenso aus wie die Anerkennung entsprechender Zwangsmaßnahmen gegen Zeugen.[1015] Wird das Zwangsgeld jedoch in der Kostenentscheidung austenoriert, ist eine Anerkennung möglich.[1016]

Die Anerkennung erfordert keine Begründung der Entscheidung. Auch abgekürzte Urteile (vgl. § 313a ZPO) unterfallen der Urteilsfreizügigkeit. Daher waren englische *default judgments* anzuerkennen,[1017] auch wenn sie ohne Nachprüfung des titulierten Anspruchs erlassen werden.[1018] Allerdings kann die fehlende Begründung Anlass für eine Versagung der Anerkennung nach Art. 45 Nr. 1 EuGVO sein, wenn der Urteilstenor sich auch mit Hilfe der Entscheidungsgründe nicht verstehen lässt.[1019] 6.213

Befindet ein ausländisches Urteil über mehrere Ansprüche, die nur zum Teil nach der EuGVO anerkennungsfähig sind (etwa wenn bei einem Statusurteil auch über den Unterhalt mit entschieden wird), so kann der anerkennungsfähige Teil im Wege der Teilanerkennung der Urteilsfreizügigkeit nach Art. 36 ff. EuGVO unterstellt werden.[1020] Der Gerichtspraxis bereitet freilich die „Aufspaltung" des ausländischen Titels nach den unterschiedlichen Anerkennungsverfahren häufig Schwierigkeiten. Es wurde berichtet, dass bisweilen das gesamte ausländische Urteil anerkannt wird, auch wenn nur ein Teil unter den Anwendungsbereich der EuGVO fällt.[1021] 6.214

2. Anerkennung und Anerkennungsverfahren

Die Zulassung ausländischer Urteile zur Vollstreckung im Inland erfordert nach überkommener Sichtweise deren Anerkennung und Vollstreckbarerklärung. Letztere verleiht dem ausländischen Hoheitsakt per Gestaltungsakt die Vollstreckungswirkung, erstere ermächtigt das inländische Gericht zur Überprüfung des anzuerkennenden 6.215

1014 Vgl. unten § 8 II, Rdn. 8.47.
1015 Dazu unten § 8 II, Rdn. 8.48 f.
1016 Dies übersieht das OLG Hamm, 2.10.2008, BeckRS 2008, 23378.
1017 Vgl. C.P.R. 12, dazu *Cuniberti*, ICLQ 57 (2008), 25, 37 ff.; aus der französischen Rechtsprechung: C.Cass., 17.1.2006, *Printed Forms Equipment Ltd. v. Matériel Auxiliaire d'Informatique*, Droit et Procédure 2006, 220; C.Cass., 28.11.2006, *Casamata v. Union Discount Ltd.*, Clunet 2007, 140.
1018 EuGH, 2.4.2009, Rs. C-394/07, *Gambazzi*, EU:C:2009:219, Rdn. 21 ff., 25; EuGH, 6.9.2012, Rs. C-619/10, *Trade Agency*, EU:C:2012:531, Rdn. 51 ff. Vgl. in diesem Zusammenhang auch die fehlende Schlüssigkeitsprüfung beim Vollstreckungsbescheid, §§ 692 I Nr. 2, 699 f. ZPO, der unter die Urteilsfreizügigkeit fällt.
1019 Beispiel: BGH, 10.9. 2015, NJW 2016, 160. Zur (großzügigen) Praxis der französischen Gerichte im Hinblick auf englische Versämnisurteile vgl. *Cuniberti*, ICLQ 57 (2008), 25, 37 ff.
1020 EuGH, 27.2.1997, Rs. C-220/95, *van den Boogard./.Laumen*, EU:C:1997:91, Rdn. 22: Der unterhaltsrechtliche Teil eines Scheidungsurteils wurde nach Art. 27 ff. EuGVÜ anerkannt und vollstreckt – nicht hingegen der güterrechtliche Teil. Zur Vollstreckung nach der EuUhVO vgl. unten § 7 V, Rdn. 7.148 ff.
1021 Zur Praxis in Frankreich vgl. *Niboyet/Sinopoli*, Gaz. Pal. 2004, 1739, 1745 ff.

Urteils auf die Einhaltung rechtsstaatlicher Mindeststandards. Dabei hat die begrenzte Kontrolle des ausländischen Urteils dessen frühere, vollumfängliche Nachprüfung *(révision au fond)* abgelöst.[1022] Generell besteht heute eine rechtspolitische Tendenz zur Erleichterung der Urteilsanerkennung. Der Unionsgesetzgeber hat diese Entwicklung aufgegriffen und die überkommenen Anerkennungsrégime nachhaltig effektuiert.[1023] Die VO 1215/2012 verzichtet für die grenzüberschreitende Vollstreckung auf die vorgängige Anerkennung. Das ausländische Urteil ist unmittelbar, ohne vorgängige Vollstreckbarerklärung, vollstreckbar (Art. 39 EuGVO), der Antragssteller muss im Vollstreckungsstaat lediglich den ausländischen Titel und das vom Ursprungsgericht ausgestellte Formular präsentieren (Art. 42, 53 EuGVO). Die Überprüfung des ausländischen Urteils auf Anerkennungshindernisse (Art. 45 EuGVO) wurde in die Vollstreckungsverfahren der Mitgliedstaaten verlagert.[1024] Dennoch führt die EuGVO auch in der Neufassung das überkommene System der Urteilsanerkennung (wenngleich weniger sichtbar) fort.[1025] Dies zeigt die Regelung der Art. 36–38 EuGVO, die ein (rudimentäres) Anerkennungsverfahren vorhalten.[1026]

a) Anerkennung als Wirkungserstreckung

6.216 Nach der (zutreffenden) Rechtsprechung des EuGH beruhen die Art. 36 ff. EuGVO auf dem Konzept der Wirkungserstreckung.[1027] Danach gibt das Verfahrensrecht des Urteilsstaates die Anerkennungswirkungen vor, nur im Urteil enthaltene Anordnungen und Rechtsfolgen können im Zweitstaat anerkannt werden. Jedoch bestimmt das Prozessrecht des Anerkennungsstaates die äußeren Grenzen der Anerkennungsfähigkeit.[1028] Dabei darf der Zweitstaat die Anerkennungsgrenzen nicht zu eng ziehen. Dies widerspräche dem in Art. 36 EuGVO angelegten Herkunftslandprinzip.[1029] So sind etwa die weiten Rechtskraftwirkungen eines englischen Urteils, das die Entschei-

---

1022 Ausdrücklich festgehalten von Art. 52 EuGVO, dazu unten Rdn. 6.228.

1023 Dazu oben § 3 II, Rdn. 3.12 ff.

1024 *Hess*, FS Gottwald (2014), S. 273, 277 ff.

1025 *Franzina*, in: Dickinson/Lein (ed.), The Brussels I Recast, Rdn. 13.07 ff.

1026 Dazu unten Rdn. 6.221 ff.

1027 EuGH, 4.2.1988, Rs. C-145/86, *Hoffmann./.Krieg*, EU:C:1988:61, Rdn. 10; dies entspricht der hM, *Schlosser/Hess*, Art. 36 EuGVVO, Rdn. 2 mwN; die Gegenansicht vertritt die Gleichstellungstheorie, nach der das ausländische einem inländischem Urteil gleichgestellt wird, so insbesondere *Geimer*, FS Georgiades, S. 489, 495. Ausführlich zur Anerkennung *Cuniberti*, RdC 394 (2018), 101, 240 ff.

1028 Für die Kumulation der Prozessrechte von Erst- und Anerkennungsstaat hingegen *Droz*, Compétence et exécution, Rdn. 448; *Schack*, IZVR, Rdn. 886; *Schmidt*, Europäisches Zivilprozessrecht, Rdn. 184.

1029 Daher schließt das Unionsprozessrecht den Rückgriff auf die (überkommene) Kumulationstheorie aus, dazu *H. Roth* IPRax 2003, 515, 516; *McGuire*, Verfahrenskoordination, S. 169 ff.

dungsgründe (*issue preclusion*) einschließt, in Deutschland anerkennungsfähig;[1030] desgleichen die Rechtskraft eines französischen Urteils das sog. *décisions implicites* enthält.[1031] Im Ausgangspunkt gilt nichts anderes für die Einbeziehung Dritter (etwa: des Bürgen, der Gesamtschuldner) in die Rechtskraftwirkung eines französischen Urteils:[1032] Hier scheitert die Anerkennung zwar nicht an der (in Deutschland) unbekannten Erstreckung der Rechtskraft, wohl aber an der fehlenden Möglichkeit des Dritten, eigene Rechte im Erstprozess wirksam geltend machen zu können, vgl. Art. 45 I lit. a) und b) EuGVO.[1033] Auf der Konzeption der Wirkungserstreckung beruht auch Art. 65 EuGVO, der die Anerkennung der Interventionswirkung auch in denjenigen EU-Mitgliedstaaten festschreibt, die dieses Rechtsinstitut nicht kennen.[1034]

Da Art. 36 EuGVO allein auf die intendierte Wirkung der anzuerkennenden 6.217
Entscheidung abstellt, sind (entgegen der hM[1035]) auch prozessuale Zwischenentscheidungen grundsätzlich anerkennungsfähig.[1036] Die Anerkennung wird zwar im Regelfall ausscheiden, weil Zwischenentscheide vor allem die rasche Entscheidung eines (innerprozessualen) Zwischenstreits, die Klärung der Rechtsfrage im Rechtsmittelverfahren und eine innerprozessuale Bindung des erkennenden Gerichts bezwecken.[1037] Dies schließt jedoch weitergehende Wirkungen der Zwischenentscheidung nicht aus:

Ein Beispiel ist die Bindungswirkung des sog. Musterentscheids im Kapitalanlegermusterver- 6.218
fahrensgesetz[1038] sowie im Musterfeststellungsprozess (§ 613 ZPO).[1039] Beide bezwecken eine weitgehende Bindung von Parallelklägern an die Ergebnisse des sog. „Musterverfahrens". Nach § 16 I KapMuG binden die Feststellungen des Musterentscheids, den das OLG erlässt, die Prozessgerichte. § 16 I und II KapMuG konzipieren die Bindung als Interventionswirkung – sie entfaltet nach Art. 65

1030 Zu den Urteilswirkungen *Gottwald*, in: ders./Greger/Prütting (Hrg.), Dogmatische Grundfragen, S. 85, 96 ff.; *Pfeiffer*, Titelgeltung, Rdn. 160 ff.; *Andrews*, English Civil Procedure, Rdn. 14; zur Anerkennungsfähigkeit *McGuire*, Verfahrenskoordination, S. 169 f.

1031 Dazu *Guinchard/Ferrand/Chanais*, Procédure Civile, Rdn. 217 ff. (insbesondere Rdn. 221); *Ferrand*, FS Gottwald, S. 148 ff.

1032 *Stürner*, FS Schütze I, S. 913, 930 f.

1033 Unten Rdn. 6.243.

1034 *Hess/Pfeiffer/Schlosser*, The Brussels I Regulation, Rdn. 217 ff.

1035 Etwa *Gebauer*, in: ders./Wiedmann (Hrg.), Zivilrecht unter europäischem Einfluss, Kap. 26, Rdn. 163; Rauscher/*Leible*, Art. 2 EuGVO, Rdn. 9.

1036 *Schlosser/Hess*, Art. 2 EuGVVO, Rdn. 15 f.

1037 Dazu Rosenberg/Schwab/*Gottwald*, Zivilprozessrecht, § 59 III, Rdn. 28 ff.

1038 Dazu *Hess*, ZIP 2005, 1713 ff.

1039 Eingeführt zum 1.11.2018, dazu *Stadler*, NJW 2020, 265, 268 (die allerdings darauf verweist, dass das Feststellungsurteil nach § 613 ZPO ein Endurteil ist). Die Bindungswirkung folgt aus Art. 36 EuGVO.

EuGVO grenzüberschreitende Wirkungen.[1040] § 325a ZPO stellt zudem klar, dass der Musterentscheid selbst rechtskraftfähig ist.[1041]

6.219 Insolvenzrechtliche Entscheidungen fallen unter Art. 36 EuGVO, wenn deren Anerkennung nach den Art. 19 ff. EuInsVO nicht in Betracht kommt.[1042] Dies stellt Art. 32 II EuInsVO ausdrücklich klar.[1043] Die Abgrenzung ist danach vorzunehmen, ob es sich um eine spezielle, insolvenzrechtliche Befugnis handelt. Dann hat die EuInsVO Vorrang. Dies ist der Fall bei der Anfechtungsklage,[1044] auch bei der prozessualen Durchsetzung eines laufenden Vertrages.[1045] Nunmehr enthält Art. 6 EuInsVO einen vorrangigen Gerichtsstand; Verfahren, für die die EuInsVO einen besonderen Gerichtsstand enthält, unterfallen dem Anerkennungsregime der Art. 32 f. EuInsVO. Anderes gilt für die Individualklage gegen den Verwalter (bzw. die Masse). Angesichts des komplementären Zusammenhangs zwischen EuGVO und EuInsVO bleibt in der Regel kein Raum für einen Rückgriff auf nationale Anerkennungsvorschriften im Umfeld der Unionsrechtsakte.[1046]

6.220 Dies ist freilich anders im Hinblick auf insolvenzrechtliche Instrumente, welche die Mitgliedstaaten nicht in den Anhang A zur EuInsVO aufnehmen, um die Voraussetzungen der Zuständigkeitsregeln der Art. 3–6 EuInsVO zu umgehen. Auf den diesbezüglichen Versuch der britischen Regierung, die Vorteile des Scheme of Arrangement[1047] dadurch zu sichern, dass dieses Institut nicht in die Meldung zu Anhang A zur EuInsVO aufgenommen wurde, hat das EU-Parlament mit der Einfügung des EwG 7 in die VO 848/2015 reagiert: Danach hat die fehlende Auflistung eines insolvenzrechtlichen Instituts in Anhang A zur EuInsVO nicht die (automatische) Anwendbarkeit der EuGVO zur Folge.

1040 *Hess*, WM 2004, 2329, 2332; MünchKomm/*Gottwald*, § 325a ZPO, Rdn. 8; aA *Meier-Reimer/Wilsing*, ZGR 2006, 79, 114 f., die wegen der Rechtsnatur des Musterentscheids als einer „Zwischenentscheidung“ dessen Anerkennungsfähigkeit pauschal verneinen.

1041 Die Vorschrift soll die Wirkungen des Art. 65 I EuGVO sichern, sie erscheint freilich vom Kern ihres Regelungsgehalts unnötig, dazu MünchKomm/*Gottwald*, § 325a ZPO, Rdn. 4 und 8, der die Anerkennungsfähigkeit des Musterentscheids selbst (als „Zwischenentscheidung“) verneint.

1042 So im Ergebnis auch EuGH, 10.9.2009, Rs. C-292/08, *German Graphics Graphische Maschinen*, EU:C:2009:544, allerdings mit bedenklichen Ausführungen zu Art. 1 II lit. b) EuGVO, vgl. dazu unten § 9 II, Rdn. 9.22 ff.

1043 BGH, 8.5.2014, ZIP 2014, 1131, insofern zust. *Schinkels*, LMK 2014, 361189.

1044 Für die Anwendung von Art. 3 I EuInsVO aF EuGH, 12.2.2009, Rs. C-339/07, *Seagon*, EU:C:2009:83, Rdn. 19 ff.; anders bei Abtretung des Anspruchs an einen Gläubiger, EuGH, 19.4.2012, Rs. C-213/10, *F-Tex*, EU:C:2012:215. Zur ausdrücklichen Regelung in Art. 6 EuInsVO unten § 9 II, Rdn. 9.47 ff.

1045 Vgl. dazu EuGH, 4.9.2014, Rs. C-157/13, *Nickel*, EU:C:2014:2145; unten § 9 II, Rdn. 9.21.

1046 EuGH, 12.2.2009, Rs. C-339/07, *Seagon*, EU:C:2009:83, Rdn. 20; EuGH, 16.1.2014, Rs. C-328/12, *Schmid*, EU:C:2014:6 (Anwendbarkeit von Art. 6 EuInsVO im Verhältnis zur Schweiz).

1047 Dazu § 9 II, Rdn. 9.15.

b) Anerkennungsfähige Urteilswirkungen

Neben der Vollstreckbarkeit ist die Rechtskraft die wichtigste Urteilswirkung. Sie 6.221
besagt, dass der Inhalt der Entscheidung in einem späteren Verfahren für die Parteien und das erkennende Gericht maßgeblich ist.[1048] Mithin ist ein zweiter Prozess – selbst wenn dieser weniger aufwendig sein sollte als das Anerkennungsverfahren nach Art. 36 ff. EuGVO – ausgeschlossen.[1049] In Deutschland ist der Einwand der Rechtskraft als Prozesshindernis von Amts wegen zu beachten (§ 56 ZPO). Anzuerkennen sind auch Urteile, die eine Klage als unzulässig zurückweisen[1050] – jeweils im Umfang des Urteilstenors.[1051] Selbstverständlich sind auch Gestaltungswirkungen anerkennungsfähig,[1052] ebenso die Präklusion (in Bezug auf präjudizielle Rechtsverhältnisse),[1053] sowie die Interventions- bzw. Streitverkündungswirkung (vgl. Art. 65 EuGVO).[1054] Umgekehrt sind Urteile, die aufgrund einer Gewährleistungs- oder Interventionsklage ergehen (vgl. Art. 8 Nr. 2 EuGVO) in Deutschland anzuerkennen.[1055] Die Vollstreckungswirkung unterfällt nunmehr nach Art. 39 und 41 EuGVO auch dem Anerkennungsprinzip – eine Vollstreckbarerklärung (exequatur) ist nicht mehr erforderlich.[1056] Das Regelungskonzept der wechselseitigen Anerkennung

---

1048 Rosenberg/Schwab/*Gottwald*, § 150 mwN; *McGuire*, Verfahrenskoordination, S. 169 f; zur Rechtskraft als allgemeinen Grundsatz des Unionsrechts vgl. EuGH, 16.3.2006, Rs. C-234/04, *Kapferer*, EU:C:2006:178, Rdn. 20; EuGH, 15.11.2012, Rs. C-456/11, *Gothaer Allgemeine Versicherung*, EU:C:2012:719, Rdn. 40.

1049 Angesichts des begrenzten Prüfungsmaßstabs im Anerkennungsverfahren erscheint diese Hypothese uwahrscheinlich. Vgl. allgemein EuGH, 30.11.1976, Rs. 42/76, *De Wolf./.Cox*, EU:C:1976:168, Rdn. 9/10 und 14/15; *Geimer*, IZVR, Rdn. 2801; *McGuire*, Verfahrenskoordination, S. 171.

1050 EuGH, 15.11.2012, Rs. C-456/11, *Gothaer Allgemeine Versicherung*, EU:C:2012:719, oben Rdn. 6.207.

1051 Weist etwa ein belgisches Gericht die Klage zurück, weil es sich international für unzuständig hält, so kann ein deutsches Gericht sich nicht deswegen für unzuständig erklären, weil es die internationale Zuständigkeit belgischer Gerichte (etwa nach Art. 59 EuGVO) bejaht.

1052 Augenscheinlich wird die Anerkennungsfähigkeit von Gestaltungswirkungen bei der Anerkennung von Ehescheidungen und Sorgerechtssachen nach Art. 30 ff. EuGVO, dazu unten § 7 III 3, Rdn. 7.54 ff. und § 7 IV 5, Rdn. 7.98 ff.

1053 Danach sind auch die Feststellungen des vorgängigen Urteils im Hinblick auf präjudizielle Rechtsverhältnisse bindend, EuGH, 15.11.2012, Rs. C-456/11, *Gothaer Allgemeine Versicherung*, EU:C:2012:719, Rdn. 40. In diesem Zusammenhang ist die enge Begrenzung der Rechtskraft im deutschen Verfahrensrecht auf den Tenor des Urteils nachteilig, dazu *Stürner*, FS Schütze I, S. 913, 917 ff. Gegebenenfalls ist die Bindungswirkung (im Ausland) durch Feststellungsanträge nach § 256 II ZPO sicherzustellen.

1054 Dazu OLG Köln, 3.6.2002, IPRax 2003, 531 ff. (Anm. *Roth* 515).

1055 EuGH, 26.5.2005, Rs. C-77/04, *GIE Réunion européene*, EU:C:2005:327, Rdn. 34.

1056 Anders hingegen die früheren Art. 38 ff. VO 44/2001. Dazu *Geimer*, FS Georgiades, S. 489, 491 f.: „Gesetz der Nichtanerkennung der erststaatlichen Vollstreckbarkeit"; kritisch auch *Nelle*, Titel, Anspruch und Vollstreckung, S. 408; anders *Droz*, Mél. Schockweiler (1999), S. 61, 62 f.: „effet déclaratif de l'exéquatur"; dazu ausführlich *McGuire*, Verfahrenskoordination, S. 171.

(*reconnaissance mutuelle*) bezieht mithin heute die Vollstreckbarkeit in die Wirkungserstreckung ein.[1057]

6.222 Dagegen werden die materiellrechtlichen Wirkungen der Entscheidung im Inland (sog. Tatbestandswirkungen) nicht von der EuGVO geregelt.[1058] Sie bestimmen sich nach dem jeweils anwendbaren Sachrecht. Methodisch handelt es sich hier um ein Problem der Substitution.[1059] Danach entscheidet das anwendbare Sachrecht, ob die ausländische Entscheidung wie ein inländisches Urteil materiellrechtliche Wirkungen auslöst – etwa die Verjährungsfrist nach § 197 I Nr. 3 BGB auf 30 Jahre verlängert.[1060] Dieser systematische Zusammenhang schließt es aus, dass die EuGVO die Tatbestandswirkung der anzuerkennenden Entscheidung regelt. Dass sich hier Rechtsschutzlücken aufgrund der unterschiedlichen, nationalen materiellen Rechte auftun, liegt auf der Hand.

c) Direkte Vollstreckung nach Art. 39 ff. EuGVO

6.223 Entscheidungen iSd Art. 2 lit. a) EuGVO werden in allen EU-Mitgliedstaaten (außer Dänemark) nach Art. 36 I EuGVO *ipso iure* anerkannt. Ein besonderes Exequaturverfahren wird nicht durchgeführt, der Gläubiger kann die Zwangsvollstreckung beim zuständigen Vollstreckungsorgan unmittelbar einleiten.[1061] Dabei ersetzt das Zertifikat nach Art. 53 EuGVO das frühere Exequaturverfahren – es wird unmittelbare Grundlage der Vollstreckung (passeport judiciaire).[1062] Das im Anhang I der EuGVO enthaltene Zertifikat beschreibt detailliert den Inhalt des anzuerkennenden Urteils.[1063] Nach Art. 42 I EuGVO wird es als Begleitformular mit dem ausländischen Titel dem zuständigen Vollstreckungsorgan vorgelegt werden.[1064] Sodann kommt es zur direkten Vollstreckung des ausländischen Urteils nach dem Vollstreckungsrecht des ersuchten Staates, Art. 41 I EuGVO[1065]. Das Formular macht in der Regel

---

1057 Dazu bereits oben § 3 II, Rdn. 3.21 ff. sowie unten § 10 I, Rdn. 10.2 ff.

1058 *Van de Velden/Stefanelli*, The Effect, S. 68 f.

1059 Ausführlich *Hess*, Intertemporales Privatrecht (1998), S. 448 ff.

1060 Ausführlich *McGuire*, Verfahrenskoordination, S. 219 ff. – da bereits die Klageerhebung nach deutschem Sachrecht nach § 204 Nr. 1 BGB die Verjährung hemmt, stellt sich die Problematik der Tatbestandswirkung des ausländischen Urteils nur selten. Im Anwendungsbereich der EuGVO ist auch die Anwendbarkeit des § 197 I Nr. 3 BGB zu bejahen, *McGuire*, Verfahrenskoordination, S. 229 ff.

1061 In der Regel betrifft die Anerkennung eine Vorfrage, dazu *Geimer*, FS Georgiades, S. 489, 496 f.; *McGuire*, Verfahrenskoordination, S. 165 ff.

1062 Zum Konzept des *passeport judiciaire* vgl. oben § 3 II, Rdn. 3.23 und 3.42.

1063 Das Ausfüllen des Formulars kann im Hinblick auf die vorläufige Vollstreckung deutscher Urteile Schwierigkeiten bereiten. Anschaulich das Vorabentscheidungsersuchen des BGH, 25.1.2018, WM 2018, 323 – der Rechtsstreit wurde für erledigt erklärt.

1064 Das Formular hat letztlich zwei Funktionen: Zum einen erläutert es den ausländischen Vollstreckungstitel, zum anderen transportiert es dessen Vollstreckungsbefehl über die Grenzen des Urteilsstaates.

1065 *Nagel/Gottwald*, IZVR, § 14, Rdn. 55 ff.

eine Übersetzung des Urteils entbehrlich – es enthält ausführliche und detaillierte Informationen über den Inhalt des zu vollstreckenden Titels (insbesondere Nebenforderungen), vgl. Art. 42 III und IV EuGVO. Allerdings muss nach Art. 43 I EuGVO das Begleitformular dem Schuldner vor dem Beginn der Zwangsvollstreckung zugestellt werden – in der Praxis wird der Schuldner gewarnt und kann vor der Pfändung seine Konten leerräumen.[1066] Den Überraschungseffekt sofortiger Zwangsvollstreckung kann der Gläubiger jedoch durch die gleichzeitige Einleitung einstweiliger Maßnahmen nach Art. 40 EuGVO wahren. Diese erfordern keine vorgängige Zustellung des Begleitformulars (vgl. Art. 43 III EuGVO).[1067]

Die Prüfung des Antrags durch die Vollstreckungsorgane (Gerichtsvollzieher, Rechtspfleger, Grundbuchbeamter) beschränkt sich mithin auf die sachliche (Art. 1, 39 EuGVO[1068]) und die temporäre (Art. 66 II EuGVO) Anwendbarkeit der Verordnung und auf die Voraussetzungen des Art. 42 EuGVO.[1069] Gegen die Ablehnung des Vollstreckungsauftrags sind die allgemeinen Vollstreckungsrechtsbehelfe eröffnet. Bei deren Abgrenzung (Statthaftigkeit) kommt es darauf an, welches Vollstreckungsorgan gehandelt hat[1070]: Für den Gerichtsvollzieher gilt § 766 ZPO; die Entscheidungen des Rechtspflegers sind mit der Beschwerde, §§ 11 RPflG, 793 ZPO angreifbar; in der Immobiliarvollstreckung ist nach §§ 28 II ZVG die Einstellung zu beantragen, hiergegen ist die Beschwerde §§ 95 ff. ZVG, 793 ZPO statthaft.[1071] Rechtsbehelfsberechtigt ist jeweils der Gläubiger. Umgekehrt können der Schuldner und jeder Dritte, der von einer Vollstreckungsmaßnahme betroffen ist, die Durchführung der Vollstreckung trotz evidenten Fehlens der Vollstreckungsvoraussetzungen mit den allgemeinen Vollstreckungsrechtsbehelfen geltend machen.[1072] 6.224

Die unmittelbare Vollstreckung lässt eine nachträgliche Überprüfung des ausländischen Titels im Vollstreckungsstaat unberührt. Art. 41 II und 45 f. EuGVO verlagern die Prüfung der Anerkennungshindernisse vom bisherigen Exequaturverfahren in die Rechtsbehelfsysteme der nationalen Vollstreckungsrechte. Inhaltlich behält Art. 45 EuGVO die Anerkennungshindernisse des Art. 34 f. EuGVO aF bei; diese werden im Hinblick auf den Schutz von Arbeitnehmern sogar noch erweitert (Art. 45 I lit. e) EuGVO nF). Die EU-Mitgliedstaaten bestimmen, welche Gerichte die Kontrollverfahren des nationalen Rechts durchführen, Art. 47 I, 75 EuGVO). Dabei wird die Integration der Kontrolle des ausländischen Urteils in die Rechtsbehelfsverfahren der nationalen Vollstreckungsrechte angestrebt. 6.225

1066 Mit Recht kritisch *Garcimartín*, in: Ferrari/Ragno (ed.), Cross-border litigation in Europe (2016), S. 171, 185 f.

1067 Dazu unten Rdn. 6.290.

1068 Nämlich das Vorliegen einer Entscheidung aus einem anderen EU-Mitgliedsstaat, einschließlich Dänemark. Diese Informationen sind im Begleitformular enthalten.

1069 BT-Drs. 18/823, 21.

1070 Ungenau § 1114 ZPO sowie die Begründung in BT-Drs. 18/823, 21: danach soll immer die Erinnerung nach § 766 ZPO eröffnet sein.

1071 *Brox/Walker*, Zwangsvollstreckungsrecht, Rdn. 881 ff. Jedoch nicht mit der Beschwerde nach § 71 GBO, unrichtig daher § 1114 ZPO nF.

1072 Dazu allgemein MünchKomm/*Schmidt/Brinkmann*, § 766 ZPO, Rdn. 27 ff.

6.226 Der deutsche Gesetzgeber regelt die Durchführung der Anerkennungsversagungsklage (in Anlehnung an die Vollstreckungsgegenklage) in § 1115 ZPO.[1073] Beide Rechtsbehelfe sind als prozessuale Gestaltungsklagen konzipiert, die der ausländischen Entscheidung die inländische Vollstreckungswirkung nehmen (§ 775 Nr. 1 ZPO). Anders als eine Rechtsmittelentscheidung vermag die Anerkennungsversagung hingegen nicht die Vollstreckungswirkung für sämtliche EU-Mitgliedsstaaten zu beseitigen – im Hinblick auf eine umfassende Aufhebungswirkung hat das Rechtsmittelverfahren im Ursprungsmitgliedsstaat Vorrang. Hieraus folgt zugleich, dass die Entscheidung eines deutschen Gerichts nach § 1117 ZPO keine Anerkennung in anderen EU-Mitgliedsstaaten auslösen kann: seine Wirkungen bleiben strikt (territorial) auf das deutsche Vollstreckungsverfahren begrenzt.[1074]

3. Vollstreckungshindernisse, Art. 45 EuGVO

6.227 Indem die EuGVO die Nachprüfung der Anerkennungshindernisse in die Rechtsbehelfsverfahren der EU-Mitgliedstaaten verlagert, erfolgt die Vollstreckung des ausländischen Urteils nicht ohne residuellen Kontrollvorbehalt im ersuchten EU-Mitgliedsstaat. Art. 45 I EuGVO enthält einen (begrenzten) Katalog von Gründen, welche die Vollstreckungswirkung des ausländischen Urteils aufheben können.[1075] Die Vollstreckungshindernisse lassen sich auf folgende Leitideen zurückführen: Sie beziehen sich zum einen auf (prozessuale und inhaltliche) Mängel der ausländischen Entscheidung (Art. 45 I lit. a), b) und e) EuGVO). Zum anderen dienen sie dem Schutz der inländischen Rechtspflege, indem sie den Vorrang inländischer Entscheidungen sichern (Art. 45 lit. c) und d) EuGVO). Inhaltlich sind die Versagungsgründe den überkommenen Regelungen der autonomen Prozessrechte und der völkerrechtlichen Anerkennungsverträge nachgebildet.[1076]

6.228 Allerdings geht das Europäische Zivilprozessrecht in mehrfacher Hinsicht über das herkömmliche Anerkennungsregime hinaus: Ein erster „Durchbruch" erfolgte mit dem Verbot der Nachprüfung der internationalen Zuständigkeit des Erstgerichts (heute Art. 45 II und III sowie Art. 52 EuGVO, zuvor bereits Art. 28 I und III EuGVÜ).[1077] Die autonomen Verfahrensrechte der Mitgliedstaaten verlangen hingegen die Nachprüfung der internationalen Zuständigkeit des Erstgerichts aus der Anerkennungs-

1073 Zu den Einzelheiten des Verfahrens vgl. unten Rdn. 6.271 ff.

1074 *Hau*, MDR 2014, 1417, 1419; *Schlosser/Hess*, Art. 47 EuGVVO, Rdn. 2; Thomas/Putzo/*Hüßtege*, Art. 47 EuGVVO, Rdn. 7.

1075 Inhaltlich entspricht der Katalog des Art. 45 EuGVO weitgehend den Anerkennungshindernissen der Art. 34 f. EuGVO (2001). Dementsprechend ist die Vorschrift nach Maßgabe der überkommenen Judikatur des Gerichtshofs zu interpretieren.

1076 Dazu *Gaudemet-Tallon/Ancel*, Compétence, Rdn. 410.

1077 Mit Ausnahme der ausschließlichen Gerichtsstände, die im Vollstreckungsstaat nachgeprüft werden können, vgl. Art. 45 I lit. e) EuGVO.

perspektive, vgl. etwa § 328 I Nr. 1 ZPO.[1078] Darüber hinaus macht die EuGVO die Prüfung der Anerkennungshindernisse von der (Anfechtungs-)Initiative des Schuldners abhängig, eine amtswegige Prüfung der Anerkennungshindernisse findet nicht statt.[1079] Zudem hatte bereits Art. 34 EuGVO (2001) die Anerkennungshindernisse des Art. 27 EuGVÜ reduziert.[1080] Dagegen hat Art. 45 I lit. e) EuGVO die Anerkennungshindernisse auf den Schutzgerichtsstand der Arbeitnehmer ausgeweitet.[1081] Zu bemängeln bleibt schließlich die fehlende Abstimmung der Art. 45 lit. c) und d) EuGVO mit den Regelungen der Rechtshängigkeit.[1082]

Die Beibehaltung der Anerkennungsversagungsgründe war bei der Reform der 6.229
EuGVO zwischen der EU-Kommission und dem Rat rechtspolitisch stark umstritten.[1083] Die EU-Kommission konnte ihren Vorschlag, die Prüfung der Anerkennungshindernisse, einschließlich des ordre public, abzuschaffen,[1084] nicht durchsetzen.[1085] Der politische Kompromiss, die Anerkennungshindernisse beizubehalten, ihre Prüfung jedoch in die nationalen Verfahrensrechte zu verlagern, bewirkt nur vordergründig eine weitere Vereinfachung der grenzüberschreitenden Forderungsbeitreibung. Ob die Verlagerung der Anerkennungsprüfung in die fragmentierten Vollstreckungsrechte der EU-Mitgliedsstaaten die Urteilsfreizügigkeit tatsächlich weiter effektuiert, muss sich noch erweisen. Tatsächlich bewirkt die Abschaffung der Exequaturverfahren und der nachgelagerten Kontrolle der Anerkennungshindernisse im Beschwerdeverfahren nach Art. 38 ff. EuGVO eine prozessuale Rückverlagerung der harmonisierten Kontrollverfahren in die Prozessrechte der Mitgliedsstaaten. Für die Gläubiger

1078 Danach ist zu prüfen, ob das Erstgericht seine internationale Zuständigkeit auf einen Gerichtsstand gestützt hat, der auch im Anerkennungsstaat existiert. Diese Prüfung ist im Rahmen einer „convention double" nicht erforderlich, da diese einheitliche Gerichtsstände enthält.

1079 *R. Wagner*, IPRax 2002, 75, 82 ff. Das EuGVÜ hatte bereits den Anerkennungsprozess der autonomen Rechte (vgl. §§ 328, 722 f. ZPO) durch ein einseitiges Anerkennungsverfahren ersetzt mit der Folge, dass eine effektive Geltendmachung der Vollstreckungseinwände (die das Exequaturgericht zu prüfen hatte) erst in der Berufungsinstanz auf Initiative des Schuldners möglich war.

1080 Die frühere Regelung des Art. 27 Nr. 4 EuGVÜ zur kollisionsrechtlichen Überprüfung von Vorfragen der anzuerkennenden Entscheidung wurde – mangels praktischer Bedeutung – in Art. 35 EuGVO (2001) gestrichen, *Wagner*, IPRax 2002, 75, 82.

1081 Diese Korrektur entsprach Forderungen des Schrifttums, dazu Kropholler/*v. Hein*, Art. 35 EuGVO aF, Rdn. 10; für eine Streichung hingegen *Hess/Pfeiffer/Schlosser*, The Brussels I Regulation, Rdn. 566; Stein/Jonas/*Oberhammer*, Art. 35 EuGVO aF, Rdn. 5 ff.

1082 Entsprechende Vorschläge des Heidelberg Report hat der Unionsgesetzgeber nicht aufgegriffen, vgl. *Hess/Pfeiffer/Schlosser*, The Brussels I Regulation, Rdn. 497; kritisch Wieczorek/Schütze/*Haubold*, Art. 45 EuGVO, Rdn. 185 f.

1083 Dazu *Pfeiffer*, in: Pocar/Viarengo/Villata (ed.), Recasting Brussels I (2012), S. 311 ff.; *Hardung*, Europäische Titelfreizügigkeit (2020), S. 102 ff.; ausführlich oben § 3 II, Rdn. 3.21 ff.

1084 KOM (2010) 748endg, dazu *Hess*, IPRax 2011, 125, 127 ff.

1085 *Fitschen*, in: Dickinson/Lein (ed.), The Brussels I Recast, Rdn. 13.292 ff.

bedeutet dies erhöhte Rechtsunsicherheit und zusätzliche Kosten der Rechtsermittlung, die der Wegfall des Exequaturverfahrens nicht wirklich kompensieren kann.[1086]

6.230 Auch wenn die Neufassung der EuGVO aus integrationspolitischer Perspektive enttäuscht, so verwirklichen die Versagungsgründe des Art. 45 I lit. a), b) und e) EuGVO legitime Schutzanliegen. Sie beruhen auf der Einschätzung, dass die Unterschiede zwischen den Justizsystemen der Mitgliedstaaten fortbestehen und den daraus resultierenden Gefahren einer grenzüberschreitenden Prozessführung, insbesondere für die beklagte Partei, gegenzusteuern ist.[1087] Auch der Europäische Gerichtshof ist sich der Rechtswirklichkeit durchaus bewusst.[1088] Zwar betont der EuGH, dass die Anerkennungshindernisse als Beschränkungen der Urteilsfreizügigkeit und des wechselseitigen Vertrauens nur in Ausnahmefällen eingreifen.[1089] Dennoch interpretiert der Gerichtshof die Gründe der Art. 34 Nr. 1 und Nr. 2 EuGVO (2001), nunmehr Art. 45 I lit. a) und b) EuGVO (2012) nicht *a priori* restriktiv, um wirksamen Beklagtenschutz zu garantieren.[1090] Zugleich implementiert Art. 45 I EuGVO (als Rezeptionsvorschrift) die prozessualen Menschenrechte in das Europäische Zivilprozessrecht.[1091] Eine Abschaffung des Prüfungsverfahrens nach Art. 45 EuGVO würde daher dessen Substitution durch einen funktional gleichwertigen Grundrechtschutz auf Unionsebene erfordern.[1092] Er bedarf dann zudem einer effektiven, verfahrensmäßigen Absicherung der prozessualen Mindeststandards im Erststaat.[1093] Diese fordert der EuGH in seiner neueren Rechtsprechung zunehmend ein – sie bewirkt eine entsprechende Einlassungslast des Beklagten vor den Gerichten des Erststaates. Denn der Schuldner

---

1086 Kritisch *Hess*, FS Gottwald, S. 271, 276 ff. Zu den praktischen Umsetzungsproblemen vgl. *Hess*, IPRax 2020, 215 f.

1087 Zur Anwendung der Anerkennungshindernisse des Art. 34 EuGVO (2001) in den Mitgliedstaaten vgl. *Hess/Pfeiffer/Schlosser*, The Brussels I Regulation, Rdn. 473 ff.

1088 Dazu etwa *Leipold*, FS Stoll, S. 644 ff.; zum EuGVÜ bereits *Bellet*, Clunet 1965, 862 f.; kritisch *Pfeiffer*, FS Jayme (2004), S. 675 ff.; ausführliche Darstellung des Meinungsstands oben § 3 II, Rdn. 3.15 ff.

1089 EuGH, 16.7.2015, Rs. C-681/13, *Diageo Brands*, EU:C:2015:471, Rdn. 40; EuGH, 23.10.2014, Rs. C-302/13, *flyLAL-Lithuanian Airlines*, EU:C:2014:2319, Rdn. 45.

1090 So etwa EuGH, 16.2.2006, Rs. C-3/05, *Verdoliva*, EU:C:2006:113, Rdn. 30 ff. Vgl. demgegenüber die Judikatur zum Verhältnis von allgemeinen (Art. 4) und besonderen Gerichtsständen (Art. 7 ff. EuGVO), das der Gerichtshof im Sinn eines strikten Regel-/Annahmeverhältnisses interpretiert, vgl. oben Rdn. 6.42. Die Interpretation ist nicht unumstritten, vgl. etwa die Kritik von *Droz*, Mél. *Schockweiler* (1999), S. 61, 65 ff.

1091 EuGH, 11.9.2014, Rs. C-112/13, *A*, EU:C:2014:2195, Rdn. 51; EuGH, 25.5.2016, Rs. C-559/14, *Meroni*, EU:C:2016:349, Rdn. 42–45; zuvor *Hess*, FS Jayme, S. 339, 353 ff.; oben § 3 III, Rdn. 3.66 ff.

1092 Aus diesem Grund enthalten die neueren Unionsrechtsakte zur wechselseitigen Anerkennung eine weitreichende, autonome Regelung des Zustellungsvorgangs und der Information des Beklagten zum Zweck der Gehörswahrung, dazu oben § 3 II, Rdn. 3.32 ff.

1093 Daher vermag der bloße Hinweis auf die einheitliche Geltung von Art. 6 EMRK in allen EU-Mitgliedstaaten die Abschaffung der Vorbehalte des Art. 45 I EuGVO nicht zu legitimieren, dazu oben § 3 II, Rdn. 3.32.

kann sich auf den *ordre public* nur berufen, wenn er zuvor die Rechtsbehelfe im Erststaat erfolglos erschöpft hat.[1094]

a) Fehlendes rechtliches Gehör wegen unzureichender Information des Beklagten, Art. 45 I lit. b) EuGVO

Art. 45 I lit. b) EuGVO schützt das rechtliche Gehör des Beklagten in der praktisch wichtigsten Konstellation, nämlich im Fall der fehlerhaften oder nicht rechtzeitigen Zustellung des verfahrenseinleitenden oder eines gleichwertigen Schriftstücks (d.h. der Klageschrift und der Ladung zum Termin).[1095] Die Vorschrift betrifft vor allem Versäumnisverfahren und Vollstreckungsbescheide. Sie soll die Schutzvorschrift des Art. 28 EuGVO ergänzen, der den Richter des Erststaates zur Vertagung zwingt, damit der Beklagte durch eine Wiederholung des Zustellungsvorgangs rechtliches Gehör erhält.[1096] Art. 45 I lit. b) EuGVO sanktioniert diese Regelung durch die Nichtanerkennung des Urteils, wenn der Beklagtenschutz nicht hinreichend gewahrt wurde.[1097] Dieser Normzweck steht in unmittelbarer Verbindung zu Art. 6 EMRK bzw. Art. 47 GRC.[1098] Der EuGH interpretiert daher die Vorschrift strikt: Die Wahrung des Beklagtenschutzes setzt sich im Fall (erheblicher) Zustellungsfehler auch gegenüber der Urteilsfreizügigkeit durch.[1099] In der Praxis ist Art. 45 I lit. b) EuGVO der wichtigste Anerkennungsverweigerungsgrund.[1100] 6.231

Die frühere Judikatur des EuGH zur Vorgängervorschrift des Art. 27 Nr. 2 EuGVÜ, die nicht nur die rechtzeitige, sondern auch die ordnungsgemäße Zustellung des verfahrenseinleitenden Schriftstücks verlangte,[1101] hat der Unionsgesetzgeber 6.232

1094 EuGH, 16.7.2015, Rs. C-681/13, *Diageo Brands*, EU:C:2015:471, dazu *Hess*, in: ders./Lenaerts, The 50th Anniversary (2020), S. 5 ff.

1095 Eine vollständige Übersetzung ist nicht erforderlich, der Beklagte muss jedoch über die wesentlichen Elemente des Rechtsstreits informiert werden, so dass er seine Rechte wahren kann, EuGH, 8.5.2008, Rs. C-14/07, *Weiss & Partner*, EU:C:2008:264, Rdn. 52 ff.; zudem ist er über sein Recht zu belehren, die Annahme des Schriftstücks zu verweigern, EuGH, 28.4.2016, Rs. C-384/14, *Alta Realitat*, EU:C:2016:316, Rdn. 83 ff.

1096 Vgl. oben Rdn. 6.321.

1097 Plastisch *Kropholler/v. Hein*, Art. 34 EuGVO aF, Rdn. 23.

1098 EuGH, 16.9.2015, Rs. C-519/13, *Alpha Bank Cyprus*, EU:C:2015:603, Rdn. 31; EuGH, 28.4.2016, Rs. C-384/14, *Alta Realitat*, EU:C:2016:316, Rdn. 49.

1099 So EuGH, 16.2.2006, Rs. C-3/05, *Verdoliva*, EU:C:2006:113, Rdn. 34.

1100 *Hess/Pfeiffer/Schlosser*, The Brussels I Regulation, Rdn. 474 (zu Art. 34 Nr. 2 EuGVO aF).

1101 EuGH, 24.6.1981, Rs. C-150/80, *Elefanten Schuh*, EU:C:1981:148, Rdn. 1417; EuGH, 31.3.1982, Rs. C-25/81, *W./.H.*, EU:C:1982:116, Rdn. 13; EuGH, 16.6.1981, Rs. C-166/80, *Klomps./.Michel*, EU:C:1981:137, Rdn. 12; EuGH, 12.11.1992, Rs. C-123/91, *Minalmet./.Brandeis*, EU:C:1992:432, Rdn. 18 ff.; EuGH, 3.7.1990, Rs. C-305/88, *Lancray./.Peters*, EU:C:1990:275, Rdn. 21; EuGH, 13.10.2005, Rs. C-522/03, *Scania Finance France*, EU:C:2005:606, Rdn. 17 ff.

korrigiert:[1102] Seit 2002 stellte Art. 34 Nr. 2 EuGVO aF (nunmehr Art. 45 I lit. b) EuGVO) lediglich darauf ab, dass der Beklagte sich vor dem Erstgericht wirksam verteidigen konnte. Damit wird zugleich die Einlassungslast im Europäischen Justizraum nachhaltig erhöht, weil der Schuldner die Rechtsbehelfe im Erststaat ausschöpfen muss.[1103]

6.233 Die Rechtsprechungstendenz des EuGH, im Anerkennungsverfahren die Gehörswahrung des Beklagten zu implementieren, verdeutlicht das Urteil *Scania Finance S.A./.Rockinger GmbH & Co KG*:[1104] Das OLG München hatte den EuGH nach der Auslegung von Art. 27 Nr. 2 EuGVÜ gefragt, nachdem das französische Erstgericht eine formlose Übersendung der (unübersetzten) Klageschrift nach Art. 684 f. cpc (*remise au parquet*) veranlasst hatte.[1105] Der EuGH unterstrich die Funktion des Art. 27 Nr. 2 EuGVÜ, eine effektive Gehörswahrung zu implementieren. Zugleich interpretierte er Art. IV des Zusatzprotokolls zum EuGVÜ[1106] dahin, dass die Zustellungen im Verhältnis zwischen dem Vertragsstaat abschließend nach den bestehenden völkerrechtlichen Verträgen (Haager Zustellübereinkommen) durchzuführen sind. Damit schloss der EuGH die Anwendung fiktiver Zustellungsformen der nationalen Prozessrechte aus – das Urteil beendete damit einen lang andauernden Meinungsstreit in der Literatur über den Anwendungsbereich der völkerrechtlichen Rechtshilfeverträge[1107] und stärkte zugleich die Wahrung des rechtlichen Gehörs des Beklagten nachhaltig.[1108]

6.234 Art. 45 I lit. b) EuGVO bezieht sich vor allem auf Versäumnisurteile und Vollstreckungsbescheide. Gleichgestellt sind Situationen, in denen der Beklagte im Erstverfahren durch einen nicht mandatierten (d.h. vom Prozessgericht bestellten) Rechtsanwalt vertreten wurde.[1109] Denn Art. 45 lit. b) EuGVO garantiert das Recht auf effektive Verteidigung, was eine rein formale „Vertretung“ ausschließt.[1110] Die Vor-

---

1102 Die Neufassung lässt insbesondere eine Heilung von Zustellungsfehlern zu, dazu *Kropholler*, Art. 34 EuGVO, Rdn. 38 ff.

1103 Dem Schuldner ist die frühere „zweite Verteidigungschance“ abgeschnitten, durch eine Rüge des (fehleranfälligen) Zustellungsvorgangs (dazu unten § 8 I, Rdn. 8.4 ff.) die Urteilsfreizügigkeit zu „torpedieren“, dazu *Hess*, ZSR 124 II (2005), 183, 225 ff.; *Stadler* in Gottwald (Hrg.), Revision des EuGVÜ, S. 37, 43 f; frühe und weitsichtige Kritik an Art. 27 EuGVÜ bei *Stürner*, JZ 1992, 325 ff.

1104 EuGH, 13.10.2005, Rs. C-522/03, *Scania Finance France*, EU:C:2005:606, Rdn. 14 ff.

1105 Danach gilt die Zustellung mit der Übergabe des Schriftstücks an die Staatsanwaltschaft als bewirkt (Fristbeginn!); die Staatsanwaltschaft teilt das Schriftstück dem Adressaten postalisch mit.

1106 Danach werden (...) Schriftstücke (...) nach den zwischen den Vertragsstaaten geltenden Übereinkommen oder Vereinbarungen übermittelt.

1107 Nämlich ob diese nur den Übermittlungsvorgang selbst oder auch die Frage regeln, ob im Ausland zuzustellen ist.

1108 Die rechtspolitisch brisante Frage nach der Vereinbarkeit der Art. 683 f. cpc mit Art. 12 EG (heute Art. 4 III AEUV) musste der Gerichtshof nicht (explizit) beantworten – die weite Auslegung von Art. IV Zusatzprotokoll verbietet die Anwendung fiktiver Zustellungsformen zwischen den Vertragsstaaten von HZÜ und EuGVÜ; kritisch zur Argumentation des EuGH Stadler, IPRax 2006, 116, 117 ff. – das Ergebnis erscheint jedoch rechtspolitisch richtig.

1109 EuGH, 10.10.1996, Rs. C-78/95, *Hendrikman und Feyen./.Magenta Druck & Verlag*, EU:C:1996:380, Rdn. 18; EuGH, 21.4.1993, Rs. C-172/91, *Sonntag*, EU:C:1993:144, Rdn. 44.

1110 Für das Adhäsionsverfahren ergänzt Art. 75 Abs. 1 lit. a) EuGVO das Recht des Beklagten auf effektive Rechtswahrung.

schrift setzt voraus, dass sich der Beklagte im ausländischen Erstverfahren nicht eingelassen hat.[1111] Entscheidend ist, dass der Beklagte von dem im Ausland gegen ihn angestrengten Verfahren keine Kenntnis hatte – aus diesem Grund ist die Zustellung des verfahrenseinleitenden Schriftstücks (Klageschrift) vom Zweitgericht nachzuprüfen.[1112] Dabei ist das Zweitgericht, anders als im Fall des Art. 45 II EuGVO, nicht an die tatsächlichen Feststellungen des Erstgerichts gebunden.[1113] Der Unionsgesetzgeber hat allerdings Art. 45 lit. b) EuGVO im Hinblick auf die Einlassungslast des Beklagten vor dem Erstgericht erheblich verschärft:[1114] Eine Versagung der Urteilsanerkennung ist ausgeschlossen, wenn der Beklagte vor dem Erstgericht die fehlerhafte Zustellung (effektiv) rügen konnte, dies jedoch unterlassen hat.[1115] Damit erkennt Art. 45 lit. b) EuGVO die Einlassungslast vor dem angerufenen Erstgericht im Europäischen Justizraum ausdrücklich an.[1116] Der in Art. 45 lit. b) EuGVO verwendete Begriff des „Rechtsbehelfs" ist weit und autonom auszulegen – er erfasst insbesondere auch die Möglichkeit, die Wiedereinsetzung in den vorherigen Stand zu beantragen.[1117] Nach der Neufassung von Art. 45 lit. b) EuGVO kann schließlich die ordnungsgemäße Zustellung der Säumnisentscheidung den Mangel der Klagezustellung heilen, sofern dem Beklagten ein effektiver Rechtsbehelf im Erststaat eröffnet ist.[1118] Allerdings hat der Unionsgesetzgeber bisher keine Rechtsbehelfsbelehrung vorgeschrieben.[1119] Der Beklagte hat mithin keine Wahl zwischen dem Rechtsbehelf im Ursprungsstaat und der Bekämpfung der Anerkennung im Zweitstaat.[1120] Englische Kommentatoren

1111 Eine Einlassung liegt auch dann vor, wenn der Beklagte die Zuständigkeit des Erstgerichts bestritten hat, EuGH, 14.10.2004, Rs. C-39/02, *Maersk Olie & Gas*, EU:C:2004:615, Rdn. 57.

1112 Die Zustellung beurteilt sich nach autonomem Recht sowie nach der EuZustVO; die ordnungsgemäße Zustellung ist nicht nachzuprüfen, wohl aber ein Zustellungsvorgang, der die Rechtswahrung ermöglicht, dazu MünchKomm/*Gottwald*, Art. 45 EuGVO, Rdn. 28.

1113 Dass Art. 45 lit. b) EuGVO in der Praxis der Anerkennungshindernisse die größte Bedeutung hat, folgt aus der Struktur der direkten Vollstreckung: Erfolgte die Klagezustellung im Ausgangsverfahren nicht oder nicht ordnungsgemäß, so erfährt der Beklagte von der Existenz des ausländischen Urteils erstmals mit der Zustellung des Formulars nach Art. 53, vgl. Art. 43 EuGVO. Sie ermöglicht dem Schuldner die Einlegung des Rechtsbehelfs nach Art. 46 ff., 45 I lit. b) EuGVO. Beispiel: EuGH, 7.7.2016, Rs. C-70/15, *Lebek*, EU:C:2016:524, Rdn. 19.

1114 *Burgstaller/Neumayr*, Art. 34 EuGVO, Rdn. 39.

1115 Erfolgt die Zustellung unter Verstoß gegen Art. 8 EuZustVO – also in einer Sprache, die der Adressat nicht beherrscht –, ist Art. 45 lit. b) EuGVO verletzt. Dies muss das Zweitgericht selbständig nachprüfen, dazu EuGH, 7.7.2016, Rs. C-70/15, *Lebek*, EU:C:2016:524, Rdn. 34 ff. (st. Rspr.).

1116 *Stadler*, in: Gottwald (Hrg.), Revision des EuGVÜ, S. 37, 50 ff.

1117 Zutreffend EuGH, 7.7.2016, Rs. C-70/15, *Lebek*, EU:C:2016:524, Rdn. 42 ff.; anders die Schlussanträge *Kokott*, EU:C:2016:226, Rdn. 16 ff.

1118 EuGH, 6.9.2012, Rs. C-619/10, *Trade Agency*, EU:C:2012:531, Rdn. 39.

1119 Anders Art. 17 EuVTVO, dazu unten § 10 I, Rdn. 10.24.

1120 EuGH, 7.7.2016, Rs. C-70/15, *Lebek*, EU:C:2016:524, Rdn. 46; EuGH, 6.9.2012, Rs. C-619/10, *Trade Agency*, EU:C:2012:531, Rdn. 32.

haben hierzu treffend bemerkt: „The days of filing foreign writs in the waste paper basket have gone".[1121]

6.235 Die Einlassungslast verdeutlicht ein Urteil des BGH zu Art. 27 Nr. 2 EuGVÜ: Dort hatte das Arrondissementgericht Breda/Niederlande die mündliche Verhandlung für den 26.6.2001 anberaumt. Klageschrift und Ladung waren dem deutschen Beklagten erst am 21.6.2001 zugestellt worden. Am 26.6.2001 setzte das Arrondissementgericht einen neuen Termin auf den 7.8.2001 fest, zu dem der Beklagte nicht erneut geladen wurde. Dem Beklagten, der auf das niederländische Verfahren nicht reagierte, wurde im September 2001 ein Versäumnisurteil zugestellt. Im Anerkennungsverfahren rügte der deutsche Beklagte Art. 27 Nr. 2 EuGVÜ ohne Erfolg: Der BGH lehnte eine rein formale Betrachtung der Frist zwischen Klagezustellung und Ladung (5 Tage) ab. Maßgeblich sei vielmehr die Frist bis zum zweiten Termin. Dass der Beklagte hierzu nicht nochmals geladen wurde, habe seine Verteidigungschancen nicht substantiell beeinträchtigt. Vielmehr habe er zur Gehörswahrung hinreichend Zeit gehabt, seine Rechtswahrung in den Niederlanden zu organisieren. Wahre er seine Einlassungsobliegenheit nicht, sei ihm die Berufung auf Art. 27 Nr. 2 EuGVÜ/45 I lit. b) EuGVO verwehrt.[1122]

b) Die Verletzung des ordre public, Art. 45 I lit. a) EuGVO

6.236 Die Titelfreizügigkeit nach Art. 36 und 39 EuGVO findet ihre Grenze im *ordre public* des Art. 45 I lit. a) EuGVO. Danach ist die Anerkennung zu versagen, wenn sie der öffentlichen Ordnung (*ordre public*) des Mitgliedstaates, in dem die Anerkennung geltend gemacht wird, offensichtlich widersprechen würde.[1123] Der *ordre public*-Vorbehalt hat die Funktion, grundlegende Gerechtigkeitsvorstellungen im Europäischen Justizraum zu schützen. Er korrigiert im Einzelfall den „Sprung ins Dunkle", der mit der prinzipiellen Anerkennung aller ausländischen Entscheidungen verbunden ist.[1124] Nach der Rechtsprechung des Bundesgerichtshofs ist der *ordre public* verletzt, wenn die Anerkennung der ausländischen Entscheidung mit den Grundrechten des Grundgesetzes unvereinbar ist.[1125] Dieser Maßstab ist freilich zu eng: Der Vorbehalt greift nämlich gleichermaßen bei untragbaren Verstößen gegen fundamentale Wertvorstellungen des Unionsrechts ein.[1126]

1121 So bereits zur früheren Rechtslage nach Art. 27 Nr. 2 EuGVÜ; *McGuire*, Verfahrenskoordination, S. 178.

1122 BGH, 6.10.2005, NJW 2006, 701; ebenso etwa EuGH, 7.7.2016, Rs. C-70/15, *Lebek*, EU:C:2016:524, Rdn. 44 ff.

1123 Der ordre public als Anerkennungshindernis findet sich entsprechend in Art. 15 I lit.a) und Art. 15 II lit. a) VO 1347/00/EG, in Art. 29 EuInsVO, sowie in Art. 22 lit. a) und Art. 23 lit. a) VO 2201/03/EG.

1124 *Pfeiffer*, FS Jayme, S. 675, 681.

1125 BGH, 24.2.1999, BGHZ 140, 395, 397; BGH, 10.9.2015, NJW 2016, 160, Rdn. 12.

1126 EuGH, 4.2.1988, Rs. C-145/86, *Hoffmann./.Krieg*, EU:C:1988:61, Rdn. 21; EuGH, 10.10.1996, Rs. C-78/95, *Hendrikman und Feyen./.Magenta Druck & Verlag*, EU:C:1996:380, Rdn. 23; *Schlosser/Hess*, EU-Zivilprozessrecht, Art. 45 EuGVVO, Rdn. 5; *Geimer/Schütze*, Art. 45 EuGVO, Rdn. 29; *Stürner*, FS Wiss. BGH III, S. 677, 687 ff.

Art. 45 I lit. a) EuGVO enthält damit einen doppelten Bezugsrahmen: Die äußeren Grenzen des *ordre public* gibt das Unionsrecht vor. Maßgeblich sind insbesondere die europäischen Grundrechte, die Marktfreiheiten und die zwingenden Regelungen des Unionsrechts.[1127] Ihre Verletzung führt freilich nach der Judikatur des EuGH nicht zwingend zur Anwendung des Art. 45 I lit. a) EuGVO. Vielmehr ist jeweils im Einzelfall zu prüfen, ob die Verstöße ein solches Gewicht haben, dass die Urteilsfreizügigkeit zurücktreten muss. Den inneren Bezugsrahmen des *ordre public* bilden hingegen die wesentlichen Grundprinzipien der Rechtsordnungen der Mitgliedstaaten, insbesondere innerstaatliche Verfassungsgarantien. In der Praxis vieler Gerichte der Mitgliedstaaten dominiert freilich die Bezugnahme auf nationale Rechtsvorstellungen. Häufig werden die unionsrechtlichen Vorgaben nicht einmal erwähnt.[1128] **6.237**

Aufgrund des doppelten Bezugsrahmens ist die Auslegungskompetenz des EuGH bei Art. 45 I lit. a) EuGVO auf zwei Gesichtspunkte begrenzt: Sie erfasst zum einen die unionsrechtlichen Vorgaben des (europäischen) *ordre public*.[1129] Zum anderen prüft der Gerichtshof nach, ob die Mitgliedstaaten die Grenzen des Art. 45 I lit. a) EuGVO bei Bezugnahme auf den nationalen *ordre public* gewahrt haben.[1130] Dagegen ist es dem EuGH verwehrt, den Inhalt der öffentlichen Ordnung eines Mitgliedstaates zu definieren.[1131] **6.238**

Der Prüfungsmaßstab nationaler Gerichte ist anders: Sie beginnen mit den zwingenden verfassungs- und einfachgesetzlichen Schutzstandards, um in einem zweiten Prüfungsschritt nach den unionsrechtlichen Grenzen zu fragen. In der Praxis des Bundesgerichtshofs stehen dementsprechend die prozessualen Grundrechte des Grundgesetzes[1132] und zwingende Regelungen der ZPO[1133] im Vordergrund. **6.239**

Der *ordre public* zwingt nur in Ausnahmefällen zur Versagung der Anerkennung. Der Unionsgesetzgeber hat den Wortlaut des Art. 45 I lit. a) EuGVO dahin eingeschränkt, dass nur „offensichtliche" Verstöße gegen den *ordre public* zur Versagung **6.240**

1127 Dazu etwa *Muir Watt*, Texas Int'l L J 36 (2001), 539, 548 ff.; *Hess*, IPRax 2000, 301 ff.

1128 Ein besonders prominentes Beispiel für die Ausblendung des gemeinschaftsrechtlichen Bezugsrahmens ist die Umsetzung der *Krombach*-Entscheidung des EuGH (Fn. 1136) durch den BGH, 29.6.2000, BGHZ 144, 390.

1129 EuGH, 28.3.2000, Rs. C-7/98, *Krombach*, EU:C:2000:164, Rdn. 22 ff.; EuGH, 11.5.2000, Rs. C-38/98, *Renault*, EU:C:2000:225, Rdn. 27 ff.; EuGH, 2.4.2009, Rs. C-394/07, *Gambazzi*, EU:C:2009:219, Rdn. 26 ff.; EuGH, 16.7.2015, Rs. C-681/13, *Diageo Brands*, EU:C:2015:471.

1130 Dazu *Fumagalli*, Yb PInt'lL 6 (2004), 171, 176 f. – die Kontrolle des Gerichtshofs entspricht seiner Überwachungsfunktion im Hinblick auf die *ordre public*-Klauseln der Marktfreiheiten.

1131 Mit der zunehmenden Integration werden die Grenzen für die autonomen Vorbehalte der Mitgliedstaaten entsprechend enger, *Gundel*, EWS 2000, 442, 446; *Hess*, IPRax 2000, 301 f.; *Leipold*, FS Stoll, S. 625, 630 ff.; *Martiny*, FS Sonnenberger, S. 523, 532; *Gaudemet-Tallon/Ancel*, Compétence, Rdn. 444 f.

1132 Beispiel: BGH, 10.9.2015, NJW 2016, 160 (Verletzung von Art. 103 GG).

1133 Beispiel: BGH, 14.6.2012, NJW-RR 2012, 1013.

der Anerkennung führen können.[1134] In der Praxis wird die Verletzung des *ordre public* häufig behauptet, oft ohne große Erfolgsaussichten: Eine rechtstatsächliche Untersuchung der Praxis französischer Gerichte hat ergeben, dass nur in (verschwindend) wenigen Fällen die Anerkennung nach Art. 45 lit. a) EuGVO versagt wurde.[1135] Auch in der Judikatur anderer Mitgliedstaaten finden sich nur wenige Beispiele, in denen der *ordre public*-Vorbehalt sich gegen die Anerkennungspflicht der Art. 36 ff. EuGVO durchgesetzt hat.[1136] Insbesondere hat der Einwand, das Verfahren sei im Erststaat rechtsmissbräuchlich durchgeführt worden, in der Praxis wenige Erfolgsaussichten. Denn nach der Struktur des Art. 45 EuGVO muss der Schuldner im Erststaat eine Korrektur des fehlerhaften Urteils herbeiführen.[1137] Dennoch kommt es auch im Europäischen Justizraum bisweilen zu Situationen, in denen die Anerkennung von Urteilen aus anderen Mitgliedstaaten am *ordre public* scheitert.[1138]

6.241 In systematischer Hinsicht sind der verfahrens- und der materiell-rechtliche *ordre public* zu unterscheiden.[1139] Der verfahrensrechtliche *ordre public* ist verletzt, wenn das anzuerkennende Urteil in einem Prozess erlassen wurde, der von den Grundprinzipien des europäischen Zivilverfahrensrechts so stark abweicht, dass die Anerkennung rechtsstaatlichen Maßstäben grob widersprechen würde.[1140] Allerdings kann bei der Vollstreckung von Entscheidungen der Mitgliedstaaten der Europäischen Union grundsätzlich davon ausgegangen werden, dass sie in einem rechtsstaatlichen Verfahren ergangen sind.[1141] Denn sämtliche Mitgliedstaaten sind an die prozessua-

---

1134 Dies geschah bereits in Art. 34 Nr. 1 EuGVO (2001). Damit wurde die Formulierung des EuGH, 28.3.2000, Rs. C-7/98, *Krombach*, EU:C:2000:164, Rdn. 37 übernommen, *Stadler*, in Gottwald (Hrg.), Revision des EuGVÜ, S. 37, 44.

1135 Die „Erfolgsquote" beträgt in Frankreich (geschätzt) weniger als 5 %, vgl. *Niboyet/Sinopoli* Gaz. Pal. 2004, 1739, 1759 ff.; rechtsvergleichender Überblick zur Anwendungspraxis bei *Hess & Pfeiffer*, Study on Public Policy, PE 453.189, S. 49 ff., zusammenfassend S. 154 ff.

1136 Das berühmteste Beispiel in der Judikatur des EuGH ist die Entscheidung vom 28.3.2000, Rs. C-7/98, *Krombach*, EU:C:2000:164, Rdn. 37; anders hingegen wenig später EuGH, 11.5.2000, Rs. C-38/98, *Renault*, EU:C:2000:225, Rdn. 31 ff. Ein Verstoß des anzuerkennenden Urteils gegen die Marktfreiheiten bedeutet keine automatische Verletzung des *ordre public*. Überblick zur Rechtsprechung in den Mitgliedstaaten bei *Hess/Pfeiffer/Schlosser*, The Brussels I Regulation, Rdn. 479 ff.; *Hess & Pfeiffer*, Study on Public Policy, PE 453.189, S. 49–93.

1137 Deutlich nunmehr EuGH, 16.7.2015, Rs. C-681/13, *Diageo Brands*, EU:C:2015:471, Rdn. 64; zuvor BGH, 10.7.1986, IPRax 1987, 236, zust. *Gaudemet-Tallon/Ancel*, Compétence, Rdn. 436.

1138 Vgl. etwa High Court of London, 29.5.2002, *Maronier v. Larmer*, [2002] EWCA 774. (Vollstreckung eines niederländischen Versäumnisurteils, das (überraschend) nach einem zwölfjährigen Ruhen des Verfahrens erlassen wurde), dazu *Kohler*, ZSR 124 II (2005), 263, 290.

1139 Allg. Ansicht *Schlosser/Hess*, Art. 45 EuGVVO, Rdn. 3; *Basedow*, FS Sonnenberger, S. 291, 298 ff.

1140 So BGH, 21.3.1990, NJW 1990, 2201, 2202 f.; *Kropholler*, Art. 34 EuGVO, Rdn. 13; *Schack*, IZVR, Rdn. 864; *Stadler*, in Gottwald (Hrg.), Revision des EuGVÜ, S. 37, 45.

1141 EuGH, 16.7.2015, Rs. C-681/13, *Diageo Brands*, EU:C:2015:471, Rdn. 40 (mit dem Hinweis auf den Grundsatz wechselseitigen Vertrauens), Magnus/Mankowski/*Francq*, Art. 45 Brussels I^{bis} Regulation, Rdn. 24; zuvor *Stadler*, in: Gottwald (Hrg.), Revision des EuGVÜ, S. 37, 45.

len Mindeststandards von Art. 47 GRC und Art. 6 EMRK gebunden.[1142] Umsetzungsdefizite bei diesen Mindeststandards implizieren freillich zumeist eine Verletzung des prozessualen *ordre public*: Ein Beispiel hierfür ist der von der Cour de Cassation entschiedene Fall *Pordéa:*[1143]

Der französische Staatsangehörige *Pordéa* hatte vor dem High Court in London gegen die Times Newspapers Ltd. Verleumdungsklage eingereicht. Der High Court ordnete zunächst eine Prozesskostensicherheit in Höhe von 25.000 Britischen Pfund an. Da der Kläger den Betrag nicht aufbringen konnte, wurde die Klage kostenpflichtig abgewiesen, bei gleichzeitiger Festsetzung eines erstattungspflichtigen Kostenbetrags von 20.078 Britischen Pfund nebst 15 % Zinsen. Wenig später betrieb die englische Partei die Anerkennung und Vollstreckung des Kostenfestsetzungsbeschlusses in Frankreich nach Art. 25 ff. EuGVÜ (heute Art. 39 ff. EuGVO). Die Cour de Cassation entschied auf eine Verletzung des Art. 27 Nr. 1 EuGVÜ (heute: Art. 45 I lit. a) EuGVO). Denn die überhöhte Sicherheitsleistung habe der französischen Partei den Zugang zur englischen Justiz faktisch abgeschnitten[1144]. Folglich verletze das englische Kostenfestsetzungsurteil Art. 6 I EMRK und könne in Frankreich nicht anerkannt werden.[1145] 6.242

In der Gerichtspraxis zu Art. 34 Nr. 1/45 I lit. a) EuGVO finden sich weitere, vergleichbare Beispiele für eine Verletzung des *ordre public*, die auf der Nichtzulassung einer Partei vor dem Erstgericht und dem Erlass einer Entscheidung zugunsten der Gegenseite beruhten.[1146] Allerdings wurden viele beanstandete Vorschriften der nationalen Prozessrechte in der Zwischenzeit an die menschenrechtlichen Vorgaben des Art. 6 EMRK/47 GRC angepasst. Dennoch bleiben strukturelle Unterschiede zwischen den Justizsystemen der EU-Mitgliedstaaten bestehen, die (bisweilen) die Geltendmachung des *ordre public*-Vorbehalts auslösen. Ein Beispiel ist die (vermeintliche) Befangenheit des (französischen) Erstgerichts, das nur mit Handelsrich- 6.243

1142 Dazu oben § 4 I, Rdn. 4.12 ff.

1143 C.Cass., 23.3.1999, Rev. Crit. 89 (2000), 224, dazu *Droz*, Rev. Crit. 89 (2000), 181 ff.

1144 Der EGMR hat bisher die Prozesskostensicherheit der Ausländer nicht beanstandet, sofern sie zur Abdeckung des Prozesskostenrisikos erforderlich war, EGMR, 13.7.1995, Nr. 18139/91, *Tolstoy Miloslavsky v. Great Britain*, CE:ECHR:1995:0713JUD001813991.

1145 Mit Urteil vom gleichen Tag wurde ein anderer englischer Kostenfestsetzungsbeschluss zur Vollstreckung zugelassen. Dort stellte die Cour de Cassation ausdrücklich fest, dass die französische Beklagte, die in der Sache verloren hatte, ihre Rechte vor dem High Court effektiv durchsetzen konnte, *Droz*, Rev. Crit. 89 (2001), 181, 192.

1146 So im Fall EuGH, 28.3.2000, Rs. C-7/98, *Krombach*, EU:C:2000:164: Nichtzulassung des Klägers und seiner Anwälte im französischen *contumace-* Verfahren. Vgl. auch die Schlussanträge *Kokott*, 18.12.2008, Rs. C-394/07, *Gambazzi*, EU:C:2009:748: sog. *unless-order* gegen den (ausländischen) Beklagten, der gegen eine gerichtlich angeordnete Dokumentenvorlage (*disclosure*) verstoßen hat. Danach wird weiterer Beklagtenvortrag bis zur Befolgung der Anordnung nicht berücksichtigt. Schließlich erfolgten der Ausschluss (*debarment*) des Beklagten vom Verfahren und eine antragsmäße Verurteilung. Die Generalanwältin stellte darauf ab, ob die Sanktion grob unverhältnismäßig war (was sie jedoch in der Sache nicht entscheidet). Der EuGH, 2.4.2009, Rs. C-394/07, *Gambazzi*, EU:C:2009:219, Rdn. 26 ff., 34, hat den Maßstab übernommen, die konkrete Prüfung jedoch dem vorlegenden Gericht überlassen. Das italienische Gericht hat die Entscheidung anerkannt.

tern besetzt war, die als Kaufleute der Handelskammer des Klägers zugehörten.[1147] Weitere Anwendungsfälle sind schwere Gehörsverletzungen im Erstverfahren oder die Zulassung von Beweismitteln im Erstverfahren, die durch verbotene Methoden (Erstreitung eines Statusurteils aufgrund von Zeugenaussagen, die auf Hörensagen gestützt sind)[1148] erlangt wurden. Maßstab des prozessualen *ordre public* sind hier die prozessualen Grund- und Menschenrechte.[1149] Eine weitere Fallgruppe betrifft Entscheidungen, die mit der Regelungsstruktur der EuGVO nicht vereinbar sind, etwa die im Common Law gebräuchlichen Prozessführungsverbote (*anti-suit injunctions*).[1150] Seit der Klarstellung durch den EuGH in *Turner./.Grovit* dürfte diese Fallgruppe keine eigenständige Bedeutung mehr haben. Danach regeln die Art. 29–32 EuGVO die Konkurrenz zwischen parallelen Verfahren im Europäischen Justizraum abschließend.[1151]

6.244 Der materielle *ordre public* ist verletzt, wenn das Ergebnis der anzuerkennenden Entscheidung vom Standpunkt des Gemeinschaftsrechts oder nach dem Sachrecht des Zweitstaats krass zu missbilligen ist.[1152] Auch hier kommt eine Anwendung nur in Extremfällen in Betracht. Diese liegen erfahrungsgemäß noch seltener vor als eine Verletzung des prozessualen *ordre public*. Selbst eine Nichtbeachtung der Marktfreiheiten durch das Erstgericht löst per se nicht das Anerkennungshindernis des *ordre public* aus.[1153] Auch die Verurteilung eines nahen Angehörigen zur Zahlung aus einer Bürgschaft, deren Zustandekommen nicht den Maßstäben der Rechtsprechung des Bundesverfassungsgerichts genügt,[1154] führt im Europäischen Justizraum nicht zu einem Anerkennungshindernis.[1155] Beispiele für eine Verletzung des materiellen *ordre public* sind Verstöße gegen das europäische Kartellrecht[1156] oder ein Widerspruch des ausländischen Unterlassungsurteils zu einer inländischen Betriebsgeneh-

---

1147 OLG Saarbrücken, 3.8.1987, IPRax 1989, 37 (französisches Handelsgericht).

1148 Beispiel: Verurteilung zur Zahlung von Kindesunterhalt, nachdem die Vaterschaftsfeststellung ausschließlich auf den Vortrag der Mutter gestützt wird und keine weiteren Beweismittel zugelassen werden; BGH, 26.8.2009, BGHZ 182, 188, Rdn. 22 ff. Anders freilich, wenn mögliche Rechtsbehelfe im Erststaat nicht eingelegt wurden, C.Cass., 18.8.2002, Rev. Crit. 2003, 218 (*Muir Watt*).

1149 *Kropholler/v. Hein*, Art. 34 EuGVO aF, Rdn. 13 ff.; *Muir Watt*, Texas Int'l LJ 36 (2001), 539, 549 ff.

1150 So OLG Düsseldorf, 10.1.1996, IPRax 1997, 260, dazu *Mansel* EuZW 1996, 335.

1151 EuGH, 27.4.2004, Rs. C-159/02, *Turner*, EU:C:2004:228, Rdn. 27 ff., dazu *Dutta/Heinze*, ZEuP 2005, 428 ff., EuGH, 10.2.2009, Rs. C-185/07, *Allianz*, EU:C:2009:69, Rdn. 28 f.; vgl. oben § 6 III, Rdn. 6.180 ff.

1152 Dazu *Becker*, Grundrechtsschutz, S. 140 ff.; *Newton*, Uniform Interpretation, S. 435 f.; *Staudinger* ELF 4 (2004), 273, 275.

1153 So EuGH, 11.5.2000, Rs. C-38/98, *Renault*, EU:C:2000:225, zust. *Hess*, IPRax 2000, 301 ff.; ebenso EuGH, 16.7.2015, Rs. C-681/13, *Diageo Brands*, EU:C:2015:471 (unzutreffende Anwendung von EU-Markenrecht ist keine ordre-public-Verletzung per se; die Rechtsverletzung muss im Erststaat geltend gemacht werden).

1154 BVerfG, 19.10.1993, BVerfGE 89, 214, 231234.

1155 So BGH, 24.2.1999, BGHZ 140, 395, 397, dazu *Stürner*, FS Wiss. BGH III, S. 677, 683 f.

1156 EuGH, 1.6.1999, Rs. C-126/97, *Eco Swiss*, EU:C:1999:269, Rdn. 36, dazu *Staudinger*, ELF 4 (2004), 273, 275.

migung (etwa im Fall des § 14 BImSchG).[1157] Der BGH hat eine Verletzung des materiellen *ordre public* im Fall eines polnischen Verleumdungsurteils bejaht, das das ZDF zur wörtlichen Wiedergabe einer „Entschuldigung" auf seiner Website verurteilte – diese Erklärung widerspreche der grundrechtlich geschützten Meinungs- und Pressefreiheit (Art. 5 GG).[1158] Schwere wirtschaftliche Nachteile im Fall der Urteilsanerkennung vermögen per se den ordre public hingegen nicht auszulösen.[1159]

Einen Verstoß gegen den materiellen *ordre public* bejahte der BGH in der Abschlussentscheidung zum Fall *Sonntag*: Dort hatte der EuGH zuvor die Haftung eines deutschen, beamteten Lehrers, der seine Aufsichtspflichten während einer Schulexkursion in Italien verletzt hatte, trotz Vorliegens einer Amtspflichtverletzung als Zivilsache iSd Art. 1 I EuGVO qualifiziert.[1160] Die Anerkennung des italienischen Urteils lehnte der BGH mit der Begründung ab, dass eine persönliche Haftbarmachung des Beamten mit dem Regresssystem der deutschen gesetzlichen Unfallversicherung (§§ 636, 637 RVO[1161]) unvereinbar sei.[1162] Allerdings erscheint es sehr fraglich, ob in diesem Fall bereits die Aufgreifschwelle des *ordre public* erreicht war. Letztlich versuchte der Bundesgerichtshof, das zwingende deutsche Amtshaftungsrecht nach Art. 34 GG, § 839 BGB gegen die (großzügige) Judikatur des EuGH zum Anwendungsbereich der EuGVO abzuschirmen.[1163] 6.245

In der Literatur wird bisweilen eine Konkretisierung des *ordre public* nach dem „Inlandsbezug" des anzuerkennenden Urteils (bzw. des entschiedenen Sachverhalts) befürwortet.[1164] Es ist jedoch fraglich, ob dieses Kriterium, das dem IPR entlehnt wurde, im internationalen Verfahrensrecht sachgerecht ist. Denn der „Inlandsbezug" ergibt sich bei der Anerkennung aus der sich anschließenden Zwangsvollstreckung, die den (gesamten) staatlichen Zwangsapparat gegen den Schuldner effektuiert. Die Überprüfung des „Inlandsbezugs" des entschiedenen Sachverhalts widerspricht zudem dem Verbot der anerkennungsrechtlichen *révision au fond*, Art. 52 EuGVO.[1165] Daher erscheint dieses Kriterium verzichtbar. 6.246

1157 Dazu *Kohler*, in: Bothe/Prieur/Ress (Hrg.), Grenzüberschreitender Umweltschutz in Europa, S. 86 f.; *Kropholler*, Art. 34 EuGVO, Rdn. 20; der EuGH ist der Problematik ausgewichen, EuGH, 18.5.2006, Rs. C-343/04, *ČEZ*, EU:C:2006:330.

1158 BGH, 19.7.2018, NJW 2018, 3254, Rdn. 17 ff. Der BGH übersah allerdings, dass eine Anerkennung des polnischen Urteils insofern in Betracht kam, als die Beklagte den Urteilstext als Ausspruch des polnischen Gerichts hätte veröffentlichen können: Es wäre also eine Anpassung des Urteils möglich gewesen.

1159 EuGH, 23.10.2014, Rs. C-302/13, *flyLAL-Lithuanian Airlines*, EU:C:2014:2319, Rdn. 56–58.

1160 EuGH, 21.4.1993, Rs. C-172/91, *Sonntag*, EU:C:1993:144, dazu bereits oben Rdn. 6.5.

1161 Nunmehr §§ 104, 105 SGB VII, dazu *Becker*, Grundrechtsschutz, S. 140 ff.

1162 BGH, 16.9.1993, BGHZ, 123, 268, 276, ablehnend *Haas*, ZZP 108 (1995), 219 ff.; positiver *Stürner*, FS Wiss. BGH III, S. 677, 684 f. (wegen des starken Inlandsbezuges des Ausgangssachverhalts).

1163 Kritisch *Haas*, ZZP 108 (1995), 219 ff.; lesenswert Baur/Stürner/*Bruns*, Zwangsvollstreckungsrecht, Rdn. 23.

1164 So etwa *Staudinger*, ELF 4 (20004), 573, 574; *Stürner*, FS BGH III, S. 677, 687 ff.; *Völker*, Dogmatik, S. 236; *Geimer/Schütze*, Art. 45 EuGVO, Rdn. 60.

1165 AA *Geimer/Schütze*, Art. 45 EuGVO, Rdn. 60; *Schulze*, IPRax 1999, 342, 345.

6.247 Im Zusammenhang mit dem *ordre public*-Einwand wird in der Praxis häufig behauptet, der Gläubiger habe das anzuerkennende Urteil rechtsmissbräuchlich erschlichen.[1166] Grundsätzlich kann der Einwand des Rechtsmissbrauchs bzw. des Prozessbetrugs über den *ordre public* geltend gemacht werden. Allerdings wird im Regelfall die Aufgreifschwelle nicht erreicht sein: Nach dem System der EuGVO besteht eine prinzipielle Einlassungs- und Verteidigungslast des Schuldners im angegangenen Erstgericht (vgl. Art 45 I lit. b) EuGVO *in fine*).[1167] Er kann nicht darauf vertrauen, die Vollstreckung im Anerkennungsverfahren wirksam zu bekämpfen.[1168] Daher ist der Missbrauchseinwand nur zuzulassen, wenn der Schuldner die Rechtsbehelfe des Urteilsstaates ausgeschöpft hat.[1169] Damit verbleiben als Anwendungsfälle vor allem Konstellationen, in denen der Beklagte durch Manipulationen des Klägers vom Erstprozess definitiv ausgeschlossen wurde.[1170] Hier erscheint die Anwendung des *ordre public* durchaus sachgerecht.

6.248 Der BGH[1171] hatte über die Anerkennung eines polnischen Versäumnisurteils zu entscheiden, von dessen Existenz der inländische Schuldner erst bei Zustellung der Vollstreckungsklausel erfuhr. Zwar war ursprünglich das Verfahren vor dem BezGericht Poznan als Mahnverfahren eingeleitet worden, gegen das der Schuldner Einspruch eingelegt hatte.[1172] Da er jedoch keinen polnischen Zustellungsbevollmächtigten benannt hatte, war er vom Verfahren ausgeschlossen worden. Der BGH erkannte eine Verletzung des ordre public wegen schwerer Verletzung des rechtlichen Gehörs (Art. 103 GG). Der IX. Senat verwies auf das Urteil des EuGH in der Rs. C-325/11, *Alder*,[1173] in dem der EuGH die entsprechende Vorschrift des polnischen Zivilverfahrensrechts für unionsrechtswidrig erklärt hatte. Da der ordre public von Amts wegen nachzuprüfen sei, müsse das befasste Gericht diesem (hier naheliegen-

---

1166 Vgl. dazu *Regen*, Prozessbetrug als Anerkennungshindernis (2008). Der Einwand des „fraud" ist vor allem im Common Law gebräuchlich, dazu *Layton/Mercer*, European Civil Practice, Rdn. 26.024; zur französischen Praxis *Gaudemet-Tallon/Ancel*, Compétence, Rdn. 443.

1167 Beispiel: *Citibank NA v. Rafidian Bank* [2003] EWHC 1950 (QB): Eine irakische Bank trat der Registrierung eines niederländischen Versäumnisurteils in England (Art. 38 EuGVO aF) mit der Behauptung entgegen, dass ihr eine Verteidigung im Erstprozess wegen der internationalen Sanktionen gegen den Irak (während des Zweiten Weltkrieges) abgeschnitten war und deswegen Art. 6 EMRK verletzt sei. Der High Court prüfte, ob tatsächlich keine Rechtswahrung im niederländischen Verfahren möglich war. Er kam zu dem Ergebnis, dass die irakische Bank schuldhaft die Einlassungs- bzw. Rechtsbehelfsfristen versäumt hatte, und ließ die Registrierung zu.

1168 Zutreffend *Staudinger*, ELF 4 (2004), 273, 275; *Rauscher/Leible*, Art. 45 EuGVO, Rdn. 25; *Gaudemet-Tallon/Ancel*, Compétence, Rdn. 443; *McGuire*, Verfahrenskoordination, S. 178.

1169 Unzutreffend BGH, 6.3.2004, NJW 2004, 2386, 2388: Wegen der unterschiedlichen Formulierung von Art. 34 Nr. 1 und Nr. 2 EuGVO müsse der Prozessbetrug nicht im Erststaat geltend gemacht werden, dagegen *Hau*, IPRax 2006, 20 ff.; *Hess/Pfeiffer/Schlosser*, The Brussels I Regulation, Rdn. 493 f.

1170 So im Fall BGH, 10.7.1986, IPRax 1987, 236. Die vor allem in den Common Law Staaten vertretene Ansicht, dass die Missachtung einer Gerichtsstandsklausel oder Schiedsabrede einen *ordre public*-Verstoß begründet, hat sich nicht durchgesetzt, dazu *Collins*, in: Dicey & Morris, Rdn. 14135, 14194; *McGuire*, Verfahrenskoordinierung, S. 186 ff.

1171 BGH, 10.9.2015, NJW 2016, 160.

1172 Damit schied der Einwand des Art. 34 Nr. 2 EuGVO aF/45 I lit. b) EuGVO aus.

1173 EuGH, 19.12.2012, Rs. C-325/11, *Alder*, EU:C:2012:824, dazu auch § 8 I, Rdn. 8.28.

den) Verstoß nachgehen. Damit sanktionierte der BGH die Nichtbefolgung des EuGH-Urteils durch die Nichtanerkennung der polnischen Entscheidung.[1174] Einen weiteren ordre-public-Verstoß leitete der IX. Zivilsenat aus der unzureichenden Abfassung des Urteils her: es sei weder aus dem Tenor noch den Entscheidungsgründen ersichtlich, ob ein Versäumnisurteil oder ein streitiges Urteil vorliege. Auch sei der Grund der Verurteilung nicht ersichtlich, so dass der Streitgegenstand des Urteils nicht festgestellt werden könne. Dies verletze Art. 47 III GRC, der eine Begründung von gerichtlichen Entscheidungen erfordere.[1175]

c) Unvereinbare Entscheidungen, Art. 45 I lit. c) und d) EuGVO

Zur Fallgruppe der unvereinbaren Urteile gibt es nur relativ wenig Rechtsprechungs- 6.249
praxis. Ursache hierfür sind die Rechtshängigkeitsregeln der Art. 29 ff. EuGVO, die im Vorfeld die Durchführung von Parallelprozessen vermeiden.[1176] Nach Art. 45 I lit. c) EuGVO setzt sich jedoch eine im Anerkennungsstaat ergangene Entscheidung gegenüber der Anerkennung nach Art. 36 ff. EuGVO durch. Es soll dem Anerkennungsstaat nicht „zugemutet werden“, den eigenen Hoheitsakt zugunsten des ausländischen zurücktreten zu lassen.[1177] Dabei gibt Art. 45 I lit. c) EuGVO sogar dem später erlassenen inländischen Urteil den Vorrang.[1178] Dies ist bei anerkennungsfähigen Urteilen aus Drittstaaten anders: Art. 45 I lit. d) EuGVO stellt auf das Prioritätsprinzip ab. Nur das früher erlassene Urteil setzt sich gegenüber der nach Art. 36, 39 EuGVO anzuerkennenden Entscheidung durch.[1179] Maßgeblich ist jeweils der Erlass der Entscheidung,[1180] nicht die Einleitung des Verfahrens.[1181] Dieser Bezugspunkt erscheint aus der Perspektive des in Art. 29–32 EuGVO angelegten Prioritätsprinzips (das auf die Klageerhebung abstellt) verfehlt.[1182]

1174 BGH, 10.9.2015, NJW 2016, 160, Rdn. 17 ff.

1175 BGH, 10.9.2015, NJW 2016, 160, Rdn. 22 ff., unter Bezugnahme auf EuGH, 6.9.2012, Rs. C-619/10, *Trade Agency*, EU:C:2012:531, Rdn. 52 ff. Die fehlende Begründung ist per se jedoch kein Verstoß gegen den *ordre public*, ausführlich *Gaudemet-Tallon/Ancel*, Compétence, Rdn. 442.

1176 Die geringe Praxis zu Art. 34 Nr. 3 EuGVO aF zeigt, dass die Rechtshängigkeitsregeln der Art. 29–32 EuGVO in der Praxis befolgt werden, dazu *Hess/Pfeiffer/Schlosser*, The Brussels I Regulation, Rdn. 495.

1177 So *Schmid*, Europäisches Zivilprozessrecht, Rdn. 175; dagegen mit Recht *McGuire*, Verfahrenskoordination, S. 180: „Nationalprinzip“, das der „Gleichwertigkeit aller Gerichtssysteme und damit der Geschäftsgrundlage des Europäischen Prozessrechts widerspricht.“

1178 Die Vorschrift eröffnet damit der inländischen Partei die Möglichkeit, ein im Ausland eröffnetes Verfahren (unter Umgehung der Art. 29–32 EuGVO) durch einen Inlandsprozess zu unterlaufen, *Otte*, Umfassende Streitentscheidung (1998), S. 148 ff.

1179 Beispiel: TGI Paris, 10.2.1993, *Crédit Lyonnais v. Paretti*, Clunet 1993, 599 (*Kessedijan*).

1180 Mangels Definition auf Gemeinschaftsebene bestimmt sich der Zeitpunkt nach nationalem Recht, *Kropholler/v. Hein*, Art. 34 EuGVO aF, Rdn. 58 f.

1181 Deutlich EuGH, 16.1.2019, Rs. C-386/17, *Liberato*, EU:C:2019:24, Rdn. 52: Ein unter Verletzung der Rechtshängigkeitsregeln ergangenes Urteil im Zweitstaat muss im Erststaat anerkannt werden. Der Verstoß gegen Art. 29 EuGVO begründet keine Verletzung des *ordre public*.

1182 Deutlich *Hau*, Positive Kompetenzkonflikte, S. 103 ff.; *McGuire*, Verfahrenskoordination,

6.250 Der Begriff der Entscheidung entspricht Art. 2 lit. a) EuGVO.[1183] Daher fallen auch einstweilige Maßnahmen unter Art. 45 lit. c) und d) EuGVO,[1184] nicht hingegen Prozessvergleiche[1185] oder Schiedssprüche.[1186] Die „Unvereinbarkeit" bestimmt sich wie im Fall der Art. 29 und 30 EuGVO danach, ob die Entscheidungen sich inhaltlich ausschließen – es gilt die Kernpunktlehre des EuGH.[1187] Danach kommt es darauf an, ob sich die Rechtswirkungen der beiden Entscheidungen ausschließen. Dies ist beispielsweise der Fall, wenn ein anzuerkennendes Urteil auf Trennungsunterhalt mit einem Scheidungsurteil kollidiert[1188] oder wenn ein anzuerkennendes, ausländisches Urteil eine einstweilige Maßnahme zuerkennt, während dieselbe Maßnahme mangels Verfügungsgrund vom inländischen Gericht abgewiesen wurde.[1189] Es versteht sich dabei von selbst, dass die Urteile zwischen denselben Parteien ergangen sein müssen (oder ein Fall der Rechtsnachfolge vorliegt) – allerdings reicht wie im Fall des Art. 29 EuGVO Teilidentität aus. Schließlich ist strittig, ob das inländische Urteil formell rechtskräftig sein muss, um die Anerkennung der ausländischen Entscheidung auszuschließen.[1190] Hier sollte – im Anschluss an die *WECO*-Entscheidung des EuGH ein (untechnisches) „Spiegelbild"-Prinzip angewandt werden: Eine rechtskräftige ausländische Entscheidung wird nur von einer rechtskräftigen, inländischen Entscheidung ausgeschlossen, während eine ausländische, einstweilige Maßnahme von der inländischen, einstweiligen Maßnahme verdrängt wird.[1191]

6.251 Rechtspolitisch erscheint die Regelung des Art. 45 I lit. c) EuGVO fragwürdig: Der Vorrang jeder innerstaatlichen Entscheidung widerspricht dem Grundsatz der Gleichwertigkeit der Urteile im Europäischen Justizraum. Es würde völlig ausreichen, den

---

S. 178 ff.; zurückhaltend auch *Otte*, Umfassende Streitentscheidung (1998), S. 149; positiver *Gaudemet-Tallon/Ancel*, Compétence, Rdn. 456; *Kaye*, Jurisdiction, S. 1483 („necessary counterbalance").

1183 EuGH, 26.9.2013, Rs. C-157/12, *Salzgitter Mannesmann Handel*, EU:C:2013:597, Rdn. 29.

1184 EuGH, 6.6.2002, Rs. C-80/00, *Italian Leather*, EU:C:2002:342, Rdn. 44, dazu *Hess*, IPRax 2005, 23 ff.

1185 EuGH, 2.6.1994, Rs. C-414/92, *Solo Kleinmotoren./.Boch*, EU:C:1994:221, Rdn. 18, 21 f.; C.Cass., 1.2.1997, Clunet 1997, 1026 (*Niboyet*).

1186 *Hess*, JZ 2014, 538, 540 f. AA *Mankowski*, SchiedsVZ 2014, 209, 210 ff.; TGI Paris, 10.2.1993, *Crédit Lyonnais v. Paretti*, Clunet 1993, 599 – die rechtspolitisch verfehlte Vorschrift des Art. 45 I lit. c) und d) EuGVO sollte jedoch nicht im Wege der Analogie auf nicht erfasste Konstellationen ausgeweitet werden. Anders hingegen C.Cass., 4.7.2007, Rev. crit. DIP 2007, 822.

1187 Entwickelt zu Art. 27 Nr. 3 EuGVÜ im Urteil EuGH, 4.2.1988, Rs. C-145/86, *Hoffmann./.Krieg*, EU:C:1988:61, Rdn. 22.; ausführlich *Otte*, Umfassende Streitentscheidung (1998), S. 150 ff., vgl. oben Rdn. 6.185.

1188 EuGH, 4.2.1988, Rs. C-145/86, *Hoffmann./.Krieg*, EU:C:1988:61, Rdn. 22, heute stellt sich die Abgrenzungsproblematik im Rahmen von Art. 24 lit. d) EuUhVO, dazu unten § 7 V, Rdn. 7.148 ff.

1189 EuGH, 6.6.2002, Rs. C-80/00, *Italian Leather*, EU:C:2002:342, Rdn. 44; kritisch *Hess*, IPRax 2005, 44.

1190 MünchKomm/*Gottwald*, Art. 45 EuGVO, Rdn. 45.

1191 EuGH, 6.6.2002, Rs. C-80/00, *Italian Leather*, EU:C:2002:342, Rdn. 44, dazu *Hess*, IPRax 2005, 44. Generell sollte im einstweiligen Rechtsschutz das Hauptsachegericht befugt sein, die einstweilige Maßnahme aufzuheben, vgl. dazu Art. 15 II, III EheGVO, unten § 6 V, Rdn. 6.288.

Verstoß gegen Art. 29 und 30 EuGVO (d.h. die Nichtbeachtung der früheren Rechtshängigkeit in einem anderen EU-Staat) als Anerkennungshindernis zu sanktionieren. Zumindest sollte die Lösung des Art. 21 EuVTVO für die EuGVO übernommen werden: Danach schließt nur das früher erlassene, inländische (oder anerkennungsfähige) Urteil die Anerkennung aus.[1192] Diese Regelung entspricht aus der Sicht des deutschen Prozessrechts dem Restitutionsgrund des § 580 Nr. 7a) ZPO und nimmt einen allgemeinen Grundsatz der kontinentalen Prozessrechte auf.[1193] So gesehen erscheint es durchaus fraglich, ob es hierfür einer gesonderten unionsrechtlichen Regelung bedarf.[1194]

Art. 45 I lit. d) EuGVO ordnet sogar den Vorrang von früher ergangenen Urteilen aus Drittstaaten an, sofern diese im Vollstreckungsstaat anerkennungsfähig sind.[1195] Die Vorschrift soll völkerrechtliche Konflikte mit Drittstaaten ausschließen.[1196] Ob deswegen jedoch der Geltungsanspruch des Europäischen Zivilprozessrechts generell zurückstehen muss, erscheint keineswegs selbstverständlich. Immerhin enthält Art. 33 EuGVO inzwischen eine abgestufte Regelung, die nicht nur unbesehen auf die Priorität abstellt. Zudem steht der Union in diesem Bereich die exklusive Außenkompetenz zu.[1197] Im Ergebnis sollten Art. 45 I lit. c) und d) EuGVO durch eine Vorschrift ersetzt werden, die an die Prioritätsregel des Art. 29 bzw. an Art. 33 EuGVO anknüpft.[1198] 6.252

Art. 45 I lit. c) und d) EuGVO betreffen nicht sämtliche Konstellationen unvereinbarer Entscheidungen: So bleiben Konflikte zwischen Drittstaatenurteilen und Urteilen in den EU-Mitgliedstaaten (außerhalb der Urteilsfreizügigkeit) ausgeschlossen.[1199] Dasselbe gilt für Konflikte zwischen widersprechenden Urteilen im Erststaat, von denen einer in einem anderen EU-Mitgliedstaat vollstreckt 6.253

1192 Vgl. unten § 10 I, Rdn. 10.28.

1193 *Kropholler/v. Hein*, Art. 34 EuGVO aF, Rdn. 57.

1194 Die Anwendung der nationalen Restitutionsvorschriften auf ausländische Urteile setzt freilich die Bereitschaft der Staaten zur Aufhebung inländischer Titel durch ausländische Gerichte voraus – diese Perspektive erscheint vor dem Hintergrund der heterogenen Wiederaufnahmeverfahren in den Europäischen Prozessrechten verfrüht.

1195 Die Anerkennung des drittstaatlichen Urteils erfolgt derzeit nach dem autonomen Recht des Anerkennungsstaates, vgl. oben § 5 I, Rdn. 5.21.

1196 *Kropholler/v. Hein*, Art. 34 EuGVO aF, Rdn. 59.

1197 EuGH, 7.2.2006, Avis 1/03, *Parallelübereinkommen Lugano*, EU:C:2006:81; sollte die Union die Hague Judgments Convention ratifizieren (oben § 5, Rdn. 5.61 ff.), sollte zugleich eine Reform des Art. 45 I lit. d) EuGVO erwogen werden.

1198 Ebenso Wieczorek/Schütze/*Haubold*, Art. 45 EuGVO, Rdn. 185. Vgl. den Vorschlag bei *Hess/Pfeiffer/Schlosser*, The Brussels I Regulation, Rdn. 497: „A judgment shall not be recognised: 3. if it is irreconcilable with an earlier judgment or an order previously given in any Member State or third country, provided that a) the earlier judgment or an order involves the same cause of action between the same parties, and b) the earlier judgment or an order fulfils the condition necessary for its recognition in the Member State of enforcement, and c) the pendency of the parallel proceedings, Article 27 and 30 JR, or the irreconcilability could not have been sought in the court proceedings in the Member State of origin." Dagegen *Fitschen*, in: Dickinson/Lein (ed.), The Brussels I Recast, Rdn. 13.361 (Fn. 611).

1199 *Fitschen*, in: Dickinson/Lein (ed.), The Brussels I Recast, Rdn. 13.342.

werden soll. Die Beseitigung des Urteilskonflikts erfolgt nach dem autonomen Prozessrecht des Erststaates;[1200] Art. 45 I lit. c) EuGVO enthält kein Vollstreckungshindernis – die Vorschrift kann (als Ausnahme zur Urteilsfreizügigkeit) auch nicht analog angewandt werden.[1201]

d) Schutz ausschließlicher Gerichtsstände, Art. 45 I lit. e), II und III EuGVO

6.254 Der Zweitrichter darf die internationale Zuständigkeit des Erstgerichts nicht nachprüfen, Art. 45 III EuGVO.[1202] Dies gilt nicht nur für den Fall, dass das Erstgericht seine Zuständigkeit auf die Europäische Zuständigkeitsordnung gestützt hat, sondern gleichermaßen für die Zuständigkeit nach Art. 6 EuGVO. Damit erstreckt sich die europäische Urteilsfreizügigkeit auch auf Konstellationen, in denen das Erstgericht seine Zuständigkeit auf die nach Art. 76 I lit. a) EuGVO notifizierten, exorbitanten Gerichtsstände der nationalen Rechte gestützt hat.[1203] Dies erscheint im Hinblick auf Art. 47 GRC und Art. 6 EMRK bedenklich.[1204]

6.255 Nach Art. 45 I lit. e) EuGVO wird die Zuständigkeit des Erstgerichts jedoch ausnahmsweise nachgeprüft, sofern eine arbeitsrechtliche Streitigkeit, eine Versicherungs- oder eine Verbrauchersache oder wenn ein ausschließlicher Gerichtsstand nach Art. 24 EuGVO vorliegt. Dabei ist der Zweitrichter an die tatsächlichen Feststellungen des Erstgerichts gebunden.[1205] Rechtspolitisch überzeugen diese Ausnahmen von der Bindung an die Zuständigkeitsentscheidung des Erstgerichts nicht.[1206] Denn

---

1200 EuGH, 26.9.2013, Rs. C-157/12, *Salzgitter Mannesmann Handel*, EU:C:2013:597, Rdn. 28 ff. mit dem Hinweis, dass im Fall laufender Rechtsbehelfe im Erststaat die Vollstreckung im Zweitstaat nach Art. 44 II EuGVO ausgesetzt werden kann.

1201 EuGH, 26.9.2013, Rs. C-157/12, *Salzgitter Mannesmann Handel*, EU:C:2013:597, Rdn. 39 ff.

1202 Die Regelung basiert auf dem Grundsatz des wechselseitigen Vertrauens, vgl. oben § 3 II, Rdn. 3.14 ff. Fehler bei der Anwendung des Unionsrechts sind hinzunehmen, so deutlich BGH, 6.10.2005 (*Stolzenberg*), IPRspr. 2005, Nr. 158, S. 432, unter Hinweis auf EuGH, 28.3.2000, Rs. C-7/98, *Krombach*, EU:C:2000:164.

1203 EuGH, 28.3.2000, Rs. C-7/98, *Krombach*, EU:C:2000:164, Rdn. 33 – Art. 45 III 2 EuGVO verbietet ausdrücklich eine Heranziehung des *ordre public* bei der Nachprüfung der Zuständigkeit. Beispiel: OLG Köln, 12.1.2004, IPRspr. 2004, Nr. 155, S. 340, Anerkennung eines Versäumnisurteils des Tribunale di Palermo gegen das Königreich Saudi-Arabien auf Zahlung und Schadensersatz für erbrachte Bauleistungen in Saudi-Arabien. Die Zuständigkeit des Erstgerichts wurde auf Art. 4 II Codice di Procedura Civile gestützt (Klägergerichtsstand). Das OLG lehnt nach Art. 28 III EuGVÜ (45 III EuGVO) die Prüfung der Anerkennungszuständigkeit (zutreffend) ab.

1204 Die Regelung widerspricht dem Vorrang des Europäischen Menschenrechtsschutzes und sollte bei extremen Verstößen gegen Art. 6 EMRK restriktiv ausgelegt werden, zutreffend *Matscher*, IPRax 2001, 428, 431; *Schlosser*, FS Heldrich, S. 1010 f.; BGH, 4.12.1997, IPRax 1998, 205 (Vorlagebeschluss *Krombach*); aA Thomas/Putzo/*Hüßtege*, Art. 45 EuGVO, Rdn. 27.

1205 Die Schutzvorschriften zugunsten der Arbeitnehmer, Versicherungsnehmer und Verbraucher sind in teleologischer Reduktion des Art. 45 I lit. e) EuGVO nur dann zu prüfen, wenn eine Entscheidung zu Lasten der geschützten Person ergangen ist, zutreffend MünchKomm/*Gottwald*, Art. 45 EuGVO, Rdn. 65.

1206 *Oberhammer*, JBl. 2006, 477, 493 f.

die Prüfung des Zweitgerichts widerspricht dem Grundsatz des wechselseitigen Vertrauens in die einheitliche Anwendung des Gemeinschaftsrechts. Die Bindung an die tatsächlichen Feststellungen des Erstgerichts nach Art. 45 II EuGVO macht die Prüfung schließlich wenig effektiv.[1207] Die Bindung präkludiert auch neue Tatsachen, die im Erstverfahren hätten geltend gemacht werden können.[1208] Dies folgt aus der prinzipiellen Einlassungslast im Europäischen Justizraum. Nach Art. 45 I und III EuGVO wird die Zuständigkeit des Erstgerichts schließlich auch in den Fällen des Art. 72 EuGVO nicht nachgeprüft: Soweit Anerkennungsübereinkommen der Mitgliedstaaten mit Drittstaaten die exorbitanten Gerichtsstände nach Art. 5 II EuGVO ausschließen, kann die Einhaltung der besonderen Gerichtsstände vom Anerkennungsgericht nachgeprüft werden.[1209] *De lege ferenda* sollte hier entweder eine Nachprüfung der exorbitanten Gerichtsstände am Maßstab des Art. 47 GRC und Art. 6 EMRK erfolgen oder (besser) die Anwendung exorbitanter Gerichtsstände im Verhältnis zu Drittstaaten ausgeschlossen werden.[1210]

In der Literatur ist umstritten, ob das Gericht im ersuchten Mitgliedstaat weitere, **6.256**
ungeschriebene Anerkennungshindernisse nachprüfen darf. Die hM bejaht dies in zwei Konstellationen.[1211] Zum einen soll die Urteilsanerkennung ausgeschlossen sein, wenn das Urteil auf einer Verletzung der völkerrechtlichen Immunitäten beruht.[1212] Dies erscheint freilich in dieser Allgemeinheit nicht richtig: Zum einen wird in einer derartigen Konstellation der sachliche Anwendungsbereich der EuGVO nicht eröffnet sein, weil keine „Zivil- oder Handelssache“ im Sinne von Art. 1 I EuGVO vorliegt.[1213] Damit ist eine Verletzung der Immunität in den meisten relevanten Fallgestaltungen ausgeschlossen.[1214] Zum anderen hat nach Art. 71 EuGVO das Europäische Übereinkommen zur Staatenimmunität[1215] Vorrang vor der EuGVO.[1216] Eine Verletzung dieses Übereinkommens erscheint ebenso unschädlich wie die Nichtbeachtung anderer

---

1207 Zur Bindung vgl. BGH, 2.5.1979, NJW 1980, 1223; OLG Stuttgart, 4.8.2000, NJW-RR 2001, 858.

1208 AA BGH, 4.12.1997, IPRax 1998, 205; wie hier MünchKomm/*Gottwald*, Art. 45 EuGVO, Rdn. 75 f.

1209 Die Vorschrift war nur noch im Hinblick auf Drittstaatsverträge des Vereinigten Königreichs mit Kanada und Australien relevant, Nagel/*Gottwald*, IZVR, § 11, Rdn. 61.

1210 Vgl. oben § 5 I, Rdn. 5.10 ff.

1211 *Kropholler/v. Hein*, Art. 35 EuGVO aF, Rdn.1; Nagel/*Gottwald*, IZVR, § 11, Rdn. 10.

1212 OLG Köln, 12.1.2004, IPRspr. 2004, Nr. 155, S. 340 – Anerkennung eines italienischen Versäumnisurteils gegen Saudi-Arabien.

1213 Nach Völkergewohnheitsrecht gilt die Staatenimmunität nicht für *acta iure gestionis* (wirtschaftliche Tätigkeiten). Der Begriff ist mit der „Zivil- und Handelssache“ iSd Art. 1 I EuGVO im wesentlichen deckungsgleich, so im Ergebnis auch OLG Köln, 12.1.2004, IPRspr. 2004, Nr. 155, S. 340; *Hess*, RdC 388 (2018), 49, Rdn. 225 ff.; EuGH, 7.5.2020, Rs. C-641/18, *Rina*, EU:C:2020:349.

1214 BGH, 26.6.2003, BGHZ 155, 279, 281 (*Distomo*), der EuGH, 15.2.2007, Rs. C-292/05, *Lechouritou*, EU:C:2007:102, hat die Frage nicht beantwortet.

1215 Basler Übereinkommen über die Staatenimmunität vom 16.5.1972, BGBl. 1990 II 35.

1216 Dazu oben § 5 II, Rdn. 5.70.

Staatsverträge, die Art. 71 EuGVO aufführt.[1217] Hieraus folgt, dass die Einhaltung des Basler Übereinkommens im Verfahren nach Art. 45 ff. EuGVO nicht nachzuprüfen ist. Damit verbleibt als spezifisches Problem lediglich die Prüfung der gewohnheitsrechtlichen Immunität.[1218] Sie sollte im Rahmen des Art. 45 I lit. a) EuGVO erfolgen, um das vereinfachte Vollstreckungsverfahren nach Art. 39 ff. EuGVO von „ungeschriebenen" Tatbestandsmerkmalen freizuhalten.[1219]

6.257 Zum anderen ist es nach hM dem Zweitgericht nicht verwehrt, das Vorliegen einer Schiedsvereinbarung zu prüfen – folglich soll die Einrede der Schiedsgerichtsbarkeit (§ 1032 ZPO, Art. II UNÜ) im Anerkennungsverfahren statthaft sein.[1220] Überzeugend scheint dies nicht – vielmehr erfolgt die Prüfung, ob eine vorrangige Schiedsvereinbarung eingreift, bereits durch das Erstgericht.[1221] Die Kontrolle des Zweitgerichts beschränkt sich auf die Nachprüfung der sachlichen Anwendbarkeit der EuGVO (Art. 1 II lit. d) EuGVO).[1222] Der Vertrauensgrundsatz gebietet hier jedoch eine Bindung an die Entscheidung des Erstgerichts.[1223] Damit beschränken sich die weiteren Prüfungen im Rechtsbehelfsverfahren nach Art. 46 ff. EuGVO neben den Hindernissen des Art. 45 EuGVO lediglich auf die (sachliche und temporäre) Anwendbarkeit der Verordnung (Art. 1, 66 EuGVO). Für frühere Übergangsfälle stellte dies Art. 66 II EuGVO aF ausdrücklich klar.[1224]

e) Die grenzüberschreitende Durchsetzung von Zwangsgeldern, Art. 55 EuGVO

6.258 Art. 55 EuGVO ermöglicht die grenzüberschreitende Vollstreckung von Zwangsgeldern. Die Vorschrift ist auf die belgische und französische „*astreinte*" zugeschnitten.[1225] Danach kann jedes Urteil, das zu Handlungen oder Unterlassungen verurteilt, mit der Androhung versehen werden, dass im Fall der Zuwiderhandlung eine

---

1217 Allerdings enthält das Basler Übereinkommen einen eigenständigen Regelungsmechanismus zur Urteilsvollstreckung, dazu *Hess*, Staatenimmunität bei Distanzdelikten (1992), S. 210 ff.

1218 So BGH, 26.6.2003, BGHZ 155, 279, 281 (*Distomo*).

1219 So auch *R. Wagner*, IPRax 2002, 75, 79. Die Souveränitätsinteressen des betroffenen Staates werden durch die Einlassungsmöglichkeit im Rechtsbehelfsverfahren nach Art. 46 ff. EuGVO hinreichend gewahrt.

1220 Gegen eine Berücksichtigung Nagel/*Gottwald*, IZVR, § 11, Rdn. 61; *Schmidt*, FS Sandrock, S. 205.

1221 Zutreffend: *DHL GBS (UK) Ltd. v. Fallimento Finmatica SPA*, [2009] EWHC 291 (Comm).

1222 *Gómez Jene*, IPRax 2005, 84, 89 ff. In diesem Kontext geht es darum, ob ein Schiedsspruch vorliegt oder eine Gerichtsentscheidung, die sich unmittelbar auf ein Schiedsverfahren bezieht (Bestellung des Schiedsrichters, Aufhebung des Schiedsspruchs etc.).

1223 Nach Art. II Abs 2 UNÜ ist der Vorrang der Schiedsgerichtsbarkeit auf Einrede (vgl. auch § 1032 ZPO) zu beachten. Hieraus resultiert eine Einlassungslast im Erstverfahren. Hat die Partei die Einrede dort nicht erhoben, ist sie im Exequaturverfahren präkludiert. Die Nichtbeachtung der (erhobenen) Einrede der Schiedsgerichtsbarkeit ist hingegen im Beschwerdeverfahren zu prüfen.

1224 Zutreffend BGH, 22.6.2005, BGHZ 163, 248 ff.

1225 Dazu *Bruns*, ZZP 118 (2005), 1, 13 ff.; *De Leval/van Compernolle*, L'astreinte (3. Aufl. 2013).

bestimmte Summe an den Gläubiger zu zahlen ist. Die *astreinte* hat sich in den Beneluxstaaten zu einem wirkmächtigen Vollstreckungsmittel entwickelt – im Ergebnis können erhebliche Summen auflaufen, die dem Gläubiger zufließen.[1226] Art. 55 EuGVO erfordert, dass die Höhe des Zwangsgeldes vom Ursprungsgericht definitiv festgesetzt wurde.[1227]

Aus der Sicht des deutschen Vollstreckungsrechts ist Art. 55 EuGVO zu eng formuliert. Denn die Vorschrift erfasst nicht die Vollstreckung von Zwangs- und Ordnungsgeldern, die dem Fiskus zufließen. Damit ist dem Wortlaut nach zwar eine grenzüberschreitende Vollstreckung deutscher Zwangs- und Ordnungsgelder ausgeschlossen,[1228] der EuGH hat sie im Urteil *Realchemie*[1229] jedoch zugelassen. 6.259

Im Ausgangsverfahren hatte die deutsche Klägerin gegen die niederländische Beklagte eine Unterlassungsverfügung wegen einer Patentverletzung erwirkt; wenig später ein Ordnungsgeld über 20.000 €. Als die Klägerin das Ordnungsgeld in den Niederlanden vollstrecken wollte, fragte der Hoge Raad den EuGH nach der Anwendbarkeit von Art. 55 EuGVO. Entgegen den Schlussanträgen von GA *Mengozzi*[1230] bejahte die Große Kammer die Anwendbarkeit von Art. 55 EuGVO: Da das Ausgangsverfahren ein Patentverletzungsverfahren betraf, liege eine Zivilsache vor.[1231] Dass nach deutschem Recht das Ordnungsgeld an den Fiskus zu zahlen sei, sei ebenfalls kein Hindernis – vielmehr gebiete die RL 2004/48 eine effektive Durchsetzung der streitgegenständlichen Patentansprüche.[1232] Die Frage, wie das Ordnungsgeld nach niederländischem Recht durchzusetzen war, ließ der Gerichtshof offen – richtigerweise ist von einer Vollstreckungsstandschaft für den deutschen Fiskus auszugehen.[1233] 6.260

Im Ergebnis hat der EuGH Art. 55 EuGVO erheblich effektuiert. Angesichts der unterschiedlichen Ausgestaltungen der Unterlassungsvollstreckung in den EU-Mitgliedstaaten müssen die Vollstreckungsgerichte die ausländischen Titel nach Art. 54 EuGVO gegebenenfalls an die Formenstrenge der Vollstreckungsrechte anpassen.[1234] Der Gläubiger hat die Wahl, ob er im Ursprungsstaat ein Zwangsgeld beantragt und ausschließlich diesen Titel im Vollstreckungsstaat beitreiben lässt oder ob er den Nichtleistungstitel im ersuchten Staat dergestalt vollstreckt, dass er dort die Verhän- 6.261

1226 OLG Köln, 17.3.2004, RIW 2004, 868.

1227 Eine solche Festsetzung im Urteil ist inzwischen in den Beneluxstaaten üblich; rechtsvergleichende Übersicht bei *Schlosser/Hess*, Art. 55 EuGVO, Rdn. 2 ff.

1228 Vgl. §§ 888, 890 ZPO, § 1 Nr. 3 JBeitrO, dazu MünchKomm/*Gottwald*, Art. 55 EuGVO, Rdn. 4.

1229 EuGH, 18.10.2011, Rs. C-406/09, *Realchemie*, EU:C:2011:668; ebenso EuGH, 12.4.2011, Rs. C-235/09, *DHL Express France*, EU:C:2011:238, Rdn. 56.

1230 Schlussanträge *Mengozzi*, 5.4.2011, Rs. C-406/09, *Realchemie*, EU:C:2011:209, Rdn. 50 ff.

1231 EuGH, 18.10.2011, Rs. C-406/09, *Realchemie*, EU:C:2011:668, Rdn. 41 f.; ebenso BGH, 25.3.2010, NJW 2010, 1883, Rdn. 9, 13 ff., dazu *Bittmann*, IPRax 2012, 62.

1232 EuGH, 18.10.2011, Rs. C-406/09, *Realchemie*, EU:C:2011:668, Rdn. 45 ff.

1233 *Hess*, ZVglRWiss 2012, 21, 30 ff.; *Wiedemann*, Vollstreckbarkeit, S. 276; *Schack*, IZVR, Rdn. 1081; *ders.*, FS Prütting (2018), S. 773, 783 ff.

1234 *Schlosser/Hess*, Art. 55 EuGVO, Rdn. 12 – nach deutschem Recht ist nach § 1114 ZPO analog § 864 ZPO das Vollstreckungsgericht zuständig.

gung des Zwangsgeldes beantragt.[1235] In der Praxis werden die Optionen des Art. 55 EuGVO bisher jedoch wenig genutzt. *De lege ferenda* ist die Einführung eines europäischen Ordnungsgeldes zu erwägen.[1236]

4. Unmittelbare Vollstreckung nach Art. 39 ff. EuGVO

6.262 Alle Neuerungen des „Brüsseler Regimes" in den letzten 50 Jahren bezweckten eine Erleichterung der grenzüberschreitenden Vollstreckung.[1237] Die wichtigste Verbesserung der EuGVO gegenüber dem EuGVÜ war die Effektuierung des Vollstreckbarerklärungsverfahrens: Dieses war in den Art. 38 ff. EuGVO (2001) als strikt einseitiges Verfahren ausgestaltet, das funktional einem Klauselerteilungsverfahren angenähert wurde.[1238] Allerdings hatte der Gemeinschaftsgesetzgeber nicht auf die (konstitutive) Verleihung der Vollstreckungswirkung im Zweitstaat verzichtet. Diesen Integrationsschritt enthalten die europäischen Prozessrechtsakte der „2. Generation". Dort ist das Exequaturverfahren (einschließlich der Kontrolle der Anerkennungshindernisse) gänzlich abgeschafft.[1239]

6.263 Die Brüssel Ia-Verordnung enthält demgegenüber nur eine Art von „Zwischenschritt": Das Exequaturverfahren entfällt; nach Art. 39 ff. EuGVO kann der Gläubiger unter Vorlage des Titels und des Begleitformulars (Art. 53 iVm Anhang I) unmittelbar die Zwangsvollstreckung im (ersuchten) EU-Mitgliedstaat einleiten.[1240] Der Schuldner kann hingegen die überkommenen Anerkennungshindernisse (Art. 45 EuGVO) in den Rechtsbehelfsverfahren des Vollstreckungsrechts des ersuchten Mitgliedstaates geltend machen. Damit enthält die Brüssel Ia-VO einen Kompromiss zwischen dem überkommenen Exequaturverfahren und dem Kontrollvorbehalt des ersuchten EU-Mitgliedstaates: Das Exequaturverfahren ist als sog. Zwischenverfahren entfallen, die materielle Kontrolle der Anerkennungs- (bzw. Vollstreckungs-)hindernisse

---

1235 MünchKomm/*Gottwald*, Art. 55 EuGVO, Rdn. 9; Wieczorek/Schütze/*Haubold*, Art. 45 EuGVO, Rdn. 13.

1236 MünchKomm/*Gottwald*, Art. 55 EuGVO, Rdn. 5; *Schack*, FS Prütting (2018), S. 773, 783.

1237 *Hess*, in: ders./Lenaerts (ed.), 50th Anniversary (2020), S. 5 ff.

1238 Zur Umsetzung in den EG-Mitgliedstaaten *Hess/Pfeiffer/Schlosser*, The Brussels I Regulation, Rdn. 448 ff. Ausführliche Darstellung in der Voraufl., § 6, Rdn. 220 ff.

1239 Vgl. unten § 10 I (zur VO 805/04/EG), § 10 II (zum Europäischen Mahnverfahren), § 10 III (zum Europäischen Bagatellverfahren), § 7 V (zum europäischen Unterhaltsverfahren). Generell zum Regelungskonzept vgl. oben § 3 II, Rdn. 3.27 ff.

1240 Der deutsche Gesetzgeber hat die Gleichstellung des EU-Auslandstitels in § 794 I Nr. 9 ZPO explizit klargestellt. In der Literatur wird diese Änderung als die wichtigste Neuerung der EuGVO (2012) bezeichnet, vgl. *Kreuzer/Wagner/Reder*, in: Dauses/Ludwigs (Hrg.), HdB des EU-Wirtschaftsrechts, Q V, Rdn. 1 mwN.

wurde jedoch beibehalten und in die nationalen Vollstreckungsrechte verlagert.[1241] Ob sich die Neuregelung als effizient bewährt, kann (wegen der langfristigen Übergangsregelung des Art. 66 II EuGVO) noch nicht abschließend beurteilt werden.[1242] Es steht allerdings zu befürchten, dass die mit den Anerkennungshindernissen des Art. 45 EuGVO befassten (allgemeinen) Vollstreckungsgerichte nicht über die fachliche Expertise verfügen, um die Anerkennungshindernisse des Art. 45 EuGVO adäquat zu beurteilen.[1243]

a) Unmittelbare Vollstreckung nach Art. 39 ff. EuGVO

Die Integration des ausländischen Titels in die Vollstreckungsverfahren der Mitgliedstaaten hat zur Folge, dass die Regelungen der Art. 39 ff. EuGVO im Kontext der nationalen Vorschriften zur Zwangsvollstreckung zu lesen sind (vgl. Art. 41 I EuGVO), gegebenenfalls in Verbindung mit (weiteren) nationalen Ausführungsbestimmungen zur EuGVO.[1244] Untechnisch gesehen erfolgt die Vollstreckung des ausländischen Titels in zwei Stufen.[1245] Zunächst muss der Gläubiger im Ursprungsstaat eine Bescheinigung über die Vollstreckbarkeit des Titels einholen, Art. 53, 60 EuGVO.[1246] Im zweiten Schritt kann der Gläubiger die Vollstreckung des Titels im ersuchten Mitgliedstaat einleiten. **6.264**

Bei der Ausstellung der Bescheinigung ist das Ausgangsgericht nicht befugt, das Urteil auf eine eventuelle Verletzung der zwingenden Schutzgerichtsstände (Art. 17–19 EuGVO) von Amts wegen nachzuprüfen.[1247] Dies hat der EuGH im Urteil *Alessandro Salvoni* klargestellt.[1248] Dort hatte ein Mailänder Anwalt gegen seine in Hamburg ansässige Mandantin einen Mahnbescheid wegen ausstehender Honorarforderungen erwirkt. Als der Anwalt die Ausfertigung einer Bescheinigung nach Art. 53 **6.265**

1241 Rechtspolitische Einschätzung bei *Domej*, RabelsZ 78 (2014), 508, 511 f. Die Regelungen der Art. 45 ff. EuGVO entsprechen der neueren Judikatur des EuGH zum Grundsatz wechselseitigen Vertrauens, oben § 3 II 3, Rdn. 3.48 ff.

1242 Stand: 1.6.2020.

1243 *Hess*, FS Gottwald (2014), S. 273, 278 f.; positiver *Adolphsen*, in: Hess (Hrg.), Die Anerkennung im internationalen Zivilprozessrecht (2015), S. 1, 18 ff.; kritisch zur deutschen Ausführungsregelung, die auf eine Zuständigkeitskonzentration verzichtet hat, *Linke/Hau*, IZVR, Rdn. 14.25.

1244 In Deutschland enthalten §§ 1110–1117 ZPO Durchführungsvorschriften: die Erteilung der Bescheinigung nach Art. 53 und 60 EuGVO regeln die §§ 1110–1111 ZPO; die Vollstreckung und Anerkennung von EU-Titeln die §§ 1112–1117 ZPO; Gesetzesmaterialien in BT-Drucks. 18/823. Überblick: *Ulrici*, JZ 2016, 127 ff.

1245 *Ulrici*, JZ 2016, 127, 132.

1246 Deren Ausfüllen bereitet der Praxis Schwierigkeiten, dazu BGH, 25.1.2018, RIW 2018, 236 (Vorlage an den EuGH, vorläufig vollstreckbares Urteil). Nach Aufhebung des Urteils durch das Berufungsgericht wurde das Verfahren für erledigt erklärt und die Vorlage aufgehoben.

1247 Wurde die Anwendbarkeit der EuGVO im Erstverfahren nicht geprüft – etwa weil es sich um einen innerstaatlichen Sachverhalt handelte –, ist die sachliche und zeitliche Anwendbarkeit der Bescheinigung nach Art. 55 EuGVO nachzuprüfen, EuGH, 6.6.2019, Rs. C-361/18, *Weil*, EU:C:2019:473, Rdn. 34 ff.

1248 EuGH, 4.9.2019, Rs. C-347/18, *Salvoni*, EU:C:2019:661.

EuGVO beantragte, stellte der befasste Richter aufgrund einer Internetrecherche fest, dass der Ausgangsrechtsstreit einen Verbrauchervertrag (Art. 17 EuGVO) betraf und nach Art. 18 II EuGVO die Hamburger Gerichte ausschließlich zuständig waren. Mit dem Hinweis auf die Rechtsprechung des EuGH zur amtswegigen Prüfung verbraucherschützender Vorschriften[1249] fragte der Mailänder Richter, ob er die Verletzung von Art. 18 II EuGVO im Erteilungsverfahren (ebenfalls) von Amts wegen prüfen müsse. Unter Bezugnahme auf die Schlussanträge *Bobek*[1250] entschied der EuGH, dass eine solche Prüfung den Zweck des (vereinfachten und beschleunigten) Verfahrens nach Art. 54 GRC widersprechen würde. Sie sei auch nicht von Art. 47 GRC geboten, da im Vollstreckungsverfahren eine Prüfung des Verbraucherschutzes nach Art. 45 I lit. e) EuGVO ausdrücklich vorgesehen ist.[1251]

6.266 In Deutschland sind die §§ 750 ff. ZPO anwendbar. Der Antrag ist beim zuständigen Vollstreckungsorgan (insbesondere §§ 753, 828 ZPO) zu stellen unter Vorlage der Bescheinigung nach Art. 42 EuGVO;[1252] diese Bescheinigung ersetzt die Vollstreckungsklausel und ist Grundlage der Zwangsvollstreckung im Inland (§ 1112 ZPO).[1253] Aufgrund der Formalisierung der Zwangsvollstreckung ist die Bescheinigung nicht inhaltlich nachzuprüfen.[1254] Genügt der ausländische Tenor nicht den Bestimmtheitserfordernissen des deutschen Vollstreckungsrechts, müssen die Vollstreckungsorgane eine Anpassung vornehmen (Art. 54 EuGVO), schwierige Konstellationen sind dem Vollstreckungsgericht vorzulegen.[1255] Vor Vollstreckungsbeginn sind dem Schuldner der Titel und die Bescheinigung zuzustellen (Art. 43 I EuGVO). Diese Regelung ist problematisch,[1256] da sie dem Gläubiger den „Überraschungseffekt" in der Vollstreckung nimmt.[1257] Allerdings schreibt Art. 43 I EuGVO keine Mindestfrist

---

1249 EuGH, 14.6.2012, Rs. C-618/10, *Banco Español de Crédito*, EU:C:2012:349, und EuGH, 18.2.2016, Rs. C-49/14, *Finanmadrid EFC*, EU:C:2016:98, dazu unten § 11 I, Rdn. 11.22 ff.

1250 Schlussanträge *Bobek*, 7.5.2019, *Salvoni*, EU:C:2019:370, Rdn. 76 f.

1251 EuGH, 4.9.2019, Rs. C-347/18, *Salvoni*, EU:C:2019:661, Rdn. 33 ff., 44, 45.

1252 *Ulrici*, JZ 2016, 127, 133 f.

1253 *Hess*, FS Gottwald, S. 273, 277 f.; Thomas/Putzo/*Hüßtege*, § 1110 ZPO, Rdn. 1; aA *Ulrici*, JZ 2016, 127, 132 („reines Nachweismittel"), ebenso *Wiedemann*, Vollstreckbarkeit, S. 168.

1254 Die Bescheinigung beweist gegenüber den Vollstreckungsorganen die Vollstreckbarkeit des ausländischen Titels. Dabei wird die Richtigkeit vermutet, kann aber in Rechtsbehelfsverfahren (§§ 766, 793 ZPO) widerlegt werden, weil die Voraussetzungen der Zwangsvollstreckung nicht vorlagen, dazu Wieczorek/Schütze/*Haubold*, Art. 53 EuGVO, Rdn. 39 f.; *Schlosser/Hess*, Art. 41 EuGVO, Rdn. 6 (zur Prüfungsbefugnis der Vollstreckungsorgane).

1255 Einfache Anpassungen können die befassten Gerichtsvollzieher und Rechtspfleger selbst vornehmen (etwa die Berechnung von Zinsen nach den Vorgaben der EZB). Wichtige Informationen enthält das Formblatt (Art. 53 EuGVO). Kommt es zur Anwendung ausländischen Rechts, ist der Richter einzuschalten, § 5 II RPflG, § 41 IV GVGA; dazu *Schlosser/Hess*, Art. 54 EuGVO, Rdn. 3; *Wiedemann*, Vollstreckbarkeit, S. 280 ff. Die Übertragung der – oft komplizierten – Anpassung auf die Gerichtsvollzieher und Rechtspfleger ist problematisch. Sie verstößt gegen das Gebot der effektiven Umsetzung des Unionsrechts.

1256 Sie soll es dem Schuldner ermöglichen, den Versagungsgegenantrag (Art. 45 ff. EuGVO) zu stellen.

1257 *Hess*, FS Gottwald, S. 273, 301; *Cuniberti*, Procédures (2013), 26 ff.; aA Musielak/*Stadler*, Art. 43

vor.[1258] Zudem kann der Gläubiger einstweilige Maßnahmen (etwa eine Vorpfändung, § 845 ZPO) beantragen (Art. 40 EuGVO); diese können ohne vorherige Zustellung des Titels und des Formulars erwirkt werden (so ausdrücklich Art. 43 III EuGVO).

Eine Übersetzung des Titels und des Formulars muss der Gläubiger nicht vorlegen; vielmehr darf das Vollstreckungsorgan eine Übersetzung nur dann verlangen, wenn diese für die Durchführung des Verfahrens zwingend erforderlich ist (Art. 42 IV und III EuGVO). Da die wesentlichen Informationen sich aus dem (überwiegend durch Ankreuzen auszufüllenden) Formular (Art. 53 EuGVO) ergeben, ist eine Übersetzung für das ersuchte Vollstreckungsorgan regelmäßig entbehrlich.[1259] Allerdings kann der Schuldner nach Art. 43 II EuGVO eine Übersetzung der ausländischen Entscheidung verlangen: entweder in einer ihm verständlichen Sprache oder in einer Amtssprache des Vollstreckungsstaates.[1260] 6.267

Die Integration des ausländischen Titels in das Vollstreckungsrecht des ersuchten Mitgliedstaates hat speziell in Deutschland zur Folge, dass der Gläubiger mit dem komplizierten Vollstreckungssystem der ZPO konfrontiert ist. In der Praxis kann der ausländische Gläubiger ohne inländischen anwaltlichen Beistand die Vollstreckung nicht durchführen. Diese Probleme zeigen sich insbesondere im fragmentierten und (über-)komplizierten Rechtsbehelfssystem der deutschen Zwangsvollstreckung, auf das Art. 41 II EuGVO explizit verweist.[1261] 6.268

b) Rechtsbehelfe des Schuldners

Da auch vorläufig vollstreckbare Titel nach Art. 39 ff. EuGVO in anderen EU-Staaten vollstreckt werden können, kann der Schuldner nach Art. 44 II EuGVO beim befassten Vollstreckungsorgan die Aussetzung der Vollstreckung beantragen, wenn die Vollstreckung des Titels im Erststaat aufgehoben wurde (insbesondere durch das Rechtsmittelgericht). Nach § 1116 ZPO führt der Antrag zur Einstellung oder Beschränkung der Zwangsvollstreckung, §§ 775 Nr. 1 und 2, 776 ZPO. Das Vollstreckungsorgan kann eine Übersetzung der ausländischen Entscheidung verlangen, § 1116 ZPO.[1262] 6.269

EuGVO, Rdn. 2 mit dem Hinweis, dass einstweiliger Rechtschutz möglich bleibt. Das ist zutreffend, führt jedoch zu Parallelverfahren und erhöht die Kosten.

1258 EwG 32 spricht von einer „angemessenen Frist" – aus der Praxis wird von sehr knappen Fristen berichtet, Wieczorek/Schütze/*Haubold*, Art. 43 EuGVO, Rdn. 4.; anders *Wiedemann*, Vollstreckbarkeit, S. 113 (Bestimmung im Einzelfall, bis zu 10 Tagen).

1259 *Hess*, in: Schlosser/Hess, Art. 43 EuGVO, Rdn. 7.

1260 Art. 43 II EuGVO ist Art. 8 EuZustVO nachgebildet und soll das rechtliche Gehör des Schuldners schützen. Bei juristischen Personen, insbesondere international tätigen Unternehmen, sollte kein zu enger Maßstab gelten – hier kommt es auf die Sprachkenntnisse der befassten leitenden Angestellten an; vorsichtiger Musielak/*Stadler*, Art. 43 EuGVO, Rdn. 3.

1261 Für einen Überblick zu den Abgrenzungsfragen vgl. *Hess*, in: Schlosser/Hess, Art. 41 EuGVO, Rdn. 4–8.

1262 Insofern enthält die EuGVO kein Begleitformular.

6.270 Art. 44 I EuGVO ermöglicht Schutzmaßnahmen, wenn der Schuldner nach Art. 46 EuGVO, § 1115 VI ZPO (dazu sogleich Rdn. 6.271) die Versagung der Vollstreckung beantragt.[1263] Das angerufene Gericht[1264] erlässt die Schutzanordnungen nach pflichtgemäßem Ermessen – dabei sind die Interessen der Parteien abzuwägen.[1265] In der Regel kommt die Anordnung einer Sicherheitsleistung in Betracht, Art. 44 I lit. a) EuGVO; das Gericht kann aber auch eine Beschränkung der Vollstreckung auf Sicherungsmaßnahmen (Art. 44 lit. b) EuGVO) oder (bei unersetzbaren Nachteilen) die Aussetzung der Vollstreckung (*ultima ratio*) nach Art. 44 I lit. c) EuGVO anordnen. Eine Anfechtung der Schutzmaßnahmen ist ausgeschlossen, § 1115 VI 2 ZPO.[1266]

6.271 Wichtigster Rechtsbehelf des Schuldners ist das Vollstreckungsversagungsverfahren.[1267] Die Versagung der Vollstreckung erfolgt auf Antrag des Schuldners (Art. 46 EuGVO); der Schuldner muss dabei die (Anerkennungs-)Versagungsgründe des Art. 45 EuGVO geltend machen.[1268] Der Schuldner muss nicht den Beginn der Vollstreckung abwarten, sondern kann einen eigenständigen Feststellungsantrag auf Versagung der Anerkennung stellen (Art. 45 IV EuGVO).[1269] Nach § 1115 I ZPO, Art. 47 I EuGVO ist das Landgericht sachlich zuständig, unabhängig vom Streitwert.[1270] Die örtliche Zuständigkeit richtet sich nach dem Wohnsitz des Schuldners, § 1115 II ZPO, bei juristischen Personen nach dem Sitz, der gemäß Art. 63 EuGVO zu bestimmen ist.[1271] Fehlt es am inländischen Sitz, so entscheidet das Landgericht, in dessen Bezirk die Zwangsvoll-

---

1263 Die in Art. 44 I und II EuGVO angesprochenen Schutzanordnungen betreffen mithin völlig unterschiedliche Verfahrenslagen, kritisch etwa Musielak/*Stadler*, Art. 43 EuGVO, Rdn. 1.

1264 Vgl. Art. 46 EuGVO iVm § 1115 ZPO.

1265 Art. 44 I lit. a)–c) EuGVO geben für die möglichen Anordnungen eine Abstufung vor. Die möglichen Sicherungsmaßnahmen richten sich nach dem Recht des ersuchten Staates, Wieczorek/Schütze/*Haubold*, Art. 44 EuGVO, Rdn. 3.

1266 Eine Abänderung durch das Beschwerde- bzw. Rechtsbeschwerdegericht (Art. 49 f. EuGVO) bleibt jedoch möglich, Musielak/*Stadler*, Art. 44 EuGVO, Rdn. 1; *Hess*, in: Schlosser/Hess, Art. 44 EuGVO, Rdn. 9. Zudem kann das befasste Gericht nach § 769 ZPO seine Anordnung jederzeit abändern.

1267 Der Rechtsbehelf ermöglicht die Geltendmachung der in der EuGVO (2012) letztlich beibehaltenen Anerkennungshindernisse im Vollstreckungsstaat, *Hess*, FS Gottwald (2014), S. 273, 277 ff.

1268 Anders als die Art. 36 ff. EuGVO aF enthalten die Art. 46–51 EuGVO nur wenige unionsrechtliche Vorgaben für den Rechtsbehelf. In Deutschland richtet sich das Verfahren nach § 1115 ZPO, MünchKomm/*Gottwald*, Art. 46 EuGVO, Rdn. 3.

1269 Der Antrag ist zulässig, sobald die Bescheinigung nach Art. 53 EuGVO beantragt wurde, denn ab diesem Zeitpunkt ist mit einer Vollstreckung im Ausland zu rechnen. Anders *Wiedemann*, Vollstreckbarkeit, S. 293 (Zustellung nach Art. 43 EuGVO sei maßgebend).

1270 Die sachliche, ausschließliche Zuständigkeit des Landgerichts gilt auch für zivilrechtliche Streitigkeiten, die nach inländischem Recht den Arbeits- oder den Familiengerichten zugewiesen sind, Wieczorek/Schütze/*Haubold*, Art. 47 EuGVO, Rdn. 6. Bedauerlicherweise hat der deutsche Gesetzgeber naheliegende Möglichkeiten zur Zuständigkeitskonzentration (und Spezialisierung) nicht genutzt, zutreffende Kritik bei *Linke/Hau*, IZVR, Rdn. 14.25.

1271 *Hess*, in: Schlosser/Hess, Art. 47 EuGVO, Rdn. 3; ebenso Musielak/*Stadler*, Art. 47 EuGVO, Rdn. 1; aA Wieczorek/Schütze/*Haubold*, Art. 47 EuGVO, Rdn. 7: §§ 1117, 1112 ZPO: Verwaltungssitz.

streckung durchgeführt wird. Der Antrag kann nach § 1115 III ZPO schriftlich gestellt oder zu Protokoll der Geschäftsstelle erklärt werden, nach § 78 III ZPO besteht kein Anwaltszwang. Es entscheidet der/die Vorsitzende einer Zivilkammer aufgrund freigestellter mündlicher Verhandlung durch begründeten Beschluss, § 1115 IV ZPO. Das Verfahren ist kontradiktorisch, der Antragsgegner ist anzuhören.[1272]

Der deutsche Gesetzgeber hat die Versagungsklage der Vollstreckungsgegenklage 6.272
(§ 767 ZPO) nachgebildet. Es handelt sich um eine prozessuale Gestaltungsklage, die die Vollstreckbarkeit des ausländischen Titels nur für das Inland beseitigt (§§ 795, 794 I Nr. 9 ZPO).[1273] Eine Anerkennung des Beschlusses nach § 1115 IV ZPO hat nur inländische Wirkungen.[1274]

§ 1117 ZPO eröffnet die Vollstreckungsgegenklage gegen das ausländische Urteil; 6.273
der deutsche Gesetzgeber begründet diesen Rechtsbehelf mit der Ermächtigungsnorm des Art. 41 II EuGVO und mit praktischen Bedürfnissen.[1275] Aus unionsrechtlicher Sicht ist dieser Rechtsbehelf jedoch bedenklich, weil er entgegen der inländischen Regelung des § 767 I ZPO, der die Klage dem Prozessgericht zuweist, eine neue internationale Zuständigkeit der deutschen Gerichte gegenüber dem EU-Titel begründet. Das ist eine unmittelbare Diskriminierung ausländischer EU-Titel und deren Gläubiger, die sich nicht mit dem „grenzüberschreitenden Charakter der relevanten Sachverhalte[1276] rechtfertigen lässt.[1277]

§ 1117 ZPO modifiziert die Regelungen der Vollstreckungsgegenklage und gleicht 6.274
sie der Versagungsklage an. Dies ermöglicht eine inhaltliche Verknüpfung von Versagungsgründen und materiellen Einwänden (entgegen der Rechtsprechung des EuGH zu Art. 45 EuGVO aF);[1278] EwG 30 zur EuGVO eröffnet insofern dem nationalen Gesetzgeber Gestaltungsräume. Dies hat zur Folge, dass materielle Einwendungen auch in Verfahren nach § 1115 ZPO geltend gemacht werden können.[1279] Daneben ist die Vollstreckungsabwehrklage statthaft (§§ 1117, 767 ZPO) – der Schuldner hat die Wahl. Wie

1272 Ausführlich zum Verfahren Wieczorek/Schütze/*Haubold*, Art. 47 EuGVO, Rdn. 13 ff. – Wird eine mündliche Verhandlung anberaumt, ist eine anwaltliche Vertretung der Parteien nötig, Wieczorek/Schütze/*Haubold*, Art. 47 EuGVO, Rdn. 23.

1273 *Hess*, in: Schlosser/Hess, Art. 47 EuGVO, Rdn. 2; MünchKomm/*Gottwald*, Art. 46 EuGVO, Rdn. 3.

1274 *Hess*, in: Schlosser/Hess, Art. 47 EuGVO, Rdn. 2; MünchKomm/*Gottwald*, Art. 47 EuGVO, Rdn. 9; Musielak/*Stadler*, Art. 47 EuGVO, Rdn. 3.

1275 Ausführlich *Wagner*, IPRax 2005, 401, 408 (zu § 1086 ZPO – Vollstreckungsgegenklage gegen den Europäischen Vollstreckungstitel für unbestrittene Forderungen; zur Gegenansicht vgl. etwa *Preuß*, ZZP 122 (2009), 3, 18. Polemisch *Ulrici*, JZ 2016, 127, 136 (Kritik sei „unberechtigt“).

1276 *Kreuzer/Wagner/Reder*, in: Dauses/Ludwigs (Hrg.), HdB des EU-Wirtschaftsrechts, Q V, Rdn. 10.

1277 Dazu bereits Voraufl., § 6, Rdn. 229–231; *Schlosser/Hess*, Art. 41 EuGVO, Rdn. 7 f.; *Wiedemann*, Vollstreckbarkeit, S. 244 ff., 249.

1278 EuGH, 13.10.2011, Rs. C-139/10, *Prism Investments*, EU:C:2011:653; abl. *R. Wagner*, IPRax 2012, 326.

1279 Str., aA die überwiegende Ansicht des deutschen Schrifttums, etwa *Ulrici*, JZ 2016, 127, 136; Thomas/Putzo/*Hüßtege*, § 1117 ZPO, Rdn. 1; Wieczorek/Schütze/*Haubold*, Art. 46 EuGVO, Rdn. 12 ff.; Mu-

im Fall des § 1115 ZPO sind die Urteilswirkungen der Vollstreckungsabwehrklage nach § 1117 ZPO hingegen auf das Inland begrenzt.[1280]

c) Rechtsbehelfsverfahren

6.275 Nach Art. 49 EuGVO können beide Parteien gegen die Entscheidung des Landgerichts einen Rechtsbehelf einlegen; dies ist in Deutschland nach § 1115 V ZPO die Beschwerde zum OLG (§§ 569 ff. ZPO); die Frist wird auf einen Monat verlängert.[1281] Gegen den Beschluss des Beschwerdegerichts ist die Rechtsbeschwerde zum BGH eröffnet, § 1115 III 3 ZPO.

d) Anerkennungsfeststellungsverfahren

6.276 Art. 36 II EuGVO eröffnet den Parteien die Möglichkeit, das Nichtvorliegen von Anerkennungshindernissen nach Art. 45 EuGVO auch außerhalb der Zwangsvollstreckung zu klären.[1282] Für die Ausgestaltung des Verfahrens verweist Art. 36 II EuGVO ausdrücklich auf die Art. 46–51 EuGVO.[1283] Ergänzend gelten die Regelungen des § 1115 ZPO. Art. 36 II EuGVO ermöglicht zudem eine Klage auf Feststellung der Nichtanerkennungsfähigkeit des ausländischen Urteils.[1284]

V. Grenzüberschreitender, einstweiliger Rechtsschutz

1. Die wachsende Bedeutung des einstweiligen Rechtsschutzes im Zivilverfahrensrecht

6.277 In den modernen Prozessrechten ist generell ein Trend zur Stärkung des einstweiligen Rechtsschutzes zu konstatieren. Wesentliche Ursache ist die Überlastung der Justiz mit schwergängigen Verfahren in der Hauptsache.[1285] Vereinfachte und beschleunigte Verfahren erscheinen daher als probates Mittel zur Gewährung effektiver Justiz.

---

sielak/*Stadler*, Art. 46 EuGVO, Rdn. 2. Offen MünchKomm/*Gottwald*, § 1117 ZPO, Rdn. 5; wie hier Zöller/*Geimer*, § 1117 ZPO, Rdn. 3; *Hau*, EuGVO, MDR 2014, 1417, 1419; *Domej*, RabelsZ 78 (2014), 508, 516.

1280 MünchKomm/*Gottwald*, § 1117 ZPO, Rdn. 1.

1281 Anders § 569 I 1 ZPO: 2 Wochen, dazu *Hess*, IPRax 2020, 215 f.

1282 In der Regel wird die Anerkennung der ausländischen Entscheidung inzident festgestellt – etwa wenn es um die Anerkennung einer rechtskräftig entschiedenen, präjudiziellen Rechtslage geht.

1283 Ausführlich Wieczorek/Schütze/*Haubold*, Art. 36 EuGVO, Rdn. 41 ff.

1284 Str., dafür *Hess*, in: Schlosser/Hess, Art. 36 EuGVO, Rdn. 9; aA Zöller/*Geimer*, Art. 36 EuGVO, Rdn. 57 f.; *Rauscher/Leible*, Art. 36 EuGVO, Rdn. 16 f.

1285 Ein Beispiel waren die Reformen des italienischen Prozessrechts (2006), die eine Justizentlastung durch vereinfachte Verfahren bewirken sollten, dazu *Magrini/Causin*, ZVglRWiss 105 (2006), 208, 215 ff.

Diese Entwicklung erfasst auch den grenzüberschreitenden Rechtsschutz. Unter der Geltung des EuGVÜ hatten grenzüberschreitende, einstweilige Rechtsbehelfe an Bedeutung gewonnen.[1286] Ursache hierfür war die offene Formulierung des Art. 24 EuGVÜ/(heute) 35 EuGVO, der für die Zuständigkeit auf die Gerichtsstände der autonomen Verfahrensrechte zurückverweist, ohne den Begriff der einstweiligen Maßnahme zu definieren.[1287] Damit verwies Art. 24 EuGVÜ/35 EuGVO auch auf die nach Art. 5 II, 76 Ia EuGVO ausgeschlossenen, exorbitanten Gerichtsstände der Mitgliedstaaten.[1288] Art. 31 und 32 EuGVO aF garantierten zudem die Anerkennung einstweiliger Maßnahmen, mithin deren grenzüberschreitende Freizügigkeit. Damit verzichtete der Gemeinschaftsgesetzgeber auf den notwendigen Zusammenhang zwischen Mindestharmonisierung und wechselseitiger Anerkennung.[1289] Diese Ausgangslage löste in den 1990er Jahren massives *forum shopping* in den exorbitanten Gerichtsständen der nationalen Prozessrechte aus. Es drohte zwischenzeitlich die Gefahr, dass das europäische Zuständigkeitssystem über Art. 24 EuGVÜ/35 EuGVO ausgehebelt würde.[1290]

Der EuGH trat dieser Entwicklung in den Urteilen *van Uden* und *Mietz* mit einer restriktiven Interpretation des Art. 35 EuGVO entgegen.[1291] Danach können ergänzende einstweilige Maßnahmen nur erlassen werden, wenn ein substantieller Bezug zum Vollstreckungsgegenstand gegeben ist. Angesichts dieser Rechtsprechung meinte die zeitgleich tagende Arbeitsgruppe des Rats, bei der Überführung des EuGVÜ in die EuGVO (2001) auf eine Korrektur des Art. 24 EuGVÜ verzichten zu können.[1292] Diese Einschätzung erwies sich jedoch als unzutreffend: zentrale Fragen des Europäischen einstweiligen Rechtschutzes blieben weiterhin offen und streitig.[1293] **6.278**

Die Reform der EuGVO im Jahr 2012 führt zwar die bestehende Regelung des Art. 35 EuGVO in ihrer Grundstruktur fort; sie hat jedoch wesentliche Klarstellungen vorgenommen, die den Schutz des Schuldners erheblich verbessern.[1294] Die europäi- **6.279**

1286 Dazu bereits *Hess* in: Andenas/Hess/Oberhammer (ed.), Enforcement Agency Practice, S. 265, 266; *Schlosser*, RdC 284 (2000), S. 190. *Nuyts*, in: van Calster (ed.), European Private International Law at 50 (2019), S. 83 f.

1287 *Kennett*, Enforcement of Judgments (2000), S. 129 ff., verweist mit Recht darauf, dass die dynamische Entwicklung des einstweiligen Rechtsschutzes zum Zeitpunkt der Verhandlungen über Art. 24 EuGVÜ (etwa: die *Mareva-Injunction*) nicht vorhersehbar war. Art. 31 EuGVO aF führte Art. 24 EuGVO wortgleich fort. Auch Art. 35 EuGVO ist textlich fast unverändert.

1288 *Heinze*, Einstweiliger Rechtsschutz, S. 82.

1289 Dazu oben § 3 II, Rdn. 25 ff.

1290 Dazu *Hess/Vollkommer*, IPRax 1999, 220 ff.; *Schulz*, ZEuP 2001, 805 ff.; *Stadler*, JZ 1999, 1089 ff.

1291 EuGH, 17.11.1998, Rs. C-391/95, *van Uden*, EU:C:1998:543. EuGH, 27.4.1999, Rs. C-99/96, *Mietz*, EU:C:1999:202, dazu sogleich unten Rdn. 6.285 ff.

1292 Dazu *Kohler*, in: Gottwald (Hrg.), Revision des EuGVÜ, S. 1, 29 f.

1293 Allg. Meinung, dazu etwa *Consolo*, ZSR 124 II (2005), 359 ff.; *Hartley*, EL Rev. 1999, 678; *Hess*, in: Andenas/Hess/Oberhammer, Enforcement Agency Practice in Europe, S. 265, 279 ff.

1294 Das gilt insbesondere für die Regelung der einstweiligen Maßnahme in Art. 2 lit. a) EuGVO und

sche Kontenpfändungsverordnung[1295] enthält nunmehr ein europäisches Sicherungsverfahren, das den vorläufigen Rechtsschutz in einem wesentlichen Bereich koordiniert, effektuiert und teilweise vereinheitlicht.[1296]

6.280 Im Hinblick auf das Verhältnis von Hauptsachegericht und begleitendem, einstweiligen Rechtsschutz setzt die EuGVO folgendes, konzeptionelles Verständnis voraus: Art. 35 EuGVO unterscheidet einstweilige Maßnahmen des Gerichts der Hauptsache und unterstützende (einstweilige) Maßnahmen der Gerichte anderer Mitgliedstaaten. Das europäische Prozessrecht geht von der „Priorität" des Hauptsachegerichts aus, lässt daneben jedoch (zur Gewährleistung des Gläubigerschutzes) auch lokalisierte Maßnahmen anderer Gerichte am Vollstreckungsort zu. „Unterstützende" Maßnahmen können jedoch in anderen Mitgliedstaaten nicht anerkannt und vollstreckt werden, Art. 2 lit. a) UAbs. 2, S. 1 EuGVO.[1297] Einstweilige Maßnahmen, die das Hauptsachegericht erlässt, können hingegen nach Art. 39, 42 lit. b) EuGVO in anderen Mitgliedstaaten vollstreckt werden – dem Schuldner muss jedoch die einstweilige Maßnahme vor der Vollziehung zugestellt werden, §§ 43 I, 42 II lit. b) EuGVO. Allerdings eröffnet die Verordnung *de lege lata* dem Gericht der Hauptsache nicht die Befugnis, vorläufige Maßnahmen anderer Gerichte aufzuheben oder zu modifizieren.[1298]

2. Begriffs- und Systembildungen des EuGH zu Art. 24 EuGVÜ/Art. 35 EuGVO

6.281 In den Prozessrechten der Mitgliedstaaten lassen sich drei Strukturtypen einstweiliger Rechtsbehelfe unterscheiden:[1299] Einstweilig sichernde Maßnahmen, einstweilig regelnde Maßnahmen und Zahlungsanordnungen. Sie finden sich in unterschiedlicher Ausformung in allen Mitgliedstaaten. Klassische Sicherungsmaßnahmen sind der Arrest (§§ 916 ff. ZPO) oder die französische *saisie conservatoire* (art. 808 c.p.c.), aber auch die *freezing injunction* (C.P.R. 25) des englischen Prozessrechts. Regelungsmaßnahmen ergehen häufig zur Wahrung eines bestehenden Zustands oder zur

---

für die Begrenzung der Freizügigkeit in Art. 43 II EuGVO, lesenswert *Eichel*, ZZP 131 (2018), 71 ff., sowie unten Rdn. 6.286.

1295 Dazu unten § 10 IV 2, Rdn. 10.124 ff.

1296 Zutreffend *Eichel*, ZZP 131 (2018), 71, 79.

1297 So deutlich EwG 33 zur EuGVO, MünchKomm/*Gottwald*, Art. 35 EuGVO, Rdn. 10.

1298 Weitergehend hingegen Art. 20 II EheGVO aF, der anordnete, dass ergänzende, einstweilige Maßnahmen *ex lege* außer Kraft treten, wenn das Hauptsachegericht etwas anderes anordnet, dazu Voraufl. § 7 III, Rdn. 53. Die Neuregelung führt die Kooperation in Art. 15 II und III EheGVO (in Kindschaftssachen) fort.

1299 Dazu *Hess/Zhou*, IPRax 2007, 183, 185 ff.; *Hess/Pfeiffer/Schlosser*, The Brussels I Regulation, Rdn. 606 ff.

Sicherung von Beweismitteln.[1300] Zahlungsanordnungen ermöglichen schließlich dem Gläubiger, in einem beschleunigten Verfahren (mit geringerem Beweismaß) einen Teil der geschuldeten Summe zu erhalten (Abschlagszahlung).[1301] Die systematische Einordnung dieser Rechtsbehelfe erfolgt in den Mitgliedstaaten unterschiedlich: Während in Frankreich und den Beneluxstaaten sog. *référé*-Verfahren als Maßnahmen des einstweiligen Rechtsschutzes ausgestaltet wurden, bestehen in anderen Mitgliedstaaten besondere, beschleunigte Hauptsacheverfahren.[1302]

Die EuGVO enthält keine Definition der einstweiligen Maßnahmen.[1303] Art. 2 lit. a) **6.282**
und Art. 35 EuGVO geben lediglich den Hinweis, dass hierunter Maßnahmen fallen, die „auf ... Sicherung gerichtet sind". Der Begriff entspricht den früheren Fassungen des Brüsseler Regimes und ist vertragsautonom und weit auszulegen.[1304] Der EuGH hat in den Urteilen *de Cavel I,*[1305] *de Cavel II,*[1306] *Denilauler,*[1307] *Reichert II,*[1308] *Van Uden,*[1309] *Mietz,*[1310] *Italian Leather*[1311] und *St. Paul Dairy*[1312] ein eigenständiges Konzept des europäischen, einstweiligen Rechtsschutzes ausgeformt. Es beruht auf der Prämisse, dass einstweilige Maßnahmen primär der Sicherung des Hauptverfahrens dienen und das Prozessergebnis nicht vorwegnehmen dürfen. Der Gerichtshof beschreibt einstweilige Maßnahmen als solche, die „eine Veränderung der Sach- oder Rechtslage verhindern sollen, um Rechte zu sichern, deren Anerkennung im übrigen bei dem

1300 In den nationalen Systemen bestehen nachhaltige Unterschiede, dazu *Stürner*, in Storme (ed.), Procedural Laws in Europe, S. 143, 172 ff. Vgl. unten § 8 IV, Rdn. 8.86 ff.

1301 Beispiel: Die *kort geding*-Verfahren des niederländischen Rechts, *Consolo*, ZSR 124 II, 359 ff.; *Hartley*, EL Rev. 1999, 678; *Hess*, in: Andenas/Hess/Oberhammer, Enforcement Agency Practice in Europe, S. 265, 279 ff.; *Stadler*, JZ 1999, 1089, 1090 ff.

1302 Hierzu zählt in Deutschland der Urkundsprozess nach §§ 592 ff. ZPO; rechtsvergleichend: *Stürner*, in: Storme (ed.) Procedural Laws in Europe, S. 143, 151 ff.

1303 *Hess*, in: Schlosser/Hess, Art. 2 EuGVO, Rdn. 13.

1304 Ausführlich *Heinze*, Einstweiliger Rechtsschutz, S. 83 ff.; MünchKomm/*Gottwald*, Art. 35 EuGVO, Rdn. 2.

1305 EuGH, 27. 3.1979, Rs. C-143/78, *De Cavel./.De Cavel (I)*, EU:C:1979:83.

1306 EuGH, 6.3.1980, Rs. C-120/79, *De Cavel./.De Cavel (II)*, EU:C:1980:70.

1307 EuGH, 21.5.1980, Rs. C-125/79, *Denilauler*, EU:C:1980:130.

1308 EuGH, 26.3.1992, Rs. C-261/90, *Reichert*, EU:C:1992:149.

1309 EuGH, 17.11.1998, Rs. C-391/95, *van Uden*, EU:C:1998:543, dazu *Spellenberg/Leible*, ZZP Int. 1999, 221 f.; *Hess/Vollkommer*, IPRax 1999, 220 f; *Stadler*, JZ 1999, 1089 f; *Hartley*, E.L.Rev. 1999, 674 f; *Wolf*, EWS 2000, 11 f; *Dedek*, EWS 2000, 246 f; *Consolo*, ZZP Int. 2001, 49 f; *Schulz*, ZEuP 2001, 805 f.

1310 EuGH, 27.4.1999, Rs. C-99/96, *Mietz*, EU:C:1999:202, m. Anm. v. *Spellenberg/Leible*, ZZP Int. 1999, 221 f; *Stadler*, JZ 1999, 1089, 1090; *Hess*, IPRax 2000, 370 f; *Consolo*, ZSR 113 II (2005), 359, 361 ff.

1311 EuGH, 6.6.2002, Rs. C-80/00, *Italian Leather*, EU:C:2002:342, dazu *Hess*, IPRax 2005, 23 f; *Wolf/Lange*, RIW 2003, 55 f.

1312 EuGH, 28.4.2005, Rs. C-104/03, *St. Paul Dairy*, EU:C:2005:255. Dazu *Mankowski*, JZ 2005, 1144 ff; *Hau*, GPR 2005, 143, 148; *Hess*, IPRax 2006, 348, 356.

in der Hauptsache zuständigen Gericht beantragt wird".[1313] Diese Definition schließt sämtliche Typen einstweiliger Maßnahmen ein.[1314]

6.283 Zugleich betont der EuGH den Sicherungszweck einstweiliger Maßnahmen – aus diesem Grund setzt die Anerkennung einstweiliger Maßnahmen nach Art. 36 EUGVO regelmäßig voraus, dass der Beschluss über die einstweilige (ungeschriebene) Maßnahme selbst die Erbringung einer Sicherheitsleistung anordnet.[1315] Dieses Tatbestandsmerkmal betrifft vor allem Leistungsverfügungen. Der EuGH verlangt, dass die Rückzahlung des zugesprochenen Betrags an den Antragsgegner für den Fall gewährleistet ist, dass der Antragsteller nicht in der Hauptsache obsiegt. Dabei reicht ein bloßer Schadensersatzanspruch (etwa nach § 945 ZPO) nicht aus,[1316] der EuGH fordert vielmehr eine Anordnung der Sicherheit durch das erkennende Gericht selbst.[1317] Er hat allerdings noch nicht entschieden, ob das Erfordernis der Sicherungsleistung auch bei Zahlungsansprüchen aus gesetzlichen oder familienrechtlichen Rechtsverhältnissen gilt. Dies ist zumindest im Unterhaltsrecht fragwürdig, da in dieser Konstellation der Antragsteller auf die Erbringung der Leistung notwendig angewiesen ist und die Sicherheit oft nicht erbringen kann. Daher sollte in diesem Fall vom Erfordernis der vorläufigen Sicherheitsleistung abgesehen werden.[1318] Art. 14 EuUhVO spricht dieses Problem nicht an,[1319] sondern übernimmt (unbesehen) den Wortlaut von Art. 35 EuGVO.[1320]

3. Internationale Zuständigkeit

6.284 Art. 35 EuGVO erweitert die Gerichtsstände der EuGVO für den einstweiligen Rechtsschutz in erheblichem Umfang: Danach können unterstützende einstweilige Maßnahmen in den Gerichtsständen der autonomen Prozessrechte erwirkt werden, auch in

---

1313 EuGH, 26.3.1992, Rs. C-261/90, *Reichert*, EU:C:1992:149, Rdn. 34; EuGH, 17.11.1998, Rs. C-391/95, *van Uden*, EU:C:1998:543, Rdn. 37; EuGH, 28.4.2005, Rs. C-104/03, *St. Paul Dairy*, EU:C:2005:255, Rdn. 13.

1314 Oben § 6 V, Rdn. 6.277. Zur Abgrenzung zur EuBewVO vgl. unten § 8 IV, Rdn. 8.86 ff.

1315 EuGH, 27.4.1999, Rs. C-99/96, *Mietz*, EU:C:1999:202, Rdn. 42; zuvor bereits EuGH, 17.11.1998, Rs. C-391/95, *van Uden*, EU:C:1998:543, Rdn. 47. Umsetzung: *Comet Group PLC v. Unika Computer SA*, [2004] ILPr. 1: Kein Exequatur für ein französisches *référé provision* ohne Sicherheitsleistung.

1316 Dies ist angesichts des andernfalls vom Schuldner zu tragenden Risikos einer Insolvenz des Gläubigers durchaus sachgerecht, *Heinze*, Einstweiliger Rechtsschutz, S. 94 ff.

1317 Nagel/*Gottwald*, IZVR, § 15 Rdn. 15. Überzeugend war dies nicht, weil auch das Exequaturgericht die Sicherheit anaolg Art. 38 III EuGVÜ/Art. 46 III EuGVO aF anordnen könnte, *Hess/Pfeiffer/Schlosser*, The Brussels I Regulation, Rdn. 617.

1318 Rauscher/*Leible*, Art. 31 EuGVO, Rdn. 12. Für eine explizite Regelung in Art. 31 EuGVO *Hess/Pfeiffer/Schlosser*, The Brussels I Regulation, Rdn. 654.

1319 Vgl. die Kritik unten § 7 V, Rdn. 7.145.

1320 Der Vorschlag der EG-Kommission hatte hingegen eine Abänderungsbefugnis des Hauptsachgerichts ausdrücklich vorgesehen (Art. 35), KOM (2005) 649 endg.

den exorbitanten Gerichtsständen.[1321] Jedoch werden einstweilige Maßnahmen nach Art. 39 und 45 EuGVO in den anderen Mitgliedstaaten nur dann anerkannt, wenn sie vom Gericht der Hauptsache erlassen wurden, Art. 2 lit. a), UAbs 2 EuGVO. Vor der Anhängigkeit der Hauptsache werden einstweilige Maßnahmen anerkannt, sofern sie in den Gerichtsständen der Art. 4 ff. EuGVO erlassen wurden.[1322]

Art. 35 EuGVO verweist generell auf die nationalen Zuständigkeitsrechte und damit auch auf die nach Art. 5 II EuGVO ausgeschlossenen, exorbitanten Gerichtsstände. Um nachhaltigem *forum shopping* auf der Basis der exorbitanten Gerichtsstände entgegenzuwirken,[1323] entwickelte der EuGH im Urteil *van Uden* ein weiteres, ungeschriebenes Tatbestandsmerkmal zu Art. 35 EuGVO: Werden einstweilige Maßnahmen in den Gerichtsständen der nationalen Prozessrechte erwirkt, so muss ein *real connecting link*, d.h. eine reale Verknüpfung zwischen der beantragten Maßnahme und dem Bezirk des erkennenden Gerichts vorliegen.[1324] Inhalt und Reichweite dieses Tatbestandsmerkmals sind bis heute nicht hinreichend geklärt. Richtigerweise ist es aus der Perspektive der Vollstreckung zu verstehen: Die einstweilige Maßnahme soll im Bezirk des anordnenden Gerichts ortsnah vollstreckt werden.[1325] Die reale Verknüpfung liegt unstreitig vor, wenn die Vollstreckung der Verfügung im Bezirk des anordnenden Gerichts erfolgen kann.[1326] Nunmehr schließen Art. 2 lit. a) UAbs. 2 und 45 II EuGVO die grenzüberschreitende Vollstreckung von Maßnahmen, die nach Art. 35 EuGVO erlassen wurden, gänzlich aus.[1327] 6.285

Die vom EuGH entwickelten Restriktionen gelten freilich nicht für einstweilige Maßnahmen, die das Gericht der Hauptsache erlässt, Art. 2 lit. a), S. 2 EuGVO. Dessen Zuständigkeit bestimmt sich nach Art. 4 ff. EuGVO; es ist befugt, alle notwendigen Sicherungsmaßnahmen zu erlassen.[1328] Auch das Erfordernis der Sicher- 6.286

1321 Vgl. dazu sogleich Rdn. 6.285.

1322 *Garcimartín*, Yb PIL 14 (2014/15), 57, 61; *Nuyts*, in: van Calster (ed.), European Private International Law at 50 (2019), S. 83, 87.

1323 Dazu *Hess/Vollkommer*, IPRax 1999, 220, 224; oben Rdn. 243.

1324 EuGH, 17.11.1998, Rs. C-391/95, *van Uden*, EU:C:1998:543, Rdn. 40, dazu *Stadler*, JZ 1999, 1089, 1090; *Consolo*, ZSR 124 II (2005), 359, 367 f.; ausführliche Analyse bei *Heinze*, Einstweiliger Rechtsschutz, S. 96 ff.

1325 Obwohl der EuGH in EuGH, 17.11.1998, Rs. C-391/95, *van Uden*, EU:C:1998:543, Rdn. 40, auf den Gerichtsbezirk des anordnenden Gerichts Bezug genommen hat, ist dies als Verweisung auf das Gebiet des jeweiligen EG-Mitgliedstaates zu verstehen, Rauscher/*Leible*, Art. 35 EuGVO, Rdn. 26.

1326 Dies verdeutlicht auch Art. 12 I EheGVO II, der auf „in diesem Staat befindliche Personen oder Güter" verweist, Rauscher/*Leible*, Art. 35 EuGVO, Rdn. 26.

1327 So deutlich EwG 33 S. 3, MünchKomm/*Gottwald*, Art. 35 EuGVO, Rdn. 10; Musielak/*Stadler*, Art. 35 EuGVO, Rdn. 3; Rauscher/*Leible*, Art. 35 EuGVO, Rdn. 43.

1328 Beispiel: Erlass einer *worldwide freezing order* durch das Gericht der Hauptsache. Zur Anerkennung nach Art. 32 EuGVO aF/36 EuGVO vgl. C.Cass., 30.6.2004, *Stolzenberg v. DaimlerChrysler Canada Inc.*, JCP 2004 II 10198, dazu *Schlosser*, IPRax 2006, 300 ff.

heitsleistung gilt für Maßnahmen des Hauptsachegerichts nicht.[1329] Die Definition des Art. 2 lit. a) UAbs. 2 EuGVO erlaubt nunmehr *ex parte* Anordnungen des Gerichts der Hauptsache. Allerdings werden diese nur dann grenzüberschreitend anerkannt und vollstreckt, wenn sie vor der Vollstreckung dem Schuldner zugestellt werden, Art. 43 II EuGVO.[1330] Damit entfällt zwar der Überraschungseffekt beim Vollstreckungszugriff. Ein kontradiktorisches Verfahren ist jedoch nicht mehr Voraussetzung der Urteilsfreizügigkeit.

6.287 Eine Befugnis (zum Erlass einstweiliger Maßnahmen) haben zudem auch alle anderen EU-Gerichte, die ihre Zuständigkeit auf die konkurrierenden Gerichtsstände der EuGVO stützen können.[1331] Die in der Literatur vertretene Auffassung, dass Art. 35 EuGVO den Erlass von einstweiligen Maßnahmen dahin kanalisiere, dass nur das Hauptsachegericht oder ein nach nationalem Prozessrecht zuständiges Gericht einstweilige Maßnahmen erlassen könne,[1332] findet keinen Anhalt in der Rechtsprechung des EuGH. Denn zwischen Hauptsacheverfahren und einstweiligem Rechtsschutz gibt es keine Rechtshängigkeitssperre,[1333] so dass auch nach Rechtshängigkeit des Hauptsacheverfahrens einstweiliger Rechtsschutz in allen Gerichtsständen der EuGVO erwirkt werden kann.[1334] Auch eine Schiedsklausel im Hauptverfahren schließt den Erlass unterstützender Sicherungsmaßnahmen nicht aus.[1335] Dasselbe gilt für eine ausschließliche Gerichtsstandsvereinbarung.[1336]

1329 EuGH, 27.4.1999, Rs. C-99/96, *Mietz*, EU:C:1999:202, Rdn. 40. Freilich kann sich ein derartiges Erfordernis aus dem Verfahrensrecht des jeweiligen EU-Mitgliedstaates ergeben.

1330 Das Begleitformular erfordert im Fall einstweiliger Maßnahmen eine ausdrückliche Angabe, dass das Gericht der Hauptsache diese angeordnet hat, Art. 42 II (b)(i) EuGVO, dazu *Nuyts*, in: van Calster (ed.), European Private International Law at 50 (2019), S. 83, 89.

1331 *Dasser/Oberhammer/Kofmel Ehrenzeller*, Art. 24 LugÜ, Rdn. 18; Rauscher/*Leible*, Art. 35 EuGVO, Rdn. 20.

1332 So *Wolf*, EWS 2000, 14, 18; *Wolf/Lange*, RIW 2003, 55, 61; *Schulz*, ZEuP 2001 805, 814; *Kropholler/v. Hein*, Art. 31 EuGVO aF, Rdn. 11, 19.

1333 LG Hamburg, 22.4.2002, GRURInt. 2002, 1025. OGH, 27.11.2001, GRURInt 2002, 936; *Kropholler/v. Hein*, Art. 27 EuGVO aF, Rdn. 14 mwN.

1334 *Hess/Vollkommer*, IPRax 1999, 220, 224; Rauscher/*Leible*, Art. 35 EuGVO, Rdn. 17; *Stadler*, JZ 1999, 1089, 1094 f.; MünchKomm/*Gottwald*, Art. 35 EuGVO, Rdn. 9.

1335 EuGH, 17.11.1998, Rs. C-391/95, *van Uden*, EU:C:1998:543, Rdn. 24 f.; OGH, 4.9.2001, IPRax 2003, 64.

1336 MünchKomm/*Gottwald*, Art. 35 EuGVO, Rdn. 12; aA *Geimer/Schütze*, EuZVR, Art. 25 EuGVO, Rdn. 192; *Nuyts*, in: van Calster (ed.), European Private International Law at 50 (2019), S. 83, 87 f.

4. Offene Fragen des einstweiligen Rechtsschutzes

Die lückenhafte Regelung des Art. 31 EuGVO aF hatte sich in der Praxis nicht bewährt.[1337] Deshalb hat der Recast 2012 wichtige Probleme angesprochen. Dennoch bleiben vor allem folgende Fragen weiterhin streitig: Die Einbeziehung von Zahlungsanordnungen (Befriedigungsverfügungen) in Art. 35 EuGVO sowie die Befugnis des Hauptsachegerichts zur Aufhebung bzw. Abänderung von einstweiligen Maßnahmen anderer Gerichte der EU-Mitgliedstaaten. Schließlich führen unterschiedliche Vollziehungs- bzw. Verjährungsfristen in den nationalen Vollstreckungsrechten zu komplizierten Anpassungsfragen. In diesen Bereichen besteht weiterhin erheblicher rechtspolitischer Handlungsbedarf.[1338] **6.288**

Die Anwendung von Art. 35 EuGVO auf Zahlungsanordnungen ergibt sich aus der weiten Definition der einstweiligen Maßnahme durch den EuGH. Sie eröffnet insbesondere die beschleunigten Verfahren des *référé provision*,[1339] *interim payments*,[1340] des *kort gedings* und der *cautelari anticipatori* oder für Befriedigungsverfügungen die weiten Gerichtsstände der nationalen Prozessrechte im Europäischen Justizraum. Im Ergebnis können damit einstweilige Zahlungsanordnungen regelmäßig am Gläubigergerichtsstand erwirkt werden mit der Folge, dass der Beklagtenschutz des Art. 4 EuGVO leerläuft. Der EuGH hat in den Urteilen *van Uden* und *Mietz* versucht, dieser Tendenz mit den *praeter legem* entwickelten Erfordernissen einer Sicherheitsleistung und des *real connecting link* entgegenzuwirken.[1341] Diese Tatbestandsmerkmale sind jedoch speziell für Befriedigungsverfügungen wenig praktikabel.[1342] Es erscheint daher *de lege ferenda* vorzugswürdig, die Anwendung des Art. 35 EuGVO auf vorläufige Zahlungsanordnungen generell auszuschließen: Dies würde die Anwendung der exorbitanten Klägergerichtsstände in diesen Verfahren verhindern, während die allgemeinen und besonderen Gerichtsstände der Art. 4 ff. EuGVO in diesen Verfahren weiter anwendbar bleiben.[1343] Damit wäre dem Klägerinteresse am beschleunigten **6.289**

1337 Deutliche und berechtigte Kritik bei *Consolo*, ZSR 124 II (2005), 359 ff.; ebenso Voraufl. § 6 V, Rdn. 249 ff.

1338 Beispiel: EuGH, 4.10.2018, Rs. C-379/17, *Al Bosco*, EU:C:2018:806, dazu unten Rdn. 6.292.

1339 So in Frankreich vgl. Art. 809 c.p.c. iVm Art. 484–492 c.p.c., dazu *Wannemacher*, Einstweilige Maßnahmen, S. 56 ff.

1340 CPR 25(1): Interim Remedies, dazu *Weinert*, Vollstreckungsbegleitender Rechtsschutz, S. 354 ff.

1341 Ebenso BG, 17.9.1999, BGE 125 III 451 (zu Art. 24 LugÜ); *Wermuth v. Wermuth*, [2003] 1 W.L.R. 942 (C.A.) – zu Art. 12 VO 1347/00/EG.

1342 Zu entsprechenden Schwierigkeiten bei Unterlassungsverfügungen vgl. *Heinze*, Einstweiliger Rechtsschutz, S. 96 ff.

1343 Vgl. oben § 6 V, Rdn. 6.286.

Verfahren und dem Beklagteninteresse am ortsnahen Gericht gleichermaßen Rechnung getragen.[1344]

6.290 Aus Gründen des Beklagtenschutzes hat die *Denilauler*-Entscheidung des EuGH die Anerkennung von *ex parte*-Entscheidungen generell ausgeschlossen.[1345] Danach setzt die Anerkennung einer einstweiligen Maßnahme nach Art. 36 und 39 EuGVO voraus, dass der Beklagte im Erlassstaat eine effektive Möglichkeit hatte, sich gegen die Maßnahme zu wehren. Sogar eine Nachholung des Gehörs (nach Erlass der Maßnahme) soll nicht ausreichen.[1346] In der Rechtspraxis erweist sich das vorgängige Anhörungserfordernis (das auch für einstweilige Maßnahmen gilt, die in den Gerichtsständen der Art. 4–26 EuGVO erwirkt wurden) als ein erhebliches Hemmnis. Es nimmt dem Gläubiger den grenzüberschreitenden „Überraschungseffekt“: Der Schuldner erfährt vom Antrag auf Erlass der Sicherungsmaßnahme und erhält einen Zeitvorsprung, um Vermögen zu verstecken.[1347] Der Gläubiger kann den Überraschungseffekt nur wahren, indem er dezentral – am jeweiligen Vollstreckungsort – einstweilige Maßnahmen beantragt. Dies führt zu erheblichem Mehraufwand. Der Recast 2012 hat dies geändert: Nach Art. 2 lit. a) UAbs. 2 EuGVO ist das Gericht der Hauptsache befugt, auch ohne vorherige Anhörung des Schuldners Sicherungsmaßnahmen zu erlassen, die das Auslandsvermögen des Schuldners einschließen können.[1348] Art. 42 II, 43 I EuGVO verlangen die Zustellung der einstweiligen Verfügung an den Schuldner vor deren Vollzug.[1349] Zudem muss dem Schuldner ein effektiver Rechtsbehelf zur nachträglichen Gehörsgewährung und zur Aufhebung bzw. Abänderung der Maßnahme eröffnet werden.[1350]

6.291 Rechtspolitisch wünschenswert erscheint schließlich die Rechtsmacht des Hauptsachegerichts, Sicherungsmaßnahmen aufzuheben bzw. abzuändern, welche die Gerichte anderer EU-Mitgliedstaaten (dezentral) angeordnet haben.[1351] Eine derartige Befugnis folgt aus der Verantwortlichkeit des Hauptsachegerichts für die Sicherung und Durchsetzung des Prozessergebnisses. Im Europäischen Justizraum bestehen gegen eine derartige Abänderungsbefugnis keine Souveränitätsbedenken,

---

1344 *Hess*, in: Andenas/ders./Oberhammer (ed.), Enforcement Agency Practice, S. 265, 280 f.; *Wannemacher*, Einstweilige Maßnahmen, S. 158 ff. (die diese Lösung dem *van Uden*-Urteil entnehmen will); ebenso *Hess/Pfeiffer/Schlosser*, The Brussels I Regulation, Rdn. 651. Anders *Eichel*, ZZP 131 (2018), 71, 83 (analoge Anwendung von Art. 29 II EuGVO zugunsten des Hauptsacheverfahrens.

1345 EuGH, 21.5.1980, Rs. C-125/79, *Denilauler*, EU:C:1980:130; ebenso explizit BGH, 21.12.2006, RIW 2007, 217 f.

1346 Gegen BGH, 21.12.2006, RIW 2007, 217 f.; *Hess/Pfeiffer/Schlosser*, The Brussels I Regulation, Rdn. 467.

1347 Ausführlich *Weinert*, Vollstreckungsbegleitender einstweiliger Rechtsschutz, S. 64.

1348 So ausdrücklich EwG 33 aE.

1349 MünchKomm/*Gottwald*, Art. 2 EuGVO, Rdn. 13.

1350 So bereits EuGH, 14.10.2004, Rs. C-39/02, *Mærsk Olie & Gas*, EU:C:2004:615, Rdn. 50 ff., Wieczorek/Schütze/*Schulze*, Art. 2 Brüssel Ia-VO, Rdn. 18.

1351 Dazu *Schlosser*, in: *Hess/Pfeiffer/Schlosser*, The Brussels I Regulation, Rdn. 628 ff.

es gilt vielmehr der Grundsatz wechselseitigen Vertrauens.[1352] Eine derartige Befugnis, die Art. 20 II EheGVO explizit vorsieht,[1353] haben nationale Gerichte beim Erlass bzw. bei der Anerkennung einstweiliger Maßnahmen quasi „autonom" anerkannt: Sie machten deren (Fort-) Bestand von einer abweichenden Entscheidung in der Hauptsache explizit abhängig.[1354] Es wäre zudem sinnvoll, die befassten Gerichte zu wechselseitiger Kommunikation zu verpflichten.

Um die Anwendung der Vollziehungsfrist des § 929 II ZPO ging es im Urteil des EuGH, Rs. C-379/17, 6.292
Al Bosco:[1355] Die italienische Antragstellerin hatte eine einstweilige Verfügung über 1.000.000 € des Tribunale di Gorizia (Italien) erwirkt. Ein knappes Jahr später erwirkte sie die Vollstreckbarerklärung nach Art. 38 EuGVO (2001). Am Tag nach Ablauf der Monatsfrist des § 929 II ZPO beantragte sie die Eintragung einer Zwangshypothek an einem in Deutschland belegenen Grundstück der Schuldnerin. Das Grundbuchamt und der im Wege der Rechtsbeschwerde angerufene BGH verwiesen auf die systematische Stellung des § 929 II ZPO als vollstreckungsrechtliche Regelung und wiesen den Antrag als verspätet zurück.[1356] Auf Vorlage des BGH entschied der EuGH, dass § 929 II ZPO als eine die Vollstreckung beschränkende Regelung auch auf die italienische Verfügung anwendbar sei.[1357] GA *Szpunar* hatte hingegen dafür plädiert, die italienische Fristregelung anzuwenden. Andernfalls drohe eine Rechtsschutzlücke, wenn das italienische Gericht keinen neuen Titel erlassen könne, solange der frühere Titel seine Wirksamkeit nicht verloren habe.[1358] Aus Sicht des effektiven Rechtsschutzes macht die Ansicht des Generalanwalts Sinn.[1359] Zudem stellt sich die Frage, wie die Frist im Rahmen der Art. 39 ff. EuGVO zu berechnen ist. Hier dürfte die Zustellung der Entscheidung an den Schuldner maßgeblich sein (Art. 39, 43 EuGVO). Ob die Monatsfrist zur Wahrung der effektiven Vollstreckung ausreicht, erscheint zweifelhaft.[1360] *De lege ferenda* wäre eine unionsrechtliche Regelung vorzugswürdig.

VI. Besondere Vollstreckungstitel

Bereits Art. 50 und 51 EuGVÜ hatten die Urteilsfreizügigkeit auf Prozessvergleiche und 6.293
auf notarielle Urkunden erweitert. Diese Vorschriften hatten Art. 57 und 58 EuGVO aF wortgleich übernommen.[1361] Allgemeine Definitionen enthalten nunmehr Art. 2 lit. b)

1352 Vgl. oben § 3 II, Rdn. 3.44 ff.

1353 Sie wird dort freilich nicht als Abänderungsbefugnis des Hauptsachegerichts geregelt. Vielmehr tritt die Unterstützungsmaßnahme *ex lege* außer Kraft, wenn das Hauptsachegericht anders entscheidet.

1354 BG, 30.7.2003, BGE 129 III 626, 635 f.

1355 EuGH, 4.10.2018, Rs. C-379/17, *Al Bosco*, EU:C:2018:806, dazu *R. Wagner*, EuZW 2019, 41 f.

1356 BGH, 11.5.2017, WM 2017, 1420.

1357 EuGH, 4.10.2018, Rs. C-379/17, *Al Bosco*, EU:C:2018:806, Rdn. 30 ff., zust. *R. Wagner*, EuZW 2019, 41 f.

1358 Schlussanträge *Szpunar*, 20.6.2018, EU:C:2018:472, Rdn. 47 ff. (mit rechtsvergleichendem Überblick in Fn. 16) sowie Rdn. 75 ff.; zust. *Rademacher*, GPR 2019, 109, 111 f.

1359 AA *R. Wagner*, EuZW 2019, 41 f., der eine Privilegierung ausländischer Titel befürchtet.

1360 Dazu auch Schlussanträge *Szpunar*, 20.6.2018, EU:C:2018:472, Rdn. 81.

1361 Art. 24 und 25 VO 805/04/EG erstrecken diese Regelungen auf den Europäischen Vollstreckungstitel, dazu unten § 10 I, Rdn. 10.13.

und lit. c) EuGVO; die Regelungen zur Freizügigkeit finden sich in Art. 58–60 EuGVO. Die Vollstreckung dieser Titel richtet sich nach den Art. 36 ff. EuGVO. Die Anerkennungshindernisse der Art. 45 EuGVO sind hingegen auf Verstöße gegen den *ordre public* reduziert.[1362] Angesichts zahlreicher offener Fragen ist die praktische Bedeutung der Vorschriften gering geblieben.[1363]

1. Die Titelfreizügigkeit von Prozessvergleichen, Art. 59 EuGVO

a) Der Begriff des Prozessvergleichs, Art. 2 lit. b) EuGVO

6.294 Der Begriff ist autonom auszulegen und vor allem gegenüber Entscheidungen iSv Art. 2 lit. a) EuGVO abzugrenzen. Nach dem Urteil des EuGH im Fall *Solo Kleinmotoren./.Boch* sind prägende Kennzeichen des Vergleichs seine vertragliche Natur, die Absicht der Parteien, den Rechtsstreit zu beenden, und seine Wirkung als Vollstreckungstitel.[1364] Zu diesen inhaltlichen Kriterien treten formale Anforderungen hinzu, nämlich die Beteiligung des Gerichts bei der Protokollierung (bzw. der Bestätigung) der Vereinbarung. Diese dient vor allem als Nachweis (bisweilen auch als Voraussetzung) der Vollstreckungswirkung des Vergleichs.[1365] Nach der Neufassung muss der Vergleichsschluss selbst nicht (mehr) vor dem Prozessgericht erfolgen, eine ausschließliche Protokollierung reicht aus.[1366] Praktische Schwierigkeiten bereitet vor allem die Abgrenzung zwischen Prozessvergleichen und *consent judgments*.[1367] Darüber hinaus ist der prozessuale Vergleich (als Vollstreckungstitel) vom materiellrechtlichen Vergleich (vgl. für Deutschland: § 779 BGB) abzugrenzen.

aa) Abgrenzung zur Entscheidung iSv Art. 2 lit. a) EuGVO

6.295 Während der Vergleich Vertragscharakter aufweist, enthält die Entscheidung iSd Art. 2 lit. a) EuGVO (und Art. 4 EuZVTVO) einen autoritativen Rechtsfindungsakt eines

1362 Sie sind auch bei den Vergleichen und notariellen Urkunden erst im Beschwerdeverfahren (Art. 43 EuGVO) zu prüfen.

1363 Dies zeigt die Auswertung der Nationalberichte der Study JLS/C4/2005/03 im Hinblick auf die praktische Anwendung der Art. 57 f. EuGVO aF, vgl. die Antworten zur Frage 4.2 (3. Fragebogen), *Hess/Pfeiffer/Schlosser*, The Brussels I Regulation, Rdn. 548.

1364 EuGH, 2.6.1994, Rs. C-414/92, *Solo Kleinmotoren./.Boch*, EU:C:1994:221, Rdn. 17 ff., dazu *Frische*, Verfahrenswirkungen, S. 133 ff.

1365 *Frische*, Verfahrenswirkungen, S. 130, nennt als Kennzeichen des Vergleichs dessen Vertragscharakter (im Gegensatz zur autoritativen Entscheidung) und die prozessualen Wirkungen der Verfahrensbeendigung und Vollstreckbarkeit.

1366 Daher fällt ein (gerichtlich bestätigter) Vergleich nach dem niederländischen WCAM (Wet Collectieve Afwikkeling Massaschade) unter die Definition des Art. 2 lit. b) EuGVO, *Kramer*, in: Dickinson/Lein (Hrg.), The Brussels I Regulation Recast (2015), Rdn. 14.35.

1367 Dazu bereits oben § 6 IV, Rdn. 6.187.

unparteilichen Dritten (in der Regel des Richters). Die Abgrenzung ist vor allem im Hinblick auf *consent judgments* des Common Law und auf *jugement d'expédient* nach französischem und belgischem Prozessrecht bedeutsam. In der Literatur besteht Einigkeit, dass allein die Bezeichnung des nationalen Verfahrensrechts nicht maßgeblich sein kann – dies widerspräche dem Gebot der autonomen Auslegung.[1368] Umgekehrt erscheint es jedoch auch zu weitgehend, einen materiellen Akt richterlicher Rechtserkenntnis zu fordern. Denn dann wären Anerkenntnis- oder Verzichtsurteile (§§ 306 f. ZPO) keine Entscheidungen iSv Art. 2 lit. a) EuGVO. Ein Dispositionsakt der Parteien genügt daher, sofern das Gericht eine formale Entscheidung erlässt, die in materieller Rechtskraft erwächst.[1369] Folglich fallen auch *consent judgments* und *jugements d'expédient* unter Art. 2 lit. a) EuGVO und nicht unter Art. 59 EuGVO. Abgrenzungsmerkmal ist die materielle Rechtskraftfähigkeit der Entscheidung. Ist diese gegeben, ist Art. 2 lit. a) EuGVO einschlägig, andernfalls sind Art. 2 lit. b), 59 EuGVO anzuwenden.[1370]

Nach diesen Kriterien ist ein Vergleich nach dem niederländischen WCAM nicht **6.296** als ein Urteil zu qualifizieren. Zwar prüft das Gericht, ob das Ergebnis insgesamt fair (bzw. angemessen) ist und ob gewisse prozessuale Mindeststandards eingehalten wurden. Im Ergebnis bewirkt jedoch nicht die gerichtliche Genehmigung des Vergleichs, sondern dessen vorgängiger Abschluss durch die Parteien die Bindung. Mithin gibt die Einigung zwischen den Parteien, nicht die richterliche Überprüfung, den Ausschlag.

Der vor einem Güterichter abgeschlossene Vergleich (§ 278 V ZPO) oder ein dem **6.297** Gericht unterbreiteter Vergleich (§ 278 VI ZPO) unterfällt der Freizügigkeit nach Art. 59 EuGVO. Ein vor dem Mediator abgeschlossener Vergleich (§ 278a ZPO) unterfällt der Freizügigkeit, wenn er nach § 278 VI ZPO dem Prozessgericht vorgelegt und von diesem festgestellt wird. Dasselbe gilt für den Anwaltsvergleich im Fall der Vollstreckbarerklärung durch das Prozessgericht, § 796b ZPO. Vergleiche, die vor Gütestellen und Verbraucherschlichtungsstellen abgeschlossen werden, sind öffentliche Urkunden iSv Art. 2 lit. c), 58 EuGVO.

bb) Abgrenzung zum materiellrechtlichen Vergleich

Vom privatrechtlichen, materiellen Vergleich (*negotium*) unterscheidet sich der Pro- **6.298** zessvergleich durch die Vollstreckungswirkung (*instrumentum*). Diese ist nach Art. 59

1368 Dazu oben § 4 II, Rdn. 4.44 ff.

1369 Schlussanträge *Gulmann*, EuGH, 2.6.1994, Rs. C-414/92, *Solo Kleinmotoren./.Boch*, EU:C:1994:110, Rdn. 30; *Nelle*, Titel, Anspruch und Vollstreckung, S. 271; *Frische*, Verfahrenswirkungen, S. 144 f.; *Niboyet*, Clunet 124 (1997), 1028, 1029; *Kaye*, Civil Jurisdiction, S. 1682.

1370 *Nelle*, Titel, Anspruch und Vollstreckung, S. 271; *Frische*, Verfahrenswirkungen, S. 145 f. (mit zahlreichen Hinweisen zu „hybriden" Titeln in den europäischen Verfahrensrechten).

EuGVO Anerkennungsvoraussetzung und -gegenstand,[1371] ihr Nachweis erfolgt durch die Bescheinigung nach Art. 60 iVm Anhang II EuGVO. Die Vollstreckungswirkung setzt eine gerichtliche Beteiligung voraus, die entweder durch eine Protokollierung[1372] oder durch ein förmliches Urteil erfolgt (Bestätigungsbeschluss).[1373] Solange der Bestätigungsbeschluss nicht in materieller Rechtskraft erwächst, unterfällt der gerichtlich bestätigte Vergleich Art. 59 EuGVO.[1374]

b) Grenzüberschreitende Vollstreckung

6.299 Für die grenzüberschreitende Vollstreckung verweist Art. 59 EuGVO auf die Regelungen zur vollstreckbaren Urkunde. Danach erfolgt die Vollstreckung durch Vorlage der Ausfertigung des Vergleichs nebst der Bescheinigung nach Art. 60 EuGVO, die der Rechtspfleger des Prozessgerichts ausfertigt, §§ 1110 ZPO, 20 Nr. 11 PflG. Die grenzüberschreitende Vollstreckung wird durch die Vorlage der Dokumente beim zuständigen Vollstreckungsorgan eingeleitet (Art. 59, 58, 42 EuGVO). Die Vollstreckung setzt die vorgängige Zustellung der Bescheinigung nach Art. 60, 43 EuGVO an den Schuldner voraus.

6.300 Die Anerkennungshindernisse sind auf Verstöße gegen den *ordre public* reduziert; Einwendungen gegen die Zuständigkeit des Erstgerichts sind ausgeschlossen.[1375] Dasselbe gilt für die Verfahrenshandhabung im Erstverfahren, sofern diese nicht (ausnahmsweise) den prozessualen *ordre public* verletzt.[1376] Zuständig ist nach § 1117 I ZPO das Landgericht am Wohnsitz des Schuldners, im Fall des ausländischen Wohnsitzes das Landgericht am Vollstreckungsort, § 1115 ZPO. Es entscheidet der Vorsitzende einer Zivilkammer nach Anhörung des Gläubigers aufgrund freigestellter mündlicher Verhandlung. Materiellrechtliche Einwendungen gegen den Vergleich lässt § 1117 iVm § 1086 ZPO ebenfalls vor dem Landgericht zu. Diese Regelung ist in mehrfacher Hinsicht missglückt:[1377] Sie berücksichtigt zunächst nicht, dass im Fall der Unwirksamkeit des Vergleichs die Rechtshängigkeit des Erstverfahrens wieder eintritt[1378] mit der Folge, dass der nach § 1117 ZPO anhängige Prozess im Vollstreckungsstaat nach

---

1371 Indem die Vollstreckungswirkung anerkannt wird, folgt Art. 58 EuGVO dem Grundsatz der wechselseitigen Vollstreckung, oben § 3 II, Rdn. 3.27 f.

1372 Die richterliche Protokollierung des Vergleichsvertrags erfolgt in Belgien, Deutschland, Frankreich, Italien, den Niederlanden und Österreich, *Frische*, Verfahrenswirkungen, S. 105 mwN.

1373 So in Belgien, England, Frankreich und Spanien, *Frische*, Verfahrenswirkungen, S. 105 mwN.

1374 Dazu bereits oben § 6 VI, Rdn. 6.295.

1375 Zwar muss das Erstgericht seine internationale Zuständigkeit von Amts wegen prüfen, Art. 25 EuGVO, eine Kontrolle durch das Zweitgericht findet hingegen nicht statt, *Frische*, Verfahrenswirkungen, S. 161 ff.; Rauscher/*Staudinger*, Art. 58 EuGVO, Rdn. 5; *Renna*, JURA 2009, 119 ff.

1376 Zutreffend OLG Koblenz, 5.4.2004, OLG-Report Koblenz 2005, 276. Denkbar sind massive Einschüchterungsversuche des Prozessgerichts, um die Partei zum Vergleichsabschluss zu veranlassen.

1377 Dazu bereits *Hess*, FS Gottwald, S. 295 f.

1378 Dazu *Jauernig/Hess*, Zivilprozessrecht, § 48, Rdn. 22 ff.

Art. 29 EuGVO als unzulässig abzuweisen ist. Darüber hinaus ist die Schaffung eines zusätzlichen Gerichtsstandes zur Aufhebung des ausländischen Vollstreckungstitels mit dem Diskriminierungsverbot nicht vereinbar. Schließlich bleibt die Aufhebung der Vollstreckungswirkung auf den Vollstreckungsmitgliedstaat begrenzt.[1379]

2. Die Freizügigkeit öffentlicher Urkunden, Art. 2 lit. c), Art. 60 EuGVO

Art. 2 lit. c) EuGVO definiert die öffentliche Urkunde als ein Schriftstück, das von einer ermächtigten Stelle als öffentliche Urkunde aufgenommen oder registriert wird und bei dem sich die Beurkundung auf die Unterschrift und den Inhalt des Dokuments bezieht. Diese Definition findet sich auch in Art. 4 I lit. a) EuVTVO. 6.301

Art. 59 EuGVO aF enthielt hingegen keine Definition. Dies erklärte sich aus der homogenen Struktur der ursprünglichen Mitgliedstaaten des EuGVÜ (1968), die sämtlich dem lateinischen Notariat angehörten.[1380] Mit der Erweiterung auf die iberischen,[1381] skandinavischen Mitgliedstaaten[1382] und insbesondere auf Großbritannien und Irland[1383] hat sich die Ausgangssituation verkompliziert, weil dort andere Urkundenformen gebräuchlich sind.[1384] Vor diesem Hintergrund hat der EuGH vor allem auf die Mitwirkung einer Amtsperson bei der Errichtung der Urkunde als wesentliches Kriterium abgestellt.[1385] Nach der Definition des Art. 2 lit. c) EuGVO setzt die öffentliche Urkunde vier Tatbestandsmerkmale voraus: (1) Sie muss in einem Mitgliedstaat förmlich errichtet sein,[1386] (2) unter Mitwirkung einer ermächtigten Behörde;[1387] (3) die Beweiswirkung muss sich auf den Inhalt der Urkunde bezie- 6.302

1379 Ebenso OLG Köln, BeckRS 2013, 05770; *Haubold*, FS Schütze (2014), S. 178 f.

1380 *Münch*, FS Rechberger, S. 395, 396; enger *Schlosser/Hess*, Art. 57 EuGVO Rdn. 1 (Konsens nur zwischen Deutschland und Frankreich).

1381 Zur Anerkennung eines „corredor colegiador de comercio" vgl. CA Aix en Provence, 2.3.2000, Rev. Crit. 2001, 163 (*Légier*).

1382 Zur Unanwendbarkeit auf privatschriftliche, dänische Schuldscheine vgl. EuGH, 17.6.1999, Rs. C-260/97, *Unibank*, EU:C:1999:312, Rdn. 15 ff.; vgl. auch OLG Karlsruhe, 30.1.2007, FamRZ 2007, 1581 (schwedische privatschrifliche, beglaubigte Unterhaltsvereinbarung).

1383 Das Common Law kennt keine *„authentic instruments"*, *Layton/Mercer*, European Civil Practice, Rdn. 29.002.

1384 Rechtsvergleichender Überblick (zu den alten EU-Mitgliedstaaten) bei *Leutner*, Vollstreckbare Urkunde, S. 57 ff.

1385 EuGH, 17.6.1999, Rs. C-260/97, *Unibank*, EU:C:1999:312, Rdn. 15 ff.; dazu *Rechberger*, FS Geimer, S. 903; *Fitchen*, in: Dickinson/Lein (ed.), The Recasted Brussels I Regulation, Rdn. 14.10.

1386 Gleichgestellt ist die Errichtung durch einen Konsul des Mitgliedstaates, Art. 5 lit. f) Wiener Übereinkommen vom 24.4.1963 über die konsularischen Beziehungen, BGBl. 1969 II 1585.

1387 Dazu EuGH, 17.6.1999, Rs. C-260/97, *Unibank*, EU:C:1999:312; Beispiel: Vollstreckbare Urkunden des huissier de justice (französischer Gerichtsvollzieher), OLG Saarbrücken, 6.7.1998, IPRax 2001, 238. Diese Rechtswirkung fehlt im englischen Recht, *Fitchen*, in: Dickinson/Lein (ed.), The Recasted Brussels I Regulation, Rdn. 14.13 f.

hen.[1388] (4) Schließlich muss die Urkunde vollstreckbar sein.[1389] Dass der sachliche Anwendungsbereich der Verordnung eröffnet sein muss, ergibt sich bereits aus Art. 1 EuGVO.[1390]

6.303 Für die Vollstreckung verweist Art. 58 I 2 EuGVO sinngemäß auf die Art. 39 ff. EuGVO.[1391] Das Verfahren wird formularmäßig durchgeführt, Art. 58 und 60 EuGVO. Mithin setzt die Anerkennung die Vorlage der ausländischen Urkunde (gegebenenfalls in Übersetzung)[1392] und des Begleitformulars nach Art. 60 EuGVO iVm Anhang II voraus.[1393] Wie im Verfahren nach Art. 39 ff. EuGVO überprüft das Vollstreckungsorgan die Anwendbarkeit der EuGVO und das Vorliegen eines Titels im Sinne der Art. 2 lit. c) und 58 EuGVO anhand des Begleitformulars.[1394] Erst im Rechtsbehelfsverfahren (Art. 45 ff.) kann ein (offensichtlicher) Verstoß gegen den *ordre public* des Vollstreckungsstaates geltend gemacht werden, Art. 58 I 2 EuGVO.

6.304 Sonstige Einwendungen der Partei, insbesondere gegen die Wirksamkeit der Errichtung oder materielle Einwendungen gegen den Titel, sind nicht zugelassen (Art. 58 EuGVO). Für derartige Einwände sind die Rechtsbehelfe im Erststaat eröffnet[1395] – nach deren Einlegung kann der Schuldner im Vollstreckungsstaat vorläufigen Rechtsschutz nach Art. 44 II EuGVO erlangen.[1396] Die anderweitige Regelung des § 1117 ZPO, die die Geltendmachung von Vollstreckungseinwänden in der Zwangsvollstreckung zulässt, ist mit der Regelungsstruktur des Rechtsbehelfsverfahrens der EuGVO nicht vereinbar.[1397]

6.305 Das Obergericht Luzern hat in einem Verfahren zur Anerkennung einer deutschen, notariellen Urkunde (§ 794 I Nr. 5 ZPO) nach Art. 36, 50 LugÜ (1988) dem Schuldner eine Frist gesetzt, um gegen

---

1388 Ausführlich *Münch*, FS Rechberger, S. 395, 404 ff. unter Bezugnahme auf den Bericht *Jenard/Müller*, ABl. EG 1990 C-189, S. 57, 80 (Rdn. 72) mit der eingängigen Umschreibung: „behördliche/inhaltsbezogene/titularische Beurkundung".

1389 Die Vollstreckbarkeit richtet sich nach dem Recht des Errichtungsstaates (Wirkungserstreckung), *de Leval*, FS Delnoy, S. 663, 664 f. Daher sind die inhaltlichen Grenzen des § 794 I Nr. 5 ZPO auch bei der Vollstreckung im Ausland maßgebend, selbst wenn der Zweitstaat eine entsprechende Begrenzung nicht kennen sollte, BGH, 21.10.2004, NJW-RR 2005, 295; *Kropholler/v. Hein*, Art. 57 EuGVO aF, Rdn. 6.

1390 Dies ist insbesondere für die Abgrenzung zu behördlichen Urkunden (einschließlich Justizverwaltungsakten) bedeutsam, zur (ausgeschlossenen) Kostennote des Notars (§ 155 KostenO) vgl. *Kropholler/v. Hein*, Art. 1 EuGVO aF, Rdn. 7.

1391 Ausführlich *Fitchen*, in: Dickinson/Lein (ed.), The Recasted Brussels I Regulation, Rdn. 14.20.

1392 Freilich nur, sofern zum Verständnis der Vollstreckungswirkung erforderlich, vgl. Art. 42 III, 57 EuGVO.

1393 Dieses wird (bei ausgehenden Titeln) von der ausstellenden Behörde erteilt, § 56 AVAG.

1394 Vgl. oben § 6 IV, bei Rdn. 6.241 ff.

1395 *Stone*, EU Private International Law, S. 212 f.; *Hess/Pfeiffer/Schlosser*, The Brussels I Regulation, Rdn. 555.

1396 Vgl. oben § 6 IV, bei Rdn. 6.270 f. Ebenso *Leutner*, Vollstreckbare Urkunde, S. 265 ff.

1397 Dazu oben § 6 IV, Rdn. 6.252; aA Dasser/Oberhammer/*Naegeli*, Art. 57 LugÜ, Rdn. 73 f.

die Wirksamkeit der Urkunde nach § 797 V ZPO vor den deutschen Zivilgerichten vorzugehen.[1398] Dieses Vorgehen erscheint unbedenklich, soweit § 797 V 1 ZPO auf den allgemeinen Gerichtsstand des Schuldners verweist. Die Vorschrift ist im europäischen Zivilprozess dahin auszulegen, dass nach Art. 4 EuGVO das jeweils allgemein zuständige Gericht am Wohnsitz bzw. Sitz (Art. 62 f. EuGVO) entscheidungsbefugt ist. Im Verhältnis zu Schuldnern mit Wohnsitz in Drittstaaten kann die internationale Zuständigkeit zudem auf den Vermögensgerichtsstand des § 23 ZPO gestützt werden, § 797 V 2 a.E. ZPO, vgl. Art. 6 II EuGVO.

1398 So OLG Luzern, Luzerner Gerichts- und Vollstreckungsentscheide 2005 I Nr. 44, zitiert nach *Dasser/Oberhammer/Naegeli*, Art. 57 LugÜ, Rdn. 71.

§ 7 Ehe- und Kindschaftsverfahren – unter Einschluss des Erbrechts

Literatur:[1] Rechtstatsächliche Untersuchungen (einschließlich Datenbanken zur Rechtspraxis in den EU-Mitgliedstaaten): EuFams I (Planning the future of cross-border families: a path through coordination), Website: http://www.eufams.unimi.it/; EuFams II, Website: http://www2.ipr.uni-heidelberg.de/eufams/.

1. Ehe- und Kindschaftsrecht: *Althammer* (Hrg.), Kommentar zu den Verordnungen Brüssel IIa und Rom III (2014); *Ancel/Muir Watt*, L'intérêt supérieur de l'enfant dans le concert des juridictions: le Règlement Bruxelles II bis, Romanian JInt'l & Comp Priv. L. 1 (2007); *Baetge*, Zu einem gemeinsamen europäischen Verständnis des gewöhnlichen Aufenthalts, FS Kropholler (2008), S. 77; *Basedow*, Die Europäische Gemeinschaft als Partei von Übereinkommen des einheitlichen Privatrechts, FS Schlechtriem (2003), S. 165; *Beaumont*, The Art. 8 Jurisprudence of the European Court of Human Rights on the Hague Convention on International Child Abduction in Relation to Delays in Enforcing the Return of a Child, FS Pocar (2009), S. 75; *Boele-Woelki/Gonzáles-Beilfuss* (ed.), Brussels II bis: Its Impact and Application in the Member States (2007); *dies./Martiny*, Prinzipien im Europäischen Familienrecht betreffend Ehescheidung und nachehelichen Unterhalt, ZEuP 2006, 6; *Borrás*, The substantive scope of application of European instruments in matrimonial matter, FS Kohler (2018), S. 23; *Breuer*, Ehe- und Familiensachen in Europa (2008); *Brosch*, Rechtswahl und Gerichtsstandsvereinbarung im internationalen Familien- und Erbrecht der EU (2019), *Coester*, Kooperation statt Konfrontation: Die Rückgabe entführter Kinder nach der Brüssel IIa-Verordnung, FS Schlosser (2005), S. 135; *Coester-Waltjen*, Die Berücksichtigung des Kindeswohls in der neuen EU-Verordnung „Brüssel IIa", FamRZ 2005, 241; *Corneloup* (ed.), Le droit européen du divorce (2013); *Dethloff*, Familien- und Erbrecht zwischen nationaler Rechtskultur, Vergemeinschaftung und Internationalität – Perspektiven für die Forschung, ZEuP 2007; *dies.*, Die Europäische Ehe, StAZ 2006, 253; *Devers*, Le droit de visite, in: Fulchiron/Nourissat (ed.), Le nouveau droit communautaire du divorce (2005), S. 105; *Dilger*, Die Regelungen zur internationalen Zuständigkeit in der Verordnung (EG), Nr. 2201/2003 (2004); *Dornblüth*, Die europäische Regelung der Anerkennung und Vollstreckbarerklärung von Ehe- und Kindschaftsentscheidungen (2003); *Dutta*, Der gewöhnliche Aufenthalt, IPRax 2017, 139; *ders.*, Europäische Zuständigkeiten mit Kindeswohlvorbehalt, FS Kropholler (2008), S. 281; *ders./Scherpe*, Die Durchsetzung von Rückführungsansprüchen nach dem HKÜ durch deutsche Gerichte, FamRZ 2006, 901; *ders./Schulz*, First Cornerstones of the EU Rules on Cross Border Child Cases: The Jurisprudence of the CJEU on the Brussels IIa Regulation from C to Health Service Executive, JPIL 10 (2014), 1; *Fulchiron/Nourissat* (ed.), Le nouveau droit communautaire du divorce et de la responsabilité parentale (2005); *Garber*, Zum Begriff der Ehe iSd Art. 1 Abs. 1 lit. a) EuEheKindVO, FS Simotta (2012), S. 145; *Gärtner*, Die Privatscheidung im deutschen und gemeinschaftsrechtlichen internationalen Privat- und Verfahrensrecht (2008); *Gaudemet-Tallon*, La loi française sur le divorce sans juge confrontée au droit européen et international, FS Kohler (2018), S. 91; *González Beilfuss*, Jurisdictional rules in matrimonial matters under Brussels II bis, in: Fulchiron/Nourissat (ed.), Le nouveau droit communautaire (2005), S. 53; *dies.*, EC legislation in matters of parental responsibility and Third States, in: Nuyts/Watté (ed.), International Civil Litigation in Europe and Third States (2005), S. 493; *Gottwald*, Scheidungen im Raum der Freiheit, der Sicherheit und des Rechts, FS Simotta (2012), S. 187; *Gruber*, Scheidung auf Europäisch – die Rom III-Verordnung, IPRax 2012, 381; *ders.*, Das HKÜ, die Brüssel IIa-Verordnung und das

1 **Ältere Literatur** vgl. Voraufl. Bei der Vorbereitung dieses Kapitels unterstützte mich Frau Dr. *Marlene Brosch*, Senior Research Fellow am MPI Luxemburg.

https://doi.org/10.1515/9783110715156-007

Internationale Familienverfahrensgesetz, FPR 2008, 2142; *Hausmann*, Internationales und Europäisches Ehescheidungsrecht (2013); *Heiderhoff*, Vorschläge zur Durchführung der EU-Güterrechtsverordnungen, IPRax 2017, 231; *Henrich*, Internationales Scheidungsrecht (4. Aufl. 2017); *ders.*, Die Zukunft des Güterrechts in Europa, FamRZ 2002, 1521; *Hess*, Justizielle Kooperation, in: Gottwald/ders. (ed.), Procedural Justice (2014); *ders.*, Abgestufte Integration im Europäischen Zivilprozessrecht, FS Leipold (2009), S. 237; *Hohloch*, Die Kindesentführung ins Ausland, in: Brennpunkte des Familienrechts 1999, S. 19; *Holzmann*, Brüssel IIa: Elterliche Verantwortung und internationale Kindesentführungen (2008); *Klinck*, Das neue Verfahren zur Anerkennung ausländischer Entscheidungen nach § 108 II FamFG, FamRZ 2009, 741; *Kohler*, Zur Gestaltung des europäischen Kollisionsrechts für Ehesachen: Der steinige Weg zu einheitlichen Vorschriften über das anwendbare Recht für Scheidung und Trennung, FamRZ 2008, 1673; *ders./Pintens*, Entwicklungen im europäischen Personen-, Familien- und Erbrecht 2018–2019, FamRZ 2019, 1477; *dies.*, Entwicklungen im europäischen Personen-, Familien- und Erbrecht 2017–2018, FamRZ 2018, 1369 ff.; *dies.*, Entwicklungen im europäischen Personen-, Familien- und Erbrecht 2016–2017, FamRZ 2017, 1441; *dies.*, Entwicklungen im europäischen Personen-, Familien- und Erbrecht 2015–2016, FamRZ 2016, 1509; *Kroll*, Unification of Conflicts of Laws in Europe, in: Boele-Woelki/Sverdrup (ed.), European Challenges in Family Law (2008), S. 379; *Kropholler*, Europäisches Internationales Zivilverfahrensrecht ohne europäisches Kollisionsrecht – ein Torso. Das Beispiel der Kinderschutzmaßnahmen, FS Schlosser (2005), S. 449; *Kruger/Samyn*, Brussels IIbis: successes and proposed improvements, JPIL 12 (2016), 132; *Laborde*, Abschaffung des Exequaturverfahrens im Europäischen Familienrecht?, in: Symposium Spellenberg (2006), 78; *Lipp*, Inhalte und Probleme einer „Brüssel III-Verordnung“ im Familienvermögensrecht, in: Gottwald (Hrg.), Perspektive der Justiziellen Zusammenarbeit in der EU (2003), S. 22 ff.; *Looschelders*, Scheidungsfreiheit und Schutz des Scheidungsgegners im internationalen Privat- und Prozessrecht, FS Kropholler (2008), S. 329; *Magnus/Mankowski*, EC-PIL, Brussels IIbis Regulation Commentary (2017), *Mansel*, Anerkennung als Grundprinzip im Europäischen Rechtsraum, RabelsZ 70 (2006), 651; *Martiny*, The impact of the EU private international law instruments on European family law, in: Scherpe (ed.), European Family Law, vol. 1 (2016), p. 261; *Menne*, Grenzüberschreitende richterliche Kooperation im internationalen Familienrecht und Verbindungsrichter, IPRax 2020, 86; *Niklas*, Die europäische Zuständigkeitsordnung in Ehe- und Kindschaftsverfahren, (2003); *Paulino Pereira*, „Rome III“: compétence juridictionelle et la loi applicable en matière matrimoniale, Rev. Marché Commun 2007, 390; *ders.*, La reconnaissance mutuelle des décisions de divorce et de responsabilité parentale dans l’union Européenne, Rev. Marché Commun 1999, 484; *Pintens*, Harmonisierung im Europäischen Familien- und Erbrecht, FamRZ 2005, 1597; *Pirrung*, Internationales Kindschaftsrecht, Staudinger, Vorbem. C zu Art. 19 EGBGB (2018); *ders.*, Forum (non) conveniens – Art. 15 EheGVO vor zwei obersten Common Law Gerichten, IPRax 2017, 562; *ders.*, Internationale Zuständigkeit in Sorgerechtssachen nach der Verordnung (EG) 2201/2003, FS Schlosser (2005), S. 695; *Porcheron*, La jurisprudence des deux Cours européennes (CEDH et CJUE) sur le déplacement illicite d’enfant: vers une relation de complémentarité? JDI 2015, 821; *Rieck*, Neues Eilvorlageverfahren zum EuGH – Kindesrückgabe nach Art. 11 VIII, 42 EheVO, NJW 2008, 2958; *Scherpe* (ed.), European Family Law (2016); *Schlosser*, Neue Perspektiven der Zusammenarbeit von Gerichten verschiedener EG-Staaten im Kindschaftsrecht, FS Schwab (2005), S. 1255; *Schulte-Bunert*, Die Vollstreckung von Entscheidungen über die elterliche Verantwortung nach der VO (EG) 2201/2003 in Verbindung mit dem IntFamRVG, FamRZ 2007, 1608; *Schulz*, Das Haager Kindesentführungsübereinkommen und die Brüssel IIa-Verordnung, FS Kropholler (2008), S. 435; *dies.*, Die Zeichnung des Haager Kinderschutzübereinkommens von 1996 und der Kompromiss zur Brüssel IIa-Verordnung, FamRZ 2003, 1351; *Siehr*, Vollstreckung eines ausländischen Titels auf Herausgabe eines entführten Kindes, IPRax 2016, 344; *Solomon*, „Brüssel IIa“ – Die neuen europäischen Regelungen zum Verfahrensrecht in Fragen der elterlichen Verantwortung, FamRZ 2004, 1409; *Spellenberg*, Die zwei Arten einstweiliger Anordnungen in der EuEheGVO, FS Coester-Waltjen (2015), S. 813; *ders.*, Internationales Verfahrensrecht in Ehesachen, in: Staudinger (2015); *ders.*, Einstweilige

Maßnahmen nach Art. 12 EheGVO, FS Beys (2003), S. 1583; *Spickhoff*, Zur Qualifikation der nichtehelichen Lebensgemeinschaft im europäischen Zivilprozess- und Kollisionsrecht, FS Schurig (2012), S. 285; *Streinz*, Die Europäisierung des Familienrechts, FS Coester-Waltjen (2015), S. 271; *Texeira de Sousa*, Ausgewählte Probleme aus dem Anwendungsbereich der VO 2201/2003/EG und dem Haager Übereinkommen vom 19.10.1996 über den Schutz von Kindern, FamRZ 2005, 1612; *Tödter*, Europäisches Kindschaftsrecht (2010); *Trimmings*, Child Abduction within the European Union (2013); *Vitellino*, European Private International Law and Parallel Proceeding in Third States in Family Matters, in: Malatesta/Bhariati/Bocar (ed.), The External Dimension of EC Private International Law in Family and Succession Matters 2008, S. 221 ff.; *Voegele*, Full Faith and Credit (2003); *R. Wagner*, Anerkennung und Wirksamkeit ausländischer familienrechtlicher Rechtsakte nach autonomem deutschen Recht, FamRZ 2006, 44; *ders.*, Ausländische Rechtshängigkeit in Ehesachen unter besonderer Berücksichtigung der EG-Verordnungen Brüssel II und Brüssel IIa, FPR 2004, 286; *M. P. Weller*, Die Reform der EuEheVO, IPRax 2017, 222; *Wilderspin*, Verabschiedung einer EG-Verordnung über die Zuständigkeit und Anerkennung von Entscheidungen in Ehesachen, SozSi 2000, 953; *Wollenschläger*, Grundfreiheiten ohne Markt (2007); *Zürcher*, Kindesentführung und Kinderrechte (2005).

Internet-Adressen: Leitfaden zur Anwendung der Verordnung Brüssel IIa: www.europa.eu.int/civiljustice.

2. Unterhaltsrecht: *Ancel/Muir Watt*, Aliments sans frontières. Le Règlement CE n° 4/2009, Rev. crit. 99 (2010), 457; *Andrae*, Zum Verhältnis der Haager Unterhaltskonvention und des Haager Protokolls zur geplanten EU-Unterhaltsverordnung, FPR 2008, 196; *Beaumont/Hess/Walker/Spancken* (ed.), The Recovery of Maintenance in the EU and Worldwide (2014); *Beaumont*, International Family Law in Europe – the Maintenance Project, the Hague Conference and the EC: A Triumph of Reverse Subsidiarity, RabelsZ 73 (2009), 509; *Bonomi*, The Hague Protocol of 23 November 2007 on the Law Applicable to Maintenance Obligations, YbPIL 10 (2008), 333; *Coester-Waltjen/Lipp/Schumann/Veit* (Hrg.), Europäisches Unterhaltsrecht. Die Bedeutung des Haager Übereinkommens und der UnterhaltsVO für das deutsche und englische Recht (2010); *Dörner*, Der Vorschlag für eine europäische Verordnung zum Internationalen Unterhalts- und Unterhaltsverfahrensrecht, FS Yamauchi (2006), S. 81 ff.; *Duncan*, The Hague Convention of 23 November 2007 on the International Revovery of Child Support and Other Forms of Family Maintenance Comment on ist Objectives and Some of ist Special Features, YbPIL 10 (2008), 313; *Eichel*, Neuer Schwung für das Mahnverfahren als Option der grenzüberschreitenden Anspruchsverfolgung, FamRZ 2011, 1441; *Faetan*, Internationale Rechtsgrundlagen im Unterhaltsrecht sowie europäische und internationale Rechtsgrundlagen, JAmt 2007, 181; *Gallant*, Coopération d'autorités et récouvrement international des aliments, JIPL 2 (2012), 54 ; *Gebauer*, Vollstreckung von Unterhaltstiteln nach der EuVTVO und der geplanten Unterhaltsverordnung, FPR 2006, 252 ff.; *Gottwald*, Prozessuale Zweifelsfragen der geplanten EU-Verordnung in Unterhaltssachen, in: Facetten des Verfahrensrechts, FS Lindacher (2007), S. 13 ff.; *Gruber*, Abänderung ausländischer Unterhaltsentscheidungen, IPRax 2016, 338; *Gsell/Netzer*, Vom grenzüberschreitenden zum potentiell grenzüberschreitenden Sachverhalt – Art. 19 EuUhVO als Paradigmenwechsel im Europäischen Zivilverfahrensrecht, IPRax 2010, 403; *Harten/Jäger-Maillet*, Wenn Kindesunterhaltsansprüche übergegangen sind: Durchsetzung im Ausland, JAmt 2008, 413 f.; *Hau*, Grundlagen der internationalen Notzuständigkeit im Europäischen Unterhaltsrecht, FS Kaissis (2012), S. 355; *Hellner*, The Maintenance Regulation – A Critical Assessment of the Commissions Proposal, in: Boele-Woelki/Sverdrup (ed.), European Challenges in the Contemporary Family Law (2008), S. 343; *Hess*, Justizielle Kooperation, in: Gottwald/ders. (ed.), Procedural Justice (2014); *ders.*, Die Verordnung 4/2009/EG zum Unterhaltsrecht, in: Schmidt (Hrg.), Internationale Unterhaltsrealisierung (2011), S. 27; *ders./Spancken*, Die Durchsetzung von Unterhaltstiteln mit Auslandsbezug nach dem AUG, FPR 2013, 27; *Kropholler/Blobel*, Unübersichtliche Gemengelagen im IPR durch EG-Verordnungen und Staatsverträge, FS Sonnenberger (2004), S. 452;

Linke, Die Europäisierung des Unterhaltsverfahrensrechts, FPR 2006, 237; *Mankowski*, Die internationale Zuständigkeit nach Art. 3 EuUhVO und der Regress öffentlich-rechtlicher Einrichtungen, IPRax 2014, 249; *Martiny*, Grenzüberschreitende Unterhaltsdurchsetzung nach europäischem und internationalem Recht, FamRZ 2008, 1681; *Ratzel*, Die Präklusion isolierter Unterhaltsverfahren durch den ausländischen Scheidungsverbund (2006); *Reuß*, Unterhaltsregress revisited – die internationale, gerichtliche Zuständigkeit für Unterhaltsregressklagen aus dem europäischen Ausland, FS Simotta (2012), 483; *Veith*, Die Rolle der Zentralen Behörde und des Jugendamts bei der Geltendmachung und Durchsetzung von Unterhaltsforderungen, FPR 2013, 46; *Wagner*, Der Wettstreit um neue kollisionsrechtliche Vorschriften im Unterhaltsrecht, FamRZ 2006, 979.

3. Europäischer Gewaltschutz: *Dutta*, Grenzüberschreitender Gewaltschutz in der Europäischen Union, FamRZ 2015, 85; *Geimer*, Grenzüberschreitender Gewaltschutz in der Europäischen Union, FS Coester-Waltjen (2015), S. 375; *Hess*, Grenzüberschreitende Gewaltschutzanordnungen im Europäischen Justizraum, in: FS Coester-Waltjen (2015), S. 453; *ders.*, Feasibility Study: The European Protection Order and the European Law of Civil Procedure (2011), abrufbar unter: http://bookshop.europa.eu/en/the-european-protection-order-and-the-european-law-of-civil-procedure-pbDS0213381/; *Pietsch*, Internationaler Gewaltschutz, FuR 2016, 685; *Requejo Isidro*, El Reglamento (UE) n° 606/2013 del Parlamento Europeo y del Consejo, de 12 de junio de 2013, relativo al reconocimiento mutuo de medidas de protección en materia civil, JCPL 2015, 51.

4. Europäisches Ehegüterrecht: *Clarkson*, Matrimonial Property on Divorce: All Change in Europe, JPrInt'l L 2008, 421; *de la Durantaye*, Same same but different? Das IPR der Ehe für alle nach [dem] Inkrafttreten des Gesetzes zur Umsetzung des Eheöffnungsgesetzes, IPRax 2019, 281; *Döbereiner/Frank*, Internationales Güterrecht für die Praxis (2019); *Dutta*, Das neue internationale Güterrecht der Europäischen Union - ein Abriss der europäischen Güterrechtsverordnungen, FamRZ 2016, 1973; *Heiderhoff*, Die EU-Güterrechtsverordnungen, IPRax 2018, 1; *Mankowski*, Internationale Zuständigkeit nach EuGüVO und EuPartVO, in: Dutta/Weber (Hrg.), Die Europäischen Güterrechtsverordnungen (2017), S. 11; *ders*, Das Verhältnis zwischen der EuErbVO und den neuen Verordnungen zum internationalen Güterrecht, ZEV 2016, 479; *Martiny*, Die Kommissionsvorschläge für das internationale Ehegüterrecht sowie für das internationale Güterrecht eingetragener Partnerschaften, IPRax 2011, 437; *Simotta*, Die internationale Zuständigkeit nach den neuen Europäischen Güterrechtsverordnungen, ZVglRWiss 116 (2017), 44; *Weber*, Die Europäischen Güterrechtsverordnungen: Eine erste Annäherung, DNotZ 2016, 659; *Wendland*, Verfahrensrechtliche Probleme im System internationaler Entscheidungszuständigkeit der neuen Europäischen Güterrechtsverordnungen – Altbekanntes und Innovatives aus dem Experimentierlabor der Europäischen Kommission, IPRax 2019, 1.

5. Europäisches Erb- und Erbverfahrensrecht: *Bajons*, Internationale Zuständigkeit und anwendbares Recht in grenzüberschreitenden Erbrechtsfällen innerhalb der Europäischen Justizraums, FS Heldrich (2005), S. 495; *Berquist/Damascelli/Frimston/Lagarde/Odersky/Reinhartz*, EU-Erbrechtsverordnung (2015); *Bonomi/Wautelet* (Hrg.), Le droit européen des successions (2. Aufl. 2017); *Deixler-Hübner/Schauer* (Hrg.), Kommentar zur EU-Erbrechtsverordnung (2015); *Dörner*, Die internationale Zuständigkeit zur Ausstellung eines deutschen Erbscheins, DNotZ 2017, 407; *Dutta*, Die europäische Erbrechtsverordnung vor ihrem Anwendungsbeginn: Zehn ausgewählte Streitstandsminiaturen, IPRax 2015, 32; *ders.*, Successions and Wills on the Eve of Europeanisation, RabelsZ 73 (2009), 547; *Dutta/Herrler* (Hrg.), Die Europäische Erbrechtsverordnung (2014); *Haas*, Die Europäische Zuständigkeitsordnung in Erbsachen, in: Jud/Rechberger/Reichelt (Hrg.), Kollisionsrecht in der Europäischen Union (2008), S. 127; *Hess/Requejo Isidro*, Incidencia del Reglamento 650/2012 del Parlamento Europeo y del Consejo, de 4 de julio de 2012, de Sucesiones (2018); *Lagarde*, Les principes de base du nouveau règlement européen sur les successions, Rev. crit. 2012, 691; *Laukemann*, Die lex rei sitae in der ErbrechtsVO, FS Schütze II (2014), 325; *ders.*, The European Certificate of Succession: Portrait of a New Instrument in European Private International Law, in: Hess/Bergström/Storskrubb (ed.), EU Civil Justice (2016), 161; *Leipold*, Gerichtsstandsvereinbarungen nach der Europäischen Erbrechtsverordnung, FS Meincke (2015), S. 219; *R. Magnus*, Gerichtsstandsvereinbarungen im Erbrecht?, IPRax 2013, 393; *Mankowski*, Der gewöhnliche Aufenthalt des Erblassers unter Art. 21 EuErbVO, IPRax 2015, 39; *Mansel*, Vereinheitlichung des internationalen Erbrechts in der Europäischen Gemeinschaft – Kompetenzfragen und Regelungsgrundsätze, FS Ansay (2006), S. 185; *ders.*, Negotium und instrumentum – Zur Urkundenanerkennung und Urkundenannahme im Europäischen Kollisionsrecht, in: FS Kohler (2018), S. 301; *Martiny*, Internationale Zuständigkeit und gewöhnlicher Aufenthalt des verstorbenen Grenzpendlers, IPRax 2018, 29; *Meyer*, Die Gerichtsstände der Erbrechtsverordnung unter besonderer Berücksichtigung des Forum Shopping (2013); *Rechberger/Schur*, Eine internationale Zuständigkeitsordnung in Verlassenschaftssachen, in: Jud/Rechberger/Reichelt (Hrg.), Kollisionsrecht in der Europäischen Union (2008), S. 185; *Repasi*, Die rechtliche Stellung des Testamentsvollstreckers im Binnenmarktrecht, GPR 2008, 199; *Requejo Isidro*, El tiempo en el Reglamento 650/2012. Ilustraciones de la practica española, REDI 2018, 127; *Schmitz*, Das Europäische Nachlasszeugnis, RNotZ 2017, 269; *Seyfarth*, Wandel der internationalen Zuständigkeit im Erbrecht (2012); *Sonnentag*, Die erbrechtliche Qualifikation des güterrechtlichen Viertels durch den EuGH und ihre Konsequenzen, JZ 2019, 657; *Tereszkiewicz/Wysocka-Bar*, Polnische Vindikationslegate vor dem EuGH, GPR 2017, 197; *von Bary*, Gerichtsstands- und Schiedsvereinbarungen im internationalen Erbrecht (2018).

I. Die Entwicklung des europäischen Familienrechts

Während die EuGVO die prozessualen Rahmenbedingungen für wirtschaftliche Transaktionen im Binnenmarkt schafft, geht das Regelungsziel der Unionsrechtsakte im internationalen Ehe- und Kindschaftsrecht weiter. Diese Rechtsakte stehen in unmittelbarem Zusammenhang mit der Personenfreizügigkeit nach Art. 21 AEUV.[2] Danach steht allen Unionsbürgern das (subjektive) Recht zu, sich in allen Mitgliedstaaten der Europäischen Union niederzulassen oder aufzuhalten.[3] Die vollständige Freizügigkeit von Personen im Europäischen Justizraum ist jedoch nicht gewährleistet, wenn Statusverhältnisse im Bereich des Ehe- und Kindschaftsrechts nicht rasch und effektiv geklärt und in der EU einheitlich anerkannt und implementiert werden.[4] Die praktische Bedeutung des internationalen Familienrechts nimmt kontinuierlich zu: 15 % aller in Deutschland ausgesprochenen Ehescheidungen betreffen gemischt- 7.1

2 Staudinger/*Spellenberg*, Einl. EheGVO (2003) I, Rdn. 15, befürwortet Art. 21 II AEUV als Kompetenzgrundlage für Rechtsakte im Familienrecht, dazu oben § 2 II, Rdn. 2.60.

3 Zur Bedeutung der Personenfreizügigkeit (Art. 21 AEUV) für die Vereinheitlichung des Ehe- und Kindschaftsrechts vgl. *Streinz*, FS Coester-Waltjen (2015), S. 271, 272 ff.; *Wollenschläger*, Grundfreiheiten, S. 13 ff.; oben § 4 I, Rdn. 4.7.

4 Allgemein zur Anerkennung von Statusverhältnissen *R. Wagner*, FamRZ 2006, 744 ff. Die Rechtsetzungsaktivitäten des Gemeinschaftsgesetzgebers wurden zudem durch massive Konflikte in den 1990er Jahren (vor allem Kindesentziehungen) ausgelöst, dazu unten Rdn. 7.8 f.

nationale Ehen, dies sind ca. 30.000 Scheidungen pro Jahr.[5] Die Zahl der „internationalen“ Scheidungen steigt in allen EU-Mitgliedstaaten seit Jahren kontinuierlich an.[6]

7.2 Das EuGVÜ hatte die Ehescheidungsverfahren wegen der damaligen großen Unterschiede in den Sach- und Kollisionsrechten der Mitgliedstaaten ausgeklammert – die Ehescheidung war in den 1960er Jahren nicht in allen EWG-Mitgliedstaaten (insbesondere nicht in Italien) zugelassen.[7] Speziell in den 1970er und 1980er Jahren führten jedoch alle (damaligen) Mitgliedstaaten nachhaltige Reformen der Scheidungsrechte durch. Die Rechtsetzungsaktivitäten des Gemeinschaftsgesetzgebers setzten in den 1990er Jahren ein.[8] Im Rahmen der intergouvernmentalen Zusammenarbeit nach Art. K. 6 EGV (1993)[9] wurde ein Übereinkommen über die Zuständigkeit und die Anerkennung und Vollstreckung von Entscheidungen in Ehesachen erarbeitet und am 28.5.1998 zur Unterzeichnung aufgelegt.[10] Zur Ratifikation kam es nach dem Inkrafttreten des Amsterdamer Vertrages nicht mehr.

7.3 Dieses Übereinkommen wurde im Mai 2000 mit nahezu unverändertem Inhalt als Verordnung (EG) 1347/00/EG erlassen. Sie trat am 1.5.2001 in Kraft. Jedoch zeigte sich alsbald, dass die VO 1347/00/EG vor allem das Kindschaftsrecht unzureichend erfasste – sie war lediglich auf Annexverfahren über die elterliche Sorge gemeinschaftlicher Kinder bei der Ehescheidung anwendbar. Die massive Kritik an der lückenhaften Regelung führte zum Erlass der VO 2201/03/EG (EheGVO), die seit dem 1.3.2005 die VO 1347/00/EG ersetzt hat. Wesentliches Regelungsziel der Neuregelung war die Erstreckung des persönlichen Anwendungsbereichs in Kindschaftssachen (d. h. vor allem in Sorge- und Umgangsstreitigkeiten) auf sämtliche Kinder, unabhängig von der Anhängigkeit eines Scheidungsverfahrens.[11] Die Regelungen zur Koordination von Scheidungsprozessen blieben hingegen unverändert.

7.4 Nach langen (und kontroversen) Verhandlungen[12] wurde am 25.6.2019 die Brüssel II^{ter}-VO (EheGVO 2019) verabschiedet, die ab dem 1.8.2022 anwendbar sein wird (vgl. Art. 105 II EheGVO 2019).[13] Die Neufassung ermöglicht die Anerkennung

---

5 Grünbuch der EG-Kommission über das anwendbare Recht und die Zuständigkeit in Scheidungssachen, KOM (2005) 82 endg.

6 Nach *Kohler*, FamRZ 2008, 1673 ff., werden von 2,2 Millionen Eheschließungen in der EU 350.000 als international erfasst; pro Jahr werden 170.000 Ehen mit grenzüberschreitenden Bezügen geschieden.

7 Jedoch bestanden funktionsäquivalente Substitute, insbesondere die sog. „Trennung von Tisch und Bett“.

8 Vgl. *Wagner*, IPRax 2001, 73, 74 ff.; *Gruber*, FamRZ 2000, 1129 ff.

9 Dazu oben § 2 I, Rdn. 2.4 ff.

10 ABl. EG C-1998/27 ff. Zur Entstehung *Polyzogopoulos*, in: Gottwald (Hrg.), Aktuelle Entwicklungen, S. 133, 136 f.; *Spellenberg*, FS Geimer, S. 1257, 1259. Erläuternder Bericht von *A. Borrás*, ABl. EG C-1998/27 ff.

11 Vgl. EwG 5 zur EheGVO II, der explizit die „Gleichbehandlung“ aller Kinder als Motivation des Gemeinschaftsgesetzgebers herausstellte.

12 Zum Verordnungsvorschlag KOM (2016) 411 endg. vgl. *M.-P. Weller*, IPRax 2017, 222 ff.

13 VO (EU) 2019/1111 vom 25.6.2019, ABl. EU 2019 L 178/1.

und die Vollstreckung von „Privatscheidungen", die unter der Mitwirkung einer mitgliedstaatlichen Behörde ergangen sind; das Exequaturverfahren wird (in Anlehnung an die EuGVO 2012) abgeschafft. Die Kindschaftsverfahren wurden im Hinblick auf die Anhörung des Kindes und auf die Zusammenarbeit der Gerichte und Zentralen Behörden umfassend überarbeitet.[14]

1. Die Verordnung Brüssel II (VO 1347/2000/EG)

Die VO 1347/2000/EG (EheGVO/2000) stellte seit dem 1.5.2001 für die bisher vom Europäischen Prozessrecht ausgenommenen Scheidungsurteile (vgl. Art. 1 II lit. a) EuGVÜ) die Freizügigkeit im Europäischen Justizraum her.[15] Nach dem Modell des EuGVÜ koordinierte die EheGVO (2000) grenzüberschreitende Scheidungsprozesse durch einheitliche Zuständigkeits-, Rechtshängigkeits- und Anerkennungsvorschriften. Die Vereinheitlichung der Verfahrenskonkurrenzen bei Scheidungsprozessen war überfällig: Die Gerichte entschieden zuvor häufig aufgrund exorbitanter und auf die (eigene) Staatsangehörigkeit bezogener Zuständigkeiten der nationalen Prozessordnungen (vgl. beispielsweise § 98 FamFG[16]). Die Folge waren konkurrierende Parallelverfahren in verschiedenen Mitgliedstaaten; zugleich drohten hinkende Statusverhältnisse in den EU-Mitgliedstaaten.[17] 7.5

Bei der Entscheidungszuständigkeit begünstigen zahlreiche Gerichtsstände das *forum shopping* des scheidungswilligen Ehegatten:[18] Art. 2 EheGVO (2000)[19] listete insgesamt sieben gleichrangige Gerichtsstände auf, die an den gewöhnlichen Aufenthalt beider oder eines Ehegatten, teilweise sogar (gemeinschaftsrechtlich bedenklich) weiterhin an die Staatsangehörigkeit anknüpfen.[20] Einen wesentlichen Fortschritt 7.6

14 Angesichts der langen Übergangsfrist beruht die Darstellung in der vorliegenden Auflage auf der EheGVO (2012); wesentliche Neuerungen werden jeweils im Text oder (bei größeren Änderungen) im Anschluss an die einzelnen Abschnitte dargestellt.

15 So ausdrücklich EwG 7 zur VO 1347/00/EG.

16 Zudem war die Zuständigkeitsbegründung über die Staatsangehörigkeit der Ehegatten (wie beispielsweise in § 606a ZPO/§ 98 FamFG) mit dem Diskriminierungsverbot des Art. 12 EG (heute Art. 9 EUV, 18 AEUV) nicht (mehr) vereinbar, *Hau*, FamRZ 2000, 1333, 1335.

17 Vgl. dazu *R. Wagner*, FamRZ 2003, 803 ff.

18 MünchKomm/*Gottwald*, Art. 3 EheGVO (2003), Rdn. 27; vgl. auch Frankfurter Allgemeine Sonntagszeitung, 19.2.2006, S. 45: „Scheidung auf Englisch. Clevere Frauen ziehen nach London, reichen die Scheidung ein und nehmen den [gut verdienenden] Mann aus." *Welstead*, in: Atkin (ed.), The International Survey of Family Law, S. 61, 62: „England, The Divorce Capital of the World" für sog. *„high earning individuals"*. Der Brexit wird diese Situation nachhaltig ändern.

19 Heute: Art. 3 EheGVO (2003/2019).

20 Dazu *Henrich*, Internationales Scheidungsrecht, Rdn. 210. Berechtigte Kritik bei *Hau*, FamRZ 2000, 1333, 1335 ff. Das OLG München hatte die Vereinbarkeit von Art. 2, 7. SpS mit Art. 12 EG dem EuGH nach Art. 234 EG zur Entscheidung vorgelegt, FamRZ 2003, 546. Die Vorlage war nach Art. 68

brachte hingegen die Rechtshängigkeitsregelung des Art. 11 EheGVO (2000):[21] Danach entscheidet das zuerst angerufene Gericht den gesamten Rechtsstreit.[22] Maßgeblich ist der Zeitpunkt der Rechtshängigkeit, diesen bestimmen Art. 11 IV EheGVO (2000) und Art. 16 EheGVO (2003) autonom.[23] Angesichts der unterschiedlichen materiellen Scheidungsrechte der Mitgliedstaaten enthielt Art. 11 EheGVO (2000) ein autonomes Konzept der Rechtshängigkeit.[24] Später erhobene Verfahren können beim Erstgericht (in der Form des Gegenantrags bzw. der Widerklage) vollumfänglich fortgeführt werden, vgl. Art. 5, 11 III 2 EheGVO (2000).[25]

7.7 Scheidungsurteile aus EU-Mitgliedstaaten werden seit dem 1.5.2001 automatisch, d. h. ohne Delibationsverfahren (zuvor: Art. 7 § 1 FamRÄndG 1961)[26] anerkannt (Art. 14 I EheGVO (2000), Art. 22 I EheGVO 2003).[27] Die Anerkennung erfolgt in der Regel bei der Änderung von Einträgen in den Personenstandsbüchern (Art. 14 II EheGVO (2000), Art. 22 II EheGVO) oder als inzidente Vorfrage, etwa bei einer Klage auf Scheidungsunterhalt (Art. 14 IV EheGVO (2000), Art. 22 IV EheGVO). Eine gesonderte Klage auf Feststellung der (fehlenden) Anerkennungsfähigkeit ist zur Wahrung der prozessualen Waffengleichheit zulässig, Art. 14 III EheGVO (2000) bzw. Art. 21 III EheGVO (2003).[28] Standardisierte Begleitformulare erleichtern den Anerkennungsvorgang: Die Behörden/Gerichte im Urteilsstaat stellen eine Bescheinigung über Art und Gegenstand der anzuerkennenden Entscheidung (Ehescheidung, Trennung von Tisch und Bett, Ehenichtigkeit) aus, Art. 37–39 EheGVO. Die Bescheinigung wird in allen Amtssprachen der Gemeinschaft inhaltlich identisch abgefasst; sie kann (überwiegend) durch schlichtes Ankreuzen ausgefüllt werden. Anhand des einheitlichen Formulars können die befassten Behörden und Gerichte im Zweitstaat auch

---

EG jedoch unzulässig und wurde zurückgenommen. Für die Vereinbarkeit mit Art. 12 EG *Schlosser*, Art. 3 EheGVO (2003), Rdn. 4 aE.

21 Heute: Art. 19 EheGVO.

22 Das europäische Prozessrecht enthält einen erweiterten Streitgegenstandsbegriff, der Scheidungs- und Ehenichtigkeitsverfahren gleichstellt, vgl. Art. 19 I EheVO II, unten § 7 III, Rdn. 7.47.

23 Der EuGH hat einheitliche Maßstäbe für die Auslegung der Vorschriften entwickelt, vgl. unten § 7 III 2, Rdn. 7.46 ff.

24 Danach werden insbesondere Nichtigkeits- und Scheidungsklagen sowie funktional ähnliche Trennungsverfahren als einheitliche Streitsache qualifiziert; die Regelung findet sich nunmehr in Art. 19 EheGVO, dazu unten § 7 III, Rdn. 7.51 ff.

25 Ebenso Art. 19 VO 2201/03/EG, dazu *Henrich*, Internationales Scheidungsrecht (2017), Rdn. 15 ff.

26 Außerhalb des Anwendungsbereichs der EheGVO hält der Gesetzgeber hingegen am Delibationsverfahren fest, vgl. §§ 107, 108 FamFG, dazu *Klinck*, FamRZ 2009, 741, 742 ff.

27 Erfasst werden nur Urteile, die dem Scheidungsbegehren stattgeben, *Helms*, FamRZ 2001, 257, 261 ff.; *Wagner*, IPRax 2001, 73, 78 ff.; *Kohler*, NJW 2001, 10, 14 konstatierte mit Recht, dass die scheidungsfördernde Tendenz im europäischen Zivilprozessrecht in auffallendem Kontrast zur eheerhaltenden Tendenz der materiellen Scheidungsrechte stand.

28 Mitgliedstaaten, die keine gesonderte Feststellungsklage kennen (etwa Frankreich), müssen einen entsprechenden Rechtsbehelf einführen.

ohne besondere Sprachkenntnisse erkennen, um welchen Typ von Entscheidungen es geht.[29] Das standardisierte Anerkennungsverfahren bewirkt erhebliche Zeit- und Kostenersparnisse für die Ehegatten und entlastet zugleich die Standesämter und Gerichte.[30] Das Kollisionsrecht für Scheidungen enthält inzwischen die VO Nr. 1259/2010 (Rom III-VO)[31] – allerdings nicht mit Wirkung für alle EU-Mitgliedstaaten.[32]

2. Die Verordnung Brüssel IIa (VO 2201/2003/EG)

Schon kurz nach dem Erlass der VO 1347/00/EG wurde deutlich, dass die Verordnung 7.8
Kernprobleme des europäischen Familienverfahrensrechts ausklammerte.[33] Insbesondere wurden Kinder, die aus gemischtnationalen Ehen bzw. Partnerschaften stammten, nur unzureichend geschützt.[34] Spektakuläre Kindesentführungen, die zu offenem „Faustrecht" führten, verdeutlichten den rechtspolitischen Handlungsbedarf. „*Legal kidnapping*" wurde zum beherrschenden rechtspolitischen Thema der Jahre 1999/2000:[35]

Ein spektakulärer, freilich keineswegs der einzige Entführungsfall war die sog. Affäre *Tiemann*:[36] 7.9
Die französische Ehefrau hatte den deutschen Vater verlassen und die gemeinsamen drei- und siebenjährigen Kinder entgegen ihrer ursprünglichen Zusage vor dem Familiengericht[37] vom Kindergarten bzw. der Schule abgeholt und nach Frankreich gebracht.[38] Der Vater erwirkte eine Rückführungsentscheidung nach Art. 8 ff. HKÜ und versuchte vergeblich, diese in Frankreich (vor dem TGI Blois) zu vollstrecken.[39] Nach Ablauf von 6 Monaten (d. h. nach Begründung des ständigen Aufenthalts der Kinder in Frankreich) leitete die Mutter die Scheidung in Frankreich ein und beantragte im einstweili-

29 Dementsprechend stellt Art. 34 II EheGVO die Übersetzung der vorzulegenden Urkunden in das Ermessen des Zweitgerichts. Eine solche Anforderung kommt insbesondere bei einer Prüfung von Anerkennungshindernissen in Betracht (Art. 15, 17, 18 EheGVO).

30 Zur Standardisierung als Regelungstechnik im Europäischen Verfahrensrecht vgl. oben § 3 IV, Rdn. 3.79 ff.

31 Verordnung vom 20.12.2010, ABl. EU 2010 L 343/10, dazu unten § 7 III 5, Rdn. 7.63 ff.

32 Dies ist die Folge der verstärkten Zusammenarbeit in diesem Bereich, dazu unten III 5, Rdn. 7.63.

33 Kritisch *Schlosser*, FS Schwab, S. 1255: „Selten war ein Gesetzgebungsakt der [EG] so wenig durchdacht wie ‚Brüssel II'."

34 *Coester-Waltjen*, FamRZ 2005, 241 ff.

35 Vgl. insbesondere die Schilderung eines deutsch-englischen Entführungsfalls mit *parental alienation syndrom* bei *C. Meyer*, They are my children, too (1999) – die Veröffentlichung dieses Bestsellers in den USA und in England führte zu erheblichem Aufsehen und zu deutlicher Kritik im Ausland speziell an der Rechtsprechungspraxis deutscher Familiengerichte (zu Art. 12 f. HKÜ) in Kindesentführungsfällen. Die Öffentlichkeit in Deutschland nahm diese Kritik nicht hinreichend zur Kenntnis.

36 Dazu *Hohloch*, in: Praxis des Familienrechts 1999, 18 ff.; *Staudinger*, IPRax 2000, 194 ff.

37 Ein Sorgerechtsverfahren (§ 1672 BGB) war in Deutschland rechtshängig.

38 Dieses Verhalten war eine Kindesentführung im Sinne von Art. 1 HKÜ.

39 AG Sulingen, 13.5.1998, DEuFamR 1999, 61 ff. (Anm. *Hohloch*).

gen Rechtsschutz die Übertragung des alleinigen Rechts zur Aufenthaltsbestimmung.[40] Entnervt über die Schwergängigkeit der (deutschen und der französischen) Justiz beauftragte der Vater Privatdetektive mit der „Rückführung" der Kinder. Diese lauerten der Mutter nachts in einem Waldstück bei Blois auf, stoppten das Auto, in dem sich die Mutter mit den Kindern befand. Die Frau wurde buchstäblich aus dem Auto geworfen und im Wald allein zurückgelassen, die Kinder nach Deutschland verschleppt. Zwischenzeitlich hatte der Vater dort die Übertragung der alleinigen elterlichen Sorge auf sich beantragt. Die Mutter erwirkte in Blois eine Rückführungsanordnung[41] und beantragte vor dem Familiengericht Sulingen deren Anerkennung und die Rückführung der Kinder nach Frankreich.

7.10 Aus dem (wechselseitigen) Entführungsfall drohte sich ein deutsch-französischer Justizkonflikt zu entwickeln, der auf der Basis unterschiedlicher völkerrechtlicher Übereinkommen vor den Gerichten verschiedener Staaten mit Hilfe psychologischer Gutachter und juristischer Berater erbittert ausgetragen wurde.[42] Im Zentrum der Auseinandersetzungen um die Anerkennung der französischen Rückführungsanordnung stand die Frage, ob die Rückführung der Kinder nach Frankreich deren Wohl (Art. 13 HKÜ) widersprach. Das OLG Celle entschied, dass keine Gefährdung des Kindeswohls nach Art. 13 I lit. b) HZÜ vorlag und ordnete die Rückführung der Kinder nach Frankreich an. Gegen diese Anordnung rief der Vater umgehend das BVerfG an.[43] Auch das BVerfG entschied jedoch auf eine Rückführung der Kinder – es stellte dabei auf den Schutz der Kinder (Art. 2 I, 6 II GG) ab und betonte die Verpflichtung beider Eltern zur Rechtstreue im Interesse der Kinder. Bei der Güterabwägung stellte der 2. Senat (u.a.) das Verhalten des Vaters erschwerend in Rechnung.[44] Im Ergebnis konnte ein massiver deutsch-französischer Justizkonflikt vermieden werden, der in eklatantem Gegensatz zum Postulat des „wechselseitigen Vertrauens" im Europäischen Justizraum gestanden hätte.

7.11 Die schwergängige Handhabung des Haager Kindesentführungsübereinkommens, insbesondere die häufige Anwendung des *ordre public*-Vorbehalts (Art. 13 HKÜ), löste eine intensive internationale Debatte aus.[45] Die EG-Kommission machte

---

40 TGI Blois, 10.11.1997, DEuFamR 1999, 66 – nach Art. 16 HKÜ hätte diese Entscheidung wegen des Rückführungsantrags des Vaters nicht ergehen dürfen.

41 Diese Entscheidung focht der Vater (erfolglos) vor der Cour de Cassation an.

42 Die EheGVO aF spielte hingegen keine Rolle, weil sie noch nicht in Kraft getreten war, zudem nur Sorgerechtssachen während der Ehescheidung erfasste und die Kindesentführung nicht regelte.

43 Um eine mehrfache Verbringung der Kinder zu verhindern, ordnete das BVerfG zunächst nach § 32 BVerfGG deren Verbleib in Deutschland an – diese Entscheidungen wurden in der französischen Öffentlichkeit massiv kritisiert.

44 BVerfG, 29.10.1998, NJW 1999, 631, dazu *Coester-Waltjen*, JZ 1999, 462 ff.

45 Zum Fall *Tiemann* gaben der französische Staatspräsident *Chirac* und der Regierungschef *Jospin* im Dezember 1998 Presseerklärungen ab; Kindesentführungen waren Gegenstand der deutsch-französischen Regierungsgespräche im Dezember 1998; es wurde eine spezielle, deutsch-französiche Mediatorengruppe geschaffen. In der Sache war die Kritik an der deutschen Justiz im Fall *Tiemann* jedoch nicht berechtigt, dazu *Coester-Waltjen*, JZ 1999, 462, 464.

sich die Kritik an der unzureichenden Regelung der EheGVO (2000) zu eigen[46] und legte bereits ein Jahr nach deren Inkrafttreten einen Vorschlag für einen neuen Rechtsetzungsakt vor.[47] Dieser Vorschlag bezweckte vor allem eine umfassende Regelung von grenzüberschreitenden Sorgerechtsverfahren im Europäischen Justizraum und eine Effektuierung von Rückführungen im Fall der Kindesentführung. Zum 1.3.2005 wurde die VO 1347/00/EG durch die VO 2201/2003 ersetzt.

Die EheGVO (2003) enthält neben den Vorschriften zur Koordinierung von Schei- 7.12
dungsverfahren eine umfassende Regelung der Kompetenzkonflikte in Sorgerechts- und Umgangsverfahren. Der zuvor von Art. 3 I EheGVO (2000) geforderte Zusammenhang des Sorgerechts mit einem Scheidungsverfahren ist entfallen.[48] Heute erfasst der sachliche Anwendungsbereich der EheGVO sämtliche Sorgerechts- und Umgangsstreitigkeiten im Europäischen Justizraum. Soweit es hingegen um die Koordinierung von Scheidungsprozessen geht, übernahm die VO 2201/03/EG die Regelungen der VO 1347/00/EG fast unverändert (mit rudimentären Klarstellungen).[49] Die internationale Zuständigkeit bei Sorgerechtsstreitigkeiten richtet sich nach dem gewöhnlichen Aufenthalt des Kindes (Art. 8 I EheGVO). Diese Lösung wird mit materiellrechtlichen Erwägungen begründet, nämlich der Notwendigkeit, die Sorgerechtsentscheidung nach dem Kindeswohl zu treffen.[50] Die Art. 9–12 EheGVO modifizieren diese Grundanknüpfung: Zum einen kommt es nicht auf den gewöhnlichen, sondern den früheren Aufenthalt an, wenn ein Elternteil das Kind von seinem bisherigen Aufenthaltsort entführt hat (*legal kidnapping*, Art. 10 EheGVO[51]). Art. 12 EheGVO erlaubt den Transfer des Rechtsstreits an das Gericht, das über die Ehescheidung befindet (Zuständigkeitskonzentration im Verbund). Art. 12 f. EheGVO ermöglicht eine grenzüberschreitende Verweisung der Sorgesache an das Gericht eines anderen Mitgliedstaates, sofern dieses bereit ist, das Verfahren fortzuführen.[52]

---

46 Integrationspolitisch bot sich für die EU-Kommission die Gelegenheit, einen im Rahmen des Rats unzureichend ausgearbeiteten Gemeinschaftsrechtsakt substantiell zu verbessern.

47 KOM (2002) 222 endg.12, ABl. EG 2002 C-203/155. Zuvor hatte die französische Ratspräsidentschaft einen Vorschlag für einen Rechtsakt zum Umgangsrecht vorgelegt, der erstmalig das Konzept der „*reconnaissance mutuelle*" umsetzen sollte. ABl. EG 2000 C 234/7, dazu *Hess*, IPRax 2000, 361 ff.

48 Zu Art. 3 I EheGVO BGH, 26.5.2005, NJW 2005, 3424: Begriff des zusammenhängenden Verfahrens („aus Anlass der Ehescheidung").

49 Dazu Art. 35 VO 2201/03/EG, dazu *Coester-Waltjen*, Jura 2004, 839, 840; *Gruber*, IPRax 2005, 293, 294 ff.

50 Insofern handelt es sich um einen Gerichtsstand der Sachnähe, *Solomon*, FamRZ 2004, 1409, 1411. *Coester-Waltjen*, FamRZ 2005, 241, 242 ff. betont zu Recht, dass die materiellrechtliche Anknüpfung eine deutliche Abkehr von der ermessensfreien Zuständigkeitsbegründung im (kontinentalen) IZVR beinhaltet.

51 Andernfalls würde die Anknüpfung an den gewöhnlichen Aufenthalt, die unabhängig vom Willen des Kindes eintritt, denjenigen Elternteil prämieren, der das Kind entführt.

52 Die Regelung ist für Sorgesachen innovativ, sie greift in gewissem Umfang die Rechtsfigur des

7.13 Die Verordnung beruht auf einem weiteren, wichtigen Regelungsprinzip: Der Unionsgesetzgeber setzt auf die positive Kooperation zwischen den Gerichten und Behörden der Mitgliedstaaten. Art. 53–58 EheGVO enthalten Rahmenbedingungen für eine effektive, unmittelbare Kooperation der involvierten Behörden und Gerichte.[53] Die grenzüberschreitende Kooperation unterstützt das Europäische Justizielle Netz in Zivilsachen, insbesondere die Zentralstellen in den Mitgliedstaaten (vgl. Art. 58 II und EwG 25 zur EheGVO).[54] Kontaktpersonen der Zentralstellen in den Mitgliedstaaten stehen den Antragstellern (etwa in Kindesrückführungsfällen) als Ansprechpartner zur Verfügung und unterstützen die Kommunikation mit und zwischen den befassten Justizorganen.[55]

7.14 Eine wichtige Ordnungsaufgabe des Europäischen Gesetzgebers im internationalen Kindschaftsrecht ist die Koordinierung der Unionsrechtsakte mit parallelen völkerrechtlichen Instrumenten, vor allem der Haager IPR-Konferenz sowie des Europarats.[56] In Kindschaftssachen bestand zunächst Abstimmungsbedarf zum Haager Minderjährigenschutzabkommen,[57] heute zum Haager Kinderschutzübereinkommen[58] und zum Haager Kindesentführungsübereinkommen.[59] In Sorgerechtssachen besteht zudem Abstimmungsbedarf zum Luxemburger Übereinkommen.[60] Jedoch erleichtern mehrere Faktoren das Zusammenspiel mit den völkerrechtlichen Instrumenten: Zum einen orientiert sich der Unionsgesetzgeber bei der Formulierung der Rechtsakte an den parallelen Instrumenten (insbesondere der Haager IPR-Konferenz). Zum anderen nehmen die Unionsrechtsakte ausdrücklich auf die Parallelinstrumente Bezug.[61] Allerdings gilt ein grundsätzlicher Vorrang des Unionsrechts.[62] Die

---

forum non conveniens für Sorgerechtssachen auf, *Coester-Waltjen*, Jura 2004, 839, 841; *Schlosser*, FS Schwab, S. 1257 ff., unten § 7 IV, Rdn. 7.84 ff.

53 Vgl. dazu EuGH, 2.4.2009, Rs. C-523/07, *A*, EU:C:2009:225, Rdn. 53 ff., 63 f.: Gefordert ist eine aktive und unmittelbare Zusammenarbeit der Familiengerichte beim Erlass von Schutzmaßnahmen, gegebenenfalls mit Unterstützung der Zentralen Behörden.

54 Praktische Informationen enthält ein von der EG-Kommission erarbeiteter Leitfaden, sogleich unten § 7 II, Rdn.7.15.

55 Der Unionsgesetzgeber setzt auf direkte Kontakte zwischen den beteiligten Gerichten (per Telefon, Email); *Coester-Waltjen*, FamRZ 2005, 241, 245; *Gruber*, IPRax, 2005, 293, 297 f.; *Schlosser*, FS Schwab, S. 1257, 1259 ff.

56 Dazu bereits oben § 5 II Rdn. 5.50 ff.

57 Haager Übereinkommen über die Zuständigkeit der Behörden und das anzuwendende Recht auf dem Gebiet des Schutzes von Minderjährigen vom 5.10.1961, BGBl. 1971 II, 217.

58 Haager Übereinkommen vom 19.10.1996 über die Zuständigkeit, das anwendbare Recht, die Anerkennung, die Vollstreckung und die Zusammenarbeit auf dem Gebiet der elterlichen Verantwortung und der Maßnahmen zum Schutz der Kinder, abgedruckt bei *Jayme/Hausmann*, Nr. 53.

59 Haager Übereinkommen über die zivilrechtlichen Aspekte internationaler Kindesentführung vom 25.10.1980, BGBl. 1990 II 207, in Kraft seit dem 1.12.1990.

60 Europäisches Übereinkommen über die Anerkennung und Vollstreckung von Entscheidungen über das Sorgerecht für Kinder und die Wiederherstellung des Sorgerechtsverhältnisses vom 20.5.1980, BGBl. 1990 II 220.

61 Diese Regelungstechnik ist keineswegs neu, vgl. Art. 19 EuGVÜ/Art. 26 IV EuGVO (2001), dazu Voraufl. § 6 I, Rdn. 33.

62 Vgl. Art. 37 EheVO (2000)/Art. 62 EheGVO, dazu *Coester-Waltjen*, in: Gottwald (Hrg.), Aktuelle Entwicklungen, S. 163, 178 ff.

EU-Rechtsakte intensivieren die in den Haager Übereinkommen angelegte, völkerrechtliche Kooperation zwischen den Mitgliedstaaten des Europäischen Justizraums.[63] Schließlich verweisen die Unionsrechtsakte auf die in den Haager Instrumenten enthaltenen Kollisionsnormen – zumindest solange, wie kein einschlägiges Unionskollisionsrecht existiert. Die Bezugnahme auf die Haager Instrumente hat den Rat veranlasst, das Haager Kinderschutzübereinkommen in einer gemeinsamen Aktion aller Mitgliedstaaten zu unterzeichnen.[64] Das Übereinkommen erlangt damit im Verhältnis zwischen den Mitgliedstaaten den Rang von Unionsrecht.[65] Damit ist auch eine Auslegungskompetenz des EuGH im Binnenverhältnis (d. h. im Verhältnis zwischen den EU-Mitgliedstaaten) zu bejahen.[66] Die Mitgliedschaft der Europäischen Union in der Haager IPR-Konferenz erleichtert inzwischen die Abstimmung der Instrumente bereits zum Zeitpunkt der (völkerrechtlichen) Verhandlungen.

Zur Erleichterung der praktischen Anwendung der EheGVO hat die EU-Kommission im Jahr 2016 einen sog. „Leitfaden" vorgelegt. Er enthält eine anschauliche Erläuterung der Verordnung für die Rechtspraxis, überwiegend aus der Sicht des „historischen" Gesetzgebers.[67] Vom Ausgangspunkt her erinnert der „Leitfaden" an die erläuternden Berichte zu den EG-Übereinkommen im internationalen Verfahrensrecht; er will jedoch vor allem praktische Hilfestellung leisten.[68] Der Leitfaden ist in allen EU-Sprachen in Druckfassung und über das *e-justice*-Portal online zugänglich.[69] Der EuGH und die Generalanwälte ziehen ihn im Rahmen der historischen Auslegung der EheGVO heran.[70] 7.15

Das „Gesetz zur Aus- und Durchführung bestimmter Rechtsinstrumente auf dem Gebiet des Internationalen Familienrechts (IntFamVerfG)" vom 26.1.2005 regelt die innerstaatliche „Umsetzung" der EheGVO in Deutschland.[71] Das deutsche Durchführungsgesetz erfasst nicht nur den Unionsrechtsakt, sondern auch parallele völkerrechtliche Instrumente (insbesondere das HKÜ und das Europäische Sorgerechtsübereinkommen). Es enthält einheitliche, konzentrierte örtliche Zuständigkeiten (maximal ein Familiengericht im OLG Bezirk) und ermöglicht damit Spezialisie- 7.16

---

63 Dazu *Coester*, FS Schlosser, S. 135 ff.

64 Vgl. die Entscheidung des Rates vom 19.12.2002 zur Ermächtigung der Mitgliedstaaten, das Haager Kindesschutzübereinkommen zu ratifizieren, ABl. EG 2003 L 48/1 ff. sowie die Entscheidung 2008/431/EG vom 5.6.2008, ABl. EG 2008 L 151/36.

65 Dazu oben § 4 I 6, Rdn. 4.41.

66 Dazu unten § 13 II, Rdn. 13.11.

67 Dabei ist freilich zu berücksichtigen, dass die ursprünglichen Regelungsvorschläge der EU-Kommission im Verlauf des Gesetzgebungsverfahrens zT erheblich verändert wurden. Zwischenzeitliche Erfahrungen können in die Überarbeitung des Leitfadens eingehen.

68 Dazu oben § 4 II, Rdn. 4.57. Die wissenschaftliche Qualität etwa des *Jenard*- oder des *Schlosser*-Berichts erreicht der Leitfaden daher nicht. Er richtet sich allerdings primär an das allgemeine, nicht (zwingend) rechtskundige Publikum.

69 https://publications.europa.eu/de/publication-detail/-/publication/f7d39509-3f10-4ae2-b993-53ac6b9f93ed.

70 Beispiel: Schlussanträge GAin *Kokott*, 20.9.2007, Rs. C-435/06, *C*, EU:C:2007:543, Rdn. 23.

71 BGBl 2005 I 162, in Kraft getreten am 1.3.2005.

rungen in der Richter- und Anwaltschaft.[72] Die Zuständigkeitsvorschriften (§§ 10 f. IntFamVerfG) sind den Art. 8 ff. EheGVO nachgebildet – desgleichen die Ausführungsvorschriften zur Anerkennung und Vollstreckung. Konzeptionell enthält das IntFamVerfG, das prozessual sowohl streitige Zivilverfahren als auch modifizierte Familienverfahren und Verfahren der freiwilligen Gerichtsbarkeit zusammenfasst, eine geglückte Verklammerung von nationalem Prozessrecht und europäischen Rechtsakten sowie internationalen Verträgen.[73]

7.17 Eine Zuständigkeitsbündelung im Bereich der Behördenkooperation ermöglicht das zum 1.1.2007 geschaffene „Bundesamt für Justiz" mit Sitz in Bonn. Es nimmt sämtliche Aufgaben der Zentralbehörden nach Art. 53 ff. EheGVO wahr; ihm sind jedoch auch die entsprechenden Aufgaben nach den völkerrechtlichen Parallelübereinkommen übertragen. Die Zuständigkeitskonzentration fördert die Sachkompetenz und erleichtert die grenzüberschreitende Kommunikation mit ausländischen Antragstellern und Zentralbehörden.[74] Die Einrichtung einer zentralen Koordinierungsstelle vermag zudem die Implementierungsdefizite auszugleichen, die aus der dezentralen, föderalen Struktur der deutschen Justizorganisation resultieren.[75]

3. Die Verordnung Brüssel II^{ter} (VO 2019/1111/EU)

7.18 Nach langen und kontroversen Verhandlungen im Rat wurde im Juni 2019 die Neufassung der EheGVO[76] beschlossen. Die Neufassung strebt vor allem eine Konsolidierung der bestehenden Rechtslage unter Einbeziehung der Rechtsprechung des EuGH und des EGMR an. Bei den Ehescheidungssachen wurde die Grundstruktur beibehalten, insbesondere die zahlreichen Gerichtsstände des Art. 3 EheGVO (2019).[77] Über den sachlichen Anwendungsbereich konnte keine Einigung erzielt werden – die EheGVO regelt daher weiterhin nicht, ob der Begriff der Ehe auch gleichgeschlechtige Ehen umfasst.[78] Zudem enthalten die Art. 64 ff. EheGVO (2019) ein neues Verfahren zur

---

72 Die Anzahl der zuständigen Familiengerichte wurde von mehr als 620 auf 24 reduziert. Die Konzentration erfolgte bereits im Jahre 1999 im Hinblick auf das HKÜ und das ESÜ, vgl. *Schulz*, FS Kropholler (2008), S. 435, 448 ff.

73 Ausführliche Dokumentation bei *Schlauß*, Das neue Gesetz zum internationalen Familienverfahrensrecht (2005); zu praktischen Problemen bei der Auslegung *Schulz*, FS Kropholler, S. 435, 448 ff. (insbesondere zu § 13 IntFamVerfG).

74 *R. Wagner*, IPRax 2007, 87 ff. Erforderlich ist zudem eine personelle Kontinuität der befassten Personen, die zumindest in der Startphase des Netzes nicht gewährleistet war.

75 Dazu bereits oben § 3 V, Rdn. 104.

76 VO (EU) 2019/1111, ABl. EU 2009 L 178/1 ff.; die (deutsche) Fassung enthielt enthält strukturelle (sprich inakzeptable) Rechtschreibfehler, die bisweilen noch nicht korrigiert wurden. Die Formulare finden sich im Anhang der VO (EU) 2019/1111.

77 Dazu unten Rdn. 7.29 ff.

78 Mit Recht kritisch *Kohler/Pintens*, FamRZ 2019, 1477, 1480; dazu unten Rdn. 7.23.

Anerkennung registrierter Privatscheidungen – hier sind wesentliche Fragen derzeit ungeklärt.[79]

In Kindschaftssachen wurde die Verpflichtung zur Anhörung des Kindes ausdrücklich festgeschrieben (Art. 21 EheGVO 2019). Zudem wurden die Vorschriften über die Kindesentführung in den Art. 22–29 EheGVO (2019) besser und mehr im Detail geregelt.[80] Bei der grenzüberschreitenden Vollstreckung von Sorgerechts- und sonstigen Kindschaftssachen folgt die Neufassung dem Modell der Art. 39 ff. EuGVO (2012):[81] Das Exequaturverfahren wird durch ein System der direkten Vollstreckung ersetzt, das auf Begleitformularen beruht.[82] Zudem enthält die EheGVO (2019) eine wesentliche Begrenzung der Schutzvorschriften bei der internationalen Kindesentführung und -rückführung: Ausnahmsweise kann das ersuchte Gericht das Rückführungsverlangen aus Gründen des Kindeswohls ablehnen. Diese Änderung dürfte das aktuelle Rückführungsregime (auch unter Berücksichtigung der Rechtsprechung des EGMR) in sein Gegenteil verkehren.[83] Schließlich verstärkt die EheGVO (2019) die unmittelbare Kommunikation zwischen Zentralen Behörden und Gerichten (Art. 76 ff. EheGVO (2019). 7.19

Die Neufassung der EheGVO bezweckt eine effektivere Behördenkooperation in Verfahren der elterlichen Verantwortung (Kapitel V, Art. 76–84 EheGVO 2019). Das Kooperationssystem folgt dem Vorbild des HKÜ und KSÜ, präzisiert dabei die bisherigen Regelungen (Art. 53–58 EheGVO 2003) insbesondere hinsichtlich der Antragsbefugnis für Ersuchen an die Zentralen Behörden sowie deren konkrete Aufgaben.[84] Dazu zählen die Unterstützung bei der Lokalisierung eines Kindes (Art. 79 lit. a)), die Unterstützung der Gerichte bei der Zuständigkeitsübertragung, bei einstweiligen Maßnahmen oder der grenzüberschreitenden Unterbringung von Kindern (lit. d)–f)) sowie die direkte Information und Unterstützung der Träger der elterlichen Verantwortung (lit. c)) und die Förderung alternativer Streitbeilegungen (lit. g)). Umfangreicher ist nun geregelt, welche spezifischen Informationen von den Zentralen Behörden bereitzustellen sind (einschließlich zur Situation eines Elternteils). Hierür wird eine Bearbeitungsfrist von drei Monaten festgelegt (Art. 80 I, IV EheGVO 2019). Darüber hinaus sollen auch die befassten Gerichte unmittelbar miteinander kommunizieren und sich wechselseitig informieren (Art. 86 EheGVO 2019). Die grenzüberschreitende Unterbringung eines Kindes (Art. 82 EheGVO 2019) ist als autonomes Zustimmungsverfahren geregelt. Vor der Durchführung einer Unterbringungsmaßnahme ist zwin-

79 Dazu unten § 7 III 3, Rdn. 7.55 f., 7.61 f.
80 Unten § 7 IV 8, Rdn. 7.131 ff.
81 Oben § 6 IV, Rdn. 6.216 ff.
82 Unten, § 7 III 3 c), Rdn. 7.60.
83 Unten, § 7 IV, Rdn. 7.121, 7.133 f.
84 Vgl. *Hess*, in: Gottwald/ders. (ed.), Procedural Justice (2014), S. 387, 411 ff.

gend die Zustimmung der Behörden im Unterbringungsstaat einzuholen, wozu der ersuchten Behörde eine dreimonatige Frist offensteht (Art. 82 V, VI EheGVO 2019).

4. Entwicklungsperspektiven

7.20 Die lückenhaften (und zugleich rechtspolitisch anspruchsvollen) Teilregelungen des europäischen internationalen Scheidungs- und Kindschaftsverfahrens in der EheGVO waren aus der Perspektive des Unionsgesetzgebers nur der erste Schritt einer umfassenden Regelung des internationalen Privat- und Verfahrensrechts. Allerdings erschwert das kompetenzielle Einstimmigkeitserfordernis in Art. 81 III AEUV weitere Angleichungsschritte.[85] Zwischen den EU-Mitgliedstaaten (bzw. deren jeweiligen Regierungen) bestehen nachhaltige Meinungsverschiedenheiten im Hinblick auf die Gleichstellung der Ehe und homosexueller Partnerschaften, die letztlich auch unterschiedliche Konzeptionen von freiheitlichen und reglementierten Gesellschaften widerspiegeln.[86] Wirtschaftliche Interessen traten hinzu: etwa das offensichtliche Interesse der britischen Regierung, die Attraktivität des Justizstandorts London aufgrund fehlenden, einheitlichen Kollisionsrechts zu stärken.[87] Daher verwundert es nicht, dass fehlender Konsens im Rat wiederholt durch das Instrument der verstärkten Zusammenarbeit aufgefangen wurde.[88] Das Ergebnis ist freilich eine zunehmende Zersplitterung des Europäischen Familienrechts: Die Verordnung Rom III bindet nur 17 Mitgliedstaaten; die Rom IV-VO (zum Ehegüterrecht) wurde ebenfalls nur im Verfahren der verstärkten Zusammenarbeit verabschiedet und gilt derzeit nur in 18 Mitgliedstaaten. Dabei nehmen keineswegs immer dieselben EU-Mitgliedstaaten an der verstärkten Zusammenarbeit in Familiensachen teil (dies deckt sich bei lediglich 12 Mitgliedstaaten) – dies führt zu weiterer Fragmentierung und Unübersichtlichkeit.[89] Formal wurden inzwischen die wesentlichen Lücken des EU-Eherechts geschlossen. Es bleibt jedoch einzufordern, dass sich alle EU-Mitgliedstaaten den Rechtsakten anschließen, zumal diese inzwischen auf die Divergenzen in den materiellen Scheidungs- und Scheidungsfolgerechten der EU-Mitgliedstaaten offen Bezug nehmen.

---

85 Vgl. oben § 2 I 2, Rdn. 2.33 ff.
86 Zur Entstehung der Rom III-VO vgl. unten Rdn. 7.63.
87 Dieser Gesichtspunkt spielt seit dem Brexit keine Rolle mehr, vgl. oben § 5 III 1, Rdn. 5.82 ff.
88 Oben § 2 I 2, Rdn. 2.33 ff.
89 *Brosch*, Rechtswahl und Gerichtsstandsvereinbarung (2019), S. 87.

II. Der sachliche Anwendungsbereich der EheGVO

1. Scheidungssachen

Nach Art. 1 I ist die EheGVO auf Eheverfahren anzuwenden. Art. 1 I lit. a) EheGVO zählt dabei die in der Europäischen Union üblichen Formen einer Eheauflösung auf: Ehescheidung, Trennung ohne Auflösung des Ehebandes[90] und die Ungültigkeitserklärung der Ehe.[91] Der Begriff der Ehe ist autonom zu bestimmen,[92] dies ermöglicht auch eine Öffnung der EuEheGVO für ein aktuelles Rechtsverständnis.[93] Im Jahr 2000 ging der historische Gemeinschaftsgesetzgeber von einem traditionellen Eheleitbild aus, mithin von der auf Dauer eingegangenen, exklusiven Bindung von Mann und Frau. Damit schloss die Verordnung nach früherer hM die Auflösung anderer, insbesondere homosexueller Lebensgemeinschaften aus.[94] Der Text der EheGVO ist jedoch offen. Außerdem hat sich inzwischen die Rechtslage in vielen EU-Mitgliedstaaten geändert. Gleichgeschlechtige Ehen gibt es inzwischen in Belgien, Dänemark, Deutschland, Finnland, Frankreich, Irland, Luxemburg, Malta, Österreich, in den Niederlanden, Portugal, Spanien, Schweden und im Vereinigten Königreich.[95] Das ist zwar noch nicht die Mehrheit der EU-Mitgliedstaaten. Zudem bestehen in konservativen Mitgliedstaaten mit populistischen Regierungen, wie in Polen und Ungarn, starke Vorbehalte gegen die Einführung der homosexuellen Ehe.[96] Der EuGH hat jedoch für den Nachzug homosexueller Ehepartner im Rahmen von Art. 21 AEUV inzwischen festgehalten, dass EU-Mitgliedstaaten sich nicht auf das nationale Verbot der gleichgeschlechtigen Ehe gegenüber homosexuellen Partnern berufen können, die in einem anderen EU-Mitgliedstaat wirksam verheiratet sind.[97] Ob dieses Urteil ohne weiteres 7.21

90 Derartige Verfahren sind in Mitgliedstaaten verbreitet, welche die Ehescheidung nur in begrenztem Umfang zulassen, dazu Staudinger/*Spellenberg*, Art. 1 EheGVO (2003) II, Rdn. 13 mwN.

91 Hierunter fallen alle Verfahren wegen (Willens-)Mängeln bei der Vornahme des Eheschließungsakts. Erfasst sind auch postmortale Verfahren zur Feststellung der Ehenichtigkeit, EuGH, 13.10.2016, Rs. C-294/15, *Mikołajczyk*, EU:C:2016:772, Rdn. 27 ff.

92 Magnus/Mankowski/*Pintens*, Art. 1 Brussels IIbis Regulation, Rdn. 21 mit zutreffendem Hinweis auf die abweichenden Regelungen in Art. 1 II (b) Rom III-VO und Art. 1 II (b) EheGüVO; zuvor *Spellenberg*, FS Schumann, S. 423 ff.; anders hingegen EwG 17 zur EheGüVO, der auf die Rechte der EU-Mitgliedstaaten verweist.

93 Zutreffend Thomas/Putzo/*Hüßtege*, Vorb. 5 zur EuEheVO; zurückhaltend Magnus/Mankowski/*Pintens*, Art. 1 Brussels IIbis Regulation, Rdn. 21.

94 *Kohler*, NJW 2001, 10, 15; *Spellenberg*, FS Schumann, S. 423 ff.; MünchKomm/*Gottwald*, Art. 1 Brüssel IIa-VO, Rdn. 5; ebenso Voraufl. § 7, Rdn. 17 (diese Ansicht gebe ich auf).

95 Magnus/Mankowski/*Pintens*, Art. 1 Brussels IIbis Regulation, Rdn. 20; *Dethloff*, NJW 2018, 23, 25 ff.

96 Angesichts des Einstimmigkeitserfordernisses nach Art. 81 III AEUV und der tiefgreifenden Meinungsunterschiede zwischen den EU-Mitgliedstaaten hat die Neufassung der EheGVO (2019) das Problem nicht angesprochen.

97 EuGH, 5.6.2018, Rs. C-673/16, *Coman*, EU:C:2018:385; dazu *Dutta*, FamRZ 2018, 1067 f.

auf die EheGVO übertragen werden kann, mag man bezweifeln.[98] Denn die Anerkennung der Ehescheidung ist ein durchaus geringerer Eingriff als die Öffnung der Ehe für gleichgeschlechtige Paare.[99] Im Interesse der betroffenen Menschen erscheint eine Einbeziehung der homosexuellen Ehen in den Anwendungsbereich der Verordnung geboten.[100] Dasselbe gilt für Klagen auf die Auflösung eingetragener Partnerschaften.[101] Für Klagen aus der Auflösung faktischer Beziehungen gilt die EheGVO selbstverständlich nicht – diese fallen als Zivilsachen in den Anwendungsbereich der EuGVO.[102]

7.22 Art. 2 Nr. 1 und 4 EheGVO enthalten eine wichtige Einschränkung des sachlichen Anwendungsbereichs der EheGVO. Danach erfasst die EheGVO nur „Entscheidungen" über die Eheauflösung (einschließlich vorgängiger Verfahren), die von den jeweils befugten Gerichten bzw. Behörden der Mitgliedstaaten erlassen werden. Folglich sind religiöse Eheauflösungen ausgenommen,[103] zudem Privatscheidungen, sofern diese nicht eine konstitutive Mitwirkung staatlicher Behörden voraussetzen.[104] Hier sind wesentliche Fragen ungeklärt: Eine schlichte Registrierung wird kaum genügen, vielmehr ist eine inhaltliche Kontrolle der Behörde des Mitgliedstaates erforderlich. Dies folgt aus dem Grundsatz des wechselseitigen Vertrauens, der eine justizförmige Entscheidungsfindung im Erststaat voraussetzt, damit die jeweilige Entscheidung (unbesehen) gemeinschaftsweite Geltung erlangt. Allerdings sollten die Anforderungen an die gerichtliche/behördliche Mitwirkung nicht zu hoch angesetzt werden: Eine einvernehmliche Ehescheidung (vgl. § 135 FamFG) fällt nach allgemeiner Ansicht in den Anwendungsbereich des Art. 3 I EheGVO.[105]

7.23 Die Begrenzung des sachlichen Anwendungsbereichs der EheGVO auf („klassische") Scheidungsverfahren erscheint zu eng. Denn wenn die EheGVO die Freizügigkeit im Europäischen Justizraum unterstützen soll, dann vermag die Ausgren-

---

98 Zurückhaltend *Wagner*, IPRax 2019, 185, 195 f.; anders *Dutta*, FamRZ 2018, 1067 f.; Thomas/Putzo/*Hüßtege*, Vorb EuEheGVO (2003), Rdn. 5.

99 Letztlich muss der EuGH diese Frage entscheiden, da die EU-Kommission, EU-Mitgliedstaaten und das EU-Parlament sich bei der Überarbeitung der EheGVO (2019) bedauerlicherweise nicht auf eine gemeinsame Linie verständigen konnten.

100 So im Ergebnis auch Magnus/Mankowski/*Pintens*, Art. 1 Brussels IIbis Regulation, Rdn. 23. Inzwischen hat Art. 17b IV EGBGB (idF vom 29.1.2019) diese Lösung übernommen, vgl. *de la Durantaye*, IPRax 2019, 281, 283 f.

101 Zutreffend Magnus/Mankowski/*Pintens*, Art. 1 Brussels IIbis Regulation, Rdn. 26; aA Thomas/Putzo/*Hüßtege*, Vorb EuEheGVO (2003), Rdn. 5; Staudinger/*Spellenberg*, Art. 1 EuEheGVO (2003), Rdn. 3 ff.

102 EuGH, 6.6.2019, Rs. C-361/18, *Weil*, EU:C:2019:473, Rdn. 38 ff.

103 *Borrás*-Bericht zum EheÜbk., S. 35, Nr. 20 A; *Spellenberg*, FS Schumann, S. 423, 435 mwN.

104 EuGH, 20.12.2017, Rs. C-372/16, *Sahyouni*, EU:C:2017:988, Rdn. 35 ff.; MünchKomm/*Gottwald*, Art. 1 Brüssel IIa-VO, Rdn. 4.

105 Ausführlich *Gärtner*, Privatscheidung, S. 202 ff.

zung gleichgeschlechtiger Ehen und Lebenspartnerschaften nicht zu überzeugen.[106] Zudem verbieten die unionsrechtlichen Diskriminierungsverbote explizit eine Differenzierung anhand der sexuellen Orientierung.[107] Wenig überzeugend ist auch die Begrenzung des Anwendungsbereichs auf Ehescheidungsverfahren. Denn der Justizgewährungsanspruch der Beteiligten betrifft gleichermaßen Verfahren auf Feststellung des Bestehens oder Nichtbestehens der Ehe. Daher ist die Anwendbarkeit der EheGVO auf derartige Klagen gleichfalls zu bejahen.[108]

Ähnlich wie im deutschen Familienverfahrensrecht erfasst die EheGVO inzwischen den Scheidungsverbund mit den sog. Folgesachen (vgl. § 137 FamFG).[109] Die Abstimmung der Verfahren im Unionsrecht erwies sich als schwierig; sie erklärt sich jedoch aus der heterogenen Rechtslage in zahlreichen EU-Mitgliedstaaten, die zwar überwiegend eine entsprechende Konzentration kennen, jedoch sehr unterschiedlich regeln.[110] Unterhaltsverfahren richten sich inzwischen nach Art. 3 VO 4/2009/EG, Art. 3 lit. c) EuUhVO eröffnet eine Annexzuständigkeit.[111] Art. 5 EheGüVO eröffnet eine entsprechende Annexzuständigkeit für Fragen des Güterstands.[112] Es handelt sich dabei um ausschließliche, sprich derogationsfeste Gerichtsstände.[113] 7.24

2. Die Definition der „Elterlichen Verantwortung"

Den sachlichen Anwendungsbereich der Kindschaftssachen definieren Art. 1 I b), II und Art. 2 Nr. 7 EheGVO positiv, während Art. 1 III EheGVO bestimmte Bereiche ausnimmt. Danach umfasst die „elterliche Verantwortung" sämtliche Rechte und Pflichten, die einer natürlichen oder juristischen Person im Hinblick auf die Personen- oder Vermögenssorge eines Kindes kraft Gesetz, Entscheidung oder rechtsverbindlicher Entscheidung übertragen wurden.[114] Die elterliche Verantwortung betrifft vor allem 7.25

106 Ebenso *Helms*, FamRZ 2002, 1593, 1594; *Spellenberg*, FS Geimer, S. 1257 – zur primärrechtskonformen Auslegung der Sekundärrechtsakte vgl. oben § 4 II, Rdn. 4.86 ff.

107 Ausführlich MünchKomm/*Thüsing*, Einl. AGG, Rdn. 16 f.

108 HM: *Spellenberg*, FS Schumann, S. 423; Zöller/*Geimer*, Art. 1 EheGVO, Rdn. 9.

109 Es fehlt aus deutscher Sicht lediglich die Verbundszuständigkeit für den Versorgungsausgleich. Hierbei handelt es sich jedoch um einen deutschen Sonderweg. Ebenfalls nicht erfasst ist die Namensführung. Insofern gilt nationales Recht, vgl. EwG 8.

110 Rechtsvergleichende Umschau bei *Ratzel*, Präklusion, S. 14 f.

111 Dazu unten § 7 V, Rdn. 7.135 ff.

112 Dazu unten § 7 VII, Rdn. 7.182 ff.

113 *Wendland*, IPRax 2019, 1, 5 – dies folgt aus der begrenzten Gerichtsstandswahl nach Art. 4 I lit. c) EuUhVO und aus dem insofern eindeutigen Wortlaut der Art. 7 EuGüVO/EuPartGüVO.

114 Der Begriff findet sich erstmalig in Art. 18 der UN-Kinderrechtskonvention vom 29.11.1989 (BGBl. 1992 II 122) sowie in Art. 3 und 4 KSÜ, MünchKomm/*Gottwald*, Art. 1 Brüssel Ia-VO, Rdn. 12.

das Sorgerecht.[115] Art. 1 II EheGVO enthält eine ausführliche Auflistung der erfassten Verfahren. Der Katalog nennt Sorgerechts- und Umgangsstreitigkeiten (a), Vormundschaft und Pflegschaft (b),[116] Vermögens- und Personensorge (c), Unterbringung in einer Pflegefamilie oder in einem Heim (d), Schutzmaßnahmen (e).[117] Erfasst sind Verfahren über die Zuweisung, Ausübung, Übertragung und Entziehung der elterlichen Verantwortung, Art. 1 I lit. b) EheGVO.[118] Der Anwendungsbereich der Verordnung umfasst damit auch Verfahren, die nach der Rechtsprechung des EuGH zu Art. 1 EuGVO nicht als „Zivilsache" zu qualifizieren sind.[119] Den erweiterten, sachlichen Anwendungsbereich bestimmt Art. 1 II EheGVO autonom.[120] Von der weiten Definition der „elterlichen Verantwortung" nimmt der 9. EwG die laufenden Angelegenheiten der Vermögenssorge aus.[121] Die EheGVO erfasst mithin nur die Übertragung der (elterlichen) Vermögenssorge und deren Unterstützung durch das zuständige (Familien-) Gericht.[122] Vermögensrechtliche Streitigkeiten unterfallen im Übrigen der EuGüVO.[123]

7.26 Art. 1 III EheGVO enthält eine Liste von ausgenommenen Verfahren. Danach gilt die EheGVO nicht für Abstammungsstreitigkeiten (vgl. § 169 FamFG);[124] Adoptionen,[125]

---

115 Art. 2 Nr. 9 EheVO II nennt dabei das Aufenthaltsbestimmungsrecht, Art. 2 Nr. 10 EheVO II das Umgangsrecht, Beispiel OLG Düsseldorf, 4.3.2008, FamRZ 2008, 1775: gemeinsames Sorgerecht deutsch-finnischer Eltern, die einseitige Entscheidung der Mutter, die Kinder nach dem Urlaub bei sich in Deutschland zu behalten, verletzt das Mitsorgerecht des Vaters.

116 Vgl. etwa § 1630 BGB; s. auch *Tödter*, Europäisches Kindschaftsrecht, S. 23. Nicht hingegen die Betreuung, da diese nur bei Volljährigen gilt, § 1896 BGB, EuGH, 3.10.2013, Rs. C-386/12, *Schneider*, EU:C:2013:633.

117 Der ausführliche Katalog und die maßgeblichen Definitionen sollen die autonome Auslegung durch Gerichte der Mitgliedstaaten erleichtern, *Nourissat*, in: Fulchiron/ders. (ed.), Le nouveau droit, S. 1, 5 f.

118 Beispiel: EuGH, 21.10.2015, Rs. C-215/15, *Gogova*, EU:C:2015:710, Anm. *Koechel*, FamRZ 2016, 438: Klage auf Zustimmung zur Reise des Kindes in einen anderen Staat und zur Zustimmung zur Beantragung eines Reisepasses.

119 Weil es um die (exklusive) Ausübung von Hoheitsbefugnissen durch die Behörden der Mitgliedstaaten geht, dazu sogleich Rdn. 7.27.

120 Die Rechtsprechung zu Art. 1 EuGVO ist nicht übertragbar, EuGH, 27.11.2007, Rs. C-435/06, *C*, EU:C:2007:714, im Anschluss an die Schlussanträge GAin *Kokott*; ebenso EuGH, 2.4.2009, Rs. C-523/07, *A*, EU:C:2009:225, Rdn. 21 ff.; zust. *Pirrung*, FS Kropholler (2008), S. 399, 408 ff.; EuGH, 27.10.2016, Rs. C-428/15, *D.*, EU:C:2016:819, Rdn. 32.

121 Vgl. für das deutsche Kindschaftsrecht die §§ 1643, 1821 f. BGB. Die Ausklammerung der Vermögenssorge im 9. EwG vermag nicht zu überzeugen.

122 Der Sache nach wird an den (überkommenen) Begriff der Schutzmaßnahme iSv Art. 3 KSÜ bzw. Art. 1 MSA angeknüpft, *Toedter*, Europäisches Kindschaftsrecht, S. 23.

123 Dazu unten § 7 VII, Rdn. 7.177 ff.

124 Soweit die Abstammung Vorfrage im Sorgerechtsstreit ist, bleibt die EheGVO (selbstverständlich) anwendbar, vgl. EwG 10.

125 So bereits zur EheGVO (2000) OGH, 2.9.2003, ZfRV 2004, 74; zur EheGVO (2003) EuGH, 19.9.2018, verb. Rs. C-325/18 PPU und C-375/18 PPU, *Hampshire County Council*, EU:C:2018:739, Rdn. 93.

das Namensrecht, Volljährigkeitserklärungen sowie Trusts und Erbsachen.[126] Gleichfalls ausgeklammert sind Unterhaltsstreitigkeiten (Art. 1 III lit. e) EheGVO, vgl. dazu Art. 3 lit. c) EuUhVO.[127] Ausdrücklich ausgenommen sind zudem Verfahren, die sich auf Straftaten beziehen, die Kinder begangen haben. Maßnahmen im Bereich der sozialen Sicherheit und (öffentlich-rechtliche) Maßnahmen in den Bereichen der Erziehung, Gesundheit, von Asyl und Einwanderung sind keine Zivilsachen (klarstellend EwG 10 zur EheGVO 2003).[128] Dementsprechend begrenzt Art. 1 I 1 EheGVO den Anwendungsbereich des Unionsrechtsakts ausdrücklich auf „Zivilsachen".

Die Auslegung dieses Begriffs wird im Anwendungsbereich der EheGVO modifiziert. Das erste Urteil des EuGH zu diesem Rechtsakt betraf einen finnisch-schwedischen Fall, in dem schwedische (Jugendschutz-)Behörden die Inobhutnahme von zwei minderjährigen Kindern[129] angeordnet hatten. Die Mutter verzog wenig später mit den Kindern nach Finnland. Die schwedischen Jugendschutzbehörden betrieben die Vollstreckung der Anordnung in Finnland. Die finnischen Polizeibehörden vollzogen das Ersuchen und unterstellten die Kinder den schwedischen Behörden. Die Mutter, Frau L., klagte vergebens gegen die Anordnungen der finnischen Polizei. Das oberste finnische Verwaltungsgericht fragte schließlich den EuGH, ob eine Zivilsache im Sinne von Art. 1 II EheGVO vorlag. Der EuGH betonte die autonome, teleologische Auslegung der EheGVO und bejahte die Anwendbarkeit der EheGVO selbst in einem (Ausgangs-) Verfahren, das den Kindesschutz öffentlich-rechtlich organisiert. Ausschlaggebend sei der Zweck der Verordnung, ein einheitliches Regime für Schutzmaßnahmen im Kindschaftsrecht zu schaffen.[130] 7.27

Beim persönlichen Anwendungsbereich sind sog. Annex- und sonstige Kindschaftsverfahren zu unterscheiden. Bei Annexverfahren bestimmt sich der persönliche Anwendungsbereich durch den Sachzusammenhang der Kindschaftssache mit einem Scheidungsverfahren (vgl. Art. 12 EheGVO).[131] Der Bezug zur Ehescheidung (der Eltern) fehlt bei den sonstigen Verfahren. Bei beiden Fallgruppen kommt es ansonsten darauf an, ob die Sorgerechtssache (in der Terminologie der EheGVO) die Ausübung der elterlichen Verantwortung für ein „Kind" betrifft. Eine altersmäßige Definition des Kindes enthält die EheGVO nicht – im Gegensatz zu den Haager Übereinkommen.[132] In der Literatur ist es umstritten, ob das (jeweilige) Kollisionsrecht der *lex fori* (d. h. 7.28

126 EuGH, 6.10.2015, Rs. C-404/14, *Matoušková*, EU:C:2015:653, Rdn. 28 ff.: die Genehmigung einer Erbauseinandersetzung (in Bezug auf Minderjährige) fällt in den Anwendungsbereich des Art. 1 lit. b) EheGVO.

127 EuGH, 3.10.2019, Rs. C-759/18, *OF*, EU:C:2019:816, Rdn. 54; siehe nunmehr EwG 13 EheGVO (2019). Zum Europäischen Unterhaltsverfahren nach der VO 4/2009 vgl. § 7 V, Rdn. 135 ff.

128 Vgl. oben § 6 I, Rdn. 6.5 ff.

129 Die Kinder sollten in einer Pflegefamilie untergebracht werden.

130 EuGH, 27.11.2007, Rs. C-435/06, *C*, EU:C:2007:714; zustimmend *Pirrung*, FS Kropholler (2008), S. 399, 401 ff.; ebenso EuGH, 26.4.2012, Rs. C-92/12 PPU, *Health Service Executive*, EU:C:2012:255; EuGH, 21.10.2015, Rs. C-215/15, *Gogova*, EU:C:2015:710; EuGH, 27.10.2016, Rs. C-428/15, *D*, EU:C:2016:819, Rdn. 34 ff.; EuGH, 19.9.2018, verb. Rs. C-325/18 PPU und C-375/18 PPU, *Hampshire County Council*, EU:C:2018:739, Rdn. 57 ff.

131 Dazu bereits soeben bei Rdn. 7.23.

132 Art. 12 MSA verweist für die Definition der Minderjährigkeit kumulativ auf das Recht des Auf-

das internationale Privatrecht des erkennenden Gerichts)[133] oder das Sachrecht der *lex fori* anwendbar ist[134] oder ob eine allgemeine Altersgrenze von 18 Jahren anzunehmen ist.[135] Diskutabel erscheinen nur der erste und der letzte Vorschlag. Für Ersteren spricht, dass er einen Gleichlauf zwischen anwendbarem Sachrecht und Volljährigkeitsalter ermöglicht.[136] Letztlich sprechen jedoch für eine einheitliche Altersgrenze die besseren Argumente:[137] Zum einen haben sich die EG-Mitgliedstaaten zur gemeinschaftlichen Ratifikation des KSÜ verpflichtet,[138] das in Art. 2 diese Grenze enthält. Zum anderen entspricht die Altersgrenze von 18 Jahren der Rechtslage in den meisten EU-Mitgliedstaaten.[139] Diese Ansicht hat freilich zur Folge, dass Schutzmaßnahmen für Volljährige nicht von der EheGVO erfasst werden[140] – dies erscheint jedoch angesichts des intendierten Regelungszweckes durchaus hinnehmbar.[141] Die weite Formulierung der Art. 1 II und Art. 2 I Nr. 10 der EheGVO stellt zudem klar, dass nicht nur Sorge- und Umgangsrechte zwischen (leiblichen) Eltern und Kindern, sondern auch zwischen dem Kind und Dritten (etwa Groß- oder Pflegeeltern, vgl. §§ 1684 ff. BGB) erfasst werden.[142]

---

enthaltstaates und des Heimatstaates des Minderjährigen, Art. 2 KSÜ stellt auf die Vollendung des 18. Lebensjahres ab, dazu *Gaudemet-Tallon*, Clunet 2001, 381, 397; *Solomon*, FamRZ 2004, 1409, 1410.

133 *Coester-Waltjen*, in: Gottwald (Hrg.), Aktuelle Entwicklungen, S. 163, 168; *Solomon*, FamRZ 2004, 1409, 1410 f.; *Spellenberg*, FS Sonnenberger, S. 677, 691.

134 *Jault*, in: Fulchiron/Nourissat (ed.), Le nouveau droit, S. 155, 163 f. – diese Auffassung blendet den kollisionsrechtlichen Kontext aus und gibt (unnötigen) Anreiz zum *forum shopping*.

135 Dafür *Coester-Waltjen*, in: Gottwald (Hrg.), Aktuelle Entwicklungen, S. 168 (Fn. 18); *Tödter*, Europäisches Kindschaftsrecht, S. 27 ff.

136 Dies gilt insbesondere, wenn das Sachrecht von Drittstaaten berufen ist. Allerdings lassen sich Diskrepanzen zwischen anwendbarem Sachrecht und Volljährigkeitsalter durch eine entsprechende Anpassung beheben. Ist beispielsweise ein 18jähriger nach seinem Heimatrecht nicht geschäftsfähig, so wird die Geschäftsfähigkeit (dennoch) für den Europäischen Justizraum angenommen (vgl. dazu Art. 12 EGBGB) – weitergehende Schutzmaßnahmen sind unzulässig.

137 Die Definition des Art. 2 KSÜ wurde nunmehr in die EheGVO (2019) übernommen, siehe unten Rdn. 7.69.

138 Dazu oben § 7 I, Rdn. 7.14.

139 Nachweise bei Staudinger/*Spellenberg*, Art. 1 EheGVO (2003) I, Rdn. 29. Soweit die Volljährigkeit früher bejaht wird, sehen (etwa) englische Gerichte vom Erlass entsprechender Maßnahmen ab, dazu *Clive*, Fam. Law. 2002, 131, 133.

140 Die Haager IPR-Konferenz hat hierfür ein gesondertes Übereinkommen aufgelegt, Übereinkommen über den Schutz Erwachsener vom 13.1.2000, dazu *Siehr*, RabelsZ 64 (2000), 715 ff.

141 Vgl. EwG 7 EheGVO (2019), der auf die Gleichbehandlung ehelicher und nicht ehelicher Kinder abstellt – damit sind (ersichtlich) minderjährige Kinder gemeint.

142 EuGH, 31.5.2018, Rs. C-335/17, *Valcheva*, EU:C:2018:359, Rdn. 52 ff.

III. Die Koordinierung von Scheidungsprozessen

1. Das Zuständigkeitssystem für Scheidungssachen

a) Die Grundstrukturen der aktuellen Regelung

Art. 3 EheGVO eröffnet für Scheidungsprozesse sieben Gerichtsstände, die überwiegend an den Aufenthalt, zudem an die Staatsangehörigkeit anknüpfen. Die Verordnung enthält keine Hierarchie,[143] so dass die Vielzahl der unterschiedlichen Gerichtsstände zum *forum shopping* einlädt.[144] Die Literatur kritisiert diese Regelung mit Recht.[145] Immerhin wird die günstige Ausgangslage für ein *forum shopping* auf der Zuständigkeitsebene wegen des in der Rom III-VO vereinheitlichten Scheidungskollisionsrechts nicht fortgesetzt.[146] Jedoch kann das einheitliche Kollisionsrecht die Anreize zum *forum shopping* nicht substantiell ausräumen.[147] Denn die materiellen Scheidungsrechte der Mitgliedstaaten enthalten vor allem stark divergierende Wartefristen, bevor die Scheidung ausgesprochen werden kann.[148] Die aktuelle Rechtslage erscheint daher reformbedürftig. 7.29

Art. 3 EheGVO enthält ausschließliche Gerichtsstände, wenn ein Ehegatte seinen 7.30
gewöhnlichen Aufenthalt im Europäischen Justizraum hat oder Staatsangehöriger eines EU-Mitgliedsstaates ist (Art. 6 EheGVO). Die Sperrwirkung ist bedenklich, wenn der gemeinsame gewöhnliche Aufenthalt der Ehegatten in einem Drittstaat liegt und die Ehegatten (zwingend) an die Gerichte des Drittstaats verwiesen werden. Hier kann es zu Rechtsschutzlücken kommen. Zumindest in einer Übergangsfrist (bis zur Begründung eines gewöhnlichen Aufenthalts im Justizraum) ist dann unter Umständen gar kein Gericht in der EU zuständig.[149]

---

143 Etwa im Sinne der überkommenen Entscheidung von allgemeinen und besonderen Gerichtsständen, *Gottwald*, in: Symposium Spellenberg, S. 55, 59.

144 Zudem bestehen Redundanzen: Angesichts des Gerichtsstands des gewöhnlichen Aufenthaltsorts des Antraggegners (Art. 3 I, 3. SpS) bedarf es keines Gerichtsstands am gewöhnlichen Aufenthalt beider Parteien (Art. 3 I, 1. SpS), zutr. *Hau*, in: Leible/Terhechte (Hrg.), Eur. Rechtsschutz u. Verfahrensrecht (2014), § 16, Rdn. 19.

145 So etwa *Schack*, RabelsZ (2003), 615; *Gottwald*, in: Symposium Spellenberg, S. 55, 57 („Chaos"). Zusammenfassend *Brosch*, Rechtswahl und Gerichtsstandsvereinbarung (2019), S. 62 ff.

146 Allerdings nur im Verhältnis der jeweils teilnehmenden Mitgliedstaaten, dazu § 7 III 4, Rdn. 7.63 ff.

147 Grünbuch über das anwendbare Recht und die Zuständigkeit in Scheidungssachen, KOM (2005) 82 endg.

148 Zu den unterschiedlichen Scheidungsvoraussetzungen vgl. den weltweiten Überblick bei Staudinger/*Mankowski*, Art. 17 EGBGB (Neubearb. 2011), Rdn. 28.

149 *Schack*, IZVR, Rdn. 424; *Dilger*, Regelungen, Rdn. 370. Allerdings beträgt diese „Übergangsfrist" lediglich sechs Monate, wenn der/die Antragsteller(in) im Heimatstaat nach der Rückkehr aus dem Ausland Klage erhebt. Zugleich „droht" dem Kläger der gegenläufige Scheidungsantrag des Ehepartners in einem sofort zugänglichen Gerichtsstand nach Art. 3 EheGVO mit der Folge der Rechtshän-

7.31 Der österreichische OGH hatte über einen Scheidungsantrag zu entscheiden, den die österreichische Antragstellerin knapp eine Woche nach ihrer Rückkehr in ihren Heimatstaat gegen ihren italienischen Ehegatten gestellt hatte, der in der Schweiz lebte. Der OGH ließ den Antrag nicht zu. Eine Anwendung des autonomen Rechts schließe Art. 6 EheGVO aus, die Klägerin müsse, wenn sie in Österreich klagen wolle, die Sechsmonatsfrist nach Art. 3 I, 6. SpS abwarten.[150] Im Ergebnis hielt der OGH den Zeitpunkt der Antragstellung für maßgeblich – zu diesem Zeitpunkt muss die Wartefrist abgelaufen sein.[151]

7.32 Die örtliche Zuständigkeit richtet sich nach dem autonomen Recht der Mitgliedstaaten, in Deutschland nach § 122 FamFG. Eine Verbundzuständigkeit (wie in § 137 FamFG vorgesehen) kennt die EheGVO nicht; sie schließt sie freilich nicht aus (sofern für die Folgesachen nach der EheGVO ein Gerichtsstand begründet ist).[152] Die Regelung des Familienverfahrens führt die frühere Rechtslage fort: § 97 I FamFG schreibt den Vorrang unionsrechtlicher Regelungen (deklaratorisch) fest.[153] § 98 I FamFG schreibt die Regelung des § 606a I ZPO aF wortgleich fort,[154] § 98 II FamFG erstreckt die internationale Zuständigkeit auf Folgesachen.[155] Diese Zuständigkeiten sind nicht ausschließlich.

7.33 Für die internationale Entscheidungszuständigkeit empfiehlt sich folgender **Prüfungsablauf:**[156] Zunächst ist zu klären, ob eine ehevernichtende Entscheidung begehrt wird, Art. 1 I lit. a) und Art. 2 I EheGVO.[157] Sodann ist zu prüfen, ob Art. 3 EheGVO eine Zuständigkeit im Forumstaat zum Zeitpunkt der Verfahrenseinleitung (Art. 17 EheGVO)[158] eröffnet. Ist das nicht der Fall, ist zu fragen, ob die Zuständigkeit in einem anderen EU-Mitgliedstaat[159] eröffnet ist (Art. 6 EheGVO). Andernfalls macht Art. 7 EheGVO den Weg zu den autonomen Gerichtsständen der EU-Mitgliedstaaten frei.[160]

---

gigkeitssperre nach Art. 19 EheGVO (2003), nunmehr Art. 20 EheGVO (2019); siehe MünchKomm/*Gottwald*, Art. 3 EheGVO (2003), Rdn. 22.

150 OGH, 11.9.2008, ÖJZ 2009, 273 ff. zust. *Frauenberger-Pfeiler*.

151 Dazu MünchKomm/*Gottwald*, Art. 3 EheGVO (2003), Rdn. 22; anders Zöller/*Geimer*, Art. 3 EheGVO (2003), Rdn. 8 (Zeitpunkt des Ausspruchs der Ehescheidung reicht aus.

152 Nagel/*Gottwald*, IZVR, § 3, Rdn. 210. Das ist inzwischen im Hinblick auf Unterhalts- und Güterstreitigkeiten der Fall, oben Rdn. 7.24.

153 Die Vorschrift entspricht Art. 3 II EGBGB, sie entfaltet Klarstellungs- und Warnfunktion, so BT-Drs 16/6308, S. 491.

154 Vgl. die Begründung des Regierungsentwurfs, BT-Drs 16/6308, S. 220.

155 Insofern enthält die Vorschrift eine internationale Annexzuständigkeit, BT-Drs 16/6308, S. 491; kritisch *Schack*, IZVR, Rdn. 430 f.

156 *Hau*, in: Leible/Terhechte (Hrg.), Europäisches Rechtsschutz- und Verfahrensrecht, § 16, Rdn. 25. Die folgenden Verweisungen beziehen sich auf die EheGVO 2019.

157 Oben Rdn. 7.21 ff.

158 Dazu Rdn. 7.29 ff.

159 Vgl. Rdn. 7.43 f.

160 Rdn. 7.45.

b) Aufenthaltszuständigkeit, Art. 3 lit. a) EheGVO

Die sechs Gerichtsstände des Art. 3 lit. a) EheGVO knüpfen an den gewöhnlichen Aufenthalt an, ohne ein Rangverhältnis aufzustellen. Der 1. Spiegelstrich erklärt die Gerichte am gewöhnlichen Aufenthalt beider Ehegatten für zuständig. Nach dem 2. Spiegelstrich sind die Gerichte des Mitgliedsstaats zuständig, in dem beide Ehegatten zuletzt ihren gewöhnlichen Aufenthalt hatten, sofern einer von ihnen dort noch seinen gewöhnlichen Aufenthalt hat.[161] Der 3. Spiegelstrich stellt auf den gewöhnlichen Aufenthalt des Antragsgegners ab.[162] Nach dem 4. Spiegelstrich können die Ehegatten einen gemeinsamen Antrag vor den Gerichten des Mitgliedsstaats stellen, in dem einer von ihnen seinen gewöhnlichen Aufenthalt hat.[163] Alternativ sind die Gerichte des Mitgliedsstaats zuständig, in dem der Antragsteller seinen gewöhnlichen Aufenthalt hat, sofern er sich dort mindestens seit einem Jahr vor der Antragstellung aufgehalten hat (5. SpS).[164] Schließlich eröffnet der 6. Spiegelstrich die Zuständigkeit der Gerichte des Aufenthaltsorts des Antragstellers nach einer Dauer von sechs Monaten,[165] sofern dieser Angehöriger des Mitgliedstaates ist oder (im Fall von England und Irland) dort sein *domicile* begründet hat.[166] 7.34

Die EheGVO enthält keine Definition des gewöhnlichen Aufenthalts. Eine autonome Begriffsbildung durch den EuGH ist bisher nicht erfolgt, jedoch mittelfristig zu erwarten.[167] Die Anknüpfung an den gewöhnlichen Aufenthalt hat den rechtspolitischen Vorteil, dass der Unionsgesetzgeber einen Rückgriff auf nationale Vorprägungen (wie beim Wohnsitz) vermeidet.[168] Der *Borras*-Bericht zum Brüssel II-Übereinkommen verwies zur Erläuterung auf ein Urteil des EuGH in einer Beamtenrechtsstreitigkeit.[169] In dieser Entscheidung hatte sich der EuGH jedoch gerade mit dem Begriff des Wohn- 7.35

161 Dieser Gerichtsstand erscheint rechtspolitisch sachgerecht (Partei- und Sachnähe); er hat große praktische Bedeutung, wenn ein Ehegatte in der Trennungsphase in seinen Heimatstaat zurückkehrt. *Gottwald*, Symposium Spellenberg, S. 55, 66.

162 Die Anknüpfung folgt zwar der Regel: *actor sequitur forum rei* (Art. 4 EuGVO), erscheint jedoch angesichts der beiderseitigen Aufenthaltszuständigkeit nach Art. 3, lit. a), 1 SpS EheGVO unnötig, *Hau*, FamRZ 2000, 1333, 1334.

163 *De lege lata* ist eine Gerichtsstandsvereinbarung nicht vorgesehen. An die tatbestandlichen Voraussetzungen sind keine zu hohen Anforderungen zu stellen, eine Zustimmung zum Antrag des anderen Ehegatten (vgl. § 1566 I Alt. 2 BGB) reicht aus, Althammer/*Großerichter*, Art. 3 EuEheGVO, Rdn. 21.

164 In der Praxis wird diese Zuständigkeit (gerade von vermögenden Scheidungsparteien) massiv genutzt.

165 Der Gerichtsstand steht nur den Ehegatten offen, nicht hingegen Dritten, die ein Eheverfahren nach deren Tod einleiten, EuGH, 13.10.2016, Rs. C-294/15, *Mikołajczyk*, EU:C:2016:772, Rdn. 51 f.

166 Die Privilegierung der Staatszugehörigkeit einer Partei aufgrund der Staatsangehörigkeit ist mit Art. 18 I AEUV nicht zu vereinbaren, *Gruber*, IPRax 2005, 293, 295; *Hau*, FamRZ 2000, 1333, 1335; *Zöller/Geimer*, Art. 3 EheGVO II.

167 Für eine Berücksichtigung aller Umstände des Einzelfalls (im Rahmen von Art. 8 I EheGVO) EuGH, 2.4.2009, Rs. C-523/07, *A*, EU:C:2009:225, Rdn. 37 ff.

168 Zutreffend *Gottwald*, in: Symposium Spellenberg, S. 55, 59.; oben § 6 II, Rdn. 6.42.

169 EuGH, 15.9.1994, Rs. C-452/93, *Magdalena Fernández./.Kommission*, EU:C:1994:332, Rdn. 22. Der

sitzes auseinandergesetzt und diesen autonom dahin definiert, dass dies der Ort sei, „den der Betroffene als ständigen und gewöhnlichen Mittelpunkt seines Lebensinteresses in der Absicht gewählt hat, ihm Dauerhaftigkeit zu verleihen, wobei für die Feststellung dieses Wohnsitzes alle hierfür wesentlichen tatsächlichen Gesichtspunkte zu berücksichtigen sind“. Die Literatur hebt mit Recht hervor, dass diese Definition dem gewöhnlichen Aufenthalt nahe kommt.[170]

7.36 Maßgeblich ist der Schwerpunkt der Bindung einer Person in familiärer und beruflicher Hinsicht; entscheidend sind die tatsächlichen Umstände,[171] nicht hingegen der subjektive Wille, den Lebensmittelpunkt zu verlagern.[172] Dabei mag es zutreffen, dass bei „Globetrottern es schwierig ist, den gewöhnlichen Mittelpunkt der Lebensinteressen auf einen Ort zu konzentrieren“.[173] Die objektive Bestimmung des Lebensschwerpunkts einer Person entspricht jedoch dem Anliegen, die Zuständigkeit nach objektiven Kriterien zu bestimmen, um *forum shopping* einzuengen.[174] In Abgrenzung zum schlichten bzw. vorübergehenden Aufenthalt muss der gewöhnliche Aufenthalt eine gewisse tatsächliche Dauer aufweisen. Bestimmte Grenzen sind dabei nicht vorgegeben; der sechste Spiegelstrich des Art. 3 lit. a) EheGVO nennt eine Mindestdauer von sechs Monaten, die als Indiz herangezogen werden kann. Strikte Fristen sollten jedoch vermieden werden. Bei der Auslegung des Art. 3 lit. a) EheGVO ist schließlich der Zweck der EheGVO zu berücksichtigen, den Parteien den Zugang zum Gericht zu eröffnen (vgl. Art. 47 GRC, Art. 6 EMRK). Voluntative Elemente spielen hingegen keine Rolle.[175]

c) Der Gerichtsstand des gemeinsamen Heimatstaates, Art. 3 lit. b) EheGVO

7.37 Die EheGVO sieht keine einseitige Zuständigkeit der Staatsangehörigkeit oder gar der früheren Staatsangehörigkeit (sog. „Antrittszuständigkeit“) vor – eine solche Regelung wäre mit Art. 18 I AEUV nicht zu vereinbaren.[176] Vielmehr eröffnet nur die

---

EuGH, 2.4.2009, Rs. C-523/07, *A*, EU:C:2009:225, Rdn. 36, hielt diese Entscheidung im Anschluss an die Schlussanträge der Generalanwältin *Kokott*, EU:C:2009:39, Rdn. 32 ff., mit Recht nicht für einschlägig.

170 So bereits Bericht *A. Borrás*, Rdn. 32; ebenso *Frank*, in: Gebauer/Wiedmann (Hrg.), Zivilrecht unter europäischem Einfluss, Kapitel 29, Rdn. 24; *Gottwald*, in: Symposium Spellenberg, S. 55, 59; *Niklas*, Europäische Zuständigkeitsordnung, S. 78 ff.; *Dilger*, Regelungen, Rdn. 185 ff.

171 MünchKomm/*Gottwald*, Art. 3 Brüssel IIa-VO, Rdn. 7a.

172 Zur Parallelproblematik bei Art. 62 EuGVO vgl. § 6 II, Rdn. 6.43 ff. Wenig überzeugend hingegen C.Cass., 14.12.2005, *Moore v. Moore*, [2006] I.L.Pr. 629 (mit Abstellung auf subjektive Kriterien).

173 So *Gottwald*, in: Symposium Spellenberg, S. 55, 59. Globetrotter sind im wirklichen Leben jedoch eher eine Ausnahmeerscheinung.

174 Dazu bereits oben § 6 I, Rdn. 6.43 ff.

175 Althammer/*Großerichter*, Art. 3 EheGVO (2003), Rdn. 8; MünchKomm/*Gottwald*, Art. 3 Brüssel IIa-VO, Rdn. 7 (str.).

176 BGH, 20.2.2013, FamRZ 2013, 687 (Malta); *Dilger*, Regelungen, Rdn. 370 ff.; kritisch Staudinger/*Spellenberg*, Art. 3 EheGVO (2003), Rdn. 14.

gemeinsame Staatsangehörigkeit die Zuständigkeit der Gerichte des Heimatstaats, Art. 3 lit. b) EheGVO; dasselbe gilt für das gemeinsame *domicile* in den Mitgliedstaaten, die dem *Common Law* zugehören.[177] Anders als im Fall des Art. 3 I lit. a), 6. SpS EheGVO erfordert der gemeinsame Heimatgerichtsstand keine Mindestfristen. Im Einzelfall kann diese Anknüpfung durchaus zu sachgerechten Ergebnissen führen, etwa wenn die Ehegatten in einem Mitgliedstaat leben, der sehr viel längere Wartefristen für die Ehescheidung vorsieht, als der gemeinsame Heimatstaat.[178]

Die Anknüpfung des Art. 3 EheGVO an die Staatsangehörigkeit erscheint hingegen aus der Perspektive des Unionsrechts problematisch.[179] Dies gilt zunächst für die Zuständigkeit nach Art. 3 lit. a), 6. SpS EheGVO, der einen 6-monatigen Aufenthalt des jeweils eigenen Staatsangehörigen im Gerichtsstaat genügen lässt.[180] In gemischtnationalen Ehen begünstigt dieser Gerichtsstand das *forum running* in den Heimatstaat des Antragstellers, ohne dass eine sachliche Legitimation dieses Gerichtsstands ersichtlich wäre.[181] Zudem ist der Fall der doppelten Staatsangehörigkeit nicht explizit angesprochen. 7.38

Die Frage der doppelten Staatsangehörigkeit legte die C.Cass. dem EuGH im Verfahren *Laszlo Hadadi./.Csilla Marta Mesko*, verheiratete Hadadi, vor:[182] Die Parteien des Ausgangsverfahrens heirateten 1979 in Ungarn und wanderten 1980 nach Frankreich aus, 1985 erwarben sie zusätzlich die französische Staatsangehörigkeit. Der Ehemann beantragte im Februar 2002 vor dem Zivilgericht in Pest die Ehescheidung, das im Mai 2004 die Scheidung aussprach. Im Februar 2003 hatte jedoch die Ehefrau in Frankreich einen Scheidungsantrag gestellt, den der *Tribunal de Grande Instance* zurückgewiesen hatte. Die *Cour de Cassation* fragte den EuGH nach der Auslegung von Art. 3 I lit. b) EheGVO:[183] Sei die effektive Staatsangehörigkeit maßgeblich oder könne jeder Mitgliedstaat die eigene Staatsangehörigkeit für maßgeblich erklären? Alternativ könnten auch beide Staatsangehörigkeiten als gleichwertig angesehen werden mit der Folge, dass Konkurrenzklagen nach Art. 19 EheGVO aufzulösen wären. GAin *Kokott* wies zunächst den Vorschlag zurück, die Entscheidung über die maßgebliche Staatsangehörigkeit den EU-Mitgliedstaaten zu überlassen. Dies würde dem Gebot einer einheitlichen und autonomen Auslegung der EheGVO widersprechen, zudem dürften die Mitgliedstaa- 7.39

177 Rauscher/*Rauscher*, Art. 3 Brussel IIa-VO, Rdn. 34.

178 Vgl. dazu das Grünbuch der EG-Kommission, über das anwendbare Recht und die Zuständigkeit in Scheidungssachen, KOM (2005) 82 endg.; dazu unten Rdn. 7.63.

179 Nagel/*Gottwald*, IZVR, § 3, Rdn. 211 f.; *Hau*, in: Leible/Terhechte (Hrg.), Europäischer Rechtsschutz und Verfahrensrecht, § 16, Rdn. 23.

180 *Dilger*, Regelungen, Rdn. 409, 440 ff.

181 Zutreffend *Gottwald*, in: Symposium Spellenberg (2006), S. 55, 67 f.

182 EuGH, 16.7.2009, Rs. C-168/08, *Hadadi*, EU:C:2009:474, Rdn. 16 ff.; abl. *Kohler*, FamRZ 2009, 1574 f. Ebenso BGH, 20.2.2013, FamRZ 2013, 687 (Anm. *Hau* zur Einführung der Ehescheidung in Malta).

183 Die Entscheidungserheblichkeit von Art. 3 I lit. b) EheGVO ergab sich aus der Übergangskonstellation des Ausgangsverfahrens: Da das Ehescheidungsverfahren vor dem Beitritt Ungarns zur Europäischen Union rechtshängig wurde, kam es nach Art. 64 IV EheGVO darauf an, ob die ungarischen Gerichte nach Art. 3 I lit. b) EheGVO zuständig waren mit der Folge, dass das ungarische Urteil in Frankreich anzuerkennen war. Die Zuständigkeit des Erstgerichts war mithin (ausnahmsweise) zu prüfen, vgl. Schlussanträge GAin *Kokott*, Rs. C-168/08, EU:C:2009:152, Rdn. 17 ff.

ten eine existierende Doppelstaatsangehörigkeit nicht ignorieren.[184] Auch eine Anknüpfung an die effektive Staatsangehörigkeit lehnte die Generalanwältin ab. Zum einen enthalte die EheGVO dieses Kriterium nicht. Zum anderen sei es inhaltlich zu unbestimmt, um eindeutige Ergebnisse zu ermöglichen.[185] Der Gerichtshof wies vorab die Ansicht zurück, dass es den Mitgliedstaaten im Bereich der Staatsangehörigkeit freistehe, nach ihrem jeweiligen nationalen Recht, der eigenen Staatsangehörigkeit den Vorrang einzuräumen. Dagegen sprächen die Grundsätze der autonomen Auslegung der Verordnung und deren Grundstruktur, die parallele Gerichtsstände zulasse.[186] Aus der aufgezeigten Regelungsstruktur der EheGVO folge zudem, dass ein Abstellen auf die effektive Staatsangehörigkeit ausscheide – sie lasse vielmehr parallele Gerichtsstände zu.[187]

7.40 Das Ergebnis erscheint zwar von der Systematik der EheGVO her folgerichtig, die praktischen Konsequenzen liegen jedoch auf der Hand: Im Anwendungsbereich des Art. 3 I lit. b) EheGVO sind zusätzliche Gerichtsstände eröffnet, die Anreiz zum *forum shopping* geben. Wie groß derartige Anreize sind, zeigte der Anlassfall: Die Anrufung der ungarischen Gerichte implizierte die Anwendung ungarischen Scheidungsrechts nicht nur für den Scheidungsanspruch, sondern auch für die Scheidungsfolgen.[188]

d) Weitere Gerichtsstände, Art. 4–7 EheGVO

7.41 Art. 4 EheGVO eröffnet zunächst die internationale Zuständigkeit des Prozessgerichts für „Gegenanträge" im Anwendungsbereich der EheGVO. Mit dieser Begrenzung entfällt freilich der „Biss" der Vorschrift (im Vergleich zur Parallelregelung in Art. 8 Nr. 3 EuGVO).[189] Denn sie erfasst lediglich Ehesachen, also beispielsweise den Antrag, dass die Ehe nicht nichtig, sondern lediglich aufgelöst sei. Praktische Bedeutung hat die Vorschrift folglich nicht erlangt. Sie soll vor allem Rechtsschutzlücken schließen – etwa wenn der Antrag auf Trennung von Tisch und Bett durch einen Gegenantrag auf Ausspruch der Ehescheidung erweitert wird. Dementsprechend kann der Antragsgegner mittels „Gegenantrag" einen anderen Scheidungsgrund geltend machen.[190]

7.42 Art. 5 EheGVO regelt – durchaus atypisch – den Fall einer sog. „Folgezuständigkeit", nämlich die Überleitung eines Ehetrennungsverfahrens in ein anschließendes Ehescheidungsverfahren. Zweck der Vorschrift ist sicherzustellen, dass ein Ehetrennungsverfahren keine (definitive) Fortführung im Ehescheidungsverfahren findet –

---

184 Schlussanträge GAin *Kokott*, EU:C:2009:39, Rdn. 29 ff., 42 (anders noch der *Borrás*-Bericht, Rdn. 33 aE).

185 Schlussanträge GAin *Kokott*, EU:C:2009:39, Rdn. 43 ff., 61 ff.; ebenso MünchKomm/*Gottwald*, Art. 3 EheGVO (2003), Rdn. 23.

186 EuGH, 16.7.2009, Rs. C-168/08, *Hadadi*, EU:C:2009:474, Rdn. 38 ff.

187 EuGH, 16.7.2009, Rs. C-168/08, *Hadadi*, EU:C:2009:474, Rdn. 44 ff.

188 So deutlich Schlussanträge GAin *Kokott*, EU:C:2009:39, Rdn. 67 ff., die freilich mit Recht die Anreize zum *forum shopping* im nicht harmonisierten Kollisionsrecht der Ehescheidung verortet. Dies betont auch der EuGH, 16.7.2009, Rs. C-168/08, *Hadadi*, EU:C:2009:474, Rdn. 57. Inzwischen gilt die Rom III-VO auch für Ungarn, vgl. unten Rdn. 7.63.

189 Diesen Aspekt übersieht Rauscher/*Rauscher*, Art. 4 Brüssel IIa-VO, Rdn. 4 f.

190 MünchKomm/*Gottwald*, Art. 4 Brüssel IIa-VO, Rdn. 1 f.

dafür eröffnet die Vorschrift eine internationale Zuständigkeit. Praktische Bedeutung ist der Vorschrift nicht zu attestieren, da inzwischen die meisten Mitgliedstaaten ihre Scheidungsrechte modernisiert haben.[191]

Eröffnet die EheGVO keine Zuständigkeit des angerufenen Gerichts eines EU-Mitgliedstaates, so ist zunächst zu fragen, ob die EheGVO die Zuständigkeit eines anderen mitgliedstaatlichen Gerichts begründet, Art. 6 EheGVO. Zwar ermöglicht die Verordnung keine grenzüberschreitende Verweisung; das Verfahren darf jedoch nicht nach den autonomen Vorschriften des nationalen Rechts im angerufenen Forum fortgeführt werden.[192] 7.43

Die sog. „Restzuständigkeiten" regelt Art. 6 EheGVO (2019)/Art. 6 EheGVO (2003). Dabei geht es um die internationale Zuständigkeit im Verhältnis zu Drittstaaten.[193] Vor dem Hintergrund der weiteren Gerichtsstände der EuGVO handelt es sich um eine Auffangregelung. Nur wenn sich nach Art. 3–5 EheGVO kein Gerichtsstand begründen lässt, kommen die autonomen Prozessrechte der Mitgliedstaaten zur Anwendung. Soweit diese die internationale Zuständigkeit auf die (jeweils) eigene Staatsangehörigkeit stützen, sind die Angehörigen anderer EU-Mitgliedstaaten wie jeweils eigene Staatsangehörige zu behandeln.[194] 7.44

Der EuGH interpretierte im Urteil *Sundelind Lopez*[195] den Anwendungsbereich der Restzuständigkeiten restriktiv. Frau *Sundelind*, eine Schwedin, war mit Herrn *Lopez Lizazo*, einem Kubaner, verheiratet, das Ehepaar lebte in Frankreich. Dort wohnte Frau *Lopez* auch weiter nach der Trennung. Die Scheidungsklage reichte sie jedoch in Stockholm ein, gestützt auf die autonomen Regelungen des schwedischen Scheidungsrechts, die den Gerichtsstand der Staatsangehörigkeit vorsehen. Der EuGH entschied hierzu mit Recht, dass Art. 7 EheGVO (2003) die Anwendung des autonomen Prozessrechts nur dann zulässt, wenn auch nach Art. 3 ff. EheGVO keine Zuständigkeit in einem anderen EU-Mitgliedstaat begründet ist. Da vorliegend die französischen Gerichte nach Art. 3 I lit. a) 2. SpS EheGVO über den Scheidungsantrag befinden konnten, sei die Anwendung von Art. 7 I EheGVO(2003) ausgeschlossen. Der Gerichtshof begründete das Ergebnis nicht nur mit dem eindeutigen Wortlaut von Art. 7 EheGVO (2003), sondern auch mit dem Gebot des Beklagtenschutzes. Dieser könne erwarten, in einem Gerichtsstand verklagt zu werden, der einen substantiellen Bezug (*real connecting link*) zum Klagegegenstand aufweise.[196] 7.45

191 Magnus/Mankowski/*Borrás*, Art. 5 Brussels IIbis Regulation, Rdn. 4 ff.

192 *Hau*, in: Leible/Terhechte, Europäisches Rechtsschutz- und Verfahrensrecht, § 16, Rdn. 27; Althammer/*Großerichter*, Art. 6 EheGVO (2003), Rdn. 1, 5 f.

193 Dazu oben § 5 I, Rdn. 5.30.

194 In der Literatur wird eine Streichung der Vorschrift diskutiert, vgl. etwa *Nuyts/Szychowska*, Study on Residual Jurisdiction, Rdn. 193 ff., 199. Die Brüssel II^{ter}-Verordnung fasst die Regelungen von Art. 6 und 7 nunmehr in Art. 6 EheGVO (2019) zusammen.

195 EuGH, 29.11.2007, Rs. C-68/07, *Sundelind Lopez*, EU:C:2007:740, Rdn. 18 ff.

196 EuGH, 29.11.2007, Rs. C-68/07, *Sundelind Lopez*, EU:C:2007:740, Rdn. 26; zust. *Borrás*, IPRax 2008, 233 ff.

2. Rechtshängigkeit

a) Die Regelungen der Art. 17 und 20 EheGVO (2019)[197]

7.46 Bei der Koordinierung von Parallelverfahren folgt die EheGVO dem Modell der Art. 29–32 EuGVO:[198] Nach Art. 20 I EheGVO (2019) gilt ein striktes Prioritätsprinzip;[199] den Zeitpunkt der Rechtshängigkeit bestimmt Art. 17 EheGVO (2019) autonom.[200] Maßgeblich ist der Zeitpunkt, in dem alle Voraussetzungen für die grenzüberschreitende Zustellung der Klage- bzw. Antragsschrift vorliegen.[201] In der Regel ist der Eingang der Scheidungsantragsschrift bei Gericht maßgeblich, im Fall eines Prozesskostenhilfeantrags kommt es auf dessen Einreichung an.[202] Die Regelung gilt gleichermaßen für Scheidungs- und für Kindschaftssachen.[203]

7.47 Die Sperrwirkung des Art. 20 I EheGVO (2019) erfasst die von Art. 1 I lit. a) EheGVO in den Anwendungsbereich einbezogenen Anträge auf Ehescheidung, die anderweitige Auflösung der Ehegemeinschaft und die Ungültigerklärung der Ehe; maßgeblich ist die Kernpunkttheorie des EuGH.[204] Diese erfährt jedoch insofern eine inhaltliche Erweiterung, als die unterschiedlichen Verfahrensarten der Art. 1 I lit. a), 3 I EheGVO auch untereinander die Sperrwirkung auslösen.[205] Die Sperrwirkung gilt auch für (gegenläufige) Anträge in Sorgerechtsverfahren, Art. 20 II EheGVO (2019). Identische Streitigkeiten liegen danach auch bei einem Antrag auf Übertragung der Personensorge und einem Antrag auf Umgang vor.[206] Im Ergebnis ist damit der Rechtshängigkeitsbegriff der EheGVO deutlich weiter als der der EuGVO.[207]

---

197 Die Neuregelung entspricht Art. 16 und 19 EheGVO (2003).

198 EuGH, 6.10.2015, Rs. C-489/14, *A/B*, EU:C:2015:654, Rdn. 33 ff.; *Wagner*, FPR 2004, 286; Staudinger/*Spellenberg*, Art. 19 EheGVO (2003), Rdn. 7; oben § 6 III Rdn. 6.180 ff.

199 Vgl. dazu die Einschätzung bei *Cheshire, North & Fawcett*, Private Int'l Law, S. 957: „a purely mechanical rule ... which is at odds with the prevailing culture of encouraging parties to attempt to engage in reconciliation ... processes rather than rushing to litigate."

200 EuGH, 6.10.2015, Rs. C-489/14, *A/B*, EU:C:2015:654, Rdn. 40 (zur EheGVO aF).

201 Grundsätzlich kommt es auf die Anhängigkeit der Klage an, ein (zwingendes) Versöhnungsverfahren vermag gleichfalls die Rechtshängigkeitssperre auszulösen, vgl. noch zur EheGVO (2002) Court of Appeal, 12.1.2005, *Chorley v. Chorley* [2005] 2 F.L.R. 38 – zur *requête en divorce* in Frankreich, Art. 251 C.C.

202 KG, 17.1.2005, FamRZ 2005, 1685: Verheimlicht ein Ehegatte seine Anschrift dem anderen, so tritt die Rechtshängigkeit mit der Einreichung der Antragsschrift ein.

203 Ausführlich *Tödter*, Europäisches Kindschaftsrecht, S. 115 ff.

204 Nicht erfasst sind hingegen Klagen auf die Feststellung des Nichtbestehens einer Ehe, da sie nicht unter den sachlichen Anwendungsbereich der EheGVO fallen, Nagel/*Gottwald*, IZVR, § 5, Rdn. 210; dazu oben Rdn. 7.21 ff.

205 EuGH, 6.10.2015, Rs. C-489/14, *A/B*, EU:C:2015:654, Rdn. 33.

206 Zur alten Rechtslage *Tödter*, Europäisches Kindschaftsrecht, S. 113 ff.; *Thomas/Putzo/Hüßtege*, Art. 19 EheGVO (2003), Rdn. 4.

207 *Hau*, FamRZ 2000, 1333, 1339; MünchKomm/*Gottwald*, Art. 19 EheGVO (2003), Rdn. 2.

Die Sperrwirkung löst zunächst eine Aussetzung des späteren Verfahrens aus. 7.48
Diese greift bis zur rechtskräftigen Entscheidung des zuerst angerufenen Gerichts über seine Zuständigkeit, Art. 20 I und II EheGVO (2019).[208] Erst wenn die Zuständigkeit des zuerst angerufenen Gerichts feststeht, wird die Parallelklage abgewiesen. Der spätere Antrag kann beim früher angerufenen Gericht erneut gestellt werden, Art. 20 III EheGVO (2019).[209] Damit ermöglicht Art. 20 III EheGVO (2019) eine Verfahrenskonzentration beim zuständigen Gericht. Eine Abweisung des späteren Antrags durch das Zweitgericht ist nicht Voraussetzung,[210] vielmehr gibt Art. 20 III EheGVO (2019) dem Antragsteller die Befugnis zur (einseitigen) Antragsrücknahme mit dem Ziel, den Antrag beim ausländischen Gericht geltend zu machen. Die Vorschrift begründet jedoch keinen eigenständigen Gerichtsstand; vielmehr muss eine Zuständigkeit nach Art. 3 ff. EheGVO vorliegen.[211] Macht der Antragsteller nur einen begrenzten Ehebeendigungsgrund (etwa: Trennung von Tisch und Bett) geltend, kann der Antragsgegner nach Art. 4 EheGVO einen Gegenantrag auf (vollumfängliche) Ehescheidung stellen.[212]

Die Sperrwirkung der Rechtshängigkeit des zuerst angerufenen Gerichts kann nach nationalem 7.49
Recht wieder entfallen. Im Verfahren *A ./. B* hatte der Ehemann im Gerichtsstand des Art. 3 II EheGVO Trennungsklage bei Aufrechterhaltung des Ehebandes im Tribunal de Nanterre erhoben. Die Ehefrau klagte später auf Scheidung vor dem High Court of Justice. Das zuerst angerufene französische Gericht erließ einen Trennungsbeschluss, der High Court of Justice wies daraufhin die Scheidungsklage zurück. Der Trennungsbeschluss des französischen Gerichts wurde 30 Monate später wirkungslos. Die Ehefrau (der die Erhebung der Scheidungsklage während der Trennungszeit untersagt war), klagte wenige Tage vor Fristablauf erneut in London auf Scheidung; der Ehemann wenige Stunden nach Fristablauf in Nanterre (Frankreich). Dabei spielte die Zeitverschiebung zwischen England und Frankreich eine zusätzliche Rolle: Das französische Gericht öffnete am entscheidenden Tag eine (zusätzliche) Stunde früher als das englische. Der EuGH entschied, dass aufgrund des nunmehr früheren Scheidungsantrags der Ehefrau der High Court of Justice zuständig war. Mit Fristablauf habe sich das Verfahrenshindernis des Art. 19 I EheGVO (2003) erledigt.[213]

Das Urteil verdeutlicht die Schwächen des Rechtshängigkeitskonzepts der 7.50
EheGVO: Zum einen bewirkt die Gleichstellung des Ehetrennungs- mit dem Ehescheidungsverfahren eine Privilegierung des ersteren: Denn die Einleitung des Trennungsverfahrens ist nicht von denselben Fristen abhängig wie die Einleitung des Ehescheidungsverfahrens (vgl. etwa §§ 1565 ff. BGB). Da das Prioritätsprinzip von gleichen Rahmenbedingungen bei der Klageerhebung ausgeht, ist seine Anwendung im Rahmen der EheGVO schlicht inadäquat. Zum anderen zeigt das Urteil des EuGH

208 Nagel/*Gottwald*, IZVR, § 5, Rdn. 210.

209 Zu den Einzelheiten *Tödter*, Europäisches Kindschaftsrecht, S. 120 ff.

210 So jedoch Rauscher/*Rauscher*, Art. 19 EheGVO (2003), Rdn. 32; eine Klageabweisung erscheint insbesondere bei einer (verbundenen) Sorgerechtssache nicht nötig, vgl. Art. 19 II EheGVO.

211 Rauscher/*Rauscher*, Art. 19 EheGVO (2003), Rdn. 34; *Gruber*, FamRZ 2000, 1134.

212 Dazu oben § 7 III, Rdn. 7.41.

213 EuGH, 6.10.2015, Rs. C-489/14, *A/B*, EU:C:2015:654, Rdn. 38 ff.

weitere Grenzen des Prioritätskonzepts auf: Zeitgrenzen zwischen den EU-Mitgliedstaaten und unterschiedliche Öffnungszeiten der Gerichte in den Mitgliedstaaten dürfen sich nicht zu Lasten der Parteien auswirken.

b) Die sog. „Verbundbefangenheit"

7.51 Die prozessuale Koordinierung der Scheidungs- und Folgesachen, die viele europäische Scheidungsverfahrensrechte kennen,[214] führt zu der Frage, ob die Anhängigkeit des ausländischen Scheidungsverfahrens die isolierte Durchführung einer Folgesache (etwa ein Unterhaltsverfahren) ausschließt. Für das autonome Verbundsverfahren hat der BGH entschieden, dass die Anerkennung der verbundmäßigen Rechtshängigkeit zumindest eine Antragstellung im Ausland voraussetzt.[215] Allerdings scheidet diese Lösung aus, wenn das ausländische Recht eine zwingende Verbindung von Scheidung und Folgesachen anordnet – wie dies etwa die §§ 121 f., 137 FamFG für die Durchführung des Versorgungsausgleichs vorschreiben. Ähnliche Probleme stellen sich in sog. „Präklusionsfällen". Hier verlangt das ausländische Sachrecht die Antragstellung in der Folgesache innerhalb einer (oft knapp bemessenen) Ausschlussfrist.[216] Wird die Frist versäumt, stellt sich die Frage, ob die Präklusion auch in anderen Mitgliedstaaten Wirkung entfaltet.[217]

7.52 Richtigerweise ist die Frage differenziert zu beantworten. Maßgeblich ist das jeweils anwendbare Sachrecht. Hieraus folgt (zumindest im Regelfall), dass die Präklusionsfristen materiellrechtlich zu qualifizieren sind. Erfordert also das anwendbare Sachrecht eine gerichtliche Geltendmachung innerhalb einer bestimmten Frist, so ist diese zu wahren. Allerdings reicht zur Fristwahrung die Klageerhebung in einem Gericht des Europäischen Justizraums aus. Das Sachstatut entscheidet zudem über die Folgen der Klageerhebung vor einem (international) unzuständigen Gericht.

7.53 Die unvollständige Erfassung der Verbundbefangenheit führte nach Art. 19 EheGVO (2003) zu praktischen Problemen: Da die Sperrwirkung nur die Ehescheidung und die elterliche Sorge erfasst, bleiben andere Elemente des Verbunds (Unterhalt, Güteraufteilung) ausgenommen mit der Folge, dass Parallelverfahren in anderen Mitgliedstaaten und in Drittstaaten möglich sind.[218] Art. 13 EuUhVO und Art. 18 EheGüVO ermöglichen inzwischen eine Aussetzung wegen Sachzusammenhangs.

---

214 *Ratzel*, Präklusion, S. 14 f. mwN.

215 BGH, 9.10.1985, IPRax 1987, 314 f. (insofern zustimmend *Jayme*, IPRax 1987, 295, 296).

216 Beispiel AG Tettnang, 29.10.2004, IPRax 2005, 154 (*Jayme*, 112): Nachehelicher Unterhalt nach serbischem Recht, der innerhalb von zwei Jahren nach der Eheschließung geltend zu machen war. Ähnlich der Anspruch auf Aufteilung des ehelichen Vermögens nach österreichischem Recht (ein Jahr ab rechtskräftiger Scheidung, § 95 österr. EheG).

217 Ausführlich *Ratzel*, Präklusion, S. 132 ff. (zum Unterhaltsverfahren).

218 Beispiel: C.A., 20.4.2007, *Moore v. Moore*, [2007] I.L.Pr. 36 – Scheidungsverfahren in Spanien, Folgeverfahren in England.

Richtiger Ansicht nach erfassen diese Vorschriften auch den Verbund.[219] Damit geht die Sperrwirkung nach Art. 20 EheGVO (2019) in praktischer Hinsicht weiter.

3. Die Anerkennung von Ehescheidungen

a) Die erfassten Entscheidungen

Bei Scheidungsurteilen spielt die Anerkennung wegen der Gestaltungswirkung des Urteils die maßgebliche Rolle; eine Vollstreckung scheidet hingegen regelmäßig aus.[220] Im Ausgangspunkt regelt Art. 21 EheGVO (2003)/Art. 30 EheGVO (2019) die automatische Anerkennung von Entscheidungen über die Eheauflösung[221] in enger Anlehnung an Art. 36 ff. EuGVO.[222] Die Anerkennung erfasst nur den Scheidungsausspruch, nicht eventuelle (tatbestandliche) Feststellungen zum Verschulden und auch nicht die Scheidungsfolgen.[223] Soweit die Ehescheidung von Behörden anderer Mitgliedstaaten ausgesprochen wird, kann der behördliche Hoheitsakt anerkannt werden.[224] In der Verordnung 2201/03 sind Privatscheidungen jedoch nicht eingeschlossen,[225] wohl aber Scheidungen religiöser Gerichte, sofern diese im Entscheidungsstaat aufgrund staatlicher Zuweisung zuständig sind; Gegenstand der Anerkennung ist die Anerkennung des religiösen Urteils durch eine staatliche Behörde im Erststaat.[226] Erfolgt der Scheidungsausspruch durch die Botschaft eines Drittstaates innerhalb der Europäischen Union, so scheidet die Anerkennung hingegen aus, weil die ausländische Botschaft nicht als Behörde eines Mitgliedstaates handelt.[227] Die Anerkennung von Ungültigerklärungen von Ehen durch kirchliche Gerichte regelt Art. 63 II EheGVO.[228] 7.54

219 MünchKommZPO/*Lipp*, Art. 13 EG-UntVO, Rdn. 4.

220 Kostenentscheidungen in Ehesachen werden hingegen nach den Art. 28 ff. EheGVO (2003)/Art. 34 ff. EheGVO (2019) für vollstreckbar erklärt, Art. 49 EheGVO (2003)/Art. 73 EheGVO (2019).

221 Vgl. die Definition in Art. 2 I 1 EheGVO (2019); klageabweisende Urteile werden nicht anerkannt (EwG 9 EheGVO 2019), so dass jeder Ehegatte im Fall der Klageabweisung in jedem EG-Mitgliedstaat (außer Dänemark) erneut klagen kann, dazu kritisch *Kohler*, NJW 2001, 10, 13; MünchKomm/*Gottwald*, Art. 21 Brüssel IIa-VO, Rdn. 3 (Anerkennung nach autonomem Recht bleibt möglich).

222 Vgl. oben § 6 III, Rdn. 6.215 ff.

223 Vgl. EwG 8 EheGVO (2003); EwG 9 EheGVO (2019).

224 So insbesondere in Estland, Finnland, Portugal und den Niederlanden; dazu *Gärtner*, Privatscheidungen, S. 360 ff.; EuGH, 27.11.2007, Rs. C-435/06, *C*, EU:C:2007:714, oben § 7 II, Rdn. 7.22.

225 Eine verfahrensmäßige Anerkennung scheidet mangels Vorliegen eines Hoheitsakts aus, ausführlich *Gärtner*, Privatscheidungen, S. 350 ff.; anders jedoch Art. 65 EheGVO (2019), dazu sogleich Rdn. 7.55.

226 Dies ist insbesondere der Fall in Thrakien (*talaq* des örtlichen Mufti); dazu *Schack*, RabelsZ 65 (2001), 615, 627; *Gärtner*, Privatscheidungen, S. 7 ff. und 321. AA OLG Frankfurt, 16.1.2006, IPRspr. 2006, Nr. 146, 318 ff.– der Mufti übe keine staatliche Gerichtsgewalt aus, unterfalle mithin nicht dem Anwendungsbereich der VO 1347/00/EG.

227 Staudinger/*Spellenberg*, Art. 21 EheGVO (2003), Rdn. 10.

228 *Spellenberg*, ZZPInt 6 (2001), 109, 123.

7.55 Die Neufassung der EheGVO (VO (EU) 2019/1111) bezieht Privatscheidungen unter Einbeziehung staatlicher Stellen (insb. von Notaren und Standesbeamten) in den Anwendungsbereich ein. Diese können als Urkunden anerkannt werden, sofern eine Behörde oder andere ermächtigte Stellen die Feststellung getroffen hat, Art. 2 II Nr. 2 EheGVO (2019). Registrierte Scheidungen werden damit von der EheGVO erfasst und nach Art. 65 I EheGVO (2019) anerkannt. Dies kommt der Anerkennung von Rechtslagen nahe.[229] Ausweislich des EwG 14 sollen reine Privatscheidungen von der Anerkennung weiter ausgenommen bleiben.[230] Da jedoch zahlreiche EU-Mitgliedstaaten einvernehmliche Ehescheidungen von den Gerichten auf die Notare oder Standesbeamten übertragen haben, dürfte die Neuregelung erhebliche praktische Auswirkungen haben.

7.56 Inzwischen kennen viele EU-Mitgliedstaaten vereinfachte, einvernehmliche Scheidungsverfahren: So besteht beispielsweise in Portugal die Möglichkeit, eine einvernehmliche Scheidung durch Standesbeamten protokollieren zu lassen.[231] Da die Beamtin jedoch das Vorliegen der Scheidungsvoraussetzungen prüft und die Scheidung förmlich ausspricht, ist von einer konstitutiven Entscheidung auszugehen, die grundsätzlich anerkennungsfähig ist. Problematisch erscheint hingegen die Anerkennung der niederländischen „Blitzscheidung (*flitzsscheiding*)“ nach Art. 77a niederl. BGB. Danach können die Ehegatten vor den Standesbeamten ihre Ehe in eine eingetragene Partnerschaft umwandeln, das eheliche Band wird beendet. Die registrierte Partnerschaft kann einseitig beendet werden. Ähnliche Entwicklungen gibt es in Frankreich. Dort wird die einvernehmliche Scheidung von den Notaren protokolliert, die lediglich die Einhaltung der gesetzlichen Formerfordernisse prüfen.[232]

b) Die Anerkennung nach Art. 21 f. EheGVO (2003)

7.57 Art. 21 II EheGVO (2003) enthält die Klarstellung, dass die unmittelbare Anerkennung für die Beischreibung in den Personenstandsbüchern gilt. Das aufwändige, sog. Delibationsverfahren nach § 107 FamFG ist im Verhältnis zu den EU-Mitgliedstaaten entfallen; die Rechtskraft der ausländischen Entscheidung wird durch die Bescheinigung nach Art. 33 iVm Anhang IV zur EheGVO (2003) einfach formularmäßig nachgewiesen.[233]

---

229 Anerkannt wird die Auflösung des Ehebandes durch die Vereinbarung der Ehegatten, die die Behörde im Ursprungsstaat festhält. Die Wirkung geht damit über die „Annahme“ einer Urkunde hinaus.

230 Die knappe Regelung bezeugt die politischen Auseinandersetzungen um die Neuregelung im Rat. Ob sich die Anwendung der Regelungen zur Urkundenfreizügigkeit in der Praxis bewähren wird, ist derzeit nicht absehbar. Dies erscheint allerdings zweifelhaft, dazu *Kohler/Pintens*, FamRZ 2019, 1477, 1479 f.

231 Dazu *Gärtner*, Privatscheidungen, S. 327 f.; Staudinger/*Spellenberg*, Art. 1 EheGVO (2003), Rdn. 16.

232 Art. 229 ff. Code Civil; dazu die lesenswerte Kritik von *Gaudemet-Tallon*, FS Kohler (2018), S. 91 ff.

233 Nagel/*Gottwald*, IZVR, § 11, Rdn. 70 f. Art. 21 III EheGVO (2003) bzw. zukünftig Art. 30 III EheGVO (2019) stellen zudem klar, dass eine Feststellungsklage (auch eine Zwischenfeststellungsklage nach § 256 II ZPO) jederzeit zulässig ist.

Da die Gestaltungswirkung der anzuerkennenden Entscheidung *ipso iure* wirkt, ist ein gesondertes Anerkennungsverfahren nicht mehr vorgesehen.[234]

Die Anerkennungsfähigkeit kann jedoch in einem selbständigen Feststellungs- 7.58
verfahren nach Art. 21 III, 28 ff. EheGVO (2003) geklärt werden.[235] Zuständig ist das Familiengericht, in dessen Bezirk sich der Antragsgegner gewöhnlich aufhält oder dort, wo das Feststellungsinteresse hervortritt, §§ 10, 12, 32 IntFamVerfG. Antragsbefugt sind nicht nur die Ehegatten, sondern jede weitere, materiell interessierte Person. In letzterem Fall sind beide Ehegatten zu verklagen. Der deutsche Standesbeamte darf freilich nicht nach § 45 II PStG eine Entscheidung des Vormundschaftsgerichts herbeiführen. Er hat vielmehr die Beteiligten auf das Verfahren nach Art. 21 III EheGVO (2003) zu verweisen.[236] Anders als nach Art. 36 EuGVO ist ein Antrag auf negative Feststellung (d. h. der Nichtanerkennungsfähigkeit) statthaft. Einer parallelen Feststellungsklage fehlt hingegen das Feststellungsbedürfnis, § 256 I ZPO.

Die Anerkennungshindernisse listet Art. 22 EheGVO (2003) auf.[237] Sie sind den 7.59
Hindernissen der Art. 34 EuGVO (2001) nachgebildet. Hier wie dort darf die Zuständigkeit des Erstgerichts nicht nachgeprüft werden; Zuständigkeitsmängel begründen mithin keine Verletzung des *ordre public* (Art. 24–26 EheGVO 2003).[238] Die *révision au fond* (sachliche Nachprüfung des Urteils) ist gleichfalls ausgeschlossen (Art. 25 f. EheGVO 2003). Anerkennungshindernisse sind die Verletzung des *ordre public* (Art. 22 lit. a) EheGVO 2003),[239] die Nichteinlassung des Antragsgegners, weil das verfahrenseinleitende Schriftstück nicht so rechtzeitig und in der Weise zugestellt wurde, dass er sich verteidigen konnte, (Art. 22 lit. b) EheGVO 2003). Ebenso wie nach Art. 34 Nr. 2 EuGVO (2001)/Art. 45 I lit. b) EuGVO kommt es nicht (mehr) auf die ordnungsgemäße Zuständigkeit, sondern nur darauf an, ob eine effektive Verteidigungsmöglichkeit dem Antragsgegner offen stand.[240] Auf die Rechtzeitigkeit und Verteidigungsmöglichkeit kommt es hingegen nicht an, wenn festgestellt wird, dass der Antragsgegner „mit der Entscheidung eindeutig einverstanden ist".[241] Dies ist beispielsweise anzunehmen, wenn der Antragsgegner selbst eine neue Ehe eingehen will oder seinerseits nach-

---

234 Nach Art. 49 EheGVO (2003) werden Kostenentscheidungen hingegen nach Art. 28 ff. EheGVO (2003) für vollstreckbar erklärt, dazu Rauscher/*Rauscher*, Art. 49 EheGVO (2003), Rdn. 2.

235 *Schack*, RabelsZ 65 (2001), 615, 627. Die Neuregelung enthält in Art. 30 III EheGVO (2019) eine entsprechende Regelung.

236 *Hub*, NJW 2001, 3145, 3149; aA *Helms*, FamRZ 2001, 257, 261 (Antragsbefugnis des Standesbeamten).

237 In der VO (EU) 2019/1111 finden sich die Anerkennungshindernisse (unverändert) in Art. 39 EheGVO nF.

238 Die internationale Unzuständigkeit des Erstgerichts vermag keine Verletzung des *ordre public* auszulösen, EuGH, 19.11.2015, Rs. C-455/15 PPU, P/Q, EU:C:2015:763, Rdn. 37 ff.

239 Angesichts der heterogenen Ehescheidungsrechte in den Mitgliedstaaten ist mit einer verstärkten Anwendung des materiellen *ordre public* zu rechnen.

240 Vgl. § 6 IV, Rdn. 6.229 ff.

241 Dazu *R. Wagner*, IPRax 2001, 73, 78.

ehelichen Unterhalt eingeklagt hat.[242] Art. 22 lit. c) EheGVO (2003) nennt schließlich die Unvereinbarkeit mit einer Entscheidung des Anerkennungsstaates als weiteren Versagungsgrund. Wie im Fall des Art. 45 I lit. b) EuGVO stellt dieser Versagungsgrund nicht auf die zeitliche Abfolge der unvereinbaren Entscheidungen ab, sondern gibt der innerstaatlichen Entscheidung den Vorrang. Diese Regelung widerspricht jedoch der Wertung der Rechtshängigkeit in Art. 16, 19 EheGVO (2003).[243] Ein weiteres Anerkennungshindernis ist die Unvereinbarkeit des ausländischen Urteils mit einer früheren Entscheidung eines anderen Mitgliedstaates oder eines Drittstaates (Art. 22 lit. d) EheGVO 2003). Da die EheGVO nur positive Entscheidungen anerkennt, kann sich die Unvereinbarkeit nicht aus einer klageabweisenden Entscheidung (in Ehesachen) ergeben.[244] Daher ist die praktische Bedeutung dieser Versagungsgründe gering geblieben.

c) Anerkennung nach Art. 30 ff. EheGVO (2019)

7.60 Die VO (EU) 2019/1111 regelt ebenfalls die Anerkennung von Scheidungsurteilen ohne besonderes Anerkennungsverfahren (Art. 30 I EheGVO 2019), aber stattdessen auf der Basis von standardisierten Begleitformularen (Art. 31 f. EheGVO 2019). In der Praxis dürfte sich die Anerkennung des ausländischen Scheidungsurteils häufig als eine Erst- oder Vorfrage stellen. Jedoch können die Parteien nach Art. 59 ff. EheGVO (2019) ein Feststellungsverfahren einleiten, um die (Nicht)Anerkennungsfähigkeit der Entscheidung zu klären.[245] In beiden Konstellationen können die Parteien die Anerkennungsversagungsgründe des Art. 38 EheGVO (2019) geltend machen. Diese entsprechen inhaltlich den Anerkennungshindernissen nach Art. 22 EheGVO (2003).[246]

d) Die Anerkennung „registrierter" Ehescheidungen nach Art. 64 ff. EheGVO (2019)

7.61 Nach Art. 65 I EheGVO (2019) werden öffentliche Urkunden und Vereinbarungen über die Ehescheidung anerkannt, wenn sie im Ursprungsstaat rechtsverbindliche Wirkung entfalten und zudem die registrierende Stelle nach Art. 3 ff. EheGVO international zuständig war (Art. 64 EheGVO 2019).[247] Die EU-Mitgliedstaaten notifizieren die nach ihrem jeweiligen Recht zuständigen Stellen (Gerichte, Notare) der EU-Kom-

242 Nagel/*Gottwald*, IZVR, § 11, Rdn. 75.

243 EuGH, 16.1.2019, Rs. C-386/17, *Liberato*, EU:C:2019:24, Rdn. 40 ff. hält fest, dass eine Verletzung der Rechtshängigkeitsregeln keine Anerkennungssperre auslöst; die Anwendung des *ordre public* ist in dieser Konstellation ausgeschlossen. So nunmehr auch ausdrücklich EwG 56 EheGVO (2019) – allerdings ohne Hinweis auf die einschlägige Judikatur des Gerichtshofs.

244 *Kohler*, NJW 2001, 10, 13; aA *Helms*, FamRZ 2001, 257, 265.

245 Insofern bestehen keine substantiellen Änderungen zur aktuellen Rechtslage, vgl. oben Rdn. 7.58.

246 Dazu oben Rdn. 7.59.

247 Grundlage des Anerkennungsregimes ist das wechselseitige Vertrauen zwischen den EU-Mitgliedstaaten, EwG 55.

mission (Art. 103 EheGVO (2019)). Grundlage der automatischen Anerkennung ist das Formular nach Art. 66 EheGVO (2019), das den Inhalt und die Rechtswirkungen der Urkunde dokumentiert und (detailliert) beschreibt. Es wird vom Erstgericht bzw. von der Ursprungsbehörde auf Antrag ausgestellt.[248] Die Anerkennung darf nach Art. 68 I EheGVO (2019) nur versagt werden, wenn sie dem *ordre public* widerspricht oder mit einer früheren Entscheidung oder Urkunde unvereinbar ist, die im Anerkennungsmitgliedstaat errichtet wurde.[249]

Das neue Anerkennungsregime erfasst nicht nur Scheidungen unter Mitwirkung einer Behörde, über die eine Urkunde errichtet wird (Art. 2 II EheGVO 2019), sondern auch privatschriftliche Vereinbarungen zwischen den Ehegatten, die bei einer Behörde (etwa einem Notar) registriert werden (Art. 2 III EheGVO 2019). Damit ermöglicht die VO (EU) 2019/1111 die Anerkennung von (registrierten) Ehescheidungen, sprich die Anerkennung von Rechtslagen.[250] Dies bedeutet zugleich, dass die Kollisionsnormen der Rom III-VO entwertet werden.[251] Gewichtiger ist freilich der Einwand, dass die automatische Anerkennung „privater“ Ehescheidungen ein erhebliches Missbrauchspotential für den schwächeren Ehegatten birgt – bei internationalen Sachverhalten steigt dieses Risiko weiter an.[252] Schließlich überlässt die Neuregelung den Schutz der minderjährigen Kinder weitgehend den nationalen Kindschaftsrechten.[253] Insgesamt erscheint die Neuregelung nicht hinreichend durchdacht.[254] 7.62

4. Anwendbares Recht in Scheidungssachen: die Verordnung Rom III

Angesichts der heterogenen materiellen Scheidungsrechte in den EU-Mitgliedstaaten 7.63 strebte die EU-Kommission seit dem Inkrafttreten des Amsterdamer Vertrags eine parallele Reform der Gerichtsstände der EheGVO und des Scheidungskollisionsrechts an.[255] Ein Vorschlag vom 17.7.2006 scheiterte jedoch am Einstimmigkeitserfordernis des Art. 81 III 2 AEUV.[256] Dies veranlasste die Kommission schließlich zur Einleitung

248 Kritisch *Kohler/Pintens*, FamRZ 2019, 1477, 1479 f.

249 Ausweislich EwG 55 sind die Anerkennungsversagungsgründe eng auszulegen; nach Art. 70 EheGVO (2019) erfolgt keine Nachprüfung des angewandten Kollisionsrechts.

250 Zur Anerkennung von Rechtslagen vgl. oben § 3 II, Rdn. 3.50.

251 Bei der Anerkennung von Rechtslagen wird nicht geprüft, ob im Erststaat eine Prüfung des Kollisionsrechts erfolgt ist (Art. 70 EheGVO 2019). – Eine positive Regelung hatte der EuGH, 20.12.2017, Rs. C-372/16, *Sahyouni*, EU:C:2017:988, Rdn. 39, ausdrücklich gefordert.

252 Kritisch deshalb *Kohler/Pintens*, FamRZ 2019, 1477, 1479 f.

253 Zur Problematik der französischen Regelung, die dem minderjährigen Kind lediglich die Möglichkeit eröffnet, eine gerichtliche Ehescheidung zu verlangen, vgl. *Gaudemet-Tallon*, FS Kohler (2018), S. 91, 98 ff.

254 Ebenso *Kohler/Pintens*, FamRZ 2019, 1477, 1479.

255 *Gruber*, IPRax 2012, 381, 382; vgl. oben Rdn. 7.20.

256 KOM (2006) 399 endg., dazu *Kohler*, FamRZ 2008, 1673, 1678.

des Verfahrens der verstärkten Zusammenarbeit (Art. 328 AEUV) und zur Abtrennung des kollisionsrechtlichen Teils des Verordnungsvorschlags.[257] Damit konnte die Rom III-Verordnung Nr. 1259/2010 verabschiedet werden, die derzeit für 17 EU-Mitgliedstaaten gilt.[258] Am ursprünglichen Regelungsziel hält die Rom III-Verordnung fest: Sie will im Anwendungsbereich der EheGVO das *forum shopping* durch einheitliche Kollisionsnormen eindämmen.[259]

7.64 Der sachliche Anwendungsbereich (Art. 1–4 Rom III-VO) ist an den Anwendungsbereich der EheGVO angelehnt: Die Verordnung erfasst Ehescheidungen sowie Trennungen ohne Auflösung des Ehebandes in Fällen mit Bezügen zu mehreren Staaten (Art. 1 I Rom III-VO). Sie ist universell (sprich: auch in Bezug auf Drittstaaten) anwendbar, Art. 4 Rom III-VO.[260] Wie die EheGVO erfasst sie hetero- und homosexuelle Ehen, nicht jedoch eingetragene Partnerschaften.[261] Nach der Rechtsprechung des EuGH erfasst sie keine Privatscheidungen.[262] Die Scheidungsfolgen regeln die EheGVO (elterliche Sorge), die EuUhVO (Unterhalt) und die EuGüVO (für den Güterstand).[263]

7.65 Die kollisionsrechtliche Anknüpfung beruht primär auf der Rechtswahl der Parteien (Art. 5–7 Rom III-VO); Art. 8 Rom III-VO enthält eine subsidiäre Anknüpfung an den gemeinsamen (letzten) Aufenthalt bzw. an das gemeinsame Heimatrecht (Staatsangehörigkeit).[264] Mit der Rechtswahl weicht die Rom III-VO vom Zuständigkeitsregime der EheGVO ab, das (derzeit) keine Gerichtsstandsvereinbarung vorsieht.[265] Inhaltlich ist die Rechtswahl nach der Rom III-VO nicht unbegrenzt – sie erfordert nämlich eine substantielle Verbindung der Ehegatten zum gewählten Recht: entweder den aktuellen[266] oder den früheren gemeinsamen Aufenthalt (Art. 5 I lit. a) und b) Rom III-VO),[267] das Recht des Staates, dem ein Ehegatte angehört (das schließt

257 Ratsbeschluss vom 12.7.2010, ABl. EU 2010 L 189/12, dazu *Gruber*, IPRax 2012, 381, 382 mwN.

258 VO (EU) 1259/2010, ABl. EU 2010 L 343/10. Teilnehmende Mitgliedstaaten sind Belgien, Bulgarien, Deutschland, Estland, Frankreich, Griechenland, Italien, Lettland, Litauen, Luxemburg, Malta, Österreich, Portugal, Rumänien, Spanien und Ungarn.

259 Deutlich EwG 9, dazu *Brosch*, Rechtswahl und Gerichtsstandsvereinbarung (2019), S. 59 f.

260 Art. 1 I EheGVO erfasst zudem die Ungültigerklärung der Ehe, deutlich EwG 10 Rom III-VO.

261 Zutreffend *Gruber*, IPRax 2012, 381, 382 f. Dies hat Art. 17b IV EGBGB mit Wirkung zum 29.1.2019 klargestellt, dazu *de la Durantaye*, IPRax 2019, 281, 285 ff.

262 EuGH, 20.12.2017, Rs. C-372/16, *Sahyouni*, EU:C:2017:988, Rdn. 35 ff., dazu *Hess*, in: Travaux du Comité Français DIP (2019), 329, 349 ff.

263 Nach Art. 18 I ist die Rom III-VO auf alle Verfahren und Vereinbarungen anwendbar, die nach dem 21.6.2012 eingeleitet bzw. geschlossen wurden. Eine frühere Rechtswahl wird validiert, sofern sie die Voraussetzungen von Art. 6 f. erfüllt, Art. 18 II Rom III-VO.

264 *Gruber*, IPRax 2012, 381, 384 ff.; *Henrich*, Internationales Scheidungsrecht (2017), Rdn. 74 ff., verweist mit Recht darauf, dass die Rechtswahl in der Praxis eher die Ausnahme bleiben wird.

265 *Brosch*, Rechtswahl und Gerichtsstandsvereinbarung (2019), S. 60 ff.

266 MünchKomm/*Winkler v. Mohrenfels*, Art. 5 Rom III-VO, Rdn. 5.

267 MünchKomm/*Winkler v. Mohrenfels*, Art. 5 Rom III-VO, Rdn. 6.

das gemeinsame Heimatrecht ein);[268] schließlich das Recht des angerufenen Gerichts (Art. 5 I lit. d) Rom III-VO).[269] Die Anknüpfung ist wegen der zahlreichen Gerichtsstände des Art. 3 EheGVO nicht unproblematisch – sie setzt allerdings jeweils die gemeinsame Wahl des anwendbaren Rechts durch die Ehegatten voraus, so dass einseitiges *forum shopping* ausgeschlossen ist.[270] Die Einigung und die Wirksamkeit der Rechtswahl regelt Art. 6 Rom III-VO (Maßgeblichkeit des gewählten Rechts, hilfsweise das Recht des Aufenthalts);[271] Art. 7 regelt die Form (sogar elektronische Übermittlungen sollen ausreichend sein, die Mitgliedstaaten können strengere Voraussetzungen festlegen.[272]

Die objektive Anknüpfung an den aktuellen oder vormaligen gemeinsamen gewöhnlichen Aufenthalt, sofern einer der Ehegatten dort seinen gewöhnlichen Aufenthalt hat, entspricht Art. 3 EheGVO.[273] Maßgeblich ist der Zeitpunkt der Anrufung des Gerichts, Art. 16 EheGVO.[274] Der gemeinsame gewöhnliche Aufenthalt darf nicht ein Jahr vor Anrufung des Gerichts geendet haben.[275] Andernfalls gilt das Recht der gemeinsamen Staatsangehörigkeit;[276] sonst die *lex fori* des angerufenen Gerichts.[277] Diese Anknüpfungen bewirken die Wandelbarkeit des Scheidungsstatuts; die Anknüpfung an die *lex fori* fördert sogar das *forum shopping*.[278] Der Hintergrund der Regelung ist dennoch verständlich: Es geht um die Herstellung eines Gleichlaufs von angerufenem Gericht und anwendbarem Recht, um die Rechtsfindung zu effektuieren.[279] 7.66

---

268 Althammer/*Tolani*, Art. 5 Rom III-VO, Rdn. 17; MünchKomm/*Winkler v. Mohrenfels*, Art. 5 Rom III-VO, Rdn. 7 f.

269 Diese Anknüpfung ist bedenklich, da die vielfachen Gerichtsstände der EheGVO das *forum shopping* fördern. Der Gleichlauf mit dem anwendbaren Sachrecht eröffnet hier weitere Anreize, *Gruber*, IPRax 2012, 381, 386. Art. 46e EGBGB erlaubt eine nachträgliche Rechtswahl während des Prozesses – diese Vorschrift will die Anwendung der *lex fori* (zusätzlich) fördern, dazu Palandt/*Thorn*, Art. 46e EGBGB, Rdn. 3 f.

270 Die unbezeichnete Wahl des (später) anzurufenden Gerichts („floating choice of law") ist nicht zulässig, da sie keine „informierte" Rechtswahl wäre, vgl. EwG 18.

271 *Gruber*, IPRax 2012, 381, 387.

272 *Brosch*, Rechtswahl und Gerichtsstandsvereinbarung (2019), S. 74 ff. mit zutreffender Kritik an der Gemengelage zwischen Unions- und nationalem Recht.

273 *Henrich*, Internationales Scheidungsrecht (2017), Rdn. 84 f., verweist zu Recht darauf, dass die Ehe an dem Ort geschieden werden soll, wo sie tatsächlich gelebt wurde, nach dem dort geltenden Recht.

274 EwG 13 zur Rom III-VO, MünchKomm/*Winkler v. Mohrenfels*, Art. 8 Rom III-VO, Rdn. 12.

275 *Gruber*, IPRax 2012, 381, 387.

276 *Henrich*, Internationales Scheidungsrecht (2017), Rdn. 90.

277 Dies entspricht dem allgemeinen Regelungsziel, die Anwendung ausländischen Scheidungsrechts zu minimieren; kritisch *Gruber*, IPRax 2012, 381, 388.

278 MünchKomm/*Winkler v. Mohrenfels*, Art. 8 Rom III-VO, Rdn. 10.

279 Zu verbleibenden Konstellationen, in denen ausländisches Ehescheidungsrecht anwendbar bleibt, *Henrich*, Internationales Scheidungsrecht (2017), Rdn. 92.

7.67 Die Anknüpfungsregeln der Rom III-VO werden in mehrfacher Hinsicht begrenzt. Nach Art. 13 Rom III-VO müssen Mitgliedstaaten eine Ehescheidung nicht aussprechen, wenn das interne Recht diese Form der Ehe nicht kennt: Die Regelung bezieht sich auf die gleichgeschlechtige Ehe.[280] Umgekehrt kann die Ehescheidung nach der *lex fori* ausgesprochen werden, wenn das berufene Recht keine Ehescheidung zulässt (Art. 10, 1. Alt. Rom III-VO). Zudem lässt Art. 10, 2. Alt. Rom III-VO eine „Inhaltskontrolle" des berufenen Rechts im Hinblick auf die Gleichbehandlung von Mann und Frau zu.[281] Schließlich gilt der *ordre public* (Art. 12 Rom III-VO).

7.68 Insgesamt zeigt die Rom III-VO die bestehenden Konflikte zwischen den EU-Mitgliedstaaten auf[282] – trotz der zahlreichen Abweichungs- und Vorbehaltsklauseln haben 10 von 27 Mitgliedstaaten die VO nicht übernommen. Im Verhältnis zwischen den teilnehmenden EU-Mitgliedstaaten reduziert die Verordnung die Anreize zum *forum shopping* – soweit diese nicht durch die unterschiedlichen materiellen Rechte ausgelöst werden.[283]

IV. Die Koordinierung von Kindschaftssachen

1. Internationale Zuständigkeit im Verfahren über die elterliche Verantwortung

a) Allgemeine Zuständigkeit, Art. 7 EheGVO (2019)

7.69 Art. 7 I EheGVO[284] knüpft die internationale Zuständigkeit an den gewöhnlichen Aufenthalt des Kindes[285] zum Zeitpunkt der Antragstellung.[286] Die Vorschrift will in bewusster Abkehr von den umstrittenen Regelungen in Art. 1 und 4 MSA (1961) einen einheitlichen Gerichtsstand festlegen.[287] Den Begriff des gewöhnlichen Aufenthalts hat der Unionsgesetzgeber nicht näher definiert.[288] Dabei handelt es sich jedoch um

---

280 Althammer/*Tolani*, Art. 13 Rom III-VO, Rdn. 2 f.

281 *Henrich*, Internationales Scheidungsrecht (2017), Rdn. 95 mit Hinweisen auf „islamisches" und jüdisches Recht, die keine Gleichbehandlung von Frau und Mann kennen. Art. 10, 2. Alt. Rom III-VO sollte allerdings nur angewandt werden, wenn das berufene Recht konkret der Ehefrau die Scheidungsmöglichkeit versagt.

282 *Gruber*, IPRax 2012, 381, 392.

283 *Gruber*, IPRax 2012, 381 f.

284 Wortgleich: Art. 8 EheGVO (2003).

285 Nach der Legaldefinition des Art. 2 II Nr. 6 EheGVO ist ein „Kind" eine Person unter 18 Jahren. Die Definition steht im Einklang mit dem Haager KSÜ (1996), vgl. EwG 17. Bei Kindesentführungen gilt für das Kapitel III EheGVO eine Altersgrenze von 16 Jahren.

286 Es gilt der Grundsatz der *perpetuatio fori*. Zur Bestimmung des maßgeblichen Zeitpunkts vgl. unten § 7 IV, Rdn. 7.91.

287 *Schulz*, FS Kropholler, S. 435, 436 f. Daher sind die Art. 8, 9 und 11 EheGVO als Ausnahmen eng zu interpretieren.

288 Zur Parallelproblematik bei Art. 3 lit. a) EheGVO vgl. oben § 7 III, Rdn. 7.35.

keine planwidrige Regelungslücke. Vielmehr übernimmt die EheGVO bewusst die offene Regelungsstruktur der parallelen Haager Übereinkommen – allerdings mit den dort zutage getretenen Unsicherheiten.[289] Die Haager Kindschaftskonventionen haben diesen Zentralbegriff des Kindschaftsrechts gleichfalls nie definiert, um eine auf den jeweiligen Einzelfall bezogene Anwendung zu ermöglichen.[290] Es besteht jedoch Übereinstimmung, dass sich der Begriff auf den tatsächlichen Lebensmittelpunkt[291] des jeweils[292] betroffenen Kindes bezieht und mithin primär „faktischer Natur" ist.[293] Anders als beim Wohnsitz (vgl. § 7 BGB) kommt es auf den subjektiven Willen (*animus manendi*) nicht an. Erforderlich ist vor allem eine gewisse Aufenthaltsdauer.[294]

Die Judikatur des EuGH war zunächst von Streitigkeiten um die Personensorge geprägt: Im Verfahren „*A*" konkretisierte der EuGH den Begriff des gewöhnlichen Aufenthalts und entwickelte eine autonome Auslegung von Art. 8 I EheGVO (2003).[295] Das Ausgangsverfahren betraf eine schwedische Familie (Mutter mit drei minderjährigen Kindern), die sich in „Verlängerung" eines Sommerurlaubs zusammen mit dem (gewälttätigen) Stiefvater mehrere Monate lang auf verschiedenen Campingplätzen in Finnland aufhielt. Als die Mutter die Zuweisung einer Sozialwohnung beantragte, nahmen die finnischen Behörden die Kinder in Obhut, um deren Schulbesuch zu sichern. Im Anfechtungsprozess fragte das oberste finnische Verwaltungsgericht (*Korkein Hallinto-oikeus*) den EuGH nach der Auslegung von Art. 8 I EheGVO (2003). Konnten die finnischen Behörden ihre Zuständigkeit auf den gewöhnlichen Aufenthalt der Kinder stützen oder war ein schlichter Aufenthalt nach Art. 13 EheGVO (2003) gegeben? Während GAin *Kokott* auf die Interpretation des Aufenthaltsbegriffs in den Haager Übereinkommen abstellte und eine enge Anlehnung an die völkerrechtlichen Instrumente befürwortete, entwickelte der Gerichtshof eine autonome Auslegung.[296] Maßgeblich sei eine Gesamtabwägung aller Umstände des jeweiligen Einzelfalls. Neben der Anwesenheit der Kinder im Gerichtsstaat komme es auf deren Integration in ein familiäres und soziales Umfeld an.[297] Entscheidend seien die 7.70

289 Zum Begriff des gewöhnlichen Aufenthalts in KSÜ und MSA vgl. *Baetge*, Gewöhnlicher Aufenthalt, S. 33, 102 ff.; Schlussanträge GAin *Kokott*, 29.1.2009, Rs. C-523/07, *A*, EU:C:2009:39, Rdn. 22 ff.

290 Ursache hierfür ist die heterogene Verwendung des Begriffs in verschiedenen IPR-Übereinkommen, *Baetge*, IPRax 2001, 573 f.; *Tödter*, Europäisches Kindschaftsrecht, S. 46 f.

291 Der Lebensmittelpunkt bezeichnet den Ort der sozialen Bindungen einer Person, so bereits *Kegel*, FS Rehbinder (2002), S. 699, 701 ff.

292 Bei Geschwistern muss die Bestimmung für jedes Kind gesondert erfolgen, Thomas/Putzo/*Hüßtege*, Art. 8 EheGVO (2003), Rdn. 1.

293 Schlussanträge GA *Szpunar*, 24.9.2014, Rs. C-376/14 PPU, *C*, EU:C:2014:2275, Rdn. 80 ff.; EuGH, 9.10.2014, Rs. C-376/14 PPU, *C*, EU:C:2014:2268; Staudinger/*Pirrung*, Vorb. C 54 zu Art. 19 EGBGB.

294 Es handelt sich um ein Indiz; die in der Judikatur genannten Zeiten (mehr als sechs Monate) sind lediglich Richtwerte, *Richez-Pons*, in: Fulchiron/Nourissat (ed.), Le nouveau droit communautaire, S. 149, 152 f.; aA *Baetge*, IPRax 2001, 573, 575; *Tödter*, Europäisches Kindschaftsrecht, S. 45 f.

295 Deckungsgleich: Art. 8 EheGVO (2019); vgl. EuGH, 2.4.2009, Rs. C-523/07, *A*, EU:C:2009:225, Rdn. 30 ff.

296 EuGH, 2.4.2009, Rs. C-523/07, *A*, EU:C:2009:225, Rdn. 35 ff. Seine im *Borrás*-Bericht zitierte Rechtsprechung zum Wohnsitz hielt der Gerichtshof im Anschluss an die Schlussanträge der Generalanwältin nicht für übertragbar.

297 Klarstellend EuGH, 28.6.2018, Rs. C-512/17, *HR*, EU:C:2018:513, Rdn. 52 ff.: Maßgeblich ist die tatsächliche Anwesenheit, nicht die (beginnende) kulturelle Verbundenheit: zweijähriges Kind lebt mit

Dauer, die Regelmäßigkeit und die Umstände des Aufenthalts; auch Faktoren wie Sprachkenntnisse, Einschulung, Vorhandensein einer festen Wohnung, die Staatsangehörigkeit[298] seien zu berücksichtigen.[299] Den subjektiven Absichten der Eltern (Urlaubsaufenthalt) komme hingegen nur indizielle Wirkung zu.[300] Ein vorübergehender Aufenthalt reicht nicht aus.[301] Im Gegensatz zur Rechtsprechung deutscher Gerichte[302] nannte der EuGH keine Zeitgrenzen, die eine Eingliederung im Aufenthaltsstaat indizieren.[303] Wegen der Besonderheit des Ausgangsverfahrens, das eine „vagabundierende Familie" betraf, verwies der Gerichtshof zudem auf die Auffangregelung des Art. 13 EheGVO (2003), die ergänzend eine Zuständigkeit am (schlichten) Aufenthaltsort begründet.[304]

7.71 Art. 7 II EheGVO stellt die allgemeine Aufenthaltszuständigkeit unter die Vorbehalte der „Wegzugszuständigkeit" nach Art. 8 EheGVO, der Zuständigkeit bei Kindesentführungen (Art. 9 EheGVO) und der Zuständigkeitsvereinbarungen nach Art. 10 EheGVO. Systematisch und vom Regelungszweck her gesehen enthalten die Art. 7–11 EheGVO (2019)[305] ein abgestuftes Zuständigkeitssystem, das insbesondere eine „Prämierung" widerrechtlicher Kindesentführungen verhindern (Art. 9 EheGVO) und die Kontinuitätsinteressen beim rechtmäßigen Grenzübertritt wahren soll (Art. 8 EheGVO).[306] Das Regelungskonzept des Art. 7 I EheGVO favorisiert insgesamt objektive Anknüpfungen bei der Zuständigkeitsbegründung in Kindschaftsverfahren.

7.72 Neuere Entscheidungen betreffen die Abgrenzung zu Art. 1 II Nr. 2a EuGVO sowie zur EuErbVO.[307] Der Gerichtshof hat hier eine klare Rechtsprechungslinie entwickelt und unterstellt selbständig anzuknüpfende Vorfragen nicht dem in der Hauptsache anwendbaren Rechtsakt, sondern Art. 7 f. EheGVO (soweit es um minderjährige

---

der polnischen Mutter und polnischem Kindermädchen in Brüssel (ohne soziale Einbindung). Der gewöhnliche Aufenthalt iSv Art. 8 I EheGVO (2003) liegt in Belgien.

298 Die Benennung der Staatsangehörigkeit erscheint vor dem Hintergrund von Art. 18 I AEUV zumindest überraschend. Sie wird in der überkommenen Literatur zum Aufenthaltsbegriff nicht gleichermaßen vertreten.

299 In der Sache weicht der EuGH von der überkommenen Auslegung des Begriffs des gewöhnlichen Aufenthalts nicht weit ab – die auf den Einzelfall bezogene Auslegung führt freilich zu erheblicher Rechtsunsicherheit.

300 EuGH, 8.6.2017, Rs. C-111/17, *OL*, EU:C:2017:436, Rdn. 47 ff.

301 Die körperliche Anwesenheit des Kindes ist erforderlich, EuGH, 15.2.2017, Rs. C-499/15, *W und V*, EU:C:2017:118, Rdn. 61; EuGH, 17.10.2018, Rs. C-393/18 PPU, *UD*, EU:C:2018:835, Rdn. 52 ff.; zust. Staudinger/*Pirrung*, Vorb. C 63 zu Art. 19 EGBGB.

302 BGH, 3.2.1993, FamRZ 1993, 798, 799 f.; 29.10.1980, NJW 1981, 520 (zum MSA); ebenso BG, 5.6.1984, BGE 110 II 119, 122; BG, 9.9.1991, BGE 117 II, 334, 338.

303 EuGH, 9.10.2014, Rs. C-376/14 PPU, *C*, EU:C:2014:2268, Rdn. 50 ff.; EuGH, 22.12.2010, Rs. C-497/10 PPU, *Mercredi*, EU:C:2010:829, Rdn. 56 f.; Staudinger/*Pirrung*, Vorb. C 54a zu Art. 19 EGBGB.

304 EuGH, 2.4.2009, Rs. C-523/07, *A*, EU:C:2009:225, Rdn. 43.

305 Ebenso zuvor Art. 8–12 EheGVO (2003).

306 Dazu *Solomon*, FamRZ 2004, 1408.

307 EuGH, 6.10.2015, Rs. C-404/14, *Matoušková*, EU:C:2015:653, Rdn. 28 ff.; EuGH, 9.9.2015, Rs. C-4/14, *Bohez*, EU:C:2015:563, Rdn. 31 ff. (Vollstreckung eines Zwangsgelds zur Durchsetzung des Umgangsrechts); EuGH, 19.4.2018, Rs. C-565/16, *Saponaro*, EU:C:2018:265, Rdn. 16 ff. (Genehmigung zur Ausschlagung einer Erbschaft).

Kinder sowie um die korrespondierenden, vormundschaftlichen Genehmigungen geht). Darunter fällt sowohl die vormundschaftliche Genehmigung eines Grundstückgeschäfts als auch die Erbauseinandersetzung mit Minderjährigen nach Art. II Nr. 7 EheGVO. Art. 16 EheGVO (2019) modifiziert die Anwendung der EheGVO dahin, dass zur Klärung von Vorfragen, die in den Anwendungsbereich der EheGVO fallen,[308] das Gericht der Hauptsache zuständig bleibt, selbst wenn es nach der EheGVO nicht zuständig sein sollte. Diese Regelung korrigiert die Rechtsprechung des EuGH, sie dient der Vereinfachung der Verfahren.[309]

b) Zuständigkeit im Fall des Umzuges, Art. 8 EheGVO (2019)

Bei Streitigkeiten über das Umgangsrecht (vgl. Art. 2 II Nr. 10 EheGVO) bleiben die 7.73
Gerichte des Mitgliedstaates für die Abänderung von Entscheidungen über das Umgangsrecht bis zu drei Monaten nach dem Wegzug des Kindes zuständig.[310] Art. 8 EheGVO[311] setzt voraus, dass das Kind im Zugangsstaat einen neuen, gewöhnlichen Aufenthalt begründet. Angesichts der ausdrücklichen Fristenregelung des Art. 8 I EheGVO wird ein gewöhnlicher Aufenthalt erst nach drei Monaten Verweildauer im Zugangsstaat begründet.[312] Die eng gefasste (nämlich auf Umgangsstreitigkeiten begrenzte) Vorschrift will die Kontinuitätsinteressen des im früheren Aufenthaltsstaat verbliebenen Elternteils schützen.[313]

Dementsprechend greift die Vorschrift nicht ein, wenn der betroffene Elternteil 7.74
sich auf das Verfahren vor den Gerichten des neuen Aufenthaltsstaates des Kindes einlässt, Art. 8 II EheGVO.[314] Die Vorschrift ist zudem nur im Fall des rechtmäßigen Umzugs des Kindes anwendbar (andernfalls gilt Art. 10 EheGVO). Die widerrechtliche Verbringung (Kindesentführung) definiert Art. 2 II Nr. 11 EheGVO. In diesem Fall fingiert die Schutzvorschrift des Art. 9 EheGVO den Fortbestand des bisherigen Aufenthalts.[315]

---

308 Etwa die Bestellung eines Verfahrenspflegers für einen Minderjährigen in einer Erbsache, so EwG 32 f.

309 Bisher versuchte der EuGH über eine möglichst extensive Auslegung des Begriffs der „elterlichen Verantwortung" die Zuständigkeit nach der EheGVO zu beurteilen, siehe etwa EuGH, 19.4.2018, Rs. C-565/16, *Saponaro*, EU:C:2018:265, weitere Rechtsprechung oben in Fn. 307.

310 Die Frist beginnt mit dem physischen Grenzwechsel des Kindes, *Solomon*, FamRZ 2004, 1408, 1412.

311 Die Vorschrift entspricht Art. 9 EheGVO (2003).

312 Kritisch zur Dreimonatsfrist *Tödter*, Europäisches Kindschaftsrecht, S. 50 ff.

313 *Coester-Waltjen*, FamRZ 2005, 241, 244 f.; MünchKomm/*Gottwald*, Art. 9 EheGVO (2003), Rdn. 2.; Staudinger/*Pirrung*, Vorb. C 57 zu Art. 19 EGBGB.

314 Vgl. auch EwG 20, der auf eine Vereinbarung der Eltern abstellt. Zu Einzelheiten *Solomon*, FamRZ, 2004, 1408, 1412.

315 Dazu unten Rdn. 7.78 ff.

c) Zuständigkeitsvereinbarungen, Art. 10 EheGVO

7.75 Die Neuregelung der Gerichtsstandsvereinbarung (Art. 10 EuGVO) erweitert die frühere Regelung (Art. 12 III EheGVO 2003) und löst die Gerichtsstandsvereinbarung von der Annexzuständigkeit im Verbund (Art. 12 I und II EheGVO 2003).[316] Nach Art. 10 I EheGVO können verheiratete und nicht verheiratete (sorgeberechtigte) Eltern einvernehmlich ein Verfahren über die elterliche Verantwortlichkeit (elterliche Sorge und Umgangsrecht) anbringen, sofern eine wesentliche Bindung (des Kindes) zum Forumstaat vorliegt (Art. 10 I EheGVO). Diese kann aus dem gewöhnlichen Aufenthalt eines Elternteils oder aus der Staatsangehörigkeit des Kindes resultieren;[317] auch andere Bezugspunkte (etwa: Aufenthalt des Kindes, Vorhandensein von (größeren) Vermögenswerten) reichen aus.[318] Nach Art. 10 I lit. b) EheGVO müssen alle Beteiligten zustimmen,[319] und die Ausübung der Zuständigkeit muss nach Art. 10 I lit. c) EheGVO mit dem Kindeswohl vereinbar sein.[320] Art. 10 EheGVO ermöglicht die Vereinbarung der Zuständigkeit sowohl für ein isoliertes Sorgeverfahren als auch für Annexverfahren (Scheidungsverbund).[321] Allerdings reicht der Konsens der Eltern/Sorgeberechtigten nicht aus. Das Gericht muss zudem das Vorliegen der Voraussetzungen des Art. 10 EheGVO von Amts wegen prüfen.[322]

7.76 Die Formerfordernisse regelt Art. 10 II EheGVO. Eine Gerichtsstandsvereinbarung muss schriftlich niedergelegt, datiert und unterzeichnet werden, sie kann auch zu Protokoll erklärt werden.[323] Elektronische Übermittlungen, die eine dauerhafte Aufzeichnung ermöglichen, sind gleichgestellt. Lassen sich (weitere) Beteiligte nach Verfahrensöffnung ein, so gilt ihr (stillschweigendes) Einverständnis als gegeben[324] – sie können ihre Zustimmung selbstverständlich auch ausdrücklich bekunden.[325] Die

316 Zur Kritik der Regelung in Art. 12 EheGVO (2003) vgl. Voraufl., § 7 IV, Rdn. 60.

317 EuGH, 12.11.2014, Rs. C-656/13, *L*, EU:C:2014:2364, Rdn. 39, 45. Der gewöhnliche Aufenthalt des Kindes im Gerichtsstaat ist keine Voraussetzung der Prorogation.

318 MünchKomm/*Gottwald*, Art. 12 Brüssel IIa-VO, Rdn. 12.

319 Die Zustimmung muss ausdrücklich (d. h. idR schriftlich) erfolgen; die Einleitung eines anderen Verfahrens vor dem angerufenen Gericht reicht (selbstverständlich) nicht aus, EuGH, 12.11.2014, Rs. C-656/13, *L*, EU:C:2014:2364, Rdn. 55–57; schon gar nicht das Einverständnis eines Verfahrenspflegers, EuGH, 21.10.2015, Rs. C-215/15, *Gogova*, EU:C:2015:710, Rdn. 44. Allerdings genügt die stillschweigende Zustimmung der Staatsanwaltschaft, wenn diese nach dem nationalen Sorgerecht Partei/Beteiligte des Verfahrens ist, EuGH, 19.4.2018, Rs. C-565/16, *Saponaro*, EU:C:2018:265.

320 EuGH, 12.11.2014, Rs. C-656/13, *L*, EU:C:2014:2364, Rdn. 48 ff.

321 So ausdrücklich EwG 23 zur EheGVO.

322 EuGH, 21.10.2015, Rs. C-215/15, *Gogova*, EU:C:2015:710, Rdn. 36 ff. (zu Art. 12 III EheGVO 2003), vgl. EwG 23 zur EheGVO.

323 Art. 10 II EheGVO enthält dabei eine unnötige Verweisung auf die Verfahrensrechte der EU-Mitgliedstaaten.

324 Dies entspricht der Rechtsprechung des Gerichtshofs, vgl. EuGH, 19.4.2018, Rs. C-565/16, *Saponaro*, EU:C:2018:265.

325 Art. 10 II, UAbs. 2 EheGVO.

Neuregelung der Formerfordernisse entspricht den Regelungen in parallelen Rechtsakten.[326]

Nach Art. 10 III EheGVO entfällt die prorogierte Zuständigkeit mit dem rechtskräftigen Abschluss des Sorgerechtsverfahrens. Art. 10 III EheGVO soll sicherstellen, dass für spätere (Abänderungs-)Verfahren die Annexkompetenz nicht fortbesteht.[327] 7.77

d) Kindesentführung, Art. 9 EheGVO (2019)

Die wichtigste Modifikation der Aufenthaltszuständigkeit enthält Art. 9 EheGVO:[328] 7.78
Im Fall einer widerrechtlichen Kindesentführung (Art. 2 II Nr. 11 EheGVO) besteht die Zuständigkeit des Gerichts am bisherigen Aufenthaltsort des Kindes für ein Jahr fort,[329] um dem „verlassenen" Elternteil (Art. 2 II Nr. 9 EheGVO) die Chance zu eröffnen, einen Rückführungsantrag (Art. 12 HKÜ) zu stellen. Die Jahresfrist beginnt erst mit Kenntnis des Sorgeberechtigten vom neuen Aufenthaltsort des Kindes.[330] Wird dieser Antrag rechtzeitig gestellt, bleibt die Zuständigkeit des ursprünglichen Aufenthaltsstaats bestehen – auch wenn an der Begründung des neuen Aufenthalts des Minderjährigen kein Zweifel besteht (vgl. Art. 7 I EheGVO).[331] Die Anordnung des früheren Gerichtsstands soll einer „Prämierung" der Kindesentführung entgegenwirken. Stellt der (andere) Sorgeberechtigte einen Rückführungsantrag nach Art. 12 HKÜ, Art. 22 EheGVO, so bleiben die Gerichte des früheren Aufenthaltsstaates weiter zuständig.[332] Diese Zuständigkeit entfällt mithin nur dann, wenn der andere Elternteil zustimmt (Art. 9 lit. a) EheGVO) oder wenn der „verlassene" Elternteil binnen Jahresfrist keinen Rückführungsantrag nach Art. 12 HKÜ stellt, vgl. Art. 9 lit. b) i) EheGVO. Wird der Rückführungsantrag zurückgewiesen,[333] so ist das Gericht am neuen Aufenthaltsstaat zuständig, vgl. Art. 9 lit. b) iii EheGVO.

---

326 Vgl. die Übersicht bei *Brosch*, Rechtswahl und Gerichtsstandsvereinbarung (2019), S. 175 f.

327 So ausdrücklich EwG 24 zur EheGVO. Zur – wortgleichen – Regelung des Art. 3 II EheGVO (2000) vgl. High Court, (Fam. Div.), 2.11.2003, *Re A (a child) (foreign contact order)*, [2004] 1 AII.ER 912; AG Leverkusen, 2.1.2003, FamRZ 2003, 1569 f.; OGH, 19.3.2003, ZfRV 2003, 188. Vgl. ebenso zu Art. 12 EheGVO (2003) EuGH, 1.10.2014, Rs. C-436/13, *E*, EU:C:2014:2246, Rn. 47 ff. Zulässig bleibt der Abschluss einer erneuten Gerichtsstandsvereinbarung nach Art. 10 EheGVO, EuGH, 12.11.2014, Rs. C-656/13, *L*, EU:C:2014:2364, Rdn. 45 f. (zu Art. 12 III EheGVO 2003).

328 Die Vorschrift entspricht Art. 10 EheGVO (2003).

329 EuGH, 1.7.2010, Rs. C-211/10 PPU, *Povse*, EU:C:2010:400, Rdn. 44.

330 Gleichgestellt ist die vorwerfbare Unkenntnis des Sorgeberechtigten, zutr. MünchKomm/*Gottwald*, Art. 10 EheGVO (2003), Rdn. 11.

331 Zutreffend OLG Düsseldorf, 4.3.3008, FamRZ 2008, 1775, 1776 – „schulische Nachteile" sind kein Grund iSd Art. 13 HKÜ, um die Rückführung auszuschließen.

332 *Looschelders*, JR 2006, 45, 48 ff.; *Dutta/Scherpe*, FamRZ 2006, 901 ff.

333 Nur in den Fällen des Art. 13 I lit. b) HKÜ (Gefährdung des Kindeswohls) und des Art. 13 II HKÜ (Weigerung des einsichtsfähigen Kindes) kommt es zu keinem Zuständigkeitswechsel. Art. 29 EheGVO (2019) statuiert besondere Verfahrensregeln für das ablehnende Gericht.

7.79 Lehnt der Aufenthaltsstaat die Rückführung des Kindes ab, kann das Gericht des früheren Aufenthaltsstaates nach Art. 9 iVm Art. 29 Abs. 6 EheGVO die sofortige Rückgabe anordnen.[334] Diese ist nach Ausstellung der Bescheinigung nach Art. 42, 40 EheGVO im neuen Aufenthaltsstaat unmittelbar vollstreckbar.[335]

e) Notzuständigkeit, Art. 11 EheGVO (2019)[336]

7.80 Lässt sich kein gewöhnlicher Aufenthalt des Kindes ermitteln und somit kein Gerichtsstand nach Art. 7–10 EheGVO begründen,[337] sind die Gerichte des Mitgliedstaats zuständig, in dem sich das Kind befindet. Der schlichte Aufenthalt im Forumstaat reicht aus.[338] Eine derartige Konstellation tritt bei häufigen Umzügen bzw. Ortswechseln des Kindes ein – gleichgestellt sind Flüchtlinge und Vertriebene, Art. 11 II EheGVO. Die Vorschrift entfaltet Auffangfunktion, sie bestimmt das zuständige Gericht der Hauptsache.[339]

f) Restzuständigkeiten

7.81 Hilfsweise greifen die sog. Restzuständigkeiten der Mitgliedstaaten ein, Art. 14 EheGVO. Diese Konstellation gilt vor allem dann, wenn sich das Kind in einem Drittstaat aufhält, der nicht das KSÜ ratifiziert hat.[340] In Deutschland kommt vor allem § 99 I FamFG zur Anwendung, der auf die Staatsangehörigkeit des Kindes abstellt.[341] Ein Beispiel für die Anwendung von Art. 14 EheGVO, § 99 I FamFG wäre der Erlass von Schutzmaßnahmen (Rückführungsanordnung) zugunsten eines deutsch-algerischen Mädchens, das sich bei den (väterlichen) Großeltern aufhält, um dort (zwangs-)verheiratet zu werden. Da Algerien das KSÜ nicht ratifiziert hat, greift der Vorrang des KSÜ nicht ein, vgl. Art. 6 KSÜ. Den Vorrang des KSÜ im Verhältnis zu Drittstaaten sichern im übrigen Art. 61 II EheGVO, Art. 52 II KSÜ.[342]

7.82 Der EuGH[343] bejahte die Anwendung der Restzuständigkeit englischer Gerichte nach Art. 14 EheGVO in einem Verfahren, das den gewöhnlichen Aufenthalt eines in Bangladesch geborenen Kindes betraf: Der englische Vater hatte die Mutter kurz vor der Geburt des Kindes veranlasst, in ihren Heimatstaat zurückzukehren. Nach der Geburt verließ er Mutter und Kind in Bangladesch und kehrte

334 EuGH, 1.7.2010, Rs. C-211/10 PPU, *Povse*, EU:C:2010:400, Rdn. 52 ff.; *Schulz*, FamRZ 2010, 1307 ff.
335 Dazu unten Rdn. 7.117 ff.
336 Die Vorschrift entspricht Art. 13 EheGVO (2003).
337 Vorrang hat zudem eine Vereinbarung nach Art. 12 EheGVO.
338 Art. 11 I EheGVO soll vor allem einen Rückgriff auf die autonomen Gerichtsstände der Mitgliedstaaten ausschließen.
339 EuGH, 2.4.2009, Rs. C-523/07, *A*, EU:C:2009:225, Rdn. 43, dazu *Hau*, in: Leible/Terhechte (Hrg.), Eur. Rechtsschutz- und Verfahrensrecht, § 16, Rdn. 46.
340 Andernfalls bestimmt sich die Zuständigkeit nach Art. 5 ff. KSÜ, vgl. Art. 52 III KSÜ.
341 *Coester-Waltjen*, FamRZ 2005, 241, 244.
342 *Teixeira de Sousa*, FamRZ 2005, 1612, 1615.
343 EuGH, 17.10.2018, Rs. C-393/18 PPU, *UD*, ECLI:EU:C:2018:835.

nach England zurück. Der EuGH verneinte den gewöhnlichen Aufenthalt des Kindes in England, da dieser eine physische Anwesenheit erfordere. Das Kindeswohl verlange hiervon keine Ausnahme. Jedoch ermögliche das autonome englische Prozessrecht die Ausübung einer sog. „parens patriae"-Zuständigkeit zugunsten englischer Staatsangehöriger; diese Zuständigkeit halte Art. 14 EheGVO ausdrücklich aufrecht. Mithin bedürfe es keiner Korrektur des Art. 8 I EheGVO (2003) zur Wahrung des Kindeswohls.

Der EuGH legt den Anwendungsbereich der Art. 6 und 14 EheGVO mit Recht restriktiv aus: Sofern die internationale Zuständigkeit aufgrund der Art. 3–5 EheGVO in einem Mitgliedstaat begründet ist, scheidet ein Rückgriff auf Art. 6 EheGVO aus.[344] Diese Erwägungen lassen sich auf die Auslegung von Art. 14 EheGVO sinngemäß übertragen. **7.83**

2. Grenzüberschreitende Abgabe des Verfahrens, Art. 12 und 13 EheGVO

In einer eigenständigen Fortentwicklung von Art. 8 und 9 KSÜ eröffnen Art. 12 und 13 EheGVO (ehemals Art. 15 EheGVO 2003) einem nach der Verordnung zuständigen Gericht[345] die Möglichkeit, ausnahmsweise das Verfahren an ein anderes, sachnäheres Gericht eines EU-Mitgliedstaates zu verweisen, zu dem das Kind eine besondere Bindung hat.[346] Funktional gesehen enthält Art. 12 EheGVO damit eine Regelung des *forum non conveniens* – entsprechend große Aufmerksamkeit hat die Vorschrift in der Literatur erfahren.[347] Zweck der Regelung ist es zu erreichen, dass das Gericht entscheidet, welches am besten das Kindeswohl gewährleistet. Die bessere Eignung kann sich aus einer besonderen Sachverhaltsnähe oder aus Sprachkenntnis des Zweitgerichts ergeben.[348] Die Handhabung der Verweisungsvorschrift erfordert eine unmittelbare Kooperation der befassten Gerichte (Art. 86 EheGVO),[349] diese werden dabei von den Zentralen Behörden und dem Justiziellen Netz unterstützt, Art. 77 **7.84**

344 EuGH, 29.11.2007, Rs. C-68/07, *Sundelind Lopez*, EU:C:2007:740.

345 Gleichgestellt sind andere Behörden, sofern diese nach dem Recht des jeweiligen EU-Mitgliedstaates für den Schutz der Minderjährigen zuständig sind, vgl. etwa EuGH, 27.10.2016, Rs. C-428/15, *D*, EU:C:2016:819, Rdn. 34 ff., dazu *Pirrung*, IPRax 2017, 562, 564.

346 EuGH, 27.10.2016, Rs. C-428/15, *D*, EU:C:2016:819.

347 *Pirrung*, IPRax 2017, 562 ff.; *Schlosser*, FS Schwab (2005), S. 1255 ff.; *Schulz*, FS Kropholler, S. 435 ff. Anders als im Fall des *forum non conveniens* erfordern Art. 12 f. EheGVO ein unmittelbares Zusammenwirken der befassten Gerichte.

348 Dazu KG, 10.7.2006, FamRZ 2006, 1618 f.

349 Treffend MünchKomm/*Gottwald*, Art. 15 Brüssel IIa-VO, Rdn. 3: „kooperativer Zuständigkeitstransfer".

EheGVO.[350] Ausführungsvorschriften (zur Anfechtbarkeit der Abgabe) enthält § 13a IntFamVerfG.[351]

a) Materielle Voraussetzungen

7.85 Die Abgabe des Verfahrens an ein sachnäheres Gericht eines anderen Mitgliedstaates erfolgt zur Wahrung des Kindeswohls. Dies setzt eine besondere Bindung des Kindes zum anderen Forum voraus.[352] Das andere Gericht muss seinerseits nach Art. 7–11 EheGVO zuständig sein. Art. 12 IV EheGVO enthält fünf (abschließende)[353] Regelbeispiele, die eine besondere Bindung zum anderen Gericht begründen können: Diese besteht zu den Gerichten des Staates, in dem das Kind nach Eintritt der Rechtshängigkeit seinen gewöhnlichen Aufenthalt erlangt (lit. a)) oder zuvor seinen gewöhnlichen Aufenthalt hatte (lit. b)); zum Gericht des Heimatstaates (lit. c)); zum Heimatgericht des „Trägers der elterlichen Verantwortung" (d. h. des Sorgeberechtigten, lit. d)); schließlich zum Gericht des Mitgliedstaates, in dem sich das Vermögen des Kindes befindet, sofern es um Maßnahmen der Vermögenssorge geht (lit. e)).[354]

7.86 Das andere Gericht muss nach der Einschätzung des Prozessgerichts den Fall besser beurteilen können.[355] Andernfalls scheidet die Abgabe aus. Eine Weiterverweisung an ein drittes Gericht ist hingegen unzulässig, wenn sich das angerufene Gericht für unzuständig erklärt oder innerhalb von sieben Wochen keine Zuständigkeitsentscheidung erlässt, Art. 12 III EheGVO.

7.87 Nach Art. 13 I EheGVO kann auch ein EU-Gericht, zu dem das Kind eine besondere Bindung (Art. 12 IV EheGVO) hat, die Initiative ergreifen und das zuständige Gericht ersuchen, die Zuständigkeit zu übertragen. Dies gilt allerdings nicht im Fall der Kindesentführung (Art. 9 EheGVO).

b) Verfahren

7.88 Die Abgabe erfolgt auf Antrag oder von Amts wegen mit Zustimmung (mindestens) eines Beteiligten: Das Prozessgericht kann das Verfahren aussetzen und den Parteien eine Frist zur Anrufung des sachnäheren Gerichts setzen, Art. 12 I lit. a) EheGVO. Wird das Gericht des anderen EU-Mitgliedstaates nicht angerufen, so wird das Verfahren

---

350 Zu praktischen Schwierigkeiten *Schulz*, FS Kropholler, S. 435, 438 ff.; *Pirrung*, IPRax 2017, 562, 564 ff.

351 BT-Drs 16/12063, die Vorschrift trat am 1.9.2009 in Kraft.

352 Die Abgabe ist als Ausnahme konzipiert, so ausdrücklich EwG 13 EheGVO (2003), dazu MünchKomm/*Gottwald*, Art. 26 Brüssel IIa-VO, Rdn. 9. Ebenso EwG 26 zur EheGVO (2019).

353 So EwG 26 zur EheGVO (2019). Die Beispiele entsprechen denjenigen zu Art. 15 III EheGVO (2003).

354 Das betroffene Vermögen muss sich im Bezirk des Gerichts des anderen EU-Mitgliedstaats befinden.

355 Dies erfordert eine sorgsame Ermittlung des Prozessgerichts, EuGH, 27.10.2016, Rs. C-428/15, *D*, EU:C:2016:819, Rdn. 57 f.

vor dem ursprünglich zuständigen Gericht fortgeführt (Art. 12 III EheGVO). Das Prozessgericht kann sich aber auch aus eigener Initiative an das andere Gericht wenden und dieses ersuchen, sich für zuständig zu erklären und das Verfahren zu übernehmen (Art. 12 I lit. b) EheGVO).[356] Die Anrufung des anderen Gerichts setzt nicht die Zustimmung der Beteiligten voraus, sie darf aber erst nach Ablauf der Anfechtungsfristen erfolgen (EwG 26).[357] Das „ersuchte" Gericht im anderen EU-Mitgliedstaat kann den Fall innerhalb von sechs Wochen übernehmen; andernfalls bleibt das Verfahren beim Erstgericht rechtshängig, Art. 12 II und III EheGVO. Den Verfahrenstransfer unterstützt eine unmittelbare Kommunikation zwischen den Richtern – diese können die Hilfe der Zentralstelle (Art. 79 lit. e) EheGVO) und des Europäischen Justiziellen Netzes (Art. 77 III EheGVO) in Anspruch nehmen.[358] Die praktische Bewährung der Vorschrift hängt nicht nur vom *good will* der beteiligten Richter, sondern ganz nachhaltig von deren Sprachkompetenz ab.

Wenig überzeugend ist freilich, dass die flexible Transferregelung der Art. 12 f. EheGVO keine Entsprechung bei der Rechtshängigkeit findet: Im Rahmen des Art. 20 EheGVO gilt ein striktes Prioritätsprinzip. *De lege ferenda* erscheint eine Anwendung von Art. 12 f. EheGVO in diesem Kontext durchaus möglich.[359] 7.89

Die Anfechtbarkeit des Verweisungsbeschlusses regelt § 13a IV IntFamVerfG. Die Vorschrift eröffnet die Anfechtung mittels sofortiger Beschwerde. Beschwerdebefugt sind die antragstellende(n) Person(en) sowie alle materiell Betroffenen. Die Ablehnung der Verweisung ist hingegen unanfechtbar.[360] 7.90

3. Rechtshängigkeit bei positiven Kompetenzkonflikten

Wie bereits aufgezeigt,[361] folgen die Art. 17 und 20 EheGVO (2019) dem Regelungsmodell der Art. 29–32 EuGVO. Es gilt die sog. Kernpunkttheorie. Die Sperrwirkung von Kindschaftssachen regelt Art. 20 II EheGVO im Sinne des (strikten) Prioritätsprinzips. Den Zeitpunkt der Rechtshängigkeit definiert Art. 17 EheGVO autonom in Anlehnung an Art. 32 EuGVO. Rechtspolitisch erscheint die Übernahme des Prioritätsprinzips wenig überzeugend, da Art. 12 EheGVO eine flexible Kooperation zwischen den 7.91

---

356 Beispiel: OGH, 24.6.2015, 9Ob14/15x, FamRZ 2016, 543 (Sorgeverfahren in Österreich, Übernahmeersuchen an ein deutsches Amtsgericht aufgrund der deutschen Staatsangehörigkeit der Kinder und ihres Umzugs nach Deutschland).

357 Gleichgestellt ist ein Verzicht auf die Anfechtung, darauf sollte das Gericht hinwirken. Anders noch Art. 15 EheGVO (2003), dazu Voraufl. § 7 IV, Rdn. 69.

358 Dazu *Schlosser*, FS Schwab, S. 1255, 1261 ff.; *Menne*, FamRZ 2018, 1644 ff.

359 Eine Erweiterung des Anwendungsbereichs hat der EuGH, 2.4.2009, Rs. C-523/07, *A*, EU:C:2009:225, Rdn. 66 ff., *de lege lata* abgelehnt.

360 OLG Stuttgart, 6.5.2014, IPRax 2015, 251, Rdn. 30.

361 Vgl. oben Rdn. 7.46 ff.

befassten Gerichten ermöglicht. Allerdings kann Art. 20 II EheGVO dahin interpretiert werden, dass die Vorschrift für den Fall, dass ein Verfahrenstransfer scheitern sollte, die Zuständigkeit des zuerst befassten Gerichts fixiert. Nach Art. 20 III, 2. UAbs EheGVO kann diejenige Partei, welche einen späteren Antrag gestellt hat, diesen beim zuerst angerufenen Gericht einlegen, sofern das zuerst angerufene Gericht zur Entscheidung zuständig ist.[362]

7.92 Für den Fall der Gerichtsstandsvereinbarung enthält Art. 20 IV EheGVO eine Regelung, die Art. 31 II–IV EuGVO nachgebildet wurde: Im Fall der Gerichtsstandsvereinbarung (Art. 10 EheGVO) liegt die vorrangige Entscheidungsbefugnis beim prorogierten Gericht, die anderen angerufenen Gerichte setzen das Verfahren aus, bis dieses über seine Zuständigkeit entschieden hat.[363]

4. Einstweiliger Rechtsschutz, Art. 15 EheGVO

7.93 In Anlehnung an Art. 35 EuGVO regelt Art. 15 EheGVO den einstweiligen Rechtsschutz; die Vorschrift enthält jedoch hilfreiche Klarstellungen.[364] Danach können Familiengerichte einstweilige Maßnahmen (bei Dringlichkeit)[365] nach Maßgabe ihrer jeweiligen *lex fori* (vgl. etwa §§ 235 f. FamFG) erlassen.[366] Wie im Fall des Art. 35 EuGVO kann dabei die Zuständigkeit zunächst auf die Gerichtsstände der Art. 7 ff. EheGVO und zudem auf die nationalen Gerichtsstände gestützt werden, Art. 15 I EheGVO.[367] Art. 15 EheGVO betrifft jedoch nur (parallele) „Unterstützungsmaßnahmen" für ein in einem anderen EU-Mitgliedstaat anhängiges Hauptsacheverfahren.[368]

---

362 MünchKomm/*Gottwald*, Art. 19 EheGVO (2003), Rdn. 2.

363 Zur Parallelregelung in Art. 31 II–IV EuGVO vgl. oben § 6 III, Rdn. 6.189 ff.

364 Die Neuregelung des Art. 15 EheGVO begrenzt den einstweiligen Rechtsschutz auf Kindschaftssachen; anders Art. 20 EheGVO (2003).

365 Dazu *Tödter*, Kindschaftsrecht, S. 92.

366 Der sachliche Anwendungsbereich wird grundsätzlich von Art. 1 und 2 EheGVO begrenzt, Rauscher/*Rauscher*, Art. 20 Brussel IIa-VO, Rdn. 7. Dies schließt jedoch einstweilige Maßnahmen (etwa über einen Prozesskostenvorschuss oder den Hausrat) für das Getrenntleben nach Art. 20 EheGVO (2003) nicht aus. Nach der Neufassung sind nur Schutzmaßnahmen für das Kind oder dessen Vermögen umfasst, Art. 15 I EheGVO (2019).

367 Wie bei Art. 35 EuGVO eröffnet die EheGVO ein „dreispuriges" Zuständigkeitssystem: Einstweiliger Rechtsschutz kann beim Hauptsachegericht, jedem nach Art. 3 I EheGVO zuständigen Gericht sowie bei den nach nationalem Recht zuständigen Gerichten erlangt werden, vgl. oben § 6 V, Rdn. 6.282 ff.

368 Die enge Auslegung der von Art. 20 erfassten Maßnahmen erscheint problematisch, wenn durch einstweiligen Rechtsschutz auf die Verfahrensführung vor den Gerichten im früheren Aufenthaltsstaat eingegriffen wird; dafür jedoch Schlussanträge GAin *Kokott*, 7.8.2018, verb. Rs. C-325/18 PPU und C-375/18 PPU, *Hampshire County Council*, EU:C:2018:654, Rdn. 158 ff.

Nach der Rechtsprechung des EuGH umfasst der Begriff der „Schutzmaßnahme" drei Elemente: Die Maßnahme muss dringend sein; sie muss in Bezug auf Personen oder Vermögensgegenstände getroffen werden, die sich in dem Mitgliedstaat befinden, in dem das befasste Gericht seinen Sitz hat. Schließlich muss die Maßnahme von vorübergehender Natur sein. Innerhalb dieses zwingenden unionsrechtlichen Rahmens bestimmen sich die zulässigen Maßnahmen nach dem Prozessrecht des befassten Gerichts.[369] Der EuGH nimmt zudem durch Grundrechtserwägungen weitere Einschränkungen vor.[370] 7.94

Diese Rechtsprechung greift Art. 15 I EheGVO auf und stellt für unterstützende, einstweilige Maßnahmen auf der Basis nationaler Gerichtsstände die territoriale Reichweite klar. Derartige Maßnahmen erfassen nur die im Gerichtsstaat befindlichen Kinder und deren Vermögensgegenstände.[371] Damit scheidet eine grenzüberschreitende Vollziehung regelmäßig aus – der ergänzende Rechtsschutz nach den autonomen Rechten der Mitgliedstaaten ist territorial radiziert.[372] Die grenzüberschreitende Rückführung von Kindern richtet sich im einstweiligen Rechtsschutz nach Art. 22 ff., 42 f. EheGVO.[373] 7.95

Nach Art. 15 III EheGVO treten die unterstützenden einstweiligen Maßnahmen (automatisch) außer Kraft, wenn das Hauptsachegericht anders entscheidet. Die damit vorgesehene (untechnische) Abänderungsbefugnis des Hauptsachegerichts setzt nicht voraus, dass die Entscheidung des Hauptsachegerichts rechtskräftig ist; vielmehr sichert die Vorschrift die primäre Kompetenz des Hauptsachegerichts auch für den parallelen, einstweiligen Rechtsschutz.[374] Die befassten Gerichte sind zur Wahrung des Kindeswohls verpflichtet, sie müssen sich nach Art. 15 II, 86 EheGVO 7.96

369 EuGH, 2.4.2009, Rs. C-523/07, *A*, EU:C:2009:225, Rdn. 45, 47; EuGH, 19.9.2018, verb. Rs. C-325/18 PPU und C-375/18 PPU, *Hampshire County Council*, EU:C:2018:739, Rdn. 85 ff.

370 EuGH, 23.12.2009, Rs. C-403/09 PPU, *Detiček*, EU:C:2009:810, Rdn. 53 ff.: Die Zuständigkeit im einstweiligen Rechtsschutz darf die faktische Position des „entführenden" Elternteils nicht festigen oder die Entführung legitimieren, wenn dies dem Grundrecht des Kindes, regelmäßige persönliche Beziehungen und direkte Kontakte zu beiden Elternteilen zu pflegen (Art. 24 III GRC), zuwiderläuft.

371 Zum *real connecting link* bei Art. 31 EuGVO vgl. oben § 6 V, Rdn. 6.285.

372 *Spellenberg*, FS Beys, S. 1583, 1597 f. Eine Anerkennung nach den harmonisierten Anerkennungsregeln scheidet nach Auffassung des EuGH aus; vgl. EuGH, 15.7.2010, Rs. C-256/09, *Purrucker*, EU:C:2010:437, Rdn. 83 ff.

373 Vgl. unten § 7 IV, Rdn. 7.117 ff.

374 Zutreffend *Frank*, in: Gebauer/Wiedmann (Hrg.), Zivilrecht unter europäischem Einfluss, Kap. 27, Rdn. 63 (zu Art. 20 II EheGVO 2003). Dementsprechend ist die Anwendung der Rechtshängigkeitsregel in Art. 19 II EheGVO (2003) zwischen einem Antrag auf einstweiligen Rechtsschutz und einem (späteren) Antrag in der Hauptsache ausgeschlossen; siehe EuGH, 9.11.2010, Rs. C-296/10, *Purrucker*, EU:C:2010:665, Rdn. 69 ff. *De lege ferenda* sollte die Regelung des Art. 12 II und III EheGVO (2019) für Art. 35 EheGVO übernommen werden, dazu oben § 6 V, Rdn. 6.291.

über die angeordneten Schutzmaßnahmen informieren, gegebenenfalls mit Unterstützung der Zentralen Behörden (Art. 76, 79 lit. e) EheGVO).[375]

7.97 § 15 IntFamVerfG präzisiert Art. 15 EheGVO. Danach können einstweilige Maßnahmen insbesondere zur Ermittlung des Aufenthaltsortes des Kindes erlassen werden, aber auch zur Sicherung des Aufenthaltsortes des Kindes während des Verfahrens, oder um die Vereitelung oder Erschwernis der Rückführung zu verhindern. Hierzu gehören etwa die Hinterlegung von Reisedokumenten, die Anordnung von Meldepflichten oder die Anordnung eines begleitenden Umgangs.[376]

5. Die Anerkennung und Vollstreckung von Entscheidungen über die elterliche Verantwortung, Art. 30 ff. EheGVO (2019)

a) Anerkennungsfähige Entscheidungen

7.98 Das Anerkennungs- und Vollstreckungsregime in Kindschaftssachen ist nunmehr den Art. 36 ff. EuGVO nachgebildet. Die Anerkennung wirkt *ipso iure* (Art. 30 EheGVO), die wichtigste Entscheidungswirkung ist die Gestaltungs- bzw. die Feststellungswirkung, je nachdem ob die elterliche Sorge übertragen bzw. der Antrag auf Übertragung zurückgewiesen wurde. Echte Vollstreckungswirkung haben hingegen Herausgabeentscheidungen (vgl. § 1632 BGB) – für die Kindesrückführung enthalten die Art. 42 ff., 45 EheGVO (2019) Sondervorschriften, die den Grundsatz der wechselseitigen Anerkennung implementieren. Anders als bei der Ehescheidung werden nicht nur „positive“, sondern auch abweisende Entscheidungen zur elterlichen Verantwortung anerkannt.

7.99 Für Sorgerechtsentscheidungen gilt nach Art. 71 EheGVO das Verbot der sachlichen Nachprüfung (*révision au fond*). Angesichts der erleichterten Abänderbarkeit von Sorgeentscheidungen (vgl. § 1696 BGB) ist freilich die Bindungswirkung der ausländischen Entscheidung begrenzt.[377] Denn das (in erster Instanz) befasste Anerkennungsgericht kann gegebenenfalls die Entscheidung (sofort) an die veränderten Umstände anpassen – allerdings nur, wenn es nach Art. 7 ff. EheGVO zur Entscheidung (international) zuständig ist.[378]

7.100 Das Nebeneinander (möglicherweise) zuständiger Gerichte und die Verfügbarkeit unterschiedlicher Schutzmaßnahmen erschwert in der Praxis die Durchsetzung grenzüberschreitender Verfügun-

---

375 EuGH, 2.4.2009, Rs. C-523/07, *A*, EU:C:2009:225, Rdn. 57 ff.

376 So die Begründung des Gesetzesentwurfs der Bundesregierung vom 20.10.2004, BT-Drs 15/3981, S. 23 f.

377 Allein eine veränderte Beurteilung des Kindeswohls (auf unveränderter Tatsachengrundlage) reicht nicht aus, *Tödter*, Europäisches Kindschaftsrecht, S. 140.

378 Staudinger/*Spellenberg*, Art. 26 EheGVO (2003), Rdn. 3 f.

gen.[379] Um eine derartige Konstellation ging es in der Beschwerde *M.K. v. Griechenland*[380] vor dem Europäischen Gerichtshof für Menschenrechte. Im Ausgangsverfahren hatte sich ein rumänisch-griechisches Paar getrennt und war im Jahr 2008 geschieden worden. Die Eltern erhielten die gemeinsame Sorge über die Kinder. Im Jahr 2012 ging die rumänische Mutter nach Frankreich, sie nahm das jüngere Kind (A) mit, der ältere Sohn blieb beim Vater in Griechenland. In Frankreich beantragte die Mutter, ihr die alleinige Sorge für A zu übertragen. Das französische Gericht entschied antragsgemäß. Dem Vater erkannte es ein Umgangsrecht zu, auszuüben in Griechenland. Nach den Osterferien 2015 weigerte sich der jüngere Sohn A, nach Frankreich zurückzukehren. Die Mutter erwirkte eine Rückführungsanordnung der französischen Gerichte; der Vater erwirkte jedoch vor den griechischen Gerichten eine Übertragung des Sorgerechts an ihn wegen drohender, psychischer Gefährdung des Kindes. Die Mutter legte Rechtsmittel ein und betrieb die Anerkennung der Rückführungsanordnung in Griechenland. Obwohl die französische Rückführungsanordnung zwischenzeitlich in Griechenland anerkannt wurde, gelang es dem Vater, eine Anordnung zu erwirken, die eine Rückführung von A (vor dem Ende des Schuljahres) nach Frankreich ausschloss. Als schließlich die französische Entscheidung definitiv von der griechischen Justiz anerkannt wurde (Sommer 2016), gelang es dem griechischen Jugendamt, das inzwischen 13jährige Kind aufzuspüren und zu befragen. A äußerte die eindeutige Präferenz, bei seinem Bruder und dem Vater zu bleiben. Im Ergebnis entschieden die griechischen Gerichte, dass diese Präferenz im Interesse des Kindeswohls zu respektieren war.[381]

Die Mehrheit der Straßburger Richter kam zum Ergebnis, dass angesichts der klaren Äußerung **7.101**
des Kindes keine Verletzung von Art. 8 EMRK vorlag. Die Grenzen des Einschätzungsspielraums (*marge d'appréciation*) der nationalen Behörden seien nicht überschritten.[382] Hiergegen formulierte der finnische Richter einen deutlichen Dissens, in dem er klarstellte, dass die griechischen Behörden und Gerichte die Verpflichtung zur unmittelbaren Vollstreckung der französischen Entscheidungen aufgrund Art. 40, 42 EheGVO (2003) verletzten, indem sie eigenständige Parallelverfahren zuließen, anstatt zuvörderst die französische Rückführungsanordnung durchzusetzen. Diesbezüglich ist der „*opinion séparée*" zuzustimmen.[383] Das Verfahren verdeutlicht die Schwierigkeiten paralleler Hauptsacheverfahren und paralleler Anordnungen des einstweiligen Rechtsschutzes.

Da es im Rahmen der Anerkennung von Statusentscheidungen nach Art. 30 **7.102**
EheGVO (2019) vor allem auf die Gestaltungs- und Feststellungswirkungen ankommt, eröffnen Art. 30 III und IV EheGVO hierfür ein spezielles Verfahren zur Feststellung der Anerkennung. Diese können sich sowohl auf die Anerkennung als solche beziehen, Art. 30 III EheGVO, oder (etwa im Rahmen eines Unterhaltsprozesses) sich im Rahmen einer Vorfrage stellen (Art. 30 V EheGVO). Im letzten Fall kann die Anerkennung im Wege der Zwischenfeststellungsklage geklärt werden (§ 256 II ZPO). Klagebefugt sind nicht nur die Parteien selbst, sondern jede Partei/Behörde, die ein

379 Lesenswerte Klarstellung bei *Siehr*, IPRax 2016, 344 ff.

380 EGMR, 1.2.2018, Nr. 51312/16, *M.K. v. Greece*, CE:ECHR:2018:0201JUD005131216.

381 Zur ausdrücklichen Verpflichtung, das Kind auch in Rückführungsverfahren anzuhören (Art. 21, 26 EheGVO 2019), vgl. unten Rdn. 7.107 und Rdn. 7.131.

382 EGMR, 1.2.2018, Nr. 51312/16, *M.K. v. Greece*, CE:ECHR:2018:0201JUD005131216, Rdn. 91 ff. Aufgrund der Neuregelung in Art. 56 IV–VI EheGVO (2019) kann das ersuchte Gericht ausnahmsweise eine Rückführung (temporär) ablehnen, wenn dies aus Gründen des Kindeswohls zwingend erforderlich erscheint, dazu unten Rdn. 7.120 f.

383 EGMR, 1.2.2018, Nr. 51312/16, *M.K. v. Greece*, CE:ECHR:2018:0201JUD005131216; lesenswert die Dissenting Opinion of Judge *Koskelo*, Rdn. 15 ff.

rechtliches Interesse geltend macht.[384] Richtet sich die Klage gegen den Inhaber des Sorgerechts (etwa auf die Feststellung der Nichtanerkennungsfähigkeit der ausländischen Entscheidung), dann ist dieser nach der Rechtsprechung des EuGH zwingend am Verfahren zu beteiligen.[385] Die örtliche Zuständigkeit für das Feststellungsverfahren regelt § 10 IntFamVerfG. Danach ist zunächst das OLG am gewöhnlichen Aufenthalt des Antragsgegners oder des betroffenen Kindes zuständig; andernfalls das Gericht, wo das Feststellungsinteresse hervortritt bzw. wo das Fürsorgeverhältnis besteht (Nr. 2); hilfsweise das zuständige Familiengericht im Bezirk des Kammergerichts (Nr. 3).[386] Das Anerkennungsverfahren wird auf der Basis der Formblätter nach Art. 31 f. EheGVO durchgeführt, Gegenstand der Prüfung sind die Anerkennungshindernisse des Art. 39 EheGVO. Art. 40 EheGVO eröffnet spiegelbildlich ein (Feststellungs-)Verfahren für die Versagung der Anerkennung.

7.103 Wie Art. 58 EuGVO stellt auch Art. 64 EheGVO (2019) vollstreckbare Urkunden (Art. 2 II Nr. 2 EheGVO) und protokollierte Vereinbarungen der Beteiligten (Art. 2 II Nr. 3 EheGVO) den gerichtlichen Entscheidungen grundsätzlich gleich. Die grenzüberschreitende Vollstreckung derartiger Vereinbarungen setzt einerseits einen vollstreckungsfähigen Inhalt der Abreden voraus (Art. 65 II EheGVO);[387] zudem muss die ausstellende Behörde nach Art. 7 ff. EheGVO international zuständig sein (Art. 64 EheGVO).[388] Nach Art. 68 II EheGVO scheidet die Anerkennung oder Vollstreckung aus, wenn der *ordre public* im ersuchten Mitgliedstaat verletzt wird, eine (notwendig) zu beteiligende Person nicht einbezogen wurde, die anzuerkennende Urkunde mit einer früheren Entscheidung oder Urkunde unvereinbar ist.[389] Nach Art. 68 III EheGVO scheidet eine Anerkennung zudem dann aus, wenn einem Kind, das zur Meinungsbildung fähig ist, keine Gelegenheit zur Meinungsäußerung gegeben wurde.[390]

b) Anerkennungshindernisse, Art. 39 EheGVO (2019)

7.104 Die EheGVO folgt konzeptionell der Struktur des Art. 45 EuGVO;[391] sie übernimmt damit auch die Schwächen des allgemeinen Anerkennungsregimes.[392] Freilich dominieren aufgrund der Besonderheiten des Kindschaftsrechts andere Akzente als im Rahmen von Art. 45 EuGVO. Aufgrund der Grundrechtsrelevanz des Ehescheidungs-

---

384 Etwa das Jugendamt, dazu *Hub*, NJW 2001, 3146, 3149.

385 EuGH, 11.7.2008, Rs. C-195/08 PPU, *Inga Rinau*, EU:C:2008:406, Rdn. 97.

386 Nach § 12 II IntFamVerfG ist dies das FamG Pankow/Weißensee; die Landesgesetzgeber können abweichende Zuständigkeiten festlegen.

387 Dazu *Rieck*, FPR 2007, 425 ff.

388 Eine Nachprüfung der Zuständigkeit der Behörde des Erststaates ist nach Art. 69 EheGVO jedoch ausgeschlossen.

389 Die Anerkennungshindernisse sind Art. 39 EheGVO nachgebildet, dazu sogleich Rdn. 7.104 ff.

390 Die Vorschrift wiederholt der Sache nach Art. 21 EheGVO.

391 Vgl. oben § 6 IV, Rdn. 6.223 ff.

392 Die Anerkennungshindernisse sind zudem Art. 23 II KSÜ nachgebildet.

und Kindschaftsrechts gehen die Anerkennungshindernisse des Art. 39 EheGVO über den Katalog des Art. 45 EuGVO hinaus. Die Neuregelung in Art. 39 EheGVO (2019) führt dabei die frühere Vorschrift des Art. 23 EheGVO (2003) fort, differenziert sie jedoch im Hinblick auf die Anhörung des Kindes weiter aus.

aa) Verstoß gegen den ordre public und das Kindeswohl, Art. 39 lit. a) EheGVO

Als Auffangregelungen enthält Art. 39 lit. a) zunächst zwei offene Klauseln: den *ordre public* und das Kindeswohl.[393] Dabei ist Letzteres als die speziellere Vorbehaltsklausel anzusehen[394] – bei der allfälligen Prüfung ist das Anerkennungsgericht nicht an die tatsächlichen Feststellungen des Erstgerichts gebunden. In der Praxis bedeutet dies eine erhebliche Einschränkung der Urteilsfreizügigkeit aufgrund des materiellen *ordre public*. Entgegen verschiedener Überlegungen in der Literatur gilt dabei keineswegs in jedem Mitgliedstaat ein unterschiedlicher Begriff des Kindeswohls.[395] Hinter dem materiellen *ordre public* stehen die grundrechtlichen Gewährleistungen der Art. 7 und 23 GRC sowie des Art. 8 EMRK.[396] Prozessuale Grundrechte (bzw. Beteiligungsrechte) wahrt der *ordre public*-Vorbehalt (vgl. Art. 47 GRC, Art. 6 EMRK); die Maßstäbe der *Krombach*-Judikatur des EuGH sind entsprechend heranzuziehen.[397] Der EuGH legt mit Recht einen engen Maßstab an:[398] Ein Verstoß gegen die Zuständigkeitsregeln der Art. 7–15 EheGVO begründet für sich allein keine Verletzung des *ordre public*, vgl. nunmehr Art. 71 EheGVO: Die Zuständigkeit des Erstgerichts ist nicht nachzuprüfen.[399] 7.105

bb) Verletzung des rechtlichen Gehörs

Die Gehörsgewährung der verschiedenen Verfahrensbeteiligten hat besondere Akzentuierung erfahren: Art. 39 I lit. b)–c) und II EheGVO differenzieren die fundamentale Verfahrensgarantie in Bezug auf die unterschiedlichen Beteiligten und im Hinblick auf verschiedene Verfahrensstadien aus: 7.106

393 Die Formulierung entspricht Art. 23 II lit. d) KSÜ.

394 Eine Heranziehung der *ordre public*-Klausel kommt nur bei Verletzung wesentlicher Grundsätze des ersuchten Mitgliedstaates in Betracht – sie muss zudem unter Berücksichtigung des Kindeswohls erfolgen, EuGH, 19.11.2015, Rs. C-455/15 PPU, *P/Q*, EU:C:2015:763, Rdn. 39.

395 So jedoch Rauscher/*Rauscher*, Art. 23 EheGVO (2003), Rdn. 2.

396 EuGH, 11.7.2008, Rs. C-195/08 PPU, *Inga Rinau*, EU:C:2008:406, Rdn. 47–54, insbesondere Rdn. 51.

397 Dazu oben § 6 IV, Rdn. 6.236 ff.

398 EuGH, 19.11.2015, Rs. C-455/15 PPU, *P/Q*, EU:C:2015:763, Rdn. 38 ff.

399 Deutlich EuGH, 19.11.2015, Rs. C-455/15 PPU, *P/Q*, EU:C:2015:763, Rdn. 42 ff. (zu Art. 24 EheGVO 2003).

7.107 Art. 39 II EheGVO sichert zuvörderst die Gehörswahrung des betroffenen Kindes.[400] Art. 39 II EheGVO verweist dabei zunächst auf die in Art. 21 EheGVO statuierte, grundsätzliche Verpflichtung, einem anhörungsfähigen Kind Gelegenheit zur Anhörung zu geben. Hiervon lässt Halbsatz 2 nur zwei Ausnahmen zu: bei Angelegenheiten der Vermögenssorge, die eine Anhörung nicht erfordern, sowie bei „schwerwiegenden Gründen", insbesondere der Dringlichkeit des Falles. Im deutschen Prozessrecht garantiert § 159 FamFG die Anhörung des Kindes – die Vorschrift darf freilich nicht wortwörtlich in Art. 39 II EheGVO hineingelesen werden.[401] Eine im Erststaat unterbliebene Anhörung des Kindes kann ausnahmsweise im Anerkennungsverfahren nachgeholt werden – sollte daraufhin die Änderung der Entscheidung nötig sein, scheidet deren Anerkennung aus.[402]

7.108 Praktische Probleme ergeben sich dann, wenn das betroffene Kind (häufig auf Veranlassung des Elternteils, bei dem es sich aufhält) nicht mit dem Familiengericht kooperiert. Eine bloße Ladung zur Anhörung wird in dieser Konstellation nicht ausreichen, vielmehr ist ein Verfahrenspfleger (als Vertrauensperson des Kindes) zu bestellen. Hält sich das Kind im Ausland auf, kann dem betroffenen Elternteil sicheres Geleit garantiert werden, damit er/sie das Kind zur Anhörung begleiten kann. Andernfalls kann die Anhörung nach der EuBewVO durchgeführt werden.[403]

7.109 Art. 39 I lit. b) EheGVO sichert das rechtliche Gehör aller Beteiligten bei der Verfahrenseinleitung – die Vorschrift entspricht funktionell Art. 45 I lit. b) EuGVO. Dabei ist auf die formell Beteiligten abzustellen – diese bestimmt das Verfahrensrecht des Erststaates (*lex fori*). Insbesondere ist dem Kind rechtliches Gehör zu gewähren (Art. 39 II EheGVO), die Durchführung der Anhörung richtet sich nach der jeweiligen *lex fori* des Erstgerichts.[404] Greift die Entscheidung in das Sorgerecht einer dritten Person ein (Beispiel: Großeltern), kann diese erhebliche Gehörsverletzungen im Erstverfahren (insbesondere die fehlende Anhörung) nach Art. 39 I lit. c) EheGVO geltend machen.[405]

---

400 Die Vorschrift entspricht insbesondere Art. 12 des UN-Kinderübereinkommens vom 20.11.1989, BGBl. 1992 II 122, das die Beteiligung jeden Kindes garantiert, das in der Lage ist, seine Meinung zu äußern. Vgl. auch EwG 19 zur EheGVO.

401 Das Fehlen eines Verfahrensbeistands vor dem Erstgericht begründet *per se* kein Anerkennungshindernis nach Art. 23 EheGVO (2003), BGH, 8.4.2015, BGHZ 205, 10, Rdn. 34 ff. Wie hier Staudinger/*Pirrung*, Verb. C 125 zu Art. 19 EGBGB.

402 AA *Tödter*, Europäisches Kindschaftsrecht, S. 158; MünchKomm/Gottwald, Art. 23 Brüssel IIa-VO, Rdn. 3; OLG München, 20.10.2014, FamRZ 2015, 602.

403 Vgl. EwG 39, UAbs. 2, aE. Beispiel: OLG Schleswig, 19.5.2008, FamRZ 2008, 1761 f.

404 EwG 39, zu Einzelheiten MünchKomm/*Gottwald*, Art. 23 Brüssel IIa-VO, Rdn. 3. Die Notwendigkeit, das Kind persönlich anzuhören, kann nach der Rechtsprechung des BVerfG mit dem dritten Lebensjahr einsetzen, BVerfG, 26.9.2006, FamRZ 2007, 105, 107.

405 Dazu MünchKomm/*Gottwald*, Art. 23 Brüssel IIa-VO, Rdn. 9.

cc) Unvereinbare Entscheidungen

Ähnlich wie Art. 38 lit. c) und d) EheGVO und Art. 45 I lit. c) und d) EuGVO sichern Art. 39 lit. d) und e) EheGVO den Vorrang widersprechender Entscheidungen des Anerkennungsstaates oder von Entscheidungen aus anderen Mitglied- bzw. Drittstaaten. Allerdings ist Art. 39 lit. d) EheGVO enger formuliert als die genannten Parallelvorschriften: nur eine spätere (mithin nicht jede) Entscheidung im Anerkennungsstaat setzt sich durch (sog. Posterioritätsprinzip) – dies wird mit der größeren inhaltlichen Nähe der Entscheidung zum Kindeswohl begründet.[406] Voraussetzung der Nichtanerkennung ist, dass sich die Entscheidungen inhaltlich ausschließen – bloße Widersprüche in den Entscheidungsgründen oder im Hinblick auf Vorfragen schaden hingegen nicht.[407] Die Posteriorität der Entscheidung richtet sich nach dem Zeitpunkt des Erlasses, dieser bestimmt sich nach der jeweils anwendbaren *lex fori* beider Gerichte. Der Vorrang der späteren Entscheidung schließt freilich nicht aus, dass die anerkannte Entscheidung im Vollstreckungsstaat (nach autonomem Recht) abgeändert wird. Dies setzt zudem einen Gerichtsstand im Vollstreckungsstaat voraus (vgl. Art. 7 ff. EheGVO). 7.110

dd) Nichteinhaltung des Kooperationsverfahrens nach Art. 82 EheGVO

Art. 39 I lit. f) EheGVO betrifft schließlich die Unterbringung eines Kindes in einem Heim oder in einer Pflegefamilie. In Anlehnung an Art. 32 KSÜ wird eine derartige Maßnahme nur anerkannt, wenn die Zentrale Behörde des Heimatstaates des Kindes zugestimmt hat; eine Information über die Maßnahme reicht nicht aus, Art. 82 I und IV EheGVO. Das Anerkennungshindernis soll eine wirksame Behördenzusammenarbeit sichern.[408] 7.111

6. Die unmittelbare Vollstreckung von Kindschaftsentscheidungen, Art. 34 ff., 51 ff. EheGVO (2019)

Die EheGVO (2019) schafft das Vollstreckbarerklärungsverfahren insgesamt ab[409] und ermöglicht eine unmittelbare Vollstreckung der Entscheidungen auf der Basis standardisierter Formulare (Art. 34 f. EheGVO (2019)). Diese stellt das Ursprungsgericht aus (Art. 36 EheGVO), es kann die Bescheinigung gegebenenfalls ergänzen oder berichtigen (Art. 37 EheGVO). 7.112

---

406 *Tödter*, Europäisches Kindschaftsrecht, S. 168 f.; dazu OLG München, 20.10.2014, FamRZ 2015, 602, 605.

407 Dazu oben § 6 IV, Rdn. 6.249 ff.

408 MünchKomm/*Gottwald*, Art. 23 Brüssel IIa-VO, Rdn. 12.

409 Die EheGVO (2003) sieht eine unmittelbare Vollstreckung nur für privilegierte Entscheidungen nach Art. 40 EheGVO (2003) vor; dazu unten Rdn. 7.117.

7.113 Das Vollstreckungsverfahren im ersuchten Mitgliedstaat regeln die Art. 51 ff. EheGVO. Dabei ist die ausländische Entscheidung einer inländischen gleichgestellt, jedoch muss die Bescheinigung nach Art. 36 (das gleiche gilt für die Bescheinigung nach Art. 47 im Rückführungsverfahren), gegebenenfalls nebst Übersetzung, den Vollstreckungsadressaten zugestellt werden, Art. 55 EheGVO. Wie im Fall des Art. 43 EuGVO ist diese Regelung problematisch, weil sie den „Überraschungseffekt" der Vollstreckung abschneidet[410] – gerade in Kindschaftsverfahren kommt es häufig zum „Abtauchen" des verpflichteten Elternteils mit dem Kind: eine vorgängige Ankündigung der Vollstreckung dürfte dieser Tendenz Vorschub leisten.[411] Art. 55 III EheGVO lässt in gewissem Umfang Schutzmaßnahmen des Vollstreckungsgerichts zu – die Vorschrift sollte dahin ausgelegt werden, dass Sicherungsmaßnahmen ergriffen werden können, die ein „Abtauchen" der verpflichteten Person und des Kindes verhindern.

7.114 Die Anerkennungshindernisse (Art. 39 EheGVO)[412] können die Betroffenen im Vollstreckungsversagungsverfahren nach Art. 58 ff. EheGVO geltend machen. Die Mitgliedstaaten benennen nach Art. 103 EheGVO die zuständigen Gerichte, diese sollen nach Art. 60 EheGVO „zügig" prozessieren. Nach Art. 61 f. EheGVO ist gegen die Entscheidung des Gerichts ein Rechtsmittel eröffnet; nach Art. 62 EheGVO können die EU-Mitgliedstaaten eine weitere Instanz zulassen.

7.115 Der Vollstreckungsbehörde (in Deutschland nach § 10 IntFamVerfG das Familiengericht) kommt besondere Verantwortung zu. Sie soll insbesondere das Verfahren aussetzen, wenn im Ursprungsmitgliedstaat die Entscheidung oder die Erteilung der Begleitformulare angefochten wurde, Art. 56 I–III EheGVO. Darüber hinaus ist gemäß Art. 56 IV–VI EheGVO die Vollstreckung zeitweise (ausnahmsweise auch auf unbegrenzte Dauer, Art. 56 VI EheGVO) auszusetzen, wenn diese für das Kind die schwerwiegende Gefahr eines körperlichen oder seelischen Schadens mit sich bringt.

7.116 Das Rechtsbehelfsverfahren (Art. 58 ff. EheGVO) führt zur kontradiktorischen Überprüfung der Exequaturentscheidung. Zuständig ist in Deutschland das Oberlandesgericht; antragsbefugt ist jede interessierte Partei. Die Rechtsbehelfsfrist beträgt einen Monat (bei Inlandszustellung) bzw. zwei Monate (bei Auslandszustellung). Einzelheiten des Verfahrens (mit freigestellter mündlicher Verhandlung) regelt § 26 IntFamVerfG. Bemerkenswert ist die Regelung des § 25 IntFamVerfG: Materielle Einwendungen sind nur zugelassen, soweit sie nach dem Erlass des Titels (also der Vollstreckbarerklärung) entstanden sind. Wie im Fall des § 12 AVAG aF ist zu erwarten,

---

410 Dazu oben § 6 IV, Rdn. 6.266.

411 In den verb. Rs. C-325/18 PPU und C-375/18 PPU, 19.9.2018, *Hampshire County Council*, EU:C:2018:739, Rdn. 69 ff., 75, entschied der EuGH zur EheGVO (2003), dass die Vollstreckung einer Vormundschafts- und Rückgabeentscheidung vor Zustellung der Vollstreckbarerklärung gegen Art. 47 GRC verstößt.

412 Vgl. oben Rdn. 7.104 ff.

dass die Oberlandesgerichte nur liquide Einwendungen zulassen werden.[413] Die gegen § 12 AVAG bestehenden Bedenken (Verletzung des unionsrechtlichen Äquivalenzgebots) bestehen gegen § 25 IntFamVerfG gleichermaßen.[414]

7. Die direkte Vollstreckung von Rückgabeentscheidungen

a) Die Regelung in der EheGVO (2003)

Bei der Vollstreckung von Umgangsentscheidungen sowie von Entscheidungen über die Herausgabe des Kindes nach einer Kindesentführung (Art. 11 VIII EheGVO)[415] enthalten die Art. 40 ff. EheGVO wesentliche Effektuierungen. Die Vorschriften setzen – im Anschluss an einen Vorschlag der französischen Ratspräsidentschaft aus dem Jahre 2000 – den Grundsatz der wechselseitigen Anerkennung (unter Wegfall des *ordre public*) um.[416] Bei der Vollstreckung von Rückführungsentscheidungen entfällt das Exequaturverfahren (Art. 40 EheGVO).[417] An dessen Stelle tritt ein vom Erstgericht ausgefertigtes, standardisiertes Formular (Art. 41 I, II und Art. 42 I, II EheGVO iVm Anhang II und III zur VO (EU) 2201/2003). Die Formulare bescheinigen die Vollstreckbarkeit der Entscheidung[418] und beinhalten damit funktionell Europäische Vollstreckungsklauseln. Mithin beruht die Vollstreckungswirkung des Titels auf der Entscheidung im Urteilsstaat – die Art. 40 ff. EheGVO setzen als erster Europäischer Prozessrechtsakt das Konzept der direkten Vollstreckung um.[419] Wird ein derartiges Zeugnis im Vollstreckungsstaat vorgelegt, muss die Rückführung des Kindes umgehend eingeleitet werden, ohne dass Anerkennungshindernisse nachzuprüfen sind.[420] 7.117

---

413 Dazu Voraufl., § 6 IV, Rdn. 229 ff.

414 Dazu bereits *Hess*, IPRax 2008, 25 ff.

415 Dazu unten Rdn. 7.122 ff.

416 Zum Vorschlag der damaligen französischen Ratspräsidentschaft vgl. *Hess*, IPRax 2000, 361 ff.

417 Im Lichte von Art. 40 II EheGVO (2003) ist das vom HKÜ aufgestellte und durch Art. 11 ergänzte Rückgabeverfahren nicht zwingend. Zudem kann alternativ auf die allgemeinen Anerkennungs- und Vollstreckungsregeln der Art. 21 ff. EheGVO (2003) nur für verbundene Sorgerechts- und Rückgabeentscheidungen zurückgegriffen werden; vgl. EuGH, 19.9.2018, verb. Rs. C-325/18 PPU und C-375/18 PPU, *Hampshire County Council*, EU:C:2018:739, Rdn. 52 ff., und Schlussanträge GAin *Kokott*, 7.8.2018, verb. Rs. C-325/18 PPU und C-375/18 PPU, *Hampshire County Council*, EU:C:2018:654, Rdn. 85 ff.

418 Diese kann sogar für vorläufig vollstreckbar erklärt werden, wenn entsprechende Entscheidungen im Inland noch nicht für vorläufig vollstreckbar erklärt werden können (so ausdrücklich Art. 41 I, 42 I jeweils zweiter Unterabsatz VO 2201/03/EG) und allen Beteiligten rechtliches Gehör gewährt wurde.

419 Vgl. Nr. 34 der Schlussfolgerungen des Sondergipfels von Tampere; dazu Voraufl., § 2 I, Rdn. 34 ff.

420 Deutlich EuGH, 11.7.2008, Rs. C-195/08 PPU, *Inga Rinau*, EU:C:2008:406, Rdn. 80 ff. (zu Art. 42 EheGVO), zust. *Schulz*, FamRZ 2008, 1732 ff.; EuGH, 22.12.2010, Rs. C-491/10 PPU, *Aguirre Zarraga*, EU:C:2010:828; EGMR, 26.11.2013, Nr. 27853/09, *X v. Latvia*, CE:ECHR:2013:1126JUD002785309.

Die Wahrung des Kindeswohls obliegt dem ersuchenden Gericht – es muss seine Verfahrensschritte in den Formularen dokumentieren.[421]

7.118 Diese Regelung ist jedoch lückenhaft. Denn der Unionsgesetzgeber hatte auf die Mindestharmonisierung der vorgängigen Erkenntnisverfahren weitgehend verzichtet.[422] Die befassten Gerichte mussten die Kindesrückführungen unmittelbar auf der Basis der standardisierten Formulare vollziehen, deren Richtigkeit im Vollstreckungsverfahren nicht nachgeprüft wird.[423] Rechtsbehelfe gegen die Erteilung der Bescheinigung sind nach Art. 43 EheGVO (2003) grundsätzlich nicht eröffnet – es verbleibt lediglich eine Anfechtung der Rückführungsentscheidung.[424]

7.119 Die Vollstreckung der Rückführungs- bzw. der Umgangsentscheidung erfolgt nach dem Recht des Vollstreckungsstaates, Art. 47 ff. EheGVO. § 38 IntFamVerfG statuiert ein besonderes Beschleunigungsgebot.[425] Die Vollstreckung erfolgt in Deutschland nach § 47 IntFamVerfG durch Ordnungsgeld und Ordnungshaft. Zuständig ist das Familiengericht (§§ 10 und 12 IntFamVerfG); im Beschwerdeverfahren das Oberlandesgericht, § 44 V IntFamVerfG. Dabei ordnet § 44 VI IntFamVerfG die amtswegige Leitung der Vollstreckung durch das Familiengericht bei der Kindesherausgabe an. Im Ergebnis bewirkt die Regelung des § 44 IntFamVerfG eine bemerkenswerte Modifikation des Grundsatzes der „wechselseitigen Anerkennung" von Umgangs- und Rückführungsentscheidungen. So erfolgt die Anerkennung zwar automatisch, d. h. ohne Exequaturverfahren. Die Vollstreckung wird hingegen (anders als nach autonomem Vollstreckungsrecht) unter (enger) Aufsicht des zuständigen Oberlandesgerichts durchgeführt.[426] Diese Regelung steht zumindest insofern nicht in Widerspruch zum unionsrechtlichen Konzept, da Art. 48 EheGVO „praktische Modalitäten", d. h. konkretisierende Anordnungen im Vollstreckungsmitgliedstaat durchaus zulässt. Aus praktischen Erwägungen ist die Überantwortung der Vollstreckung an das Oberlandesgericht zu begrüßen. Sie vermag die – bisweilen erschreckenden – Vollzugsdefizite bei der Vollstreckung von Titeln auf Kindesherausgabe zu überwinden.[427]

b) Die Regelung in der EheGVO (2019)

7.120 Die Art. 42 ff. EheGVO (2019) behalten das bisherige System der unmittelbaren Vollstreckung von Umgangs- und Rückführungsentscheidungen auf der Basis von

---

421 EuGH, 22.12.2010, Rs. C-491/10 PPU, *Aguirre Zarraga*, EU:C:2010:828, Rdn. 75.

422 Allerdings ist die Anhörung der Beteiligten (einschließlich des Kindes) durch das Erstgericht ausdrücklich vorgeschrieben, vgl. Art. 11 II, 41 II, 42 II EheGVO. Zur Kritik an der (unvollständigen) Regelung vgl. Voraufl. § 7, Rdn. 88 f.

423 EuGH, 1.7.2010, Rs. C-211/10 PPU, *Povse*, EU:C:2010:400, Rdn. 73; EuGH, 22.12.2010, Rs. C-491/10 PPU, *Aguirre Zarraga*, EU:C:2010:828, dazu Staudinger/*Pirrung*, Vorb. C 170 zu Art. 19 EGBGB. Wird die Erteilung der Bescheinigung versagt, eröffnen §§ 24 ff. IntFamVerfG die sofortige Beschwerde.

424 Althammer/*Gärtner*, Art. 43 EheGVO (2003), Rdn. 6; MünchKomm/*Gottwald*, Art. 43 Brüssel IIa-VO, Rdn. 3.

425 Danach ist die Aussetzung des Verfahrens unzulässig, das Gericht muss schnellstmöglich entscheiden, *Gruber*, FPR 2008, 214, 216 f.

426 Die Vollstreckung von Rückführungsentscheidungen erfolgt nach § 44 VI IntFamVerfG von Amts wegen.

427 Dazu *Gruber*, FPR 2008, 214, 216, mit praktischen Beispielen.

Begleitformularen (Anhang V und VI) bei. Die Ausstellung der Bescheinigung regelt Art. 47 EheGVO, eine Berichtigung oder einen Widerruf der Bescheinigung durch das Ursprungsgericht lässt Art. 48 EheGVO im Fall materieller Fehler jedoch ausdrücklich zu – Anhang VII enthält hierfür ein gesondertes Formblatt. Die Einleitung des Verfahrens nach Art. 48 EheGVO hat die Aussetzung der Vollstreckung zur Folge, Art. 56 II lit. d) EheGVO.

Neu ist hingegen die Möglichkeit, dass das ersuchte Gericht bzw. die Vollstre- 7.121
ckungsbehörde die Vollstreckung ausnahmsweise aussetzt, wenn schwerste Gefahren des Kindeswohls dies erfordern, Art. 56 IV–VI EheGVO (2019). Damit setzt sich das Kindeswohl gegenüber der unmittelbaren Vollstreckung durch – die Formulierung der Vorschrift stellt dabei klar, dass dies nur in extremen Ausnahmefällen geschehen soll. Dennoch handelt es sich hier um eine wesentliche Modifikation der früheren Vollstreckungsregelung – um eine Begrenzung des Vertrauensgrundsatzes durch einen Kontrollvorbehalt des ersuchten Gerichts zur Wahrung des Kindeswohls.[428]

8. Grenzüberschreitende Kindesentführungen (und Rückführungen)

a) Die Regelung in der EheGVO (2003)

Der Fall *Tiemann*[429] hatte Ende der 1990er Jahre dringenden Regelungsbedarf im 7.122
Europäischen Kindschaftsrecht verdeutlicht. Vor diesem Hintergrund war ein Hauptanliegen der VO 2201/2203/EG die Effektuierung von Kindesrückführungen im Europäischen Justizraum. Der Gemeinschaftsgesetzgeber entschied sich für eine Effektuierung der Rückgabeverfahren nach Art. 10 ff. des Haager Kindesentführungs-Übereinkommens (HKÜ).[430] Art. 10 und 11 EheGVO (2003) enthalten Ergänzungen zum HKÜ. Sie koordinieren einerseits das Rückführungsverfahren nach dem HKÜ mit den Gerichtsständen der Art. 8 ff. EheGVO (2003) und schließen Doppelzuständigkeiten aus, vgl. Art. 10 EheGVO (2003).[431] Vor allem sollen sie jedoch die Rückführung des Kindes im Verhältnis zwischen den EU-Mitgliedstaaten effektuieren (Art. 11 EheGVO). Eine Effektuierung des HKÜ zwischen einzelnen Vertragsstaaten lässt Art. 36 HKÜ ausdrücklich zu.[432] Das Haager Kindesentführungs-Übereinkommen bildet damit die Grundlage der Kindesrückführung im Europäischen Justizraum.[433]

---

428 Zu den praktischen Konsequenzen vgl. sogleich Rdn. 7.133 f.

429 Oben § 7 I, Rdn. 7.9 ff.

430 Dieser Regelungsansatz war zwischen der Kommission und dem Rat streitig, der Rat setzte im Ergebnis seine Präferenz für eine Ergänzung des HKÜ durch, dazu *Holzmann*, Brüssel IIa-VO, S. 167 ff.; lesenswert *Siehr*, IPRax 2016, 344 ff.

431 Die Vorschriften entsprechen Art. 7–9 EheGVO (2019).

432 Es handelt sich um eine sog. „*disconnection clause*", dazu oben § 5 III, Rdn. 5.51.

433 Vgl. Art. 11 I EheGVO, der ausdrücklich die (ergänzende) Anwendung der folgenden Absätze neben dem HKÜ anordnet. Die Systematik unterstreicht auch EwG 17 zur EheGVO, *Holzmann*, VO

7.123 Art. 2 Nr. 11 EheGVO (2003) definiert die Kindesentführung in inhaltlicher Anlehnung an Art. 3 HKÜ als jedes widerrechtliche Verbringen oder jede Vorenthaltung des Kindes in Verletzung des Sorgerechts (Art. 2 Nr. 11 a) EheGVO). Nach Art. 2 Nr. 11 b) EheGVO reicht es aus, dass die Verbringung oder Zurückhaltung des Kindes in Verletzung des gemeinsamen Sorgerechts (vgl. §§ 1628, 1684 BGB) erfolgt.[434] Jede einseitige Verbringung des Kindes (ohne Zustimmung des anderen Elternteils) verletzt das gemeinsame Sorgerecht (nämlich das Aufenthaltsbestimmungsrecht).[435]

7.124 Im Fall der Kindesentführung schreibt Art. 10 EheGVO[436] den Gerichtsstand im bisherigen Aufenthaltsstaat fest, er wird durch die Kindesentziehung nicht verändert. Die Zuständigkeit der Gerichte bzw. Behörden des früheren Aufenthaltsstaates besteht solange fort, bis der Sorgeberechtigte den Aufenthaltsort des Kindes sicher kennt.[437] Dann läuft eine Jahresfrist zur Beantragung der Rückführung an.[438] Diese Kompetenzzuweisung will den Anreiz zur Kindesentführung mindern, der durch die Anknüpfung an den gewöhnlichen Aufenthalt (Art. 8 EheGVO) an sich gefördert wird.[439] Folglich wird dem „Zufluchtstaat" die Entscheidungskompetenz in Sorgerechtsfragen (bewusst) entzogen, dort wird nur noch über die Rückführung nach Art. 12 f. HKÜ entschieden.[440] § 12 IntFamVerfG konzentriert die Entscheidungskompetenz bei jeweils einem Familiengericht im OLG-Bezirk, um eine rasche Entscheidung zu gewährleisten. Diese gilt auch für den Rückführungsantrag im neuen Aufenthaltsstaat des Kindes nach dessen widerrechtlicher Verbringung.[441]

7.125 Wesentliche Effektuierungen des Rückgabeverfahrens bewirken Art. 11 II–VIII EheGVO (2003). Sie enthalten ergänzende Regelungen zu Art. 12 f. HKÜ.[442] Art. 11 III EheGVO zwingt zur Verfahrensbeschleunigung: Über ein Rückführungsersuchen nach Art. 12 f. HKÜ ist in innerhalb von 6 Wochen zu entscheiden, dabei wird das jeweils zügigste Verfahren des ersuchten Gerichts durchgeführt;[443] das betroffene Kind ist dabei zwingend anzuhören.[444] Die beteiligten Gerichte sollen zudem bei der Rückführung kooperieren. Nach Art. 11 IV EheGVO muss das mit dem Rückführungs-

---

Brüssel IIa, S. 167 ff.

434 Ebenso nunmehr die Definition des Sorgerechts in Art. 2 Nr. 9 EheGVO in Abgrenzung zum Umgangsrecht, Art. 2 Nr. 10 EheGVO.

435 EuGH, 11.7.2008, Rs. C-195/08 PPU, *Inga Rinau*, EU:C:2008:406, Rdn. 63.

436 Ebenso Art. 9 EheGVO (2019).

437 Es sei denn, der Sorgeberechtigte (und jede sonstige Stelle) stimmt der Zuständigkeit am neuen Aufenthaltsort zu, Art. 10 lit. a) EheGVO. Art. 15 EheGVO ist nicht anwendbar, *Schulz*, FS Kropholler, S. 435, 442 f.

438 Diese Regelung entspricht Art. 7 HKÜ – ist freilich detaillierter formuliert.

439 Dies gilt insbesondere für kleine Kinder, bei denen der Aufenthalt von der Bezugsperson abhängt, bei der sich das Kind befindet, vgl. oben § 7 IV, Rdn. 7.70.

440 Vgl. Art. 16 HKÜ, Art. 10 EheGVO, *Tödter*, Europäisches Kindschaftsrecht, S. 190 ff.

441 Beispiel: OLG Naumburg, 28.11.2006, FamRZ 2006, 1586 f.

442 So ausdrücklich EwG 17.

443 Spätestens innerhalb sechs Wochen, weitere Konkretisierungen in § 38 IntFamVerfG.

444 § 38 IntFamVerfG verpflichtet die Familiengerichte zur vorrangigen Behandlung von Rückführungsersuchen und zur Ergreifung der notwendigen Maßnahmen, um die Frist des Art. 11 III EheGVO zu wahren.

ersuchen nach Art. 12 f. HKÜ befasste Gericht prüfen, ob es eventuelle Bedenken im Hinblick auf das Kindeswohl (Art. 13 HKÜ) durch angemessene Vorkehrungen, insbesondere durch sog. *undertakings* (d. h. durch Garantien des Sorgeberechtigten, zu dem das Kind zurückgeführt werden soll), ausräumen kann.[445] Denkbar sind auch sog. *mirror* oder *safe habour orders* – dann erlässt auch das Gericht im Herkunftsstaat parallele Schutzanordnungen; dies erfordert eine unmittelbare Abstimmung zwischen den Gerichten.[446]

Lehnt das ersuchte Gericht hingegen die Rückführung des Kindes nach Art. 13 **7.126** HKÜ (wegen Gefährdung des Kindeswohls)[447] ab, so greifen ergänzend die Regelungen des Art. 11 VI–VIII EheGVO ein: Die Ablehnungsentscheidung ist dem Antragsteller nebst dem Protokoll über die Anhörung (und dem kindespsychologischen Sachverständigengutachten) binnen eines Monats direkt oder über die Zentralstelle zu übermitteln, Art. 11 VI EheGVO. Der Antragsteller kann sodann nach Art. 11 VII EheGVO innerhalb von drei Monaten seit Zustellung des Beschlusses das Hauptsachegericht[448] erneut mit der Entscheidung über die Rückführung befassen. Nach Art. 11 VIII HKÜ erlässt das Hauptsachegericht eine eigene Entscheidung (unter Berücksichtigung der ablehnenden Entscheidung nach Art. 13 HKÜ) und fertigt auf Antrag ein Rückführungsersuchen nach Art. 42 und 40 EheGVO aus.[449] Die Rückführungsentscheidung des Hauptsachegerichts wird sodann im Vollstreckungsstaat nach Art. 40 EheGVO direkt vollstreckt. Im Ergebnis ersetzt das Hauptsachegericht die (negative) Rückgabeentscheidung aus dem ersuchten Mitgliedstaat durch eine eigene, sofort vollsteckbare Rückführungsanordnung – Verzögerungstaktiken im ersuchten Staat (etwa eine inhaltliche Nachprüfung der Entscheidung oder eine Aussetzung der Vollstreckung oder ein gegenläufiges Verfahren auf Feststellung der Nichtanerkennungsfähigkeit der Rückführungsentscheidung) sind nach der Rechtsprechung des EuGH ausgeschlossen.[450]

Damit enthält Art. 11 EheGVO eine bemerkenswerte Regelung: Der Grundsatz der **7.127** wechselseitigen Anerkennung führt im vorläufigen Rechtsschutz zu einer Hierachisierung im Verhältnis zwischen dem Hauptsache- und dem mit dem ergänzenden

---

445 Dazu *Mäsch*, FamRZ 2002, 1069 ff.; MünchKomm/*Gottwald*, Art. 11 Brüssel IIa-VO, Rdn. 9; OLG Hamm, 22.12.2016, FamRZ 2017, 1679, 1682.

446 EuGH, 2.4.2009, Rs. C-523/07, *A*, EU:C:2009:225, Rdn. 56.

447 Zu den Ablehnungsgründen vgl. MünchKomm/*Gottwald*, Art. 11 Brüssel IIa-VO, Rdn. 5.

448 Die Zuständigkeit hierfür kann auch bei einem spezialisierten Gericht außerhalb des Hauptsacheverfahren konzentriert werden; siehe EuGH, 9.1.2015, Rs. C-498/14 PPU, *RG*, EU:C:2015:3, Rdn. 51 ff.

449 Die Ausfertigung der Bescheinigung nach Anhang IV erfordert die Einhaltung der prozessualen Mindestgarantien nach Art. 42 II EheGVO, d. h. eine Anhörung der Parteien und die Berücksichtigung der Erwägungen des ersuchten, ausländischen Gerichts zu Art. 13 HKÜ, so ausdrücklich EuGH, 11.7.2008, Rs. C-195/08 PPU, *Inga Rinau*, EU:C:2008:406, Rdn. 67 und 78.

450 Deutlich EuGH, 11.7.2008, Rs. C-195/08 PPU, *Inga Rinau*, EU:C:2008:406, Rdn. 56 ff.

Rechtsschutz befassten Gericht in einem anderen EG-Mitgliedstaat.[451] Im Ergebnis überantwortet Art. 11 VIII EheGVO dem Hauptsachegericht eine Aufhebungs- und Letztentscheidungsbefugnis. Die EheGVO enthält damit ein zielführendes und sachgerechtes Instrumentarium zur raschen Kindesrückführung, das die Regelungen der Art. 12 f. HKÜ nicht nur komplettiert, sondern nachhaltig effektuiert.[452] Der EuGH verpflichtet die befassten Gerichte zur unmittelbaren Kommunikation (sprich: zur wechselseitigen Information) – gegebenenfalls mit Unterstützung der Zentralstellen.[453]

7.128 Im Verfahren *Povse v. Österreich*[454] war die unionsrechtliche Regelung Gegenstand einer Menschenrechtsbeschwerde vor dem EGMR. Im Ausgangsverfahren hatte die österreichische Mutter die zweijährige Tochter ohne die Zustimmung des Vaters von Italien nach Österreich gebracht. Der Vater beantragte nach Art. 10, 12 EheGVO vor den italienischen Gerichten die Übertragung des alleinigen Sorgerechts und erwirkte eine Rückführungsanordnung nach Art. 40, 42 EheGVO. Im Vollstreckungsverfahren fragte der österreichische Oberste Gerichtshof den EuGH, ob die Herausgabe des Kindes unter Berufung auf das Kindeswohl (wegen der Gewalttätigkeit des Vaters) verweigert werden kann.[455] Der Gerichtshof entschied, dass der Rückführungsmechanismus nach Art. 11 VIII EheGVO zwingend ist.[456] Die Entscheidung über die elterliche Sorge treffe das nach Art. 10, 12 EheGVO zuständige Gericht in Italien; der Schutz von Mutter und Kind sei durch Anordnungen nach Art. 11 IV EheGVO sicherzustellen.[457]

7.129 Daraufhin tauchten Mutter und Tochter in Österreich ab und riefen den EGMR wegen Verletzung von Art. 8 EMRK an. Der EGMR entschied, dass der Eingriff in Art. 8 EMRK gerechtfertigt war, um die sofortige Rückführung des Kindes zu sichern.[458] Die Abschaffung des Exequaturverfahrens in Art. 11 VIII und 42 EheGVO prüfte der EGMR anhand des sog. *Bosporus*-Tests.[459] Danach ist eine doppelte Prüfung der EGMK in der justiziellen Zusammenarbeit nicht geboten, wenn beide EU-Mitgliedstaaten an die Konvention gebunden sind. Der ersuchte Mitgliedstaat kann mithin davon ausgehen, dass die Menschenrechtsakte (bzw. das Kindeswohl) im Hauptsacheverfahren gewahrt werden.[460] Allerdings muss das ersuchte Gericht die ihm eröffneten, prozessualen Befugnisse nutzen, um den Schutz des Art. 8 EMRK zu garantieren (vorliegend mittels Anordnungen nach Art. 11 IV EheGVO). Eine weitere Prüfung von Art. 8 EMRK hielt der Straßburger Gerichtshof nicht für geboten.[461]

---

451 Dazu oben § 3 II, Rdn. 3.44 ff.

452 *Schulz*, FamRZ 2008, 1732, 1733 f.

453 EuGH, 2.4.2009, Rs. C-523/07, *A*, EU:C:2009:225, Rdn. 57 ff.

454 EGMR, 18.6.2013, Nr. 3890/11, *Povse v. Austria*, CE:ECHR:2013:0618JUD000389011, dazu *Hazelhurst*, NIPR 2014, 27 ff.; *Requejo Isidro*, in: Hess/Bergström/Storskrubb (ed.), EU Civil Justice (2016), S. 283, 291 ff.

455 Österr. OGH, 13.7.2010, 4 Ob 58/10y.

456 EuGH, 1.7.2010, Rs. C-211/10 PPU, *Povse*, EU:C:2010:400, Rdn. 56 ff. (unter Bezugnahme auf EuGH, 11.7.2008, Rs. C-195/08 PPU, *Inga Rinau*, EU:C:2008:406, Rdn. 63 f.).

457 EuGH, 11.7.2008, Rs. C-195/08 PPU, *Inga Rinau*, EU:C:2008:406, Rdn. 72 ff.

458 EGMR, 18.6.2013, Nr. 3890/11, *Povse v. Austria*, CE:ECHR:2013:0618JUD000389011; ebenso EGMR, 26.11.2013, Nr. 27853/09, *X v. Latvia*, CE:ECHR:2013:1126JUD002785309.

459 Dazu oben § 3 II 2, Rdn. 3.39 ff.

460 EGMR, 18.6.2013, Nr. 3890/11, *Povse v. Austria*, CE:ECHR:2013:0618JUD000389011, Rdn. 85, dazu *Hazelhurst*, NIPR 2014, 27, 29 ff.; *Requejo Isidro*, in: Hess/Bergström/Storskrubb (ed.), EU Civil Justice (2016), S. 283, 291 ff.

461 Nachdem das Sorgerechtsverfahren schließlich in Italien durchgeführt worden war, klagte der Vater auf Erstattung der Rechtsfolgekosten und auf eine angemessene Entschädigung nach Art. 41

Diese Judikatur des EGMR hat das Verhältnis zwischen der Brüssel IIa-VO und Art. 8 EMRK entspannt. Der EGMR hält den Rückführungsmechanismus grundsätzlich für angemessen, um die materiellen und prozessualen Grundrechte der Beteiligten zu wahren.[462] Das gilt insbesondere für die Zuweisung der Anhörung des Kindes an das nach Art. 12 EheGVO zuständige Gericht, das die Letztverantwortung für das Kindeswohl hat.[463] Das ersuchte Gericht im anderen EU-Mitgliedstaat muss danach keine erneute Prüfung vornehmen.[464] Allerdings behält sich der Straßburger Gerichtshof eine Letztkontrolle vor – aus diesem Grund werden immer wieder Beschwerden nach Art. 34 EMRK erhoben; häufig mit dem Ziel, (wenigstens) eine angemessene Entschädigung wegen Verfahrensverzögerungen zu erstreiten.[465] 7.130

b) Rückführungen nach Art. 22–29 EheGVO (2019)

Die VO (EU) 2019/1111 überführt die komplexe Regelung des Art. 11 EheGVO (2003) in ein eigenständiges III. Kapitel (Internationale Kindesentführungen, Art. 22 ff. EheGVO nF).[466] Dabei wird an der Grundstruktur der Kooperation festgehalten: Beschleunigung des Rückführungsverfahrens durch Fristsetzungen (Art. 23, 24 und 28 EheGVO); Sicherung der Gehörswahrung aller Beteiligten (Art. 26 und 27 I EheGVO), insbesondere des Kindes; Stärkung alternativer Streitbeilegung (Art. 25 EheGVO) sowie Förderung der direkten Kommunikation der befassten Gerichte (Art. 27 IV, 86 EheGVO). 7.131

Die kritische Situation einer Verweigerung der Kindesrückführung nach Art. 13 I lit. b), II HKÜ (wegen Gefährdung des Kindeswohls) regelt Art. 29 EheGVO. Die Vorschrift setzt dabei zunächst auf einen direkten Dialog der befassten Gerichte, der durch strikte Fristsetzungen und eine Verpflichtung zum Informationsaustausch (mit der Hilfe von Formblättern) konturiert wird (Art. 29 III und V EheGVO). Dabei steht dem nach Art. 9 EheGVO zuständigen Gericht am früheren Aufenthaltsort des Minderjährigen die Befugnis zur Letztentscheidung zu: Seine Rückgabeentscheidung ist nach Art. 29 VI EheGVO im ersuchten Staat unmittelbar zu vollstrecken. 7.132

EMRK vor dem EGMR. Dieser Beschwerde gab der EGMR schließlich statt, weil *Sofia Povse* fünf Jahre lang in Österreich widerrechtlich zurückgehalten wurde. EGMR, 15.1.2015, Nr. 4097/13, *M.A. v. Austria*, CE:ECHR:2015:0115JUD000409713.

462 EGMR, 26.11.2013, Nr. 27853/09, *X v. Latvia*, CE:ECHR:2013:1126JUD002785309, Rdn. 92–108.

463 Sog. „overriding mechanism" nach Art. 11 VIII, 40, 42 EheGVO, EGMR, 18.6.2013, Nr. 3890/11, *Povse v. Austria*, CE:ECHR:2013:0618JUD000389011, Rdn. 85–87; dissenting opinion *Koskelo*, EGMR, 1.2.2018, Nr. 51312/16, *M.K. v. Greece*, CE:ECHR:2018:0201JUD005131216, Rdn. 15, 29.

464 Relativierend EGMR, 21.9.2017, Nr. 53661/15, *Sévère v. Austria*, CE:ECHR:2017:0921JUD005366115: Nach fünfjährigem Verbleib der entführten Kinder in Österreich können die österreichischen Behörden eine erneute Prüfung des Kindeswohls wegen veränderter Umstände vornehmen.

465 Damit bleibt ein grundsätzliches Spannungsverhältnis zwischen dem EGMR und dem EuGH im Hinblick auf die Letztkontrolle der Anwendung der EheGVO in den EU-Mitgliedstaaten bestehen.

466 Dazu *Kohler/Pintens*, FamRZ 2019, 1477, 1478.

7.133 Allerdings kehrt die Neuregelung der direkten Vollstreckung dieses Verhältnis in praktischer Hinsicht um: Die für die Vollstreckung ersuchte, zuständige Behörde hat nach Art. 56 IV und VI EheGVO die Befugnis, das Kindeswohl im Hinblick auf die Rückführung eigenständig zu prüfen und durch Schutzanordnungen zu sichern. Es kann jedoch in Extremsituationen die Vollstreckung temporär oder sogar dauerhaft aussetzen, Art. 56 VI EheGVO.[467]

7.134 Die praktische Bedeutung der Neuregelung erschließt sich aus der Rechtsprechung des EGMR zu Art. 8 EMRK[468]: Danach muss das ersuchte Gericht ihm eröffnete Ermessensspielräume nutzen, um seinerseits das Kindeswohl zu schützen. Insofern nimmt der EGMR im Kontext der *Bosporus*-Rechtsprechung nicht nur das ersuchende, sondern auch das ersuchte Gericht in die Pflicht.[469] Hieraus folgt, dass Art. 56 VI EheGVO im Fall von Kindesentführungen nicht nur ausnahmsweise, sondern regelmäßig zu prüfen und anzuwenden ist. Als Ergebnis lässt sich prognostizieren, dass die aktuelle Rückführungsregelung der EheGVO in ihren praktischen Auswirkungen in ihr Gegenteil verkehrt werden wird. – Das sind „gute" Aussichten für den entführenden Elternteil, jedoch entsprechend alarmierende für den „verlassenen" Elternteil.[470] Ob die Neuregelung wirklich das Kindeswohl besser wahren wird als die bisherige Rechtslage, bleibt abzuwarten.

V. Die Verordnung 4/2009/EG zum Unterhaltsrecht

1. Der rechtstatsächliche Hintergrund

7.135 Unterhaltsansprüche weisen besondere Charakteristika auf: Sie erwachsen aus Dauerrechtsbeziehungen, die in Verwandtschafts- und Eheverhältnissen wurzeln. Der familiäre Hintergrund ist häufig emotional, Unterhaltsansprüche werden oft von (streitigen) Änderungen der Statusverhältnisse ausgelöst.[471] Die konkrete Berechnung ist schwierig und zudem permanenten Anpassungen ausgesetzt (vgl. §§ 238 f. FamFG). Hinter den privatrechtlichen Regelungen stehen zudem öffentliche Interessen – häufig treten öffentliche Stellen in Vorleistung und betreiben (oder organisieren) aufgrund überge-

---

467 *Kohler/Pintens*, FamRZ 2019, 1477, 1479, sehen hierin eine Korrektur der Rechtsprechung zu Art. 42 EheGVO (2003), EuGH, 22.10.2010, Rs. C-491/10 PPU, *Aguirre Zarraga*, EU:C:2010:828.

468 Dazu oben Rdn. 7.130.

469 EGMR, 18.6.2013, Nr. 3890/11, *Povse v. Austria*, CE:ECHR:2013:0618JUD000389011; ebenso EGMR, 26.11.2013, Nr. 27853/09, *X v. Latvia*, CE:ECHR:2013:1126JUD002785309.

470 In prozessualer Hinsicht verwirklicht die Neuregelung die Anhörung des Kindes deutlich mehr als die bisherige Regelung und gibt dessen Willen größeres Gewicht.

471 Etwa Ehescheidungen, aufschlussreich *Martiny*, FamRZ 2008, 1681 ff.

gangener Ansprüche die Unterhaltsdurchsetzung.[472] Die komplexen Rechtsstrukturen werden in grenzüberschreitenden Konstellationen nachhaltig verkompliziert. Dies liegt vor allem an der Unübersichtlichkeit des grenzüberschreitenden Unterhaltsrechts, das eine Gemengelage unterschiedlicher Rechtsakte (häufig nur in Teilbereichen) regelt.[473] Im Gemeinschaftsrecht waren bis zum Jahr 2011 die Art. 5 Nr. 2, 32 ff. EuGVO aF sowie die Art. 5 ff. EuVTVO einschlägig.[474] Als spezielle Instrumente (vgl. Art. 71 EuGVO) kamen die Haager Unterhalts- und Vollstreckungsübereinkommen vom 2.10.1973 sowie das New Yorker Übereinkommen vom 20.6.1956 hinzu.[475]

Ziel der EU-Kommission war es, die unübersichtliche Gemengelage durch ein einheitliches System zu ersetzen.[476] Im Dezember 2005 veröffentlichte die Kommission einen ambitionierten Vorschlag für eine Verordnung „über die Zuständigkeit und das anwendbare Recht in Unterhaltssachen, die Anerkennung und Vollstreckung von Unterhaltsentscheidungen und die Zusammenarbeit im Bereich der Unterhaltspflichten".[477] Nach dem Vorschlag sollten spezielle Regelungen den Gerichtsstand des Art. 5 Nr. 2 EuGVO aF[478] ersetzen und ausdifferenzieren. Der Vorschlag wollte zudem einheitliche Kollisionsnormen einführen und (erstmalig) unmittelbare, grenzüberschreitende Vollstreckungsakte zulassen. Der Vorschlag enthielt ein kohärentes System für die grenzüberschreitende Titulierung und Durchsetzung von Unterhaltsansprüchen.[479] Die gerichtlichen Verfahren zur Titulierung des Unterhaltsanspruches sollten im Hinblick auf die Gerichtsstände und die Zustellung vereinheitlicht werden,[480] für die Titelfreizügigkeit sollte der Grundsatz des wechselseitigen Vertrauens gelten, Exequaturverfahren sollten abgeschafft werden. In der Zwangsvollstreckung sollten Zentrale Behörden den Unterhaltsgläubiger durch eine 7.136

472 Die internationale Rechtspraxis ist von der professionellen Beitreibung von übergeleiteten Unterhaltsansprüchen durch öffentliche Beitreibungsstellen geprägt – diese stehen auch häufig hinter den vermeintlichen „Individualprozessen" einzelner Unterhaltsgläubiger. Die Überleitung auf die vorleistenden Sozialhilfeträger ergibt sich in Deutschland aus § 7 I UnterhaltsvorschussG, aus § 33 II SGB II und aus § 93 I SGB XII.

473 *Martiny*, FamRZ 2008, 1681, 1682 ff.

474 Dazu *Gebauer*, FPR 2006, 252 ff.; *Linke*, FPR 2006, 237, 238 ff. Ein am 6.12.1990 in Rom verabschiedetes Übereinkommen über Unterhaltsansprüche hatten die Mitgliedstaaten nicht ratifiziert, vgl. *Hellner*, in: Boele-Woelki/Sverdrup (ed.), European Challenges in Family Law, S. 343, 344.

475 Haager Übereinkommen über das auf Unterhaltspflichten anzuwendende Recht und Haager Übereinkommen über die Anerkennung und Vollstreckung von Unterhaltsentscheidungen, New Yorker Übereinkommen über die Geltendmachung von Unterhaltsansprüchen im Ausland, ausführlich *Linke*, FPR 2006, 237 ff.

476 MünchKomm/*Lipp*, Vor Art. 1 EuUhVO, Rdn. 7 ff.

477 KOM (2005) 649 endg. (UhVO-E), dazu *Gottwald*, FS Lindacher (2007), S. 13 ff.; *Hellner*, in: Boele-Woelki/Svendrup (ed.), European Challenges in Family Law, S. 343 ff.

478 Dazu Voraufl. § 6 II, Rdn. 60 ff.

479 Begründung der EG-Kommission zum UhVO-E 1.2.1. Der VO-E sollte das Haager Programm von November 2004 zur Abschaffung der Exequaturverfahren in Unterhaltsstreitigkeiten implementieren.

480 Begründung des UhVO-E 1.2.1., KOM (2005) 649 endg.

grenzüberschreitende Kooperation u. a. bei der Lokalisierung des Unterhaltspflichtigen und der Feststellung pfändbaren Vermögens unterstützen. Damit sprach die EG-Kommission erstmalig Fragen des Zwangsvollstreckungsrechts an. Sie entwickelte zudem ein neues Konzept für die grenzüberschreitende Vermögensaufklärung, das sich inzwischen in Art. 14 EuKtPVO findet.[481]

7.137 Der weit reichende Ansatz der Kommission stieß jedoch in den weiteren Beratungen auf nachhaltigen Widerstand im Rat.[482] Dessen Position war wegen des in Art. 67 V EG (1998)[483] enthaltenen Einstimmigkeitsprinzips in Familiensachen strukturell stark; die Mitwirkung des Parlaments hingegen auf eine bloße Anhörung reduziert. Im Ergebnis blockierte der Rat den Verordnungsvorschlag der Kommission, bis in der Haager IPR-Konferenz die neue Unterhaltskonvention ausgehandelt war. Erst nach Abschluss der Verhandlungen in Den Haag wurde über den Verordnungsvorschlag substantiell verhandelt – diesmal freilich mit dem Ziel, die EU-Verordnung funktional auf eine Durchführungsverordnung zu den Haager Instrumenten zu reduzieren.[484] In der Tat enthält die auf der Ratssitzung am 24.10.2008 verabschiedete EuUhVO im Wesentlichen die wortwörtliche Wiederholung der Durchführungsregeln zu den Haager Instrumenten.[485] Im Ergebnis beschränkt sich der Unionsrechtsakt auf eine (teilweise) Abschaffung der Exequaturverfahren (Art. 25 EuUhVO), dessen Verbindlichkeit freilich von der Ratifikation des Zusatzprotokolls zum HUÜ durch die Mitgliedstaaten abhängt – damit wird auch in den operativen Restbereichen der Verordnung keine Rechtseinheit herbeigeführt.[486]

2. Die Unterhaltsübereinkommen der Haager IPR-Konferenz

7.138 Die zur gleichen Zeit durchgeführten Arbeiten der Haager IPR-Konferenz zielten gleichfalls auf eine umfassende Konvention zur grenzüberschreitenden Durchsetzung von Unterhaltsansprüchen mit weltweitem Geltungsanspruch (allerdings unter Aus-

---

481 Unten § 10 IV, Rdn. 10.140 ff.

482 Zu den Hintergründen, insbesondere der Blockadehaltung Großbritanniens und Irlands, *Wagner*, FamRZ 2006, 979 ff.; vgl. auch *Hellner*, in: Boele-Woelki/Sverdrup (ed.), European Challenges, S. 343, 344 ff.

483 Heute: Art. 81 IV 2 AEUV, dazu oben § 2 I, Rdn. 2.33.

484 Dazu *Janzen*, FPR 2008, 218 ff.

485 Doc. 14066/08 LIMITE vom 21.10.2008. Die wortgleichen Wiederholungen der parallelen Rechtsakte dokumentiert dieses Dokument durch die Hinweise an die Übersetzer, die Vorschriften aus den parallelen Rechtsakten schlicht abzuschreiben.

486 Letztlich entscheiden die EU-Mitgliedstaaten, ob sie das effektivere Vollstreckungsverfahren auf der Basis des Grundsatzes des wechselseitigen Vertrauens einführen wollen. Die Vorbehalte wurden wegen massiver Interventionen Großbritanniens aufgenommen, das seine eingeschränkte Mitwirkung am IV. Teil des AEUV politisch instrumentalisierte, dazu oben § 2 I, Rdn. 2.28.

schluss der internationalen Zuständigkeit und der Zwangsvollstreckung).[487] Dieses ehrgeizige Regelungsanliegen ließ sich jedoch nicht verwirklichen. Das im Herbst 2007 vereinbarte Übereinkommen (HUÜ 2007) beinhaltet daher einen Kompromiss und beruht auf einer sog. „variablen Geometrie". Es regelt im Kern lediglich die grenzüberschreitende Durchsetzung von Ansprüchen auf Kindesunterhalt (vgl. Art. 2 I lit. a) HUÜ).[488] Die Vertragsstaaten können den sachlichen Anwendungsbereich jedoch auf weitere Unterhaltsansprüche erstrecken.[489] Die Erweiterungen gelten freilich nur „bilateral", nämlich jeweils nur im Verhältnis zwischen den Mitgliedstaaten, die eine entsprechende Erklärung abgegeben haben und nur in dem jeweiligen Umfang, in dem sich die Erklärungen decken. Diese „Bilateralisierung" verkompliziert die Regelungsstruktur des HUÜ (2007), führt zu erheblicher Unübersichtlichkeit und lässt in der Sache die überkommene Rechtszersplitterung des internationalen Unterhaltsrechts fortbestehen.[490] Es fehlen zudem Regelungen über Unterhaltsansprüche zwischen gleichgeschlechtigen Partnern.[491] Ursache der komplizierten, offensichtlich kompromisshaften Regelungen des HUÜ waren Meinungsverschiedenheiten zwischen den USA (sowie England) und den sonstigen EU-Mitgliedstaaten über die Gerichtsstände und über das anwendbare Recht.[492] Diese Meinungsverschiedenheiten hatten zur Folge, dass die Kollisionsnormen in ein gesondertes Protokoll (HUP) ausgelagert wurden.[493]

Im Kollisionsrecht statuiert Art. 3 HUP zunächst den Grundsatz, dass das Recht am Aufenthaltsort des Gläubigers anwendbar ist.[494] Jedoch enthalten die Art. 4 ff. HUP nachhaltige Durchbrechungen des Grundsatzes zugunsten der Anwendung der *lex fori* des angerufenen Gerichts.[495] Die kollisionsrechtliche Regelung begüns- 7.139

487 Zum „Wettstreit" zwischen der EG-Kommission auf der einen Seite, den EG-Mitgliedstaaten und der Haager Konferenz auf der anderen Seite vgl. *Wagner*, FamRZ 2006, 979 ff.

488 Art. 2 I lit. a) HUÜ erfasst Unterhaltsansprüche von Personen bis zum 21. Lebensjahr, sofern nicht die Vertragsstaaten nach Art. 2 II HUÜ die Anwendung des Übereinkommens auf Personen bis 18 Jahre beschränken.

489 Vgl. Art. 2 I lit. b) (ehelicher und nachehelicher Unterhalt) und Art. 2 I lit. c) HUÜ (weitere Unterhaltsansprüche). Jedoch sind auf diese Ansprüche die (zentralen) Kapitel II und III des HUÜ nicht anwendbar.

490 Unübersichtlichkeit konstatiert auch *Martiny*, FamRZ 2008, 1681, 1689.

491 Das Problem wurde mangels inhaltlicher Einigung im Rat schlicht nicht geregelt, vgl. *Bonomi*, YbPIL 10 (2008), 333, 339 f.

492 *Janzen*, FPR 2008, 218, 219; *Bonomi*, YbPIL 10 (2008), 333, 335 f. Die EU hat das HUÜ am 9.4.2014 ratifiziert, es trat am 1.8.2014 in Kraft. Der Beitritt erstreckt sich auf Irland und das Vereinigte Königreich, nicht hingegen auf Dänemark, MünchKomm/*Lipp*, Vor Art. 1 EuUhVO, Rdn. 8.

493 Zum Kollisionsrecht vgl. *Andrae*, FPR 2008, 196, 198 ff; *Bonomi*, YbPIL 10 (2008), 333 ff.; *Hellner*, in: Boeli-Woelki/Sverdrup (ed.), European Challenges, S. 343, 352 ff.

494 Dies entspricht der überkommenen Anknüpfung, vgl. Art. 4 Haager Unterhaltsübereinkommen vom 2.10.1973.

495 Art. 4 HUP setzt dabei einen „favor alimenti" zugunsten schwacher Unterhaltsberechtigter durch.

tigt damit *forum shopping*.[496] Diese Vorschläge sollen ersichtlich der Konzeption des *Common Law* entgegenkommen, die eine *lex fori*-Anknüpfung favorisiert.[497] Im Ergebnis akzeptierten die kontinentalen Verhandlungspartner einen Kompromiss zugunsten der USA und Großbritanniens, den diese Staaten jedoch umgehend ablehnten.[498] Zudem enthält Art. 7 f. HUP weitreichende Möglichkeiten der Rechtswahl.[499]

7.140 Das Haager Unterhaltsübereinkommen (HUÜ) enthält vor allem Regelungen für die grenzüberschreitende Vollstreckung von Unterhaltstiteln. Die Anerkennungsverfahren werden standardisiert, deren Einleitung und Durchführung den sog. Zentralbehörden in den Vertragsstaaten übertragen. Das Antragsverfahren wurde vereinheitlicht und standardisiert; die Anerkennungsvoraussetzungen in Art. 19 ff. HUÜ geregelt. Einbezogen sind Unterhaltsvergleiche und Urkunden (Art. 30 HUÜ). Art. 22 HUÜ enthält die (international) üblichen Anerkennungshindernisse: *Ordre public*, Prozessbetrug, Nichtbeachtung der früheren Rechtshängigkeit oder Rechtskraft im Vollstreckungsstaat, schließlich die fehlende Einlassungs- und Rechtswahrungsmöglichkeit für den Schuldner im Erststaat (Art. 22 HUÜ). Das Anerkennungsverfahren und die Zwangsvollstreckung erfolgen nach dem Recht des ersuchten Staates. Im Hinblick auf die Überweisung der beigetriebenen Summen statuiert Art. 35 HUÜ eine allgemeine Verpflichtung zum raschen Transfer an den Gläubiger.[500]

3. Die EU-Unterhaltsverordnung 4/2009/EG

a) Anwendungsbereich

7.141 Die am 18.12.2008 verabschiedete Verordnung zum Unterhaltsrecht (EuUhVO)[501] soll wesentliche Strukturdefizite des Haager Übereinkommens überwinden. Zum Anwendungsbereich stellt Art. 1 EuUhVO klar, dass der Rechtsakt sämtliche ehe- und fami-

---

496 Ein Aufenthaltswechsel der Unterhaltsberechtigten hat einen Statutenwechsel zur Folge. Beispiel: Umzug eines Kindes von Deutschland nach Österreich. Ab dem Zeitpunkt des Umzugs ist österreichisches Recht anwendbar. Dieses erlaubt die Einforderung von Unterhalt für die Vergangenheit (bis zu drei Jahren), anders als § 1613 BGB. Der Statutenwechsel hat jedoch nicht zur Folge, dass der Unterhaltsgläubiger nunmehr nach Art. 4 II HUP auch für die Aufenthaltszeit in Deutschland Unterhalt fordern kann, zutreffend EuGH, 7.6.2018, Rs. C-83/17, *KP*, EU:C:2018:408, Rdn. 37 ff.

497 *Bonomi*, YbPIL 10 (2008), 333, 341 ff.

498 Angesichts dieses Hintergrunds erscheint die unbesehene (zwischenzeitlich erfolgte) Übernahme des HUP in Art. 15 EuUhVO durchaus fragwürdig. AA *Janzen*, FPR 2008, 218, 220 f.; *Bonomi*, YbPIL 10 (2008), 333, 334.

499 Einschränkend (im Hinblick auf Art. 4 III HUP) EuGH, 20.9.2018, Rs. C-214/17, *Mölk*, EU:C:2018:744.

500 Diese Vorschrift entspricht den früheren Regelungen in Art. 22 Haager Unterhaltsübereinkommen (1973) und Art. 10 New Yorker Unterhaltsübereinkommen (1958).

501 ABl. EU 2009 L 7/1 ff. Die Verordnung trat am 18.9.2011 in Kraft, vgl. Art. 76 EuUhVO. Sie gilt auch für Dänemark, vgl. die Erklärung der EU-Kommission, ABl. EU 2009 L 149/80.

lienrechtliche Unterhaltsansprüche einbezieht.[502] Abgrenzungsfragen stellen sich hier vor allem zum Ehegüterrecht und zum Erbrecht.[503] Güterrechtliche Ansprüche betreffen die Vermögensverteilung und den Vermögensausgleich zwischen Ehegatten und Partnern.[504] Richtet sich ein Anspruch gegen den Nachlass, hat dieser erbrechtlichen Charakter; selbst wenn der Versorgungscharakter überwiegt (wie etwa im Fall des § 1969 BGB). Maßgeblich ist die Rechtsgrundlage der Unterhaltspflicht im Erbrecht.[505] Vertragliche Unterhaltsansprüche sind erfasst, soweit sich diese auf eheliche oder verwandtschaftliche Bindungen beziehen.[506] Das gilt insbesondere für Vereinbarungen, die das Hauptsachegericht später billigt. Unterhaltsansprüche, die (ausschließlich) auf Vertrag und Delikt beruhen, unterfallen hingegen Art. 1 I EuGVO.[507] Art. 64 EuUhVO erweitert den sachlichen Anwendungsbereich für Regressklagen öffentlicher Einrichtungen, sofern diese für den privaten Berechtigten handeln oder Regressklagen erheben.[508]

b) Internationale Zuständigkeit

Art. 3 EuUhVO regelt die internationale Zuständigkeit.[509] Dem Kläger werden die 7.142 folgenden Gerichtsstände eröffnet: (a) das Gericht am gewöhnlichen Aufenthalt des Beklagten, (b) das Gericht am gewöhnlichen Aufenthalt des Klägers, (c) das Gericht, welches nach nationalem Recht Unterhaltssachen als Folgeverfahren einleiten kann,[510] (d) das Gericht, das im Zusammenhang mit Sorgerechtsstreitigkeiten

---

502 Damit wird Art. 2 HUÜ korrigiert, der den Anwendungsbereich des Übereinkommens im Kern auf den Kindesunterhalt beschränkt, oben Rdn. 7.138.

503 Ausführliche Analyse bei *Torga*, Drawing a Demarcating Line between Spousal Maintenance Obligation and Matrimonial Property in the Context of the New Instruments of European Union Private International Law, in: Beaumont/Hess/Walker/Spancken (ed.), The Recovery of Maintenance in the EU and Worldwide (2014), S. 425 ff.

504 EuGH, 27.3.1979, Rs. C-143/78, *De Cavel*, EU:C:1979:83, Rdn. 7 (zu Art. 1 II Brüsseler Übereinkommen); EuGH, 27.2.1997, Rs. C-220/95, *Van den Boogaard*, EU:C:1997:91, Rdn. 21 ff.; *Torga*, in: Beaumont/Hess/Walker/Spancken (ed.), The Recovery of Maintenance (2014), S. 425, 428 ff.

505 MünchKomm/*Lipp*, Art. 1 EuUhVO, Rdn. 39.

506 Ausführlich MünchKomm/*Lipp*, Art. 1 EuUhVO, Rdn. 23 ff.

507 Vgl. insbesondere Art. 7 Nr. 1 und Nr. 2 EuGVO.

508 MünchKomm/*Lipp*, Art. 1 EuUhVO, Rdn. 57 f. Öffentliche Einrichtungen können am Aufenthaltsort des Gläubigers Regressklagen erheben, Art. 3 lit. b) EuUhVO, Schlussanträge GA *Campos Sánchez-Bordona*, 18.6.2020, Rs. C-540/19.

509 Diese Frage klammert das HUÜ aus, mangels Konsensfähigkeit zwischen den USA und den anderen Verhandlungspartnern, *Janzen*, FPR 2008, 218, 221; *Duncan*, YbPIL 10 (2008), 313, 328. Art. 68 I EuUhVO hat Art. 5 Nr. 2 EuGVO aF zum 18.9.2011 aufgehoben.

510 Diese Zuständigkeit steht unter dem Vorbehalt, dass eine Zuständigkeitsbegründung aufgrund der Staatsangehörigkeit einer der Parteien unzulässig ist.

Unterhaltssachen verbinden kann.[511] Die Vielzahl der Gerichtsstände fördert *forum shopping*. Sie erfassen auch den Unterhaltsregress, sofern dieser auf einem Familienverhältnis beruht.[512] Art. 3 EuUhVO gilt nicht nur für Zahlungsklagen, sondern gleichermaßen für negative Feststellungs-[513] und für Abänderungsklagen.[514]

7.143 Der deutsche Gesetzgeber konzentriert in § 28 AUG die örtliche Zuständigkeit beim Amtsgericht am Sitz des Oberlandesgerichts, in dem der Beklagte oder der Kläger seinen gewöhnlichen Aufenthalt hat.[515] Der EuGH entschied auf die Vorlage deutscher Familiengerichte, dass die Regelung mit Art. 3 lit. a) und b) EuUhVO vereinbar ist, sofern sie eine effektive Abwicklung der komplexen Unterhaltsverfahren durch sachkundige Richter ermöglicht. Allerdings dürfe der effektive Zugang der Parteien zum (ortsnahen) Gericht nicht übermäßig erschwert werden.[516] Dies erfordert nunmehr eine (wenig praktikable) Prüfung des jeweiligen Einzelfalls.[517]

7.144 Art. 4 EuUhVO lässt Gerichtsstandsvereinbarungen zu.[518] Diese setzen einen sachlichen Bezug zum prorogierten Gericht voraus: Entweder muss eine Partei im *forum prorogatum* ihren ständigen Aufenthalt haben oder zumindest Angehöriger des jeweiligen Mitgliedstaates sein.[519] Für den ehelichen Unterhalt können die Ehegatten entweder die Zuständigkeit des Gerichts vereinbaren, das über die Ehestreitigkeiten entscheidet, oder die Zuständigkeit des Gerichts, in dem die Ehegatten ihren letzten gemeinsamen Aufenthalt seit einer Dauer von mindestens einem Jahr hatten.[520] Die Formerfordernisse sind erstaunlich „liberal". Art. 4 II EuUhVO verlangt lediglich eine schriftliche Vereinbarung.[521] Das Luganer Übereinkommen (Art. 4 IV EuUhVO) bleibt

---

511 Auch hier besteht der Vorbehalt, dass die Zuständigkeit nicht ausschließlich auf die Staatsangehörigkeit der Parteien begründet werden darf. Sind Verfahren über die Ehescheidung und über die elterliche Sorge vor Gerichten unterschiedlicher Mitgliedstaaten anhängig, so ist das Verfahren auf Kindesunterhalt nach Art. 3 lit. d) EuUhVO zwingend vor dem Gericht anzubringen, das über die elterliche Sorge entscheidet, EuGH, 16.7.2015, Rs. C-184/14, *A*, EU:C:2015:479, Rdn. 40 ff.

512 *Reuß*, FS Simotta (2012), 483, 493 ff.; *Mankowski*, IPRax 2014, 249 ff.

513 Beispiel: EuGH, 20.12.2017, Rs. C-467/16, *Schlömp*, EU:C:2017:993.

514 EuGH, 15.2.2017, Rs. C-499/15, *W und V*, EU:C:2017:118.

515 Die Zuständigkeitskonzentration modifiziert damit die Anknüpfung an den gewöhnlichen Aufenthalt, *Hess/Spancken*, the Effective Operation of the EU Maintenance Regulation in the Member States, in: Beaumont/Hess/Walker/Spancken (ed.), The Recovery of Maintenance (2014), S. 385, 397 f.

516 EuGH, 18.12.2014, verb. Rs. C-400/13 und 408/13, *Sanders und Huber*, EU:C:2014:2461, Rdn. 40 ff.

517 MünchKomm/*Lipp*, Art. 1 EuUhVO, Rdn. 11.

518 Ausführlich *Brosch*, Rechtswahl und Gerichtsstandsvereinbarung (2019), S. 21 ff.

519 Diese Anknüpfung erscheint angesichts von Art. 18 AEUV problematisch; aA *Brosch*, Rechtswahl und Gerichtsstandsvereinbarung (2019), S. 26 f.

520 Nach Art. 4 III EuUhVO ist eine Gerichtsstandsvereinbarung bei Unterhaltsansprüchen von Kindern unter 18 Jahren ausgeschlossen, dazu *Brosch*, Rechtswahl und Gerichtsstandsvereinbarung (2019), S. 27 ff.

521 Wie nach Art. 25 I lit. a), II EuGVO genügt eine dauerhafte Aufzeichnung, *Weber*, in: Mayr (Hrg.), Hdb EuZVR (2017), Rdn. 6.168.

allerdings vorrangig. Nach Art. 5 EuUhVO kann die Zuständigkeit auch durch rügelose Einlassung begründet werden.

Vorgesehen ist schließlich eine Auffangzuständigkeit (*forum necessitatis*) für den Fall, dass kein Gerichtsstand nach Art. 3 bis 5 EuUhVO[522] eingreift und wenn effektiver Rechtsschutz in Drittstaaten nicht erlangt werden kann: Art. 7 I EuUhVO eröffnet eine Notzuständigkeit, wenn die Rechtsverfolgung in einem Drittstaat unmöglich oder unzumutbar ist. Art. 7 II EuUhVO verlangt für die Notzuständigkeit jedoch einen hinreichenden Bezug zwischen dem angerufenen Gericht und dem Rechtsstreit. Für den einstweiligen Rechtsschutz übernimmt Art. 14 EuUhVO die Regelung des Art. 34 EuGVO mit der Folge einer weitreichenden Verweisung auf die Gerichtsstände der EU-Mitgliedstaaten. Dies ist bei Leistungsverfügungen, um die es im Unterhaltsrecht geht, problematisch.[523] 7.145

Art. 8 EuUhVO übernimmt (wortwörtlich) die Regelung des Art. 18 HUÜ zur sog. Verfahrensbegrenzung. Danach besteht für Abänderungsklagen die Zuständigkeit des Erstgerichts grundsätzlich so lange fort, wie der Unterhaltsberechtigte seinen gewöhnlichen Aufenthalt im Erststaat beibehält.[524] Abänderungsklagen (anders ist die Rechtslage bei der Vollstreckungsgegenklage[525]) können mithin weiter nur im Erststaat eingebracht werden. Die Regelung dient dem Schutz des Unterhaltsgläubigers und der Prozessökonomie. Sie bindet nicht den Unterhaltsschuldner.[526] 7.146

c) Rechtshängigkeit

Die Verordnung regelt die Rechtshängigkeit identisch zu Art. 27–30 EuGVO (2001). Dies ist zwar im Sinne einer horizontalen Abstimmung der Unionsrechtsakte zu begrüßen. Warum jedoch die Vorschriften der Art. 27–30 EuGVO aF wortwörtlich in die Verordnung aufgenommen wurden, anstatt auf die Vorschriften (dynamisch) zu verweisen, erschließt sich nicht unmittelbar.[527] Der Unionsgesetzgeber wollte stattdessen durch die Aufnahme sämtlicher Vorschriften in einen Rechtsakt die Transparenz für die Par- 7.147

522 Art. 6 EuUhVO eröffnet zudem einen gemeinsamen „Ursprungsgerichtsstand“, der an die gemeinsame Staatsangehörigkeit anknüpft. Dieser Gerichtsstand hat Vorrang vor der Notzuständigkeit nach Art. 7 EuUhVO.

523 MünchKomm/*Lipp*, Art. 14 EuUhVO, Rdn. 2 und 4.

524 BGH, 10.12.2014, BGHZ 203, 372 mit Anm. *Gruber*, IPRax 2016, 338 ff.

525 Wenig überzeugend unterstellt EuGH, 4.6.2020, Rs. C-41/19, *FX*, EU:C:2020:425, die Vollstreckungsgegenklage den Zuständigkeiten der EU-Mitgliedstaaten (vgl. § 66 I, III AUG), ohne auf die Rechtsnatur der Gestaltungsklage einzugehen. Den Meinungsstreit in der deutschen Literatur blendet das Urteil aus, dazu § 6 IV, Rdn. 6.273 ff.

526 Für die Zweitklagen des Unterhaltsberechtigten gelten die Art. 3–7 EuUhVO unbegrenzt, MünchKomm/*Lipp*, Art. 8 EuUhVO, Rdn. 3.

527 Dies führt zur Versteinerung und zu unnötigen Abweichungen zwischen der Unterhaltsverordnung und der EuGVO, wenn die Rechtsakte geändert werden.

teien des Unterhaltsprozesses erhöhen.[528] Eine entsprechende wortwörtliche Übernahme enthält (leider) auch Art. 14 EuUhVO im Hinblick auf die rechtspolitisch unzureichende Vorschrift des Art. 35 EuGVO betreffend den einstweiligen Rechtsschutz.[529] Für das Kollisionsrecht verweist der IV. Teil der Unterhaltsverordnung hingegen auf das Haager Protokoll zum Unterhaltsrecht[530] (vgl. Art. 15 EuUhVO). Das Protokoll soll freilich nur insoweit gelten, als die Mitgliedstaaten es ratifiziert haben – damit eröffnet die Unterhaltsverordnung jedoch keine Rückermächtigung für die Mitgliedstaaten zur eigenmächtigen Ratifikation des Haager Protokolls, vielmehr hat die EU das Protokoll im Jahre 2009 ratifiziert.[531]

d) Urteilsanerkennung und Vollstreckung

7.148 Für die Urteilsanerkennung enthält der 4. Abschnitt der Unterhaltsverordnung eine zweispurige Regelung: Soweit Mitgliedstaaten das Haager Protokoll zum anwendbaren Recht in Unterhaltssachen ratifiziert haben, erfolgt die Urteilsfreizügigkeit auf der Basis der wechselseitigen Anerkennung (Art. 16 I, 17 ff. EuUhVO).[532] Für die anderen EU-Mitgliedstaaten (derzeit Großbritannien sowie Dänemark) erfolgt die Urteilsanerkennung nach Maßgabe der Art. 38 ff. EuGVO aF – diese Vorschriften werden wortwörtlich (aber in teilweise geänderter Reihenfolge) von den Art. 23–38 EuUhVO wiederholt.[533]

7.149 Nach Art. 17 EuUhVO werden Urteile, die in EU-Mitgliedstaaten ergehen, die das Haager Unterhaltsübereinkommen ratifiziert haben, unmittelbar (ohne Exequaturverfahren) vollstreckt; auf der Grundlage des in Anhang I enthaltenen Formblatts, das nach Art. 20 lit. b) EuUhVO dem Vollstreckungsorgan vorzulegen ist.[534] Im Vollstreckungsstaat können keine Anerkennungshindernisse geprüft werden.[535] Eine Rest-

---

528 Vgl. EwGe 10–13 zur VO 4/2009/EG. Für die Abgrenzung zum LugÜ gelten die Art. 27–30 LugÜ, EuGH, 20.12.2017, Rs. C-467/16, *Schlömp*, EU:C:2017:993, Rdn. 44 ff.

529 Dazu oben Rdn. 7.145 sowie § 6 V, Rdn. 6.277 ff.

530 Haager Protokoll über das auf Unterhaltspflichten anzuwendende Recht vom 23.11.2007, ABl. 2009 L 331/19 ff.

531 Nach der Rechtsprechung des EuGH (EuGH, 7.2.2006, Avis 1/03, *Parallelübereinkommen Lugano*, EU:C:2006:81) liegt die Abschlusskompetenz für die entsprechenden Kollisionsnormen, die im Zusammenhang mit einem Unionsrechtsakt allgemeinverbindlich gemacht werden, bei der Union (vgl. Art. 81 lit. b) AEUV).

532 Ein komplexes Formular enthält der Anhang I zur EuUhVO.

533 Damit führt eine Verordnung, die nach der Konzeption des Art. 288 II AEUV Einheitsrecht für alle Mitgliedstaaten in der Europäischen Union herbeiführen soll, ein vom souveränen Willen der Mitgliedstaaten abhängiges, abgestuftes Anerkennungsregime ein – letztlich eine quasi-völkerrechtliche Regelung, die (wenn überhaupt) nur im Wege einer Richtlinie hätte implementiert werden können.

534 Der Titel muss noch nicht rechtskräftig sein, *Weber*, in: Mayr (Hrg.), Hdb EuZVR (2017), Rdn. 6.281 mwN.

535 *Weber*, in: Mayr (Hrg.), Hdb EuZVR (2017), Rdn. 6.282; *Viarengo*, The Enforcement of Maintenance Decisions in the EU: Requiem for Public Policy?, in: Beaumont/Hess/Walker/Spancken (ed.), The Re-

kontrolle eröffnet jedoch Art. 21 EuUhVO. Danach kann der Unterhaltsschuldner als Vollstreckungseinwand die Verjährung der Unterhaltsforderung[536] sowie die Unvereinbarkeit des Titels mit einer entgegenstehenden Unterhaltsentscheidung geltend machen.[537] Anders als in den Parallelrechtsakten entscheidet das Gericht über die vorrangige Entscheidung nach (gebundenem) Ermessen. Maßstäbe sind einerseits der Zeitpunkt des Erlasses der Entscheidung sowie deren Vereinbarkeit mit einer Statusentscheidung.[538] Abänderungsentscheidungen (§ 238 FamFG, Art. 8 EuUhVO) fallen jedoch nicht unter die Vorschrift.

Das Verfahren richtet sich nach dem Recht des ersuchten EU-Mitgliedstaats. In Deutschland ist nach § 31 AUG das Amtsgericht als Vollstreckungsbehörde zuständig. Es entscheidet der Richter (§ 20 RPflG) durch Beschluss, gegen diesen ist die Beschwerde nach § 793 ZPO eröffnet. Das Vollstreckungsgericht entscheidet im vereinfachten Verfahren; § 66 AUG eröffnet zudem die Möglichkeit, die Vollstreckungsgegenklage zu erheben. Diese Regelung ist (generell) bedenklich.[539] Der deutsche Gesetzgeber eröffnet zudem einen expliziten Schadensersatzanspruch wegen unberechtigter Vollstreckung (§ 69 AUG). Diese Vorschrift verletzt das unionsrechtliche Äquivalenzprinzip, da sie die Titel der EuUhVO durch einen zusätzlichen Rechtsbehelf offen diskriminiert.[540] 7.150

Die Vorschriften zur Umsetzung der wechselseitigen Anerkennung von Unterhaltstiteln bleiben hinter dem zwischenzeitlich erreichten Integrationsstand im europäischen internationalen Zivilprozessrecht zurück. Die EuUhVO enthält keine Vorschriften über Mindeststandards zur Wahrung des rechtlichen Gehörs, zur Belehrung des Beklagten, zur Einlassung.[541] Der Sinnzusammenhang zwischen Mindestharmonisierung und Urteilsfreizügigkeit wird damit weitgehend aufgegeben.[542] Die Verfahrenseinleitung richtet sich nach den Zustellungsrechten des Gerichtsstaats, des ersuchten Staates und nach der europäischen Zustellungsverordnung. Die Vielzahl der anwendbaren Rechte führt zu Fehleranfälligkeit. 7.151

Als Ausgleich zur unmittelbaren Vollstreckung eröffnet Art. 19 EuUhVO dem Schuldner einen autonomen Rechtsbehelf gegen die Entscheidung im Ursprungsstaat 7.152

covery of Maintenance (2014), S. 473, 478 ff.

536 Dabei kommt es auf die jeweilige Frist an: die des Ursprungs- und die des Vollstreckungsmitgliedstaats, *Weber*, in: Mayr (Hrg.), HdB EuZVR, Rdn. 6.320.

537 MünchKomm/*Lipp*, Art. 21 EuUhVO, Rdn. 8 ff. und Rdn. 12 ff.; *Weber*, in: Mayr (Hrg.), HdB EuZVR, Rdn. 6.320 f.

538 MünchKomm/*Lipp*, Art. 21 EuUhVO, Rdn. 19 ff.

539 Dazu oben § 6 IV 4, Rdn. 6.268; aA MünchKomm/*Lipp*, Art. 21 EuUhVO, Rdn. 49 ff. Anders nunmehr auch EuGH, 4.6.2020, Rs. C-41/19, *FX*, EU:C:2020:425, allerdings unter Verkennung des Rechtsproblems (oben Fn. 525).

540 Zum Äquivalenzprinzip unten § 11 I, Rdn. 11.7 ff. Nicht problematisiert bei MünchKomm/*Lipp*, Art. 21 EuUhVO, Rdn. 54 f.

541 Vgl. dagegen die ausdifferenzierten, horizontal abgestimmten Vorschriften der Art. 12–16 EuVTVO; Art. 12–16 EuMahnVO; Art. 12–16 EuBagVO.

542 Der Kommissionsentwurf enthielt hingegen in Art. 22 eine ausführliche Regelung, die allerdings nur teilweise den Parallelvorschriften der Art. 13–15 EuVTVO entsprach. *Linke*, FPR 2006, 237, 238 f., plädierte mit Recht für eine weitgehende Vereinheitlichung der Zustellungsvorschriften.

vor dem Gericht, das die Entscheidung erlassen hat.[543] Der Rechtsbehelf ist eröffnet, wenn sich der Schuldner nicht auf das Verfahren eingelassen hat, weil ihm das verfahrenseinleitende Schriftstück nicht in einer Weise zugestellt wurde, dass er sich verteidigen konnte (Art. 19 I lit. a) EuUhVO).[544] Damit greift der Unionsgesetzgeber das Anerkennungshindernis des Art. 45 I lit. b) EuGVO auf,[545] verlagert aber dessen Geltendmachung in den Ursprungsstaat.[546] Als weiteren Rechtsbehelfsgrund nennt Art. 19 I lit. b) EuUhVO die unverschuldete Säumnis eines Einspruchs.[547] Der Antrag ist unverzüglich nach Kenntniserlangung vom Verfahren, spätestens nach 45 Tagen, einzulegen. Zugleich kann der Schuldner die Aussetzung der Vollstreckung im Zweitstaat beantragen, Art. 21 III EuUhVO.

7.153 Das Vereinigte Königreich und Dänemark, die das Haager Protokoll zum anwendbaren Recht in Unterhaltsachen nicht ratifiziert haben, sind nach Art. 16 III EuUhVO vom direkten Vollstreckungsverfahren (nach Art. 17–22 EuUhVO) ausgenommen. Für Urteile aus diesen Mitgliedstaaten gilt nach Art. 23 ff. EuUhVO ein Anerkennungsverfahren, das in wörtlicher Abschrift von den Art. 38 ff. EuGVO aF übernommen wird. Allerdings ändern die Art. 23–38 EuUhVO die Abfolge der Vorschriften im Vergleich zur Verordnung 44/2001, was die Übersichtlichkeit auch für diejenigen Prozessparteien (bzw. Prozessvertreter) unnötig erschwert, die mit der EuGVO vertraut sind.[548] Ein substantieller „Lichtblick“ für Unterhaltsgläubiger aus diesen EU-Mitgliedstaaten besteht darin, dass sie weiterhin nach Art. 68 II EuUhVO eine Vollstreckung nach Art. 5 ff. EuVTVO durchführen können, sofern es sich um einen unbestrittenen Titel handelt.[549] Der Brexit wird freilich diese Optionen den Unterhaltsgläubigern im Vereinigten Königreich nehmen.

e) Justizielle Kooperation

7.154 Das IV. Kapitel regelt unter der Überschrift „Zugang zum Recht“ die Prozesskostenhilfe (Art. 44 ff. EuUhVO). Die Vorschriften enthalten eine Kombination von Vorschriften der PKH-RL (2003/8/EG) und des HUÜ. Eine materielle Neuerung enthält hingegen

---

543 Vgl. 70 AUG. Der unionsrechtliche Rechtsbehelf ist gegenüber den Rechtsbehelfen der mitgliedstaatlichen Rechte subsidiär.

544 *Weber*, in: Mayr (Hrg.), Hdb EuZVR (2017), Rdn. 6.296 ff.

545 Die Judikatur des EuGH zur Auslegung von Art. 45 I lit. b) EuGVO (oben § 6 IV, Rdn. 6.228) kann entsprechend herangezogen werden, MünchKomm/*Lipp*, Art. 19 EuUhVO, Rdn. 18 f.

546 Der Sache nach handelt es sich um einen prozessualen *ordre public*-Vorbehalt, vergleichbar Art. 20 EuMahnVO und Art. 18 EuBagVO, MünchKomm/*Lipp*, Art. 19 EuUhVO, Rdn. 2.

547 Zum Begriff des fehlenden Verschuldens vgl. BGH, 3.8.2011, BGHZ 191, 9, Rdn. 21.

548 Hier hätte ein schlichter Verweis auf die Art. 32 ff., 38 ff. EuGVO ausgereicht, vgl. etwa Art. 32 EuInsVO, dazu unten § 9 II, Rdn. 9.66.

549 Dazu unten Rdn. 7.159.

Art. 46 I EuUhVO. Danach erhalten Personen unter 21 Jahren in Verfahren auf Kindesunterhalt Prozesskostenhilfe unabhängig von ihrer individuellen Bedürftigkeit.[550]

Bei der Beitreibung von Unterhaltsansprüchen erfüllen die Zentralen Behörden zahlreiche Aufgaben. Das VII. Kapitel der EuUhVO enthält hierzu überwiegend eine wortwörtliche Wiedergabe der Vorschriften in Art. 4 ff. HUÜ. Die behördliche Praxis vertieft jedoch die justizielle Kooperation im Europäischen Justizraum ganz nachhaltig.[551] Art. 50 EuUhVO beschreibt zunächst die allgemeinen Aufgaben der Zentralen Behörden bei der justiziellen Kooperation, während Art. 51 EuUhVO die besonderen Aufgaben einzeln auflistet. Die Zentralen Behörden vertreten (Art. 52 EuUhVO) die Gläubiger bei der Forderungsdurchsetzung im jeweiligen Inland; sie koordinieren das grenzüberschreitende Verfahren und sie unterstützen die Gläubiger bei der Erlangung von Informationen (Art. 61 f. EuUhVO), insbesondere bei der Aufenthalts- und Einkommensermittlung des Schuldners. Die jeweilige Verfahrensherrschaft liegt bei den Zentralen Behörden. Es bleibt den Gläubigern freilich unbenommen, ihre Ansprüche ohne Einschaltung der Zentralen Behörde durchzusetzen (Art. 37 EuUhVO).[552] 7.155

Da die Art. 50 ff. EuUhVO äußerlich die Vorschriften des II. und III. Teils des HUÜ wiederholen,[553] scheint die Behördenkooperation in Europa auf den ersten Blick der Zusammenarbeit nach dem HUÜ zu entsprechen – dieser Eindruck ist jedoch unzutreffend. Denn der europäische Gesetzgeber hat die Zusammenarbeit über detaillierte Formulare im Anhang der EuUhVO weiter standardisiert und effektuiert – die Verfahrensabläufe werden weitgehend vorgezeichnet. Die Kooperation der Zentralen Behörden wird zudem durch das Justizielle Netz in Zivilsachen unterstützt, Art. 50 II EuUhVO.[554] Ein gewichtiger Fortschritt ist die Befugnis der Zentralstellen, Auskünfte über die Anschrift und die Vermögensverhältnisse des Schuldners aus anderen EU-Mitgliedstaaten zu erfragen. Dabei verweist die einschlägige Vorschrift (Art. 61 EuUhVO) auf die nationalen Rechte der befassten Mitgliedstaaten und enthält weitreichende *ordre public*- (nationale und öffentliche Sicherheit) sowie zusätzliche Datenschutz-Vorbehalte.[555] Das in Anlage V enthaltene Formular ermöglicht die Ein- 7.156

550 Voraussetzung ist, dass die Zentralen Behörden das Verfahren eingeleitet haben, EwG 36. Die rechtspolitische Angemessenheit der Vorschrift lässt sich bezweifeln. Nach Art. 67 EuUhVO ist ausnahmsweise ein Rückgriff der öffentlichen Kassen bei hinreichendem Vermögen des Unterhaltsschuldners vorgesehen.

551 Die erweiterte Zusammenarbeit betrifft zum einen den größeren sachlichen Anwendungsbereich der EuUhVO; zum anderen die Möglichkeit, Informationen über den Aufenthalt und das Vermögen des Unterhaltsschuldners zu erlangen, Art. 50 II, 60 ff. EuUhVO.

552 Die Parteien können zwischen individueller Vollstreckung und behördlicher Beitreibung wählen, EuGH, 9.2.2017, Rs. C-499/15, *S*, EU:C:2017:104, Rdn. 40 ff.

553 Rauscher/*Andrae*, Vorb. Art. 49 ff. EG-Unt-VO (2010), Rdn. 2.

554 Die Bedeutung der Formulare ergibt sich schon daraus, dass diese 59 Seiten im ABl. umfassen gegenüber den 22 Seiten für den operativen Text der EuUhVO selbst.

555 Mit Recht kritisch *Hellner*, in: Boele-Woelki/Sverdrup (ed.), European Challenges in Contemporary Family Law (2008), S. 343, 368 ff.

holung von detaillierten Informationen über die Anschrift und das Vermögen der verpflichteten bzw. der berechtigten Person.

7.157 Zur Umsetzung dieser Vorgaben eröffnet § 16 AUG dem Bundesamt für Justiz weit reichende Auskunftsbefugnisse. Dieses kann von Dritten (Rentenversicherungsträgern, Bundeszentralamt für Steuern, Kraftfahrt-Bundesamt) Auskünfte über den Schuldner einholen, wenn dieser die Auskunft über seine Vermögensverhältnisse verweigert.[556] Hierauf wird der Schuldner im Auskunftsersuchen hingewiesen. § 15 AUG eröffnet dem Bundesamt zudem entsprechende Auskunftsbefugnisse zur Aufenthaltsermittlung des Schuldners. Die erweiterten Befugnisse der Zentralen Behörden effektuieren die Durchsetzung von Unterhaltstiteln ganz nachhaltig.

7.158 Auch bei der Durchführung von individuellen Unterhaltsverfahren kommt den Zentralen Behörden eine maßgebende Rolle zu. Art. 56 f. EuUhVO listen die jeweiligen Befugnisse der Zentralen Behörden bei der Titulierung, der Vollstreckung und der Abänderung von Unterhaltsentscheidungen auf. Dabei ist dem Text der Verordnung nicht unmittelbar zu entnehmen, dass die Abwicklung dieser Verfahren den Zentralen Behörden übertragen wird – dies ergibt sich jedoch wiederum aus den im Anhang der EuUhVO vorgehaltenen Formularen.[557] Diese standardisieren detailliert die Zusammenarbeit zwischen den befassten Zentralen Behörden. Sie enthalten im Kern ein europäisches Klageformular, das in der Literatur[558] seit längerem gefordert wird.[559] Damit geht die Behördenkooperation über die traditionelle „Rechtshilfe“ (die sich in der Entgegennahme und Weiterleitung von Ersuchen erschöpfte) deutlich hinaus – sie enthält eine zweite Spur der transnationalen Forderungsbeitreibung, bei der private Gläubiger nachhaltig auf die Unterstützung und die Expertise staatlicher Stellen bauen können.[560]

7.159 Eine bemerkenswerte Konkurrenzregel zu den anderen Rechtsakten der EU enthält Art. 68 EuUhVO. Abs. 1 hat die frühere Regelung des Art. 5 Nr. 2 EuGVO aF aufgehoben – die besondere Zuständigkeitsregelung wird von den Gerichtsständen der Art. 3–7 EuUhVO verdrängt. Ebenfalls ausgeschlossen ist die Anwendung der EuVTVO (Abs. 2) – deren Funktion übernimmt die unmittelbare Vollstreckung von Unterhaltstiteln nach Art. 17 ff. EuUhVO. Im Verhältnis zum Vereinigten Königreich bleibt die

---

556 Die Regelungen sind den §§ 235 f. FamFG nachgebildet.

557 Ausweislich der Formulare liegt die Verfahrensherrschaft ausschließlich bei den Zentralen Behörden.

558 So insbesondere die Vorschläge der Union Internationale des Huissiers de Justice („*Draft European directive of a European document initiating proceedings*“), die im Kontext des internationalen Symposiums in Sibiu (Rumänien, 13.–15. Mai 2009) präsentiert wurden. Nähere Informationen sind abrufbar unter: http://www.uihj.com/en/a-european-document-initiating-proceedings-yes-we-can-_1018318.html.

559 Vgl. insbesondere das im Anhang VII vorgesehene, detaillierte Formblatt zur Herbeiführung oder Änderung einer Entscheidung in Unterhaltssachen.

560 In Deutschland erfolgte der Ausbau der behördlichen Kooperation auf der Ebene des Bundes, durch Übertragung dieser Aufgaben an das Bundesamt für Justiz, § 4 AUG.

EuVTVO (derzeit noch) anwendbar.[561] Ebenfalls anwendbar bleiben das Europäische und (gegebenenfalls) nationale Mahnverfahren.[562] Dagegen ist die EuBagVO auf Unterhaltspflichten nicht anwendbar, vgl. Art. 2 II lit. c) EuBagVO.

VI. Grenzüberschreitende Gewaltschutzanordnungen im Europäischen Justizraum

1. Einleitung

Die Europäische Schutzmaßnahmenverordnung[563] (EuSchutzMVO) ermöglicht die grenzüberschreitende Vollstreckung von sog. Gewaltschutzmaßnahmen. Die Verordnung 606/2013 soll körperliche Gewalt im familiären oder häuslichen Bereich sowie Nachstellungen (Stalking) bekämpfen: Es geht mithin um einen wirksamen Schutz der körperlichen und persönlichen Integrität der angegriffenen Person in grenzüberschreitenden Situationen – wenn ein „Stalking"-Opfer von Luxemburg nach Belgien verzieht, soll die luxemburgische Schutzanordnung im Nachbarort Arlon fortwirken. 7.160

Die EuSchutzMVO ergänzt die Richtlinie zum Gewaltschutz in Strafsachen (RL 2011/99/EU).[564] Das deutsche Ausführungsgesetz fasst die Durchführungsvorschriften für beide Rechtsinstrumente zusammen.[565] Der Erlass von zwei parallelen Rechtsakten verdeutlicht, dass der Unionsgesetzgeber sich hier im Schnittfeld von Zivilverfahren und Strafverfahren bewegt – je nachdem, wie der Schutz in den Mitgliedstaaten ausgestaltet ist. Auf der Ebene des Unionsrechts erforderten die unterschiedlichen Kompetenzgrundlagen in Zivil- (Art. 81 AEUV) und in Strafsachen (Art. 82 AEUV) den Erlass mehrerer Instrumente. Der Sache nach betreffen die Instrumente das Familienrecht – denn der Gewaltschutz betrifft vor allem häusliche Gewalt und Nachstellungen, die häufig aus (gescheiterten) Beziehungen resultieren. 7.161

561 Nicht hingegen im Verhältnis zu Dänemark, das die EuVTVO nicht anwendet, MünchKomm/*Lipp*, Art. 68 EuUhVO, Rdn. 6.

562 Ausführlich MünchKomm/*Lipp*, Art. 68 EuUhVO, Rdn. 10 ff. § 75 I 1 AUG öffnet ausdrücklich das deutsche Mahnverfahren für die grenzüberschreitende Unterhaltsbeitreibung.

563 VO (EU) Nr. 606 des Europäischen Parlaments und des Rates über die gegenseitige Anerkennung von Schutzmaßnahmen, ABl. EU 2013 L 181/4 ff. Durchführungsverordnung (mit den Formblättern nach Art. 5, 14 und 19 der VO 606/2013) 939/2014, ABl. EU 2014 L 263/10 ff.

564 RL 2011/99/EU über die Europäische Schutzanordnung ABl. EU 2011 L 338/2 ff.

565 EU-Gewaltschutzverfahrensgesetz vom 5.12.2014, BGBl. 2014 I 1964, dazu *Dutta*, FamRZ 2015, 85 ff.

2. Die heterogene Ausgestaltung von Gewaltschutzmaßnahmen in den EU-Mitgliedstaaten

7.162 Angestoßen wurde die europäische Gesetzesinitiative von der spanischen Ratspräsidentschaft im Frühjahr 2010. Die damalige sozialistische Regierung knüpfte an innerstaatliche Reformen an, die Schutzmaßnahmen spezialisierten Strafrichtern überantwortet hatte. Schon vor der Jahrtausendwende war der Schutz von Gewalt- und „Stalking"-Opfern ein zentrales Anliegen der Justizpolitik in vielen EU-Mitgliedstaaten geworden; speziell im grenzüberschreitenden Bereich befürchtete man Nachteile, wenn entsprechende Schutzmaßnahmen im Ausland nicht anerkannt werden konnten. Ursache hierfür waren nicht nur Lücken in den EU-Rechtsakten selbst,[566] sondern vor allem die heterogenen Regelungskonzepte in den EU-Mitgliedstaaten, die nicht nur zivilrechtliche Sanktionen vorhalten, sondern auch strafrechtliche und polizeiliche Maßnahmen eröffnen.[567] Die Rechtslage in Spanien und Portugal ist anders, da diese EU-Mitgliedstaaten ein strikt strafrechtliches Konzept umsetzen (das grenzüberschreitend nicht ohne weiteres implementierbar war). Das deutsche GewaltschutzG[568] stärkt hingegen den bestehenden bürgerlich-rechtlichen Schutz (§§ 823 Abs. 1, 1004 BGB) auf prozessualer Ebene;[569] es knüpft mithin an die bestehende Rechtslage an und enthält vor allem Sondervorschriften für den einstweiligen Rechtsschutz und dessen Vollstreckung.[570]

7.163 Angesichts dieser heterogenen Ausgangslage stand der Unionsgesetzgeber vor der anspruchsvollen Aufgabe, nicht nur die „Freizügigkeit" von Schutzmaßnahmen herzustellen, sondern auch deren unterschiedliche Qualifikation nach den nationalen Ausgangsrechten zu durchbrechen, um eine wirksame Implementierung im Vollstreckungsstaat zu ermöglichen.[571] Darüber hinaus erweist sich auch die (grenzüberschreitende) Vollstreckung der Schutzmaßnahme als schwierig: Hier geht es nicht um grenzüberschreitende Geldforderungen (und die Anordnung entsprechender Pfändungen), sondern um die Vollstreckung von Zwangsmaßnahmen, die sich

---

566 Str. ist beispielsweise, ob Art. 1 Abs. 2 lit. a) EuGVO Maßnahmen in Bezug auf die Ehewohnung ausnimmt, MünchKomm/*Erbath*, § 212 FamFG, Rdn. 12. Ausführlich *Hess*, Feasibility Study: The European Protection Order and the European Law of Civil Procedure (2011), abrufbar unter: http://bookshop.europa.eu/en/the-european-protection-order-and-the-european-law-of-civil-procedure-pbDS0213381/.

567 Zumeist wird der Gewaltschutz als rein lokales Phänomen verstanden, vgl. etwa MünchKommBGB/*Krüger*, § 1 GewSchG (7. Aufl. 2017), Rdn. 3.

568 So im 2001 verabschiedeten GewaltschutzG, BGBl. 2001 I 3513, dazu Gernhuber/*Coester-Waltjen*, Familienrecht (7. Aufl. 2020), § 23 IV und 57 VIII.

569 BGH FamRZ 2014, 825.

570 Palandt/*Brudermüller*, Einl. GewSchG (79. Aufl. 2020), Rdn. 2.

571 Dazu *Hess*, Feasibility Study (oben Fn. 566), Rdn. 57 ff.

oft unmittelbar gegen die gefährdende Person richten und dabei die Anwendung von Beugezwang gegen diese Person erfordern.[572]

Vor diesem Hintergrund sind die beiden europäischen Instrumente eng gefasst. **7.164** Beide erfassen lediglich drei speziell umschriebene Schutzmaßnahmen: zunächst das Verbot, bestimmte Orte (Räume) zu betreten (dies schließt insbesondere die gemeinsame Wohnung ein[573]), das Verbot, jegliche Kommunikation mit der geschützten Person aufzunehmen, schließlich das Verbot, sich der geschützten Person (bis auf eine bestimmte Entfernung) überhaupt zu nähern.[574] Auch bei diesen Maßnahmen bestehen Unterschiede in der Regelungstechnik in den nationalen Rechten. Vor allem werden derartige Schutzmaßnahmen von unterschiedlichen Behörden angeordnet.[575] Der Unionsgesetzgeber setzt daher auf eine autonome und erweiterte Definition der „zivilen" Schutzmaßnahme (vgl. Art. 2 VO 606/2013): Nach ihrem Art. 3 Nr. 1 erfasst die EuSchutzMVO generell „Schutzmaßnahmen", die von „Ausstellungsbehörden" (Art. 3 Nr. 4) erlassen werden. Damit sind auch Anordnungen von Verwaltungsbehörden eingeschlossen, sofern diese „unparteilich sind und die Maßnahme gerichtlich überprüft werden kann".[576] Im Ergebnis verlässt die Verordnung den Kernbereich der Zivilsache. Dies stellt auch EwG 10 klar, der lautet: „Für die Beurteilung des zivilrechtlichen Charakters einer Schutzmaßnahme sollte nicht entscheidend sein, ob eine zivil-, verwaltungs- oder strafrechtliche Behörde die Schutzmaßnahme anordnet". Es kommt also im Ergebnis allein auf die Rechtsnatur der Schutzmaßnahme an, dabei tritt der Regelungscharakter zwischen den Beteiligten in den Vordergrund.

Aus der Sicht des europäischen Zivilverfahrensrechts ist diese Erweiterung des **7.165** sachlichen Anwendungsbereichs über eine autonome Definition der „Zivilsache" nicht ungewöhnlich.[577] Sie findet sich auch in anderen Verordnungen, so etwa in der europäischen Unterhaltsverordnung bei der behördlichen Kooperation.[578] Für die EheGVO hat der EuGH im Urteil *Health Service Executive*[579] festgehalten, dass eine behördliche Heimunterbringung eines Minderjährigen in den Anwendungsbereich der Verordnung fällt.[580] Auch hier lag eigentlich keine Zivilsache vor.

---

572 Ausführlich *Requejo Isidro*, JCPL 2015, 51 ff.

573 Allerdings keine positive Benutzungsregelung im Sinne von § 1361b BGB, krit. *Dutta*, FamRZ 2015, 85, 87.

574 Vgl. die gleichlautenden Definitionen in Art. 3 Nr. 1 VO 606/2013 und Art. 5 RL 2011/99/EU.

575 Vgl. die rechtsvergleichenden Hinweise bei *Hess*, Feasibility Study (oben Fn. 566), Rdn. 27 ff.

576 Dies stellt auch Erwägungsgrund Nr. 13 ausdrücklich klar, allerdings sind „Polizeibehörden als Ausstellungsbehörden" ausgenommen. Eine ähnliche Regelung zur Erweiterung des Gerichtsbegriffs enthält Art. 3 EuGVO.

577 So auch *Dutta*, FamRZ 2015, 85, 87.

578 Vgl. Art. 64 EuUhVO – oben Rdn. 7.154 ff.

579 Rs. C-92/12 PPU, EU:C:2012:255, *Health Service Executive*, vgl. oben Rdn. 7.26 f.

580 Rs. C-92/12 PPU, EU:C:2012:255, *Health Service Executive*, Rdn. 56 ff.; ebenso Rs. C-435/06, EU:C:2007:714, *C*, Rdn. 29.

7.166 Schwieriger ist hingegen die Abgrenzung der zivil- von den strafrechtlichen Schutzmaßnahmen. Letztere fallen unter die RL 2011/99/EU[581] und werden in Deutschland nach dem Gesetz zum europäischen Gewaltschutzverfahren in einem mehrstufigen Verfahren umgesetzt: Danach erlässt die Strafbehörde im Ursprungsmitgliedsstaat eine entsprechende Schutzanordnung; die geschützte Person muss diese Schutzanordnung im ersuchten Mitgliedsstaat in einem erneuten Verfahren implementieren lassen (hier kommt es also zu einem Exequaturverfahren); dann erlässt die deutsche Strafbehörde eine entsprechende Entscheidung über die Anerkennung der Schutzanordnung (§ 6 GewaltschutzverfahrensG), die nach inländischem Verfahrensrecht vollzogen wird. Damit wird eine Überschneidung von zivil- und strafrechtlichen Schutzmaßnahmen ausgeschlossen.[582]

7.167 Schließlich ist auch die Abgrenzung der Schutzmaßnahmenverordnung zu den parallelen Rechtsakten im europäischen Zivilverfahrensrecht problematisch: Im Hinblick auf die EheGVO hält Art. 2 Abs. 3 VO 606/2013 fest, dass diese Vorrang hat.[583] Rückführungsmaßnahmen von Kindern nach Art. 11, 42 ff. EheGVO aF (nunmehr Art. 22 ff., 42 ff. EuGVO nF) sind vorrangig, wenn sie zugleich als Schutzmaßnahme ergehen. Im Hinblick auf die EuGVO nF fehlt eine entsprechende Vorschrift – dies ist im Hinblick auf die Zuständigkeit problematisch.[584]

3. Die Regelungstechnik der VO 606/2013

7.168 Die wesentliche, operative Regelung enthält Art. 4 Abs. 1: Danach werden Schutzmaßnahmen in allen EU-Mitgliedsstaaten automatisch anerkannt. Ein Exequaturverfahren findet nicht statt; an dessen Stelle tritt eine formularmäßige Bescheinigung der Vollstreckbarkeit (Art. 5 EuSchutzMVO), welche die zuständige Behörde des Ursprungsstaates ausstellt. Das standardisierte Formular ist so abgefasst, dass es (abgesehen von den Angaben zur Person) durch bloßes Ankreuzen ausgefüllt werden kann (so ausdrücklich EwG 23); Textteile, die übersetzt werden müssen, sind nicht erforderlich.[585] Die Regelungstechnik entspricht damit anderen Rechtsakten (insbesondere den Art. 39 ff. EuGVO).[586] Dennoch geht die Schutzmaßnahmenverordnung weiter als andere EU-Rechtsakte, da sie auch einstweilige Maßnahmen erfasst, sogar

581 Der Erlass der RL war letztlich durch die besondere Rechtslage in Spanien und Portugal veranlasst, *Hess*, Feasibility Study (oben Fn. 566), Rdn. 47 ff.

582 Allerdings bestehen im Hinblick auf die erfassten Maßnahmen keine Regelungslücken zwischen der Verordnung und der Richtlinie, zutreffend *Dutta*, FamRZ 2015, 85, 86.

583 Zu weiteren Abgrenzungsfragen (insbesondere zur Rom III-VO), *Dutta*, FamRZ 2015, 85, 90.

584 Dazu sogleich Rdn. 7.169.

585 Der hohe Grad der Formalisierung erklärt sich aus dem engen Anwendungsbereich und der autonomen Definition der Schutzmaßnahme in der SchutzMVO selbst, siehe oben den Text bei Rdn. 7.164.

586 Dazu oben § 6 IV, Rdn. 6.264 ff.

solche, die ohne vorherige Anhörung des Antragsgegners erlassen werden, vgl. Art. 6 III EuSchutzMVO. Derartige Maßnahmen können allerdings nach Art. 2 Nr. 1 EuGVO nur eingeschränkt grenzüberschreitend vollstreckt werden; *ex-parte* Entscheidungen überhaupt nicht.[587]

Art. 4 ff. EuSchutzMVO regeln die Erteilung der Bescheinigung.[588] Die erlassende Behörde bzw. das Gericht im Ursprungsstaat stellt die Bescheinigung aus, die Ausstellung erfolgt in Deutschland durch das Familiengericht am Aufenthaltsort der zu schützenden Person, §§ 211 FamFG, 13 GewaltschutzverfahrensG. Die EuSchutzMVO regelt nicht die internationale Zuständigkeit. Diese bestimmt sich im Anwendungsbereich der EuGVO nach Art. 4, 62 sowie nach 7 Nr. 2 EuGVO.[589] Die Erteilung erfolgt ohne Anhörung des Schuldners; die Bescheinigung wird diesem nach Art. 8 EuSchutzMVO zugestellt, entweder nach dem Recht des Ursprungsmitgliedsstaats (wenn er sich dort aufhält), anderenfalls grenzüberschreitend per Einschreiben mit Rückschein (Art. 8 Abs. 2, S. 2). Diese Regelung weicht von den Übermittlungswegen nach der VO 1393/2007 insofern ab, als nur ein Übermittlungsweg möglich ist – allerdings der schnellste.[590] Bedenklich ist freilich, dass die Übermittlung per Einschreiben mit Rückschein sich in der Praxis als besonders fehleranfällig erwiesen hat.[591] Daher hätte man optional weitere Zustellungswege zulassen sollen.[592] 7.169

4. Die grenzüberschreitende Vollstreckung der Schutzanordnung

Die Verordnung implementiert den Grundsatz der direkten Vollstreckung, ein Exequaturverfahren findet nicht statt. Allerdings erfolgt die direkte Vollstreckung weniger „unmittelbar“ als in anderen Rechtsinstrumenten (etwa nach Art. 39 ff. EuGVO): Die Vollstreckung selbst richtet sich nach dem Recht des ersuchten Mitgliedsstaates, sie erfolgt in Deutschland unter Einschaltung der Familiengerichte, § 19 Gewaltschutz- 7.170

587 EuGH, 21.5.1980, Rs. C-125/79, *Denilauler*, EU:C:1980:130. Art. 2 Nr. 1 EuGVO hält an der restriktiven Denilauler-Rechtsprechung des EuGH fest. Kritisch *Schlosser/Hess*, Art. 2 EuGVVO, Rdn. 12 f.

588 Deren Inhalt gibt Art. 7 vor, die Umsetzung erfolgt in den Formularen nach der VO 939/2014, oben Fn. 563.

589 AA Thomas/Putzo/*Hüßtege*, § 212 FamFG, Rdn. 2: Unanwendbarkeit der EuGVO; ebenso *Garber*, in: Mayr (Hrg.), Hdb EuZVR (2017), Rdn. 10.29 f.

590 Dazu unten § 8, Rdn. 8.23 ff.

591 Aufschlussreich AG Wedding, Beschluss vom 22.10.2014, Az. 70b C 17/14 (abrufbar unter https://www.juris.de), Rdn. 6: Das Zentrale Mahngericht hält dort fest, dass in einer „Reihe von Verfahren“ die postalische Direktzustellung an Empfänger im europäischen Ausland fehlgeschlagen sei. Dem zuständigen Richter lagen 25 Parallelfälle vor, in denen sich aus dem Rückschein die Durchführung der Zustellung nicht (zureichend) feststellen ließ.

592 Die Vorschrift sollte dahin ausgelegt werden, dass anderweitige Zustellungsformen (in Ergänzung der postalischen Zustellung) eröffnet bleiben.

verfahrensG.[593] In der Regel werden Ordnungsgeld und Ordnungshaft verhängt.[594] Nach Art. 11 EuSchutzMVO sind die ersuchten Behörden befugt, die Schutzmaßnahme an die Vollstreckungserfordernisse des ersuchten Mitgliedsstaates anzupassen. Diese Anpassung betrifft nicht nur die Art und Weise, wie die Schutzmaßnahme formuliert ist, sondern erfasst darüber hinaus auch tatsächliche Angaben, etwa wenn in der Maßnahme selber und im Formular der Aufenthaltsort der geschützten Person bzw. der gefährdeten Person nicht (mehr) zutreffend beschrieben wird.[595] Art. 13 III EuSchutzMVO hält zudem fest, dass die Anerkennung der ausländischen Maßnahme nicht mit der Begründung versagt werden darf, dass es keine vergleichbare Maßnahme im ersuchten Staat gibt. Vielmehr ist in einem derartigen Fall die ausländische Maßnahme in eine funktional vergleichbare Maßnahme umzuformen.

7.171 Diese Regelungen erscheinen sachgerecht, sie sollten in anderen Bereichen des europäischen Zivilverfahrensrechts übernommen werden. Funktional handelt es sich um eine Anpassung, die innerstaatlich im Klauselerteilungsverfahren (§§ 724 ff. ZPO) erfolgt. Art. 11 EuSchutzMVO ist besser formuliert als die parallele Regelung des Art. 54 EuGVO. Auch diese Vorschrift soll eine Anpassung der ausländischen Titel für die Zwecke der inländischen Vollstreckung ermöglichen. Die Einbindung des Familiengerichts in die Vollstreckung führt zur sofortigen Einbeziehung des sachkundigen Richters und ermöglicht eine rasche und effiziente Vollstreckung der Maßnahme.[596]

7.172 Eine weitere Parallele zur EuGVO gibt es bei den Anerkennungshindernissen: Hier lässt Art. 13 I lit. a) EuSchutzMVO eine Berufung auf den Ordre Public zu. Zudem kann eine frühere Entscheidung im Vollstreckungsmitgliedstaat die Anerkennung und Vollstreckung ausschließen, Art. 13 I lit. b) EuSchutzMVO.[597] Der deutsche Gesetzgeber lässt als weiteres Anerkennungshindernis die Vollstreckungsgegenklage (§ 767 ZPO) gegen die Schutzmaßnahme zu (§ 23 GewaltschutzverfahrensG) – dieser Rechtsbehelf erscheint unnötig, da die Schutzmaßnahmen nur vorläufigen Charakter haben und nachträgliche, materielle Einwendungen nur schwer vorstellbar erscheinen.[598] Zudem erscheint es durchaus zumutbar, eine Abänderung der (befristeten) Anordnung vor dem Ursprungsgericht zu erwirken.

7.173 Eine weitere Begrenzung der grenzüberschreitenden Vollstreckung enthält Art. 4 IV EuSchutzMVO: Danach können Schutzmaßnahmen nicht länger als zwölf Monate grenzüberschreitend vollstreckt werden[599] – diese Verfallsfrist wird damit begründet, dass Schutzmaßnahmen üblicherweise einstweilige Maßnahmen sind. Daher kann

593 BGBl. 2014 I 1964.

594 § 1 Gewaltschutzverfahrensgesetz iVm § 95 Abs. 1 Nr. 4 FamFG, § 890 ZPO.

595 *Garber*, in: Mayr (Hrg.), Hdb EuZVR (2017), Rdn. 10.59 f.

596 Soweit es um die Verhängung von Zwangsgeldern geht, liegt die funktionale Zuständigkeit ohnehin beim Familiengericht, vgl. §§ 95 FamFG, 890 ZPO.

597 *Garber*, in: Mayr (Hrg.), Hdb EuZVR (2017), Rdn. 10.67.

598 Die Gesetzesbegründung enthält keine Angaben zur sachlichen Notwendigkeit des Rechtsbehelfs, vgl. BT-Drs 18/2955.

599 Die Frist beginnt mit der Ausfertigung der Bescheinigung nach Art. 5 EuSchutzMVO.

dem Antragsteller zugemutet werden, nach Ablauf der Frist im ersuchten Staat selbst eine Maßnahme zu erwirken (EwG 16).[600]

5. Der prozessuale Schutz des Antragsgegners

Angesichts der einschneidenden Folgen der Schutzmaßnahme für den Antragsgegner (Art. 3 Nr. 3: „gefährdende Person") sind dessen Rechte durch hinreichende Information über die Maßnahme und durch die Eröffnung von Rechtsbehelfen zu wahren. Dies gilt insbesondere im Fall einer ohne Anhörung erlassenen Maßnahme. Hier stellt Art. 6 III EuSchutzMVO klar, dass eine Bescheinigung nur ausgestellt werden kann, wenn dem Antragsgegner im Ursprungsmitgliedstaat ein Rechtsbehelf eröffnet ist. Art. 9 I lit. b) EuSchutzMVO eröffnet einen besonderen Rechtsbehelf im Ursprungsmitgliedstaat, wenn die Bescheinigung nach Art. 5 EuSchutzMVO zu Unrecht erteilt wurde. 7.174

Werden die Schutzmaßnahme selbst oder die Bescheinigung (Art. 9 EuSchutz MVO) im Ursprungsmitgliedstaat aufgehoben, erhält der Antragsgegner nach Art. 14 I EuSchutzMVO hierüber eine formularmäßige Bescheinigung. Deren Vorlage führt nach Art. 14 II EuSchutzMVO zur Aufhebung der Schutzmaßnahme im ersuchten Mitgliedstaat (in Deutschland gelten nach § 95 FamFG die §§ 774 Nr. 1, 775 ZPO). Darüber hinaus kann der Antragsgegner im Vollstreckungsstaat die Anerkennung der Maßnahme nach Art. 13 EuSchutzMVO bekämpfen; zuständig ist nach § 21 Gewaltschutzverfahrens G das für die Vollstreckung zuständige Familiengericht (§ 19 Gewaltschutzverfahrens G). 7.175

6. Fazit

Insgesamt gesehen implementiert die EuSchutzMVO allgemeine Regelungstechniken des EuZPR und komplettiert das Netz der europäischen Regelungen. Auffallend ist die systematische Nähe zur zeitgleich reformierten EuGVO (2012). Gerade im Hinblick auf die Vollstreckung ist die EuSchutzMVO ihrerseits aufschlussreich: Wenn es nicht um die Vollstreckung von Zahlungstiteln geht, müssen die Titel an die Formen der nationalen Vollstreckungsrechte angepasst werden. Hierfür erweist sich die Abschaffung des Exequaturverfahrens als wenig förderlich; die Anpassungsvorschrift in Art. 11 EuSchutzMVO zieht hieraus die nötige Konsequenz. Umgekehrt ermöglicht die Übernahme bewährter Regelungstechniken in einem begrenzten Sachgebiet die 7.176

600 Darüber hinaus stellt EwG 17 klar, dass diese Befristung nur für die Schutzmaßnahmenverordnung gelten soll, nicht hingegen für Maßnahmen, die nach anderen EU-Rechtsakten vollstreckt werden.

Überschreitung überkommener Grenzen, etwa die Schnittstelle zwischen verwaltungs- und zivilrechtlichen Maßnahmen. Herausgekommen ist ein in sich stimmiger Rechtsakt. Es bleibt abzuwarten, ob er hinreichend bekannt wird, um in der Praxis relevant zu werden.

VII. Europäisches Güterrecht

1. Hintergrund

7.177 Die beiden Güterrechtsverordnungen[601] schließen eine verbleibende Lücke im europäischen Familienrecht.[602] Das Einstimmigkeitsprinzip nach Art. 81 III AEUV behinderte die Entstehung der Rechtsakte, und der anhaltende Widerstand Ungarns und Polens verhinderte über mehrere Jahre ihre Verabschiedung.[603] Im Juni 2016 beschloss der Rat eine Verabschiedung im Wege verstärkter Zusammenarbeit (Art. 328 I AEUV).[604] Dieser schlossen sich bisher 18 EU-Mitgliedstaaten an – mit der Folge weiterer Fragmentierung im europäischen, internationalen Familienrecht.[605] Die EheGüVO und die EuPartVO sind seit dem 29.1.2019 in den teilnehmenden Mitgliedstaaten anzuwenden. Die Kollisionsnormen erfassen freilich nur Ehen und Partnerschaften, die ab diesem Zeitpunkt geschlossen wurden.[606]

7.178 Beide Rechtsakte sind strukturell gleich aufgebaut: Nach Bestimmung des Anwendungsbereiches (Kapitel I) regelt Kapitel II die Zuständigkeit (einschließlich etwaiger Verfahrenskonkurrenz), Kapitel III das anwendbare Recht, Kapitel IV die

---

601 VO 2016/1103 des Rats zur Durchführung einer verstärkten Zusammenarbeit im Bereich der Zuständigkeit, des anzuwendenden Rechts und der Anerkennung und Vollstreckung von Entscheidungen in Fragen des ehelichen Güterstands (EheGüVO), ABl. EU 2016 L 183/1 ff. und VO 2016/1104 des Rats zur Durchführung einer verstärkten Zusammenarbeit im Bereich der Zuständigkeit, des anzuwendenden Rechts und der Anerkennung und Vollstreckung von Entscheidungen in Fragen güterrechtlicher Wirkungen eingetragener Partnerschaften (EuPartVO), ABl. EU 2016 L 183/30 ff.

602 Dies ergab sich vor allem aus der Ausklammerung güterrechtlicher Streitigkeiten in Art. 1 II lit. a) EuGVO, dazu oben Rdn. 6.18 f.

603 Zur Entstehungsgeschichte MünchKommFamFG/*Mayer*, Vor Art. 1 EheGüVO, Rdn. 6 ff.

604 Beschluss (EU) 2016/954, ABl. EU 2016 L 159/16; zur verstärkten Zusammenarbeit vgl. oben § 2 I, Rdn. 2.33 ff.

605 Teilnehmende Mitgliedstaaten: Belgien, Bulgarien, Deutschland, Finnland, Frankreich, Griechenland, Italien, Kroatien, Luxemburg, Malta, die Niederlande, Österreich, Portugal, Schweden, Slowenien, Spanien, Zypern sowie die tschechische Republik.

606 Art. 69 I EheGüVO erklärt die Verordnung auf alle Verfahren für anwendbar, die am 29.1.2019 oder danach eingeleitet werden. Die Anerkennungsregeln gelten ebenfalls ab dem 29.1.2019 – allerdings muss die Einhaltung der Zuständigkeitsregeln nachgeprüft werden. Die Kollisionsnormen gelten hingegen nur für das Güterstatut von Ehen, die am 29.1.2019 oder danach (Berichtigung durch ABl. 2019 L 113/62) geschlossen werden. Ausführlich *Garber*, in: Mayr (Hrg.), Hdb EuZVR (2017), Rdn. 5.15 ff.

Anerkennung und Vollstreckung von Urteilen, Kapitel V die Freizügigkeit von Urkunden und Prozessvergleichen. Das Schlusskapitel enthält die üblichen Konkurrenzregeln zu Staatsverträgen sowie intertemporale Vorschriften. Da beide Verordnungen weitgehend identische Regelungen enthalten, wird im Folgenden die praktisch wichtigere EheGüVO vorgestellt.[607]

2. Sachlicher Anwendungsbereich

Art. 1 I iVm Art. 3 I lit. a) EheGüVO definieren den Anwendungsbereich autonom. **7.179**
Danach erfasst der Güterstand „sämtliche vermögensrechtliche Regelungen, die zwischen den Ehegatten und in ihren Beziehungen zu Dritten aufgrund der Ehe oder der Auflösung der Ehe gelten."[608] Die Definition geht über das herkömmliche Verständnis des deutschen Rechts hinaus und erfasst auch Vermögensfolgen der allgemeinen Ehewirkungen (etwa §§ 1357, 1362 BGB).[609] Ausgenommen sind der Versorgungsausgleich (Art. 1 II lit. f) EheGüVO) und unterhaltsrechtliche Ansprüche (Art. 1 II lit. c) EheGüVO).[610] Vorrang hat zudem die EuErbVO, wenn es um die Beendigung des Güterstands aufgrund des Todes eines Ehegatten geht.[611] Die Auseinandersetzung rein faktischer Lebensgemeinschaften fällt hingegen unter die EuGVO.[612]

Bedeutsam ist die Abgrenzung der beiden Verordnungen untereinander.[613] **7.180**
Sie wird dadurch erschwert, dass die EheGüVO keine autonome Definition der Ehe enthält, sondern nach EwG 17 auf die Rechte der EU-Mitgliedstaaten zurückverweist. Ursache hierfür sind die Meinungsverschiedenheiten über das Konzept der Ehe (Einschluss gleichgeschlechtiger Paare).[614] Danach entscheidet das (Kollisions)Recht des angerufenen Gerichts, ob eine gleichgeschlechtige „Ehe" oder „Partnerschaft" vor-

---

607 Zu abweichenden Regelungen der EuPartVO im Verfahrensrecht vgl. unten Rdn. 7.189.

608 *Heiderhoff*, IPRax 2018, 2 f.; MünchKommFamFG/*Mayer*, Art. 1 EheGüVO, Rdn. 5 f.

609 Art. 27 lit. c) und f) EheGüVO, viele Einzelfragen sind derzeit offen. Art. 27 EheGüVO enthält eine exemplarische Aufzählung, *Garber*, in: Mayr (Hrg.), Hdb EuZVR (2017), Rdn. 5.42 ff.

610 Unterhaltsansprüche zwischen den Ehegatten fallen nicht unter den autonomen Begriff des Güterstands – insofern ist die EuUhVO *lex specialis*, MünchKommFamFG/*Mayer*, Art. 1 EheGüVO, Rdn. 15 ff.

611 EuGH, 1.3.2018, Rs. C-558/16, *Mahnkopf*, EU:C:2018:138, Rdn. 40 f. (zur Qualifikation von § 1371 BGB); anders die früher hM im deutschen Schrifttum, *Heiderhoff*, IPRax 2018, 1, 3 mwN.

612 EuGH, 6.6.2019, Rs. C-361/18, *Weil*, EU:C:2019:473, Rdn. 38 ff.

613 Da die Verordnungen in einem Komplementärverhältnis stehen und vom Wortlaut her weitestgehend identisch sind, ist die praktische Bedeutung der Abgrenzung letztlich überschaubar, *Garber*, in: Mayr (Hrg.), Hdb EuZVR (2017), Rdn. 5.36 f.

614 *Brosch*, Rechtswahl und Gerichtsstandsvereinbarung (2019), S. 88 f.; MünchKommFamFG/*Mayer*, Art. 3 EheGüVO, Rdn. 4 ff.

liegt und welcher Rechtsakt anwendbar ist.[615] Zudem kann nach Art. 9 EheGüVO das Gericht eines teilnehmenden Mitgliedstaates die Zuständigkeit ablehnen, wenn nach seinem internationalen Privatrecht die streitgegenständliche Ehe für die Zwecke eines Verfahrens über den Güterstand nicht anerkannt würde. Diese Kompromissformel ist nicht nur aus der Sicht des Unionsrechts unbefriedigend; sie wirft zudem zahlreiche Abgrenzungsfragen auf.[616]

7.181 Aus deutscher Perspektive erfasst die Abgrenzung nach Art. 13 und 17b EGBGB die formale Abgrenzung zwischen der Ehe und der Lebenspartnerschaft.[617] Jedoch hat der deutsche Gesetzgeber inzwischen die gleichgeschlechtige Ehe eingeführt, § 1353 I 1 BGB (2017), bestehende Lebenspartnerschaften können in Ehen umgewandelt werden.[618] Dagegen behandelt Art. 17b IV EGBGB die gleichgeschlechtige Ehe und die Lebenspartnerschaft gleich (nämlich als Lebenspartnerschaft).[619] Damit verbleibt es *de lege lata* derzeit bei der kollisionsrechtlichen Trennung von „Hetero"- und „Homo"-Ehe, auch im Hinblick auf den Anwendungsbereich der EheGüVO und der EuPartVO.[620] Seit dem 29.1.2019 ordnet Art. 17b IV 2 EGBGB ausdrücklich an, das für gleichgeschlechtige Ehen die EheGüterverordnung gilt.[621]

3. Die Zuständigkeitsregeln, Art. 4 ff. EheGüVO

7.182 Da güterrechtliche Streitigkeiten regelmäßig bei der Beendigung des Güterstands auftreten, enthalten die Verordnungen sog. akzessorische Gerichtsstände:[622] entweder im Hinblick auf das Erbverfahren (Art. 4 EheGüVO) oder im Hinblick auf ein Scheidungsverfahren (Art. 5 EheGüVO). Die Nachlass- oder Scheidungssache muss spätestens gleichzeitig anhängig sein, wenn die Güterrechtssache eingeleitet wird (vgl. EwG

615 Damit entscheiden die (teilnehmenden) EU-Mitgliedstaaten über den sachlichen Anwendungsbereich der Verordnungen. Diese Regelung widerspricht dem Grundsatz der autonomen und einheitlichen Anwendung des Unionsrechts, dazu oben § 4 II, Rdn. 4.45 ff.

616 Dazu unten Rdn. 7.186.

617 *Heiderhoff*, IPRax 2018, 1, 3.

618 Gesetz zur Einführung des Rechts auf Eheschließung für Personen gleichen Geschlechts, in Kraft seit dem 1.10.2017, BGBl. 2017 I 2429, dazu MünchKommBGB/*Coester*, Art. 17b EGBGB, Rdn. 2 f.; *de la Durantaye*, IPRax 2019, 281 ff.

619 Dabei knüpft das autonome Kollisionsrecht an den Registerstaat an, vgl. BGH, 24.4.2016, BGHZ 210, 59 = IPRax 2017, 631.

620 In der deutschen Literatur gab es zahlreiche Versuche, die Regelung des Art. 17 IV EGBGB zu relativieren, um eine Gleichstellung homo- und heterosexueller Ehen unter die EheGüVO herbeizuführen, vgl. dazu MünchKommBGB/*Looschelders*, EuGüVO, Rdn. 22 ff.

621 *De la Durantaye*, IPRax 2019, 281, 285 f.

622 Wesentliches Regelungsziel ist die Verhinderung einer Aufspaltung gerichtlicher Zuständigkeiten und eine Konzentration der Verfahren beim Ehescheidungs- bzw. Nachlassgericht, *Brosch*, Rechtswahl und Gerichtsstandsvereinbarung (2019), S. 91.

33 und 34). Die Annexzuständigkeit greift nur ein, wenn die Zuständigkeit für das Nachlass- oder Scheidungsverfahren tatsächlich vorliegt. Die Art. 4 ff. EheGüVO enthalten (wenig überzeugend)[623] nur eine Regelung der internationalen Zuständigkeit – die örtliche Zuständigkeit bestimmen die Mitgliedstaaten autonom.[624]

Während die Annexregel des Art. 4 EheGüVO umfänglich auf die Gerichtsstände der EuErbVO verweist, enthält Art. 5 EheGüVO Einschränkungen im Hinblick auf diejenigen Gerichtsstände des Art. 3 I lit. a), 5. u. 6 SpS EheGVO, die einseitig auf die Staatsangehörigkeit und den gewöhnlichen Aufenthalt der Antragstellerin abstellen. Hier begrenzt der Unionsgesetzgeber die Annexzuständigkeit durch das Erfordernis einer Vereinbarung der Ehegatten, sprich der Zustimmung der anderen Partei. Diese muss in der Form der Gerichtsstandsvereinbarung erfolgen, Art. 5 III, 7 II EheGüVO.[625] **7.183**

Scheidet eine Verfahrenskonzentration aus, bestimmt sich die Zuständigkeit nach Art. 6 EheGüVO. Diese Vorschrift enthält eine Anknüpfungshierarchie. Zuständig sind die Gerichte am gemeinsamen gewöhnlichen Aufenthalt der Ehegatten, andernfalls am letzten gemeinsamen gewöhnlichen Aufenthalt, sofern ein Ehegatte dort seinen gewöhnlichen Aufenthalt bei Anrufung des Gerichts hat, andernfalls im Mitgliedstaat, in dem der Antragsgegner seinen gewöhnlichen Aufenthalt hat; schließlich vor den Gerichten der gemeinsamen Staatsangehörigkeit.[626] Ergänzend können die Ehegatten die Zuständigkeit der Gerichte des Mitgliedstaates prorogieren, dessen Recht nach Art. 22 EheGüVO für den Güterstand vereinbart wurde oder dessen Recht nach Art. 28 EheGüVO auf den Güterstand anwendbar ist.[627] **7.184**

Ergänzende Gerichtsstände enthalten Art. 10 f. EheGüVO: einerseits für Immobilien im jeweiligen EU-Mitgliedstaat, in dessen Hoheitsgebiet das Grundstück belegen ist, sofern keine Zuständigkeit nach Art. 4–9 EheGüVO eingreift. Schließlich eröffnet Art. 11 EheGüVO ein *forum necessitatis*, wenn die Durchführung eines Güterrechtsverfahrens in einem Drittstaat unmöglich oder unzumutbar sein sollte.[628] Art. 12 EheGüVO lässt Widerklagen im Anwendungsbereich der Verordnung zu.[629] **7.185**

---

623 Allg. Ansicht, Kritik etwa bei *Heiderhoff*, IPRax 2018, 1.

624 Vgl. dazu § 3 IntGüRVG.

625 *Brosch*, Rechtswahl und Gerichtsstandsvereinbarung (2019), S. 99 f.

626 *Simotta*, in: König/Mayr (Hrg.), Europäisches Zivilverfahrensrecht in Österreich IV (2015), S. 77, 119 ff.

627 *Brosch*, Rechtswahl und Gerichtsstandsvereinbarung (2019), S. 106 ff.

628 Vorbild war Art. 11 EuErbVO (dazu unten Rdn. 7.212), *Simotta*, in: König/Mayr (Hrg.), Europäisches Zivilverfahrensrecht in Österreich IV (2015), S. 77, 121 ff., die als – ungeschriebenes – Tatbestandsmerkmal einen hinreichenden Bezug zum Mitgliedstaat des angerufenen Gerichts hinzufügen will. Das erscheint freilich nicht erforderlich, da sich die Notzuständigkeit auf alle Gerichte der (teilnehmenden) Mitgliedstaaten der Union bezieht. Eine Abgrenzung zwischen den EU-Mitgliedstaaten würde den Zugang zum Recht in dieser Notsituation zu Lasten der bedürftigen Partei übermäßig erschweren.

629 Der Bezug auf den sachlichen Anwendungsbereich wahrt die Konnexität zwischen Klage und Widerklage, MünchKommFamFG/*Mayer*, Art. 12 EheGüVO, Rdn. 6 f.

7.186 Zur Begrenzung der Zuständigkeit kommt es hingegen in zwei Fällen: Nach Art. 9 I EheGüVO kann sich ein Gericht für unzuständig erklären, wenn nach seinem internationalen Privatrecht die Ehe, auf der der Güterstand beruht, nicht als Ehe im Gerichtsstaat anerkannt wird – dies betrifft die Vorbehalte einiger konservativer Regierungen gegen die „Homo"-Ehe.[630] Allerdings eröffnet Art. 9 II EheGüVO den betroffenen Parteien alternative Gerichtsstände: In diesem Fall können die Parteien eine Gerichtsstandsvereinbarung nach Art. 7 EheGüVO abschließen; andernfalls sind die Gerichte des Mitgliedstaates zuständig, in dem die Ehe geschlossen wurde (Art. 7 II EheGüVO).[631] Nach Art. 13 EheGüVO kann das Gericht im Zusammenhang mit einem Nachlassverfahren davon absehen, über Vermögenswerte in einem Drittstaat zu entscheiden, wenn die Entscheidung in diesem Drittstaat voraussichtlich nicht anerkannt wird.[632]

4. Rechtshängigkeit und konnexe Verfahren

7.187 Die Regelungen der Art. 17 und 18 EheGüVO folgen der Struktur der Art. 29 f. EuGVO. Es gilt das Prioritätsprinzip; den Zeitpunkt der Anrufung des Gerichts regelt Art. 14 EheGüVO.[633] Praktische Probleme ergeben sich aus der Konkurrenz von Unterhalts- und Güterverfahren. Anwendbar ist Art. 18 EheGüVO; es kommt auf den Anrufungszeitpunkt an. Das erscheint nicht immer sachgerecht – etwa wenn es bei der Berechnung der Bedürftigkeit des Unterhaltsgläubigers darauf ankommt, ob dieser sich aus eigenem Vermögen unterhalten kann (§ 1577 BGB).[634] Es fehlt eine Verpflichtung der Gerichte zur wechselseitigen Information und Kooperation. Nicht geregelt ist zudem das Verhältnis zu Drittstaaten.[635]

5. Anerkennung und Vollstreckung

7.188 Anders als die EuGVO (2012) behält die EheGüVO das Exequaturverfahren bei. Die Art. 36 ff. EheGüVO folgen der Struktur der VO 44/2001. Die Erteilung der Vollstre-

630 MünchKommFamFG/*Mayer*, Art. 9 EheGüVO, Rdn. 1.

631 Hilfsweise eröffnet Art. 6 e) EuPartVO eine Zuständigkeit vor den Gerichten des EU-Mitgliedstaates, nach dessen Recht die Partnerschaft begründet und registriert wurde.

632 Die Vorschrift entspricht Art. 12 EuErbVO, die eine praktische Entlastung der Gerichte ermöglicht, dazu MünchKommFamFG/*Mayer*, Art. 13 EheGüVO, Rdn. 2.

633 In Erweiterung von Art. 32 EuGVO enthält Art. 14 III EheGüVO eine Regelung der Rechtshängigkeit bei amtswegigen Verfahren, die Art. 14 EuErbVO entspricht, MünchKommFamFG/*Mayer*, Art. 14 EheGüVO, Rdn. 6.

634 Palandt/*Brudermüller*, § 1577 BGB, Rdn. 6 ff.

635 Kritik bei MünchKommFamFG/*Mayer*, Art. 18 EheGüVO, Rdn. 3 mwN.

ckungsklausel erfolgt in Deutschland durch das Amtsgericht ohne Anhörung des Antragsgegners (Art. 44–47 EheGüVO, §§ 4 ff. IntGüRVG). Auf dessen Beschwerde erfolgt die Überprüfung der Anerkennungshindernisse durch das Oberlandesgericht (Art. 51, 37 f. EheGVO, §§ 11 ff. IntGüRVG). Bei den Anerkennungshindernissen verweist Art. 38 EheGüVO ausdrücklich auf die Charta der Grundrechte als Teil des *ordre public* (Art. 37 lit. a) EheGüVO).[636] Nach Art. 59 und 60 EheGüVO können auch vollstreckbare notarielle Urkunden und gerichtliche Vergleiche für vollstreckbar erklärt werden.

6. Besonderheiten der EuPartVO

Wie bereits aufgezeigt, folgen beide Parallelrechtsakte denselben Grundstrukturen. 7.189
Abweichungen enthält Art. 5 EuPartVO im Hinblick auf die Annexzuständigkeit bei Auflösung der Partnerschaft. Da diese sich nach den autonomen Rechten der EU-Mitgliedstaaten richtet, erfordert die güterrechtliche Annexzuständigkeit die Einigung der Partner.[637] Zudem eröffnet Art. 6 lit. e) EuPartVO eine subsidiäre Zuständigkeit am Registerort der Partnerschaft. Diese greift ein, wenn ein Gericht eines anderen Mitgliedstaats seine an sich gegebene Zuständigkeit nach Art. 9 I und II EheGVO ablehnt.[638] Wesentliche Unterschiede bestehen hingegen bei der Bestimmung des anwendbaren Rechts.[639]

VIII. Die Europäische Erbrechtsverordnung (VO EU 650/2012)

1. Entstehung und rechtspolitischer Hintergrund

Bereits beim Inkrafttreten des Amsterdamer Vertrags gab es einen weitreichenden 7.190
Konsens, dass speziell im internationalen Erbrecht Handlungsbedarf bestand.[640] Denn die Gewährleistung umfassender Freizügigkeit endet nicht mit dem Tod der Uni-

---

636 Die Vorschrift bewirkt eine weitere Europäisierung des *ordre public*, da nationale Grundrechtestandards durch unionsrechtliche ersetzt werden.

637 MünchKommBGB/*Looschelders*, EuPartVO, Rdn. 9.

638 Dazu oben Rdn. 7.186.

639 Die objektive Anknüpfung stellt primär auf das Recht ab, nach dem die Partnerschaft begründet wurde. Damit trägt der Unionsgesetzgeber der Tatsache Rechnung, dass nach den Rechten vieler EU-Mitgliedstaaten die eingetragene Partnerschaft nicht anerkannt wird, MünchKommBGB/*Looschelders*, EuPartVO, Rdn. 21 f.

640 Das Deutsche Notarinstitut (DNotI) schätzte pro Jahr zwischen 50.000 und 100.000 Erbfälle mit grenzüberschreitenden Bezügen im Europäischen Justizraum, *DNotI* (ed.), Les successions internationales, S. 169, 189; dazu *Repasi*, GPR 2008, 199. *Dutta*, RabelsZ 73 (2009), 547, 551 ff.

onsbürger[641] – vielmehr erwiesen sich die heterogenen Erb- und Erbverfahrensrechte in den Mitgliedstaaten[642] als ein nachhaltiges Hemmnis für die effektive Abwicklung von Nachlässen.[643] Die Ausgangssituation war freilich von heterogenen Anknüpfungsmerkmalen, strukturell unterschiedlichen Nachlass- und Verlassenschaftsverfahren und stark divergierenden Nachweis- bzw. Erbscheinsverfahren geprägt.[644] Zugleich bewirkt die Personenfreizügigkeit eine Zunahme internationaler Erbfälle: Wachsender Wohlstand und gelebter Tourismus führen zum Erwerb von Ferienhäusern (oder von *time sharing*-Rechten) in anderen EU-Mitgliedstaaten. Deren Vererbung erweist sich in der Praxis als aufwändig und teuer. Bereits das Wiener Maßnahmenprogramm vom 30.11.2000 zur Umsetzung des Grundsatzes der gegenseitigen Anerkennung gerichtlicher Entscheidungen in Zivil- und Handelssachen schloss das Erbrecht ausdrücklich ein.[645] Regelungsziel war die Herbeiführung des freien Verkehrs von Entscheidungen in Erbsachen – gemeint waren Urteile und Erbscheine.[646]

7.191 Am 1.3.2005 publizierte die Kommission ein Grünbuch zum Erb- und Testamentsrecht,[647] das einen Fragenkatalog zum Erbkollisionsrecht, Erbverfahrensrecht, zur Einführung eines Europäischen Erbscheins und zur Einrichtung eines Europäischen Testamentsregisters enthielt. Damit orientierte sich die Kommission an einer von *Dörner* und *Lagarde* erstellten, vorbereitenden Studie für einen Gemeinschaftsrechtsakt im Erbrecht.[648] Das Gesetzgebungsvorhaben wurde zunächst wegen der Arbeiten an den Verordnungen Rom II und Rom I zurückgestellt.[649] Wenig später wurde das Gesetzgebungsverfahren jedoch energisch vorangetrieben:[650] Die Kommission legte am 14.10.2009 einen Vorschlag für einen umfassenden Rechtsakt zur Zuständigkeit, anwendbarem Recht, Urteils- und Urkundenanerkennung sowie

---

641 Der EuGH hatte bereits zuvor eine Vielzahl von Verfahren mit erbrechtlichen Bezügen entschieden, vgl. etwa EuGH, 11.9.2008, Rs. C-11/07, *Eckelkamp*, EU:C:2008:489 (Erbschaftssteuerrecht); EuGH, 6.12.2007, Rs. C-401/06, *Kommission./.Deutschland*, EU:C:2007:759 (Umsatzsteuerpflicht des Testamentsvollstreckers); EuGH, 11.12.2003, Rs. C-364/01, *Erben von Barbier*, EU:C:2003:665 (Erbschaftssteuerrecht); EuGH, 1.7.1993, Rs. C-20/92, *Hubbard./.Hamburger*, EU:C:1993:280 (insb. Rdn. 11 f., 20, Testamentsvollstrecker).

642 Überblick *Edenfeld*, ZEV 2001, 457 ff.; *Mariottini*, in: Malatesta/Bariatti/Pocar (ed.), The external dimension, S. 375 ff.

643 Zutreffend *Mansel*, FS Ansay, S. 185, 186 ff.; unrichtig *Stumpf*, EuR 2007, 291 ff.

644 Vgl. *Lagarde*, in: Gottwald (Hrg.), Perspektive der justiziellen Zusammenarbeit, S. 2, 10 ff.

645 ABl. EU 2001 C 12, 1 ff., dazu Voraufl. § 2, Rdn. 38.

646 *Haas*, in: Jud/Rechberger/Reichelt (Hrg.), Kollisionsrecht in der Europäischen Union, S. 127 ff.

647 KOM (2005) 65 endg. vom 1.3.2005.

648 http://europa.eu.int/comm/justice–home/doc–centre/civil/studies/doc–civil–studies.en.htm.

649 *Wagner*, NJW 2008, 2225, 2227; kritisch *Lehmann*, FPR 2008, 203 ff.; *Kohler/Pintens*, FamRZ 2009, 1529, 1531 f.

650 Überblick bei *Lechner*, in: Dutta/Herrler (Hrg.), Europäische Erbrechtsverordnung (2013), S. 5, 8 ff.

zu einem europäischen Erbschein vor.[651] Nach intensiver Debatte in Rat und Parlament wurde im Frühsommer 2012 im Tripartiteverfahren ein konsentierter Text verabschiedet,[652] der am 16.8.2012 in Kraft trat und der nach Art. 84 EuErbVO auf alle Erbfälle nach dem 17.8.2015 anwendbar ist.[653] Bedauerlicherweise nehmen Dänemark sowie das Vereinigte Königreich und Irland an diesem Integrationsschritt nicht teil.

Seit dem Inkrafttreten der Erbrechtsverordnung wurde der EuGH in zahlreichen Verfahren[654] mit der Auslegung der Verordnung befasst. Dabei nahmen polnische Notare und Gerichte eine Vorreiterrolle ein: Kurz nach dem Inkrafttreten der EuErbVO hatte der Gerichtshof (auf Vorlage des Bezirksgerichts in Slubice) über die Wirkungen eines Vindikationslegats in Deutschland zu entscheiden: Das Urteil des EuGH änderte eine gefestigte Judikatur des BGH zur Unzulässigkeit ausländischer Vindikationslegate.[655] Entsprechend entschied der Gerichtshof über die Qualifikation des § 1371 I BGB als erbrechtliche Vorschrift mit der Folge, dass die pauschale Beteiligung des Ehegatten am Zugewinn in das Europäische Nachlasszeugnis aufgenommen werden kann.[656] 7.192

Die Beispiele zeigen, dass die EuErbVO erhebliche Auswirkungen auf die Erbrechte der EU-Mitgliedstaaten äußert. Der Praxis bereitet die Judikatur des Gerichtshofs bisher jedoch keine Schwierigkeiten.[657] 7.193

2. Wesentliche Regelungen der Erbrechtsverordnung

Die VO (EU) 650/2012 enthält vier inhaltliche Regelungsschwerpunkte: die Festlegung der Zuständigkeit der Nachlassgerichte, die Bestimmung des anwendbaren Rechts,[658] 7.194

---

651 KOM (2009) 154 endg. vom 14.10.2009; dazu eingehend die Stellungnahme des MPI IPR (Hamburg), RabelsZ 2010, 522 ff.

652 VO 650/2012 vom 4.7.2012 über die Zuständigkeit, das anzuwendende Recht, die Anerkennung und Vollstreckung von Entscheidungen und die Annahme und Vollstreckung öffentlicher Urkunden in Erbsachen sowie zur Einführung eines Europäischen Nachlasszeugnisses, ABl. EU 2012 L 2017 sowie DurchführungsVO 1329/2014 vom 9.12.2014, ABl. EU 2014 L 359/30.

653 Zum (komplizierten) Übergangsregime *Requejo Isidro*, in: Hess/dies., Incidencia del Reglamento 650/2012, S. 47, 49 ff.

654 Stand: 1.6.2020 – 10 Urteile. Besonders aktiv sind polnische Gerichte und Notare.

655 EuGH, 12.10.2017, Rs. C-218/16, *Kubicka*, EU:C:2017:755, Rdn. 52 ff. gegen BGH, 28.4.1994, NJW 1995, 58 – die Schlussanträge GA *Bot*, 17.5.2017, EU:C:2017:387, gingen auf den Meinungsstand in Deutschland nicht ein, dazu *Hess*, in: ders./Requejo Isidro, Incidencia del Reglamento 650/2012, 13, 22 ff.

656 EuGH, 1.3.2018, Rs. C-558/16, *Mahnkopf*, EU:C:2018:138, Rdn. 40 ff.; anders BGH, 13.5.2015, NJW 2015, 2185. Ausführliche und vorbildliche Analyse der deutschen Dogmatik (auch aus rechtsvergleichender Sicht) in den Schlussanträgen GA *Szpunar*, 13.12.2017, Rs. C-558/16, EU:C:2017:965, Rdn. 26 ff.

657 AA *Sonnentag*, JZ 2019, 657, 660 ff.

658 Zu den Kollisionsnormen der EuErbVO, die hier nicht behandelt werden, ausführlich MünchKommBGB/*Dutta*, Art. 20 EuErbVO, Rdn. 4 ff.

die Herstellung der Freizügigkeit von erbrechtlichen Entscheidungen (sowie nationaler Nachlasszeugnisse) und die Schaffung eines Europäischen Nachlasszeugnisses. Das Kapitel I (Art. 1–3 EuErbVO) regelt den sachlichen Anwendungsbereich und enthält wesentliche Definitionen. Das Kapitel II (Art. 4–19 EuErbVO) regelt die internationale Zuständigkeit in Erb- und Nachlasssachen, einschließlich der Rechtshängigkeit. Art. 4 EuErbVO knüpft dabei allgemein an den gewöhnlichen Aufenthalt des Erblassers im Zeitpunkt seines Todes an. Das Kapitel III (Art. 20–38 EuErbVO) enthält eine ausführliche Regelung des Kollisionsrechts, dabei gilt als Regelanknüpfung der letzte gewöhnliche Aufenthalt des Erblassers. Im Zusammenspiel von Art. 4 und 20 ermöglicht die EuErbVO einen Gleichlauf zwischen zuständigem Gericht und anwendbarem Recht. Die Anerkennung und Vollstreckung von Entscheidungen in Erbsachen regelt das IV. Kapitel (Art. 39–58 EuErbVO) in enger Anlehnung an die Anerkennungsregelungen der Art. 38 ff. EuGVO aF. Gleichgestellt sind öffentliche Urkunden und Vergleiche (Art. 60 f. EuErbVO). Zudem können die Beweiswirkungen nationaler Erbscheine in anderen EU-Mitgliedstaaten anerkannt werden (Art. 59 EuErbVO spricht von der „Annahme" öffentlicher Urkunden).[659] Das VI. Kapitel (Art. 62–73 EuErbVO) schafft schließlich ein Europäisches Nachlasszeugnis und definiert dessen beweis- und sachrechtlichen Wirkungen. Im Ergebnis hat der Unionsgesetzgeber einen umfassenden Rechtsakt verabschiedet, der über die bestehenden internationalen Übereinkommen im Erbrecht deutlich hinausgeht.[660]

7.195 Die Verordnung beruht dabei auf den folgenden Grundentscheidungen, welche nunmehr als leitende Prinzipien die grenzüberschreitende Nachlassabwicklung in Europa konturieren: Die EuErbVO schafft eine allgemeine (aber bewegliche) Anknüpfung von Zuständigkeit und anwendbarem Recht an den letzten, ständigen Aufenthalt des Erblassers. Damit wird ein Gleichlauf zwischen zuständigem Gericht und anwendbarem Recht hergestellt, der die praktische Rechtsanwendung vereinfacht.[661] Die Anknüpfung erfasst den gesamten Nachlass – Nachlassspaltungen (im Hinblick auf Grundstücke in anderen EU-Mitgliedstaaten) werden ausgeschlossen.[662] Die Parteiautonomie wird in begrenztem Umfang zugelassen, allerdings nur, um einen Gleichlauf (erneut) herzustellen. Die Urteilsanerkennung beruht auf einem (traditionellen) Exequaturverfahren. Neuland beschreitet der Unionsgesetzgeber hingegen mit der Schaffung eines einheitlichen Nachlasszeugnisses, das im Ausgangspunkt

---

659 Dazu *Mansel*, FS Kohler (2018), S. 301 ff.

660 Überblick bei MünchKomm/*Dutta*, Vor Art. 1 EuErbVO, Rdn. 2; *Lagarde*, in: Bergquist et al. (Hrg.), Art. 1 EU-ErbrechtsVO, Einl. Rdn. 1; vgl. unten Rdn. 7.220 ff.

661 Ermittlungen des ausländischen Rechts sind nicht notwendig. *Lagarde*, in: Bergquist et al. (Hrg.), Art. 1 EU-ErbrechtsVO, Einl. Rdn. 10 f., *Odersky*, in: Bergquist et al., Art. 4 EuErbVO, Rdn. 4.

662 *Lagarde*, in: Bergquist et al. (Hrg.), Art. 1 EU-ErbrechtsVO, Einl. Rdn. 15. Nachlassspaltungen führen zu einer Verdoppelung der Nachlassverfahren, die oft (im Fall von Ferienhäusern oder -apartments) zu den erforderlichen Kosten außer Verhältnis stehen.

dem deutschen Erbschein nachgebildet wurde.[663] Auch die sog. Annahme von öffentlichen Urkunden, vor allem von Erbscheinen, dürfte in der Praxis neuartige Fragen auslösen.[664] Trotz zahlreicher offener Detailfragen ist dem Unionsgesetzgeber eine große Ambition zu attestieren, die die EuErbVO (vor dem Hintergrund sehr heterogener Erbrechte in den Mitgliedstaaten) im Ergebnis weitgehend implementiert.

Den sachlichen Anwendungsbereich regelt Art. 1 EuErbVO: die Verordnung erfasst 7.196
die Rechtsnachfolge von Todes wegen. Der Begriff ist autonom zu bestimmen,[665] insbesondere in Abgrenzung zu anderen Instrumenten des europäischen Familienrechts.[666] Hierbei ist die Liste ausgenommener Rechtsgebiete in Art. 1 II EuErbVO heranzuziehen. Regelungslücken und Überschneidungen zwischen den Rechtsakten sind zu vermeiden. Kurz nach dem Inkrafttreten der EuErbVO entschied der Gerichtshof,[667] dass die vormundschaftliche Genehmigung einer Erbauseinandersetzung, an der Minderjährige beteiligt waren, in den Anwendungsbereich von Art. 12 III Brüssel IIa-VO fällt, da die Genehmigung die Geschäftsfähigkeit und Vertretung der zustimmenden Erben betraf (vgl. Art. 1 II lit. b) EuErbVO). Unproblematisch ist die Abgrenzung zum internationalen Güterrecht (Art. 1 II lt. d) EuErbVO), da Art. 4 EheGüVO/EuPartVO eine Annexzuständigkeit des in Erbsachen befassten Gerichts für güterrechtliche Fragen vorsieht.[668] Schwierige Abgrenzungsfragen stellen sich vor allem zwischen dem Erb- und dem Sachenrechtsstatut.[669]

3. Die Gerichtsstände der EuErbVO

Die Regelung der internationalen Zuständigkeit beruht auf folgenden Grundgedan- 7.197
ken: Art. 4 EuErbVO eröffnet die Regelzuständigkeit am letzten gewöhnlichen Aufenthalt des Erblassers. Art. 5 EuErbVO eröffnet die Möglichkeit einer limitierten Prorogation.[670] Zudem sind ergänzende Gerichtsstände zur geordneten Nachlassabwicklung vorgesehen (Art. 8 ff. EuErbVO).[671] Die Regelung der Zuständigkeit erfolgt in engem

663 *Laukemann*, in Hess/Bergström/Storskrubb (ed.), EU Civil Justice (2016), S. 161 ff., unten Rdn. 7.220 f.

664 *Kleinschmidt*, RabelsZ 77 (2013), 723, 725 ff.

665 EuGH, 1.3.2018, Rs. C-558/16, *Mahnkopf*, EU:C:2018:138., Rdn. 32 (zum Anwendungsbereich der EuErbVO).

666 Zur Abgrenzung zum Güterstatut vgl. EuGH, 1.3.2018, Rs. C-558/16, *Mahnkopf*, EU:C:2018:138, Rdn. 37 ff., 41.

667 EuGH, 6.10.2015, Rs. C-404/14, *Matoušková*, EU:C:2015:653, Rdn. 31 ff.

668 *Brosch*, Rechtswahl und Gerichtsstandsvereinbarung (2019), S. 122.

669 EuGH, 12.10.2017, Rs. C-218/16, *Kubicka*, EU:C:2017:755, Rdn. 43 ff. (zum Vindikationslegat); ausführlich *Laukemann*, FS Schütze (2014), S. 325, 327 ff.

670 *Brosch*, Rechtswahl und Gerichtsstandsvereinbarung (2019), S. 123 ff.

671 *Hess*, in: Dutta/Herrler (Hrg.), Europäische Erbrechtsverordnung (2013), S. 131 ff.

Zusammenhang mit der des Kollisionsrechts: Art. 21 EuErbVO knüpft das anwendbare Recht an den letzten gewöhnlichen Aufenthalt und Art. 22 EuErbVO erlaubt die Wahl des Heimatrechts des Erblassers. In beiden Konstellationen kommt es zum Gleichlauf zwischen anwendbarem Recht und zuständigem Gericht, der eine aufwändige Ermittlung des ausländischen Sachrechts vermeidet.[672] Eine weitere Grundentscheidung der VO 655/2012 besteht darin, bei der Zuständigkeit nicht zwischen streitiger und freiwilliger Gerichtsbarkeit zu unterscheiden. Denn diese Abgrenzung erfolgt in den nationalen Prozessrechten sehr unterschiedlich.[673] Den Begriff des „Gerichts" definiert Art. 3 II EuErbVO weit und erstreckt ihn auch auf „sonstige Behörden und Angehörige von Rechtsberufen", die in die Nachlassabwicklung einbezogen sind[674], mithin auch auf die badischen und württembergischen Notare und vergleichbare Organe der (vorsorgenden) Rechtspflege in anderen EU-Mitgliedstaaten.[675] Diese sind an die Zuständigkeitsregeln der Art. 4 ff. EuErbVO gebunden (EwG 20). Art. 3 II EuErbVO stellt zudem klar (anders als der Entwurf der Kommission), dass allgemeine Tätigkeiten der Notare (jenseits der Testamentseröffnung und Erbscheinserteilung) nicht erfasst sind.[676]

7.198 Im Urteil *WB* hatte der EuGH zu entscheiden, ob ein (polnischer) Notar, der eine Urkunde über die Erbenstellung errichtet, als Gericht iSv Art. 3 II UAbs. 1 EuErbVO handelt. Da nach polnischem Recht eine solche Urkunde nur auf gemeinsamem Antrag aller Erbprätendenten errichtet wird, kam der Gerichtshof zu dem (wenig abgesicherten) Ergebnis, dass keine erbrechtliche Streitigkeit vorlag. Eine „gerichtliche Tätigkeit" setze eine Streitigkeit voraus.[677] Mithin qualifizierte der EuGH die notarielle Urkunde als eine Urkunde iSv Art. 59 EuErbVO und nicht als gerichtliche Entscheidung.[678] Es erscheint allerdings zweifelhaft, ob der EuGH damit ein tragfähiges Abgrenzungskriterium gefunden hat. Denn auch Gerichte erlassen Entscheidungen auf gemeinsamen Antrag der Parteien, ohne dass dadurch die Urteilsqualität der Entscheidung in Frage gestellt würde (vgl. etwa §§ 306 f. ZPO).[679]

---

672 Im Fall der Rechtswahl wird der Gleichlauf über die Wahl des Gerichtsstands herbeigeführt, unten Rdn. 7.202. EwG 27, dazu *Deixler-Hübner*, in: dies./Schauer (Hrg.), Vor Art. 4 ff. EuErbVO, Rdn. 1 ff.

673 *Lagarde*, in: Bergquist et al. (Hrg.), EU-ErbrechtsVO, Einl. Rdn. 5 mit zahlreichen Beispielen.

674 Nach Art. 79 EuErbVO müssen die Mitgliedstaaten die zuständigen Behörden der EU-Kommission mitteilen. Die Mitteilung ist nicht konstitutiv, insofern zutreffend EuGH, 23.5.2019, Rs. C-658/17, *WB*, EU:C:2019:444, Rdn. 39 ff.

675 Dazu *Janzen*, DNotZ 2012, 484, 491.

676 Dazu Schlussanträge GA *Campos Sánchez-Bordona*, 26.3.2020, Rs. C-80/19, *E.E.*, EU:C:2020:230, Rdn. 72, 74 ff.

677 EuGH, 23.5.2019, Rs. C-658/17, *WB*, EU:C:2019:444, Rdn. 55 ff. Der EuGH hat dabei, den Schlussanträgen *Bot* folgend (EU:C:2018:166, Rdn. 80 und 84), die Tatbestandsmerkmale des Art. 3 II EuErbVO als „kumulativ" ausgelegt. Das ist jedoch mit dem Wortlaut der Vorschrift nicht zu vereinbaren, die drei Alternativen eröffnet: gerichtliche Tätigkeit, Delegation gerichtlicher Tätigkeit sowie „gerichtsähnliche" Tätigkeit der Notare.

678 EuGH, 23.5.2019, Rs. C-658/17, *WB*, EU:C:2019:444, Rdn. 71.

679 Kritisch auch Schlussanträge GA *Campos Sánchez-Bordona*, 26.3.2020, Rs. C-80/19, *E.E.*, EU:C:2020:230, Rdn. 72, 76 ff.

a) Regelzuständigkeit am letzten gewöhnlichen Aufenthalt des Erblassers

Art. 4 EuErbVO knüpft die internationale Zuständigkeit an den Ort des gewöhnlichen Aufenthalts des Erblassers im Zeitpunkt seines Todes.[680] Die Regelzuständigkeit ist weit auszulegen.[681] Rechtspolitisch ist die Anknüpfung an den letzten gewöhnlichen Aufenthalt (im Gegensatz zur Anknüpfung an die Staatsangehörigkeit) zu begrüßen. Denn im Europäischen Justizraum enthält sie die kollisionsrechtliche Umsetzung der Freizügigkeit (Art. 39 AEUV), die den Unionsbürgern eine Lebensführung in verschiedenen EU-Mitgliedstaaten eröffnet. Im Hinblick auf die Zuständigkeitsklarheit ist der Begriff des gewöhnlichen Aufenthalts freilich problematisch. Nach der Rechtsprechung des EuGH kommt es auf die Betrachtung aller Umstände des Einzelfalles an, insbesondere auf die persönliche und familiäre Eingliederung des Erblassers in einem Mitgliedstaat.[682] Dabei ist auf objektive Kriterien abzustellen.[683] Nach EwG 23 soll das mit der Nachlassabwicklung befasste Gericht eine umfassende Erhebung und Beurteilung aller relevanten Umstände vornehmen, um eine „besonders enge und feste Bindung" des Erblassers zum Aufenthaltsstaat festzustellen. 7.199

Die Ermittlung des Lebensmittelpunkts der Person kann in Erbfällen Schwierigkeiten bereiten: Etwa bei Rentnern, die ihren Lebensabend teilweise im Mittelmeerraum, teilweise in ihren nordeuropäischen „Heimatstaaten" verbringen. Derartige sog. „Rentnerkolonien" (*Geimer*) sind inzwischen ein verbreitetes Phänomen, etwa auf den Balearen, in Zypern, Griechenland oder in Portugal. Wird die eine Hälfte des Jahres im Süden, die andere im Norden verbracht, bestehen letztlich mehrere Aufenthaltsorte.[684] Ähnliche Probleme des Aufenthalts sind für Grenzgänger[685] und für Studierende[686] zu prognostizieren. Eine weitere problematische Konstellation betrifft 7.200

---

680 Nach dem Zweck der Regelung, das sachnächste Gericht zu bestimmen, kann es nur einen, nicht hingegen mehrere gewöhnliche Aufenthaltsorte geben, Schlussanträge *Campos Sánchez-Bordona*, 26.3.2020, Rs. C-80/19, *E.E.*, EU:C:2020:230, Rdn. 40 ff; dem folgt der EuGH, 16.7.2020, Rs. C-80/19, *E.E.*, EU:C:2020:569, Rdn. 41.

681 Art. 4 EuErbVO regelt auch die internationale Zuständigkeit zur Erteilung eines nationalen Erbscheins (Art. 62 EuErbVO), EuGH, 21.6.2018, Rs. C-20/17, *Oberle*, EU:C:2018:485, Rdn. 45 ff., im Anschluss an die Schlussanträge GA *Szpunar*, EU:C:2018:89.

682 EuGH, 2.4.2009, Rs. C-523/07, *A*, EU:C:2009:225, Rdn. 37 ff. (mit einer auf den Einzelfall bezogenen Betrachtung); EuGH, 22.12.2010, Rs. C-497/10 PPU, *Mercredi*, EU:C:2010:829, stellt auf die familiäre und soziale Integration des Kindes im Einzelfall ab; dazu *Solomon*, in: Dutta/Herrler (Hrg.), Europäische Erbrechtsverordnung (2013), S. 11, 22 ff.

683 *Deixler-Hübner*, in: dies./Schauer, Art. 4 EuErbVO, Rdn. 9 mwN; anders MünchKomm/*Dutta*, Art. 4 EuErbVO, Rdn. 4 (der nach außen manifestierte Bleibewille des Betroffenen sei ebenfalls maßgebend, unter Verweis auf EuGH, 22.12.2010, Rs. C-497/10 PPU, *Mercredi*, EU:C:2010:829, Rdn. 51); *Solomon*, in: Dutta/Herrler (Hrg.), Europäische Erbrechtsverordnung (2013), S. 13, 24 f.

684 *Solomon*, in: Dutta/Herrler (Hrg.) Europäische Erbrechtsverordnung (2013), S. 19, 30 f.

685 Beispiele bei *Hess*, in: Dutta/Herrler (Hrg.), Europäische Erbrechtsverordnung (2013), S. 131, 135 f.

686 Letztere sind (hoffentlich) nur selten als Erblasser von der EuErbVO betroffen.

alte und kranke Personen, die zur Pflege aus ihren Heimatstaaten in andere Mitgliedstaaten „verlegt werden“.[687]

7.201 Die Verordnung selbst enthält keine Definition des gewöhnlichen Aufenthalts. Grundsätzlich ist der Lebensmittelpunkt der Person entscheidend („*close and stable connection*“).[688] Bei verbleibenden Zweifelsfällen, insbesondere bei häufigem Wechsel des Staates und Fehlen eines familiären und sozialen Lebensmittelpunktes, erfolgt eine Gesamtbetrachtung. Für diese listen die Erwägungsgründe 23 und 24 detaillierte Kriterien auf, welche für die in Rdn. 7.200 angesprochenen Fälle Leitlinien aufstellen: Bei Grenzgängern soll es auf den Herkunftsstand ankommen, sofern dort der familiäre und soziale Schwerpunkt erhalten blieb.[689] Bei Personen, die abwechselnd in verschiedenen Staaten leben, können auch die Belegbarkeit des Nachlasses sowie die Staatsangehörigkeit herangezogen werden.[690] Hierbei handelt es sich jedoch nur um ein subsidiäres Kriterium.[691] Als problematische Fallgruppe verbleiben damit sog. „*celebrities*“ (mit dauernden Wechseln zwischen verschiedenen Hotels): hier ist eine Bewertung des Einzelfalls vorzunehmen.[692] Insgesamt ist zu erwarten, dass die Gerichte einen pragmatischen Ansatz verfolgen. Dass bei streitigen Nachlassverfahren hier Potential zu langwierigen Auseinandersetzungen eröffnet wird, steht außer Frage.

b) Die Prorogation des zuständigen Gerichts

7.202 Die EuErbVO eröffnet die Möglichkeit, die Zuständigkeit des Nachlassgerichts parteiautonom zu begründen (Art. 5 EuErbVO). Eine solche Gerichtsstandsvereinbarung kann allerdings nur geschlossen werden, wenn der Erblasser nach Art. 22 EuErbVO

---

687 *Geimer*, in: Reichelt/Rechberger (Hrg.), Europäisches Erb- und Erbverfahrensrecht (2011), S. 1, 10 ff.

688 Zu empfehlen ist eine zweistufige Prüfung: Zunächst sind die Dauer und Regelmäßigkeit des Aufenthalts zu ermitteln (objektive Faktoren), sodann ist nach den Umständen und Gründen (familiäre und berufliche Faktoren) zu fragen, Schlussanträge GA *Campos Sánchez-Bordona*, 26.3.2020, Rs. C-80/19, *E.E.*, EU:C:2020:230, Rdn. 51 ff.

689 Beispiel: KG, 26.4.2016, IPRax 2018, 72 (Anm. *Martiny*, 29). Der Erblasser gab im Jahre 2010 seine Wohnung in Berlin-Wedding auf und zog in eine grenznahe Wohnung in Polen. Von dort aus führte er seine freiberuflichen Tätigkeiten als Bauunternehmer und Bauberater in Deutschland fort; er blieb über seine Tochter in Berlin gemeldet. Das KG stellte fest, dass eine Integration des 2016 verstorbenen Erblassers an seinen letzten Wohnsitz nicht stattgefunden hatte – der Erblasser sprach kein Polnisch; hatte am Wohnungsort lediglich sporadischen Kontakt zum deutschsprachigen Pfarrer. Ärzte und Krankenhäuser suchte er in Deutschland auf. Daher ging das KG (zu Recht) vom Fortbestand des gewöhnlichen Aufenthalts in Deutschland aus.

690 Ausführlich *Solomon*, in Dutta/Herrler, S. 19, 27 ff.

691 Schlussanträge GA *Campos Sánchez-Bordona*, 26.3.2020, Rs. C-80/19, *E.E.*, EU:C:2020:230, Rdn. 57 f.

692 So auch EuGH, 25.10.2011, verb. Rs. C-509/09 und C-161/10, *eDate Advertising*, EU:C:2011:685 (zu Art. 7 Nr. 2 EuGVO), oben § 6 II, Rdn. 6.75.

das anwendbare Recht gewählt hat. Dieses ist das (Heimat-)Recht des Mitgliedstaates, dem der Erblasser zur Zeit der Errichtung der Verfügung oder zum Zeitpunkt des Erbfalls angehört (hat).[693] Um einen Gleichlauf zwischen anwendbarem Recht und zuständigem Gericht zu gewährleisten, ermöglichen die Art. 5–9 EuErbVO den „betroffenen Parteien" (sprich den Erbprätendenten) die Wahl der Gerichte des Heimatstaates des Erblassers.[694] Der Erblasser selbst kann keinen Gerichtsstand (per letztwilliger Verfügung) wählen, weil er den Erben keinen Gerichtsstand für die Nachlassabwicklung (einseitig) auferlegen soll.[695] Sachlich betrifft die Regelung zur Prorogation nur die Abwicklung des Nachlasses, vor allem zwischen den Erbprätendenten.[696] Die Art. 5 ff. EuErbVO sind dabei freilich sehr komplex geraten:

Nachlassverfahren betreffen häufig eine Vielzahl von Beteiligten; Gerichtsstands- 7.203
vereinbarungen sind üblicherweise auf Zweipersonenverhältnisse zugeschnitten.[697] Eine Gerichtsstandsvereinbarung nach Art. 5 ff. EuErbVO setzt voraus, dass sich sämtliche Erbprätendenten und die sonstigen Beteiligten untereinander verständigen und sodann das zuständige Gericht prorogieren. Dafür mag es Anreize geben, insbesondere wenn das Nachlassverfahren aufgrund des hergestellten Gleichlaufes sehr viel schneller abgewickelt werden und ein ortsnaher Gerichtsstand eröffnet wird.[698] Auch kann es sein, dass der Erblasser, der in den letzten Lebensjahren seinen gewöhnlichen Aufenthalt verlegt hat (sog. Mallorca-Fälle), in räumlicher Trennung von den Familienangehörigen/Erben gelebt hat, so dass es für die Erben außerordentlich aufwändig sein dürfte, die Abwicklung des Nachlasses in einem anderen Mitgliedstaat vorzunehmen.[699]

---

693 Zu den Unklarheiten der Rechtswahl nach Art. 22 EuErbVO vgl. *Brosch*, Rechtswahl und Gerichtsstandsvereinbarung (2019), S. 125 ff. (insbesondere im Hinblick auf die Wahl einer künftigen Staatsangehörigkeit).

694 Die Gerichtsstandsvereinbarung ist rechtswahlakzessorisch, *Brosch*, Rechtswahl und Gerichtsstandsvereinbarung (2019), S. 132.

695 Diese Entscheidung des Unionsgesetzgebers wird in der Literatur kritisiert, vgl. *Dutta*, FamRZ 2013, 4, 7; *Magnus*, IPRax 2013, 393, 395; *Brosch*, Rechtswahl und Gerichtsstandsvereinbarung (2019), S. 138 ff. Zu weitgehend jedoch *Wittwer*, in: Mayr (Hrg.), Hdb EuZVR (2017), Rdn. 7.92, der eine derartige Gerichtsstandsanordnung auch unter der EuErbVO für zulässig hält – diese wird gerade ausgeschlossen.

696 „Die Parteiautonomie in der EuErbVO verteilt sich im IPR und IZVR auf unterschiedliche Personen", so treffend *Brosch*, Rechtswahl und Gerichtsstandsvereinbarung (2019), S. 132.

697 Zutreffende Kritik bei *R. Magnus*, IPRax 2013, 393, 394 ff.

698 *R. Magnus*, IPRax 2013, 393, 395. Die Relevanz örtlicher Nähe nimmt freilich ab, wenn Informationstechnologie einen einfachen Zugang ermöglicht.

699 Für derartige Verfahren sollte auf der Ebene der Mitgliedstaaten möglichst ein unmittelbarer elektronischer Zugang zu den Nachlassgerichten geschaffen werden, um eine effiziente Abwicklung zu ermöglichen. Sinnvollerweise könnten hier auch Pilotprojekte in einigen (vielleicht besonders betroffenen) Mitgliedstaaten gestartet werden. Die Regelung des Art. 13 EuErbVO erscheint diesbezüglich unvollständig.

7.204 Ein praktisches Problem ergibt sich daraus, dass bei Verfahrenseröffnung häufig nicht sämtliche Beteiligte des Nachlassverfahrens feststehen.[700] Sie sollen vom Nachlassgericht erst ermittelt werden.[701] Bei der Prorogation droht folglich die Situation einzutreten, dass nicht sämtliche Beteiligte die Zuständigkeit vereinbaren, und daher nach aufwändigen Ermittlungen die Zuständigkeit des Nachlassgerichts doch nachträglich wegfällt.[702] Art. 9 EuErbVO sieht deshalb einen Beitritt (später ermittelter Beteiligter) durch rügelose Einlassung vor.[703]

7.205 Lassen sich die später ermittelten Beteiligten nicht ein, so hat sich das angerufene Gericht nach Art. 9 II EuErbVO für unzuständig zu erklären. Das erscheint kompliziert. Eine Verweisung bzw. Abgabe würde dem erreichten Integrationsstand im europäischen Zivilprozessrecht eher entsprechen.[704] Zudem ist unklar, ob das später befasste Gericht zuvor ergangene Maßnahmen abändern oder aufheben darf – dies sollte jedoch in analoger Anwendung von Art. 20 II der Brüssel IIa-VO möglich sein.[705]

7.206 Nach dem ausdrücklichen Wortlaut des Art. 5 I EuErbVO ist eine Gerichtsstandsvereinbarung nur dann zulässig, wenn der Erblasser eine positive Rechtswahl zugunsten seines Heimatrechts getroffen hat.[706] Diese Begrenzung verdeutlicht die Intention des Verordnungsgebers: Der Gleichlauf soll optimiert werden, es geht weniger um die Verwirklichung der Parteiautonomie. Dieser Regelungszweck erlaubt jedoch die Anwendung der Art. 5 ff. EuErbVO auch in Fällen der Teilrechtswahl nach Art. 24 II und 25 II EuErbVO.[707] Zur Vereinfachung der Nachlassauseinandersetzung kann es durchaus sinnvoll sein, den Erben ein ortsnahes Gericht zu eröffnen.[708]

7.207 Dies verdeutlicht das folgende Beispiel: Der schwedische Rentner F wandert nach Portugal aus und verbringt dort die letzten Jahre seines Lebens. Seine drei erbberechtigten Kinder haben ihren gewöhnlichen Aufenthalt in Stockholm und Uppsala. Hat F es nun versäumt, im Testament eine Rechtswahl zugunsten seines Heimatrechts zu treffen, müssten alle Streitigkeiten im Zusammenhang mit der Erbschaft des F zwingend vor portugiesischen Gerichten verhandelt werden.[709] Leider hat der

700 Vgl. §§ 7 I Nr. 2, 345 FamFG.

701 Vgl. § 2358 BGB, § 26 FamFG, so auch *R. Magnus*, IPRax 2013, 393, 395 f.

702 Sofern später ermittelte Prätendenten die Zuständigkeit des Nachlassgerichts nicht akzeptieren.

703 Art. 9 EuErbVO wird freilich nur funktionieren, wenn eine entsprechende Kooperationsbereitschaft besteht, kritisch *Deixler-Hübner*, in: dies./Schauer (Hrg.), Art. 5 EuErbVO, Rdn. 12.

704 Vgl. Art. 12 f. EheGVO, oben Rdn. 7.84 ff.

705 Ebenso *Dutta*, FamRZ 2013, 4, 7.

706 Die in Art. 22 III EuErbVO vorgesehenen Möglichkeiten einer konkludenten Rechtswahl dürften sich als konfliktträchtig erweisen.

707 Zutreffend *Dutta*, FamRZ 2013, 4, 7, gegen *Janzen*, DNotZ 2012, 484, 491 (Fn. 701). Wie hier auch *Brosch*, Rechtswahl und Gerichtsstandsvereinbarung (2019), S. 133 (teleologische Erweiterung).

708 Dazu bereits *Dörner*, ZEV 2010, 221, 224 (Zuständigkeit am „Schwerpunkt der Nachlassabwicklung“).

709 Das Beispiel verdeutlicht zudem, dass eine enge Kooperation zwischen den Nachlassgerichten angestrebt werden sollte. Insbesondere Artikel 15 EuErbVO bleibt hinter den Kooperationsformen in anderen EU-Rechtsakten deutlich zurück, dazu sogleich unten 7.209.

Verordnungsgeber den Vorschlag der Literatur, diese Konstellation zu berücksichtigen, nicht aufgegriffen.

Praktische Probleme bereitet schließlich die im Erbrecht durchaus typische Konstellation, dass über die Wirksamkeit eines Testaments gestritten wird, das eine Rechtswahl zum Heimatrecht des Erblassers enthält.[710] Prozessieren die Parteien hierüber vor den Heimatgerichten des Erblassers, so kann die Konstellation auftreten, dass das Gericht zum Ergebnis kommt, dass Testament und Rechtswahlklausel unwirksam sind. Dann entfällt seine Zuständigkeit nach Art. 7 lit. b) EuErbVO; das Verfahren müsste (neu) vor dem nach Art. 4 EuErbVO zuständigen Gericht aufgenommen werden. Abhilfe ermöglicht die analoge Anwendung von Art. 6 lit. a) EuErbVO: Beantragt eine Partei die Fortführung des Verfahrens, sollte das bereits befasste Gericht über die Wirksamkeit des Testaments entscheiden – als sachnäheres Gericht. 7.208

Eine sachgerechte Regelung enthält Art. 6 lit. a) EuErbVO. Die Vorschrift ermöglicht eine Verfahrensabgabe an das Heimatgericht des Erblassers in dem Fall, dass dieses für die Entscheidung besser geeignet erscheint und ein Beteiligter die Abgabe beantragt. Über die Abgabe entscheidet das nach Art. 4 und 10 EuErbVO zuständige Gericht aufgrund einer Abwägung aller Umstände des Einzelfalls.[711] Man mag einer derartigen Regelung entgegenhalten, dass sie zu Rechtsunsicherheit führt und die bei den Gerichten durchaus vorhandene Neigung fördert, unbequeme Fälle – hier mit internationalem Bezug und eventueller Anwendung fremden Rechts – wegzuschieben. Andererseits fördert die Abgabe des Verfahrens die Durchsetzung des Gleichlaufgrundsatzes und trägt damit zur beschleunigten Abwicklung des Nachlassverfahrens bei. Allerdings erstaunt, dass die Verordnung, anders als (etwa) Art. 15 EheGVO aF[712] keine unmittelbare Kommunikation zwischen den Gerichten vorsieht. Gerade in Nachlassverfahren, die in vielen Mitgliedstaaten auf dem Amtsermittlungsgrundsatz beruhen, ist eine derartige Kontaktaufnahme zwischen den Gerichten sinnvoll. Die Verordnung hätte zumindest klarstellen können, dass derartige Kontakte zwischen 7.209

710 Ebenso wie im Fall des Art. 25 EuGVO würde man freilich von einer grundsätzlichen Trennung im Hinblick auf die Rechtswahlklausel und das Testament ausgehen können.

711 Beispiel: Die in Portugal lebende finnische Erblasserin E wählt ihr Heimatrecht. Der finnische (Schein)erbe A nimmt die Erbschaft in Portugal in Besitz, der wahre Erbe (etwa B, der in Finnland lebende Sohn der E) möchte nun gegen A auf Herausgabe der Erbschaft klagen. Schließt A keine Gerichtsstandsvereinbarung – was sehr wahrscheinlich ist –, müsste B zunächst zwingend in Portugal gegen A prozessieren, Art. 4 EuErbVO. A hat jedoch die Möglichkeit, nach Art. 5b lit. a) EuErbVO eine Verweisung nach Finnland zu beantragen. Die Anwälte des A wären schlecht beraten, das nicht zu tun. Schließlich kommt finnisches Recht zur Anwendung, E und B sind finnische Staatsangehörige etc. Unter diesen Umständen ist eine engere Verknüpfung des Erbfalls mit Finnland tatsächlich gegeben (B hätte jedoch keine Möglichkeit, gleich in Finnland zu klagen) und der Verweisungsantrag des B dürfte Erfolg haben.

712 Dazu oben § 7 II Rdn. 7.88 ff. In der Neufassung erfolgt eine Einschaltung der Zentralstelle nach Art. 79 lit. e) EheGVO.

den Gerichten zulässig und erwünscht sind.[713] Eine direkte Kommunikation zwischen den befassten Gerichten kann auch bei der Ermittlung des anwendbaren Rechts hilfreich sein.

7.210 Zwingende Rechtsfolge der Unzuständigerklärung ist die Beendigung des Verfahrens in dem nach Art. 4 und 6 EuErbVO angerufenen Gericht und die Begründung der Zuständigkeit des Gerichts des gewählten Rechts, Art. 7 lit. a) EuErbVO. Damit ermöglichen Art. 6 und 7 EuErbVO der Sache nach eine grenzüberschreitende Abgabe des Nachlassverfahrens.[714]

c) Subsidiäre Gerichtsstände

7.211 Hatte der Erblasser im Zeitpunkt seines Todes keinen gewöhnlichen Aufenthalt in einem EU-Mitgliedstaat,[715] dann eröffnet Art. 10 EuErbVO die subsidiäre Allzuständigkeit des Mitgliedstaats, in dem sich Nachlassvermögen befindet und dem der Erblasser angehörte (lit. a)), andernfalls in demjenigen Mitgliedstaat, in dem der Erblasser zuletzt seinen gewöhnlichen Aufenthalt hatte, sofern nicht seitdem fünf Jahre verstrichen sind (lit. b)). Die Zuständigkeit erfasst den gesamten Nachlass. Andernfalls sind nach Art. 10 II EuErbVO die Gerichte jedes Mitgliedstaates für das Nachlassvermögen zuständig, welches sich dort befindet.[716] Es handelt sich mithin um eine begrenzte Auffangzuständigkeit.

7.212 Einen weiteren Gerichtsstand der Fürsorge (für Konstellationen, in denen keine Zuständigkeit nach Art. 10 EuErbVO besteht) enthält Art. 11 EuErbVO. Diese Notzuständigkeit greift ein, wenn eine Durchführung des Verfahrens im (eigentlich) zuständigen Gericht unzumutbar oder unmöglich[717] ist; sie erfordert zudem einen hinreichenden Bezug zum Mitgliedstaat des angerufenen Gerichts, Art. 11 II EuErbVO.[718] Diese Vorschrift regelt primär die Zuständigkeit in Drittstaatenkonstellationen.[719] Als Notzuständigkeit implementiert sie den unionsrechtlichen Anspruch auf Justizgewährung, Art. 47 GRC, Art. 6 EMRK.

7.213 Beispiel: Der österr. OGH[720] hatte über ein Wertpapierdepot in Innsbruck zu entscheiden, das ein saudi-arabischer Erblasser hinterlassen hatte, der dort im November 2011 verstorben war. Die

---

713 *Hess*, Justizielle Kooperation, in: ders./Gottwald (Hrg.), Procedural Justice (2014), S. 387, 438 ff.; zustimmend *Deixler/Hübner*, in: dies./Schauer (Hrg.), Art. 6 EuErbVO, Rdn. 13.

714 Zutreffend MünchKomm/*Dutta*, Art. 6 EuErbVO, Rdn. 10.

715 Damit sind die teilnehmenden EU-Mitgliedstaaten gemeint, also nicht Dänemark, GB und Irland. Diese werden wie alle anderen Drittstaaten behandelt.

716 Kritisch *Sagot-Duvauroux*, Semaine Judiciaire 2013, 1081.

717 Etwa aufgrund kriegerischer oder terroristischer Situationen oder bei einer Pandemie, *Gritschthaler*, in: Deixler-Hübner/Schauer, Art. 11 EuErbVO, Rdn. 3.

718 Hieran sind keine höheren Kriterien anzulegen; die Belegenheit von Nachlassgegenständen in Mitgliedstaaten reicht aus, *Gitschthaler*, in: Deixler-Hübner/Schauer, Art. 11 EuErbVO, Rdn. 8.

719 Zutreffend *Sagot-Duvauroux*, Semaine Judiciaire 2013, 1081, no. 9.

720 OGH, 14.3.2013, 1 Ob 74/13 h, zugänglich über die Datenbank RIS.

Witwe beantragte eine Abhandlung der Verlassenschaft über das Wertpapierdepot. Das anwendbare, frühere österreichische Nachlassverfahrensrecht eröffnet die „inländische Gerichtsbarkeit für die Abhandlung einer Verlassenschaft, wenn die Durchsetzung aus dem Erbrecht (...) im Ausland unmöglich ist (§ 106 I Ziff. 2c JN)". Der OGH hielt diesen (Not-) Gerichtsstand nicht für eröffnet: Zwar hatte die Antragstellerin vorgetragen, dass sie aufgrund ihres Übertritts vom muslimischen zum christlichen Glauben und aufgrund ihrer (offenen) Diskriminierung als Frau in Saudi-Arabien keinen adäquaten Rechtsschutz erlangen könne. Da dieser Vertrag jedoch erst in der Revision (und damit verspätet) erfolgte, wies der OGH den Rekurs zurück. Ob die Zuerkennung des Nachlasses an einen (männlichen) Erben in Saudi-Arabien in Österreich anzuerkennen wäre, ist damit nicht entschieden. Die Witwe zumindest erhielt keinen Zugriff auf das (vermutlich) werthaltige Depot. Art. 11 EuErbVO ermöglicht den Zugriff auf das Depot – allerdings ebenfalls nur bei rechtzeitigem Sachvortrag zur Unmöglichkeit einer Rechtsverfolgung im Ausland.

Eine pragmatische Regelung im Hinblick auf Drittstaaten-Sachverhalte enthält 7.214 Art. 12 EuErbVO.[721] Danach kann das Gericht auf Antrag einer der Parteien davon absehen, über Nachlassgegenstände in Drittstaaten zu befinden, wenn mit einer Anerkennung der Entscheidung im Drittstaat nicht zu rechnen ist.[722] Dies hat etwa zur Folge, dass über ein in New York belegenes Grundstück im deutschen Erbscheinverfahren nicht entschieden wird, weil der deutsche Erbschein dort nicht anerkannt wird. Dies hängt damit zusammen, dass nach dem Kollisionsrecht von New York die Erbfolge bezüglich der in New York gelegenen Grundstücke der *lex rei sitae* unterliegt. In der Sache bedeutet dies speziell für die deutschen Nachlassgerichte eine erhebliche Entlastung, weil sie nicht mehr die Erbfolge nach New Yorker Recht prüfen müssen, das nach dem Vorschlag dann anwendbar ist, wenn der US-amerikanische Erblasser seinen gewöhnlichen Aufenthalt in Deutschland hat und sein Heimatrecht gewählt hat.

d) Die Entgegennahme erbrechtlicher Erklärungen

Die Zuständigkeit am letzten gewöhnlichen Aufenthalt des Erblassers kann für die 7.215 Erben und andere Beteiligte zu Mehraufwand führen – bis hin zu Reisen ins Ausland. Abhilfe eröffnet Art. 13 EuErbVO. Danach können erbrechtliche Erklärungen, wie die Annahme oder Ausschlagung der Erbschaft, eines Vermächtnisses oder Pflichtteils vor den Gerichten ihres Heimatstaates abgegeben werden.[723] Allerdings ist die Auflistung des Art. 13 EuErbVO nicht mit sämtlichen Fallgruppen des § 342 I Nr. 5 FamFG identisch, sondern grundsätzlich auf die dort aufgeführten Willenserklärungen

---

721 Kritisch *Dutta*, FamRZ 2013, 4, 7; zust. *Gritschthaler* in: Deixler-Hübner/Schauer, Art. 12 EuErbVO, Rdn. 1 u. 8.

722 Grundsätzlich sollten die Gerichte ihr Ermessen nach Art. 12 EuErbVO zurückhaltend ausüben, da primär den Parteien die Einschätzung obliegt, ob die Entscheidung des Gerichts im Drittstaat anerkannt wird, zutr. MünchKomm/*Dutta*, Art. 12 EuErbVO, Rdn. 8.

723 Die nach Art. 13 EuErbVO benannten Gerichte fungieren insbesondere nicht als „Poolstelle" für erbrechtliche Erklärungen.

begrenzt. Insbesondere Eröffnungsanträge sind nicht erfasst (EwG 33). Umgekehrt erscheint es jedoch zulässig, auch Erklärungen wie die Anfechtung der Annahme, Ausschlagung etc. über den Wortlaut der Vorschrift hinaus einzubeziehen.[724]

4. Rechtshängigkeit und Parallelverfahren

7.216 Art. 14–18 EuErbVO regeln die Rechtshängigkeit nach dem Prioritätsprinzip. Die Vorschrift ist den Rechtshängigkeitsregeln der Art. 27–30 EuGVO aF nachgebildet, die jedoch wegen der Vielzahl der dort vorgesehenen Gerichtsstände (und dem typischen Zwei-Parteien-Prozess) ganz andere Konflikte betreffen.[725] Grenzüberschreitende Nachlassverfahren sollten vorrangig mittels einer direkten Kooperation der Nachlassgerichte gelöst werden.[726] Eine solche Kooperationspflicht fehlt zudem bei der Regelung zum einstweiligen Rechtsschutz (Art. 19 EuErbVO). Als Regelungsmodell hätten die Kooperationspflichten der KontenpfändungsVO herangezogen werden können,[727] zumindest Art. 15 EheGVO.[728] Sinnvoll erscheinen die Regelungen des Art. 17 f. EuErbVO, wenn es um die Abgrenzung zum Streitverfahren geht: Man denke etwa an ein Nachlassverfahren in Baden-Baden; in Paris erhebt ein (potentieller) Miterbe Klage auf Herausgabe eines Grundstücks, das zum Nachlass gehört. In dieser Konstellation kann das Pariser Gericht das Verfahren aussetzen, ohne zu entscheiden, ob die Aussetzung nach Art. 18 EuErbVO oder nach Art. 30 I EuGVO erfolgt.[729]

7.217 Nach Art. 8 EuErbVO soll das zuständige Gericht das Verfahren „beenden“, wenn die Parteien eine außergerichtliche Regelung der Erbsache vereinbaren. Allerdings muss das anwendbare Erbrecht eine derartige Verfahrensbeendigung zulassen – das ist etwa in Deutschland nicht der Fall.[730] Eine derartige „außergerichtliche“ Regelung kann auch die Einsetzung eines Schiedsgerichts sein.[731] Anders als nach § 1061 ZPO genügt freilich nicht die Einsetzung des Schiedsgerichts durch den Erblasser – Art. 8 EuErbVO stellt auf die Einigung zwischen den Erben ab. Zudem erscheint die

724 AA *Dutta*, FamRZ 2013, 4, 7; MünchKomm/*Dutta*, Art. 13 EuErbVO, Rdn. 6 f.

725 Kritisch *Dutta*, FamRZ 2013, 4, 8; *Magnus*, IPRax 2013, 393, 395.

726 Unter Einbeziehung des Justiziellen Netzes in Zivilsachen. Durch Zuständigkeitskonzentrationen (vgl. für Deutschland § 343 II FamFG) kann spezielle Sachkompetenz konzentriert werden. Die guten Erfahrungen mit Verbindungsrichtern in Kindschaftssachen könnten auch für die grenzüberschreitende Abwicklung von Nachlässen genutzt werden.

727 Dazu unten § 10 IV, Rdn. 10.135.

728 Dazu oben Rdn. 7.96 f.

729 Zur „korrigierenden“ Auslegung von Art. 18 („derselbe Anspruch“) vgl. MünchKomm/*Dutta*, Art. 18 EuErbVO, Rdn. 5.

730 MünchKomm/*Dutta*, Art. 8 EuErbVO, Rdn. 13 f. (mit Hinweis auf das Amtsverfahren nach § 26 FamFG).

731 Zurückhaltend *R. Magnus*, IPRax 2013, 393, 397 f.; aA MünchKomm/*Dutta*, Art. 8 EuErbVO, Rdn. 11.

in Art. 8 EuErbVO vorgesehene Rechtsfolge der Beendigung des Nachlassverfahrens vorschnell: Zunächst ist das Verfahren auszusetzen. Erst wenn feststeht, dass eine wirksame Einigung vorliegt, ist das Verfahren zu beenden – vielleicht besteht zudem ein Interesse der Beteiligten, ein Nachlasszeugnis nach Art. 36 ff. EuErbVO zu beantragen.

5. Urteilsanerkennung und -vollstreckung

Das III. Kapitel der EuErbVO (Art. 39–58) übernimmt die Regelungen der Art. 32–51 EuGVO aF. Die Vorschriften ersetzen im Verhältnis zwischen den teilnehmenden EU-Mitgliedstaaten (EwG 82 f.) die Regelungen der autonomen Prozessrechte für streitige Erbverfahren. Zugleich werden die Anerkennungsregeln auch auf die nicht streitigen Maßnahmen der freiwilligen Gerichtsbarkeit erstreckt (so ausdrücklich EwG 59).[732] In das Anerkennungsregime einbezogen sind öffentliche Urkunden (Art. 60 EuErbVO) und Vergleiche (Art. 61 EuErbVO). Für die Beweiswirkungen öffentlicher Urkunden (etwa nationaler Erbscheine oder Testamentvollstreckerzeugnisse) enthält Art. 59 EuErbVO eine gesonderte Regelung, die die Erstreckung der Beweiswirkungen dieser Urkunden ermöglicht – der Unionsgesetzgeber hat hierfür den *terminus technicus* der „Urkundsannahme" geschaffen.[733] Danach entfaltet die notarielle Urkunde zunächst dieselbe formelle Beweiskraft wie im Ursprungsstaat, Art. 59 EuErbVO. Allerdings sind die Beweiswirkungen (ähnlich wie die Wirkung eines Urteils bei der Anerkennung) auf diejenigen begrenzt, welche entsprechende Urkunden im Annahmestaat entfalten. Gehen die Beweiswirkungen über diejenigen im Annahmestaat hinaus, so ist dort die am ehesten vergleichbare Wirkung zuzulassen.[734] Anerkannt wird die Urkunde (*instrumentum*), nicht hingegen der dokumentierte Inhalt (*negotium*).[735] Ein Begleitformular erleichtert die praktische Durchführung.[736] **7.218**

Vom Aufbau her enthalten die Art. 39–42 EuErbVO Vorschriften zur Anerkennung (als Wirkungserstreckung) und Gründe für die Nichtanerkennung (Art. 40 EuErbVO), **7.219**

732 *Wittwer*, in: Mayr (Hrg.), Hdb EuZVR (2017), Rdn. 7.121.

733 Umfassend *Mansel*, FS Kohler (2018), S. 300, 305 ff. Die weitergehende Ambition der EU-Kommission, eine Anerkennung von „Rechtslagen" zuzulassen, wurde im Verlauf des Gesetzgebungsverfahrens aufgegeben.

734 *Mansel*, FS Kohler (2018), S. 300, 308 ff.; *Wittwer*, in: Mayr (Hrg.), Hdb EuZVR (2017), Rdn. 7.137–7.139. Vorbild war das Urteil des EuGH, 2.12.1997, Rs. C-336/94, *Dafeki./.Landesversicherungsanstalt Württemberg*, EU:C:1997:579, Rdn. 19 f.

735 *Mansel*, FS Kohler:(2018), S. 300, 308; EuGH, 12.7.2012, Rs. C-378/10, *VALE Építési*, EU:C:2012:440, Rdn. 60 f.

736 DurchführungsVO 1329/2014 der EU-Kommission vom 9.12.2014, iVm Formblatt II in Anhang 2, ABl. EU 2014 L 359/30, 39 ff. Ein wesentlicher Nachteil des Formulars ist die fortbestehende Notwendigkeit, individuelle Angaben zu machen, die eine individuelle Übersetzung erfordern.

die den Anerkennungshindernissen des Art. 45 I EuGVO weitgehend entsprechen. Eine Prüfung der Zuständigkeit des Erstgerichts ist ausgeschlossen,[737] desgleichen die *révision au fond* (Art. 41 EuErbVO). Das Verfahren der Vollstreckbarerklärung findet sich in Art. 43 ff. EuErbVO – es ist wortgleich zum Vollstreckbarerklärungsverfahren nach Art. 43 ff. EuGVO aF (in teilweise abweichender Reihung).[738] Ergänzende Vorschriften enthalten die §§ 3 ff. IntErbRVG.

6. Das europäische Nachlasszeugnis

7.220 Für die praktische Abwicklung von grenzüberschreitenden Nachlässen im europäischen Justizraum ist das europäische Nachlasszeugnis (ENZ) von ganz maßgeblicher Bedeutung.[739] Es findet sich in Anhang V der DurchführungsVO zur EuErbVO.[740] Zwar handelt es sich hierbei um ein optionales Instrument (Art. 62 II EuErbVO), es ist jedoch auf die rasche Abwicklung grenzüberschreitender Nachlässe zugeschnitten. Als unionsweites Zeugnis trägt es zur Effektuierung derartiger Verfahren nachhaltig bei. Seine Legitimations- und Gutglaubenswirkungen (vgl. Art. 69 EuErbVO) ermöglichen den Erben (und sonstigen Beteiligten/Begünstigten) der Nachlassauseinandersetzung einen vereinfachten, direkten und kostengünstigen Zugriff auf Nachlassgegenstände in anderen EU-Mitgliedstaaten, insbesondere den Zugang (und Legitimations- und Tatsachennachweis) vor Behörden und Registern in anderen EU-Mitgliedstaaten.[741] Zugleich ist es ein Verfügungsausweis für die darin aufgeführten Personen (Art. 69 II und III EuErbVO). Das Zeugnis implementiert zwei wesentliche Wirkungen der EuErbVO: zum einen die Konzentrationswirkung des einheitlichen Nachlassverfahrens am Gericht des letzten gewöhnlichen Aufenthalts des Erblassers; zum anderen die grenzüberschreitende Anerkennung der dort getroffenen Entscheidung in anderen EU-Mitgliedstaaten, in denen sich Nachlassgegenstände befinden. Ohne das Zeugnis wäre eine grenzüberschreitende Implementierung der Konzentrationswirkung der Nachlasseinheit praktisch nicht durchführbar.[742]

---

737 Aufgrund eines Redaktionsversehens fehlt eine ausdrückliche Regelung, dazu MünchKomm/*Dutta*, Art. 8 EuErbVO, Rdn. 13 f.

738 Vgl. dazu oben § 6 IV, Rdn. 6.223 ff. (zur direkten Vollstreckung).

739 So auch *Schmitz*, RNotZ 2017, 269 ff., der freilich eine unzureichende Nutzung des Zeugnisses in der deutschen Rechtspraxis konstatiert. Jedoch ist es für eine derartige Bewertung zu früh.

740 VO (EU) Nr. 1329/2014, ABl. EU 2014 L 359/30, 66 ff.

741 Zu diesen allgemeinen Funktionen des Erbscheins vgl. Palandt/*Weidlich*, § 2353 BGB, Rdn. 2; *Laukemann*, in: Hess/Bergström/Storskrubb (ed.), EU Civil Justice (2016), S. 161, 166 ff. Speziell zum ENZ *Wittwer*, in: Mayr (Hrg.), Hdb EuZVR (2017), Rdn. 7.153 ff.; MünchKommZPO/*Griwotz*, Art. 69 EuErbVO, Rdn. 1.

742 Deutlich EuGH, 1.3.2018, Rs. C-558/16, *Mahnkopf*, EU:C:2018:138, Rdn. 36 ff.; zuvor Schlussanträge GA *Szpunar*, 13.12.2017, Rs. C-358/16, *Mahnkopf*, EU:C:2017:965, Rdn. 97 ff.

Die Zuständigkeit für die Erteilung des ENZ richtet sich nach Art. 4 ff., vgl. Art. 64 EuErbVO.[743] Das Verfahren wird auf der Basis standardisierter Formulare durchgeführt: Der Antrag auf Erteilung erfolgt auf dem Formblatt IV zur VO, vgl. Art. 65 EuErbVO – die notwendigen Angaben sind dort abschließend aufgeführt.[744] Die Nachprüfung der Angaben und die sonstigen Ermittlungen führt das Nachlassgericht als zuständige Behörde von Amts wegen durch, Art. 66 EuErbVO.[745] Die Ausstellung des ENZ erfolgt mittels des Formulars Nr. V;[746] den Inhalt schreibt Art. 68 EuErbVO detailliert (und verbindlich) vor.[747] Die (materiellen) Rechtswirkungen des ENZ ergeben sich aus Art. 69 EuErbVO.[748] Das Zeugnis entfaltet Beweis- (Abs. 2), Gutglaubens- (Abs. 3 und 4) und Legitimationswirkung (Abs. 5). Rechtsbehelfe gegen das Zeugnis enthält Art. 72 EuErbVO – diese richten sich sowohl gegen die Erteilung des ENZ als auch gegen die Entscheidung, das beantragte Zeugnis nicht auszustellen. Die Verfahrensrechte der EU-Mitgliedstaaten regeln die Einzelheiten des Rechtsbehelfsverfahrens.[749] Eine wesentliche Einschränkung enthält schließlich Art. 70 III EuErbVO – die Abschriften des Zeugnisses[750] sind nur für 6 Monate gültig, jedoch sind Verlängerungen zulässig. 7.221

743 Art. 4 ff. EuErbVO regeln auch die Zuständigkeit zum Erlass nationaler Nachlasszeugnisse (Erbscheine), sofern diese in einem (streitigen) Erteilungsverfahren ergehen. EuGH, 21.6.2018, Rs. C-20/17, *Oberle*, EU:C:2018:485, Rdn. 45 ff.

744 Die Benutzung des Formblatts ist jedoch nicht zwingend, EuGH, 17.1.2019, Rs. C-102/18, *Brisch*, EU:C:2019:34, Rdn. 21 ff. (zu Art. 65 II EuErbVO und Art. 1 IV VO 1329/2014).

745 Für die allgemeinen Verfahrensgrundsätze verweist Art. 66 I 2 EuErbVO auf die Prozessrechte der Mitgliedstaaten zurück – das erscheint im Hinblick auf die Regelung, ein eigenständiges Verfahren des Unionsrechts zu schaffen, wenig überzeugend, anders *Wittwer*, in: Mayr (Hrg.), Hdb EuZPR (2017), Rdn. 7.150 ff.

746 VO (EU) Nr. 1329/2014, ABl. EU 2014 L 359/30, 66 ff.

747 Das ENZ besteht aus einem „Deckblatt" mit Angaben zur Ausstellungsbehörde, zum Antragsteller, zum Erblasser, zur gesetzlichen oder gewillkürten Erbfolge und zum anwendbaren Recht. Die Formulare in Anlagen I–VI enthalten Angaben zum Antragsteller (falls juristische Person), zur Vertretung des Antragstellers (Anlage II), zum Güterstand des Erblassers (Anlage III), zur Rechtsstellung (Beschränkung) des Erben (Anlage IV), Rechtsstellung des Vermächtnisnehmers (Anlage V) sowie zur Testamentsvollstreckung (Anlage VI). Die Aufspaltung des Formulars in verschiedene Anlagen ermöglicht dessen „Verschlankung", wenn keine entsprechende Verfügung des Erblassers erfolgt ist.

748 *Laukemann*, in: Hess/Bergström/Storskrubb (ed.), EU Civil Justice (2016), S. 161, 166 ff.

749 Es entscheidet der Rechtspfleger, dagegen ist nach § 11 II RPflG die Beschwerde zum OLG und (des weiteren) die Rechtsbeschwerde zum BGH eröffnet, vgl. §§ 33–44 IntErbRVG.

750 Das Original verbleibt bei der ausstellenden Behörde, MünchKommZPO/*Griwotz*, Art. 70 EuErbVO, Rdn. 11.

§ 8 Justizielle Kooperation im Europäischen Justizraum

Übergreifende Literatur:[1] Hess/Richard, The 1965 Service and 1970 Evidence Conventions as crucial bridges between legal traditions?, in: John/Gulati/Köhler (ed.), The Elgar Companion to the Hague Conference on Private International Law (2020), 286; *Hess*, Justizielle Kooperation, in: ders./ Gottwald, Procedural Justice (2015), S. 387; *ders.*, Nouvelles techniques de la coopération judiciaire transfrontière en Europe, Rev. Crit. 2003, 215; *ders./Ortolani* (Hrg.), Impediments of National Procedural Law to the Free Movement of Judgments (2019); *Jastrow*, Europäische Zustellung und Beweisaufnahme – Neuerungen im deutschen Recht und konsularische Beweisaufnahme, IPRax 2004, 11; *Knöfel*, Ebenenübergreifende Dogmatik im Internationalen Zivilverfahrensrecht, JbJZRWiss. 2008, 239; *McClean*, International Co-operation in civil and criminal matters (2002); *Rechberger*, Die neue Generation – Bemerkungen zu den Verordnungen 804/2005, 1896/20006 und 861/2007 des Europäischen Parlaments und des Rates, FS Leipold (2009), S. 301; *van Compernolle* (ed.), Chère Justice: Le risque du procès – la prise en charge des honoraires des conseils (2005); *Vollkommer/Huber*, Neues Europäisches Zivilverfahrensrecht in Deutschland, NJW 2009, 1105; *Weil*, Rechtshilfe: Zustellung, Rechtshängigkeit, Beweis, Information über das Recht eines anderen Mitgliedstaates, Zwangsvollstreckung, in: Barrett (ed.), Creating a European Judicial Space (2001), S. 51; *Wettner*, Die Amtshilfe im Europäischen Verwaltungsrecht (2005).

I. Zustellungen: *Anthimos*, Fictitious Service of Process in the EU, Czech Yb Int'l L 2017, 3; *Bambust*, Du versiculet au versicule: la transmission européenne des documents judiciaires, in: Candela Sorrano/de Leval (ed.), Espace judiciaire européen (2007), S. 175; *Douchy/Menut*, Transmission, signification ou notification des actes (2002); *Drehsen*, Zustellung gerichtlicher Schriftstücke im Rahmen der EU-MahnVO, IPRax 2019, 378; *Dutta*, Grenzüberschreitende Forderungsdurchsetzung in Europa: Konvergenz der Beitreibungssysteme in Zivil- und Verwaltungssachen?, IPRax 2010, 504; *ders.*, Durchsetzung öffentlich-rechtlicher Forderungen ausländischer Staaten durch deutsche Gerichte (2006); *Eichel*, Internationale Zustellung und Klagepriorität bei fehlenden oder fehlerhaften Übersetzungen der Klageschrift, IPRax 2017, 352; *Fabig/Windau*, Übersetzungen bei Auslandszustellungen in der EU, NJW 2017, 2502; *Freudenthal*, Harmonisierung des Europäischen Zivilprozessrechts: Sprachverschiedenheit führt zu babylonischer Verwirrung, FS 60 Jahre deutsch-niederländische Juristenvereinigung (2009); *Gascón Inchausti*, Service of proceedings on the defendant as a safeguard of fairness in civil proceedings: in search of minimum standards from EU legislation and European case-law, JPIL 13 (2017), 475; *Heinze*, Keine Zustellung durch Aufgabe zur Post im Anwendungsbereich der Europäischen Zustellungsverordnung, IPRax 2013, 132; *Hess*, Übersetzungserfordernisse im europäischen Zustellungsrecht, IPRax 2008, 400; *ders.*, Neues deutsches und europäisches Zustellungsrecht, NJW 2002, 2417; *Jastrow*, Rechtspolitische Überlegungen zur Umsetzung von Art. 15 der Euopäischen Zustellungsverordnung, IPRax 2008, 477; *Kondring*, Von Scania zu Alder: Ist die fiktive Inlandszustellung in Europa am Ende?, EWS 2013, 128; *Lindacher*, Europäisches Zustellungsrecht, ZZP 114 (2001), 179; *Linke*, Europäisches Zustellungsrecht, ERA-Forum 2005, 205; *ders.*, Die Probleme der internationalen Zustellung, in: Gottwald, Grundfragen der Gerichtsverfassung (1999); *Malan*, La langue de la signification des actes judiciaires ou les incertitudes du règlement sur la signification et la notification des actes judiciaires et extrajudiciaires, Petites affiches du 17 avril 2003, S. 6; *Mankowski*, Übersetzungserfordernisse und Zurückweisungsrecht des Empfängers im Europäischen Zustellungsrecht, IPRax 2009, 180; *Richard*, Le jugement par défaut dans l'espace judiciaire européenne

1 **Ältere Literatur** vgl. Voraufl.

https://doi.org/10.1515/9783110715156-008

(Diss. Luxemburg/Paris 2019); *Ruster*, Die rückwirkende Heilung schwebend unwirksamer EU-Auslandszustellungen, NJW 2019, 3186; *Schilling*, Das Exequatur und die EMRK, IPRax 2011, 31; *Schlosser*, Grenzüberschreitende Zustellung zwischen staatlichem Souveränitätsanspruch und Anspruch der Prozesspartei auf ein faires Verfahren, FS Matscher (1993), S. 387; *Schütze*, Übersetzungen im europäischen und internationalen Zivilprozessrecht – Probleme der Zustellung, RIW 2006, 352; *Schulze*, Zustellung, in: Leible/Terhechte (Hrg.), Eur. Rechtsschutz und Verfahrensrecht (2014), § 22; *Sharma*, Zustellungen im Europäischen Justizraum (2004); *Stroschein*, Parteizustellung im Ausland (2008); *Sujecki*, Die reformierte Zustellungsverordnung, NJW 2008, 1628; *Würdinger*, Das Sprachen- und Übersetzungsproblem im Europäischen Zustellungsrecht – ein Spannungsfeld zwischen Justizgewährung und Beklagtenschutz im Europäischen Justizraum, IPRax 2013, 61.

Internet-Publikationen: https://op.europa.eu/de/publication-detail/-/publication/f659f85c-4c00-46fd-bbf5-c28293c7f2fb.

II. Beweisverfahren: *Adolphsen*, Die EG-Verordnung über die Zusammenarbeit auf dem Gebiet der Beweisaufnahme in Zivil- und Handelssachen, in: Mahraun (Hrg.), Bausteine eines europäischen Beweisrechts (2007), S. 1; *Forner Delaygua*, The Impact of the Enforcement Directive on the Brussels I Regime, in: Nuyts (ed.), International Litigation in Intellectual Property and Information Technology (2008), S. 257; *Hess*, Preservation and Taking of Evidence in Cross-Border Proceedings – Comparative Remarks in the Context of IP-Litigation, in: Nuyts (ed.), International Litigation in Intellectual Property and Information Technology (2008), S. 289; *ders.*, Europäisches Beweisrecht zwischen Menschenrechtsschutz und internationaler Rechtshilfe: Die Polanski-Entscheidung des House of Lords, in: Mahraun (Hrg.), Bausteine eines europäischen Beweisrechts (2007), S. 17; *Hess/Zhou*, Informationsbeschaffung und Beweissicherung im Europäischen Justizraum, IPRax 2007, 183; *Huber*, Der optionale Charakter der Europäischen Beweisaufnahmeverordnung, ZEuP 2014, 642; *Jayme*, Extraterritoriale Beweisverschaffung und Vollstreckungshilfe für inländische Verfahren durch ausländische Gerichte, FS Geimer I (2002), 375; *Junker*, Electronic Discovery gegen deutsche Unternehmen (2008); *Kern*, Die ausländische Partei als Zeuge im europäischen Beweisrecht GPR 2013, 49; *Knöfel*, Der Kommissionsvorschlag von 2018 zur Änderung der Europäischen Beweisaufnahmeverordnung, RIW 2018, 712; *Lebeau/Niboyet*, Regards croisés du processualiste et de l'internationaliste sur le règlement CE du 28 mai 2001 relatif à l'obtention des preuves civiles à l'étranger, Gazette du Palais 2003, 221; *Lindacher*, Befundtatsachenfeststellung durch Gerichtssachverständige im Ausland, FS Pekcanitez (2014), S. 231; *Mankowski*, Auslandszeugen, Prozesstaktik, Videovernehmung und weitere Optionen, RIW 2014, 397; *ders.*, Selbständiges Beweisverfahren und einstweiliger Rechtsschutz in Europa, JZ 2005, 1144; *Müller*, Grenzüberschreitende Beweisaufnahme im Europäischen Justizraum (2004); *Nagel/Bajons* (Hrg.), Beweis-Preuve-Evidence (2005); *Nuyts*, Les arrêts Lippens et ProRail: retour sur l'exclusivité de la réglementation européenne de collecte des preuves, JT 2014, 557; *ders.*, Le règlement communautaire sur l'obtention des preuves – un instrument exhaustif?, Rev. crit. 2007, 53; *Rechberger/McGuire*, Die Umsetzung der EuBewVO in Österreich, ZZPInt 10 (2005), 81; *Schlosser*, Die Tätigkeit des gerichtlichen Sachverständigen auf fremdem Territorium, FS Klamaris (2016), S. 685; *ders.*, Verwertungsbeschränkungen bei Informationen, die im Rahmen eines Zivilprozesses erlangt wurden, FS Vollkommer (2008), S. 217; *Schoibl*, Grenzüberschreitende Rechtshilfe im Europäischen Justizraum: Die unmittelbare Beweisaufnahme in Zivil- und Handelssachen nach der VO (EG) 1206/2001 – eine Skizze, FS Matscher (2008), S. 884; *Szychowska*, Taking of Evidence in Intellectual Property Matters Under Regulation 44/2001 and 1206/2001, I.R.D.I. 2006, 111; *Thole*, Kein abschließender Charakter der Europäischen Beweisaufnahmeverordnung, IPRax 2014, 225; *Umbertazzi*, Die EG-Beweisaufnahmeverordnung und die „Beschreibung" einer Verletzung des geistigen Eigentums, GRURInt. 2008, 807.

Internet-Publikationen: Praktischer Leitfaden für die Anwendung der Verordnung über die Beweisaufnahme, https://e-justice.europa.eu/fileDownload.do?id=b8b3f27e-a014-4692-af6f-ab40bb92598f.

III. Prozesskostenhilfe: *Gottwald*, Prozesskostenhilfe für grenzüberschreitende Verfahren in Europa, FS Rechberger (2005), S. 173; *Hau*, Europäische Prozesskostenrichtlinie, in: Gebauer/Wiedmann (Hrg.), Zivilrecht unter europäischem Einfluss (2. Aufl. 2010), S. 1971; *Hess*, Access to Justice in the European Judicial Area, in: van Rhee/Uzelac (ed.), Civil Justice between Efficiency and Quality (2008), S. 189; *Jastrow*, EG-Richtlinie 8/2003 – Grenzüberschreitende Prozesskostenhilfe in Zivilsachen, MDR 2004, 75; *Knöfel*, Prozesskostenhilfe im internationalen Zivilverfahrensrecht, FS Klamaris (2016), S. 501; *Leroy*, L'assistance judiciaire transfrontalière, in: de Leval/Candela Soriano (ed.), L'espace judiciaire européen (2008), S. 123; *Rellermeyer*, Rechtspflegergeschäfte nach dem EG-Prozesskostenhilfegesetz, RPfleger 2005, 61; *Roth*, in: Leible/Terhechte, Enzyklopädie Europarecht, Bd. 3, § 25; *Schoibl*, Gemeinsame Mindestvorschriften für die Europäische Prozesskostenhilfe in Zivilsachen, JBl. 2006, 142, 233.

Als der Amsterdamer Vertrag vor 20 Jahren in Kraft trat, war die Rechtshilfe zwischen **8.1**
den EU-Mitgliedstaaten schwergängig, kostenintensiv und vor allem fehleranfällig: Nicht einmal die bereits damals in die Jahre gekommenen Beweis- und Zustellungsübereinkommen der Haager IPR-Konferenz[2] hatten alle (damaligen) EU-Mitgliedstaaten ratifiziert.[3] In der Praxis bestanden erhebliche Vollzugsdefizite: Die Laufzeiten bei der Abwicklung von Zustellungsersuchen betrugen zwischen manchen Mitgliedstaaten deutlich mehr als zwei Jahre. In der Praxis scheiterte der Zugang zum Recht im Binnenmarkt häufig bereits bei der Klagezustellung.[4] Insbesondere bei der Urteilsfreizügigkeit erwies sich die fehleranfällige Zustellung des „verfahrenseinleitenden Schriftstücks" (d. h. der Klageschrift) als das praktisch bedeutsamste Anerkennungshindernis.[5] Unnötiger Verwaltungsaufwand und Verzögerungen waren auch bei der internationalen Beweisaufnahme zu konstatieren.[6]

---

2 Haager Übereinkommen über die Zustellung gerichtlicher und außergerichtlicher Schriftstücke im Ausland in Zivil- oder Handelssachen vom 15.11.1965, BGBl. 1977 II 1453; Haager Übereinkommen über die Beweisaufnahme im Ausland in Zivil- oder Handelssachen vom 18.3.1970, BGBl. 1977 II 1472. Dazu *Hess/Richard*, in: John/Gulati/Köhler (ed.), The Elgar Companion to the Hague Conference on Private International Law (2021), 286 ff..

3 Zum unterschiedlichen Ratifikationsstand des HZÜ vgl. *Schulze*, in: Leible/Terhechte, EnzEuR, Bd. 3, § 22, Rdn. 2. Das HZÜ haben die EU-Mitgliedstaaten Malta und Österreich nicht ratifiziert.

4 So insbesondere im Verhältnis zu Spanien, vgl. *Hess*, NJW 2001, 15 ff. mwN; für ein plastisches Beispiel zu den Schwierigkeiten einer Klagezustellung im deutsch-französischen Verhältnis vgl. *Weil*, in: Barrett (ed.), Creating a European Judicial Space, S. 51, 52 ff.

5 Nach Art. 27 Nr. 2 EuGVÜ kam es auf die „ordnungsgemäße" Zustellung an; anders nunmehr Art. 45 I lit. b) EuGVO: Entscheidend ist die Wahrung rechtlichen Gehörs, vgl. § 6 III, Rdn. 6.228 ff.; zur autonomen Auslegung vgl. oben § 4 II, Rdn. 4.44 ff.

6 Zur Jahrtausendwende gaben die EU-Mitgliedstaaten für die Erledigung fremder Ersuchen eine Durchschnittsdauer von 1 bis 6 Monaten an. Die Dauer der Erledigung ausgehender Ersuchen durch andere EU-Staaten wurde von mehreren Monaten bis zu mehr als einem Jahr geschätzt, Ratsdokument 10651/00, Justciv 85, S. 13.

8.2 Nach dem Inkrafttreten des Amsterdamer Vertrags war daher ein vordringliches Anliegen des europäischen Gesetzgebers der schnelle Erlass von Gemeinschaftsrechtsakten zur Effektuierung der Rechtshilfe in allen Mitgliedstaaten. Die Zustellungsverordnung (1348/00/EG)[7] und die Beweisverordnung (1206/01/EG) orientieren sich strukturell an den überkommenen Modellen der Haager Rechtshilfeübereinkommen. Die EU-Verordnungen sollen darüber hinaus die Übermittlungswege beschleunigen und die Verfahren vereinfachen. Das Europäische Justizielle Netz in Zivilsachen hat als ergänzende, unterstützende Maßnahme die Rechtshilfe im Europäischen Justizraum ganz wesentlich effektuiert.[8] Dennoch bestehen weiterhin Vollzugsdefizite.[9] Daher arbeitet die EU-Kommission laufend an der Evaluation und inhaltlichen Verbesserung der europäischen Rechtshilfeinstrumente.[10] Diese Initiativen werden vom Rat und (insbesondere) vom EU-Parlament eng begleitet – und gegebenenfalls auch deutlich kritisiert.[11] Schließlich hat der EuGH eine Rechtsprechung entfaltet, die die wesentlichen Regelungsziele der europäischen Rechtshilfe in die praktische Umsetzung der EU-Rechtsakte implementiert: nämlich die Effektuierung der Rechtshilfe, um den Justizgewährungsanspruch des Klägers umzusetzen bei gleichzeitiger Wahrung der Verteidigungsrechte des Beklagten.[12] Die Effektuierung und die Konstitutionalisierung des Europäischen Zivilprozessrechts werden im Bereich der Rechtshilfe besonders augenfällig.[13]

I. Zustellungen im Binnenmarkt

8.3 Die Zustellung steht im Spannungsfeld von Justizgewährung, Beklagtenschutz und Prozessökonomie.[14] Im Zivilprozess eröffnet sie dem Kläger die Justizgewährung. Denn die Zustellung der Klageschrift führt die Rechtshängigkeit herbei (§§ 261, 270 ZPO)

7 Die VO 1348/00/EG wurde zum 13.11.2008 durch die VO 1393/2007/EG ersetzt.

8 *Storskrubb*, Civil Procedure and EU-Law (2008), S. 233 ff., dazu oben § 3 V, Rdn. 3.102 ff.

9 Eine Evaluation des Europäischen Zivilprozessrechts durch das MPI Luxemburg im Jahre 2017 hat ergeben, dass Probleme bei der Zustellung weiterhin ein wesentliches Hindernis der Urteilsfreizügigkeit bilden, *Gascón Inchausti/Requejo Isidro*, in: Hess/Ortolani (ed.), Impediments of National Procedures to the Free Movement of Judgments (2019), Kap. 1, Rdn. 36 ff.

10 Die EU-Kommission hat einen Vorschlag zur Reform der ZustellungsVO vorgelegt, COM (2018) 379 final (vom 31.5.2018), dazu unten Rdn. 8.32 ff.

11 Vgl. die Entschließung des Europaparlaments zur (unzureichenden) Initiative der EU-Kommission im Hinblick auf die Überarbeitung der EuBewVO vom 10.3.2009 (2008/2180/INI), dazu unten § 8 II, Rdn. 8.63.

12 Vorbildlich etwa: EuGH, 28.4.2016, Rs. C-384/14, *Alta Realitat*, EU:C:2016:316, Rdn. 52 ff. zu Art. 8 EuZustVO.

13 Zutreffend *Gascón Inchausti*, JPIL 13 (2017), 475, 479 ff.

14 Schlussanträge GAin *Stix-Hackl* in EuGH, 28.6.2005, Rs. C-443/03, *Leffler*, EU:C:2005:409, Rdn. 20, mit wörtlicher Bezugnahme auf *Hess*, NJW 2001, 15 ff.

und dient der Fristwahrung (§ 262 ZPO).[15] Der Beklagte wiederum erfährt durch die Übergabe der Klageschrift (§§ 170, 180 ZPO) von der Einleitung des Verfahrens. Hier steht die Wahrung rechtlichen Gehörs im Vordergrund. Auch ihm gegenüber löst die Klagezustellung Fristen aus (vgl. insb. §§ 274–276 ZPO).[16] Ähnliche Funktionen hat die Zustellung des Titels[17] zu Beginn der Zwangsvollstreckung (§ 750 ZPO): Auch hier bewirkt die Zustellung die Eröffnung des Verfahrens (zugunsten des Gläubigers) und gibt dem Schuldner Gelegenheit, sich auf den drohenden Vollstreckungszugriff einzustellen, vgl. Art. 43 EuGVO.[18] Die (rechtzeitige und effektive) Information des jeweiligen Adressaten zur Wahrung rechtlichen Gehörs ist der primäre Zweck jeder Zustellung – unabhängig von der konkreten Parteistellung.[19]

Im internationalen Rechtsverkehr werfen Zustellungen besondere Probleme auf. **8.4** Sie ergeben sich aus dem Zusammenspiel unterschiedlicher Rechtsordnungen (zwischen ersuchendem und ersuchtem Staat), aus Sprach- und Übersetzungsproblemen, aus schwergängigen Transmissionswegen sowie aus den damit verbundenen Zeitverzögerungen und Kosten.[20] Auch die Interessen der Beteiligten sind bei der internationalen Zustellung durchaus deutlich ausgeprägt: Dem Kläger geht es um eine effiziente Durchführung, häufig um eine rasche Zustellung[21] – die gleichbedeutend ist mit einer schnellen Herbeiführung der Rechtshängigkeit.[22] Zustellungseffizienz bedeutet aber auch, dass die Zustellung sicher dokumentiert und unangreifbar ist (§§ 190, 191,

15 Vgl. *Crifò*, Cross-Border Enforcement, S. 44 f.

16 Zur Gehörwahrung vgl. plastisch *Mulane v. Central Hanover Bank*, 339 U.S. 306, 311 (1950), zur Fristenproblematik vgl. EuGH, 8.11.2005, Rs. C-443/03, *Leffler*, EU:C:2005:665, Rdn. 64 ff. – dazu unten § 8 I, Rdn. 8.14.

17 Nicht nur von Urteilen, sondern auch von Prozessvergleichen und notariellen Urkunden, vgl. Art. 2 Nr. 2 u. 3. EuGVO, § 794 I Nr. 1 und 5 ZPO, oben § 6 VI, Rdn. 6.293 ff.

18 Darüber hinaus löst die Zustellung des Urteils die Rechtsmittelfristen aus.

19 Schlussanträge GAin *Stix-Hackl* in EuGH, 8.11.2005, Rs. C-443/03, *Leffler*, EU:C:2005:409, Rdn. 24 f. unter Verweis auf Art. 6 II (1998) EU und Art. 6 EMRK. Seitdem st. Rspr., vgl. etwa EuGH, 28.7.2016, Rs. C-102/15, *Siemens Aktiengesellschaft Österreich*, EU:C:2016:607, Rdn. 49.

20 Dazu bereits *Linke*, in: Gottwald (Hrg.), Grundfragen der Gerichtsverfassung, S. 95, 97 ff.; *W. Kennett*, C.J.Q 17 (1998), 284 ff.

21 Es sei denn, die nationalen Prozessrechte fixieren den Zeitpunkt der Anhängigkeit unabhängig vom Moment der Klagezustellung. Beispiel: 7 (5) C.P.R. lässt eine Bewirkung der Zustellung sechs Monate nach Einreichung der Klage (claim form) mit Rückwirkung ausreichen. Diese Regelung bevorzugt einseitig Klägerinteressen.

22 Zum „*race to the courthouse*", vgl. Art. 29–34 EuGVO, oben § 6 III, Rdn. 6.180 ff. Hier geht es nicht nur um die Frage, ob ortsnah vor inländischen oder weit entfernt vor ausländischen Gerichten prozessiert wird, sondern auch um die Wahrung eines klägerfreundlichen Umfelds.

418 ZPO).[23] Schließlich will der Kläger übermäßige Kosten vermeiden, die er zunächst vorstrecken und (zumindest) beim Scheitern der Zustellung bezahlen muss.[24]

8.5 Aus der Sicht des Zustellungsadressaten (in der Regel des bzw. der Beklagten) geht es darum, hinreichende Informationen über das im Ausland angestrengte Verfahren zu erlangen, insbesondere den tatsächlichen Zugriff auf die Klageschrift zu erhalten, die nicht ohne weiteres verständlich sein muss (Sprach- und Übersetzungsproblem).[25] Eng verbunden mit der Zustellung ist die Frage, ob bzw. wann die Einlassungsfrist anläuft und wie diese bemessen ist (Art. 45 I lit. b) EuGVO). Denn der Beklagten muss hinreichend Zeit bleiben, um notwendige Verteidigungsschritte vor dem ausländischen Gericht einzuleiten.[26] Andererseits muss die Beklagte nicht jedes Detail der Klageschrift kennen, um zu entscheiden, ob sie sich auf das (ausländische) Verfahren einlässt.[27]

8.6 Die Interessen der EU-Mitgliedstaaten zielen darauf ab, durch eindeutige und leichtgängige Zustellungsverfahren eine Vervielfältigung von Rechtsstreitigkeiten (sei es wegen nicht rechtzeitiger Information der Parteien und des Gerichts, sei es über die Wirksamkeit der Zustellung) zu vermeiden. Bei der grenzüberschreitenden Zustellung spielten nach überkommenem Rechtsverständnis zudem Souveränitätserwägungen eine deutliche Rolle.[28] Sie resultierten aus dem Verständnis der Zustellung als „Hoheitsakt", nicht hingegen als „Information" der Prozessbeteiligten.[29] Souveränitätserwägungen haben freilich heute im Europäischen Justizraum (vgl. Art. 67, 81 AEUV) allenfalls marginale Berechtigung.[30] Im Binnenmarkt besteht ein nachhal-

---

23 Im internationalen Verfahren geht es darum, ob und inwieweit ausländische Zustellungszeugnisse inländischen gleichgestellt werden können, um langwierige Zuständigkeitsstreitigkeiten – insbesondere im Rahmen von Art. 29 und 45 I lit. b) EuGVO zu vermeiden, instruktiv *R. Geimer*, FS Schütze (1999), S. 205, 217 ff. – zum Fall *Canada Trust v. Stolzenberg and others n 2*, [1998] 1 W.L.R. 547 (H.L.).

24 Andernfalls gibt der Ausgang des Rechtsstreits den Ausschlag, sofern die Kosten der obsiegenden Partei – wie nach § 91 ZPO – von der verlierenden Partei erstattet werden.

25 EuGH, 2.3.2017, Rs. C-354/15, *Henderson*, EU:C:2017:157, Rdn. 69 ff. Zu den Gefahren der Ersatzzustellung (§ 182 ZPO) im Europäischen Justizraum vgl. die plastische Schilderung von *Albus*, „Ich war mir meiner Schulden nicht bewusst – über die staatsbürgerliche Pflicht, in den Briefkasten zu schauen", FAZ Nr. 64 vom 16.3.2000, S. 58.

26 Hier bestehen erhebliche Unterschiede in den Prozessrechten der Mitgliedstaaten, vgl. dazu die rechtstatsächliche Untersuchung des MPI Luxemburg: *Hess/Ortolani* (ed.), Impediments of National Procedures to the Free Movement of Judgments (2019), Kap. 1–3 (mit zahlreichen Nachweisen).

27 So zutreffend EuGH, 8.5.2008, Rs. C-14/07, *Weiss & Partner*, EU:C:2008:264, Rdn. 60 ff., 73, seitdem st. Rspr.

28 So in Deutschland, vgl. § 6 Ausführungsgesetz zum HZÜ, BGBl. 1977 II, 1453; die Formulierung des *ordre public* in Art. 13 HZÜ begünstigt entsprechende Konzeptionen, dazu BVerfG, JZ 2003, 920, 922 (*Napster*), mit Anm. *Hess*, JZ 2003, 923 f.; *Schulze*, in: EnzEuR, Bd. 3, § 22, Rdn. 8.

29 Dazu *Schlosser*, FS Matscher (1993), S. 387 ff.

30 Vgl. dazu bereits oben § 3 V, Rdn. 3.86 ff. Anderes gilt hingegen im Verhältnis zu Drittstaaten, daher sind die EU-Rechtshilfeinstrumente gegenüber Drittstaaten nicht anwendbar, vgl. oben § 5 I, Rdn. 5.37 ff.

tiges Interesse aller Beteiligten daran, die Zustellung nicht an übertriebenen Formalismen und überkomplizierten Übermittlungswegen scheitern zu lassen[31] und die „knappe Ressource Justiz" nicht über Gebühr in Anspruch nehmen. An dieser (durchaus heterogenen) Interessenlage müssen sich die Rechtsetzungsmaßnahmen der Union messen lassen. Die Unionsrechtsakte sind dabei nach Art. 6 EMRK, Art. 47 GRC grundrechtskonform auszulegen.[32]

Bei den Zustellungsverfahren bestehen in den Prozessrechten der Mitgliedstaaten **8.7** konzeptionelle Unterschiede. Diese betreffen zunächst die (Qualifikation der) Zustellungsorgane: In den romanischen Staaten erfolgen Zustellungen durch den Gerichtsvollzieher (huissier de justice), im Vordergrund steht die persönliche Übergabe des Schriftstücks an die (natürliche) Person, häufig verbunden mit einer mündlichen Belehrung der Adressaten durch den Gerichtsvollzieher.[33] Andere Mitgliedstaaten übertragen die Zustellung (als Massengeschäft) der Post (oder privaten Beliehenen) und verbinden keine (mündliche) Belehrung mit dem Zustellungsakt.[34] Unterschiede bestehen des Weiteren zwischen dem Amts- und dem Parteibetrieb. Während in Deutschland die Zustellung durch die Geschäftsstelle des Prozessgerichts veranlasst wird (vgl. § 167 II ZPO), obliegt sie in den meisten EU-Mitgliedstaaten den Parteien selbst (so etwa in Italien[35] und in Griechenland[36]). Die unterschiedlichen Ausgestaltungen der Zustellungsverfahren und Zustellungsorgane muss der europäische Gesetzgeber berücksichtigen[37], sie beeinflussen selbstverständlich auch die Interpre-

---

31 EuGH, 25.6.2009, Rs. C-14/08, *Roda Golf & Beach Resort,* EU:C:2009:395, Rdn. 53 ff.; EuGH, 16.9.2015, Rs. C-519/13, *Alpha Bank Cyprus*, EU:C:2015:603, Rdn. 29 f.; EuGH, 11.11.2015, Rs. C-223/14, *Tecom Mican und Arias Domínguez*, EU:C:2015:744, Rdn. 63 ff.

32 EuGH, 8.5.2008, Rs. C-14/07, *Weiss & Partner,* EU:C:2008:264, Rdn. 47; EuGH, 19.12.2012, Rs. C-325/11, *Alder,* EU:C:2012:824, Rdn. 35; EuGH, 16.9.2015, Rs. C-519/13, *Alpha Bank Cyprus*, EU:C:2015:603, Rdn. 31; EuGH, 28.7.2016, Rs. C-102/15, *Siemens Aktiengesellschaft Österreich*, EU:C:2016:607, Rdn. 49. Zur grund- und menschenrechtskonformen Auslegung des Europäischen Zivilverfahrensrechts, vgl. oben § 4 I, Rdn. 4.10 ff.

33 Vgl. die Hinweise bei *Geimer*, Neuordnung des internationalen Zustellungsrechts (1999), S. 56 f.; *Kennett*, CJQ 17 (1998), zur Rechtslage in Frankreich: *Fleischhauer*, Inlandszustellung, S. 161 ff.; zur Rechtslage in Griechenland, *Tsikrikas*, ZZPInt. 2003, 309, 316 f.

34 So insbesondere Deutschland und Österreich. Die Privatisierung der Postdienste lässt die RL 2008/6/EG (Abl.EU L 52/3) ausdrücklich zu, *Crifò*, Cross-Border Enforcement, S. 56.

35 *Crifò*, Cross-Border Enforcement, S. 224 ff.

36 *Tsikrikas*, ZZPInt 2003, 309, 311 ff.

37 Beispielsweise bei der Bestimmung des Zeitpunkts der Rechtshängigkeit, vgl. dazu Art. 29 u. 32 EUGVO, oben § 6 III, Rdn. 6.190.

tation der Unionsrechtsakte.[38] Dennoch sind die Unterschiede nicht so gravierend, dass eine unionsweite Vereinheitlichung ausgeschlossen wäre.[39]

8.8 Grenzüberschreitende Zustellungen haben (derzeit) vor allem Bedeutung bei der Zustellung der Klageschrift (einschließlich Mahnbescheide) sowie bei der Zustellung von Versäumnisurteilen. In allen anderen Konstellationen erfolgt die Zustellung regelmäßig an den (inländischen) Prozessvertreter (Rechtsanwalt) der ausländischen Partei mit der Folge, dass die EuZustVO nicht anwendbar ist.[40] Die Vereinbarkeit dieser Vorschriften mit den Unionsrechtlichen Grundsätzen der Nichtdiskriminierung und Effektivität erscheint allerdings fraglich – immerhin wird die Prozessführungslast der ausländischen Partei nachhaltig erhöht.[41]

1. Effektuierung der förmlichen Rechtshilfe in der EU

8.9 Seit dem 31.5.2001 erfolgten Auslandszustellungen im Europäischen Justizraum – im Verhältnis zu Dänemark seit dem 1.7.2007[42] – nach der EuZustVO.[43] Die Verordnung 1348/00/EG wurde zum 13.11.2008 durch die VO 1393/2007/EG abgelöst.[44] Die EuZustVO erfasst Zustellungen in Zivil- und Handelssachen (Art. 1 EuZustVO). Diese Formulierung entspricht im Ausgangspunkt dem sachlichen Anwendungsbereich des Art. 1 I EuGVO.[45] Folglich fallen Zustellungen in Verwaltungssachen, Strafsachen und Steuerangelegenheiten aus dem sachlichen Anwendungsbereich heraus.[46] Allerdings ist Art. 1 EuZustVO in Zweifelsfällen weit zu interpretieren, um den Parteien durch die Klagezustellung und die damit verbundene Information über den eingeleiteten

---

38 Insbesondere die Anwendung von Art. 14 und 15 EuGVO macht im Verhältnis zwischen Staaten Schwierigkeiten, die einerseits die postalische Direktzustellung kennen, andererseits den Parteibetrieb bei der Zustellung ausschließen, *Hess*, NJW 2004, 3302, gegen *Emde*, NJW 2004, 1830.

39 Daher enthalten die Art. 12 ff. EuVTVO, Art 13 ff. EuMahnVO und vor allem Art. 13 EuBagVO eigenständige Vorschriften über die Durchführung der Zustellung selbst.

40 EuGH, 19.12.2012, Rs. C-325/11, *Alder*, EU:C:2012:824, Rdn. 24. Vgl. auch §§ 172, 184 ZPO – danach liegt eine Inlandszustellung vor.

41 Etwa im Bereich des Kostenrisikos – zu Nichtdiskriminierung und Effektivität vgl. unten § 11 I, Rdn. 11.7 ff.

42 Dänemark hat im Jahre 2007 mit der Gemeinschaft ein bilaterales Erstreckungsübereinkommen abgeschlossen, oben § 2 I, Rdn. 2.29–2.31.

43 Zur Entstehung vgl. *Brenn*, EUV, S. 1 ff. Die EuZustVO setzte ein am 26.5.1997 im Rat unterzeichnetes Zustellungsübereinkommen um, ABl. EG 1997 C 261, 1 ff. mit erläuterndem Bericht *Baur*, ebenda, S. 26 ff.

44 ABl. EU 2008 L 324/79 ff. – die Änderungen gelten auch für Dänemark, oben § 2 I, Rdn. 2.31.

45 Rauscher/*Heiderhoff*, Vorb EuZustVO, Rdn. 31; zu weitgehend jedoch *Schmidt*, Europäisches Zivilprozessrecht, Rdn. 294 („deckungsgleich"), vgl. dazu sogleich Fn. 47.

46 Nach Art. 6 III EuZustVO können die ersuchten Stellen die Erledigung derartiger Ersuchen ablehnen.

Prozess den Zugang zum Gericht zu eröffnen und eine Gehörswahrung zu ermöglichen.[47]

Grenzüberschreitende Zustellungen in Verwaltungssachen und im europäischen Strafrecht regeln eigene Instrumente, die EuZustVO ist nicht anwendbar. Für Verwaltungsverfahren und Verwaltungsprozesse gilt das Europäische Übereinkommen über die Zustellung von Verwaltungssachen im Ausland vom 24.11.1977.[48] Im Strafrecht gilt das Übereinkommen vom 29.5.2000 über die Rechtshilfe in Strafsachen zwischen den EU-Mitgliedstaaten.[49] **8.10**

Die EuZustVO regelt die grenzüberschreitende Übermittlung gerichtlicher[50] und außergerichtlicher[51] Schriftstücke zwischen den EU-Mitgliedstaaten. Sie klammert jedoch die eigentlichen Zustellungsvorgänge als solche aus;[52] diese erfolgen nach den Verfahrensrechten des ersuchenden und des ersuchten Staates.[53] Die Zustellungsverordnung unterscheidet im Wesentlichen zwei Übermittlungswege: Einerseits die Zustellung im Wege der Rechtshilfe, andererseits die direkte Zustellung ohne Einschaltung ausländischer Rechtshilfebehörden.[54] Die überkommene Unterscheidung des deutschen Rechts zwischen förmlicher und nicht förmlicher Zustellung (vgl. §§ 70 f. ZRHO) enthält die EuZustVO nicht – sie erfasst nur die förmliche Zustellung.[55] **8.11**

---

47 Zutreffend EuGH, 11.6.2015, Rs. C-226/13, *Fahnenbrock u.a.*, EU:C:2015:383, Rdn. 44 ff. Der EuGH ließ hier die Zustellung von Klagen zu, die Anleger griechischer Staatsanleihen gegen Griechenland erhoben hatten: Bei der Zustellung geht es nämlich primär um die Einleitung des Verfahrens und die Information des Beklagten. Fragen der völkerrechtlichen Zulässigkeit derartiger Klagen sind erst im Zeitpunkt der Klageeinlassung zu prüfen.

48 BGBl. 1981 II 535. Art. 8 f. der RL 2010/24/EU über die Vollstreckung öffentlich-rechtlicher Forderungen verpflichtet die EU-Mitgliedstaaten zur direkten Vollstreckungshilfe. Zudem können Schriftstücke in andere EU-Mitgliedstaaten per Einschreiben oder elektronisch zugestellt werden. Eine Übersetzung ist erforderlich, EuGH, 14.1.2010, Rs. C-233/08, *Kyrian*, EU:C:2010:11, Rdn. 59, dazu *Dutta*, IPRax 2010, 504 ff.

49 ABl. EG 2000 L 197/1 ff.; BGBl. 2005 II 650, dazu oben § 5, Rdn. 5. 112 ff.

50 Insbesondere die Klageschrift, aber auch alle anderen Beschlüsse und prozessleitenden Verfügungen sowie das den Rechtsstreit beendende Urteil.

51 Dazu EuGH, 25.6.2009, Rs. C-14/08, *Roda Golf & Beach Resort*, EU:C:2009:395, Rdn. 56–59; EuGH, 11.11.2015, Rs. C-223/14, *Tecom Mican und Arias Domínguez*, EU:C:2015:744, Rdn. 44.

52 Dagegen regeln die Art. 12 ff. der VO 805/04/EG mittelbar auch den Zustellungsvorgang, dazu unten § 10 I, Rdn. 10.22 ff. – die Vorschriften werden iRd Europäischen Bagatellverfahren zum unmittelbar anwendbaren Recht, vgl. Art. 13 EuBagVO, dazu unten § 10 III, Rdn. 10.105 ff.

53 Zu den damit verbundenen Regelungs- und Schutzlücken vgl. unten § 8 I, Rdn. 8.27.

54 Insgesamt werden vier unterschiedliche Übermittlungswege vorgehalten: Förmliche Rechtshilfe (Art. 4–11 EuZustVO); Zustellung durch diplomatische und konsularische Vertreter (Art. 12 f. EuZustVO); postalische Zustellung (Art. 14 EuZustVO); Parteizustellung (Art. 15 EuZustVO). *De lege ferenda* ist es überfällig, die elektronische Übermittlung als weitere Zustellungsform einzubeziehen.

55 Eine freiwillige Annahme von Schriftstücken (d. h. die formlose Zustellung) ist weiterhin möglich, sofern nicht das jeweils anwendbare Recht eine förmliche Zustellung verlangt.

8.12 Über den sachlichen Anwendungsbereich der EuZustVO ging es im Verfahren *Roda Golf & Beach Resort*. Der Ausgangsfall betraf die Zustellung einer „Auflösungs"- (sprich Rücktritts-) Erklärung von einem Grundstückskaufvertrag. Diese war vor einem spanischen Notar abgegeben worden; der zuständige spanische Richter fragte den EuGH nach der Anwendung der EuZustVO auf ein „außergerichtliches" Schriftstück. Der EuGH wies die Argumentation einiger Mitgliedstaaten zurück, dass der Begriff nach Maßgabe der nationalen Prozessrechte auszulegen sei. Es gehe um die einheitliche Anwendung der Verordnung; deren Anwendungsbereich könne nicht nach Maßgabe der (unterschiedlichen) Prozessrechte der Mitgliedstaaten bestimmt werden.[56] Der Gerichtshof kam – auch in Abgrenzung zum HZÜ – zum Ergebnis, dass Schriftstücke, die unter behördlicher (etwa notarieller) Mitwirkung errichtet wurden und zur Geltendmachung von Ansprüchen in einem (späteren) Verfahren dienen, als „außergerichtliche" Schriftstücke in den Anwendungsbereich der EuZustVO fallen.[57] Diese Rechtsprechung implementiert die Regelungszwecke der Verordnung.[58]

8.13 In Deutschland enthalten die §§ 1067–1071 ZPO Durchführungsbestimmungen für die innergemeinschaftliche Zustellung.[59] Ergänzend regelt die Rechtshilfeordnung in Zivilsachen (ZRHO) als allgemeine Verwaltungsvorschrift des Bundes und der Länder die technischen Modalitäten der Zustellung (im Hinblick auf Prüfungen, Benachrichtigungen, erforderliche Übersetzungen, Aktenführung etc.).[60] §§ 31a, 81 ZRHO enthalten detaillierte Erläuterungen und Begleitformulare[61] zum grenzüberschreitenden Zustellungsverkehr.[62]

8.14 Primäres Regelungsanliegen des Europäischen Gesetzgebers war zunächst die Verbesserung der förmlichen Rechtshilfe, auch gegenüber dem HZÜ:[63] Rechtshilfeersuchen werden nach Art. 4–11 EuZustVO im direkten Verkehr zwischen der Übermittlungsstelle des Forumstaates (Art. 2 I EuZustVO[64]) von der Empfangsstelle des ersuchten Staates (Art. 2 II EuZustVO[65]) erledigt.[66] Im Regelfall wird jedoch auf die Einschaltung von Zentralstellen bei der Erledigung der Ersuchen verzichtet. Stan-

56 Vgl. dazu oben § 4 II, Rdn. 4.44 ff (zur autonomen Auslegung).

57 EuGH, 25.6.2009, Rs. C-14/08, *Roda Golf & Beach Resort*, EU:C:2009:395, Rdn. 81 ff.; ebenso EuGH, 11.11.2015, Rs. C-223/14, *Tecom Mican und Arias Domínguez*, EU:C:2015:744, Rdn. 37 ff., 46 (Anwendbarkeit der EuZustVO auf die Übermittlung privater Willenserklärungen).

58 Oben Rdn. 8.4 ff.

59 Einzelheiten bei *Heger*, DStR 2009, 435 ff.

60 *Jastrow*, in: Gebauer/Wiedmann (Hrg.), Zivilrecht unter europäischem Einfluss, Kap. 28, Rdn. 14.

61 Vgl. die Muster 16 im Anhang der ZRHO, dazu *Jastrow*, in: Gebauer/Wiedmann (Hrg.), Zivilrecht unter europäischem Einfluss, Kap. 28, Rdn. 159.

62 Zugänglich unter: www.rechtshilfe-international.de.

63 EwG 2, 6 und 8 EuZustVO (2000), dazu bereits *Hess*, NJW 2001, 15, 17 ff.

64 Übermittlungsstelle in Deutschland ist nach § 1069 I ZPO entweder das Prozessgericht oder das Amtsgericht, in dessen Bezirk die Person, welche die Zustellung betreibt, ihren Wohnsitz oder gewöhnlichen Aufenthalt hat. Bei notariellen Urkunden ist der Amtssitz des Notars maßgebend.

65 Empfangsstellen sind in Deutschland die jeweiligen Amtsgerichte, in deren Bezirk das Schriftstück zugestellt werden soll, § 1069 II ZPO.

66 EuGH, 16.9.2015, Rs. C-519/13, *Alpha Bank Cyprus*, EU:C:2015:603, Rdn. 34.

dardformulare erleichtern die unmittelbare Kommunikation[67] zwischen den Justizbehörden. Diese kommen ohne Fließtext aus und sind (ganz überwiegend) durch Ankreuzen sowie durch das Eintragen von Namen und Adressen der Beteiligten auszufüllen.[68] Damit werden Sprachbarrieren im unmittelbaren Verkehr überbrückt (Art. 4 III EuZustVO).[69] Über die jeweils zuständigen Justizorgane, welche konkret die Zustellung durchführen (Gerichte, Gerichtsvollzieher, Notare), informiert in vorbildlicher Weise ein Handbuch, das als Teil des Europäischen Justiziellen Atlas über das Europäische Justizportal zugänglich ist.[70] Die Abwicklung der Zustellungsersuchen unterstützen Zentralstellen in den Mitgliedstaaten (Art. 3 EuZustVO),[71] die ihrerseits über das Europäische Justizielle Netz in Zivilsachen miteinander verknüpft sind.[72] Die Rechtshilfeersuchen sind innerhalb knapper Fristen zu erledigen,[73] über die Abwicklung sollen die Zentralstellen regelmäßig an die EU-Kommission berichten. Die Ablehnung von Rechtshilfeersuchen unter Berufung auf den *ordre public* ist ausgeschlossen[74] – lediglich unvollständige oder nicht hinreichend übersetzte Ersuchen können (unter Bezeichnung der fehlenden Angaben) zur Nachbesserung zurückgegeben werden (Art. 6 II und 8 EuZustVO).[75] Die Erledigung des Ersuchens richtet sich nach dem Recht des ersuchten Staates (Art. 7 I EuZustVO). Eine von der Übermitt-

---

67 Nach Art. 4 II EuZustVO sind die schnellstmöglichen Übermittlungswege zu wählen, dies schließt insbesondere den Einsatz von *information technology* ein.

68 Vgl. Anhang I zur EuZustVO. Das Formular besteht aus zwei Teilen: Auf dem Deckblatt sind die technischen Angaben zur Übermittlung (Übermittlungs-, Empfangsstelle, Antragsteller und Adressat) einzutragen. Auf S. 2 ist das Verfahren näher zu bezeichnen (etwa besondere Zustellungsformen), zudem sind Angaben zur Sprache des Schriftstücks beizufügen. Das Formular ist in der Sprache des ersuchten Staates auszufüllen – die Ausfüllung erfolgt überwiegend durch Ankreuzen. Dem Ersuchen sind die zuzustellenden Schriftstücke beizufügen.

69 Denn im formalisierten Zustellungsverfahren sind individuelle Erklärungen, die sich einer Standardisierung entziehen, nicht erforderlich.

70 http://europa.eu.int/comm/justice–home/judicialatlascivil/html/index–de.htm. Die Website ist in der Form einer Landkarte aufgebaut, dazu oben § 1 V, Rdn. 1.45.

71 Dabei leistet sich der deutsche Justizföderalismus den „Luxus" von 16 unterschiedlichen Zentralstellen. Diese Zersplitterung steht der engen Vernetzung von besonders kompetenten (echten) Zentralstellen (und Sachbearbeitern) in den Mitgliedstaaten entgegen – ganz abgesehen vom damit verbundenen Personalaufwand. Dagegen haben andere Mitgliedstaaten zentrale Empfangsstellen geschaffen, um die notwendige Sachkompetenz zu bündeln, dazu oben § 3 V, Rdn. 3.98.

72 Praktische Vollzugsprobleme werden bei den regelmäßigen Treffen im Rahmen des Justiziellen Netzes besprochen, dazu oben § 3 V, Rdn. 3.102 ff.

73 Nach Art. 7 II EuZustVO muss die Empfangsstelle die Zustellung innerhalb eines Monats bewirken.

74 Anders Art. 13 HZÜ – ein englisches Zustellungsersuchen, das eine *anti-suit injunction* betraf, hatte das OLG Düsseldorf, NJW 1996, 1760, abgelehnt. Der EuGH, 27.4.2004, Rs. C-159/02, *Turner*, EU:C:2004:228, erklärte derartige Verfügungen für unzulässig. Nach Art. 6 III EuZustVO sind Ersuchen zurückzuweisen, die offensichtlich nicht in den Anwendungsbereich des Art. 1 EuZustVO fallen.

75 EuGH, 16.9.2015, Rs. C-519/13, *Alpha Bank Cyprus*, EU:C:2015:603, Rdn. 37; EuGH, 28.4.2016, Rs. C-384/14, *Alta Realitat*, Rdn. 55.

lungsstelle gewünschte, besondere Form ist einzuhalten, sofern diese mit dem Verfahrensrecht des ersuchten Staates vereinbar ist.[76]

8.15 Ein wesentliches Regelungsziel der EuZustVO ist die Erleichterung des zeit- und kostenintensiven Sprach- und Übersetzungsproblems:[77] Im förmlichen Verkehr bemüht sich die Verordnung zunächst um die Einführung einer (oder zumindest weniger) Arbeitssprache(n) zwischen den befassten Stellen. Alle Mitgliedstaaten müssen für die Abfassung der Ersuchen (d. h. das Ausfüllen von Formblättern) weitere Sprachen zulassen (Art. 4, 10 EuZustVO – inzwischen erfolgt die Abwicklung der Ersuchen in der Regel auf Englisch). Zudem bewirken die Formulare eine Standardisierung der Kommunikation. Da die Formulare die wichtigsten Probleme ansprechen, bedarf es nur in wenigen Fällen einer unmittelbaren Kontaktaufnahme zwischen ersuchender und ersuchter Stelle, die dann von den Zentralstellen unterstützt wird (vgl. Art. 3 EuZustVO).

8.16 Das wesentliche Hindernis für eine rasche Bewirkung der Zustellung ist jedoch die nach Art. 5 EuZustVO grundsätzlich geforderte Übersetzung des zuzustellenden Schriftstückes in die Amtssprache des ersuchten Staates.[78] Die Übersetzung ist für die Gehörwahrung des Beklagten unverzichtbar.[79] Allerdings enthält Art. 8 EuZustVO Ausnahmen: wenn der Beklagtenschutz keine Übersetzung erfordert, weil der Empfänger die Sprache versteht, in der das Schriftstück abgefasst ist (Art. 8 I lit. a) EuZustVO), also insbesondere die Sprache des Gerichtsstaates beherrscht, oder wenn die Parteien sich über die zu gebrauchende Sprache vertraglich verständigt haben.[80] Nach Art. 8 I lit. b) kann das Schriftstück auch in der (oder einer) offiziellen Sprache des Empfänger-Mitgliedstaates zugestellt werden. Art. 8 I lit. a) EuZustVO lässt es generell zu, dass das Schriftstück in einer Sprache abgefasst ist, die der Empfänger versteht.[81] Damit ist auch die Zustellung eines englischsprachigen Schriftstücks in Deutschland möglich, sofern der Adressat die englische Sprache beherrscht.[82] Über sein Verweigerungsrecht ist der Empfänger zuvor zu belehren (Art. 5 EuZustVO); hierzu enthält das Zustellungsformular im Anhang II zur EuZustVO einen vorgegebe-

---

76 *Brenn*, Europäische ZustellungsVO, Art. 7 EuZustVO, S. 43 ff.

77 Nach dem Wegfall der Souveränitätsvorbehalte bilden Sprachbarrieren das größte Hemmnis für die Europäische Rechtshilfe, oben § 3 V, Rdn. 3.83 ff.

78 Die Übersetzungskosten trägt der Antragsteller, Art. 5 II ZustVO, dazu EuGH, 16.9.2015, Rs. C-519/13, *Alpha Bank Cyprus*, EU:C:2015:603, Rdn. 35. Unzutreffend *Ruster*, NJW 2019, 3186, 3190, *Fabig/Windau*, NJW 2017, 2502, 2504: zunächst sollte regelmäßig ohne Übersetzung zugestellt werden.

79 *Schilling*, IPRax 2011, 33, 35 – aus der Perspektive von Art. 6 III EUV, Art. 6 EMRK. Deutlich EuGH, 2.3.2017, Rs. C-354/15, *Henderson*, EU:C:2017:157, Rdn. 33; EuGH, 6.9.2018, Rs. C-21/17, *Catlin Europe*, EU:C:2018:675, Rdn. 34 f.

80 AA BGH, 21.12.2006, NJW 2007, 775, 776 f.; dagegen EuGH, 8.5.2008, Rs. C-14/07, *Weiss & Partner*, EU:C:2008:264, Rdn. 65 f.

81 Anders hingegen die frühere Fassung von Art. 8. EuZustVO, dazu Voraufl. § 8, Rdn. 15.

82 Zu den Anforderungen an das konkrete Sprachvermögen vgl. unten Rdn. 8.19.

nen Text.[83] Art. 8 I EuZustVO eröffnet dem Empfänger nach dem Erhalt des Schriftstückes eine Überlegungsfrist von einer Woche.[84] Verweigert der Empfänger zu Unrecht die Annahme, gilt nach deutschem Recht gemäß § 179 I 2 ZPO[85] die Zustellung als bewirkt.[86] Nach der Rechtsprechung des EuGH muss die ersuchte Behörde beim Vollzug des Rechtshilfeersuchens das in Anhang II enthaltene Formular verwenden, das den Adressaten über seine Verweigerungsrechte aufklärt.[87]

Die ursprüngliche Sprachregelung des Art. 8 EuZustVO (2000) war in mehrfacher Hinsicht unvollständig: Sie ließ sowohl den Nachweis als auch die Rechtsfolgen einer (zulässigen) Weigerung des Empfängers offen, das nicht übersetzte Schriftstück anzunehmen. Daher überraschte es nicht, dass das erste Urteil des EuGH zur EuZustVO das Übersetzungserfordernis betraf.[88] Im Ausgangsverfahren hatte der niederländische Kläger der deutschen Beklagten eine einstweilige Verfügung ohne Übersetzung zustellen lassen. Nachdem diese die fehlende Übersetzung gerügt hatte, lehnte das niederländische Gericht den Erlass eines Versäumnisurteils ab. Der mit der Kassationsbeschwerde angerufene Hoge Raad fragte den EuGH nach den Rechtsfolgen einer (berechtigten) Annahmeverweigerung nach Art 8 EuZustVO: Sei die Zustellung generell unwirksam oder könne sie durch eine erneute Vornahme (mit Übersetzung) rückwirkend geheilt werden? Der Gerichtshof folgte nicht dem (vordergründigen) Vorschlag der deutschen und der finnischen Regierung, die Rechtsfolgen einer berechtigten Weigerung ausschließlich nach den Prozessrechten der Mitgliedstaaten zu bestimmen. Er entschied vielmehr, dass die Regelungslücke angesichts der anzustrebenden Integrationsziele im europäischen Prozessrecht aus der Verordnung selbst geschlossen werden müsse.[89] Zum Schutz der Interessen des Klägers dürfe die berechtigte Annahmeverweigerung des Beklagten nicht die Nichtigkeit der Zustellung auslösen. Vielmehr müsse eine Heilung möglich bleiben. Dabei bestimmen sich die Einzelheiten der Heilung nach den Prozessrechten der Mitgliedstaaten – die Neuzustellung müsse jedoch nach den Übermittlungswegen der Zustellungsverordnung durchgeführt werden.[90] Zugleich nahm der Gerichtshof jedoch den Verweis auf die nationalen Prozessrechte insofern zurück, als er auf die die Frist wahrende Wirkung der Zustellung Art. 9 I und II EuZustVO anwandte. Danach gilt für beide Parteien im Hinblick auf die Fristwahrung jeweils die „günstigere“, d. h. die rechtswahrende **8.17**

83 Dazu EwG 13 zur EuZustVO. Das Formular muss zwingend verwendet werden, EuGH, 2.3.2017, Rs. C-354/15, *Henderson*, EU:C:2017:157, Rdn. 50 ff., 55 f. Wird es nicht verwendet, kann dieser Fehler mit einer erneuten Zustellung des Formulars rückwirkend behoben werden, EuGH, 6.9.2018, Rs. C-21/17, *Catlin Europe*, EU:C:2018:675, Rdn. 49 ff.

84 EwG 20 zur EuZustVO dazu auch *Sujecki*, NJW 2008, 1628, 1629; kritisch Rauscher/*Heiderhoff*, Art. 8 EuZustVO, Rdn. 26 (die Frist sei zu kurz bemessen).

85 Bzw. nach den entsprechenden Vorschriften in den Prozessrechten der EU-Mitgliedstaaten, so EuGH, 28.4.2016, Rs. C-384/14, *Alta Realitat*, EU:C:2016:316, Rdn. 81.

86 EuGH, 8.11.2005, Rs. C-443/03, *Leffler*, EU:C:2005:665, Rdn. 36 und 41.

87 EuGH, 16.9.2015, Rs. C-519/13, *Alpha Bank Cyprus*, EU:C:2015:603, Rdn. 45, 54 f.; EuGH, 28.7.2016, Rs. C-102/15, *Siemens Aktiengesellschaft Österreich*, EU:C:2016:607, Rdn. 75 f.; EuGH, 6.9.2018, Rs. C-21/17, *Catlin Europe*, EU:C:2018:675, Rdn. 49 ff.

88 EuGH, 8.11.2005, Rs. C-443/03, *Leffler*, EU:C:2005:665, insbesondere Rdn. 31 ff.

89 EuGH, 8.11.2005, Rs. C-443/03, *Leffler*, EU:C:2005:665, Rdn. 43 ff. Zur autonomen Auslegung oben § 4 II, Rdn. 4.44 ff.

90 Der EuGH verwies auf die unionsrechtlichen Erfordernisse von Nichtdiskriminierung und Effektivität, EuGH, 8.11.2005, Rs. C-443/03, *Leffler*, EU:C:2005:665, Rdn. 49 ff.

Frist.[91] Der niederländische Hoge Raad ließ im Ausgangsverfahren eine Heilung des Zustellungsmangels zu.[92]

8.18 Die *Leffler*-Entscheidung stand in engem Zusammenhang mit den von der EU-Kommission zeitlich vorgelegten Vorschlägen zur Überarbeitung der EuZustVO.[93] Art. 8 EuZustVO (2007) folgt explizit der Lösung des EuGH: Nach Art. 8 III EuZustVO kann im Fall der Annahmeverweigerung des Adressaten das Schriftstück erneut mit Übersetzung zugestellt werden – dabei wahrt der erste Zustellungsversuch zugunsten des Antragstellers eventuelle Fristen, zugunsten des Empfängers ist hingegen das Datum maßgeblich, an dem das übersetzte Schriftstück zugestellt wird. Über das Annahmeverweigerungsrecht wird der Adressat formularmäßig belehrt. In Anlehnung an das französische und belgische Prozessrecht hat Art. 8 EuZustVO den Mechanismus des sog. „double date" übernommen.[94]

8.19 Der Rechtspraxis bereitet die Prognose bzw. der Nachweis hinreichender Sprachkenntnisse des Zustellungsadressaten Schwierigkeiten. Hinreichende Sprachkenntnisse (auch: juristischer Terminologie) sind einzufordern, so dass der Adressat sich um Rechtsrat bemühen kann. Sprachkenntnisse, „die einem Muttersprachler gleichkommen", sind jedoch nicht erforderlich.[95] Zahlreiche Konstellationen sind im jeweiligen Einzelfall zu entscheiden;[96] etwa, ob die Sprachkenntnisse des Französischlehrers ausreichen, um eine in juristischer Terminologie verfasste Klageschrift zum Tribunal d'Instance zu verstehen?[97] Verpflichtet sich ein Schauspieler, an einem Film in englischer Sprache mitzuwirken, so kann er, wenn er wegen Nichterfüllung des Vertrages verklagt wird, nicht vorbringen, dass die Klageschrift ins Dänische übersetzt werden müsse.[98] Bei einer juristischen Person (Unternehmen) kommt es nicht auf die persönlichen Sprachkenntnisse der Geschäftsleitung an, sondern darauf, ob aufgrund des Umfangs der Geschäftstätigkeit in einem bestimmten Land davon aus-

---

91 Zugunsten des Klägers gilt, soweit es auf die Fristwahrung ankommt, Art. 9 I EuZustVO – etwa bei der Frage, ob die Verjährung gehemmt wurde (vgl. § 402 I Nr. 1 BGB). Anderes gilt (zugunsten des Beklagten), wenn es auf den Lauf einer Einlassungs- oder Rechtsbehelfsfrist ankommt (Art. 9 II EuZustVO): Hier kommt es auf den späteren Zeitpunkt an. Art. 9 EuZustVO eröffnet mithin ein flexibles Regime zur Bewältigung der Fristenproblematik. Sie wird auf prozessualer Ebene durch Art. 19 EuZustVO ergänzt. In der Sache nahm der EuGH die geplante Neufassung von Art. 9 EuZustVO vorweg.

92 Urteil vom 23.2.2007, berichtet von *Mankowski*, IPRax 2009, 180 ff.

93 *Mankowski*, CMLR 43 (2006), 1689, 1706.

94 C.A. Liège, 12.1.2006, JT 2006, 169 (no. 6216), dazu *Bambust*, in: Candela Sorrano/de Leval (ed.), Espace judiciaire européen, S. 175, 189.

95 So jedoch *Sengstschmid*, in: Mayr (Hrg.), Hdb EuZVR, Kap. 14, Rdn. 14.127.

96 Vgl. die Auflistung bei *Mankowski*, IPRax 2009, 180, 182.

97 Diese Frage stellt *Schütze*, IZVR, Rdn. 204 – sie ist jedoch (zumindest beim Gymnasiallehrer) meines Erachtens zu bejahen.

98 So der Sachverhalt im Fall EuGH, 28.4.2016, Rs. C-384/14, *Alta Realitat*, EU:C:2016:316, Rdn. 14 – der Gerichtshof hat über das Vorliegen hinreichender Sprachkenntnisse in der Sache nicht entschieden (Rdn. 79).

gegangen werden kann, dass im Unternehmen Mitarbeiter vorhanden sind, die sich um rechtliche Auseinandersetzungen mit diesem Kunden kümmern.[99] Angesichts der Nachweisprobleme im Rahmen des Art. 8 EuZustVO sollte die Rechtspraxis nur dann auf eine Übersetzung verzichten, wenn die Sprachkenntnisse des Empfängers hinreichend bekannt sind.[100] Allerdings eröffnet Art. 8 EuZustVO dem Kläger auch handfeste Vorteile: Droht ein Fristablauf, so kann der Kläger über die erleichterte Zustellung nach Art. 8 I lit. a) EuZustVO seine Rechte wahren. In diesem Fall wird zunächst eine Zustellung ohne Übersetzung durchgeführt. Die „vereinfachte" Zustellung wahrt aus der Sicht des Klägers die Frist. Sodann muss die Klageschrift erneut (mit Übersetzung) zugestellt werden, um die zunächst unwirksame Zustellung zu heilen.[101] Allerdings geht der „Praxishinweis" zu weit, es könne immer zunächst ohne Übersetzung zugestellt werden (letztere könne ja gegebenenfalls nach Rüge des Adressaten nachgeholt werden).[102] Dies verkennt die Funktion der Zustellung, das rechtliche Gehör zu wahren.

Der EuGH hat zudem die Rollenverteilung der beteiligten Justizorgane klargestellt: Danach ist es die Aufgabe der ersuchten Behörde, den Zustellungsadressaten unter Verwendung des Formblatts II über sein Annahmeverweigerungsrecht zu belehren.[103] Im Fall der Annahmeverweigerung ist es Aufgabe des ersuchenden Gerichts zu entscheiden, ob hinreichende Sprachkenntnisse des Adressaten vorlagen.[104] Ob und wie das Ausgangsverfahren im Fall der unberechtigten Weigerung fortgesetzt wird, entscheidet das ersuchende Gericht.[105] Werden die Verteidigungsrechte des Beklagten nicht hinreichend gewahrt, kann die Anerkennung und Vollstreckung an Art. 45 I lit. b) und a) EuGVO scheitern.[106] **8.20**

99 Zutreffend OLG Düsseldorf, 18.12.2019, MMR 2020, 183; OLG Köln, 9.5.2019, NJW-RR 2019, 1214 (im Hinblick auf Facebook Ireland mit mehr als 20 Millionen Kunden in Deutschland). Es kommt bei einer juristischen Person nicht darauf an, dass die Sprachkompetenz im Vorstand vorhanden ist, sondern bei den mit der Klage befassten Organen, zu weitgehend *Sengstschmid*, in: Mayr (Hrg.), Hdb EuZVR, Kap. 14, Rdn. 14.128; wie hier *Schlosser*, in: Schlosser/Hess (Hrg.), Art. 8 EuZustVO, Rdn. 2a).

100 Dies gilt insbesondere dann, wenn der Titel im Urteilsstaat als Europäischer Vollstreckungstitel ergehen soll. Zur Bezugnahme auf die EuZustVO in Art. 28 VO 805/04/EG vgl. § 10 I, Rdn. 10.27 ff.

101 *Rösler/Siepmann*, NJW 2006, 475, 477.

102 So aber *Fabig/Windau*, NJW 2017, 2502, 2505, dem folgend OLG Frankfurt, 8.5.2019, IPRax 2020, 145 (LS), mit abl. Anm. *Hess*, IPRax 2020, 127 f.

103 EuGH, 16.9.2015, Rs. C-519/13, *Alpha Bank Cyprus*, EU:C:2015:603, Rdn. 58; EuGH, 28.4.2016, Rs. C-384/14, *Alta Realitat*, EU:C:2016:316, Rdn. 68.

104 EuGH, 28.4.2016, Rs. C-384/14, *Alta Realitat*, EU, C:2016:316, Rdn. 75.

105 EuGH, 28.4.2016, Rs. C-384/14, *Alta Realitat*, EU:C:2016:316, Rdn. 81 ff.

106 So der Sachverhalt bei EuGH, 28.4.2016, Rs. C-384/14, *Alta Realitat*, EU:C:2016:316, Rdn. 33–35; Schlussanträge GA *Bobek*, 8.9.2016, Rs. C-354/15, *Henderson*, EU:C:2016:650, Rdn. 36, unter Hinweis auf EGMR, 23.5.2016, Nr. 17502/07, *Avotiņš v. Lettland (GC)* CE:ECHR:2016:0523JUD001750207, Rdn. 113–125.

8.21 Der EuGH hat die Reichweite des Übersetzungserfordernisses im Urteil *Weiss & Partner* eingeschränkt. Der Ausgangsfall betraf die Haftung englischer Architekten für die (mangelhafte) Errichtung eines repräsentativen Gebäudes in Berlin. Die Parteien hatten Deutsch als Vertragssprache vereinbart; die Klageschrift wurde dem englischen Beklagten kurz vor Ablauf der Verjährung in englischer Übersetzung zugestellt, die (umfangreichen) Anlagen zur Klage wurden hingegen nicht übersetzt. Der VIII. Zivilsenat des BGH vertrat in seinem Vorlagebeschluss die Ansicht, dass sich aus § 253 II ZPO die Notwendigkeit einer vollständigen Übersetzung der Klage (nebst Anlagen) ergebe.[107] Dies sah der EuGH anders: Zur Gehörswahrung genüge die Übersetzung des wesentlichen Teils der Klageschrift.[108] Denn aufgrund der Klageschrift soll der Beklagte entscheiden, ob er sich zur Rechtswahrung auf das Verfahren einlässt oder nicht. In der Regel wird er bereits wesentliche Elemente des Rechtsstreits kennen. Die Tatsache, dass die Parteien Deutsch als Vertragssprache vereinbart hatten, war nach Ansicht des EuGH zudem ein Indiz für das Vorhandensein ausreichender Sprachkenntnisse des Zustellungsadressaten. Im Ergebnis hat der Gerichtshof die Sprachenproblematik nachhaltig entschärft – aus diesem Grund ist das Urteil uneingeschränkt zu begrüßen. Den Umfang der erforderlichen Übersetzung sollen nach Ansicht des EuGH die Gerichte der Mitgliedsstaaten im jeweiligen Einzelfall bestimmen – zur Bestimmung des Mindestinhalts kann Art. 6 II EuBagVO herangezogen werden.[109]

8.22 Ein ungelöstes Problem der EuZustVO sind die Kosten der förmlichen Zustellung: Bereits in den ersten Monaten nach dem Inkrafttreten der EuZustVO (Juni/Juli 2001) traten erhebliche Schwierigkeiten im Verhältnis zu Belgien, Frankreich, Luxemburg und den Niederlanden auf.[110] Dort stellen freiberufliche Gerichtsvollzieher (*huissiers de justice*) gerichtliche und außergerichtliche Schriftstücke zu.[111] Diese verlangen für die Erledigung von Zustellungsersuchen einen Honorarvorschuss (zwischen 69 € und 130 € pro Zustellungsauftrag).[112] Die Erhebung solcher Gebühren lässt Art. 11 II Nr. 1a) EuZustVO ausdrücklich zu,[113] sie waren freilich zumeist nach den – durch Art. 20 I EuZustVO aufgehobenen – bilateralen Zusatzübereinkommen zum Haager Zustel-

107 BGH, 21.12.2006, EuZW 2007, 187.

108 EuGH, 8.5.2008, Rs. C-14/07, *Weiss & Partner*, EU:C:2008:264, Rdn. 74; zustimmend *Hess*, IPRax 2008, 400 ff.

109 Vgl. unten § 10 III, Rdn. 10.110 f., dort auch zur inhaltlichen Abstimmung von Art. 6 EuBagVO mit Art. 8 EuZustVO.

110 Das Problem wurde bereits auf dem ersten Treffen im Rahmen des Europäischen Justiziellen Netzes im Dezember 2002 ausführlich und kontrovers erörtert.

111 Zur unterschiedlichen Organisationsstruktur vgl. *Hess*, in: Andenas/Hess/Oberhammer (ed.), Enforcement Agency Practice in Europe, S. 25, 34 ff.; speziell zum huissier de justice *Schlosser*, RdC 284 (2000), 101 f.

112 Teilweise wurden höhere Kosten – sogar bis zu € 500 – berechnet, *Jastrow*, NJW 2002, 3382 f. Vgl. den Überblick zu den Zustellungskosten im Justizatlas, https://e-justice.europa.eu/content_serving_documents-373-de.do.

113 Ursache waren die unterschiedlichen, von der Systematik der nationalen Verfahrensrechte her vorbestimmten Bedeutungen der Begriffe „Auslagen und Gebühren“ in Art. 11 EuZustVO (aF), die nicht der französischen Terminologie („frais et débours“) entsprechen.

lungsübereinkommen erlassen.[114] Deutsche Amtsgerichte wiesen nach dem Inkrafttreten der EuZustVO von den *Huissier* angeforderte Vorschüsse als (unzulässige) Honorarforderungen zurück. Da jedoch die Position der ausländischen Gerichtsvollzieher mit Art. 11 II EuZustVO vereinbar erschien, wichen deutsche Gerichte zunehmend auf Postzustellungen nach Art. 14 EuZustVO aus.[115] Rechtspolitisch war es jedoch bedauerlich, dass die europäische Rechtsvereinheitlichung für die betroffenen Parteien zunächst erhebliche Mehrkosten verursachte. Auch die Reform der EuZustVO (2007) hat das Problem nicht behoben: Immerhin ist nach EwG 16 bei den Kosten der Grundsatz der Verhältnismäßigkeit zu wahren. Nach Art. 11 EuZustVO müssen die Mitgliedstaaten einheitliche Festgebühren bestimmen. Diese müssen nach den „Grundsätzen der Verhältnismäßigkeit und Nichtdiskriminierung" festgelegt werden und sind der Kommission mitzuteilen.[116]

2. Postalische Direktzustellungen

Als „weitere Übermittlungswege"[117] ermöglicht die EuZustVO Direktzustellungen **8.23**
durch Einschreiben mit Rückschein (Art. 14) und im Wege der Parteizustellung (Art. 15). Dabei beinhaltet die Zulassung der schnellen und preiswerten Postzustellung einen beachtlichen Fortschritt. Denn die Postzustellung unterstellt den Zustellungsvorgang grundsätzlich dem Recht des Gerichtsstaates mit der Folge, dass keine Friktionen wegen der Anwendung unterschiedlicher (Sach-)Rechte auftreten. Nachteile der Postzustellung sind die begrenzte Beweiswirkung des Rückscheins, die Nichterreichbarkeit der Adressaten und die Gefahr des Verlustes des Rückscheins.[118] In Deutschland ersetzt der Rückschein (nach deutschem Recht, vgl. § 1068 I 2 ZPO) das Zustellungszeugnis. Der Nachweis, dass die Zustellung tatsächlich erfolgt ist, muss nicht zwingend mit dem Rückschein geführt werden – eine entsprechende Doku-

---

114 Im Ergebnis verschlechterte die EuZustVO die Position deutscher Prozessparteien: Nach Art. 3 IV der deutsch-belgischen Zusatzvereinbarung zum Haager Prozessübereinkommen vom 29.5.1959 (BGBl. II 1525) durften derartige Kosten nicht erhoben werden.

115 Dafür etwa *Jastrow*, in: Gebauer/Wiedmann (Hrg.), Zivilrecht unter europäischem Einfluss, Kap. 28, Rdn. 195.

116 Wie eine „verhältnismäßige Gebühr" festzulegen ist, lässt Art. 11 II EuZustVO offen.

117 Trotz der (insofern missverständlichen) Überschrift handelt es sich nicht um subsidiäre Zustellungswege, dazu EuGH, 9.2.2006, Rs. C-473/04, *Plumex*, EU:C:2006:96, Rdn. 20; EuGH, 19.12.2012, Rs. C-325/11, *Alder*, EU:C:2012:824, Rdn. 31; EuGH, 11.11.2015, Rs. C-223/14, *Tecom Mican und Arias Domínguez*, EU:C:2015:744, Rdn. 57. Es besteht keine Rangordnung zwischen den Zustellungswegen.

118 Zutreffend *Schulze*, in: Leible/Terhechte (Hrg.), EnzEuR, Bd. 3, § 22, Rdn. 19. Praktische Schwierigkeiten verdeutlicht der Sachverhalt im Verfahren EuGH, 2.3.2017, Rs. C-354/15, *Henderson*, EU:C:2017:157 (Zustellung ohne Formblatt in Anhang II der EuZustVO, die Übergabe des Formblatts muss nach der Rspr des EuGH nachgeholt werden).

mentation durch die Postdienste reicht aus.[119] Die Sendung muss nicht dem namentlich bezeichneten Empfänger ausgehändigt werden. Art. 19 I EuZustVO lässt – unter engen Voraussetzungen – eine Ersatzzustellung in der Wohnung des Adressaten zu, sofern sichergestellt ist, dass das Schriftstück den Adressaten tatsächlich erreicht.[120]

8.24 Art. 14 EuZustVO (2007) regelt die postalische Direktzustellung abschließend; für die Belehrungs- und Übersetzungserfordernisse gilt Art. 8 EuZustVO entsprechend, Art. 8 IV und V EuZustVO. Danach erfolgt die Belehrung des Zustellungsadressaten durch das Prozessgericht (bzw. die zustellende Behörde), eine Übersetzung ist nicht erforderlich, wenn der Adressat sprachkundig ist (Art. 8 I–III EuZustVO).[121] Auch die Heilungsmöglichkeit nach Art. 9 EuZustVO gilt nunmehr explizit auch für die postalischen Direktzustellungen. Die Neuregelung effektuiert die Direktzustellung ganz nachhaltig.[122] Der Rechtspraxis ist anzuraten, die praktische Direktzustellung mit der förmlichen Zustellung zu kombinieren. Dabei wahrt die (schnelle) Direktzustellung die Fristen, Zustellungsfehler werden durch die förmliche Zustellung (auch rückwirkend) geheilt.[123]

8.25 Als weitere Alternative eröffnet Art. 15 EuZustVO die grenzüberschreitende Parteizustellung. Nach Art. 15 II EuZustVO aF konnten die Mitgliedstaaten die Parteizustellung ausschließen.[124] Hiervon hatten zahlreiche Staaten, darunter auch Deutschland, Gebrauch gemacht.[125] Inzwischen lässt Art. 15 EuZustVO (2007) einen derartigen Vorbehalt nicht mehr zu. Allerdings richtet sich die Veranlassung postalischer Direktzustellungen nach den Prozessrechten der Mitgliedstaaten: Bedauerlicherweise[126] setzt der deutsche Gesetzgeber generell auf den Amtsbetrieb im Zustellungsrecht und schließt postalische Direktzustellungen durch die Parteien aus – diese müssen sich

119 EuGH, 2.3.2017, Rs. C-354/15, *Henderson*, EU:C:2017:157, Rdn. 79 ff. – mit dem zutreffenden Hinweis, dass Art. 14 EuZustVO einen „gleichwertigen Beleg" ausreichen lässt.

120 EuGH, 2.3.2017, Rs. C-354/15, *Henderson*, EU:C:2017:157, Rdn. 86 ff. (Rechtsakt übergreifende Auslegung); die abweichende Ansicht der Voraufl. wird aufgegeben.

121 Dazu oben Rdn. 8.16 ff.

122 *Springer*, Direkte Postzustellung, S. 86.

123 Insofern zutreffend *Fabig/Windau*, NJW 2017, 2502, 2503.

124 Letztere schloss § 1071 ZPO aus, dagegen *Gottwald*, FS Schütze (1999), S. 225, 234 f.; *Hess*, NJW 2001, 15, 21 f. Die Kritik von *Schack*, Uniform Law Review 2001, 827, 833, dass die Parteizustellung Missbräuchen (wie in den USA) Tür und Tor öffne, vermag dann nicht zu überzeugen, wenn die Zustellung (wie im Fall des § 192 ZPO) vom Gerichtsvollzieher bewirkt wird.

125 Rechtspolitisch war dieser Vorbehalt verfehlt, weil die Parteizustellung gerade im grenzüberschreitenden Verkehr Effizienz und rechtliches Gehör in vorbildlicher Weise gewährleistet. *Hess*, NJW 2001, 15, 21 ff.; aA *Schack*, Uniform Law Review 2001, 827, 833.

126 AA *Heger*, DStR 2009, 145 ff., der keinen „praktischen Bedarf" für die Parteizustellung sieht. Dies vermag angesichts der fortbestehenden Schwierigkeiten bei der grenzüberschreitenden Zustellung nicht zu überzeugen.

vielmehr an das Prozessgericht wenden (§ 1069 I ZPO).[127] Das vermag nicht zu überzeugen: Angesichts der fortbestehenden, praktischen Schwierigkeiten bei der grenzüberschreitenden Zustellung sollte vielmehr der Parteibetrieb erweitert werden – er eröffnet der Partei die Möglichkeit, eigenverantwortlich für eine effektive Zustellung des Schriftstücks an den ausländischen Adressaten zu sorgen. Dies ist nach geltendem Recht nur dort möglich, wo die ZPO selbst die Parteizustellung erlaubt (etwa nach §§ 845, 922 II, 191 f. ZPO).[128] Auch sollten deutsche Gerichte im Rahmen der Urteilsanerkennung nach Art. 45 I lit. b) EuGVO Parteizustellungen (auch im Inland) ausreichen lassen, die die Partei selbst im Erstverfahren veranlasst, sofern der Empfänger das Schriftstück tatsächlich erhalten hat und ihm effektive Verteidigungsmöglichkeiten im Urteilstaat eröffnet wurden.[129] Dasselbe gilt für die Parteizustellung eines ausländischen Urteils durch einen deutschen Gerichtsvollzieher nach § 192 ZPO zur Einleitung der Vollstreckung nach Art. 36 ff., 43 EuGVO.[130] *De lege ferenda* bleibt der deutsche Gesetzgeber aufgefordert, die Direktzustellung der Parteien zuzulassen.[131]

Art. 12 und 13 EuZustVO lassen nach dem Vorbild des Haager Zustellungsübereinkommens auch eine Zustellung auf diplomatischem und konsularischem Weg zu. In dieser Alternative erfolgt die Übermittlung der Schriftstücke durch die diplomatischen bzw. konsularischen Vertretungen des Übermittlungsstaates an den ausländischen Adressaten. Diese Zustellungsformen können auf die Übermittlung an die jeweils eigenen Staatsangehörigen beschränkt werden, vgl. dazu § 1067 ZPO. Obwohl diese Vorschriften keine große praktische Bedeutung haben, sind sie doch von Nutzen, etwa wenn die Zustellung an ausländische Behörden erfolgen soll.[132] **8.26**

3. Die Effizienz der Europäischen Zustellungsverordnung

Es besteht kein Zweifel, dass die Verordnung den Zustellungsnotstand im europäischen Justizraum nachhaltig verbessert hat. Die Erledigungszeiten konnten in vielen Mitgliedstaaten auf einen Schnitt von 13 Monaten gesenkt werden.[133] Die neuere Rechtsprechung des EuGH hat zudem die Kooperation der Behörden bei der förmli- **8.27**

---

127 Nach § 81 ZRHO sind deutsche Gerichtsvollzieher verpflichtet, Zustellungsaufträge an die Geschäftsstelle weiterzuleiten.

128 *Jastrow*, NJW 2002, 3382, 3384; aA *Lindacher*, ZZP 114 (2001), 179, 186.

129 Zutreffend OLG Köln, 8.9.2003, IPRax 2004, 521; zust. *Hess*, NJW 2004, 3302 gegen *Emde*, NJW 2004, 1830.

130 Zutreffend *Schack*, FamRZ 2004, 1593, zu Art. 34 Nr. 2 EuGVO aF.

131 Ausführlich *Hess*, IPRax 2008, 477 ff.

132 Für eine Streichung *de lege ferenda Hess*, NJW 2001, 15, 19; diese Ansicht gebe ich (angesichts neuerer, praktischer Anwendungsfälle) auf.

133 Bericht der Kommission über die Anwendung der VO 1348/00/EG vom 1.10.2004, KOM (2004) 603 final, S. 4.

chen Zustellung (ähnlich einem Leitfaden) nachhaltig gestärkt.[134] Evaluationen der Praxis zeigen jedoch zahlreiche Schwachstellen.[135] Im Ergebnis sind die Zustellungen im Europäischen Justizraum weiter extrem fehleranfällig: Bei den postalischen Zustellungen beträgt die Erfolgsquote nur ca. 50 %. Beim Einsatz der Formulare werden unvollständiges Ausfüllen, fehlende Unterschriften und ähnliche Ungenauigkeiten beklagt. Zudem bleiben elektronische Zustellungen (insbesondere im kaufmännischen Verkehr) ausgeschlossen. Hier bleibt die aktuelle justizielle Kooperation im europäischen Justizraum hinter den technischen Entwicklungen zurück.[136]

8.28 Trotz spürbarer Effektuierung der grenzüberschreitenden Übermittlungswege spricht die EuZustVO wesentliche Probleme nur teilweise an: Sie regelt vor allem nicht die Frage, wann ein Schriftstück überhaupt im Wege der Rechtshilfe zuzustellen ist. Die Abgrenzung zwischen innerstaatlicher und grenzüberschreitender Zustellung bestimmen vielmehr die Prozessrechte der EU-Mitgliedstaaten.[137] Hier hat allerdings der EuGH die Definitionshoheit der nationalen Prozessrechte zurückgenommen: Fiktive Inlandszustellungen sind mit der EuZustVO unvereinbar, weil sie den Beklagten das rechtliche Gehör abschneiden (Art. 47 GRC, Art. 6 EMRK). Sie beinhalten zudem eine verbotene, mittelbare Diskriminierung nach Art. 18 AEUV.[138] Nationales Zustellungsrecht bleibt hingegen maßgeblich, wenn die Adresse des Adressaten unbekannt ist, Art. 1 II EuZustVO. Verheimlicht der Beklagte seinen Wohnsitz mit der Folge, dass die Klage nicht ihm persönlich, sondern nur öffentlich zugestellt werden kann, scheidet eine Berufung auf Art. 45 I lit. b) EuGVO aus.[139] Zuvor sind jedoch sorgfältige Nachforschungen zur Ermittlung des Adressaten geboten.[140] Zulässig sind hingegen Direktzustellungen durch die Übergabe des Schriftstücks an den (auch vorübergehend) im Inland befindlichen Adressaten (§ 177 ZPO); streitig ist dies im Hinblick auf vertretungsberechtigte Organe der Auslandsgesellschaft. Hier sollten

---

134 Eindrucksvoll insbesondere EuGH, 16.9.2015, Rs. C-519/13, *Alpha Bank Cyprus*, EU:C:2015:603; EuGH, 28.4.2016, Rs. C-384/14, *Alta Realitat*, EU:C:2016:316; EuGH, 2.3.2017, Rs. C-354/15, *Henderson*, EU:C:2017:157; EuGH, 6.9.2018, Rs. C-21/17, *Catlin Europe*, EU:C:2018:675. Diese gut beschriebenen Urteile geben praktische Hinweise zur Anwendung der EuZustVO in den EU-Mitgliedstaaten.

135 Im Rahmen der Evaluation des Europäischen Zivilprozessrechts durch das MPI Luxemburg (JUST/2014/RCON/PR/CIVI/0082) benannte die Rechtspraxis Probleme bei der Zustellung weiterhin als eine wesentliche Schwachstelle des geltenden Rechts, vgl. *Gascón Inchausti/Requejo Isidro*, in: Hess/Ortolani (ed.), Impediments of National Procedural Law (2019), Kap. 1, Rdn. 36 ff.

136 Dazu *Hess*, Justizielle Kooperation, in: Gottwald/ders. (Hrg.), Procedural Justice (2015), S. 387, 401 f.

137 Dazu *Fleischhauer*, Auslandszustellungen, S. 47 ff.

138 EuGH, 19.12.2012, Rs. C-325/11, *Alder*, EU:C:2012:824, Rdn. 31; zuvor BGH, 2.2.2011, NJW 2011, 1885 (zu § 184 ZPO); ein polnisches Urteil, das auf der Anwendung der vom EuGH beanstandeten Vorschrift zur fiktiven Inlandszustellung beruht, wird nach Art. 45 I lit. a) EuGVO nicht anerkannt.

139 BGH, 28.11.2007, NJW 2008, 1531.

140 EuGH, 15.3.2012, Rs. C-292/10, *G*, EU:C:2012:142, Rdn. 56; EuGH, 17.11.2011, Rs. C-327/10, *Hypoteční banka*, EU:C:2011:745, Rdn. 53.

zumindest die Mindestgarantien des Art. 8 EuZustVO analog angewandt werden.[141] Bemerkenswerterweise erstreckt Art. 43 EuGVO (2012) die Regelung des Art. 8 EuZustVO auf die Zustellung der Bescheinigung nach Art. 53 EuGVO im Vollstreckungsstaat. Hier liegt regelmäßig eine Inlandszustellung vor, die jedoch unionsrechtlichen Mindeststandards genügen muss.[142] Die Erstreckung des Art. 8 EuZustVO auf sämtliche Zustellungen im Europäischen Justizraum erscheint inzwischen rechtspolitisch überfällig.

Des Weiteren erhöht die Kumulation mehrerer (Sach-)Rechte auf die grenzüberschreitende Zustellung die Fehleranfälligkeit. Denn nach Art. 7 EuZustVO wird die Zustellung im Rahmen der aktiven Rechtshilfe nach dem Recht des ersuchten Staates bewirkt.[143] Dieser soll freilich „besondere Formen der Zustellung" berücksichtigen, um deren Einhaltung die ersuchende Stelle besonders gebeten hat. Im Ergebnis kommt es zur fehleranfälligen Kombination von drei unterschiedlichen Verfahrensrechten auf einen einheitlichen Vorgang, nämlich der Prozessrechte des ersuchenden sowie des ersuchten Staates, sowie der EuZustVO selbst.[144] Dies wird bei den Fristenregelungen des Art. 9 EuZustVO besonders deutlich – diese verweisen sowohl auf das Recht des ersuchenden wie des ersuchten Staates.[145] **8.29**

Der Gemeinschaftsgesetzgeber wollte angesichts der unterschiedlichen Zustellungsrechte in den Mitgliedstaaten[146] zunächst nicht zu massiv in die nationalen Verfahrensrechte eingreifen. Die fortbestehende Rechtszersplitterung behindert jedoch den grenzüberschreitenden Rechtsverkehr.[147] Die Kumulation nicht abgestimmter Verfahrensvorschriften erhöht zudem die Fehleranfälligkeit. Jüngere EU-Rechtsakte, etwa die EuVTVO und die EuMahnVO, geben mit Recht diese Zurückhaltung auf und enthalten Mindeststandards für den Zustellungsvorgang und für die Heilung von Zustellungsfehlern.[148] Vor allem Art. 13 f. EuBagVO enthalten ein autonomes Zustellungsregime, das die jeweiligen Zustellungsrechte der Mitgliedstaaten **8.30**

141 Dazu *Schulze*, in: Leible/Terhechte (Hrg.), EnzEuR, Bd. 3, § 22, Rdn. 17.

142 *Hess*, in: Schlosser/Hess, Art. 43 EuGVO, Rdn. 1.

143 Anwendbar sind auch die Vorschriften über die Ersatzzustellung (vgl. §§ 178 ff. ZPO) und über die Heilung von Zustellungsmängeln (§ 189 ZPO); vgl. zudem Art. 9 EuZustVO. Allerdings enthält Art. 45 I lit. b) EuGVO für die Bewertung von Zustellungsmängeln einen eigenständigen Beurteilungsmaßstab, Rauscher/*Heiderhoff*, Art. 19 EuZustVO, Rdn. 12, oben § 6 IV, Rdn. 6.231 ff.

144 Zur Fehleranfälligkeit der internationalen Zustellung vgl. *Hess*, Rev. Crit. 2002, 514, 520 ff.

145 Das Prinzip des „double date" – hat sich in der Praxis als kompliziert erwiesen, *Jastrow*, in: Gebauer/Wiedmann (Hrg.), Zivilrecht unter europäischem Einfluss, Kap. 28, Rdn. 168; positiver hingegen die französischsprachige Literatur, etwa *Bambust*, in: Candela Sorriano/De Leval (ed.), Espace judiciaire européen, S. 175, 199 ff. (mit Beispielen aus der belgischen Rechtsprechung).

146 Vgl. den Überblick bei *Hess*, NJW 2001, 15 ff.

147 *Gascón Inchausti*, JPIL 13 (2017), 475, 485 ff.

148 Vgl. unten § 10 I, Rdn. 10.22 zu Art. 12 ff. EuVTVO und § 10 II, Rdn. 10.69 zu Art. 9 ff. EuMahnVO, anders hingegen Art. 28 EuKPfVO, unten § 10 IV, Rdn. 10.149

entbehrlich macht.[149] Die Erstreckung des gemeinschaftsrechtlichen Zustellungsregimes auf weitere Rechtsgebiete ist *de lege ferenda* anzustreben. Das gilt vor allem für die Heilung von Zustellungsmängeln, die sich an Art. 18 EuVTVO orientieren sollte. Danach kommt es zum einen auf den tatsächlichen Erhalt des Schriftstücks und auf die Möglichkeit an, dass der Schuldner einen Rechtsbehelf einlegen kann, in dem er Vorkehrungen für seine Verteidigung treffen kann.[150] In der gegenwärtigen „Übergangsphase" von den nationalen Systemen zum europäischen Zustellungsregime erleichtert das im Anhang I der EuZustVO vorgesehene Formular zu Art. 10 EuZustVO die Anwendung der heterogenen, nationalen Vorschriften. Denn es dokumentiert den tatsächlichen Zustellungsvorgang in klarer und übersichtlicher Form.[151]

8.31 Problematisch bleibt hingegen die Abgrenzung zu den nationalen Zustellungsregelungen. Hier ist vor allem eine Vereinheitlichung der Vorschriften zur grenzüberschreitenden Ersatzzustellung einzufordern. Mittelfristig sollte jedoch eine einheitliche, unionsrechtliche Regelung des gesamten (grenzüberschreitenden) Zustellungsvorgangs die heterogenen Rechte der EU-Mitgliedstaaten ersetzen. Zugleich sollte die Union den Mitgliedstaaten Fristen für den Übergang zu elektronischen Zustellungen setzen und die technischen Mindeststandards unionsweit einheitlich definieren. Es besteht generell rechtspolitischer Handlungsbedarf. Trotz der fortbestehenden Schwachstellen bleibt jedoch festzuhalten: Die Neuregelung der EuZustVO durch die VO 1393/07/EG beweist die Nützlichkeit einer zeitnahen Evaluation der Rechtsakte, die praktische Anwendungsprobleme innerhalb kurzer Zeit schnell und effizient zu beseitigen vermag.[152]

4. Die Reform der EuZustVO (2018/2020)

8.32 Der Reformvorschlag der EU-Kommission vom 31.5.2018[153] beschränkt sich auf die Ermöglichung elektronischer Kommunikation zwischen den beteiligten Behörden bei der förmlichen Zustellung (mittels des e-codex-Systems), die Schaffung eines Rechtshilfesystems zur Ermittlung des Aufenthaltsorts des Zustellungsadressaten, eine Klarstellung von Art. 8 EuZustVO iSd Rechtsprechung des EuGH. Weitere Änderungen betreffen die Ermöglichung einer unmittelbaren elektronischen Zustellung (bei vorheriger Zustimmung) und die Neuformulierung von Art. 19 EuZustVO. Die beiden letzten Punkte sind derzeit (Stand: Juni 2020) in den Trilogverhandlungen noch strei-

149 Unten § 10 III, Rdn. 10.105, ausführlich *Gascón Inchausti*, JPIL 13 (2017), 475, 487 ff.

150 *Schulze*, in: Leible/Terhechte, EnzEuR, Bd. 3, § 22, Rdn. 23.

151 Wesentliche Nachweisprobleme iRv Art. 45 I lit. b) EuGVO lassen sich mit Hilfe des Formulars klären.

152 Die rasche Behebung bestehender Defizite erleichtert die Rechtsform der EU-Verordnung als unmittelbar und sofort anwendbarer Rechtsakt.

153 COM (2018) 379 endg., dazu *Mansel/Thorn/Wagner*, IPRax 2019, 85, 93.

tig.[154] Die Zulassung elektronischer Zustellungen wäre eine nachhaltige Verbesserung der justiziellen Kooperation.[155]

II. Grenzüberschreitende Beweisaufnahmen nach der VO 1206/01/EG

Internationale Prozesse erfordern grenzüberschreitende Informationsbeschaffungen. 8.33
Im Beweisrecht weisen die Prozessrechte der Mitgliedstaaten deutliche Unterschiede auf.[156] Sie beginnen bei der Frage, ob die Sachverhaltsermittlung mit oder ohne Intervention des Prozessgerichts erfolgt;[157] ob und inwieweit die Parteien Auskünfte von der Gegenseite verlangen können[158] und inwieweit das Gericht von sich aus in die Informationsgewinnung eingreifen kann.[159] Hiermit eng verwoben sind die Problematik der Zeugnispflichten und Zeugnisverweigerungsrechte, sowie die Gleichstellung der Zeugeneinvernahme und der Parteivernehmung.[160] Auch die nationalen Beweisverfahrensrechte enthalten deutliche Unterschiede[161]: Sie betreffen vor allem die Fragen, wer die Beweisaufnahme durchführt: die Parteien oder der Richter,[162] und welcher Grad der Formalisierung die Beweisaufnahme prägt.[163] Enge Verbindung zum anwendbaren Recht (und zum vorgelagerten Kollisionsrecht) bestehen bei der Behauptungs- und Beweislast, die gleichfalls das Unionsrecht zunehmend erfasst.[164] Schließlich lassen sich Unterschiede bei der Beweiswürdigung ausmachen – auch

---

154 Aktuelles Dokument: WK 2877/2020 INIT vom 13.3.2020.

155 Dies setzt allerdings voraus, dass leicht zugängliche Übermittlungsformen genutzt werden.

156 Die Problematik der Informationsbeschaffung ist eng mit der allgemeinen Struktur der Beweis- bzw. Erkenntnisverfahren der Prozessrechte der Mitgliedstaaten verwoben, d. h. der Rolle von Parteien und Gericht im Ablauf des Verfahrens (adversarial bzw. inquisitorial) und den dahinter stehenden Vorstellungen von der Funktion des Zivilprozessrechts, zu dieser Problematik vgl. *Bajons* in: Nagel/dies., Beweis-Preuve-Evidence, S. 815, 821 ff.; *Vallines García*, in: Gascón Inchausti/Hess (ed.), The Future of the European Law of Civil Procedure (2020), S. 123, 124 ff.

157 Zu diesen konzeptionellen Unterschieden vgl. *Müller*, Grenzüberschreitende Beweisaufnahme, S. 26 ff; *Junker*, in: Schlosser (Hrg.), Informationsbeschaffung für den Zivilprozess, S. 63, 98 ff.

158 Diese Problematik betrifft die Abgrenzung zwischen prozessualen und materiell-rechtlichen Informationspflichten, dazu Rosenberg/Schwab/*Gottwald*, ZPR, § 108.

159 Hier stellen sich Abgrenzungsfragen zwischen Beibringungsgrundsatz, Amtsermittlung und Kooperationsmaxime, vgl. *Bajons*, in Nagel/dies. Beweis-Preuve-Evidence, S. 815, 816 mwN.

160 Dazu die rechtsvergleichenden Berichte von *Wijffels, Verkerk, Oberhammer-Domej, van Rhee*, in: van Rhee (ed.), European tradition, S. 235–268.

161 *Leipold*, FS Schlechtriem, S. 91, 105.

162 Dazu *Hess*, in: Mahraun (Hrg.), Europäisches Beweisrecht, S. 17 ff.

163 Damit ist insbesondere die Frage des Beweismaßes und zugleich die Zuweisung des Prozessrisikos angesprochen, *Bajons* in Nagel/dies. (Hrg.), Beweis-Preuve-Evidence, S. 813, 830 ff.; *Leipold*, FS Schlechtriem, S. 91, 100 ff.

164 Nämlich überall dort, wo Unionsrechtsakte die Beweislast mitregeln, Beispiele: Art. 4 und 7 der

wenn die Tendenz zur freien Beweiswürdigung in den Mitgliedstaaten und die Zurückdrängung förmlicher Beweisregeln deutlich erkennbar bleiben.[165]

8.34 Trotz der unbestreitbaren Unterschiede zwischen den Beweis(Verfahrens)rechten der Mitgliedstaaten und den mit ihnen verbundenen Prozesskulturen lassen sich Annäherungen in den Beweisrechten der Mitgliedstaaten konstatieren.[166] Dies gilt zum einen für die Vorgaben der Art. 47 GRC und Art. 6 EMRK, die jeder Partei ein Recht auf Beweis unter Wahrung der Waffengleichheit zuerkennen.[167] Dieses setzt sich auch gegenüber nationalen Beweisverboten durch.[168] Auch bei den (zugelassenen) Beweismitteln besteht eine beachtliche Konvergenz.[169] Zudem besteht aus der Perspektive des Unionsrechts das Bedürfnis, den Parteien einen effektiven Zugriff auf im Ausland belegene Beweismittel zu eröffnen. Hier setzt die Beweisverordnung an – sie will die überkommene Rechtshilfe effektuieren.[170] Freilich gehen die Regulierungsansätze des Unionsrechts in anderen Bereichen weiter: Weitreichende Implikationen enthält die Richtlinie über die (grenzüberschreitende) Durchsetzung von Rechten des geistigen Eigentums (RL 2004/48/EG).[171] Sie setzt die Vorgaben von Art. 43 TRIPS im Bereich der *IP-Litigation* um, enthält jedoch darüber hinaus im Kernbereich die Konturen eines europäischen Rechts der Informationsbeschaffung und Beweisaufnahme.[172] Inzwischen hat der Unionsgesetzgeber diese Vorschriften sektoriell ausgeweitet.[173] Mittelfristig zeichnet sich eine (materielle) Harmonisierung der nationalen Beweisverfahren ab, die weit über die gegenwärtige Koordinierung durch die EuBewVO hinausgeht.[174] Eigenständige Sachnormen zur grenzüberschreitenden Beweisaufnahme enthält Art. 9 EuBagVO.[175]

Produkthaftungsrichtlinie 85/374/EWG v. 25.7.1985, ABl. 1985 L 210/29 ff.; Art. 5 III der Verbrauchsgüterkaufrichtlinie v. 7.7.1999, ABl. L 117/12.

165 Dazu *Bajons*, in Nagel/dies. (Hrg.), Beweis-Preuve-Evidence, S. 813, 832 ff.

166 Andere Einschätzung bei *Bajons*, in Nagel/dies. (Hrg.), Beweis-Preuve-Evidence, S. 813, 857 ff; wie hier etwa *Müller*, Grenzüberschreitende Beweisaufnahme, S. 25 f.; *Kerameus*, RabelsZ 66 (2002), 1, 2.

167 Ausführlich *Müller*, Grenzüberschreitende Beweisaufnahme, S. 11 ff.; aA *Knöfel*, EuZW 2008, 267, 270.

168 EGMR, 27.10.1993, Beschwerde Nr. 14448/88, *Dombo Beheer v. Niederlande*, CE:ECHR:1993:1027JUD001444888 (dazu *Schlosser*, 1404).

169 Dazu *Müller*, Grenzüberschreitende Beweisaufnahme, S. 30 ff.

170 Dazu sogleich ausführlich bei Rdn. 8.35 ff.

171 ABl. EG 2004 L 157/1 ff.

172 Dazu unten § 11 II, Rdn. 11.37 ff.; *Vallines García*, in: Gascón Inchausti/Hess (ed.), The Future of the European Law of Civil Procedure (2020), S. 123, 127 ff.

173 Das gilt insbesondere für die RL 2014/104 über Schadensklagen im Kartellrecht (unten § 11 II 3, Rdn. 11.51 ff.), die RL 2016/943 zum Schutz von Geschäftsgeheimnissen (unten § 11 II 4, Rdn. 11.55 ff.).

174 *Vallines García*, in: Gascón Inchausti/Hess (ed.), The Future of the European Law of Civil Procedure (2020), S. 123, 157 ff.

175 Dazu unten § 10 III, Rdn. 10.107.

1. Die Regelungsstruktur der EuBewVO

Am 28. Mai 2001 verabschiedete der Rat für Justiz und Inneres die Verordnung (EG) Nr. 1206/2001 über die Zusammenarbeit zwischen den Gerichten der Mitgliedstaaten auf dem Gebiet der Beweisaufnahme in Zivil- oder Handelssachen (EuBewVO).[176] Die operativen Teile traten am 1.1.2004 in Kraft,[177] das erste Rechtshilfeersuchen erreichte das AG Freiburg bereits am 2.1.2004.[178] Die EuBewVO regelt grenzüberschreitende Beweisaufnahmen im Europäischen Justizraum (mit Ausnahme Dänemarks[179]), freilich nicht den gesamten Vorgang, sondern nur die (direkte) Kooperation zwischen Zivilgerichten und sonstigen Justizorganen der EU-Mitgliedstaaten. Dem Verordnungsgeber geht es um eine möglichst enge Koordinierung der Beweisrechte der Mitgliedstaaten, ohne dass letztere selbst vereinheitlicht werden. Die direkte Kooperation zwischen den Gerichten wird auf der Basis von standardisierten Formularen abgewickelt. Als Modell diente das Haager Beweisübereinkommen vom 18.3.1970.[180] Allerdings wurden dessen Regelungen effektuiert und an die Rahmenbedingungen des Europäischen Justizraums angepasst. Insbesondere wurde die Rolle der Zentralstellen geändert: Diese sind nicht nur für die technische Abwicklung der Rechtshilfeersuchen zuständig. Ihre Aufgabe ist es vielmehr, die Gerichte bei der direkten Kooperation zu unterstützen.[181] 8.35

Die EuBewVO eröffnet zwei Wege zur Beweisverschaffung: Zunächst effektuiert sie die sog. aktive Rechtshilfe (Art. 10–16 EuBewVO). Dabei führt das Gericht eines anderen Mitgliedstaates auf Ersuchen des Prozessgerichts die Beweisaufnahme in seinem Gerichtsbezirk durch. Die beteiligten Gerichte verfahren nach ihren jeweiligen Prozessrechten, die grenzüberschreitende Kooperation regelt die EuBewVO. Die Beweisverfahren unterliegen also weiterhin der jeweiligen *lex fori* (sog. Rogationsprinzip).[182] Der europäische Gesetzgeber bezweckt hier eine enge Verzah- 8.36

---

176 Anders als die zuvor angenommenen Rechtsakte zum europäischen Zivilprozessrecht, die bereits ausgearbeitete, völkerrechtliche Übereinkommen in das EU-Sekundärrecht überführten, ist die EuBewVO der erste Rechtsakt, der von Beginn an unter der Kompetenznorm des Art. 65 EG erarbeitet wurde. Die Verordnung geht auf einen Vorschlag der deutschen Bundesregierung nach Art. 67 EG zurück, ABl. EG 2000 C 314, S. 1 ff.

177 ABl. EG 2001 L 174/1 ff. Wie die anderen Rechtsakte des EG-Prozessrechts wurde die EuBewVO zum 1.5.2004 bzw. zum 1.1.2007 als *acquis communautaire* von den beitretenden Mitgliedstaaten der Union übernommen und ist seit diesem Zeitpunkt in allen Mitgliedstaaten anzuwenden.

178 C.A., 23.3.2009, *Dendron GmbH and others v. The Regent of the University of California and Another*, I.L.Pr. 35 [2004], S. 641 ff. (*Laddie J.*), dazu *Schlosser*, FS Vollkommer, S. 217 ff.

179 Vgl. oben § 2 I, Rdn. 2.31. Eine Erstreckung der EuBewVO auf Dänemark wurde bisher nicht vorgeschlagen.

180 BGBl. 1977 II 1472.

181 Dazu *Szychowska*, I.R.D.I. 2006, 111, 115 f.; vgl. oben Rdn. 8.11 zur entsprechenden Konzeption der EuZustVO.

182 Dazu *Müller*, Grenzüberschreitende Beweisaufnahme, S. 96 ff.

nung der anwendbaren Prozessrechte, lässt dabei eine Kumulation der anwendbaren Prozessrechte ausdrücklich zu.

8.37 Der zweite Übermittlungsweg betrifft die passive Rechtshilfe. In diesem Fall führt das Prozessgericht in dem anderen EU-Mitgliedstaat selbst die Beweisaufnahme durch (Art. 17 EuBewVO).[183] Hier hat sich der europäische Gesetzgeber von den zögerlichen Ansätzen des Haager Beweisübereinkommens gelöst und geht neue Wege transnationaler Kooperation. Freilich steht diese Form der direkten Beweisaufnahme unter einem Genehmigungsvorbehalt der Zentralstelle des betroffenen Mitgliedstaates, Art. 17 V EuBewVO (als sog. „Gouvernantenklausel" bezeichnet).[184] Sie setzt zudem die freiwillige Mitwirkung der Auskunftsperson voraus. Im Ergebnis verwirklicht diese Form der Rechtshilfe das Konzept der justiziellen Kooperation im europäischen Justizraum.[185]

2. Anwendungsbereich

8.38 Sachlich erfasst die EuBewVO sämtliche justizielle Informationsbeschaffungen in Zivil- oder Handelssachen, Art. 1 I EuBewVO.[186] Beide Begriffe sind autonom zu qualifizieren, um Unterschiede in den Beweisrechten der Mitgliedstaaten zu überbrücken.[187] So ist es unstreitig, dass auch die Parteianhörung (§ 141 ZPO) und die Parteivernehmung (§§ 441 ff. ZPO) unter den Begriff fallen;[188] desgleichen die *disclosure* des englischen Prozessrechts.[189] Der Begriff der Zivil- und Handelssache entspricht im Kern Art. 1 I EuGVO.[190] Die entsprechende Rechtsprechung des Gerichtshofs zur Brüssel I-VO ist zu berücksichtigen.[191] Allerdings ist der Anwendungsbereich der

---

183 Die Beweisaufnahme durch diplomatische oder konsularische Vertreter (vgl. Art. 15 ff. HBÜ) erwähnt die EuBewVO mit Recht nicht mehr. Sie wird in der Praxis durch die zeitgemäßere Form der unmittelbaren Beweisaufnahme durch das Prozessgericht ersetzt, *Geimer*, IZVR, Rdn. 2405.

184 So zutreffend *Adolphsen*, Europäisches Zivilprozessrecht in Patentsachen, Rdn. 389.

185 Dazu oben § 3 V, Rdn. 3.86 ff.

186 Der Verweis des Art. 1 I EuBewVO auf das anwendbare Verfahrensrecht ist – entgegen seiner systematischen Stellung – keine Voraussetzung für die Anwendbarkeit der EuBewVO. Dann wäre nämlich die innerstaatliche Zulässigkeit eines Ersuchens von dem ersuchten Gericht zu prüfen, was nur unnötigen Zeitaufwand verursachen würde.

187 Zur autonomen Auslegung von Rechtsbegriffen, die den Anwendungsbereich von Unionsrechtsakten festlegen, vgl. oben § 4 II, Rdn. 4.45.

188 Das anglo-amerikanische Recht fasst unter den Begriff des „witness" sowohl den Zeugen als auch die Partei, *Müller*, Grenzüberschreitende Beweisaufnahme, S. 40; *Wagner*, ZEuP 2001, 441, 489.

189 Sie findet zwischen den Parteien und vor der mündlichen Verhandlung statt, vgl. C.P.R. 31 ff., dazu *Zuckerman*, Civil Procedure, Rdn. 1 ff. Aus der Perspektive des deutschen Verfahrensrechts handelt es sich häufig um vorprozessuale Informationsbeschaffungen.

190 Vgl. dazu oben § 6 I, Rdn. 6.5 ff.

191 So auch *Berger*, IPRax 2001, 522.

Europäischen Rechtshilfeinstrumente weit zu bestimmen, um den Parteien das Recht auf ein faires Verfahren möglichst umfassend zu gewährleisten.[192]

Die EuBewVO regelt keineswegs alle Formen der Informationsverschaffung im europäischen Justizraum. Sie erfasst insbesondere nicht Beweisanordnungen mit extraterritorialer Wirkung, also Anordnungen des Prozessgerichts, Beweismittel aus dem Ausland herbeizuschaffen (z. B.: Ladung eines Zeugen mit Wohnsitz im Ausland[193] oder Anordnungen, im Ausland befindliche Urkunden vorzulegen, §§ 141 f. ZPO).[194] Derartige Maßnahmen „ignorieren" häufig die Internationalität des Sachverhalts: Das Gericht agiert ausschließlich auf der Basis seines Prozessrechts. Solche Anordnungen werden als „innerstaatliche" Maßnahmen angesehen. Sie sollen folglich aus dem Rahmen der klassischen Rechtshilfeübereinkommen herausfallen.[195] Das bedeutet jedoch nicht, dass diese Anordnungen für die Praxis grenzüberschreitender Verfahren keine Bedeutung hätten, ganz im Gegenteil.[196] Da die EuBewVO die Beweisaufnahme im Ausland verbessern soll, kann sie jedoch nicht dahingehend gedeutet werden, dass extraterritoriale Beweisanordnungen im europäischen Justizraum ausgeschlossen werden sollen.[197] *De lege ferenda* erscheint eine unionsrechtliche Regelung dieser praktisch wichtigen Maßnahmen erwägenswert.[198] **8.39**

Art. 1 I EuBewVO nennt als Akteure der Rechtshilfe die „Gerichte der Mitgliedstaaten". Damit fallen Schiedsgerichte aus dem Anwendungsbereich heraus.[199] Die Ausklammerung der Schiedsgerichtsbarkeit aus dem Anwendungsbereich des Europäischen Prozessrechts findet sich zwar auch in anderen Unionsrechtsakten,[200] sie ist jedoch im Hinblick auf die Beweisverordnung besonders bedauerlich. Denn hier existieren keine „parallelen" Rechtshilfeübereinkommen.[201] Soweit das Schiedsge- **8.40**

---

192 Zutreffend Schlussanträge GAin *Kokott*, 18.7.2008, Rs. C-175/06, *Tedesco*, EU:C:2007:451 – das Ersuchen wurde zurückgenommen. Zur Parallelproblematik bei der EuZustVO vgl. oben § 8 I, Rdn. 8.9.

193 Auch die EuZustVO füllt diese Lücke nicht, denn sie erfasst nur die Übermittlung einer Ladung, nicht aber die Frage, ob ein Zeuge im Ausland überhaupt aufgefordert werden darf, vor dem Prozessgericht zu erscheinen.

194 Dazu *Daoudi*, Beweisbeschaffung, S. 54 ff.; *Hess*, JZ 2001, 573, 580; *Jayme/Kohler*, IPRax 2001, 501, 503 f.; *Musielak*, FS Geimer (2002), S. 761, 771 f.

195 Es ist umstritten, ob das HBÜ solche Maßnahmen ausschließt, *Geimer*, IZVR Rdn. 2361 ff., 2363 mwN; *Schack*, IZVR Rdn. 808.

196 Statistische Angaben fehlen. Befragte Rechtsanwälte räumen freimütig ein, dass in transatlantischen Verfahren die Vornahme von „depositions" in deutschen (oder holländischen) Büros geläufige Praxis ist, dazu *Hess*, AG 2005, 897, 904 f.

197 EuGH, 21.2.2013, Rs. C-332/11, *ProRail*, EU:C:2013:87, Rdn. 41 ff.; EuGH, 17.2.2011, Rs. C-283/09, *Weryński*, EU:C:2011:85, Rdn. 62; EuGH, 6.9.2012, Rs. C-170/11, *Lippens u.a.*, EU:C:2012:540, Rdn. 29, dazu *Thole*, IPRax 2014, 255.

198 Vgl. unten § 8 II, Rdn. 8.63 ff.

199 *Schoibl*, FS Rechberger (2005), S. 513, 521 f.; *Leipold*, FS Schlechtriem, S. 91, 93.

200 Insbesondere in Art. 1 II lit. d) EuGVO, dazu oben § 6 I, Rdn. 6.25 ff.; und bei der fehlenden Vorlagebefugnis iRv Art. 267 AEUV, dazu unten § 13 II, Rdn. 13.23 f.

201 Anders als im Anwendungsbereich von Art. 1 II lit. d) EuGVO, wo das UNÜ und das EÜ den Vorrang des Schiedsverfahrens und die Anerkennung des Schiedsspruchs sichern, dazu oben § 6 I, Rdn. 6.27 ff.

richt auf eine zwangsweise Zeugeneinvernahme angewiesen ist, muss es die staatlichen Gerichte um Unterstützung ersuchen, vgl. etwa § 1050 ZPO.[202] Das staatliche Gericht kann dann seinerseits ein Rechtshilfeersuchen nach Art. 2 ff. EuBewVO einleiten.[203] Entsprechend der Regelung des § 1050 S. 3 ZPO sollte jedoch auch dem Schiedsgericht bei der aktiven Rechtshilfe nach Art. 12 EuBewVO ein Anwesenheits- und Fragerecht eröffnet werden.[204] Dagegen eröffnet Art. 17 EuBewVO dem Schiedsgericht keine verbesserten Aufklärungsmöglichkeiten: Als privates Gericht kann es ohne vorherige Genehmigungen auch in anderen Staaten Beweistermine durchführen. *De lege ferenda* sollte freilich eine Gleichstellung der Schiedsgerichte mit den staatlichen Gerichten im Hinblick auf die Art. 2–16 EuBewVO erwogen werden, um die gegenwärtige „Mediatisierung" des Schiedsgerichts bei der europäischen Rechtshilfe zu überwinden.[205]

3. Die Regelungstechnik der Beweisverordnung

8.41 Art. 2 EuBewVO führt den unmittelbaren Geschäftsverkehr zwischen den beteiligten Gerichten ein. Es kommt mithin zur Kooperation zwischen den Amtsgerichten in Malmö und Thessaloniki, den Richtern in Parma und in Dublin. Das Auffinden des zuständigen Gerichts erleichtert ein von der Kommission erstelltes Handbuch, das inzwischen über das eJustice-Portal zugänglich ist (Art. 19 Abs. 1 EuBewVO).[206] Nach Art. 10 I EuBewVO sind die Ersuchen innerhalb von 90 Tagen zu erledigen.[207] Schwierigkeiten sollen unter Vermittlung der Kontaktstellen des Europäischen Justiziellen Netzes für Zivilsachen behoben werden.[208]

8.42 Die Kommunikation zwischen den Gerichten wird mit Hilfe standardisierter Formulare abgewickelt, die in den Sprachen aller Mitgliedstaaten vorgehalten werden.

---

202 *Adolphsen*, Europäisches Zivilprozessrecht in Patentsachen, Rdn. 1304 f. – zuständig ist nach § 1062 IV ZPO das Amtsgericht, in dessen Bezirk die Handlung vorzunehmen ist. § 1050 ZPO beruht auf Art. 27 UNCITRAL-Modellgesetz zur Schiedsgerichtsbarkeit.

203 *Schoibl*, FS Rechberger (2005), S. 513, 527 ff., verweist mit Recht darauf, dass sich ein Schiedsgericht auch unmittelbar an das im Ausland zuständige „Rechtshilfegericht" wenden kann, sofern dessen *lex fori* die Erledigung der Ersuchen „ausländischer Schiedsgerichte" zulässt. Dies sollte auch für §§ 1050, 1062 IV ZPO bejaht werden. Andernfalls bleibt nur der Weg über § 1050 ZPO, Art. 4 ff. EuBewVO.

204 *Schoibl*, FS Rechberger (2005), S. 513, 532 f.

205 *Knöfel*, EuZW 2008, 267, 268 verweist mit Recht auf die weitergehende Praxis U.S.-amerikanischer Gerichte, derartige Rechtshilfeersuchen zuzulassen. Zur Einbeziehung der Schiedsgerichtsbarkeit in die EuGVO *de lege ferenda* vgl. oben § 6 I, Rdn. 6.25 ff.

206 Abrufbar unter: https://e-justice.europa.eu/content_taking_of_evidence-76-de.do.

207 Eine Sanktion für die Fristverletzung sieht die EuBewVO nicht vor; immerhin ist auf dem Formblatt G das ersuchende Gericht über die Fristüberschreitung (und ihre Gründe) zu informieren, Art. 15 S. 1 EuBewVO. Mittelbare Sanktionsmöglichkeiten der EG-Kommission ergeben sich aus Art. 258–260 AEUV (Vertragsverletzungsverfahren).

208 In der Praxis kommt es zu (erheblichen) Verzögerungen, Bericht der EG-Kommission zur Anwendung der EuBewVO, KOM (2007), 769 endg., S. 7.

Die Einzelheiten (d. h. die Übermittlung und die Erledigung der Ersuchen) regeln die Art. 4–9 EuBewVO.[209] Die Mitgliedstaaten können vor allem weitere Sprachen (außer der eigenen) angeben, in denen Ersuchen erledigt werden (Art. 5 EuBewVO).[210] Die auf den ersten Blick technisch erscheinenden Vorschriften bewirken handgreifliche Effizienzgewinne. Ein Beispiel hierfür sind die Formulare A–D der EuBewVO: Die in Art. 4–9 EuBewVO vorgegebenen Verfahrensschritte und die erforderlichen Informationen sind in den Formularen durch die Angabe von Namen und Anschriften zu bezeichnen, im Übrigen genügt ein schlichtes Ankreuzen.[211] Das Formular A zeigt jedoch auch die Grenzen einer Standardisierung im Beweisverfahrensrecht auf: Das Beweisthema, die Beschreibung der gewünschten Beweisaufnahme sowie der Fragenkatalog für eine Zeugenvernehmung oder ein Ersuchen um eine besondere Form der Beweisaufnahme müssen ausformuliert und übersetzt werden. Die unterschiedlichen Beweisthemen lassen eine Typisierung nicht zu.[212] Die variierenden Lebenssachverhalte entziehen sich ohnehin einer strikten Formalisierung. Hier kann auf zeitaufwendige und kostenintensive Übersetzungen nicht verzichtet werden (Art. 4 III EuBewVO).[213] Die Übermittlung der Ersuchen erfolgt auf dem „schnellstmöglichen Weg", zwischen Übermittlungs- und Empfangsstellen durch moderne Kommunikationstechnologien (Email). Die zugelassenen Übermittlungswege ergeben sich aus dem Handbuch (Art. 19, 22 Nr. 3 EuBewVO).[214]

Die wesentlichen Schnittstellen zwischen deutschem und europäischem Zivilprozessrecht regelt das 11. Buch der ZPO.[215] §§ 1072 f. ZPO betreffen die ausgehenden, §§ 1074 ff. die eingehenden Ersuchen. § 1072 ZPO verweist auf die alternativen Rechtshil- 8.43

209 Diese Regelungen betreffen sowohl die aktive (Art. 10 ff.) als auch die passive (Art. 17) Rechtshilfe.

210 Deutschland hat dies (wohl wegen der fehlenden Fremdsprachenkompetenz in der deutschen Richterschaft) nicht getan, vgl. § 1075 ZPO. Auch bei der Zulassung von Email als Kommunikationsmittel (zumindest bei den Zentralstellen) erscheint Deutschland im Vergleich zu anderen Mitgliedstaaten (Estland, Lettland) rückständig, vgl. den Überblick bei *Huber*, in Gebauer/Wiedmann (Hrg.), Zivilrecht unter europäischem Einfluss, Kap. 31, Rdn. 90.

211 Alle Formulare sind inzwischen online auf dem Europäischen Justizportal abrufbar und können elektronisch ausgefüllt werden. Zu Defiziten bei der Kommunikation vgl. *Sengstschmid*, in: Mayr (Hrg.), Hdb EuZVR, Kap. 15, Rdn. 15.100 f.

212 Echte Beschleunigung ließe sich nur über eine allgemein akzeptierte Sprache für die (rasche) Erledigung von Rechtshilfeersuchen erzielen – nach dem derzeitigen Entwicklungsstand könnte diese Sprache wohl nur Englisch sein.

213 Nur das Ersuchen selbst kann in einer anderen Sprache abgefasst werden, sofern der ersuchte Mitgliedstaat die entsprechende Sprache zulässt (Art. 5 EuBewVO). Automatische Übersetzungsprogramme, die z. T. über das Europäische Justizportal verfügbar sind, ermöglichen hier nachhaltige Effizienzgewinne.

214 Zu Einzelheiten vgl. Rauscher/*v. Hein*, Art. 6 EuBewVO, Rdn. 1 f.

215 Anders hingegen die Umsetzung in Österreich: Dort erstrecken die §§ 39, 39a JN die Regelungen der EuBewVO auch auf Drittstaaten – allerdings sind die Vorbehalte und Kontrollmöglichkeiten gegenüber Drittstaaten weiter gefasst, *Berger*, FS Rechberger (2005), S. 39 ff.

fewege der VO 1206/01/EG,[216] § 1073 ZPO legt explizit Teilnahmerechte der Parteien und des Gerichts bei der Beweisaufnahme nach Art. 11 f. und nach 17 III EuBewVO fest.[217] Für eingehende Ersuchen ist nach § 1074 ZPO das Amtsgericht zuständig, in dessen Bezirk die Verfahrenshandlung vorgenommen wird.[218] Angesichts der dezentralen Regelung der Zuständigkeit wurde für die Erledigung der Ersuchen generell Deutsch als Verfahrenssprache festgelegt (§ 1075 ZPO).[219] Einzelheiten enthalten die §§ 82 ff. ZRHO.

4. Aktive Rechtshilfe: Beweisaufnahme durch das ersuchte Gericht

8.44 Die aktive Rechtshilfe führt das Rechtshilfegericht nach seinem Verfahrensrecht auf Ersuchen des Prozessgerichts durch (Art. 10 II EuBewVO).[220] Die Abgrenzung zwischen aktiver und passiver Rechtshilfe ergibt sich aus der Rolle des Prozessgerichts: Bei der aktiven Rechtshilfe führt das ersuchte Gericht die Beweisaufnahme durch (auch wenn das Prozessgericht nach Art. 12 EuBewVO aktiv mitwirkt). Die passive Rechtshilfe (Art. 17 EuBewVO) führt das Prozessgericht selbst durch, das ersuchte Gericht bleibt „passiv", indem es der Beweisaufnahme zustimmt und diese überwacht.[221] Die aktive Rechtshilfe entspricht der Geltung der *lex fori* im Prozessrecht, hat freilich die kumulative Anwendung mehrerer Verfahrensrechte zur Folge und verstärkt die Fehleranfälligkeit.[222] Das Prozessgericht kann jedoch beantragen, dass besondere Erfordernisse seines Verfahrensrechts beachtet werden (Art. 10 III EuBewVO).[223] Bei einer großzügigen Handhabung derartiger Ersuchen kann dies in der Sache (sogar) auf die Anwendung des Rechts des Prozessgerichts hinauslaufen.[224] Im Idealfall können

---

216 Angesichts der alternativ eröffneten Möglichkeiten einer extraterritorialen Beweisbeschaffung (dazu unten Rdn. 8.88 ff.) erscheint § 1072 ZPO zu eng formuliert.

217 Vgl. auch §§ 87a und 87b ZRHO.

218 Das konkret zuständige Amtsgericht kann mit Hilfe der folgenden Website ermittelt werden: https://e-justice.europa.eu/content_taking_evidence-374-de.do?clang=de.

219 Damit bleibt Deutschland hinter dem europäischen Standard, der zumindest Englisch, bisweilen Französisch als Kommunikationssprache zulässt, zurück. Zu Einzelheiten vgl. MünchKomm/*Rauscher*, § 1075 ZPO, Rdn. 5.

220 Alle zugelassenen Beweismittel sind nach Maßgabe des Rechtshilfeersuchens zu verwerten. Dies schließt einen Augenschein im Hinblick auf elektronische Daten ein, vgl. § 371a ZPO, 5.4.2004, *Paul Sayers et oth../.Smith Klein Beecham Plc.*, [2004], EWHC, 1098 (QBD).

221 *Sengstschmid*, in: Mayr (Hrg.), Hdb EuZVR, Kap. 15, Rdn. 15.70.

222 *Huber*, in: Gebauer/Wiedmann (Hrg.), Zivilrecht unter europäischem Einfluss, Kap. 29, Rdn. 23 ff.; *Berger*, FS Rechberger (2005), S. 39, 42 ff.; zur Parallelsituation bei der Zustellung, vgl. *Hess*, NJW 2001, 15, 16 f., oben Rdn. 8.4.

223 Aussageverweigerungsrechte nach dem Recht des ersuchenden Gerichts sind gem. Art. 14 I b) BewO zu beachten, sofern sie im Ersuchen bezeichnet wurden.

224 Regelungstechnisch geht es nur um die Berücksichtigung des Beweisverfahrens des Prozessgerichts im Rahmen der Spielräume des anwendbaren Beweisverfahrensrechts des ersuchten Gerichts (Substitution).

Beweiserhebung und -würdigung der Sache nach demselben Recht durchgeführt werden – dies verbessert die Verwertbarkeit des Beweisergebnisses im Erststaat substantiell.[225] Zudem wird ein Auseinanderfallen der Teilnahme- und Fragerechte der Parteien im inländischen und im ausländischen Teil der Beweisaufnahme vermieden. Die Literatur spricht von einer „dialogischen Beweisaufnahme".[226]

Bei der Anwendung des Art. 10 III EuBewVO dürfen daher keine überzogenen Maßstäbe angewendet werden.[227] Dies zeigt das Beispiel einer beantragten cross examination nach 32 CPR: Diese Form der Zeugeneinvernahme ist bei einem ausländischen Rechtshilfeersuchen grundsätzlich zuzulassen.[228] Zwar kennt das deutsche Zivilprozessrecht diese Form der Zeugeneinvernahme nicht; es ermöglicht jedoch gleichfalls die Befragung des Zeugen durch die Prozessparteien (§ 397 II ZPO). Auch ist zu bedenken, dass § 239 StPO im deutschen Strafprozess das Kreuzverhör zulässt.[229] Übermäßigen physischen oder psychischen Belastungen des Zeugen bei der Befragung durch die Anwälte ist allerdings durch richterliche Aufsicht entgegenzuwirken.[230] Auch andere EU-Staaten haben ihr Beweisverfahrensrecht an die besonderen Erfordernisse des internationalen Rechtsverkehrs angepasst.[231] **8.45**

Art. 11 EuBewVO erlaubt nicht nur die Anwesenheit,[232] sondern ermöglicht eine (aktive) Beteiligung der Parteien bzw. ihrer Vertreter bei der Beweisaufnahme. Damit wird nicht nur die Parteiöffentlichkeit (§ 357 ZPO) hergestellt (*droit d'être présent*); Art. 11 I EuBewVO erlaubt sogar den Parteien die Durchführung der Beweisaufnahme, wenn und soweit das Recht des Prozessgerichts dies vorsieht („*participation*", vgl. etwa § 397 II ZPO).[233] Jedoch kann das ersuchte Gericht, Bedingungen für eine aktive Teilnahme der Parteien festlegen (Art. 11 III EuBewVO).[234] Nach Art. 12 EuBewVO hat auch das Prozessgericht ein Recht auf Anwesenheit (vgl. § 1073 I ZPO); **8.46**

225 So setzt die Verwertung einer Zeugenaussage im Common Law ein Kreuzverhör und ein wörtliches Protokoll voraus, inzwischen sind Videoaufzeichnungen üblich. Anders das deutsche Zivilprozessrecht, vgl. § 160 Abs. 2 ZPO, vgl. *Schlosser*, RdC 284 (2000), S. 13, 123 ff.

226 *Sengstschmid*, in: Mayr (Hrg.), Hdb EuZVR, Kap. 15, Rdn. 15.70.

227 Zutreffend Schlussanträge GAin *Kokott*, 18.7.2007, Rs. C-175/06, *Tedesco*, EU:C:2007:451, Rdn. 99.

228 Für einen großzügigen Maßstab mit Recht *Schlosser*, RdC 284 (2000), 13, 121 ff.

229 Zutreffend Stein/Jonas/*Berger*, Anhang A zu § 363 ZPO, Art. 9 HBÜ, Rdn. 72 zum *ordre public*-Vorbehalt des Art. 9 Abs. 2 HBÜ.

230 Vgl. *E. Geimer*, Beweisaufname, S. 90. Nach R. 32.1 (3) CPR kann ein englisches Gericht einer übermäßigen Befragung des Zeugen durch die (gegnerischen) Anwälte entgegenwirken.

231 Für Frankreich vgl. Art. 740 c.p.c., der – ganz im Gegensatz zu den inländischen Verfahrensvorschriften (art. 214 c.p.c.) eine Zeugenbefragung durch die Parteien zulässt, vgl. dazu *Hess*, in: Mahraun (Hrg.), Bausteine eines europäischen Beweisrechts, S. 17, 24.

232 Art. 7 HBÜ sieht nur ein Anwesenheitsrecht der Parteien und ihrer Vertreter vor. Art. 14 Abs. 2 des deutschen VO-Entwurfs wollte selbst das schlichte Anwesenheitsrecht nur unter Vorbehalt zulassen.

233 Nach dieser Regelung ist beispielsweise ein Kreuzverhör eines Zeugen durch Parteivertreter auf dem Kontinent für einen englischen Prozess denkbar, kaum jedoch in England für einen Civil-Law-Prozess. Ausführlich *Huber*, in: Gebauer/Wiedmann (Hrg.), Zivilrecht unter europäischem Einfluss, Kap. 29, Rdn. 147 ff.

234 Diese sind aber im Lichte der menschenrechtlichen Garantie auf Beweis und das gemeinschaftsrechtliche Verhältnismäßigkeitsangebot auf das Unerlässliche (etwa zum Schutz inländischer Zeugen oder zur Wahrung des Datenschutzes) zu begrenzen.

es kann (unter Aufsicht des ersuchten Gerichts) auch die Befragung selbst durchführen, Art. 12 IV EuBewVO.[235] Damit wird die Unmittelbarkeit der Beweisaufnahme (§ 355 ZPO) im Europäischen Zivilprozessrecht ermöglicht.

8.47 Nach Art. 13 EuBewVO kann das ersuchte Gericht bei der Erledigung des Ersuchens Zwangsmaßnahmen im gleichen Umfang anwenden wie bei inländischen Ersuchen. Die Voraussetzungen und die Rechtsfolgen der Zwangsmaßnahmen unterliegen ausschließlich der *lex fori* des ersuchten Gerichts.[236] Folglich können nur prozessuale Pflichten durchgesetzt werden, die das Recht des ersuchten Gerichts kennt.[237] Verweigert etwa in Deutschland eine Partei die Vernehmung, so kann dieses Verhalten gem. § 446 ZPO nur im Hinblick auf die Beweiswürdigung sanktioniert werden.[238] Eine erzwingbare Aussagepflicht der Partei gibt es nicht.[239] Selbst wenn das Recht des Prozessgerichts eine derartige Zwangsmaßnahme kennt, wäre es gleichwohl unzulässig, die für die Zeugnispflicht in den §§ 380, 390 ZPO vorgesehenen Ordnungsmittel gegen eine Partei einzusetzen.[240]

8.48 Die Anwendung der *lex fori* ist vor allem deshalb notwendig, weil die Zwangsmaßnahmen in Grundrechte eingreifen.[241] Solche Eingriffe sind (zumindest) nach deutschem Rechtsverständnis wegen des Vorbehalts des Gesetzes nur aufgrund eines förmlichen Gesetzes zulässig. Eine Verbesserung der Situation des Beweisinteressierten könnte hier nur eine weitergehende Vergemeinschaftung des Prozessrechts mit entsprechenden Zwangsmaßnahmen erreichen.

8.49 Das OLG Hamm hatte über die Beschwerde einer niederländischen Partei zu entscheiden, gegen die nach § 141 III ZPO ein Ordnungsbefehl wegen des Nichterscheinens zum Termin verhängt worden war. Das OLG Hamm kam zum Ergebnis, dass gegenüber einem EU-Ausländer das persönliche Erscheinen nicht angeordnet werden könne, da die „Jurisdiktion der Mitgliedsstaaten der EG sich [nicht] ohne weiteres auf die Bürger anderer Mitgliedstaaten ausgewirkt hat."[242] Es fehlten Rechtssetzungsakte der EU auf dem Gebiet der prozessleitenden Anordnungen der Gerichte gegenüber Ausländern. Das – gewiss gut gemeinte – Urteil erscheint unrichtig: Ist ein Zivilgericht international

---

235 Dazu *Berger*, FS Rechberger (2005), S. 39, 46 ff.

236 *E. Geimer*, Beweisaufnahme, S. 222; *Stadler*, Der Schutz des Unternehmensgeheimnisses im deutschen und U.S.-amerikanischen Zivilprozess (1989), S. 332; *Stürner*, JZ 1981, 521, 523 – jeweils zu Art. 10 HBÜ.

237 Kennt die *lex fori* eine bestimmte prozessuale Pflicht nicht, so wird sie auch keine entsprechenden Zwangsmaßnahmen erlauben, *Blaschczok*, Haager Übereinkommen, S. 129 ff.

238 Das Gericht kann die unter Beweis gestellten Tatsachen für erwiesen ansehen, zur zurückhaltenden Praxis deutscher Gerichte vgl. MünchKomm/*Schreiber*, § 446 ZPO, Rdn. 3.

239 Zöller/*Greger*, Vor § 445 ZPO, Rdn. 6. § 141 Abs. 3 ZPO erzwingt nur die Anwesenheit, nicht hingegen die Aussage der Partei, Zöller/*Greger*, § 141 ZPO, Rdn. 8. Die deutsche Rechtssituation erscheint reformbedürftig – die Subsidiarität der Parteivernehmung in den §§ 445 ff. ZPO enthält in der Sache eine Beweisregel (geringe Glaubwürdigkeit der Parteiaussage).

240 MünchKomm/*Rauscher*, § 1074 ZPO, Rdn. 52 ff.

241 Man denke nur an die Ordnungshaft bei unberechtigter Zeugnisverweigerung (§ 390 ZPO). Zur verfassungsrechtlichen Problematik *Geimer*, ZfRV 33 (1992), 401, 418.

242 OLG Hamm, 2.10.2008, BeckRS 2008, 23378.

zuständig, so erstreckt sich das Prozessrecht der *lex fori* auch auf die ausländische Prozesspartei. Die Klage sowie die Ladungen sind der ausländischen Partei nach der EuZustVO zuzustellen – sofern nicht die Zustellung an den inländischen Prozessvertreter ausreicht (vgl. § 172 ZPO).[243] Soweit das persönliche Erscheinen der Partei zum Zweck der Sachaufklärung nach § 141 ZPO angeordnet wird, ist eine grenzüberschreitende Durchsetzung von Zwangsmaßnahmen zwar ausgeschlossen: Prozessuale Zwischenentscheidungen werden nach Art. 36 ff. EuGVO nicht anerkannt und vollstreckt;[244] die EuBewVO betrifft nur die (sanktionierte) Beweisaufnahme vor dem ersuchten Richter, nicht die Verhandlung vor dem Prozessgericht. Dennoch ist die Androhung und auch eine (anschließende) Verhängung der Sanktion nach §§ 141 III, 380 ZPO statthaft. Die prinzipielle Zulässigkeit ergibt sich aus der Geltung des *lex fori*-Grundsatzes. Auch eine (grenzüberschreitende) Vollstreckung ist keineswegs ausgeschlossen: Sofern die sanktionierte Partei im Prozess (teilweise) obsiegt, kann in den streitgegenständlichen Anspruch vollstreckt werden. Jedoch kommt auch eine Vollstreckung nach Art. 39 ff. EuGVO in Betracht: Denn das Zwangsgeld kann in die Kostenentscheidung aufgenommen werden (§ 95 ZPO).[245] Dann ist es jedoch nach Art. 39 ff. EuGVO grenzüberschreitend vollstreckbar.[246] Insgesamt gesehen erscheint *de lege ferenda* eine gesonderte Regelung durch den Unionsgesetzgeber wünschenswert.

Wie andere Rechtshilfeinstrumente im Europäischen Justizraum verzichtet die EuBewVO auf den *ordre public*-Vorbehalt.[247] Dies entspricht den legislativen Strukturprinzipien der gegenseitigen Anerkennung (der Beweisbeschlüsse) und des wechselseitigen Vertrauens im Europäischen Zivilprozessrecht.[248] Allerdings findet nach Art. 14 EuBewVO eine Restkontrolle des Rechtshilfeersuchens durch das ersuchte Gericht statt. Die Vorschrift enthält folgende Vorbehalte: Nach Abs. 1 wird ein Ersuchen um die Vernehmung einer Person nicht erledigt, wenn diese sich – entweder nach dem Recht des ersuchten oder aber des ersuchenden Gerichts – auf ein Recht zur Aussageverweigerung oder auf ein Aussageverbot beruft.[249] Denn die Schutzzwecke der Zeugnisverweigerungsrechte[250] erfassen in- und ausländische Prozesse gleichermaßen. Zwar hat das Übergehen eines Aussageverweigerungsrechts des Pro- **8.50**

243 Dazu oben § 8 I, Rdn. 8.8.

244 Oben § 6 IV, Rdn. 6.212.

245 MünchKomm/*Giebel*, § 95 ZPO, Rdn. 4.

246 Vgl. oben § 6 IV, Rdn. 6.262.

247 AA Schlussanträge GAin *Kokott*, 18.7.2007, Rs. C-175/06, *Tedesco*, EU:C:2007:451, Rdn. 96, die Art. 10 II EuBewVO als *ordre public*-Vorbehalt versteht. Nach Art. 12 Abs. 1 lit. b) HBÜ ist hingegen ein Ersuchen abzulehnen, wenn der ersuchte Staat durch die Erledigung seine Hoheitsrechte oder seine Sicherheit gefährdet sieht. In der Praxis hat die Vorschrift keine Bedeutung erlangt, *Schlosser*, in: Schlosser/Hess, EuZPR, Art. 12 HBÜ, Rdn. 1.

248 Dazu oben § 3 II, Rdn. 3.21 ff.

249 Die Einordnung dieses Falles als Ablehnung der Erledigung ist unstimmig. Lädt nämlich das Rechtshilfegericht einen Zeugen, prüft die Voraussetzungen des behaupteten Aussageverweigerungsrechts und stellt ggf. die berechtigte Zeugnisverweigerung fest, so wurde das Ersuchen durchgeführt, *Berger*, IPRax 2001, 522, 524.

250 Familie, Geheimnisschutz, berufliche Schweigepflichten und Vermeidung anderer Konfliktlagen.

zessgerichts ein Verwertungsverbot zur Folge; doch könnte die Aussage zur Informationsbeschaffung genutzt werden. Aus dieser Perspektive macht die Kumulation der Aussageverweigerungsrechte im europäischen Justizraum durchaus Sinn. Allerdings schlägt der doppelte Schutz der Beweisperson einseitig zu Lasten der Wahrheitsfindung im Prozess und zum Nachteil des Beweisinteressierten aus.[251] Abhilfe könnte hier nur eine weitergehende Vereinheitlichung des Beweisrechts auf Unionsebene schaffen.[252] Die überwiegende Ansicht im deutschen Schrifttum will die Kumulationsregel des Art. 14 EuBewVO auf parallele Verweigerungsrechte bei anderen Beweismitteln analog anwenden.[253] Dies erscheint sachgerecht – auch wenn das Recht auf Beweis durch die Analogie weitere Einschränkungen erfährt.[254]

8.51 Art. 14 II EuBewVO enthält die verbleibenden Ablehnungsgründe: So kann das Ersuchen zurückgewiesen werden, wenn es nicht in den Anwendungsbereich der EuBewVO fällt. Dies erscheint selbstverständlich. Eine Ablehnung ist weiter möglich, wenn die Erledigung nach der *lex fori* des ersuchten Gerichts nicht in den Bereich der Gerichtsgewalt fällt.[255] In der Tat erscheint die Erledigung eines solchen Ersuchens durch Zivilgerichte kaum zumutbar.[256] Schließlich kann bei mangelnder Mitarbeit des ersuchenden Gerichts bei der Vervollständigung des Ersuchens sowie bei der Nichtzahlung von Kaution oder Vorschuss die Erledigung abgelehnt werden.[257] Andererseits ist die Ablehnung nicht schon deshalb möglich, weil der ersuchte Staat eine ausschließliche Zuständigkeit für die Sache in Anspruch nimmt oder ein solches Verfahren nicht kennt (Art. 14 III EuBewVO). Insgesamt sind die Ablehnungsgründe auf seltene Fälle beschränkt. Die vorgängige Einschaltung der Zentralstellen in derartige Konstellationen fördert zudem eine großzügige und „kreative" Handhabung der Ersuchen im Sinne einer effektiven Erledigung des Rechtshilfeverkehrs.

8.52 Ein praktisch wichtiges Problem ist die Bestimmtheit des Rechtshilfeersuchens. Anders als im US-amerikanischen Recht der (*electronic*) *discovery* lassen die europäischen Prozessrechte unspezifizierte Auskunftsersuchen („*fishing expeditions*") nicht

---

251 Verfehlt MünchKomm/*Rauscher*, Art. 14 EuBewVO, Rdn. 3: Es handele sich um einen Fall der „Meistbegünstigung" (sic).

252 Vgl. oben § 3 V, Rdn. 3.94. Sektorielle Zeugnisverweigerungsrechte enthalten Art. 9 RL 2016/943 über den Schutz von Geschäftsgeheimnissen, ABl. EU 2016 L 157/1 ff., unten § 11 II 4, Rdn. 11.56 f.; Art. 5 ff. RL 2014/104/EU über Kartellschäden, ABl. EU 2014 L 349/1 ff., dazu unten § 11 II, Rdn. 11.53 f..

253 So etwa MünchKomm/*Rauscher*, § 1074 ZPO, Rdn. 40 ff.

254 *Huber*, in: Gebauer/Wiedmann (Hrg.), Zivilrecht unter europäischem Einfluss, Kap. 29, Rdn. 185.; dagegen *Berger*, FS Rechberger (2005), S. 39, 42.

255 Hierunter fallen insbesondere Ersuchen, Personen zu vernehmen, die völkerrechtlichen Immunitäten unterfallen.

256 Dies setzt freilich eine restriktive Auslegung voraus. Ist etwa ein Beweismittel der *lex fori* nur in dem konkreten Zusammenhang des Ersuchens unbekannt (z. B. die Vereidigung einer Partei), kann diese Handlung deshalb nicht schon als Überschreitung der Gerichtsgewalt angesehen werden, *Blaschczok*, Beweisaufnahme, S. 153.

257 Darunter fällt jedoch nicht die Erstattung von Auslagen für Zeugen, EuGH, 17.2.2011, Rs. C-283/09, *Weryński*, EU:C:2011:85, Rdn. 62 ff.

zu.[258] Mithin muss sich das Ersuchen auf konkrete Beweismittel beziehen.[259] Darüber hinaus ist es zulässig, dass das Rechtshilfeersuchen mit einem Verwertungsverbot für andere Verfahren gekoppelt wird.[260] Ein derartiges Beweisverwertungsverbot kann durch eine entsprechende Zusage der Partei *(undertaking)* gegenüber dem Prozessgericht implementiert werden.[261]

5. Passive Rechtshilfe: Beweisaufnahme durch das Prozessgericht im ersuchten Staat

Eine wichtige Neuerung bringt Art. 17 EuBewVO. Die Vorschrift ermöglicht eine unmit- **8.53**
telbare Beweisaufnahme des Prozessgerichts im Ausland.[262] Dieser Weg scheiterte im herkömmlichen Internationalen Zivilverfahrensrecht am Verbot der Vornahme von Hoheitsakten auf fremdem Staatsgebiet.[263] Im Europäischen Justizraum haben die Zusammenarbeit der Gerichte und der effektive Rechtsschutz Vorrang vor überkommenen Souveränitätserwägungen. Sie ermöglichen neue Wege der grenzüberschreitenden Beweisaufnahme.[264]

Bereits die Überschrift zum 4. Abschnitt der EuBewVO nennt das ersuchende **8.54**
Gericht als den maßgebenden Akteur der Beweisaufnahme. Im Europäischen Justizraum ist die unmittelbare Beweisaufnahme durch das Prozessgericht im Ausland eine gleichberechtigte Alternative neben der aktiven Rechtshilfe nach Art. 10 EuBewVO.[265] Eine solche Beweisaufnahme gewährleistet die Unmittelbarkeit der Beweisaufnahme, effektuiert die bessere Sachkenntnis des Prozessgerichts, ermöglicht schließlich die Beweiserhebung nach einem einheitlichen Verfahrensrecht.[266] Allerdings ist die neue Form der grenzüberschreitenden Beweisaufnahme an mehrere Kautelen geknüpft:

258 Allg. Ansicht vgl. *Heinze*, Einstweiliger Rechtsschutz, S. 337 ff. (zur Parallelregelung in Art. 6 I RL 2004/48/EG). Vgl. auch unten § 8 IV, Rdn. 8.89

259 Anträge, welche die Beweismittel nicht spezifiziert bezeichnen, sind nach Art. 14 Abs. 1 EuBewVO zurückzuweisen, dazu *Schlosser*, RdC 284 (2000), 13, 115 ff.; Rauscher/*v. Hein*, Art. 1 EG-BewVO, Rdn. 46 ff.

260 C.A., 23.3.2009, *Dendron GmbH and others v. The Regent of the University of California and Another*, [2004] I.L.Pr. 35, S. 641 ff. (ChD., Laddy J.).

261 *Schlosser*, FS Vollkommer, S. 217, 218 ff.

262 Wie hier *Lebeau/Niboyet*, Gaz.Pal. 2003, 413 ff.

263 *Geimer*, IZVR, Rdn. 120, 442; *Hess*, Rev. Crit. 2003, 215, 217 ff.

264 Vgl. oben § 3 V, Rdn. 3.86 ff. Wegweisend bereits *Nagel*, Nationale und internationale Rechtshilfe im Zivilprozess; das europäische Modell (1971), S. 207 f.

265 Sie wird auf der Basis des Formblatts I durchgeführt. Unrichtig die österreichische Durchführungsregelung (§ 291a öZPO), die die unmittelbare Beweisaufnahme nach Art. 17 EuBewVO lediglich als subsidiäre Alternative zulässt. Ablehnend *Rechberger/McGuire*, ÖJZ 2006, 53; *Schoibl*, FS Matscher, S. 883, 889.

266 So auch *Berger*, IPRax 2001, 522, 526.

8.55 Beweisaufnahmen nach Art. 17 II EuBewVO werden nur freiwillig und ohne Zwangsmaßnahmen durchgeführt. Hierüber ist die Auskunftsperson aufzuklären.[267] Dieser Schutz geht zu Lasten der Wahrheitsfindung im Ausgangsprozess. Diese Lösung des Interessenkonflikts hat Tradition[268] – im Europäischen Justizraum ist sie freilich nicht selbstverständlich. Sie erscheint antiquiert. Denn angesichts der aktuellen Ausgestaltung der Urteilsfreizügigkeit nach Art. 38 ff. EuGVO oder nach Art. 5, 20 der VO 805/04/EG kann ein Beklagter einen ausländischen Prozess im Europäischen Justizraum nicht einfach ignorieren.[269] Der gemeinsame Justizraum verbessert nicht nur die Position der Unionsbürger bei grenzüberschreitenden Prozessen – er verschärft zugleich die grenzüberschreitende Einlassungs- und Zeugnislast.[270]

8.56 Nach Art. 17 IV EuBewVO ist neben der freiwilligen Mitwirkung der Auskunftsperson die Zustimmung des Beweisstaats erforderlich.[271] Hierfür ist die Zentralstelle (Art. 3 EuBewVO) zuständig. Die Zustimmung darf zwar nur verweigert werden, wenn das Ersuchen nicht in den Anwendungsbereich der Verordnung fällt, das Ersuchen unvollständig ist oder aber die beantragte Beweisaufnahme wesentlichen Rechtsgrundsätzen des Beweisstaats zuwiderläuft (Art. 17 V EuBewVO).[272] Der begrenzte *ordre public*-Vorbehalt ist restriktiv zu handhaben.[273]

8.57 Denn die EuBewVO wahrt die schutzwürdigen Interessen der Auskunftsperson im Beweisstaat bereits durch die Freiwilligkeit der Mitwirkung sowie durch die Überwachung der Beweisaufnahme durch die Gerichte des ersuchten Staates (Art. 17 II, IV EuBewVO). Rechtspolitisch erscheint die Kumulation von freiwilliger Mitwirkung und Genehmigungserfordernis verfehlt.[274] Sie führt zu unnötigen Behinderungen der Praxis. Die Genehmigung kann allerdings (positiv) dazu genutzt werden, „Bedingun-

---

267 *Schoibl*, FS Matscher, S. 883, 889. Die Freiwilligkeit der Mitwirkung ändert aber nichts an der möglichen Strafbarkeit einer Falschaussage im Prozessstaat (z. B. in Deutschland gem. §§ 153 ff., 5 Nr. 10 StGB), *Berger*, IPRax 2001, 522, 526. Die Belehrung des Zeugen muss daher einen entsprechenden Hinweis enthalten.

268 Hier scheint die überkommene Idee der „formlosen" Erledigung von Rechtshilfeersuchen, d. h. durch freiwillige Mitwirkung der betroffenen Partei, auf.

269 Zutreffend *Kropholler/v. Hein*, Art. 34 EuGVO aF, Rdn. 42.

270 Angesichts dieses Hintergrunds erscheint es ohne weiteres konsequent, auch Dritte in die Pflicht zu nehmen, etwa mittels einer EU-weiten Zeugnis- und Urkundeneditionspflicht. Freilich müssten auf Gemeinschaftsebene begleitend entsprechende Schutz- und Verweigerungsrechte festgelegt werden. Dann wäre auch eine Unterstützung durch Zwangsmaßnahmen des ersuchten Mitgliedstaats sachgerecht. Hier zeichnen sich mittelfristig weitere Gesetzgebungsmaßnahmen im Europäischen Prozessrecht ab.

271 Kritisch *Huber*, GPR 2003/04, 115, 116 f.; *Schoibl*, FS Matscher, S. 883, 892 ff.

272 Beispiel: Zeugenbefragung mit Hilfe eines Lügendetektors, *Schmidt*, EuZPR, Rdn. 350; MünchKomm/*Rauscher*, § 1074 ZPO, Rdn. 60.

273 *Huber*, in: Gebauer/Wiedmann (Hrg.), Zivilrecht unter europäischem Einfluss, Kap. 29, Rdn. 197.

274 *Hess*, Rev. Crit. 2003, 215, 222 f. Ebenso *Huber*, GPR 2002/03, 115, 117: „völkerrechtliches Relikt, das ein falsches Signal setzt."

gen" für die unmittelbare Beweisaufnahme festzulegen, etwa den Ort der Beweisaufnahme, Einzelheiten der Verhandlungs- und Vernehmungssprache, die Beiziehung von Dolmetschern etc.[275] Nach Art. 4 III AEUV sind die ersuchten Zentralstellen und das ersuchte Gericht zur Unterstützung der Beweisaufnahme verpflichtet.

Will ein Karlsruher Amtsrichter, der über die Haftung in einem Verkehrsunfall zwischen deutschen Fahrzeugen zu entscheiden hat, eine Straßenkreuzung in Strasbourg in Augenschein nehmen,[276] so bedarf er hierfür der Genehmigung der französischen Zentralstelle (Art. 3 III EuBewVO). Man fragt sich, wen die Genehmigung eigentlich schützen soll. Die Augenscheinseinnahme an einem frei zugänglichen Ort beeinträchtigt weder die Zeugnisverweigerungsrechte Dritter, noch die Interessen sonstiger Beweispersonen. Die Genehmigung lässt sich somit nur mit Kontrollinteressen des französischen Staates begründen: Es kommen mithin Souveränitätsvorbehalte zum Vorschein, die die Beweisaufnahme unnötig erschweren.[277] Im Ergebnis erscheint – wegen der Freiwilligkeit der Mitwirkung – die Genehmigungspflicht der Zentralstellen unnötig und anachronistisch. Sie sollte in derartigen Konstellationen entfallen.[278] Dagegen sollte am Genehmigungserfordernis festgehalten werden, wenn es um die Einvernahme von Beweispersonen geht. In diesem Fall kann jedoch umgekehrt auf die Freiwilligkeit der Mitwirkung verzichtet werden. Die Teilnahme des „ersuchten" Gerichts bei der Beweisaufnahme reicht für den Schutz der Beweisperson aus. Zwangsmittel sollte jedoch nur das „Korrespondenzgericht" im ersuchten Staat verhängen können.[279] **8.58**

6. Der Einsatz moderner Kommunikationstechnologien

Die EuBewVO spricht den Einsatz moderner Kommunikationstechnologien an (etwa einer Videokonferenz, vgl. § 128a ZPO, C.P.R. 32.3).[280] Sie werden in Art. 10 IV EuBewVO und in Art. 17 IV, 4. UAbs. EuBewVO erwähnt. Hier sind viele Fragen offen. Jedenfalls zeigt die explizite Aufnahme dieser Vorschriften in die EuBewVO, dass der europäische Gesetzgeber eine grenzüberschreitende Videokonferenz nicht als „Beweisbeschaffung" oder als (schlichte inländische) Beweisaufnahme vor dem Prozessgericht ansieht.[281] Vielmehr ist (zum Schutz der Auskunftsperson im Ausland) ein (förmli- **8.59**

---

275 Dazu *Schoibl*, FS Matscher, S. 883, 894 ff., der freilich mit Recht die Zuständigkeit der Zentralstelle (anstelle eines Gerichts) des „ersuchten" Mitgliedstaates kritisiert.

276 Dieses Beispiel bildet *Huber*, GPR 2003/04, 115, 118, dazu bereits *Hess*, Rev. Crit. 2003, 215, 232.

277 So auch *Schoibl*, FS Matscher, S. 883, 891 f.

278 Hingegen erscheint ein Festhalten an der Anzeigepflicht im Interesse einer koordinierten Wahrnehmung der Rechtspflege im europäischen Justizraum sinnvoll. Auch sollte den zuständigen Behörden des Mitgliedstaates, in dem die Beweisaufnahme erfolgt, immer die Anwesenheit ermöglicht werden, weitergehend *Huber*, GPR 2003/04, 115, 118 (für völligen Wegfall der Anzeigepflicht).

279 Auch ein begrenzter *ordre public*-Vorbehalt sollte, da es um die zwangsweise Verwirklichung eines ausländischen Beweisverfahrens geht, beibehalten werden.

280 Dazu *Stadler*, ZZP 111 (2002), 413, 435 ff. Telefonkonferenzen können freilich in der Beweisaufnahme nicht durchgeführt werden, sofern nicht der Freibeweis ausdrücklich zugelassen wird wie insbesondere nach Art. 9 EuBagVO, unten § 10 III, Rdn. 10.107.

281 Zur uneinheitlichen Praxis in den EU-Mitgliedstaaten *Knöfel*, RIW 2018, 710, 714 f.

ches) Rechtshilfeverfahren durchzuführen. Einen Anspruch auf den Einsatz moderner Kommunikationstechnologien bei derartigen Verfahren eröffnet die EuBewVO nicht – es kommt auf den jeweiligen technischen Ausstattungsstand der Gerichte der Mitgliedstaaten an.[282] Dieser ist in vielen Mitgliedstaaten – insbesondere in Deutschland – unzureichend.[283]

8.60 Die Durchführung einer (echten) Videoverhandlung auf der Basis der EuBewVO ist nicht einfach zu bewerkstelligen: Im Rahmen der aktiven Rechtshilfe obliegen die Prozessleitung sowie die Aufnahme der Beweise dem Rechtshilfegericht,[284] Prozessgericht und Parteien können zwar nach Art. 11 f. EuBewVO an der Beweisaufnahme teilnehmen und insbesondere Fragen stellen.[285] Damit ist jedoch die Verfahrensherrschaft des Prozessgerichts bei der Beweisaufnahme nicht gewährleistet, ganz im Gegenteil: Sie liegt beim ersuchten Gericht. Eine „Videoverhandlung" scheidet auf der Basis des Art. 10 IV EuBewVO ersichtlich aus.[286] Dies ist anders im Fall des Art. 17 IV EuBewVO. Bei der passiven Rechtshilfe hat das Prozessgericht die Verfahrensherrschaft, es bleibt jedoch auf die freiwillige Mitwirkung der Auskunftsperson angewiesen, was die Erzwingung der Aussage ausschließt.[287] Eine echte Videoverhandlung ermöglicht die EuBewVO damit nicht – obwohl der Einsatz moderner Kommunikationstechnologien die Durchführung grenzüberschreitender Prozesse nachhaltig erleichtern kann.[288] Angesichts der lückenhaften Regelung in Art. 17 EuBewVO ist es unverständlich, dass Art. 8 der neu gefassten Bagatellverordnung[289] für die mündliche Verhandlung (mit einer Partei im Ausland) schlicht auf die BewVO verweist. Eine Neuregelung der Videokonferenz in der BewVO ist überfällig.[290]

---

282 Jedoch schließt die menschenrechtliche Garantie des Rechts auf Beweis aus Art. 6 EMRK (und Art. 47 GRC) einen Anspruch auf den Einsatz vorhandener Einrichtungen ein, vgl. dazu *Polanski v. Condé Nast Publications Ltd.*, [2005] 1 All E.R. 945, 950 f. (H.L. per Lord *Nicholds of Birkenhead*.).

283 Informationen über die technische Ausstattung finden sich auf dem eJustice-Portal.

284 Angesichts der mit der Videokonferenz verbundenen technischen Erleichterung erscheint dies widersinnig. Richtigerweise sollte die Prozessleitung in diesem Fall dem ersuchenden Gericht obliegen. Eine derartige Beweisaufnahme ist nach Art. 17 EuBewVO möglich.

285 Vgl. *Berger*, IPRax 2001, 522 525; *Schulze*, IPRax 2001, 527, 528 f.; Musielak/*Stadler*, § 128a ZPO, Rdn. 8.

286 AA Musielak/*Stadler*, § 128a ZPO, Rdn. 8. Dies ist nur dort anders, wo die Beweiserhebung nicht durch das Prozessgericht, sondern durch die Anwälte (unter gerichtlicher Aufsicht) erfolgt, wie etwa im englischen Verfahren nach C.P.R. 32 und 33, dazu *Zuckerman*, Civil Procedure, 14.1 ff. 19.2. ff.

287 Die Videokonferenz nach Art. 17 IV EuBewVO muss nicht in den Räumen des „ersuchten" Gerichts durchgeführt werden. Vielmehr bietet sich die Nutzung der technischen Einrichtungen von Kanzleien, Handelskammern oder sonstiger Unternehmen an.

288 Dazu, *Davies*, Taking Evidence by Video-Link in International Litigation, GS Nygh (2004), S. 69 ff.

289 VO (EU) 2015/2421 vom 16.12.2015, ABl. EU 2015 L 341/1 ff., dazu unten § 10 III, Rdn. 10.95 f.

290 Sie wurde im Frühjahr 2018 von einer Expertengruppe der EU-Kommission zur Überarbeitung der Zustellungs- und Beweisverordnung vorbereitet. Zum Vorschlag der EU-Kommission vgl. unten Rdn. 8.63.

Ein regelrechtes „Gegenmodell" zur rudimentären Regelung der Videokonferenz in Art. 10 Abs. 3, 17 EuBewVO enthält Art. 10 des Europäischen Rechtshilfeabkommens in Strafsachen vom 29.5.2000.[291] Dort sind sowohl die Voraussetzungen als auch der Ablauf einer grenzüberschreitenden Beweisaufnahme per Video[292] detailliert geregelt: Zeugen und Sachverständige können per Videokonferenz vernommen werden, wenn das persönliche Erscheinen nicht möglich oder nicht zweckmäßig ist. Die Ladung erfolgt nach dem Recht des ersuchten Staates, desgleichen die Erzwingung des persönlichen Erscheinens und der Aussage selbst (Art. 10 IV, VIII). Die Auskunftsperson kann sich auf die Zeugnisverweigerungsrechte des ersuchten und des ersuchenden Staates berufen (Art. 10 Abs. 5 lit. e). Die Vernehmung selbst erfolgt durch das Prozessgericht nach dessen *lex fori* (Art. 10 Abs. 5 lit. c). Jedoch ist ein Vertreter der Justizbehörde des ersuchten Staates anwesend, der auf die Einhaltung wesentlicher Grundprinzipien der Rechtsordnung des ersuchten Mitgliedsstaates achtet (Art. 10 lit. a).[293] 8.61

Das strafprozessuale Verfahren erscheint ausgereifter: Es folgt im Gegensatz zur EuBewVO nicht der umständlichen Unterscheidung zwischen „aktiver" und „passiver" Rechtshilfe, die für die Videokonferenz nicht „passt". Es ermöglicht die europaweite Durchsetzung der Zeugenaussage im ersuchten Staat, überträgt dabei die Leitung der Beweisaufnahme dem Prozessgericht. Nach der Systematik der EuBewVO liegt ein „Mischmodell" vor, das jedoch eine ungleich effizientere Durchführung der Beweisaufnahme verspricht. *De lege ferenda* sind die Regelungen zur „Videovernehmung" grundsätzlich neu zu regeln und die Videokonferenz ist systematisch der aktiven Rechtshilfe nach Art. 17 EuBewVO zuzuordnen.[294] 8.62

7. Fortbestehender Regelungsbedarf im Europäischen Beweisrecht

Aus der Perspektive der Informationsbeschaffung im europäischen Justizraum erscheint die EuBewVO nur als ein erster Schritt zur wechselseitigen Verzahnung der Beweis(verfahrens)rechte der Mitgliedstaaten. Allerdings erscheint der Normierungsauftrag des Art. 81 II lit. a) AEUV weitgehend abgearbeitet. Denn dort geht es um die „Verbesserung und Vereinfachung der Zusammenarbeit bei der Erhebung von Beweismitteln". Diesen Aspekt setzt die EuBewVO im Grundsatz um. Dementsprechend nahm die EU-Kommission zunächst keine weiteren Maßnahmen auf dem Gebiet des Beweisverfahrens vor.[295] 8.63

---

291 ABl. EG 2000 C 197. Das Übereinkommen wurde nach Art. 34 EU ausgearbeitet.

292 Art. 11 des Übereinkommens eröffnet zudem die Möglichkeit, grenzüberschreitende Telefonkonferenzen durchzuführen.

293 Diese Regelung sollte als „Modell" für eine Zeugeneinvernahme durch das Prozessgericht nach Art. 17 EuBewVO herangezogen werden.

294 Vgl. den Vorschlag der EU-Kommission vom 31.5.2018, COM (2018) 37 endg.

295 Der 1. Bericht der EU-Kommission (KOM (2007) 769 endg. vom 5.12.2007) attestierte, dass die EuBewVO eine deutliche Verbesserung der Rechtspraxis bewirkt habe und verzichtete auf die Unterbreitung von Änderungsvorschlägen. Das EU-Parlament hat dieses Vorgehen freilich deutlich mit

8.64 Diese Zurückhaltung schließt weitere Harmonisierungsschritte im Beweisrecht jedoch nicht aus. Art. 81 II AEUV hält hierfür die passende Kompetenzgrundlage vor. Denn die fortbestehenden Unwägbarkeiten und praktischen Schwierigkeiten einer Auslandsbeweisaufnahme sind gewiss „Hindernisse für eine reibungslose Abwicklung von Zivilverfahren" iSd Art. 81 II AEUV. Insbesondere erscheint die Rechtslage der Unionsbürger bei extraterritorialen Beweisanordnungen prekär: Sie sind potentiell mit 27 unterschiedlichen Prozess- bzw. Beweisrechten konfrontiert – diese Rechtszersplitterung ist weder mit der garantierten Freizügigkeit im europäischen Justizraum noch mit der effektiven Rechtsdurchsetzung und Rechtswahrung im Binnenmarkt zu vereinbaren.[296]

8.65 Harmonisierungsbedarf im Beweisrecht besteht vor allem bei den unterschiedlichen Beweismitteln, sprich der Zeugenladung und -vernehmung sowie der Urkundeneinsicht und Augenscheineinnahme. Es wäre durchaus sinnvoll, eine prinzipielle Zeugnis- und Urkundeneditionspflicht auf Unionsebene festzuschreiben.[297] Gleichzeitig müssten freilich die Weigerungsgründe (auch Belange des Geheimnisschutzes), die Zeugenentschädigung sowie die Rechtsschutzmöglichkeiten geklärt werden.[298] Erste Rechtsakte wurden im Bereich der Geschäftsgeheimnisse erlassen. Die aktuelle Regelung ist jedoch lückenhaft. Als generelle, legislative Leitlinie gilt: Es dürfen keine Kollisionen der Art mehr auftreten, dass in einem Mitgliedstaat eine Mitwirkung bei der prozessualen Aufklärung verlangt wird, die im ersuchten Mitgliedstaat verboten ist.[299]

8.66 Weiterer Regelungsgegenstand besteht bei den Zwangsmaßnahmen zur Durchsetzung prozessualer Zeugnis- und Editionspflichten. Bei einer Vereinheitlichung der Zwangsmittel könnte deren Anwendungsbereich auch auf die unmittelbare Beweisaufnahme des Prozessgerichts im Ausland sowie im Inland mittels Beweisbeschaffung erstreckt werden.[300] Die Zustimmungspflicht nach Art. 17 EuBewVO bei der Augenscheineinnahme ohne Beteiligung von Beweispersonen sollte entfallen; die grenzüberschreitende Videokonferenz nach dem Modell des Europäischen Rechtshilfeabkommens in Strafsachen neu geregelt werden. Insgesamt gesehen erscheint eine weitere Koordinierung der nationalen Beweisrechte auf der Basis der VO 1206/01/EG erstrebenswert.

8.67 Der aktuelle Reformvorschlag der EU-Kommission zur EuBewVO[301] will praktische Hindernisse beheben. Wie bei der Reform der EuZustVO wird eine umfassende Abwicklung der Kommunikation zwischen ersuchender und ersuchter Behörde über

---

dem Hinweis gerügt, dass der Bericht der Kommission selbst erhebliche Vollzugsdefizite dokumentierte, Beschluss des Europäischen Parlaments vom 17.2.2009, A60058/2009.

296 Ausführlich *Hess*, Rev. Crit. 2003, 215, 220 ff; zu den unterschiedlichen Verfahrenskulturen vgl. *Bajons*, in: Nagel/dies. (Hrg.), Beweis-Preuve-Evidence, S. 817 ff. Zum aktuellen Reformvorschlag COM (2018) 378 final vom 31.5.2018. *Knöfel*, RIW 2018, 712, 713 ff.

297 Vgl. dazu bereits *Hess*, JZ 2001, 573, 580 – der sektorielle Rechtsetzungsprozess in der EU geht in diese Richtung, vgl. unten § 11 II, Rdn. 11.28 ff.

298 *Vallines García*, in: Gascón Inchausti/Hess (ed.), The Future of the European Law of Civil Procedure (2020), S. 123 ff.

299 Bedenkenswert erscheint eine „verfahrensübergreifende" Regelung, die auch Straf- und Verwaltungsgerichtsverfahren einschließt.

300 Art. 8 Europäisches Rechtshilfeabkommen in Strafsachen vom 20.4.1959, BGBl. 1964 II 1369, schließt extraterritoriale Anordnungen mit ein.

301 COM (2018) 378 final.

gemeinsame ICT-Systeme angestrebt. Zugleich soll der Einsatz von Videokonferenzen bei der Vernehmung von Zeugen in anderen EU-Mitgliedstaaten sowie die Zulassung elektronischer Beweismittel erleichtert werden.[302] Im weiteren Gesetzgebungsverfahren stand vor allem der Einsatz von ICT im Vordergrund, die Reform von Art. 17 EuBewVO wurde (bedauerlicherweise) aufgegeben. Derzeit (Juni 2020) finden Trilogverhandlungen statt.[303]

III. Europäische Prozesskostenhilfe, RL 2003/8/EG[304]

1. Das unionsrechtliche Regelungskonzept

Ein Kernanliegen des rechtspolitischen Postulats der Ermöglichung des Zugangs zum Recht ist die Beseitigung finanzieller Barrieren bei der Rechtsverfolgung.[305] Heute statuiert Art. 43 III GRC im Anwendungsbereich des Unionsrechts ein Grundrecht mittelloser Personen auf Zugang zum Gericht mittels Prozesskostenhilfe (PKH).[306] In grenzüberschreitenden Streitigkeiten nehmen die Rechtsverfolgungskosten erheblich zu: Durch die Einschaltung eines ausländischen Korrespondenzanwalts, durch Übersetzungen und Dolmetscher – schließlich fallen eigene Reisekosten und zusätzliche Reisekosten von Zeugen an (vgl. die Aufzählung in Art. 7 RL 2003/8/EG).[307] In dem (verbleibenden) Exequaturverfahren fallen zudem häufig nicht erstattungsfähige Kosten an.[308] 8.68

Traditionell gehört das „Armenrecht" zu den Kernbereichen des internationalen Zivilverfahrensrechts. Denn nach einer allgemeinen Regel des Völkergewohnheitsrechts haben Ausländer, die sich (rechtmäßig) im Inland aufhalten, Anspruch auf effektiven gerichtlichen Rechtschutz.[309] Dies schließt den „sozial verträglichen", sprich bezahlbaren Zugang zum Gericht ein. In Deutschland ist das überkommene 8.69

---

302 Zustimmend *Knöfel*, RIW 2018, 710, 713 f.

303 Zum aktuellen Stand der Gesetzgebung vgl. https://www.europarl.europa.eu/legislative-train/api/stages/report/current/theme/area-of-justice-and-fundamental-rights/file/taking-of-evidence (15.6.2020).

304 Die RL wird im ABl. 2003 L 26/41 als RL „2002/8/EG" bezeichnet. Das ist jedoch unzutreffend, da die RL in ABl. 2003 veröffentlicht wurde, mit dem Verkündungsdatum vom 27.1.2003. Daher lautet die korrekte Bezeichnung RL 2003/8/EG.

305 Zum rechtspolitischen Konzept des „*access to justice*" oben § 3 III, Rdn. 3.58 ff.

306 *Hau*, in: Gebauer/Wiedmann (Hrg.), Zivilrecht unter europäischem Einfluss (2010), S. 1971 f.

307 Dazu weitsichtig *Schlosser*, RdC 284 (2000), 13, 214 ff.

308 Zu Art. 38 ff. EuGVO aF vgl. *Hess/Pfeiffer/Schlosser*, The Brussels I Regulation I, Rdn. 456 ff. Der Wegfall des Exequaturverfahrens in den §§ 39 ff. EuGVO (2012) soll die Kosten der grenzüberschreitenden Forderungsbeitreibung reduzieren.

309 BVerfGE 60, 253, 303; dazu lesenswert *R. Geimer*, ZfRVgl 1992, 321, 331 ff.

Erfordernis der Gegenseitigkeit als Voraussetzung der Prozesskostenhilfe seit der Neuregelung der PKH im Jahre 1980 entfallen.[310]

8.70 Die überkommenen völkerrechtlichen Regelungen zur Prozesskostenhilfe waren lückenhaft, sie qualifizierten die Prozesskostenhilfe lediglich als Teilbereich der internationalen Rechtshilfe.[311] Das Haager Übereinkommen über den Zivilprozess vom 1.3.1954[312] eröffnet zwar den Angehörigen aller Vertragsstaaten den Zugang zum Armenrecht nach dem Recht des Staates, in dem das Armenrecht nachgesucht wird (Art. 20).[313] Das Verfahren ist wenig effektiv ausgestaltet: Nach Art. 23 HZÜ 1954 kann jede Partei ihren PKH-Antrag bei den Behörden ihres Heimatstaates einreichen, die Übermittlung erfolgt auf konsularischem Weg.[314] Der Europarat legte ein (ergänzendes) Übereinkommen über die Übermittlung von Anträgen auf Verfahrenshilfe[315] zur Ratifizierung auf, das vor allem Hilfestellungen bei der Übersetzung des PKH-Antrages und der Ermittlung der notwendigen Unterlagen vorsieht. Dieses Übereinkommen hat Deutschland bisher nicht gezeichnet.[316] Eine ähnliche Regelung zur Verbesserung der Rechtstellung ausländischer Parteien enthält das Haager Übereinkommen über die Erleichterung des internationalen Zugangs zu den Gerichten vom 25.10.1980,[317] dessen Ratifikation der deutsche Bundestag 1987 aus Kostengründen abgelehnt hat.[318] Immerhin erstreckt Art. 50 EuGVO die im Ursprungsstaat gewährte Prozesskostenhilfe und Kostenbefreiung auch auf das Exequaturverfahren (jedoch nicht auf die Zwangsvollstreckung[319]), ohne dass im Exequaturstaat ein erneutes Bewilligungsver-

310 Gesetz vom 13.6.1980, BGBl. 1980 I, 677, dazu *Nagel/Gottwald*, IZVR, § 5, Rdn. 120.

311 *Schoibl*, JBl. 2006, 142 f. Dementsprechend regeln die völkerrechtlichen Verträge vor allem die grenzüberschreitende Übermittlung der Ersuchen.

312 BGBl. 1958 II 577.

313 Dazu *Nagel/Gottwald*, IZVR, § 5, Rdn. 151.

314 Dazu *Nagel/Gottwald*, IZVR, § 5, Rdn. 152 f. (auch zu den Vereinfachungen durch bilaterale Zusatzvereinbarungen zum HZÜ 1954).

315 Vom 27.1.1977, Text in österr. BGBl. 1982, 945, dazu *Schlosser*, RdC 284 (2000), S. 221.

316 Vertragsstaaten sind Albanien, Aserbaidschan, Belgien, Bosnien-Herzegowina, Bulgarien, Dänemark, Estland, Finnland, Frankreich, Georgien, Griechenland, Irland, Italien, Lettland, Litauen, Luxemburg, Montenegro, Niederlande, Nordmakedonien, Norwegen, Österreich, Polen, Portugal, Rumänien, Schweden, Schweiz, Serbien, Spanien, Tschechische Republik, Türkei, Ukraine und, das Vereinigte Königreich und Zypern.

317 Text in RabelsZ 46 (1982), 768.

318 Anwendbar zwischen Albanien, Bosnien-Herzegowina, Brasilien, Bulgarien, Costa-Rica, Estland, Finnland, Frankreich, Kasachstan, Kroatien, Lettland, Litauen, Luxemburg, Malta, Mazedonien, Montenegro, Niederlande, Polen, Republik Nordmazedonien, Rumänien, Schweden, Schweiz, Serbien, Slowakei, Slowenien, Spanien, Tschechische Republik, und Weißrussland und Zypern, dazu Nagel/Gottwald, IZVR, § 5, Rdn. 157.

319 So *Geimer/Schütze*, Art. 50 EuGVO, Rdn. 1; *Kropholler/v. Hein*, Art. 50 EuGVO (2001), Rdn. 4; weitergehend *Schlosser*, Art. 50 EuGVO aF (3. Aufl. 2009), Rdn. 2.

fahren durchzuführen ist.[320] Den Umfang der Prozesskostenhilfe bestimmt das Recht des Exequaturstaats.[321] Im Ehe- und Kindschaftsrecht hatten Art. 30 VO 1348/00/EG und Art. 50 VO 2201/03/EG[322] die überkommene Regelung übernommen. Die lückenhafte Rechtslage in den EU-Mitgliedstaaten veranlasste bereits die Regierungskonferenz in Tampere (1999), das Thema auf das Maßnahmenprogramm zu Art. 65 EG (1998) zu setzen.[323]

Die am 27.1.2003 erlassene RL 2003/8/EG zur Prozesskostenhilfe in grenzüberschreitenden Verfahren eröffnet allen natürlichen Personen mit Sitz bzw. Aufenthalt im europäischen Justizraum den „Zugang" zur Prozesskostenhilfe des Mitgliedstaates, in dem der jeweilige Prozess geführt wird (Art. 3 RL 2003/8/EG).[324] Damit ist auf die Prozesskostenhilfe grundsätzlich die *lex fori* des Prozessgerichts anwendbar. Sie gilt auch für die Beurteilung der Bedürftigkeit des jeweiligen Antragstellers.[325] Diese grundsätzliche Entscheidung wird durch ein gewisses „Herkunftslandprinzip" ausbalanciert: Hat der Antragsteller in seinem Heimatstaat Anspruch auf Prozesskostenhilfe, so ist ihm diese auch im ausländischen Verfahren zu gewähren (Art. 5 IV PKH-RL, § 1078 III ZPO).[326] Die Antragstellung erfolgt vor den Übermittlungsbehörden des Heimatstaats des Antragstellers. Sie wird durch zwei Formblätter[327] unterstützt, 8.71

320 Art. 44 EuGVÜ/LugÜ erstreckt die Bewilligung hingegen nur auf das Antragsverfahren in der ersten Instanz, *Geimer/Schütze*, Art. 50 EuGVO aF, Rdn. 1; für die Durchführung eines erneuten PKH-Verfahrens OLG Hamm, DAVorm 1982, 381.

321 In Deutschland sind die §§ 114 ff. ZPO anwendbar, die Bewilligung erfolgt durch das Exequaturgericht.

322 Ebenso Art. 74 VO 1111/2019.

323 Dazu oben § 1 IV, Rdn. 1.37 sowie ausführlich Voraufl. § 2, Rdn. 34 ff., vgl. auch *Storskrubb*, Civil Procedure, S. 169 ff.

324 Vorbereitet durch ein Grünbuch über Prozesskostenhilfe in Zivilsachen: Probleme der Parteien bei grenzüberschreitenden Streitsachen, KOM (2000) 51 endg., dazu *Hau*, in: Gebauer/Wiedmann (Hrg.), Zivilrecht, Kap. 33, Rdn. 7 f.

325 Angesichts der unterschiedlichen Lebensstandards in den Mitgliedstaaten besteht hier ein Problem: Für Angehörige in Mitgliedstaaten mit niedriger Kappungsgrenze bei der PKH besteht ein Anreiz, den Prozess vor ausländischen Gerichten zu führen, wo das Einkommen des Antragstellers die Kappungsgrenze nicht erreicht. Diese Regelung begünstigt (zumindest mittelbar) *forum shopping*. Der BGH, 10.6.2008, RIW 2008, 568 ff., hat es abgelehnt, die einem polnischen Kläger gewährte Prozesskostenhilfe wegen der im Heimatstaat niedrigeren Lebenshaltungskosten nach § 115 III ZPO herabzusetzen.

326 Damit gilt bei der PKH das Herkunftslandprinzip: Wer im Heimatstaat die Voraussetzungen der PKH erfüllt, behält diesen „Status" auch im Forum-Staat. Die damit verbundenen Mehrkosten muss der Forum-Staat tragen. Die gemeinschaftsrechtliche Regelung privilegiert Prozessparteien aus den „reichen" Mitgliedstaaten.

327 Vgl. Art. 16 PKH-RL. Die Formblätter sind nicht im Anhang der RL enthalten, sondern wurden durch die Entscheidung der Kommission K (2003) 1829 festgelegt; Entscheidung 2004/844/EG. ABl. EU 2004 L 365/27. Die Formblätter können auch im Rahmen des Europarat-Übereinkommens vom 27.1.1977 genutzt werden. Die Veröffentlichung in Deutschland erfolgte gemäß § 1077 II ZPO durch

die im direkten Verkehr an die zuständigen Behörden/Gerichte des Empfängerstaates übersendet werden.[328]

8.72 Inhaltlich geht die Richtlinie über eine Regelung der zwischenstaatlichen Rechtshilfe (die sich auf eine zügige Weiterleitung der formularmäßigen Anträge beschränken müsste) hinaus.[329] Denn sie regelt (im Kern) die Voraussetzungen sowie den Umfang der Prozesskostenhilfe bei grenzüberschreitenden Prozessen im Europäischen Justizraum.[330] Bedeutsam ist vor allem die Bestimmung des Umfangs der Prozesskostenhilfe: Sie umfasst nach Art. 3, 7, 9 und 10 PKH-RL nicht nur das Erkenntnis-, das Anerkennungs- und das Vollstreckungsverfahren, sondern auch die vorprozessuale Beratung und die außergerichtliche Streitbeilegung. Insbesondere die Mehrkosten des grenzüberschreitenden Prozesses werden erstattet (vgl. Art. 7 PKH-RL). Die einheitliche Regelung definiert damit einen gemeinschaftsrechtlichen Mindeststandard zur sozialrechtlichen Flankierung des Zivilrechtschutzes.[331] Mittelbar geraten innerstaatliche Rechtsordnungen, die ein derartiges Schutzniveau nicht vorhalten, unter Anpassungsdruck.[332] Im Ergebnis greift der Rechtsakt durchaus in die Sozialhaushalte der Mitgliedstaaten ein – diese belasten bekanntlich die Justizhaushalte ganz nachhaltig.[333]

8.73 So gesehen verwundert es nicht, dass der ursprüngliche Richtlinienvorschlag der EG-Kommission,[334] der sowohl die innerstaatliche wie die grenzüberschreitende Prozesskostenhilfe erfasste, keine Zustimmung im Rat fand.[335] Die verabschiedete Richtlinie beschränkt sich auf die grenzüberschreitende Prozesskostenhilfe. Sie macht ca. 1 % des Gesamtaufkommens der Prozesskostenhilfe aus.[336] Ein grenzüberschreitender Bezug liegt immer dann vor, wenn eine der Parteien ihren Wohnsitz oder gewöhnlichen Aufenthalt nicht im Forumsstaat hat (Art. 2 PKH-RL).[337] Die auswärtige Partei kann sich mithin auf die Garantien der RL 2003/8/EG berufen, während sich die Prozesskostenhilfe der inländischen Partei nach inländischem Recht richtet.[338]

---

die EG-PKH Vordruckverordnung vom 21.12.2004, BGBl. I 3538, dazu *Jastrow*, in: Gebauer/Wiedmann (Hrg.), Zivilrecht unter europäischem Einfluss, Kap. 28, Rdn. 17.

328 Die Ermittlung der zuständigen Behörde erfolgt über den Europäischen Justiziellen Atlas in Zivilsachen, zugänglich unter: https://e-justice.europa.eu/content_legal_aid-390-de.do.

329 Andere Einschätzung bei *Schoibl*, JBl. 2006, 142, 143 f.

330 Zu diesem Regelungsanliegen *Jastrow*, in: Gebauer/Wiedmann (Hrg.), Zivilrecht unter europäischem Einfluss, Kap. 32, Rdn. 6; *Storskrubb*, Civil Procedure, S. 170 ff.

331 Art. 19 PKH-RL lässt ausdrücklich weitergehende Regelungen der Mitgliedstaaten zu.

332 Zu den konstitutionellen Erfordernissen von Art. 47 GR-Ch und Art. 6 EMRK oben § 4 I, Rdn. 4.13 ff.

333 Es handelt sich um die prozentual größte Belastung der Justizbudgets der EU-Mitgliedstaaten (neben den Personalkosten).

334 KOM (2002) 13 endg.

335 Hinter dieser inhaltlichen Begrenzung des Anwendungsbereichs stand freilich ein handgreiflicher Streit um die Interpretation der „grenzüberschreitenden Bezüge" als Tatbestandsmerkmal von Art. 67 und 81 AEUV, dazu oben § 2 Rdn. 2.14 ff.

336 So *Jastrow*, in: Gebauer/Wiedmann (Hrg.), Europäisches Zivilrecht, Kap. 32, Rdn. 8.

337 *Schmidt*, Europäisches Zivilprozessrecht, Rdn. 373.

338 Zum Umfang in Deutschland vgl. *Gottwald*, FS Rechberger (2005), S. 173, 175 f.

2. Die Vorgaben der Richtlinie 2003/8/EG

Die PKH-Richtlinie regelt die Voraussetzungen der Prozesskostenhilfe (Art. 5–12), ihren Umfang (Art. 3 f., Art. 10 f.) sowie das Bewilligungsverfahren (Art. 12 ff.). Nicht eingeschlossen sind die Prozesskostenhilfe für juristische Personen und die innerstaatliche Prozesskostenhilfe, also auch die PKH für die Partei, die ihren Wohnsitz/Aufenthalt im Forumstaat hat.[339] Drittstaatenangehörige, die sich rechtmäßig im Europäischen Justizraum aufhalten, werden hingegen ausdrücklich eingeschlossen (vgl. Art. 4 PKH-RL). Hier zeigt sich die menschenrechtliche „Verbürgerung" der PKH-RL.[340] 8.74

Den sachlichen und „internationalen" Anwendungsbereich bestimmen die Art. 1 II und 2 PKH-RL. Die Richtlinie erfasst grenzüberschreitende Streitsachen in Zivil- und Handelssachen; Steuer-, Zoll- und Verwaltungsstreitigkeiten sind ausdrücklich ausgenommen, Art. 1 III, 2. HS PKH-RL. Der sachliche Anwendungsbereich ist im Licht der EuGH-Judikatur zu Art. 1 I EuGVO zu bestimmen; insbesondere sind Registerstreitigkeiten (in Patent- und Markensachen) eingeschlossen – Amtshaftungsklagen im Kernbereich der Ausübung von Hoheitsgewalt unterfallen hingegen als „Verwaltungssachen" der ausdrücklichen Ausnahme in Art. 1 II, HS. 2 RL 2003/8/EG.[341] Eingeschlossen sind hingegen Familien- und Erbsachen; auch Verfahren der freiwilligen Gerichtsbarkeit sind erfasst.[342] 8.75

Den grenzüberschreitenden Charakter der Streitigkeit definiert Art. 2 RL. Ein Antrag auf PKH fällt unter die PKH-Richtlinie, wenn der Antragsteller seinen Wohnsitz oder gewöhnlichen Aufenthalt in einem anderen Staat als dem Forumstaat hat.[343] Die Richtlinie regelt damit die Prozesskostenhilfe für die „Auslandsklage".[344] Art. 2 II PKH-RL verweist dabei auf [heute] Art. 62 EuGVO, der freilich keine eindeutigen Ergebnisse vorgibt. Denn diese Vorschrift verweist für den Wohnsitz auf die nationalen Rechte der Mitgliedstaaten.[345] Nach Art. 2 III PKH-RL ist der Zeitpunkt der Antrag- 8.76

339 *Jastrow*, in: Gebauer/Wiedmann (Hrg.), Zivilrecht unter europäischem Einfluss, Kap. 32, Rdn. 11. Nach der Rechtsprechung des EuGH, 22.12.2010, Rs. C-279/09, *DEB*, EU:C:2010:811, haben auch juristische Personen Anspruch auf PKH.

340 Vgl. auch EWG Nr. 4, der sich unmittelbar auf die EMRK bezieht, EWG Nr. 5 PKH-RL nennt ausdrücklich Art. 47 III GRC.

341 Dazu EuGH, 21.4.1993, Rs. C-172/91, *Sonntag./.Waidmann*, EU:C:1993:144, dazu *Hess*, IPRax 1994, 10 ff., EuGH, 15.2.2007, Rs. C-292/05, *Lechouritou./.Bundesrepublik Deutschland*, EU:C:2007:102, vgl. oben § 6 I, Rdn. 6.6 ff.

342 So iE auch MünchKomm/*Rauscher*, § 1076 ZPO, Rdn. 5 (für Streitverfahren iRd FGG).

343 Es kommt mithin nicht darauf an, dass die Parteien in verschiedenen Vertragsstaaten ansässig sind. Vielmehr ist der Auslandsbezug für jede Partei gesondert zu prüfen.

344 So treffend *Gottwald*, FS Rechberger (2005), S. 173, 178 ff.

345 Dazu oben § 6 II, Rdn. 6.43 ff.

stellung maßgeblich; eine spätere Änderung des Wohnsitzes (insbesondere die Verlegung in den Forumstaat) schadet nicht.[346]

8.77 Von entscheidender Bedeutung sind die sog. „Schwellenwerte". Damit sind die Einkommensverhältnisse gemeint, die eine Inanspruchnahme der Rechtshilfe rechtfertigen. Angesichts der unterschiedlichen wirtschaftlichen Verhältnisse in den EU-Mitgliedstaaten hat der Unionsgesetzgeber davon Abstand genommen, einheitliche Vorgaben festzusetzen (Art. 5 II und III PKH-RL).[347] Danach gelten zunächst die (ökonomischen) Grenzwerte des Forumsstaates. Kann danach die bedürftige Partei keine Prozesskostenhilfe verlangen, greift ergänzend Art. 5 IV PKH-RL ein: Hat die Partei in ihrem Heimatstaat Anspruch auf PKH, so kann sie diese auch vor dem ausländischen Gericht geltend machen (vgl. auch § 1078 III ZPO).

8.78 Neben die Prüfung der Einkommensverhältnisse tritt eine (kursorische) Sachprüfung. Sie betrifft die „Vernünftigkeit" der Rechtsverfolgung bzw. der Rechtswahrung. Der vorgegebene Maßstab des Art. 6 I PKH-RL ist dabei großzügig: Nicht die hinreichenden Erfolgsaussichten der Klage und die fehlende „Mutwilligkeit" (so § 114 ZPO), sondern die „offensichtliche Unbegründetheit des Verfahrens" bewirkt die Ablehnung des Antrags.[348] Ein enger Prüfungsmaßstab gilt hingegen bei beruflichen Klagen und Verleumdungsprozessen (vgl. Art. 6 III).[349] Der Verweis des § 1078 II ZPO auf § 114 ZPO hat zur Folge, dass § 114 ZPO richtlinienkonform auszulegen ist.[350]

3. Der Umfang der Prozesskostenhilfe

8.79 Die Erstattungsfähigkeit der Kosten eines zusätzlichen Anwalts, der im Aufenthaltsstaat die mittellose Partei unterstützt, hat erhebliche praktische Bedeutung.[351] Dieses Recht auf den „Zweitanwalt" garantiert die Richtlinie – ebenso wie die Erstattungs-

---

346 Beantragt beispielsweise ein Deutscher, der in Brüssel lebt, vor dem FamG in Köln die Ehescheidung von seiner dort lebenden Ehefrau, so richten sich die Voraussetzungen der PKH nach Art. 2 ff. PKH-RL. Ein späterer Umzug nach Berlin ist unschädlich, solange der Umzug nach der Antragstellung (§ 114 ZPO) erfolgt.

347 *Schmidt*, Europäisches Zivilprozessrecht, Rdn. 381 f.

348 Dazu *Gottwald*, FS Rechberger (2005), S. 173, 180 ff.

349 Danach können bei der Sachprognose die EU-Mitgliedstaaten den Zusammenhang des Gesuchs mit einer kaufmännischen oder selbständigen Tätigkeit des Antragstellers berücksichtigen. Dasselbe gilt für Verleumdungsklagen, wenn keine materiellen Schäden eingetreten sind. Der deutsche Gesetzgeber hat diese Umsetzungsspielräume nicht genutzt.

350 *Hess*, in: van Rhee/Uzelac (ed.), Civil Justice, S. 198, 194 ff. Dies wird in der Literatur zumeist übersehen, vgl. etwa Baumbach/Lauterbach/Albers/Hartmann/*Schmidt*, § 1078 ZPO, Rdn. 5; Musielak/*Fischer*, § 1078 ZPO, Rdn. 3; Wieczorek/*Schütze*, § 1078 ZPO, Rdn. 4; aA *Roth*, EnzEuR, Bd. 3, § 25, Rdn. 27 (generelle RL-Konformität der §§ 114 ff. ZPO).

351 Zu den unionsrechtlichen Vorgaben bei der Kostenerstattung nach § 28 III Europäisches Rechtsanwältegesetz vgl. EuGH, 11.12.2003, Rs. C-289/02, *AMOK*, EU:C:2003:669, Rdn. 36 ff.

fähigkeit der Kosten eines Anwalts „vor Ort" der bedürftigen Prozesspartei.[352] Es kommt hingegen nicht darauf an, dass das ausländische Verfahrensrecht auch den Prozess der Naturalpartei zulässt. Denn in der Regel ist davon auszugehen, dass die ausländische Partei im grenzüberschreitenden Prozess anwaltlichen Beistand benötigt. Art. 8 PKH-RL spricht dieses Problem unmittelbar an: Im Aufenthaltsstaat hat die bedürftige Partei Anspruch auf einen unterstützenden Anwalt[353] und auf Erstattung der Übersetzungskosten. Diese Kosten übernimmt der „Heimatstaat" der bedürftigen Partei.[354] Ob die Partei auch im Forumsstaat einen Anspruch auf anwaltliche Unterstützung hat, bestimmt dessen Recht (Art. 3 III PKH-RL).[355] Die Erstattungsfähigkeit der Prozesskosten des Gegners, die im Europäischen Justizraum keineswegs einheitlich geregelt ist, spricht die Richtlinie (ausdrücklich) nicht an: Art. 3 II 2 RL verweist lediglich auf die Prozessrechte der Mitgliedstaaten. Damit bleibt es in Deutschland bei der Regel des § 123 ZPO, wonach die bedürftige Partei verpflichtet ist, im Fall des Prozessverlusts dem Gegner die Prozesskosten zu ersetzen.

Der unionsrechtliche Anspruch auf Prozesskostenhilfe umfasst die gesamten Kosten der Rechtsverfolgung: Von der vorgerichtlichen Beratungshilfe, im Klage- und Rechtsbehelfsverfahren, bis hin zur Zwangsvollstreckung (Art. 9 I PKH-RL). Dabei kann die Gewährung der Prozesskostenhilfe von einer erneuten Prüfung des Antrags in jedem Verfahrensstadium abhängig gemacht werden (Art. 9 IV PKH-RL).[356] Dies gilt freilich nicht für die Prozesskostenhilfe im Exequaturverfahren nach Art. 50 VO 2201/03/EG. Diese Vorschriften erstrecken nämlich die Bewilligung der Prozesskostenhilfe im Erststaat auch auf die (erneute) Bewilligung derselben im Exequaturverfahren. Diesen unionsrechtlichen Rechtsschutzstandard will die PKH-RL nicht aufheben.[357] Ausdrücklich eingeschlossen sind zudem die Prozesskostenhilfe für gesetzlich vorgeschriebene Vorverfahren und eine gerichtlich angeordnete Mediation (Art. 10 PKH-RL).[358] Nach der Rechtsprechung des EuGH sind die Übersetzungskosten eingeschlossen.[359] 8.80

352 *Roth*, EnzEuR, Bd. 3, § 25, Rdn. 30 f.

353 Klarstellend zur PKH-RL: EwG 12.

354 Der ausländische, örtliche Anwalt kann in Deutschland als Verkehrsanwalt, § 121 IV ZPO, beigeordnet werden.

355 *Gottwald*, FS Rechberger (2005), S. 173, 183.

356 Nach § 1078 IV ZPO gilt die Prozesskostenhilfe bei eingehenden Ersuchen für jeden Rechtszug als bewilligt; jedoch hat das Prozessgericht darauf hinzuwirken, dass sich der Antragsteller in jedem Rechtszug erneut über seine wirtschaftlichen Verhältnisse erklärt.

357 *Gottwald*, FS Rechberger (2005), S. 173, 183.

358 In Deutschland kommt dabei vor allem das Verfahren nach § 278 V 2 ZPO in Betracht. Dagegen unterfällt das obligatorische Schlichtungsverfahren nach § 15a II 2 EGZPO nicht dem Anwendungsbereich der PKH-RL, weil es nur zwischen Parteien mit Wohnsitz in demselben Bundesland durchgeführt wird – daher scheidet ein obligatorisches Streitverfahren im Anwendungsbereich des Art. 2 PKH-RL aus.

359 EuGH, 26.7.2017, Rs. C-670/15, *Assens Havn*, EU:C:2017:546, Rdn. 41 ff.

4. Die verfahrensmäßige Durchführung

8.81 Deutschland hat die PKH-RL durch das EG-Prozesskostenhilfegesetz vom 15.12.2004 umgesetzt.[360] Es hat vor allem die §§ 1076–1078 in das 11. Buch der ZPO eingefügt. Nach § 1076 ZPO sind die §§ 114–127a ZPO auch auf grenzüberschreitende Prozesskostenhilfeersuchen anzuwenden,[361] soweit die §§ 1077 f. ZPO keine vorrangigen Regelungen enthalten. Die §§ 1077 f. ZPO unterscheiden eingehende und ausgehende Ersuchen.

a) Ausgehende Ersuchen

8.82 Der Antrag für die geplante Auslandsklage oder Auslandsvollstreckung[362] ist entweder bei der Übermittlungsstelle (Art. 13 PKH-RL, § 1077 I ZPO: Amtsgericht am Wohnsitz des Antragstellers)[363] oder bei der Empfangsbehörde (Prozessgericht oder Vollstreckungsgericht, § 1078 ZPO) einzureichen. Die Antragstellung soll auf dem vorgeschriebenen Formular erfolgen (Art. 16 PKH-RL, § 1077 II ZPO).[364] Der Rechtspfleger unterstützt gegebenenfalls den Antragsteller bei der Ausfüllung des – recht komplexen – Formulars und wirkt auf die Beibringung entsprechender Nachweise hin (Art. 13 IV PKH-RL, § 1077 IV ZPO). Nach Art. 13 III PKH-RL, § 1077 III ZPO prüft die Übermittlungsbehörde, ob der Antrag in den sachlichen Anwendungsbereich der Richtlinie fällt (vgl. Art. 1 und 2 PKH-RL) und ob der Anspruch nicht offensichtlich unbegründet ist (Art. 6 I PKH-RL).[365] Diese Prüfung muss auf eine Evidenzkontrolle begrenzt bleiben, weil über die Bewilligung der Prozesskostenhilfe das ausländische Prozessgericht entscheidet.[366] Insbesondere darf der Rechtspfleger nicht (nach ausländischem Prozessrecht!) prüfen, ob der Antragsteller die wirtschaftlichen Voraussetzungen der Prozesskostenhilfe erfüllt[367] – eine solche Prüfung kommt nur im Rahmen von § 1077 VI ZPO in Betracht (d. h. nach Ablehnung des Ersuchens durch das ausländische Prozessgericht). Hat die Antragstellerin nach deutschem Prozessrecht Anspruch auf Prozesskostenhilfe, kann sie auch vor dem ausländischen Prozessgericht Prozesskostenhilfe verlangen (Art. 5 IV PKH-RL). Ihre Bedürftigkeit wird

---

360 BGBl. I 3392, in Kraft seit dem 21.12.2004, ausführliche Begründung in BT-Drs. 15/3281.

361 Klarstellend verweist § 114 S. 2 nunmehr auf die Vorschriften der §§ 1076–1078 für die grenzüberschreitende Prozesskostenhilfe innerhalb der Europäischen Union.

362 Im Fall einer gegen die inländische Partei zugestellten Klage (bzw. eingeleiteten Auslandsvollstreckung) gilt die nachfolgende Darstellung entsprechend.

363 Zuständig ist der Rechtspfleger, § 20 Nr. 6 RPflG, *Rellermeyer*, RPfleger 2005, 61, 62.

364 *Roth*, EnzEuR, Bd. 3, § 25, Rdn. 39.

365 Dies kann im Ergebnis schwierige kollisionsrechtliche Fragestellungen einschließen, die die Rechtspflegerin gegebenenfalls nach dem Kollisionsrecht des angegangenen Gerichts (im Ausland) zu entscheiden hat. In einer derartigen Konstellation kann die Rechtspflegerin nach § 5 II RPflG verfahren und die Sache der zuständigen Richterin vorlegen.

366 Vgl. für eingehende Ersuchen § 1078 II und III ZPO.

367 AA *Rellermeyer*, RPfleger 2005, 61, 62; wie hier *Gottwald*, FS Rechberger (2005), S. 173, 181.

in diesem Fall von der deutschen Übermittlungsstelle nach § 115 ZPO geprüft und (formularmäßig) bescheinigt (§ 1077 VI ZPO). Die Rechtspflegerin veranlasst von Amts wegen eine Übersetzung des Antrags und dessen Übermittlung an das ausländische Prozessgericht.[368] Gegen die Ablehnung der Bewilligung steht dem Antragsteller die sofortige Beschwerde zu.[369] Das Verfahren vor der Übermittlungsstelle ist kostenfrei.

b) Eingehende Ersuchen

Über eingehende Ersuchen entscheidet das Prozessgericht bzw. das Vollstreckungsgericht,[370] § 1078 I ZPO.[371] Der deutsche Gesetzgeber verlangt eine Übersetzung des Gesuchs in die deutsche Sprache.[372] Prüfungsmaßstab für die Bewilligung der Prozesskostenhilfe sind die §§ 114–116 ZPO. Danach kommt es zum einen auf die Bedürftigkeit des Antragstellers an. Dagegen ist eine Missbrauchsprüfung etwa im Sinne fehlender Mutwilligkeit (vgl. § 116 ZPO) dem Prozessgericht verwehrt. Art. 6 I PKH-RL stellt vielmehr auf die offensichtliche Unbegründetheit der Klage bzw. des Verteidigungsvorbringens ab. Im Anwendungsbereich der PKH-RL ist § 116 ZPO mithin richtlinienkonform auszulegen.[373] Müssen Anlagen zum Antrag (ins Deutsche) übersetzt werden, werden die Übersetzungskosten im Rahmen der PKH erstattet.[374] 8.83

5. Sektorielle Sonderregelungen

Derartige Regelungen enthielt das EuZPR vor allem für die Anerkennungsverfahren nach der EuGVO aF und der EheGVO aF. Sie finden sich weiterhin in denjenigen EU-Rechtsakten, die an der Urteilsanerkennung festhalten, etwa in Art. 55 EuGüVO oder in Art. 56 EuErbVO. Diese Vorschriften wollen den Antragsteller begünstigen und das 8.84

---

368 Dabei erleichtert die Standardisierung des Formulars den Übersetzungsaufwand ganz nachhaltig.

369 § 1077 III 3, § 572 ZPO, zu Einzelheiten instruktiv *Rellermeyer*, RPfleger 2005, 59, 62.

370 Dort ist nach § 20 Nr. 6 RPflG der Rechtspfleger zuständig. Ausnahmsweise bleibt der Richter zuständig, wenn eine richterliche Handlung des Vollstreckungsgerichts erforderlich ist.

371 § 1078 ZPO betrifft nur die Einreichung des Ersuchens über die Übermittlungsstellen. Die unmittelbare Einreichung beim (deutschen) Prozessgericht regeln die §§ 114 ff. ZPO, *Roth*, EnzEuR, Bd. 3, § 25, Rdn. 51.

372 So ausdrücklich § 1078 I 2 ZPO. Angesichts der nachhaltigen Standardisierung des Verfahrens erscheint dieses Erfordernis unverhältnismäßig.

373 AA *Rellermeyer*, RPfleger 2005, 61, 63, unter Berufung auf die Begründung zu § 1076 ZPO, BT-Drs. 15/3281, S. 13; Wieczorek/Schütze/*Schütze*, § 1078 ZPO, Rdn. 4.

374 EuGH, 26.7.2017, Rs. C-670/15, *Assens Havn*, EU:C:2017:546, Rdn. 41 ff.

Anerkennungsverfahren beschleunigen.[375] Eine weitergehende Regelung enthalten die Art. 44 ff. EuUhVO. Danach verpflichten sich die EU-Mitgliedstaaten zur Gewährung von PKH (und außergerichtliche Beratungshilfe) für jede Partei aus einem anderen EU-Mitgliedstaat.[376] Den Umfang regelt Art. 45 EuUhVO autonom (freilich unter partieller Bezugnahme auf die *lex fori* des Prozessgerichts).[377] Dagegen eröffnet Art. 46 EuUhVO Unterhaltsgläubigern unter 21 Jahren einen unmittelbaren Anspruch auf PKH ohne Nachweis der Bedürftigkeit, sofern den Antrag Zentrale Behörden stellen.[378] Die EuUhVO geht nicht nur den nationalen Regelungen, sondern auch der EuPKH-RL (bzw. den jeweiligen Umsetzungsregeln in den EU-Mitgliedstaaten) vor.[379]

IV. Offene Fragen der Europäischen Justiziellen Kooperation

1. Justizielle Kooperation in nicht harmonisierten Bereichen nach Art. 4 III EUV

8.85 Trotz der inzwischen erreichten, erheblichen Regelungsdichte im europäischen Rechtshilfeverkehr bleibt die Kooperationsverpflichtung des Art. 4 III EUV ergänzend anwendbar. Diese Vorschrift verpflichtet zum einen die Mitgliedstaaten generell, die primären und sekundärrechtlichen Gebote des Unionsrechts durchzusetzen (Wahrung des Unionsrechts).[380] Sie sind zum anderen verpflichtet, bei der Erfüllung der Ziele des Unionsrechts mitzuwirken. Diese Kooperationspflicht umfasst auch die horizontale Zusammenarbeit zwischen den Mitgliedstaaten.[381] Zwar setzt die Kooperationspflicht keine unmittelbare Durchführung des Unionsrechts voraus,[382] erforderlich ist jedoch ein enger Bezug zur Verwirklichung der Ziele des EG-Vertrages.[383] Dieser kann sich auch aus Art. 81 AEUV ergeben, nämlich dem Erfordernis einer ergänzenden justiziellen Kooperation zwischen Gerichten und sonstigen Behörden der Mitgliedstaaten.[384] Daher sind die EU-Mitgliedstaaten auch in Bereichen außer-

375 MünchKommFamFG/*Meyer*, Art. 55 EheGüVO, Rdn. 1.

376 MünchKommFamFG/*Lipp*, Art. 44 EuUhVO, Rdn. 18 ff.

377 MünchKommFamFG/*Lipp*, Art. 45 EuUhVO, Rdn. 2 f.

378 Diese Regelung macht durchaus Sinn, da die Geltendmachung von Unterhalt die Bedürftigkeit des Unterhaltsgläubigers voraussetzt, dazu MünchKommFamFG/*Lipp*, Art. 46 EuUhVO, Rdn. 8.

379 MünchKommFamFG/*Lipp*, Art. 44 EuUhVO, Rdn. 2 – die Regelung knüpft inhaltlich an die Art. 14–17 HUÜ (2007) an.

380 Streinz/*Streinz*, Art. 4 EUV, Rdn. 2–5.

381 Grundlegend EuGH, 27.9.1988, Rs. C-235/87, *Matteucci*, EU:C:1988:460, Rdn. 19; ausführlich Calliess/Ruffert/*Kahl*, Art. 4 EUV, Rdn. 62.

382 AA *Dutta*, Durchsetzung, S. 270.

383 Streinz/*Streinz*, Art. 4 EUV, Rdn. 27.

384 So auch *Dutta*, Durchsetzung, S. 271 f.

halb des sekundären Gemeinschaftsrechts zur Kooperation verpflichtet,[385] sofern es um eine komplementäre Hilfe bei der Verwirklichung der Unionsrechtsakte geht.[386]

Ein praktisches Beispiel[387] ist die Zustellung einer Amtshaftungsklage an einen EU-Mitgliedstaat. Die Amtshaftungsklage betrifft keine Zivilsache iSd. Art. 1 EuZustVO.[388] Dennoch besteht eine Kooperationspflicht dahin, dass die EU-Mitgliedstaaten bei der Entscheidung nicht mehr frei sind, ob sie die Klageschrift weiterleiten oder nicht. Das Gebot wechselseitiger Unterstützung bei der Gewährung gerichtlichen Rechtsschutzes (nach Art. 47 GRC und Art. 6 EMRK) erfordert die prinzipielle Weiterleitung (und korrespondierende Entgegennahme) der Klageschrift.[389] Denn die Wahrung effektiven Rechtsschutzes setzt zunächst die Begründung eines Prozessrechtsverhältnisses voraus – dieses darf die Behörden und die Gerichte der Mitgliedstaaten nicht durch eine Verweigerung des Zugangs zur Justiz (Vereitelung der Zustellung) unterlaufen. Im Ergebnis sollte die EuZustVO hier zumindest analog angewandt werden – leider hat der Unionsgesetzgeber in der Neuregelung der ZustellungsVO das Problem nicht klargestellt. **8.86**

Dennoch sollte die praktische Bedeutung von Art. 4 III EUV nicht überschätzt werden. Eine allgemeine justizielle Kooperationspflicht fordert die Vorschrift nicht ein – es handelt sich vielmehr um eine „akzessorische Garantie“. Allerdings vermag Art. 4 III EUV in Verbindung mit Art. 81 AEUV und Art. 47 GRC, 6 EMRK durchaus eine Kooperationspflicht jenseits der von den EU-Rechtsakten vorgegebenen Zusammenarbeit zu begründen.[390] Dabei muss ein enger – akzessorischer – Zusammenhang zu den jeweiligen Sekundärrechtsakten vorliegen. Eine umfassende, ungeschriebene Kooperationspflicht der Mitgliedstaaten im Bereich des Art. 81 AEUV lässt sich allerdings über Art. 4 III EUV nicht begründen.[391] **8.87**

---

385 Zurückhaltend *Grabitz/Hilf/Nettesheim/schill/Krenn*, Art. 4 EUV, Rdn. 105 (nur komplementäre Kooperationspflichten).

386 Dazu *Dutta*, Durchsetzung (2006), S. 264 f.; aA *Wettner*, Amtshilfe, S. 240 f., der im Anschluss an *Schmidt-Aßmann*, DVBl. 1993, 924, 935 f., einen ausdrücklichen, „gemeinschaftsrechtlichen Anerkennungsbefehl“ fordert, den Art. 10 EG (heute: Art. 4 III EUV) nicht enthalte.

387 Das Problem wurde 2005/2006 im Zusammenhang mit der Zustellung von Amtshaftungsklagen gegen die Bundesrepublik Deutschland wegen Kriegsverbrechen der Wehrmacht im europäischen Ausland (1939–1945) zwischen verschiedenen deutschen Bundesministerien kontrovers diskutiert.

388 Vgl. EuGH, 15.2.2007, Rs. C-292/05, *Lechouritou./.Bundesrepublik Deutschland*, EU:C:2007:102, Rdn. 46; oben § 6 I, Rdn. 6.6 ff.

389 So zutreffend EuGH, 11.6.2015, Rs. C-226/13, *Fahnenbrock*, EU:C:2015:383, Rdn. 68 ff., zust. *Hess*, RdC 388 (2018), 49, Rdn. 227 ff.

390 Englische Insolvenzgerichte bejahen eine unmittelbare Kooperationspflicht der Insolvenzgerichte bei Primär- und Sekundärverfahren, obwohl Art. 31 EuInsVO aF eine derartige Kooperation der Gerichte nicht vorschreibt, High Court of Justice, 11.2.2009, *Nortel Group*, [2009] EWHC 206 (Ch.) – freilich ohne Bezugnahme auf Art. 4 III EUV.

391 *Grabitz/Hilf/Nettesheim/schill/Krenn*, Art. 4 EUV, Rdn.102; enger *Wettner*, Amtshilfe, S. 241.

2. Grenzüberschreitende Beweissicherung zwischen EuGVO und EuBewVO

8.88 Ein zentrales Problem der grenzüberschreitenden Prozessführung ist die Beschaffung von Informationen im Vorfeld des Rechtsstreits. Im internationalen Rechtsstreit besteht für Beweissicherungsmaßnahmen ein nachhaltiges, praktisches Bedürfnis. Zwar kennen alle EU-Mitgliedstaaten einstweilige Maßnahmen zur Sicherung von Beweismitteln, jedoch schlagen die oben aufgezeigten Unterschiede der Beweisverfahrensrechte auch auf die vorprozessualen Sicherungsmaßnahmen durch:[392] Einige Mitgliedstaaten halten eigenständige Beweissicherungsverfahren vor[393], während andere die Beweissicherung dem einstweiligen Rechtsschutz zuordnen.[394] Auch „Mischformen" sind im Europäischen Justizraum anzutreffen.[395] In diesem Zusammenhang bereitet freilich die Qualifikation von Beweissicherungsmaßnahmen als einstweilige Maßnahmen iSd Art. 35 EuGVO, 15 EheGVO oder vorgelagerte Beweis(sicherungs)verfahren *sui generis*, auf die die EuBewVO anwendbar ist, Schwierigkeiten.[396]

8.89 Das Abgrenzungsproblem wird von den Unionsrechtsakten nicht hinreichend aufgelöst: Zwar bezieht Art. 1 II EuBewVO Maßnahmen der Beweissicherung in den Anwendungsbereich der VO grundsätzlich ein, etwa ein Beweisverfahren nach §§ 485 ff. ZPO oder den *référé probatoire* nach Art. 145 C.P.C.[397] Allerdings ist dies nicht unstreitig. Denn nach der Protokollerklärung 54/01 des Rats vom 20.6.2001 sind Beweisbeschaffungen der *pretrial discovery*, insbesondere *fishing expeditions* vom Anwendungsbereich der Verordnung ausgenommen.[398] Die Tragweite dieser Erklärung ist jedoch weithin unklar, weil dort weder *pretrial discovery* noch die sog. *fishing expeditions* konzeptionell näher erläutert werden. Auch entfaltet eine „authentische Interpretation" der Unionsrechtsakte durch den Rat keine Bindungswirkung gegenüber dem EuGH.[399] Dennoch erscheint es fraglich, ob Maßnahmen zur Informationsbeschaffung, die die Chancen des künftigen Prozesses abschätzen sollen, vom europäischen Prozessrecht ausgenommen sind. Wäre dies der Fall, könnte ein deutsches Amtsgericht im Rahmen eines selbständigen Beweisverfahrens nach §§ 485 II,

---

392 Vgl. die Nationalberichte der Studie JAI A3/02/2002 on Making More Efficient the Enforcement of Judgments in Europe, Provisional and Protective Measures, 1.5., verfügbar unter: http://europa.eu.int/comm/justice–home/doc–centre/civil/studies/doc/enforcement–judicial–decisions–180204–en.pdf.

393 Vor allem Finnland, Deutschland, die Niederlande, Portugal, Spanien, vgl. den Überblick bei *Hess*, General Report Study JAI A3/02/2002, S. 118 ff. (oben Fn. 392); *Hess/Zhou*, IPRax 2007, 183, 185 ff.

394 Insbesondere Frankreich, Griechenland, Irland, Italien, Luxemburg.

395 So etwa in Österreich, in Deutschland im Bereich des gewerblichen Rechtsschutzes, dazu *Schlosser* RdC 284 (2000), 13, 166.

396 Dazu bereits oben § 6 V, Rdn. 6.281 ff.

397 *Huber*, in: Gebauer/Wiedmann (Hrg.), Zivilrecht unter europäischem Einfluss, Kap. 29, Rdn. 30.

398 Die Erklärung ist abgedruckt bei Rauscher/*v. Hein*, Art. 1 EG-BewVO, Rdn. 42.

399 Vgl. oben § 4 II, Rdn. 4.36 f. sowie Rdn. 4.60 zu Protokollerklärungen.

1072 I Nr. 2 ZPO, Art. 17 EuBewVO einen Zeugen in Frankreich vernehmen oder dort einen Augenschein einnehmen. Damit „überspielt" Art. 17 EuBewVO die nach § 486 III ZPO fehlende Zuständigkeit für eine Beweissicherung im Ausland.[400] Im praktisch bedeutsamen Anwendungsbereich des gewerblichen Rechtsschutzes eröffnen Art. 6 und 7 der Enforcement-RL (2004/48/EG) dem Schutzrechtsinhaber vorprozessuale Auskunftsansprüche beim Verdacht einer Rechtsverletzung. Die Durchsetzung erfolgt mittels einstweiliger Verfügungen, auch Beweissicherungsverfahren sind eröffnet.[401] Art. 7 der Enforcement-RL enthält detaillierte Vorgaben zur Ausgestaltung der Sicherungsmaßnahmen und der Auskunftsrechte – unter Einschluss der Zeugnisverweigerungsrechte.[402]

Problematisch ist die Abgrenzung zwischen vorläufigen Maßnahmen nach Art. 35 EuGVO sowie nach Art. 15 EheGVO (d. h. solchen einstweiligen Maßnahmen, die auf Sicherung gerichtet sind) und der vorläufigen Beweissicherung nach Art. 1 II EuBewVO. Diese Abgrenzung erfolgt in den EU-Mitgliedstaaten unterschiedlich. Viele EU-Mitgliedstaaten qualifizieren die Beweissicherung als Maßnahme des einstweiligen Rechtsschutzes, etwa Belgien, Dänemark,[403] Frankreich, Griechenland, Irland, Italien, Luxemburg und Schweden.[404] Die Gegenposition findet sich etwa in Deutschland[405], Finnland, den Niederlanden, Portugal, Schottland und Spanien. In diesen Ländern gilt die Beweissicherung als ein Verfahren eigener Art, das strukturell der Beweisaufnahme zugeordnet ist.[406] Auch eine kombinierte Zuordnung ist denkbar, so etwa in Österreich, wo der einstweilige Rechtsschutz ergänzend eingreift, wenn ein Beweissicherungsverfahren nicht ausreicht.[407] 8.90

Die heterogene Ausgangslage verdeutlicht, dass eine Lösung des Problems über eine Abgrenzung der Verordnungen im Wege autonomer Auslegung allein kein gangbarer Weg sein kann.[408] Vielmehr muss stets im Einzelfall die jeweilige Beweis- 8.91

---

400 Dazu Stein/Jonas/*Berger*, § 486 ZPO, Rdn. 22 ff.; *Schack*, IZVR, Rdn. 429; aA *Mankowski*, JZ 2005, 1144, 1148 gegen EuGH, 28.4.2005, Rs. C-104/03, *St. Paul Dairy*, EU:C:2005:255.

401 Zu Art. 7 RL 2004/48/EG vgl. ausführlich unten § 11 II, Rdn. 11.37 ff.

402 Vgl. *Heinze*, Einstweiliger Rechtsschutz, S. 102 ff.; unten § 11 II, Rdn. 11.38.

403 Vgl. die Nationalberichte der Studie JAI A3/02/2002 on Making More Efficient the Enforcement of Judgments in Europe, Provisional and Protective Measures, 1.5., verfügbar unter: http://europa.eu.int/comm/justice-home/doc-centre/civil/studies/doc/enforcement-judicial-decisions-180204-en.pdf.

404 *Hess*, General Report Study JAI A3/02/2002, S. 126.

405 Mit Ausnahme des Urkundsbeweises, vgl. dazu jedoch § 256 I ZPO, der eine Klage auf Feststellung der Echtheit einer Urkunde ausdrücklich zulässt.

406 *Hess*, General Report, Study JAI A3/02/2002, S. 127 mwN.

407 National Report Austria on Provisional Measures. Study JAI A3/02/2002, Antwort 1.5 (*Oberhammer*); dazu auch *Schlosser*, RdC 284 (2000), 13, 166.

408 *Huber*, in: Gebauer/Wiedmann (Hrg.), Zivilrecht unter europäischem Einfluss, Kap. 29, Rdn. 30; *Hess/Zhou*, IPRax 2007, 183, 185 ff.; nicht überzeugend *Mankowski*, JZ 2005, 1144 ff. (für eine autonome Auslegung von Art. 24 EuGVÜ/35 EuGVO und für eine generelle Zuordnung der Beweissicherung zum einstweiligen Rechtsschutz plädierend).

sicherungsmaßnahme darauf überprüft werden, ob sie einen anerkennungs- und vollstreckungsfähigen Inhalt hat (dann: Art. 36 ff. EuGVO) oder ob sie lediglich ein Beweismittel sichern soll (etwa: eine vorgezogene Zeugeneinvernahme). In letzterem Fall erscheint eine Zuordnung zur BeweisVO sinnvoll und möglich. Dies entspricht auch der engen Interpretation des Art. 35 EuGVO durch den EuGH: Nach dem Urteil *van Uden* darf eine grenzüberschreitende Verfügung nur erlassen werden, wenn ein hinreichender realer Bezug zwischen anordnendem Gericht und dem Sicherungsgegenstand besteht.[409] An diesem Kriterium wird in vielen Fällen eine (grenzüberschreitende) Vollziehung bzw. Anerkennung der Sicherungsmaßnahme scheitern.[410] Eine vergleichbare Einschränkung enthält die EuBewVO nicht, sie setzt vielmehr auf eine grenzüberschreitende Kooperation zwischen den Gerichten der Mitgliedstaaten bei Beweissicherungsmaßnahmen.

8.92 Über die Einordnung von Beweissicherungsmaßnahmen unter Art. 24 EuGVÜ/Art. 31 ging es in *St. Paul Dairy Industries./.Unibel Exser BVBA*:[411] Der Ausgangsfall betraf eine vorprozessuale Zeugenvereinnahme nach niederländischem Recht,[412] deren Ergebnisse in einem (noch anzustrengenden) belgischen Prozess verwertet werden sollten.[413] Das niederländische Gericht fragte den EuGH, ob eine solche Zeugeneinvernahme als einstweilige Sicherungsmaßnahme iSd Art. 24 EuGVÜ/Art. 35 EuGVO qualifiziert werden könnte. Bereits Generalanwalt *Colomer* hatte in seinen Schlussanträgen das Ergebnis vertreten, dass vorläufige Maßnahmen zur Informationsbeschaffung nicht per se aus dem Anwendungsbereich des Art. 24 EuGVÜ/35 EuGVO herausfallen.[414] Allerdings sei jeweils im Einzelfall zu prüfen, ob der Tenor der Entscheidung einen anerkennungsfähigen Inhalt aufweise.[415] Die Schlussanträge endeten mit dem Hinweis, dass sich künftig das Problem schon deswegen nicht mehr stelle, weil der BeweisVO nach dem Grundsatz „*lex posterior derogat legi priori*" der Vorrang zukomme.[416]

---

409 EuGH, 17.11.1998, Rs. C-391/95, *van Uden*, EU:C:1998:543, Rdn. 40, oben § 6 V, Rdn. 6.282.

410 So im Fall C.Cass., 11.12.2001, *Virgin Atlantic Airways Ltd v. G.I.E. Airbus Industries et autres*, Rev. Crit. 2002, 371: Die Anordnung einer „*expertise*" (Untersuchung) eines in London Heathrow befindlichen Flugzeugs durch ein französisches Gericht nach Art. 24 EuGVÜ sei mangels „*rattachement réel*" zum französischen Hauptsachegericht ausgeschlossen (zust. *Muir Watt*).

411 EuGH, 28.4.2005, Rs. C-104/03, *St. Paul Dairy*, EU:C:2005:255.

412 Art. 186 ff. Nederlands Wetboel van Burgerlijke Rechtsvordering, vgl. EuGH, 28.4.2005, Rs. C-104/03, *St. Paul Dairy*, EU:C:2005:255, Rdn. 7 ff.

413 Der Sachverhalt des Ausgangsverfahrens war im Entscheidungsersuchen nicht ganz deutlich, es ging wohl um Mängel an einer Maschine, die die Beklagte der Klägerin geliefert und in deren Betriebsstätte installiert hatte.

414 Dabei bejahte GA *Colomer* mit Recht die Anwendbarkeit der VO 44/01/EG in dem Fall, dass für ein rein nationales (belgisches) Hauptsacheverfahren ein (unterstützendes) einstweiliges Verfahren in einem anderen Mitgliedstaate durchgeführt wird, Schlussanträge 9.9.2004, Rs. C-104/03, *St. Paul Dairy*, EU:C:2004:509, Rdn. 26 ff. (mit vorsichtigen Schlussfolgerungen); aA etwa *Stadler*, FS Geimer (2002), S. 1302; *Ahrens*, FS Schütze (1999), S. 1, 7; Rauscher/*v. Hein*, Art. 1 EuBewVO, Rdn. 52.

415 Hierauf verweisen insbesondere *Ahrens*, FS Schütze (1999), S. 1, 18; *Stadler*, FS Geimer (2002), S. 1302 ff.

416 Schlussanträge GA *Colomer* in EuGH, 9.9.2004, Rs. C-104/03, *St. Paul Dairy*, EU:C:2004:509, Rdn. 37 ff., 61.

Der EuGH hat diese Einschätzung aufgegriffen und ging über die Schlussanträge sogar hinaus. Der Gerichtshof sprach sich für eine generelle Qualifikation der Beweissicherung als „Beweisverfahren" iSd Art. 1 II EuBewVO aus.[417]

Das Urteil *St. Paul Dairy* stärkt zwar die nahtlose Abstimmung von EuBewVO und EuGVO; der EuGH berücksichtigt freilich die ausdifferenzierten Sicherungssysteme in den Mitgliedstaaten nicht hinreichend, die eben nur z. T. die Beweissicherung als vorgezogene Beweisaufnahme konzipieren.[418] Andere EU-Mitgliedstaaten qualifizieren die Beweissicherung als einstweilige Maßnahmen – diese prozessuale Ausgangslage hat der EuGH geradezu „ausgeblendet".[419] Die autonome Auslegung schafft nur vermeintlich einheitliches Recht. Sie öffnet vielmehr unnötige Bruchstellen zu den unterschiedlichen Lösungen der Mitgliedstaaten und schmälert im Ergebnis den Rechtsschutz der Parteien. Das unmittelbare Ergebnis ist Rechtsungleichheit; mittelbar kommt es zum *forum shopping*: Denn angesichts der einseitigen „Lösung" des EuGH eröffnen die Mitgliedstaaten unterschiedlich effektive Rechtsbehelfe zur Beweissicherung – dies veranlasst die Parteien regelmäßig zu Ausweichstrategien.[420] Geht man vom Grundsatz des Rechts auf Beweis und dem Gebot, effektiven Rechtsschutz zu gewähren aus, so erscheint eine differenzierte Lösung durchaus sachgerecht. Vorzuziehen ist – je nach Ausgangsqualifikation in den Mitgliedstaaten – eine Einordnung nationaler Sicherungsmaßnahmen unter die VO 1206/01/EG oder unter Art. 35 EuGVO. Damit wird iE der Rechtsschutz der beweisbelasteten Partei verbessert, ohne dass eine zwingende Zuordnung auf europäischer Ebene notwendig wird. Die Partei kann vor Ort nach Art. 35 EuGVO Sicherungsmaßnahmen im Wege des einstweiligen Rechtsschutzes beantragen oder aber den Rechtshilfeweg nach Art. 1 ff. EuBewVO wählen. Ein derartiger, flexibler Ansatz schützt die Interessen der Prozessparteien effektiver als der „systematische" Ansatz des EuGH. Mithin besteht kein Vorrang der EuBewVO gegenüber dem einstweiligen Rechtsschutz nach den Parallelrechtsakten.[421] 8.93

417 EuGH, 28.4.2005, Rs. C-104/03, *St. Paul Dairy*, EU:C:2005:255, Rdn. 23; ablehnend *Hess/Zhou*, IPRax 2007, 183, 184 ff.

418 Auch die Kritik von *Mankowski*, JZ 2005, 1144, 1146 ff., der generell eine Anwendung von Art. 35 f. EuGVO befürwortet, übersieht die unterschiedliche Ausgangslage in den Mitgliedstaaten.

419 Ausführliche Kritik bei *Hess/Zhou*, IPRax 2007, 183, 188 f.; *Nuyts*, Rev. crit. 2007, 53 ff.

420 Derartige Ausweichstrategien sind vor allem im transatlantischen Rechtsverkehr aufgetreten: Nach 28 U.S.C. § 1782 gewähren U.S. Gerichte nach autonomem Recht für ausländische Verfahren Rechtshilfe: Ausländische Parteien können die *pretrial discovery* nutzen. Diese Möglichkeit wird von gut beratenen Parteien genutzt, dazu *Hess*, in: Nuyts (ed.), IP Litigation, S. 289 ff.

421 *Hess/Zhou*, IPRax 2007, 183, 188 f.; Wieczorek/Schütze/*Ahrens*, § 363 ZPO, Rdn. 85.

3. Extraterritoriale Beweiserhebungen im Europäischen Justizraum

8.94 Die EuBewVO enthält schließlich keine explizite Regelung zu extraterritorialen Beweisanordnungen, etwa zur Ladung eines Zeugen, der im Ausland wohnt, zur unmittelbaren Vernehmung vor dem Prozessgericht[422] oder die Aufforderung einer ausländischen Partei, einen DNA-Test oder eine Blutentnahme nach § 178 FamFG zu dulden und dem Gericht vorzulegen.[423] Derartige Anordnungen bewegen sich in einer Grauzone zwischen nationalem Prozessrecht, Völkerrecht und Unionsrecht. Mithin ist das Verhältnis zwischen extraterritorialen Beweisanordnungen und der Rechtshilfe nach der EuBewVO zu klären. Dabei erleichtern die Aufgabe überkommenen Souveränitätsdenkens im Europäischen Justizraum und das Gebot einer engen Kooperation zwischen den Mitgliedstaaten bei der Durchführung grenzüberschreitender Zivilrechtspflege eine veränderte Wahrnehmung der Problematik.[424]

8.95 In systematischer Hinsicht müssen verschiedene Fragen bei der extraterritorialen Beweisaufnahme getrennt werden: Zunächst ist festzuhalten, dass die EuBewVO keine Exklusivität dergestalt beansprucht, dass sämtliche Beweisanordnungen mit Auslandsbezug von der VO erfasst wären.[425] Vielmehr bleibt die sog. extra-territoriale Beweisverschaffung nach Maßgabe des jeweiligen innerstaatlichen Beweisrechts der Mitgliedstaaten zulässig.[426] Diese Interpretation erscheint schon deswegen zwingend, weil die Zulässigkeit extraterritorialer Beweisanordnungen neben den Rechtshilfeübereinkommen seit mehr als 30 Jahren intensiv und kontrovers diskutiert wird.[427] Dennoch enthält die EuBewVO keinen ausdrücklichen Exklusivitätsvorbehalt.[428] Das Fehlen eines generellen Vorbehalts schließt es freilich nicht aus, dass die EuBewVO im konkreten Einzelfall für spezifische Beweismittel die extraterritoriale Beweisaufnahme ausschließt.

8.96 Damit stellt sich die maßgebliche Frage dahin, ob eine Anordnung zur Informationsbeschaffung als (echte) Auslandsbeweisaufnahme iSd EuBewVO oder aber als extraterritoriale Beweisanordnung nach Maßgabe des Prozessrechts (*lex fori*) des erkennenden Gerichts zu qualifizieren ist. Die Antwort auf diese Frage gibt primär (und das ist in der Tat ein Unterschied zum HBÜ) die EuBewVO vor: So ordnen etwa Art. 10 und 17 ausdrücklich an, dass eine Videokonferenz mit im Ausland befindlichen Beweispersonen als Auslandsbeweisaufnahme zu qualifizieren ist. Insofern setzt sich das vorran-

422 OLG Hamm, 14.10.2008, NJW 2009, 1090: eine Androhung von Ordnungsgeld scheidet hingegen aus, weitergehend *Schack*, IZVR, Rdn. 794.

423 Dazu *Jayme/Kohler*, IPRax 2001, 501, 503 f.; *Decker*, IPRax 2004, 229 ff.

424 Dazu *Müller*, Grenzüberschreitende Beweisaufnahme, S. 145 ff.

425 Auch die (missverständlichen) Aussagen des EuGH in *St. Paul Dairy*, dass die EuBewVO Vorrang hat, sind nicht im Sinne einer Exklusivität zu verstehen, so bereits *Szychowska*, I.R.D.I. 2006, 111, 120 f. Klarstellend EuGH, 6.9.2012, Rs. C-170/11, *Lippens u.a.*, EU:C:2012:540, Rdn. 27 f.

426 So auch EuGH, 21.2.2013, Rs. C-332/11, *ProRail*, EU:C:2013:87, Rdn. 27 f., allg. Ansicht vgl. etwa *Decker*, IPRax 2004, 229, 230 f.; *Müller*, Grenzüberschreitende Beweisaufnahme, S. 145 f.

427 Zum Meinungsstand *Schack*, IZVR, Rdn. 724.

428 EuGH, 6.9.2012, Rs. C-170/11, *Lippens u.a.*, EU:C:2012:540, Rdn. 28.

gige, europäische Zivilverfahrensrecht unmittelbar durch – ob diese Einordnung *de lege lata* wirklich zutrifft, ist hingegen durchaus zweifelhaft.[429]

Folglich ist die Zulässigkeit der extraterritorialen Informationsbeschaffung für jedes Beweismittel gesondert zu prüfen. Dabei ist jedoch auch zu berücksichtigen, dass die Vorlagepflichten und Zeugnisverweigerungsrechte im europäischen Justizraum im Hinblick auf die jeweiligen Beweismittel einheitlich konzipiert werden – hier bestehen durchaus inhaltliche Defizite der EuBewVO. Im Ergebnis erweisen sich jedoch die Vorgaben der EuBewVO als gering. **8.97**

Dies verdeutlichen folgende Beispiele: Üblicherweise wird auch die Beauftragung eines Sachverständigen mit tatsächlichen Feststellungen im Ausland als extraterritoriale Beweisaufnahme bezeichnet.[430] Das ist nunmehr problematisch: Ermittlungen des Sachverständigen sind genehmigungspflichtige unmittelbare Beweisaufnahmen nach Art. 17 EuBewVO.[431] Man mag diese Konsequenz nicht für zwingend halten – etwa weil der Sachverständige ohne hoheitliche Befugnisse gleichsam als Privatperson handelt.[432] Andererseits handelt er aber als Gehilfe des Richters und nach dessen Instruktionen (vgl. § 404a ZPO).[433] Art. 1 III des deutschen Initiativ-Entwurfs wollte diese Tätigkeiten ausdrücklich genehmigungsfrei stellen. Der Passus wurde später gestrichen. Auslandsermittlungen eines Sachverständigen sind nach hM erlaubnispflichtig.[434] Überzeugend erscheint diese Regelung freilich nicht. Eine unmittelbare Beweisaufnahme durch das Prozessgericht findet nicht statt, der Sachverständige bleibt mittelbarer Gehilfe des Gerichts. **8.98**

Die praktische Durchführung erfolgt regelmäßig ohne Bezugnahme auf die EuBewVO: Nationale Gerichte entsenden weiterhin Sachverständige über die „Grenze" – möglichst in Einvernahme mit allen Prozessparteien. Da der Sachverständige „privat" die Grenze überschreitet, werden die Justizbehörden des ersuchten Staates nicht einbezogen.[435] Desgleichen wird die Vorlage von Dokumenten angeordnet, die sich in der Verfügungsgewalt der Partei befinden, auch wenn diese in anderen EG-Mitgliedstaaten belegen sind.[436] Augenscheinsobjekte, die im Ausland belegen sind, können ebenfalls auf Anordnung des Prozessgerichts im Inland vorge- **8.99**

429 Dazu *Hess*, in: Mahraun (Hrg.), Europäisches Beweisrecht, S. 17, 23 ff.; kritisch *Sengstschmid*, in: Mayr (Hrg.), Hdb EuZVR, Kap.15, Rdn. 15.9.

430 Vgl. *Daoudi*, Extraterritoriale Beweisbeschaffung, S. 108 f.; *Berger*, IPRax 2001, 522, 527. Für eine privatrechtliche Einordnung *Sengstschmid*, in: Mayr (Hrg.), Hdb EuZVR, Kap. 15, Rdn. 15.6; aA Wieczorek/Schütze/*Ahrens*, Vor § 485 ZPO, Rdn. 52.

431 *Müller*, Grenzüberschreitende Beweisaufnahme, S. 114; Rauscher/*v. Hein*, Art. 1 EG-BewVO, Rdn. 25 (jeweils unter Berufung auf die Entstehungsgeschichte).

432 So *Schack*, IZVR, Rdn. 790; *Schlosser*, FS Tarzia I, S. 589, 617.

433 Rosenberg/Schwab/*Gottwald*, Zivilprozessrecht, § 123.

434 Vgl. *Schulze*, IPRax 2001, 527, 528; *Stadler*, FS Geimer (2002), S. 1281, 1289 f.; MünchKomm/*Rauscher*, § 1073 ZPO, Rdn. 21.

435 EuGH, 21.2.2013, Rs. C-332/11, *ProRail*, EU:C:2013:87, dazu *Schlosser*, FS Klamaris (2016), S. 685, 687 ff.

436 Rauscher/*v. Hein*, Art. 1 EG-BewVO, Rdn. 31.

legt werden.[437] Dabei richtet sich die Belegenheit von Daten nach dem Standort des Rechners (Servers), hilfsweise nach dem Sitz des betroffenen Unternehmens.[438]

8.100 Besondere Probleme wirft § 178 FamFG auf, der im Abstammungsprozess DNA-Tests sowie die zwangsweise Durchführung der Blutentnahme zulässt.[439] Gegenüber einer Auskunftsperson im Ausland ist eine derartige Anordnung zumindest dann zulässig, wenn der Aufenthaltsstaat eine entsprechende Duldungspflicht kennt.[440] Die Durchführung des Vaterschaftstests ist dabei als Beweisaufnahme iSd Art. 1 I EuBewVO zu qualifizieren[441] – bei der Erledigung des Rechtshilfeersuchens kommt dem von Art. 8 EMRK verbürgten Recht des Kindes auf Kenntnis seiner Abstammung besonderes Gewicht zu.[442] Darüber hinaus ist jedoch die Zulässigkeit generell zu bejahen – die Weigerung der Partei (zumeist der Putativvater im Abstammungsprozess) ist bei der Beweiswürdigung zu berücksichtigen.[443]

8.101 Der Beweistransfer hat für das Prozessgericht im Ergebnis den Vorteil, dass eine Inlandsbeweisaufnahme nach der *lex fori* durchgeführt wird. Dies bedeutet Beweisunmittelbarkeit, einheitliche Beweisverfahren, unproblematische Parteiöffentlichkeit, vertraute Verfahrenssprache etc. Menschenrechtlich problematisch bleibt hingegen die Anordnung von Zwangsmaßnahmen.[444] Auch kann für die Beweisperson die Belastung erheblich sein, denn sie muss ggf. eine weite Reise in Kauf nehmen und sich einem fremden Verfahrensrecht unterordnen. Widersetzt sie sich den Anordnungen, drohen Ordnungsmaßnahmen bis hin zur Zwangshaft (vgl. § 390 ZPO).[445] Kommt sie den Anordnungen hingegen nach, kann sie im Extremfall gegen strafrechtliche Verbote des eigenen Aufenthaltsstaats verstoßen.[446] Dies führt zu bedenklicher Rechtsunsicherheit. Um auch hier zu einem vernünftigen Interessenausgleich zu kommen, wäre

---

437 *Schack*, IZVR, Rdn. 791, verweist mit Recht darauf, dass die §§ 141 f. ZPO aufgrund des *lex fori*-Grundsatzes gegenüber der ausländischen Partei anwendbar sind, vgl. auch oben § 8 II, Rdn. 8.47.

438 *Junker*, Electronic Discovery, Rdn. 75 ff.

439 Die Entnahme von DNA- und Blutproben war wiederholt Thema der Erörterungen des Justiziellen Netzes, vgl. den Bericht der EU-Kommission zur EuBewVO, KOM (2007) 769 endg., S. 2, 6.

440 Dies ist nur in Österreich, Schweden und Ungarn der Fall, vgl. *Knöfel*, EuZW 2008, 267, 268.

441 Rauscher/*v. Hein*, Art. 1 EG-BewVO, Rdn. 29; aA *Müller*, Grenzüberschreitende Beweisaufnahme, S. 93; *Decker*, IPRax 2004, 235.

442 EGMR, 7.2.2002, Nr. 53176/99, *Mikulic v. Kroatien*, CE:ECHR:2002:0207JUD005317699.

443 *Müller*, Grenzüberschreitende Beweisaufnahme, S. 157.

444 Die Schwierigkeiten sollten jedoch nicht überschätzt werden, zutreffend *Schack*, IZVR, Rdn. 972 f. Extraterritoriale Beweisanordnungen gegenüber der Partei können mit Beweisnachteilen sanktioniert werden.

445 Die grenzüberschreitende Durchsetzung scheitert freilich an Art. 17 EuBewVO, der die Durchführung förmlicher Rechtshilfe erfordert. Vgl. auch oben § 8 II, Rdn. 8.48.

446 Allerdings ist das Prozessgericht verpflichtet, die Belastung ausländischer Zeugen durch entsprechende Verfügungen möglichst gering zu halten, beispielsweise durch eine schriftliche Befragung nach § 377 III ZPO, vgl. *Schack*, IZVR, Rdn. 719 ff.; rechtsvergleichend *Schlosser*, RdC 284 (2000), 13, 121 f.

daher eine gemeinschaftsrechtliche Regelung wünschenswert. Der EuGH hat im Urteil *Gambazzi*[447] betont, dass Sanktionen verhältnismäßig sein müssen. Andernfalls kann die Anerkennung eines Urteils nach Art. 45 I lit. a) EuGVO, Art. 38 lit. a), Art. 39 I lit. a) EheGVO wegen Verletzung des *ordre public* abgelehnt werden.

Festzuhalten bleibt jedoch, dass – ungeachtet der fehlenden Regelung – die Beweisbeschaffung aus dem Ausland für die Parteien und das Prozessgericht eine dritte Option ist. Einen generellen Vorrang gibt es nicht. Vielmehr muss das Prozessgericht den Einzelfall nach Zweckmäßigkeit entscheiden.[448] Dieser Ansatz entspricht dem Recht auf effektive Beweisaufnahme, das mit einer flexiblen Handhabung der verschiedenen Wege der grenzüberschreitenden Beweisaufnahme am besten umgesetzt werden kann. Für die Beweisverordnung bedeutet das freilich auch, dass sie wirkliche, praktische Relevanz gegenüber der „informellen Beweisverschaffung" nur dann erlangen kann, wenn sie effektiv und rechtshilfefreundlich gehandhabt wird. Angesichts der – durchaus ernüchternden – Erfahrungen mit dem HBÜ steht die praktische Bewährung dem europäischen Rechtsakt noch bevor. **8.102**

Die Europäische Rechtshilfe befindet sich weiterhin in einer Übergangsphase. Die ungelösten Probleme der Beweissicherung und Beweisbeschaffung verdeutlichen, dass der aktuelle Rechtszustand nur ein Übergangsschritt sein kann. Die Verfahrensrechte der Mitgliedstaaten erweisen sich im Hinblick auf die Informationsbeschaffung, die Zulassung von Beweismitteln und deren Grenzen durch Beweisverbote als heterogen – sie laden, wie das Beispiel des gewerblichen Rechtsschutzes zeigt, zu *forum shopping* ein. Eine einheitliche Rahmenregelung, wie sie Art. 6 und 7 RL 2004/48/EG für Streitigkeiten im Bereich des gewerblichen Rechtsschutzes vorsehen, sollte mittelfristig für das gesamte Europäische Zivilverfahrensrecht gelten.[449] Für das Europäische Bagatellverfahren enthält Art. 9 EuBagVO nunmehr ebenfalls eine eigenständige Regelung zur Beweisaufnahme.[450] Ein entsprechender Zwang zur Vereinheitlichung der prozessualen Sachnormen in den Mitgliedstaaten zeigt sich jedoch auch bei der Zustellung: Die Regelungen zur Übermittlung des Schriftstücks, so wie die EuZustVO sie vorsieht, erscheinen zur Gewährleistung effektiven Rechtsschutzes nicht ausreichend. **8.103**

Dementsprechend enthalten die Art. 13–15 EuVTVO einheitliche Maßstäbe zur Beurteilung der ordnungsgemäßen Zustellung des verfahrenseinleitenden Schriftstücks, die in allen EU-Mitgliedstaaten (außer Dänemark) gleichermaßen gelten. Allerdings ist der Unionsgesetzgeber den entscheidenden Schritt zunächst noch **8.104**

447 EuGH, 2.4.2009, Rs. C-394/07, *Gambazzi*, EU:C:2009:219, Rdn. 41. ff.

448 So auch *Schulze*, IPRax 2001, 527, 532 f., Zöller/*Geimer*, § 363 ZPO, Rdn. 6; Rauscher/*v. Hein*, Art. 1 EG-BewVO, Rdn. 18 ff.

449 Dazu *Forner Delaygua*, in: Nuyts (ed.), IP Litigation, S. 257, 262 ff. So gesehen erscheint die Erstreckung der Art. 6 ff. der RL 48/2004/EG auf weitere Rechtsgebiete (vgl. unten § 11 III, Rdn. 11.32 ff.) folgerichtig.

450 Dazu unten § 10 III, Rdn. 10.107.

nicht gegangen und überlässt die eigentliche Durchführung der Zustellung den Verfahrensrechten der Mitgliedstaaten. Dasselbe gilt für die EuMahnVO: auch sie stellt für den Zustellungsvorgang primär auf die Europäischen Regelungen ab – freilich „in accordance with national law" (Art. 13–15 VO 1896/2006). Den eigentlichen Zustellungsvorgang dokumentiert jedoch das europaweit verfügbare Zustellungszeugnis im Anhang der EuZustVO. Damit wird die praktische Bedeutung der nationalen Vorschriften weiter relativiert.[451] Die Zustellungen im Rahmen der EuBagVO erfolgen hingegen ausschließlich nach Europäischem Prozessrecht.[452] Auch bei der Prozesskostenhilfe verzahnt der Unionsgesetzgeber die Verfahrensrechte der Mitgliedstaaten unmittelbar und schafft in der Richtlinie prozessuales Einheitsrecht für grenzüberschreitende Verfahren. Im Bereich der justiziellen Kooperation zeigt sich damit die Dynamik der Integration des nationalen Verfahrensrechts in besonders augenscheinlicher Weise. Entgegen der (früheren) Einschätzung der EU-Kommission ist die Rechtsentwicklung keineswegs abgeschlossen, sondern steht vielmehr in voller Entfaltung.[453]

---

451 Vgl. oben § 8 I, Rdn. 8.30.

452 Vgl. Art. 13 EuBagVO, unten § 10 III, Rdn. 10.105.

453 Es war bedauerlich, dass die EU-Kommission zunächst keine Verbesserungen der grenzüberschreitenden Beweisaufnahme plant, vgl. Bericht zur Anwendung der EuBewVO, KOM (2007), 769 endg.; dagegen mit Recht die Beanstandung durch das Europaparlament am 17.2.2009, A60058/2009. Inzwischen hat die EU-Kommission einen Vorschlag zur Reform der EuBewVO vorgelegt, COM (2018) 378 final vom 31.5.2018.

§ 9 Europäisches Insolvenzrecht[1]

Literatur:[2] *Adolphsen*, Internationales Insolvenzanfechtungsrecht, in Bork (Hrg.), Handbuch der Insolvenzanfechtung (2006), S. 623; *Affaki*, Faillite Internationale et conflit de juridictions – Regards croisés transatlantiques (2007); *Ahrens/Gerlein*, Fachanwaltkommentar Insolvenzrecht (2012); *Arts*, Die Vorsatzanfechtung (2017); *ders.*, Main and secondary proceedings in the recast of the European Insolvency Regulation, Norton Journal of Bankruptcy Law and Practice, 24 (2015), 436; *ders.*, Zum Anwendungsbereich der EuInsVO – Das Ende der Lehre vom qualifizierten Gemeinschaftsbezug, IPRax 2014, 390; *Bariatti*, Filling in the Gaps of EC Conflict of Laws Instruments: The Case of Jurisdiction over Actions Related to Insolvency Proceedings, FS Pocar (2009), S. 23; *Baumert*, Offene Praxisfragen beim internationalen Gerichtsstand bei Insolvenzanfechtungsklagen in Drittstaatenfällen – Art. 3 EuInsVO analog, NZI 2014, 106; *Bork*, Principles of cross-border insolvency law (2017); *ders./Mangano*, European Insolvency Law (2016); *ders.*/van Zwieten, Commentary on the European Insolvency Regulation (2016); *ders.*, The Scheme of Arrangement, IILR 2012, 477; *Brinkmann*, Die Richtlinie über Restrukturierung und Insolvenz – Rettungsanker für Deutschland und Europa?, in: Ebke/Seagon/Blatz (Hrg.), Aktuelle Fragestellungen der Restrukturierung und Transformation (2020), S. 41; *ders.*, European Insolvency Regulation (2019); *ders.*, Avoidance Claims in the Context of the EIR, IILR 2013, 371; *Bufford*, Revision of the European Union Regulation on Insolvency Proceedings – Recommendations, IILR 2012, 341; *ders.*, Center of Main Interests, International Insolvency Case Venue, and Equality of Arms: The Eurofood Decision of the European Court of Justice, Nw. J. Int'l L. & Bus. 27 (2007), 351; *Bureau*, Compétence en cas d'action révocatoire dans une procedure d'insolvabilité, RCDIP 2014, 670; *Busch/Remmert/Rüntz/Vallender*, Kommunikation zwischen Gerichten in grenzüberschreitenden Insolvenzen - Was geht und was nicht geht, NZI 2010, 417, 419; *Camacho/Burguera*, Secondary proceedings: are cross-border insolvencies in the EU dealt with efficiently?, IILR 2013, 140; *Carballo Piñeiro*, Vis attractiva concursus in the European Union: its development by the European Court of Justice, InDret 3/2010, 1; *Carrara*, The Parmalat Case, RabelsZ 70 (2006), 538; *Cohen/Dammann/Sax*, Final text for the Amended EU Regulation on Insolvency proceedings, IILR 2015, 117; *Corno*, Enforcement of avoidance claims judgments in Europe. Present rules and (reasonable) future reforms, IILR 2013, 417; *Dammann/De Germay*, L'épilogue de l'affaire Cœur Défense: quels enseignements en tirer? Bull. Joly Sociétés, 2012, 329; *Dammann/Müller*, Erste Anwendung der Interedil-Rechtsprechung des EuGH zum COMI im Coeur Défense-Urteil der Cour d'appel von Versailles vom 19.1.2012, NZI 2012, 643; *De Cesari*, Insolvenza transfrontaliera e giurisdizione italiana (2009); *Duursma-Kepplinger/Duursma/Chalupsky*, Europäische Insolvenzverordnung (2002); *Ehricke*, Zur Kooperation von Insolvenzgerichten bei grenzüberschreitenden Insolvenzverfahren im Anwendungsbereich der EuInsVO, ZIP 2007, 2395; *Eidenmüller*, Rechtsmissbrauch im Internationalen Insolvenzrecht, KTS 2009, 137; *ders.*, Die Eigenverwaltung im System des Restrukturierungsrechts, ZHR 2011, 38; *ders.*, Gesellschaftsstatut und Insolvenzstatut, RabelsZ 70 (2006), 474; *ders.*, Wettbewerb der Insolvenzrechte?, ZGR (2006), 467; *ders.*, Verfahrenskoordination bei Konzerninsolvenzen, ZHR 169 (2005), 528; *ders.*, Der nationale und der internationale Insolvenzverfahrensvertrag, ZZP 114 (2002), 3; *Fabries-Lecea*, Le règlement „insolvabilité" (2012); *Fehrenbach*, Insolvenzanfechtung in grenzüberschreitenden Insolvenzverfahren bei Verfahrenspluralität, NZI 2015, 157; *ders.*, Die prioritätswidrige Verfahrenseröffnung im europäischen Insolvenzrecht, IPRax 2009, 51; *Fischer*, Die Verlagerung des

1 Bei der Überarbeitung unterstützten mich Frau Dr. *Georgia Koutsoukou*, LL.M., frühere Research Fellow am Max-Planck-Institut für Verfahrensrecht, Luxemburg sowie Herr Dr. jur. habil. *Björn Laukemann*, Senior Research Fellow am Institut.

2 **Ältere Literatur** vgl. Voraufl.

https://doi.org/10.1515/9783110715156-009

Gläubigerschutzes vom Gesellschafts- in das Insolvenzrecht nach „Inspire Art", ZIP 2004, 1477; *Flessner*, Grundsätze des europäischen Insolvenzrechts, ZEuP 2004, 887; *Fletcher/Wessels*, Global Principles for Cooperation in International Insolvency Cases, IILR 2012, 2; *dies.*, Shaping Rules for Cooperation in International Corporate Insolvency Cases through Dialogue European Company Law 7 (2010), 149; *Freitag*, Grundfragen der Richtlinie über präventive Restrukturierungsrahmen und ihre Umsetzung ins deutsche Recht, ZIP 2019, 541; *ders./Korch*, Gedanken zum Brexit – Mögliche Auswirkungen im internationalen Insolvenzrecht, JZ 2016, 1849 ff.; *van Galen* u.a., Revision of the European Insolvency Regulation, Proposals by INSOL Europe (2012); *ders.*, International groups of insolvent companies in the European Community, IILR 2012, 376; *Galle*, De quelques pistes d'interprétation du règlement (CE) no 1346/2000 sur les procédures d'insolvabilité: la circulaire du 15 décembre 2006, Clunet 2008, 133; *Gottwald/Haas* (Hrg.), Insolvenzrechts-Handbuch (6. Aufl. 2020); *Hanisch*, Einheit oder Pluralität oder ein kombiniertes Modell beim internationalen Insolvenzverfahren, ZIP 1994, 1; *ders.*, Bemerkungen zur Geschichte des internationalen Insolvenzrechts, FS Merz (1992), S. 159; *Hau*, Anmerkung zu EuGH vom 12.2.2009 – Christopher Seagon/Deko Marty, und zu BGH vom 19.5.2009, KTS 2009, 382; *Hess/Oberhammer/Pfeiffer*, European Insolvency Law (Heidelberg-Luxembourg-Vienna Report 2014); *Hess/Laukemann/Seagon*, Europäisches Insolvenzrecht nach Eurofood, IPRax 2007, 89; *Hess/Laukemann*, Internationale Eröffnungszuständigkeit im Insolvenzverfahren, JZ 2006, 671; *Hirte*, Towards a Framework for the Regulation of Corporate Groups Insolvencies, ECFR 2008, 213; *Honorati/Corno*, A double lesson from Interedil: higher courts, lower courts and preliminary ruling and further clarifications on COMI and establishment under EC Insolvency Regulation, IILR 2013, 18; *Jault-Seseke/Robine*, L'application du réglement „insolvabilité" dans les relations avec un Etat tiers, Dalloz 2014, 915; *dies.*, Le droit européen des procédures d'insolvabilité à la croisée des chemins, 2013; *Kindler/Sakka*, Die Neufassung der Europäischen Insolvenzverordnung, EuZW 2015, 460; *Knof/Mock*, Innerstaatliches Forum Shopping in der Insolvenz – Cologne Calling?, ZInsO 2008, 253; *Koller*, Zielkonflikt im Europäischen Insolvenzrecht: Präventive Sanierung versus territoriale Liquidation, IPRax 2014, 490; *ders.*, Neues zur Abgrenzungsenigma EuGVVO/EuInsVO, ecolex 2012, 693; *Kollmann*, Zur Umsetzung der Richtlinie 2002/47/EG vom 6. Juni 2002 über Finanzsicherheiten in das deutsche Recht, WM 2004, 1012; *Konecny*, Internationale Zuständigkeit des Insolvenzeröffnungsstaates für Anfechtungsklagen, ZIK 2009, 40; *Koutsoukou*, Die Aufrechnung im Europäischen Kollisions- und Verfahrensrecht unter besonderer Berücksichtigung des Netting (2018); *Kreft*, Zum Verhältnis von Judikative und Legislative am Beispiel des Insolvenzrechts, KTS 2004, 205; *Laukemann*, Regulatory copy and paste: The allocation of assets in cross-border insolvencies, JPIL 12 (2016), 379; *ders.*, Die ordre public-Kontrolle bei Erschleichung von Zuständigkeit und Restschuldbefreiung im Europäischen Insolvenzverfahren: eine Gläubigerperspektive, IPRax 2014, 258; *ders.*, Avoidance actions against third state defendants: jurisdictional justice or curtailment of legal protection? – Decision of the ECJ delivered on 16 January 2014, Case C-328/12 – Schmid/Hertel, IILR 2014, 101; *ders.*, Der ordre public im europäischen Insolvenzverfahren, IPRax 2012, 207; *ders.*, Die Unabhängigkeit des Insolvenzverwalters (2009); *ders.*, Nichtigkeit einer nach der EuInsVO prioritätswidrigen Insolvenzverfahrenseröffnung, JZ 2009, 633; *ders.*, Rechtshängigkeit im europäischen Insolvenzrecht, RIW 2005, 104; *Leandro*, A First Critical Appraisal of the New European Insolvency Regulation, Diritto Europea 2016, 215; *Leipold*, Starker Auftritt – der Europäische Gerichtshof zum Internationalen Insolvenzrecht, FS Lindacher (2007), S. 65; *Linna*, Protective Measures in European Cross-Border Insolvency Proceedings, IILR 2014, 6; *Madaus*, Insolvency proceedings for corporate groups under the new Insolvency Regulation, IILR 2015, 235; *Mankowski/Müller/Schmidt*, EuInsVO 2015 (Kommentar 2016); *Mansel*; Grenzüberschreitende Restschuldbefreiung: Anerkennung einer „(automatic) discharge" nach englischem Recht und „ordre public", FS von Hoffmann zum 70. Geburtstag (2011), 683; *Moss*, European Insolvency Regulation – Jurisdiction Issues, IILR 2011, 237; *ders./Stuart/Fletcher* (ed.), EC regulation on insolvency proceedings: a commentary and annotated guide (2nd ed. 2009); *Mucciarelli*, The Transfer of the Registered Office and Forum Shopping in International Cases on Important Decisions from Italy, ECFR 2005, 512; *Nietzer*, Guidlines for coordination of Multinational Enterprise group insolvencies, IILR 2012, 477; *Oberhammer*, Internationales Insolvenzrecht: Status quo und Perspektiven, in: Gottwald/Hess (Hrg.), Procedural Justice (2014), 1; *ders.*, Europäisches Insolvenzrecht: EuGH Seagon ./. Deko Marty Belgium und die Folgen, FS Koziol (2010), 1239; *ders.*, Zur Abgrenzung von EuGVVO und EuInsVO bei insolvenzbezogenen Erkenntnisverfahren, ZIK 2010, 6; *ders.*, Von der EuInsVO zum europäischen Insolvenzrecht, KTS 2009, 27; *Pannen*, Europäische Insolvenzverordnung (2007); *Paulus*, Vom Nutzen und Nachteil einer vis attractiva concursus für das heutige Insolvenzrecht, FS Gottwald (2014), S. 485; *ders.*, The ECJ's Understanding of the Universality Principle, Insolvency Intelligence 2014, 70; *ders.*, Das englische Scheme of Arrangement als ein außergerichtliches Restrukturierungsinstrument für deutsche Unternehmen, in: FS N. Rokas (2012), S. 771; *ders.* Das englische Scheme of Arrangement - ein neues Angebot auf dem europäischen Markt für außergerichtliche Restrukturierungen, ZIP 2011, 1077; *ders.*, Europäische Insolvenzverordnung – Kommentar (4. Aufl. 2013); *Piekenbrock*, Annexverfahren, KTS 2015, 379; *Reuß*, Europäisches Insolvenzrecht 3.0 oder doch nur Version 1.1?, EuZW 2013, 165; *Schlosser*, Recent developments in trans-border insolvency (1999); *Schmidt*, Das internationale Unternehmensrecht als Lehrmeister des internationalen Insolvenzrechts, FS Großfeld (1999), S. 1031; *ders.*, Eurofood – Eine Leitentscheidung und ihre Rezeption in Europa und in den USA, ZIP 2007, 405; *Schulz*, Case note on the Judgment of the High Court of Justice, London, England, of 26 January 2015: Location of the COMI of companies forming a shipping fleet, IILR 2015, 299; *ders.*, Zur Frage der internationalen Gerichtszuständigkeit bei Klage des Insolvenzverwalters gegen den Geschäftsführer wegen masseschmälernden Zahlungen nach § 64 Satz 1 GmbHG und zum räumlichen Anwendungsbereich der EuInsVO, NZG 2015, 146; *Shandro*, Insolvency of Corporate Groups: French Approach to the EU Regulation Adopts U.K. View of COMI, American Bankruptcy Institute Journal (2006), 30; *Thole*, Die Anerkennung von (außerinsolvenzlichen) Sanierungs- und Restrukturierungsverfahren im Europäischen Verfahrensrecht, FS Simotta (2012), 613; *ders.*, Negative Feststellungsklagen, Insolvenztorpedos und EuInsVO, ZIP 2012, 605; *ders.*, Vis attractiva concursus europaei? Die internationale Zuständigkeit für insolvenzbezogene Annexverfahren zwischen EuInsVO, EuGVVO und autonomem Recht, Entscheidung des EuGH vom 12.2.2009, Rs. C-339/07 (Rechtsanwalt Christopher Seagon als Insolvenzverwalter über das Vermögen der Frick Teppichboden Supermärkte GmbH ./. Deko Marty Belgium NV), ZEuP 2010, 904; *ders./Swierczok*, Der Kommissionsvorschlag zur Reform der EuInsVO, ZIP 2013, 550; *Tollenaar*, Proposal for Reform: Improving the ability to rescue multinational Enterprises under the European Insolvency Regulation, IILR 2011, 252; *Vallender*, Der Weg zur Entschuldung in England wird steiniger – Die Entscheidung des High Court of Justice in Bankruptcy v. 10.6.2009 in Re Vitus Anton Mittenfellner, Case-Nr. 10421 of 2008, VIA 2011, 17; *ders.*, Die Zusammenarbeit von Richtern in grenzüberschreitenden Insolvenzverfahren nach der EuInsVO, FS Lüer (2008), S. 479; *ders.*, Gefahren für den Insolvenzstandort Deutschland, NZI 2007, 129; *ders./Nietzer*, The Role of the Judge in the Restructuring of Companies Within Insolvency, IILR 2014, 33; *Veder*, Cross-Border Insolvency Proceedings and Security rights (2004); *Verhoeven*, Die Konzerninsolvenz (2011); *Virgós/Schmit*, Erläuternder Bericht zu dem EU-Übereinkommen über Insolvenzverfahren, in Stoll, Vorschläge und Gutachten zur Umsetzung des EU-Übereinkommens über Insolvenzverfahren im deutschen Recht (1997), S. 32; *Virgós/Garciamartín*, Comentario al reglamento europeo de insolvencia (2003); *M.P. Weller*, Die Verlegung des Center of Main Interest von Deutschland nach England, ZGR 2008, 835; *ders.*, Forum shopping im Internationalen Insolvenzrecht?, IPRax 2004, 412; *Wessels*, EU Cross-Border Insolvency Court-to-Court Cooperation Principles (2015); *ders.*, EU Courts Can Rely on Soft Law Principles for Cooperation in International Insolvency Cases, IILR 2015, 145; *ders.*, International Insolvency Law (Part I 4th ed. 2016), European Insolvency Law (Part II, 2017); *ders.*, Article 25 of the Insolvency Regulation: a hornet's net, Insolv. Int. 21 (2008), 133; *Westpfahl*, Vorinsolvenzrechtliches Sanierungsverfahren, ZGR 2010, 385; *Willemer*, Vis attractiva concursus und die Europäische Insolvenzordnung (2006); *Wiórek*, Das Prinzip der Gläubigergleichbehandlung im Europäischen Insolvenzrecht (2005); *Wright/Fenwick*, Bankruptcy tourism – what it is, how it works and how creditors can fight back, IILR 2012, 45.

Internetressourcen: http://www.eir-database.com (privat betriebene Entscheidungsdatenbank zur EuInsVO); http://www.iiiglobal.org (Informationsplattform des International Insolvency Institute mit zahlreichen Materialien).

I. Internationales Insolvenzrecht zwischen Territorialität und Universalität

9.1 Die kollisionsrechtliche Anknüpfung im Insolvenzrecht beruhte ursprünglich auf dem Grundsatz der Territorialität: Danach entfaltet ein Insolvenzverfahren Rechtswirkungen nur innerhalb des Gebiets des Eröffnungsstaates.[3] Vor dem Hintergrund der zunehmend grenzüberschreitend agierenden Unternehmen gingen jedoch die Insolvenzrechte vieler Staaten seit den 1980er Jahren von der Territorialität zur Universalität über.[4] Nach der Konzeption der Universalität umfasst ein einziges Insolvenzverfahren das globale Vermögen des Insolvenzschuldners: Der ausländische Insolvenzverwalter kann auf im Inland belegenes Vermögen des Gemeinschuldners zugreifen (und umgekehrt). Die Universalität verwirklicht vor allem die vollständige Vermögenshaftung des Schuldners und die Gleichbehandlung aller Gläubiger (*par conditio creditorum*) ungeachtet staatlicher Grenzen.[5] Ihre praktische Durchsetzung bereitet freilich Schwierigkeiten. Denn die grenzüberschreitende Durchführung des Insolvenzverfahrens erfordert eine entsprechende Organisation sowie eine wirksame lokale Unterstützung.[6] Die „Anerkennung" des ausländischen Insolvenzverfahrens zwingt zudem alle Gläubiger zur Anmeldung (und gegebenenfalls zum Feststellungsprozess) im Staat der Insolvenzeröffnung. Sie erhöht mithin den praktischen Aufwand und die Kosten der Rechtsverfolgung.[7]

9.2 Aus diesem Grund werden heute überwiegend Mischmodelle „modifizierter" Universalität verfolgt.[8] Im europäischen Insolvenzrecht[9] erfasst zwar das Hauptinsolvenzverfahren (Art. 3 I EuInsVO) das weltweite Vermögen des Schuldners, doch

3 *Hanisch*, FS Merz, S. 159 ff.; *Häsemeyer*, Insolvenzrecht, Rdn. 35.05 ff.; *Torz*, Gerichtsstände, S. 13 ff.; *Omar*, International Insolvency Law, S. 42.

4 So BGH, 11.7.1985, BGHZ 95, 256, 266 zu § 237 KO aF. In Frankreich C.Cass., 19.11.2002, *Banque Worms v. epoux Brachot*, Clunet 2003, 132, 134.

5 *Wimmer*, ZIP 1998, 982, 984.

6 Zutreffend *Häsemeyer*, Insolvenzrecht, Rdn. 35.04.

7 In der Praxis erleichtern IT-Anmeldeverfahren jedoch die Rechtsverfolgung nachhaltig, vgl. unten Rdn. 9.95.

8 In den USA unterliegen die im Inland befindlichen Vermögenswerte des ausländischen Schuldners – trotz grundsätzlicher Anerkennung des ausländischen Verfahrens nach Maßgabe des Chapter 15 U.S. Bankruptcy Code – bestimmten Vorschriften des amerikanischen Insolvenzrechts (etwa Section 362 und 363 U.S. Bankruptcy Code).

9 *Castell*, Gaz. Pal. 55/2006, 8 f.; *Weller*, ZHR 169 (2005), 570, 574 ff. spricht von „Pluralität".

können im europäischen Ausland „Sekundärverfahren" im Staat der Niederlassung des Schuldners eröffnet werden (Art. 3 II und IV EuInsVO). Das ausländische Insolvenzverfahren wird *ipso iure* anerkannt; der ausländische Hauptinsolvenzverwalter kann seine Befugnisse nach der *lex fori concursus* im EU-Ausland ausüben (Art. 21 EuInsVO).

Das Leitbild der Universalität von Insolvenzverfahren erfordert eine erhebliche Kooperationsbereitschaft aller Verfahrensbeteiligten: Die EuInsVO schafft ein gestärktes Koordinationsregime von Parallelverfahren (Art. 34 ff.). Neben der Kooperation zwischen den Insolvenzverwaltern und den Gerichten sind seit der Reform von 2015 besondere Regeln für die Insolvenz von Unternehmensgruppen vorgesehen (Art. 56 ff.): Die in grenzüberschreitenden Verfahren involvierten Gerichte und Verwalter werden zu wechselseitiger Hilfestellung und zu weitestgehender Kooperation verpflichtet. Dazu gehören insbesondere ein weitreichender Informationsaustausch sowie die Abstimmung gerichtlicher Maßnahmen. Ein wesentlicher Schwerpunkt betrifft die Erarbeitung von einvernehmlichen Lösungen.[10] Hierzu hat die UN-Generalversammlung einen von UNCITRAL erarbeiteten *Practical Guide on Cross-Border Insolvency Cooperation* angenommen.[11] Kernanliegen des Practical Guide ist die Wahrung der prozessualen und materiellen Rechte aller Beteiligten.[12] An diese internationalen Entwicklungen knüpft die Neufassung der EuInsVO (2015) an. 9.3

Die Schaffung eines Europäischen Insolvenzrechts hatten bereits die Gründungsverträge (Art. 220 EWGV 1958) vorgesehen. Die Verhandlungen zwischen den ursprünglichen EWG-Mitgliedstaaten waren jedoch in den 1970er Jahren an den unterschiedlichen Verfahrenskonzeptionen der nationalen Insolvenzrechte gescheitert.[13] Der Europarat erarbeitete ein Übereinkommen über internationale Aspekte des Konkurses, das am 5.6.1990 in Istanbul zur Zeichnung aufgelegt wurde.[14] Hieraus resultierte politischer Druck für die Wiederaufnahme entsprechender Verhandlungen im Rahmen der EG. Eine Arbeitsgruppe bereitete ein Übereinkommen vor, das die meisten Mitgliedstaaten am 23.11.1995 zeichneten. Es scheiterte jedoch an Differenzen zwischen Spanien und Großbritannien über den Rechtsstatus von Gibraltar.[15] Nach dem Inkrafttreten des Vertrags von Amsterdam ergriffen Deutschland und Finnland die Initiative zur vollinhaltlichen Übernahme des Übereinkommens 9.4

10 So ausdrücklich UNCITRAL, The UNCITRAL Model Law on Cross-Border Insolvency: the judicial perspective (21.7.2011), S.11, http://www.uncitral.org/pdf/english/texts/insolven/pre-judicial-perspective.pdf.

11 UNCITRAL Legislative Guide, Rdn. 14–40 und Recommendations Rdn. 240–245.

12 Alle Gerichtskontakte sind den Parteien vorher anzukündigen und grundsätzlich in deren Anwesenheit zu führen. *Hess*, Justizielle Kooperation, in: Gottwald/Hess (Hrg.), Procedural Justice (2014), S. 387, 429.

13 Zur Entwicklung vgl. *Gottwald*, Grenzüberschreitende Insolvenzen, S. 14 f.; *Trunk*, Internationales Insolvenzrecht, S. 34 ff.; *Paulus*, Einl. EuInsVO, Rdn. 2 ff.

14 European Convention on Certain Aspects of Bankruptcy, Council of Europe, no. 36, ILM 30 (1991), 165.

15 Deutscher Text in ZIP 1996, 976, dazu *Balz*, ZIP 1996, 948.

in einen Vorschlag für eine Europäische Insolvenzverordnung. Diese trat als VO 1346/00/EG[16] am 31.5.2002 in Kraft.

9.5 Die VO 1346/00/EG erwies sich freilich rasch als veraltet: Sie war zu sehr den damaligen Insolvenzrechten verhaftet, die primär den Konkurs des Schuldners und weniger die Unternehmenssanierung als Leitbild vorsahen. Darüber hinaus erwiesen sich die Vorschriften zur direkten Koordination paralleler Insolvenzverfahren als lückenhaft; das Fehlen von Regelungen zur Insolvenz von Unternehmensgruppen wurde als weiteres Manko angesehen. Zur Bewältigung grenzüberschreitender Insolvenzen in Folge der großen Finanzkrise seit 2007 war die EuInsVO kaum geeignet. Gestützt auf ein rechtstatsächliches Gutachten[17] und von einer Expertengruppe beraten, legte die EU-Kommission am 12.12.2014 einen Bericht über die Anwendung der EuInsVO vor und unterbreitete weitgehende Änderungsvorschläge.[18] Diese wurden in den Gesetzgebungsverfahren vor allem im Hinblick auf Konzerninsolvenzen nochmals erweitert. Die Neufassung der EuInsVO wurde als (EU) VO 2015/848 am 5.6.2015 veröffentlicht,[19] sie ist seit dem 26.6.2017 auf alle EU-Mitgliedstaaten mit Ausnahme Dänemarks anwendbar, Art. 84 EuInsVO nF.[20]

II. Die Koordinierung grenzüberschreitender Insolvenzverfahren durch die VO (EU) 2015/848

1. Grundzüge der Europäischen Insolvenzverordnung

9.6 Die EuInsVO koordiniert die grenzüberschreitenden nationalen Insolvenzverfahren im Europäischen Justizraum. Sie verfolgt ein modifiziertes Modell der Universalität.[21] Das „Hauptinsolvenzverfahren" erfasst das Vermögen des Schuldners weltweit[22], doch können im europäischen Ausland „Sekundärverfahren" durchgeführt werden,

16 Der Vorschlag wurde bereits am 27.5.1999 dem Rat unterbreitet; maßgeblich auf Initiative von *M. Balz*, dazu *Paulus*, Einl. EuInsVO, Rdn. 12 f.

17 Umfassende Evaluation von *Hess/Oberhammer/Pfeiffer*, European Insolvency Law, The Heidelberg/Luxembourg/Vienna Report (2013).

18 KOM (2012) 744 endg. Zum Gang der Gesetzgebung *Bork/Mangano*, European Cross-Border Insolvency Law, Rdn. 1.30 ff.

19 ABl. EU 2015 L 141/19. Die neue Verordnung ist vom Umfang her stark angewachsen: Sie umfasst 92 anstatt 47 Artikel und 89 anstatt 33 Erwägungsgründe.

20 Die Praxis des EuGH dominiert die frühere Fassung der EuInsVO.

21 *Castell*, Gaz. Pal. 55/2006, 8 f.; *Weller*, ZHR 169 (2005), 570, 574 ff. spricht insofern von „Pluralität".

22 Eine automatische Erfassung des Schuldnervermögens erfolgt allerdings nur im Europäischen Justizraum, vgl. Art. 19 f. EuInsVO. Die Anerkennung in Drittstaaten richtet sich (selbstverständlich) nach den dort jeweils geltenden internationalen Insolvenzrechten, vgl. oben § 5 I 7, Rdn. 5.39 ff.

um den lokalen Gläubigern (vor allem den betroffenen Arbeitnehmern) eine vereinfachte Forderungsdurchsetzung vor Ort zu ermöglichen (Art. 34 ff. EuInsVO).

Die EuInsVO enthält vereinheitlichte Zuständigkeitsnormen für den Insolvenz- **9.7**
fall. Das Hauptinsolvenzverfahren wird nach Art. 3 I EuInsVO in dem Mitgliedstaat eröffnet, in dem der Schuldner den „Mittelpunkt seiner hauptsächlichen Interessen" hat (sog. "Centre of Main Interests" – COMI). Art. 3 I EuInsVO nF präzisiert den Begriff des COMI in Übernahme der Rechtsprechung des EuGH, um *forum shopping* einzudämmen.[23] Ein (unterstützendes) Sekundärverfahren kann nach Art. 3 II EuInsVO in einem anderen Mitgliedstaat eingeleitet werden, wenn der Schuldner dort eine „Niederlassung" iSv Art. 2 Nr. 10 EuInsVO hat. Zudem schafft die EuInsVO einen Gerichtsstand für insolvenzbezogene Streitigkeiten, insbesondere für Anfechtungsklagen des Verwalters (Art. 6 EuInsVO).

Die EuInsVO enthält zudem Kollisionsnormen: Nach Art. 7 EuInsVO unterlie- **9.8**
gen die Wirkungen des eröffneten Insolvenzverfahrens grundsätzlich dem Recht des Eröffnungsstaates (*lex fori concursus*). Der Gleichlauf von Zuständigkeit und anwendbarem Recht effektiviert die Abwicklung des Insolvenzverfahrens. Zugleich enthalten die Art. 8–18 EuInsVO Präzisierungen und Ausnahmen von dieser Grundregel. Das Sekundärverfahren untersteht *der lex fori concursus* des Staates des Sekundärverfahrens (Art. 7, 35 EuInsVO). Die Modalitäten der grenzüberschreitenden Forderungsanmeldung regeln die Art. 53 ff. EuInsVO.

Der Eröffnungsbeschluss sowie die Befugnisse des Insolvenzverwalters werden **9.9**
ipso iure in allen EU-Mitgliedstaaten anerkannt (Art. 19 ff., 32 f. EuInsVO). Einziges Anerkennungshindernis ist der ordre public (Art. 33 EuInsVO).

Unterschiedliche Verfahrensziele und -ausgestaltungen der Insolvenzrechte in **9.10**
den Mitgliedstaaten leisten der unerwünschten[24] Suche nach dem attraktivsten Insolvenzrecht und dem entsprechenden Forum im Binnenmarkt Vorschub. Die Aufgabe der Sitztheorie im internationalen Gesellschaftsrecht durch den EuGH[25] hat dazu geführt, dass ein krisengeschütteltes Unternehmen seinen Sitz in einen Mitgliedstaat mit (vermeintlich) attraktivem Sanierungsrecht verlegen kann.[26] Dies nimmt jedoch der Verordnungsgeber in Kauf. Denn die EuInsVO enthält – anders als der Entwurf eines EG-Konkursübereinkommens von 1980 – keine spezifische Regelung für den

---

23 Die Kombination mehrerer Aufgreifkriterien zur Bestimmung des COMI entspricht nicht ohne weiteres den Erfordernissen der Zuständigkeitsklarheit, vgl. EuGH, 2.5.2006, Rs. C-341/04, *Eurofood*, EU:C:2006:281, Rdn. 26 ff.

24 Einen „Justizkonflikt" zwischen englischen Gerichten einerseits, französischen und deutschen Gerichten andererseits konstatierte *Huber*, FS Heldrich, S. 679 ff.

25 EuGH, 9.3.1999, 5.11.2002, Rs. C-212/97, *Centros*, EU:C:1999:126; EuGH, 5.11.2002, Rs. C-208/00, *Überseering*, EU:C:2002:632, Rdn. 52 ff., 94; EuGH, 30.9.2003, Rs. C-167/01, *Inspire Art*, EU:C:2003:512, Rdn. 142, dazu *Hess*, ZZP 118 (2005), 267, 269 ff., 296 ff.

26 Zur Frage, ob die Sitzverlegung im Wege der Insolvenzanfechtung rückgängig gemacht werden kann vgl. BGH, 22.12.2005, WM 2006, 242 ff.; zurückhaltend *Weller*, ZGR 2008, 835, 864.

Fall der Sitzverlegung.[27] Allerdings verhindert nunmehr die Drei-Monats-Frist in Art. 3 I UAbs. 2 und UAbs. 3 EuInsVO offensichtliche und kurzfristige Sitzverlagerungen.

2. Anwendungsbereich

a) Sachlicher Anwendungsbereich

aa) Gesamtverfahren iSv Art. 1 I EuInsVO

9.11 Nach Art. 1 I EuInsVO ist die Verordnung auf „öffentliche Gesamtverfahren einschließlich vorläufiger Verfahren" anwendbar, welche sich auf eine gesetzliche Regelung zur Insolvenz stützen und der „Rettung, Schuldenanpassung, Reorganisation oder Liquidation" dienen. Voraussetzung ist, dass dem Schuldner die Verfügungsbefugnis über sein Vermögen entzogen, ein Verwalter bestellt und das schuldnerische Vermögen unter gerichtliche Kontrolle bzw. Aufsicht gestellt wird. Die Verordnung umfasst zudem Verfahren, in denen die gesetzliche oder gerichtliche Aussetzung von Einzelvollstreckungsmaßnahmen im Kontext von Verhandlungen zwischen dem Schuldner und den Gläubigern angeordnet wird, sofern geeignete Maßnahmen zum Schutz der Gläubigergemeinschaft getroffen werden und beim Scheitern der Verhandlungen ein Gesamtverfahren im oben erklärten Sinne eröffnet werden kann (Art. 1 I lit. c) EuInsVO). Damit wird der sachliche Anwendungsbereich der reformierten EuInsVO deutlich erweitert: Sie ist gem. Art. 2 Nr. 1, EwG 14 EuInsVO nicht mehr auf echte Kollektivverfahren beschränkt,[28] die die Insolvenz des Schuldners, den vollständigen oder teilweisen Vermögensverschlag und die Bestellung eines Verwalters voraussetzen (Art. 1 I EuInsVO aF).[29] Vom sachlichen Anwendungsbereich ausgenommen sind Versicherungsunternehmen, Kreditinstitute, Wertpapierfirmen und Organismen für gemeinsame Anlagen (Art. 1 II EuInsVO). Für sie gelten Sonderregelungen; ihre Sanierung bzw. Abwicklung erfolgt aufgrund besonderer Eingriffsbefugnisse nationaler und europäischer Aufsichtsbehörden.[30]

9.12 Erfasst sind zudem vorinsolvenzrechtliche Verfahren, die die Europäische Restrukturierungs-RL vereinheitlichen sollen.[31] Dies sind Verfahren, in denen der Schuldner in

---

27 EuGH, 20.10.2011, Rs. C-396/09, *Interedil*, EU:C:2011:671, Rdn. 47.

28 Nach Art. 2 Nr. 1 EuInsVO ist allerdings die Beteiligung eines „wesentlichen Teils der Gläubiger" erforderlich.

29 Auf den Begriff der Zivil- und Handelssache hat der Gemeinschaftsgesetzgeber verzichtet. Daraus folgt, dass auch öffentlich-rechtliche Forderungen (etwa des Fiskus oder vom Sozialversicherungsträger) in den Anwendungsbereich der EuInsVO fallen.

30 Vgl. dazu *Moss/Wessels/Haentjens* (ed.), EU Banking and Insurance Insolvency (2nd ed. 2017).

31 RL (EU) 2019/1023 über präventive Restrukturierungsrahmen, über Entschuldung und über Tätigkeitsverbote sowie über Maßnahmen zur Steigerung der Effizienz von Restrukturierungs-, Insolvenz- und Entschuldungsverfahren, ABl. EU 2019 L 172/18, dazu *Freitag*, ZIP 2019, 541 ff. Die RL ist bis zum Juni 2021 umzusetzen, die Umsetzungsfrist kann um ein Jahr verlängert werden.

finanzielle Schwierigkeiten geraten ist bzw. in denen lediglich die Wahrscheinlichkeit einer Insolvenz besteht. Diese sind zumeist Eigenverfahren, in denen der Schuldner ganz oder teilweise seine Verwaltungs- bzw. Verfügungsbefugnis behält und in denen kein Verwalter bestellt wird. Im letzteren Fall ist die gerichtliche Kontrolle bzw. die Aufsicht eines Treuhänders erforderlich; eine nachträgliche Kontrolle auf Rechtsbehelf eines Gläubigers oder eines anderen Verfahrensbeteiligten reicht jedoch aus.[32]

Die operative Regelung zum sachlichen Anwendungsbereich enthält Anhang A **9.13** zur EuInsVO.[33] Lediglich die dort aufgeführten nationalen Verfahren, welche die Mitgliedstaaten der EU-Kommission mitteilen, fallen in den Anwendungsbereich der EuInsVO. Mithin kommt es zu dem kuriosen Ergebnis, dass die Mitgliedstaaten durch die Meldung (oder Nichtmeldung) nationaler Verfahren den sachlichen Anwendungsbereich der EuInsVO festlegen.[34] Denn Verfahren, die nicht in Anhang A genannt werden, fallen aus dem sachlichen Anwendungsbereich der EuInsVO heraus (EwG 9, S. 3).[35] Nicht alle der Definition des Art. 1 I EuInsVO entsprechenden nationalen Verfahren sind im Anhang A genannt: Dies hat etwa zur Folge, dass Verbraucherinsolvenzverfahren in manchen EU-Mitgliedstaaten unter die Verordnung fallen, in anderen nicht – je nachdem, ob sie nach Anhang A gemeldet werden.[36]

Praktische Probleme bereitet insbesondere das sog. *scheme of arrangement*.[37] **9.14** Dabei handelt es sich in der Regel um ein Gesamtverfahren des englischen Gesellschaftsrechts, das eine Restrukturierung von Unternehmen mittels Gläubiger- bzw. Gesellschaftermehrheiten zulässt. Englische Gerichte lassen Sitzverlagerungen notleidender Gesellschaften zu, um eine rasche Sanierung am Justizstandort London zu ermöglichen. Der schwach ausgeprägte Minderheitenschutz des englischen Gesellschaftsrechts fördert diese Praktiken.[38] Die Zuständigkeit englischer Gerichte wird – wenn überhaupt[39] – auf eine extensive Auslegung von Art. 8 Nr. 1 EuGVO gestützt.

---

32 *Konecny* in: Mayr (Hrg.), Hdb EuZVR, Rdn. 17.31.

33 In der Regel werden die Gerichte nur die Liste des Anhang A prüfen, so bereits EuGH, 22.11.2012, Rs. C-116/11, *Bank Handlowy und Adamiak*, EU:C:2012:739, Rdn. 35.

34 Dies verdeutlicht die Restrukturierungs-RL: Nach deren EwG 13 entscheiden die Mitgliedstaaten, ob vorinsolvenzliche Restrukturierungsverfahren in den Anwendungsbereich der EuInsVO fallen, indem sie eine Erklärung nach Anhang A abgeben. Damit kommt es zur „Renationalisierung" des Unionsrechtsakts.

35 Der rechtsmethodische Nachteil einer derartigen Auflistung ist deren (zwangsläufige) Lückenhaftigkeit; eine vereinfachte Anpassung der Anträge im Komitologie-Verfahren ist nicht vorgesehen. Eine Ergänzung der Liste muss im normalen Rechtsetzungsverfahren erfolgen.

36 *Bork/Mangano*, European Cross-Border Insolvency Law, Rdn. 2.26 ff. mit zahlreichen Beispielen.

37 Vgl. *O'Dea/Long/Smyth*, Schemes of Arrangement (2012); *Paulus*, FS Rokas (2012), S. 771; *Bork*, II LR 2012, 477.

38 *Hess*, in: Heidelberg/Luxembourg/Vienna Report, Rdn. 162–175.

39 Beispiel: *In the Matter of APCOA Parking (UK) Ltd. & Others* [2014] EWHC 997 (Ch); *Thole/Swierczok*, ZIP 2013, 550, 551 führen mehrere Urteile an, in denen englische Gerichte die sog. *schemes of arrangement* bestätigt haben, ohne nach Art. 3 I EuInsVO international zuständig zu sein.

Danach muss lediglich ein „Ankergläubiger" (als „Beklagter") seinen allgemeinen Gerichtsstand in England haben.[40]

9.15 Die Anerkennung des *scheme of arrangement* bereitet erhebliche Schwierigkeiten. Dessen fehlende Auflistung in Anhang A zur EuInsVO schließt eine Anerkennung nach der EuInsVO aus. Es ist jedoch keineswegs sicher, ob die Anerkennungsregeln der EuGVO herangezogen werden dürfen, da das *scheme of arrangement* vom Ausschlussgrund des Art. 1 I lit. c) EuInsVO erfasst wird.[41] Dies hat zur Folge, dass es aus dem Anwendungsbereich der EuGVO herausfällt.[42] In den EU-Mitgliedstaaten verbleibt damit eine Anerkennung nach dem jeweiligen autonomen Internationalen Insolvenzrecht. Vor der Neuregelung der EuInsVO entschied der BGH,[43] dass ein *scheme of arrangement* unter die VO Brüssel-I fällt, lehnte jedoch im Ergebnis die Anerkennung ab. Inzwischen stellt EwG 7 zur EuInsVO (aE) klar, dass die fehlende Nennung eines nationalen Verfahrens in Anhang A nicht automatisch zur Folge hat, dass es unter die Brüssel I-VO fällt.[44] Vor diesem Hintergrund beurteilt sich die Anerkennung des *scheme of arrangement* (als Gesamtverfahren) nach den autonomen Insolvenzrechten der EU-Mitgliedstaaten. An dieser Situation wird der Brexit nichts ändern.[45] Die aufgezeigten Abgrenzungsprobleme werden sich unter der Restrukturierungs-RL fortsetzen.[46] Deren EwG 13 und 14 überantworten die Entscheidung, ob die entsprechende Umsetzung der RL in den nationalen Rechten unter die EuInsVO fallen, der Entscheidung der (Justizministerien der) Mitgliedstaaten.[47] Damit macht die Restrukturierungs-RL die strukturellen Defizite der EuInsVO (2015) explizit: Angesichts des politischen Dissenses in den EU-Mitgliedstaaten ist die von der EU-Kommission angestrebte Vereinheitlichung der (grenzüberschreitenden) vorinsolvenzlichen Sanierung letztlich nicht erfolgt; trotz des bereits bestehenden Koordinierungsrahmens der EuInsVO.[48]

---

40 Beispiel: *In the Matter of Van Gansewinkel Groep B.V. and Others* [2015] EWHC 2151 (Ch).

41 In der deutschen Literatur wird bisweilen behauptet, dass die Nichtanwendung der EuInsVO zwingend die Anwendung der EuGVO zur Folge haben müsse – dies ergebe sich aus der Rechtsprechung des EuGH, so unzutreffend *Skauradszun*, ZIP 2019, 1501, 1502 f. – dem steht jedoch EwG 7 zur EuInsVO entgegen.

42 Unter der EuInsVO aF ließ der BGH die Anerkennung nach Art. 32 ff. EuGVO aF dahinstehen, BGH, 15.2.2012, *Equitable Life*, NZI 2012, 425 mit Anm. *Paulus*. Der BGH bejahte im Ergebnis ein Anerkennungshindernis.

43 BGH, 15.2.2012, NZI 2012, 425 *Equitable Life*, Anm. *Paulus*. Die Anerkennung scheiterte an Art. 8, 35 EuGVO aF (Art. 10, 45 II EuGVO nF), da für die Entscheidung über den streitgegenständlichen Versicherungsvertrag deutsche Gerichte ausschließlich zuständig waren.

44 Dies übersieht *Skauradszun*, ZIP 2019, 1501, 1502 f.

45 Zu den Auswirkungen des Brexit vgl. oben § 5 III, Rdn. 5.82 ff.

46 Vgl. oben Fn.33.

47 Dazu oben Rdn. 9.13.

48 Im Ergebnis bewirkt die Restrukturierungs-RL keine Rechtsvereinheitlichung, sondern schreibt auf Unionsebene die bestehende Rechtszersplitterung fort.

Nach deutschem Recht erfolgt die Anerkennung gem. § 343 InsO. Das *scheme of arrangement* ist aus deutscher Sicht (funktional) als ein insolvenzähnliches Verfahren zu qualifizieren, das in den sachlichen Anwendungsbereich des deutschen, internationalen Insolvenzrechts fällt. Dass das deutsche Recht kein identisches Restrukturierungsverfahren kennt, steht einer funktionalen Anwendung des Anknüpfungsgegenstands nicht entgegen.[49] Erfolgt etwa die Durchführung des *scheme of arrangement* über eine kurzfristige Sitzverlagerung der betroffenen Unternehmen, liegen die Voraussetzungen von § 3 I InsO nicht vor. Mithin scheitert die Anerkennung an § 343 I Nr. 1 InsO, ohne dass es auf die weiteren Voraussetzungen des § 343 I InsO (insbesondere die Verletzung des ordre public wegen Gehörsverkürzung und Eingriffs in die Gläubigerrechte) ankommt. 9.16

bb) Insolvenzbezogene Einzelverfahren

Bei der Bestimmung des Anwendungsbereichs der EuInsVO bereiteten insolvenzbezogene Einzelverfahren (sog. Annexverfahren) erhebliche Schwierigkeiten. Dabei geht es um Individualklagen, die in einem engen inhaltlichen Bezug zum Insolvenzverfahren stehen. „Klassisches Beispiel" ist die Insolvenzanfechtung. Hier stellt sich die Frage, ob diese Klagen nach der EuInsVO am *Centre of Main Interests* (COMI) des Schuldners oder in den Gerichtsständen der EuGVO eingebracht werden können. Mithin geht es um die Abgrenzung zwischen der EuInsVO und der EuGVO.[50] 9.17

Die Neufassung der EuInsVO löst dieses Problem. Art. 6 EuInsVO übernimmt für die Zuständigkeit die sog. „Gourdain-Formel", die der EuGH noch unter dem EuGVÜ entwickelt hat. Danach sind Einzelverfahren gemäß Art. 1 II lit. b) vom Anwendungsbereich der EuGVO ausgenommen, „wenn sie unmittelbar aus einem [Konkurs-]Verfahren hervorgehen und sich eng innerhalb des Rahmens eines Konkurs- oder Vergleichsverfahrens in dem vorgenannten Sinne halten".[51] Nunmehr eröffnet Art. 6 EuInsVO einen besonderen Gerichtsstand[52] für diese Klagen. Andere Probleme der grenzüberschreitenden Verfahrenskoordination, insbesondere die Rechtshängigkeit und die Urteilsfreizügigkeit, richten sich hingegen nach der EuGVO.[53] 9.18

Die Anwendung der *Gourdain*-Formel bedeutet dabei zweierlei: Zum einen muss das Insolvenzverfahren eröffnet sein mit der Folge, dass der Verwalter (oder ein Treu- 9.19

---

49 AA *Brinkmann*, in: Schmidt (Hrg.), § 343 InsO, Rdn. 9 (Anwendung der EuGVO); *Freitag/Korch*, ZIP 2016, 1849, 1854 ff. (Anwendung von §§ 328, 12 ff. ZPO). Wie hier: *Bariatti*, in: Hess et al. (ed.), The Implementation of the New Insolvency Regulation (2017), S. 24 ff.

50 Vgl. *Leipold*, FS Ishikawa (2001), S. 221, 226 ff.; *Carstens*, Die internationale Zuständigkeit im europäischen Insolvenzrecht (2005), S. 105.

51 EuGH, 22.2.1979, Rs. C-133/78, *Gourdain*, EU:C:1979:49, Rdn. 3; EuGH, 10.1.1990, Rs. C-115/88, *Reichert*, EU:C:1990:3, *action en comblement du passif.* Im Urteil *Seagon*, 12.2.2009, Rs. C-339/07, EU:C:2009:83, Rdn. 19, übertrug der EuGH diese Rechtsprechung auf die EuInsVO aF.

52 Vgl. unten Rdn. 9.47 ff.

53 *Piekenbrock*, KTS 2015, 379 ff.; zur Rechtshängigkeit *Laukemann*, JPIL 12 (2016), 379, 385 ff.; aA EuGH, 18.9.2019, Rs. C-47/18, *Riel*, EU:C:2019:754, Rdn. 41 ff.

händer) Partei des Einzelverfahrens ist.[54] Zum anderen muss das insolvenzbezogene Einzelverfahren sich auf insolvenzspezifische Regelungen beziehen bzw. insolvenzspezifische Ziele verfolgen.[55] Übertragen auf die Terminologie der EuInsVO ist die Abgrenzung danach vorzunehmen, ob das Verfahren unmittelbar insolvenzrechtliche Befugnisse des Verwalters betrifft. Rechtsgrundlage der Klage muss eine Sonderregelung für Insolvenzverfahren sein.[56]

9.20 Unter Art. 6 EuInsVO fallen ohne weiteres Anfechtungsklagen des Insolvenzverwalters (§§ 129 ff. InsO).[57] Diese haben eine haftungsrechtliche Funktion. Art. 6 EuInsVO ist anwendbar, wenn der Insolvenzverwalter die Anfechtungsklage zur Wahrnehmung der Interessen der Gläubigergemeinschaft erhebt. Anderes gilt, wenn der Anfechtungsanspruch abgetreten wurde. Der EuGH entschied in *F-Tex*,[58] dass der Zessionar zwar eine der Insolvenz entstammende Forderung geltend macht; er jedoch in Eigeninteresse und nicht im Interesse der Gläubigergemeinschaft handelt. Im Gegensatz zum Insolvenzverwalter ist er nicht verpflichtet, die Forderung gerichtlich durchzusetzen. Zudem verfolgt die Klage des Zessionars kein insolvenzspezifisches Ziel, da die Eintreibung der Forderung seinem Vermögen zugutekommt, sie fließt nicht in der Insolvenzmasse. Mithin kann der Zessionar nicht im Gerichtsstand des Art. 6 EuInsVO klagen.

9.21 Art. 6 EuInsVO erfasst Klagen über die Fortführung laufender Verträge (§§ 103 ff. InsO)[59], Feststellungsklagen zur Tabelle (§§ 178 ff. InsO),[60] Klagen auf den unmittelbaren Zugriff auf die handelnden Personen (etwa im Wege der Durchgriffshaftung § 13 II

54 *Bork/Mangano*, European Cross-Border Insolvency Law, Rdn. 3.73.

55 Vgl. *Hau* in Gottwald (Hrg.), Europäisches Insolvenzrecht – Kollektiver Rechtsschutz, Masseanreicherung und Gläubigerschutz, S. 81, 86; *Laukemann*, im: Heidelberg-Luxembourg-Vienna Report (2014), S. 125, Rdn. 518 ff.

56 EuGH, 9.11.2017, Rs. C-641/16, *Tünkers*, EU:C:2017:847, Rdn. 22; EuGH, 14.11.2018, Rs. C-296/17, *Wiemer & Trachte*, EU:C:2018:902, Rdn. 25 f.; EuGH, 4.12.2019, Rs. C-493/18, *Tiger*, EU:C:2019:1046, Rdn. 27, 33. Unrichtig hingegen EuGH, 4.10.2018, Rs. C-337/17, *Feniks*, EU:C:2018:805, Rdn. 39 ff. (Anwendung von Art. 7 Nr. 1 EuGVO, wenn sich die Anfechtung auf vertragliche Transaktionen des Schuldners bezieht – das ist regelmäßig der Fall). Hiergegen zuvor die Schlussanträge GA *Bobek*, 21.6.2018, Rs. C-337/17, *Feniks*, EU:C:2018:487, Rdn. 54 ff. Dazu auch § 6 II, Rdn. 6.56.

57 EuGH, 12.2.2009, Rs. C-339/07, *Seagon*, EU:C:2009:83, Rdn. 19 ff.; dazu *Thole*, ZEuP 2010, 904; zur örtlichen Zuständigkeit, die sich nach dem deutschen Recht (§ 23 ZPO) richtet, BGH, IPRax 2009, 515 mit krit. Anm. *Fehrenbach* 492.

58 EuGH, 19.4.2012, Rs. C-213/10, *F-Tex*, EU:C:2012:215, Rdn. 43 ff.; dazu *Brinkmann*, IILR 2013, 371, 372; *Cranshaw*, ZInsO 2012, 1237.

59 Der insolvenzspezifische Bezug ergibt sich hier aus der Modifikation des allgemeinen Vertragsrechts. Dies unterscheidet die Anwendung der §§ 103 ff. InsO von einer Klage des Verwalters auf schlichte Erfüllung/Zahlung – letztere unterfällt der EuGVO, EuGH, 4.9.2014, Rs. C-157/13, *Nickel & Goeldner*, EU:C:2014:2145, Rdn. 26 ff.

60 EuGH, 18.9.2019, Rs. C-47/18, *Riel*, EU:C:2019:754, Rdn. 32 ff.; ausführlich *Willemer*, Vis attractiva concursus, S. 61 ff.; *Thole*, ZIP 2006, 1383, 1385 ff.

GmbHG)[61] sowie auf Kapitalersatzansprüche (§ 64 GmbHG)[62]. Haftungsklagen gegen den Insolvenzverwalter sind insolvenzrechtlich zu qualifizieren. Art. 6 I EuInsVO erfasst Klagen über Massenverbindlichkeiten.[63] Anderes gilt für Klagen des Insolvenzverwalters gegen einen Schuldner des Schuldners.[64]

Aussonderungsklagen unterliegen hingegen der EuGVO: Der EuGH entschied in *German Graphics Graphische Maschinen*,[65] dass die auf einen Eigentumsvorbehalt gestützte Klage der EuGVO zu unterstellen ist. Denn die Klage hat ihre Grundlage nicht im Insolvenzrecht; die Eröffnung eines Insolvenzverfahrens oder die Bestellung eines Insolvenzverwalters ist nicht erforderlich. Anders zu beurteilen sind hingegen die Absonderungsklagen, da der Vermögensgegenstand Bestandteil der Insolvenzmasse ist. Der absonderungsberechtigte Gläubiger wird durch den Erlös des Sicherungsguts befriedigt.[66] **9.22**

Allein die Massezugehörigkeit der streitgegenständlichen Forderung oder die Prozessführungsbefugnis des Insolvenzverwalters eröffnet hingegen nicht die Anwendung der EuInsVO.[67] Der EuGH stellt dabei auf die Rechtsgrundlage des zugrunde liegenden Anspruchs ab und fragt, ob die Klage sich auf die allgemeinen Regeln des Zivil- und Handelsrechts stützt oder auf Sonderregeln für Insolvenzverfahren:[68] In *SCT Industri*[69] entschied der Gerichtshof, dass eine Klage auf Feststellung der Nichtigkeit der Übertragung von Gesellschaftsanteilen im Rahmen eines Konkursverfahrens der EuInsVO unterfällt. Es sei jedoch nicht notwendig, dass die relevanten Vorschriften an die formelle Insolvenz des Schuldners anknüpfen; der Bezug auf die materielle Zahlungsunfähigkeit reicht aus.[70] **9.23**

---

61 LG Kiel, 20.4.2006, NZI 2006, 482.

62 EuGH, 4.12.2014, Rs. C-295/13, *H*, EU:C:2014:2410, Rdn. 21 ff., dazu *Schulz*, NZG 2015, 146; *Kindler*, EuZW 2015, 141.

63 Str, wie hier *Mankowski*, in: ders./Müller/Schmidt, Art. 6 EuInsVO (2016), Rdn. 15, aA *Tashiro*, in: Braun, InsO (7. Aufl. 2017), Art. 6 EuInsVO, Rdn. 24.

64 EuGH, 4.9.2014, Rs. C-157/13, *Nickel*, EU:C:2014:2145, Rdn. 28 ff. Dort entschied der EuGH auf Vorlage eines litauischen Gerichts, dass eine Klage auf Erfüllung einer vor der Insolvenzeröffnung entstandenen Forderung aus der internationalen Beförderung von Gütern dem Anwendungsbereich der EuGVO unterliegt. Zwar dient die Klage der Masseanreicherung, sie resultiert jedoch nicht unmittelbar aus der Insolvenzeröffnung. Ebenso EuGH, 21.11.2019, Rs. C-198/18, *CeDe Group*, EU:C:2019:1001, Rdn. 31, 36.

65 EuGH, 10.9.2009, Rs. C-292/08, *German Graphics Graphische Maschinen*, EU:C:2009:544.

66 Vgl. die Schlussanträge GA *Mazák* vom 26.1.2012 in Rs. C-527/10, *ERSTE Bank Hungary*, EU:C:2012:37, Rdn. 41; aA *Laukemann* in Heidelberg-Luxembourg-Vienna Report, Rdn. 548 ff.

67 EuGH, 6.2.2019, Rs. C-535/17, *NK*, EU:C:2019:96, Rdn. 32 f. *Leipold*, Zuständigkeitslücken im neuen Europäischen Insolvenzrecht, FS Ishikawa (2001), S. 221, 226.

68 EuGH, 4.9.2014, Rs. C-157/13, *Nickel*, EU:C:2014:2145, Rdn. 27; dazu *Thole*, IPRax 2015, 396; ebenso EuGH, 4.12.2019, Rs. C-493/18, *Tiger*, EU:C:2019:1046, Rdn. 25 ff. (die Tatsache, dass die Anfechtung eine Immobilie in einem anderen EU-Mitgliedstaat betrifft, ist unerheblich).

69 EuGH, 2.7.2009, Rs. C-111/08, *SCT Industri*, EU:C:2009:419; vgl. *Piekenbrock*, KTS 2009, 539.

70 Vgl. zu § 64 GmbHG, EuGH, 4.12.2014, Rs. C-295/13, *H*, EU:C:2014:2410, Rdn. 22; zustimmend *Kindler*, EuZW 2015, 143; *Wedemann*, IPRax 2015, 505.

b) Persönlicher Anwendungsbereich

9.24 Die EuInsVO ist auf die Insolvenz natürlicher und juristischer Personen anwendbar. Sachlichen Vorrang vor der EuInsVO haben sektorielle Regelungen im Versicherungs- und Bankenrecht: Art. 1 II EuInsVO nimmt Versicherungsunternehmen, Kreditinstitute, Wertpapierfirmen und Organismen für gemeinsame Anlagen vom Anwendungsbereich der Verordnung aus. Hier existieren spezielle Richtlinien, die an die Aufsicht nationaler und europäischer Behörden anknüpfen.[71]

c) Räumlicher Anwendungsbereich

9.25 Ausweislich ihres 25. EwG erfasst die EuInsVO nur Insolvenzen innerhalb des Europäischen Justizraums, d.h. Insolvenzverfahren, bei denen der Schuldner den Mittelpunkt seiner hauptsächlichen Interessen (COMI) im EU-Inland (außer Dänemark) hat.[72]

9.26 Ein qualifizierter Gemeinschaftsbezug ist nicht erforderlich. In der Rs. C-328/12 *Schmid* bestätigte der EuGH,[73] dass die Anwendbarkeit der Verordnung keinen Bezug zu mehreren EU-Mitgliedstaaten voraussetzt; Auslandsbezüge zu einem Drittstaat reichen aus, sofern der COMI des Schuldners im Europäischen Justizraum liegt. Der EuGH stützte sich auf den Wortlaut des Art. 3 I EuInsVO sowie den EwG 14 zur EuInsVO aF (EwG 25 EuInsVO), die keinen (zusätzlichen) Bezug zu einem anderen Mitgliedstaat verlangen.[74] Die weite Bestimmung des Anwendungsbereichs vermeidet zudem komplizierte Abgrenzungen im Hinblick auf einen weiteren (ungeschriebenen) innergemeinschaftlichen Bezugspunkt.

3. Die internationale Zuständigkeit

9.27 Art. 3 I EuInsVO regelt die internationale Zuständigkeit für die Eröffnung eines Hauptinsolvenzverfahrens. Die Verfahrensherrschaft des zuständigen Gerichts ist umfassend. Dessen Insolvenzbeschlag erfasst mit (prinzipiell) universeller Wirkung das gesamte Vermögen des Schuldners und legt – mit gewissen Ausnahmen – das anwendbare Verfahrensrecht fest (vgl. Art. 7 ff. EuInsVO).[75] Daneben enthält Art. 3 II EuInsVO eine Zuständigkeitsregel für die Einleitung eines territorial begrenzten Sekundärverfahrens.

---

71 Vgl. dazu *Moss/Wessels/Haentjens* (ed.), EU Banking and Insurance Insolvency (2nd ed. 2017).

72 *Virgos/Schmit*, Erläuternder Bericht zum EuInsÜbk, Rdn. 44. Dänemark ist nicht eingeschlossen, Rauscher/*Mäsch*, Art. 1 EuInsVO aF, Rdn. 17.

73 EuGH, 16.1.2014, Rs. C-328/12, *Schmid*, EU:C:2014:6; zustimmend *Arts*, IPRax 2014, 30; *Bureau*, Rev. crit. 2014, 670.

74 EuGH, 16.1.2014, Rs. C-328/12, *Schmid*, EU:C:2014:6, Rdn. 18. AA MünchKommBGB/*Kindler*, Int.InsR, Rdn. 82.

75 Klarstellend EuGH, 4.12.2019, Rs. C-493/18, *Tiger*, EU:C:2019:1046, Rdn. 27, 33.

a) Hauptinsolvenzverfahren

Art. 3 I EuInsVO knüpft die internationale Zuständigkeit an den Mittelpunkt der hauptsächlichen Interessen des Schuldners; inzwischen hat sich die englische Bezeichnung als „*COMI – Centre of Main Interests*" durchgesetzt. Art. 3 I UAbs. 1 EuInsVO definiert als COMI den Ort „an dem der Schuldner gewöhnlich der Verwaltung seiner Interessen nachgeht und der für Dritte feststellbar ist."[76] 9.28

aa) Maßgeblicher Zeitpunkt

Maßgeblicher Zeitpunkt für die Bestimmung des COMI ist die Antragstellung (§ 16 InsO).[77] Verlegt der Schuldner danach seinen COMI in einen anderen Mitgliedstaat, bleibt das angerufene Gericht zuständig (*perpetuatio fori*). Andernfalls müssten die Gläubiger mit immer neuen Anträgen dem Schuldner nacheilen.[78] Werden mehrere Anträge gestellt, kommt es gleichfalls auf den zuerst gestellten Antrag an.[79] 9.29

Hat der Schuldner zum Zeitpunkt der Insolvenzantragstellung seine Tätigkeit eingestellt (natürliche Personen) oder wurde das Unternehmen abgewickelt, ist auf den Ort des letzten COMI vor der Schließung abzustellen.[80] Dies ist regelmäßig der satzungsmäßige Sitz des Unternehmens oder der gewöhnliche Aufenthalt bzw. die Niederlassung der natürlichen Person. 9.30

bb) Natürliche Personen

Bei der Bestimmung des COMI natürlicher Personen ergeben sich erhebliche Schwierigkeiten. Die Reform der EuInsVO hat diesen praktischen Bedenken Rechnung getragen. Art. 3 I UAbs. 3 EuInsVO stellt die widerlegbare Vermutung auf, dass der COMI einer natürlichen Person, die eine selbstständige oder freiberufliche Tätigkeit ausübt, am Ort ihrer Hauptniederlassung belegen ist.[81] Diese Vermutung gilt nicht, wenn die Hauptniederlassung in einem Zeitraum von drei Monaten vor der Insolvenzeröffnung verlegt wurde. Für alle anderen natürlichen Personen besteht nach Art. 3 I UAbs. 4 die widerlegbare Vermutung, dass der COMI am Ort des gewöhn- 9.31

---

76 Dazu *Kübler*, FS Gerhardt, S. 527 ff.; vgl. EuGH, 2.5.2006, Rs. C-341/04, *Eurofood*, EU:C:2006:281, Rdn. 31 ff.

77 BGH, 22.3.2007, NZI 2007, 344 f.

78 EuGH, 17.1.2006, Rs. C-1/04, *Susanne Staubitz-Schreiber*, EU:C:2006:39, Rdn. 41 ff. Im Ausgangsverfahren war die deutsche Gemeinschuldnerin nach Stellung des Antrags nach Spanien verzogen.

79 BGH, 2.3.2006, EuZW 2006, 382: Dies gilt insbesondere dann, wenn die Gemeinschuldner durch eine zwischenzeitliche Erledigterklärung des Eigenantrags die Begleichung der Forderung eines Gläubigers ermöglichen wollen, um sodann durch Wohnsitzverlegung das Verfahren ins Ausland zu verlagern.

80 EuGH, 20.10.2011, Rs. C-396/09, *Interedil*, EU:C:2011:671, Rdn. 54.

81 So unter der EuInsVO aF Münch/KommBGB/*Kindler*, Int.InsR, Rdn. 135 ff.; *Paulus*, Art. 3 EuInsVO, Rdn. 33; vgl. auch BGH, 22.3.2007, NZI 2007, 344 f.

lichen Aufenthalts verortet ist.[82] Dies gilt nicht, wenn der gewöhnliche Aufenthalt in den letzten sechs Monaten vor der Insolvenzantragstellung verlegt wurde. Insgesamt gesehen ist die Neuregelung der EuInsVO zu begrüßen. Dennoch bleibt der Begriff des gewöhnlichen Aufenthalts manipulationsanfällig; die Sperrfrist lässt sich umgehen.[83]

9.32 Die praktischen Schwierigkeiten bei der Festlegung des COMI von natürlichen Personen sind nicht zu unterschätzen. Exemplarisch ist der vom AG Bielefeld entschiedene Fall *Thomas Middelhoff:* Der (prominente) Schuldner (früherer CEO der Bertelsmann AG) verzog mit seiner Familie von Bielefeld nach Frankreich (St. Tropez), war dort polizeilich angemeldet, übte jedoch seine berufliche Tätigkeit in Deutschland und England aus. Das AG Bielefeld öffnete zutreffend ein Hauptinsolvenzverfahren nach Art. 3 I EuInsVO in Deutschland.[84]

cc) Juristische Personen

9.33 Nach Art. 3 I UAbs. 2 EuInsVO besteht die gesetzliche Vermutung, dass Gesellschaften und juristische Personen ihren COMI am satzungsmäßigen Sitz haben.[85] Die Vermutung des Art. 3 I UAbs. 2 EuInsVO ist widerlegbar; die Beteiligten können nachweisen, dass der Mittelpunkt der hauptsächlichen Interessen nicht mit dem satzungsmäßigen Sitz zusammenfällt. Zur Bestimmung des COMI hatten sich zwei unterschiedliche Ansätze entwickelt. Die in England vor der *Eurofood*-Entscheidung[86] herrschende *mind of management*-Lehre stellte auf die unternehmensleitenden Entscheidungen ab, mithin auf den Ort der Geschäftsleitung und die betriebsinterne Bilanzierung und Organisation.[87] Die Gegenansicht (sog. *„business activity doctrine“*) stellt objektiv auf die nach außen erkennbaren Geschäftstätigkeiten und die Belegenheit der Vermögenswerte des Schuldners ab, d.h. auf den Ort, an dem die Gesellschaft maßgebliche Geschäftsbeziehungen abwickelt, das Geschäftskonto führt oder an dem Büroräume unterhalten werden.[88] Damit soll die Erkennbarkeit des COMI für außen stehende Dritte gewährleistet werden.

---

82 Vgl. zu Art. 3 EuInsVO aF *Mankowski,* NZI 2005, 368 f.

83 *Kindler/Sakka,* EuZW 2015, 460, 461 – jedoch ist die Fristregelung besser als gar keine Fixierung.

84 AG Bielefeld, 3.7.2015, 43 IN 250/15.

85 Dazu *Eidenmüller,* NJW 2004, 3455, 3457 – § 5 InsO wird von der vorrangigen Regelung des Unionsrechts vollumfänglich verdrängt; Rauscher/*Mäsch,* Art. 3 EuInsVO aF, Rdn. 4; *Leible/Freitag,* Forderungsbeitreibung, § 9, Rdn. 18.

86 High Court of Leeds, 16.5.2003, *Daisytek ISA Ltd., Re,* ZIP 2004, 963 f.; dagegen AG Düsseldorf, 6.6.2003, ZIP 2003, 1363, aufgehoben vom LG Düsseldorf (nicht veröff.), dazu *Huber,* FS Heldrich, S. 679, 683; für die *mind of management*-Theorie auch AG München, 4.5.2004, ZIP 2004, 962 (*Hettlage*); AG Duisburg, 10.12.2002, NZI 2003, 160 (*Babcock Borsig*).

87 *Kübler,* FS Gerhardt, S. 527, 556; *M. P. Weller,* ZHR 169 (2005), 570, 579 f.

88 Dafür *Vallender,* KTS 2005, 292 f.; *Mankowski,* RIW 2005, 575 f.; auch *Eidenmüller,* ZHR 169 (2005), 528, 538 ff.

Der EuGH entschied sich in *Eurofood* für eine objektive Anknüpfung.[89] Maßgeblich ist, ob aus der Sicht eines Dritten die Hauptverwaltung am Ort des satzungsmäßigen Sitzes zu verorten ist oder nicht. Zu diesem Zwecke sind alle Plätze zu berücksichtigen, an denen der Schuldner wirtschaftliche Tätigkeit entfaltet oder Vermögenswerte besitzt. Die Ermittlung des COMI erfordert die Berücksichtigung sämtlicher Umstände des Einzelfalls. Das bloße Vorhandensein von Gesellschaftsaktiva und Verträgen in einem anderen Mitgliedstaat bewirkt keine Widerlegung der gesetzlichen Vermutung des satzungsmäßigen Sitzes der Gesellschaft. Dies ist anders, wenn für Dritte erkennbar die Verwaltung der schuldnerischen Vermögensinteressen in diesem anderen Mitgliedstaat erfolgt.[90] 9.34

Den Maßstab für die Widerlegung der Vermutung zugunsten des satzungsmäßigen Sitzes konkretisierte der Gerichtshof im Fall *Interedil*.[91] Das Ausgangsverfahren betraf die Sitzverlegung der italienischen Gesellschaft *Interedil* nach London, wo die Gesellschaft als „foreign company" registriert wurde. Das italienische Immobiliarvermögen wurde auf eine andere englische Gesellschaft übertragen, sodann *Interedil* im englischen Register gelöscht. Der gesamte Vorgang vollzog sich innerhalb von vier Tagen. Wenige Monate später wurde die Eröffnung der Insolvenz in Italien beantragt. Dem widersetzte sich die Geschäftsführung von *Interedil* mit dem Hinweis auf die Sitzverlegung. Der letzte COMI habe in London gelegen. Der EuGH entschied, dass es für die Bestimmung des COMI auf den Zeitpunkt der Antragstellung ankomme.[92] Daher wurde der COMI in London verortet. Jedoch ließ der Gerichtshof eine Widerlegung der Vermutung unter Berücksichtigung aller Umstände des Einzelfalls zu; insbesondere im Hinblick auf die Belegenheit von Betriebsstätten, den Ort der unternehmerischen Entscheidungen sowie die Durchführung geschäftlicher Tätigkeiten.[93] 9.35

Praktische Probleme des vom EuGH vertretenen Ansatzes resultieren daraus, dass sich der Schwerpunkt der Vermögensinteressen des Schuldners für verschiedene Gläubiger unterschiedlich darstellen kann: So mag der Schwerpunkt eines Unternehmens für die Warenlieferanten durchaus an einem anderen Ort liegen als für die Kreditgeber, die bei einem (konzernverbundenen) Schuldner primär mit dem Mutterunternehmen verhandeln, auch wenn sie mit der Tochter kontrahieren.[94] 9.36

Dies verdeutlicht der französische Fall *Coeur Défense:* Die *Cour d'Appel de Versailles*[95] entschied kurz nach *Interedil*, dass der COMI einer in Luxemburg registrierten und verwalteten Holdinggesellschaft (Dame Luxembourg S.à.r.l.) sich in Frankreich befand. Denn die Holding hielt das ganze Kapital eines französischen zwischengeschalteten Unternehmens (HoLD), das wiederum französische Immobilien erworben hatte. Zwar fanden alle Vorstandssitzungen in Luxemburg statt. Sämtliche Rechtsge- 9.37

89 EuGH, 2.5.2006, Rs. C-341/04, *Eurofood*, EU:C:2006:281, Rdn. 34 ff.: „objektive und für Dritte erkennbare Elemente" – eine Ausnahme von Art. 3 I 2 EuInsVO macht der Gerichtshof im Fall der Briefkastenfirma.

90 EuGH, 20.10.2011, Rs. C-396/09, *Interedil*, EU:C:2011:671, Rdn. 48.

91 Dazu *Corno*, IILR 2013, 18.

92 EuGH, 2011, 20.10.2011, Rs. C-396/09, *Interedil*, EU:C:2011:671, Rdn. 57.

93 EuGH, 2011, 20.10.2011, Rs. C-396/09, *Interedil*, EU:C:2011:671, Rdn. 49–53.

94 *Paulus*, Art. 3 EuInsVO, Rdn. 27; *Poertzgen/Adam*, ZInsO 2006, 505, 507.

95 CA Versailles, 19.1.2012 – 11/03519, Bull. Joly Sociétés 2012, § 189, S. 329.

schäfte mit Dritten (die Gründung von HoLD und ein Bürgschaftsvertrag, der die Finanzierung von HoLD ermöglichte) waren in Frankreich abgeschlossen und unterlagen französischem Recht. Zudem hatte die luxemburgische Holding keine Angestellten. Man mag bezweifeln, ob dieses Urteil die Kriterien der *Interedil*-Entscheidung richtig umsetzt. Denn die luxemburgischen Kreditgläubiger hätten sicherlich nicht erkennen können, dass der COMI von Dame Luxembourg Sarl in Frankreich belegen war. Es ist bemerkenswert, dass die Anwendung des französischen Insolvenzrechts eine Verwertung der Pfandrechte der Gläubiger von HoLD an den Aktien von Dame Luxembourg ausschloss.[96]

9.38 Nach dem geltenden objektiven Ansatz führt eine effektive Sitzverlegung in einen anderen Mitgliedstaat zu einem Wechsel des COMI.[97] Auch eine geringfügige Geschäftstätigkeit am neuen Ort des satzungsmäßigen Sitzes reicht aus. Hat der Schuldner hingegen im Vorfeld der Insolvenz (zielgerichtet) seinen Sitz in einen anderen Mitgliedstaat verlagert, kann zudem der Einwand des Rechtsmissbrauchs eingreifen.[98] Die Neufassung der EuInsVO führt zur Einschränkung des Manipulationspotenzials eine Sperrfrist ein: Verlegt der Schuldner seinen satzungsmäßigen Sitz im Zeitraum von drei Monaten vor der Insolvenzantragstellung in einen anderen EU-Mitgliedstaat, gilt die Vermutung des Art. 3 I UAbs. 2 EuInsVO zugunsten des satzungsgemäßen Sitzes nicht.

9.39 Die örtliche Zuständigkeit bestimmt sich nach nationalem Recht. In Deutschland ist grundsätzlich nach § 3 I 1 InsO das Gericht am allgemeinen Gerichtsstand des Schuldners zuständig (§§ 12, 13 ZPO). Die dort enthaltene Verweisung auf den Wohnsitz ist durch eine Anknüpfung an die wirtschaftlichen Interessen des Schuldners zu substituieren. Eine ergänzende Regelung für das Europäische Insolvenzrecht[99] enthält Art. 102 § 1 I EGInsO – sie stellt auf den Mittelpunkt der wirtschaftlichen Interessen ab, übernimmt mithin Art. 3 I EuInsVO.[100] Art. 102c § 1 EGInsO (2017) übernimmt diese Regelung für die neue EuInsVO.

b) Sekundärinsolvenzverfahren

9.40 Ein Hauptverfahren nach Art. 3 I EuInsVO ergreift das gesamte Vermögen des Gemeinschuldners im EU-Justizraum.[101] Der Eröffnungsbeschluss wird in den anderen EU-

---

96 Dazu *Dammann/Müller*, NZI 2012, 643, 645. Für die Reaktion und die praktischen Auswirkungen in Luxemburg s. *Lattard/Fayot*, Les structures „double luxco" et leur effet sur la restructuration des garanties financières luxembourgeoises, AJLB No 49 – Mai 2012, 31.

97 EuGH, 20.10.2011, Rs. C-396/09, *Interedil*, EU:C:2011:671, Rdn. 47.

98 Dieser ist primär vom angegangenen Gericht im Rahmen von Art. 3 I EuInsVO zu prüfen, greift jedoch auch bei der Anerkennung des Eröffnungsbeschlusses (im Rahmen des *ordre public*) nach Art. 33 EuInsVO ein. Rauscher/*Mäsch*, Art. 26 EuInsVO aF, Rdn. 20 f., will hier zwischen Rechtsmissbrauch und Simulation unterscheiden.

99 Für den Fall, dass § 3 InsO nicht eingreift.

100 *Leible/Freitag*, Forderungsbeitreibung, § 9, Rdn. 27 f.

101 Der Zugriff auf das Vermögen in Drittstaaten hängt davon ab, ob diese ein ausländisches Insolvenzverfahren anerkennen, oben § 5 I 7, Rdn. 5.40.

Mitgliedstaaten nach Art. 19 f. EuInsVO *ipso iure* anerkannt.[102] Jedoch lassen Art. 3 II und 34 ff. EuInsVO die Eröffnung sog. Sekundärverfahren zu. Diese setzen eine Niederlassung im Sinne des Art. 2 Nr. 10 EuInsVO des Schuldners im Verfahrensstaat voraus, mithin eine nicht nur vorübergehende wirtschaftliche Tätigkeit unter Einsatz von Personal und Betriebsmitteln.[103]

Nach der Rechtsprechung des EuGH[104] muss das Vorhandensein einer Nieder- **9.41** lassung „auf der Grundlage objektiver und durch Dritte feststellbarer Umstände beurteilt werden". Die bloße Belegenheit von Vermögenswerten im Zweitstaat oder von Bankkonten vermag die Eröffnung eines Sekundärinsolvenzverfahrens nicht zu rechtfertigen.[105] Erforderlich ist vielmehr eine gewisse betriebliche Organisation.[106] Auch erhebliche Vermögenswerte im Zweitstaat reichen zur Eröffnung eines Sekundärverfahrens allein nicht aus. Der Verwalter des (ausländischen) Hauptverfahrens ist immerhin nach Art. 21 EuInsVO befugt, diese Vermögenswerte zur Masse des Hauptverfahrens zu ziehen.[107]

c) Partikularverfahren

Neben dem Sekundärverfahren, das ein bereits eröffnetes Hauptverfahren voraus- **9.42** setzt, lässt Art. 3 IV EuInsVO sog. Partikularverfahren zu. Diese betreffen Zweigniederlassungen und werden zu einem Zeitpunkt eröffnet, in dem (noch) kein Hauptverfahren existiert. Partikularverfahren sind an sich unerwünscht – sie vervielfachen die Verfahren und erschweren deren Koordination.[108] Art. 3 IV EuInsVO lässt sie daher nur in zwei Konstellationen zu: Zum einen, wenn die Eröffnung des Hauptverfahrens in dem Mitgliedstaat der Antragstellung unzulässig ist.[109] Dies ist etwa der Fall, wenn ein Insolvenzverfahren wegen einer speziellen Eigenschaft des Schuldners (z.B. natürliche Person) nicht eröffnet werden darf.[110] Die praktisch wichtigere, zweite Fall-

---

102 EuGH, 2.5.2006, Rs. C-341/04, *Eurofood*, EU:C:2006:281, Rdn. 38 ff., unterstreicht das dem Anerkennungsprinzip zugrunde liegende Prinzip des wechselseitigen Vertrauens; ebenso BGH, 29.5.2008, NJW 2008, 3287, Rdn. 23 ff.

103 Der Begriff ist aus der Systematik der EuInsVO zu interpretieren und daher enger als der Gerichtsstand des Art. 7 Nr. 5 EuGVO zu verstehen, *Paulus*, Art. 2 EuInsVO, Rdn. 55 ff.

104 EuGH, 20.10.2011, Rs. C-396/09, *Interedil*, EU:C:2011:671, Rdn. 63.

105 *Paulus*, Art. 2 EuInsVO, Rdn. 56; *Rauscher/Mäsch*, Art. 27 EuInsVO aF, Rdn. 9; EuGH, 20.10.2011, C-396/09, *Interedil*, EU:C:2011:671, Rdn. 62.

106 Die eigene Rechtspersönlichkeit im Staat des satzungsmäßigen Sitzes schließt die Eröffnung eines Sekundärverfahrens nicht aus, dazu EuGH, 4.9.2014, Rs. C-327/13, *Burgo Group*, EU:C:2014:2158, Rdn. 29 ff. Dies steht im Einklang mit dem Begriff der Niederlassung in Art. 7 Nr. 5 EuGVO.

107 Dazu unten Rdn. 98 ff.

108 Vgl. *Paulus*, Art. 3 EuInsVO, Rdn. 52 unter Bezugnahme auf EwG 17 EuInsVO aF. Partikularverfahren erfüllen eine „Ersatzfunktion", da sie das undurchführbare Hauptverfahren im Interesse der lokalen Gläubiger substituieren, *Torz*, Gerichtsstände, S. 39.

109 Ausführlich *Mankowski*, NZI 2012, 103 ff.

110 EuGH, 17.11.2011, Rs. C-112/10, *Zaza Retail*, EU:C:2011:743, Rdn. 24 ff.

gruppe betrifft Gläubiger, die im Niederlassungsstaat Forderungen gegen die Niederlassung geltend machen. „Gläubiger" kann auch eine Behörde eines Mitgliedstaats sein, die nach dem Recht des Eröffnungsstaates befugt ist, den Insolvenzantrag zu stellen.[111]

9.43 Das Partikularverfahren nach Art. 3 IV EuInsVO beschränkt sich als reines Territorialverfahren auf den Niederlassungsstaat des Schuldners.[112] Wird nach Eröffnung des Partikular- das Hauptverfahren eröffnet, ist ersteres nach Art. 51 EuInsVO auf Antrag des Verwalters des Hauptverfahrens in ein Sekundärverfahren überzuleiten.[113] In Deutschland ist nach Art. 102c § 1 II EGInsO das Gericht örtlich zuständig, in dessen Bezirk die Niederlassung liegt bzw. registriert ist.

d) Konzerninsolvenzen und konkurrierende Hauptverfahren im Europäischen Justizraum

9.44 Nach der Grundkonzeption der EuInsVO sollen Verfahrenskonkurrenzen ausscheiden, da jedes Unternehmen nur ein *Centre of Main Interests* hat.[114] Die offenen Tatbestandsmerkmale des Art. 3 I EuInsVO[115] haben jedoch zu *forum running*[116] und positiven Kompetenzkonflikten geführt, d.h. zu konkurrierenden Hauptverfahren, insbesondere bei Konzerninsolvenzen. Die Leitentscheidung *Eurofood* verdeutlicht den Zuständigkeitswettlauf bei Konzerninsolvenzen:[117]

9.45 Die Eurofood IFSC Ltd. war eine hundertprozentige Tochtergesellschaft der italienischen Konzernholding Parmalat. Der satzungsmäßige Sitz befand sich in Dublin. Ende 2003 geriet die Parmalat-Gruppe in eine schwere Finanzkrise. Am 24.12.2003 stellte das italienische Ministero delle Attività Produttive die Konzernmutter und sämtliche Konzerntöchter unter außerordentliche Verwaltung.[118] Am 27.12.2003 bestätigte das Zivil- und Strafgericht von Parma die Zahlungsunfähigkeit von Parmalat. Am 27.1.2004 stellte die Bank of America beim High Court of Dublin Antrag auf Liquidation von

---

111 EuGH, 17.11.2011, Rs. C-112/10, *Zaza Retail*, EU:C:2011:743, Rdn. 29 ff.

112 *Torz*, Gerichtsstände, S. 70 ff. Nach EwG 37 sollen Partikularverfahren „auf das unumgängliche Maß" beschränkt werden.

113 Dazu *Schack*, IZVR, Rdn. 1137 ff.; Geimer/Schütze/*Heiderhoff*, Internationaler Rechtsverkehr, Art. 37 EuInsVO, Rdn. 4 f.

114 Dies folgt aus der Konzeption des COMI und dem Rechtsträgerprinzip. Dazu *Leible/Freitag*, Forderungsbeitreibung, § 9, Rdn. 29 ff.; *Häsemeyer*, Insolvenzrecht, Rdn. 32.01 ff., hält ein einheitliches Gesamtverfahren für nachteilig.

115 Zum „deutsch-englischen Justizkonflikt" vgl. etwa *Huber*, FS Heldrich, S. 679, 682 ff.

116 Dazu statt vieler *Huber*, FS Heldrich, S. 679, 680 ff.; *Weller* ZHR 169 (2005), 570 ff.; *Freitag/Leible*, RIW 2006, 641, 642 ff.

117 EuGH, 2.5.2006, Rs. C-341/04, *Eurofood*, EU:C:2006:281; zum Umfang der Parmalat-Insolvenz vgl. *Pannen/Riedemann*, NZI 2004, 646, 650 f.; zu den Hintergründen lesenswert *Carrara*, RabelsZ 70 (2006), 538 ff. Zu den US-amerikanischen Verfahren vgl. *In re Parmalat Securities Litigation*, 377 F.Supp2d 390 (S.D.N.Y. 2005).

118 *Bondi* hatte bereits in der (akuten) Krise die ursprünglichen Eigner des Parmalat-Konzerns beraten, *Carrara*, RabelsZ 70 (2006), 538, 540.

Eurofood und bezifferte ihre Forderungen mit 3,5 Millionen USD. Der High Court bestellte am selben Tag P. Farrell zum vorläufigen Verwalter von Eurofood. Am 10.2.2004 bestätigte das Insolvenzgericht Parma die Antragstellung auf Eröffnung des Insolvenzverfahrens von Eurofood. Am 19.2.2004 eröffnete das italienische Gericht ein Hauptinsolvenzverfahren über Eurofood nach Art. 3 I EuInsVO und bestellte Dr. Bondi zum Verwalter.[119] Am 23.3.2004 entschied der High Court of Dublin, dass das Insolvenzverfahren in Irland rückwirkend am Tag der Antragstellung eröffnet wurde und sich der Mittelpunkt der hauptsächlichen Interessen von Eurofood in Irland befinde. Folglich sei das am 27.1.2004 in Dublin eröffnete Verfahren als Hauptinsolvenzverfahren iSd Art. 3 I EuInsVO in Italien anzuerkennen. Der High Court of Dublin ordnete die Liquidation von Eurofood an und bestellte Hr. Farrell zum Verwalter.[120] Gegen diesen Beschluss legte Dr. Bondi Beschwerde zum irischen Supreme Court ein, der den EuGH u.a. die Frage vorlegte,[121] ob die EuInsVO die Durchführung eines einheitlichen (Konzern-)Insolvenzverfahrens zulässt.[122] Gestützt auf den Wortlaut des Art. 3 I EuInsVO[123] entschied der EuGH dagegen:[124] Der COMI liege am Satzungssitz der jeweils rechtsfähigen (und damit selbständigen) Gesellschaft;[125] für jede rechtlich verfasste juristische Person ist ein eigenständiges Insolvenzverfahren durchzuführen.[126] Die Lösung des Gerichtshofs hat zur Folge, dass bei Konzerninsolvenzen parallele Insolvenzverfahren über die verbundenen Einzelunternehmen durchzuführen sind.[127] Dies kann die effektive Abwicklung beeinträchtigen. Denn das zuvor über die Tochtergesellschaft eröffnete Verfahren nimmt diese von der Insolvenz der Holding aus. Abhilfe ermöglichen nunmehr die Regelungen über die Konzerninsolvenz, Art. 56 ff. EuInsVO.[128]

Art. 102c EGInsO erleichtert die Umsetzung der EuGH-Rechtsprechung: Art. 102c § 1 EGInsO fixiert die örtliche Zuständigkeit am COMI des Schuldners. Den Prioritätsgrundsatz setzt Art. 102c § 2 I EGInsO um: Wurde ein Hauptinsolvenzverfahren in einem anderen EU-Mitgliedstaat eröffnet, ist ein weiterer Antrag auf Eröffnung 9.46

119 Tribunale di Parma, 19.2.2004, dt. Übersetzung ZIP 2004, 1220.

120 High Court of Dublin, 23.3.2004, ZIP 2003, 1223.

121 Supreme Court of Ireland, 27.7.2004, *In Re Eurofood IFSC Ltd.*, NZI 2005, 505.

122 Vgl. Art. 3 I, 7 EuInsVO, so Tribunale Civile Parma, ZIP 2004, 1220 (*Parmalat*: Eröffnung des Insolvenzverfahrens auch über eine irische Finanzierungsgesellschaft des italienischen Konzerns); AG München, 4.5.2004, ZIP 2004, 962 (*Hettlage*: Eröffnung des Insolvenzverfahrens auch für die österreichische Tochtergesellschaft); zur Anerkennung des deutschen Eröffnungsbeschlusses nach Art. 16 EuInsVO aF vgl. LG Innsbruck, 11.5.2004, ZIP 2004, 1721, zust. *Huber*, FS Heldrich, S. 679, 689 ff.

123 Zustimmend *Leipold*, FS Lindacher, S. 65, 69 f.

124 EuGH, 2.5.2006, Rs. C-341/04, *Eurofood*, EU:C:2006:281, Rdn. 30.

125 Damit knüpft der EuGH implizit an seine Rechtsprechung zur Respektierung der Rechtsfähigkeit einer nach dem Recht eines Mitgliedstaates wirksam gegründeten juristischen Person/Gesellschaft an, vgl. EuGH, 5.11.2002, Rs. C-208/00, *Überseering*, EU:C:2002:632, Rdn. 93; EuGH, 30.9.2002, Rs. C-167/01, *Inspire Art*, EU:C:2003:512, Rdn. 142.

126 Ein Insolvenzverfahren über ein Unternehmen kann jedoch nach nationalem Insolvenzrecht nicht auf ein anderes Unternehmen erweitert werden, selbst wenn die betreffenden Vermögensmassen vermischt sind, EuGH, 15.12.2011, Rs. C-191/10, *Rastelli Davide e C.*, EU:C:2011:838, Rdn. 22 ff.

127 Insbesondere beim Unternehmensfortzug, aber auch im Fall der Konzerninsolvenz bestehen wechselseitige Beteiligungs- und sonstige Vermögensverflechtungen, die zwangsläufig Überlappungen der (universell geltenden) Beschlagnahmen zur Folge haben, Beispiel AG München, 5.2.2007, ZIP 2007, 495 (*BenQ*).

128 Vgl. oben § 9 II 2, Rdn. 9.18.

eines Hauptinsolvenzverfahrens unzulässig, ein gleichwohl eröffnetes Verfahren darf nur als Sekundärverfahren fortgesetzt werden. Nunmehr verpflichtet Art. 102c § 3 III EGInsO das deutsche Gericht, den Verwalter des ausländischen Insolvenzverfahrens zu kontaktieren, um die Bekanntmachung des Beschlusses mit diesem zu koordinieren. Dem Gericht des ausländischen Hauptverfahrens ist zudem eine Ausfertigung des Beschlusses zu übersenden. Negative Kompetenzkonflikte löst Art. 102c § 2 II EGInsO auf: Hat ein ausländisches Insolvenzgericht seine Zuständigkeit mit der Begründung abgelehnt, dass der *Centre of Main Interests* in Deutschland liegt, darf das deutsche Insolvenzgericht sich nicht für unzuständig erklären.

e) Annexverfahren

9.47 Art. 6 I EuInsVO kodifiziert die *Gourdain*-Formel des EuGH, die bereits unter der EuInsVO aF einen Gerichtsstand eröffnet hatte:[129] Die Gerichte des Eröffnungsmitgliedstaates sind für „alle Klagen [zuständig], die unmittelbar aus dem Insolvenzverfahren hervorgehen und in engem Zusammenhang damit stehen, wie beispielweise Anfechtungsklagen".[130] Der Gerichtsstand erleichtert dem Verwalter den Forderungseinzug und die Masseanreicherung vor Ort – freilich um den Preis einer eventuell notwendigen Vollstreckung im Ausland. Aus diesem Grund statuiert Art. 6 I EuInsVO keinen ausschließlichen Gerichtsstand.[131] Der Verwalter kann die Annexklage auch in den Gerichtsständen der Art. 4–35 EuGVO anbringen; praktisch wichtig ist der allgemeine Gerichtsstand des Beklagten, Art. 4, 61 f. EuGVO. Mithin bleiben ausschließliche Zuständigkeiten der EuGVO (etwa Art. 24 Nr. 1 EuGVO oder für Verbraucherstreitigkeiten nach Art. 20 EuGVO) vorrangig. Daher überspielt das Insolvenzrecht konkurrierende Schutzanliegen nicht. Versteht man Art. 6 I EuInsVO als nicht ausschließlichen Gerichtsstand, bleibt der Insolvenzverwalter an eine Gerichtsstandsvereinbarung des Schuldners gebunden.[132]

9.48 Nach Art. 6 II und III EuInsVO können insolvenzrechtliche Klagen zusammen mit anderen zivilrechtlichen oder handelsrechtlichen Klagen gegen denselben Beklagten bei den Gerichten des Mitgliedstaates erhoben werden, in dem der Beklagte seinen Wohnsitz hat. Voraussetzung ist, dass die betreffenden Klagen in einem so engen

129 EuGH, 22.2.1979, Rs. C-133/78, *Gourdain*, EU:C:1979:49; EuGH, 12.2.2009, Rs. C-339/07, *Seagon*, EU:C:2009:83, Rdn. 19 ff.

130 Zur vis attractiva concursus *Paulus*, FS Gottwald (2014), S. 484; *Laukemann*, in: Heidelberg/Luxembourg/Vienna-Report, Rdn. 490.

131 Str., aA *Bork/Mangano*, European Cross-Border Insolvency, Rdn. 3.75 (unter Hinweis auf den unterschiedlichen Wortlaut in Art. 6 I und II („shall", „may") EuInsVO. Unklar MünchKomm/*Thole*, Art. 6 EuInsO, Rdn. 3: Zuständigkeit sei „abschließend".

132 Angesichts der Zuordnung der Feststellungsprozesse zum Insolvenzstatut (Art. 7 II lit. h) EuInsVO) bietet sich eine (analoge) Anwendung von Art. 3 I 2 EuInsVO an. Der Vorrang des Insolvenzstatuts gilt nicht für bereits rechtshängige Verfahren, Gerichtsstandsvereinbarungen und die ausschließlichen Gerichtsstände der EuGVO, so OLG Hamm, 04.12.2015, BeckRS 2015, 20136.

Zusammenhang stehen, dass die gemeinsame Verhandlung und Entscheidung zur Vermeidung miteinander unvereinbarer Entscheidungen zweckmäßig ist.[133] Bei konnexen Klagen richtet sich die internationale Zuständigkeit mithin nach der EuGVO, einschlägig ist Art. 8 Nr. 1 EuGVO.[134]

Die Zuständigkeitsregeln des Art. 6 I EuInsVO finden auch auf Konstellationen Anwendung,[135] in denen der Beklagte in einem Drittstaat seinen Wohnsitz hat.[136] 9.49

Die örtliche Zuständigkeit deutscher Gerichte bestimmte der BGH nach § 19a ZPO, Art. 102 § 1 EGInsO analog: Zuständig ist das ordentliche Gericht am Ort der Durchführung des Insolvenzverfahrens.[137] Nach Art. 102c § 6 I EGInsO bestimmt sich die örtliche Zuständigkeit nach dem Sitz des Insolvenzgerichts; im Fall der Annexklage nach Art. 6 II EuInsVO ist das Gericht zuständig, vor dem die (jeweils) andere zivil- oder handelsrechtliche Klage erhoben wurde. 9.50

f) Die Prüfung der internationalen Zuständigkeit

Zur Eindämmung von *forum shopping*[138] führt die Neufassung der EuInsVO eine Reihe von prozessualen Kontrollmechanismen ein.[139] Nach Art. 4 I EuInsVO prüft das mit der Insolvenzeröffnung befasste Gericht die internationale Zuständigkeit von Amts wegen; die Entscheidung über die Insolvenzeröffnung muss begründet werden.[140] Bei außergerichtlich durchgeführten Insolvenzverfahren können die Mitgliedstaaten dem Insolvenzverwalter die Prüfung der internationalen Zuständigkeit des Eröffnungsmitgliedstaates überlassen. 9.51

Art. 5 I EuInsVO eröffnet zudem einen Rechtsbehelf gegen den Eröffnungsbeschluss des Insolvenzverfahrens aufgrund fehlender internationaler Zuständigkeit. 9.52

---

133 BGH, 16.9.2015, RIW 2015, 839, Anm. *Arts*: Das mit einer der EuGVO unterliegenden Forderung des insolventen Schuldners befasste Gericht ist auch für die hilfsweise geltend gemachte Insolvenzaufrechnung nach § 96 InsO international zuständig.

134 MünchKomm/*Thole*, Art. 6 EuInsVO, Rdn. 11.

135 EuGH, 16.1.2014, Rs. C-328/12, *Schmid*, EU:C:2014:6, Rdn. 18: Der Beklagte hatte seinen Wohnsitz in der Schweiz. Probleme können bei der Anerkennung einer solchen Entscheidung auftreten. In der Schweiz wird eine solche Anfechtungsentscheidung – wegen ihrer vollstreckungsrechtlichen Natur – nicht nach Art. 25 ff. IPRG anerkannt, dazu *Laukemann*, IILR 2014, 101, 107. Die Anerkennung unter dem LugÜ scheidet ebenso aus. Sie ist nur dann möglich, wenn ein bilaterales Abkommen vorliegt; Deutschland hat jedoch kein solches Abkommen mit der Schweiz abgeschlossen, dazu *Baumert*, NZI 2014, 106, 107. Das *Schmid*-Urteil scheint jedoch eine Reaktion aus schweizerischer Seite hervorgerufen zu haben: Ausländische Insolvenzanfechtungsklagen werden nunmehr nach Maßgabe von Art. 174c IPRG (2019) anerkannt.

136 Oben § 5 I 7, Rdn. 5.39.

137 BGH, 19.5.2009, NJW 2009, 2215.

138 Zum *forum shopping* unter der EuInsVO *Eidenmüller*, KTS 2009, 137; *Wright/Fenwick*, IILR 2012, 45.

139 Vgl. die Erläuterungen in den EwG 29 ff. zur EuInsVO.

140 Dies ist im Sinne einer inhaltlich zu treffenden Begründung zu verstehen, anders *Thole*, ZEuP 2014, 39, 57.

Anfechtungsbefugt sind die Gläubiger oder der Insolvenzschuldner. Den EU-Mitgliedstaaten steht es frei, weitere Anfechtungsgründe vorzusehen (Art. 5 II EuInsVO).

III. Anwendbares Recht (Überblick)

9.53 Die Koordination grenzüberschreitender Insolvenzen erfordert kollisionsrechtliche Abstimmung. Der Unionsgesetzgeber fasst daher Kollisionsrecht und Insolvenzverfahrensrecht in einem Rechtsakt zusammen.[141]

1. Grundsatz: Anwendung der *lex fori concursus*, Art. 7 EuInsVO

9.54 Nach Art. 7 I EuInsVO beherrscht das Insolvenzrecht des Mitgliedstaates, in dem das (Haupt-)Verfahren eröffnet wird, das Insolvenzverfahren und seine Wirkungen.[142] Die grundsätzliche Anwendung der *lex fori concursus* betrifft nicht nur die Eröffnung, Durchführung und Beendigung des Insolvenzverfahrens selbst, sie bestimmt ferner die Insolvenzeröffnungsgründe, definiert die Masse, die Befugnisse des Verwalters, Vorrechte und Rang der Forderungen.[143] Zudem regelt die *lex fori concursus* im Grundsatz auch die (materiellen) Verfahrenswirkungen. Art. 7 II EuInsVO listet dabei die wichtigsten Regelungsgegenstände des Insolvenzstatuts auf. Im Interesse der *vis attractiva concursus* will die h.M. Art. 7 II EuInsVO weit interpretieren.[144] Dies gilt etwa für die Haftung des Insolvenzverwalters, aber auch für die Haftung der Geschäftsführer wegen Insolvenzverschleppung.[145] Nach anderer Ansicht soll es darauf ankommen, ob das fragliche Problem im Insolvenz- oder im allgemeinen Zivil- bzw. Gesellschaftsrecht geregelt wird.[146] Angesichts der autonomen Begrifflichkeit der EuInsVO kann der nationalen Systematik nur (begrenzte) Indizwirkung zukommen.[147] Maßgeblich ist vielmehr die Befriedigung der Gläubiger in einem Kollektivver-

141 Dazu etwa *Eidenmüller*, RabelsZ 70 (2006), 475 ff.; *Konecny* in: Mayr (Hrg.) Hdb EuZVR, Rdn. 17.117 ff.

142 Zwischen Zuständigkeit und anwendbarem Recht besteht ein grundsätzlicher Gleichlauf. Denn die *lex fori concursus* weist eine Sachnähe zu dem eröffneten Insolvenzverfahren auf und stellt sich als verfahrensrechtliche Grundlage für den Grundsatz *par conditio creditorum* dar, vgl. *Trunk*, Internationales Insolvenzrecht (1988), S. 88 f.

143 Nicht hingegen die Klage des Verwalters auf Anreicherung der Masse, EuGH, 21.11.2019, Rs. C-198/18, *CeDe Group*, EU:C:2019:1001, Rdn. 36; EuGH, 6.2.2019, Rs. C-535/17, *NK*, EU:C:2019:96, Rdn. 36.

144 *Paulus*, Art. 7 EuInsVO, Rdn. 3; *Leible/Freitag*, Forderungsbeitreibung, § 9, Rdn. 47 ff.

145 EuGH, 10.12.2015, Rs. C-594/14, *Kornhaas*, EU:C:2015:806, Rdn. 16 ff.; Qualifikationsfragen stellen sich vor allem zwischen dem Gesellschafts- und dem Insolvenzstatut.

146 Rauscher/*Mäsch*, Art. 4 EuInsVO, Rdn. 8 f.

147 *Eidenmüller*, RabelsZ 70 (2006), 475, 482 f.

fahren. Dann ist das Insolvenzstatut einschlägig.[148] Auf das „Gründungsstatut“ der Gesellschaft kommt es nicht an. Mithin haftet die Geschäftsführerin einer in Deutschland tätigen „Limited“ den Gläubigern nach § 64 GmbHG.[149]

2. Durchbrechungen der *lex fori concursus*

Trotz prinzipieller Maßgeblichkeit der *lex fori concursus* lässt die EuInsVO zahlreiche Durchbrechungen zu. Diese sind in Art. 8–18 EuInsVO aufgelistet und verkomplizieren die praktische Anwendung der Verordnung erheblich.[150] Allerdings ist der kollisionsrechtliche „Gerechtigkeitsgehalt“ vieler Durchbrechungen evident.[151] Zum einen geht es um die Gewährleistung des Verkehrsschutzes, der an die *lex rei sitae* anknüpft.[152] Zum anderen ist der Anwendung des *lex fori*-Grundsatzes (bei Sekundärverfahren) gegenüber der (universell ausgreifenden) *lex fori concursus* ein prinzipieller Gerechtigkeitsgehalt nicht abzusprechen: Die Anwendung vertrauten Verfahrensrechts im eigenen Staat gewährleistet für die Rechtsunterworfenen und für die Rechtsanwender die Nutzung bekannter und damit kalkulierbarer „Rahmenbedingungen“. Letztlich lässt sich dieses Spannungsverhältnis nur auf der Ebene des Sachrechts durch ein einheitliches Gemeinschaftsinsolvenzrecht auflösen.[153] Diesen Integrationsschritt geht die EuInsVO jedoch nicht. Die Durchbrechungen der *lex fori concursus* (bzw. der *vis attractiva concursus*) lassen sich nach der Systematik der Verordnung in zwei Fallgruppen unterteilen. 9.55

Art. 8–10 EuInsVO unterstellen die Aussonderung und die Absonderung sowie die Insolvenzaufrechnung den allgemeinen Kollisionsnormen der Mitgliedstaaten bzw. paralleler Gemeinschaftsrechtsakte.[154] Hier wird das Insolvenzstatut vollumfänglich verdrängt und die praktische Abwicklung der Insolvenz nachhaltig erschwert.[155] 9.56

148 *Eidenmüller*, RabelsZ 70 (2006), 475, 483; Schlussanträge GA *Colomer*, 16.10.2008, Rs. C-339/07, *Seagon*, EU:C:2008:575; EuGH, 4.12.2014, Rs. C-295/13, *H*, EU:C:2014:2410, Rdn. 23 f.

149 EuGH, 10.12.2015, Rs. C-594/14, *Kornhaas*, EU:C:2015:806, Rdn. 19 ff.

150 Zum Diskussionsstand vgl. Rauscher/*Mäsch*, Art. 4 EuInsVO, Rdn. 11 f.; *Eidenmüller*, RabelsZ 70 (2006), 475, 483 ff.

151 Anders *Leible/Freitag*, Forderungsbeitreibung, § 9, Rdn. 56 („überzeugt nur im Ansatz“).

152 Hier geht es im Kern um die Aus- und Absonderungsrechte (bevorzugter) Gläubiger, *Paulus*, Art. 7 EuInsVO, Rdn. 24 f. Beispiel: Art. 15 EuInsVO – kumulative Anwendung des Rechts der angefochtenen Rechtshandlung, sofern dieses die Rechtshandlung für rechtsbeständig erklärt.

153 Dazu *Paulus*, Art. 7 EuInsVO, Rdn. 4 f.

154 Umfassend *Koutsoukou*, Die Aufrechnung im Europäischen Kollisions- und Verfahrensrecht (2018), S. 263 ff.

155 Nach der hM sind dingliche Rechte und Eigentumsvorbehalt von der Anwendbarkeit sowohl der *lex fori concursus* als auch der insolvenzrechtlichen Bestimmungen der *lex causae* immunisiert, dazu *Haas*, FS Gerhardt, S. 319, 329 ff. Dies gilt auch für die Aufrechnung; anders die hM, vgl. *Virgós/Garcimartín*, The European Insolvency Regulation: Law and Practice (2004), S. 116 f., Rdn. 187; *Haubold*, in:

9.57 Weitere Einschränkungen von der *lex fori concursus* enthalten die Art. 11–15 EuInsVO. Die dort aufgeführten Fallgestaltungen werden (im Grundsatz) dem Recht der engsten Verbindung unterstellt. Den Verkehrsschutz gewährleistet die kumulative Anwendung des Rechts des „Drittbetroffenen" (Art. 16–18 EuInsVO EuInsVO). Im Ergebnis kommt es zur Kumulation unterschiedlicher Insolvenz-, Sach- und Verfahrensrechte, die die Rechtspraxis vor erhebliche Anforderungen stellt und die demgemäß entsprechend streitanfällig sind.[156]

9.58 Ein praktisch wichtiges Beispiel ist die Insolvenzanfechtung. Den Anwendungsbereich und die tatbestandlichen Voraussetzungen unterstellt Art. 7 II lit. m) EuInsVO dem Insolvenzstatut.[157] Nach Art. 16 EuInsVO kann der Anfechtungsgegner jedoch den Nachweis[158] führen, dass die vor der Insolvenzeröffnung[159] vorgenommene Handlung nach dem anwendbaren Recht eines anderen Mitgliedstaates[160] nicht anfechtbar[161] ist. Damit gelten für die Insolvenzanfechtung sowohl die *lex fori concursus* als auch das Transaktionsstatut.[162] Begründet wird dies mit dem zu schützenden Vertrauen des Anfechtungsgegners auf rechtsbeständigen Erwerb. Die Kumulation der anwendbaren Insolvenz-, Schuld- und Sachenrechte führt im Ergebnis zur Geltung des anfechtungsfeindlichsten Rechts.[163]

9.59 Weitere Schwächen der kollisionsrechtlichen Anknüpfung ergeben sich aus der enumerativen Aufzählung der Ausnahmen. Eine „Positivliste" enthält Art. 7 II EuInsVO, während die Art. 8–18 EuInsVO hiervon Ausnahmen enthalten. (Derar-

---

Gebauer/Wiedmann (Hrg.), Zivilrecht unter Europäischem Einfluss, 2. Aufl. (2010), EuInsVO, Kap. 32 Rdn. 125.

156 Dazu etwa *Haas*, FS Gerhardt, S. 319, 328 ff.

157 Zur internationalen Zuständigkeit vgl. oben § 9 II, Rdn. 9.20.

158 EuGH, 15.10.2015, Rs. C-310/14, *Nike*, EU:C:2015:690, Rdn. 33 ff.: Der Anfechtungsgegner trägt die Beweislast sowohl für die Tatsachen, die die Unanfechtbarkeit der betreffenden Handlung begründen, als für den Inhalt der ausländischen *lex causae*; so auch Nehrlich/Römermann/*Mincke* Art. 13 EuInsVO aF, Rdn. 6; aA Geimer/Schütze/*Gruber*, IZVR, Art. 13 EuInsVO aF; Rdn. 12; MüKoInsO/*Reinhart* Art. 13 EuInsVO aF, Rdn. 10 ff.

159 EuGH, 16.4.2015, C-557/13, *Lutz*, EU:C:2015:227, Rdn. 32 ff.: Eine nach der Insolvenzeröffnung erfolgte Auszahlung eines Geldbetrags, der schon vor der Insolvenzeröffnung gepfändet worden war, fällt unter Art. 17 EuInsVO.

160 Für vertragliche Vereinbarungen gelten aus deutscher Perspektive die Art. 3 ff. VO 864/2008/EG, für dingliche Vollzugsgeschäfte die Art. 43 ff. EGBGB, Geimer/Schütze/*Gruber*, Art. 13 EuInsVO, Rdn. 3 f. Auch das Gesellschaftsstatut kann einschlägig sein, *Eidenmüller*, RabelsZ 70 (2006), 474, 499 ff.

161 Der EuGH, 16.4.2015, C-557/13, *Lutz*, EU:C:2015:227, Rdn. 44 ff. und 51 ff. entschied, dass eine Insolvenzanfechtungsklage den Formvorschriften sowie den Verjährungs-, Anfechtungs- und Ausschlussfristen des auf die angefochtene Rechtshandlung anwendbaren Rechts unterworfen ist.

162 *Eidenmüller*, RabelsZ 70 (2006), 474, 500.

163 *Adolphsen*, in: Bork (Hrg.), Hdb Insolvenzanfechtungsrecht, Kap. 20, Rdn. 79 ff., 85: „Nationalisierung der internationalen Insolvenzanfechtung"; *Gottwald*, in: ders., Hdb Insolvenzrecht, § 131, Rdn. 70.

tige) Auflistungen sind latent unvollständig; hieraus resultiert zwangsläufig die Frage nach einer Extension der Liste des Art. 7 II EuInsVO durch deren analoge Anwendung.

IV. Die Anerkennung ausländischer Insolvenzen

1. Die automatische Anerkennung insolvenzrechtlicher Entscheidungen

Nach Art. 19 EuInsVO wird die Eröffnungsentscheidung des Hauptverfahrens mit ihrem Wirksamwerden in den übrigen Mitgliedstaaten anerkannt. Wie im sonstigen europäischen Prozessrecht erfolgt die Anerkennung *ipso iure* und bedarf keines besonderen (Anerkennungs-)Beschlusses, Art. 20 I EuInsVO. Die Anerkennung setzt im europäischen Insolvenzrecht freilich früher ein als in den Parallelrechtsakten. Denn der Eröffnungsbeschluss ergeht im frühesten Verfahrensstadium. Es bedarf mithin keiner gesonderten „Anerkennungsregel" für die Rechtshängigkeit.[164] 9.60

Die Anerkennung des Eröffnungsbeschlusses setzt lediglich voraus, dass (1) die EuInsVO anwendbar ist (vgl. Art. 1 iVm Anhang A), dass (2) der Eröffnungsbeschluss im Verfahrensstaat nach dortigem Recht wirksam ist[165] und dass (3) das ausländische Insolvenzgericht seine Entscheidung auf Art. 3 I EuInsVO gestützt hat. Dabei darf das später angerufene Gericht nicht prüfen, ob das ausländische Erstgericht die Voraussetzungen des Art. 3 EuInsVO zu Recht bejaht hat.[166] Denn auch im Europäischen Insolvenzrecht gilt der Grundsatz der Gleichwertigkeit der Zuständigkeitsprüfung aller Unionsgerichte.[167] Einziger[168] Versagungsgrund ist nach Art. 33 EuInsVO die Verletzung des *ordre public*:[169] Hier ist, wie in den anderen EU-Rechtsakten, eine grund- 9.61

164 *Hess/Laukemann/Seagon*, IPRax 2007, 89, 92 ff. So nunmehr auch ausdrücklich EuGH, 18.9.2019, Rs. C-47/18, *Riel*, EU:C:2019:754, Rdn. 41 ff.

165 Rechtskraft muss die Entscheidung nicht erlangt haben. I.E. können auch vorläufige Maßnahmen anerkannt werden (etwa: die Einsetzung eines vorläufigen Insolvenzverwalters, vgl. §§ 21 f. InsO), allerdings gilt hier die Grenze des Art. 38 EuInsVO; anders *Haubold*, in: Gebauer/Wiedmann (Hrg.), Zivilrecht unter europäischem Einfluss, Kap. 30, Rdn. 159.

166 EuGH, 2.5.2006, Rs. C-341/04, *Eurofood*, EU:C:2006:281, Rdn. 42.

167 Vgl. EwG 22 zur EuInsVO, zutreffend Geimer/Schütze/*Gruber*, Art. 26 EuInsVO, Rdn. 5; *Duursma/Kepplinger*, Art. 26 EuInsVO, Rdn. 4.

168 Die Anerkennungshindernisse des Art. 45 EuGVO sind auf die EuInsVO grundsätzlich nicht übertragbar. Denn die Insolvenz ist ein Gesamtverfahren. Anderes gilt für insolvenzspezifische Einzelverfahren. Dabei kommt es zu einem streitigen Verfahren. Die Anerkennungshindernisse des Art. 45 EuGVO sind deshalb anzuwenden; alternativ können sie mittelbar bei der Auslegung des *ordre public*-Vorbehalts des Art. 33 EuInsVO einfließen; dazu BGH, 8.5.2014, NZI 2014, 723 mit Anm. *Hübler* 683.

169 Der *ordre public*-Vorbehalt greift als *ultima ratio* ein: Die betroffene Person muss zuvor alle Rechtsbehelfsmöglichkeiten im Eröffnungsstaat erschöpfen, ausführlich *Laukemann*, IPRax 2012, 207. Diese enge Auslegung implementiert die Universalität des Hauptverfahrens.

sätzlich enge Interpretation geboten[170] – insbesondere scheidet die Nachprüfung der Zuständigkeit des Erstgerichts aus.[171]

9.62 Umstritten ist, inwieweit die mangelnde Gehörswahrung einen Versagungsgrund impliziert. Der EuGH hat dies in *Eurofood* grundsätzlich bejaht,[172] ohne jedoch auf die (unterschiedliche) Verfahrensstellung der Beteiligten abzustellen. Richtigerweise ist zwischen den verschiedenen Verfahrensbeteiligten zu unterscheiden: Dem Schuldner ist stets rechtliches Gehör zu gewähren, dabei reicht die nachträgliche Gehörswahrung aus.[173] Für den Fall, dass in einem Parallelverfahren bereits ein vorläufiger Verwalter bestellt sein sollte, sollte auch diesem Gehör gewährt werden. Dagegen ist es nicht notwendig, die Gläubiger im Eröffnungsverfahren anzuhören. Denn zum einen werden die meisten Gläubiger vor dem Feststellungstermin nicht bekannt sein, zum anderen würde eine Anhörung das Eröffnungsverfahren unnötig verkomplizieren[174] – die Interessen ausländischer Gläubiger werden zudem durch die Möglichkeit, ein Sekundärverfahren zu eröffnen, hinreichend gewahrt. Dies gilt auch für die Anhörung des Betriebsrats, Art. 13 EuInsVO trägt Arbeitnehmerinteressen hinreichend Rechnung.[175]

9.63 Das Fehlen einer Rechtsmittelinstanz gegen die Eröffnungsentscheidung begründet keinen Verstoß gegen den *ordre public*.[176] Denn dem deutschen Prozessrecht sind unanfechtbare Entscheidungen nicht fremd (z.B. § 511 II ZPO). Aus Art. 6 I EMRK und Art. 47 GRC ergibt sich zudem kein Anspruch auf mehrere Instanzen.[177] Wenig überzeugend ist auch die Praxis unterinstanzlicher Gerichte,[178] die divergierenden bzw. erleichterten Voraussetzungen der Restschuldbefreiung des englischen Rechts als *ordre public*-widrig zu qualifizieren. Denn *forum bzw. law shopping* („Restschuldbefreiungstourismus") ist nicht im Wege des *ordre public*-Vorbehalts einzudämmen.[179] Vielmehr gelten nunmehr die Fristerfordernisse des Art. 3 I EuInsVO.

---

170 Unzutreffend bejahte das AG Nürnberg, 15.8.2006, NZI 2007, 185, 186 den Verstoß eines englischen Eröffnungsbeschlusses gegen Art. 26 EuInsVO aF, weil die eingesetzten *joint administrator* vom Insolvenzschuldner und Insolvenzgläubigern abhängig seien. Angesichts der Möglichkeiten der Eigeninsolvenz nach §§ 270 ff. InsO ist diese Aussage falsch. Auch das deutsche Insolvenzrecht eröffnet den Gläubigern erhebliche Einflussnahme.

171 EuGH, 2.5.2006, Rs. C-341/04, *Eurofood*, EU:C:2006:281, Rdn. 60. Bedenklich AG Nürnberg, 15.8.2006, NZI 2007, 185: Keine Anerkennung eines englischen Eröffnungsbeschlusses, weil der High Court of London seine Entscheidung nicht begründet und daher die Eröffnungszuständigkeit nicht nachgeprüft habe.

172 EuGH, 2.5.2006, Rs. C-341/04, *Eurofood*, EU:C:2006:281, Rdn. 60 ff.

173 OLG Innsbruck, 8.7.2008, NZI 2008, 700, 702 f. (die Beschwerdebefugnis nach § 21 I InsO genügt zur Gehörswahrung); zust. *Mankowski*, NZI 2008, 703 f.

174 Erst im Feststellungsverfahren (§§ 174 ff. InsO) sind die Gläubiger zu ermitteln.

175 CA de Versailles, 15.12.2005 (affaire Rover), Dalloz 2006, no 5, 379, 380.

176 So Rechtsbank Haarlem, 7.9.2010, JAR 2010, 267 (Anerkennung eines unanfechtbaren griechischen Sonderliquidationsverfahrens über die staatliche Fluglinie *Olympiakes Aerogrammes*); aA *Laukemann*, IPRax 2012, 212 f.

177 EGMR, 17.1.1970, Nr. 1689/65, *Delcourt v. Belgium*, CE:ECHR:1970:0117JUD000268965.

178 LG Köln, 14.10.2011 – 82 O 15/08, NZI 2011, 957; LG Berlin, 9.7.2013 – 16 O 455/12, NZI 2014, 581.

179 *Mansel*, FS Hoffmann (2011), S. 683 ff.; *Laukemann*, IPRax 2012, 207, 212 ff.; kritisch *d'Avoine*, NZI 2011, 310 ff.

Die Anerkennung erstreckt die Wirkungen des ausländischen Verfahrens auf den Anerkennungsstaat (Art. 20 I EuInsVO). Dies gilt vor allem für die Beschlagnahme des Schuldnervermögens.[180] Die territoriale Reichweite bestimmt die EuInsVO autonom. Das Hauptverfahren erfasst das Schuldnervermögen in sämtlichen Mitgliedstaaten. Sekundär- und Territorialverfahren[181] erfassen hingegen nur das im jeweiligen Verfahrensstaat belegene Vermögen. Auch die sachliche Reichweite des Eröffnungsbeschlusses der Beschlagnahme (etwa der Zugriff auf persönliche Gegenstände des Schuldners, vgl. § 36 InsO) richtet sich grundsätzlich nach der *lex fori concursus* (Art. 7 II lit. b) EuInsVO). Jedoch sollten aus Gründen des Schuldnerschutzes auch die Pfändungsvorschriften des Zweitstaates angewandt werden.[182] 9.64

Die Anerkennung des ausländischen Insolvenzverfahrens führt zur Anwendung des ausländischen Insolvenzrechts. Art. 7 II EuInsVO umschreibt zunächst den Anwendungsbereich der *lex fori concursus* ganz allgemein – ergänzend enthalten die Art. 8 ff. EuInsVO für viele praktische Fragestellungen Einzelregelungen: So regelt insbesondere Art. 18 EuInsVO die Rechtsfolgen einer ausländischen Insolvenzeröffnung auf laufende inländische Zivilprozesse und Vollstreckungsverfahren. Danach gilt die *lex fori* des Staates, in dem der Rechtsstreit (einschließlich der Vollstreckung) anhängig ist.[183] Die Wirkungen eines in Frankreich anhängigen Insolvenzverfahrens auf einen in Deutschland anhängigen Zivilprozess ergeben sich somit aus Art. 33, 18 EuInsVO iVm § 240 ZPO: Der Prozess ist auszusetzen.[184] Das Vollstreckungsverbot beruht hingegen nicht auf der Verweisung des Art. 18 EuInsVO, wohl aber auf der analogen Anwendung des § 89 InsO.[185] 9.65

Nach Art. 19 und 32 EuInsVO sind die Beschlüsse des ausländischen Insolvenzgerichts automatisch anzuerkennen. Ergeht im ausländischen Verfahren ein Leistungsurteil (etwa im Annexverfahren wegen Insolvenzanfechtung), richtet sich die Anerkennung nach Art. 32 EuInsVO iVm Art. 39–44, 47–57 EuGVO. Die Gestaltungswirkungen ausländischer Entscheidungen sind im Rahmen der jeweils einschlägigen (prozessualen) Sachnormen anzuerkennen. Dabei sind auch die Eigenheiten der Ver- 9.66

180 Dazu *Gottwald*, Grenzüberschreitende Insolvenzen, S. 25.

181 Vgl. oben § 9 II 3, Rdn. 9.39.

182 Weitergehend (für eine Sonderanknüpfung) *Haas*, FS Gerhardt, S. 319, 326 f. Für eine ausschließliche Anwendung der *lex fori concursus* (ggf. auch des ausländischen Hauptverfahrens) *Paulus*, Art. 7 EuInsVO, Rdn. 24.

183 EuGH, 6.6.2018, Rs. C-250/17, *Tarragó da Silveira*, EU:C:2018:398, Rdn. 24 ff.

184 So bereits BGH, 26.11.1997, IPRax 1999, 42 (*Schollmeyer*, 26), zum autonomen Recht, vgl. auch OLG Köln, 17.10.2007, ZIP 2007, 2287 f. – Unterbrechung des Beschwerdeverfahrens nach Art. 43 EuGVO aF, §§ 11 ff. AVAG durch die Eröffnung des Insolvenzverfahrens in Polen. Das OLG Köln wendet Art. 15 EuInsVO aF, § 240 ZPO an.

185 Dabei hängt die Reichweite des Vollstreckungsverbots in Bezug auf das persönliche Vermögen des Schuldners (Neuerwerb) davon ab, ob die anwendbare *lex concursus* auch den Neuerwerb erfasst, so etwa § 35 InsO, Geimer/Schütze/*Gruber*, Art. 18 EuInsVO, Rdn. 6 (autonome Anwendung der *lex fori* im Wege der Substitution). Dasselbe gilt für die Rückschlagsperre, § 88 InsO.

fahren im Zweitstaat anzuerkennen: Daher führt eine Restschuldbefreiung des englischen Insolvenzgerichts nicht automatisch zur Einstellung der Zwangsvollstreckung nach § 775 Nr. 1 ZPO, vielmehr muss der Schuldner – wie im Fall einer Restschuldbefreiung nach § 301 InsO – Vollstreckungsgegenklage, § 767 ZPO, erheben. Denn die Vollstreckungsorgane sind nicht in der Lage, die Wirkungen der ausländischen Restschuldbefreiung zu prüfen und anzuerkennen.[186]

2. Die Befugnisse des ausländisches Insolvenzverwalters

9.67 Der ausländische Insolvenzverwalter weist im Ausland seine Bestellung durch die Vorlage einer Ausfertigung des Eröffnungsbeschlusses nach, Art. 22 EuInsVO. Nach Art. 21 EuInsVO kann er in allen Mitgliedstaaten sämtliche Befugnisse gerichtlich und außergerichtlich ausüben, die ihm nach seiner lex *fori concursus* zustehen, insbesondere die Masse sichern und anreichern.[187] Allerdings werden diese Befugnisse durch die Eröffnung eines Sekundärverfahrens und durch gegenteilige Schutzmaßnahmen im Zweitstaat begrenzt, vgl. Art. 21 I 1 EuInsVO. In diesem Konkurrenzverhältnis hat der Sekundärverwalter Vorrang; der Verwalter des Hauptverfahrens kann jedoch dort die Rechte der Gläubiger des Hauptverfahrens ausüben (Art. 45 II und III EuInsVO). Darüber hinaus kann der Hauptinsolvenzverwalter nach Art. 46 und 47 EuInsVO auf den Gang des Sekundärverfahrens maßgeblichen Einfluss ausüben, etwa eine Aussetzung der Verwertung beantragen oder einen Sanierungsplan vorlegen. Diese Vorschriften beruhen auf der Konzeption des Unionsgesetzgebers, dass ein Sekundärverfahren im Verhältnis zum Hauptverfahren „dienende" Funktion hat.[188]

9.68 Umgekehrt sind auch die Verwalter im Partikular- und Sekundärverfahren befugt, Gegenstände des Partikular- bzw. Sekundärverfahrens in anderen Mitgliedstaaten zu sichern, sofern diese aus dem Verfahrensstaat in einen anderen Mitgliedstaat ver-

186 So BGH, 25.9.2008, NZI 2008, 737 (738). Die Entscheidung vermag vollstreckungsrechtlich nicht zu überzeugen: Denn der Schuldner wird die Restschuldbefreiung regelmäßig nicht vor dem Vollstreckungsorgan, sondern vor dem Vollstreckungsgericht (§ 766 ZPO) geltend machen. Da jedoch Art. 19, 32 EuInsVO eine materielle Nachprüfung ausschließen, erscheint die Einschaltung des Vollstreckungsgerichts effektiver als eine Verweisung an das zur Sachprüfung zuständige Prozessgericht – diese Erwägungen gelten auch für § 301 InsO.

187 Der Verwalter kann allerdings nicht eine Anfechtungsklage in einem anderen EU-Mitgliedstaat erheben, wenn eine ausschließliche Zuständigkeit nach Art. 3 EuInsVO am COMI besteht, EuGH, 4.12.2019, Rs. C-493/18, *Tiger*, EU:C:2019:1046, Rdn. 30 ff.

188 Denkbar (und auch durchaus praktiziert) ist die Einsetzung des Verwalters der Hauptinsolvenz als Verwalter im Sekundärverfahren, um eine optimale Koordination zu sichern. Dabei kann das Sekundärverfahren in Eigenverwaltung durchgeführt werden (§§ 270 ff. InsO), die Schuldnerbefugnisse übt der Verwalter des Hauptverfahrens aus. *Laukemann*, Unabhängigkeit des Insolvenzverwalters, S. 402 ff.

bracht wurden, Art. 21 II EuInsVO.[189] Dies schließt die Erhebung einer Anfechtungsklage ein (vgl. §§ 129 ff. InsO). Für den einstweiligen Rechtschutz eröffnet Art. 52 EuInsVO ausdrücklich dem Hauptverwalter eine Klagebefugnis zur unmittelbaren Rechtsverfolgung in anderen Mitgliedstaaten.[190]

Der Verwalter muss bei der Ausübung seiner Befugnisse im Ausland die Rechtsordnung des Mitgliedstaats beachten, in dem er handelt (Art. 21 III EuInsVO).[191] Damit kommt es zur Kumulation der anwendbaren Sachrechte. Dies gilt insbesondere für die Verwertung von Massegegenständen. Zwar entscheidet die *lex fori concursus* darüber, ob ein Massegegenstand vorliegt und ob der Verwalter einen Gegenstand freihändig veräußern darf oder die öffentliche Versteigerung einleiten muss.[192] Die Versteigerung eines in Deutschland belegenen Grundstücks unterliegt den §§ 172 ff. ZVG; die Verwertung sonstiger Gegenstände richtet sich nach den Vorschriften der §§ 929 ff.; 873 ff. BGB.[193] Verfügungen über im Ausland belegene Gegenstände richten sich nach der jeweiligen *lex rei sitae* (vgl. Art. 43 EGBGB) – nur die Verfügungsbefugnis des Verwalters ergibt sich aus Art. 3 I, 19 und 21 EuInsVO.[194] 9.69

V. Die Koordination von Primär- und Sekundärverfahren

1. Sekundärinsolvenzverfahren, Art. 34 ff. EuInsVO

Das Hauptverfahren nach Art. 3 I EuInsVO erfasst das gesamte Vermögen des Gemeinschuldners im europäischen Justizraum. Jedoch lassen Art. 3 II und 34 ff. EuInsVO die Eröffnung sog. Sekundärverfahren zu.[195] 9.70

Sekundärverfahren sind auf das im Verfahrensstaat belegene Schuldnervermögen begrenzt, Art. 3 II EuInsVO. Sie können entweder als Liquidations- oder als Sanie- 9.71

189 *Paulus*, Art. 21 EuInsVO, Rdn. 13 ff.

190 Die Vorschrift regelt als Sachnorm die Antragsbefugnis des Hauptinsolvenzverwalters, Rauscher/*Mäsch*, Art. 38 EuInsVO aF, Rdn. 3 ff. Wurde ein Sekundärverfahren eröffnet, scheitern einstweilige Maßnahmen regelmäßig am Vermögensbeschlag des Sekundärverfahrens.

191 MünchKomm/*Thole*, Art. 21 EuInsVO, Rdn. 2.

192 Fraglich ist, ob die Schuldnerschutzvorschriften der *lex fori consursus* oder die des Handlungsortes anwendbar sind. Richtigerweise sollte kumulativ auf beide Rechte abgestellt werden. Denn die *lex fori concursus* bestimmt den Umfang des Insolvenzbeschlags. Die Belegenheit des Gegenstandes begrenzt jedoch zugunsten des Schuldners den Zugriff des (ausländischen) Verwalters. Auch die inländischen Gläubiger werden sich an den Pfändungsschutzbestimmungen des Belegenheitsortes orientieren.

193 Geimer/Schütze/*Gruber*, Art. 18 EuInsVO aF, Rdn. 8.

194 Die maßgebliche Bedeutung der Art. 21 f. EuInsVO liegt in der Anerkennung der Verfügungs- und Prozessführungsbefugnis des (ausländischen) Verwalters nach dem Recht des Staates der Verfahrenseröffnung, Geimer/Schütze/*Gruber*, Art. 18 EuInsVO aF Rdn. 2; *Paulus*, Art. 21 EuInsVO, Rdn. 3 ff.

195 Vgl. dazu bereits oben § 9 II 3, Rdn. 9.40.

rungsverfahren durchgeführt werden, Art. 3 III EuInsVO.[196] Das Sekundärverfahren privilegiert im Kern die lokalen Gläubiger, da aus deren Perspektive ein inländisches Verfahren nach vertrautem Recht durchgeführt wird. Zwar bleibt dem Sekundärverwalter der Zugriff auf das Auslandsvermögen verwehrt – die bei ihm angemeldeten Forderungen dürfen jedoch nach Art. 53 EuInsVO auch im Primärinsolvenzverfahren angemeldet werden.[197] Aus dieser Perspektive übernimmt das Sekundärverfahren eine Schutz- und eine Abwehrfunktion.[198]

9.72 Der Verwalter des Hauptverfahrens kann freilich den Liquidationszweck im Sekundärverfahren zugunsten des vorrangigen ausländischen Hauptverfahrens durch einen Liquidationsplan implementieren (Art. 51 EuInsVO),[199] eventuelle Überschüsse sind an den Hauptverwalter auszukehren (Art. 49 EuInsVO). Sekundärverfahren ermöglichen daher eine Strukturierung komplexer Großinsolvenzen mit Vermögensmassen in verschiedenen Staaten.

9.73 Die Befugnis, die Eröffnung eines Sekundärinsolvenzverfahrens zu beantragen, findet sich in Art. 37 I EuInsVO.[200] Danach kann der Hauptinsolvenzverwalter die Eröffnung des Sekundärverfahrens beantragen, lit. a). Dies setzt freilich die vorgängige Eröffnung des Hauptverfahrens voraus.[201] Art. 37 I lit. b) EuInsVO eröffnet zudem jeder anderen betroffenen Person oder befugten Stelle eine Antragsbefugnis zur Eröffnung eines Sekundärverfahrens, sofern das Recht des Sekundärverfahrens eine solche Befugnis eröffnet.[202]

9.74 Der Verwalter des Hauptverfahrens ist in letzterem Fall über die Beantragung der Eröffnung des Sekundärverfahrens zu unterrichten, Art. 38 I EuInsVO. Er ist ebenso befugt, die Eröffnung eines Sekundärinsolvenzverfahrens anzufechten, falls die Eröffnungsvoraussetzungen nicht vorliegen, Art. 39 EuInsVO.[203] Zudem kann er

---

196 Allerdings kann der Verwalter des Hauptverfahrens nach Art. 46 I EuInsVO die Aussetzung des Sekundärverfahrens herbeiführen, um Sanierungsmaßnahmen im Hauptverfahren zu implementieren.

197 Dazu *Weller*, ZHR 169 (2005), 570, 584 f.

198 *Weller*, ZHR 169 (2005), 570, 585.

199 Da Art. 51 EuInsVO den Schutz des Hauptverfahrens bezweckt, kann im Sekundärverfahren eine Sanierung dann durchgeführt werden, wenn diese mit dem Sanierungszweck im Hauptverfahren vereinbar ist, *Weller*, ZHR 169 (2005), 570, 588.

200 Das vorrangige Unionsrecht setzt sich gegenüber den Antragsvoraussetzungen der §§ 13 ff. InsO durch, Rauscher/*Mäsch*, Art. 29 EuInsVO aF Rdn. 2 ff.

201 Deutlich EuGH, 2.5.2006, Rs. C-341/04, *Eurofood*, EU:C:2006:281, Rdn. 54; vgl. auch *Heiderhoff*, in Geimer/Schütze, Internationaler Rechtsverkehr, Art. 29 EuInsVO aF Rdn. 2; *Vallender*, InVO 2005, 41, 45.

202 Die Vorschrift enthält damit eine Verweisung auf die *lex fori concursus secundarii*. Rauscher/*Mäsch*, Art. 29 EuInsVO aF, Rdn. 1, 5 ff. Die Antragsbefugnis ist nicht auf Gläubiger beschränkt, die ihren Wohnsitz im Niederlassungsstaat oder Forderungen aus dem Betrieb dieser Niederlassung haben, dazu EuGH, 4.9.2013, Rs. C-327/13, *Burgo Group*, EU:C:2014:2158, Rdn. 45 ff.

203 Dies ist besonders der Fall, wenn das mit dem Antrag auf Eröffnung eines Sekundärinsolvenzverfahrens befasste Gericht unterlassen hat, den Verwalter über den Insolvenzantrag zu unterrichten.

um die Eröffnung eines anderen als des beantragten Verfahrens ersuchen, Art. 38 IV EuInsVO.

Nach Art. 34 EuInsVO ist bei der Eröffnung eines Sekundärverfahrens die (materielle) Insolvenz des Schuldners nicht gesondert zu prüfen.[204] Dies gilt auch, wenn das Hauptverfahren ein anderes Schutzziel verfolgt bzw. auf die Sanierung angelegt ist.[205] Ob bei der Entscheidung über die Eröffnung eines Sekundärverfahrens Zweckmäßigkeitserwägungen einfließen dürfen, richtet sich nach der *lex fori concursus secundarii*. Das Gericht muss jedoch auf die allgemeine Zielsetzung des Hauptverfahrens Rücksicht nehmen.[206] Dies schließt aber nicht aus, dass das Sekundärverfahren trotz des Sanierungszwecks des Hauptverfahrens auf die Liquidation gerichtet ist.[207] 9.75

2. Die Vermeidung von Sekundärinsolvenzverfahren

Die reformierte EuInsVO will Sekundärinsolvenzverfahren eindämmen. Hierzu enthält sie zwei wichtige Instrumente: Vor allem das sog. „synthetische" Insolvenzverfahren (Art. 36 EuInsVO). Art. 38 III EuInsVO ermöglicht zudem die temporäre Aussetzung der Eröffnung eines Sekundärinsolvenzverfahrens. 9.76

a) Aussetzung der Eröffnung eines Sekundärverfahrens

Das mit dem Antrag auf Eröffnung eines Sekundärverfahrens befasste Gericht kann auf Antrag des Verwalters die Eröffnung des Verfahrens für einen Zeitraum von höchstens drei Monaten aussetzen. Zugleich können Schutzmaßnahmen ergehen, insbesondere Einzelzwangsvollstreckungsmaßnahmen ausgesetzt und Verfügungsverbote angeordnet werden, Art. 38 III, UAbs. 2 EuInsVO. Die Aussetzung soll Verhandlungen zwischen dem Verwalter, dem Schuldner und den Gläubigern ermöglichen – insbesondere um ein synthetisches Verfahren[208] zu vereinbaren. Die Vorschrift ist rechtspolitisch zu begrüßen; lediglich die dreimonatige Aussetzung mag im Einzelfall zu kurz bemessen sein. Kommt es zu einer Vereinbarung oder scheitert diese endgültig, hebt das Gericht die Aussetzung (auch von Amts wegen) auf, Art. 38 III, UAbs. 4 EuInsVO. 9.77

Hinzu kommen Konstellationen, in denen eine Aussetzung von Einzelzwangsvollstreckungsmaßnahmen gewährt worden ist, um den Verhandlungen zwischen dem Schuldner und den Gläubigern Vorschub zu leisten.

204 Die Anerkennung des Hauptverfahrens spricht gegen eine erneute Prüfung des Eröffnungsgrundes im Zweitverfahren.

205 EuGH, 22.11.2012, Rs. C-116/11, *Bank Handlowy und Adamiak*, EU:C:2012:739, Rdn. 68 ff.

206 EuGH, 4.9.2013, Rs. C-327/13, *Burgo Group*, EU:C:2014:2158, Rdn. 61 ff.; EuGH, 22.11.2012, Rs. C-116/11, *Bank Handlowy und Adamiak*, EU:C:2012:739, Rdn. 62 f.

207 *Koller*, IPRax 2014, 490.

208 Vgl. sogleich Rdn. 9.78 ff.

b) „Synthetische" Insolvenzverfahren

9.78 Art. 36 EuInsVO greift die englische Praxis[209] der sog. „synthetischen" Insolvenzverfahren auf: Zur Vermeidung eines Sekundärinsolvenzverfahrens kann der Insolvenzverwalter die Zusicherung geben, die Verteilungs- und Vorzugsrechte nach dem Recht des Staates der Niederlassung zu beachten, 36 I EuInsVO. Damit sichert der Verwalter den Gläubigern das Ergebnis des Sekundärverfahrens zu, ohne dass dieses durchgeführt wird.[210]

9.79 Die Zusicherung erfolgt schriftlich gegenüber den lokalen Gläubigern in der offiziellen Sprache des Staates, in dem ein Sekundärverfahren eröffnet werden kann, Art. 36 III und IV EuInsVO. Sie muss von den bekannten lokalen Gläubigern iSv Art. 2 Nr. 11 EuInsVO bewilligt werden.[211] Anwendbar sind die Regeln über die qualifizierte Mehrheit für die Annahme von Sanierungsplänen nach dem Recht des Mitgliedstaats, in dem ein Sekundärinsolvenzverfahren eröffnet werden kann.[212]

9.80 Ein Sekundärverfahren muss innerhalb von 30 Tagen nach Erhalt der Mitteilung über die Billigung[213] beantragt werden, Art. 37 II EuInsVO.[214] Das Gericht darf von der Eröffnung eines Sekundärverfahrens absehen, wenn es überzeugt ist, dass die Zusicherung des Hauptverwalters die Interessen der lokalen Gläubiger ausreichend schützt, Art. 38 II EuInsVO.[215] Dies Ermessen zur Eröffnung eines Sekundärverfahrens ist restriktiv zu handhaben.[216] Bei seiner Prüfung muss das Gericht vor allem berück-

---

209 Vgl. High Court of Justice, 9.6.2006, *Collins & Aikman Europe SA* [2006] EWHC 1343 (Ch); High Court of Justice, 18.4.2005, *MG Rover I* [2005] EWHC 874.

210 Ausführlich *Laukemann*, in: Hess et al., The Implementation of the New Insolvency Regulation (2017), S. 106, 107 ff.

211 Die Zusicherung des Insolvenzverwalters stellt ein Angebot zum Abschluss eines Vertrages dar; die bekannten Gläubiger nehmen durch Bewilligung das Angebot an; aA *Fritz*, DB 2015, 1882, 1887: einseitiges Rechtsgeschäft des Hauptverwalters.

212 Dies kann problematisch sein, vor allem wenn das maßgebliche Recht mehrere Typen von Sanierungsplänen vorsieht oder der Sanierungsplan von einem formellen Gläubigerausschuss bewilligt wird (etwa in Frankreich), dazu *Mankowski*, NZI 2015, 961, 967. In Deutschland ist nach Art. 102c §§ 14 ff. EGInsO die Zustimmung des (vorläufigen) Gläubigerausschusses erforderlich.

213 Die EuInsVO enthält keine Vorschriften über die Modalitäten und die Bestimmung des Zeitpunkts der Mitteilung über die Billigung der Zusicherung. Durchführungsvorschriften finden sich nunmehr in Art. 102c §§ 14–21 EGInsO.

214 Der Wortlaut des Art. 38 II EuInsVO spricht dafür, dass die 30-tägige Frist zur Eröffnung eines Sekundärverfahrens sich auf bekannte Gläubiger beschränkt, denen die Billigung der Zusicherung mitgeteilt worden ist. Dies kann jedoch die Effektivität der „synthetischen" Insolvenzverfahren beeinträchtigen.

215 Vgl. *Kindler/Sakka*, EuZW 2015, 460, 464; *Laukemann*, in: Hess et al., The Implementation of the New Insolvency Regulation (2017), S. 106, 131 ff.

216 Dies gilt vor allem deshalb, weil der Erfolg des „synthetischen" Insolvenzverfahrens von der Entscheidung des mit dem Antrag auf Eröffnung eines Sekundärverfahrens befassten Gerichts abhängt.

sichtigen, dass die Zusicherung von einer qualifizierten Mehrheit der Insolvenzgläubiger gebilligt worden ist (so ausdrücklich EwG 42).[217]

Eine gebilligte Zusicherung ist für die Insolvenzmasse verbindlich, Art. 36 VI EuInsVO. Die lokalen Gläubiger können die Einhaltung der Zusicherung vor den Gerichten des Staates der Hauptinsolvenzeröffnung oder des Niederlassungsstaates implementieren, Art. 36 VII und IX EuInsVO. Bei Nichteinhaltung der Zusicherung[218] haftet der Hauptinsolvenzverwalter persönlich gegenüber den lokalen Gläubigern, Art. 36 X EuInsVO. Art. 102c § 20 EGInsO verweist auf die §§ 60, 92 InsO.[219] 9.81

3. Die praktische Durchführung der Koordination

Die Zulassung paralleler Verfahren in einem hierarchischen Verhältnis erfordert eine 9.82
Koordination von Haupt- und (bisweilen mehreren) Sekundärverfahren und eine damit einhergehende Kooperation zwischen den Beteiligten. Dabei gehen die Art. 41 ff. EuInsVO neue Wege.[220]

a) Kooperation zwischen Insolvenzverwaltern

Die Kernregelungen zur Kooperation der Verwalter enthalten die Art. 41 ff. EuInsVO. 9.83
Art. 41 I EuInsVO verpflichtet die Verwalter des Haupt- und des Sekundärverfahrens zur gegenseitigen Unterrichtung. Statuiert wird ein umfassendes, wechselseitiges Kooperationsgebot, ohne jedoch dem Hauptverwalter Weisungsrechte einzuräumen.[221] Die EuInsVO räumt diesem jedoch umfassende Befugnisse ein, um den Vorrang des Hauptverfahrens grenzüberschreitend zu implementieren,[222] vgl. Art. 46 und 47 EuInsVO.

Art. 41 II EuInsVO konkretisiert die Kooperationspflichten. Die Insolvenzverwalter 9.84
müssen unverzüglich Informationen austauschen, insbesondere im Hinblick auf die Zielsetzung und den Stand des jeweiligen Verfahrens, die Verwertung der Vermögenswerte des Schuldners sowie die Anmeldung und Überprüfung von Forderungen.[223]

---

217 Ein Sekundärverfahren kann eröffnet werden, wenn die Beteiligungsrechte eines „wichtigen" Gläubigers vernachlässigt worden sind, etwa eines Kreditinstituts oder sonstigen Großgläubigers.

218 Die bewilligte Zusicherung kann – wegen ihrer vertraglichen Natur – nicht nach Art. 32 ff. EuInsVO anerkannt bzw. vollstreckt werden, aA *Mankowski*, NZI 2015, 963, 965. Es fehlt jedoch eine „gerichtliche" Entscheidung iSv Art. 2 lit. a) EuGVO, dazu oben § 6 IV, Rdn. 6.206 ff.

219 *Mankowski*, in: ders./Müller/Schmidt, EuInsVO (2016), Rdn. 67 ff.

220 *Requejo Isidro*, in: Hess et al. (ed.), The Implementation of the New Insolvency Regulation (2017), S. 139 ff.

221 Ein derartiges Weisungsrecht würde komplizierte Haftungsfragen auslösen, vgl. §§ 60 f. InsO.

222 EuGH, 22.11.2012, Rs. C-116/11, *Bank Handlowy und Adamiak*, EU:C:2012:739, Rdn. 62.

223 Vgl. die erfolgreiche Kooperation zwischen den Insolvenzverwaltern bei der Anmeldung und Überprüfung der Forderungen im Fall EMTEC, dazu *Senechal*, The implementation of judicial cooperation in the cross-border insolvency French cases, IILR 2015, 396, 398 ff.

Die Kommunikation kann mit jedem geeigneten Kommunikationsmittel erfolgen (einschließlich Telefon, Fax, E-Mails, Telekonferenzen etc.).[224] In Ermangelung einer gemeinsamen Sprache müssen die Insolvenzverwalter die Kommunikationssprache wählen[225] (evtl. englisch);[226] dies soll die der Insolvenzmasse anfallenden Übersetzungskosten reduzieren. Zudem müssen sie bei der Restrukturierung des Schuldners kooperieren, sprich die Unternehmensfinanzierung in der Krise bzw. Insolvenz sichern und ggf. gemeinsam einen Sanierungsplan entwerfen. Die Insolvenzverwalter können zudem die Insolvenzverwaltung abstimmen. Dazu gehört die Kooperation bei der Abgrenzung der Insolvenzmassen oder der Liquidation von bestimmten Vermögensgegenständen.[227]

9.85 Die Kooperation kann in jeder beliebigen Form erfolgen,[228] auch mittels „Vereinbarungen und Verständigungen", Art. 41 I 2 EuInsVO. Damit greift die EuInsVO in der Rechtspraxis entwickelte Kooperationsformen auf, vor allem bei Insolvenzverwalterverträgen oder Protokollen (rechtsförmliche Absprachen zwischen den Insolvenzverwaltern). Art. 41 I 2 EuInsVO bietet keine Rechtsgrundlage für den Abschluss von „Vereinbarungen und Verständigungen" sondern verweist auf die „für das jeweilige Verfahren geltenden Vorschriften".[229] Auf jeden Fall ist den Verwaltern eine enge Abstimmung mit den Gläubigerausschüssen zu empfehlen.[230]

9.86 „Vereinbarungen" sind rechtsverbindliche Verträge zwischen den Insolvenzverwaltern zur Verfahrenskoordinierung (Insolvenzverwalterverträge). Dies impliziert eine Qualifikation als Prozessvertrag.[231] Dies führt zur Anwendung der jeweiligen *lex fori concursus* auf ihre Zulässigkeit und Wirkungen, d.h. zur Kumulation der jeweiligen nationalen Insolvenzrechte. Die Kumulation mehrerer Rechte erhöht die Fehleranfälligkeit.[232]

---

224 Vgl. Art. 27(b) des UNCITRAL-Modellgesetzes und UNCITRAL Practice Guide on Cross-Border Insolvency Cooperation (2009), S. 19.

225 In dieser Richtung Leitlinie 10.1 und 2 der CoCo Guidelines (2007).

226 Vgl. Leitlinie 5.1 der Draft INSOL Europe Statement of Principles and Guidelines for Insolvency Office Holders in Europe (2014).

227 *Requejo Isidro*, in: Hess et al. (ed.), The Implementation of the New Insolvency Regulation (2017), S. 139, 141 ff.

228 EwG 48 zur EuInsVO verweist auf den UNCITRAL Practice Guide on Cross-border Insolvency Cooperation (2009).

229 AA *Mangano*, in Bork/ders., European Cross-Border Insolvency Law (2016), Rdn. 6.41. Insgesamt gesehen ist die gesetzliche Konkretisierung der neu eingeführten Kooperation durch Verwalterverträge und Protokolle erforderlich, dazu schon unter der EuInsVO aF *Eidenmüller*, ZZP 114 (2001), 3, 11 ff.; *Ehricke*, WM 2005, 397, 402.

230 Geimer/Schütze/*Haß*/*Herweg*, Art. 3 EuInsVO aF, Rdn. 65 ff. Zur Möglichkeit gerichtlicher Genehmigungen vgl. *Vallender*, KTS 2005, 283, 323 f.

231 *Gargantini*/*Koutsoukou*, in: Hess et al. (ed.), The Implementation of the New Insolvency Regulation (2017), S. 156, 171 ff. (zu den üblichen Inhalten).

232 Geimer/Schütze/*Haß*/*Herweg*, Art. 3 EuInsVO aF, Rdn. 69.

Detaillierte Insolvenzverwaltungsverträge[233] sollten vermieden werden, da sie den dynamischen Entwicklungen in Insolvenzverfahren nicht gerecht werden.[234] Häufig wird die Insolvenzverwaltungsvereinbarung zu Beginn des Verfahrens geschlossen. Zu diesem Zeitpunkt können aber wichtige Probleme einer Sanierung noch unbekannt sein. Neu- bzw. Nachverhandlungsklauseln weisen hier zwar einen verfahrensmäßig gangbaren Weg, sie erweisen sich freilich in der Praxis als wenig flexibel.

Aus der Perspektive des deutschen Insolvenzrechts stellen sich folgende Fragen: Zwar entspricht es dem Gedanken von § 80 InsO, dass sich der Insolvenzverwalter im Außenverhältnis unbeschränkt verpflichten kann. Gleichwohl unterliegt er im Innenverhältnis dem Weisungsrecht der Gläubiger, §§ 69 f., 79 InsO. Es besteht damit die Gefahr einer „Haftungsfalle" durch divergierende Pflichten aus Weisung und Insolvenzverwaltervertrag.[235] Entsprechend zurückhaltend wird ein Insolvenzverwalter dem Abschluss eines solchen Vertrages gegenüberstehen; zumindest wird er die Zustimmung des Gläubigerausschusses einholen, §§ 157 ff., 160 InsO.[236] Auch verpflichtet der Insolvenzverwaltervertrag allein den Insolvenzverwalter, nicht die Masse.[237] Mithin kann sich eine Gläubigerversammlung eines missliebigen Insolvenzverwaltervertrages dadurch entledigen, dass sie einen neuen Verwalter wählt, § 57 InsO.[238] Planungssicherheit für den Verwalter ist vor diesem Hintergrund nur dann zu erreichen, wenn er den Gläubigerausschuss bzw. die Gläubigerversammlung einbezieht.[239] 9.87

„Verständigungen" sind demgegenüber Absprachen zwischen den Insolvenz- 9.88
verwaltern ohne vertragliche Bindung (Insolvenzprotokolle).[240] Ihre Rechtswirkung beschränkt sich auf eine Haftung des Insolvenzverwalters nach dem jeweiligen nationalen Recht, sofern dieses in der Verletzung der informellen Absprache zugleich eine Sorgfaltspflichtverletzung sieht.[241] Gegenüber den Verwaltungsverträgen besteht der Vorteil der größeren Flexibilität. Dieser ist aber durch den Nachteil fehlender Rechtsverbindlichkeit teuer erkauft.

b) Kooperation zwischen Insolvenzgerichten

Die EuInsVO aF enthielt keine explizite Regelung über die Kooperation zwischen 9.89
den Insolvenzgerichten.[242] Die Neufassung der EuInsVO hat hingegen „best prac-

233 *Ehricke*, WM 2005, 397, 400.

234 So *Ehricke*, WM 2005, 397, 402; anders *Eidenmüller*, Unternehmenssanierung zwischen Markt und Gesetz (1999), S. 972 ff. (gesellschaftsrechtliche Qualifikation).

235 *Ehricke*, WM 2005, 397, 403.

236 *Eidenmüller*, ZHR 169 (2005), 128, 542 ff.

237 *Eidenmüller*, ZZP 114 (2001), 3, 12 ff.

238 So *Ehricke*, WM 2005, 397, 403. Hat die Gläubigerversammlung dem Verwaltungsvertrag ausdrücklich zugestimmt, so erscheint eine Bindung der Masse an die Abrede durchaus denkbar.

239 Eine Verbindlichkeitserklärung durch das Insolvenzgericht ist hingegen ausgeschlossen, *Vallender*, KTS 2005, 283, 327.

240 *Eidenmüller*, ZZP 114 (2001), 3, 12 ff.; *Paulus*, ZIP 2000, 2189, 2193 ff.

241 Vgl. §§ 60 f. InsO, dazu *Beck*, NZI 2007, 1, 4 f.

242 Art. 31 EuInsVO aF hat jedoch eine weite Auslegung erfahren, so dass die Insolvenzgerichte zur gegenseitigen Kooperation verpflichtet wurden, vgl. *Nortel Networks SA & Ors* [2009] EWHC 206 (Ch);

tices“[243] über die gerichtliche Kooperation in grenzüberschreitenden Insolvenzverfahren aufgenommen und die Kooperationspflicht zwischen den Insolvenzgerichten explizit geregelt, Art. 42 EuInsVO.

9.90 Die Kooperation zwischen den Insolvenzgerichten kann direkt oder mittels anderer Wege durchgeführt werden, unter Wahrung der Verfahrensrechte der Parteien und der Vertraulichkeit der Information. Die Insolvenzgerichte können „bei Bedarf“[244] auch eine weisungsgebundene Stelle oder Person bestellen,[245] wenn das anwendbare nationale Recht sie zulässt.[246] Die Kooperation kann freilich nur im Rahmen der „für jedes Verfahren geltenden Vorschriften“ erfolgen.[247] Das bedeutet die kumulative Anwendung der jeweiligen Insolvenz(verfahrens)rechte.[248] Die involvierten Gerichte müssen von diesem Vorbehalt vorsichtigen Gebrauch machen, etwa zum Schutz vertraulicher Informationen. Sie dürfen sich jedoch nicht auf nationale Vorschriften über die Verfahrenssprache berufen. Art. 42 III EuInsVO enthält eine nicht abschließende Auflistung der Formen gerichtlicher Zusammenarbeit: Die involvierten Gerichte können bei der Bestellung der Insolvenzverwalter kooperieren,[249] ebenso bei der Vermögensverwaltung,[250] sie können Verhandlungen abstimmen,[251] aber auch die Zustimmung zu Protokollen. Die Insolvenzgerichte können über diese Rahmenvorschriften hinausgehen: Sie können auch bei der Zuordnung[252] von Vermögensgegenständen zum Haupt- oder Sekundärverfahren kooperieren. Relevant ist zudem die Abstimmung von Anmeldeverfahren oder von einstweiligen Maßnahmen.

---

ferner *Eidenmüller*, IPRax 2001, 1, 9. Weitere Beispiele gerichtlicher Kooperation unter der EuInsVO aF: AG München, 5.2.2007, ZIP 2007, 495 (*BenQ*) und Arrondissementsgericht Amsterdam, 31.1.2007, ZIP 2007, 437; ferner OLG Wien, 9.11.2004, NZI 2005, 56.

243 UNCITRAL-Modellgesetz über grenzüberschreitende Insolvenzverfahren (1997), CoCo Guidelines (2007), ALI III Global Principles for Cooperation in International Insolvency Cases (2012) und EU JudgeCo Principles and Guidelines (2015).

244 Zu den Nachteilen der Bestellung einer weisungsgebundenen Stelle s. *Mangano* in *Bork/ders.*, European Cross-Border Insolvency Law (2016), Rdn. 6.17 (unter Verweis auf die Leitinien zu Prinzip 17 EU JudgeCo Principles).

245 Vgl. Art. 27(a) des UNCITRAL Modelgesetzes sowie Leitlinie 17 der EU JudgeCo Guidelines.

246 Die Bestellung einer weisungsgebundenen Stelle ist in den EU-Mitgliedstaaten möglich, die das UNCITRAL-Modellgesetz umgesetzt haben (Griechenland, Polen, Rumänien und Großbritannien).

247 Zu den Grenzen der gerichtlichen Kooperation nach deutschem Recht s. *Busch/Remmert/Rüntz/Vallender*, NZI 2010, 417.

248 Die Implementierung der EuInsVO erfordert eine entsprechende Öffnung des nationalen Insolvenzrechts, *Requejo Isidro*, in: Hess et al. (ed.), The Implementation of the New Insolvency Regulation (2017), S. 139, 147 ff.

249 Prinzip 19.3 der EU JudgeCo Principles: Zur besseren Koordination der Parallelverfahren kann das mit dem Antrag auf Eröffnung eines Sekundärinsolvenzverwalters befasste Gericht den Hauptinsolvenzverwalter als Sekundärinsolvenzverwalter bestellen.

250 Etwa „cross-border sales“, vgl. Prinzip 21 der EU JudgeCo Principles.

251 Vgl. Leitlinie 10 der EU JudgeCo Guidelines zur gemeinsamen Verhandlung.

252 Dazu EuGH, 11.6.2015, Rs. C-649/13, *Nortel*, EU:C:2015:384, Rdn. 33 ff.

Ferner müssen die Gerichte sich über die Aussetzung des Sekundärverfahrens[253] oder die Zweckmäßigkeit der Eröffnung eines Sekundärverfahrens (Art. 37 I EuInsVO) austauschen. Eine Kooperation bei der Sanierung, insbesondere bei der Entscheidung über die Aussetzung der Verwertung im Sekundärverfahren (Art. 46 EuInsVO) oder der Bestätigung von Insolvenzplänen (in den Parallelverfahren) ist ebenfalls erforderlich.[254]

c) Kooperation zwischen Insolvenzverwaltern und Gerichten

Art. 43 I EuInsVO ermöglicht die unmittelbare Zusammenarbeit zwischen den Gerichten und Verwaltern zur Koordinierung von Hauptinsolvenz- und Sekundär- sowie Partikularverfahren nach den jeweiligen anwendbaren Insolvenzrechten, sofern keine Interessenkonflikte entgegenstehen. Die Kooperation kann auf jedem geeigneten Weg erfolgen; sie betrifft die in Art. 42 III EuInsVO aufgeführten Sachbereiche und Maßnahmen. 9.91

Art. 41–43 EuInsVO setzen einen großen Rahmen für die Koordinierung grenzüberschreitender Insolvenzen. Die Vorschriften setzen eine entsprechende Bereitschaft der Beteiligten voraus, kreative Lösungen zu erarbeiten und zu implementieren. Beispiele aktueller Insolvenzen mit einer Vielzahl von Beteiligten in unterschiedlichen Staaten zeigen, dass derartige Lösungen möglich sind, auch wenn sich Konflikte nicht immer vermeiden lassen.[255] 9.92

Instruktiv waren die Insolvenzen *Nortel* und *EMTEC*. In *Nortel*[256] ermöglichte die Kooperation zwischen Insolvenzverwaltern und Gerichten in mehreren Drittstaaten und EU-Mitgliedstaaten die globale Verwertung von Lizenzen des Schuldners (nach Geschäftsfeldern). Allerdings kam es später zu Konflikten über die Verteilung der Erlöse; insbesondere als die englischen Verwalter ihre (millionenschweren) Vergütungsansprüche (vorrangig) gegenüber den Pensionsansprüchen französischer Arbeitnehmer durchsetzen wollten. In *EMTEC*[257] wurde nach der Eröffnung eines Hauptverfahrens in Frankreich für sämtliche Unternehmen der Gruppe u. a. ein Sekundärinsolvenzverfahren in Österreich initiiert.[258] Um eine übertragende Sanierung sämtlicher europäischen Gesellschaften der EMTEC-Gruppe zu ermöglichen, kontaktierten die Hauptinsolvenzverwalter unmittelbar nach der Eröffnung des Sekundärverfahrens den Sekundärinsolvenzverwalter und das österreichische Insolvenzgericht. Das österreichische Gericht erlaubte die Fortführung der Tätigkeit von der EMTEC-Tochtergesellschaft in Österreich. Das französische Gericht lud zur mündlichen Verhandlung über die übertragende Sanierung sowohl den befassten Richter als auch den Insolvenzverwalter des Sekundärverfahrens. 9.93

---

253 Vgl. Prinzip 8 der EU JudgeCo Principles.

254 Zur Rolle des Insolvenzrichters bei der Gesellschaftssanierung vgl. *Vallender/Nietzer*, IILR 2014, 33.

255 Lesenswert *Magnano*, in: Hess et al. (ed.), The Implementation of the New Insolvency Regulation (2017), S. 259 ff.

256 EuGH, 11.6.2015, Rs. C-649/13, *Nortel*, EU:C:2015:384.

257 Dazu *Senechal*, IILR 2015, 396.

258 Nach der übertragenden Sanierung wurden Sekundärverfahren in mehreren EU-Mitgliedstaaten geöffnet, darunter in Deutschland *Laukemann*, in: Brinkmann, Art. 36 EuInsVO, Rdn. 13.

Beide versicherten dem Ersteigerer, die österreichischen Vermögenswerte mit zu übertragen. Dies erlaubte die übertragende Sanierung des gesamten europäischen Netzwerkes von EMTEC.

4. Grenzüberschreitende Forderungsanmeldung

9.94 Die EuInsVO koordiniert schließlich die Forderungsanmeldung im Primär- und im Sekundärverfahren. Art. 53 EuInsVO schreibt explizit den Grundsatz der Nichtdiskriminierung für alle Gläubiger mit Sitz, Wohnsitz und gewöhnlichem Aufenthalt in den EU-Mitgliedstaaten fest[259] und stellt öffentliche Gläubiger (bei Sozialabgaben und bei Steuerschulden) den privaten Gläubigern ausdrücklich gleich.[260]

9.95 Die Gläubiger werden durch ein standardisiertes Formular (online-verfügbar in sämtlichen EU-Amtssprachen[261]) über die Eröffnung des Verfahrens unterrichtet und zur Anmeldung ihrer Forderungen aufgefordert, Art. 54 III EuInsVO.[262] Die Anmeldungsfrist für lokale Gläubiger bestimmt sich nach der *lex fori concursus*;[263] für ausländische Gläubiger statuiert die EuInsVO eine Anmeldungsfrist von mindestens 30 Tagen nach Veröffentlichung der Insolvenzeröffnung im Insolvenzregister des Eröffnungsmitgliedstaates, Art. 55 VI EuInsVO.[264] Die Gläubiger können ihre Forderungen in ihrer Muttersprache anmelden; in der Sprache des Eröffnungsstaates muss jedoch zumindest die Überschrift „Anmeldung einer Forderung" angegeben werden, Art. 55 I EuInsVO. Im Eröffnungsstaat kann jedoch eine Übersetzung verlangt werden.[265]

9.96 Jeder Gläubiger kann seine Forderung sowohl im Haupt- als auch im Sekundärverfahren anmelden, unmittelbar oder über die Haupt- bzw. Sekundärverwalter (Grundsatz der Parallelanmeldung). Es besteht kein Anwaltszwang.[266] Die Parallelan-

---

259 Zur Beteiligung von Gläubigern aus Drittstaaten vgl. oben § 5 I, Rdn. 5.39.

260 Ausdrücklich EuGH, 4.9.2014, Rs. C-327/13, *Burgo Group*, EU:C:2014:2158, Rdn. 49, 51. Damit geht der sachliche Anwendungsbereich der EuInsVO über den der Parallelrechtsakte im Europäischen Zivilprozessrecht deutlich hinaus, dazu Rauscher/*Mäsch*, Art. 39 EuInsVO aF Rdn. 9 f. Den Rang der öffentlich-rechtlichen Forderungen bestimmt hingegen die *lex fori concursus*, MünchKommBGB/*Kindler*, Art. 39 IntInsR Rdn. 818.

261 Abrufbar in Deutschland unter: www.datenbanken.justiz.nrw.de/ir_pdf_vo_1346_2000_ formblatt_art.42.pdf.

262 Art. 55 II EuInsVO legt den Inhalt des Standardformulars für die Forderungsanmeldung fest, die Abfassung erfolgt im Verfahren nach Art. 88 EuInsVO.

263 Dazu *Kindler/Sakka*, EuZW 2015, 460, 464.

264 Bei der Insolvenz natürlicher Personen beginnt die 30-tägige Frist erst mit Unterrichtung der Gläubiger, falls nach der jeweiligen *lex fori concursus* die Insolvenzeröffnung nicht in dem Register eingeführt wird, Art. 55 VI EuInsVO.

265 Zur Forderungsanmeldung nach Art. 41 EuInsVO aF vgl. EuGH, 18.9.2019, Rs. C-47/18, *Riel*, EU:C:2019:754, Rdn. 48 ff.

266 Die Forderung ist bei der Anmeldung zu substantiieren und zu belegen, Art. 55 I letz. Satz EuInsVO.

meldung führt selbstverständlich nicht zur mehrfachen Befriedigung der Gläubiger. Vielmehr erfolgt nach Art. 23 II EuInsVO eine Anrechnung der erlangten Zahlungen aus parallelen Insolvenzverfahren. Die Anrechnung wird verfahrensmäßig durch einen Vorabzug der im Parallelverfahren realisierten Quote vollzogen, sofern die Forderungen gleichen Rang im Insolvenzverfahren haben.[267] Andernfalls ist die vorrangige Forderung vollumfänglich zu befriedigen.

5. Bekanntmachung und Insolvenzregister

Die Neufassung der EuInsVO hat das System der öffentlichen Bekanntmachung und Registrierung der Insolvenzverfahren im EU-Justizraum gründlich reformiert. Art. 28 I EuInsVO schreibt die obligatorische öffentliche Bekanntmachung des Insolvenzverfahrens im Staat der betroffenen Niederlassung des Schuldners vor.[268] Nach Art. 24 I EuInsVO sind die Mitgliedstaaten verpflichtet, ein oder mehrere Insolvenzregister zu errichten und die Eröffnung eines Insolvenzverfahrens so schnell wie möglich bekanntzugeben. Art. 24 II EuInsVO schreibt die Pflichtinformationen vor (vor allem die Angabe des eröffnenden Gerichts, des bestellten Insolvenzverwalters, der Anmeldungsfristen usw.); dies hindert die Mitgliedstaaten nicht daran, zusätzliche Informationen für die nationalen Insolvenzregister einzufordern, Art. 24 II EuInsVO. Die EU-Kommission soll künftig ein dezentrales System zur Vernetzung der Insolvenzgerichte einrichten. Die Vernetzung soll über die elektronische Plattform des Europäischen Justizportals erfolgen, die gebührenfrei öffentlich zugänglich sein soll, Art. 25 I iVm Art. 27 I EuInsVO.[269] Den EU-Mitgliedstaaten steht es frei, den Zugang zu Informationen über natürliche Personen, die keine selbstständige oder gewerbliche Tätigkeit ausüben, an weitere Voraussetzungen zu knüpfen, etwa die Angabe von zusätzlichen Suchkriterien oder die Antragstellung an die zuständige nationale Behörde; damit wird der Schutz personenbezogener Daten sichergestellt.[270] 9.97

Zum Schutz gutgläubiger Dritter wirkt eine Leistung an den Schuldner in einem Mitgliedstaat nach der Insolvenzeröffnung in einem anderen Mitgliedstaat schuldbefreiend, wenn er im Zeitpunkt der Auszahlung keine Kenntnis von der Insolvenzeröffnung hatte, Art. 31 I EuInsVO. Diese Vorschrift findet jedoch keine Anwendung auf Zahlungen im Auftrag des Schuldners an einen Gläubiger, die in Unkenntnis der Insolvenzeröffnung erfolgt.[271] 9.98

---

267 Über den Rang der Forderungen entscheidet die jeweilige *lex fori concursus*, Art. 7 II lit. i) EuInsVO, dazu Rauscher/*Mäsch*, Art. 20 EuInsVO aF Rdn. 15.

268 Diese Vorschrift ist daran angelegt, die Insolvenzgläubiger im Niederlassungsstaat zu schützen.

269 Die Vernetzung wird über den EU-Haushalt finanziert, Art. 26 EuInsVO.

270 Vgl. auch EwG 79, 83 zur EuInsVO.

271 EuGH, 19.9.2013, Rs. C-251/12, *Van Buggenhout und Van de Mierop*, EU:C:2013:566, Rdn. 28 ff.

VI. Die Insolvenz von Unternehmensgruppen unter der EuInsVO

9.99 In der Literatur wurden ambitionierte Modelle der Konzerninsolvenz diskutiert. Die Art. 56 ff. EuInsVO enthalten hingegen kein einheitliches Insolvenzverfahren für Unternehmensgruppen.[272] Vielmehr hat auch die Reform des Jahres 2015 an der rechtlichen Selbstständigkeit der konzernzugehörigen Unternehmen festgehalten:[273] Über jedes Unternehmen wird ein gesondertes Insolvenzverfahren eröffnet;[274] eine vollständige Konsolidierung sämtlicher Verfahren über die Unternehmensgruppe ist ausgeschlossen.[275] Zur Gewährleistung der effektiven Abwicklung grenzüberschreitender Gruppenunternehmen hat die Neufassung der EuInsVO zunächst Regelungen über die Zusammenarbeit und Kommunikation in Parallelverfahren geschaffen, Art. 56 ff. EuInsVO. Eingeführt wurde zudem die Möglichkeit eines sog. Gruppen-Koordinationsverfahrens, Art. 61 ff. EuInsVO.[276]

1. Zusammenarbeit und Kommunikation in Parallelverfahren

9.100 Zur Verbesserung der Koordination von Parallelverfahren über die Mitglieder einer Unternehmensgruppe erhält das V. Kapitel der EuInsVO ein den Art. 41 ff. EuInsVO nachgebildetes Kooperationsregime.[277] Damit wird das Verhältnis zwischen den Verwaltern der Mitglieder derselben Gruppe (Art. 56 EuInsVO), den beteiligten Gerichten (Art. 57 EuInsVO) sowie eine Koordination zwischen Verwaltern und Gerichten (Art. 58 EuInsVO) geregelt.[278] Die Kosten der Kommunikation gelten als Kosten des Verfahrens, im dem sie jeweils angefallen sind, Art. 59 EuInsVO. Die Regelung ist dis-

---

272 Vgl. die Definition des Art. 2 Nr. 13 und EuInsVO: Als Unternehmensgruppe gilt „ein Mutterunternehmen und alle seine Tochterunternehmen“. Als „Mutterunternehmen“ wird ein Unternehmen definiert, „das ein oder mehrere Tochterunternehmen entweder unmittelbar oder mittelbar kontrolliert“.

273 Ausführlich *van Galen*, IILR 2012, 376.

274 Die Möglichkeit, ein Sekundärverfahren über das Vermögen einer Tochtergesellschaft zu eröffnen, besteht fort, vgl. EuGH, 4.9.2014, Rs. C-327/13, *Burgo Group*, EU:C:2014:2158; dazu *Mangano*, in Bork/ders., European Cross-Border Insolvency Law (2016), Rdn. 8.31.

275 Art. 72 III EuInsVO stellt klar, dass ein Gruppenkoordinationsplan keine Empfehlungen zur Konsolidierung der Verfahren oder Insolvenzmassen umfassen darf, dazu *Madaus*, ILLR 2015, 235, 236. Der EuGH verneinte zudem die Möglichkeit, ein Insolvenzverfahren über ein Unternehmen auf ein anderes Unternehmen zu erweitern, wenn die Vermögensmassen vermischt sind, dazu EuGH, 15.12.2011, Rs. C-191/10, *Rastelli Davide e C.*, EU:C:2011:838, Rdn. 22 ff.

276 Dazu *Oberhammer/Koller/Auernig/Planitzer*, in: Hess et al. (ed.), The Implementation of the New Insolvency Regulation (2017), S. 185 ff.

277 Vgl. *Mangano*, in Bork/ders., European Cross-Border Insolvency Law (2016), Rdn. 8.30.

278 Zum Kommissionsvorschlag über die Neufassung der EuInsVO s. *Prager/Keller*, NZI 2013, 57, 63; *Reuß*, EuZW 2013, 165, 168.

positiv; je nach Struktur und interner Finanzierung der betreffenden Unternehmensgruppe können die Insolvenzverwalter eine anderweitige Vereinbarung treffen.[279]

Die Zusammenarbeit zwischen den Insolvenzverwaltern mehrerer Mitglieder der Unternehmensgruppe erfolgt nach dem jeweiligen anwendbaren Insolvenzrecht und darf keine Interessenkonflikte mit sich bringen, Art. 56 I EuInsVO. Die Verwalter sind zum Informationsaustausch verpflichtet, mit der Ausnahme von vertraulichen Informationen, Art. 56 II lit. a) EuInsVO. Sie sollen zudem die Möglichkeit einer Koordination der Verwaltung bzw. der Sanierung von Gruppenmitgliedern prüfen, Art. 56 II lit. b) und c) EuInsVO. Dies schließt auch die Möglichkeit ein, einem Insolvenzverwalter umfassende Befugnisse in Bezug auf die Sanierung einzuräumen, solange die jeweiligen *leges fori concursus* einer solchen Vereinbarung nicht entgegenstehen.[280] Schließlich kann ein Verwalter auch im Wege einer Vereinbarung oder eines Protokolls mit zusätzlichen Befugnissen ausgestattet werden, falls die anwendbaren Insolvenzrechte es zulassen. Die Vorbehalte des Art. 57 I EuInsVO (im Hinblick auf eventuelle Interessenkonflikte) sind restriktiv zu handhaben, um die Kooperation möglichst zu fördern.[281] **9.101**

Die Zusammenarbeit kann auf jedem geeigneten Weg erfolgen. Sie umfasst die Bestellung von Insolvenzverwaltern für mehrere Verfahren,[282] die Koordination der Verwaltung und der Verhandlungen sowie die Erarbeitung abgestimmter Sanierungskonzepte (einschließlich Pläne), Art. 57 II und III EuInsVO.[283] **9.102**

Der Insolvenzverwalter eines konzerngebundenen Unternehmens kann mit jedem anderen Gericht, das das Insolvenzverfahren über eine andere Gesellschaft der Unternehmensgruppe eröffnet hat oder mit einem entsprechenden Insolvenzantrag befasst ist, kommunizieren und um Informationen über das Verfahren ersuchen. Vorausgesetzt ist, dass die anwendbaren Insolvenzrechte diese Zusammenarbeit zulassen und daraus keine Interessenkonflikte entstehen, Art. 58 EuInsVO. **9.103**

Zudem räumt Art. 60 EuInsVO den Insolvenzverwaltern der Mitglieder einer Unternehmensgruppe bei der Insolvenz einer anderen konzerngebundenen Gesellschaft umfassende Mitwirkungsrechte ein.[284] Ihnen steht ein Anhörungsrecht vor der Insolvenzeröffnung über ein anderes konzerngebundenes Unternehmen zu, Art. 60 I **9.104**

---

279 Dazu *Madaus*, IILR 2015, 235, 240 mit Hinweis auf die *Lehmann-Insolvenz*; ferner *Mangano*, in Bork/ders., European Cross-Border Insolvency Law (2016), Rdn. 8.51.

280 *Madaus*, IILR 2015, 235, 238.

281 *Mangano*, in Bork/ders., European Cross-Border Insolvency Law (2016), Rdn. 8.49.

282 Das schließt die Bestellung derselben Person als Insolvenzverwalter in den Parallelverfahren ein, EwG 53 zur EuInsVO.

283 *Madaus*, IILR 2015, 235, 238.

284 Die EuInsVO räumt jedoch keinem der involvierten Insolvenzverwalter einen bestimmenden Einfluss auf den Verfahrensablauf ein. Denn vorliegend – anders als unter Art. 41 ff. EuInsVO – geht es um Kooperation zwischen Insolvenzverwaltern von rechtlich selbstständigen Unternehmen, dazu *Mangano*, in Bork/ders., European Cross-Border Insolvency Law (2016), Rdn. 8.35.

lit. a) EuInsVO. Ein Stimmrecht haben jedoch die in Parallelverfahren bestellten Verwalter nicht.[285] Ferner darf der Insolvenzverwalter einer konzerngebundenen Gesellschaft die Aussetzung der Verwertung in einem anderen Insolvenzverfahren über ein Mitglied der Unternehmensgruppe beantragen, solange allen oder einigen Mitgliedern der Gruppe ein aussichtsreicher Sanierungsplan mit hinreichenden Erfolgsaussichten vorliegt und der Sanierungsplan den Gläubigern des Verfahrens zugutekommt, Art. 60 I lit. b) EuInsVO. Das zuständige Insolvenzgericht setzt gem. Art. 60 II UAbs. 1 EuInsVO das Verfahren gegen das betreffende Unternehmen ganz oder teilweise aus, wenn die Voraussetzungen des Art. 60 II lit. b) EuInsVO vorliegen, Art. 60 II UAbs. 2 EuInsVO. Um die praktische Wirksamkeit des Art. 60 I lit. b) EuInsVO zu sichern, darf das angerufene Gericht keine erhöhten Maßstäbe an die Erfolgsaussichten und die Begünstigung der Gläubiger anlegen. Die bis auf drei Monate befristete Aussetzung steht nicht im richterlichen Ermessen.[286] Es besteht die Möglichkeit einer Verlängerung, Art. 60 II UAbs. 4 EuInsVO.[287] Offen ist, ob die Aussetzung des Verfahrens mehrfach verlängert werden kann.[288] Das Gericht kann allerdings nach Art. 60 II UAbs. 3 EuInsVO die Insolvenzgläubiger dadurch schützen, dass es mit Unterstützung des Insolvenzverwalters notwendige Sicherungsmaßnahmen ergreift.[289]

2. Gruppen-Koordinationsverfahren

9.105 Die Art. 61 ff. EuInsVO führen zudem ein neues Gruppen-Koordinationsverfahren ein, bei dem ein spezieller Koordinator eine herausragende Funktion hat. Dieser ist befugt, ein Gesamtverfahren durchzuführen und einen Gruppenkoordinierungsplan vorzulegen. Allerdings ist er auf die Mitwirkung der Verwalter der konzerngebundenen Unternehmen angewiesen – er kann nur empfehlen, nicht implementieren.[290]

9.106 Antragsbefugt ist jeder Insolvenzverwalter eines konzernverbundenen Unternehmens, Art. 61 I EuInsVO. Der Antrag muss u.a. den vorgeschlagenen Koordinator als auch die eingeschätzten Kosten des Koordinationsverfahrens angeben. Er kann

---

285 *Kindler/Sakka*, NZI 2015, 460, 465 f.

286 Dem Gericht steht hingegen ein Ermessensspielraum über die Dauer der Aussetzung zu, dazu *Mangano*, in Bork/ders., European Cross-Border Insolvency Law (2016), Rdn. 8.40 f.

287 *Mangano*, in Bork/ders., European Cross-Border Insolvency Law (2016), Rdn. 8.43; zum Kommissionsvorschlag über die Neufassung der EuInsVO *Prager/Keller*, NZI 2013, 57, 64 und *Thole/Swierczok*, ZIP 2013, 550, 557.

288 Das Gericht verfügt jedoch über einen gewissen Spielraum bei der Ausbalancierung der gegenläufigen Interessen, d.h. des Gläubigerschutzes und der Erleichterung der Konzernsanierung, dazu *Prager/Keller*, NZI 2013, 57, 64.

289 *Madaus*, IILR 2015, 235, 240 sieht Art. 60 EuInsVO als Ausgleich zur fehlenden Durchsetzbarkeit der Kooperationspflichten zwischen den Insolvenzverwaltern.

290 Es wurde dem in Deutschland diskutierten Konzerninsolvenzverfahren nachgebildet.

bei jedem Gericht gestellt werden, das für die Insolvenz einer konzerngebundenen Gesellschaft zuständig ist, und unterliegt den Vorschriften des angerufenen Forums, Art. 61 I und II EuInsVO. Es gilt das Prioritätsprinzip: Zuständig ist das Insolvenzgericht, vor dem die Eröffnung eines Gruppen-Koordinationsverfahrens zuerst beantragt worden ist, Art. 62 EuInsVO. Halten jedoch zwei Drittel aller Insolvenzverwalter das Gericht eines anderen Mitgliedstaates zur Eröffnung eines Gruppen-Koordinationsverfahrens für besser geeignet, ist dieses Gericht ausschließlich zuständig. Diese Prorogation muss schriftlich erfolgen, Art. 66 I und II EuInsVO. Dann muss der Antrag auf Eröffnung des Verfahrens bei dem gewählten Gericht eingereicht werden; jedes andere Gericht hat sich für unzuständig zu erklären, Art. 66 III und IV EuInsVO.

Ist das angerufene Gericht davon überzeugt, dass das Gruppen-Koordinationsverfahren die effektive Insolvenzabwicklung erlaubt und keine Benachteiligung der Gläubiger eines Mitglieds der Unternehmensgruppe nach sich zieht, muss es die Verwalter aller konzerngebundenen Unternehmen über den Antrag benachrichtigen, Art. 63 I EuInsVO.[291] Die Insolvenzverwalter können innerhalb von 30 Tagen Einwände gegen ihre Einbeziehung in das Gruppen-Koordinationsverfahren oder gegen den vorgeschlagenen Koordinator erheben, Art. 64 I EuInsVO.[292] Der Einwand gegen die Einbeziehung bewirkt den Ausschluss des widersprechenden Insolvenzverwalters aus dem Gruppen-Koordinationsverfahren, Art. 65 I EuInsVO; damit folgt die EuInsVO einem *opt-out* System. Ein nachträgliches *opt-in* (d. h. der spätere Eintritt in ein laufendes Gruppenverfahren) ermöglicht Art. 69 I EuInsVO. Die Einwände gegen den Koordinator können dazu führen, dass das Gericht von dessen Bestellung absieht und die Verwalter auffordert, einen neuen Antrag auf Eröffnung eines Gruppenkoordinationsverfahrens zu stellen, Art. 67 EuInsVO.[293] 9.107

Das Koordinierungsgericht eröffnet das Koordinationsverfahren nach Ablauf der 30-tägigen Frist und bestellt einen Koordinator, Art. 68 EuInsVO. Der Koordinator darf nicht im Interessenkonflikt mit den Mitgliedern der Gruppe, dem bestellten Insolvenzverwalter oder dem Insolvenzgläubiger stehen, Art. 71 II EuInsVO. Mithin kann kein Verwalter eines der konzerngebundenen Unternehmen als Koordinator bestellt werden. 9.108

Der Koordinator ist befugt, Empfehlungen für die Verfahrensdurchführung und einen Gruppenkoordinationsplan vorzulegen, Art. 72 I EuInsVO. Letzterer enthält Vorschläge zur Wiederherstellung der Solvenz der Gruppenunternehmen, zur Beilegung gruppeninterner Streitigkeiten und weitere Verwaltervereinbarungen. Die Vorschläge bzw. der Gruppenkoordinationsplan sind jedoch nicht verbindlich, Art. 70 II EuInsVO. Mithin besteht die Aufgabe des Koordinators vor allem darin, die verschiedenen Verwalter bei der Abwicklung der Insolvenz in der Untergruppe zu unterstüt- 9.109

291 *Mangano*, in Bork/ders., European Cross-Border Insolvency Law (2016), Rdn. 8.61.
292 Durch ein standardisiertes Formular, Art. 64 II letz. Satz iVm Art. 88 EuInsVO.
293 *Kindler/Sakka*, EuZW 2015, 460, 464 ff.

zen. Der Koordinator kann daher in jedem Insolvenzverfahren über ein Mitglied der Gruppe angehört werden und an der Gläubigerversammlung teilnehmen, Art. 72 II lit. a) EuInsVO. Er kann in Streitigkeiten zwischen Insolvenzverwaltern vermitteln und von allen Beteiligten Informationen einholen, Art. 72 II lit. b) und d) EuInsVO. Zudem steht ihm nach Art. 72 II lit. e) EuInsVO ein Antragsrecht zur Aussetzung des Verfahrens eines Mitglieds der Gruppe zu, falls die Aussetzung für die Durchführung des Koordinationsplans erforderlich ist. Die Kommunikation des Koordinators mit den Verwaltern erfolgt in der vereinbarten Sprache, oder in der Sprache des Gerichts, das das Insolvenzverfahren über das betreffende Konzernunternehmen eröffnet hat, Art. 73 EuInsVO. Der Koordinator und die Verwalter sind zur gegenseitigen Zusammenarbeit und Informationsaustausch nach Maßgabe des jeweilig anwendbaren Insolvenzrechts verpflichtet, Art. 74 EuInsVO. Angesichts der komplizierten Koordinationsvorschriften[294] sowie der geringen Rechtsmacht des Koordinators[295] lässt sich die Effizienz des Gruppen-Koordinationsverfahrens nach der EuInsVO derzeit schwer einschätzen.[296]

294 *McCormack*, JPIL 10 (2014), 41, 58.

295 *Madaus*, IILR 2015, 235, 241.

296 Eine im Rahmen der Implementierungsstudie (JUST/2013/JCIV/AG/4679) durchgeführte Befragung unter Insolvenzverwaltern zeigte deutliche Skepsis in Bezug auf die Neuregelung, *Oberhammer/Koller/Auernig/Planitzer*, in: Hess et al. (ed.), The Implementation of the New Insolvency Regulation (2017), S. 185, 214 ff.

§ 10 Besondere Verfahren in grenzüberschreitenden Zivil- und Handelssachen

Literatur[1]

I. Zum Europäischen Vollstreckungstitel: *Althammer/Wolber*, Grenzüberschreitende Vollstreckung deutscher Ordnungsgeldbeschlüsse in Europa und nationale Vollstreckungsverjährung, IPRax 2016, 51; *Bach*, Grenzüberschreitende Vollstreckung in Europa (2008); *Bittmann*, Die Bestätigung deutscher Kostenfestsetzungsbeschlüsse als Europäische Vollstreckungstitel, IPRax 2011, 361; *ders.*, Vom Exequatur zum qualifizierten Klauselerteilungsverfahren (2008); *Burgstaller/Neumayr*, Der Europäische Vollstreckungstitel für unbestrittene Forderungen, ÖJZ 2006, 179; *Correa Delcasso*, Le titre exécutoire européen et l'inversion du contentieux, RIDC 53 (2001), 61; *Costa e Silva*, O Titular Executivo European (2005); *Cuniberti*, Abolition de l'éxequatur et présomption de protection des droits fondamentaux, Rev. crit. 103 (2014), 303; *de Leval*, Reconnaissance et exécution de l'acte notarié dans l'espace européen, FS Delnoy (2005), S. 663; *Freudenthal*, De Europese Executoriale Titel en de Europese betalingsbevelprocedure: afstemming van Europese rechtsmaatregelen, NiPR 2004, S. 393; *Frische*, Verfahrenswirkungen und Rechtskraft gerichtlicher Vergleiche (2006); *Fumagalli*, Il Titulo Escecutivo Europeo per i Crediti Non Contestati nel Reg. Com. No. 804/05, Riv. dir. int. priv. e proc. 2006, 23; *Geimer*, Exequaturverfahren, FS Georgiades (2006), S. 489; *ders.*, Rechtsverfolgung in der Europäischen Union, FS Vollkommer (2006), S. 385; *Georganti*, Die Zukunft des ordre public Vorbehalts im Europäischen Zivilprozessrecht (2006); *Giebel*, Fünf Jahre Europäischer Vollstreckungstitel in der deutschen Gerichtspraxis, IPRax 2011, 529; *Hazelhorst*, Free Movement of Civil Judgments in the European Union and the Right to a Fair Trial (Diss jur. Rotterdam 2016); *v. Hein*, Informierte Entscheidungen in der grenzüberschreitenden Forderungsdurchsetzung – Vorstellung und Ergebnisse eines internationalen Forschungsprojekts, ZVglRWiss 119 (2020), 123; *ders./Krüger* (ed.), Informed Choices in Cross-Border Enforcement (2020); *Hess*, EMRK, Grundrechte-Charta und europäisches Zivilverfahrensrecht, FS Jayme Bd. 1 (2004), S. 339; *Hüßtege*, Der europäische Vollstreckungstitel; in: Gottwald (Hrg.), Perspektiven der justiziellen Zusammenarbeit in Zivilsachen der Europäischen Union (2004), 113; *ders.*, Braucht die Verordnung über den europäischen Vollstreckungstitel eine ordre-public-Klausel?, FS Jayme (2004), Bd. 1, S. 371; *Jayme*, Nationaler ordre public und europäische Integration (2000); *Jeuland*, Le titre exécutoire Européen: un château en Espagne, Gaz. Pal. 125 (2005), n 147, 15; *König*, EuVTVO: Belehrungserfordernisse und Anwendungsbereich, IPRax 2008, 141; *Kohler*, Das Prinzip der gegenseitigen Anerkennung in Zivilsachen im Europäischen Justizraum, ZSR 124 II (2005), 263; *ders.*, Von der EuGVVO zum Europäischen Vollstreckungstitel – Entwicklungen und Tendenzen im Recht der Anerkennung und Vollstreckung ausländischer Entscheidungen, in: Reichelt/Rechberger (Hrg.), Europäisches Kollisionsrecht (2004), S. 72; *Mankowski*, Wie viel Bedeutung verliert die EuGVVO durch den Europäischen Vollstreckungstitel?, FS Kropholler (2008), S. 829; *McGuire*, Das neue Europäische Mahnverfahren: Über das (Miss)Verhältnis zwischen Effizienz und Schuldnerschutz, GPR 2007, 303; *dies.*, Rechtsbehelfe des Schuldners gegen den EU-Vollstreckungstitel, ecolex 2006, 83; *Münzberg*, Berücksichtigung oder Präklusion sachlicher Einwendungen im Exequaturverfahren trotz Art. 45 Abs. 1 VO (EG) Nr. 44/2001?, FS Geimer I (2002), S. 745; *Neumayr*, Die europäische Vollstreckungstitelverordnung, in: Mayr (Hrg.), Handbuch des europäischen Zivilverfahrensrechts (2017), Kap. 8; *Oberhammer*, Der Europäische Vollstreckungstitel: Rechtspolitische Ziele und Methoden, JBl. 2006, 477; *Ontanu*, Cross-Border Debt Recovery in the EU (2017); *Péroz*, Les autorités certificatrices de titre exécutoire européen, Clunet 136 (2009), 137; *Pertegás*, The Interaction between EC Private International Law and Procedural Rules: The European Enforcement Order as Test-Case, FS Pocar (2009),

1 Vgl. zudem die Literatur zu § 4 (wechselseitiges Vertrauen); **ältere Literatur** vgl. Voraufl.

https://doi.org/10.1515/9783110715156-010

S. 809; *Pfeiffer*, Europa als einheitlicher Vollstreckungsraum, BauR 2005, 1541; *ders.*, Einheitliche unmittelbare und unbedingte Urteilsgeltung in Europa, FS Jayme (2004), Bd. I, S. 675; *Ptak*, Der europäische Vollstreckungstitel und das Gehör des Schuldners (2014); *Requejo Isidro*, On the Abolition of Exequatur, in: Hess/Bergström/Storskrubb (ed.), EU Civil Justice (2016), S. 283; *H. Roth*, Probleme um die Bestätigung als Europäischer Vollstreckungstitel nach der EuVTVO, IPRax 2013, 239; *ders.*, Der Kostenfestsetzungsbeschluss für die einstweilige Verfügung als Anwendungsfall des Europäischen Vollstreckungstitels für unbestrittene Forderungen, IPRax 2008, 235; *Stadler*, Die Einheitlichkeit des Verbrauchervertragsbegriffs im Europäischen Zivil- und Zivilverfahrensrecht – zu den Grenzen rechtsaktübergreifender Auslegung, IPRax 2015, 203; *dies.*, Das Europäische Zivilprozessrecht – Wie viel Beschleunigung verträgt Europa?, IPRax 2004, 2; *Stein*, Der Europäische Vollstreckungstitel für unbestrittene Forderungen, EuZW 2004, S. 679; *ders.*, Der Europäische Vollstreckungstitel tritt in Kraft: Aufruf zu einer nüchternen Betrachtung, IPRax 2004, 181; *Storskrubb*, Mutual Recognition as a Governance Strategy, in: Hess/Bergström/Storskrubb (ed.), EU Civil Justice (2016), S. 299; *Strasser*, Exequaturverfahren nach EuGVVO und europäischer Vollstreckungstitel – von der besonderen Verantwortung des Rechtspflegers in der Praxis, RPfleger 2008, 547; *ders.*, Praxisprobleme bei der Zwangsvollstreckung aus einem Europäischen Vollstreckungstitel, RPfleger 2007, 249; *Thöne*, Der Abschied vom Exequatur, GPR 2015, 149; *Vanheukelen*, Le titre exécutoire européen – approche d'un practicien de droit, FS Kohl (2007), S. 17; *R. Wagner*, Das Gesetz zur Durchführung der Verordnung (EG) Nr. 805/2004 zum Europäischen Vollstreckungstitel – unter besonderer Berücksichtigung der Vollstreckungsabwehrklage, IPRax 2005, 401; *Yessiou-Faltsi*, Die Folgen des Europäischen Vollstreckungstitels für das Vollstreckungsrecht in Europa, in: Gottwald (Hrg.), Perspektiven der justiziellen Zusammenarbeit in Zivilsachen in der Europäischen Union (2004), S. 213.

II. Zum Europäischen Mahnverfahren: *Correa Delcasso*, El proceso monitorio europeo (2008); *van Drooghenbroeck/Brijs*, La pratique judiciare au défi du titre exécutoire européen, in: Candela Soriano/de Leval (ed.), L'espace judiciaire européen (2007), S. 215; *Drehsen*, Zustellung gerichtlicher Schriftstücke im Rahmen der EuMahnVO, IPRax 2019, 378; *Dutta*, Nationales Mahnverfahren und die Effektivität des europäischen Verbraucherschutzes, ZZP 126 (2013), 153; *Einhaus*, Erste Erfahrungen mit dem Europäischen Zahlungsbefehl, EuZW 2011, 865; *ders.*, Qual der Wahl: Europäisches oder internationales deutsches Mahnverfahren, IPRax 2008, 323; *Fabian*, Die Europäische Mahnverfahrensverordnung im Kontext der Europäisierung des Prozessrechts (2010); *Ferrand*, Mahnverfahren Allemande, Injonction de payer Française et projet Communautaire, FS Schlosser (2005), S. 175; *Freudenthal*, Incassoprocedures (1996); *Gruber*, Die Nichtigerklärung eines europäischen Zahlungsbefehls, GPR 2016, 152; *Gsell*, Die Geltendmachung nachträglicher materieller Einwendungen im Wege der Vollstreckungsgegenklage bei Titeln aus dem Europäischen Mahn- und Bagatellverfahren, EuZW 2011, 87; *Guinchard*, L'Europe, la procédure civile et le créancier: l'injonction de payer européenne et la procédure europénne de règlement des petits litiges, RTDcom 2008, 465; *Hardung*, Die europäische Titelfreizügigkeit (2020); *Hess/Bittmann*, Die Verordnungen zur Einführung eines Europäischen Mahnverfahrens und eines Europäischen Verfahrens für geringfügige Forderungen – ein substantieller Integrationsschritt im Europäischen Zivilprozessrecht, IPRax 2008, 305; *Hess/Raffelsieper*, Schuldnerschutz bei fehlender Zustellung eines EU-Mahnbescheids: Regelungslücken der EuMahnVO, IPRax 2015, 401; *Huber*, Der Kommissionsvorschlag zur Reform der EU-Mahn- und Bagatellverordnung: Fortentwicklung oder Paradigmenwechsel?, GPR 2014, 242; *Kodek*, Rechtsschutz im Europäischen Mahnverfahren, FS Stürner II (2013), 1263; *ders./Rechberger*, Generalbericht, in: dies. (ed.), Orders for Payment in the European Union (2001); *Kormann*, Das neue Europäische Mahnverfahren im Vergleich zu den Mahnverfahren in Deutschland und Österreich (2007); *Kramer*, European Procedures on Debt Collection: Nothing or Noting? Experiences and Future Prospects, in: Hess/Bergström/Storskrubb (ed.), EU Civil Justice (2016), S. 97; *Lopez de Tejada/Avout*, Les non-dits de la procédure européenne d'injonction de payer, Rev. crit. 2007, 717; *McGuire*, Fakultatives Binnenmarktprozessrecht: Gemeinsamkeiten,

Überschneidungen, Querverweise, ecolex 2008, 100; *Mayr*, Das europäische Mahnverfahren, in: ders. (Hrg.), Handbuch des europäischen Zivilverfahrensrechts (2017), Kap. 11; *ders.*, Das europäische Mahnverfahren und Österreich, JBl. 2008, 503; *Nordmeier*, Beschleunigung durch Vertrauen: Vereinfachung der grenzüberschreitenden Forderungsbeitreibung im Europäischen Rechtsraum, IPRax 2011, 522; *Preuß*, Erlass und Überprüfung des Europäischen Zahlungsbefehls, ZZP 122 (2009), 1; *Rechberger*, Europäisches Mahnverfahren, in: Leible/Terhechte (Hrg.), Europäisches Rechtsschutz- und Verfahrensrecht (2014), S. 735; *ders./Kodek* (ed.), Orders for Payment in the European Union (2001); *Rellermeyer*, Grundzüge des Europäischen Mahnverfahrens, RPfleger 2009, 11; *Rieländer*, Amtswegige Klauselkontrolle im Europäischen Mahnverfahren, GPR 2020, 55; *Röthel/Sparmann*, Das Europäische Mahnverfahren, WM 2007; *Sujecki*, Das elektronische Mahnverfahren (2008); *Ulrici*, Aktuelle Entwicklungen des Europäischen Mahnverfahrens, EuZW 2016, 369; *Vollkommer/Huber*, Neues Europäisches Zivilverfahrensrecht in Deutschland, NJW 2009, 1105.

Internet-Ressource: Leitfaden zur Anwendung der Verordnung über das Europäische Mahnverfahren, https://op.europa.eu/de/publication-detail/-/publication/e0bd66c6-0a09-464e-928f-10cfe4c06b1c/language-de.

III. Zum Europäischen Bagatellverfahren: *Althammer*, Der Beitrag der Gerichtsorganisation zur Effizienz der Forderungsdurchsetzung, ZVglRWiss 119 (2020), 197; *Brokamp*, Das europäische Verfahren für geringfügige Forderungen (2008); *Bureau*, Le droit de consommation transfrontière (1999); *Camous*, Règlements non-juridictionnels des litiges de consommation (2002); *Cuypers*, Internationale Zuständigkeit, Brüssel I und small claims regulation, GPR 2009, 34; *Eichel*, Der Beitrag moderner Informationstechnologie zur Effizienz grenzüberschreitender Forderungsbeitreibung, ZVglRWiss 119 (2020), 220; *Fucik/Neumayr*, Einander gut verstehen, in: Clavora/Garber (Hrg.), Sprache und Zivilverfahrensrecht (2013), 123; *Haibach*, Zur Einführung des ersten europäischen Zivilverfahrens: Verordnung (EG) Nr. 861/2007, EuZW 2008, 137; *ders.*, The Commission Proposal for a Regulation Establishing a European Small Claim Procedure, ERPL 2005, 593; *Hau*, Das neue europäische Verfahren zur Beitreibung geringfügiger Forderungen, JuS 2008, 1056; *ders.*, Zur Fortentwicklung des europäischen Verfahrens für geringfügige Forderungen: die große Zukunft der kleinen Münze?, in: FS Gottwald (2014), S. 255; *v. Hein/Imm*, Zuständigkeitskonzentration in europäischen Verfahren für geringfügige Forderungen – Aktueller Stand und Entwicklungen, IPRax 2019, 75 f.; *Hess*, EU Trends in Access to Justice, in: van Rhee/Uzelac (ed.), Civil Justice between Efficiency and Quality: From Ius Commune to the CEPEJ (2008), S. 189; *Hirte*, Small Claims: „Kleine Forderungen und große Auswirkungen“, in: FS Vollender (2015), S. 247; *Hondius*: Towards a European Small Claims Procedure?, FS Stauder (2006), S. 131; *Kern*, Das europäische Verfahren für geringfügige Forderungen und gemeineuropäische Verfahrensgrundsätze, JZ 2012, 389; *Kramer*, A major Step in the Harmonization of Procedural Law in Europe: the European Small Claims Procedure: Accomplishments, New Features and Some Fundamental Questions of European Harmonization (2007); *Leible/Freitag*, Erleichterungen der grenzüberschreitenden Forderungsbeitreibung in Europa: Das europäische Verfahren für geringfügige Forderungen, BB 2009, 2; *Mayer/Lindemann/Haibach*, Small Claims Verordnung (2009); *Mayr*, Das Europäische Bagatellverfahren in Österreich, ZVR 2009, 19; *ders.*, Die Novelle der EU-Bagatell- und EU-MahnVO, ecolex 2016, 213; *Nordmeyer*, Neuregelungen im deutschen IZVR durch das Gesetz zur Änderung von Vorschriften im Bereich des Internationalen Privat- und Zivilverfahrensrechts, IPRax 2017, 436; *Rochefeld/Jeuland*, Le droit des consommateurs et les procédures spécifiques en Europe (2005); *Schoibl*, Miszellen zum Europäischen Bagatellverfahren, FS Leipold (2009), S. 335; *M. Stürner*, Der Anwendungsbereich der EU-Verordnungen zur grenzüberschreitenden Forderungsdurchsetzung, ZVglRWiss 119 (2020), 143; *ders.*, Europäisches Bagatellverfahren, in: Leible/Terhechte (Hrg.), Europäisches Rechtsschutz- und Verfahrensrecht (2014), § 21; *Tenreiro*, L'accès du consommateur à la justice: une perspective européenne, in: Barrett (ed.), Creating a European Judicial Space (2001), S. 111.

Internet-Ressource: Leitfaden über die Anwendung des Europäischen Bagatellverfahrens, https://op.europa.eu/de/publication-detail/-/publication/b2d189cc-2b61-4014-902c-8ae2e0324af7/language-de/format-PDF/source-136638340.

IV. Zum Europäischen Zwangsvollstreckungsrecht: *Bruns*, Das Grünbuch Effiziente Vollstreckung gerichtlicher Entscheidungen in der Europäischen Union – empfehlenswerte Erleichterungen des Zwangsvollstreckungszugriffs durch Transparenz des Schuldnervermögens? ZEuP 2010, 809; *Cranshaw*, Der europäische Beschluss zur vorläufigen Kontenpfändung, DZWIR 2012, 399; *Cuniberti/Normand/Cornette*, Droit international de l'exécution: recouvrement des créances civiles et commerciales (2010); *Cuniberti/Richard*, Actualités des procédures européennes de recouvrement des créances, Rev. crit. 2016, 493; *Cuniberti/Migliorni*, The European Account Preservation Order – a Commentary (2018); *dies.*, La procédure d'ordonnance européenne de saisie conservatoire des comptes bancaires établie par le règlement UE no 655/2014, Rev. crit. 2018, 31; *Domej*, Internationale Zwangsvollstreckung und Haftungsverwirklichung (2016); *dies.*, Ein wackeliger Balanceakt: Die geplante Verordnung über die Europäische vorläufige Kontenpfändung, ZEuP 2013, 496; *dies.*, Das Rechtsbehelfsverfahren bei der europäischen vorläufigen Kontenpfändung, in: FS Simotta (2012), S. 113; *Douchy-Oudot/Guinchard*, Le droit européen de l'exécution est né! Présentation de la proposition de règlement portant création d'une ordonnance européenne de saisie conservatoire des comptes bancaires, destinée à faciliter le recouvrement transfrontière de créances en matière civile et commerciale, RTD eur. 2011, 871; *Georges*, La saisie des comptes bancaires dans l'espace européen de justice, in: de Leval, Candela Soriano (Hrg.), Espace judiciaire européen: acquis et enjeux futurs en matière civile (2007), 313; *Guinchard/Payan* (ed.), Vers une saisie – exécution européenne des avoirs bancaires (2020); *Häcker*, Die geplante EU-Verordnung zur grenzüberschreitenden vorläufigen Kontopfändung – Eine kritische Analyse, WM 2012, 2180; *Heinze*, Die Sicherung von Forderungen im Europäischen Zivilprozessrecht, ZVglRWiss 119 (2020), 168; *Hess*, Der Vorschlag der EU-Kommission zur vorläufigen Kontenpfändung – ein weiterer Integrationsschritt im Europäischen Zivilverfahrensrecht, in: FS Kaissis (2012), 399; *ders*, Europäisches Zwangsvollstreckungsrecht: Herausforderungen und rechtspolitische Perspektiven, DGVZ 2010, 45; *ders.*, Die Europäische Kontenpfändung aus der Perspektive eines europäischen Vollstreckungsrechts, in: FS Kropholler (2008), S. 795; *ders.*, Study JAI/A3/2002/02 on making more efficient the enforcement of judicial decisions within the European Union (2004); *ders.* (Hrg.), Die Anerkennung im Europäischen Zivilprozessrecht – Europäisches Vollstreckungsrecht (2014), mit Beiträgen von *Domej, Nunner-Krautgasser, Heiderhoff, Solomon* und *ders./Raffelsieper; ders./Raffelsieper*, Die Europäische Kontenpfändungsverordnung: Eine überfällige Reform zur Effektuierung grenzüberschreitender Vollstreckung im Europäischen Justizraum, IPRax 2015, 46; *Houali*, Le recouvrement transfrontalier des créances. Nécessité d'un droit européen de l'exécution forcée?, Gazette du Palais 2009, 389; *Kengyl*, Vorläufige Pfändung von Bankkonten, in: ders./Harsági (Hrg.), Grenzüberschreitende Vollstreckung in der Europäischen Union (2011), S. 361; *Kyriakides*, The United Kingdom's stance to recently introduced European Account Preservation Order, C.J.Q. 2014, 375; *ders.*, A European-wide Preservation Order: How the Common Law Practice Can Contribute, C.J.Q. 2014, 93; *Martin*, Die europäische und österreichische vorläufige Kontenpfändung, JAP 2016/2017, 163; *Max Planck Working Group*, Comments on the European Commission's Green Paper on Improving the Efficiency of the Enforcement of Judgments in the European Union: The Attachment of Bank Accounts, ECFR 2007, 252; *Meller-Hannich*, Schnittstellen und Wechselwirkungen zwischen dem europäischen Zivilprozessrecht und dem nationalen Vollstreckungsrecht, ZVglRWiss 119 (2020), 254; *Mohr*, Die vorläufige Kontenpfändung (2014); *Nourissat*, Une nouvelle étape dans le recouvrement des créances: l'Europe, ça marche!, Procédures 2014, 1; *Orfanidis*, Die VO (EU) Nr. 655/2014 über ein europäisches Verfahren zur Kontenpfändung, in: Hopt/Tzouganatos (Hrg.), Das europäische Wirtschaftsrecht vor neuen Herausforderungen (2014), S. 263; *Riebold*, Die Europäische Kontopfändung (2014); *Rieländer*, Europäische Kontenpfändung – ein ungeschriebenes Erfordernis der Vollstreckbarkeit des

„erwirkten" Titels?, RIW 2020, 102; *Ritz*, Vorläufige Kontenpfändung in Europa (2019); *Santaló Goris*, The implementation of the bank account information of the EAPO Regulation at national level: a comparative analysis, in: v. Hein/Krüger (ed.), Informed Choices in Cross-Border Enforcement (2020); *Schack*, Anerkennungs- und Vollstreckungsversagungsgründe im Europäischen Zivilprozessrecht, ZVglRWiss 119 (2020), 237; *Schimrick*, Die unmittelbar grenzüberschreitende Forderungsvollstreckung im internationalen und europäischen Rechtsraum: aus dem Blickwinkel des deutschen und des französischen Rechts (2012); *Schumacher/Köllensperger*, Die „Europäische Kontenpfändung" und der Schutz des Unternehmens, Gibt es noch Anpassungsbedarf am Weg zum „fair trial"?, JBl 2014, 414; *Schumacher/Köllensperger/Trenker*, EuKoPfVO – Kommentar zur EU-Kontenpfändungsvorordnung (2017); *Skamel/Wilhelm*, Der Europäische Beschluss zur vorläufigen Kontenpfändung im Vergleich mit Maßnahmen des einstweiligen Rechtsschutzes im deutschen und spanischen Recht, ZInsO 2014, 1789; *Stamm*, Plädoyer für einen Verzicht auf den Europäischen Beschluss zur vorläufigen Kontenpfändung – Zehn gute Gründe gegen dessen Einführung, IPRax 2014, 124; *Sujecki*, Grenzüberschreitende Kontenpfändung in der EU, EWS 2011, 414; *Wiedemann/Harbeck*, Die Europäische Kontenpfändungsverordnung, RIW 2018, 777; *Zwickel*, Vers un règlement sur la saisie bancaire européenne, in: Douchy-Oudot/Guinchard (Hrg.), La justice civile européenne en marche (2012), 233.

Die besonderen Verfahren in Zivil- und Handelssachen[2] gehen über eine Koordinierung der autonomen Prozessrechte der Mitgliedstaaten hinaus und führen hin zur Schaffung von prozessualem Einheitsrecht[3] auf der Ebene des Unionsrechts.[4] Regelungsziele sind einerseits die weitere Vereinfachung der Urteilsfreizügigkeit, andererseits die Schaffung von sektoriellen Verfahren zur Effektuierung der grenzüberschreitenden Forderungsdurchsetzung. Regelungstechnisch verlässt der Unionsgesetzgeber die Koordinierung der nationalen Prozessrechte und schafft originäre, europäische Verfahren im Anwendungsbereich des Art. 81 AEUV.[5] Ein weiteres Ziel ist die Einführung spezifischer „Europäischer Titel", die ohne Exequaturverfahren im Europäischen Justizraum frei zirkulieren. Den Europäischen Titel flankiert ein ergänzendes, weit verstandenes, prozessuales Anerkennungsprinzip (insbesondere im Bereich der Parteifähigkeit und der Klagebefugnis).[6] Im Vollstreckungsrecht hat die VO 655/2014 einen wichtigen Meilenstein zur Koordinierung (nebst sachrechtlicher Vereinheitlichung) der nationalen Vollstreckungsrechte gesetzt. Inzwischen hat sich freilich die Dynamik der Rechtsetzung deutlich verlangsamt. Neuere Rechtsakte kombinieren häufig IPR und IZVR – zudem hält der Unionsgesetzgeber inzwischen 10.1

2 Der sachliche Anwendungsbereich der speziellen Rechtsinstrumente deckt sich im Kern mit dem sachlichen Anwendungsbereich des Art. 1 EuGVO, vgl. oben § 6 I, Rdn. 6.5 ff.

3 Hier verstanden als Gegenbegriff zum Kollisions- bzw. Koordinationsrecht, dazu bereits oben § 3 IV, Rdn. 3.69 ff.

4 Zutreffend *McGuire*, ecolex 2008, 100 ff.; *Guinchard*, RTDcom 2008, 465, 466 f.

5 Der frühere EU-Justizkommissar *Frattini*, ZEuP 2006, 225, 230, sprach von einer zweiten Generation europäischer Rechtsakte im Prozessrecht. Diese Bezeichnung hat sich inzwischen durchgesetzt, vgl. etwa *McGuire*, ecolex 2008, 100, 101; oben § 3 IV, Rdn. 3.72.

6 Zur Verbandsklage vgl. § 11 III, Rdn. 11.58 ff.; zur Parteifähigkeit oben § 3 II, Rdn. 3.26.

bei Rechtsakten im EuZPR am Erfordernis des *ordre public* fest.[7] Dies entspricht der allgemeinen Struktur des unionsrechtlichen Vertrauensgrundsatzes.[8]

I. Der Europäische Vollstreckungstitel für unbestrittene Forderungen

1. Das unionsrechtliche Regelungskonzept

10.2 Die Implementierung der Regelungskonzepte des wechselseitigen Vertrauens und der gegenseitigen Anerkennung im Europäischen Zivilprozessrecht gehörte seit den Ratsbeschlüssen von Tampere (1999) zu den zentralen Regelungszielen der Europäischen Justizpolitik.[9] Dieses Konzept hat erstmalig die Verordnung 805/04/EG über den Europäischen Vollstreckungstitel für unbestrittene Forderungen (EuVTVO) als „Pilotprojekt" umgesetzt.[10] Der Rechtsakt sollte die grenzüberschreitende Durchsetzung von Anerkenntnis- und Versäumnisurteilen (sie machen ca. 70 % aller anzuerkennenden Titel aus) nachhaltig erleichtern. Rechtspolitisches Kernanliegen war die Abschaffung des Exequaturverfahrens (Art. 32, 38 ff. EuGVO aF) und seine Ersetzung durch ein Zertifikat, das dem Titel eine automatische, europaweite Vollstreckungsfähigkeit verleiht, vgl. Art. 5 und 20 EuVTVO.

10.3 Regelungstechnisch implementiert der Europäische Vollstreckungstitel eine europäische Vollstreckungsklausel.[11] Die EuVTVO enthält mithin im Kern ein europäisches Klauselerteilungsverfahren. Grundlage der unionsweiten Vollstreckung ist ein Zertifikat, das als einheitliches Formular (zugänglich in allen Sprachen der EU-Mitgliedstaaten) von den Gerichten bzw. befassten Behörden des Erststaates ausgefertigt wird (vgl. Art. 6, 9 EuVTVO).[12] Diese überprüfen in einem gesonderten Klauselerteilungsverfahren, ob die in Art. 11–19 der EuVTVO aufgestellten, prozessualen Mindesterfordernisse zum Beklagtenschutz im Ausgangsverfahren gewahrt wurden

7 Vgl. oben § 3 II, Rdn. 3.34 ff.

8 *Hess*, Travaux du Comité Français DIP (2019), 329, 346 f.

9 Vgl. dazu oben § 2 I, Rdn. 2.38 ff. und § 3 II, Rdn. 3.21 ff.

10 So die Einschätzung des (damals) verantwortlichen Referenten der EU-Kommission *A. Stein*, EuZW 2004, 679 ff.; zum Rechtsetzungsverfahren *Wagner*, IPRax 2005, 189 ff.

11 Im Kern schafft die VO 805/04/EG ein Europäisches Klauselerteilungsverfahren, das an die Stelle des Exequaturverfahrens nach Art. 38 ff. EuGVO tritt. Aus diesem Grund sind nationale Regelungen, die für den EuVT ein gesondertes Klauselerteilungsverfahren vorsehen, mit der EuVTVO unvereinbar, zutreffend *Ptak*, Europäischer Vollstreckungstitel, S. 204 ff. (mit einer Kritik an der entsprechenden Regelung des polnischen Prozessrechts).

12 Grundlage sind drei in den Anhängen zur VO 805/04/EG enthaltene Formulare, die in sämtlichen Amtssprachen der Gemeinschaft verfügbar sind. Aktuelle Fassung in: VO (EG) Nr. 1869/2005 vom 16.11.2005 zur Ersetzung der Anhänge der VO (EG) Nr. 805/2004 ABl. L 300/6.

(vgl. Art. 6 und 12 EuVTVO). Regelungsziel der EuVTVO ist eine möglichst umfassende Verlagerung der Kontrolle von Anerkennungshindernissen im Exequaturverfahren in das Klauselerteilungsverfahren im Erststaat.[13] Zudem müssen materiellrechtliche (und prozessuale) Einwendungen gegen den Titel grundsätzlich vor dem Erstgericht geltend gemacht werden.[14] Erhebt der Schuldner Einwendungen gegen den Titel oder die Klausel im Erststaat, so wird die Vollstreckung im Zweitstaat ausgesetzt, Art. 23 EuVTVO. Mit dem zertifizierten Titel kann der Gläubiger in allen Mitgliedstaaten unmittelbar die Vollstreckung einleiten (Art. 20 EuVTVO).

Im Zentrum der rechtspolitischen Diskussion um den Europäischen Vollstre- 10.4
ckungstitel steht bis heute der Wegfall des *ordre public*.[15] Dies entspricht dem weit verstandenen Konzept des wechselseitigen Vertrauens zwischen den Justizorganen der Mitgliedstaaten.[16] Die Verordnung geht davon aus, dass sich der Schuldner gegen schikanöses oder gar rechtsmissbräuchliches Verhalten des Gläubigers im Erststaat wehren muss – sie erhöht mithin dessen Einlassungslast im Erststaat. Zugleich garantiert sie jedoch effektive Rechtsbehelfe (vgl. Art. 19 EuVTVO). Damit sind inhaltlich die praktisch relevanten Fallgruppen des *ordre public* erfasst.[17]

Allerdings wird der *ordre public* häufig als residueller Vorbehalt zugunsten des 10.5
nationalen Grundrechtsschutzes und der Souveränität des Vollstreckungsstaats (auch) im Europäischen Justizraum verstanden.[18] Dementsprechend wird die Diskussion um die Zulässigkeit des unionsrechtlichen Regelungskonzepts vor allem mit verfassungsrechtlichen Argumenten geführt[19]: Einerseits wird bestritten, dass der Angleichungsstand des europäischen Prozessrechts ausreiche, um „wechselseitiges Vertrauen" in die Justizsysteme der Mitgliedstaaten zu gewährleisten.[20] Daher dürfe der verfassungsrechtlich gebotene Schutz des *ordre public* nicht entfallen – die

---

13 Dessen Gerichte erlassen das Urteil, welches als Vollstreckungstitel zertifiziert wird. Dazu EuGH, 9.3.2017, Rs. C-484/15, *Zulfikarpašić*, EU:C:2017:199, Rdn. 39 ff.

14 Vgl. Art. 21 II EuVTVO, Ausnahme: Urteilskollisionen (vgl. Art. 45 I lit. c) und d) EuGVO), Art. 21 I EuVTVO, dazu unten § 10 I, Rdn. 10.28 ff.

15 Dazu *Kohler*, in: Baur/Mansel (Hrg.), Systemwechsel, S. 147, 149 ff.; *Zilinsky*, NILR 53 (2006), 471, 486 ff.; *Ptak*, Europäischer Vollstreckungstitel, S. 217 ff.; *Hazelhorst*, Free Movement of Civil Judgments, S. 259 ff.

16 Zur Justierung des Vertrauensgrundsatzes in der neueren Rechtsprechung des Gerichtshofs vgl. oben § 3 II, Rdn. 3.34 ff.

17 Dazu *Hess/Pfeiffer/Schlosser*, The Brussels I Regulation, Rdn. 564 ff., oben § 3 II, Rdn. 26 ff. Praktische Missbrauchsfälle wurden bisher (nach 15 Jahren Geltung der Verordnung!) nicht berichtet.

18 So insbesondere *Kohler* in: Baur/Mansel (Hrg.), Systemwechsel, S. 147; *Pfeiffer*, FS Jayme (2004), S. 675, 676.

19 Dem liegt das traditionelle Verständnis des *ordre public* zugrunde als eine Rezeptionsvorschrift zur Implementierung verfassungsrechtlicher Wertungen in das Internationale Verfahrensrecht, dazu etwa *Völker*, Zur Dogmatik des ordre public (1997), 115 ff.

20 So etwa *Stadler*, IPRax 2004, 2, 6 f.; zu neueren Entwicklungen vgl. *Lenaerts*, CMLR 54 (2017), 808 ff.

Urteilsfreizügigkeit werde auf Kosten schutzbedürftiger Gemeinschaftsbürger implementiert. Andererseits wird eine „demokratische Legitimationskette" zwischen den Rechtsunterworfenen und der Dritten Gewalt eingefordert. Nach dieser Konzeption wahrt das Exequaturverfahren die rechtskulturelle Identität zwischen den Rechtsunterworfenen und „ihrer" heimischen Justiz. Diese soll vor allem auf der (letztlich) demokratischen Legitimation der Rechtsprechenden Gewalt in Europa beruhen.[21]

10.6 Diese Bedenken überzeugen nicht: Soweit es um den Inhalt des *ordre public* geht, überlagern die europäischen Standards von Art. 47 GR-Charta die (weitgehend inhaltsgleichen) Garantien der nationalen Verfassungen.[22] Daher bedarf es zur Implementierung eines wirksamen Grundrechtschutzes in der Regel immer weniger eines residuellen Rückgriffs auf nationales Verfassungsrecht.[23] Auf verfassungsrechtlicher Ebene lässt Art. 23 GG die Übertragung von Hoheitsrechten auf die Union und andere EU-Mitgliedstaaten (bei prinzipieller Wahrung rechtsstaatlicher Mindeststandards) durchaus zu.[24]

10.7 Auch die Vorstellung, dass Vollstreckungstitel nur von inländischen (demokratisch) legitimierten Rechtsprechungsorganen (unbesehen) erlassen werden können, erscheint zu idealistisch: Denn anders als in den USA werden die Richter in Europa nicht gewählt; auch die unmittelbare Beteiligung der Bevölkerung an der Rechtsprechung (durch Laienrichter) ist in Europa eine seltene Ausnahme.[25] Dennoch ist die demokratische Legitimation der Richter unbestreitbar. Ihre Ernennung durch die Justizverwaltung unterliegt ihrerseits parlamentarischer Kontrolle.[26]

10.8 Das Regelungskonzept der EuVTVO bleibt freilich einem (gewichtigen) rechtstatsächlichen Einwand ausgesetzt: Ein „Europäischer Vollstreckungstitel" muss die prozessualen Menschenrechte (insbesondere den *fair trial*-Grundsatz) von Gläubiger und Schuldner so angemessen und effektiv ausbalancieren, dass es eines ergänzenden, nationalen Grundrechtsschutzes nicht mehr bedarf.[27] Nur dann kommt es für die Unionsbürger nicht (mehr) darauf an, dass sie keinen residuellen Grundrechtschutz

---

21 *Pfeiffer*, FS Jayme (2004), S. 675, 680 ff., will das Postulat des US-amerikanischen Unabhängigkeitskrieges: „no taxation without representation" plakativ in ein entsprechendes Postulat auf „no jurisdiction without representation" ummünzen.

22 *Lenaerts*, FS Kohler (2018), S. 287 ff. Vgl. oben § 6 IV, Rdn. 6.227 ff. (zu Art. 45 I lit. a) EuGVO).

23 *Hess*, JZ 2005, 540, 549 ff.; *Jayme*, Nationaler ordre public, S. 27 ff. Anders BVerfG, 15.12.2015, BVerfGE 140, 317 (zur Gewährleistung eines einzelfallbezogenen Grundrechtsschutzes im Rahmen der sog. Identitätskontrolle).

24 BGH, 24.4.2014, BGHZ 201, 32, dazu *Wais*, LMK 2014, 361981.

25 *Hess*, in: van Compernolle (Hrg.), L'impartialité du juge et de l'arbitre, S. 157 f. Die mittelbare demokratische Legitimation der deutschen Justiz über die Parlamentsverantwortung der Justizministerien (als zuständige Ressortbehörden) ist aus rechtsvergleichender Sicht freilich gering.

26 Zur internationalen Gewährleistung unabhängiger Gerichte nach Art. 19 I 2 EUV vgl. oben § 2 V, Rdn. 2.108 ff.

27 Ausführlich *Ptak*, Europäischer Vollstreckungstitel, S. 210 ff. Zur konkreten Umsetzung des (Schutz-)Konzepts in Art. 13 ff. EuVTVO vgl. unten Rdn. 10.18 ff.

ihres Heimatstaates in Anspruch nehmen können. Folglich müssen die Gerichte der Mitgliedstaaten effektiven Grundrechtschutz allen Rechtsschutzsuchenden im Europäischen Justizraum gewährleisten. Wenn diese Voraussetzungen auch tatsächlich gegeben sind, tritt das „Vertrauen" auf den residuellen Grundrechtschutz der nationalen „Heimatgerichte und Heimatrechtsordnungen" zunehmend in den Hintergrund.[28] Vor diesem Hintergrund verlangt der EuGH eine strikte Einhaltung der prozessualen Mindeststandards der EuVTVO, um die Verteidigungsrechte des Beklagten zu wahren.[29]

Dennoch verbleibt der gewichtige Einwand, dass der Grundsatz des wechselseitigen Vertrauens, nach dem die Justizbehörden auf die jeweilige Einhaltung der europäischen Grundrechtstandards durch die Gerichte des Erststaats (unbesehen) vertrauen können, der Rechtswirklichkeit der inzwischen 27 teilnehmenden EU-Mitgliedstaaten nicht entspricht.[30] Dass es im Einzelfall zu Missbrauch kommt, lässt sich nicht ausschließen.[31] Große Unterschiede zwischen den Justizsystemen der Mitgliedstaaten bestehen nicht erst seit dem Beitritt der zehn neuen Staaten zum 31.5.2004.[32] Dementsprechend eröffnet Art. 19 der VO 805/04/EG einen Rechtsbehelf zum jeweiligen Prozessgericht im Fall schwerer Gehörsverletzungen.[33] Dies entspricht der Grundkonzeption der VO 805/04/EG, die den Rechtsschutz im Erstgericht konzentriert.[34] Sollte der Schutzmechanismus der VO nicht ausreichen, dürfen nationale Vollstreckungsorgane jedoch nicht „sehenden Auges" grundrechtswidrige Vollstreckungstitel implementieren. In einer derartigen Ausnahmesituation ist auf Antrag des Schuldners die Vollstreckung vorläufig einzustellen (Art. 21 EuVTVO, § 769 ZPO). Zugleich muss das Vollstreckungsgericht, in Anwendung der Maßstäbe der „*Foto-Frost*"-Rechtsprechung des EuGH[35], den Gerichtshof nach Art. 267 AEUV anrufen.[36] **10.9**

28 Dazu bereits *Hess*, JZ 2005, 540, 545 ff. Allgemein zum Vertrauensgrundsatz oben § 3 II, Rdn. 3.15 ff.

29 EuGH, 28.2.2018, Rs. C-289/17, *Collect Inkasso u.a.*, EU:C:2018:133; EuGH, 16.6.2016, Rs. C-511/14, *Pebros Servizi*, EU:C:2016:448, Rdn. 44; EuGH, 17.12.2015, Rs. C-300/14, *Imtech Marine Belgium*, EU:C:2015:825, Rdn. 46 f.

30 So vor allem *Kohler*, ZSR 124 II (2005), 263, 282 ff.; *Hess*, Travaux du Comité Français DIP (2019), 329, 343 ff.

31 Rechtsschutz gegen Verfahrensmissbrauch bzw. Prozessbetrug sollte jedoch von dem Gericht gewährt werden, vor dem der Betrug begangen wurde, dazu *Hess/Pfeiffer/Schlosser*, The Brussels I Regulation, Rdn. 493 f.

32 Dazu *Burgstaller/Neumayr*, ÖJZ 2006, 179, 180; *Kohler*, ZSR 124 II (2005), 263, 293 ff., oben § 1 IV, Rdn. 1.37 ff.

33 Zum Zusammenhang mit Art. 47 GRC EuGH, 17.12.2015, Rs. 300/14, *Imtech Marine Belgium*, EU:C:2015:825, Rdn. 37 ff.

34 Der EuGH betont in st. Rspr. die Verpflichtung der Gerichte des Erststaates, die Mindesterfordernisse der Art. 6 ff. EuVTVO strikt zu wahren, EuGH, 5.12.2013, Rs. C-508/12, *Vapenik*, EU:C:2013:790; EuGH, 14.12.2017, Rs. C-66/17, *Chudaś*, EU:C:2017:972; EuGH, 28.2.2018, Rs. C-289/17, *Collect Inkasso*, EU:C:2018:133.

35 EuGH, 22.10.1987, Rs. C-314/85, *Foto-Frost./.Hauptzollamt Lübeck*, EU:C:1987:452, Rdn. 11. Beispiel: EuGH, 24.10.2018, Rs. C-234/17, *XC*, EU:C:2018:853, Rdn. 49 ff., oben § 3 II, Rdn. 3.39.

36 Dazu bereits *Hess*, FS Jayme (2004), S. 339, 357 f., unten § 10 I, Rdn. 10.31 f.

10.10 Insgesamt lässt es sich nicht bestreiten, dass der Grundsatz des wechselseitigen Vertrauens den Justizbehörden im Zweitstaat eine erhebliche Selbstbeschränkung bei der Kontrolle des ausländischen Titels abverlangt. Ursache hierfür ist nicht der Wegfall des *ordre public*, sondern vor allem der Einsatz standardisierter Formulare. Diese dokumentieren (mit ausschließlicher Bindungswirkung) die vom Erstgericht im Klauselerteilungsverfahren vorgenommene Prüfung. Die Dokumentation erfolgt durch das Ankreuzen (bzw. das „Anklicken") der entsprechenden Felder im Formular, ohne dass eine weitere Begründung bzw. Erläuterung erfolgt. Den Angaben im Formular müssen die Justizbehörden im Zweitstaat (blind) vertrauen, inhaltliche Kontrollmöglichkeiten bestehen nicht.[37] Allerdings können die ersuchten Behörden offensichtlichen Widersprüchen in den Angaben nachgehen; dagegen ist der Einwand des Schuldners, der Titel sei rechtsmissbräuchlich erschlichen worden, nicht zuzulassen. Insofern besteht eine originäre Einlassungslast des Schuldners im Erststaat.

2. Die VO 805/04/EG über den Europäischen Vollstreckungstitel für unbestrittene Forderungen

a) Anwendungsbereich

10.11 Den sachlichen Anwendungsbereich regelt Art. 2 EuVTVO in enger Anlehnung an Art. 1 EuGVO. Die EuVTVO ist in Zivil- und Handelssachen anwendbar mit der Ausnahme von Personenstandssachen, Insolvenzen,[38] sozialer Sicherheit und der Schiedsgerichtsbarkeit.[39] Ausdrücklich ausgeschlossen werden Haftungsansprüche des Staates für Handlungen oder Unterlassungen in Ausübung hoheitlicher Befugnisse („*acta iure imperii*"). Dieser Passus soll verhindern, dass Versäumnisurteile gegen Mitgliedstaaten erleichtert vollstreckt werden, die (behauptete) Kriegsverbrechen dieser Staaten (etwa aus dem Zweiten Weltkrieg) zum Gegenstand haben.[40]

10.12 Die EuVTVO trat am 21.1.2005 in Kraft, sie ist seit dem 21.10.2005 anwendbar (Art. 33 II).[41] Aus diesem Grund enthält Art. 26 EuVTVO eine modifizierte Übergangsregelung: Urteile, die nach dem

---

37 Dazu bereits oben § 3 II, Rdn. 3.33.

38 Dazu OLG Linz, 4.7.2007, berichtet von *König*, IPRax 2008, 141 f.

39 Vgl. Art. 1 II EuGVO, Art. 2 II EuVTVO, dazu oben § 6 I, Rdn. 6.16 ff. Ordnungsgelder (§ 890 ZPO) können als Zivilsachen nach der EuVTVO grenzüberschreitend vollstreckt werden, BGH, 7.3.2013, IPRax 2016, 69.

40 Anlass für die Klarstellung waren Befürchtungen der deutschen Regierung, dass Versäumnisurteile wegen Kriegsverbrechen der deutschen Wehrmacht in Griechenland und Italien mit Hilfe der Verordnung in Deutschland anerkannt und vollstreckt werden könnten, dazu EuGH, 15.2.2007, Rs. C-292/05, *Lechouritou./.Bundesrepublik Deutschland*, EU:C:2007:102.

41 Diese Frist sollte den Mitgliedstaaten eine Anpassung ihrer nationalen Verfahrensrechte an die Mindeststandards der Verordnung ermöglichen. *Péroz*, Dalloz 2005, 637, 643; *Wagner*, IPRax 2005, 189, 192.

21.1.2005 in den Mitgliedstaaten erlassen wurden, können als europäische Vollstreckungstitel ausgefertigt und ab dem 21.10.2005 nach Maßgabe der Art. 20 ff. EuVTVO vollstreckt werden.[42] Maßgeblich ist der Zeitpunkt des Erlasses des Urteils (vgl. § 310 ZPO).[43] Bei gerichtlichen Vergleichen und öffentlichen Urkunden kommt es auf den Zeitpunkt der gerichtlichen bzw. behördlichen Registrierung an.[44]

Nach Art. 3 I 1 und 4 EuVTVO können gerichtliche Entscheidungen (Urteile und Beschlüsse),[45] gerichtliche Vergleiche[46] und öffentliche Urkunden[47] über unbestrittene Geldforderungen als Europäische Vollstreckungstitel ausgefertigt werden. Art. 3 I 2 EuVTVO enthält eine autonome Definition der unbestrittenen Forderung.[48] Die Vorschrift unterscheidet zwei Fallgruppen: Die erste betrifft die ausdrückliche Anerkennung. Sie umfasst Konstellationen, in denen der Schuldner die Berechtigung der Forderung vor Gericht (Art. 3 I lit. a) EuVTVO)[49] oder in einer öffentlichen Urkunde (Art. 3 I lit. d) EuVTVO) ausdrücklich anerkannt hat[50] bzw. wenn er einen außergerichtlichen[51] oder gerichtlichen Vergleich (Art. 3 I lit. a) EuVTVO) abgeschlossen hat. 10.13

Die andere Fallgruppe erfasst Versäumnisurteile und Vollstreckungsbescheide. 10.14
In dieser Fallgruppe hat der Schuldner durch Nichteinlassung der Forderung nicht

42 Unzutreffend OLG München, 30.4.2007, BeckRS 2007, 11132, das generell auf den 21.10.2005 abstellt.

43 Insofern verweist die VO 805/04/EG auf die jeweiligen Prozessrechte der Mitgliedstaaten, *Wagner*, IPRax 2005, 189, 191 f.

44 *Leible/Lehmann*, BWNotZ 2004, 453, 455.

45 Definition in Art. 4 Nr. 1 EuVTVO. Der Begriff ist deckungsgleich mit dem Begriff der Entscheidung in Art. 2 lit. a) EuGVO, *Leible/Lehmann*, BWNotZ 2004, 453, 455. Dazu oben § 6 IV, Rdn. 6.206 ff.

46 Art. 24 EuVTVO ist weiter formuliert als Art. 58 EuGVO („Prozessvergleich"). Er umfasst auch außergerichtliche Vergleiche, die gerichtlich bestätigt werden, etwa als Anwaltsvergleich nach § 796a ZPO. Vollstreckungstitel ist der Beschluss nach § 794 I Nr. 4a ZPO, dazu *Pfeiffer*, BauR 2005, 1541, 1544; *Burgstaller/Neumayr*, ÖJZ 2006, 179, 181.

47 Definition in Art. 4 Nr. 3 EuVTVO. Art. 25 EuVTVO entspricht Art. 57 EuGVO. Hierunter fallen neben der notariellen Urkunde (§ 794 I Nr. 5) auch der nach § 796 c) ZPO beim Notar verwahrte Vergleich sowie die nach § 15a EGZPO abgeschlossenen Gütevereinbarungen, *Leible/Lehmann*, BWNotZ 2004, 453, 456 mwN; *Hök*, ZAP 2005 (Fach 25), 159, 167.

48 EuGH, 16.6.2016, Rs. C-511/14, *Pebros Servizi*, EU:C:2016:448, Rdn. 36 ff. Den Begriff der „Forderung" definiert Art. 4 Nr. 2 EuVTVO als eine Forderung auf Zahlung einer bestimmten und fälligen Geldsumme. Dabei muss das Fälligkeitsdatum in der Entscheidung, dem Vergleich oder der öffentlichen Urkunde angegeben sein.

49 Anerkenntnis- und Verzichtsurteile, vgl. §§ 306 f. ZPO, zudem Beschlüsse nach § 278 VI ZPO. Zum (autonomen) Konzept des Gerichts vgl. EuGH, 9.3.2017, Rs. C-484/15, *Zulfikarpašić*, EU:C:2017:199, Rdn. 43 (kroatische Notare sind kein „Gericht" iSd Art. 3 I lit. a) EuVTVO).

50 Vgl. § 794 I Nr. 5 ZPO; hierzu gehören auch Unterhaltsvereinbarungen, die von den Jugendämtern abgeschlossen werden, vgl. § 60 VIII SGB VIII – oben § 6 VI, Rdn. 6.301 ff. Eine aufgrund einer Rechnung erstellte Urkunde reicht nicht aus, EuGH, 9.3.2017, Rs. C-484/15, *Zulfikarpašić*, EU:C:2017:199, Rdn. 53.

51 Sofern diese gerichtlich bestätigt wurden – dies erfordert keine weitere gerichtliche Kontrolle, *Leible/Lehmann*, NotBZ 2004, 453, 456.

widersprochen (stillschweigende Anerkennung). Hier bezieht sich die EuVTVO auf die unterschiedlichen Strukturtypen der Versäumnisverfahren, die in manchen Mitgliedstaaten als prozessuale Sanktion, in anderen als rechtliches oder tatsächliches Zugeständnis der nicht erschienenen Partei ausgestaltet sind.[52] Säumnis liegt vor, wenn der Schuldner zu keiner Zeit nach dem Erlass des Urteils widersprochen hat (d. h. sich nicht eingelassen hat, Art. 3 I lit. b) EuVTVO[53]) oder wenn er im Termin säumig geblieben ist (Art. 3 I lit. c) EuVTVO).[54] Der Vollstreckungsbescheid (§ 700 ZPO) fällt mithin unter die zweite Fallgruppe.[55] Wird die (zunächst) unbestritten ergangene Entscheidung später angefochten, so führt dies nicht per se zum Wegfall der Europäischen Vollstreckungsklausel (Art. 6 III EuVTVO).[56]

10.15 Kostenfestsetzungsbeschlüsse (§ 104 ZPO) fallen nur dann in den Anwendungsbereich der EuVTVO, wenn die zugrunde liegende Entscheidung (etwa als Unterlassungsverfügung) als Europäischer Vollstreckungstitel ausgefertigt werden kann, Art. 7 EuVTVO.[57] Allerdings darf der Prozessgegner der Kostenentscheidung nicht widersprochen haben.[58] Die grenzüberschreitende Vollstreckung von Kostenentscheidungen erleichtert die EuVTVO nachhaltig. Allerdings sieht das deutsche Prozessrecht keine Belehrung des Antragsgegners vor, so dass die Mindeststandards der Art. 12 ff. EuVTVO nicht gewahrt werden können.[59] Mangels Belehrung des Antragsgegners scheidet auch eine Heilung nach Art. 18 EuVTVO aus – der deutsche Gesetzgeber sollte *de lege ferenda* die notwendigen Belehrungen vorschreiben.[60]

---

52 Vgl. Art. 3 I lit. c) EuVTVO. Zu den unterschiedlichen Strukturtypen der Versäumnisurteile im Europäischen Justizraum, vgl. *Stein*, IPRax 2004, 181, 184; *Crifò*, Cross Border Enforcement, S. 151 ff.

53 Dies ist in Deutschland nach § 338 ZPO beim Versäumnisurteil und nach § 700 ZPO beim Vollstreckungsbescheid der Fall. Zur (vergleichbaren) Situation in Frankreich vgl. *Jeuland*, Gaz. Pal., 27.5.2005, 15, 16.

54 Im Fall des nachträglichen Nichtbestreitens (wenn der Schuldner zunächst widersprochen hat, § 333 ZPO) gilt Art. 3 I d) EuVTVO. Ergeht erst in der Rechtsmittelinstanz ein Versäumnisurteil, so kann dieses nicht als EuZVT ausgefertigt werden, vgl. Art. 3 II EuVTVO, *Wagner*, IPRax 2005, 189, 193 (unter Bezugnahme auf § 539 ZPO).

55 *Pfeiffer*, BauR 2005, 1541, 1545.

56 *Jennissen*, InVO 2006, 218, 223; *Burgstaller/Neumayr*, ÖJZ 2006, 179, 182 mit Hinweis auf die Begründung des Rates im Gemeinsamen Standpunkt, (EG) Nr. 19/2004, vom 23.12.2003.

57 So EuGH, 14.12.2017, Rs. C-66/17, *Chudaś*, EU:C:2017:972, Rdn. 28 ff.; aA OLG Stuttgart, 24.5.2007, IPRax 2008, 260; OLG München, 30.4.2007, BeckRS 2007.11132, sowie Voraufl. § 10, Rdn. 13.

58 Ein Widerspruch nach §§ 924, 936 ZPO gegen die zugrunde liegende Unterlassungsverfügung reicht nicht aus, aA OLG Stuttgart, 24.5.2007, IPRax 2008, 260, 261; zust. *H. Roth*, IPRax 2008, 235, 236; wie hier *Bittmann*, RPfleger 2009, 369, 371.

59 Zu den Belehrungserfordernissen *H. Roth*, IPRax 2008, 235, 237.

60 Ausführlich *Bittmann*, RPleger 2009, 369, 371 f.

b) Erteilungsverfahren

Die Bestätigung erteilt das Prozessgericht auf Antrag des Gläubigers. Der Antrag ist nicht fristgebunden, er kann auf einen Teil der titulierten Forderung beschränkt werden. Die beizutreibenden Forderungen müssen betragsmäßig genau bezeichnet werden. Die Mitgliedstaaten bestimmen grundsätzlich die funktionell zuständigen Justizorgane;[61] die Erteilung erfolgt *ex parte*, ohne Anhörung des Schuldners.[62] Die Prüfung erfolgt anhand der Struktur der im Anhang der EuVTVO enthaltenen Formulare.[63] Das Ausfüllen dieser Formulare vollzieht sich im Wesentlichen durch Ankreuzen bzw. Anklicken.[64] Einzelheiten der Erteilung regeln in Deutschland die §§ 1079 f. ZPO[65], der Gesetzgeber hat die Klauselerteilung bei Urteilen dem Rechtspfleger übertragen – dies ist jedoch aus der Sicht des Unionsrechts nicht zulässig.[66] Liegen die materiellen Voraussetzungen für die Bestätigung vor,[67] so wird diese nach Art. 9 EuVTVO dem Gläubiger ausgefertigt. Verweigert der Rechtspfleger die Erteilung des Titels, steht dem Gläubiger nach § 1080 II ZPO iVm § 11 RPflG die sofortige Beschwerde zu.[68] Nach § 1080 I ZPO stellt die ausfertigende Stelle dem Schuldner die Bestätigung des Europäischen Vollstreckungstitels von Amts wegen zu.[69] Die Zustellung setzt die Widerspruchsfrist nach Art. 10 I EuVTVO in Gang. 10.16

---

61 Nach Art. 6 EuVTVO erteilt das Prozessgericht bei Entscheidungen und Vergleichen die Bescheinigung; die Zuständigkeit bei notariellen Urkunden ergibt sich aus § 1079 ZPO. EuGH, 17.12.2015, Rs. C-300/14, *Imtech Marine Belgium*, EU:C:2015:825, Rdn. 47 verlangt eine Prüfung durch den Richter; ebenso EuGH, 9.3.2017, Rs. C-484/15, *Zulfikarpašić*, EU:C:2017:199, Rdn. 43.

62 Dies entspricht der Regelung des (heutigen) Art. 41 I 2 EuGVO, *Wagner*, IPRax 2005, 189, 195 f.

63 Anhang I gilt für die gerichtlichen Entscheidungen, Anhang II für gerichtliche Vergleiche und Anhang III für öffentliche Urkunden, ABl. 2005 L 300/6 ff. Die Formulare sind als dynamische Formulare im E-Justiz-Portal abrufbar, https://e-justice.europa.eu/content_european_enforcement_order_forms-270-en.do?clang=de.

64 Die Formulare substituieren die Implementierungsfunktion des Exequaturverfahrens, dazu *Wagner*, IPRax 2005, 189, 196.

65 Zu den unübersichtlichen Zuständigkeiten vgl. *Rellermeyer*, RPfleger 2005, 389, 397, kritisch *Bittmann*, Vom Exequatur zum qualifizierten Klauselerteilungsverfahren, S. 109 ff.

66 Der EuGH, 17.12.2015, Rs. C-300/14, *Imtech Marine Belgium*, EU:C:2015:825, Rdn. 47; EuGH, 9.3.2017, Rs. C-484/15, *Zulfikarpašić*, EU:C:2017:199, Rdn. 36 ff., hält eine Prüfung durch den Richter für unabdingbar, ebenso zuvor *Bittmann*, Vom Exequatur zum qualifizierten Klauselerteilungsverfahren, S. 90 ff.

67 Dazu sogleich unten Rdn. 10.18 ff.

68 Str.; der deutsche Gesetzgeber verweist generell auf die „Vorschriften über die Anfechtung der Entscheidung über die Erteilung der Vollstreckungsklausel". Systematisch wäre (auch zur Erbringung weiterer Nachweise) § 731 ZPO einschlägig – die kontradiktorische Klage auf Erteilung der Vollstreckungsklausel widerspricht jedoch der einseitigen Struktur des Klauselerteilungsverfahrens. Daher verbleibt es bei der Beschwerde nach §§ 11 RPflG, 567 ZPO, zutreffend *Kropholler/v. Hein*, Art. 9 EuVTVO, Rdn. 7.

69 Die Zustellung wird von der EuVTVO nicht gefordert, dazu OGH, 22.2.2007, IPRax 2008, 440; sie wahrt jedoch das Gehör des Schuldners und entspricht „kultivierter Rechtsstaatlichkeit", so *Oberhammer*, JBl. 2006, 477, 490; *Bittmann*, IPRax 2008, 445, 447.

10.17 Trotz des missverständlichen Wortlauts der Art. 10 IV, 24 III und 25 III EuVTVO kann der Schuldner gegen die Ausfertigung des Titels vorgehen: Zunächst kann die Bestätigung auf Antrag berichtigt werden, wenn sie aufgrund eines materiellen[70] Fehlers vom Titel abweicht, Art. 10 I lit. a) EuVTVO.[71] Von der Berichtigung ist der (praktisch bedeutsamere) Widerruf zu unterscheiden, Art. 10 I lit. b) EuVTVO. Er ist statthaft, wenn der Schuldner vorträgt, dass die Bestätigung erteilt wurde, obwohl die materiellen Voraussetzungen der Art. 12–18 EuVTVO „eindeutig" nicht vorlagen.[72] Beide Rechtsbehelfe sollen dem Schuldner nachträglich rechtliches Gehör gewähren.[73] Die Antragsstellung erleichtert das im Anhang IV zur EuVTVO vorgehaltene, jedoch nicht zwingend vorgeschriebene Formular. Einzelheiten des Verfahrens können die Mitgliedstaaten regeln (Art. 10 II EuVTVO).[74] Wird die Bestätigung von einer deutschen Stelle erteilt, kann sie nur innerhalb einer Notfrist von einem Monat, im Fall einer Auslandszustellung innerhalb von zwei Monaten widerrufen werden, § 1081 ZPO. Die Wiedereinsetzung ist statthaft, wenn der Titel im Wege der Ersatzzustellung dem Schuldner zugestellt wurde oder wenn er aufgrund höherer Gewalt die Frist versäumt hat, Art. 19 EuVTVO.[75]

c) Die materiellen Voraussetzungen der Bestätigung

10.18 Die materiellen Voraussetzungen listet Art. 6 EuVTVO in der vorzunehmenden Prüfungsabfolge auf:[76] Zunächst muss der Anwendungsbereich der Verordnung eröffnet (Art. 24 EuVTVO) und der Titel im Ursprungsmitgliedstaat vollstreckbar sein (Art. 6 lit. a) EuVTVO).[77] Nach Art. 6 I lit. b) EuVTVO ist die Einhaltung der ausschließlichen

70 Die Formulierung ist missverständlich: Gemeint ist eine offensichtliche Unrichtigkeit wie im Fall des § 319 ZPO, dazu *Stein*, IPRax 2004, 181, 190; *Schlosser*, in: Schlosser/Hess, Art. 10 EuVTVO, Rdn. 2.

71 Die irreführende Formulierung des § 10 IV EuVTVO beruht auf einem politischen Kompromiss zwischen Rat und Kommission. Dem Schuldner steht durchaus ein Rechtsbehelf gegen die Erteilung der Klausel offen, *Burgstaller/Neumayr*, ÖJZ 2006, 179, 187.

72 Die Bedeutung dieses Tatbestandsmerkmals ist unklar, dazu kritisch *Kropholler/v. Hein*, Art. 10 EuVTVO, Rdn. 7; *Stein*, IPRax 2004, 181, 190, Fn. 65.

73 *Jennissen*, InVO 2006, 218, 267; *Pfeiffer*, BauR 2005, 1541, 1549; *Oberhammer*, JBl. 2006, 477, 489 ff.

74 Dabei darf jedoch die Verweisung auf das nationale Recht nicht dahin missverstanden werden, dass alle Details der nationalen Klauselerteilungsverfahren (etwa Prüfungen nach § 726 ZPO) in die Ausführung des Gemeinschaftsrechtsakts herein gelesen werden, so jedoch *Rellermeyer*, RPfleger 2005, 389, 399 f. Eine solche Interpretation widerspricht dem unionsrechtlichen Gebot des *effet utile*.

75 Dazu EuGH, 17.12.2015, Rs. C-300/14, *Imtech Marine Belgium*, EU:C:2015:825, Rdn. 42.

76 Die Auflistung entspricht den im Zeugnis (Anhang I) anzukreuzenden Feldern, *Crifò*, Cross-Border Enforcement, S. 72 ff.

77 Bei Urteilen kommt es nicht auf den Eintritt der formellen Rechtskraft an, auch vorläufig vollstreckbare Entscheidungen können als Vollstreckungstitel bestätigt werden, dazu *Hüßtege*, in: Gottwald (Hrg.) Perspektiven, S. 113, 121 f.

Gerichtsstände der Art. 10–16 EuGVO und Art. 24 EuGVO gesondert zu prüfen,[78] für Verbraucher gilt die besondere Regelung in Art. 6 I lit. d) EuVTVO.[79] Ansonsten darf die Zuständigkeit des Prozessgerichts – die sich in der Regel aus den Art. 4 ff. EuGVO ergeben wird – im Klauselverfahren nicht nachgeprüft werden.[80]

Im Hinblick auf die weiteren Voraussetzungen der Bestätigung kommt es darauf an, ob es sich um eine ausdrücklich anerkannte oder stillschweigend „unbestrittene Forderung" handelt.[81] Hat der Schuldner die Forderung ausdrücklich anerkannt (durch Anerkenntnis, Prozessvergleich oder in einer notariellen Urkunde), so beschränkt sich die Kontrolle bei der Ausstellung des Vollstreckungszeugnisses auf den Nachweis der entsprechenden Prozesshandlung. Angesichts der ausdrücklichen Anerkennung der Forderung durch den Schuldner erscheint hier ein weitergehender Schutz nicht notwendig.[82] Einzige materielle Voraussetzung der Erteilung ist mithin die Vollstreckbarkeit des Titels im Ursprungsstaat (vgl. für Deutschland §§ 794 I Nr. 1, 4b und 5 ZPO).[83] 10.19

Bei Versäumnisurteilen und gleichgestellten Entscheidungen (insbesondere Vollstreckungsbescheide) sind nach Art. 6 I lit. c) und d) EuVTVO weitere Feststellungen zu treffen: Nach Art. 6 I lit. c) EuVTVO ist anhand der Maßstäbe der Art. 12–19 EuVTVO zu prüfen, ob dem Schuldner die Klage ordnungsgemäß zugestellt wurde und er hinreichend über das Verfahren informiert wurde.[84] Diese Regelung ist eine unmittelbare Reaktion auf die Erfahrungen bei der Anwendung von Art. 32 ff. EuGVO aF: Dort sind die (unzureichende) Klagezustellung und die Gehörsverletzungen die Hauptanwendungsbereiche des (prozessualen) *ordre public* (vgl. Art. 45 I lit. a) und b) EuGVO).[85] Aus diesem Grund hat sich der europäische Verordnungsgeber zu einer gewissen Vereinheitlichung der Zustellungsregeln und der Belehrungserfordernisse im Anwendungsbereich der EuVTVO entschlossen.[86] 10.20

Für Verbraucher gelten prozessuale Schutzvorschriften. Nach Art. 6 I lit. d) EuVTVO darf ein Europäischer Vollstreckungstitel gegen einen Verbraucher nur erteilt werden, wenn das Verfahren am Wohnsitzgerichtsstand des Verbrauchers durchgeführt wurde.[87] Der Verbraucherschutz der VO 10.21

---

78 Die begrenzte Verweisung auf die zwingenden Gerichtsstände der EuGVO entspricht der Parallelvorschrift des Art. 45 I lit. e), II und III EuGVO, *Kropholler/v. Hein*, Art. 6 EuVTVO, Rdn. 7.

79 Dazu sogleich in Rdn. 10.19 ff.

80 Im Verhältnis zu Drittstaaten bleiben auch die nach Art. 6 I, Anhang I zur EuGVO ausgeschlossenen Gerichtsstände anwendbar. Bei innerstaatlichen Streitigkeiten bestimmt sich die Zuständigkeit nach dem autonomen Prozessrecht der Mitgliedstaaten. Die unbesehene Übernahme (potentiell) exorbitanter Gerichtsstände birgt erhebliches Konfliktpotential, dazu § 5 I, Rdn. 5.10 ff.

81 Dazu oben Rdn. 10.13.

82 *Pfeiffer*, BauR 2005, 1541, 1545 f.; *Péroz*, Clunet 2005, 637, 648 ff.

83 *Jennissen*, InVO 2006, 218, 224.

84 Zu den Einzelheiten vgl. sogleich Rdn. 10.22 ff.

85 Dazu oben § 6 IV, Rdn. 6.231 ff.

86 Es handelt sich hierbei um prozessuale Mindeststandards, die die Mitgliedstaaten nicht zwingend übernehmen müssen. Wollen diese jedoch ihre Urteile als europäische Vollstreckungstitel zulassen, müssen sie die Mindestanforderungen übernehmen, vgl. EwG Nr. 19 zur EuVTVO.

87 Der Nachweis der Verbrauchereigenschaft wirft in der Praxis Probleme auf. Die Darlegungslast liegt hierfür beim Antragsteller – bei Zweifeln ist mithin der Antrag zurückzuweisen. Unzulässig ist es, die Nichtermittelbarkeit auf dem Formular festzuhalten und die Klausel zu erteilen – eine solche

805/04/EG entspricht im Kern dem Schutz der Art. 17 f. EuGVO. Erforderlich ist eine vertragliche Streitigkeit zwischen einem Konsumenten und einem Unternehmer. Anders als bei Art. 17 ff. EuGVO gibt es jedoch keine Eingrenzung auf bestimmte Verbraucherverträge; auch bedarf es keiner Ausrichtung der Geschäftstätigkeit des Unternehmers auf den Wohnsitzstaat des Verbrauchers. Die Vorschrift ist bei Streitigkeiten zwischen Konsumenten nicht anwendbar.[88]

10.22 Den Kern der Kontrolle bei Versäumnisurteilen und Vollstreckungsbescheiden bildet die Überprüfung der Zustellung des verfahrenseinleitenden Schriftstücks (d. h. der Klageschrift und der Ladung).[89] Eine effektive Kontrolle des Vorgangs erfordert eine Vereinheitlichung der Zustellungsverfahren.[90] Dann kann im Klauselverfahren die Wirksamkeit der Zustellung anhand eines vereinheitlichten Dokuments nachgeprüft werden. Daher hatte die Kommission ursprünglich ein europaweites, einheitliches Zustellungsverfahren vorgeschlagen.[91] Jedoch hat der Rat, der die jeweiligen nationalen Zustellungsrechte weitestgehend „bewahren“ wollte, diesen Vorschlag nicht übernommen. Dabei wurde vor allem auf ein standardisiertes Zeugnis verzichtet, das über den Zustellungsvorgang detailliert Auskunft erteilt.[92] Stattdessen enthalten die Art. 12 ff. EuVTVO nur „Beurteilungsnormen“ (*minimum standards*) zur Wahrung effektiver und sicherer Zustellungswege in den Mitgliedstaaten (vgl. EwG 19). Dies hat zur Folge, dass die Zustellung nach den jeweilig anwendbaren, nationalen Verfahrensrechten bewirkt wird, das Prozessgericht (bzw. die jeweils zuständige Stelle) jedoch bei der Klauselerteilung zusätzlich nachprüfen muss, ob die Zustellung die Mindestvorgaben der Art. 12–15 EuVTVO eingehalten hat. Damit beurteilt sich der Zustellungsvorgang nicht nur nach den jeweils anwendbaren nationalen Rechten, sondern zudem nach dem Standard der EuVTVO. Dieses System erscheint unnötig kompliziert. Zudem hat der Unionsgesetzgeber den Nachweis der Zustellung nicht geregelt. Es kommt mithin zu einem komplizierten Zusammenspiel von nationalem Verfahrensrecht und unionsrechtlichen Mindeststandards.[93]

10.23 Die Art. 13–19 EuVTVO sollen das rechtliche Gehör des Schuldners sichern, ohne tief in die nationalen Zustellungsrechte einzugreifen. Die – optionalen – europäischen Regelungen enthalten prozessuale Mindeststandards. Angesichts der detaillierten Regelungen der nationalen Zustellungsrechte musste der Gemeinschaftsgesetzgeber eine Vielzahl möglicher Übermittlungswege ansprechen. Herausgekommen ist eine

---

Absenkung des Vertrauensschutzes sieht die EuVTVO nicht vor. Dem Verfasser wurde auf einem Richterseminar im Herbst 2007 über eine derartige Handhabung berichtet.

88 EuGH, 5.12.2013, Rs. C-508/12, *Vapenik*, EU:C:2013:790, Rdn. 22 ff., mit lesenswerter Kritik von *Stadler*, IPRax 2015, 203 ff.

89 Zum Erfordernis, die Ladung zuzustellen, vgl. OLG Stuttgart, 23.10.2007, Die Justiz 2008, 294.

90 Ebenso *Wagner*, IPRax 2002, 75, 94.

91 Vorschlag der EG-Kommission vom 27.8.2002, KOM (2002) 159 endg.

92 Art. 14 III EuVTVO spricht nur vom „Zustellungszeugnis“. Die Praxis kritisiert die fehlende Abstimmung zwischen EuZustVO und EuVTVO, dazu *Crifò*, Cross-Border Enforcement, S. 77 ff.

93 Zutreffende Kritik bei *Pfeiffer*, BauR 2005, 1541, 1545 im Anschluss an *Stadler*, RIW 2004, 801, 804; *Crifò*, Cross-Border Enforcement, S. 74 ff.

unnötig komplexe Regelung: Art. 13 EuVTVO regelt die persönliche Zustellung an den Schuldner, welche normalerweise[94] gegen Empfangsbekenntnis erfolgt. Art. 13 lässt drei Übermittlungswege zu, nämlich die persönliche,[95] die postalische[96] und die elektronische Zustellung.[97] Art. 14 EuVTVO enthält zudem Mindeststandards für unterschiedliche Formen der Ersatzzustellung, insbesondere den Einwurf des Schreibens in den Briefkasten des Schuldners.[98] Damit lässt der Unionsgesetzgeber unzuverlässige und fehleranfällige Zustellungsformen zu.[99] Allerdings ist die Ersatzzustellung nach Art. 14 II EuVTVO nur bei sicherer Kenntnis über die Anschrift des Schuldners zulässig, um fiktive Zustellungen zu vermeiden.[100] Art. 15 EuVTVO ermöglicht die Zustellung an einen „Vertreter" des Schuldners; freilich ohne den Begriff näher zu definieren.[101] Art. 18 I EuVTVO erlaubt zudem eine Heilung von Verfahrensfehlern bei der Zustellung der Klageschrift, sofern dem Schuldner die Entscheidung unter Einhaltung des Standards der Art. 13 f. EuVTVO zugestellt wurde und er gegen die Entscheidung einen (effektiven) Rechtsbehelf im Erststaat einlegen kann.[102] Eine weitere Heilungsmöglichkeit sieht Art. 18 II EuVTVO für den Fall vor, dass der Schuldner (trotz Nichteinhaltung der Art. 13–15 EuVTVO) das verfahrenseinleitende Schriftstück so rechtzeitig erhalten hat, dass er sich verteidigen konnte.[103]

---

94 Ausnahme: Die unberechtigte Annahmeverweigerung des Schuldners, welche der jeweilige Zusteller dokumentieren muss, Art. 13 I lit. b) EuVTVO. Ein solcher Fall betrifft insbesondere die Zustellung eines fremdsprachigen, für den Schuldner nicht verständlichen Schriftstücks, vgl. Art. 8 EuZustVO, *Kropholler/v. Hein*, Art. 13 EuVTVO, Rdn. 5.

95 Art. 13 I lit. a) und b) EuVTVO unterscheiden dabei die Zustellung mit und ohne Mitwirkung des Adressaten, *Schlosser*, in: Schlosser/Hess, Art. 13 EuVTVO, Rdn. 2 f.

96 Gegen eine Empfangsbestätigung des Schuldners, *Schlosser, in: Schlosser/Hess*, Art. 13 EuVTVO, Rdn. 4; OLG Stuttgart, 23.10.2007, Die Justiz 2008, 294 f.

97 Bei der elektronischen Zustellung lässt der Gemeinschaftsgesetzgeber ein Empfangsbekenntnis ausreichen, richtiger Ansicht nach ist eine digitale Signatur zu fordern, vgl. *Stadler*, RIW 2004, 801, 805.

98 Konkrete Anforderungen an den Briefkasten lässt Art. 14 lit. c) EuVTVO offen. Die nationalen „Kulturen" (sprich: die Beziehung der Bewohner eines Hauses) divergieren stark.

99 Berechtigte Kritik bei *Stadler*, RIW 2004 801, 806, die zahlreiche Unklarheiten aufzeigt; ebenso *Kohler*, ZSR 124 II (2005), 263, 276 f.; *Pfeiffer*, BauR 2005, 1541, 1545. Die französische Literatur kritisiert die „*confiance aveugle*" in das (nicht harmonisierte) Zustellungszeugnis, *Péroz*, Clunet 2005, 637, 652. Zu Diskrepanzen zwischen den unterschiedlichen Sprachfassungen vgl. *Crifò*, Cross-Border Enforcement, S. 78.

100 EuGH, 15.3.2012, Rs. C-292/10, *G./.Cornelius de Visser*, EU:C:2012:142.

101 Die Verweisung auf das Recht der Mitgliedstaaten im Kommissionsentwurf ist entfallen, dazu *Kropholler/v. Hein*, Art. 15 EuVTVO, Rdn. 2. Hier ist die Erarbeitung einer autonomen Begriffsbildung vom EuGH zu erwarten.

102 Vorbild für diese Vorschrift war Art. 34 Nr. 2 EuGVO aF, *Kropholler/v. Hein*, Art. 18 EuVTVO, Rdn. 2, mwN. Die Vorschrift soll übermäßigen „Formalismus" bei der Zustellung verhindern, *Crifò*, Cross-Border Enforcement, S. 84 ff.

103 Den Nachweis kann der Gläubiger nur führen, wenn sich der Schuldner auf das Verfahren eingelassen hat, so *Kropholler/v. Hein*, Art. 18 EuVTVO, Rdn. 10 – die explizite Regelung dieser ungewöhnlichen Konstellation erscheint unnötig.

10.24 Art. 16 und 17 EuVTVO enthalten Mindestvorgaben über die Belehrung des Schuldners in Hinblick auf die geltend gemachte Forderung[104] und über die notwendigen Schritte zur Rechtswahrung.[105] Die Belehrungserfordernisse sind zwingend, eine nachträgliche Heilung ist (anders als bei der Zustellung) nicht möglich.[106] Allerdings ist die fehlende Regelung von Übersetzungserfordernissen (bzw. die fehlende Standardisierung der notwendigen Begleitformulare) eine empfindliche Lücke der EuVTVO.[107] Auch in anderen Bereichen wurde auf eine mögliche und rechtspolitisch wünschbare Vereinheitlichung der nationalen Verfahren verzichtet. So schreibt die VO 805/04/EG keine einheitlichen Einlassungsfristen fest – dies hatte die Kommission ursprünglich vorgeschlagen.[108] Der europäische Gesetzgeber setzt stattdessen auf eine Belehrung des Beklagten. Dieser muss sich auf das im Erststaat (d. h. auch auf das im Ausland) eingeleitete Verfahren einlassen, um Rechtsnachteile zu vermeiden. Die „zweite Verteidigungschance" des Exequaturverfahrens steht ihm im Anwendungsbereich der EuVTVO nicht mehr offen.[109] Sie ist allerdings auch im Anwendungsbereich der EuGVO praktisch ausgeschlossen.[110] Art. 19 EuVTVO ermöglicht die Wiedereinsetzung des Schuldners in den vorherigen Stand bei unverschuldeter Fristversäumnis.

10.25 Insgesamt gesehen drängt sich der Eindruck auf, dass die prozessualen Mindestvorschriften der VO 805/04/EG zu einseitig die Gläubigerinteressen auf effiziente Forderungsbeitreibung und zu wenig das gegenläufige Schuldnerinteresse an der Wahrung rechtlichen Gehörs im Blick haben.[111] Allerdings steht dem Schuldner aufgrund der Wiedereinsetzung nach Art. 19 EuVTVO ein effektiver Rechtsbehelf offen, mit dem er Gehörsverletzungen vor dem Erstgericht rügen kann.[112] Hauptursache

---

104 Damit übernimmt das Erstgericht die frühere Implementierungsfunktion (Nostrifizierung) des Exequaturrichters, oben § 6 IV, Rdn. 6.266.

105 Dazu *Wagner*, IPRax 2005, 401, 409.

106 EuGH, 28.2.2018, Rs. C-289/17, *Collect Inkasso*, EU:C:2018:133, Rdn. 36 ff., zuvor OLG Stuttgart, 3.6.2008, Die Justiz 2008, 295. Die deutschen Ausführungsvorschriften sind insofern unvollständig, als nur für das Versäumnisurteil eine Belehrung vorgeschrieben ist, nicht jedoch für den Kostenfestsetzungsbeschluss. Eine teleologische Reduktion von Art. 18 EuVTVO ist nicht möglich, aA *H. Roth*, IPRax 2008, 235, 236 f.

107 Allg. Ansicht, vgl. etwa *Burgstaller/Neumayr*, ÖJZ 2006, 179, 185; ausführlich *Stadler*, RIW 2004, 801, 806 f. Anders hingegen die Formulare der EuMahnVO und der EuBagVO.

108 Der Entwurf enthielt eine Vorgabe für den Mindestinhalt des verfahrenseinleitenden Schriftstücks (Art. 16), eine Belehrung über die notwendigen Schritte zur Rechtswahrung (Art. 17) sowie eine Unterrichtung über die Folgen der Säumnis (Art. 18).

109 Deutlich Art. 19 II EuVTVO: Hat der Schuldner das verfahrenseinleitende Schriftstück unter Verletzung der Mindeststandards nach Art. 13 f. EuVTVO so rechtzeitig erhalten, dass er sich verteidigen konnte, tritt Heilung ein, dazu *Schlosser*, in: Schlosser/Hess, Art. 19 EuVTVO, Rdn. 3.

110 Dazu bereits oben § 6 IV, Rdn. 6.228 f.

111 Kritisch auch *Burgstaller/Neumayr*, ÖJZ 2006, 179; *Stadler*, RIW 2004, 801, 806 f.

112 *Crifò*, CJQ 24 (2005), 200, 214; praktische Schwierigkeiten ergeben sich freilich daraus, dass der Schuldner sich von einem Rechtsanwalt im Erststaat über die Erfolgschancen informieren lassen

für die unbefriedigende Regelung der Zustellung war hingegen der politische Widerstand der Mitgliedstaaten im Rat gegen die Schaffung eines einheitlichen Zustellungsverfahrens im Anwendungsbereich der EuVTVO.

Für die Entwicklung des Europäischen Zivilprozessrechts sind die in den Art. 12 ff. EuVTVO aufgestellten Mindeststandards von erheblicher Bedeutung: Sie enthalten den Kern und das Modell eines gemeinschaftsrechtlichen Zustellungsverfahrens (das auch innerstaatliche Zustellungen erfassen könnte).[113] Mehrere Parallelrechtsakte im Europäischen Prozessrecht haben inzwischen die Zustellungsvorschriften der Art. 12 ff. EuVTVO übernommen und den Anwendungsbereich ausgeweitet. Den Schluss der bisherigen Entwicklung bildet Art. 13 EuBagVO. Danach gelten die Zustellungsregeln nicht mehr als „Beurteilungsnormen“, sie regeln vielmehr als „Befolgungsnormen“ den Zustellungsvorgang unmittelbar.[114] Mittelfristig schafft die einheitliche Regelung des gesamten Zustellungsvorgangs Rechtssicherheit für die Parteien im Europäischen Justizraum – diese wird verstärkt, wenn die nationalen Gesetzgeber die europäischen Regelungen für ihre nationalen Systeme verbindlich erklären.[115] Allerdings erfolgte die Umsetzung der Vorgaben der Art. 12 ff. EuVTVO in den Mitgliedstaaten sehr unterschiedlich – eine Verpflichtung zur Schaffung eines Umsetzungsgesetzes besteht aus Sicht des Unionsrechts nicht.[116] Der EuGH verlangt jedoch, in Umsetzung des Grundsatzes des wechselseitigen Vertrauens, eine strikte Einhaltung der Mindeststandards. Andernfalls darf der Europäische Vollstreckungstitel nicht erlassen werden.[117] 10.26

d) Die Vollstreckung des Europäischen Titels

Nach Art. 20 I EuVTVO richtet sich die Vollstreckung nach den autonomen Rechten der Mitgliedstaaten; der Europäische Titel ist wie ein inländischer Vollstreckungstitel zu behandeln. Zudem enthalten die Art. 20 ff. der VO 805/04/EG prozessuale Vorgaben: Art. 20 II EuVTVO regelt die Beantragung der Zwangsvollstreckung (vgl. §§ 750 ff., 803 ff., 828 ff. ZPO).[118] Danach legt der Gläubiger den Vollstreckungsbehörden eine Ausfertigung des Titels nebst einer Ausfertigung der Bestätigung als Europäischer Vollstreckungstitel vor – eine Übersetzung hingegen nur, sofern der Zweitstaat eine 10.27

---

muss – dem Rechtsberater im Vollstreckungsstaat werden regelmäßig die notwendigen Kenntnisse über die Rechtslage im Erststaat fehlen.

113 Sie könnten mittelfristig den Kern eines materiellen europäischen Zustellungsrechts bilden, dazu *Hess*, NJW 2002, 2417, 2421 ff.; zweifelnd *Oberhammer*, JBl. 2006, 477, 488.

114 Dazu unten § 10 III, Rdn. 10.105 ff.

115 Einheitliche Formulare können dann die Parteien (in der Sprache des Zustellungsorts) über den jeweiligen Zustellungsvorgang aufklären.

116 EuGH, 17.12.2015, Rs. C-300/14, *Imtech Marine Belgium*, EU:C:2015:825, Rdn. 27 ff., 31.

117 EuGH, 28.2.2018, Rs. C-289/17, *Collect Inkasso*, EU:C:2018:133.

118 Vgl. die Regierungsbegründung zur Umsetzung des EuVTVO, BT-Drs. 15/5222, S. 14.

Übersetzung verlangt.[119] Nicht erforderlich ist hingegen der Nachweis, dass die im Ursprungsstaat erteilte Bestätigung dem Schuldner zugestellt wurde.[120] Da der Europäische Titel vollumfänglich einem inländischen gleichzusetzen ist, dürfen Anordnungen gegen den (ausländischen) Gläubiger nicht erlassen werden, etwa die Anordnung, einen inländischen Zustellungsbevollmächtigten zu bestellen.[121]

10.28 Art. 21 EuVTVO lässt – in Anlehnung an Art. 45 I lit. c) und d) EuGVO – die Verweigerung der Vollstreckung zu, wenn unvereinbare Entscheidungen vorliegen.[122] Eine solche Entscheidung kann entweder im Vollstreckungsstaat ergangen oder dort anerkennungsfähig sein.[123] Allerdings greift dieser Verweigerungsgrund nur dann ein, wenn die Unvereinbarkeit im Ursprungsmitgliedstaat (d. h. vor dem Gericht, das den Europäischen Vollstreckungstitel ausgefertigt hat) nicht mehr geltend gemacht werden kann.[124] Für diesen Rechtsbehelf ist in Deutschland das Amtsgericht im Bezirk der Vollstreckungshandlung zuständig; es entscheidet der Richter, §§ 1084 I, 764 II ZPO.[125] Abgesehen von Art. 21 EuVTVO dürfen gegen den Titel im Vollstreckungsstaat keine Einwände erhoben werden. Vielmehr können Einwendungen nur im Ursprungsmitgliedstaat geltend gemacht werden – ihre Einlegung führt im Vollstreckungsstaat dann zur Beschränkung[126] oder zur Aussetzung der Vollstreckung nach Art. 23 EuVTVO. Rechtsbehelfe im Sinne des Art. 23 EuVTVO sind auch der Antrag auf Berichtigung oder auf Widerruf der Bestätigung (Art. 10 I und II EuVTVO) sowie der Antrag auf Wiedereinsetzung nach Art. 19 EuVTVO. Eingeschlossen sind zudem Rechtsbehelfe gegen die titulierte Ausgangsentscheidung im Ursprungsmitgliedstaat.[127]

10.29 Das Verhältnis der EuVTVO zu den allgemeinen vollstreckungsrechtlichen Rechtsbehelfen des Schuldners im Vollstreckungsstaat gehört zu den am stärksten

---

119 Eine Übersetzung kann nur im Hinblick auf die Informationen verlangt werden, die nicht bereits im Begleitformular enthalten sind, zutreffend *Kropholler/v. Hein*, Art. 20 EuVTVO, Rdn. 7 f.

120 Die Frage wurde im Gesetzgebungsverfahren ausführlich und kontrovers diskutiert, ein Zustellungserfordernis jedoch nicht in die VO 805/04/EG aufgenommen, *Frische*, Verfahrenswirkungen (2006), S. 209 f. mwN. Aus § 1080 I 2 ZPO folgt (schon in unionsrechtskonformer Auslegung) nichts anderes, *Strasser*, RPfleger 2008, 249, 250 f.; AG Augsburg, 27.1.2012, IPRax 2013, 269.

121 AA *Burgstaller/Neumayr*, ÖJZ 2006, 179, 189 zu § 9 öZustG.

122 Zum Begriff der Unvereinbarkeit (iSd Art. 45 I lit. c) und d) EuGVO) vgl. oben § 6 IV, Rdn. 6.249 ff.

123 Art. 21 EuZT-VO schränkt Art. 45 I lit. c) EuGVO dahin ein, dass nur früher erlassene Entscheidungen Vorrang beanspruchen können. Dies ist im Hinblick auf die Rechtshängigkeitsregel die stimmigere Lösung – allerdings hätte die „Urteilskollision" richtigerweise an den Zeitpunkt der Rechtshängigkeit anknüpfen müssen, vgl. Art. 32 EuGVO, oben § 6 IV, Rdn. 6.249 aE.

124 Mit dieser Einlassungslast geht Art. 21 I lit. c) EuVTVO über Art. 45 I lit. c) und d) EuGVO hinaus. In der Sache wird eine begrenzte Präklusion des Rechtskrafteinwands eingeführt.

125 Da es um die Feststellung von Urteilskollisionen geht, hat der deutsche Gesetzgeber von einer Übertragung der Entscheidung auf den Rechtspfleger abgesehen, Thomas/Putzo/*Hüßtege*, § 1084 ZPO Rdn. 2.

126 In der Regel gegen Sicherheitsleistung; auch eine vorläufige Einstellung analog § 707 ZPO ist möglich, § 1084 III ZPO.

127 *Wagner*, IPRax 2005, 198; *Burgstaller/Neumayr*, ÖJZ 2006, 179, 189.

umstrittenen Themen des Europäischen Zivilprozessrechts. Die Diskussion bezieht sich zum einen auf die Abschaffung (bzw. Fortführung) des *ordre public*-Vorbehalts durch die VO 805/04/EG, zum anderen auf die Zulassung der nationalen Vollstreckungsgegenklage gegen den Europäischen Titel – mithin auf die Schnittstellen zwischen dem Europäischen Rechtsakt und den nationalen Vollstreckungsrechten.[128]

Im Hinblick auf den *ordre public* vertritt die überwiegende Ansicht in der deut- 10.30
schen Literatur die Auffassung, dass trotz der Übernahme des unionsrechtlichen Regelungskonzepts des wechselseitigen Vertrauens ein gewisser „Notrechtsbehelf" dem Schuldner im Vollstreckungsmitgliedstaat eröffnet bleiben müsse[129]: Der Schuldner müsse, wenn im Erstverfahren ein europäischer Vollstreckungstitel unter massiver Verletzung von verfahrensrechtlichen Mindeststandards erteilt wurde, im Zweitstaat eine sofortige Einstellung der Vollstreckung herbeiführen können.[130] Ein denkbares Beispiel wäre ein gerichtlicher Vergleich, der dem Schuldner unter massiver Intervention des Gerichts abgezwungen wurde.[131] Hier erscheint eine Verteidigung im Erststaat praktisch aussichtslos. Anders ist die Situation hingegen in den in der Literatur häufig angeführten Fällen schwerer Gehörsverletzungen (etwa wenn die Klageschrift und die Ladung zum Termin im Wege der Ersatzzustellung an eine fiktive Adresse des Schuldners entgegen Art. 12 f. EuVTVO zugestellt wurden).[132] In einem derartigen Fall erscheint ein Wiedereinsetzungsantrag nach Art. 19 EuVTVO durchaus aussichtsreich. Dasselbe gilt für den Fall einer rechtsmissbräuchlichen Titelerschleichung.[133]

In anderen Ausnahmesituationen muss jedoch – entgegen dem Wortlaut der 10.31
EuVTVO – eine sofortige Aussetzung der Zwangsvollstreckung möglich sein.[134] Die

128 Dies hält der BGH, 24.4.2014, BGHZ 201, 22, bei einfachen Rechtsanwendungsfehlern für hinnehmbar.

129 *Pfeiffer*, FS Jayme (2004), 675 ff.; *Kohler*, ZSR 124 II (2005), 263, 289 ff.; *Oberhammer*, JBl. 2006, 477, 500 ff.

130 Zu denken ist an Fälle massiven Prozessbetrugs, die im einseitigen Exequaturverfahren nach Art. 6 ff. EuVTVO nicht erkannt wurden und angesichts der (undurchsichtigen) Struktur des Erstgerichts auch nicht erfolgreich mit den verordnungsinternen Rechtsbehelfen (vgl. aber Art. 10 und 19 EuVTVO) bekämpft werden können.

131 Beispiel nach *Frische*, Verfahrenswirkungen, S. 172 f.

132 So etwa im Fall *Maronier v. Larmer*, [2002] EWCA 774: Erlass eines Versäumnisurteils nach 12jährigem Verfahrensstillstand, Zustellung des Antrags auf Verfahrensfortsetzung an die frühere Adresse des Schuldners, der dort nicht mehr wohnte und erst im Exequaturverfahren von der Fortsetzung des Verfahrens erfährt, dazu *Kohler*, ZSR 124 II (2005), 263, 289 f.

133 Diese Überlegungen verdeutlichen, dass der Unionsgesetzgeber die praktisch wichtigsten Fälle, in denen Anerkennungshindernisse zum Schutz des Schuldners eingreifen, bedacht hat, aA *Oberhammer*, JBl. 2006, 477, 496 ff.; *Stadler*, IPRax 2004, 2, 6 ff.

134 Ebenso nunmehr EuGH, 26.4.2018, Rs. C-34/17, *Donnellan*, EU:C:2018:282, Rdn. 59 (Modifikation von Art. 14 der RL 2010/14 über die wechselseitige Beitreibung von Verwaltungsschulden, ABl. 2010 L 84/1 ff.).

Aussetzung des Vollstreckungsverfahrens kann in analoger Anwendung des Art. 23 EuVTVO erfolgen. Zuständig ist nach § 1084 I und III ZPO das Amtsgericht als Vollstreckungsgericht. Allerdings dürfen die Gerichte im Vollstreckungsstaat nicht einseitig die VO 805/04/EG außer Kraft setzen. Vielmehr sind sie nach der Rechtsprechung des EuGH verpflichtet, im Fall der Nichtbefolgung von sekundärem Gemeinschaftsrecht unmittelbar den Gerichtshof einzuschalten.[135] In dieser Konstellation ist – unter Anwendung der sog. *Foto-Frost*-Rechtsprechung des EuGH[136] – das Vollstreckungsverfahren auszusetzen und dem EuGH die Aussetzung der EuVTVO (wegen gravierenden Verstoßes gegen fundamentale Gemeinschaftsgrundrechte) nach Art. 267 AEUV vorzulegen.[137] Der EuGH entscheidet sodann, gegebenenfalls im beschleunigten Verfahren, ob im Einzelfall eine so gravierende Verfahrensverletzung vorliegt, die eine Nichtanwendung der Art. 5 ff. EuVTVO rechtfertigt.

10.32 Dagegen ist die von *Rauscher* erwogene Anrufung des Europäischen Gerichtshofs für Menschenrechte (wegen Verletzung der prozessualen Mindeststandards von Art. 6 EMRK) mit der Rechtsprechung des Straßburger Gerichtshofs unvereinbar und zudem unpraktikabel: Zum einen übt der Europäische Gerichtshof für Menschenrechte keine unmittelbare Normverwerfungskompetenz für das Europäische Sekundärrecht aus.[138] Zum anderen ist der EGMR aufgrund der aktuellen Verfahrensbelastung auch praktisch nicht in der Lage, hier rasch Abhilfe zu schaffen.[139]

10.33 Der zweite Streitpunkt betrifft das Verhältnis der EuVTVO zum nationalen Vollstreckungsrecht. Es geht konkret um die Frage, ob materielle Einwendungen gegen den Europäischen Titel mit den allgemeinen Rechtsbehelfen der nationalen Vollstreckungsrechte geltend gemacht werden können. Der deutsche Gesetzgeber vertritt hier die besonders exponierte Auffassung, dass derartige Einwendungen als Teil des nationalen Vollstreckungsverfahrens zulässig sind.[140] § 1086 ZPO führt die – durchaus angreifbare[141] – Regelung des § 12 AVAG sinngemäß fort und erklärt § 767 ZPO für anwendbar. Nach § 1086 I ZPO entscheidet je nach Streitwert das Amtsgericht oder

---

135 Dazu *Hess*, FS Jayme (2004), 339, 357; *Oberhammer*, JBl. 2006, 477, 496 ff.

136 EuGH, 22.10.1987, Rs. 314/85, *Foto-Frost./.Hauptzollamt Lübeck*, Slg. 1987, 4199, Rdn. 11 ff.

137 Ausführlich *Hess*, FS Jayme (2004), 339, 357 ff.; *Kohler*, ZSR 124 II (2005), 263, 289 ff.; *Burgstaller/Neumayr*, ÖJZ 2006, 179, 189 f.; *Oberhammer*, JBl. 2006, 477, 502; *Schlosser*, in: Schlosser/Hess, Art. 20 EuVTVO, Rdn. 6 (der § 766 ZPO anwenden will).

138 EGMR, 30.6.2005, Nr. 45036/98, *Bosphorus v. Irland*, CE:ECHR:2005:0630JUD004503698 Rdn. 141 ff.; EGMR, 23.5.2016, Nr. 17502/07, *Avotins v. Lettland* (GC), CE:ECHR:2016:0523JUD001750207, dazu *Requejo Isidro*, in: Hess/Bergström/Storskrubb (ed.), EU Civil Justice (2016), S. 283, 289 ff.; oben § 3 II, Rdn. 3.40 f.

139 So *Rauscher*, Europäischer Vollstreckungstitel, Rdn. 28; dagegen *Burgstaller/Neumayr*, ÖJZ 2006, 179, 189 f.; *Wagner*, IPRax 2005, 198, 200; *Hess*, JZ 2005, 540, 545 f.

140 Ausführliche Begründung bei *Wagner*, IPRax 2005, 401, 404 ff.; zust. *Ptak*, Europäischer Vollstreckungstitel, S. 201. Andere Mitgliedstaaten haben die Frage nicht explizit angesprochen, so etwa Österreich, dazu *Burgstaller/Neumayr*, ÖJZ 2006, 179, 190; *McGuire*, ecolex 2006, 83, 85, befürwortet eine (restriktive) unionskonforme Auslegung der Rechtsbehelfe der Exekutionsordnung.

141 Dazu bereits oben § 6 IV, Rdn. 6.272 ff.

das Landgericht im Vollstreckungsbezirk über materielle Einwendungen gegen den Europäischen Vollstreckungstitel. § 1086 II ZPO eröffnet auch gegen Prozessvergleiche und vollstreckbare Urkunden die Vollstreckungsgegenklage. Dabei wird ausdrücklich die Präklusionsregelung des § 767 II ZPO (systemwidrig) für entsprechend anwendbar erklärt.

Das Regelungsziel der EuVTVO, die Urteilsfreizügigkeit umfassend zu verwirkli- **10.34**
chen, spricht freilich gegen die Zulassung von Zweitverfahren im Vollstreckungsstaat, die über materiellrechtliche Einwendungen gegen den Titel entscheiden.[142] Denn die Schaffung des Titels (d. h. die Entscheidung über dessen materielle Begründetheit) erfolgt im Erststaat, lediglich die Vollstreckung wird im Zweitstaat durchgeführt. § 1086 ZPO enthält hingegen ein spezielles (bzw. erweitertes) Rechtsbehelfsverfahren im Zweitstaat gegen den Europäischen Vollstreckungstitel.[143] Das widerspricht jedoch dem Gebot des Art. 20 I 2 EuVTVO, den Europäischen Titel wie inländische Vollstreckungstitel zu behandeln.[144]

Auf Art. 24 Nr. 5 EuGVO lässt sich dieses Verfahren nicht stützen. Denn die Voll- **10.35**
streckungsgegenklage beseitigt die Vollstreckungswirkung des Titels. Konsequenterweise müsste der Schuldner, wenn er nach § 1086 I ZPO vorgeht, die Herausgabe (bzw. Kennzeichnung) der Begleitformulare (Anhänge I–III zur EuVTVO) verlangen dürfen. Ein solches Klagebegehren vermag auch Art. 20 VO 805/2004 nicht zu legitimieren.[145] Der dort enthaltene Verweis auf die nationalen Vollstreckungsrechte bezieht nur solche Rechtsbehelfe des Vollstreckungsrechts ein, welche die Rechtmäßigkeit der Vollstreckungsmaßnahmen zum Gegenstand haben.[146] Dazu zählt zwar in Deutschland auch der Einwand, dass die Vollstreckung nach § 775 ZPO einzustellen ist, sofern

---

142 Letztlich enthält § 767 I ZPO bereits diese Wertung. Denn die Vorschrift verweist die Entscheidung über materielle Einwendungen an das (mit dem Rechtsstreit vertraute) Prozessgericht. Dessen Zuständigkeit bestimmen die Art. 4 ff. EuGVO, dazu bereits *Hess*, IPRax 2004, 493, 494 im Anschluss an *Nelle*, Titel, Anspruch und Vollstreckung (2000), S. 366 ff.; *Frische*, Verfahrenswirkungen (2006), S. 196 ff.

143 Es ist zudem absehbar, dass über den „Sonderrechtsbehelf" des § 1086 I ZPO der Einwand des Rechtsmissbrauchs gegen die Vollstreckung des Titels geltend gemacht wird mit der Folge, dass der Sache nach ein „verdecktes Exequaturverfahren" durchgeführt wird.

144 Die Sonderbehandlung widerspricht dem unionsrechtlichen Effektivitäts- und Nichtdiskriminierungsgebot (Art. 4 III AEUV), dazu § 11 I, Rdn. 11.7 ff. Anders nunmehr EuGH, 4.6.2020, Rs. C-41/19, *FX*, EU:C:2020:425. Jedoch haben weder die Schlussanträge noch das Urteil die hiesigen Erwägungen behandelt. Die Schlussanträge (GA *Bobek*) zitieren keine deutschsprachige Literatur.

145 Die Einschätzung von *Hüßtege*, FS Jayme (2004), S. 371, 384, dass die Vollstreckungsgegenklage „im Rahmen von Art. 22 (nunmehr: 24) Nr. 5 EuGVO" zugelassen sei, beantwortet das Problem im Kern nicht. Denn die Reichweite des Art. 24 Nr. 5 EuGVO ist streitig, dazu *Nelle*, Titel, Anspruch und Vollstreckung (2000), S. 366 ff.; zustimmend *Hau*, ZVglRWiss. 100 (2001), 495, 497 f.; *Münzberg*, FS Geimer I (2002), S. 745, 748 f.; aA *H. Roth*, JZ 2007, zu Art. 24 Nr. 5 EuGVO oben § 6 II, Rdn. 6.147 ff.

146 *Frische*, Verfahrenswirkungen, S. 191 ff.

die Einstellungsvoraussetzungen in qualifizierter Form nachgewiesen werden.[147] Ansonsten zählt jedoch Art. 21 VO 805/2004 abschließend die materiellen Gründe auf, die zu einer Versagung der Vollstreckung im Zweitstaat führen. Schließlich lässt sich eine Abgrenzung zwischen Urteilsaufhebung im Erststaat und partieller Vollstreckbarkeitsaufhebung im Zweitstaat nicht durchführen[148] – dementsprechend umstritten ist im autonomen Recht die internationalrechtliche Wirkung der Präklusion nach § 767 II ZPO, die sich richtigerweise nach dem Recht des Erststaates richtet.[149]

10.36 Die Fragwürdigkeit der deutschen Ausführungsregelung wird deutlich, wenn man sich die Rechtsnatur der Vollstreckungsgegenklage vor Augen führt: Sie beseitigt als prozessuale Gestaltungsklage die Vollstreckbarkeit des Titels[150]. Das Rechtsschutzziel einer Klage nach § 1086 ZPO kann jedoch nur die Beseitigung der Vollstreckbarkeit des Europäischen Vollstreckungstitels für das Inland sein. Damit wird dessen europaweite Freizügigkeit gekappt. Machte die deutsche Regelung Schule, drohen gemeinschaftsweit (unkoordinierte) Zweitverfahren, deren Rechtsschutzziel (Beseitigung der Vollstreckungsfähigkeit) der Versagung des Exequatur nach Art. 44 ff. EuGVO aF entspricht. Nur entscheiden über diese Einwendungen nicht mehr die von der EuGVO aF bestimmten Gerichte der Mitgliedstaaten (wie im Fall der Art. 43 ff. EuGVO aF), sondern nunmehr die Vollstreckungsgerichte.[151] Die Folge wäre eine massive Rechtszersplitterung, die das von der EuVTVO intendierte Ziel der wechselseitigen Anerkennung nach dem prozessualen Herkunftslandprinzip geradezu in das Gegenteil verkehrt.[152] Die unterschiedliche Zulassung materieller Einwände hat „hinkende" Europäische Vollstreckungstitel zur Folge.[153]

10.37 Auch die Regelung des § 1086 II ZPO erscheint bedenklich. Der dort enthaltene Verweis auf § 767 II ZPO ist rechtssystematisch angreifbar: § 767 II ZPO schützt die materielle Rechtskraft. Prozessvergleich und vollstreckbare Urkunde sind bekanntlich

---

147 Dazu Stein/Jonas/*Münzberg*, § 775 ZPO, Rdn. 20–23.

148 Der vorgeschlagene Abgrenzungsversuch in § 1086 II ZPO ist hierfür ein markantes Beispiel, dazu sogleich im Text bei Rdn. 10.37.

149 Ausführlich *Nelle*, Titel, Anspruch und Vollstreckung, S. 443 ff.

150 Nagel/*Gottwald*, IZVR, § 12, Rdn. 128 betont mit Recht, dass im autonomen Prozessrecht sich die Vollstreckungsgegenklage gegen die Exequaturentscheidung (§§ 722 f. ZPO) richtet, also den ausländischen Titel als solchen unberührt lässt. Entfällt das Exequatur, so entfällt gleichfalls der „Angriffspunkt" der Vollstreckungsgegenklage. Diese Überlegungen verdeutlichen, dass § 1086 I ZPO über die überkommene Rechtslage weit hinausgeht. Gegen die prozessuale Konzeption der Vollstreckungsgegenklage auch *Halfmeier*, IPRax 2007, 381, 383 ff.

151 AA EuGH, 4.6.2020, Rs. C-41/19, *FX*, EU:C:2020:425, Rdn. 37, der – wenig überzeugend – eine derartige Zuständigkeit aus Art. 41 EuUhVO ableiten will.

152 Zur Gefahr einer Re-Nationalisierung bei einer widerstrebenden „Umsetzung" der VO 805/04/EG vgl. *Stein*, IPRax 2004, 181, 191.

153 Dazu bereits *Hess*, IPRax 2004, 493 f.; zustimmend *Frische*, Verfahrenswirkungen (2006), S. 209 ff. Dagegen hält *Wagner*, IPRax 2005, 401, 408 (Fn. 95) „hinkende Vollstreckungstitel" (aufgrund nationaler Durchführungsvorschriften) grundsätzlich für hinnehmbar.

nicht der Rechtskraft fähig. Dennoch soll die Präklusion aufgrund Rechtskraft nun für Einwendungen gegen ausländische Urkunden und Prozessvergleiche gelten – das ist ein offener Systembruch.[154] Zudem ist völlig offen, auf welchen Zeitpunkt sich die Präklusion des § 1086 ZPO bezieht: § 767 II ZPO spricht vom Schluss der mündlichen Tatsachenverhandlung – die gibt es bei diesen Titeln (zumindest bei der Urkunde) nicht. Die Gesetzesbegründung verweist auf Art. 24 II und 25 II VO 805/2004: Die Vorschriften zeigen jedoch, dass eine Aufhebung des Vollstreckungstitels (die VO spricht von Anfechtung der Vollstreckbarkeit) im Zweitstaat nicht statthaft ist.[155]

Aus der Sicht des Schuldnerschutzes erscheint die deutsche Regelung nicht **10.38**
geboten: Der praktisch wichtigste Einwand, nämlich dass der Schuldner nach Titelerlass bezahlt hat, führt bereits nach § 775 Nr. 5 ZPO unschwer mit der Vorlage des Einzahlungs- und Überweisungsnachweises der Bank zur Einstellung der Zwangsvollstreckung.[156] Diesen Einwand muss der Schuldner mithin nicht vor dem ausländischen Prozessgericht geltend machen. Andere beweisbedürftige, materiellrechtliche Einwände, wie etwa die Aufrechnung, gehören hingegen vor das Prozessgericht.[157]

Die deutsche Umsetzung der VO 805/04/EG verdeutlicht die bereits aufgezeig- **10.39**
ten[158] Schwierigkeiten bei der Implementierung der Europäischen Prozessrechtsakte: Der deutsche Gesetzgeber hat sich, ausgehend von der nachhaltigen Zersplitterung des deutschen Vollstreckungsrechts, für eine Einfügung des Unionsrechtsakts in die überkommenen Strukturen des deutschen Vollstreckungsrechts entschieden. Damit wurden zwar im Kern die Vorgaben des Art. 20 I EuVTVO umgesetzt. Freilich wird in der Praxis die Anwendung des Unionsrechtsakts extrem verkompliziert: Die unübersichtlichen Zuständigkeiten und damit korrespondierenden, unterschiedlichen Rechtsbehelfe des überkommenen deutschen Vollstreckungsrechts konterkarieren die vom Rechtsakt intendierte Effektuierung der Urteilsfreizügigkeit.[159] Letztlich

---

154 Ebenso *Frische*, Verfahrenswirkungen (2006), S. 215; *Hök*, ZAP 2005 (Fach 25), 1099, 1115 f.; *McGuire*, ecolex 2006, 83, 85 (zum österreichischen Verfahrensrecht); aA *Burgstaller/Neumayr*, ÖJZ 2006, 179, 190; *Klippstein*, in: Gebauer/Wiedmann (Hrg.), Zivilrecht unter europäischem Einfluss, § 22, Rdn. 61; *Domej*, RabelsZ 78 (2014), 508, 516.

155 Ebenso *Jennissen*, InvO 2006, 263, 270 („europarechtswidrig").

156 Die Gegenansicht, etwa *Burgstaller/Neumayr*, ÖJZ 2006, 179, 190; *Coester-Waltjen*, JURA 2005, 394, 396, verweist darauf, dass nicht sämtliche EU-Mitgliedstaaten einen der Vollstreckungsgegenklage funktional vergleichbaren Rechtsbehelf kennen, so dass Rechtsschutzlücken drohen – freilich wurde bisher hierzu keine detaillierte, rechtsvergleichende Untersuchung vorgenommen. *Kerameus*, IECL XVI – Enforcement Proceedings (2002), Rdn. 1081 stellt freilich heraus, dass ein der Vollstreckungsgegenklage funktional vergleichbarer Rechtsbehelf in den meisten Systemen existiert.

157 *Münzberg*, FS Geimer I (2002), S. 745, 754 ff., vertritt mit Recht die Ansicht, dass sich die Zuständigkeit für die Klage nach § 767 ZPO nach Art. 4 ff. EuGVO bestimmt. Dazu oben § 6 II, Rdn. 6.149.

158 Vgl. oben § 4 I, Rdn. 4.23 f.

159 Zu kompliziert *Rellermeyer*, RPfleger 2005, 381, 398 ff. im Hinblick auf die wechselseitige Verzahnung der überkommenen Klauselerteilung nach §§ 724 ff. ZPO mit den Ausführungsvorschriften der §§ 1079 ff. ZPO. Die Überlagerung des Gemeinschaftsrechtsakts durch die Komplikationen des Rechts-

drängt sich der Eindruck auf, dass der von der VO 805/04/EG intendierte Wegfall des Exequaturverfahrens durch eine Ausweitung des vollstreckungsrechtlichen Rechtsbehelfssystems aufgefangen werden soll – damit macht die nationale Ausführungsregelung jedoch den Effizienzgewinn des Unionsrechtsakts in erheblichem Maß zunichte.[160]

e) Das Verhältnis zur EuGVO

10.40 Das Komplementärverhältnis der EuVTVO zur EuGVO stellt Art. 27 EuVTVO ausdrücklich heraus: Danach hat der Gläubiger die Wahl, ob er nach Art. 39 ff. EuGVO oder nach Art. 5 ff. EuVTVO vorgeht.[161] Beide Rechtsakte stehen also, trotz zahlreicher inhaltlicher Bezugnahmen, unverbunden nebeneinander.[162] In den meisten Fällen wird eine Bestätigung als Europäischer Vollstreckungstitel effektiver und kostengünstiger für den Gläubiger sein.[163] Der Gläubiger kann jedoch auch die Verfahren nach beiden Rechtsakten parallel betreiben und im Ergebnis das Verfahren favorisieren, das sich als das schnellere erweist.[164] Umgekehrt sollte der Gläubiger das Verfahren nach Art. 36 ff. EuGVO wählen, wenn er erkennt, dass die Mindesterfordernisse der Art. 12 ff. EuVTVO nicht gewahrt wurden. Der Antrag auf Klauselerteilung (Art. 38 ff. EuGVO aF) ist jedoch „mangels Rechtsschutzbedürfnisses" zurückzuweisen, wenn bereits ein bestätigter Europäischer Vollstreckungstitel vorliegt.[165]

10.41 Für den Schuldner hat das Nebeneinander der europäischen Verfahren durchaus Nachteile: Der Gläubiger kann sich eine Vielzahl unterschiedlicher Vollstreckungstitel für dieselbe Forderung ausfertigen lassen[166] – hieraus resultiert die Gefahr mehrfa-

---

behelfssystems des 8. Buches der ZPO ist mit dem Effektivitätsgebot nicht zu vereinbaren, *Hess*, IPRax 2008, 23 ff.

160 Die hier geäußerte Kritik speziell an der deutschen Umsetzungsregelung betrifft andere Mitgliedstaaten gleichermaßen. Letztlich schlagen hier rechtspolitische Vorbehalte gegenüber dem unionsrechtlichen Regelungskonzept auf der Ebene der Ausführungsregelungen durch. Sie werden freilich in Deutschland durch die überholte Struktur des Zwangsvollstreckungsrechts begünstigt, rechtsvergleichend *Bittmann*, Vom Exequatur zum Europäischen Vollstreckungstitel, S. 36 ff.

161 Die EuVTVO enthält mithin ein optionales Instrument, vgl. oben § 4 I, Rdn. 4.23.

162 Die EU-Kommission hatte die Aufhebung der VO anlässlich der Reform der EuGVO vorgeschlagen. Da die weitreichenden Vorschläge der EU-Kommission zur Abschaffung der *ordre public*-Kontrolle bei der Reform der EuGVO (2012) nicht aufgegriffen wurden, wurde auch der Vorschlag zur Aufhebung der EuVTVO nicht weiter verfolgt. Für eine Aufhebung *Schack*, ZVglRWiss 119 (2020), 237, 250 ff.

163 Voraussetzung ist freilich eine effiziente Handhabung der Anträge durch die befassten Rechtspfleger. Vgl. auch *Mankowski*, FS Kropholler, S. 829 ff.

164 *Wagner*, NJW 2005, 1158 – insbesondere das Verfahren nach Art. 40 EuGVO eröffnet dem Gläubiger einen sofortigen Zugriff auf das Vermögen im Vollstreckungsstaat, ohne vorherige Zustellung des Titels, Art. 43 III EuGVO, dazu oben § 6 IV, Rdn. 6.266 ff.

165 BGH, 14.6.2012, BeckRS 2012, 13821; BGH, 4.2.2010, IPRax 2011, 81.

166 Man kann dies als „Rechtsakt- bzw. Instrument-Shopping" bezeichnen.

cher Vollstreckungen (auch in verschiedenen EG-Mitgliedstaaten).[167] Abhilfe könnte hier ein europäisches Vollstreckungsregister schaffen, das die unterschiedlichen Vollstreckungsmaßnahmen dokumentiert. Es müsste freilich durch einen Unionsrechtsakt implementiert werden. Sofern das Vorliegen eines weiteren Vollstreckungstitels im Klauselerteilungsverfahren bekannt ist,[168] sollte die Vollstreckungsklausel nach § 9 AVAG den Hinweis enthalten, dass es sich um eine weitere Ausfertigung handelt.[169]

II. Das Europäische Mahnverfahren

1. Strukturtypen europäischer Inkasso- und Mahnverfahren

Fast sämtliche EU-Mitgliedstaaten kennen vereinfachte und beschleunigte Verfahren zur raschen Durchsetzung von Geldforderungen.[170] Diese ermöglichen eine beschleunigte Titulierung von unstreitigen, eilbedürftigen und leicht beweisbaren Forderungen.[171] In diesen Verfahren erlässt das Gericht auf Antrag des Gläubigers, ohne Anhörung des Schuldners, eine Verfügung, die den Schuldner zur Bestreitung des geltend gemachten Anspruchs oder zu dessen Bezahlung auffordert.[172] Der Schuldner wird (formularmäßig) über seine Rechte aufgeklärt, es steht ihm ein leicht zugänglicher, häufig formularmäßig einzulegender Rechtsbehelf offen.[173] Widerspricht der Schuldner nicht (fristgerecht), so ergeht ein Vollstreckungstitel. Lässt er sich ein, so wird das ordentliche Klageverfahren durchgeführt. 10.42

Bei näherer Betrachtung sind die Verfahren in den EU-Mitgliedstaaten jedoch strukturell verschieden: Die Literatur unterscheidet Urkunden- und nachweislose Mahnverfahren.[174] Die Einteilung bezieht sich auf die Anforderungen an die Substantiierung und den Nachweis des Anspruchs sowie auf die korrespondierende Nachprüfung (Plausibilitäts- bzw. Schlüssigkeitsprüfung) durch das Gericht. Weitere Unterschiede bestehen bei der inhaltlichen bzw. betragsmäßigen Begrenzung des 10.43

---

167 Probleme mit der Vielzahl unterschiedlicher Formulare werden aus der Praxis wiederholt berichtet, dazu *v. Hein*, ZVglRWiss 119 (2020), 123, 137.

168 So im Fall des OLG Stuttgart, 27.1.2009, 5 W 68/08, (unveröffentlicht) – dort hatte die polnische Gläubigerin anstelle der Bescheinigung nach Art. 54 EuGVO die Bescheinigung nach Anlage I der EuVTVO vorgelegt.

169 Dabei bietet sich die analoge Anwendung von § 733 ZPO an.

170 Überblick im Grünbuch der EG-Kommission für ein Europäisches Mahnverfahren, KOM (2002) 746 endg. vom 20.12.2002.

171 So zutreffend *Prütting*, FS Baumgärtel (1990), S. 457, 462.

172 Dazu *Rechberger/Kodek*, General Report, in: dies. (Hrg.), Orders for Payment, S. 1 ff.

173 Zur EuMahnVO vgl. *Vollkommer/Huber*, NJW 2009, 1105, 1106.

174 *Ferrand*, FS Schlosser (2005), S. 175, 176.

Verfahrens und schließlich bei dessen ein- oder zweistufiger Ausgestaltung.[175] Auch erkennen nicht alle Prozessordnungen dem Zahlungsbefehl formelle und materielle Rechtskraft zu.[176] Daneben bestehen Überschneidungen zum einstweiligen Rechtsschutz[177] und zu sonstigen summarischen Verfahren.[178]

10.44 Ein in der Praxis wichtiger Gesichtspunkt betrifft die unterschiedliche Regelung der Forderungseintreibung durch Inkassofirmen in den EU-Mitgliedstaaten. Derartige Praktiken existieren vor allem in Staaten, die kein Rechtsberatungsmonopol der Anwaltschaft kennen.[179] Ein Beispiel sind die Niederlande: Hier gibt es kein gesondertes Mahnverfahren. Es dominiert das außergerichtliche Inkasso (durch landesweit operierende Gerichtsvollzieher). Diese treiben im Auftrag der Gläubiger deren Rechnungen unmittelbar vor Ort bei den Schuldnern ein. Die gerichtliche Forderungsbeitreibung hat sich in die Verfahren des einstweiligen Rechtsschutzes (*kort geding*) mit starken lokalen Unterschieden verlagert.[180] Auch andere Mitgliedstaaten sehen vereinfachte Vollstreckungsverfahren bei der Präsentation (schlichter) kaufmännischer Rechnungen vor.[181] Im Präsentationsverfahren erfüllen die Vollstreckungsorgane eine besondere Aufklärungsfunktion: Sie informieren den Schuldner über die Rechtsnatur des Titels und die Möglichkeit, gegen die Vollstreckung Rechtsbehelfe einzulegen. Darüber hinaus haben sie die Befugnis, eine einvernehmliche Schuldenregulierung zu vermitteln. Mitgliedstaaten, die ein derartiges Präsentationsverfahren kennen, verlangen in Mahnverfahren zumeist den Nachweis der geltend gemachten Forderung durch Urkunden, die das (Prozess-)Gericht vor dem Erlass des Zahlungsbefehls summarisch prüft. Urkundsmahnverfahren gibt es in Belgien, Frankreich, Griechenland, Italien, Luxemburg und Spanien. Dagegen verzichten Deutschland, Finnland,

---

175 Beim einstufigen Verfahren erwächst der Zahlungsbefehl/Mahnbescheid selbst in Rechtskraft, wenn die Einspruchsfrist abgelaufen ist (so die Rechtslage in Österreich). Beim zweistufigen Mahnverfahren ergeht nach Ablauf der Einspruchsfrist eine gerichtliche Zahlungsverfügung, die ihrerseits in Rechtskraft erwächst (so der Vollstreckungsbescheid in Deutschland, vgl. §§ 699 ff. ZPO).

176 Dies ist letztlich eine weitere Folge der heterogenen Einordnung der Inkassoverfahren zwischen summarischen Erkenntnisverfahren, Klageeinleitung, einstweiligem Rechtschutz und Zwangsvollstreckung, dazu *Hess*, FS Geimer I (2002), S. 339, 342 ff.

177 In Frankreich erfolgt eine rasche Titulierung von Geldforderungen teilweise im *référé provision*-Verfahren nach Art. 809 ff. C.P.C., überwiegend jedoch mittels *injonction de payer*, Art. 1405 ff. C.P.C., dazu *Ferrand*, FS Schlosser (2005), S. 175; *Ontanu*, Cross-border Debt Recovery, S. 111 ff.

178 Im englischen Recht besteht vor allem die Möglichkeit, ein summary judgment nach Part. 24 CPR zu beantragen, *Ontanu*, Cross-border Debt Recovery, S. 57 ff., 66 ff.

179 Dies ist in den meisten EU-Mitgliedstaaten der Fall. Anders in Deutschland aufgrund des Rechtsdienstleistungsgesetzes, vgl. EuGH, 12.12.1996, Rs. C-3/95, *Reisebüro Broede./.Sandker*, EU:C:1996:487.

180 Dazu *Freudenthal*, Maastricht J Eu & Comp L. 4 (1997), 59 ff.; *Kramer*, in: Hess/Bergström/Storskrubb (ed.), EU Civil Justice (2016), S. 96 ff.

181 Beispiel: In Dänemark ermöglicht die vollstreckbare Urkunde nach Art. 478 Gerichtsgesetz eine rasche Beitreibung der Forderung, vgl. EuGH, 17.6.1999, Rs. C-260/97, *Unibank*, EU:C:1999:312.

Portugal sowie Schweden auf den Nachweis der Forderung und auf die Schlüssigkeitsprüfung vor Erlass des Mahnbescheids. Hier muss der Schuldner lediglich im Antrag den Rechtsgrund der Forderung angeben, die er durchsetzen will.[182]

Inkassoverfahren dienen mehreren Zielsetzungen: Die Verfahren sollen mit möglichst geringem Zeit- und Kostenaufwand frühzeitig feststellen, ob ein streitiger Prozess durchzuführen ist oder ob der Anspruch rasch, nämlich auf einseitigen Vortrag des Gläubigers, tituliert werden kann.[183] Wesentliche Aufgabe des Mahnverfahrens ist die Entlastung der Justiz. Denn es ist ein bekanntes Phänomen, dass Gerichte zur Forderungsdurchsetzung häufig nur deshalb eingeschaltet werden, weil der Gläubiger den Schuldner definitiv zur Zahlung anhalten oder materiellrechtliche Nachteile (wie den Eintritt der Verjährung) vermeiden will (vgl. § 204 Nr. 3 BGB). Umgekehrt spielen zahlreiche Schuldner, auch vor Gericht, lediglich auf Zeit, ohne begründete Einwendungen gegen den Anspruch vorbringen zu können[184]. Die Schaffung eines gesonderten Inkassoverfahrens, das auf Formularzwang und digitalisierte Bearbeitung gestützt wird, kann ganz nachhaltig zur Rationalisierung der Forderungsbeitreibung und damit zur Entlastung der Gerichte beitragen.[185] 10.45

Die Effektuierung und die Automatisierung des Verfahrens dürfen jedoch das rechtliche Gehör des Schuldners nicht verkürzen. Hier hat der EuGH seine Rechtsprechung verschärft. Nach überkommener Auffassung verlangen Art. 47 GRC und 6 EMRK keine Anhörung des Schuldners vor dem Erlass des Zahlungsbefehls.[186] Die Verfahrensausgestaltung muss freilich sicherstellen, dass der Schuldner seine Rechte im Widerspruchsverfahren wahren kann.[187] Auch hier sind die nationalen Rechte unterschiedlich: Das deutsche Prozessrecht setzt auf eine formularmäßige Information. Der deutsche Mahnbescheid enthält eine drucktechnisch (wenig deutlich) hervorgehobene Passage, dass das Gericht die Berechtigung der Forderung nicht geprüft habe. Zugleich wird der Schuldner belehrt, dass er seine Rechte innerhalb von zwei Wochen[188] durch Einlegung des Widerspruchs beim Mahngericht wahren kann. Dem Mahnbescheid ist (auf der Rückseite) ein formularmäßiger Vordruck für 10.46

---

182 Dazu *Rechberger/Kodek*, Generalbericht, in: dies. (Hrg.), Orders for Payment, S. 1, 7 ff.

183 *Prütting*, FS Baumgärtel (1990), S. 457, 462.

184 Diese Erwägungen sind vor allem im Zusammenhang mit dem Erlass der Zahlungsverzugsrichtlinie RL 2000/35/EG diskutiert worden, *Knapp*, RabelsZ 63 (1999), 295 ff. Die Änderung der Prozesszinsen (§ 291 BGB) hat allerdings derartige Verzögerungspraktiken (den sog. Justizkredit) beendet.

185 Die größten Entlastungseffekte werden im schwedischen *Supro*-Verfahren und im deutschen Mahnverfahren erzielt, *Kennett*, Enforcement of Judgments, S. 68 f.

186 *Rechberger/Kodek*, Generalbericht, in: dies. (Hrg.), Orders for Payment, S. 1, 4.

187 Inzwischen tendiert die Judikatur des Gerichtshofs dahin, eine Intervention des Richters zu verlangen, bevor ein Vollstreckungstitel erteilt wird. Es bleibt allerdings abzuwarten, ob diese Rechtsprechung, die vor allem im Zusammenhang mit Art. 6 und 7 der Klausel-RL (RL 93/15 EWG) entwickelt wurde, allgemein auf Mahnverfahren übertragen wird, dazu Schlussanträge *Kokott*, 26.4.2018, Rs. C-176/17, *Profi Credit Polska*, EU:C:2018:293, Rdn. 60 und 65. Der Bericht der EU-Kommission zur Anwendung der EuMahnVO vom 13.10.2015 (COM (2015) 495), S. 10 f., hielt die EuMahnVO mit der Rechtsprechung des Gerichtshofs für vereinbar. Anders jedoch EuGH, 19.12.2019, verb. Rs. C-435/18 und C-494/18, *Bondora*, EU:C:2019:1118.

188 Im Auslandsmahnverfahren beträgt die Frist 4 Wochen, vgl. § 32 I 2 AVAG.

den Widerspruch beigefügt. Das Ausfüllen des Formulars bereitet keine praktischen Schwierigkeiten. Aufgrund der zweistufigen Ausgestaltung des Mahnverfahrens kann sich der Schuldner zudem gegen den Vollstreckungsbescheid wehren (§§ 699 ff. ZPO); allerdings in diesem Verfahrensabschnitt mit Kostennachteilen (§§ 700 I, 344 ZPO).[189]

10.47 Das französische Verfahren schützt den Schuldner vor dem Erlass des Zahlungsbefehls durch die vorgängige gerichtliche Schlüssigkeitsprüfung anhand der beizufügenden Urkunden. Die Zustellung des Zahlungsbefehls erfolgt durch den (rechtskundigen) Gerichtsvollzieher, der den Schuldner mündlich über die Bedeutung und Rechtswirkungen der *ordonnance* sowie über den statthaften Rechtsbehelf und seine Geltendmachung aufklärt (Art. 1414 CPC).[190] Dem Schuldner steht der befristete Rechtsbehelf der Opposition offen, der ohne Anwaltszwang und Begründung eingelegt werden kann. Inzwischen plant der französische Gesetzgeber die Einführung eines IT-gestützten (allgemeinen) Mahnverfahrens, das dem Modell der EuMahnVO folgt.[191]

10.48 Der (knappe) Rechtsvergleich verdeutlicht unterschiedliche Verfahrensverständnisse: Der französische Prozess geht vom Leitbild der aufklärungsbedürftigen und mündlich zu belehrenden Naturalpartei aus. Der deutsche Gesetzgeber baut darauf, dass der Schuldner den Mahnbescheid vollständig liest, ihn versteht und daraus (eventuell nach der Einholung von Rechtsrat) zutreffend reagiert.[192] Beide Verfahrensrechte setzen auf die Information und die Eigeninitiative des Schuldners – vergleichbar der Einlassungslast beim Versäumnisverfahren.[193] In Deutschland kann sich der weniger gut informierte Schuldner zweimal wehren – dem besser aufgeklärten Schuldner steht im französischen Verfahren nur ein Rechtsbehelf zur Verfügung.[194] Beide Rechte eröffnen dem Gläubiger einen raschen und preiswerten rechtskräftigen Vollstreckungstitel. Aufgrund der Automatisierung hat das deutsche (nachweislose) Mahnverfahren eine ungleich höhere praktische Bedeutung als sein französisches Gegenstück.[195]

---

189 Vgl. Wieczorek/Schütze/*Olzen*, § 700 ZPO, Rdn. 85.

190 Deutlich *Couchez*, Procédure Civile (2001), S. 283 „mission particulière de l'huissier de justice". Allerdings kann der Schuldner den Einspruch (*opposition*) nicht gegenüber dem Gerichtsvollzieher erklären, er ist vielmehr beim Gericht, dass die *ordonnance* erlassen hat, formlos einzulegen, C.Cass. 2e civ. 17.5.1977, Bull. civ. II, n. 134.

191 Zum 1.1.2020 erfolgte die Einführung eines automatisierten und zentralisierten Mahnverfahrens in Frankreich. Zentrales Mahngericht ist der TGI in Straßburg.

192 Leitbild ist hier weniger die Naturalpartei als der Prozess mit anwaltlicher Vertretung (§ 78 ZPO), dazu *Hess*, Rechtsvergleichende Bemerkungen zur Rechtsstellung des Richters, in Oberhammer (Hrg.), Richterbild und Rechtsreform in Mitteleuropa, S. 2 f. Die Ausgestaltung der Formulare erscheint im Hinblick auf eine effektive (und verständliche) Belehrung des Schuldners durchaus problematisch.

193 Die französischsprachige Literatur bezeichnet diese Einlassungslast als *„l'inversion du contentieux"*, *Correa Delcasso*, RIDC 53 (2001), 61, 63 ff.

194 Das österreichische Mahnverfahren lässt hingegen nur einen einmaligen Einspruch des Schuldners zu.

195 *Ferrand*, FS Schlosser (2005), S. 175 ff.

2. Mindestharmonisierung durch die Zahlungsverzugsrichtlinie

Die Erleichterung der europaweiten Forderungsdurchsetzung durch vereinfachte Mahn- bzw. Inkassoverfahren stand bereits vor dem Inkrafttreten des Vertrages von Amsterdam auf der Rechtsetzungsagenda der Gemeinschaft.[196] Einen ersten Harmonisierungsschritt enthielt Art. 5 der Richtlinie 2000/35/EG zur Bekämpfung des Zahlungsverzugs im Geschäftsverkehr.[197] Danach waren die Mitgliedstaaten verpflichtet, bis zum 8.8.2002 „Beitreibungsverfahren für unbestrittene Geldforderungen" einzuführen, in denen Gläubiger binnen 90 Tagen seit Klageeinreichung einen vollstreckbaren Titel erlangen können.[198] Die Richtlinie bewirkte lediglich eine Mindestharmonisierung, da sie keinerlei inhaltliche Vorgaben für die Beitreibungsverfahren aufstellt. Diese Beschränkung beruht auf der Rechtsgrundlage der Richtlinie 2000/35/EG, nämlich der Binnenmarktkompetenz des Art. 95 EG (heute: Art. 114 AEUV).[199] Die praktische Umsetzung der sehr allgemeinen Vorschrift in den Mitgliedstaaten blieb letztlich unbefriedigend: alle Mitgliedstaaten hielten ihre innerstaatlichen Rechte für ausreichend, um die Vorgaben von Art. 5 RL zu implementieren. Auch der EuGH hat aus Art. 3 und 5 RL 2000/35/EG kein konkretes Recht des Gläubigers auf Kostenerstattung im Beitreibungsverfahren abgeleitet.[200] Letztlich hat die viel zu allgemein gefasste Regelung des Art. 5 RL 2000/35/EG keine praktische Bedeutung für die Effektuierung nationaler Beitreibungsverfahren erlangt. 10.49

Dass ein praktisches Bedürfnis für die Schaffung grenzüberschreitender Mahn- und Inkassoverfahren besteht, lässt nicht zuletzt die Rechtsprechung des EuGH erkennen: Der Gerichtshof wurde von den Gerichten mehrerer Mitgliedstaaten gefragt, ob nicht die Beschränkung nationaler Mahnverfahren auf inländische Parteien eine unzulässige Diskriminierung ausländischer Gläubiger bzw. eine unzulässige Beschränkung inländischer Gläubiger sei. Der EuGH reagierte zurückhaltend und verneinte eine Verletzung der Grundfreiheiten.[201] 10.50

---

196 Art. 11 der 1995 veröffentlichten Vorschläge der *Storme*-Kommission zur Harmonisierung der europäischen Zivilverfahrensrechte enthielt eine Regelung für ein europäisches Mahnverfahren, dazu *Rechberger/Kodek*, Überlegungen zu einem Europäischen Mahnverfahren, in: dies. (Hrg.), Orders for Payment, S. 29, 33 ff; Den Vorschlag hatte *Prütting* vorbereitet, vgl. unten § 14 II, Rdn. 14.4 ff.

197 ABl. EG 2000 L 200/35 ff.

198 Dazu *Schulte-Braucks*, NJW 2001, 103, 107.

199 So ausdrücklich die Präambel der Richtlinie, dazu *Schulte-Braucks*, Auf dem Wege zu einem europäischen Privatrecht: Das Beispiel der Richtlinie zur Bekämpfung von Zahlungsverzug im Geschäftsverkehr, FS Immenga (2004), S. 75, 89 f. – die EG-Kommission ging nach kontroversen Diskussionen im Rat und im Parlament von einer Kompetenz nach Art. 95 EG (heute Art. 114 AEUV) aus.

200 EuGH, 10.3.2005, Rs. C-235/03, *QDQ Media*, EU:C:2005:147. Der Gerichtshof verwies zudem darauf, dass die Zuerkennung der Anwaltskosten im Ergebnis auf eine horizontale Anwendung der Richtlinie (im Verhältnis zwischen Privaten) hinauslaufen würde.

201 EuGH, 22.6.1999, Rs. C-412/97, *ED*, EU:C:1999:324; EuGH, 10.3.2005, Rs. C-235/03, *QDQ Media*, EU:C:2005:147.

3. Der Europäische Zahlungsbefehl, VO 1896/2006/EG

a) Der Gang des Gesetzgebungsverfahrens

10.51 Die Schaffung eines eigenständigen Mahnverfahrens der Union stand auf der Agenda der Ratsbeschlüsse von Tampere und im Wiener Aktionsplan.[202] Im Dezember 2002 veröffentlichte die EG-Kommission ein Grünbuch zu den Europäischen Mahnverfahren[203], dem am 25. Mai 2004 ein Verordnungsvorschlag für ein Europäisches Mahnverfahren folgte.[204] Für den ursprünglichen Vorschlag der EG-Kommission, der ein zweistufiges Verfahren vorsah, stand zunächst das deutsche Mahnverfahren Modell.[205] Die unter österreichischer Ratspräsidentschaft erlassene EuMahnVO orientiert sich hingegen am einstufigen, österreichischen Mahnverfahren.[206]

10.52 Die VO 1896/2006 zur Einführung eines Europäischen Mahnverfahrens trat am 12.12.2008 in Kraft (Art. 33 II EuMahnVO). Als „additives Verfahren" eröffnet die EuMahnVO ein 28. Verfahren neben den Mahnverfahren in den derzeit 27 EU-Mitgliedstaaten. Das Europäische Mahnverfahren implementiert jedoch weitere Ambitionen des EU-Gesetzgebers: Denn der Rechtsakt schafft erstmals einen echten europäischen Titel, der auf einem eigenständigen Formular ausgefertigt wird, das die Verordnung vorgibt.[207] Die EuMahnVO ist als ein „optionales Instrument" ausgestaltet: Der Gläubiger kann zwischen dem europäischen Verfahren oder den Mahnverfahren nach nationalem Prozessrecht wählen – der nationale Vollstreckungsbescheid wird weiterhin nach Art. 36 ff. EuGVO anerkannt und vollstreckt.[208] Im Ergebnis setzt der Unionsgesetzgeber jedoch auf die erhöhte Effizienz und Attraktivität des europäischen Verfahrens – es kommt mithin zum Wettbewerb zwischen den nationalen und europäischen Verfahren.[209]

b) Die Reform des Verfahrens, VO 2421/2015/EU

10.53 In ihrem Evaluationsbericht vom 13.10.2015[210] attestierte die EU-Kommission der EuMahnVO, im Wesentlichen zuverlässig und zufriedenstellend zu funktionieren.

---

202 Dazu oben § 1 IV, Rdn. 1.38; Voraufl. § 2 I, Rdn. 33 ff.

203 ABl. EG 2001 C 12/1 ff.

204 KOM (2004) 173 endg.

205 Aus diesem Grund war der Vorschlag vor allem in Österreich, das ein deutlich stärker automatisiertes (und vereinfachtes) Mahnverfahren kennt, auf erhebliche Kritik gestoßen.

206 ABl. EG 2006 L 399/1 ff., *Tschütscher/Weber*, ÖJZ 2007, 303, 304.

207 Als markantes Symbol enthält die Kopfzeile des Europäischen Zahlungsbefehls die Europaflagge (und nicht das Hoheitszeichen des ausfertigenden Mitgliedstaates).

208 Vgl. oben § 4 I, Rdn. 4.21. Allerdings hat der EuGH die Anforderungen an die Intervention der Gerichte (sprich des Richters) verschärft, vgl. EuGH, 9.3.2017, Rs. C-551/15, *Pula Parking*, EU:C:2017:193, Rdn. 50 ff.

209 Dies ist durchaus gewollt, vgl. oben § 4 I, Rdn. 4.23.

210 Report of the European Commission on the application of Regulation (EC) 1896/2006, COM (2015) 495 final, S. 3.

Allerdings wird das Verfahren in den Mitgliedstaaten sehr unterschiedlich angenommen[211] – das liegt an den verschiedenen Prozesskulturen in den Mitgliedstaaten,[212] aber auch am unterschiedlichen Ausbau der IT-Verfahren.[213] Die wichtigste Änderung durch die VO (EU) 2015/2421[214] betrifft die Möglichkeit, das EU-Mahnverfahren direkt in ein Bagatellverfahren überzuleiten, Art. 7 IV, 17 EuMahnVO nF.[215] Dagegen scheiterte eine Vereinheitlichung der Rechtsbehelfsverfahren am Widerstand der EU-Mitgliedstaaten.[216]

c) Anwendungsbereich

Der sachliche Anwendungsbereich nach Art. 2 EuMahnVO entspricht weitgehend dem der EuGVO und der EuVTVO.[217] Allerdings sind Ansprüche, für die ein Schiedsverfahren vereinbart wurde, nicht ausgeschlossen.[218] Wesentliche Einschränkung ist der Ausschluss außervertraglicher Schuldverhältnisse in Art. 2 Abs. 2 lit. d) EuMahnVO[219]: die Verordnung erfasst ausschließlich vertragliche Zahlungsansprüche.[220] Damit sind vor allem deliktische Ansprüche ausgeschlossen.[221] 10.54

Das Europäische Mahnverfahren ist auf grenzüberschreitende Sachverhalte beschränkt (Art. 3 EuMahnVO).[222] Grenzüberschreitung setzt nach Art. 3 EuMahnVO voraus, dass mindestens eine der Parteien im Zeitpunkt der Antragstellung ihren Wohnsitz oder gewöhnlichen Aufenthalt nicht in dem Mitgliedstaat hat, in dem 10.55

211 Statistische Nachweise im Anhang zum Bericht der EU-Kommission vom 13.10.2015, COM (2015) 495 final, S. 13 ff., vgl. unten Rdn. 10.60.

212 Dazu oben Rdn. 10.42 ff.

213 Unten Rdn. 10.58; die EU-Kommission treibt ein Pilotprojekt zum „e-filing“ im Rahmen des E-CODEX-Projekts voran, Bericht der EU-Kommission vom 13.10.2015, COM (2015) 495 final, S. 6; Strategie des Rats für die E-Justiz (2019–2023), ABl. EU 2019 C 96/3 ff.

214 16.12.2015, ABl. EU 2015 L 341/1 ff., anwendbar seit dem 14.7.2017, vgl. Art. 3.

215 Dazu unten Rdn. 10.95 f.

216 Das Mandat der EU-Kommission bezog sich ausschließlich auf die Schnittstellen der EuMahnVO zur EuBagVO.

217 *Röthel/Sparmann*, WM 2007, 1101; zum sprachlich missglückten Wortlaut des Art. 2 II lit. b) EuMahnVO, der sich allein auf Insolvenzverfahren bezieht, vgl. *Leible/Freitag*, Forderungsbeitreibung, Rdn. 227.

218 Daher kann das europäische Mahnverfahren zur „Unterstützung“ eines Schiedsverfahrens genutzt werden. Legt der Schuldner Einspruch ein (insbesondere unter Berufung auf die Schiedsklausel), so ist nach dem jeweiligen nationalen Recht ein Schiedsverfahren einzuleiten, *Schlosser*, in: Schlosser/Hess, Art. 2 EuMahnVO, Rdn. 6; aA *Geimer/Schütze*, Art. 2 EuMahnVO, Rdn. 1.

219 Hierzu *Sujecki*, NJW 2007, 1622, 1623; *Röthel/Sparmann*, WM 2007, 1101.

220 Die Beschränkungen des sachlichen Anwendungsbereichs der sektoriellen Prozessrechtsakte führen in der Praxis zu (durchaus komplizierten) Abgrenzungsfragen, mit Recht kritisch *Lopez de Tejada/d'Avout*, Rev. crit. 2007, 717, 738 ff.

221 *Leible/Freitag*, Forderungsbeitreibung, Rdn. 227 f.

222 *Hess*, in: v. Hein/Rühl (Hrg.), Kohärenz im Internationalen Privat- und Verfahrensrecht der Europäischen Union (2016), S. 67, 76 ff. Im Fall des Art. 8 Nr. 1 EuGVO reicht es aus, wenn ein mitverklagter Streitgenosse seinen Wohnsitz/Sitz in einem anderen Mitgliedstaat hat.

der Antrag gestellt wird.[223] Damit können auch Gläubiger aus Drittstaaten (etwa der Schweiz) das beschleunigte Verfahren nutzen.[224] In rechtspolitischer Hinsicht erscheint die Definition des (grenzüberschreitenden) Anwendungsbereichs zu eng: Aus sachlichen Erwägungen vermag es nicht einzuleuchten, warum die Verordnung nicht Konstellationen erfasst, in denen der inländische Gläubiger gegen den inländischen Schuldner mit einem europäischen Titel vorgehen will, um in dessen Vermögen in anderen EU-Mitgliedstaaten (etwa das Ferienhaus in Südfrankreich) vollstrecken zu können.[225] Das Vorliegen eines grenzüberschreitenden Sachverhalts muss das Gericht von Amts wegen prüfen – der Gläubiger hat bei Inlandssachverhalten nicht etwa die Wahl zwischen dem deutschen und dem europäischen Mahnverfahren.[226]

10.56 Die eigentliche „Attraktivität" der Vorschrift betrifft nicht das Mahnverfahren des inländischen Gläubigers gegen den ausländischen Schuldner, sondern die umgekehrte Situation: Die EuMahnVO erleichtert den Zugang ausländischer Gläubiger zur inländischen Justiz (vgl. Art. 3 EuMahnVO iVm Art. 62 f. EuGVO). Dies schließt (selbstverständlich) eine Abtretung (rein) inländischer Forderungen (etwa von Energie- oder Wasserversorgungsbetrieben) an ausländische Inkassofirmen ein.[227] Diese können das schnellergängige europäische Verfahren („Einstufigkeit") statt des länger dauernden zweistufigen Mahnverfahrens nach §§ 688 ff. ZPO wählen.[228]

d) Zuständigkeit

10.57 Die internationale Zuständigkeit des Mahngerichts bestimmen die Art. 4–34 EuGVO (Art. 6 I EuMahnVO).[229] Ist der Antragsgegner Verbraucher, so ist ausschließlich das Gericht am Wohnsitz des Verbrauchers zuständig (Art. 6 II EuMahnVO).[230] Dies entspricht im Ausgangspunkt dem Schutzgerichtsstand des Art. 18 II EuGVO, der Pas-

223 Vgl. Art. 62 f. EuGVO, dazu *Kormann*, Europäisches Mahnverfahren, S. 51 ff; kritisch *Hess*, FS Lindacher (2007), S. 53, 56 ff.

224 Kritisch *McGuire*, GPR 2007, 303, 304 im Hinblick auf einen möglichen (in Drittstaaten eventuell sanktionsfreien) Missbrauch.

225 Berechtigte Kritik bei *Lopez de Tejada/d'Avout*, Rev. crit. 2007, 717, 739 ff.

226 Dies war die Sachlage in den verb. Rs. C-435/18 und C-494/18 vom 19.12.2019, *Bondora*, EU:C:2019:1118: Die klagende Bank versuchte, die amtswegige Klauselkontrolle im inländischen Mahnverfahren durch den Gebrauch des europäischen Mahnverfahrens zu umgehen. Da sich diese Option in Gläubigerkreisen allgemein herumgesprochen hatte, stieg die Zahl der Anträge um 800 % von 655 (2017) auf 5.884 (2018) an, dazu *Hess*, in: v. Hein/Krüger, Informed Choices (2020), S. 389, 397. Die Forderungen aus inländischen Verbraucherkrediten wurden u. a. an Hedgefonds in Irland und Malta (gebündelt) abgetreten, diese nutzten sodann das europäische Mahnverfahren.

227 Diese Konstellation ist im Antragsformular (Formular A/Nr. 6) ausdrücklich vorgesehen.

228 Vgl. sogleich Rdn. 10.58 ff.

229 EuGH, 10.3.2016, Rs. C-94/14, *Flight Refund*, EU:C:2016:148, Rdn. 44 ff.; EuGH, 13.6.2013, Rs. C-144/12, *Goldbet Sportwetten*, EU:C:2013:393, Rdn. 26 ff.

230 Die Vorschrift gilt nicht, wenn der Verbraucher den Anspruch an ein Inkassounternehmen zediert, Schlussanträge GA *Sharpston*, 22.10.2015, Rs. C-94/14, *Flight Refund*, EU:C:2015:723, Rdn. 60.

sivprozesse gegen Verbraucher im Ausland ausschließt.[231] Jedoch geht die Regelung weiter, da sie keine „Ausrichtung" der Geschäftstätigkeit des Unternehmers auf den „Wohnsitzstaat" des Verbrauchers voraussetzt.[232] Gegen die Anwendung der EuGVO wurde im Gesetzgebungsverfahren das Bedenken erhoben, dass die Vielzahl der potentiellen Gerichtsstände eine elektronische Bearbeitung durch zentrale Mahngerichte erschweren könnte. Stattdessen wurde die Schaffung einer gesonderten, ausschließlichen Zuständigkeit für die Mahngerichte gefordert, vergleichbar § 689 ZPO.[233]

Der Unionsgesetzgeber hat diesen Vorschlag nicht aufgegriffen, jedoch den Mit- **10.58**
gliedstaaten Regelungsspielräume eröffnet. Denn EwG 12 belässt den Mitgliedstaaten die Regelungskompetenz für die sachliche Zuständigkeit. Dies schließt nach h. M. die Befugnis zur Einrichtung zentraler Mahngerichte ein; diese sind nach Art. 29 I lit. a) EuMahnVO der Kommission mitzuteilen.[234] Der deutsche Gesetzgeber hat sich diese Argumentation zu Eigen gemacht und die ausschließliche Zuständigkeit für das Europäische Mahnverfahren dem AG Berlin-Wedding als Zentralem Europäischem Mahngericht übertragen, § 1087 ZPO.[235] Das AG Berlin-Wedding ist danach nicht nur für den Erlass des Zahlungsbefehls zuständig, sondern auch für dessen Überprüfung und für dessen Vollstreckbarerklärung. Die umfassende Kompetenzzuweisung schließt alle Verfahren ein, die den Erlass und die Aufhebung des Zahlungsbefehls betreffen.[236] Dadurch sollen die Übersichtlichkeit und die Klarheit des Verfahrens erhöht und die Effizienz gesteigert werden.[237] Die starke Formalisierung des Verfahrens ermöglicht eine maschinelle Bearbeitung. Die entsprechende IT-Ausstattung wurde beim AG Berlin-Wedding entwickelt.[238] Durch die Konzentration des Verfahrens an einem ein-

---

231 *Kormann*, Europäisches Mahnverfahren, S. 67.

232 Dies entspricht der Regelung in Art. 6 I lit. d) EuVTVO; anders hingegen Art. 17 EuGVO.

233 *Sujecki*, ZEuP 2006, 124, 136; *Lüke*, FS Hay, 263, 275 f.; *Hess*, ZSR 124 (2005) II, 183, 214; *Schollmeyer*, IPRax 2002, 478, 483; aA *Einhaus*, EuZW 2005, 165 ff.; *Schmidt*, EuZPR, Rdn. 412.

234 *Kormann*, Europäisches Mahnverfahren, S. 72; *Schlosser*, in: Schlosser/Hess, Art. 6 EuMahnVO, Rdn. 1 f. In der Sache sind die Bedenken nicht ganz beseitigt: Die besonderen Gerichtsstände der EuGVO regeln vielfach die örtliche Zuständigkeit mit – damit ist eine Zuständigkeitskonzentration des nationalen Gesetzgebers nicht zu vereinbaren. Letztlich nehmen EwG 12 und Art. 29 EuMahnVO den Regelungsbereich der EuGVO zurück – die Restriktion des Anwendungsbereichs der EuGVO mittels Erwägungsgrund zur EuMahnVO erscheint fragwürdig, vgl. oben § 4 II, Rdn. 4.59.

235 Der EuGH hält eine derartige Zuständigkeitskonzentration für zulässig, EuGH, 18.12.2014, verb. Rs. C-400/13 und C-408/13, *Sanders und Huber*, EU:C:2014:2461, Rdn. 32 ff. (zu Art. 3 b) EuUhVO). Eine Zuständigkeitskonzentration gibt es in den Niederlanden (Rechtsbank Den Haag), Frankreich (Straßburg), vgl. *v. Hein*, ZVglRWiss 119 (2020), 123, 136.

236 Das gilt selbstverständlich auch für den Fall, dass der Zahlungsbefehl von einem international unzuständigen Gericht erlassen wurde, zutr. Schlussanträge GAin *Sharpston*, 22.10.2015, Rs. C-94/14, *Flight Refund*, EU:C:2015:723, Rdn. 75.

237 Vgl. Begründung des Regierungsentwurfes, BT-Drs. 16/8839, S. 34.

238 Das AG Berlin-Wedding arbeitete bei der Entwicklung der entsprechenden Software eng mit EDV-Experten der österreichischen Justiz zusammen. Diese wurde im Jahr 2009 mit dem Euro-

zigen Gericht für das gesamte Bundesgebiet werden Erfahrungen bei den befassten Rechtspflegern (und Richtern) gesammelt, die eine zügige Abwicklung erleichtern.[239]

10.59 Für den Erlass des Europäischen Zahlungsbefehls ist der Rechtspfleger funktional zuständig, § 20 Nr. 7 RPflG. Damit wird ein grenzüberschreitendes Verfahren der (unmittelbaren) richterlichen Kontrolle entzogen, obwohl kein Exequaturverfahren im Zweitstaat nachgeschaltet ist (Art. 19 EuMahnVO). Zwar führt die EuMahnVO ein standardisiertes Verfahren ein, das allein auf den Angaben des Gläubigers beruht. Der beschränkte Prüfungsumfang bedarf keiner Einschaltung hoch qualifizierter Volljuristen.[240]

10.60 Der praktische Gebrauch der EuMahnVO ist in den Mitgliedstaaten unterschiedlich.[241] In Österreich wurden zwischen Dezember 2008 und dem 31.8.2013 insgesamt 12.492 Anträge gestellt; in Deutschland im selben Zeitraum 14.633 Anträge.[242] Die Fallzahlen für die Niederlande belaufen sich hingegen auf 1.828 Anträge (bis Dezember 2013).[243] In England und Wales wurden zwischen 2009 und 2012 lediglich 639 Anträge gestellt.[244] Die Zahlen verdeutlichen die unterschiedlich gelungene Implementierung der EuMahnVO in den Mitgliedstaaten sowie das Fortbestehen nationaler Rechtskulturen „unter" den einheitlichen Rechtstexten: Das automatisierte Mahnverfahren entspricht den bestehenden Instrumenten in Österreich (und letztlich auch in Deutschland); das Mahnverfahren wurde in den Niederlanden (mangels Gebrauch) zwischenzeitlich abgeschafft; die Implementierung in England und Wales erfolgte unzureichend. Übereinstimmende Zahlen gibt es hingegen zum Einspruch nach Art. 20 EuMahnVO: der Rechtsbehelf wird nur selten geltend gemacht.[245]

---

pean E-Government Award ausgezeichnet. Website: http://www.berlin.de/sen/justiz/gerichte/ag/wedd/eumav.de.html.

239 Zur Zuständigkeitskonzentration und zur Spezialisierung vgl. *Hess/Bittmann*, IPRax 2007, 277 f.; zur praktischen Umsetzung *Hess/Raffelsieper*, IPRax 2015, 401, 402.

240 Der EuGH hat jedoch zwischenzeitlich entschieden, dass das Verfahren dem Richter zu übertragen ist. EuGH, 17.12.2015, Rs. C-300/14, *Imtech Marine Belgium*, EU:C:2015:825, Rdn. 44 ff., 50, zu Art. 6 EuVTVO. In Umsetzung dieses Urteils hat der österreichische Gesetzgeber die Zuständigkeit zum Erlass des europäischen Zahlungsbefehls dem Richter übertragen, *Mayr*, Hdb EuZVR, Rdn. 11.29.

241 Statistische Angaben (für 2012–2013) im Anhang I zum Bericht der EU-Kommission vom 13.10.2015, COM (2015) 495 final, S. 13 ff. Ausführlich *Ontanu*, Cross-border Debt Recovery (2017), S. 383 ff. (mit einer Auswertung vorhandener Daten).

242 *Rechberger*, in: Leible/Terhechte, Eur. Rechtsschutz, Kap. 20, Rdn. 120 ff.; *Hess/Raffelsieper*, IPRax 2015, 400, 401 (Zahlen für das AG Berlin-Wedding aus dem Jahr 2014: 3.286 Anträge. Im Jahr 2019 wurden 3.577 Anträge gestellt).

243 *Kramer*, in: Hess/Bergström/Storskrubb (ed.), EU Civil Justice (2016), S. 97, 104 ff.

244 *Crifò*, in: Hess/Bergström/Storskrubb (ed.), EU Civil Justice (2016), S. 81, 88; *Ontanu*, Cross-border Debt Recovery (2017), S. 92 ff.

245 Vor dem AG Berlin-Wedding wurden zwischen 2011 und 2014 73 Anträge nach Art. 20 EuMahnVO gestellt; *Hess/Raffelsieper*, IPRax 2015, 401, 402; die Einspruchsquote in den Niederlanden ist (mit ca. 30 %) signifikant höher, *Kramer*, in: Hess/Bergström/Storskrubb (ed.), EU Civil Justice (2016), S. 97, 108.

e) Das Verfahren zum Erlass des Zahlungsbefehls

Der Zahlungsbefehl wird formularmäßig beantragt und erlassen, der Anhang I zur Verordnung enthält das Formular A. Die Angaben des Antrags listet Art. 7 Abs. 2 lit. a)–f) EuMahnVO auf. Das Formblatt enthält auf Unionsebene die erste Regelung zu den Mindesterfordernissen einer Klageschrift.[246] Es macht zeit- und kostenintensive Übersetzungen entbehrlich; es wird weitgehend durch Ankreuzen und mit Hilfe von Zahlen-Codes ausgefüllt, die in allen Sprachfassungen identisch sind.[247] Über das E-Justiz-Portal ist es online zugänglich; online-Anträge werden im Rahmen des e-CODEX-Programms vorbereitet.[248] Soweit weitere Angaben erforderlich sind, ist das Formular in der Sprache des Prozessgerichts auszufüllen.[249] Die Angaben im Formblatt sind abschließend, die Mitgliedstaaten dürfen keine weiteren (Form-)Erfordernisse aufstellen.[250] Es besteht zwar kein Anwaltszwang, Art. 24 EuMahnVO, die Ausfüllung des Formulars im grenzüberschreitenden Rechtsstreit dürfte jedoch den juristischen Laien regelmäßig überfordern. 10.61

Das Formblatt A enthält alle für die Vollstreckung im Zweitstaat erforderlichen Angaben: In Ziffer 1 hat der Antragsteller Angaben zum Gericht, in Ziffer 2 zu den Parteien und deren Vertretern zu machen. In Ziffer 3 ist die gerichtliche Zuständigkeit zu begründen, Ziffer 4 erfordert Angaben zur Begründung des grenzüberschreitenden Charakters der Forderung. 10.62

Fakultativ kann der Antragsteller in Ziffer 5 seine Bankverbindung angeben. In Ziffer 6 ist die Hauptforderung durch die Bezeichnung der Anspruchsgrundlage zu präzisieren, die Umstände sind zu benennen, welche die Forderung begründen, sonstige Angaben zur Forderung sind anzufügen. In den Ziffern 7 bis 9 sind Angaben bzgl. Zinsen, Vertragsstrafen und Kosten einzutragen. In Ziffer 10 hat der Antragsteller Beweismittel für die Forderung zu benennen. Vorlegen muss er das Beweismittel jedoch nicht.[251] Die zur Ausfüllung der Formulare erforderlichen Codes sind den jeweiligen Feldern vorangestellt. Hinter jedem Code steht eine Begründung für die jeweilige Angabe. Das Formblatt ist 10.63

---

246 Zutreffend *Rechberger*, in: Leible/Terhechte (Hrg.), Eur. Rechtsschutz, Kap. 20, Rdn. 43.

247 Allerdings waren die zunächst vorgehaltenen Sprachfassungen von unterschiedlicher Qualität. Häufig enthielten die im Annex vorgehaltenen Formulare noch den deutschen „Originaltext", der unübersetzt geblieben war.

248 https://e-justice.europa.eu/content_european_payment_order_forms-156-de.do. Derzeitige Partner: Deutschland, Österreich, Italien (Mailand), Griechenland (Athen). Das AG Berlin-Wedding hat im Jahr 2019 415 elektronische Anträge verarbeitet, die Gläubiger „mit höherem Antragsvolumen" eingereicht haben, so *v. Hein*, ZVglRWiss 119 (2020), 123, 138.

249 *Kodek*, FS Rechberger, 283, 284; *Sujecki*, ZEuP 2006, 124, 138; *Röthel/Sparmann*, WM 2007, 1101, 1102. *Crifò*, Cross-Border Enforcement, S. 122 f., moniert Rechtsschutzlücken in der EuMahnVO, falls der Antragsgegner die Gerichtssprache nicht beherrscht. Allerdings erfolgt dann die Zustellung des Mahnbescheids nach der EuZustVO mit der Folge, dass die Sprachenregelung des Art. 8 EuZustVO eingreift. Folglich kann der Antragsgegner eine Übersetzung der individuellen Textstellen fordern, wenn er die Gerichtssprache nicht beherrscht.

250 EuGH, 13.12.2012, Rs. C-215/11, *Szyrocka*, EU:C:2012:794.

251 Vgl. *Röthel/Sparmann*, WM 2007, 1101, 1103. Damit hat sich der Europäische Gesetzgeber gegen ein Urkundenmahnverfahren entschieden.

deutlich detaillierter als die Formulare der Parallelrechtsakte. Die Ausfüllung ist freilich nicht einfach und dürfte einen Nichtjuristen in der Regel wohl überfordern.[252]

10.64 Das Mahngericht soll die Angaben im Formblatt überprüfen, Art. 8 EuMahnVO. Die Vorschrift macht jedoch nicht hinreichend deutlich, wie weit die Prüfungskompetenz des Gerichts reicht.[253] Praktisch reduziert sich die Prüfung auf evidente Mängel, vgl. Art. 11 EuMahnVO.[254] Die Prüfungsmaßstäbe der Mahnverfahren der EU-Mitgliedstaaten differieren in diesem Punkt allerdings erheblich.[255] Der Unionsgesetzgeber wollte die konzeptionellen Unterschiede, die tief in den nationalen Prozessrechtskulturen verwurzelt sind, nicht autoritativ lösen – man einigte sich stattdessen auf einen Formelkompromiss.[256] Die offene Formulierung des Art. 8 EuMahnVO hat – wenig überraschend – einen heftigen Meinungsstreit ausgelöst. Manche Autoren argumentieren mit dem Hinweis auf den Wortlaut: zu prüfen sei, „ob die Forderung begründet erscheint". Folglich werde eine *prima facie* vorzunehmende Begründetheitsprüfung gefordert. Auch verlange Art. 7 Abs. 2 lit. e) EuMahnVO, dass im Antrag Beweismittel zum Nachweis der Forderung anzugeben sind.[257] Ein derartig weit reichender Prüfungsmaßstab des Gerichts wäre mit dem Zweck der EuMahnVO unvereinbar, eine zügige und kostengünstige Titulierung zu ermöglichen. Ein Prüfungsumfang, der an ein kupiertes Beweisverfahren heranreicht, würde die maschinelle Bearbeitung vereiteln, auf die der Unionsrechtsakt jedoch ersichtlich zugeschnitten ist.[258]

10.65 Im Ergebnis ist von einer limitierten Schlüssigkeits- bzw. Plausibilitätsprüfung auszugehen.[259] Dafür spricht auch EwG Nr. 16, nach dem „schlüssig zu prüfen [ist], ob die Forderung begründet ist". Art. 12 Abs. 4 lit. a) EuMahnVO verlangt zudem eine Belehrung des Schuldners, dass die Forderung des Gläubigers nur anhand von dessen Angaben *geprüft* wurde. Damit macht der Verordnungsgeber deutlich, dass eine auf eine Evidenzkontrolle reduzierte Prüfung gefordert wird.[260] Auch die Angaben, die der Antragsteller auf dem Standardformular unter Ziffer 6 über die Forderung machen

---

252 Kritisch auch *Kormann*, Europäisches Mahnverfahren, S. 220 ff. Der Regelungsgehalt der MahnVO erschließt sich der Sache nach über die Formulare, dazu bereits oben § 3 III, Rdn. 3.57.

253 Kritisch *Sujecki*, NJW 2007, 1622, 1624; *Röthel/Sparmann*, WM 2007, 1101, 1106; *Kormann*, Europäisches Mahnverfahren, 99 f.; *Leible/Freitag*, Forderungsbeitreibung, Rdn. 242; MünchKommZPO/*Ulrici*, Art. 8 EG-MahnVO, Rdn. 11 f.

254 Zutreffend *Crifò*, Cross-border Enforcement, S. 124 ff.

255 Vgl. oben § 10 II, Rdn. 10.42 ff.

256 *Crifò*, Cross-border Enforcement, S. 125 (unter Hinweis auf EwG 16).

257 *Jahn*, NJW 2007, 2890, 2891.

258 Dazu *Sujecki*, ZEuP 2006, 124, 140; *Crifò*, Cross-border Enforcement, S. 125, *Ontanu*, Cross-border Debt Recovery (2017), S. 35 ff.

259 So auch *Mayr*, JBl. 2008, 503, 513; *Schlosser* in: Schlosser/Hess, Art. 8 EuMahnVO, Rdn. 1 ff.: Eine Schlüssigkeitsprüfung sei anhand des Formulars nicht zu leisten, nur die Plausibilität und innere Stimmigkeit des ausgefüllten Formulars könnten nachgeprüft werden. Unklar MünchKommZPO/*Ulrici*, Art. 8 EG-MahnVO, Rdn. 13 f. im Hinblick auf die offensichtliche Begründetheit der Forderung.

260 *Röthel/Sparmann*, WM 2007, 1101, 1106; *Bittmann*, Exequatur, S. 212 f.; *Mayr*, JBl. 2008, 503, 513.

muss, sprechen für eine derartige Auslegung. Dort sind Beweismittel nur zu benennen, jedoch nicht vorzulegen. Die Angaben, die die Forderung betreffen und die sich hinter den jeweiligen Codes verbergen, sind auch nicht geeignet, eine Kontrolle vorzunehmen, die über eine Plausibilitätsprüfung auf der Basis des Antragsformulars hinausgeht.[261]

Dagegen erscheint die bisweilen vertretene Ansicht unzutreffend, dass nicht einmal eine Plausibilitätskontrolle erfolgen müsse.[262] Zum einen ist eine solche Auslegung mit dem Wortlaut der Verordnung nur schwer vereinbar. Zum anderen erscheint diese Ansicht im Hinblick auf den Schuldnerschutz bedenklich: Hier wird eine Verfahrensbeschleunigung um jeden Preis postuliert. Selbst das stark vereinfachte deutsche Mahnverfahren ermöglicht in §§ 688, 690 ZPO die Aussonderung von evident unschlüssigen Anträgen. Beim einstufigen, europäischen Mahnverfahren besteht noch mehr als bei nationalen Verfahren die Gefahr rechtsmissbräuchlicher Taktiken.[263] Der Schuldner kann nach Art. 16 f. EuMahnVO nur einmal Einspruch gegen den Zahlungsbefehl einlegen. Die nationalen Mahnverfahren kennen mehrere Sicherungsmechanismen, die die Rechte des Schuldners wahren: sei es in Form einer Schlüssigkeitsprüfung, einer Ausgestaltung als Urkundenmahnverfahren oder als zweistufiges Verfahren.[264] Eine Abschwächung des Schuldnerschutzes im grenzüberschreitenden Verfahren kann jedoch nicht das Ziel des Verordnungsgebers gewesen sein. Mithin ist eine spezifizierte Nachprüfung der formularmäßigen Angaben des Gläubigers einzufordern.[265] Grundlage der Plausibilitätsprüfung ist letztlich nur das Antragsformular selbst.[266] **10.66**

Die unklare Regelung des Prüfungsumfangs war eine gravierende Schwachstelle der EuMahnVO. In verdeckter Form räumte die EU-Verordnung den Mitgliedstaaten einen Umsetzungsspielraum ein, der zu uneinheitlicher Rechtspraxis führt.[267] Rechtspolitisch ist zu bemängeln, dass sich der Europäische Gesetzgeber vor einer klaren Regelung „drückt", um Konflikten mit den Mitgliedstaaten aus dem Weg zu gehen, die heterogene Lösungen vorsehen.[268] Damit wird jedoch der Sinn der europäischen Prozessrechtsvereinheitlichung – die Schaffung einheitlich angewandter **10.67**

261 So auch die Begründung des Regierungsentwurfs, BT-Drs. 16/8839, S. 47; *Rechberger*, in: Leible/Terhechte (Hrg.), Eur. Rechtsschutz, Kap. 20, Rdn. 39–42.

262 *Kormann*, Europäisches Mahnverfahren, 100; *Kodek*, FS Rechberger, S. 283, 284.

263 *Hess*, FS Geimer I (2002), S. 339, 345 f.; Falschangaben müssen die EU-Mitgliedstaaten sanktionieren, Art. 7 III EuMahnVO, in Deutschland gelten die §§ 263, 263a StGB.

264 Vgl. Grünbuch Europäisches Mahn- und Bagatellverfahren, KOM (2002) 746 endg., S. 32 f.

265 § 1088 ZPO lässt eine maschinelle Bearbeitung zu, jedoch unter dem Vorbehalt der technischen Möglichkeiten des AG Berlin-Wedding.

266 *Schlosser* in: Schlosser/Hess, Art. 8 EuMahnVO, Rdn. 2 f.

267 Ebenso *Sujecki*, NJW 2007, 1622, 1624; *Röthel/Sparmann*, WM 2007, 1101, 1106.

268 Wie stark die von den nationalen Verfahrenskulturen geprägten Ansichten hier differieren, hat der Verfasser auf einer Tagung des Europäischen Netzwerkes zur Ausbildung von Richtern im Herbst 2008 (mit spanischen, italienischen und französischen Richtern) in Barcelona erlebt. Zahlreiche Teilnehmer hielten die Beifügung von Beweismitteln zum Antrag für zulässig und gingen von einer korrespondierenden Verpflichtung des (Mahn-)Gerichts zur Prüfung aus. Hier stand die überkommene Praxis des Urkundenmahnverfahrens ersichtlich „Pate". Andere Diskutanten waren der Ansicht, dass die Mahngerichte derartige Beweismittel nicht prüfen müssen und sie (schlicht) vernichten dürften.

Verfahren – unterlaufen. Hinter dem unklaren Wortlaut des Art. 8 EuMahnVO leben die unterschiedlichen Rechtstraditionen der Mitgliedstaaten fort.

10.68 Inzwischen hat der EuGH jedoch die Frage entschieden. In der Rs C-453/18, *Bondora*,[269] fragten die vorlegenden spanischen Gerichte, ob die eingeschränkte Kontrolle des Mahnantrags nach Art. 7 und 8 EuMahnVO mit der Rechtsprechung des Gerichtshofs zur *ex officio*-Kontrolle des Gerichts bei der Klauselkontrolle (Art. 6 und 7 RL 93/13/EWG)[270] zu vereinbaren sei. Die Antwort des Gerichtshofs fiel eindeutig aus: Die Verpflichtung des nationalen Richters zur *ex officio*-Klauselkontrolle könne im Rahmen des europäischen Mahnverfahrens durch eine Interpretation von Art. 7 I und 9 I EuMahnVO erfolgen. Mithin sei der nationale Richter befugt, weitere Beweismittel anzufordern.[271]

10.69 Das Mahngericht erlässt einen Europäischen Zahlungsbefehl innerhalb von 30 Tagen (Art. 12 EuMahnVO).[272] Anhang V der Verordnung enthält das Muster für den Zahlungsbefehl. Er muss gewisse Mindeststandards bei der Zustellung und bei der Belehrung einhalten: Bei der Zustellung unterscheiden Art. 13, 14 EuMahnVO zwischen einer Zustellung mit Nachweis des Empfangs und einer solchen ohne Nachweis[273]. Die Zustellungsregelungen entsprechen wortgleich Art. 13, 14 EuVTVO. Die EuMahnVO enthält jedoch trotz detaillierter Regelung kein eigenes Zustellungsrecht.[274] Vielmehr richtet sich die Zustellung nach der EuZustVO und nach dem Recht des Mitgliedstaates, in dem die Zustellung bewirkt wird (so ausdrücklich Art. 13 S. 1, 14 S. 1 EuMahnVO).[275] Regelungstechnisch handelt es sich, wie bei den Art. 13, 14

---

269 EuGH, 19.12.2019, verb. Rs. C-453/18 und C-494/18, *Bondora*, EU:C:2019:1118, Rdn. 48 ff.

270 Insbesondere EuGH, 14.6.2012, Rs. C-618/10, *Banco Español de Crédito*, EU:C:2012:349 und EuGH, 21.4.2016, Rs. C-377/14, *Radlinger und Radlingerová*, EU:C:2016:283. Dazu unten § 11 I, Rdn. 11.22 ff.

271 Lesenswert sind die Schlussanträge *Sharpston*, 31.10.2019, verb. Rs. C-453/18 und C-494/18, *Bondora*, EU:C:2019:921, Rdn. 97 ff. Die Generalanwältin hielt fest, dass die Begründung für die *ex officio*-Anwendung des EU-Verbraucherrechts für die europäischen und die nationalen Mahnverfahren gleichermaßen gilt und dass die 30tägige Einspruchsfrist nach Art. 16 EuMahnVO für grenzüberschreitende Verfahren sehr knapp bemessen sei. Sie verwies zudem darauf, dass die Einreichung gescannter Dokumente auf Anforderung des Gerichts die Effektivität des Mahnverfahrens nicht nachhaltig beeinträchtigen wird (Rdn. 120 ff.). Das Ergebnis war eine grundrechtskonforme Auslegung des Sekundärrechtsakts nach Maßgabe von Art. 38 GRC.

272 Diese Frist wird nur von wenigen Mitgliedstaaten gewahrt, Bericht der EU-Kommission vom 13.10.2015, COM (2015) 495 final, S. 7. Die Kommission hat eine verstärkte Kontrolle der Fristwahrung angekündigt.

273 Dazu oben Rdn. 10.20.

274 *Röthel/Sparmann*, WM 2007, 1101, 1107 f.; *Sujecki*, NJW 2007, 1622, 1625.

275 Dazu Schlussanträge GA *Wathelet*, 29.4.2018, Rs. C-21/17, *Catlin Europe*, EU:C:2018:341: Im Rahmen von Art. 12 II EuMahnVO muss die Abschrift des Antragsformulars in einer Sprache übermittelt werden, die der Antragsgegner versteht (Art. 8 EuZustVO). Der EuGH hat die Anregung des GA aufgegriffen und verlangt die Benutzung des Formulars nach Anhang II der EuZustVO bei grenzüberschreitenden Zustellungen des europäischen Zahlungsbefehls, EuGH, 6.9.2018, Rs. C-21/17, *Catlin Europe*, EU:C:2018:675, Rdn. 30 ff.

EuVTVO, um Mindeststandards, deren Einhaltung vor der Ausfertigung des Zahlungsbefehls zu prüfen ist.[276] Allerdings fehlt ein einheitliches Zustellungszeugnis, das die effektive Nachprüfung des Zustellungsvorgangs (auch auf der Basis divergierender nationaler Rechte) ermöglichen würde.[277] Eine effektive Kontrolle des Zustellungsvorgangs ist jedoch zur Gewährleistung des rechtlichen Gehörs des Beklagten/Antraggegners unabdingbar.[278]

In Deutschland erfolgt die Zustellung des Zahlungsbefehls im Inland von Amts wegen (§§ 166 ff. ZPO). Ausgeschlossen sind die §§ 185 bis 188 ZPO, da diese nicht den Vorgaben von Art. 14 Abs. 2 EuMahnVO entsprechen, vgl. § 1089 Abs. 1 ZPO. Für eine Zustellung ins Ausland verweist § 1089 Abs. 2 ZPO auf die EuZustVO und die deutschen Durchführungsvorschriften in §§ 1068 Abs. 1 und 1069 Abs. 1 ZPO.[279] Die Zustellung erfolgt mithin nach den Prozessrechten der Mitgliedstaaten.[280] **10.70**

Nach Art. 12 EuMahnVO wird der Schuldner über die Möglichkeit belehrt, gegen den Mahnbescheid Einspruch einzulegen; er wird aufgefordert, (andernfalls) die Forderung zu bezahlen.[281] Auch wird der Schuldner darüber informiert, dass das Mahngericht den Anspruch lediglich aufgrund der Angaben des Gläubigers nachgeprüft hat.[282] Zudem wird der Schuldner über den weiteren Verfahrensverlauf aufgeklärt, nämlich dass der Zahlungsbefehl vollstreckbar wird, wenn kein Einspruch eingelegt worden ist, und dass im Falle eines Einspruchs der Gläubiger die Klage vor den zuständigen Gerichten weiterbetreiben kann. Mindeststandards der EuMahnVO entsprechen den parallelen Standards der Art. 16, 17 EuVTVO. Die Formblätter enthalten die Belehrungen, ohne dass es einer Umsetzung durch die Mitgliedstaaten bedarf. Diese horizontale Abstimmung zwischen den parallelen Gemeinschaftsrechtsakten[283] ist gelungen. **10.71**

Hält das Mahngericht Ergänzungen oder Berichtigungen des Antrags für notwendig, so fordert es den Antragsteller mit dem Formblatt B zur Nachbesserung auf.[284] Ist die Forderung hingegen offensichtlich unbegründet, weist es den Antrag zurück, Art. 9 EuMahnVO. Fehlen die Voraussetzungen für den Erlass eines Mahnbescheids nur für einen Teil der geltend gemachten Forderung, **10.72**

---

276 Da die Ausfertigung des Zahlungsbefehls von der Einhaltung der Mindeststandards abhängt, ist es Aufgabe der Mahngerichte, auf deren Einhaltung schon vor der Veranlassung der Zustellung zu achten.

277 Im Fall der grenzüberschreitenden Zustellung erleichtert allerdings das Zustellungszeugnis nach Anhang I EuZustVO den Nachweis der ordnungsgemäßen Zustellung, oben § 8 I, Rdn. 8.30.

278 EuGH, 6.9.2018, Rs. C-21/17, *Catlin Europe*, EU:C:2018:675, Rdn. 33, dazu *Drehsen*, IPRax 2019, 378, 380.

279 Vgl. oben § 8 I, Rdn. 8.11.

280 Kritisch *Crifò*, Cross-border Enforcement, S. 132 ff.; *Mayr*, JBl. 2008, 503, 512, zur Rechtslage in Österreich.

281 Vgl. die Hinweise in Formblatt E.

282 Auch diese Vorschrift schließt den Verzicht auf eine inhaltliche Nachprüfung durch das Mahngericht aus.

283 Dazu *Hess*, FS Geimer I (2002), S. 339, 355 f.

284 In der Praxis des AG Berlin-Wedding geschieht dies in ca. 85 % aller Anträge, *Hess/Raffelsieper*, IPRax 2015, 401, 402.

so schlägt das Gericht Änderungen nach Maßgabe des Formulars C in Anhang III der Verordnung vor, Art. 10 EuMahnVO. Bessert der Antragsteller nicht nach, so ist der Antrag auf Erlass eines Zahlungsbefehls zurückzuweisen[285]. Der Antragsteller kann jedoch jederzeit einen neuen Antrag stellen, Art. 11 III EuMahnVO[286].

f) Einspruch des Schuldners

10.73 Gegen den Zahlungsbefehl kann der Schuldner innerhalb von 30 Tagen Einspruch einlegen, Art. 16 EuMahnVO.[287] Der zulässige Einspruch hat zur Folge, dass ein streitiges Verfahren durchgeführt wird, sobald der Gläubiger dies beantragt (Art. 17 EuMahnVO). Auch für die Einlegung des Einspruchs hält VO 1896/2006/EG ein Standardformular F vor. Dessen Gebrauch ist jedoch (unnötigerweise) fakultativ.[288] Das Verfahren nach Einlegung des Einspruchs und das anschließende Streitverfahren richten sich nach dem Recht der Mitgliedstaaten. Die §§ 1090, 1091 ZPO verweisen im Grundsatz auf die §§ 696 ff. ZPO. Das AG Berlin-Wedding leitet die Akten an das im Antrag bezeichnete Gericht weiter.[289] Vor dem Prozessgericht kann der Schuldner sämtliche Rügen zur Zulässigkeit und Begründetheit der Klage erheben; er ist nicht verpflichtet, die fehlende internationale Zuständigkeit des bezeichneten Gerichts bereits im Einspruch zu rügen.[290] Betreibt der Antragsteller das Verfahren nach dem Einspruch nicht weiter, ist es einzustellen, § 1090 I 4, 5 ZPO.[291]

10.74 Legt der Schuldner keinen Einspruch ein, so fertigt das Mahngericht nach Art. 18 Abs. 1 EuMahnVO den vollstreckbaren Zahlungsbefehl aus, unter Verwendung des Formblattes G. Das Verfahren ähnelt der Erteilung der einfachen Vollstreckungsklausel nach § 724 ZPO; die Einhaltung der Zustellungsstandards ist zu überprüfen. Im Ergebnis wird jedoch ein originärer, europäischer Titel ausgefertigt, nicht hingegen – wie im Fall der EuVTVO – einem nationalen Titel die europaweite Vollstreckbarkeit zuerkannt.[292]

---

285 *Kormann*, Europäisches Mahnverfahren, S. 117; *Sujecki*, NJW 2007, 1622, 1624. Diese unflexible Regelung widerspricht den im deutschen Prozessrecht anerkannten Möglichkeiten einer teilweisen Zurückweisung des Antrags sowie der Zulässigkeit der Teilklage.

286 *Röthel/Sparmann*, WM 2007, 1101, 1103.

287 Die Frist ist strikt auszulegen und kann auch nicht durch eine weite Interpretation von Art. 20 II EuMahnVO überwunden werden, EuGH, 22.10.2015, Rs. C-245/14, *Thomas Cook Belgium*, EU:C:2015:715, Rdn. 41 ff.

288 *Röthel/Sparmann*, WM 2007, 1101, 1103.

289 *Vollkommer/Huber*, NJW 2009, 1105, 1106.

290 EuGH, 13.6.2013, Rs. C-144/12, *Goldbet Sportwetten*, EU:C:2013:393, dazu *Koutsoukou*, IPRax 2014, 44 ff.

291 Neufassung durch Gesetz vom 11.6.2017, BGBl. 2017 I 1607, kritisch *Nordmeier*, IPRax 2017, 436, 439 f.

292 Dazu *Lopez de Tejada/d'Avout*, Rev. crit. 2007, 717, 734 ff.

In der Praxis erweist sich die 30-Tage-Frist des Art. 16 EuMahnVO als zu knapp bemessen:[293] Treten bei der Zustellung Fehler auf, etwa dass an eine nicht (mehr) bestehende Adresse des Schuldners eine (Ersatz-)Zustellung erfolgt, dann wird dieser häufig erst nach Fristablauf (verfristet) Einspruch erheben. Zwischenzeitlich hat jedoch das Mahngericht im Erststaat auf der Basis fehlender Zustellungszeugnisse den Zahlungsbefehl tituliert.[294] Bedauerlicherweise hat der EuGH[295] Art. 20 EuMahnVO für unanwendbar erklärt und verweist die Schuldner auf die Rechtsbehelfe der autonomen Verfahrensrechte (zumeist die vollstreckungsrechtlichen Rechtsbehelfe), welche den Parteien in der Regel nicht bekannt sind.[296] Inzwischen enthält § 1092a ZPO eine Sonderregelung für die Aufhebung des (deutschen) Zahlungsbefehls, wenn die Zustellung nicht erfolgte oder die prozessualen Mindeststandards der Art. 13–15 EuMahnVO nicht eingehalten wurden. Zuständig ist das AG Berlin-Wedding.[297] Es handelt sich um ein kontradiktorisches, schriftliches Verfahren. Die Entscheidung ergeht durch unanfechtbaren Beschluss.[298] 10.75

Der Zahlungsbefehl, gegen den der Schuldner keinen Einspruch einlegt, erwächst in Rechtskraft. Zwar lässt sich dies dem Wortlaut der Verordnung nicht eindeutig entnehmen,[299] jedoch folgt der Eintritt der Rechtskraft aus Gründen der Prozessökonomie und aus Gründen der Rechtssicherheit.[300] Die überwiegende Mehrheit der EU-Mitgliedstaaten erkennt Vollstreckungsbescheiden des nationalen Verfahrensrechts ebenfalls Rechtskraft zu.[301] Die Frage kann jedoch nicht nach Maßgabe der (heterogenen) Verfahrensrechte der Mitgliedstaaten entschieden werden. Maßgeblich ist vielmehr das geschlossene Rechtsbehelfssystem der MahnVO, das keine weiteren Durchbrechungen des Zahlungsbefehls zulässt.[302] Die Rechtskraft des Zahlungsbefehls tritt erst nach Ablauf der Rechtsbehelfsfristen nach Art. 20 EuMahnVO ein.[303] 10.76

---

293 Fristversäumnisse des Prozessvertreters muss sich der Schuldner zurechnen lassen, EuGH, 21.3.2013, Rs. C-324/12, *Novontech-Zala*, EU:C:2013:205; EuGH, 22.10.2015, Rs. C-245/14, *Thomas Cook Belgium*, EU:C:2015:715,

294 *Hess/Raffelsieper*, IPRax 2015, 401, 402.

295 EuGH, 4.12.2014, verb. Rs. C-119/13 und C-120/13, *eco cosmetics*, EU:C:2014:2144; dazu MünchKomm/*Ulrici*, § 1092a ZPO, Rdn. 14 f.

296 AG Berlin-Wedding, 22.10.2014, IPRax 2015, 420; dazu *Hess/Raffelsieper*, IPRax 2015, 401, 402 f.

297 Kritisch und ablehnend zur Neuregelung MünchKomm/*Ulrici*, § 1092a ZPO, Rdn. 4 f.

298 Statthaft bleibt die Anhörungsrüge nach § 321a ZPO.

299 Die fehlende Regelung der Rechtskraft ist ein erhebliches Defizit des Unionsrechtsakts.

300 Grünbuch Europäisches Mahn- und Bagatellverfahren, KOM (2002) 746 endg., S. 45; *Kormann*, Europäisches Mahnverfahren, S. 158.

301 Grünbuch Europäisches Mahn- und Bagatellverfahren, KOM (2002) 746 endg., S. 45.

302 Der EuGH hat die Bedeutung der Rechtskraft für die Funktionsfähigkeit der Zivilrechtspflege ausdrücklich anerkannt, EuGH, 16.3.2006, Rs. C-234/04, *Kapferer*, EU:C:2006:178.

303 Wie im innerstaatlichen Recht sind formelle und materielle Einwendungen zu unterscheiden, vgl. *Kormann*, Das neue Europäische Mahnverfahren, S. 160 ff.

10.77 Der ausgefertigte Zahlungsbefehl ist Vollstreckungstitel in allen EU-Mitgliedstaaten (außer Dänemark), ohne dass es eines weiteren Verfahrens zur Anerkennung oder einer Vollstreckbarerklärung bedarf, Art. 19 EuMahnVO.[304] § 1093 ZPO stellt daher folgerichtig klar, dass es nach deutschem Recht keiner Vollstreckungsklausel bedarf. Die Durchführung der Zwangsvollstreckung richtet sich nach den Vorschriften des jeweiligen Vollstreckungsstaates. Ausländische Zahlungsbefehle stellt § 794 I Nr. 6 ZPO inländischen Vollstreckungstiteln ausdrücklich gleich.

g) Rechtsbehelfe des Schuldners im Vollstreckungsstadium

10.78 Neben dem Widerspruch nach Art. 16 EuMahnVO vor den Gerichten des Erlassstaates ist dem Schuldner nach der EuMahnVO kein weiterer originärer Rechtsbehelf gegen den Zahlungsbefehl eröffnet.[305] Der Verordnungsgeber hat sich für ein sog. einstufiges Mahnverfahren entschieden; ein Modell, auf dem das österreichische, französische und das italienische Mahnverfahren beruhen.[306] Die Regelung ist rechtspolitisch zu begrüßen, bewirkt sie doch eine nachhaltige Beschleunigung des Verfahrens[307]. Dilatorische Prozesstaktiken des Schuldners werden zugleich erschwert. Gegen den Zahlungsbefehl kann der Schuldner im Ursprungsstaat, unter zusätzlichen (limitierten) Voraussetzungen auch im Vollstreckungsstaat vorgehen. Dabei statuiert die EuMahnVO ein klares Hierarchieverhältnis zugunsten der Rechtsbehelfe im Ursprungsstaat.

aa) Rechtsbehelfe im Ursprungsstaat

10.79 Der Schuldner kann nach Art. 20 Abs. 1 lit. a) EuMahnVO Wiedereinsetzung in den vorigen Stand beantragen, wenn der Zahlungsbefehl ohne Empfangsbekenntnis nach Art. 14 EuMahnVO zugestellt wurde und/oder die Zustellung nicht so rechtzeitig erfolgte, dass der Antragsgegner Vorkehrungen für seine Verteidigung treffen konnte. Dabei ist – entgegen dem unklaren Wortlaut – auf die Kenntnis des Schuldners von der Zustellung abzustellen, nicht auf die Rechtzeitigkeit der Zustellung selbst.[308] Des Weiteren kommt eine Wiedereinsetzung nach Art. 20 Abs. 1 lit. b) EuMahnVO in Betracht, wenn der Antragsteller aufgrund höherer Gewalt oder außergewöhnlicher Umstände gehindert war, fristgerecht Einspruch zu erheben.[309] Inhaltlich greift der Unionsgesetzgeber hier die Anerkennungshindernisse des Art. 45 I lit. b) EuGVO auf.[310]

---

304 *Sujecki*, EuZW 2006, 330, 332.

305 Anders hingegen die Regelung des Einspruchs gegen den Vollstreckungsbescheid nach § 700 ZPO.

306 *Crifò*, Cross-border Enforcement, S. 110 f.; dazu oben § 10 II, Rdn. 10.42 ff.

307 Ebenso *Correa Delcasso*, RIDC 2005, 143, 164; aA *Lüke*, FS Hay, S. 263, 271.

308 *Sujecki*, EuZW 2006, 330, 333; *Röthel/Sparmann*, WM 2007, 1101, 1104.

309 Eine fehlerhafte Belehrung reicht nicht aus, *Drehsen*, IPRax 2019, 378, 382.

310 Dazu *Crifò*, Cross-border Enforcement, S. 140 f.

Ergänzend eröffnet Art. 20 II EuMahnVO einen Rechtsbehelf für den Fall, dass der Zahlungsbefehl unter außergewöhnlichen Umständen offensichtlich zu Unrecht erlassen wurde. „Außergewöhnliche Umstände" liegen nach Erwägungsgrund Nr. 25 vor allem dann vor, wenn der Zahlungsbefehl auf falschen Angaben beruht, mithin ein Prozessbetrug vorlag.[311] Einschränkend verlangt Art. 20 II EuMahnVO, dass der Zahlungsbefehl „offensichtlich" zu Unrecht erlassen wurde. Aus dieser Formulierung wird ersichtlich, dass der Einspruch restriktiv zu handhaben ist – er darf nicht zu einem umfassenden, quasi unbefristeten Rechtsbehelf ausgebaut werden.[312] Der EuGH legt Art. 20 II EuMahnVO als Ausnahmevorschrift eng aus. Wird die Einspruchsfrist aufgrund von Anwaltsverschulden versäumt, scheidet eine Überprüfung aus.[313] 10.80

Um einen (versuchten) Prozessbetrug ging es im Verfahren *Flight Refund*.[314] Ein auf die Beitreibung von Fluggastrechten (vgl. Art. 6 f. VO 261/2004) spezialisiertes Unternehmen mit Sitz in Potsdam ließ sich die Rechte aus einem verspäteten Flug von New York nach London gegen die Deutsche Lufthansa AG abtreten und leitete ein europäisches Mahnverfahren vor einer ungarischen Notarin (sic!) ein. Diese begründete ihre Zuständigkeit damit, dass Ungarn Vertragsstaat des Montrealer Übereinkommens sei. Als die Lufthansa fristgerecht Einspruch einlegte, fragte das eingeschaltete ungarische Gericht den EuGH nach der Bestimmung des zuständigen Gerichts. Der Gerichtshof antwortete, dass nach Art. 26 EuMahnVO das nationale Prozessrecht die Fortführung des Verfahrens regele, mithin nach ungarischem Recht ein Gericht zu bestimmen sei, das die Unzuständigkeit der ungarischen Gerichte anhand der EuGVO feststellen und die Klage abweisen müsse.[315] Das Beispiel zeigt, dass der Einspruch nach Art. 16 EuMahnVO geeignet ist, missbräuchliches Prozessverhalten zu bekämpfen. 10.81

§ 1092 ZPO enthält die deutsche Durchführungsvorschrift zu Art. 20 EuMahnVO. Der Antragsgegner muss die Tatsachen, welche eine Aufhebung des Zahlungsbefehls rechtfertigen, glaubhaft machen, §§ 1092 II, 292 ZPO. Kommt das Gericht zum Ergebnis, dass der Zahlungsbefehl nicht hätte ergehen dürfen, so wird dieser aufgehoben und das Verfahren beendet, § 1092 III ZPO. Das Mahngericht entscheidet durch unanfechtbaren Beschluss, § 1092 IV ZPO. Die Regelung soll Verzögerungstaktiken verhin- 10.82

---

311 *McGuire*, GPR 2007, 303, 305 ff.; *Schlosser*, in: Schlosser/Hess, Art. 20 EuMahnVO, Rdn. 7.

312 Dies ergibt der Vergleich zu der Parallelvorschrift in Art. 10 Abs. 1 lit. b) EuVTVO und Art. 45 I lit. a) Nr. 1 EuGVO. *Röthel/Sparmann*, WM 2007, 1101, 1104; *Crifò*, Cross-border Enforcement, S. 140 f. Anders *Leible/Freitag*, Forderungsbeitreibung, Rdn. 261, Art. 20 I EuMahnVO sei nach Art. 6 EMRK „völkerrechtskonform" (d. h. primärrechtskonform) dahin auszulegen, dass eine vollumfängliche Prüfung zugelassen wird. Dies liefe jedoch auf eine unbefristete, zweite Einspruchsmöglichkeit hinaus, die EwG 25 explizit ausschließt. Jenseits des (ausdrücklich angesprochenen) Prozessbetrugs besteht kein praktischer Bedarf für eine derart weit reichende Kontrollmöglichkeit, *Preuß*, ZZP 112 (2009), 1, 18.

313 EuGH, 21.3.2013, Rs. C-324/12, *Novontech-Zala*, EU:C:2013:205; EuGH, 22.10.2015, Rs. C-245/14, *Thomas Cook Belgium*, EU:C:2015:715.

314 EuGH, 10.3.2016, Rs. C-94/14, *Flight Refund*, EU:C:2016:148.

315 EuGH, 10.3.2016, Rs. C-94/14, *Flight Refund*, EU:C:2016:148, Rdn. 54 ff.

dern.[316] Funktional zuständig ist der Richter, nicht der Rechtspfleger (§ 20 Nr. 7 RPflG), da die Wirksamkeitskontrolle durch unanfechtbaren Beschluss ergeht.[317] Nach § 1095 I ZPO führt der Antrag auf Überprüfung des Zahlungsbefehls nach Art. 20 EuMahnVO dazu, dass das AG Berlin-Wedding die einstweilige Einstellung der Zwangsvollstreckung anordnen kann, § 707 ZPO.[318]

10.83 Nach §§ 1087, 1095 ZPO kann der Schuldner zudem materielle Einwände gegen den Anspruch, die nach der Zustellung des Zahlungsbefehls entstanden sind, vor dem Europäischen Mahngericht (AG Berlin-Wedding) vorbringen, das über den Antrag nach Art. 20 II EuMahnVO entscheidet. Diese Einwendungen sind auch dann zulässig, wenn ein Einspruch nach Art. 16 II EuMahnVO an sich nicht mehr statthaft ist, § 1095 II ZPO.[319] § 1095 ZPO nähert den Zahlungsbefehl dem deutschen Vollstreckungsbescheid an. Allerdings besteht ein nachhaltiger Unterschied (und Vereinfachungseffekt) darin, dass das Mahngericht über formelle und materielle Einwendungen gleichermaßen entscheidet. Damit werden (über)komplizierte Abgrenzungen zwischen den Rechtsbehelfen des Vollstreckungsrechts entbehrlich.[320] Diese sachgerechte Regelung könnte *de lege ferenda* Vorbild für eine Vereinfachung des Rechtsbehelfssystems des deutschen Vollstreckungsrechts sein.

10.84 Im Zweitstaat kann hingegen die Vollstreckung nur abgelehnt werden, wenn der Mahnbescheid im Widerspruch zu einer früheren Entscheidung steht, oder der Schuldner die Forderung zwischenzeitlich erfüllt hat (Art. 22 EuMahnVO).[321] Erfüllungssurrogate und die Aufrechnung sind vom Wortlaut des Art. 22 II EuMahnVO hingegen nicht erfasst.[322] Der beschränkte Rechtsbehelf nach Art. 22 EuMahnVO zeigt, dass nach der Intention der Verordnung der Schuldner Einwendungen grundsätzlich im Erststaat vorbringen soll.[323]

---

316 Vgl. Begründung zum Regierungsentwurf, BT-Drs. 16/8839, S. 37 f. Ein erneuter Antrag bleibt hingegen zulässig.

317 Vgl. Begründung zum Regierungsentwurf, BT-Drs. 16/8839, S. 48. Der Rechtsbehelf ist § 11 I RPflG nachgebildet.

318 Dazu AG Berlin-Wedding, 22.10.2014, IPRax 2015, 420.

319 Bedauerlicherweise lehnt der EuGH, 4.9.2014, verb. Rs. C-119/13 und C-120/13, *eco cosmetics*, EU:C:2014:2144, Rdn. 42 ff., eine entsprechende Anwendung von Art. 20 EuMahnVO im Fall der nicht erfolgten (aber falsch bescheinigten) Zustellung ab. Legt der Antragsgegner nach Fristablauf Einspruch ein, so sollen wegen der Verweisung des Art. 26 EuMahnVO die Rechtsbehelfe der nationalen Vollstreckungsrechte anwendbar sein. Dagegen *Hess/Raffelsieper*, IPRax 2015, 401, 402 f.

320 Dazu *Hess*, IPRax 2008, 25 ff.

321 Dabei kommt es nicht darauf an, ob die Zahlung vor oder nach Ablauf der Einspruchsfrist erfolgte – vielmehr privilegiert Art. 22 I EuMahnVO den Schuldner, der auf die titulierte Forderung geleistet hat; zugleich werden Doppelzahlungen vermieden, vgl. *Preuß*, ZZP 112 (2009), 1, 26 f.; *Crifò*, Cross-border Enforcement, S. 142; aA *Kormann*, Mahnverfahren, S. 169.

322 *Schlosser*, in: Schlosser/Hess, Art. 22 EuMahnVO, Rdn. 4, will den Schuldner auf die Vollstreckungsgegenklage (§§ 1096 II, 1086, 767 ZPO) verweisen, dazu unten Rdn. 10.86 f.

323 Zutreffend *Preuß*, ZZP 112 (2009), 1, 25.

Für die Durchführung der Art. 22 und 23 EuMahnVO verweist § 1096 I ZPO auf § 1084 ZPO.[324] Zuständig ist das Amtsgericht als Vollstreckungsgericht (§ 1084 I ZPO). Über einen Antrag nach Art. 22 EuMahnVO wird durch Beschluss entschieden, §§ 769, 770 ZPO finden entsprechende Anwendung (§ 1084 Abs. 2 ZPO). Über einen Antrag nach Art. 23 EuMahnVO entscheidet das Gericht durch einstweilige Anordnung (§ 1084 III ZPO). Damit fügt der deutsche Gesetzgeber die Rechtsbehelfe der Verordnung in die (komplizierte) Struktur der Vollstreckungsrechtsbehelfe der ZPO ein. 10.85

bb) Die (verbleibende) Anwendbarkeit nationaler Vollstreckungsrechtsbehelfe

Auch im Rahmen der EuMahnVO wird die zur EuGVO und EuVTVO geführte Kontroverse über die Anwendbarkeit der Vollstreckungsgegenklage nach § 767 ZPO diskutiert.[325] Das deutsche Umsetzungsgesetz hält am Dogma der grundsätzlichen Anwendbarkeit der Vollstreckungsgegenklage in internationalen Rechtsstreitigkeiten fest.[326] § 1096 II ZPO verweist auf § 1086 I ZPO, der die Vollstreckungsgegenklage für anwendbar erklärt, wenn der Schuldner materielle Einwendungen vorbringt, die nach Erlass eines Europäischen Vollstreckungstitels eingetreten sind (vgl. § 767 II ZPO). Zuständig ist das Gericht am Wohnsitz des Schuldners, hilfsweise das Gericht am Vollstreckungsort.[327] 10.86

Die explizite Zulassung der Vollstreckungsgegenklage durch den deutschen Gesetzgeber steht mit den zwingenden Vorgaben der Verordnung nicht im Einklang.[328] Die neuen Rechtsakte des Europäischen Zivilprozessrechts verweisen vielmehr materielle Einwendungen gegen die Titel vor das Prozessgericht im Ursprungsstaat. Das entspricht dem Herkunftslandprinzip. Danach wird die Wirkung einer Entscheidung über die Grenzen des Ursprungsstaates hinaus erstreckt, sie ist von den anderen Mitgliedstaaten zu akzeptieren.[329] In systematischer Hinsicht folgt dies aus den Art. 21 I, 23 EuVTVO und aus Art. 22 I, 23 EuMahnVO. Nur in den dort enumerativ aufgezählten Fällen besteht die Möglichkeit, die Vollstreckung zu beschränken, auszusetzen oder zu verweigern.[330] Art. 22 II 2 EuMahnVO lässt nur in einer eng begrenzten Konstellation sachrechtliche Einwendungen im Vollstreckungsstaat zu, nämlich „wenn der Antragsteller den Betrag entrichtet hat." Über den Erfüllungseinwand können die Gerichte im Vollstreckungsstaat entscheiden – Erfüllungssurrogate (oder eine Aufrechnung) 10.87

---

324 Die Vorschrift regelt die Durchführung der Art. 21, 23 EuVTVO.

325 Vgl. zu dieser Diskussion oben § 10 I, Rdn. 10.33 ff.

326 Zum Meinungsstand *Hess*, IPRax 2008, 25, 26 ff.; *Preuß*, ZZP 112 (2009), 1, 29 ff.; *Gsell*, EuZW 2011, 87 ff.

327 Die Verweisung bezieht sich auf das Prozessgericht, die sachliche Zuständigkeit richtet sich nach §§ 23, 71 GVG.

328 Anders nunmehr EuGH, 4.6.2020, Rs. C-41/19, *FX*, EU:C:2020:425, dagegen oben Rdn. 10.34, Fn. 144.

329 *Hess*, IPRax 2004, 494; *ders.*, IPRax 2008; 25, 26 ff.; *Preuß*, ZZP 112 (2009), 1, 32 f.

330 *Pfeiffer*, BauR 2005, 1541, 1549; *Leible/Lehmann*, NotBZ 2004, 453, 461.

fallen nicht unter die Vorschrift. Einer solchen Regelung hätte es nicht bedurft, wenn ohnehin die nationalen Vollstreckungsrechtsbehelfe Anwendung finden würden.

10.88 Die vom deutschen Gesetzgeber zusätzlich angeordnete Anwendbarkeit der nationalen Rechtsbehelfe verstößt gegen die unionsrechtlichen Grundsätze der Effektivität und Äquivalenz mitgliedstaatlicher Vorschriften zur Durchführung der EU-Rechtsakte.[331] Ziel der europäischen Rechtsakte ist es, ein zügiges und effizientes Verfahren zur Durchsetzung grenzüberschreitender Forderungen zu schaffen. Jegliche Art von Zwischenverfahren zur Anerkennung und Vollstreckung ausländischer Entscheidungen soll abgeschafft werden. Wenn der nationale Gesetzgeber jedoch dem Schuldner einen gesonderten Rechtsbehelf an die Seite stellt, mit dem dieser weit reichende materielle Einwendungen gegen den Titel vorbringen kann, widerspricht er dem Regelungsziel. Darüber hinaus sind die nationalen Vollstreckungsrechtsbehelfe nicht harmonisiert. Dem Schuldner stünden daher je nach Mitgliedstaat unterschiedliche Möglichkeiten offen, den Titel anzugreifen. Dies beeinträchtigt die Effektivität der europäischen Rechtsinstrumente nachhaltig.[332] Im Ergebnis beinhaltet § 1096 II ZPO eine unionsrechtswidrige Vorschrift.[333]

4. Deutsches internationales Mahnverfahren im Kontext der EuGVO

10.89 Der deutsche Gesetzgeber eröffnet in- und ausländischen Gläubigern den Zugang zum grenzüberschreitenden Mahnverfahren, soweit ein inländischer Gerichtsstand nach dem II. Abschnitt der EuGVO vorliegt.[334] Denn der deutsche Vollstreckungsbescheid (§§ 700, 794 I Nr. 3 ZPO) ist Vollstreckungstitel im Sinne des Art. 2 lit. a) EuGVO und nimmt an der Urteilsfreizügigkeit (Art. 2 a), 36, 39 EuGVO) teil.[335] Folglich lassen sich die Vorteile des deutschen Mahnverfahrens auch im Europäischen Justizraum nutzen. Das deutsche Mahnverfahren erfasst zudem die Sachbereiche (etwa: deliktische Ansprüche), die vom Anwendungsbereich der EuMahnVO ausgenommen sind. Die gesetzliche Regelung ist freilich unübersichtlich: Das Auslandsmahnverfahren regeln einerseits die §§ 689 II, 703d ZPO, andererseits § 32 AVAG. Die europäischen Rechtsakte sind ergänzend heranzuziehen. Das praktische Aufkommen ist gering geblieben.[336]

10.90 Systematisch sind Mahnverfahren gegen Schuldner mit Wohnsitz/Sitz im Inland und Mahnverfahren gegen Schuldner mit Wohnsitz/Sitz im Ausland zu unterscheiden: (1) Für das Mahnverfahren, das ein Auslandsgläubiger gegen einen inländischen

---

331 Hierzu *Hess*, IPRax 2008, 25, 27 ff.; aA *Gsell*, EuZW 2011, 87 ff.; *Rechberger*, in: Leible/Terhechte (Hrg.), EU Rechtsschutz, Kap. 20, Rdn. 115.

332 Ebenso *Bittmann*, Exequatur, 197 ff.; *Leible/Lehmann*, NotBZ 2004, 453, 461; *Riedel*, Europäischer Vollstreckungstitel, S. 31.

333 So auch *Preuß*, ZZP 112 (2009), 1, 32 f. („zweifelhaft"); *Gsell*, EuZW 2011, 87, 89 ff.

334 Zu den Gerichtsständen der Art. 4–35 EuGVO vgl. oben § 6 II, Rdn. 6.37 ff.

335 EuGH, 16.6.1981, Rs. C-166/80, *Klomps./.Michel*, EU:C:1981:137; *Coester-Waltjen*, in: Rechberger/Kodek (ed.), Orders for Payment, S. 149 ff.; EuGH, 13.7.1995, Rs. C-474/93, *Hengst Import./.Campese*, EU:C:1995:243; *Schlosser*, in: Schlosser/Hess, Art. 2 EuGVO, Rdn. 4.

336 *Einhaus*, IPRax 2008, 323, 324.

Schuldner einleitet, eröffnet § 689 II 2 ZPO die Zuständigkeit des AG Berlin-Wedding.[337] Die Regelung der (Ersatz-)Zuständigkeit war notwendig, weil der Mahnantrag am Wohnsitz/Sitz des Schuldners (bzw. bei einem zentralen Mahngericht) anzubringen ist (vgl. § 689 I ZPO). Für das Verfahren ergeben sich ansonsten keine Besonderheiten, es gelten die §§ 688 ff. ZPO.[338] (2) Hat der Schuldner seinen Wohnsitz/Sitz im Ausland, so bestimmt sich die Zuständigkeit nach den Art. 4 ff. EuGVO. Denn die Durchführung des Mahnverfahrens setzt ein (zuständiges) Hauptsachegericht im Inland voraus, an das das Verfahren nach Widerspruch des Schuldners gemäß § 699 ZPO abgegeben werden kann. Besondere Bedeutung kommt dabei Art. 7 EuGVO zu.[339] Das Mahnverfahren wird damit von Anfang an beim international (und örtlich) zuständigen Gericht durchgeführt, § 703d II ZPO. Wird das Mahnverfahren in einem Bundesland eingeleitet, das die Zuständigkeit und die Verfahrensdurchführung zentralisiert hat, so ist das zentrale Mahngericht zuständig.[340]

Für das Verfahren enthält § 32 AVAG folgende Modifikationen: Es besteht kein 10.91 Vordruckzwang, die Notwendigkeit einer Übersetzung richtet sich nach Art. 2, 5 und 8 EuZustVO.[341] Mithin kommt es darauf an, ob der Schuldner die deutsche Sprache versteht – anderenfalls ist eine Übersetzung beizufügen.[342] Die Zustellung des Mahnbescheids erfolgt nach § 32 I AVAG, §§ 183 I, 1068 f. ZPO in Verbindung mit Art. 2 ff., 14 EuZustVO. Dabei ist anzuraten, nicht nur eine postalische Direktzustellung beim Mahngericht zu beantragen, sondern zugleich auf einer förmlichen Zustellung zu bestehen. Denn die postalische Direktzustellung weist (momentan) eine Fehlerquote von ca. 50 % auf.[343] Bevor der Mahnbescheid erlassen wird, prüft das Gericht von Amts wegen, ob ein inländischer Gerichtsstand nach den Art. 5, 6, 23 EuGVO vorliegt. Im Fall einer Gerichtsstandsvereinbarung sind die Schriftstücke über die Vereinbarung dem Mahnantrag beizufügen.[344] Nach § 32 III AVAG beträgt die Widerspruchsfrist (§ 692 I Nr. 3 ZPO) einen Monat. Der Antragsgegner ist im Mahnantrag darauf hin-

---

337 Dazu *Vollkommer/Huber*, NJW 2009, 1105, 1107.

338 *Einhaus*, IPRax 2008, 323, 325 ff.

339 *Hintzen/Riedel*, RPfleger 1997, 293 ff. (zum EuGVÜ und zum LugÜ); *Einhaus*, IPRax 2008, 323, 327 (zu Art. 7 Nr. 1 EuGVO).

340 BGH, 21.9.1993, NJW 1993, 3141. Eine grenzüberschreitende Abgabe (die an sich denkbar erscheint) setzt einen entsprechenden europäischen Rechtsakt voraus.

341 Dazu oben § 8 I, Rdn. 8.15 ff.

342 Bereits Ende der 1980er Jahre ließ das Bundesjustizministerium Übersetzungen des Mahnantrags in der französischen, italienischen und in der niederländischen Sprache anfertigen, um das grenzüberschreitende Mahnverfahren zu erleichtern. Hiergegen protestierte das bayerische Justizministerium mit dem „Argument“, dass nach § 184 GVG die Gerichtssprache Deutsch sei und deswegen die Benutzung eines fremdsprachlichen Mahnantrages nicht zulässig sein könne.

343 Dazu oben § 8 I, Rdn. 8.27.

344 Vgl. § 32 II AVAG. Damit erfolgt im Anwendungsbereich des deutschen internationalen Mahnverfahrens eine im Vergleich zu Art. 7 EuMahnVO erhöhte Nachprüfung. Diese ergibt sich aus Art. 26 EuGVO, dazu *Mayr*, JBl. 2008, 501, 508 f.

zuweisen, dass er einen inländischen Zustellungsbevollmächtigten bestellen muss (§§ 174 f. ZPO).[345]

10.92 Der Vollstreckungsbescheid kann zudem als europäischer Vollstreckungstitel für unbestrittene Forderungen nach Art. 5, 20 VO 805/04/EG ausgefertigt werden.[346] Die Ausfertigung erfolgt durch das Mahngericht, das den Vollstreckungsbescheid erlässt. Es hat dabei zu verifizieren, dass die Zustellungs- und Belehrungserfordernisse der Art. 12 ff. der VO 805/04/EG eingehalten wurden. Die Ausfertigung als europäischer Vollstreckungstitel erfolgt auf Antrag des Gläubigers. Angesichts der „Einseitigkeit" des Mahnverfahrens, das (in Deutschland) keine gerichtliche Schlüssigkeitsprüfung voraussetzt, setzt das neue Verfahren die Schuldner ganz erheblichen prozessualen Risiken aus.[347] *De lege ferenda* erscheint es erwägenswert, inländische Mahnverfahren ganz aus dem Anwendungsbereich der EuGVO herauszunehmen[348] und die Gläubiger auf die EuMahnVO zu verweisen.[349]

III. Das Europäische Bagatellverfahren

1. Die Entwicklung der Gesetzgebung

a) Die VO 861/07/EG

10.93 Bereits seit den 1990er Jahren unterstützte die EG-Kommission Initiativen in den Mitgliedstaaten zur Erleichterung der grenzüberschreitenden Beitreibung „kleiner Forderungen".[350] Ein im Frühjahr 2005 vorgelegter Entwurf zur Einführung eines allgemeinen europäischen Bagatellverfahrens[351] knüpfte zudem an frühere Überlegungen zur Schaffung eines Europäischen Verbraucherprozesses an.[352] Die EG-Kommission schlug ein spezifisches Zivilverfahren zur Durchsetzung von „small claims" vor; die Obergrenze wurde bei 2000 € angesetzt (Art. 2 I BagVO-E). Wie im europäischen Mahnverfahren

---

345 Dazu *Hintzen/Riedel*, RPfleger 1997, 293 ff.

346 Zutreffend *Einhaus*, IPRax 2008, 323, 324 ff.

347 *Mankowski*, FS Kropholler, S. 829, 847 f.

348 Dies zeigen die wiederholten Entscheidungen zu den Mahnverfahren kroatischer Notare, EuGH, 7.5.2020, verb. Rs. C-267/19 und 323/19, *Parking*, EU:C:2020:351, sowie EuGH, 9.3.2017, Rs. C-484/15, *Zulfikarpašić*, EU:C:2017:199; EuGH, 9.3.2017, Rs. C-551/15, *Pula Parking*, EU:C:2017:193.

349 Zugleich sollte der sachliche Anwendungsbereich der EuMahnVO auf nicht-vertragliche Ansprüche erweitert werden.

350 Vgl. dazu Voraufl., § 10 III, Rdn. 85 ff.

351 Vorschlag für eine Verordnung des Europäischen Parlaments und des Rats zur Einführung eines europäischen Verfahrens für geringfügige Forderungen vom 15.3.2005, KOM (2005) 87 endg., Übersicht bei *Haibach*, ERPL 2005, 593, 596 ff.

352 Nunmehr Art. 81 AEUV. *Hess*, FS Geimer I (2002), S. 339, 347 ff.; zunächst hatte die EG-Kommission ein Pilotprojekt zur Einrichtung eines „small claims court" in Dundee (Schottland) unterstützt, *Tenreiro*, in: Barrett (ed.), Creating a European Judicial Space, S. 111.

sollte das europäische Bagatellverfahren die nationalen Prozessordnungen der Mitgliedstaaten nicht verändern, sondern diesen ein additives Instrument hinzufügen.[353] Die Mitgliedstaaten sollten nur verpflichtet werden, die gerichtsorganisatorischen Voraussetzungen für ein zusätzliches (Spezial-) Verfahren zu schaffen.[354] Der Vorschlag der Kommission war nicht auf grenzüberschreitende Verfahren begrenzt, sondern bezog auch rein innerstaatliche Bagatellverfahren ein.[355] Wie in den parallelen Rechtsakten konnte sich die EU-Kommission mit diesem weit reichenden Vorschlag im Ergebnis nicht durchsetzen (vgl. Art. 3 EuBagVO). Am 31.7.2007 erließen Rat und Europäisches Parlament die Verordnung (EG) Nr. 861/2007 zur Einführung eines Europäischen Verfahrens für geringfügige Forderungen (EuBagVO); sie ist am 1.1.2009 in Kraft getreten.[356]

Die EuBagVO enthält einen weiteren Integrationsschritt. Erstmalig entfällt für 10.94
streitige Forderungen das Exequaturverfahren.[357] Inhaltlich liegt hingegen der Regelungsschwerpunkt der EuBagVO eindeutig auf dem Erkenntnisverfahren. In der Sache schafft der Unionsgesetzgeber ein europäisches Erkenntnisverfahren, das die verfassungsrechtlichen Mindeststandards des Unionsrechts (Art. 47 GRC) implementieren soll.[358] Für die Titelschaffung (sprich das Erkenntnisverfahren) legen die parallelen Rechtsakte (die EuVTVO und die EuMahnVO) hingegen im Wesentlichen rudimentäre Mindestvorgaben fest, die in den weitgehend von den nationalen Prozessrechten bestimmten Erkenntnisverfahren (mittelbar) zu beachten sind. Mithin beinhaltet die EuBagVO einen wichtigen Integrationsschritt – denn das Erkenntnisverfahren zur Titelschaffung ist von seinem Anspruch her ein originär europäisches Verfahren.[359] Allerdings regelt die EuBagVO das Verfahren nicht vollumfänglich, sondern verweist in zahlreichen Vorschriften auf die Prozessrechte der Mitgliedstaaten zurück.[360]

b) Die Reform der BagatellVO durch die VO 2421/2015/EU

Die VO 861/2007 hat die ehrgeizigen Erwartungen des europäischen Gesetzgebers 10.95
nicht erfüllt. Die (lückenhaften) Statistiken zeigen einen sehr geringen Gebrauch

353 Vgl. oben § 4 I, Rdn. 4.23 ff.

354 Erwägungsgrund 7 BagVO-E.

355 Die Kommission begründet die einheitliche Regelung mit den Abgrenzungsschwierigkeiten zwischen internen und grenzüberschreitenden Verfahren sowie dem Gebot einer Gleichbehandlung aller Rechtsunterworfenen im Europäischen Justizraum, dazu *Haibach*, ERPL 2005, 593, 596 f. Dieser konzeptionelle Ansatz stieß im Rat auf strikte Ablehnung.

356 ABl. EU 2007 L 199/1.

357 *Jahn*, NJW 2007, 2890, 2891; *Kramer*, ZEuP 2008, 355 ff.; ebenso nunmehr Art. 21 EuUhVO, vgl. oben § 7 V, Rdn. 7.149 ff.

358 Dazu *Kern*, JZ 2012, 389 ff.

359 *Guinchard*, RTDcom 2008, 463 ff.

360 Vgl. etwa Art. 4 I, II, III 2; 9 I 1, 17 I, 21 I 1, II lit. b) sowie die umfassende Verweisung in Art. 19 EuBagVO, dazu *Hau*, JuS 2008, 1056, 1059.

in der Praxis.[361] Dies war einerseits auf die fehlende Kenntnis der Rechtspraxis von der Existenz der BagatellVO zurückzuführen; andererseits jedoch auf strukturelle Schwächen des Rechtsakts selbst, insbesondere die unklaren Schnittstellen zu den nationalen Prozessrechten.[362] Auf eine rudimentäre, statistische Evaluation der Verordnung[363] folgte ein ambitionierter Vorschlag der EU-Kommission,[364] der jedoch mit deutlichen Modifikationen im Juli 2017 in Kraft getreten ist.[365]

10.96 Mehrere Änderungen sollen die Attraktivität des Verfahrens steigern: die Erhöhung der Streitwertgrenze von 2.000 € auf 5.000 €, der verbesserte Einsatz von Videokonferenzen und Informationstechnologien sowie die Einbeziehung von gerichtlichen Vergleichen in den direkten Vollstreckungsmechanismus der Art. 20 ff. EuBagVO. Gleichzeitig will die EU-Kommission ihre Aktivitäten verstärken, Informationen über das Verfahren in den Mitgliedstaaten zu verbreiten. Aus der Praxis wird jedoch weiterhin berichtet, dass die Gerichte in den EU-Mitgliedstaaten an den überkommenen nationalen Verfahren festhalten.[366] Insofern ist eine Implementierung der EuBagVO in die nationalen Prozessrechte von besonderer Bedeutung, damit der Rechtsakt von der Praxis überhaupt wahrgenommen wird.

2. Der Anwendungsbereich der EuBagVO

10.97 Den sachlichen Anwendungsbereich regelt Art. 2 EuBagVO in Anlehnung an die EuGVO, die EuVTVO und die EuMahnVO: Die EuBagVO gilt in Zivil- und Handelssachen; sie erfasst Forderungen bis zu einem Wert von 5.000 €, Art. 2 I EuBagVO.[367] Maßgeblich ist die Klageforderung, nicht hinzuzuzählen sind Zinsen, Kosten und

---

361 *Oro Martinéz*, in: Hess/Bergström/Storskrubb (ed.), EU Civil Justice (2016), S. 115; Deloitte Report on the European Small Claims Regulation (2013), S. 13 ff. Anders allerdings die Situation in Luxemburg, dazu *Van Den Eeckhout/Santaló Goris*, in: v. Hein/Krüger (ed.), Informed Choices (2020), S. 276, 292 ff.

362 *Kern*, JZ 2012, 389, 390 ff.; *Hau*, FS Gottwald (2014), S. 255, 256 f.; *M. Stürner*, ZvglRWiss 119 (2020), 143, 152 ff.

363 Die Evaluation versuchte, statistische Daten zu erheben, was angesichts der dezentralen Anwendung der VO bei erstinstanzlichen Gerichten schwierig war, Deloitte Report – oben Fn. 361.

364 COM (2013) 795 final, dazu *Hau*, FS Gottwald (2014), S. 255, 258 ff.

365 Art. 1 VO 2015/2421/EU vom 16.12.2015, ABl. EU 2015 L 341/1 ff. Ein strukturelles Defizit der Neuregelung ist die fehlende Zuordnung der Erwägungsgründe zum geänderten Text der Verordnung, die sowohl die EuBagVO als auch die EuMahnVO erfasst.

366 Ausweislich der Justizstatistik 2017 wurden in Deutschland lediglich 478 Verfahren eingeleitet (gegenüber 950.000 Verfahren insgesamt), das entspricht 0,05 % aller amtsgerichtlichen Verfahren, *M. Stürner*, ZvglRWiss 119 (2020), 143, 162 ff.

367 Zur Wertgrenze *M. Stürner*, ZvglRWiss 119 (2020), 143, 154.

sonstige Auslagen.[368] Die Widerklage und die Prozessaufrechnung führen nicht zur Addition des Streitwerts (Art. 5 VII EuBagVO).[369] Den Anwendungsbereich beschränkt Art. 3 EuBagVO aus Kompetenzgründen auf grenzüberschreitende Verfahren im Europäischen Justizraum.[370] Nach Art. 3 EuBagVO muss mindestens eine Partei ihren Wohnsitz bzw. gewöhnlichen Aufenthalt in einem anderen EU-Mitgliedstaat als im Gerichtsstaat haben.[371] Damit sind innerstaatliche Streitigkeiten[372] sowie Drittstaatensachverhalte (d. h. Klagen gegen Beklagte mit Wohnsitz in Drittstaaten) ausgeschlossen.[373]

Art. 2 II EuBagVO listet spezielle Ausschlussgründe vom sachlichen Anwendungsbereich auf, die teilweise von den Parallelrechtsakten abweichen: Neben den überkommenen Ausnahmen[374] werden Arbeitssachen (lit. f)), Streitigkeiten aus Miet- und Pachtstreitigkeiten über Immobilien (lit. g)) sowie Streitigkeiten wegen Verletzungen der Privatsphäre, der Persönlichkeitsrechte sowie wegen Ehrverletzungen (lit. k)) ausgenommen.[375] Nicht mehr ausgenommen sind unterhaltsrechtliche Streitigkeiten.[376] Im Vergleich zur EuMahnVO geht der Anwendungsbereich jedoch insofern weiter, als auch Deliktsklagen erfasst sind. Zudem sind nicht nur Zahlungsklagen erfasst, sondern auch Feststellungs-, Gestaltungs- und Herausgabeklagen eingeschlossen.[377] Der Anwendungsbereich ist nicht auf Verbraucherstreitigkeiten begrenzt – die Verordnung will insbesondere auch die grenzüberschreitende Forderungsbeitreibung von KMU verbessern. 10.98

368 *Jahn*, NJW 2007, 2890, 2891. Eine Teilklage, die den Betrag von € 5.000 nicht übersteigt, unterfällt der EuBagVO, MünchKommZPO/*Hau*, EuGFVO, Art. 2 Rdn. 7.

369 Vgl. *Mayer/Lindemann*, BRAK-Mitt. 2006, 207, 208. Dies entspricht § 5 ZPO; Zur Streitwertermittlung *Leible/Freitag*, BB 2009, 2, 3.

370 Dazu *Linke/Hau*, IZVR, Rdn. 11.5. Die Streitwertberechnung erfolgt nach nationalem Recht mit der Folge uneinheitlicher Praxis.

371 Zur Zuständigkeit vgl. sogleich Rdn. 10.99.

372 So ausdrücklich EuGH, 22.11.2018, Rs. C-627/17, *ZSE Energia*, EU:C:2018:941, Rdn. 31 ff. Auch der Wohnsitz eines Intervenienten in einem anderen EU-Mitgliedstaat reicht nicht aus.

373 AA *Kramer*, ZEuP 2008, 355 – vollständiger Ausschluss von Drittstaatensachverhalten; vgl. dazu Fn. 380 sowie oben § 5 I, Rdn. 5.28.

374 Zu den in Art. 1 II EuGVO aufgelisteten Ausnahmen (Personenstand, Insolvenz, familienrechtliche Streitigkeiten, Schiedsgerichtsbarkeit) vgl. oben § 6 I, Rdn. 6.16 ff. Die in Art. 2 II lit. a)–g) EuBagVO aufgeführten Ausnahmen entsprechen den Ausnahmen des Art. 1 II EuGVO.

375 Hintergrund waren Auseinandersetzungen im Rat über den Schutz der Pressefreiheit, vgl. die parallele Ausnahme in Art. 1 II lit. g) Rom II-VO.

376 Anders noch die ursprüngliche Regelung in Art. 2 II lit. b) EuBagVO (2007), dazu Voraufl. § 10 III, Rdn. 90.

377 MünchKomm/*Hau*, Art. 2 EuGFVO, Rdn. 6.

3. Die Regelungen zur Zuständigkeit

10.99 Die internationale Zuständigkeit bestimmt sich, wie bei der EuMahnVO, nach Art. 4–35 EuGVO. Eine ausdrückliche Verweisung enthält der operative Text der EuBagVO nicht. Die Anwendbarkeit der EuGVO ergibt sich vielmehr aus den im Klageformular A (Anhang 1) vorgegebenen Mindestangaben:[378] Diese nehmen auf die Art. 4 ff. EuGVO Bezug (vgl. Ziffer 4).[379] Drittstaatensachverhalte unterliegen zudem den Schranken des Art. 3 EuBagVO.[380]

10.100 Für die sachliche und die funktionale Zuständigkeit haben hingegen die Mitgliedstaaten die Regelungskompetenz.[381] Die sachliche Zuständigkeit liegt in Deutschland nach § 23 I Nr. 1 GVG bei den Amtsgerichten. Nach § 1104a ZPO können die Bundesländer seit dem 14.7.2017 eine Konzentration der Zuständigkeit festlegen, um die Sichtbarkeit des Verfahrens und die Vertrautheit der Richter mit dem Bagatellprozess zu stärken.[382] Die Zuständigkeitskonzentration erleichtert zudem den Einsatz moderner IT.[383] Das Bagatellverfahren beinhaltet ein streitiges Erkenntnisverfahren. Anders als beim Zahlungsbefehl handelt es sich mithin um originäre Rechtsprechung (Art. 96 GG), die nicht von Justizbeamten wie dem Rechtspfleger wahrgenommen werden kann.[384] Die Erteilung der Bestätigung nach Art. 20 II EuBagVO kann hingegen auf Rechtspfleger übertragen werden, da dort – anders als im Bestätigungsverfahren nach der EuVTVO – nicht die Einhaltung von schuldnerschützenden Mindeststandards zu prüfen ist.[385] Die Übertragung dieser Aufgabe ermöglicht § 20 Nr. 11 RPflG (2008).[386]

---

378 Normativ sind die Art. 4 ff. EuGVO unmittelbar anwendbar.

379 *Hau*, JuS 2008, 1056, 1057; *Leible/Freitag*, BB 2009, 2, 3.

380 Danach muss mindestens eine Partei ihren Wohnsitz in einem anderen Mitgliedstaat als dem des angerufenen Gerichts haben. Damit ist etwa die Anwendung von § 23 ZPO praktisch ausgeschlossen (denkbar bleibt allerdings die Klage eines Franzosen gegen einen russischen Beklagten in Deutschland, gestützt auf den Vermögensgerichtsstand), vgl. Art. 6 I EuGVO. Dazu *Hau*, JuS 2008, 1056, 1058.

381 *Jahn*, NJW 2007, 2890, 2893.

382 Zur aktuell uneinheitlichen Umsetzung in den Bundesländern vgl. *v. Hein/Imm*, IPRax 2019, 75 f.: Bisher ist lediglich in Nordrhein-Westfalen eine Zuständigkeitskonzentration im AG Essen erfolgt, zudem in Sachsen-Anhalt (AG Halle) und in Hessen (AG Frankfurt/M).

383 Die Bedenken von *Nordmeier*, IPRax 2017, 436, 441 (wegen der geringen Fallzahlen) vermögen nicht zu überzeugen. Die doppelfunktionalen Gerichtsstände der Art. 7 ff. EuGVO schließen eine Zuständigkeitskonzentration nicht aus, EuGH, 18.12.2014, verb. Rs. C-400/13 und C-408/13, *Sanders und Huber*, EU:C:2014:2461.

384 *Bittmann*, Exequatur, S. 217; *Mayr*, in: ders. (Hrg.), HdB EuZPR, Rdn. 12.30.

385 Es handelt sich um ein originäres Klauselerteilungsverfahren, das funktional § 724 ZPO entspricht.

386 Gesetz zur Verbesserung der grenzüberschreitenden Forderungsdurchsetzung und Zustellung vom 30.10.2008, BGBl. I 2122.

4. Das europäische Erkenntnisverfahren

Die EuBagVO beinhaltet ein formularmäßiges Verfahren, das aus Kostengründen regelmäßig schriftlich durchgeführt wird (Art. 5 I EuBagVO)[387]. Die Benutzung der Formulare ist zwingend.[388] Zur praktischen Durchführung des Verfahrens bestimmt § 1097 ZPO, dass Formblätter, Anträge, Erklärungen schriftlich oder nach Maßgabe des § 130a ZPO als elektronisches Dokument bei Gericht eingereicht werden können.[389] Wird das Formblatt eingereicht, ist den Erfordernissen des § 253 ZPO genügt.[390] Nach Art. 5 I lit. a) EuBagVO führt das Gericht eine mündliche Verhandlung nur dann durch, wenn es zur Überzeugung kommt, dass es auf der Grundlage der schriftlich eingereichten Beweismittel kein Urteil fällen kann. Die Parteien können (mittels der Formblätter) die Anberaumung der Verhandlung beantragen; die Entscheidung des Gerichts ist jedoch unanfechtbar.[391] Es besteht mithin kein Parteirecht auf mündliche Verhandlung. Nach Art. 8 EuBagVO, § 1100 ZPO kann die Verhandlung auch durchgeführt werden, wenn sich die Parteien sowie ihre Bevollmächtigten nicht am Gerichtsort aufhalten. Hauptanwendungs- und Regelfall ist die Videokonferenz.[392] 10.101

Die Einführung eines schriftlichen Verfahrens ist angesichts der Garantie der öffentlichen Verhandlung in Art. 47 GRC, 6 EMRK, problematisch. Denn der Straßburger Gerichtshof versteht die Mündlichkeit als ein zwingendes, prozessuales Grundrecht.[393] Allerdings lässt der EGMR eine Abweichung vom Mündlichkeitsgebot zu, wenn dies aus Gründen der Verfahrensbeschleunigung dringend geboten ist.[394] Nach Art. 5 I EuBagVO ist eine mündliche Verhandlung auf Antrag einer Partei anzuberaumen. Ersichtlich soll diese Regelung die Konformität mit Art. 6 EMRK und Art. 47 GRC bewirken.[395] Bedenklich erscheint hingegen die in Art. 5 I EuBagVO vorgesehene Befugnis des Gerichts, auf 10.102

387 *Hackenberg*, BC 2007, 338, 339; *Jahn*, NJW 2007, 2890, 2893; *Mayr*, in: ders. (Hrg.), HdB EuZPR, Rdn. 12.43.

388 Abrufbar auf dem Justiziellen Atlas über das E-Justiz-Portal unter: https://e-justice.europa.eu/content_small_claims-354-de.do.

389 Dies setzt freilich eine entsprechende technische Ausstattung der zuständigen Gerichte voraus, die in der Regel in Deutschland fehlt. Daher ist die „dringende Empfehlung", das Formular im Internet aufzurufen und auszufüllen (so *Leible/Freitag*, BB 2009, 2, 4) dahin zu präzisieren, dass im Regelfall ein Ausdruck beim zuständigen Amtsgericht einzureichen ist.

390 Insofern geht die EuBagVO den Regelungen der ZPO vor, zutreffend AG Braunschweig, 8.1.2014, BeckRS 2014, 05553.

391 Die geringe Annahme der EuBagVO in der Rechtspraxis beruht (auch) auf der Zurückdrängung der Mündlichkeit. Gerade bei „small claims" nutzen die Gerichte häufig die Anwesenheit der Parteien zur Vermittlung eines Vergleichs.

392 MünchKommZPO/*Hau*, Art. 8 EuGVFO, Rdn. 3.

393 Nach der Rechtsprechung des EGMR erfordert die schriftliche Verhandlung – anders als Art. 5 EuBagVO – den ausdrücklichen Verzicht der Parteien auf die Mündlichkeit, so etwa EGMR, 12.11.2002, Nr. 38978/97, *Salomonsson v. Schweden*, CE:ECHR:2002:1112JUD003897897, ausführliche Darstellung bei *Brokamp*, Verfahren für geringfügige Forderungen, S. 113 ff.

394 EGMR, 12.11.2002, Nr. 28394/95, *Dory v. Schweden*, CE:ECHR:2002:1112JUD002839495, dazu *Kramer*, ZEuP 2008, 355, 371; vgl. auch BVerfG, 2.3.2017, NJW-RR 2017, 690.

395 *Brokamp*, Verfahren für geringfügige Forderungen, S. 123 f.

die Durchführung der mündlichen Verhandlung zu verzichten. Angesichts der Durchbrechung von Art. 47 GRC und 6 EMRK sollten die Gerichte die Zurückweisungsbefugnisse zurückhaltend anwenden.[396] Zudem ist eine begründete Entscheidung geboten.

10.103 Das europäische Bagatellverfahren wird formularmäßig durchgeführt. Die im Anhang der EuBagVO vorgehaltenen vier Formulare wurden inhaltlich an die der EuMahnVO angelehnt, jedoch deutlich vereinfacht.[397] Im Gegensatz zur EuMahnVO erfolgt die Ausfüllung nicht mit Zahlencodes, sondern durch das Ankreuzen der jeweiligen Textfelder. Zudem müssen zahlreiche Felder individuell ausgefüllt werden. Damit entfällt freilich der Vorteil der Standardisierung – individuelle Angaben müssen übersetzt werden.[398] Dabei erleichtert Art. 6 EuBagVO in Anlehnung an Art. 8 EuZustVO das Übersetzungserfordernis: Zwar muss das Klageformular A in der Gerichtssprache des Prozessgerichts vorgelegt werden; weitere Prozesshandlungen sind jedoch nur zu übersetzen, wenn dies für das Verständnis des Prozessgegners erforderlich ist.[399] Die Vorschrift gilt entsprechend für die Durchführung der mündlichen Verhandlung.[400] Eine anwaltliche Vertretung ist nicht verpflichtend (Art. 10 EuBagVO), jedoch im grenzüberschreitenden Verfahren grundsätzlich anzuraten.

10.104 Nach dem Eingang der Klage prüft das Gericht nach Art. 4 IV EuBagVO, ob der Antrag offensichtlich unzulässig oder unbegründet erscheint. Ist dies der Fall, wird die Klage abgewiesen.[401] Offensichtliche Mängel kann der Kläger jedoch auf Aufforderung des Gerichts berichtigen oder fehlende Angaben ergänzen.[402] Ganz generell soll das Gericht die Parteien bei der Prozessführung unterstützen, Art. 12 EuBagVO. Wenn der Antrag den (formularmäßigen) Vorgaben der EuBagVO entspricht, stellt das Gericht innerhalb von 14 Tagen das Formular des Gläubigers zusammen mit dem Antwortformular an den Schuldner zu (Art. 5 II EuBagVO).

10.105 Die Zustellung der Dokumente erfolgt auf dem Postweg oder (sofern technisch möglich) auf elektronischem Weg, Art. 13 I EuBagVO. Der Adressat muss eine Bestätigung über den Empfang ausstellen, Art. 13 I 2 EuBagVO. Ist die postalische Zustellung nicht möglich, so kann die Zustellung auf einem der in Art. 13, 14 EuMahnVO beschriebenen Wege erfolgen (Art. 13 IV EuBagVO). Diese Vorschriften beinhalten – anders als die Parallelregelungen der EuMahnVO – nicht bloße Mindeststandards,

---

396 Dem EuGH sollte die Vereinbarkeit von Art. 5 und 8 EuBagVO mit Art. 47 GRC nach Art. 267 AEUV vorgelegt werden. Tatsächlich werden 60–70 % der EU-Bagatellverfahren schriftlich durchgeführt.

397 *Mayer/Lindemann*, BRAK-Mitt. 2006, 207, 208; aktuelle Fassung VO 2017/1259, ABl. 2017 L 182/1.

398 *Ontanu*, Cross-border Debt Recovery, S. 47 f., dazu oben § 3 IV, Rdn. 3.79 ff.

399 Dazu *Mayr*, in: ders. (Hrg.), HdB EuZPR, Kap. 12, Rdn. 12.44 ff.; EuGH, 6.9.2018, Rs. C-21/17, *Catlin Europe*, EU:C:2018:675, Rdn. 36 ff.

400 Zutreffend *Hau*, JuS 2008, 1056, 1058; allerdings setzt die Anwendung der Vorschrift eine entsprechende Sprachkompetenz des Gerichts voraus, die freilich nur in grenznahen Regionen durchaus vorhanden sein kann, vgl. unten Rdn. 10.110 f.

401 Eine derartige Abweisung ist jedoch in der Praxis eine seltene Ausnahme.

402 Art. 4 IV, UAbs. 2 EuBagVO iVm Formular B.

sondern operative Verfahrensvorschriften, die die angerufenen Gerichte und die befassten Zustellungsorgane unmittelbar anwenden.[403] Diese Regelung vergemeinschaftet das Zustellungsrecht in Europa in erheblichem Umfang: Die detaillierten Vorschriften über Mindeststandards der Parallelrechtsakte (EuVTVO, EuMahnVO) werden nunmehr zu operativen Vorschriften, die den Zustellungsvorgang ohne Rückgriff auf die Prozessrechte der EU-Mitgliedstaaten regeln.[404] Diese Entwicklung ist im Interesse der Rechtsklarheit und der Praktikabilität zu begrüßen – einzufordern ist allerdings ein europäisches Zustellungszeugnis.[405] Bereits die Einreichung des Klageformulars löst die Rechtshängigkeitssperre aus – im Inland nach § 261 III Nr. 2 ZPO;[406] im Europäischen Justizraum nach Art. 29 und 32 EuGVO.[407]

Die Einlassung des Beklagten erfolgt unter Verwendung des Formblatts C; sie kann jedoch auch formlos erfolgen (Art. 5 III EuBagVO). Erhebt der Beklagte Widerklage, so wird das Verfahren nach dem jeweiligen autonomen Prozessrecht des angerufenen Gerichts fortgesetzt, sofern die Wertgrenze (€ 5.000) überschritten ist, Art. 2 I EuBagVO, § 1099 II ZPO. Inkonnexe Widerklagen können jedoch nach § 1099 I ZPO zurückgewiesen werden. Nach Art. 5 IV EuBagVO ist die Erwiderung innerhalb von 14 Tagen dem Kläger zuzuleiten.[408] Für das weitere Verfahren gilt ein enges Zeitkorsett: Spätestens 30 Tage nach der Antwort des Schuldners soll das Gericht entweder ein Urteil erlassen, weitere Unterlagen anfordern oder eine Anhörung anberaumen (Art. 7 I EuBagVO). Danach entscheidet das Gericht nach Lage der Akten (§ 331a ZPO).[409] Allerdings enthält die EuBagVO keine Präklusionsvorschriften.[410] **10.106**

Die Beweiserhebung gestaltet Art. 9 EuBagVO vereinfacht und flexibel aus. Das Freibeweisverfahren ist generell zugelassen; anders als nach § 284 ZPO bedarf es hierfür keiner Zustimmung der Parteien.[411] Beweise können auch per Telefon[412], **10.107**

---

403 *Jahn*, NJW 2007, 2890, 2893.
404 Dazu bereits *Hess*, ZSR 124 (2005) II, 183, 217 (Fn. 210).
405 Dazu oben § 10 I, Rdn. 10.22.
406 Zur Gleichbehandlung der in- und ausländischen Konstellationen sollte auch im Rahmen von § 261 III ZPO auf den Zeitpunkt der Klageeinreichung abgestellt werden (vgl. auch Art. 3 III EuBagVO), MünchKommZPO/*Hau*, Art. 3 EuGVFO, Rdn. 22.
407 Vgl. oben § 6 III, Rdn. 6.184 ff.
408 *Leible/Freitag*, BB 2009, 2, 4.
409 Ein Verweis auf die Vorschriften des Versäumnisverfahrens ist hingegen unterblieben. Dies erklärt sich daraus, dass Art. 7 III EuBagVO die Geständnisfiktion des 331 ZPO nicht kennt. Vgl. die Begründung des Regierungsentwurfs BT-Drs. 16/8839, S. 44. Es ergeht vielmehr ein Urteil nach Lage der Akten, das als streitiges Urteil zu qualifizieren ist.
410 *Linke/Hau*, IZVR, Rdn. 11.23.
411 Mit Recht kritisch *Hau*, JuS 2008, 1056, 1058.
412 § 1101 II 1 ZPO verweist auf § 128a ZPO, der nur eine Vernehmung mittels Videokonferenz zulässt. Der deutsche Gesetzgeber kann jedoch die in der EuBagVO vorgesehenen Möglichkeiten des Freibeweises nicht einschränken, anders MünchKommZPO/*Hau*, Art. 9 EuBagVO, Rdn. 6.

Email oder per Videokonferenz erhoben werden. § 1101 ZPO unterstreicht die in Art. 9 EuBagVO enthaltene Regelung. Sachverständigengutachten sollen nur dann eingeholt werden, wenn dies nach Einschätzung des Prozessgerichts unbedingt erforderlich ist (Art. 9 IV EuBagVO).[413] Dem Gericht steht ein weiteres Verfahrensermessen zu – es soll dabei insbesondere Kostenaspekte berücksichtigen.[414]

10.108 Nach Art. 16 EuBagVO trägt die unterlegene Partei die Kosten des Verfahrens. Anderes gilt, wenn angefallene Kosten nicht erforderlich waren oder außer Verhältnis zu der Klage stehen.[415] In diesem Zusammenhang ist ungeklärt, ob die Kosten anwaltlicher Vertretung vor dem Amtsgericht als erforderlich anzusehen sind – immerhin ist die Naturalpartei dort postulationsfähig.[416] Richtigerweise sollte die anwaltliche Vertretung generell als erforderlich angesehen werden, da grenzüberschreitende Prozesse (auch bei vordergründig einfachen Konstellationen) strukturell kompliziert sind.[417]

10.109 Art. 17 EuBagVO verpflichtet die Mitgliedstaaten, gegen die nach der EuBagVO ergangenen Entscheidungen Rechtsmittel vorzuhalten und dafür Fristen zu bestimmen. Diese richten sich nach dem jeweiligen Prozessrecht der Mitgliedstaaten, in Deutschland nach den §§ 511 ff. ZPO.[418] Art. 18 EuBagVO eröffnet dem Schuldner die Wiedereinsetzung, wenn er ohne Verschulden daran gehindert war, sich im Bagatellverfahren einzulassen. Der Antrag ist innerhalb von 30 Tagen seit Kenntniserlangung vom Verfahren zu stellen, Art. 18 II EuBagVO. Die Vorschrift stimmt mit Art. 19 EuVTVO und Art. 20 Abs. 1 EuMahnVO inhaltlich überein.[419] Die Durchführungsregelungen enthält § 1104 ZPO: der außerordentliche Rechtsbehelf hat weder Devolutiv- noch Suspensiveffekt.

---

413 Damit scheidet etwa die im englischen Prozessrecht vorgesehene Beweiserhebung durch Parteisachverständige aus.

414 *Jahn*, NJW 2007, 2890, 2892 f.; *Mayer/Lindemann*, BRAK-Mitt. 2006, 207, 209; *Haibach*, ERPL 2005, 593, 599.

415 *Cortes Dieguez*, CJQ 2008, 83, 90 f.

416 Angesichts der heterogenen Regelungen der EU-Mitgliedstaaten zur Kostenerstattung wird letztlich der EuGH diese Frage klären müssen. Die Erschwernisse der grenzüberschreitenden Rechtsverfolgung sprechen jedoch für die Erstattungsfähigkeit der Anwaltskosten.

417 Vgl. auch EuGH, 14.2.2019, Rs. C-554/17, *Jonsson*, EU:C:2019:124; Art. 16 EuBagVO steht einer nationalen Regelung nicht entgegen, wonach den Parteien die Kostentragung anteilig oder zu gleichen Teilen aufgegeben wird, solange es bei der Kostenerstattung im Fall des Prozessverlusts bleibt. Dieses Urteil nimmt den Anwendungsbereich der EuBagVO unnötig weit zurück.

418 *Hackenberg*, BC 2007, 338, 340; diese Regelungstechnik widerspricht eigentlich der Rechtsnatur der Verordnung als unmittelbar anwendbarem EG-Rechtsakt. In Deutschland gilt die Wertgrenze des § 511 II Nr. 1 ZPO (€ 600), die Rechtsmittel werden nach dem Recht der Mitgliedstaaten verhandelt, *Leible/Freitag*, BB 2009, 2, 5.

419 Vgl. oben § 10 II, Rdn. 10.79 ff.

Einen substantiellen Fortschritt beinhaltet die Sprachenregelung in Art. 6 EuBagVO.[420] Nach Art. 6 I EuBagVO sind das Standardformblatt zur Erhebung einer Klage, die Antwort des Beklagten, Widerklagen oder Beschreibungen von Beweisen in der Sprache des Gerichts vorzulegen. Ansonsten steht die Anforderung einer Übersetzung im Ermessen des Gerichts, sofern dieses sie für das Verfahren für erforderlich hält, Art. 6 II EuBagVO. Das ist insbesondere nicht erforderlich, wenn alle Verfahrensbeteiligten die Gerichtssprache verstehen.[421] **10.110**

Art. 6 II EuBagVO ist im Hinblick auf das Urteil des EuGH im Verfahren *Weiss & Partner GbR* auszulegen.[422] Dieses Urteil betraf die Frage, in welchem Umfang das Verfahren einleitende Schriftstück übersetzt werden muss. Während Generalanwältin *Trstenjak* in ihren Schlussanträgen der (extrem formalen und weit gehenden) Vorlage des BGH gefolgt war und grundsätzlich die Übersetzung der Klage nebst sämtlichen Anlagen verlangte, stellte der EuGH klar, dass die Gehörswahrung für die Beklagten keine vollständige Übersetzung der Klage nebst Anlage erfordert. Ausreichend ist eine Übersetzung der zentralen Angaben der Klageschrift.[423] Dies überzeugt: Im Regelfall kennen die Parteien die Hintergründe zur Klage (und verstehen zumindest, worum es geht);[424] entscheidend ist die Information über das eingeleitete Verfahren, die sich aus der Klageschrift ergibt. Art. 6 II EuBagVO gibt eine entsprechende Lösung vor: Die wesentlichen Schriftstücke sind zu übersetzen, um die notwendige Information des Beklagten über das Verfahren zu gewährleisten; eine vollständige (zeit- und kostenintensive) Übersetzung der Anlagen zur Klage ist hingegen im Hinblick auf den Justizgewährungsanspruch des Klägers nicht einzufordern.[425] **10.111**

Art. 6 III EuBagVO regelt in inhaltlicher Anlehnung an Art. 8 EuZustVO die Heilung einer Zustellung, die der Empfänger zurückweist, weil das Schriftstück in einer ihm unverständlichen Sprache abgefasst ist.[426] In diesem Fall setzt das Gericht die andere Partei davon in Kenntnis, damit diese eine Übersetzung des Schriftstücks vorlegt. Damit setzt der europäische Gesetzgeber die Vorgaben des EuGH im Urteil *Leffler*[427] um. Nach § 1098 ZPO beträgt die Frist zur Annahmeverweigerung nach Art. 6 III EuBagVO eine Woche ab Zustellung des Schriftstückes. Über die Folgen einer Fristversäumung ist der Empfänger zu belehren. **10.112**

---

420 Sprachbarrieren bilden die praktisch größten Hindernisse der grenzüberschreitenden Rechtsverfolgung im Europäischen Justizraum. Vgl. oben § 3 IV, Rdn. 3.79 ff.

421 *Jahn*, NJW 2007, 2890, 2893.

422 EuGH, 8.5.2008, Rs. C-14/07, *Weiss & Partner*, EU:C:2008:264, Rdn. 56 ff.; Vorlagebeschluss des BGH, 21.12.2006, EuZW 2007, 187; dazu oben § 8 I, Rdn. 8.21; wie hier *Schlosser* in: Schlosser/Hess, Art. 6 EuBagVO, Rdn. 1.

423 Schlussanträge der Generalanwältin *Trstenjak* im Verfahren C-14/07 vom 27.11.2007, *Weiss & Partner*, EU:C:2007:737, Rdn. 52 ff., 65.

424 Maßgebliche Dokumente (etwa Anhänge zum Vertrag) hatten die Parteien bereits zuvor ausgetauscht.

425 EuGH, 8.5.2008, Rs. C-14/07, *Weiss & Partner*, EU:C:2008:264, ist auf die VO 861/07/EG nicht eingegangen; *Hess*, IPRax 2008, 401 ff.

426 Eine Heilungsvorschrift enthält Art. 8 I EuZustVO, dazu oben § 8, Rdn. 8.16 ff.

427 EuGH, 8.11.2005, Rs. C-443/03, *Leffler*, EU:C:2005:665.

5. Vollstreckung und vollstreckungsrechtliche Rechtsbehelfe

10.113 Art. 20 ff. EuBagVO regeln die Anerkennung und Vollstreckung in anderen EU-Mitgliedstaaten. Wie nach der EuVTVO und der EuMahnVO entfallen die Zwischenverfahren zur Anerkennung; es kommt zur direkten Vollstreckung.[428] Die Vorschriften stimmen mit Art. 20 ff. EuVTVO und Art. 21 ff. EuMahnVO überein.[429] Nach Art. 20 II EuBagVO erteilt das Ursprungsgericht auf Antrag eine vollstreckbare Ausfertigung unter Verwendung des Standardformulars D (vgl. Anhang IV). § 1107 ZPO macht die Erteilung einer Vollstreckungsklausel entbehrlich. Damit erfüllt die formularmäßige Bestätigung die Funktion der Vollstreckungsklausel der nationalen Prozessrechte.[430] Einen originär europäischen Titel schafft die EuBagVO mithin nicht – am Schluss des europäischen Verfahrens wird ein nationaler Titel ausgefertigt. Nach Art. 20 I EuBagVO ist das Urteil sofort vollstreckbar; es ist nach § 1105 I ZPO ohne Sicherheitsleistung für vorläufig vollstreckbar zu erklären.[431]

10.114 Nach § 1106 II ZPO ist der Schuldner vor der Ausstellung der Bestätigung anzuhören. Wird die Erteilung zurückgewiesen, finden die Vorschriften über die Anfechtung der Entscheidung über die Erteilung einer Vollstreckungsklausel entsprechende Anwendung. Begründet wird dies damit, dass ein Berichtigungs- bzw. Widerrufsverfahren, wie es Art. 10 EuVTVO vorsieht, bzw. ein Rechtsbehelf wie in Art. 20 II EuMahnVO, in der EuBagVO nicht existiert. Es sei daher erforderlich, auf diesem Wege das rechtliche Gehör des Schuldners zu wahren.[432] Dies erscheint jedoch zu weitgehend. Eine Parallelvorschrift zu Art. 10 EuVTVO oder Art. 20 II EuMahnVO ist für die EuBagVO nicht erforderlich, da es nicht um die Bestätigung einer unbestrittenen Forderung geht. Vielmehr wird eine Entscheidung bestätigt, die in einem kontradiktorischen Verfahren ergangen ist. Auch nach deutschem Prozessrecht (§§ 724 ff. ZPO) findet eine Anhörung des Schuldners vor Erteilung der Vollstreckungsklausel regelmäßig nicht statt. Dasselbe galt im Exequaturverfahren nach Art. 38 EuGVO aF. Die Anhörung des Schuldners und der zusätzliche Rechtsbehelf verzögern das Verfahren und ermöglichen weitere Verzögerungstaktiken. Die deutsche Durchführungsvorschrift ist mit dem Äquivalenzprinzip unvereinbar.[433]

10.115 Die Gründe für eine Ablehnung (Art. 22 I EuBagVO) oder Aussetzung bzw. Beschränkung der Zwangsvollstreckung (Art. 23 EuBagVO) entsprechen den Art. 21 I, 23 EuVTVO bzw. Art. 22 I, 23 EuMahnVO. Die Vollstreckung kann danach verweigert werden, wenn die Entscheidung zu einem früheren Urteil im Widerspruch steht

---

428 *Hackenberg*, BC 2007, 338, 340; *Cortes Dieguez*, CJQ 2008, 83, 93; dazu sollen nach dem Berichterstatter des EU-Parlaments *Mayer* auch die Verfahren zur Erteilung der nationalen Vollstreckungsklausel und ähnliche Verfahren gehören, vgl. *Bittmann*, ZEuP 2007, 1161, 1163; *Haibach*, ERPL 2005, 593, 600.

429 *Pozzi*, Titoli esecutivi europei (2007), S. 228.

430 Dies entspricht § 1079 ZPO, der die Bestätigung einer Entscheidung nach der EuVTVO mit der Klauselerteilung nach § 724 ZPO gleichsetzt.

431 Nach § 1106 I ZPO erteilt das Prozessgericht die Bestätigung nach Art. 20 II EuBagVO.

432 Vgl. Begründung zum Regierungsentwurf, BT Drs. 16/8839, S. 46.

433 Zum Äquivalenzgrundsatz unten § 11 I, Rdn. 11.7 ff.; *Hess*, IPRax 2008, 24, 27 f.; *Schlosser*, in: Schlosser/Hess, Art. 20 EuBagVO, Rdn. 4.

(Art. 22 I EuBagVO). Hat der Schuldner im Ursprungsstaat einen Rechtsbehelf eingelegt, kann die Vollstreckung beschränkt oder ausgesetzt werden (Art. 23 EuBagVO). Der *ordre public*-Vorbehalt ist entfallen.[434]

Die vorgängigen Absätze verdeutlichen, dass die horizontale Abstimmung zwi- 10.116
schen den Verordnungen durchgehalten wurde. Allerdings ist zu bedauern, dass dadurch die inhärenten Schwächen der parallelen Rechtsakte nicht ausgeglichen wurden. So wurde es versäumt, die vollstreckungsrechtlichen Rechtsbehelfe in den Verordnungen selbst zu regeln. Damit verbleibt den Mitgliedstaaten Spielraum, überkommene Rechtsbehelfe zuzulassen. Nicht nachzuvollziehen ist, warum der Einwand der nachträglichen Erfüllung (vgl. Art. 22 II EuMahnVO) in der EuBagVO fehlt. Für die Durchführung verweist § 1109 ZPO konsequenter Weise auf §§ 1084 I und III, 1086 ZPO. Damit wird auf innerstaatlicher Ebene die horizontale Abstimmung auch positivrechtlich sichtbar. Auf die Ausführungen zur Umsetzung der EuMahnVO kann daher verwiesen werden.[435]

IV. Europäisches Zwangsvollstreckungsrecht

1. Grenzüberschreitende Vollstreckungen im Europäischen Justizraum

Das Vollstreckungsrecht blieb zunächst von den Rechtsetzungsaktivitäten der Euro- 10.117
päischen Gemeinschaft unberührt. Art. 24 Nr. 5 EuGVO klammert, ebenso wie die entsprechenden früheren Regelungen, die Rechtsbehelfe des Vollstreckungsrechts ausdrücklich aus. Die Vorschrift setzt stillschweigend voraus, dass die Vollstreckung generell nicht eingeschlossen ist.[436] Das Europäische Prozessrecht folgt damit den überkommenen Staatsverträgen zur Urteilsanerkennung, die das Exequaturverfahren regeln, jedoch die Vollstreckung den nationalen Verfahrensrechten überlassen.[437] Generell hat sich das Vollstreckungsrecht lange Zeit der Rechtsvergleichung entzogen.[438] Es wird völkerrechtlich vom Territorialitätsprinzip und kollisionsrechtlich

434 Zur Problematik vgl. oben § 3, Rdn. 3.34 ff.

435 Vgl. oben § 10 II, Rdn. 10.82 ff.

436 EuGH, 4.7.1985, Rs. C-220/84, *AS Autoteile./.Malhé*, EU:C:1985:302; dazu *Kropholler/v. Hein*, Art. 22 EuGVO aF, Rdn. 59 f.

437 Dieser Befund steht in auffallendem Gegensatz zum Europäischen Insolvenzrecht, das seit dem 1.5.2002 die Grundsätze der Universalität und der Wirkungserstreckung grenzüberschreitender Beschlagnahmen zulässt, vgl. Art. 3, 16 EuInsVO, dazu oben § 9 II, Rdn. 9.27 ff.

438 Vgl. jedoch *Kennett*, The Enforcement of Judgments in Europe, S. 61–98; *Kerameus*, RdC 204 (1997), 215; *Andenas/Hess/Oberhammer* (ed.) Enforcement Agency Practice in Europe; *Berglund*, Cross-Border Enforcement of Claims in Europe, S. 91 ff.

vom *lex fori*-Grundsatz dominiert und blieb dadurch von Internationalisierungstendenzen lange abgeschirmt.[439]

10.118 Nichts anderes ist für den einstweiligen Rechtsschutz zu konstatieren: Art. 35 EuGVO enthält (derzeit) eine wenig geglückte Verweisung auf die autonomen Prozessrechte der Mitgliedstaaten, die den EuGH zu wiederholter Korrektur exzessiver Praktiken nationaler Gerichte veranlasst hat.[440] Auch Art. 35 EuGVO regelt die Vollstreckung als solche nicht – die Anerkennung einstweiliger Maßnahmen richtet sich nach Art. 36 ff., 43 II EuGVO; die Vollstreckung unterliegt hingegen dem Recht des Mitgliedstaates, in dem der Vollzug erfolgt.[441] Das Erfordernis der vorherigen Zustellung des Titels (Art. 43 II EuGVO) nimmt dem Gläubiger den Überraschungseffekt und ermöglicht dem Schuldner eine Verschiebung seiner Vermögenswerte. Die Effizienz des grenzüberschreitenden, einstweiligen Rechtschutzes wird dadurch erheblich gemindert.[442]

10.119 Die lang andauernde Ausblendung der Vollstreckung aus dem sachlichen Anwendungsbereich des Europäischen Prozessrechts bedeutete freilich nicht, dass keine Probleme bestanden (und weiterhin bestehen). Ganz im Gegenteil: Zunächst ist ein erhebliches Informationsdefizit zu konstatieren, aus dem Rechtsunsicherheit resultiert.[443] Die geringe Zahl grenzüberschreitender Verfahren vor den Zivilgerichten in Europa[444] beruht nicht zuletzt auf der mangelnden Transparenz der europäischen Vollstreckungsrechte. Auch sind aus der Rechtspraxis wiederholt Fälle bekannt geworden, in denen Pfändungs- und Überweisungsbeschlüsse unmittelbar an ausländische Drittschuldner zugestellt wurden.[445] Insbesondere im deutsch-österreichischen Verhältnis existiert eine (gewisse) Praxis, Vorpfändungen (§ 845 ZPO) und Pfändungsbeschlüsse über die Grenze zuzustellen.[446] Die Zulassung der postalischen

---

439 *Hess*, General Report, Study JAI A3/02/2002 on Making More Efficient the Enforcement of Judgments in Europe, S. 6 ff; *Domej*, Internationale Zwangsvollstreckung und Haftungsverwirklichung (2016), S. 165 ff.

440 EuGH, 17.11.1998, Rs. C-391/95, *van Uden*, EU:C:1998:543, Rdn. 19; EuGH, 27.4.1999, Rs. C-99/96, *Mietz*, EU:C:1999:202; EuGH, 2.4.2009, Rs. C-523/07, *A*, EU:C:2009:225, Rdn. 45 ff. (zu Art. 20 EheGVO), dazu oben § 6 V, Rdn. 6.277 ff.

441 Zur Anerkennung nach Art. 32, 38 ff. EuGVO aF, EuGH, 6.6.2002, Rs. C-80/00, *Italian Leather*, EU:C:2002:342.

442 Oben § 6 V, Rdn. 6.286.

443 *Andenas/Nazzini*, in: Andenas/Hess/Oberhammer (ed.), Enforcement Agency Practice, S. 53, 97 ff.

444 Die Zahlen schwanken zwischen 1 und 3 % aller Zivilprozesse in den Mitgliedstaaten, vgl. *Hess/Pfeiffer/Schlosser*, The Brussels I Regulation, Rdn. 34 ff.

445 Zur Rechtsentwicklung in England vgl. *Domej*, Internationale Zwangsvollstreckung (2016), S. 108 ff.

446 Die Vorpfändung erfolgt ohne Einschaltung des Vollstreckungsgerichts, dies erleichtert den Einsatz im grenzüberschreitenden Bereich. Zur Zustellung eines österreichischen Pfändungsbeschlusses

Direktzustellung nach Art. 14 EuZustVO hat diese Praktiken weiter gefördert.[447] In neuerer Zeit sind Urteile berichtet worden, die den Zugriff auf ausländische Konten mittels Zustellung des Pfändungsbeschlusses an die inländische Bankzentrale versuchten.[448] Die französische Rechtsprechung lässt einen derartigen, bankinternen Pfändungsdurchgriff auch über die Grenze zu.[449]

Ein weiterer, dogmatisch nicht abschließend geklärter Bereich betrifft den sog. Einziehungsprozess gegen den Drittschuldner: Ist der Gläubiger aufgrund des Pfändungs- und Überweisungsbeschlusses zur Einziehung der Forderung ermächtigt (vgl. für Deutschland §§ 829, 836 ff. ZPO), so kann er grundsätzlich die ihm übertragene Forderung anstelle des Schuldners gegen den Drittschuldner einklagen, wenn dieser nicht freiwillig zahlt. Die gerichtliche Zuständigkeit des Einziehungsprozesses bestimmt sich nach den Art. 4 ff. EuGVO.[450] Regelmäßig sind die Gerichte im Vollstreckungsstaat nach Art. 4, 62 EuGVO bzw. 7 Nr. 5 EuGVO zuständig, sofern die Forderungspfändung am Sitz bzw. der Niederlassung des Drittschuldners erfolgte. Wird der Prozess gegen den Drittschuldner hingegen in einem anderen Mitgliedstaat geführt, so ist im Rahmen der Sachlegitimation des Gläubigers die Wirksamkeit der Forderungspfändung (als Vorfrage) zu prüfen.[451] Damit stellt sich die Frage einer Anerkennung der ausländischen Vollstreckungsmaßnahme (vgl. Art. 4 III EUV).[452] Zumindest wenn der Vollstreckungsmitgliedstaat die Grenzen der Territorialität eingehalten hat, sollte die Einziehungsbefugnis des Gläubigers anerkannt werden.[453] Hierfür spricht auch eine Analogie zu den Art. 21 ff. EuInsVO,[454] die die Anerkennung der Einziehungsbefugnisse des Insolvenzverwalters regeln.[455] 10.120

Das rechtsstaatliche Erfordernis effektiver und transparenter Vollstreckungssysteme ist hingegen im nationalen und supranationalen Verfassungsrecht allgemein anerkannt: Nach ständiger Rechtsprechung des Europäischen Gerichtshofs für Men- 10.121

---

an einen deutschen Drittschuldner OGH, JBl. 1998, 382 (Zugriff auf deutschen Drittschuldner). Ähnliche Vorfälle werden auch aus Belgien berichtet.

447 Die postalische Zustellung erleichtern Art. 8 V und 14 VO 1393/2007/EG, oben § 8 I, Rdn. 8.23 ff.

448 Ablehnend: *Kuwait Oil Tanker Co v. UBS AG,* [2003] UKHL 31; *Société Eram Shipping Co Ltd v. Hong Kong and Shanghai Banking Corp. Ltd.*, [2003] UKHL 30; dazu *Cuniberti*, Clunet 2008, 963, 979 ff.

449 Vgl. C.Cass., 14.2.2008, *Exymol v. Banque Parisbas, SA.*; zuvor C.Cass., 30.5.1985, Rev. Crit. 1986, 329 (Drittschuldnererklärung); C.Cass., 30.1.2002, J.C.P. 2003, 582; dazu *Georges*, La saisie, Rdn. 237 ff.; *Cuniberti*, Clunet 2008, 963, 976 ff.

450 *Sonnabend*, Einziehungsprozess, S. 117 ff.; *Mack*, IPRax 2005, 553, 557 f.; *Domej*, Internationale Zwangsvollstreckung, S. 381 ff.

451 Soweit ersichtlich, hat sich das Problem bisher in der Praxis noch nicht gestellt. Vgl. jedoch *Masri v. Consolidated Contractors International Company SAL and Consolidated Contractors (Oil and Gas) SAL*, [2008] ILPr 37 (CA): Bestellung eines *receiver*, der in Vollstreckung eines englischen Urteils Einkünfte aus Ölverkäufen (Konzession in Jemen) weltweit einziehen sollte.

452 Die Anerkennung ausländischer Vollstreckungsakte befürwortet inzwischen die hM auch für das autonome deutsche Recht, vgl. *Gottwald*, IPRax 1991, 285, 288; *Schack*, IPRax 1997, 318, 320; *Lange*, Internationale Forderungspfändung, S. 369 f.

453 Entscheidend ist, dass der Vollstreckungsgegenstand im Vollstreckungsstaat belegen ist. Die Belegenheit definiert Art. 2 lit. g) EuInsVO. Die Vorschrift ist analog auf das Zwangsvollstreckungsrecht anzuwenden.

454 Vgl. oben § 9 IV, Rdn. 9.67 ff.

455 *Hess*, Study JAI A3/02/2002, S. 92 f.

schenrechte umfasst der Anspruch auf effektiven Rechtsschutz (Art. 6 EMRK) auch den Anspruch auf effektive Zwangsvollstreckung.[456] Die Einbeziehung der Zwangsvollstreckung erscheint jedoch nicht nur aus der Sicht des Verfassungsrechts zwingend: Das beste Urteil ist wertlos, wenn seine Vollstreckung nicht garantiert wird. Insofern geht es auch um die Wahrung des Ansehens der Justiz als Dritter Staatsgewalt. Die Rechtsprechung des EGMR zum Vollstreckungsrecht betraf überwiegend (internationale) Kindesentführungen (bzw. Rückführungen)[457] und weniger die (grenzüberschreitende) Geldvollstreckung.[458]

10.122 Angesichts dieser Ausgangssituation verwundert es nicht, dass die EG-Kommission kurz nach dem Inkrafttreten der Art. 61 und 65 lit. c) EG-Vertrag (1998) die Initiative ergriff, um die Vollstreckungsrechte der Mitgliedstaaten besser zu koordinieren.[459] Der Verfasser führte im Jahr 2003 im Auftrag der EG-Kommission eine vergleichende Studie zu den Vollstreckungsrechten (der damals 16) Mitgliedstaaten durch.[460] Die EU-Kommission veröffentlichte drei Jahre später zwei parallele Grünbücher, welche die Ergebnisse der Studie aufgriffen.[461] Die Reaktionen auf das Grünbuch zur Kontenpfändung zeigten[462], dass die überwiegende Praxis einen entsprechenden Rechtsakt befürwortete.[463] Auch das EU-Parlament signalisierte Zustimmung[464]; die EU-Mitgliedstaaten verzögerten jedoch die Gesetzgebungsarbeiten aufgrund vermeintlicher Souveränitätsvorbehalte, welche sich die interessierten Bankenkreise zu Eigen mach-

---

456 EGMR, 19.3.1997, Nr. 18357/91, *Hornsby v. Greece*, CE:ECHR:1997:0319JUD001835791; EGMR, 18.4.2002, Nr. 49144/99, *Ouzounis et al v. Greece*, CE:ECHR:2002:0418JUD004914499; *Yessiou-Faltsi*, in : Normand/Isnard, Le droit processuel et le droit de l'exécution, S. 195 ff.; *Kodek*, in: Andenas/Hess/Oberhammer (ed.), Enforcement Agency Practice, S. 303 ff.; *Domej*, Internationale Zwangsvollstreckung, S. 337 f.

457 Lesenswert *Marchadier*, Rev. Crit. 2007, 677 ff., der allerdings zu Unrecht den Schwerpunkt dieser Rechtsprechung auf die zwischenstaatliche Kooperation begrenzen will.

458 Dazu *Kodek*, in: Andenas/Hess/Oberhammer (ed.) Enforcement Agency Practice, S. 303, 310 ff.

459 Mitteilung der Kommission an den Rat und das Parlament vom 31.1.1998: Wege zu einer effektiven Vollstreckung von Urteilen in der Europäischen Union, ABl. EU 1998 C 33/1 ff.

460 *Hess*, General Report, Study JAI A3/02/2002 on Making More Efficient the Enforcement of Judgments in Europe. Eine anschließende Untersuchung unter Einbeziehung mitteleuropäischer Mitgliedstaaten haben *Harsági/Kengyel*, Grenzüberschreitende Vollstreckung in der Europäischen Union (2011), vorgelegt.

461 Grünbuch vom 24.10.2006 zur effizienteren Vollstreckung von Urteilen in der Europäischen Union: Vorläufige Kontenpfändung, Kom (2006) 618 endg.; Grünbuch vom 7.3.2008 zur effizienteren Vollstreckung von Urteilen in der Europäischen Union: Vermögenstransparenz des Schuldners, KOM (2008) 128 endg.

462 http://ec.europa.eu/justice–home/news/consulting–public/judgements/news–contributions–judgements–en.htm. Eine Zusammenfassung findet sich unter: http://ec.europa.eu/civiljustice/news/docs/summary–answers–com–2006–618–en.pdf.

463 *v. Hein*, ECFL 4 (2007), 301 ff.

464 Bericht des Rechtsausschusses des Europaparlaments vom 08.10.2007, A6 – 0371/2007.

ten.[465] Erst die Finanzkrise nach dem *Lehman*-Kollaps (2007/08) beschleunigte das Rechtsetzungsverfahren.

Die *Lehman*-Finanzkrise veranlasste die damalige Justizkommissarin *V. Reding*, das Projekt gegen den Widerstand der Banken voranzutreiben. Die EU-Kommission wurde während des Gesetzgebungsverfahrens von einer Expertengruppe beraten; sie präsentierte einen Verordnungsvorschlag am 25.7.2011.[466] Das EU-Parlament bewirkte vor allem eine Einbeziehung der Sachaufklärung (Art. 14 EuKtPVO). Das Ergebnis ist ein komplexer Rechtsakt mit 54 (teilweise sehr ausführlichen) Artikeln und 51 (keineswegs kürzeren) Erwägungsgründen. Die Verordnung trat am 18.1.2017 in Kraft (Art. 54 EuKtPVO). 10.123

2. Die VO 655/2014 zur grenzüberschreitenden Kontenpfändung

Die Verordnung ermöglicht unionsweit[467] den grenzüberschreitenden Zugriff auf Bankkonten. Primäres Ziel der vorläufigen Pfändung ist die Sicherung einer zukünftigen Vollstreckung. Auch wenn eine Sicherungsmaßnahme nicht zur Befriedigung des Gläubigers führt, kann der Zugriff auf das Konto den Schuldner veranlassen, mit dem Gläubiger über die Begleichung der Forderung zu verhandeln. Die Pfändung erfolgt im Wege eines online zugänglichen, mehrsprachigen Formularverfahrens.[468] Zentrales Anliegen des Rechtsaktes ist die grenzüberschreitende Implementierung des Überraschungseffekts (Art. 11 EuKtPVO),[469] der in internationalen Fällen für den praktischen Erfolg einer Sicherungsmaßnahme den Ausschlag gibt.[470] Ferner wird die Problematik der Vermögenstransparenz angegangen: Die Verordnung enthält zudem ein Verfahren zur grenzüberschreitenden Ermittlung von Informationen über Konten des Schuldners (Art. 14 EuKtPVO). 10.124

Der deutsche Gesetzgeber hat die Durchführungsgesetzgebung nicht in das 11. Buch der ZPO eingestellt, sondern als 6. Abschnitt in das 10. Buch der ZPO (§§ 946–959 ZPO). Die systematische Stellung verdeutlicht den Bezug zum einstweiligen Rechtsschutz der ZPO (§§ 916 ff. ZPO). Allerdings geht der systematische Zusammenhang zu den sonstigen Durchführungsregelungen zum europäischen Zivilverfahrensrecht im 11. Buch verloren – zudem enthalten die §§ 946 ff. ZPO keine operativen Regelungen, sondern lediglich Aus- und Durchführungsvorschriften zur VO 655/2014, was sie von den 10.125

465 *Cuniberti*, Clunet 2008, 963, 965 f.

466 Vorschlag für eine Verordnung des Europäischen Parlaments und des Rates zur Einführung eines Europäischen Beschlusses zur vorläufigen Kontenpfändung im Hinblick auf die Erleichterung der grenzüberschreitenden Eintreibung von Forderungen in Zivil- und Handelssachen vom 25. Juli 2011 (KOM (2011) 445 endg.).

467 Allerdings nicht in Dänemark (und bis Ende 2020 auch nicht im Vereinigten Königreich).

468 Die im Anhang der EuKtPVO aufgeführten Formulare enthalten die Durchführungsverordnung der Kommission vom 10.10.2016, ABl. EU 2016 L 283/1 ff.

469 In Abkehr der Rechtsprechung des EuGH, 21.5.1980, Rs. C-125/79, *Denilauler / Couchet*, EU:C:1980:130, EuGH, 27.4.1999, Rs. C-99/96, *Mietz*, EU:C:1999:202; vgl. EwG 15 und 17 zur EuKtPVO.

470 *Nunner-Krautgasser*, in: Hess (Hrg.), Die Anerkennung im Europäischen Zivilprozessrecht, S. 125, 133; *Hess*, DGVZ 2012, 69, 70; vgl. auch EwG 15 zur EuKtPVO.

sonstigen Regelungen des Zwangsvollstreckungsrechts unterscheidet. Die gesonderte Regelung im 10. Buch der ZPO vermag daher nicht wirklich zu überzeugen – insbesondere ist zu befürchten, dass Kommentare zur ZPO die Durchführungsvorschriften kommentieren, ohne dass der Verordnungstext selbst hinreichend kommentiert wird.[471]

a) Anwendungsbereich

10.126 Den sachlichen Anwendungsbereich begrenzt Art. 2 I EuKtPVO in Anlehnung an Art. 1 EuGVO auf Zivil- und Handelssachen;[472] ausgenommen sind Ehesachen, erbrechtliche Streitigkeiten, Insolvenzen sowie die Schiedsgerichtsbarkeit.[473] Unterhaltsstreitigkeiten sind hingegen erfasst.[474] Sachlich ist die Verordnung auf Geldforderungen begrenzt. Diese definiert Art. 4 Nr. 5 EuKtPVO auf Forderungen auf Zahlung eines bestimmten fälligen oder klagbaren Zahlungsbetrags. Zinsen sind eingeschlossen, Art. 15 EuKtPVO. Für die Definition des Bankkontos greift Art. 4 Nr. 1 und Nr. 2 auf die entsprechende Definition in der BankenaufsichtsVO zurück.[475]

10.127 Die Verordnung findet nur auf grenzüberschreitende Streitigkeiten Anwendung, Art. 3 I EuKtPVO: Der wichtigste Anwendungsfall ist das Auseinanderfallen von anordnendem Gericht und erfasstem Konto. Die Rechtssache ist ferner dann grenzüberschreitend, wenn der Gläubiger seinen Wohnsitz nicht in dem EU-Mitgliedstaat hat, in dem das Konto belegen ist.[476] Diese Umschreibung des Anwendungsbereichs geht über die enge Definition des räumlichen Anwendungsbereichs in anderen EU-Prozessrechtsakten hinaus, die an den Wohnsitz der Parteien in unterschiedlichen EU-Mitgliedstaaten anknüpfen.[477] Diese allgemeine Definition des „grenzüberschreitenden Bezugs" schränken Art. 4 Nr. 6 und Nr. 7 EuKtPVO weiter ein. Erfasst sind nur Gläubiger mit Wohnsitz/Sitz in den teilnehmenden EU-Mitgliedstaaten.[478] Vom persönlichen Anwendungsbereich ausgenommen bleiben Gläubiger in Dänemark sowie Gläubiger mit Sitz im Vereinigten Königreich, da dieses einen „opt out" erklärt hatte (so ausdrücklich EwG 48 zu EuKtPVO).[479]

---

471 Vgl. bspw. die Darstellung bei *Thomas/Putzo*, §§ 946 ff. ZPO (41. Aufl. 2020).

472 Dieses Tatbestandsmerkmal ist rechtsaktübergreifend, in Anlehnung an Art. 1 EuGVO, auszulegen. Vgl. oben § 6 I, Rdn. 6.5 ff.; ebenso *Lüttringhaus*, ZZP 129 (2015), 187, 191 f.

473 Zu Recht kritisch *Cuniberti/Migliorini*, Rev. crit. 2018, 31, 34. Zu den daraus resultierenden Abgrenzungsproblemen *Wiedemann/Harbeck*, RIW 2018, 777, 779 ff.

474 Beim Erlass der EuUhVO war ein Vorschlag der Kommission zur Kontenpfändung am Einstimmigkeitserfordernis des Art. 81 III AEUV gescheitert, *Wiedemann/Harbeck*, RIW 2018, 777, 778.

475 VO (EU) 575/2013, ABl. EU 2013 L 176/1 ff., ausführlich *Garber*, in: Mayr (Hrg.), EuZVR, Rdn. 9.16–9.19.

476 Erfasst werden mithin nur Konten, die in den teilnehmenden Mitgliedstaaten belegen sind, *Garber*, in: Mayr (Hrg.), EuZVR, Rdn. 9.7 mwN.

477 Etwa Art. 3 EuMahnVO; Art. 3 EuBagVO; Art. 2 EuMed-RL, oben § 2 I, Rdn. 2.14 ff.

478 Vgl. oben § 2 I, Rdn. 2.18.

479 *Garber*, in: Mayr (Hrg.), EuZVR, Rdn. 9.27 ff.

Im Hinblick auf die erfassten Verfahrenssituationen ist die EuKtPVO breit aufgestellt: Eine Kontenpfändung kann vor, während und sogar nach Beendigung eines Hauptsacheverfahrens erwirkt werden, Art. 5 EuKtPVO.[480] Eingeschlossen ist zudem die Durchsetzung (sprich: Sicherung) von Prozessvergleichen und vollstreckbaren Urkunden, sofern diese ihrerseits auf Zahlung lauten. Ebenfalls eingeschlossen sind summarische Verfahren und Zahlungsbefehle.[481] Der wesentliche Unterschied zwischen Anträgen vor oder nach Einleitung des Hauptsacheverfahrens besteht darin, dass der Gläubiger zwar weiterhin die Dringlichkeit (Art. 7 I EuKtPVO), jedoch nicht die hinreichende Erfolgsaussicht der Hauptsache (Art. 7 II EuKtPVO) nachweisen muss.[482] Bedauerlicherweise differenziert die EuKtPVO nicht bei der „Dringlichkeit" zwischen den unterschiedlichen Konstellationen mit der Folge, dass der Gläubiger, selbst wenn er oder sie einen Vollstreckungstitel erwirkt hat, weiterhin die „besondere Dringlichkeit" der grenzüberschreitenden Vollstreckung darlegen muss.[483] Das erscheint unnötig und zu restriktiv.[484] 10.128

b) Internationale Zuständigkeit

Die Zuständigkeitsregelung der Verordnung spiegelt die Zusammengehörigkeit von Pfändungsbeschluss- und Hauptsacheverfahren wider.[485] Wird die Kontenpfändung vor Einleitung des Verfahrens in der Hauptsache beantragt, eröffnet Art. 6 I EuKtPVO die Zuständigkeit bei den Gerichten des Mitgliedstaates, die nach den einschlägigen anzuwendenden Vorschriften für die Entscheidung in der Hauptsache zuständig sind. Mithin sind grundsätzlich die Gerichtsstände der EuGVO und der EuUhVO anwendbar.[486] Hat der Gläubiger hingegen bereits einen Titel erwirkt, sind die Gerichte des Mitgliedstaats, in dem die Entscheidung erlassen wurde, auch für den Erlass des Pfändungsbeschlusses zuständig.[487] Eine Besonderheit gilt für Verbrauchersachen: Ist der Schuldner Verbraucher, sind für die Kontenpfändung gemäß Art. 6 II EuKtPVO ausschließlich die Gerichte in dessen Wohnsitzstaat zuständig. Dies entspricht im Kern der Regelung der Art. 19 f. EuGVO. Auf ein „Ausrichten der Geschäftstätigkeit" 10.129

480 *Heinze*, ZVglRWiss 119 (2020), 167, 184 f.

481 EuGH, 17.11.2019, Rs. C-555/18, *K.H.K.*, EU:C:2019:937, Rdn. 50 ff. Sehr lesenswert hierzu die Schlussanträge GA *Szpunar*, 29.7.2019, Rs. C-555/18, EU:C:2019:652.

482 Zutreffend *Heinze*, ZVglRWiss 119 (2020), 167, 185.

483 Dazu unten Rdn. 10.132.

484 Vgl. unten Rdn. 10.141.

485 Vgl. EwG 13 zur EuKtPVO.

486 *Hess*, in: Schlosser/Hess, Art. 6 EuKtPVO, Rdn. 3 f.

487 Oder die Gerichte des Mitgliedsstaates, in dem der gerichtliche Vergleich gebilligt oder geschlossen wurde. Für den Fall, dass der Gläubiger die Ausstellung einer öffentlichen Urkunde erwirkt hat, sind die Gerichte des Mitgliedstaats, in dem die Urkunde errichtet wurde, zuständig, vgl. Art. 6 III und IV EuKtPVO.

auf den Wohnsitzstaat des Verbrauchers kommt es nicht an.[488] Auf die exorbitanten Gerichtsstände der autonomen Prozessrechte der Mitgliedstaaten[489] kann die Zuständigkeit hingegen nicht gestützt werden.[490]

c) Die Erwirkung des Pfändungsbeschlusses

10.130 Eine grenzüberschreitende Kontenpfändung ist in allen Phasen der Forderungsbeitreibung möglich.[491] Die Einbeziehung der titulierten Forderung mag auf den ersten Blick erstaunen. Sie reagiert jedoch auf die Schwierigkeiten der grenzüberschreitenden Urteilsanerkennung und -vollstreckung, bei der es häufig zu Zeitverzögerungen kommt – hieran hat die Neuregelung der EuGVO nichts geändert.[492] Das unionsrechtliche Verfahren erschließt sich am besten aus der Lektüre (bzw. Perspektive) der Prozessformulare.

aa) Antragsstellung

10.131 Der Gläubiger muss den Antrag auf Erlass des Pfändungsbeschlusses unter Verwendung des dafür vorgesehenen Formblattes beim zuständigen Gericht einreichen (Art. 8 I EuKtPVO). Anwaltliche Vertretung ist nicht obligatorisch (Art. 41 EuKtPVO), im grenzüberschreitenden Verfahren jedoch immer anzuraten. Die entsprechenden Formblätter[493] sind im Anhang der Durchführungsverordnung aufgeführt – sie können als dynamische Formulare in allen Sprachen der EU-Mitgliedstaaten über das europäische E-Justiz-Portal abgerufen werden. Zur Erleichterung des Verfahrens und zu seiner Beschleunigung fördert die Verordnung zudem die elektronische Antragsstellung.[494]

bb) Materielle Voraussetzungen der Kontenpfändung

10.132 Nach Art. 7 EuKtPVO muss die Kontenpfändung „dringend erforderlich" sein, d.h. wenn die tatsächliche Gefahr besteht, dass die spätere Vollstreckung ohne die Sicherungsmaßnahme „unmöglich oder sehr erschwert" wird (*periculum in mora*).[495] Bei

---

488 Die Vorschrift übernimmt damit die Regelung des Art. 6 Abs. 1 d) EuVTVO, oben Rdn. 10.21.

489 Vgl. oben § 5 I 3, Rdn. 5.10 ff.

490 Zutreffend OLG Hamm, 13.11.2019, BeckRS 2019, 38961.

491 Der Pfändungsbeschluss kann mithin vor, während oder nach Erlangung eines Zahlungstitels beantragt werden (Art. 5 EuKtPVO). Ein Zahlungstitel ist auch ein Mahnbescheid, EuGH, 17.11.2019, Rs. C-555/18, *K.H.K.*, EU:C:2019:937.

492 Kritisch *Hess*, in: FS Gottwald (2014), S. 273 ff.; vgl. oben § 6 IV, Rdn. 6.262 ff.

493 Die Europäische Kommission hat diese Formblätter gemäß Art. 51 EuKtPVO erstellt, vgl. DurchführungsVO vom 10.10.2016, ABl. EU 2016 L 283/1.

494 Sofern dies in dem Mitgliedsstaat zulässig ist, vgl. Art. 8 IV a E EuKtPVO.

495 Dieses Kriterium erscheint bei einer titulierten Forderung unnötig. Es ist jedenfalls eng auszulegen, die Rechtsprechung zu §§ 916 ff. ZPO ist nicht übertragbar, aA OLG Hamm, 14.1.2019, NJW 2019, 1235.

einer Pfändung vor Titulierung der Forderung muss der Gläubiger das Gericht ferner zu der berechtigten Annahme überzeugen, dass in der Hauptsache voraussichtlich zu seinen Gunsten entschieden wird (*fumus boni iuiris*).[496] Diese unbestimmten Rechtsbegriffe dürfen vor dem Hintergrund der nationalen Rechte nicht eng interpretiert werden.[497] Eine Auslegungshilfe enthält EwG 14. Danach indiziert jedes auf eine Vereitelung oder Erschwerung der Vollstreckung abzielende Verhalten des Schuldners die Dringlichkeit.[498] Das Beweismaß regelt die Verordnung nunmehr autonom.[499] § 947 ZPO lässt sämtliche Beweismittel der ZPO zu, mithin auch die Glaubhaftmachung nach § 294 ZPO.[500]

cc) Inhalt des Pfändungsantrags

Den Inhalt des Pfändungsantrags bestimmt das Formular I der DurchführungsVO. **10.133** Zunächst sind die Koordinaten der Parteien anzugeben. Bei natürlichen Personen zählen hierzu Name, Geburtsdatum sowie eine Identifikations- oder Passnummer; bei juristischen Personen die Registrierungsdaten des Handelsregisters. Ferner ist die Identifizierungsnummer der Bank anzuführen, bei welcher der Schuldner das zu pfändende Konto unterhält (IBAN oder BIC). Falls verfügbar, gibt der Gläubiger auch die Kontonummer des Schuldners an. Andernfalls muss er zugleich einen Antrag auf Einholung der erforderlichen Kontoinformationen gemäß Art. 14 EuKtPVO stellen.[501] Der Gläubiger muss die zu sichernde Forderung der Höhe nach bezeichnen und (schlüssig) begründen. Ist gegen den Schuldner wegen des zu sichernden Anspruchs bereits ein Titel erwirkt, so reicht die Erklärung des Gläubigers, dass der Schuldner die Forderung noch nicht bzw. noch nicht gänzlich beglichen hat (siehe im Detail Art. 8 II lit. a)–o) EuKtPVO).

Der Gläubiger ist gemäß Art. 16 I EuKtPVO nicht berechtigt, parallele Anträge **10.134** nach der EuKtPVO gegen den Schuldner zur Sicherung derselben Forderung zu stellen.[502] Es steht ihm jedoch frei, zudem Sicherungsmaßnahmen nach den autono-

---

496 Siehe dazu *Nunner-Krautgasser*, Kontenpfändung, in: *Hess* (Hrg.), Anerkennung, S. 125, 138 f.

497 Ein strukturelles Defizit besteht darin, dass Art. 7 I EuKtPVO für titulierte und nicht titulierte Forderungen gleichermaßen Dringlichkeit erfordert, oben Rdn. 10.128.

498 Es müssen konkrete Umstände vorgetragen werden, etwa die Verlagerung von Geldbeträgen auf ausländische Konten. Dagegen reicht die Vermögensverschlechterung des Schuldners *per se* nicht aus. Für eine Gesamtbetrachtung *Köllersperger*, in: Schumacher/ders./Trenker, Art. 7 EuKtPVO, Rdn. 13.

499 *Köllersperger*, in: Schumacher/ders./Trenker, Art. 7 EuKtPVO, Rdn. 8; aA. *Nunner-Krautgasser*, Kontenpfändung, in: *Hess* (Hrg.), Anerkennung, S. 125, 139; *Hess*, DGVZ 2012, 69, 72 (aufgegeben).

500 Thomas/Putzo/*Seiler*, § 947 ZPO, Rdn. 1.

501 Dazu unten Rdn. 10.140 ff.

502 Dadurch sollen Überpfändungen vermieden werden, *Köllersperger*, in: Schumacher/ders./Trenker, Art. 8 EuKtPVO, Rdn. 2 f.

men Prozessrechten der EU-Mitgliedstaaten zu beantragen.[503] Diese Beschränkung erscheint inkonsequent. Immerhin muss der Gläubiger gemäß Art. 8 II lit. m) EuKtPVO im Antragsformular ausdrücklich angeben, ob er anderweitig nationale Sicherungsmaßnahmen beantragt hat. Außerdem ist er angehalten, das Gericht über Anträge auf Erlass nationaler Sicherungsmaßnahmen zu unterrichten, die als unzulässig oder unbegründet abgewiesen wurden (Art. 16 III EuKtPVO). In diesem Fall ist das Gericht veranlasst, die Voraussetzungen des Art. 7 EuKtPVO erneut nachzuprüfen.

dd) Sicherheitsleistung

10.135 Art. 12 I EuKtPVO verpflichtet den Gläubiger zur Sicherheitsleistung, sofern er noch keinen vollstreckbaren Titel erwirkt hat. Die Sicherheitsleistung soll (als „untechnisches" Seriositätskriterium) Missbrauch vorbeugen.[504] Sie stellt jedoch vor allem sicher, dass ein etwaiger Vollstreckungsschaden des Schuldners aufgrund der vorläufigen Pfändung ausgeglichen wird.[505] Das Gericht kann hiervon in Ausnahmefällen absehen, sofern der Gläubiger diese Notwendigkeit (substantiiert) beantragt.[506] Die Höhe der Sicherheitsleistung steht gemäß Art. 12 I EuKtPVO im Ermessen des Gerichts. Ihre Höhe muss ausreichen, um den eventuellen Schadenersatzanspruch des Schuldners abzudecken (Art. 13 EuKtPVO).[507] Der Kommissionsentwurf[508] hatte die Erforderlichkeit der Sicherheitsleistung in Art. 12 EuKtPVO-E noch generell dem Ermessen des Gerichtes unterstellt. Man hatte befürchtet, dass eine obligatorische Sicherheitsleistung die Kosten der Kontensperre in die Höhe treiben würde, da Banken für die Bereitstellung einer Sicherheitsleistung gewöhnlich Gebühren verlangen.[509] Wird die Kontenpfändung als erste Maßnahme vor Titulierung der Forderung beantragt, birgt sie jedoch das Risiko, sich später als unrichtig zu erweisen[510] und

---

503 Vgl. EwG 6 zur EuKtPVO.

504 EwG 18 zur EuKtPVO, *Trenker*, in: Schumacher/Köllersperger/ders., Art. 12 EuKtPVO, Rdn. 1, bezeichnet dies als „Abschreckungsfunktion".

505 Wieczorek-Schütze/*Hess*, Vor §§ 708–720a ZPO, Rdn. 11 (zu § 717 ZPO).

506 Der Gläubiger muss gemäß Art. 8 II lit. k) EuKtPVO im Pfändungsantrag begründen, warum er von der Sicherheitsleistung befreit werden sollte.

507 EwG 18 zur EuKtPVO. Daher reicht es nicht aus, lediglich den Betrag der beizutreibenden Forderung zugrunde zu legen; wegen Kosten und Zinsen ist ein 10 %-Aufschlag festzusetzen, aA *Trenker*, in: Schumacher/Köllersperger/ders., Art. 12 EuKtPVO, Rdn. 11 (nur der konkret beizutreibende Betrag).

508 Vorschlag für eine Verordnung des Europäischen Parlaments und des Rates zur Einführung eines Europäischen Beschlusses zur vorläufigen Kontenpfändung im Hinblick auf die Erleichterung der grenzüberschreitenden Eintreibung von Forderungen in Zivil- und Handelssachen vom 25. Juli 2011 (KOM (2011) 445 endg.).

509 *Max Planck Working Group*, Comments on the European Commission's Green Paper on Improving the Efficiency of the Enforcement of Judgments in the European Union: The Attachment of Bank Accounts, ECFR 2007, 252, 262.

510 Immerhin ergeht der Beschluss ausschließlich aufgrund der Angaben des Gläubigers.

den Schuldner zu schädigen.[511] Insofern ist die obligatorische Sicherheitsleistung für diese Phase der Forderungsbeitreibung begrüßenswert (vgl. auch § 920 ZPO).[512] Die Lösung der Verordnung erscheint jedoch problematisch, da die Sicherheitsleistung nach der voraussichtlichen Höhe des Schadensersatzes zu berechnen ist.[513] Das dürfte in der Praxis ein durchaus schwieriges Unterfangen sein. Das Gericht im Ursprungsmitgliedstaat muss nämlich nach Art. 13 IV EuKtPVO das für die Gläubigerhaftung[514] berufene Recht ermitteln und anwenden.[515] Danach ist ergänzend das Recht des Vollstreckungsmitgliedstaates auf die Haftung anwendbar, sofern es über die Regelungen in Art. 13 I und II EuKtPVO hinausgeht.

ee) Funktion der Kontenpfändung

Die Europäische Kontenpfändung ist als eine Sicherungsmaßnahme konzipiert: sie **10.136** regelt nicht die Befriedigung des Gläubigers.[516] Wird die Kontenpfändung vor Beginn des Hauptsacheverfahrens beantragt, muss der Gläubiger gemäß Art. 10 I EuKtPVO innerhalb von 30 Tagen nach Antragsstellung bzw. 14 Tagen nach Erlass des Beschlusses (der spätere Zeitpunkt ist maßgeblich) bei Gericht nachweisen, dass das Verfahren nunmehr eingeleitet wurde.[517] Sonst verliert der Pfändungsbeschluss entweder nach dem Recht des Vollstreckungsstaates automatisch seine Wirkung oder er wird auf Antrag des Schuldners widerrufen (vgl. Art. 10 II EuKtPVO).[518] Hauptsacheverfahren kann auch ein Mahnverfahren sein.[519] Bis zur Abgabe des Mahnverfahrens an das Streitverfahren (Art. 17 EuMahnVO) ist das Mahngericht Hauptsachegericht iSd Art. 10 EuKtPVO, § 946 ZPO.[520] In Deutschland geschieht dies im Arrestverfahren durch ein Urteil gemäß § 927 ZPO. Fallen Ursprungs- und Vollstreckungsstaat auseinander, widerruft das Ursprungsgericht den Beschluss und übermittelt das Widerrufsformblatt der zuständigen Behörde im Vollstreckungsmitgliedstaat, welche die Pfändung aufhe-

511 EwG 18 zur EuKtPVO, dazu *Hess/Raffelsieper*, IPRax 2015, 401.
512 Generell erscheint die Sicherungsleistung akzeptabel, solange der Titel nicht rechtskräftig ist.
513 Kritisch auch *Garber*, in: Mayr (Hrg.), EuZVR, Rdn. 9.71.
514 Dazu unten Rdn. 10.156.
515 Eine unmittelbare Kommunikation der befassten Justizorgane (Ursprungsgericht, Vollstreckungsgericht) im Rahmen des Europäischen Justiziellen Netzes würde die praktische Ermittlung des Haftungsmaßstabs und -umfangs nachhaltig erleichtern.
516 Ausdrücklich EwG 11 zur EuKtPVO.
517 Der Zeitpunkt der Verfahrenseinleitung richtet sich nach Art. 32 EuGVO, dazu oben § 6 III, Rdn. 6.193.
518 Insofern verweist Art. 46 EuKtPVO auf die Verfahrensrechte der Mitgliedstaaten.
519 EuGH, 17.11.2019, Rs. C-555/18, *K.H.K.*, EU:C:2019:937, Rdn. 50 ff. Erforderlich ist, dass im Hauptsacheverfahren ein vollstreckungsfähiger Titel erwirkt wird, *Heinze*, ZVglRWiss 119 (2020), 167, 184.
520 LG Freiburg, 20.8.2018, DGVZ 2019, 39, zust. *Rieländer*, RIW 2020, 102, 110.

ben muss. Die Frist kann auf Antrag des Schuldners verlängert werden, u. a. um den Parteien eine außergerichtliche Einigung zu ermöglichen (Art. 10 I a. E. EuKtPVO).[521]

d) Erlass des Pfändungsbeschlusses

10.137 Liegen die materiellen Voraussetzungen in Art. 7 EuKtPVO sowie alle formalen Anforderungen des Formulars vor, erlässt das Gericht den Pfändungsbeschluss grundsätzlich ohne mündliche Anhörung auf Grundlage der vom Gläubiger vorgelegten Beweismittel (Art. 9 I EuKtPVO).[522] Hilfsweise kann das Gericht gemäß Art. 9 II EuKtPVO zusätzliche, nach seinem nationalen Recht zulässige Beweise erheben. Es kann dann den Gläubiger anhören und ggf. weitere Zeugen vernehmen. Die Anhörung kann mittels Videokonferenz erfolgen.[523] Die Anhörung des Schuldners ist hingegen ausgeschlossen, Art. 11 EuKtPVO.

10.138 Das Gericht entscheidet innerhalb der in Art. 18 EuKtPVO bezeichneten Fristen. Diese variieren je nachdem, ob wegen der zu sichernden Forderung bereits ein Titel gegen den Schuldner vorliegt oder nicht. Dem entspricht der unterschiedlich gebotene Prüfungsumfang: Erfolgt die Pfändung vor Einleitung der Hauptsache, muss das angerufene Gericht untersuchen, ob im Hauptsacheverfahren voraussichtlich zugunsten des Gläubigers entschieden wird. Es hat dafür zehn Arbeitstage Zeit; während es bei Vorliegen eines Titels innerhalb von fünf Arbeitstagen die Pfändung anordnen soll.[524] Allerdings knüpft die Verordnung keine weiteren Sanktionen an die Nichteinhaltung dieser Fristen; Art. 45 EuKtPVO verpflichtet das Gericht lediglich, so rasch wie möglich die erforderlichen Maßnahmen zu treffen.[525]

10.139 Der Pfändungsbeschluss wird auf dem Formblatt ausgefertigt, versehen mit einem Gerichtsstempel und der Unterschrift der entscheidenden Richterin. Das Formblatt (Anhang II zur EuKtPVO) besteht aus zwei Teilen: Teil A enthält zunächst Informationen über die Parteien, das Konto und den zu pfändenden Betrag.[526] Der operative Teil enthält gemäß Art. 19 II lit. h) EuKtPVO die Anweisung an die Bank, den Pfändungsbeschluss zu implementieren. Teil B des Formulars beinhaltet zusätzliche Informationen zum zugrundeliegenden Verfahren und vor allem die Rechtsbehelfsbelehrung des Schuldners, Art. 19 II lit. f) EuKtPVO.[527]

---

521 *Köllersperger*, in: Schumacher/ders./Trenker, Art. 10 EuKtPVO, Rdn. 8.

522 Der Gläubiger muss dem Pfändungsantrag gemäß Art. 8 II lit. l) EuKtPVO eine Liste der Beweismittel beifügen, auf die er sich stützt.

523 Vgl. EwG 41 zur EuKtPVO.

524 Findet ausnahmsweise eine mündliche Anhörung statt, ist die Entscheidung gemäß Art. 18 III EuKtPVO fünf Tage später zu erlassen.

525 Gerichtsferien sind keine außergewöhnlichen Umstände, die eine Fristverlängerung rechtfertigen, EuGH, 17.11.2019, Rs. C-555/18, *K.H.K.*, EU:C:2019:937, Rdn. 55 ff., *Rieländer*, RIW 2020, 102, 110.

526 Vgl. die Auflistung in Art. 19 I EuKtPVO.

527 Ausführlich *Köllersperger*, in: Schumacher/ders./Trenker, Art. 19 EuKtPVO, Rdn. 10 ff.

e) Sachaufklärung nach Art. 14 EuKtPVO

Die Kontenpfändungsverordnung enthält ein weiteres wesentliches Regelungsanliegen: Sie eröffnet ferner den Zugang zu Informationen über das Schuldnerkonto.[528] Der Gläubiger ist gemäß Art. 8 I c) EuKtPVO verpflichtet, Angaben zu dem zu pfändenden Konto zu machen. Verfügt er nicht über die erforderlichen Informationen, kann er nach Art. 14 EuKtPVO einen Antrag auf Einholung von Kontoinformationen stellen, sofern er bereits einen Titel gegen den Schuldner erwirkt hat, Art. 14 I EuKtPVO. Verfügt der Gläubiger noch nicht über einen (rechtskräftigen) Vollstreckungstitel,[529] kann er die Auskunft beantragen, wenn er glaubhaft macht, dass die Kontoinformation notwendig ist, um die spätere Vollstreckung seines Anspruchs zu sichern und dieser für seine finanzielle Situation erhebliche Bedeutung hat.[530] Daraufhin ersucht das Gericht im Erststaat die zuständige Behörde im Vollstreckungsstaat, die erforderlichen Informationen (insbesondere die IBAN des Kontos) zu beschaffen.[531] Die Mitgliedstaaten können verschiedene Methoden zur Einholung der Kontoinformationen vorsehen. Art. 14 V EuKtPVO eröffnet ihnen die folgenden Optionen: eine Offenlegungspflicht der Banken (lit. a) EuKtPVO) (in Deutschland § 840 ZPO); eine Speicherung der einschlägigen Informationen bei Behörden oder öffentlichen Verwaltungen in Registern (lit. b))[532] oder eine Vermögensauskunft durch den Schuldner (lit. c))[533], verbunden mit einem „*in personam*" wirkenden Beschluss, der dem Schuldner die Abhebung oder Überweisung von Geldern untersagt. Erlaubt ist aber auch jede andere effiziente Methode, die finanziell und zeitlich nicht unverhältnismäßig ist (lit. d)).[534] 10.140

Nach Art. 14 III EuKtPVO setzt der Antrag auf Konteninformation voraus, dass die Voraussetzungen für den Erlass einer Kontenpfändung gemäß Art. 7 EuKtPVO vorliegen.[535] Mithin muss der Gläubiger vortragen, dass der Schuldner in einem anderen EU-Mitgliedstaat ein Konto unterhält.[536] 10.141

---

528 Die Verbesserung der Sachaufklärung in der Zwangsvollstreckung war ein wesentliches Regelungsanliegen des Unionsgesetzgebers, oben Rdn. 10.122.

529 Ein Urteil, gerichtlicher Vergleich oder eine notarielle Urkunde, die noch nicht vollstreckbar sind, *Schumacher*, in: ders/Köllensperger/Trenker, Art. 14 EuKtPVO, Rdn. 14.

530 Dazu *Schumacher*, in: ders./Köllensperger/Trenker, Art. 14 EuKtPVO, Rdn. 31 f.

531 Vgl. auch EwG 20 zur EuKtPVO. Der EuKtPVO-E sah diese Voraussetzung für die Einholung von Kontoinformationen nicht vor.

532 In Deutschland sind Banken gemäß § 24c KWG verpflichtet, Dateien mit Kundendaten zu führen. Die Bundesanstalt für Finanzdienstleistungen darf daraus einzelne Daten aber nur abrufen, soweit dies für die Bekämpfung von schwerer Kriminalität erforderlich ist. Nach § 802l Abs. 1 ZPO können Gerichtsvollzieher das Bundesamt für Steuern um einen Kontenabruf ersuchen.

533 Nunmehr auch in Deutschland separate Aufklärungsmethode gemäß §§ 802c ff. ZPO, vgl. *Heiderhoff*, in: Hess (Hrg.), Die Anerkennung im Europäischen Zivilprozessrecht – Europäisches Vollstreckungsrecht, S. 149, 153.

534 Die „Optionsmöglichkeiten" der Mitgliedsstaaten nähern die Verordnung hier einer Richtlinie an.

535 *Schumacher*, in: ders./Köllensperger/Trenker, Art. 14 EuKtPVO, Rdn. 11 ff.

536 Insofern zutreffend OLG Hamm, 14.1.2019, NJW 2019, 1235, Rdn. 16 ff.

Entgegen dem OLG Hamm[537] dürfen an den Antrag keine erhöhten Nachweiserfordernisse gestellt werden. Die Tatsache, dass der Schuldner Vermögen von inländischen Konten abzieht und dadurch die Vollstreckung gefährdet ist, reicht aus. Insofern ist Art. 7 EuKtPVO iRd Art. 14 EuKtPVO eng auszulegen – insbesondere, wenn der Gläubiger bereits einen Titel (in der Hauptsache) erwirkt hat.[538] Zu bedenken ist hier der Normzweck des Art. 14 EuKtPVO, der dem Gläubiger – lediglich – die Information für den Pfändungszugriff verschaffen will.

10.142 In Deutschland ist das Bundesamt für Justiz für die Einholung der Auskunft zuständig, § 948 I ZPO. Der Gläubiger kann die Auskunft beim Gericht beantragen, das für den Erlass des Pfändungsbeschlusses zuständig ist. Dieses übermittelt das (formularmäßige) Ersuchen an das Bundesamt für Justiz, das nach § 948 II ZPO iVm §§ 93a und b Abgabeordnung die Auskünfte beim Bundesamt für Steuern einholt.[539] Dieses erhält nach § 24c I KreditWG von den Banken Informationen über Kontonummern, Berechtigte (Namen und Geburtsdatum etc.). Das Verfahren ist strukturell der Kontenauskunft nach § 802 l ZPO nachgebildet. Nach dem Gebrauch der Informationen sind die Daten zu löschen (§ 947 II ZPO), und die Löschung ist zu dokumentieren (§ 948 III ZPO).[540]

f) Kosten

10.143 Gemäß Art. 42 EuKtPVO dürfen die Gebühren für die Erwirkung eines Pfändungsbeschlusses oder für ein Rechtsbehelfsverfahren nicht höher sein als jene, die für einen gleichwertigen nationalen Beschluss oder Rechtsbehelf in Rechnung gestellt werden. Hat der Gläubiger bereits einen Titel erwirkt, kann er neben den Zinsen auch die Kosten für die Titelerwirkung in den Pfändungsbeschluss miteinbeziehen, soweit diese Kosten dem Schuldner auferlegt werden (Art. 15 II EuKtPVO). Darüber hinaus können weitere Kosten entstehen: Ist die Bank nach dem Recht des Vollstreckungsmitgliedstaates berechtigt, sich die Gebühren gleichwertiger nationaler Beschlüsse vom Gläubiger oder Schuldner erstatten zu lassen, darf sie dies gemäß Art. 43 I EuKtPVO auch bei der Ausführung der Verordnung. Die Banken können zudem Gebühren für die Erteilung von Kontoinformationen in dem Verfahren nach Art. 14 EuKtPVO erheben, allerdings nur in Höhe der tatsächlich entstandenen Kosten. Die Bankgebühren sind jeweils durch vergleichbare nationale Kosten gedeckelt (Art. 43 II EuKtPVO).[541] Die Kosten der Vollstreckung sind gemäß Art. 44 EuKtPVO im Voraus festzulegen und

---

537 OLG Hamm, 14.1.2019, NJW 2019, 1235, Rdn. 12 ff. unter Heranziehung deutscher Rechtsprechung zum Arrestverfahren. Das widerspricht jedoch der autonomen Auslegung der Verordnung.

538 Ebenso *Schumacher*, in: ders./Köllensperger/Trenker, Art. 14 EuKtPVO, Rdn. 51 f.

539 Die Rolle der Auskunftsbehörden ähnelt der der Zentralen Behörden zur Durchsetzung von Unterhaltsansprüchen im Anwendungsbereich der UnterhaltsVO, insbesondere ihrer Pflicht, bei der Ermittlung von Informationen über das Einkommen und Vermögen der verpflichteten oder berechtigten Person behilflich zu sein (Art. 51 II lit. c) EuUhVO). Gemäß § 17 AUG kann das Bundesamt für Justiz das Bundesamt für Steuern ersuchen, bei den Kreditinstituten die entsprechenden Daten des Schuldners abzurufen.

540 Zu Einzelheiten MünchKomm/*Hilbig-Lugani*, § 948 ZPO, Rdn. 2.

541 MünchKomm/*Hilbig-Lugani*, Art. 44 EuKtPVO, Rdn. 1 mwN. Diese Regelung setzt das Äquivalenzprinzip um, das eine Diskriminierung der unionsrechtlichen Regelungen gegenüber den innerstaat-

müssen für den Gläubiger transparent sein. Die Gebühren dürfen auch hier nicht höher sein als diejenigen, welche für eine entsprechende nationale Maßnahme erhoben werden.[542]

g) Zugriff auf das Konto

Das dritte Kapitel der EuKtPVO regelt die Ausführung des Pfändungsbeschlusses. Gemäß Art. 23 Abs. 1 EuKtPVO wird die Vollstreckung – vorbehaltlich der Regelungen in der Verordnung – nach nationalem Recht durchgeführt. § 950 ZPO erklärt die Vorschriften des 8. Buchs der ZPO grundsätzlich für anwendbar – es gelten die §§ 828 ff. sowie § 930 I 2 ZPO. 10.144

Nach Art. 23 Abs. 3 EuKtPVO wird der Teil des Beschlusses (sprich des Formulars), der auch an die Bank adressiert ist (Teil A), zunächst der zuständigen Behörde des Vollstreckungsmitgliedstaates übermittelt. Dies erfolgt entweder durch das Gericht oder durch den Gläubiger, sofern dieser nach nationalem Recht für die Einleitung des Vollstreckungsverfahrens zuständig ist. Die Behörde trifft die erforderlichen Maßnahmen, um den Beschluss gemäß ihrem nationalen Recht vollstrecken zu lassen (vgl. Art. 23 V EuKtPVO).[543] Sie stellt ihn der Bank zu. Die Bank führt den Beschluss gemäß Art. 24 I EuKtPVO unmittelbar aus, sie stellt sicher, dass der zu pfändende Betrag nicht von dem Konto überwiesen oder abgehoben wird. Sie kann diesen Betrag auf ein für vorläufige Pfändungen bestimmtes Konto überweisen, sofern dies nach nationalem Recht vorgesehen ist. Der Pfändungsbeschluss wirkt im deutschen Recht wie ein Arrestbeschluss nach § 930 ZPO; dies stellt § 950 ZPO ausdrücklich klar.[544] 10.145

Gemäß Art. 25 EuKtPVO stellt die Bank eine Erklärung aus, ob bzw. inwieweit und wann Gelder gepfändet wurden. Einzelheiten enthält das in Anlage IV der DurchführungsVO (EU 2016/1823) vorgeschriebene Formular. Die Erklärung muss so schnell wie möglich, regelmäßig innerhalb von drei, spätestens innerhalb von acht Arbeitstagen nach der Beschlussausführung erstellt werden, damit sie dem Gericht und dem Gläubiger zeitnah übermittelt werden kann. Fallen Erlass- und Vollstreckungsstaat auseinander, dient die zuständige Behörde hierbei als Intermediär. Zur Beschleunigung ist die elektronische Übermittlung zwischen den Behörden zulässig, Art. 23 II, III EuKtPVO. Der Schuldner ist grundsätzlich nicht Adressat dieser Erklärung. Auf Antrag oder auch auf eigene Initiative der Bank werden ihm aber die Einzelheiten des Beschlusses offengelegt. Eine eventuelle Haftung der Bank richtet sich gemäß Art. 26 10.146

---

lichen Verfahren verbietet, dazu unten, § 11 II, Rdn. 11.7 ff. Der deutsche Gesetzgeber hat es bei der Kostenfreiheit der Bankauskunft belassen.

542 Das Transparenzgebot soll Schwierigkeiten entgegenwirken, die sich in der internationalen Zustellung ergaben, wo nationale Justizorgane (insbesondere niederländische und belgische Gerichtsvollzieher) erhebliche Gebühren berechnen, vgl. oben § 8 I, Rdn. 8.22.

543 Formal wird die Pfändung damit von der ersuchten Behörde veranlasst.

544 MünchKomm/*Hilbig-Lugani*, § 950 ZPO, Rdn. 3.

EuKtPVO nach nationalen Vorschriften.[545] Wurden überschüssige Beträge gepfändet, ist der Gläubiger nach Art. 27 EuKtPVO verpflichtet, deren Freigabe zu beantragen.[546]

3. Der Schuldnerschutz in der VO 655/2014

a) Die rechtspolitische Debatte

10.147 Der Kommissionsentwurf zur EuKtPVO wurde wegen seiner (vermeintlichen) Orientierung am Gläubigerinteresse kritisiert.[547] Legislatives Ziel der EU-Kommission war es, die grenzüberschreitende Kontenpfändung unionseinheitlich zu ermöglichen und den Überraschungseffekt solcher Maßnahmen zu garantieren.[548] Der Schuldner soll weder angehört, noch im Voraus über die Pfändung informiert werden.[549] Die anderslautende *Denilauler*-Entscheidung des EuGH von 1980 zum grenzüberschreitenden, einstweiligen Rechtsschutz basierte auf der Annahme, dass die Anhörung des Schuldners vor dem Erlass einer einstweiligen Maßnahme unabdingbar sei, solange die nationalen Rechte nicht hinreichend harmonisiert wurden.[550]

10.148 Ein unionsweit geltender Rechtsakt eröffnet nun die Gelegenheit, diesen Bedenken durch angemessene Schutzvorkehrungen in einem europäischen Verfahren zu begegnen.[551] Die Verordnung sichert die Rechte des Schuldners durch mehrere prozessuale Garantien ab, die zugleich einen Missbrauch des Verfahrens ausschließen sollen.[552]

b) Nachgängige Information des Schuldners

10.149 Nach Art. 28 EuKtPVO ist der Schuldner unmittelbar nach dem Vollzug von der Pfändung des Kontos über das Verfahren in Kenntnis zu setzen. Hat er seinen Wohnsitz im Ursprungsmitgliedstaat, werden ihm der Beschluss und die Erklärung der Bank über deren Ausführung von dem erlassenden Gericht oder dem Gläubiger zugestellt. Die

---

545 Nach deutschem Recht ist eine Haftung der Bank nicht vorgesehen, *Hess*, in: Schlosser/Hess, Art. 26 EuKtPVO, Rdn. 2.

546 Vgl. dazu das Formblatt in Anhang V VO 2016/1823, MünchKomm/*Hilbig-Lugani*, Art. 27 EuKtPVO, Rdn. 4.

547 Dazu *Hess*, DGVZ 2012, 69, 74; *Häcker*, WM 2012, 2180, 2185; *Domej*, ZEuP 2013, 496, 501; Stellungnahme der Bundesrechtsanwaltskammer, BRAK-Stellungnahme-Nr. 61/2011.

548 *Hess*, DGVZ 2012, 69, 70; EwG 5, 15 zur EuKtPVO.

549 EwG 15 zur EuKtPVO.

550 EuGH, 21.5.1980, Rs. C-125/79, *Denilauler./ Couchet*, EU:C:1980:130, Rdn. 18 (Der Gerichtshof argumentierte mit der Systematik der Verordnung nach dem Erfordernis des schutzrechtlichen Gehörs des Schuldners.).

551 Dazu bereits *Hess*, Study JAI A3/2002/02, S. 138; *Max Planck Working Group*, ECFR 2007, 252, 265.

552 EwG 17 zur EuKtPVO.

Zustellung richtet sich nach nationalem Recht, Art. 28 II EuKtPVO. Mit dem Beschluss erhält der Schuldner auch den Antrag und Abschriften aller vorgelegten Schriftstücke. Fallen Erlassstaat und Wohnsitzstaat des Schuldners auseinander, wird der Beschluss gemäß Art. 28 III EuKtPVO der Behörde in seinem Mitgliedstaat übermittelt, welche daraufhin die Zustellung bewirkt. Hat der Schuldner seinen Wohnsitz in einem Drittstaat, wird die Zustellung gemäß den im Ursprungsmitgliedstaat geltenden Vorschriften für die internationale Zustellung bewirkt (vgl. Art. 28 IV EuKtPVO).[553]

c) Pfändungsschutz

Gemäß Art. 31 EuKtPVO gelten die Pfändungsfreigrenzen im Vollstreckungsstaat. **10.150**
Diese Anknüpfung überzeugt,[554] da sie den Schuldner am Ort seiner Bedürfnisse und Vermögensinteressen schützt.[555] Dieses Recht entscheidet darüber, ob ein Antrag des Schuldners für die Freistellung erforderlich ist, Art. 31 II und III EuKtPVO. Erfolgen (ausnahmsweise) Kontenpfändungen aufgrund derselben Forderung in mehreren Mitgliedstaaten, kann es vorkommen, dass mehrere Freistellungsregelungen nebeneinander Anwendung finden. Dies kann zu einer „Übersicherung" der Grundbedürfnisse des Schuldners führen. Der Gläubiger kann in diesem Fall in einem der Vollstreckungsstaaten beantragen, dass die in diesem Mitgliedstaat geltende Freistellungsregelung angepasst wird.[556]

d) Rechtsbehelfe

Die Art. 33 ff. EuKtPVO eröffnen dem Schuldner zwei unterschiedliche Rechtsbehelfe: **10.151**
zum einen gegen den Pfändungsbeschluss und zum anderen gegen dessen Vollstreckung. Nationale Ausführungsvorschriften sind, anders als in anderen europäischen Rechtsakten, in den Rechtsbehelfsverfahren weitgehend entbehrlich.[557] Die Verordnung regelt das Verfahren in Art. 36 II und III EuKtPVO weitgehend selbst und stellt zudem ein Formblatt für die Einlegung der Rechtsbehelfe zur Verfügung.[558] In Deutschland ist nach §§ 954 und 956 ZPO gegen die Entscheidung des Vollstreckungs-

---

553 Zu den Einzelheiten vgl. MünchKomm/*Hilbig-Lugani*, Art. 28 EuKtPVO, Rdn. 4 ff.

554 Zustimmend *Schumacher*, in: ders./Köllensperger/Trenker, Art. 31 EuKtPVO, Rdn. 1; kritisch *Domej*, FS Simotta (2012), S. 129, 136.

555 Kritisch MünchKomm/*Hilbig-Lugani*, Art. 31 EuKtPVO, Rdn. 3, für den Fall, dass der Schuldner seinen gewöhnlichen Aufenthalt nicht im Vollstreckungsstaat hat. Ebenso *Cuniberti/Migliorini*, Rev. crit. 2018, 31, 46. Jedoch wäre eine Differenzierung hier praktisch zu kompliziert.

556 Vgl. EwG 36 zur EuKtPVO.

557 Str., anders etwa MünchKomm/*Hilbig-Lugani*, Art. 33 EuKtPVO, Rdn. 1.

558 Art. 36 I EuKtPVO, das Formblatt findet sich in Anhang VII der VO 2016/1823, die Benutzung des Formblatts ist zwingend.

gerichts die sofortige Beschwerde eröffnet (§§ 567 ff. ZPO). Sie ist innerhalb einer Notfrist von einem Monat einzulegen (§ 956 II ZPO).[559]

10.152 Die Zuständigkeit regelt folgendes, einleuchtendes Prinzip: Die Überprüfung des Pfändungsbeschlusses erfolgt nach Art. 33 EuKtPVO grundsätzlich durch das bereits befasste Gericht des Ursprungsmitgliedstaates.[560] § 954 ZPO weist die Zuständigkeit dementsprechend dem Ursprungsgericht zu, das den Pfändungsbeschluss erlassen hat (Abs. 1). Geht es hingegen um Fehler beim Vollzug, entscheidet das Vollstreckungsgericht (Abs. 2 iVm § 764 II ZPO). Dort können Verstöße gegen das Vollstreckungsverfahren geltend gemacht werden.

10.153 Art. 33 EuKtPVO listet zunächst mögliche Einwendungen gegen den Pfändungsbeschluss auf: Der Schuldner kann die Nachprüfung des Beschlusses verlangen, wenn die Voraussetzungen der Verordnung nicht vorliegen, etwa weil das Gericht für den Erlass nicht zuständig war oder der Gläubiger nicht rechtzeitig ein Verfahren in der Hauptsache eingeleitet hat; ferner bei fehlender Zustellung oder Übersetzung der Schriftstücke. Allerdings können diese Mängel gemäß Art. 33 Abs. III und IV EuKtPVO durch Nachholung geheilt werden. Weitere Einwendungen sind die Nichtfreigabe überschüssiger gepfändeter Beträge (Art. 27 EuKtPVO), die Begleichung der Forderung und die Klageabweisung sowie die Aufhebung der Entscheidung in der Hauptsache.[561] Sowohl der Schuldner als auch der Gläubiger können nach Art. 35 EuKtPVO außerdem einen Rechtsbehelf beim Ursprungsgericht (§ 954 I ZPO) einlegen, wenn sich die Umstände, die Anlass für die Pfändung waren, geändert haben.

10.154 Einwendungen des Schuldners gegen die Pfändungsmaßnahmen (Art. 34 EuKtPVO) werden vom Vollstreckungsgericht überprüft.[562] Dieser Fall ist nach der Verordnung gegeben, wenn freigestellte Beträge nicht berücksichtigt wurden, das Konto nicht unter den Anwendungsbereich der Verordnung fällt oder die Vollstreckung der gerichtlichen Entscheidung in der Hauptsache im Vollstreckungsstaat verweigert bzw. ausgesetzt wurde. Darüber hinaus enthält Art. 34 Abs. 2 EuKtPVO einen ausdrücklichen *ordre public* Vorbehalt.[563]

---

559 Zudem legt Art. 50 (1) lit. l) EuKtPVO keine Fristen für die Rechtsbehelfe in Art. 33 und 34 fest, anders als Art. 50 (1) lit. m) EuKtPVO. Dies hat zur weiteren Folge, dass die Mitgliedstaaten die jeweiligen Fristen der Kommission nicht mitteilen müssen.

560 § 954 I ZPO bezeichnet den Rechtsbehelf als Widerspruch.

561 § 767 ZPO wird durch Art. 33 I lit. e) EuKtPVO gesperrt, MünchKomm/*Hilbig-Lugani*, Art. 33 EuKtPVO, Rdn. 2.

562 §§ 954 II, 764 II ZPO. Vgl. zu dieser Aufteilung EwG 34 zur EuKtPVO.

563 Problematisch ist, dass Art. 34 II EuKtPVO, anders als etwa Art. 52 EuGVO, kein ausdrückliches Verbot der inhaltlichen Nachprüfung des Pfändungsbeschlusses enthält. Man wird jedoch angesichts der klaren Zuständigkeitsregelung in Art. 34 I lit. a) EuKtPVO davon ausgehen können, dass eine inhaltliche Nachprüfung des Beschlusses ausscheidet. Es verbleibt damit der – im grenzüberschreitenden Rechtsverkehr oft erhobene – Einwand des Rechtsmissbrauchs, der freilich in der Praxis regelmäßig keinen Erfolg hat.

Formale Anfechtungsgründe können sowohl im Ursprungs- als auch im Vollstreckungsstaat geltend gemacht werden (Art. 34 I lit. b) iv) EuKtPVO). Dasselbe gilt für den Einwand der Begleichung der Forderung. Der Verweis in Art. 34 I b) iv) EuKtPVO stellt zwar einen gewissen Systembruch dar, soll aber den Schutz des Schuldners erleichtern.[564] Die verschachtelte „Verweisungstechnik" der Vorschrift ist allerdings ein Paradebeispiel missglückter Regelungstechnik[565] – die parallele Befassung unterschiedlicher Gerichte wirft Fragen der Rechtshängigkeit auf, die nach Art. 28 ff. EuGVO aufzulösen sind.[566] Im Zweifel bietet sich eine Aussetzung des späteren Verfahrens an (Art. 29 f. EuGVO).[567] 10.155

e) Die Gläubigerhaftung, Art. 13 EuKtPVO

Wird der Pfändungsbeschluss aufgehoben, haftet der Gläubiger für sämtliche Schäden, die dem Schuldner durch die Pfändung entstanden sind. Art. 13 EuKtPVO enthält eine materielle Haftungsvorschrift, vergleichbar den §§ 300 IV, 717 II, 945 ZPO. Der Kommissionsentwurf überließ die Haftung noch den nationalen Rechten der Mitgliedstaaten. Die ursprüngliche Zurückhaltung der Kommission beruhte wohl darauf, dass die Haftungsfrage komplex ist: Einige Mitgliedstaaten sehen eine Risikohaftung vor,[568] andere lediglich eine Verschuldenshaftung.[569] Ferner kann der Zeitpunkt der Pfändung eine Rolle spielen, je nachdem, ob die Pfändung vor oder nach Titulierung der Forderung erfolgt. Ein europäischer Kompromiss war vor diesem Hintergrund nicht einfach zu finden. Die (unbesehene) Anwendung der nationalen Rechte würde jedoch zu einem ungleichen Niveau von Schuldnerschutz führen. Das einschlägige Haftungsrecht wäre zunächst nach den Regeln des Internationalen Privatrechts zu ermitteln.[570] Letztlich einigte man sich in den Trilogverhandlungen darauf, die Gläubigerhaftung als Mindeststandard in die Verordnung aufzunehmen.[571] 10.156

Nach Art. 13 I EuKtPVO haftet der Gläubiger verschuldensabhängig; dabei trägt der Schuldner die Beweislast. Allerdings enthält Art. 13 II EuKtPVO mehrere Fallgruppen, in denen die Beweislast umgekehrt wird.[572] Diese entlasten den Schuldner, wenn sich der Gläubiger nicht verordnungsgemäß verhalten hat, etwa weil er versäumte, 10.157

564 Vgl. *Nunner-Krautgasser*, in: Hess (Hrg.) Die Anerkennung im Internationalen Zivilprozessrecht, S.146 f.

565 Die Vorschrift spiegelt letztlich die komplizierten Verhandlungen zwischen Kommission, Rat und Parlament im sog. Trilogverfahren wider.

566 Dazu oben § 6 III, Rdn. 6.180 ff.

567 *Köllersperger*, in: Schumacher/ders./Trenker, Art. 33 EuKtPVO, Rdn. 2.

568 So etwa Deutschland, Wieczorek/Schütze/*Hess*, Vor §§ 708–717 ZPO, Rdn. 2.

569 So etwa Italien, Art. 96 Abs. 2 *Codice di procedura civile*.

570 Siehe zu dieser – ebenfalls komplexen – Frage *Solomon*, in: Hess (Hrg.), Die Anerkennung im Internationalen Zivilprozessrecht, S. 173, 186 ff.

571 Vgl. EwG 19 zur EuKtPVO.

572 MünchKomm/*Hilbig-Lugani*, Art. 13 EuKtPVO, Rdn. 6: widerlegbare Vermutungen.

ein Hauptsacheverfahren in angemessener Zeit einzuleiten oder wenn er seine Pflichten hinsichtlich der Zustellung oder der Übersetzung von Dokumenten nicht einhielt. Alle sonstigen Elemente der Haftung (insbesondere die Kausalität) unterliegen aber weiterhin dem nationalen Recht, das mithin auch eine striktere Haftung vorsehen kann. Art. 13 III EuKtPVO ermöglicht den Mitgliedstaaten, eine strengere Haftung vorzusehen. In Deutschland enthält § 958 ZPO einen verschuldungsunabhängigen Schadensersatzanspruch, der die unionsrechtliche Haftung nach Art. 13 EuKtPVO ergänzt.[573]

10.158 Art. 13 IV EuKtPVO enthält schließlich eine Kollisionsnorm, die das Haftungsrecht des Vollstreckungsstaates zur Anwendung beruft.[574] Werden Konten in mehreren Mitgliedstaaten gepfändet, gilt das Recht des Vollstreckungsstaates, in dem der Schuldner seinen gewöhnlichen Aufenthalt hat.[575] Hat er in keinem der Vollstreckungsstaaten seinen gewöhnlichen Aufenthalt, soll das Recht des Vollstreckungsstaates mit der engsten Verbindung zu dem Fall anwendbar sein. Hier kommt es zur oben[576] angesprochenen Problematik, die Sicherheitsleistung nach der voraussichtlichen Höhe des Schadensersatzes zu berechnen.[577] Die komplexe Regelung zeigt, dass aus Gründen der Vorhersehbarkeit und der Effizienz eine abschließende Haftungsregelung auf EU-Ebene vorzugswürdig gewesen wäre.

10.159 Nicht ausdrücklich geregelt wurde die internationale Zuständigkeit für eine entsprechende Schadenersatzklage – der Haftungsanspruch kann mittels Widerklage nach Art. 8 Nr. 3 EuGVO beim Gericht der Hauptsache geltend gemacht werden; ansonsten im Deliktsgerichtsstand, Art. 7 Nr. 2 EuGVO.[578]

4. Rechtspolitische Bewertung

10.160 Die Kontenpfändungsverordnung leistet einen wichtigen Beitrag zur Verbesserung des einstweiligen Rechtsschutzes in grenzüberschreitenden Fällen und macht damit die Forderungsdurchsetzung in Europa deutlich effektiver.[579] Dies gilt insbesondere vor dem Hintergrund des Art. 43 EuGVO (2012), der den Überraschungseffekt in der Zwangsvollstreckung unnötigerweise aufgehoben hat.[580] Die Kontenpfändungs-

---

573 MünchKomm/*Hilbig-Lugani*, § 958 ZPO, Rdn. 2.

574 Anders *Solomon*, Haftung, in: Hess (Hrg.), Anerkennung, S. 173, 190 ff., 212 f., der sich gegen eine Anwendbarkeit des Rechts des Vollstreckungsstaates ausspricht.

575 Diese Vorschrift ist eine unnötige Überregulierung. Der gewöhnliche Aufenthalt bestimmt sich nach Art. 23 II Rom II-VO.

576 Vgl. oben Rdn. 10.135.

577 EwG 18 zur EuKtPVO.

578 Vgl. oben § 6 II, Rdn. 6.67 ff. und Rdn. 6.100 ff.

579 AA *Stamm*, IPRax 2014, 124, 126 f. Die Verordnung verstoße gegen das „Territorialitätsprinzip" (sic!) in der internationalen Vollstreckung. Letzteres hat sich jedoch als wesentliches Hindernis für eine effektive Vollstreckung in grenzüberschreitenden Fällen erwiesen, deshalb war es zu überwinden, zutreffend *Domej*, ZEuP 2016, 109, 111 ff.

580 Dazu *Hess*, FS Gottwald (2014), S. 273 ff.; oben § 6 IV, Rdn. 6.266.

verordnung schließt diese empfindliche Lücke des Gläubigerschutzes.[581] Der lange Weg bis zum Erlass der Verordnung[582] zeigt die Schwierigkeit der Aufgabe, die sich dem europäischen Gesetzgeber stellte – sowie den nachhaltigen Widerstand „interessierter Kreise".[583] Die Ausbalancierung von Gläubiger- und Schuldnerinteressen stellt seit jeher die größte Herausforderung des Vollstreckungsrechts dar. Im Ergebnis wurde jedoch ein ausgewogener Rechtsakt erlassen, der insbesondere durch obligatorische Sicherheitsleistung und die Gläubigerhaftung einen Ausgleich für den Überraschungseffekt schafft. Wünschenswert wäre allerdings eine autonome Regelung der Haftungsfragen gewesen.[584] Problematisch erscheint schließlich die Regelungstechnik der Verordnung mit zahlreichen komplizierten Rück- und Querverweisen.[585] Manche Regelungen erscheinen zudem unnötig detailliert, die zahlreichen Fristsetzungen zu knapp bemessen.[586] Erste Berichte aus der Praxis zeigen, dass das Instrument vor allem zur Sicherung hoher Forderungen genutzt wird.

In der Praxis wurde die komplizierte Verordnung nur sehr zögerlich angenom- **10.161**
men. Rechtsprechung hat es bisher kaum gegeben[587] – die statistischen Angaben zum praktischen Gebrauch schwanken.[588] Bei einer Reform sollte insbesondere die sprachliche Fassung der Verordnung vereinfacht werden.

Es bleibt abzuwarten, wie sich das Europäische Vollstreckungsrecht insgesamt **10.162**
weiterentwickeln wird. Die Kontenpfändungsverordnung trägt zur Modernisierung der Justizsysteme der Mitgliedstaaten bei, indem sie die Benutzung von Formularen und den Einsatz von Informationstechnologie einfordert. Zu bedauern ist freilich, dass die Verordnung keine unmittelbare Kommunikation zwischen den befassten Justizorganen zur Abstimmung der entsprechenden Maßnahmen (etwa: Höhe der

581 AA *Stamm*, IPRax 2014, 124, 126 (unter unzutreffender Bezugnahme auf *Hess*, DGVZ 2012, 69, 71).

582 Bereits im Jahr 2002 gab die Kommission eine rechtsvergleichende Studie in Auftrag: *Hess*, Study JAI A3/2002/02 on Making More Efficient the Enforcement of Judgments in Europe (2004). Am 24.10.2006 leitete sie mit dem Grünbuch „Effizientere Vollstreckung von Urteilen in der Europäischen Union: vorläufige Kontenpfändung" eine Konsultation über die Notwendigkeit eines einheitlichen europäischen Verfahrens ein.

583 Insbesondere des Bankensektors.

584 *Solomon*, Haftung, in: Hess (Hrg.), Die Anerkennung im Europäischen Zivilprozessrecht – Europäisches Vollstreckungsrecht, S. 185 f.

585 Beispiel: Art. 34 I b) iv) EuKtPVO – ohne Kommentierung und vertiefte Erfahrung mit dem Lesen und Verstehen komplizierter Rechtstexte ist diese Vorschrift schlicht unverständlich – dabei soll die Verordnung die Einschaltung von Rechtsanwälten entbehrlich machen, vgl. Art. 41 EuKtPVO.

586 Das gilt insbesondere für die Regelungen zur Übermittlung von Schriftstücken und die Heilung von Übermittlungsfehlern, vgl. etwa Art. 33 III und IV EuKtPVO sowie für die unnötig verschachtelte Verweisung in Art. 34 I b) iv) EuKtPVO.

587 *V. Hein*, ZVglRWiss 119 (2020), 123, 127.

588 *Van Den Eeckhout/Santaló Goris*, in: v. Hein/Krüger (ed.), Informed Choices (2020), S. 275, 291 ff.

Sicherheitsleistung, Höhe der Freigrenzen, Pfändung mehrerer Konten) vorsieht.[589] Hier gehen die Brüssel Ia-Verordnung[590] und vor allem die EuInsVO deutlich weiter.[591]

10.163 Insgesamt geht die Kontenpfändungsverordnung den ersten Schritt in Richtung eines Europäischen Prozessrechts, das nicht mehr an der Herbeiführung der schlichten Vollstreckbarkeit eines ausländischen Titels haltmacht. Zukünftige EU-Maßnahmen werden möglicherweise den Schwerpunkt weiter auf die Koordinierung der heterogenen, nationalen Zwangsvollstreckungssysteme legen.[592] Art. 81 AEUV eröffnet dabei der Europäischen Union die Kompetenz für weitere Rechtsakte im Vollstreckungsrecht.[593] Zur Verbesserung des Rechtsschutzes im Europäischen Justizraum sollten weitere Maßnahmen im Vollstreckungsrecht erwogen werden, insbesondere bei der grenzüberschreitenden Vollstreckung von Handlungs- und Unterlassungsverfügungen.

---

589 Dazu *Hess*, Justizielle Kooperation, in: ders./Gottwald (ed.), Procedural Justice (2014), S. 387, 421 ff.

590 Oben § 6 III, Rdn. 6.180 ff.

591 Oben § 9 V, Rdn. 9.70 ff.

592 Die Kommission publizierte bereits vor acht Jahren das Grünbuch: Effiziente Vollstreckung gerichtlicher Entscheidungen in der Europäischen Union: Transparenz des Schuldnervermögens, KOM (2008) 128 endg.

593 Dies ergibt sich bereits aus dem Wortlaut von Art. 81 II lit. a) AEUV, dazu Grabitz/Nettesheim/*Hess*, Art. 81 AEUV (2010), Rdn. 40; aA *Stamm*, IPRax 2014, 124, 127 (aus „systematischen Erwägungen“).

3. Teil:

Wechselwirkungen zwischen den autonomen Zivilverfahren und dem Europäischen Prozessrecht

§ 11 Unionsrechtliche Vorgaben für nationale Zivilverfahren

Literatur:[1]

I. und II. Dezentraler Vollzug des Unionsrechts in den nationalen Prozessrechten und sekundärrechtliche Vorgaben zur Ausgestaltung nationaler Verfahrensvorschriften

Amschewitz, Die Durchsetzungsrichtlinie und ihre Umsetzung im deutschen Recht (2008); *Bakowitz*, Informationsherrschaft im Kartellrecht (2018); *Basedow* (ed.), Private Enforcement of EC Competition Law (2007); *ders.*, Nationale Justiz und Europäisches Privatrecht (2002); *Beka*, The Active Role of Courts in Consumer Litigation (2018); *Berger*, Organisation und Verfahren der ordentlichen Gerichtsbarkeit im Lichte der Rechtsprechung des Gerichtshofs der Europäischen Union (2013); *Biondi*, The European Court of Justice and certain national procedural limitations (not such a tough relationship) CMLR 36 (1999), 1271; *Blumann*, Le juge national, gardien menotté de la protection juridictionelle effective en droit communautaire, Semaine Juridique 2007 I 175; *Bobek*, Why There is no Principle of «Procedural Autonomy» of the Member States, in: Micklitz and De Witte (ed.), The European Court of Justice and the Autonomy of the Member States, (2012), S. 305; *Bulst*, Zum Manfredi-Urteil des EuGH, ZEuP 2008, 178; *Cahn*, Gemeinschaftsrecht und nationales Verfahrensrecht, Besprechung der Entscheidungen des Gerichtshofs der Europäischen Gemeinschaften vom 14.12.1995, ZEuP 1998, 969; *Cortés* (ed.), The New Regulatory Framework for Consumer Dispute Resolution (2016); *Delicostopoulos*, Le procès civil à l'épreuve du droit processuel européen (2003); *Dörre/Maaßen*, Das Gesetz zur Verbesserung der Durchsetzung von Rechten des geistigen Eigentums, GRUR-RR 2008, 217; *Ebner*, Markenschutz im nationalen und internationalen Zivilprozessrecht (2004); *Engström*, Th Principle of Effective Judicial Protection after the Lisbon Treaty, Rev. Eur. Adm. L. 4 (2011), 53; *Fuchs/Weitbrecht* (Hrg.), Handbuch private Kartellrechtsdurchsetzung (2019); *Gascón Inchausti/Hess* (ed.), The Future of the European Law of Civil Procedure – Coordination or Harmonization? (2020); *van Gerven*, Private Enforcement of EC Competition Rules in the ECJ: *Courage v. Crehan* and the Way Ahead, in: Basedow (ed.) Private Enforcement (2007), S. 19; *ders*, On Rights, Remedies and Procedures, CMLR 37 (2000), 501; *Giannopoulos*, Der Einfluss der Rechtsprechung des EuGH auf das Zivilprozessrecht der Mitgliedstaaten (2006); *Heiderhoff*, Einflüsse des europäischen Privatrechts zum Schutz des Verbrauchers auf das deutsche Zivilprozessrecht, ZEuP 2001, 276; *Heinze*, Die Durchsetzung geistigen Eigentums in Europa – Zur Umsetzung der Richtlinie 2004/48/EG in Deutschland, England und Frankreich, ZEuP 2009, 282 ff.; *Hess/Law* (ed.), Implementing EU Consumer Rights by National Procedural Law – Luxembourg Report on EU Procedural Law (2019); *Hess/Taelman*, Consumer Actions Before National Courts, in: ders./Law (ed.), Luxembourg Report on EU Procedural Law (2019), Vol. II, S. 95; *Himsworth*, Things Fall Apart: The Harmonisation of Community Judicial Procedural Protection Revisited, ELR 22 (1997), 291; *Hodges*, Europeanization of Civil Justice – Trends and Issues, CJQ 26 (2007), 96; *Holm-Hadulla*, Private Kartellrechtsdurchsetzung unter der VO 1/2003 (2009); *Huglo*, Primauté du droit communautaire et autorité de la chose jugée par les juridictions nationales, Gaz. Pal. 2007, 269; *Hye-Knudsen*, Marken-, Patent- und Urheberrechtsverletzungen im europäischen internationalen Zivilprozessrecht (2005); *Jaeger*, Gemeinschaftskompetenz „private enforcement"?, JBl. 2007, 349; *Kiersch*, Deckelung der Abmahnkosten mit der Enforcement-RL?, ZUM 2018, 667; *Knaak*, Internationale Zuständigkeit und Möglichkeiten des forum shopping in Gemeinschaftsmarkensachen – Auswirkungen der EuGH-Urteile Roche Niederlande und GAT/LUK auf das Gemeinschaftsmarkenrecht, GRURInt. 2007, 386; *Koch*, Verbraucherprozessrecht (2. Aufl. 2019); *Kokott*, Die Durchsetzung der Normenhierarchie im Gemeinschaftsrecht, FS Hirsch (2008), S. 117; *Komninos*, EC Private Antitrust

1 **Ältere Literatur** vgl. Voraufl.

https://doi.org/10.1515/9783110715156-011

Enforcement (2008); *ders.*, EC Privat Antitrust Enforcement (2008); *Krans*, EU Law and National Civil Procedure Law: An Invisible Pillar, EuRPL 23 (2014), 567; *Krommendijk*, Is there light on the horizon? The distinction between „Rewe effectiveness" and the principle of effective judicial protection in Article 47 of the Charter after Orizzonte, CML 53 (2016), 1395; *Laukemann*, Private Law Enforcement und Geistiges Eigentum: Regulatorische Herausforderungen in der digitalen Ära, in: FS Kohler (2018), S. 269; *ders.*, Unionsrechtsschutz und res judicata im Zivilprozess, ZZP 130 (2017), 439; *Lenaerts*, National Remedies for Private Parties in the Light of the EU Law Principles of Equivalence and Effectiveness, Irish Jurist 46 (2011), 13; *ders.*, The Decentralized Enforcement of EU Law: the Principles of Equivalence and Effectiveness, FS Tesauro (2014), S. 1057; *Llopis Nadal*, Harmonization of Confidential Information Protection in Legal Proceedings: the Trade Secrets Directive, in: Gascón Inchausti/Hess (ed.), The Future of the European Law of Civil Procedure (2020); S. 162; *Mäsch*, Zivilprozessrecht, in: Langenbucher (Hrg.), Europäisches Privat- und Wirtschaftsrecht (4. Aufl. 2017), S. 526; *ders.*, Vitamine für Kartellopfer – Forum shopping im europäischen Kartelldeliktsrecht, IPRax 2005, 509; *ders.*, Private Ansprüche bei Verstößen gegen das europäische Kartellverbot – „Courage" und die Folgen, EuR 2003, 825; *Mak*, Rights and Remedies – Article 47 EuCFR and Effective Judicial Protection in European Private Law Matters, in: Micklitz (ed.), Constitutionalization of European Private Law (2012), S. 236; *Mankowski/Hölscher/Gerhardt*, Rechtsschutz im Bereich der Zivilgerichtsbarkeit, in: Rengeling/Middeke/Gellermann, Handbuch des Rechtsschutzes in der EU (3. Aufl. 2014), S. 786; *Micklitz/Wechsler* (ed.), The Transformation of Enforcement (2016); *Mörsdorf*, Private Enforcement im sekundären Unionsprivatrecht: (k)eine klare Sache ?, RabelsZ 83 (2019), 797; *Niboyet*, La réception du droit communautaire en droit judiciaire interne et international, in: Bergé/dies. (ed.), La réception du droit communautaire en droit privé des Etats membres (2003), S. 153; *Nuyts* (ed.), International Litigation in Intellectual Property and Information Technology (2008); *Nylund* and *Krans* (ed.), The European Union and National Civil Procedure (2016); *Ohly*, Das neue Geschäftsgeheimnisgesetz im Überblick, GRUR 2019, 441; *Petillion* (ed.), Enforcement of Intellectual Property Rights in the EU Member States (2018); *ders./Heirwegh*, Genesis Adoption and Application of EU-Directive 2004/48/EC, in: Petillion (ed.), Enforcement of Intellectual Property Rights (2018), S. 1; *Prechal*, Between effectivness, procedural autonomy and judicial protection, FS Ilešič (2017), S. 391; *dies*, Community law in national courts (the lessons from Van Schijndel), CMLR 35 (1998), 681; *Reich*, Horizontal Liability in EC Law: Hybridization of Remedies for Compensation in Case of Breaches of EC Rights, CMLR 44 (2007), 705; *Rodriguez Iglesias*, Der EuGH und die Gerichte der Mitgliedstaaten, NJW 2000, 1889; *Schlosser*, Die lange deutsche Reise in die prozessuale Moderne, JZ 1991, 599; *Stadler*, „Was drei wissen, erfahren hundert" – Auskunftspflichten und Geheimschutz im Zivilprozess nach Umsetzung der Richtlinie zur Durchsetzung der Rechte des geistigen Eigentums, FS Leipold (2009), S. 201; *Stürner*, Duties of Disclosure and Burden of Proof in the Private Enforcement of European Competition Law, in: Basedow (ed.), Private Enforcement of European Competition Law (2007), S. 164; *ders.*, Zur Struktur des Europäischen Zivilprozesses, FS Schumann (2001), S. 491; *Szpunar*, Quelques aspects procéduraux de la protection des consommateurs contre les clauses abusives: le contrôle d'office dans le cadre des procédures accélérées et simplifiées, in: FS Wathelet (2018), S. 683; *ders.*, Procedural Autonomy and Private Law, ZEuP 2018, 1; *Thiele*, Europäisches Prozessrecht: Verfahrensrecht vor dem Gerichtshof der Europäischen Union (2. Aufl. 2014); *Tönsfeuerborn*, Einflüsse des Diskriminierungsverbots und der Grundfreiheiten auf das nationale Zivilprozessrecht (2002); *Vallines García*, Harmonizing Access to Information and Evidence, in: Gascón Inchausti/Hess (ed.), The Future of the European Law of Civil Procedure (2020), S. 123; *Vorwerk*, Die Nichtzulassungsbeschwerde im Licht des Gemeinschaftsrechts, FS Thode (2005), S. 645; *G. Wagner*, Prävention und Verhaltenssteuerung durch Privatrecht – Anmaßung oder legitime Aufgabe?, AcP 206 (2006), 352; *Ward*, Judicial Review and the Rights of Private Parties in EU Law (2nd ed. 2007); *Wilman*, The end of the absence: the growing body of EU legislation on private enforcement and the main remedies it provides for, CMLR 53 (2016), 887; *ders.*, Private Enforcement of EU Law Before National Courts: The EU Legislative Framework (2015).

III. Kollektiver Rechtsschutz

Amaro/Azar-Baud/Corneloup/Fauvarque-Cosson/Jault-Seseke (ed.), Collective Redress in the Member States of the European Union, Study PE 608.829 for the European Parliament (2018); *Augenhofer*, Die Reform des Verbraucherrechts durch den „New Deal" – eine Schrift zur effektiven Rechtsdurchsetzung, EuZW 2019, 5; *Baetge*, Das Recht der Verbandsklage auf neuen Wegen – Zu den Auswirkungen der EG-Richtlinie über Unterlassungsklagen zum Schutz der Verbraucherinteressen auf die Verbandsklage in Deutschland, ZZP 112 (1999), 329; *Bosters*, Collective redress and private international law in the European Union (2015); *Casper/Janssen/Pohlmann/Schulze* (Hrg.), Auf dem Weg zu einer europäischen Sammelklage (2009); *Domej*, Die geplante EU-Verbandsklagerichtlinie, ZEuP 2019, 446; *Eilmannsberger*, The Green Paper on Damages Actions for Breach of the EC Antitrust Rules and Beyond: Reflections on the Utility of Stimulating Private Enforcement through Legislative Action, CMLR 44 (2007), 431; *Fairgrieve/Howells*, Collective Redress – European Debates, ICLQ 58 (2009), 379; *Fairgrieve/Lein* (ed.), Extraterritoriality and Collective Redress (2012); *Halfmeier*, Die neue Datenschutzverbandsklage, NJW 2016, 1126; *ders./Rott*, Verbandsklage mit Zähnen? – Zum Vorschlag einer Richtlinie über Verbandsklagen der Kollektivinteressen der Verbraucher, VuR 2018, 243; *ders./Wimalasena*, Rechtsstaatliche Anforderungen an Opt-out-Sammelverfahren: Anerkennung ausländischer Titel und gesetzgeberischer Handelsspielraum, JZ 2012, 649; *Hess*, The Role of Procedural Law in the Governance of Enforcement in Europe, in: Micklitz/Wechsler (ed.), The Transformation of Enforcement (2016), S. 343; *ders.*, Aktuelle Tendenzen der Prozessrechtsentwicklung in Europa, in: Casper/Janssen/Pohlmann/Schulze (Hrg.), Auf dem Weg zu einer europäischen Sammelklage? (2009), S. 139; *ders.*, Verbesserung des Zugangs zum Recht durch kollektive Rechtsbehelfe, in: Mansel/Dauner-Lieb/Henssler, Zugang zum Recht – Europäische und US-amerikanische Wege zur Rechtsdurchsetzung (2008), S. 61; *Hodges*, Collective Redress: The Need for New Technologies, J Cons. Policy 42 (2019), 59; *ders.*, The Reform of Class and Representative Actions in European Legal Systems (2008); *ders./Voet*, Delivering Collective Redress (2019); *Jotzo*, Die internationale Durchsetzung der europäischen Datenschutzregeln vor deutschen Zivilgerichten, ZZPInt 22 (2017), 225; *Kessedjian*, Les actions collectives en dommages et intérêts pour infraction aux règles communautaires de la concurrence et le droit international privé, FS Pocar (2009), S. 533; *Kowollik*, Europäische Kollektivklage (2017); *Lein/Fairgrieve/Oteiro Crespo/Smith* (ed.), Collective Redress in Europe – Why and How? (2015); *Lein/Fairgrieve* (ed.), Extraterritoriality and Collective Redress (2014); *dies./Mattil/Desoutter*, Die europäische Sammelklage. Rechtsvergleichende und EU-rechtliche Betrachtungen, WM 2008, 521; *Leupold*, Enforcing Consumer Rights: Collective Redress in Austria and the European Union, EuCML 2019, 121; *Meller-Hannich*, Sammelklagen, Gruppenklagen, Verbandsklagen – Bedarf es neuer Instrumente des kollektiven Rechtsschutzes im Zivilprozess?, Gutachten 72. Dt. JT 2018, A1; *Michailidou*, Kollektiver Rechtsschutz, S. 252; *Nowak*, Representative (Consumer) Collective Redress Decisions in the EU: Free Movement or Public Policy Obstacles?, in: Hess/Lenaerts (ed.), The 50th Anniversary of the European Law of Civil Procedure (2020), S. 393; *Nuyts/Hatzimihail* (ed.), Cross-Border Class Actions – the European Way (2014); *Pato*, The Collective Private Enforcement of Date Protection Rights in the EU, in: Cadiet/Hess/Requejo Isidro (ed.), Privatizing Dispute Resolution (2019), S. 131; *Schantz*, Die Datenschutz-Grundverordnung – Beginn einer neuen Zeitrechnung im Datenschutzrecht, NJW 2016, 1841; *Spindler*, Verbrauchsklagen im Datenschutz – das neue Verbandsklagerecht, ZD 2016, 114; *Stadler*, Grenzüberschreitende Wirkung von Vergleichen und Urteilen im Musterfeststellungsverfahren, NJW 2020, 265; *dies.*, Kollektiver Rechtsschutz quo vadis?, JZ 2018, 793; *dies.*, Musterfeststellungsklagen im deutschen Verbraucherrecht?, VuR 2018, 83; *dies.*, Conflict of Laws in Multinational Collective Actions – A Nightmare, in: Fairgrieve/Lein (ed.), Extraterritoriality and Collective Redress (2014), S. 191; *Tamm*, Die Bestrebungen der EU-Kommission im Hinblick auf den Ausbau des kollektiven Rechtsschutzes für Verbraucher, EuZW 2009, 439; *Voet*, Actions for Collective Redress, in: Hess/Law (ed.), Luxembourg Report on EU Procedural Law (2019), Vol. II, S. 157.

IV. Besondere Verfahren des Unionsrechts

Adolphsen, Europäisches Zivilprozessrecht in Patentsachen (2. Aufl. 2014); *De Miguel Ascensio*, Regulation No 542/2014 and the International Jurisdiction of the Unified Patent Court, IIC 2014, 868; *Dimopoulos*, An Institutional Perspective: The Role of the CJEU in the Unitary (EU) Patent System, in: Pila/Wadlow (eds.), The Unitary Patent System (2015), p. 57 ff.; *Bettinger*, Alternative Streitbeilegung für „EU", WRP 2006, 548; *Gandia Sellens*, The Viability of the Unitary Package After the UK's Ratification of the Agreement on a Unified Patent Court, IIC 2018, 136; *Hasselblatt* (ed.), Community Trade Mark Regulation (Commentary 2015); *Heinze*, Einstweiliger Rechtsschutz im Europäischen Immaterialgüterrecht (2008); *ders.*, Europäisches Primärrecht und Zivilprozess, EuR 2008, 654; *ders./Warmuth*, Das Sonderprozessrecht der Datenschutz-Grundverordnung, ZZPInt. 21 (2016), 199; *ders./Roffael*, Internationale Zuständigkeit für Entscheidungen über ausländische Immaterialgüterrechte, GRUR Int. 2006, 787; *Hess*, Die EU-Datenschutzgrundverordnung und das europäische Prozessrecht, FS Geimer (2017), S. 255; *Jaeger*, Europäische Patentgerichtsbarkeit (2016); *Janal*, Europäisches Zivilverfahrensrecht und gewerblicher Rechtsschutz (2016); *Kohler*, Kollisionsrechtliche Anmerkungen zur Verordnung über die Gemeinschaftsmarke, FS Everling (1995), S. 651; *Kur/v.Bomhardt/Albrecht* (Hrg.), Markenrecht (2. Aufl. 2018); *Kur/Senftleben* (ed.), European Trademark Law (2017); *Müller*, „eu"-Domain: Erkenntnisse zu dem 1. Jahr Spruchpraxis, GRURInt. 2007, 990; *Munzinger/Traub*, Weniger ist mehr – oder: Deutscher Sonderweg bei Gemeinschaftsgerichten?, GRUR 2008, 33; *Ohly/Streinz*, Can the U.K. stay in the UPC system after Brexit?, JInt'l Property Law & Practice 12 (2017), 242; *Pila/Wadlow* (ed.), The Unitary EU Patent System (2015); *Stone*, European Union Design Law (2nd ed. 2016); *Tilmann/Plassmann* (ed.), Unified Patent Protection in Europe – A Commentary (2018).

I. Dezentraler Vollzug des Unionsrechts in den nationalen Prozessrechten

1. Die Zweispurigkeit des europäischen Rechtsschutzes

11.1 Das Unionsrecht implementiert ein zweispuriges Rechtsschutzsystem: Gerichtlichen Rechtsschutz gewähren zunächst die originären Justizorgane der Union, d. h. der Europäische Gerichtshof in Luxemburg und das ihm hierarchisch untergeordnete Europäische Gericht (Art. 19 I UAbs. 1 EUV).[2] Daneben setzen die Gerichte der EU-Mitgliedstaaten als sog. dezentrale Unionsgerichte[3] das Unionsrecht durch und gewähren zugleich den Unionsbürgern effektiven Rechtsschutz (Art. 19 I UAbs. 2 EUV).[4] Nach ständiger Rechtsprechung des EuGH obliegt es jedem mitgliedstaatlichen Gericht, im Rahmen seiner Zuständigkeit für die volle Wirksamkeit des Unionsrechts Sorge zu

2 Verwaltungsinterner Rechtsschutz existiert zudem in den zahlreichen „Appellate Bodies" der Europäischen Agenturen, einschließlich der Europäischen Zentralbank. Dazu *Pechstein*, EU-Prozessrecht, Rdn. 1 ff.

3 EuGH, 8.3.2011, Avis 1/09, *Europäisches Patentgericht*, EU:C:2011:123, Rdn. 80; Calliess/Ruffert/*Kahl*, Art. 4 AEUV, Rdn. 80; *Komninos*, EC Antitrust Enforcement, S. 146 ff.; *Tesauro*, YbEuL 13 (1993), 1, 4 ff.; *Rodriguez Iglesias*, NJW 2000, 1889, 1890.

4 EuGH, 27.2.2018, Rs. C-64/16, *Associação Sindical dos Juízes Portugueses*, EU:C:2018:117, Rdn. 44; EuGH, 25.7.2018, Rs. C-216/18 PPU, *LM*, EU:C:2018:586, Rdn. 65.

tragen und die Rechte zu wahren, die das Unionsrecht den EU-Bürgern eröffnet.[5] Nach dieser Konzeption sind die nationalen Gerichte als dezentrale und ortsnahe Organe in das unionsrechtliche Rechtsschutzsystem eingebunden.[6] Diese Verpflichtung gilt für alle Gerichte der EU-Mitgliedstaaten gleichermaßen, ohne Unterscheidung zwischen verschiedenen Rechtswegen (Zivil-, Straf- und Verwaltungsgerichte) oder zwischen der jeweiligen Fach- und der Verfassungsgerichtsbarkeit.[7] Art. 19 I UAbs. 2 EUV verpflichtet die Mitgliedstaaten zur Vorhaltung eines effektiven Justizsystems, das ganz prinzipiell die Garantien rechtsstaatlicher Justiz (insbesondere die der richterlichen Unabhängigkeit) einhalten muss.[8]

Bei der „Vergemeinschaftung" des Zivilprozessrechts (sprich dem Zugriff der 11.2
Union auf die Verfahren der EU-Mitgliedstaaten) sind im Ausgangspunkt rein innerstaatliches und grenzüberschreitendes Verfahrensrecht zu unterscheiden: Die weit reichende Rechtsetzungskompetenz der Art. 67 und 81 AEUV erfasst nur grenzüberschreitende Verfahren und lässt daher im Grundsatz die innerstaatlichen Prozessrechte der EU-Mitgliedstaaten unberührt.[9] Die Kompetenzen der Union im allgemeinen Prozessrecht sind hingegen beschränkt.[10] Dennoch sind seit Jahren wachsende Einflüsse auf das innerstaatliche Verfahrensrecht zu konstatieren. Sie erfolgten zunächst durch Annexregelungen in spezifischen Sekundärrechtsakten[11] oder aufgrund der Anwendung von europäischem Verbraucherrecht auf Prozesshandlungen (etwa Schieds- und Gerichtsstandsklauseln).[12] Nach der Rechtsprechung des EuGH muss zudem innerstaatliches Prozessrecht, wenn es um die Durchsetzung von Uni-

---

5 EuGH, 15.10.1987, Rs. C-222/86, *Unectef./.Heylens*, EU:C:1987:442; EuGH, 14.7.1977, verb. Rs. C-9/77 und C-10/77, *Eurocontrol*, EU:C:1977:132; dazu *Gündisch*, in: Gebauer/Wiedmann (Hrg.), Zivilrecht unter europäischem Einfluss, Kapitel 33, Rdn. 13.

6 Dazu bereits *Hess*, RabelsZ 66 (2002), 470, 473 ff.

7 Vgl. oben § 5 IV 3, Rdn. 5.105 ff. (zum Verwaltungsprozessrecht), § 5 IV 4, Rdn. 5.118 ff. (zum Strafprozessrecht). Zur Kooperation zwischen dem EuGH und den Gerichten der Mitgliedstaaten § 13 I, Rdn. 13.1 ff.

8 EuGH, 24.6.2019, Rs. C-619/18, *Kommission./.Polen*, EU:C:2019:531, Rdn. 71 ff., dazu oben § 2 V 2, Rdn. 2.108 ff.

9 Die Abgrenzung zwischen innerstaatlichen und grenzüberschreitenden Verfahren ist bis heute streitig, dazu oben § 2 I 2, Rdn. 2.14 ff.

10 *Giannopoulos*, Einfluss der Rechtsprechung, S. 15 ff.; oben § 2 II, Rdn. 2.51 ff. Dies erfolgt aus dem Grundsatz der begrenzten Ermächtigung, Art. 4 I EUV.

11 Beispiel: Art. 7 II RL 2009/24/EG (Computerprogrammrichtlinie) garantiert die Beschlagnahme der unerlaubten Kopie eines Computerprogramms im Wege des einstweiligen Rechtsschutzes, dazu *Heinze*, Einstweiliger Rechtsschutz, S. 55 ff.

12 So im Fall der Anwendung der Klausel-RL (93/13/EG) auf Gerichtsstandsvereinbarungen, EuGH, 27.6.2000, verb. Rs. C-240/98 bis C-244/98, *Océano Grupo Editorial*, EU:C:2000:346, sowie auf Schiedsverfahren: EuGH, 26.10.2006, Rs. C-168/05, *Mostaza Claro*, EU:C:2006:675, Rdn. 24 ff. (zur zwingenden Berücksichtigung der Klausel-RL im Aufhebungsverfahren), unten § 11 I 3, bei Rdn. 11.22 ff.

onsrecht geht, den Grundsätzen von Effektivität und Nicht-Diskriminierung genügen.[13]

11.3 Nach dem Inkrafttreten des Amsterdamer Vertrages blieben die Einwirkungen des Gemeinschaftsrechts auf die innerstaatlichen Verfahrensrechte der EU-Mitgliedstaaten zunächst gering.[14] Dies war anders im „Ausstrahlungsbereich" des grenzüberschreitenden, europäischen Zivilprozessrechts, d. h. bei nationalen Vorschriften, die unmittelbar zur Implementierung der Unionsrechtsakte zum IZVR erlassen wurden.[15] Hier entfalten Effektivität und Nicht-Diskriminierung eine intensive Maßstabs- und Kontrollfunktion.[16] Folglich verlief die überkommene Grenze der Vergemeinschaftung des Zivilverfahrensrechts zunächst parallel zur Unterscheidung zwischen innerstaatlichem und grenzüberschreitendem Zivilprozessrecht.[17] Unter dem Vertrag von Lissabon hat sich jedoch die Ausgangslage gewandelt: Im gewerblichen Rechtsschutz, im Kartellrecht und zunehmend im Verbraucherrecht implementiert der EU-Gesetzgeber unionsrechtliche Mindestvorgaben zur Effektuierung nationaler Zivilprozesse (etwa im Bereich der Beweisaufnahme oder des einstweiligen Rechtsschutzes) oder er veranlasst die Mitgliedstaaten sogar, neue Verfahren einzuführen (etwa im kollektiven Rechtsschutz).[18] Inzwischen ist das Zivilprozessrecht in seiner ganzen Breite in den Fokus des Unionsgesetzgebers geraten.

11.4 Anders und differenziert ist hingegen der Einfluss der EU-Grundfreiheiten und der EU-Grundrechte auf die nationalen Zivilverfahren zu beurteilen: Die Grundfreiheiten wirken auf die nationalen Prozessrechte nur in begrenztem Umfang ein. Denn ihre Anwendung setzt einen grenzüberschreitenden Sachverhalt voraus; sie erfassen damit vorrangig das internationale Zivilprozessrecht.[19] Dies ist jedoch bei den (prozessualen) Grundrechten der GRC anders: Deren Geltung folgt dem sachlichen Anwendungsbereich des Unionsrechts (vgl. Art. 51 GRC). Sie sind folglich nicht nur anwendbar, wenn ein grenzüberschreitender Sachverhalt vorliegt.[20] Denn jeder Vollzug des Unionsrechts (insbesondere des EU-Sekundärrechts) bindet die Gerichte der Mitgliedstaaten an die prozessualen Grundrechte des Unionsrechts (insbesondere Art. 47 GRC), mithin auch bei innerstaatlichen Sachverhalten (Art. 51 GRC).[21] Inzwischen sind wachsende Einwirkungen der Unionsgrundrechte auf die nationalen Prozessrechte zu konstatieren.[22]

---

13 Vgl. dazu sogleich unten bei Rdn. 11.5 ff.

14 Anders hingegen die Einflüsse der „Enforcement"-RL (2004/48/EU), die zunehmend in den letzten Jahren deutlich wurden, dazu unten § 11 II 2, Rdn. 11.32 ff.

15 Vgl. u. a. §§ 1083 ff. ZPO; Art. 102 EG InsO – dasselbe gilt für Vorschriften des autonomen Prozessrechts, auf die die Unionsrechtsakte verweisen, etwa die Rechtsbehelfe iSd Art. 22 EuBagVO, dazu oben § 10 III, Rdn. 10.116.

16 Unten Rdn. 11.7 ff.; zuvor *Hess*, IPRax 2008, 24, 26 ff.

17 Dass diese Abgrenzung Unschärfen aufweist, liegt auf der Hand. Diese Parallele hat jedoch als „Faustregel" indizielle Wirkung. Zur neueren Entwicklung im Bereich des kollektiven Rechtsschutzes vgl. unten § 11 III, Rdn. 11.58 ff.

18 Dazu unten § 11 III 2, Rdn. 11.88.

19 Oben § 4 I, Rdn. 4.5.

20 Oben § 4 I, Rdn. 4.9.

21 St. Rspr. seit EuGH, 26.2.2013, Rs. C-617/10, *Åkerberg Fransson*, EU:C:2013:105.

2. Unionsrechtliche Vorgaben für den dezentralen Rechtsschutz in den EU-Mitgliedstaaten

a) Der Grundsatz der Verfahrensautonomie

Mangels eines originären Prozessrechts der Europäischen Union wenden die Gerichte der EU-Mitgliedstaaten bei der Durchsetzung des Unionsrechts ihr jeweiliges Verfahrensrecht an.[23] Der EuGH spricht hier vom „Grundsatz der Verfahrensautonomie der Mitgliedstaaten".[24] Diesen Grundsatz hat erstmalig das Urteil Rs. 33/76 *Rewe* entwickelt. Dort sagte der Gerichtshof: 11.5

> „... Die Aufgabe, den Rechtsschutz zu gewährleisten, der sich für die Bürger aus der unmittelbaren Wirkung des Gemeinschaftsrechts ergibt, obliegt entsprechend dem in Artikel 5 EWG-Vertrag[25] ausgesprochenen Grundsatz der Mitwirkungspflicht den innerstaatlichen Gerichten. Mangels einer gemeinschaftsrechtlichen Regelung auf diesem Gebiet sind deshalb die Bestimmung der zuständigen Gerichte und die Ausgestaltung des Verfahrens für die Klagen, die den Schutz der dem Bürger aus der unmittelbaren Wirkung des Gemeinschaftsrechts erwachsenden Rechte gewährleisten sollen, Sache der innerstaatlichen Rechtsordnung der einzelnen Mitgliedstaaten; dabei dürfen freilich diese Bedingungen nicht ungünstiger gestaltet werden als für gleichartige Klagen, die das innerstaatliche Recht betreffen..."

In der Sache beinhaltet der Grundsatz der Verfahrensautonomie eine untechnische „Verweisung" auf die Prozessrechte der EU-Mitgliedstaaten, die dem *lex fori*-Prinzip[26] im internationalen Zivilprozessrecht ähnelt.[27] Der Grundsatz der Verfahrensautonomie bindet freilich nur den EuGH, nicht hingegen den Unionsgesetzgeber, der jederzeit entsprechende Verfahrensvorschriften erlassen kann, wenn dies zur Durchsetzung des Unionsrechts geboten ist.[28] Die Anwendung des nationalen Prozessrechts erfolgt jedoch unter zwei wesentlichen Vorbehalten des Unionsrechts, die der Gerichtshof 11.6

---

22 Unten § 11 I 2 d) bei Rdn. 11.19 .

23 St. Rspr. seit EuGH, 16.12.1976, Rs. 33/76, *Rewe*, EU:C:1976:188, Rdn. 5; EuGH, 16.12.1976, Rs. C-45/76, *Comet*, EU:C:1976:191, Rdn. 11/18; EuGH, 14.12.1995, verb. Rs. C-430/93 und C-431/93, *Van Schijndel./.Stichting Pensioenfonds voor Fysiotherapeuten*, EU:C:1995:441, Rdn. 17 ff.; EuGH, 14.12.1995, Rs. C-312/93, *Peterbroeck./.Belgien*, EU:C:1995:437; EuGH, 1.6.1999, Rs. C-126/97, *Eco Swiss*, EU:C:1999:269, Rdn. 31 ff.; EuGH, 27.6.2000, verb. Rs. C-240/98 bis C-244/98, *Océano Grupo Editorial*, EU:C:2000:346, Rdn. 30 ff.; EuGH, 13.7.2006, verb. Rs. C-295/04 bis C-298/04, *Manfredi*, EU:C:2006:461, Rdn. 62, 77 ff.

24 Dazu *Lenaerts/Maselis/Gutmann/Nowak*, EU Procedural Law (2015), Rdn. 4.13 ff.; *Wilman*, CMLR 53 (2016), 887, 892.

25 Heute Art. 6 III EUV.

26 Dazu oben § 1 III 2, Rdn. 1.13 ff.

27 Ähnlich *Cahn*, ZEuP 1998, 974 f.: „Verweisung" auf das jeweilige nationale Verfahrensrecht.

28 *Bobek*, in: Micklitz/de Witte (ed.), The Autonomy of EU Member States (2012), S. 305, 320. Dies hielt bereits das Urteil *Rewe*, EuGH, 16.12.1976, Rs. C-33/76, EU:C:1976:188, Rdn. 5, ausdrücklich fest. Prominentes Beispiel für die Rechtsangleichung im Prozessrecht ist die Enforcement-RL 2004/48/EG, dazu unten Rdn. 11.32 ff.

positiv-rechtlich aus Art. 6 III AEUV herleitet, nämlich den Grundsätzen der Gleichbehandlung (Äquivalenz) und der Effektivität. Diese Grenzen der Verfahrensautonomie können im jeweiligen Einzelfall erhebliche Durchschlagswirkung entfalten.[29]

b) Das Äquivalenzprinzip

11.7 Nach dem sog. Grundsatz der Gleichbehandlung (Äquivalenz) gilt ein prozessuales Diskriminierungsverbot zugunsten des Unionsrechts. Nationale Verfahrensrechte dürfen dessen Durchsetzung nicht stärker erschweren als vergleichbare innerstaatliche Rechtsbehelfe.[30] Der Gerichtshof formuliert den Äquivalenzgrundsatz wie folgt:

> „(45) Die Wahrung des Grundsatzes der Gleichwertigkeit setzt voraus, daß die streitige Regelung in gleicher Weise für Klagen gilt, die auf die Verletzung des Gemeinschaftsrechts gestützt sind, wie für solche, die auf die Verletzung des innerstaatlichen Rechts gestützt sind, sofern diese Klagen einen ähnlichen Gegenstand oder Rechtsgrund haben.
> (46) Um festzustellen, ob der Grundsatz der Gleichwertigkeit im vorliegenden Fall gewahrt ist, hat das nationale Gericht, das allein eine unmittelbare Kenntnis der Verfahrensmodalitäten für Klagen im Bereich des Arbeitsrechts besitzt, sowohl den Gegenstand als auch die wesentlichen Merkmale der angeblich vergleichbaren Klagen, die das innerstaatliche Recht betreffen, zu prüfen (…).“[31]

11.8 Nach dieser Rechtsprechung ist ein objektiv-abstrakter Vergleich der Verfahren gefordert, der die jeweilige Stellung innerhalb der allgemeinen Prozessordnungen der jeweiligen Mitgliedstaaten, den konkreten Verfahrensablauf und das jeweils konkrete Verfahren hinterfragt.[32] Diesen Vergleich müssen die Gerichte der Mitgliedstaaten durchführen und die Gleichartigkeit der einschlägigen Klagen anhand des Gegenstands, des Rechtsgrunds und ihrer wesentlichen Merkmale prüfen.[33] In der Regel ist

---

29 Aus diesem Grund hält *Bobek*, in: Micklitz/de Witte (ed.), The Autonomy of EU Member States (2012), S. 305, 319 f. die Bezeichnung „Autonomie“ für verfehlt. Ein Beispiel für den erheblichen Einfluss des Unionsrechts ist die amtswegige Anwendung von EU-Verbraucherrecht im Zivilverfahren, dazu unten Rdn. 11.22 ff. Ähnlich verweist *Szpunar*, in: FS Wathelet (2018), S. 683, 685 auf die Ungenauigkeit der Bezeichnung: „Verfahrens“-Autonomie, da auch die materiellen Privatrechte erfasst werden.

30 EuGH, 13.3.2007, Rs. C-432/05, *Unibet*, EU:C:2007:163, Rdn. 37 ff.; EuGH, 16.5.2000, Rs. C-78/98, *Preston*, EU:C:2000:247, Rdn. 46 ff.; *Himsworth*, ELRev 22 (1997), 291, 309 f.; *Giannopoulos*, Einfluss der Rechtsprechung, S. 82 ff.; *Pechstein*, EU-Prozessrecht, Rdn. 20 ff.

31 EuGH, 16.5.2000, Rs. C-78/98, *Preston*, EU:C:2000:247, Rdn. 45 f.

32 *Heinze*, Einstweiliger Rechtsschutz, S. 52 ff. Zu den praktischen Schwierigkeiten bei der Anwendung vgl. *Szpunar*, ZEuP 2018, 1, 8 f.

33 St. Rspr. EuGH, 16.5.2000, Rs. C-78/98, *Preston*, EU:C:2000:247, Rdn. 57. Die sehr weit formulierten Maßstäbe erweisen sich in der konkreten Anwendung als schwierig, zutreffend *Giannopoulos*, Einfluss der Rechtsprechung, S. 85 f.; kritisch *Bobek*, in: Micklitz/de Witte (ed.), The Autonomy of EU Member States (2012), S. 305, 320 ff.; umfassend *Wilman*, Private Enforcement of EU Law (2015), S. 24 ff.

dabei eine Gesamtschau des anwendbaren materiellen Rechts und des entsprechend anwendbaren Prozessrechts erforderlich. Das Gleichbehandlungsgebot verbietet es, beispielsweise auf unionsrechtliche Vorschriften strengere Präklusionsvorschriften anzuwenden, als auf entsprechende innerstaatliche Regelungen.[34] Dies gilt insbesondere für die Haftungs- und die Erstattungsansprüche gegen die EU-Mitgliedstaaten wegen der unzureichenden Umsetzung von EU-Richtlinien.[35]

c) Das Effektivitätsprinzip

Wirkmächtig ist zudem das „Effektivitätsgebot". Danach darf nationales Prozess- 11.9
recht die Ausübung der durch das Unionsrecht verliehenen Rechtspositionen nicht praktisch unmöglich machen oder vereiteln.[36] Nach ständiger Rechtsprechung des EuGH müssen die Verfahrensrechte der EU-Mitgliedstaaten Rechtsbehelfe vorhalten, die eine wirksame Durchsetzung des Unionsrechts ermöglichen. Im Verfahren *Leffler*, das die Übersetzung des zuzustellenden Schriftstücks nach Art. 8 EuZustVO[37] betraf, führte der Gerichtshof hierzu folgendes aus:

> „(49)... Wie aus ständiger Rechtsprechung hervorgeht, ist es nämlich, wenn gemeinschaftsrechtliche Vorschriften fehlen, Sache der innerstaatlichen Rechtsordnung der einzelnen Mitgliedstaaten, das Verfahren für die Klagen auszugestalten, die den Schutz der dem Einzelnen aus der unmittelbaren Wirkung des Gemeinschaftsrechts erwachsenden Rechte gewährleisten sollen (vgl. u. a. Urteil vom 16.12.1976 Rs 33/76, Rewe, Slg. 1976, 1989, Rdn. 5).
> (50) Der Gerichtshof hat jedoch festgestellt, dass diese Verfahren nicht weniger günstig sein dürfen als diejenigen, die Rechte betreffen, die ihren Ursprung in der innerstaatlichen Rechtsordnung haben (Äquivalenzgrundsatz), und dass sie die Ausübung der durch die Gemeinschaftsrechtsordnung verliehenen Rechte nicht praktisch unmöglich machen oder übermäßig erschweren dürfen (Effektivitätsgrundsatz) ... Wie die Generalanwältin (...) ausgeführt hat, muss dabei der Effektivitätsgrundsatz das nationale Gericht dazu veranlassen, die in seiner innerstaatlichen Rechtsordnung vorgesehenen Verfahrensmodalitäten nur insoweit anzuwenden, als sie die Existenzberechtigung und die Zielsetzung der Verordnung nicht in Frage stellen.
> (51) Wenn die Verordnung die Folgen bestimmter Tatsachen nicht vorsieht, ist es folglich Sache des nationalen Gerichts, grundsätzlich sein nationales Recht anzuwenden, wobei es dafür Sorge zu tragen hat, dass die volle Wirksamkeit des Gemeinschaftsrechts gewährleistet wird. Letzteres kann das Gericht dazu veranlassen, falls erforderlich, eine nationale Vorschrift, die dem entgegensteht, außer Acht zu lassen oder eine nationale Vorschrift, die nur im Hinblick auf einen rein

34 EuGH, 13.7.2006, verb. Rs. C-295/04 bis C-298/04, *Manfredi*, EU:C:2006:461, Rdn. 73 ff.
35 EuGH, 16.12.1976, Rs. C-33/76, *Rewe*, EU:C:1976:188, Rdn. 5; EuGH, 10.7.1997, Rs. C-261/95, *Palmisani*, EU:C:1997:351, Rdn. 34 ff. zur Haftung der Republik Italien wegen der nicht rechtzeitigen Umsetzung der RL 80/987/EWG zum Schutz der Arbeitnehmer wegen Zahlungsunfähigkeit des Arbeitgebers.
36 EuGH, 13.3.2007, Rs. C-432/05, *Unibet*, EU:C:2007:163, Rdn. 43; EuGH, 8.11.2005, Rs. C-443/03, *Leffler*, EU:C:2005:665, Rdn. 49 ff.; Calliess/Ruffert/*Kahl*, Art. 4 EUV, Rdn. 79 ff.; grundlegend *van Gerven*, CMLR 37 (2000), 501 ff.; *Wilman*, Private Enforcement of EU Law (2015), Rdn. 2.07 ff., unten § 14 IV 2, Rdn. 14.47.
37 Vgl. oben § 8 I, Rdn. 8.17 ff.

innerstaatlichen Sachverhalt ausgearbeitet worden ist, auszulegen, um sie auf den betreffenden grenzüberschreitenden Sachverhalt anzuwenden."[38]

11.10 Die praktischen Auswirkungen des Effektivitätsgrundsatzes sind erheblich. Im Einzelfall wird dem nationalen Richter ein „kreativer Umgang" mit dem nationalen Recht abgefordert, um eine wirksame Durchsetzung des Unionsrechts zu bewirken. Dies zeigen die folgenden Beispiele. Verjährungs- und Ausschlussfristen dürfen nicht so knapp bemessen sein, dass sie die Einklagung subjektiver Rechte praktisch ausschließen.[39] Die nationalen Prozess- und Haftungsrechte müssen wettbewerbswidriges Verhalten mit wirksamen, d. h. mit spürbaren Haftungsfolgen sanktionieren,[40] eine Verbandsklage gegen unlautere Klauseln darf nicht parallele Individualklagen (gegen den Willen der Individualpartei) ausschließen. Eine Vorschrift des nationalen Prozessrechts, die die Aussetzung anordnet, ist nicht anzuwenden.[41]

11.11 Nichtdiskriminierung und Effektivität enthalten flexible Maßstäbe, die dem Gerichtshof im Einzelfall erhebliche Spielräume bei der Kontrolle und Effektuierung der nationalen Prozessrechte eröffnen. Anders als beim „Vorrang" oder bei der „unmittelbaren Anwendbarkeit" setzt sich hier das Unionsrecht nicht hierarchisch gegen das nationale Verfahrensrecht durch. Es verlangt lediglich die Einhaltung von Mindeststandards.[42] Der unionsrechtliche Prüfungsvorbehalt wird zudem dadurch weiter abgeschwächt, als der EuGH die unionsrechtlichen Mindeststandards gegen die jeweiligen Zwecke der nationalen Verfahrensregelung abwägt.[43] Bei dieser Abwägung hat der EuGH wiederholt den „Gerechtigkeitsgehalt" prozessualer Normen gerade in Bezug auf das jeweils einschlägige Verfahren anerkannt.[44] Schließlich gilt ein grundsätzlicher Vorrang der nationalen Gesetzgebung – das Unionsrecht verlangt in der Regel nicht von den EU-Mitgliedstaaten die Einführung spezifischer

38 EuGH, 8.11.2005, Rs. C-443/03, *Leffler*, EU:C:2005:665.

39 EuGH, 28.3.2019, Rs. C-637/17, *Cogeco Communications*, EU:C:2019:263, Rdn. 48 ff. (dreijährige Verjährungsfrist von Kartellschäden ermöglicht nicht die effektive Durchsetzung von Schadensersatzansprüchen wegen der Verletzung von Art. 102 AEUV). EuGH, 13.9.2018, Rs. C-176/17, *Profi Credit Polska*, EU:C:2018:711, Rdn. 57 ff. (polnischer Zahlungsbefehl); EuGH, 1.6.1999, Rs. C-126/97, *Eco Swiss*, EU:C:1999:269, Rdn. 43 ff., 46; EuGH, 14.12.1995, Rs. C-312/93, *Peterbroeck./.Belgien*, EU:C:1995:437.

40 Eine Einführung von Strafschadensersatz als Sanktion zur Implementierung des Kartellverbots nach Art. 101 AEUV gebietet das Effektivitätsgebot hingegen nicht. EuGH, 13.7.2006, verb. Rs. C-295/04 bis C-298/04, *Manfredi*, EU:C:2006:461, Rdn. 89 ff.; aA *G. Wagner*, AcP 206 (2006), 352, 414 (Einführung sei geboten). Zu privaten Kartellschadensersatzklagen unten Rdn. 11.51 ff.

41 EuGH, 14.4.2016, Rs. C-381/14, *Sales Sinués*, EU:C:2016:252, Rdn. 39, dazu *Voet*, in: Hess/Law (ed.), Luxembourg Report on EU Procedural Law (2019), Vol. II, Kap. 4, Rdn. 24.

42 *Ward*, Judicial Review, S. 104 ff.

43 *Biondi*, CMLR 36 (1999), 1271, 1282 ff.; *Prechal*, CMLR 35 (1998), 681, 690: „procedural rule of reason"; *Wilman*, Private Enforcement of EU Law (2015), Rdn. 2.09.

44 EuGH, 14.12.1995, verb. Rs. C-430/93 und C-431/93, *Van Schijndel./.Stichting Pensioenfonds voor Fysiotherapeuten*, EU:C:1995:441, Rdn. 1921; dazu *Rodriguez Iglesias*, EuGRZ 1997, 289, 293.

Verfahren, Änderungen der Gerichtsverfassung oder die Bereitstellung zusätzlicher Ressourcen,[45] sofern die fundamentalen Verfahrensgarantien von Art. 19 I EUV und Art. 47 GRC nicht berührt sind.[46]

Um die Grenzen der dezentralen Durchsetzung des Unionsrechts ging es im Verfahren *Umwelthilfe./.Bayern*.[47] Die Klägerin, ein nach Art. 9 II Aarhus-Übereinkommen klagebefugter Umweltverband, hatte gegen den Freistaat Bayern einen Beschluss des VG München erwirkt, wonach auf bestimmten Straßen der Stadt München wegen Überschreitung der Grenzwerte für Stickoxyd (RL 2008/50) Fahrverbote zu verhängen waren. Der Freistaat Bayern kam dem Urteil nicht nach, trotz zwischenzeitlich verhängter Zwangsgelder. Die Umwelthilfe e.V. beantragte daraufhin die Verhängung von Zwangshaft gegen die bayerische Umweltministerin und den Ministerpräsidenten.[48] Der bayerische Verwaltungsgerichtshof fragte den EuGH, ob das Effektivitätsgebot sowie Art. 47 GRC die Verhängung von Zwangshaft erforderten. Der Verwaltungsgerichtshof verwies zugleich darauf, dass zwar nach § 167 VwGO grundsätzlich die Vorschriften der §§ 888 ff. ZPO anwendbar waren – die Verhängung von Zwangshaft gegen Behördenvorstände dort zumindest nicht ausdrücklich geregelt ist. 11.12

Die Große Kammer verwies zunächst auf die Garantie des gerichtlichen Rechtsschutzes in Art. 47 GRC, die auch die wirksame Vollstreckung gerichtlicher Entscheidungen einschließt. Nach dem Effektivitätsgebot müsse das nationale Gericht zudem die nationalen Vollstreckungsrechte dahin auslegen, dass wirksame Zwangsmaßnahmen ergriffen werden.[49] Jedoch dürfe die Rechtsprechung des Gerichtshofs nicht dahin verstanden werden, dass das nationale Gericht verpflichtet sei, andere Grundrechte zu verletzen, um effektiven Rechtsschutz zu gewährleisten.[50] Vielmehr sei nach Art. 52 GRC eine Abwägung der Grundrechte vorzunehmen. Im konkreten Fall verwies der EuGH unter Bezugnahme auf die Schlussanträge[51] auf Art. 52 GRC, der im Fall der Freiheitsentziehung eine hinreichend präzise Rechtsvorschrift verlangt. Zudem müsse die Verhängung von Zwangshaft im jeweiligen Einzelfall verhältnismäßig sein[52] – die Schlussanträge hatten die fehlende Eignung der Zwangshaft (wegen der Immunität der Landesregierung) aufgezeigt.[53] Der EuGH gab diesbezüglich das Verfahren an das vorlegende Gericht zurück, verwies aber zudem auf die Möglichkeit eines Vertragsverletzungsverfahrens nach Art. 259 f. AEUV).[54] 11.13

Im Rechtsetzungsverfahren gibt die EU-Kommission dem Effektivitätsprinzip eine weitergehende Stoßrichtung. Das Weißbuch zu Schadensersatzklagen im Kartellrecht, welches die Einführung kollektiver Rechtsbehelfe vorschlug, benutzte die Schlagworte „*Enforcement of Community Rights*" bzw. „Schaffung wirksamer 11.14

45 EuGH, 13.7.2006, verb. Rs. C-295/04 bis C-298/04, *Manfredi*, EU:C:2006:461, Rdn. 62 (Verweis auf die Prozessrechte der EU-Mitgliedstaaten).

46 Dazu oben § 4 I, Rdn. 4.12 ff. sowie sogleich unten Rdn. 11.19 ff.

47 EuGH, 19.12.2019, Rs. C-752/18, *Umwelthilfe./.Bayern*, EU:C:2019:1114.

48 Die bayerische Staatsregierung hatte offiziell erklärt, dass sie keine Fahrverbote verhängen werde. Bußgelder gegen die Landesregierung blieben wirkungslos, da diese lediglich zu Umbuchungen im Staatshaushalt führten.

49 EuGH, 19.12.2019, Rs. C-752/18, *Umwelthilfe./.Bayern*, EU:C:2019:1114, Rdn. 33 ff., 40, 42.

50 EuGH, 19.12.2019, Rs. C-752/18, *Umwelthilfe./.Bayern*, EU:C:2019:1114, Rdn. 43 ff., 49: Das Effektivitätsgebot allein kann die Verhängung von Zwangshaft nicht rechtfertigen.

51 Schlussanträge GA *Saugmandsgaard Øe*, 14.11.2019, EU:C:2019:972, Rdn. 70 ff.

52 EuGH, 19.12.2019, Rs. C-752/18, *Umwelthilfe./.Bayern*, EU:C:2019:1114, Rdn. 50 ff.

53 Schlussanträge GA *Saugmandsgaard Øe*, 14.11.2019, EU:C:2019:972, Rdn. 77 ff.

54 EuGH, 19.12.2019, Rs. C-752/18, *Umwelthilfe./.Bayern*, EU:C:2019:1114, Rdn. 53 ff.

Rechtsdurchsetzungsverfahren“,[55] um weitreichende Rechts-angleichungsmaßnahmen in den nationalen Verfahrensrechten zur effektiven Durchsetzung des Unionsrechts vorzuschlagen. Im Ausgangspunkt bezog sich die EU-Kommission dabei auf Aussagen des *Manfredi*-Urteils zum Effektivitätsgebot.[56] Dort hatte der EuGH die Notwendigkeit einer wirksamen Durchsetzung von Schadensersatzansprüchen bei der Verletzung von EG-Kartellrecht betont. Aus dieser Aussage leitete die EU-Kommission eine allgemeine Kompetenz des Unionsgesetzgebers ab, den Mitgliedstaaten die Einführung neuer Verfahren zur effektiven Durchsetzung von Gemeinschaftsrecht vorzuschreiben. Im Ergebnis wird das Prozessrecht vollumfänglich (quasi als Annex) in die jeweilige Sachkompetenz der Union einbezogen.[57] Im Vergleich zur Rechtsprechung des EuGH erhält das Effektivitätsgebot damit eine andere Stoßrichtung. Nunmehr geht es nun um die Implementierung prozessualer Mindeststandards und um die Einführung innovativer Rechtsbehelfe in den Mitgliedsstaaten.[58] Die Argumente, die zunächst für das Kartellrecht und inzwischen auch im Verbraucherrecht vorgetragen werden, lassen sich für alle Bereiche des dezentralen Vollzugs von Unionsrecht nutzen – etwa im Anti-Diskriminierungs- und im Vergaberecht.[59] Mittelfristig geraten alle Verfahrensrechte der Mitgliedstaaten in ihrer gesamten Breite in den Fokus des Unionsgesetzgebers. Im Kartellrecht hat sich dieser Ansatz jedoch nicht durchsetzen können – die Vorschläge der Kommission zum kollektiven Rechtsschutz hat die Kartellschadens-RL 2014/104/EG nicht übernommen.[60]

11.15 Im Zusammenspiel mit Effektivität und Äquivalenz beinhaltet der Grundsatz der mitgliedstaatlichen Verfahrensautonomie das vorrangige Gebot, das jeweils anwendbare nationale Prozessrecht unionsrechtskonform auszulegen.[61] Aus dieser (inhaltlich begrenzten) Einordnung ergeben sich wichtige Konsequenzen: Bei der Auslegung wirkt das Unionsrecht nur im Rahmen der gegebenen Interpretationsspielräume auf das anwendbare Verfahrensrecht ein.[62] Nationale Präklusionsvorschrif-

---

55 Deutlich etwa SEC Weißbuch Schadensersatzklage im Kartellrecht KOM (2008) 165 endg. und *Commission Staff Working Document* (2008) 404, Rdn. 2.

56 EuGH, 13.7.2006, verb. Rs. C-295/04 bis C-298/04, *Manfredi*, EU:C:2006:461, Rdn., 62, 71, 92.

57 Dazu auch oben § 2 II, Rdn. 2.41 und § 4 I 3, Rdn. 4.28 ff.

58 Dazu *Hess*, in: Casper/Janssen/Pohlmann/Schulze (Hrg.), Auf dem Weg zur europäischen Sammelklage, S. 139, 142 f.

59 Zu punktuellen Regelungen *Wilman*, CMLR 53 (2016), 887, 894.

60 Vgl. ausdrücklich EwG 13 zur RL 2014/104/EG, unten Rdn. 11.51. Zum kollektiven Rechtsschutz unten Rdn. 11.58 ff.

61 *Szpunar*, ZEuP 2018, 1, 3; *Hess*, IPRax 2001, 301, 304; *Wolf*, WM 2005, 1345, 1350 (zur gemeinschaftsrechtskonformen Auslegung von § 543 II ZPO); weitergehend *Komninos*, Private Enforcement, S. 148: Der EuGH habe den Grundsatz *ubi ius ibi remedium* angewandt und behalte der Union das Recht vor, gegebenenfalls effektive Rechtsbehelfe in den Mitgliedstaaten zu implementieren.

62 Dies erklärt die unterschiedliche Einwirkungsintensität des Unionsrechts auf die nationalen Prozessrechte – freilich immer unter dem Vorbehalt von Gleichbehandlung und Effektivität.

ten und Ausschlussfristen,[63] der Dispositions- und der Beibringungsgrundsatz im Zivilverfahren,[64] das Verbot der *reformatio in peius*[65] sowie die Rechtskraft nationaler Urteile[66] halten grundsätzlich der unionsrechtlichen Abwägung stand. Ermessensspielräume der nationalen Verfahrensrechte sind jedoch zur Durchsetzung des Unionsrechts zu nutzen.[67] Die Rechtsprechung zeigt grundsätzlichen Respekt des EuGH vor den Systemzusammenhängen der nationalen Verfahrensrechte[68] – bisweilen um den Preis einer nicht ganz einheitlichen Geltung des Unionsrechts in den Rechtsordnungen der Mitgliedstaaten.[69] Sie erfordert freilich eine (durchaus komplexe) Interessenabwägung im Einzelfall.[70] Die konkreten Ergebnisse sind freilich nicht immer kohärent.

Dabei besteht auch die Gefahr einer „formelhaften Verbescheidung" von Vorabentscheidungs- **11.16**
ersuchen, die dem nationalen Richter nicht wirklich hilft: In der Rs. C-554/17, *Jonsson*,[71] hatte die 4. Kammer des EuGH über die Frage zu entscheiden, ob die Kostentragungsregel des Art. 16 EuBagVO[72] auch bei einem teilweisen Obsiegen/Verlust des Rechtsstreits anwendbar sei. Die Kammer verneinte dies mit dem – nicht nachvollziehbaren – „Argument", dass eine analoge Anwendung der Vorschrift ihre praktische Wirksamkeit nehmen würde (Rdn. 22).[73] Folglich war nationales Prozessrecht anwendbar – unter den Vorbehalten von Äquivalenz und Effektivität (Rdn. 27). Der Gerichtshof ent-

63 EuGH, 12.2.2008, Rs. C-2/06, *Kempter*, EU:C:2008:78, Rdn. 58 ff.; EuGH, 13.3.2007, Rs. C-432/05, *Unibet*, EU:C:2007:163, Rdn. 43; EuGH, 2.12.1997, Rs. C-188/95, *Fantask./.Industriministeriet*, EU:C:1997:580, Rdn. 4852; EuGH 1.12.1998, Rs. C-326/96, *Levez./.Jennings Ltd.*, EU:C:1998:577; EuGH, 16.5.2000, Rs. C-78/98, *Preston*, EU:C:2000:247, 3257.

64 EuGH, 27.6.2000, verb. Rs. C-240/98 bis C-244/98, *Océano Grupo Editorial*, EU:C:2000:346, Rdn. 25 ff.; EuGH, 1.6.1999, Rs. C-126/97, *Eco Swiss*, EU:C:1999:269, Rdn. 43 ff.

65 Ähnlich EuGH, 25.11.2008, Rs. C-455/06, *Heemskerk und Schaap*, EU:C:2008:650, Rdn. 44 ff.

66 EuGH, 16.3.2006, Rs. C-234/04, *Kapferer*, EU:C:2006:178, Rdn. 21 f., dazu *Hess*, IPRax 2008, 25, 27 f. Anders hingegen EuGH, 11.11.2015, Rs. C-505/14, *Klausner Holz Niedersachsen*, EU:C:2015:742, dazu *Laukemann*, ZZP 130 (2017), 439.

67 Dies betrifft insbesondere die Anwendung des Effektivitätsprinzips.

68 Bei der Annahme, dass die mitgliedschaftlichen Haftungs- und Prozessordnungen im Sinne größtmöglicher Implementierung des Gemeinschaftsrechts regelrecht umzuinterpretieren sind, ist daher Zurückhaltung geboten. A.A. *G. Wagner*, AcP 206 (2006), 355, 410 ff. (414) – *private law enforcement* werde vom Effektivitätsgebot gefordert, § 823 II BGB sei „nach der Rechtsprechung des EuGH zu öffnen" (417).

69 Dies konstatiert *Heiderhoff*, ZEuP 2001, 276, 283 ff., als Resultat einer Untersuchung der Anforderungen des Gemeinschaftsrechts an ein Verbraucherprozessrecht; ebenso *van Gerven*, CMLR 37 (2000), 501, 526 ff.

70 Gewichtige Interessen der Union setzen sich jedoch ausnahmsweise gegenüber den nationalen Verfahrensrechten durch. Beispiel: EuGH, 18.7.2007, Rs. C-119/05, *Lucchini*, EU:C:2007:434: Das Effektivitätsgebot verbietet die Anwendung nationaler Verfahrensvorschriften über die Beachtung der Rechtskraft, wenn in einem nationalem Beihilfeverfahren eine (vorrangige) Entscheidung der EG-Kommission von nationalen Behörden und Gerichten (vorsätzlich) übergangen wird.

71 EuGH, 14.2.2019, Rs. C-554/17, *Jonsson*, EU:C:2019:124 (das Urteil erging ohne Schlussanträge).

72 VO (EU) 861/2007, dazu oben § 10 III, Rdn. 10.108.

73 Dies leuchtet nicht ein, da eine Kostenverteilung in der jeweiligen Relation des Obsiegers/Verlierers bereits in Art. 16 EuBagVO angelegt ist. Mit der praktischen Wirksamkeit der Vorschrift hat die

schied sibyllinisch, dass es dem „nationalen Gericht freistehe, eine andere Kostenverteilung vorzunehmen." Jedoch verbiete das Effektivitätsprinzip, dass diese so ausgestaltet werde, dass im Ergebnis das Bagatellverfahren von den „Betroffenen" nicht mehr gewählt werde, weil der Kläger mit einem erheblichen Teil der Kosten belastet wird (Rdn. 28). Aus der Perspektive des nationalen Richters stellt sich die praktische Frage, wie dieses Urteil des Gerichtshofs praktisch umsetzbar ist: Das erstinstanzliche Gericht hatte auf Kostenaufhebung entschieden. Wie das zweitinstanzliche Gericht nun unter Berücksichtigung des Effektivitätsgrundsatzes (anders) entscheiden sollte, bleibt das Geheimnis des EuGH.[74]

11.17 Äquivalenz und Effektivität enthalten flexible Vorgaben. Sie steuern die Anwendung der nationalen Verfahrensrechte bei der Umsetzung des Unionsrechts jedoch nur eingeschränkt und werden zudem durch Regelungszwecke des jeweiligen Verfahrens begrenzt.[75] Weichen nationale Gesetzgeber oder Gerichte bei der Implementierung des Unionsrechts von den üblichen Verfahren ab, so bedarf dies zunächst sachlicher Rechtfertigung. Die Gerichte der Mitgliedstaaten müssen sodann die unionsrechtlichen Zielvorgaben gegen die Eigengesetzlichkeit des nationalen Prozessrechts abwägen. Dabei sind die Spielräume der nationalen Verfahren zur bestmöglichen Anwendung des Unionsrechts zu nutzen.

11.18 Der Rechtsprechung des EuGH lässt sich bei der Abwägung eine gewisse Tendenz entnehmen: Zu unterscheiden sind nationale Verfahrensvorschriften, die unmittelbar (oder gar ausschließlich) Unionsrecht umsetzen, von nationalen Verfahrensvorschriften, die ihrem primären Zweck nach nicht der Umsetzung des Unionsrechts dienen. Erstere unterliegen einer stärkeren Nachschau durch den EuGH als die allgemeinen Verfahrensvorschriften der Mitgliedstaaten.[76] Bei Ausführungs- bzw. Durchführungsvorschriften der Mitgliedstaaten zum europäischen Prozessrecht verbieten Äquivalenz und Effektivität einen (ergänzenden) Rückgriff auf Institute der nationalen Prozessrechte, die im Ergebnis die praktische Wirksamkeit des europäischen Prozessrechts beschränken.[77] Die offene Missachtung zwingenden Unionsrechts kann zudem in Extremfällen eine Durchbrechung tragender Grundsätze des nationalen Verfahrensrechts erfordern.[78]

---

analoge Anwendung der Norm nichts zu tun – die Analogie erstreckt lediglich die in der Vorschrift angelegte Wertung auf vergleichbare Konstellationen.

74 Angesichts der „Antwort" des EuGH erscheint es unwahrscheinlich, dass die nationalen Richter des Ausgangsgerichts weitere Vorabentscheidungsersuchen formulieren werden.

75 EuGH, 16.3.2006, Rs. C-234/04, *Kapferer*, EU:C:2006:178, Rdn. 19 ff. – das Effektivitätsgebot zwingt nicht zur Aufhebung eines rechtskräftigen Urteils, das die zwingenden Verbrauchergerichtsstände der Art. 17 und 18 EuGVO nicht zutreffend beurteilt hat. Der EuGH betont demgegenüber die Bedeutung der Rechtskraft zur Wahrung des Rechtsfriedens und einer geordneten Rechtspflege.

76 Deutlich EuGH, 8.11.2005, Rs. C-443/03, *Leffler*, EU:C:2005:665, Rdn. 49 ff. (wiedergegeben in Rdn. 11.9), vgl. auch oben § 4 II, Rdn. 4.76.

77 Beispiel: Im Beschwerdeverfahren nach Art. 38 ff., 43 EuGVO aF war trotz der Regelung des § 14 AVAG die Zulassung materiellrechtlicher Vollstreckungseinwände im Sinne von § 767 ZPO nicht möglich, da deren Prüfung das Beschwerdeverfahren verzögert und damit die Freizügigkeit der ausländischen Titel beeinträchtigt, *Hess*, IPRax 2008, 25, 27 ff.

d) Die wachsende Bedeutung des Art. 47 GRC für die Anwendung nationaler Prozessrechte

In der Rechtsprechung des EuGH zur Anwendung der nationalen Prozessrechte bei der Durchsetzung von unmittelbar anwendbarem Unionsrecht spielt die Garantie wirksamen gerichtlichen Rechtsschutzes eine wachsende Rolle.[79] Zum einen verstärkt die Garantie des wirksamen gerichtlichen Rechtsschutzes die Befugnisse des nationalen Richters zur amtswegigen Anwendung des EU-Verbraucherrechts (und zur Wirksamkeitskontrolle der streitgegenständlichen Vertragsklauseln).[80] Zum anderen verpflichtet Art. 47 GRC den nationalen Richter zur Gehörswahrung und zur Herstellung (materieller) prozessualer Waffengleichheit. Daher muss der nationale Richter, wenn er die Unwirksamkeit einer Klausel festgestellt hat, den Parteien Gelegenheit zu ergänzendem Vertrag eröffnen.[81] 11.19

Das praktische Zusammenspiel von Art. 47 GRC und dem Grundsatz der Verfahrensautonomie verdeutlicht das Urteil in der Rs. C-176/17 *Profi Kredit Polska S.A.*[82] Es betraf die Ausgestaltung des polnischen Zahlungsbefehlsverfahrens im Zusammenhang mit einem Eigenwechsel, der zur Sicherung eines Verbraucherkredits ausgestellt war. Das vorlegende Gericht fragte den EuGH nach der Vereinbarkeit des polnischen Zahlungsbefehlsverfahrens mit Art. 6 und 7 RL 93/13. Das Verfahren laufe in zwei Stufen ab. In der ersten Stufe beschränke sich die Prüfung auf die Formgültigkeit des Wechsels. Danach erlasse das Gericht den Zahlungsbefehl. Der Schuldner könne jedoch binnen zwei Wochen Widerspruch einlegen, der zur inhaltlichen Prüfung der Klausel führe. Das polnische Gericht sah sich daher nicht in der Lage, vor Erlass des Zahlungsbefehls die Missbräuchlichkeit der Vertragsklausel zu prüfen. Der EuGH hielt fest, dass das Verfahren in seiner Gesamtheit zu beurteilen war. Daher war eine Prüfung der Klausel im Einspruchsverfahren grundsätzlich zulässig. Aus Art. 47 GRC folge jedoch, dass dem Verbraucher ein wirksamer Rechtsbehelf zu eröffnen sei. Das polnische Prozessrecht eröffnete hierfür jedoch nur eine Frist von zwei Wochen; zudem müsse der Verbraucher 3/4 der Gerichtsgebühren einzahlen, während der Unternehmer nur 1/4 zahlen musste. Hierin sah der Gerichtshof eine Verletzung des Rechts auf einen wirksamen Rechtsbehelf, da der Verbraucher durch die Ausgestaltung des Verfahrens davon abgehalten werde, einen Widerspruch einzulegen.[83] 11.20

---

78 EuGH, 18.7.2007, Rs. C-119/05, *Lucchini*, EU:C:2007:434: Das Effektivitätsgebot verbietet die Anwendung der nationalen Vorschriften über die Rechtskraft, wenn in einem Beihilfeverfahren eine (vorrangige) Entscheidung der EG-Kommission von den nationalen Behörden und Gerichten (offen) übergangen wurde. Vorsichtiger hingegen EuGH, 11.11.2015, Rs. C-505/14, *Klausner Holz Niedersachsen*, EU:C:2015:742, dazu *Laukemann*, ZZP 130 (2017), 439.

79 *Lenaerts/Maselis/Gutmann/Nowak*, EU Procedural Law (2015), Rdn. 4.07; *Szpunar*, in: FS Wathelet (2018), S. 683, 698 (der fortbestehende dogmatische Unsicherheiten konstatiert); *Wilman*, Private Enforcement of EU Law (2015), Rdn. 2.10 ff. Dazu oben § 4 I, Rdn. 4.12 ff.

80 Teilweise wird Art. 47 GRC als das übergeordnete Prinzip verstanden, dazu *Wilman*, Private Enforcement of EU Law (2015), Rdn. 2.12, mit Nachweisen in Fn. 108. Anders hingegen *Szpunar*, in: FS Wathelet (2018), S. 683, 698 ff., der auf fortbestehende Abgrenzungsschwierigkeiten verweist; *Prechal*, FS Ilešič (2017), S. 391, 397 konstatiert „a partial overlap" der Grundsätze.

81 EuGH, 21.2.2013, Rs. C-472/11, *Banif Plus Bank*, EU:C:2013:88, Rdn. 29; EuGH, 17.7.2014, Rs. C-169/14, *Sánchez Morcillo und Abril García*, EU:C:2014:2099, Rdn. 35.

82 EuGH, 13.9.2018, Rs. C-176/17, *Profi Credit Polska*, EU:C:2018:711.

83 EuGH, 13.9.2018, Rs. C-176/17, *Profi Credit Polska*, EU:C:2018:711, Rdn. 63 ff., 71.

11.21 Das Urteil verdeutlicht, dass Art. 47 GRC den Effektivitätsgrundsatz erweitert: Letzterer verbietet, dass nationales (Verfahrens)Recht die Durchsetzung des Unionsrechts praktisch unmöglich macht oder entsprechend praktisch erschwert.[84] Art. 47 GRC setzt an einer niedrigen Aufgreifschwelle an und eröffnet dem Gerichtshof die Formulierung von Mindeststandards, die den nationalen Richter bei der Gewährung effektiven Rechtsschutzes unmittelbar binden.

3. Europäisches Verbraucherprozessrecht

11.22 Das Zusammenspiel zwischen den Vorgaben des Sekundär- und Primärrechts in den nationalen Zivilverfahren wird besonders augenfällig im Verbraucherschutz. Hier verlangen insbesondere Art. 6 und 7 der Haustür-RL 84/577/EWG und (vor allem) Art. 6 und 7 der Klausel-RL 93/13/EWG, dass Verbrauchern wirksamer Rechtsschutz gegen missbräuchliche Klauseln eröffnet wird.[85] Hieraus leitet der Gerichtshof die Verpflichtung ab, dass die Gerichte der EU-Mitgliedstaaten die Unwirksamkeit der verbraucherrechtswidrigen Klausel von Amts wegen feststellen müssen. In der Grundsatzentscheidung *Océano*[86] sagte der EuGH:

> „Was die Frage betrifft, ob ein Gericht, das mit einem Rechtsstreit über einen Vertrag zwischen einem Gewerbetreibenden und einem Verbraucher befasst ist, von Amts wegen prüfen kann, ob eine Klausel dieses Vertrages missbräuchlich ist, so ist festzustellen, dass das durch die Richtlinie eingeführte Schutzsystem davon ausgeht, dass der Verbraucher sich gegenüber dem Gewerbetreibenden in einer schwächeren Verhandlungsposition befindet und einen geringeren Informationsstand besitzt, was dazu führt, dass er den vom Gewerbetreibenden vorformulierten Bedingungen zustimmt, ohne auf deren Inhalt Einfluss nehmen zu können."

11.23 Seitdem entspricht es der ständigen Rechtsprechung des EuGH, dass die Gerichte der EU-Mitgliedstaaten im Rahmen ihrer nationalen Verfahrensrechte zwingende Verbraucherschutzvorschriften, insbesondere Art. 6 der Klausel-RL, von Amts wegen anwenden müssen.[87] Es geht um den Ausgleich der strukturell unterlegenen Verhandlungsposition des Verbrauchers, die sich im Gerichtsverfahren fortsetzt. Diese Verpflichtung betrifft praktisch sämtliche prozessuale Konstellationen, das „normale"

---

84 Vgl. oben Rdn. 11.9. Deutlich nunmehr EuGH, 19.12.2019, Rs. C-752/18, *Umwelthilfe./.Bayern*, EU:C:2019:1114, Rdn. 34 f.

85 *Hess/Taelman*, in: ders./Law (ed.), Implementing EU Consumer Rights (2019), Chap. 3, Rdn. 69 ff.; *Lenaerts/Maselis/Gutmann/Nowak*, EU Procedural Law (2015), Rdn. 3.49 ff. Zu Kollektivklagen unten Rdn. 11.58 ff.

86 EuGH, 27.6.2000, verb. Rs. C-240/98 bis 244/98, *Océano Grupo Editorial*, EU:C:2000:346, Rdn. 25.

87 *Hess/Taelman*, in: ders./Law (ed.), Implementing EU Consumer Rights (2019), Chap. 3, Rdn. 64 ff.; *Szpunar*, in: FS Wathelet (2018), S. 683, 688 ff.

Erkenntnisverfahren,[88] Berufungs- und Rechtsmittelverfahren,[89] die Durchsetzung von Schiedsklauseln und die Anerkennung von Schiedssprüchen,[90] die Vollstreckbarerklärung notarieller Urkunden,[91] das Mahnverfahren,[92] das Versäumnisverfahren[93], den einstweiligen Rechtsschutz sowie die Zwangsvollstreckung.[94] Die Einbindung der unionsrechtlichen Verpflichtung in die jeweiligen Kontexte des anwendbaren, nationalen Verfahrensrechts erschwert das übergreifende Verständnis der Verpflichtung. Es kommt hinzu, dass das Konzept der „Prüfung von Amts wegen" in den Prozessrechten der EU-Mitgliedstaaten unterschiedlich verstanden wird.[95]

Die Verpflichtung zur amtswegigen Anwendung des (zwingenden) Verbraucher- **11.24**
rechts beruht allerdings nicht nur auf den jeweiligen (speziellen) Vorschriften der EU-Richtlinien, sondern auch auf dem Äquivalenz- und Effektivitätsgrundsatz sowie auf Art. 47 GRC.[96] Inzwischen wendet der Gerichtshof die amtswegige Anwendung als eigenständigen Grundsatz des Unionsrechts an.[97] Ausnahmsweise fordert der EuGH sogar die Einführung neuer Rechtsbehelfe, wenn die nationalen Prozessrechte keinen wirksamen Schutz vorsehen.[98] Das gilt gleichermaßen für Verfahrensrechtsakte des Unionsrechts, wenn diese keinen hinreichenden prozessualen Verbraucherschutz vorsehen.[99]

---

88 EuGH, 10.6.2003, Rs. C-497/00 P, *Kommission./.Fresh Marine,* EU:C:2003:399; EuGH, 3.10.2013, Rs. C-32/12, *Duarte Hueros,* EU:C:2013:637; EuGH, 4.6.2015, Rs. C-497/13, *Faber,* EU:C:2015:357.

89 EuGH, 18.10.2012, Rs. C-173/11, Football Dataco u.a., EU:C:2012:642.

90 EuGH, 26.10.2006, Rs. C-168/05, *Mostaza Claro,* EU:C:2006:675; EuGH, 28.7.2016, Rs. C-168/15, *Tomášová,* EU:C:2016:602; EuGH, 6.10.2008, Rs. C-40/08, *Asturcom Telecomunicaciones,* EU:C:2009:615; EuGH, 16.11.2010, Rs. C-76/10, *Pohotovosť,* EU:C:2010:685. Zur Verbraucherschiedsgerichtsbarkeit siehe unten § 12 V 3, Rdn. 12.49 ff.

91 EuGH, 14.3.2013, Rs. C-415/11, *Aziz,* EU:C:2013:164; EuGH, 17.3.2016, Rs. C-613/15, *Ibercaja Banco,* EU:C:2016:195.

92 EuGH, 4.6.2009, Rs. C-243/08, *Pannon GSM,* EU:C:2009:350; EuGH, 9.11.2010, Rs. C-137/08, *VB Pénzügyi Lízing,* EU:C:2010:659; EuGH, 14.6.2012, Rs. C-618/10, *Banco Español de Crédit,* EU:C:2012:349; EuGH, 19.12.2019, verb. Rs. C-453/18 und C-494/18, *Bondora*; EU:C:2019:1118, dazu oben § 10 II, Rdn. 10.68.

93 EuGH, 17.5.2018, Rs. C-147/16, *Karel de Grote,* EU:C:2018:320.

94 EuGH, 17.7.2014, Rs. C-169/14, *Sánchez Morcillo und Abril García,* EU:C:2014:2099.

95 *Hess/Taelman,* in: ders./Law (ed.), Implementing EU Consumer Rights (2019), Chap. 3, Rdn. 34 ff.

96 *Lenaerts/Maselis/Gutmann/Nowak,* EU Procedural Law (2015), Rdn. 4.39 ff.; *Prechal,* FS Ilešič (2017), S. 391, 397 f.; dazu oben Rdn. 11.19.

97 EuGH, 6.10.2008, Rs. C-40/08, *Asturcom Telecomunicaciones,* EU:C:2009:615, Rdn. 33 f.; EuGH, 4.6.2009, Rs. C-243/08, *Pannon GSM,* EU:C:2009:350, Rdn. 31 f.; EuGH, 14.6.2012, Rs. C-618/10, *Banco Español de Crédit,* EU:C:2012:349, Rdn. 42 f.

98 EuGH, 14.3.2013, Rs. C-415/11, *Aziz,* EU:C:2013:164. Einige EU-Mitgliedstaaten haben ihre nationalen Prozessrechte an die Erfordernisse der Judikatur des EuGH angepasst; dies gilt insbesondere für Spanien, dazu *Hess/Taelman,* in: ders./Law (ed.), Implementing EU Consumer Rights (2019), Rdn. 93 und 176 f.

99 Die Vereinbarkeit von Art. 7 II EuMahnVO war Gegenstand des Urteils vom 19.12.2019, verb. Rs. C-453/18 und C-494/18, *Bondora*; EU:C:2019:1118, für eine Auslegung im Sinne der amtswegigen

11.25 Besondere Schwierigkeiten wirft der *ex officio*-Grundsatz bei beschleunigten Verfahren auf. Diese Verfahren sind oft einseitig (ex parte) ausgestaltet: das Gericht entscheidet allein auf der Basis des Vorbringens des Gläubigers bzw. des Antragstellers. Diese Verfahren werden in der Regel vom Unternehmer gegen den Verbraucher eingeleitet – häufig geht es um ausstehende Ratenzahlungen.[100] Hier fehlt dem Gericht regelmäßig die erforderliche Tatsachenkenntnis, um wirksamen Verbraucherschutz zu gewährleisten. Verbraucherschutz wird nur gewährleistet, wenn der Schuldner sich gegen den Titel im Einspruch- bzw. Widerspruchverfahren wehrt. Allerdings machen nur wenige Verbraucher von diesem Rechtsbehelf fristgerecht Gebrauch.[101] Dem EuGH wurde wiederholt die Frage gestellt, ob nationale Gerichte auch nach Ablauf nationaler Rechtsbehelfsfristen von Amts wegen die Einhaltung zwingenden EU-Verbraucherrecht prüfen können.

11.26 Der Gerichtshof hat es bisher vermieden, eine allgemeine Antwort zu formulieren. Er hat allerdings den Grundsatz aufgestellt, dass die nationalen Verfahrensrechte die Möglichkeit eröffnen müssen, die (Un)Wirksamkeit von allgemeinen Vertragsklauseln richterlicher Kontrolle zu unterstellen. Diese Kontrolle kann auch im Vollstreckungsstadium erfolgen, wenn der entsprechende Vollstreckungstitel ohne vorgängige Prüfung ausgefertigt wurde.[102] Dabei müssen die EU-Mitgliedstaaten zudem sicherstellen, dass die Verbraucher über die ihnen eröffneten Rechtsbehelfe informiert werden, damit sie von diesen Rechtsschutzmöglichkeiten Gebrauch machen.[103]

11.27 Insgesamt ist zu konstatieren, dass die Judikatur des EuGH die nationalen Richter vor praktische Schwierigkeiten stellt. Das zeigen nicht zuletzt die zahlreichen, immer wieder neuen Vorabentscheidungsersuchen zur *ex officio*-Anwendung des zwingenden Verbraucherrechts, die den EuGH erreichen.[104] Zugleich bewirkt die Rechtsprechung des Gerichtshofs, dass sich in den EU-Mitgliedstaaten ein eigenständiges

---

Prüfung bereits Schlussanträge GAin *Sharpston*, 31.10.2019, EU:C:2019:921, Rdn. 82 ff. Der EuGH entschied, dass Art. 7 EuMahnVO dem Gericht die Befugnis eröffnet, Unterlagen anzufordern. GAin *Kokott* hat in den Schlussanträgen zur Rs C-176/17, *Profi Credit Polska*, EU:C:2018:293, Rdn. 60 und 65, bereits auf die problematische Vereinbarkeit der EuMahnVO mit der Rechtsprechung des Gerichtshofs hingewiesen. Im Bescheinigungsverfahren nach Art. 53 EuGVO ist hingegen eine Nachprüfung der Art. 17 ff. EuGVO nicht geboten, da deren Verletzung in Vollstreckungsverfahren nachgeprüft werden können, EuGH, 4.9.2019, Rs. C-347/18, *Salvoni*, EU:C:2019:661, Rdn. 40 ff., dazu oben § 6 IV, Rdn. 6.263.

100 *Szpunar*, in: FS Wathelet (2018), S. 683, 692 ff.; Beispiel: EuGH, 18.2.2016, Rs. C-49/14, *Finanmadrid EFC*, EU:C:2016:98, Rdn. 56.

101 Zum Problem *Hess/Taelman*, in: ders./Law (ed.), Implementing EU Consumer Rights (2019), Chap. 3, Rdn. 88 ff.

102 EuGH, 18.2.2016, Rs. C-49/14, *Finanmadrid EFC*, EU:C:2016:98, Rdn. 45 ff.; EuGH, 13.9.2018, Rs. C-176/17, *Profi Credit Polska*, EU:C:2018:711, Rdn. 52.

103 *Szpunar*, in: FS Wathelet (2018), S. 683, 685 ff.; *Nowak*, in: Hess/Law (ed.), Luxembourg Report on EU Procedural Law (2019), Vol. II, Kap. 2, Rdn. 95 ff.

104 *Hess/Taelmann*, in: ders./Law (ed.), Implementing Consumer Rights, Chap. 3, Rdn. 71 mit zahlreichen Nw.

Verbraucherprozessrecht ausformt, unabhängig von den besonderen Verfahren für grenzüberschreitende Streitigkeiten.[105]

II. Sekundärrechtliche Vorgaben zur Ausgestaltung nationaler Verfahrensvorschriften

1. Annexregelungen in Sekundärrechtsakten

Das europäische Sekundärrecht regelt im Kontext materiellrechtlicher Rechtsan- 11.28
gleichung prozessuale Fragen mit[106] – zumeist annexartig und häufig ohne vertiefte Durchdringung der prozessualen Fragestellungen.[107] Typischerweise sprechen rechtsangleichende Richtlinien prozessuale Fragestellungen aus Gründen des Sachzusammenhangs mit an.[108] Dies gilt gleichermaßen für Rechtsangleichende Richtlinien im Privat- und im öffentlichen Recht. Prozessuale Annexregeln sind heute die Regel und nicht länger eine seltene Ausnahme.

Ein früheres Beispiel war Art. 5 der Verzugsrichtlinie (RL 2000/35/EG). Diese Vorschrift verpflich- 11.29
tete die Mitgliedstaaten, beschleunigte Verfahren vorzuhalten, die eine Titulierung von unbestrittenen Forderungen innerhalb von 90 Tagen ermöglichen. Zunächst löste die Vorschrift keine Rechtssetzungsmaßnahmen in den Mitgliedstaaten aus – in Deutschland verwies man beispielsweise auf das nationale Mahnverfahren.[109] Bedeutungslos war Art. 5 Verzugs-RL jedoch nicht. Inzwischen hat der EuGH entschieden, dass Vollstreckungsschutzvorschriften zugunsten des (italienischen) Fiskus, die einen Aufschub von 120 Tagen vorsahen, nicht mit der Richtlinie vereinbar sind.[110] Auch § 882a ZPO wird man vor dem Hintergrund dieses Urteils richtlinienkonform auslegen müssen.[111] Das Beispiel verdeutlicht, dass grundsätzlich jede nationale Verfahrensvorschrift in den Anwendungsbereich von EU-Sekundärrecht geraten kann und sodann richtlinienkonform auszulegen ist.[112]

---

105 Nach der Einschätzung von *Koch*, Verbraucherprozessrecht, S. 210 ff., hat sich das Verbraucherprozessrecht als Sonderprozessrecht bereits herausgebildet.

106 Dies wurde soeben am Beispiel des Europäischen Verbraucherprozessrechts aufgezeigt, vgl. oben Rdn. 11.22 ff. Zu Kompetenzfragen siehe oben § 2 II, Rdn. 2.41 ff. und § 11 I, Rdn. 11.14 und § 11 I, Rdn. 11.14.

107 *Huber*, Entwicklung transnationaler Modellregeln (2008), S. 62 ff., spricht plastisch vom „akzessorischen Charakter" derartiger Vorschriften.

108 Zahlreiche Beispiele bei *Wilman*, Private Enforcement of EU Law (2015), S. 63 ff. (Vergaberecht), 105 ff. (Schutz Geistigen Eigentums), 146 ff. (Verbraucherschutz), 193 ff. (Wettbewerbsrecht). Vgl. dazu bereits oben § 2 II, Rdn. 2.41 ff., § 4 I, Rdn. 4.28 ff. und § 11 I, Rdn. 11.14.

109 Vgl. oben § 10 II, Rdn. 10.49.

110 EuGH, 11.9.2008, Rs. C-265/07, *Caffaro*, EU:C:2008:496, dazu *Sujecki*, EuZW 2008, 358.

111 Zwar enthält § 882a ZPO nur eine vierwöchige Aufschubfrist zugunsten des Fiskus (Bund und Länder), die dort vorgeschriebenen Anzeigepflichten an die jeweiligen Finanzministerien bewirken jedoch weitere Verzögerungen.

112 Weitere Beispiele bei *Haertlein/Müller*, Der Pfändungsschutz gemäß § 851a ZPO in Bezug auf Gemeinschaftsbeihilfen: LG Koblenz, Beschluss vom 15.12.2005, 2 T 842/05, GPR 2006, 148 ff.; vgl. auch oben § 4 I, Rdn. 4.6.

11.30 Eine systematische Zusammenstellung der mannigfachen Regelungen des europäischen Prozessrechts steht bislang aus[113] – im Gegensatz zum europäischen Privatrecht.[114] Der verfahrensrechtliche *acquis communautaire* ergibt sich zudem aus der Judikatur des EuGH, insbesondere zur *ex officio*-Durchsetzung von Verbraucherrechten.[115] Allerdings mag man bezweifeln, ob sich die punktuellen Regelungen in den heterogenen Rechtsakten systematisieren lassen.

11.31 Inzwischen ist jedoch zu konstatieren, dass der Unionsgesetzgeber zunehmend von den Kompetenzen der Union Gebrauch macht, um gezielte Maßnahmen zur Angleichung der Prozessrechte der EU-Mitgliedstaaten durchzuführen. Den Beginn einer EU-Maßnahme zur schwerpunktmäßigen prozessualen Rechtsangleichung markiert die Durchsetzungsrichtlinie 2004/48/EG.[116] Seitdem hat der Unionsgesetzgeber zahlreiche weitere Rechtsakte zur Angleichung der Verfahrensrechte der EU-Mitgliedstaaten erlassen, um die effektive Durchsetzung des Unionsrechts in den Zivilverfahren der EU-Mitgliedstaaten zu gewährleisten.

2. Die RL 2004/48/EG zur Durchsetzung der Rechte des Geistigen Eigentums

11.32 Detaillierte Vorgaben zur Ausgestaltung der nationalen Prozessrechte enthält die „Enforcement"-Richtlinie (RL 2004/48/EG) zur Durchsetzung der Rechte des geistigen Eigentums.[117] Im Ausgangspunkt setzt sie die Vorgaben der Art. 41 ff. TRIPs-Übereinkommen um.[118] Die Richtlinie bezweckt die Effektuierung der Bekämpfung der Produktpiraterie mit Hilfe des Zivil- und vor allem des Zivilprozessrechts.[119] Die Vorgaben der Richtlinie erfassen die vorprozessuale Informationsgewinnung, die Klagebefugnis, den einstweiligen Rechtsschutz, das Beweis(verfahrens)recht und die Verfahrenskosten. Zudem ist die Richtlinie nicht auf das Verfahrensrecht

---

113 Zur Rechtsentwicklung *Wilman*, CMLR 53 (2016), 887, 893 ff.; vgl. oben Fn. 107.

114 Dafür insbesondere *Hau*, in: Nylund/Strandberg (ed.), Civil Procedure and Harmonization of Law: The Dynamics of EU and International Treaties (2019), S. 61 ff.; zurückhaltend *Gascón Inchausti*, in: ders./Hess (ed.), The Future of the European Law of Civil Procedure (2020), S. 91, 103 ff.

115 Dazu oben Rdn. 11.22 ff.

116 Die RL 2004/48/EG unterscheidet nicht zwischen prozessualen und materiellrechtlichen Regelungen und überlässt die jeweilige Zuordnung den EU-Mitgliedstaaten im Rahmen der Umsetzung, *Janal*, Europäisches Zivilverfahrensrecht (2016), S. 55.

117 RL 2004/48/EG zur Durchsetzung der Rechte des geistigen Eigentums, ABl. EG 2004 L 195/16, Rechtsgrundlage war Art. 94 EG (1998), heute Art. 114 AEUV.

118 EwG 4 und 5 zur RL 2004/48/EG: Convention on Trade-Related Aspects of Intellectual Property Rights, BGBl. 1994 II 1565; vgl. EwG 4 und 5 RL 2004/48/EG, dazu *Zhou*, Einstweiliger Rechtsschutz (2007), S. 136 ff.; *Petillion/Heirwegh*, in: Petillion (ed.), Enforcement of IP-Rights (2018), S. 4 f.

119 Vgl. Art. 1 RL 2004/48/EG, dazu *Heinze*, Einstweiliger Rechtsschutz, S. 64 ff.

beschränkt, sie enthält auch materiellrechtliche[120] und strafrechtliche Vorgaben.[121] Dennoch betrifft der primäre Fokus das Zivilverfahrensrecht. Der sachliche Anwendungsbereich bleibt auf den gewerblichen Rechtsschutz beschränkt, d. h. auf den Schutz von Immaterialgütern. Dabei zieht Art. 2 I RL 2004/48/EG den sachlichen Anwendungsbereich weit, da die Vorschrift nicht einzelne EU-Rechtsakte benennt, sondern sich generell auf die Verletzung von Rechten des Geistigen Eigentums bezieht.[122] Die Durchsetzungsrichtlinie bildet damit den prozessualen Abschluss einer weitreichenden Harmonisierung des sog. „Grünen Bereichs" (d. h. der immateriellen Unionsschutzrechte).[123] Die Umsetzung in den EU-Mitgliedstaaten (etwa durch den deutschen Gesetzgeber) erreichte zunächst nicht die einschlägigen Vorschriften der ZPO. Stattdessen wurden prozessuale Sonderregelungen in die jeweiligen Einzelgesetze zum Schutz des Immaterialgüterrechts eingefügt.[124] Angesichts der sektoriellen Regelung haben die nationalen Prozessrechtswissenschaften die Veränderungen zunächst kaum registriert. Auf der Ebene des Unionsrechts ergibt sich ein anderes Bild: Der EuGH hat inzwischen mehr als 35 Urteile zur Richtlinie erlassen – dies bezeugt die praktische Bedeutung des Rechtsakts.[125] Aus diesem Grund werden die Regelungen des Unionsrechtsakts im Folgenden zusammenhängend dargestellt.

Das Regelungsziel der Durchsetzungsrichtlinie formuliert Art. 3 RL 2004/48/EG **11.33**
als „allgemeine Verpflichtung der Mitgliedstaaten" wie folgt:

> „Die Mitgliedstaaten sehen die Maßnahmen, Verfahren und Rechtsbehelfe vor, die zur Durchsetzung der Rechte des geistigen Eigentums, auf die diese Richtlinie abstellt, erforderlich sind. Diese Maßnahmen, Verfahren und Rechtsbehelfe müssen fair und gerecht sein, außerdem dürfen sie nicht unnötig kompliziert oder kostspielig sein und keine unangemessenen Fristen oder ungerechtfertigten Verzögerungen mit sich bringen."

120 Die Richtlinie stärkt die Kompensations-, Beseitigungs- und Unterlassungsansprüche des Geschädigten, *Heinze*, Einstweiliger Rechtsschutz, S. 33 ff.; *Janal*, Europäisches Zivilverfahrensrecht (2016), S. 54.

121 *Forner Delaygua*, in: Nuyts (ed.), International Litigation, S. 259, 260 ff.

122 Vgl. dazu EwG 13 und EuGH, 16.7.2015, Rs. C-580/13, *Coty Germany*, EU:C:2015:485, Rdn. 20.

123 Vgl. den Überblick zu den Rechtsangleichungsmßnahmen bei *Amschewitz*, Durchsetzungsrichtlinie, S. 31 ff.; *Petillion/Heirwegh*, in: Petillion (ed.), Enforcement of IP-Rights (2018), S. 12 ff. Zu den Unionsschutzrechten vgl. unten IV 1 und 2, Rdn. 11.47.

124 Gesetz zur Verbesserung der Durchsetzung von Rechten des geistigen Eigentums vom 7.7.2008, BGBl. 2008 I, 1191. Dort hält der deutsche Gesetzgeber bedauerlicherweise an der überkommenen, materiellrechtlichen Konzeption vorprozessualer Auskunftsansprüche und am schwergängigen System des einstweiligen Rechtsschutzes fest, vgl. die Begründung des Gesetzentwurfs, BT Drs. 16/5048, S. 25 ff.

125 Stand: 31.7.2019. Die EU-Kommission hat einen mehrsprachigen Leitfaden zur Anwendung der RL 2004/48/EG herausgegeben, COM (2017) 708 final vom 27.11.2017.

11.34 Vor diesem Hintergrund betreffen die Kernregelungen der Durchsetzungsrichtlinie das allgemeine Prozessrecht in seiner ganzen Breite. Art. 4 RL 2004/48 enthält zunächst Vorgaben zur Klagebefugnis. Diese eröffnet die Richtlinie nicht nur den Rechteinhabern, sondern auch Lizenznehmern sowie Organisationen zur kollektiven Wahrnehmung von Schutzrechten.[126] Art. 6–9 RL 2004/48/EG harmonisieren die Beweissicherung, die Vorlage von Beweismitteln durch den Prozessgegner und durch Dritte, Auskunftsansprüche sowie den einstweiligen Rechtsschutz.[127] Diese Vorschriften sollen die strukturellen Informationsdefizite des Schutzrechtsinhabers gegenüber dem Verletzer beheben und ersteren in die Lage versetzen, bei Verdacht einer Schutzrechtsverletzung eine möglichst umfassende Aufklärung herbeizuführen.[128] Auf dieser Basis der erlangten Informationen soll der Schutzrechtsinhaber rasch und effektiv den Verletzer auf Unterlassung und Schadensersatz verklagen können.[129]

a) Prozessuale Auskunftsansprüche

11.35 Nach Art. 6 müssen die Gerichte der Mitgliedstaaten die Vorlage von Beweismitteln bereits dann anordnen, wenn der konkrete Verdacht auf eine Schutzrechtsverletzung vorliegt. Die Vorschrift lautet:

> „(1) Die Mitgliedstaaten stellen sicher, dass die zuständigen Gerichte auf Antrag einer Partei, die alle vernünftigerweise verfügbaren Beweismittel zur hinreichenden Begründung ihrer Ansprüche vorgelegt und die in der Verfügungsgewalt der gegnerischen Partei befindlichen Beweismittel zur Begründung ihrer Ansprüche bezeichnet hat, die Vorlage dieser Beweismittel durch die gegnerische Partei anordnen können, sofern der Schutz vertraulicher Informationen gewährleistet wird...
> (2) Im Falle einer in gewerblichem Ausmaß begangenen Rechtsverletzung räumen die Mitgliedstaaten den zuständigen Gerichten unter den gleichen Voraussetzungen die Möglichkeit ein, in geeigneten Fällen auf Antrag einer Partei, die Übermittlung von in der Verfügungsgewalt der gegnerischen Partei befindlichen Bank-, Finanz- oder Handelsunterlagen anzuordnen, sofern der Schutz vertraulicher Informationen gewährleistet wird."

---

126 Art. 4 c) und d) RL 2004/48/EG verpflichten die EU-Mitgliedstaaten zur Anerkennung der Klagebefugnis von Organisationen zur kollektiven Durchsetzung von Schutzrechten, wenn diese nach dem Gründungsstatut klagebefugt sind, EuGH, 7.8.2018, Rs. C-521/17, *SNB-REACT*, EU:C:2018:639, Rdn. 33 f. Es gilt mithin der Grundsatz der wechselseitigen Anerkennung.

127 Soweit derartige Ansprüche nach den nationalen Prozessrechten durch selbständige Rechtsbehelfe/Klagen durchgesetzt werden, kann die internationale Zuständigkeit auf die Gerichtsstände gestützt werden, welche die Zuständigkeit für die Hauptansprüche begründen (einschließlich Art. 8 Nr. 1 EuGVO), so ausdrücklich EuGH, 27.9.2017, verb. Rs. C-24/16 und 25/16, *Nintendo*, EU:C:2017:724, Rdn. 43 ff., 49.

128 EuGH, 18.10.2018, Rs. C-149/17, *Bastei Lübbe*, EU:C:2018:841, Rdn. 29 ff.

129 Vgl. Art. 3 RL, dazu *Amschewitz*, Durchsetzungsrichtlinie, S. 98 ff.

Eine derartige Anordnung erfolgt nach Klageerhebung (auch im Eilverfahren).[130] Ihre Reichweite geht über das herkömmliche deutsche Zivilprozessrecht hinaus: Nach der überkommenen Konzeption des materiellen Auskunftsanspruchs des deutschen Privat- und Verfahrensrechts[131] setzte die Beweismittelvorlage ein Schuldverhältnis zwischen den Prozessparteien voraus. Das ist nunmehr anders: Der hinreichend substantiierte Vortrag des Klägers, dass eine Verletzung erfolgt sei oder drohe, löst die Vorlagepflicht des Prozessgegners aus[132] – das Gericht kann die Vorlage anordnen.[133] Die Auskunftsansprüche bestehen auch gegenüber Dritten, sie können im Wege einer einstweiligen Verfügung durchgesetzt werden.[134] Beim Umfang des Auskunftsanspruchs ist zwischen nicht kommerziellen (Abs. 1) und kommerziellen Rechteverletzern (Abs. 2) zu differenzieren: Die Auskunfts- und Vorlagepflichten kommerzieller Rechteverletzer geht (deutlich) weiter, sie umfasst insbesondere die Verpflichtung zur Vorlage von Geschäftsunterlagen.[135] 11.36

b) Vorprozessuale Beweissicherung

Die vorprozessuale Beweissicherung kann nach dem Konzept der Richtlinie sowohl durch Beweissicherungsverfahren als auch durch einstweilige Verfügungen erfolgen. Die einschlägige Vorschrift ist Artikel 7 RL 2004/48/EG: 11.37

> „(1) Die Mitgliedstaaten stellen sicher, dass die zuständigen Gerichte selbst vor Einleitung eines Verfahrens in der Sache auf Antrag einer Partei, die alle vernünftigerweise verfügbaren Beweismittel zur Begründung ihrer Ansprüche, dass ihre Rechte an geistigem Eigentum verletzt worden sind oder verletzt zu werden drohen, vorgelegt hat, schnelle und wirksame einstweilige Maßnahmen zur Sicherung der rechtserheblichen Beweismittel hinsichtlich der behaupteten Verletzung anordnen können, sofern der Schutz vertraulicher Informationen gewährleistet wird. (...) Diese Maßnahmen werden gegebenenfalls ohne Anhörung der anderen Partei getroffen, insbesondere dann, wenn durch eine Verzögerung dem Rechtsinhaber wahrscheinlich ein nicht wieder gut-

130 *Heinze*, ZEuP 2009, 282, 289; *Janal*, Europäisches Zivilverfahrensrecht (2016), S. 151, anders *Amschewitz*, Durchsetzungsrichtlinie, S. 109 ff. (nur Hauptsacheverfahren). Aus der Perspektive der ZPO geht es vor allem um die gerichtlichen Anordnungen bei der Vorbereitung des Termins, §§ 273, 142 ff. ZPO, *Stadler*, FS Leipold, S. 201, 202 ff. Zum einstweiligen Rechtsschutz vgl. unten Rdn. 11.43 ff.

131 Zur materiellrechtlichen Konzeption der Auskunftsansprüche vgl. *Schlosser*, JZ 1991, 599 ff. In der sog. *Faxkartenentscheidung*, BGH, 2.5.2002, BGHZ 150, 377, 386 ff., hat der BGH den Berichtigungsanspruch nach § 809 BGB nachhaltig effektuiert, indem er eine wahrscheinliche Rechtsverletzung für den Auskunftsanspruch genügen lässt.

132 Dies ist keine Durchbrechung des Beibringungsgrundsatzes. Dieser verpflichtet die beweislastpflichtige Partei zum Tatsachenvortrag, besagt jedoch nichts zur Informationsgewinnung, unrichtig Regierungsbegründung BT-Drs 16/5048, S. 26.

133 Zur fragmentierten Umsetzung in §§ 140b PatG, 24b GebMG, 19 MarkenG, 46 GeschMG, vgl. *Dörre/Maaßen*, GRUR-RR 2008, 217, 219 f.; *Stadler*, FS Leipold, S. 201, 206 ff.

134 Dritter ist beispielsweise der Spediteur, dazu OLG Düsseldorf, 29.11.2007, BeckRS 2008, 00088.; vgl. *Heinze*, IPRax 2008, 480, 481 f.

135 *Janal*, Europäisches Zivilverfahrensrecht (2016), S. 179.

zumachender Schaden entstünde, oder wenn nachweislich die Gefahr besteht, dass Beweise vernichtet werden.“

11.38 Art. 7 RL 2004/48/EG enthält dabei Vorgaben zur Ausgestaltung des Verfahrens (einseitige Anordnung des Gerichts mit Nachholung des gegnerischen Gehörs bei *periculum in mora,* Abs. 1), zu den möglichen Inhalten der anzuordnenden Maßnahmen, zur Stellung einer Sicherheitsleistung (Abs. 2)[136], gibt Fristsetzungen vor (Abs. 3), statuiert Schadensersatzansprüche im Fall der Aufhebung der Maßnahme (Abs. 4)[137] und garantiert Zeugenschutz (Abs. 5).[138] Der Vollzug erfolgt durch einen neutralen Gutachter oder Gerichtsvollzieher. Letzterer wird von einem Sachverständigen beim Aufspüren des relevanten Materials begleitet und unterstützt.

11.39 Vorbilder für die Regelung des Art. 7 RL waren die englische *Anton Piller Order* sowie die französische *saisie contrefaçon.* Beide eröffnen dem Antragsteller den Zugang zum Betriebsgelände des Gegners – die *saisie contrefaçon* freilich nur mittels eines Gerichtsvollziehers, der den vorgefundenen Befund protokolliert.[139] Damit führt der Unionsgesetzgeber regelrecht ein „Rechtsimplantat“ in die Verfahrensrechte der Mitgliedstaaten ein. Art. 7 RL zeigt zugleich die offene Konkurrenz zwischen den Prozessrechten der Mitgliedstaaten beim Erlass rechtsvereinheitlichender Maßnahmen.

c) Informationsansprüche

11.40 Art. 8 RL 2004/84/EG statuiert weitreichende Auskunftsansprüche. Dem Schutzrechteinhaber wird die Befugnis eröffnet, weitere Personen zu ermitteln, die an der Rechtsverletzung mitwirken bzw. mitgewirkt haben.[140] Die Auskunftspflichten können sich sowohl gegen den Prozessgegner als auch gegen Dritte richten.[141] Die Vorschrift lautet:

---

136 Die Vorschrift lautet: „(2) Die Mitgliedstaaten stellen sicher, dass die Maßnahmen zur Beweissicherung an die Stellung einer angemessenen Kaution oder entsprechenden Sicherheit durch den Antragsteller geknüpft werden können, um eine Entschädigung des Antragsgegners wie in Absatz 4 vorgesehen sicherzustellen.“

137 Die Vorschrift lautet: „(4) Werden Maßnahmen zur Beweissicherung aufgehoben .... so sind die Gerichte befugt, auf Antrag des Antragsgegners anzuordnen, dass der Antragsteller dem Antragsgegner angemessenen Ersatz für durch diese Maßnahmen entstandenen Schaden zu leisten hat....“

138 Vgl. dazu *Hess/Zhou,* IPRax 2007, 183, 185 ff. Im Urteil vom 28.4.2005, Rs. C-104/03, *St. Paul Dairy,* EU:C:2005:255, Rdn. 18 ff., hat der EuGH die offene Konzeption des Art. 7 RL nicht berücksichtigt und den Anwendungsbereich des Art. 35 EuGVO unnötig eng gezogen, vgl. oben § 8 II, Rdn. 8.89 f.

139 *Amschewitz,* Duchsetzungsrichtlinie, S. 120 ff.; *Stadler,* FS Leipold, S. 201, 204 f.

140 Art. 8 RL ist nicht nur im Verletzungsprozess anwendbar, sondern auch in Folgeprozessen zur Bestimmung des Umfangs des Schadensersatzes, EuGH, 18.1.2018, Rs. C-427/15, *NEW WAVE CZ,* EU:C:2017:18, Rdn. 27.

141 Den Umfang der Auskunftsansprüche regelt Art. 8 II RL 2004/48/EG wie folgt: „(2) Die Auskünfte nach Absatz 1 erstrecken sich, soweit angebracht, auf a) die Namen und Adressen der Hersteller, Erzeuger, Vertreiber, Lieferer und anderer Vorbesitzer der Waren oder Dienstleistungen sowie der gewerblichen Abnehmer und Verkaufsstellen, für die sie bestimmt waren; b) Angaben über die Mengen der hergestellten, erzeugten, ausgelieferten, erhaltenen oder bestellten Waren und über die Preise, die für die betreffenden Waren oder Dienstleistungen gezahlt wurden...“

„(1) Die Mitgliedstaaten stellen sicher, dass die zuständigen Gerichte im Zusammenhang mit einem Verfahren wegen Verletzung eines Rechts des geistigen Eigentums auf einen begründeten und die Verhältnismäßigkeit wahrenden Antrag des Klägers hin anordnen können, dass Auskünfte über den Ursprung und die Vertriebswege von Waren oder Dienstleistungen, die ein Recht des geistigen Eigentums verletzen, von dem Verletzer und/oder jeder anderen Person erteilt werden, die a) nachweislich rechtsverletzende Ware in gewerblichem Ausmaß in ihrem Besitz hatte, b) nachweislich rechtsverletzende Dienstleistungen in gewerblichem Ausmaß in Anspruch nahm, c) nachweislich für rechtsverletzende Tätigkeiten genutzte Dienstleistungen in gewerblichem Ausmaß erbrachte, oder d) nach den Angaben einer in Buchstabe a), b) oder c) genannten Person an der Herstellung, Erzeugung oder am Vertrieb solcher Waren bzw. an der Erbringung solcher Dienstleistungen beteiligt war."

Die Auskünfte nach Art. 8 RL 2004/48/EG betreffen sowohl die unmittelbaren Verletzungshandlungen als auch die Vertriebswege des Prozessgegners.[142] Es muss sich dabei um gewerbliche Schutzrechtsverletzungen handeln. Vorzulegen sind Bank-, Finanz- und Handelsunterlagen, wenn ein hinreichender Verdacht einer im gewerblichen Umfang begangenen Verletzung vorgetragen wurde. Nach der Rechtsprechung des EuGH ergehen die Maßnahmen nach Art. 8 RL 2004/48 unter einem strikten Verhältnismäßigkeitsgrundsatz. Dabei sind die Eigentumsrechte des Klägers (Art. 17 II GRC)[143] und sein Anspruch auf effektiven Rechtsschutz (Art. 47 GRC) gegen konfligierende Rechte und Interessen des Antragsgegners abzuwägen, wie die Informationsfreiheit (Art. 7 GRC)[144] oder das Bankgeheimnis[145]. Die Reichweite der Vorschrift geht über die Gerichtspraxis in Deutschland hinaus: Danach erfolgte die Vorlage der Dokumente nicht an den Antragsteller, sondern regelmäßig an einen gerichtlich bestellten Sachverständigen (sog. „Düsseldorfer Praxis"), der über die Ergebnisse seiner Ermittlungen dem Prozessgericht berichtete.[146] **11.41**

Die Auskunftsansprüche nach Art. 3–6 und 8 RL 2004/48 sind zur Ermittlung des Rechteverletzers beim sog. „*Filesharing*" wichtig. In diesen Konstellationen geht es um die Haftung des Inhabers eines Internetanschlusses für die Nutzung verbotener Tauschbörsen. In der Rs. C-149/17, *Bastei Lübbe*,[147] wurde der Gerichtshof vom AG München gefragt, ob die Rechtsprechung des BGH zur sog. „sekun- **11.42**

142 Praktisch bedeutsam ist die Vorschrift bei Rechtsverletzungen im Internet. Nach Art. 8 RL muss beispielsweise der Provider Auskunft erteilen über Personen, die über sog. Tauschprogramme Urheberrechtsverletzungen begangen haben, EuGH, 18.10.2018, Rs. C-149/17, *Bastei Lübbe*, EU:C:2018:841, dazu sogleich Rdn. 11.42.

143 Art. 17 II GRC schützt ausdrücklich das Geistige Eigentum, dazu EuGH, 16.7.2015, Rs. C-580/13, *Coty Germany*, EU:C:2015:485, Rdn. 29; EuGH, 18.1.2018, Rs. C-427/15, *NEW WAVE CZ*, EU:C:2017:18, Rdn. 25.

144 EuGH, 27.3.2014, Rs. C-314/12, *UPC Telekabel Wien*, EU:C:2014:192, Rdn. 53 ff.

145 EuGH, 16.7.2015, Rs. C-580/13, *Coty Germany*, EU:C:2015:485, Rdn. 36 ff. – Banken können sich nicht auf § 384 Nr. 3 I ZPO zum Schutz beruflicher und wirtschaftlicher Geheimnisse berufen, um die Preisgabe des Namens eines Kontoinhabers zu verweigern, der eine Schutzrechtsverletzung begangen hat.

146 *Dörre/Maaßen*, GRUR-RR 2008, 217, 221 f.; *Janal*, Europäisches Zivilverfahrensrecht (2016), S. 185 ff. Es erscheint fraglich, ob diese Verkürzung der Informationsrechte des Antragsstellers den Vorgaben von Art. 6 und 8 RL 2004/48/EG genügt, zutreffend *Stadler*, FS Leipold, S. 201, 216 ff.

147 EuGH, 18.10.2018, Rs. C-149/17, *Bastei Lübbe*, EU:C:2018:841, dazu *Schaub*, GRUR 2018, 1237.

dären Behauptungslast" des Inhabers eines Internetanschlusses mit der RL 2001/29/EG über den Schutz bestimmter Aspekte des Urheberrechts vereinbar war. Danach ist der Inhaber des Anschlusses zur Auskunft über die Nutzung des Anschlusses verpflichtet, er wird jedoch von der Haftung befreit, wenn er andere Mitbenutzer des Anschlusses benennt, gegen die der Rechteinhaber (sodann) vorgehen kann.[148] Im konkreten Anlassfall war ein Hörbuch aus dem Vertriebsprogramm der Klägerin über eine Tauschbörse an der IP-Adresse des Beklagten heruntergeladen worden. Dieser trug vor, dass sein Computer zur fraglichen Zeit abgeschaltet war und dass seine Eltern, die den Anschluss ebenfalls benutzten, das Buch seiner Kenntnis nach nicht heruntergeladen hätten. Dieser Vertrag genügt nach der Rechtsprechung des BGH nicht der sekundären Behauptungslast (§ 138 I ZPO) des Beklagten mit der Folge, dass der Beklagte (insbesondere für die hohen Ermittlungskosten) haftbar gemacht wird. Das AG München sah hierin einen unverhältnismäßigen Eingriff in das Grundrecht auf Schutz des Familienlebens (Art. 7 GRC). Der EuGH folgte dem nicht: Angesichts der tatsächlichen Schwierigkeiten, den Rechteverletzer aufzuspüren, sei der Rechteinhaber auf die Auskunft des Anschlussinhabers angewiesen. Es sei Aufgabe des nationalen Gerichts zu prüfen, ob es anderweitige Möglichkeiten für den Rechteinhaber gebe, die Auskunft zu erlangen. Andernfalls habe sein nach Art. 17 II GRC geschütztes Urheberrecht Vorrang mit der Folge, dass er die Auskunft verlangen könne.[149]

d) Einstweiliger Rechtsschutz

11.43 Detaillierte Vorgaben für den einstweiligen Rechtsschutz enthält Art. 9 RL. Dies entspricht der praktischen Bedeutung des einstweiligen Rechtsschutzes bei IP-Verletzungsverfahren. Die zentralen Bestimmungen lauten:

> „(1) Die Mitgliedstaaten stellen sicher, dass die zuständigen Gerichte die Möglichkeit haben, auf Antrag des Antragstellers a) gegen den angeblichen Verletzer eine einstweilige Maßnahme anzuordnen, um eine drohende Verletzung eines Rechts des geistigen Eigentums zu verhindern oder einstweilig und, sofern die einzelstaatlichen Rechtsvorschriften dies vorsehen, in geeigneten Fällen unter Verhängung von Zwangsgeldern die Fortsetzung angeblicher Verletzungen dieses Rechts zu untersagen oder die Fortsetzung an die Stellung von Sicherheiten zu knüpfen, die die Entschädigung des Rechtsinhabers sicherstellen sollen; eine einstweilige Maßnahme kann unter den gleichen Voraussetzungen auch gegen eine Mittelsperson angeordnet werden, deren Dienste von einem Dritten zwecks Verletzung eines Rechts des geistigen Eigentums in Anspruch genommen werden;... b) die Beschlagnahme oder Herausgabe der Waren, bei denen der Verdacht auf Verletzung eines Rechts des geistigen Eigentums besteht, anzuordnen, um deren Inverkehrbringen und Umlauf auf den Vertriebswegen zu verhindern.
> (2) Im Falle von Rechtsverletzungen in gewerblichem Ausmaß stellen die Mitgliedstaaten sicher, dass die zuständigen Gerichte die Möglichkeit haben, die vorsorgliche Beschlagnahme beweglichen und unbeweglichen Vermögens des angeblichen Verletzers einschließlich der Sperrung seiner Bankkonten und der Beschlagnahme sonstiger Vermögenswerte anzuordnen, wenn die geschädigte Partei glaubhaft macht, dass die Erfüllung ihrer Schadensersatzforderung fraglich ist. Zu diesem Zweck können die zuständigen Behörden die Übermittlung von Bank-, Finanz- oder Handelsunterlagen oder einen geeigneten Zugang zu den entsprechenden Unterlagen anordnen."

148 BGH, 6.10.2016, GRUR 2017, 386; BGH, 30.3.2017, NJW 2018, 65. Das BVerfG hat die Abwägung des BGH (unter Bezugnahme auf die Rspr. des EuGH) gebilligt, BVerfG, 18.2.2019, NJW 2019, 1510 (Rdn. 20).
149 EuGH, 18.10.2018, Rs. C-149/17, *Bastei Lübbe*, EU:C:2018:841, Rdn. 47 ff. Sehr viel präziser die Schlussanträge GA *Szpunar*, 6.6.2018, Rs. C-137/17, EU:C:2018:400, Rdn. 29, 40.

Art. 9 I RL 2004/48/EG regelt die möglichen Inhalte einstweiliger Verfügungen,[150] konturiert das Verfahren (als einseitiges Verfahren mit nachgeholter Gehörswahrung)[151] und regelt die Aufhebung einstweiliger Maßnahmen (einschließlich Schadensersatzansprüche).[152] Im Fall gewerblicher Verletzungen eröffnet Art. 9 II RL 2004/48 spezielle Einsichtsrechte in die Geschäftsunterlagen des (potentiellen) Verletzers zur Sicherung künftiger Schadenersatzansprüche.[153] Auffallend sind dabei die fließenden Übergänge zwischen Beweissicherungsmaßnahmen und Anordnungen des einstweiligen Rechtsschutzes.[154] Dies entspricht den heterogenen Lösungen der Prozessrechte der Mitgliedstaaten, die eine Beweissicherung teils durch eigenständige Verfahren, teils im einstweiligen Rechtsschutz ermöglichen.[155] 11.44

150 Die Vorschrift gibt vier Verfügungstypen vor: Abs. 1 lit. a): einstweilige Unterlassungsanordnung; Abs. 1 lit. b): einstweilige Anordnung zur Beschlagnahme verdächtiger Ware; Abs. 2 S. 1: Verfahren zur einstweiligen Beschlagnahme des Vermögens des Verletzers; Abs. 2 S. 2: Anordnung des Zugangs zu Bank-, Finanz- und Handelsunterlagen, vgl. *Janal*, Europäisches Zivilverfahrensrecht (2016), S. 64.

151 Vgl. dazu Art. 9 IV RL 2004/48/EG: „(4) Die Mitgliedstaaten stellen sicher, dass die einstweiligen Maßnahmen nach den Absätzen 1 und 2 in geeigneten Fällen ohne Anhörung der anderen Partei angeordnet werden können, insbesondere dann, wenn durch eine Verzögerung dem Rechtsinhaber ein nicht wieder gutzumachender Schaden entstehen würde. In diesem Fall sind die Parteien spätestens unverzüglich nach der Vollziehung der Maßnahmen davon in Kenntnis zu setzen. Auf Antrag des Antragsgegners findet eine Prüfung, die das Recht zur Stellungnahme einschließt, mit dem Ziel statt, innerhalb einer angemessenen Frist nach der Mitteilung der Maßnahmen zu entscheiden, ob diese abgeändert, aufgehoben oder bestätigt werden sollen."

152 Vgl. dazu Art. 9 V und VII: „(5) Die Mitgliedstaaten stellen sicher, dass die einstweiligen Maßnahmen nach den Absätzen 1 und 2 auf Antrag des Antragsgegners aufgehoben oder auf andere Weise außer Kraft gesetzt werden, wenn der Antragsteller nicht innerhalb einer angemessenen Frist – die entweder von dem die Maßnahmen anordnenden Gericht festgelegt wird, sofern dies nach dem Recht des Mitgliedstaats zulässig ist, oder, wenn es nicht zu einer solchen Festlegung kommt, 20 Arbeitstage oder 31 Kalendertage, wobei der längere der beiden Zeiträume gilt, nicht überschreitet – bei dem zuständigen Gericht das Verfahren einleitet, das zu einer Sachentscheidung führt… (7) Werden einstweilige Maßnahmen aufgehoben oder werden sie auf Grund einer Handlung oder Unterlassung des Antragstellers hinfällig …, so sind die Gerichte befugt, auf Antrag des Antragsgegners anzuordnen, dass der Antragsteller dem Antragsgegner angemessenen Ersatz für durch diese Maßnahmen entstandenen Schaden zu leisten hat."

153 Der deutsche Gesetzgeber hat spezialgesetzliche Auskunftsansprüche geschaffen, die durch einstweilige Verfügungen durchgesetzt werden, vgl. §§ 140d PatG, 46b GeschmMG, 24d GebrMG, 19b MarkenG (vgl. oben Fn. 96), dazu *Dörre/Maaßen*, GRUR-RR 2008, 217, 221 f.

154 Dazu *Hess/Zhou*, IPRax 2007, 183, 186; *Heinze*, IPRax 2008, 480, 481 ff.

155 Rechtsvergleichend etwa *Heinze*, IPRax 2008, 480 ff., oben § 8 II, Rdn. 8.88 ff.

e) Kostenerstattung

11.45 Schließlich verpflichtet Art. 14 RL 2004/48/EG die Mitgliedstaaten, eine Kostentragungsregel vorzusehen, die an den Prozessausgang anknüpft.[156] Damit soll der Verletzte von den Kosten der Rechtsverfolgung freigestellt werden.[157]

11.46 In diesem Zusammenhang wurde in Deutschland speziell das Problem überhöhter Abmahngebühren virulent. Rechtsanwaltskanzleien nutzten die Chance, die Benutzer von Tauschbörsen wegen unzulässigem *Filesharing* abzumahnen.[158] Zur Eindämmung dieser Praktiken begrenzt § 97b III 2 UrhG den Streitwert derartiger Abmahnungen bei „Ersttätern" auf 1.000 €.[159] In der Literatur wird kontrovers diskutiert, ob diese „Deckelung" zur Folge hat, dass der Verletzer die „überschießenden" Kosten tragen muss.[160] Das ist jedoch nicht zwingend, sofern § 97b III 2 UrhG auch als Begrenzung im Verhältnis zwischen Rechteinhaber und Anwalt gelesen wird. Dann kann § 97b III 2 UrhG seinen Gesetzeszweck erfüllen, Massenabmahnungen zu vermeiden, die allein aus dem Interesse initiiert werden, Gebühren einzunehmen.[161]

f) Die Umsetzung durch den deutschen Gesetzgeber

11.47 Die detaillierten Vorgaben der Richtlinie lösten im deutschen Zivilverfahrensrecht unterschiedlichen Umsetzungsbedarf aus: Während im Bereich der Auskunfts- und Vorlageansprüche erheblicher Umsetzungsbedarf bestand, entsprechen die Regelungen der §§ 916–945 ZPO zum einstweiligen Rechtschutz weitgehend den Vorgaben des Unionsgesetzgebers.[162] Der deutsche Gesetzgeber entschied sich bedauerlicherweise für eine sektorielle (und damit fragmentierte) Umsetzung in den speziellen Gesetzen zum Schutz des Geistigen Eigentums und zugleich gegen eine allgemeine (freilich überschießende) Regelung in der ZPO. Damit wurde die Chance zu einer grundlegenden Reform der inhaltlich unabgestimmten Vorschriften der §§ 142 und 422 ff. ZPO versäumt. Die Umsetzung der prozessualen Vorschriften in den spezialgesetzlichen Regelungen erfolgte zudem unübersichtlich und disparat.[163] Allerdings hat sich der deutsche Gesetzgeber um eine wortgleiche Umsetzung der unionsrechtlichen Vor-

---

156 Dies entspricht grundsätzlich der Regelung der §§ 91 ff. ZPO, zutreffend Regierungsbegründung, BT-Drs 16/5048, S. 33; *Heinze*, Einstweiliger Rechtsschutz, S. 419 ff. Die praktischen Probleme stellen sich freilich bei der Erstattung vorprozessualer Kosten.

157 Ausführlich *Kiersch*, ZUM 2018, 667 ff.; *Spindler*, NJW 2017, 2305 ff.

158 Betroffen sind Familien mit Kindern, denen „Abmahngebühren" von mehr als 1.000 € in Rechnung gestellt werden. Beispiel: BGH, 11.6.2015, ZUM 2016, 373, Herunterladen von 2.200 Audiodateien, Gegenstandswert 200.000 €, „Abmahngebühren" 2.380 €.

159 Zur Entstehung der Vorschrift vgl. *Kiersch*, ZUM 2018, 667 f.

160 EuGH, 28.7.2016, Rs. C-57/15, *United Video Properties*, EU:C:2016:611, Rdn. 38 f. – Ermittlungskosten sind „sonstige Kosten" iSv Art. 14 RL 2004/48/EG.

161 AA *Kiersch*, ZUM 2018, 667, 668 f. aus der Erwägung, dass der Gesetzgeber die allgemeine Regelung in § 23 I 3 RVG (entgegen dem Gesetzesvorschlag) unverändert gelassen habe.

162 Ausführlich *Heinze*, Einstweiliger Rechtsschutz, S. 64 ff.

163 Kritisch auch *Wagner*, JZ 2007, 707, 715 ff.; *Stadler*, FS Leipold, S. 201, 208 ff.; anders *Ahrens*, GRUR 2005, 737; *Spindler/Weber*, MMR 2006, 711 ff.

gaben in den unterschiedlichen Sondergesetzen zum Schutz des Geistigen Eigentums bemüht. Dies erleichtert eine einheitliche, richtlinienkonforme Auslegung der Vorschriften[164] – ungeachtet der jeweiligen systematischen Stellung, die ihnen der deutsche Gesetzgeber zugewiesen hat.[165] Rechtspolitisch bedenklich ist die fehlende Regelung des Geheimnisschutzes im deutschen Prozessrecht, die in der Gerichtspraxis weithin ungeklärt ist.[166] Konzeptionell vermag die Umsetzung nicht zu überzeugen, weil der deutsche Gesetzgeber am überkommenen Modell materiellrechtlicher Auskunfts- und Berichtigungsansprüche festhielt mit der Folge, dass der Verletzte eine Vielzahl von einstweiligen Verfügungen geltend machen muss, um das Schutzkonzept der Richtlinie zu implementieren.[167]

Das Regelungskonzept der Durchsetzungs-RL geht über das überkommene Leit- **11.48**
bild des Zivilprozesses als ein Verfahren zur Geltendmachung privater Ansprüche hinaus.[168] Denn der Unionsgesetzgeber nimmt hier die Zivilgerichte der Mitgliedstaaten zur Durchsetzung ordnungspolitischer Regelungsanliegen in Anspruch.[169] Dieses Anliegen entspricht der Konzeption des dezentralen Vollzugs des Unionsrechts durch die Zivilgerichte der Mitgliedstaaten[170] und erscheint daher zunächst wenig spektakulär. Neu ist jedoch, dass der Unionsgesetzgeber bei der prozessualen Durchführung nicht auf die jeweiligen Verfahrensrechte der Mitgliedstaaten verweist, sondern die Prozessrechte zum Zweck der effektiven Umsetzung harmonisiert.[171] Die Richtlinie enthält detaillierte, prozessuale Vorgaben – in Bezug auf den einstweiligen Rechtsschutz (Art. 9) fast sogar ein in sich geschlossenes Verfahrensrecht *en miniature*. Die

164 So *Dörre/Maaßen*, GRUR-RR 2008, 217, 221 ff.

165 Die punktuelle Umsetzung der Richtlinie erschwert der Rechtspraxis den Rückgriff auf die Richtlinie – die Regelungstechnik erscheint im Hinblick auf die Sicherung des *effet utile* durchaus problematisch.

166 Zutreffend *Ahrens*, GRUR 2005, 837; vgl. auch *Wagner*, JZ 2007, 707, 715 ff. Der EuGH hat eine weitreichende, eigenständige Rechtsprechung entwickelt, vgl. EuGH, 16.7.2015, Rs. C-170/13, *Huawei Technologies*, EU:C:2015:477 (FRAND), die die deutschen Gerichte prozessual umsetzen müssen. Dazu BGH, 5.5.2020, GRUR 2020, 961, Rdn. 75 ff.

167 Allerdings hat sich der Unionsgesetzgeber, trotz detaillierter Regelungen, einer dogmatischen Einordnung der Vorgaben enthalten (etwa: der prozessualen oder materiellrechtlichen Einordnung der Auskunftsansprüche). Dennoch verhält sich die Richtlinie nicht „neutral": die detaillierten Vorgaben der Art. 6–8 RL lassen sich nur schwer auf materiellrechtlichem Wege umsetzen.

168 Zum Leitbild des Zivilprozesses vgl. Rosenberg/Schwab/*Gottwald*, Zivilprozessrecht, § 1, S. 2 f.; Jauernig/*Hess*, Zivilprozessrecht, § 1, Rdn. 6 ff.

169 Vgl. EwG 10 RL 2004/48/EG: „Mit dieser Richtlinie sollen diese Rechtsvorschriften einander angenähert werden, um ein hohes, gleichwertiges und homogenes Schutzniveau für geistiges Eigentum im Binnenmarkt zu gewährleisten." Der EuGH greift dieses Anliegen in st. Rspr. auf und betont die Notwendigkeit effektiven Rechtsschutzes, EuGH, 16.7.2015, Rs. C-580/13, *Coty Germany*, EU:C:2015:485., Rdn. 29 (mit direktem Hinweis auf Art. 47 GRC).

170 Vgl. oben § 11 I, Rdn. 11.1 f.

171 Der Grundsatz der Verfahrensautonomie der Mitgliedstaaten ist damit aufgegeben, dazu oben § 11 I, Rdn. 11.5.

Enforcement-RL zeigt die Durchschlagskraft des Regelungskonzepts des „private enforcement“.

11.49 Die RL 2004/48/EG hat zugleich einer detaillierten Auslegungspraxis durch den EuGH der Boden bereitet, die von den Gerichten der Mitgliedstaaten im Wege richtlinienkonformer Auslegung zu implementieren ist.[172] Der EuGH entwickelte dabei eine Rechtsprechung, die sich stark an den Verbürgungen der GRC orientiert. Dementsprechend verlangt er von den nationalen Gerichten eine Abwägung der kollidierenden Grundrechte auf Eigentums- (Art. 17 GRC) und effektiven Rechtsschutz (Art. 47 GRC) einerseits und Schutz wirtschaftlicher Betätigung, der Privatsphäre (Art. 7 GRC) und der Meinungsfreiheit (Art. 11 GRC) andererseits.[173] Dabei tendiert der Gerichtshof zu einer unmittelbaren Anwendung der involvierten Grundrechte zwischen den privaten Parteien.[174]

11.50 Speziell für das deutsche Prozessrecht erweist sich dabei die Erweiterung der (vorprozessualen) Auskunftsansprüche als ein wichtiger, rechtspolitischer Reformschritt.[175] Die Richtlinie implementiert eine Prozessrechtskonzeption, die im Hinblick auf die Auskunftspflichten und die Beweismittelvorlage im Kern auf anglo-amerikanischem Prozessverständnis beruht.[176] Im Ergebnis wird sie nachhaltige Veränderungen der überkommenen Prozessrechtskonzeptionen in den Mitgliedstaaten bewirken, der über den Bereich der *IP-Litigation* hinausgeht. Inzwischen hat die Europäische Union den sektoriellen Ansatz der Durchsetzungsrichtlinie bereits verlassen: In der aktuellen Diskussion um das Konzept des *private law enforcement* spielt die RL 2004/48/EG eine Vorreiterrolle. Sie dient als Modell für weitere Angleichungsmaßnahmen des Unionsgesetzgebers. Ob sich das zugrunde liegende Regelungskonzept auf andere Rechtsbereiche einfach übertragen lässt, wird allerdings zumeist nicht (mehr) hinterfragt.

---

172 Dazu *Vallines García*, in: Gascón Inchausti/Hess (ed.), The Future of the European Law of Civil Procedure (2020), S. 123, 132 ff.

173 Deutlich EuGH, 18.10.2018, Rs. C-149/17, *Bastei Lübbe*, EU:C:2018:841, Rdn. 45 ff.; EuGH, 16.7.2015, Rs. C-580/13, *Coty Germany*, EU:C:2015:485, Rdn. 34 ff.

174 Der deutsche Gesetzgeber verpflichtet die Gerichte zur Abwägung der involvierten Grundrechte/Interessen, vgl. Art. 19a II MarkenG: „Der [Auskunfts-]Anspruch nach Abs. 1 ist ausgeschlossen, wenn die Inanspruchnahme im Einzelfall unangemessen ist."

175 Zum Diskussionsstand vgl. *Stadler*, FS Leipold, S. 201, 206 ff.; *Vallines García*, in: Gascón Inchausti/Hess (ed.), The Future of the European Law of Civil Procedure (2020), S. 123, 124 ff. Die Umsetzung der Enforcement-RL im Gesetz zur Durchsetzung der Rechte des geistigen Eigentums vom 11.4.2008 zeigt, dass der deutsche Gesetzgeber das allgemeine Zivilverfahrensrecht von der „Sogwirkung“ der RL abzuschirmen versucht, vgl. auch Reg.Begr., BT-Drs 16/5048, S. 26.

176 Ausführlich *Amschewitz*, Durchsetzungsrichtlinie, S. 109 ff. (mit Hinweisen zum Vorbild des Art. 43 TRIPS). Es handelt sich freilich hier nicht um ein Rechtsimplantat, sondern um eine allgemeine Entwicklung des modernen Zivilprozessrechts hin zu einer Stärkung der prozessualen Informationsansprüche.

3. Die RL 2014/104 über Schadensklagen im Kartellrecht

Die rechtspolitischen Vorhaben der EU-Kommission nach dem Inkrafttreten des Amsterdamer Vertrags zielten im Kartellrecht auf die Stärkung des *private law enforcement* und bezweckten die Einführung kollektiver Rechtsbehelfe. Der ambitionierte Vorschlag der EU-Kommission war im Hinblick auf das *private law enforcement* nicht erfolgreich. Die Richtlinie RL 2014/104/EU über Kartellschadensklagen[177] betrifft vor allem das Verhältnis privater „*follow on*"-Schadensersatzklagen zu den vorgängigen Verfahren vor den Wettbewerbsbehörden. Dabei bemüht sich die RL um eine Stärkung der behördlichen Verfahren, sprich des *public enforcement*.[178] Kollektivklagen sind nicht Gegenstand der Richtlinie.[179] Vorrangiges Regelungsziel der Kartellschadens-RL ist hingegen die Ermöglichung vollen Schadensersatzes für jeden individuellen Kartellgeschädigten, Art. 1 III RL 2014/104/EU.[180] Zu diesem Zweck enthält die Richtlinie Regelungen über die Bindung an die Entscheidungen nationaler Kartellbehörden, Verjährungsfristen für die Erhebung von Schadensersatzklagen (Art. 10),[181] Regelungen zur gesamtschuldnerischen Haftung der Kartellanten (Art. 11), zum Umgang mit Preisaufschlägen (*passing-on defense*, Art. 12–16)[182] und zur Schadensermittlung (Art. 17). Die Bindungswirkung behördlicher Entscheidungen ergibt sich aus Art. 16 I VO 1/2003 (Entscheidungen der EU-Kommission) sowie aus § 33b GWB (Entscheidungen des Bundeskartellamts und der Kartellbehörden anderer EU-Mitgliedstaaten).[183] Prozessuale Sondervorschriften für den Kartellschadensprozess enthalten die §§ 87 ff. GWB. Die sachliche Zuständigkeit ist bei spezialisierten Kartellgerichten (innerhalb der ordentlichen Gerichtsbarkeit) konzentriert.[184] 11.51

177 ABl. EU 2014 L 349/1 ff., dazu *Fuchs*, in: ders./Weitbrecht (Hrg.), Hdb Private Kartellrechtsdurchsetzung (2019), § 2, Rdn. 29 ff. Die RL war bis zum 27.12.2016 umzusetzen, vgl. Art. 21 I RL 2014/104/EU.

178 Nach Art. 1 II RL sollen private und öffentliche Durchsetzung des Kartellrechts koordiniert werden, dazu *Fuchs*, in: ders./Weitbrecht (Hrg.), Hdb Private Kartellrechtsdurchsetzung (2019), § 2, Rdn. 47.

179 EwG 13 der RL 2014/104/EU hält nunmehr ausdrücklich fest, dass der kollektive Rechtsschutz nicht Gegenstand der EU-RL ist. Die EU-Kommission hatte zeitgleich mit dem Entwurf der Kartellschadens-RL die Empfehlung 2013/96/EU zum kollektiven Rechtsschutz veröffentlicht, dazu unten Rdn. 11.71. Zum kollektiven Rechtsschutz in Kartellstreitigkeiten vgl. unten Rdn. 11.88.

180 Der Unionsgesetzgeber orientiert sich dabei an den Grundsatzurteilen des EuGH, 20.9.2001, Rs. C-453/99, *Courage und Crehan*, EU:C:2001:465, sowie 13.7.2006, verb. Rs. C-295/04 bis C-298/04, *Manfredi*, EU:C:2006:461, dazu *Bakowitz*, Informationsherrschaft, S. 263 f.

181 Mindestens 5 Jahre, die Verjährung beginnt erst mit Kenntnis aller Umstände. Dazu EuGH, 28.3.2019, Rs. C-637/17, *Cogeco Communications*, EU:C:2019:263, Rdn. 48 ff., 52 (unter Hinweis auf den Effektivitätsgrundsatz).

182 Dazu unten Rdn. 11.92.

183 Dazu *Weitbrecht*, in: Fuchs/ders. (Hrg.), Hdb Private Kartellrechtsdurchsetzung (2019), § 15, Rdn. 86 ff.; EuGH, 6.11.2012, Rs. C-199/11, *Otis*, EU:C:2012: 684, Rdn. 51 und 65.

184 *Pohlmann/Schäfers*, in: Fuchs/Weitbrecht (Hrg.), Hdb Private Kartellrechtsdurchsetzung (2019), § 12, Rdn. 41 ff.

11.52 Die prozessualen Regelungen der Kartellschadens-RL betreffen vor allem die Offenlegung von Beweismitteln: Nach Art. 5 I RL müssen die EU-Mitgliedstaaten sicherstellen, dass die (Zivil-)Gerichte auf Antrag einer Partei die Vorlage relevanter Beweismittel anordnen, die sich in der Verfügungsgewalt des Beklagten oder eines Dritten befinden. Der Kläger muss dabei die „Plausibilität" seines Schadenersatzanspruchs vortragen, die Beweismittel müssen hinreichend bestimmt werden (Art. 5 II RL). Der Auskunftsanspruch umfasst auch vertrauliche Informationen, die Gerichte sollen jedoch wirksame Schutzmaßnahmen ergreifen (Art. 5 IV RL). Generell steht die Anordnung unter dem Vorbehalt einer Verhältnismäßigkeitsprüfung des Gerichts, das das Interesse des Klägers an der Vorlage der Beweismittel gegen das Geheimhaltungsinteresse des Vorlagepflichtigen abwägen muss (Art. 5 III RL).[185] Vor dem Erlass der Anordnung sind die Beteiligten anzuhören; die EU-Mitgliedstaaten müssen durch geeignete Sanktionen gewährleisten, dass die erlangten Informationen nicht an Dritte weitergegeben werden. Mögliche Schutzmaßnahmen listet EwG 18 auf.[186]

11.53 Die Vorlage von Beweismitteln im Besitz der Wettbewerbsbehörden regelt Art. 6 RL. Regelungsziel dieser Vorschrift ist zu verhindern, dass die Einsicht in bzw. die Vorlage von Ermittlungsergebnissen der Behörde deren Untersuchungsbefugnisse beschränkt. Aus diesem Grund enthält Art. 6 RL Einschränkungen der Auskunftspflicht von Kartellbehörden, die über die bisherige Rechtsprechung des EuGH sogar hinausgehen.[187] Behörden sind erst nach Beendigung der Kartellverfahren zur Auskunft verpflichtet (Art. 6 V RL). Art. 6 VI RL nimmt zudem Kronzeugenerklärungen und Dokumente aus Vergleichsverhandlungen ausdrücklich von der Vorlagepflicht aus. Sie genießen absoluten Vertraulichkeitsschutz.[188] Es gilt mithin der Vorrang des *public enforcement*.

11.54 Der deutsche Gesetzgeber hat in der 9. GWB-Novelle zur Umsetzung der RL 2014/104/EU in § 33g GWB materiellrechtliche Auskunfts- und Herausgabeansprüche für Beweismittel im Kartellschadensprozess geschaffen. Diese stehen grundsätzlich dem potenziellen Schädiger (Abs. 1) wie den Geschädigten (Abs. 2) zu. Die Ansprüche

---

185 *Bakowitz*, Informationsherrschaft, S. 269 f., vgl. § 33g III GWB (deutsche Umsetzungsvorschrift).

186 Vgl. nunmehr die Mitteilung der EU-Kommission vom 20.7.2020 über den Schutz vertraulicher Informationen durch nationale Gerichte in Verfahren zur privaten Durchsetzung des EU-Wettbewerbsrechts, ABl. EU 2020 C 242/1 ff.

187 EuGH, 6.6.2013, Rs. C-536/11, *Donau Chemie*, EU:C:2013:366, Rdn. 30 ff., dazu *Bakowitz*, Informationsherrschaft, S. 222 f.; EuGH, 14.6.2011, Rs. C-360/09, *Pfleiderer*, EU:C:2011:389; dazu *Bakowitz*, Informationsherrschaft, S. 176 ff. Nach der Systematik der RL sind diese (zusätzlichen) Kriterien im Rahmen der nach Art. 5 III RL gebotenen Abwägung zu berücksichtigen, dazu *Mallmann/Lübbig*, in: Fuchs/Weitbrecht (Hrg.), Hdb Private Kartellrechtsdurchsetzung (2019), § 13, Rdn. 47 f.

188 *Mallmann/Lübbig*, in: Fuchs/Weitbrecht (Hrg.), Hdb Private Kartellrechtsdurchsetzung (2019), § 13, Rdn. 48 f.

richten sich auch gegen Dritte, die im Besitz von Beweismitteln sind. Der Berechtigte muss glaubhaft machen, dass die Herausgabe zur Geltendmachung des Anspruchs erforderlich ist. Hierüber entscheidet das Gericht in einer umfassenden Interessenabwägung (§ 33g II GWB). Den vorrangigen Schutz der Kronzeugen sichern § 33g IV und V GWB.[189] Die Anforderung von Akten der Kartellbehörden regelt hingegen § 89c V und VI GWB als eine prozessuale Befugnis des Prozessgerichts.[190]

4. Die RL 2016/943 zum Schutz von Geschäftsgeheimnissen

Die sog. *Whistleblower*-Direktive[191] betrifft vor allem den Schutz von Geschäftsgeheimnissen unterhalb der Aufgreifschwelle von IP-Rechten. Die Richtlinie definiert das Geschäftsgeheimnis (Art. 2 Nr. 1) und enthält einen Verletzungstatbestand (Art. 4: rechtswidriger Erwerb, Nutzung und Offenlegung).[192] Art. 5 RL enthält Ausnahmen vom Verletzungstatbestand, insbesondere Tätigkeiten im Zusammenhang mit der Meinungs- und Informationsfreiheit (Art. 11 GRC). Im Hinblick auf die Verletzungsfolgen übernimmt die RL 2016/943 die Struktur anderer Instrumente zum Schutz der Rechte des Geistigen Eigentums und eröffnet Rechtsbehelfe (*remedies*). Art. 10 und 12 der Richtlinie eröffnen den Gerichten die Befugnis, einstweilige und endgültige Schutzmaßnahmen anzuordnen, insbesondere Unterlassung der Rechtsverletzung, Rückruf und Vernichtung rechtsverletzender Produkte und die Vernichtung von Dateien und Dokumenten. Alle Maßnahmen stehen unter dem Vorbehalt der Verhältnismäßigkeit und erfordern eine Abwägung des Gerichts (vgl. Art. 11 und 13 RL). Art. 14 RL eröffnet dem Verletzten einen Schadensersatzanspruch – dieser soll nach § 10 GeschGehG den dreifachen Betrag ausmachen. Damit kodifiziert der deutsche Gesetzgeber die bisherige Rechtspraxis. 11.55

Den Geheimnisschutz im Zivilprozessrecht regelt Art. 9 RL.[193] Dabei geht es um die Problematik, dass die Darlegungs- und Beweislast im Verletzungsprozess zu einer Offenlegung des Geheimnisses gegenüber der Gegenpartei führen, die einer Preis- 11.56

---

189 *Mallmann/Lübbig*, in: Fuchs/Weitbrecht (Hrg.), Hdb Private Kartellrechtsdurchsetzung (2019), § 13, Rdn. 54 ff.

190 *Mallmann/Lübbig*, in: Fuchs/Weitbrecht (Hrg.), Hdb Private Kartellrechtsdurchsetzung (2019), § 13, Rdn. 105 ff.

191 RL 2016/943/EU über den Schutz vertraulichen Knowhows und vertraulicher Geschäftsinformationen (Geschäftsgeheimnisse) vor rechtswidrigem Erwerb sowie rechtswidriger Nutzung und Offenlegung vom 15.6.2016, ABl. EU 2016 L 157/1. Umsetzung im Geschäftsgeheimnisgesetz (GeschGehG) vom 26.5.2019, BGBl I, 466.

192 Zur Systematik *Ohly*, GRUR 2019, 441 ff.

193 Die komplexe Regelung beruht auf dem Modell des Art. 5 und EwG 18 der RL 2014/104/EU, oben Rdn. 11.52, *Llopis Nadal*, in: Gascón Inchausti/Hess (ed.), The Future of the European Law of Civil Procedure (2020), S. 162, 170 f.

gabe des Geheimnisses gleichkommt. Art. 9 RL eröffnet dem Gericht die Befugnis, ab Anhängigkeit des Rechtsstreits bestimmte Informationen als geheimhaltungsbedürftig einzustufen (vgl. dazu § 16 I GeschGehG). Dies hat den Ausschluss der Öffentlichkeit zur Folge (Art. 9 II UAbs. 2 lit. a) RL); zudem wird der Zugang der Parteien zu den geschützten Dokumenten begrenzt (Art. 9 II UAbs. 2 lit. b) RL)[194] und das Urteil kann mit geschwärzten Passagen veröffentlicht werden (Art. 9 II UAbs. 2 lit. c) RL).[195]

11.57 Der von Art. 9 RL gewährte Geheimnisschutz bleibt hinter den im Patentverletzungsverfahren praktizierten *in camera*-Verfahren zurück. In Deutschland ermöglicht die sog. „Düsseldorfer Praxis" den völligen Ausschluss der Parteien.[196] Hingegen statuiert Art. 9 II UAbs. 3 RL, dass mindestens eine natürliche Person jeder Partei und deren Rechtsanwälten beim Gerichtsverfahren zuzulassen sind. Alle Maßnahmen stehen zudem unter der Erfordernis strikter Verhältnismäßigkeit im Hinblick auf den effektiven Rechtsschutz der Parteien und die legitimen Interessen Dritter (sprich der Gerichtsöffentlichkeit), Art. 9 III RL.[197] Die Gerichte können zudem die weitere Wahrung des Geheimnisses nach Verfahrensbeendigung anordnen.

III. Stärkung des kollektiven Rechtschutzes

1. Kollektivklagen im Verbraucherrecht

a) Unionsrechtliche Vorgaben im Verbraucherrecht

11.58 Die Förderung (bzw. Schaffung) kollektiver Rechtsbehelfe zur Implementierung des Verbraucherschutzes gehörte seit Beginn der Europäischen Verbraucherpolitik zu deren zentralen Regelungszielen.[198] In den EU-Mitgliedstaaten finden sich strukturell unterschiedliche Schutzinstrumente: einerseits behördliche Verfahren (Verbraucherschutzbehörde, Ombudsmann),[199] andererseits Verbandsklagen von Verbraucher-

---

194 Anders die Umsetzung in Österreich (§ 26h UWG 2018): Dort kann das Gericht einen Sachverständigen mit der Durchführung der Beweiserhebung betrauen. Dieser erstellt eine nicht-vertrauliche Zusammenfassung, die dem Prozessgegner zur Akteneinsicht offensteht. Das Gericht kann zur Wahrung des rechtlichen Gehörs jedoch eine weitergehende Offenlegung anordnen. Die Öffentlichkeit kann ausgeschlossen werden.

195 *Llopis Nadal*, in: Gascón Inchausti/Hess (ed.), The Future of the European Law of Civil Procedure (2020), S. 162, 166 ff.

196 *Ohly*, GRUR 2019, 441, 449 ff. Vgl. oben Rdn. 11.41.

197 Zur Abwägung EuGH, 14.2.2008, Rs. C-450/06, *Varec*, EU:C:2008:91, Rdn. 52.

198 *Koch*, Verbraucherprozessrecht; *Micklitz/Reich*, Europäisches Verbraucherrecht, S. 23 ff. Zum Verbraucherprozessrecht oben Rdn. 11.22 ff.

199 Ombudsmannverfahren kennen die skandinavischen EU-Staaten; im Vereinigten Königreich existiert seit 1971 mit dem Director General for Fair Trading eine eigenständige Verbraucherschutzbehörde, *Michailidou*, Kollektiver Rechtsschutz, S. 254 ff.

organisationen.[200] Bereits im Zusammenhang mit der Richtlinie 84/450/EWG über irreführende Werbung enthielt das Gemeinschaftsrecht im Verbraucherschutz erstmalig eine Regelung, die die Mitgliedstaaten zur effektiven Verwirklichung der dort vorgesehenen Verbote verpflichtete.[201] Art. 7 der RL 93/13/EWG über das Verbot missbräuchlicher Werbung verpflichtet zur Einführung kollektiver Rechtsbehelfe: Nach Art. 7 I müssen die Mitgliedstaaten für angemessene und wirksame Mittel sorgen, um der Verwendung missbräuchlicher Klauseln ein Ende zu setzen. Nach Art. 7 II müssen diese Mittel Rechtsvorschriften einschließen,

> „wonach Personen oder Organisationen, die nach dem innerstaatlichen Recht ein berechtigtes Interesse am Schutz der Verbraucher haben, im Einklang mit den mitgliedstaatlichen Vorschriften die Gerichte oder die zuständigen Verwaltungsbehörden anrufen können, damit diese darüber entscheiden, ob Vertragsklauseln (...) missbräuchlich sind und angemessene und wirksame Mittel anwenden, um der Verwendung solcher Klauseln ein Ende zu setzen".

Damit waren die EU-Mitgliedstaaten zur Einführung einer Verbandsklage oder entsprechender Rechtsbehelfe verpflichtet.[202] Auch die Fernabsatzrichtlinie 97/7/EG schreibt zwingend die Einführung einer Verbandsklage vor.[203] Inzwischen enthält der Anhang zur RL 2009/22/EG eine Liste von 16 EU-Rechtsakten des Verbraucherrechts, die mittels kollektiver Unterlassungsklagen durchgesetzt werden sollen. 11.59

Ein praktisches Problem der kollektiven Unterlassungsklage betrifft deren Bindungswirkung für Individualklagen. Einerseits kann die Erhebung der Kollektivklage parallelen Individualrechtsschutz ausschließen. Andererseits können die Feststellungen des Unterlassungsverfahrens Präjudizwirkungen in parallelen Individualverfahren haben. Der EuGH hat sich mit beiden Konstellationen befasst: in der verb. Rs. C-381/14 und 385/15 entschied der Gerichtshof, dass die Unterlassungsklage eines Verbandes parallele Individualklagen nicht ausschließt, eine derartige, nationale Vorschrift sei mit dem Effektivitätsgrundsatz nicht vereinbar.[204] In der Rs. C-472/10[205] entschied der Gerichtshof, dass die gerichtliche Feststellung der Unwirksamkeit einer 11.60

---

200 Überblick bei *Michailidou*, Kollektiver Rechtsschutz, S. 252 ff.; *Kowollik*, Europäische Kollektivklage, S. 68 ff.

201 Richtlinie 1984/450/EWG zur Angleichung der Rechts- und Verwaltungsvorschriften der Mitgliedstaaten über irreführende Werbung, ABl. EG 1984 L 250/17 f., heute RL 2006/114/EG, ABl. EG 2006 L 376/21.

202 Dazu MünchKomm ZPO/*Micklitz/Rott*, Vor § 1 UKlaG, Rdn. 42.

203 ABl. EG 1997 L 144/19, dazu *Micklitz* in: Grabitz/Hilf/Nettesheim (Hrg.), Recht der Europäischen Union, A3, Rdn. 150.

204 EuGH, 14.4.2016, Rs. C-381/14, *Sales Sinués*, EU:C:2016:252, Rdn. 36 ff., dazu *Voet*, in: Hess/Law (ed.), Luxembourg Report on EU Procedural Law (2019), Vol. II, Kap. 4, Rdn. 23 f. – der EuGH entschied auf der Grundlage einer aus der Perspektive des nationalen Prozessrechts unrichtig gestellten Vorlagefrage.

205 EuGH, 26.4.2012, Rs. C-472/10, *Invitel*, EU:C:2012:242, Rdn. 38 und 43 unter Bezugnahme auf den *effet utile* der Klausel-RL, dazu *Voet*, in: Hess/Law (ed.), Luxembourg Report on EU Procedural Law (2019), Vol. II, Kap. 4, Rdn. 41 ff.

Klausel in Unterlassungsverfahren in den nachträglichen Individualverfahren Bindungswirkungen entfaltet.[206]

b) Die Richtlinie 2009/22/EG über grenzüberschreitende Unterlassungsklagen

11.61 Die EU-Richtlinie 2009/22/EG sollte, ebenso wie ihre Vorgängerrichtlinie 98/27/EG,[207] den „freien Verkehr der Unterlassungsklagen" im Binnenmarkt erleichtern.[208] Bei grenzüberschreitenden Verstößen gegen Verbraucherschutzrecht sollen Verbände oder sonstige Stellen (sprich: Behörden[209]) auch in anderen EU-Mitgliedstaaten die dort eröffneten Rechtsbehelfe gegen verbraucherschutzwidrige Praktiken einlegen können. Die RL 98/23/EG war eine unmittelbare Reaktion auf die zuvor bestehende, unzureichende Rechtslage: Vor ihrem Erlass wurden Klagen inländischer Verbraucherorganisationen gegen ausländische Beklagte von den Gerichten am Verursachungsort entweder mit dem Hinweis auf das anwendbare ausländische Recht oder wegen fehlender Satzungsermächtigung des Verbands zur Verfolgung der Rechtsverletzung abgewiesen.[210] Umgekehrt scheiterte die Klage der ausländischen Verbände vor den Gerichten am Verletzungsort daran, dass in einigen Mitgliedstaaten die Klagebefugnis nur inländischen Verbänden vorbehalten war, die eine staatliche Anerkennung nachweisen mussten.[211]

11.62 Ein im Vorfeld der RL viel diskutierter Fall betraf unlautere „Werbemaßnahmen" eines Unternehmens mit Geschäftssitz in Deutschland (Handlungsort), das nach Frankreich (Erfolgsort) in französischer Sprache abgefasste Werbematerialien versendete. Den Adressaten wurden Waren und Gewinne in Höhe von mehreren hundert Francs versprochen, wenn sie zuvor 99 Francs an die deutsche Firma überwiesen. Die Unterlassungsklage des deutschen Verbraucherschutzverbandes wies der BGH mit der Begründung ab, dass die wettbewerbsrechtlichen Auswirkungen des beanstandeten Verhaltens allein den französischen Markt betrafen.[212] Jedoch konnten die deutschen Verbraucherverbände

---

206 Entsprechendes gilt für eine behördliche Untersagung einer (typischen) Klausel. Allerdings muss dem Unternehmer gerichtlicher Rechtsschutz gegen die Untersagungsverfügung eröffnet werden, EuGH, 21.12.2016, Rs. C-119/15, *Biuro podróży Partner*, EU:C:2016:987, unter Berufung auf Art. 47 GRC.

207 EU 2009 L 110/30, ABl. EG 1998 L 166/51 ff.

208 *Röthel*, ZEuP 2002, 58, 64; *Baetge*, ZZP 112 (1999), 342; *Koch*, ZZP 113 (2000), 413, 436.

209 Am 8.12.2004 erwirkte das britische Office of Fair Trading vor der Cour d'Appel Brüssel einen Unterlassungstitel gegen das belgische Unternehmen Duchsene SA, das irreführende Gewinnmitteilungen an britische Verbraucher geschickt hatte, berichtet von *Rott/von der Ropp*, ZZPInt. 9 (2004), 3, 4. Zu den Hintergründen *Hodges*, Reform of Class Actions, S. 108 f.

210 Da Verbraucherverbände ihrer Satzung nach häufig nur den Schutz der inländischen Verbraucher bezweckten, fehlt in diesen Fällen die eigene Betroffenheit und damit die Aktivlegitimation, vgl. *Maurer*, Unterlassungsklagen, S. 3.

211 Wenn am Verletzungsort ein Gerichtsstand (vgl. Art. 7 Nr. 2 EuGVO) eröffnet war, konnten Verbände dort klagen. Vgl. *Michailidou*, Prozessuale Fragen, S. 303, Beispiel: EuGH, 28.7.2016, Rs. C-191/15, *VKI./.Amazon*, EU:C:2016:612.

212 BGH, 26.11.1997, NJW 1998, 1227; *Michailidou*, Prozessuale Fragen, S. 302 ff.; *Baetge*, ZZP 112 (1999), 329, 332.

nicht vor den französischen Gerichten klagen, da nur französische Verbände in Frankreich klagebefugt waren.[213]

Die unbefriedigende Rechtslage soll Art. 4 der UKlagRL ändern.[214] Die EU-Mitgliedstaaten müssen danach sicherstellen, dass im Falle eines in ihrem jeweiligen Hoheitsgebiet begangenen Verstoßes gegen Verbraucherrecht jede „qualifizierte Einrichtung" eines anderen Mitgliedstaats, deren (satzungsmäßige) Aufgabe der Verbraucherschutz ist, die zuständigen Gerichte anrufen kann. Der ausländischen Verbraucherorganisation darf die Klagebefugnis nicht mit der Begründung verweigert werden, ihre Klagebefugnis genüge nicht den Anforderungen der *lex fori*.[215] Regelungstechnisch geht die Richtlinie von der Gleichwertigkeit der gerichtlichen und verwaltungsrechtlichen Untersagungsverfahren im Verbraucherrecht aus (wechselseitige Anerkennung).[216] Allerdings ist es unmöglich, dass eine Verbraucherschutzbehörde im ausländischen Staat ein (grenzüberschreitendes) Verwaltungsverfahren durchführt. Dies hat auch der Unionsgesetzgeber anerkannt: Die Richtlinie öffnet den Verbänden nur den Zugang zu den Gerichten und zu den zuständigen Verwaltungsbehörden, Art. 4 RL 2009/22/EG.[217] Inhaltlich geht es um die wechselseitige Anerkennung der Prozessführungsbefugnis.[218] 11.63

Die Durchführung der grenzüberschreitenden Verfahren soll ein zentrales Register erleichtern, das die EU-Kommission führt. Die Mitgliedstaaten teilen nach Art. 4 RL 2009/22/EG Namen und Zweck ihrer jeweiligen nationalen Einrichtungen mit, die zur Klageerhebung berechtigt sind. Diese nimmt die Kommission in ein Verzeichnis auf, das im Amtsblatt veröffentlicht wird.[219] Die Eintragung hat zur Folge, dass die Klagebefugnis der ausländischen Organisation bzw. Verwaltungsbehörden ohne inhaltliche Prüfung in allen EG-Mitgliedstaaten vollumfänglich anzuerkennen ist. Die Richtlinie übernimmt damit regelungstechnisch das Herkunftslandsprinzip.[220] Eine Rest- bzw. Missbrauchskontrolle ermöglicht Art. 4 I 2 RL 2009/22/EG. Danach können die angerufenen Gerichte und Verwaltungsbe- 11.64

213 So zuvor TGI, Nanterre, 1.2.1993, VuR 1993, 258.

214 *Hoffmann*, ERPL 2000, 147, 151.

215 *Michailidou*, Kollektiver Rechtsschutz, S. 304 ff.; *Baetge*, ZZP 112 (1999), S. 329, 336.

216 Dazu oben § 3 II, Rdn. 3.50 ff.

217 So *Lakkis*, in: Jahrbuch Junger Zivilrechtswissenschaftler 1998, S. 255, 263.

218 So ausdrücklich EwG 12 zur RL 2009/22/EG. Weitergehend MünchKomm/*Micklitz/Rott*, § 3 UKlaG, Rdn. 37: Klagebefugnis und Aktivlegitimation seien gewährleistet. Die Aktivlegitimation regelt in Deutschland (inzwischen) ausdrücklich § 4 UKlaG.

219 Nur die im Verzeichnis aufgeführten Verbände und sonstigen Stellen unterfallen der gegenseitigen Anerkennung. Mitteilung der Kommission zu Art. 4 der Unterlassungsklagerichtlinie 2009/22/EG, ABl. EU 2016 C 361/1. Allein für Deutschland enthält die Liste inzwischen 76 (höchst heterogene) Verbände mit teilweise deutlich lokaler Herkunft (vgl. etwa die Nr. 47: Mietverein Heidelberg und Umgebung).

220 Damit entscheidet der jeweilige Herkunftsstaat, unter welchen Voraussetzungen einem Verband oder einer Vereinigung die Prozessführungsbefugnis für Unterlassungsklagen eingeräumt wird. *Baetge*, ZZP 112 (1999), 329, 342. Zum Herkunftslandsprinzip vgl. oben § 3 II, Rdn. 3.21 ff.

hörden nachprüfen, ob der satzungsmäßige Zweck der Einrichtung die Klageerhebung im speziellen Fall rechtfertigt".[221]

11.65 Die Richtlinie setzt einen Bezug der Rechtsverletzung zum Heimatstaat der klagenden Einrichtung voraus. So kann der schwedische Konsumentenombudsmann vor den Zivilgerichten eines anderen EU-Mitgliedstaates nur dann klagen, wenn die Interessen schwedischer Verbraucher durch einen dort begangenen Rechtsverstoß verletzt werden. Umgekehrt kann ein ausländischer Verband, der im Verzeichnis der qualifizierten Einrichtungen enthalten ist, vor schwedischen Gerichten gegen die unlauteren Praktiken eines dort ansässigen Unternehmens klagen.[222]

11.66 Inhaltlich erfasst die Richtlinie nur einen Teilausschnitt der grenzüberschreitenden Kollektivklagen im Europäischen Justizraum. Dies zeigt bereits ihr sachlicher Anwendungsbereich: Er erfasst nur Verstöße gegen bestimmte, im Anhang der Richtlinie aufgeführte Richtlinien (vgl. Art. 1 II iVm Anhang RL 2009/22/EG). Zahlreiche Richtlinien zum Verbraucherschutz fehlen.[223] Die enumerative Aufzählung hat zudem zur Folge, dass die Anerkennung einer nach Art. 3 UKlagRL befugten Einrichtung in jedem Verfahren neu zu prüfen ist. Bei der Klagezulassung ist zunächst zu klären, ob ein Verstoß gegen eine der im Anhang der RL 2009/22/EG genannten Richtlinien behauptet wird.[224] Die enumerative Aufzählung der erfassten EU-Instrumente verdeutlicht, dass der Unionsgesetzgeber lediglich eine Mindestharmonisierung vorgenommen hat.[225]

11.67 Art. 2 I RL 2009/22/EG nennt drei Rechtsschutzziele der Unterlassungsklage. Zunächst kann die Unterlassungsklage auf die Anordnung der Einstellung oder des Verbots eines Verstoßes abzielen.[226] Als weiteres Klageziel nennt Art. 2 RL 2009/22/EG die vollständige oder teilweise Veröffentlichung der gerichtlichen bzw. verwaltungsbehördlichen Entscheidung oder die Veröffentlichung einer Richtigstellung, um die fortdauernden Wirkungen des Verstoßes abzustellen.[227] Bei der Vollstreckung können die unterschiedlichen Ausgestaltungen von Zwangsgeldern in den Mitgliedstaaten

---

221 MünchKommZPO/*Micklitz/Rott*, § 2 UKlaG, Rdn. 43 ff. (zu § 2 III UKlagG).

222 Vgl. *Hess*, in: Ernst/Zimmermann (Hrg.), Zivilrechtswissenschaft (2001), S. 527, 537; *Baetge*, ZZP 112 (1999), 329, 344.

223 Zur Rechtslage unter der RL 98/27/EG vgl. Voraufl., § 10 IV, Rdn. 124.

224 Die Auswahl der in den Anwendungsbereich der Richtlinie 98/27/EG einbezogenen Verbraucherrichtlinien war unsystematisch, zutreffende Kritik bei *Baetge*, ZZP 112 (1999), 329, 339.

225 Ursache für die enumerative Aufzählung soll das Prinzip der begrenzten Kompetenzen der EU sein, so *Halfmeier/Rott*, VuR 2018, 243, 244. Das überzeugt jedoch nicht. Zulässig wäre ein (dynamischer) Verweis auf sämtliche Unionsrechtsakte im Verbraucherschutz, die im Anhang zur VO nicht konstitutiv, sondern lediglich deklaratorisch aufgeführt werden.

226 Derartige Anordnungen können auch im einstweiligen Rechtsschutz ergehen.

227 Vgl. § 9 UKlagG, dazu MünchKommZPO/*Micklitz/Rott*, § 9 UKlagG, Rdn. 5 f.

(vgl. Art. 55 EuGVO) zur Durchsetzung der Unterlassungsklage eingesetzt werden, soweit das jeweilige Recht diese Möglichkeit vorsieht.[228]

Jenseits der Anerkennung der Klagebefugnis strebt die Richtlinie keine Vereinheitlichung der nationalen Prozessrechte an. Unter Bezugnahme auf den Subsidiaritätsgrundsatz verweist EwG 9 darauf, dass Besonderheiten der nationalen Rechtsordnungen zu berücksichtigen sind.[229] Die Rechtsangleichung erfolgt ausweislich des 7. EwG auf einem Mindestschutzniveau. Die Mitgliedstaaten können also weiterreichende Verbraucherschutzregelungen erlassen bzw. beibehalten.[230] Die grenzüberschreitende Zusammenarbeit von Verbraucherbehörden regelt die VO (EU) 2017/2394.[231] Die Verordnung soll den Verbraucherschutz im digitalen Umfeld verbessern, insbesondere beim Online-Shopping. Art. 9 VO (EU) 2017/2394 eröffnet den Behörden die Befugnis, Inhalte von einer Internetseite zu entfernen, den Zugang zu dieser Seite zu beschränken und Domänennamen zu entfernen. Zuständig sind sog. Durchsetzungsbehörden der Mitgliedstaaten, die grenzüberschreitende Verstöße in zwei unterschiedlichen Konstellationen verfolgen sollen: Zum einen „weit verbreitete Verstöße" gegen Unionsrecht zum Schutz der Verbraucherinteressen, das mindestens zwei weitere EU-Mitgliedstaaten erfasst als den Mitgliedstaat, von dem aus der Verstoß begangen wurde, Art. 3 Nr. 3. Zum anderen erfasst die Verordnung sog. „weit verbreitete Verstöße mit Unions-Dimension" (Art. 3 Nr. 4), sprich Verstöße, die zusammen mindestens zwei Drittel der EU-Mitgliedstaaten mit zwei Drittel der Bevölkerung ausmachen. Die Verordnung bezweckt eine Koordination der „zuständigen Behörden", die entsprechende Maßnahmen untereinander koordinieren. Dabei unternimmt die ersuchende Behörde die Verfahrensherrschaft, während die ersuchte Behörde entsprechende Durchsetzungsersuchen mit der führenden Behörde erlassen (Art. 12). Die Zuständigkeit selbst regeln die Mitgliedstaaten. Die VO (EU) 2017/2394 bezieht sich auf 26 im Anhang genannte Verbraucherschutzrechtsakte. In Deutschland besteht eine residuelle Kompetenz des Bundesamts für Verbraucherschutz und Lebensmittelsicherheit zur Geltendmachung der Unter- 11.68

228 Zur Problematik im Rahmen des Art. 55 EuGVO vgl. oben § 6 IV, Rdn. 6.258 ff.

229 Aufgrund des Subsidiaritätsgrundsatzes wird den Mitgliedstaaten die Möglichkeit eingeräumt, zwischen verschiedenen Optionen gleicher Wirkung zu wählen, *Baetge*, ZZP 112 (1999), 329, 335.

230 Die Mitgliedstaaten können beispielsweise auf Schadensersatz gerichtete Kollektivklagen einführen oder den Bereich zulässiger Kollektivklagen weiter ziehen, dazu *Hopt/Baetge*, in: Basedow/Kötz/Hopt/Baetge, Bündelung, S. 39. Zur heterogenen Umsetzung der RL 2009/22/EG vgl. den Bericht der EU-Kommission über den „Fitness Check" des EU-Verbraucherrechts vom 23.5.2017, SWD (2017) 209 final, S. 102 ff.

231 Verordnung (EU) 2017/2394 vom 12.12.2017 über die Zusammenarbeit zwischen den für die Durchsetzung der Verbraucherschutzgesetze zuständigen nationalen Behörden, ABl. EU 2017 L 345/1. Daneben bestehen zahlreiche sektorielle Rechtsakte, die die Verordnung unberührt lässt.

lassungsansprüche. Dieses kann durch Verwaltungsakt verbraucherschutzwidrige Praktiken unterbinden.[232]

11.69 Die Bedeutung der RL 2009/22/EG für grenzüberschreitende Klagen blieb gering. Eine rechtstatsächliche Untersuchung aus dem Jahr 2007 hatte für die Vorgänger-RL 98/27/EG lediglich zwei Anwendungsfälle festgestellt.[233] Die Evaluation der RL 2009/22/EG kam ebenfalls zu ernüchternden Ergebnissen.[234] Zwar spricht nun dieser Befund nicht zwingend für die völlige Bedeutungslosigkeit der RL 2009/22/EG – außergerichtliche Vergleiche zwischen qualifizierten Einrichtungen (Verbraucherverbände) und Unternehmen werden in der Regel nicht veröffentlicht. Dennoch ist zu konstatieren, dass grenzüberschreitende Unterlassungsklagen nur selten erhoben werden.[235]

c) Die Einführung kollektiver Rechtsbehelfe zur Entschädigung der Verbraucher

11.70 Im Verbraucherschutz wird seit langem der Ausbau kollektiver Rechtsbehelfe gefordert; die Diskussion gewann unter dem Amsterdamer Vertrag an Dynamik.[236] Die EU-Kommission gab zunächst ein vergleichendes Gutachten in Auftrag.[237] Im Frühjahr 2008 wurden verschiedene „*stakeholder*“ (u. a. Verbraucherverbände, Industrieverbände) von der Kommission angehört. Diese veröffentlichte schließlich im Herbst 2008 ein Grünbuch über Kollektivklagen im Verbraucherschutz.[238] Dieses stieß jedoch – ebenso wie die parallelen Vorschläge zum *private enforcement* im Kartellrecht[239] – auf erhebliche Kritik (und Widerstand) der Wirtschafts- und Industrieverbände.

---

232 Vgl. § 5 Verbraucherschutzdurchsetzungsgesetz; das Bundesamt kann jedoch auch Verbraucherverbände zur zivilrechtlichen Anspruchdurchsetzung ermächtigen, vgl. MünchKomm ZPO/*Micklitz/Rott*, § 3 UKlaG, Rdn. 44 f.

233 Deutlich *Micklitz*, in: ders./Rott/Docekal/Kolba (Hrg.), Verbraucherschutz, S. 260: „spielt praktisch keine Rolle.“

234 “The impact of the Injunction Directive in terms of its aim to facilitate cross-border injunction procedures can still be considered as minimal.”, Commission Staff Working Document, Report of the Fitness Check (23.5.2017), SWD (2017) 209 final, S. 105.

235 Ein praktischer Anwendungsfall war das EuGH-Urteil vom 28.7.2016 in der Rs. C-191/15, *VKI./.Amazon*, EU:C:2016:612: Unterlassungsklage des österreichischen Verbraucherzentralverbands gegen allgemeine Geschäftsbedingungen von *Amazon*. Die Klage war auf Art. 7 Nr. 2 EuGVO gestützt (Erfolgsort); das anwendbare Recht bestimmte sich nach Art. 6 I Rom II-VO.

236 Vgl. Voraufl. § 11 III, Rdn. 43 ff

237 *Stuyck/Terryn et al.*, An analysis and evaluation of alternative means of consumer redress other than redress through ordinary judicial proceedings, Final Report for the European Commission, Health and Consumer Protection Directorate-General, 17.1.2007, S. 260 ff.

238 KOM (2008) 864 endg. vom 27.11.2008, dazu *Staudenmayer*, in: Casper et al. (Hrg.), Auf dem Weg zur europäischen Sammelklage, S. 89 ff.; Voraufl. § 11 III Rdn. 47 ff.

239 Siehe Rdn. 11.88 ff.

Die Diskussion um die Einführung kollektiver Rechtsbehelfe geriet im Sommer 2013 vorübergehend ins Stocken, als die EU-Kommission statt einer erwarteten Richtlinie zur Kollektivklage im Verbraucherschutz lediglich eine unverbindliche, allgemeine Empfehlung zum kollektiven Rechtsschutz vorlegte.[240] Die Empfehlung forderte die EU-Mitgliedstaaten auf, kollektive Rechtsbehelfe (auch für Schadensersatzklagen) einzuführen, enthielt jedoch lediglich eine Ansammlung von unterschiedlichen Grundsätzen zur Konturierung derartiger Klagen. Die Kommission selbst bezeichnete diese Zusammenstellung wenig ambitiös als „*toolbox*". 11.71

Allerdings zeigte es sich rasch, dass die EU-Kommission ihre Regelungsziele im kollektiven Rechtsschutz keineswegs aufgegeben hatte, sondern angesichts der Widerstände im Rat eine andere, mittelfristige Rechtssetzungsstrategie verfolgte. Diese setzte zunächst auf freiwillige Gesetzgebungsmaßnahmen der Mitgliedstaaten, bevor die EU-Kommission (mangels hinreichender freiwilliger Umsetzung) erneut ein Eingreifen des Unionsgesetzgebers vorschlagen würde.[241] In der Tat beförderte die Empfehlung die Diskussion in den EU-Mitgliedstaaten um die Einführung kollektiver Rechtsbehelfe im Verbraucherschutz nachhaltig.[242] Mehrere EU-Mitgliedstaaten führten Kollektivklagen auf Schadensersatz ein.[243] Die Evaluation der Empfehlung 2013/396/EU im Januar 2018 kam dennoch zum Ergebnis, dass die Empfehlung ihre Wirkung in vielen EU-Mitgliedstaaten verfehlt habe und stellte eine neue Legislativinitiative in Aussicht.[244] 11.72

Im April 2018 legte die EU-Kommission im Rahmen eines breiteren Maßnahmenpakets zur Stärkung des Verbraucherschutzes einen Vorschlag für eine „Richtlinie über Verbandsklagen zum Schutz der Kollektivinteressen der Verbraucher" vor.[245] Den umfangreichen Gesetzgebungsvorschlag begründete die Kommission mit der schleppenden Behandlung tausender Klagen in den EU-Mitgliedstaaten im Zusammenhang mit dem sog. Dieselskandal.[246] Die Neuregelung soll die RL 2009/22/EU sachlich und inhaltlich erweitern.[247] Zum einen schlägt die EU-Kommission eine Aus- 11.73

240 Empfehlung vom 11.6.2013, 2013/96/EU, ABl. EU 2013 L 206/60, dazu die kritische Einschätzung von *Hodges*, J Consumer Policy 37 (2014), 67 ff.; *Kowollik*, Europäische Kollektivklage (2017), S. 108 ff.; *Voet*, in: Hess/Law (ed.), Luxembourg Report on EU Procedural Law (2019), Vol. II, Kap. 4, Rdn. 3.

241 Dazu bereits *Hess*, in: Micklitz/Wechsler (ed.), Transformation of enforcement (2016), S. 343 ff.

242 AA *Voet*, in: Hess/Law (ed.), Luxembourg Report on EU Procedural Law (2019), Vol. II, Kap. 4, Rdn. 1, Fn. 5 mit dem Hinweis auf den Bericht der EU-Kommission, COM (2018) 40 final.

243 Inzwischen haben 18 der 27 EU-Mitgliedstaaten Kollektivklagen auf Schadensersatz eingeführt, vgl. dazu den Bericht der EU-Kommission über die Umsetzung der Empfehlung vom 11. Juni 2013 über gemeinsame Grundsätze für kollektive Unterlassungs- und Schadensersatzverfahren in den Mitgliedstaaten bei Verletzung von durch Unionsrecht garantierten Rechten (2013/396/EU) vom 25.1.2018, COM (2018) 40 final, S. 3.

244 Bericht der Kommission COM (2018) 40 final, S. 25.

245 Vorschlag der EU-Kommission vom 11.4.2018, COM (2018) 185 final, dazu *Augenhofer*, EuZW 2019, 5 ff.; *Domej*, ZEuP 2019, 446 ff.

246 Kommissionsbegründung in COM (2018) 184 final, 11.4.2018, S. 5 f.

247 Vorausgegangen war eine umfassende Evaluation der RL 2009/22 im Rahmen des sog. *Consumer REFIT*-Programms, vgl. dazu das Commission Staff Working Paper vom 23.5.2017, COM (2017) 209 final. Ausführlich *Domej*, ZEuP 2019, 446, 449 ff.

weitung des sachlichen Anwendungsbereichs der Unterlassungsklagen-RL von 16 auf 59 EU-Rechtsakte vor, die der Anhang des RL-Vorschlags auflistet.[248] Zum anderen werden die Klagebefugnisse der qualifizierten Einrichtungen ausgeweitet: Diese sollen nunmehr nicht nur auf „Unterlassung", sondern auch auf „Abhilfe" klagen können. Abhilfemaßnahmen erfassen Austausch, Reparatur und Schadensersatz (mit Ausnahme von Strafschadensersatz).[249] Dabei soll es den Mitgliedstaaten freistehen, diese Klagen als *opt-in-* oder *opt-out-*Klagen auszugestalten.[250] Zudem wurde die Zielrichtung der RL 2009/22/EG verändert: Der neue Vorschlag regelte primär den innerstaatlichen kollektiven Rechtsschutz (Art. 4–15) und ergänzend grenzüberschreitende Kollektivklagen (Art. 16). Der Vorschlag der EU-Kommission lief damit im Ergebnis auf die Einführung einer allgemeinen Verbandsklage auf Unterlassung und auf Schadensersatz hinaus (dies ergibt sich aus den 59 im Anhang aufgelisteten Rechtsakten, die nicht auf den Verbraucherschutz begrenzt sind).[251]

11.74 Der Vorschlag der Kommission begrenzte die Klagebefugnis für die Kollektivklagen auf sog. „qualifizierte Einrichtungen" (Art. 4). Damit knüpfte der Vorschlag an die Regelung der Unterlassungsklagen-RL an, die die Klagebefugnis ebenfalls „qualifizierten Einrichtungen" vorbehält.[252] Qualifizierte Einrichtungen sind vor allem Verbraucherverbände, Ombudsmann-Einrichtungen und Behörden der EU-Mitgliedsstaaten. Diese Einrichtungen mussten qualitative Mindestkriterien erfüllen: sie mussten ordnungsgemäß eingetragen sein, gemeinnützig arbeiten und ein satzungsmäßiges Interesse an der Einhaltung der einschlägigen EU-Rechtsvorschriften aufweisen.[253] Im Fall kollektiver Schadensersatzverfahren sollten die qualifizierten Einrichtungen den Gerichten oder Verwaltungsbehörden ihre finanzielle Ausstattung

---

248 Dazu *Halfmeier/Rott*, VuR 2018, 243 f., oben Rdn. 11.66.

249 Art. 6 des RL-Vorschlags der Kommission lautet: „Für die Zwecke des Artikels 5 Absatz 3 stellen die Mitgliedstaaten sicher, dass qualifizierte Einrichtungen befugt sind, Verbandsklagen zur Erwirkung eines Abhilfebeschlusses zu erheben, durch den der Unternehmer je nach Sachlage verpflichtet wird, unter anderem Entschädigungs-, Reparatur- oder Ersatzleistungen zu erbringen, den Preis zu mindern, die Vertragskündigung zu ermöglichen oder den Kaufpreis zu erstatten ... " Zum aktuellen Stand siehe oben Rdn. 11.67.

250 So Art. 6 I 2 RL-Vorschlag: „Ein Mitgliedstaat kann das Mandat der einzelnen betroffenen Verbraucher verlangen, bevor ein Feststellungs- oder ein Abhilfebeschluss erlassen wird." Nach EwG 15 sollen Einzelklagen geschädigter Verbraucher unberührt bleiben.

251 Insofern erscheint die angeführte Rechtsgrundlage (Art. 114, 169 AEUV) problematisch. Unkritisch *Augenhofer*, EuZW 2019, 5, 9 ff.; *Halfmeier/Rott*, VuR 2018, 243 f.

252 Dazu oben Rdn. 11.63.

253 Art. 4 des RL-Entwurfs lautet: „Die Mitgliedstaaten stellen sicher, dass Verbandsklagen von qualifizierten Einrichtungen erhoben werden können, die auf ihr Ersuchen von den Mitgliedstaaten zu diesem Zweck vorab benannt und in ein öffentlich zugängliches Verzeichnis aufgenommen wurden. Die Mitgliedstaaten benennen eine Stelle als qualifizierte Einrichtung, wenn sie die folgenden Kriterien erfüllt: a) Sie wurde nach dem Recht eines Mitgliedstaats ordnungsgemäß errichtet. b) Sie hat ein berechtigtes Interesse daran, zu gewährleisten, dass die unter diese Richtlinie fallenden Bestimmungen des Unionsrechts eingehalten werden. c) Sie verfolgt keinen Erwerbszweck."

und die Herkunft der Mittel zur Finanzierung ihres Vorgehens offenlegen.[254] Von der Klagebefugnis ausgenommen blieben damit individuelle Verbraucher,[255] Anwälte und andere Dienstleister, die Kollektivklagen mittels Klageplattformen oder vergleichbarer Klagevehikel organisieren.[256]

Bei grenzüberschreitenden Verfahren stellte Art. 16 I des RL-Entwurfs sicher, dass die qualifizierten Einrichtungen entsprechende Unterlassungs- und Abhilfeklagen vor den Gerichten anderer EU-Mitgliedstaaten erheben können. Die angerufenen Gerichte sollen die Klagebefugnis auf der Grundlage eines bei der EU-Kommission geführten Verzeichnisses (Art. 16 III RL-Entwurf) akzeptieren, können sie jedoch im Einzelfall nachprüfen. Nach Art. 16 II RL-Entwurf können sich qualifizierte Einrichtungen zusammenschließen, um gegen Verbraucherrechtsverstöße vorzugehen, die sich in mehreren Mitgliedstaaten auswirken. 11.75

In den Beratungen im Rat und im Parlament wurde der Kommissionsentwurf im Grundsatz akzeptiert, jedoch strukturell verändert. Der im Trilogverfahren abgesprochene Text[257] unterscheidet in den jeweiligen Einzelvorschriften innerstaatliche (Art. 3 Abs. 4a) und grenzüberschreitende (Art. 3 Abs. 4b) Verbandsklagen und regelt letztere mehr im Detail. Die Anforderungen an die qualifizierten Einrichtungen bei grenzüberschreitenden Klagen wurden dabei verschärft (Art. III): Diese müssen mindestens 12 Monate vor Klageerhebung gegründet worden sein (lit. a)), laut Satzungszweck die Interessen von Verbrauchern vertreten (lit. b)), gemeinnützig sein (lit. c)).[258] Sie dürfen zudem nicht von der Unternehmensseite finanziert werden (lit. e)).[259] Bei grenzüberschreitenden Abhilfeklagen gilt eine *opt-in*-Regel für alle Verbraucher, die nicht ihren gewöhnlichen Aufenthalt im Gerichtsstaat haben.[260] Zudem wird klargestellt, dass die Beteiligung von Verbrauchern in einem Kollektivverfahren ein weiteres *opt-in* in ein anderes Parallelverfahren ausschließt.[261] 11.76

254 Art. 7 Kommissionsentwurf, kritisch *Domej*, ZEuP 2019, 446, 463 ff., die mit Recht darauf verweist, dass die kommerzielle Drittfinanzierung die praktisch wichtigste Methode zur Ermöglichung von Kollektivklagen ist.

255 Beispiel: EuGH, 25.1.2018, Rs. C-498/16, *Schrems II*, EU:C:2018:37, vgl. oben § 6 II, Rdn. 6.108.

256 Die Zulässigkeit entsprechender Klagen richtet sich nach den Verfahrensrechten der EU-Mitgliedstaaten.

257 PE-CONS No/20 – 2018/0089 (COD) – im Folgenden RL-E. Das EU-Parlament hat am 7.7.2020 den Text förmlich angenommen.

258 Nach Art. 4 III lit. d) RL-E darf kein Insolvenzverfahren eröffnet sein. Diese Regelung erscheint schlicht überflüssig: die Eröffnung des Insolvenzverfahrens bewirkt die Unzulässigkeit der Klage, vgl. § 80 f. InsO (für Deutschland).

259 Dieses Kriterium ähnelt der Regelung der Klagebefugnis im deutschen Musterverfahren, vgl. § 606 ZPO.

260 Vgl. Art. 5b Abs. 3: „... Member States shall ensure that individual consumers, which are not habitually resident in the Member State of the court or administrative authority before which the representative action has been brought, have to explicitly express their will to be represented in that action in order to be bound by the outcome of the action." Klarstellend zudem EwG 15c.

261 Damit enthält der aktuelle Entwurf zwei komplementäre Ansätze zur Koordinierung grenzüber-

11.77 Die beschlossene Richtlinie enthält eine eigenwillige (und vom allgemeinen Verständnis abweichende Definition der grenzüberschreitenden Kollektivklage. Nach Art. 3 Abs. 4a) RL-E und 4b) RL-E liegt eine innerstaatliche Kollektivklage immer dann vor, wenn die qualifizierte Einrichtung vor den Gerichten des EU-Mitgliedstaates liegt, in dem sie registriert ist.[262] Eine grenzüberschreitende Kollektivklage soll hingegen vorliegen, wenn die qualifizierte Einrichtung die Klage vor den Gerichten eines anderen EU-Mitgliedstaates erhebt.[263] Diese Anknüpfung an die klagende Einrichtung klammert allerdings zwei wesentliche Aspekte aus. Zum einen sämtliche Konstellationen, in denen die Klage (in einem besonderen Gerichtsstand) gegen einen ausländischen Beklagten erhoben wird: Nach herkömmlichem Verständnis ist hingegen der „Wohnsitz" der Parteien in unterschiedlichen EU-Mitgliedstaaten maßgeblich.[264] Zudem kommt es nach dieser Definition nicht darauf an, ob die repräsentierten Kläger aus anderen EU-Mitgliedstaaten kommen.[265] Im Ergebnis erfassen die besonderen *„safeguards"* für grenzüberschreitende Kollektivklagen (Art. 4a)–4b) RL-E) nur einen Ausschnitt der tatsächlich grenzüberschreitenden Kollektivklagen.[266] Es drängt sich der Eindruck auf, dass die zahlreichen Untersuchungen zu den kollisionsrechtlichen Problemen von Kollektivklagen nicht hinreichend zur Kenntnis genommen (sprich: nicht gelesen) wurden.

d) Grenzüberschreitende Kollektivklagen unter der EuGVO

11.78 Bei der Implementierung der grenzüberschreitenden Verbandsklagen greift der Unionsgesetzgeber auf die EuGVO zurück.[267] Jedoch ist die Anwendung der EuGVO in diesen Konstellationen nicht selbstverständlich.[268] Bereits der sachliche Anwendungsbereich ist problematisch, wenn staatliche Behörden oder „beliehene" Stellen bzw.

schreitender Kollektivklagen: Die Begrenzung auf *opt-in*-Verfahren vermeidet auch überschneidende Gruppenklagen (da alle repräsentierten Geschädigten namentlich bekannt sind); das Verbot einer Doppelbefassung wirkt ergänzend auf der Ebene der „Mandatierung" bzw. des *„opt-in"*.

262 Art. 3, Abs. 4a) Entwurf: „'Domestic representative action' means a representative action brought by an activity in the Member States in which the qualified entity is designated."

263 Art. 3, Abs. 4b) Entwurf: „'Cross-border representative action' means representative actions brought by a qualified entity in a Member State other than in which the qualified entity is designated."

264 So insbesondere die (überkommene) Lesart von Art. 67 und 81 AEUV, oben § 2 II, Rdn. 2.14 ff.

265 Allerdings unterliegen die repräsentierten Kläger aus anderen EU-Mitgliedstaaten einem strikten *opt-in*-Vorbehalt, vgl. Art. 5b) III und EwG 15c) Entwurf.

266 Insbesondere lässt die aktuelle Fassung es zu, dass *ad hoc* gegründete Klagevehikel ausländische Beklagte im (eigenen) Gerichtsstaat verklagen – wie unter dem niederländischen WCAM.

267 Vgl. Art. 2 III RL-E: „Diese Richtlinie berührt nicht die Unionsvorschriften im Bereich des Internationalen Privatrechts, insbesondere nicht die Vorschriften über die Zuständigkeit der Gerichte und das anwendbare Recht in vertraglichen und außervertraglichen Streitigkeiten."

268 Ausführlich *Michailidou*, Prozessuale Fragen, S. 307 ff.; *Stadler*, JZ 2009, 121, 123 ff.

Verbraucherorganisationen Unterlassungsverfügungen implementieren.[269] Denn im Kern setzten hier staatliche Stellen zwingende nationale Vorschriften durch – in einer derartigen Konstellation liegt aber nach der Judikatur des EuGH gerade keine Zivilsache im Sinne des Art. 1 I 1 EuGVO vor.[270] Im Urteil *VKI./.Henkel* reduzierte der EuGH die Problematik darauf, dass im Ausgangsverfahren ein privatrechtlicher Verband auf die Unterlassung von unfairen Klauseln im privaten Geschäftsverkehr klagte: Dies sei eine Zivilsache i.S.v. Art. 1 I EuGVO.[271] Ob dies wirklich das letzte Wort bleibt, erscheint nicht sicher: Sofern nationale Behörden oder beliehene Verbraucherschutzverbände aufgrund nationaler, hoheitlicher Befugnisse (auch unter dem Schlagwort: *(private) law enforcement*) im Ausland klagen, liegt zumindest keine originäre Zivil- und Handelssache vor.[272]

Die internationale Zuständigkeit für grenzüberschreitende Verbandsklagen bestimmt sich nach Art. 4–34 EuGVO. Im Anwendungsbereich der RL 2009/22/EG stützt sich die internationale Zuständigkeit auf Art. 4 I und 63 EuGVO; der Verbraucherverband wird das Unternehmen häufig an dessen Sitz verklagen.[273] Die besonderen Gerichtsstände der Art. 7 ff. EuGVO ermöglichen zudem Klagen im Sitzstaat des Verbraucherverbandes: In Betracht kommt der Gerichtsstand der Niederlassung, etwa wenn es um von dieser Niederlassung verwendete, missbräuchliche AGB oder sonstige Verstöße gegen Verbraucherinteressen geht (Art. 7 Nr. 5 EuGVO).[274] Dagegen stehen die Klägergerichtsstände in Verbrauchersachen (Art. 18 EuGVO) dem Verband im Fall einer verbraucherschützenden Zivilklage nicht zur Verfügung.[275] Nach der **11.79**

---

269 Deutlich wird dies im Anwendungsbereich der VO 2006/2004/EG, ABl. 2004, L 364/1 ff. Das deutsche Bundesamt für Verbraucherschutz und Lebensmittelsicherheit hat im Rahmen der Durchführung der VO die Verbraucherzentrale Bundesverband und die Wettbewerbszentrale als subsidiär zuständige Stelle zur Geltendmachung der Unterlassungsklage (vgl. § 4a UKlagG) benannt. Diese Benennung kommt einer Beleihung nahe, dazu MünchKommZPO/*Micklitz*, § 3 UKlagG, Rdn. 44 ff.

270 Dazu bereits oben § 6 I, Rdn. 6.12 (zur fehlenden Einheitlichkeit der Rechtsprechung des EuGH).

271 EuGH, 1.10.2002, Rs. C-167/00, *Henkel*, EU:C:2002:555.

272 Dagegen *Stadler*, JZ 2009, 121, 124 f. Vgl. jedoch nunmehr die Schlussanträge GA *Szpunar*, 23.4.2020, Rs. C-73/19, *Movic*, EU:C:2020:297, Rdn. 37 ff., der eine Einordnung der Behördenklage als Zivil- und Handelssache befürwortet.

273 *Michailidou*, Prozessuale Fragen, S. 310 f.; *Stadler*, JZ 2009, 121, 126 f. Der Effektivitätsgrundsatz erfordert allerdings nicht, dass die EU-Mitgliedstaaten eine örtliche Zuständigkeit am Sitz der qualifizierten Einrichtung eröffnen, um Verbraucherverbänden die (innerstaatliche) Rechtsverfolgung zu erleichtern, EuGH, 5.12.2013, Rs. C-413/12, *Asociación de Consumidores Independientes de Castilla y León*, EU:C:2013:800, Rdn. 34 ff.

274 Dazu *Hess*, in: Ernst/Zimmermann, Zivilrechtswissenschaft (2001), S. 527, 533; *Lakkis*, Der kollektive Rechtsschutz, S. 133. Art. 7 Nr. 5 EuGVO ist zudem wichtig für Klagen gegen multinationale Unternehmen, die im Europäischen Binnenmarkt Zweigniederlassungen vorhalten, vgl. EuGH, 18.5.2017, Rs. C-617/15, *Hummel Holding*, EU:C:2017:390 (zu Art. 125 UMVO), dazu *Hess*, RdC 388 (2017), 49, Rdn. 66. Zu Art. 7 Nr. 5 EuGVO oben § 6 II 3, Rdn. 6.82 ff.

275 EuGH, 19.1.1993, Rs. C-89/91, *Shearson Lehman*, EU:C:1993:15; EuGH, 1.10.2002, Rs. C-167/00, *Henkel*, EU:C:2002:555, Rdn. 33 und 50.

Rechtsprechung des EuGH privilegiert Art. 18 EuGVO die persönliche Klage des Verbrauchers,[276] nicht hingegen die des Verbandes.[277] Der besondere Gerichtsstand für vertragliche Streitigkeiten (Art. 7 Nr. 1 EuGVO) kommt nur in Betracht, sofern der Verband sich Individualansprüche der Verbraucher (etwa aus Vertrag) abtreten lässt und diese gebündelt (etwa in Prozessstandschaft) geltend macht.[278]

11.80 Besondere Bedeutung hat hingegen der Gerichtsstand des Art. 7 Nr. 2 EuGVO, der im Fall von Wettbewerbsverstößen, Kapitalanlagedelikten, Kartellverstößen und sonstigen Verstößen gegen zwingendes Verbraucherrecht anwendbar ist.[279] Danach kann am Tatort geklagt werden, d. h. sowohl am Handlungsort als auch am Erfolgsort.[280] Allerdings sind die Einschränkungen der *Shevill*-Rechtsprechung des EuGH zu beachten.[281] Danach können am Erfolgsort nur die individuellen Schäden (gebündelt) eingeklagt werden, die dort jeweils eingetreten sind.[282] Nach der (gefestigten) Rechtsprechung des Gerichtshofs begründet Art. 7 Nr. 2 EuGVO keinen besonderen Gerichtsstand am Ort des Vermögensschadens. Vielmehr müssen weitere Gesichtspunkte hinzutreten, die einen prozessualen Bezug zum Forum begründen (insbesondere die Beweisnähe oder die Vorhersehbarkeit des Gerichtsstands für den Beklagten).[283] Dies gilt freilich nicht für Verletzungen des Persönlichkeitsrechts und der Privatsphäre: Hier kommt es auf den Mittelpunkt der Interessen des (potentiell) Geschädigten an; im Ergebnis entscheiden die Umstände des jeweiligen Einzelfalls.[284]

---

276 So ausdrücklich EuGH, 25.1.2018, Rs. C-498/16, *Schrems II*, EU:C:2018:37, vgl. oben § 6 II, Rdn. 6.108.

277 EuGH, 1.10.2002, Rs. C-167/00, *Henkel*, EU:C:2002:555.

278 Im Fall der Rechtsnachfolge ist der Klägergerichtsstand des Verbrauchers nach Art. 18 EuGVO nicht anwendbar, EuGH, 25.1.2018, Rs. C-498/16, *Schrems II*, EU:C:2018:37, dazu oben § 6 II, Rdn. 6.108.

279 Dazu oben § 6 II, Rdn. 6.67 ff.

280 EuGH, 1.10.2002, Rs. C-167/00, *Henkel*, EU:C:2002:55542 f., Rdn. 42 f.; EuGH, 28.7.2016, Rs. C-191/15, *VKI./.Amazon*, EU:C:2016:612; BGH, 9.7.2009, NJW 2009, 3371, Rdn. 16 ff.; BGH, 14.1.2016, NJW 2016, 3445 (*Freunde finden*).

281 EuGH, 7.3.1995, Rs. C-68/93, *Shevill./.Presse Alliance*, EU:C:1995:61; dazu *Michailidou*, IPRax 2003, 223, 226; *Hess*, in: Kölner Kommentar KapMuG (2. Aufl. 2014), § 32b ZPO, Rdn. 14 ff. Oben § 6 II 3, Rdn. 6.76.

282 *Stadler*, JZ 2009, 121, 129 ff. Dieses Problem stellt sich im aktuell anhängigen Vorlageverfahren C-343/19. Dort hat der österreichische Verbraucherverband VKI vor 16 österreichischen Landesgerichten Schadensersatzklagen aus unerlaubter Handlung gegen die Volkswagen AG erhoben, die Schadensersatz wegen des Erwerbs von Pkw fordern, in die schadhafte Software zur Regulierung des Schadstoffausstoßes eingebaut war. Der Streitwert liegt insgesamt bei 60 Mio. €; wegen der Regelung der örtlichen Zuständigkeit (in Art. 7 Nr. 2 EuGVO) wurden die (Delikts-)Klagen aufgesplittet, dazu *Leupold*, EuCML 2019, 121, 124., vgl. sogleich Fn. 283.

283 Vgl. oben § 6 II, Rdn. 6.72 f. Lesenswert die Schlussanträge GA *Campos Sánchez-Bordona*, 2.4.2020, Rs. C-343/19, *VKI./.Volkswagen*, EU:C:2020:253. Der EuGH, 9.7.2020, Rs. C-343/19, EU:C:2020:534, stellt wenig überzeugend auf den Marktort ab.

284 EuGH, 25.10.2011, verb. Rs. C-509/09 und C-161/10, *eDate Advertising*, EU:C:2011:685, Rdn. 45 ff.; EuGH, 17.10.2017, Rs. C-194/16, *Bolagsupplysningen*, EU:C:2017:766: Geltendmachung am Zentrum der

Rechtshängigkeitskonkurrenzen koordiniert Art. 29 EuGVO. Die Vorschrift setzt voraus, dass sowohl die Parteien als auch der Gegenstand der Klage im Kernpunkt identisch sind.[285] Nach der Rechtsprechung des EuGH kann sich auch ein (potenziell angegriffenes) Unternehmen mit der negativen Feststellungsklage gegen die drohende Unterlassungsklage des Verbraucherverbandes wehren.[286] Gehen verschiedene Verbraucherverbände parallel gegen die identische Verletzungshandlung eines Unternehmens vor, kommt mangels Parteiidentität nicht Art. 29 EuGVO, sondern Art. 30 EuGVO zur Anwendung: Die Parallelklagen sind, soweit sie im Zusammenhang stehen, auszusetzen. Nach Art. 30 III EuGVO reicht dabei ein Widerspruch in den (tragenden) Urteilsgründen aus.[287] Damit ermöglicht Art. 30 EuGVO die grenzüberschreitende Koordinierung von Kollektivklagen im Europäischen Justizraum.[288] Diese Vorschrift kommt auch bei anhängigen Musterprozessen nach dem Kapitalanleger-Musterverfahrensgesetz (KapMuG) und parallelen Klagen in anderen EU-Mitgliedstaaten in Betracht.[289] 11.81

Dies verdeutlicht das folgende Beispiel: Ein französischer Anleger erhebt zunächst in Deutschland Klage gegen den deutschen Emittenten, nimmt jedoch nach Aussetzung des Verfahrens und Beiladung zum Musterverfahren beim OLG (§ 8 III Nr. 2 KapMuG) seine Klage zurück und verklagt den Emittenten in Paris (nach Art. 7 Nr. 2, 17 f. EuGVO). Fraglich ist, ob und inwieweit das Pariser Gericht die Bindungswirkung des Musterentscheids anerkennen wird. Die Antwort gibt Art. 65 II EuGVO. Danach ist die Interventionswirkung deutscher Urteile nach §§ 74 III und 68 ZPO in anderen Mitgliedstaaten anzuerkennen.[290] Die Interventionswirkung nach § 22 I und II KapMuG (sie erfasst verallgemeinerungsfähige Vorfragen im Kapitalanlegerprozess) fügt sich in dieses Schema ein.[291] Die Anerkennungsfähigkeit dieser Wirkung im Pariser Verfahren ergibt sich aus Art. 65 II EuGVO.[292] Da vor dem deutschen OLG eine präjudizielle Frage entschieden wird, muss das Pariser Gericht das Verfahren nach Art. 30 EuGVO aussetzen.[293] 11.82

---

wesentlichen Interessen des jeweiligen Verletzten. Es ist derzeit ungeklärt, ob diese Rechtsprechung auch für Kollektivklagen gilt. Zu Art. 79 DSGVO vgl. unten Rdn. 11.100 ff.

285 Dazu oben § 6 III, Rdn. 6.184 ff.

286 *Michailidou*, Prozessuale Fragen, S. 322 ff.

287 Dazu oben § 6 III, Rdn. 6.188.

288 Vgl. dazu *Michailidou*, Prozessuale Fragen, S. 330 ff.

289 *Hess*, WM 2004, 2329, 2332; *ders.*, in: Kölner Kommentar § 22 KapMuG (2. Aufl. 2014), Rdn. 38.

290 Dazu *Rauscher/Staudinger*, EuZRP Art. 65 EuGVO, Rdn. 1; *Geimer/Schütze*, EuZVR, Art. 65 EuGVO Rdn. 4; *Mansel*, in: Wieczorek/Schütze, § 68 ZPO, Rdn. 24 f.

291 Für das genannte Fallbeispiel folgt hieraus, dass die Zurücknahme der Klage in Deutschland die Bindungswirkung des Musterverfahrens nicht hat entfallen lassen (§§ 8 III Nr. 2, 22 I 4 KapMuG), *Hess*, in: Kölner Kommentar § 22 KapMuG, Rdn. 38.

292 Eine Anerkennung der Interventionswirkung setzt zum einen die Anerkennung des ausländischen Urteils (Musterentscheid und Endurteil zwischen den Musterparteien) nach Art. 36 EuGVO und zum anderen die der Interventionswirkung nach Art. 65 II 2 EuGVO (analog) voraus, so *Wieczorek/Mansel*, § 68 ZPO, Rdn. 40.

293 Zweifelnd *Stadler*, FS Rechberger, S. 663, 675. Für die Anerkennungsfähigkeit des Urteils nach § 613 ZPO *Horn*, ZVglRWiss 118 (2019), 314, 330 ff.

11.83 Dasselbe gilt in der Konstellation, wenn mehrere Geschädigte den deutschen Emittenten in Deutschland und Frankreich verklagen und das Musterverfahren in Deutschland eingeleitet wird. Die prozessuale Konsequenz (umgehende Aussetzung des französischen Prozesses nach Art. 30 und 65 II 2 EuGVO) erscheint auf den ersten Blick erstaunlich – bewirkt sie doch im Ergebnis eine weitreichende Bindung des französischen Richters an das deutsche Musterurteil. Da in einem derartigen Haftungsprozess jedoch deutsches Haftungsrecht Anwendung findet,[294] erscheint die prozessuale Konsequenz auch für das französische Gericht hinnehmbar – sie bewirkt im Ergebnis „grenzüberschreitende Justizentlastung".

11.84 Demgegenüber stellen sich erheblich kompliziertere Koordinierungsprobleme im Verhältnis von Sammelklagen, soweit diese auf einem *opt-out*-Mechanismus beruhen.[295] Werden beispielsweise in einem Produkthaftungsfall zwei Sammelklagen erhoben (eine am Sitz des Unternehmens, die andere im Mitgliedsstaat, in dem die meisten Geschädigten ihren Wohnsitz haben), so stellt sich die Frage, ob die zuerst erhobene Klage die spätere sperrt.[296] Im genannten Beispiel erscheint es denkbar, dass die erste Klage, die im Namen aller Geschädigten erhoben wird, die zweite Klage sperrt, die im Namen aller im Gerichtsstaat Geschädigten erhoben wurde. Allerdings besteht die Personenidentität nur bei den (nicht unmittelbar beteiligten) repräsentierten „Klägern", nicht bei den eigentlichen „*anchor plaintiffs*". Dies spricht gegen eine Anwendung von Art. 29 EuGVO.[297] Damit verbleibt es bei Art. 30 EuGVO – danach kann das später angerufene das Verfahren bis zu Entscheidung des zuvor angerufenen Gerichts aussetzen. Die Aussetzung steht im Ermessen des Gerichts – sie erscheint freilich nicht zwingend, wenn die spätere Klage ungleich mehr Geschädigte repräsentiert als die frühere. Ungeklärt ist schließlich die Zulässigkeit einer negativen Feststellungsklage des Unternehmens gegen den Repräsentanten. Denn es erscheint durchaus denkbar, dass das „Zielunternehmen" von der Vorbereitung der Klage erfährt und sich mit einer Klage auf Feststellung wehrt, dass es nicht haftet.[298] Eine solche Klage kann das Unternehmen am (behaupteten) Handlungsort erheben.[299] Fraglich ist, ob die negative Feststellungsklage auch alle (potentiell) repräsentierten Geschädigten erfasst. Hierfür spricht die prozessuale Waffengleichheit; dagegen, dass es faktisch eine Klage „gegen Unbekannt" wäre. Zudem wäre den „repräsentierten" Beklagten keine *opt-out*-Befugnis zu eröffnen, da die Beklagtenstellung nicht vom Willen des Beklagten abhängt. Diese Überlegungen zeigen, dass die Einführung von *opt-out*-Sammelklagen erhebliche, dogmatische Verwerfungen auslöst.[300]

---

294 Zweifeld *Stadler*, NJW 2020, 265, 268 zu § 613 ZPO.

295 Derartige Klagen befürwortete das Weißbuch zur Einführung von Schadensklagen im Kartellrecht, KOM (2008) 165 endg., unten § 11 III, Rdn. 11.88 ff.

296 Die internationale Zuständigkeit ergibt sich aus Art. 4, 63 EuGVO am Sitz des Unternehmens aus Art. 7 Nr. 2 EuGVO am Erfolgsort, vgl. oben § 6 I, Rdn. 6.48 ff. und 6.65 ff.

297 So *Michailidou*, Kollektiver Rechtsschutz, S. 322 ff.; *Stadler*, JZ 2009, 121, 130 befürwortet bei *opt-in*-Verfahren aus Gründen des Beklagtenschutzes eine Anwendung von Art. 29 EuGVO, obwohl die repräsentierten Personen in der Regel nicht Parteien des Verfahrens sind.

298 *Hess*, in: Casper/Janssen/Pohlmann/Schulze (Hrg.), Europäische Sammelklage, S. 139, 148 ff.

299 Für die Klage am Handlungsort gelten die Einschränkungen der *Shevill*-Rechtsprechung nicht vgl. oben § 6 II, Rdn. 6.76.

300 Aus diesem Grund haben die meisten EU-Mitgliedstaaten, die *opt-out*-Klagen eingeführt haben, deren Wirkungen auf inländische Parteien begrenzt.

Für die grenzüberschreitende Vollstreckung gelten die Art. 36 ff. EuGVO.[301] Besonderheiten treten dabei grundsätzlich nicht auf.[302] Allerdings kann der *ordre public*-Vorbehalt des Art. 45 I lit. a) EuGVO eingreifen, sofern einzelne Mitgliedstaaten sehr weitreichende kollektive Rechtsbehelfe oder Rechtsfolgen zulassen – so etwa im Fall der portugiesischen Popularklage (*opt-out*) oder der griechischen Verbandsklage, die Strafschadensersatz fordern kann.[303] Der Musterentscheid nach § 22 KapMuG ist eine anerkennungsfähige Entscheidung nach Art. 2 Nr. 1 EuGVO, da er nach Art. 22 I 2 KapMuG der materiellen Rechtskraft fähig ist.[304] Mithin ist ein deutsches Urteil, das die Haftung eines inländischen Börsenemittenten dem Grunde nach feststellt oder gerade nicht feststellen kann, in den anderen EU-Mitgliedstaaten anzuerkennen. Die Erstreckung der Bindungswirkung auf Parallelverfahren erfolgt nach Art. 65 EuGVO.[305] **11.85**

Eine andere (vermeintliche) Lösung enthält Art. 10 des RL-Entwurfs zur Kollektivklage in Verbrauchersachen:[306] Danach soll die endgültige Entscheidung eines Gerichts oder einer Verwaltungsbehörde Beweiswirkungen nach dem Recht des jeweiligen (Herkunfts-)Mitgliedstaats entfalten.[307] Hier fehlt zum einen die Regelung der grenzüberschreitenden Sachverhalte, zum anderen ist die Einordnung unzutreffend: Für die Anerkennung von Urteilen gilt Art. 36 EuGVO; die Anerkennung von Verwaltungsentscheidungen fällt nach Art. 1 I EuGVO aus dem sachlichen Anwendungsbereich der EuGVO heraus.[308] **11.86**

Das europäische Prozessrecht ermöglicht zudem die grenzüberschreitende Vollstreckung von Unterlassungsverfügungen. Grundsätzlich kann das Prozessgericht auch bei im Ausland begangenen Verstößen Zwangsgelder verhängen, sofern die Unterlassungsverfügung ein derartiges Verhalten einschließt. Zwangsgelder, die bei der Vollstreckung von grenzüberschreitenden Unterlassungsklagen verhängt werden, können nach Art. 55 EuGVO vollstreckt werden.[309] – Praktische Anwendungsfälle wurden allerdings bisher nicht bekannt. **11.87**

---

301 Oben § 6 IV, Rdn. 6.204 ff.

302 Spezielle Probleme bei der Anerkennung von Vergleichen erörtert *Stadler*, NJW 2020, 265, 268 ff., die den gerichtlich genehmigten Vergleich einem Urteil nicht gleichstellen will.

303 *Michailidou*, Prozessuale Fragen, S. 332 ff., oben § 6 IV, Rdn. 6.236 ff.

304 *Hess*, in: Kölner Kommentar § 22 KapMuG, Rdn. 32 ff.

305 *Hess*, in: Kölner Kommentar § 22 KapMuG, Rdn. 34 ff.

306 Vgl. oben Rdn. 11.73 ff.

307 *Domej*, ZEuP 2019, 446, 454 ff., vermutet, dass die Regelung darauf zurückzuführen ist, dass auch behördliche Entscheidungen in den Rechtsakt einbezogen wurden.

308 Oben Rdn. 11.78.

309 EuGH, 18.10.2011, Rs. C-406/09, *Realchemie*, EU:C:2011:668, dazu oben § 6 IV, Rdn. 6.258 ff.

2. Kollektive Rechtsbehelfe im Kartellrecht

11.88 Einen strategischen Schwerpunkt der Einführung kollektiver Rechtsbehelfe zur Stärkung des *private enforcement* setzte die EU-Kommission zunächst im Kartellrecht:[310] Dort hatte die VO 2003/1/EG die Durchsetzung des Kartellverbots (vgl. Art. 101 AEUV) und der Missbrauchskontrolle (vgl. Art. 102 AEUV) von der EU-Kommission auf die Kartellbehörden und (Zivil-)Gerichte der Mitgliedstaaten verlagert.[311] In einem zweiten Deregulierungsschritt sollten die Zivilgerichte der Mitgliedstaaten über kartellrechtliche Schadensersatzklagen entscheiden, die im Namen aller Geschädigten von Verbraucherschutzverbänden, Gruppenklägern oder spezialisierten Anwaltskanzleien initiiert werden. Kollektivklagen sollten ein „Gegengewicht" zu mächtigen Prozessgegnern aus der Industrie und Wirtschaft bilden.

11.89 Die Gesetzgebungsinitiative verlief über mehrere Stufen: Die EG-Kommission hatte zunächst ein Gutachten einer anglo-amerikanischen Anwaltskanzlei eingeholt.[312] Das Gutachten stellte ein wenig blauäugig (vermeintliche) „Nachteile" der europäischen Kartellverfahren dem (angeblich überlegenen) US-amerikanischen Prozessmodell (mit Sammelklagen, Erfolgshonoraren und *punitive damages*) gegenüber und befürwortete die Einführung des US-amerikanischen Prozessrechtsmodells.[313] Ein Grünbuch der EG-Kommission vom 19. Dezember 2005 über private Schadensersatzklagen wegen der Verletzung des EG-Wettbewerbsrechts formulierte erstmals offen die Frage, ob das EG-Kartellrecht mit dem US-amerikanischen Konzept der *class action* und des *private public attorney* effektuiert werden sollte.[314] Zu diesem Zeitpunkt wurden freilich die rechtspolitischen Konzepte des *public private attorney* und die „Sammelklage" in den meisten EG-Mitgliedstaaten abgelehnt. Das Grünbuch der EG-Kommission war offen formuliert, übernahm jedoch im Kern die Aussagen des Gutachtens.[315] Dies entsprach der wachsenden praktischen Bedeutung des Kartelldeliktsrechts: Englische Kanzleien werben offen mit den Vorteilen der *group litigation* (CPR 19) für kollektive Prozesse – trotz geringen

---

310 Art. 103 AEUV bildet dabei eine valide Kompetenzgrundlage, vgl. oben § 2 III, Rdn. 2.48 f.

311 VO 1/2003 ABl. EU 2003 L 1/1 ff., dazu der Bericht der EG-Kommission über die Anwendung der VO 1/2003 EG vom 9.7.2014, COM (2014) 453. Zur Kartellschadens-RL oben Rdn. 11.51 ff.

312 *Ashurst*, Study on the conditions of claims for damages in cases of infringements of EC competition rules vom 31.8.2004, zugänglich unter: http://eu.europa.eu.int/comm/competition/antitrust/others/private–enforcement/index–en.html#damages.

313 KOM (2005) 672 endg.; die politische Zielsetzung ergab sich aus dem (begleitenden) *Commission Staff Working Paper* vom 19.12.2005, SEC (2005) 1731, Rdn. 4, 195 ff. Es verwundert nicht, dass dieser Vorschlag massiven Widerstand der Lobby-Gruppen der europäischen Industrie- und Wirtschaftsverbände auslöste.

314 Grünbuch: Schadenersatzklagen wegen Verletzung des EU-Wettbewerbsrechts, KOM (2005) 672 endg. nebst Arbeitsdokument (SEC [2005] 1732), dazu *Eilmannsberger*, CMLR 44 (2007), 431 ff.; abl. *Hodges*, CMLR 43 (2006), 1381 ff.

315 Die Reaktionen auf das Grünbuch zeigten einen gewissen Stimmungswechsel zugunsten des *private enforcement*, dazu *Hess*, in: Mansel/Dauner-Lieb/Henssler (Hrg.), Zugang zum Recht, S. 61, 63 ff.; *Hodges*, Reform of Class Actions, S. 131 ff.

Fallaufkommens.[316] Auch in Deutschland wurden inzwischen mehrere millionenschwere Kartellklagen auf Schadensersatz mit kollektivem Hintergrund erhoben.[317]

Ein im April 2008 veröffentlichtes Weißbuch über Schadensersatz im Kartellrecht[318] rückte – auch unter dem Eindruck der zum Teil deutlich vorgetragenen Kritik – von vielen der weitgehenden Perspektiven des Grünbuchs ab. Ein im Juli 2009 bekannt gewordener Richtlinienentwurf der GD COMP hielt hingegen an den wesentlichen Eckpunkten fest.[319] Die EU-Kommission leitete schließlich kein förmliches Gesetzgebungsverfahren ein, sondern machte eine politische Kehrtwende und stellte das Vorhaben des kollektiven Rechtsschutzes zurück. Die schließlich verabschiedete RL 2014/104/EU zur Geltendmachung von Kartellschäden klammert in EwG 13 Verfahren des kollektiven Rechtsschutzes ausdrücklich aus.[320] Bereits zuvor hatte die Empfehlung 2013/96/EU den Mitgliedstaaten unverbindlich die Einführung kollektiver Rechtsbehelfe anempfohlen.[321] **11.90**

Auch die im April 2018 veröffentlichten Vorschläge der EU-Kommission zur Änderung der RL 2009/22/EG und zur Einführung kollektiven Rechtsschutzes in Verbrauchersachen führten die Kartellschadens-RL nicht im Anhang auf[322] – offensichtlich war der kollektive Rechtsschutz im Kartellrecht keine rechtspolitische Priorität mehr für die EU-Kommission. Dies mochte auf der Einsicht beruhen, dass unter der RL 2014/104/EU in den EU-Mitgliedstaaten zunehmend (erfolgreich) Kollektivklagen geltend gemacht werden – initiiert von spezialisierten Klägerkanzleien, häufig mit der Unterstützung von Prozessfinanzierern.[323] Diese beruhen konstruktiv zumeist auf einer Forderungsabtretung an die Kläger.[324] Dieser ist bisweilen als spezielles Klage- **11.91**

316 *Mäsch*, IPRax 2005, 509, 511, bei Fn. 17 f. Die praktische Relevanz der Group Litigation nach CPR 19 ist jedoch gering geblieben, vgl. *Hodges*, The Reform of Class Action, S. 65 (das Fallaufkommen liegt unter fünf Fällen pro Jahr).

317 Vgl. etwa LG Düsseldorf vom 21.2.2007, BB 2007, 847 (Zementkartell); OLG Düsseldorf, 14.5.2008, WuW 2008, 845.

318 KOM (2008) 165 endg., sowie *Commission's Staff Working Paper* (SEC 2008/404). Dazu *Hodges*, Reform of Class Actions, S. 170 ff.

319 Ausführliche Kritik in Voraufl., § 11 III, Rdn. 46 ff.

320 Dazu oben Rdn. 11.51.

321 Oben Rdn. 11.71.

322 COM (2018) 184 final, dazu oben Rdn. 11.88 ff.

323 Aktuelles Beispiel sind die Klagen gegen die Hersteller und Ausrüster von Feuerwehrfahrzeugen sowie die vor dem LG München I anhängige Schadensersatzklage wegen des Lkw-Kartells.

324 So im EuGH, 21.5.2015, Rs. C-352/13, *CDC Hydrogen Peroxide*, EU:C:2015:335; die ablehnende Rechtsprechung deutscher Gerichte erscheint nicht sachgerecht, vgl. OLG Düsseldorf, 18.2.2015, NJW 2015, 2129, zutreffende Kritik bei *Stadler*, JZ 2018, 793 ff.

vehikel organisiert.[325] Verbraucherschutzorganisationen scheinen in diesem hoch spezialisierten „Marktsegment" hingegen weniger aktiv zu sein.[326]

11.92 Eine Regelung zur Verfahrenskonkurrenz enthält Art. 15 RL 2014/104/EU.[327] Die Vorschrift betrifft die sog. *„passing-on defence"*, sprich den Einwand des Beklagten im Kartellprozess, dass die Kläger keinen Schaden erlitten hätten, weil sie durch das Kartell veranlasste Preisaufschläge an ihre Abnehmer weitergegeben haben.[328] Die RL 2014/104/EU lässt diesen Einwand grundsätzlich zu, überträgt jedoch die Beweislast auf den (beklagten) Kartellanten (Art. 13).[329] Diese Regelung kann zur Folge haben, dass Abnehmer unterschiedlicher Preisstufen Parallelklagen erheben.[330] Aus diesem Grund verpflichtet Art. 15 I der RL 2014/104/EU die Mitgliedstaaten, bei der Umsetzung prozessuale Regelungen zu erlassen, die gewährleisten, dass es zu einer inhaltlichen Abstimmung der Parallelklagen kommt.[331] Zudem verweist Art. 15 II RL

---

325 Zu den verschiedenen Durchsetzungsformen vgl. *Hess*, Einleitung zum Kölner Kommentar KapMuG (2. Aufl. 2014), Rdn. 1 ff.

326 Anders hingegen im Datenschutz, vgl. den Vorlagebeschluss des BGH, 28.5.2020, I ZR 186/17. Siehe zum Datenschutz unten Rdn. 11.93 ff.

327 Art. 15 RL 2014/104/EU lautet: „(1) Um zu verhindern, dass Schadensersatzklagen von Klägern verschiedener Vertriebsstufen zu einer mehrfachen Haftung oder fehlenden Haftung des Rechtsverletzers führen, gewährleisten die Mitgliedstaaten, dass die mit einer Schadensersatzklage befassten nationalen Gerichte bei der Prüfung, ob die sich aus der Anwendung der Artikel 13 und 14 ergebende Beweislastverteilung beachtet ist, mit nach dem Unionsrecht oder dem nationalen Recht zur Verfügung stehenden Mitteln Folgendes gebührend berücksichtigen können: a) Schadensersatzklagen, die dieselbe Zuwiderhandlung gegen das Wettbewerbsrecht betreffen, aber von Klägern auf anderen Vertriebsstufen erhoben wurden; b) Urteile, mit denen über Schadensersatzklagen nach Buchstabe a entschieden wird; c) relevante Informationen, die infolge der öffentlichen Durchsetzung von Wettbewerbsrecht öffentlich zugänglich sind.
(2) Dieser Artikel lässt die Rechte und Pflichten der nationalen Gerichte nach Artikel 30 der Verordnung (EU) Nr. 1215/2012 unberührt."

328 Zum *passing-on*-Einwand, der im Rahmen der Vorteilsausgleichung zu berücksichtigen ist, vgl. *Ollerdißen*, in: Wiedemann (Hrg.), Handbuch des Kartellrechts, § 61, Rdn. 79; *Fuchs*, in: ders./Weitbrecht (Hrg.), Hdb Private Kartellrechtsdurchsetzung (2019), § 2, Rdn. 47 ff.; § 6 II, Rdn. 6.74 ff.

329 Anders zuvor die Rechtsprechung des BGH, 28.6.2011, NJW 2012, 928, Rdn. 47 f. (Beweislast beim mittelbaren Abnehmer). Umsetzung in Deutschland in §§ 33c GWB, dazu *Fuchs*, in: ders./Weitbrecht (Hrg.), Hdb Private Kartellrechtsdurchsetzung (2019), § 6, Rdn. 105 ff.

330 Der EuGH, 29.7.2019, Rs. C-451/18, *Tibor-Trans*, EU:C:2019:635, Rdn. 33 ff., 37, lässt die Schadensersatzklage der geschädigten Abnehmer in der Lieferkette am jeweiligen Schadensort zu, wo der überhöhte Preis gezahlt wurde. Dies bedeutet eine erhebliche Ausweitung des Schadensortes nach Art. 7 Nr. 2 EuGVO, die dem Grundsatz der Vorhersehbarkeit des Schadensortes widerspricht.

331 Der deutsche Gesetzgeber setzt bei der Umsetzung auf die Streitverkündung (§§ 72 ff. ZPO), begrenzt dabei nach § 89a III GWB das Kostenrisiko. Die Regelung knüpft an das *ORWI*-Urteil des BGB an, BGH, 28.6.2011, BGHZ 190, 145, Rdn. 73 ff. Dazu *Fuchs*, in: ders./Weitbrecht (Hrg.), Hdb Private Kartellrechtsdurchsetzung (2019), § 6, Rdn. 135 ff.

auf die Aussetzungsmöglichkeit nach Art. 30 EuGVO.[332] Es fehlt freilich eine Regelung zur Konsolidierung dieser Parallelklagen vor einem zuständigen Gericht.[333]

3. Kollektivklagen im Datenschutzrecht

a) Public und Private Enforcement im Datenschutzrecht

Die Datenschutz-RL 95/46/EG beruhte auf dem Vorrang der behördlichen Durchsetzung des Datenschutzes. Deshalb enthielt die Richtlinie keine Regelungen zum kollektiven Rechtsschutz. Art. 24 f. RL 94/46/EG verpflichteten die EU-Mitgliedstaaten jedoch zur Einführung von Rechtsbehelfen, mit denen Schadensersatzklagen bei der Verletzung von Datenschutz geltend gemacht werden konnten. Zahlreiche EU-Mitgliedstaaten, auch Deutschland, erstreckten den Anwendungsbereich nationaler Regelungen zum kollektiven Rechtsschutz auch auf Verletzungen des Datenschutzes.[334] In der Rs. C-40/17, *Fashion ID*, behauptete *Facebook*, dass die RL 95/46/EG (als eine Regelung zur Maximalharmonisierung) den EU-Mitgliedstaaten verbiete, kollektive Rechtsbehelfe einzuführen (*sic*).[335] Der EuGH ließ dies nicht gelten. Art. 288 AEUV verpflichte die Mitgliedstaaten zur effektiven Umsetzung der Richtlinie; die Einführung kollektiver Rechtsbehelfe trage zur Erreichung dieses Ziels bei.[336] **11.93**

Die seit dem 25.5.2018 anwendbare DatenschutzgrundVO 2016/679 (DSGVO)[337] kombiniert *public* und *private enforcement*:[338] Sie führt zunächst ein behördliches System der Rechtsdurchsetzung ein, das an die bestehenden Strukturen des Datenschutzes anknüpft. Zum einen sind die Datenschutzbehörden am Sitz der Hauptniederlassung des Datenverarbeiters für die Überwachung der Einhal- **11.94**

332 Diese Vorschrift betrifft freilich nur grenzüberschreitende Verfahrenskonkurrenzen, vgl. oben § 6 III, Rdn. 6.188.

333 Eine derartige Konsolidierung würde allerdings eine weitreichende Harmonisierung der nationalen Verfahrensrechte erfordern.

334 Vgl. § 2 II Nr. 11 UKlaG (im Hinblick auf Unterlassungsklagen der Verbraucherverbände), dazu etwa *Halfmeier*, NJW 2016, 1126 ff.

335 Diese (erstaunliche) Behauptung der Streithelferin stieß auf den einmütigen Widerspruch der anderen Prozessbeteiligten, insbesondere der EU Kommission und der beteiligten Mitgliedstaaten, vgl. Schlussanträge GA Bobek, 19.12.2018, Rs. C-40/17, *Fashion ID*, EU:C:2018:1039, Rdn. 24 ff., lesenswert zudem dort die Fn. 42 zu Rdn. 89.

336 EuGH, 29.7.2019, Rs. C-40/17, *Fashion ID*, EU:C:2019:629, Rdn. 49, 51, Schlussanträge GA *Bobek*, 19.12.2018, EU:C:2018:1039, insbesondere Rdn. 89 ff.

337 Verordnung (EU) 2016/679 des Europäischen Parlaments und des Rates vom 27. April 2016 zum Schutz natürlicher Personen bei der Verarbeitung personenbezogener Daten, zum freien Datenverkehr und zur Aufhebung der Richtlinie 95/46/EG (Datenschutz-Grundverordnung – DSGVO) ABl. EU 2016 L 119/1 ff.

338 Zum *private enforcement* vgl. etwa *Micklitz/Wechsler* (ed.), The Transformation and Enforcement (2016); kritisch *R. Stürner*, ZZP 127 (2014), 271, 314 ff.; *Hess*, in: Weller (ed.), Private Enforcement (2014), S. 33 ff. Auführlich unten § 14 IV, Rdn. 14.57.

tung des Datenschutzes zuständig (Art. 4, 56 DSGVO), auch wenn die Verarbeitung in mehreren Mitgliedstaaten erfolgt.[339] Art. 58 DSGVO listet eine Vielzahl von Untersuchungs-, Genehmigungs- und Abhilfebefugnissen der Datenschutzbehörden auf. Jede betroffene Person kann zudem gegen den Rechteverletzer die Aufsichtsbehörde einschalten (Art. 55 DSGVO). Geht die Behörde der Beschwerde nicht innerhalb von drei Monaten nach, so kann die betroffene Person gegen die Behörde eine Untätigkeitsklage erheben – zuständig sind die Gerichte des EU-Mitgliedstaats, in dem die Behörde ihren Sitz hat (Art. 78 II DSGVO).

11.95 Alternativ kann die betroffene Person direkt den Datenverantwortlichen (Controller, Art. 4 Nr. 7 DSGVO) oder den Auftragsdatenverarbeiter (Art. 4 Nr. 8 DSGVO) auf Unterlassung oder Schadensersatz verklagen. Praktisch bedeutsam ist hierbei die Erweiterung der Schadenshaftung auf immaterielle Schäden in Art. 82 I DSGVO; dabei kehrt Art. 82 III DSGVO die Beweislast für Verschulden um, während Art. 82 II die Haftung des Auftragsverarbeiters zurücknimmt.[340] Art. 79 I DSGVO eröffnet dem Verletzten ein Recht auf einen wirksamen gerichtlichen Rechtsbehelf, sprich den Zugang zu den Zivilgerichten der EU-Mitgliedsstaaten.[341] Dort können sie die zahlreichen Rechte der Verordnung auf Information (Art. 14 f.), Berichtigung (Art. 16), Entfernung von Daten und Nutzerprofilen (Art. 17 ff.) geltend machen. Schadensersatz nach Art. 82 DSGVO können Betroffene selbst oder mittels *opt-in*-Verbandsklagen geltend machen (Art. 80 I DSGVO); die EU-Mitgliedstaaten können (optional) *opt-out*-Verbandsklagen zulassen (Art. 80 II DSGVO).[342] Die Regelungen der Art. 78 ff. DSGVO verdeutlichen die Zweispurigkeit des Durchsetzungsansatzes: Die Verschärfung der zivilrechtlichen Haftung soll die zivilgerichtliche Rechtsdurchsetzung stärken – strukturell ähnlich (aber durchaus effektiver) als im Kartellrecht und im Verbraucherschutz.[343]

b) Verbandsklagen nach Art. 80 DSGVO

11.96 Art. 80 DSGVO enthält eine ausdrückliche Regelung zum kollektiven Rechtsschutz. Nach dessen Abs. 1 können Betroffene Verbände beauftragen, ihre Rechte wahrzunehmen. Nach Abs. 2 können die Verbände auch ohne Ermächtigung der betroffenen Datensubjekte Kollektivklagen erheben. Die Vorschrift lautet:

> „(1) Die betroffene Person hat das Recht, eine Einrichtung, Organisationen oder Vereinigung ohne Gewinnerzielungsabsicht, die ordnungsgemäß nach dem Recht eines Mitgliedstaats

339 *Schantz*, NJW 2016, 1841, 1846 f. (*one stop*-Grundsatz).

340 Damit werden wesentliche „Schwachstellen" der früheren Haftung nach § 7 BDSG behoben, die in der Praxis leerlief. Berechtigte Kritik an der früheren Rechtslage üben Wolff/Brink/*Quaas*, Beck OK-BDSG, § 7 (16. Aufl.), Rdn. 55 f.

341 Art. 79 I DSGVO setzt den grundrechtlichen Justizgewährungsanspruch des Art. 47 GRC unmittelbar um.

342 Dazu sogleich unten Rdn. 11.96.

343 Dazu *Pato*, in: Cadiet/Hess/Requejo Isidro (ed.), Privatizing Dispute Resolution (2019), S. 131 ff.

gegründet ist, deren satzungsmäßige Ziele im öffentlichem Interesse liegen und die im Bereich des Schutzes der Rechte und Freiheiten von betroffenen Personen in Bezug auf den Schutz ihrer personenbezogenen Daten tätig ist, zu beauftragen, in ihrem Namen eine Beschwerde einzureichen, in ihrem Namen die in den Artikeln 77, 78 und 79 genannten Rechte wahrzunehmen und das Recht auf Schadensersatz gemäß Artikel 82 in Anspruch zu nehmen, sofern dieses im Recht der Mitgliedstaaten vorgesehen ist.
(2) Die Mitgliedstaaten können vorsehen, dass jede der in Absatz 1 des vorliegenden Artikels genannten Einrichtungen, Organisationen oder Vereinigungen unabhängig von einem Auftrag der betroffenen Person in diesem Mitgliedstaat das Recht hat, bei der gemäß Artikel 77 zuständigen Aufsichtsbehörde eine Beschwerde einzulegen und die in den Artikeln 78 und 79 aufgeführten Rechte in Anspruch zu nehmen, wenn ihres Erachtens die Rechte einer betroffenen Person gemäß dieser Verordnung infolge einer Verarbeitung verletzt worden sind.“

Art. 80 DSGVO regelt zunächst die Anforderungen der wahrnehmungsbefugten Einrichtungen, Organisationen oder Vereinigungen. Diese müssen rechtsfähig sein[344] und nach dem Recht eines Mitgliedstaats gegründet sein.[345] Sie müssen ohne Gewinnerzielungsabsicht handeln[346] und ihren Statuten nach im Bereich des Datenschutzes tätig sein.[347] Anders als nach Art. 4 VO 2009/22/EG ist keine Registrierung bei der EU-Kommission erforderlich. Die Erfordernisse des Art. 80 I prüfen die befassten Gerichte und Verwaltungsbehörden selbständig nach.[348] 11.97

Nach Art. 80 I DSGVO handeln die Verbände im Auftrag der betroffenen Personen. Damit machen sie fremde Rechte in eigenem Namen geltend; sie handeln mithin nach deutschem Prozessrecht als Prozessstandshafter, mithin als Partei kraft Amtes.[349] Ihre Befugnis umfasst die Wahrnehmung der in Art. 77 und 78 DSGVO geregelten Beschwerderechte auf ein Eingreifen der Datenschutzbehörden (einschließlich einer verwaltungsgerichtlichen Kontrolle)[350] und der nach Art. 79 DSGVO eröffneten zivil- 11.98

344 Aus der Rechtsfähigkeit resultiert die Parteifähigkeit vor deutschen Zivilgerichten, § 50 ZPO, *Jotzo*, ZZPInt 2017, 225, 235 f.

345 Eine bestimmte Rechtsform schreibt die DSGVO nicht vor, sondern verweist auf die jeweiligen Vereins- und Gesellschaftsrechte der EU-Mitgliedstaaten.

346 Nicht ausgeschlossen ist jedoch, dass der Verband nach dem Kostendeckungsprinzip für sein Tätigwerden eine Gebühr erhebt, Kühling/Buchner/*Bergt*, Art. 80 DSGVO, Rdn. 7.

347 Beispiel: der vom österreichischen Internet-Aktivisten *M. Schrems* gegründete Verein *noybe.eu*, der Verstöße gegen die DSGVO von Datenschutzbehörden rügt und Kollektivklagen geltend macht.

348 Der BGH, 28.5.2020, I ZR 186/17, hat dem EuGH die Frage vorgelegt, ob auch Verbraucherverbände nach Art. 80 DSGVO klagebefugt sind.

349 Dazu ausführlich *Jotzo*, ZZPInt 2017, 225, 242 ff.; anders noch *Hess*, FS Geimer (2017), S. 255, 263 (Vertretungsbefugnis), funktional handelt es sich um einen *opt-in*-Mechanismus. Weitergehend *Pato*, in: Cadiet/Hess/Requejo Isidro (ed.), Privatizing Dispute Resolution (2019), S. 131, 136: Art. 80 I DSGVO enthalte keine Vorgaben, daher seien sämtliche Formen kollektiver Rechtsverfolgung zugelassen, etwa auch eine Kollektivklage aufgrund von Forderungszession.

350 *Public enforcement*, dazu *Pato*, in: Cadiet/Hess/Requejo Isidro (ed.), Privatizing Dispute Resolution (2019), S. 131, 132 f.

rechtlichen Auskunfts-, Beseitigungs- und Unterlassungsansprüche.[351] Schadensersatzansprüche (Art. 82 DSGVO) können die Verbände in Deutschland nicht generell nach Art. 80 I DSGVO geltend machen, da der deutsche Gesetzgeber zunächst keine solche Möglichkeit geschaffen hat.[352] Darüber hinaus können die Geschädigten ihre Ansprüche an den Verband zur gerichtlichen Geltendmachung zedieren (vgl. § 79 II ZPO).[353]

11.99 Eine echte Verbandsklage ohne Ermächtigung der betroffenen Personen ermöglicht hingegen Art. 80 II DSGVO. Diese Vorschrift setzt voraus, dass die EU-Mitgliedstaaten jeweils einen Rechtsrahmen für die Ausübung der Verbandsklage schaffen. Dies ist in Deutschland nicht umfassend geschehen. Jedoch eröffnen die §§ 2 II 1 Nr. 11, 3 UKlagG registrierten Verbänden die Befugnis, gegen datenschutzwidrige Geschäftspraktiken vorzugehen und auf die Unterlassung und Beseitigung von Vertragsklauselklagen zu klagen, die gegen Datenschutzrecht verstoßen.[354] Auch ein Musterverfahren nach §§ 606 ff. ZPO wegen Verletzung von Datenschutzrecht kann gegen einen Datenverarbeiter, der als Unternehmer handelt, geltend gemacht werden.[355] Die Umsetzung von Art. 80 DSGVO erfolgte in den EU-Mitgliedstaaten unterschiedlich – die weit formulierte Vorschrift enthält keine inhaltlichen Vorgaben.[356]

c) Die prozessualen Regelungen der DSGVO

11.100 Die zivilgerichtliche Rechtsdurchsetzung der Grundverordnung flankiert eine spezielle Vorschrift über die internationale Zuständigkeit in Zivilsachen.[357] Sie findet sich in Art. 79 II DSGVO. Diese Vorschrift lautet wie folgt:

> „(2) Für Klagen gegen einen Verantwortlichen oder gegen einen Auftragsverarbeiter sind die Gerichte des Mitgliedstaates zuständig, in dem der Verantwortliche oder der Auftragsverarbeiter

---

351 *Private enforcement*, Kühling/Buchner/*Bergt*, Art. 80 DSGVO, Rdn. 119 ff. mwN.

352 Davon unberührt bleibt die Möglichkeit, ein Musterfeststellungsverfahren nach §§ 606 ff. ZPO einzuleiten. Das Musterverfahren erfasst freilich nur Ansprüche von Verbrauchern gegen Unternehmer – dies schließt jedoch die Geltendmachung entsprechender Schadensersatzansprüche (vgl. Art. 82 DSGVO) wegen der Verletzung von Datenschutzrecht ein, zutreffend *Heigl/Normann*, in: Nordholtz/Mekat (Hrg.), Musterfeststellungsklage, § 2, Rdn. 57 ff.

353 Dazu *Jotzo*, ZZPInt 2017, 225, 253 f.

354 *Hess*, FS Geimer (2017), S. 255, 263 ff.; *Jotzo*, ZZPInt 2017, 225, 248 ff. Die Unterlassungsklage nach dem UKlagG erfordert keine Ermächtigung durch die Betroffenen.

355 Vgl. dazu oben Fn. 347. Das Musterverfahren beruht auf einer Ermächtigung des Verbands durch mindestens 10 Verbraucher (§ 606 III Nr. 2 ZPO) sowie auf der Registrierung der Ansprüche (§ 608 ZPO). Es setzt damit ein *opt-in*-Modell um.

356 Zur Umsetzung in Frankreich, Belgien und Spanien vgl. *Pato*, in: Cadiet/Hess/Requejo Isidro (ed.), Privatizing Dispute Resolution (2019), S. 131, 137 ff. Von der Möglichkeit, eine Verbandsklage ohne Mandatierung zuzulassen (Art. 80 II DSGVO), haben Belgien, Frankreich und Spanien Gebrauch gemacht.

357 Der Gerichtsstand soll auf die Ansprüche nach Art. 82 anwendbar sein, vgl. Art. 82 VI DSGVO.

> eine Niederlassung hat. Wahlweise können solche Klagen auch bei den Gerichten des Mitgliedstaates erhoben werden, in dem die betroffene Person ihren Aufenthaltsort hat, es sei denn, es handelt sich beim Verantwortlichen oder dem Auftraggeber um eine Behörde eines Mitgliedstaates, die in Ausübung ihrer hoheitlichen Befugnisse tätig geworden ist."[358]

Damit eröffnet die Verordnung zwei allgemeine Gerichtsstände: Zum einen den 11.101 Gerichtsstand am Sitz des Datenverantwortlichen bzw. Auftragsverarbeiters (Art. 4 Nr. 7 und 8 DSGVO). Alternativ kann beim Aufenthaltsgericht der „betroffenen Person" geklagt werden, deren Datenrechte verletzt wurden.[359] Damit implementiert die Verordnung ein doppeltes System von Klägergerichtsständen.[360] Hierin liegt eine deutliche Abweichung vom System der VO 1215/2012, die den allgemeinen Gerichtsstand nur am Sitz des Beklagten eröffnet,[361] Art. 4, 62 f. EuGVO.[362]

Angesichts des eigenständigen Zuständigkeitsregimes der DSGVO ist die Abgren- 11.102 zung zur EuGVO zu klären. EwG 147 zur DSGVO sagt hierzu folgendes:

> „Soweit in dieser Verordnung spezielle Vorschriften über die Gerichtsbarkeit – insbesondere in Bezug auf Verfahren im Hinblick auf einen gerichtlichen Rechtsbehelf einschließlich Schadensersatz gegen einen Verantwortlichen oder Auftragsverarbeiter – enthalten sind, sollten die allgemeinen Vorschriften über die Gerichtsbarkeit, wie sie etwa in der Verordnung (EU) Nr. 1215/2012 des Europäischen Parlaments und des Rats enthalten sind, der Anwendung dieser spezifischen Vorschriften nicht entgegenstehen."

Der Erwägungsgrund wirft mehr Fragen auf, als er Lösungen bereithält: Zum einen 11.103 ist nicht klar, ob die Vorschriften der Datenschutzgrundverordnung die allgemeinen Gerichtsstände der EuGVO ausschließen. EwG 147 DSGVO spricht unscharf von „entgegenstehen", der englische Text spricht von „should not prejudge", der französische Text sagt „ne devrait pas porter préjudice à l'application de telle règle juridictionelle spécifique". Eine Exklusivität der Datenschutzverordnung kann man diesen Formulierungen nicht entnehmen.[363] Folglich treten die Gerichtsstände der DSGVO neben die Regelungen der Art. 6–25 EuGVO. Das bedeutet im Ergebnis, dass Art. 79 DSGVO

---

358 Inhaltlich entspricht dieser Vorbehalt Art. 1 I EuGVO, vgl. unten Rdn. 11.108.

359 Die Anknüpfung an den gewöhnlichen Aufenthalt überzeugt in rechtspolitischer Hinsicht. Allerdings enthält die DSGVO keine eigenständige Definition, vgl. zum gewöhnlichen Aufenthalt oben § 6, Rdn. 6.45 f.

360 Das gilt entsprechend auch für eine negative Feststellungsklage, die ein Verantwortlicher gegen den potentiellen Kläger prophylaktisch erhebt. Dazu EuGH, 19.12.2013, Rs. C-452/12, *Nipponkoa*, EU:C:2013:858, Rdn. 36 mwN, oben § 6 III 5, Rdn. 6.192 ff.

361 Keine Erklärung bietet EwG Nr. 145. Danach soll der Kläger wählen, ob er am Gerichtsstand des Beklagten oder an seinem Heimatgerichtsstand klagt (insofern wiederholt der Erwägungsgrund lediglich Art. 79 II DS-GVO).

362 Vgl. oben § 6 II, Rdn. 6.40 ff.

363 *Hess*, FS Geimer (2017), S. 251 ff.; *Requejo Isidro*, La Ley Mercantil 42 (2017), 2; *Kohler*, Riv. dir. int e proc. 52 (2016), 653, 669.

zusätzliche Gerichtsstände für den zivilrechtlichen Datenschutz eröffnet. Nach Art. 67 EuGVO kommt es zu einem Nebeneinander der verschiedenen EU-Rechtsakte.[364]

11.104 Viel ist damit im Verhältnis zur EuGVO freilich noch nicht gewonnen: Denn der Deliktsgerichtsstand des Art. 7 Nr. 2 EuGVO eröffnet neben der Zuständigkeit am Handlungsort[365] dem Geschädigten einen Gerichtsstand am Erfolgsort.[366] Dieser dürfte mit dem Aufenthaltsgerichtsstand des Art. 79 II DSGVO häufig übereinstimmen. Allerdings ist für die EuGVO noch nicht eindeutig geklärt, wo der Erfolgsort lokalisiert ist – dieses Problem geht freilich über den Persönlichkeitsschutz, respektive den Datenschutz hinaus. Letztere hat der EuGH zu einer eigenständigen Fallgruppe im Rahmen des Art. 7 Nr. 2 EuGVO ausgeformt.[367]

11.105 Art. 79 II DSGVO knüpft an die Judikatur des EuGH zu Art. 7 Nr. 2 EuGVO an, indem er einen Gerichtsstand am Aufenthaltsort des Betroffenen eröffnet. Daher ist davon auszugehen, dass die Rechtsprechung des EuGH im Fall *eDate Advertising*[368] auf Art. 79 II DVO zu übertragen ist. Bei der Bestimmung des Aufenthalts kommt es auf den Daseinsschwerpunkt der betroffenen Person an. Dieser entspricht in der Regel dem Ort des gewöhnlichen Aufenthalts.[369] Allerdings findet die Mosaiktheorie im europäischen Datenschutzrecht keine Anwendung. In praktischer Hinsicht dürften der zivilgerichtliche Persönlichkeitsschutz und Datenschutz in der Europäischen Union weitgehend parallel laufen.

11.106 Unterschiede bestehen hingegen beim Drittstaatenbezug: Die Gerichtsstände des Art. 79 II DSGVO sind auch auf Parteien in Drittstaaten anwendbar. Dies folgt aus dem internationalen Anwendungsbereich der Verordnung. Dieser ist nach Art. 3 lit. a) DSGVO bereits immer dann eröffnet, wenn ein Datenverarbeitungsvorgang in einem Drittstaat sich auf den Binnenmarkt auswirkt (Marktortprinzip).[370] Das Marktortprinzip erweitert Art. 3 lit. b) DSGVO dahin, dass alle Personen, die ihren gewöhnlichen Aufenthalt bzw. ihre Niederlassung in der Europäischen Union haben, gegen Datenverarbeitungsvorgänge geschützt werden, die außerhalb der EU vorgenommen werden und die ihre „Bewegungsprofile“ erfassen (Schutzprinzip). Hieraus ist zu folgern, dass die neuen Gerichtsstände auch Drittstaatenbeklagte miterfassen sollen. Einen entsprechenden Drittstaatenbezug

---

364 Dazu Schlosser/*Hess*, Art. 67 EuGVVO, Rdn. 2.

365 Diese stimmt häufig mit dem allgemeinen Beklagtengerichtsstand, Art. 4, 62 f. EuGVO, überein.

366 Oben § 6 II, Rdn. 6.67 ff.

367 EuGH, 25.10.2011, Rs. C-509/09 und C-161/10, *eDate Advertising*, EU:C:2011:685, Rdn. 48 f.; EuGH, 17.10.2017, Rs. C-194/16, *Bolagsupplysningen*, EU:C:2017:766, oben § 6 II, Rdn. 6.75 ff.

368 EuGH, 25.10.2011, verb. Rs. C-509/09 und C-161/10, *eDate Advertising*, EU:C:2011:685, oben § 6 II, Rdn. 6.77.

369 EuGH, 25.10.2011, Rs. C-509/0 und C-161/10, *eDate Advertising*, EU:C:2011:685, Rdn. 48 f.

370 Dazu *Schantz*, NJW 2016, 1841, 1842. Die frühere Anknüpfung an die Niederlassung im EU-Mitgliedstaat, welche die Datenverarbeitung vornimmt (Art. 4 RL 95/46/EG), ist entfallen.

enthält Art. 7 Nr. 2 EuGVO hingegen nicht.[371] Angesichts der zahlreichen Drittstaatensachverhalte bei Internetdelikten bedeutet dies eine erhebliche Erweiterung der internationalen Zuständigkeit.[372]

Versteht man das Verhältnis zwischen der DSGVO und der EuGVO nicht als exklusiv, sondern als komplementär, so bleiben den Parteien weitere Gerichtsstände der EuGVO erhalten. Das gilt insbesondere für den Gerichtsstand der Streitgenossenschaft (Art. 8 Nr. 1 EuGVO)[373], den Gerichtsstand der Widerklage (Art. 8 Nr. 3 EuGVO) und die halbzwingenden Schutzgerichtsstände für Versicherungs- und Arbeitnehmer sowie für Verbraucher. Allerdings dürften die Klägergerichtsstände von der entsprechenden Regelung des Art. 79 II Abs. 2 DSGVO absorbiert werden.[374] 11.107

Für die Rechtshängigkeit und die Urteilsfreizügigkeit enthält die DSGVO keine Regelungen, so dass es insoweit bei der Anwendung der Art. 29 ff. bzw. 33 ff. und Art. 36 ff. EuGVO verbleibt.[375] Klagen gegen Behörden aufgrund von Datenverarbeitungen nehmen hingegen beide Verordnungen aus: Dies hält Art. 79 II DSGVO am Ende fest. Dasselbe gilt auch nach Art. 1 I EuGVO, da behördliche Überwachungstätigkeiten hoheitliches Handeln sind, die keine zivilrechtliche Haftung auslösen können.[376] Mithin erweisen sich letztlich die inhaltlichen Diskrepanzen zwischen der EuGVO und der DSGVO im Bereich der Gerichtsstände als gering. Dennoch bleibt ein Unbehagen, da die DSGVO europäische Gerichtsstände in einen Kontext stellt, wo man sie à priori nicht vermutet. Letztlich erscheinen die beiden Verordnungen nicht wirklich aufeinander abgestimmt. 11.108

IV. Spezielle Verfahren des Unionsrechts

1. Besondere Verfahren im Bereich des Geistigen Eigentums

Der Zugriff des Unionsgesetzgebers kann über die Setzung von Mindeststandards hinausgehen und zur Schaffung echter Unionsverfahren führen. Sektorielle Regelungen 11.109

371 Vgl. oben § 5 I, Rdn. 5.14.

372 Art. 79 II DSGVO verdrängt § 32 ZPO, den der BGH bisher im Verhältnis zu Drittstaaten abweichend von Art. 7 Nr. 2 EuGVO auslegt, dazu *v. Hein*, German National Report, ILA-Committee on the Protection of Privacy (Johannesburg 2016), S. 6 ff., mit Hinweisen auf: BGH, 2.3.2010, BGHZ 184, 313, Rdn. 17 f.; BGH, 29.3.2011, NJW 2011, 2059, Rdn. 10; BGH, 14.5.2013, BGHZ 197, 213.

373 EuGH, 21.5.2015, Rs. C-352/13, *CDC Hydrogen Peroxide*, EU:C:2015:335. Der Gerichtsstand der Streitgenossenschaft dürfte insbesondere bei einer gesamtschuldnerischen Haftung des Datenverarbeiters und Auftragsverarbeiters nach Art. 82 II DSGVO bedeutsam werden. Oben § 6 II 4, Rdn. 6.93 ff.

374 Dieser Gerichtsstand erfasst zudem nur vertragliche Streitigkeiten, vgl. Art. 15, 16 EuGVO. Beispiel: Die (unangekündigte und unwiederbringliche) Löschung des online-blog des Schriftstellers *Daniel Cooper* durch Google Inc., berichtet in FAZnet, 2.8.2016.

375 Oben § 6 IV, Rdn. 6.204.

376 Allg. Ansicht vgl. etwa EuGH, 28.7.2016, Rs C-102/15, *Siemens Aktiengesellschaft Österreich*, EU:C:2016:607, Rdn. 27 ff.; oben § 6 I, Rdn. 6.10 ff.

enthalten die Verordnungen über die Unionsschutzrechte, die quasi als Annex ein eigenes Verfahrensrecht für die Unionsschutzrechte vorhalten.[377] Die Verordnungen zur Unionsmarke[378], zum Gemeinschaftsgeschmacksmuster[379] und zum Gemeinschaftssortenschutz[380] haben auf der Ebene des materiellen Rechts eigenständige, europäische Immaterialgüterrechte geschaffen, die auf den folgenden drei Grundsätzen aufbauen: Nach dem sog. Grundsatz der Autonomie unterliegen die Unionsmarke und das Gemeinschaftsgeschmacksmuster nur den Vorschriften der Verordnungen.[381] Nach dem sog. Grundsatz der Einheitlichkeit schaffen die Verordnungen Schutzrechte mit einheitlicher Geltung für alle EU-Mitgliedstaaten.[382] Das Verhältnis zu den nationalen (durch die RL koordinierten) Marken- und Geschmacksmusterrechten bestimmt schließlich der sog. Grundsatz der Komplementarität. Danach stehen die Unionsschutzrechte selbständig neben den nationalen Schutzrechten.[383] Die Unionsrechtsakte regeln eigenständig die Voraussetzungen, den Schutzbereich und die Rechtsfolgen einer Verletzung der Schutzrechte, sie statuieren vor allem Unterlassungs- und Schadenersatzansprüche.[384]

11.110 Das Verfahrensrecht wurde hingegen nur im Hinblick auf das Registrierungs- und das Beschwerdeverfahren vergemeinschaftet. Für die Eintragung der Marken und Geschmacksmuster ist das Europäische Markenamt in Alicante zuständig (Art. 2, 30 ff. UMVO), Rechtsschutz gegen die Eintragungsentscheidung ist, nach einem vorgeschalteten Widerspruchsverfahren vor den Beschwerdekammern des Markenamtes (Art. 66 ff. UMVO, Art. 55 ff. GGMVO), zum EuG eröffnet (Art. 72 UMVO, Art. 61 GGMVO, Art. 58 lit. a) Satzung EuGH).[385] Der Gerichtshof entscheidet ausschließlich

377 Vgl. *Amschewitz*, Durchsetzungsrichtlinie, S. 59 ff.

378 Ursprünglich VO 40/94/EG, ABl. 1994 L 11/1, geändert durch die Verordnung (EG) 2009/207 des Rates vom 26.2.2009, ABl. EG 2009 L 78/1; wiederum geändert durch die Verordnung (EU) 2017/1001 des Rates vom 14.6.2017 über die Unionsmarke (UMVO), ABl. EU 2017 L 154/1.

379 VO 6/2002/EG, ABl. 2002 L 3/1 ff. (im Folgenden GGMVO), dazu *Ohly*, ZEuP 2004, 296, 315 ff.; *Stone*, EU Design Law (2016), Chap. 22.

380 VO (EG) 2100/94 über den gemeinschaftlichen Sortenschutz, ABl. EG 1994 L 227/1.

381 Art. 14 I GMVO, die UMVO enthält eine eigenständige Kodifikation mit inzwischen insgesamt 14 Titeln und 212 Artikeln; dagegen verweist Art. 88 GGMVO ergänzend auf die Schutzrechte der Mitgliedstaaten.

382 Insofern wird der überkommene Territorialitätsgrundsatz im Immaterialgüterrecht auf das Gemeinschaftsschutzrecht sinngemäß übertragen.

383 *Amschewitz*, Durchsetzungsrichtlinie, S. 61.

384 Daneben statuieren die Rechtsakte auch Beschlagnahmeansprüche, *Amschewitz*, Durchsetzungsrichtlinie, S. 64 mwN.

385 Nach Art. 56 und 58 Satzung EuGH ist ein auf die Rüge von Rechtsverletzungen beschränktes Rechtsmittel zum EuGH eröffnet.

über Rechtsverletzungen.[386] Eintragungs- und Rechtsschutzverfahren sind abschließend auf Unionsebene geregelt.

Für den Verletzungsprozess[387] (zwischen privaten Parteien) verweisen die Verordnungen hingegen auf die Prozessrechte der EU-Mitgliedstaaten unter Einschluss der Umsetzungsvorschriften zur RL 2004/48/EG.[388] Die Mitgliedstaaten haben spezielle Unionsmarkengerichte erster und zweiter Instanz benannt (Art. 129 UMVO/ 80 GGMVO).[389] Diese wenden im Gemeinschaftsmarken- bzw. Gemeinschaftsgeschmackmusterprozess ihre jeweiligen nationalen Verfahrensrechte an (vgl. Art. 129 III UMVO/80 GGMVO). Die Verordnungen enthalten jedoch selbständige Regelungen zur (internationalen) Zuständigkeit (Art. 125 UMVO/79 GGMVO) und zur Rechtshängigkeit (Art. 132 GMVO/84 f. GGMVO).[390] Die Gerichtsstände sind dem Modell der EuGVO nachgebildet; sie verdrängen die EuGVO in ihrem Anwendungsbereich (Art. 122 I und II UMVO/79 GMMVO) als *leges speciales*.[391] Die EuGVO bleibt jedoch ergänzend anwendbar – insbesondere für die Urteilsanerkennung (Art. 122 I UMVO/ 79 GGMVO).[392] 11.111

Im Bereich des Marken- und Geschmackmusterrechts hat zudem die Angleichung der autonomen Prozessrechte durch die Enforcement-RL 2004/48/EG herausragende Bedeutung: Diese führt die divergierenden Verfahrensrechte der Mitgliedstaaten in den streitentscheidenden Bereichen der Auskunftsansprüche, Beweissicherungsverfahren und im einstweiligen Rechtsschutz zusammen und reduziert damit die Anreize 11.112

---

386 *Lenaerts/Maselis/Gutmann/Nowak*, EU Procedural Law (2015), Rdn. 16.02 ff. Das schließt jedoch die Erhebung einer Verfahrensrüge nicht aus.

387 Nach der Definition in Art. 124 UMVO/81 GGMVO sind alle Verfahren erfasst, die den Schutz einer Gemeinschaftsmarke bzw. Geschmackmusters zum Gegenstand haben, insbesondere Verletzungsklagen, Klagen auf Feststellung der Nichtigkeit des Schutzrechts, auf Feststellung der Verletzung/Nichtverletzung, Erklärung des Verfalls sowie Unterlassungsklagen, ausführlich *Knaak*, GRURInt. 2007, 386, 387.

388 Vgl. oben Rdn. 11.32 ff.

389 Dazu *Gillert*, in: Kur/v. Bomhard/Albrecht, Art. 123 UMVO, Rdn. 1 ff. (mit einer Liste der zuständigen Gerichte in den EU-Mitgliedsstaaten). Für Deutschland vgl. §§ 125a MarkenG, 63 I GeschMG: Erstinstanzlich sind die Landgerichte, zweitinstanzlich die Oberlandesgerichte zuständig. Von der Möglichkeit einer Konzentration haben nur Baden-Württemberg und Bayern Gebrauch gemacht. Damit wurde die Chance zur Spezialisierung in der Richterschaft nicht genutzt – im Gegensatz zur Rechtslage in den anderen EU-Mitgliedstaaten, die überwiegend eine vollumfängliche Konzentration angeordnet haben, vgl. *Munzinger/Traub*, GRUR 2006, 33 ff.

390 Dazu sogleich unten Rdn. 11.113. Die Regelungen laufen inhaltlich weitgehend parallel, *Stone*, EU Design Law (2016), Rdn. 22.06.

391 EuGH, 13.7.2017, Rs. C-433/16, *Bayerische Motoren Werke*, EU:C:2017:550, Rdn. 39; EuGH, 27.9.2017, verb. Rs. C-24/16 und 25/16, *Nintendo*, EU:C:2017:724, Rdn. 42; *Heinze*, Einstweiliger Rechtsschutz, S. 117 ff.

392 Vgl. EwG 32 S. 2 UMVO: „Die Bestimmungen der Verordnung (EU) Nr. 1215/2012 des Europäischen Parlaments und des Rates (1) sollten für alle gerichtlichen Klagen im Zusammenhang mit den Unionsmarken gelten, es sei denn, dass die vorliegende Verordnung davon abweicht."

zum *forum shopping.*[393] Fortbestehende Anreize zum *forum shopping* bieten die Verweisungen der Verordnungen auf die nationalen Sanktionensysteme (Art. 130 UMVO, Art. 89 GGMVO), die in den EU-Mitgliedstaaten unterschiedlich ausgestaltet sind.[394] Jedoch hat Art. 8 VO Rom II seit dem 11.1.2009 die nationalen Kollisionsrechte angeglichen.[395] Indessen wirken sich auch kleinere Unterschiede in den nationalen Prozessrechten auf die komplexen Streitigkeiten aus und bieten Anreiz zum *forum shopping.*[396]

11.113 Die internationale Zuständigkeit im Markenverletzungsprozess[397] regeln die Art. 125 f. und 131 UMVO bzw. Art. 82–84 GGMVO (im Geschmacksmusterverletzungsprozess). Die Klagen nach Art. 125 UMVO sind am Sitz bzw. der Niederlassung des Beklagten[398] im Europäischen Justizraum anzubringen (Art. 125 I UMVO/ Art. 82 I GGMVO). Andernfalls ist das Gericht des EU-Mitgliedstaates zuständig, in dem der Kläger seinen Sitz bzw. Niederlassung hat (Art. 125 II UMVO/Art. 82 II GGMVO).[399] Haben weder Kläger noch Beklagter Sitz oder Niederlassung in einem EU-Mitgliedstaat, sind die spanischen Gerichte (beim Europäischen Markenamt in Alicante) zuständig (Art. 125 III UMVO/Art. 82 III GGMVO).[400] Möglich bleibt zudem eine Zuständigkeitsbegründung durch Prorogation (Art. 25 EuGVO) oder rügelose Einlassung (Art. 26 EuGVO), Art. 125 IV UMVO/Art. 82 IV GGMVO. Verletzungs- und Schadensersatzklagen können nach Art. 125 V UMVO/Art. 82 V GGMVO auch vor den Gerichten des Mitgliedstaates erhoben werden, in dem die Verletzung begangen

---

393 Dazu oben § 11 II 2, Rdn. 11.32 ff. Das Regelungsziel, *forum shopping* zu begrenzen, formuliert EwG 30 zur GGMVO, vgl. *Stone*, EU Design Law (2016), Rdn. 22.09.

394 Kritisch *Amschewitz*, Durchsetzungsrichtlinie, S. 61 ff. (insbesondere in Bezug auf die Ermittlung der anwendbaren Sachrechte); *Knaak*, GRURInt. 2007, 386 ff. (zum Zusammenspiel mit der EuGVO).

395 Dazu EuGH, 27.9.2017, verb. Rs. C-24/16 und 25/16, *Nintendo*, EU:C:2017:724, Rdn. 103 ff. Werden in Bezug auf ein Unionsgeschmacksmuster verschiedene Verletzungshandlungen (iSv Art. 19 GGMVO vorgenommen, ist iRd Art. 8 II Rom II-VO eine Gesamtwürdigung des Verhaltens vorzunehmen, um das anwendbare Recht einheitlich zu bestimmen. Dies ist die Folge des unionsweiten einheitlichen Schutzes des europäischen Geschmacksmusters (dasselbe gilt für die Unionsmarke), dazu *Kur*, GRUR 2017, 1120, 1121 ff.

396 Lesenswert *Stone*, EU Design Law (2016), Chap. 23, mit einer Fallstudie zum Verfahren *Apple v. Samsung*.

397 Systematisch ist zwischen Streitigkeiten wegen der Nichtigkeit und der Verletzung von Unionsmarke und -geschmacksmuster und sonstigen Streitigkeiten über diese Rechte zu unterscheiden. Letztere unterfallen nach Art. 131 f. UMVO/93 f. GGMVO den Vorschriften der EuGVO, *Heinze*, Einstweiliger Rechtsschutz, S. 175 f.; *Knaak*, GRURInt. 2007, 386, 387.

398 Dieser bestimmt sich nach Art. 7 Nr. 5, 62 f. EuGVO, zu letzteren OGH, 28.9.2006, GRURInt. 2007, 433, 434. Dazu oben § 6 II 3, Rdn. 6.82 ff.

399 Zum Begriff der Niederlassung vgl. EuGH, 18.5.2017, Rs. C-617/15, *Hummel Holding*, EU:C:2017:390.

400 Die Vorschrift bindet selbstverständlich nur die Gerichte der EU-Mitgliedstaaten, Gerichte in Drittstaaten wenden ihr autonomes Prozessrecht (*lex fori*) an, vgl. dazu Handelsgericht Zürich, 13.10.2006, GRURInt. 2007, 258, *Knaak*, GRURInt. 2007, 386, 392.

wurde oder droht.[401] Allerdings beschränkt sich die Zuständigkeit auf die in diesem Mitgliedstaat eingetretene oder drohende Verletzungshandlung (Art. 125 II UMVO/ Art. 83 I GGMVO).[402] Eine negative Feststellungsklage lässt der EuGH am Tatortgerichtsstand hingegen nicht zu.[403] Unionsweite Unterlassungsverfügungen können nur die nach Art. 125 I–IV GMVO zuständigen Gerichte erlassen (Art. 126 I GMVO/ 83 GGMVO).[404] Damit schaffen die Verordnungen eine Hierarchisierung zwischen den befassten Gerichten.[405]

Der Vorrang der Verordnungen war vor allem im Hinblick auf Art. 8 Nr. 1 EuGVO **11.114** streitig.[406] Die Anwendung des Gerichtsstands der Streitgenossenschaft bleibt nämlich nach Art. 122 II UMVO und Art. 79 I GGMVO insofern aufrechterhalten, als diese Vorschriften zwar die Art. 4, 6 und 7 EuGVO ausschließen, nicht hingegen Art. 8 EuGVO im Prozess gegen die streitgenössischen Mitbeklagten.[407] Grundsätzlich bleibt Art. 8 Nr. 1 EuGVO anwendbar. Dies geht über Prozessstrategien nach der „*spider in the web doctrine*“ hinaus:[408] Bei Verletzungshandlungen, die im gemeinsamen Zusam-

---

401 Ausgeschlossen ist nach dem Wortlaut die Zuständigkeit am Erfolgsort, EuGH, 5.6.2014, Rs. C-360/12, *Coty Germany,* EU:C:2014:1318. *Ebner*, Markenschutz, S. 250 f.; *Heinze*, Einstweiliger Rechtsschutz, S. 231 ff.; *Kohler*, FS Everling (1995), S. 651, 660. Erfolgt die Verletzungshandlung über eine Internet(verkaufs)plattform, so genügt es, dass sich die Werbungs- bzw. Absatztätigkeit gezielt an Kunden in diesem Mitgliedstaat richtet, EuGH, 5.9.2019, Rs. C-172/18, AMS Neve u.a., EU:C:2019:674, Rdn. 58 ff.

402 EuGH, 5.6.2014, Rs. C-360/12, *Coty Germany,* EU:C:2014:1318. Daher greift bei parallelen Klagen in verschiedenen EU-Mitgliedstaaten die Rechtshängigkeitssperre (des Art. 136 UMVO) nicht ein, EuGH, 5.9.2019, Rs. C-172/18, AMS Neve u.a., EU:C:2019:674, Rdn. 42; EuGH, 19.10.2017, Rs. C-231/16, *Merck,* EU:C:2017:771, Rdn. 42.

403 EuGH, 13.7.2017, Rs. C-433/16, *Bayerische Motoren Werke,* EU:C:2017:550, Rdn. 37 ff.; zulässig bleibt die negative Feststellungsklage am allgemeinen Beklagtengerichtsstand und im prorogierten Gericht. Anders die Rechtsprechung zu Art. 7 Nr. 2 EuGVO, EuGH, 25.10.2012, Rs. C-133/11, *Folien Fischer,* EU:C:2012:664 – der Gerichtshof begründet die Abweichung mit den Erfordernissen des IP-Schutzes, Rs. C-433/16, Rdn. 44 f. Dazu oben § 6 II 3, Rdn. 6.67 ff.

404 EuGH, 27.9.2017, verb. Rs. C-24/16 und 25/16, *Nintendo,* EU:C:2017:724, Rdn. 53 ff. (zum Designschutz); EuGH, 12.4.2011, Rs. C-235/09, *DHL Express France,* EU:C:2011:238, Rdn. 33 (zum Markenschutz).

405 In der Literatur wird daher zwischen „Zentralgerichten“ und „Verletzungsgerichten“ unterschieden, vgl. etwa *Ebner*, Markenschutz, S. 250 f.; *Ohly*, ZEuP 2004, 296 ff.

406 Eine ähnliche Diskussion betrifft die Anwendbarkeit von Art. 22 Nr. 4 EuGVO auf den Verletzungsprozess in Bezug auf die Gemeinschaftsmarke. Art. 90 II GMVO nennt Art. 22 Nr. 4 EuGVO nicht, anders hingegen Art. 79 III lit. a) GGMVO. Richtigerweise ist jedoch vom Ausschluss des Art. 22 Nr. 4 EuGVO auch für das Markenrecht auszugehen, da es sich um eine gemeinschaftsweit geltende Marke handelt, zutreffend *Kohler*, FS Everling, S. 651, 656 f.; *Heinze/Roffael*, GRURInt. 2006, 787, 796; *Knaak*, GRURInt. 2007, 391, 396; unklar OGH, 28.9.2006, GRURInt. 2007, 433, 434. Zu Art. 8 Nr. 1 EuGVO vgl. oben § 6 II 4, Rdn. 6.90 ff.

407 *Ebner*, Markenschutz, S. 250 f.; *Ohly*, ZEuP 2004, 296, 318 ff.

408 *Gonzales Beilfuss*, in: Nuyts (ed.), International Civil Litigation in Intellectual Property and Informational Technology, S. 79; *Heinze*, Einstweiliger Rechtsschutz, S. 236 ff. Zurückhaltend EuGH,

menwirken von Tochterunternehmen des Beklagten begangen werden, kann sich der Verletzte ein Tochterunternehmen als *anchor defendant* auswählen, um am attraktivsten Gerichtsstand das Verletzungsverfahren durchzuführen.[409] Anders als nach der *„spider in the web doctrine"* ist der Gerichtsstand der Streitgenossenschaft nicht darauf beschränkt, dass wesentliche Tathandlungen im Mitgliedstaat des angerufenen Gerichts begangen wurden.[410]

11.115 Den einstweiligen Rechtsschutz regeln die Art. 131 UMVO/90, 91 III GGMVO.[411] Die Verordnungen übernehmen den Begriff der einstweiligen Maßnahme und die Regelungsstruktur des Art. 35 EuGVO – mithin auch die Rechtsprechung des EuGH zum einstweiligen Rechtsschutz im europäischen Prozessrecht.[412] Danach scheidet der Erlass extraterritorialer Unterlassungsverfügungen im Gerichtsstand des Art. 131 V UMVO aus; zuständig ist hierfür nur das Gericht der Hauptsache.[413] Für die Ausformung des einstweiligen Rechtsschutzes haben Art. 7 und 9 der Enforcement-RL 94/2004/EG wesentliche Bedeutung: Diese Regelungen schaffen ein einheitliches Schutzniveau in den EU-Mitgliedstaaten. Ihre offene Formulierung ermöglicht insbesondere den Erlass von Unterlassungsverfügungen;[414] die grenzüberschreitende Vollstreckung hängt hingegen von der vorgängigen Gehörsgewährung des Antragsgegners ab.[415] Allerdings sollte der Unionsgesetzgeber (in Anlehnung an Art. 9 Enforcement-RL[416]) von diesem Erfordernis abrücken.[417]

2. Die Schaffung einer Europäischen Patentgerichtsbarkeit

a) Gescheiterte Rechtsetzungsinitiativen

11.116 Im Patentschutz wird seit langem um eine eigenständige, sektorielle Sonderregelung gerungen.[418] Die Ausgangslage ist dort insofern besonders, als alle EU-Mitgliedstaa-

---

13.7.2006, Rs. C-539/03, *Roche Nederland*, EU:C:2006:458, Rdn. 35 ff. (allerdings vor dem Hintergrund des europäischen Bündelpatents), vgl. oben § 6 II, Rdn. 6.90 ff.

409 BGH, 14.12.2006, RIW 2007, 624, 625 (*Fahrzeugkomponenten*).

410 So deutlich EuGH, 27.9.2017, verb. Rs. C-24/16 und 25/16, *Nintendo*, EU:C:2017:724, Rdn. 45 ff., dazu *Kur*, GRUR 2017, 1120 ff.

411 Art. 132 III GMVO, 91 III GGMVO lassen für die Dauer der Aussetzung des Verletzungsverfahrens den Erlass einstweiliger Maßnahmen zu, *Heinze*, Einstweiliger Rechtsschutz, S. 180 f.

412 Vgl. oben § 6 IV, Rdn. 6.277 ff.

413 OGH, 11.12.2007, GRURInt. 2009, 74, 76 ff.

414 *Heinze*, Einstweiliger Rechtsschutz, S. 126 ff.

415 *Hess/Pfeiffer/Schlosser*, The Brussels I Regulation, Rdn. 467.

416 Vgl. oben § 11 II, Rdn. 11.43.

417 Dazu oben § 6 IV, Rdn. 6.290.

418 Ausführlich *Pila*, in: dies./Wadlow (ed.), The Unitary EU Patent System (2015), S. 10 ff.

ten das Europäische Patentübereinkommen vom 5.10.1973 (EPÜ) ratifiziert haben.[419] In rechtspolitischer Hinsicht stellte sich zunächst die Frage nach einer Ergänzung des Übereinkommens durch ein paralleles Gemeinschaftsinstrument. Zunächst sollte ein bereits 1975 aufgelegtes Parallelübereinkommen der EG-Mitgliedstaaten über ein Gemeinschaftspatent das EPÜ ergänzen.[420]

Das Anerkennungsprotokoll zum EPÜ vom 5.10.1973[421] enthält eine gegenüber **11.117** der EuGVO nach Art. 71 EuGVO vorrangige Gerichtsstandsregelung: Nach Art 3 Prot. EPÜ ist ein beklagter Anmelder in seinem Wohnsitzstaat gerichtspflichtig, Beklagte in Drittstaaten können am Wohnsitz des Klägers verklagt werden. Nach Art. 6 Prot.EPÜ sind Gerichtsstandsvereinbarungen zugelassen. Das Protokoll enthält zudem Regelungen zur Rechtshängigkeit und zur Urteilsanerkennung, die der EuGVO nachgebildet sind. Nach seinem sachlichen Anwendungsbereich betrifft das Protokoll freilich nur Klagen gegen den Anmelder des Patents (Art. 1 Prot.EPÜ).[422]

Seit 1999 erarbeitete eine *Working Party* im Rahmen EPÜ ein eigenständiges **11.118** Streitbeilegungssystem für Europäische Patente. Ein im Dezember 2005 vorgelegter Entwurf eines Übereinkommens sollte eine europäische Patentgerichtsbarkeit mit zwei Instanzen errichten, der Vorschlag enthielt bereits eine vollständige Verfahrensordnung. Rechtsgrundlage sollte ein völkerrechtliches Parallelübereinkommen zum EPÜ sein, jedoch sollte der EuGH im Wege der Vorabentscheidung zur Auslegung (des Gemeinschaftspatents) angerufen werden können.[423] Dieses Vorhaben wurde nach dem Lugano II-Gutachten des EuGH[424] jedoch nicht weiter verfolgt: Seitdem stand fest, dass die von einigen EU-Mitgliedstaaten (u. a. Deutschland) ohne Beteiligung der EG-Kommission durchgeführten, völkerrechtlichen Verhandlungen kompetenzwidrig erfolgt waren.[425]

---

419 Das EPÜ schafft das Europäische Patentamt in München als Internationale Organisation, die für die Entgegennahme und Registrierung der (inzwischen mehr als 2.000.000) Anmeldungen zuständig ist. Das Europäische Patent wird in den Mitgliedstaaten anerkannt, jedoch nach Maßgabe der nationalen Privat- und Verfahrensrechte geschützt und durchgesetzt (Bündelpatent), vgl. *Adolphsen*, Europäisches Zivilprozessrecht in Patentsachen, § 2, Rdn. 64 ff.

420 Dieses Übereinkommen wurde jedoch wegen Souveränitätsbedenken der Mitgliedstaaten nicht ratifiziert. *Amschewitz*, Durchsetzungsrichtlinie, S. 66 ff.

421 BGBl. 1976 II 649, revidierte Fassung in Kraft seit dem 13.12.2007, http://www.epo.org/patents/law/legal-texts/html/epc/2000/d/ma4.html.

422 *Adolphsen*, Europäisches Zivilprozessrecht in Patentsachen, § 14, Rdn. 643 f.

423 http://www.epo.org/patents/law/legislative-initiatives/epla/latestdrafts–de.html. Art. 229a EG (in der Fassung des Vertrags von Nizza) enthielt eine ausdrückliche „Öffnungsklausel" für die Zuständigkeit des EuGH – sollte jedoch das Streitbeilegungssystem nicht präjudizieren.

424 EuGH, 7.2.2006, GA 1/03, *Nouvelle convention de Lugano*, EU:C:2006:81, dazu oben § 2 III, Rdn. 2.68 ff.

425 Dieses Vorgehen sah die EG-Kommission zu Recht als gemeinschaftsrechtswidrig an – immerhin betrafen die Verhandlungen den Anwendungsbereich der EuGVO, dazu *Amschewitz*, Durchsetzungsrichtlinie, S. 67 f.; *Oser*, GRURInt. 2006, 539, 540.

11.119 Zuvor hatte die EG-Kommission eine eigene Initiative zur Schaffung eines Gemeinschaftspatents eingeleitet.[426] Sie legte am 1.8.2000 den Entwurf einer Verordnung zur Einführung eines Gemeinschaftspatents vor.[427] Danach sollte das Gemeinschaftspatent einheitliche Geltung und gleiche Wirkungen in allen EG-Mitgliedstaaten haben. Die Erteilung sollte durch das EPA erfolgen, die Union sollte dem EPÜ beitreten.[428] Für den gerichtlichen Rechtsschutz schlug die Kommission ein neu zu schaffendes, eigenständiges Gemeinschaftspatentgericht vor.[429]

11.120 Allerdings stießen diese Vorschläge im Rat auf erhebliche Vorbehalte. Die Verhandlungen scheiterten an der Sprachenfrage: Zwischen Kommission und Mitgliedstaaten war streitig, ob das Gemeinschaftspatent in alle EU-Amtssprachen übersetzt werden muss oder ob der Antragsteller entscheiden kann, in welchen Sprachen er das Patent ausfertigen lässt. Insbesondere Italien und Spanien bestanden auf der Übersetzung in ihre jeweiligen Landessprachen. Wirtschaftlich macht das teure Übersetzungserfordernis keinen Sinn; mit diesem Erfordernis hätte sich das Gemeinschaftspatent – mangels Attraktivität – kaum durchgesetzt. Im Verlauf des Jahres 2004 geriet schließlich auch dieses Gesetzgebungsverfahren ins Stocken.[430]

11.121 Auf Initiative der deutschen Ratspräsidentschaft (2007) nahm eine Arbeitsgruppe des Rats Beratungen über die Einrichtung einer speziellen europäischen Patentgerichtsbarkeit auf. Diese erfolgen auf der Grundlage des „*European Patent Litigation Agreement*". Dieses bezweckte die Schaffung eines einheitlichen European and Union Patents Court (EuUPC), der sowohl über Bestands- und Verletzungsverfahren für Europäischer Patente nach dem EPÜ als auch über Bestands- und Verletzungsverfahren für Gemeinschaftspatente entscheiden sollte. Da die Vereinbarkeit des Vorschlags mit dem Primärrecht streitig war, ersuchte der Rat den EuGH um eine gutachtliche Stellungnahme nach Art. 218 XI AEUV. Das Gutachten des Gerichtshofs fiel eindeutig aus: Die Gründung eines völkerrechtlichen Gerichts mit Kompetenzen zur Entscheidung über Unionsrecht außerhalb der Unionsverträge war nach Art. 19 I AEUV unzulässig;[431] die Möglichkeit eines Vorabentscheidungsersuchen des EuUPC

426 Grünbuch vom 24.6.1997, KOM (2007) 314endg., dazu *Adolphsen*, Europäisches Zivilprozessrecht in Patentsachen, § 2, Rdn. 72 ff.

427 KOM (2000) 472 endg., ABl. 2000 C 337/278.

428 *Adolphsen*, Europäisches Zivilprozessrecht in Patentsachen, § 2, Rdn. 73.

429 *Adolphsen*, Europäisches Zivilprozessrecht in Patentsachen, § 3, Rdn. 113 f.

430 *Jaeger*, System, S. 580 ff.; *Janal*, Europäisches Zivilverfahrensrecht, S. 750 ff.

431 EuGH, 8.3.2011, Avis 1/09, *Europäisches Patentgericht*, EU:C:2011:123, Rdn. 60 ff. Erstaunlicherweise verneinte der EuGH einen Verstoß gegen Art. 344 AEUV (Rdn. 62), weil das Europäische Patent nicht auf Unionsrecht beruhe – das war jedoch im Hinblick auf die Entscheidungskompetenz des Patentgerichts für das vorgesehene Gemeinschaftspatent unzutreffend (vgl. Rdn. 73 – dort wird der Unionsbezug bejaht).

zum EuGH konnte dieses Defizit nicht ausgleichen, weil die Nichtvorlage an den EuGH nicht sanktioniert war.[432]

b) Der Abschluss des sog. Patentpakets (2012)

Auf der Basis der speziellen Kompetenz der Union für Patentsachen (Art. 118 AEUV) **11.122**
kam es wenig später zu einer erneuten Rechtssetzungsinitiative.[433] Im Dezember 2012 erfolgte dann der – vermeintliche – Durchbruch: Im Verfahren der verstärkten Zusammenarbeit[434] wurde die VO 2012/1257/EU über die Schaffung eines einheitlichen Patentschutzes erlassen[435], ergänzt durch die VO 2012/1260 zur Regelung der anzuwendenden Übersetzungsbestimmungen.[436] Als drittes Instrument unterzeichneten 25 EU-Mitgliedstaaten das Übereinkommen über ein einheitliches Patentgericht (UPCA).[437] Danach soll ein Unified Patent Court (UPC) als gemeinsames Gericht der teilnehmenden EU-Mitgliedstaaten errichtet werden. Das Einheitliche Gericht soll (vor allem) über Verletzungs- und Gültigkeitsstreitigkeiten aus dem Unionspatent und aus dem Europäischen Bündelpatent entscheiden. Eine Arbeitsgruppe hat eine ausführliche, autonome Verfahrensordnung erarbeitet[438], Rekrutierungsprozesse für die internationalen Richter wurden eingeleitet. Der Ratifikationsprozess geriet jedoch spätestens seit dem anstehenden Brexit ins Stocken – mit einer im Jahr 2018 durchgeführten Ratifizierung des Übereinkommens versuchte das Vereinigte Königreich, trotz des geplanten Austritts aus der Union, am wirtschaftlich lukrativen EPLA weiter teilzunehmen. Die Teilnahme eines Drittstaats am gemeinsamen Gericht der

---

432 EuGH, 8.3.2011, Avis 1/09, *Europäisches Patentgericht*, EU:C:2011:123, Rdn. 86 ff., dazu *Jaeger*, System, S. 706 ff.

433 Dazu *Ohly/Streinz*, Journal Intellectual Property Law & Practice 12 (2017), 245 ff.

434 Beschluss des Rats 2011/167/EU vom 11.3.2011 über die Ermächtigung zu einer Verstärkten Zusammenarbeit im Bereich der Schaffung eines einheitlichen Patentschutzes, ABl. EU 2011 L 76/53. Nichtigkeitsklagen Italiens und Spaniens blieben erfolglos, EuGH, 16.4.2013, verb. Rs. C-274/11 und C-295/11, *Spanien und Italien./.Rat*, EU:C:2013:240.

435 VO (EU) 2012/1257 über die Umsetzung der Verstärkten Zusammenarbeit im Bereich der Schaffung eines einheitlichen Patentschutzes, ABl. 2012 L 361/1, Überblick in Rdn. 11.123.

436 VO (EU) 2012/1260 über die Umsetzung der Verstärkten Zusammenarbeit im Bereich der Schaffung eines einheitlichen Patentschutzes im Hinblick auf die anzuwenden Übersetzungsregelungen, ABl. EU 2012 L 361/98.

437 United Patent Court Agreement: Übereinkommen über ein einheitliches Patentgericht vom 19.2.2013, ABl. EU 2013 C 175/1. Das Inkrafttreten des Übereinkommens war ursprünglich für den 1.1.2014 geplant, Art. 89 UPCA, bzw. für den ersten Monat nach der Ratifizierung durch den 13. EU-Mitgliedstaat, *Tilmann*, in: ders./Plassmann (ed.), Unified Patent Protection (2018), Introduction, Rdn. 4.

438 Online verfügbar unter: https://www.unified-patent-court.org/sites/default/files/upc_rules_of_procedure_18th_draft_15_march_2017_final_clear.pdf. Vgl. die Kommentierung von *Tilmann/Plassmann* (ed.), Unified Patent Protection (2018), S. 1361 ff.

teilnehmenden EU-Mitgliedstaaten widerspricht jedoch dessen Regelungsstruktur.[439] Derzeit (Juli 2020) ist das ehrgeizige Projekt zum Stillstand gekommen.[440] Das Vereinigte Königreich hat am 20.7.2020 die Ratifikation des UCPA zurückgezogen.[441]

c) Die Regelungen des Patentpakets (Überblick)

11.123 Nach der VO (EU) Nr. 1257/2012 (EuPatVO) kann ein EPÜ-Patent einheitliche Wirkungen in den teilnehmenden EU-Mitgliedstaaten entfalten (Art. 3 EuPatVO).[442] Voraussetzung ist, dass ein EPÜ-Patent mit gleichen Ansprüchen für die teilnehmenden Mitgliedstaaten erteilt und eingetragen wurde.[443] Das Europäische Einheitspatent bietet seinem Inhaber einheitlichen Schutz in allen teilnehmenden Mitgliedstaaten[444], es wird nach einheitlichen Regeln übertragen, für nichtig erklärt und beendet. Dennoch bleibt das Patent ein nationales Patent eines der teilnehmenden EU Mitgliedstaaten. Art. 7 EuPatVO enthält hierfür die maßgeblichen Kollisionsnormen: Verletzungshandlungen, Beschränkungen des Patentschutzes und die vermögensrechtliche Behandlung des Einheitspatents unterliegen dem Recht desjenigen teilnehmenden Mitgliedstaats, in dem der Patentanmelder zur Zeit der Patentanmeldung seinen Wohnsitz oder den Sitz seiner Hauptniederlassung (lit. a), hilfsweise eine einfache Niederlassung, innehat (lit. b). Subsidiär findet deutsches Recht Anwendung (Art. 7 III EuPatVO).[445] Eine Eintragung des Patents in ein nationales Patentregister ist nicht erforderlich (Art. 7 IV EuPatVO).

11.124 Die materiellen Regelungen der EuPatVO sind (bewusst) lückenhaft. Man meinte im Rat, dass die Sachkompetenz des EuGH im Hinblick auf die Auslegung des Europäischen Einheitspatents nicht gewährleistet sei. Daher verweist die EuPatVO für wesentliche Regelungen des Patents auf das EPÜ

---

439 Zutreffend *Gandia Sellens*, IIC 2018, 136 ff.; a.A. *Ohly/Streinz*, Journal Intellectual Property Law & Practice 12 (2017), 245, 256 ff., die allerdings zahlreiche Änderungen des UPCA vorschlagen.

440 Das BVerfG gab einer auf Art. 23 und 38 GG gestützten Verfassungsbeschwerde gegen das deutsche Zustimmungsgesetz statt, weil das Übereinkommen nicht auf Art. 262 AEUV gestützt wird. Eine derartige Gerichtsbarkeit könne zwar durch völkerrechtliche Verträge zwischen den EU-Mitgliedstaaten aufgebaut werden, diese müsse der Bundestag jedoch mit 2/3 Mehrheit ratifizieren, BVerfG, 13.2.2020, 2 BvR 739/17, EuZW 2020, 324, Rdn. 116, 126 ff.

441 Vgl. unten Rdn. 11.126.

442 Regelungstechnisch ist die EuPatVO als besonderes Übereinkommen iSv Art. 142 ff. EPÜ ausgestaltet, vgl. Art. 1 II EuPatVO.

443 Nach Art. 9 EuPatVO erfolgt die Verwaltung (insbesondere die Registrierung) des Einheitspatents durch das Europäische Patentamt in München.

444 Vgl. Art. 5 EuPatVO: „(1) Das Europäische Patent mit einheitlicher Wirkung verleiht seinem Inhaber das Recht, Dritte daran zu hindern, Handlungen zu begehen, gegen die dieses Patent innerhalb der Hoheitsgebiete der teilnehmenden Mitgliedstaaten, in denen das Patent einheitliche Wirkung besitzt, vorbehaltlich geltender Beschränkungen Schutz bietet. (2) Der Umfang dieses Rechts und seine Beschränkungen sind in allen teilnehmenden Mitgliedstaaten, in denen das Patent einheitliche Wirkung besitzt, einheitlich."

445 Angeknüpft wird an den Sitz der EPO in München, Art. 7 III EuPatVO, Art. 6 I EPÜ.

und auf das UPCA.[446] Materielle Vorschriften zum Patentschutz stehen nicht in der EuPatVO, sondern in Art. 26 – 30 UPCA – dort dürften sie aus systematischen Gründen (das Übereinkommen regelt prozessuale und institutionelle Fragen) jedoch nicht stehen.[447] Es erscheint jedoch unwahrscheinlich, dass diese „Umgehungsstrategie" der Verordnungsverfasser aufgehen wird: Denn das Europäische Patentsystem bleibt über Art. 118 AEUV und Art. 20 UPCA[448] eng mit dem Unionsrecht verknüpft – eine Entziehung der Auslegungskompetenz des EuGH wäre zudem mit Art. 344 AEUV nicht vereinbar.[449]

Die EU-Verordnung Nr. 1260/2012 zur Sprach- und Übersetzungsregelung[450] vereinfacht zudem das (teure) Sprachregime des Europäischen Patentübereinkommens. Ausgangspunkt ist Art. 14 I, II EPÜ, wonach eine europäische Patentanmeldung in einer der Amtssprachen des europäischen Patentamts, sprich in deutsch, englisch oder französisch, einzureichen ist (sog. Verfahrenssprache). Nach der Erteilung des Patents erfolgt die Veröffentlichung der europäischen Patentschrift (sprich die jeweilige Beschreibung, die erfassten Ansprüche, die notwendigen Zeichnungen) in der Verfahrenssprache. Einer Übersetzung in die anderen Amtssprachen bedarf es nur im Hinblick auf die Patentansprüche. Dagegen ist die Regelung des Art. 65 EPÜ, wonach es jedem Vertragsstaat des Übereinkommens freisteht, eine Übersetzung der vollständigen Patentschrift in seiner Amtssprache zu fordern, nicht mehr anwendbar.[451] Kommt es zum Rechtsstreit über eine Patentverletzung, muss der Patentinhaber auf Anforderung des Gerichts bzw. Antrag des Beklagten eine Übersetzung der vollständigen Patentschrift in die Verfahrenssprache des Gerichts oder in die Amtssprache des Ortes, an dem der beklagte Patentverletzer ansässig ist, vornehmen (Art. 3 I, Art. 4 VO 1260/2012). 11.125

Zentrale Regelung des Patentpakets ist das Übereinkommen über das Einheitliche Patentgericht vom 19.2.2013 (UPCA).[452] Das Einheitliche Gericht wird als ein völkervertragliches Gericht aller EU-Mitgliedstaaten errichtet, die an der verstärkten Zusammenarbeit teilnehmen.[453] Das Einheitliche Patentgericht besteht aus einem Gericht erster Instanz und einem Berufungsgericht sowie einer Kanzlei. Das Gericht 11.126

446 Dazu *Janal*, Europäisches Zivilverfahrensrecht (2016), S. 753 ff. Es bleibt freilich unergründlich, warum der EuGH für die Auslegung des Patentrechts keine hinreichende Sachkompetent haben soll, dazu unten Rdn. 11.137.

447 *Dimopoulos*, in: Pila/Wadlow (eds.), The Unitary Patent System (2015), S. 57, 60 f.

448 Art. 20 UPCA schreibt den Vorrang des Unionsrechts ausdrücklich fest: „The Court shall apply Union law in its entirety and shall respect its primacy."

449 Vgl. *Janal*, Europäisches Zivilverfahrensrecht (2016), S. 761 f.; der EuGH, 16.4.2013, verb. Rs. C-274/11 und C-295/11, *Spanien und Italien./.Rat*, EU:C:2013:240, Rdn. 48 ff. hat diese Bedenken nicht aufgegriffen.

450 VO (EU) Nr. 1260/2012 vom 17.12.2002, ABl. 2012 L 361/98.

451 Aus diesem Grund hatten Spanien und Italien gegen die Verordnung geklagt (oben Fn. 427) und sich zunächst an der verstärkte Zusammenarbeit nicht beteiligt.

452 Vgl. oben Fn. 430.

453 Regelungen über die Organisation und die Funktionen des Einheitlichen Patentgerichts enthält das nach Art. 40 UPCA erlassene Statut des Gerichtshofs.

erster Instanz verfügt über lokale und regionale Kammern[454] sowie über eine zentrale Kammer in Paris mit dezentralen Abteilungen in London/Mailand[455] und in München.[456] Das Berufungsgericht und die Kanzlei sollen ihren Sitz in Luxemburg haben (Art. 9 V, Art. 10 I UPCA). Die Kosten der Einrichtung des Gerichts soll der jeweilige Sitzstaat tragen, während die laufenden Betriebskosten vom Haushalt des Gerichts gedeckt werden sollen.[457] Die Kammern sollen international besetzt werden, es sollen zudem technisch qualifizierte Richter zur Verfügung stehen.[458]

11.127 Das Einheitliche Patentgericht ist ausschließlich zuständig für Klagen wegen der Verletzung eines europäischen Patents mit einheitlicher Wirkung (Einheitspatent) oder territorial begrenzter Wirkung (Bündelpatent) sowie für Bestandsklagen und negative Feststellungsklagen (vgl. die Auflistung in Art. 32 UPCA).[459] Es entscheidet zudem über den Erlass einstweiliger Maßnahmen.[460] Die Urteile des Einheitlichen Patentgerichts entfalten in Verletzungs- wie in Bestandsverfahren einheitliche Wirkung in allen Vertragsstaaten, für die das Patent erteilt wurde (Art. 34 UPCA). Für andere Verfahren, insbesondere Lizenzstreitigkeiten oder Verletzungsverfahren im Hinblick auf nationale Patente bleiben die Gerichte der Vertragsstaaten zuständig (Art. 32 II UPCA). Während einer Übergangsphase von 7 Jahren (Art. 83 UPCA) können Verletzungs- bzw. Bestandsverfahren im Hinblick auf europäische Bündelpatente weiterhin vor nationalen Gerichten geführt werden.[461]

11.128 Nach Art. 1 II, 21 UPCA ist das Einheitliche Patentgericht ein gemeinsames Gericht aller teilnehmenden Vertragsstaaten. Daher kann das Einheitliche Patentgericht den EuGH im Vorabentscheidungsverfahren anrufen.[462] Nach Art. 267 III AEUV

---

454 Die Einrichtung einer Lokalkammer in einem EU Mitgliedstaat erfordert nach Art. 7 IV UPCA ein Fallaufkommen von mindestens 100 Verfahren in drei aufeinanderfolgenden Jahren. Innerhalb eines Vertragsstaates dürfen höchstens 4 Lokalkammern errichtet werden.

455 Die Folgen des Brexit und der Nichtteilnahme des Vereinigten Königreichs am Einheitspatent sind derzeit (Juli 2020) nicht absehbar. Diese Regionalkammer hat eine sachliche Zuständigkeit für Chemie (einschließlich Medikamente), Hüttenwesen und täglichen Lebensbedarf). Das Vereinigte Königreich hat am 20.7.2020 die Ratifikation des UPCA zurückgezogen. Derzeit ist eine Regionalkammer in Mailand geplant. Zu möglichen Szenarien vgl. *Bullinger*, in: Kramme et al (Hrg.), Brexit, Kap. 22, Rdn. 25 ff., 31.

456 Die Münchener Kammer soll maßgeblich für Patentstreitigkeiten im Maschinenbau zuständig sein.

457 Sprich von den (erheblichen) Gerichtsgebühren, vgl. Art. 37 I UPCA.

458 Dazu *Janal*, Europäisches Zivilverfahrensrecht (2016), S. 768 f.

459 Dabei eröffnet Art. 32 I lit. a), c) f) und g) UPCA dem Kläger (idR dem Inhaber des Patents) die Wahl zwischen dem Gerichtsstand der unerlaubten Handlung, dem Wohnsitz des Beklagten und dem der Streitgenossenschaft.

460 Das Verfahren orientiert sich an Art. 9 RL 2004/48/EG, vgl. Art. 61 f. UPCA, R. 213 VerfO; ergänzender Rechtsschutz durch die Gerichte der Mitgliedstaaten ist nicht vorgesehen, *Janal*, Europäisches Zivilverfahrensrecht (2016), S. 792 ff.

461 *De Miguel*, IIC 2014, 868, 870.

462 So ausdrücklich Art. 21 UPCA: „As a court common to the Contracting Member States and as part of their judicial system, the Court shall cooperate with the Court of Justice of the European Union to

besteht eine Vorlagepflicht für das Berufungsgericht, das Gericht erster Instanz ist zur Vorlage berechtigt, jedoch nicht verpflichtet (Art. 267 II AEUV). Die Vorlage ist auf Fragen des Unionsrechts begrenzt – hier stellen sich interessante Abgrenzungsfragen, insbesondere im Hinblick auf die dem Patentpaket zugrundeliegenden Regelungen des TRIPs und der Enforcement-RL 2004/48/EG; für beide hat der EuGH eine originäre Auslegungskompetenz.[463] Es bleibt daher abzuwarten, ob der Versuch der Vertragsstaaten, mittels eines völkerrechtlichen Vertrags die Auslegungskompetenz des EuGH im europäischen Patentrecht zu begrenzen, Erfolg haben wird.[464]

Die internationale Zuständigkeit des Einheitlichen Patentgerichts richtet sich 11.129
gemäß Art. 31 UPCA nach der EuGVO und dem LugÜ. Für individuelle Verletzungsprozesse enthalten die Art. 71a–71d EuGVO ergänzende Regelungen:[465] Art. 71a EuGVO stellt klar, dass das Einheitliche Patentgericht ein gemeinsames Gericht der EU-Mitgliedstaaten ist. Nach Art. 71b Nr.1 EuGVO richtet sich die erstinstanzliche Zuständigkeit nach dem Beklagtenwohnsitz oder dem Begehungsort, die Vorschrift erstreckt alle Gerichtsstände der EuGVO auf das Einheitliche Patentgericht, das insofern an die Stelle der Gerichte der Mitgliedstaaten tritt.[466] Zugleich erweitern Art. 71b Nr. 2 und Nr. 3 EuGVO die internationale Zuständigkeit des Einheitlichen Patentgerichts auf Beklagte in Drittstaaten – zur Anwendung kommen die besonderen Gerichtsstände der Art. 7–26 EuGVO. Einstweilige Maßnahmen können auch dann beantragt werden, wenn das Gericht eines Drittstaates in der Hauptsache zuständig ist.[467]

Die Vorschriften der Art. 29–32 EuGVO über Rechtshängigkeit und verbundene 11.130
Klagen gelten auch im Verhältnis zwischen dem Einheitlichen Gericht und den Gerichten der EU-Mitgliedstaaten – dies stellt Art. 71c EuGVO klar.[468] Die Verfahrenskonkurrenzen zwischen den verschiedenen Spruchkörpern des Einheitlichen Patentgerichts werden hingegen durch Art. 33 III UPCA geregelt, insbesondere im Fall der Widerklage auf Feststellung der Nichtigkeit des Patents. In dieser Konstellation kann das angerufene Gericht über die Gültigkeit entscheiden, es ist jedoch auch eine Verweisung/Abgabe an das Zentralgericht möglich.[469] Dieses entscheidet generell

ensure the correct application and uniform interpretation of Union law, as any national court, in accordance with Article 267 TFEU in particular. Decisions of the Court of Justice of the European Union shall be binding on the Court."

463 Zum TRIPs vgl. EuGH, 11.9.2007, Rs. C-431/05, *Merck Genéricos Produtos Farmacêutico*, EU:C:2007:496.

464 Zweifelnd *Janal*, Europäisches Zivilverfahrensrecht (2016), S. 758 f.

465 Diese wurden in die EuGVO durch die VO 542/2014, ABl. EU 2014 L 163/1, mit Wirkung zum 30.5.2014 eingefügt. Vgl. oben § 5 I 4, Rdn. 5.28.

466 *De Miguel*, IIC 2014, 868, 872 ff.; Schlosser/*Hess*, Art. 71b EuGVO, Rdn. 1 ff.

467 Vgl. oben § 6 II, Rdn. 6.145 f.

468 Schlosser/*Hess*, Art. 71c EuGVO, Rdn.1 – Art. 33 und 34 EuGVO werden hingegen nicht für anwendbar erklärt, der Unionsgesetzgeber geht offensichtlich vom Vorrang des europäischen Verfahrens aus.

469 *Janal*, Europäisches Zivilverfahrensrecht (2016), S. 768 ff., 773 ff.

über Gültigkeitsklagen.[470] Art. 33 V UPCA begrenzt schließlich die Sperrwirkung der negativen Feststellungsklage des (mutmaßlichen) Verletzers: Erhebt der Patentinhaber oder der Lizenzinhaber innerhalb von drei Monaten die Verletzungsklage, so hat diese gegenüber der Feststellungsklage Vorrang.[471] Diese Vorschrift zeigt, dass die Interessen des Rechteinhabers vor dem Einheitlichen Patentgericht tendenziell begünstigt werden.[472]

11.131 Art. 71d EuGVO ermöglicht schließlich die Anerkennung und Vollstreckung von Entscheidungen des Einheitlichen Patentgerichts auch in den nicht teilnehmenden EU Mitgliedstaaten. Umgekehrt werden die Urteile der Gerichte der nicht teilnehmenden EU Mitgliedstaaten in Patentstreitigkeiten in den teilnehmenden EU Mitgliedstaaten nach Art. 36, 39 ff. EuGVO vollstreckt.[473]

d) Das Verfahrensrecht des Einheitlichen Patentgerichts

11.132 Das Verfahrensrecht des Patentgerichts findet sich teilweise in den Art. 46 ff. UPCA, zudem in der vom Verwaltungsrat und einer Expertengruppe erarbeiteten Verfahrensordnung (Art. 41 UPCA).[474] Diese enthält ein europäisches Prozessrecht *en miniature*, eine in sich weitgehend geschlossene Regelung des Verfahrens vor dem Europäischen Patentgericht, von der Klageeinreichung bis zum Erlass des Urteils.[475] Allerdings ist das Verfahrensrecht des Einheitlichen Patentgerichts von erheblicher Unübersichtlichkeit gekennzeichnet: Verfahrensvorschriften finden sich sowohl in Art. 41 ff. UPCA,[476] im Statut des Gerichtshofs (Art. 40 UPCA) sowie in den Verfahrensregeln selbst, die insgesamt 382 Einzelregelungen enthalten.

11.133 Das erstinstanzliche Verfahren ist in drei Abschnitte unterteilt: schriftliches Verfahren, Zwischenverfahren und mündliche Verhandlung. Eventuell kommt ein weiterer Verfahrensabschnitt zur Schadensberechnung hinzu (vgl. Art. 52 (1) UPCA,

---

470 Bedenken im Hinblick auf die komplizierte Regelung des Art. 33 UPCA äußert mit Recht *Tilmann*, in: ders./Plassmann (ed.), Art. 33 UPCA, Rdn. 14.

471 *Janal*, Europäisches Zivilverfahrensrecht (2016), S. 776 f.

472 Kritisch *Janal*, Europäisches Zivilverfahrensrecht (2016), S. 821.

473 Schlosser/*Hess*, Art. 71d EuGVO, Rdn.1 f.

474 Zur Zusammensetzung der Expertengruppe und zum Verlauf der mehrjährigen Arbeiten vgl. *Tilmann*, in: ders./Plassmann (ed.), Art. 41 UPCA, Rdn. 3 ff.

475 Die gründliche Vorbereitung der Verfahrensordnung durch eine Expertengruppe ist begrüßenswert; jedoch besteht ein erhebliches demokratisches Defizit im Hinblick auf die fehlende Beteiligung nationaler Parlamente bei einem Rechtsakt, der weitgehende Auswirkungen auf die Grundrechte der Parteien hat, vgl. Art. 17 II, 47, 51 GRC. Die Verfahrensvorschriften werden lediglich vom Verwaltungsrat des Gerichtshofs erlassen und ggf. geändert. Dort sind die (Regierungen der) Vertragsstaaten vertreten, die EU Kommission hat lediglich Beobachterstatus, Art. 41 II und III UPCA.

476 Dort finden sich vor allem Leitlinien des Verfahrens, die den „*principes directeurs*" des französischen Code de Procédure Civile bzw. den „*overriding principles*" der englischen Civil Procedure Rules ähneln. Genannt werden: Fairness, Flexibilität, Verhältnismäßigkeit, Vorhersehbarkeit und höchste Qualität (*sic*).

R 10 VerfO). Die Instanz soll möglichst innerhalb eines Jahres abgeschlossen werden; daher setzen die „*Procedural Rules*" auf Konzentration: durch aktive Prozessleitung des Gerichts mittels *case management* (einschließlich Sanktionen) und auf den Einsatz von IT (insbesondere bei der Aktenführung und den Zustellungen). In der Verfahrensordnung vorgegebene Fristsetzungen sollen die Verfahren strukturieren und beschleunigen. Das Verfahren wird durch ein „*statement of the claim*" eingeleitet, dessen Inhalt R. 13 VerfO detailliert vorgibt; die elektronische Einreichung der Klage ist zwingend vorgeschrieben.[477] Die Verfahrenssprache richtet sich nach der Verfahrensart: Vor der Zentralabteilung erfolgt das Verfahren in der Sprache des Patents; bei Verletzungsverfahren gilt die jeweilige Sprache des Mitgliedstaates, in dem die Regionalkammer errichtet ist (Art. 49 UPCA).[478] Der Schriftsatzaustausch ist limitiert (R. 12 VerfO – grundsätzlich nur Replik und Duplik), er erfolgt unter der Aufsicht des Berichterstatters. Dieser kann im Zwischenverfahren versuchen, eine gütliche Einigung der Parteien zu vermitteln. Zudem soll das Zwischenverfahren die mündliche Verhandlung (insbesondere durch die Einholung von Sachverständigengutachten) dergestalt vorbereiten, dass nur ein Verhandlungstermin erforderlich ist. Die Parteien unterliegen weit reichenden Informationspflichten (Art. 59 UPCA), die sich an den Art. 6–8 der RL 2004/48/EG orientieren.[479]

Die mündliche Verhandlung ist grundsätzlich öffentlich, kann aber nach Art. 45 **11.134**
UPCA vom Gericht im Interesse des Geheimnisschutzes begrenzt werden.[480] Die Anwesenheit der Parteien ist nicht zwingend erforderlich. Das Verfahren beendet ein kontradiktorisches Urteil,[481] das zu begründen ist;[482] die Parteien können auch einen Vergleich vom Gericht genehmigen lassen. Die Urteile werden veröffentlicht (Art. 80 UPCA).

Gegen das erstinstanzliche Urteil[483] ist die Berufung vor die Berufungskammer in **11.135**
Luxemburg eröffnet; die Einlegungsfrist beträgt zwei Monate. (Art. 73 UPCA).[484] Auch das Berufungsverfahren wird detailliert geregelt (R. 220 ff. VerfO); es ist als eine (volle) zweite Tatsacheninstanz konzipiert. Allerdings soll das Berufungsgericht Vortrag der

477 Vgl. die Darstellung bei *Janal*, Europäisches Zivilverfahrensrecht (2016), S. 790 ff.

478 Die Sprachregelung begünstigt dabei den Patentinhaber – dieser kann durch die Wahl des Spruchkörpers die Verfahrenssprache beeinflussen. Die negative Feststellungsklage muss hingegen in der Sprache des Patents vor der Zentralkammer geltend gemacht werden.

479 Ausführlich *Janal*, Europäisches Zivilverfahrensrecht (2016), S. 800 ff.

480 Dazu *Tilmann*, in: ders./Plassmann (ed.), Art. 41 UPCA, Rdn. 2 f., der allerdings den Öffentlichkeitsgrundsatz nach Maßgabe von § 169 GVG aF interpretieren will.

481 Ein Versäumnisverfahren findet sich in R. 116 V VerfO; der Erlass des Versäumnisurteils steht weitgehend im Ermessen des Gerichts, das auch aufgrund des schriftlichen Parteivortrags entscheiden kann.

482 *Dissenting Opinions* sind ausnahmsweise zulässig, Art. 78 II UPCA.

483 Prozessuale Zwischenentscheidungen können innerhalb von 15 Tagen angefochten werden, wenn die Berufung zugelassen wird.

484 R. 245–252 VerfO ermöglichen zudem die Wiederaufnahme bei „*fundamental procedural defects*".

Parteien zurückweisen, der bereits in der ersten Instanz hätte erfolgen können (Art. 73 III UPCA).[485] Das Berufungsgericht verfügt über weite Ermessensspielräume (R. 222 II VerfO). Die Anrufung des EuGH erfolgt hingegen nur im Vorabent-scheidungsverfahren (Art. 21 UPCA);[486] da das Einheitsgericht kein Unionsgericht ist, scheidet die Nichtigkeitsklage aus.[487] Die Vollstreckung der Urteile des Einheitlichen Patentgerichts[488] soll ohne vorgängiges Exequaturverfahren nach dem Recht des Mitgliedsstaates erfolgen, in dem die Vollstreckung stattfindet, Art. 82 UPCA, das Einheitliche Gericht kann zudem Zwangsgelder anordnen, Art. 82 IV UPCA.[489]

11.136 Es bleibt abzuwarten, ob sich das Einheitliche Patentgericht als effektives Fachgericht im Binnenmarkt etabliert.[490] Es enthält jedenfalls ein in sich geschlossenes, modernes Verfahrensrecht, das auch für parallele Rechtssetzungsvorhaben als Modell dienen kann.[491] Allerdings ist die prozessuale Begünstigung des Rechteinhabers ein strukturelles Manko, das vom Prozesszweck des „private enforcement" begünstigt wird.[492] Bezeichnenderweise fehlt in den „overriding principles" der Hinweis auf die prozessuale Waffengleichheit der Parteien.[493]

11.137 Bis zum Inkrafttreten des Patentsystems müssen mehrere Hürden überwunden werden: Zunächst muss der Ratifizierungprozess abgeschlossen und das Ausscheiden des Vereinigten Königreichs mit dem Brexit geklärt werden.[494] Danach beginnt die 7jährige Übergangsfrist (Art. 83 UPCA), in der die neu errichteten Spruchkörper offen mit den Gerichten der EU Mitgliedstaaten um die lukrativen Verfahren konkurrieren werden.[495] Schließlich wirft die justizielle Kooperation zwischen dem Einheitlichen Patentgericht und dem EuGH Fragen auf, insbesondere im Hinblick auf den Umfang der unionsrechtlichen Vorlagepflicht. Jedenfalls dürfen Vorlagen nicht mit der Erwägung vermieden werden, dass Patentsachen „besonders anspruchsvoll" seien[496] oder dem EuGH die erforderliche Sachkunde fehle.[497] Insofern ist das Patent-

---

485 Dazu *Tochtermann*, in: Tilmann/Plassmann (ed.), Art. 73 UPCA, Rdn. 46 ff., 50.

486 Vgl. dazu oben Rdn. 11.128.

487 *Tochtermann*, in: Tilmann/Plassmann (ed.), Art. 73 UPCA, Rdn. 52.

488 Die Berufung hat keinen Suspensiveffekt, Art. 74 UPCA (Ausnahme: Bestandsverfahren).

489 Damit enthält Art. 82 IV UPCA eine Regelung zur "Astreinte", vgl. *v. Falck/Stoll*, in: Tilmann/Plassmann (ed.), Art. 73 UPCA, Rdn. 110 ff. Die Vollstreckung der Zwangsgelder erfolgt nach Art. 55 EuGVO; aA *v. Falck/Stoll*, in: Tilmann/Plassmann (ed.), Art. 73 UPCA, Rdn. 113.

490 Dazu oben Rdn. 11.126.

491 Etwa für die ELI/Unidroit European Rules on Civil Procedure, unten § 14 II, Rdn. 14.15 ff.

492 Vgl. oben § 3 III, Rdn. 3.59 ff.

493 Oben Rdn. 11.132.

494 Vgl. oben Rdn. 11.126.

495 Der Übergangszeitraum kann nach Art. 83 V UPCA sogar verlängert werden.

496 Dazu *Janal*, Europäisches Zivilverfahrensrecht (2016), S. 814 f. – bezeichnenderweise wurden diese Bedenken vor allem (aber nicht nur) im Vereinigten Königreich geäußert.

497 Der EuGH hat sich in einer Vielzahl von Verfahren mit Patentstreitigkeiten befasst, ihm die Sach-

recht nicht mehr oder weniger anspruchsvoll bzw. komplex als andere Rechtsgebiete bzw. Rechtsfragen, die dem Gerichtshof vorgelegt werden.[498]

---

kompetenz abzusprechen, zeugt eher von der „Blindheit“ bzw. „Abgeschlossenheit“ eines begrenzten Rechtsgebiets.

498 AA *Janal*, Europäisches Zivilverfahrensrecht (2016), S. 822 („der in Patentsachen sachlich wenig kompetente EuGH“). Maßgeblich ist nicht nur der Sachverstand der Richter und Generalanwältinnen, sondern auch die Sachkunde der sog. „*référendaires*“, die die Schlussanträge und Urteile vorbereiten und weitgehend vorformulieren.

§ 12 Außergerichtliche und alternative Streitbeilegung

Literatur:

I. Übergreifende Darstellungen: *Caponi*, Adjudication, Alternative Dispute Resolution and Fair Trial Guarantee, in: Festschrift Gottwald (2014), S. 65; *Cortès* (ed.), The new regulatory framework for consumer dispute resolution (2016); *Greger/Unberath/Steffek*, Recht der alternativen Konfliktlösung, 2. Aufl. 2016; *Hess*, Privatizing Dispute Resolution and its Limits, in: Cadiet/Hess/Requejo Isidro (ed.), Privatizing Dispute Resolution – Trends and Limits (2019), S. 17; *Hopt/Steffek* (Hrg.), Mediation (2015); *Kleinschmidt/Kronke/Raab/Robbers/Thorn* (Hrg.), Strukturelle Ungleichheiten in der internationalen Streitbeilegung (2016); *Kleinschmidt*, Delegation von Privatautonomie auf Dritte (2014); *Koehler/Müller*, Alternative Streitbeilegung und Schiedsverfahren, in: Leible/Terhechte (Hrg.), Europäisches Rechtsschutz und Verfahrensrecht (2014), § 26; *G. Wagner*, Rechtsstandort Deutschland im Wettbewerb (2017); *Wolf*, Zivilprozess versus außergerichtliche Konfliktlösung, NJW 2015, 1656.

II. Zur Mediations-RL: *Blobel/Späth*, Streitbeilegungsvereinbarungen im Schatten des europäischen Gemeinschaftsrechts, ZEuP 2005, 784; *De Palo/Canessa*, New Trends for ADR in the European Union, in: Cortés (ed.), The New Regulatory Framework for Consumer Dispute Resolution (2016), 408; *Duve/Prause*, Mediation und Vertraulichkeit, IDR 2004, 126; *Eidenmüller/Prause*, Die europäische Mediationsrichtlinie, NJW 2008, 2737; *Esplugues/Marquis* (ed.), New Developments in Civil and Commercial Mediation (2015); *ders./Barona*, Global Perspectives on ADR (2014); *ders./Iglesias/Palao* (ed.), Civil and Commercial Mediation in Europe (2013); *Ewert*, Grenzüberschreitende Mediation in Zivil- und Handelssachen (2012); *Hess*, Mediation und andere Formen alternativer Streitbeilegung – Gutachten für den 67. DJT (2008), F 1; *Hopt/Steffek* (ed.) Mediation (2015); *Hutner*, Das internationale Privat- und Verfahrensrecht der Wirtschaftsmediation (2005); *Kilian/Hofmann*, Das Gesetz zur Förderung der Mediation, ZKM 2015, 176; *Klowait*, Die EU-Studie: „Rebooting the Mediation Directive" – Vorbote eines europarechtlichen Mindestrahmens?, ZKM 2014, 195; *ders./Gläser* (Hrg.), Mediationsgesetz (2. Aufl. 2018); *Mayr/Weber*, Europäische Initiativen zur Förderung alternativer Streitbeilegung, ZfRV 2007, 163; *Masser/Engewald/Scharpf/Ziekow*, Die Entwicklung der Mediation in Deutschland (2018); *Müller*, Das neue alternative Streitbeilegungsverfahren für „eu"-Domains: Einführung und erste Erkenntnisse aus der Praxis, SchiedsVZ 2008, 76; *Nylund/Ervasti/Adrian* (ed.), Nordic Mediation Research (2017); *Thole*, Das neue Mediationsgesetz, ZZP 127 (2014), 339; *Tsikrikas*, Verfahrensrechtliche und kollisionsrechtliche Fragen der Mediation, ZZPInt 2014, 281; *Wagner/Thole*, Die neue EU-Richtlinie zur Mediation, ZKM 2008, 36; *dies.*, Die europäische Mediations-Richtlinie, FS Kropholler (2008), S. 915.

III. Zur Verbrauchermediation: *Alleweldt* et al, Cross-Border Alternative Dispute Resolution in the European Union (2011); *Althammer/Meller-Hannich* (Hrg.), VSBG-Kommentar (2017); *Becklein*, Verbesserter Zugang zum Recht für Verbraucher? Eine Bewertung der Regelungsvorschläge der EU-Kommission zur Alternativen Streitbeilegung, GPR 2012, 232; *Berlin*, Alternative Streitbeilegung in Verbraucherkonflikten (2014); *Borowski/Rötheneyer/Steiger* (Hrg.), VSBG-Kommentar (2016); *Busch/Reinhold*, Standardisation of Online Dispute Resolution Services: Towards a More Technological Approach, EuCML 2015, 50; *Eidenmüller/Engel*, Against False Settlement: Designing Efficient Consumer Rights Enforcement Systems in Europe, Ohio State Journal on Dispute Resolution 29 (2014), 261; *Fries*, Verbraucherrechtsdurchsetzung (2016); *Gascón Inchausti*, Specific problems of cross-border ADR: what solutions?, GPR 2014, 197; *Greger/Steffek/Unberath* (Hrg.), Mediation (2016); *Hess*, *ders.*, Mindeststandards in der Verbrauchermediation, JZ 2015, 548; *ders./Pelzer*, Rechtsstaatlichkeit und Transparenz verbessern, in: Gelinsky (ed.), Schlichten statt Richten? (2015), S. 35; *ders.*, Médiation et contentieux des consommateurs, in: Cadiet/Clay/Jeuland (ed.), Médiation et arbitrage (2005), S. 69;

https://doi.org/10.1515/9783110715156-012

ders., Verbrauchermediation, ZZP 118 (2005), 427; *Hodges/Benöhr/Creuzfeld-Benda*, Consumer ADR in Europe (2012); *Kleinschmidt*, Das Verhältnis der ADR-Richtlinie zu Mediation und Schiedsgerichtsbarkeit, ZZP 128 (2015), 215; *Meller-Hannich/Höland/Krausbeck*, „ADR" und „ODR": Kreationen der europäischen Rechtspolitik. Eine kritische Würdigung, ZEuP 2014, 8; *Roth*, Bedeutungsverlust der Zivilgerichtsbarkeit durch Verbrauchermediation, JZ 2013, 637; *Rühl*, Die Richtlinie über alternative Streitbeilegung und die Verordnung über Online-Streitbeilegung, RIW 2013, 737; *dies.*, Die Richtlinie über alternative Streitbeilegung, ZZP 127 (2014), 61; *Stadler*, ADR-RiLi: Unabhängigkeit und Unparteilichkeit der Schlichtungsperson, ZZP 128 (2015), 165; *M. Stürner/Gascón Inchausti/Caponi* (ed.), The Role of Consumer ADR in the Administration of Justice (2014); *Vallines García*, Impartiality and Independence of Persons Entrusted with Consumer ADR, in: Stürner/Gascón Inchausti/Caponi (ed.), The Role of Consumer ADR (2015), 79; *van Gelder/Biard*, The Online Dispute Resolution Platform after One Year of Operation: A Work in Progress with Promissing Potential (26 April 2018), https://ssrn.com/abstract=3169254; *Warwaras*, Access to Privatized Consumer Justice: Arbitration, ADR, and the Future of Value-Oriented Justice in the EU, in: Cadiet/Hess/Requejo Isidro (ed.), Privatizing Dispute Resolution (2019), S. 325.

IV. Zur Schiedsgerichtsbarkeit: *Behrens*, Die Zukunft des EU-internen Investitionsschutzes nach dem EuGH-Urteil in der Rs. Achmea, RIW 2018, 701; *Bertolini*, Die Durchsetzung von ISDS-Entscheidungen in Deutschland: unter besonderer Berücksichtigung aktueller Entwicklungen in der EU (2019); *Bien/Weitbrecht*, Kartellrechtsdurchsetzung im Schiedsverfahren, in: Fuchs/Weitbrecht, Hdb Private Kartellrechtsdurchsetzung (2019), Kap. 17; *Billiet* (Hrg.), Class Action Arbitration in Europe (2013); *Brauneck*, Multilateraler Gerichtshof und EuGH-Achmea-Urteil: Das Ende aller EU-mitgliedstaatlich vereinbarten Schiedsgerichte?, EuR 2018, 429; *Bungenberg*, The Common Commercial Policy, Parliamentary Participation and the Singapore Opinion of the CJEU, ZEuS 2017, 383; *Coester-Waltjen*, Einige Überlegungen zu Schiedsgerichtsvereinbarungen und ihrer Wirksamkeit, FS Siehr (2010), S. 595; *dies.*, Schiedsgerichtsbarkeit und Verbraucher, in: Hess (Hrg.), Der Europäische Gerichtsverbund (2017), S. 81; *Ferrari* (ed.), The Impact of EU Law on International Commercial Arbitration (2017); *Gaillard*, L'affaire Achmea ou les conflits de logiques, Rev. crit. dip 2018, 616; *Hess*, The Fate of Investment Dispute Resolution after the Achmea Decision of the European Court of Justice, MPILux Working Papers 3/2018; *ders.*, Die Legitimationskrise der Investitionsschiedsgerichtsbarkeit, FS Stein (2015), 164; *ders.*, Schiedsgerichtsbarkeit und europäisches Zivilprozessrecht, JZ 2014, 538; *Hestermeyer*, The Autonomy of EU Law Meets Arbitration, MPILux Yb on Procedural Law of the ECJ 1 (2020), 74; *Hillebrand/Pohl*, Intra-EU investment arbitration after the Achmea case, European Constitutional Law Review 2018, 767; 68; *Illmer*, The Arbitration Interface with the Brussels I Recast: Past, Present and Future, in: Ferrari (ed.), The Impact of EU Law on International Commercial Arbitration (2017), S. 31; *Kasolowsky/Steup*, Révision au fond – Einheitliche Maßstäbe bei der Überprüfung von Schiedssprüchen auf kartellrechtliche ordre-public-Verstöße?, SchiedsVZ 2008, 72; *Kleinheisterkamp*, Investment Protection and EU Law: the intra- and extra-EU Dimension of the Energy Charter Treaty, JInt'l Economic Law 15 (2012), 95; *Krajewski*, Investitionsschutz in den neuen EU-Handelsabkommen am Beispiel des Comprehensive Economic and Trade Agreement (CETA), in: Kadelbach (Hrg.), Die Welt und Wir (2017), S. 117; *Lang*, Die Autonomie des Unionsrechts und die Zukunft der Investor-Staat-Streitbeilegung in Europa nach Achmea, EuR 2018, 525; *Lavranos/Sigla*, „Achmea": Groundbreaking or Overrated?, SchiedsVZ 2018, 348; *Lübke*, Investitionsschutzabkommen in der Kompetenzordnung der Europäischen Union – zugleich zu EuGH-Gutachten 1/17 (*CETA)*, GPR 2020, 21; *Ludwigs/Remien* (Hrg), Investitionsschutz, Schiedsgerichtsbarkeit und Rechtsstaat in der EU (2018); *Requejo Isidro*, Claims for Damages and Arbitration: The 2014/104/EU Directive, in: Ferrari (ed.), The Impact of EU Law on International Commercial Arbitration (2017), S. 421; *Ruiz Fabri/Gaillard* (ed.), EU Law and Arbitration (2018); *Sauer*, Europarechtliche Schranken internationaler Gerichte, JZ 2019, 925; *Szpunar*, Referrals of Preliminary Questions by Arbitral Tribunals to the CJEU, in: Ferrari (ed.), The Impact of EU Law

(2017), 85; *Toader*, EU Law and Consumer Arbitration, in: Ferrari (ed.), The Impact of EU Law on International Commercial Arbitration (2017), S. 1; *G. Wagner*, Die Richtlinie über Alternative Streitbeilegung und die Schiedsgerichtsbarkeit, FS Schütze II (2014), S. 679; Żmij, Investitionsstreitigkeiten zwischen Deutschland und Polen aus der europäischen Perspektive. Anmerkung zum Achmea-Urteil und seinen Folgen, ZEuP 2019, 535.

I. Initiativen der Europäischen Union im Bereich der alternativen Streitbeilegung

Die außergerichtliche Streitbeilegung (ADR[1]), insbesondere die Mediation, gehört zu 12.1 jenen innovativen Rechtsbereichen, in denen die EU-Kommission frühzeitig rechtspolitische Aktivitäten initiierte, um sich durch einen Vorsprung an Sachverstand (mittelfristig) erfolgreich Kompetenzen zu sichern. Die EU-Kommission hat die Entwicklung der ADR in Europa über die letzten Jahrzehnte durch gezielte Initiativen und durch strukturelle Maßnahmen nachhaltig beeinflusst; die Verknüpfung außergerichtlicher Streitbeilegung mit *Information Technology* (IT) und anderen Online Medien, bis hin zu *Artificial Intelligence* (AI), hat diese Entwicklung nachhaltig befördert. Speziell zur Beilegung von Verbraucherstreitigkeiten besteht inzwischen eine zweite Spur der Streitbeilegung, die eigenständig neben die staatliche Justiz tritt und diese im Hinblick auf (typischerweise) „geringwertige" Streitigkeiten[2] weitgehend substituiert.[3] Die mittelfristigen Folgen dieser „Mehrspurigkeit" der Streitbeilegung sind noch nicht hinreichend sicher abzusehen – allerdings ist speziell vor deutschen Zivilgerichten in den letzten 20 Jahren die Anzahl der Streitigkeiten in dramatischer Weise (um ca. 30 %) gesunken.[4] Zudem erfordert Art. 47 GRC eine prinzipielle Offenhaltung gerichtlichen Rechtsschutzes[5] – nicht zuletzt im Interesse der Durchsetzung und Verwirklichung des materiellen Rechts.

Die rechtspolitischen Aktivitäten der Europäischen Union im Bereich der alter- 12.2 nativen Streitbeilegung begannen im Verbraucherschutz. Denn nur dort bestand seit 1988 eine Rechtsetzungskompetenz der Europäischen Gemeinschaft.[6] Die EG-

1 Die Abkürzung „ADR" steht für *„alternative dispute resolution"*, zum Sprachgebrauch aus deutscher Sichtweise *Meller-Hannich/Höland/Krausbeck*, ZEuP 2014, 8 ff.

2 Die sog. „geringwertigen Streitigkeiten können dabei durchaus erhebliche Schwellenwerte erreichen. Schließt man jedoch die Schiedsgerichtsbarkeit in die Definition ein, so sind auch „high-end" Streitigkeiten umfasst, die üblicherweise staatliche Gerichte nicht erreichen, sondern überwiegend vor Schiedsgerichten verhandelt werden.

3 Zur VO 523/2013/EU über Online-Streitigkeiten vgl. unten Rdn. 12.40 ff.

4 Dazu etwa *G. Wagner*, Rechtsstandort, S. 91 ff.

5 EuGH, 14.6.2017, Rs. C-75/16, *Menini und Rampanelli*, EU:C:2017:457, Rdn. 52 ff.; EuGH, 18.3.2010, Rs. C-317/08, *Alassini*, EU:C:2010:146, Rdn. 45 ff.

6 Nach Art. 153 EG (1998) – die alternative Beilegung von Verbraucherstreitigkeiten war bis zum Jahr 2015 innerhalb der Kommission in der GD Verbraucherschutz kompetenziell angesiedelt.

Kommission stellte im Herbst 1993 ein Grünbuch vor, das den „Zugang zum Recht“ als ein Verbraucherrecht formulierte und dieses Konzept mit den Methoden der Alternativen Streitbeilegung verband.[7] Der Aktionsplan über den Zugang der Verbraucher zum Recht und zur Beilegung von Rechtsstreitigkeiten im Binnenmarkt vom Februar 1996[8] formulierte bereits das ehrgeizige Ziel einer auf „alternativer Streitbeilegung“ aufbauenden, zweiten Spur der grenzüberschreitenden Anspruchsdurchsetzung.[9] Ausgangspunkt der unionsrechtlichen Rechtsetzung war die Empfehlung (98/257/EG) der EG-Kommission vom 17.04.1998 über die Grundsätze für Einrichtungen, die für die außergerichtliche Beilegung von Verbraucherrechtsstreitigkeiten zuständig sind.[10] Es folgte wenig später die Empfehlung (2001/310/EG) über „Grundsätze für an der einvernehmlichen Beilegung von Verbraucherrechtstreitigkeiten beteiligte außergerichtliche Einrichtungen“.[11] Beide Rechtsakte formulierten erstmals Verfahrensgarantien für die alternative Streitbeilegung. Seitdem erlassene EU-Richtlinien nahmen auf die Vorgaben der Empfehlungen ausdrücklich Bezug mit der Folge, dass sich deren unverbindlicher Regelungsgehalt zunehmend „verdichtete.“[12] Endpunkt dieser Entwicklung ist die RL 2011/13/EU zur alternativen Streitbeilegung in Verbrauchersachen, welche die Regelungen der Empfehlungen nunmehr zu verbindlichen Standards der Unionsgesetzgebung macht und die alternative Beilegung von Verbraucherstreitigkeiten unionsweit implementiert.[13]

12.3 Diese Entwicklung war keineswegs selbstverständlich: Seit dem Amsterdamer Vertrag beruht die Justizpolitik der Europäischen Union auf dem Regelungskonzept des Zugangs der Unionsbürger zum Recht (*access to justice*).[14] Dieses Konzept soll nach modernem Verständnis gleichermaßen den gerichtlichen und den außergerichtlichen Rechtsschutz erfassen.[15] Bereits die Ratsbeschlüsse von Tampere[16] und die Durchführungsprogramme von Wien und Den Haag sahen daher Rechtsetzungsmaßnahmen im Bereich der außergerichtlichen Streitbeilegung vor.[17] Im Frühjahr 2002 leitete

---

7 KOM (1993) 576 endg.

8 KOM (1996) 13 endg., dazu *Mayr/Weber*, ZfRV 2007, 163, 165.

9 Die Förderung alternativer Streitbeilegungsverfahren befördert zudem das Fehlen eigenständiger Gerichte der Europäischen Union in den Mitgliedstaaten. Die Schaffung einer „2. Spur“ der Streitbeilegung ermöglicht die Einführung originärer, europäischer Verfahren außerhalb der nationalen Justizsysteme, dazu etwa *Wagner/Thole*, FS Kropholler, S. 915, 916.

10 ABl. EU 1998 L 115/31 ff., unten 12.19 f.

11 ABl. EU 2001 L 109/56 ff., unten 12.21; dazu *Mayr/Weber*, ZfRV 2007, 163, 165 ff.

12 Etwa Art. 10 der Überweisungs-RL (1997/5/EG) oder Art. 17 der E-Commerce-RL (RL 2000/31/EG), vgl. *Mähler/Kerntke*, ZKM 2004, 151, 152 f.

13 *Hess*, JZ 2015, 548 ff.

14 Grünbuch über alternative Verfahren zur Streitbeilegung in Zivil- und Handelssachen vom 19.4.2002, KOM (2002)196 endg., unter 2.1.; oben § 3 III, Rdn. 32 ff.

15 *Caponi/Nowak*, in: Hess/Law (ed.), Luxembourg Report on EU Procedural Law (2019), Vol. II, Kap. 2, Rdn. 1 ff.

16 Vgl. Rdn. 30 der Schlussfolgerungen der finnischen Ratspräsidentschaft: „Auch sollten alternative außergerichtliche Verfahren von den Mitgliedstaaten geschaffen werden.“

17 *Storskrubb*, Civil Procedure and EU Law, S. 185 ff.

die EG-Kommission ein ambitioniertes Rechtsetzungsprogramm ein: Sie veröffentlichte zunächst ein Grünbuch zur außergerichtlichen Streitbeilegung in den Mitgliedstaaten, mit einem umfassenden rechtspolitischen Fragenkatalog zur ADR.[18] Es folgte im April 2004 ein Richtlinienvorschlag zur Mediation in Zivil- und Handelssachen.[19] Zeitgleich veranlasste die Kommission Berufsverbände im Bereich der Mediation, als „*stakeholder*" einen sog. Verhaltenskodex für Europäische Mediatoren zu formulieren.[20]

Weitere Maßnahmen betrafen die Prozesskostenhilfe: Art. 10 der RL 2003/8/ EG[21] eröffnet für obligatorische, außergerichtliche Streitbeilegungsverfahren einen Anspruch auf Prozesskostenhilfe[22] – damit gibt es (erstmalig) eine unionsrechtliche Vorgabe zur Einbeziehung der Mediation in die Prozesskostenhilfe der EU-Mitgliedstaaten (freilich beschränkt auf grenzüberschreitende Verfahren).[23] Im Mai 2008 wurde schließlich die RL 2008/52/EG zur Mediation in Zivil- und Handelssachen verabschiedet; sie war bis zum 21.5.2011 von den Mitgliedstaaten umzusetzen.[24] Zudem verpflichten zahlreiche Rechtsakte des EU-Prozessrechts die Mitgliedstaaten zur Förderung der konsensualen Streitbeilegung.[25] 12.4

II. Die EU-Mediations-Richtlinie

1. Begrenzung auf grenzüberschreitende Verfahren

Trotz der zahlreichen Aktivitäten im Bereich der außergerichtlichen Streitbeilegung 12.5
verfügte die Union lange Zeit nur über eingeschränkte Rechtsetzungskompetenzen. Dies erklärt das zunächst informelle Vorgehen der EG-Kommission. Das langwierige Rechtsetzungsverfahren der Mediations-RL zeigte zudem, dass die Vorschläge der EG-

18 Grünbuch über alternative Verfahren zur Streitbeilegung im Zivil- und Handelsrecht vom 19.4.2002 (KOM (2002) 196 endg.), S. 17 ff.

19 KOM (2004) 718 endg., dazu *Duve/Prause* IDR 2004, 126, 129 ff.; *Eidenmüller*, SchiedsVZ 2005, 124 ff.

20 European Code of Conduct on Mediation vom 2.7.2004, http://ec.europa.eu/civiljustice/adr/adr-ec-code-conduct-en.htm, dazu unten Rdn. 12.17 ff.

21 Richtlinie 2003/8/EG zur Prozesskostenhilfe in grenzüberschreitenden Verfahren vom 27.1.2003, ABl. EU 2003 L 26/41 ff., vgl. oben § 8 III, Rdn. 8.66 ff.

22 Sachlich begrenzt auf gesetzlich vorgeschriebene bzw. gerichtlich angeordnete Mediationsverfahren.

23 Deutsche Durchführungsgesetzgebung existiert hierzu (bisher) nicht. *De lege lata* erfüllen nur landesrechtliche Verfahren nach § 15a EGZPO die Voraussetzungen von Art. 10 PKH-RL. Diese erfassen jedoch keine grenzüberschreitenden Verfahren.

24 RL 2008/52/EG über bestimmte Aspekte der Mediation in Zivil- und Handelssachen, ABl. EU 2008 L 136/3 ff. Umsetzung in Deutschland durch das Mediationsgesetz vom 21.7.2012, BGBl. I 1577.

25 Beispiele: Art. 25 EheGVO (2019); Art. 34 f. RL 2014/26/EU über die kollektive Wahrnehmung von Urheberrechten, ABl. EU 2014 L 84/72; Art. 18 f. RL 2014/104/EU über Schadensklagen im Kartellrecht, ABl. EU 2014 L 349/1, oben § 11 II, Rdn. 11.51 ff.

Kommission bei den Mitgliedstaaten auf erhebliche Bedenken stießen.[26] Diese betrafen zunächst den Geltungsbereich der Richtlinie. Denn der Kommissionsentwurf wollte insbesondere innerstaatliche Mediationsverfahren einbeziehen.[27] Art. 65 EGV/ heute: 81 AEUV begrenzt jedoch die Rechtsetzungskompetenz der Union auf grenzüberschreitende Streitigkeiten. Die EU-Kommission konnte letztlich ihren weiten Regulierungsansatz nicht durchsetzen. Vielmehr setzt der Rat sein enges Verständnis durch, dass sich der Anwendungsbereich von Art. 65 EG/heute: 81 AEUV auf unmittelbar grenzüberschreitende Zivilverfahren beschränkt:[28] Nach Art. 1 II und 2 Med.-RL ist die Richtlinie lediglich auf Mediationen anzuwenden, bei denen die Parteien ihren Wohnsitz in unterschiedlichen EU-Mitgliedstaaten haben.[29] Damit bleibt die praktische Bedeutung des Rechtsakts gering[30] – sofern die Mitgliedstaaten nicht mittels überschießender Umsetzung innerstaatliche Mediationen einschließen. Eine solche, überschießende Umsetzung lässt EwG 8 Med.-RL ausdrücklich zu – damit mutiert jedoch der Unionsrechtsakt funktional zum (untechnischen) Modellgesetz.[31]

2. Inhaltliche Vorgaben der RL 2008/52/EG

12.6 Die inhaltlichen Vorgaben der Med.-RL sind bescheiden ausgefallen: Die Richtlinie schafft keinen umfassenden Rechtsrahmen für die Mediation im Europäischen Justizraum, sondern spricht überwiegend die Schnittstellen zwischen der (außergerichtlichen) Mediation und Gerichtsverfahren an.[32] Art. 13 Med.-RL legt den zeitlichen Anwendungsbereich der Richtlinie fest;[33] Art. 5 Med.-RL statuiert eine allgemeine Förderungspflicht der Mitgliedstaaten im Hinblick auf die Mediation.[34] Art. 6–8 Med.-RL

---

26 Zur zurückhaltenden Reaktion des Europaparlaments vgl. *Storskrubb*, Civil Procedure and EU-Law, S. 195 f.

27 Vgl. die Begründung der EG-Kommission KOM (2004) 718 endg., S. 2 f.; dagegen etwa *Eidenmüller*, SchiedsVZ 2005, 124, 126; *Duve/Prause*, IDR 2004, 126, 129 f.

28 Dazu oben § 2 I, Rdn. 2.14 ff.

29 Zur Kritik an dieser Regelung, die über Art. 62 EuGVO weitgehend auf das innerstaatliche Recht der EU-Mitgliedstaaten verweist, vgl. *Hess*, Die allgemeinen Gerichtsstände in der Brüssel I-Verordnung, FS Lindacher (2007), S. 53, 59 f.; oben § 6 II, Rdn. 6.44 f.

30 Beispiel: EuGH, 14.6.2017, Rs. C-75/16, *Menini und Rampanelli*, EU:C:2017:457, Rdn. 34 f. – keine Anwendung der Mediations-RL auf den innerstaatlichen Ausgangsfall.

31 Dazu oben § 4 I, Rdn. 4.31. Eine „überschießende" Umsetzung hat Deutschland im MediationsG vorgenommen.

32 *Storskrubb*, Civil Procedure and EU Law, S. 191 ff.; *Wagner/Thole*, FS Kropholler, S. 915, 917 ff. Ausgeklammert bleiben die berufsrechtlichen Regelungen, die der Dienstleistungsfreiheit unterfallen.

33 Die RL war bis zum 31.5.2011 umzusetzen.

34 Insbesondere wurde die vom Parlament vorgeschlagene Verpflichtung der Mitgliedstaaten nicht angenommen, ein Zertifizierungssystem einzuführen; vgl. Abänderungsvorschlag 18a, Beschluss des Parlaments vom 29.3.2007, p6–TA(2007)0088.

enthalten die zwingenden Vorgaben.[35] Auffallend ist die Diskrepanz zwischen Erwägungsgründen und operativen Vorschriften: Den 13 Artikeln der Richtlinie[36] gehen 30 Erwägungsgründe voraus.

Art. 1–3 Med.-RL legen den sachlichen Anwendungsbereich fest[37] und definieren dabei die Mediation als 12.7

> „ein strukturiertes Verfahren unabhängig von seiner Bezeichnung, in dem zwei oder mehr Streitparteien mit Hilfe eines Mediators auf freiwilliger Basis selbst versuchen, eine Vereinbarung über die Beilegung ihrer Streitigkeiten zu erzielen. Dieses Verfahren kann von den Parteien eingeleitet oder von einem Gericht vorgeschlagen oder angeordnet werden oder nach dem Recht eines Mitgliedstaats vorgeschrieben sein. Es schließt die Mediation durch einen Richter ein, der nicht für ein Gerichtsverfahren in der betreffenden Streitsache zuständig ist."[38]

Die Definition schließt sowohl die vertragsautonome (außergerichtliche) als auch die gerichtsintegrierte Mediation ein.[39] Die Einbeziehung der gerichtsintegrierten Mediation[40] ist folgerichtig angesichts des Regelungsziels der Richtlinie, die auf die Schnittstellen zwischen Mediation und Gerichtsverfahren abzielt. Auch in rechtspolitischer Hinsicht ist die weite Definition zu begrüßen: In zahlreichen EU-Mitgliedstaaten ist vor allem die gerichtsintegrierte Mediation erfolgreich.[41] 12.8

Inhaltlich enthält Art. 3 Med.-RL drei Elemente: Die Mediation wird als autonome, strukturierte Verhandlung der Beteiligten definiert,[42] sie erfolgt unter „der Regie" eines Dritten, dem keine Entscheidungsbefugnis zusteht. Die Mediation erfolgt freiwillig:[43] Dies bedeutet, dass eine vorweg genommene Bindung an das 12.9

35 Die sonstigen Vorschriften der Richtlinie enthalten keine inhaltlichen Vorgaben, sondern betreffen die technische Umsetzung der Richtlinie in den EU-Mitgliedstaaten.

36 Unter Einschluss der technischen Vorschriften zur Umsetzung, Evaluation und Inkrafttreten der Richtlinie, vgl. Art. 11–13 Med.-RL.

37 Art. 1 Med.-RL begrenzt den sachlichen Anwendungsbereich auf Zivil- und Handelssachen, die speziellen Bereichsausnahmen des Art. 1 II EuGVO wurden hingegen nicht übernommen. Dies ermöglicht die Anwendung des Rechtsakts etwa im Familienrecht und im Insolvenzrecht, *Wagner/Thole*, FS Kropholler, S. 915, 920 f.

38 Die Definition der Mediation in § 1 MediationsG folgt der Vorgabe der Med.-RL, *Greger*, in: ders./Unberath/Steffek, § 1 MediationsG, Rdn. 6.

39 Zu dieser Unterscheidung vgl. *Hess*, Gutachten Mediation für den 67. DJT, F. 18. Ausgenommen bleiben schlichte Verhandlungen sowie Schiedsverfahren und Schiedsgutachten (EwG 11); *Wagner/Thole*, FS Kropholler, S. 915, 917 f.; *Kleinschmidt*, ZZP 128 (2015), 215, 219 ff.

40 In § 278 V 1 ZPO nunmehr in (vermeintlich) begrifflicher Abgrenzung als „Güterichter" bezeichnet. Dennoch verweist § 278 V 2 ZPO ausdrücklich auf die „Mediation" als die vom Güterichter angewandte Methode der Streitbeilegung.

41 *Hess*, Gutachten Mediation für den 67. DJT, F. 19 ff.; rechtsvergleichender Überblick: *Esplugues/Iglesias/Palao* (ed.), Civil and Commercial Mediation in Europe (2013).

42 Dazu *Greger*, in: ders./Unberath/Steffek, § 1 MediationsG, Rdn. 17 ff.

43 Die Zulassung von gerichtlich angeordneter Mediation stellt Art. 4 Med.-RL in das Ermessen der Mitgliedstaaten. Die Mitgliedstaaten können ein zwingendes vorgerichtliches Mediationsverfahren

Verhandlungsergebnis nicht zulässig ist.[44] Die Kernelemente der Definition enthalten zugleich wesentliche Verfahrensgarantien: die Unparteilichkeit des Mediators und die Freiwilligkeit der Mediation.[45] Dagegen hat der Unionsgesetzgeber darauf verzichtet, methodische Prämissen in die Definition einzufügen. Dies gilt etwa für die in der ADR-Literatur geforderte sog. „Allparteilichkeit" des Mediators, die dessen besondere „Verantwortung" für die Abschlussvereinbarung bezeichnen soll.[46] Des Weiteren hat der Unionsgesetzgeber sich auch nicht auf ein bestimmtes Modell der Mediation festgelegt (etwa die moderierende oder die evaluierende Mediation).[47]

12.10 Bindende Vorgaben für die EU-Mitgliedstaaten enthalten die Artikel 6–8 Med.-RL. Nach Art. 6 Med.-RL müssen die Mitgliedstaaten eine Titulierung der Abschlussvereinbarung sicherstellen.[48] Die Vorgaben des Art. 6 Med.-RL sind jedoch weit zurückgenommen: Die EU-Mitgliedstaaten werden nicht verpflichtet, eine explizite Möglichkeit zu schaffen, um Mediationsvereinbarungen für vollstreckbar zu erklären.[49] Die Bezugnahme auf geltende Rechtsvorschriften (etwa zur vollstreckbaren Urkunde, § 794 I Nr. 5 ZPO oder zum Anwaltsvergleich, §§ 796 ff. ZPO) reicht aus, sofern diese den inhaltlichen Vorgaben des Art. 6 I Med.-RL genügen. Die Vorschrift verlangt

---

vorschreiben, sofern dieses innerhalb eines begrenzten Zeitraums durchzuführen ist, keine unverhältnismäßigen Kosten verursacht und den Zugang zum Gericht letztlich offen hält, EuGH, 14.6.2017, Rs. C-75/16, *Menini und Rampanelli*, EU:C:2017:457.

44 Mithin sind halbzwingende Verfahren der Verbrauchermediation (in denen sich die beteiligten Unternehmen dem Einigungsvorschlag vorab unterwerfen) ausgeschlossen. Diese unterfallen jedoch Art. 10 II der AS-RL, unten Rdn. 12.30.

45 Dazu *Hess*, Gutachten Mediation für den 67. DJT, F 91 ff.

46 Gegen diese Leerformel überzeugend *Tochtermann*, Unparteilichkeit des Mediators (2009), S. 26 f. Ebenso § 1 II MediationsG, dazu *Greger*, in: ders./Unberath/Steffek, § 3 MediationsG, Rdn. 37 ff.

47 Dies folgt explizit aus Art. 3 lit. b) Med.-RL, der den Mediator als dritte Person umschreibt, „unabhängig von ihrer Bezeichnung oder ihrem Beruf in dem betreffenden Mitgliedstaat und der Art und Weise, in der sie für die Durchführung der Mediation benannt oder mit dieser betraut wurde".

48 Die Vorschrift lautet: (1) „Die Mitgliedstaaten stellen sicher, dass von den Parteien – oder von einer Partei mit ausdrücklicher Zustimmung der anderen – beantragt werden kann, dass der Inhalt einer im Mediationsverfahren erzielten schriftlichen Vereinbarung vollstreckbar gemacht wird. Der Inhalt einer solchen Vereinbarung wird vollstreckbar gemacht, es sei denn, in dem betreffenden Fall steht der Inhalt der Vereinbarung dem Recht des Mitgliedstaats, in dem der Antrag gestellt wurde, entgegen oder das Recht dieses Mitgliedstaats sieht die Vollstreckbarkeit des Inhalts nicht vor. (2) Der Inhalt der Vereinbarung kann von einem Gericht oder einer anderen zuständigen öffentlichen Stelle durch ein Urteil oder eine Entscheidung oder in einer öffentlichen Urkunde nach dem Recht des Mitgliedstaats, in dem der Antrag gestellt wurde, vollstreckbar gemacht werden."

49 § 2 VI MediationsG spricht lediglich die Dokumentation der Abschlussvereinbarung an, nicht hingegen die Vollstreckung. Es gelten mithin in Deutschland die allgemeinen Vorschriften der ZPO zur Titulierung privatschriftlicher Vereinbarungen, *Greger*, in: ders./Unberath/Steffek, § 2 MediationsG, Rdn. 330 ff.

allerdings eine Prüfung,[50] dass der Inhalt der Vereinbarung mit dem (zwingenden) Recht des Mitgliedstaats vereinbar ist. Dies bedeutet, dass die Vollstreckbarerklärung zumindest der *ordre public*-Kontrolle unterliegt – vergleichbar der Vollstreckbarerklärung eines Schiedsspruchs (vgl. §§ 796a III, § 1059 II lit. b) ZPO).[51]

Nach Art. 6 I Med.-RL setzt die Vollstreckbarerklärung zudem voraus, dass die 12.11
Parteien ausdrücklich der Vollstreckbarerklärung zustimmen. Diese Vorgabe ist nicht dahin zu verstehen, dass die Erteilung der vollstreckbaren Ausfertigung von beiden Seiten gleichermaßen beantragt werden müsste. Vielmehr reicht eine Unterwerfung unter die sofortige Vollstreckbarkeit aus.[52] Allerdings ist zu fordern, dass die jeweilige Unterwerfung in einem gesonderten Akt nach Abfassung der Abschlussvereinbarung erfolgt.[53] Eine derartige Vereinbarung kann als Europäischer Vollstreckungstitel grenzüberschreitend durchgesetzt werden.[54]

Art. 7 Med.-RL verpflichtet die Mitgliedstaaten, die Vertraulichkeit der Media- 12.12
tion zu sichern. Dem Wortlaut nach enthält die Vorschrift nur ein Zeugnisverweigerungsrecht der Mediatoren und anderer am Verfahren beteiligter Personen. Insofern erscheint Art. 7 Med.-RL jedoch zu eng formuliert: Der wirksame Schutz des Mediationsgeheimnisses erfordert ein Beweisthemenverbot, das nicht nur die Zeugenaussage, sondern häufig auch Augenscheinobjekte (etwa EDV-Dateien) oder Aufzeichnungen, die für die Mediation erstellt wurden, von jedem späteren Gerichts- und Schiedsverfahren abschirmt.[55] Leider wurde die diesbezügliche Kritik der Literatur am Regelungsvorschlag der EU-Kommission im Rechtsetzungsverfahren nicht aufgegriffen.[56] Bei der Umsetzung der Vorschrift sollten die EU-Mitgliedstaaten nicht an die Person des Mediators anknüpfen, sondern ein Beweisthemenverbot erlassen. § 4 MediationsG normiert leider nur eine vordergründig umfassende Verschwiegenheitspflicht des Mediators.[57]

---

50 Des nationalen Gesetzgebers bzw. des befassten Gerichts.

51 Dazu *Hess*, Gutachten Mediation für den 67. DJT, F. 109 ff.

52 Vgl. etwa §§ 794 I Nr. 5, 796 ZPO. Kritisch *Mayr/Weber*, ZfRV 2007, 163, 173, die in der Homologation eine unnötige Bevorzugung der Mediation gegenüber anderen Vertragsvereinbarungen sehen – jedoch ist eine effektive Titulierung ein wesentlicher Anreiz für die Akzeptanz der Mediation als Streitbeilegungsmethode. Daher erscheint der Regelungsansatz des Unionsgesetzgebers legitim.

53 *Hess*, Gutachten Mediation für den 67. DJT, F. 112 f.; *Wagner/Thole*, FS Kropholler, S. 915, 933 befürworten ebenfalls eine Vereinfachung des § 796a ZPO, halten die „Unterwerfung unter die sofortige Zwangsvollstreckung" jedoch aus „psychologischen Gründen" für kontraproduktiv. Das erscheint freilich zu weitgehend.

54 Dazu oben § 10 I, Rdn. 10.13.

55 AA *Wagner/Thole*, FS Kropholler, S. 915, 937 ff. Sie halten die bestehenden Vorschriften zum Verweigerungsrecht im Zeugenbeweis, ergänzt um eine Vertraulichkeitsabrede der Parteien, für ausreichend.

56 Dazu *Hager*, FS Schlechtriem, S. 53 ff.; *Duve/Prause*, IDR 2004, 126, 129 f.; *Eidenmüller*, SchiedsVZ 2005, 124, 130.

57 *Greger*, in: ders./Unberath/Steffek, § 4 MediationsG, Rdn. 5. Das Zeugnisverweigerungsrecht des

12.13 Art. 8 a) Med.-RL verpflichtet die Mitgliedstaaten, die Hemmung der Verjährung während des Mediationsverfahrens sicherzustellen. Angesichts der Vorschrift des § 203 BGB, der eine Verjährungshemmung bei Verhandlungen der Parteien anordnet, bestand in Deutschland eigentlich kein Umsetzungsbedarf.[58] Insbesondere erscheint die in der Literatur[59] erwogene, explizite Nennung der Mediation in § 203 oder § 204 I Nr. 4 BGB[60] schlicht überflüssig.

12.14 Abgesehen von den Schnittstellen zur staatlichen Justiz klammert die Richtlinie wesentliche Problemfelder einer echten Rahmenregelung zur Mediation aus. Dies gilt zunächst für das Berufsbild des Mediators, dessen Ausformung der Unionsgesetzgeber den Mitgliedstaaten bzw. der Rechtsentwicklung in der Mediation selbst überlässt.[61] Auch die Frage nach der berufsmäßigen Qualifikation von Mediatoren greift die Richtlinie nicht auf. In der Sache ist diese Zurückhaltung jedoch zu begrüßen, da für die Qualitätsmerkmale (auch wegen des dahinter stehenden heterogenen Ausbildungsmarktes) in den Mitgliedstaaten keine akzeptierten Kriterien bestehen.[62] Art. 4 Med.-RL verpflichtet daher lediglich die EU-Mitgliedstaaten, allgemein die Qualität von Mediation zu fördern.[63] Damit enthält die Richtlinie keinen wirklichen Regelungsrahmen für Mediationen im Europäischen Justizraum.[64] Ihre Teilregelungen implizieren für die Umsetzung durch die EU-Mitgliedstaaten eine inhaltliche Erweiterung in zwei Richtungen: Zum einen im Hinblick auf die inhaltlichen Vorgaben der Richtlinie, zum anderen im Hinblick auf den generellen oder nur grenzüberschreitenden Anwendungsbereich der Richtlinie.[65]

12.15 Das deutsche MediationsG setzt die Vorgaben der Med.-RL überschießend um, indem es vorwiegend die innerstaatliche Mediation regelt. Im Ergebnis ist freilich das MediationsG ebenso knapp ausgefallen wie der EU-Rechtsakt selbst. Wichtiger waren allerdings Änderungen der §§ 278 und 279 ZPO,

---

Mediators folgt in Deutschland lediglich aus § 383 I Nr. 6 ZPO. Entgegen der hier vertretenen Ansicht hat sich der deutsche Gesetzgeber bedauerlicherweise für eine Minimallösung entschieden.

58 *Hess*, Gutachten Mediation 67. DJT, F. 113.

59 Dafür etwa *Eidenmüller/Prause*, NJW 2008, 2737, 2741 f.; *Wagner/Thole*, FS Kropholler, S. 915, 941.

60 Dem Wortlaut nach erfasst § 204 I Nr. 4 BGB die Antragstellung vor einer staatlichen oder staatlich anerkannten Streitbeilegungsstelle oder vor einer anderen Streitbeilegungsstelle, wenn das Verfahren im Einvernehmen mit dem Antragsgegner betrieben wird, dazu ausführlich *Riehm*, NJW 2017, 113, 115.

61 Das deutsche Umsetzungsgesetz enthält in § 6 MediationsG eine Verordnungsermächtigung, die inzwischen (nach lang anhaltenden Kontroversen) durch die VO vom 21.8.2016, BGBl. 2016 I 1994 umgesetzt wurde, *Greger*, in: ders./Unberath/Steffek (Hrg.), § 6 MediationsG, Rdn. 10.

62 Hier fehlt die Rechtsetzungskompetenz der Union; anders *Eidenmüller*, SchiedsVZ 2005, 124, 129, der auf Art. 114 AEUV abstellt.

63 Der Europäische Verhaltenskodex (unten Rdn. 12.17) setzt hier wichtige Standards, an denen sich nationale Regulierungen orientieren können (allerdings nicht müssen).

64 Die griechische Umsetzungsregelung, die die Ausbildung von Mediatoren auf Gesellschaften griechischen Rechts begrenzte und die Anerkennung der Berufszulassung ausländischer Mediatoren an (zusätzliche) Praxisnachweise knüpfte, erklärte der EuGH für unvereinbar mit der Niederlassungs- und der Dienstleistungsfreiheit, EuGH, 26.6.2019, Rs. C-729/17, *Kommission./.Griechenland*, EU:C:2019:534.

65 Beide Fragen sind zu bejahen, *Hess*, Gutachten Mediation für den 67. DJT, F. 135 ff.

die inzwischen die gerichtsinterne Mediation (unter dem missverständlichen bayerischen Akronym: „Güterichter") regeln. Inzwischen hat sich die gerichtsinterne Mediation in Deutschland etabliert.[66]

Im August 2016 veröffentlichte die EU-Kommission einen Bericht zur Umsetzung der EU-Mediations-RL.[67] Dieser attestierte der Richtlinie folgende praktische Bedeutung: 15 Mitgliedstaaten hatten bereits eine umfassende Mediationsgesetzgebung erlassen – hier hat sich die Med.-RL nicht praktisch ausgewirkt. Vier Mitgliedstaaten erließen auf der Basis der Richtlinie erstmalig Mediationsgesetze. In den verbleibenden neun Mitgliedstaaten löste die Richtlinie Änderungen der bestehenden Regelungen aus. Insgesamt attestierte die Evaluation der Richtlinie, dass das vorrangige Ziel erreicht wurde, einen unionsweiten Regelungsrahmen zur Mediation in Europa zu schaffen. Letztlich zeigte sich in der Evaluation die geringe Ambition der Kommission, weitere Harmonisierungen vorzuschlagen. Dies mag auch dadurch verursacht sein, dass zahlreiche EU-Mitgliedstaaten die Mediations-RL überschießend – insbesondere auch im Hinblick auf innerstaatliche Mediationsverfahren – umgesetzt haben. **12.16**

3. Der „European Code of Conduct on Mediation"

Die Mediationsrichtlinie flankiert europäisches „soft law". Bereits im Jahr 2004 wurde ein Europäischer Verhaltenskodex für Mediatoren auf einem Kongress verabschiedet. Dies geschah auf einem informellen Forum der beteiligten „stakeholders", zu dem die EG-Kommission eingeladen hatte. Bemerkenswert war dabei der Prozess, der zur Verabschiedung dieses Instruments führte. Der *Code of Conduct* entstand auf Initiative und mit nachhaltiger Unterstützung der EG-Kommission.[68] Er wurde auf der Website des Europäischen Justizatlas veröffentlicht.[69] Unmittelbare Rechtswirkungen entfaltet der *Code* jedoch nicht.[70] Mediatoren und Verbände, die aufgrund **12.17**

---

66 Das tatsächliche Fallaufkommen ist jedoch überschaubar geblieben, aussagekräftige Statistiken fehlen jedoch.

67 Report of the Commission to the European Parliament, the Council and the European Economic and Social Committee on the application of Directive 2008/52/EC, COM (2016) 542 final. Der Bericht basiert auf einer Studie der Firma Milieu Ltd., Vertrag Nr. JUST/2014/JCOO/PR/CIVI/0167/74 (März 2016).

68 Nach der Präsentation des Grünbuchs (2002) erstellte die EG-Kommission eine Kompilation von existierenden Verhaltenskodizes (weltweit) und organisierte mehrere Arbeitssitzungen, in denen etwa 30 (ausgesuchte) Verbandsvertreter den *Code of Conduct* formulierten. *Mähler/Kerntke*, ZKM 2004, 151 ff.

69 https://www.euromed-justice.eu/en/system/files/20090128130552_adr_ec_code_conduct_en.pdf.

70 Das kann er schon deshalb nicht, weil die beteiligten *Stakeholder* keinerlei demokratisches Mandat hatten, um eine allgemeinverbindliche Regelung zu treffen. Die Einhaltung der Selbstverpflichtung kann in der Praxis als Werbung für qualitätsvolle Mediationsdienstleistung verwendet werden.

einer Selbstverpflichtung die dort vorgegebenen Standards beachten, können sich allerdings in einer Liste auf der Website des Europäischen Justiziellen Netzes registrieren lassen.[71] Ausweislich eines vorangestellten „disclaimer" übernimmt die EU-Kommission freilich keine Verantwortung für den Kodex. Sie überwacht nicht dessen Einhaltung durch die eingetragenen Personen und Organisationen.[72]

12.18 Inhaltlich regelt der Verhaltenskodex in vier Abschnitten die Kompetenz des Mediators, seine Unabhängigkeit und Unparteilichkeit, die Durchführung des Verfahrens sowie die Vertraulichkeit.[73] Die Grundsätze des Verhaltenskodex betreffen einerseits die Qualifikation des Mediators (Professionalität, Unabhängigkeit[74], Neutralität), andererseits Verfahrensgarantien (Transparenz[75], Fairness[76], Freiwilligkeit[77]) und schließlich die Vertraulichkeit.[78] Funktional betrachtet enthält der Kodex damit überwiegend Verfahrensgarantien. Diese werden jedoch als allgemeine Berufsstandards bzw. -pflichten ausformuliert; könnten aber auch ohne weiteres als (dispositive) Verfahrensvorschriften oder als Anerkennungsregeln für die (generelle) Durchführung von Mediationsverfahren umformuliert werden.[79] Im Kern beinhaltet der Kodex eine Fortschreibung (und praktische Verallgemeinerung) der Verfahrensgrundsätze der Empfehlung 2000/310/EG über die Grundsätze der Verbrauchermediation.[80] Genuine normative Wirkungen entfaltet diese Selbstverpflichtung jedoch nicht.

Es handelt sich um eine „Modellregelung" für entsprechende Selbstregulierungen in den EU-Mitgliedstaaten. Zutreffend *Greger*, in: ders./Unberath/Steffek (Hrg.), Recht der alternativen Konfliktlösung, Einl. A, Rdn. 21.

71 Ein Überblick zu ADR Verfahren und Anbietern in den EU Mitgliedstaaten findet sich im EU-Justizportal, https://e-justice.europa.eu/content_mediation_in_member_states-64-ee-en.do?member=1.

72 Vgl. den *disclaimer* auf der Website des Justiziellen Netzes in Zivilsachen, http://ec.europa.eu/civiljustice/adr/adr–ec–code–conduct–en.pdf.

73 Eine Begrenzung auf grenzüberschreitende Mediationen enthält der Kodex nicht – dies entsprach den rechtspolitischen Ambitionen der EG-Kommission im Frühjahr 2004.

74 Diese wird nach 2.1 durch eine Offenlegungspflicht (etwa über ein anderweitig bestehendes Mandatsverhältnis mit einer Partei in der (Groß-)Kanzlei) gesichert, völlige Äquidistanz zu beiden Parteien verlangt der Code nicht, *Mähler/Kerntke*, ZKM 2004, 151, 154.

75 Insbesondere über den Verlauf und die Wirkungen des Verfahrens, 3.1, und über die Vergütungsregelung, 3.4. Auch ist der Mediator verpflichtet, die Parteien über die „Formalisierung" (und Titulierung) der Abschlussvereinbarung aufzuklären, 3.3 (aE).

76 Insbesondere die Verpflichtung des Mediators, das Verfahren zu beenden, wenn ein rechtswidriges oder undurchsetzbares Ergebnis zu erwarten ist, 3.2.

77 Die Parteien können jederzeit, ohne Angaben von Gründen, die Mediation beenden, 3.3.

78 Insofern verweist Nr. 4 des Kodex der Sache nach auf die Parallelregelung der Mediationsrichtlinie, *Mähler/Kerntke*, ZKM 2004, 151, 154.

79 Vgl. dazu *Pitkowitz*, SchiedsVZ 2005, 81, 89.

80 *Hess*, ZZP 118 (2005), 427, 439 ff.

III. Die alternative Beilegung von Verbraucherstreitigkeiten

1. Die Empfehlungen der EG-Kommission zur Verbrauchermediation

Die ersten Rechtsetzungsvorhaben im Bereich des Verfahrensrechts[81] initiierte die EG-Kommission im Verbraucherschutz.[82] Bereits die ersten Stellungnahmen zur Verbraucherpolitik der Gemeinschaft in den 1980er Jahren schlossen das Postulat des Zugangs zum Gericht (*access to justice*) als „Verbraucherrecht" ausdrücklich ein.[83] Im Rahmen der Verbraucherpolitik nach Art. 153a EGV (1993) ergriff die damalige EG-Kommission erste Initiativen zur Rechtsetzung.[84] Ausgangspunkt war ein Grünbuch über den Zugang der Verbraucher zum Recht (1993).[85] Ein „Aktionsplan für den Zugang des Verbrauchers zum Recht" schrieb diese Vorschläge fort.[86] Dort wurde die Förderung außergerichtlicher Streitbeilegung ausdrücklich eingefordert. 12.19

Die Umsetzung erfolgte zunächst durch die Empfehlung 98/257/EG über die Grundsätze für Einrichtungen, die für die außergerichtliche Beilegung von Verbraucherrechtsstreitigkeiten zuständig sind.[87] Diese Empfehlung sollte generell das Vertrauen der Verbraucher in Mechanismen der alternativen Streitbeilegung stärken. Inhaltlich betraf die Empfehlung sog. Reklamationsverfahren, die Unternehmen einrichten, um Kundenbeschwerden strukturiert außerprozessual beizulegen.[88] Die Empfehlung adressierte Schlichtungsverfahren, in denen der Dritte aktiv interveniert und eine einvernehmliche Lösung vorschlägt. Sie galt nur für Verfahren, bei deren Scheitern dem Verbraucher der gerichtliche Rechtsschutz (subsidiär) offenstand. Die Empfehlung formulierte mehrere Grundsätze, die derartige Streitbeilegungseinrichtungen als prozessuale Mindeststandards einhalten sollen: die Unabhängigkeit der befassten Stellen,[89] die Transparenz und die Effizienz des Verfahrens, die Bindung an die Rechtmäßigkeit (d. h. an zwingendes Verbraucherschutzrecht), den Grundsatz der Handlungsfreiheit (d. h. die subsidiäre Offenhaltung gerichtlichen Rechtsschutzes) und den Grundsatz der (zulässigen) Vertretung des Verbrauchers durch einen Dritten.[90] 12.20

81 Ohne grenzüberschreitende Bezüge.

82 Überblick bei *Mayr/Weber*, ZfRV 2007, 163 ff.

83 Dazu *Hess*, in van: Rhee/Uzelac (ed.), Civil Justice, S. 189, 191 ff.

84 Grundlage war die Schaffung einer Kompetenz zur Verbraucherpolitik (Art. 129a EGV) im Vertrag von Maastricht (1992), dazu *Höland*, FS Reich, S. 195.

85 KOM (1993) 573 endg., dazu *Mayr/Weber*, ZfRV 2007, 163, 165.

86 KOM (1996) 36 endg., vgl. *Storskrubb*, Civil Procedure, S. 186 ff.

87 ABl. EU 1998 L 115/31 ff. Die Empfehlung erfasste nicht die Verbrauchermediation, sondern betraf außergerichtliche Schlichtungsverfahren in Verbrauchersachen.

88 Zu diesen vgl. *Hess*, ZZP 118 (2005), 427, 431 ff.

89 Dies schließt eine Finanzierung der Einrichtung durch die Unternehmerseite (wie im Fall des Ombudsmanns der Banken) nicht aus. Jedoch muss eine inhaltliche Beeinflussung vermieden werden, *Hess*, ZZP 118 (2005), 427, 432.

90 Ausführlich *Mayr/Weber*, ZfRV 2007, 163, 166 f.

12.21 Im Jahre 2001 verabschiedete die EU-Kommission eine weitere Empfehlung (2001/310/EG) über Grundsätze für an der einvernehmlichen Beilegung von Verbraucherrechtstreitigkeiten beteiligte außergerichtliche Einrichtungen.[91] Diese Empfehlung erfasste alternative Streitbeilegungsverfahren, in denen der (neutrale) Dritte keine aktive Schlichter-, sondern eine passive Vermittlerposition einnimmt.[92] Inhaltlich formulierte die Empfehlung vier leitende Prinzipien: die Unparteilichkeit des Mediators,[93] die Transparenz des Verfahrens,[94] die Verfahrenseffizienz[95] und die Verfahrensfairness.[96] Diese Grundsätze bewirkten eine deutliche Verrechtlichung und „Prozessualisierung" des Mediationsverfahrens. Die inhaltlichen Vorgaben folgten aus der zwingenden Rechtsnatur des Verbraucherschutzes; dieser erfordert (zum Schutz des strukturell unterlegenen Verbrauchers) verstärkte Interventionen des „Mediators" im außergerichtlichen Verfahren, um die materiellen Schutzvorschriften zu implementieren.[97]

12.22 Beide Empfehlungen formulierten allgemeine Organisations- bzw. Verfahrensstandards für die Verbrauchermediation – ihre rechtspolitische Bedeutung bestand zunächst in der thematischen Besetzung eines innovativen Rechtsgebiets durch die EG-Kommission.[98] Unmittelbare Rechtsverbindlichkeit erlangten die Empfehlungen nicht – sie entfalteten jedoch mittelbare Bindungswirkungen (etwa als Maßstab bei Akkreditierungen von Verbrauchermediationsstellen) oder als Bezugsrahmen einer Inhaltskontrolle über die Angemessenheit einer (formularmäßigen) Streitschlichtungsklausel.[99] Die RL 2013/11/EU macht die Empfehlungen nicht obsolet: Diese

91 Mitteilung der Kommission zur „Erweiterung des Zugangs der Verbraucher zur alternativen Streitbeilegung", KOM (2001) 161 endg. vom 4.4.2001; Empfehlung über die Grundsätze für an der einvernehmlichen Beilegung von Verbraucherrechtstreitigkeiten beteiligte außergerichtliche Einrichtungen 2001/310/EG, ABl. L 109 vom 19.4.2001, S. 56.

92 Explizit ausgenommen blieben Verbraucherverfahren, die von der Unternehmerseite eingerichtet werden, dazu *Hess*, ZZP 118 (2005), 427, 431 ff.; *Mayr/Weber*, ZfRV 2007, 163, 167.

93 Insbesondere den Ausschluss von Interessenkonflikten zwischen Mediatoren und Parteien und die Verpflichtung von Mediatoren, die Parteien über ihre Unparteilichkeit und Kompetenz zu informieren.

94 Verstanden als Information über den Verfahrensverlauf, die Rolle der Beteiligten, die Kosten und den Zeitplan sowie die Freiwilligkeit des Verfahrens.

95 Hinter diesem Grundsatz stehen Anliegen des Verbraucherschutzes: Leichte Zugänglichkeit des Verfahrens, Kostenfreiheit, Überwachung durch neutrale Einrichtungen.

96 Im Einzelnen werden die Freiwilligkeit der Beteiligung, das rechtliche Gehör sowie Bedenkzeit für die Zustimmung zum Kompromiss genannt.

97 Zum Ausgleich von unterschiedlicher Verhandlungsmacht, vgl. *Hess*, ZZP 118 (2005), 427, 443 ff. Die Empfehlung 2000/310/EG ist für die rechtsstaatliche Absicherung der Mediation wichtig – EwG Nr. 18 der EG-Mediationsrichtlinie vom 21.5.2008 verweist ausdrücklich auf die Grundsätze der Empfehlung 2000/13/EG als generelle Mindeststandards.

98 Darüber hinaus formulierten und fixierten sie bereits wesentliche Grundsätze der späteren, rechtsverbindlichen EU-Rechtsakte.

99 Vgl. dazu inzwischen § 309 Nr. 14 BGB (Unzulässigkeit einer Klageverzichtsklausel).

bleiben weiterhin Maßstab für die Auslegung der Verfahrens- und Organisationsgrundsätze der Richtlinie.[100]

2. Die Richtlinie 2013/11/EU über die alternative Streitbeilegung in Verbraucherangelegenheiten

Die Verbraucherstreitbeilegungs-Richtlinie 2013/11/EU (im Folgenden abgekürzt AS-RL)[101] verpflichtet die EU-Mitgliedstaaten, zum 9. Juli 2015 ein lückenloses System außergerichtlicher Streitbeilegungsstellen für Streitigkeiten aus Kauf- und Dienstleistungsverträgen zwischen Unternehmern und Verbrauchern einzurichten. Ein grenzüberschreitender Bezug ist nicht erforderlich (Art. 2 Abs. 1 AS-RL).[102] Die außergerichtliche Streitbeilegung (AS) wird damit zu einer zweiten, institutionellen Spur der Konfliktlösung in den EU-Mitgliedstaaten ausgebaut. Sie tritt eigenständig neben die staatliche Ziviljustiz. Die (verspätete) Umsetzung in Deutschland erfolgte durch das Verbraucherstreitschlichtungsgesetz (VSBG) vom 1.4.2016.[103] 12.23

Die Richtlinie[104] verpflichtet die EU-Mitgliedstaaten, ein umfassendes System außergerichtlicher Streitschlichtung einzurichten, vgl. Art. 5 AS-RL. Sie baut dabei auf den bereits bestehenden AS-Mechanismen in den EU-Mitgliedstaaten auf. Diese sind freilich sehr heterogen und intransparent ausgestaltet; oft handelt es sich um branchenspezifische Streitbeilegungsstellen.[105] Die Richtlinie will die bestehenden Schlichtungsstellen in den EU-Mitgliedstaaten zu einem umfassenden System ausformen,[106] sie enthält deshalb im Kern ein System prozessualer Mindeststandards. 12.24

100 *Hahn*, in: Althammer/Meller-Hannich (Hrg.), Vor §§ 11–13 VSBG, Rdn. 2.

101 ABl. EU 2013 L 165/63 ff.

102 Rechtsgrundlage der Richtlinie ist nicht Art. 81 AEUV, sondern Art. 114 AEUV. Diese Rechtsgrundlage ist, entgegen manch gegenteiliger Einschätzung in der deutschen Literatur, unproblematisch, dazu oben § 2 II 1, Rdn. 2.41 ff.

103 BGBl. 2016 I 254.

104 Die Richtlinie selbst spricht in ihrer deutschen Fassung statt von ADR, der international gebräuchlichen Abkürzung für „Alternative Dispute Resolution", durchgehend von „AS" (alternativer Streitbeilegung).

105 Beispiel: In Luxemburg existieren etwa so verschiedenartige Schlichtungsstellen wie: die Luxemburgische Kommission für Reisestreitfälle (Commission Luxembourgeoise des Litiges de Voyage – CLLV), der Vermittler in Versicherungsangelegenheiten (Médiateur en Assurances), die Kommission für Streitfälle mit Reinigungsunternehmen (Commission luxembourgeoise des litiges de nettoyage à sec), die Fédération des Garagistes du Grand-Duché de Luxembourg (FEGARLUX), das Centre de Médiation du Barreau de Luxembourg (CMBL), die Commission de Surveillance du Secteur Financier (CSSF) und das Commissariat aux Assurances, siehe http://www.ulc.lu/fr/Organes/default.asp?T=1 und http://www.cecluxembourg.lu/online/www/contentFunction/425/431/FRE/index.html. Vgl. rechtsvergleichend *Hodges/Benöhr/Creutzfeldt-Banda*, Consumer ADR in Europe, S. 390 ff.

106 Vgl. die EwG 6 und 7 der AS-RL.

Art. 1 S. 1 AS-RL garantiert den Verbraucherinnen und Verbrauchern im Geltungsbereich des europäischen Verbraucherschutzes fairen und effektiven außergerichtlichen Rechtsschutz.[107]

12.25 Bei der Umsetzung räumt die Richtlinie den EU-Mitgliedstaaten erhebliche Spielräume ein:[108] Diese können die Zuständigkeit bestehender AS-Einrichtungen erweitern oder auch neue Einrichtungen schaffen.[109] Die AS-RL setzt auf die Einführung eines Akkreditierungssystems: Bestehende und neu einzurichtende Schlichtungsstellen werden von den zuständigen Behörden der EU-Mitgliedstaaten zertifiziert, wenn sie organisatorisch und verfahrensmäßig den Vorgaben der AS-RL entsprechen.[110] Zugleich werden die EU-Mitgliedstaaten zur Einführung eines umfassenden AS-Systems verpflichtet (Art. 5 I AS-RL). Wie die Mitgliedstaaten das branchenübergreifende und lückenlose Netz von Schlichtungsstellen einrichten, bleibt ihnen überlassen. Die Stellen können staatlich sein, beispielsweise bei den Verbraucherschutzbehörden angesiedelt werden;[111] sie können aber auch privatrechtlich organisiert sein.[112] Auch die Finanzierung steht im Ermessen der Mitgliedstaaten, die AS-RL fordert allerdings eine hinreichende Finanzierung der Streitbeilegungsstellen ein.[113] Die Mitgliedstaaten können unternehmerfinanzierte oder -betriebene Stellen als AS-Stellen zulassen (Art. 2 Abs. 2 lit. a) AS-RL). Die Zulassung unternehmensfinanzierter Streitbeilegungsstellen war ein zentraler Streitpunkt zwischen Kommission und dem Rat – im Ergebnis hat sich der Rat durchgesetzt.[114] Die Kommission erreichte freilich, dass die AS-RL Mindestgarantien für die Unabhängigkeit von unternehmensbetriebenen AS-Stellen vorgibt.[115]

107 Zur Anwendung des prozessualen Grundrechtsschutzes auf die außergerichtliche Schlichtung vgl. *Hess*, JZ 2015, 548, 549 ff.

108 Damit berücksichtigt der Unionsgesetzgeber die heterogenen Strukturen in den Mitgliedstaaten.

109 Sie können beispielsweise eine ergänzende Stelle als „Auffangstelle" für diejenigen Streitigkeiten einrichten, für die bislang keine ADR-Mechanismen existieren, Art. 5 III AS-RL.

110 *Kleinschmidt*, ZZP 128 (2015), 215, 217.

111 Das Bundesamt für Justiz ist beispielsweise nach §§ 57 ff. LuftverkehrsG behördliche Schlichtungsstelle für Streitigkeiten wegen Fluggastrechten, sofern Fluggesellschaften keine internen Schlichtungsstellen vorhalten.

112 Das ist der Regelfall in Deutschland. Im Juli 2018 gab es insgesamt 25 Verbraucherschlichtungsstellen in Deutschland, 6 davon waren behördliche Schlichtungsstellen. Vgl. Bundesamt für Justiz (Hrg.), Verbraucherschlichtungsbericht 2018, S. 32 ff., https://www.bmjv.de/SharedDocs/Downloads/DE/PDF/Berichte/Verbraucherschlichtungsbericht%20_2018.pdf;jsessionid=AAD88EB4715FAE4679E70480B0067041.1_cid334?__blob=publicationFile&v=1, besucht am 25.1.2020.

113 Die damit verbundenen Kosten waren nicht absehbar. Kritisch *Rühl*, RIW 2013, 737, 739 f.

114 Unternehmensfinanzierte Schlichtungsstellen gibt es in Deutschland vor allem im Banken- und Versicherungswesen.

115 Dadurch wurde freilich die Lesbarkeit der RL nicht verbessert, abschreckend etwa Art. 6 Abs. 3 AS-RL.

Die Richtlinie enthält zudem Vorgaben zur Organisation der Schlichtungsstellen: Die Vorgaben betreffen die Zugänglichkeit der Schlichtungsstellen (möglichst online und über zentrale Websites, Art. 5 Abs. 2 lit. a) AS-RL); die fachliche Qualifikation und die Unabhängigkeit der Schlichter (Art. 6 AS-RL)[116] sowie Informationen über die jeweiligen Verfahren (Art. 7 AS-RL). Die fachliche Qualifikation der Schlichtungspersonen resultiert aus einer wesentlichen Eigenart der Verbraucherstreitbeilegung: Diese betrifft häufig zwingende Vorschriften, die in den Schlichtungsverfahren einzuhalten sind. Deren Befolgung schreibt Art. 11 AS-RL ausdrücklich fest.[117] Daher müssen auch die Schlichter notwendige Fachkenntnisse vorweisen (Art. 6 Abs. 1 AS-RL) – eine juristische Ausbildung soll dagegen nicht vorgeschrieben sein (EwG 36 zur AS-RL).[118] Vielmehr sollen ein verbraucherschutzrechtliches Wissen und ein „allgemeines Rechtsverständnis“ ausreichen.[119] 12.26

Die Unabhängigkeit der Schlichter ist im Fall der unternehmensbetriebenen Schlichtungsstellen („*inhouse*“) problematisch.[120] Nach Art. 6 Abs. 3 und 4 müssen diese Schlichtungsstellen folgende Mindestvoraussetzungen erfüllen: Die Schlichter müssen von einem paritätisch mit Verbraucher- und Unternehmensvertretern besetzten Gremium ernannt werden;[121] ihre Amtszeit muss mindestens drei Jahre betragen; nach Ablauf der Amtszeit darf ein Schlichter drei Jahre lang nicht für den Unternehmer oder einen Unternehmerverband tätig werden, und die Schlichtungsstelle muss funktional und finanziell vom allgemeinen Betrieb des Unternehmers getrennt sein.[122] Auch wenn eine Schlichtungsstelle nicht von einem Unternehmer betrieben 12.27

---

116 Ausführlich *Stadler*, ZZP 128 (2015), 165 ff. Nach § 6 VSBG muss der Streitmittler entweder Volljurist oder zertifizierter Mediator (§ 6 MediationsG) sein, der Streitmittler ist jedoch nicht für jede Schlichtung, sondern lediglich für die Organisation der Streitschlichtungsstelle (allgemein) verantwortlich, *Fries*, in: Althammer/Meller-Hannich, § 6 VSBG, Rdn. 6 ff.

117 Allerdings nur für Schlichtungsverfahren, bei denen das Ergebnis für den Verbraucher bindend ist. Bei den meisten existierenden Schlichtungsverfahren läuft dieser Grundsatz daher ins Leere, dazu *Gsell*, ZZP 128 (2015), 189, 199 ff.

118 Ausführlich *Gsell*, ZZP 128 (2015), 189 ff.

119 Dies ist problematisch, weil die AS-RL eine eigenständige Spur der Streitbeilegung neben der staatlichen Justiz schaffen soll, dazu *Hess*, in: Dethloff et al (Hrg.); Freiwilligkeit, Zwang und Gerechtigkeit im Kontext der Mediation (2013), S. 25 ff.; *Gsell*, ZZP 128 (2015), 189, 201 ff.

120 Dazu etwa *Stadler*, ZZP 128 (2015), 165.

121 So auch § 7 V VSBG, dazu *Althammer*, in: ders./Meller-Hannich (Hrg.), § 7 VSBG, Rdn. 26.

122 Art. 6 III AS-RL lautet: Wenn Mitgliedstaaten beschließen, Verfahren gemäß Artikel 2 Absatz 2 Buchstabe a als AS-Verfahren gemäß dieser Richtlinie zu gestatten, so sorgen sie dafür, dass diese Verfahren zusätzlich zu den allgemeinen Anforderungen gemäß den Absätzen 1 und 5 den folgenden spezifischen Anforderungen genügen:

a) Die mit der Streitbeilegung betrauten natürlichen Personen werden von einem kollegialen Gremium ernannt oder gehören einem solchen an, das sich aus jeweils der gleichen Anzahl von Vertretern von Verbraucherverbänden und von Vertretern des Unternehmers zusammensetzt, und werden nach einem transparenten Verfahren ernannt;

wird, müssen Gremien paritätisch mit Vertretern von Verbraucher- und Unternehmerinteressen besetzt sein, Art. 6 V AS-RL.

12.28 Schließlich werden die AS-Stellen verpflichtet, bestimmte Informationen bereitzustellen und regelmäßige Tätigkeitsberichte vorzulegen – unter anderem über häufig auftretende systematische oder signifikante Problemstellungen, die zu Streitigkeiten zwischen Verbrauchern und Unternehmern führen, Art. 7 AS-RL. Die sehr detaillierten Berichtspflichten sollen zudem den Informationsfluss zur EU-Kommission sichern.[123]

12.29 Die AS-RL statuiert zudem allgemeine Verfahrensgrundsätze. Die Richtlinie umschreibt sie mit Effektivität, Fairness, Handlungsfreiheit und Rechtmäßigkeit. Diese Grundsätze waren – zusammen mit den oben genannten institutionellen Garantien – bereits in den früheren Empfehlungen der EG-Kommission zur Verbraucher-ADR[124] und im Europäischen Verhaltenskodex für Mediatoren (European Code of Conduct for Mediators)[125] enthalten. Durch die AS-RL werden sie zu verbindlichen Grundsätzen – die EU-Bürger können sich auf diese Grundsätze zumindest vor den staatlich anerkannten Schlichtungsstellen unmittelbar berufen.[126]

12.30 Diese Grundsätze selbst sind jedoch höchst heterogen:[127] Nach dem sog. „Transparenzgrundsatz" müssen Schlichtungsstellen leicht zugänglich sowie „online und offline verfügbar" sein. Die rechtspolitische Stoßrichtung ist dabei eindeutig: Online-Verfahren sollen damit auch über die OS-Verordnung hinaus genutzt werden.[128] Nach dem sog. Fairness-Gebot ist den Parteien Gelegenheit zu Sach- und Rechtsvortrag

---

b) die Amtszeit der mit der Streitbeilegung betrauten natürlichen Personen beträgt mindestens drei Jahre, damit die Unabhängigkeit ihres Handelns gewährleistet ist;

c) die mit der Streitbeilegung betrauten natürlichen Personen verpflichten sich, für einen Zeitraum von drei Jahren nach Ablauf ihrer in der Streitbeilegungsstelle zurückgelegten Amtszeit weder für den Unternehmer noch für einen Berufs- oder Wirtschaftsverband, dessen Mitglied der Unternehmer ist, tätig zu sein;

d) die Streitbeilegungsstelle hat keine hierarchische oder funktionale Beziehung zu dem Unternehmer und ist von den betrieblichen Einheiten des Unternehmers eindeutig getrennt und ihr steht für die Wahrnehmung ihrer Aufgaben ein ausreichender Haushalt, der vom allgemeinen Haushalt des Unternehmers getrennt ist, zur Verfügung.

123 Vgl. dazu den informativen Verbraucherschlichtungsbericht (2018) des Bundesamts für Justiz, abrufbar unter www.bundesjustizamt.de.

124 Dazu *Hess*, in Dethloff et al. (Hrg.), Freiwilligkeit, S. 25, 27 ff.; oben Rdn. 12.21.

125 Dazu oben Rdn. 12.17 f. Der Text findet sich online auf http://ec.europa.eu/civiljustice/adr/adr_ec_code_conduct_de.pdf.

126 Die unmittelbare Anwendbarkeit der Richtlinienbestimmungen zwischen Privaten ist in der Rechtsprechung des EuGH noch nicht abschließend geklärt. Eine sog. unmittelbare Horizontalwirkung im Verhältnis zwischen Privatpersonen lehnt der EuGH ab, allerdings geht er von einem extensiven Verständnis staatlicher Stellen/Behörden aus, dazu *Schroeder* in Streinz, Art. 288 AEUV, Rdn. 116.

127 Kritisch *Hess*, JZ 2015, 548 ff.

128 Hierbei handelt es sich um technische Details.

zu geben, umgekehrt darf kein Anwaltszwang gelten (Art. 8 AS-RL).[129] Die Verfahren müssen freiwillig sein – der Verbraucher darf jederzeit aussteigen (Art. 9 AS-RL). Nach dem sog. Effizienzgrundsatz (Art. 8 AS-RL) soll eine Streiterledigung innerhalb von 90 Tagen erfolgen, die Verfahren sollen online zugänglich und kostenfrei sein; zumindest sollen die Kosten eine Schutzgebühr nicht übersteigen, Art. 8 lit. c) sowie EwG 41 AS-RL.[130] Die praktische Kostenfreiheit erhöht die Attraktivität des neuen Systems und veranlasst viele Verbraucher, anstatt des staatlichen Gerichtsverfahrens die außergerichtliche Schlichtung zu wählen.[131]

Eine umfassende Informationskampagne flankierte die Einführung des neuen **12.31** Streitbeilegungssystems: Damit das System bekannt wird, sollen Unternehmen in ihren AGB, auf Rechnungen und auf ihren Websites über die jeweils zugängliche Streitbeilegungsstelle informieren (Art. 13 AS-RL). Der Verbraucher soll somit ohne Schwierigkeiten herausfinden können, welche Streitbeilegungsstelle für seine Streitigkeit zuständig ist.

Die Umsetzung in Deutschland erfolgte zum 1. April 2016 im Verbraucherstreit- **12.32** beilegungsgesetz (VSBG). Dieses definiert in den §§ 1 und 2 den Anwendungsbereich, die §§ 3–10 enthalten Regelungen zur Organisation privater Schlichtungsstellen (Abschnitt 2), die §§ 11–23 VSBG prozessuale Regelungen des Streitbeilegungsverfahrens (Abschnitt 3). §§ 24–27 VSBG regeln die Akkreditierung privater Schlichtungsstellen als anerkannte Schlichtungsstellen (Art. 24 II AS-RL). Die spezielle Rolle des Bundesamts für Justiz als Akkreditierungsbehörde und in der grenzüberschreitenden Kooperation regeln die §§ 27 und 38 ff. VSBG. Insgesamt ist der deutschen Umsetzungsgesetzgebung eine deutlich verbesserte Systematik und Transparenz im Vergleich zur AS-RL zu attestieren.

Die Akzeptanz der Verbraucherschlichtung nimmt in Deutschland kontinuierlich **12.33** zu: Im Jahre 2016, dem ersten Jahr nach dem Inkrafttreten des VSBG, gingen 61.694 Anträge auf Durchführung eines Streitbeilegungsverfahrens bei den 22 Schlichtungsstellen in Deutschland ein. Im Jahre 2017 waren es 68.538 Anträge, ein Zuwachs um 11 %. Die meisten Verfahren wurden vor der Schlichtungsstelle für den öffentlichen Personenverkehr (mehr als 15.000) und vor dem Versicherungsombudsmann (fast 20.000) eingeleitet. Die Verfahren werden überwiegend online durchgeführt.[132]

---

129 Der Anwaltszwang im obligatorischen Schlichtungsverfahren vor den italienischen Zivilgerichten war mit Art. 8 lit. a) RL 2011/13 unvereinbar, EuGH, 14.6.2017, Rs. C-75/16, *Menini und Rampanelli*, EU:C:2017:457, Rdn. 64 ff. Zur Umsetzung in §§ 11 ff. VSBG vgl. *Hahn*, in: Althammer/Meller-Hannich (Hrg.), Vor §§ 11–13 VSBG, Rdn. 1 ff.

130 *Hess*, JZ 2015, 548, 550 ff.

131 Erste Statistiken zeigen, dass das außergerichtliche, preisgünstige System auf große Akzeptanz stößt, vgl. unten Rdn. 12.33 sowie Rdn. 12.43 zur OS-VO.

132 Vgl. Bundesamt für Justiz (Hrg.), Verbraucherschlichtungsbericht 2018, S. 62 f.

IV. Die grenzüberschreitende Koordinierung von Kundenreklamationen und von Verbraucher-ADR

1. Das europäische Netzwerk der Verbraucherzentren

12.34 Die praktischen Schwierigkeiten, bei geringwertigen Transaktionen im Binnenmarkt Reklamationen durchzusetzen, veranlasste die EG-Kommission, gezielt grenzüberschreitende Kooperationen von Verbraucherverbänden zu fördern. Seit dem Beginn der 1990er Jahre finanzierte die EG-Kommission mehrere sog. „*Euroguichets*" in Grenzregionen,[133] die Verbraucher bei der grenzüberschreitenden Durchsetzung von Reklamationen berieten.[134] Regelungstechnisch ging es um die Weiterleitung von Verbraucherbeschwerden an Verbraucherverbände im jeweiligen Nachbarstaat, die ihrerseits eine Verfolgung des geltend gemachten Anspruchs unterstützten. Das weitere Verfahren konnte in eine gerichtliche Rechtsverfolgung einmünden, aber auch die Durchführung einer Verbrauchermediation zur Folge haben, sofern ein entsprechendes Verfahren zur Verfügung stand.

12.35 Die EG-Kommission entwickelte ein standardisiertes „Formblatt für Verbraucherbeschwerden", das in allen Amtssprachen vorgehalten wurde. Es konnte überwiegend durch einfaches Ankreuzen ausgefüllt werden und sollte so Sprachprobleme bei grenzüberschreitenden Konsumentenbeschwerden überbrücken. Das Formular sollte den ersten Kontakt zwischen Gewerbetreibenden und Verbrauchern herstellen. Auf der Rückseite war eine vorformulierte Antwort des Gewerbetreibenden an den Verbraucher enthalten. Der Text legte die Anrufung einer außergerichtlichen Einrichtung zur Verbrauchermediation als Regelfall nahe, der Gewerbetreibende sollte die entsprechende Rubrik im Formular lediglich ankreuzen.[135] Eine Evaluation im Jahre 2001 ergab freilich nüchterne Resultate: Das Formular wurde mangels Bekanntheit selten verwendet. Inzwischen hat die ODR-Plattform das Formular ersetzt.

12.36 Aus der losen Kooperation grenznaher Verbraucherorganisationen entstand im Jahre 2001 das Europäische Extra-Justizielle Netz (EEJ-Net), das generell die grenzüberschreitende Kooperation zwischen nationalen Verbraucherorganisationen durch zentrale Kontaktstellen (sog. „Clearingstellen") erleichtern soll.[136] An diese Zentralstellen können sich die Verbraucher bei grenzüberschreitenden Reklamationen unmittelbar (oder vermittelt über die örtlichen Beratungsstellen) wenden.

---

133 Zuerst in Montpellier und in Barcelona, dazu *Bureau*, Le droit de consommation transfrontière, S. 312 ff.

134 *Johnen*, VuR 1995, 77, 79 ff.

135 Eine Evaluation der Verwendung des Formulars in 8 Mitgliedstaaten über einen Zeitraum von 15 Monaten (in den Jahren 1999/2000) ergab, dass das Formular in 12.000 Fällen eingesetzt wurde. Nur in 7 % der Verfahren schlug der Gewerbetreibende ein außergerichtliches Streitbeilegungsverfahren vor, vgl. http://europa.eu.int/comm/consumers/redress/compl/cons–compl/acce–just13–en.pdf. Diese Zahlen verdeutlichen, wie sehr das Internet die außergerichtliche Streitbeilegung gefördert hat.

136 Dazu *Hess*, ZZP 118 (2005), 427, 452 ff. Eine Liste der Clearingstellen findet sich unter: http://europa.eu. int/comm/consumers/redress/compl/euroguichet/index–en.htm.

Dort erhalten sie Auskunft und Unterstützung bei der Durchsetzung ihrer Reklamation in anderen Mitgliedstaaten, insbesondere wird die Beschwerde übersetzt.[137] Eine wesentliche Aufgabe der Clearingstellen ist die Weiterleitung inländischer Beschwerden an die ausländische Clearingstelle und die Weiterleitung ausländischer Beschwerden an die zuständige Schlichtungsstelle im Inland.[138] Die Kooperation der Zentralstellen ermöglicht den „grenzüberschreitenden Zugang des ausländischen Verbrauchers zur inländischen Verbrauchermediation".[139] Die Verfahren werden von inzwischen mehr als 400 Einrichtungen durchgeführt, die den Kriterien der Empfehlung 98/257/EG entsprechen und bei der Kommission akkreditiert sind.[140] Ein branchenspezifisches Netzwerk (FinNet) besteht seit dem Jahr 2001 im Bereich der Finanzdienstleistungen[141].

Die heterogene Struktur der verschiedenen Verbraucherzentren und *Euroguichets* veranlasste die EG-Kommission, das Europäische Außergerichtliche Netzwerk zu reformieren. Es ist seit 2005 als einheitliches Netzwerk zwischen nationalen Kontaktstellen organisiert (ECC-Net): Die EU-Mitgliedstaaten haben jeweils zentrale Verbindungsstellen benannt, die inländische Verbraucherbeschwerden an ausländische Kontaktstellen weiterleiten und ausländische Beschwerden an die jeweils zuständige, inländische Schlichtungsinstitution übermitteln. Fehlt es an einem geeigneten Schlichtungsverfahren, so führten die Zentren (mit Einverständnis der Parteien) ein entsprechendes Schlichtungsverfahren selbst durch. Darüber hinaus sorgten die Zentren für die notwendigen Übersetzungen, da die Kooperation zumeist in englischer Sprache abgewickelt wurde. Das Fallaufkommen hat inzwischen deutlich zugenommen.[142] 12.37

Seit April 2016 werden die grenzüberschreitenden Schlichtungsverfahren über die Plattform der Online-Streitbeilegungsverordnung (OS-VO)[143] koordiniert. Die nationalen Verbindungsstellen beraten die Verbraucher bei praktischen Schwierigkeiten (insbesondere wenn das Unternehmen eine Schlichtung ablehnt). 12.38

Die aktuelle Regelung der „Notifikation" von Verbraucherbeschwerden erscheint aus der Perspektive des europäischen Verbraucherprozessrechts nicht unbedenklich: Denn sie bewirkt, dass Schlichtungsverfahren am Sitz des Unternehmens durchgeführt werden. In einigen Mitgliedstaaten 12.39

---

137 Beschwerden können online über Standardformulare eingelegt werden. http://www.eejnet.org/ Vgl. auch den Review of the European Extra-Judicial Network and future perspectives for improved EU Consumer Assistance), http://europa.eu.int/comm/consumers/redress/out–of–court/eej–net/acce–just08–eu.htm.

138 Aufgaben und Techniken erinnern an überkommene Formen der Rechtshilfe in Zivilsachen, dazu *Hess*, Rev. Critique 2003, 215, 218 ff.

139 Die Regelungstechnik entspricht der Zulassung ausländischer Verbraucherverbände zur Durchsetzung von grenzüberschreitenden Unterlassungsklagen im Inland nach der RL 98/27/EG.

140 Datenbank: http://europa.eu.int/comm/consumers/redress/out–of–court/commu/database.htm.

141 Crossborder Out-of-Court Complaint Network for Financial Services. http://europa.eu.int/internal–market/en/finances/consumer/intro.htm. Die Umsetzung in Deutschland erfolgt in § 14 UKlagG sowie in der Finanzstellenschlichtungsverordnung vom 17.9.2016.

142 Vgl. die Jahresberichte des Zentrums für europäischen Verbraucherschutz e.V. (Kehl), www.cec-zev.eu.

143 VO 524/2013 vom 21.5.2013, ABl. EU 2013 L 165/1 ff., dazu sogleich Rdn. 12.40 ff.

werden derartige Verfahren von der Unternehmenseite eingerichtet und finanziert.[144] Das führt zur Anwendung des (Verfahrens-) Rechts des Mitgliedstaates, in dem das betroffene Unternehmen seinen Sitz hat. Dies steht in auffallendem Gegensatz zur Regelung der Art. 17–19 EuGVO, die das „Verfahrensrecht" und zu Art. 6 Rom I-VO, der das zwingende Schutzrecht des Verbrauchers für anwendbar erklären.[145] Allerdings zeigt die Akzeptanz der OS-VO, dass die physische Verortung von Online-Verfahren in der Praxis keine wesentliche Rolle spielt.[146] Wichtig ist hingegen die Einhaltung der prozessualen Mindeststandards in den Schlichtungsverfahren.[147]

2. Die Verordnung (EU) Nr. 524/2013 über Online-Streitigkeiten in Verbraucherangelegenheiten

12.40 Die Verordnung (EU) 524/2013 (OS-VO)[148] vernetzt die bestehenden Schlichtungsstellen in den EU-Mitgliedstaaten sowie in Island, Norwegen und Liechtenstein[149] über eine einheitliche „Europäische Plattform für die Online-Streitbeilegung". Diese hat die Kommission seit dem 15.2.2016 eingerichtet;[150] die Plattform soll Online-AS-Verfahren im Binnenmarkt koordinieren. Die kostenfreie Plattform ist in allen Amtssprachen der EU zugänglich.[151] AS-Stellen der Mitgliedstaaten können sich bei der Plattform registrieren, sie müssen in den EU-Mitgliedstaaten nach Art. 20 II AS.-RL, § 33 VSBG als zuverlässig registriert sein, Art. 2 OS-VO. Die Registrierung erfolgt über die EU-Mitgliedstaaten; in Deutschland über das Bundesamt für Justiz, §§ 32 f. VSBG.

---

144 Ein derartiges, gemischtes System gibt es in England und Irland (*Financial Ombudsman*). Danach setzt die Anrufung der staatlich (beliehenen) Ombudsmann-Stelle die (erfolglose) Geltendmachung der Reklamation bei den angeschlossenen Unternehmen voraus, dazu bereits *Hess*, ZZP 118 (2005), 427, 433 f.

145 Dazu oben § 6 II, Rdn. 6.108 ff. Die vorgängige Harmonisierung der Verbraucherrechte schafft allerdings ein einheitliches Schutzniveau in den EU-Mitgliedstaaten.

146 Bedenken äußern *Meller-Hannich*, in: Althammer/dies. (Hrg.), § 1 VSBG, Rdn. 10; *M. Stürner*, GPR 2014, 102, 104.

147 Aus der Durchführung des Schlichtungsverfahrens am Sitz des Unternehmers kann ein Sprachvorteil resultieren (so etwa § 12 VSBG). Er wird allerdings nach Art. 9 III lit. b) VO 524/2013 durch das von der EU-Kommission entwickelte Übersetzungsprogramm weitgehend aufgewogen, vgl. auch *Hahn*, in: Althammer/Meller-Hannich (Hrg.), § 12 VSBG, Rdn. 2.

148 ABl. EU 2013 L 165/1; website: www.ec.europa.eu/consumers/odr.

149 Inzwischen (Stand Dezember 2018) sind 399 Schlichtungsstellen bei der Plattform gemeldet, Kommissionsbericht vom Dezember 2018. Zentrale Schlichtungsstelle für Deutschland ist das Europäische Verbraucherzentrum Deutschland, www.evz.de.

150 Die EU-Kommission finanziert die Einrichtung und die Unterhaltung der Plattform, Art. 5 OS-VO.

151 Die Plattform unterstützt die Kommunikation zwischen Verbrauchern und den Unternehmern durch ein automatisches Übersetzungsprogramm, das kostenfrei zur Verfügung steht. Leitet die Plattform die Parteien an eine AS weiter, kann diese nach ihrer Verfahrensordnung Gebühren erheben, *Steffek*, in: Greger/Unberath/ders., Art. 5 OS-VO, Rdn. 1.

In sachlicher Hinsicht erfasst die OS-VO Streitigkeiten zwischen Verbrauchern und Unternehmen aus Online-Kauf- und Online-Dienstleistungsverträgen (Art. 4 e) OS-VO).[152] In persönlicher Hinsicht erfasst die OS-VO Streitigkeiten zwischen Verbrauchern und Unternehmen, die in der EU (bzw. Island, Norwegen und Liechtenstein) wohnhaft bzw. ansässig sind (Art. 2 I OS-VO).[153] Anders als in Art. 18 I EuGVO sind Verfahren mit Drittstaatenbezug hingegen ausgeschlossen. Die Verordnung erfasst Beschwerden von Verbrauchern gegen Unternehmen (Art. 2 I OS-VO); die EU-Mitgliedstaaten können jedoch auch Beschwerden des Unternehmers gegen den Verbraucher zulassen (Art. 20 III AS.-RL, Art. 2 II OS-VO).[154] 12.41

Verbraucher reichen die Beschwerden online, über ein interaktives Beschwerdeformular, ein (Art. 8 f. OS-VO). Dieses erhält die notwendigen Informationen zur Ermittlung der zuständigen Streitbeilegungsstelle. Zunächst leitet die Plattform die (vollständig ausgefüllte) Beschwerde an den Beschwerdegegner weiter:[155] Aufgrund der Angaben im Formular werden die Beteiligten über die zuständige AS-Stelle informiert. Nach Art. 9 III OS-VO können sie zudem eine Einigung über die zuständige Stelle herbeiführen, falls sie die Streitigkeit nicht zuvor einvernehmlich beilegen.[156] Andernfalls leitet die Plattform die Beschwerde unverzüglich an die zuständige Streitbeilegungsstelle weiter (Art. 9 VI OS-VO). Die Schlichtung erfolgt sodann durch die AS-Stelle nach deren Verfahrensordnung (Art. 10 OS-VO), sie kann dabei das Fallbearbeitungsinstrument der Plattform benutzen, Art. 5 IV lit. d) OS-VO.[157] Nach Art. 8 lit. e) AS-RL soll die Schlichtung innerhalb von 90 Tagen abgeschlossen werden.[158] 12.42

Die Praxis hat die OS-Plattform zunehmend angenommen: Ausweislich der Kommissionsberichte von 2017[159] und 2018[160] wurde die Website in den ersten 12 Monaten ihrer Existenz (2016) durchschnittlich 160.000 Mal pro Monat aufgerufen, mehr als 24.000 Beschwerden wurden jeden Monat 12.43

152 Angebot und Bestellung müssen auf elektronischem Weg erfolgen, *Meller-Hannich*, in: Althammer/dies., § 1 VSBG (2017), Rdn. 10.

153 Eine grenzüberschreitende Streitigkeit ist nicht erforderlich, missverständlich *Palao Moreno*, in: Cortés (ed.), The New Regulatory Framework (2016), S. 393, 396 f.

154 Deutschland lässt dies zu, *Greger*, in: ders./UnberathSteffek, § 4 VSBG, Rdn. 20.

155 Verbraucher und Online-Händler erhalten eine automatische Email zur Erstellung eines Benutzerkontos auf der Plattform.

156 Hierfür gibt es eine Frist von 30 Tagen.

157 *Steffek*, in: Greger/Unberath/ders., Art. 10 OS-VO, Rdn. 2.

158 Ebenso § 20 VSBG; die Nichteinhaltung der Frist ist allerdings nicht sanktioniert, *Prütting*, in: Althammer/Meller-Hannich (Hrg.), § 20 VSBG, Rdn. 12.

159 Report from the Commission to the Parliament and the Council on the functioning of the European Online Dispute Resolution platform established under Regulation (EU) no 524/2013, COM (2017) 744 final (13.12.2017).

160 Bericht der EU-Kommission: Functioning of the European ODR Platform (December 2018), zugänglich unter https://ec.europa.eu/info/sites/info/files/2nd_report_on_the_functioning_of_the_odr_platform_3.pdf.

eingereicht. Diese Zahlen wurden im folgenden Jahr (2017) deutlich übertroffen: ca. 360.000 Besucher/Monat riefen die Website auf, 36.000 Beschwerden wurden monatlich unterbreitet mit weiter zunehmender Tendenz. Die meisten Beschwerden betreffen Online-Buchungen von Flugreisen (13 %), Online-Käufe von Kleidung (11 %) sowie ICT. Der Großteil der Beschwerden kam aus Deutschland und dem Vereinigten Königreich. Inhaltlich betrafen die Beschwerden Lieferungsprobleme (25 %), Fehlbearbeitungen der Bestellungen (15 %) und mangelhafte Lieferungen (12 %). Beachtlich ist zudem der hohe Anteil grenzüberschreitender Fälle: er liegt bei 40 %. Diese Statistiken bezeugen eine breite Akzeptanz der Plattform in der Praxis.[161]

V. Private Schiedsgerichtsbarkeit und Unionsrecht

1. Der Ausschluss der Handelsschiedsgerichtsbarkeit vom Anwendungsbereich der EuGVO

12.44 Obwohl Art. 220 EWGV (1958) der Europäischen Wirtschaftsgemeinschaft eine ausdrückliche Kompetenz zur Regelung der Schiedsgerichtsbarkeit eröffnete, hat die Europäische Gemeinschaft von dieser Kompetenz keinen Gebrauch gemacht.[162] Sie ist mit dem Amsterdamer Vertrag entfallen.[163] Ursache für diese Zurückhaltung waren die zeitgleich geschaffenen, ungemein erfolgreichen völkerrechtlichen Verträge – insbesondere das UN Übereinkommen zur Schiedsgerichtsbarkeit (1958)[164] sowie das spezielle Genfer Übereinkommen zur Europäischen Schiedsgerichtsbarkeit (1961).[165] Die Zurückhaltung des Gemeinschaftsgesetzgebers zeigte sich auch beim Erlass des EuGVÜ: Art. 1 II Nr. 4 nahm die Schiedsgerichtsbarkeit ausdrücklich vom sachlichen Anwendungsbereich aus; Art. 1 II lit. d) EuGVO hält an diesem Ausschluss ausdrücklich fest[166] – trotz entgegengesetzter und ambitionierter Vorschläge des „Heidelberg Report".[167] EwG 12 zur EuGVO versucht, das Verhältnis zur Schiedsgerichtsbarkeit klarzustellen – die Regelung wirft jedoch mehr Fragen auf als sie Lösungen anbietet.[168]

---

161 Sie zeigen zudem, dass Rechtsstreitigkeiten aus dem Online-Handel die staatliche Justiz nicht (mehr) erreichen.

162 *Szpunar*, in: Ferrari (ed.), The Impact of EU Law (2017), S. 85, 86 f.

163 Art. 65 EG/81 AEUV enthalten keine Kompetenztitel für die private Schiedsgerichtsbarkeit.

164 New Yorker Übereinkommen zur Schiedsgerichtsbarkeit vom 10.6.1958 (UNÜ), BGBl. 1961 II 122.

165 Genfer Europäisches Übereinkommen über die internationale Handelsschiedsgerichtsbarkeit vom 21.4.1961 (EuÜ), BGBl. 1964 II 426. Dessen Intention war vor allem die Erleichterung von Schiedsverfahren im West-Ost-Handel.

166 Oben § 6 I, Rdn. 6.25.

167 *Hess/Pfeiffer/Schlosser*, Heidelberg Report (2008), Rdn. 130 ff., oben § 6 I, Rdn. 6.26. Der Heidelberg Report enthielt einen Vorschlag zur Regelung der Schnittstellen zwischen der EuGVO und der Schiedsgerichtsbarkeit.

168 Ausführlich oben § 6 I, Rdn. 6.26 ff.

Die Rechtsprechung des EuGH zur Annahme der Schiedsgerichtsbarkeit vom Anwendungsbereich der EuGVO kennzeichnen zwei gegenläufige Tendenzen: Zum einen erkennt der Gerichtshof keinen grundsätzlichen Vorrang der Schiedsgerichtsbarkeit gegenüber dem „Brüsseler System" an:[169] Dem Versuch des früheren Generalanwalts *Wathelet*, die Judikatur des Gerichtshofs in diesem Sinne zu ändern, erteilte die Große Kammer in *Gazprom* eine klare Absage.[170] Zum anderen nimmt der EuGH die Bereichsausnahme der Schiedsbarkeit in Art. 1 II lit. d) EuGVO durchaus ernst und sämtliche Unterstützungsmaßnahmen staatlicher Gerichte in Bezug auf Schiedsverfahren vom Anwendungsbereich der EuGVO aus[171] – mit Ausnahme des einstweiligen Rechtsschutzes.[172] 12.45

2. Die Anwendung zwingenden (materiellen) Unionsrechts durch Handelsschiedsgerichte

Die nicht immer deutliche Linie der Rechtsprechung des Gerichtshofs beeinflusst ein weiterer Gesichtspunkt: Dieser betrifft die Verpflichtung der Schiedsgerichte zur Anwendung (zwingenden) Unionsrechts. Heute besteht weithin Einvernehmen, dass Schiedsgerichte zur Anwendung zwingenden Unionsrechts verpflichtet sind.[173] Dies ergibt sich einerseits aus den (subsidiären) Kollisionsnormen der Schiedsorganisationen, zudem aus der Verpflichtung der Schiedsrichter, einen Schiedsspruch zu erlassen, der (potentiell) wegen Nichtbeachtung zwingenden Unionsrechts in den EU-Mitgliedstaaten entweder aufgehoben (vgl. § 1059 ZPO) oder nicht anerkannt wird (vgl. § 1060 ZPO und Art. V Abs. 2 UNÜ). Nach der Rechtsprechung des EuGH sind die Gerichte der EU-Mitgliedstaaten nämlich im Aufhebungs- bzw. Anerkennungsverfahren verpflichtet, den Schiedsspruch auf die Einhaltung zwingenden Unionsrechts zu kontrollieren.[174] Umgekehrt werden Schiedsverfahren speziell im EU Kartellrecht für zulässig gehalten.[175] Allerdings tendiert der Gerichtshof zu einer engen Auslegung von Schiedsklauseln (ohne explizite Nennung von Kartellschäden), um eine effektive Durchsetzung von Deliktsklagen wegen der Verletzung von Art. 101 AEUV durch Kla- 12.46

169 EuGH, 10.2.2009, Rs. C-185/07, *Allianz*, EU:C:2009:69, dazu *Illmer*, in: Ferrari (ed.), The Impact of EU Law (2017), S. 31 ff., oben § 6 I, Rdn. 6.27.

170 EuGH, 13.5.2015, Rs. C-536/13, *Gazprom*, EU:C:2015:316, oben § 6 I, Rdn. 6.30 f.

171 EuGH, 25.7.1991, Rs. C-190/89, *Marc Rich*, EU:C:1991:319.

172 EuGH, 17.11.1998, Rs. C-391/95, *van Uden*, EU:C:1998:543, oben § 6 VI, Rdn. 6.277 ff.

173 Deutlich SAe GA Wathelet, 17.3.2016, Rs. C-567/14, *Genetech*, EU:C:2016:177, Rdn. 56 ff., 61.

174 EuGH, 1.6.1999, Rs. C-126/97, *Eco Swiss*, EU:C:1999:269, Rdn. 37 f.; dazu *Giannopoulos*, Einfluss des EuGH, S. 149 f.; *Komninos*, EC Private Antitrust Enforcement, S. 224 f.

175 *Requejo Isidro*, in: Ferrari (Hrg.), The Impact of EU Law on Commercial Arbitration (2017), S. 421 ff.

gebündelung zu erleichtern.[176] Anderes gilt freilich für Klagen wegen der Verletzung von Art. 102 AEUV, da der Missbrauch einer marktbeherrschenden Stellung typischerweise innerhalb vertraglicher Beziehungen erfolgt (etwa durch die Implementierung unangemessener Vertragsklauseln).[177]

12.47 Noch nicht abschließend geklärt ist hingegen die Frage, ob und inwieweit das Effektivitätsgebot[178] die Zivilgerichte der Mitgliedstaaten zu einer verstärkten *ordre public*-Kontrolle von Schiedssprüchen zwingt, die auf zwingendem Unionsrecht beruhen.[179] Relevant wird dies vor allem im Kartell- und im Verbraucherrecht. Im Urteil *Eco Swiss* hielt der EuGH die begrenzte Nachprüfung von Schiedssprüchen im Rahmen der *ordre public*-Kontrolle für unbedenklich: Sie sei die direkte Folge der Anerkennung der Schiedsgerichtsbarkeit als alternativer Streitbeilegungsmethode.[180]

12.48 *Eco Swiss* wird in den EU-Mitgliedstaaten unterschiedlich verstanden: Deutsche[181] und belgische[182] Instanzgerichte haben Schiedssprüche im Hinblick auf die Einhaltung von Art. 101 AEUV einer Inhaltskontrolle (*révision au fond*) unterzogen. Dagegen überprüfen französische Zivilgerichte internationale Schiedssprüche nicht anhand von Art. V UNÜ, sondern nach nationalem Prozessrecht.[183] Sie beschränken die Nachprüfung des ausländischen Schiedsspruchs nur auf eine *„flagrante, effective et concrète"* Verletzung des *ordre public international.* Im Ergebnis erkennt die Cour de Cassation sogar aufgehobene, ausländische Schiedssprüche an, die in anderen EU-Mitgliedstaaten wegen der Nichtbeachtung des EU-Kartellrechts aufgehoben wurden.[184] Diese Rechtspraxis erscheint mit dem Gebot der einheitlichen Geltung des Unionsrechts unvereinbar[185] – der reduzierte Kontrollmaßstab wider-

176 EuGH, 21.5.2015, Rs. C-352/13, *CDC*, EU:C:2015:335, Rdn. 67 ff., dazu *Heinze*, in Ferrari (Hrg.), The Impact of EU Law (2017), S. 383, 402 ff.

177 EuGH, 24.10.2018, Rs. C-595/17, *Apple*, EU:C:2018:854 (zur Auslegung einer Gerichtsstandsklausel nach Art. 23 EuGVO aF).

178 Dazu oben § 11 I, Rdn. 11.9 ff.

179 *Kasolowsky/Steup*, SchiedsVZ 2008, 72 ff.; *Reich*, ERCL 2007, 41, 52 ff.

180 EuGH, 1.6.1999, Rs. C-126/97, *Eco Swiss*, EU:C:1999:269, Rdn. 36.

181 OLG Düsseldorf, 15.7.2002, NJOZ 2002, 2480 (*révision au fond*); aA OLG Jena, 8.8.2007, SchiedsVZ 2008, 44.

182 Berichtet von *Kasolowsky/Steup*, SchiedsVZ 2008, 72, 75.

183 Vgl. Art. 1481 c.p.c. – nach Art. VII UNÜ gilt ein „Günstigkeitsprinzip" bei der Anerkennung von Schiedssprüchen, so dass die französische Judikatur formal mit dem UNÜ vereinbar scheint. Damit ist freilich nicht die Frage beantwortet, ob das Gemeinschaftsrecht die Anwendung von Art. V UNÜ aufgrund des Effektivitätsgrundsatzes erfordert.

184 C.Cass., 4.6.2008, *Soc. SNP v. Soc. Cytec Industries BV*, Rev. arb. 2008, 473; zuvor C.Cass., 29.6.2007, *Société PT Putrabali v. Société Rena Holding et al.*, Rev. arb. 2007, 507 = Clunet 2007, 1236.

185 Der EuGH, 1.6.1999, Rs. C-126/97, *Eco Swiss*, EU:C:1999:269, verwies auf die einheitliche Geltung der Überprüfungsmaßstäbe aufgrund der Ratifikation des UNÜ durch sämtliche EG-Mitgliedstaaten, dazu *Giannopoulos*, Einfluss des EuGH, S. 150; *Weyer*, EuR 2000, 145, 158.

spricht dem Effektivitätsprinzip.[186] Dieses verlangt freilich keine Inhaltskontrolle des Schiedsspruchs bei der Vollstreckbarerklärung; es genügt die Nachprüfung, dass das Schiedsgericht das EU-Kartellrecht inhaltlich beachtet hat. Daher vermag auch die weiter gehende Praxis der belgischen und deutschen Gerichte nicht zu überzeugen.[187]

3. Die Verbraucherschiedsgerichtsbarkeit

a) Die Rechtsprechung des EuGH zur Klauselrichtline

Weitere Schnittstellen zwischen der Schiedsgerichtsbarkeit und dem Unionsrecht 12.49
bestehen im Verbraucherrecht. Speziell im Anwendungsbereich der RL 93/13/EWG[188] hat der EuGH eine intensive Rechtsprechung entwickelt, die auf Buchstabe q) der Liste zu Art. 3 III sowie auf Art. 6 f. der Klauselrichtlinie aufbaut.[189] Nach Nr. 1 lit. q) RL/93/13/EWG sind Klauseln unzulässig, die „dem Verbraucher die Möglichkeit erschweren, Rechtsbehelf bei Gericht einzulegen, insbesondere dadurch, dass er auf ein ausschließlich nicht unter die rechtlichen Bestimmungen fallendes Schiedsverfahren verwiesen wird..."[190] Der Wortlaut der Vorschrift ist nicht ganz eindeutig. Sie schließt nicht generell Schiedsverfahren mit Verbrauchern aus, sondern nur solche, die zum Nachteil des Verbrauchers von gesetzlichen Vorgaben abweichen – in prozessualer und materiell-rechtlicher Hinsicht.[191] Die Rechtsprechung des Gerichtshofs betrifft ganz überwiegend innerstaatliche Verbraucherschiedsverfahren.[192]

Die Wirksamkeit von Schiedsklauseln in Verbraucherverträgen stellt sich regel- 12.50
mäßig in den Anerkennungs- oder den Aufhebungsverfahren vor staatlichen Gerichten. Dabei sind diese mit mehreren Problemen konfrontiert: Zum einen mit Konstellationen, in denen der Verbraucher die Unwirksamkeit der Schiedsklausel nicht

186 Die C.Cass., 4.6.2008, *Soc. SNP v. Soc. Cytec Industries BV*, Rev. arb. 2008, 473 stellte hingegen apodiktisch fest, dass ihre Rechtsprechung dem Effektivitätserfordernis entspreche. Wie hier SAe GA Wathelet, 17.3.2016, Rs. C-567/14, *Genetech*, EU:C:2016:177, Rdn. 56 ff. Der Gerichtshof hat diesen Punkt nicht angesprochen.

187 *Kalowsky/Steup*, SchiedsVZ 2008, 72, 75 ff.; ausführlich Bien, in Weitbrecht/Fuchs, Hdb Private Kartellrechtsdurchsetzung (2019), § 17, Rdn. 153 ff.

188 RL 93/13/EWG, ABl. EU 1993 L 95/29, dazu bereits oben § 11 I 3, Rdn. 11.22 ff.

189 Dazu *Hess*, in: Cadiet/ders./Requejo Isidro (ed.), Privatizing Dispute Resolution – Trends and Limits (2019), S. 17, 36 ff.

190 Der Anhang zur RL lautet: Klauseln gemäß Art. 3 Abs. 3: Klauseln, nach denen (...) „q) dem Verbraucher die Möglichkeit, Rechtsbehelfe bei Gericht einzulegen oder sonstige Beschwerdemittel zu ergreifen, genommen oder erschwert wird, und zwar insbesondere dadurch, dass er ausschließlich auf ein nicht unter die rechtlichen Bestimmungen fallenden Schiedsgerichtsverfahren verwiesen wird, die ihm zur Verfügung stehenden Beweismittel ungebührlich eingeschränkt werden oder ihm die Beweislast auferlegt wird, die nach dem geltenden Recht einer anderen Vertragspartei obläge."

191 So *Mäsch*, in Langenbucher (Hrg.), Europäisches Privat- und Wirtschaftsrecht (2017), § 9, Rdn. 50.

192 Dazu *Toader*, in: Ferrari (ed.), The Impact of EU Law (2017), S. 1, 11 ff.

im vorgängigen Schiedsverfahren gerügt hat – dies präkludiert häufig die Rüge vor dem staatlichen Richter.[193] Zum anderen hat der Gerichtshof wiederholt festgehalten, dass der staatliche Richter die Wirksamkeit der Schiedsklausel *ex officio*, von Amts wegen, prüfen muss, auch wenn der Verbraucher sich nicht auf deren Unwirksamkeit beruft.[194] Schließlich wurde die Unwirksamkeit der Klausel auch nach Ablauf mitgliedstaatlicher Anfechtungsfristen geltend gemacht. Hier stellte sich ein Konflikt mit der Rechtskraft des Schiedsspruchs.[195] Der EuGH entschied auf den Vorrang der Rechtskraft.[196]

12.51 Schiedsklauseln in Verbraucherverträgen (etwa Verträgen über Telekommunikationsdienstleistungen) betreffen häufig sog. „vulnerable consumers", mithin Verbraucher, die aufgrund ihres sozialen und wirtschaftlichen Hintergrunds dem Unternehmer strukturell unterlegen sind.[197] Hier hat der EuGH seine Rechtsprechung zunehmend verschärft, um wirksamen prozessualen Verbraucherschutz zu gewährleisten.

12.52 In der Rs. C-168/15, *Tomášová./.Slowakische Republik*,[198] hatte eine slowakische Telefongesellschaft im Jahr 2007 mit einer Rentnerin einen Verbraucherkreditvertrag über 232 € abgeschlossen. Frau *Tomášová* bezog lediglich eine monatliche Rente von 347 €. Der vorformulierte Standardvertrag enthielt eine Schiedsklausel. Danach war ein Schiedsgericht, dessen Sitz sich über 400 km entfernt vom Wohnort von Frau *Tomášová* befand, für die Beilegung sämtlicher Streitigkeiten ausschließlich zuständig. Zudem wurde der Satz für Verzugszinsen auf 91,25 % pro Jahr festgelegt. Als Frau *Tomášová* mit der Rückzahlung des Kredits in Verzug geriet und die aufgelaufenen Verzugszinsen nicht zahlen konnte, nahm sie ein neues Darlehen über 232,36 € bei *Pohotovosť* auf. Wenig später konnte sie wieder nicht zahlen. Das Schiedsgericht verurteilte Frau *Tomášová*, wegen Nichtrückzahlung der fraglichen Darlehen zur Zahlung von (wohl) mehr als 1.500 €[199] nebst Verzugszinsen und sämtliche Verfahrenskosten. Nachdem diese Entscheidung rechtskräftig wurde, erwirkte *Pohotovosť* beim zuständigen Bezirksgericht die Vollstreckbarerklärung.

---

193 So die Konstellation in der Grundsatzentscheidung des EuGH, 26.10.2006, Rs. C-168/05, *Mostaza Claro*, EU:C:2006:675, Rdn. 25 ff.

194 EuGH, 6.10.2009, Rs. C-40/08, *Asturcom Telecomunicaciones*, EU:C:2009:615, Rdn. 53; EuGH, 27.2.2014, *Pohotovosť*, Rs. C-470/12, EU:C:2014:101, Rdn. 42. Diese Konstellation stellt sich vor allem im Anerkennungsverfahren, das der Unternehmer zur Durchsetzung (Titulierung) des Schiedsspruchs initiiert. Auch wenn der Verbraucher nicht erscheint, muss das Gericht die Wirksamkeit der Klausel von Amts wegen nachprüfen, dazu *Toader*, in: Ferrari (ed.), The Impact of EU Law (2017), S. 1, 18 ff.

195 Dazu *Hess/Taelman*, in: Hess/Law (ed.), Luxembourg Report on EU Procedural Law (2019), Vol. II, Kap. 3, Rdn. 170 ff.

196 EuGH, 18.2.2016, Rs. C-49/14, *Finanmadrid EFC*, EU:C:2016:98 – zur *ex officio*-Prüfung im Mahnverfahren – die Rechtskraft ließ der Gerichtshof unberührt. Vgl. auch EuGH, 24.10.2018, Rs. C-234/17, *XC*, EU:C:2018:853 – keine Erstreckung des Wiederaufnahmeverfahrens (in Strafsachen) auf die Verletzung von (zwingendem) Unionsrecht, selbst wenn die Verletzung der EMRK ein Wiederaufnahmegrund ist.

197 Zu dieser Unterscheidung vgl. *Law*, in: Hess/Law (ed.), Luxembourg Report on EU Procedural Law (2019), Vol. II, Kap. 1, Rdn. 53 f.

198 EuGH, 28.7.2016, Rs. C-168/15, *Tomášová* EU:C:2015:602. Ähnlicher Sachverhalt in EuGH, 4.6.2009, Rs. C-243/08, *Pannon GSM*, EU:C:2009:350.

199 Das Urteil des EuGH nennt den genauen Betrag nicht.

Schließlich klagte Frau *Tomášová* im Jahr 2010 gegen die Slowakische Republik und begehrte deren Verurteilung zur Zahlung von 2.000 € als Schadensersatz. Ihrer Ansicht nach hatte das Bezirksgericht gegen zwingendes Unionsrecht verstoßen, als es den Schiedsspruch für vollstreckbar erklärte, der auf der Grundlage einer missbräuchlichen Schiedsklausel ergangen war. Das Bezirksgericht wies die Klage jedoch als unbegründet ab, weil Frau *Tomášová* nicht alle ihr zur Verfügung stehenden Rechtsbehelfe ausgeschöpft habe und die Vollstreckung noch nicht beendet sei. Im Vorabentscheidungsverfahren folgte der EuGH letztlich dieser Argumentation.[200] Ein Haftungsanspruch gegen die slowakische Republik setze voraus, dass die Klägerin nicht den innerstaatlichen Rechtsweg erschöpft habe. Der EuGH unterstrich jedoch die Verpflichtung der nationalen Gerichte, den Verbraucherschutz durch eine amtswegige Anwendung der Klauselrichtlinie prozessual zu gewährleisten.[201] Das Ergebnis war im konkreten Anlassfall jedoch höchst unbefriedigend und ungerecht, da die vermögenslose Klägerin auf sämtlichen Kosten sitzen blieb. 12.53

b) Verbraucherschiedsgerichtsbarkeit in der RL 2013/11/EU

Während Art. 3 II der VStrB-RL das Verhältnis zur Mediation ausdrücklich regelt – Mediationen iSd RL 2008/52/EG sind grundsätzlich vom Anwendungsbereich der VStrB-RL ausgenommen, soweit Verbraucher beteiligt sind[202] –, ist das Verhältnis zur Schiedsgerichtsbarkeit deutlich offener ausgestaltet: Nach Art. 2 IV VStrB-RL können EU-Mitgliedstaaten festlegen, ob die Richtlinie Schiedsverfahren erfassen soll. 12.54

In Deutschland nimmt § 4 II VStrBG die Schiedsgerichtsbarkeit ausdrücklich vom Anwendungsbereich der Verbraucherschlichtung aus. Insofern bleibt es bei der überkommenen Regelung des § 1031 V ZPO, wonach Verbraucher ausdrücklich auf einem gesonderten Formular einer Schiedsklausel zustimmen müssen. Aufgrund dieses gesteigerten Formerfordernisses hat die Verbraucherschiedsgerichtsbarkeit in Deutschland keine praktische Bedeutung erlangt.[203] Bedenkliche Probleme stellen sich hingegen in anderen EU-Mitgliedstaaten, wo keine erhöhten Formerfordernisse die Verbraucher vor der voreiligen oder gar übersehenen Unterzeichnung von Schiedsklauseln schützen.[204] 12.55

200 EuGH, 28.7.2016, Rs. C-168/15, *Tomášová*, EU:C:2015:602, Rdn. 16 ff. unter Hinweis auf die Urteile vom 30.9. 2003, Rs. C-224/01, *Köbler*, EU:C:2003:513, Rdn. 31, vom 13.6.2006, Rs. C-173/03, *Traghetti del Mediterraneo*, EU:C:2006:391, Rdn. 30, und vom 25.11.2010, Rs. C-429/09, *Fuß*, EU:C:2010:717, Rdn. 4

201 EuGH, 28.7.2016, Rs. C-168/15, *Tomášová*, EU:C:2015:602, Rdn. 28 ff. Der EuGH verneinte zudem einen hinreichend qualifizierten Verstoß gegen das Unionsrecht, weil zum Zeitpunkt des Erlasses der Urteils des slowakischen Bezirksgerichts die Rechtsprechung zur amtswegigen Anwendung der Klausel-RL noch nicht hinreichend deutlich war.

202 Ausführlich *Kleinschmidt*, ZZP 128 (2015), 215, 222 ff.

203 *Coester-Waltjen*, in: Hess (Hrg.), Der Europäische Gerichtsverbund (2017), S. 81 ff.

204 *Kleinschmidt*, ZZP 128 (2015), 215, 236 ff.

VI. Der Zugriff der EU auf die Investitionsschiedsgerichtsbarkeit

12.56 Während die Handelsschiedsgerichtsbarkeit vom Zugriff des Unionsgesetzgebers ausgenommen bleibt,[205] ist die Situation in der Investitionsschiedsgerichtsbarkeit grundsätzlich anders. Solange die Kompetenz zum Abschluss bilateraler Investitionsschutzverträge bei den EU-Mitgliedstaaten lag, konnte die EU-Kommission keinen einheitlichen Rechtsrahmen für die Investitionsschiedsgerichtsbarkeit schaffen. Der Vertrag von Lissabon hat diese Situation verändert. Heute liegt die Kompetenz zum Abschluss von Handelsabkommen über Direktinvestitionen[206] nach dem ausdrücklichen Wortlaut des Art. 207 AEUV bei der Union.[207] Dies verschiebt die Gewichte im Investitionsschutz mit der Folge, dass die EU-Mitgliedstaaten nicht mehr befugt sind, autonome Investitionsschutzabkommen (BIT)[208] abzuschließen.[209] Der Kompetenzzuwachs der Union hat allerdings nicht zur Folge, dass die EU-Kommission autonom über den Abschluss von Investitionsschutzverträgen verhandelt und der Rat dem erzielten Ergebnis zustimmt. Vielmehr geht der EuGH von einer geteilten Kompetenz (Art. 216 AEUV) mit der Folge aus, dass die EU-Kommission die Zustimmung der Mitgliedstaaten beim Abschluss von ISDS-Verträgen benötigt; diese sind als Gemischte Übereinkommen abzuschließen.[210]

1. Die Unzulässigkeit von bilateralen Investitionsverträgen zwischen den EU Mitgliedstaaten

12.57 Systematisch ist zwischen sog. Intra- und Extra-EU-BIT zu unterscheiden. Intra-EU-BIT sind Investitionsschutzabkommen, welche die EU-Mitgliedstaaten untereinander abschließen. Derartige Übereinkommen wurden vor allem mit mittel- und südosteuropäischen Staaten vereinbart, bevor diese (in den Jahren 2004 bzw. 2008) der Union beitraten. Da BIT regelmäßig lange Laufzeiten haben, gelten diese Übereinkommen

---

205 Dazu oben Rdn. 12.44 ff.

206 Dabei handelt es sich um Investitionen, die zur Kontrolle von Unternehmen im Zielstaat führen (Bsp.: Erwerb der Mehrheit von Aktienanteilen), EuGH, 16.5.2017, Avis 2/15, *Handelsabkommen mit Singapur*, EU:C:2017:376, Rdn. 80.

207 EuGH, 16.5.2017, Avis 2/15, *Handelsabkommen mit Singapur*, EU:C:2017:376, Rdn. 80 ff. Anders hingegen bei Portfolioinvestitionen, die unterhalb der Kontrollschwelle bleiben – sie fallen nicht unter Artikel 207 AEUV mit der Folge, dass die Union und die EU-Mitgliedstaaten ein gemischtes Abkommen schließen müssen. BIT umfassen üblicherweise Direkt- und Portfolioinvestitionen, vgl. etwa Art. 8 I CETA.

208 Bilateral Investment Treaties.

209 EU-Mitgliedstaaten benötigen die vorherige Ermächtigung der EU-Kommission zum Abschluss von BIT, *Hestermeyer*, MPILux YbProcL ECJ 1 (2020), 74, 77.

210 EuGH, 16.5.2017, Avis 2/15, *Handelsabkommen mit Singapur*, EU:C:2017:376, Rdn. 285 ff., 292, dazu *Lübke*, GPR 2020, 21, 22 ff.

(zumindest ihrem Wortlaut nach) auch nach dem Beitritt zur Union fort. Dies hat zur Folge, dass Investoren sich nicht nur auf die Marktfreiheiten, die GRC und die EMRK berufen können, wenn ihre Investitionen von Regulierungen der Mitgliedstaaten betroffen sind. Sie können auch unter dem jeweiligen bilateralen Investitionsschutzabkommen ein Schiedsverfahren einleiten.[211] Das ist häufig die Präferenz der Investoren – etwa wenn es um die Umgehung zwingenden EU-Beihilferechts geht.[212]

Relevant wurde diese „Zweispurigkeit“ in der Rechtssache *Achmea*. Dieses Verfahren betraf **12.58** im Ausgangspunkt eine Direktinvestition einer niederländischen Versicherungsgesellschaft in der Slowakei, die unter den 1991 abgeschlossenen niederländisch-tschechoslowakischen Investitionsschutzvertrag fiel.[213] Die Slowakei hatte im Jahre 2004 den Krankenversicherungsmarkt liberalisiert; diesen Schritt jedoch in den Jahren 2007/2008 revidiert. Ein Investitionsschiedsgericht mit Sitz in Frankfurt am Main verurteilte die Slowakische Republik zur Zahlung von 22,1 Millionen € an *Achmea*.[214] Bereits im Schiedsverfahren machte die Slowakei die Unwirksamkeit der Schiedsabrede geltend, weil diese gegen Unionsrecht verstieß. Das Schiedsgericht war dem jedoch nicht gefolgt.[215] Daraufhin beantragte die Slowakische Republik nach § 1059 ZPO die Aufhebung des Schiedsspruchs vor dem OLG Frankfurt. Das OLG wies am 12. Dezember 2012 den Antrag als unbegründet zurück.[216] Im Rechtsbeschwerdeverfahren fragte der Bundesgerichtshof den EuGH nach Art. 267 AEUV nach der Vereinbarkeit des Schiedsspruchs mit dem Unionsrecht (insbesondere mit Art. 344 AEUV).[217] Die Große Kammer des EuGH entschied am 6. März 2018, dass die Schiedsabrede gegen Art. 4 EUV und Art. 344 AEUV verstieß.[218]

Achmea war ein ungewöhnliches Verfahren: 16 EU-Mitgliedstaaten gaben Stel- **12.59** lungnahmen ab. GA *Wathelet* versuchte in den Schlussanträgen, die Vereinbarkeit der Investitionsschiedsgerichtsbarkeit mit dem Unionsrecht grundsätzlich zu recht-

211 Beispiel: *Vattenfall AB v. Germany*, ICSID Case No ARB 12/12, Decision on the Achmea Issue, 31.8.2018; zuvor hatte bereits das BVerfG die Haftung der Bundesrepublik Deutschland für den Atomausstieg dem Grunde nach bejaht, BVerfG, 6.12.2016, BVerfGE 143, 246 = NJW 2017, 217. Dies hat zur Folge, dass (bereits) nach deutschem Amtshaftungsrecht Entschädigungsansprüche gegen die Bundesrepublik Deutschland bestehen. Der „Mehrwert“ der Investitionsschiedsgerichtsbarkeit erschließt sich hier nicht.

212 Investitionsschiedsgerichte berücksichtigen nationales Recht (des „Gaststaates“) nur als „Tatsache“ – das macht die Investitonsschiedsgerichtsbarkeit für Investoren besonders attraktiv. Unionsrecht wird von den Schiedsgerichten nationalem Recht gleichgestellt, vgl. dazu *Hess*, RdC 208 (2018), 49, Rdn. 242 f. Beispiel: ICSID Schiedsgericht, 31.8.2018, *Vattenfall AB v. Germany*, ICSID Case No. Arb 12/12, Rdn. 99 (*Achmea*-Urteil als „fact“ iSv Art. 41 ICSID).

213 Auch nach der Sezession der Tschechoslowakei blieb die Slowakei an den Investitionsschutzvertrag gebunden.

214 Schiedsspruch vom 7.12.2012 des vom Permanent Court of Arbitration (PCA) administrierten Schiedsgerichts (PCA Case no 2008-13).

215 Schiedsspruch vom 7.12.2012, PCA Case No 2008-13, Rdn. 276.

216 OLG Frankfurt, 10.5.2012, SchiedsVZ 2013, 119.

217 BGH, 3.3.2016, EuZW 2016, 512.

218 EuGH, 6.3.2018, Rs. C-284/16, *Achmea*, EU:C:2018:158, dazu *Hess*, MPILux Working Paper 3 (2018), 10–12.

fertigen.[219] Die Große Kammer folgte dieser Argumentation jedoch nicht. In offener Zurückweisung der Schlussanträge hielt der Gerichtshof fest, dass die EU-Mitgliedstaaten nach Art. 344 AEUV nicht befugt sind, neben dem EuGH ein weiteres Streitbeilegungssystem innerhalb der Union (wie die Investitionsschiedsgerichtsbarkeit) zu schaffen. Das widerspreche der Autonomie und dem Vorrang des Unionsrechts.[220] Da Schiedsgerichte nicht zur Vorlage nach Art. 267 AEUV befugt sind,[221] stelle das System der Investitionsschiedsgerichtsbarkeit den justiziellen Dialog zwischen den Gerichten der EU-Mitgliedstaaten und dem EuGH und damit den Anwendungsvorrang und die einheitliche Geltung des Unionsrechts in den EU-Mitgliedstaaten in Frage. Mithin widerspreche die in Art. 8 BIT enthaltene Schiedsklausel dem Unionsrecht und sei unwirksam.[222]

12.60 Die Reaktionen auf *Achmea* sind zweigeteilt: In der Investitionsschiedsgerichtsbarkeit gibt es eine klare Zurückweisung des Urteils des EuGH, das (schlicht) für irrelevant erklärt wird. In Anwendung „rein völkerrechtlicher Maßstäbe" behaupten Investitionsschiedsgerichte, dass ihre „Internationalität" bzw. „völkerrechtliche Legitimation" gegenüber der Rechtsprechung des EuGH höherrangig sei.[223] Da die einschlägigen völkerrechtlichen Übereinkommen, insbesondere ICSID, keine Überprüfung der Schiedssprüche vor der Vollstreckung durch staatliche Gerichte zulassen, befinden sich die Schiedsgerichte (*prima vista*) in einer komfortablen Lage: der Vollstreckung des Schiedsspruchs steht lediglich die Vollstreckungsimmunität des verurteilten EU-Mitgliedstaats entgegen.[224]

12.61 Gegen die Durchsetzung der Schiedssprüche aktiviert die EU-Kommission hingegen das europäische Beihilferecht (Art. 106 ff. AEUV). Im Verfahren *Micula*, das einen Schiedsspruch betraf, in dem ein ICSID-Schiedsgericht schwedisch-rumänischen Investoren aufgrund des BIT zwischen Schweden und Rumänien 178 Millionen €

219 Schlussanträge GA *Wathelet*, 19.9.2017, Rs. C-284/16, *Achmea*, EU:C:2017:699, Rdn. 81–131.

220 EuGH, 6.3.2018, Rs. C-284/16, *Achmea*, EU:C:2018:158, Rdn. 51 ff.

221 Dazu unten § 13 II, Rdn. 13.25.

222 BGH, 31.10.2018, SchiedsVZ 2019, 46, hat den Schiedsspruch nach § 1059 II Nr. 1a ZPO wegen des Fehlens einer Schiedsvereinbarung aufgehoben. *Achmea* hat hiergegen Verfassungsbeschwerde eingereicht.

223 Investitionsschiedsgerichte wenden den jeweiligen BIT als völkerrechtliche Grundlage ihrer Streitbeilegungsbefugnisse an – obwohl die Investoren keine Völkerrechtssubjekte sind. Unionsrecht wird lediglich im Rahmen von Art. 30 WVRK und 26 Energy Charter Treaty beachtet – häufig mit „domestic law" gleichgestellt. Der Vorrang und die Autonomie des Unionsrechts spielen keine Rolle. Deutlich das ICSID-Schiedsgericht, 31.8.2018, *Vattenfall v. Germany*, ICSID Case No ARB/12/12, Rdn. 114 ff., 133 ff. (Auslegung von Art. 26 Energy Charta Treaty unter Berücksichtigung von Unionsrecht sei ausgeschlossen, obwohl der Rechtsstreit zwischen einem Staatsunternehmen eines EU-Mitgliedstaates und einen anderen EU-Mitgliedstaat ausgetragen wurde), dazu *Hestermeyer*, MPILux YbProcL ECJ 1 (2020), 74, 86 ff.

224 Oder vergleichbare Beschränkungen der Vollstreckung im Inland, vgl. § 882a ZPO.

zugesprochen hatte,[225] erließ die EU-Kommission eine Entscheidung, nach der jede Zahlung Rumäniens an die *Micula*-Brüder (bzw. von diesen beherrschte Unternehmen) aufgrund des Schiedsspruchs europäisches Beihilferecht verletzen würde.[226] Diesen Bescheid hob das Europäische Gericht jedoch mit der Begründung auf, dass das europäische Beihilferecht auf die getätigte Investition intertemporal (überwiegend) nicht anwendbar sei.[227] Die Kommission hat hiergegen den EuGH angerufen.[228]

Vor den Investitionsschiedsgerichten hat sich die EU-Kommission hingegen auch 12.62
bei Intra-EU-BIT (als *amicus curiae*)[229] nicht durchsetzen können. Sämtliche Schiedsgerichte hielten im Ergebnis die völkerrechtliche Grundlage ihrer Entscheidungsbefugnis (sprich das bilaterale oder völkerrechtliche) Investitionsschutzabkommen für höherrangig.[230] Damit ist freilich noch nicht das letzte Wort gesprochen. Soweit gegen den Schiedsspruch Aufhebungs- oder Anerkennungsverfahren zulässig sind (das ist vor allem bei Schiedssprüchen unter den UNCITRAL-Arbitration Rules der Fall), können (und müssen) die Gerichte der EU-Mitgliedstaaten den Vorrang des Unionsrechts durchsetzen. Inzwischen haben den EuGH weitere Vorabentscheidungsersuchen zu dieser Frage erreicht.[231] Die Situation in der ICSID-Schiedsgerichtsbarkeit ist anders. Denn ICSID-Schiedsgerichte verstehen sich selbst als „internationale" Gerichte ohne Sitzstaat.[232] Zudem ermöglicht Art. 53 ff. ICSID die unmittelbare Vollstreckung des Schiedsspruchs ohne Anerkennungsverfahren.[233] Die Vollstreckung innerhalb des Europäischen Justizraums könnte am europäischen Beihilferecht scheitern. Allerdings hat der UK Supreme Court unlängst eine Verfahrensaussetzung während des anhängigen Berufungsverfahrens *Micula* vor dem EuGH abgelehnt.[234] Die Vollstreckung der Schiedssprüche in Drittstaaten bleibt hiervon unberührt[235] –

---

225 *Micula v. Romania*, ICSID Case No ARB/05/20, Schiedsspruch vom 11.12.2013.

226 Entscheidung (EU) 2015/1470 über unzulässige Beihilfen, ABl. EU 2015 L 232/43.

227 EuGH, 18.6.2019, verb. Rs. T-624/15, T-694/15 und T-704/15, *European Food u.a./ Kommission*, EU:T:2019:423, Rdn. 92, dazu *Hestermeyer*, MPILux YbProcL ECJ 1 (2020), 74, 78 f.

228 Anhängig unter Rs. C-638/19 P, *European Food u.a./ Kommission*.

229 Zur prozessual prekären Stellung der EU-Kommission in den Investitionsschiedsverfahren, wo eine förmliche (Dritt-)Intervention ausscheidet, vgl. *Wiik*, Amicus Curiae (2019), S. 150 f.

230 Vgl. die Übersicht bei *Hestermeyer*, MPILux YbProcL ECJ 1 (2020), 74, Fn. 4.

231 Schwedischer Oberster Gerichtshof, 4.2.2020, Az. T 1569-19, in einem Aufhebungsverfahren über einen Schiedsspruch unter der Stockholmer Handelskammer, SCC Case V 2014/163, *PL Holdings S.a.r.l. v. Republic of Poland*. Das Schiedsgericht sprach der luxemburgischen Klägerin 50 Millionen € unter den belgisch-luxemburgisch-polnischen BIT (1987) zu. Es hielt Art. 344 AEUV für unanwendbar in einem Rechtsstaat zwischen einem Investor und einem EU-Mitgliedstaat (Rdn. 314) – in offenem Widerspruch zu *Achmea*. Das Verfahren wird unter C-109/20 beim EuGH geführt. Die Auslegung von Art. 2 und 26 ECT ist Gegenstand des Vorlageverfahrens C-741/19, *Republik Moldawien*.

232 Das bedeutet, das Aufhebungsklagen ausgeschlossen sind, Art. 54 ICSID-Convention.

233 Nach Art. 54 ICSID sind Aufhebungsklagen ausgeschlossen.

234 UKSC, 19.2.2020, *Micula and others v. Romania* [2020] UKSC 5. Die Entscheidung zeigt allerdings die zunehmende Abkehr englischer Gerichte vom Unionsrecht im Kontext des Brexit.

235 Beispiel: *Micula v. Government of Romania*, 2019 WL 4305533 (D.D.C. 11.9.2019).

allerdings kann die EU-Kommission die Vollstreckungserlöse zumindest von denjenigen Investoren zurückfordern, die EU-Staatsangehörige sind.

12.63 Nach *Achmea* verstärkte die EU-Kommission den Druck auf die EU-Mitgliedstaaten, die Intra-EU-BIT rückwirkend auf den Zeitpunkt des Erlasses des *Achmea*-Urteils zu beenden.[236] Schließlich gaben 22 EU-Mitgliedstaaten am 15.1.2019 eine förmliche Verpflichtungserklärung zur Beendigung der Intra-EU-BIT ab; am 5.5.2020 wurde ein entsprechender multilateraler Vertrag unterzeichnet, der freilich von den Parlamenten der Mitgliedstaaten ratifiziert werden muss.[237] Fünf EU-Mitgliedstaaten waren hingegen bisher nicht bereit, die rechtlichen Konsequenzen des *Achmea*-Urteils uneingeschränkt zu akzeptieren.[238] Sollten diese EU-Mitgliedstaaten ihre jeweiligen BIT nicht kündigen, wird die EU-Kommission Vertragsverletzungsverfahren einleiten.

12.64 Mit dem Außerkrafttreten der Intra-EU-BIT dürfte sich die *Achmea*-Problematik mittelfristig erledigen. Das Übereinkommen vom 5.5.2020 beendet alle Zustimmungserklärungen der EU-Mitgliedstaaten zu Investitionsschiedsverfahren rückwirkend zum 6.3.2018[239] – Investoren werden auf den Rechtsschutz vor den Gerichten der EU-Mitgliedstaaten (und vor dem EuGH) verwiesen.[240]

2. Institutionelle Investitions(schieds)gerichtsbarkeit in den (neuen) Investitionsschutzverträgen der EU

12.65 Investitionsschutzabkommen mit Drittstaaten (Extra-EU-BIT) fallen nach der Rechtsprechung des EuGH in die geteilte Kompetenz zwischen der Union und den EU-Mitgliedstaaten. Dies hat der Gerichtshof im Gutachten zum CETA-Übereinkommen zwischen der Union und Kanada erneut klargestellt.[241] Diese Übereinkommen sieht die Schaffung eines institutionellen Schiedsgerichts mit fest ernannten Richtern vor,

236 Mitteilung der EU-Kommission vom 19.7.2018, COM (2018) 547/2 („Protection of intra-EU-investment").

237 Agreement for the termination of Bilateral Investment Treaties between the Member States of the European Union vom 5.5.2020, ABl. EU 2020 L 169/1. Das Übereinkommen soll 126 Intra-EU-BIT beenden. Es tritt in Kraft, sobald die ersten zwei Ratifikationen erfolgt sind.

238 Nicht unterzeichnet haben Finnland, Österreich, Irland, Schweden sowie das Vereinigte Königreich.

239 Auf den Zeitpunkt der Verkündung des *Achmea*-Urteils. Die Wiener Vertragsrechtskonvention lässt eine einvernehmliche, rückwirkende Aufhebung von bilateralen Verträgen durch die Vertragsparteien zu, *Martin*, TDM 2020, 1875.

240 Da den Investoren effektiver Rechtsschutz in den EU-Mitgliedstaaten eröffnet wird, erscheint die rückwirkende Aufhebung der Schiedszusagen zulässig, aA *Martin*, TDM 2020, 1875.

241 EuGH, 30.4.2019, Avis 1/17, *CETA*, EU:C:2019:341, dazu *Sauer*, JZ 2019, 925 ff.

das zur Auslegung des Investitionsschutzvertrages befugt sein soll.[242] Mit der Schaffung eines institutionellen Gerichts wollen die Vertragsparteien der Kritik an der privaten Investitionsschiedsgerichtsbarkeit entgegenkommen.[243] Die Schaffung einer Berufungsinstanz soll der uneinheitlichen Rechtsprechungspraxis der Investitionsschiedsgerichte entgegenwirken.[244] Vorbild ist die Streitbeilegung der WTO.[245]

Das *CETA*-Gutachten des EuGH stellte klar, dass das Unionsrecht in Drittstaa- 12.66
tenkonstellationen die Schaffung eines internationalen Gerichts nicht ausschließt, sofern dieses ausschließlich zur Auslegung des völkerrechtlichen Übereinkommens befugt ist und wenn dessen Entscheidungen die Organe der Union nicht davon abhalten, das Unionsrecht vollumfänglich anzuwenden.[246] Dann bleibe die Autonomie des Unionsrechts gewahrt.[247] Im Ergebnis hat der EuGH den Unterschied zwischen Intra- und Extra-EU-BIT klargestellt.[248] Der Gerichtshof stellte zudem fest, dass die Unionsgrundrechte auch auf die Errichtung eines internationalen Gerichts anwendbar sind. Diese müssen die Anforderungen von Art. 47 GRC vollumfänglich wahren.[249]

Inzwischen hat sich die Europäische Union als wesentlicher Akteur bei der gene- 12.67
rellen Reform der ISDS etabliert. Es bleibt allerdings abzuwarten, ob andere Staaten (insbesondere die USA und China) bereit sind, die Reformvorschläge für einen multilateralen Investitionsgerichtshof mitzutragen.

242 Sog. „Multilateral Investment Court“, vgl. die Erläuterungen der EU-Kommission in der UNCITRAL Working Group, verfügbar unter: https://trade.ec.europa.eu/doclib/docs/2020/january/tradoc_158600.pdf.

243 *Hess*, FS Stein (2015), S. 163 ff.; *Krajewski*, in: Kadelbach (Hrg.), Die Welt und Wir (2017), S. 117. Vorrangiges Ziel ist die Abschaffung der Bestellung von Schiedsrichtern durch die Streitparteien. Stattdessen sollen ständige Richter (15 in der ersten und sechs in der zweiten Instanz) die Investitionsstreitigkeiten entscheiden.

244 UNCITRAL hat eine Arbeitsgruppe (Working Group III) zur Reform der ISDS eingesetzt, die einen „Multilateral Investment Court“ ersetzen soll, vgl. https://uncitral.un.org/en/working_groups/3/investor-state

245 Das neue Streitbeilegungssystem ist derzeit (Juli 2020) in den BIT der EU mit Kanada, Vietnam, Singapur und Mexiko vorgesehen.

246 EuGH, 30.4.2019, Avis 1/17, *CETA*, EU:C:2019:341, Rdn. 106–119, dazu *Sauer*, JZ 2019, 925, 927 f.

247 Nach Art. 8.31 CETA ist das CETA-Gericht nicht befugt, Unionsrecht anzuwenden – es entscheidet ausschließlich über die Auslegung des CETA selbst. Unionsrecht kann als „Tatsache“ herangezogen werden – die Rechtmäßigkeit des Handelns der EU-Organe ist jedoch nicht Gegenstand des Verfahrens vor dem CETA-Gericht (Art. 8.39 CETA). Eventuelle Entscheidungen des CETA-Gerichts über die Auslegung des Unionsrechts binden die EU-Organe nicht, dazu *Lübke*, GPR 2020, 21, 26.

248 Das gilt auch für die Fortgeltung von BIT, die die EU-Mitgliedstaaten vor dem Vertrag von Lissabon mit Drittstaaten abgeschlossen haben. Diese bleiben bestehen. Dazu *Hestermeyer*, MPILux YbProcL ECJ 1 (2020), 74, 91; aA *Lübke*, GPR 2020, 21, 26.

249 EuGH, 30.4.2019, Avis 1/17, *CETA*, EU:C:2019:341, Rdn. 202 ff., dazu *Sauer*, JZ 2019, 925, 928.

§ 13 Das Vorabentscheidungsverfahren nach Art. 267 AEUV[1]

Literatur:[2] *Adams* et al (ed.), Judging Europe's judges: The legitimacy of the case law of the European Court of Justice (2013); *Arnull*, The European Union and its Court of Justice (2. Aufl. 2006); *Basedow*, Court of Justice ‚light' – The Procedural Choices of the Court and Their Impact on the Quality of Private Law Decisions, FS Schulze (2020), S. 179; *Boulois/Darmon/Huglo*, Contentieux communautaire (2me éd. 2001); *Britz*, Verfassungsrechtliche Effektuierung des Vorabentscheidungsverfahrens, NJW 2012, 1313; *Broberg*, The Preliminary Reference Procedure and Questions of International and National Law, YbEuL 28 (2009), 362; *Broberg/Fenger*, Preliminary References to the European Court of Justice (2014); *Cafaggi/Law* (ed.): Judicial Cooperation in European Private Law (2017); *Canaris*, Die richtlinienkonforme Auslegung und Rechtsfortbildung im System der juristischen Methodenlehre, FS Bydlinski (2002), S. 47; *Chenevière*, La saisine de la cour de justice par le juge national en matière civile, in: de Leval/Candela-Soriano (ed.), L'Espace Judiciaire Européen (2007), S. 85; *Dashwood*, Preliminary Rulings on the Interpretation of Mixed Agreement, FS Lord Slynn of Hadley (2000), S. 167; *Dawson/De Witte/Muir*, Judicial Activism at the European Court of Justice (2013); *Edvard*, Reform of Article 234 Procedure: The Limits of the Possible, FS Lord Slynn of Hadley (2000), S. 119; *Everling*, Richterliche Rechtsfortbildung in der Europäischen Gemeinschaft, JZ 2000, 217; *ders.*, Das Vorabentscheidungsverfahren vor dem Gerichtshof der Europäischen Gemeinschaften (1986); *Fastenrath*, Der Europäische Gerichtshof als gesetzlicher Richter, FS Ress (2005), S. 461; *Ferrand*, Der europäische Gerichtsverbund – Die französische Perspektive, in: Hess (Hrg.), Der europäische Gerichtsverbund (2017), S. 35; *Fredriksen*, Europäische Vorlageverfahren und nationales Zivilprozessrecht: Eine Untersuchung der Vorlageverfahren an den EFTA-Gerichtshof und den EuGH als Bestandteile des norwegischen bzw. des deutschen Zivilprozesses (2009); *Groh*, Die Auslegungsbefugnis des EuGH im Vorabentscheidungsverfahren (2005); *Gross*, Le renvoi préjudiciel devant la Cour de Justice des Communautés Européennes – contraintes, hésitation et refus, in: Mél. Charpentier (2009), S. 331; *Gsell/Hau*, Zivilgerichtsbarkeit und europäisches Justizsystem: Institutionelle und prozedurale Rahmenbedingungen des Vorabentscheidungsverfahrens nach Art. 267 AEUV auf dem Prüfstand (2014); *Guinchard/Granger*, The new EU judiciary: An Analysis of current judicial reforms (2017); *Habersack/Mayer*, Die überschießende Umsetzung von Richtlinien, JZ 1999, 913; *Hakenberg*, Vorabentscheidungsverfahren und europäisches Privatrecht – Erfahrungen aus europäischer Sicht, RabelsZ 66 (2002), 367; *Hakenberg/Stix-Hackl*, Handbuch zum Verfahren vor dem EuGH (3. Aufl. 2005); *Haratsch*, Die kooperative Sicherung der Rechtsstaatlichkeit durch die mitgliedstaatlichen Gerichte und die Gemeinschaftsgerichte aus mitgliedstaatlicher Sicht, EuR 2008 (Beiheft 3), 81; *Herresthal*, Die richtlinienkonforme und die verfassungskonforme Auslegung im Privatrecht, JuS 2014, 289; *Hering*, Zwischen Dialog und Kontrolle: Das Vertragsverletzungsverfahren zur verschärften Durchsetzung von Vorlagepflichtverletzungen letztinstanzlicher Gerichte, EuR 2020, 112; *Herrmann*, Die Reichweite der gemeinschaftsrechtlichen Vorlagepflicht in der neueren Rechtsprechung des EuGH, EuZW 2006, 231; *Hess*, Le droit international privé européen en temps de crise, in: Travaux du Comité Français de Droit International Privé, Années 2016–2018 (2019), 329; *ders.*, Rechtsfragen des Vorabentscheidungsverfahrens, RabelsZ 66 (2002), 372; *ders.*, Die Einwirkungen des Vorabentscheidungsverfahrens auf das deutsche Zivilprozessrecht, ZZP 108 (1995), 59; *Hirsch*, Europäischer Gerichtshof und Bundesverfassungsgericht – Kooperation oder Konfrontation, NJW 1996, 2457; *Hirte*, Die Vorlagepflicht auf teilharmonisierten

1 Bei der Überarbeitung dieses Kapitels halfen *Inga Järvekülg* und *Janek Tomasz Nowak*, Research Fellows am MPI Luxemburg.
2 Ältere Literatur vgl. Voraufl.

https://doi.org/10.1515/9783110715156-013

Rechtsgebieten am Beispiel der Richtlinien zum Gesellschafts- und Bilanzrecht, RabelsZ 66 (2002), 553; *Hommelhoff*, Die Rolle der nationalen Gerichte bei der Europäisierung des Privatrechts, FS Wiss. BGH II (2000), S. 889; *Hoevenaars*, A people's court?: A bottom-up approach to litigation before the European Court of Justice (2018); *Holzheuer*, Rechtliche Stellung der Parteien im Zivilprozess bei Vorlage an den EuGH nach Art. 267 AEUV (2016); *Jacob*, Precedents and Case-Based Reasoning in the European Court of Justice (2014); *Klöckner*, Grenzüberschreitende Bindung an zivilgerichtliche Präjudizien (2011); *Kohler*, Trois défis: La Cour de Justice des Communautés Européennes et l'espace judiciaire européen en matière civile, FS Pocar (2009), S. 569; *Kokott/Henze*, Der Anwalt vor dem Europäischen Gerichtshof, AnwBl. 2007, 309; *Kokott/Dervisopoulos/Henze*, Aktuelle Fragen des effektiven Rechtsschutzes durch die Gemeinschaftsgerichte, EuGRZ 2008, 10; *Kühn*, Überschießende Umsetzung bei mindest- und vollharmonisierenden Richtlinien: Einheitliche oder gespaltene Anwendung?, EuR 2015, 216; *ders.*, Grundzüge des neuen Eilentscheidungsverfahrens vor dem EuGH im Rahmen von Vorabentscheidungsersuchen, EuZW 2008, 263; *Lasok*, Lasok's European Court Practice and Procedure (3rd ed. 2017); *Latzel/Streinz*, Das richtige Vorabentscheidungsersuchen, NJOZ 2013, 97; *Lenaerts*, Das Vorabentscheidungsverfahren: Richterliche Kooperation in der Praxis, in *Brenn* (Hrsg.), EU Recht in der Praxis (2017); *ders.*, Kooperation und Spannung im Verhältnis von EuGH und nationalen Verfassungsgerichten, EuR 2015, 3; *Lenaerts/Maselis/Gutman/Nowak*, EU Procedural Law (2014); *Lochmann*, Taricco I – ein Ultra-vires-Akt? Zur Rechtsfortbildung durch den EuGH, EuR 2019, 61; *Mansel*, Der europäische Gerichtsverbund – Die deutsche Perspektive: Judikative Gewaltenteilung des checks and balances im Gerichtsverbund, in: Hess (Hrg.), Der europäische Gerichtsverbund (2017), S. 2; *Mayer*, Rebels without a cause? Zur OMT-Vorlage des Bundesverfassungsgerichts, EuR 2014, 473; *Mickonytė*, Effects of the Rule-of-Law Crisis in the EU: Towards Centralization of the EU System of Judicial Protection, ZaöRV 2019, 815 ff.; *Mittwoch*, Richtlinienkonforme Auslegung bei überschießender Umsetzung, JuS 2017, 296; *Nascimbene*, Community Courts in the Area of Judicial Cooperation, ICLQ 54 (2005), 489; *Obert*, Neues vom acte clair, CPR 209, 206; *O'Keefe*, Is the Spirit of Article 177 under Attack? Preliminary References and Admissibility, ELRev. 1998, 509; *Oppermann*, Die Dritte Gewalt in der EU, DVBl. 1994, 901; *Pechstein*, EU-Prozessrecht (4. Aufl. 2011); *Pescatore*, Das Vorabentscheidungsverfahren nach Art. 177 EWG-Vertrag und die Zusammenarbeit zwischen dem Gerichtshof und nationalen Gerichten, BayVBl. 1987, 33; *Pfeiffer*, EuGH-Vorlage und nationales Verfahrensrecht: Überprüfbarkeit und zerknirschte Verneinung eines Acte clair, ZEuP 2007, 610; *ders.*, Das Verhältnis zwischen EuGH und nationalen Gerichten bei der Kontrolle missbräuchlicher Vertragsklauseln, FS Thode (2006), S. 615; *Piekenbrock*, Vorlagen an den EuGH nach Art. 267 AEUV, EuR 2011, 317; *Poelzig*, Die Vorlagerüge gemäß § 321a ZPO analog, ZZP 121 (2008), 233; *dies.*, Die Aufhebung rechtskräftiger zivilgerichtlicher Urteile unter dem Einfluss des Europäischen Gemeinschaftsrechts, JZ 2007, 858; *Prechal*, Directives in EC-Law (2nd ed. 2005); *Puttler*, Binnendifferenzierung der Gemeinschaftsgerichtsbarkeit und das Recht auf den gesetzlichen Richter, EuR 2008 (Beiheft 3), 133; *Rauber*, Vorlagepflicht und Rechtsmittelzulassung. Zur Problematik anfechtbarer Letztinstanzlichkeit im Lichte des Art. 267 Abs. 3 AEUV, EuR 2020, 22; *Rengeling/Middeke/Gellermann*, Handbuch des Rechtsschutzes in der Europäischen Union (3. Aufl. 2014); *Rodriguez Iglesias*, Der EuGH und die Gerichte der Mitgliedstaaten – Komponenten der richterlichen Gewalt in der Europäischen Union, NJW 2000, 1889; *Rösler*, Europäische Gerichtsbarkeit auf dem Gebiet des Zivilrechts (2012); *Roth*, Europäisches Recht und nationales Recht, FS Wiss. BGH II (2000), 847, 880; *Schima*, Das Vorabentscheidungsverfahren vor dem EuGH (3. Aufl. 2015); *M. Schmid*, Die Grenze der Auslegungskompetenz des EuGH in Vorabentscheidungsverfahren nach Art. 234 EG (2005); *Schwarze*, Der Anspruch auf effektiven gerichtlichen Rechtsschutz im Europäischen Gemeinschaftsrecht, FS Starck (2007), S. 645; *Skouris*, Der unionsrechtliche Individualrechtsschutz: Bestand und Zukunftsperspektiven (2013); *Szpunar*, Zur Rolle des Generalanwalts im aktuellen System der EU-Gerichtsbarkeit, in: Łukańko/Thiele (Hrg.), Reformprozesse der Europäischen Gerichtsbarkeit (2019), S. 51; *ders.*, Referrals of Preliminary Questions by Arbitral Tribunals to the CJEU, in: Ferrari (ed.), The Impact of EU Law on International Commercial

Arbitration (2017), S. 85; *Thomale*, Zur subjektivrechtlichen Durchsetzung der Vorlagepflicht zum EuGH im europäischen Gerichtsverbund, EuR 2016, 510; *Tridimas*, The ECJ and the National Courts: Dialogue, Cooperation, and Instability, in: Chalmer/Arnull (ed.), The Oxford Handbook of European Union Law (2015), S. 403; *Vranes*, Gemischte Abkommen und Zuständigkeit des EuGH, EuR 2009, 44; *Wägenbaur*, EuGH VerfO Kommentar (2. Aufl. 2017); *Wahl/Prete*, The Gatekeepers of Article 267 TFEU: On Jurisdiction and Admissibility of References for Preliminary Rulings, CMLR 55 (2018), 511; *Ward*, Judicial Review and the Rights of Private Parties in EU Law (2nd ed. 2007); *Wolf*, Die (un-)dramatischen Auswirkungen der Köbler-Entscheidung des EuGH auf das gemeinschaftsrechtliche Staatshaftungsrecht und das deutsche Revisionsrecht, WM 2005, 1345; *Wusterhausen*, Die Wirkungen der Urteile des EuGH in der Zeit: Ein Beitrag zur Problematik der zeitlichen Beschränkung von Urteilswirkungen durch den Gerichtshof der Europäischen Union (2016); *Zipperle*, EU International Agreements: An Analysis of Direct Effect and Judicial Review Pre- and Post-Lisbon (2017); *Zobel*, Schiedsgerichtsbarkeit und Gemeinschaftsrecht (2005).

Internetadressen: Website des EuGH: http://www.curia.eu.

Empfehlungen des Gerichtshofs an die nationalen Gerichte bezüglich der Vorlage von Vorabentscheidungsersuchen, ABl. EU 2019 C 380/1 ff. https://eur-lex.europa.eu/legal-content/DE/TXT/PDF/juri=OJ:JOC_2019_380_R_0001.

I. Kooperation zwischen dem EuGH und den Gerichten der Mitgliedstaaten

In der Praxis des Europäischen Gerichtshofs ist das Vorabentscheidungsverfahren nach Art. 267 AEUV nicht nur von den Geschäftszahlen her das wichtigste Verfahren.[3] Vielmehr ergingen die zentralen Aussagen des Gerichtshofs zur Rechtsnatur, Auslegung und zum Vorrang des Unionrechts in Vorabentscheidungsverfahren.[4] Im Verfahren nach Art. 267 AEUV entscheidet der Gerichtshof vor allem über die Gültigkeit und den Inhalt des EU-Sekundärrechts und über die Auslegung des Primärrechts, insbesondere der Grundfreiheiten und der Grundrechte-Charta. Es handelt sich um ein Inzidentverfahren zwischen den beteiligten Gerichten: Nicht die Parteien des (Ausgangs-)Rechtsstreits, sondern der befasste Richter wendet sich an den EuGH und fragt nach der Auslegung bzw. nach der Gültigkeit von entscheidungserheblichem Unionsrecht. Dementsprechend beantwortet der EuGH nur die Vorlagefrage; das nati- 13.1

3 Ausweislich des Jahresberichts wurde der EuGH im Jahr 2019 mit 966 neuen Rechtssachen befasst, davon waren 641 (66,35%) Vorabentscheidungsersuchen, 20 Eilvorabentscheidungsersuchen. Der EuGH erledigte im Jahr 2019 865 Rechtssachen, davon 601 Vorabentscheidungsersuchen. Die Zahl neu eingegangener Rechtssachen in den Jahren 1952–2018 betrug insgesamt 22 368, darunter 10 717 (ca. 47,91%) Vorlagen zur Vorabentscheidung. – EuGH, Jahresbericht 2019, S. 54, https://curia.europa.eu/jcms/upload/docs/application/pdf/2020-05/ra_pan_2019_de_final.pdf

4 Treffend *Schima*, Vorabentscheidungsverfahren, S. 1 mwN; *Wahl/Prete*, CMLR 55 (2018), 511, 512 ff. (zu neueren, eher restriktiven Tendenzen bei der Zulassung von Vorabentscheidungsverfahren).

onale vorlegende Gericht bleibt hingegen für die Sachentscheidung zuständig; es ist jedoch an das EuGH-Urteil gebunden. Das Zusammenspiel zwischen EuGH und nationalen Gerichten im Verfahren nach Art. 267 AEUV spiegelt den dezentralen Vollzug des Unionsrechts durch die Gerichte der EU-Mitgliedstaaten besonders augenfällig wider.[5]

13.2 Das Vorabentscheidungsverfahren ist nicht lediglich ein technisches Verfahren, das die einheitliche Anwendung des Unionsrechts sicherstellen soll. Es spielt zudem eine wichtige Rolle bei der Gewährleistung der Rechtsstaatlichkeit im Rechtsschutzsystem der Union.[6] Einerseits ermöglicht das Vorabentscheidungsverfahren eine Kontrolle über die Gültigkeit der Handlungen der Organe, Einrichtungen oder sonstigen Stellen der Union. Dies bedeutet, dass der EuGH in Zusammenarbeit mit den nationalen Gerichten das gesamte Sekundärrecht der Union am Maßstab des Primärrechts und der allgemeinen Rechtsgrundsätze überprüfen kann. Andererseits erfordert das Vorabentscheidungsverfahren die völlige Unabhängigkeit der Gerichte der EU-Mitgliedstaaten. Der dezentrale Vollzug des Unionsrechts setzt voraus, dass die Mitgliedstaaten ein System von Rechtsbehelfen und Verfahren vorsehen, die wirksame gerichtliche Kontrolle gewährleisten. In dieser Hinsicht betont der EuGH, dass schon das Vorhandensein einer wirksamen, zur Gewährleistung der Einhaltung des Unionsrechts dienenden gerichtlichen Kontrolle dem Wesen eines Rechtsstaats inhärent ist.[7]

13.3 Für die Auslegung und Fortbildung des Unionsrechts steht dem EuGH nach Art. 19 I EUV und Art. 267 AEUV das Entscheidungsmonopol zu.[8] Der Gerichtshof hat im Verlauf der letzten siebzig Jahre das Vorabentscheidungsverfahren zum zentralen Integrationsinstrument des Unionsrechts[9] ausgestaltet: Es ermöglicht die direkte Befassung des EuGH mit drängenden Problemen des Unionsrechts in den Mitgliedstaaten und einen unmittelbaren Dialog zwischen den nationalen Gerichten und dem Gerichtshof. Dieser unmittelbare Kontakt zwischen den europäischen und den nationalen Richtern (jenseits der nationalen Instanzenzüge) sichert die dezentrale Durchsetzung des Unionsrechts durch die nationalen Gerichte ab.[10]

---

5 *Thiele*, Europäisches Prozessrecht, Rdn. 2.

6 Diese Funktion des Vorabentscheidungsverfahrens ist von tiefgreifender Bedeutung, insbesondere in Anbetracht der jüngsten Entwicklungen in einigen Mitgliedstaaten und vermutlichen „Krise der Rechtstaatlichkeit“ in der EU, vgl. *Mickonytė*, ZaöRV 2019, 815 ff.

7 EuGH, 27.2.2018, Rs. C-64/16, *Associação Sindical dos Juízes Portugueses*, EU:C:2018:117, Rdn. 34–37, vgl. oben § 2 V, Rdn. 2.108 ff.

8 EuGH, 18.12.2014, Avis 2/13, *Beitritt der Union zur EMRK*, EU:C:2014:2454, Rdn. 176; EuGH, 6.3.2018, Rs. C-284/16, *Achmea*, EU:C:2018:158, Rdn. 36 f.; *Klamert/Schima*, in: Kellerbauer/Klamert/Tomkin, The EU Treaties, Art. 19 TEU, Rdn. 6 f.

9 So ausdrücklich EuGH, 18.12.2014, Avis 2/13, *Beitritt der Union zur EMRK*, EU:C:2014:2454, Rdn. 176: „Schlüsselelement des Gerichtssystems der Union“.

10 Allg. Ansicht, vgl. statt vieler Streinz/*Ehricke*, Art. 267 AEUV, Rdn. 6 mwN; ausführlich *Haratsch*, EuR 2008 (Beiheft 3), 81, 84 ff.

Das deutsche Prozessrecht erkennt das Entscheidungsmonopol des EuGH für die Auslegung des Unionsrechts an. Nach deutschem Verfassungsrecht entscheidet der Gerichtshof im Vorabentscheidungsverfahren als gesetzlicher Richter im Sinne von Art. 101 I 2 GG.[11] Dabei greift das deutsche Verfassungsrecht die Normstruktur des Art. 267 II und III AEUV auf: Instanzgerichte sind befugt, letztinstanzliche Gerichte sind hingegen verpflichtet, dem EuGH Vorabentscheidungsersuchen zu stellen. Die Nichtbeachtung der Vorlagepflicht letztinstanzlicher Gerichte kann, wenn sie willkürlich erfolgt, mit der Urteilsverfassungsbeschwerde (vgl. Art. 93 Nr. 4a, 3 I und 101 I 2 GG) gerügt werden.[12] Damit übt das Bundesverfassungsgericht eine Kontrolle über die Einhaltung des vom Unionsrecht vorausgesetzten Dialogs zwischen nationalen und Gemeinschaftsrichtern aus[13] – freilich sind die Maßstäbe unscharf und die Aufgreifschwelle („willkürliche Nichtvorlage") bleibt weit hinausgeschoben.[14] Das Bundesverfassungsgericht selbst hat – nach jahrelanger Zurückhaltung – inzwischen zwei Vorabentscheidungsersuchen gestellt. Die Rechtssache *Gauweiler* betraf die Ankäufe von Staatsanleihen durch die Europäischen Zentralbank.[15] In der zweiten Rechtssache *Weiss* ging es erneut um die Handlungskompetenz der Europäischen Zentralbank.[16] Die Rechtslage in anderen EU-Mitgliedstaaten mit ausgebauter Verfassungsgerichtsbarkeit ist ähnlich – auch hier wird von der Vorlagepflicht sehr zurückhaltend Gebrauch gemacht.[17] 13.4

Das Verfahren nach Art. 267 AEUV beruht auf unmittelbar anwendbarem und vorrangigem Unionsrecht. Daher dürfen die EU-Mitgliedstaaten den Zugang zum Gerichtshof nicht dadurch erschweren, dass ein Vorabentscheidungsersuchen von der vorhergehenden Anrufung des nationalen Verfassungsgerichts abhängt.[18] Im Verfahren *A/B*, das die Auslegung der Brüssel I-VO betraf, erklärte der EuGH eine entsprechende Regelung des österreichischen Prozessrechts für unvereinbar mit Art. 267 13.5

11 Grundlegend BVerfG, 22.10.1986, BVerfGE 73, 339; dazu *Fastenrath*, FS Ress, S. 461 ff.

12 Ausführlich *Fastenrath*, FS Ress, S. 461, 470 ff. sowie unten Rdn. 13.41 ff.

13 Nach seinem Selbstverständnis ist das BVerfG kein allgemeines „Kontrollorgan" für Verfahrensfehler, sondern überprüft nur, ob die Zuständigkeitsregel in offensichtlich unhaltbarer Weise gehandhabt wurde, BVerfG, 31.5.1990, BVerfGE 82, 159; BVerfG, 16.7.2006, JZ 2007, 87. Art. 101 I 2 GG erfordert, dass die Fachgerichte die Gründe der Nichtvorlage substantiiert darlegen, BVerfG, 9.1.2001, JZ 2001, 923.

14 Das BVerfG geht von einem (aus dem Wortlaut des Art. 267 III AEUV nicht herleitbaren) „Beurteilungsspielraum" des letztinstanzlichen Hauptsachegerichts aus.

15 EuGH, 16.06.2015, Rs. C-62/14, *Gauweiler u.a.*, EU:C:2015:400, dazu *F. C. Mayer*, NJW 2015, 1999.

16 EuGH, 11.12.2018, Rs. C-493/17, *Weiss u.a.*, EU:C:2018:1000.

17 Verfassungsgerichte, die befugt sind, die Verfassungsmäßigkeit richterlicher Entscheidungen zu überprüfen, gibt es in Deutschland, Österreich, Spanien, der Tschechischen Republik, der Slowakei, in Slowenien und in Kroatien, vgl. *Betz*, Die verfassungsrechtliche Absicherung der Vorlagepflicht (2013), S. 56 ff.

18 Daher darf kein Mitgliedstaat die Einleitung des Vorabentscheidungsverfahrens mit einem Disziplinarverfahren sanktionieren, EuGH, 19.11.2019, verb. Rs. C-585/18, C-624/18 und C-625/18, *A.K.*, EU:C:2019:982, Rdn. 103; EuGH, 26.3.2020, verb. Rs. C-558/18 und C-563/18, *Miasto Łowicz*, EU:C:2020:234, Rdn. 56 ff.

AEUV.[19] Sie sei mit dem Recht der nationalen Gerichte, jede Auslegungs- und Gültigkeitsfrage dem EuGH vorzulegen, nicht in Einklang zu bringen.[20]

13.6 Regelungstechnisch ist das Vorabentscheidungsverfahren als ein objektives Zwischenverfahren ausgestaltet, das sich zwischen dem vorlegenden, nationalen Gericht und dem EuGH abspielt. Das Prozessgericht in den Mitgliedstaaten setzt (etwa) nach § 148 ZPO analog[21] (oder nach § 94 VwGO) das anhängige Verfahren aus, formuliert eine im Ausgangsverfahren (konkret) aufgeworfene Rechtsfrage abstrakt (d. h. unter Loslösung vom konkreten Kontext des nationalen Rechts) und übersendet sie an den Gerichtshof.[22] Der EuGH beantwortet die Vorlagefrage des nationalen Gerichts zum Unionsrecht. Hierauf beschränkt sich seine Entscheidungskompetenz. Auslegung und Anwendung des nationalen Privat- und Verfahrensrechts bleiben Aufgabe (und in der Zuständigkeit) des vorlegenden Gerichts.[23] Deshalb betont der EuGH die Notwendigkeit einer echten Zusammenarbeit der beteiligten Richter bei der Abwicklung des Vorabentscheidungsverfahrens.[24] Denn für die korrekte Beantwortung der Vorlage ist der Gerichtshof ganz nachhaltig auf die Zuarbeit des nationalen Gerichts angewiesen.[25] Umgekehrt ist jedoch die genaue Beantwortung des Vorlageersuchens für die nationalen Gerichte nicht weniger wichtig – andernfalls ist die Beantwortung des (bisweilen umformulierten) Vorabentscheidungsersuchens für sie wenig hilfreich.[26] Der (eingängige) Begriff des „Kooperationsverhältnisses" umschreibt damit

---

19 EuGH, 11.9.2014, Rs. C-112/13, *A*, EU:C:2014:2195, Rdn. 41 f., 46; Kritisch *Mansel*, in: Hess (Hrg.), Der europäische Gerichtsverbund (2017), S. 2, 18 f. Der unmittelbare Dialog zwischen dem nationalen Richter und dem EuGH ist jedoch für die Wirksamkeit des Vorabentscheidungsverfahrens essentiell.

20 EuGH, 11.9.2014, Rs. C-112/13, *A*, EU:C:2014:2195, Rdn. 34 f.

21 Die analoge Anwendung des § 148 ZPO ergibt sich daraus, dass das Vorlageersuchen kein vorgreifliches Rechtsverhältnis, sondern eine Rechtsfrage zum Gegenstand hat, auf die § 148 ZPO dem Wortlaut nach nicht anwendbar ist, *Hakenberg*, DRiZ 2000, 345 f.

22 Art. 94 VerfO-EuGH definiert den notwendigen Inhalt des Vorabentscheidungsersuchens. Zum Verlauf des Vorabentscheidungsverfahrens vgl. unten § 13 III, Rdn. 13.48 ff.

23 Deutlich EuGH, 22.11.2005, Rs. C-144/04, *Mangold*, EU:C:2005:709, Rdn. 32 ff.

24 EuGH, 17.5.2001, Rs. C-340/99, *TNT Traco*, EU:C:2001:281, Rdn. 30; EuGH, 15.9.2005, Rs. C-495/03, *Intermodal Transports*, EU:C:2005:552, Rdn. 38; EuGH, 15.12.1995, Rs. C-415/93, *Bosman*, EU:C:1995:463, Rdn. 59; EuGH, 29.11.1978, Rs. C-83/78, *Redmond*, EU:C:1978:214, Rdn. 25; EuGH, 19.2.2002, Rs. C-35/99, *Arduino*, EU:C:2002:97.

25 Etwa im Hinblick auf die Tatsachenfeststellung und auf die Aufbereitung der entscheidungserheblichen Rechtsfragen, dazu *Kokott/Henze*, AnwBl. 2007, 309, 310.

26 Dazu *Hess*, RabelsZ 66 (2002), 470, 480 ff.; aktuelles Beispiel: EuGH, 14.2.2019, Rs. C-554/17, *Jonsson*, EU:C:2019:124. Das vorlegende Gericht fragte den EuGH nach der Auslegung der Kostentragungsregel des Art. 16 EuBagVO im Fall des teilweisen Obsiegens bzw. Unterliegens (dazu oben § 10 III, Rdn. 10.108). Anstatt Art. 16 EuBagVO (moderat) auszulegen, verwies der EuGH auf Art. 9 EuBagVO, wonach alle in der VO nicht angesprochenen Fragen nationalem Prozessrecht unterliegen. Dieses müsse freilich im Sinne des unionsrechtlichen Effektivitätsgrundsatzes ausgelegt werden, EuGH, 14.2.2019, Rs. C-554/17, *Jonsson*, EU:C:2019:124, Rdn. 25–28. Damit befand sich das vorlegende Gericht in derselben Situation wie vor Stellung der Vorlagefrage.

ein erhebliches Spannungsverhältnis. Denn Kooperation setzt die wechselseitige Zuarbeit der beteiligten Gerichte voraus, an der es leider nicht selten in der Praxis fehlt.[27]

Der EuGH hat das Vorabentscheidungsverfahren, trotz seiner inhärenten Schwä- 13.7
chen, zum zentralen Rechtsschutz- und Rechtsdurchsetzungsinstrument des Unionsrechts ausgebaut. Dort erfüllt das Verfahren folgende Regelungszwecke:

(1) Im Vordergrund steht die Wahrung der einheitlichen Anwendung des Unionsrechts durch die Gerichte der Mitgliedstaaten. Dabei kompensiert die letztinstanzliche Rechtsprechung des EuGH die dezentrale Anwendung des Unionsrechts in den EU-Mitgliedstaaten. Insofern ähnelt die Funktion des EuGH der Grundsatz- und vor allem der Divergenzrevision im innerstaatlichen Recht (vgl. etwa § 543 II ZPO).[28] Der Gerichtshof erfüllt hier seine Aufgabe als „Hüter des Unionsrechts."[29] Das Vorabentscheidungsverfahren dient dabei zugleich der Fortbildung des Unionsrechts.[30]

(2) Der EuGH versteht das Vorabentscheidungsverfahren in ständiger Rechtspraxis als ein Instrument des Individualrechtsschutzes[31]: Über die mitgliedstaatlichen Gerichte können die Bürger sich unmittelbar vor dem Gerichtshof auf ihre vom Unionsrecht verliehenen Rechte berufen. Damit kompensiert das Vorabentscheidungsverfahren in gewisser Weise die begrenzte Klagebefugnis und Beteiligtenstellung der Unionsbürger vor dem Gerichtshof.[32] Der EuGH hat vor diesem Hintergrund die Möglichkeit ausgeweitet, dass die Parteien im Verfahren schriftliche Stellungnahmen abgeben können, vgl. § 23 II EuGH-Satzung.[33] Die Parteien des Ausgangsverfahrens nehmen an der mündlichen Verhandlung teil und werden dort angehört, Art. 76 I VerfO-EuGH.[34]

(3) Das Vorabentscheidungsverfahren erfüllt zudem die Funktion eines „dezentral veranlassten" Aufsichtsverfahrens: Die Gerichte der Mitgliedstaaten können den EuGH nach der Auslegung von Unions(sekundär)recht fragen, um anhand seines Auslegungsergebnisses die Konformität einer nationalen Umsetzungsvorschrift

---

27 Beispiele bei *Hess*, RabelsZ 66 (2002), 470, 477 ff.; Streinz/*Ehricke*, Art. 267 AEUV, Rdn. 7.

28 EuGH, 16.1.1974, Rs. C-166/73, *Rheinmühlen II*, EU:C:1974:3, Rdn. 2 – seitdem st Rspr; dazu *Middeke*, in: Rengeling/ Middeke/Gellermann (Hrg.), HB Rechtsschutz, § 10, Rdn. 6.

29 *Pechstein*, EU-Prozessrecht, Rdn. 784.

30 *König/Pechstein/Sander*, EU-Prozessrecht, Rdn. 788; *Middeke*, in: Rengeling/Middeke/Gellermann (Hrg.), HB Rechtsschutz, § 10, Rdn. 7, mit zahlreichen Beispielen.

31 Grundlegend EuGH, 5.2.1963, Rs. C-26/62, *Van Gend & Loos*, EU:C:1963:1.

32 Dazu bereits *Hess*, ZZP 59 (1995), 59, 65 ff. – die objektive Ausgestaltung des Verfahrens steht zu diesem Prozesszweck freilich in einem grundsätzlichen Spannungsverhältnis; *Pechstein*, EU-Prozessrecht, Rdn. 783 mwN.

33 *Wägenbaur*, Art. 23 Satzung-EuGH, Rdn. 26 ff.

34 Zu fortbestehenden, strukturellen Defiziten vgl. unten § 13 III, Rdn.13.55.

mit dem Unionsrecht festzustellen.[35] Zwar steht dem Gerichtshof keine formelle Normverwerfungskompetenz für die (Ausführungs)Vorschriften der Mitgliedstaaten zu. Aufgrund des Anwendungsvorrangs des Unionsrechts müssen jedoch die Gerichte der Mitgliedstaaten nationale Rechtsvorschriften, die nach dem Urteil des EuGH mit dem Unionsrecht nicht vereinbar sind, außer Acht lassen.[36] Vom Ergebnis her entspricht die konkrete Entscheidung des EuGH einer Normverwerfung, auch wenn die Rechtsfolge „freundlicher" formuliert wird. Dieser Hintergrund prägt die praktische Handhabung des Vorabentscheidungsverfahrens ganz nachhaltig.[37]

(4) Schließlich ermöglicht das Vorabentscheidungsverfahren die Gültigkeitskontrolle von Unionsrechtsakten, insbesondere die Kontrolle von Sekundärrechtsakten am Primärrecht.[38] Das Inkrafttreten der Europäischen Grundrechte-Charta nach Art. 6 I EUV hat diese Rechtsentwicklung nachhaltig befördert.[39] Die Grundrechte-Charta erfasst allerdings nur Sachverhalte im Anwendungsbereich des Unionsrechts, Art. 51 GRC.[40]

13.8 Ein praktisches Beispiel für die grundrechtskonforme Auslegung des EU-Sekundärrechts am Maßstab der Grundrechte-Charta ist die Rs. C-453/18, *Bondora*.[41] Sie betraf die grundrechtskonforme Interpretation von Art. 7 II EuMahnVO. Die vorlegenden spanischen Gerichte fragten den EuGH, ob die Rechtsprechung zur *ex officio*-Anwendung von europäischem Verbraucherrecht[42] auch für die Prüfung des Mahnantrags nach Art. 7 II und 8 EuMahnVO gelte. Der EuGH entschied, dass Art. 8 EuMahnVO dahin auszulegen sei, dass das befasste Gericht befugt ist, Unterlagen vom Antragsteller anzufordern, die eine Prüfung der Missbräuchlichkeit des Verbraucher(kredit)vertrages ermöglichen.[43] Dies sei zur Durchsetzung des nach Art. 38 GRC garantierten Verbraucherschutzes geboten. Damit entschied der EuGH eine Kontroverse über die Interpretation der EuMahnVO im Sinne eines urkundengestützten Mahnverfahrens.[44]

---

35 Funktional geht es um ein Normenkontrollverfahren zur Implementierung des sekundären Unionsrechts (insbesondere von EU-Richtlinien), *Prechal*, Directives, S. 131 ff.

36 Beispiel: EuGH, 11.1.2000, Rs. C-285/98, *Kreil*, EU:C:2000:2 (Vorrang einer EG-Richtlinie gegenüber dem deutschen Grundgesetz), das damals nur den Wehrdienst für Männer vorsah.

37 Dazu bereits *Hess*, RabelsZ 66 (2002), 470, 472 ff.

38 EuGH, 5.3.1986, Rs. C-69/85, *Wünsche*, EU:C:1986:104, Rdn. 10–16. Hier stellen sich Abgrenzungsfragen zur (fristgebundenen) Nichtigkeitsklage nach Art. 259 f. AEUV, dazu *Pechstein*, EU-Prozessrecht, Rdn. 822 ff.

39 *Wahl/Prete*, CMLR 55 (2018), 511, 535 ff.

40 Diesen legt der Gerichtshof jedoch weit aus, EuGH, 26.2.2013, Rs. C-617/10, *Åkerberg Fransson*, EU:C:2013:105, Rdn. 22, dazu kritisch *Wahl/Prete*, CMLR 55 (2018), 511, 536.

41 EuGH, 19.12.2019, verb. Rs. C-453/18 und C-494/18, *Bondora*, EU:C:2019:1118, dazu bereits oben § 10 II, Rdn. 10.68.

42 Dazu oben § 11 II, Rdn. 11.25.

43 So ausdrücklich die Schlussanträge GAin *Sharpston*, 31.10.2019, verb. Rs. C-453/18 und C-494/18, EU:C:2019:921.

44 Dazu oben § 10 II, Rdn. 10.67.

II. Die Voraussetzungen des Vorabentscheidungsverfahrens

1. Gegenstand des Vorabentscheidungsverfahrens

Den Gegenstand des Verfahrens umschreibt Art. 267 I AEUV. Danach entscheidet der EuGH im Wege der Vorabentscheidung über die Auslegung der Verträge (a) und über die Gültigkeit und die Auslegung der Handlungen der Organe, Einrichtungen oder sonstigen Stellen der Union (b).[45] 13.9

Unter Art. 267 I lit. a) AEUV fallen sämtliche Bestimmungen des primären Unionsrechts, d.h. der AEU-Vertrag selbst, der EU-Vertrag und der Euratom-Vertrag,[46] einschließlich ihrer Anhänge sowie der beigefügten Protokolle (etwa das Protokoll Nr. 3 des AEUV über die Satzung des EuGH).[47] Nach Art. 6 I EUV sind die Rechte, Freiheiten und Grundsätze in der Charta der Grundrechte der Europäischen Union mit den Verträgen rechtlich gleichrangig. Dabei hat der EuGH die Kompetenz, die Vorschriften der Charta auszulegen.[48] Mit eingeschlossen sind die allgemeinen Rechtsgrundsätze, insbesondere die vom EuGH entwickelten Grundrechte des Unionsrechts.[49] Die Auslegung dieser Rechtsgrundsätze erfolgt allerdings nur im Zusammenhang mit der Anwendung materiellen Unionsrechts.[50] 13.10

Die in Art. 267 I lit. b) AEUV genannten Handlungen der Organe, Einrichtungen oder sonstigen Stellen der Union umfassen zunächst das gesamte sekundäre Unionsrecht. Dies sind nach Art. 288 AEUV Verordnungen, Richtlinien und Beschlüsse, aber auch Empfehlungen und Stellungnahmen (etwa interpretative Erklärungen des Rates), sofern ihnen rechtliche Wirkung zukommen soll. Da die Organe, Einrichtungen oder sonstigen Stellen der Europäischen Union in unterschiedlichen Formen an unionsrechtlichen Maßnahmen mitwirken, umfasst die Auslegungskompetenz des EuGH sämtliche Handlungen, ohne Rücksicht darauf, ob die jeweilige Handlung in den Verträgen ausdrücklich vorgesehen ist, ob sie verbindlich ist oder ob sie in den Mitgliedstaaten unmittelbar anwendbar ist.[51] Gleichfalls erfasst sind die Urteile des EuGH selbst, sofern nationale Gerichte Auslegungszweifel haben. Falls der Auslegungsgegenstand ein Urteil des EuGH ist, werden im Vorabentscheidungsverfahren unvermeidbar auch die Vorschriften des Unionsrechts ausgelegt, welche diesem 13.11

---

45 Die weiteren Fallgruppen des Art. 267 (b) AEUV sind für das Zivilverfahrensrecht nicht einschlägig.

46 *Lenaerts/Maselis/Gutman/Nowak*, EU Procedural Law (2014), Rdn. 6.03 f.

47 Zur weiten Auslegung in der neueren Praxis des EuGH vgl. *Wahl/Prete*, CMLR 55 (2018), 511, 517 ff.

48 EuGH, 7.5.2013, Rs. C-617/10, *Åkerberg Fransson*, EU:C:2013:280; *Lenaerts/Maselis/Gutman/Nowak*, EU Procedural Law (2014), Rdn. 6.06.

49 *Hess*, JZ 2005, 540, 545 mwN, oben § 4 I, Rdn. 4.10 ff.

50 *Lenaerts/Maselis/Gutman/Nowak*, EU Procedural Law (2014), Rdn. 6.07.

51 *Lenaerts/Maselis/Gutman/Nowak*, EU Procedural Law (2014), Rdn. 6.08 f.; Calliess/Ruffert/*Wegener*, Art. 267 AEUV, Rdn. 10.

Urteil zugrunde lagen.[52] Zum Unionssekundärrecht gehören schließlich auch völkerrechtliche Verträge, welche die Union abgeschlossen hat.[53] Der EuGH hält in ständiger Rechtsprechung fest, dass die von der Union geschlossenen internationalen Übereinkommen fester Bestandteil der Unionsrechtsordnung sind.[54] Dagegen kann der EuGH nur ausnahmsweise Übereinkommen auslegen, welche die Mitgliedstaaten mit Drittstaaten abgeschlossen haben.[55]

13.12 Weiterhin ungeklärt ist die Frage, inwieweit die Unvereinbarkeit einer nationalen Rechtsnorm mit den Grundrechten der Grundrechte-Charta Gegenstand eines Vorabentscheidungsverfahrens sein kann. Das Problem besteht vor allem darin, dass der Geltungs- und Anwendungsbereich der Unionsgrundrechte hier (noch) nicht eindeutig festgelegt ist. Laut Art. 51 I GRC bindet die Charta die EU-Mitgliedstaaten ausschließlich bei der Durchführung des Unionsrechts. Nach Rechtsprechung des EuGH setzt die „Durchführung des Rechts der Union" das Vorliegen eines Zusammenhangs zwischen einem Unionsrechtsakt und der fraglichen nationalen Maßnahme voraus. Der EuGH hat festgestellt, dass die Grundrechte der Union im Verhältnis zu einer nationalen Regelung unanwendbar sind, wenn die unionsrechtlichen Vorschriften in dem betreffenden Sachbereich keine bestimmten Verpflichtungen der Mitgliedstaaten im Hinblick auf den im Ausgangsverfahren fraglichen Sachverhalt schaffen.[56] Dies gilt allerdings nur für die Grundrechtecarta. In Bezug auf den Anwendungsbereich von Art. 19 I UAbs. 2 EUV[57] hat der EuGH erklärt, dass diese Bestimmung die „vom Unionsrecht erfassten Bereiche" betrifft, ohne dass es insoweit darauf ankäme, in welchem Kontext die Mitgliedstaaten Unionsrecht im Sinne von Art. 51 I GRC durchführen.[58]

13.13 Ein weiteres, spezielles Problem betrifft die Kompetenz des Gerichtshofs zur Auslegung von gemischten Übereinkommen. Diese Kompetenz wird bestritten, wenn die Vorlagefrage Teile des Übereinkommens betrifft, welche in die Kompetenz der Mitgliedstaaten fallen. Inzwischen bejaht der EuGH seine Zuständigkeit, wenn das jeweilige Abkommen einen Bereich betrifft, den das Unionsrecht weitgehend reguliert

---

52 *Lenaerts/Maselis/Gutman/Nowak*, EU Procedural Law (2014), Rdn. 6.11.

53 *Lenaerts/Maselis/Gutman/Nowak*, EU Procedural Law (2014), Rdn. 6.13. Die Einordnung ist nicht unstreitig, vgl. oben § 4 I 2, Rdn. 4.27.

54 EuGH, 11.9.2007, Rs. C-431/05, *Merck Genéricos Produtos Farmacêuticos*, EU:C:2007:496, Rdn. 31 ff., 46.

55 Beispiel: EuGH, 04.05.2010, Rs. C-533/08, *TNT Express Nederland*, EU:C:2010:243, Rdn. 60–62, vgl. dazu oben § 4 I 2, Rdn. 4.26.

56 EuGH, 19.4.2018, Rs. C-152/17, *Consorzio Italian Management e Catania Multiservizi*, EU:C:2018:264, Rdn. 34

57 Nach dieser Vorschrift müssen die Mitgliedstaaten die erforderlichen Rechtsbehelfe schaffen, damit den Einzelnen die Wahrung ihres Anspruchs auf wirksamen Rechtsschutz in den vom Unionsrecht erfassten Bereichen gewährleistet wird.

58 EuGH, 26.3.2020, Rs. C-558/18, *Miasto Łowicz*, EU:C:2020:234, Rdn. 33. Dazu oben § 2 V, Rdn. 2.112 ff.

hat.[59] Insbesondere ist er zur Auslegung gemischter Übereinkommen dann befugt, wenn diese sich direkt auf vergemeinschaftete Bereiche auswirken.[60] Aus diesem Grund hat der Gerichtshof etwa im Rahmen von Art. 71 und 29 EuGVO die CMR in einer Weise ausgelegt, die Friktionen mit der Urteilsfreizügigkeit vermeidet.[61] Ist eine Vorschrift sowohl auf Sachverhalte anwendbar, die dem innerstaatlichen Recht unterliegen, als auch auf Sachverhalte, die dem Unionsrecht unterliegen, so besteht ein grundsätzliches Interesse an einer einheitlichen Auslegung durch den Gerichtshof.[62]

Die Judikatur des EuGH ist freilich nicht konsistent, weil der EuGH teilweise auf **13.14**
inhaltliche, teilweise auf kompetenzielle Kriterien abstellt, ohne dies immer deutlich zu machen.[63] In der Rechtssache *Hermès* stützte er seine Kompetenz zur Auslegung von Art. 50 TRIPs-Übereinkommen auf die Erwägung, dass die einschlägige Vorschrift auch den Schutz von Markenrechten betraf.[64] Andererseits vermag die bloße Bezugnahme eines Unionsrechtsakts auf ein völkerrechtliches Übereinkommen nicht die Auslegungskompetenz des EuGH zu begründen, selbst wenn sämtliche Mitgliedstaaten das Übereinkommen ratifiziert haben.[65] Dies ist wiederum anders, wenn ein Unionsrechtsakt unmittelbar zur Effektivierung eines völkerrechtlichen Übereinkommens erlassen wurde: so etwa Art. 40 ff. EheGVO, welche die Durchführung des Haager Kindesentführungsübereinkommens zwischen den EU-Mitgliedstaaten effektuieren.[66] Hier ist eine Auslegungskompetenz des Gerichtshofs auch für die in Bezug genommenen Vorschriften des HKÜ zu bejahen.[67] Diese Auslegungskompetenz des Gerichtshofs lässt sich auf Art. 4 III AEUV sowie auf das völkerrechtliche Gebot einer effektiven Vertragserfüllung stützen, um eine einheitliche Auslegung des völkerrechtlichen Vertrages zu ermöglichen.[68] Daher ist der Gerichtshof auch

---

59 *Lenaerts/Maselis/Gutman/Nowak*, EU Procedural Law (2014), Rdn. 6.14, mit dem Hinweis auf EuGH, 18.7.2013, Rs. C-414/11, *Daiichi Sankyo*, EU:C:2013:520, Rdn. 45–48.

60 EuGH, 04.09.2014, Rs. C-157/13, *Nickel*, EU:C:2014:2145, Rdn. 37–42.

61 EuGH, 19.12.2013, Rs. C-452/12, *Nipponkoa*, EU:C:2013:858, Rdn. 36–39.

62 EuGH, 08.03.2011, Rs. C-240/09, *Lesoochranárske zoskupenie*, EU:C:2011:125, Rdn. 30 ff., 36 (zur Aarhus-Konvention).

63 Dazu *Vranes*, EuR 2009, 44, 58 ff., der das Problem allerdings über die Kompetenzverteilung lösen will.

64 EuGH, 16.6.1998, Rs. C-53/96, *Hermès International./.FHT Marketing Choice*, EU:C:1998:292, Rdn. 24 ff.; EuGH, 14.12.2000, verb. Rs. C-300/98 und C-392/98, *Dior u.a.*, EU:C:2000:688, Rdn. 37.

65 Schlussanträge GA *Mazák*, 25.6.2009, Rs. C-301/08, *Bogiatzi*, EU:C:2009:400, Rdn. 45 (zum Warschauer Übereinkommen 1929).

66 Oben § 7 IV, Rdn. 7.117 ff.

67 Eine Auslegungskompetenz sollte zumindest dort bejaht werden, wo ein gemischtes Übereinkommen weitestgehend in einen Gemeinschaftsrechtsakt integriert wurde, wie etwa das HKÜ in Art. 11 EheGVO. So der Sache nach EuGH, 11.7.2008, Rs. C-195/08 PPU, *Inga Rinau*, EU:C:2008:406, dazu oben § 7 III, Rdn. 7.124 ff.

68 Zum Problem vgl. *Thiele*, Europäisches Prozessrecht, § 9, Rdn. 22, der freilich jegliche Entscheidungskompetenz des EuGH verneint. Die rechtliche Problematik ähnelt dem Fall der überschießen-

zur Auslegung von Verträgen befugt, die die Mitgliedstaaten im Kompetenzbereich des EU-Vertrages anstelle der Union (mangels deren völkerrechtlichen Beitrittsmöglichkeit) abgeschlossen haben, etwa dem KSÜ.[69] Im Ergebnis ist daher dem Ansatz des EuGH zuzustimmen, der sowohl auf kompetenzielle wie auf inhaltliche Kriterien abstellt. Folglich ist eine Auslegungskompetenz des EuGH im (mitgliedstaatlichen) Anwendungsbereich der gemischten Übereinkommen immer dann zu bejahen, wenn es um die effektive Anwendung des Unionsrechts geht. Sofern eine unionsrechtliche Bindung im Umfeld von völkerrechtlichen Verträgen besteht, sind die Mitgliedstaaten nicht (mehr) frei, die in diesen Verträgen vorgesehenen völkerrechtlichen Streitbeilegungsverfahren einzuleiten.[70] Früher abgeschlossene Verträge, welche in die ausschließliche Regelungskompetenz der Union fallen, müssen die Mitgliedstaaten hingegen kündigen.[71]

13.15 Kein Gegenstand des Vorabentscheidungsverfahrens ist hingegen die Auslegung bzw. die Vereinbarkeit nationaler Rechtsnormen mit dem Unionsrecht. Über deren Auslegung und über deren Vereinbarkeit mit dem Unionsrecht befinden die nationalen Gerichte in eigener Verantwortung.[72] Dabei müssen die Gerichte der Mitgliedstaaten die Vorgaben des Unionsrechts (Vorrang und unmittelbare Anwendbarkeit) befolgen. Methodisch erfolgt die Implementierung des Unionsrechts zumeist mittels einer richtlinienkonformer Auslegung der nationalen Rechtsnormen.[73]

13.16 Besondere Probleme wirft die Kompetenz des EuGH zur Auslegung von nationalem Recht auf, das dem Unionsrecht inhaltlich nachgebildet wurde, ohne auf zwingenden Vorgaben des Unionsrechts zu beruhen (sog. überschießende Umsetzung).[74] Auch in dieser Konstellation wird der Gerichtshof häufig von den Gerichten der EU-Mitgliedstaaten angerufen. Inzwischen lässt der EuGH Vorlagen aus dem überschießenden Bereich zu, sofern das nationale Gericht eine Entscheidung des EuGH für sein Verfahren für erforderlich erachtet.[75] Der EuGH begründet die Zulassung

---

den Richtlinienkompetenz. Für eine Auslegungskompetenz – zumindest über Art. 4 III AEUV – demgegenüber Schwarze/*Schwarze*, Art. 267 AEUV, Rdn. 10.

69 Dazu oben § 7 II, Rdn. 7.28.

70 Vorrang haben die Verfahren vor dem EuGH (vgl. Art. 344 AEUV), EuGH, 6.3.2018, Rs. C-284/16, *Achmea*, EU:C:2018:158, Rdn. 33; EuGH, 30.5.2006, Rs. C-459/03, *Kommission./.Irland*, EU:C:2006:345, Rdn. 95, dazu *Vranes*, EuR 2009, 44, 67 ff.

71 Zur Kündigung von Intra-EU BIT vgl. oben § 12 VI, Rdn. 12.56 ff.

72 St Rspr seit EuGH, 15.7.1964, Rs. 6/64, *Costa./.E.N.E.L.*, EU:C:1964:66.

73 Dazu *Canaris*, FS Bydlinski, S. 47, 81 f.; *Kuhn*, EuR 2015, 216 ff.

74 Zum Problem bereits *Hess*, RabelsZ 66 (2002), 470, 472; *Schmid*, Grenze der Auslegungsbefugnis, S. 30 ff. Das Problem stellt sich nicht nur bei der überschießenden Umsetzung von Richtlinien, sondern gleichermaßen bei der Erstreckung von EU-Verordnungen über den eigentlichen Anwendungsbereich hinaus – in beiden Konstellationen „mutiert" der Unionsrechtsakt zum Mustergesetz.

75 EuGH, 8.11.1990, Rs. C-231/89, *Gmurzynska-Bscher*, EU:C:1990:386, Rdn. 15 ff.; EuGH, 18.10.1990, verb. Rs. C-297/88 und C-197/89, *Dzodzi*, EU:C:1990:360; EuGH, 17.7.1997, Rs. C-28/95, *Leur-Bloem*, EU:C:1997:369; EuGH, 17.7.1997, Rs. C-130/95, *Giloy*, EU:C:1997:372; EuGH, 7.7.2011, Rs. C-310/10, *Agafiţei*

von Vorabentscheidungsersuchen aus dem überschießenden Anwendungsbereich der Sekundärrechtsakte mit dem Wortlaut des Art. 267 AEUV: Danach muss die Unionsrechtsnorm für den Ausgangsrechtsstreit lediglich entscheidungserheblich sein, um die Kompetenz des Gerichtshofs zu begründen.[76] Allerdings ist ein Ersuchen nur zulässig, wenn das Auslegungsergebnis des EuGH das vorlegende Gericht (nach dessen innerstaatlichem Recht) bindet.[77]

Ein Einwand gegen die Auslegungskompetenz des EuGH bei überschießender Umsetzung des Unionsrechts lautet, dass die Mitgliedstaaten nicht einseitig den Anwendungsbereich des Vorabentscheidungsverfahrens erweitern können.[78] Ein weiterer Einwand geht dahin, das Prinzip der begrenzten Ermächtigung (Art. 5 I 1, II EUV) verbiete dem EuGH, jenseits der ihm vom EUV/AEUV zugewiesenen Kompetenzen Rechtsprechung auszuüben. Im Ergebnis sprechen jedoch wichtige Gründe sowohl auf der Ebene des Unionsrechts als auch auf der des nationalen Privat- und Prozessrechts für eine Auslegungskompetenz des Gerichtshofs: Aus der Sicht des Unionsrechts geht es um dessen einheitliche Auslegung und Fortbildung.[79] Die Hilfestellung des EuGH entspricht dem Gebot gegenseitiger Loyalität zwischen Union und Mitgliedstaaten (Art. 4 III EUV), die gerade im Verfahren nach Art. 267 AEUV besonders ausgeprägt ist.[80] Aus der Sicht des nationalen Rechts erscheint die Auslegung durch den Gerichtshof geradezu zwingend. Denn der nationale Gesetzgeber hat sich für eine Übernahme des unionsrechtlichen Regelungsmodells entschieden, nicht nur dem Wortlaut nach, sondern gerade in seiner jeweiligen Auslegung durch den EuGH.[81] Die nationalen Gerichte müssen deshalb die Rechtsprechung des EuGH befolgen.[82] Dies ist nur dann anders, wenn der nationale Gesetzgeber sich für eine Umsetzung entschließt, die sich auf den sachlichen Anwendungsbereich der Richtlinie beschränkt. Dann kommt es zur gespaltenen Auslegung des harmonisierten und nicht-harmonisierten nationalen Rechts.[83] **13.17**

Ist mithin die Auslegungskompetenz des Gerichtshofs bei der überschießenden Richtlinienumsetzung grundsätzlich zu bejahen, so bleibt die Frage nach dem **13.18**

---

u. a., EU:C:2011:467, Rdn. 38; EuGH, 12.7.2012, Rs. C-602/10, *SC Volksbank România*, EU:C:2012:443, Rdn. 86–87; EuGH 18.10.2012, Rs. C-583/10, *Nolan*, EU:C:2012:638, Rdn. 45; EuGH 15.11.2016, Rs. C-268/15, *Ullens de Schooten*, EU:C:2016:874, Rdn. 53; EuGH, 7.11.2018, Rs. C-380/17, *K und B*, EU:C:2018:877, Rdn. 34; EuGH, 13.3.2019, Rs. C-635/17, *E.*, EU:C:2019:192, Rdn. 35; *Lenaerts/Maselis/Gutman/Nowak*, EU Procedural Law (2014), Rdn. 6.16.

76 Auch der Zweck des Art. 267 AEUV, die einheitliche Anwendung des Unionsrechts zu sichern, spricht für die Zulässigkeit derartiger Vorlagen, vgl. EuGH, 17.7.1997, Rs. C-28/95, *Leur-Bloem*, EU:C:1997:369, Rdn. 32.

77 EuGH, 28.3.1995, Rs. C-346/93, *Kleinwort Benson./.City of Glasgow*, EU:C:1995:85, Rdn. 23 f. – bloße Rechtsauskünfte gibt der EuGH nicht, EuGH, 27.2.2014, Rs. C-470/12, *Pohotovosť*, EU:C:2014:101, Rdn. 29.

78 *Habersack/Mayer*, JZ 1999, 913, 919.

79 So bereits EuGH, 17.7.1997, Rs. C-28/95, *Leur-Bloem*, EU:C:1997:369, 4201 f.; dazu *Roth*, FS Wiss. BGH II, S. 847, 883 f.

80 BGH, 17.10.2012, BGHZ 195, 135, Rdn. 8.

81 Anders jedoch *Hommelhoff*, FS Wiss. BGH II, S. 889, 922; wie hier *Schulze*, in: ders. (Hrg.), Auslegung, S. 9, 18 f.

82 Zweifelnd *Kuhn*, EuR 2015, 216, 224 ff., der auf den jeweiligen Kontext abstellen will.

83 Dazu (mit zahlreichen Beispielen aus der teils überschießenden, teils strikten Umsetzung von EU-Verbraucherschutz-Richtlinien) *Kuhn*, EuR 2015, 216, 226 ff.

Geltungsgrund. Auf der Ebene des Unionsrechts wird sie vom Wortlaut des Art. 267 AEUV umfasst und folgt aus dem Gebot kooperativen Verhaltens (Art. 4 III EUV). Die Vorlagepflicht nach Art. 267 III AEUV greift jedoch nicht ein. Denn diese Vorschrift erzwingt die Vorlage an den EuGH nur dort, wo das Unionsrecht selbst seine einheitliche Anwendung einfordert.[84] Aus der Perspektive des jeweiligen Mitgliedstaats beruht die Kompetenzzuweisung an den Gerichtshof auf der Entscheidung des nationalen Gesetzgebers für das unionsrechtliche Regelungsmodell. Nach nationalem Recht besteht sogar eine Vorlagepflicht der letztinstanzlichen Gerichte an den EuGH. Sie folgt aus der Übertragung der Auslegung des Unionsrechtsakts im Anwendungsbereich des abgeleiteten Rechts durch den nationalen Gesetzgeber. Damit korrespondiert eine entsprechende Vorlagepflicht an den Gerichtshof, die die einheitliche Auslegung des überschießenden Rechts sichert.[85] Sieht man die Dinge so, dann entscheidet der EuGH innerhalb und außerhalb des unionsrechtlichen Geltungsbereichs der Richtlinie als „gesetzlicher Richter“ iSv Art. 101 I 2 GG.[86]

2. Entscheidungserheblichkeit

13.19 Jedes mitgliedstaatliche Gericht kann dem Gerichtshof eine Frage des Unionsrechts vorlegen, wenn es eine „Entscheidung darüber zum Erlass eines Urteils für erforderlich hält“ (vgl. Art. 267 I AEUV). Seinem Wortlaut nach eröffnet Art. 267 AEUV dem vorlegenden Gericht einen Beurteilungsspielraum. Damit wird zugleich die Kontrollbefugnis des EuGH in Bezug auf die Vorlage eingeschränkt. Der Gerichtshof entscheidet über die Zulässigkeit der Vorlage nur anhand der formalen Kriterien des Art. 267 I AEUV. Dies erscheint sachgerecht, weil andernfalls der EuGH die Zulässigkeit der Vorlage anhand des jeweils anwendbaren, nationalen Rechts nachprüfen müsste. Die Erheblichkeit des Unionsrechts für die Entscheidung des Ausgangsrechtsstreits liegt immer dann vor, wenn die Bezugnahme auf die EU-Norm für die jeweilige Entscheidungsformel des vorlegenden Gerichts notwendig bzw. „tragend“ ist.[87]

13.20 Dennoch lässt der EuGH Vorabentscheidungsersuchen nicht unbesehen zu. Vielmehr nimmt der Gerichtshof in ständiger Praxis für sich in Anspruch, evident fin-

---

84 AA *Wassermeyer*, FS Lutter, S. 1639 f., aus der Erwägung, dass es auch hier um die Auslegung von Unionsrecht gehe. Dafür spricht zwar der Wortlaut des Art. 267 AEUV, nicht aber der Normzweck. Wie hier GA *Jacobs*, Schlussanträge 10.7.1997, Rs. C-338/95, *Wiener*, EU:C:1997:352.

85 Besonders deutlich wird dies, wenn sich letztinstanzliche Gerichte im überschießenden Bereich zu einer Auslegung der Rechtsnorm veranlasst sähen, die von der Deutung des Gerichtshofs abweicht (Divergenz).

86 Wie hier Calliess/Ruffert/*Wegener*, Art. 267 AEUV, Rdn. 5, Fn. 29 f. AA *Habersack/Mayer*, JZ 1999, 913, 920.

87 Diese weite Formulierung der Entscheidungserheblichkeit ermöglicht eine Vorlage an den Gerichtshof auch im Fall der „überschießenden“ Umsetzung, vgl. oben § 13 II, Rdn. 13.16 ff.

gierte oder gar rechtsmissbräuchliche Ersuchen zurückzuweisen.[88] Zwar ist der EuGH bei der Kontrolle der Entscheidungserheblichkeit von Vorabentscheidungsersuchen zurückhaltend, um zu verhindern, dass nationales Recht Gegenstand des Verfahrens in Luxemburg wird. Andererseits ist der Gerichtshof nicht bereit, zu rein abstrakten Rechtsfragen Gutachten zu erstellen.[89] Er wirkt deshalb darauf hin, dass die Vorabentscheidungsersuchen eine hinreichende Begründung aufweisen.[90] Das vorlegende Gericht muss mithin den Zusammenhang zwischen der gestellten Rechtsfrage und dem Sachverhalt darlegen; je abstrakter die Vorlage formuliert wurde, desto konkreter prüft der Gerichtshof die Voraussetzungen nach.[91] Macht ein Gericht (mittelbar) Rechtsnormen eines anderen EU-Mitgliedstaates zum Gegenstand des Vorabentscheidungsersuchens, so prüft der EuGH die Entscheidungserheblichkeit verstärkt nach.[92] Steht die Auslegungs- oder Gültigkeitsfrage in keinem Zusammenhang mit dem Gegenstand des Ausgangsrechtsstreits, weist der Gerichtshof das Ersuchen zurück.[93] Dasselbe gilt für unverständliche Ersuchen.[94] Allein die Behauptung etwa einer Partei des Ausgangsverfahrens, dass der Ausgangsrechtsstreit keinen unionsrechtlichen Bezug aufweise, reicht zur Zurückweisung des Ersuchens hingegen nicht aus.[95] Erledigt sich das Ausgangsverfahren, wird das Vorabentscheidungsersuchen unzulässig.[96]

Die Frage, inwieweit die Unvereinbarkeit einer nationalen Rechtsnorm mit den **13.21**
Unionsgrundrechten der Grundrechte-Charta Gegenstand des Vorabentscheidungs-

88 EuGH, 16.12.1981, Rs. C-244/80, *Foglia./.Novello II*, EU:C:1981:302; EuGH, 9.10.1997, Rs. C-291/96, *Grado und Bashir*, EU:C:1997:479 – Vorlage des AG Tübingen, das meinte, den EuGH fragen zu müssen, ob die Anrede des Beschuldigten mit „Herr" in einem Strafbefehlsverfahren mit dem Gemeinschaftsrecht vereinbar sei; Zusammenfassung der Rechtsprechung bei *Pechstein*, EU-Prozessrecht, Rdn. 824 ff.

89 EuGH, 11.3.1980, Rs. C-104/79, *Foglia./.Novello I*, EU:C:1980:73; EuGH, 16.12.1981, Rs. C-244/80, *Foglia./.Novello II*, EU:C:1981:302; EuGH, 4.7.2006, Rs. C-212/04, *Adeneler u. a.*, EU:C:2006:443, Rdn. 42.

90 Vgl. die Empfehlungen des Gerichtshofs an die nationalen Gerichte bezüglich der Vorlage von Vorabentscheidungsersuchen, ABl. EU 2019 C 380/1 ff. https://eur-lex.europa.eu/legal-content/DE/TXT/PDF/?uri=OJ:JOC_2019_380_R_0001.

91 Dazu *Schima*, Vorabentscheidungsverfahren, S. 87 ff.

92 EuGH, 10.12.2002, Rs. C-153/00, *Der Weduwe*, EU:C:2002:735, Rdn. 38. Dieser Prüfungsmaßstab erscheint angesichts des Verfahrensziels eines funktionalen Normenkontrollverfahrens sachgerecht.

93 EuGH, 15.12.1995, Rs. C-415/93, *Bosman*, EU:C:1995:463, Rdn. 59; EuGH, 21.1.2003, Rs. C-318/00, *Bacardi-Martini und Cellier des Dauphins*, EU:C:2003:41, Rdn. 42; EuGH, 22.11.2005, Rs. C-144/04, *Mangold*, EU:C:2005:709, Rdn. 37.

94 Beispiel: EuGH, 10.11.2011, Rs. C-126/10, *Foggia – SGPS*, EU:C:2011:718, Rdn. 25 f.; ausführlich *Lenaerts/Maselis/Gutman/Nowak*, EU Procedural Law (2014), Rdn. 3.34–3.42; *Wahl/Prete*, CMLR 55 (2018), 511, 521 ff.

95 *Schima*, Vorabentscheidungsverfahren, S. 77 f., mwN.

96 Nach Art. 100 II VerfO-EuGH kann der Gerichtshof jederzeit feststellen, dass die Voraussetzungen seiner Zuständigkeit entfallen sind, wenn das vorlegende Gericht das Vorabentscheidungsersuchen nach der Erledigung des Ausgangsverfahrens nicht zurücknimmt.

verfahrens sein kann, beantwortet das Unionsrecht nicht eindeutig. Das Problem beruht darauf, dass der Geltungs- und Anwendungsvorrang der Unionsgrundrechte bisher nicht eindeutig festgelegt wurde. Nach der Rechtsprechung des EuGH muss ein direkter Zusammenhang zwischen einem Unionsrechtsakt und der fraglichen nationalen Maßnahme vorliegen. Der Gerichtshof hat insofern entschieden, dass die Grundrechte der Grundrechte-Charta im Verhältnis zu einer nationalen Regelung unanwendbar sind, wenn die unionsrechtlichen Vorschriften in dem betreffenden Sachbereich keine bestimmten Verpflichtungen der Mitgliedstaaten für den Sachverhalt des Ausgangsverfahrens vorgeben.[97]. Laut Art. 51 I GRC gilt die Charta für die Mitgliedstaaten ausschließlich bei der Durchführung des Rechts der Union. Nach Rechtsprechung des EuGH erfordert die „Durchführung des Rechts der Union" einen unmittelbaren Zusammenhang zwischen dem Unionsrechtsakt und der fraglichen nationalen Maßnahme. Dies gilt allerdings nicht generell. So hat der Gerichtshof in Bezug auf den Anwendungsbereich von Art. 19 I UAbs. 2 EUV erklärt, dass diese Bestimmung die „vom Unionsrecht erfassten Bereiche" betrifft, ohne dass es insoweit darauf ankäme, in welchem (konkreten) Kontext die Mitgliedstaaten Unionsrecht im Sinne von Art. 51 I GRC durchführen.[98]

13.22 Um die Entscheidungserheblichkeit ging es insbesondere bei Vorabentscheidungsersuchen im Zusammenhang mit der Rechtsstaatskrise in Ungarn und Polen.[99] In den verb. Rs. C-558/18 und C-563/18[100] fragten polnische Gerichte den EuGH, ob die von der rechtspopulistischen Regierung eingerichteten Disziplinarkammern für Richter, deren Mitglieder vom Justizministerium eingesetzt und überwacht werden, mit dem nach Art. 19 I UAbs. 2 EUV garantierten Recht auf einen wirksamen Rechtsbehelf (vor einem unabhängigen Gericht) vereinbar sei. Der EuGH ließ die Vorabentscheidungsersuchen nicht zu, weil die Ausgangsverfahren keinen Bezug zum Unionsrecht aufwiesen. Daher betrafen sie Fragen allgemeiner und hypothetischer Art.[101] Anders entschied der Gerichtshof hingegen im Hinblick auf Vorabentscheidungsersuchen des polnischen Obersten Gerichtshofs, die ebenfalls die Vereinbarkeit der Disziplinarkammern mit Art. 19 I UAbs. 2 EUV und mit Art. 47 GRC betrafen. Dort hatte der Oberste Gerichtshof darauf verwiesen, dass die von ihm zu entscheidenden Rechtsstreitigkeiten das Unionsrecht betrafen. Die Große Kammer ließ die Ersuchen zu[102] und entschied, dass die Herabsetzung der Pensionsgrenze der Richter und die Einsetzung der Disziplinarkammer gegen Art. 47 GRC verstieß.[103] Es hat den Anschein, dass der Rückgriff auf Art. 19 I UAbs. 2 EUV den Anwendungsbereich von At. 47 GRC ausgeweitet hat.

---

97 EuGH, 19.4.2018, Rs. C-152/17, *Consorzio Italian Management e Catania Multiservizi*, EU:C:2018:264, Rdn. 34.

98 EuGH, 26.3.2020, Rs. C-558/18, *Miasto Łowicz*, EU:C:2020:234, Rdn. 33.

99 Dazu oben § 2 V, Rdn. 2.112 ff.

100 EuGH, 26.3.2020, verb. Rs. C-558/18 und C-563/18, Miasto Łowicz, EU:C:2020:234, Rdn. 56 ff.

101 EuGH, 26.3.2020, verb. Rs. C-558/18 und C-563/18, Miasto Łowicz, EU:C:2020:234, Rdn. 48 ff., 53.

102 EuGH, 19.11.2019, verb. Rs. C-585/18, C-624/18 und C-625/18, *A.K.*, EU:C:2019:982, Rdn. 112 f.; ebenso zuvor EuGH, 27.2.2018, Rs. C-64/16, *Associação Sindical dos Juízes Portugueses*, EU:C:2018:117.

103 EuGH, 19.11.2019, verb. Rs. C-585/18, C-624/18 und C-625/18, *A.K.*, EU:C:2019:982, Rdn. 121 ff.

3. Vorlageberechtigung und Vorlageverpflichtung nationaler Gerichte

a) Der Begriff des „Gerichts"

Vorlageberechtigt sind die Gerichte der EU-Mitgliedstaaten; den Begriff des Gerichts **13.23** definiert der EuGH autonom.[104] Art. 267 AEUV enthält jedoch keine allgemeine Definition, der Gerichtshof entwickelt das Konzept vielmehr Fall für Fall.[105] Gericht im Sinne des Art. 267 AEUV ist ein Spruchkörper (1), dessen Zuständigkeit auf Gesetz beruht (2); das Gericht muss ständig eingerichtet und (vor allem) unabhängig sein[106] (3); ihm ist von Gesetzes wegen die Aufgabe übertragen, bestimmte Streitigkeiten beizulegen[107] (4). Dabei ist es an eine Verfahrensordnung gebunden (5).[108] Die Rechtssache muss von den Parteien eingebracht werden, diese sind an die Entscheidung gebunden (6). Schließlich muss das Gericht zur Rechtsanwendung verpflichtet sein (7).[109] Es spielt keine Rolle, ob das Recht des jeweiligen Mitgliedstaats die Handlungen des Spruchkörpers als gerichtlich oder als administrativ kategorisiert. Bei Spruchkörpern, die sowohl gerichtliche als auch administrative Funktionen ausüben, muss sich das Vorlageersuchen auf die Ausübung der gerichtlichen Funktionen beziehen.[110]

Die Vorlagebefugnis nach Art. 267 AEUV steht nur den Gerichten der EU-Mitglied- **13.24** staaten zu. Ein Gericht eines Drittstaats ist selbst dann nicht zur Vorabentscheidung

---

104 EuGH, 17.9.1997, Rs. C-54/96, *Dorsch Consult./.Bundesbaugesellschaft Berlin*, EU:C:1997:413, Rdn. 39 ff.; EuGH, 29.11.2001, Rs. C-17/00, *De Coster*, EU:C:2001:651, Rdn. 10; EuGH, 18.6.2002, Rs. C-92/00, *HI*, EU:C:2002:379, Rdn. 25; EuGH, 13.12.2012, Rs. C-465/11, *Forposta und ABC Direct Contact*, EU:C:2012:801, Rdn. 17. Lesenswert die Schlussanträge GA *Colomer*, 25.6.2009, Rs. C-205/08, *Umweltanwalt von Kärnten*, EU:C:2009:397, Rdn. 31 ff.

105 *Szpunar*, in: Ferrari (ed.), The Impact of EU Law on Arbitration (2017), S. 85, 97.

106 Die Unabhängigkeit der Spruchkörper ist bei staatlichen Wettbewerbs- und Regulierungsbehörden nicht gegeben, EuGH, 17.9.1997, Rs. C-54/96, *Dorsch Consult./.Bundesbaugesellschaft Berlin*, EU:C:1997:413, Rdn. 23; EuGH, 30.11.2000, Rs. C-195/98, *Österreichischer Gewerkschaftsbund*, EU:C:2000:655, Rdn. 24; EuGH, 31.5.2005, Rs. C-53/03, *Syfait u. a.*, EU:C:2005:333, Rdn. 34 ff.; EuGH, 22.12.2010, Rs. C-517/10, *RTL Belgium*, EU:C:2010:821, Rdn. 39 f.; EuGH, 17.7.2014, verb. Rs. C-58/13 und C-59/13, *Torresi*, EU:C:2014:2088, Rdn. 21–25.

107 Registergerichte üben hingegen keine (materielle) Rechtsprechungsfunktion aus und sind deswegen nicht vorlagebefugt, EuGH, 10.7.2001, Rs. C-86/00, *HSB Wohnbau*, EU:C:2001:394. Anders jedoch im Fall des Widerspruchs gegen eine Handlung des Registergerichts EuGH, 25.6.2009, Rs. C-14/08, *Roda Golf & Beach Resort*, EU:C:2009:395, Rdn. 36 ff., 38. Notare sind grundsätzlich nicht vorlagebefugt, wohl aber die Gerichte, welche über die Rechtmäßigkeit der Handlungen der Notare entscheiden. Das Problem stellt sich insbesondere im Kontext der EuErbVO, dazu Schlussanträge GA *Campos Sánchez-Bordona*, 26.3.2020, Rs. C-80/19, *E.E.*, EU:C:2020:230, Rdn. 67.

108 Die Verfahren müssen nicht zwingend streitigen Charakter aufweisen, EuGH, 17.5.1994, Rs. C-18/93, *Corsica Ferries*, EU:C:1994:195, Rdn. 12; EuGH, 25.6.2009, Rs. C-14/08, *Roda Golf & Beach Resort*, EU:C:2009:395, Rdn. 33 (mit dem Hinweis, dass eine Vorlage bei Verwaltungstätigkeiten ausgeschlossen ist).

109 *Lenaerts/Maselis/Gutman/Nowak*, EU Procedural Law (2014), Rdn. 3.08.

110 *Lenaerts/Maselis/Gutman/Nowak*, EU Procedural Law (2014), Rdn. 3.10 f.

berechtigt, wenn dies aus einem völkerrechtlichen Übereinkommen zwischen diesem Staat und der Union folgt.[111] Auch internationale Gerichte sind grundsätzlich nicht vorlagebefugt.[112] Eine begrenzte Vorlagebefugnis haben ausnahmsweise der Benelux-Gerichtshof und das (künftige) Einheitliche Patentgericht, da es sich um gemeinsame Gerichte von EU-Mitgliedstaaten handelt.[113] Nicht vorlageberechtigt waren hingegen die Beschwerdekammern der Europäischen Schulen, da sie nicht hinreichend in die Justizsysteme der EU-Mitgliedstaaten integriert waren.[114]

13.25 Schiedsgerichte sind, da sie nicht in die Gerichtsbarkeit der Mitgliedstaaten integriert sind, nicht vorlagebefugt. Hier kann die Vorlage lediglich durch die staatlichen Zivilgerichte im Anerkennungsverfahren erfolgen (vgl. etwa §§ 1060, 1061 ff. ZPO).[115] Jedoch kann das Schiedsgericht das staatliche Gericht um eine Vorlage im Wege der unterstützenden Maßnahmen ersuchen (vgl. § 1050 ZPO).[116] In der Literatur ist die fehlende Vorlageberechtigung des Schiedsgerichts stark umstritten.[117] Einerseits ist die „Mediatisierung" der Schiedsgerichte zu bedauern, sind doch auch Schiedsgerichte zur Anwendung des Unionsrechts verpflichtet.[118] Andererseits beruht die Praxis des EuGH auf der (nicht offen ausgesprochenen) Erwägung, dass der Gerichtshof fingierte Ersuchen ausschließen will. Derartige Ersuchen kommen in der Schiedsgerichtsbarkeit durchaus vor.[119] Im Urteil *Achmea* hat die Große Kammer des Gerichtshofs die fehlende Vorlageberechtigung von Schiedsgerichten erneut betont.[120]

b) Vorlagebefugnis und Vorlagepflicht der Instanzgerichte

13.26 Nach Art. 267 II AEUV sind Instanzgerichte, d. h. Gerichte der Mitgliedstaaten, deren Entscheidungen mit (ordentlichen) Rechtsmitteln anfechtbar sind, zur Vorlage

---

111 Das Auslegungsprotokoll zum LugÜ lässt nur Vorabentscheidungsersuchen der Gerichte der EU-Mitgliedstaaten, nicht hingegen der Lugano-Vertragsstaaten zu, vgl. oben § 5 II 1, Rdn. 5.45.

112 Eindeutig in Bezug auf Investitionsschiedsgerichte, EuGH, 6.3.2018, Rs. C-284/16, *Achmea*, EU:C:2018:158 Rdn. 38 ff., in Zurückweisung der Schlussanträge GA *Wathelet*, 19.9.2016, EU:C:2017:699.

113 *Lenaerts/Maselis/Gutman/Nowak*, EU Procedural Law (2014), Rdn. 3.13–3.15. *Szpunar*, in: Ferrari (ed.), The Impact of EU Law on Arbitration (2017), S. 85, 114 ff. Art. 21 f. EPLA eröffnen den Patentgerichten ausdrücklich die Befugnis zur Vorabentscheidung; es handelt sich hierbei um rein klarstellende Regelungen, so *Szpunar*, aaO, S. 85, 117 f.

114 EuGH, 14.6.2011, Rs. C-196/09, *Miles u.a.*, EU:C:2011:388, Rdn. 37 ff., dazu *Wahl/Prete*, CMLR 55 (2018), 519, 529 f.

115 EuGH, 23.3.1982, Rs. 102/81, *Nordsee./.Reederei Mond*, EU:C:1982:107; EuGH, 1.6.1999, Rs. C-126/97, *Eco Swiss*, EU:C:1999:269, Rdn. 31 ff.; EuGH, 27.1.2005, Rs. C-125/04, *Denuit und Cordenier*, EU:C:2005:69, Rdn. 13 ff.; EuGH, 6.3.2018, Rs. C-284/16, *Achmea*, EU:C:2018:158, Rdn. 54.

116 *Zobel*, Schiedsgerichtsbarkeit, S. 166 f.

117 Ausführliche Darstellung des Meinungsstands bei *Szpunar*, in: Ferrari (ed.), The Impact of EU Law on Arbitration (2017), S. 85, 97 ff.

118 *Zobel*, Schiedsgerichtsbarkeit, S. 152 ff.; oben § 12 V, Rdn. 12.46.

119 AA *Zobel*, Schiedsgerichtsbarkeit, S. 152 ff.

120 EuGH, 6.3.2018, Rs. C-284/16, *Achmea*, EU:C:2018:158, Rdn. 43 ff.

berechtigt. Die Vorlage steht im Ermessen des Instanzgerichts; weder die Parteien des Verfahrens noch das Rechtsmittelgericht können die Vorlage erzwingen oder verhindern.[121] Für die Ausübung des Vorlageermessens ist insbesondere die Einschätzung maßgeblich, ob der Rechtsstreit ohnehin auf eine Befassung des EuGH hinausläuft. In dieser Konstellation entspricht es der Prozessökonomie, frühzeitig vorzulegen. Allerdings müssen der Sach- und der Streitstand hinreichend aufgeklärt sein.[122] Daher kann es durchaus geboten sein, eine Entscheidung durch das Rechtsmittelgericht abzuwarten, weil dieses die entscheidungserhebliche Rechtsfrage vielleicht doch deutlicher und allgemeiner zu formulieren vermag als das unterinstanzliche Gericht. Als weiterer Gesichtspunkt bei der Ermessensausübung kann die „*acte claire*"-Rechtsprechung des EuGH herangezogen werden: Sofern das Instanzgericht die aufgeworfene Rechtsfrage aufgrund der bereits ergangenen Judikatur des Gerichtshofs selbst entscheiden kann, ist von der Vorlage abzusehen – immerhin verzögert die Vorlage die Sachentscheidung durchschnittlich bis zu anderthalb Jahren.[123] Andererseits sollte die gemeinsame Auffassung der Parteien, dass eine vorlageerhebliche Frage gegeben ist, das Instanzgericht zur Vorlage veranlassen.[124] Die (vermeintliche) „Überlastung" des EuGH sollte jedoch kein Grund sein, von einer Vorlage abzusehen.[125]

Fehlende Kooperationsbereitschaft zeigte die Entscheidung des Commercial Court London im Verfahren *Canary Wharf (BP4) T1 Ltd. and others v European Medicines Agency (EMA)*.[126] Der Rechtsstreit betraf die Frage, ob der Brexit die Europäische Arzneimittelagentur zur Kündigung eines 25jährigen Mietvertrages über ein Gebäude in Canary Wharf (London) berechtigte. Die EMA trug vor, dass der Brexit sie zur Verlagerung ihrer Aktivitäten in die Europäische Union zwinge. Justice *Marcus Smith* ließ dieses Argument nicht zu. „Frustration" des Vertrages sei schon deshalb nicht gegeben, weil der Brexit wegen der Austrittsklausel in Art. 50 EUV grundsätzlich vorhersehbar gewesen sei. Zudem nahm der englische Richter eine ausführliche Auslegung der Satzung der EMA vor und kam zum Ergebnis, dass der Brexit keine Sitzverlegung der EMA erfordere. Eine Vorlage an den EuGH lehnte der High Court mit der Erwägung ab, dass „national courts must also be cautious of over-referring".[127] Er habe vorliegend eine Einzelfallentscheidung zu treffen – dies war angesichts der Bedeutung des Urteils für den Mietmarkt in London ein bemerkenswertes Understatement. 13.27

---

121 Zur Anfechtbarkeit des Vorlagebeschlusses vgl. unten Rdn. 13.37 f.

122 Streinz/*Ehricke*, Art. 267 AEUV, Rdn. 38, unter Verweis auf EuGH, 16.7.1992, Rs. C-83/91, *Meilicke./.ADV-ORGA*, EU:C:1992:332.

123 Im Jahr 2019 betrug die Verfahrensdauer bei Vorabentscheidungssachen 15,5 Monate (gegenüber 16 Monaten im Jahr 2018) – EuGH, Jahresbericht 2019: Rechtsprechungstätigkeit (2019), S. 179.

124 *Pfeiffer*, ZEuP 2007, 610, 620, unter Bezugnahme auf *Bulmer Ltd and Another v. J. Bollinger and Others*, [1974] Ch. 401, 401, C.A. per *Lord Denning*.

125 AA *Brück*, Vorabentscheidungsverfahren (2001), S. 132 ff.; *Pfeiffer*, ZEuP 2007, 610, 621; *Piekenbrock*, EuR 2011, 317, 330 f.

126 High Court of Justice, 20.2.2019, *Canary Wharf (BP4) T1 Ltd. and others v European Medicines Agency (EMA)* [2019] EWHC 335 (Ch.)

127 [2019] EWHC 335 (Ch.), Rdn. 113 ff.

13.28 Nach der Rechtsprechung des EuGH sind Instanzgerichte jedoch zur Vorlage verpflichtet, wenn sie eine Norm des Unionsrechts (wegen Gültigkeitszweifeln) nicht anwenden wollen. In Bezug auf das Unionsrecht steht dem EuGH nach Art. 263 und 267 I lit. b) AEUV das Normverwerfungsmonopol zu.[128] Bezweifelt ein nationales Instanzgericht die Gültigkeit einer Norm des sekundären Unionsrechts, muss es den EuGH anrufen. Die Vorlagepflicht besteht bereits bei Bedenken des nationalen Richters an der Gültigkeit der Unionsrechtsnorm. Eine feste Überzeugung von der Ungültigkeit der Norm verlangt das Unionsprozessrecht – anders als die Vorlage zur konkreten Normenkontrolle nach Art. 100 I GG – nicht.[129] Dagegen löst die bloße Behauptung der Parteien des Ausgangsverfahrens, eine Unionsrechtsnorm sei ungültig, keine Vorlagepflicht des Instanzgerichts aus. Anders als ein letztinstanzliches Gericht muss ein Instanzgericht den EuGH nur dann anrufen, wenn es selbst die Gültigkeit einer Unionsrechtsnorm bezweifelt und die Rechtsnorm deshalb nicht anwenden will.

c) Die Vorlagepflicht letztinstanzlicher Gerichte

13.29 Letztinstanzliche Gerichte müssen den EuGH anrufen, wenn sich eine entscheidungserhebliche Gültigkeits- oder Auslegungsfrage stellt, Art. 267 III AEUV. Ihnen steht kein Ermessensspielraum zu. Letztinstanzliche Gerichte sind nach dem Wortlaut des Art. 267 III AEUV solche, deren Entscheidungen im (konkreten) Instanzenzug nicht mehr mit ordentlichen Rechtsmitteln angefochten werden können.[130] Daher sind nicht nur die obersten Gerichte der Mitgliedstaaten vorlagepflichtig (dies ist freilich der Regelfall), sondern auch nachgeordnete Gerichte, deren Entscheidungen nicht mehr anfechtbar sind.[131] Außerordentliche Rechtsbehelfe (etwa die Verfassungsbeschwerde) sind nicht zu berücksichtigen.[132] Im Revisionsrecht löst hingegen die Vorlagepflicht nach Art. 267 III AEUV die Rechtsgrundsätzlichkeit aus, deren unzureichende Beachtung bei der Revisionszulassung (gegebenenfalls) mit der Nichtzulassungsbeschwerde nach § 544 ZPO gerügt werden kann.[133] Auch das Beschwerdever-

---

128 EuGH, 22.10.1987, Rs. 314/85, *Foto-Frost./.Hauptzollamt Lübeck*, EU:C:1987:452; dazu bereits *Hess*, ZZP 108 (1995), 59 ff.

129 *Thiele*, Europäisches Prozessrecht, § 9, Rdn. 56; *Pechstein*, EU-Prozessrecht, Rdn. 822 – praktische Auswirkungen hat dies vor allem für die Begründung der Vorlage, dazu unten § 13 III, Rdn. 13.48 ff.

130 Im Verfahren des einstweiligen Rechtsschutzes besteht hingegen keine Vorlagepflicht nach Art. 267 III AEUV, BVerfG, 7.12.2006, NJW 2007, 1521 f.

131 EuGH, 4.6.2002, Rs. C-99/00, *Lyckeskog*, EU:C:2002:329, Rdn. 14 f. Es gilt mithin die sog. „konkrete" Betrachtung im Hinblick auf die Vorlagepflicht, die auf den jeweils konkreten Rechtsmittelzug abstellt, nicht auf die generelle Stellung des vorlegenden (obersten) Gerichts – so hingegen die sog. „abstrakte" Betrachtung.

132 Verfassungsgerichte (auch der Bundesländer) sind hingegen als letztinstanzliche Gerichte nach Art. 267 III AEUV vorlagepflichtig, Schwarze/*Schwarze*, Art. 267 AEUV, Rdn. 43 mwN.

133 BGH, 16.1.2003, I ZR 130/02, LRE 46, 279; ausführlich *Rauber*, EuR 2020, 22, 28 ff, 52 ff.

fahren kann nach § 148 ZPO analog ausgesetzt und der EuGH nach Art. 267 III AEUV angerufen werden.[134]

Die Vorlagepflicht der letztinstanzlichen Gerichte ist, nicht nur im Zivil- und Zivilverfahrensrecht, politisch brisant. Denn hier stellt sich die Frage nach der kompetenziellen Letztentscheidungsbefugnis – und damit eine Machtfrage zwischen den obersten (Zivil-)Gerichten der Mitgliedstaaten und dem EuGH.[135] Eine wortwörtliche Befolgung der Vorlagepflicht würde eine vom Gerichtshof praktisch nicht mehr zu bewältigende Vorlageflut auslösen: Immerhin wäre der Gerichtshof für alle 27 Mitgliedstaaten in allen Rechtsbereichen, in denen das Unionsrecht Vorgaben enthält, funktional als Revisionsgericht tätig. Die aktuelle, durchschnittliche Verfahrensdauer von 15,5 Monaten (bei Vorabentscheidungsersuchen) würde massiv ausgeweitet.[136] Diese Entwicklung versucht der EuGH abzuwenden und hat deshalb eine allumfassende Vorlagepflicht der letztinstanzlichen Gerichte im Urteil *CILFIT*[137] abgelehnt. Der EuGH hat folgende „Fallgruppen" formuliert, in denen eine Vorlage unterbleiben kann: (1) Wenn der Gerichtshof bereits in einer gleich lautenden Frage entschieden hat, oder (2) bereits eine gesicherte Rechtsprechung zu der betreffenden Sachlage existiert und sich keine neuen Gesichtspunkte ergeben, oder (3) die Auslegung und richtige Anwendung der in Frage stehenden Vorschrift des Unionsrechts offenkundig ist.[138] Die *CILFIT*-Kriterien gelten für die Auslegung des Unionsrechts. Dagegen bleiben die letztinstanzlichen Gerichte zur Vorlage verpflichtet, wenn über die Gültigkeit einer entscheidungserheblichen Unionsrechtsnorm Zweifel bestehen. 13.30

Die im Urteil *CILFIT* formulierten Ausnahmen von der Vorlagepflicht kritisiert die Literatur mit Recht als zu eng und wenig praktikabel.[139] Insbesondere der vom EuGH formulierte Prüfungsmaßstab, nämlich dass eine Vorlage nur dann unterbleiben darf, wenn weder das Ausgangsgericht noch andere mitgliedstaatliche Gerichte Auslegungszweifel in Bezug auf die gemeinschaftsrechtliche Vorschrift haben, ist in 13.31

---

134 BGH, 28.9.2016, BeckRS 2016, 20397; BGH, 6.4.2004, BGHZ 158, 372, 374 f.; abl. *Rauber*, EuR 2020, 22, 34 ff.

135 Aussagen dergestalt, dass zwischen nationalen Höchstgerichten und dem EuGH kein „Hierarchieverhältnis" bestehe, sind in diesem Zusammenhang wenig zielführend, so jedoch *Pechstein*, EU-Prozessrecht, Rdn. 782.

136 Vgl. oben Fn. 123..

137 EuGH, 6.10.1982, Rs. 283/81, *CILFIT*, EU:C:1982:335, dazu *Hess*, ZZP 108 (1995), 59, 80 ff.; *ders.*, RabelsZ 66 (2002), 470, 477 ff.; *Franzen*, Privatrechtsangleichung, S. 278 ff.

138 EuGH, 6.10.1982, Rs. 283/81, *CILFIT*, EU:C:1982:335, Rdn. 21; EuGH, 6.12.2005, Rs. C-461/03, *Gaston Schul Douane Expéditeur*, EU:C:2005:742, Rdn. 16; dazu *Middeke*, in: Rengeling/Middeke/Gellermann (Hrg.), HB Rechtsschutz, § 10, Rdn. 64 ff.

139 *Rasmussen*, CMLR 37 (2000), 1071, 1107 ff.; Streinz/*Ehricke*, Art. 267 AEUV, Rdn. 47 ff. Ebenso die wiederholte Kritik der Generalanwälte nach der Jahrtausendwende, dazu *Obert*, GPR 2019, 206, 208 f.

der Praxis nicht einzuhalten.[140] Wortwörtlich befolgt würde sie auf einen „Rechtsvergleich" in allen (27) EU-Mitgliedstaaten im Hinblick auf mögliche Auslegungszweifel hinauslaufen. Die höchstrichterliche Praxis ist mithin von einer vordergründigen Bezugnahme auf die *CILFIT*-Kriterien gekennzeichnet, die in der Sache nicht befolgt werden.[141] Auch die Generalanwälte haben wiederholt *CILFIT* kritisch gewürdigt und eine Begrenzung des Vorabentscheidungsverfahrens auf übergreifende Fragestellungen angeregt.[142] Dahinter steht nicht zuletzt die Einsicht, dass die *CILFIT*-Kriterien noch vor der Vollendung des Binnenmarkts formuliert wurden, mithin zu einem Zeitpunkt, als die Zahl der Mitgliedstaaten geringer war und das Unionsrecht eine sehr viel geringere Regelungsdichte aufwies.[143] Der Gerichtshof hat jedoch die Vorschläge der Generalanwälte und der Literatur bisher nicht aufgegriffen.[144]

13.32 Art. 99 EuGH-VerfO setzt auf Abhilfe durch ein vereinfachtes Verfahren, das dem Gerichtshof die Möglichkeit eröffnet, durch einen mit (kurzen) Gründen versehenen Beschluss zu entscheiden, wenn eine vorgelegte Frage mit Ersuchen übereinstimmt, die der Gerichtshof bereits entschieden hat, oder wenn die Antwort auf eine solche Frage klar aus der Rechtsprechung abgeleitet werden kann oder wenn die Beantwortung der zur Vorabentscheidung vorgelegten Frage keinen Raum für vernünftige Zweifel lässt.[145] Der EuGH entscheidet auf Vorschlag des Berichterstatters und nach Anhörung des Generalanwalts. Dies ermöglicht die rasche Erledigung von „Wiederholungsersuchen" wie im viel diskutierten Fall „*Wiener*",[146] ohne dass der EuGH von seiner großzügigen Praxis bei der Zulassung auch bereits „ausdiskutierter" Vorlageersuchen absehen müsste.[147] Darüber hinaus besteht eine allgemeine Tendenz zu verkürzter Begründung bei verstärkter Bezugnahme auf die frühere Recht-

140 Deutlich EuGH, 9.9.2015, Rs. C-160/14, *Ferreira da Silva e Brito u.a.*, EU:C:2015:565, Rdn. 38 ff., vgl. auch den sog. *Due-Report* zur Zukunft des europäischen Gerichtssystems, Sonderbeilage NJW 19/2000, S. 7.

141 Dazu bereits *Hess*, ZZP 108 (1995), 59, 81 ff.; *Franzen*, Privatrechtsangleichung, S. 283 f.

142 So Schlussanträge GA *Jacobs*, 10.7.1997, Rs. C-338/95, *Wiener*, EU:C:1997:352, Rdn. 8 ff., 64 – der Sachverhalt betraf die zolltarifliche Einordnung von Nachthemden; über die Einordnung von Schlafanzügen hatte der EuGH bereits entschieden. Ablehnend jedoch *Everling*, in: Reichelt (Hrg.), Vorabentscheidungsverfahren, S. 11, 21 f., mit dem Hinweis auf die „erhebliche[n] finanzielle[n] Folgen" zolltariflicher Einordnungen.

143 So insbesondere Schlussanträge GA *Jacobs*, 10.7.1997, Rs. C-338/95, *Wiener*, EU:C:1997:352, Rdn. 59. Inzwischen ist die *CILFIT*-Rechtsprechung fast 40 Jahre alt.

144 Vgl. die „Research Note" des wissenschaftlichen Dienstes des Gerichtshofs (2019): Application of the Cilfit case-law by national courts or tribunals against whose decisions there is no judicial remedy under national law. Research note: https://curia.europa.eu/jcms/upload/docs/application/pdf/2020-01/ndr-cilfit_synthese_en.pdf.

145 Nach Art. 20 V EuGH-Satzung können Rechtssachen, die keine neuen Rechtsfragen aufwerfen, ohne Schlussanträge entschieden werden, dazu unten Rdn. 13.53.

146 EuGH, 20.11.1997, Rs. C-338/95, *Wiener*, EU:C:1997:552, Rdn. 10 ff.

147 Dahinter steht ersichtlich der Gedanke, das (strukturell) informale Verfahren möglichst weitgehend fortzuführen, um den Dialog gerade auch mit den Gerichten der neu beigetretenen Mitgliedstaaten nicht übermäßig zu erschweren.

sprechung und auf die Schlussanträge des Generalanwalts.[148] Zu einer formalen Aufgabe der *CILFIT*-Rechtsprechung hat sich der Gerichtshof hingegen nicht durchringen können.[149]

Die überwiegende (deutsche) Literatur will hingegen *de lege ferenda* die Vorla- 13.33
gepflicht (und die korrespondierende Auslegungskompetenz des EuGH selbst) auf „grundsätzliche" Fragen begrenzen.[150] Dies entspricht der revisionsähnlichen Funktion des Vorabentscheidungsverfahrens.[151] Auch wird auf das Subsidiaritätsprinzip (Art. 5 AEUV) verwiesen.[152] Schließlich lassen sich die institutionellen Reformen des Vertrages von Nizza, die eine Befassung des EuGH im gestuften Vorabentscheidungsverfahren bei grundsätzlichen Rechtsfragen vorsehen (heute Art. 256 III AEUV), für eine vorgängige Filterung auf der Ebene der nationalen Gerichte anführen.[153] Denn nach der Neufassung des AEU-Vertrages besteht kein Zweifel daran, dass das Vorabentscheidungsverfahren die Einheit und Kohärenz des Unionsrechts wahren soll.[154] Auch die Funktion der nationalen Gerichte, die als „dezentrale Unionsgerichte" einfach gelagerte Sachen nach den Vorgaben des EuGH „durchentscheiden" sollen, steht mit einer Konzentration des EuGH auf grundsätzliche Rechtsfragen im Einklang.[155]

Freilich ist damit noch nicht die Frage beantwortet, wie die Rechtsgrundsätzlichkeit konkret zu 13.34
bestimmen ist.[156] Bereits *CILFIT* hat klargestellt[157], dass es dabei auf die Perspektive des Unionsrechts ankommt.[158] Für die Praxis bedeutete dies zweierlei: Zum einen ist die Grundsätzlichkeit anhand der Funktionen des EuGH selbst zu beurteilen. Dies gilt vor allem für seine Befugnis, über die Ausle-

148 EuGH, 10.5.2001, Rs. C-144/99, *Kommission./.Niederlande*, EU:C:2001:257, Rdn. 19; die Kritik von *Leible*, EuZW 2001, 438 f., vermag nicht zu überzeugen.

149 Dafür insbesondere *Rasmussen*, CMLR 37 (2000), 1071, 1107 ff.; *Lipp*, NJW 2001, 2657, 2662. *CILFIT* gilt allerdings nicht für Vorlagen zur Gültigkeit des Unionsrechts.

150 MünchKomm/*Krüger*, § 544 ZPO, Rdn. 17; *Lipp*, NJW 2001, 2657, 2662 mwN; *Piekenbrock*, EuR 2011, 317, 337.

151 Dazu *Hess*, ZZP 108 (1995), 59, 84 ff.; zustimmend *Markwardt*, Rolle des EuGH, S. 235 f.

152 So insbesondere *Hirsch*, ZRP 2000, 57, 59 – jedoch ist die Anwendung des Subsidiaritätsprinzips auf die Auslegung des Unionsrechts selbst abzulehnen.

153 So auch *Lipp*, NJW 2001, 2657, 2662 f. Allerdings werden diese Vorschriften des Unionsrechts bisher nicht aktiviert.

154 *Azizi*, Reform, S. 167, 187 ff.

155 Die Begrenzung der Vorlagepflicht würde keine prinzipielle Abkehr von der *CILFIT*-Rechtsprechung bedeuten, sondern lediglich ihre Kriterien inhaltlich konkretisieren. Anders *Rösler*, Europäische Gerichtsbarkeit, S. 319 ff. – der nationale Richter könne die „Grundsätzlichkeit" einer Rechtsfrage (anders als der EuGH) für das Unionsrecht nicht hinreichend beurteilen.

156 Zur Kritik an der Unbestimmtheit dieses Kriteriums vgl. *Franzen*, Privatrechtsangleichung, S. 286 ff.; zur Bestimmung der Rechtsgrundsätzlichkeit im Rahmen von § 544 ZPO vgl. MünchKomm/*Krüger*, § 544 ZPO, Rdn. 17 (der mit Recht die eigenständige Auslegung des Begriffs im Kontext des Vorabentscheidungsverfahrens betont).

157 Die Bezugnahme auf das Unionsrecht ergibt sich aus dem Erfordernis, auch die Rechtsprechung in anderen Mitgliedstaaten zu beachten, EuGH, 6.10.1982, Rs. 283/81, *CILFIT*, EU:C:1982:335, Rdn. 16.

158 Dazu bereits *Hess*, ZZP 108 (1995), 59, 84 ff.; ablehnend *Franzen*, Privatrechtsangleichung, S. 287 ff.

gung des Primärrechts zu wachen (Art. 267 I lit. a) AEUV). Bei der Auslegung von Sekundärrecht (Art. 267 I lit. b) AEUV) sind die Gerichte der Mitgliedstaaten verpflichtet, die Grundsätzlichkeit der Vorlage nicht nur in Bezug auf die eigene Rechtsordnung, sondern auch in Bezug auf die Rechtslage in den anderen Mitgliedstaaten zu beurteilen.[159] Insbesondere bei Rechtsbegriffen, die in verschiedenen Unionsrechtsakten vorkommen und eine einheitliche Auslegung erfordern, ist Grundsätzlichkeit strukturell zu bejahen.[160] Dasselbe gilt für Ersuchen, deren Bedeutung über den Anlassfall hinausgeht. Es kommt – in der Formulierung des Art. 256 AEUV – auf die Wahrung der Einheit und der Kohärenz des Unionsrechts an.

13.35 Ansätze für ein restriktives Verständnis der Vorlagepflicht finden sich auch in der Rechtsprechung des EuGH zur Unterscheidung zwischen der „Auslegung" und der „Anwendung" des Unionsrechts im Rahmen des Art. 267 AEUV. Sie ermöglicht es dem Gerichtshof, bestimmte Fragen an das vorlegende Gericht mit dem Bemerken zurückzugeben, dass eine weitere Beantwortung der Frage sich aus seiner Rechtsprechung bereits ergebe und deren Anwendung auf den Ausgangsfall Aufgabe des nationalen Gerichts sei.[161] Damit ist ein wesentlicher Gesichtspunkt aufgezeigt: Hat der EuGH die maßgeblichen Wertungen bzw. Definitionen herausgearbeitet, dann können und müssen die nationalen Gerichte unter Beachtung dieser Rechtsprechung den Sekundärrechtsakt anwenden. Umgekehrt verpflichtet ein derartiges Rollenverständnis den EuGH, wesentliche Gesichtspunkte für die Auslegung des Sekundärrechtsakts herauszuarbeiten und (möglichst) über den Ausgangsfall hinausgehend die Gerichte zur Umsetzung seiner Rechtsprechung regelrecht anzuleiten.[162]

13.36 Beispiele enthält die Rechtsprechung zum EuGVÜ: So hat der EuGH etwa den Begriff der einstweiligen Maßnahme nach Art. 24 EuGVÜ/35 EuGVO autonom definiert, und eine reale Verknüpfung zwischen dem Streitgegenstand und dem im vorläufigen Rechtsschutz erkennenden Gericht gefordert.[163] Was eine reale Verknüpfung ist, umschreibt der Gerichtshof in allgemeiner Weise. Hier ist es Aufgabe der nationalen Gerichte, den Begriff näher auszufüllen; einer Vorlage an den EuGH, quasi zur Überprüfung des Ergebnisses im Einzelfall, bedarf es nicht mehr.[164] Ähnlich ist auch die Judikatur zur Bestimmung des Handelsbrauchs in Art. 17 I 2 lit. c) EuGVÜ/25 I 2 lit. c) EuGVO zu verstehen: Die

---

159 Schwarze/*Schwarze*, Art. 267 AEUV, Rdn. 46; *Franzen*, Privatrechtsangleichung, S. 286 ff.

160 So zutreffend *Roth*, FS Drobnig, S. 135, 146, zum Verbraucherbegriff in Art. 2 RL 85/577/EWG.

161 Beispiele: EuGH, 8.3.2018, Rs. C-64/17, *Saey Home & Garden*, EU:C:2018:173, Rdn. 28 ff. (Gerichtsstandsklausel in der Rechnung des Lieferanten genügt regelmäßig nicht Art. 25 I EuGVO – die nähere Nachprüfung von Ausnahmen sei Aufgabe des nationalen Gerichts), vgl. die berechtigte Kritik von *Basedow*, FS Schulze (2020), S. 179, 185. Unbefriedigend auch EuGH, 14.2.2019, Rs. C-554/17, *Jonsson*, EU:C:2019:124, vgl. die Kritik in Fn. 26.

162 Ein derartiges Verfahrensverständnis besteht auch im Europäischen Markenrecht mit der Besonderheit, dass der EuGH hier als Rechtsmittelgericht im Verhältnis zum EuG und zugleich im Wege der Vorabentscheidung zur Auslegung des Unionsrechts befugt ist, vgl. *Herrmann/Streinz*, GRUR Int. 2004, 459 ff.

163 EuGH, 17.11.1998, Rs. C-391/95, *van Uden*, EU:C:1998:543; EuGH, 27.4.1999, Rs. C-99/96, *Mietz*, EU:C:1999:202; dazu oben § 6 V 2, Rdn. 6.283.

164 *Hess/Vollkommer*, IPRax 1999, 220, 222 f.; *Hess*, IPRax 2000, 370, 373.

Castelletti-Entscheidung[165] gibt den vorlegenden Gerichten eine regelrechte Handreichung zur Feststellung internationaler Handelsbräuche. Damit ist die Grundsatzfrage geklärt, die Umsetzung und Fortentwicklung der Judikatur des EuGH obliegt den Gerichten der Mitgliedstaaten.[166]

Der Kritik der Literatur an der Begrenzung der Vorlagepflicht auf rechtsgrundsätzliche Angelegenheiten ist freilich zuzugeben, dass dieser Begriff keine vollständige Trennschärfe erreichen kann.[167] Denn die Grundsätzlichkeit einer Rechtsfrage wird nachhaltig von materiellen Gesichtspunkten, also der konkret auszulegenden Vorschrift, mitbestimmt. Das ist aber im nationalen Rechtsmittelrecht nicht anders.[168] Vielmehr geht es darum, die Auslegungskompetenz des Gerichtshofs bei neuartigen und übergreifenden Rechtsfragen zu sichern mit der Folge, dass nach der Klärung wesentlicher Grundfragen die Zahl der Vorabentscheidungsersuchen zu einzelnen Sekundärrechtsakten abnimmt. Zugleich wird dadurch die Konzentration des EuGH auf die Wahrung der Einheit und Kohärenz des Unionsrechts gestärkt, die Gerichte der Mitgliedstaaten werden auf die Leitbildfunktion des EuGH als „Revisionsgericht des Unionsrechts" eingeschworen.[169] **13.37**

d) Sanktionen bei der Verletzung der Vorlagepflicht

Die Verletzung der Vorlagepflicht wird sowohl auf nationaler Ebene als auch auf Unionsebene sanktioniert. Darüber hinaus kontrolliert der Europäischen Gerichtshof für Menschenrechte die Einhaltung der Vorlagepflicht. Nach der Rechtsprechung des EGMR kann die Ablehnung eines Antrags, eine Frage zur Entscheidung vorzulegen, unter bestimmten Umständen das Recht auf ein faires Verfahren (Art. 6 EMRK) verletzen, selbst wenn kein letztinstanzliches Gericht entscheidet. Wird eine Verletzung der Konvention wegen einer Nichtvorlage an den EuGH gerügt, so überprüft der EGMR, ob die Weigerung der Vorlage willkürlich erfolgte. Dabei geht der EGMR davon aus, dass die nationalen Gerichte verpflichtet sind, die Nichtvorlage mit den Ausnahmen zu begründen, die der EuGH entwickelt hat (d.h. vor allem in Anbetracht der *CILFIT*-Kriterien).[170] Die Begründungspflicht ist jedoch nicht so zu verstehen, dass jedes Argument der Parteien zugunsten einer Vorlage an den EuGH eine ausführli- **13.38**

---

165 EuGH, 16.3.1999, Rs. C-159/97, *Castelletti*, EU:C:1999:142, Rdn. 22–30; dazu *Hess/Hub*, WuB VII B Art. 17 EuGVÜ, 1.00. Der Gerichtshof systematisierte zugleich in diesem Urteil seine bisherige Rechtsprechung, nicht zuletzt vor dem Hintergrund zahlreicher Meinungsverschiedenheiten in der Literatur.

166 Aus diesem Grund war die Anregung von *Dietze/Schnichels*, EuZW 2000, 521, 524, verfehlt, der EuGH möge die aufgestellten Kriterien möglichst rasch weiter konkretisieren. Diese Aufgabe obliegt nunmehr – mangels Rechtsgrundsätzlichkeit – den nationalen Gerichten.

167 *Franzen*, Privatrechtsangleichung, S. 286 ff.

168 Dazu etwa BGH, 4.7.2002, BGHZ 151, 221; in der Literatur *Hergenröder*, Zivilprozessuale Grundlagen richterlicher Rechtsfortbildung (1995), S. 56 f.

169 Zu dieser Funktion der Grundsätzlichkeit, die auf Kooperation zwischen den Gerichten im Instanzenzug setzt, vgl. u. a. Stein/Jonas/*Jacobs*, § 543 ZPO, Rdn. 5 ff.

170 Siehe z.B. EGMR, 20.09.2011, Nr. 3989/07 und 38353/07, *Ullens de Schooten u. Rezabek vs. Belgien*, CE: ECHR:2011:0920JUD000398907, Rdn. 59.

che Antwort verlangt. Vielmehr darf ein letztinstanzliches Gericht eine Beschwerde ohne Weiteres zurückweisen, sofern die Nichtvorlage in der Vorinstanz ausreichend begründet wurde.[171]

aa) Die Rechtslage nach nationalem Prozessrecht

13.39 In systematischer Hinsicht sind Sanktionen des nationalen Rechts und des Unionsrechts zu unterscheiden. Die Entscheidung nationaler Instanzgerichte, das Verfahren auszusetzen und den EuGH anzurufen, unterliegt keinem innerstaatlichen Rechtsbehelf[172] – andernfalls würde das übergeordnete Gericht in das Vorlageermessen des Prozessgerichts eingreifen.[173] Desgleichen kann auch die Nichtvorlage als solche nicht mit Rechtsmitteln angefochten werden – jedoch sind im Fall der Nichtvorlage Rechtsmittel wegen Rechtsgrundsätzlichkeit zuzulassen (vgl. §§ 511 IV Nr. 1, 543 II Nr. 1 ZPO), um dem übergeordneten Gericht die Vorlage zu ermöglichen.[174] Wird die Revision nicht zugelassen, kann die Vorlage mit der Nichtzulassungsbeschwerde (§ 544 ZPO) erzwungen werden.[175]

13.40 In der Literatur hat sich vor allem *T. Pfeiffer*[176] für eine Anfechtbarkeit des Vorlagebeschlusses ausgesprochen. Normativer Ansatzpunkt ist § 252 ZPO iVm §§ 567 ff. ZPO (sofortige Beschwerde). Die Vorteile einer derartigen Anfechtbarkeit seien einerseits die Möglichkeit, unnötige Verfahrensverzögerungen im Fall des *acte clair* zu verhindern. Zum anderen könne das übergeordnete Gericht seine andere Auffassung dem EuGH gleichfalls „kommunizieren".[177] Dies setzt freilich voraus, dass die sofortige Beschwerde die „Aktenversendung nach Luxemburg" nicht verhindert – was sie jedoch tatsächlich tut. Auch wäre die Zulassung der Anfechtbarkeit des instanzgerichtlichen Aussetzungsbeschlusses mit dem Effektivitätsgebot kaum zu vereinbaren – sie kann das Verfahren nachhaltig verzögern.[178] Das Unionsrecht eröffnet den Instanzgerichten ein eigenständiges Vorlageermessen, das ihm die Obergerichte nicht aufgrund nationalen Verfahrensrechts entziehen dürfen.[179] Dies hat der EuGH im Urteil *Cartesio* ausdrücklich festgehalten.[180]

---

171 EGMR, 11.4.2019, Nr. 50053/16, *Harisch v. Deutschland*, CE: ECHR:2019:0411JUD005005316, Rdn. 37–40.

172 Zur Frage, ob der Aussetzungsbeschluss anfechtbar ist, vgl. sogleich Rdn. 13.39 f.

173 Auch besteht kein subjektives Recht der Parteien auf Erzwingen der Vorlage, *Thiele*, Europäisches Prozessrecht, § 9 Rdn. 45 (allg. Ansicht).

174 MünchKomm/*Krüger*, § 543 ZPO, Rdn. 6.

175 Wieczorek/Schütze/*Prütting*, § 543 ZPO, Rdn. 17, § 544 ZPO, Rdn. 33; *Vorbeck*, FS Thode, S. 645, 650 ff.

176 Pfeiffer, ZEuP 2007, 610, 618 ff. im Anschluss an *Commissioners of Customs & Excise and HM Attorney General v. Federation of Technological Industries and 53 others* [2004] 3 C.M.L.R. 41 (CA).

177 *Pfeiffer*, ZEuP 2007, 610, 619 f. (mit Hinweisen auf die offene Entscheidungsfindung englischer Gerichte).

178 Dazu oben § 11 I Rdn. 11.9 ff.; die Aussagen im Urteil EuGH, 16.1.1974, Rs. 166/73, *Rheinmühlen II*, EU:C:1974:3, ergingen vor der Herausarbeitung der Effektivität als maßgebliche Vorgabe des Gemeinschaftsrechts. Daher vermag die Herausstellung dieser (jedoch inzwischen überholten) Entscheidung zur Zulässigkeit der Anfechtbarkeit nicht zu überzeugen, aA BPatG, 24.5.2006, Markenrecht 2006, 426.

179 Ebenso die hM in der deutschen Rechtsprechung OLG Köln, 13.5.1977, WRP 1977, 734; aus dem Schrifttum Musielak/*Stadler*, § 252 ZPO, Rdn. 1; MünchKomm/*Stackmann*, § 252 ZPO, Rdn. 17; Stein/Jonas/*Roth*, § 252 ZPO, Rdn. 2; Zöller/*Greger*, § 252 ZPO, Rdn. 1 c).

Die Nichtvorlage letztinstanzlicher Gerichte unterliegt in Deutschland verfassungsgerichtlicher Nachschau. Denn nach der Rechtsprechung des Bundesverfassungsgerichts entscheidet der EuGH im Vorabentscheidungsverfahren aus der Perspektive des Grundgesetzes als gesetzlicher Richter (Art. 101 I 2 GG).[181] Kommt ein letztinstanzliches innerstaatliches Gericht seiner Vorlagepflicht nicht nach, so kann bei einem willkürlichen Verstoß Verfassungsbeschwerde (Art. 93 Nr. 4a GG) erhoben werden. Freilich bejaht das Bundesverfassungsgericht eine Verletzung des Art. 101 I 2 GG nicht bei jeder fehlerhaften Anwendung des Prozessrechts, sondern nur bei dessen willkürlicher Verletzung (Art. 3 I GG). Damit ist der Kontrollmaßstab des Verfassungsgerichts deutlich zurückgenommen und nur eingeschränkt effektiv.[182] 13.41

Zur Präzisierung des Willkürmaßstabs (Art. 3 I GG) hat das Bundesverfassungsgericht mehrere Fallgruppen entwickelt.[183] Eine willkürliche Verletzung liegt danach vor, (1) wenn das letztinstanzliche Gericht sich entweder hinsichtlich des europäischen Rechts nicht ausreichend kundig macht, etwa in Betracht kommendes unionsrechtliches Sekundärrecht allein nach nationalen Maßstäben ohne Auseinandersetzung mit der Rechtsprechung des EuGH prüft und dabei eine Vorlage (willkürlich) überhaupt nicht in Erwägung zieht (grundsätzliche Verkennung der Vorlagepflicht),[184] oder (2) bewusst von der bisherigen Rechtsprechung des Gerichtshofs zu einer entscheidungserheblichen Frage des Unionsrechts abweicht, ohne dem EuGH vorzulegen (bewusstes Abweichen ohne Vorlagebereitschaft);[185] oder (3) wenn das vorlagepflichtige Gericht seinen Beurteilungsrahmen in unvertretbarer Weise überschritten hat, insbesondere wenn eine entscheidungserhebliche Rechtsprechung des EuGH zu einer grundsätzlichen Frage des Unionsrechts bisher fehlt (unvertretbare Überschreitung des Beurteilungsrahmens).[186] (4) Schließlich bejaht das Bundesverfassungsgericht eine willkürliche Verletzung der Vorlagepflicht auch dann, wenn ein letztinstanzliches Gericht die anzuwendende Vorschrift des AEUV-Rechts nicht hinreichend anhand unionsrechtlicher Grundrechte überprüft hat.[187] 13.42

In allen Fallgruppen ist die verfassungsrechtliche Kontrolle an eine erhebliche Aufgreifschwelle geknüpft. Das Bundesverfassungsgericht will ganz bewusst nicht als „außerordentliches Beschwerdegericht" die Vorlage nach Art. 267 AEUV innerstaatlich sanktionieren. Dementsprechend sind die Kriterien der Verletzung des Art. 101 13.43

---

180 EuGH, 16.12.2008, Rs. C-210/06, *Cartesio*, EU:C:2008:723, Rdn. 88 ff., 98.

181 BVerfG, 22.10.1986, BVerfGE 73, 339, 366 f. (*Solange II*); BVerfG, 8.4.1987, BVerfGE 75, 223 ff., 245; BVerfG, 16.7.2006, JZ 2007, 87; BVerfG, 7.12.2006, NJW 2007, 1521 f.; BVerfG, 29.4.2014, NJW 2014, 2489.

182 *Fastenrath*, FS Ress, S. 461, 470; *ders.*, NJW 2009, 272, 274 ff.; *Mansel*, in: Hess (Hrg.), Der europäische Gerichtsverbund (2017), S. 1, 15 f.; *Thomale*, EuR 2016, 510, 513 ff.

183 Zusammenfassend BVerfG, 29.4.2014, NJW 2014, 2489, Rdn. 18 ff.

184 Beispiel: BVerfG, 31.5.1990, BVerfGE 82, 159, 184 f.; BVerfG, 20.1.2014, NJW 2014, 764.

185 Beispiel: BVerfG, 4.11.1987, NJW 1988, 2173; BVerfG, 19.7.2011, BVerfGE 129, 78, 106 f.

186 Beispiel: BVerfG, 9.1.2001, JZ 2001, 923; BVerfG, 20.1.2014, NJW 2014, 764.

187 BVerfG, 16.7.2006, JZ 2007, 87 f. (iE verneint); BVerfG, 9.1.2001, JZ 2001, 923 (zust. *Voßkuhle*).

I 2 GG anders formuliert als die Kriterien in *CILFIT*. Das Bundesverfassungsgericht stellt auf eine „offensichtlich unhaltbare" Begründung der Nichtvorlage ab.[188] Aus der Sicht des Unionsrechts vermögen die unterschiedlichen Maßstäbe freilich nicht zu überzeugen, denn Art. 267 AEUV formuliert die Voraussetzungen der Vorlagepflicht autonom und damit für alle Mitgliedstaaten inhaltsgleich.[189] Ein deckungsgleicher Sanktionsmechanismus besteht auf der Ebene des deutschen Verfahrensrechts mithin nicht.[190] Nur extreme „Ausreißer" führen zum Eingreifen des Verfassungsgerichts – freilich kommen auch derartige „Ausreißer" in der Praxis immer wieder vor.

bb) Unionsrechtliche Sanktionen

13.44 Die im AEU-Vertrag selbst vorgesehene Sanktion des Unionsrechts gegen eine Verletzung der Vorlagepflicht ist zunächst die Einleitung des Vertragsverletzungsverfahrens durch die EU-Kommission nach Art. 258 f. AEUV.[191] Freilich ist die Effizienz dieses Verfahrens eingeschränkt, weil die Kommission zwar eine Verletzung der Vorlagepflicht durch die Gerichte der Mitgliedstaaten feststellen kann, letztere jedoch keine Handhabe haben, rechtskräftige Urteile aufzuheben, die unter Verletzung der Vorlagepflicht ergangen sind.[192]

13.45 Die Verurteilung eines Mitgliedstaats wegen justiziellen Unrechts ist eine seltene Ausnahme. In der Rechtssache C-416/17 klagte die Kommission auf Feststellung einer Vertragsverletzung, weil Frankreich französische Muttergesellschaften, die von ausländischen Tochtergesellschaften Dividenden erhalten, bei der Erstattung der erhobenen Steuer weiterhin diskriminierte und unverhältnismäßig behandelte. Dies geschah unter Verstoß gegen das Unionsrecht, das der EuGH im Urteil *Accor*[193] ausgelegt hatte. Anlass des Vertragsverletzungsverfahrens war ein Urteil des *Conseil d'État*, der die französische Praxis gebilligt hatte.[194] Der EuGH stellte fest, dass zum Zeitpunkt der Entscheidung des *Conseil d'État* ein vernünftiger Zweifel hinsichtlich der Auslegung der Art. 49 und 63 AEUV nicht ausgeschlossen werden konnte. Daher war der *Conseil d'État* als letztinstanzliches Gericht gemäß Art. 267 III AEUV zur Anrufung des EuGH verpflichtet, um die Gefahr einer fehlerhaften Auslegung

---

188 So etwa BVerfG, 16.7.2006, JZ 2007, 87, 88 (*Paefgen*); BVerfG, 6.5.2008, NJW 2008, 2325; BVerfG, 29.4.2014, NJW 2014, 2489, Rdn. 24; zuvor kritisch *Fastenrath*, NJW 2009, 272; zustimmend *Mansel*, in: Hess (Hrg.), Der europäische Gerichtsverbund (2017), 11, 15 ff.

189 EuGH, 11.9.2014, Rs. C-112/13, *A*, EU:C:2014:2195, Rdn. 41 ff.

190 Eine Übernahme der Kriterien des EuGH als Maßstab für eine Rüge nach Art. 101 I 2 GG befürwortet *Fastenrath*, FS Ress, S. 461, 480 f.

191 Dazu Calliess/Ruffert/*Wegener*, Art. 267 AEUV, Rdn. 35.

192 *Thiele*, Europäisches Prozessrecht, § 9, Rdn. 77; *Schima*, Vorabentscheidungsverfahren, S. 67; *Sellmann/Augsberg*, DÖV 2006, 533, 540.

193 EuGH, 15.9.2011, Rs. C-310/09, *Accor*, EU:C:2011:581. Die Entscheidung erging auf ein Vorabentscheidungsersuchen des *Conseil d'État*, dazu *Hering*, EuR 2020, 112, 115.

194 Urteil vom 10.12.2012, FR:CESSR:2012:317074.2012.1210.

des Unionsrechts auszuschließen. Mithin gab der EuGH der Rüge der Kommission statt und entschied, dass Frankreich gegen seine Verpflichtungen aus Art. 267 III AEUV verstoßen hatte.[195]

Eine weitere, mittelbare Sanktionierung der nachhaltigen Verletzung von Vorlage- **13.46** pflichten erfolgt über den unionsrechtlichen Staatshaftungsanspruch.[196] Die unionsrechtliche Haftung greift ein, wenn Organe der Mitgliedstaaten (d. h. auch Gerichte) das Unionsrecht nachhaltig verletzen; das Richterprivileg des § 839 II BGB ist nicht anwendbar.[197] Allerdings knüpft der unionsrechtliche Haftungsanspruch an (durchaus erhebliche) Aufgreifkriterien an: Er setzt voraus, dass eine verletzte Norm des Unionsrechts dem Einzelnen Rechte verleihen will, der Verstoß (des letztinstanzlichen Gerichts) hinreichend qualifiziert ist und zwischen der Verletzung der Unionsrechtsnorm und dem entstandenen Schaden ein unmittelbarer Zusammenhang besteht.[198] Art. 267 III AEUV ist als eine Norm des Unionsrechts zu qualifizieren, die Individualschutz gewähren will. Zwar dient die Vorlagepflicht nach Art. 267 III AEUV primär der Wahrung und Fortbildung des Unionsrechts, jedoch ist angesichts der Rechtsprechung des EuGH zum individualschützenden Charakter des Vorabentscheidungsverfahrens eine grundsätzliche Individualschutztendenz des Art. 267 III AEUV zu bejahen.[199] Daher wird die Vorlagepflicht letztinstanzlicher Gerichte durch die unionsrechtliche Staatshaftung sanktioniert.[200]

Der unionsrechtliche Staatshaftungsanspruch kann durch eine analoge Anwendung von § 321a **13.47** ZPO effektuiert werden.[201] Zwar erfasst die Vorschrift ihrem Wortlaut nach nur Gehörsverletzungen. Sie ist jedoch einer analogen Anwendung auf die Verletzung von Art. 101 I 2 GG zugänglich.[202] Die analoge Anwendung des § 321a ZPO kann dem BGH zur erneuten Befassung mit der Vorlagefrage veranlassen. Sollte die Fragestellung evident falsch entschieden werden, liegt ein qualifizierter Verstoß im Sinne der *Köbler*-Rechtsprechung vor.[203]

---

195 EuGH, 4.10.2018, Rs. C-416/17, *Kommission./.Frankreich (Précompte mobilier)*, EU:C:2018:811, Rdn. 105 ff., 112–114. Zur Rechtsstaatskrise vgl. oben § 2, Rdn. 2.112 ff.

196 Dazu *Kokott/Henze/Sobotta*, JZ 2006, 633, 637 ff.; zurückhaltend *Thiele*, Europäisches Prozessrecht, § 9, Rdn. 78.

197 EuGH, 13.6.2006, Rs. C-173/03, *Traghetti del Mediterraneo SA./.Italienische Republik*, EU:C:2006:391, Rdn. 30 ff., 42 ff. Allgemeine Ansicht, dazu *Poelzig*, ZZP 121 (2008), 233, 244.

198 EuGH, 4.7.2000, Rs. C-424/97, *Haim*, EU:C:2000:357, Rdn. 36; EuGH, 30.9.2003, Rs. C-224/01, *Köbler*, EU:C:2003:513, Rdn. 52 ff., dazu *Wolf*, WM 2005, 1345, 1347 ff.

199 Ebenso *Fastenrath*, FS Ress, S. 481, 483; *Kokott/Henze/Sobotta*, JZ 2006, 633, 638 f.

200 Deutlich nunmehr EuGH, 4.10.2018, Rs. C-416/17, *Kommission./.Frankreich (Précompte mobilier)*, EU:C:2018:811, Rdn. 106 f., dazu *Kaufmann*, EuZW 2018, 1046 ff.; *Hering*, EuR 2020, 112, 118 ff. Beispiel: EuGH, 28.7.2016, Rs. C-168/15, *Tomášová*, EU:C:2016:602, dazu oben § 12 V, Rdn. 12.52 f.

201 Dafür Jauernig/*Hess*, Zivilprozessrecht, § 29, Rdn. 12; *Poelzig*, ZZP 121 (2008), 233, 243 ff.; zum Meinungsstand Stein/Jonas/*Althammer*, § 321a ZPO, Rdn. 72 f. Gegen eine analoge Anwendung BGH, 14.4.2016, NJW 2016, 3035, Rdn. 22; Zöller/*Vollkommer*, § 321a ZPO, Rdn. 3b.

202 BGH, 19.1.2006, NJW 2006, 1978; offen gelassen von BVerfG, 9.7.2007, NJW 2007, 3418 f., anders nunmehr BGH, 14.4.2016, NJW 2016, 3035, Rdn. 19 f.

203 *Poelzig*, ZZP 121 (2008), 233, 245 ff.

III. Der Verlauf des Vorabentscheidungsverfahrens

1. Die Aussetzung des Verfahrens durch das nationale Gericht

13.48 Das Unionsrecht enthält, von Art. 267 AEUV abgesehen, keine Vorgaben für die Aussetzung des rechtshängigen Verfahrens vor dem nationalen Gericht. In Deutschland wird der rechtshängige Zivilprozess gemäß § 148 ZPO (analog) ausgesetzt, bis der EuGH über die Vorlage entschieden hat.[204] Entscheidende Bedeutung kommt der Formulierung des Vorlagebeschlusses zu – vor der Abfassung ist den Parteien rechtliches Gehör zu gewähren.[205] Art. 94 VerfO-EuGH definiert die wesentlichen Bestandteile eines Vorabentscheidungsersuchens.[206] Die Vorlagefrage ist losgelöst vom konkreten Kontext des nationalen Rechts zu formulieren.[207] Dabei ist jedoch die einschlägige Vorschrift des Unionsrechts klar zu bezeichnen, um zu abstrakte Vorlagen zu vermeiden. Der rechtliche und tatsächliche Rahmen der Vorlage ist in den Entscheidungsgründen darzulegen, d. h. der relevante Sachverhalt ist im Tatbestand des Beschlusses zusammenzufassen; die Rechtsfrage (Auslegung/Gültigkeit) ist in den Entscheidungsgründen zu erläutern.[208] Dort ist auch die Entscheidungserheblichkeit der Vorlage (knapp) zu begründen. In praktischer Hinsicht sollte darauf geachtet werden, dass das Ersuchen beim EuGH in andere Amtssprachen übersetzt wird. Daher sind „sperrige Formulierungen" zu vermeiden.[209] Bereits der Vorlagebe-

---

204 Stein/Jonas/*Roth*, § 148 ZPO, Rdn. 16, vgl. oben Rdn. 13.6.

205 *Middeke*, in: Rengeling/Middeke/Gellermann (Hrg.), HB Rechtsschutz, § 10, Rdn. 81. Die Parteien haben jedoch keine Befugnis, den Gegenstand des Vorabentscheidungsersuchens zu ändern, *Lenaerts/Maselis/Gutman/Nowak*, EU Procedural Law (2014), Rdn. 3.22.

206 Art. 94 VerfO-EuGH lautet: „Das Vorabentscheidungsersuchen muss außer den dem Gerichtshof vorgelegten Fragen enthalten:

a) eine kurze Darstellung des Streitgegenstands und des maßgeblichen Sachverhalts, wie er vom vorlegenden Gericht festgestellt worden ist, oder zumindest eine Darstellung der tatsächlichen Umstände, auf denen die Fragen beruhen;

b) den Wortlaut der möglicherweise auf den Fall anwendbaren nationalen Vorschriften und gegebenenfalls die einschlägige nationale Rechtsprechung;

c) eine Darstellung der Gründe, aus denen das vorlegende Gericht Zweifel bezüglich der Auslegung oder der Gültigkeit bestimmter Vorschriften des Unionsrechts hat, und den Zusammenhang, den es zwischen diesen Vorschriften und dem auf den Ausgangsrechtsstreit anwendbaren nationalen Recht herstellt."

Praktische Hinweise enthalten die Empfehlungen des EuGH an die nationalen Gerichte bezüglich der Vorlage von Vorabentscheidungsersuchen, ABl. EU 2019 C 380/1.

207 *Lenaerts/Maselis/Gutman/Nowak*, EU Procedural Law (2014), Rdn. 6.23 f. – der Gerichtshof formuliert die Frage um, wenn sie sich auf die Auslegung nationalen Rechts bezieht.

208 *Middeke*, in: Rengeling/Middeke/Gellermann (Hrg.), HB Rechtsschutz, § 10, Rdn. 86. Ausweislich Nr. 14 der Empfehlungen des EuGH (oben Fn. 90) reichen zehn Seiten in der Regel für eine Vorlagefrage und deren Begründung aus.

209 *Kokott/Henze*, AnwBl. 2007, 309, 312.

schluss soll die Namen natürlicher Personen anonymisieren (durch Abkürzungen wie „A“, „B“, „C“ etc.), um Datenschutz zu gewährleisten.[210] Eine elektronische Übermittlung des Ersuchens kann nach Art. 57 VIII VerfO-EuGH über die e-Curia-Plattform des Gerichtshofs erfolgen – deren Benutzung ist jedoch nicht zwingend vorgeschrieben.[211]

2. Das Verfahren vor dem EuGH[212]

a) Überblick

Das Verfahren vor dem Gerichtshof gliedert sich in ein schriftliches und ein mündliches Verfahren, Art. 20 I EuGH-Satzung. Das schriftliche Verfahren (Art. 20 II EuGH-Satzung) dient dabei der Vorbereitung der Entscheidung – es endet mit dem Vorbericht (*rapport préalable*), den der Berichterstatter erstellt (Art. 59 I VerfO-EuGH).[213] Diesen diskutiert die Generalversammlung (*plénière*)[214] und entscheidet, ob Schlussanträge erforderlich sind (Art. 20 V EuGH-Satzung), in welcher Formation die Rechtssache entschieden wird[215] und ob eine mündliche Verhandlung durchgeführt wird (Art. 20 IV EuGH-Satzung). Das mündliche Verfahren umfasst dabei die Anhörung der Beteiligten und der Schlussanträge des Generalanwalts, Art. 20 IV EuGH-Satzung. Auf das mündliche Verfahren folgt die Beratung, die Abfassung sowie die Verkündung des Urteils, Art. 35–37 EuGH-Satzung. 13.49

b) Das schriftliche Verfahren

Mit dem Eingang des Vorabentscheidungsersuchens prüft die (für die jeweiligen Mitgliedstaaten) zuständige Einheit der Kanzlei, ob dem Ersuchen evidente Mängel 13.50

---

210 Nr. 21 der Empfehlungen des EuGH (oben Fn. 90), kritisch zur Anonymisierung *Bobek*, in: Hess/Koprivica Harvey (ed.), Open Justice (2019), 277, 296 ff.

211 Entscheidung des Gerichtshofs vom 16.10.2018, ABl. EU 2018 L 293/36. Anders jedoch im Eilvorabentscheidungsverfahren, unten Rdn. 13.75. Dort ist die elektronische Zustellung zwingend vorgeschrieben, Art. 106, 114 VerfO-EuGH.

212 Das Verfahren vor dem EuGH regeln Art. 23 EuGH-Satzung sowie Art. 93–104 VerfO-EuGH. Daneben sind die allgemeinen Vorschriften der Satzung und der VerfO anwendbar, vgl. Art. 93 VerfO-EuGH.

213 Anders als in den Zivilprozessrechten vieler EU-Mitgliedstaaten ist das schriftliche Verfahren vor dem EuGH ungleich wichtiger als die mündliche Verhandlung, vgl. *Lenaerts/Maselis/Gutman/Nowak*, EU Procedural Law (2014), Rdn. 23.39.

214 Damit sind sämtliche Richter und Generalanwälte in die Beurteilung aller Rechtssachen eingebunden, *Szpunar*, in: Łukańko/Thiele (Hrg.), Reformprozesse der Europäischen Gerichtsbarkeit (2019), S. 51, 60.

215 Dazu Art. 16 EuGH-Satzung, der EuGH entscheidet in Kammern mit drei oder fünf Richtern oder in der mit 15 Richtern besetzten Großen Kammer unter dem Vorsitz des EuGH-Präsidenten.

anhaften.[216] Ist dies nicht der Fall, wird die Sache im Register eingetragen, die Vorlage in alle Amtssprachen übersetzt[217] und im Amtsblatt dokumentiert und der Eingang dem vorlegenden Gericht, den Parteien des Ausgangsverfahrens, der Kommission und den EU-Mitgliedstaaten mitgeteilt (Art. 23 I 2 EuGH-Satzung). Ab diesem Zeitpunkt hat die Vorlage ein Aktenzeichen.

13.51 Bezieht sich die Vorlagefrage auf die Gültigkeit oder die Auslegung eines Rechtsakts, so wird die Vorlage neben der Kommission auch dem Organ bzw. der Einrichtung oder sonstigen Stelle der Union mitgeteilt, welche die jeweilige Rechtshandlung erlassen hat (Art. 23 I-EuGH Satzung). Sämtliche Beteiligten können binnen zwei Monaten nach Zustellung eine schriftliche Erklärung beim Gerichtshof abgeben (Art. 23 II EuGH-Satzung).[218] Sie haben jedoch nicht die Befugnis, auf den Streitgegenstand des Verfahrens Einfluss zu nehmen.[219]

13.52 Der nächste Verfahrensschritt ist die Zuweisung des Falles an den Berichterstatter bzw. den Generalanwalt.[220] Hierfür liegt eine französischsprachige Übersetzung des Vorlageersuchens sowie ein Kurzbericht des wissenschaftlichen Dienstes vor (*fiche de pré-examen*).[221] Die Zuweisung an den Berichterstatter erfolgt aufgrund einer Entscheidung des Präsidenten (Art. 15 VerfO-EuGH), die Zuweisung an den

---

216 *Schima*, Vorabentscheidungsverfahren, S. 132 f. Formal evident unzureichende Ersuchen schickt die Kanzlei zurück.

217 Ein nachhaltiges Problem der Übersetzung besteht darin, dass die Hinweise auf die rechtswissenschaftliche Literatur, die sich vor allem in den Vorabentscheidungsersuchen deutscher und österreichischer Gerichte finden, nicht in die Übersetzung aufgenommen werden. Das verkürzt die Argumentation des vorlegenden Gerichts mit der Folge, dass weder der Generalanwalt noch der Gerichtshof selbst die Vorlagefrage vollständig erfassen, wenn keine entsprechenden Sprachkenntnisse im jeweiligen Kabinett vorhanden sind. Beispiel: EuGH, 4.6.2020, Rs. C-41/19, *FX*, EU:C:2020:425, unterstellt die Vollstreckungsgegenklage den Zuständigkeiten der EU-Mitgliedstaaten (vgl. § 66 I, III AUG), ohne auf die Rechtsnatur der Gestaltungsklage einzugehen. Auf den eigentlichen Meinungsstreit in der deutschen Literatur gehen das Urteil und die Schlussanträge nicht ein. Vgl. die Kritik in § 7 V, Rdn. 7.146.

218 In der Stellungnahme können sich die Parteien nicht nur zu den Rechtsfragen äußern, sondern auch zum Sachverhalt. Der praktische Nachteil der Stellungnahmen besteht darin, dass keine Möglichkeit der Replik (auf das Vorbringen anderer Prozessbeteiligter) besteht. Das schriftliche Verfahren ist nicht kontradiktorisch ausgestaltet. Eine Reaktion ist jedoch in der mündlichen Verhandlung möglich (sofern diese anberaumt wird), dazu etwa *Gross*, FS Nobbe, S. 969, 976 f.

219 Etwa durch Anträge auf eine Einbeziehung weiterer streitiger Rechtsfragen, dazu *Middeke*, in: Rengeling/Middeke/Gellermann (Hrg.), HB Rechtsschutz, § 10, Rdn. 93.

220 Hierzu *Basedow*, FS Schulze (2020), S. 179 ff.

221 Das standardisierte Dokument (es beruht auf dem Textverarbeitungssystem des EuGH) dokumentiert zunächst, ob nach Art. 53 VerfO-EuGH bereits besondere Verfügungen (über die prozessuale Behandlung des Ersuchens) ergangen sind. Es umschreibt den Gegenstand des Verfahrens aus der Sicht des Unions- und (knapp) des nationalen Rechts, nennt die Vorlagefrage und fasst die Begründung des vorlegenden Gerichts zusammen. Zudem informiert es über Parallelverfahren (*affaires liées*), nämlich anhängige und rechtskräftig entschiedene. Schließlich wird der Gegenstand des Verfahrens in Stichworten fixiert.

Generalanwalt trifft der Erste Generalanwalt (Art. 16 VerfO-EuGH).[222] Vor der Zuweisung der Fälle zirkuliert (jede Woche) eine Liste mit den anhängigen Verfahren und (zumeist) die *fiche préliminaire*.[223] Über sie können sich die Kabinette über die anhängigen Ersuchen (bzw. alle anhängigen Rechtssachen) informieren. Es ist inzwischen üblich, dass Interessenbekundungen abgegeben werden. Dies erklärt die wiederholte Involvierung derselben Richter und Generalanwälte in spezifischen Rechtsgebieten. In der Regel kommen beide aus einem anderen Mitgliedstaat als dem, aus dem das Vorlageersuchen stammt.[224]

Der Berichterstatter verfasst einen Vorbericht (*rapport préalable*) mit einer Dar- **13.53**
stellung des Sach- und Streitstandes[225] und formuliert eine Einschätzung des Falles (Art. 59 VerfO-EuGH).[226] Der *Rapport préalable* wird von der Berichterstatterin (bzw. von deren Referendaren) in gewisser Abstimmung mit dem zuständigen Generalanwalt verfasst. Dabei geht es um die Einschätzung des Falles an sich, ob das Verfahren durch Beschluss nach § 99 VerfO-EuGH erledigt wird, ob mit oder ohne Schlussanträge (Art. 20 V EuGH-Satzung), in einer Formation von drei oder fünf Richtern und ob der Fall vor die *Grand Chamber* gehört (vgl. Art. 16 EuGH-Satzung).[227] Wenn die Berichterstatterin und der Generalanwalt über die Notwendigkeit von Schlussanträgen nicht einig sind, gilt der Grundsatz, dass Schlussanträge vorbereitet werden, wenn der Generalanwalt sie für erforderlich erachtet.[228] Über das weitere Vorgehen entscheidet

---

222 Dazu *Schima*, Vorabentscheidungsverfahren, S. 132 ff.; *Szpunar*, in: Łukańko/Thiele (Hrg.), Reformprozesse der Europäischen Gerichtsbarkeit (2019), S. 51, 59. Eine starre Geschäftsverteilung gibt es beim EuGH nicht – sie ist auch *de lege ferenda* nicht einzufordern. Denn die Zuteilung an den Berichterstatter erfolgt nach Geschäfts- und Arbeitsanfall; auch findet innerhalb der Richterschaft eine gewisse inhaltliche Spezialisierung statt. Die fehlende starre Festlegung vermeidet Verfahrensverzögerungen aufgrund einer schematischen Zuweisung der Verfahren (ohne Berücksichtigung individueller Arbeitsbelastung). Subjektive Willkür bei der Zuteilung von Rechtsstreitigkeiten schließt die Beteiligung des Richterkollegiums aus. Die Kritik von *Puttler*, EuR 2008 (Beiheft 3), 133, 155 ff., erscheint zu sehr dem deutschen Recht verhaftet.

223 Alle Dokumente sind im Intranet des Gerichtshofs abrufbar.

224 *Kokott/Henze*, AnwBl. 2007, 309, 312. Die Zuweisung impliziert zudem die Übertragung an den endgültig entscheidenden Spruchkörper.

225 Der Vorbericht kann dem Gerichtshof auch vorschlagen, nach Art. 101 VerfO-EuGH weitere Klarstellungen beim nationalen Ausgangsgericht einzuholen. Hierüber werden die Beteiligten (Art. 23 EuGH-Satzung) informiert.

226 Den Inhalt gibt Art. 59 II VerfO-EuGH vor. Das Textverarbeitungssystem des Gerichtshofs strukturiert den *rapport préalable* in drei Teile: Teil 1 enthält die (vorgeschlagenen) prozessualen Verfügungen (zuständiger Spruchkörper, mündliche Verhandlung, deren voraussichtliche Dauer, schriftliche Fragen an die Beteiligten, Erforderlichkeit von Schlussanträgen). Teil 2 enthält (vergleichbar dem Tatbestand des EuGH-Urteils) den Sachverhalt, die Vorlagefrage, eine Zusammenfassung der wesentlichen Argumente der Beteiligten. Teil 3 enthält die vorläufige Einschätzung der Berichterstatterin.

227 Kritisch *Basedow*, FS Schulze (2020), S. 179, 181 ff.

228 Dazu *Szpunar*, in: Łukańko/Thiele (Hrg.), Reformprozesse der Europäischen Gerichtsbarkeit (2019), S. 51, 60.

die Generalversammlung (Art. 60 VerfO-EuGH) auf Basis der Vorschläge des Vorberichts.[229] Der *Rapport préalable* enthält bereits eine (untechnische) Vorfassung des Urteilsentwurfs, mit einer Zusammenfassung aller schriftlichen Stellungnahmen und einer vorläufigen Beantwortung/Einschätzung der Vorlagefragen durch den Berichterstatter (vgl. Art. 59 II VerfO-EuGH). Er ist regelmäßig länger als das spätere Urteil. Da der *Rapport préalable* mehrere Tage vor der *Plénière* zirkuliert wird, erhalten ihn alle Richterinnen und Generalanwälte zur Durchsicht. Er wird regelmäßig in den Kabinetten vorbesprochen. In der *Plénière* kann es durchaus vorkommen, dass aus einem „99-Vorschlag" ein volles Verfahren wird[230] (umgekehrte Fälle dürften eher selten sein). Jeder Richter und Generalanwalt kann im Vorfeld der *Plénière* in einer schriftlichen „note" eine Stellungnahme abgeben. Das passiert durchaus häufig und führt zu intensiven Diskussionen im Plenum.[231] Nicht jeden Fall entscheidet die Generalversammlung individuell. Es gibt verschiedene Kategorien von Vorabentscheidungsersuchen (A–C), die teils gebündelt entschieden oder teils individuell besprochen werden. Im Ergebnis ist die Befassung des Plenums mit sämtlichen Vorabentscheidungsersuchen ein herausragendes Merkmal des Vorabentscheidungsverfahrens, das dessen Bedeutung als „Schlüsselelement" der europäischen Gerichtsbarkeit hervorhebt.[232]

c) Die mündliche Verhandlung

13.54 Im Anschluss an das schriftliche Verfahren wird die öffentliche mündliche Verhandlung terminiert, sofern einzelne Beteiligte,[233] die keine schriftliche Stellungnahme abgegeben haben, sie beantragen oder der Gerichtshof sie für notwendig erachtet, Art. 76 VerfO-EuGH.[234] In der mündlichen Verhandlung haben die Beteiligten gem. Art. 23 II EuGH-Satzung das Recht, selbst aufzutreten und zu plädieren.[235] In der Verhandlung wird – in der konkreten Darstellung entsprechend den nationalen Gepflogenheiten – von den Parteien innerhalb eines vom Gerichtshof festgesetzten Zeitrahmens (15–30 Minuten) plädiert. Sinn der Verhandlung ist es, auf die Argumente der

229 Nach Art. 53 II VerfO-EuGH kann der Gerichtshof jederzeit ein Ersuchen als offensichtlich unzulässig per Beschluss zurückweisen, dazu *Wägenbaur*, Art. 53 VerfO-EuGH, Rdn. 3.

230 Etwa wenn ein anderer Richter oder Generalanwalt die entscheidungserhebliche Frage nicht als „geklärt", sondern als höchst problematisch ansieht.

231 *Szpunar*, in: Łukańko/Thiele (Hrg.), Reformprozesse der Europäischen Gerichtsbarkeit (2019), S. 51, 61.

232 EuGH, 18.12.2014, Avis 2/13, *Beitritt der Union zur EMRK*, EU:C:2014:2454, Rdn. 176.

233 Vgl. dazu Art. 23 II EuGH-Satzung.

234 Dazu *Kokott/Henze*, AnwBl. 2007, 309, 311: der Antrag ist zu begründen.

235 Anwaltliche Vertretung ist Pflicht, vgl. Art. 19 III Satzung EuGH, sofern nicht im Ausgangsverfahren die Naturalpartei postulationsfähig ist, Art. 97 III VerfO-EuGH. In der Regel treten die Anwälte des Ausgangsverfahrens auch vor dem EuGH auf.

anderen Beteiligten in den schriftlichen Stellungnahmen einzugehen.[236] Häufig stellt der Gerichtshof bzw. der Generalanwalt vor der mündlichen Verhandlung den (bzw. einzelnen) Beteiligten Fragen, die in der Regel im *Rapport préalable* bereits abgestimmt werden, Art. 62 II VerfO-EuGH. Der Gerichtshof und (anschließend) der Generalanwalt stellen den Beteiligten in der Verhandlung ergänzende Fragen, Art. 80 VerfO-EuGH. Die Beteiligten erhalten (bisweilen) das Recht zur knappen Replik (fünf Minuten).

Die Funktion der mündlichen Verhandlung ist nicht ganz klar: Zum einen erhal- **13.55**
ten die Beteiligten Gelegenheit, kurz ihren Standpunkt vorzutragen und auf den schriftlichen Vortrag anderer Beteiligten zu replizieren. Generalanwalt und Berichterstatter nutzen zudem die Verhandlung, um Unklarheiten in tatsächlicher Hinsicht aufzuklären. Zugleich können Unklarheiten des nationalen Rechts durch Rückfragen bei den Parteien des Ausgangsverfahrens und den Regierungsvertretern aufgeklärt werden.[237] Das Rechtsgespräch mit den Beteiligten ist hingegen nicht primäres Ziel der Verhandlung[238] – zumal das vorlegende (bzw. anfragende) Gericht an der Verhandlung gar nicht teilnimmt.

Im Anschluss an die mündliche Verhandlung finalisiert der Generalanwalt seine **13.56**
Schlussanträge, die nach dem Schluss der Verhandlung verkündet und auf der Website des EuGH veröffentlicht werden.[239] Der Generalanwalt hat die Aufgabe, den Fall in völliger Unabhängigkeit zu begutachten und die Entscheidung des Gerichtshofs vorzubereiten (Art. 252 AEUV).[240] In der Regel sind die Schlussanträge umfangreicher als das Urteil. Folgt der Gerichtshof den Schlussanträgen, was er nicht muss,[241] so sind die Schlussanträge zum Verständnis des Urteils heranzuziehen. Mit der Verkündung der Schlussanträge ist das mündliche Verfahren abgeschlossen, Art. 82 VerfO-EuGH.

---

236 Funktional wird die Replik in die mündliche Verhandlung verlagert, *Gross*, FS Nobbe, S. 969, 977.

237 *Szpunar*, in: Łukańko/Thiele (Hrg.), Reformprozesse der Europäischen Gerichtsbarkeit (2019), S. 51, 59 ff.

238 Das wird insbesondere dann deutlich, wenn der Gerichtshof die mündliche Verhandlung auf Teilaspekte des Vorabentscheidungsersuchens beschränkt.

239 Die übliche Dauer beträgt sechs bis acht Wochen, der Generalanwalt nennt üblicherweise noch in der Verhandlung einen voraussichtlichen Termin. Der Entscheidungsvorschlag wird in der Sitzung des Spruchkörpers verlesen, *Wägenbaur*, Art. 20 EuGH-Satzung, Rdn. 14.

240 Zur Rolle des Generalanwalts *Szpunar*, in: Łukańko/Thiele (Hrg.), Reformprozesse der Europäischen Gerichtsbarkeit (2019), S. 51, 52 ff.

241 Dies geschieht in ca. 70 % aller Verfahren, dazu http://eulawanalysis.blogspot.com/2016/01/measuring-influence-of-advocate-general.html. Allerdings ist der Begriff unscharf, da er nicht verdeutlicht, ob er sich auf das Ergebnis oder die Argumentation der Schlussanträge bezieht. Die Schlussanträge sind für das Verständnis des Urteils auch dann hilfreich, wenn der EuGH nicht folgt. Beispiel: Das Urteil in der Rs C-133/11, *Folien Fischer und Fofitec*, EU:C:2012:664, ist ohne die Schlussanträge von *GA Jääskinen* (EU:C:2012:226) nicht wirklich verständlich, dazu oben § 6 II, Rdn. 6.67.

d) Der Erlass des Urteils

13.57 In der Regel vier bis fünf Monate später erlässt der Gerichtshof selbst, auf der Basis der Schlussanträge, das Urteil.[242] Es beruht auf dem Urteilsentwurf des Berichterstatters; dieser muss den Spruchkörper unmittelbar nach dem Erlass der Schlussanträge darüber informieren, ob er den Schlussanträgen folgt oder nicht. Die Beratungen selbst sind geheim, Art. 32 VerfO-EuGH. Das Urteil wird in öffentlicher Sitzung verkündet, Art. 37 EuGH-Satzung.[243] Dem vorlegenden Gericht und den Beteiligten wird eine Ausfertigung zugestellt, Art. 88 VerfO-EuGH. Sondervoten kennt der EuGH, anders als andere internationale Gerichte, nicht.[244]

IV. Die Bindung an die Urteile des Gerichtshofs

1. Bindungswirkung im Ausgangsrechtsstreit

13.58 Das Urteil des EuGH erwächst hinsichtlich des Auslegungs- oder Gültigkeitsergebnisses am Tag seiner Verkündung (Art. 88 VerfO-EuGH) in formeller Rechtskraft (Art. 91 VerfO-EuGH). Damit ist es unanfechtbar und kann nicht in einem weiteren Vorabentscheidungsverfahren überprüft werden. Sofern die Prozessgerichte im Ausgangsrechtsstreit jedoch noch weitere Zweifel haben, können sie diese Frage erneut dem EuGH vorlegen.[245] Nationale Gerichte, einschließlich der Verfassungsgerichte der EU-Mitgliedstaaten, können sich nicht von der Bindungswirkung (einseitig) dispensieren.[246] Hat hingegen der EuGH über die Vorlagefrage (in einem anderen Verfahren) bereits befunden, entscheidet der EuGH durch (knapp) begründeten Beschluss (Art. 99 VerfO-EuGH).[247]

---

242 Die Urteile sind am Verkündungstag ab ca. 11 Uhr auf der Website des Gerichtshofs abrufbar. Der Text des Urteils liegt zudem vor dem Sitzungssaal aus.

243 Der Tenor wird in der jeweiligen Verfahrenssprache verlesen.

244 Zur Diskussion vgl. *Rösler*, Europäische Gerichtsbarkeit, S. 462 ff.

245 St Rspr, vgl. etwa EuGH, 10.10.1978, Rs. C-148/77, *Hansen*, EU:C:1978:173; EuGH, 30.11.1982, Rs. C-32/82, *Suys*, EU:C:1982:408 – Vorlagen des FG Hamburg und des BFH in derselben Sache; ebenso BAG, 27.4.1994, EuZW 1994, 574 – *Paletta II*; dazu *Schima*, Vorabentscheidungsverfahren, S. 97 ff.

246 Die abweichende (und überspitzt formulierte) Entscheidung des BVerfG, 5.5.2020, NJW 2020, 647, Rdn. 105 ff. (*PSPP*), dass im Fall einer ‚nicht nachvollziehbaren und daher objektiv willkürlichen' Begründung des EuGH die Bindung nach deutschem Verfassungsrecht entfällt, ist in der überwiegenden Literatur zu Recht auf Ablehnung gestoßen. Das BVerfG hätte den EuGH erneut anrufen müssen.

247 Im Jahr 2018 entschied der Gerichtshof 7,5 % aller Vorabentscheidungsersuchen durch einen Beschluss nach Art. 99 VerfO-EuGH. Die meisten im Jahr 2018 in Vorabentscheidungssachen ergangenen Beschlüsse (insgesamt 24 %) waren Streichungs- oder Erledigungsbeschlüsse. – EuGH, Jahresbericht 2018: Rechtsprechungstätigkeit (2019), S. 125.

Zwar tritt eine allgemeine Rechtskraftbindung der Entscheidungsgründe nicht ein,[248] wohl erwächst jedoch die Entscheidung über die Vorlagefrage(n) (d. h. der Tenor) in materielle Rechtskraft.[249] Das bedeutet, dass die Beteiligten, d. h. vor allem Parteien des Ausgangsverfahrens, in späteren Rechtsstreitigkeiten an die Auslegung des Unionsrechts durch den Gerichtshof gebunden sind.[250] 13.59

Darüber hinaus besteht zwischen den Parteien des Ausgangsrechtsstreits und dem im Vorabentscheidungsverfahren beteiligten Mitgliedstaat eine (weitere) Rechtskraftbindung.[251] Die rechtskräftige Entscheidung von Rechtsfragen ist für das deutsche Prozessrecht ungewohnt;[252] sie kann sich jedoch in einem eventuell nachfolgenden Amtshaftungsprozess gegen den Mitgliedstaat wegen nicht hinreichender Befolgung des Unionsrechts auswirken.[253] 13.60

Eine von der Rechtskraft zu unterscheidende, innerprozessuale Bindungswirkung entfaltet die Vorabentscheidung für das der Vorlage zugrundeliegende Ausgangsverfahren. Sie bindet nicht nur das vorlegende Gericht, sondern auch alle weiteren Gerichte, die über den Ausgangsrechtsstreit entscheiden.[254] Gebunden wird das Rechtsmittelgericht, wenn die Vorlage von einem Untergericht ausgegangen ist, desgleichen das Instanzgericht, das nach Zurückverweisung durch das Rechtsmittelgericht zu entscheiden hat, oder das Gericht der Hauptsache, wenn im einstweiligen Rechtsschutzverfahren vorgelegt wurde. Die diesbezügliche Rechtsprechung des EuGH erkennen Rechtsprechung und Literatur allgemein an.[255] Die Bindungswirkung folgt primär aus Sinn und Zweck des Vorabentscheidungsverfahrens und besagt, dass das Urteil des EuGH im weiteren Verfahren, soweit es entscheidungserheblich ist, zu befolgen ist.[256] Dieser Wirkung entspricht im deutschen Recht die Bindung an die Revisionsentscheidung des BGH im Fall einer Rückverweisung an das Instanz- 13.61

248 Unzutreffend *Pietrek,* Verbindlichkeit von Vorabentscheidungen nach Art. 177 EWGV (1989), S. 35.

249 *Hess*, ZZP 108 (1995), 59, 68, mwN.

250 Deutlich (und zutreffend) BGH, 26.11.2008, JZ 2009, 518 – *Elektroherd*: Einschränkende Auslegung der Verweisung in § 439 IV BGB aF unter Bezugnahme auf die Auslegung von Art. 3 RL 1999/44/EG durch den EuGH, 17.4.2008, Rs. C-404/06, *Quelle*, EU:C:2008:231, Rdn. 33 ff.

251 Ausführlich *Hess*, ZZP 108 (1995), 59, 67 ff.

252 Eine funktional vergleichbare Bindung findet sich im deutschen Prozessrecht in § 22 KapMuG sowie in § 613 ZPO.

253 EuGH, 30.9.2003, Rs. C-224/01, *Köbler,* EU:C:2003:513; *R. Stürner*, FS Lüke, S. 829, 836.

254 EuGH, 24.6.1969, Rs. C-29/68, *Milchkontor,* EU:C:1969:27; EuGH, 3.2.1977, Rs. C-52/76, *Benedetti,* EU:C:1977:16; EuGH, 5.3.1986, Rs. C-69/85, *Wünsche*, EU:C:1986:104. Deutlich zur Bindungswirkung EuGH, 16.6.2015, Rs. C-62/14, *Gauweiler u.a.*, EU:C:2015:400, Rdn. 11 ff., 16.

255 BVerfG, 25.7.1979, BVerfGE 52, 187, 200; BVerfG, 22.10.1986, BVerfGE 73, 339; BVerfG, 8.4.1987, BVerfGE 75, 223 ff., 225; BAG, 2.12.1992, EuZW 1993, 227; *Hess*, ZZP 108 (1995), 59, 69.

256 Die Bindungswirkung folgt aus Art. 4 III EUV: Das Prozessgericht ist als Organ des Mitgliedstaates zur Beachtung des Unionsrechts und somit zur Befolgung der Urteile des Gerichtshofs verpflichtet, BVerfG, 22.10.1986, BVerfGE 73, 339 (*Solange II*); BVerfG, 8.4.1987, BVerfGE 75, 223 (*Kloppenburg*).

gericht (§ 563 II ZPO). Die praktische Umsetzung des Urteils des EuGH erfolgt durch die Gerichte der EU-Mitgliedstaaten, insbesondere durch eine unionsrechtskonforme Auslegung des nationalen Rechts.[257]

2. Aussetzung und Vorlage in Parallelverfahren

13.62 Da Art. 267 AEUV die Vorlagebefugnis nicht beim zuerst vorlegenden Gericht konzentriert, kann es zu parallelen Vorlagen kommen. Diese Situation ist wiederholt aufgetreten.[258] Dabei haben nationale Gerichte, unter Hinweis auf eine anhängige Parallelvorlage, das Verfahren nach § 148 ZPO analog ausgesetzt, ohne selbst den EuGH anzurufen.[259] Die Aussetzung ohne Vorlage soll freilich nur dann zulässig sein, wenn dieselbe Rechtsfrage dem EuGH bereits zur Entscheidung vorliegt[260]; auch darf der Rechtsstreit keine Besonderheiten gegenüber den bereits anhängigen Vorabentscheidungsverfahren aufweisen.[261] Folglich darf das nationale Gericht eine Mustervorlage nur dann abwarten, wenn die unionsrechtliche Frage identisch und nicht nur ähnlich ist.[262]

13.63 Die schlichte Aussetzung ohne Vorlage erscheint bedenklich. Denn sie widerspricht dem von Art. 267 AEUV vorausgesetzten „Dialog“ zwischen EuGH und Prozessgericht, auf dem das Vorabentscheidungsverfahren aufbaut.[263] Vor allem schneidet sie den Parteien das rechtliche Gehör ab, weil diese die Parallelvorlage abwarten müssen, ohne vom EuGH angehört zu werden, Art. 23 III EuGH-Satzung. Daher ist eine Aussetzung ohne gleichzeitige Vorlage nur dann zuzulassen, wenn nicht nur die unionsrechtliche Frage, sondern auch der vorlegende Spruchkörper identisch sind

---

257 Beispiel: *Herresthal*, WM 2007, 1354, 1355 ff. (zur richtlinienkonformen Auslegung von § 439 III BGB), vgl. oben § 4 II, Rdn. 4.39 ff.

258 Beispiele: ArbG Hamburg, 6.11.1992, EuZW 93, 392; ArbG Hamburg, 4.11.1992, EuZW 1993, 456; LAG Hamm, 22.10.1992, EuZW 1993, 40 – jeweils zur mittelbaren Diskriminierung beim tariflichem Überstundenzuschlag; Vorlagen der ArbG Hamburg und Regensburg zu § 613 a BGB, EuGH, 16.12.1992, verb. Rs. C-132/91, C-138/91, C-139/91, *Katsikas u.a./Konstantinidis u.a.*, EU:C:1992:517, Rdn. 38–41.

259 EuGH, 20.10.1993, verb. Rs. C-92/92, C-326/92, *Collins und Patricia Im- und Export./.Imtrat und EMI Electrola*, EU:C:1993:847 (gemeinsame Entscheidung von Vorlagen des BGH und des LG München I); EuGH, 8.10.1996, verb. Rs. C-178/94, C-179/94, C-188/94, C-189/94, C-190/94, *Dillenkofer*, EU:C:1996:375 (fünf parallele Vorlagen des LG Bonn, 6.6.1994, EuZW 1994, 442).

260 OLG Düsseldorf, 2.12.1992, NJW 1993, 1661; LG Bonn, 31.10.1994, EuZW 1996, 159 f.

261 LG Bonn, 31.10.1994, EuZW 1996, 159 f.

262 Parallele Vorabentscheidungsersuchen kann der Gerichtshof verbinden, Art. 54 II VerfO-EuGH, dazu *Lenaerts/Maselis/Gutman/Nowak*, EU Procedural Law (2014), Rdn. 23.43.

263 *Hess*, ZZP 108 (1995), 95 f.; ebenso *Pfeiffer*, ZEuP 2007, 610, 618 ff.; anders *Schima*, Vorabentscheidungsverfahren, S. 95 f.

und die Parteien der schlichten Aussetzung zugestimmt haben.[264] Eventuelle Verzögerungen des Verfahrens durch (immer neue) Parallelverfahren kann der EuGH durch eine Verbindung zur gemeinsamen Entscheidung der (zunächst) individuell anhängigen Vorlagen vermeiden.[265] Legt das Prozessgericht in einem Parallelverfahren dieselbe Frage dem EuGH erneut vor, ist es an das Urteil des EuGH im Parallelprozess ebenso gebunden, wie wenn die Entscheidung ihm gegenüber ergangen wäre.[266]

3. Präjudizwirkung

Eine formelle Bindungswirkung seiner Entscheidungen über den konkreten Rechtsstreit hinaus lehnt der EuGH in ständiger Rechtsprechung ab.[267] Anderes gilt wegen der Vergleichbarkeit zum Nichtigkeitsverfahren nach Art. 260 AEUV im Fall der Feststellung der Nichtigkeit von Sekundärrecht. Ein derartiges Urteil des EuGH ist allgemein verbindlich.[268] Darüber hinaus ergibt sich jedoch aus Art. 4 III AEUV, d. h. aus der generellen Verpflichtung zur Befolgung von Unionsrecht, eine Bindungswirkung für andere Verfahren.[269] Diese geht aber über die im deutschen Recht bekannte Leitbildfunktion höchstrichterlicher Rechtsprechung nicht hinaus. 13.64

Die Entscheidungen des EuGH entfalten mithin eine tatsächliche Bindungswirkung, um die einheitliche Auslegung und Anwendung des Unionsrechts sicherzustellen.[270] Daher müssen nach der Rechtsprechung des BGH zumindest die letztinstanzlichen Gerichte, wenn sie eine erneute Vorlage an den EuGH vermeiden wollen, das Unionsrecht in der vom EuGH gegebenen Auslegung anwenden.[271] Weichen Instanzgerichte von der Judikatur des EuGH ab, müssen sie Rechtsmittel wegen Grundsätzlichkeit zulassen.[272] Rechtskräftige Urteile in den Mitgliedstaaten bleiben hingegen von späteren, inhaltlich abweichenden Urteilen des EuGH ausgenommen: Dies folgt aus der allgemeinen Bedeutung der Rechtskraft in den nationalen Prozessordnungen und im Unionsrecht.[273] Mithin findet eine Rechtskraftdurchbrechung bzw. eine Wie- 13.65

264 So im Fall des LG Bonn, 31.10.1994, EuZW 1996, 159 f., dort legte die befasste Kammer in fünf Parallelverfahren identische Fragen dem EuGH vor.

265 Die Hinweise des Gerichtshofs über die Vorlage von Vorabentscheidungsersuchen, ABl. EU 2018 C 257/1 ff, empfehlen die Verbindung mehrerer nationaler Parallelprozesse und die gemeinsame Vorlage an den Gerichtshof, dazu *Wahl/Prete*, CMLR 55 (2018), 511, 540 f.

266 So im Ergebnis auch BAG, 7.4.1993, EuZW 1993, 609 f.

267 Schlussanträge GA *Reischl*, EuGH, 21.1.1981, Rs. C-66/80, *International Chemical Corporation*, EU:C:1981:16, mwN. Anders Schwarze/*Schwarze*, Art. 267 AEUV, Rdn. 66 (die Frage sei ungelöst).

268 EuGH, 13.5.1981, Rs. C-66/80, *International Chemical Corporation*, EU:C:1981:102, Rdn. 13.

269 BVerfG, 8.4.1987, BVerfGE 75, 223, 225; *Schima*, Vorabentscheidungsverfahren, S. 97 ff.

270 *Lenaerts/Maselis/Gutman/Nowak*, EU Procedural Law (2014), Rdn. 6.31 f.

271 BGH, 21.4.1994, NJW 1994, 2607, 2608.

272 Vgl. §§ 511 II, IV und 543 II Nr. 1 ZPO; dazu bereits oben § 13 II, Rdn. 13.38.

273 EuGH, 16.3.2006, Rs. C-234/04, *Kapferer*, EU:C:2006:178, Rdn. 20, *Poelzig*, JZ 2007, 858, 860 ff.

deraufhebung mitgliedstaatlicher Urteile aufgrund einer geänderten EuGH-Rechtsprechung nicht statt.[274]

4. Zeitliche Begrenzungen der Bindungswirkung

13.66 Da der EuGH im Vorabentscheidungsverfahren das Unionsrecht auslegt, seine Rechtsverbindlichkeit autoritativ klärt, wirken die Urteile *ex tunc* – der Gerichtshof stellt mithin die zutreffende Auslegung der Unionsrechtsnorm (bezogen auf den Zeitpunkt ihres Geltungsbeginns) fest.[275] Damit steht die „Rückwirkung" der Rechtsprechung des EuGH als Regelfall fest – hier gilt nichts anderes als für die Rückwirkung der Rechtsprechung in den Mitgliedstaaten.[276]

13.67 Da jedoch das Unionsrecht wegen seiner Integrationsfunktion eine dynamische Rechtsordnung ist, können Urteile des EuGH zu seiner Auslegung durchaus innovativen Charakter aufweisen.[277] Aus diesem Grund hat der Gerichtshof eine zeitliche Begrenzung seiner Urteilswirkungen aus Gründen des Vertrauensschutzes in Ausnahmefällen zugelassen.[278] In diesem Fall werden die Urteilswirkungen auf die Zeit nach der Verkündung des Urteils beschränkt – die Begrenzung gilt freilich nicht für das Anlassverfahren. Dasselbe gilt für Parallelverfahren vor anderen mitgliedstaatlichen Gerichten, in denen die entsprechende Rüge der Unionsrechtswidrigkeit erhoben wurde.[279]

13.68 Die temporäre Beschränkung der Urteilswirkung setzt formal voraus, dass ein entsprechender Antrag in den Verfahren gestellt wird, in dem über die Auslegungsfrage erstmals entschieden wird.[280] Diesen Antrag können alle Beteiligten, insbesondere die Mitgliedstaaten stellen.[281] Materielle Voraussetzungen sind eine ungeklärte Rechtslage des Unionsrechts, in gutem Glauben begründete Rechtsverhältnisse und

---

274 Dazu *Ludwigs*, ZfRV 2006, 191, 192 – aus Art. 4 III EUV ergeben sich keine weiter reichenden Verpflichtungen.

275 St Rspr, siehe nur exemplarisch EuGH, 2.10.2002, Rs. C-347/00, *Barreira Pérez*, EU:C:2002:560, Rdn. 44 ; EuGH, 17.2.2005, verb. Rs. C-453/02 und Rs. C-462/02, *Linneweber*, EU:C:2005:92, Rdn. 41; siehe auch *Lenaerts/Maselis/Gutman/Nowak*, EU Procedural Law (2014), Rdn. 6.33.

276 Vgl. *Hess*, Intertemporales Privatrecht (1998), § 7 III, S. 316 ff.

277 Zutreffend *Schima*, Vorabentscheidungsverfahren, S. 104 mwN.

278 EuGH, 15.12.1995, Rs. C-415/93, *Bosman*, EU:C:1995:463, Rdn. 142; EuGH, 23.5.2000, Rs. C-104/98, *Buchner u. a.*, EU:C:2000:276, Rdn. 39.

279 Der EuGH begründet die Begrenzung der Urteilswirkung mit dem allgemeinen Grundsatz der Rechtssicherheit, EuGH, 23.5.2000, Rs. C-104/98, *Buchner u. a.*, EU:C:2000:276, Rdn. 39 mwN.

280 Deutlich EuGH, 6.3.2007, Rs. C-292/04, *Meilicke*, EU:C:2007:132, Rdn. 32 ff.

281 Da die Mitgliedstaaten im Verfahren in gleicher Weise beteiligt werden wie die Parteien des Ausgangsverfahrens, können sie einen entsprechenden Antrag stellen, EuGH, 17.2.2005, verb. Rs. C-453/02 und Rs. C-462/02, *Linneweber*, EU:C:2005:92, Rdn. 41 f.; EuGH, 6.3.2007, Rs. C-292/04, *Meilicke*, EU:C:2007:132, Rdn. 35.

ein schutzwürdiges Vertrauen der Beteiligten.[282] Allein ein (ungewöhnlich) hoher Schaden für die Mitgliedstaaten vermag hingegen eine Begrenzung der Bindungswirkung nicht zu rechtfertigen.[283]

V. Sonderregelungen

Der Amsterdamer Vertrag enthielt in Art. 68 EG[284] und in Art. 35 EU[285] Einschränkungen des Vorabentscheidungsverfahrens, die jedoch mit dem Inkrafttreten des Vertrages von Lissabon zum 1.12.2008 entfallen sind.[286] Die aktuellen Sonderformen des Vorabentscheidungsverfahrens bezwecken dessen Beschleunigung. 13.69

1. Das beschleunigte Verfahren nach Art. 105 f. VerfO-EuGH

Art. 23a EuGH-Satzung enthält zwei beschleunigte Vorabentscheidungsverfahren. 13.70 Zum einen etabliert die Norm ein allgemeines, beschleunigtes Verfahren, das für jedes Vorabentscheidungsersuchen beantragt werden kann. Zum anderen besteht im Anwendungsbereich des Raums der Freiheit, der Sicherheit und des Rechts (Art. 67–89 AEUV) ein Eilverfahren für besonders dringliche Fälle, insbesondere wenn es um Freiheitsentziehungen geht. Beide Verfahren stehen nebeneinander.[287]

Das allgemeine, beschleunigte Vorabentscheidungsverfahren wird auf Antrag 13.71 des vorlegenden Gerichts oder ausnahmsweise vom Präsidenten des EuGH von Amts wegen eingeleitet, Art. 105 I VerfO-EuGH. Der Präsident entscheidet nach Anhörung des Berichterstatters und des Generalanwalts und bestimmt umgehend den Termin der mündlichen Verhandlung, Art. 105 II VerfO-EuGH. Über die Zulässigkeit des beschleunigten Verfahrens und über das Ersuchen selbst entscheidet eine besondere Kammer des EuGH.[288]

---

282 *Thiele*, Europäisches Prozessrecht, § 9, Rdn. 114. Vgl. auch *Rosenkranz*, ZfPW 2016, 351, 358 ff.

283 EuGH, 6.3.2007, Rs. C-292/04, *Meilicke*, EU:C:2007:132, Rdn. 34 f., dazu *Lenaerts/Maselis/Gutman/Nowak*, EU Procedural Law (2014), Rdn. 6.34.

284 Dazu Voraufl. § 12 V, Rdn. 58 ff.; EuGH, 17.2.2011, Rs. C-283/09, *Weryński*, EU:C:2011:85, Rdn. 26 ff.

285 Dazu Voraufl. § 12 V, Rdn. 65 ff.; *Lenaerts/Maselis/Gutman/Nowak*, EU Procedural Law (2014), Rdn. 22.03 ff.

286 Zum Wegfall des Vorabentscheidungsverfahrens nach dem Brexit im Verhältnis zu Großbritannien vgl. oben § 5 III, Rdn. 5.82 ff.

287 *Lenaerts/Maselis/Gutman/Nowak*, EU Procedural Law (2014), Rdn. 22.19, d.h. der nationale Richter kann zwischen den Verfahren wählen. Beispiel: Beschluss des EuGH-Präsidenten, 15.7.2010, Rs. C-296/10, *Purrucker*, EU:C:2010:446.

288 Die Besetzung der Spruchkörper erfolgt nach Art. 27 VerfO-EuGH, die spezielle Kammer wird jedes Jahr neu besetzt.

13.72 Das beschleunigte Vorabentscheidungsverfahren setzt Dringlichkeit voraus;[289] die Art der Rechtssache muss ihre rasche Erledigung erfordern. Dringlichkeit wird in folgenden Fällen angenommen: Schutz der menschlichen Gesundheit[290] bzw. der Umwelt[291]; Schutz der Freiheit der Person[292] bzw. des Familienzusammenhalts;[293] Schutz bestimmter Verbraucherinteressen,[294] Schutz von Grundrechten,[295] Ratifizierung des ESM-Vertrages.[296] Hingegen rechtfertigen die große Anzahl nationaler Parallelverfahren, die Verzögerung des nationalen Ausgangsverfahrens oder die wirtschaftlichen Konsequenzen des Vorabentscheidungsverfahrens nicht die besondere Dringlichkeit.[297]

13.73 Das Verfahren selbst weicht nicht vom allgemeinen Verfahren ab.[298] Die Beschleunigung wird durch eine rasche Terminierung, Verkürzung der Fristen (auf zwei Wochen) und durch den Verzicht auf Schlussanträge erreicht (der Generalanwalt wird lediglich angehört).[299] Die Verfahrensdauer beträgt zwischen drei und sechs Monaten.[300]

2. Das Eilvorlageverfahren nach Art. 107 ff. VerfO-EuGH

13.74 Das zum 1.3.2008 in Kraft getretene Eilvorlageverfahren[301] ermöglicht eine Beschleunigung von Vorabentscheidungsersuchen im Titel V Art. 67–89 AEUV, um zu verhindern, dass individuelle Rechte durch die Dauer von Gerichtsverfahren gefährdet

---

289 Dazu *Lenaerts/Maselis/Gutman/Nowak*, EU Procedural Law (2014), Rdn. 24.18. Die Entscheidungen sind deutlich von den jeweiligen Umständen des Einzelfalles geprägt.

290 EuGH, 5.6.2014, Rs. C-255/13, *I*, EU:C:2014:1291, Rdn. 14.

291 EuGH, 30.11.1993, Rs. C-189/91, *Kirsammer-Hack*, EU:C:1993:907.

292 EuGH, 17.7.2008, Rs. C-66/08, *Kozłowski*, EU:C:2008:437 (Europäischer Haftbefehl).

293 EuGH, 25.7.2008, Rs. C-127/08, *Metock u.a.*, EU:C:2008:449, Rdn. 13 f.; EuGH, 9.11.2010, Rs. C-296/10, *Purrucker*, EU:C:2010:665.

294 EuGH, 22.3.2018, Rs. C-688/15, *Anisimovienė u.a.*, EU:C:2018:209.

295 EuGH, 21.12.2016, verb. Rs. C-203/15 und C-698/15, *Tele2 Sverige*, EU:C:2016:970; EuGH, 19.11.2019, verb. Rs. C-585/18, C-624/18 und C-625/18, *A.K.*, EU:C:2019:982, Rdn. 54 (Unabhängigkeit des polnischen Obersten Gerichtshofs).

296 EuGH, 27.11.2012, Rs. C-370/12, *Pringle*, EU:C:2012:756, Rdn. 7.

297 *Wägenbaur*, Art. 105 VerfO-EuGH, Rdn. 9–11, vgl. auch Nr. 37–39 der Empfehlungen des EuGH bezüglich der Vorlage von Vorabentscheidungsersuchen, ABl. EU 2019 C 380/1 ff.

298 *Lenaerts/Maselis/Gutman/Nowak*, EU Procedural Law (2014), Rdn. 24.19.

299 Die schriftliche Stellungnahme ist auf der Website des Gerichtshofs unter dem Aktenzeichen der jeweiligen Rechtssache zugänglich.

300 Im Jahr 2018 war die Verfahrensdauer in beschleunigten Verfahren durchschnittlich 2,2 Monate (gegenüber 8,1 Monaten im Jahr 2017). – EuGH, Jahresbericht 2018: Rechtsprechungstätigkeit (2019), S. 142.

301 Zur Neuregelung *Kohler*, FS Pocar, S. 570, 572 ff.; *Kokott/Dervisopoulos/Henze*, EuGRZ 2008, 10, 12 ff.

werden.[302] Dies betrifft insbesondere Fälle der elterlichen Verantwortung[303] sowie Asyl-[304] und Strafsachen.[305] Es handelt sich dabei um ein besonders effektiviertes Vorabentscheidungsverfahren,[306] das auf Antrag des vorlegenden Gerichts eingeleitet wird.[307] Die Verfahrensvorschriften finden sich in Art. 23a EuGH-Satzung und in Art. 107–114 VerfO-EuGH.[308]

Materielle Voraussetzung ist die besondere Dringlichkeit des Ersuchens; sie hat das vorlegende Gericht darzulegen, Art. 107 II VerfO-EuGH.[309] Hierüber entscheidet die Spezialkammer nach Anhörung des Generalanwalts, Art. 108 VerfO-EuGH.[310] **13.75**

Das Eilverfahren selbst verzichtet auf eine Anhörung aller Mitgliedstaaten im schriftlichen Verfahrensabschnitt, Art. 109 VerfO-EuGH. Ein Recht zur schriftlichen Stellungnahme haben nur die Parteien des Ausgangsverfahrens und der betroffene Mitgliedstaat.[311] Die in Art. 23 I EuGH-Satzung genannten Unionsorgane (insb. Kommission, Rat und Parlament) können erst in der mündlichen Verhandlung eine Stellungnahme abgeben; auch der Generalanwalt legt keine Schlussanträge vor, sondern gibt eine Stellungnahme ab, Art. 112 VerfO-EuGH.[312] **13.76**

---

302 Die Verfahren werden durch das Aktenzeichen „PPU" (*procédure préjudicielle d'urgence*) gekennzeichnet. Primärrechtliche Grundlage ist Art. 267 IV AEUV, der eine Entscheidung bei „inhaftierten Personen" innerhalb kürzester Zeit einfordert.

303 Beispiel: EuGH, 8.6.2017, Rs. C-111/17 PPU, *OL*, EU:C:2017:436, Rückführung nach Art. 11 VO 2201/2008.

304 Beispiel: EuGH, 7.3.2017, Rs. C-638/16 PPU, *X und X*, EU:C:2017:173, Asylanträge im Dublin-System.

305 Vgl. Rdn. 36 der Empfehlungen des EuGH bezüglich der Vorlage von Vorabentscheidungsersuchen, ABl. EU 2019 C 380/1 ff.

306 Das Verfahren ist gegenüber den beschleunigten Vorabentscheidungsverfahren weiter verkürzt – insbesondere kann das schriftliche Verfahren entfallen, vgl. Art. 111 VerfO-EuGH.

307 Das vorlegende Gericht soll im Antrag angeben, welche (mögliche) Antwort es vom EuGH erwartet, *Thiele*, Europäisches Prozessrecht, § 4, Rdn. 36.

308 Nach *Lenaerts/Maselis/Gutman/Nowak*, EU Procedural Law (2014), Rdn. 22.06, weist das PPU-Verfahren drei besondere Merkmale auf: (1) die Begrenzung der Stellungnahmen im schriftlichen Verfahren, (2) die fehlende Befassung des Plenums der Gerichtshofs und (3) die praktische Durchführung mittels elektronischer Kommunikation.

309 Wird die Durchführung des Eilverfahrens abgelehnt, kommt es zur Durchführung eines regulären Vorabentscheidungsverfahrens, Art. 109 VI VerfO-EuGH.

310 Dies bewirkt (wegen des besonderen sachlichen Anwendungsbereichs des Eilverfahrens) eine gewisse Spezialisierung innerhalb des EuGH, *Kokott/Dervisopoulos/Henze*, EuGRZ 2008, 10, 12. Das Plenum ist in das Eilvorabentscheidungsverfahren nicht involviert.

311 Hieraus ergibt sich ein besonderer Beschleunigungseffekt: Notwendig ist nur die Übersetzung der Stellungnahmen ins Französische; alle angehörten Beteiligten haben hinreichende Sprachkenntnisse. Mithin können die Stellungnahmen bereits vor der Vorlage der Übersetzung abgegeben werden, Art. 109 VerfO-EuGH.

312 Die Stellungnahmen werden ebenso wie die Schlussanträge im Urteil veröffentlicht, vgl. etwa die Stellungnahme von GAin *Sharpston* vom 1.7.2008 in der Rs. C-195/08 PPU, *Inga Rinau*, EU:C:2008:377. Inzwischen werden auch förmliche Schlussanträge in PPU-Verfahren verkündet, Beispiele:

13.77 Der äußere Verfahrensgang ist auf Beschleunigung angelegt: Fristen werden verkürzt, auf Übersetzungen (außer in die Sprache des Vorlagegerichts und in die Arbeitssprache des EuGH) wird weitestgehend verzichtet. Nach Art. 111 VerfO-EuGH kann bei besonderer Dringlichkeit sogar auf die Durchführung des schriftlichen Verfahrens verzichtet werden – es wird dann sofort mündlich verhandelt. Nach Art. 113 I VerfO-EuGH kann die für Eilverfahren bestimmte Kammer beschließen, in einer Formation von drei anstatt von fünf Richtern zu entscheiden. Bei wichtigen Verfahren kann allerdings auch die Große Kammer entscheiden.[313]

13.78 In der Praxis werden die Verfahren in bemerkenswert kurzer Zeit durchgeführt: Im Fall *Inga Rinau*[314] erreichte das Ersuchen den EuGH am 21.5.2008, die Stellungnahme der Generanwältin erfolgte am 1.7.2008, das Urteil erging am 11.7.2008. Ähnliche Beschleunigungseffekte wurden auch in Straf- und Asylsachen erreicht. Die Durchschnittsdauer der PPU-Verfahren beträgt inzwischen zwischen 66 Tagen und drei Monaten.[315]

VI. Reformen im Bereich des Vorabentscheidungsverfahrens

13.79 Seit dem Vertrag von Nizza[316] können Vorabentscheidungen in bestimmten Rechtssachen auf das Europäische Gericht erster Instanz übertragen werden. Zugleich ist ein zweistufiger Ausbau des Vorabentscheidungsverfahrens (Art. 225 III EG/heute 256 III AEUV) vorgesehen: Bei grundsätzlichen Fragen, die die Einheit und Kohärenz des Unionsrechts berühren, können die Kammern des EuG den Rechtsstreit an den Gerichtshof verweisen, Art. 256 III UAbs. 2 AEUV. In Ausnahmefällen kann der Erste Generalanwalt gegen das Urteil des EuG den Gerichtshof anrufen, wenn er dies für die Wahrung der Einheit und Kohärenz des Unionsrechts für erforderlich hält (Art. 256 III UAbs. 3 AEUV, Art. 62 I EuGH-Satzung).[317]

13.80 In der Literatur wird seit Jahren dafür plädiert, Vorabentscheidungsersuchen an spezialisierte Spruchkörper zuzuweisen.[318] Derartige Zuweisungen werden nicht nur

---

Rs. C-111/17 PPU, *OL*, Schlussanträge *Wahl*, EU:C:2017:375; Rs. C-325/18 PPU und C-375/18 PPU, *C.E. und N.E.*, EU:C:2018:654 – jeweils zu Art. 11 VO 2201/2003.

313 Beispiel: EuGH, 7.3.2017, Rs. C-638/16 PPU, *X und X*, EU:C:2017:173, mit Schlussanträgen *Mengozzi*, EU:C:2017:93, dazu *Hess*, Travaux du Comité Français DIP (2019), 329, 339 f.

314 EuGH, 11.7.2008, Rs. C-195/08 PPU, *Inga Rinau*, EU:C:2008:406. Es handelte sich um das erste PPU-Verfahren vor dem EuGH. Dazu oben § 5 II, Rdn. 5.53 f. und § 7 IV, Rdn. 7.98 ff.

315 Im Jahr 2018 war die Verfahrensdauer in Eilvorabentscheidungsverfahren durchschnittlich 3,1 Monate (gegenüber 2,9 Monaten im Jahr 2017). Dabei war die Zahl der erfolgreichen Anträge (12) deutlich höher als im Jahr 2017 (4). – EuGH, Jahresbericht 2018: Rechtsprechungstätigkeit (2019), S. 142 und 146.

316 Dazu *Wegener*, DVBl. 2001, 1258 ff.; *Sack*, EuZW 2001, 77 ff. Die Neuregelungen hatten nachhaltig den sog. *Due-Report* zur Reform der europäischen Gerichtsbarkeit angeregt, vgl. Voraufl. § 12 V.

317 Dieser Rechtsbehelf ist der *cassation dans l'intérêt de la loi* (art. 6181 Code de procédure civile) nachgebildet, dazu *Azizi*, Reform, S. 167, 177 ff.; *Lipp*, NJW 2001, 2657, 2662.

318 Dazu bereits *Dauses*, Gutachten zum 60. Deutschen Juristentag (1994), D 98 ff. mwN.

im gewerblichen Rechtsschutz[319] oder in Kartellsachen, sondern auch für das internationale Privat- und Verfahrensrecht im Anwendungsbereich des Art. 81 AEUV diskutiert.[320] Allerdings hat die mit der Spezialisierung einhergehende Zweistufigkeit ihren Preis: Sie verlängert die Distanz zum Ausgangsgericht und zu den dort prozessierenden Parteien. Denn letztere sind nicht befugt, einen entsprechenden Rechtsbehelf einzulegen – ihr prozessualer Status bleibt auf ein bloßes Anhörungsrecht reduziert.[321] Auch im Hinblick auf die Verfahrensdauer ist der zweistufige Ausbau problematisch. Nach Art. 62a EuGH-Satzung ist über das Rechtsmittel im beschleunigten Verfahren (Art. 107 ff. VerfO-EuGH) zu entscheiden, das Urteil soll binnen zwei Monaten ergehen.

Das einzige nach Art. 257 AEUV errichtete Fachgericht war das Europäische Gericht für den Öffentlichen Dienst. Es wurde zum 1.9.2016 aufgelöst, seine Kompetenzen wurden dem (personell erweiterten) Gericht erster Instanz übertragen.[322] Auch das nach Art. 262 AEUV vorgesehene Europäische Patentgericht wurde bislang nicht eingerichtet.[323] Es hat den Anschein, dass der mit dem Vertrag von Nizza angestoßene Versuch einer Ausdifferenzierung der Europäischen Gerichtsbarkeit inzwischen aufgegeben wurde.[324] **13.81**

Der Europäische Gerichtshof selbst hat sich in seinem Bericht nach Art. 3 II VO 205/2422 vom 12.1.2018[325] gegen eine Übertragung des Vorabentscheidungsver- **13.82**

319 Art. 262 AEUV ermöglicht im gewerblichen Rechtsschutz die Einführung eines echten Instanzenzugs zwischen Mitgliedstaaten und Gerichtshof. Letzterer wäre danach befugt, über Rechtsmittel gegen die Urteile mitgliedstaatlicher Gerichte zu entscheiden. Die Übertragung erfolgt durch einen von den Mitgliedstaaten gesondert zu ratifizierenden, einstimmigen Ratsbeschluss, *Azizi*, Reform, S. 167, 178 f. Da Einstimmigkeit nicht erzielt werden konnte, erfolgte die Einrichtung des Einheitlichen Patentgerichts durch einen völkerrechtlichen Vertrag (EPGÜ). Das BVerfG sah hierin eine materielle Abweichung vom Lissaboner Vertrag mit der Folge, dass das deutsche Zustimmungsgesetz zum EPGÜ nach Art. 23 I GG mit Zweidrittelmehrheit ergehen muss, da es eine eigenständige Übertragung von Hoheitsrechten (Schaffung einer supranationalen Gerichtsbarkeit) zum Gegenstand hat, BVerfG, 13.2.2020, 2 BvR 739/17, Rdn. 116, 126 ff.

320 Dazu *Pirrung*, FS Stoll, S. 647, 658 f., unten § 14 III, Rdn. 14.17.

321 In diesem Zusammenhang erscheint es zumindest erwägenswert, die Erstattung der Mehrkosten einer anwaltlichen Vertretung vor dem EuGH nicht den Prozessordnungen der Mitgliedstaaten zu überantworten (so derzeit Art. 102 VerfO-EuGH), sondern eine Erstattung im Urteil des Gerichtshofs selbst anzuordnen.

322 VO 2015/2422 zur Änderung des Protokolls Nr. 3 über die Satzung des Gerichtshofs der Europäischen Union, ABl. EU 2015 L 341/14.

323 Oben Fn. 319.

324 Sie wird in untechnischer Weise durch die Spezialisierung innerhalb des EuGH aufgrund der Zuweisung bestimmter Rechtsgebiete an die einzelnen Richterinnen und Generalanwälte aufgefangen, dazu oben Rdn. 13.52.

325 *EuGH*, Bericht gemäß Art. 3 Abs. 2 der Verordnung (EU, Euratom) 2015/2422 des Europäischen Parlaments und des Rates vom 16. Dezember 2015 zur Änderung des Protokolls Nr. 3 über die Satzung des Gerichtshofs der Europäischen Union, S. 3. <https://curia.europa.eu/jcms/jcms/p1_702433/de/>.

fahrens auf „Spezialkammern" des Gerichts ausgesprochen. Der Gerichtshof verwies dabei einerseits auf die erhebliche Beschleunigung der Vorabentscheidungsverfahren, die von 25,5 Monaten im Jahr 2003 auf 15 Monate im Jahr 2016 gesenkt wurde, trotz einer Verdoppelung der Zahl der Ersuchen im Zeitraum zwischen 2003 und 2016.[326] Zum anderen betont der Bericht die zentrale Bedeutung des Vorabentscheidungsverfahrens für die Einheit des Unionsrechts. Die „Auslagerung" einzelner Rechtsgebiete (etwa des Steuerrechts) könne durchaus zur Folge haben, dass Grundsatzfragen den EuGH nicht oder zumindest nur unter erschwerten Umständen erreichen würden. Daher sei die Abgrenzung der entsprechenden Sachgebiete kaum praktikabel.[327] Zudem unterscheide sich die Arbeitsweise des EuGH bei Vorabentscheidungen ganz grundsätzlich von der des Gerichts bei Direktklagen. Alles in allem sprach sich der EuGH derzeit[328] gegen eine Einführung eines mehrstufigen Vorabentscheidungsverfahrens aus.

13.83 Betrachtet man die Entwicklung des Vorabentscheidungsverfahrens während der letzten 20 Jahre, so lassen sich deutliche Veränderungen feststellen: Prägend ist zum einen der Bedeutungsverlust der Schlussanträge der Generalanwälte, die heute nur noch in weniger als 50 % der Vorabentscheidungsverfahren ergehen.[329] Dies wirft zunächst die Frage nach der Bedeutung der Rolle der Generalanwälte auf – deren bloße „Anhörung" bei der Erstellung des *Rapport préalable* ersetzt nicht die argumentative Auseinandersetzung in den Schlussanträgen mit der Judikatur des Gerichtshofs und der Rechtspraxis und Doktrin in den EU-Mitgliedstaaten.[330] Die zweite dominante Entwicklung ist die Verdichtung der Rechtsprechung des Gerichtshofs mit der Folge, dass die Bezugnahme in den Urteilen, aber auch in den Schlussanträgen auf die Judikatur des EuGH deutlich zugenommen hat. Diese Entwicklung hat das Beschlussverfahren nach Art. 99 VerfO-EuGH institutionell verstärkt.[331] Denn dieses abgekürzte Verfahren ist darauf angelegt, auf die bereits bestehende Judikatur des Gerichtshofs zu verweisen.[332] Das geschieht allerdings bisweilen auch in Konstellationen, in denen

---

326 Bericht des EuGH vom 12.1.2018 (oben Fn. 325), S. 5.

327 Bericht des EuGH vom 12.1.2018 (oben Fn. 325), S. 5, Fn. 12 unter Verweis auf das Grundsatzurteil vom 26.2.2013, Rs. C-617/10, *Åkerberg Fransson*, EU:C:2013:105, das zur Auslegung der Mehrwertsteuer-RL erging.

328 Sollten sich die Rahmenbedingungen ändern, stellt der Gerichtshof eine Überprüfung in Aussicht, Bericht des EuGH vom 12.1.2018 (oben Fn. 325), S. 7.

329 Es gibt keine offiziellen Angaben über die Anzahl der Vorabentscheidungsverfahren, in denen ohne Schlussanträge des Generalanwalts über die Sache entschieden wird.

330 Mit Recht kritisch *Basedow*, FS Schulze (2020), S. 179, positiver *Szpunar*, in: Łukańko/Thiele (Hrg.), Reformprozesse der Europäischen Gerichtsbarkeit (2019), S. 51 ff.

331 Die Einführung des Beschlussverfahrens nach Art. 99 VerfO-EuGH hat die Grundstruktur des Vorabentscheidungsverfahrens nachhaltig verändert.

332 So der (durchaus gefährliche) Wortlaut des Art. 99 VerfO-EuGH. Das Verfahren reduziert zudem den Dialog zwischen dem vorlegenden Gericht und dem EuGH auf den konkret zu entscheidenden Fall.

(bisweilen wiederholt) vorlegende Gerichte Bedenken an der Rechtsprechung des EuGH formulieren oder diese nicht verstehen. Wenn in einer solchen Situation die Rechtssache denjenigen Berichterstattern und Generalanwälten zugewiesen wird, die bereits zuvor eine (ständige) Rechtsprechungspraxis entwickelt haben, besteht die Gefahr einer (sicherlich nicht gewollten) letztlich formelhaften Bezugnahme auf frühere Entscheidungen.[333]

Hier zeigen sich strukturelle Schwachstellen der Beschleunigungsregelungen in **13.84** Art. 20 V EuGH-Satzung und Art. 99 VerfO-EuGH. Der Präsident des EuGH und der Erste Generalanwalt müssen die Zuweisung der Rechtssache an die Berichterstatter bzw. Generalanwälte sorgsam steuern, um diese Gefahren zu vermeiden. Auch die *Plénière* muss die Zuweisung der Rechtssachen zu den unterschiedlichen Verfahren und Spruchkörpern sorgsam handhaben.[334] Andernfalls besteht die Gefahr, dass die Effektuierung des Vorabentscheidungsverfahrens mit einem Bedeutungs- und Akzeptanzverlust des EuGH einhergeht.[335]

333 Dafür gibt es zahlreiche Beispiele in der neueren Judikatur des EuGH. Bedenklich etwa: EuGH, 18.12.2019, Rs. C-362/18, *Hochtief*, EU:C:2019:1100, Beschluss zu den Voraussetzungen der Haftung wegen judikativen Unrechts mit 68 Randnummern (*sic*) und sperrig formulierten Leitsätzen (in französischer Sprache), die sich auch bei mehrfacher Lektüre nur schwer erschließen. Zu den Hintergründen dieses Verfahrens vgl. *Obert*, GPR 2019, 206, 213 ff.

334 Kritisch *Basedow*, FS Schulze (2020), S. 179, 182 ff. mit Beispielen aus der Praxis des Gerichtshofs.

335 Zur Gefahr einer (abnehmenden) Akzeptanz des EuGH in den EU-Mitgliedstaaten aufgrund der Rechtstaatskrise vgl. § 2 V, Rdn. 2.108 ff.

§ 14 Entwicklungsperspektiven des Europäischen Zivilprozessrechts

Literatur:[1] Actes du colloque sur la création des chambres commerciales internationale de Paris, Revue Lamy Droit des Affaires, Supplément Octobre 2019; *Albers*, Judicial Systems in Europe Compared, in: van Rhee/Uzelac (ed.), Civil Justice between Efficiency and Qualitiy: From Ius Commune to the CEPEJ (2008), S. 9; *Basedow*, Kohärenz im internationalen Privat- und Verfahrensrecht – Eine Einführung, in: v. Hein/Rühl (Hrg.), Kohärenz im internationalen Privat- und Verfahrensrecht (2016), S. 3; *Bauw*, Commercial Litigation in Europe in Transformation: The Case of the Netherlands Commercial Court, Erasmus LRev 2019, 15; *Biard*, International Commercial Courts in France: Innovation without Revolution, Erasmus LRev 2019, 24; *Blair*, The New Litigation Landscape: International Commercial Courts and Procedural Innovations, IJPL 9 (2019), 212; *Bray*, Common Rules and Best Practices From the Perspective of the European Parliament, in: Hess/Kramer (ed.), From common rules to best practices in European Civil Procedure (2017), S. 35; *Eidenmüller* (Hrg.), Regulatory Competetion in Contract Law and Dispute Resolution (2013); *ders.*, Recht als Produkt, JZ 2009, 641; *Fallon/Lagarde/Poillot-Perruzzetto* (ed.), Quelle architecture pour un code européen de droit international privé? (2011); *Fouchard* (ed.), Vers un procès civil universel? Les règles transnationales de procédure civil de l'American Law Institute (2001); *Gascón Inchausti/Hess* (ed.), The Future of the European Law of Civil Procedure (2020); *ders.*, Prozessrechtsvergleichung in der Europäischen Union in: Hess (Hrg.), Europäisches Insolvenzrecht (2019), S. 111; *Gilles*, Vereinheitlichung und Angleichung unterschiedlicher nationaler Rechte – die Europäisierung des Zivilprozessrechts als ein Beispiel, ZZPInt 7 (2002), 3; *ders.*, Generalbericht, in: ders (Hrg.), Prozessrechtsvergleichung (1995); *Gottwald*, Die Principles of Transnational Civil Procedure und das deutsche Zivilprozessrecht, FS Leipold (2009), S. 33; *Harris*, Understanding the English Response to the Europeanisation of Privat International Law, JPrInt'lL 2008, 347; *Hau*, Literaturschwerpunkt: Europäisches Zivilprozessrecht – Erkenntnisverfahren, GPR 2008, 256; *v. Hein/Kieninger/Rühl* (ed.), How European is European Private International Law (2019); *Hess/Boerner*, Chambers for International Commercial Disputes in Germany: The State of Affairs, Erasmus LRev 2019, 33, *ders./Law* (ed.), Luxembourg Report on EU Procedural Law, Vol. II: Implementation of EU Consumer Law by National Courts (2019); *ders./Ortolani* (ed.), Luxembourg Report on EU Procedural Law, Vol. I: Impediments of National Procedural Law to the Free Movement of Judgments (2019); *ders./Kramer* (ed.), From common rules to best practices in European Civil Procedure (2017); *ders.*, Ein einheitliches Prozessrecht?, IJPL 6 (2016), 55; *ders.*, Deutsches Zivilprozessrecht zwischen nationaler Eigenständigkeit und europäischem Anpassungszwang, Ritsumeikan Law Review 2010, 191; *ders.*, Effektiver Rechtsschutz vor staatlichen Gerichten, in: Gottwald (Hrg.), Effektivität des Rechtsschutzes vor staatlichen und privaten Gerichten (2006), S. 121; *Hodges/Voet*, Delivering Collective Redress (2018); *Huber*, Prozessrechtsvergleichung heute, in: Hess (Hrg.), Europäisches Insolvenzrecht (2019), S. 77; *Jacqué/Weiler*, On the Road to European Union – A New Judicial Architecture – An Agenda for the International Conference, CMLR 1990, 185; *Juenger*, Some Comments on European Procedural Harmonization, AJCL 45 (1997), 931; *Kerameus*, Angleichung des Zivilprozessrechts in Europa – einige grundlegende Aspekte, RabelsZ 66 (2002), 1; *ders./Koussoulis*, Die Angleichung des Zivilverfahrensrechts der Europäischen Union vor dem Hintergrund der Schaffung eines europäischen Zivilgesetzbuchs, in: Europaparlament/Generaldirektion Wissenschaft, Arbeitsdokument Juri 103 DE (10/1999); *Kern*, Harmonisation of the Rules of Judgments in Europe, in: Gascón Inchausti/Hess (ed.), The Future of the European Law of Civil Procedure (2020), S. 223; *ders.*, Der Doing-Business-Report der Weltbank – fragwürdige Quantifizierung rechtlicher Qualität?, JZ 2009, 498; *ders.*, Justice between Simplifica-

1 **Ältere Literatur** vgl. Voraufl.

https://doi.org/10.1515/9783110715156-014

tion and Formalism (2007); *Koch*, Prozessrechtsvergleichung: Grundlage europäischer Verfahrensrechtspolitik und Kennzeichen von Rechtskreisen, ZEuP 2007, 735; *Kodek*, Das Zivilverfahrensrecht im 21. Jahrhundert – alte und neue Herausforderungen, öjZ 2008, 919; *Koechel*, Harmonization and Unification of Civil Procedural Law: Prospects for further Developments, IJPL 6 (2016), 86; *Kötz*, The Jurisdiction of Choice: England and Wales or Germany?, EuR PL 18 (2010), 94; *Kohler*, Musterhaus oder Luftschloss? Zur Architektur einer Kodifikation des Europäischen Kollisionsrechts, IPRax 2012, 419; *Kramer/Sorabji* (ed.), International Business Courts (2019); *Kronke*, Efficiency, Fairness, Macro-Economic Functions: Challenges for the Harmonisation of Transnational Civil Procedure, Uniform Law Review 2001, 740; *Lehmann*, ‚Law Made in Germany' – The Export Engine Statters, in: Kramer/Sorabji (ed..), International Business Courts (2019); *Leible*, Die Zukunft des Europäischen Zivilprozessrechts, FS Gottwald (2014), S. 381; *ders./Unberath* (Hrg.), Brauchen wir eine Rom 0-Verordnung? (2013); *Lindblom*, Harmony of the legal spheres, EuPLR 1997, 11; *Normand*, Le rapprochement des procédures civiles dans l'Union Européenne, Eur. PLRev. 1998, 383; *Pfeiffer*, Ein Europäischer Handelsgerichtshof und die Entwicklung des Europäischen Privatrechts, ZEuP 2016, 795; *ders.*, ALI/Unidroit-Project: Are Principles Sufficient without Rules?, Uniform Law Review 2001, 1015; *Prütting*, Die Strukturen des Zivilprozesses unter Reformdruck und europäischer Konvergenz, FS Schumann (2001), S. 309; *Requejo Isidro*, International Commercial Courts in the Litigation Market, IJPL 9 (2019), 4; *Richard*, The 2017 Proposal of the EU Parliament on Common Minimum Standards, in: Gascón Inchausti/Hess (ed.), The Future of the European Law of Civil Procedure (2020), 265; *H. Roth*, Die Vorschläge der Kommission für ein Europäisches Zivilverfahrensrecht – das Erkenntnisverfahren, ZZP 109 (1996), 271; *Rühl/v. Hein*, Towards a European Code on Private International Law?, RabelsZ 79 (2015), 701; *Schack*, Entwicklungen des Europäischen Internationalen Zivilprozessrechts – Bestandsaufnahme und Kritik, FS Leipold (2009), S. 315; *Schilken*, Die Vorschläge der Kommission für ein europäisches Zivilprozessgegesetzbuch – einstweiliger und summarischer Rechtsschutz und Vollstreckung, ZZP 109 (1996), 315; *Siems*, Statistische Rechtsvergleichung, RabelsZ 72 (2008), 354; *Stadler*, Vielfalt der Gerichte – Einheit des Prozessrechts?, BDGVR 42 (2007), 177; *Storme*, La procédure civile européenne, IJPL 8 (2018), 229; *ders.*, A Single Civil Procedure for Europe: A Cathedral Builders' Dream, Ritsumeikan Law Review 2005, 87; *ders.* Procedural laws in Europe: Towards Harmonisation (2003); *ders.*, (ed.), Approximation of Procedural Laws in Europe (1994); *ders.*, Rechtsvereinheitlichung in Europa – ein Plädoyer für ein einheitliches Prozessrecht, RabelsZ 56 (1992), 290; *Stürner*, Zur Struktur des europäischen Zivilprozesses, FS Schumann (2001), S. 491; *ders.*, Das Europäische Zivilprozessrecht – Einheit oder Vielfalt, in: Symposium Fritz Baur (1992), S. 1; *van Rhee*, Introduction, in: ders. (ed.), European Tradition in Civil Procedure (2005), S. 1; *Themeli*, The Great Race of Courts: Civil Justice Competition in the European Union (2018); *Tulibacka*, Europeanization of Civil Procedures – In Search of a Coherent Approach, CMLR 2009, 1527; *Weller/Althammer* (Hrg.), Mindeststandards im europäischen Zivilprozessrecht (2015); *Vallines García*, Harmonising Access to Information and Evidence: The Directives on Intellectual Property and Competition Damages, in: Gascón Inchausti/Hess (ed.), The Future of the European Law of Civil Procedure (2020), S. 123; *Zuckerman*, Justice in Crisis: Comparative Dimensions of Civil Procedure, in: ders. (ed.), Civil Justice in Crisis (1999), S. 3.

Internet-Rerenzen: EU Justice Scoreboard 2019, https://ec.europa.eu/policies/justice-and-fundamental-rights/upholding-rule-law/eu-justice-scoreboard_en.

I. Status quo: Festigung und Fortschreibung der bestehenden Rechtsakte

Im Europäischen Internationalen Zivilprozessrecht stehen die politischen Weichenstellungen derzeit auf Evaluation, Konsolidierung und Verbesserung der bestehenden Rechtsakte.[2] Den legislativen Elan der Umsetzung des Programms von Tampere, des Wiener Aktionsplans und des Haager Programms schreiben die aktuellen Arbeitsprogramme bereits seit fast zehn Jahren nicht mehr fort.[3] Ambitionierte Rechtsetzungsvorhaben im Europäischen Prozessrecht (insbesondere im internationalen Familienrecht) konnten letztlich nur im Verfahren der verstärkten Zusammenarbeit verabschiedet werden.[4] Aus der Sicht der Rechtspraxis ist dies gewiß kein Nachteil. Denn die stürmische Entwicklung im Jahrzehnt nach dem Sondergipfel von Tampere hat die Rechtspraxis mit einer Fülle neuer Rechtsakte konfrontiert, deren praktische Bewährung heute unterschiedlich ausfällt.[5] Daher erscheint es rechtspolitisch sinnvoll, den zwischenzeitlich erreichten Angleichungsstand zu erproben und zu verbessern, bevor über weitere Integrationsschritte im Europäischen Zivilprozessrecht entschieden wird.[6] Dies schließt freilich nicht aus, dass Rechtsetzungsmaßnahmen gezielt Bereiche erfassen, in denen Implementierungsdefizite bestehen. Diese betreffen etwa die bessere Koordinierung der Zwangsvollstreckungsrechte der Mitgliedstaaten[7] und die Umstellung der nationalen Verfahrensrechte auf e-justice.[8] Ein weiterer Schwerpunkt ist die Schulung bzw. Fortbildung der mit den Rechtsakten befassten Richter und Rechtsanwälte in den EU-Mitgliedstaaten.[9] 14.1

Inzwischen ist die Dynamik der Rechtsentwicklung vom Europäischen Internationalen Zivilprozessrecht auf das allgemeine Zivilprozessrecht übergesprungen. Die aktuelle Rechtsetzung betrifft den kollektiven Rechtsschutz, den Ausbau und die Vereinheitlichung der Informationsbeschaffung im Zivilprozess sowie den einstweiligen Rechtsschutz. Auch die Schnittstellen der Schiedsgerichtsbarkeit zum Europäischen 14.2

2 Vgl. oben § 1 IV, Rdn. 1.34 ff.

3 Zu den verschiedenen Phasen der Rechtsentwicklung im Europäischen Internationalen Verfahrensrecht vgl. oben § 2 I 3, Rdn. 2.38 ff.

4 Vgl. oben § 2 I, Rdn. 2.39.

5 Die Bilanz fällt durchaus gemischt aus: Die Zahl der grenzüberschreitenden Streitigkeiten ist trotz der zahlreichen Rechtsakte in den letzten Jahrzehnten insgesamt nicht wirklich gestiegen, vgl. dazu *Gascón Inchausti/Requejo Isidro*, in: Hess/Ortolani (ed.), Luxembourg Report on EU Procedural Law (2019), Vol. I, Kap. 1.

6 So ausdrücklich die EU Justice Agenda for 2020 (2015), S. 4 f. Dies entspricht Forderungen in der Literatur, pointiert etwa *Schack*, FS Leipold (2009), S. 315, 334; ähnlich *Stadler*, BDGVR 42 (2007), 177, 190.

7 Oben § 10 IV, Rdn. 10.160 ff.

8 Oben § 1 IV, Rdn. 1.41 ff.

9 *Storskrubb*, Civil Procedure and EU-Law, S. 305 f.

Prozessrecht sind angesichts der umstrittenen Rechtsprechung des EuGH[10] weiter zu diskutieren.[11] Ein offenes Desiderat bleibt die Schaffung eines Europäischen Verfahrens für grenzüberschreitende Handelsstreitigkeiten (zwischen Kaufleuten, Freiberuflern und Unternehmern aus verschiedenen EU-Mitgliedstaaten).[12] Ein derartiges Verfahren könnte auf der Basis der *ELI/Unidroit European Rules of Civil Procedure* erarbeitet werden und ein flexibles Prozessrecht vorhalten, das in Handelsstreitigkeiten eine (kostengünstige) Alternative zur Schiedsgerichtsbarkeit eröffnet.[13] Ein derartiger Rechtsakt wäre das Gegenstück zur EuBagVO, die bei geringfügigen Forderungen die grenzüberschreitende Rechtsdurchsetzung erleichtern soll.[14]

14.3 Die mittel- und langfristige Perspektive zielt jedoch im Europäischen Prozessrecht auf die Schaffung kohärenter Regelungen, die als Referenzinstrumente die zunehmend fragmentierten Rechtsakte des Europäischen Prozessrechts systematisch und transparent zusammenfassen.[15] Es gilt, die Fragmentierung des Europäischen Prozessrechts zu überwinden.[16] Die eingetretene Verlangsamung des Rechtsetzungsprozesses kann für eine Debatte über die Regelungskonzepte und Angleichungsziele genutzt werden.[17] Erst danach stellen sich die perspektivischen Fragen nach der Schaffung eines genuin Europäischen Zivilverfahrens und nach der Architektur einer Europäischen Zivilgerichtsbarkeit.[18] Auch wenn derartige Forderungen zurzeit nur vereinzelt erhoben werden, erscheint es doch richtig, die Darstellung des Europäischen Zivilprozessrechts mit der Perspektive seiner Kodifikation abzuschließen.

II. Perspektiven: Kodifikationsvorhaben

1. Die Vorschläge der Storme-Kommission

14.4 Die rechtspolitische Forderung einer Kodifikation des Europäischen Zivilprozessrechts ist nicht neu, sie wird seit den 1980er Jahren diskutiert. Im Jahre 1987 konstituierte sich

---

10 EuGH, 10.2.2009, Rs. C-185/07, *Allianz*, EU:C:2009:69, Rdn. 24 ff.; EuGH, 13.5.2015, Rs. C-536/13, *Gazprom*, EU:C:2015:316, Rdn. 36 ff., oben § 6 I, Rdn. 6.25 f.; Reformvorschläge bereits bei *Hess/Pfeiffer/Schlosser*, The Brussels I Regulation, Rdn. 105 ff.

11 *Schlosser*, SchiedsVZ 2009, 129 ff., oben § 12 V, Rdn. 12.44 ff.

12 Das EU-Parlament hat eine entsprechende Resolution verabschiedet und die Kommission zur Ausarbeitung eines entsprechenden Rechtsakts aufgefordert, Res. 13.12.2018, 2018/2079 (NL).

13 Dazu unten Rdn. 14.15 ff.

14 Vgl. oben § 10 III, Rdn. 10.93 ff.

15 Treffend verweist *Storskrubb*, Civil Procedure and EU-Law, S. 303 ff., unter der Überschrift „*Legitimacy Crisis*" auf die wachsende Fragmentierung der parallelen Unionsrechtsakte. Dazu auch *Rühl/v. Hein*, RabelsZ 79 (2015), 702, 713.

16 Dazu oben § 3 IV 2, Rdn. 3.73 ff.

17 *Storskrubb*, Civil Procedure and EU-Law, S. 307 ff.

18 Unten § 14 IV 1, Rdn. 14.38.

auf Initiative des damaligen Vorsitzenden der International Association of Procedural Law, *Marcel Storme*[19], auf dem Weltkongress für Prozessrecht in Utrecht eine Arbeitsgruppe von Professoren des Zivilprozessrechts mit dem Ziel, ein europäisches Modellgesetz für Zivilverfahren zu erarbeiten.[20] Im Jahr 1990 erhielt die Gruppe den formellen Auftrag der EG-Kommission, eine Studie über die Annäherung der Verfahrensrechte der Mitgliedsstaaten zu unterbreiten.[21] 1993 legte die Gruppe einen Vorschlag für einen Rechtsakt[22] zur Angleichung der Erkenntnisverfahren und Vollstreckungsrechte der Mitgliedstaaten vor.[23] Die *Storme*-Gruppe hatte ihre Arbeiten auf bestimmte Segmente des Zivilverfahrens konzentriert, in denen ihrer Einschätzung nach hinreichende Gemeinsamkeiten in den nationalen Prozessrechten eine Harmonisierung ermöglichten. Auf der Grundlage rechtsvergleichender Voruntersuchungen (die freilich nicht veröffentlicht wurden) erarbeitete die Gruppe Regelungen, die Eingang in eine allgemeine EG-Richtlinie zur Angleichung der Zivilprozessrechte finden sollten.

Die 126 Artikel des Entwurfs waren in 14 Abschnitte unterteilt, die grundsätzlich dem Verlauf **14.5**
des Zivilverfahrens folgten. Sie sahen unterschiedlich detaillierte Regelungsvorschläge zu folgenden Themen vor: Abschnitt 1 enthielt einen Vorschlag für ein vorprozessuales, fakultatives Schlichtungsverfahren, Abschnitt 2 regelte den Verfahrensbeginn (einschließlich Verjährungsunterbrechung, Zustellung, Eintritt der Rechtshängigkeit und den Inhalt der Klageschrift[24]). Abschnitt 3 betraf den Streitgegenstand mit Vorschriften über den Streitwert, die Klageänderung und den Tatsachenvortrag, enthielt aber auch die Verpflichtung zur richterlichen Hinweispflicht.[25] Abschnitt 4 regelte unter dem Schlagwort *Discovery* eine Pflicht zur Dokumentenvorlage[26] sowie den Zeugenbeweis und die Protokollierung. Abschnitt 7 befasste sich mit dem Klageverzicht und der Klagerücknahme, Abschnitt 8 regelte das Versäumnisverfahren.[27] Die Prozesskosten regelte Abschnitt 9.[28] In den Abschnitten 10 bis

---

19 Zur Person des europäischen Prozessualisten und Visionärs *Marcel Storme* (1930–2018) vgl. die Beiträge von *Cadiet, Carpi, Taelman* und *Kramer* in: IJPL 8 (2018).

20 Der Gruppe gehörten Prozessualisten aus 12 damaligen EU-Mitgliedstaaten an, nämlich: *Huss, Jolowicz, Kerameus, Long, Meyknecht, de Miguel, Normand, Pessos Vaz, Prütting, Smith, Storme* und *Tarzia*, vgl. *Storme*, Approximation, S. 36; dazu *Juenger*, AJCL 45 (1997), 931, 932.

21 Der Arbeitsauftrag der EG-Kommission blieb damit hinter dem von der Gruppe zunächst intendierten, umfassenden Kodifikationsansatz deutlich zurück, *Huber*, Entwicklung transnationaler Modellregeln, S. 360 ff.

22 Die Vorschläge präferieren eine Richtlinie, dies machte bereits der Titel klar: „projet de directive".

23 *Storme*, Approximation of Procedural Laws in Europe (1994); der Text des Vorschlags ist auch veröffentlicht in ZZP 109 (1996), 354 ff.

24 *Roth* ZZP 109 (1996), 271, 283 ff., sah für die Regelung der Klageschrift kein Regelungsbedürfnis. Diese Prognose erscheint heute, insbesondere angesichts des Urteils des EuGH, 8.5.2008, Rs. C-14/07, *Weiss & Partner*, EU:C:2008:264, Rdn. 52 ff., überholt, vgl. oben § 8 I, Rdn. 8.21 f.

25 Kritisch *Roth* ZZP 109 (1996), 271, 286 ff.

26 Damit nahm der Vorschlag die Regelungen der Art. 6 ff. RL 2004/48/EG inhaltlich vorweg, oben § 11 II, Rdn. 11.32 ff.

27 Art. 8.6 und 8.7 enthielten das Erfordernis einer Schlüssigkeitsprüfung; insofern zustimmend *Roth* ZZP 109 (1996), 271, 298.

28 Vorgeschlagen war eine an den Prozessausgang orientierte Regelung; dem Gericht wurde jedoch ein Ermessen zur Festsetzung einer Kostenregelung eingeräumt, etwa bei mangelnder Kooperati-

13 ging es um den einstweiligen und summarischen Rechtsschutz sowie um die Zwangsvollstreckung. Abschnitt 14 enthielt Regelungen über Berechnung von Fristen, die Wiedereinsetzung in den vorigen Stand, die Heilung fehlerhafter Prozesshandlungen und die Einführung einer allgemeinen Rechtsmittelbelehrung. Vom Aufbau her orientierte sich der Entwurf am Ablauf eines Zivilverfahrens – die Vorschriften waren jedoch nicht auf Vollständigkeit angelegt, insbesondere enthielten die Vorschläge keine „Kodifikation" eines Europäischen Zivilverfahrensrechts.[29] Vielmehr ging es der Kommission vor allem darum, Regelungsbereiche herauszugreifen, in denen sie hinreichende Konvergenz bzw. Reformbedarf in den (verschiedenen) Prozessrechten der Mitgliedstaaten sah und für die sie Reformleitlinien aufzeigen wollte.[30]

14.6 In den Rechtswissenschaften der EU-Mitgliedstaaten stieß der Entwurf zunächst nur auf verhaltene Resonanz. In Deutschland erfuhr er auf einer Tagung der Zivilprozessrechtslehrer in Münster (1996) offene Ablehnung.[31] Diese entzündete sich zunächst am Vorhaben überhaupt.[32] Zugleich wurden einzelne Regelungen des Entwurfs kritisiert, die unterschiedlich detailliert ausgearbeitet waren und bisweilen die nationale Herkunft des jeweils verantwortlichen Mitglieds der Kommission erkennen ließen.[33] Ein weiteres Defizit des Entwurfs (das in Münster freilich nicht angesprochen wurde) war die fehlende Rückkoppelung an leitende Verfahrensmaximen.[34]

14.7 Dem *Storme*-Projekt wurde jedoch vorschnell das politische Scheitern attestiert.[35] Denn zahlreiche im Entwurf angesprochene, regelungsbeürftige Bereiche des Verfahrensrechts wurden seit 1999 im Rahmen der Europäischen Justizpolitk nach Art. 61 und 65 EG/Art. 67 und 81 AEUV umgesetzt[36] – dabei blieb die Umsetzung allerdings

---

onsbereitschaft einer Partei bei der Dokumentenvorlage, vgl. *Huber*, Transnationale Modellregeln, S. 372.

29 Damit löste der Vorschlag freilich nicht die Erwartungen ein, die im Vorfeld in der *Storme*-Gruppe selbst geäußert wurden, dazu *Juenger*, AJCL 45 (1997), 931, 932.

30 Dazu *H. Roth*, ZZP 109 (1996), 271, 276 ff.; *Stadler*, BDGVR 42 (2007), S. 177, 178 ff.

31 So vor allem *H. Roth*, ZZP 109 (1996), 271 ff., der jeglichen Bedarf für ein einheitliches Prozessrecht leugnete (308 ff., 311); positiver *Schilken*, ZZP 109 (1996), 315, 316; vgl. auch den Diskussionsbericht von *Lemken*, ZZP 109 (1996), 337 ff.

32 *Kronke*, Unif. L. Rev. 2001, 740, 744, konstatiert mit Recht, dass der Entwurf seiner Zeit weit voraus war.

33 Auf der Münsteraner Tagung der deutschen Zivilprozessrechtslehrer (1996) wurden die Vorschläge zum Mahnverfahren, die dem deutschen Modell (freilich unter Beibehaltung der Schlüssigkeitsprüfung) nachgebildet waren, weniger kritisiert als andere Teile des Entwurfs.

34 Ursache war der – durchaus pragmatische – Ansatz der *Storme*-Gruppe, die sich um die Identifizierung konkreter Regelungsbereiche in den nationalen Prozessrechten bemühte, in denen man Erfolgsaussichten für eine Rechtsangleichung (und Rechtsreform) durch die Europäische Gemeinschaft sah. Dazu kritisch *Lindblom*, EuRPL 1997, 11, 44 f.

35 Positive Bewertung auch bei *Stadler*, BDGVR 42 (2007), S. 177, 179 („wertvoller Denkanstoß und richtige Ansätze"); aA *G. Wagner*, ZEuP 2008, 6, 22 f. (lückenhaft); ebenso *Lindblom*, EuRPL 1997, 11 ff.; *Juenger* AJCL 45 (1997), 931, 932 ff. (this assortment of proposals for piecemeal reform lacks cohesion and comprehensiveness).

36 Dies gilt für die Überlegungen zur Prozesskostenhilfe, zur Zustellung und insbesondere zum Mahnverfahren, weitsichtig *Stürner*, FS Lüke, S. 829, 837.

aus kompetenziellen Gründen auf grenzüberschreitende Streitigkeiten begrenzt.[37] Damit hat sich freilich der Regulierungsansatz verändert: Nicht die allgemeinen Prozessrechte der Mitgliedstaaten wurden harmonisiert, stattdessen wurden additive Verfahren auf Unionsebene geschaffen. Auch heute bleibt der Entwurf für die Diskussion um die „Fernziele" der europäischen Prozessrechtsangleichung weiterhin wichtig. Denn die *Storme*-Gruppe formulierte erstmalig das ehrgeizige Fernziel einer Kodifikation und gab damit der rechtspolitischen Diskussion eine wichtige Stoßrichtung.[38] Aus heutiger Rückschau hat das *Storme*-Projekt vor dem Inkrafttreten den erweiterten Rechtsetzungskompetenzen des Amsterdamer Vertrages die rechtspolitische Perspektive eröffnet.[39] Allerdings wurde diese Diskussion – dies ist zu bedauern – nicht mit der nötigen Intensität in den EU-Mitgliedstaaten (auch nicht in den Prozessrechtswissenschaften) geführt.

Seit der Jahrtausendwende haben sich jedoch in der Akademia des Zivilverfahrensrechts zahlreiche Netzwerke gebildet, die z. T. umfassende und ambitionierte Kodifikationsvorschläge vorgelegt haben.[40] Die Förderprogramme der EU-Kommission haben diese Entwicklung nachhaltig befördert[41] – obwohl die EU-Kommission selbst das Projekt einer Kodifikation des Zivilverfahrens nicht vertritt.[42] **14.8**

2. Ein Europäisches IPR-Gesetzbuch?

Die Kodifikationsdiskussion beschränkt sich thematisch nicht auf das Zivilprozessrecht. Im internationalen Privat- und Verfahrensrecht haben einige Autoren die Schaffung eines *Code of EC Conflict Law* (CECL) vorgeschlagen, der den gesamten sachlichen Anwendungsbereich der EU-Kompetenzen nach Art. 65 EG/81 AEUV erfassen sollte.[43] Das Projekt eines Europäischen IPR-Gesetzbuchs wurde nach 2010 vor allem in der deutschen und in der französichen Rechtswissenschaft diskutiert,[44] insbesondere **14.9**

---

37 Vgl. oben § 2 I 2, Rdn. 2.14 ff.

38 *Storme*, Approximation of Procedural Laws, S. 3 ff.

39 Den methodischen Ansatz der *Storme*-Gruppe will *Kerameus*, RabelsZ 66 (2002), 1, 7 ff., mit einer Unterscheidung zwischen mehr oder minder „technischen" Regeln des Prozessrechts fortführen. Technische Regeln (etwa über die Zustellung oder Fristen) seien eher einer Vereinheitlichung zugänglich als wertbezogene Vorschriften. Gegen diese Unterscheidung *Huber*, Entwicklung transnationaler Modellregelungen, S. 62 f., der mit Recht auf die dem Prozessrecht generell zugrundeliegenden (Verfassungs-)Prinzipien verweist.

40 Dazu unten § 14 III 2, Rdn. 14.55 ff.

41 Weitere Anstöße gaben zahlreiche Forschungsvorhaben und Kolloquien des EU-Parlaments.

42 Die EU-Kommission begleitet diese Vorhaben als unabhängige Beobachterin.

43 Dazu etwa *Rauscher*, FS Machacek und Matscher (2008), S. 665, 675 f. Vorbild für eine derartige Kodifikation ist insbesondere das IPR-Gesetz der Schweiz.

44 Im Zusammenhang mit der Reform der EuGVO verabschiedete das Europaparlament am 7.9.2010 eine Resolution, die als Endziel der Reform die umfassende Kodifikation des Europäischen Interna-

auf einer Tagung in Bayreuth über die Machbarkeit einer sog. „Rom 0-Verordnung" (2012)[45] sowie auf einer Tagung in Toulouse (2011), wo sogar erste Vorentwürfe eines europäischen IPR-Gesetzes vorgestellt und diskutiert wurden.[46] Der Rechtsausschuss des Europaparlaments griff im Mai 2015 diese Diskussionen in einem speziellen Workshop auf.[47] Eine vorbereitende Studie des Asser-Instituts[48] verwies jedoch auf praktische Schwierigkeiten bei der Umsetzung eines umfassenden Kodifikationprokjekts, insbesondere wenn dieses über eine Kompilation der bestehenden Rechtsakte hinausgehen sollte. Diese Bedenken teilten auf dem Workshop des EU-Parlaments viele Teilnehmer. Man verwies auf praktische Schwierigkeiten, ein einheitliches IPR-Gesetz zu erabeiten, das letztlich dem Einstimmigkeitsprinzip des Art. 81 III AEUV unterfallen würde.[49] Angesichts der politischen Schwierigkeiten, überhaupt einstimmige Entscheidungen in Familiensachen herbeizuführen,[50] erschien das Projekt einer umfassenden IPR-Kodifikation letztlich unrealistisch.[51]

14.10 Auch aus der Perspektive des Prozessrechts vermag dieser Vorschlag nicht zu überzeugen. Denn er widerspricht der dogmatischen und systematischen Eigenständigkeit des Europäischen Zivilprozessrechts. Dieses ist weder von seiner Entwicklung noch von seiner Ausformung her als bloßer Annex des IPR zu erfassen.[52] Das Ergebnis wäre eine Teilkodifikation des Europäischen Zivilprozessrechts.[53] Das schließt andererseits die grundsätzliche Komplementarität von IPR und IZVR nicht aus – sie entspricht der Komplementarität von materiellem Recht und Prozessrecht. Dementsprechend hat der Unionsgesetzgeber in mehreren EU-Rechtsakten Verfahrensrecht und Kollisionsrecht gemeinsam geregelt – in anderen hingegen nicht. Der Gleichlauf findet sich insbesondere in den Ehegüterverordnungen[54] und in der Erbrechtsver-

---

tionalen Privat- und Verfahrensrechts in Aussicht stellte, (2009/2140(INI), P7_TA(2010)0304), dazu *Rühl/v. Hein*, RabelsZ 79 (2015), 701, 704.

45 Tagungsband: *Leible/Unberath (*Hrg.*)*, Brauchen wir eine Rom 0-Verordnung? (2013); Tagungsbericht von *Jayme/Zimmer*, IPRax 2013, 99 f.

46 Tagungsband: *Fallon/Lagarde/Poillot-Perruzzetto* (ed.), Quelle architecture pour un code européen de droit international privé? (2011); Tagungsbericht von *Kohler*, IPRax 2011, 419 f.

47 Insbesondere in einem am 26.5.2015 organisierten Workshop „Cross-border activities in the EU – making life easier for EU citizens", dazu *Rühl/v. Hein*, RabelsZ 79 (2015), 701, 703 ff.

48 *Kramer/de Rooij/Lazic/Blawhoff/Frohn*, A European Framework for private international law: current gaps and future perspectives, Study (2012) (PE 462.487), https://www.europarl.europa.eu/document/activities/cont/201212/20121219ATT58300/20121219ATT58300EN.pdf

49 Ausführliche (und kritische) Einschätzung bei *Rühl/v. Hein*, RabelsZ 79 (2015), 701, 731 ff.; *Basedow*, in: v. Hein/Rühl (Hrg.), Kohärenz, S. 4, 8 ff.

50 Vgl. dazu oben § 2 I 2, Rdn. 2.33 ff.

51 *Rühl/v. Hein*, RabelsZ 79 (2015), 701, 738 ff.; *Basedow*, in: v. Hein/Rühl (Hrg.), Kohärenz, S. 4, 10.

52 So aber *Rauscher*, FS Machacek und Matscher (2008), S. 665, 675 f.; zur Autonomie des Europäischen Internationalen Zivilprozessrechts zuvor zutreffend *Kerameus*, RabelsZ 66 (2002), 1, 5 ff.

53 Kritisch auch *Rühl/v. Hein*, RabelsZ 79 (2015), 701, 723 f.

54 Dazu oben § 7 VII, Rdn. 7.177 ff.

ordnung[55], ebenso im Gleichlauf zwischen der Brüssel Ia-VO und der Brüssel II^{ter}-VO sowie den Verordnungen Rom I bis III.[56] Allerdings gehen die Regelungstechniken des Unionsgesetzgebers hier inzwischen über das Kollisionsrecht hinaus – das zeigen insbesondere die EuInsVO[57] und die Europäische Kontenpfändungsverordnung.[58] Inzwischen erscheint dieses Vorhaben weithin als gescheitert. Die EU-Kommission hat es nicht aufgegriffen; es wird derzeit auf der politischen Ebene nicht weiterverfolgt.[59]

3. Prozessuale Mindeststandards für Zivilverfahren

Auf der politischen Agenda stand seit dem Haager Programm der EU-Kommission die Erarbeitung eines allgemeinen Rechtsakts über prozessuale Mindeststandards und Rechte.[60] Diese Debatte wurde zunächst in der rechtswissenschaftlichen Literatur geführt[61] – dabei erwies sich das Fehlen einer Definition bzw. eines Konzepts von Mindeststandards als strukturelle Schwäche des Regulierungsansatzes.[62] Das Europaparlament griff diese Diskussion auf und verabschiedete schließlich, gestützt auf mehrere vorbereitende Studien,[63] am 4.7.2017 eine Entschließung über eine EU-Richtlinie zu prozessualen Mindeststandards, die insbesondere die Vorgaben von Art. 47 GRC umsetzen soll.[64] 14.11

55 VO 650/2014, dazu oben § 7 VIII 2, Rdn. 7.197 ff.

56 Dazu oben § 4 II 2, Rdn. 4.62 ff.

57 Oben § 9 III 2, Rdn. 9.78 ff.

58 Dazu oben § 10 IV, Rdn. 10.124 ff.

59 Die 2020 neu gegründete European Society of Private International Law hat eine Arbeitsgruppe unter der Leitung des Genfer Rechtswissenschaftlers *T. Kadner-Graziano* gebildet, welche die Machbarkeit einer solchen (beschränkten) Kompilation erneut prüfen soll.

60 Haager Programm vom 2.4.2004, dazu Vorausfl. § 2, Rdn. 34 ff. Der Aktionsplan zur Durchsetzung des Stockholmer Nachfolgeprogramms stellte einen entsprechenden Vorschlag in Aussicht – dazu ist es jedoch nicht gekommen, vgl. oben § 2 I 3, Rdn. 2.38 ff.

61 Diese Debatte nahm Anleihen bei justiziellen Kooperationen in Strafsachen, wo mehrere Richtlinien inzwischen prozessuale Mindestrechte für Betroffene in Strafverfahren statuieren, dazu kritisch *Requejo Isidro*, in: Hess/Kramer (ed.), From common rules to best practices (2017), S. 77, 98 ff.; oben § 5 IV, Rdn. 5.152 f.

62 Dazu einerseits *Althammer*, in Weller/ders. (Hrg), Mindeststandards im Europäischen Zivilprozessrecht (2015), S. 3 ff.; (für eine weitgehende Gleichsetzung mit den Prozessrechtsmaximen); andererseits *Hess*, ebenda, S. 221 ff.

63 *Tulibacka/Blomeyer*, Common minimum standards of civil procedure – European Added Value, PE 581.385 (2016); kritisch *Hess*, Harmonized Rules and Minimum Standards in the European Law of Civil Procedure, PE 556.971 (2016).

64 P8_TA-Prov(2017)0282, dazu *Gascón Inchausti*, in: ders./Hess (ed.), The Future of the European Law of Civil Procedure (2020), S. 241, 244 ff. Zu den Hintergründen der Initiative des Parlaments vgl. *Bray*, in: Hess/Kramer (ed.), From common rules to best practices (2017), S. 35 ff.

14.12 Der angenommene Text enthält allerdings höchst heterogene Regelungen. Die Entschließung gliedert sich in drei Teile: Der Eingangsteil (Art. 1–3) begrenzt den Anwendungsbereich auf Zivil- und Handelssachen und enthält eine relativ weit formulierte Definition grenzüberschreitender Streitigkeiten.[65] Art. 3 enthält wesentliche Definitionen. Die Mindeststandards enthält sodann der 2. Teil (Art. 4–24). Schlussvorschriften finden sich im 3. Teil (Art. 25–28).

14.13 Die Mindeststandards selbst sprechen vier Aspekte an: „fair and effective outcomes", „efficiency of procedures", „access to courts" und „fairness of proceedings".[66] Der 1. Abschnitt über „faire und wirksame Ergebnisse" behandelt drei unterschiedliche Bereiche: Die allgemeine Verpflichtung zu wirksamem Rechtsschutz (Art. 4), die Durchführung der mündlichen Verhandlung (einschließlich Videokonferenzen, Art. 5) sowie den einstweiligen Rechtsschutz (Art. 6). Der 2. Abschnitt über die „Effizienz der Verfahren" behandelt die Pflicht zur Begründung von Entscheidungen, die prozessuale Leitung der Verfahren („case management"), die Beweiserhebung, insbesondere gerichtliche Sachverständige (Art. 7–11). Der 3. Abschnitt behandelt unter dem Titel „Zugang zum Recht" die vergleichsweise Beilegung von Streitigkeiten, Gerichtskosten, Kostenverteilung, Prozesskostenhilfe und Prozessfinanzierung (Art. 12–16). Der letzte Abschnitt behandelt unter dem Titel „Fairness des Verfahrens" die Zustellung, anwaltliche Vertretung, Zugänglichmachung von Information über die Verfahren, Übersetzungen, Öffentlichkeit des Verfahrens, Unabhängigkeit der Justiz und schließlich die Fortbildung von Richtern und qualifiziertem Personal in der Justiz.

14.14 Der verabschiedete Text verdeutlicht die Schwächen des Regelungskonzepts. Die einzelnen Vorschriften weisen eine höchst unterschiedliche Regelungsdichte auf: Einige Vorschriften wiederholen die Garantien der Grundrechtecharta,[67] während andere detaillierte Vorgaben zur Verfahrenshandhabung enthalten.[68] Dabei greift der Vorschlag auf bereits bestehende EU-Rechtsakte zurück, ebenso auf die Rechtsprechung des EuGH.[69] Jedoch bleiben sowohl der Anwendungsbereich als auch die Zielsetzung des Vorschlags unklar:[70] Geht es um Mindestvorschriften für grenzüberschreitende Zivilverfahren zur Stärkung des wechselseitigen Vertrauens in die Justizsysteme der Mitgliedstaaten oder um die Formulierung allgemeiner Grundsätze

---

65 Keinen Sinn macht Art. 3 (1)(c), wonach ein Rechtsstreit mit grenzüberschreitendem Bezug bereits immer dann vorliegen soll, „wenn er in den Anwendungsbereich des EU-Rechts fällt", dagegen mit Recht *Gascón Inchausti*, in: ders./Hess (ed.), The Future of the European Law of Civil Procedure (2020), S. 241, 244.

66 Diese Einteilung folgt der Studie von *Tulibacka* (oben Fn. 63), S. 19–20.

67 Etwa Art. 22 (Öffentlichkeit), 23 RL-Entwurf (richterliche Unabhängigkeit und Unparteilichkeit), kritisch *Gascón Inchausti*, in: ders./Hess (ed.), The Future of the European Law of Civil Procedure (2020), S. 241.

68 Besonders deutlich der Katalog einzelner Maßnahmen in Art. 9 RL-Entwurf zur Prozessleitung des Gerichts.

69 *Gascón Inchausti*, in: ders./Hess (ed.), The Future of the European Law of Civil Procedure (2020), S. 241, 261 f.

70 *Gascón Inchausti*, in: ders./Hess (ed.), The Future of the European Law of Civil Procedure (2020), S. 241, 258 ff.

für jede Form von Zivilverfahren;[71] um die Umsetzung der Grundrechtsgarantien des Art. 47 GRC?[72] Die fehlende Systematik des Regelungsvorschlags erweist sich dabei als eine weitere, grundsätzliche Schwäche.[73] Dennoch behauptete ein vom EU-Parlament in Auftrag gebenes „Impact-Assessment“, dass die Umsetzung der Richtlinie in den EU-Mitgliedstaaten jährliche Einsparungen zwischen 4,7 bis 7,4 Milliarden EUR (je nach dem Umfang der Umsetzung) bewirken könne.[74] Die EU-Kommission hat den Vorschlag des Parlaments nicht aufgegriffen.[75]

4. Die ELI/Unidroit European Rules on Civil Procedure

Das zur Zeit ambitionierteste Vorhaben zur Prozessrechtsvereinheitlichung in Europa 14.15
treiben derzeit das European Law Institute[76] und Unidroit voran. Ziel ist die Erarbeitung eines Modellgesetzes für ein europäisches Zivilverfahren, die sog. European Rules of Civil Procedure. Diese sollen auf den ALI/Unidroit Principles on Transnational Civil Procedure (2004) aufbauen und an die regionalen Besonderheiten des Europäischen Justizraums adaptiert werden.[77] Gedacht ist an die Schaffung eines europäischen Verfahrens (European Rules of Civil Procedure), das die Gerichte der Mitgliedstaaten in nationalen und in grenzüberschreitenden Streitigkeiten anwenden und das zugleich als Modellgesetz für nationale (oder supranationale) Gesetzgebung dienen kann. Trotz der ehrgeizigen Zeitvorgaben von Unidroit[78] befindet sich das Projekt derzeit immer noch nicht in der Schlussphase.[79]

---

71 Kritisch *Richard*, in: Gascón Inchausti/Hess (ed.), The Future of the European Law of Civil Procedure (2020), S. 265, 277 f.

72 So die ausdrückliche Formulierung in Art. 1 des RL-Entwurfs.

73 Letztlich handelt es sich um eine Kompilation unterschiedlicher Grundsätze und Regeln.

74 *Evas/van Ballegooij*, Common minimum standards of civil procedure, European added value assessment, PE 642.804 (August 2019), https://www.europarl.europa.eu/thinktank/en/document.html?reference=EPRS_STU(2019)642804. Diese Zahlen zeigen den geringen Nutzen der Impact Assessments von Gesetzgebungsmaßnahmen im Zivilverfahrensrecht.

75 Zur Zurückhaltung der EU-Kommission *Richard*, in: Gascón Inchausti/Hess (ed.), The Future of the European Law of Civil Procedure (2020), S. 265, 267 f.

76 https://www.europeanlawinstitute.eu/projects-publications/current-projects-feasibility-studies-and-other-activities/current-projects/civil-procedure/

77 Die Ambition des Projekts geht freilich weiter. Denn die „Rules“ berücksichtigen zudem die EMRK und die GRC, den sonstigen „acquis“ des Unionsrechts, die gemeinsamen Traditionen der EU-Mitgliedstaaten sowie die Vorschläge der Storme-Kommission, vgl. die Beschreibung des Projekts auf der Website des ELI (oben Fn. 76).

78 Unklar bleibt die Rolle von Unidroit in diesem – genuin europäischen – Projekt. Offensichtlich sollen die European Rules als ein erstes, regionales Projekt zur Umsetzung der Principles dienen.

79 Angesichts der knappen Zeitvorgaben von Unidroit (das eine Teilfinanzierung übernommen hatte) drohte das Projekt daran zu scheitern, dass den Arbeitsgruppen nicht genügend Zeit zur Erstellung eigenständiger Texte blieb. Dies hatte zur Folge, dass eine Hinterfragung der Grundidee des Projekts

14.16 Die Organisation des Projekts übernimmt ein „Steering Committee", dem der Generalsekretär von Unidroit, die erste Präsidentin des ELI sowie drei Prozessualisten aus Italien (*Caponi*), Deutschland (*Stürner*) und England (*Sorabji*) angehören. Arbeitsgruppen mit Wissenschaftlern aus verschiedenen EU-Mitgliedstaaten bearbeiten folgende Themengebiete: Einstweiliger Rechtsschutz, Informationsbeschaffung und Beweisrecht, Zustellungen, Pflichten der Parteien und des Gerichts. Weitere Arbeitsgruppen behandeln Rechtskraft und Rechtshängigkeit, Urteile und Versäumnisverfahren, Parteien und kollektiver Rechtsschutz, Kosten und Rechtsmittel. Inzwischen wurde eine „Strukturgruppe" gebildet, die die Teilentwürfe harmonisieren und Lücken füllen soll.[80]

14.17 Der aktuelle Entwurf (Stand: März 2020) besteht aus 12 Teilen, nämlich einem Allgemeinen Teil,[81] Teil 2: Parteien; Teil 3: Case Management, Teil 4: Eröffnung des Verfahrens; Teil 5: Verfahrensgang bis zum Urteil; Teil 6: Zustellungen; Teil 7: Zugang zu Information und Beweisaufnahme; Teil 8: Urteile, Rechtskraft und Rechtshängigkeit; Teil 9: Rechtsmittel und andere Rechtsbehelfe; Teil 10: Einstweiliger Rechtsschutz; Teil 11: Kollektiver Rechtsschutz; Teil 12: Kosten und Prozessfinanzierung. Insgesamt werden alle Aspekte des Zivilverfahrens[82] angesprochen – mit Ausnahme der Zwangsvollstreckung.

14.18 Das Projekt wirft methodische Fragen auf: Zum einen bedarf die Erarbeitung eines genuin europäischen Projekts einer vorgängigen Bestandsaufnahme und Analyse der europäischen und der mitgliedstaatlichen Regelungen[83] – andernfalls wird im Ergebnis ein „top-down" Rechtstext erstellt, der sich an den „transnational principles" orientiert. [84] Ein strukturelles Defizit besteht darin, dass das „europäische

(und der Vollständigkeit und Geeignetheit der Principles) nicht hinreichend geleistet werden konnte, kritisch *Hess*, IJPL 6 (2016), 55.

80 Dazu *Stürner*, in: Hess (Hrg.), Europäisches Modellgesetz für Zivilverfahren (2020), im Erscheinen, bei Fn. 80.

81 Dieser ist unterteilt in: Abschnitt 1: Anwendungsbereich; Abschnitt 2: Grundsätze (Kooperation, Verhältnismäßigkeit, einvernehmliche Streitbeilegung, Rechtliches Gehör, Recht auf Verteidigung, mündliches, schriftliches und öffentliches Verfahren, Verfahrenssprache, Interpretation und Übersetzung), Abschnitt 3: Beginn, Beedigung und Umfang des Verfahrens, Tatsachen, Beweis und anwendbares Recht. Die Rules folgen hier dem Vorbild der „principes directeurs" des franzöischen Code de Procédure Civile.

82 Ausnahme: Zuständigkeit – hier sollte keine Abweichung von den Regelungen der EuGVO vorgenommen werden, dazu *Stürner*, in Hess (Hrg.), Europäisches Modellgesetz für Zivilverfahren (2020), im Erscheinen, bei Fn. 78.

83 Ein strukturelles Defizit des aktuellen Entwurfs besteht darin, dass die offiziellen Kommentare der Vorschriften (die die Arbeitsgruppen erstellt haben) bei der Bereinigung von Hinweisen auf die jeweiligen nationalen Vorbilder „bereinigt" wurden. Das erschwert die Verständlichkeit und erleichtert nicht die Akzeptanz der vorgeschlagenen Lösungen.

84 Ein Vorteil des Projekts besteht darin, dass es auf den Vorarbeiten der ALI/Unidroit Principles aufbauen kann, deren vergleichende Rechtsetzungsqualität inzwischen anerkannt ist, auch wenn diese bisher weder von nationaler noch regionaler Gesetzgebung direkt übernommen wurden. *Silvestri*, in: Gascón Inchausti/Hess (ed.), The Future of the European Law of Civil Procedure (2020), S. 199, 201 ff.

Recht" über den Anwendungsbereich der „principles" hinausgeht, etwa im Bereich der Rechtsmittel[85] oder des kollektiven Rechtsschutzes.[86] Die „transnational principles" wurden jedoch ihrerseits mit einer anderen Zielsetzung erarbeitet, nämlich zur Überbrückung transatlantischer Gegensätze im Prozessrecht.[87] Darum geht es im Europäischen Justizraum jedoch nicht – es handelt sich um ein originär „regionales Projekt". Auch muss ein Konsens darüber hergestellt werden, welche Arten von Rechtsstreitigkeiten die European Rules erfassen sollen und welches Regelungsziel verfolgt wird: die Erarbeitung eines europäischen Grundmodells für sämtliche Zivilverfahren (einschließlich Verbraucherstreitigkeiten), oder eines Grundmodells für (alle) grenzüberschreitende Prozesse.[88] Denkbar wäre auch ein Modellverfahren für entsprechende Wirtschaftsstreitigkeiten (*business to business disputes*).[89]

Zudem bleibt das bereits aufgezeigte, grundsätzliche Bedenken im Hinblick auf **14.19**
eine – reine – Prozessrechtsvereinheitlichung bestehen: Solange die Zivilgerichte der EU-Mitgliedstaten einheitliche Verfahrensvorschriften in unterschiedlichen Prozessrechtskulturen anwenden, erscheint es keineswegs sicher, dass hieraus eine einheitliche Praxis resultiert.[90] Daher ist eine alleinige Verfahrensvereinheitlichung nur ein halber Schritt zur Schaffung eines einheitlichen Prozessrechts – solange die Justizstrukturen und Prozessrechtskulturen der Mitgliedstaaten unberührt bleiben. Die Europäische Bagatellverordnung hat gezeigt, dass eine bloße Verfahrensvereinheitlichung rasch an die Grenzen des Machbaren stößt.[91] Diese Überlegungen verdeutlichen, dass der EuGH mit dem Grundsatz der „Verfahrensautonomie der Mitgliedstaaten"[92] den aktuellen (und fortbestehenden) Regelungszustand der nationalen Verfahrensrechte durchaus zutreffend umschrieben hat.

---

85 Dazu *Kern*, in: Gascón Inchausti/Hess (ed.), The Future of the European Law of Civil Procedure (2020), S. 223 ff.

86 Hier „kollidieren" die Vorschläge der European Rules mit den aktuellen Rechtsetzungsverfahren der EU im kollektiven Rechtsschutz, oben § 11 III 1, Rdn. 11.58 ff.

87 Ausführlich *Huber*, Entwicklung transnationaler Prozessrechtsregeln, S. 387, 389; *Stürner*, RabelsZ 69 (2005), 201 ff.

88 Inzwischen hat sich die Steering Group für ein Modell entschieden, dass das nationale und das internationale Zivilverfahrensrecht (intra- und extra-EU Verfahren) gleichermaßen einschließen soll. Dies hat freilich zur Folge, dass einige Abschnitte gesonderte Regelungen für grenzüberschreitende Prozesse enthalten – in manchen Bereichen (etwa bei der Rechtshängigkeit) verweisen die Regeln auf die entsprechenden Vorschriften der EuGVO, da es keinen Sinn macht, von einer seit Jahrzehnten praktizierten Regelung abzuweichen.

89 So letztlich das Leitbild der ALI/Unidroit Principles, *Huber*, Entwicklung transnationaler Modellregeln für Zivilverfahren, S. 389 ff.

90 *Stürner*, Uniform Law Review 19 (2014), 322, 327; *Gascón Inchausti*, in: ders./Hess (ed.), The Future of the European Law of Civil Procedure (2020), S. 241, 262 ff.

91 Oben § 10 III, Rdn. 10.93 ff.

92 EuGH, 26.10.2006, Rs. C-168/05, *Mostaza Claro*, EU:C:2006:675; EuGH, 14.6.2012, Rs. C-618/10, *Banco Español de Crédito*, EU:C:2012:349.

14.20 Das ELI/Unidroit Projekt zeigt aber auch, dass die Prozessrechtswissenschaft in Europa organisatorisch und methodisch gerüstet ist, um der Rechtspolitik Reformen vorzuschlagen, die Modernisierungsschübe in den nationalen und europäischen Verfahrensrechten auslösen können.[93] Das ELI/Unidroit Projekt kommt daher grundsätzlich zur richtigen Zeit – trotz der aktuellen Krisen der Union. Es bleibt freilich abzuwarten, inwieweit es die Entwicklung des europäischen Prozessrechts auch tatsächlich beeinflussen wird.

III. Entwicklungen: Europäisches Zivilprozessrecht und nationale Verfahrensrechte

1. Öffnung und Angleichung nationaler Prozessrechtskulturen

14.21 Die gegenwärtige Entwicklung des Prozessrechts in Europa kennzeichnet einerseits die wachsende Verzahnung der nationalen Rechtsordnungen durch die Unionsrechtsakte, andererseits der gewachsene Konkurrenz- und Modernisierungsdruck der nationalen Prozessrechte.[94] Die Öffnung der nationalen Verfahrensrechte trifft insbesondere die Prozessrechte der sog. „großen" EU-Mitgliedstaaten oft unvorbereitet – hier fehlt es häufig an einer genuin rechtsvergleichenden Perspektive.[95] Diese Entwicklung verläuft nicht reibungsfrei: Insbesondere die Prozessrechte des Common Law haben in prominenten Verfahren vor dem EuGH (*Turner, Owusu, West Tankers*)[96] zunächst Rückschläge im Hinblick auf überkommene Rechtsinstitute hinnehmen müssen, die mit der vorherrschenden, kontinentalen Konzeption des Europäischen Prozessrechts nicht vereinbar waren.[97] Andererseits ist nicht zu übersehen, dass auch die kontinentalen Prozessrechte sich verändern: Die Vorgaben der Enforcement-Richtlinie zur vorprozessualen Information und Beweissicherung,[98] die Vorgaben der DSGVO[99] und die rechtspolitischen Vorschläge der EU-Kommission zum kollektiven Rechtsschutz im Verbraucherschutz[100] ändern die Prozessrechte der „kontinentalen"

---

93 Die Erarbeitung des Projekts erfolgte unter Einbeziehung von Prozessualisten aus fast allen EU Mitgliedstaaten.

94 *Hess*, in: Gottwald (Hrg.), Effektivität des Rechtsschutzes, S. 121, 159 ff.

95 Ursache ist die dort traditionell fehlende rechtsvergleichende Umschau im Vorfeld rechtspolitischer Vorhaben: *Hess*, Ritsumeikan Law Review 2010, 191 ff. Die Rechtsdogmatik und die Rechtspolitik in kleineren EU-Mitgliedstaaten verfolgen hingegen aufmerksamer die Rechtsentwicklungen größerer Nachbarstaaten bzw. Nachbarrechtsordnungen.

96 Dazu oben § 4 II, Rdn. 4.72 ff.

97 Vgl. etwa die pointierte Kritik bei *Harris*, JPrInt'l L 4 (2008), 347, 359 ff.

98 Dazu oben § 11 II, Rdn. 11.37 ff.

99 Dazu oben § 11 III, Rdn. 11.93 ff.

100 Vgl. oben § 11 III, Rdn. 11.70 ff.

Mitgliedstaaten gleichfalls tiefgreifend. Hier setzen sich Regelungsmodelle durch, die ihren Ursprung im anglo-amerikanischen Prozessrecht haben.[101]

In den vergangenen Jahrzehnten wurden die nationalen Verfahrensrechte der EU- **14.22**
Mitgliedstaaten im Hinblick auf die Prozessrechtsvergleichung regelrecht geöffnet.[102] Der Blick auf die Rechtslage in den anderen (Nachbar-)Staaten wird heute nicht als „Bildungserlebnis weltferner Professoren", sondern als Teil einer wachsenden, gesamteuropäischen Prozessrechtskultur verstanden.[103] Die Konstitutionalisierung des Prozessrechts durch Art. 47 GR-Charta und Art. 6 EMRK wirkt dabei als wichtiger Schrittmacher.[104]

Die Leitentscheidungen des EuGH zur Auslegung des nationalen Prozessrechts **14.23**
stammen von Vorabentscheidungsersuchen aus verschiedenen EU-Mitgliedstaaten. Sie erfordern häufig Kenntnisse über die Rechtslage im Ausgangsstaat, um die Aussagen des Europäischen Gerichtshofs zutreffend einordnen zu können.[105] Greifbar werden die aktuellen Veränderungen vor allem bei der Prozessrechtswissenschaft, die sich inzwischen zunehmend methodisch aus dem Prokrustesbett der nationalen Kodifikationen befreit hat und aus rechtsvergleichenden Untersuchungen nachhaltige Impulse erfährt.[106] Gefördert von der EU-Kommission haben sich Forschungsnetzwerke zwischen europäischen Universitäten und außeruniversitären Forschungseinrichtungen herausgebildet.[107] Diese Projekte bilden den *nucleus* einer europäischen Prozessrechtswissenschaft, die sich verstärkt empirischer und statistischer Forschung öffnet. Ganz generell haben sich die Kenntnisse (und die Informationsmöglichkeiten) über ausländische Prozessrechte in den letzten drei Jahrzehnten strukturell verbessert.[108] Kontakte zwischen den nationalen Höchstgerichten in verschiedenen Netzwerken haben zur Folge, dass vermehrt ausländische Entschei-

---

101 Zu „importierten Rechtsinstituten" vgl. auch *Kodek*, ÖJZ 2008, 918, 922 f.

102 Zur Bedeutung der Prozessrechtsvergleichung in der Europäischen Union *Gascón Inchausti*, in: Hess (Hrg.), Europäisches Insolvenzrecht (2019), S. 111 ff.

103 Bemerkenswert ist die Darstellung von *Guinchard et al* (ed.), Droit processuel (10. Aufl. 2019), mit einer Querschnittbetrachtung der Verfahrensrechte Englands, Frankreichs, Deutschlands, Spaniens und der USA unter Einschluss der internationalen und unionsrechtlichen Entwicklungen. Eine entsprechende Darstellung in deutscher Sprache steht bisher aus.

104 Dazu bereits oben § 11 I, Rdn. 11.4 und Rdn. 11.19 ff. Zurückhaltend *Düsterhaus*, in: Gascón Inchausti/Hess (ed.), The Future of the European Law of Civil Procedure (2020), S. 69 ff.; wie hier jedoch *Kodek*, ÖJZ 2008, 919, 922 ff.

105 *Hess/Taelmann*, in: Hess/Law (ed.), Luxembourg Report on EU Procedural Law (2019), Vol. II, Kap. 3, S. 95 ff. (zur Einordnung der *ex officio*-Anwendung europäischen Verbraucherrechts).

106 *Stadler*, BDGVR 42 (2007), S. 177, 178; *Koch*, ZEuP 2007, 735, 737 ff., fordert mit Recht eine verstärkte Einbeziehung der Rechtssoziologie.

107 Erfolgreiche Beispiele sind die Forschungsprojekte EUFams I und II, EU-Pillar, IC2BE, jeweils mit ausführlichen Websites zu den Forschungsprojekten.

108 Eine Vorreiterrolle nimmt dabei das e-justice-Portal ein, dazu oben § 1 III, Rdn. 1.42 ff.

dungen und Autoren zitiert werden.[109] Online zugängliche Datenbanken machen die jeweiligen Rechtsprechungspraktiken weltweit zugänglich.

14.24 Allerdings fehlt eine hinreichende Koordinierung der heterogenen Datenbanken der zahlreichen Einzelprojekte, die bisher immer nur lokal und temporär radizierte Ergebnisse der Anwendung einzelner EU-Rechtsakte dokumentieren. Die Vernetzung und Vervollständigung der unterschiedlichen Datenbanken der Einzelprojekte ist eine vorrangige Aufgabe, um die unsystematische Forschung der Einzelprojekte für eine kohärente Erfassung fruchtbar zu machen.[110]

14.25 Auch die nationalen Gesetzgeber stützen Gesetzgebungsvorhaben inzwischen häufig auf rechtsvergleichende Erwägungen[111] – nicht zuletzt um den jeweils eigenen Justizstandort im Europäischen Wettbewerb zu stärken.[112] Immer öfter wird sog. „strategische Gesetzgebung" eingesetzt: Sie verfolgt einerseits das Ziel, im Wettbewerb der Justizstandorte mitzuhalten; andererseits geht es darum, die nationale Lösung auf Unionsebene zu transportieren.[113] Allerdings sollten die Entwicklungen nicht überschätzt werden – es gibt weiterhin Bereiche nationaler Justizpolitik, in denen ausländische Parallelentwicklungen nicht ansatzweise wahrgenommen werden.[114]

14.26 Mit der wachsenden Verzahnung der nationalen Verfahrensrechte[115] geht eine Anpassung der nationalen Verfahrenskulturen einher.[116] Die Folge sind nachhaltige Modernisierungsschübe: Im deutschen Prozessrecht etwa bei der Einführung prozessualer Vorlagepflichten im Beweisrecht,[117] bei der Einführung kollektiver Rechtsbehelfe[118] und bei der alternativen Streitbeilegung,[119] bei der Diskussion um die Flexibilisierung des Kostensystems,[120] schließlich bei der Diskussion um die Stärkung der

---

109 Statistische Erhebungen fehlen; zur Bezugnahme auf Autoren mit spezifisch rechtsvergleichendem Ansatz in der höchstrichterlichen Rechtsprechung vgl. *Markesinis/Fedtke*, Engaging with Foreign Law (2009), S. 88 f. Die Praxis des EuGH ist bedauerlicherweise viel zu zurückhaltend.

110 Dann könnten die Datenbanken auch von der Rechtspraxis als Referenz herangezogen werden.

111 Vgl. etwa die rechtsvergleichende Umschau in der Begründung des Regierungsentwurfs zum Kapitalanleger-Musterverfahrensgesetz, BT-Drs. 15/5091, S. 13 ff.

112 Vgl. dazu bereits oben § 1, Rdn. 1.30 ff. Ein aktuelles Beispiel ist die Einrichtung von „International Commercial Courts", dazu unten Rdn. 14.31 ff.

113 Beispiele finden sich zumeist im Kollisionsrecht, vgl. etwa den Referentenentwurf zur Neuregelung des Internationalen Gesellschaftsrechts (2007), dazu *R. Wagner/Timm*, IPRax 2008, 81 ff.

114 Etwa bei der Einführung sog. neuer Steuerungselemente im Zivilprozessrecht, dazu *Hess*, in: Gottwald (Hrg.), Effektivität des Rechtsschutzes, S. 121, 135 ff. Auch die Neuregelung des FamFG erfolgte offensichtlich ohne rechtsvergleichende Vorarbeiten.

115 Eine wichtige Rolle spielen grenzüberschreitend fusionierte Wirtschaftskanzleien, die die Wirtschaftsakteure bei der Vorbereitung grenzüberschreitender Prozesse in unterschiedlichen Staaten beraten – „litigation planning".

116 *Vallines García*, in: Gascón Inchausti/Hess (ed.), The Future of the European Law of Civil Procedure (2020), S. 123 ff.

117 Dazu oben § 11 II, Rdn. 11.35 ff.

118 Vgl. oben § 11 III, Rdn. 11.58 ff.

119 Vgl. oben § 12 II, Rdn. 12.16.

120 Die Diskussion um die Eindämmung der Kosten des englischen Zivilprozessrechts erfolgte unter Bezugnahme auf das deutsche Kostenrecht.

Sachaufklärung in der Zwangsvollstreckung.[121] Die Judikatur des EGMR zum effektiven Rechtsschutz hat die Einführung einer Untätigkeitsbeschwerde in Deutschland bewirkt.[122] Ähnliche Modernisierungsschübe sind auch für die Prozessrechte anderer EU-Mitgliedstaaten zu beobachten: In den neuen (überwiegend) mittel- und südosteuropäischen Mitgliedstaaten wurde der Beitritt zur Europäischen Union von einer grundsätzlichen Reform der Justizsysteme abhängig gemacht und deren Implementierung besonderer Beobachtung unterstellt.[123]

Die größten rechtskulturellen Unterschiede zwischen den europäischen Prozessrechten beruhen auf der Trennung zwischen dem kontinentalen Prozessrecht und dem Prozessrecht des „Common Law".[124] Im Europäischen Justizraum gehören zu letzterem (vor dem Brexit) die englischen und die irischen Prozessrechte sowie (mit Abstufungen) Zypern. Allerdings haben zwischenzeitliche Modernisierungen der Prozessrechte die Unterschiede verringert. Kennzeichen des englischen Zivilverfahrens ist die Zweiteilung in eine *pre-trial* und eine *trial*-Phase; die Dominanz der Anwälte bei der Vorbereitung und Durchführung des Verfahrens; die unterschiedliche Verfahrenskultur bei der Beweisaufnahme; von den (exorbitanten) Prozesskosten ganz zu schweigen. Allerdings beinhaltet die Bezeichnung „*civil law*-Prozess" eine erhebliche Vereinfachung. Deutliche Unterschiede bestehen jedoch auch zwischen den romanischen Prozessrechten und dem deutsch-österreichischen Prozessrecht – etwa bei der Vorbereitung und der Durchführung der mündlichen Verhandlung oder bei der Urteilsabfassung.[125] Eine Sonderstellung nehmen zudem die skandinavischen Prozessrechte ein.[126] 14.27

Die Klassifikation erinnert an die traditionelle Einteilung der Rechtsvergleichung, 14.28
die sog. Rechtskreise unterscheidet: Romanische Rechte, Common Law, deutsch-österreichischer und skandinavischer Rechtskreis.[127] Bei näherer Betrachtung erscheint die Einteilung kaum haltbar: Sie ist zu stark von der zivilrechtlichen Rechtsvergleichung vorgeprägt. Strukturelle Unterschiede beginnen bei den Grundmodellen der Prozesse (Beibringungsgrundsatz, Amtsermittlung, Bedeutung von Mündlichkeit und Schriftlichkeit), dem Ablauf der Verfahren (*pre-trial* und *trial*; schriftliches Vorverfahren und mündliche Hauptverhandlung); der Zugänglichkeit von Informa-

121 Vgl. etwa § 802l ZPO (Auskunftsrecht des Gerichtsvollziehers), die Neuregelung (2009) erfolgte nach einer rechtspolitischen Debatte, die auch substantielle Rechtsvergleichung einschloss, dazu Stein/Jonas/*Würdinger*, § 802l ZPO, Rdn. 1 ff.

122 Dazu *Hess*, FS Rechberger (2005), S. 211 ff., vgl. inzwischen §§ 198 ff. GVG, eingefügt durch Gesetz vom 24.11.2011, BGBl. I 2302.

123 Insbesondere in Bulgarien und Rumänien (2007) sowie Kroatien (2012), vgl. dazu oben § 2 I, Rdn. 2.32.

124 Dazu *Stadler*, BDGVR 42 (2007), 177, 180 ff.; *Koch*, ZEuP 2007, 735, 746 ff. Der Austritt Großbritanniens aus der EU relativiert dieses Problem ganz nachhaltig.

125 Zur „Verfahrensarchitektur" *Stadler*, BDGVR 42 (2007), 177, 182 ff.; *Stürner*, FS Schumann, S. 491 ff.

126 *Lindblom*, EuRPL 1997, 11, 16 ff.

127 Der sog. „sozialistische Rechtskreis" ist in den 1990er Jahren von selbst entfallen, die mittel- und osteuropäischen Staaten haben erhebliche Reformen der Gerichtsbarkeit und der Verfahrensordnungen durchgeführt und sich dabei auch an früheren Rechtstraditionen orientiert, vgl. *Koch*, ZEuP 2007, 735, 750 f.

tionen und der Form und dem Ablauf der Beweisaufnahme;[128] dem Umfang und Funktion der Rechtsmittel. Wesentliche Bedeutung hat zudem die Qualifikation der Richter und der sonstigen Personen, die Aufgaben der Rechtspflege wahrnehmen. Ein maßgeblicher Unterschied ist auch, ob das Leitbild des Prozesses auf anwaltlicher Vertretung oder auf dem Prozess mit der Naturalpartei beruht.[129] Die Beispiele verdeutlichen, dass bei jeder Problemstellung erneut eine individuelle Grenzziehung vorzunehmen ist: Beispielsweise ähnelt die in sich geschlossene Stoffsammlung des romanischen Rechtskreises mehr der Stoffsammlung des *pre-trial* des Common Law als der eher offenen Vorbereitung der Hauptverhandlung des deutsch-östereichischen Prozesses.[130] Weitere Beispiele lassen sich hinzufügen.[131] Weiterführen vermag daher nur eine funktionale Rechtsvergleichung, die von spezifischen Fragestellungen ausgehend die Ausgestaltungen der verschiedenen Prozessrechte in den Blick nimmt.[132] So erscheint beispielsweise eine Untersuchung (gerichtsnaher) Mediation anhand unterschiedlicher Rechtskreise methodisch verfehlt: Die Mediation ist ein Phänomen des US-amerikanischen Prozessrechts, das die europäischen Verfahrensrechte, ganz ungeachtet von ihrer Zugehörigkeit zu verschiedenen „Rechtskreisen“, in sehr heterogenem Maß rezipiert haben.[133]

14.29 Moderne Prozessrechtsvergleichung fokussiert zudem auf den praktischen Verlauf der Verfahren. Sie versucht identische Fallkonstellationen in verschiedenen Prozessen wirklichkeitsnah „durchzuspielen“, um die Eigenarten der jeweiligen Verfahrensrechte zu erfassen.[134] Noch in den Anfängen befindet sich die sog. „statistische Rechtsvergleichung“, die sich um eine einheitliche Erfassung und Auswertung statistischer Daten zur Rechtspflege in verschiedenen Staaten bemüht.[135] Hinter diesem Ansatz stehen ökonomische Überlegungen – etwa zur „Effizienz“ nationaler Justizsysteme.[136] Auch wenn die durch derartige Studien vermittelten Einsichten bisweilen durchaus zielführend erscheinen, ist vor einer vordergründigen Gegenüberstellung bloßer „Zahlen“ zu warnen: Die nationalen Gerichtssysteme beruhen auf sehr heterogenen Prämissen, die sich einer bloßen statistischen Erfas-

---

128 Vgl. *Hess*, in: Marauhn (Hrg.), Bausteine eines europäischen Beweisrechts, S. 17 ff.; *Huber*, Entwicklung transnationaler Modellregeln, S. 93 ff.; *Koch*, ZEuP 2007, 735, 743 ff.

129 Zum Europäischen Bagatellverfahren vgl. oben § 10 III, Rdn. 10.93 ff.

130 Dazu *Stadler*, BDGVR 42 (2007), 177, 185; *Huber*, in: Hess (Hrg.), Europäisches Insolvenzrecht (2019), S. 71.

131 Etwa im Bereich der Rechtsmittel: Frankreich und Belgien halten am Konzept der vollen zweiten Tatsacheninstanz fest (*double degré de juridiction*), während der Umfang der Rechtsmittel in England, Deutschland, Italien und (traditionell) in Österreich begrenzt ist, dazu *Kern*, in: Gascón Inchausti/ Hess (ed.), The Future of the European Law of Civil Procedure (2020), S. 223, 228 ff.

132 *Stürner*, FS Schumann, S. 491 ff.; *Gilles*, Prozessrechtsvergleichung, S. 110 ff.

133 Zu diesen Ansätzen *Hess*, Gutachten zum 67. DJT (2008), F, 70 ff.

134 Vgl. das praktische Fallbeispiel zum Vollstreckungsrecht *Andenas/Hess/Oberhammer* (ed.), Enforcement Agency Practice, S. 343 ff.

135 Vgl. *Siems*, RabelsZ 72 (2008), 354 ff.; *Kern*, JZ 2009, 498 ff. Damit greift die Prozessrechtsvergleichung – mit Recht – Reformansätze (Stichwort: Neue Steuerungselemente) in den nationalen Verfahrensrechten auf, dazu *Hess*, in: Gottwald (Hrg.), Effektivität des Rechtsschutzes, S. 121, 143 ff.

136 Es werden regelrechte „*rankings*“ der Justizsysteme erstellt, *Siems*, RabelsZ 72 (2008), 355, 381 ff.

sung häufig entziehen: man denke nur an die „Akzeptanz" eines Justizsystems, die keineswegs nur von der Schnelligkeit des Erlasses gerichtlicher Entscheidungen abhängt. Letztlich werden derartige Erhebungen von rechtskulturellem Vorverständnis des jeweiligen „Fragestellers" nachhaltig determiniert. Die statistische Vergleichung erfordert zunächst funktionale Untersuchungen des Vergleichsgegenstands, um aussagekräftige Ergebnisse zu ermöglichen.[137] Als ergänzender methodischer Ansatz erscheint jedoch die „statistische" Vergleichung der Justizsysteme durchaus hilfreich.[138]

2. Wettbewerb der nationalen Justizsysteme

Die europäischen Rechtsakte koordinieren nicht nur die Justizsysteme der EU-Mitgliedstaaten. Sie fördern zugleich den Wettbewerb zwischen den nationalen Gerichten.[139] Dies zeigen vor allem die Entwicklungen im Anwendungsbereich der Brüssel Ia-Verordnung.[140] Im Hinblick auf lukrative Streitigkeiten, etwa im Kapitalmarktrecht, im Bereich des geistigen Eigentums oder bei Kartellklagen, bemühen sich die EU-Mitgliedstaaten, Klagen mit hohen Streitwerten an ihre Gerichte zu ziehen. Hierfür halten sie gut ausgestattete, spezialisierte Gerichte vor, die ein modernes Verfahrensrecht anwenden. 14.30

Diese Entwicklung betrifft vor allem die Einrichtung sog. „international commercial courts" in verschiedenen EU-Mitgliedstaaten, die der Brexit befördert hat. Vor dem Austritt des Vereinigten Königreichs aus der Union hatte sich der High Court of London zu dem meist gewählten Gericht im Europäischen Justizraum entwickelt – die sog. „financial list" des Commercial Court[141] enthält sogar ein spezielles Verfahren für Streitigkeiten mit einem Streitwert von mehr als 50 Millionen GBP.[142] Die Zuständigkeit des Commercial Court wird dabei häufig in Gerichtsstandsklauseln (Art. 25, 31 EuGVO) begründet; bei fehlenden vertraglichen Beziehungen ergibt sich die internationale Zuständigkeit häufig aus Art. 7 Nr. 2 EuGVO; bei mehreren Beklagten aus Art. 8 Nr. 1 EuGVO.[143] 14.31

137 Zu den Verbesserungen der im Rahmen von CEPEJ durchgeführten Untersuchungen vgl. *Albers*, in: van Rhee/Uzelac (ed.), Civil Justice between Efficiency and Quality (2008), S. 9 ff.

138 *Dori*, MPILux Working Paper 3 (2015); *Huber*, in: Hess (Hrg.), Europäisches Insolvenzrecht (2019), S. 77, 92 ff.

139 *Themeli*, The Great Race of Courts, S. 81 ff.

140 Weitere Beispiele betreffen das Europäische Insolvenz- und Restrukturierungsrecht, oben § 9 II 3, Rdn. 9.34 ff., sowie die Bezeichnung von London als „capital of divorce" (für sog. „superreiche" [Frauen]), oben § 7 I 1, Rdn. 7.6.

141 Es handelt sich hierbei um eine Untereinheit des High Court of England and Wales.

142 *Blair*, IJPL 9 (2019), 212, 223 f.

143 Nach dem Brexit fallen diese Gerichtsstände weg (vorbehaltlich der auslaufenden Übergangsregeln, § 5 III 3, Rdn. 5.85). Insbesondere für Gerichtsstandsklauseln bietet das Haager Gerichtsstandsübereinkommen kein adäquates Substitut, dazu oben § 5 III 3, Rdn. 5.89.

14.32 Der Erfolg des Commercial Court London war (zwischenzeitlich) beachtlich. 70 % der dort verhandelten Fälle betrafen zumindest eine Partei, die nicht aus England und Wales kam, fast 50 % der Verfahren betrafen ausschließlich ausländische Parteien.[144] Für den Erfolg des Justizstandorts London werden mehrere Faktoren genannt. Zunächst die Bedeutung der City als internationaler Finanzplatz, die weit verbreitete Wahl englischen Rechts und englischer Gerichte (oder entsprechender Schiedsgerichte) in internationalen Wirtschaftsverträgen, die erwiesene Erfahrung englischer Anwälte und Richter in internationalen Wirtschaftsstreitigkeiten. Schließlich die Bedeutung der englischen Sprache im internationalen Wirtschaftsverkehr.[145] Greifbarer Nachteil sind die hohen und oft nicht kalkulierbaren Verfahrenskosten.

14.33 Das Modell des „international commercial court" haben inzwischen zahlreiche Staaten übernommen, insbesondere in Asien und im Nahen und Mittleren Osten.[146] Im Vorfeld des Brexit haben die Niederlande, Frankreich und mehrere deutsche Bundesländer International Commercial Courts eingerichtet – auch um von der nachlassenden Attraktivität des Justizstandorts London zu profitieren.[147]

14.34 Das ehrgeizigste Projekt ist der „Amsterdam International Commercial Court",[148] der auf einem eigenständigen Gesetz beruht.[149] Die Definition des *international commercial case* ist breit gefasst,[150] das Gericht entscheidet aufgrund einer modernen Prozessordnung (mit *case management*), die Richter kommen aus den Niederlanden, die Gerichtssprache ist Englisch – auch in der Berufungsinstanz.[151] Das Verfahren nutzt konsequent die Möglichkeiten der *information technologies*;[152] es hat allerdings seinen Preis: Im Vergleich zu Zivilgerichten fallen erhöhte Gebühren an.[153]

14.35 In Paris besteht bereits seit 1995 eine spezielle Kammer für internationale Handelsstreitigkeiten am Tribunal de Commerce, die Streitigkeiten entscheidet, an denen ausländische Parteien beteiligt sind. Der Gebrauch von Fremdsprachen war erlaubt.

---

144 Vgl. dazu den sog. Portland Report, Commercial Courts 2018, https://portland-communications.com/pdf/Portland-commercial-courts-report-2018.pdf.

145 *Blair*, IJPL 9 (2019), 212, 224; *Requejo Isidro*, IJPL 9 (2019), 4 ff.

146 Ausführlicher Überblick bei *Requejo Isidro*, IJPL 9 (2019), 4, 9 ff. (Vereinigte Arabische Emirate: Dubai International Finance Centre Court, Abu Dhabi Global Market Court; Asien: Singapur (17 ff.), China (10) sowie Kasachstan (32 ff.)). Zur Entwicklung vgl. auch *Blair*, IJPL 9 (2019), 212, 216 ff.

147 So etwa die Justizinitiative Frankfurt, dazu *Hess/Boerner*, Erasmus LRev 2019, 33 ff.

148 Website: https://www.rechtspraak.nl/English/NCC/Pages/default.aspx, dazu *Requejo Isidro*, IJPL 9 (2019), 4, 27 ff.

149 Verabschiedet im Dezember 2018, in Kraft seit dem 1.1.2019.

150 Vgl. Art. 1.3. der Verfahrensordnung, dazu *Requejo Isidro*, IJPL 9 (2019), 4, 27.

151 *Bauw*, Erasmus LRev 2019, 15, 17: Eine Änderung der niederländischen ZPO (Art. 31r) erlaubt die Abfassung der Urteile in englischer Sprache.

152 Zur Nutzung der *information technology* vgl. *Bauw*, Erasmus LRev 2019, 15, 17 f.

153 In der 1. Instanz ist eine *flat fee* in Höhe von 15.000 € zu zahlen, in der 2. Instanz sogar 20.000 € für die Gerichtskosten. Ausweislich von Schätzungen des niederländischen Justizrats liegen die Kosten in Amsterdam bei 20 % der Kosten in London, *Bauw*, Erasmus LRev 2019, 15, 17 f.

Seit Februar 2018 gibt es bei der Cour d'appel eine „chambre internationale“,[154] die speziell Rechtsstreitigkeiten entscheidet, an denen ausländische Parteien beteiligt sind oder ausländisches Recht angewandt wird.[155] Die Kammer ist mit Richtern besetzt, die Erfahrung mit internationalen Streitigkeiten haben und die über sehr gute englische Sprachkenntnisse verfügen.[156] Grundsätzlich findet der *code de procédure civile* Anwendung. Ein spezielles Protokoll über die Einrichtung der Kammer erlaubt Abweichungen vom allgemeinen Verfahren (etwa *case management, cross examination.*)[157] Der „Erfolg“ der Kammer beruht darauf, dass sie die Berufungsinstanz für sämtliche internationale Wirtschaftsstreitigkeiten ist, die Pariser Gerichte verhandeln.[158] Zugleich ist sie auch das zuständige staatliche Gericht für die Unterstützung und Kontrolle internationaler Schiedsverfahren.[159] Eine Website informiert zudem über die Rechtsprechungspraxis der Kammer in englischer Sprache.[160]

Initiativen zur Schaffung internationaler Handelskammern gibt es auch in Deutschland, vor allem in Frankfurt am Main und in Hamburg.[161] Deren Einrichtung erfolgte auf der Basis des geltenden GVG, da mehrere Initiativen des Bundesrats, den Gebrauch von Englisch als Verfahrenssprache **14.36**

---

154 Die Einrichtung der Commercial Chambers beruht auf einem Protokoll vom 7.2.2018, das von der Justizministerin, dem Gerichtspräsidenten sowie dem Vorstand der Anwaltskammer unterzeichnet wurde, dazu *Biard*, Erasmus LRev 2019, 24; 'Protocole relatif à la procédure devant la Chambre Internationale du Tribunal de Commerce de Paris', available at: https://www.coursappel.justice.fr/sites/default/files/2018- https://www.cours-appel.justice.fr/sites/default/files/2019-04/Traduction%20en%20anglais%20du%20protocole%20CCIP-CA%20-%20V4%20.pdf.

155 Eine genaue Definition fehlt nach Art. 1 des Protokolls, das einer weiten Formulierung von *Muir Watt/Burdeau* folgt: Ein internationaler Sachverhalt liegt danach vor, wenn entweder mehrere Rechtsordnungen involviert sind oder der Sachverhalt dem internationalen Handelsrecht zugehörig ist, dazu kritisch *Requejo Isidro*, IJPL 9 (2019), 4, 24.

156 Die Website der Cour d'appel enthält Lebensläufe der Richter(innen) sowie des Greffier (Leiterin der Geschäftsstelle). Das Verfahren läuft nicht auf Englisch ab, sondern parallel auf Englisch und Französisch. Das hat zur Folge, dass die Prozesshandlungen auf Französisch vorgenommen werden (das Urteil ergeht auf Französisch, wird ins Englische übersetzt), Schriftstücke und Zeugeneinvernahme können auf Englisch erfolgen, es wird in englischer Sprache verhandelt, dazu *Schaller*, Droit des affaires, Suppl. Oct. 2019, 36, 37 f.

157 Dazu *Aldebert*, Droit des affaires, Suppl. Oct. 2019, 31 ff. Das Protokoll strukturiert den Verfahrensgang in mehreren vorbereitenden Konferenzen vor der mündlichen Verhandlung.

158 Die Zuweisung erfolgt über die zentrale Geschäftsstelle der Cour d'appel, wenn ein Rechtsstreit internationale Elemente aufweist, dazu *Ancel*, Droit des affaires, Suppl. Oct. 2019, 17, 19 f. Damit war von Beginn an ein hinreichenden Fallaufkommen gesichert.

159 *M. E. Ancel*, Droit des affaires, Suppl. Oct. 2019, 24, 26 f.: ca. 40 % der Fälle betreffen Schiedsverfahren.

160 Dort finden sich auch Zusammenfassungen der Urteile in englischer Sprache, zugänglich unter https://www.cours-appel.justice.fr/paris/arrets-des-chambres-commerciales-internationales-de-parisiccp-ca-judgement.

161 *Hess/Boerner*, Erasmus LRev 2019, 33 ff.; zu früheren Initiativen vgl. *Lehmann*, in: Kramer/Sorabji (ed.), International Commercial Courts, 83, 85 ff.

zu ermöglichen, vom Bundesjustizministerium nur halbherzig unterstützt wurden. Sie scheiterten bisher im Bundesrat. Grundlage der speziellen Kammern ist der jeweilige Geschäftsverteilungsplan des Gerichts, der internationale Handelssachen der internationalen Kammer zuweist.[162] Dort kann, mit Zustimmung der Parteien, auf Englisch verhandelt werden, Übersetzungen der Dokumente in deutsche Sprache sind nicht erforderlich.[163] Die zahlreichen Möglichkeiten der ZPO zur Beschleunigung der Verfahren und zum *case management* werden kreativ genutzt – über das Verfahrensdesign informiert die Website des Gerichts. Das Urteil ergeht freilich in deutscher Sprache (mit englischer Übersetzung). Als problematisch hat sich die Einrichtung entsprechender internationaler Senate bei den Oberlandesgerichten oder gar beim Bundesgerichtshof erwiesen.[164] Im Ergebnis war das deutsche Modell bisher wenig erfolgreich und kann nicht mit seinen englischen, französischen oder niederländischen „Schwestergerichten" konkurrieren.[165]

14.37 Die Einrichtung der „International Commercial Courts" verdeutlicht, dass die Vorhaltung effektiver Gerichte nicht nur als Standortfaktor verstanden wird, sondern dass Justizpolitik auch das (legitime) Interesse von Rechtsberatungsmärkten berücksichtigen sollte.[166] Hier hat sich die Einschätzung in vielen EU-Mitgliedstaaten in den letzten 15 Jahren nachhaltig geändert.[167] Das bedeutet freilich nicht, dass hochpreisige Verfahren gegenüber anderen Prozessen generell oder grundsätzlich zu privilegieren wären.[168] Jedoch können derartige „Pilotverfahren" Reformeffekte für alle anderen Verfahren auslösen.[169] Zudem kann die Einrichtung leistungsfähiger Commercial Courts auch eine echte Alternative der staatlichen Justiz zur Schiedsgerichtsbarkeit sein mit dem positiven Effekt, dass die höchstrichterliche Judikatur in Wirtschaftsstreitigkeiten gestärkt wird. Entgegen manchen Stimmen in der Literatur ist hingegen die Einführung eines „European Commercial Court" nicht zu empfehlen.[170]

---

162 So insbesondere im LG Frankfurt, website: https://ordentliche-gerichtsbarkeit.hessen.de/ordentliche-gerichte/lgb-frankfurt-m/lg-frankfurt-m/kammer-f%C3%BCr-internationale-handelssachen

163 *Hess/Boerner*, Erasmus LRev 2019, 33, 35 ff.

164 *Hess/Boerner*, Erasmus LRev 2019, 33, 37 f. Hier fehlt es (wohl) bedauerlicherweise an hinreichender Sprachkompetenz. Diese Bedenken erscheinen jedoch nicht begründet, *Lehmann*, in: Kramer/Sorabji (ed.), International Commercial Courts, 83, 102 f.

165 Hierfür lassen sich drei wesentliche Ursachen nennen: Zum einen die lediglich „dezentrale" Einrichtung der Kammern auf Landesebene, ohne ein begleitendes Vermarktungskonzept (wie in Amsterdam und Paris). Zum anderen die fehlende gesetzliche Regelung des Gebrauchs von Englisch als Verfahrenssprache im Gerichtsverfassungsgesetz, die die Entwicklung absichern würde. Schließlich fehlt eine Marketing-Strategie wie in Paris oder Amsterdam.

166 *Themeli*, The Great Race (2018), S. 182 ff.; *Requejo Isidro*, IJPL 9 (2019), 4, 41 ff.

167 Besonders deutlich wurde dies in der Denkschrift zur Einrichtung der International Commercial Chambers in Paris, Ministère de la Justice, International Commercial Courts in Paris (2018).

168 Die Einrichtung eines International Commercial Court in Brüssel scheiterte am Widerstand belgischer Richter, die eine Diskriminierung der allgemeinen Ziviljustiz befürchteten, *Requejo Isidro*, IJPL 9 (2019), 4, 29 f.

169 Zutreffend *Blair*, IJPL 9 (2019), 212, 226 ff.

170 Dazu unten § 14 III 2, Rdn. 14.50.

IV. Neue Wege zu einer europäischen Justizarchitektur

1. Unterschiedliche Regelungsmodelle

Vor dem Hintergrund der inzwischen 60jährigen Erfahrung europäischer Rechtsangleichung lassen sich unterschiedliche Modelle eines Europäischen Zivilverfahrensrechts ausmachen:[171] Die existierenden Regelungen reichen von der Koordinierung der autonomen Prozessrechte der Mitgliedstaaten nach dem Modell der EuGVO[172] über eine intensive Verzahnung der nationalen Prozessrechte (etwa im Bereich der Rechtshilfe durch die Schaffung einheitlicher Zustellungszeugnisse) bis hin zur Schaffung eigenständiger Verfahren wie bei den Verordnungen zum Bagatell- und Mahnverfahren.[173] Die weitergehende Ambition zielt auf die Kompilation der parallelen Rechtsakte oder auf deren umfassende, systematische Erfassung (und Modernisierung) in einer Kodifikation.[174] Aktuell geht es freilich um die Konsolidierung und Reform des *status quo*. 14.38

Dabei sind vor allem praktische Verbesserungen anzustreben: Die Prozessrechtsakte der zweiten Generation bezwecken zwar vordergründig die Effektuierung der wechselseitigen Anerkennung von Urteilen und die Aufhebung der Exequaturverfahren. Die damit einhergehende Schaffung von einheitlichen Verfahrensnormen und gemeinsamen prozessualen Mindeststandards ist jedoch bisher unzureichend geglückt.[175] Es ist beispielsweise nicht einzusehen, warum die Regelungen der Unionsinstrumente über die Zustellung von Schriftstücken oder die Dauer von Rechtsbehelfs- und Einlassungsfristen in den einzelnen Rechtsakten unterschiedlich ausgestaltet sind.[176] Die heterogene Regelungsstruktur der EU-Instrumente bewirkt, dass diese von den EU-Mitgliedstaaten nicht als Modell für nationale Regelungen übernommen werden. Dass eine solche „freiwillige“ Angliederung jedoch grundsätzlich möglich ist, zeigt die (überschießende) Umsetzung der Mediationsrichtlinie.[177] Ihre Ausgestaltung als „optionale Instrumente“ (bzw. additive Verfahren) verdeckt die weiter gehende Regelungsintention des Unionsgesetzgebers, der hier zugleich sektorielle Modellgesetze (für eine freiwillige Übernahme durch die Mitgliedstaaten) bereitstellt. 14.39

171 Dazu weitsichtig *Kerameus*, AJCL 43 (1995), 401 ff.; *Hess*, IJPL 6 (2016), 55, 70 ff.

172 Ein neueres Beispiel ist die Verzahnung der nationalen Vollstreckungsrechte in der VO 655/2014 zur Europäischen Kontenpfändung, oben § 10 IV 2, Rdn. 10.124 ff.

173 Oben § 3 IV, Rdn. 3.71 ff. Zum Fernziel der Kodifikation vgl. unten § 14 IV 3, Rdn. 14.54 ff.

174 *Basedow*, in: v. Hein/Rühl (Hrg.), Kohärenz, S. 3, 8 ff.

175 Vgl. oben Rdn. 14.11 ff.

176 Dazu oben § 10 III, Rdn. 10.116.

177 Deutlich Erwägungsgrund 8 der Mediations-RL 2008/52/EG, dazu oben § 4 I, Rdn. 4.23 f. und § 12 II, Rdn. 12.5.

14.40 Dem Unionsgesetzgeber ist schließlich zu empfehlen, entweder auf Vorschriften zu verzichten, die für alle in den Instrumenten nicht geregelte Fragen auf die Prozessrechte der Mitgliedstaaten verweisen, oder zumindest in einen Erwägungsgrund klarzustellen, dass ein solcher Verweis eine (moderate) Rechtsfortbildung des EuGH nicht ausschließt.[178]

14.41 Die Entwicklung zum Europäischen Zivilprozessrecht verläuft derzeit „dezentral“ und wenig koordiniert:[179] einerseits über spezielle, sektorielle Rechtsakte und andererseits über dahinter stehende heterogene (und durchaus variierende) Regelungsprinzipien (Zugang zum Recht, Durchsetzung von subjektiven Unionsrechten, Urteilsfreizügigkeit, wechselseitiges Vertrauen).[180] Dabei lassen sich unterschiedliche Regulierungsansätze ausmachen: Bisweilen verfolgt der Unionsgesetzgeber offene, prinzipiengeleitete Rechtsetzungsmodelle; bisweilen werden konkrete Bereiche angegangen, in denen praktische Schwierigkeiten aufgetreten sind. Es wäre jedoch vorschnell, deswegen der europäischen Rechtsentwicklung „das Fehlen jeglichen Systems“ zu attestieren.[181] Die horizontale Abstimmung der Rechtsakte der zweiten Generation zeigt zwar das grundsätzliche Bemühen der EU-Kommission, innere Kohärenz zu erreichen.[182] Dennoch ist eine bessere, innere Abstimmung der Rechtsakte weiterhin ein praktisches Defizit.[183] Das hohe Tempo bei der Änderung der EU-Rechtsakte mag man kritisieren[184] – andererseits ermöglicht die Evaluation der z. T. neuartigen Rechtsakte die rasche Behebung von erkannten Regelungslücken und Effizienzdefiziten.[185] Mit dem (verbesserten) Komitologieverfahren[186] verfügt die Europäische Union zudem über das legislative Vehikel, um für die Rechtspraxis wichtige Formulare rasch an die (geänderten) Bedürfnisse der Praxis anzupassen.[187] Bedenklich sind daher Bestrebungen der EU-Mitgliedstaaten, in diesen Verfahren qualifizierte Zustimmungsvorbehalte zu implementieren.[188]

---

178 Vgl. die Kritik an der Rechtsprechung des Gerichtshofs (4.9.2014, verb. Rs. C-119/13 und C-120/13, *eco cosmetics*, EU:C:2014:2144), oben § 10 II, Rdn. 10.75 und § 11 I 2, Rdn. 11.16 (Kritik am Urteil Rs. C-554/17, EU:C:2019:124).

179 *Richard*, in: Gascón Inchausti/Hess (ed.), The Future of the European Law of Civil Procedure (2020), S. 265, 269 ("normative labyrinth of EU procedural law").

180 Vgl. oben § 3 II–V.

181 So jedoch unrichtig *Rauscher*, FS Machacek und Matscher (2008), S. 665 ff.: „das einzige Prinzip [sei] das Fehlen eines einheitlichen Systems."

182 Vgl. oben § 3 IV, Rdn. 3.73 ff. Zur Kritik an der EuUhVO vgl. oben § 7 V, Rdn. 7.141 ff.

183 Vgl. oben Rdn. 14.38.

184 So etwa *Schack*, FS Leipold (2009), S. 317, 334. Ursprünglich wurde das hohe Tempo beim Erlass der Rechtsakte kritisiert, vgl. Voraufl. § 13, Rdn. 15.

185 Ein gelungenes Beispiel war die „Überarbeitung“ der EuZustVO (2000) durch die VO 1393/07/EG, oben § 8 I, Rdn. 8.14 f.

186 Beispiele: Art. 75 EuGVO; Art. 70 EheGVO, Art. 18 EuZustVO.

187 Vgl. dazu die VO (EU) 182/2011, ABl. EU 2011 L 55/13, *Herdegen*, Europarecht, § 8, Rdn. 67.

188 So im Rahmen der EuInsVO, vgl. oben § 9 II 2, Rdn. 9.13 (zu Anhang A zur EuInsVO).

Wenig erstrebenswert erscheint inzwischen die Erarbeitung eines Referenzrahmens zum europäischen Zivilprozess, vergleichbar der (zwischenzeitlichen) Entwicklung im Europäischen Privatrecht.[189] Der „*acquis*" im Prozessrecht wird weiterhin zuerst vom Internationalen Zivilprozessrecht bestimmt. Dort geben die EuGVO und die dichte Judikatur des EuGH die Maßstäbe vor.[190] Die EuGVO dient als „Referenzinstrument" bei der horizontalen Abstimmung der europäischen Prozessrechtsakte.[191] Das bedeutet allerdings nicht, dass das Regelungsmodell der EuGVO für alle Rechtsakte unbesehen zu übernehmen wäre.[192] **14.42**

Eine vergleichbare Entwicklung gibt es im allgemeinen Prozessrecht nicht.[193] **14.43**
Dort steht die Entwicklung weiterhin in den Anfängen; sie ist zudem zu sehr von Randbereichen dominiert, als dass sich hieraus auf „induktivem Weg" ein allgemeines Referenzinstrument entwickeln ließe.[194] Insbesondere wäre es rechtspolitisch bedenklich, die Enforcement-RL als Referenzinstrument heranzuziehen. Denn hier besteht die Gefahr, dass die sektoriellen Teilregelungen zu sehr von den materiellen Vorgaben des jeweiligen speziellen Rechtsgebiets dominiert werden.[195]

In der aktuellen Entwicklungsphase des Europäischen Zivilprozessrechts, in der **14.44**
vor allem die bestehenden Rechtsinstrumente evaluiert und verbessert werden und der Unionsgesetzgeber nur punktuelle bzw. beschränkte Neuregelungen anstrebt,[196] sind jedoch zwei rechtspolitische Forderungen zu erheben: Der Unionsgesetzgeber sollte zum einen die innere Kohärenz zwischen den Rechtsinstrumenten fördern.[197] Zum anderen sollte der Unionsgesetzgeber Vorschriften erlassen, die die EU-Mitglied-

189 Vgl. oben § 5 III, Rdn. 5.103.

190 Vgl. oben § 1 III, Rdn. 1.26.

191 Dazu bereits *Hess/Pfeiffer/Schlosser*, The Brussels I Regulation, Rdn. 64 ff. Eine vergleichbare Entwicklung hat im Europäischen Privatrecht nicht stattgefunden.

192 So entspricht der Begriff der Entscheidung iSv Art. 2 lit. a) EuGVO nicht dem Begriff der Entscheidung in Art. 3 (1) und (2) EuErbVO – letztere erweitert den Kontext auf die freiwillige Gerichtsbarkeit, dazu Schlussanträge GA *Campos Sánchez–Bordona*, 26.3.2020, Rs. C-80/19, *E.E.*, EU:C:.2020:230, Rdn. 68 ff.

193 Vgl. dazu oben § 11 und § 12.

194 Für die Erarbeitung eines sog. „*acquis*" im Prozessrecht, der die heterogenen, in verschiedenen Sekundärrechtsakten verstreuten Annexvorschriften zum Prozessrecht erfasst und strukturiert, insbesondere *Hau*, GPR 2008, 256 ff.

195 Dies verdeutlicht insbesondere die Enforcement-RL (oben § 11 II, Rdn. 11.32 ff.). Die Übernahme des Regelungskonzepts in andere Rechtsbereiche führt zu Wertungswidersprüchen, vgl. oben § 11 II, Rdn. 11.48 ff.

196 Dazu oben § 1 III, Rdn. 1.40.

197 Vgl. oben § 14 IV 1, Rdn. 14.39. Das schließt eine „Vergemeinschaftung" von Schnittstellen zu den nationalen Prozessrechten ein, die die effektive Durchsetzung der Unionsrechtsakte behindern, dazu *Gascón Inchausti/Requejo Isidro*, in: Hess/Ortolani (ed.), Luxembourg Report on EU Procedural Law (2019), Vol. I, Kap. 1, Rdn. 206 ff. mit zahlreichen Beispielen zur Behinderung der Urteilsfreizügigkeit durch heterogene Verfahrensvorschriften der EU-Mitgliedstaaten.

staaten als „Modellregelungen" für innerstaatliche Reformen übernehmen können.[198] Dies bewirkt eine weitere (von der EU mittelbar gesteuerte) Annäherung der nationalen Verfahrensrechte.

2. Europäische Rahmenbedingungen für nationale Justizsysteme

a) Unionsrechtliche Vorgaben: Rechtsstaatlichkeit und Effizienz

14.45 Die zweite, weitergehende Entwicklung im Europäischen Zivilprozessrecht betrifft dessen Verhältnis zu den Justizsystemen der EU-Mitgliedstaaten.[199] Zwar gehören die Einrichtung und Ausstattung der Justiz nach überkommener Auffassung zur *domaine résérvé* der EU-Mitgliedstaaten.[200] Die Rechtsprechung des EuGH zum Konzept des mitgliedstaatlichen Gerichts im Sinne des Art. 267 AEUV[201] und zur Verpflichtung der EU-Mitgliedstaaten zur Vorhaltung rechtsstaatlicher Justizsysteme nach Art. 19 I 2 EUV und nach Art. 47 GRC[202] zeigt, dass die Unabhängigkeit und die Effektivität der nationalen Justizsysteme zu den Grundlagen des Raums der Freiheit, der Sicherheit und des Rechts gehören.[203]

14.46 Die Unabhängigkeit der nationalen EU-Gerichte hat der EuGH vor allem im Urteil *Celmer*[204] angesprochen. Danach setzt die justizielle Kooperation das wechselseitige Vertrauen zwischen den Gerichten der EU-Mitgliedstaaten voraus. Dieses erfordert die Gleichwertigkeit der Justizsysteme, welche fundamentale Einrichtungsgarantien wahren müssen. Die Richter in den EU-Mitgliedstaaten müssen in vollständiger Unabhängigkeit judizieren, lediglich gebunden an Recht und Gesetz, einschließlich der europäischen Grundrechtsgarantien. Diese fundamentale Einrichtungsgarantie folgt aus Art. 19 I 2 EUV;[205] die Europäische Kommission ist als Hüterin der Verträge befugt,

---

198 Zu empfehlen sind Maßnahmen zur Verhinderung von Missbräuchen der EU-Rechtsakte, etwa ein Ausschluss nationaler Mahnverfahren vom Anwendungsbereich der EuGVO – hier eröffnet die EuMahnVO hinreichenden (und rechtsstaatlichen) Rechtsschutz, dazu oben § 6 IV 1, Rdn. 6.206 f.

199 Dieses Problem betrifft nicht nur das Zivilverfahrensrecht, sondern generell die Struktur der Justizsysteme der EU-Mitgliedstaaten im Europäischen Justizraum – mithin sämtliche Rechtsgebiete und alle Gerichte.

200 Die Mitgliedstaaten müssen jedoch dabei die aus Art. 2 und 19 I 2 EUV resultierenden Vorgaben für eine unabhängige Justiz im Sinne des Rechtsstaatsprinzips einhalten, EuGH, 26.3.2020, verb. Rs. C-558/18 und C-563/18, *Miasto Łowicz*, EU:C:2020:234, Rdn. 31 ff, 36; EuGH, 8.4.2020, Rs. C-791/19 R, *Kommission./.Polen*, EU:C:2020:277, Rdn. 29.

201 Dazu oben § 13 II 3, Rdn. 13.23 ff.

202 EuGH, 25.7.2018, Rs. C-216/18 PPU, *LM*, EU:C:2018:586, Rdn. 53; EuGH, 8.4.2020, Rs. C-791/19 R, *Kommission./.Polen*, EU:C:2020:277, Rdn. 33 f., dazu oben § 2 V, Rdn. 2.108 ff.

203 *Hess*, Travaux du Comité Français DIP (2019), 329, 333 ff.

204 EuGH, 25.7.2018, Rs. C-216/18 PPU, *LM*, EU:C:2018:586, Rdn. 35, 63–65.

205 EuGH, 24.6.2019, Rs. C-619/18, *Kommission./.Polen*, EU:C:2019:531, Rdn. 48.

die Verletzung der richterlichen Unabhängigkeit im Wege des Vertragsverletzungsverfahrens zu sanktionieren[206] – unabhängig von der Möglichkeit des Rechtsstaatsverfahrens nach Art. 7 EUV.[207] Als weitere Sanktion schließt der EuGH eine Aussetzung der justiziellen Kooperation nicht aus, sofern die Justizorgane der EU-Mitgliedstaaten diese Anforderungen nicht erfüllen.[208] Allerdings können die Gerichte der EU-Mitgliedstaaten den EuGH wegen eines Verstoßes nationaler Gesetzgebung gegen die richterliche Unabhängigkeit nur dann anrufen, wenn sie selbst im konkreten Anlassfall Unionsrecht anzuwenden haben.[209]

Ein weiterer Zugriff auf die Justizsysteme der EU-Mitgliedstaaten erfolgt im **14.47**
Rahmen der Effizienzkontrolle.[210] Auch hier bestehen Bezüge zum europäischen Grundrechtsschutz, insbesondere zur Garantie des effektiven Rechtsschutzes (Art. 47 GRC). Der EuGH verpflichtet die EU-Mitgiledstaaten zur Vorhaltung einer effektiven Justiz, dabei u.a. zur adäquaten Bezahlung der Richterschaft,[211] aber auch zur Bekämpfung von Korruption.[212] Zugleich fördert die Rechtsprechung des Gerichtshofs die Spezialisierung der Gerichte[213] – flankiert durch Schulungsmaßnahmen der Richterinnen und Richter.

Diese Entwicklungen zeugen von der wachsenden Verzahnung der Justizsysteme **14.48**
der EU-Mitgliedstaaten – vertikal mit dem EuGH im Rahmen des Vorentscheidungsverfahrens und horizontal bei der justiziellen Kooperation. Die Rechtsprechung des Europäischen Gerichtshofs hat hier erhebliche Dynamik entwicklelt, sie zielt auf die Stärkung der nationalen und der europäischen Institutionen in der Zeit multipolarer Krisen. In einer Union, die sich als Rechtsgemeinschaft definiert, ist eine derartige Rechtsentwicklung konsequent.[214] Denn die Wahrung und die Durchsetzung des

---

206 EuGH, 24.6.2019, Rs. C-619/18, *Kommission./.Polen*, EU:C:2019:531, Rdn. 42 ff.

207 EuGH, 25.7.2018, Rs. C-216/18 PPU, *LM*, EU:C:2018:586, Rdn. 81 ff. (Erlass einstweiligen Rechtsschutzes); *Kochenov*, in: Kellerbauer/Klamert/Tomkin, Art. 7 EUV (Commentary), Rdn. 1 mwN.

208 EuGH, 25.7.2018, Rs. C-216/18 PPU, *LM*, EU:C:2018:586, Rdn. 35. Dies zeigt zudem die Rechtsprechung des EuGH zur „Freizügigkeit" von nationalen Mahnbescheiden nach Art. 36 ff. EuGVO, die Notare der EU-Mitgliedstaaten nach nationalen Verfahrensrechten erlassen. Der EuGH entschied, dass die (kroatischen) Notare nicht die hinreichende Unabhängigkeit aufweisen mit der Folge, dass die EuGVO nicht anwendbar war, EuGH, 9.3.2017, Rs. C-551/15, *Pula Parking*, EU:C:2017:193.; EuGH, 9.3.2017, Rs. C-484/15, *Zulfikarpašić*, EU:C:2017:199.

209 EuGH, 26.3.2020, verb. Rs. C-558/18 und C-563/18, *Miasto Łowicz*, EU:C:2020:234.

210 Dazu bereits oben § 2 V, Rdn. 2.100 ff.

211 EuGH, 27.2.2018, Rs. C-64/16, *Associação Sindical dos Juízes Portugueses*, EU:C:2018:117, Rdn. 42 ff.

212 Zur Korruptionsbekämpfung oben § 2 V, Rdn. 2.95 ff.

213 EuGH, 18.12.2014, verb. Rs. C-400/13 und C-408/13, *Sanders und Huber*, EU:C:2014:2461, Rdn. 40 ff. (zur Konzentration nationaler Gerichte iRd EuUhVO).

214 Deutlich EuGH, 24.6.2019, Rs. C-619/18, *Kommission./.Polen*, EU:C:2019:531, Rdn. 42 ff., 47, dazu auch *Hess*, Travaux du Comité Français DIP (2019), 329, 333 ff.

Rechts erfolgte nicht nur in rechtsstaatlichen Verfahren, sondern gleichermaßen durch rechtsstaatlich organisierte Justizorgane.[215]

b) Schaffung einer europäischen Fachgerichtsbarkeit in Zivil- und Handelssachen?

14.49 Die rechtswissenschaftliche Literatur erwägt seit langem die Einrichtung einer dezentralen, regionalen europäischen Gerichtsbarkeit für grenzüberschreitende Streitigkeiten, vergleichbar den organisatorisch eigenständigen Bundesgerichten in föderalen Staaten (etwa USA, Mexiko).[216] Eine derartige Gerichtsbarkeit würde sich aus ähnlichen Gesichtspunkten wie die US-Bundesgerichtsbarkeit legitimieren: Es geht zum einen um die Schaffung einer übergeordneten, „fairen" Gerichtsbarkeit für Parteien aus verschiedenen Mitgliedstaaten (*diversity jurisdiction*),[217] zum anderen um die Schaffung spezialisierter Obergerichte für die Auslegung und Fortbildung des Unionsrechts (*subject matter jurisdiction*).[218] Ein solches System dezentraler, „echter" Unionsgerichte[219] würde den EuGH entlasten – der Gerichtshof wäre nur in grundsätzlichen Fragen anzurufen, sei es aus Gründen der Divergenz, zur Rechtsfortbildung oder als Verfassungsgericht. Gleichzeitig könnte eine dezentrale Unionsgerichtsbarkeit die notwendige Fachkompetenz der Richter gewährleisten – die Richterbank wäre international zu besetzen (mit Richtern aus den EU-Mitgliedstaaten, die auf der jeweiligen regionalen Ebene zusammengefasst werden). Das *European Patent Litigation Agreement* erscheint so gesehen als ein interessantes Modell für die mittelfristige Rechtsentwicklung.[220]

14.50 In diesem Zusammenhang hat *T. Pfeiffer* die Einrichtung eines „European Commerical Court" vorgeschlagen[221], und *G. Rühl* hat diese Idee in einer Studie für das Europaparlament aufgegrif-

215 EuGH, 24.6.2019, Rs. C-619/18, *Kommission./.Polen*, EU:C:2019:531, Rdn. 54 f.; EuGH, 8.4.2020, Rs. C-791/19 R, *Kommission./.Polen*, EU:C:2020:277, Rdn. 32.

216 Dazu *Juenger*, AJCL 45 (1997), 931, 935 f.

217 Zum „Heimvorteil" bei der internationalen Forderungsbeitreibung vgl. etwa *Pfeiffer*, Internationale Zuständigkeit, S. 680 ff.

218 Wie in den USA sollte die Zuständigkeit der dezentralen Gemeinschaftsgerichte nicht nur von der Anwendbarkeit des (spezifischen, sektoriellen) Unionsrechts abhängen, sondern vor allem an den unterschiedlichen Aufenthalt der Parteien (in verschiedenen Mitgliedstaaten) anknüpfen. Denn der sachliche Umfang des Unionsrechts ist ungleich größer als der des *federal law* in den USA. Ziel ist die Vorhaltung einer (wirklich) neutralen Gemeinschaftsgerichtsbarkeit, die grenzüberschreitende Streitigkeiten auf der Basis eines für alle Parteien gleichen Prozessrechts entscheidet und in einer neutralen Sprache verhandelt. Dies schließt nicht aus, dass den dezentralen Unionsgerichten weitere Sachgebiete zugewiesen werden: etwa das Kartellrecht oder *IP-Litigation*, auch Verfahren des kollektiven Rechtsschutzes mit Auswirkungen auf mehrere Mitgliedstaaten, vgl. dazu unten Rdn. 14.52.

219 Die Forderung nach der Einrichtung dezentraler Gemeinschaftsgerichte und spezialisierter Spruchkörper ist nicht neu; sie wurde insbesondere um die Jahrtausendwende intensiv diskutiert, vgl. dazu u. a. *Lipp*, NJW 2001, 2657, 2569 f.

220 Dazu oben § 11 IV 2, Rdn. 11.122 ff.

221 *Pfeiffer*, ZEuP 2016, 795, 797 ff.

fen.[222] Danach soll ein mit Richtern aus verschiedenen EU-Mitgliedstaaten besetztes Europäisches Handelsgericht über internationale Rechtsstreitigkeiten zwischen Kaufleuten entscheiden – angedacht ist ein zweistufiges Gerichtssystem. Gegen ein solches allgemeines Handelsgericht bestehen jedoch grundsätzliche Bedenken. Denn es würde nicht nur nach europäischem internationalem Privat- und Verfahrensrecht entscheiden, sondern auch nach dem danach berufenen, nationalen Wirtschaftsrecht. Dann aber erweist sich die international besetzte Richterbank letztlich als Nachteil: zwei der drei internationalen Richter sind mit dem anwendbaren Recht nicht vertraut; die bessere Qualität der Rechtsprechung wäre also nicht gewährleistet.[223] Der im Europaparlament vorgetragene Vorschlag erhielt im Ergebnis wenig Unterstützung, die EU Kommission hat ihn nicht aufgegriffen.[224]

Trotz des aktuellen, offenen Widerstands des EuGH gegen die Einrichtung ausdiffenzierter Spruchkörper im Gerichtshof selbst[225] sollte langfristig die Schaffung einer ausdifferenzierten Unionsgerichtsbarkeit nicht aufgegeben werden. Mit der wachsenden Ausweitung des Unionsrechts steigen die Anforderungen an den Europäischen Gerichtshof, heterogene Rechtsgebiete gleichermaßen kompetent zu erfassen. Bleiben die Antworten des Gerichtshofs zu vage, dann entfernt der EuGH sich weiter von den nationalen Fachgerichten (und den Unionsbürgern). Denn die Generalanwälte und Richter des EuGH vermögen (trotz personell anwachsender Kabinette) unmöglich die Fülle unterschiedlicher Unionsrechtsakte sowohl im Detail als auch in grundsätzlicher Hinsicht gleichermaßen als Revisions- und als Verfassungsgericht auszufüllen.[226] Die wachsende Ausdifferenzierung des Unionsrechts erhöht den rechtspolitischen Druck für eine entsprechende Ausdifferenzierung der Unionsgerichtsbarkeit.[227] Für eine künftige Unionszivilgerichtsbarkeit wäre ein entsprechendes Verfahrensrecht zu schaffen.[228] **14.51**

Vorzugswürdig erscheint allerdings die Schaffung dezentraler, eigenständiger Unionszivilgerichte durch die EU-Mitgliedstaaten selbst.[229] Dies eröffnet zugleich die Chance zur Erhaltung der gewachsenen, autonomen Prozessrechtskulturen der EU-Mitgliedstaaten. Diese Gerichte wären als regionale, gemeinsame Gerichte meh- **14.52**

---

222 *Rühl*, Building Competence in Commercial Law in the Member States (Studie für das EU-Parlament (2018), PE 604.980), 58 ff.

223 Vgl. die Kritik bei *Hess/Boerner*, ErasmusLRev 2019, 32, 40.

224 Dazu *Requejo Isidro*, IJPL 2019, 4, 31 f.: die EU Kommission hat einen entsprechenden Vorschlag des EU-Parlaments ausdrücklich abgelehnt.

225 Dazu oben § 13 V, Rdn. 13.82 ff.

226 Zur *de facto* Spezialisierung im Gerichtshof aufgrund der wiederholten Zuweisung von Vorabentscheidungsersuchen an dieselben Generalanwälte und Richter, vgl. oben § 13 III 2, Rdn. 13.52.

227 Weitsichtig bereits *Jaqué/Weiler*, CMLR 27 (1990), 185 ff.

228 Dies ist für das Europäische Patentgericht geschehen, vgl. oben § 11 IV 2, Rdn. 11.132 ff.

229 Derartige Gerichte können in den größeren EU-Mitgliedstaaten auf nationaler Ebene errichtet werden, während kleinere Mitgliedstaaten gemeinsame Gerichte errichten könnten, vgl. dazu die Einrichtung Europäischer Markengerichte, oben § 11 IV 1, Rdn. 11.111 f.

rerer Mitgliedstaaten zu organisieren[230], vergeichbar dem Beneluxgericht oder den Regionalkammern des EPLA.[231] Ihre Zuständigkeit sollte diejenigen Rechtsgebiete erfassen, in denen eine tiefgreifende Harmonisierung der nationalen Rechtsordnung stattgefunden hat (etwa im Bereich des Schutzes des Geistigen Eigentums oder des Kartellschadensrechts).[232] Diese damit verbundene Spezialisierung würde zugleich weite Teile der Ziviljustiz der EU- Mitgliedstaaten unberührt lassen. Denn der Großteil der Zivilverfahren im Europäischen Justizraum wird sich auch nach diesem Integrationsschritt weiterhin als nationaler Prozess zwischen innerstaatlichen Parteien abspielen.[233] Dennoch wird die Fortentwicklung des Unionsprozessrechts die nationalen Prozessrechte nicht unberührt lassen; der Systemwettberb wird sich weiter verschärfen.[234]

14.53 Selbst nach dem Aufbau einer dezentralen Unionszivilgerichtsbarkeit verbleibt für das Europäische Internationale Zivilprozessrecht weiterhin eine originäre Regelungaufgabe: Es muss die autonomen, nationalen Prozessordnungen unterhalb der Unionsgerichtsbarkeit koordinieren; mithin weiterhin die Freizügigkeit von Urteilen aus den Mitgliedstaaten im Europäischen Justizraum gewährleisten.[235] Die Koordinierung der nationalen Prozessrechte (bei gleichzeitiger Respektierung unterschiedlicher Rechtskulturen) wird weiter die originäre Aufgabe des Europäischen Prozessrechts bleiben, auch bei einer weiteren „Vergemeinschaftung" der Zivilverfahren. Darüber hinaus muss es die Vollstreckung der Entscheidungen der künftigen EU-Gerichte in den Mitgliedstaaten sicherstellen. Denn effektiver Rechtsschutz setzt effektive Vollstreckungsverfahren voraus. Die Verzahnung der autonomen Vollstreckungsrechte zeichnet sich als eine aktuelle und bleibende Aufgabe für das Europä-

---

230 Eine derartige Gerichtsbarkeit kann derzeit nur durch völkerrechtliche Verträge zwischen den EU-Mitgliedstaaten aufgebaut werden, da der Vertrag von Lissabon der Union keine entsprechende Kompetenz eröffnet, dazu BVerfG, 13.2.2020, 2 BvR 739/17, Rdn. 116, 126 ff.

231 Dazu oben § 11 IV 2, Rdn. 11.126 ff.

232 Die sachliche Zuständigkeit wäre also deutlich begrenzter als die des „Europäischen Handelsgerichts", oben Rdn. 14.50. Eine vergleichbare Spezialisierung findet in den EU-Mitgliedstaaten statt, etwa durch die Schaffung zentraler, internationaler Familiengerichte, dazu oben § 7 IV, Rdn. 7.124 (Konzentration bei Rückführungsersuchen), § 7 V 3, Rdn. 7.143 (Konzentration in Unterhaltssachen), dazu EuGH, 18.12.2014, verb. Rs. C-400/13 und C-408/13, *Sanders und Huber*, EU:C:2014:2461, Rdn. 40 ff.

233 Vgl. die rechtstatsächlichen Nachweise bei *Hess/Pfeiffer/Schlosser*, The Bussels I Regulation, Rdn. 39 ff. (tatsächliches Fallaufkommen liegt bei weniger als 1 % aller Zivilverfahren).

234 Effektive Unionsverfahren erhöhen den Druck auf den inländischen Gesetzgeber zur entsprechenden Anpassung des nationalen Prozessrechts. Einheitliche Verfahren schließen zudem Abgrenzungsfragen aus, die konkurrierende Verfahren zwangsläufig auslösen.

235 Denn auch ein (zunächst) innerstaatliches Zivilurteil eines Mitgliedstaates kann (und muss) gegebenenfalls gemeinschaftsweit vollstreckt werden. Auch in den USA gilt der Grundsatz des „*full faith and credit*" als Grundlage der Vollstreckung des Urteils der Gerichte der Bundesstaaten in anderen Bundesstaaten, dazu *Voegele*, Full Faith and Credit (2004), S. 170 ff.

ische Zivilprozessrecht ab.[236] Die Vorhaltung rechtsstaatlicher und effektiver Justizsysteme in den EU-Mitgliedstaaten tritt als weiterer Regelungsauftrag des Unionsrechts hinzu.[237]

3. Herausforderungen und Chancen einer Kodifikation

Betrachtet man die weitere Perspektive der Prozessrechtsentwicklung im Unions- 14.54
recht, so ist derzeit der Ruf nach der Schaffung einer einheitlichen Europäischen Zivilprozessordnung nicht wirklich zu vernehmen.[238] Stattdessen wird der „Systemwettbewerb" der nationalen Verfahrensrechte befürwortet. [239]Angesichts der Ausdifferenzierung der nationalen und der gemeinschaftrechtlichen Verfahren bietet sich ein (gezielter) weiterer Ausbau der sektoriellen Verfahren an – auch eine Europäische Zivilprozessordnung müsste zwischen verschiedenen Verfahren und nach unterschiedlichen Prozessparteien differenzieren.[240] Ein wesentliches Regelungsanliegen bleibt die innere (horizontale) Abstimmung der Unionsrechtsakte untereinander[241] und ihre effektive Implementierung in den Mitgliedstaaten (sog. „Schnittstellenproblematik").[242]

In langfristiger Perspektive besteht die grundsätzliche Herausforderung an die 14.55
Rechtswissenschaft in der Kodifikation eines genuinen Europäischen Zivilprozessrechts.[243] Allerdings wäre es vermessen, darunter ein einheitliches Zivilprozessrecht für sämtliche Zivilrechtsstreitigkeiten im Europäischen Justizraum zu verstehen. Dazu sind die nationalen Prozessrechte viel zu unterschiedlich – eine bloße Vereinheitlichung der Rechtsnormen schafft zudem keine wirkliche Rechtseinheit, solange die Praxis uneinheitlich bleibt.[244] Dies wäre jedoch angesichts der heterogenen Ausgangslage der europäischen Prozessrechtskulturen durchaus zu erwarten. Daher

236 Dazu oben § 10 VI 4, Rdn. 10.160 ff.

237 EuGH, 25.7.2018, Rs. C-216/18 PPU, *LM*, EU:C:2018:586, Rdn. 53.

238 Auch das ELI/Unidroit Projekt strebt eine europäische Zivilprozessordnung auf der Basis des Unionsrechts nicht an, vgl. oben § 14 II 4, Rdn. 14.18.

239 So etwa *Stadler*, BDGVR 42 (2007), 177, 202 (Vereinheitlichung sei falsch, Wettbewerb nationaler Systeme vorzuziehen). Weitergehend *Leible*, in: Müller-Graff (Hrg.), Raum der Freiheit, der Sicherheit und des Rechts, S. 55, 70 f.: Sollte ein Europäisches Zivilgesetzbuch kommen, führe an der „EuZPO" kein Weg vorbei. Jedoch steht auch ein Europäisches Zivilgesetzbuch momentan nicht auf der Agenda des Unionsgesetzgebers.

240 Eine derartige Differenzierung liegt beispielsweise der EuBagVO zugrunde, die auf dem Modell des Prozesses einer Naturalpartei aufbaut, oben § 10 III, Rdn. 10.101 ff.

241 Dazu oben § 3 IV, Rdn. 3.71 f., 3.75.

242 Dazu oben § 4 I 2, Rdn. 4.18 ff.

243 Die Ausarbeitung der ELI/Unidroit European Rules on Civil Procedure zeigt, dass die Prozessrechtswissenschaft in Europa diese Aufgabe bewältigen kann, vgl. oben § 14 II 4, Rdn. 14.20.

244 *Huber*, Entwicklung transnationaler Modellregeln, S. 77 ff.; *Hess*, IJPL 6 (2016), 55, 78 f.

sollte der aktuelle rechtspolitische Schwerpunkt auf die Verbesserung und Vertiefung der bestehenden Rechtsakte setzen.[245]

14.56 Momentan werden allerdings unter der Bezeichnung „Kodifikation" sehr heterogene Vorhaben diskutiert, so dass zunächst der Gegenstand eines derartigen Vorhabens einzugrenzen ist. Denn häufig werden wenig ambitionierte, eher kompilatorische Vorhaben als „Kodifikation" bezeichnet. So unterbreitete etwa im Sommer 2006 die finnische Ratspräsidentschaft den Vorschlag, alle vorhandenen Gemeinschaftsrechtsakte im Internationalen Verfahrensrecht in einem Rechtsakt zusammenzufassen.[246] Eine derartige Kompilation der bestehenden Rechtsakte stieß bei der EU-Kommission – durchaus zu Recht – auf Widerspruch: Die Schaffung einer Kodifikation, die sich auf eine Zusammenstellung der bestehenden Koordinierungsvorschriften beschränkt, würde zumindest psychologisch und damit faktisch eine Sperre weiterer Rechtsetzungsmaßnahmen auslösen, da weitere Maßnahmen die gerade erarbeitete Kodifikation (zwangsläufig) relativieren würden.[247] Eine so verstandene „Kodifikation" würde die (dynamische) Rechtsentwicklung im Europäischen Verfahrensrecht stoppen – vielleicht mit der Folge verbesserter Übersichtlichkeit, wohl aber um den Preis eines vorläufigen Stillstands des Europäischen Verfahrensrechts. Dazu ist es jedoch weiterhin noch zu früh: Die intensive Rechtsetzungstätigkeit der Union in den letzten zwei Jahrzehnten hat nämlich keineswegs sämtliche Verfahrenshemmnisse der grenzüberschreitenden Forderungsdurchsetzung beseitigt,[248] zudem erscheinen die Effektivierungsmöglichkeiten der unionsrechtlichen Regelungskonzepte noch nicht ausgeschöpft. Das Europäische Prozessrecht hat seine Erprobungs- und Bewährungsphase noch nicht abgeschlossen.[249]

14.57 Die Rechtsakte und Initiativen des Unionsgesetzgebers im Kartell, Datenschutz und Verbraucherprozessrecht werfen weitergehende Fragen nach der Funktion des Zivilprozesses auf.[250] Das dort verfolgte Regelungskonzept, die Zivilgerichte als dezentrale Unionsgerichte zur Durchsetzung zwingenden EU-Kartell-, Datenschutz- und Verbraucherrechts zu funktionalisieren und damit dessen Vollzug durch die

---

245 Ein Beispiel ist die Verbesserung und Vereinheitlichung der nationalen Rechtsbehelfsverfahren bei der direkten Urteilsvollstreckung nach Art. 45 ff. EuGVO (oben § 6 IV 3, Rdn. 6.221 ff.), dazu *Gascón Inchausti/Requejo Isidro*, in: Hess/Ortolani (ed.), Luxembourg Report on EU Procedural Law (2019), Vol. I, Kap. 1, Rdn. 244 ff. (mit zahlreichen Beispielen und Verbesserungsvorschlägen).

246 Dafür insbesondere *Rauscher*, FS Machacek und Matscher (2008), S. 665, 672 ff.; zuvor *Kreuzer*, RabelsZ 70 (2006), 1, 88 f. Kritisch *Basedow*, in: v. Hein/Rühl (Hrg.), Kohärenz (2017), S. 3, 8 ff.

247 Dazu *Müller-Graff*, GPR 2009, 106, 110.

248 *Gascón Inchausti/Requejo Isidro*, in: Hess/Ortolani (ed.), Luxembourg Report on EU Procedural Law (2019), Vol. I, Kap. 1, Rdn. 244 ff.

249 AA *Rauscher*, FS Machacek und Matscher (2008), S. 665, 667 ff.; dagegen bereits oben § 14 I, Rdn. 14.2.

250 Dazu oben § 11 II–IV. So auch *Hodges*, The Reform of Class Actions, S. 239 ff.; *Kodek*, ÖJZ 2008, 919, 923 ff.

Behörden der Mitgliedstaaten um eine „zweite Spur“ zu erweitern, verändert die Zwecksetzungen des Zivilprozessrechts.[251] Denn hier geht es weniger um die Durchsetzung individueller Rechte, sondern um kollektive bzw. öffentliche Interessen. Folglich wird die Verfahrensstruktur geändert: Die Befugnisse des Gerichts werden gestärkt, Mitwirkungspflichten der Parteien ausgeweitet; die Einbeziehung Dritter (unter Wahrung rechtlichen Gehörs) und der Schutz von Geschäftsgeheimnissen sind zu regeln.[252] Angesichts der intendierten Eingriffe in die nationalen Verfahrensrechte sind die Zielsetzungen der Prozessrechtsangleichung in Europa damit ganz grundsätzlich zu diskutieren.[253] Ähnliche Fragestellungen treten auch bei der Förderung Alternativer Streitbeilegung (ADR) auf.[254]

Zudem sollte sich die rechtspolitische Perspektive nicht auf die bestehenden **14.58** Koordinierungsrechtsakte beschränken, sondern konzeptionell weitere Schritte überlegen: Mittelfristig stellt sich die Frage nach der Schaffung (weiterer) originärer europäischer Zivilverfahren und nach den notwendigen Schritten für deren wirksame Implementierung.[255] Vom Regulierungsansatz her erscheinen dabei zwei grundsätzliche Wege möglich, die sich freilich gegenseitig nicht ausschließen, sondern ergänzen: Die erste Option besteht in der Schaffung weiterer Europäischer Verfahrensordnungen, so wie sie bereits etwa sektoriell im Bagatellverfahren verwirklicht wurde.[256] Insbesondere für Handelsstreitigkeiten im Binnenmarkt (*business to business disputes*) bietet sich die Einführung eines vergleichbaren, optionalen (d. h. für die Parteien wählbaren) Verfahrens an, das sich inhaltlich an die *ELI/Unidroit European Rules on Civil Procedure* anlehnen könnte.[257] Hieraus könnte als zweite Option ein einheitliches, europäisches Prozessrecht resultieren. Auch dafür enthalten die Rules on Euro-

251 In den USA hat das Konzept des *Private Law Enforcement* auch die Funktion, fehlende Bundeskompetenzen (beim Gesetzesvollzug) zu substituieren. Aus dieser Perspektive erscheint das Konzept für den Unionsgesetzgeber natürlich hoch attraktiv. Ob es der historisch gewachsenen Unterscheidung zwischen Privat- und öffentlichem Recht und der kompetenziellen Situation in Europa entspricht, ist jedoch fraglich, dazu *Hodges*, Towards Parameters, S. 16 ff.

252 Dazu *Hess*, in: Mansel/Dauner-Lieb/Henssler (Hrg.), Zugang zum Recht, S. 61, 77 ff. Vgl. oben § 11 II, Rdn. 11.32 ff. (zum Regelungskonzept der Enforcement-RL).

253 *Hodges*, Towards Parameters, S. 11 ff.; *Kodek*, ÖJZ 2008, 919, 924; *Storskrubb*, Civil Procedure and EU-Law, S. 295 ff.

254 Etwa bei der Frage, ob die Gerichte Mediation als Teil staatlicher Rechtspflege vorhalten sollten, dazu *Hess*, Gutachten Mediation, Vhdlgen DJT 2008 F 20 ff. Zur Verlagerung der Rechtspraxis in die außergerichtliche Streitbeilegung vgl. oben § 12 IV, Rdn. 12.43.

255 Zurückhaltend BVerfG, 30.6.2009, *Vertrag von Lissabon*, BVerfGE 123, 267, 411, Rdn. 367 f.: Die Kompetenz für die Ausgestaltung der Rechtspflege bleibe nach Art. 81 AEUV bei den Mitgliedsstaaten. Dies schließt jedoch eine Übertragung bestimmter Rechtsstreitigkeiten auf die Gemeinschaftsgerichte nicht aus.

256 Dazu oben § 10 III, Rdn. 10.93 ff.

257 Vgl. dazu bereits oben § 14 II 4, Rdn. 14.18.

pean Civil Procedure wichtige Anregungen. Sie müssen aber auch die Justizstrukturen der EU-Mitgliedstaaten berücksichtigen.

14.59 Der abschließende Ausblick verdeutlicht: Die aktuelle Herausforderung für Gesetzgebung, Rechtswissenschaft und Rechtspraxis besteht weniger in der Umsetzung ambitionierter Rechtsetzungsprogramme als im Erlass praktisch brauchbarer bzw. belastbarer Verfahrenvorschriften. Aufgabe der europäischen Rechtswissenschaft ist dabei nicht nur die kritische Begleitung der aktuellen und jeweils vorgeschlagenen Rechtsetzungsvorhaben, sondern auch die Evaluation des Erreichten sowie die Konzeption künftiger Perspektiven.[258] Einzubeziehen sind dabei auch die Justizstrukturen in den EU-Mitgliedstaaten. Grundsätzlich gilt: Jede Rechtsetzungsmaßnahme ist an den Interessen der Parteien und an den praktischen Bedürfnissen der Rechtsschutzsuchenden zu messen. Effektiver und fairer Rechtsschutz sind gleichermaßen Ziel und Maßstab jeder Rechtsetzung und Rechtsanwendung im Europäischen Zivilprozessrecht.

258 Vgl. dazu *Gascón Inchausti/Requejo Isidro*, in: Hess/Ortolani (ed.), Luxembourg Report on EU Procedural Law (2019), Vol. I, Kap. 1, Rdn. 8 ff.; *Gascón Inchausti*, in: Hess (Hrg.), Europäisches Insolvenzrecht (2019), S. 111, 120 ff.

Entscheidungsverzeichnis[1]

Gerichtshof der Europäischen Union (EuGH)

Datum	Aktenzeichen	Kurzbezeichnung	Fundstelle	Rdn.
3.9.2020	Rs. C-98/20	mBank	EU:C:2020:672	6.118
16.7.2020	Rs. C-80/19	E.E.	EU:C:2020:569	7.197, 7.198, 7.199, 7.201, 13.23, 14.42
16.7.2020	Rs. C-73/19	Movic	EU:C:2020:568	4.105, 6.5, 6.7, 6.9, 11.78
9.7.2020	Rs. C-343/19	VKI./.Volkswagen	EU:C:2020:534	4.48, 4.66, 6.68, 6.74, 6.75, 11.80
4.6.2020	Rs. C-41/19	FX	EU:C:2020:425	7.146, 7.150, 10.34, 10.36, 10.87, 13.50
7.5.2020	verb. Rs. C-267/19 und C-323/19	Parking	EU:C:2020:351	10.92
7.5.2020	Rs. C-641/18	Rina	EU:C:2020:349	4.65, 6.7, 6.14, 6.15, 6.256
8.4.2020	Rs. C-791/19 R	Kommission./.Polen	EU:C:2020:277	1.25, 2.112, 14.45, 14.48
2.4.2020	Rs. C-500/18	Reliantco	EU:C:2020:264	3.75, 6.110, 6.111, 6.121
26.3.2020	verb. Rs. C-558/18 und C-563/18	Miasto Łowicz	EU:C:2020:234	2.112, 2.113, 2.114, 3.67, 13.5, 13.12, 13.21, 13.22, 14.45, 14.46
26.3.2020	Rs. C-215/18	Primera Air Scandinavia	EU:C:2020:235	6.111
27.2.2020	Rs. C-803/18	Balta	EU:C:2020:123	6.3, 6.105, 6.167
19.12.2019	Rs. C-752/18	Umwelthilfe./.Bayern	EU:C:2019:1114	5.110, 11.12, 11.13
19.12.2019	verb. Rs. C-453/18 und C-494/18	Bondora	EU:C:2019:1118	3.69, 3.76, 4.10, 10.68, 11.23, 11.24, 13.8
18.12.2019	Rs. C-362/18	Hochtief	EU:C:2019:1100	13.83
4.12.2019	Rs. C-493/18	Tiger	EU:C:2019:1046	9.19, 9.23, 9.27, 9.66, 9.67

1 Das Entscheidungsverzeichnis erstellte *Rita Melde*.

https://doi.org/10.1515/9783110715156-015

Datum	Aktenzeichen	Kurzbezeichnung	Fundstelle	Rdn.
4.12.2019	Rs. C-421/18	Ordre des avocats du barreau de Dinant	EU:C:2019:1053	6.8, 6.54
21.11.2019	Rs. C-198/18	CeDe Group	EU:C:2019:1001	9.21, 9.54
19.11.2019	verb. Rs. C-585/18, C-624/18 und C-625/18	A.K.	EU:C:2019:982	2.110, 13.5, 13.22, 13.72
17.11.2019	Rs. C-555/18	K.H.K.	EU:C:2019:937	10.128, 10.130, 10.136, 10.138
7.11.2019	Rs. C-213/18	easyJet	EU:C:2019:927	6.36, 6.42, 6.55
3.10.2019	Rs. C-759/18	OF	EU:C:2019:816	7.26
3.10.2019	Rs. C-208/18	Petruchová	EU:C:2019:825	6.109, 6.110, 6.121
18.9.2019	Rs. C-47/18	Riel	EU:C:2019:754	6.20, 9.18, 9.21, 9.60, 9.95
5.9.2019	Rs. C-172/18	AMS Neve u.a.	EU:C:2019:674	11.113
4.9.2019	Rs. C-347/18	Salvoni	EU:C:2019:661	3.20, 3.82, 6.265, 11.24
29.7.2019	Rs. C-451/18	Tibor-Trans	EU:C:2019:635	6.74, 11.92
29.7.2019	Rs. C-40/17	Fashion ID	EU:C:2019:629	11.93
10.7.2019	Rs. C-722/17	Reitbauer	EU:C:2019:577	6.131
26.6.2019	Rs. C-729/17	Kommission./. Griechenland	EU:C:2019:534	4.13, 12.14
24.6.2019	Rs. C-619/18	Kommission./.Polen	EU:C:2019:531	2.111, 11.1, 14.46, 14.48
18.6.2019	Verb. Rs. T-624/15, T-694/15 und T-704/15	European Food u.a./ Kommission	EU:T:2019:423	12.61
6.6.2019	Rs. C-361/18	Weil	EU:C:2019:473	6.18, 6.265, 7.21, 7.179
27.5.2019	verb. Rs. C-508/18 und C-82/19 PPU	OG und PL	EU:C:2019:456	5.130
23.5.2019	Rs. C-658/17	WB	EU:C:2019:444	7.197, 7.198
15.5.2019	Rs. C-827/18	MC	EU:C:2019:416	6.131
8.5.2019	Rs. C-25/18	Kerr	EU:C:2019:376	3.75, 6.54, 6.131
2.5.2019	Rs. C-694/17	Pillar Securitisation	EU:C:2019:345	3.75, 5.45, 5.91, 6.110
30.4.2019	Avis 1/17	CETA	EU:C:2019:341	12.65, 12.66

Datum	Aktenzeichen	Kurzbezeichnung	Fundstelle	Rdn.
11.4.2019	Rs. C-464/18	Ryanair	EU:C:2019:311	6.174
28.3.2019	Rs. C-637/17	Cogeco Communications	EU:C:2019:263	10.10, 11.51
13.3.2019	Rs. C-635/17	E.	EU:C:2019:192	13.16
28.2.2019	Rs. C-579/17	Gradbeništvo Korana	EU:C:2019:162	3.9, 6.24
14.2.2019	Rs. C-554/17	Jonsson	EU:C:2019:124	10.108, 11.16, 13.6, 13.35, 14.40
14.2.2019	Rs. C-630/17	Milivojević	EU:C:2019:123	6.38, 6.110, 6.131
6.2.2019	Rs. C-535/17	NK	EU:C:2019:96	6.23, 9.23, 9.54
17.1.2019	Rs. C-102/18	Brisch	EU:C:2019:34	7.221
16.1.2019	Rs. C-386/17	Liberato	EU:C:2019:24	5.33, 6.249, 7.59
22.11.2018	Rs. C-627/17	ZSE Energia	EU:C:2018:941	5.4, 5.8, 5.41, 10.97
15.11.2018	Rs. C-308/17	Kuhn	EU:C:2018:911	6.8, 6.15
14.11.2018	Rs. C-296/17	Wiemer & Trachte	EU:C:2018:902	9.19
7.11.2018	Rs. C-380/17	K und B	EU:C:2018:877	13.16
24.10.2018	Rs. C-234/17	XC	EU:C:2018:853	3.39, 10.9, 12.50
24.10.2018	Rs. C-595/17	Apple	EU:C:2018:854	6.165, 12.46
18.10.2018	Rs. C-149/17	Bastei Lübbe	EU:C:2018:841	11.34, 11.41, 11.42, 11.49
17.10.2018	Rs. C-393/18 PPU	UD	EU:C:2018:835	5.31, 7.70, 7.82
4.10.2018	Rs. C-416/17	Kommission./.Frankreich (Précompte mobilier)	EU:C:2018:811	13.45, 13.36
4.10.2018	Rs. C-379/17	Al Bosco	EU:C:2018:806	6.288, 6.292
4.10.2018	Rs. C-337/17	Feniks	EU:C:2018:805	6.54, 9.19
19.9.2018	verb. Rs. C-325/18 PPU und C-375/18 PPU	Hampshire County Council	EU:C:2018:739	3.48
13.9.2018	Rs. C-176/17	Profi Credit Polska	EU:C:2018:711	10.46, 11.10, 11.20, 11.26
20.9.2018	Rs. C-214/17	Mölk	EU:C:2018:744	7.139
6.9.2018	Rs. C-21/17	Catlin Europe	EU:C:2018:675	3.75, 3.79, 3.82, 8.16, 8.27, 10.69, 10.103
7.8.2018	Rs. C-521/17	SNB-REACT	EU:C:2018:639	11.34
25.7.2018	Rs. C-268/17	AY	EU:C:2018:602	5.145

Datum	Aktenzeichen	Kurzbezeichnung	Fundstelle	Rdn.
25.7.2018	Rs. C-220/18 PPU	ML (Haftbedingungen in Ungarn)	EU:C:2018:589	5.133
25.7.2018	Rs. C-216/18 PPU	LM	EU:C:2018:586	1.25, 2.21, 2.113, 2.114, 3.32, 3.67, 4.13, 5.133, 5.150, 11.1, 14.45, 14.46, 14.53
11.7.2018	Rs. C-88/17	Zurich Insurance und Metso Minerals	EU:C:2018:558	6.61
5.7.2018	Rs. C-27/17	flyLAL-Lithuanian Airlines	EU:C:2018:533	6.74
28.6.2018	Rs. C-512/17	HR	EU:C:2018:513	7.70
21.6.2018	Rs. C-20/17	Oberle	EU:C:2018:485	7.199, 7.221
21.6.2018	Rs. C-1/17	Petronas Lubricants Italy	EU:C:2018:478	6.100, 6.122
7.6.2018	Rs. C-83/17	KP	EU:C:2018:408	7.139
6.6.2018	Rs. C-250/17	Tarragó da Silveira	EU:C:2018:398	9.65
5.6.2018	Rs. C-673/16	Coman	EU:C:2018:385	5.99, 7.21
31.5.2018	Rs. C-335/17	Valcheva	EU:C:2018:359	7.28
31.5.2018	Rs. C-306/17	Nothartová	EU:C:2018:360	6.100
17.5.2018	Rs. C-147/16	Karel de Grote	EU:C:2018:320	11.23
26.4.2018	Rs. C-34/17	Donnellan	EU:C:2018:282	3.36, 4.80, 5.115, 10.31
19.4.2018	Rs. C-565/16	Saponaro	EU:C:2018:265	7.72, 7.75, 7.76
22.3.2018	Rs. C-688/15	Anisimovienė u.a.	EU:C:2018:209	13.72
8.3.2018	Rs. C-64/17	Saey Home & Garden	EU:C:2018:173	6.160, 6.161, 13.35
7.3.2018	verb. Rs. C-274/16, C-447/16 und C-448/16	flightright	EU:C:2018:160	6.54, 6.61
6.3.2018	Rs. C-284/16	Achmea	EU:C:2018:158	2.63, 12.58, 12.59, 13.3, 13.14, 13.24, 13.25
1.3.2018	Rs. C-558/16	Mahnkopf	EU:C:2018:138	7.179, 7.192, 7.196, 7.220
28.2.2018	Rs. C-289/17	Collect Inkasso	EU:C:2018:133	3.30, 3.33, 10.9, 10.24, 10.26

Datum	Aktenzeichen	Kurzbezeichnung	Fundstelle	Rdn.
27.2.2018	Rs. C-64/16	Associação Sindical dos Juízes Portugueses	EU:C:2018:117	2.94, 2.114, 3.67, 4.9, 4.13, 11.1, 13.2, 13.22, 14.47
25.1.2018	Rs. C-498/16	Schrems II	EU:C:2018:37	4.105, 6.105, 6.110, 11.74, 11.79
18.1.2018	Rs. C-427/15	NEW WAVE CZ	EU:C:2017:18	11.40, 11.41
20.12.2017	Rs. C-372/16	Sahyouni	EU:C:2017:988	7.22, 7.62, 7.64
20.12.2017	Rs. C-467/16	Schlömp	EU:C:2017:993	5.43, 5.44, 7.142, 7.147
14.12.2017	Rs. C-66/17	Chudaś	EU:C:2017:972	10.9, 10.15
9.11.2017	Rs. C-641/16	Tünkers	EU:C:2017:847	6.23, 9.19
19.10.2017	Rs. C-231/16	Merck	EU:C:2017:771	11.113
17.10.2017	Rs. C-194/16	Bolagsupplysningen	EU:C:2017:766	6.77, 6.79, 11.80, 11.104
12.10.2017	Rs. C-218/16	Kubicka	EU:C:2017:755	7.192, 7.196
27.9.2017	verb. Rs. C-24/16 und 25/16	Nintendo	EU:C:2017:724	11.34, 11.111, 11.112, 11.113, 11.114
26.7.2017	Rs. C-670/15	Assens Havn	EU:C:2017:546	2.31, 8.80, 8.83
13.7.2017	Rs. C-433/16	Bayerische Motoren Werke	EU:C:2017:550	6.174, 11.111, 11.113
13.7.2017	Rs. C-368/16	Šalplachta	EU:C:2017:594	3.54, 6.105
28.6.2017	Rs. C-436/16	Leventis und Vafias	EU:C:2017:497	6.167
15.6.2017	Rs. C-249/16	Kareda	EU:C:2017:472	6.54
14.6.2017	Rs. C-75/16	Menini und Rampanelli	EU:C:2017:457	12.1, 12.5, 12.9, 12.30
8.6.2017	Rs. C-111/17 PPU	OL	EU:C:2017:436	7.70, 13.74
8.6.2017	Rs. C-541/15	Freitag	EU:C:2017:432	3.24
18.5.2017	Rs. C-617/15	Hummel Holding	EU:C:2017:390	11.29, 11.113
16.5.2017	Avis 2/15	Handelsabkommen mit Singapur	EU:C:2017:376	12.56
4.5.2017	Rs. C-29/16	HanseYachts	EU:C:2017:343	6.185
9.3.2017	Rs. C-551/15	Pula Parking	EU:C:2017:193	2.99, 6.209, 10.52, 10.92, 14.46
9.3.2017	Rs. C-484/15	Zulfikarpašić	EU:C:2017:199	2.99, 6.209, 10.3, 10.13, 10.16, 10.92, 14.46

Datum	Aktenzeichen	Kurzbezeichnung	Fundstelle	Rdn.
7.3.2017	Rs. C-638/16 PPU	X und X	EU:C:2017:173	13.74, 13.77
2.3.2017	Rs. C-354/15	Henderson	EU:C:2017:157	3.79, 3.82. 8.5, 8.16, 7.23, 8.27
16.2.2017	Rs. C-507/15	Agro Foreign Trade & Agency	EU:C:2017:129	5.100
15.2.2017	Rs. C-499/15	W und V	EU:C:2017:118	7.70, 7.142
9.2.2017	Rs. C-499/15	S	EU:C:2017:104	7.155
21.12.2016	verb. Rs. C-203/15 und C-698/15	Tele2 Sverige	EU:C:2016:970	13.72
21.12.2016	Rs. C-119/15	Biuro podróży Partner	EU:C:2016:987	11.60
16.11.2016	Rs. C-417/15	Schmidt	EU:C:2016:881	6.131
15.11.2016	Rs. C-268/15	Ullens de Schooten	EU:C:2016:874	13.16
11.11.2016	Rs. C-477/16 PPU	Kovalkovas	EU:C:2016:861	5.130
10.11.2016	Rs. C-453/16 PPU	Özçelik	EU:C:2016:860	5.130
10.11.2016	Rs. C-452/16 PPU	Poltorak	EU:C:2016:858	5.130
27.10.2016	Rs. C-428/15	D	EU:C:2016:819	7.25, 7.27, 7.84, 7.86
18.10.2016	Rs. C-135/15	Nikiforidis	EU:C:2016:774	5.96, 6.14
13.10.2016	Rs. C-294/15	Mikołajczyk	EU:C:2016:772	7.21, 7.34
12.10.2016	Rs. C-185/15	Kostanjevec	EU:C:2016:763	6.100
28.7.2016	Rs. C-191/15	VKI./.Amazon	EU:C:2016:612	11.61, 11.69, 11.80
28.7.2016	Rs. C-57/15	United Video Properties	EU:C:2016:611	11.46
28.7.2016	Rs. C-168/15	Tomášová	EU:C:2016:602	11.23, 13.46
28.7.2016	Rs. C-102/15	Siemens Österreich	EU:C:2016:607	6.10, 6.12, 8.3, 8.6, 8.16, 11.108
14.7.2016	Rs. C-196/15	Granarolo	EU:C:2016:559	4.53, 6.70
7.7.2016	Rs. C-222/15	Hőszig	EU:C:2016:525	6.159, 6.160
7.7.2016	Rs. C-70/15	Lebek	EU:C:2016:524	3.41, 6.234, 6.235
29.6.2016	Rs. C-486/14	Kossowski	EU:C:2016:483	5.145
16.6.2016	Rs. C-511/14	Pebros Servizi	EU:C:2016:448	4.74, 10.8, 10.13
16.6.2016	Rs. C-12/15	Universal Music	EU:C:2016:449	6.2, 6.75, 6.175

Datum	Aktenzeichen	Kurzbezeichnung	Fundstelle	Rdn.
2.6.2016	Rs. C-438/14	Bogendorff von Wolffersdorff	EU:C:2016:401	2.60, 3.24, 3.25, 5.99
25.5.2016	Rs. C-559/14	Meroni	EU:C:2016:349	3.64, 3.66, 4.2, 4.9, 4.76, 4.78, 10.91
12.5.2016	Rs. C-281/15	Sahyouni	EU:C:2016:343	5.33
28.4.2016	Rs. C-384/14	Alta Realitat	EU:C:2016:316	3.82, 3.99, 6.231, 8.2, 8.16, 8.19, 8.20, 8.27
21.4.2016	Rs. C-572/14	Austro-Mechana	EU:C:2016:286	6.55, 6.68, 6.70
20.4.2016	Rs. C-366/13	Profit Investment SIM	EU:C:2016:282	6.54, 6.151, 6.160, 6.167
14.4.2016	Rs. C-381/14	Sales Sinués	EU:C:2016:252	11.10, 11.60
5.4.2016	Rs. C-404/15	Aranyosi und Căldăraru	EU:C:2016:198	5.133
17.3.2016	Rs. C-613/15	Ibercaja Banco	EU:C:2016:195	11.23
17.3.2016	Rs. C-175/15	Taser	EU:C:2016:176	6.154, 6.158, 6.172
10.3.2016	Rs. C-94/14	Flight Refund	EU:C:2016:148	10.57, 10.81
18.2.2016	Rs. C-49/14	Finanmadrid EFC	EU:C:2016:98	6.265, 11.25, 11.26, 11.60, 12.50
21.1.2016	Rs. C-521/14	SOVAG	EU:C:2016:41	4.55
23.12.2015	Rs. C-297/14	Hobohm	EU:C:2015:844	6.109
17.12.2015	Rs. C-300/14	Imtech Marine Belgium	EU:C:2015:825	3.66, 10.8, 10.9, 10.16, 10.17, 10.26, 10.59
17.12.2015	Rs. C-605/14	Komu u.a.	EU:C:2015:833	6.131
10.12.2015	Rs. C-594/14	Kornhaas	EU:C:2015:806	9.54
10.12.2015	Rs. C-350/14	Lazar	EU:C:2015:802	6.74
19.11.2015	Rs. C-455/15 PPU	P/Q	EU:C:2015:763	7.59, 7.105
11.11.2015	Rs. C-505/14	Klausner Holz Niedersachsen	EU:C:2015:742	11.15, 11.18
11.11.2015	Rs. C-223/14	Tecom Mican und Arias Domínguez	EU:C:2015:744	8.6, 8.11, 8.12, 8.23
22.10.2015	Rs. C-523/14	Aertssen	EU:C:2015:722	6.184
22.10.2015	Rs. C-245/14	Thomas Cook Belgium	EU:C:2015:715	10.73, 10.75, 10.80
21.10.2015	Rs. C-215/15	Gogova	EU:C:2015:710	7.25, 7.27, 7.75
15.10.2015	Rs. C-310/14	Nike	EU:C:2015:690	9.58

Datum	Aktenzeichen	Kurzbezeichnung	Fundstelle	Rdn.
6.10.2015	Rs. C-489/14	A	EU:C:2015:654	4.62, 7.46, 7.47, 7.49
6.10.2015	Rs. C-404/14	Matoušková	EU:C:2015:653	7.26, 7.72, 7.196
16.9.2015	Rs. C-519/13	Alpha Bank Cyprus	EU:C:2015:603	1.25, 6.231, 8.6, 8.14, 8.16, 8.20, 8.27
10.9.2015	Rs. C-47/14	Holterman Ferho Exploitatie u.a.	EU:C:2015:574	6.55, 6.122, 6.123, 6.128
9.9.2015	Rs. C-160/14	Ferreira da Silva e Brito	EU:C:2015:565	13.31
9.9.2015	Rs. C-4/14	Bohez	EU:C:2015:563	7.72
16.7.2015	Rs. C-237/15 PPU	Lanigan	EU:C:2015:474	5.133
16.7.2015	Rs. C-170/13	Huawei Technologies	EU:C:2015:477	11.47
16.7.2015	Rs. C-580/13	Coty Germany	EU:C:2015:485	11.32, 11.41, 11.49
16.7.2015	Rs. C-184/14	A	EU:C:2015:479	7.142
16.7.2015	Rs. C-681/13	Diageo Brands	EU:C:2015:471	3.12, 3.36, 4.76, 4.78, 4.84, 6.230, 6.238, 6.240, 6.241, 6.244
16.7.2015	Rs. C-507/14	P	EU:C:2015:512	6.194
16.6.2015	Rs. C-62/14	Gauweiler u.a.	EU:C:2015:400	13.4, 13.61
11.6.2015	Rs. C-649/13	Nortel	EU:C:2015:384	2.76, 9.93
11.6.2015	Rs. C-226/13	Fahnenbrock	EU:C:2015:383	6.15, 8.9, 8.86
4.6.2015	Rs. C-497/13	Faber	EU:C:2015:357	11.23
21.5.2015	Rs. C-352/13	CDC Hydrogen Peroxide	EU:C:2015:335	6.5, 6.68, 6.73, 6.90, 6.92, 6.93, 6.94, 6.165, 11.91, 11.107, 12.46
21.5.2015	Rs. C-322/14	El Majdoub	EU:C:2015:334	6.159, 6.163
13.5.2015	Rs. C-536/13	Gazprom	EU:C:2015:316	3.48, 4.78, 4.105, 6.26, 6.30, 6.31, 12.45, 14.2
16.4.2015	Rs. C-557/13	Lutz	EU:C:2015:227	9.58
28.1.2015	Rs. C-375/13	Kolassa	EU:C:2015:37	6.54, 6.68, 6.75, 6.111, 6.175, 6.177

Datum	Aktenzeichen	Kurzbezeichnung	Fundstelle	Rdn.
22.1.2015	Rs. C-441/13	Hejduk	EU:C:2015:28	6.76
9.1.2015	Rs. C-498/14 PPU	RG	EU:C:2015:3	7.126
18.12.2014	Avis 2/13	Beitritt der Union zur EMRK	EU:C:2014:2454	1.21, 3.32, 4.11, 5.69, 13.3, 13.53
18.12.2014	verb. Rs. C-400/13 und C-408/13	Sanders und Huber	EU:C:2014:2461	2.20, 7.143, 10.58, 10.100, 14.47, 14.52
4.12.2014	Rs. C-295/13	H	EU:C:2014:2410	5.43, 6.137, 9.23, 9.54
12.11.2014	Rs. C-656/13	L	EU:C:2014:2364	7.75, 7.77
23.10.2014	Rs. C-302/13	flyLAL-Lithuanian Airlines	EU:C:2014:2319	6.230, 6.244
14.10.2014	Avis 1/13	HKÜ	EU:C:2014:2303	2.68, 2.69, 2.70, 2.77, 5.13, 5.13, 5.54
9.10.2014	Rs. C-376/14 PPU	C	EU:C:2014:2268	7.69, 7.70
1.10.2014	Rs. C-436/13	E	EU:C:2014:2246	7.77
11.9.2014	Rs. C-112/13	A	EU:C:2014:2195	3.64, 3.65, 4.9, 4.13, 4.78, 6.2, 6.172, 6.174, 6.177, 6.230, 13.5, 13.43
4.9.2014	verb. Rs. C-119/13 und C-120/13	eco cosmetics	EU:C:2014:2144	3.66, 3.76, 4.24, 4.67, 4.103, 10.75, 10.83, 14.40
4.9.2014	Rs. C-157/13	Nickel	EU:C:2014:2145	4.16, 4.26, 4.41, 5.81, 6.23, 6.219, 9.21, 9.23, 13.13
4.9.2014	Rs. C-327/13	Burgo Group	EU:C:2014:2158	9.41, 9.73, 9.75, 9.94, 9.99
17.7.2014	verb. Rs. C-58/13 und C-59/13	Torresi	EU:C:2014:2088	13.23
17.7.2014	Rs. C-169/14	Sánchez Morcillo und Abril García	EU:C:2014:2099	6.74, 11.19, 11.23
5.6.2014	Rs. C-255/13	I	EU:C:2014:1291	13.72
5.6.2014	Rs. C-398/12	M	EU:C:2014:1057	5.145
5.6.2014	Rs. C-360/12	Coty Germany	EU:C:2014:1318	5.26, 6.3, 11.113
3.4.2014	Rs. C-387/12	Hi Hotel HCF	EU:C:2014:215	6.73

Datum	Aktenzeichen	Kurzbezeichnung	Fundstelle	Rdn.
3.4.2014	Rs. C-438/12	Weber	EU:C:2014:212	6.131, 6.144, 6.186, 6.190, 6.199
27.3.2014	Rs. C-314/12	UPC Telekabel Wien	EU:C:2014:192	11.41
27.3.2014	Rs. C-565/12	LCL Le Crédit Lyonnais	EU:C:2014:190	3.63
13.3.2014	Rs. C-548/12	Brogsitter	EU:C:2014:148	4.53, 6.70
27.2.2014	Rs. C-470/12	Pohotovosť	EU:C:2014:101	12.50, 13.16
27.2.2014	Rs. C-1/13	Cartier parfums-lunettes	EU:C:2014:109	6.172, 6.184
16.1.2014	Rs. C-45/13	Kainz	EU:C:2014:7	3.9, 4.58, 4.66, 5.47, 5.91, 5.93, 6.68, 6.73, 6.111
16.1.2014	Rs. C-328/12	Schmid	EU:C:2014:6	2.76, 5.39, 6.219, 9.26, 9.49
19.12.2013	Rs. C-452/12	Nipponkoa	EU:C:2013:858	4.26, 4.41, 5.81, 6.185, 6.195, 11.101, 13.13
19.12.2013	Rs. C-9/12	Corman-Collins	EU:C:2013:860	6.57
5.12.2013	Rs. C-413/12	Asociación de Consumidores Independientes de Castilla y León	EU:C:2013:800	11.79
5.12.2013	Rs. C-508/12	Vapenik	EU:C:2013:790	6.110, 10.9, 10.21
14.11.2013	Rs. C-478/12	Maletic	EU:C:2013:735	5.8, 6.118
17.10.2013	Rs. C-218/12	Emrek	EU:C:2013:666	6.117
3.10.2013	Rs. C-32/12	Duarte Hueros	EU:C:2013:637	11.23
3.10.2013	Rs. C-170/12	Pinckney	EU:C:2013:635	6.76
3.10.2013	Rs. C-386/12	Schneider	EU:C:2013:633	6.16, 6.18, 6.19, 6.131, 7.25
26.9.2013	Rs. C-157/12	Salzgitter Mannesmann	EU:C:2013:597	5.22, 6.250, 6.253
19.9.2013	Rs. C-251/12	Van Buggenhout und Van de Mierop	EU:C:2013:566	9.98
12.9.2013	Rs. C-49/12	Sunico	EU:C:2013:545	6.10, 6.12
18.7.2013	Rs. C-414/11	Daiichi Sankyo	EU:C:2013:520	13.13
18.7.2013	Rs. C-147/12	ÖFAB	EU:C:2013:490	6.68
13.6.2013	Rs. C-144/12	Goldbet Sportwetten	EU:C:2013:393	6.174, 10.57, 10.73
6.6.2013	Rs. C-536/11	Donau Chemie	EU:C:2013:366	11.53
16.5.2013	Rs. C-228/11	Melzer	EU:C:2013:305	6.73

Datum	Aktenzeichen	Kurzbezeichnung	Fundstelle	Rdn.
16.4.2013	verb. Rs. C-274/11 und C-295/11	Spanien und Italien./.Rat	EU:C:2013:240	2.33, 2.35, 11.122, 11.124
11.4.2013	Rs. C-645/11	Sapir u.a.	EU:C:2013:228	6.12
21.3.2013	Rs. C-324/12	Novontech-Zala	EU:C:2013:205	10.75, 10.80
14.3.2013	Rs. C-415/11	Aziz	EU:C:2013:164	11.23, 11.24
14.3.2013	Rs. C-419/11	Česká spořitelna	EU:C:2013:165	6.110
26.2.2013	Rs. C-399/11	Melloni	EU:C:2013:107	5.133, 5.134
26.2.2013	Rs. C-617/10	Åkerberg Fransson	EU:C:2013:105	1.21, 3.64, 4.9, 4.12, 4.15, 11.4, 13.7, 13.10, 13.82
21.2.2013	Rs. C-472/11	Banif Plus Bank	EU:C:2013:88	3.67, 11.19
21.2.2013	Rs. C-332/11	ProRail	EU:C:2013:87	8.39, 8.95, 8.99
19.12.2012	Rs. C-325/11	Alder	EU:C:2012:824	4.11, 6.248, 8.6, 8.8, 8.23, 8.28
13.12.2012	Rs. C-465/11	Forposta und ABC Direct Contact	EU:C:2012:801	13.23
13.12.2012	Rs. C-215/11	Szyrocka	EU:C:2012:794	10.61
27.11.2012	Rs. C-370/12	Pringle	EU:C:2012:756	13.72
22.11.2012	Rs. C-116/11	Bank Handlowy und Adamiak	EU:C:2012:739	9.13, 9.75, 9.83
15.11.2012	Rs. C-456/11	Gothaer Allgemeine Versicherung	EU:C:2012:719	6.104, 6.206, 6.207, 6.221
6.11.2012	Rs. C-286/12	Kommission./.Ungarn	EU:C:2012:687	2.109, 5.72
6.11.2012	Rs. C-199/11	Otis	EU:C:2012:684	3.67, 11.51
25.10.2012	Rs. C-133/11	Folien Fischer	EU:C:2012:664	4.49, 6.67, 11.113
18.10.2012	Rs. C-583/10	Nolan	EU:C:2012:638	13.16
18.10.2012	Rs. C-173/11	Football Dataco u.a.	EU:C:2012:642	11.23
6.9.2012	Rs. C-619/10	Trade Agency	EU:C:2012:531	4.84, 6.213, 6.234, 6.248
6.9.2012	Rs. C-190/11	Mühlleitner	EU:C:2012:542	6.114
6.9.2012	Rs. C-170/11	Lippens u.a.	EU:C:2012:540	8.39, 8.95
19.7.2012	Rs. C-154/11	Mahamdia	EU:C:2012:491	6.123, 6.130, 6.154, 6.155
12.7.2012	Rs. C-602/10	SC Volksbank România	EU:C:2012:443	13.16
12.7.2012	Rs. C-378/10	VALE Építési	EU:C:2012:440	7.218
12.7.2012	Rs. C-616/10	Solvay	EU:C:2012:445	6.143

Datum	Aktenzeichen	Kurzbezeichnung	Fundstelle	Rdn.
14.6.2012	Rs. C-618/10	Banco Español de Crédito	EU:C:2012:349	6.265, 11.23, 11.24, 14.19
26.4.2012	Rs. C-472/10	Invitel	EU:C:2012:242	11.60
26.4.2012	Rs. C-92/12 PPU	Health Service Executive	EU:C:2012:255	7.27, 7.165
19.4.2012	Rs. C-213/10	F-Tex	EU:C:2012:215	6.20, 6.23, 6.219, 9.20
19.4.2012	Rs. C-523/10	Wintersteiger	EU:C:2012:220	6.74, 6.76
15.3.2012	Rs. C-292/10	Cornelius de Visser	EU:C:2012:142	3.65, 3.66, 5.14, 6.44, 6.78, 6.175, 6.177, 6.178, 6.179, 8.28, 10.23
15.12.2011	Rs. C-191/10	Rastelli Davide e C.	EU:C:2011:838	9.45, 9.99
1.12.2011	Rs. C-145/10	Painer	EU:C:2011:798	6.92
17.11.2011	Rs. C-434/10	Aladzhov	EU:C:2011:750	4.7
17.11.2011	Rs. C-327/10	Hypoteční banka	EU:C:2011:745	3.65, 5.14, 6.44, 8.28
17.11.2011	Rs. C-112/10	Zaza Retail	EU:C:2011:743	9.42
10.11.2011	Rs. C-126/10	Foggia - SGPS	EU:C:2011:718	13.20
25.10.2011	verb. Rs. C-509/09 und C-161/10	eDate Advertising	EU:C:2011:685	6.67, 6.68, 6.77, 6.78, 6.79, 7.201, 11.80, 11.105
20.10.2011	Rs. C-396/09	Interedil	EU:C:2011:671	9.10, 9.30, 9.34, 9.35, 9.38, 9.41
18.10.2011	Rs. C-406/09	Realchemie	EU:C:2011:668	6.259, 6.260, 11.87
13.10.2011	Rs. C-139/10	Prism Investments	EU:C:2011:653	6.274,
15.9.2011	Rs. C-310/09	Accor	EU:C:2011:581	13.45
7.7.2011	Rs. C-310/10	Agafiţei u.a.	EU:C:2011:467	13.16
14.6.2011	Rs. C-196/09	Miles u.a.	EU:C:2011:388	13.24
14.6.2011	Rs. C-360/09	Pfleiderer	EU:C:2011:389	3.63, 11.53
12.5.2011	Rs. C-144/10	BVG	EU:C:2011:300	6.137
12.5.2011	Rs. C-391/09	Runevič-Vardyn und Wardyn	EU:C:2011:291	2.60
12.4.2011	Rs. C-235/09	DHL Express France	EU:C:2011:238	6.259, 11.113
15.3.2011	Rs. C-29/10	Koelzsch	EU:C:2011:151	6.125
8.3.2011	Rs. C-240/09	Lesoochranárske zoskupenie	EU:C:2011:125	13.13
8.3.2011	Avis 1/09	Europäisches Patentgericht	EU:C:2011:123	11.1, 11.121

Datum	Aktenzeichen	Kurzbezeichnung	Fundstelle	Rdn.
17.2.2011	Rs. C-283/09	Weryński	EU:C:2011:85	8.39, 8.51, 13.69
22.12.2010	Rs. C-517/10	RTL Belgium	EU:C:2010:821	13.23
22.12.2010	Rs. C-279/09	DEB	EU:C:2010:811	8.74
22.12.2010	Rs. C-208/09	Sayn-Wittgenstein	EU:C:2010:806	2.60, 3.24
22.12.2010	Rs. C-491/10 PPU	Aguirre Zarraga	EU:C:2010:828	7.117, 7.118, 7.133
22.12.2010	Rs. C-497/10 PPU	Mercredi	EU:C:2010:829	7.70, 7.199
7.12.2010	Rs. C-585/08	Pammer und Hotel Alpenhof	EU:C:2010:740	4.35, 4.60, 4.69, 6.110, 6.114
16.11.2010	Rs. C-76/10	Pohotovosť	EU:C:2010:685	11.23
9.11.2010	Rs. C-137/08	VB Pénzügyi Lízing	EU:C:2010:659	11.23
9.11.2010	Rs. C-296/10	Purrucker	EU:C:2010:665	6.185, 7.96, 13.70, 13.72
15.7.2010	Rs. C-256/09	Purrucker	EU:C:2010:437	7.95
1.7.2010	Rs. C-211/10 PPU	Povse	EU:C:2010:400	7.78, 7.79, 7.118, 7.128
20.5.2010	Rs. C-111/09	ČPP Vienna Insurance Group	EU:C:2010:290	6.172
4.5.2010	Rs. C-533/08	TNT Express Nederland	EU:C:2010:243	4.26, 4.41, 5.81, 13.11
18.3.2010	Rs. C-317/08	Alassini	EU:C:2010:146	12.1
11.3.2010	Rs. C-19/09	Wood Floor Solutions	EU:C:2010:137	6.61
25.2.2010	Rs. C-381/08	Car Trim	EU:C:2010:90	6.56, 6.59, 6.60
14.1.2010	Rs. C-233/08	Kyrian	EU:C:2010:11	5.115, 8.10
23.12.2009	Rs. C-403/09 PPU	Detiček	EU:C:2009:810	7.94
27.10.2009	Rs. C-115/08	ČEZ	EU:C:2009:660	6.6, 6.13
22.10.2009	Rs. C-301/08	Bogiatzi	EU:C:2009:649	13.14
17.9.2009	Rs. C-347/08	Vorarlberger Gebietskrankenkasse	EU:C:2009:561	6.104
10.9.2009	Rs. C-292/08	German Graphics Graphische Maschinen	EU:C:2009:544	6.23, 6.219, 9.22
16.7.2009	Rs. C-189/08	Zuid-Chemie	EU:C:2009:475	6.72, 6.73, 6.74
16.7.2009	Rs. C-168/08	Hadadi	EU:C:2009:474	7.39, 7.40
9.7.2009	Rs. C-204/08	Rehder	EU:C:2009:439	6.61
2.7.2009	Rs. C-111/08	SCT Industri	EU:C:2009:419	6.23, 9.23
25.6.2009	Rs. C-14/08	Roda Golf & Beach Resort	EU:C:2009:395	8.6, 8.11, 8.12, 13.23

Datum	Aktenzeichen	Kurzbezeichnung	Fundstelle	Rdn.
11.6.2009	Rs. C-564/07	Kommission./.Österreich	EU:C:2009:364	4.11
4.6.2009	Rs. C-243/08	Pannon GSM	EU:C:2009:350	11.23, 11.24, 12.52
14.5.2009	Rs. C-180/06	Ilsinger	EU:C:2009:303	6.111
28.4.2009	Rs. C-420/07	Apostolides	EU:C:2009:271	6.34
23.4.2009	Rs. C-533/07	Falco Privatstiftung	EU:C:2009:257	4.7, 4.65, 6.58
23.4.2009	Rs. C-167/08	Draka NK Cables u.a.	EU:C:2009:263	4.72
2.4.2009	Rs. C-394/07	Gambazzi	EU:C:2009:219	3.34, 3.35, 3.66, 4.71, 4.79, 4.80, 4.84, 4.89, 6.213, 6.238, 6.243, 8.101
2.4.2009	Rs. C-523/07	A	EU:C:2009:225	1.25, 4.57, 4.61, 4.65, 4.76, 4.92, 7.13, 7.25, 7.35, 7.70, 7.80, 7.89, 7.94, 7.96, 7.125, 7.127, 7.199, 10.118
12.2.2009	Rs. C-339/07	Seagon	EU:C:2009:83	4.16, 4.62, 4.76, 6.20, 6.21, 6.23, 6.70, 6.149, 6.219, 9.27, 9.20, 9.47, 9.54
10.2.2009	Rs. C-185/07	Allianz	EU:C:2009:69	3.12, 3.35, 3.48, 4.73, 4.76, 4.78, 6.27, 6.30, 6.170, 6.243, 12.45, 13.12, 14.2
16.12.2008	Rs. C-210/06	Cartesio	EU:C:2008:723	13.40.
25.11.2008	Rs. C-455/06	Heemskerk und Schaap	EU:C:2008:650	11.15
14.10.2008	Rs. C-353/06	Grunkin-Paul II	EU:C:2008:559	2.13, 2.60, 2.61, 3.1, 3.24, 5.97, 5.99
6.10.2008	Rs. C-40/08	Asturcom Telecomunicaciones	EU:C:2009:615	11.23, 11.24, 12.50
2.10.2008	Rs. C-372/07	Hassett und Doherty	EU:C:2008:534	6.3, 6.137
23.9.2008	Rs. C-427/06	Bartsch	EU:C:2008:517	4.15
11.9.2008	Rs. C-265/07	Caffaro	EU:C:2008:496	4.29, 5.102, 11.29
11.9.2008	Rs. C-11/07	Eckelkamp	EU:C:2008:489	7.190
3.9.2008	verb. Rs. C-402/05P und C-415/05P	Kadi	EU:C:2008:461	4.2, 4.10, 4.13, 5.123

Datum	Aktenzeichen	Kurzbezeichnung	Fundstelle	Rdn.
25.7.2008	Rs. C-127/08	Metock u.a.	EU:C:2008:449	13.72
17.7.2008	Rs. C-66/08	Kozłowski	EU:C:2008:437	13.72
11.7.2008	Rs. C-195/08 PPU	Inga Rinau	EU:C:2008:406	3.10, 3.45, 3.66, 4.2, 4.9, 4.26, 4.27, 4.61, 4.78, 4.92, 5.32, 5.53, 5.54, 5.102, 7.102, 7.105, 7.118, 7.123, 7.126, 7.128, 13.14, 13.76, 13.78,
22.5.2008	Rs. C-462/06	Glaxosmithkline	EU:C:2008:299	6.89, 6.103, 6.124
22.5.2008	Rs. C-499/06	Nerkowska	EU:C:2008:300	2.60
8.5.2008	Rs. C-14/07	Weiss & Partner	EU:C:2008:264	3.75, 3.79, 3.99, 4.102, 5.122, 6.231, 8.5, 8.6, 8.16, 8.21, 10.111, 14.5
17.4.2008	Rs. C-404/06	Quelle	EU:C:2008:231	13.59
1.4.2008	Rs. C-267/06	Maruko	EU:C:2008:179	4.59, 4.68
14.2.2008	Rs. C-450/06	Varec	EU:C:2008:91	11.57
12.2.2008	Rs. C-2/06	Kempter	EU:C:2008:78	11.15
29.1.2008	Rs. C-275/06	Promusicae	EU:C:2008:54	4.9
13.12.2007	Rs. C-463/06	FBTO Schadeverzekeringen	EU:C:2007:792	4.68, 6.106
11.12.2007	Rs. C-438/05	The International Transport Workers' Federation und The Finnish Seamen's Union	EU:C:2007:772	6.67
6.12.2007	Rs. C-401/06	Kommission./. Deutschland	EU:C:2007:759	7.190
29.11.2007	Rs. C-68/07	Sundelind Lopez	EU:C:2007:740	5.30, 7.45, 7.83
27.11.2007	Rs. C-435/06	C	EU:C:2007:714	4.61, 4.92, 7.15, 7.25, 7.27, 7.54, 7.165
23.10.2007	Rs. C-440/05	Kommission./. Rat der Europäischen Union	EU:C:2007:625	5.125
11.10.2007	Rs. C-98/06	Freeport	EU:C:2007:595	6.90, 6.92, 6.95
11.10.2007	Rs. C-117/06	Möllendorf./. Möllendorf-Niehuus	EU:C:2007:596	5.123

Datum	Aktenzeichen	Kurzbezeichnung	Fundstelle	Rdn.
27.9.2007	Rs. C-175/06	Tedesco	EU:C:2007:552	4.36, 4.49, 8.38, 8.44, 8.50
11.9.2007	Rs. C-431/05	Merck Genéricos Produtos Farmacêuticos	EU:C:2007:496	11.128, 13.11
18.7.2007	Rs. C-367/05	Kraaijenbrink	EU:C:2007:444	5.145
18.7.2007	Rs. C-119/05	Lucchini	EU:C:2007:434	11.15, 11.18
26.6.2007	Rs. C-305/05	Ordre des barreaux francophones	EU:C:2007:383	4.14
3.5.2007	Rs. C-303/05	Advocaten voor de Wereld	EU:C:2007:261	3.66
3.5.2007	Rs. C-386/05	Color Drack	EU:C:2007:262	4.71, 4.76, 4.85, 6.54, 6.60, 6.62
13.3.2007	Rs. C-432/05	Unibet	EU:C:2007:163	3.54, 3.61, 3.66, 4.14, 11.7, 11.9, 11.15
6.3.2007	Rs. C-292/04	Meilicke	EU:C:2007:132	13.68
15.2.2007	Rs. C-292/05	Lechouritou	EU:C:2007:102	4.71, 5.107, 6.6, 6.14, 6.256, 8.75, 8.86, 10.11
18.1.2007	Rs. C-229/05 P	PKK u. RNK./.Rat	EU:C:2007:32	5.123
14.12.2006	Rs. C-283/05	ASML	EU:C:2006:787	3.41, 4.84
26.10.2006	Rs. C-168/05	Mostaza Claro	EU:C:2006:675	11.2, 11.23, 11.51, 14.19
28.9.2006	Rs. C-467/04	Gasparini	EU:C:2006:610	5.1.45
28.9.2006	Rs. C-150/05	van Straaten	EU:C:2006:614	5.145
18.7.2006	Rs. C-406/04	De Cuyper	EU:C:2006:491	2.60
13.7.2006	Rs. C-4/03	GAT	EU:C:2006:457	1.6, 6.143
13.7.2006	Rs. C-103/05	Reisch Montage	EU:C:2006:471	4.71, 4.84, 6.3, 6.40, 6.93, 6.94,
13.7.2006	Rs. C-539/03	Roche Nederland	EU:C:2006:458	1.6, 6.91, 6.143, 11.114
13.7.2006	verb. Rs. C-295/04 bis C-298/04	Manfredi	EU:C:2006:461	11.5, 11.8, 11.10, 11.11, 11.14, 11.51
4.7.2006	Rs. C-212/04	Adeneler u.a.	EU:C:2006:443	13.20
27.6.2006	Rs. C-540/03	Parlament./.Rat	EU:C:2006:429	4.12
13.6.2006	Rs. C-173/03	Traghetti del Mediterraneo	EU:C:2006:391	12.53, 13.46
30.5.2006	Rs. C-459/03	Kommission./.Irland	EU:C:2006:345	13.14

Datum	Aktenzeichen	Kurzbezeichnung	Fundstelle	Rdn.
18.5.2006	Rs. C-343/04	ČEZ	EU:C:2006:330	6.6, 6.72, 6.131, 6.135, 6.244
2.5.2006	Rs. C-341/04	Eurofood	EU:C:2006:281	2.76, 3.48, 4.62, 4.63, 9.7, 9.28, 9.34, 9.40, 9.44, 9.45, 9.61, 9.62, 9.73
27.4.2006	Rs. C-96/04	Standesamt Niebüll	EU:C:2006:254	3.24
16.3.2006	Rs. C-234/04	Kapferer	EU:C:2006:178	3.17, 4.14, 4.79, 6.221, 10.76, 11.15, 11.17, 13.65
9.3.2006	Rs. C-499/04	Werhof	EU:C:2006:168	4.2
9.3.2006	Rs. C-436/04	Van Esbroeck	EU:C:2006:165	5.145
16.2.2006	Rs. C-3/05	Verdoliva	EU:C:2006:113	4.82, 4.84, 6.1, 6.28, 6.42, 6.204, 6.230, 6.231
9.2.2006	Rs. C-473/04	Plumex	EU:C:2006:96	4.72, 4.95, 8.23
7.2.2006	Avis 1/03	Parallelübereinkommen Lugano	EU:C:2006:81	2.23, 2.30, 2.68, 2.70, 2.71, 2.72, 2.74, 4.26, 5.48
17.1.2006	Rs. C-1/04	Staubitz-Schreiber	EU:C:2006:39	4.64, 4.91, 9.29
10.1.2006	Rs. C-402/03	Skov und Bilka	EU:C:2006:6	4.35
6.12.2005	Rs. C-461/03	Gaston Schul Douane Expéditeur	EU:C:2005:742	13.30
22.11.2005	Rs. C-144/04	Mangold	EU:C:2005:709	13.6, 13.20
8.11.2005	Rs. C-443/03	Leffler	EU:C:2005:665	3.8, 3.9, 3.61, 3.79, 3.91, 4.2, 4.18, 4.38, 4.45, 4.46, 4.60, 4.61, 4.64, 4.72, 4.76, 4.88, 4.95, 4.99, 4.100, 4.101, 8.3, 8.16, 8.17, 10.112, 11.9, 11.18
13.10.2005	Rs. C-73/04	Klein	EU:C:2005:607	6.113, 6.132
13.10.2005	Rs. C-522/03	Scania Finance France	EU:C:2005:606	6.42, 6.232, 6.233
15.9.2005	Rs. C-495/03	Intermodal Transports	EU:C:2005:552	13.6
13.9.2005	Rs. C-176/03	Kommission./.Rat	EU:C:2005:542	5.125
16.6.2005	Rs. C-105/03	Maria Pupino	EU:C:2005:386	4.43

Datum	Aktenzeichen	Kurzbezeichnung	Fundstelle	Rdn.
12.6.2005	Rs. C-154/04	Alliance for National Health	EU:C:2005:449	4.2
31.5.2005	Rs. C-53/03	Syfait u.a.	EU:C:2005:333	13.23
26.5.2005	Rs. C-77/04	GIE Réunion europée ne	EU:C:2005:327	6.97, 6.104, 6.221
12.5.2005	Rs. C-112/03	Société financière et industrielle du Peloux	EU:C:2005:280	4.44
28.4.2005	Rs. C-104/03	St. Paul Dairy	EU:C:2005:255	3.9, 4.62, 5.10, 5.47, 6.17, 6.212, 6.282, 8.89, 8.92, 11.38
10.3.2005	Rs. C-235/03	QDQ Media	EU:C:2005:147	10.49, 10.50
1.3.2005	Rs. C-281/02	Owusu	EU:C:2005:120	2.17, 2.64, 2.71, 3.12, 4.73, 4.85, 5.3, 5.6, 5.7, 5.10, 5.13, 6.1, 6.3, 6.38, 6.41, 6.42, 6.52
17.2.2005	verb. Rs. C-453/02 und C-462/02	Linneweber	EU:C:2005:92	13.66, 13.68
27.1.2005	Rs. C-125/04	Denuit and Cordenier	EU:C:2005:69	13.25
20.1.2005	Rs. C-27/02	Engler	EU:C:2005:33	4.90, 6.54, 6.68, 6.110, 6.111
20.1.2005	Rs. C-464/01	Gruber	EU:C:2005:32	6.108, 6.110
14.10.2004	Rs. C-39/02	Mærsk Olie & Gas	EU:C:2004:615	6.182, 6.208, 6.234, 6.290
5.10.2004	verb. Rs. C-397/01 bis C-403/01	Pfeiffer	EU:C:2004:584	4.31, 4.43
10.6.2004	Rs. C-168/02	Kronhofer	EU:C:2004:364	6.75
29.4.2004	Rs. C-224/02	Pusa	EU:C:2004:273	4.8
27.4.2004	Rs. C-159/02	Turner	EU:C:2004:228	1.25, 3.12, 3.48, 4.43, 4.71, 4.73, 4.78, 6.27, 6.170, 6.197, 6.243, 8.14
1.4.2004	Rs. C-1/02	Borgmann	EU:C:2004:202	4.2
5.2.2004	Rs. C-265/02	Frahuil	EU:C:2004:77	6.12, 6.24, 6.55
5.2.2004	Rs. C-18/02	DFDS Torline	EU:C:2004:74	6.67, 6.72
15.1.2004	Rs. C-433/01	Blijdenstein	EU:C:2004:21	5.34, 6.24
11.12.2003	Rs. C-289/02	AMOK	EU:C:2003:669	1.19, 8.79

Datum	Aktenzeichen	Kurzbezeichnung	Fundstelle	Rdn.
11.12.2003	Rs. C-364/01	Erben von Barbier	EU:C:2003:665	7.190
9.12.2003	Rs. C-116/02	Gasser	EU:C:2003:657	1.6, 1.25, 3.12, 3.48, 4.71, 4.78, 4.85, 4.87, 4.104, 4.105, 6.162, 6.180, 6.182, 6.189, 6.195, 6.198
2.10.2003	Rs. C-148/02	Garcia Avello	EU:C:2003:539	2.60
30.9.2003	Rs. C-167/01	Inspire Art	EU:C:2003:512	6.138, 9.45
30.9.2003	Rs. C-224/01	Köbler	EU:C:2003:513	12.53, 13.46, 13.60
10.6.2003	Rs. C-497/00 P	Kommission./.Fresh Marine	EU:C:2003:399	11.23
20.5.2003	Rs. C-465/00	Österreichischer Rundfunk u.a.	EU:C:2003:294	5.7, 5.13
15.5.2003	Rs. C-266/01	Préservatrice Foncière TIARD	EU:C:2003:282	3.9, 4.62, 6.5, 6.12
11.2.2003	verb. Rs. C-187/01 und C-385/01	Gözütok und Brügge	EU:C:2003:87	5.145
21.1.2003	Rs. C-318/00	Bacardi-Martini und Cellier des Dauphins	EU:C:2003:41	13.20
10.12.2002	Rs. C-153/00	Der Weduwe	EU:C:2002:735	13.20
14.11.2002	Rs. C-271/00	Baten	EU:C:2002:656	3.9, 4.64, 5.47, 6.24
5.11.2002	Rs. C-208/00	Überseering	EU:C:2002:632	1.28, 3.26, 4.5, 4.11, 5.97, 5.98, 6.138, 9.10, 9.45
2.10.2002	Rs. C-347/00	Barreira Pérez	EU:C:2002:560	13.66
1.10.2002	Rs. C-167/00	Henkel	EU:C:2002:555	6.5, 6.12, 6.55, 6.67, 11.78, 11.79, 11.80
17.9.2002	Rs. C-413/99	Baumbast	EU:C:2002:493	2.7
17.9.2002	Rs. C-334/00	Tacconi	EU:C:2002:499	4.52, 5.92, 6.54, 6.55, 6.69
11.7.2002	Rs. C-224/98	D'Hoop	EU:C:2002:432	4.7
11.7.2002	Rs. C-96/00	Rudolf Gabriel	EU:C:2002:436	6.70
18.6.2002	Rs. C-92/00	HI	EU:C:2002:379	13.23

Datum	Aktenzeichen	Kurzbezeichnung	Fundstelle	Rdn.
6.6.2002	Rs. C-80/00	Italian Leather	EU:C:2002:342	1.6, 1.26, 4.98, 6.185, 6.198, 6.250, 6.282, 10.118
4.6.2002	Rs. C-99/00	Lyckeskog	EU:C:2002:329	13.29
17.5.2002	Rs. C-406/01	Deutschland./.Parlament und Rat	EU:C:2002:304	4.13
19.2.2002	Rs. C-256/00	Besix	EU:C:2002:99	4.85, 4.93, 5.10, 6.41, 6.64, 6.70, 6.75
19.2.2002	Rs. C-35/99	Arduino	EU:C:2002:97	13.6
5.2.2002	Rs. C-255/99	Humer	EU:C:2002:73	2.13
13.12.2001	Rs. C-481/99	Heininger	EU:C:2001:684	4.52
29.11.2001	Rs. C-17/00	De Coster	EU:C:2001:651	13.23
22.11.2001	verb. Rs. C-541/99 und C-542/99	Cape und Idealservice MN RE	EU:C:2001:625	6.110
20.9.2001	Rs. C-453/99	Courage und Crehan	EU:C:2001:465	11.51, 6.5
10.7.2001	Rs. C-86/00	HSB Wohnbau	EU:C:2001:394	13.23
31.5.2001	Rs. C-43/99	Leclere und Deaconescu	EU:C:2001:303	6.123
17.5.2001	Rs. C-340/99	TNT Traco	EU:C:2001:281	13.6
10.5.2001	Rs. C-144/99	Kommission./. Niederlande	EU:C:2001:257	13.32
14.12.2000	verb. Rs. C-300/98 und C-392/98	Dior u.a.	EU:C:2000:688	13.14
30.11.2000	Rs. C-195/98	Österreichischer Gewerkschaftsbund	EU:C:2000:655	13.23
9.11.2000	Rs. C-387/98		EU:C:2000:606	6.154, 6.157, 6.167
9.11.2000	Rs. C-381/98	Ingmar GB	EU:C:2000:605	5.96, 5.100, 6.171
5.10.2000	Rs. C-376/98	Deutschland./. Parlament und Rat	EU:C:2000:544	2.1, 2.46, 2.87
13.7.2000	Rs. C-412/98	Group Josi Reinsurance	EU:C:2000:399	2.64, 2.71, 5.13, 6.43, 6.104
4.7.2000	Rs. C-424/97	Haim	EU:C:2000:357	13.46
27.6.2000	verb. Rs. C-240/98 bis C-244/98	Océano Grupo Editorial	EU:C:2000:346	1.26, 11.2, 11.5, 11.15, 11.22

Datum	Aktenzeichen	Kurzbezeichnung	Fundstelle	Rdn.
23.5.2000	Rs. C-104/98	Buchner u.a.	EU:C:2000:276	13.67
16.5.2000	Rs. C-78/98	Preston	EU:C:2000:247	11.7, 11.8, 11.15
11.5.2000	Rs. C-38/98	Renault	EU:C:2000:225	3.17, 3.29, 4.71, 4.79, 6.238, 6.240, 6.244
28.3.2000	Rs. C-7/98	Krombach	EU:C:2000:164	3.17, 3.27, 4,10, 4.12, 4.84, 6.80, 6.238, 6.240, 6.243, 6.254
23.3.2000	Rs. C-208/98	Berliner Kindl	EU:C:2000:152	3.9, 4.62
27.1.2000	Rs. C-8/98	Dansommer	EU:C:2000:45	6.131
11.1.2000	Rs. C-285/98	Kreil	EU:C:2000:2	13.7
5.10.1999	Rs. C-420/97	Leathertex	EU:C:1999:483	6.191
28.9.1999	Rs. C-440/97	GIE Groupe Concorde	EU:C:1999:456	4.45, 5.10, 6.66
22.6.1999	Rs. C-412/97	ED	EU:C:1999:324	1.19, 4.6, 10.50
17.6.1999	Rs. C-260/97	Unibank	EU:C:1999:312	4.81, 6.1, 6.302, 10.44
1.6.1999	Rs. C-126/97	Eco Swiss	EU:C:1999:269	1.26, 6.244, 11.5, 11.10, 11.15, 12.46, 12.47, 12.48, 13.25
27.4.1999	Rs. C-99/96	Mietz	EU:C:1999:202	1.27, 4.96, 6.110, 6.112, 6.278, 6.282, 6.283, 6.286, 10.118, 10.125, 13.36
16.3.1999	Rs. C-159/97	Castelletti	EU:C:1999:142	6.159, 6.162, 6.167, 6.171, 13.36
9.3.1999	Rs. C-212/97	Centros	EU:C:1999:126	9.10
1.12.1998	Rs. C-326/96	Levez./.Jennings Ltd.	EU:C:1998:577	11.15
19.11.1998	Rs. C-162/97	Nilsson u.a.	EU:C:1998:554	4.59
17.11.1998	Rs. C-391/95	van Uden	EU:C:1998:543	1.6, 1.27, 3.46, 4.96, 6.27, 6.143, 6.278, 6.282, 6.283, 6.285, 6.287, 8.91, 10.118, 12.45, 13.36
27.10.1998	Rs. C-51/97	Réunion européenne	EU:C:1998:509	4.84, 4.85, 4.93, 6.41, 6.54, 6.67, 6.75, 6.89, 6.188

Datum	Aktenzeichen	Kurzbezeichnung	Fundstelle	Rdn.
16.6.1998	Rs. C-53/96	Hermès International./. FHT Marketing Choice	EU:C:1998:292	13.14
19.5.1998	Rs. C-351/96	Drouot assurances	EU:C:1998:242	4.85, 4.93, 6.41, 6.186, 6.187
17.3.1998	Rs. C-45/96	Bayerische Hypotheken- und Wechselbank./. Dietzinger	EU:C:1998:111	6.113
2.12.1997	Rs. C-336/94	Dafeki./.Landesver- siche-rungsanstalt Württemberg	EU:C:1997:579	3.24, 7.218
2.12.1997	Rs. C-188/95	Fantask./. Industriministeriet	EU:C:1997:580	11.15
20.11.1997	Rs. C-338/95	Wiener	EU:C:1997:552	13.18, 13.31, 13.32
9.10.1997	Rs. C-291/96	Grado und Bashir	EU:C:1997:479	13.20
2.10.1997	Rs. C-122/96	Saldanha und MTS Securities Corporation./.Hiross	EU:C:1997:458	4.4
17.9.1997	Rs. C-54/96	Dorsch Consult./. Bundesbaugesellschaft Berlin	EU:C:1997:413	13.23
17.7.1997	Rs. C-130/95	Giloy	EU:C:1997:372	13.16
17.7.1997	Rs. C-28/95	Leur-Bloem	EU:C:1997:369	13.16, 13.17
10.7.1997	Rs. C-261/95	Palmisani	EU:C:1997:351	11.8
3.7.1997	Rs. C-269/95	Benincasa./.Dentalkit	EU:C:1997:337	6.156
13.5.1997	Rs. C-233/94	Einlagensicherungs-systeme	EU:C:1997:231	2.90
27.2.1997	Rs. C-220/95	Van den Boogaard	EU:C:1997:91	6.214, 7.141
20.2.1997	Rs. C-106/95	MSG./.Les Gravières Rhénanes	EU:C:1997:70	6.66, 6.151, 6.159, 6.162
9.1.1997	Rs. C-383/95	Rutten./.Cross Medical	EU:C:1997:7	6.125
12.12.1996	Rs. C-3/95	Reisebüro Broede./.Sandker	EU:C:1996:487	1.19, 4.6, 10.44
10.10.1996	Rs. C-78/95	Hendrikman und Feyen./. Magenta Druck & Verlag	EU:C:1996:380	6.234, 6.236
8.10.1996	verb. Rs. C-178/94, C-179/94, C-188/94, C-189/94 und C-190/94	Dillenkofer	EU:C:1996:375	13.62

Datum	Aktenzeichen	Kurzbezeichnung	Fundstelle	Rdn.
15.12.1995	Rs. C-415/93	Bosman	EU:C:1995:463	2.52, 13.6, 13.20, 13.67
14.12.1995	Rs. C-312/93	Peterbroeck./.Belgien	EU:C:1995:437	4.14, 11.5, 11.10
14.12.1995	verb. Rs. C-430/93 und C-431/93	Van Schijndel./.Stichting Pensioenfonds voor Fysiotherapeuten	EU:C:1995:441	1.26, 11.5, 11.11
19.9.1995	Rs. C-364/93	Marinari./.Lloyd's Bank	EU:C:1995:289	6.74, 6.75
11.8.1995	Rs. C-432/93	SISRO./.Ampersand Software	EU:C:1995:262	4.72
13.7.1995	Rs. C-341/93	Danværn	EU:C:1995:239	4.77, 6.2, 6.100, 6.101
13.7.1995	Rs. C-474/93	Hengst Import./.Campese	EU:C:1995:243	6.208, 10.89
28.3.1995	Rs. C-346/93	Kleinwort Benson./.City of Glasgow	EU:C:1995:85	1.27, 13.16
7.3.1995	Rs. C-68/93	Shevill./.Presse Alliance	EU:C:1995:61	1.26, 6.41, 6.68, 6.73, 6.76, 11.80
6.12.1994	Rs. C-406/92	Tatry	EU:C:1994:400	5.13, 6.90, 6.184, 6.185, 6.186, 6.187
15.9.1994	Rs. C-452/93	Magdalena Fernández./. Kommission	EU:C:1994:332	7.35
9.6.1994	Rs. C-292/93	Lieber	EU:C:1994:241	6.131
2.6.1994	Rs. C-414/92	Solo Kleinmotoren./.Boch	EU:C:1994:221	3.17, 6.211, 6.250, 6.294, 6.295
17.5.1994	Rs. C-18/93	Corsica Ferries	EU:C:1994:195	13.23
10.2.1994	Rs. C-398/92	Mund & Fester	EU:C:1994:52	1.2, 3.10, 4.3, 4.76
30.11.1993	Rs. C-189/91	Kirsammer-Hack	EU:C:1993:907	13.72
20.10.1993	verb. Rs. C-92/92 und C-326/92	Collins und Patricia Im- und Export./.Imtrat und EMI Electrola	EU:C:1993:847	13.62
13.7.1993	Rs. C-125/92	Mulox	EU:C:1993:306	3.10, 4.45, 4.70, 6.124
1.7.1993	Rs. C-20/92	Hubbard./.Hamburger	EU:C:1993:280	1.19, 3.54, 4.4, 7.190
21.4.1993	Rs. C-172/91	Sonntag	EU:C:1993:144	4.49, 4.51, 4.72, 6.5, 6.9, 6.10, 6.11, 6.234, 6.245, 8.75
30.3.1993	Rs. C-168/91	Konstantinidis	EU:C:1993:115	5.78

Datum	Aktenzeichen	Kurzbezeichnung	Fundstelle	Rdn.
19.1.1993	Rs. C-89/91	Shearson Lehman	EU:C:1993:15	6.103, 6.108, 6.110, 11.79
16.12.1992	verb. Rs. C-132/91, C-138/91 und C-139/91	Katsikas u.a./ Konstantinidis u.a.	EU:C:1992:517	13.62
12.11.1992	Rs. C-123/91	Minalmet./.Brandeis	EU:C:1992:432	6.232
16.7.1992	Rs. C-83/91	Meilicke./.ADV-ORGA	EU:C:1992:332	13.26
17.6.1992	Rs. C-26/91	Handte	EU:C:1992:268	4.52, 6.54
26.3.1992	Rs. C-261/90	Reichert	EU:C:1992:149	6.132, 6.149, 6.282
10.3.1992	Rs. C-214/89	Powell Duffryn	EU:C:1992:115	4.84, 6.40, 6.156, 6.160
25.7.1991	Rs. C-190/89	Marc Rich	EU:C:1991:319	5.13, 6.16, 6.27, 6.210, 12.45
27.6.1991	Rs. C-351/89	Overseas Union Insurance	EU:C:1991:279	4.78
26.2.1991	Rs. C-292/89	Antonissen	EU:C:1991:80	4.35
8.11.1990	Rs. C-231/89	Gmurzynska-Bscher	EU:C:1990:386	13.16
18.10.1990	verb. Rs. C-297/88 und C-197/89	Dzodzi	EU:C:1990:360	13.16
3.7.1990	Rs. C-305/88	Lancray./.Peters	EU:C:1990:275	4.84, 6.232
15.5.1990	Rs. C-365/88	Hagen./.Zeehaghe	EU:C:1990:203	1.26, 6.97
10.1.1990	Rs. C-115/88	Reichert	EU:C:1990:3	6.131, 9.18
13.12.1989	Rs. C-322/88	Grimaldi	EU:C:1989:646	4,33
13.7.1989	Rs. C-215/88	Casa Fleischhandel	EU:C:1989:331	4,58
10.4.1989	Rs. C-14/83	von Colson und Kamann	EU:C:1984:153	4.31
15.2.1989	Rs. C-32/88	Six Constructions./. Humbert	EU:C:1989:68	6.124
2.2.1989	Rs. C-22/87	Kommission./. Italien (Konkursausfallgeld)	EU:C:1989:45	4.32
27.9.1988	Rs. C-189/87	Kalfelis	EU:C:1988:459	4.53, 4.56, 4.70, 4.72, 4.84, 6.23, 6.40, 6.67, 6.68, 6.70, 6.89, 6.90
27.9.1988	Rs. C-235/87	Matteucci	EU:C:1988:460	8.85
8.3.1988	Rs. C-9/87	Arcado	EU:C:1988:127	4.64

Datum	Aktenzeichen	Kurzbezeichnung	Fundstelle	Rdn.
4.2.1988	Rs. C-145/86	Hoffmann	EU:C:1988:61	3.17, 6.204, 6.216, 6.236, 6.250
9.12.1987	Rs. C-218/86	SAR Schotte./. Parfums Rothschild	EU:C:1987:536	6.83, 6.84
8.12.1987	Rs. C-144/86	Gubisch	EU:C:1987:528	1.27, 4.3, 6.182
22.10.1987	Rs. C-314/85	Foto-Frost./. Hauptzollamt Lübeck	EU:C:1987:452	4.10, 10.9
15.10.1987	Rs. C-222/86	Unectef./.Heylens	EU:C:1987:442	11.2
15.1.1987	Rs. C-266/85	Shenavai./.Kreischer	EU:C:1987:11	6.56, 6.123
3.7.1986	Rs. C-66/85	Lawrie-Blum	EU:C:1986:284	6.123
15.5.1986	Rs. C-222/84	Johnston	EU:C:1986:206	3.53
5.3.1986	Rs. C-69/85	Wünsche	EU:C:1986:104	13.7, 13.61
3.10.1985	Rs. C-119/84	Capelloni und Aquilini./.Pelkmans	EU:C:1985:388	4.72
11.7.1985	Rs. C-221/84	Berghoefer ASA	EU:C:1985:337	6.161
4.7.1985	Rs. C-220/84	AS Autoteile./.Malhé	EU:C:1985:302	6.147, 6.148, 6.149
2.7.1985	Rs. C-148/84	Deutsche Genossen-schaftsbank	EU:C:1985:280	4.72
7.3.1985	Rs. C-48/84	Spitzley./.Sommer	EU:C:1985:105	6.165
15.1.1985	Rs. C-241/83	Rösler./.Rottwinkel	EU:C:1985:6	6.133, 6.134
27.11.1984	Rs. C-258/83	Schuhfabrik Brennero	EU:C:1984:363	4.72
19.6.1984	Rs. C-71/83	Russ./.Nova	EU:C:1984:217	6.167
7.6.1984	Rs. C-129/83	Zelger./.Salinitri	EU:C:1984:215	4.104, 6.193
19.1.1984	verb. Rs. C-219/80 bis 228/80, 230/80 bis 235/80, 237/80, 238/80, 240/80 bis 242/80	André u.a../.Kommission	EU:C:1984:16	6.41
15.11.1983	Rs. C-288/82	Duijnstee./. Goderbauer	EU:C:1983:326	6.142, 6.177, 4.3
14.7.1983	Rs. C-201/82	Gerling Konzern Speziale Kreditversicherung AG u.a../. Amministrazione del Tesoro dello Stato	EU:C:1983:217	6.167
22.3.1983	Rs. C-34/82	Peters	EU:C:1983:87	4.84, 6.40
30.11.1982	Rs. C-32/82	Suys	EU:C:1982:408	13.58

Datum	Aktenzeichen	Kurzbezeichnung	Fundstelle	Rdn.
6.10.1982	Rs. C-283/81	CILFIT	EU:C:1982:335	13.30, 13.31, 13.32, 13.34, 13.38, 13.43
31.3.1982	Rs. C-25/81	W./.H.	EU:C:1982:116	6.232
23.3.1982	Rs. C-102/81	Nordsee./.Reederei Mond	EU:C:1982:107	13.25
4.3.1982	Rs. C-38/81	Effer Spa./.Kantner	EU:C:1982:79	6.39
16.12.1981	Rs. C-244/80	Foglia./.Novello II	EU:C:1981:302	13.2
24.6.1981	Rs. C-150/80	Elefanten Schuh	EU:C:1981:148	6.191, 6.232
16.6.1981	Rs. C-166/80	Klomps./.Michel	EU:C:1981:137	6.232, 10.89
13.5.1981	Rs. C-66/80	International Chemical Corporation	EU:C:1981:102	13.64
18.3.1981	Rs. C-139/80	Blanckaert & Willems./.Trost	EU:C:1981:70	6.84
16.12.1980	Rs. C-814/79	Niederlande./.Rüffer	EU:C:1980:291	6.6, 6.12
21.5.1980	Rs. C-125/79	Denilauler	EU:C:1980:130	6.282, 6.290, 7.168, 10.124, 10.147
11.3.1980	Rs. C-104/79	Foglia./.Novello I	EU:C:1980:73	13.2
6.3.1980	Rs. C-120/79	De Cavel./.De Cavel (II)	EU:C:1980:70	6.282
27.3.1979	Rs. C-143/78	De Cavel./.De Cavel (I)	EU:C:1979:83	6.282, 7.141
22.2.1979	Rs. C-133/78	Gourdain	EU:C:1979:49	4.62, 6.16, 6.22, 9.18, 9.47
20.2.1979	Rs. C-120/78	Rewe./. Bundesmonopol-verwaltung (Cassis de Dijon)	EU:C:1979:42	3.22
29.11.1978	Rs. C-83/78	Redmond	EU:C:1978:214	13.6
9.11.1978	Rs. C-23/78	Meeth./.Glacetal	EU:C:1978:198	6.165
10.10.1978	Rs. C-148/77	Hansen	EU:C:1978:173	13.58
21.6.1978	Rs. C-150/77	Ott	EU:C:1978:137	6.110, 6.112
22.2.1978	Rs. C-33/78	Somafer SA./. Saar-Ferngas AG	EU:C:1978:205	6.83
16.2.1978	Rs. C-61/77	Kommission./.Irland	EU:C:1978:29	6.32
14.12.1977	Rs. C-73/77	Sanders	EU:C:1977:208	6.131, 6.133
22.11.1977	Rs. C-43/77	Industrial Diamond Supplies	EU:C:1977:188	4.72
14.7.1977	verb. Rs. C-9/77 und C-10/77	Eurocontrol	EU:C:1977:132	3.8, 4.45, 11.1

Datum	Aktenzeichen	Kurzbezeichnung	Fundstelle	Rdn.
26.4.1977	Avis 1/76	Stillegungsfonds für die Binnenschiffahrt	EU:C:1977:63	2.69
31.3.1977	Rs. C-54/76	Compagnie industrielle du comté de Loheac./. Rat und Kommission	EU:C:1977:58	6.66
3.2.1977	Rs. C-52/76	Benedetti	EU:C:1977:16	13.61
16.12.1976	Rs. C-45/76	Comet	EU:C:1976:191	11.5
16.12.1976	Rs. C-33/76	Rewe	EU:C:1976:188	1.26, 11.6, 11.8
14.12.1976	Rs. C-24/76	Estasis Salotti ./. Ruewa	EU:C:1976:177	6.16
14.12.1976	Rs. C-25/76	Segoura./.Bonakdarian	EU:C:1976:178	6.161
30.11.1976	Rs. C-21/76	Bier	EU:C:1976:166	4.49, 6.67, 6.72
30.11.1976	Rs. C-42/76	De Wolf./.Cox	EU:C:1976:168	6.221
14.10.1976	Rs. C-29/76	Eurocontrol	EU:C:1976:137	4.49, 5.107, 6.6, 6.7, 6.12
6.10.1976	Rs. C-14/76	De Bloos	EU:C:1976:134	4.55, 4.85, 4.93, 6.41
6.10.1976	Rs. C-12/76	Tessili	EU:C:1976:133	3.8, 4.44, 4.45, 4.70, 4.104, 6.56, 6.64
16.1.1974	Rs. C-166/73	Rheinmühlen II	EU:C:1974:3	13.7, 13.40
12.12.1972	verb. Rs. C-21/72 bis C-24/72	International Fruit Company	EU:C:1972:115	4.26
31.3.1971	Rs. C-22/70	AETR	EU:C:1971:32	2.69
24.6.1969	Rs. C-29/68	Milchkontor	EU:C:1969:27	13.61
15.7.1964	Rs. C-6/64	Costa./.E.N.E.L.	EU:C:1964:66	13.15
5.2.1963	Rs. C-26/62	Van Gend & Loos	EU:C:1963:1	13.7

Europäischer Gerichtshof für Menschenrechte (EGMR)

Datum	Aktenzeichen	Kurzbezeichnung	Fundstelle	Rdn.
11.4.2019	Nr. 50053/16	*Harisch v. Deutschland*	CE:ECHR:2019: 0411JUD005005316	13.38
1.2.2018	Nr. 51312/16	*M.K. v. Greece*	CE:ECHR:2018: 0201JUD005131216	7.100, 7.101, 7.130
23.6.2016	Nr. 20261/12	*Baka v. Hungary*	CE:ECHR:2016: 0623JUD002026112	5.72
15.1.2015	Nr. 4097/13	*M.A. v. Austria*	CE:ECHR:2015: 0115JUD000409713	7.129
26.11.2013	Nr. 27853/09	*X v. Latvia*	CE:ECHR:2013: 1126JUD002785309	7.117, 7.129, 7.130, 7.134
18.6.2013	Nr. 3890/11	*Povse v. Austria*	CE:ECHR:2013: 0618JUD000389011	3.39, 4.62, 7.128, 7.129, 7.130, 7.134
21.9.2017	Nr. 53661/15	*Sévère v. Austria*	CE:ECHR:2017: 0921JUD005366115	7.130
23.5.2016	Nr. 17502/07	*Avotiņš v. Latvia (GC)*	CE:ECHR:2016: 0523JUD001750207	3.17, 3.40, 3.41, 4.92, 8.20, 10.32
25.2.2014	Nr. 17502/07	*Avotiņš v. Latvia*	CE:ECHR:2014: 0225JUD001750207	3.41
20.9.2011	Nr. 3989/07 und 38353/07	*Ullens de Schooten u. Rezabek v. Belgien*	CE:ECHR:2011: 0920JUD000398907	13.38
22.12.2005	Nr. 46347/99	*Xenides-Arestis v. Turkey*	CE:ECHR:2005: 1222JUD004634799	6.34
30.6.2005	Nr. 45036/98	*Bosphorus v. Ireland*	CE:ECHR:2005: 0630JUD004503698	3.39, 3.66, 10.32
12.11.2002	Nr. 38978/97	*Salomonsson v. Sweden*	CE:ECHR:2002: 1112JUD003897897	10.102
12.11.2002	Nr. 28394/95	*Döry v. Sweden*	CE:ECHR:2002: 1112JUD002839495	10.102
18.4.2002	Nr. 49144/99	*Ouzounis et al v. Greece*	CE:ECHR:2002: 0418JUD004914499	10.121
7.2.2002	Nr. 53176/99	*Mikulić v. Croatia*	CE:ECHR:2002: 0207JUD005317699	8.100
19.3.1997	Nr. 18357/91	*Hornsby v. Greece*	CE:ECHR:1997: 0319JUD001835791	4.13, 10.121
18.12.1996	Nr. 15318/89	*Loizidou v. Turkey*	CE:ECHR:1996: 1218JUD001531889	6.34
13.7.1995	Nr. 18139/91	*Tolstoy Miloslavsky v. Great Britain*	CE:ECHR:1995: 0713JUD001813991	6.242

Datum	Aktenzeichen	Kurzbezeichnung	Fundstelle	Rdn.
27.10.1993	Nr. 14448/88	*Dombo Beheer v. The Netherlands*	CE:ECHR:1993: 1027JUD001444888	8.34
21.2.1975	Nr. 4451/70	*Golder v. United Kingdom*	CE:ECHR:1975: 0221JUD000445170	4.13
17.1.1970	Nr. 1689/65	*Delcourt v. Belgium*	CE:ECHR:1970: 0117JUD000268965	9.63

Stichwortverzeichnis

Die Ziffern verweisen auf die jeweiligen Randziffern der Paragraphen; Ziffern in *kursiv* bezeichnen Hauptfundstellen.

https://doi.org/10.1515/9783110715156-016

www.ingramcontent.com/pod-product-compliance
Lightning Source LLC
LaVergne TN
LVHW081352011026
849161LV00013BA/2800